PERMANENT INTERNATIONAL COMMITTEE OF LINGUISTS

LINGUISTIC BIBLIOGRAPHY FOR THE YEAR 1982

and supplement for previous years

PUBLISHED BY THE
PERMANENT INTERNATIONAL COMMITTEE OF LINGUISTS
UNDER THE AUSPICES OF
THE INTERNATIONAL COUNCIL OF PHILOSOPHY
AND HUMANISTIC STUDIES

EDITED BY HANS BORKENT AND MARK JANSE

WITH THE ASSISTANCE OF J.J. BEYLSMIT

1985
MARTINUS NIJHOFF PUBLISHERS
DORDRECHT / BOSTON / LANCASTER

Distributors

for the United States and Canada: Kluwer Academic Publishers, Inc., 190 Old Derby Street, Hingham, MA 02043, USA
for the UK and Ireland: Kluwer Academic Publishers, MTP Press Limited, Falcon House, Queen Square, Lancaster LA1 1RN, England
for all other countries: Kluwer Academic Publishers Group, Distribution Center, P.O. Box 322, 3300 AH Dordrecht, The Netherlands

Library of Congress Catalogue Card Number A 50-3972 rev
ISBN 90-247-3142-9
Subvention UNESCO 1982, CA 2/9

Copyright

© 1985 by Martinus Nijhoff Publishers, Dordrecht.

All rights reserved. No part of this publication may be reproduced, stored in a retrieval system, or transmitted in any form or by any means, mechanical, photocopying, recording, or otherwise, without the prior written permission of the publishers, Martinus Nijhoff Publishers, P.O. Box 163, 3300 AD Dordrecht, The Netherlands.

PRINTED IN THE NETHERLANDS

To this volume contributed:	Ont contribué à ce volume:

RENÉ VAN DEN BERG, Leiden
for the languages of Australasia and Oceania;   pour les langues de l'Australasie et de l'Océanie;

ROMAN LASKOWSKI, Kraków
for Poland;   pour la Pologne;

MARIA PIA MARCHESE BASTIANINI, Firenze
for Italy (partly);   pour l'Italie (partiellement);

MAARTEN MOUS, Leiden
for African languages;   pour les langues africaines;

AIRI OJAMA
Finnish Research Centre for Domestic Languages, Helsinki
for Finland;   pour la Finlande;

RÜDIGER SCHMITT, Saarbrücken
for Armenian;   pour l'arménien;

TADEUSZ SZYMAŃSKI, Kraków
for Bulgaria, Poland, and various Slavic data;   pour la Bulgarie, la Pologne et diverses données slaves;

ZDENĚK TYL & MILENA TYLOVÁ, Praha
for Czechoslovakia;   pour la Tchécoslovaquie.

The department of Slavic Studies of the University of Amsterdam placed at our disposal its documentation on Slavic and East European linguistics.	La section d'études slaves de l'Université d'Amsterdam a mis à notre disposition sa documentation de linguistique slave et est-européenne.

Editorial address:	Adresse de la rédaction:
Linguistic Bibliography Prins Willem-Alexanderhof 5 2595 BE The Hague The Netherlands	Bibliographie Linguistique Prins Willem-Alexanderhof 5 2595 BE La Haye Pays-Bas

LINGUISTIC
BIBLIOGRAPHY FOR THE YEAR 1982
and supplement for previous years

*

BIBLIOGRAPHIE
LINGUISTIQUE DE L'ANNÉE 1982
et complément des années précédentes

Publiée sur la recommandation du Conseil International de la Philosophie et des Sciences Humaines avec le concours financier de l'UNESCO et avec l'aide des suivantes organisations nationales:

Published on the recommendation of the International Council for Philosophy and Humanistic Studies with the financial assistance of UNESCO, and by the support of:

1. Ministry of Education and Science of The Netherlands
2. Philological Society, London
3. Statens Humanistika Forskningsråd, Stockholm
4. Linguistic Society of America, Washington, D.C.
5. Tokyo Institute for Advanced Studies of Language

COMITÉ INTERNATIONAL PERMANENT DES LINGUISTES

BIBLIOGRAPHIE LINGUISTIQUE DE L'ANNÉE 1982

et complément des années précédentes

PUBLIÉE PAR LE
COMITÉ INTERNATIONAL PERMANENT DES LINGUISTES
SOUS LES AUSPICES DU
CONSEIL INTERNATIONAL DE LA PHILOSOPHIE
ET DES SCIENCES HUMAINES

ÉDITÉE PAR HANS BORKENT ET MARK JANSE

AVEC L'ASSISTANCE DE J.J. BEYLSMIT

1985
MARTINUS NIJHOFF
DORDRECHT / BOSTON / LANCASTER

PREFACE

This is the first volume of the Linguistic Bibliography which appears under the sole responsibility of the new editors Drs. H. Borkent and Drs. M. Janse, although the previous editor-in-chief, Drs. J.J. Beylsmit, has still rendered highly valued assistance.

The present volume appears again more than two months earlier in the year than its predecessor. If it is possible to bring out the next volume around Christmas of this year, our plan to speed up the publication of the Bibliography with one full year will have been realised. We trust that the execution of this plan has greatly enhanced the usefulness of the Bibliography.

The number of entries (15606) is again higher than that of the previous year.

With gratitude we acknowledge the help received from many colleagues and organizations. The name of those scholars who collected data for this volume are to be found on p v.

We also express our gratitude to UNESCO, which through the good offices of the International Council of Philosophy and Humanistic Studies again gave substantial support to the publication of this bibliography. As always, our cooperation with the Secretary-General of the Council, Mr. Jean d'Ormesson, was as efficient as it was pleasant.

We are no less grateful for the grants received from the national organizations, the names of which are mentioned on page i.

Finally we should mention the valuable assistance received from the Dutch Ministry of Education and Sciences, and the Dutch Bibliographical and Documentary Agency (COBIDOC). It is their assistance which ensures the regular appearance of this international bibliography.

R.H. ROBINS
President of PICL

E.M. UHLENBECK
Secretary-general of PICL

PRÉFACE

Le présent volume de la Bibliographie Linguistique est le premier à être publié sous la seule responsabilité des rédacteurs nouveaux, Drs. H. Borkent et Drs. M. Janse, bien que l'ancien rédacteur en chef, Drs. J.J. Beylsmit, ait encore prêté son aide hautement appréciée.

Ce volume paraît de nouveau moins de dix mois après le volume précédent. Si nous réussissons à sortir le volume suivant vers Noël 1985, nous aurons réalisé notre projet d'avancer d'un an la publication de la Bibliographie. Nous sommes persuadés que la réalisation de ce projet augmente largement l'utilité de la Bibliographie.

Le nombre d'entrées (15606) dépasse encore une fois celui du volume précédent.

Nous mentionnons avec gratitude les nombreux collègues et organisations qui nous ont prêté leur secours. Les noms des savants qui ont réuni des données bibliographiques sont cités à la page v.

Nous tenons à remercier également l'UNESCO, qui, par l'intermédiaire du Conseil International de la Philosophie et des Sciences Humaines, nous a accordé encore un support substantiel pour la publication de la Bibliographie. La coopération avec M. Jean d'Ormesson, secrétaire-général du Conseil, a été aussi efficace et agréable que dans le passé.

Nous ne sommes pas moins reconnaissants des subventions que nous avons reçues d'organisations nationales, dont les noms figurent à la page i.

Finalement nous signalons l'aide précieuse du Ministère néerlandais de l'Éducation et des Sciences et celle de COBIDOC. C'est cette aide qui assure la parution régulière de cette bibliographie internationale.

R.H. ROBINS
Président du CIPL

E.M. UHLENBECK
Secrétaire Général du CIPL

CONTENTS
TABLE DES MATIÈRES

PERIODICALS — PÉRIODIQUES.. XVII

ABBREVIATIONS — ABBRÉVIATIONS XLV

DIRECTIONS FOR USE — NOTE DE CONSULTATION LI

GENERAL WORKS — GÉNÉRALITÉS
  I. Bibliography and Organization
    A. Bibliography — Bibliographe 1
    B. Organization — Organisation 4
  II. Periodicals (Reviews of) — Périodiques (Comptes rendus de) 4
  III. Congresses — Congrès 7
  IV. Festschriften and Miscellanies — Mélanges et recueils
    A. Festschriften — Mélanges in honorem 16
    B. Other Miscellanies — Autres recueils 22
  V. Biographies — Biographies 28

**GENERAL LINGUISTICS AND RELATED BRANCHES OF STUDY —
LINGUISTIQUE GÉNÉRALE ET DISCIPLINES CONNEXES**
  0. Bibliography and General — Bibliographie et généralités
    0.0. Bibliography — Bibliographie 47
    0.1. General — Généralités... 47
    0.2. Linguistic theory and method — Théorie et méthode de la linguistique 53
    0.3. Philosophy of language — Philosophie du langage 62
    0.4. Typology and Universals of language — Typologie et Universaux du langage 67
    0.5. Semantics — Sémantique 69
    0.6. Pragmatics, Speech acts — Pragmatique, Actes de langage 77
    0.7. Semiotics — Sémiotique 85
    0.8. Non-verbal communication — Communication non-verbale 87
    0.9. Animal communication — Communication animale 90
    0.10. Linguistic terminology — Terminologie linguistique 91
    0.11. History of linguistics — Histoire de la linguistique 92

TABLE DES MATIÈRES

1. **Phonetics and Phonology — Phonétique et phonologie**
   - 1.0. General — Généralités 102
   - 1.1. Phonetics — Phonétique 104
   - 1.2.1 Phonology — Phonologie 108
   - 1.2.2 Prosody — Prosodie 112
2. **Grammar (Morphology and syntax) — Grammaire (Morphologie et syntaxe)**
   - 2.0. General — Généralités 114
   - 2.1. Morphology and word-formation — Morphologie et formation des mots 116
   - 2.2. Syntax — Syntaxe 119
   - 2.3. Text linguistics (Discourse analysis) — Linguistique du texte (Analyse du discours) 133
3. **Historical linguistics — Linguistique historique** 138
4. **Linguistic geography and dialectology — Géographie linguistique et dialectologie** 140
5. **Lexicon — Lexique** 144
6. **Script, orthography — Écriture, orthographe** 150
7. **Stylistics — Stylistique** 152
8. **Metrics, Versification — Métrique, versification** 155
9. **Translation — Traduction** 155
10. **Mathematical linguistics — Linguistique mathématique**
    - 10.0. General — Généralités 158
    - 10.1. Mathematical models — Modèles mathématiques 159
    - 10.2. Statistical linguistics — Statistique linguistique 160
    - 10.3. Automated analysis — Analyse automatique 162
    - 10.4. Machine translation — Traduction automatique 168
11. **Psycholinguistics and neurolinguistics — Psycholinguistique et neurolinguistique**
    - 11.0. General — Généralités 171
    - 11.1. Origin of language — Origine du langage 177
    - 11.2. Languace acquisition, Child language — Acquisition du langage, Langage enfantin 178
    - 11.3. Neurolinguistics, Speech disorders — Neurolinguistique, Troubles du langage 186
12. **Sociolinguistics — Sociolinguistique**
    - 12.0. General — Généralités 190
    - 12.1. Bilingualism — Bilinguisme 201
13. **Interlinguistics — Interlinguistique** 204
14. **Onomastics — Onomastique** 204

INTERRELATIONS BETWEEN FAMILIES OF LANGUAGES — RAPPORTS DES FAMILLES DE LANGUES ENTRE ELLES 208

INDO-EUROPEAN LANGUAGES — LANGUES INDO-EUROPÉENNES
- I. General — Généralités 210
- II. Anatolian group — Groupe anatolien
  - A. General — Généralités 216
  - B. Cuneiform Hittite — Hittite cunéiforme 217
  - C. Hieroglyphic Hittite and Luwian; Palaian — Hittite hiéroglyphique et Louvite; Palaïte 221

CONTENTS

	D. Lycian — Lycien	221
	E. Lydian — Lydien	222
III.	Tocharian — Tokharien	222
IV.	**Indo-Iranian — Indo-iranien**	
	A. General — Généralités	223
	B. Indo-Aryan Group — Groupe indo-aryen	
	I. General — Généralités	223
	II. Old Indo-Aryan — Ancien indo-aryen	224
	III. Middle Indo-Aryan — Moyen indo-aryen	228
	IV. New Indo-Aryan — Indo-aryen moderne	
	a. General — Généralités	228
	b. Eastern group: Bengali, etc. — Groupe oriental: Bengali, etc.	229
	c. Central group I: Hindi-Urdu — Groupe central I: Hindi-Ourdou	229
	d. Central group II: Gujarati, Marathi, etc. — Groupe central II: Goujrati, Marathe, etc.	231
	e. Western and Northern groups — Groupes occidental et septentrional	231
	f. Sinhalese — Singhalais	232
	g. Gypsy — Tsigane	232
	C. Iranian group — Groupe iranien	
	I. General — Généralités	232
	II. Old Iranian — Ancien iranien	233
	III. Middle Iranian — Moyen iranien	234
	IV. New Iranian — Iranien moderne	236
V.	**Armenian — Arménien**	237
VI.	**Phrygian; Thracian, Dacian, Illyrian, etc. — Phrygien; Thrace, Dace, Illyrien, etc.**	
	A. Phrygian — Phrygien	244
	B. Thracian, Dacian — Thrace, Dace	245
	C. Illyrian, Messapic — Illyrien, Messapien	246
VII.	**Balkan Linguistics and Albanian — Linguistique balkanique et Albanais**	
	A. General — Généralités	246
	B. Albanian — Albanien	248
VIII.	**Greek — Grec**	
	A. General — Généralités	254
	B. Mycenaean — Mycénien	255
	C. Ancient Greek — Ancien grec	256
	D. Byzantine and Modern Greek — Grec byzantin et moderne	272
IX.	**Italic — Italique**	
	A. General — Généralités	277
	B. Oscan and Umbrian, etc. — Osque et Ombrien, etc.	278
	C. Venetic — Vénète	278
	D. Ancient Latin — Latin ancien	278
	E. Medieval and Modern Latin — Latin médiéval et moderne	292
X.	**Romance languages — Langues romanes**	
	A. General — Généralités	296
	B. Hispanic languages — Langues hispaniques	
	I. General — Généralités	302
	II. Catalan — Catalan	303
	III. Spanish — Espagnol	306

TABLE DES MATIÈRES

  III*a*. Judaeo-Spanish — Judéo-espagnol 323
  IV. Portuguese and Galician — Portugais et Galicien 323
 C. French and Occitan — Français et Occitan
  I. French — Français 327
  II. Occitan — Occitan 355
  III. Onomastics — Onomastique 359
 D. Italian — Italien 360
 E. Sardinian — Sarde 377
 F. Rhaeto-Romance (Romansh, Ladin) — Rhéto-roman (Romanche, Ladin) 378
 G. Dalmatian — Dalmate 380
 H. Rumanian (and Moldavian) — Roumain (et Moldave) 380

XI. Celtic languages — Langues celtiques
 A. General — Généralités 388
 B. Continental Celtic — Celtique continental 389
 C. Insular Celtic — Celtique insulaire
  I. General — Généralités 390
  II. Irish and Scottish Gaelic — Irlandais et Gaélique d'Écosse 390
  III. Brittonic — Brittonique
   a. General — Généralités 393
   b. Welsh — Gallois 393
   c. Cornish — Cornique 394
   d. Breton — Breton 394

XII. Germanic languages — Langues germaniques
 A. General — Généralités 395
 B. West Germanic — Germanique occidental
  I. General — Généralités 398
  II. German — Allemand
   a. High German — Haut-allemand 398
   b. Yiddish — Yiddish 426
   c. Low German — Bas-allemand 426
   d. Onomastics — Onomastique 428
  III. Dutch — Néerlandais 431
  IV. Afrikaans — Afrikaans 443
  V. Frisian — Frison 444
  VI. English — Anglais 445
 C. North Germanic — Germanique septentrional
  I. General and Old Norse — Généralités et Vieux-norois 473
  II. Runology — Runologie 476
  III. Icelandic — Islandais 476
  IV. Faroese — Féroïen 477
  V. Norwegian — Norvégien 477
  VI. Danish — Danois 479
  VII. Swedish — Suédois 482
  VIII. Onomastics — Onomastique 486
 D. East Germanic — Germanique oriental 489

XIII. Baltic and Slavic — Baltique et Slave
 A. General — Généralités 489
 B. Baltic languages — Langues baltiques
  I. General — Généralités 491

CONTENTS

    II. Old Prussian — Vieux-prussien 492
    III. Lithuanian — Lituanien 492
    IV. Latvian — Lette 494
    V. Onomastics — Onomastique 495
  C. Slavic languages — Langues slaves
    I. General — Généralités 495
    II. South Slavic — Slave méridional
      a. General — Généralités 505
      b. Old Slavic — Vieux-slave 506
      c. Bulgarian — Bulgare 509
      d. Macedonian — Macédonien 523
      e. Serbo-Croatian — Serbo-croate 526
      f. Slovenian — Slovène 541
    III. West Slavic — Slave occidental
      a. General — Généralités 545
      b. Czech — Tchèque 545
      c. Slovak — Slovaque 560
      d. Polish — Polonais 571
      e. Kashubian and Pomeranian — Kachoube et Poméranien 592
      f. Polabian — Polabe 592
      g. Sorb — Sorabe 593
    IV. East Slavic — Slave oriental
      a. General — Généralités 594
      b. Russian — Russe 595
      c. Ukrainian — Ukrainien 630
      d. White-Russian — Blanc-russe 637

ASIANIC AND MEDITERRANEAN LANGUAGES — LANGUES ASIANIQUES ET MÉDITERRANÉENNES

  I. Asianic languages — Langues asianiques
    A. General — Généralités 640
    B. Carian — Carien 640
    C. Pisidian — Pisidien 640
    D. Hurrian — Hourrite 640
    E. Urartaean — Ourartéen 641
    F. Kassite — Cassite 641
    G. Sumerian — Sumérien 642
    H. Elamite — Élamite 645
    I. Language of the Indus civilization — Langue de la civilisation de l'Indus 645
  II. Mediterranean languages — Langues méditerranéennes
    A. General — Généralités 646
    B. Minoan, Eteocretan, Prehellenic — Minoen, Étéo-crétois, Préhellénique 646
    C. Etruscan — Étrusque 647
    D. Rhaetian — Rhétique 648

BASQUE AND THE ANCIENT LANGUAGES OF THE IBERIAN PENINSULA — BASQUE ET ANCIENNES LANGUES DE LA PÉNINSULE IBÉRIQUE 649

TABLE DES MATIÈRES

HAMITO-SEMITIC LANGUAGES — LANGUES CHAMITO-SÉMITIQUES
- I. General — Généralités 651
- II. Semitic languages — Langues sémitiques
  - A. General — Généralités 651
  - B. Akkadian — Akkadien 653
  - C. Eblaite — Eblaïte 659
  - D. Ugaritic — Ougaritique 660
  - E. Canaanite, Aramaic — Cananéen, Araméen
    - 1. General — Généralités 666
    - 2. Canaanite — Cananéen
      - *a.* General — Généralités 667
      - *b.* Phoenician — Phénicien 667
      - *c.* Hebrew — Hébreu 668
    - 3. Aramaic — Araméen 676
  - F. Arabic — Arabe 678
  - G. Maltese — Maltais 686
  - H. South-Arabic — Sud-arabique 686
  - I. Ethiopic — Éthiopien 687
- III. Egyptian — Égyptien 688
- IV. Cushitic — Couchitique 691
- V. Libyco-Berber — Libyco-berbère 692
- VI. Chadic — Tchadien 693

CAUCASIAN LANGUAGES — LANGUES CAUCASIENNES
- I. General — Généralités 695
- II. South Caucasian languages — Langues caucasiennes du Sud 695
- III. North Caucasian languages — Langues caucasiennes du Nord 697

LANGUAGES OF EURASIA AND NORTHERN ASIA — LANGUES DE L'EURASIE ET DE L'ASIE SEPTENTRIONALE
- I. General — Généralités 701
- II. Uralian languages — Langues ouraliennes
  - A. General — Généralités 702
  - B. Finno-Ugric group — Groupe finno-ougrien
    - I. Baltic-Finnic — Balto-finnois
      - *a.* General — Généralités 705
      - *b.* Finnish (Suomi) — Finnois (Suomi) 705
      - *c.* Carelian, Vepsian, etc. — Carélien, Vepse, etc. 711
      - *d.* Estonian — Estonien 712
      - *e.* Livonian — Live 715
    - II. Lappish — Lapon 715
    - III. Volgaic — Volgaïque
      - *a.* General — Généralités 716
      - *b.* Mordvin — Mordve 717
      - *c.* Cheremis (Mari) — Tchérémisse (Mari) 718
    - IV. Permian — Permien
      - *a.* General — Généralités 719
      - *b.* Votyak (Udmurt) — Votiak (Oudmourte) 719
      - *c.* Zyryan (Komi) — Zyriène (Komi) 719

CONTENTS

      v. Ugric group — Groupe ougrien
         a. General — Généralités 720
         b. Hungarian — Hongrois 720
         c. Ob-Ugric — Ougrien de l'Ob
            1. General — Généralités 725
            2. Ostyak (Khanti) — Ostiak (Khanti) 725
            3. Vogul (Mansi) — Vogoul (Mansi) 726
    C. Samoyedic group — Groupe samoyède 727
III. Altaic languages — Langues altaïques
    A. General — Généralités 728
    B. Turkic languages — Langues turciques
      i. General — Généralités 729
      ii. Old and Middle Turkic — Turcique ancien et moyen 731
      iii. Chuvash, etc. (Bolgar group) — Tchouvache, etc. (Groupe bolgar) 734
      iv. South Turkic (Oghuz) — Turcique méridional (Oghouz)
         a. General — Généralités 735
         b. Turkish (Osmanli) — Turc (Osmanli) 735
         c. Azerbaijani — Azerbaïdjanais 737
         d. Turkmen — Turkmène 738
      v. West Turkic (Kipchak-Koman) — Turcique occidental (Kiptchak-Coman) 738
      vi. East Turkic (Uigur group) — Turcique oriental (Groupe ouïgour) . 742
      vii. North Turkic — Turcique septentrional 743
      viii. Onomastics — Onomastique 744
    C. Mongolian languages — Langues mongoles 745
    D. Tungus languages — Langues toungouses 747
IV. Palaeosiberian languages — Langues paléosibériennes 748
V. Korean — Coréen 749
VI. Japanese — Japonais 749
VII. Ainu — Aïnou 751

DRAVIDIAN LANGUAGES — LANGUES DRAVIDIENNES
    I. General and Miscellaneous — Généralités et langues diverses 752
    II. Kannada — Canara 753
    III. Malayalam — Malayalam 753
    IV. Tamil — Tamoul 754
    V. Telugu — Télougou 755

BURUSHASKI — BOUROUCHASKI 756

LANGUAGES OF SOUTH-EAST ASIA — LANGUES DE L'ASIE DU SUD-EST
    I. General — Généralités 757
    II. Sino-Tibetan languages — Langues sino-tibétaines
      A. General — Généralités 757
      B. Sinitic group — Groupe sinitique 757
      C. Bodic group — Groupe bodique 761
      D. Burmic and Karenic groups — Groupes birmanique et karénique 762
      E. Daic group (Thai) — Groupe daïque (Thai) 763
    III. Vietnamese and Muong — Vietnamien et Muong 763

TABLE DES MATIÈRES

    IV. **Mon-Khmer languages — Langues mon-khmer** 764
    V. **Nicobarese — Nicobarais** 764

LANGUAGES OF AUSTRALASIA AND OCEANIA — LANGUES DE L'AUSTRALASIE ET DE L'OCÉANIE
    I. General — Généralités 765
    II. **Austronesian languages — Langues austronésiennes**
        A. General — Généralités 766
        B. Indonesian languages — Langues indonésiennes 766
        C. Langues of Oceania — Langues de l'Océanie
            1. General — Généralités 772
            2. Melanesian and Micronesian — Mélanésien et Micronésien 773
            3. Polynesian — Polynésien 774
    III. **Papuan languages — Langues papoues** 774
    IV. **Australian languages — Langues australiennes** 775

LANGUAGES OF NEGRO-AFRICA — LANGUES DE L'AFRIQUE NOIRE
    I. General — Généralités 778
    II. **Nilo-Saharan — Nilo-saharien** 780
    III. **Kordofanian — Kordofanien** 781
    IV. **Adamawa-Eastern group — Groupe adamawa-oriental** 781
    V. **West Atlantic group — Groupe ouest-atlantique** 782
    VI. **Mande group — Groupe mandé** 782
    VII. **Gur (Voltaic) group — Groupe gour (voltaïque)** 783
    VIII. **Kwa group — Groupe kwa** 784
    IX. **Benue group — Groupe bénoué** 785
    X. **Bantu languages — Langues bantoues**
        A. General — Généralités 785
        B. Swahili — Souahéli 786
        C. Other languages — Autres langues 787
    XI. **Khoisan languages — Langues khoisan** 791

AMERICAN LANGUAGES — LANGUES AMÉRICAINES
    I. General — Généralités 792
    II. **Languages of North and Middle America — Langues de l'Amérique du Nord et de l'Amérique centrale**
        A. General — Généralités 792
        B. Eskimo and Aleut — Esquimau et Aléoute 792
        C. Na-Dene — Na-Dene 793
        D. Macro-Algonquian — Macro-Algonquin 793
        E. Macro-Siouan — Macro-Siou 794
        F. Macro-Hokan — Macro-Hoka 795
        G. Macro-Penutian — Macro-Penutia 795
        H. Aztec-Tanoan — Aztec-Tano 796
        I. Macro-Otomanguean — Macro-Otomang 797
        J. Other languages — Autres langues 798
    III. **Languages of South America and the Antilles — Langues de l'Amérique du Sud et des Antilles** 798

CREOLIZED LANGUAGES — LANGUES CRÉOLISÉES 801

AUTHOR INDEX — INDEX DES AUTEURS 805

PERIODICALS
PÉRIODIQUES

AAAd	Archivio per l'Alto Adige. Firenze.
AAHG	Anzeiger für die Altertumswissenschaft. Herausgegeben von der Österreichischen humanistischen Gesellschaft. Innsbruck.
AAL	Afroasiatic Linguistics. Malibu, CA.
AAntH	Acta Antiqua Academiae Scientiarum Hungaricae. Budapest.
AArmL	Annual of Armenian Linguistics. Cleveland, OH.
AAS	Asian and African Studies. Bratislava.
AASF	Suomalaisen Tiedeakatemian Toimituksia / Annales Academiae Scientiarum Fennicae, Series B. Helsinki.
AAT	Atti della Accademia delle Scienze di Torino, Classe di scienze morali, storiche e filologiche. Torino.
AAWG	Abhandlungen der Akademie der Wissenschaften in Göttingen, Philologisch-historische Klasse. Göttingen.
AAWL	Abhandlungen der Akademie der Wissenschaften und der Literatur in Mainz, Geistes- und sozialwissenschaftliche Klasse, Wiesbaden.
ABäG	Amsterdamer Beiträge zur älteren Germanistik. Amsterdam.
ABAW	Abhandlungen der Bayerischen Akademie der Wissenschaften. Philosophisch-historische Klasse. München.
ABnG	Amsterdamer Beiträge zur neueren Germanistik. Amsterdam.
ABORI	Annals of the Bhandarkar Oriental Research Institute. Poona, India.
Abr-Nahrain	Abr-Nahrain. An Annual published by the Department of Middle Eastern Studies, University of Melbourne. Leiden.
ABS	Acta Baltico-Slavica. Warszawa.
ABSA	The Annual of the British School at Athens. London.
AC	L'Antiquité Classique. Bruxelles.
ACD	Acta Classica Universitatis Scientiarum Debreceniensis. Debrecen.
ACiL	Amsterdam Classics in Linguistics 1800-1925. Amsterdam
ACILR	Atti . . . Congresso Internazionale di Linguistica e Filologia Romanza. [Cf. 120].
AcIr	Acta Iranica. Encyclopédie permanente des études iranniennes. Téhéran, Liège, Leiden.

PÉRIODIQUES

AClass	Acta Classica. Verhandelinge van die Klassieke Vereniging van Suid-Afrika. Proceedings of the Classical Association of South Africa. Pretoria.
Acme	Annali della Facoltà di Filosofia e Lettere dell'Università degli Studi di Milano. Milano.
AcOr	Acta Orientalia, ediderunt Societates Orientales Danica Fennica Norvegica Svecica (Le Monde Oriental). Copenhague.
ADA	Anzeiger für deutsches Altertum und deutsche Literatur. Wiesbaden (Supplément à *ZDA*).
AdL	Anuario de Letras. México.
Aegyptus	Aegyptus. Rivista Italiana di Egittologia e di Papirologia. Milano.
AEHE-HPh	Annuaire de l'École pratique des Hautes Études. IVe section: Sciences historiques et philologiques. Paris.
A&R	Atene e Roma. Rassegna trimestrale dell'Associazione Italiana di Cultura Classica. Firenze.
Aevum	Aevum. Rassegna di scienze storiche, linguistiche e filologiche, pubblicata a cura della Facoltà di Lettere e Filosofia dell'Università Cattolica del Sacro Cuore. Milano.
AF	Anuario de Filología. Barcelona.
AfLa	African Languages. Langues africaines. Combining the African Language Review of Fourah Bay College (University of Sierra Leone) and the Journal of African Languages of Michigan State University). London.
AFLS	Annali della Facoltà di Lettere dell'Università di Siena. Siena.
AfO	Archiv für Orientforschung. Horn, Austria.
Africa	Africa. Journal of the International African Institute. London.
AfrLa	Afrique et Langage. Paris.
AfrLS	African Language Studies. London.
AfrM	Africana Marburgensia. Marburg.
AfrS	African Studies. Johannesburg.
AGI	Archivio Glottologico Italiano. Firenze.
AION	Annali, Istituto Orientale di Napoli. Napoli.
Aiōn	AIΩN. Annali del Seminario di Studi del Mondo Classico, Sezione linguistica (Istituto Universitario Orientale, Napoli). Pisa.
AION-R	Annali, Istituto Universitario Orientale, Sezione romanza. Napoli.
AION-S	Annali, Istituto Universitario Orientale, Sezione slava. Napoli.
AIV	Atti dell'Istituto Veneto di Scienze, Lettere ed Arti, Classe di scienze morali, lettere ed arti. Venezia.
AJA	American Journal of Archaeology. New York.
AJL	Australian Journal of Linguistics. St Lucia, Queensland, Australia.
AJPh	American Journal of Philology. Baltimore.
Akkadica	Akkadica. Périodique bimestriel de la Fondation Assyriologique Georges Dossin/Tweemaandelijks periodiek van de Assyriologische Stichting Georges Dossin. Bruxelles/Brussel.
AL	Acta Linguistica Hafniensia. International journal of structural linguistics. Copenhagen.
ALB	The Adyar Library Bulletin. Adyar, Madras, India.
ALH	Acta Linguistica Academiae Scientiarum Hungaricae. Budapest.
ALMA	Archivum Latinitatis Medii Aevi (Bulletin Du Cange). Leiden.
AlmÖAW	Almanach der Österreichischen Akademie der Wissenschaften. Wien.

PERIODICALS

Altertum	Das Altertum. Herausgegeben vom Zentralinstitut für Alte Geschichte und Archäologie der Akademie der Wissenschaften der DDR. Berlin.
AmA	American Anthropologist. Menasha, WI.
AMAT	Atti e Memorie dell'Accademia Toscana di Scienze e Lettere 'La Colombaria'. Firenze.
Amérindia	Amérindia. Revue d'ethnolinguistique amérindienne. Paris.
AMI	Archäologische Mitteilungen aus Iran. Berlin.
Amst	Amerikastudien. American studies (Amst). Vormals Jahrbuch für Amerikastudien. Eine Halbjahresschrift. Stuttgart.
AnAe	Annales Aequatoria. Mbandaka, Zaïre.
AnaL	Analecta Linguistica. Informational bulletin of linguistics. Nyelvtudományi információs közlemények. Budapest.
Anatolica	Anatolica. Annuaire international pour les civilisations de l'Asie antérieure. Leiden.
AnatS	Anatolian Studies. Journal of the British Institute of Archaeology at Ankara. London.
Anglia	Anglia. Zeitschrift für englische Philologie. Tübingen.
AnL	Anthropological Linguistics. Bloomington, Ind.
AnnMAfrC	Annales, Musée Royal de l'Afrique Centrale, Tervuren, Belgique. Série in 8°, Sciences humaines / Annalen, Koninklijk Museum voor Midden-Afrika, Tervuren, België. Reeks in 8°, Wetenschappen van de mens.
ANph	Acta Neophilologica. Ljubljana.
Anthropos	Anthropos. Revue internationale d'ethnologie et de linguistique / Internationale Zeitschrift für Völker- und Sprachenkunde. D-5205 St. Augustin.
ÅNVA	Årbok, Det Norske videnskaps-akademi i Oslo. Oslo.
AO	Archiv Orientální. Praha.
AOAT	Alter Orient und Altes Testament. Kevelaer & Neukirchen-Vluyn.
AÖAW	Anzeiger der Österreichischen Akademie der Wissenschaften. Philosophisch-historische Klasse. Wien.
AoF	Altorientalische Forschungen. Schriften zur Geschichte und Kultur des Alten Orients. Berlin (DDR).
AOH	Acta Orientalia Academiae Scientiarum Hungaricae. Budapest.
AP	Applied Psycholinguistics. Cambridge.
APhS	Acta Philologica Scandinavica. Tidsskrift for nordisk sprogforskning. Copenhagen.
APIL	Antwerp Papers in Linguistics. Wilrijk.
APILKU	Arbejdspapirer, udsendt af Institut for Lingvistik, Københavns Universitet. København.
APK	Aufsätze zur portugiesischen Kulturgeschichte (Portugiesische Forschungen der Görresgesellschaft, 1. Reihe). Münster, Westf.
Arabica	Arabica. Revue d'études arabes. Leiden.
Archipel	Archipel. Études interdisciplinaires sur le monde insulindien. Paris.
Archivum	Archivum. Revista de la Facultad de Filosofía y Letras, Universidad de Oviedo. Oviedo.
ArchL	Archivum Linguisticum. A review of comparative philology and general linguistics. New Series. Menston (Yorks.).
ArchV	Archiv für Völkerkunde. Wien.

PÉRIODIQUES

Arctos	Arctos. Acta philologica Fennica. Helsinki.
ARIPUC	Annual Report of the Institute of Phonetics of the University of Copenhagen. Copenhagen.
Arkiv	Arkiv för nordisk filologi. Lund.
ArsS	Ars semeiotica. International Journal of American Semiotic. Amsterdam.
AS	American Speech. New York.
ASAW	Abhandlungen der Sächsischen Akademie der Wissenschaften zu Leipzig. Philologisch-historische Klasse. Berlin.
ASE	Anglo-Saxon England. London.
ASEMI	Asie du Sud-Est et Monde Insulindien. Bulletin du Centre de Documentation et de Recherche (CeDRASEMI). Revue trimestrielle publiée par l'École Pratique des Hautes Études — Sorbonne, 6e section. Paris.
ASGM	Atti del Sodalizio Glottologico Milanese. Milano.
ASlPh	Anzeiger für slavische Philologie. Wiesbaden.
ASNP	Annali della Scuola Normale Superiore di Pisa. Lettere, storia e filosofia. Firenze.
ASNS	Archiv für das Studium der neueren Sprachen und Literaturen. Braunschweig.
AspSb	Aspirantski sbornik. V. Tărnovo.
AsS	Asiatische Studien / Études Asiatiques. Bern.
Athena	Ἀθηνᾶ. Σύγγραμμα περιοδικὸν τῆς ἐν Ἀθήναις Ἐπιστημονικῆς Ἑταιρείας. Athènes.
Athenaeum	Athenaeum. Studi periodici di letteratura e storia dell'antichità. Pavia.
'Atiqot	'Atiqot. English Series. Jerusalem.
AUC	Acta Universitatis Carolinae. Praha.
AUMCS	Annales Universitatis Mariae Curie-Skłodowska. Sectio F. Nauki filozoficzne i humanistyczne. Lublin.
AUMLA	AUMLA. Journal of the Australasian Universities Language and Literature Association. Epping, N.S.W.
AUNCHum	Acta Universitatis Nicolai Copernici, Nauki humanistyczno-społeczne. Toruń.
AUToul	Annales publiées par l'Université de Toulouse-Le Mirail. Toulouse.
AuÜ	Afrika und Übersee. Sprachen, Kulturen. Folge der Zeitschrift für Eingeborenen-Sprachen. Berlin (West).
AUW	Acta Universitatis Wratislaviensis. Wrocław.
AW	Anglica Wratislaviensia. Wrocław.
BAB	Académie Royale de Belgique, Bulletin de la Classe des Lettres et des Sciences morales et politiques. Bruxelles.
BAE	Boletín de la Real Academia Española. Madrid.
BALI	Bollettino dell'Atlante Linguistico Italiano. III serie. Torino.
Balkanistica	Balkanistica. A journal of Southeast European Studies. Columbus, OH.
BalkE	Balkansko ezikoznanie / Linguistique balkanique. Sofia.
BALM	Bollettino dell'Atlante Linguistico Mediterraneo. Venezia.
Baltistica	Baltistica. Baltų kalbų tyrinėjimai / Studies in Baltic linguistics. Vilnius.

PERIODICALS

Ba Shiru	Ba Shiru: A journal of African languages and literature. Madison, WI.
BASOR	Bulletin of the American Schools of Oriental Research. Philadelphia, PA.
BASP	The Bulletin of the American Society of Papyrologists. New York.
Bazmavep	Bazmavêp. Hayagitakan-banasirakan-grakan handês. Saint-Lazare, Venise.
BBCS	Bwletin y Bwrdd Gwybodau Celtaidd. The Bulletin of the Board of Celtic Studies. Cardiff.
BBGN	Brünner Beiträge zur Germanistik und Nordistik. Brno.
BCH	Bulletin de Correspondance Hellénique. Paris.
BCILA	Bulletin CILA. Organe de la Commission Interuniversitaire Suisse de Linguistique Appliquée. Neuchâtel.
BCSS	Bollettino, Centro di Studi filologici e linguistici siciliani. Palermo.
BCTD	Bulletin de la Commission Royale de Toponymie et de Dialectologie / Handelingen van de Koninklijke Commissie voor Toponymie en Dialectologie. Bruxelles.
BDC	Bulletin of the Deccan College Research Institute. Pune.
BDial	Bălgarska dialektologija. Sofia.
BE	Bălgarski ezik. Sofija.
BEDS	Beiträge zur Erforschung der deutschen Sprache. Leipzig.
BEFEO	Bulletin de l'École Française d'Extrême-Orient. Paris.
BEH	Banber Erevani Hamalsarani / Vestnik Erevanskogo Universiteta. Erevan.
BEL	Bălgarski ezik i literatura. Sofija.
BeLi	Belaruskaja linhvistyka. Minsk.
Belleten	Türk Tarih Kurumu, Belleten / Belleten, Revue publiée par la Société d'histoire turque. Ankara.
BF	Boletim de Filologia. Lisboa.
BFPhLL	Bibliothèque de la Faculté de Philosophie et Lettres de l'Université de Liège. Paris.
BhDZb	Bosanskohercegovački dijalektološki zbornik. Sarajevo.
BHi	Bulletin Hispanique, paraissant sous les auspices des Universités de Bordeaux, de Toulouse et de Poitiers. Bordeaux.
BHS	Bulletin of Hispanic Studies. Liverpool.
Biblica	Biblica. Commentarii periodici Pontificii Instituti Biblici. Roma.
BICS	Bulletin of the Institute of Classical Studies of the University of London. London.
BIFAN	Bulletin de l'Institut Fondamental d'Afrique Noire. Série B: Sciences humaines. Dakar.
BIHP	Bulletin of the Institute of History and Philology, Academia Sinica. Taipei (Taiwan).
BiOr	Bibliotheca Orientalis. Leiden.
BK	Bedi Kartlisa. Revue de Kartvélologie. Paris.
BKI	Bijdragen tot de Taal-, Land- en Volkenkunde, uitgegeven door het Koninklijk Instituut voor Taal-, Land- en Volkenkunde, Leiden.
BL	Bibliographie Linguistique publiée par le Comité International Permanent des Linguistes / Linguistic Bibliography ...
BLLL	Bulletin de la Section de Linguistique de la Faculté des Lettres de Lausanne. Lausanne.

PÉRIODIQUES

BMGS	Byzantine and Modern Greek Studies. Oxford.
BMJ	The Brunei Museum Journal. Brunei.
BMov	Belaruskaja mova. Minsk.
BNF	Beiträge zur Namenforschung. Neue Folge. Heidelberg.
BPTJ	Biuletyn polskiego towarzystwa językoznawczego / Bulletin de la Société polonaise de Linguistique. Wrocław & Kraków.
BRB	Borneo Research Bulletin. Williamsburg, VA.
BRHi	Biblioteca Románica Hispánica. Madrid.
Britannia	Britannia. A Journal of Romano-British and Kindred Studies. London.
BRJL	Bulletin ruského jazyka a literatury. Praha.
BRPh	Beiträge zur romanischen Philologie. Berlin (DDR).
BRus	Bolgarskaja rusistika. Sofija.
BSE	Brno Studies in English. Brno.
BSL	Bulletin de la Société de Linguistique de Paris. Paris.
BSOAS	Bulletin of The School of Oriental and African Studies, University of London. London.
BStudLat	Bollettino di Studi Latini. Periodico quadrimestrale d'informazione bibliografica. Napoli.
Byzantion	Byzantion. Revue internationale des études byzantines. Bruxelles.
Byzsl	Byzantinoslavica. Revue internationale des études byzantines. Prague.
ByzZ	Byzantinische Zeitschrift. München.
BZ	Biblische Zeitschrift. Neue Folge. Paderborn.
CAJ	Central Asiatic Journal. Wiesbaden.
CASS	Canadian-American Slavic Studies. Pittsburgh.
CAnthr	Current Anthropology: a world journal of the sciences of man. Chicago.
CBQ	Catholic Biblical Quarterly. Washington, D.C.
CCM	Cahiers de civilisation médiévale. Poitiers.
CdE	Chronique d'Égypte. Bulletin périodique de la Fondation Égyptologique Reine Élisabeth. Bruxelles.
Ce Fastu?	Ce Fastu? Rivista della Società Filologica Friulana. Udine.
CEL	Cadernos de Estudos Lingüísticos. Campinas, Brasil.
Celtica	Celtica. Dublin.
C&M	Classica et Mediaevalia. Revue danoise de philologie et d'histoire. Copenhague.
CER	Cahiers d'Études Romanes. Aix-en-Provence.
CFC	Cuadernos de Filología Clásica. Madrid.
CFS	Cahiers Ferdinand de Saussure. Genève.
CIFU IV	Congressus quartus Internationalis Fenno-Ugristarum. [Cf. 121-3].
CIHi	Actas del . . . Congreso Internacional de Hispanistas. [Cf. 101].
CILL	Cahiers de l'Institut de Linguistique, Université Catholique de Louvain.
CILT	Current Issues in Linguistic Theory. Amsterdam.
CiPL	Classics in Psycholinguistics. Amsterdam.
CIRL	Cahiers Ivoiriens de Recherche Linguistique. Abidjan, Côte-d'Ivoire.

PERIODICALS

CJL	Canadian Journal of Linguistics / Revue Canadienne de Linguistique. Toronto.
ČJLit	Český jazyk a literatura. Praha.
CJŠ	Cizí jazyky v škole. Praha.
CLex	Cahiers de Lexicologie. Paris.
CLF	Cahiers de linguistique française. Genève.
CLHM	Cahiers de Linguistique Hispanique Médiévale, publiés par le Séminaire d'Études Médiévales Hispaniques de l'Université de Paris-XIII.
CLing	Cercetări de Lingvistică. Cluj.
ČLit	Česká literatura. Praha.
CLO	Cahiers Linguistiques d'Ottawa. Ottawa.
CLTA	Cahiers de linguistique théorique et appliquée. Bucarest.
CLUQ	Cahiers de Linguistique, Département de Linguistique de l'Université du Québec à Montréal.
CMCS	Cambridge Medieval Celtic Studies. Leamington Spa, Warwickshire, England.
ČMF	Časopis pro moderni filologii. (Annexe à *PhP*).
ČMM	Časopis Matice moravské. Brno.
CPh	Classical Philology. Chicago.
CQ	The Classical Quarterly. New Series. London.
CR	The Classical Review. New Series. London.
CRAI	Comptes Rendus de l'Académie des Inscriptions et Belles-Lettres. Paris.
Cratyle	Cratyle. Cahiers de recherches en linguistique d'enseignement du grec. Aix-en-Provence.
ČRus	Československá rusistika. Časopis pro jazyky a literatury slovanských národů. Praha.
CSCA	California Studies in Classical Antiquity. Berkeley & Los Angeles.
ČsInf	Československá informatika. Praha.
CSlP	Canadian Slavonic Papers. Revue canadienne des slavistes. Ottawa.
ČsPsych	Československá psychologie. Praha.
CultNeol	Cultura Neolatina. Bollettino dell'Istituto di Filologia Romanza della Università di Roma. Modena.
DAb	Dissertation Abstracts International. Abstracts of dissertations available on microfilm or as xerographic reproductions. A. The Humanities and Social Sciences. Ann Arbor, MI.
DAEM	Deutsches Archiv für die Erforschung des Mittelalters. Köln.
DB	Dewan Bahasa. Kuala Lumpur.
DF	Danske Folkemaal. København.
DHA	Diálogos Hispánicos de Amsterdam. Amsterdam.
DialL	Dialektnaja leksika. Leningrad [Cf. 11804].
DmB	Driemaandelijkse Bladen voor taal en volksleven in het Oosten van Nederland. Nieuwe serie. Groningen.
DQR	Dutch Quarterly Review of Anglo-American Letters. Amsterdam.
DS	Danske Studier. København.
DSp	Deutsche Sprache. Zeitschrift für Theorie, Praxis, Dokumentation. Berlin (West).

PÉRIODIQUES

DVLG	Deutsche Vierteljahrsschrift für Literaturwissenschaft und Geistesgeschichte. Stuttgart.
DW	Les Dialectes de Wallonie. Liège.
EAZ	Ethnographisch-archäologische Zeitschrift. Berlin (DDR).
EC	Études Celtiques. Paris.
EdF	Erträge der Forschung. Darmstadt.
EdR	L'Enseignement du Russe. Paris.
EEAth	Ἐπιστημονικὴ Ἐπετηρὶς τῆς Φιλοσοφικῆς Σχολῆς τοῦ Πανεπιστημίου Ἀθηνῶν. Athènes.
EFil	Estudios Filológicos. Publicación de la Facultad de Letras y Educación de la Universidad Austral de Chile. Valdivia, Chile.
EFOu	Études finno-ougriennes. Paris / Budapest.
EGerm	Études Germaniques. Revue trimestrielle de la Société des Études Germaniques. Paris.
EIE	Études indo-européennes. Lyon.
Éigse	Éigse. A Journal of Irish Studies. Dublin.
EIKJa	Iberiul-k'avk'asiuri enatmecnierebis c'elic'deuli / Ežegodnik iberijsko-kavkazskogo jazykoznanija / Annual of Ibero-Caucasian Linguistics. Tbilisi.
Eirene	Eirene. Studia Graeca et Latina. Praha.
EIRJa	Ètimologičeskie issledovanija po russkomu jazyku. Moskva.
EL	Ezik i literatura. Sofija.
ELing	Études Linguistiques. Revue du Département de Linguistique de l'Université de Niamey, Niger.
Em	Emérita. Boletin de lingüística y filología clásica. Madrid.
EMong	Études mongoles . . . et sibériennes. Nanterre.
Enchoria	Enchoria. Zeitschrift für Demotistik und Koptologie. Wiesbaden.
Eos	Eos. Commentarii Societatis Philologicae Polonorum. Wrocław.
Eranos	Eranos. Acta philologica Suecana. Stockholm.
ERB	Études romanes de Brno. Praha. (13, 1982 = *SFFBU* L 3).
ErIs	Eretz-Israel. Archaeological, historical and geographical studies. Jerusalem.
Ériu	Ériu. Founded as the Journal of the School of Irish Learning devoted to Irish philology and literature. Dublin.
ES	English Studies. A Journal of English Letters and Philology. Amsterdam.
ESA	Emakeele Seltsi Aastaraamat. Tallinn.
Ètimologija	Ètimologija. Moskva. [Cf. 342].
Euphrosyne	Euphrosyne. Revista de filologia clássica. Lisboa.
FČ	Filozofický Časopis. Praha.
FdL	Forum der Letteren. Muiderberg.
FI	Forum Italicum. A quarterly of Italian studies. Austin, Texas.
FilM	Filologia Moderna. Facoltà di Lingue e Letterature straniere della Università di Trieste, Sede di Udine.
Filología	Filología. Buenos Aires.
Filologija	Filologija. Časopis Razreda za filologiju Jugoslavenske akademije znanosti i umjetnosti. Zagreb.
Filozofia	Filozofia. Bratislava.

PERIODICALS

FilS	Filologické studie. Sborník Pedagogické fakulty University Karlovy v Praze. Praha. [Cf. 10801].
FIPKM	Institut für Phonetik und sprachliche Kommunikation der Universität München, Forschungsberichte / Working Papers. München.
FLing	Forum Linguisticum. Lake Bluff, Ill.
FLŁ	Folia Linguistica. Acta Universitatis Lodziensis. Łódź.
FLV	Fontes linguae Vasconum, Studia et documenta. Pamplona.
FM	Le Français Moderne. Paris.
FMLS	Forum for Modern Language Studies. St. Andrews, Scotland.
FmS	Frühmittelalterliche Studien. Jahrbuch des Instituts für Frühmittelalterforschung der Universität Münster. Berlin.
FO	Folia Orientalia. Revue des études orientales. Kraków.
FoL	Folia linguistica. Acta Societatis Linguisticae Europaeae. The Hague.
FoLH	Folia Linguistica Historica. Acta Societatis Linguisticae Europaeae. The Hague.
Fornvännen	Fornvännen. Tidskrift för svensk antikvarisk forskning. Stockholm.
FoS	Foundations of Semiotics. Amsterdam.
FoSl	Folia Slavica. Columbus, Ohio.
FR	The French Review. Journal of the American Association of Teachers of French. Baltimore, MD.
FrN	De Franse Nederlanden. Les Pays-Bas français. Jaarboek uitgegeven door de Stichting Ons Erfdeel. B-8530 Rekkem.
FS	French Studies. Oxford.
FUF	Finnisch-ugrische Forschungen. Zeitschrift für finnisch-ugrische Sprach- und Volkskunde. Helsinki.
FUM	Finnisch-ugrische Mitteilungen. Hamburg.
FUS	Fenno-Ugrica Suecana. Tidskrift för finsk-ugrisk forskning i Sverige. Journal of Finno-Ugric research in Sweden. Uppsala.
GABiH	Godišnjak, Akademija nauka i umjetnosti Bosne i Hercegovine. / Annuaire, Académie des sciences et des arts de Bosnie-Herzégovine. Sarajevo.
Georgica	Georgica. Veröffentlichung der Friedrich-Schiller-Universität Jena und der Staatlichen Georgischen Universität Tbilissi.
Germanistik	Germanistik. Internationales Referatenorgan mit bibliographischen Hinweisen. Tübingen.
GermL	Germanistische Linguistik. Berichte aus dem Forschungsinstitut für deutsche Sprache, Marburg/Lahn. Hildesheim.
GermP	Germanistica Pragensia. Praha.
GGA	Göttingische Gelehrte Anzeigen. Göttingen.
GIF	Giornale Italiano di Filologia. Roma.
GjJ	Gjuha jonë. Tiranë.
GK	Gengo Kenkyū (Journal of the Linguistic Society of Japan). Tokyo.
GL	General Linguistics. University Park, Pa.
GLECS	Comptes rendus du Groupe Linguistique d'Études Chamito-Sémitiques. Paris.
GLL	German Life and Letters. A quarterly review. Oxford.

PÉRIODIQUES

Glossa	Glossa. A Journal of Linguistics. Burnaby, B.C.
Glot	Glot. Leids taalkundig bulletin. Voorschoten.
Glotta	Glotta. Zeitschrift für griechische und lateinische Sprache. Göttingen.
GLP	Graecolatina Pragensia. Praha.
GLS	Grazer Linguistische Studien. Graz.
GnK	Gengo no kagaku. / Sciences of Language. The journal of the Tokyo Institute for Advanced Studies of Language. Tokyo.
Gnomon	Gnomon. Kritische Zeitschrift für die gesamte klassische Altertumswissenschaft. München.
Gramma	Gramma. Nijmeegs tijdschrift voor taalkunde. Nijmegen.
GrB	Grazer Beiträge. Zeitschrift für die klassische Altertumswissenschaft. Amsterdam.
GRBS	Greek, Roman and Byzantine Studies. Durham, NC.
GRM	Germanisch-Romanische Monatschrift. Neue Folge. Heidelberg.
GSlav	Germano-Slavica. A Canadian journal of Germanic and Slavic comparative studies. Waterloo, Ontario.
GSLI	Giornale Storico della Letteratura Italiana. Torino.
GSU-KNF	Godišnik na Sofijskija Universitet, Fakultet po klasičeski i novi filologii. Sofija.
GSU-SF	Godišnik na Sofijskija Universitet, Fakultet po slavjanski filologii. Sofija.
GUP	Georgetown University Papers on Language and Linguistics. Washington, DC.
GUWP	Georgetown University Working Papers on Languages and Linguistics. Washington, DC.
GVPIŠumen	Godišnik na Visšija pedagogičeski institut v Šumen. Sofija.
GW	Germanica Wratislaviensia. Wrocław.
Gymnasium	Gymnasium. Zeitschrift für Kultur der Antike und humanistische Bildung. Heidelberg.
GZb	Godišen zbornik / Annuaire. Filološki fakultet na Univerzitetot. Skopje.
HA	Handês amsôreay. Hayagitakan owsowmnat^{c}ert^c / Handes Amsorya. Zeitschrift für armenische Philologie. Wien.
Habis	Habis. Arqueología, filología clásica. Sevilla.
HandNFC	Handelingen van het Nederlands Filologencongres. Groningen.
HandVlFC	Handelingen van het Vlaams Filologencongres. Leuven.
HAR	Hebrew Annual Review. Columbus, Ohio.
HDZb	Hrvatski dijalektološki zbornik. Zagreb.
Hellenika	Ἑλληνικά. Φιλολογικὸν, ἱστορικὸν καὶ λαογραφικὸν περιοδικὸν σύγγραμμα. Thessalonique.
Helmantica	Helmantica. Revista de humanidades clásicas. Salamanca.
Hermathena	Hermathena. A Dublin University Review. Dublin.
Hermes	Hermes. Zeitschrift für klassische Philologie. Wiesbaden.
HG	Historická geografie. Praha.
HHH	Haykazean Hayagitakan Handês / Haigazian Armenological Review. Beirut.
Hispania	Hispania. A Journal devoted to the interests of the Teaching of Spanish and Portuguese. Worcester, MA.

PERIODICALS

HJAS	Harvard Journal of Asiatic Studies. Cambridge, MA.
HL	Historiographia Linguistica. International Journal for the History of Linguistics. Amsterdam.
Homme	L'Homme. Revue française d'anthropologie. Paris & La Haye.
HR	Hispanic Review. Philadelphia.
HSPh	Harvard Studies in Classical Philology. Cambridge, MA.
HUCA	Hebrew Union College Annual. Cincinnati.
HZnMTL	Handelingen van de Koninklijke Zuidnederlandse Maatschappij voor Taal- en Letterkunde en Geschiedenis. Brussel-8.
IA	Iranica Antiqua. Gent.
IAP	Ibero-Americana Pragensia. Anuario del Centro de Estudios de la Universidad Carolina de Praga. Praha.
IBK	Innsbrucker Beiträge zur Kulturwissenschaft. Innsbruck.
IbRom	Ibero-Romania. Zeitschrift für die iberoromanischen Sprachen und Literaturen in Europa und Amerika. Tübingen.
IBS	Innsbrucker Beiträge zur Sprachwissenschaft. Innsbruck.
ICS	Illinois Classical Studies. Chico, CA.
ID	L'Italia Dialettale. Pisa.
IdF	Impulse der Forschung. Darmstadt.
IEJ	Israel Exploration Journal. Jerusalem.
IF	Indogermanische Forschungen. Zeitschrift für Indogermanistik und allgemeine Sprachwissenschaft. Berlin (West).
IFŽ	Patma-banasirakan Handes / Istoriko-filologičeskij žurnal Akademii nauk Armjanskoj SSR. Erevan.
IIJ	Indo-Iranian Journal. Dordrecht & Boston.
IJAL	International Journal of American Linguistics. Chicago.
IJDL	International Journal of Dravidian Linguistics. Trivandrum, India.
IJL	Indian Journal of Linguistics. Praci-bhasha-vijnan. Calcutta.
IJPs	International Journal of Psycholinguistics. The Hague.
IJSL	International Journal of the Sociology of Language. The Hague.
IJSLP	International Journal of Slavic Linguistics and Poetics. Columbus, OH.
IKE	Iberiul-k'avk'asiuri enatmecniereba. Iberijsko-kavkazskoe jazykoznanie. Tbilisi.
IL	Indian Linguistics. Journal of the Linguistic Society of India. Punc.
IM	Instanbuler Mitteilungen. Deutsches Archäologisches Institut, Abteilung Istanbul. Tübingen.
IndT	Indologica Taurinensia. Torino.
InFil	Inozemna filolohija / Inostrannaja filologija. L'viv.
InL	Incontri Linguistici. Trieste.
IOS	Israel Oriental Studies. Tel Aviv.
IPKölnB	Institut für Phonetik der Universität Köln, Berichte. Köln.
IRAL	IRAL. International Review of Applied Linguistics in Language Teaching / Internationale Zeitschrift für angewandte Linguistik in der Spracherziehung. Heidelberg.
Iran	Iran. Journal of the British Institute of Persian Studies. London.
Iraq	Iraq. Published by the British School of Archaeology in Iraq. London.
Irian	Irian. Bulletin of Irian Jaya Development. Abepura, Jayapura, Irian Jaya, Indonesia.

PÉRIODIQUES

IRSL	International Review of Slavic Linguistics. Edmonton, Alberta.
IS	Italian Studies. Cambridge.
Islam	Der Islam. Zeitschrift für Geschichte und Kultur des Islamischen Orients. Berlin.
Italica	Italica. The Quarterly Bulletin of the American Association of Teachers of Italian. New York.
It Beaken	It Beaken. Tydskrift fan de Fryske Akademy. Ljouwert/Leeuwarden.
ITL	ITL. Review of Applied Linguistics. Louvain (Belgium).
ItS	Italienische Studien. Wien.
IzvAN	Izvestija Akademii Nauk SSSR, Serija literatury i jazyka. Moskva.
IzvIBE	Izvestija na Instituta za bălgarski ezik. Sofija.
JA	Journal Asiatique. Paris.
JALL	Journal of African Languages and Linguistics. Dordrecht.
JANES	Journal of the Ancient Near Eastern Society of Columbia University. New York.
JanL	Janua linguarum. The Hague.
JAOS	Journal of the American Oriental Society. New Haven, Conn.
JASt	The Journal of Asian Studies. New York.
JazA	Jazykovědné aktuality. Zpravodaj Jazykovědného sdruženi při Československé akademii věd. Praha.
JBalS	Journal of Baltic Studies. Brooklyn, NY.
JbAWL	Jahrbuch der Akademie der Wissenschaften und der Literatur in Mainz. Wiesbaden.
JbBAW	Jahrbuch der Bayerischen Akademie der Wissenschaften. München.
JbIG	Jahrbuch für Internationale Germanistik. Bern.
JbKNA	Jaarboek der Koninklijke Nederlandse Akademie van Wetenschappen, Amsterdam.
JBL	Journal of Biblical Literature. Chico, CA.
JbMNL	Jaarboek van de Maatschappij der Nederlandse Letterkunde te Leiden. Leiden.
JbÖByz	Jahrbuch der Österreichischen Byzantinistik. Wien.
JByelS	The Journal of Byelorussian Studies. London.
JČ	Jazykovedný časopis. Bratislava.
JChL	Journal of Child Language. London.
JCL	Journal of Chinese Linguistics. Berkeley, CA.
JCS	Journal of Cuneiform Studies. Cambridge, MA.
JdS	Journal des Savants. Paris.
JEA	The Journal of Egyptian Archaeology. London.
JEGP	The Journal of English and Germanic Philology. Urbana, IL.
JEL	Journal of English Linguistics. Bellingham, WA.
JEOL	Jaarbericht van het Vooraziatisch-Egyptisch Genootschap "Ex Oriente Lux" / Annuaire de la Société "Ex Oriente Lux". Leiden.
Jezik	Jezik. Časopis za kulturu hrvatskoga književnog jezika. Zagreb.
JHS	The Journal of Hellenic Studies. London.
JIES	The Journal of Indo-European Studies. Hattiesburg, Miss.
JIL	Journal of Italian Linguistics. Dordrecht (Netherlands).
JIPA	Journal of the International Phonetic Association (formerly *Le Maître Phonétique*). London.

PERIODICALS

JiS	Jezik i slovstvo. Ljubljana.
JL	Journal of Linguistics. Cambridge.
JNES	Journal of Near Eastern Studies. Chicago.
JNSL	Journal of Northwest Semitic Languages. Stellenbosch, South Africa.
JOIB	Journal of the Oriental Institute, M.S. University of Baroda. Baroda (India).
JOS	Języki obce w szkole. Warszawa.
JP	Język Polski. Organ Towarzystwa Miłośników Języka Polskiego. Kraków.
JPhon	Journal of Phonetics. London & New York.
JPrag	Journal of Pragmatics. An interdisciplinary quarterly of language studies. Amsterdam.
JPS	The Journal of the Polynesian Society. Wellington, N.Z.
JR	Język Rosyjski. Warszawa.
JRAS	Journal of the Royal Asiatic Society of Great Britain and Ireland. London.
JRS	The Journal of Roman Studies. London.
JŠ	Jazykovedné štúdie. Bratislava [Cf. 11270].
JSAfr	Journal des Africanistes. Paris.
JSAm	Journal de la Société des Américanistes. Nouvelle série. Paris.
JSFOu	Suomalais-ugrilaisen seuran aikakakauskirja / Journal de la Société Finno-ougrienne. Helsinki.
JslF	Južnoslovenski Filolog. Beograd.
JSOc	Journal de la Société des Océanistes. Paris.
JSS	Journal of Semitic Studies. Manchester.
JSSS	Jugoslavenski seminar za strane slaviste. Beograd [Cf. 10354-5].
JThS	The Journal of Theological Studies. New Series. London.
JWAL	The Journal of West African Languages. Ibadan, Nigeria.
Kadmos	Kadmos. Zeitschrift für vor- und frühgriechische Epigraphik. Berlin (West).
Kalbotyra	Kalbotyra. Lietuvos TSR Aukštųjų mokyklų mokslo darbai / Jazykoznanie. Učenye zapiski Vysšich učebnych zavedenij Litovskoj SSR. Vilnius.
KBGL	Kopenhagener Beiträge zur germanistischen Linguistik. Kopenhagen.
KBS	Klagenfurter Beiträge zur Sprachwissenschaft. Klagenfurt.
Kiabàrà	Kiabàrà. Journal of humanities. University of Port Harcourt, Nigeria.
Kivung	Kivung. Journal of the Linguistic Society of Papua New Guinea. Port Moresby.
KjK	Keel ja Kirjandus. Eesti NSV Teaduste Akadeemia ja Eesti NSV Kirjanike Liidu ajakiri. Tallinn.
Klio	Klio. Beiträge zur alten Geschichte. Berlin (DDR).
KLit	Kritikon Litterarum. Internationale Rezensionszeitschrift für Romanistik, Slavistik, Anglistik/Amerikanistik und für Linguistik. Darmstadt.
KNf	Kwartalnik Neofilologiczny. Warszawa.
KnJ	Knijževni jezik. Sarajevo.

PÉRIODIQUES

Kokalos	Κώκαλος. Studi pubblicati dall'Istituto di Storia Antica dell'Università di Palermo. Roma.
Kratylos	Kratylos. Kritisches Berichts- und Rezensionsorgan für indogermanische und allgemeine Sprachwissenschaft. Wiesbaden.
KS	Kultúra slova. Bratislava.
KV	Kalevalaseuran Vuosikirja. Helsinki.
KVI	Knižnice a vedecké informácie. Martin.
KwO	Kwartalnik Opolski. Opole.
KZ	Zeitschrift für vergleichende Sprachforschung auf dem Gebiete der indogermanischen Sprachen, begründet von A. Kuhn. Göttingen.
LA	Linguistische Arbeiten. Tübingen.
L&C	Language & Communication. An interdisciplinary journal. Oxford.
LACUS	The ... LACUS Forum, Linguistic Association of Canada and the United States [Cf. 148-149].
LAL	Language and Linguistics: Working Papers. Washington, DC.
LAMA	Centre de Recherches comparatives sur les langues de la Méditerranée ancienne. Documents. Nice.
Lampas	Lampas. Tijdschrift voor Nederlandse classici. Muiderberg.
LAn	Linguistic Analysis. New York.
Langages	Langages. Paris.
LAnt	Linguistica Antverpiensia. Antwerpen.
LaPh	Linguistics and Philosophy. An International Journal. Dordrecht (Netherlands).
L&S	Language and Speech. Teddington, Middlesex, England.
Latomus	Latomus. Revue d'études latines. Bruxelles.
LB	Leuvense Bijdragen. Tijdschrift voor Germaanse filologie. Leuven.
LBer	Linguistische Berichte. Braunschweig.
LbR	Limba Română. București.
LEA	Lingüística Española Actual. Madrid.
LEC	Les Études Classiques, Namur.
L&H	Le langage et l'homme. Centre de documentation et d'étude des problèmes du langage. Bruxelles.
LeL	Linguistica e Letteratura. Pisa.
Lengas	Lengas. Revue de sociolinguistique. Montpellier.
LeSt	Lingua e Stile. Quaderni dell'Istituto di Glottologia dell'Università degli Studi di Bologna. Bologna.
Lexique	Lexique. Lille.
Lexis	Lexis. Revista de lingüística y literatura. Lima, Perú.
LF	Listy filologické. Praha.
LFr	Langue Française. Paris.
Lg	Language. Journal of the Linguistic Society of America. Baltimore.
LHG	Lrabar hasarakakan gitowt^{c}yownneri, Haykakan SSH Gitowt^{c}yownneri Akademia / Vestnik obščestvennych nauk, Akademija Nauk Armjanskoj SSR. Erevan.
LiK	Literatūra ir kalba. Vilnius.
LIn	Linguistic Inquiry. Cambridge, MA.

PERIODICALS

Ling	Linguistica. Ljubljana.
Lingua	Lingua. International Review of General Linguistics. Amsterdam.
Linguistics	Linguistics. An international review. The Hague.
Linguistique	La Linguistique. Revue de la Société internationale de linguistique fonctionnelle. Paris.
LInv	Lingvisticae Investigationes. Revue Internationale de Linguistique Française et de Linguistique Générale. Amsterdam.
LiS	Language in Society. London.
Lituanus	Lituanus. The Lithuanian Quarterly. Chicago.
LKK	Lietuvių kalbotyros klausimai / Voprosy litovskogo jazykoznanija. Vilnius.
LLL	Longman Linguistics Library. London.
LLSEE	Linguistic and Literary Studies in Eastern Europe. Amsterdam.
LM	Linguistic Models. Dordrecht.
LMAD	Lietuvos TSR Mokslų Akademijos Darbai, Serija A. / Trudy Akademii Nauk Litovskoj SSR, Serija A. Vilnius.
LMNf	Lubelskie Materiały Neofilologiczne. Lublin.
LN	Lingua Nostra. Firenze.
LOH	Lezvi ev oči harcᶜer/Voprosy jazyka i stilja. Erevan.
LPosn	Lingua Posnaniensis. Czasopismo poświęcone językoznawstwu porównawczemu i ogólnemu. Poznań.
LRev	The Linguistic Review. Dordrecht.
LSE	Leeds Studies in English. New Series. Leeds.
LT	Levende Talen. Groningen.
LUS	Language Universals Series. Tübingen.
LyC	Lenguaje y Ciencias.Trujillo, Perú.
MA	Le Moyen Age. Revue d'histoire et de philologie. Bruxelles.
MAev	Medium Ævum. Oxford.
Maia	Maia. Rivista di letterature classiche. Bologna.
MDAI(K)	Mitteilungen des Deutschen Archäologischen Instituts, Abteilung Kairo. Mainz.
MedRom	Medioevo Romanzo. Napoli.
MEFRA	Mélanges de l'École Française de Rome, Antiquité. Rome.
MelbSS	Melbourne Slavonic Studies. The organ of the Australia and New Zealand Slavists' Association. Parkville, Victoria.
MGS	Michigan Germanic Studies. An interdisciplinary journal of Germanic studies. Ann Arbor.
MH	Museum Helveticum. Schweizerische Zeitschrift für klassische Altertumswissenschaft / Revue suisse pour l'étude de l'antiquité classique. Basel.
Minos	Minos. Revista de filologia egea. Salamanca.
MJ	Makedonski jazik. Skopje.
MKNA	Mededelingen van de Koninklijke Nederlandse Akademie van Wetenschappen, afdeling Letterkunde. Nieuwe Reeks. Amsterdam.
MLatJb	Mittellateinisches Jahrbuch. Stuttgart.
MLing	Modèles linguistiques. Lille.
MLN	MLN. Founded in 1886 as Modern Language Notes. Baltimore.
MLR	The Modern Language Review. Cambridge.
MM	Maal og Minne. Oslo.

PÉRIODIQUES

Mn	Mnemosyne. Bibliotheca Philologica Batava. Leiden.
MNCDN	Mededelingen van de Nijmeegse Centrale voor dialect- en naamkunde. Assen.
MNy	Magyar Nyelv. Budapest.
MongS	Mongolian Studies. Journal of the Mongolian Society. Bloomington, Ind.
Mov	Movoznavstvo. Kyjiv.
MPh	Modern Philology. Chicago.
MPhL	Museum philologum Londiniense. Amsterdam.
MScan	Mediaeval Scandinavia. Odense.
MSFOu	Suomalais-ugrilaisen seuran toimituksia / Mémoires de la Société Finno-ougrienne. Helsinki.
MSpråk	Moderna Språk. Stockholm.
MSS	Münchener Studien zur Sprachwissenschaft. München.
MSŞFLA	Memoriile Secţiei de ştiinţe filologice, literatură şi arte, Academia Republicii Socialiste România. Seria IV. Bucureşti.
MTurc	Materialia Turcica. Bochum.
Mu	Muttersprache. Zeitschrift zur Pflege und Erforschung der deutschen Sprache. Wiesbaden.
Muséon	Le Muséon. Revue d'études orientales. Louvain.
MZB	Münchner Zeitschrift für Balkankunde. München.
NAA	Narody Azii i Afriki. Istorija, ékonomika, kul'tura. Moskva.
Naamkunde	Naamkunde. Mededelingen van het Instituut voor Naamkunde te Leuven en de Commissie voor Naamkunde en Nederzettingsgeschiedenis te Amsterdam. Leuven.
Names	Names. Journal of the American Name Society. Potsdam, NY.
NAWG	Nachrichten von der Akademie der Wissenschaften in Göttingen, Philologisch-historische Klasse. Göttingen.
NDVŠ-F	Naučnye doklady Vysšej školy, Filologičeskie nauki. Moskva.
NdW	Niederdeutsches Wort. Münster, Westf.
NELS	Proceedings of the . . . Annual Meeting of the North Eastern Linguistic Society. Ottawa. [Cf. 174].
NfrJb	Nordfriesisches Jahrbuch. Bräist / Bredstedt.
NJ	Naš Jezik. Nova serija. Beograd.
NJb	Niederdeutsches Jahrbuch. Jahrbuch des Vereins für niederdeutsche Sprachforschung. Neumünster.
NJL	Nordic Journal of Linguistics. Oslo.
NoB	Namn och Bygd. Tidskrift för nordisk ortnamnsforskning. Uppsala.
NORNA	NORNA-rapporter. Uppsala: Nordiska samarbetskommittén för namnforskning.
Nové obzory	Nové obzory. Společenskovedný sborník východného Slovenska. Košice.
Nph	Neophilologus. Groningen.
NphM	Neuphilologische Mitteilungen / Bulletin de la Société néophilologique de Helsinki. Helsinki.
NŘ	Naše řeč. Praha.
NRFH	Nueva Revista de Filología Hispánica. México.
NsvS	Nysvenska Studier. Tidskrift för svensk stil- och språkforskning. Uppsala.

PERIODICALS

NT	Novum Testamentum. An international quarterly for New Testament and related studies. Leiden.
NTg	De Nieuwe Taalgids. Groningen.
NTPlovdiv	Naučni trudove. Plovdivski universitet "Paisij Chilendarski". Plovdiv.
NTStud	New Testament Studies. London.
Nusa	Nusa. Linguistic Studies in Indonesian and Languages in Indonesia. Jakarta.
NyIrK	Nyelv- és Irodalomtudományi Közlemények. Koloszvár (Cluj).
NyK	Nyelvtudományi Közlemények. A Magyar Tudományos Akadémia nyelvtudományi bizottságának megbízásából. Budapest.
Nyr	Magyar Nyelvőr. Budapest.
OA	Oriens Antiquus. Rivista del Centro per le antichità e la storia della arte del Vicino Oriente. Roma.
Oceania	Oceania. A Journal devoted to the Study of the Native Peoples of Australia, New Guinea and the Islands of the Pacific Ocean. Sydney.
OCP	Orientalia Christiana Periodica. Roma.
OE	Oriens Extremus. Zeitschrift für Sprache, Kunst und Kultur der Länder des Fernen Ostens. Wiesbaden.
OL	Oceanic Linguistics. Honolulu, Hawaii.
OLA	Obščeslavjanskij lingvističeskij atlas. Materialy i issledovanija. Moskva. [Cf. 9870].
OLP	Orientalia Lovaniensia Periodica. Leuven.
OLZ	Orientalistische Literaturzeitung. Berlin (DDR).
OnJug	Onomastica Jugoslavica. Zagreb [Cf. 164 & 235].
Onoma	Onoma. Bibliographical and information bulletin, International Committee of Onomastic Sciences / Bulletin d'information et de bibliographie. Leuven (Belgium).
Onomastica	Onomastica. Pismo poświęcone nazewnictwu geograficznemu i osobowemu. Wrocław.
OnPril	Onomatološki prilozi. / Contributions onomatologiques. Beograd.
OnSG	Onomastica Slavogermanica. [Cf. 376].
Or	Orientalia. Commentarii periodici Pontificii Instituti Biblici. Nova Series. Roma.
Orbis	Orbis. Bulletin international de documentation linguistique. Louvain.
Oriens	Oriens. Journal of the International Society for Oriental Research. Leiden.
OS	Orientalia Suecana. Stockholm.
OSlP	Oxford Slavonic Papers. London.
OsUÅ	Ortnamnssällskapets i Uppsala Årsskrift. Uppsala.
P&B	Pragmatics & Beyond: An interdisciplinary series of language studies. Amsterdam.
Paideia	Paideia. Rivista letteraria di informazione bibliografica. Brescia.
Palaeobulg	Palaeobulgarica. Starobălgaristika. Sofija.
Pallas	Pallas. Revue d'études antiques. Toulouse.
PamL	Pamiętnik Literacki. Czasopismo kwartalne poświęcone historii i krytyce literatury polskiej. Warszawa.

PÉRIODIQUES

PAusL	Papers in Australian Linguistics. Canberra.
PBA	Proceedings of the British Academy. London.
PBB	Beiträge zur Geschichte der deutschen Sprache und Literatur. Tübingen.
PBI	Majalah Pembinaan Bahasa Indonesia. Jakarta.
PBLS	Proceedings of the . . . Annual Meeting of the Berkeley Linguistics Society. Berkeley, CA. [Cf. 173].
PBML	The Prague Bulletin of Mathematical Linguistics, Praha.
PCLS	Papers from the . . . Regional Meeting of the Chicago Linguistic Society.
PEQ	Palestine Exploration Quarterly. London.
PF	Prace Filologiczne. Warszawa.
Philologia	Philologia. Filologija. Sofija.
Philologus	Philologus. Zeitschrift für klassische Philologie. Berlin (DDR).
Phoenix	The Phoenix. The Journal of the Classical Association of Canada. Toronto.
Phonetica	Phonetica. Journal of the International Society of Phonetic Sciences. Zeitschrift der Internationalen Gesellschaft für phonetische Wissenschaften. Basel.
PhonP	Phonetica Pragensia. Praha. [Cf. 299 & 379].
PhP	Philologica Pragensia. Praha.
PIL	Papers in Linguistics. Edmonton, Alberta.
PJ	Poradnik Językowy. Warszawa.
PJK	Prace językoznawcze, Prace Naukowe Uniwersytetu Śląskiego w Katowicach. Katowice.
PJL	Philippine Journal of Linguistics. Manila.
PL	Pacific Linguistics. Canberra. Series A: Occasional papers (Includes *PAusL, PNGL*, etc.); Series B: Monographs; Series C: Books; Series D: Special publications.
PLS	Publications in Language Sciences. Dordrecht.
PLŠSS	Přednášky z . . . běhu letní školy slovanských studií. Praha. [Cf. 386].
PMLA	Publications of the Modern Language Association of America. New York.
PNGL	Papers in New Guinea Linguistics. Canberra.
Poet	Poetica. An International Journal of Linguistic-Literary Studies. Tokyo.
Poetica	Poetica. Zeitschrift für Sprach- und Literaturwissenschaft. Amsterdam.
Poetics	Poetics. International Review for the Theory of Literature. Amsterdam.
Poétique	Poétique. Revue de théorie et d'analyse littéraires. Paris.
Polonica	Polonica. Rocznik, Polska Akademia Nauk, Instytut Języka Polskiego. Wrocław.
Polonistyka	Polonistyka. Warszawa.
PP	La Parola del Passato. Rivista di studi antichi. Napoli.
PPJ	Prilozi proučavanju jezika. Novi Sad.
PPsB	Polish Psychological Bulletin. Warszawa.
PrJG	Prace Językoznawcze. Gdańsk. [Cf. 271].
PrJPAN	Prace językoznawcze, Polska Akademia Nauk, Komitet językoznawstwa. Wrocław, Warszawa, Kraków.

PERIODICALS

PrKJK	Prace Komisji językoznawstwa, Polska Akademia Nauk, Oddział w Krakowie. Wrocław, Warszawa, Kraków.
PrNUŚ	Prace Naukowe Uniwersytetu Śląskiego w Katowicach. Katowice.
PrzH	Przegląd Humanistyczny. Warszawa.
PrzO	Przegląd Orientalistyczny. Warszawa.
PrzR	Przegląd Rusycystyczny. Warszawa.
PSb	Palestinskij sbornik. Leningrad.
PScCL	Papers from the . . . Scandinavian Conference of Linguistics. [Cf. 171].
PSCL	Papers and Studies in Contrastive Linguistics. Poznań.
PT	Poetics today. Theory & analysis of literature & communication. Tel Aviv.
QALT	Quaderni dell'Atlante Lessicale Toscano. Firenze. [Cf. 7216].
QPL	Quaderni Patavini di Linguistica. Padova.
QS	Quaderni di Semantica. Rivista internazionale di semantica teorica e applicata. Bologna.
QUCC	Quaderni Urbinati di Cultura Classica, Roma.
RAAN	Rendiconti della Accademia di Archeologia, Lettere e Belle Arti di Napoli, Società Nazionale di Scienze, Lettere ed Arti. Napoli.
RadJA	Rad Jugoslavenske Akademije znanosti in umjetnosti. Zagreb.
RALinc	Atti della Accademia Nazionale dei Lincei, Rendiconti della Classe di scienze morali, storiche e filologiche. Serie VIII. Roma.
Rapports	Rapports. Het Franse boek. Amsterdam.
RAQL	Revue de l'Association Québécoise de Linguistique. Sherbrooke, Québec.
RAss	Revue d'Assyriologie et d'Archéologie Orientale. Paris.
RB	Revue Biblique. Paris.
RBPh	Revue Belge de Philologie et d'Histoire / Belgisch Tijdschrift voor Filologie en Geschiedenis. Bruxelles.
RCCM	Rivista di Cultura Classica e Medioevale. Roma.
RE	Revue d'Égyptologie, publiée par la Société Française d'Égyptologie. Paris.
REA	Revue des Études Anciennes. Bordeaux & Paris.
REArm	Revue des Études Arméniennes. Paris.
REG	Revue des Études Grecques. Paris.
REL	Revue des Études Latines. Paris.
RELO	Revue de l'Organisation internationale pour l'étude des langues anciennes par ordinateur. Liège.
RES	The Review of English Studies. New Series. London.
RESEE	Revue des Études sud-est européennes. Bucarest.
RESl	Revue des Études Slaves. Paris.
RF	Romanische Forschungen. Vierteljahrsschrift für romanische Sprachen und Literaturen. Frankfurt a.M.
RFE	Revista de Filología Española. Madrid.
RFFZ	Sveučiliste u Splitu, Filozofski Fakultet – Zadar: Radovi razdio filoloskih znanosti. Zadar.
RFIC	Rivista di Filologia e di Istruzione Classica. Torino.
RG	Rocznik Gdański. Gdańsk.

PÉRIODIQUES

RGG	Rivista di Grammatica Generativa. Padova.
RGL	Reihe Germanistische Linguistik. Tübingen.
RHKUL	Roczniki Humanistyczne. Towarzystwo Naukowe Katolickiego Uniwersytetu Lubelskiego. Lublin.
RhM	Rheinisches Museum für Philologie. Neue Folge. Frankfurt a.M.
RhVJ	Rheinische Vierteljahrsblätter. Mitteilungen des Instituts für geschichtliche Landeskunde der Rheinlande an der Universität Bonn. Bonn.
RID	Rivista Italiana di Dialettologia. Bologna.
RIL	Rendiconti dell'Istituto Lombardo di Scienze e Lettere, Classe di lettere e scienze morali e storiche. Milano.
RIMA	Review of Indonesian and Malayan Affairs. Sydney, NSW.
RJ	Ruský jazyk. Praha.
RJb	Romanistisches Jahrbuch. Hamburg.
RKJŁ	Łódzkie Towarzystwo Naukowe, Wydział I, Rozprawy Komisji Językowej. Łódź.
RKJW	Wrocławskie Towarzystwo Naukowe, Rozprawy Komisji Językowej. Wrocław.
RLaR	Revue des Langues Romanes. Montpellier.
RLB	Recueil Linguistique de Bratislava. Bratislava. [Cf. 262].
RLing	Russian Linguistics. International Journal for the study of the Russian language. Dordrecht & Boston.
RLiR	Revue de Linguistique Romane, publiée par la Société Linguistique Romane. Lyon.
RLMo	Montreal Working Papers in Linguistics/Recherches Linguistiques à Montréal.
RND	Rocznik naukowo-dydaktyczny. Kraków.
RNDR	Rocznik naukowo-dydaktyczny. Wyższa Szkoła Pedagogiczna w Rzeszowie. Rzeszów.
RO	Rocznik Orientalistyczny. Warszawa.
RodR	Rodna reč. Sofija.
Romania	Romania. Paris.
Romboid	Romboid. Bratislava.
RomPh	Romance Philology. Berkeley & Los Angeles.
RosOl	Rossica Olomucensia. Olomouc.
RPA	Revue de Phonétique Appliquée. Mons, Belgique
RPF	Revista Portuguesa de Filologia. Coimbra.
RPh	Revue de Philologie, de Littérature et d'Histoire anciennes. Troisième série. Paris.
RPrag	Romanistica Pragensia. Praha.
RRLing	Revue Roumaine de Linguistique. Bucarest.
RRom	Revue Romane. Copenhague.
RSC	Rivista di Studi Classici. Torino.
RSEL	Revista Española de Lingüística. Órgano de la Sociedad Española de Lingüística. Madrid.
RSEt	Rassegna di Studi Etiopici. Roma.
RSF	Rivista di Studi Fenici. Roma.
RSl	Rocznik Slawistyczny. Kraków.
RSlav	Ricerche Slavistiche. Roma.
RSO	Rivista degli Studi Orientali. Roma.

PERIODICALS

RTP	Ruština v teorii a v praxi. Praha.
Ruštinár	Ruštinár. Časopis pre učitelóv ruštiny. Bratislava.
RZE	Ruski i zapadni ezici. Sofija.
RZJ	Rasprave Instituta za Jezik Jugoslavenske Akademije Znanosti i Umjetnosti u Zagrebu. Zagreb.
SAL	Studies in African Linguistics, published by the Department of Linguistics and the Center for African Studies, The University of California. Los Angeles.
SAlb	Studia Albanica. Tirana.
Sananjalka	Sananjalka. Suomen Kielen Seuran vuosikirja. Turku.
SAO	Studia et Acta Orientalia. Bucarest.
SAP	Studia Anglica Posnaniensia. Poznań.
SARev	South Asian Review. Jacksonville, FL.
SbAWDDR	Sitzungsberichte der Akademie der Wissenschaften der DDR. Gesellschaftswissenschaften. Berlin (DDR).
SbBAW	Sitzungsberichte der Bayerischen Akademie der Wissenschaften, Philosophisch-historische Klasse. München.
SbÖAW	Sitzungsberichte der Österreichischen Akademie der Wissenschaften, Philosophisch-historische Klasse. Wien.
SbSAW	Sitzungsberichte der Sächsischen Akademie der Wissenschaften zu Leipzig. Philologisch-historische Klasse. Berlin.
Scandinavica	Scandinavica. An international journal of Scandinavian studies. London & New York.
SCelt	Studia Celtica. Cardiff.
SCL	Studii şi Cercetări Lingvistice. Bucureşti.
SClas	Studii Clasice. Bucureşti.
SCO	Studi Classici e Orientali. Pisa.
ScoGS	Scottish Gaelic Studies. Aberdeen.
SCr	Strumenti Critici. Rivista quadrimestrale di cultura e critica letteraria. Torino.
ScS	Scandinavian Studies. Publication of the Society for the Advancement of Scandinavian Study. Lawrence, Kansas.
ScSl	Scando-Slavica. Copenhagen.
SDG	Studien zur Deutschen Grammatik. Tübingen.
SDZb	Srpski Dijalektološki Zbornik. Beograd.
SE	Studi Etruschi. Firenze.
SEEJ	Slavic and East European Journal. Madison, Wisc.
SEER	The Slavonic and East European Review. London.
Semiotica	Semiotica. Revue publiée par l'Association Internationale de Sémiotique / Journal of the International Association for Semiotic Studies. The Hague.
Semitica	Semitica. Cahiers publiés par l'Institut d'études sémitiques de l'Université de Paris, Paris.
Semitics	Semitics. Annual issued by the University of South Africa. Pretoria.
SEz	Săpostavitelno ezikoznanie. Sofija.
SFB	Studia Filologiczne. Wyższa Szkoła Pedagogiczna w Bydgoszczy: Zeszyty Naukowe. Bydgoszcz.
SFenn	Studia Fennica. Review of Finnish linguistics and ethnology. Helsinki.

PÉRIODIQUES

SFFBU	Sborník prací Filosofické Fakulty Brněnské University. Brno (A = Řada jazykovědná; D = Řada literárněvědná; E = Řada archeologicko-klasická; G = Řada sociálněvědná; I = Řada pedagogicko-psychologická; L 3 = *ERB* 13).
SFI	Studi di Filologia Italiana. Bollettino dell'Accademia della Crusca. Firenze.
SFil	Studime filologjike. Akademia e Shkenkave e RPSH, Instituti i Gjuhësisë dhe i Letërsisë. Tiranë.
SFPS	Studia z filologii polskiej i słowiańskiej. Warszawa.
SGerm	Studi Germanici. Roma.
SGG	Studies in Generative Grammar. Dordrecht.
SGGand	Studia Germanica Gandensia. Gent.
SGI	Studi di Grammatica Italiana, a cura dell'Accademia della Crusca. Firenze.
SGP	Studia Germanica Posnaniensia. Poznań.
SHib	Studia Hibernica. Dublin.
SicGym	Siculorum Gymnasium. Rassegna semestrale della Facoltà di Lettere e Filosofia dell'Università di Catania. Catania.
SIFC	Studi Italiani di Filologia Classica. Nuova serie. Firenze.
SIGLA	Studies in Generative Linguistic Analysis. Ghent.
SiHOL	Studies in the History of Linguistics. Amsterdam.
SILTA	Studi Italiani di Linguistica Teorica ed Applicata. Padova.
SJL	Slovenský jazyk a literatúra v škole. Bratislava.
Skandinavistik	Skandinavistik. Zeitschrift für Sprache, Literatur und Kultur der nordischen Länder. Glückstadt.
SKPČJ	Sborník Kruhu přátel českého jazyka. Praha.
SL	Studia Linguistica. Revue de linguistique générale et comparée. Lund.
SLang	Studies in Language. International Journal sponsored by the foundation "Foundations of Language". Amsterdam.
Slavia	Slavia. Časopis pro slovanskou filologii. Praha.
Slavica	Slavica. Annales Instituti philologiae Slavicae Universitatis Debreceniensis. Debrecen.
SlavOl	Slavica Olomucensia.
SlavR	Slavistična Revija. Ljubljana.
SlavSl	Slavica Slovaca. Časopis pre slovanskú filológiu. Bratislava.
SLCS	Studies in Language Companion Series. Amsterdam.
SLeI	Studi di Lessicografia Italiana. Firenze.
SlGand	Slavica Gandensia. Gent.
SlH	Slavica Hierosolymitana. Slavic studies of the Hebrew University. Jerusalem.
SLit	Slovenská literatúra. Bratislava.
SLN	Sociolinguistics Newsletter. Research Committee on Sociolinguistics of the International Sociological Association. Chico, CA.
SlOc	Slavia Occidentalis. Poznań.
SlOr	Slavia Orientalis. Warszawa.
Slovo	Slovo. Časopis Staroslavenskog Instituta. Zagreb.
SlP	Slovenské pohl'ady. Martin.
SLPJ	Studia linguistica Polono-Jugoslavica: Historia języka, dialektologia, onomastyka, gramatyka [Cf. 319].

PERIODICALS

SlRev	Slavic Review. American Quarterly of Soviet and East European Studies. New York.
SLS	Studies in the Linguistic Sciences. Publication of the Department of Linguistics, University of Illinois. Urbana, IL.
SlSb	Slezský sborník. Opava.
SLW	Studia Linguistica (Acta Universitatis Wratislaviensis). Wrocław.
SMe	Studi Medievali. 3a serie. Spoleto.
SMEA	Studi Micenei ed Egeo-anatolici. Roma (23, 1980 = Incunabula Graeca 80).
SMJ	The Sarawak Museum Journal. New Series. Kuching, Sarawak.
SMV	Studi Mediolatini e Volgari. Pisa.
SNPh	Studia Neophilologica. A Journal of Germanic and Romanic Philology. Stockholm.
SO	Studia Orientalia. Helsinki.
SovFU	Sovetskoe finno-ugrovedenie / Soviet Fenno-Ugric studies. Tallinn.
SovSlav	Sovetskoe slavjanovedenie. Moskva.
SovT	Sovetskaja Tjurkologija. Baku.
SP	Slovanský přehled. Praha.
SpBAN	Spisanie na Bălgarskata Akademija na Naukite. Sofija.
Speculum	Speculum. A journal of mediaeval studies. Cambridge, MA.
Spektator	Spektator. Tijdschrift voor Neerlandistiek. Amsterdam.
SPFB	Sborník prací Pedagogické fakulty Univerzity J.E. Purkyně v Brně. Řada společenských věd. Brno.
SPFHK	Sborník Pedagogické fakulty v Hradci Králové. Praha.
SPFOl	Sborník prací Pedagogické fakulty Univerzity Palackého v Olomouci. Praha.
SPFOs	Sborník Pedagogické fakulty v Ostravě. Řada D: Jazyk a literatura. Praha.
SPFPl	Sborník Pedagogické fakulty v Plzni. Praha.
SPFÚ	Sborník Pedagogické fakulty v Ústí nad Labem. Řada bohemistická. Praha.
SPIL	Stellenbosch Papers in Linguistics. Stellenbosch.
SPhS	Studia Philologica Salmanticensia. Salamanca.
SPol	Studia Polonistyczne. Poznań.
Sprache	Die Sprache. Zeitschrift für Sprachwissenschaft. Wien.
Sprachkunst	Sprachkunst. Beiträge zur Literaturwissenschaft. Wien.
Sprachw	Sprachwissenschaft. Heidelberg.
SR	Slovenská reč. Bratislava.
SRAZ	Studia Romanica et Anglica Zagrabiensia. Zagreb.
SRLek	Sovremennaja russkaja leksikografija. Leningrad [Cf. 12327].
SRP	Studia Romanica Posnaniensia. Poznań.
SS	Slovo a slovesnost. Praha.
SSGL	Studies in Slavic and General Linguistics. Amsterdam.
SSL	Studi e saggi linguistici. Supplemento alla rivista "L'Italia dialettale". Pisa.
SSlav	Studia Slavica Academiae Scientiarum Hungaricae. Budapest.
SSlJ	... seminar jezika, literature in kulture ... Predavanja. Ljubljana [Cf. 10750-3].
SsvOÅ	Sydsvenska Ortnamnssällskapets Årsskrift. Lund.

PÉRIODIQUES

StarLit	Starobǎlgarska literatura. Sofija.
StASl	Studia Academica Slovaca. Bratislava.
StComH	Studia Comeniana et historica. Časopis Muzea J.A. Komenského. Uherský Brod.
StFil	Studia Filozoficzne. Warszawa.
StII	Studien zur Indologie und Iranistik. Reinbek.
StIr	Studia Iranica. Paris.
StLog	Studia Logica. Warszawa.
StMag	Studi Magrebini. Napoli.
StPap	Studia Papyrologica. Revista española de papirología. Barcelona.
StRP	Studia Rossica Posnaniensia. Poznań.
StSem	Studia Semiotyczne. Wrocław.
Stud. in Bantoetale	Studies in Bantoetale. Publikasie van die Departement Bantoetale, Universiteit van Suid-Afrika. Pretoria.
SUGIA	SUGIA: Sprache und Geschichte in Afrika. Herausgegeben vom Institut für Afrikanistik Köln. Hamburg.
SvLm	Svenska landsmål och svenskt folkliv / Swedish Dialects and Folk Traditions. Uppsala.
SW	Slavica Wratislaviensia. Wrocław.
SymbOsl	Symbolae Osloenses. Oslo.
SynS	Syntax and Semantics. New York. [Cf. 2311-3].
Syria	Syria. Revue d'art oriental et d'archéologie. Paris.
Tálanta	ΤΑΛΑΝΤΑ. Proceedings of the Dutch Archaeological and Historical Society. Amsterdam.
TAPA	Transactions and Proceedings of the American Philological Association. Chico, CA.
TBL	Tübinger Beiträge zur Linguistik. Tübingen.
Te Reo	Te Reo. Journal of the Linguistic Society of New Zealand, Auckland, N.Z.
TeT	Taal en Tongval. Tijdschrift voor de studie van de Nederlandse volks- en streektalen. St.-Amandsberg / Amsterdam.
Text	Text. An interdisciplinary journal for the study of discourse. The Hague.
Thesaurus	Thesaurus. Boletín del Instituto Caro y Cuervo. Bogotá.
TL	Theoretical Linguistics. Berlin (West).
TLGand	Travaux de Linguistique. Publications du Service de Linguistique française de l'Université de l'État à Gand. Gent.
TLIE	Travaux de Linguistique indo-européenne. Université Libre de Bruxelles.
TLL	Travaux de Linguistique et de Littérature, publiés par le Centre de Philologie et de Littératures romanes de l'Université de Strasbourg. Strasbourg.
TODrL	Trudy Otdela drevnerusskoj literatury Instituta russkoj literatury. Moskva.
TP	T'oung Pao. Archives concernant l'histoire, les langues, la géographie et les arts de l'Asie Orientale. Leiden.
TPhS	Transactions of the Philological Society. Oxford.
TPP	Teorija i praktyka perekladu. Respublikans'kyj mižvidomčyj naukovyj zbornyk. Kyjiv.

PERIODICALS

Trayecto	Trayecto. Trabajos en curso publicados por el Instituto de Estudios Hispánicos, Portugueses e Iberoamericanos de la Universidad de Utrecht.
TrTărnovo	Trudove na Velikotărnovskija Universitet "Kiril i Metodij", Filologičeski fakultet. Sofija.
TSb	Tjurkologičeskij sbornik. Moskva.
TsNTL	Tijdschrift voor Nederlandse Taal- en Letterkunde, uitgegeven vanwege de Maatschappij der Nederlandse Letterkunde te Leiden. Leiden.
TTT	Interdisciplinair tijdschrift voor taal- & tekstwetenschap. Utrecht.
TUBA	Journal of Turkish Studies/Türklük Bilgisi Araştırmaları. Cambridge, MA.
Turcica	Turcica. Revue d'études turques. Paris.
UAJb	Ural-Altaische Jahrbücher. Ural-Altaic yearbook. Wiesbaden / Bloomington, IN.
UAJb NF	Ural-Altaische Jahrbücher. Fortsetzung der "Ungarischen Jahrbücher", Internationale Zeitschrift für uralische und altaische Forschung/International Journal of Uralic and Altaic Studies. Neue Folge. Wiesbaden.
UCPL	University of California Publications in Linguistics. Berkeley & Los Angeles.
UF	Ugarit-Forschungen. Internationales Jahrbuch für die Altertumskunde Syrien-Palästinas. Kevelaer & Neukirchen-Vluyn.
UkrM	Ukrajins'ke movoznavstvo. Mižvidomčyj naukovyj zbirnyk. Kyjiv.
UMLŠ	Ukrajins'ka mova i literatura v školi. Kyjiv.
UmR	Umjetnost Riječi. Časopis za znanost o književnosti. Zagreb.
Universitas	Universitas. Revue Univerzity J.E. Purkyně v Brně. Brno.
Us Wurk	Us Wurk. Tydskrift foar Frisistyk. Grins [Groningen].
UWPL	Utrecht Working Papers in Linguistics. Utrecht: Instituut A.W. de Groot voor Algemene Taalwetenschap.
UZLU	Učenye zapiski Leningradskogo ordena Lenina gosudarstvennogo universiteta imeni A.A. Ždanova. Leningrad.
UZTarU	Tartu riikliku ülikooli toimetised / Učenye zapiski Tartuskogo gosudarstvennogo universiteta. Tartu.
VANB	Vesci Akadėmii navuk Belaruskaj SSR: Seryja hramadskich navuk. / Izvestija Akademii nauk BSSR, Serija obščestvennych nauk. Minsk.
VČA	Věstnik Československé Akademie Věd. Praha.
VChr	Vigiliae Christianae. A Review of Early Christian Life and Language. Amsterdam.
VD	Via Domitia. Langues et cultures du Sud de la France et du Nord de l'Espagne. Toulouse.
VDI	Vestnik Drevnej Istorii. Moskva.
VEAW	Varieties of English Around the World. Amsterdam.
Verba	Verba. Anuario Gallego de Filoloxia. Santiago de Compostela.
Verbum	Verbum. Revue de linguistique publiée par l'Université de Nancy II.

PÉRIODIQUES

Vicus	Vicus Cuadernos. *Lingüística. Amsterdam.
VIJ	Vishveshvaranand Indological Journal. Hoshiarpur (Punjab, India).
Vir	Virittäjä. Kotikielen seuran aikakauslehti. Helsinki.
VJa	Voprosy Jazykoznanija. Moskva.
VKU	Visnyk Kyjivs'koho universytetu. Romano-hermans'ka filolohija. Kyjiv.
VLU	Vestnik Leningradskogo gosudarstvennogo Universiteta. Istorija, jazyka, literatura. Leningrad.
VL'vU	Visnyk L'vivskoho deržavnoho universytetu. Serija filolohična. L'viv.
VMKAN	Verslagen en Mededelingen van de Koninklijke Academie voor Nederlandse taal- en letterkunde. Gent.
VMU	Vestnik Moskovskogo Universiteta. Serija 9: Filologija. Moskva.
VO	Voprosy onomastiki. Sverdlovsk.
VR	Vox Romanica. Annales Helvetici explorandis linguis Romanicis destinati. Bern.
VS	VS = Versus. Quaderni di studi semiotici. Milano.
VT	Vetus Testamentum. Quarterly published by The International Organization of Old Testament Scholars. Leiden.
VVM	Vlastivědný věstník moravský. Brno.
WdF	Wege der Forschung. Darmstadt.
WJA	Würzburger Jahrbücher für die Altertumswissenschaft. Neue Folge. Würzburg.
WO	Die Welt des Orients. Göttingen.
Word	Word. Journal of the International Linguistic Association. New York.
WPLUH	Working Papers in Linguistics, Department of Linguistics, University of Hawaii. Honolulu.
WS	Wiener Studien. Zeitschrift für klassische Philologie und Patristik. Wien.
WSlA	Wiener Slawistischer Almanach. Wien.
WSlav	Die Welt der Slaven. München.
WSlJb	Wiener Slavistisches Jahrbuch. Wien.
WW	Wirkendes Wort. Deutsches Sprachschaffen in Lehre und Leben. Düsseldorf.
WZKM	Wiener Zeitschrift für die Kunde des Morgenlandes. Wien.
WZKSA	Wiener Zeitschrift für die Kunde Südasiens und Archiv für indische Philosophie. Wien.
WZUB	Wissenschaftliche Zeitschrift der Humboldt-Universität, Berlin. Gesellschafts- und sprachwissenschaftliche Reihe.
WZUJ	Wissenschaftliche Zeitschrift der Friedrich-Schiller-Universität, Jena. Gesellschafts- und sprachwissenschaftliche Reihe.
WZUL	Wissenschaftliche Zeitschrift der Karl-Marx-Universität Leipzig. Gesellschafts- und sprachwissenschaftliche Reihe.
WZUR	Wissenschaftliche Zeitschrift der Wilhelm-Pieck-Universität Rostock. Gesellschafts- und sprachwissenschaftliche Reihe. Rostock.

PERIODICALS

YES	The Yearbook of English Studies. Cambridge, England.
YWMLS	The Year's Work in Modern Language Studies. Cambridge.
ZA	Zeitschrift für Assyriologie und vorderasiatische Archäologie. Neue Folge. Berlin (West).
ZAA	Zeitschrift für Anglistik und Amerikanistik. Berlin (DDR).
ZAL	Zeitschrift für arabische Linguistik / Journal of Arabic Linguistics. Wiesbaden.
ŽAnt	Živa Antika. Antiquité vivante. Skopje.
ZÄS	Zeitschrift für ägyptische Sprache und Altertumskunde. Berlin (DDR).
ZASB	Zentralasiatische Studien des Seminars für Sprach- und Kulturwissenschaft Zentralasiens der Universität Bonn. Wiesbaden.
ZATW	Zeitschrift für die alttestamentliche Wissenschaft. Berlin (West).
ZBalk	Zeitschrift für Balkanologie. München.
ZbFL	Zbornik za filologiju i lingvistiku. Novi Sad.
ZbMS	Zbornik Matice srpske za književnost i jezik. Novi Sad.
ZbSl	Zbornik za slavistiku. Novi Sad.
ZCPh	Zeitschrift für celtische Philologie. Tübingen.
ZDA	Zeitschrift für deutsches Altertum und deutsche Literatur. Wiesbaden.
ZDL	Zeitschrift für Dialektologie und Linguistik. Wiesbaden.
ZDMG	Zeitschrift der Deutschen Morgenländischen Gesellschaft. Wiesbaden.
ZDPh	Zeitschrift für deutsche Philologie. Berlin (West).
ZDPV	Zeitschrift des Deutschen Palästina-Vereins. Wiesbaden.
ZEthn	Zeitschrift für Ethnologie. Organ der Deutschen Gesellschaft für Völkerkunde. Braunschweig.
ZFFUKom	Zborník Filozofickej fakulty Univerzity Komenského. Bratislava.
ZFSL	Zeitschrift für französische Sprache und Literatur. Wiesbaden.
ZG	Zeitschrift für Germanistik. Leipzig.
ZGL	Zeitschrift für germanistische Linguistik. Berlin (West).
ZHCz	Zeszyty Humanistyczne, Wyższa Szkoła Pedagogiczna w Częstochowie. Częstochowa.
ZJKF	Zprávy Jednoty klasických filologů při ČSAV. Praha.
ZNBiał	Zeszyty Naukowe, Uniwersytet Warszawski, Filia w Białymstoku. Białystok.
ZNOp	Zeszyty Naukowe, Wyższa Szkoła Pedagogiczna im. Powstańców Śląskich w Opolu. Opole.
ZNSzcz	Zeszyty Naukowe, Wyższa Szkoła Pedagogiczna w Szczecinie. Szczecin. [Cf. 157].
ZNTW	Zeitschrift für die neutestamentliche Wissenschaft und die Kunde der älteren Kirche. Berlin (West).
ZNUG	Zeszyty Naukowe Wydziału Humanistycznego, Uniwersytet Gdański. Gdańsk.
ZNUJ	Zeszyty Naukowe Uniwersytetu Jagiellońskiego. Universitas Jagellonica, Acta scientiarum litterarumque. Kraków.
ZNUŁ	Zeszyty naukowe Uniwersytetu Łódzkiego. Seria I. Łódź.
ZPE	Zeitschrift für Papyrologie und Epigraphik. Bonn.
ZPFBB	Zborník Pedagogickej fakulty v Banskej Bystrici. Bratislava.

PÉRIODIQUES

ZPFP	Zborník Pedagogickej fakulty v Prešove University Pavla Jozefa Šafárika v Košiciach.
ZPhon	Zeitschrift für Phonetik, Sprachwissenschaft und Kommunikationsforschung. Berlin (DDR).
ZprMK	Zpravodaj Místopisné komise Československé akademie věd. Praha.
ZRPh	Zeitschrift für romanische Philologie. Tübingen.
ZSem	Zeitschrift für Semiotik. Wiesbaden.
ZSl	Zeitschrift für Slawistik. Berlin (DDR).
ZSlPh	Zeitschrift für slavische Philologie. Heidelberg.

ABBREVIATIONS

ABRÉVIATIONS

The first column is for English, the second for French. Abbreviations which are the same in both languages are explained first in English, then, after an oblique stroke, in French. Some of the abbreviations are also used in a context other than English or French, but only if the word is almost international. For example: univ. = university = It. *università* = G. *Universität* = Ru. *universitet*, etc.; acad. = academy = Sp. *academia*, and thus *Akad.* = G. *Akademie*, Ru. *akademija*, etc.

These abridgements do not appear in the titles of publications. If abbreviated words are found here, they were used so by the author.

La première colonne s'applique à l'anglais, la seconde au français. Pour les abréviations qui sont les mêmes dans les deux langues les explications se donnent d'abord en anglais, ensuite, après un trait oblique, en français. Quelques-unes de ces abréviations s'emploient également dans un contexte autre qu'anglais ou français, mais seulement quand il s'agit de mots à peu près internationaux. Par exemple: univ. = université = it. *università* = all. *Universität* = ru. *universitet*, etc.; acad. = académie = esp. *academia*, donc *Akad.* = all. *Akademie*, ru. *akademija*, etc.

Ces raccourcissements ne figurent pas dans les titres des publications. Si l'on y trouve des mots abrégés, c'est qu'ils étaient employés ainsi par l'auteur.

ab.		abstract
Acad.	Acad.	Academy / Académie
acc.	acc.	accusative / accusatif
adj.	adj.	adjective / adjectif
adv.	adv.	adverb / adverbe
Afr.	afr.	African / africain
Akk.	akk.	Akkadian / akkadien
Alb.	alb.	Albanian / albanais
	all.	allemand
Am.	am.	American / américain
anc.	anc.	ancient / ancien
	angl.	anglais
anthr.	anthr.	anthropology, anthropological / anthropologie, anthropologique

ABRÉVIATIONS

app.	app.	appendix / appendice
Ar.	ar.	Arabic / arabe
Aram.	aram.	Aramaic / araméen
arch.	arch.	archaeology, archaeological / archéologie, archéologique
Arm.	arm.	Armenian / arménien
art.	art.	article / article
ass.	ass.	association / association
augm.	augm.	augmented / augmenté
Austr.	austr.	Australian / australien
Av.	av.	Avestan / avestique
Azerb.	azerb.	Azerbaijani / azerbaïdjan
Balt.	balt.	Baltic / baltique
Berb.	berb.	Berber / berbère
	bibl.	bibliothèque
Br.	br.	Breton / breton
Bulg.	bulg.	Bulgarian / bulgare
bull.	bull.	bulletin / bulletin
Byz.	byz.	Byzantine / byzantin
c.	c.	column(s) / colonne(s)
Cat.	cat.	Catalan / catalan
Cauc.	cauc.	Caucasian / caucasien
Celt.	celt.	Celtic / celtique
cf.	cf.	*confer* (compare / comparez)
ch.	ch.	chapter / chapitre
Chin.	chin.	Chinese / chinois
coll.	coll.	collection / collection
comm.	comm.	commentary / commentaire
conj.	conj.	conjunction / conjonction
cont.		continuation, continued
contr.	contr.	contribution(s) / contribution(s)
corr.	corr.	correction, corrected / correction, corrigé
	c.r.	compte rendu
cun.	cun.	cuneiform / cunéiforme
Cz.		Czech
Dan.	dan.	Danish / danois
dept.		department
	dépl.	dépliant
dial.	dial.	dialect(al) / dialecte, dialectal
diss.	diss.	dissertation / dissertation (thèse)
Drav.	drav.	Dravidian / dravidien
Du.		Dutch
E.		English
ed.	éd.	edited, editor, edition / édité, éditeur, édition
Eg.	ég.	Egyptian / égyptien
enl.		enlarged
	esp.	espagnol

ABBREVIATIONS

Est.	est.	Estonian / estonien
et al.	et al.	*et alii* (and others / et autres)
Eth.	éth.	Ethiopic / éthiopien
ethn.	ethn.	ethnology, ethnological / ethnologie, ethnologique
Etr.	étr.	Etruscan / étrusque
etym.	étym.	etymology, etymological / étymologie, étymologique
	f.	feuillet(s)
fac.	fac.	faculty / faculté
facsim.	fac-sim.	facsimile(s) / facsimilé(s)
fasc.	fasc.	fascicle / fascicule
fem.	fém.	feminine / féminin
Fi.	fi.	Finnish / finnois
fig.	fig.	figure(s) / figure(s)
Fr.	fr.	French / français
front.	front.	frontispiece / frontispice
G.		German
gen.	gén.	genitive / génitif
geogr.	géogr.	geography, geographical / géographie, géographique
Georg.	géorg.	Georgian / géorgien
	germ.	germanique
Gmc.		Germanic
Got.	got.	Gothic / gotique
Gr.	gr.	Greek / grec
	h.-all.	haut-allemand
Hebr.	hébr.	Hebrew / hébreu, hébraïque
Hg.	hg.	Hungarian / hongrois
hier.	hiér.	hieroglyphic / hiéroglyphique
hist.	hist.	history, historical / histoire, historique
Hitt.	hitt.	Hittite / hittite
	h.-t.	hors-texte
IA.	i.-a.	Indo-Aryan / indo-aryen
Icel.		Icelandic
IE.	i.-e.	Indo-European / indo-européen
ill.	ill.	illustration(s), illustrated / illustration(s), illustré
inst.	inst.	institute / institut
intern.	intern.	international / international
introd.	introd.	introduction, introductory / introduction
Ir.	ir.	Irish / irlandais
Iran.	iran.	Iranian / iranien
It.	it.	Italian / italien
Jap.	jap.	Japanese / japonais
Lat.	lat.	Latin / latin
LG.		Low German
lit.	litt.	literature, literary / littérature, littéraire

ABRÉVIATIONS

Lith.		Lithuanian
M.	m.	Middle / moyen
Maced.	macéd.	Macedonian / macédonien
masc.	masc.	masculine / masculin
ME.		Middle English
Med.	méd.	Medieval / médiéval
	m.-h.-a.	moyen-haut-allemand
MHG.		Middle High German
mod.	mod.	modern / moderne
Mong.	mong.	Mongolian / mongol
MS.	ms.	manuscript / manuscrit
Myc.	myc.	Mycenaean / mycénien
N.		New = Modern (with languages)
NE.		New English
	néerl.	néerlandais
NHG.		New High German
No.	No.	number / numéro
Norw.	norv.	Norwegian / norvégien
n.s.	n.s.	new series / nouvelle série
O.		Old (with languages)
OE.		Old English
OF.		Old French
OHG.		Old High German
ON.		Old Norse (Old Icelandic)
p.	p.	page(s) / page(s)
pers.	pers.	person, personal / personne, personnel
phil.	phil.	philology, philological / philologie, philologique
PIE.	p.-i.-e.	Proto-Indo-European / proto-indo-européen
pl.	pl.	plate(s) / planche(s)
Pol.	pol.	Polish / polonais
Port.	port.	Portuguese / portugais
portr.	portr.	portrait / portrait
Prov.	prov.	Provençal / provençal
publ.	publ.	publication(s), published / publication(s), publié(e)(s)
repr.		reprint, reprinted
	rés.	résumé
rev.		review
Rum.	roum.	Rumanian / roumain
Ru.	ru.	Russian / russe
Scand.	scand.	Scandinavian / scandinave
ci.	sci.	science(s), scientific / science(s), scientifique
SCr.	s-cr.	Serbo-Croatian / serbo-croate
	s.d.	sans date
Sem.	sém.	Semitic / sémitique

ABBREVIATIONS

sg.	sg.	singular / singulier
Skr.	skr.	Sanskrit / sanskrit
Sl.	sl.	Slavic, Slavonic / slave
	s.l.	sans lieu
	s.l.n.d.	sans lieu ni date
Slov.	slov.	Slovak / slovaque
soc.	soc.	society / société
Sp.		Spanish
subst.	subst.	substantive / substantif
	suéd.	suédois
Sum.	sum.	Sumerian / sumérien
summ.		summary
suppl.	suppl.	supplement / supplément
Sw.		Swedish
tab.	tab.	table(s) / table(s), tableau(x)
	tch.	tchèque
Tib.	tib.	Tibetan / tibétain
	trad.	traduction, traduit
transl.		translation, translated
Ug.	oug.	Ugaritic / ougaritique
Ukr.	ukr.	Ukrainian / ukrainien
univ.	univ.	university / université
UP.		University Press
	v.	vieux, vieil(le)
	v.-h.-a.	vieux-haut-allemand
vol.	vol.	volume(s) / volume(s)
	v.-sl.	vieux-slave
W.		Welsh
WRu.		White-Russian
Y.		Yiddish

Russian abbreviations — Abréviations russes

AN	Akademija Nauk
izd.	izdatel'stvo
LGU	Leningradskij gosudarstvennyj universitet
MGU	Moskovskij gosudarstvennyj universitet
NII	Naučno-issledovatel'skij institut
sost.	sostavitel', sostaviteli; sostavlenie, sostavil, -la, li
vyp.	vypusk

ABRÉVIATIONS

German abbreviations — Abréviations allemandes

Abt.	Abteilung
Aufl.	Auflage
Bearb.	Bearbeiter, bearbeitet
Hrsg. (Hg.)	Herausgeber, herausgegeben
Wiss.	Wissenschaft(en)

DIRECTIONS FOR USE
NOTE DE CONSULTATION

Titles of books are printed in italics, whereas titles of articles in periodicals and of contributions to miscellanies appear in Roman type.

The dash (—) after the title announces the indications concerning place and date of publication; then follow, preceded by a vertical line (|), the translation of the title, occasional explanations, and the mention of book-reviews.

The sigla (*BSL*, etc.) represent the periodicals (abbreviations in italics) or the series (abbreviations in Roman type), the full titles of which are given in a special list. Periodicals are indicated by the number of the volume, the year, and if necessary, the number of the issue preceded by a slant line (/). In entries which list contributions to collective works (*Festschriften*, proceedings of congresses, etc.) the number in brackets refers to the place where the complete data of these collections can be found.

If a work which has been listed already in an earlier volume of the bibliography, is cited once more on account of the mention of new reviews dealing with it, a reference is made to its first insertion by the words *BL*... (year and number for the 1962 volume and after; year and page for the preceding ones). In that case the title and the other elements of the description of the work may be somewhat shortened, whereas the occasional explanations are not repeated. The same formula is used in referring to an earlier published part of a book or article.

Cross references are made by the sole mention of the number of the principal entry.

At the end of the volume there is an index of authors' names. Writers of book reviews are not mentioned in this index.

Les titres des livres sont imprimés en caractères italiques, les titres des articles de revue et des contributions aux ouvrages collectifs sont en caractères romains.

Après le titre, le trait horizontal ( ) annonce les indications de publication et de librairie; viennent ensuite, précédées d'un trait vertical (|), la traduction du titre, des explications éventuelles et la mention des comptes rendus.

Les sigles (*BSL*, etc.) désignent les périodiques (abréviations en italiques) ou les séries (abréviations en romaines) dont la liste particulière donne le titre en entier. Les volumes de périodiques sont indiqués par le tome, l'année, et, s'il y a lieu, le numéro du fascicule précédé d'un trait oblique (/). Chez les entrées citant des contributions aux ouvrages collectifs (Mélanges, actes de congrès, etc.) le numéro placé entre parenthèses renvoie à l'endroit où l'on trouve les données complètes de ces collections.

NOTE DE CONSULTATION

Quand un ouvrage qui figure déjà dans un volume antérieur de la bibliographie est rappelé à cause de nouveaux comptes rendus dont il est l'objet, on fait renvoi à la première insertion par l'indication *BL* . . . (année et numéro pour le volume de 1962 et suivants; année et page pour les volumes antérieurs). Dans ce cas le titre et les autres éléments de la description de l'ouvrage peuvent être légèrement abrégés, tandis que les explications éventuelles ne sont pas répétées. La même formule s'emploie pour renvoyer à une partie d'un livre ou d'un article publiée auparavant.

Les renvois à l'intérieur du volume se font par la seule mention du numéro de l'entrée principale.

Un index des noms d'auteurs se trouve à la fin du volume. Les auteurs des comptes rendus ne sont pas nommés dans cet index.

GENERAL WORKS
GÉNÉRALITÉS

I. BIBLIOGRAPHY AND ORGANIZATION — BIBLIOGRAPHIE ET ORGANISATION

A. Bibliography — Bibliographie

1 *The American bibliography of Slavic and East European studies for 1978.* Ed.: David H. KRAUS. Associate ed.: George J. KOVTUN. Prepared at the Library of Congress for The Am. Ass. for the Advancement of Sl. Studies. — Stanford, CA: 1982, xlvii, 268 p. | Language and linguistics, Nos. 4028-4348.

2 *Analecta linguistica: Informational bulletin of linguistics.* Redigit A. RÓNA-TAS. Vol. 12, No. 1; 2. — Budapest: Akadémiai Kiadó / Amsterdam: Benjamins, 1982, 207 p.; 1983, 192 p. | Linguistic monographs, No. 1, 5-61; No. 2, 5-31. Tables of contents of linguistic periodicals, No. 1, 63-154; No. 2, 33-136; Jakab MÁTÉ, A selected bibliography of linguistics in Hungary, No. 2, 137-179.

3 BARIĆ, Eugenija: Bibliografija "Filologije" od 1. do 10. broja. — *Filologija* 10, 1980-81 (1982), 9-31 | Bibliography of *Filologija*, vol. 1-10.

4 *Bibliografie české lingvistiky 1979.* Zprac. Marie NOVÁKOVÁ; Milena TYLOVÁ; Zdeněk TYL (red.). — Praha: Ústav pro jazyk český ČSAV, 1982, 216 p. | *ZprMK* 23, 1982, 156-157 V. Šmilauer (On the vol. for 1977 [BL 1980, 2]).

5 *Bibliografie české lingvistiky 1980.* Zprac. Marie NOVÁKOVÁ; Milena TYLOVÁ; Zdeněk TYL (red.). — Praha: Ústav pro jazyk česky ČSAV, 1982, 242 p.

6 Bibliografija za 1979. godinu rasprava i dela iz slovenske i indoevropske filologije i opšte lingvistike koja su izašla u Jugoslaviji. — *JslF* 37, 1981, 303-419 | Bibliography of work in Sl. and IE. studies and general linguistics published in Yugoslavia, 1979.

7 Bibliografija za 1980. godinu rasprava i dela iz slovenske i indoevropske filologije i opšte lingvistike koja su izašla u Jugoslaviji. — *JslF* 38, 1982, 189-311 | Bibliography . . . Yugoslavia, 1980.

8 *Bibliographia onomastica 1977-1978,* edidit W. VAN LANGENDONCK. — *Onoma* 25; Leuven (Belgium): Intern. Centre of Onomastics, 1981 (1982), 377 p.

9 *Bibliographie Linguistischer Literatur (BLL): Bibliographie zur allgemeinen Linguistik und zur anglistischen, germanistischen und romanistischen Linguistik.* Band 7: *1981 und Nachträge früherer Jahre.* Bearbeitet von Elke SUCHAN;

BIBLIOGRAPHIE 10-21

Paul Georg MEYER. [Für das Sondersammelgebiet Linguistik der Stadt- und Universitätsbibliothek Frankfurt am Main hrsg. von K.-D. LEHMANN]. — Frankfurt a.M.: Klostermann, 1982, xliv, 686 p.

10 *Bulletin analytique de linguistique française.* [Réd. en chef: Annie BECQUER]. Tome 14, 1982, No. 1; 2; 3; 4. — Paris: Klincksieck (C.N.R.S., Inst. National de la Langue Fr., Nancy), s.d., xxvi, 226; xxvi, 235; xxiii, 249; xxv, 242 p.

11 *Bulletin signalétique.* 524: *Sciences du langage.* Revue trimestrielle. [Réd.: Maurice BOREL, et al.] 1982. Vol. 36, No. 1; 2; 3; 4; Tables annuelles. — Paris: C.N.R.S., Centre de Documentation Sciences Humaines, 1982, 55; 60, 60, 69, 81 p. | 3809 références + index.

12 BUŠUJ, A.M.: *Bibliografičeskij ukazatel' literatury po voprosam frazeologii.* Vyp. 5. — Samarkand: Samarkandskij gos. univ., 1979, 246 p. | Cf. BL 1977, 11. | *JČ* 33, 1982, 94-95 J. Mlacek | *SovT* 1980/2, 81-82 È.A. Umarov.

13 CAPLICE, R.; KLENGEL, H.; SAPORETTI, C.: Keilschriftbibliographie. 43, 1981 (mit Nachträgen aus früheren Jahren). — *Or* 51, 1982, 1*-135*.

14 DĂNĂILĂ, Ion; POPA, Eleonora: Bibliografia românească de lingvistică (BRL, 24, 1981). — *LbR* 31, 1982, 315-462.

15 *Dictionaries, encyclopedias, and other word-related books: a classed guide to dictionaries, encyclopedias, and similar works, based on Library of Congress catalog cards...* Ed.: Annie M. BREWER. Vol. I. 3rd ed. — Detroit: Gale Research Co., 1982, xx, 519 p. | 2nd ed. 1979 (BL 1980, 8). | *Names* 30, 1982, 123 K.B. Harder.

16 ESCHBACH, Achim: *Zeichen – Text – Bedeutung...* — München: 1974 | BL 1974, 16. | *PTL* 3, 1978, 205-206 R. Fowler.

17 *European bibliography of Soviet, East European and Slavonic studies. Bibliographie européenne des travaux sur l'URSS et l'Europe de l'Est. Europäische Bibliographie zur Osteuropaforschung.* Vol. III, 1977. Préparée par / ed. by / hrsg. von Monique ARMAND; Marguerite AYMARD. — Paris: Éditions de l'École des Hautes Études en Sciences Sociales, Inst. d'Études Sl., 1981, xxv, 461 p. | Vol. I, for 1975, and II, for 1976, were published by the Univ. of Birmingham.

18 *Fachkatalog Afrika.* Band 6: *Sprachen, Linguistik.* Stand Dezember 1981. / *Subject catalog Africa.* Vol. 6: *Languages, linguistics.* Holdings as of December 1981. / *Catalogue-matières Afrique.* Vol. 6: *Langues, linguistique.* Bearbeitet von / Ed. by / Éd. par Irmtraud Dietlinde WOLCKE-RENK. — München: K.G. Saur (Stadt- und Universitätsbibliothek Frankfurt/Main), 1982, x, 460 p.

19 *Germanistik: Internationales Referatenorgan mit bibliographischen Hinweisen.* Schriftleitung: Tilman KRÖMER. Hrsg. von: H.W. BÄHR, R. BRINKMANN ... [et al.]. 23. Jahrgang 1982. — Tübingen: Niemeyer, 1983 (1982-83), xxi, 1026 p. (in fasc. 1, 2/3 & 4).

20 GIPPER, Helmut; SCHWARZ, Hans: *Bibliographisches Handbuch zur Sprachinhaltsforschung. Teil I: Schrifttum zur Sprachinhaltsforschung in alphabetischer Folge nach Verfassern mit Besprechungen und Inhaltshinweisen.* Lief. 26 (O'Shaughnessy – Porzig). Unter Mitarbeit von Kirsten ADAMZIK; Hartwig FRANKE; Kristina FRANKE; Bernhard GRÖSCHEL. — Abhandlungen der Rheinisch-Westfälischen Akad. der Wissenschaften; Opladen: Westdeutscher Verlag, 1982, p. 3055-3182 (vol. IV) | Cf. BL 1981, 18.

21 GIRKE, Wolfgang; JACHNOW, Helmut; SCHRENK, Josef: *Handbibliographie zur neueren Linguistik in Osteuropa.* Band I. Unter Mitarbeit von Ch. HILLER und P. KOEBBEL. — München: 1974 | BL 1974, 19. | *Kratylos* 26, 1981 (1982), 208-210 E. Weiher.

22 HARDER, Kelsie B.: Index of *Names*, vols. 16-30. — *Names* 30, 1982, 235-329 | Years 1968-1982. | Cf. BL 1967, 27.
23 KOCH, Hans-Albrecht; KOCH, Uta: *Internationale germanistische Bibliographie, 1981. IGB.* — München: K.G. Saur, 1982, li, 1003 p. | *NphM* 83, 1982, 217-219 K. Nyholm (On 1980) | *BNF* 17, 1982, 109-110 R. Schützeichel (On 1980).
24 KUZNECOV, A.M.; NEROZNAK, V.P.; SLJUSAREVA, N.A.: Nekotorye aspekty issledovanija jazyka v sovetskoj lingvistike 1977-1981 gg. (Obzor). — [33], 13-125 | Bibliography, 83-125.
25 *Kvantitativní lingvistika 1976. Bibliografie kvantitativní lingvistiky.* Zprac. kolektiv; red.: Marie TĚŠITELOVÁ. — Praha: Ústav pro jazyk český ČSAV, 1982, 63 p. | Bibliography of quantitative linguistics. | Cf. BL 1981, 20. | *JazA* 19, 1982, 126-127 J. Štěpán (On the vol. for 1974-75).
26 *Lingua* survey of books. A selected and annotated bibliography of recent publications in linguistics. Organizing ed.: Sjef SCHOORL. — *Lingua* 56, 1982, 373-394; 58, 1982, 387-418.
27 *Linguistic bibliography for the year 1979 and supplement for previous years.* Published by the Permanent International Committee of Linguists ... Ed. by J.J. BEYLSMIT with the assistance of H. BORKENT. / *Bibliographie linguistique de l'année 1979* ... — The Hague: Nijhoff, 1982, l, 747 p. | *UAJb* 53, 1981, 165 Gy. Décsy (On the vol. for 1977).
28 *LLBA: Language and language behavior abstracts.* Vol. 16, No. 1; 2; 3; 4. [Publisher: Leo P. CHALL. Managing ed.: Florian ANDRADE]. — San Diego, CA 92122: P.O. Box 22206, 1982, p. 1-277; 279-534; 535-805; 807-1091.
29 MAJEWICZ, A[lfred] F.; MAJEWICZ, E[lżbieta]: Index – bibliography to *Lingua Posnaniensis*, Vols 1-25. — *LPosn* 25, 1982, 191-208.
30 *1980 MLA International bibliography of books and articles on the modern languages and literatures.* Vol. III: Linguistics. — New York: 1981 | BL 1981, 24. | *UAJb* 54, 1982, 169 Gy. Décsy.
31 MLADENOVA, Marija: Bibliografija na bălgarskata ezikovedska literatura. Knigi i statii, izlezli prez perioda 1 jan. 1982 – 31 juni 1982. — *BE* 32, 1982, 527-579 | Bibliography of linguistic studies published in Bulgaria during the first half of 1982.
32 MLADENOVA, Olga; NENKOVA, Petja: Bibliografija na bălgarskata ezikovedska literatura. Knigi i statii, izlezli prez perioda 1 juli – 31 dekemvri 1981. — *BE* 32, 1982, 250-286 | Bibliography of linguistic studies published in Bulgaria during the second half of 1981.
33 *Nekotorye aspekty issledovanija jazyka v sovetskoj lingvistike: 1977-1981 gg.* (K XIII Meždunarodnomu kongressu lingvistov. Tokio, 1982). Sbornik obzorov i referatov. [Red.: V.N. JARCEVA; F.M. BEREZIN; et al.]. — Moskva: AN SSR, Inst. naučnoj informacii po obščestvennym naukam, Inst. jazykoznanija, 1982, 254 p. | Contents: No. 24, followed by abstracts of 16 books published in the USSR, 1977-81.
34 NOBER, Peter †; NORTH, Robert: *Elenchus bibliographicus biblicus of Biblica.* 60, 1979. — Roma: Pontifical Biblical Inst. Press, s.d. [1982], 1083 p. | XVI. Philologia biblica (656-706).
35 ORANSKAJA, T.I.; MALYŠKO, L.I.: Bibliografija rabot sotrudnikov Vostočnogo fakul'teta LGU (1975). — *UZLU* 403, 1980 (*Vostokovedenie* 7), 189-203.
36 PARODI, Claudia: *La investigación lingüística en México (1970-1980).* — Cuadernos del Inst. de Investigaciones Filológicos; México: Univ. Nacional Autó-

noma de México, 1981, 207 p. | Bibliography, p. 75-181. | *ZRPh* 98, 1982, 702 K. Baldinger.

37 PŁOCIŃSKA, Barbara: Bibliography of English-Polish contrastive studies in Poland. — *PSCL* 15, 1982, 163-192.

38 *Romanische Bibliographie, 1975-1976.* Hrsg. von Gustav INEICHEN. I. Teilband: *Verzeichnisse, Register.* II. Teilband: *Sprachwissenschaft.* III. Teilband: *Literaturwissenschaft.* — *ZRPh*, Suppl. zu Band 91-92; Tübingen: Niemeyer, 1982, xiii, 232; xiii, 236; xiii, 431 p.

39 *The Year's work in modern language studies.* Ed. by David A. WELLS. Vol. 43, 1981. — London: Mod. Humanities Research Ass., 1982, xii, 1379 p.

40 *Zeitschrift für Slavistik:* Inhaltsverzeichnis Bd. 1-25. Wortregister (Sprachwissenschaft), Bd. 1-20. — *ZSl* 27, 1982, 773-944.

41 ZWANZIGER, Ronald: *Bibliographie der Namenforschung in Österreich.* 1. — Österreichische Namenforschung, Sonderreihe 3; Wien: Österreichische Gesellschaft für Namenforschung, 1980, viii, 111 p.

B. Organization — Organisation

42 BREMER, Ernst; HOFFMANN, Walter: Wissenschaftsorganisation und Forschungseinrichtungen der Dialektologie im deutschen Sprachgebiet. — [339], 202-231.

43 BUZÁSSYOVÁ, K.: Správa o činnosti Jazykovedného ústavu L'udovíta Štúra SAV v roku 1981. — *SR* 47, 1982, 239-244 | Report on the activity of the Linguistic Inst. of the Slov. Acad. of Sci., 1981.

44 KUČEROVÁ, Eleonóra: Lingvističeskaja problematika v žurnale *Slavica Slovaca.* — *SlavSl* 17, 1982, 3-6.

45 LIPTÁK, Štefan: Správa o činnosti Slovenskej jazykovednej spoločnosti pri SAV za funkčné obdobie 1980-1981. — *JazA* 19, 1982, 14-19 | The Slov. linguistic Soc.: report for 1980-81. Cf. also *SR* 47, 1982, 180-184.

46 LITTLE, D.G.: Language and communication studies. — *Hermathena* 132, 1982, 39-46, fig. | Activities of the Centre for Language and Communication Studies.

47 PARASTAEV, A.F.; SOLNCEV, V.M.; ŠČERBAK, A.M.; KRUGLOV, JU.G.: O soveršenstvovanii tematiki kandidatskich i doktorskich dissertacij po jazykoznaniju. — *VJa* 1982/6, 96-104.

48 POLIŠENSKÝ, Josef; KAŠPAR, Oldřich: Actividades del Centro de estudios iberoamericanos de la Universidad Carolina de Praga, 1978. — *IAP* 13, 1982, 289-291.

49 ŠTĚPÁN, Josef: Zpráva o činnosti Jazykovědného sdružení při ČSAV za rok 1981. — *JazA* 19, 1982, 5-9 | The Linguistic Circle of the Czechoslovak Acad. of Sci.: report for 1981.

50 SUCHAN, Elke: Literatur vom Bildschirm. Bericht über die Datenbank Bibliographie Linguistischer Literatur (BLL) der Stadt- und Universitätsbibliothek Frankfurt a.M. — *LBer* 67, 1980, 40-49.

II. PERIODICALS (REVIEWS OF) —
PÉRIODIQUES (COMPTES RENDUS DE)

51 *Acta Classica Universitatis Scientiarum Debreceniensis.* XIV-XV. — Debrecen: Univ. L. Kossuth, 1978 (1979), 77 p.; 1979 (1980), 80 p. | *AC* 52, 1983, 637-639 M. van den Bruwaene.

52 *Acta Linguistica Academiae Scientiarum Hungaricae.* Tomus 28, fasc. 1-2. — Budapest: Akadémiai Kiadó, 1978 (1979), 187 p. | *BSL* 76, 1981/2 (1982), 250-252 A. Sauvageot.
53 *Afrique et Langage.* 12; 13. — Paris: L'Harmattan, 1979, 82 p.; 1980, 90 p. | *BSL* 76, 1981/2 (1982), 343-346 C. Gouffé; 346-347 C. Hagège.
54 *Amsterdamer Beiträge zur älteren Germanistik.* Band 1. — Amsterdam: Rodopi, 1972, 201 p. | *RBPh* 58, 1980, 186-187 C. Peeters.
55 *Anuario de Estudios Filológicos.* 2. — Cáceres: Univ. de Extremadura, 1979, 378 p. | *BSL* 76, 1981/2 (1982), 203-205 H.V. Sephiha.
56 *Archäologische Mitteilungen aus Iran.* 12; 13. — Berlin: Reimer, 1979, 426 p., ill.; 1980, 224 p., ill. | *ZA* 71, 1981/2 (1982), 300-302; 303-304 R.M. Boehmer.
57 *Brünner Beiträge zur Germanistik und Nordistik*, 2. - *SFFBU*, K 2; Brno: 1980 | BL 1981, 52. | *CJŠ* 26, 1982-83, 41-43 V. Stehlík.
58 *Bulletin du Centre de Recherches Linguistiques de Paris.* 10. — Nanterre: 1980 | *ERB* 13, 1982, 83-84 Z. Stavinohová.
59 *Bwletin y Bwrdd Gwybodau Celtaidd. Bulletin of the Board of Celtic Studies.* Vol. 28. — Cardiff: Univ. of Wales Press, 1978-80, 757 p. (4 fasc.) | *EC* 19, 1982, 400-403 E. Bachellery.
60 *California Studies in Classical Antiquity.* 12. — Berkeley: Univ. of California Press, 1981, x, 304 p. | *Helmantica* 33, 1982, 602-603 J. Oroz | *LEC* 50, 1982, 65 A. Wankenne.
61 *Centre de Recherches Comparatives sur les langues de la Méditerranée Ancienne. Document 6.* — Nice: Univ. de Nice, 1980, 454 p. (en 2 vol.) | *BSL* 76, 1981/2 (1982), 133-135 F. Bader.
62 *Les Dialectes de Wallonie.* 1; 2; 3; 4; 5; 6; 7; 8-9. — Liège: Soc. de Langue et de Litt. Wallonnes, 1972, 144 p.; 1973, 144 p.; 1973-74, 144 p.; 1975-76, 144 p.; 1977, 144 p.; 1978, 144 p.; 1979, 144 p.; 1981, 303 p. | *ZRPh* 98, 1982, 635-637 K. Baldinger.
63 *Études Celtiques.* 16; 17. — Paris: Éditions du Centre National de la Recherche Scientifique, 1979, 353 p.; 1980, 370 p. | *ZCPh* 39, 1982, 334-338 R. Ködderitzsch | *BSL* 76, 1981/2 (1982), 210-213 F. Kerlouégan (On vol. 16).
64 *Études linguistiques.* Revue du Département de Linguistique de l'Univ. de Niamey. I/1. — Niamey, Niger: 1979, 151 p. | *BSL* 76, 1981/2 (1982), 347-350 C. Gouffé.
65 *Folia Orientalia.* Revue des études orientales publiée par la Commission orientaliste, Centre de Cracovie de l'Académie Polonaise des Sciences. 20. — Kraków: 1979 (1980), 320 p. | *BSL* 76, 1981/2 (1982), 358-360 L. Galand.
66 *Histoire, Épistémologie, Langage.* Revue de la S.H.E.S.L. et du Centre Interdisciplinaire de Recherches en Linguistique (Lille III). Tome 1, fasc. 1; 2. — Villeneuve-d'Ascq (& Lille: Presses Universitaires de Lille), 1979, 63; 98 p. | *BSL* 76, 1981/2 (1982), 30-35 B. Lamizet.
67 *IRAL: International Review of Applied Linguistics in Language Teaching.* Vol. 19. — Heidelberg: Groos, 1981 | *CJŠ* 26, 1982-83, 281-284 L. Dušková.
68 *Izvestija Akademii Nauk SSSR, Serija literatury i jazyka.* 38. — Moskva: "Nauka", 1979, 6 Nos. | *BSL* 76, 1981/2 (1982), 1-6 R. L'Hermitte.
69 *Journal of African Languages and Linguistics.* Ed. by Paul NEWMAN. Vol. 1/1. — Dordrecht: Foris (for Dept. of Afr. Linguistics, Univ. of Leiden), 1979 | *BSL* 76, 1981/2 (1982), 350-352 M. Houis.
70 *Lingüística Española Actual.* 1; 2. — Madrid: Inst. de Cooperación Iberoamericana, 1979; 1980 | *Thesaurus* 36, 1981, 622-629 J.J. Montes Giraldo.

PÉRIODIQUES 71-91

71 *Magyar nyelv.* 77. — Budapest: Akadémiai Kiadó, 1980, 512 p. (in 4 fasc.) | *BSL* 76, 1981/2 (1982), 264-274 A. Sauvageot.
72 *Magyar nyelvjárások.* 22. — Debrecen: 1979, 174 p. | *BSL* 76, 1981/2 (1982), 275-277 A. Sauvageot.
73 *Magyar nyelvőr.* 103. — Budapest: Akadémiai Kiadó, 1979, 385 p. (in 4 fasc.) | *BSL* 76, 1981/2 (1982), 277-281 A. Sauvageot.
74 *Minos.* Revista de filología egea. XVII:1. — Salamanca: Univ. de Salamanca, 1981, 225 p. | *AC* 52, 1983, 424-426 Y. Duhoux.
75 *Minzu yuwen.* 1; 2; 3; 4. — Pékin: 1979, 320 p. (pour les 4 fasc.) | Langues des nationalités (minorités nationales de Chine). | *BSL* 76, 1981/2 (1982), 371-375 M. Coyaud.
76 *Naše řeč.* Roč. 64. — Praha: 1981 | *ČJLit* 32, 1981-82, 237-239; 33, 1982-83, 94-95 F. Cuřín.
77 *Néprajz és nyelvtudomány.* Acta Universitatis Szegediensis de Attila József nominatae, Sectio ethnographica et linguistica. 22-23. — Szeged: 1978-79, 262 p. | *BSL* 76, 1981/2 (1982), 286-288 A. Sauvageot.
78 *Nyelvtudományi közlemények.* 81/2; 82/1 & 2. — Budapest: Akadémiai Kiadó, 1979, 238 p.; 1980, 478 p. | *BSL* 76, 1981/2 (1982), 291-306 A. Sauvageot.
79 *Ogam – Tradition celtique.* Directeur: Pierre Le Roux. Tomes 22-25, années 1970-1973, fasc. 1-6. — Rennes: 1978, 286 p. | *ZCPh* 39, 1982, 338-341 R. Ködderitzsch.
80 *Onomatološki prilozi.* 1; 2. — Beograd: Srpska Akad. nauka i umetnosti, Odeljenje jezika i književnosti, Odbor za onomastika, 1979, 420 p. [BL 1980, 324]; 1981, 463 p. | *RESl* 54, 1982, 482-485 N. Rodić | *JslF* 37, 1981, 273-279 D. Ćutić.
81 *Papers and Studies in Contrastive Linguistics.* 10. — Poznań: Adam Mickiewicz Univ., 1979, 144 p. | *BSL* 76, 1981/2 (1982), 63-66 G. Rebuschi.
82 *Rivista Italiana di Dialettologia:* Scuola, società, territorio. No. 1-4. — Bologna: 1977-1980 | Cf. also BL 1981, 80. | *RF* 94, 1982, 465-469 J. Albrecht.
83 *Russkaja reč'.* — Moskva: 1980; 1981 | *RJ* 32, 1981-82, 282-284; 33, 1982-83, 83-87 L. Horalík.
84 *Sananjalka.* Suomen kielen seuran vuosikirja. 21; 22. — Turku: 1979, 204 p.; 1980, 215 p. | *BSL* 76, 1981/2 (1982), 306-312 A. Sauvageot.
85 *Slavia:* časopis pro slovanskou filologii. Ročník 37-48; 49. — Praha: Academia, 1968-1979; 1980 | *Slovo* 30, 1980 (1981), 143-194; 31, 1981 (1982), 164-166 Z. Ribarova.
86 *Slovo a slovesnost.* Roč. 40; 41; 42. — Praha: 1979; 1980; 1981 | *ČJLit* 31, 1980-81, 432; 32, 1981-82, 45-48, 94-95, 139-142; 33, 1982-83, 91-93, 141-143, 188-190 P. Hauser.
87 *Sprachpflege.* Zeitschrift für gutes Deutsch. 29. — Leipzig: 1980 | *CJŠ* 26, 1982-83, 186-188 A. Šimečková.
88 *Studia Academica Slovaca.* 10. Prednášky XVII. letného seminára slovenského jazyka a kultúry. — Bratislava: 1981 | *SR* 47, 1982, 373-376 J. Bosák.
89 *Studia Celtica.* Ed. by J.E. Caerwyn Williams. 10-11. — Cardiff: Univ. of Wales Press, 1975-76, 505 p., front. | *EC* 19, 1982, 397-400 E. Bachellery.
90 *Suomalais-ugrilaisen seuran aikakauskirja.* Journal de la Société finnoougrienne. 76. — Helsinki: 1980, 203 p. | *BSL* 76, 1981/2 (1982), 258-263 A. Sauvageot.
91 *Travaux de linguistique et de littérature . . .* publiés par le Centre de Philologie et de Littératures Romanes de l'Univ. de Strasbourg. 17/1; 18/1. — Paris:

Klincksieck, 1979, 335 p.; 1980, 461 p. | *BSL* 76, 1981/2 (1982), 149-152 J. Stéfanini.

92 [*Travaux de Linguistique et de Littérature*]. STRAKA, Georges: Vingt années des *TraLiLi*. Arrière-propos. — *TLL* 20, 1982/1, 332-334.

93 *Travaux de Linguistique Québécoise*, publiés par Lionel BOISVERT; Marcel JUNEAU; Claude POIRIER. 2; 3. — Québec: Presses de l'Univ. Laval, 1978, viii, 201 p.; 1979, vii, 327 p. | *ZRPh* 98, 1982, 632-635 N. Weinhold.

94 *Ural-Altaische Jahrbücher*. 52. — Bloomington: Eurasian Linguistic Ass., 1980, 191 p. | *BSL* 76, 1981/2 (1982), 312-317 A. Sauvageot.

95 *Virittäjä*. Kotikielen seuran aikakauslehti. 84. — Helsinki: 1980 | *BSL* 76, 1981/2 (1982), 317-324 A. Sauvageot.

96 *Voprosy jazykoznanija*. 28. — Moskva: "Nauka", 1979, 6 Nos. | *BSL* 76, 1981/2 (1982), 6-14 R. L'Hermitte.

97 *Zborník Filozofickej Fakulty Univerzity Komenského: Philologia*. 25; 26; 27. — Bratislava: 1973 (1974); 1976 (1977); 1975 (1979) | Cf. BL 1977, 291 (vol. 26). | *JČ* 33, 1982, 95-98 L. Dvonč.

98 *Zeitschrift für celtische Philologie*. Band 37. Unter Mitwirkung von Herbert PILCH hrsg. von Heinrich WAGNER, Karl Horst SCHMIDT und Hans HARTMANN. Band 38. Unter Mitwirkung von Herbert PILCH hrsg. von Heinrich WAGNER und Karl Horst SCHMIDT. — Tübingen: Niemeyer, 1979, 308 p.; 1981, 342 p. | *EC* 19, 1982, 404-408 P.-Y. Lambert | *Celtica* 14, 1981, 178-180 B. Ó Cuív (On vol. 35-37) | *Éigse* 18/2, 1981, 326-329 F. Kelly (On vol. 36).

99 *Zeitschrift für Slawistik*. Band 26, Heft 3; Heft 5. — Berlin: Akad.-Verlag, 1981 | *ZprMK* 23, 1982, 589-600 R. Šrámek (On 26/3) | *SEz* 7, 1982/5, 29-34 V. Vapordžiev (On 26/5) | *BE* 32, 1982, 368-372 L. Stefova (On 26/5).

III. CONGRESSES — CONGRÈS

100 *Actas del II Coloquio sobre lenguas y culturas prerromanas de la Península Ibérica* . . . Ed. por Antonio TOVAR . . . — Salamanca: 1979 | BL 1979, 191. | *ZCPh* 39, 1982, 291-297 R. Ködderitzsch.

101 *Actas del septimo Congreso de la Asociación Internacional de Hispanistas*, celebrado en Venecia del 25 al 30 de agosti de 1980. Publicadas por Giuseppe BELLINI. Vol. I; II. — Roma: Bulzoni, 1982, 560 p.; p. 561-1116.

102 *Actes du colloque franco-allemand de linguistique théorique*. [Éd. par] Christian ROHRER. — Tübingen: 1977 | BL 1977, 85. | *VR* 41, 1982, 223-229 E. Manzotti.

103 Actes du IIe Colloque "Langage et Acquisition du Langage". Comité organisateur: J. CORDIER; F. LOWENTHAL. Mons, 8-12 septembre 1980. — *RPA* 55-56, 1980, 167-351; 57, 1981, 1-115.

104 *Actes du 5ème colloque de linguistique appliquée de Neuchâtel* . . . Eds.: S.P. CORDER; E. ROULET. — Neuchâtel: 1977 | BL 1981, 107. | *L&II* 36, 1978, 89-91 G. L[urquin].

105 *AFinLA:n vuosikirja 1982. Näkökulmia kirjoitettuun kieleen*. Ed. by Jorma TOMMOLA; Raija RUUSUVUORI. — Publ. de l'Ass. Finlandaise de Linguistique Appliquée (AFinLA) 33; Turku: Suomen sovelletun kielitieteen yhdistys, 1982, 126 p., tab. | Papers from the Symposium of the Fi. Ass. for Applied Linguistics, Nov. 13-14, 1981.

106 *Aree lessicali*: atti del IX Convegno per gli studi dialettali italiani . . . — Pisa: 1976 | BL 1976, 191. | *VR* 41, 1982, 350-352 E. Radtke.

107 *Aspectology:* workshop at the Fifth Scandinavian Conference of Linguistics, Frostavallen, April 27-29, 1979. Ed. by Thore PETTERSSON. — Stockholm: Almqvist & Wiksell, 1979, 162 p.
108 Atti del V congresso internazionale di studi sulla Sicilia antica. Tomo I; II, 1-2. — *Kokalos* 26-27, 1980-81 (1982), 1-556; 557-804; 805-1032, ill. (numerous pl. and maps).
109 *Atti del Convegno sulla lessicografia politica e giuridica* . . . Ed. a cura di Italo LANA & Nino MARINONE. — Torino: 1980 | BL 1980, 84. | *REL* 59, 1981 (1982), 336-337 J. Hellegouarc'h.
110 Atti del convegno "La varietà linguistica nel mondo antico" (Napoli, 2-3 febbraio 1981). — *Aiōn* 3, 1981 (1982), 13-211 | Discussion, 197-211.
111 *Bijdragen over semantiek van het 33ste Vlaams Filologencongres.* Louis GOOSSENS (red.). — APIL 23; Wilrijk: Univ. Inst. Antwerpen, 1981, 165 p.
112 *The Chad languages in the Hamito-Semitic-Nigritic border area (Papers of the Marburg symposion, 1979).* Ed. by H. JUNGRAITHMAYR. — Marburger Studien zur Afrika- und Asienkunde, Afrika 27; Berlin (West): Reimer, 1982, 269 p.
113 *Child phonology.* Vol. 1, 2. Ed. by Grace H. YENI-KOMSHIAN; James F. KAVANAGH; Charles A. FERGUSON. — New York: 1980 | BL 1981, 124. | *Lg* 58, 1982, 719-721 P.A. Keating.
114 *COLING 82. 9th International conference on computational linguistics* [held in Prague on July 5th to July 10th, 1982]. Abstracts. Ed. by Eva HAJIČOVÁ. — Prague: Charles Univ., 1982, 308 p.
115 *COLING 82. Proceedings of the Ninth International Conference on Computational Linguistics.* Prague, July 5-10, 1982. Ed. by Ján HORECKÝ. — North-Holland Linguistic Series 47; Amsterdam: North-Holland / Praha: Academia, 1982, 432 p.
116 *IIe Colloque de linguistique russe.* Organisé par l'Institut national d'études slaves avec le concours des universités de Paris-Sorbonne, Paris VIII et Paris X-Nanterre et de l'INALCO, sous la responsabilité de René L'HERMITTE, Paris, 22, 23 & 24 avril 1977. — Bibl. ru. de l'Inst. d'études sl. 50; Paris: Inst. d'études sl., 1979, 222 p., dépl. | René L'HERMITTE, Introduction: Les apports de la linguistique moderne et les russistes français, 11-18. | *SEER* 60, 1982, 276-278 V.M. Du Feu.
117 Colloquio *Le iscrizioni pre-latine in Italia* (Roma, 14-15 marzo 1977). — Atti dei Convegni Lincei 39; Roma: Accad. Nazionale dei Lincei, 1979, 227 p. | Discussion: 213-223 | *Arctos* 16, 1982, 240-241 T. Sironen.
118 *Colloquium Mycenaeum* . . . publ. par les soins de Ernst RISCH; Hugo MÜHLESTEIN. — Neuchâtel/Genève: 1979 | BL 1979, 154. | *AC* 51, 1982, 486-487 M. Leroy | *Em* 50, 1982, 232-234 F.R. Adrados.
119 *XIV Congresso Internazionale di Linguistica e Filologia Romanza* . . . *Atti*, IV. — Napoli: 1977 | BL 1977, 163. | *SCL* 33, 1982, 288-291 M. Bîrlădeanu.
120 *XVIè Congrés Internacional de Lingüística i Filologia Romàniques.* Palma de Mallorca 7-12 d'abril de 1980. Actes. Tom I: *Sessions plenàries i taules rodones.* A cura d'Aina MOLL amb la col·laboració de Jaume VICENS. — Palma de Mallorca: Moll, 1982, 421 p.
121 *Congressus quartus Internationalis Fenno-Ugristarum* Budapestini habitus 9.-15. Septembris 1975. Redigit Gyula ORTUTAY. Pars II: *Acta sessionum.* Curavit János GULYA. — Budapest: Akadémiai Kiadó, 1980, 259 p. | Cf. BL 1975, 185. | *NyK* 84, 1982, 423-425 Domokos Péter | *BSL* 76, 1981/2 (1982), 253-258 A. Sauvageot.

122 *Congressus Quartus Internationalis Fenno-Ugristarum* . . . Red. Gyula ORTUTAY. Pars III. *Acta sectionis linguisticae.* Curatores: Gábor BERECZKI, János GULYA. — Budapest: Akadémiai Kiadó, 1981, 452 p. | *NyK* 84, 1982, 425-427 Kodolányi János, ifj.
123 *Congressus Quartus Internationalis Fenno-Ugristarum* . . . Red. Gyula ORTUTAY. Pars IV. *Acta sectionis ethnographicae.* Curatores: Attila PALÁDI-KOVÁCS, János GULYA. — Budapest: Akadémiai Kiadó, 1981, 240 p. | *NyK* 84, 1982, 425-427 Kodolányi János, ifj.
124 *Dialectologie et comparatisme en Afrique Noire* . . . Éd. par Gladys GUARISMA; Suzy PLATIEL. — Paris: 1980 | BL 1980, 97. | *JALL* 4, 1982, 197-198 D. Dwyer | *AuÜ* 65, 1982, 274-276 PP de Wolf.
125 *Doklady i soobščenija čechoslovackoj delegacii.* Pjatyj meždunarodnyj kongress prepodavatelej russkogo jazyka i literatury. Praga, ČSSR 1982. Naučnyj red.: M. SOTÁK. — Bratislava, Slov. pedag. nakl., 1982, 448 p.
126 *Du mot au texte.* Actes du IIIème Colloque International sur le Moyen Français, Düsseldorf, 17-19 septembre 1980. Publiés par Peter WUNDERLI. — TBL 175; Tübingen: Narr, 1982, 317 p. | *ZRPh* 98, 1982, 606-608 G. Lavis.
127 *L'emprunt linguistique.* Colloque . . . organisé par H. LE BOURDELLÈS . . . [et al.]. — Louvain-la-Neuve: 1980 | BL 1981, 143. | *FM* 50, 1982, 167-171 M. Pergnier.
128 *Etimologia e lessico dialettale.* Atti del XII Convegno per gli studi dialettali italiani, Macerata, 10-13 aprile 1979. — Consiglio Nazionale delle Ricerche, Centro di studio per la dialettologia it. 13; Pisa: Pacini, 1981, 642 p.
129 *The European background of American linguistics* . . . ed. by Henry M. HOENIGSWALD. — Dordrecht: 1979 | BL 1979, 99. | *RomPh* 36/1, 1982, 58-66 J. Leopold.
130 *L'expansion bantoue:* actes du Colloque . . . 1977. 1: *Les classes nominales* . . . Larry M. HYMAN et Jan VOORHOEVE, éds. 2-3: *L'expansion bantoue.* Luc BOUQUIAUX, éd. — Paris: 1980 | BL 1980, 104. | *BSOAS* 45, 1982, 403-404 R. Oliver | *JALL* 4, 1982, 87-92 J. Watters.
131 *X Fonetiikan päivät Tampereella 20.-21.3.1981. Papers from the Tenth Meeting of Finnish Phoneticians,* Tampere, March 20 to 21, 1981. Ed. by Pertti SIRVIÖ. — Tampereen yliopiston Suomen kielen ja yleisen kielitieteen laitoksen julkaisuja 7; Folia fennistica & linguistica 7; Tampere: 1982, 328 p., tab., fig.
132 [*Förhandlingar vid åttonde nordiska namnforskarkongressen* i Mariehamn 14-18 juni 1980]. — SNoF 63, Skrifter utgivna av Svenska litteratursällskapet i Finland 502; Helsingfors: Svenska litteratursällskapet i Finland, 1982, 235 p. | Papers from the 8th Nordic congress of onomastic sciences.
133 *Formal methods in the study of language.* Part 1; 2. Ed. by J.A.G. GROENENDIJK . . . [et al.]. — Amsterdam: 1981 | BL 1981, 148. | *LeSt* 17, 1982, 571-575 C. Casadio.
134 *General linguistics and the teaching of dead Hamito-Semitic languages.* Proceedings . . . Ed. by J.H. HOSPERS. — Leiden: 1978 | BL 1979, 193. | *OLZ* 77, 1982, 238-240 J. Oelsner.
135 *Humanism and the new linguistics:* papers presented at the Modern Language Association Meeting, Chicago, December 1973. Robert J. DI PIETRO, ed. — *GUWP* 11, 1975, 120 p.
136 *In memoriam Friedrich Diez:* Akten des Kolloquiums . . . Hrsg. von Hans-Josef NIEDEREHE und Harald HAARMANN . . . — Amsterdam: 1976 | BL 1976, 181. | *VR* 41, 1982, 338-340 K. Ringger.

137 *Indogermanisch und Keltisch* . . . hrsg. von Karl Horst SCHMIDT. — Wiesbaden: 1977 | BL 1977, 158. | *Kratylos* 26, 1981 (1982), 60-64 W. Cowgill.
138 *Interferenza linguistica* . . . Testi raccolti da R. AJELLO. — Pisa: 1977 | BL 1977, 108. | *Aevum* 53, 1979, 199-200 O. Pasqualetti.
139 *First International Conference on Armenian Linguistics: Proceedings* . . . Ed. by John A.C. GREPPIN. — Delmar: 1980 | BL 1980, 105. | *BSL* 77, 1982/2, 78-80 Ch. de Lamberterie.
140 The ninth International Congress of Phonetic Sciences, Copenhagen, 6-11 August 1979: Status reports. — *L&S* 23/1; Teddington, Middlesex, England: Kingston Press Services, 1980, 140 p.
141 XVI. Internationaler Byzantinistenkongress, Wien, 4.-9. Oktober 1981. Akten. II. Teil, 1. Teilband: Diskussionsbeiträge und Ergänzungen zu den Hauptreferaten. — *JbÖByz* 32/1, 1982, xviii, 480 p. | Cf. BL 1981, 156.
142 *Jewish languages* . . . Ed. by Herbert H. PAPER. — Cambridge, MA: 1978 | BL 1978, 104. | *JNES* 41, 1982, 70-72 P.T. Daniels.
143 *Język literacki i jego warianty*. Księga referatów VIII Sesji Międzynarodowej Komisji Słowiańskich Języków Literackich w listopadzie 1980 r. Praca zbiorowa pod red. Stanisława URBAŃCZYKA. — Polska Akad. Nauk, Oddział w Krakowie, Prace Komisji Słowianoznawstwa nr 43; Wrocław: Zakład im. Ossolińskich, 1982, 101 p. | Preface by Stanisław URBAŃCZYK.
144 *Četrta jugoslovanska onomastična konferencija* . . . 1981. Zbornik referatov. — Ljubljana: 1981 | BL 1981, 161. | *BNF* 17, 1982, 457-461 E. Dickenmann.
145 *K marxistické metodologii v jazykovědě*. Sborník referátu . . . Uspořádali: Štefan PECIAR; Jaroslav POPELA. — Praha: 1979 | BL 1979, 105. | *SovSlav* 1982/5, 114-118 G.P. Neščimenko.
146 *Kolloquium über Lexikographie*, Kopenhagen 1976. — KBGL 12; København: Akademisk Forlag, 1977, 169 p.
147 *Kongresreferate Linguistevereniging van Suider-Afrika. 17de Nasionale Kongres, 1981*. Red.: A.J.L. SINCLAIR. — Bellville: Univ. van Wes-Kaapland, 1982, vii, 471 p. | Papers in Afrikaans and E. (not yet analyzed).
148 *The sixth LACUS Forum 1979*. Ed. by William C. MCCORMACK; Herbert J. Izzo. — Columbia, SC: Hornbeam Press, 1980, x, 537 p. | Held at the Univ. of Calgary in Calgary, Alberta, Aug. 24-28, 1979.
149 *The seventh LACUS Forum 1980*. Ed. by James E. COPELAND; Philip W. DAVIS. — Columbia, SC: Hornbeam Press, 1981, x, 589 p. | Held at Rice Univ., Houston, TX, Aug. 11-15, 1980.
150 Language and language acquisition I. — *RPA* 46-47, 1978, 81-255 | Actes du colloque de Mons, 1977 | J. CORDIER: Avant-propos (81-84); L. APOSTEL: Language and language acquisition: Some synthetical remarks (243-253); P. RIJLANT: Remarques complémentaires (254-255).
151 *Lauseenjäsennyksen perusteet*. Seminaari Seilissä 9.-10.9.1982. [Ed. by] Kaisa HÄKKINEN. — Publ. of the Linguistic Ass. of Finland 9; Turku: 1982, 137 p., fig. | The bases of sentence constituent analysis. Seminar at Seili, Sept. 9-10, 1982.
152 *Die Leistung der Strataforschung und der Kreolistik: typologische Aspekte der Sprachkontakte*. Akten des 5. Symposions über Sprachkontakt in Europa, Mannheim 1982. Hrsg. von P. Sture URELAND. — LA 125; Tübingen: Niemeyer, 1982, xvii, 450 p.
153 *La lexicographie du latin médiéval et ses rapports avec les recherches actuelles sur la civilisation du Moyen-Age*. Paris 18-21 octobre 1978. — Colloques Inter-

nationaux du C.N.R.S. 589; Paris: C.N.R.S., 1981, 547 p., pl. | Yves LEFÈVRE: Avant-propos, 11-13; Conclusion, 491-494. | *ZRPh* 98, 1982, 598-600 K. Baldinger.

154 *Lexicography in the electronic age.* Proceedings of a Symposium held in Luxembourg, 7-9 July, 1981, ed. by J. GOETSCHALCKX and L. ROLLING. — Amsterdam: North-Holland, 1982, vii, 276 p. | 4 sessions: 1. Creation of lexicons, 5-44 (Report on the discussion by J.M. FROIDCOEUR, 41-44); 2. New technologies, 45-128 (Introd. by C. OITANA, 47-50; Panel discussion by S.E. DIAMESSIS, A. GRYPDONCK, R. HAAS, 127-128); 3. Term banks, 131-198 (Discussion by P. FRANÇOIS, 197-198); 4. Publishing and the future use of lexicons, 199-267 (Panel discussion by C.R.H. INMAN, R.R.K. HARTMANN, L. ENRIQUES, B.T. ATKINS, A. REICHLING, 249-267).

155 *Lingua, dialetti, società.* Atti . . . A cura di Emidio DE FELICI. — Pisa: 1979 | BL 1979, 109. | *Aevum* 55, 1981, 386-387 C. Milani.

156 *Linguistica I. Satzsemantische Komponenten und Relationen im Text.* Hrsg. von F. DANEŠ; D. VIEHWEGER. — Praha: 1981 | BL 1981, 171. | *NŘ* 65, 1982, 161-163 A. Polívková.

157 *Materiały z II Ogólnopolskiej językoznawczej konferencji naukowej na temat:* "35-lecie polszczyzny na Pomorzu Zachodnim i jej integracja z językiem ogólnopolskim", która odbyła się w Szczecinie w dn. 3-4. XII. 1979 r. — *ZNSzcz* 38, *Prace Wydziału Humanistycznego* 11; Szczecin: Wyższa Szkoła Pedagogiczna, 1982, 394 p.

158 *Mechanisms of syntactic change.* Ed. by Charles N. LI. — Austin: 1977 | BL 1977, 122. | *JL* 18, 1982, 454-460 T. Bynon.

159 *Minorités linguistiques et interventions: essai de typologie.* Compte rendu du Colloque sur les minorités linguistiques tenu à l'Université Laval du 15 au 18 avril 1977. *Linguistic minorities and interventions: towards a typology.* Proceedings of the Symposium on Linguistic Minorities held at Laval University from April 15th to April 18th 1977. — Travaux du Centre Intern. de Recherche sur le Bilinguisme, A 15; Québec: Presses de l'Univ. Laval, 1978, [xiii], 318 p. | Jean E. HUMBLET, Exposé introductif, 1-13; Sélim ABOU, Conférence-synthèse, 299-309. | *JPrag* 4, 1980, 504-508 M.S. Heller | *Verba* 7, 1980, 399-406 M. González González.

160 *Modern Ethiopia from the accession of Menilek II to the present* . . . Ed. by Joseph TUBIANA. — Rotterdam: 1980 | BL 1981, 177. | *AuÜ* 65, 1982, 283-284 E. Hammerschmidt.

161 *Le monde thrace.* Actes du IIe Congrès International de Thracologie (Bucarest 1976). Volume sélectif. — Milano: Editrice Nagard, 1982, 461 p.

162 *Nazewnictwo obszarów językowo mieszanych.* Księga referatów . . . — Wrocław: 1981 | BL 1981, 179. | *BNF* 17, 1982, 343-345 E. Dickenmann.

163 *Nuovi metodi e problemi nella linguistica storica.* Atti . . . a cura di Giulia MAZZUOLI PORRU. — Pisa: 1980 | BL 1980, 127. | *Aevum* 56, 1982, 594 C. Milani.

164 *Onomastica Jugoslavica.* Knjiga 10: Razred za filologiju. Treća Jugoslavenska onomastička konferencija, Dubrovnik, 10-13. listopada 1979. Zbornik referata. [Ed.: Milan MOGUŠ]. — Zagreb: 1982, 371 p. | Proceedings of the 3rd Yugoslav onomastic conference.

165 *Orthography, reading, and dyslexia*, ed. by James F. KAVANAGH and Richard L. VENEZKY. — Baltimore, MD: Univ. Park Press, 1980, xvii, 325 p. | Proceedings of the Conference held at the National Institute of Health in Bethesda,

MD, September 18-20, 1978. Introd. by R.L. VENEZKY: From Sumer to Leipzig to Bethesda, 1-11. | *AP* 3, 1982, 372-373 E.V. Mościcki.

166 *Otázky slovanské syntaxe*. IV/2. Sborník sympozia... Red.: Miroslav GREPL. — Brno: 1980 | BL 1980, 132. | *SS* 43, 1982, 248-249 O. Šoltys | *NŘ* 65, 1982, 255-259 A. Macurová (Also on IV/1 [BL 1979, 181]) | *Universitas* 1982/6, 109-110 F. Uher.

167 *Papers from the third international conference on Austronesian linguistics.* Vol. 2: *Tracking the travellers*. Ed. by Amran HALIM; Lois CARRINGTON; S.A. WURM. — *PL*, C 75, Canberra: Austr. National Univ., Dept. of Linguistics, Research School of Pacific Studies, 1982, vii, 331 p., 3 maps.

168 *Papers from the 3rd International Conference on Historical Linguistics*. Ed. by J. Peter MAHER, Allan R. BOMHARD and E.F. Konrad KOERNER. — CILT 13; Amsterdam: Benjamins, 1982, xvi, 434 p. | J.P. MAHER: Preface (v-vi).

169 *Papers from the 4th International Conference on Historical Linguistics*. Ed. by Elizabeth Closs TRAUGOTT; Rebecca LABRUM; Susan SHEPHERD. — Amsterdam: 1980 | BL 1981, 184. | *Lingua* 56, 1982, 357-359 P. Beade.

170 *Papers from the 5th International Conference on Historical Linguistics/Referate von der 5. Internationalen Konferenz für historischen Sprachwissenschaft/Communications de la 5ᵉ Conférence Internationale de Linguistique Historique*. Ed. by Anders AHLQVIST. — CILT 21; Amsterdam: Benjamins, 1982, xxix, 527 p. | Elizabeth Closs TRAUGOTT: Concluding remarks, 460-466.

171 *Papers from the sixth Scandinavian Conference of Linguistics*, Røros, June 19-21, 1981. Ed. by Thorstein FRETHEIM; Lars HELLAN. — [Trondheim]: Tapir, 1982, 320 p.

172 *Perspectives in experimental linguistics:* papers... Ed. by Gary D. PRIDEAUX. — Amsterdam: 1979 | BL 1979, 115. | *CJL* 27, 1982, 189-191 P.G. Patel.

173 *Proceedings of the seventh annual meeting of the Berkeley Linguistics Society*, 14-16 February 1981. Ed. by Danny K. ALFORD, Karen Ann HUNOLD... [et al.]. — Berkeley, CA: Berkeley Linguistics Soc., Univ. of California, 1981, vii, 335 p.

174 *Proceedings of the eleventh Annual Meeting of the North Eastern Linguistic Society*. Ed. by Victoria BURKE; James PUSTEJOVSKY. — Amherst, MA: U. Mass, 1981, [vii], 439 p. | Held at Cornell Univ., Nov. 7-9, 1980. | Title on cover: *North Eastern Linguistic Society*, XI.

175 *Proceedings of the 10th Meeting on automatic text processing*, Prague 1981. Ed. by Eva HAJIČOVÁ. — Explizite Beschreibung der Sprache und automatische Textbearbeitung VIII; Praha: Matematicko-fyzikální fakulta UK, 1982, 157 p.

176 *Proceedings of the Thirteenth International Congress of Onomastic Sciences*, Cracow, August 21-25, 1978. Ed. by Kazimierz RYMUT. Vol. II. — ZNUJ 565, Prace Językoznawcze 69; Warszawa – Kraków: Państwowe Wyd. Naukowe (Nakładem Uniw. Jagiellońskiego), 1982, 652 p. | Cf. BL 1981, 198.

177 *Proceedings of the second International Round Table Conference on Historical Lexicography*... W. PIJNENBURG; F. DE TOLLENAERE (eds.). — Dordrecht: 1980 | BL 1981, 201. | *ZRPh* 98, 1982, 594-598 W. Rettig.

178 *Progress in linguistic historiography:* Papers... Ed. by Konrad KOERNER. — Amsterdam: 1980 | BL 1981, 203. | *ZRPh* 98, 1982, 581-586 F. Lebsanft | *PBB* 104, 1982, 458-464 W.A. Benware | *Lg* 58, 1982, 194-198 P. Swiggers | *Kratylos* 27, 1982 (1983), 1-5 J. Albrecht.

179 Res: *III colloquio internazionale*, Roma, 7-9 gennaio 1980 [organizzato dal] Lessico Intellettuale Europeo. Atti a cura di M. FATTORI e M. BIANCHI. — Lessico Intellettuale Europeo 26; Roma: Ateneo, 1982, xiii, 594 p.

180 *Researches in Altaic languages.* Papers . . . 1971. Ed. by Louis LIGETI. — Budapest: 1975 | BL 1975, 191. | *AO* 49, 1981, 75-77 P. Poucha.
181 *Sborník přednášek z II. konference o slangu a argotu v Plzni 23.-26. září 1980.* Uspořádal Lumír KLIMEŠ. — Plzeň: Pedagogická fakulta, 1982, 173 p. | Papers from the 2nd conference on slang and argot, held at Plzeň, Sept. 23-26, 1980.
182 *The semantics of determiners.* Ed. by Johan VAN DER AUWERA. — London: 1980 | BL 1981, 208. | *Lg* 58, 1982, 901-904 G.N. Carlson | *SLang* 6, 1982, 300-302 R.M. Kempson.
183 *A semiotic landscape* . . . Ed. by Seymour CHATMAN; Umberto ECO; Jean-Marie KLINKENBERG. — The Hague: 1979 | BL 1980, 145. | *IF* 86, 1981 (1982), 329-332 S. Schmidt-Wulffen; M. Faust.
184 *Simpozium Antičnaja balkanistika 3. Jazykovye dannye i ėtnokul'turnyj kontekst Sredizemnomor'ja.* 3-5 aprelja 1978 g. Predvaritel'nye materialy. Red.: L.A. GINDIN; I.A. KALUŽSKAJA; V.Ė. OREL. — Moskva: Inst. slavjanovedenija i balkanistiki AN SSSR, 1978, 67 p.
185 *Slavistische Linguistik 1981.* Referate des VII. Konstanzer Slavistischen Arbeitstreffens, Mainz 30.9-2.10.1981. Hrsg. von Wolfgang GIRKE. — Slavistische Beiträge 160; München: Sagner, 1982, 264 p.
186 *Die Soziolinguistik in romanischsprachigen Ländern/ La sociolinguistique dans les pays de langue romane,* hrsg. von Norbert DITTMAR und Brigitte SCHLIEBEN-LANGE. — TBL 150; Tübingen: Narr, 1982, 310 p. | Travaux du Colloque de Frankfurt, le 24 et 25 septembre 1979, divisés en 5 sections: I. Compte rendu sur l'évolution et la situation de la sociolinguistique dans quelques pays de langues romanes – Klaus ZIMMERMANN: Rapport de la discussion (61-62); II. Théorie de la description et de l'explication sociolinguistiques – Angelika BECKER: Introduction (63-65); Chantal LEIB, Jürgen STREECK: Rapport de la discussion (121-124); III. Les objets de la recherche sociolinguistique: les rapports entre ville et campagne; la migration interne – Christine BIERBACH: Introduction (125-142), Rapport de la discussion (185-187); IV. Méthodologie: Types d'enquête – Brigitte SCHLIEBEN-LANGE: Introduction (189-193); Christine BIERBACH: Rapport de la discussion (213-214); V. Les objets de la recherche sociolinguistique II: attitudes – Brigitte SCHLIEBEN-LANGE: Introduction (219-223); Brigitte BEHRENS: Rapport de la discussion (271-276).
187 *Sprache beschreiben und erklären.* Akten des 16. Linguistischen Kolloquiums, Kiel 1981. Band 1. Hrsg. von Klaus DETERING; Jürgen SCHMIDT-RADEFELDT; Wolfgang SUCHAROWSKI. — LA 118; Tübingen: Niemeyer, 1982, x, 287 p. | 24 papers on 4 major themes: 1. philosophy of sci. and hist. of linguistics; 2. morphology and lexicology; 3. syntax; 4. psycholinguistics and language acquisition.
188 *Sprache erkennen und verstehen.* Akten des 16. Linguistischen Kolloquiums, Kiel 1981. Band 2. Hrsg. von Klaus DETERING; Jürgen SCHMIDT-RADEFELDT; Wolfgang SUCHAROWSKI. — LA 119; Tübingen: Niemeyer, 1982, x, 307 p. | 27 papers on 4 major themes: 1. semantics and logic; 2. linguistics and data-processing; 3. text linguistics; 4. discourse analysis and pragmatics.
189 *Sprache und Pragmatik*: Lunder Symposium 1978. Hrsg. von Inger ROSENGREN. — Lunder germanistische Forschungen 48; Lund: Gleerup, 1979, 397 p. | Gerhard HELBIG, Abschliessende Zusammenfassung, 391-397. | Listed BL 1980, 1514; 1981, 2009. Analyzed in the present vol.
190 *Die Sprachen im römischen Reich der Kaiserzeit.* . . . Hrsg. von Günter NEUMANN; Jürgen UNTERMANN. — Köln/Bonn: 1980 | BL 1981, 218. | *ZDMG* 132, 1982, 385-386 J. Tischler.

191 *Sprachkontakte im Nordseegebiet* ... Hrsg. von P. Sture URELAND. — Tübingen: 1978 | BL 1979, 163. | *IF* 87, 1982 (1983), 327-328 G. Kvaran | *ZDL* 49, 1982, 243-247 P.T. Roberge.

192 *Sprachvariation und Sprachwandel* ... Hrsg. von P. Sture URELAND. — Tübingen: 1980 | BL 1981, 220. | *Lg* 58, 1982, 481-482 J.-C. Muller.

193 *Sviluppi della linguistica e problemi dell'insegnamento.* Atti del Seminario di linguistica Prof. Angelo Beretta, Bergamo, 13-14 novembre 1980. A cura di Monica BERETTA ... — Torino: Giappichelli, 1981, 209 p.

194 *Syntax a jej vyučovanie.* Zborník referátov z konferencie. Zostavovateľ a vedecký red.: Ján ORAVEC. — Nitra: Pedagogická fak., Katedra slov. jazyka a literatúry a Kabinet literárnej komunikácie a experimentálnej metodiky, [1982], 460 p. | Selected papers from the conference held at Nitra, Sept. 11-16, 1979.

195 *Tense-aspect: Between semantics & pragmatics.* Containing the contributions to a symposium on Tense and Aspect, held at UCLA, May 1979, ed. by Paul J. HOPPER. — TSL 1; Amsterdam: Benjamins, 1982, x, 350 p. | Afterword by Ranjit CHATTERJEE: On cross-linguistic categories and related problems (335-345, fig.).

196 *Time, tense and quantifiers* ... ed. by Christian ROHRER. — Tübingen: 1980 | BL 1980, 153. | *LAnt* 14, 1980, 300-304 J. Larochette | *Kratylos* 26, 1981 (1982), 33-39 A. Davison.

197 *Tokyo special issue.* To mark the occasion of the XIIIth International Congress of Linguists. — *L&C* 2, 1982/2, 105-217.

198 *La toponymie antique* ... — [Leiden: 1977] | BL 1978, 134. | *RBPh* 58, 1980, 658-659 G. Bunnens.

199 *Typology and genetics of language.* Proceedings of the Rask-Hjelmslev Symposium, held at the Univ. of Copenhagen 3rd-5th September, 1979. Ed. by Torben THRANE; Vibeke WINGE; Lachlan MACKENZIE; Una CANGER; Niels EGE. — TCLC 20; Copenhagen: The Linguistic Circle of Copenhagen (distr.: Reitzel), 1980, 210 p. | Summarizing discussion by Henning ANDERSEN, 197-210.

200 *Valence, semantic case, and grammatical relations.* Papers ... Ed. by Werner ABRAHAM. — Amsterdam: 1978 | BL 1979, 132. | *CJL* 27, 1982, 175-178 V.P. De Guzman | *SNPh* 52, 1980, 199-204 W. Koch.

201 AUGUSTINSKÁ, D.: Štylistická konferencia na Zemplínskej šírave. — *SR* 47, 1982, 56-57 | Czechoslovak conference on stylistics (Zemlínska šírava, Sept. 10-11, 1981). | Also in: *KS* 16, 1982, 27-28.

202 DEKANOVÁ, Eva: III. medzinárodné sympózium rusistov. — *Ruštinár* 17, 1982/5, 25-26 | The 3rd intern. symposium of Ru. studies (Nitra, Nov. 16-19, 1981). Cf. also E. DOLEŽALOVÁ, *Universitas* 15, 1982/2, 85-86.

203 DORUĽA, Ján: 11. skup slavista. — *SlavSl* 17, 1982, 279-280 | 11th Serbian Summer School in Sl. studies; Belgrade, 1-21 Sept. 1981.

204 DVOŘÁK, Emil: 2. syntaktické konference v Nitře. — *JazA* 19, 1982, 136-138 | 2nd syntactic conference (Nitra, June 1-3, 1982).

205 ECKERT, R.: IV. Unionskonferenz zur baltischen Sprachwissenschaft in Riga. — *ZSl* 27, 1982, 470-473.

206 GAVOROVÁ, J.: II. slovenská dialektologická konferencia. — *SR* 47, 1982, 117-119 | The 2nd Slovak dialectological conference (Zemplínska šírava, Sept. 30-Oct. 3, 1981).

207 HABOVŠTIAKOVÁ, Katarína: II. slovenská dialektologická konferencia. — *SJL* 28, 1981-82, 185-186 | 2nd Slovak dialectological conference.

CONGRESSES

208 HOFFMANNOVÁ, Jana: Teorie textu a stylistika. — *SS* 43, 1982, 255-256 | Theory of text and stylistics. On a conference held at Zemplínská šírava, Sept. 10-11, 1981.

209 HRDLIČKOVÁ, Hana: Druhá lingvisticko-metodická konference o syntaxi. — *ČJLit* 33, 1982-83, 233-235 | The 2nd conference on linguistic and methodological problems of syntax (Nitra, June 1-3, 1982).

210 HRDLIČKOVÁ, Hana: Konference o stylistice a její aplikaci v praxi. — *ČJLit* 33, 1982-83, 270-274 | Conference on stylistics and its practical applications (Štiřín, 8-10 Oct. 1982).

211 KNAPPOVÁ, Miloslava: První československá onomastická konference. Trojanovice u Frenštátu pod Radhoštěm, 18.5-21.5.1982. — *VČA* 91, 1982, 227-229 | First Czechoslovak onomastic conference.

212 KRAUS, Jiří: Konference socialistických zemí o rétorice. — *SS* 43, 1982, 175-176 | A conference of the socialist countries on rhetorics (Sofia, Jan. 13-14, 1981).

213 MÄKELÄ, Matti: Itämerensuomalaisen filologian symposiumi. — *Vir* 1982, 415-421 | Symposium on the Baltic-Finnic languages, Jyväskylä, 30.8-2.9.1982.

214 MAREŠ, Petr: Konference o stylistice a její aplikaci v praxi. — *JazA* 19, 1982, 139-141 | Conference on stylistics and its practical applications (Štiřín, Sept. 8-10, 1982).

215 MIRČEVA, Elka: Ezikovedskata problematika na Părvija meždunaroden kongres po bălgaristika. — *BE* 32, 1982, 379-383 | Linguistic questions at the First Intern. Congress of Bulg. Studies.

216 MISTRÍK, J.: Medzinárodná konferencia v Oxforde o formovaní slovanských spisovných jazykov. — *SR* 47, 1982, 55-56 | Intern. conference on the formation of the Sl. lit. languages (Oxford, July 6-11, 1981).

217 ONDRUŠ, Šimon: Medzinárodná bulharistická konferencia. — *SlavSl* 17, 1982, 96 | Conference on O.Sl. and Bulg. studies abroad; Sofia, Aug. 8-15, 1981.

218 PAVUK, Michal: Princip kommunikativnosti v teorii i praktike. Po voprosam III meždunarodnogo simpoziuma rusistov v Nitre. — *RTP* 1982/3, 74-77 | Nitra, Nov. 16-19, 1981.

219 PIŤHA, Petr: IX. mezinárodní kongres strojové lingvistiky – COLING 82. — *JazA* 19, 1982, 138-139 | The 9th Intern. Conference on Computational Linguistics, Prague, July 5-10, 1982. | Cf. 114-5.

220 POKORNÁ, Eva: I. československá onomastická konference. — *ZprMK* 23, 1982, 660-671 | The 1st Czechoslovak onomastic conference (Trojanovice, 18-21 May 1982).

221 POVAŽAJ, Matej: Konferencia o jazyku a štýle tlače, rozhlasu a televízie. — *KS* 16, 1982, 279-281 | Conference on language and style of press, broadcasting and television (Smolenice, Apr. 8-9, 1982).

222 SABOL, J.: Konferencia o texte. — *JČ* 33, 1982, 203-204 | Conference on text stylistics (Zemplínska šírava, Sept. 10-11, 1981).

223 SABOL, J.: Prvé pracovné stretnutie českých a slovenských fonetikov. — *JČ* 33, 1982, 202-203 | First meeting of Cz. and Slov. phoneticians (Prešov, June 2, 1981).

224 ŠRÁMEK, Rudolf: Výroční zasedání onomastiků v NDR. — *ZprMK* 23, 1982, 676-682 | Annual meeting on onomastics in the DDR (Leipzig, Nov. 27, 1981).

225 STRAKOVÁ, Vlasta: Lipská konference o otázkách jazykové nominace. — *JazA* 19, 1982, 89-90 | Konferenz über die Probleme der sprachlichen Nomination (Leipzig, 11.-12. Nov. 1981).

226 VAKARELSKA, Donka: Vtora slovaška dialektoložka konferencija. — *BE* 32, 1982, 173-176 | The 2nd Slov. dialectological conference.

MÉLANGES

227 VANĚČKOVÁ, Galina: IV perevodčeskaja konferencija. — *ČRus* 27, 1982, 46-47 | Praha, 15.-17.9.1981.

IV. FESTSCHRIFTEN AND MISCELLANIES — MÉLANGES ET RECUEILS

A. Festschriften — Mélanges in honorem

228 Old Testament studies dedicated to G.W. **Anderson**. — *VT* 32, 1982, x, 532 p., pl. (portr.) | J.A. EMERTON: Preface (1-2).
229 *Estudis de llengua i literatura catalana* oferts a R. **Aramon i Serra** . . . I. — Barcelona: 1979 | BL 1981, 264. | *RRLing* 26, 1981, 396-398 D. Dumitrescu.
230 *Hommages à la Wallonie:* Mélanges d'histoire, de littérature et de philologie wallonnes offerts à Maurice A. **Arnould** et Pierre Ruelle. Éd. par Hervé HASQUIN. — Éd. de l'Univ. de Bruxelles, Fac. de Philosophie et Lettres 80; Bruxelles: Univ. Libre de Bruxelles, 1981, liv, 481 p., pl. (portr.).
231 *Studies* [on cover: *Papers*] *presented to Emmon* **Bach** *by his students*. Ed. by Elisabeth ENGDAHL and Mark J. STEIN. — Amherst, MA: Univ. of Massachusetts, 1979, vi, 232 p.
232 *Festschrift für Kurt* **Baldinger** . . . I; II. Hrsg. von Manfred HÖFLER, Henri VERNAY und Lothar WOLF. — Tübingen: 1979 | BL 1979, 203. | *IF* 86, 1981 (1982), 284-287 G. Ineichen | *SCL* 33, 1982, 439-442 I. Rizescu.
233 *Festschrift für Gunnar* **Bech**. Zum 60. Geburtstag am 23. März 1980. Hrsg.: Mogens DYHR, Karl HYLDGAARD-JENSEN, Jørgen OLSEN. — *KBGL*, Sonderband 1; Kopenhagen: Inst. for germ. fil., Københavns Univ., 1980, 342 p., pl. (portr.) | Corr. to BL 1980, 193 (and analyzed in the present vol.).
234 *Sprachliche Interferenz*. Festschrift für Werner **Betz** . . . Hrsg. von Herbert KOLB und Hartmut LAUFFER in Verb. mit Karl Otto BROGSITTER . . . [et al.]. — Tübingen: 1977 | BL 1977, 195. | *IF* 86, 1981 (1982), 187-292 J. Göschel.
235 *Onomastica Jugoslavica*. Vol. 9: Zbornik radova u čast akademiku Francetu Bezlaju o sedamdesetoj obljetnici života. [Ed.: Petar ŠIMUNOVIĆ]. — Zagreb: 1982, 292 p., portr. | Studies dedicated to France **Bezlaj** for his 70th birthday.
236 *Orbis mediaevalis:* mélanges . . . offerts à Reto Raduolf **Bezzola** . . . Éd. par Georges GÜNTERT . . . [et al.]. — Berne: 1978 | BL 1981, 271. | *VR* 41, 1982, 243-250 E. Werner | *BRPh* 20, 1981, 350-354 J. Klare.
237 *The melody of language: intonation and prosody*. Ed. by Linda R. WAUGH and C.H. VAN SCHOONEVELD. — Baltimore, MD: Univ. Park Press, 1980, ix, 378 p., pl. (portr.) | Festschrift for Dwight L. **Bolinger** | *JPrag* 5, 1981, 298-301 A. Cutler.
238 *Studies in medieval linguistic thought* dedicated to Geoffrey L. **Bursill-Hall** . . . Ed. by Konrad KOERNER . . . [et al.]. — Amsterdam: 1980 | BL 1980, 200. | *HL* 9, 1982, 152-156 C. McDermott.
239 *Homenatge a Josep M. de* **Casacuberta**. I; II. — Estudis de llengua i lit. catalanes 1 & 2; Montserrat: 1980, 280; 1981, 431 p. | *ZRPh* 98, 1982, 624-627 C. Wittlin.
240 *Studies in the Romance verb:* essays offered to Joe **Cremona** on the occasion of his 60th birthday. Ed. by Nigel VINCENT & Martin HARRIS. — London: Croom Helm, 1982, xxvii, 222 p. | Introd. by the editors, xiii-xxvii; Bibliography, 205-220.
241 *Rayonnement grec*. Hommages à Charles **Delvoye**. Éd. par Lydie HADER-

MANN-MISGUICH et Georges RAEPSAET avec la collaboration de Guy CAMBIER †. — Univ. Libre de Bruxelles, Fac. de Philosophie et Lettres 83; Bruxelles: Éd. de l'Univ., 1982, xviii, 528 p., pl. (portr.), 61 pl. h.-t. | *AC* 52, 1983, 628-631 H. Van Looy.

242 *Festgabe für Norman* **Denison** [Red.: K. SORNIG]. — *GLS* 11-12; Graz: Inst. für Sprachwissenschaft der Univ. Graz, 1980, 390 p.

243 *Romania historica et Romania hodierna:* Festschrift für Olaf **Deutschmann** zum 70. Geburtstag, 14. März 1982. Peter WUNDERLI; Wulf MÜLLER (Hrsg.). — Studia Romanica et Linguistica 15; Frankfurt a.M.: Lang, 1982, xi, 431 p., portr.

244 *Issues in language:* studies in honor of Robert J. **Di Pietro**, presented to him by his students. Ed. by Marcel DANESI. — Edward Sapir Monograph Series in Language, Culture, and Cognition 9; Lake Bluff, IL: Jupiter Press, 1981, viii, 165 p., pl. (portr.).

245 *Societies and languages of the ancient Near East.* Studies in honour of I.M. Diakonoff [**D'jakonov**]. [Ed. by M.A. DANDAMAYEV; I. GERSHEVITCH; H. KLENGEL; G. KOMORÓCZY; M.T. LARSEN; J.N. POSTGATE.] — Warminster: Aris & Phillips, 1982, ix, 356 p., pl. (portr.). | *ZA* 72, 1982/2 (1983), 288-291 W. von Soden.

246 *Stimmen der Romania:* Festschrift für W. Theodor **Elwert**... Hrsg. von Gerhard SCHMIDT and Manfred TIETZ. — Wiesbaden: 1980 | BL 1980, 207. | *VR* 41, 1982, 343-344 B. Löfstedt.

247 *Prophecy:* Essays presented to Georg **Fohrer**... ed. by J.A. EMERTON. — Berlin: 1980 | BL 1981, 295. | *CBQ* 44, 1982, 168-169 C. Stuhlmueller | *VT* 32, 1982, 351-354 K.J. Cathcart | *ZDMG* 132, 1982, 389-390 H. Graf Reventlow.

248 *Mélanges de langue et littérature françaises du Moyen Age et de la Renaissance* offerts à Monsieur Charles **Foulon** par ses collègues, ses élèves et ses amis. Tome I. — Rennes: Inst. Fr., Univ. de Haute-Bretagne, 1980, 430 p., pl. (portr.) | *ZRPh* 97, 1981, 571-575 A. Gier.

249 *Mélanges de langue et littérature françaises du Moyen Age et de la Renaissance* offerts à Charles **Foulon**. Tome II. — Marche Romane 30, 3-4, Mediaevalia 80; Liège: Ass. des Romanistes de l'Univ. de Liège, 1980, 315 p. | *ZRPh* 98, 1982, 619-623 A. Gier.

250 *Studia Sino-Mongolica:* Festschrift für Herbert **Franke**. Hrsg. von Wolfgang **Bauer**. — Münchener Ostasiatische Studien 25; Wiesbaden: Steiner, 1979, 470 p., pl. (portr.) | Listed BL 1981, 299, but analyzed in the present vol.

251 *Befund und Deutung*... Hans **Fromm** zum 26. Mai 1979 von seinen Schülern. Hrsg. von Klaus GRUBMÜLLER. — Tübingen: 1979 | BL 1980, 213. | *PBB* 104, 1982, 131-141 W. Haug.

252 *Explanationes et tractationes Fenno-Ugricas* in honorem Hans **Fromm**... edidit Erhard F. SCHIEFER. — München: 1979 | BL 1980, 214. | *FUF* 44, 1982, 226-229 E. Koponen | *Kratylos* 26, 1981 (1982), 214-215 K. Rédei | *IF* 87, 1982 (1983), 383-387 K. Ruppel.

253 *Scholia: Beiträge zur Turkologie und Zentralasienkunde* Annemarie **von Gabain** zum 80. Geburtstag am 4. Juli 1981 dargebracht von Kollegen, Freunden und Schülern. Hrsg. von Klaus RÖHRBORN; Horst Wilfried BRANDS. — Veröffentlichungen der Societas Uralo-Altaica 14; Wiesbaden: Harrassowitz, 1981, xv, 246 p., 9 pl.

254 *Earefrissel foar prof. dr. E.G.A.* **Galama** *ta syn santichste jierdei*. [Eds.: Ph.H. BREUKER; Freark DAM; et al.]. — *Us Wurk* 31; Grins [Groningen]:

MÉLANGES

S.F. Frysk Ynstitút oan de Ryksuniversiteit te Grins, 1982, v, 158 p., portr.
255 *H.L.* **Ginsberg** *volume.* Ed.: Menahem HARAN. — *ErIs* 14; Jerusalem: Israel Exploration Soc./Jewish Theological Seminary of Am., 1978, xii, 130 [E.], [23], 194 [Hebr.] p., pl. (portr.) | Analyzed in BL 1981 as *ErIs* 14.
256 *Linguistica.* 20. In memoriam Milan **Grošelj** oblata, II. [Red.: Bojan ČOP; Anton GRAD, et al.]. — Ljubljana: Filozofska fak., Univ. Edvarda Kardelja, 1980, 262 p., ill. | Cf. BL 1980, 219.
257 *Anatolian studies presented to Hans Gustav* **Güterbock** . . . Ed. by K. BITTEL . . . [et al.]. — Istanbul: 1974 | BL 1974, 235. | *Anatolica* 5, 1973-76 (1978), 235-241 R. Werner.
258 *Studies in Balkan linguistics* to honor Eric P. **Hamp** on his sixtieth birthday. Ed. by Howard I. ARONSON; Bill J. DARDEN. — *FoSl* 4/2-3; Columbus, OH: Slavica Publishers, 1981 (1982), p. 161-383, portr., maps.
259 *Sprache in Gegenwart und Geschichte:* Festschrift für Heinrich Matthias **Heinrichs** . . . Hrsg. von Dietrich HARTMANN . . . [et al.]. — Köln: 1978 | BL 1979, 224. | *ZDL* 49, 1982, 368-370 G. Lipold.
260 *Linguistic . . . studies in honor of Archibald A.* **Hill**. Ed. by Mohammad Ali JAZAYERY . . . [et al.]. Vol. I. — Lisse: 1976 | BL 1976, 255. | *NyK* 84, 1982, 469-471 Terts István.
261 *Jazykovedné štúdie.* 15: *Horeckého zborník.* Ved. red.: Jozef RUŽIČKA. — Bratislava: 1980 | Festschrift for Ján **Horecký**. | BL 1980, 225. | *JČ* 33, 1982, 85-87 A. Oravcová.
262 *Recueil linguistique de Bratislava.* VI [Dédié à Ján **Horecký** (8.1.1920) à l'occasion de son 60e anniversaire. Réd.: Jozef RUŽIČKA]. — Bratislava: Veda, 1982, 274 p.
263 *Festschrift für Johannes* **Hubschmid** *zum 65. Geburtstag. Beiträge zur allgemeinen, indogermanischen und romanischen Sprachwissenschaft.* Hrsg. von Otto WINKELMANN und Maria BRAISCH. — Bern: Francke, 1982, 1017 p., pl. (portr.) | With an index verborum (1013-1017).
264 *Mélanges de linguistique française . . .* offerts à . . . Paul **Imbs** . . . publiés par Roger MARTIN et Georges STRAKA. — Strasbourg: 1973 | BL 1973, 275. | *RBPh* 58, 1980, 456-463 D. Willems.
265 *Sumerological studies in honor of Thorkild* **Jacobsen** . . . — Chicago: 1976 | BL 1976, 261. | *JAOS* 102, 1982, 152-156 W. Heimpel.
266 *Gava'. Studies in Austronesian languages and cultures dedicated to Hans* **Kähler**. Ed. by Rainer CARLE; Martina HEINSCHKE; Peter W. PINK; Christel ROST; Karen STADTLANDER. — Veröffentlichungen des Seminars für Indonesische und Südseesprachen der Univ. Hamburg 17; Berlin (West): Reimer, 1982, 707 p., ill.
267 *Sanomia.* Juhlakirja Eeva Kangasmaa-Minnin . . . Toim. Jussi KALLIO . . . [et al.]. — Turku: 1979 | Festschrift for Eeva **Kangasmaa-Minn**. | BL 1979, 229. | *FUF* 44, 1982, 229-235 M. Länsimäki.
268 *Papers in Slavic philology.* 2: *To honor Jernej* **Kopitar***, 1780-1980.* Ed. by Rado L. LENCEK; Henry R. COOPER, Jr. — Ann Arbor: Dept. of Sl. Languages and Literatures, Univ. of Michigan, 1982, xiv, 234 p. | Henry R. COOPER, Jr., Preface, vii-xiv; Jernej Kopitar: a selected chronology, xv-xvi; Appendix I: The program of "The conference to honor Jernej Kopitar, 1780-1980", Northwestern University, Evanston, Illinois, USA, 14-15 May 1980, 185-188; Appendix II: Three editions of Jernej Kopitar's "Patriotische Phantasien eines Slaven," with an English translation, 189-234 (Introd. & annotations by Rado L. LENCEK; E. transl. by Miriam J. LEVY).

FESTSCHRIFTEN

269 *Zbornik radova o govoru i jeziku.* Posvećen Đorđu Kostiću. Povodom sedamdeset godina života i pedeset godina rada. [Red.: Spasenija VLADISAVLJEVIĆ, et al.]. — Beograd: Inst. za eksperimentalnu fonetiku i patologiju govora, 1979, xv, 407 p., portr., ill. | Studies in speech and language in honor of Đorđe **Kostić**.

270 *Zikir šumim:* Assyriological studies presented to F.R. **Kraus** on the occasion of his 70th birthday. Ed. by G. VAN DRIEL; Th.J.H. KRISPIJN; M. STOL; K.R. VEENHOF. — Studia Francisci Scholten Memoriae Dicata 15; Leiden: Nederlands Inst. voor het Nabije Oosten (distr.: Brill), 1982, vi, 509 p., pl. (portr.), ill. | With 3 indexes by G.Th. FERWERDA, 493-509.

271 *Zeszyty Naukowe Wydziału Humanistycznego,* Uniwersytet Gdański. Filologia Polska. *Prace językoznawcze,* 7 [Profesorowi Doktorowi habilitowanemu Bogusławowi Kreji w 50. rocznice urodzin zeszyt ten poświeca Komitet Redakcyjny. Red.: Hubert GÓRNOWICZ]. — Gdańsk: Uniw. Gdański, 1981 (1982), 171 p., portr. | Studies in honour of B. **Kreja**.

272 *Investigationes philologicae et comparativae:* Gedenkschrift für Heinz **Kronasser**. Hrsg. von Erich NEU. — Wiesbaden: Harrassowitz, 1982, xix, 272 p., portr. | Index verborum, 263-269.

273 *Sprache und Mensch in der Romania:* Heinrich **Kuen** zum 80. Geburtstag. Hrsg. von Gerhard ERNST und Arnulf STEFENELLI. — Wiesbaden: 1979 | BL 1980, 233. | *VR* 41, 1982, 240-243 B. Löfstedt.

274 [Medieval studies] in memory of Fumio **Kuriyawaga**, ed. by Michio MASUI; Kikuo MIYABE. — *Poet* 12, 1979 (1981), 156 p.

275 *Sborník prací filozofické fakulty brněnské univerzity: Rada jazykovědná* (A) 27. Arnoštu Lamprechtovi k 60. narozeninám. — Brno: UJEP, 1979, 244 p., portr. | Studies in honour of A. **Lamprecht**. | *SS* 43, 1982, 245-247 J. Hlavsová.

276 *Florilegium Anatolicum.* Mélanges offerts à Emmanuel **Laroche**. — Paris: 1979 | BL 1979, 235. | *OLZ* 77, 1982, 146-149 H. Klengel.

277 *Studies in descriptive and historical linguistics.* Festschrift for Winfred P. **Lehmann**. Ed. by Paul J. HOPPER ... — Amsterdam: 1977 | BL 1978, 233. | *ZCPh* 39, 1982, 343-346 E.P. Hamp | *SLang* 6, 1982, 136-146 K.C. Kossuth.

278 *Recherches de linguistique.* Hommages à Maurice **Leroy**. Éd. par Jean BINGEN; André COUPEZ; Francine MAWET. — Bruxelles: 1980 | BL 1980, 238. | *AC* 52, 1983, 437-438 G. Jucquois | *RLiR* 46, 1982, 411-412 G. Roques.

279 *Acta Orientalia Academiae Scientiarum Hungaricae* ... redigit F. TŐKEI. Tomus 36. [Ludovico **Ligeti** octogenario hoc volumen damus dicamus dedicamus]. — Budapest: Akadémiai Kiadó, 1982, 600 p., ill.

280 *Sprache und Brauchtum:* Bernhard **Martin** zum 90. Geburtstag. Hrsg. von Reiner HILDEBRANDT; Hans FRIEBERTSHÄUSER. — Marburg: 1980 | BL 1980, 243. | *BNF* 17, 1982, 256-258 W. König.

281 *Linguistique fonctionnelle: débats et perspectives.* Pour André **Martinet**. Présentés par Mortéza MAHMOUDIAN. — Paris: 1979 | BL 1980, 244. | *LAnt* 14, 1980, 294-300 J. Larochette | *BSL* 76, 1981/2 (1982), 61-63 A. Leguil.

282 *Language form and linguistic variation.* Papers dedicated to Angus **McIntosh** ed. by John ANDERSON. — CILT 15; Amsterdam: Benjamins, 1982, viii, 496 p. | James Peter THORNE: Dedicatory preface, [v].

283 *Homenatge a Francesc de B.* **Moll**. I; II; III. — Randa 9, 10, 11; Barcelona: Curial, 1979, 224 p.; 1980, 220 p.; 1981, 208 p. | Josep MASSOT I MUNTANER, Introducció, I, 5-7.

284 *Scritti in onore di Orsolina* **Montevecchi**, a cura di Edda BRESCIANI, Giovanni

GERACI, Sergio PERNIGOTTI, Giancarlo SUSINI. — Bologna: CLUEB, 1981, xxiii, 469 p., portr.

285 *Monumentum Georg* **Morgenstierne**, II. — *AcIr* 22 (2e série: Hommages et opera minora 8); Leiden: Brill, 1982, v, 287 p. | Cf. BL 1981, 352.

286 *Actus.* Studies in honour of H.L.W. **Nelson**. Ed. by J. DEN BOEFT and A.H.M. KESSELS. — Utrecht: Inst. voor Klassieke Talen, 1982, xii, 482 p., pl. (portr.).

287 *Serta Indogermanica:* Festschrift für Günter **Neumann** zum 60. Geburtstag. Hrsg. von Johann TISCHLER. — IBS 40; Innsbruck: Inst. für Sprachwissenschaft der Univ. Innsbruck, 1982, 484 p., portr. | *BNF* 17, 1982, 392 J. Untermann.

288 *Language and logos.* Studies in ancient Greek philosophy presented to G.E.L. **Owen**. Ed. by Malcolm SCHOFIELD and Martha Craven NUSSBAUM. — Cambridge: UP., 1982, xiii, 359 p., pl. (portr.).

289 *Dialektologie heute* . . . Festschrift für Hélène **Palgen** . . . [Réd.: Fernand HOFFMANN]. — Luxembourg: 1979 | BL 1980, 252. | *RF* 94, 1982, 89-92 J. Kramer.

290 *Gli Etruschi e Roma.* Atti dell'incontro di studio in onore di Massimo **Pallottino**, Roma, 11-13 dicembre 1979. — Roma: Bretschneider, 1981, 234 p., 14 pl. | Giovanni COLONNA, Premessa, v-vi; Seduta di apertura (addresses by G. COLONNA, Carlo DE SIMONE, et al.), 1-16. | | *REL* 60, 1982 (1983), 548 D. Briquel | *Gymnasium* 90, 1983, 342-344 K.-W. Weeber.

291 *Linguistic controversies.* Essays in linguistic theory and practice in honour of F.R. **Palmer**. Ed. by David CRYSTAL. — London: Arnold, 1982, xiv, 257 p.

292 *Recherches linguistiques:* articles offerts à Marthe **Philipp**, réunis par H. DUPUY, A. BOTHOREL et L. BRUNET. — Göppinger Arbeiten zur Germanistik 317; Göppingen: Kümmerle, 1982, xviii, 309 p. | Adrien FINCK, Préface, v-ix.

293 *Italic and Romance:* Linguistic studies in honor of Ernst **Pulgram**. Ed. by Herbert J. Izzo. — Amsterdam: 1980 | BL 1980, 257. | *CJL* 27, 1982, 180-182 S.N. Dworkin | *Lg* 58, 1982, 216-218 B. Löfstedt | *RomPh* 36/2, 1982, 229-236 M.W. Wheeler.

294 *Studies in English linguistics for Randolph* **Quirk**. Ed. by Sidney GREENBAUM; Geoffrey LEECH; Jan SVARTVIK. — London: Longman, 1980, xvi, 304 p. | *Word* 32, 1981 (1982), 249-253 J. Algeo | *SLang* 6, 1982, 253-261 T. Thrane.

295 *Flores Floro.* Bundel artikelen, aangeboden aan Prof.dr. Florus **van der Rhee** ter gelegenheid van zijn 70^e verjaardag en zijn afscheid als hoogleraar aan de Rijksuniversiteit te Utrecht, 2 en 13 januari 1982. Onder redactie van J.A. HUISMAN; A.J.B. MALLING; H.T.J. MIEDEMA. — *ABäG* 17, 1982, 211 p. | On the occasion of the 70th birthday and retirement of Prof.Dr. F. van der Rhee.

296 *Studi storico-linguistici in onore di Francesco* **Ribezzo** [1875-1952]. A cura di Ciro SANTORO; Cesare MARANGIO. — Mesagne: Museo Civico Arch. "Ugo Granefei", 1978, 420 p., 38 pl. | Not yet analyzed. | *Paideia* 36, 1981, 234-235 V. Pisani.

297 *Studi su Varrone, sulla retorica, storiografia e poesia latina:* scritti in onore di Benedetto **Riposati**. Vol. I-II. — Rieti: Centro di Studi Varroniani/Milano: Univ. Cattolica S. Cuore, 1979, xxvi, 292 p., portr.; p. 299-604.

298 *From linguistics to literature:* Romance studies offered to Francis M. **Rogers**. Ed. by Bernard H. BICHAKJIAN. — Amsterdam: Benjamins, 1981, viii, 292 p., portr., ill.

299 *Phonetica Pragensia* VI. Dedicated to Professor Milan **Romportl** on the occasion of his 60th birthday. Ed. by Přemysl JANOTA; Jaroslava PAČESOVÁ. —

FESTSCHRIFTEN

AUC, Philologica 1980/2; Praha: Univ. Karlova, 1982, 142 p., front. (portr.).
300 *Filologia e critica.* Studi in onore di Vittorio **Santoli.** A cura di Paolo CHIARINI, Carlo Alberto MASTRELLI, Piergiuseppe SCARDIGLI, Luciano ZAGARI. I-II. — Roma 1976 | BL 1976, 297. | *SGerm* 16 (45-46), 1978, 494-507 F. Albano Leoni; 507-513 A. Destro.
301 *Festschrift für Wolfgang* **Schlachter** . . . Hrsg. von Christoph GLÄSER; János PUSZTAY. — Wiesbaden: 1979 | BL 1979, 252. | *UAJb NF* 1, 1981, 273-285 L. Honti.
302 *Colloquium Slavicum Basiliense:* Gedenkschrift für Hildegard **Schroeder.** Hrsg. von Heinrich RIGGENBACH unter Mitwirkung von Felix KELLER. — Slavica Helvetica 16; Bern: Lang, 1981, xii, 792 p., front. (portr.).
303 *Hugo* **Schuchardt** . . . *Schuchardt-Symposium 1977 in Graz* . . . hrsg. von Klaus LICHEM und Hans Joachim SIMON. — Wien: 1980 | BL 1980, 265. | *VR* 41, 1982, 340-341 B. Löfstedt | *ZRPh* 98, 1982, 586-594 H.H. Christmann | *IF* 87, 1982 (1983), 321-322 G. Ineichen | *Sprache* 29, 1983, 63 P. Sch[ifko] | *Lg* 58, 1982, 683-686 T.L. Markey.
304 *Hommage à Jean* **Séguy.** Tome II. — *AUToul* 14, No. spécial (*VD*); Toulouse: Univ. de Toulouse-Le Mirail, 1978, 448 p. | Cf. BL 1978, 256.
305 *Wege zur Universalienforschung.* Sprachwissenschaftliche Beiträge zum 60. Geburtstag von Hansjakob **Seiler.** Hrsg. von Gunter BRETTSCHNEIDER und Christian LEHMANN. — Tübingen: 1980 | BL 1980, 267. | *Kratylos* 26, 1981 (1982), 6-9 K.H. Schmidt.
306 Petar **Skok** (1881-1956) annis postquam natus est centum elapsis, postquam mortem obiit viginti quinque. — *SRAZ* 26/1-2; Zagreb: Facultas Philosophica Univ. Studiorum Zagrabiensis, 1981 (1982), 446 p., pl. (portr.).
307 *Språkhistoria och språkkontakt i Finland och Nord-Skandinavien:* studier tillägnade Tryggve **Sköld** den 2 november 1982. *Language history and language contact in Finland and Northern Scandinavia:* studies dedicated to Tryggve Sköld, 2 November 1982. — Kungl. Skytteanska samfundets handlingar 26; Umeå: Skytteanska samfundet, Länsmuseet, 1982, xv, 306 p., portr., ill.
308 *Fimfchustim:* Festschrift für Stefan **Sonderegger** . . . Hrsg. von Robert HINDERLING; Viktor WEIBEL. — Bayreuth: 1978 | BL 1978, 259. | *ZDL* 49, 1982, 370-372 T.L. Keller.
309 *The Slavic verb: an anthology presented to Hans Christian* **Sørensen,** 16th December 1981. Eds.: Per JACOBSEN; Helen L. KRAG . . . [et al.]. — Københavns universitets Slaviske inst., Studier 9; Copenhagen: Rosenkilde and Bagger, 1981, xiii, 187 p., front. (portr.).
310 *Voces amicorum Sovijärvi.* In honorem Antti **Sovijärvi** septuagesimum annum agentis die XXII mensis aprilis anno MCMLXXXII. [Ed.: Antti IIVONEN; Seppo SUHONEN; Pertti VIRTARANTA]. — MSFOu 181; Helsinki: Suomalais-ugrilainen seura, 1982, 332 p., front. (portr.).
311 *Studien aus Arabistik und Semitistik* Anton **Spitaler** . . . überreicht. Hrsg. von Werner DIEM; Stefan WILD. — Wiesbaden: 1980 | BL 1981, 368. | *JSS* 27, 1982, 295-299 A.F.L. Beeston.
312 In honor of William Bedell **Stanford.** — *Hermathena* 129, 1980, 90 p., front.
313 *Sprache und Name in Österreich:* Festschrift für Walter **Steinhauser** . . . Hrsg. von Peter WIESINGER. — Wien: 1980 | BL 1980, 271. | *BNF* 17, 1982, 87-90 K. Matzel | *Kratylos* 27, 1982 (1983), 209-210 K. Rein.
314 *Fakten und Theorien: Beiträge zur romanischen und allgemeinen Sprachwissenschaft.* Festschrift für Helmut **Stimm** zum 65. Geburtstag. Hrsg. von Sieg-

linde HEINZ und Ulrich WANDRUSZKA. — TBL 191; Tübingen: Narr, 1982, xvi, 372 p., pl. (portr.).

315 *Studies in diachronic, synchronic, and typological linguistics:* Festschrift for Oswald **Szemerényi** . . . Ed. by Bela BROGYANYI. I-II. — Amsterdam: 1979 | BL 1979, 255. | *Em* 51, 1983, 175-176 F. Villar | *UAJb* 53, 1981, 164-165 Gy. Décsy | *Lg* 58, 1982, 681-683 C. Justus.

316 *Prace Filologiczne.* Tom 31 [Profesorowi Doktorowi Janowi Tokarskiemu w czterdziestą rocznicę Jego pracy naukowej . . . Red.: Mieczysław SZYMCZAK]. — Warszawa: Wyd. Uniw. Warszawskiego, 1982, 387 p., portr. | Studies dedicated to Jan **Tokarski**.

317 *Speculum Norroenum:* Norse studies in memory of Gabriel **Turville-Petre**. Ed. by Ursula DRONKE . . . [et al.]. — Odense: Odense UP., 1981, xvi, 508 p., front. (portr.) | *BNF* 17, 1982, 447-448 H. Beck.

318 *Langage et psychomécanique du langage.* Études dédiées à Roch **Valin**, sous la direction de A. JOLY et W.H. HIRTLE. — Équipe de Recherche en Psychomécanique du Langage, E.R.A. 831; Lille: Presses Univ. de Lille/Québec: Presses de l'Univ. Laval, 1980, xviii, 594 p., portr. | *Lg* 58, 1982, 945-946 L.G. Kelly.

319 *Studia linguistica Polono-Jugoslavica.* Tom 2. Posveteno na akad. Božidar **Vidoeski**. [Red.: Blaže KONESKI]. — Skopje: Makedonska akad. na naukite i umetnostite, 1982, 210 p., portr. | Studies in honor of B. Vidoeski on the occasion of his 60th birthday.

320 *Vingt-cinq ans de linguistique au Canada:* hommage à Jean-Paul **Vinay** par ses anciens élèves. Publ. dirigée par G. RONDEAU; G. BIBEAU; G. GAGNÉ; G. TAGGART. — Montréal: Centre Éducatif et Culturel, 1979, 582 p. | Listed BL 1981, 379, but analyzed in the present vol. | *CJL* 27, 1982, 184-188 R.R. Léon | *BSL* 76, 1981/2 (1982), 92 M. Bile.

321 *Linguistics and anthropology:* in honor of C.F. **Voegelin**. Ed. by M. Dale KINKADE . . . [et al.]. — Lisse: 1975 | BL 1975, 312. | *IJAL* 48, 1982, 327-356 E.P. Hamp; K.V. Teeter; M.B. Kendall; et al.

322 Issue in honor of Carl **Voegelin**. Ed.: Ken HALE. — *IJAL* 48/3; Chicago: Univ. of Chicago Press, 1982, p. 243-357.

323 *Europäische Mehrsprachigkeit:* Festschrift zum 70. Geburtstag von Mario **Wandruszka**. Hrsg. von Wolfgang PÖCKL. — Tübingen: Niemeyer, 1981, xv, 520 p., front. (portr.) | *MSpråk* 76, 1982, 190-191 G. Korlén.

324 *Liber amicorum Weijnen* . . . aangeboden aan Prof.Dr. A. **Weijnen** . . . onder red. van Joep KRUIJSEN. — Assen: 1980 | BL 1980, 281. | *LB* 71, 1982, 258-260 H. Ryckeboer.

325 *Gedenkschrift für Heinrich* **Wesche**. Hrsg. von Wolfgang KRAMER . . . — Neumünster: 1979 | BL 1980, 282. | *NJb* 104, 1981 (1982), 167-170 R.A. Ebeling | *ZDL* 49, 1982, 366-367 F. Simmler | *LB* 71, 1982, 209-219 H. Eickmans.

326 *Fenno-Ugrica Suecana. Tidskrift för finsk-ugrisk forskning i Sverige. Journal of Finno-Ugric research in Sweden.* 5: In honorem Bo **Wickman**, 7 September 1982. — Uppsala: Finsk-ugriska institutionen, Uppsala univ., 1982, 418 p., portr. | Foreword by Lars-Gunnar LARSSON & Erling WANDE.

B. Other miscellanies — Autres recueils

327 *Aktuální otázky jazykové kultury v socialistické společnosti* . . . za vedení Jaroslava KUCHAŘE. — Praha: 1979 | BL 1979, 268. | *NDVŠ-F* 1982/2, 88-90 M.N. Kožina | *ZbSl* 22, 1982, 153-155 R. Brabcová.

328 *Aktual'nye voprosy strukturnoj i prikladnoj lingvistiki.* Sbornik statej. [Red.: V.A. ZVEGINCEV]. — Moskva: 1980 | BL 1980, 287. | *SS* 43, 1982, 170-173 M. Ludvíková.
329 *Ansätze zu einer pragmatischen Sprachgeschichte:* Zürcher Kolloquium 1978. Horst SITTA (Hrsg.). — Reihe Germanistische Linguistik 21; Tübingen: Niemeyer, 1980, viii, 136 p. | Thesen: Aufgaben einer pragmatikorientierten Sprachgeschichte, 129-136. | *ZDL* 49, 1982, 384-387 F. Simmler.
330 *Approches du langage.* Actes du colloque interdisciplinaire tenu à Paris, Sorbonne, le 8 décembre 1978. [Éd.: M. REUCHLIN; F. FRANÇOIS]. — Publ. de la Sorbonne, Série "Études" 16; Paris: Univ. de Paris V, 1980, 149 p. | Not yet analyzed. | *BSL* 76, 1981/2 (1982), 46-47 R. Hodot.
331 *Aspecten van taalverandering*... Onder red. van G.A.T. KOEFOED; J. VAN MARLE. — Groningen: 1978 | BL 1979, 271. | *Spektator* 11, 1981-82, 425-429 H. Bloemhoff; C. Hoppenbrouwers.
332 *Aspektual'nost' i sredstva ee vyraženija. Voprosy russkoj aspektologii* 5. [Red.: S.V. SMIRNOV, et al.]. — *UZTarU* 537; Tartu: 1980, 140 p.
333 *Aspekty semantičeskich issledovanij.* [Red.: N.D. ARUTJUNOVA; A.A. UFIMCEVA]. — Moskva: "Nauka", 1980, 355 p. | *SS* 43, 1982, 152-159 E. Macháčková; H. Prouzová.
334 *Balto-slavjanskie issledovanija,* 1981. [Red.: Vjač.Vs. IVANOV; T.M. SUDNIK; et al.]. — Moskva: "Nauka", 1982, 344 p., maps | Cf. BL 1981, 389.
335 *Beiträge zur Linguistik des Französischen.* Thomas KOTSCHI (Hrsg.). — Tübingen: 1981 | BL 1981, 392. | *ZRPh* 98, 1982, 570-571 J. Langenbacher-Liebgott.
336 *Contributions to applied linguistics* (III). Ed. by Christoph GUTKNECHT. — Forum Linguisticum 22; Frankfurt a.M.: Lang, 1978, 133 p. | *ZAA* 27, 1979, 169-171 K. Hansen.
337 *Deutsch in Kontakt mit anderen Sprachen*... Carol MOLONY... [et al.] (Hrsg.). — Kronberg/Ts.: 1977 | BL 1977, 296. | *ZDL* 49, 1982, 97-99 E. Weiszhar.
338 *Dimensions of South Asian linguistics.* Ed. by Yamuna KACHRU. — *SLS* 11/2, 1981, i, 219 p. | Special issue on South Asian linguistics.
339 *Dialektologie. Ein Handbuch zur deutschen und allgemeinen Dialektforschung.* Hrsg. von Werner BESCH; Ulrich KNOOP; Wolfgang PUTSCHKE; Herbert Ernst WIEGAND. 1. Halbband. — Handbücher zur Sprach- und Kommunikationswissenschaft 1.1; Berlin (West): de Gruyter, 1982, xxxiv, 806 p., 94 maps, 193 fig. | Divided in 7 major parts: I. Zur Geschichte der Dialektologie des Deutschen: Forschungsrichtungen und Forschungsschwerpunkte; II. Theoriebildungen und Theorieansätze der Dialektologie; III. Theorien in der Anwendung und Theorieansätze in der Erprobung: exemplarische Dialektbeschreibungen; IV. Methodologische Problemfelder und wissenschaftssystematische Aspekte in der Dialektologie; V. Arbeitsverfahren in der Dialektologie: Datenerhebung und Datenverarbeitung; VI. Arbeitsverfahren in der Dialektologie: Datenpräsentation und Ergebnisdarstellung; VII. Computative Arbeitsverfahren in der Dialektologie.
340 *Essays on mathematical and philosophical logic.* Ed. by Jaakko HINTIKKA... [et al.]. — Dordrecht: 1979 | BL 1981, 400. | *Word* 32, 1981 (1982), 238-242 S.M. Embleton.
341 *Ethnolinguistics*... Ed. by Madeleine MATHIOT. — The Hague: 1979 | BL 1979, 280. | *AAS* 18, 1982, 203-204 V. Krupa.

342 *Ėtimologija*, 1980. [Red.: O.N. TRUBAČEV; Ž.Ž. VARBOT, et al.]. — Moskva: "Nauka", 1982, 200 p.
343 *Grammatičeskie issledovanija po jazykam Sibiri.* Otvetstvennyj red.: E.I. UBRJATOVA. — Novosibirsk: "Nauka", Sibirskoe otdelenie, 1982, 175 p.
344 *Grundbegriffe und Hauptströmungen der Linguistik.* Christoph GUTKNECHT (Hrsg.). — Hamburg: 1977 | BL 1977, 312. | *ZAA* 30, 1982, 354-355 U. Carls. *Heth. und Indogerm.* . . . — 4381.
345 *Hungarian linguistics.* Ed. by Ferenc KIEFER. — LLSEE 4; Amsterdam: Benjamins, 1982, vii, 599 p.
346 *Impromptu speech:* A symposium. Papers ed. by Nils Erik ENKVIST. — Meddelanden från stiftelsen för Åbo Akademi forskningsinstitut 78; Åbo: Åbo Akademi, 1982, 383 p., tab., fig. | Nils Erik ENKVIST, Introduction: Impromptu speech, structure, and process, 11-31.
347 *1300 Jahre Bulgarien:* Studien zum I. Internationalen Bulgaristikkongress Sofia 1981. Teil 1; 2. — Südosteuropa-Studien 29 & 30, Bulgarische Sammlung, hrsg. von Wolfgang GESEMANN . . . [et al.], 2 & 3; Neuried: Hieronymus Verlag, 1981, 473 p.; 1982, 324 p.
348 *Jazyk – prostriedok zbližovania národov.* Zborník z Komenského trienále 1980. Red. J. MISTRÍK. — Bratislava: 1981 | BL 1981, 417. | *SR* 47, 1982, 125-126 D. Augustinská.
349 *Jazyki jugo-vostočnoj Azii. Problemy povtorov.* Red. N.F. ALIEVA. — Moskva: "Nauka", 1980, 272 p. | *AAS* 18, 1982, 209-210 V. Krupa.
350 *Jazykověda a příprava učitelů jazyků. Teoretické problémy.* I; II. — Praha: 1980 | BL 1980, 311. | *SS* 43, 1982, 47-51 Z. Hlavsa; J. Hoffmannová; J. Nekvapil | *ČRus* 27, 1982, 88-90; also *ČJLit* 33, 1982-83, 134-137 H. Hrdličková | *SJL* 29, 1982-83, 122-124 K. Zelinková.
351 *K fungování jazyka v některých společenských oblastech.* Připravila katedra lingvistiky a fonetiky filozofické fakulty UK. — Praha: Univ. Karlova, 1982, 100 p. | On the functioning of language in some social areas.
352 *Kategorija sub"ekta i ob"ekta v jazykach različnych tipov.* [Red.: S.D. KACNEL'SON, et al.]. — Leningrad: "Nauka", 1982, 189 p.
353 *Keelestatistika ja arvutuslingvistika. Lingvostatistika i vyčislitel'naja lingvistika.* Töid keelestatistika alalt. Trudy po lingvostatistike. [Red.: Jaan SOONTAK, et al.]. — *UZTarU* 628; Tartu: 1982, 167 p.
354 *Kõrvutava ja rakenduslingvistika küsimusi. Voprosy sopostavitel'noj i prikladnoj lingvistiki.* [Red.: Juhan TULDAVA, et al.]. — *UZTarU* 619, Linguistica [15]; Tartu: 1982, 168 p.
355 *Kvantitatiivse lingvistika ja tekstide automaatanalüüsi aktuaalseid probleeme. Aktual'nye problemy kvantitativnoj lingvistiki i avtomatičeskogo analiza tekstov.* [Red.: Jaan SOONTAK, et al.]. — *UZTarU* 591, Töid keelestatistika alalt 7. Trudy po lingvostatistike; Tartu: 1981, 164 p.
356 *Le langage en contexte: études* . . . par Herman PARRET . . . [et al.]. — Amsterdam: 1980 | BL 1981, 421. | *BSL* 76, 1981/2 (1982), 36-42 S. Auroux | *VR* 40, 1981, 283-284 P. Wunderli.
357 *Language acquisition: the state of the art.* Ed. by Eric WANNER and Lila R. GLEITMAN. — Cambridge: UP., 1982, x, 532 p., ill.
358 *Language and society: anthropological issues.* Eds.: William C. MCCORMACK; Stephen A. WURM. — The Hague: 1979 | BL 1980, 313. | *BSL* 76, 1981/2 (1982), 98-100 C. Brixhe | *AAS* 18, 1982, 199-201 V. Krupa (Also in *JČ* 33, 1982, 101-102).

359 *Language development.* Vol. 1: *Syntax and semantics.* Ed. by Stan A. Kuczaj II. — Child Psychology; Hillsdale, NJ: Erlbaum, 1982, xvi, 492 p., ill.
360 *Language development.* Vol. 2: *Language, thought, and culture.* Ed. by Stan A. Kuczaj II. — Child Psychology; Hillsdale, NJ: Erlbaum, 1982, xviii, 501 p., ill.
361 *Language intervention from ape to child.* Ed. by Richard L. Schiefelbusch and John H. Hollis. Technical eds.: Marilyn Barket; Robert Hoyt. — Language Intervention Series 3; Baltimore, MD: Univ. Park Press, 1979, xv, 535 p. | 1. Introd., 1-42; 2. Language and communication models, 43-117; 3. Historical perspectives: nonhuman primate language and communication development, 119-217; 4. Strategies for language and communication acquisition, 219-356; 5. Application of primate language strategies to children, 357-489; 6. Epilogue, 491-511; 7. Appendix: Additional readings and films, 515-516; Recent research on the non-speech language imitation program (Non-SLIP), 517-520.
362 *Language as a human problem.* Ed. by Einar Haugen & Morton Bloomfield. — New York: 1974 | BL 1974, 334. | *Aevum* 52, 1978, 593-596 E. Rigotti.
363 *Languages in conflict . . .* Ed. by Paul Schach. — Lincoln: 1980 | BL 1981, 427. | *Lg* 58, 1982, 734-735 S.G. Thomason.
364 *Languages and their speakers.* Ed. by Timothy Shopen. — Cambridge, MA: 1979 | BL 1981, 425. | *LPosn* 25, 1982, 140-145 A.F. Majewicz.
365 *Languages and their status.* [Ed. by] Timothy Shopen. — Cambridge, MA: Winthrop, 1979, xii, 335 p., ill. | Listed BL 1981, 426, but analyzed in the present vol. | *LPosn* 25, 1982, 140-145 A.F. Majewicz.
366 *Leksikografija i leksikologija. Zbornik referata.* Odgovorni urednik: Drago Ćupić. — Beograd & Novi Sad: Srpska akad. nauka i umetnosti – Odeljenje jezika i književnosti [etc.], 1982, 367 p. | Papers from a meeting held in Beograd, Dec. 1980.
367 *Das Lexikon in der Grammatik – Die Grammatik im Lexikon.* János S. Petöfi; Jürgen Bredemeier (Hrsg.). 1. & 2. Halbband. — Papiere zur Textlinguistik 13, 1 & 2; Hamburg: Buske, 1977, p. i-[xii], 1-259; i-[x], [261]-561.
368 *Linear order and generative theory.* Ed. by Jürgen M. Meisel; Martin D. Pam. — Amsterdam: 1979 | BL 1981, 430. | *CJL* 27, 1982, 73-75 R.C. DeArmond | *SLang* 6, 1982, 275-285 J. Lenerz.
369 *Linguistic problems and European unity.* Ed. by Giorgio Braga; Ester Monti Civelli. — Milano: Angeli, [1982], 399 p.
370 *Linguistic theory and psychological reality.* Ed. by Morris Halle . . . [et al.]. — Cambridge: MA: 1978 | BL 1979, 295. | *Lg* 58, 1982, 467-470 T. Roeper | *SLN* 12, 1981, 56-58 B. Karákalos.
371 *Linguistics in Belgium./Linguistiek in België./Linguistique en Belgique.* 5. M. Dominicy (ed.). — Brussel: Vrije Univ./Didier, 1982, 225 p. | Papers from the 5th meeting of the Belgian Linguistic Circle (December 1980).
372 *Linguistics in the Netherlands 1982.* Eds.: Saskia Daalder; Marinel Gerritsen. — Amsterdam: North-Holland, 1982, ix, 171 p. | Papers presented at the 13th annual meeting of the Linguistic Soc. of The Netherlands, Jan. 23, 1982.
373 *Moderní lingvistika a klasické jazyky.* Vyd. H. Kurzová. — Praha: 1980 | BL 1980, 321. | *LF* 105, 1982, 178-179 D. Muchnová.
374 *New Guinea area languages and language study.* Vol. 3. Fasc. 1-2. S.A. Wurm, ed. — Canberra: 1977 | BL 1978, 311. | *AJL* 2, 1982, 128-133 B. Comrie.
375 *New Guinea and neighboring areas: a sociolinguistic laboratory.* Ed. by Ste-

phen A. WURM. — The Hague: 1979 | BL 1980, 323. | *AJL* 2, 1982, 133-139 A. Rumsey | *CJL* 27, 1982, 59-63 J. Haiman.

376 *Onomastica Slavogermanica*, 13. Hrsg. von Ernst EICHLER; Hans WALTHER. Red.: Johannes SCHULTHEIS. — ASAW 69, 4; Berlin (DDR): Akad.-Verlag, 1981, 150 p., 4 maps | *BNF* 17, 1982, 470-472 J. Udolph | *ZprMK* 23, 1982, 434-445 R. Šrámek.

377 *Opérations de détermination. Théorie et déscription.* Vol. 1. *Laboratoire de Linguistique Formelle.* (Responsable: A. CULIOLI). — Paris: Univ. Paris VII, 1980, 288 p. | *SEz* 7, 1982/1-2, 154-156 M. Grozeva; J. Čukanova.

378 *Perspectives on historical linguistics*, ed. by Winfred P. LEHMANN & Yakov MALKIEL. — CILT 24; Amsterdam: Benjamins, 1982, xii, 379 p.

379 *Phonetica Pragensia.* V. Editores: Milan ROMPORTL; Přemysl JANOTA. — AUC, Philologica 1976/3; Praha: Univ. Karlova, 1982, 177 p., fig.

380 *Phonologie et société . . .* [Sous la direction de] Henriette WALTER. — Montréal: 1977 | BL 1977, 350. | *SILTA* 9, 1980/3 (1982), 593-596 B. Badini.

381 *Plurilinguisme: Normes, situations, stratégies . . .* Études . . . présentées par Gabriel MANESSY et Paul WALD. — Paris: 1979 | BL 1981, 451. | *Linguistique* 18/1, 1982, 151-153 A. Tabouret-Keller.

382 *Práce z dějin slavistiky.* VI. Red. Luboš ŘEHÁČEK. — Praha: Univ. Karlova, 1982, 142 p.

383 *Prague studies in mathematical linguistics.* 7. Scientific eds.: Ján HORECKÝ . . . [et al.]. — Prague: 1981 | BL 1981, 458. | *JazA* 19, 1982, 76-77 J. Štěpán | *CJL* 27, 1982, 178-180 F. Dreizin | *RSEL* 11, 1981, 223-225 L.A. Hernández Miguel (On vol. 5).

384 *Praha – Vilnius.* Sborník prací . . . Uspořádali Jan PETR; Luboš ŘEHÁČEK. — Praha: 1981 | BL 1981, 459. | *Baltistica* 18, 1982, 91-92 J. Kabelka. *Praxis der Lexikographie . . .* — 3031.

385 *Predication and expression in Functional Grammar.* A. Machtelt BOLKESTEIN; Henk A. COMBÉ; . . . [et al.]. — London: Academic Press, 1981, xiv, 266 p.

386 *Přednášky z XXIII. běhu Letní školy slovanských studií v r. 1979.* Zprac. kolektiv, red. Jaroslav TAX. — Praha: Stát. pedag. nakl., 1982, 228 p. | Lectures delivered at the 23rd Summer School of Sl. studies. *Probleme der Textgrammatik.* II . . . — 2795.

387 *Problemy strukturnoj lingvistiki*, 1978. [Red.: V.P. GRIGOR'EV]. — Moskva: "Nauka", 1981, 290 p.

388 *Problemy strukturnoj lingvistiki*, 1980. [Red.: V.P. GRIGOR'EV]. — Moskva: "Nauka", 1982, 301 p. | Cf. BL 1981, 464.

389 *Psykolingvistisiä kirjoituksia 3. Psykolingvistiska studier. Psycholinguistic papers.* Ed. by Kari SAJAVAARA; Maija KALIN; Matti LEIWO. — Publ. de l'Ass. Finlandaise de Linguistique Appliquée (AFinLA) 34; Jyväskylä: Suomen sovelletun kielitieteen yhdistys, 1982, 218 p., fig., tab. | Papers from the 3rd Conference on Psycholinguistics, 11.-12.1.1982, and a meeting on linguistics held in Jyväskylä 13.-14.2.1982, and a seminar 'Disorders in children's language and communication. Research, discussion and ideas'.

390 *Rusistický sborník olomoucko-lublinský.* I. Red.: Helena FLÍDROVÁ; výk. red.: Vladimír KOSTŘICA. — Praha: 1980 | BL 1980, 340. | *ČRus* 27, 1982, 35-36 R. Parolek.

391 *Satzglieder im Deutschen. Vorschläge zur syntaktischen, semantischen und pragmatischen Fundierung.* Werner ABRAHAM (Hrsg.). — SDG 15; Tübingen: Narr, 1982, 367 p. | Introd., 7-39.

392 *Satzstruktur und Genus verbi.* Hrsg. von Ronald LÖTZSCH und Rudolf RŮŽIČKA. — Berlin: 1976 | BL 1976, 369. | *PBB* 104, 1982, 93-106 H. Günther.
393 *Škola – jazyk – literatura.* Red. Josef VESELÝ. — *SPFB* 75, řada jazyková a literární 13; Brno: Univ. J.E. Purkyně, 1981, 127 p. | *ČJLit* 33, 1982-83, 185-186 R. Brabcová | *SJL* 29, 1982-83, 91-93 L. Takáčová.
394 *Slavica Olomucensia,* IV. Red. Miroslav KOMÁREK. — Acta Universitatis Palackianae Olomucensis, Philologica 47; Praha: Státní pedag. nakl., 1982, 202 p.
395 *Social markers in speech.* Ed. by Klaus R. SCHERER; Howard GILES. — European Studies in Social Psychology 1; Cambridge: Cambridge UP. / Paris: Éditions de la Maison des Sciences de l'Homme, 1979, xiii, 395 p. | Listed in BL 1980, 3223, & 1981, 4409, but analyzed in the present vol. | *Homme* 20, 1980/3, 169-170 J. Sherzer.
396 *Sopostavitel'nyj analiz russkogo i armjanskogo jazykov* (vypusk II). / *Řowsereni ev hayereni zowgadrakan verlowcowt^{c}yown* (prak II). — Erevan: Izd. AN Armjanskoj SSR (Inst. jazyka im. G. Ačarjana), 1981, 196 p. | Cf. BL 1981, 482.
397 *South Slavic and Balkan linguistics.* Ed. by A.A. BARENTSEN; R. SPRENGER; M.G.M. TIELEMANS. — *SSGL* 2; Amsterdam: Rodopi, 1982, 341 p.
398 *Sprachkontakt als Ursache von Veränderungen der Sprach- und Bewusstseinsstruktur: eine Sammlung von Studien zur sprachlichen Interferenz.* Hrsg. von Wolfgang MEID; Karin HELLER. — IBS 34; Innsbruck: Inst. für Sprachwissenschaft der Univ. Innsbruck, 1981, 235 p., map.
399 *Sprachkontakte: Zur gegenseitigen Beeinflussung romanischer und nichtromanischer Sprachen.* Reinhold WERNER (Hrsg.). — TBL 124; Tübingen: Narr, 1980, 178 p. | Reinhold WERNER, Vorwort, 7-15. | *VR* 40, 1981, 284-285 B. Löfstedt.
400 *Sprechakttheorie und Semantik.* Hrsg. von Günther GREWENDORF. — Suhrkamp-Taschenbuch Wissenschaft 276; Frankfurt a.M.: Suhrkamp-Taschenbuch-Verlag, 1979, 416 p. | Not yet analyzed. | *SLang* 5, 1981, 148-159 N. Fries; J. Meibauer.
401 *Studia Bohemica.* II: Sborník literárněvědných a jazykovědných prací členů katedry bohemistiky a slavistiky. Red.: Jaromír DVOŘÁK. — Acta Universitatis Palackiaenae Olomucensis, Philologica 46; Praha: Státní pedag. nakl., 1982, 137 p.
Studies in formal semantics . . . — 1494.
402 *Studies op het gebied van de geschiedenis van de taalkunde.* Onder red. van L. VAN DRIEL; J. NOORDEGRAAF. — Kloosterzande: Grafische Industrie Duerinck-Krachten, 1982, 233 p. | Studies in the domain of the hist. of linguistics (especially Du.). Bibliography, 216-225. | *Gramma* 6, 1982, 235-240 G.R.W. Dibbets.
403 *Studies in Japanese linguistics.* Ed. by Masayoshi SHIBATANI. — *Lingua* 57/2-4 (Special issue); Amsterdam: North-Holland, 1982, p. 101-385.
404 *Syllables and segments.* Eds.: Alan BELL; Joan Bybee HOOPER. — Amsterdam: 1978 | BL 1979, 347. | *Lg* 58, 1982, 198-204 John J. McCarthy.
Syntax and semantics. Vol. 15. — 2313.
405 *Tekstilingvistika ja stilistika. Lingvistika teksta i stilistika.* Linguistica, 14. [Red.: Juhan TULDAVA, et al.]. — *UZTarU* 585; Tartu: 1981, 145 p.
406 *Teoretičeskie osnovy klassifikacii jazykov mira.* [Red.: V.N. JARCEVA]. — Moskva: 1980 | BL 1980, 356. | *VJa* 1982/6, 147-150 G.A. Zograf | *BSL* 76, 1981/2 (1982), 22-25 P. Garde.

407 *Teoretičeskie problemy social'noj lingvistiki.* [Red.: Ju.D. DEŠERIEV . . . et al.]. — Moskva: 1981 | BL 1981, 501. | *SS* 43, 1982, 237-239 J. Kraus.

408 *Theoretische Linguistik in Osteuropa* . . . Hrsg. von Wolfgang GIRKE und Helmut JACHNOW. — Tübingen: 1976 | BL 1976, 397. | *RBPh* 58, 1980, 700-702 A. Barrera-Vidal.

409 *Théories linguistiques et traditions grammaticales.* Préparé par Anne-Marie DESSAUX-BERTHONNEAU. — Lille: 1980 | BL 1981, 503. | *BSL* 76, 1981/2 (1982), 54-61 C. Hagège | *FM* 50, 1982, 272-273 J. Chaurand.
Theory and method in lexicography . . . — 3047.

410 *Tjurkologičeski sbornik,* 1977. [Red.: A.N. KONONOV, et al.]. — Moskva: "Nauka", Glavnaja red. vostočnoj literatury, 1981, 296 p., ill.
Tone . . . — 2262.

411 *Václavkova Olomouc 1978. Pocta Josefu Dobrovskému. K demokratickým a internacionalistickým tradicím slavistiky.* Věd. red. Jaromír DVOŘÁK. — Acta Universitatis Palackianae Olomucensis, Facultas philosophica, Suppl. 27; Praha: Stát. pedag. nakl., 1982, 214 p., fig., portr.

412 *Valenztheorie und historische Sprachwissenschaft. Beiträge zur sprachgeschichtlichen Beschreibung des Deutschen.* Albrecht GREULE (Hg.). — RGL 42; Tübingen: Niemeyer, 1982, ix, 291 p.

413 *Voprosy moldavskoj dialektologii.* Pod red. R.Ja. UDLERA. — Kišinev: "Štiinca", 1982, 158 p., 4 maps.

414 *Vostokovedenie,* 7. Filologičeskie issledovanija. [Red.: L.A. BEREZNYJ, et al.]. — *UZLU* 403, Serija vostokovedčeskich nauk 23; Leningrad: Izd. LGU, 1980, 205 p.

415 *Využití lingvistických přístupů v informatice.* Sborník referátů. Městský seminář, Praha 10.-11.6.1982. Zprac. kolektiv autorů, odb. garant: Marie KÖNIGOVÁ. — Praha: Dům techniky ČSVTS, 1982, 168 p. | On the use of linguistic methods in informatics.

416 *Wissenschaftssprache: Beiträge zur Methodologie, theoretischen Fundierung und Deskription.* Theo BUNGARTEN, Hrsg. — München: Fink, 1981, 547 p. | G. & E. summ., 467-495. | *Kratylos* 27, 1982 (1983), 40-44 T. Ickler.

V. BIOGRAPHIES — BIOGRAPHIES

417 GUSEJNOV, F.G.; BAGIROV, A.A.: Aliovsat Zakir ogly **Abdullaev** (K šestidesjatiletiju so dnja roždenija). — *SovT* 1980/1, 104-105, portr.

418 [ČIKOBAVA, A.S.] Č^cIK^cOBAVA, A.S.: Mi k^cani xosk^c Ilya Abowlajei hišatakin. — *IFŽ* 1982/1, 14-16, portr. | In memory of Ilia **Abuladze**.

419 ALEKPEROV, A.K.; LITVINOV, P.V.: Nazaket Gasan kyzy **Agazade** [1910-79]. — *SovT* 1979/3, 106-107, portr.

420 Francesco **Agostini** (1941-1981). — *CultNeol* 41, 1981/3-4 (1982), 197-198.

421 ARAKIN, V.D.: Ševket Saksykoevič **Ajljarov** [† 1979]. — *SovT* 1979/6, 103-104, portr.

422 Bibliographie de J. **Allières**. — *VD* 27, 1982/1, 85-87.

423 ARISTE, Paul: Paul **Alvre** 60. — *SovFU* 17, 1981, 64-66, portr.

424 SMIRAGLIA, Pasquale: Francesco **Arnaldi** [1897-1980]. — *ALMA* 42, 1979-80 (1982), 178-179.

425 ARISTE, Paul: Peeter Arumaad mälestades. — *KjK* 25, 1982, 501-502 | P. **Arumaa** (1900-82).

426 SJÖBERG, Anders; RŪĶE-DRAVIŅA, Velta; GUSTAVSSON, Sven: Peeter Arumaa in memoriam. — *ScSl* 28, 1982, 235-236, portr.

427 BROMLEJ, S.V.; ŽUROVSKAJA, L.P.; et al.: Ruben Ivanovič **Avanesov** (k 80-letiju so dnja roždenija). — *IzvAN* 41, 1982, 72-77, portr.
428 GORŠKOVA, K.V.: Ruben Ivanovič Avanesov (K 80-letiju so dnja roždenija). — *NDVŠ-F* 1982/1, 93-94.
429 POŽARICKAJA, S.K.: Ruben Ivanovič Avanesov (K 80-letiju so dnja roždenija i 60-letiju naučnoj dejatel'nosti). — *VMU* 1982/3, 86-88, portr.
430 GORŠKOVA, K.V.: Pamjati učitelja. — *VMU* 1982/4, 88-89 | R.I. Avanesov.
431 PYCHOV, V.A.: Ruben Ivanovič Avanesov (1902-1982). — *IzvAN* 41, 1982, 476-477.
432 SIMEONOVA, Chriska: Ruben Ivanovič Avanesov (1902-1982). — *SEz* 7, 1982/5, 98-99.
433 UTĚŠENÝ, Slavomír: Ruben Ivanovič Avanesov (1902-1982). — *Slavia* 51, 1982, 438-440.
434 SOEGOV, M.: Chodžamurad **Bajliev** (K semi-desjatipjatiletiju so dnja roždenija). — *SovT* 1980/5, 107-109, portr.
435 MIODEK, Jan: Stanisław **Bąk**. — *Lud* 66, 1982, 417-426 | With bibliography.
436 ROSPOND, Stanisław: Stanisław Bąk (1900-1981). — *JP* 62, 1982, 81-83, portr.
437 HALL, Robert A., Jr.: Karl **Bartsch** (1832-88). — *HL* 9, 1982, 165-167.
438 POCELUEVSKIJ, E.A.; TENIŠEV, È.R.: Nikolaj Aleksandrovič **Baskakov** (K semidesjatipjatiletiju so dnja roždenija). — *SovT* 1980/2, 87-88, portr.
439 *Atti del Convegno commemorativo di Carlo* **Battisti**, Trento — Fondo 17-18 giugno 1978. — Trento: Provincia di Trento, Assessorato alle attività culturali, 1979, xiii, 45 p. | Contents: G.B. PELLEGRINI, C.B. e il ladino centrale, 1-8; G. FRANCESCATO, C.B. e la dialettologia friulana, 9-16; C.A. MASTRELLI, C.B. germanista, 17-28; M.G. TIBILETTI BRUNO, C.B., lo studioso del sostrato, 29-35; G. GIACOMELLI, C.B. dialettologo, 37-44.
440 ORZECHOWSKA, Hanna: Polemiki slawistyczne sprzed stu lat (J. **Baudouin de Courtenay** a współcześni mu językoznawcy w świetle odręcznych notatek na marginesach książek z jego biblioteki). — *PrzH* 25, 1981/6, 31-50.
441 WENZEL, Siegfried, et al.: Albert Croll **Baugh** [1891-1981]. — *Speculum* 57, 1982, 699-700.
442 Bibliographie der Arbeiten Gunnar **Bech**s. — [233], 336-338.
443 EBER, Dorothy Harley: *Genius at work: images of Alexander Graham Bell*. — New York: Viking Press / Toronto: McClelland & Stewart, 1982, 192 p., ill. | *HL* 10, 1983, 124-125 M.K.C. MacMahon.
444 CALDERA, Rafael: Bicentenario del nacimiento de don Andrés **Bello**. — *BAE* 62, 1982, 33-49.
445 VALDERRAMA ANDRADE, Carlos: Bello y Chile: tercer congreso celebrado con motivo del bicentenario del nacimiento de Andrés Bello, Caracas, 20 a 28 de noviembre de 1980. — *Thesaurus* 36, 1981, 163-178.
446 ZUBIRÍA, Ramón DE: Presencia y vigencia de don Andrés Bello. — *Thesaurus* 37, 1982, 1-22.
447 ŠMILAUER, Vladimír: Doc.PhDr. Josef **Beneš**, CSc., osmdesátiletý. — *ZprMK* 23, 1982, 271-276 | J.B. 80.
448 DAVIS, Norman; STEVENS, John: J.A.W. **Bennett** (1911-1981). — *MAev* 50, 1981, 1-4, portr.
449 GRAY, Douglas: A tribute to J.A.W. Bennett (1911-1981). — *MAev* 50, 1981, 205-214.
450 KANE, George, et al.: J.A.W. Bennett. — *Speculum* 57, 1982, 700-701.
451 LURQUIN, Georges: Hommage à Émile **Benveniste**. — *L&H* 33, 1977, 3-27.

BIOGRAPHIES 452-478

452 CESA BIANCHI, Marcello: Ricordo di Angelo **Beretta**. — [193], 5-9.
453 TILKOV, Dimităr: Bibliografija na trudovete na prof. Rože Bernar (1946-1980). — [10029], 20-33 | Bibliography of Roger **Bernard**'s publ., 1946-1980.
454 GAŠPARÍK, Mikuláš: Príchod nového princípu. (220 rokov od narodenia Antona Bernoláka). — *SJL* 29, 1982-83, 54-55 | Anton **Bernolák** (1762-1813).
455 Pamjati Vasilija Matveeviča Beskrovnogo. — *NAA* 1979/1, 246-247 | V.M. **Beskrovnyj** (1908-1978).
456 JAKOPIN, Franc: France **Bezlaj** kot etimolog in onomastik. — *OnJug* 9, 1982, 5-9 | F.B. as an etymologist and onomastic scholar.
457 ŠIVIC-DULAR, Alenka: Bibliografija Franceta Bezlaja. — *OnJug* 9, 1982, 11-22.
458 ŠMILAUER, Vladimír: France Bezlaj sedmdesátiletý. — *ZprMK* 23, 1982, 106-107 | F.B. 70.
459 BOYLE, Leonard E., et al.: Ludwig **Bieler** [1906-81]. — *Speculum* 57, 1982, 701-703.
460 HANSLIK, Rudolf: Ludwig Bieler. — *AlmÖAW* 131, 1981 (1982), 369-372.
461 POHRT, H.: H.H. **Bielfeldts** Weg zur Slawistik. Zur 50. Wiederkehr seines Doktorexamens. — *ZSl* 27, 1982, 2-6.
462 ZEIL, L.: Vom Mitarbeiter zum Mitglied: Hans Holm Bielfeldts Wirken an der Akademie der Wissenschaften in Berlin und seine Wahl zum Ordentlichen Mitglied (1931-1953). — *ZSl* 27, 1982, 7-12.
463 Ivan Konstjantynovyč **Bilodid**. — *Mov* 1981/6, 92-93, portr.
464 DORUĽA, Ján: Ivan Kosťantynovyč Bilodid (1906-1981). — *SlavSl* 17, 1982, 92.
465 PETR, Jan: Ivan Konstjantynovyč Bilodid (1906-1981). — *Slavia* 51, 1982, 238-240.
466 ZATOVKAŇUK, M.: Akademik Ivan Bilodid (1906-1981). — *ČRus* 27, 1982, 94-96.
467 BUJUKLIEV, Ivan: Vincent Blanar na šejset godini. — *BE* 32, 1982, 87-88 | V. **Blanár** 60.
468 ŠMILAUER, Vladimír: Slovenské jazykovědné časopisy k šedesátinám doc.dr. Vincenta Blanára, DrSc. — *ZprMK* 23, 1982, 655-657 | V. B. 60.
469 LEFÈVRE, Yves: In memoriam: Franz **Blatt** [1903-1979]. — *ALMA* 42, 1979-80 (1982), 175-177.
470 SCHÜTZEICHEL, Rudolf: Onomastica Alemannica. Zum Gedenken an Bruno **Boesch**, 1911-1981. — *BNF* 17, 1982, 1-3.
471 NASILOV, D.M.: O.N. Bëtlingk kak tjurkolog-komparativist. — *SovT* 1982/4, 52-66 | Otto **Böhtlingk**.
472 HORÁLEK, Karel: B. Bolzano jako sémiolog. — *SS* 43, 1982, 168-169 | B. **Bolzano** as a semiologist.
473 Viktor Ivanovič **Borkovskij**. — *NDVŠ-F* 1982/1, 92-93.
474 ČEJKA, Mirek: Mišel Breal (1832-1915). — *SEz* 7, 1982/1-2, 174-176 | Michel **Bréal**.
475 BREZA, Edward: Zygmunt **Brocki** (1922-1982). — *Komunikaty Instytutu Bałtyckiego* (Gdańsk) 18, 1981/33, 139-141.
476 BREZA, Edward: Zygmunt Brocki (1922-1982). — *ZprMK* 23, 1982, 523-526.
477 KRAJC, Josef: Jiří **Bronec** šedesátiletý. — *Universitas* 1982/1, 96-97 | J.B. 60.
478 Jelle Hindriks **Brouwer** in memoriam. [Eds.: Freark DAM; Sybe SYBESMA]. — Amsterdam: Mola Russa, 1981, 111 p., ill. | Posthumous *album amicorum* (ca 35 short contributions). From the contents: Bo SJÖLIN, In Fryske taelman yn Sweden. Oantinkens oan Jelle Brouwer as gastprofessor yn Uppsala 1961, 43-46; Nils ÅRHAMMAR, Leste brief oan Jelle Brouwer, freon fan Skandinavië,

freon fan Noard- en Eastfryslân, 59-67; H.G.W. VAN DER WIELEN, Professor Jelle Brouwer, de man dy't Fryslân oantrune, 93-100.

479 MIEDEMA, H.T.J.: Jelle Hendriks Brouwer, 1900-1901. — *JbMNL* 1980-81 (1982), 107-115.
480 LÁKO György: **Budenz** József [1836-92]. — A múlt magyar tudósai; Budapest: Akadémiai Kiadó, 1980, 229 p. | *UAJb* 53, 1981, 149 Gy. Décsy.
481 ZINKEVIČIUS, Zigmas: *Kazimieras* **Būga**: *Gyvenimas ir darbai.* — Vilnius: Mokslas, 1979, 160 p. | K.B. (1879-1924): life and work. | *SS* 43, 1982, 79 J. Petr.
482 ŠČANKINA, V.I.: Ivan Semenovič **Buzakov** [1931-82]. — *SovFU* 18, 1982, 315-316, portr.
483 BRÂNCUŞ, Gr.: Eqrem **Çabej** (1908-1980). — *RRLing* 26, 1981, 99-100.
484 BUDA, Aleks: Prof. Eqrem Çabej figurë e shqar e gjuhësisë dhe e kulturës sonë kombëtare. — *GJ* 1981/1, 119-122, portr.
485 DESNICKAJA, A.: Pamjati vydajuščegosja učenogo (Ėkrem Čabej, 1908-1980). — *IzvAN* 40, 1981, 93-95.
486 DJAMO-DIACONIŢĂ, Lucia: Eqrem Çabej (1908-1980). — *SCL* 32, 1981, 317-318.
487 MIHĂESCU, H.: Eqrem Çabej. — *RESEE* 19, 1981, 172-173.
488 RENARD, Marcel: Guy **Cambier** (1934-1981). — *Latomus* 41, 1982, 729-731.
489 STOLPER, M.W.: George **Cameron** (1905-1979). — *AfO* 27, 1980, 325-327.
490 ARAKIN, V.D.: Semen Grigor'evič **Cenurian** (K pjatidesjatiletiju so dnja smerti). — *SovT* 1981/6, 44-47, portr.
491 SAGITOV, M.A.: Nigmatulla Ginijatullovič **Chakimov** (K devjanostoletiju so dnja roždenija). — *SovT* 1979/6, 97-98, portr.
492 M[ALKIEL], Y[akov]: Four obituary notices. — *RomPh* 36/2, 1982, 224-228 | Including the linguists Yuen-ren **Chao** (1892-1982) and Timothy B.W. **Reid** (1901-1981).
493 SELIMSKI, Ljudvig: 150 godini ot smărtta na Žan-Fransoa Šampolion (1790-1832). — *SEz* 7, 1982/3, 77-78 | Jean François **Champollion**.
494 DOBRODOMOV, I.G.: K 75-letiju V.K. Čičagova (1906-1955). — *VMU* 1982/1, 86-88 | V.K. **Čičagov**
495 Kyrylo Kuz'myč **Cilujko** (1908-1981). — *Mov* 1982/1, 80.
496 PELC, Jerzy: Wspomnienie pozgonne o Tadeuszu Czeżowskim. Tadeusz **Czeżowski**, ur. 26 lipca 1889 r. w Wiedniu, zm. 28 lutego 1981 r. w Toruniu. — *StSem* 12, 1982, 5-8.
497 CAPLICE, R.: Mitchell J. **Dahood**, 1922-1982. — *Or* 51, 1982, i-ii, portr.
498 CATHCART, Kevin J.: Mitchell J. Dahood S.J. — *JSS* 27, 1982, 76.
499 FENSHAM, F.C.: Prof. Mitchell Dahood SJ (1922-1982). — *JNSL* 10, 1982, 1.
500 [FITZMYER, Joseph A.]: In memoriam: Mitchell J. Dahood. — *CBQ* 44, 1982, 470-471.
501 MCCARTHY, Dennis J.: Mitchell Dahood, S.J. (1922-1982): In Memoriam. — *Biblica* 63, 1982, 298-299.
502 GULICKI, Mikołaj: Władimir **Dal** – leksykograf. — *JR* 35, 1982/4, 196-200.
503 LAŠKOVA, Lili: Džura Daničič (1825-1882). — *SEz* 7, 1982/5, 86-89 | D. **Daničić**.
504 KURBANOV, A.M.; ĖFENDIZADE, A.; ŠUKJUROV, A.Dž.: Abdulazal' Mamed ogly **Demirčizade** [1909-79]. — *SovT* 1979/3, 104-105, portr.
505 DOMAŠNEV, A.I.: Agnija Vasil'evna **Desnickaja** (K 70-letiju so dnja roždenija). — *IzvAN* 41, 1982, 561-562, portr.
506 WUNDERLI, Peter; MÜLLER, Wulf: Olaf **Deutschmann**. — [243], 1-4.

BIOGRAPHIES

507 BAUSCH, Hubert: Bibliographie von Olaf Deutschmann, 1937-1981. — [243], 5-10.
508 I.M. Diakonoff [**D'jakonov**]. — [245], viii-ix.
509 DIECKHOFER, Klemens: Emil **Dieckhofer** (1878-1956). — ZCPh 39, 1982, 269-270.
510 ZLATANOVA, Rumjana: Paul Dils (1882-1963). — SEz 7, 1982/6, 69-71 | P. **Diels**.
511 PERNIŠKA, Emilija: Milka **Dimitrova** na 60 godini. — SEz 7, 1982/4, 84-86 | 60th birthday.
512 DANESI, Marcel: Humanism in linguistics: the works of Robert J. **Di Pietro**. — [244], 1-13.
513 HAUBELT, Josef: Josef **Dobrovský**. — PLŠSS 23, 1982, 181-200.
514 PETR, Jan: Vědecký odkaz Josefa Dobrovského. — PLŠSS 23, 1982, 5-22 | The sci. legacy of J. D.
515 ZIEGENGEIST, G.: J. Dobrovský im Kontext deutsch-slawischer Wissenschaftsbeziehungen (Zum Briefwechsel zwischen Dobrovský und J.S. Vater). — ZSl 27, 1982, 138-145.
516 BECHYŇOVÁ, Věnceslava: Josef Dobrovský a slovanské literatury. — [411], 41-48 | J.D. und sein Interesse für sl. Literaturen.
517 DVOŘÁK, Jaromír: Josef Dobrovský a Olomouc. — [411], 99-102.
518 HORÁLEK, Karel: Josef Dobrovský a lidová osvěta. — [411], 49-61 | J.D. und sein Beitrag zur tschechischen Volkskultur.
519 KAFKA, Jaroslav: Vztah Josefa Dobrovského k vznikající obrozenské beletrii. — [411], 63-80 | J.D. und die Anfänge der tschechischen Belletristik zur Zeit der tschechischen Nationalwiedergeburt.
520 KOMÁREK, Miroslav: Odkaz Josefa Dobrovského a boje proti RKZ. — [411], 21-25 | Das Vermächtnis von J.D. und die Kämpfe um die Echtheit der Königinhofer und Grünberger Handschriften.
521 KRBEC, Miloslav: Josef Dobrovský a počátky kyrilského knihtisku. — [411], 89-92 | J.D. und die Anfänge der zyrillischen Buchdruckerei.
522 KŘIVSKÝ, Pavel: Literární pozůstalost Josefa Dobrovského. — [411], 93-98 | J.D. und sein literarischer Nachlass: heutiger Stand und die Aufgaben dessen Bearbeitung.
523 ŠIMEČEK, Zdeněk: Vývoj historické metodologie a Josef Dobrovský. — [411], 81-88 | Die Entwicklung der historischen Methodologie und J.D.
524 BROOK, Timothy: William Arthur Charles Harvey **Dobson** (1913-1982). — JASt 41, 1981-82, 895-896.
525 DOMI, Mahir; LAFE, Emil: Lirak **Dodbiba**, 1912-1982. — SFil 36, 1982/2, 229-230.
526 FILIPEC, Josef: Sedmdesátiny Miloše Dokulila. — NŘ 65, 1982, 82-85 | Miloš **Dukulil** 70.
527 HAUSENBLAS, Karel: Sedmdesátka Miloše Dokulila. — SS 43, 1982, 340-344.
528 JEDLIČKA, Alois: Jubileum vědce a učitele. — ČJLit 33, 1982-83, 34-38 | M. Dokulil.
529 KOLEVA, Zoja: Docent k.f.n. Liljana **Dončeva** na šestdeset godini. — SEz 7, 1982/4, 83-84 | 60th birthday.
530 ŚCIEBORA, Alina: Zagadnienia ogólnojęzykoznawcze w pracach Witolda Doroszewskiego (w piątą rocznicę śmierci). — PrzH 26, 1982/1-2, 219-223 | Witold **Doroszewski**.
531 HORÁK, E.: Jubileum juhoslovanského slovakistu. — SR 47, 1982, 371-373 | Daniel **Dudok** 50.

BIOGRAPHIES

532 TOMARADZE, K.V.: Spisok osnovnych trudov akademika AN GruzSSR S.S. Džikija. — *NAA* 1979/1, 174-176.
533 CHUZANGAJ, A.P.: Vasilij Georgievič **Egorov** (K stoletiju so dnja roždenija). — *SovT* 1980/1, 99-101, portr.
534 ALHONIEMI, Alho: József **Erdődi** 1908-1980. — *FUF* 44, 1982, 310-312.
535 ARISTE, Paul: In memoriam Villem **Ernits**. — *SovFU* 18, 1982, 239-240, portr.
536 SCARPAT, Giuseppe: Enzo **Evangelisti** (1920-80). — *ASGM* 22, 1981 (1982), 2-8.
537 BOLOGNESI, G.: Enzo Evangelisti: la figura dello studioso e del maestro. — *ASGM* 22, 1981 (1982), 8-16.
538 USMANOV, M.; GALIMOVA, G.: Chusain **Faizchanov** [1828-66] kak tjurkolog (K stopjatidesjatiletiju so dnja roždenija). — *SovT* 1979/3, 38-48, portr.
539 BOGATOVA, G.A.; IVANOV, V.V.: Fedot Petrovič **Filin** (1908-1982). — *IzvAN* 41, 1982, 477-479.
540 IVANOV, V.V.; TRUBAČEV, O.N.: Fedot Petrovič Filin (1908-1982). — *VJa* 1982/4, 3-9, pl. (portr.).
541 PAVLOVA, Rumjana; BOGDANOVA, Săbka: Fedot Petrovič Filin (1908-1982). — *SEz* 7, 1982/5, 96-97.
542 Fedot Petrovyč Filin, 1908-1982. — *Mov* 1982/4, 79-80.
543 Schriftenverzeichnis Annemarie **von Gabain** 1962-1980. — [253], 233-243 | Cf. BL 1962, 332.
544 MIEDEMA, H.T.J.: Prof. dr. E.G.A. **Galama** as Nederlânsk en Frysk filolooch. — *Us Wurk* 31, 1982, 1-12, portr. | With bibliography.
545 KOZARYNOWA, Zofia: Andrzej **Gawroński** (1885-1927). — *Znak* (Kraków) 34, 1982, 579-604.
546 SABIROV, K.S.: Rizautdin Salachutdinovič **Gazizov** (K vos'midesjatipjatiletiju so dnja roždenija). — *SovT* 1979/4, 108-109, portr.
547 GANIEV, F.: Riza Salachutdinovič Gazizov [1894-1981]. — *SovT* 1981/4, 110, portr.
548 TAČMURADOV, T.; SOEGOV, M.: Muchammed **Gel'dyev** (K devjanostoletiju so dnja roždenija). — *SovT* 1979/6, 95-96, portr.
549 SELIMSKI, Ljudvig: Akademik Emil **Georgiev** (1910-1982). — *SEz* 7, 1982/6, 77-79.
550 HALKIN, Abraham S.: H.L. **Ginsberg** – An appreciation. — *ErIs* 14, 1978, ix-xii | Also in Hebr.
551 [ṬYG'Y, Y'qb H.] TIGAY, J.H.: Ktby H'' Gynzbrg ršymh byhlywgr'pyt. — *ErIs* 14, 1978, [yg-kz] | Bibliography of H.L. Ginsberg's writings.
552 BASKAKOV, N.A.: Vladimir Aleksandrovič **Gordlevskij** (V svjazi so stopjatiletiem so dnja roždenija i dvadcatipjatiletiem so dnja smerti). — *SovT* 1981/5, 22-27, portr.
553 EISENSTEIN, H.: Hans Ludwig **Gottschalk** (1904-1981). — *AfO* 28, 1981-82, 274-275, portr.
554 DÜCHTING, Reinhard; MÖHREN, Frankwalt: Åke **Grafström**: Notice bibliographique à l'occasion de son soixante-cinquième anniversaire (24 décembre 1982). — *RLiR* 46, 1982, 395-399.
555 Ó CUÍV, Brian: David **Greene** (1915-1981). — *Celtica* 14, 1981, 154.
556 WAGNER, Heinrich: David William Greene (1915-81). — *ZCPh* 39, 1982, 271-272.
557 *Brüder* **Grimm** *Gedenken*. Hrsg. von Ludwig DENECKE. Band 3. — Schriften der Brüder Grimm-Gesellschaft Kassel, 5; Marburg: Elwert, 1981, xv, 500 p.,

BIOGRAPHIES

6 pl. | 29 contr., some of which have been listed separately. | *BNF* 17, 1982, 419-420 G. Lohse.
558 DENECKE, Ludwig: Jacob Grimm und seine Freunde. — [557], 1-14.
559 SOETEMAN, C.: Jacob Grimm an L.P.C. van den Bergh und H.W. Tydeman und andere Grimm-Briefe in der Universitätsbibliothek Leiden. — [557], 249-257.
560 SOETEMAN, C.: Drei niederländische akademische Reden über Jacob Grimm. — [557], 258-264.
561 WALRAVENS, H.: Verzeichnis der Schriften von Wilhelm **Grube** (1855-1908). — *UAJb NF* 1, 1981, 241-254.
562 ACHUNDOV, A.: Muchtar Gusejn ogly **Gusejnzade** (K vos'midesjatiletiju so dnja roždenija). — *SovT* 1980/2, 89-90, portr.
563 BRINKMAN, J.A.: Richard T. **Hallock** (1906-1980). — *AfO* 28, 1981-82, 276, portr.
564 A selected bibliography of Eric P. **Hamp**'s publications in the fields of Balkan linguistics. — *FoSl* 4/2-3, 1981 (1982), 173-180.
565 NOYER-WEIDNER, Alfred: Helmut A. **Hatzfeld**, 1892-1979. — *JbBAW* 1980, 211-215, portr.
566 JEDLIČKA, Alois: Před 90 lety se narodil akademik Bohuslav **Havránek**. — *ČJLit* 33, 1982-83, 270-274 | Zur 90. Wiederkehr seines Geburtstages (30.1.1893).
567 HINZLER, H.I.R.: Christiaan **Hooykaas**, 1902-1979. — *JbMNL* 1980-81 (1982), 154-162.
568 DELBOUILLE, Maurice: Jules **Horrent** (1920-1981). — *MA* 88, 1982, 195-198.
569 MONTPELLIER, G. DE: Hommage à Félix Rousseau et Jules Horrent. — *BAB* 67, 1981, 333-335.
570 WATHELET-WILLEM, Jeanne: Jules Horrent (1920-1981). — *CCM* 25, 1982, 165-168.
571 HARMATTA, J.: J. **Horváth** (1911-77). — *AAntH* 28, 1980 (1981), 455-457.
572 NEZBEDA, Vilém: Ignác **Hošek** [1852-1919] – cestovatel, pedagog a lingvista. — *Severní Morava* (Šumperk) 44, 1982, 24-30, fig.
573 BALDINGER, Kurt: Johannes **Hubschmid** zum 65. Geburtstag. — [263], 11-31.
574 Schriftenverzeichnis von Johannes Hubschmid. — [263], 993-1010.
575 POPELA, Jaroslav: Osmdesátiny prof. Bohuslava Ilka. — *ČRus* 27, 1982, 140-141 | Bohuslav **Ilek** 80.
576 ŽVÁČEK, Dušan: Profesor Bohuslav Ilek osmdesátiletý. — *RosOl* 20, 1981 (1982), 7-14 | With bibliography.
577 DURIDANOV, Ivan: V pamet na akademik Jordan **Ivanov** (110 godini ot roždenieto mu). — *SEz* 7, 1982/5, 64-70 | In memory of J.I. (1872-1947).
578 RUSINOV, Rusin: Lingvistični văprosi v trudovete na akad. Jordan Ivanov (Po slučaj 110 godini ot roždenieto mu). — *BE* 32, 1982, 364-367 | Linguistic questions in sci. works of J.I.
579 KONONOV, A.N.; VELIKOV, A.P.; GUZEV, V.G.: Sergej Nikolaevič **Ivanov** (K šestidesjatiletiju so dnja roždenija). — *SovT* 1982/2, 95-97, portr.
580 VELIKOV, A.P.; GUZEV, V.G.: Sergej Nikolaevič Ivanov. — *VLU* 1982/8, 128.
581 BRØNDSTED, Mogens: *Lis* **Jacobsen** *på hundredårsdagen*. — DSLs præsentationshæfte 11; København: Det Danske Sprog- og Litteraturselskab / C.A. Reitzel, 1982, 24 p., ill.
582 H[RUSHOVSKI], B[enjamin]: Roman **Jakobson** in his 85th year. — *PT* 2, 1980/1a, 9-14.

583 AVRAM, Andrei: Roman Jakobson (1896-1982). — *SCL* 33, 1982, 521-522.
584 JANAKIEV, Miroslav: Roman Jakobson (1896-1982). — *SEz* 7, 1982/6, 79-81.
585 ROSETTI, A.: Roman Jakobson, 1896-1982. — *RRLing* 27, 1982, 561.
586 EISENSTEIN, H.: Herbert **Jansky** (1898-1981). — *AfO* 28, 1981-82, 278-279, portr.
587 ŠIVIC-DULAR, Alenka: Urban **Jarnik** [1784-1844] — jezikoslovec in slovarnik. — *SSlJ* 15, 1979, 99-119.
588 ČECHOVÁ, Marie: Jubileum Aloise Jedličky. — *NŘ* 65, 1982, 78-82 | Alois **Jedlička** 70.
589 CHLOUPEK, Jan: Jubileum jazykovědce a vysokoškolského učitele Aloise Jedličky. — *SS* 43, 1982, 344-347.
590 PECIAR, Š.: Životné jubileum významného českého jazykovedca. — *SR* 47, 1982, 370-371 | A. Jedlička.
591 RULÍKOVÁ, Blažena; SEDLÁČEK, Bohumil: K sedmdesátinám profesora Aloise Jedličky. — *ČJLit* 32, 1981-82, 455-459.
592 TEKAVČIĆ, Pavao: I settant'anni di Josip **Jernej**. — *SRAZ* 24, 1979 (1981), 3-5, portr.
593 Bibliografia di Josip Jernej (1940-78). — *SRAZ* 24, 1979 (1981), 7-19.
594 HAVRÁNEK, Jan: Konstantin **Jireček** na pražské univerzitě. — *Slavia* 51, 1982, 372-383 | K.J. (1854-1918) à l'Univ. de Prague.
595 CANNON, Garland: Sir William **Jones** and the British discovery of ancient Sanskrit culture. — *The Mankind Quarterly* (Washington, DC) 22, 1982, 209-225.
596 NAZOR, Anica: Ljudevit **Jonke** (1907-79). — *Slovo* 30, 1980 (1981), 123-125, portr.
597 ČEČENOV, A.A.; TENIŠEV, Ė.R.: Achnef Achmetovič **Juldašev** (K šestidesjatiletiju so dnja roždenija). — *SovT* 1980/4, 108-109, portr.
598 DILEVSKI, Nikolaj: Konstantin F'odorovič **Kalajdovič** (1792-1832). — *SEz* 7, 1982/5, 78-86.
599 TOPORIŠIČ, Jože: Vatroslav **Kalenić**, 1931-1981. — *SlavR* 30, 1982, 357-360.
600 TICHVINSKIJ, S.L.: Pamjati Berncharda Karlgrena. — *NAA* 1979/3, 249-250 | B. **Karlgren** (1889-1978).
601 [BULACHAŬ, M.H.] BULACHOV, M.G.: Evfimij Fedorovič **Karskij** ... — Minsk: 1981 | BL 1981, 698. | VJa 1982/2, 145-148 S.E. Morozova | *NDVŠ-F* 1982/3, 88-89 A.I. Narkevič | *ČRus* 27, 1982, 186-187 N. Savický | Cf. 602.
602 VEŠTART, H.F.: Zasnaval'nik belaruskaj filalohii. — *VANB* 1982/5, 121-122 | Rev. of 601.
603 KARSKAJA, T.S.: Ėpistoljarnoe nasledie akademika E.F. Karskogo. — *VANB* 1982/1, 109-116.
604 KARSKAJA, T.S.: Iz pisem akademika E.F. Karskogo učenym. — *IzvAN* 40, 1981, 37-47 | Letters of E.F. Karskij [1861-1931].
605 KRYVICKI, A.A.: Spadčyna Ja.F. Karskaha pa belaruskaj dyjalektalohii. — *BeLi* 21, 1982, 18-24 | E.F. Karskij's studies on WRu. dialectology.
606 RÄTSEP, Huno: Zum Jubiläum von Professor Arnold **Kask**. — *SovFU* 18, 1982, 211-213, portr. | 80th birthday.
607 SUHONEN, Seppo: Arnold Kask 80-vuotias. — *Vir* 1982, 298-301.
608 VALMET, Aino: Arnold Kask ja eesti murdeteadus. — *KjK* 25, 1982, 428-431 | A.K. and Est. dialectology.
609 PSJANČIN, V.Š.: Džalil' Ginijatovič **Kiekbaev** (K semidesjatiletiju so dnja roždenija). — *SovT* 1981/5, 103-105, portr.
610 MILTENOVA, Anisava: Christo Nikolov **Kodov** [1901-82]. — *Palaeobulg* 6, 1982/4, 89-90.

BIOGRAPHIES

611 VELIKOV, A.P.; IVANOV, S.N.: Andrej Nikolaevič **Kononov** (K semidesjatipjatiletiju so dnja roždenija). — *SovT* 1981/5, 99-101, portr.
612 VELIKOV, A.P.; IVANOV, S.N.: Andrej Nikolaevič Kononov. — *VLU* 1982/2, 124-125.
613 BONAZZA, Sergio: *Bartholomäus* **Kopitar**, *Italien und der Vatikan*. — Geschichte, Kultur und Geisteswelt der Slowenen 16; München: Trofenik, 1980, 376 p., pl.
614 BUTLER, Thomas: Jernej **Kopitar** and South Slavic folklore. — [268], 109-121.
615 COOPER, Henry R., Jr.: Kopitar and the beginning of Bulgarian studies. — [268], 55-64.
616 FRYŠČÁK, Milan: Kopitar and Dobrovský. — [268], 41-54.
617 KRAUSE, F.: Georg Heinrich Pertz und Jernej Kopitar. — *ZSl* 27, 1982, 109-114.
618 LENCEK, Rado L.: Kopitar's share in the evolution of Slavic philology. — [268], 1-24.
619 NAYLOR, Kenneth E.: Kopitar as Slavicist: an appreciation. — [268], 65-70.
620 ORZECHOWSKA, Hanna: Jernej Kopitar's influence on contemporary grammars of the Slavic languages. — [268], 71-75.
621 POGAČNIK, Jože: Jernej Kopitar and the issue of Austro-Slavism. — [268], 25-40.
622 TOPORIŠIČ, Jože: Kopitar kot slovničar. — *SSlJ* 16, 1980, 7-16.
623 Izvod iz bibliografije radova Đorđa Kostića. — [269], ix-xii | Đ. **Kostić**.
624 BARNET, Vladimír; BRČÁKOVÁ, Dagmar: Za PhDr. Květou Koževnikovou, CSc. — *ČRus* 27, 1982, 190-192 | Květa **Koževniková** (1930-81).
625 HORECKÝ, J.: Doc. Ábel **Kráľ** päťdesiatročný. — *JČ* 33, 1982, 184-185 | A.K. quinquagenarian.
626 HORECKÝ, Ján: Päťdesiat rokov Á. Kráľa. — *KS* 16, 1982, 248.
627 PECIAR, Štefan: Životné jubileum Ábela Kráľa. — *SJL* 29, 1982-83, 22-23.
628 SABOL, J.: Životné jubileum doc. Ábela Kráľa. — *SR* 47, 1982, 308-309.
629 DVONČ, L.: Súpis prác doc. Ábela Kráľa za roky 1960-1981. — *JČ* 33, 1982, 185-190.
630 [SIEBESMA, P.A.]: Bibliography of publications by Fritz Rudolf **Kraus**. — [270], 485-491.
631 GÓRNOWICZ, Hubert: Bogusław **Kreja** jako językoznawca. — *PrJG* 7, 1981 (1982), 3-6.
632 BROCKI, Zygmunt: Bibliografia prac Bogusława Kreji za lata 1952-1979. — *PrJG* 7, 1981 (1982), 7-15.
633 NEU, Erich: Heinz **Kronasser** [1913-68] zum Gedächtnis. — [272], xvii-xix.
634 KRAUS, Jiří: Životní jubileum Jaroslava Kuchaře. — *NŘ* 65, 1982, 259-262 | Jaroslav **Kuchař** 60.
635 STYBLÍK, Vlastimil; SEDLÁČEK, Miloslav: Šedesát let Jaroslava Kuchaře. — *ČJLit* 33, 1982-83, 179-181.
636 ANDO, Shinsuke: In memoriam Dr. Fumio **Kuriyagawa** [1907-78]. — *Poet* 9, 1978, 1-8.
637 MUSTANOJA, Tauno F.: Auvo **Kurvinen** [1916-79]: in memoriam. — *NphM* 83, 1982, 1-3, portr.
638 PETR, Jan: In memoriam Jerzy Kuryłowicze. — *SS* 43, 1982, 347-350 | On the vol. *Jerzy* **Kuryłowicz** *(1895-1978): Materials* . . . (BL 1980, 597).
639 ILČEV, Petăr: Jozef Kurc. — *SEz* 7, 1982/6, 72-73 | Josef **Kurz** (1901-72).
640 GARELLI, P.: Maurice **Lambert** (1914-79). — *AfO* 27, 1980, 328-329.

641 BÍLEK, J.: Jubileum slavistky. — *RTP* 1981/4, 65-66 | L.P. **Lapteva** 55.
642 HINT, Mati: Sixtieth birthday of Ilse **Lehiste**. — *SovFU* 18, 1982, 60-62, portr.
643 REMMEL, Mart: Ilse Lehiste sünnipäev. — *KjK* 25, 1982, 53-54, portr.
644 EICHLER, E.: August **Leskien** und Franz Miklosich. — *ZSl* 27, 1982, 115-120.
645 POHRT, H.: August Leskien im Lichte seiner Briefe an Vatroslav Jagić: 1870-1910. — *ZSl* 27, 1982, 121-137.
646 KRÁSA, Miloslav: Academician Vincenc **Lesný** (1882-1982). — *AO* 50, 1982, 289-295, pl. (portr.).
647 WITKOWSKI, T.: Ferdinand **Liewehr** 85 Jahre. — *ZSl* 27, 1982, 473-474.
648 HORECKÝ, J.: Za Jozefom Liškom. — *JČ* 33, 1982, 204-205 | Jozef **Liška** (1917-82).
649 SABOL, J.: Za docentom Jozefom Liškom. — *SR* 47, 1982, 309-311.
650 IMBS, Paul: Émile **Littré** et la langue française. — *CRAI* 1981, 616-636.
651 COUPE, W.A.: W.B. **Lockwood**: on the occasion of his retirement – September 30th, 1982. — *GLL* 35, 1981-82, 281-282, pl. (portr.).
652 ROWLEY, A.; WALKER, A.: Bibliography W.B. Lockwood 1950-1981. — *GLL* 35, 1981-82, 283-286.
653 PĂTRUŢ, Ioan: Profesorul Alf **Lombard** – la 80 de ani. — *CLing* 27, 1982, 117-118.
654 MARTINS, Eva: János **Lotz** in Stockholm. — *UAJb* 53, 1981, 125-129.
655 BARAKSANOV, G.G.: Vasilij Il'ič **Lytkin**. — *SovFU* 18, 1982, 75-77, portr.
656 KORHONEN, Mikko: V.I. Lytkin 1895-1981. — *Vir* 1982, 295-296, portr.
657 TURKIN, Adolf: In memoriam Vasilij Il'ič Lytkin. — *SovFU* 18, 1982, 78-79.
658 RÉDEI Károly: Vaszilij Iljics Litkin, 1895-1981. — *NyK* 84, 1982, 411-414, portr.
659 JENSEN, Povl Johs.: *J.N.* **Madvig**, *avec une esquisse de l'histoire de la philologie classique au Danemark*. Trad. du dan. par André NICOLET. — Odense Univ. Classical Studies 12; Odense: Odense UP., 1981, 281 p. | Éd. fr. augm. et révisée de *Johan Nicolai Madvig: et mindeskrift*, København, Munksgaard, 1955-62, 2 vol.
660 TENIŠEV, Ė.R.: Sergej Efimovič **Malov** (K stoletiju so dnja roždenija). — *SovT* 1980/6, 56-63, portr.
661 TIEKEN-BOON VAN OSTADE, Ingrid: Benjamin **Martin** [1704-82] the linguist. — *HL* 9, 1982, 121-133 | Rés. fr.
662 MILLARD, A.R.: William James **Martin** (1904-80). — *AfO* 27, 1980, 329.
663 ŠIŠIĆ, Nataša: *Vilém* **Mathesius** *als Bohemist: über seinen Beitrag zur Durchbildung der modernen tschechischen Sprache*. — Europäische Hochschulschriften, 16. Reihe, 22; Frankfurt a.M.: Lang, 1982, 232 p.
664 ILEK, Bohuslav: Vilém Mathesius a česká jazyková kultura. — *JazA* 19, 1982, 72-74 | V.M. and Cz. language culture.
665 ILEK, Bohuslav: Vilém Mathesius a otázky překladu (K 100. výročí narození V. Mathesia). — *JazA* 19, 1982, 107-108 | V.M. and the problems of transl.
666 MACEK, Emanuel: Soupis díla Viléma Mathesia. — [961], 473-525 | Bibliography of V.M.
667 POLIŠENSKÝ, J.V.: Vilém Mathesius, literary historian and "cultural activist". — *PhP* 25, 1982, 136-149 | Chapter 1: The role of V.M. as the first professor of E. language and lit. in the Fac. of Philosophy of the Cz. Charles Univ. (Cz. & Ru. summ.).
668 ŠOLTYS, Otakar: Mathesiův odkaz stále živý. — *NŘ* 65, 1982, 145-150 | Zum hundertsten Geburtstag von V.M. (1882-1945).

BIOGRAPHIES

669 VACHEK, Josef: Vilém Mathesius. — [961], 455-463.
670 VACHEK, Josef: Sto let od narození profesora Viléma Mathesia. — *JazA* 19, 1982, 117-118.
671 VACHEK, Josef: Vilém Mathesius' living heritage to world linguistics. — *PhP* 25, 1982, 121-127 | Cz. & Ru. summ.
672 VACHEK, Josef: Sto godini ot roždenieto na Vilem Matezius. — *SEz* 7, 1982/6, 66-69.
673 HAUSMANN, Franz Josef: *Louis* **Meigret** . . . — Tübingen: 1980 | *BL* 1981, 777. | *BSL* 76, 1981/2 (1982), 114-116 J. Stéfanini | *BRPh* 20, 1981, 342-343 W. Bahner.
674 CHLÁDKOVÁ, Věra: K šedesátinám Emanuela Michálka. — *NŘ* 65, 1982, 29-31 | Emanuel **Michálek** 60.
675 NĚMEC, Igor: Historik českého jazyka Emanuel Michálek (*1922). — *LF* 105, 1982, 44-45.
676 GRAUR, Al.: Hommage à Haralambie **Mihăescu** à l'occasion de son soixante-quinzième anniversaire. — *RESEE* 20, 1982, 453-457 | Avec bibliographie.
677 JAKOPIN, Franc: Kopitar's share in the work of F. **Miklošić**. — [268], 169-177.
678 JAKOPIN, Franc: Miklošič in njegovi slovenski učenci. — *SSlJ* 17, 1981, 163-171.
679 DINEKOV, Petăr: Profesor Ljubomir Miletič v moite studentski spomeni. — *SEz* 7, 1982/3, 25-33 | Prof. Ljubomir **Miletič** in my reminiscences as a student.
680 [ŠIMUNDIĆ, M.] ŠIMUNDIČ, Mate: Obučenie Ljubomira Miletiča v Zagrebe. — *BalkE* 25, 1982/4, 53-60 | L. Miletič (1863-1937).
681 DOBREV, Ivan: Beležit istorik na bălgarskija ezik (Po slučaj 80-godišninata ot roždenieto na čl.-kor. prof. Kiril **Mirčev** [1902-75]). — *BE* 32, 1982, 518-520.
682 ILČEV, Petăr: Kiril Mirčev (po slučaj 80 godini ot roždenieto mu). — *SEz* 7, 1982/5, 70-73 | In memory of K.M.
683 ŠAUR, Vladimir: Akad. Stefan **Mladenov** i germanskite zaemki. — *BE* 32, 1982, 196-198 | S. M.'s studies on Gmc. loan-words in Sl.
684 DANČEV, Andrej; STAMENOV, Christo: Profesor Žana **Molchova** na šestdeset godini. — *SEz* 7, 1982/5, 56-59 | 60th birthday.
685 STAMENOV, Christo: Bibliografija na trudovete na prof. Žana Molchova (1973-81). — *SEz* 7, 1982/5, 59-60 | Sci. works of Ž.M.
686 Bibliografia de Francesc de B. **Moll** (1922-79). — [283], III, 183-205.
687 Bibliografia di Orsolina **Montevecchi**. — [284], xvii-xxiii.
688 Artem Amvrosijovyč **Moskalenko** (1901-80). — *Mov* 1981/1, 96.
689 ŽAŽA, Stanislav: Roman **Mrázek** šedesátníkem. — *SFFBU*, A 30, 1982, 7-14, portr. | R.M. sexagenarian (with bibliography).
690 BIELFELDT, H.H.: Arnošt Muka [1854-1932] als Etymologe. — *ZSl* 27, 1982, 99-108 | Ernst **Mucke**.
691 PETR, Jan: Arnošt Muka a lipská mladogramatická škola. — [382], 33-42 | A.M. und die Leipziger junggrammatische Schule.
692 POPOVA, Antoaneta: Arnošt Muka – 50 godini ot smărtta mu. — *SEz* 7, 1982/3, 76.
693 MACEK, Emanuel: Soupis díla Jana Mukařovského — [3134], 835-902 | Bibliography of the works of Jan **Mukařovský**.
694 CHRISTMANN, Hans Helmut: Zum Gedenken an Adolfo **Mussafia**, den ersten Inhaber einer romanistischen Lehrkanzel der Universität Wien. — *ItS* 5, 1982, 153-157.
695 BLAGOVA, G.F.: Ėmir Nadžipovič **Nadžip** (K vos'tidesjatiletiju so dnja roždenija). — *SovT* 1979/2, 92-95, portr.

696 JAKOPIN, Franc: Nahtigalov prispevek slovenski znanosti in kulturi (ob stoletnici rojstva). — *SSlJ* 13, 1977, 5-15 | Rajko **Nahtigal** (1877-1958).
697 List of publications by Hein L.W. **Nelson**. — [286], ix-xii.
698 Verzeichnis der wissenschaftlichen Veröffentlichungen von Günter **Neumann**, zusammengestellt von H. NOWICKI. — [287], 9-17.
699 RIIHO, Timo: Eero K. **Neuvonen** [1904-81]: in memoriam. — *NphM* 83, 1982, 97-98, portr. | In Sp.
700 FELLMAN, Jack: Francis William **Newman** (1805-97) and Hamito-Semitic linguistics. — *CLO* 10, 1982, 101-104.
701 POPOVA, Zorka: Profesor doktor Aleksandăr **Ničev** na šestdeset godini. — *SEz* 7, 1982/5, 60-62 | 60th birthday.
702 POPOVA, Zorka: Bibliografija na trudovete na prof. d-r Aleksandăr Ničev (1972-1981). — *SEz* 7, 1982/5, 62-64 | Bibliography of A.N.'s sci. works for the years 1972-81.
703 LAANEST, Arvo: Zum Jubiläum von Ruben [Erik] **Nirvi**. — *SovFU* 17, 1981, 62-63, portr.
704 K.K.: Otto **Nüssler**. Anlässlich der Verleihung des Grades Doctor philosophiae honoris causa . . . Philipps-Universität Marburg/Lahn am 11. Juni 1982. — *ZDL* 49, 1982, 217-218, portr.
705 ROMPORTL, Milan: Un jubilé de la phonétique tchèque. — *PhonP* 5, 1976 (1982), 173-174 | Karel **Ohnesorg** 70.
706 Mścisław **Olechnowicz** (1905-82). — *JR* 35, 1982/4, 195.
707 LAMBERT, Pierre-Yves: Cecile **O'Rahilly**. — *EC* 19, 1982, 326.
708 DVONČ, Ladislav: Profesor Ján **Oravec** šesťdesiatročný. — *SJL* 28, 1981-82, 278-280 | J.O. 60.
709 HORÁK, Gejza: Profesor Ján Oravec završil šesťdesiatku. — *KS* 16, 1982, 179-180.
710 HORECKÝ, J.: Na šesťdesiatku prof. Jána Oravca. — *JČ* 33, 1982, 183-184.
711 NOVÁK, L'.: Prof. Ján Oravec šesťdesiatročný. — *SR* 47, 1982, 171-172.
712 DVONČ, L.: Súpis prác prof. Jána Oravca za roky 1972-1981. — *SR* 47, 1982, 172-179 | Cf. BL 1972, 625.
713 HEURGON, Jacques: Introduction à la méthode de Massimo **Pallottino**. — [290], 19-22.
714 [CRYSTAL, David]: F.R. **Palmer**: Select bibliography. — [291], xii-xiv.
715 KÁLMÁN Béla: **Pápay** József munkássága. — *NyK* 84, 1982, 414-418.
716 Gertrud **Pätsch** (On the occasion of the 70th anniversary of her birth). — *EIKJa* 7, 1980, 385-388, portr. | Text in Georg., Ru. & E.
717 KOČIŠ, F.: Prof. Eugen **Pauliny** sedemdesiatročný. — *SR* 47, 1982, 362-363 | E.P. septuagenarian.
718 MISTRÍK, J.: Profesor Eugen Pauliny sedemdesiatročný. — *JČ* 33, 1982, 181-182.
719 UMAROV, É.A.: Pave de Kurtej — leksikograf (K 160-letiju so dnja roždenija). — *SovT* 1981/6, 72-77, portr. | Abel-Jean-Baptiste **Pavet de Courteille** (1821-89).
720 HORECKÝ, J.: Štefan **Peciar** sedemdesiatročný. — *JČ* 33, 1982, 182-183 | Š.P. septuagenarian.
721 JÓNA, E.: Štefan Peciar sedemdesiatročný. — *SR* 47, 1982, 299-302.
722 MASÁR, Ivan: Jubileum Štefana Peciara. — *KS* 16, 1982, 313-315.
723 DVONČ, L.: Súpis prác Štefana Peciara za roky 1972-1981. — *SR* 47, 1982, 302-308 | Cf. BL 1974, 649.

BIOGRAPHIES

724 RUBINČIK, Ju.A.: Pamjati Lazarja Samojloviča Pejsikova. — *NAA* 1979/3, 247-248 | L.S. **Pejsikov** (1915-78).
725 JOHANIDES, Josef: *František Martin* **Pelcl**. — Praha: 1981 | BL 1981, 826. | *ČJLit* 32, 1981-82, 471 P. Hauser.
726 Liste des publications de Marthe **Philipp**. — [292], xi-xviii.
727 MONTPELLIER, G. DE: Éloge de Jean **Piaget**. — *BAB* 67, 1981, 73-88.
728 ALEKSEEV, P.M.; ARZIKULOV, Ch.A.; BEKTAEV, K.B.: Rajmond Genrichovič **Piotrovskij** (K 60-letiju so dnja roždenija). — *NDVŠ-F* 1982/5, 96.
729 MAFFEI BELLUCCI, Patrizia: In memoria di Hugo **Plomteux**. — *AGI* 66, 1981 (1982), 180-185.
730 ALINEI, Mario: Ricordando Hugo Plomteux. — *QS* 3, 1982, 199-201.
731 MOTYKA, Karel; KVÍTKOVÁ, Naděžda: Životní jubileum Vlasty Podhorné. — *ČJLit* 33, 1982-83, 181-182 | Vlasta **Podhorná** 65.
732 ŠMILAUER, Vladimír: Zemřel PhDr. Václav **Polák** [1912-81], DrSc. — *ZprMK* 23, 1982, 451-453.
733 BLAGOVA, G.F.: E.D. **Polivanov** i tjurkskaja areal'naja lingvistika (K devjanostoletiju so dnja roždenija). — *SovT* 1981/1, 60-64.
734 BREZINSKI, Stefan: Četiri desetiletija na naučnija front. Prof. Konstantin **Popov** na 75 godini. — *EL* 37, 1982/2, 50-56.
735 VIDENOV, Michail: Viden bălgarski učen (Prof. Konstantin Popov na 75 godini). — *BE* 32, 1982, 466-469.
736 PAŠOV, Petăr: Profesor Konstantin Popov na 75 godini. — *SEz* 7, 1982/5, 54-56.
737 MILIBAND, S.D.: Spisok osnovnych naučnych trudov doktora filologičeskich nauk K.A. Popova (K 75-letiju so dnja roždenija). — *NAA* 1979/2, 248-249 | K.A. **Popov**.
738 CIRTAUTAS, Arista Maria: *Nicholas* **Poppe**: *a bibliography of publications from 1924 to 1977. Compiled to honor the author on his eightieth birthday, 8 August 1977.* — Parerga 4; Seattle: Univ. of Washington Press, 1978, xi, 52 p. | *UAJb* 53, 1981, 162 Gy. Décsy.
739 LOSIEVSKIJ, I.: Aleksandr **Potebnja** i Marin Drinov (ėpizody iz istorii otečestvennogo slavjanovedenija). — *SovSlav* 1982/6, 98-103.
740 LEOPOLD, Joan: *The letter liveth: the life, work and library of August Friedrich* **Pott** *(1802-87)*. — LISL 9; Amsterdam: Benjamins, 1983, clii, 438 p.
741 BELYJ, V.V.: Lingvističeskie vzgljady D.U. Pauèlla. — *NDVŠ-F* 1982/4, 55-60 | John W. **Powell** (1834-1902).
742 FRANKE, Herbert: Jaroslav **Průšek**, 1906-1980. — *JbBAW* 1980, 227-232, portr.
743 FINKA, Božidar: Valentin **Putanec** – o 65. obljetnici života. — *RZJ* 6-7, 1980-81 (1982), 5-7, pl. (portr.) | Followed by P.'s bibliography, 7-16. | *RZJ* 6-7 is dedicated to Putanec.
744 BOJADŽIEV, Živko: Rasmus **Rask** (1787-1832). — *SEz* 7, 1982/4, 90-93.
745 Igor' Pavlovič **Raspopov** [† 1982]. — *NDVŠ-F* 1982/3, 96.
746 BJERVIG, Nils: L.P. **Razmusen** [1847-1902]. Only worth a footnote? — [107], 7-15 | A pioneer of mod. aspectology.
747 JERNEJ, J.: Moritz **Regula** (1888-1977). — *SRAZ* 24, 1979 (1981), 337-338.
748 ABUTALIPOV, Č.A.; LUNIN, B.V.: Victor Vasilevič **Rešetov** [1910-79]. — *SovT* 1979/2, 108-109, portr.
749 Francis Millet **Rogers**: Biography. Bibliography. — [298], 1-16.
750 ROHLFS, Gerhard: Rückblick auf ein Gelehrtenleben: Ansprache bei der Über-

reichung der Festschrift zum 85. Geburtstag von Gerhard **Rohlfs**. — *ItS* 4, 1981, 151-154, pl.
751 ČOLAKOVA, Kristalina: Sto godini ot roždenieto na akademik Stojan **Romanski**. — *SpBAN* 1982/2, 74-78.
752 DINEKOV, Petăr: Profesor Stojan Romanski (1882-1959). — *SEz* 7, 1982/4, 39-46.
753 DURIDANOV, Ivan: Akademik Stojan Romanski — beležit bălgarski učen. Po slučaj 100 godini ot roždenieto mu. — *EL* 37, 1982/4, 53-58 | S.R. — eminent Bulg. scientist.
754 MLADENOV, Maksim Sl.: Akademik Stojan Romanski i balkanistikata. — *SEz* 7, 1982/6, 48-50 | S.R. and Balkan linguistics.
755 MLADENOV, Maksim Sl.: Knižovna dejnost na akad. Stojan Romanski (1882-1959). — *SEz* 7, 1982/6, 50-66 | Bibliography of S.R.'s sci. works.
756 RUSINOV, Rusin: Stojan Romanski i pravopisnijat văpros u nas (Po slučaj 100 godini ot roždenieto mu). — *BE* 32, 1982, 463-466 | S.R. and Bulg. orthography.
757 JANOTA, Přemysl: Professor Milan **Romportl**. — *PhonP* 6, 1980 (1982), 9-20 | M.R. 60 (with bibliography).
758 Alessandro **Ronconi** [1909-82]. — *SIFC* 54, 1982, 4-6, pl. (portr.).
759 SAUER, G.: Leonhard **Rost** (1896-1979). — *AfO* 27, 1980, 330-331.
760 HASQUIN, Hervé: Maurice-A. Arnould et Pierre **Ruelle**. — [230], vii-x.
761 LEMAIRE, Jacques: Les travaux scientifiques dirigés par M. Pierre Ruelle. — [230], xli-xlvi.
762 MANTOU, Reine: Bibliographie de Pierre Ruelle. — [230], xxxv-xxxix.
763 SIVULA, Jaakko: Veikko **Ruoppila** 75-vuotias. — *Vir* 1982, 301-303.
764 NOVÁKOVÁ, Julie: Za profesorem dr. Bohumilem Rybou. — *Studia Comeniana et Historica* (Uherský Brod) 12, 1982/24, 114-121 | Bohumil **Ryba** (1900-1980).
765 BEČKA, Jiří: Jan **Rypka** a Gruzie. — *SP* 68, 1982, 396-399 | J.R. (1886-1968) and his Georgian philological studies.
766 RÄTSEP, Huno: Andrus **Saareste** Tartu ülikoolis. — *KjK* 25, 1982, 464-473 | A. Saareste (1892-1964) at Tartu Univ.
767 BEDNARCZUK, Leszek; SMOCZYŃSKI, Wojciech: Badania profesora Jana Safarewicza nad językami bałtyckimi. — *ABS* 14, 1982, 15-40 | Jan **Safarewicz**'s studies in the Balt. languages.
768 KAUPUŻ, Anna: Z historii filologii klasycznej Uniwersytetu Wileńskiego. — *ABS* 14, 1982, 155-168, 4 pl. | From the hist. of classical philology at Vilna Univ. (J. Safarewicz).
769 SMOCZYŃSKI, Wojciech: Zestawienie prac Jana Safarewicza z zakresu językoznawtswa bałto-słowiańskiego i litewskiego oraz kontaktów litewsko-słowiańskich na Wileńszczyźnie. — *ABS* 14, 1982, 9-14, pl. (portr.) | J.S.'s works concerning Balto-Sl. and Lith. linguistics and Lith.-Sl. contacts in the Vilna region.
770 JOCHYM-KUSZLIKOWA, Ludwika: Halina **Safarewiczowa** (1904-80). — *PJ* 1982 (1983), 279-282, portr.
771 URBAŃCZYK, Stanisław: Śp. Halina Safarewiczowa (1904-80). — *JP* 62, 1982, 1-3, portr.
772 KOUBA, Jiří: Ke 120. výročí úmrtí Pavla Josefa Šafaříka (1795-1861). — *NŘ* 65, 1982, 205-207 | P.J. **Šafařík**, zum 120. Jahrestag seines Todes.
773 PETR, Jan: K počátkům Šafaříkova poznávání nové bulharštiny. — *Slavia* 51, 1982, 248-259 | Sur l'origine de la connaissance du néobulgare faite par P.J.Š.
774 URAKŠIN, Z.G.: Zakir Šakirovič **Šakirov** (K stoletiju so dnja roždenija). — *SovT* 1981/6, 97-98, portr.

BIOGRAPHIES

775 *Carteggio Rajna* – **Salvioni.** A cura di Carla Maria SANFILIPPO. — Pisa: 1979 | BL 1979, 688. | *LN* 42, 1981, 91 Gh. Gh[inassi] | *Paideia* 36, 1981, 128-129 F. Murru.
776 DETTORI, Antonietta: Ricordo di Antonio **Sanna** (1918-81). — *RID* 5-6, 1981-82 (5), 5-11.
777 BOGDANOVA, Sybka: N.M. **Šanskij** (K 60-letiju so dnja roždenija). — *BRus* 9, 1982/6, 78-79 | 60th birthday.
778 LOPATIN, V.V.; TICHONOV, A.N.; et al.: Nikolaj Maksimovič Šanskij (K 60-letiju so dnja roždenija). — *NDVŠ-F* 1982/6, 91-92.
779 GANDEVA, Ruska: Docent Todor **Sarafov** [1924-80]. — *Philologia* 10-11, 1982, 127-128.
780 IMANALIEV, K.: Kalkabaj Kalykovič **Sartbaev** (K semidesjatiletiju so dnja roždenija). — *SovT* 1981/4, 106-107, portr.
781 KAJDAROV, A.T.: Nigmet Tnalič **Sauranbaev** (K semidesjatiletiju so dnja roždenija). — *SovT* 1980/4, 105-107, portr.
SCHEERER, T.M.: *Ferdinand de Saussure* . . . — 1972.
782 KRAJC, Josef: Ivan **Ščaděj** šedesátiletý. — *Universitas* 1982/2, 99-100 | I.Šč. 60.
783 ZINDER, L.R.; MASLOV, Ju.S.: *L.V.* **Ščerba** – *lingvist-teoretik i pedagog.* — Leningrad: "Nauka", 1982, 102 p.
784 HINTERHÄUSER, Hans: Fritz **Schalk.** — *AlmÖAW* 131, 1981 (1982), 357-362.
785 FORSSMAN, Bernhard: Anton **Scherer** (1901-81). — *Kratylos* 26, 1981 (1982), 218-222.
786 STERNSDORFF, Jürgen: *Wissenschaftskonstitution und Reichsgründung: die Entwicklung der Germanistik bei Wilhelm* **Scherer** . . . — Frankfurt a.M.: 1979 | BL 1979, 700. | *LB* 70, 1981, 53-57 U. Wyss.
787 URBAŃCZYK, Stanisław: Erinnerungen an Hildegard **Schröder.** — [302], 725-730.
788 KREMERS, Dieter: Hugo **Schuchardt** und die italienische Literaturwissenschaft. — *ItS* 1, 1978, 35-41.
789 WEISS, Brigitta: Hugo Schuchardt y el mundo hispánico. — *Thesaurus* 36, 1981, 205-229.
790 ITKONEN, Erkki: Irene **Sebestyén-Németh** 1890-1978. — *FUF* 44, 1982, 290-297.
791 Gowrgên G. Sewak (1904-81). — *HHH* 9, 1981 [1982], 351-352 | Necrology of G.G. **Sevak** (Arm.).
792 MUSAEV, K.M.; LEVITSKAJA, L.S.: Ėrvand Vladimirovič **Sevortjan** (K vos'midesjatiletiju so dnja roždenija). — *SovT* 1981/5, 101-103, portr.
793 LATHUILLÈRE, Roger: Nina Chigarevskaïa. — *FM* 50, 1982, 92-93 | N.A. **Šigarevskaja** (1917-78).
794 LOEWE, Michael: Professor Walter **Simon**, C.B.E., F.B.A. [† 1981]. — *JRAS* 1982, 44-47 | With supplementary bibliography (cf. BL 1963, 570).
795 SHORTO, H.L.: Professor emeritus Walter Simon. — *BSOAS* 45, 1982, 344.
796 NOVÁK, Pavel: Nad dílem profesora Vladimíra Skaličky. — *SS* 40, 1979, 345-349 | On the work of V. **Skalička.**
797 VINJA, Vojmir: Petar Skok (1881-1956). — *SRAZ* 26, 1981 (1982), 3-8.
798 SAMMALLAHTI, Pekka: Tryggve **Sköld** 60-vuotias. — *Vir* 1982, 303-305.
799 KASPRANSKIJ, R.R.; RJABOV, G.P.: Jurij Maksimovič **Skrebnev** (K 60-letiju so dnja roždenija). — *NDVŠ-F* 1982/4, 96.
800 SAFAREWICZ, Jan: Eugeniusz **Słuszkiewicz**: 1901-1981. — *JP* 62, 1982, 241-243, portr.

BIOGRAPHIES

801 WISEMAN, D.J.: Sidney **Smith** (1889-1979). — *AfO* 27, 1980, 331-332.
802 ŠABRŠULA, Jan: K životnímu jubileu PhDr. Jiřiny Smrčkové. — *ČMF* 64 (*PhP* 25), 1982, 27-28 | Jiřina **Smrčková** sexagénaire.
803 ZEIL, W.: Asmus Soerensens Beitrag zur Slawistik und deutsch-slawischen Wechselseitigkeit. — *ZSl* 27, 1982, 151-165 | A. **Soerensen** (1854-1912).
804 LONE TØNNESEN, Hanne: Hans Chr. **Sørensen** — a few remarks on his life and work. — [309], 181-183.
805 KRAG, Helen L.: The Slavistic and linguistic works of Hans Chr. Sørensen: a bibliography. — [309], 185-187.
806 [IIVONEN, A.; SUHONEN, S.; VIRTARANTA, P.]: Antti **Sovijärvi** 70-vuotias 22.4.1982. — [310], 9-15.
807 Antti Sovijärvi: Julkaisut — Publications — Publikationen. — [310], 321-332.
808 TOLSTOJ, N.I.: I.I. **Sreznevskij** — dialektolog. — *UZTarU* 573, 1981, 27-45.
809 ZWOLIŃSKI, Przemysław: Zasługi Izmaiła Srieźniewskiego dla językoznawstwa polskiego. — [382], 23-32 | I.I. Sreznevskij's merits for Pol. linguistics.
810 WALDSCHMIDT, Ernst: Valentina **Stache-Rosen** (1925-80). — *ZDMG* 132, 1982, 22-28, pl. (portr.).
811 LUCE, J.V.: William Bedell **Stanford**, regius professor of Greek, 1940-80. — *Hermathena* 129, 1980, 7-10.
812 A bibliography of the published writings of W.B. Stanford, 1932-80. — *Hermathena* 129, 1980, 11-16.
813 BERKOV, V.P.; IVANOVA, I.P.: Michail Ivanovič **Steblin-Kamenskij**. — *VLU* 1982/2, 128.
814 BERKOV, V.P.; SMIRNICKAJA, O.A.: Michail Ivanovič Steblin-Kamenskij [1903-81]. — *NDVŠ-F* 1982/1, 95-96.
815 Zdzisław **Stieber** *(1903-1980)*. Materiały z konferencji naukowej, Warszawa, dnia 9 marca 1981 r. — Wrocław: Zakład im. Ossolińskich, 1982, 92 p., portr. | From the contents: Janusz SIATKOWSKI, Droga życiowa profesora Zdzisława Stiebera, 9-18; Ewa RZETELSKA-FELESZKO, Zdzisław Stieber jako polonista, 19-28; Janusz RIEGER, Profesor Zdzisław Stieber jako slawista, 29-37; Zofia RUDNIK-KARWATOWA, Bibliografia prac naukowych Zdzisława Stiebera, 61-92. With summaries in E.
816 KURASZKIEWICZ, Władysław: Zdzisław Stieber (1903-80). — *SlOc* 39, 1982, 231-233, portr.
817 PAŹDZIERSKI, Lech: Zdzisław Stieber (1903-80). — *ZbSl* 20, 1981, 194-195.
818 PETR, Jan: Zdzisław Stieber (1903-80). — *Slavia* 51, 1982, 235-238.
819 [RIEGER, J.] RIGER, Januš: Zdzislav Štiber. — *EL* 37, 1982/2, 95-99.
820 TOPOLIŃSKA, Z.: Zdzisław Stieber (1903-80). — *ZbFL* 24, 1981/1 (1982), 175-177.
821 WROCŁAWSKA, Elżbieta: Sesja naukowa poświęcona pamięci Profesora Zdzisława Stiebera. Warszawa 20-21 X 1981 r. — *JP* 62, 1982, 357-360.
822 ZIENIUKOWA, Jadwiga: Wspomnienie o Profesorze Zdzisławie Stieberze (1903-80). — *PF* 31, 1982, 383-387, portr.
823 Schriftenverzeichnis [von Helmut **Stimm**]. — [314], xi-xvi.
824 MLADENOVIĆ, Aleksandar: Zapis o Ljubomiru Stojanoviću (povodom pedesetogodišnjice smrti). — *ZbFL* 24, 1981/1 (1982), 177-182 | Lj. **Stojanović** (1860-1930).
825 DINEKOV, Petăr: Profesor Stojko **Stojkov** — zabeležitelen učen i nezamenim prijatel. — *SEz* 7, 1982/6, 29-38 | S.S. — outstanding scholar and friend.

BIOGRAPHIES 826-851

826 RIPKA, I.: Za profesorom Jozefom Štolcom (1908-81). — *JČ* 33, 1982, 79-80 | Jozef **Štolc** in memoriam.
827 DVONČ, L.: Súpis prác prof. Jozefa Štolca za roky 1978-1981. — *JČ* 33, 1982, 102-103 | Cf. BL 1978, 755.
828 VAKARELSKA, Donka: Jozef Štolc (1908-81). — *BE* 32, 1982, 1973.
829 SCHÜTZEICHEL, Rudolf: Grammatik und Lyrik: Hugo **Stopp** zum Gedenken, *13. September 1931 †7. November 1981. — *Sprachw* 7, 1982, 1-18 | With bibliography.
830 TUBIANA, Joseph: Stefan **Strelcyn** F.B.A. (1918-81). — *JSS* 27, 1982, 1-15 | Bibliography, 5-15.
831 RYMUT, Kazimierz: Witold **Taszycki** (1898-1979). — *LPosn* 24, 1982, 175-180, portr.
832 SUHONEN, Seppo: Valter **Tauli** 75-vuotias. — *Vir* 1982, 413-415.
833 SEREBRENNIKOV, B.A.; ČEČENOV, A.A.: Ėdchjam Rachimovič **Tenišev** (K šestidesjatiletiju so dnja roždenija). — *SovT* 1981/3, 105-108, portr.
834 BERGFORS, Erik Olof; GUSTAVSON, Herbert: Nils **Tiberg**, 1900-1980. — *SvLm* 104, 1981 (1982), 68-72, portr. | In Sw. with E. summ.
835 VÄSTERLUND, Rune; PETTERSSON, Marie-Louise: Nils Tibergs tryckta skrifter 1925-1980. — *SvLm* 104, 1981 (1982), 73-75.
836 BOJADŽIEV, Todor; MLADENOV, Maksim Sl.: Prinosite na d-r Dimităr Stoev **Tilkov** (1933-81) v bălgarskoto ezikoznanie. — *SEz* 7, 1982/1-2, 184-189 | Studies of D.S.T. in Bulg. linguistics.
837 MIŠEVA, Anastasija: Bibliografija na trudovete na d-r Dimităr Stoev Tilkov. — *SEz* 7, 1982/1-2, 189-195 | Bibliography of Tilkov's sci. works.
838 PENČEV, Jordan: Dimităr Stoev Tilkov (1933-81). — *BE* 32, 1982, 172.
839 MLADENOV, Maksim Sl.: Dvadeset godini ot smărtta na člen-korespondent Cvetan **Todorov** (1899-1962). — *SEz* 7, 1982/5, 73-76 | In memory of C.T.
840 PODRACKI, Jerzy: Prof. Dr Jan **Tokarski** — językoznawca i dydaktyk. — *PF* 31, 1982, 7-13.
841 SAMBOR, Jadwiga: Wkład Jana Tokarskiego do polskiej lingwistyki kwantytatywnej. — *PF* 31, 1982, 15-19.
842 SKORUPKA, Stanisław: Profesor Jan Tokarski — uczony i pedagog. — *Polonistyka* 35, 1982, 236-239.
843 NAGAJOWA, Maria: Wspomnienie o profesorze Janie Tokarskim. — *Polonistyka* 35, 1982, 329-340.
844 POMSTA-PORAYSKI, Józef: Bibliografia prac naukowych Prof. Jana Tokarskiego. — *PF* 31, 1982, 21-27.
845 GRUCHMANOWA, Monika: Wspomnienie o Adamie Tomaszewskim (1895-1945). — *SlOc* 39, 1982, 7-9 | A. **Tomaszewski**. With a testimony by B. DEMBIŃSKI, 9-11.
846 GACOV, Dimitrija: Dušan **Tomovski** [1925-79]. — *GZb* 5, 1979, 11-12.
847 LEGA, Miodrag: Bibliografija na objaveni trudovi na prof. d-r Dušan Tomovski. — *GZb* 5, 1979, 13-15 | Bibliography of D.T.
848 FRANKE, Kristina: Verzeichnis der etymologischen Schriften Jost **Triers**. — [3049], 201-203.
849 FRIED, Vilém: Introduction: A brief survey of the life and work of Bohumil **Trnka**. — [1005], 1-19.
850 BERNŠTEJN, S.B.: Oleg Nikolaevič **Trubačev** (K 50-letiju so dnja roždenija). — *IzvAN* 40, 1981, 85-88, portr.
851 Juhan **Tuldava** 60. — *KjK* 25, 1982, 445, portr.

852 NIŽNANSKÝ, Jozef R.: Jubilujúci Vlado **Uhlár**. — *KS* 16, 1982, 371-372 | V.U. 70.
853 PECIAR, Š.: Životné jubileum Vlada Uhlára. — *SR* 47, 1982, 363-365.
854 DVONČ, L.: Súpis prác Vlada Uhlára za roky 1972-1981. — *SR* 47, 1982, 365-370 | Cf. BL 1972, 737.
855 MUST, Mari: Aili **Univere** 80. — *SovFU* 18, 1982, 58-59, portr.
856 MEMETOV, A.; AŠIRBAEV, S.: Said Usmanovič **Usmanov** (K šestidesjatiletiju so dnja roždenija). — *SovT* 1982/2, 97-98, portr.
857 Notice biographique sur Roch **Valin**. — [318], ix-xi.
858 Bibliographie de Roch Valin, établie par H. CURAT. — [318], xii-xiv.
859 KOLEV, Nikola T.: Deset godini bez profesor Ljubomir **Vankov** (1909-72). — *SEz* 7, 1982/5, 76-78 | In memory of Lj.V.
860 VLACHOV, Sergej: Docent Ivanka Vaseva na šestdeset godini. — *SEz* 7, 1982/4, 77-78 | I. **Vaseva** 60.
861 VLACHOV, Sergej: Bibliografija na trudovete na doc. Ivanka Vaseva. — *SEz* 7, 1982/4, 78-82 | Bibliography of sci. works of I.V.
862 ZEJNALOV, F.R.; AZIZOV, È.I.: Abdulla Gusejn ogly **Veliev** (K semidesjatiletiju so dnja roždenija). — *SovT* 1980/1, 106-107, portr.
863 MÛELENAERE, J. DE: Antoon **Viaene**, 1900-1979. — *JbMNL* 1980-81 (1982), 211-220.
864 MILEV, Mileva: Bibliografija na akad. Božidar **Vidoeski**. — *SLPJ* 2, 1982, 7-16.
865 Jean-Paul **Vinay**, pionnier de la linguistique canadienne. — [320], 13-135 | 1. Jean-Paul VINAY, L'École de Montréal: un quart de siècle de linguistique, 15-108, 11 fig.; 2. Bibliographie chronologique de Jean-Paul Vinay, 1936-1974, 109-123; 3. Mémoires et thèses de linguistique et de traduction soutenus à l'Université de Montréal de 1943 à 1971, 125-135.
866 MINERALOV, Ju.I.: Stilističeskie vzgljady G.O. Vinokura i filologičeskaja tradicija. — *UZTarU* 573, 1981, 110-135 | G.O. **Vinokur**.
867 ANTOINE, G.: Robert-Léon **Wagner**, 1905-1982. — *FM* 50, 1982, 189-190.
868 Verzeichnis der Veröffentlichungen von Mario **Wandruszka**. — [323], 513-518.
869 EISENSTEIN, H.: Hans **Wehr** (1909-81). — *AfO* 28, 1981-82, 283-284.
870 FISCHER, Wolfdietrich: Hans Wehr (1909-81). — *Islam* 59, 1982, 1-3, pl. (portr.).
871 RAU, Wilhelm: Friedrich **Weller** (1889-1980). — *ZDMG* 132, 1982, 1-21, pl. (portr.) | Bibliography, 10-21.
872 REHLINGEN, Fritz Frhr. v.: Johann Gottfried **Wetzstein** [1815-1905]. — *JbBAW* 1980, 57, pl. (portr.).
873 ROLLINS, Peter C.: *Benjamin Lee* **Whorf** ... — Ann Arbor: 1980 | BL 1980, 806, | *HL* 9, 1982, 156-161 S.O. Murray.
874 LARSSON, Lars-Gunnar: A bibliography of Bo **Wickman**'s scientific contributions. — *FUS* 5, 1982, 413-418.
875 STEFFEN-BATOGOWA, Maria: Bożena **Wierzchowska** (1923-80). — *LPosn* 25, 1982, 185-190 | Bibliography, 188-190.
876 HELVOORT, J.R. VAN: Over L.A. te **Winkel** (1809-68). — [402], 174-192.
877 BOJADŽIEV, Živko: Vilchelm Vunt (1832-1920). — *SEz* 7, 1982/4, 86-90 | Wilhelm **Wundt**.
878 DUBIŃSKI, A.: Prof. Dr. Włodzimierz **Zajączkowski**. On the occasion of his 65th birthday. — *UAJb* NF 1, 1981, 255-269 | Mainly bibliography of his works.

BIOGRAPHIES

879 SCHABOWSKA, Maria: Jan **Zaleski**: 1926-1981. — *JP* 62, 1982, 243-246.
880 JOPEK, Antoni: Wspomnienie o Janie Zaleskim. — *Polonistyka* 35, 1982, 319-320.
881 PALKOVIČ, Konštantín: Alfonz **Zauner** (1903-64). — *SJL* 29, 1982-83, 118-119.
882 LEBEDA, Josef: Nad nedokončeným dílem Vladimíra Zmeškala. — *Slavia* 51, 1982, 401-406 | Sur l'œuvre inachevé de Vladimír **Zmeškal** (à l'occasion du 80e anniversaire de sa naissance, *1902).
883 PETR, Jan: K stykům J. Zubatého s J. Endzelinem. — [382], 43-49 | Josef **Zubatý**'s relations with Jānis Endzelīns.
884 URBAŃCZYK, Stanisław: Wanda **Żurowska-Górecka** (1904-81). — *JP* 62, 1982, 83-84.
885 LINGORSKA, Blagovesta: Profesor doktor Pšemislav Zvolinski. — *SEz* 7, 1982/1-2, 195-196 | Przemysław **Zwoliński**.
886 [SZYMAŃSKI, T.] ŠIMANSKI, Tadeuš: Prof. d-r Pšemislav Zvolinski (1914-81). — *BE* 32, 1982, 480-481.

GENERAL LINGUISTICS AND RELATED BRANCHES OF STUDY

LINGUISTIQUE GÉNÉRALE ET DISCIPLINES CONNEXES

0. BIBLIOGRAPHY AND GENERAL —
BIBLIOGRAPHIE ET GÉNÉRALITÉS

0.0. Bibliography — Bibliographie

ESCHBACH, A.; RADER, W.: *Semiotik-Bibliographie.* — 1686.
887 GAZDAR, Gerald; KLEIN, Ewan; PULLUM, Geoffrey K.: *A bibliography of contemporary linguistic research.* — New York: 1978 | BL 1979, 782. | *RSEL* 11, 1981, 236-241 Á.M. Yanguas.
888 GRÖSCHEL, Bernhard: *Sprachnorm, Sprachplanung und Sprachpflege: Bibliographie theoretischer Arbeiten aus Linguistik und Nachbarwissenschaften.* — Studium Sprachwissenschaft 6; Münster: Inst. für Allgemeine Sprachwissenschaft der Westfälischen Wilhelms-Univ., 1982, 232 p.
889 GUIMIER, Claude: *Prepositions: an analytical bibliography.* — Amsterdam: 1981 | BL 1981, 989. | *ZRPh* 98, 1982, 640-641 J. Lang.
890 VINCENT, Nigel: General linguistics. — *YWMLS* 43, 1981 (1982), 1-17.

0.1. General — Généralités

891 AARTS, Flor: The contrastive analysis debate: problems and solutions. — *SAP* 14, 1982, 47-68.
892 ADMONI, Wladimir: Zu den Wechselbeziehungen zwischen Sprach- und Literaturwissenschaft. — *SNPh* 53, 1981, 212-215.
893 AKMAJIAN, Adrian; DEMERS, Richard A.; HARNISH, Robert M.: *Linguistica: Introduzione al linguaggio e alla communicazione.* Ed. it. a cura di Rosanna SORNICOLA. — Bologna: Il Mulino, 1982, 406 p. | Transl. of BL 1979, 791. | Cf. also 946.
894 *Allgemeine Sprachwissenschaft.* Von einem Autorenkollektiv unter der Leitung von B.A. SERÉBRENNIKOW [SEREBRENNIKOV]. Band I-III. — Berlin (DDR): 1973-76 | BL 1976, 815. | *KLit* 8, 1979, 203-209 U. Maas.
895 AMBROSINI, Riccardo: Forme e funzioni della linguistica attuale. — *LeL* 7, 1982, 231-242.

LINGUISTIQUE GÉNÉRALE 896-916

896 ARCAINI, Enrico: *Introduzione alla linguistica descrittiva: il segno nella prospettiva del testo.* — Brescia: La Scuola, 1980, 182 p. | *Aevum* 55, 1981, 612-613 B. Cambiaghi.

897 ATKINSON, Martin; KILBY, David; ROCA, Iggy: *Foundations of general linguistics.* — London: Allen & Unwin, 1982, xvii, 388 p.

898 BAILEY, Charles-James N.: Theory, description and differences among linguists (Or, what keeps linguistics from becoming a science). — *L&C* 1, 1981, 39-66.

899 BALLMER, Thomas T.: *Biological foundations of linguistic communication: towards a biocybernetics of language.* — P&B III/7; Amsterdam: Benjamins, 1982, 161 p. | Cf. also 903.

900 BEUKEMA, Frits; VERHEIJEN, Ron: The equinoctial quandary. — *SAP* 14, 1982, 121-136.

901 BOKADOROVA, N.Ju.: "Obščaja grammatika" XVIII veka i sovremennoe obščee jazykoznanie (K voprosu o predmete jazykoznanija). — *IzvAN* 41, 1982, 116-124.

902 BOLINGER, Dwight: *Language, the loaded weapon . . .* — London: 1980 | BL 1981, 1015. | *BSL* 76, 1981/2 (1982), 47-48 R. Hodot.

903 BRENNENSTUHL, Waltraud: *Control and ability: towards a biocybernetics of language.* — P&B III/4; Amsterdam: Benjamins, 1982, 123 p. | Cf. also 899.

904 BRIGHT, William: *Variation and change in language . . .* — Stanford: 1976 | BL 1976, 826. | *KLit* 8, 1979, 104-106 M. Hellinger.

905 BRINKMANN, Hennig: *Sprache als Teilhabe: Aufsätze zur Sprachwissenschaft. Zu seinem achtzigsten Geburtstag ausgewählt und hrsg. von Maximilian* SCHERNER. — Sprache der Gegenwart 55; Düsseldorf: Schwann, 1981, 229 p., portr. | Coll. of 12 earlier published studies.

906 BUDAGOV, R.A.: *Čelovek i ego jazyk.* — Moskva: 1974 | BL 1974, 796. | *Thesaurus* 36, 1981, 339-344 J.J. Montes Giraldo | *PrNUŚ* 528, 1982, 207-213 M. Kita.

907 BUDAGOV, R.A.: *Filologija i kul'tura.* — Moskva: Izd. MGU, 1980, 304 p. | *VJa* 1982/3, 115-117 N.G. Korlètjanu; I.I. Ecko.

908 CHOMSKY, Noam: *Dialogues avec Mitsou Ronat.* — Paris: 1977 | BL 1977, 751. | *L&H* 35, 1977, 75-76 M. Vincent.

909 CHRISTIE, William M., Jr.: Synchronic, diachronic, and panchronic linguistics. — [168], 1-10.

910 COSNIER, J.; COULON, J.; BERRENDONNER, A.; ORECCHIONI, C.: *Les voies du langage. Communications verbales, gestuelles et animales.* — Paris: Dunod, 1982, 326 p. | *L&H* 50, 1982, 93-94 G. L[urquin].

911 CRAEN, P. VAN DE: Linguïstiek als sociale wetenschap. — *HZnMTL* 36, 1982, 205-225, 2 fig. | Linguistics as a social sci.

912 CRANE, L. Ben; YEAGER, Edward; WHITMAN, Randal L.: *An introduction to linguistics.* — Boston: Little Brown, 1981, xiv, 280 p. | *Lg* 58, 1982, 238 A. Pousada.

913 DANEŠ, František: Podstawy i kryteria wartościowania w procesie kodyfikacji języka. — *PrzH* 25, 1981/10-12, 117-128.

914 DANIELSEN, Niels: *Linguistic studies.* — Heidelberg: 1980 | BL 1981, 1029. | *BSL* 76, 1981/2 (1982), 85-87 X. Mignot.

915 DÉJEAN LE FÉAL, K.: Why impromptu speech is easy to understand. — [346], 221-239.

916 DOROSZEWSKI, Witold [1899-1976]: *Język, myślenie, działanie. Rozważania*

językoznawcy. — Warszawa: Państwowe Wyd. Naukowe, 1982, 447 p. | Coll. of studies on general linguistics (philosophy of language) and Pol. language, originally published 1961-75. Preface by Mieczysław SZYMCZAK.

917 D'OVIDIO, Francesco: *Scritti linguistici.* A cura di Patricia BIANCHI. Introd. di Francesco BRUNI. — Esperienze 79; Napoli: Guida, 1982, 170 p. | *Aevum* 56, 1982, 588-589 A. Brambilla.

918 *Fachsprachen.* Hrsg. von Walther VON HAHN. — WdF 498; Darmstadt: Wissenschaftliche Buchgesellschaft, 1981, vii, 396 p., ill. | Coll. of previously published studies by Kurt MÖSLEIN, Eike VON SAVIGNY . . . [et al.]., with a selective bibliography (1970-1978).

919 FAERCH, Claus; KASPER, Gabriele: Phatic, metalingual and metacommunicative functions in discourse: gambits and repairs. — [346], 71-103.

920 FILIPOVIĆ, Rudolf: Contrastive analysis: general-linguistic or pedagogical relevance. — *SRAZ* 24, 1979 (1981), 197-208.

921 FRIEDRICH, Paul: *Language, context, and the imagination* . . . — Stanford, CA: 1979 | BL 1979, 810. | *CJL* 27, 1982, 67-68 J.J. Chew.

922 GELLINEK, Christian: *Elementare Linguistik* . . . — Bern: 1980 | BL 1981, 1042. | *Linguistique* 18/2, 1982, 144 A.-M. Houdebine.

923 GIPPER, Helmut: *Sprachwissenschaftliche Grundbegriffe und Forschungsrichtungen* . . . — München: 1978 | BL 1978, 852. | *ZDL* 49, 1982, 71-73 A.W. Stanforth.

924 GLEASON, H.A., Jr.: Grammar, grammars, and grammarians. — *LACUS* 7, 1980 (1981), 3-13 | Presidential address.

925 GÖTTERT, Karl Heinz; HERRLITZ, Wolfgang: *Linguistische Propädeutik.* I-II. — Tübingen: 1977 | BL 1977, 783. | *RBPh* 60, 1982, 579-581 U.O.H. Jung.

926 GOTTI, Maurizio: La cooperazione tra lettore e autore nell'interpretazione del testo. — [193], 81-96.

927 HALL, Robert A., Jr.: *Language, literature, and life.* — Lake Bluff, IL: 1978 | BL 1979, 817. | *RSEL* 11, 1981, 232-234 L. Pérez Botero.

928 HARWEG, Roland: Strukturen und Probleme linguistischer Rede: Zeichen- und abbildungstheoretische Bemerkungen zur Sprache der Linguistik. — [416], 111-139.

929 HEWSON, John: Determinism in linguistics: Neogrammarian and transformationalist. — [168], 65-73.

930 HOCKETT, C.F.: *The view from language.* . . . — Athens, GA: 1977 | BL 1977, 790. | *Lg* 58, 1982, 686-690 C.T. Hodge.

931 HORÁLEK, Karel: Jazykové funkce a významy v slovníku a gramatice. — *PLSŠS* 23, 1982, 31-43 | Linguistic functions and meanings in vocabulary and grammar.

932 HORVÁTH, Štefan: Jazykové reflexy koncepcie javov skutočnosti ako jednoty protikladov, či enantiosémia? — *CJŠ* 25, 1981-82, 360-362 | Linguistic reflexes of the conception of the phenomena ot reality as a unity of opposites, or enantiosemy?

933 HUGHES, Arthur: The structure of language proficiency. — [291], 231-238, tab.

934 ITKONEN, Esa: Change of language as a prototype for change of linguistics. — [170], 142-148.

935 IVANOV, Vjač.Vs.: Vzaimootnošenie dinamičeskogo issledovanija évoljucii jazyka, teksta i kul'tury (K postanovke problemy). — *IzvAN* 41, 1982, 406-419.

936 JACOB, André: De la psychomécanique à une anthropologie opérative. — [318], 513-524.

LINGUISTIQUE GÉNÉRALE

937 JAKOBSON, Roman: *The framework of language.* — Ann Arbor: 1980 | BL 1980, 1054. | *BSL* 76, 1981/2 (1982), 90-91 X. Mignot.
938 JUCQUOIS, Guy: L'utilisation des publications en langues étrangères dans les travaux de linguistique. — *L&H* 37, 1978, 37-42.
939 JUHÁSZ, János: Synchrone Sprachwissenschaft: Forschungsbericht (Fortsetzung). — *WW* 28, 1978, 268-287; 32, 1982, 43-69 | Cf. BL 1976, 7182.
940 JUNOD, H.P.: The challenge of general linguistics. — *SAJAfrL* 2, 1982/2, 20-22.
941 KOLŠANSKIJ, G.V.: *Sootnošenie sub"jektivnych i ob"ektivnych faktorov v jazyke.* — Moskva: 1975 | BL 1975, 947. | *FČ* 30, 1982, 504-510 E. Borková.
942 KORHONEN, Mikko: Kielitiede, ikuinen identiteettinsä etsijä? — *Suomen antropologi* 1982, 66-78 | Linguistics, ever in search of an identity?
943 KORN, Karl: Sprache oder Linguistik? — *Gymnasium* 89, 1982, 1-3.
944 KURODA, Sige-Yuki: *Aux quatre coins de la linguistique.* — Paris: 1979 | BL 1980, 887. | *L&H* 41, 1979, 96-97 G. L[urquin].
945 LABOV, William: *Il continuo e il discreto nel linguaggio.* — Bologna: 1977 | BL 1977, 804. | *RD* 3, 1981, 589-592 A. Uguzzoni.
946 LADD, D. Robert: Review article on [a.o.] Adrian AKMAJIAN . . . [et al.]: *Linguistics . . .* , 1979. — *Lg* 58, 1982, 890-896 | Cf. BL 1979, 791 (& No. 893).
947 LAMB, Sydney M.: On the aims of linguistics. — *LACUS* 7, 1980 (1981), 17-27.
948 *Language and communication.* Ed. by Helmut ESAU. — Columbia, SC: Hornbeam, 1980, xii, 360 p., fig., ill. | Not analyzed.
949 LE PAGE, Robert B.: The concept of "a language". — *GLS* 11-12, 1980, 174-192.
950 LEŠKA, O.: Sopostavitel'noe izučenie jazykov i voprosy lingvodidaktiki. — [125], 231-234.
951 *Lexikon der germanistischen Linguistik.* Hrsg. von Hans Peter ALTHAUS . . . [et al.]. 2. Aufl. — Tübingen: 1980 | BL 1980, 889. | *Anglia* 100, 1982, 135-138 L. Lipka | *BNF* 17, 1982, 438-439 R. Bergmann | *GL* 21, 1981, 29-30 E.A. Ebbinghaus | *Kratylos* 26, 1981 (1982), 210-211 W. Meid | *ZDL* 49, 1982, 67-71 S. Grosse.
952 LIGHTFOOT, David: *The language lottery: toward a biology of grammars.* — Cambridge, MA: MIT Press, 1982, xiii, 224 p.
953 *Linguistique.* Publié sous la direction de Frédéric FRANÇOIS avec la collaboration de divers spécialistes. — Paris: P.U.F., 1980, 560 p. | *BSL* 76, 1981/2 (1982), 48-53 C. Hagège.
LORENZO, E.: *El español y otras lenguas.* — 6142.
954 LOSEV, A.F.: *Znak, simvol, mif: trudy po jazykoznaniju.* — Moskva: Izd. MGU, 1982, 479 p. | Coll. of 15 studies, for the greater part published before. New: O tipach grammatičeskogo predloženija v svjazi s istoriej myšlenija, 280-407; Problema variativnogo funkcionirovanija poétičeskogo jazyka, 408-452.
955 LOVE, Nigel: Making sense of Chomsky's revolution. — *L&C* 1, 1981, 275-287 | Rev. art. on Geoffrey SAMPSON (BL 1981, 1470) and on Neil SMITH & Deirdre WILSON (BL 1979, 883).
956 MAHMOUDIAN, Mortéza: *La linguistique.* Introd. et conclusion de Georges MOUNIN. — Paris: Seghers, 1982, 238 p., ill.
957 MALMBERG, Bertil: *Le langage, signe de l'humain.* — Paris: 1979 | BL 1980, 890. | *BSL* 76, 1981/2 (1982), 43-45 J. Stéfanini.
958 MAŃCZAK, Witold: Language science and statistics. — *FLing* 5, 1980-81, 36-43.

959 MANTECA ALONSO-CORTÉS, A.: El carácter empírico de la lingüística. — *RSEL* 12, 1982, 35-48.
960 MATERNA, Pavel: The nature of understanding from the logical point of view. — [114], 199-202.
961 MATHESIUS, Vilém: *Jazyk, kultura a slovesnost.* Výbor uspořádal... a doslov napsal Josef VACHEK, k vyd. připr. a jmenný a věcný rejstřík a soupis díla sestavil Emanuel MACEK. — Praha: Odeon, 1982, 527 p., portr. | Language, culture and belles lettres: selected papers (with bibliography).
962 MEIER, Georg F.; MEIER, Barbara: *Handbuch der Linguistik und Kommunikationswissenschaft* I. — Berlin: 1979 | BL 1979, 860. | *Sprache* 28, 1982, 179-180 O. B[ack] | *BSL* 76, 1981/2 (1982), 25-26 J. Stéfanini | *LPosn* 25, 1982, 132-140 A.F. Majewicz | *SCL* 33, 1982, 271 M. Sala.
963 MERTA, Augustin: Co očekává informatika od lingvistické vědy a praxe. — [415], 12-19 | What informatics expects from linguistic theory and practice.
964 MESCHONNIC, Henri: *Critique du rythme. Anthropologie historique du langage.* — Lagrasse: Verdier, 1982, 732 p. | *L&H* 49, 1982, 78 G. L[urquin].
965 MILLER, George A.: *Language and speech.* — San Francisco: Freeman, 1981, viii, 150 p. | *Lg* 58, 1982, 735 A.M. Zwicky.
966 MINDT, Dieter: *Moderne Linguistik.* — Düsseldorf: 1975 | BL 1976, 906. | *Anglia* 100, 1982, 442-450 D. Kastovsky.
967 MIONI, Alberto M.: La linguistica recente e la glottodidattica. — [193], 135-150.
968 MOUNIN, Georges: L'intention de communication. — *Linguistique* 18/2, 1982, 3-19.
969 [MPAMPINIÓTĒS, G.] Μπαμπινιώτης, Γ.: Θεωρητική γλωσσολογία: εἰσαγωγή στὴν σύγχρονη γλωσσολογία. — Athens: 1980, 308 p. | Theoretical linguistics: an introd. to mod. linguistics. | *Lingua* 56, 1982, 360-364 A. Kakouriotis.
970 NEBESKÝ, Ladislav: O jazyce matematického textu. — *SS* 43, 1982, 88-92 | On the language of a mathematical text (E. summ.).
971 NICKEL, Gerhard: *Einführung in die Linguistik...* — Berlin (West): 1979 | BL 1979, 861. | *MSpråk* 76, 1982, 294-297 T. Schiebe.
972 OHLANDER, Sölve: On Chomsky's mind. — *MSpråk* 76, 1982, 231-240 | Rev. art. on BL 1979, 801.
973 ÕIM, Haldur: Language, meaning and human knowledge. — *NJL* 4, 1981, 67-90.
974 ONDRUŠ, Š.; SABOL, J.: *Úvod do štúdia jazykov.* — Bratislava: 1981 | BL 1981, 1094. | *KS* 16, 1982, 119-122 J. Ružička.
975 PEACOCK, Dennis E.: The "market" for language theory. — *LACUS* 7, 1980 (1981), 83-88.
976 PERKINS, Revere Dale: *The evolution of culture and grammar.* — State Univ. of New York at Buffalo diss., 1980, 230 p. | *DAb* 41/1, 1980, 230-A/231-A.
977 PIEPER, Ursula: "Domestikation" und sprachliche Evolution. — [187], 51-60.
978 PIKE, Kenneth L.: *Tagmemics, discourse, and verbal art.* Ed. by Richard W. BAILEY. — Ann Arbor: Michigan Studies in the Humanities, Horace H. Rackham School of Graduate Studies, Univ. of Michigan, 1981, xvi, 67 p. | 3 papers: 1. Linguistic complexity in a two-page instruction sheet, 9-21; 2. Levels of observer relationship in verbal art, 23-46; 3. Grammar versus reference in the analysis of discourse, 47-64.
979 POLENZ, Peter v[ON]: Über die Jargonisierung von Wissenschaftssprache und wider die Deagentivierung. — [416], 85-110.

980 POLLMANN, T.: *Woorden, klanken, zinnen, talen: een inleiding in de taalkunde.* — 's-Gravenhage: Nijhoff, 1982, x, 253 p., ill. | Words, sounds, sentences, languages: introd. to linguistics.
981 PULGRAM, Ernst: Pulgram's progress. — *LACUS* 6, 1979 (1980), 3-17 | Presidential address.
982 RAMAT, Paolo: Invarianza e varianza in linguistica. — [193], 11-39.
983 RONDEAU, Guy: Structuralisme et linguistique appliquée. — [320], 427-442.
984 ROŽDESTVENSKIJ, Ju.V.: *Vvedenie v obščuju filologiju.* — Moskva: 1979 | BL 1981, 1111. | *KjK* 25, 1982, 382-384 H. Udam.
985 ŠABRŠULA, Jan: L'"expressivité" et l'affectivité en tant que phénomènes linguistiques. — *PhP* 25, 1982, 150-153 | Rés. tch. et ru.
986 SALONI, Zygmunt: Konspekt wykładu ze wstępu do językoznawstwa i gramatyki opisowej języka polskiego. — *ZNBiał* 31, *Prace Filologiczne* 5, 1980 (1981), 119-144 | A conspectus of lectures in general linguistics and of descriptive grammar of Pol.
987 SCHWANZER, Viliam: Syntaktisch-stilistische Universalia in den wissenschaftlichen Fachsprachen. — [416], 213-230.
988 SEIFFERT, Helmut: *Sprache heute* ... — München: 1977 | BL 1977, 845. | *RBPh* 60, 1982, 562-564 R. Freudenstein.
989 SGALL, Petr: Can linguistic ideas cross the ocean? — *FoL* 16, 1982, 399-410.
990 SLAMA-CAZACU, Tatiana: Principes pour une "linguistique de science-fiction". — *RRLing* 27, 1982, 171-178.
991 SMITH, Neil; WILSON, Deirdre: *Modern linguistics* ... — Bloomington: 1979 | BL 1979, 883. | *CJL* 27, 1982, 68-72 P. Collins.
992 SPILLNER, Bernd: Termini und Sprachfunktionen in der literaturwissenschaftlichen Fachsprache. — [416], 372-403.
993 STARÝ, Zdeněk: Jazykové a nejazykové prostředky v lidském dorozumívání. — [351], 21-30 | Linguistic and non-linguistic means in human communication.
994 STEGER, Hugo: *Über die Würde der alltäglichen Sprache und die Notwendigkeit von Kultursprachen.* Rede ... — Duden-Beiträge zu Fragen der Rechtschreibung, der Grammatik und des Stils 46; Mannheim: Bibliographisches Inst., 1982, 39 p.
995 STRAKA, Georges: *Les sons et les mots* ... — Paris: 1979 | BL 1980, 914. | *RRLing* 26, 1981, 611-612 A. Ulivi | *VJa* 1982/5, 134-137 M.V. Gordina | *SCL* 33, 1982, 190 M. Sala | *SNPh* 52, 1980, 455-456 O. Ducháček.
996 SUCHSLAND, Peter: Probleme der Darstellung des Sprachsystems. — *GermP* 7, 1976 (1980), 59-83 | Cz. summ.
997 SUPRUN, A.E.: *Lekcii po lingvistike.* — Minsk: Izd. BGU, 1980 | *NDVŠ-F* 1982/5, 89-90 O.V. Ozarovskij.
998 Taalwetenschap en moedertaalonderwijs. — *Gramma* 6, 1982/1, 1-103 | Linguistics and the teaching of the mother-tongue: special issue.
TEKAVČIĆ, P.: L'importanza ... degli studi istroromanzi ... — 7396.
999 *Tendências atuais da lingüística e da filologia no Brasil.* Organização de Anthony Julius NARO. — Rio de Janeiro: 1976 | BL 1977, 850. | *RJb* 32, 1981 (1982), 379-381 S. Ettinger.
1000 TERRACINI, Benvenuto: *Linguistica al bivio.* Raccolta di saggi a cura di Gian Luigi BECCARIA e Maria Luisa PORZIO GERNIA. — Sigma. Saggi 8; Napoli: Guida, 1981, 366 p. | Coll. of earlier published papers; sequel to the vol. *I segni*, 1976 (BL 1977, 851). | *LeSt* 17, 1982 634-635 L. Rosiello.
1001 TOLSTOJ, N.I.: Nekotorye problemy i perspektivy slavjanskoj i obščej ėtnolingvistiki. — *IzvAN* 41, 1982, 397-405.

1002 TÕNISSON, Ivar J.: A study of communication errors. — *PBLS* 7, 1981, 303-307.

1003 TOORN, M.C. VAN DEN: *Methodologie en taalwetenschap.* — Utrecht: 1978 | BL 1978, 907. | *Gramma* 4, 1980, 76-85 P. van de Craen.

1004 *Trends in kontrastiver Linguistik.* Horst RAABE (Hrsg.). Band 1. [2., überarbeitete Aufl.]. — Forschungsberichte des Inst. für deutsche Sprache 16; Tübingen: Narr, 1979, xvi, 229 p. | *ITL* 53, 1981, 81-84 R. Dirven.

1005 TRNKA, Bohumil: *Selected papers in structural linguistics. Contributions to English and general linguistics written in the years 1928-1978.* Vilém FRIED (Ed.). — JanL, Series Maior 88; Berlin: Mouton, xii, 392 p. | Afterword by Roman JAKOBSON (384-385).

1006 UHLENBECK, E.M.: Enige beschouwingen over verleden, heden en toekomst van de taalwetenschap in Nederland. — *FdL* 23, 1982, 163-184 | Some reflections on past, present and future of linguistics in The Netherlands.

1007 ULVESTAD, Bjarne: Pseudotermini und Argumentationen in der 'grammatischen' Fachsprache. — [416], 343-355.

1008 VENNEMANN, Theo; JACOBS, Joachim: *Sprache und Grammatik. Grundprobleme der linguistischen Sprachbeschreibung.* — EdF 176; Darmstadt: Wissenschaftliche Buchgesellschaft, 1982, xi, 168 p.

1009 VINOKUR, G.O.: Vvedenie v izučenie filologičeskich nauk (Vypusk pervyj: Zadači filologii). — *PSL* 1978 (1981), 3-58.

WAGNER, R.-L.: *Essais de linguistique fr.* — 6543.

1010 WEINRICH, Harald: Die transitorischen Momente der Sprache. — *LeSt* 17, 1982, 173-193.

1011 WILKINS, David: Dangerous dichotomies in applied linguistics and language teaching. — [291], 221-230.

1012 YAGUELLO, Marina: *Alice au pays du langage . . .* — Paris: 1981 | BL 1981, 1132. | *L&H* 47, 1981, 81 G. L[urquin].

1013 ZONNEVELD, Wim: De moderne taalwetenschap, in het bizonder in Nederland. — *FdL* 23, 1982, 201-217 | Modern linguistics, especially in The Netherlands.

1014 ZVEGINCEV, V.I.: Introducing cogitology. — [114], 302-306.

0.2. Linguistic theory and method — Théorie et méthode de la linguistique

1015 AMBROSINI, Riccardo: *Aspetti della linguistica teorica attuale.* — Pisa: 1979 | BL 1979, 898. | *Paideia* 36, 1981, 131-132 F. Murru.

1016 APRESJAN, Ju.D.: O vozmožnosti opredelenija lingvističeskich ponjatij. — *RLing* 6/2, 1982, 175-196.

1017 *Argumentation: approaches to theory formation.* Containing the contributions to the Groningen Conference on the Theory of Argumentation, October 1978, ed. by E.M. BARTH & J.L. MARTENS. — SLCS 8; Amsterdam: Benjamins, 1982, xvii, 333 p. | Interdisciplinary approach with papers by Leo APOSTEL, Jaakko HINTIKKA, et al., grouped in 5 sections introduced by E.M. BARTH.

1018 BAILEY, Charles-James N.: Theory, description and differences among linguists (or, What keeps linguistics from becoming a science). — *L&C* 1, 1981, 39-66, 3 tab.

1019 BAILEY, Charles-James N.: Minilectal maximuddles. — *CLO* 10, 1982, 1-8 | On problems in minilectal (= synchronic) analysis.

1020 BALD, Wolf-Dietrich: *Testmethoden und linguistische Theorie . . .* — Tübingen: 1977 | BL 1977, 873. | *IF* 86, 1981 (1982), 314-321 H. Janssen.

THÉORIE LINGUISTIQUE

1021 BAŃCZEROWSKI, Jerzy; POGONOWSKI, Jerzy; ZGÓŁKA, Tadeusz: *Wstęp do językoznawstwa*. Skrypt dla studentów studiów uniwersyteckich. — Poznań: Uniw. im. A. Mickiewicza w Poznaniu, 1982, 356 p. | Introd. to theoretical linguistics: a manual for students.

1022 BAREŠ, Karel: Vagueness of language. — *Poet* 10, 1978, 77-96.

1023 BARNES, Mervin R.: What is a linguistic rule? — *LACUS* 6, 1979 (1980), 21-29.

1024 BARTSCH, Renate; VENNEMANN, Theo: *Grundzüge der Sprachtheorie: eine linguistische Einführung*. — Tübingen: Niemeyer, 1982, vii, 204 p. | *LB* 72, 1983, 465-475 F. van Eynde | *Kratylos* 27, 1982 (1983), 9-18 C. Lehmann.

1025 BEREŽAN, S.G.: O sootnošenii principa razvitii i principa sistemnosti v jazykoznanii. — *IzvAN* 40, 1981, 20-26.

1026 BERWICK, Robert C.; WEINBERG, Amy S.: Parsing efficiency, computational complexity, and the evaluation of grammatical theories. — *LIn* 13, 1982, 165-191.

1027 BLOOMFIELD, Leonard: *Scienza del linguaggio e linguaggio della scienza*. A cura di Bruna GIACOMINI. Nuova ed. — Saggi 81; Venezia: Marsilio, 1980, 121 p. | 1st ed. 1970 (BL 1970, 855).

1028 BORELLO, Enrico: *Analisi locale e analisi globale: alberi e ambiguità grammaticali*. — Torino: Tirrenia-Stampatori (Centro linguistico interfacoltà), 1980, 64 p.

1029 BORELLO, Enrico: *La teoria dei linguaggi formali in Noam Chomsky*. — Torino: Libreria Cortina, 1980, 130 p., ill.

1030 BORGATO, Gianluigi: *Introduzione alla grammatica generativa*. — Padova: CLESP, [1981?], 263 p.

1031 BOTHA, Rudolf P.: *The conduct of linguistic inquiry*... — The Hague: 1981 | BL 1981, 1150. | *AJL* 2, 1982, 282-284 K. Kuiper.

1032 BOTHA, Rudolf P.: External evidence in the validation of mentalistic theories: a Chomskyan paradox. — *SPIL* 2, 1979, 1-38.

1033 BOTHA, Rudolf P.: *Methodological bases of a progressive mentalism*. — *SPIL* 3, 1979, 115 p.

1034 BOTHA, Rudolf P.: On 'the Galilean style' of linguistic inquiry. — *Lingua* 58, 1982, 1-50. | Revised version of *SPIL* 7, 1981, 1-69.

1035 BOTHA, Rudolf P.: On how not to argue about Chomskyan mentalism. — *SPIL* 8, 1982, 1-50.

1036 BOWERMAN, Melissa: Evaluating competing linguistic models with language acquisition data: implications of developmental errors with causative verbs. — *QS* 3, 1982, 5-66 | Comments by Ray JACKENDOFF, James D. MCCAWLEY, Thomas ROEPER, 67-85.

1037 BRONCKART, J.P.: *Théories du langage*... — Bruxelles: 1977 | BL 1977, 894. | *L&H* 38, 1978, 76-77 G. L[urquin].

1038 BUBLYK, V.N.: Teoretyčnyj ta prykladnyj aspekty synchronno-zistavnych doslidžen' (Na materiali pol's'koji školy kontrastyvnoji linhvistyky). — *InFil* 62, 1981, 3-13 | Über den theoretischen und angewandten Wert der pol. kontrastiven Sprachforschungen.

1039 BUGARSKI, Ranko: Generative structuralism. — *AL* 17, 1982, 49-60, fig.

1040 BUYSSENS, Eric: Le dernier mot reste au mot. — [371], 44-51.

1041 CASTELFRANCHI, Cristiano; PARISI, Domenico: *Linguaggio, conoscenze e scopi*. — Coll. di testi e di studi, Scienze sociale e politiche; Bologna: Il Mulino, 1980, 561 p.

1042 CHERUBIM, Dieter: *Grammatische Kategorien* ... — Tübingen: 1975 | BL 1975, 1092. | *RBPh* 60, 1982, 581-582 A. Dussart.
1043 CHOMSKY, Noam: *Essais sur la forme et le sens.* — Paris: Seuil, 1980, 280 p. | Transl. of BL 1977, 903. | *L&H* 43, 1980, 90-92 G. L[urquin] | Cf. 1179.
1044 CHOMSKY, Noam: *Rules and representations.* — New York: 1980 | BL 1980, 945. | *SSL* 22, 1982, 189-194 R. Peroni | *BSL* 76, 1981/2 (1982), 87-90 X. Mignot.
1045 CHOMSKY, Noam: *The generative enterprise.* A discussion with Riny HUYBREGTS and Henk VAN RIEMSDIJK. — Dordrecht: Foris, 1982, 143 p.
1046 CHRISTIE, William M., Jr.: *Preface to a Neo-Firthian linguistics.* — Lake Bluff, IL: 1980 | BL 1981, 1157. | *Lg* 58, 1982, 944-945 D. Hymes.
1047 COATES, Richard: Review art. on: *Linguistic theory and psychological reality.* Ed. by Morris HALLE ... [et al.], 1978. — *SLang* 5, 1981, 111-122 | Cf. BL 1979, 295.
1048 COJA, Ion: Le paradoxe de la stratification linguistique. — *RRLing* 27, 1982, 271-276.
1049 CORBIN, Danielle: Compétence lexicale et compétence syntaxique. — *MLing* 2, 1980/2, 52-138.
1050 CORNEILLE, Jean-Pierre: *La linguistique structurale* ... — Paris: 1976 | BL 1976, 1019. | *RBPh* 58, 1980, 702-703 M. Wilmet.
1051 COSERIU, Eugenio: *El hombre y su lenguaje. Estudios* ... — Madrid: 1977 | BL 1978, 956. | *RSEL* 11, 1981, 473-477 B. García-Hernández.
1052 COSERIU, Eugenio: Au-delà du structuralisme. — *LeL* 7, 1982, 9-16 | Cf. 1130.
1053 ĆOSIĆ, Vjekoslav: Jezik/govor — jezični znak (Za striktno lingvistički pristup problemu jezičnog znaka). — *RFFZ* 19, 1980 (1981), 15-32 | Rés. fr.: Langue/discours — signe linguistique (Pour une approche strictement linguistique du signe).
1054 CREISSELS, Denis: *Unités et catégories grammaticales: réflexions sur les fondements d'une théorie générale des descriptions grammaticales.* — Grenoble: Univ. des Langues et Lettres de Grenoble, 1979, 210 p. | *BSL* 76, 1981/2 (1982), 66-71 C. Hagège.
1055 CREISSELS, Denis: Les notions d'acceptabilité et de grammaticalité à la lumière des travaux de Mel'čuk. — [116], 19-28.
1056 CULIOLI, A.: Conditions d'utilisation des données issues de plusieurs langues naturelles. — *MLing* 1, 1979, 89-103.
1057 DIK, S.C.: Taalbeschouwing en taaltheorie. — *FdL* 23, 1982, 184-200 | Reflection on language and language theory.
1058 DI PIETRO, Robert J.: Notes on 'innovation' and 'creativity'. — *LAL* 1, 1970, 30-33.
1059 DÖÖR, Jörgen: Language, dialectics & linguistics. — *PScCL* VI, 300-307.
1060 ECKERT, Hartwig: Zur Stellung des Lexems im Sprachmodell. — [187], 14-21.
1061 ENKVIST, Nils Erik: Prosessilingvistiikan peruskäsitteitä. — [310], 99-107 | Elements of process linguistics (E. summ.).
1062 *Experimental linguistics* ... Ed. by Gary D. PRIDEAUX ... [et al.]. — Ghent: 1980 | BL 1980, 968. | *Lg* 58, 1982, 233-237 J.J. Jaeger; R.D. Van Valin Jr.
1063 *Explanation in linguistics: the logical problem of language acquisition.* Ed. by Norbert HORNSTEIN; David LIGHTFOOT. — LLL 25; London: Longman, 1981, 288 p. | Introd. by the eds., 9-31 | *LeSt* 17, 1982, 594-597 G. Graffi.
1064 FARMINI, Luciano: *La problematica del linguaggio, con un'appendice storica e generale.* — Manfredonia: Atlantica, 1979, 127 p.

THÉORIE LINGUISTIQUE

1065 FARMINI, Luciano: *La teoria della lingua fra storicismo e nuovi orientamenti.* — Studi linguistici generali ed applicati 1; Manfredonia: Atlantica, 1981, 360 p.

1066 FILIN, F.P.: *Očerki po teorii jazykoznanija.* — Moskva: "Nauka", 1982, 334 p. | Essays, in 4 sections: (1) Obščie voprosy; (2) Jazyk i obščestvo; (3) Leksikologija i leksikografija; (4) Dialektologija.

1067 FILL, Alwin: Korpusuntersuchung und Informantenbefragung — Methodisches zur Kontrastiven Sprachwissenschaft. — [323], 215-224.

1068 FUCHS, Catherine: *La paraphrase.* — Paris: P.U.F., 1982, 184 p. | Cf. also BL 1980, 973 | *RLiR* 46, 1982, 426-429 G. Kleiber.

1069 FUCHS, Catherine; LE GOFFIC, Pierre: *Introducción a la problemática de las corrientes lingüísticas contemporáneas.* — Buenos Aires: 1979, 141 p. | Trad. de BL 1977, 930. | *Thesaurus* 36, 1981, 595 J. Bernal Leongómez.

1070 FUGAS, Janusz: Allgemeinheitshierarchie, Quantität und Qualität in sprachlichen Codiervorgängen. — *LPosn* 25, 1982, 61-69.

1071 FUGAS, Janusz; TŁOKIŃSKI, Waldemar: Zur Theorie der sprachlichen Codematik in psycholinguistischer Sicht. — *LPosn* 25, 1982, 53-59.

1072 *Funktional-kommunikative Sprachbeschreibung: theoretisch-methodische Grundlegung.* Von einem Autorenkollektiv unter Leitung von Wilhelm SCHMIDT. — Leipzig: Bibliographisches Inst., 1981, 276 p.

1073 GAGNEPAIN, Jean: On language and communication. — *L&C* 1, 1981, 149-154.

1074 GOBARD, Henri: *L'aliénation linguistique* . . . — Paris: 1976 | BL 1976, 1055. | *L&H* 33, 1977, 66-69 M. Vincent.

1075 GRUENFELD, Joseph: *Method and language.* — Amsterdam: Grüner, 1982, viii, 208 p.

1076 GRUNIG, Blanche-Noëlle: *La clôture chomskyenne.* — DRLAV, Revue de linguistique 24; Paris: Centre de Recherche de l'Univ. de Paris VIII, 1981, 142 p.

1077 GUENTCHÉVA-DESCLÉS, Zlatka: Le modèle situationnel de S.K. Šaumjan. — [116], 29-41.

1078 GUIJARRO MORALES, José Luis: Introducción a la teoría sistémica de M.A.K. Halliday. — *RSEL* 11, 1981, 91-115 | E. summ.

1079 GUILLAUME, Gustave [1883-1960]: *Leçons de linguistique.* Publiées sous la direction de Roch VALIN, Walter HIRTLE, André JOLY. *1956-1957: systèmes linguistiques et successivité historique des systèmes* II. Texte établi par Guy PLANTE. — Québec: Presses de l'Univ. Laval / Lille: Presses Universitaires de Lille, 1982, 311 p.

GUY, J.B.M.: The Shark Bay language and its implications for linguistic theory. — 15034.

1080 HAAN, Sies DE; ELFFERS, Els: Over de grondslagen van het generatieve taalonderzoek. — *Spektator* 11, 1981-82, 507-540 | On the foundations of generative linguistics: rev. art. on R.P. BOTHA (BL 1978, 939).

1081 HAGÈGE, Claude: Three viewpoints on the organization of linguistic utterances. — *LACUS* 6, 1979 (1980), 68-77.

1082 HAMMARSTRÖM, Göran: Diachrony in synchrony. — [168], 51-64.

1083 HANSEN, Erik: On the purported relationship between historical linguistics and synchronic linguistics. — *Sprachw* 7, 1982, 58-74.

1084 HERVEY, Sándor: Axiomatique et linguistique fonctionnelle. — *BLLL* 5, 1982, 9-19.

1085 HEWSON, John: La notion de "règle" en linguistique. — *MLing* 3, 1981/1, 15-27 | Fr. & E. summ.

1086 HJELMSLEV, Louis: *Saggi di linguistica generale.* A cura di M. PRAMPOLINI.

Introd. di Tullio DE MAURO. — Parma: Pratiche Editrice, 1981, 240 p. | Trad. de 7 art. de BL 1959, 10. | *LeSt* 17, 1982, 632 G. Graffi.

1087 HOCKETT, C.F.: Biophysics, linguistics, and the unity of science. — [1769], 261-277 | Originally publ. in *American Scientist* 36, 1948, 558-572.

1088 HOLBROOK, James R.: The philosophy of linguistics: some initial findings. — *LAL* 4, 1972, 81-93.

1089 HÖPPE, Wolfgang: *Karl Marx — Friedrich Engels: Sprache und gesellschaftlicher Gesamtkomplex. Das Verhältnis von Sprache zu Basis und Überbau nach den Sprachtheoremen in den Werken von Marx und Engels.* — Abhandlungen zur Kunst-, Musik- und Literaturwissenschaft 328; Bonn: Bouvier, 1982, 382 p. | *Germanistik* 24, 1983, 548-549 D. Welke.

1090 HORÁLEK, Karel: Psaný jazyk a vnitřní řeč. — *SS* 43, 1982, 213-218 | Written language and inner speech: critical notes on J. VACHEK's theory of written language.

1091 HORECKÝ, Ján: Hermeneutická metóda a jej uplatnenie v jazykovede. — *JČ* 33, 1982, 172-180 | The utilization of hermeneutic method in linguistics (Ru. summ.).

1092 HORECKÝ, Ján: Systémový prístup v jazykovede. — *Filozofia* (Bratislava) 37, 1982, 547-551 | Systemic approach in linguistics (E., Ru. & G. summ.).

1093 HUFSCHMIDT, Jochen: Erhebung von situativen Daten und Daten der nonverbalen Kommunikation. — [339], 562-571.

1094 HVIDTFELT NIELSEN, Karsten: A formal investigation of five Glossematic 'functions'. — *AL* 17, 1982, 131-138 | 'Interdependence'; 'determination'; 'constellation'; 'relation'; 'correlation'.

1095 ILEK, Bohuslav: Mathesius' discourse "On the potentiality of the phenomena of language" and the problems of translation theory. — *PhP* 25, 1982, 128-135 | Cz. & Ru. summ.

1096 INNIS, Robert E.: *Karl Bühler: semiotic foundations of language theory.* — New York: Plenum Press, 1982, viii, 168 p., ill.

1097 JANSSEN, Hero: *Linguistische Erklärung und Bewertung: zur Struktur generativer Theorien.* — Europäische Hochschulschriften, 21. Reihe, 16; Frankfurt a.M.: Lang, 1982, 270 p.

1098 *Jazyk i ideologija: kritika idealističeskich koncepcij funkcionirovanija i razvitija jazyka.* Pod red. Ju.A. ŽLUKTENKO. — Kiev: "Vyšča škola", 1981, 242 p. | *VJa* 1982/5, 127-129 R.A. Budagov.

1099 *Językoznawstwo strukturalne.* Wybór tekstów pod red. Haliny KURKOWSKIEJ i Adama WEINSBERGA. — Warszawa: 1979 | BL 1979, 985. | *JP* 62, 1982, 39-41 J. Safarewicz.

1100 JERMOLENKO, S.Ja.: Linhvistyčni teoriji i konkretni metodi doslidžennja. — *Mov* 1981/4, 14-24 | Linguistic theories and concrete methods of research.

1101 JOLY, André; ROULLAND, Daniel: Pour une approche psychomécanique de l'énonciation. — [318], 537-581, 10 fig.

1102 KALDEWAIJ, Jelle: The place of "meaning" in several American linguistic theories. — [272], 11-19.

1103 KASSAI, Georges: Où en est la linguistique contrastive? — *Linguistique* 18/2, 1982, 127-130.

1104 KERTÉSZ, Marianna: *Allgemeine und wissenschaftsgeschichtliche Fragen des Verhältnisses von Grammatik und Lexik und seine Problematik in konfrontativer Sicht.* — Budapester Beiträge zur Germanistik 8; Budapest: Loránd-Eötvös-Univ., 1980, 243 p.

THÉORIE LINGUISTIQUE

1105 KOENITZ, Bernd: Stratifikative Sprachbeschreibung mit "inkorporierender" Bedeutungskomponente — Elemente eines Entwurfs. — [114], 162-164.
1106 LAFONT, Robert: *Le travail et la langue.* — Paris: 1978 | BL 1979, 996. | *Lengas* 6, 1979, 139-145 J.-P. Bringuier.
1107 LE GOFFIC, Pierre: Qu'est-ce qu'un énoncé ambigu? — *MLing* 2, 1980/1, 107-155.
1108 LEPSCHY, Giulio C.: *A survey of structural linguistics.* New ed. — London: Deutsch, 1982, 206 p., ill. | Repr. of the 1970 ed. (BL 1970, 971), with new appendix.
1109 LINELL, Per: *The written language bias in linguistics.* — Studies in Communication 2; Linköping, Sweden: Dept. of Communication Studies, Univ. of Linköping, 1982, vii, 195 p.
1110 LOCKWOOD, David G.: Total accountability in a multistratal theory of language. — *LACUS* 7, 1980 (1981), 165-174.
1111 LÜDTKE, Helmut: Die "sprachlichen" Einheiten als wissenschaftstheoretisches Problem. — [187], 32-39.
1112 LÜDTKE, Jens: Klassifikatoren und wissenschaftliche Argumentation. — [416], 294-308.
1113 LYTLE, Eldon G.: Junction Grammar: theory and application. — *LACUS* 6, 1979 (1980), 305-343, 30 fig.
1114 MAHER, J. Peter: The transformational-generative paradigm: a silver anniversary polemic. — *FLing* 5, 1980-81, 1-35.
1115 MAHMOUDIAN, Mortéza: Élaboration formelle et objectivité: réflexions sur les rapports théorie/empirie dans la recherche linguistique. — *BLLL* 5, 1982, 33-61.
1116 MALMBERG, Bertil: *Signes et symboles . . .* — Paris: 1977 | BL 1977, 1022. | *L&H* 39, 1979, 66-67 G. L[urquin].
1117 MAŃCZYK, Augustyn: *Wspólnota językowa i jej obraz świata. Krytyczne uwagi do teorii językowej Leo Weisgerbera.* — Zielona Góra: Wyższa Szkoła Pedagogiczna, 1982, 152 p. | Language community and its world view: presentation and criticism of L. WEISGERBER's language theory (G. & E. summ.).
1118 MARTIN, Robert: *Theories of language and methods in syntax . . .* — Paris: 1975 | BL 1975, 1242. | *BRPh* 20, 1981, 158-159 U. Brausse.
1119 MARTIN, Robert: Les théories d'ensemble actuelles: état de la question. — *MLing* 1, 1979, 1-34.
1120 MARTIN, Robert: Psychomécanique et formalisation de la théorie linguistique. — [318], 525-536.
1121 MATTHEWS, P.H.: *Generative grammar and linguistic competence.* — London: 1979 | BL 1979, 1014. | *FLing* 5, 1980-81, 274-279 R.A. Hall, Jr.
1122 MATTHEWS, P.H.: *Do languages obey general laws?* An inaugural lecture delivered before the Univ. of Cambridge on 17 Nov. 1971. — Cambridge: Cambridge UP., 1982, 30 p.
1123 MATTHEWS, P.H.: Formalization. — [291], 1-15.
1124 MCCAWLEY, James D.: *Thirty million theories of grammar.* — London: Croom Helm, 1982, 223 p. | *Germanistik* 24, 1983, 553 E. Weigand.
1125 MCCONNELL-GINET, Sally: Adverbs and logical form: a linguistically realistic theory. — *Lg* 58, 1982, 144-184.
1126 MELBY, Alan K.: A comparative look at Junction Grammar. — *LACUS* 6, 1979 (1980), 344-352.
1127 MEL'ČUK, I.A.: *Towards a language of linguistics: a system of formal notions*

for theoretical morphology. Revised and ed. by Ph. LUELSDORFF. — Intern. Bibl. für allgemeine Linguistik 44; München: Fink, 1982, 160 p.

1128 MEL'NYČUK, O.S.: Rozvytok movy jak real'noji systemy. — *Mov* 1981/2, 22-34 | The development of language as a real system.

1129 *The mental representation of grammatical relations.* Ed. by Joan BRESNAN. — MIT Press Series on Cognitive Theory and Mental Representation; Cambridge, MA: MIT, 1982, lii, 874 p. | Not yet analyzed.

1130 Més enllà de l'estructuralisme. — *ACILR* XV/1, 161-187 | Au-delà du structuralisme: exposés d'Eugène COSERIU (163-168), Sebastià SERRANO (169-175) et Bernard POTTIER (177-179), suivis d'une discussion (181-187).

1131 MILNER, Jean-Claude: *Ordres et raisons de langue.* — Coll. Linguistique; Paris: Seuil, 1982, 380 p. | *L&H* 49, 1982, 79-80 G. L[urquin].

1132 MONAGHAN, James: *The neo-Firthian tradition* . . . — Tübingen: 1979 | BL 1979, 1022. | *IF* 86, 1981 (1982), 306-310 V. Salmon.

1133 MOORE, Terence; CARLING, Christine: *Language understanding: towards a post-Chomskyan linguistics.* — London: Macmillan / New York: St. Martin's Press, 1982, x, 225 p.

1134 MOULTON, Janice; ROBINSON, George M.: *The organization of language.* — Cambridge: 1981 | BL 1981, 1253. | *Lg* 58, 1982, 715-718 D.G. MacKay; J. Meister.

1135 NEWMEYER, Frederick J.: *Linguistic theory in America* . . . — New York: 1980 | BL 1980, 1038. | *LeL* 7, 1982, 285-287 M. Bertuccelli Papi | *AJL* 2, 1982, 116-121 R. Cattell | *ES* 63, 1982, 574-575 H.C. Wekker | *SLang* 6, 1982, 285-292 C. Platzack | Cf. 1136.

1136 NEWMEYER, Frederick J.: Reply to Murray's review. — *HL* 9, 1982, 185-186 | Cf. BL 1981, 1261. | Followed by Stephen O. MURRAY: The reviewer responds, *ibid.*, 187.

1137 NEY, James W.: What is a linguistic theory? — *LACUS* 7, 1980 (1981), 89-99.

1138 NOVOTNÝ, Jiří: Stupně lingvistické analýzy a popis jazyka. — *JazA* 19, 1982, 69-72 | The levels of linguistic analysis and language description.

1139 ONDRUS, Pavel: Zur Frage von Form und Inhalt im Wort. — *RLB* 6, 1982, 197-203.

1140 PANĂ DINDELEGAN, Gabriela: Conceptul de *regulă* în lingvistica actuală. — *SCL* 33, 1982, 107-114 | The concept of rule in contemporary linguistics (E. summ.).

1141 PANFILOV, V.Z.: O nekotorych aspektach social'noj prirody jazyka. — *VJa* 1982/6, 28-44.

1142 PEŠČAK, M.M.: Traktuvannja movy v heneratyvnij linhvistyci (krytyka idealistyčnych teorij movoznavstva). — *Mov* 1982/5, 27-37 | The treatment of language in generative linguistics.

1143 PIKE, Kenneth L.: *Linguistic concepts. An introduction to tagmemics.* — Lincoln: Univ. of Nebraska Press, 1982, xvi, 146 p., ill.

1144 PIKE, Kenneth L.: Nonsense in the service of sense. — *L&C* 1, 1981, 179-188, 2 fig.

1145 PIKE, Kenneth L.: Voilà où nous en sommes: nous, les exploiteurs du langage. — *CIRL* 12, 1982, 5-56.

1146 PRZYBYŁOWSKI, Jan: Próba logicznej rekonstrukcji pojęcia translacji na gruncie gramatyki zależnościowej. — *ZNUG, Filozofia i Socjologia* 4, 1980 (1982), 131-145 | An attempt at a logical reconstruction of the notion of translation in dependency grammar.

1147 PUGLIELLI, Annarita: *La linguistica generativo-trasformazionale* . . . — Bologna: 1977 | BL 1977, 1069. | *SILTA* 9, 1980/3 (1982), 585-588 G. Lughi.
1148 RAMAT, Paolo: Vers une crise du formalisme? Théorie de la grammaire et données empiriques. — *MLing* 3, 1981/1, 1-14 | Version fr., quelque peu remaniée, de BL 1979, 1041; rés. fr. et angl.
1149 RAMAT, Paolo: Historische und synchrone Sprachwissenschaft. — *FoLH* 3, 1982, 3-24.
1150 *Readings in systemic linguistics*. Ed. by M.A.K. HALLIDAY & J.R. MARTIN, with an introd. by M.A.K. HALLIDAY and linking material by J.R. MARTIN. — London: Batsford, 1981, 361 p. | 15 papers (partly repr. from various sources) by M.A.K. HALLIDAY, R.D. HUDDLESTON, A. HENRICI, Robin FAWCETT, et al.
1151 ROCHEMONT, Michael S.: Remarks on the stylistic component in generative grammar. — [231], 147-164.
1152 RONNEBERGER-SIBOLD, Elke: *Sprachverwendung – Sprachsystem: Ökonomie und Wandel.* — Tübingen: 1980 | BL 1980, 1055. | *ZBalk* 18, 1982, 99-103 N. Reiter | *BCILA* 35, 1982, 74-76 S. Wyler.
1153 ROBERTS, Dave: 'Constance et variation': some observations and a possible alternative. — *Linguistique* 18/2, 1982, 115-126 | On the École de Sausanne's linguistic views in relation to a standard functionalist approach.
1154 RUNDGREN, Frithiof: The computational paradigm. — *FUS* 5, 1982, 235-248 | On certain features of mod. linguistics.
1155 RUWET, Nicolas: *Wprowadzenie do gramatyki generatywnej.* Przełożyła z języka francuskiego: Maria WRÓBLEWSKA-WIATER. — Wrocław: Zakład im. Ossolińskich, 1982, 379 p. | Transl. of BL 1968, 903.
1156 RUŽIČKA, Jozef: Kritik der Sprachwissenschaft der Gegenwart (Zu methodologischen Problemen der Erforschung der slowakischen Sprache). — *RLB* 6, 1982, 223-227.
1157 SAFAREWICZ, Jan: Język i językoznawstwo. — *JP* 62, 1982, 84-91 | Language and linguistics.
1158 SAMPSON, Geoffrey: *Liberty and language.* — Oxford: 1979 | BL 1980, 1060. | *FLing* 5, 1980-81, 274-279 R.A. Hall, Jr.
1159 SAMPSON, Geoffrey: *Schools of linguistics* . . . — London: 1980 | BL 1980, 1061. | *AJL* 2, 1982, 97-116 J.R. Martin | *Lg* 58, 1982, 240-241 D.C. Walker | *BCILA* 34, 1981, 84-85 A. Zenone.
1160 SANGSTER, Rodney: *Roman Jakobson and beyond: language as a system of signs. The quest for the ultimate invariants in language.* — JanL, Series Maior 109; Berlin: Mouton, 1982, xiii, 207 p. | *L&H* 52, 1983, 104-105 G. L[urquin].
1161 [ŠAUMJAN, S.K.] SHAUMYAN, S.K.: *Applicational grammar as a semantic theory* . . . — Edinburgh: 1977 | BL 1977, 1087. | *ZDL* 49, 1982, 73-74 G. Van der Elst | Cf. also 1162.
1162 [ŠAUMJAN, S.K.] SHAUMYAN, Sebastian: Semantics, the philosophy of science, and Mr. Sampson. — *FLing* 5, 1980-81, 66-83 | Reply to Geoffrey SAMPSON's rev. (*JL* 14, 334-338 [BL 1978, 1081]) of 1161.
1163 [ŠAUMJAN, S.K.] SHAUMYAN, Sebastian: Semiotic bases of universal grammar. — *IJDL* 9, 1980, 203-231.
1164 SCHEIDEGGER, Jean: *Arbitraire et motivation en français et en allemand* . . . — Berne: 1981 | BL 1981, 1291. | *RF* 94, 1982, 453-456 F.-J. Klein | *RomPh* 36/2, 1982, 259-263 D. Justice | *Kratylos* 27, 1982 (1983), 201-203 F.J. Hausmann.
1165 SCHREYER, Rüdiger: *Stratifikationsgrammatik* . . . — Tübingen: 1977 | BL 1977, 1092. | *IF* 86, 1981 (1982), 310-313 H. Janssen.

1166 SCHREYER, Rüdiger: The definition of nodes in stratificational grammar. — *LACUS* 6, 1979 (1980), 282-291.
1167 SCHREYER, Rüdiger: The linearization of speech: some basic problems. — *LACUS* 7, 1980 (1981), 153-164, 17 fig.
1168 SCHWANZER, Viliam: Zu einigen Fragen der konfrontativen Sprachbetrachtung. — *RLB* 6, 1982, 253-261.
1169 SGALL, Petr: Význam lingvistických metod v rozvoji informatiky. — [415], 20-27 | On the relevancy of linguistic methods in the development of informatics.
1170 SINCLAIR, Melinda: External linguistic evidence: a nonfalsificationist view. — *SPIL* 4, 1980, 94-124.
1171 SOLNCEV, Vadim M.: *Systém a struktura v jazyce.* — Praha: Academia, 1982, 272 p. | Cz. transl., by Bohumil PALEK & Zdena PALKOVÁ, of BL 1977, 1104.
1172 SORNICOLA, Rosanna: *Sul parlato.* — Studi linguistici e semiologici 13; Bologna: Il Mulino, 1981, 302 p.
1173 SVOBODOVÁ, Jitka: L'actualité d'une notion de V. Mathesius: la potentialité des phénomènes linguistiques. — *PhP* 25, 1982, 153-156 | Rés. tch. et ru.
1174 SWIGGERS, Pierre: Le morphophonème: sa place dans la description linguistique. — [371], 171-185.
1175 *Systèmes et variations.* — BLLL 4; Lausanne: Fac. des Lettres, 1981, iii, 211 p. | Rencontre organisée par la section de linguistique de la Fac. des Lettres de Lausanne, Glion-sur-Montreux, 30-31 mai 1980. Réactions au thème de Christos CLAIRIS, Sándor HERVEY, Remi JOLIVET, Mortéza MAHMOUDIAN, et al., 1-49; Débats, 51-131; Méthodes d'approche d'un continu linguistique: l'exemple des formes verbales surcomposées en fr. (Remi JOLIVET, et al.), 133-203.
1176 TELEGDI, Zsigmond: *Ein Beitrag zur Lehre vom sprachlichen Zeichen.* — SbSAW 122, 3; Berlin (DDR): Akad.-Verlag, 1981, 35 p.
1177 *Théories du langage, théories de l'apprentissage* . . . par Massimo PIATTELLI-PALMARINI. — Paris: 1979 | BL 1980, 1082. | *L&H* 42, 1980, 56-58 G. L[urquin].
1178 THOMAS, David: Centrifugal force and black holes in language. — *LACUS* 6, 1979 (1980), 30-35.
1179 TUŢESCU, Mariana: A propos de Noam CHOMSKY, Essais sur la forme et le sens . . . — *RRLing* 26, 1981, 383-391 | Cf. 1043.
1180 VERNAY, Henri: Überlegungen zu Onomasiologie und "Sprachsystem". — [323], 293-299.
1181 VERSCHUEREN, Jef: De lexicalisering van taalgedrag. — *TTT* 1, 1981, 46-55 | Lexicalisation of linguistic behaviour.
VOIGT, R.M.: Inkompatibilitäten und Diskrepanzen in der Sprache . . . — 12866.
1182 WANDRUSZKA, Mario: Variation, Variable, Variabilität, Variante, Varietät. — [314], 335-342.
1183 WARNER, Richard: Discourse logic and conventional implicature. — *SAP* 14, 1982, 91-102.
1184 WHITE, Lydia: The responsibility of grammatical theory to acquisitional data. — [1063], 241-271.
1185 WILMET, Marc: Le modèle guillaumien: principes et perspectives. — *MLing* 4, 1982/2, 7-25 | Présentation de la théorie de Gustave GUILLAUME (1883-1960).
1186 [WINTER, Werner] VINTER, V.: O markirovannosti, sootvetstvii norme i "estestvennosti". — *VJa* 1982/4, 72-77.

1187 WODAK, Ruth: Erhebung von Sprachdaten in natürlicher oder simuliertnatürlicher Sprechsituation. — [339], 539-544.
1188 WUNDERLICH, Dieter: *Foundations of linguistics*... — Cambridge: 1979 | BL 1979, 1092. | *Lg* 58, 1982, 444-447 J. Allwood; Ö. Dahl.
1189 ŽAŽA, S.: Sopostavlenie v processe izučenija jazykovoj sistemy i obučenija jazykovym faktam. — [115], 162-164.
1190 ZIV, Noam; HATTIANGADI, Jagdish N.: Essence versus evolution in language. — *Word* 32, 1981 (1982), 73-98.
1191 ZSILKA, János: *Dialectics of the motion forms in language.* — The Hague: 1981 | BL 1981, 1335. | Also published in Budapest, Akadémiai Kiadó, 1981. | *NyK* 84, 1982, 443-447 Havas Ferenc.

0.3. Philosophy of language — Philosophie du langage

AARSLEFF, H.: *From Locke to Saussure*... — 1824.
1192 ACERO FERNÁNDEZ, Juan José: *La teoría de los juegos semánticos: una presentación.* — Serie universitaria 67; Madrid: Fundación Juan March, 1978, 53 p. | *SCL* 33, 1982, 272-274 M. Gaiţă.
1193 ALFORD, Danney Keith: Is Whorf's relativity Einstein's relativity? — *PBLS* 7, 1981, 13-26.
1194 ALLWOOD, Jens S.; ANDERSSON, Lars-Gunnar; DAHL, Östen: *Logic in linguistics*... — Cambridge: 1977 | BL 1977, 1153. | *Lg* 58, 1982, 492-493 R.W. Thomason.
1195 ALMEIDA, Yván: *L'opérativité sémantique des récits-paraboles. Sémiotique narrative et textuelle.* Préface de J. LADRIÈRE. — Louvain: Peeters/Paris: Cerf, 1978, 484 p. | *Biblica* 63, 1982, 137-140 J. Delorme.
1196 ANDREESCU, Gabriel: Langage naturel et dialectique. — *RRLing* 26, 1981, 89-98.
1197 ANNAS, Julia: Knowledge and language: the *Theaetetus* and the *Cratylus*. — [288], 95-114.
1198 ASPESI, Francesco: Parole e immagini. — *ASGM* 22, 1981 (1982), 50-67.
1199 [BACHTIN, Michail M.] BAKHTINE, Mikhail: *Le marxisme et la philosophie du langage*... — Paris: 1977 | BL 1977, 1166. | *L&H* 36, 1978, 81-82 G. L[urquin] | *JČ* 33, 1982, 84-85 K. Sekvent.
1200 BAKER, G.P.; HACKER, P.M.S.: The grammar of psychology: Wittgenstein's *Bemerkungen über die Philosophie der Psychologie*. — *L&C* 2, 1982, 227-244.
1201 BESCOND, Lucien: Langage et politique selon la catégorie de la discussion dans la *Logique de la philosophie*. — *ASNP* 11, 1981, 1211-1222.
1202 BLOEMEN, Johan: Syncategorematic words. — *LIn* 13, 1982, 681-682.
1203 BROWN, Cecil H.: *Wittgensteinian linguistics*. — The Hague: 1974 | BL 1975, 1414. | *RBPh* 60, 1982, 570-571 A.M.S. Vanneste.
1204 CANILLI, Adele: Simboli, astrazioni, modelli. — *SILTA* 9, 1980/3 (1982), 295-322 | On the function of the word within abstract mental processes.
1205 CHEVALIER, Jean-Claude: Mot et sens du mot. — [318], 75-86.
1206 CHOMSKY, Noam: *Réflexions sur le langage*. — Paris: Flammarion, 1981, 284 p. | Transl. of BL 1975, 1425.
1207 *Contemporary perspectives in the philosophy of language*. Peter A. FRENCH; Theodore E. UEHLING, Jr.; Howard K. WETTSTEIN, eds. — Minneapolis: Univ. of Minnesota Press, 1979, viii, 417 p. | Coll. of 32 papers. | *CJL* 27, 1982, 170-172 A. Akhtar.

1208 COPPIETERS, René: Descriptions and attitudes: the problem of reference to individuals. — *SLang* 6, 1982, 1-22.
1209 DASCAL, Marcelo: *La sémiologie de Leibnitz.* — Paris: 1978 | BL 1978, 1154. | *L&H* 39, 1979, 71-72 G. L[urquin].
1210 DERBOLAV, Josef: *Platons Sprachphilosophie im Kratylos* . . . — Darmstadt: 1972 | BL 1972, 1227. | *JHS* 101, 1981, 155-156 G.B. Kerferd.
1211 DERBOLAV, Josef: Ferdinand Ebners Sprachphilosophie. Eine Würdigung anlässlich seines hundertsten Geburtstages und fünfzigsten Todestages. — *Sprachw* 7, 1982, 101-119.
1212 DI CARO, Alessandro: *Lévi-Strauss: teoria della lingua o antropologismo?* Nota introduttiva di Italo MANCINI. — L'alingua 10; Milano: Spirali, 1981, 313 p.
1213 DOWTY, David R.: *Word meaning and Montague grammar* . . . — Dordrecht: 1979 | BL 1979, 1123. | *Lingua* 58, 1982, 181-189 J.N. Pankhurst.
1214 DUMMETT, Michael Anthony Eardley: *Frege: philosophy of language.* 2nd ed. — Cambridge, MA: Harvard UP., 1981, xliii, 708 p. | 1st ed. 1973 (BL 1973, 1430).
1215 ECKERMANN, Willigis: *Wort und Wirklichkeit* . . . — Würzburg: 1978 | BL 1981, 1376. | *MLatJb* 17, 1982, 304-308 W. Hübener.
1216 EVANS, Gareth: *The varieties of reference.* Ed. by John MCDOWELL. — Oxford: Oxford UP., 1982, xiii, 418 p.
1217 EVANS, G.R.: The grammar of predestination in the ninth century. — *JThS* 33, 1982, 134-145 | On Godescalc of Orbais's (9th century A.D.) work on grammar.
1218 FRANCESCHINI, Susy: Linguistica e umanesimo: dalla teoresi alla prassi sociale. — *SILTA* 9, 1980/3 (1982), 489-515.
1219 GIVÓN, T.: Evidentiality and epistemic space. — *SLang* 6, 1982, 23-49.
1220 GROENENDIJK, Jeroen; STOKHOF, Martin: Over logische vorm. — *TTT* 2, 1982, 261-305, 2 fig. | Logical form in grammar.
1221 GUSTAFSSON, Lars: *Sprache und Lüge: 3 sprachphilosophische Extremisten: Friedrich Nietzsche, Alexander Bryan Johnson, Fritz Mauthner.* — München: Hanser, 1980, 295 p. | Transl. of BL 1978, 1168. | *Germanistik* 24, 1983, 538 W. Schmitz.
1222 HACKSTETTE, Karl: On Searle's principle of expressibility. — *SLang* 6, 1982, 425-430 | On BL 1969, 1152.
1223 HEMPFER, Klaus W.: Präsuppositionen, Implikaturen und die Struktur wissenschaftlicher Argumentation. — [416], 309-342.
1224 HENNIGFELD, Jochem: *Die Sprachphilosophie des 20. Jahrhunderts: Grundpositionen und -probleme.* — Berlin (West): de Gruyter, 1982, x, 374 p.
1225 HERBERMANN, Clemens-Peter: Der Morgenstern ist der Abendstern: über Identitätsaussagen mit Eigennamen und/oder Kennzeichnungen. — *WW* 32, 1982, 363-386.
1226 HILDEBRANDT, Rudolf: *Cartesianische Linguistik* . . . — Frankfurt a.M./Bern: 1976 | BL 1976, 1411. | *RBPh* 60, 1982, 571-572 D. Goyvaerts.
1227 HOLENSTEIN, Elmar: *Roman Jakobson's approach to language* . . . — Bloomington: 1976 | BL 1976, 1419. | *Lg* 58, 1982, 897-899 R.B. Sangster.
1228 HOTTOIS, Gilbert: *La philosophie du langage de Ludwig Wittgenstein.* — Bruxelles: 1976 | BL 1976, 1421. | *L&H* 37, 1978, 70-71 G. L[urquin].
1229 *Ifs: Conditionals, belief, decision* . . . Ed. by William L. HARPER; Robert STALNAKER; Glenn PEARCE. — Dordrecht: 1981 | BL 1981, 1401. | *LeSt* 17, 1982, 575-578 E. Picardi | *SLang* 6, 1982, 125-136 J. van Benthem.

1230 IRWIN, T.H.: Aristotle's concept of signification. — [288], 241-266.
1231 ISHIMOTO, Arata: A Lesniewskian version of Montague grammar. — [115], 139-144 | E. summ.
1232 JACOB, André: *Introduction à la philosophie du langage.* — Paris: 1976 | BL 1976, 1427. | *L&H* 35, 1977, 67-68 M. Vincent.
1233 JACOB, André: *Introduzione alla filosofia del linguaggio.* — Saggi 197; Bologna: Il Mulino, 1980, 428 p. | Trad. de 1232.
1234 JANTZEN, Jörg: *Parmenides zum Verhältnis von Sprache und Wirklichkeit.* — München: 1976 | BL 1976, 1428. | *Mn* 35, 1982, 162-163 W.J. Verdenius.
1235 JONG, Willem Remmelt DE: *The semantics of John Stuart Mill.* — Synthese Hist. Library: Texts and studies in the hist. of logic and philosophy 23; Dordrecht: Reidel, 1982, xvii, 248 p.
1236 KELEMEN, János: Lukács's ideas on language. — [345], 245-268 | György LUKÁCS.
1237 KERSTENS, Johan: Generatieve taalkunde en logica. — *TTT* 2, 1982, 306-329 | Generative linguistics and logic.
1238 KNEBLEWSKI, Roman A.: Performatoriness and connunciatonary forces. — *LPosn* 25, 1982, 87-98.
1239 KOPPE, Franz: *Sprache und Bedürfnis . . .* — Stuttgart-Bad Cannstatt: 1977 | BL 1977, 1329. | *Poetica* 11, 1979, 465-472 B.F. Scholz.
1240 KRIPKE, Saul: *La logique des noms propres.* — Coll. Propositions; Paris: Minuit, 1982, 176 p. | Transl. of BL 1981, 1417.
1241 KRIPKE, Saul A.: *Wittgenstein on rules and private language: an elementary exposition.* — Cambridge, MA: Harvard UP. / Oxford: Blackwell, 1982, x, 150 p.
1242 KUBCZAK, Hartmut: Überlegungen zu Wittgensteins 'Familienähnlichkeiten'. — *ZRPh* 98, 1982, 1-19.
1243 LAKOFF, George: *Linguistique et logique naturelle.* — Paris: 1976 | BL 1976, 1455. | *L&H* 34, 1977, 75-76 M. Vincent.
1244 LANCELLOTTI, Marco: *Filosofie sintetiche del linguaggio.* — Bibl. di cultura 218; Roma: Bulzoni, 1982, 194 p.
Language and logos . . . — 288.
1245 LOAR, Brian: *Mind and meaning.* — Cambridge Studies in Philosophy; Cambridge: Cambridge UP., 1981, xi, 268 p. | *Germanistik* 24, 1983, 539 K.-H. Best.
1246 *Logic, pragmatics and grammar.* Ed. by Östen DAHL. — Göteborg: 1977 | BL 1977, 1355. | *SEz* 7, 1982/3, 44-52 R. Nicolova & M. Penčeva.
1247 MANTCHEV, Krassimir: Approche de l'idéogénèse. — [318], 62-74.
1248 MARCONI, Diego: *Dizionari e enciclopedie: filosofia del linguaggio, 1981-82.* — Torino: Giappichelli, 1982, 152 p.
1249 MARCUS, Solomon: Paradoxes. — *RRLing* 27, 1982, 157-163.
1250 *Mass terms: some philosophical problems.* Ed. by Francis Jeffry PELLETIER. — Synthese Language Library 6; Dordrecht: Reidel, 1979, xiii, 303 p. | Coll. of previously published papers, except: Richard SHARVEY, The indeterminacy of mass predication, 47-54; F.J. PELLETIER, Sharvy on mass predication, 55-61; H.C. BLUNT, Ensembles and the formal semantic properties of mass terms, 249-277; F.J. PELLETIER, A bibliography of recent works on mass terms, 295-298.
1251 MCCAWLEY, James D.: *Everything that linguists have always wanted to know about logic . . .* — Oxford: 1981 | BL 1981, 1435. | *SL* 36, 1982, 172-174 J. Geggus.

1252 MIHAILĂ, Rodica: Dans tout dialogue, on est trois. — *RRLing* 26, 1981, 199-205.
1253 MOUNIN, Georges: *Linguistique et philosophie.* — Paris: 1975 | BL 1975, 1573. | *FR* 51, 1977-78, 142 C. Bouton | *L&H* 31, 1976, 115-116 G. L [urquin] | *CLing* 23, 1978, 136-137 I. Dan.
1254 MOUNIN, Georges: *Lingüística y filosofía.* Versión esp. de Gabriel TER-SAKARIAN. — BRHi, II 291; Madrid: Gredos, 1979, 269 p. | Transl. of 1253. | *Thesaurus* 36, 1981, 604-607 J. Gútemberg Bohórquez.
1255 MURAVYC'KA, M.P.: Filosofs'ki pytannja formalizaciji linhvistyčnych doslidžen'. — *Mov* 1981/5, 12-19 | Philosophical problems of the formalization of linguistic research.
1256 NAPOLI, Ernesto: All Kant's sons. — *SGI* 10, 1981, 419-438.
1257 *Novoe v zarubežnoj lingvistike.* Vyp. XIII: *Logika i lingvistika (Problemy referencii).* Sostavlenie, red. i vstupitel'naja stat'ja N.D. ARUTJUNOVOJ. — Moskva: "Raduga", 1982, 432 p. | Introd. by N.D. ARUTJUNOVA, Lingvističeskie problemy referencii, 5-40; Ru. transl. of 14 studies by B. RUSSELL; W. Van O. QUINE; S. KUNO; et al., 41-405; V.V. PETROV, Filosofskie aspekty referencii, 406-414.
1258 NTUMBA, Tshiamalenga: *Denken und sprechen: ein Beitrag zum "linguistischen Relativitätsprinzip" am Beispiel einer Bantusprache (Ciluba).* — Diss. Frankfurt a.M.; [S.l.: s.n.], 1980, vii, 288 p.
1259 NUCHELMANS, Gabriël: *Taalfilosofie . . .* — Muiderberg: 1978 | BL 1978, 1205. | *RBPh* 60, 1982, 564-567 P. Swiggers.
1260 PANFILOV, V.Z.: *Filosofskie problemy jazykoznanija. Gnoseologičeskie aspekty.* — Moskva: 1977 | BL 1977, 1402. | *FČ* 30, 1982, 510-517 E. Borková.
1261 PARRET, Herman: *Spreken en verstaan: het subject in de taal.* — *TTT* 2, 1982, 28-43 | Speaking and understanding: the subject in language.
1262 PÊCHEUX, Michel: *Language, semantics and ideology: stating the obvious.* Transl. by Harbans NAGPAL. — Language, Discourse, Soc. Series; London: Macmillan, 1982, xi, 244 p. | Transl. of BL 1975, 1846.
1263 PETR, Jan: *Filozofie jazyka v díle K. Marxe a F. Engelse.* — Praha: 1980 | BL 1980, 1179. | *BE* 32, 1982, 233-237 M. Videnov | *SS* 43, 1982, 31-37 J. Kořenský.
1264 PETR, Jan: Darwinovo pojetí jazyka a myšlení. Príspěvek k dějinám filozofie jazyka. — *SS* 43, 1982, 177-199 | La conception de la langue et de la pensée dans l'œuvre de Ch. Darwin: contr. à l'hist. de la philosophie du langage (Rés. fr.).
1265 PETTIT, Philip: The demarcation of metaphor. — *L&C* 2, 1982, 1-12.
1266 PICARDI, Eva: Interpretazione radicale e teorie della verità. — *LeSt* 17, 1982, 51-67.
1267 POLLOCK, John L.: *Language and thought.* — Princeton, NJ: Princeton UP., 1982, xii, 297 p., fig.
1268 POSNER, Roland: *Rational discourse and poetic communication: methods of linguistic, literary, and philosophical analysis.* — JanL, Series maior 103; Berlin (West): Mouton, 1982, xvi, 258 p., fig.
1269 POTTIER, Bernard: Guillaume et le Tao: l'avant et l'après, le yang et le yin. — [318], 19-61.
1270 PRIETO, Luis J.: Le sens comme but de l'acte de parole. — *CFS* 35, 1981 (1982), 53-64.
1271 PRIETO, Luis J.: Langue et parole sur le plan du contenu. — *CFS* 35, 1981 (1982), 131-143 | A propos du No. 1272.

PHILOSOPHIE DU LANGAGE

1272 RAGGIUNTI, Renzo: *Problemi filosofici nelle teorie linguistiche di Ferdinand de Saussure.* — Metodologia delle Sci. e Filosofia del Linguaggio, N.S. 20; Roma: Armando, 1982, 254 p. | Cf. 1271.

1273 RAYNAUD, Savina: *Anton Marty, filosofo del linguaggio: uno strutturalismo presaussuriano.* — Roma: La Goliardica, 1982, 318 p.

1274 REISS, Timothy J.: Peirce, Frege, la vérité, le tiers inclus et le champ pratique. — *Langages* 58, 1980, 103-127.

1275 RICKEN, Ulrich: Interpretationen der Sprache als Argument für und gegen den Dualismus. Descartes und seine sensualistischen Gegenspieler im 17. Jahrhundert. — *BRPh* 20, 1981, 29-49.

1276 RICŒUR, Paul: *La metafora viva. Dalla retorica alla poetica: per un linguaggio di revelazione.* — Di fronte e attraverso 69; Milano: Jaca Book, 1981, xxvi, 427 p. | Trad. de BL 1976, 1553.

1277 RIJLAARSDAM, Jetske C.: *Platon über die Sprache . . .* — Utrecht: 1978 | BL 1978, 1221. | *JHS* 101, 1981, 155-156 G.B. Kerferd | *REG* 95, 1982, 524 J. Irigoin.

1278 SAMPSON, Geoffrey: *Making sense.* — Oxford: 1980 | BL 1981, 1470. | *BSL* 76, 1981/2 (1982), 71-76 C. Hagège | *JL* 18, 1982, 426-431 D. Lightfoot.

1279 SANDT, Robertus Antonius VAN DER: *Kontekst en presuppositie. Een studie van het projektieprobleem en de presuppositionele eigenschappen van de logische konnektieven.* — Diss. Nijmegen; Nijmegen: Nijmegen Institute of Semantics (NIS), 1982, [8], 236 p. | E. summ.

1280 SASSE, Günter: *Sprache und Kritik . . .* — Göttingen: 1977 | BL 1977, 1457. | *Poetica* 11, 1979, 548-553 G. Tschauder.

1281 SCHMIDT-RADEFELDT, Jürgen; TODT, Günter: Dynamische Aspekte der Fragelogik LA?. — [188], 61-72 | Modification of BL 1979, 1196.

1282 SCHULTE, Joachim: Seguire una regola: nuovi studi su Wittgenstein. — *LeSt* 17, 1982, 497-512 | Survey of recent studies.

1283 SKRELINA, L.M.: Le temps opératif et la structure de la phrase. — [318], 87-96.

1284 SWIGGART, Peter: Fictionality and language meaning. — *L&C* 2, 1982, 285-302.

1285 SZYMURA, Jerzy: *Język, mowa i prawda w perspektywie fenomenologii lingwistycznej J.L. Austina.* — Wrocław: Zakład im. Ossolińskich (Polska Akad. Nauk – Oddział w Krakowie. Komisja Nauk Filozoficznych), 1982, 288 p. | Language, speech and truth in Austin's linguistic phenomenology (E. summ.).

1286 Taal en logica I, onder redactie van H.J. VERKUYL. — *TTT* 2, 1982/4, 243-330 | Special issue on Language and logic (part I).

1287 ȚĂRĂU, Paul: A Wittgenstein type approach to the semantics of natural languages. — *RRLing* 26, 1981, 151-160.

1288 TAYLOR, T.J.: A Wittgensteinian perspective in linguistics. — *L&C* 1, 1981, 263-274.

1289 TODOROV, Tzvetan: *Mikhaïl Bakhtine: le principe dialogique*, suivi d'Écrits du Cercle de Bakhtine. — Paris: Éditions du Seuil, 1981, 318 p. | *LeSt* 17, 1982, 611-613 A. Paolella.

1290 VASILIU, E.: Singular terms for properties. — *RRLing* 27, 1982, 115-126.

1291 VERKUYL, H.J.: Taal en logica. — *TTT* 2, 1982, 243-260 | Language and logic.

1292 VOLOŠINOV, Valentin Nikolaevič (BACHTIN, Michail): *Il linguaggio come pratica sociale.* Introd. di Augusto PONZIO. — Bibl. Dedalo 33; Bari: Dedalo libri, 1980, 258 p.

1293 WALTON, Douglas N.: *Topical relevance in argumentation.* — P&B III/8; Amsterdam: Benjamins, 1982, viii, 81 p.

1294 WEINKE, Kurt: Friedrich Nietzsche als Sprachkritiker. — *GLS* 11-12, 1980, 357-367.
1295 WHORF, Benjamin Lee: *Język, myśl i rzeczywistość*. Przełożyła: Teresa Hołówka. Wstępem opatrzył: Adam SCHAFF. — [Warszawa]: Państwowy Inst. Wydawniczy, 1982, 363 p. | Transl. of BL 1964, 2008.
1296 WILLIAMS, Bernard: Cratylus' theory of names and its refutation. — [288], 83-93.
1297 WIREDU, Kwasi: Projęcie komunikowania się ludzi: perspektywa filozoficzna. — *Zagadnienia Naukoznawstwa* (Warszawa) 17, 1981 (1982), 391-393 | The notion of human communication: a philosophical perspective.
1298 WUNDERLI, Peter: Der Schachspielvergleich in der analytischen Sprachphilosophie. — *CFS* 35, 1981 (1982), 87-130.
1299 ZIMMERMANN, Jörg: *Sprachanalytische Ästhetik: Ein Überblick*. — Problemata 60; Stuttgart-Bad Cannstatt: Frommann-Holzboog, 1980, 219 p. | E. summ. | *Poetica* 12, 1980, 519-524 B.F. Scholz.

0.4. Typology and Universals of language — Typologie et Universaux du langage

1300 ANDERSEN, P.K.: On universal 22. — *JL* 18, 1982, 231-243 | Cf. BL 1966, 699.
ANDERSON, J.: A disagreeable note on relational grammatical relations. — 2387.
1301 ANDERSON, Lloyd B.: Universals of aspect and parts of speech: Parallels between signed and spoken languages. — [195], 91-114, 11 fig., 6 tab.
1302 ANDERSON, Lloyd B.: The "perfect" as a universal and as a language-specific category. — [195], 227-264, 9 fig.
1303 BAKOS Ferenc: Megnevezés és kontrasztivitás (A magyar *fő-* előtagú főnévi összetételek újlatin, germán és szláv megfelelőinek szemantikai-tipológiai vizsgálata). — *NyK* 84, 1982, 3-39 | Rés. fr.: Nomination et contrastivité (Analyse typologico-sémantique des correspondants néolatins, germ. et sl. des composés nominaux hg. commençant par *fő-*).
1304 BECHERT, Johannes: Grammatische Kategorien: Affinität, Markiertheit und pragmatische Begründung. Beobachtungen am Kontinuum der Nominativ-/Ergativsprachen. — [391], 41-58.
BIRNBAUM, H.: The Sl. language community as a genetic and typological class. — 9772.
BREIVIK, L.E.: On the typological distinction between subject-prominence and topic-prominence. — 4247.
BROZOVIĆ, D.: Tipološke značajke fonemskih inventara u jezicima evropskoga kontinenta . . . — 2861.
1305 COMRIE, Bernard: *Language universals and linguistic typology*. — Oxford: 1981 | BL 1981, 1514. | *AJL* 2, 1982, 255-261 N.V. Smith | *UAJb* 54, 1982, 166-167 Gy. Décsy | *LeSt* 17, 1982, 598-601 G. Bernini.
1306 Essential criteria for the establishment of linguistic typologies. — [199], 157-196 | E. COSERIU: Introd.: Der Sinn der Sprachtypologie, 157-170; discussion by Hansjakob SEILER (171-177) & John M. ANDERSON (179-193); Niels EGE: On Japanese *wa, ga, o*, 194-196.
1307 GIVÓN, T.: Tense-aspect-modality: the Creole prototype and beyond. — [195], 115-163, 2 tab.
1308 GOEBL, Hans: Typologia quantitativa oder *Così fan tutte*. — *GLS* 11-12, 1980, 103-117.

TYPOLOGIE

1309 GOTTSCHALK, Klaus-Dieter: How to describe idomatic language within the framework of Universal Grammar. — [1312], 159-196.
1310 HAGÈGE, Claude: *La structure des langues.* — Coll. "Que sais-je?" 2006; Paris: P.U.F., 1982, 128 p. | *LeSt* 18, 1983, 593-596 G. Bernini.
HAWKINS, J.A.: Language universals and the logic of historical reconstruction. — 2831.
1311 INEICHEN, Gustav: *Allgemeine Sprachtypologie* . . . — Darmstadt: 1979 | BL 1979, 1224. | *RESEE* 19, 1981, 789-791 Z. Mihail.
1312 *Issues in the theory of Universal Grammar.* René DIRVEN; Günter RADDEN (eds.). — TBL 196; Tübingen: Narr, 1982, 196 p.
1313 KEENAN, Edward L.: Parametric variation in Universal Grammar. — [1312], 11-74.
1314 KLIMOV, G.A.: *Tipologija jazykov aktivnogo stroja.* — Moskva: 1977 | BL 1977, 1579. | *SEz* 7, 1982/5, 41-44 K. Minkova.
1315 KRUPA, Viktor: Syntactic typology and linearization. — *Lg* 58, 1982, 639-645.
1316 KRUPA, Viktor: Typologické aspekty linearizácie. — *JČ* 33, 1982, 36-42 | Typological aspects of linearization (Ru. summ.).
1317 LEHMANN, Christian: *Der Relativsatz: Typologie seiner Strukturen, Theorie seiner Funktionen, Kompendium seiner Grammatik.* — AKUP, Arbeiten des Kölner Universalien-Projekts 36; Köln: Inst. für Sprachwissenschaft, 1979, xii, 523 p. | *BSL* 76, 1981/2 (1982), 76-82 C. Hagège.
1318 LEHMANN, Christian: Some current views of the language universal. — *LeSt* 17, 1982, 91-111.
1319 LEHMANN, Christian: On some current views of the language universal. — [1312], 75-94.
Louis Hjelmslev's position in genetic and typological linguistics. — 1925.
1320 MALLINSON, Graham; BLAKE, Barry J.: *Language typology* . . . — Amsterdam: 1981 | BL 1981, 1545. | *AJL* 2, 1982, 261-265 B.A. Fox | *LeSt* 17, 1982, 601-603 P. Ramat.
1321 MITHUN, Marianne; CAMPBELL, Lyle: On comparative syntax. — [168], 273-291.
MÜHLHÄUSLER, P.: Kritische Bemerkungen zu Sprachmischungsuniversalien. — 15562.
1322 Naturalness as a principle in genetic and typological linguistics. — [199], 75-114 | Wolfgang U. DRESSLER: Introd., 75-91; Roger LASS: On some possible weaknesses of 'strong naturalism', 93-102; Wolfgang U. WURZEL: Some remarks on the relations between naturalness and typology, 103-113.
1323 NIKITINA, F.O.: Dejaki typolohični aspekty porivnjal'noho vyvčennja mov. — *Mov* 1982/3, 9-14 | Some typological aspects of the comparative study of languages.
1324 PARKER, Frank: OS languages: exceptions or counterexamples? — *Linguistics* 20, 1982, 163-173 | In reply to Geoffrey K. PULLUM (BL 1981, 1553); reply by F.P. 339-344.
1325 RADICS, Katalin: Affixed person-marking paradigms – a history and typology. — [345], 467-513.
1326 RAMAT, Paolo: La typologie des langues. — *MLing* 1, 1979, 35-62.
RAMAT, Paolo: Ein Beispiel von 'reanalysis' . . . — 5999.
Rasmus Rask's position in genetic and typological linguistics. — 1957.
1327 ROEPER, Thomas: The role of universals in the acquisition of gerunds. — [357], 267-287, 2 fig.

1328 ROHRER, C.: Temps, aspects et modes d'action dans la grammaire universelle. — *MLing* 1, 1979, 63-88.
RYSZARD, Z.: Some universal constraints on the semantic content of complex sentences. — 1471.
1329 ŠARADZENIDZE, Tinatin Semenova: *Tipologija jazykov v sinchroničeskom i diachroničeskom plane.* — Tbilisi: "Mecniereba", 1982, 181 p. | G. summ.: Die Sprachtypologie in synchronischem und diachronischem Aspekt, 172-176.
1330 SERZISKO, Fritz: GENDER, NOUN CLASS, and NUMERAL CLASSIFICATION: a scale of classificatory techniques. — [1312], 95-123.
SHIBATANI, M.: Jap. grammar and universal grammar. — 14688.
1331 SKALIČKA, Vladimír: *Typologische Studien* . . . — Braunschweig: 1979 | BL 1979, 1252. | *VJa* 1982/6, 132-133 G.A. Klimov.
1332 SKALIČKA, Vladimír: Ergativita a její relevance v typologii jazyků. — *JazA* 19, 1982, 103-104 | Ergativity and its relevance in linguistic typology.
SKODA, F.: *Le redoublement expressif: un universal linguistique* . . . — 5196.
1333 SLOBIN, Dan I.: Universal and particular in the acquisition of language. — [357], 128-170, 3 fig., 8 tab.
1334 ŠVAČKO, S.A.: *Jazykovye sredstva vyraženija količestva v sovremennom anglijskom, russkom i ukrainskom jazykach.* — Kiev: "Vyšča škola", 1981, 143 p.
1335 ŠVARNÝ, Oldřich; ZIMA, Petr: O odlišnostech jazyků evropských a orientálních. — *Nový Orient* 37, 1982, 84-85, 109-111 | On the differences between European and Oriental languages.
1336 To what extent can genetic-comparative classifications be based on typological considerations? — [199], 115-155 | Søren EGEROD: Introd., 115-139; discussion by Eric P. HAMP (141-144) & Eugénie J.A. HENDERSON (145-152); Niels EGE: On the absence of /ʔg/ in consonant systems of SE Asian languages, 154-155.
Typology and genetics of language . . . — 199.
1337 VALL, M.N.: K tipologii roditel'nogo padeža (na materiale severokavkazskich jazykov). — [343], 168-173.
1338 VENNEMANN, Theo: Isolation – Agglutination – Flexion? Zur Stimmigkeit typologischer Parameter. — [314], 327-334, 2 fig.
1339 WARBURTON, Irene Philippaki: Constraints on rules of grammar as universals. — [291], 95-107 | Examples taken mainly from Mod. Gr.
1340 WODE, Henning: Kognition und sprachliche Universalien. — [187], 264-284, 3 tab.
YAU SHUN-CHIU: Constraints on basic sign order and word order universals. — 1780.

0.5. Semantics — Sémantique

1341 APRESJAN, Ju.D.: *Tipy informacii dlja poverchnostno semantičeskogo komponenta modeli "smysl – tekst".* — Wien: 1980 | BL 1981, 1576. | *SEER* 60, 1982, 94-95 F.E. Knowles.
1342 ARUTJUNOVA, Nina D.: Funzione comunicativa e significato della parola. — *SGI* 10, 1981, 63-108.
1343 *Aspekty semantičeskich issledovanij.* [Red.: N.D. ARUTJUNOVA; A.A. UFIMCEVA]. — Moskva: "Nauka", 1980, 357 p. | 5 chapters: 1. A.A. UFIMCEVA, Semantika slova, 5-80; 2. E.S. KUBRJAKOVA, Semantika proizvodnogo slova, 81-155; 3. N.D. ARUTJUNOVA, K probleme funkcional'nych tipov leksičeskogo

značenija, 156-249; 4. V.N. TELIJA, Semantika svjazannych značenij slov i ich sočetaemosti, 250-319; 5. T.V. BULYGINA, Grammatičeskie i semantičeskie kategorii i ich svjazi, 320-355.

1344 ASTOR, Wally G.: Thought and semantics: an analysis of the theories of Lado and Chafe. — *LAL* 6, 1972, 7-14.
1345 AUWERA, Johan VAN DER: *Semantic and pragmatic presupposition*. — APIL 2; Wilrijk: Univ. Inst. Antwerpen, 1975, 118 p.
1346 BALLWEG, Joachim: Einige skeptische Bemerkungen zum Konzept der Argument-Labels. — [367], 549-551 | Discussion by Wolfgang HEYDRICH: Zu einigen Missverständnissen in Ballwegs "Skeptische Bemerkungen" (553-558).
1347 BELLMANN, Günter: Sprachkontakt und Semantik. — [398], 9-18.
1348 BIERWISCH, Manfred: Wörtliche Bedeutung – eine pragmatische Gretchenfrage. — [189], 63-85.
1349 BIGGS, Colin: In a word, meaning. — [291], 108-121.
1350 BLANÁR, Vincent: Lexikalische Bedeutung und bezeichnete Wirklichkeit unter sprachgeographischem Gesichtspunkt. — *RLB* 6, 1982, 17-28.
1351 BOGUSŁAWSKI, Andrzej: Wissen, Wahrheit, Glauben: zur semantischen Beschaffenheit des kognitiven Vokabulars. — [416], 54-84.
1352 BOISSET, Jean-Hugues: In defense of the predicative function of metaphor. — *LACUS* 6, 1979 (1980), 78-85.
1353 BORGHINI, Alberto: Appunti per uno studio sulla natura e sulla funzione delle negazioni che si stabiliscono nell'ambito di una opposizione binaria. — *SILTA* 9, 1980/3 (1982), 323-331.
1354 BOUTET, Josiane: Matériaux pour une sémantique sociale. — *MLing* 4, 1982/1, 7-37.
1355 BOUTON, Charles P.: *La signification*... — Paris: 1979 | BL 1979, 1284. | *L&H* 44, 1980, 74-75 G. L[urquin].
1356 BRAISCH, Maria: Kritische Bemerkungen zur heutigen Semantikforschung. — [263], 83-99.
1357 BREDEMEIER, Jürgen; HEYDRICH, Wolfgang; JANSEN, Louise M.: Argumentstrukturbezogene Analyse einer Anzahl von Verben. — [367], 525-548.
1358 BRUNET, Louis: Notion de classe et signification lexicale. — [292], 67-94.
1359 BÜHLER, Karl: The deictic field of language and deictic words. — [1487], 9-30 | Transl. of chapters 7 and 8 of *Sprachtheorie* (Jena, 1934), with comm. by the eds.
1360 BURCKHARDT, Christian: *Bedeutung und Satzgrammatik*. — TBL 190; Tübingen: Narr, 1982, 183 p.
1361 CADIOT, Pierre: Mélanges de langues et connotation autonymique. — *MLing* 4, 1982/1, 81-124.
1362 CAIRD, G.B.: *The language and imagery of the Bible*. — Philadelphia: 1980 | BL 1981, 1606. | *CBQ* 44, 1982, 118-119 D.R. Hillers | *JBL* 101, 1982, 429-430 A.N. Wilder | *JAOS* 102, 1982, 657-658 E.L. Greenstein.
1363 CASALEGNO, P.; NAPOLI, E.: Su un impiego dell'uso. Ovvero la ricostruzione dummettiana del significato. — *ASNP* 12, 1982, 749-770.
1364 CHOUL, Jean-Claude: Sémantisation, inférence et paraphrase dans la traduction. — *Glossa* 16, 1982, 3-12.
1365 COHEN, Gerald Leonard: On semantic differentiation. — *FLing* 5, 1980-81, 44-52.
1366 CORNILESCU, Alexandra: Non-restrictive relative clauses, an essay in semantic description. — *RRLing* 26, 1981, 41-67.

1367 COSERIU, Eugenio: *Principios de semántica estructural.* — BRHi, II 259; Madrid: Gredos, 1977, 247 p. | *RSEL* 11, 1981, 229-231 B. García-Hernández.
COSERIU, E.: Les procédés sémantiques dans la formation des mots. — 2330.
1368 CUSHING, Steven: *Quantifier meanings: a study in the dimensions of semantic competence.* — North-Holland Linguistic Series 48; Amsterdam: North-Holland, 1982, xviii, 388 p.
1369 CUYCKENS, Hubert: Componentiële analyse vs. niet-componentiële analyse. — *TTT* 2, 1982, 169-198 | E. summ.
1370 DEMPSTER, Douglas J.: Semantically coherent projections. — *SLang* 6, 1982, 409-423.
1371 DERVILLEZ-BASTUJI, Jacqueline: *Structures des relations spatiales dans quelques langues naturelles: introduction à une théorie sémantique.* — Langues et cultures 13; Genève: Droz, 1982, xv, 443 p. | *RLiR* 46, 1982, 419-423 G. Kleiber.
1372 DINSMORE, John: The semantic nature of Reichenbach's tense system. — *Glossa* 16, 1982, 216-239 | On H. REICHENBACH, *Elements of symbolic logic* (New York: MacMillan, 1947).
1373 DOBROVIE-SORIN, Carmen: Impératifs, factivité et implication. — *Lingua* 58, 1982, 83-104.
1374 DOLNÍK, Juraj: Obsah, pojem a lexikálny význam. — *JČ* 33, 1982, 11-20 | Content, notion, and lexical meaning (Ru. summ.).
1375 DOLNÍK, Juraj: Sémový rozbor obsahových rovín slova a jeho dynamiky. — *JČ* 33, 1982, 109-118 | The semic analysis of the content levels of the word and its dynamics (Ru. summ.).
1376 DORFMÜLLER-KARPUSA, Käthi: Temporale Referenz und ihre Manifestation. — [188], 3-12, 2 fig.
DORFMÜLLER-KARPUSA, K.: Konnektive Ausdrücke . . . — 2451.
1377 DROSTE, F.G.: Metaphory as a paradigmatic function. — *Poetics* 11, 1982, 203-211.
1378 DUCROT, Oswald: Structuralisme, énonciation et sémantique. — *Poétique* 9/33, 1978, 107-128 | A propos de BL 1972, 1398.
1379 DUMITRESCU, Marilena: Natural language quantifiers: an analysis of 'many'. — *RRLing* 26, 1981, 161-167.
1380 DUȚESCU-COLIBAN, Taina: Towards a definition of aspect. — *RRLing* 26, 1981, 263-274.
1381 [JAHOWKYAN, G.B.] Džaukjan, G.B.: Opyt analiza terminov rodstva s primeneniem universal'noj lingvističeskoj modeli (ULM). — *IzvAN* 41, 1982, 35-46.
1382 EHLICH, Konrad: Anaphora and deixis: same, similar, or different? — [1487], 315-338.
1383 ELST, Gaston VAN DER: *Verbsemantik: zur Theorie und Praxis einer Analyse aufgrund von semantischen und syntaktischen Gebrauchsregeln, dargestellt am Beispiel der Aufforderungsverben des Deutschen.* — ZDL, Bciheft 41; Wiesbaden: Steiner, 1982, ix, 222 p.
1384 EVANS, Gareth: Pronouns. — *LIn* 11, 1980, 337-362.
1385 EVENS, Martha W.; LITOWITZ, Bonnie E.; MARKOWITZ, Judith A.; SMITH, Raoul N.; WERNER, Oswald: *Lexical-semantic relations: a comparative survey.* — Current inquiry into language and linguistics 34; Edmonton: Linguistic Research, 1980, 267 p. | *Lg* 58, 1982, 242 J. Gallant.
1386 FÉHÉR, Márta: Some remarks on meaning invariance and incommensurability. — *Science of Science* (Wrocław) 2, 1981, 339-345.

1387 FILLMORE, Charles J.: Towards a descriptive framework for spatial deixis. — [1487], 31-59.
1388 FLÖSSER, Josef: *Formalisierung in der Semantik: Versuch einer Formalisierung eines Teilbereichs eines semantischen Systems, gezeigt am Beispiel des Tschechischen.* — Slavistische Linguistik 5 (Diss. Göttingen 1979); Frankfurt a.M.: Lang, 1982, 181 p.
1389 FODOR, Jerry A.; FODOR, Janet Dean: Functional structure, quantifiers, and meaning postulates. — *LIn* 11, 1980, 759-770.
1390 FÓNAGY, Ivan: He is only joking (joke, metaphor and language development). — [345], 31-108.
1391 FUCHS, Catherine: Synonymie de mots autrefois, synonymie de phrases aujourd'hui. — *MLing* 2, 1980/2, 5-21.
1392 GARCÍA-HERNÁNDEZ, Benjamin: *Semántica estructural y lexemática del verbo.* — Reus: 1980 | BL 1981, 1652. | *Em* 50, 1982, 372-373 E. Sánchez Salor | *VR* 41, 1982, 234-237 R. Eberenz.
1393 GARZA CUARÓN, Beatriz: *La connotación: problemas del significado.* — México: 1978 | BL 1978, 1384. | *VR* 41, 1982, 231-234 P.M.E. Braselmann.
1394 GERMAIN, Claude: *La sémantique fonctionnelle.* — Le Linguiste 21; Paris: P.U.F., 1981, 222 p.
1395 GIRKE, Wolfgang: Semantische Klassifikationen in der Sprachbeschreibung (Am Beispiel der sogenannten Modaladverbien). — [185], 27-47.
GORDON, W.T.: *A history of semantics.* — 1881.
1396 GROCHOWSKI, Maciej: Słownik języka naturalnego a sztuczny metajęzyk w opisie generatywnym. — *StSem* 12, 1982, 71-78 | The natural language lexicon and the artificial metalanguage of generative descriptions.
1397 HAGÈGE, Claude: Towards a semantic typology of minimal linguistic utterances. — *LACUS* 7, 1980 (1981), 63-72.
1398 HANNAPPEL, Hans; MELENK, Hartmut: *Alltagssprache . . .* — München: 1979 | BL 1979, 1324. | *Poetica* 12, 1980, 509-512 R. Kloepfer.
1399 HANSON, Philip P.: Explaining metaphorical interpretations. — *Poetics* 9, 1980, 441-456.
1400 HELLWIG, Peter: *Formal-desambiguierte Repräsentation: Vorüberlegungen zur maschinellen Bedeutungsanalyse auf der Grundlage der Valenzidee.* — Hochschulsammlung Philosophie, Sprachwissenschaft 2; Stuttgart: Hochschul-Verlag, 1978, 238 p. | *Germanistik* 24, 1983, 547 H. Singer.
1401 HELTOFT, Lars: Information about change. — [107], 141-162 | Semantic similarities among verbs of change.
1402 *Here and there. Cross-linguistic studies on deixis and demonstration.* Jürgen WEISSENBORN & Wolfgang KLEIN (eds.). — P&B III/2-3; Amsterdam: Benjamins, 1982, 296 p., fig. | Introd. by the eds., p. 1-12.
1403 HERMON, Gabriella: The relationship of meaning and underlying grammatical relations: evidence from Quechua. — *PBLS* 7, 1981, 68-81.
1404 HERVEY, Sándor: La théorie dénotationnelle de la sémantique axiomatique. — *BLLL* 5, 1982, 21-31.
1405 HEYDRICH, Wolfgang: Zur Einführung von Argument-Labels. — [367], 439-492.
1406 HORN, Laurence R.: Exhaustiveness and the semantics of clefts. — *NELS* 11, 1981, 125-142.
1407 HORNSTEIN, Norbert: The study of meaning in natural language: three approaches to tense. — [1063], 116-151.

1408 IOUP, Georgette: On group quantification. — [231], 134-146.
1409 IVANOV, Vjač.Vs.: Semantika vozmožnych mirov i filologija. — *PSL* 1980 (1982), 5-19.
1410 JACKENDOFF, Ray: Belief-contexts revisited. — *LIn* 11, 1980, 395-413 | Reply to B. ABBOTT (BL 1980, 1298).
1411 JAY, Timothy B.: Comprehending dirty-word descriptions. — *L&S* 24, 1981, 29-38.
1412 JERMOLENKO, S.S.: Do pytannja pro systemnu zumovlenist' perenosnych značen' morfolohičnych katehorij. — *Mov* 1981/6, 23-29 | On the systemic motivation of the transferred meaning of morphological categories.
1413 KALISZ, Roman: Frame semantics: its validity for linguistic description. — *ZNUG, Linguistica et Anglica Gedanensia* 2, 1981, 83-95.
1414 [KARAPETYAN, K.T.] KARAPETJAN, K.T.: Polisemija kak estestvennaja osobennost' jazyka. — *BEH* 1982/1, 204-210 | Arm. summ.
1415 KEMPSON, Ruth M.: *La semantica*. Ed. it. a cura di St. GENSINI; trad. di Cl. CASADIO. — Bologna: Il Mulino, 1981, 318 p. | Transl. of BL 1977, 1699.
1416 KENDALL, Martha B.: Toward a semantic approach to terms of address: a critique of deterministic models in sociolinguistics. — *L&C* 1, 1981, 237-254.
1417 KLAIMAN, M.H.: Toward a universal semantics of indirect subject constructions. — *PBLS* 7, 1981, 123-135.
1418 KLEIN, Ewan: The interpretation of adjectival comparatives. — *JL* 18, 1982, 113-136.
1419 KLEIN, Sheldon; KAUFER, David S.; NEUWIRTH, Christine M.: The locus of metaphor in frame-driven text grammars. — *LACUS* 6, 1979 (1980), 53-67.
1420 KLEIN, Wolfgang: Local deixis in route directions. — [1487], 161-182.
1421 KOŘENSKÝ, Jan: Poznámky ke vztahům lingvistických a logických přístupů k jazykovým významům. — *SS* 43, 1982, 303-307 | Remarks on relations between linguistic and logical approaches to language meaning (E. summ.).
1422 KRAUSOVÁ, Nora: Sémantika literárneho textu. — *SLit* 29, 1982, 193-213, fig. | Zur Semantik der literarischen Texte (Ru. summ.).
1423 KRIVONOSOV, A.T.: O semantičeskoj prirode modal'nych častic (k postanovke problemy). — *NDVŠ-F* 1982/5, 50-58.
1424 La sémantique grammaticale. — *MLing* 4, 1982/2, 184 p. | Bernhard POTTIER: Présentation, 3-6.
1425 LAKOFF, George; JOHNSON, Mark: *Metaphors we live by*. — Chicago: 1980 | BL 1981, 1719. | *CJL* 27, 1982, 81-82 W.T. Gordon | *Lingua* 56, 1982, 185-192 F.H. Nuessel, Jr.
1426 LANDSBERG, Marge E.: The formal structure of sense: a systemic analysis. — *QS* 3, 1982, 359-368.
1427 LAPPIN, Shalom: Quantified noun phrases and pronouns in logical form. — *LAn* 10, 1982, 131-159.
1428 LEECH, Geoffrey N.: *Explorations in semantics and pragmatics*. — Amsterdam: 1980 | BL 1980, 1372. | *Lg* 58, 1982, 242-243 A. Davison.
1429 LEIPOLD, Georg: *Bedeutung: sprachkritische Untersuchungen zu Grundlagenproblemen der "pragmatischen Linguistik"*. — Erlanger Studien 33 (Diss. Erlangen); Erlangen: Palm & Enke, 1982, 294 p. | *Germanistik* 24, 1983, 552 E. Ockel.
1430 LERAT, P.: Les noms de relation. — *CLex* 39, 1981 (1982), 55-65.
1431 LEVYC'KYJ, V.V.: Sučasne rozuminnja struktury leksyčnoho značennja. — *Mov* 1982/5, 12-19 | The present conception of the structure of lexical meaning.

1432 LEWANDOWSKA, Barbara: Meaning negotiation in dialogue. — [114], 182-185.
1433 LIEB, Hans-Heinrich: Questions of reference in written narratives. — *Poetics* 10, 1981, 541-559.
1434 LUTZEIER, Peter Rolf: *Wort und Feld: wortsemantische Fragestellungen mit besonderer Berücksichtigung des Wortfeldbegriffes.* — Linguistische Arbeiten 103; Tübingen: Niemeyer, 1981, xi, 271 p. | *Germanistik* 23, 1982, 277 F. Debus | *LB* 72, 183, 347-352 D. Geeraerts.
1435 LYONS, John: *Semantics.* 1-2. — Cambridge: 1977 | BL 1977, 1754. | *KLit* 8, 1979, 116-119 J.F. Boase | *PBB* 104, 1982, 256-267 A. von Stechow.
1436 LYONS, John: *Language, meaning and context.* — London: 1981 | BL 1981, 1737. | *AJL* 2, 1982, 227-231 F.R. Palmer | *MSpråk* 76, 1982, 379-384 S. Ohlander | *AUMLA* 57, 1982, 94-95 G. Hammarström.
1437 LYONS, John: Deixis and subjectivity: *Loquor, ergo sum*? — [1487], 101-124.
1438 MAKOVSKIJ, M.M.: *Sistemnost' i asistemnost' v jazyke . . .* — Moskva: 1980 | BL 1980, 1382. | *VJa* 1982/2, 153-156 G.S. Ščur
1439 MANES, Joan: Ways of defining: folk definitions and the study of semantics. — *FLing* 5, 1980-81, 122-139.
1440 MARKEY, T.L.: Semantic space, heuristic procedures, and naturalness. — *ANph* 14, 1981, 105-107.
1441 MARTIN, Robert: *Inférence, antonymie et paraphrase . . .* — Paris: 1976 | BL 1976, 1806. | *SNPh* 52, 1980, 208-210 O. Ducháček.
1442 MARTIN, Robert: Relation concessive et univers de croyance. — *MLing* 4, 1982/2, 27-39.
Mass terms . . . — 1250.
1443 MAURO, Tullio DE: *Einführung in die Semantik.* Aus dem It. von Peter Jaritz und Jürgen Ziegler. — Konzepte der Sprach- und Literaturwissenschaft 27; Tübingen: Niemeyer, 1982, xii, 194 p. | Transl. of BL 1965, 2068.
1444 MCNEILL, David; LEVY, Elena: Conceptual representations in language activity and gesture. — [1487], 271-295, 6 tab.
1445 MEHLIG, Hans Robert: Generic states und specific states. — [188], 28-37.
1446 MEYER, Bernard; BALAYN, Jean Daniel: Autour de l'antonomase de nom propre. — *Poétique* 12/46, 1981, 183-199.
1447 MEYER, Hans Joachim: Semantic valency of verbs in scientific communication. — *ZAA* 30, 1982, 334-346.
1448 MILLER, George A.: Some problems in the theory of demonstrative reference. — [1487], 61-72.
1449 MÖNNICH, Uwe: Natürliche Arten und maximale Modelle. — [367], 119-133.
MORAVCSIK, J.M.E.: Verkuyl on semantics. — 2577.
1450 MOREU-REY, E.: Sémantique: du triangle à l'araignée. — *AF* 5, 1979 (1981), 397-402.
1451 MOSCONI, Giuseppe: La metafora secondo gli psicologi. — *LeSt* 17, 1982, 549-569.
1452 NEUBERT, Albrecht: *Zu einigen aktuellen Problemen der lexikalischen Semantik.* — SbSAW 121, 6; Berlin (DDR): Akad.-Verlag, 1981, 20 p.
1453 Noss, Richard B.: The semantic quad hypothesis. — *FLing* 5, 1980-81, 95-121.
1454 OBERSCHELP, Arnold; TODT, Günter: Darstellung intensionaler Strukturen in einer extensionalen Logiksprache. — [188], 38-50.
1455 The origin of meaning. "QdS" Round Table with the participation of J.L. FISHER, Mary LeCron FOSTER, Gordon W. HEWES, Marge E. LANDSBERG, Andrew J. LOCK, Harvey SARLES, H. Stephen STRAIGHT, Roger W. WESCOTT. — *QS* 3, 1982, 87-131; 309-349.

1456 OSTRÁ, Růžena: La sémantique et les parties du discours. — *ERB* 13, 1982, 39-46.
1457 PANMAN, Otto: Homonymy and polysemy. — *Lingua* 58, 1982, 105-136.
1458 PAUL, Peter: Homonyms, semantic divergence and valency. — *Lingua* 58, 1982, 291-307.
PÊCHEUX, M.: Language, semantics and ideology ... — 1262.
1459 PEETERS, Frank: Natuurlijke talen laten geen absolute synonymie toe: prospectie van een probleemgebied. — *LAnt* 14, 1980, 225-234 | Natural languages do not allow absolute synonymy: a prospect.
1460 [PENČEV, J.] PENCHEV, Jordan; [PERIKLIEV, V.] PERICLIEV, Vladimir: On meaning in theoretical and computational semantics. — [114], 226-228.
1461 PERRIDON, Harry: Semantics and politics. — *PScCL* VI, 308-317.
1462 PERSSON, Ingemar: Die kausative Struktur aus semantischer und pragmatischer Sicht. — [189], 264-287.
1463 POGONOWSKI, Jerzy: A note on structural semantics. — *LPosn* 25, 1982, 45-51.
1464 RAIBLE, Wolfgang: Sem-Probleme oder: Gibt es semantische Merkmale? — *RJb* 32, 1981 (1982), 27-40, fig.
1465 RATH, Christel: Exemplarische Einführung einiger lokaler Argument-Labels. — [367], 493-524.
1466 REY-DEBOVE, Josette: *Le métalangage* ... — Paris: 1978 | BL 1979, 1396. | *FM* 50, 1982, 152-155 I. Tamba-Mecz.
1467 ROBERING, Klaus: Das Hintergrundwissen des Perzipienten in der Semantik visueller Wahrnehmungsberichte. — [188], 51-60.
1468 RÖSSLER, Gerda: *Konnotationen* ... — Wiesbaden: 1979 | BL 1979, 1402. | *ZDL* 49, 1982, 125-126 I. Freudenschuss-Reichl.
1469 RÖSSLER, Gerda; GEBHARDT, Heidemarie: *Frieden und Vorurteil: zwei linguistische Beiträge* ... — Frankfurt/M.: 1979 | BL 1979, 1403. | *ZRPh* 98, 1982, 430-433 G. Bossong.
1470 RUSANIVS'KYJ, V.M.: Ponjattja semantyčnoho i stylistyčnoho invarianta. — *Mov* 1981/3, 9-20 | The notion of the semantic and stylistic invariant.
1471 RYSZARD, Zuber: Some universal constraints on the semantic content of complex sentences. — [1312], 145-157.
1472 ŠABRŠULA, Jan; SVOBODOVÁ, Jitka; SVOBODA, Jaroslav: Znak kódický a znak diskursívní v přirozeném a informačním jazyce, model (zvl. matematicky) a realita. — *JazA* 19, 1982, 67-69 | Signe codique et signe discursif dans la langue naturelle et dans celle de l'information, le modèle (en particulier mathématique) et la réalité.
1473 SAKSENA, A.: The basicness of transitives. — *JL* 18, 1982, 355-360.
1474 SCHMITTER, Peter: Grundzüge der Zeichen- und Bedeutungstheorie L. Weisgerbers. Zugleich ein Beitrag zur Genese und den Grundlagen der Wortfeldtheorie. — *Hangeul* (Seoul: Korean Language Soc.) 175, 1982, 173-196 | Korean transl., *ibid.*, 197-214.
1475 SCHNITZER, Marc L.: Against effability. — *L&C* 2, 1982, 183-195.
1476 SCHOGT, Henry G.: *Sémantique synchronique* ... — Toronto: 1976 | BL 1976, 1836. | *FR* 51, 1977-78, 322-323 W.T. Gordon.
1477 SCHVEIGER, Paul: Some aspects of current research and results in modern semantics. — *RRLing* 26, 1981, 579-609.
1478 SCHVEIGER, Paul: About the status of definitions in language. — *RRLing* 27, 1982, 107-114.
1479 *Semantics from different points of view*. Ed. by Rainer BÄUERLE, Urs EGLI,

SÉMANTIQUE

Arnim von Stechow. — Berlin: 1979 | BL 1980, 1414. | *Kratylos* 26, 1981 (1982), 24-33 U. Mönnich | *JČ* 33, 1982, 201-202 J. Branická.
1480 *Sémantique et logique* . . . par Bernard Pottier. — Paris: 1976 | BL 1976, 1839. | *L&H* 35, 1977, 69-70 G. L[urquin].
1481 Šendel's, E.I.: Sovmestimost'/nesovmestimost' grammatičeskich i leksičeskich značenij. — *VJa* 1982/4, 78-82.
1482 Seppänen, Lauri: Bedeutung, Bezeichnung, Sinn. Zur Sprachauffassung Eugenio Coserius. — *NphM* 83, 1982, 329-338.
1483 Siegel, Muffy E.A.: Some thoughts on propositional attitudes, psychological meanings, and intentions in Montague Grammar. — [231], 192-203.
1484 Šiška, Zbyněk: Jsou "pragmatické složky" součástí lexikálního významu? — *RosOl* 20, 1981 (1982), 35-37 | "Pragmatic components" as means of lexical semantics?
1485 Soboleva, P.A.: Struktura slovoobrazovatel'nogo značenija. — *PSL* 1980 (1982), 116-133.
1486 Sokolovskaja, Ž.P.: *Sistema v leksičeskoj semantike (analiza semantičeskoj struktury slova).* — Kiev: "Vyšča škola", 1979, 190 p. | *Mov* 1981/5, 90-91 T. Pan'ko; F. Bacevyč.
1487 *Speech, place, and action: studies in deixis and related topics.* Ed. by Robert J. Jarvella and Wolfgang Klein. — Chichester: Wiley, 1982, xii, 389 p.
1488 Spillner, Bernd: Semantische Determination und Dominanz. — *Poet* 5, 1976, 21-35.
1489 (Stanley), Julia Penelope; Wolfe, Susan J.: Style as meaning. — *LACUS* 6, 1979 (1980), 45-52.
1490 Starosta, Stanley: Lexical decomposition: features or atomic predicates? — *LAn* 9, 1982, 379-393.
1491 Steedman, Mark J.: Reference to past time. — [1487], 125-157.
1492 Stepnin, I.A.: *Problemy analiza struktury značenija slova.* — Voronež: Izd. Voronež. univ., 1979, 156 p. | *Mov* 1982/1, 76-78 V. Levyc'kyj.
1493 Stone, John David: Semantic paradoxes and linguistic theory. — *FLing* 5, 1980-81, 226-234.
1494 *Studies in formal semantics* . . . Eds.: Franz Guenthner; Christian Rohrer. — Amsterdam: 1978 | BL 1978, 348. | *Lg* 58, 1982, 455-457 L.M. Faltz.
1495 Synak, Brunon: Semantyczne egzemplifikacje terminu "adaptacja". — *ZNUG, Filozofia i Socjologia* 5, 1980 (1982), 37-49 | The semantic exemplifications of the term "adaptation".
1496 Szende Tamás: Többértelműség és célzás. — *NyK* 84, 1982, 203-220 | E. summ.: On semantic polyvalence, ambiguity, and hinting.
1497 Taranenko, O.O.: Smyslova osnova procesiv slovotvorennja. — *Mov* 1982/5, 19-27 | The semantic basis of word-formation processes.
1498 Thomas, D.W.: Like chasing the wind: the abstract/concrete continuum in theory and in practice. — *RLMo* 18, 1982, 157-166.
1499 Todt, Günter; Oberschelp, Arnold: Zweistellige Kennzeichnungen (Bemerkungen zum Bach-Peters-Paradox). — [188], 73-86 | Logical analysis of definite descriptions with crossing coreference.
1500 Tondl, Ladislav: *Problems of semantics* . . . — Dordrecht: 1981 | BL 1981, 1818. | *LeSt* 17, 1982, 579-582 A. Artosi.
1501 Traugott, Elizabeth Closs: From propositional to textual and expressive meanings: some semantic-pragmatic aspects of grammaticalization. — [378], 245-271, 3 tab.

1502 TRAVIS, Charles: Reference, speakers and semantics. — *L&C* 1, 1981, 13-38.
1503 VERKUYL, H.J.: Taalkundige en logische semantiek; enkele tendensen. — *TTT* 1, 1981, 139-156, 2 fig. | Linguistic and logical semantics: some tendencies.
1504 VET, Co: Some arguments against the division of time into past, present, and future. — [111], 153-165.
1505 VILJUMAN, V.G.; SOBOLEVA, P.A.: Semantiko-sintaksičeskie problemy v kontrastivnoj lingvistike.— *PSL* 1978 (1981), 68-83.
1506 WACHTEL, Tom: Some problems in tense theory. — *LIn* 13, 1982, 336-341 | Apropos of N. HORNSTEIN (BL 1977, 1707).
1507 WEINREICH, Uriel: *On semantics* . . . — Philadelphia: 1980 | BL 1981, 1834. | *CJL* 27, 1982, 64-65 R.I. Binnick.
WEYDT, H.: Zur Unterscheidung *semantisch-pragmatisch* . . . — 1675.
1508 WHALEN, D.H.: When anaphors are metaphors. — *LACUS* 7, 1980 (1981), 276-283.
1509 WIERZBICKA, Anna: Why can you *have a drink* when you can't **have an eat*? — *Lg* 58, 1982, 753-799.
1510 WIERZCHOWSKI, Józef: *Semantyka językoznawcza.* — Warszawa: 1980 | BL 1980, 1439. | *PJ* 1982 (1983), 343-347 M. Jurkowski.
1511 WILDGEN, Wolfgang: *Catastrophe theoretic semantics: an elaboration and application of René Thom's theory.* — P&B III/5; Amsterdam: Benjamins, 1982, 124 p.
1512 WIMMER, Rainer: *Referenzsemantik* . . . — Tübingen: 1979 | BL 1979, 1430. | *Kratylos* 26, 1981 (1982), 40-53 B. Schlerath | *LB* 71, 1982, 242-246 U. Püschel.
1513 WOTJAK, Gerd: *Untersuchungen zur Struktur der Bedeutung* . . . 2. Aufl. — Berlin: 1977 | BL 1977, 1846. | *ANph* 13, 1980, 81-84 S. Heusinger.
1514 WUNDERLICH, Dieter: *Arbeitsbuch Semantik.* — Athenäum Taschenbücher 2120; Königstein/Ts.: Athenäum, 1980, 368 p. | *JazA* 19, 1982, 123-124 P. Mareš | *Germanistik* 24, 1983, 26 A. Burkhardt.
ZIV, Y.: On so-called 'existentials' . . . — 13276.

0.6. Pragmatics, Speech acts — Pragmatique, Actes de langage

1515 ABRAHAM, Werner: Überlegungen zur Sprechakt- und Handlungstheorie über *täuschen* und *sich irren* (Der Sam, der kann's – und der Odysseus auch, aber anders). — [189], 247-263.
1516 Actes de langage et structure de la conversation. — *CLF* 1, 1980, 155 p. | E. ROULET: Présentation, 1-2.
1517 ADLER, Melvin Joseph: *A pragmatic logic for commands.* — Amsterdam: 1980 | BL 1980, 1444. | *Lg* 58, 1982, 930-937 J. Mey.
1518 ANSCOMBRE, Jean-Claude: Marqueurs et hypermarqueurs de dérivation illocutoire: notions et problèmes. — *CLF* 3, 1981, 75-124.
1519 ANTOS, Gerd: *Grundlagen einer Theorie des Formulierens. Textherstellung in geschriebener und gesprochener Sprache.* — RGL 39; Tübingen: Niemeyer, 1982, x, 216 p.
1520 APOSTEL, Leo: Pragmatique praxéologique: communication et action. — [1617], 191-315.
1521 *Arbeiten zur Konversationsanalyse.* Hrsg. von Jürgen DITTMANN. — Tübingen: 1979 | BL 1980, 2315. | *ZDL* 49, 1982, 114-118 R. Kanth.
1522 AUCHLIN, Antoine; MOESCHLER, Jacques; ZENONE, Anna: Illocution et interac-

tivité: préliminaires à une analyse fonctionnelle des actes de langage en séquence. — *CLF* 1, 1980, 42-53.
1523 AUCHLIN, Antoine; ZENONE, Anna: Conversations, actions, actes de langage: éléments d'un système d'analyse. — *CLF* 1, 1980, 6-41.
AUWERA, J. VAN DER: *Semantic and pragmatic presupposition.* — 1345.
1524 BACH, Kent; HARNISH, Robert M.: *Linguistic communication and speech acts.* — Cambridge, MA: 1979 | BL 1979, 1440. | *AJL* 2, 1982, 231-240 K. Allan.
1525 BALLMER, Thomas; BRENNENSTUHL, Waltraud: *Speech act classification: a study in the lexical analysis of English speech activity verbs.* — Springer Series in Language and Communication 8; Berlin (West): Springer, 1981, 274 p. | *SCL* 33, 1982, 191 L. Wald.
1526 BECK, Götz: *Sprechakte und Sprachfunktionen. Untersuchungen zur Handlungsstruktur der Sprache und ihren Grenzen.* — RGL 27; Tübingen: Niemeyer, 1980, 266 p. | *EGerm* 36, 1981, 226-227 W. Burzlaff.
1527 BECKER, M.; BEHRWIND, H.; BERKENBUSCH, P.; BUCHRÖDER, S.; SCHNEIDER, R.: Alltagserzählungen. — [188], 211-220.
1528 BELCHIȚĂ-HARTULAR, Anca: Metalinguistic remarks in a linguistic interview. — *RRLing* 27, 1982, 235-241.
BERGMANN, J.R.: Schweigephasen im Gespräch . . . — 3889.
1529 BERRENDONNER, Alain: *Éléments de pragmatique linguistique.* — Paris: Minuit, 1981, 247 p., fig. | *L&H* 49, 1982, 70-71 G. L[urquin].
1530 BERRENDONNER, Alain: Zéro pour la question: syntaxe et sémantique des interrogations directes. — *CLF* 2, 1981, 41-69.
1531 BIASCI, Claudia: *Konnektive in Sätzen und Texten. Eine sprachübergreifende pragmatisch-semantische Analyse.* — Papiere zur Textlinguistik 41; Hamburg: Buske, 1982, vii, 293 p., ill.
1532 BÎRĂ, Elena: Paradox and pragmatics (with illustrations from Oscar Wilde's works). — *RRLing* 27, 1982, 325-330.
1533 BOUEKE, Dietrich; KLEIN, Wolfgang: Alltagsgespräche von Kindern als "Interaktionsspiele". — *ABnG* 13, 1981, 183-208.
1534 BRENNER, Michael: Aspects of conversational structure in the research interview. — [1543], 19-40, 2 fig., 4 tab.
1535 BUCKETT, Anna: On literary narratives, fictionality, and the rules of conversation. — *Ling* 21, 1981, 227-250.
1536 BULYGINA, T.V.; ŠMELEV, A.D.: Dialogičeskie funkcii nekotorych tipov voprositel'nych predloženij. — *IzvAN* 41, 1982, 314-326.
1537 CHERUBIM, Dieter: Zum Programm einer historischen Sprachpragmatik. — [329], 3-21.
1538 CLARK, Herbert H.; CARLSON, Thomas B.: Hearers and speech acts. — *Lg* 58, 1982, 332-373.
1539 CLARKE, David D.: Orders of approximation to English dialogue. — *L&C* 1, 1981, 207-236, 3 fig., 3 tab.
1540 CLARKE, David D.: The future machine: a study of the span of speaker's anticipations in conversation. — *L&C* 2, 1982, 49-56, 6 fig.
CLARKE, D.D.; ARGYLE, M.: Conversation sequences. — 3516.
1541 Concession et consécution dans le discours. — *CLF* 4, 1982, 261 p. | Eddy ROULET: Présentation, 3-5.
1542 *Conversatieanalyse.* Lezingen van het congres gehouden op 17, 18 en 19 december 1979 in Nijmegen. Onder red. van Ad FOOLEN; Jan HARDEVELD; Dick SPRINGORUM. — Groningen: Xeno, 1980, 243 p. | Conversational analysis. |

Corr. to BL 1981, 1902. | *LT* 364, 1981, 734-738 J. Mönnink; A. Boeren | *Spektator* 11, 1981-82, 553-558 J.P. Houtkoop-Steenstra.
1543 *Conversation and discourse: structure and interpretation.* Ed. by Paul WERTH. — London: Croom Helm, 1981, 181 p.
1544 CORNULIER, Benoît DE: Signification réflexive et "non-natural meaning". — *CLF* 2, 1981, 5-22.
CREMERS, E., et al.: Interaktion vor Gericht . . . — 3907.
1545 CRISTEA, Teodora: Modalités illocutionnaires et ambiguïté. — *RRLing* 27, 1982, 243-248.
1546 DAVISON, Alice: Markers of derived illocutionary force and paradoxes of speech act modifiers. — *CLF* 3, 1981, 47-73.
1547 DEM'JANKOV, V.Z.: Koncepcii, pravila i strategii obščenija (interpretirujuščij podchod k argumentacii). — *IzvAN* 41, 1982, 327-337.
1548 DI PIETRO, Robert J.: The many dimensions of conversational language. — *LACUS* 7, 1980 (1981), 467-474.
1549 DILLER, Anne-Marie: L'illocutoire et le format des espaces. — *CLF* 3, 1981, 149-172.
1550 DIRVEN, René: *Talk:* linguistic action perspectivized as discourse. — [1551], 37-83.
1551 DIRVEN, René . . . [et al.]: *The scene of linguistic action and its perspectivization by* speak, talk, say *and* tell. — P&B III/6; Amsterdam: Benjamins, 1982, 186 p.
DITTMAR, N.; WILDGEN, W.: Pragmatique psychosociale . . . — 3913.
1552 DORE, John: Linguistic forms and social frames in interpretation. — *LACUS* 6, 1979 (1980), 445-454.
1553 DORE, John; MCDERMOTT, R.P.: Linguistic indeterminacy and social context in utterance interpretation. — *Lg* 58, 1982, 374-398.
1554 DUCROT, Oswald: Langage, métalangage et performatifs. — *CLF* 3, 1981, 5-34.
1555 DUCROT, Oswald: Note sur l'argumentation et l'acte d'argumenter. — *CLF* 4, 1982, 143-163.
1556 DUCROT, Oswald: Pragmatique linguistique: II. Essai d'application: mais — les allusions à l'énonciation — délocutifs, performatifs, discours indirect. — [1617], 487-575 | Cf. 1611 & 1664.
1557 EGLIN, Peter: How conversational analysis elucidates Schutz's commonsense concept of rationality. — *SLN* 10, 1979, 11-17.
1558 ESAU, Helmut; POTH, Annette: Dominance patterns in conversational interaction. — *LACUS* 7, 1980 (1981), 227-237.
EVANS, G.: Pronouns. — 1384.
1559 FALKENBERG, Gabriel: *Lügen. Grundzüge einer Theorie sprachlicher Täuschung.* — LA 86; Tübingen: Niemeyer, 1982, viii, 164 p.
1560 FIALA, Pierre; BOUTET, Josiane; EBEL, Marianne: Relations paraphrastiques et construction sociale du sens: analyse d'une formule dans les discours xénophobes. — *MLing* 4, 1982/1, 39-79.
1561 FIEHLER, Reinhard: Instruktionsstile. — [188], 221-230.
1562 FILPPULA, Markki: On thematic rules and regularities. — *NJL* 5, 1982, 61-75.
1563 FLÍDROVÁ, Helena: Komunikační funkce jazyka. — *RosOl* 20, 1981 (1982), 31-34 | The communicative function of language.
1564 FLÍDROVÁ, Helena: Interpersonální a masová komunikace. — *SlavOl* 4, 1982, 7-17 | Interpersonal and mass-communication (Ru. summ.).

PRAGMATIQUE

1565 FLOREA, Ligia-Stela: Pour une grammaire du discours dialogué: le couple question/réponse. — *RRLing* 27, 1982, 447-455.
1566 FÓNAGY, Ivan: *Situation et signification*. — P&B III/1; Amsterdam: Benjamins, 1982, 160 p., fig.
1567 FORMANOVSKAJA, N.I.: Rečevoe povedenie i rečevoj ètiket v svete komunikativnogo principa obučenija. — *ČRus* 27, 1982, 49-56.
 FRITZ, G.: *Kohärenz: Grundfragen der ...Kommunikationsanalyse*. — 2739.
1568 GOCHET, Paul: Pragmatique formelle: théorie des modèles et compétence pragmatique. — [1617], 317-388.
1569 GOOSSENS, Louis: *Say:* focus on the message. — [1551], 85-131.
1570 GREEN, Georgia M.: Linguistics and the pragmatics of language use. — *Poetics* 11, 1982, 45-76.
1571 GRIMSHAW, Allen D.: Instrumentality selection in naturally-occurring conversation: a research agenda. — [1543], 41-72.
 HAJIČOVÁ, E.; VRBOVÁ, J.: On topic, focus and the stock of shared knowledge. — 3337.
1572 HANCHER, Michael: What kind of speech act is interpretation? — *Poetics* 10, 1981, 263-281.
1573 HARTIG, Matthias; BINNICK, Robert I.: *Grammatik und Sprachgebrauch ...* — München: 1978 | BL 1978, 1512. | *LB* 71, 1982, 246-250 J. Weijenberg.
1574 HAUBL, Rolf: *Gesprächsverfahrensanalyse: ein Beitrag zur sprachwissenschaftlichen Sozialforschung*. — Sprache in der Gesellschaft 1 (Diss. Giessen); Frankfurt a.M.: Lang, 1982, 297 p.
1575 HELTOFT, Lars: Grammar and the intersubjectivity of language: focus on epistemic verbs. — *NJL* 4, 1981, 91-109.
1576 HENNE, Helmut; REHBOCK, Helmut: *Einführung in die Gesprächsanalyse*. 2., verbesserte und erweiterte Aufl. — Sammlung Göschen 2212; Berlin (West): de Gruyter, 1982, 330 p. | 1st ed. 1979 (BL 1979, 1476). | *Germanistik* 23, 1982, 593 F. Hundsnurscher | *L&H* 41, 1979, 93-94 G. L[urquin] (1st ed.).
1577 HLUŠKOVÁ, E.: O nekotorych predposylkach kommunikativnoj cennosti rečevogo vyskazyvanija. — [125], 122-125.
1578 HOLLY, Werner: *Imagearbeit in Gesprächen ...* — Tübingen: 1979 | BL 1979, 1481. | *WW* 31, 1981, 127-129 W. Sucharowski.
1579 HUTTAR, George L.: Metaphorical speech acts. — *Poetics* 9, 1980, 383-401 | Application of Searle's model to a variety of non-literal uses of language.
1580 JAWORSKI, Adam: A note on the types of address shifts. — *SAP* 14, 1982, 259-266.
1581 JAYEZ, Jacques: Quand bien même *pourtant*, pourtant *quand même*. — *CLF* 4, 1982, 189-217 | A propos du No. 1601.
1582 KRÁĽ, Ábel: Ústnosť a písomnosť rečových prejavov v masovej komunikácii. — *JČ* 33, 1982, 119-131 | Spoken and written forms of language in mass communication (Ru. summ.).
1583 KRECKEL, Marga: Where do constitutive rules for speech acts come from? — *L&C* 1, 1981, 73-88, 8 fig.
1584 KUMMER, Werner: Pragmatische Implikationen. — [189], 86-95.
1585 *Langage et ex-communication. Pragmatique et discours sociaux*. Philippe DuBOIS; Yves WINKIN, éds. — Questions de communication 3; Louvain-la-Neuve: Cabay, 1982, 167 p. | Ensemble de 6 textes présentés au colloque du même titre (Liège, 31.1.-3.2.1980), complété par celui paru dans *Degrés* (Bruxelles) 26-27, 1981.

1586 LAUTAMATTI, Liisa: Coherence in spoken and written discourse. — *NJL* 5, 1982, 117-127.
1587 LEHMANN, Emil: *Sprachwissenschaftliche Pragmatik und kommunikative Praxis: Versuch einer Annäherung an den Gegenstand einer sprachwissenschaftlichen Richtung.* — Diss. Zürich 1981, 161 p.
1588 LINDENFELD, J.: Étude des pratiques discursives sur les marchés urbains. — *MLing* 4, 1982/1, 185-212.
1589 *La lingua attivata: pragmatica, enunciazione, discorso.* [Scritti di] S. AIROLDI ... [et al.]. — Collana di sociologia 51; Milano: F. Angeli, 1982, 217 p.
1590 LOMAN, Bengt: The segmentation problem in the study of impromptu speech. — [346], 105-129.
1591 LOVEDAY, Leo: Japanese donatory forms: their implications for linguistic theory. — *SL* 36, 1982, 39-63.
1592 MARCUS, Solomon: Diplomatic communication. — *RRLing* 26, 1981, 25-35.
1593 MARSLEN-WILSON, William; LEVY, Elena; TYLER, Lorraine Komisarjevsky: Producing interpretable discourse: the establishment and maintenance of reference. — [1487], 339-378.
1594 MARTINS-BALTAR, Michel: Les valeurs non-marquées dans l'interprétation des énoncés. — *CLF* 2, 1981, 161-181.
1595 MÉTRAL, Janine: A partir d'AGORA — quelques réflexions. — *CLF* 4, 1982, 219-227 | Cf. 1601.
MEYER, W.J.: *Modalverb und semantische Funktion* ... — 6708.
1596 MEYER-HERMANN, Reinhard; WEINGARTEN, Rüdiger: Zur Interpretation und interaktiven Funktion von Abschwächungen in Therapiegesprächen. — [188], 242-252.
1597 MICHAELS, Sarah; REIER, David: Establishing conversational cooperation. — *PBLS* 7, 1981, 178-191.
1598 MIHAILĂ, Rodica: La fonction illocutoire de la présupposition. — *RRLing* 26, 1981, 37-40.
1599 MIHAILĂ, Rodica: The paradox or the dilemma of pragmatics. — *RRLing* 27, 1982, 331-338.
1600 MOESCHLER, Jacques: La réfutation parmi les fonctions interactives marquant l'accord et le désaccord. — *CLF* 1, 1980, 54-78.
1601 MOESCHLER, Jacques; SCHELLING, Marianne; ZENONE, Anna: Structure de l'intervention, connecteurs pragmatiques et argumentation: à propos d'AGORA. — *CLF* 4, 1982, 165-187 | Examen d'un débat télévisé (AGORA, Télévision suisse romande, 'La Drogue'). | Cf. 1581 & 1595.
1602 MOESCHLER, Jacques; SPENGLER, Nina DE: La concession ou la réfutation interdite: approches argumentative et conversationnelle. — *CLF* 4, 1982, 7-36.
1603 MORREALL, John: Austinian ifs and conditional telling. — *LACUS* 6, 1979 (1980), 475-482.
1604 MORREALL, John: Expositive adverbials and declarative sentences. — *LACUS* 7, 1981 (1982), 305-311.
1605 MOTSCH, Wolfgang: Einstellungskonfigurationen und sprachliche Äusserungen: Aspekte des Zusammenhangs zwischen Grammatik und Kommunikation. — [189], 169-187.
1606 MURRAY, Patrick Henry: *Directive speech acts: a theoretical investigation.* — Univ. of California, San Diego, diss., 1980, 188 p. | *DAb* 41/4, 1980, 1571-A/1572-A.
1607 NEF, Frédéric; NØLKE, Henning: A propos des modalisateurs d'énonciation. — *RRom* 17/2, 1982, 34-54.

PRAGMATIQUE 1608-1630

1608 NIKOLAEVA, T.M.: Kategorial'no-grammatičeskaja cel'nost' vyskazyvanija i ego pragmatičeskij aspekt. — *IzvAN* 40, 1981, 21-36.

1609 NORRICK, Neal R.: Nondirect speech acts and double binds. — *Poetics* 10, 1981, 33-47.

1610 ÖSTMAN, Jan-Ola: The symbiotic relationship between pragmatic particles and impromptu speech. — [346], 147-177.

1611 OVERBEKE, Maurice VAN: Pragmatique linguistique: I. Analyse de l'énonciation en linguistique moderne et contemporaine. — [1617], 389-486 | Cf. 1556 & 1664.

1612 OWEN, Marion: Conversational units and the use of *Well* . . . — [1543], 99-116.

1613 PADUČEVA, E.V.: Pragmatičeskie aspekty svjaznosti dialoga. — *IzvAN* 41, 1982, 305-313.

1614 PALEK, Bohumil: Reference a postoje uživatelů jazyka. — [351], 12-20 | Reference and various attitudes of language users.

1615 PANTHER, Klaus-Uwe: Einige typische indirekte sprachliche Handlungen im wissenschaftlichen Diskurs. — [416], 231-260.

1616 PARRET, Herman: Pragmatique philosophique et épistémologie de la pragmatique: connaissance et contextualité. — [1617], 7-189.

1617 PARRET, Herman; APOSTEL, Leo; GOCHET, Paul, et al.: *Le langage en contexte. Études philosophiques et linguistiques de pragmatique.* — *LInv*, Suppl. 3; Amsterdam: Benjamins, 1980, 790 p.

1618 PLANK, Franz: Exklusivierung, Reflexivierung, Identifizierung, relationale Auszeichnung: Variationen zu einem semantisch-pragmatischen Thema. — [189], 330-354.

1619 POČEPCOV, G.G., (ml.): Analiz performativnych vyskazyvanij. — *NDVŠ-F* 1982/6, 63-66.

1620 POPA-BURCĂ, Liana: The dialogue as a strategic game. — *RRLing* 27, 1982, 339-342.

1621 POSPELOVA, A.G.: Ėkspressivnost' vyskazyvanija i ee realizacija v sintaksičeskoj strukture predloženija. — *VLU* 1982/2, 111-114.

1622 *Pragmalinguistics* . . . Ed. by Jacob L. MEY. — The Hague: 1979 | BL 1980, 1501. | *SS* 43, 1982, 67-69 O. Müllerová.

1623 PUTSEYS, Yvan: Aspects of the linguistic action scene with *tell*. — [1551], 133-163.

1624 RÉCANATI, François: *La transparence et l'énonciation* . . . — Paris: 1979 | BL 1981, 1986. | *L&H* 45, 1981, 70 G. L[urquin].

1625 RÉCANATI, François: *Les énoncés performatifs.* — Propositions; Paris: Minuit, 1981, 288 p. | *L&H* 49, 1982, 72-73 G. L[urquin].

1626 RÉCANATI, François: Le potentiel illocutionnaire des phrases déclaratives. — *CLF* 2, 1981, 23-39.

1627 REES, Marie Agnes VAN: *Illocutionaire strekking: betekenis en regels voor gesprekken.* — Doctoral diss. Leiden; [S.l.: s.n.], 1982, 147 p. | Illocutionary force: meaning and rules in conversation.

1628 ROLF, Eckard: Perlokutionäre Akte und perlokutionäre Effekte. — [188], 261-271.

1629 ROSENGREN, Inger: Die Sprachhandlung als Mittel zum Zweck: Typen und Funktionen. — [189], 188-213.

1630 ROULET, Eddy: Stratégies d'interaction, modes d'implication et marqueurs illocutoires. — *CLF* 1, 1980, 80-103.

1631 ROULET, Eddy: Échanges, interventions et actes de langage dans la structure de la conversation. — [346], 47-70.
1632 ROVENȚA-FRUMUȘANI, Daniela: Argumentation et intertextualité dans le discours scientifique. — *RRLing* 26, 1981, 367-378.
1633 ROVENȚA-FRUMUȘANI, Daniela: La définition et l'acte de définir. — *RRLing* 26, 1981, 137-144.
1634 ROVENȚA-FRUMUȘANI, Daniela: L'argumentation en tant qu'action. — *RRLing* 27, 1982, 457-462.
1635 ROVENȚA-FRUMUȘANI, Daniela: Argumentation et activité discursive (remarques pragmatiques). — *RRLing* 26, 1981, 525-532.
1636 RUBATTEL, Christian: Une analyse sémantique des verbes performatifs français. — *CLF* 1, 1980, 104-127.
1637 Rubattel, Christian: Remarques sur les performatifs fonctionnant comme marqueurs d'interactivité. — *CLF* 2, 1981, 89-92.
1638 RUDOLPH, Elisabeth: Argumentieren mit Finalsätzen. — [188], 272-282 | Pragmatic study.
1639 SAGER, Sven Frederik: Das Zusammenwirken dispositioneller und institutioneller Momente im verbalen Verhalten. — [188], 283-292.
SANDT, R.A. VAN DER: *Kontekst en presuppositie* . . . — 1279.
1640 SCHMITTER, Peter; ADAMZIK, Kirsten: Überlegungen zur Funktion von Metakommunikation. — [187], 61-79.
1641 SCHWITALLA, Johannes: *Dialogsteuerung in Interviews: Ansätze zu einer Theorie der Dialogsteuerung mit empirischen Untersuchungen von Politiker-, Experten- und Starinterviews in Rundfunk und Fernsehen.* — Heutiges Deutsch I/15; München: Hueber, 1979, 352 p. | *ZDL* 49, 1982, 118-120 R. Kanth.
1642 SCHWITALLA, Johannes: Dialogsteuerungsversuche interviewter Politiker. — [189], 149-168.
1643 SEARLE, John R.: *Expression and meaning* . . . — Cambridge: 1979 | BL 1979, 1525. | *ASNS* 219, 1982, 160-163 G. Öhlschläger.
1644 SEARLE, John R.: *Sens et expression. Études de théorie des actes du langage.* Trad. et préface par Joëlle PROUST. — Coll. Le Sens Commun; Paris: Minuit, 1982, 246 p. | Transl. of No. 1643. | *L&H* 51, 1983, 55-56 G. L]urquin].
1645 SETTEKORN, Wolfgang: ". . . Toi aussi on te téléphone comme ça . . ." – "Oui ben je j'sais pas ce que j'ferais . . ." Connaissance situationnelle et compréhension d'actes. — *CLF* 2, 1981, 183-200.
1646 SITTA, Horst: Pragmatisches Sprachverstehen und pragmatikorientierte Sprachgeschichte: methodologische Probleme der Rekonstruktion von historischen Verständigungsakten. — [329], 23-33.
1647 SLABIHOUDKOVÁ, E.: Teoretičeskie i metodičeskie predposylki osvoenija leksiko-sintaksičeskich struktur naučnych tekstov. — [125], 350-353.
1648 SLAMA-CAZACU, Tatiana: Structura dialogului: despre "sintaxa dialogată". I; II. — *SCL* 33, 1982, 211-224; 301-321 | La structure du dialogue: sur la "syntaxe dialoguée" (Rés. fr.).
1649 SOAMES, Scott: How prepositions are inherited: a solution to the projection problem. — *LIn* 13, 1982, 483-545.
SOEFFNER, H.-G.: . . . Prämissen einer sozialwissenschaftlichen Hermeneutik. — 4061.
1650 SÖKELAND, Werner: Erklärungen und Argumentationen in wissenschaftlicher Kommunikation. — [416], 261-293.
1651 SØRENSEN, Viggo: Speech act categories in text analysis. — *PScCL* VI, 227-235.

PRAGMATIQUE

1652 SORNIG, Karl: Zum Sprechakt "Widersprechen". Am Beispiel parodistischer Gegentexte. — *Poet* 6, 1976, 81-110.
1653 SPENGLER, Nina DE: Première approche des marqueurs d'interactivité. — *CLF* 1, 1980, 128-148.
1654 *Sprache und Pragmatik* . . . Hrsg. von Inger ROSENGREN. — Lund: 1981 | BL 1981, 2010. | *Lg* 58, 1982, 741-742 E.C. Traugott | *NphM* 83, 1982, 219-221 K. Nyholm.
1655 SPRINGORUM, Dick: *Spreken in gesprekken* . . . — Groningen: 1981 | BL 1981, 2011. | *Spektator* 11, 1981-82, 541-546 P. Nieuwenhuijsen.
1656 SPRINGORUM, Theodorus P.A.F. [= Dick]: *Dialoogstructuur: een onderzoek naar structuuraspecten van directiefdialogen.* — Univ. of Amsterdam diss.; (Overasselt: The author), 1982, x, 227 p. | Dialogue structure: an inquiry into aspects of the structure of directive dialogues (E. summ.). | *NTg* 75, 1982, 446-449 M. Baeyens† | *FdL* 23, 1982, 305-308 A. van Berkel.
1657 SPRINGORUM, Th.: De derde in triadische conversaties. — *Gramma* 1, 1977/1, 11-20 | On referring to the third (non-participant) in triadic conversations.
1658 STATI, Sorin: *Il dialogo: considerazioni di linguistica pragmatica.* — Biblioteca. Strumenti linguistici 14; Napoli: Liguori, 1982, 241 p.
1659 STATI, Sorin: Le frasi interrogative retoriche. — *LeSt* 17, 1982, 195-207.
STUBBS, M.: *Discourse analysis* . . . — 4071.
1660 *Studies in the organization of conversational interaction.* Ed. by Jim SCHENKEIN. — New York: 1978 | BL 1981, 2014. | *SLN* 10, 1979, 52-54 R.W. Spielmann.
1661 *Studies over taalhandelingen: J.L. Austin* . . . [et al.]. F.H. VAN EEMEREN en W.K.B. KONING (red.). — Meppel: Boom, 1981, 278 p. | Ten transl. studies by J.L. AUSTIN (2), P.F. STRAWSON, J.R. SEARLE (3), D. WUNDERLICH, et al. Introd. by the eds., 11-28.
1662 SUCHAROWSKI, Wolfgang: Fragen verdeutlichen. Zu Inhalt und Funktion von Frageerweiterungen bei Lehrerfragen. — [188], 293-304.
1663 SZABOLCSI, Anna: Model theoretic semantics of performatives. — [345], 515-535.
1664 TASMOWSKI-DE RYCK, Liliane: Pragmatique linguistique: III. Essai d'application: impératif et actes de langage. — [1617], 577-629 | Cf. 1556 & 1611.
1665 TASMOWSKI-DE RYCK, Liliane; VERLUYTEN, S. Paul: Contrôle de pronoms et présupposition existentielle. — [371], 186-194.
1666 TRAVIS, Charles: *The true and the false* . . . — Amsterdam: 1981 | BL 1981, 2020. | *Lg* 58, 1982, 742-743 E.A. Edwards.
1667 ULLMER-EHRICH, Veronika: The structure of living space descriptions. — [1487], 219-249, 10 fig.
1668 VERSCHUEREN, Jef: *On speech act verbs.* — Amsterdam: 1980 | BL 1980, 1518. | *Lg* 58, 1982, 930-937 L. Mey.
1669 VERSCHUEREN, Jef: Basic linguistic action verbs. — *CLF* 2, 1981, 71-88.
1670 VERSCHUEREN, Jef: The lexicalization of linguistic action. — *PBLS* 7, 1981, 328-335.
1671 VORLAT, Emma: Framing the scene of linguistic action by means of *speak*. — [1551], 9-35.
1672 WELLS, Gordon; MACLURE, Margaret; MONTGOMERY, Martin: Some strategies for sustaining conversation. — [1543], 73-85.
1673 WENCKEBACH-VAN BIJSTERVELD, Diek: Enkele pragmatische aspecten van conversaties met schizofrene mensen. — *Gramma* 6, 1982, 104-125 | Some pragmatic aspects of conversations with schizophrenic people.

1674 WERTH, Paul: The concept of 'relevance' in conversational analysis. — [1543], 129-154, fig.
1675 WEYDT, Harald: Zur Unterscheidung *semantisch-pragmatisch*, dargestellt an den Partikeln *jedenfalls, immerhin* und *schliesslich*. — [189], 355-370.
1676 WIDMER, Jean: Placement et structuration: aspects interactionnels et linguistiques d'une intervention. — *CLF* 4, 1982, 229-261.
1677 WIEGAND, Herbert Ernst: Bemerkungen zur Bestimmung metakommunikativer Sprechakte. — [189], 214-244.
1678 WILSON, Deirdre; SPERBER, Dan: On Grice's theory of conversation. — [1543], 154-178.
1679 WISE, Mary Ruth; LOWE, Ivan: Permutation groups in discourse. — *LAL* 4, 1972, 12-34, 3 fig., tab.
1680 WUNDERLICH, Dieter: *Studien zur Sprechakttheorie*. — Frankfurt/M: 1976 | BL 1976, 1277. | *Gramma* 1, 1977/2, 54-64 A. Foolen.
1681 WUNDERLICH, Dieter; REINELT, Rudolph: How to get there from here. — [1487], 183-201.
1682 ZABAVNIKOV, B.N.: O dvuch urovnjach konvencional'nosti jazyka v kommunikativno-orientirovannoj grammatike. — *NDVŠ-F* 1982/2, 80-83.
1683 ZDRENGHEA, Mihai M.: Towards a description of modal auxiliaries. — *RRLing* 26, 1981, 519-524.
1684 ZILLIG, Werner: *Bewerten. Sprechakttypen der bewertenden Rede.* — LA 115; Tübingen: Niemeyer, 1982, x, 317 p.
1685 ZUBER, Ryszard: Mood markers and explicit performatives. — *CLF* 3, 1981, 35-46.

0.7. Semiotics — Sémiotique

1686 ESCHBACH, Achim; RADER, Wendelin: *Semiotik-Bibliographie*. — Frankfurt a.M.: 1976 | BL 1976, 805. | *PTL* 3, 1978, 205-206 R. Fowler.
1687 SHUKMAN, Ann: The Moscow-Tartu semiotics school: A bibliography of works and comments in English. — *PTL* 3, 1978, 593-601.

1688 *Au-delà de la sémiolinguistique: la sémiotique de C.S. Peirce*, par François PERALDI ... [et al.]. — Langages 58; Paris: Larousse, 1980, 127 p. | François PERALDI, Présentation, 5-7.
1689 BRUZY, Claude; BURZLAFF, Werner; MARTY, Robert; RÉTHORÉ, Joëlle: La sémiotique phanéroscopique de Charles S. Peirce. — *Langages* 58, 1980, 29-59.
1690 CAPRETTINI, Gian Paolo: *Aspetti della semiotica*. — Torino: Einaudi, 1980, 208 p. | *SILTA* 9, 190/3 (1982), 582-585 P.M. Bertinetto.
1691 CARPOV, Maria: Sémiologie cartésienne. Notes à verser au dossier d'une éventuelle histoire de la sémiologie. — *StSem* 12, 1982, 11-18.
1692 COTEANU, I.: Propos sur le rapport signe – objet – réception. — *MSŞFLA* 2, 1979-80 (1981), 7-9.
1693 DĄBSKA, Izydora: Symbol. — *StSem* 12, 1982, 125-132.
1694 DANEK, Danuta: La psychanalyse et l'analyse sémiotique. — *StSem* 12, 1982, 31-34.
1695 DRIDZE, T.M.: *Jazyk i social'naja psichologija*. — Moskva: 1980 | BL 1980, 1534. | *JČ* 33, 1982, 199-201 M. Mikluš.
1696 ECO, Umberto: Peirce et la sémantique contemporaine. — *Langages* 58, 1980, 75-91.

SÉMIOTIQUE 1697-1720

1697 GREIMAS, A.J.: *Sémiotique et sciences sociales.* — Paris: 1976 | BL 1977, 1971. | *L&H* 35, 1977, 73-74 G. L[urquin].
1698 GUIRAUD, Pierre: *Semiology.* — London: 1975 | BL 1975, 919. | *FR* 51, 1977-78, 766-777 B.R. McGraw.
1699 HAFNER, Heinz: *Prolegomena zu einer linguistisch-literaturwissenschaftlichen Zeichentheorie.* — Sammlung Groos 10 (Diss. Zürich); Heidelberg: Groos, 1982, x, 427 p.
1700 HEINRICHS, Johannes: *Reflexionstheoretische Semiotik.* Teil II: *Sprachtheorie. Philosophische Grammatik der semiotischen Dimensionen.* — Abhandlungen zur Philosophie, Psychologie und Pädagogik 161,2; Bonn: Bouvier, 1981, 485 p.
1701 HÉNAULT, Anne: *Les enjeux de la sémiotique . . .* — Paris: 1979 | BL 1981, 2064. | *L&H* 42, 1980, 64-65 G. L[urquin].
1702 HENDRICKS, William O.: Prolegomena to a semiolinguistic theory of character. — *Poet* 7, 1977, 1-49.
1703 HERVEY, S.: *Semiotic perspectives.* — Winchester, MA: Allen & Unwin, 1982, 273 p.
1704 HORÁLEK, Karel: Sovětská sémiologie ve světovém kontextu. — *Slavia* 51, 1982, 176-187 | La sémiologie soviétique au contexte mondial.
1705 HORÁLEK, Karel: Průhledy do sovětské sémiologie. — *JazA* 19, 1982, 27-29 | A survey of contemporary Soviet semiology.
1706 HORÁLEK, Karel: Konotace v jazykovědě a sémiotice. — *JazA* 19, 1982, 120-121 | Connotation in linguistics and semiotics.
1707 HORECKÝ, Ján: Semiotické výskumy v československej jazykovede. — *SS* 43, 1982, 134-138 | Semiotic research in Czechoslovak linguistics.
1708 HORECKÝ, Ján: Súčasný stav semiotických výskumov. — *JazA* 19, 1982, 33-34 | On the present state of semiotic research.
IVANOV, V.V.: . . . Asimmetrija mozga i znakovych sistem. — 3839.
1709 LAMPRECHT, Arnošt: Ještě k teorii znaku. — *SFFBU*, A 30, 1982, 15-19 | Some more thoughts on sign theory (E. summ.).
1710 LUKSZYN, Jurij: Treść znaku językowego. — *ZNBiał* 34, *Filologia Rosyjska* 6, 1982, 27-36.
1711 MIERS, Paul: A cognitive program for semiotic functions. — *MLN* 97, 1982, 1129-1146.
1712 MOUNIN, Georges: The semiologies of literary texts. — [6023], 79-96.
1713 NEF, Frédéric: Note sur une argumentation de Peirce (à propos de la valence verbale). — *Langages* 58, 1980, 93-102.
1714 NOVÁK, L'udovít: Axiomatics of semiology of linear structures. — *RLB* 6, 1982, 185-196 | Cf. BL 1969, 1595.
1715 PANOV, E.N.: *Znaki, simvoly, jazyki.* — Moskva: 1980 | BL 1980, 1570. | *ČsPsych* 26, 1982, 87-88 M. Špaček.
1716 PELC, Jerzy: *Wstęp do semiotyki.* — Warszawa: Wiedza Powszechna, 1982, 349 p. | Introd. to semiotics.
1717 PELC, Jerzy: Teoretyczne podstawy semiotyki. — *StSem* 12, 1982, 157-183 | Theoretical bases of semiotics.
1718 PELC, Jerzy: Kronika semiotyczna – rok akademicki 1979-1980. — *StSem* 12, 1982, 185-196 | Chronicle of semiotics: 1979-80.
1719 PESOT, Jurgen: *Silence, on parle . . .* — Montréal: 1979 | BL 1981, 2088. | *BSL* 76, 1981/2 (1982), 112-113 B. Rybak | *RLiR* 46, 1982, 415-416 G. Kleiber.
1720 PETÖFI, János S.: Meaning, text interpretation, pragmatic-semantic text clas-

ses. — *Poetics* 11, 1982, 453-491 | On the semiotic structure of meaning and text interpretation.

1721 PHILLIPS, Guler Paran: *The processing of natural language texts: an interdisciplinary approach.* — Univ. of Houston diss., 1980, 176 p. | *DAb* 42/1, 1981, 197-A.

POSNER, R.: Rational discourse and poetic communication . . . — 1268.

RAIBLE, W.: Was sind Gattungen? . . . — 2796.

1722 RIGOLOT, François: Le poétique et l'analogique. — *Poétique* 9/35, 1978, 257-268.

1723 ROLI, Maria Luisa: Analisi linguistica del testo ed ermeneutica letteraria. — [193], 67-80.

1724 ROSSI-LANDI, Ferruccio: O pewnych zagadnieniach post-Morrisowskich. — *StSem* 12, 1982, 133-135 | On some post-Morrisian questions (in the semiotics of social behaviour).

1725 SAVAN, David: La séméiotique de Charles S. Peirce. — *Langages* 58, 1980, 9-23.

1726 SCHOLES, Robert: *Semiotics and interpretation.* — New Haven: Yale UP., 1982, 161 p. | *MLN* 97, 1982, 1242-1243 M. Ryan.

1727 SEBEOK, Thomas A.: *The sign and its masters.* — Austin: 1979 | BL 1980, 1583. | *NyK* 84, 1982, 471-473 Horányi Özséb.

1728 *La semiotica nei paesi slavi* . . . A cura di C. PREVIGNANO. — Milano: 1979 | BL 1979, 1608. | *Slavia* 51, 1982, 95-98 I. Osolsobě.

1729 [TERMIŃSKA, Kamilla; TERMIŃSKA, Katarzyna] TERMIŃSKIE, Kamilla i Katarzyna: Odmowa kontaktu w schizofrenii. Szkic z semiotyki klinicznej. — *StSem* 12, 1982, 61-69 | The refusal of contact in schizophrenia: a sketch of clinical semiotics.

1730 TORDERA, Antonio: *Hacia una semiótica pragmática.* — Valencia: Fernando Torres, 1978, 158 p. | *RSEL* 11, 1981, 234-236 C. González.

VALSINER, J.; ALLIK, J.: . . . some hypotheses on communication and cognition in the evolution of human semiotic systems. — 1805.

1731 VAŠÁK, Pavel: Textologie et modèle de communication. — *RELO* 1979/4, 31-45, tab.

1732 VERON, Eliseo: La sémiosis et son monde. — *Langages* 58, 1980, 61-74.

1733 VOIGT, Vilmos: *Úvod do semiotiky.* — Bratislava: Tatran, 1981, 256 p. | Transl. of BL 1979, 1616. | *JazA* 19, 1982, 75-76 A. Macurová | *SlP* 98, 1982/10, 142-145 E. Tučná | *Romboid* 17, 1982/7, 88 89 K. Tomiš.

1734 ZOEST, A. VAN: *Semiotiek* . . . — Baarn: 1978 | BL 1980, 1598. | *LB* 70, 1981, 321-322 P. Claes.

0.8. Non-verbal communication — Communication non-verbale

1735 ABRAMS, Kenneth H.: Coordinated movement in children's faces, and what parents know about it. — [1769], 197-217, 6 fig., 2 tab.

1736 ARGYLE, Michael; GRAHAM, Jean Ann; KRECKEL, Marga: The structure of behavioral elements in social and work situations. — [1769], 87-100, 6 fig., 3 tab.

1737 *Aspects of non verbal communication* . . . Ed. by Walburga von RAFFLER-ENGEL and Bates HOFFER. — San Antonio, TX: 1977 | BL 1977, 2041. | *ČsPsych* 26, 1982, 90-91 S. Hermochová.

1738 BEEBE, Beatrice: Micro-timing in mother-infant communication. — [1769], 169-195, 5 fig., 6 tab.

1739 BELLUGI, Ursula; KLIMA, Edward S.: From gesture to sign: deixis in a visual-gestural language. — [1487], 297-313, 6 fig.

1740 BENSON, Robert G.: *Medieval body language* . . . — Copenhagen: 1980 | BL 1980, 1603. | *Anglia* 100, 1982, 500-501 W. Habicht.

1741 BRENNAN, Mary: Grammatical processes in British Sign Language. — [1773], 120-135.

1742 BUSNEL, R.G.; CLASSE, A.: *Whistled languages.* — Berlin: 1976 | BL 1976, 3964. | *L&H* 35, 1977, 72 G. L[urquin].

1743 COLVILLE, Martin: The influence of British Sign Language structure on communication teaching techniques. — [1773], 178-192.

1744 CONRAD, R.: Sign language in education: some consequent problems. — [1773], 13-26.

1745 CORRAZE, Jacques; *Les communications non-verbales.* — Paris: 1980 | BL 1981, 2107. | *BSL* 76, 1981/2 (1982), 110-111 S. Auroux.

1746 DAVIS, Maynard Kirk: Abstract: a study of the blushing response using self-reported data from college students. — [1769], 55-56.

1747 DEUCHAR, Margaret: Variation in British Sign Language. — [1773], 109-119.

1748 DUBON, D.: La communication non verbale chez le nourrisson. — *L&H* 32, 1976, 3-8.

1749 DUCARNE DE RIBAUCOURT, Blanche; FOULGOC, Véronique; FRANÇOIS, Frédéric; THOMAS, Dominique: Essai d'analyse de la communication non verbale dans 20 cas d'aphasie. — *Linguistique* 18/2, 1982, 59-84.

1750 EDMONDSON, William: Sign language in an unfavourable setting: a perspective. — [1773], 204-217.

1751 EDWARDS, Betty A.: The effect of verbal/visual interactions on drawing ability. — [1769], 33-53, 16 fig.

1752 EHLICH, Konrad; REHBEIN, Jochen: *Augenkommunikation. Methodenreflexion und Beispielanalyse.* — Linguistik Aktuell 2; Amsterdam: Benjamins, 1982, viii, 150 p., ill.

1753 FRIEDMAN, Howard S.: The modification of word meaning by nonverbal cues. — [1769], 57-67.

1754 FRIJDA, Nico H.: The meanings of emotional expression. — [1769], 103-119.

1755 GORCYCA, Diane Atkinson; GARNER, Patrick H.; FOUTS, Rogers S.: Deaf children and chimpanzees: a comparative sociolinguistic investigation. — [1769], 219-231, 2 tab.

1756 GROSJEAN, François: Psycholinguistique et langue des signes. — *Langages* 56, 1979, 35-57.

HUFSCHMIDT, J.: Erhebung von situativen Daten und Daten der nonverbalen Kommunikation. — 1093.

1757 KEY, Mary Ritchie: Overall considerations of human beings interacting in their world. — [1769], 3-13.

1758 KYLE, James: Signs and memory: the search for the code. — [1773], 71-88.

1759 LANE, Harlan: Histoire chronologique de la répression de la langue des signes en France et aux États-Unis. — *Langages* 56, 1979, 92-124.

1760 *La langue des signes*, par François GROSJEAN, Harlan LANE . . . [et al.]. — Langages 56; Paris: Larousse, 1979, 124 p.

1761 LAWSON, Lilian: The role of sign in the structure of the deaf community. — [1773], 166-177.

1762 LEHTONEN, Jaakko: Non-verbal aspects of impromptu speech. — [346], 33-45, fig.

1763 LIDDELL, Scott K.: *American sign language syntax.* — Approaches to Semiotics 52; Berlin: Mouton, 1980, 194 p. | *L&H* 46, 1981, 76-77 G. L[urquin]. LIGHT, P.H., et al.: Substitutes for speech? . . . — 3720.
1764 MCINTIRE, Marina LaRay: *Locatives in American Sign Language.* — Univ. of California, Los Angeles, diss., 1980, 205 p. | *DAb* 41/12, 1981, 5082-A.
1765 MARKOWICZ, Harry: La langue des signes: réalité et fiction. — *Langages* 56, 1979, 7-12.
1766 MEO ZILIO, Giovanni; MEJÍA, Silvia: *Diccionario de gestos: España y Hispanoamérica.* Vol. I: A-H. — Bogotá: Inst. Caro y Cuervo, 1980, 190 p. | *Thesaurus* 36, 1981, 123-126 J. Fernández-Sevilla | *SCL* 33, 1982, 368 D. Munteanu.
1767 NEWELL, Len: A stratificational description of Plains Indian Sign Language. — *FLing* 5, 1980-81, 189-212, 8 fig.
1768 NEWPORT, Elissa L.: Task specificity in language learning? Evidence from speech perception and American Sign Language. — [357], 450-486, 17 fig., tab.
1769 *Nonverbal communication today: current research.* Ed. by Mary Ritchie KEY. — Contributions to the Sociology of Language 33; Berlin: Mouton, 1982, xiv, 319 p. | 1. Overall considerations of human beings interacting in their world, 1-13; 2. Ecological and artifactual patterning, 15-29; 3. Physiological and social aspects of interaction, 31-100; 4. Expressive and linguistic aspects of nonverbal behavior, 101-154; 5. Origins and development of communicative behavior, 155-257; 6. Theoretical modeling of communicative behavior, 259-284.
1770 NOYES, H. Pierre: The eternal triangle effect. — [1769], 279-284, fig. | Quantum mechanics and nonverbal communication.
1771 OLÉRON, Pierre: *Le langage gestuel des sourds* . . . — Paris: 1978 | BL 1978, 1585. | *LeL* 6, 1981/2, 179-181 R. Peroni.
1772 PENG, Fred C.C.: Historical linguistics and sign language. — *LACUS* 7, 1980 (1981), 388-398, fig.
1773 *Perspectives on British Sign Language and deafness.* Ed. by B. WOLL, J. KYLE and M. DEUCHAR. — London: Croom Helm, 1981, 268 p., ill. | 1. Psychological aspects, 9-103; 2. Linguistic aspects, 105-161; 3. Communication aspects, 163-237; App.: British Sign Language transcription and notation, 238-246.
1774 POIZNER, Howard; BATTISON, Robbin: L'asymétrie cérébrale et la langue des signes: études cliniques et expérimentales. — *Langages* 56, 1979, 58-77.
1775 POYATOS, Fernando: New perspectives for an integrative research of nonverbal systems. — [1769], 121-138, 3 fig.
1776 PRAVDA, Jan: Kartografie a kartografický jazyk. — *Geografický časopis* (Bratislava) 34, 1982, 326-351, 10 fig. | Cartography and its special language (Ru., E. summ.).
QUIGLEY, S.R.; KING, C.M.: The language development of deaf children and youth. — 3757.
1777 *Recent perspectives on American sign language.* Ed. by H. LANE & F. GROSJEAN. — Hillsdale, NJ: Erlbaum, 1980, v, 170 p. | Not yet analyzed. | *AP* 2, 1981, 294-298 J.-A. Payne.
1778 SCHUBERT, Glendon: Nonverbal communication as political behavior. — [1769], 69-85, 5 fig.
1779 SHAND, Michael Arthur: *Short-term coding processes of congenitally deaf signers of ASL: natural language considerations.* — Univ. of California, San Diego, diss., 1980, 226 p. | *DAb* 41/4, 1980, 1572-A/1573-A.
1780 SONNENFELD, J.: The communication of environmental meaning: hemispheres in conflict. — [1769], 17-29.

1781 TERVOORT, Bernard T.: Hoe wezenlijk is de fonologische component? Oftewel: Kan een gebarentaal wel eigenlijk een taal zijn? — *Gramma* 2, 1978, 71-79 | How essential is the phonological component? (On the linguistic status of sign language).

1782 WHITE, Helen Baker: *Kinesics as a linguistic study: with a special emphasis on classroom boredom.* — Middle Tennessee State Univ. diss., 1980, 199 p. | *DAb* 41/3, 1980, 1047-A.

1783 WHITE, Sheila J.: Nonverbal antecedents to language functioning: a model and its relevance for the deaf. — [1769], 233-243.

1784 WILBUR, Ronnie Bring: *American Sing language and sign systems.* — Baltimore: 1979 | BL 1981, 2127. | *AP* 3, 1982, 386-388 C.M. King.

1785 WILBUR, Ronnie: Description linguistique de la langue des signes. — *Langages* 56, 1979, 13-34.

1786 WOLL, Bencie: Question structure in British Sign Language. — [1773], 136-149.

1787 WOODWARD, James: Quelques aspects sociolinguistiques des langues des signes américaine et française. — *Langages* 56, 1979, 78-91.

1788 WOODWARD, James: Signs of marking: "stage" three handshapes. — [244], 47-59.

1789 YAU SHUN-CHIU: Constraints on basic sign order and word order universals. — [1769], 139-154.

1790 YOUNG, Clifford Eugene: *Nonverbal communication in the EFL classroom.* — Georgetown Univ. diss., 1979, 251 p. | *DAb* 41/4, 1980, 1574-A.

0.9. Animal communication — Communication animale

1791 FOUTS, Roger S.; COUCH, Joseph B.; O'NEIL, Charity R.: Strategies for primate language training. — [361], 295-323.

1792 GARDNER, R. Allen; GARDNER, Beatrice T.: Teaching sign language to a chimpanzee. — [361], 171-195, tab.

1793 GARDNER, R. Allen; GARDNER, Beatrice T.: Early signs of language in child and chimpanzee. — [361], 197-204, fig.

GROCYCA, D.A.; GARNER, P.H.; FOUTS, R.S.: Deaf children and chimpanzees . . . — 1755.

1794 HAYES, Keith J.; HAYES, Catherine: The cultural capacity of chimpanzee. — [361], 153-169, 6 fig.

1795 HOLLIS, John H.; SCHIEFELBUSCH, Richard L.: A general system for language analysis: ape and child. — [361], 3-42, 6 fig., 3 tab.

1796 KELLOGG, Winthrop N.: Humanizing the ape. — [361], 129-144, fig.

1797 KELLOGG, Winthrop N.: Communication and language in the home-raised chimpanzee. — [361], 205-217, 3 tab.

Language intervention from ape to child . . . — 361.

1798 LIMBER, John: What can chimps tell us about the origin of language? — [360], 429-469.

MENZEL, E.W.; JOHNSON, M.K.: Communication and cognitive organization in humans and other animals. — 3582.

1799 O'SULLIVAN, Chris; FOUTS, Roger S.; HANNUM, Mark E.; SCHNEIDER, Katie: Chimpanzee conversations: Language, cognition, and theory. — [360], 397-428, fig., 2 tab.

1800 PATTERSON, Francine: Linguistic capabilities of a lowland gorilla. — [361], 325-356, 6 fig., 5 tab.

1801 RUMBAUGH, Duane M.; SAVAGE-RUMBAUGH, E. Sue; GILL, Timothy V.; WARNER, Harold: The chimpanzee as an animal model in language research. — [361], 73-89.
1802 SCANLON, John L.; SAVAGE-RUMBAUGH, E. Sue; RUMBAUGH, Duane M.: Apes and language: An emerging perspective. — [360], 471-485.
1803 *Speaking of apes: a critical anthology of two-way communication with man.* Ed. by Thomas A. SEBEOK; Jean UMIKER-SEBEOK. — New York: Plenum Press, 1980, xx, 480 p. | *NyK* 84, 1982, 473-474 Simoncsics Péter.
1804 STAHLKE, Herbert F.W.; RUMBAUGH, Duane M.; GILL, Timothy V.; WARNER, Harold: The linguistic innateness hypothesis in the light of chimpanzee language research. — [361], 91-105.
1805 VALSINER, Jaan; ALLIK, Jüri: General semiotic capabilities of the higher primates: some hypotheses on communication and cognition in the evolution of human semiotic systems. — [1769], 245-257.
1806 YERKES, Robert M.; NISSEN, Henry W.: Pre-linguistic sign behavior in chimpanzee. — [361], 145-151, tab.

0.10. Linguistic terminology — Terminologie linguistique

1807 [ACHMANOVA, O.S.] AKHMANOVA, Olga: *Linguistic terminology.* — Moscow: 1977 | BL 1978, 1596. | *SEz* 7, 1982/5, 35-38 Marija Popova.
1808 BALOUN, Jaroslav: *Německo-český slovník lingvistické terminologie. / Deutsch-tschechisches Wörterbuch der linguistischen Terminologie.* 1: A – Attizismus; 2: Attributkonstruktionen – Bedeutungen. — Praha: Státní pedag. naklad., 1982, 159; 152 p.
1809 BOOIJ, G.E.; KERSTENS, J.G.; VERKUYL, H.J.: *Lexicon van de taalwetenschap.* 2e druk. — Utrecht: 1980 | BL 1980, 1622. | *Spektator* 11, 1981-82, 435-436 T. van Haaften.
1810 CRYSTAL, David: *A first dictionary of linguistics and phonetics.* — London: Deutsch, 1980, 390 p. | Corr. to BL 1980, 1626 | *JL* 18, 1982, 461-464 N.V. Smith.
1811 DEMJANKOV, V.Z.: *Anglo-russkie terminy po prikladnoj lingvistike i avtomatičeskoj pererabotke teksta: poroždajuščaja grammatika.* — Tetradi novych terminov 23; Moskva: Izd. vsesojuznogo centra perevodov, 1979, 278 p. | *IzvAN* 41, 85-88 B.Ju. Gorodeckij; I.M. Kobozeva.
1812 DETERING, Klaus: Zur Sprachverwirrung in Linguistik und Sprachdidaktik. — [187], 3-13.
1813 *Dicționar român-rus de termeni lingvistici și filologici.* De un colectiv sub conducerea conf. dr. doc. Victor VASCENCO. Colectivul de redactare: Romeo CHIVESCU, Nicolae CLEM . . . [et al.]. — București: Tipografia Univ. București, 1981, 454 p. | *SCL* 33, 1982, 437-439 S. Vaimberg.
1814 DUBOIS, Jean; GIACOMO, Mathée; GUESPIN, Louis; et al.: *Diccionario de lingüística.* Versión esp. de Inés ORTEGA y Antonio DOMÍNGUEZ. Dirección y adaptación de Alicia YLLERA. — Madrid: Alianza Editorial, 1979, lxviii, 637 p. | Trad. de BL 1973, 1886. | *Thesaurus* 36, 1981, 349-350 J. Bernal Leongómez.
1815 DUCROT, Oswald; TODOROV, Tzvetan: *Encyclopaedic dictionary of the sciences of language.* Transl. [and rev.] by Catherine PORTER. — Oxford: Blackwell, 1981, xii, 380 p. | Cf. BL 1972, 792 for the Fr. ed. | *JL* 18, 1982, 461-464 N.V. Smith.

HISTOIRE DE LA LINGUISTIQUE

1816 FINK, Stefan R.: Some thoughts on international standardization of linguistic terminology in contrastive studies. — [244], 83-92.

1817 GAL'PERIN, I.R.: Otnositel'no upotreblenija terminov "značenie", "smysl", "soderžanie" v lingvističeskich rabotach. — *NDVŠ-F* 1982/5, 34-43.

HÄNDLER, H.; WIEGAND, H.E.: Das Konzept der Isoglosse . . . — 2876.

1818 LEGUIL, Alphonse: Terminologie et théories linguistiques. A propos de dictionnaires linguistiques. — *Linguistique* 18/2, 1982, 131-135.

MENGE, H.H.: Was ist Umgangssprache? . . . — 7957.

1819 MØLLER, Elisabeth; DITTMER, Arne: Polysemie, Homonymie, Allomorphie, Synonymie und was dann? Vorschlag zu einem Terminus technicus. — *KBGL* 20, 1982, 123-126 | *Mononymie.*

1820 RAUN, Alo: Concerning complementarity in linguistics. — [310], 267-272.

1821 RUIJSENDAAL, E.: Het terminograferen van grammaticale werken. — *Gramma* 5, 1981, 228-248 | Terminography of grammatical treatises.

1822 *Slovník slovanské lingvistické terminologie.* 1-2. — Praha/Hamburg: 1977-79 | BL 1979, 1671. | *SILTA* 9, 1980/3 (1982), 588-589 J. Křesálková.

1823 SWIGGERS, P.: Sur l'histoire du terme "valeur" en linguistique. — *RRLing* 26, 1981, 145-150.

0.11. History of linguistics — Histoire de la linguistique

DIEM, W.: . . . Sekundärliteratur zur einheimischen ar. Grammatikschreibung. — 13323.

1824 AARSLEFF, Hans: *From Locke to Saussure: essays on the study of language and intellectual history.* — London: Athlone / Minneapolis: Univ. of Minnesota Press, 1982, viii, 422 p. | Collected studies, with introd. and index.

1825 ABERCROMBIE, David: Fifty years in phonetics. — *FLing* 5, 1980-81, 169-178 | Reminiscences.

1826 AGUD, Ana: *Historia y teoría de los casos.* — Madrid: 1980 | BL 1980, 1646. | *Kratylos* 27, 1982 (1983), 170-175 G. Bossong.

1827 ALFORD, John A.: The grammatical metaphor: a survey of its use in the Middle Ages. — *Speculum* 57, 1982, 728-760.

1828 *L'analyse linguistique dans l'antiquité classique.* . . . par Marc BARATIN et Françoise DESBORDES. 1. — Paris: 1981 | BL 1981, 2150. | *REL* 60, 1982 (1983), 336-337 L. Holtz.

1829 ANDRESEN, Julie Tetel: *Linguistic crossroads of the eighteenth century: a modern perspective.* — Univ. of North Carolina at Chapel Hill diss., 1979, 314 p. | *DAb* 41/4, 1980, 1566-A.

1830 ANGHELESCU, Nadia: Observations sur la genèse de la signification générale et particulière dans une épître de al-Marzūqī. — *HL* 8, 1981/2-3 (1982), 237-248 | E. summ.

1831 ANGHELESCU, Nadia: Éléments d'une théorie des modalités chez les grammairiens arabes anciens. — *RRLing* 27, 1982, 287-291.

1832 ANWAR, Mohamed Sami: The legitimate fathers of speech errors. — *HL* 8, 1981/2-3 (1982), 249-265 | Rés. fr.

1833 ARDUINI, Stefano: La teoria dell'ellissi in Francisco Sánchez de las Brozas: una anticipazione della grammatica generativa? — *LeSt* 17, 1982, 341-370.

1834 ARISTE, Paul: Ein sprachlich-soziologisches Vorhaben. — *UZTarU* 619, 1982 (Linguistica), 8-14 | On an unexecuted plan of the Est. Ado GRENZSTEIN (1849-1916). Ru. summ.

1835 Ax, Wolfram: Aristarch und die "Grammatik". — *Glotta* 60, 1982, 96-109.
1836 BAILEY, Charles-James N.: What if Saussure had extended developmental-comparative analysis to description instead of proposing synchronic analysis? — *IF* 86, 1981 (1982), 137-145.
1837 BAKALLA, Muhammad Hasan: *Ibn Jinni, an early Arab phonetician: an interpretative study of his life and contribution to linguistics.* — London: European Publ., 1982 | *HL* 10, 1983, 103-110 M.G. Carter.
1838 BAKALLA, M.H.: The treatment of nasal elements by early Arab and Muslim phoneticians. — *HL* 8, 1981/2-3 (1982), 285-305, 6 fig. | Rés. fr.
1839 BAŃCZEROWSKI, Jerzy: On Mikołaj Rudnicki's general linguistics conceptions. — *LPosn* 24, 1982, 7-27.
1840 BARTLETT, Barrie E.: *Beauzée's 'Grammaire générale'*... — The Hague: 1975 | BL 1975, 1925. | *FR* 51, 1977-78, 319-320 C. Bouton.
1841 BEKKUM, W. Jacques VAN: The 'Risāla' of Yehuda Ibn Quraysh and its place in Hebrew linguistics. — *HL* 8, 1981/2-3 (1982), 307-327 | Rés. fr.
1842 BELYJ, V.V.: U.D. Uitni i stanovlenie amerikanskogo deskriptivizma. — *VJa* 1982/5, 49-58 | W.D. WHITNEY and the rise of Am. descriptivism.
1843 BEREZIN, F.M.: *Istorija sovetskogo jazykoznanija*... — Moskva: 1981 | BL 1981, 2162. | *VJa* 1982/6, 129-132 O.S. Achmanova.
1844 BEYER, Arno: *Deutsche Einflüsse auf die englische Sprachwissenschaft im 19. Jahrhundert.* — Göppinger Arbeiten zur Germanistik 324; Göppingen: Kümmerle, 1981, viii, 451 p. | E. summ. | *EGerm* 37, 1982, 514-515 A.R. Tellier.
1845 BLANK, David L.: *Ancient philosophy and grammar: the syntax of Apollonius Dyscolus.* — Am. Classical Studies 10; Chico, CA: Scholars Pr., 1982, xi, 123 p.
1846 BLINOV, A.V.: Iz istorii sravnitel'noj grammatiki indoevropejskich jazykov. — *VMU* 1981/3, 56-65.
1847 BODINE, Jay F.: Die Sprachauffassung und Sprachkritik von Karl Kraus: Ein Forschungsbericht über Untersuchungen der siebziger Jahre. — *RBPh* 59, 1981, 665-683.
1848 BONFANTE, G.: B. Croce e la neolinguística. — *AGI* 67, 1982, 166-169 | Contra Carlo DE SIMONE (BL 1968, 1061).
1849 BREDSDORFF, Jakob Hornemann: On the causes of linguistic change (1821). English translation with commentary and an essay on J.H. Bredsdorff by Henning ANDERSEN. — *HL* 9, 1982, 1-41.
1850 BRONKHORST, Johannes: The variationist Pāṇini and Vedic: a review article. — *IIJ* 24, 1982, 273-282 | On No. 1902.
1851 BUDAGOV, R.A.: My dolžny znat' istoriju sovetskogo teoretičeskogo jazykoznanija. — *VMU* 1982/6, 19-27.
1852 BURSILL-HALL, Geoffrey L.: *A census of Medieval Latin grammatical manuscripts.* — Grammatica speculativa 4; Stuttgart-Bad Cannstatt: Frommann-Holzboog, 1981, 392 p. | *Latomus* 42, 1983, 469-470 M. De Nonno.
1853 CAMPBELL, Robin N.; GRIEVE, Robert: Royal investigations of the origin of language. — *HL* 9, 1982, 43-74.
1854 CANZ, Israel Gottlieb [1690-1753]: *Grammaticae universalis tenuia rudimenta.* Mit einer Bio-Bibliographie von Hans Jürgen HÖLLER und einem kommentierten Werküberblick von Herbert E. BREKLE. Mit einem Bild und einer Falttafel. — Grammatica Universalis 15; Stuttgart-Bad Cannstatt: Frommann (Holzboog), 1982, 91, 72 p., fold. tab. | Facsim. repr. of 1737 ed.
1855 CARDONA, George: *Pāṇini*... — The Hague: 1976 | BL 1976, 1915. | *OLZ* 77, 1982, 75 H. Scharfe.

1856 CHOMARAT, Jacques: *Grammaire et rhétorique chez Érasme.* I-II. — Paris: 1981 | BL 1981, 2183. | *Latomus* 42, 1983, 670-672 R. Crahay.

1857 CHRISTY, Thomas Craig: *Uniformitarianism in linguistics.* — Princeton Univ. diss., 1980, 209 p. | On the overlap in methodology and theory of 19th-century geology and linguistics. | *DAb* 41/6, 1980, 2584-A.

1858 CLERICO, Geneviève: A propos de *César Chesneau du Marsais et son rôle dans l'évolution de la grammaire générale* (Paris, 1928) de Gunvor Sahlin. — *HL* 9, 1982, 75-105 | E. summ.

1859 COSERIU, Eugenio: *Tradición y novedad en la ciencia del lenguaje* . . . — Madrid: 1977 | BL 1979, 1709. | *RSEL* 11, 1981, 225-228 B. García-Hernández.

1860 CULLER, Jonathan: *Saussure.* — London: 1976 | BL 1976, 664. | *PT* 2, 1980-81/1b, 203-207 A. van der Hoven (reply by J.C., 209-212).

1861 [CULLER, J.] KALER, Džonatan: *Sosir – osnivač moderne lingvistike.* — Biblioteka XX vek, 43; Beograd: Beogradski izdavačko-grafički zavod, 1980, 149 p. | Corr. to BL 1981, 875. | *JslF* 37, 1981, 281-285 M. Radovanović.

1862 DAUGATS, Ėduard: Problemy sopostavitel'nogo jazykoznanija V. Gumbol'dta v nauke o jazyke. — *UZTarU* 619, 1982 (Linguistica), 15-24 | G. summ.: Probleme der vergleichenden Sprachkunde W. v. Humboldts in der Wissenschaft von der Sprache.

1863 DENECKERE, Marcel: Benedetto Croce et la linguistique. — *LAnt* 14, 1980, 41-171 | Sequel to BL 1980, 1672.

1864 DIBBETS, G.R.W.: Woord, afleiding en samenstelling in de Nederlandse Triviumgrammatica. — *LB* 71, 1982, 59-103 | Word, derivation and composition in the Du. Trivium grammar.

1865 DI SALVO, M.: Il pensiero linguistico di J.B. de Courtenay. — Venezia: 1975 | BL 1975, 1952. | *Aevum* 52, 1978, 636 C. Milani.

1866 DONNET, Daniel: *Le traité de la construction de la phrase de Michel Le Syncelle de Jérusalem.* Histoire du texte, trad. et com. — Études de Phil., d'Arch. et d'Hist. Anc. 22; Rome: Inst. Hist. Belge de Rome, 1982, viii, 576 p. | *AC* 52, 1983, 429-430 M. Leroy.

1867 DONNET, Daniel: La syntaxe chez Théodore de Gaza: introduction à une lecture critique du livre IV de l'*Institutio grammatica.* — *CILL* 6/3-4, 1980, 31-47.

1868 DRIEL, L. VAN: Tussen attributief en predikatief: iets over de geschiedenis van de bepaling van gesteldheid in de 19e eeuw. — [402], 110-136 | Between attributive and predicative: notes on the hist. of the predicative adjunct in 19th-century Du. grammar.

1869 DRUYVEN, Th: Samenspraak bij de *Hollandsche Spraakleer.* Over W.G. Brill en de samenwerking met M. de Vries bij de totstandkoming van de *Hollandsche Spraakleer* (1846). — [402], 157-173 | About W.G. BRILL (1811-96) and the co-operation with M. DE VRIES in the realization of the *Hollandsche Spraakleer* (1846).

1870 ELFFERS, Els: Nederlands strukturalisme en zinsontleding: een poging tot rekonstruktie van een stukje vakgeschiedenis. — *NTg* 75, 1982, 205-229 | Du. structuralism and sentence analysis: a tentative reconstruction of a bit of special history.

1871 ELFFERS, Els: Problems of the description of revolutions in linguistics. — [272], 1-10.

ELMAN, B.: From value to fact: the emergence of phonology . . . China. — 14769.

1872 [ERASMUS, Desiderius]. Desiderii Erasmi Roterodami *De recta Latini Graeci-*

que sermonis pronuntiatione dialogus... von Johannes KRAMER. — Meisenheim am Glan: 1978 | BL 1978, 1652. | *AC* 51, 1982, 492-493 M. Leroy | *RBPh* 58, 1980, 141-143 E. Liénard | *AAHG* 36, 1983, 185-187 F. Rädle.

FELLMAN, J.: Francis William Newman ... — 700.

1873 FONTAINE, Jacques: Aux sources de la lexicographie médiévale: Isidore de Séville, médiateur de l'étymologie antique. — [153], 97-103.

FRANK, R.M.: ... The earlier Arab grammarians. — 13332.

1874 GARCÍA TEIJEIRO, Manuel: Una lengua artificial en la Grecia helenística. — *RSEL* 11, 1981, 69-82.

1875 GARCÍA YEBRA, Valentín: ¿Tò ἓν σημαίνειν? Origen de la polisemia según Aristóteles. — *RSEL* 11, 1981, 33-50.

1876 GENESINI, Pietro: Mondo, linguaggio e logica nel "Tractatus" di L. Wittgenstein. — *RALinc* 36, 1982, 23-44.

1877 GERMAN, Terence J.: *Hamann on language and religion.* — Oxford Theological Monographs; Oxford: Oxford UP., 1981, viii, 187 p.

1878 GIANOLA, Giovanna M.: *Il greco di Dante. Ricerche sulle dottrine grammaticali nel medioevo.* — Memorie dell'Ist. Veneto, Classe di Sci. morali, Lett. ed Arti 37,3; Venezia: Ist. Veneto, 1980, 278 p. | *MLatJb* 17, 1982, 310-311 B.M. Kaczynski.

1879 GIRARD, Gabriel: *Les vrais principes de la langue françoise.* Éd. de Paris, 1747, précédée d'une introd. par Pierre SWIGGERS. — Langues et Cultures 14; Genève: Droz, 1982, 73, x, 432; 471 p.

1880 GODEL, Robert: Retractatio. — *CFS* 35, 1981 (1982), 29-52 | Add. and corrigenda to BL 1959, 32.

1881 GORDON, W. Terrence: *A history of semantics.* — SiHoL 30; Amsterdam: Benjamins, 1982, viii, 284 p.

1882 *La grammatica del pensiero: logica, linguaggio e conoscenza nell'età dell'Illuminismo.* A cura di Dino BUZETTI; Maurizio FERRIANI. — Bologna: Il Mulino, 1982, 257 p.

1883 GROTSCH, Klaus: *Sprachwissenschaftsgeschichtsschreibung: ein Beitrag zur Kritik und zur historischen und methodologischen Selbstvergewisserung der Disziplin.* — Göppinger Arbeiten zur Germanistik 352 (Diss. Freie Univ., Berlin); Göppingen: Kümmerle, 1982, [ix], 357 p. | *Germanistik* 24, 1983, 531-532 K. Koerner.

1884 HARRIS, Roy: *The language myth.* — London: Duckworth & Co., 1981, ix, 212 p.

1885 HASSLER, Gerda: Positionen der Ideologen zur Rolle der Sprache im Erkenntnisprozess. — *BRPh* 20, 1981, 51-66.

1886 HAUSMANN, Franz Josef: Kollokationswörterbücher des Lateinischen und Französischen im 16. und 17. Jahrhundert. — [243], 183-199.

1887 HEINZ, Adam: *Dzieje językoznawstwa w zarysie.* — Warszawa: 1978 | BL 1978, 1666. | *ZbFL* 24, 1981/1 (1982), 173-177 M. Radovanović.

1888 HELBIG, Gerhard: *Dzieje językoznawstwa nowożytnego.* Przełożyły: Czesława SCHATTE i Dorota MORCINIEC. — Wrocław: Zakład im. Ossolińskich, 1982, 450 p. | Transl. of BL 1973, 1958.

1889 HENSCHEL, Bernhard: *Imitation* und analyse bei Dumarsais. — *BRPh* 20, 1981, 67-77.

1890 *The history of linguistics in the Near East.* Invited ed.: Cornelis H.M. VERSTEEGH. — *HL* 8, 1981/2-3; Amsterdam: Benjamins, 1982, vii p., p. 237-486 | E.F. Konrad KOERNER, Preface, iii-vii.

1891 HOVDHAUGEN, Even: *Foundations of Western linguistics: from the beginning to the end of the first millennium A.D.* — Oslo: Universitetsforlaget, 1982, 156 p.

1892 HULSHOF, H.: C.H. den Hertog en zijn bronnen: een taalkundig referentiekader in de tweede helft van de 19e eeuw. — [402], 193-215 | C.H. DEN HERTOG (*Nederlandsche spraakkunst*, 1892-96) and his sources.

1893 HUMBOLDT, Wilhelm VON: *Brief an M. Abel-Rémusat über die Natur grammatischer Formen* . . . mit einer Einführung versehen von Christoph HARBSMEIER . . . — Stuttgart-Bad Cannstatt: 1979 | BL 1979, 1746. | *BSOAS* 45, 1982, 388-390 D.C. Bennett.

1894 HUNOLD, Karen Ann: Wilhelm von Humboldt's linguistic importance. — *PBLS* 7, 1981, 93-103.

1895 HUNT, R.W.: *The history of grammar in the Middle Ages* . . . — Amsterdam: 1980 | BL 1980, 1696. | *ALMA* 42, 1979-80 (1982), 200-202 A. Guerreau-Jalabert | *HL* 9, 1982, 161-163 S. Ebbesen | *Spektator* 11, 1981-82, 432-435 E. Ruijsendaal.

1896 HYMES, Dell; FOUGHT, John: *American structuralism.* — The Hague: 1981 | BL 1981, 2229. | *L&H* 47, 1981, 75 G. L[urquin].

1897 *Istorija lingvističeskich učenij: drevnij mir.* [Red.: A.V. DESNICKAJA; S.D. KACNEL'SON]. — Leningrad: 1980 | BL 1980, 1698. | *BE* 32, 1982, 82-86 Ž. Bojadžiev.

1898 JAKUŠKINA, M.G.: Lingvističeskie idei ènciklopedistov. — *IzvAN* 41, 1982, 151-159.

JARDEL, J.-P.: Le concept de "diglossie" de Psichari à Ferguson. — 4136.

1899 JELBY, Ole: Peter Jørgensens Grammatiktheorie. — *KBGL* 15, 1979, 1-41 | Cf. BL 1964, 4767.

1900 KACNEL'SON, S.D.: Koncepcija lingvističeskoj tipologii Adama Smita. — *IzvAN* 41, 1982, 109-115.

1901 KEY, Mary Ritchie: *Catherine the Great's linguistic contribution.* — Current Inquiry into Language and Linguistics 36; Carbondale, IL: Linguistic Research, 1980, xvi, 200 p. | *HL* 10, 1983, 126-129 V.E. Hanzeli | *Lg* 58, 1982, 240 B. Comrie.

1902 KIPARSKY, Paul: *Pāṇini as a variationist.* — Poona / Cambridge, MA: 1979 | BL 1979, 1756. | *BSOAS* 45, 1982, 185-186 J.D. Smith | *IF* 86, 1981 (1982), 351-354 H. Scharfe | Cf. 1850 & 4529.

1903 KISS, Katalin É.: Sámuel Brassai's theory of the sentence. — [345], 331-349 | S. BRASSAI (1789-1889).

1904 KLIFMAN, H.: De geschiedschrijving van de taalkunde als methodologisch probleem, toegepast op de geschiedenis van de Nederlandse taalkunde. — *LB* 71, 1982, 105-124 | The historiography of linguistics as a methodological problem, applied to the hist. of Du. linguistics.

1905 KLIJNSMIT, A.J.: Klank en teken bij Petrus Weiland. — [402], 137-145 | Sound and sign in Petrus WEILAND, *Nederduitsche spraakkunst* (1805).

1906 KLUBKOVA, T.V.: "Mitridat" I.Ch. Adelunga i I.S. Fatera i ego mesto v istorii jazykoznanija. — *VLU* 1982/20, 58-62 | J.Ch. ADELUNG and J.S. VATER's *Mithridates*.

1907 KNOOP, Ulrich: Das Interesse an den Mundarten und die Grundlegung der Dialektologie. — [339], 1-23.

1908 KNOOP, Ulrich; PUTSCHKE, Wolfgang; WIEGAND, Herbert Ernst: Die Marburger Schule: Entstehung und frühe Entwicklung der Dialektgeographie. — [339], 38-92, 17 maps, 5 fig.

1909 Koč1š, František; PECIAR, Štefan: Sovetskoe jazykoznanie i razvitie čechoslovackoj lingvistiki. — *Ruštinár* 17, 1982/6, 3-8.
1910 KOERNER, E.F. Konrad: *Ferdinand de Saussure: génesis y evolución de su pensamiento en el marco de la lingüística occidental. Contribución a la historia y a la teoría de la lingüística.* Versión esp. de Graciela GARCÍA MONTAÑO. — BRHi, III 55; Madrid: Gredos, 1982, 532 p. | Transl. of BL 1973, 1971.
1911 KOERNER, Konrad: Positivism in linguistics. — *Sprachw* 7, 1982, 359-377.
1912 KOERNER, Konrad: The neogrammarian doctrine: Breakthrough or extension of the Schleicherian paradigm. A problem in linguistic historiography. — [168], 129-152 | Cf. BL 1981, 2241.
1913 KOERNER, Konrad: Observations on the sources, transmission, and meaning of 'Indo-European' and related terms in the development of linguistics. — [168], 153-180 | See also *IF* 86, 1981 (1982), 1-29.
1914 KOERNER, Konrad: On the historical roots of the philology/linguistics controversy. — [170], 404-413.
1915 KOLÁR, Jaroslav: Feifalikova korespondence na Moravu. — *Literární archív* (Praha) 11-12, 1976-77 (1981), 53-110 | J. FEIFALIK (1833-62); Edition der Briefe.
1916 KONDRAŠOV, N.A.: *Istorija lingvističeskich učenij.* — Moskva: 1979 | BL 1979, 1763. | *HL* 9, 1982, 145-152 D.L. Olmsted.
1917 KUL'MAN, N.: *Iz istorii russkoj grammatiki:* Petrograd 1917. Nachdruck besorgt von Peter KOSTA. — Specimina philologiae Slavicae 42; München: Sagner, 1982, [6], 105 p.
1918 LANGHADE, Jacques: Grammaire, logique, études linguistiques chez al-Fārābī. — *HL* 8, 1981/2-3 (1982), 365-377 | E. summ.
1919 LAPTĚVOVÁ, L.P.: Korespondence I.I. Srezněvského a A. Patery. Příspěvek k historii česko-ruských vědeckých styků v 19. století. — *Československo-sovětské vztahy* 11 (Praha: 1982), 97-112 | Correspondance de I.I. Sreznevskij avec Adolf Patera: contr. à l'hist. des contacts sci. tch.-ru. au 19e siècle.
1920 LEPSCHY, Giulio: Linguistic historiography. — [231], 25-31.
1921 LEPSIUS, Richard (1810-84): *Standard alphabet for reducing unwritten languages . . .* Ed. by J.A. KEMP. — Amsterdam: 1981 | BL 1981, 2252. | *Lg* 58, 1982, 724-725 C.M. Eastman | *Linguistics* 20, 1982, 658-660 P. Swiggers.
1922 LEWIN, Bruno: *Sprachbetrachtung und Sprachwissenschaft im vormodernen Japan.* — Rheinisch-Westfälische Akad. der Wissenschaften, Vorträge, G 258; Wiesbaden: Westdeutscher Verlag, 1982, 37 p.
1923 LHOEST, Françoise: Regards sur la linguistique soviétique actuelle. — *L&H* 37, 1978, 56-62.
1924 Lo PIPARO, Franco: *Lingua, intellettuali, egemonia in Gramsci.* — Bari: 1979 | BL 1979, 1771. | *Paideia* 36, 1981, 113-114 F. Murru.
1925 Louis Hjelmslev's position in genetic and typological linguistics. — [199], 39-74 | Francis J. WHITFIELD: Introd., 39-48; discussion by Sydney M. LAMB (49-63) & Jørgen RISCHEL (65-72).
1926 LOUŽIL, Jaromír: Poznámka k Jungmannově filozofii jazyka. — *Strahovská knihovna* (Praha) 12-13, 1982, 201-204 | A note on J. JUNGMANN's philosophy of language.
1927 LUBBE, Hendrik Johannes: *Die rol van nie-talige faktore in die geskiedenis van die algemene taalwetenskap in Amerika in die twintigste eeu.* — Bloemfontein: Univ. van die Oranje-Vrystaat, [1982?], 23 p. | The role of non-linguistic factors in the history of general linguistics in the USA in the 20th century (Inaugural lecture, Univ. of Oranje-Vrystaat).

1928 LUHRMAN, Hans: Julius Caesar Scaliger as the Metternich of sixteenth century grammar. — [272], 27-37.
1929 LYONS, John: Guida a Chomsky. Trad. e glossario di Gabriele USBERTI. — I tascabili della BUR, L 148; Milano: Biblioteca Universale Rizzoli, 1980, 182 p. | Transl. of BL 1977, 452.
1930 MALJAVINA, L.A.: Grammatika ispanskogo gumanista F. Sančesa kak ėtap v razvitii vzgljadov na jazyk. — *IzvAN* 41, 1982, 144-150.
1931 MANCHESTER, Martin L.: Philosophical motives in Wilhelm von Humboldt's defense of the inflectional superiority thesis. — *HL* 9, 1982, 107-120 | Rés. fr.
1932 MAROSCIA, Antonio: Alcune note sul verbo in Aristotele. — *Aevum* 56, 1982, 33-43.
1933 MARSHALL, John C.: A note on the psycholinguistic origin of the concept of 'phonology'. — *Gramma* 1, 1977/1, 21-26.
1934 MAYRHOFER, Manfred: *Nach hundert Jahren: Ferdinand de Saussures Frühwerk* ... — Heidelberg: 1981 | BL 1981, 2261. | *BNF* 17, 1982, 247 J. Knobloch.
1935 MCDERMOTT, A. Charlene Senape: *Godfrey of Fontaine's abridgement of Boethius the Dane's Modi significandi* ... — Amsterdam: 1980 | BL 1980, 1717. | *Lg* 58, 1982, 723-724 L.G. Kelly.
1936 MEDVEDJEV, F.P.: Z istoriji movoznavčych studij na Ukrajini. — *Mov* 1982/3, 14-18 | From the hist. of linguistic studies in the Ukraine.
1937 [MIHĂILĂ, G.] MICHAILA, G.: Aktual'nost' "Principov jazykoznanija" Bogdana Petričejku Chašdeu (Bogdan Petriceicu Hasdeu). — *RRLing* 27, 1982, 165-170.
1938 MILITZ, Hans-Manfred: Sprachentwicklung und Wortbedeutung bei Turgot. — *BRPh* 20, 1981, 109-115.
1939 *Modi significandi und ihre Destruktionen: zwei Texte zur scholastischen Sprachtheorie im 14. Jahrhundert.* Nach Inkunabelausgaben in einer vorläufigen Fassung neu zusammengestellt von Ludger KACZMAREK. — Materiale zur Geschichte der Sprachwissenschaft und der Semiotik 1; Münster: Münsteraner Arbeitskreis für Semiotik, 1980, 103 p.
1940 MÜLLER, Wolfgang G.: *Topik des Stilbegriffs* ... — Darmstadt: 1981 | BL 1981, 2269. | *Arctos* 16, 1982, 230 H. Riikonen | *Latomus* 42, 1983, 470-472 L. Deschamps | *ZAA* 30, 1982, 276-277 R. Gläser.
1941 MURRU, Furio: Tra monoptota e aptota: un capitolo di storia della linguistica antica. — *Em* 50, 1982, 33-50 | Rés. fr.
1942 NELSON, R.J.: Lingüística quinientista: las obras de Pedro Bembo, Sperone Speroni y Juan de Valdés. — *Thesaurus* 36, 1981, 429-456.
1943 NEWMAN, Stanley S.: Toward a history of American linguistics. — *HL* 9, 1982, 135-143 | Rev. art. on *First person singular:* Papers ... Ed. by Boyd H. DAVIS; Raymond K. O'CAIN, 1980 (BL 1980, 106).
1944 NOORDEGRAAF, Jan: Tussen oordeel en formulering: ontleding anno 1820. — *Reisgidsen vol Belluno's en Blauwbaarden:* opstellen ... aangeboden aan Dr. H.A. Wage (Leiden: Vakgroep Nederlandse Taal- & Letterkunde, 1976), 104-113 | Between judgement and formulation: grammatical analysis in 1820.
1945 NOORDEGRAAF, Jan: The Port-Royal grammar: a bibliographical note. — *HL* 9, 1982, 169-173.
1946 NOORDEGRAAF, J.: Traditie en vernieuwing in de taalwetenschap: twee "problemen". — [402], 81-109 | Tradition and renewal in linguistics: two "problems". 1. The lost sentence. 2. Constituent analysis.

1947 PAGANI, Ileana: *La teoria linguistica di Dante: De vulgari eloquentia. Discussioni, scelte, proposte.* — Bibl. Nuovo Medioevo 26; Napoli: Liguori, 1982, 273 p.
1948 PEETERS, L.: Linguistics and Trivium — Taalkunde en Trivium. Towards a historiography of Dutch linguistics in the sixteenth and seventeenth centuries. — *LB* 71, 1982, 1-6 | Introd. to a special issue. Bibliography, *ibid.* 125-136.
1949 PEETERS, L.: Taalkunde en wetenschap in de zestiende eeuw, en het ontstaan van het Nederlandse Trivium. — *LB* 71, 1982, 7-29 | Linguistics and science in the 16th century, and the origins of the Du. Trivium.
1950 POLIVANOV, Evgenij Dmitrievič [1891-1938]: Anche la matematica può essere utile... — *SCr* 15 (44), 1981, 130-142 | Annotated transl., by Heidi TAGLIAVINI, of: 'I matematika možet byt' poleznoj', *Za marksistskoe jazykoznanie* (Moskva 1931), 173-182.
1951 POPOV, Konstantin: *Naučnoto delo na vidni bălgarski ezikovedi.* — Sofija: Narodna prosveta, 1982, 174 p., 15 portr. | The sci. work of 15 outstanding Bulg. linguists (Martin DRINOV, Aleksandăr TEODOROV-BALAN, Ljubomir MILETIČ, Ben'o CONEV, Ivan ŠIŠMANOV, Jordan TRIFONOV, Dimităr MATOV, Stefan MLADENOV, et al.). | *EL* 37, 1982/5, 106-109 S. Stojanov.
1952 POPPE, Erich: *C.F. Aichingers 'Versuch einer teutschen Sprachlehre': Untersuchungen zur Geschichte der deutschen Grammatikschreibung im 18. Jahrhundert.* — Documenta linguistica, Studienreihe 1; Hildesheim: Olms, 1982, xii, 539 p. | With 6 appendices, inter alia: 4. Georg Heinrich URSINUS [1647-1707], eine bio-bibliographische Skizze, 500-504; 5. Quellenmaterial zur Präsenz des Zeichenbegriffs in der Logik in der ersten Hälfte des 18. Jahrhunderts, 505-507; 6. Quellenmaterial zur Definition von formaler und materialer Supposition im 17. und 18. Jahrhundert, 508-513. Bibliography, 514-539.
1953 POZUELO YVANCOS, José María: *López de Velasco en la teoría gramatical del siglo XVI.* — Murcia: Univ., 1981, 132 p.
1954 *The Prague school: selected writings 1929-46.* Ed. by P. STEINER. — Austin, TX: Univ. of Texas, 1982, 219 p.
1955 RADULPHUS BRITO: *Quaestiones super Priscianum minorem.* Hrsg. ... von Heinz W. ENDERS; Jan PINBORG. — Stuttgart-Bad Cannstatt: 1980 | BL 1980, 1745. | *SLang* 6, 1982, 119-125 W.K. Percival.
1956 RALPH OF BEAUVAIS: *Glose super Donatum.* Ed. with a short introd., notes and indices by C.H. KNEEPKENS. — Aristarium 2; Nijmegen: Ingenium Publishers, 1982, xxxviii, 98 p.
1957 Rasmus Rask's position in genetic and typological linguistics. — [199], 10-37 | Marie BJERRUM: Introd., 10-16; discussion by Hreinn BENEDIKTSSON (17-28) & R.H. ROBINS (29-32); Niels EGE: Rask and language relatedness, 33-37.
1958 RAY, John [1627-1705]: *Dictionariolum trilingue:* editio prima 1675: facsimile with an introd. by William T. STEARN. — London: Ray Soc., 1981, 23, 91 p.
1959 READ, M.K.: The concept of man as "homo loquens" in the Spanish Renaissance. — *RSEL* 12, 1982, 65-84.
1960 *Remigius, Schleswig 1486: a Latin grammar in facsimile ed.*, with a postscript by Jan PINBORG. — Det Kongelige Danske Videnskabernes Selskab, Hist.-filosofiske meddelelser 50, 4; København: Munksgaard, 1982, 83 p.
1961 RICKEN, Ulrich: *Grammaire et philosophie au siècle des Lumières* ... — Villeneuve-d'Ascq: 1978 | BL 1979, 1795. | *Linguistique* 18/2, 1982, 141-142 G. Mounin.
1962 RICO, Francisco: *Nebrija frente a los bárbaros: el canon de gramáticos nefastos*

en las polémicas del humanismo. — Salamanca: Univ. de Salamanca, 1978, 135 p. | *IbRom* 15, 1982, 142-143 K. Kohut.

1963 ROBINS, Robert H.: *Idee e problemi della linguistica.* — Bibl. universale Laterza 6; Roma: Laterza, 1981, 191 p. | Transl. of BL 1974, 1794.

1964 ROELANDTS, K.: De taalkunde in België sinds 1830. — *VMKAN* 1981, 146-176 | Linguistics in Belgium since 1830. Bibliographical notes, 164-176.

1965 RUEF, Hans: *Augustin über Semiotik und Sprache* . . . — Bern: 1981 | BL 1981, 2297. | *REL* 59, 1981 (1982), 334 M. Baratin.

1966 RUIJSENDAAL, E.: Achtergronden van het kenmerkensysteem in de taalbeschrijving van de Triviumgrammatica. — *LB* 71, 1982, 31-58 | The backgrounds of the system of features in the language description of the Trivium grammar.

1967 SALMON, Vivian: Wh- and yes/no questions: Charles Butler's *Grammar* (1633) and the history of a linguistic concept. — [282], 401-426.

1968 SALVUCCI, Roberto: *Sviluppi della problematica del linguaggio nel XVIII secolo: Condillac, Rousseau, Smith.* — Rimini: Maggioli, 1982, 412 p.

1969 SAMUELIAN, Thomas John: *The search for a Marxist linguistics in the Soviet Union, 1917-1950.* — Univ. of Pennsylvania diss., 1981, 501 p. | *DAb* 42/3, 1981, 1130-A.

1970 SANCTIUS, Franciscus: *Minerve ou les causes de la langue latine.* Introd., trad. et notes par Geneviève CLERICO. — Villeneuve-d'Ascq: Publ. de l'Univ. de Lille III, 1982, 414 p.

1971 ŠARADZENIDZE, T.S.: *Lingvističeskaja teorija I.A. Boduèna de Kurtenè* . . . — Moskva: 1980 | BL 1980, 1757. | *SCL* 33, 1982, 181-183 L. Wald.

1972 SCHEERER, Thomas M.: *Ferdinand de Saussure* . . . — Darmstadt: 1980 | BL 1980, 717. | *Kratylos* 26, 1981 (1982), 1-5 P. Wunderli | *VR* 41, 1982, 220-223 U. Thilo | *RF* 93, 1981, 173-174 K.H. Schmidt | *BiOr* 39, 1982, 483-485 A. Lubotsky.

1973 SCHMITTER, Peter: *Untersuchungen zur Historiographie der Linguistik: Struktur – Methodik – theoretische Fundierung.* — TBL 181; Tübingen: Narr, 1982, 232 p. | *Sprache* 29, 1983, 62 M. M[ayrhofer].

1974 SCHMITTER, Peter: Kunst und Sprache. Über den Zusammenhang von Sprachphilosophie und Ästhetik bei Wilhelm von Humboldt. — *Sprachw* 7, 1982, 40-57.

1975 SEIDEL, Kurt Otto: *Quid sit dictionem regere dictionem.* Aspekte der Verbvalenz in Grammatiken des 12. bis 17. Jahrhunderts. — [412], 271-289.

1976 SERBAT, Guy: *Cas et fonctions* . . . — Paris: 1981 | BL 1981, 2312. | *AC* 52, 1983, 430-431 M. Dominicy | *Aevum* 56, 1982, 594-595 B. Cambiaghi | *Kratylos* 27, 1982 (1983), 5-8 R. Amacker | *Verbum* 5, 1982, 116 C. Lecointre.

1977 SHATTUCK, Roger: *The forbidden experiment: the story of the wild boy of Aveyron.* — London: Quartet Books, 1981, 220 p. | *HL* 10, 1983, 138-142 R. Schreyer.

1978 SHEPHEARD, David: Saussure's Vedic anagrams. — *MLR* 77, 1982, 523.

1979 SIEGEL, Joel Herbert: *W.D. Whitney's views on the nature of language and language study.* — Indiana Univ. diss., 1980, 160 p. | *DAb* 41/3, 1980, 1046-A.

1980 SIMONSSON, Nils: On the concept of sentence in ancient Indian and Tibetan theory and on the function of case particles in Tibetan according to Tibetan grammarians. — *FUS* 5, 1982, 281-291.

1981 SINDER, L.R.: Eduard Sievers und die Geschichte der Phonologie. Zum 50. Todestag von Eduard Sievers. — *Phonetica* 39, 1982, 368-373.

1982 SLAUGHTER, Mary M.: *Universal languages and scientific taxonomy in the seventeenth century.* — Cambridge: Cambridge UP., 1982, x, 277 p.

1983 SMIRNOV, S.V.: O ponjatijach "naučnaja škola" i "naučnoe napravlenie" v istorii jazykoznanija. — *UZTarU* 573, 1981, 136-147.
1984 SMRČKOVÁ, Jiřina: Počátky slovansko-románských studií v české jazykovědě. — [382], 51-64 | The beginnings of Slavo-Romance studies in Cz. linguistics: Jan Urban JARNÍK, Maxmilián KŘEPINSKÝ.
1985 *Sprachwissenschaft des 19. Jahrhunderts.* Hrsg. von Hans Helmut CHRISTMANN. — Darmstadt: 1977 | BL 1977, 2221. | *IF* 86, 1981 (1982), 292-300 E.F.K. Koerner.
1986 STAROBINSKI, Jean: *Words upon words* . . . — New Haven: 1979 | BL 1980, 1770. | *Em* 50, 1982, 211-212 A. Alvar Ezquerra | *MLR* 77, 1982, 138-139 R. Kilpatrick.
 STUTTERHEIM, C.F.P.: Definitie of geen definitie: problematiek van de definitie in de taalwetenschap . . . — 2671.
1987 SWIGGERS, Pierre: A propos d'une opposition fondamentale dans l'historiographie de la linguistique. — *FoLH* 3, 1982, 239-246 | Historiographie comme histoire externe dans un contexte scientifique et culturel plus large, ou comme histoire interne des conceptions grammaticales et linguistiques.
1988 SWIGGERS, Pierre: 'Portraits of linguists' anno 1927. — *HL* 9, 1982, 175-178 | On Fritz BEHREND, *Geschichte der deutschen Philologie in Bildern*, Marburg 1927.
1989 SWIGGERS, P.: Het Amerikaanse strukturalisme en de studie van de Indianentalen. — *HZnMTL* 36, 1982, 195-204 | Am. structuralism and the study of Indian languages.
1990 SWIGGERS, Pierre: De Girard à Saussure: sur l'histoire du terme "valeur" en linguistique. — *TLL* 20, 1982/1, 325-331.
1991 SYLLABA, Theodor: První český vědecký seminář na pražské univerzitě (Gebauerův slovanský seminář). — *Historia Universitatis Carolinae Pragensis* 22, 1982/1, 95-112 | Das erste tschechische wissenschaftliche Seminar an der Prager Univ. (Gebauers Slawisches Seminar). G. summ.
1992 SZEMERÉNYI, Oswald: *Richtungen der modernen Sprachwissenschaft. II. Teil: Die fünfziger Jahre (1950-1960).* — Sprachwissenschaftliche Studienbücher; Heidelberg: Winter, 1982, xiv, 318 p. | Cf. BL 1971, 1590.
1993 TELEGDI, Zsigmond: On the formation of the concept of "linguistic sign" and on Stoic language doctrine. — [345], 537-588 | Revised version of BL 1976, 2028.
1994 TOVAR, Antonio: Hervás y las lenguas indías de América del Norte. — *RSEL* 11, 1981, 1-11.
1995 URBAŃCZYK, Stanisław: Dwieście lat polskiego językoznawstwa (Próba periodyzacji). — [382], 7-21, tab. | 200 years of Pol. linguistics.
1996 VALLE RODRÍGUEZ, Carlos DEL: Die Anfänge der hebräischen Grammatik in Spanien. — *HL* 8, 1981/2-3 (1982), 389-402 | E. & Fr. summ.
1997 VERBURG, P.A.: De plaats der taal bij onderwijs en filosofie in de Westerse cultuurgeschiedenis (tot 1700). — [402], 11-34 | The place of language in teaching and philosophy in Western cultural hist. (up to 1700).
1998 VERSTEEGH, C.H.M.: *Greek elements in Arabic linguistic thinking.* — Leiden: 1977 | BL 1977, 2234. | *RRLing* 26, 1981, 191-193 N. Anghelescu.
1999 VERSTEEGH, C.H.M.: A dissenting grammarian: Quṭrub on declension. — *HL* 8, 1981/2-3 (1982), 403-429 | Rés. fr.
2000 VERSTEEGH, Kees [= C.H.M.]: Progress and change in the history of Arabic grammar. — [272], 39-49.

PHONÉTIQUE

2001 VOIGT, Burkhard: *Juan de Valdés und Bermúdez de Pedraza* . . . — Bonn: 1980 | BL 1981, 2353. | *RJb* 32, 1981 (1982), 368-370 H. Berschin.

2002 WAL, M.J. VAN DER: Opvattingen over het werkwoord en meer in het bijzonder over het passief in de Nederlandse grammatikale traditie van de 17de t/m de 19de eeuw. — [402], 52-80 | Ideas about the verb and in particular about the passive in Du. grammatical tradition from the 17th through the 19th century.

2003 WEIJNEN, Antonius A.: Deutsche Dialektologie und europäische Dialektforschung: wechselseitige Wirkungen. — [339], 190-202.

2004 WEINMANN, Martin: *Die theoretische Problematik des* Cours de linguistique générale *von Ferdinand de Saussure: Untersuchung zu Fragen der Wissenschaftsgeschichte der Linguistik.* — Diss. Köln 1981, 172 p.

2005 WERLEN, Iwar: Hjelmslevs Saussure-Rezeption. — *CFS* 35, 1981 (1982), 65-86.

2006 WERNER, Edeltraud: L'aspect social dans la théorie du langage de Karl Bühler. — [243], 33-50.

2007 WINDROSS, Michael: Adam Smith on language. — *LAnt* 14, 1980, 277-288.

2008 WOUTERS, Alfons: *The grammatical papyri from Graeco-Roman Egypt* . . . — Brussel: 1979 | BL 1979, 1847. | *CR* 32, 1982, 116 N.G. Wilson | *RBPh* 59, 1981, 226 J.A. Straus | *JHS* 102, 1982, 258 M.D. MacLeod.

2009 WUJASTYK, Dominik: Bloomfield and the Sanskrit origin of the term 'exocentric' and 'endocentric'. — *HL* 9, 1982, 179-184.

2010 WUNDERLI, Peter: Der Schachspielvergleich bei Saussure. — [314], 363-372.

2011 ZAGÓRSKI, Zygmunt: *Studia nad rozwojem językoznawstwa polskiego od końca XVIII wieku do roku 1918.* — Poznań: 1981 | BL 1981, 2363. | *PJ* 1982 (1983), 425-429 J. Podracki.

2012 ZEIL, L.: Die Förderung slawistischer Arbeiten durch die Franz-Bopp-Stiftung. — *ZSl* 27, 1982, 50-68.

2013 ZEIL, L.: Slawisten gegen faschistische Willkür. — *ZSl* 27, 1982, 710-725 | 1939-40.

2014 *Zur Dialektik der Determinanten in der Geschichte der Sprachwissenschaft.* Teil 1. — Linguistische Studien. Reihe A: Arbeitsberichte 86; Berlin (DDR): Akad. der Wissenschaften der DDR, Zentralinst. für Sprachwissenschaft, 1981, xiii, 130 p. | Contents: Werner BAHNER, Kontinuität und Diskontinuität in der Geschichte der Sprachwissenschaft, 1-18; Werner NEUMANN, Kontinuität und Diskontinuität der Gesichtspunkte beim Übergang zur historischen Sprachwissenschaft, 19-37; Hartmut SCHMIDT, Sprache und Gesellschaft, historische Sprachwissenschaft und historischer Materialismus, 38-54; Hartmut SCHMIDT, Zur Beurteilung des Organismuskonzepts durch J. Baudouin de Courtenay, 55-73; Jürgen STOROST, Zur Position von Raynouard in der Geschichte der romanischen Sprachwissenschaft, 74-130.

2015 ZWIRNER, Eberhard: 50 Jahre 'Permanent Council'. — *Phonetica* 39, 1982, 374-378 | On the hist. of intern. phonetic congresses and of the Permanent Council for the Organization of Congresses of Phonetic Sci.

I. PHONETICS AND PHONOLOGY — PHONÉTIQUE ET PHONOLOGIE

1.0. General — Généralités

2016 ABEL, Fritz: Gegen den Begriff der Artikulationsbasis. — *ASNS* 219, 1982, 19-33.

2017 BOND, Zintra S.: Fluent speech perception: the question of units. — *LPosn* 25, 1982, 113-119.
2018 CYGAN, Jan: Les traits distinctifs dans les études contrastives. — *MLing* 3, 1981/2, 99-114.
2019 GOUDAILLIER, Jean-Pierre: *Phonologie fonctionnelle et phonétique expérimentale*... — Hamburg: 1981 | BL 1981, 2619. | *Linguistique* 18/2, 1982, 149-151 M. Pétursson.
2020 GRUNWELL, Pamela: *Clinical phonology.* — London: Croom Helm, 1982, 224 p.
2021 GVOZDANOVIĆ, Jadranka: On establishing restrictions imposed on sound change. — [170], 85-97.
2022 IIVONEN, Antti: Kontrastiivisen fonetiikan kehityslinjoja. — *Vir* 1982, 423-428 | On the development of contrastive phonetics.
2023 JAKOBSON, Roman: *Six leçons sur le son et le sens.* — Paris: 1976 | BL 1976, 2062. | *L&H* 33, 1977, 70-71 G. L[urquin].
2024 JAKOBSON, Roman; WAUGH, Linda: *La charpente phonique du langage.* — Paris: Minuit, 1980, 340 p. | Transl. of BL 1979, 1873. | *L&H* 43, 1980, 92-93 G. L[urquin].
2025 JANOTA, Přemysl; PALKOVÁ, Zdena: Testing perceptive and productive skills in language learning. — *PhonP* 5, 1976 (1982), 15-28, 6 fig., tab.
KOOPMANS-VAN BEINUM, F.J.: Akoestische en perspectieve aspecten van klinkercontrastreductie en de rol van fonologie. — 8543.
2026 MURILLO, J.: Le seuil de phonologisation. — *RPA* 64, 1982, 325-341, 3 fig. | Fr., G. & E. summ.
2027 OHALA, Manjari: Sounds and sound patterns in South Asian languages. — *SARev* 6/3, 1982, 12-22.
2028 PILCH, Herbert: Der Sprachlaut. Voraussetzungen und Erfahrungen besonders aus dem Englischen, Irischen und Russischen. — [310], 239-260.
2029 QUILIS, Antonio: Diccionarios de pronunciación. — *LEA* 4, 1982, 325-332.
2030 REDENBARGER, Wayne J.: *Articulator features and Portuguese vowel height.* — Harvard Studies in Romance Languages 37; Cambridge, MA: Harvard UP., 1981, 191 p. | *Lg* 58, 1982, 729-730 A.M. Zwicky | *ZRPh* 98, 1982, 703 R. Sampson.
2031 RIETVELD, A.C.M.; BOVES, L.: Taalkunde en fonetiek. Enige aantekeningen bij een problematische relatie. — *Gramma* 2, 1978, 195-211 | On the relation between linguistics and phonetics.
2032 ROACH, Peter: On the distinction between 'stress-timed' and 'syllable-timed' languages. — [291], 73-79.
2033 ROSSI, Mario: De la physiologie à la perception phonémique. — *MLing* 3, 1981/2, 5-23 | Fr. & E. summ.
2034 ROUX, J.C.: Phonetic data and phonological analyses. — *SPIL* 1, 1978, 105-133.
2035 ROUX, Justus C.: On vowel identification and phonological theory. — *SPIL* 8, 1982, 79-93.
2036 *The structure of phonological representations* (part I). Ed. by Harry VAN DER HULST; Norval SMITH. — LM 2; Dordrecht: Foris, 1982, 276 p.
2037 *The structure of phonological representations* (part II). Ed. by Harry VAN DER HULST; Norval SMITH. — LM 3; Dordrecht: Foris, 1982, viii, 477 p.
2038 SUOMI, Kari: *Voicing in English and Finnish stops*... — Turku: 1980 | BL 1980, 1816. | *Vir* 1981, 75-78 A. Iivonen.

PHONÉTIQUE

2039 TATUBAEV, S.S.: Pevčeskaja reč' kak osobyj sposob funkcionirovanija jazyka. — *VJa* 1982/2, 115-121.
2040 TILLMANN, Hans G.; MANSELL, Phil: *Phonetik* . . . — Stuttgart: 1980 | BL 1980, 1817. | *Phonetica* 39, 1982, 171-178 E. Fischer-Jørgensen.
2041 TORSUEVA, I.G.: *Intonacija i smysl vyskazyvanija.* — Moskva: 1979 | BL 1979, 1883. | *SS* 43, 1982, 77-79 J. Nekvapil.
2042 VIEL, Michel: Le rôle de la marque phonologique dans la reconnaissance de la simplicité. — *MLing* 3, 1981/2, 84-87, 12 tab., 2 app. | Fr. & E. summ.
2043 VORONIN, S.V.: *Osnovy fonosemantiki.* — Leningrad: Izd. LGU, 1982, 244 p. | Fundamentals of phonosemantics.
2044 WOLLOCK, Jeffrey: Views on the decline of apical *r* in Europe: historical study. — *FoLH* 3, 1982, 185-238.
2045 YIP, Moira: Why Scanian is not a case for multivalued features. — *LIn* 11, 1980, 432-436 | Contra M. LINDAU (BL 1978, 1821).

1.1. Phonetics — Phonétique

2046 ALMEIDA, Antonio; BRAUN, Angelika: Probleme der phonetischen Transkription. — [339], 597-615, 5 fig.
2047 BARTON, David; MACKEN, Marlys A.: An instrumental analysis of the voicing contrast in word-initial stops in the speech of four-year-old English-speaking children. — *L&S* 23, 1980, 159-169.
2048 BATSTONE, Susan; TUOMI, Seppo K.: Perceptual characteristics of female voices. — *L&S* 24, 1981, 111-123.
2049 BECKMAN, Mary: Segment duration and the 'mora' in Japanese. — *Phonetica* 39, 1982, 113-135.
2050 BLACK, John W.: Naming the stimulus visually in a multiple-choice intelligibility test. — [269], 183-190 | Discrimination of words.
2051 BOLLA, Kálmán: A hangképzés kinoröntgenografikus vizsgálata számítógéppel. — [310], 63-80, tab. | Computerized cinematographic analysis of articulation (E. summ.).
2052 BROWN, Roger: An experimental study of the relative importance of acoustic parameters for auditory speaker recognition. — *L&S* 24, 1981, 295-310.
2053 BUTCHER, Andrew: Cardinal vowels and other problems. — [291], 50-72, 11 fig.
2054 CHAN, Stephen Wai-Cheung: *Linguistic experience in the perception of pitch.* — Stanford Univ. diss., 1980, 107 p. | *DAb* 41/8, 1981, 3556-A.
2055 [ČISTOVIČ, L.A.] CHISTOVICH, Ludmilla A.: Auditory processing of speech. — *L&S* 23, 1980, 67-73.
2056 COHEN, A.; COLLIER, R.; HART, J. 'T: Declination: construct or intrinsic feature of speech pitch? — *Phonetica* 39, 1982, 254-273, fig.
2057 DELATTRE, Pierre [1903-69]: *Studies in comparative phonetics: English, German, Spanish and French.* Ed. and introduced by Bertil MALMBERG. — Heidelberg: Groos, 1981, 133 p. | Contents: B. MALMBERG, Introd., 7-16; The role of duration in the identification of French nasal vowels (with Michel MONNOT), 17-38; Duration as a cue to tense/lax distinction in German unstressed vowels (with Margaret HOHENBERG), 39-62; An acoustic and articulatory study of vowel reduction in four languages, 63-93; Consonant gemination in four languages, 95-133 | *ZRPh* 98, 1982, 551-555 P. Wunderli.
2058 DENT, Laurel Jane: *Laryngeal control in the production of three classes of*

voiceless stops, with occasional reference to Bolivian Quechua. — Univ. of Pennsylvania diss., 1981, 380 p. | *DAb* 42/3, 1981, 1126-A/1127-A.

2059 DOHALSKÁ-ZICHOVÁ, Marie: Perception et analyse spectrographique des voyelles tchèques et françaises. — *PhonP* 6, 1980 (1982), 97-116, 3 tab., 11 fig.

2060 ENSTROM, Daly H.: Infant labial, apical and velar stop productions: a voice onset time analysis. — *Phonetica* 39, 1982, 47-60, fig.

2061 FELDSTEIN, Stanley; BOND, Ronald N.: Perception of speech rate as a function of vocal intensity and frequency. — *L&S* 24, 1981, 387-394.

2062 FLEGE, James Emil; PORT, Robert: Cross-language phonetic interference: Arabic to English. — *L&S* 24, 1981, 125-146, 5 fig.

2063 FOLDVIK, Arne Kjell: *Vokalene i Norvegialydskrifta som fonetisk notasjonssystem.* — Magistergradsavhandling, Univ. i Bergen; Trondheim: 1978 | Vowels in the Norvegia phonetic alphabet. | Cf. 2126.

2064 FOLDVIK, Arne Kjell: Vokalnotasjon i Norvegia-lydskrift. — *MM* 1981, 182-193.

2065 FÓNAGY, Ivan: *La métaphore en phonétique.* — Ottawa: 1979 | BL 1981, 2446. | *Lg* 58, 1982, 899-900 H. Birnbaum.

2066 Fox, Robert Allen: Individual variation in the perception of vowels: implications for a perception-production link. — *Phonetica* 39, 1982, 1-22.

2067 FUJISAKI, Hiroya: Some remarks on recent issues in speech-perception research. — *L&S* 23, 1980, 75-80.

2068 GAFTON, Nicolae: Les vibratos de la voix (I). — *CLTA* 18, 1981, 39-64, fig.

2069 GAFTON, Nicolae: Les vibratos de la voix (II). L'hypothèse "oscillatoire" du vibrato de fréquence. — *RRLing* 26, 1981, 295-309, 3 fig.

2070 GAFTON, Nicolae: Les vibratos de la voix (III). — *CLTA* 18, 1981, 155-176.

2071 GANDOUR, Jack; WEINBERG, Bernd; RUTKOWSKI, Diane: Influence of postvocalic consonants on vowel duration in esophageal speech. — *L&S* 23, 1980, 149-158.

2072 GARCIN, Philippe; SÉRIGNAT, Jean-François: Intelligibilité de la parole bruitée, soumise à une analyse-synthèse par prédiction linéaire. — *Phonetica* 39, 1982, 91-112, fig.

2073 HAITJEMA-HUISMAN, B.; BROECKE, M.P.R. VAN DEN: Stimulus dominance in dichotic listening. — *L&S* 23, 1980, 393-401.

2074 HARDCASTLE, W.J.: Constraint on coarticulatory processes. — [291], 33-49, 5 fig.

2075 HEIKE, Georg: Apparative Transformation phonetischer Signale. — [339], 615-622, 8 fig.

2076 HEIKE, Georg: Apparative Datenaufbereitung im signalphonetischen Bereich. — [339], 640-654, 16 fig., map.

2077 HENDERSON, Janette B.; REPP, Bruno H.: Is a stop consonant released when followed by another stop consonant? — *Phonetica* 39, 1982, 71-82, fig.

2078 HENTSCHEL, Gerd: *Die Perzeption der vorderen, labialen Vokale des Deutschen durch Native-Speaker des Polnischen: die sogenannten deutschen "ö"- und "ü"-Vokale in kontrastiver Sicht zum Polnischen.* — Slavistische Linguistik 6; Frankfurt a.M.: Lang, 1982, 96 p.

2079 HLAVÁČ, Sáva; PECH, Karel: Glottal voice generator – its function from different points of view. — *PhonP* 6, 1980 (1982), 27-47, 9 fig.

2080 IIVONEN, Antti: Saksan vokaalien akustisen laadun tutkimuksesta kolmella eri menetelmällä. — [310], 125-141, 5 fig. | Zur Untersuchung deutscher Vokalqualitäten nach drei Methoden (G. summ.).

2081 KADLER, Eric H.: Vowel reduction in French, Spanish and German. — *LACUS* 6, 1979 (1980), 403-411.
2082 KASUYA, Hideki; TAKEUCHI, Shoji; SATO, Shigeru; KIDO, Ken'iti: Articulatory parameters for the perception of bilabials. — *Phonetica* 39, 1982, 61-70, fig.
2083 KOHLER, K.J.: F_0 in the production of lenis and fortis plosives. — *Phonetica* 39, 199-218, fig.
2084 KRAMER, Mitchell B.; HOFFMAN, Paul R.; DANILOFF, Raymond G.; WILCOX, Kim: Effects of lingual anesthetization upon lingualabial coarticulation. — *Phonetica* 39, 1982, 83-90.
2085 KRIEG, Laurence John: *Phonetic classification: the acoustic structure of strident fricatives.* — Univ. of Michigan diss., 1980, 282 p. | Data from Ar. and E. dialects. | *DAb* 41/5, 1980, 2087-A.
2086 KUPIN, Joseph John: *Tongue twisters as a source of information about speech production.* — Univ. of Connecticut diss., 1980, 203 p. | *DAb* 41/8, 1981, 3558-A.
2087 LADEFOGED, Peter: *A course in phonetics.* — New York: 1975 | BL 1975, 2113. | *AL* 17, 1982, 99-101 L. Bauer.
2088 LADEFOGED, Peter: Articulatory parameters. — *L&S* 23, 1980, 25-30, fig.
2089 LAUFER, Asher; CONDAX, I.D.: The function of the epiglottis in speech. — *L&S* 24, 1981, 39-62, 13 fig.
2090 LAVER, John: *The phonetic description of voice quality.* — Cambridge: 1980 | BL 1980, 1868. | *JL* 18, 1982, 442-454 F. Nolan.
2091 LEHTONEN, Jaakko: Teksti ja sen tulkinnat. Kokeellisia havaintoja viiden eri tekstin tulkintasuoritusten eroista. — [310], 181-197 | Text and interpretation: experimental analysis of oral interpretations of 5 different texts (E. summ.).
2092 LIEBERMAN, Philip: The innate, central aspect of intonation. — [237], 187-199, 2 fig. | On the physiological (phonetic) aspects of intonation.
2093 LINDNER, Gerhart: Grundgedanken zu einer dynamischen Vokaltheorie. — *PhonP* 6, 1980 (1982), 49-64, 10 fig.
2094 MACNEILAGE, Peter F.: Speech production. — *L&S* 23, 1980, 3-23 | Status report. Co-reports: Nos. 2088 & 2113; Discussion, 38-44.
2095 MAGNO CALDOGNETTO, E.: *La coarticolazione: introduzione agli aspetti dinamici della produzione della parola.* — Padova: Clesp, 1980, 104 p.
2096 MAY, Janet G.: Acoustic factors that may contribute to categorical perception. — *L&S* 24, 1981, 273-284, 6 fig.
2097 NOLAN, Francis J.: The role of Action Theory in the description of speech production. — *Linguistics* 20, 1982, 287-308.
2098 NOOTEBOOM, S.G.; TERKEN, J.M.B.: What makes speakers omit pitch accents? An experiment. — *Phonetica* 39, 1982, 317-336, fig.
2099 OAKESHOTT-TAYLOR, John: *Acoustic variability and its perception.* — Bamberger Beiträge zur englischen Sprachwissenschaft 9; Bern: Lang, 1980, 359 p. | *Phonetica* 39, 1982, 151-153 W.J. Barry.
2100 OGORODNIKOVA, K.S.: Vosprijatie sintezirovannych glasnych i vokalizm rodnogo jazyka. — *VLU* 1982/20, 70-74.
2101 PAPCUN, George: *How do different speakers say the same vowels? Discriminant analyses of four imitation dialects.* — Univ. of California, Los Angeles, diss., 1980, 153 p. | *DAb* 41/10, 1981, 4386-A.
2102 PFEIFFER-RUPP, Rüdiger: *Darstellung phonetischer Transkriptionszeichen: Studien zur Entwicklung von Schriftträgern mit phonetischen Zeichen in zeitgenössischen Schreibtechnologien. Anregungen, Desiderate, Zielvorhaben.* — Hamburg: Buske, 1981, x, 501 p.

2103 POMPINO-MARSCHALL, Bernd; PIROTH, Hans-Georg; TILK, Klaus; HOOLE, Philip; TILLMANN, Hans G.: Does the closed syllable determine the perception of 'momentary tempo'? — *Phonetica* 39, 1982, 358-367, fig.
2104 POTAPOVA, R.K.: Sovremennye dostiženija v oblasti ėksperimental'noj fonetiki – rezul'tat razvitija lingvističeskoj nauki v SSSR. — *NDVŠ-F* 1982/6, 16-21.
2105 QUILIS, Antonio: El empleo de los ordenadores en la investigación fonética. — *LEA* 3, 1981, 197-219, 13 fig., tab.
2106 RAPHAEL, Lawrence J; DORMAN, Michael F.; LIBERMAN, Alvin M.: On defining the vowel duration that cues voicing in final position. — *L&S* 23, 1980, 297-307, 5 fig.
2107 RICHTER, Helmut: The joint variation of phonetic features as a subject for contrastive phonetics. — [310], 273-287.
2108 RICHTER, Helmut: Darstellung und Verwendung verschiedener Transkriptionssysteme und -methoden. — [339], 585-597, fig.
2109 ROMPORTL, Milan: Intonace řeči, její produkce a percepce. — [351], 67-73 | Speech intonation, its production and perception.
2110 SABOL, Ján: The speed of linguistic communication. — *RLB* 6, 1982, 237-244.
2111 SARA, Solomon I.: Correlation of longitudinal and transversal parameters with vocalic variability in palatographic impressions. — [244], 26-36.
2112 SATO, Shigeru; YOKOTA, Masayuki; KASUYA, Hideki: Statistical relationships among the first three formant frequencies in vowel segments in continuous speech. — *Phonetica* 39, 1982, 36-46, fig.
2113 SAWASHIMA, Masayuki: Some notes on the physiology of speech production. — *L&S* 23, 1980, 31-37.
2114 ŠČERBA, L.V.: Fonetičeskie tablicy laboratorii ėksperimental'noj fonetiki Leningradskogo gosudarstvennogo universiteta. — *VJa* 1982/5, 119-126, 5 fig. | Introd. by L.R. ZINDER: Iz lingvističeskogo nasledstva L.V. Ščerby, 118.
2115 SCHÄFER-VINCENT, Kurt: Significant points: pitch period detection as a problem of segmentation. — *Phonetica* 39, 1982, 241-253, fig.
2116 SKALOZUB, L.G.: *Dinamika zvukoobrazovanija (po dannym kinorentgenografirovanija).* — Kiev: "Vyšča škola", 1979, 132 p. | *Mov* 1981, 94-95 L. Zinder.
2117 SMITH, Svend: Electroglottography. — [269], 311-319, 14 fig.
2118 SPENCER, N.J.; WOLLMAN, Neil: Lexical access for phonetic ambiguities. — *L&S* 23, 1980, 171-198.
2119 STOCKMAN, Ida J.; STEPHENSON, Lillie Wharton: Children's articulation of medial consonant clusters: implications for syllabification. — *L&S* 24, 1981, 185-204.
2120 STUART, Don Graham; GODFREY, John J.: The specification of individual speech-voice characteristics. — *LAL* 1, 1970, 103-114.
2121 STUDDERT-KENNEDY, Michael: Speech perception. — *L&S* 23, 1980, 45-66 | Status report. Co reports: Nos. 2055 & 2067; discussion, 81-90.
2122 THORSEN, Nina: On the variability in F_0 patterning and the function of F_0 timing in languages where pitch cues stress. — *Phonetica* 39, 1982, 302-316, fig.
2123 TIUGAN, Marilena; LĂZĂROIU, Aurelian: Vocal & vowel spectrum and social identity. — *RRLing* 27, 1982, 211-218.
2124 VAANE, Eveline: Subjective estimation of speech rate. — *Phonetica* 39, 1982, 136-149, fig.
2125 WELTE, Werner: Why are liquids called 'liquids'? Remarks on the legitimation of a classical term in articulatory phonetics. — *IF* 86, 1981 (1982), 146-160.

2126 WITTING, Claes: Ljudskrift och ljudbestämning. — *SvLm* 103, 1980 (1981), 169-176 | Phonetic transcription and the definition of speech sounds (E. summ.): rev. of No. 2063.

2127 ZWIRNER, Eberhard; ZWIRNER, Kurt: *Grundfragen der phonometrischen Linguistik.* 3., stark erweiterte und ergänzte Aufl. — Basel: Karger, 1982, vii, 320 p., 14 fig. | 2nd ed. under the title *Grundfragen der Phonometrie,* 1966 (BL 1966, 1144).

1.2.1. Phonology — Phonologie

2128 ANDERSEN, Henning: Scribal practice and historical phonology. — [170], 433-441.

2129 ANDERSON, Stephen R.: *Wprowadzenie do fonologii.* Przełożył z języka angielskiego Edmund GUSSMANN. — Wrocław: Zakład im. Ossolińskich, 1982, 387 p. | Transl. of BL 1974, 1998.

2130 ANDERSON, Stephen R.: Notes on the development of phonological theory. — *L&S* 23, 1980, 115-123.

2131 ANDERSON, Stephen R.: Differences in rule type and their structural basis. — [2037], 1-25.

2132 ANTTILA, Raimo: Totality, relation, and the autonomous phoneme. — *CILL* 6/3-4, 1980, 49-64.

2133 AUGEROT, James E.: Alternating or underlying, intuition vs. reality. — *FoSl* 4/2-3, 1981 (1982), 205-209.

2134 AVRAM, Andrei: Old Romanian /N/, Japanese /N/: a phonological parallel. — *RRLing* 27, 1982, 127-132.

2135 BASBØLL, Hans: Phonology. — *L&S* 23, 1980, 91-113 | Status report. Co-reports: Nos. 2130 & 2165; discussion, 134-140.

2136 BERNAL LEONGÓMEZ, Jaime: Formulación de leyes fonológicas. — *Thesaurus* 36, 1981, 544-550.

2137 BICHAKJIAN, Bernard H.: Generative phonology, universals, and the explanation of French and Portuguese nasalization. — [298], 17-44.

2138 BOOIJ, G.E.: *Hiërarchische fonologie.* — [Amsterdam: Vrije Univ.], 1982, 31 p., ill. | Inaugural address, 12 Feb. 1982.

2139 BRASINGTON, R.W.P.: Markedness, strength and position. — [291], 81-94, 5 fig.

2140 BROSELOW, Ellen: On predicting the interaction of stress and epenthesis. — *Glossa* 16, 1982, 115-132 | Evidence from Swahili, Iraqi Ar., Mohawk, and Winnebago.

2141 BUYSSENS, Eric: *Épistémologie de la phonématique.* — Bruxelles: 1980 | BL 1980, 1788. | *SLang* 5, 1981, 287-293 P. Swiggers.

2142 CAIRNS, Charles E.; FEINSTEIN, Mark H.: Markedness and the theory of syllable structure. — *LIn* 13, 1982, 193-225.

2143 CHRISTIE, William M., Jr.: On markedness in phonology. — *GUP* 15, 1979, 76-82.

2144 CHRISTIE, William M., Jr.: Towards a Gestalt phonology. — *L&C* 1, 1981, 67-72, fig.

2145 CLEMENTS, G.N.: A remark on the Elsewhere Condition. — *LIn* 13, 1982, 682-685 | Apropos of P. KIPARSKY (BL 1973, 2265).

2146 CLIFTON, John Mark: *Phonologically possible rules and dependency relations: a study of stop/fricative variation.* — Indiana Univ. diss., 1980, 190 p. | *DAb* 41/3, 1980, 1044-A.

2147 CRESSEY, William W.: Two notes on the phonological competence of 'real' speakers. — *GUP* 16, 1979, 45-55, fig.
2148 COATES, Richard: Why Hungarian isn't as extrinsic as Vago thinks. — *JL* 18, 1982, 167-172 | Rejecting R. VAGO's claims on extrinsic rule-ordering (Cf. BL 1977, 2536).
2149 *Current approaches to phonological theory.* Ed. by Daniel A. DINNSEN. — Bloomington: 1979 | BL 1979, 1858. | *SILTA* 9, 1980/3 (1982), 591-593 A. Uguzzoni | Cf. 2225.
2150 DAVIDSEN-NIELSEN, Niels: *Neutralization and archiphoneme* . . . — Copenhagen: 1978 | BL 1978, 1889. | *ES* 63, 1982, 369-371 A. Zettersten.
2151 DELL, François: *Generative phonology and French phonology.* — Cambridge: 1980 | BL 1980, 1942. | *CJL* 27, 1982, 93-95 B. Rochet | *JL* 18, 1982, 206-209 D.C. Walker | *Lg* 58, 1982, 907-915 B. Tranel.
2152 DRESHER, Bezalel Elan: Abstractness and explanation in phonology. — [1063], 76-115.
2153 DRESSLER, Wolfgang U.: A semiotic model of diachronic process phonology. — [378], 93-131, 2 fig.
2154 DURAND, Jacques: Esquisse d'une théorie de la syllabe en phonologie de dépendance. — *MLing* 3, 1981/2, 147-171 | Fr. & E. summ.
2155 DUCHET, Jean-Louis: *La phonologie.* — "Que sais-je?" no. 1875; Paris: P.U.F., 1981, 127 p. | *FM* 50, 1982, 174-175 F. Carton.
2156 ELIASSON, Stig: Transfer as evidence for phonological solutions. — *SAP* 14, 1982, 185-196.
2157 EWEN, Colin J.: The internal structure of complex segments. — [2037], 27-67.
2158 FILIPOVIĆ, Rudolf: Transphonemization: substitution on the phonological level reinterpreted. — [323], 125-133.
2159 GRIFFEN, T.D.: Provection from prosodic constraint. — *LACUS* 6, 1979 (1980), 102-110.
2160 GRIFFEN, T.D.: Slips of the tongue and metathesis in a nonsegmental model. — *LACUS* 7, 1980 (1981), 138-144.
2161 HAGÈGE, Claude; HAUDRICOURT, André: *La phonologie panchronique* . . . — Paris: 1978 | BL 1978, 1746. | *SILTA* 9, 1980/3 (1982), 596-597 A. Uguzzoni | *FLing* 5, 1980-81, 180-184 J. Neuburger Savitt | *Lg* 58, 1982, 208-211 J. Klausenburger | Cf. 2187.
2162 HALLE, Morris; VERGNAUD, Jean Roger: On the framework of autosegmental phonology. — [2036], 65-82.
2163 *Harvard studies in phonology.* Vol. 2. Ed. by George N. CLEMENTS. — Bloomington: Indiana Univ. Linguistics Club, 1981, v, 427 p. | Not yet analyzed. | *Lg* 58, 1982, 479-480 E.M. Kaisse.
2164 HASTINGS, Ashley James: *Natural equational phonology.* — Indiana Univ. diss., 1981, 200 p. | *DAb* 41/12, 1981, 5080-A/5081-A.
2165 HOOPER, Joan Bybee: Formal and substantive approaches to phonology. — *L&S* 23, 1980, 125-133.
2166 HORÁLEK, Karel: Fonologie a znaková povaha jazyka. — *SS* 43, 1982, 139-144 | Phonology and the semiotic character of language.
2167 HORÁLEK, Karel: K teorii slabiky a prozodických vlastností. — *JazA* 19, 1982, 37-42 | Au sujet de la théorie de la syllabe et des qualités prosodiques.
2168 HULST, Harry VAN DER; SMITH, Norval: An overview of autosegmental and metrical phonology. — [2036], 1-45.
2169 HYMAN, Larry M.: *Fonologia: teoria e analisi.* — La nuova scienza. Serie di

linguistica e critica letteraria; Bologna: Il Mulino, 1981, 369 p. | Transl., ed. by Giorgio R. CARDONA, of BL 1975, 2239.

2170 INGRIA, Robert: Compensatory lengthening as a metrical phenomenon. — *LIn* 11, 1980, 465-495 | With a detailed analysis of processes in Anc. Gr. (and some ex. from Anc. Lat.).

2171 IVERSON, Gregory; SANDERS, Gerald: On the government of phonological rules by laws. — *SLang* 6, 1982, 51-74.

2172 JAEGER, Jeri Juanita: *Categorization in phonology: an experimental approach.* — Univ. of California, Berkeley, diss., 1980, 423 p. | *DAb* 42/1, 1981, 195-A.

2173 JAEGER, Jeri J.: Testing the psychological reality of phonemes. — *L&S* 23, 1980, 233-253.

2174 JANDA, Richard D.: *"Upside-down" phonology: regenerative or degenerative?* — Bloomington: Indiana Univ. Linguistics Club, 1980, 64 p. | *NyK* 84, 1982, 464-469 Siptár Péter.

2175 JANSON, Tore: Sound change and perceptual compensation. — [168], 119-127, 2 fig.

2176 JOHNSON, Steve: Morphological influences on sound change. — [170], 171-175.

2177 KANAI, Yoshimitsu: A case against the morphophonemic-allophonic principle. — *LIn* 13, 1982, 320-323 | Evidence from the Tohoku dial. of Jap. against A. KOUTSOUDAS' proposal (BL 1980, 1800).

2178 KEEL, William D.: Atomic phonology and vowel reduction. — *PBLS* 7, 1981, 116-122.

2179 KENSTOWICZ, Michael; KISSEBERTH, Charles: *Generative phonology* . . . — New York: 1979 | BL 1980, 1966. | *JL* 18, 1982, 477-483 G.S. Nathan; M.W. Epro.

2180 KIPARSKY, Paul: *Explanation in phonology.* — PLS 4; Dordrecht: Foris, 1982, viii, 252 p.

2181 KIPARSKY, Paul: From cyclic phonology to lexical phonology. — [2036], 131-175.

2182 KODZASOV, S.V.; KRIVNOVA, O.V.: *Sovremennaja amerikanskaja fonologija.* — Moskva: Izd. MGU, 1981, 194 p. | *VMU* 1982/6, 68-70 Ju.A. Rusakov.

2183 KOOIJ, J.G.: Morpheme boundaries and syllable boundaries: a case for natural phonology. — *Glot* 1, 1978, 27-50.

2184 KRÁMSKÝ, Jiří: Foném v pojetí pražské lingvistické školy. I-III. — *CJŠ* 26, 1982-83, 158-164, 199-203, 257-263 | The phoneme in the conception of the Prague School of Linguistics.

2185 LAPOINTE, Steven G.; FEINSTEIN, Mark H.: The role of vowel deletion and epenthesis in the assignment of syllable structure. — [2037], 69-120.

2186 LEBEN, William R.: A metrical analysis of length. — *LIn* 11, 1980, 497-509 | Data from Hausa and Biblical Hebr.

2187 LILLY, Richard: A propos de *La phonologie panchronique* de C. HAGÈGE et A. HAUDRICOURT. — *MLing* 2, 1980/1, 127-154 | Cf. 2161.

2188 LINELL, Per: *Psychological reality in phonology* . . . — Cambridge: 1979 | BL 1979, 2034. | *AGI* 67, 1982, 170-175 A. Uguzzoni | Cf. 2223.

2189 LOVE, Nigel: *Generative phonology* . . . — Amsterdam: 1981 | BL 1981, 2643. | *Lingua* 58, 1982, 369-373 D.C. Walker | Cf. 2210.

2190 MANNHEIM, Bruce; NEWFIELD, Madeleine: Iconicity in phonological change. — [170], 211-222, fig.

2191 MARTÍN, E.H.: *La teoría fonológica y el modelo de estructura compleja* . . . — Madrid: 1980 | BL 1980, 1974. | *PBML* 38, 1982, 75-80 B. Zavadil.

2192 MARTINET, André: *Sprachökonomie und Lautwandel: eine Abhandlung über die diachronische Phonologie.* — Stuttgart: Klett-Cotta, 1981, 277 p. | Transl. of BL 1959, 51.
2193 MAYERTHALER, Willi: *Einführung in die generative Phonologie.* — Tübingen: 1974 | BL 1974, 2075. | *VR* 41, 1982, 229-231 P. Knecht.
MCCARTHY, J.J.: Prosodic templates, morphemic templates, and morphemic tiers. — 2358.
2194 MONTREUIL, Jean-Pierre: La fonction des règles en phonologie concrète. — *MLing* 3, 1981/2, 172-188 | Fr. & E. summ.
2195 NOSKE, Roland G.; SCHINKEL, Jos; SMITH, Norval S.H.: The question of rule ordering: some counter-fallacies. — *JL* 18, 1982, 389-408.
2196 PALKOVÁ, Zdena: Discourse segmentation and phrase structure. — *PhonP* 6, 1980 (1982), 127-134.
2197 PENZL, Herbert: Zur Methodik der historischen Phonologie: Schreibung – Lautung und die Erforschung des Althochdeutschen. — *PBB* 104, 1982, 169-189.
2198 PENZL, Herbert: Schreibungsumwertung und die Methoden der historischen Phonologie. — [170], 249-255.
2199 *La phonologie* . . . par Pierre LÉON, Edward BURSTYNSKY & Henry SCHOGT. I. — Paris: 1977 | BL 1977, 2511. | *FR* 52, 1978-79, 364-365 B. Tranel.
2200 *Phonology in the 1980's.* Ed. by D.L. GOYVAERTS. — Ghent: 1981 | BL 1981, 450. | *AJL* 2, 1982, 249-255 E.L. Bavin.
2201 PIA, J. Joseph: Two algebraic manipulations and the English Great Vowel Shift. — *LACUS* 6, 1979 (1980), 36-44.
2202 PICARD, Marc; NICOL, Janet: Vers un modèle concret de la phonologie des emprunts. — *CJL* 27, 1982, 156-169.
2203 POSER, William J.: Phonological representation and action-at-a-distance. — [2037], 121-158.
2204 PULGRAM, Ernst: Syllabic, morphological, and pseudo-syllabic boundaries. — *LACUS* 7, 1980 (1981), 100-105.
2205 *Readings in historical phonology* . . . Ed. by Philip BALDI and Ronald N. WERTH. — University Park, PA: 1978 | BL 1979, 1985. | *IF* 86, 1981 (1982), 321-324 R. Ködderitzsch | *SILTA* 9, 1980/3 (1982), 597-599 A. Uguzzoni.
2206 *Recent developments in historical phonology.* Ed. by Jacek FISIAK. — The Hague: 1978 | BL 1979, 123. | *SL* 36, 1982, 110-116 S. Eliasson | *PhP* 25, 1982, 214-215 J. Vachek.
2207 REIS, Marga: *Lauttheorie und Lautgeschichte* . . . — München: 1974 | BL 1974, 1991. | *ADA* 93, 1982, 5-12 R. Hinderling.
RINGEN, C.O.: Abstractness and the theory of exceptions. — 14097.
ROBERGE, P.T.: *Morphologization of phonological alternations* . . . — 2365.
2208 RUBACH, Jerzy: *Analysis of phonological structures.* — Warszawa: Państwowe Wyd. Naukowe, 1982, 204 p.
2209 SELKIRK, Elisabeth O.: The syllable. — [2037], 337-383.
2210 SLATER, Catherine: Generative phonology in the dock. — *L&C* 2, 1982, 311-319 | Rev. art. on No. 2189.
2211 STEMBERGER, Joseph Paul: The nature of segments in the lexicon: evidence from speech errors. — *Lingua* 56, 1982, 235-259.
STRAUSS, S.L.: On the theory of word-formation and its role in phonological analysis. — 2371.
2212 SZPYRA, Jolanta: The concept of rule opacity and its usefulness for phonological analysis. — *SAP* 14, 1982, 221-236.

PROSODIE

2213 SZPYRA, Jolanta: Further remarks on natural rule interactions. — *SAP* 14, 1982, 237-258.
2214 TIERSMA, Peter Meijes: *The lexicon in phonological theory: data from Frisian.* — Univ. of California, San Diego, diss., 1980, 112 p. | *DAb* 41/7, 1981, 3090-A.
2215 TROMMELEN, Mieke; ZONNEVELD, Wim: *Inleiding in de generatieve fonologie.* — Muiderberg: 1979 | BL 1979, 2062. | *Gramma* 4, 1980, 174-183 C. Gussenhoven | *FdL* 23, 1982, 150-153 J.G. Kooij.
2216 UGUZZONI, Arianna: *La fonologia.* — Bologna: 1978 | BL 1978, 1946. | *SILTA* 9, 1980/3 (1982), 589-591 P.M. Bertinetto.
VEENKER, W.: Konfrontierende Darstellung zur phonologischen Statistik . . . — 13793.
2217 VOGEL, I.: *La sillaba come unità fonologica.* — Fenomeni linguistici 2; Bologna: Zanichelli, 1982, viii, 134 p. | *LeSt* 18, 1983, 610-615 A.M. Mioni.
2218 WALTER, Henriette: Pourquoi des tableaux phonologiques? Application aux consonnes de l'arabe libanais. — *Linguistique* 18/2, 1982, 21-31.
2219 WEBB, Charlotte: A constraint on progressive consonantal assimilation. — *Linguistics* 20, 1982, 309-321.
2220 WETZELS, Willem Leo Marie: *Analogie et lexique: le problème de l'opacité en phonologie générative.* — Diss. Katholieke Univ. Nijmegen; [Nijmegen: De Witte Studentenpers], 1981, viii, 197 p., ill. | Name on cover: Leo WETZELS. | *Gramma* 6, 1982, 219-228 S.P. Verluyten.
2221 WHEATLEY, Barbara Janet: *Phonotactic norms and the prediction of phonotactic rules.* — Indiana Univ. diss., 1981, 339 p. | *DAb* 42/3, 1981, 1131-A/1132-A.
2222 WHEELER, Deirdre Winston: *Aspects of a categorial theory of phonology.* — Univ. of Massachusetts diss., 1981, 205 p. | *DAb* 41/12, 1981, 5086-A.
WISSING, D.P.: *Algemene en Afrikaanse generatiewe fonologie.* — 8742.
2223 WURZEL, Wolfgang Ulrich: Psychologische Realität in der Phonologie. — *NJL* 5, 1982, 173-180 | Rev. art. on No. 2188.
2224 YAVAS, Mehmet: Natural phonology and borrowing assimilations. — *Linguistics* 20, 1982, 123-132.
2225 ZWICKY, Arnold M.: Review article on: *Current approaches to phonological theory.* Ed. by Daniel A. DINNSEN, 1979. — *Lg* 58, 1982, 873-889 | Cf. 2149.

1.2.2. Prosody — Prosodie

2226 ABE, Isamu: How vocal pitch works. — [237], 1-24.
2227 *L'accent d'insistance* . . . [Réd.: A. SÉGUINOT]. — Montréal: 1976 | BL 1977, 279. | *FR* 52, 1978-79, 365-366 A.W. Grundstrom.
2228 BERKOVITS, Rochelle: Perception of intonation in native and non-native speakers of English. — *L&S* 23, 1980, 271-280.
2229 BING, Janet Mueller: Up the noun phrase: another stress rule. — [231], 14-31.
2230 BOLINGER, Dwight: Intonation and its parts. — *Lg* 58, 1982, 505-533.
2231 BRAZIL, David: Impromptuness and intonation. — [346], 277-289.
2232 BROWN, Gillian; CURRIE, Karen L.; KENWORTHY, Joanne: *Questions of intonation.* — London: Croom Helm, 1980, 206 p. | *JL* 18, 1982, 419-425 A. Crompton.
2233 CAELEN, Geneviève: *Structures prosodiques de la phrase énonciative simple et étendue.* — Hamburger Phonetische Beiträge 34; Hamburg: Buske, 1981, 325 p. | *Phonetica* 39, 1982, 164-166 A. Crompton.

2234 CHIȚORAN, Dumitru: Prolegomena to a contrastive analysis of intonation in English and Romanian. — *RRLing* 27, 1982, 133-140.
2235 CRYSTAL, David: The analysis of nuclear tones. — [237], 55-70, 3 fig.
2236 CURRIE, Karen L.: An initial "search for tonics". — *L&S* 23, 1980, 329-350.
2237 CURRIE, Karen L.: Further experiments in the "search for tonics". — *L&S* 24, 1981, 1-28.
2238 DI CRISTO, Albert: Aspects phonétiques et phonologiques des éléments prosodiques. — *MLing* 3, 1981/2, 24-83, 15 fig. | Fr. & E. summ.
2239 DOBROVOLSKY, Michael Boris: *On intonation – functional, emotive, phonological*. — Univ. of Toronto (Canada) diss., 1980 | *DAb* 41/6, 1980, 2585-A.
2240 EHLICH, K.: Funktionale Äquivalenzen zur Intonation. — *LBer* 68, 1980, 49-66 | Hebr. examples.
2241 FÓNAGY, Ivan; BÉRARD, Eva: *Bleu ou vert?* Analyse et synthèse des énoncés disjonctifs. — [237], 81-114, 30 fig., 12 tab. | Questions de prosodie.
2242 GOLDSMITH, John: Accent systems. — [2036], 47-63.
2243 GVOZDANOVIĆ, Jadranka: Development of tones in languages with distinctive tonal accents. — [168], 39-49.
2244 HENDERSON, Eugénie J.A.: Tonogenesis: some recent speculations on the development of tone. — *TPhS* 1982, 1-24, fig.
2245 HOMBERT, Jean-Marie; OHALA, John J.: Historical development of tone patterns. — [168], 75-84, 3 fig.
2246 HULST, Harry VAN DER; SMITH, Norval: Prosodic domains and opaque segments in autosegmental phonology. — [2037], 311-336 | With analyses of emphasis in Ar., and nasalization in Applecross Gaelic and Guaraní.
2247 JASSEM, Wiktor; KUDELA-DOBROGOWSKA, Katarzyna: Speaker-independent intonation curves. — [237], 135-148, 6 fig., 2 tab.
2248 LEBEN, William: Metrical or autosegmental. — [2036], 177-190 | On the phonological analysis of prosodic phenomena.
2249 LÉON, P.R.; MARTIN, Ph.: Des accents. — [237], 177-185, 3 fig.
2250 LOVEDAY, Leo: Pitch, politeness and sexual role: an exploratory investigation into the pitch correlates of English and Japanese politeness formulae. — *L&S* 24, 1981, 71-89.
2251 MCGREGOR, Graham: Intonation and meaning in conversation. — *L&C* 2, 1982, 123-131.
The melody of language: intonation and prosody . . . — 237.
2252 NAKAĐIMA, Jumi: O percepciji srpskohrvatskih akcenata na osnovu japanskog jezičkog osećanja. — *ZbFL* 24, 1981/1 (1982), 151-163.
2253 NASH, Rose; MULAC, Anthony: The intonation of verifiability. — [237], 219-241, 3 fig., 6 tab.
2254 NESPOR, Marina; VOGEL, Irene: Prosodic domains of external sandhi rules. — [2036], 225-255 | Analysis of It. and other languages.
2255 PAKOSZ, Maciej: Intonation and attitude. — *Lingua* 56, 1982, 153-178.
2256 PAKOSZ, Maciej: Prosodic features and emotive meaning. — *Lingua* 58, 1982, 309-326.
2257 PIKE, Kenneth L.: Tune and tone: generalized syntagmatic pitch patterns constrained by particular lexical patterns. — *JWAL* 12, 1982/2, 22-41.
2258 ROSSI, M.; DI CRISTO, A.; HIRST, D.; MARTIN, Ph.; NISHINUMA, Y.: *L'intonation: de l'acoustique à la sémantique*. — Paris: Klincksieck, 1981, x, 364 p. | *LeSt* 17, 1982, 603-605 I. Loi Corvetto.
2259 SKALIČKOVÁ, Alena: Once more on stress, rhythm, duration, and intonation.

— *PhonP* 5, 1976 (1982), 7-13 | E. materials in confrontation with Cz.
2260 TAGLICHT, J.: Intonation and the assessment of information. — *JL* 18, 1982, 213-230.
2261 TAKEZAWA, Koichi: Rhythm rule in metrical theory. — *LAn* 8, 1981, 1-14 | Apropos of P. KIPARSKY (BL 1980, 1967).
2262 *Tone* . . . Ed. by Victoria A. FROMKIN. — New York: 1978 | BL 1978, 355. | *Lingua* 56, 1982, 192-200 G.N. Clements.
2263 VENDE, Kullo: A comparison of basic intonation contours in English and Estonian. — *UZTarU* 619, 1982 (*Linguistica*), 159-166, 3 fig.
2264 WEIDERT, Alfons: *Tonologie: Ergebnisse, Analysen, Vermutungen*. — LA 105; Tübingen: Niemeyer, 1981, x, 337 p. | *Kratylos* 27, 1982 (1983), 36-40 D.R. Ladd | *Germanistik* 23, 1982, 605 M. Job.
2265 WITTMANN, Henri: Intonation in glottogenesis. — [237], 315-329.

2. GRAMMAR (MORPHOLOGY AND SYNTAX) —
GRAMMAIRE (MORPHOLOGIE ET SYNTAXE)

2.0. General — Généralités

2266 ARVAT, N.M.: Pro izomorfizm slova i prostoho rečennja. — *Mov* 1982/1, 12-17 | Isomorphism of word and simple sentence.
2267 BACHE, Carl: Aspect and Aktionsart: towards a semantic distinction. — *JL* 18, 1982, 57-72.
2268 BARTSCH, Renate: The concepts 'rule' and 'norm' in linguistics. — *Lingua* 58, 1982, 51-81.
2269 BATES, Elizabeth; MACWHINNEY, Brian: Functionalist approaches to grammar. — [357], 173-218, fig., 6 tab.
2270 BERNDT, Rolf: *A contribution to a semantically based approach to grammar.* — KBGL 8; København: Akademisk Forlag, 1976, 69 p.
2271 BUYSSENS, Éric: Le statut fonctionnel du mot. — *BAB* 66, 1980, 245-262.
2272 Č^{c}AŁAYAN, Z.: Irakan ev k^{c}erakanakan žamanakneri p^{c}oxharaberowt^{c}yan harc^{c}i šowrǰə. — *BEH* 1982/1, 103-111 | On the question of the interrelation of real and grammatical tense (Ru. summ.).
2273 CHAUSSÉE, François DE LA: Points d'interrogation. — [304], 101-107 | 1. Structural et culturel en syntaxe, 2. Système et ensemble en morphologie.
2274 CHLEBNIKOVA, Irina B.: The interaction of "system" and "usage" with grammatical units. — *PhP* 25, 1982, 25-33 | Cz., Ru. summ.
2275 CHOLODOVIČ, A.A.: *Problemy grammatičeskoj teorii.* — Leningrad: 1979 | BL 1980, 2005. | *VJa* 1982/1, 121-125 Z.M. Šaljapina.
2276 CHRAKOVSKIJ, V.S.: Nekotorye problemy universal'no-tipologičeskoj charakteristiki aspektual'nych značenij. — *UZTarU* 537, 1980 (*Vopr. ru. aspektologii* 5), 3-24.
2277 COMRIE, Bernard: *Aspect* . . . — Cambridge: 1976 | BL 1976, 2335. | *BE* 32, 1982, 474-477 K. Kabakčiev | *LPosn* 24, 1982, 128-137 A.F. Majewicz | *SEz* 7, 1982/6, 39-42 Ž. Molchova.
2278 COOK, Walter A.: Durative aspect: the process of no change. — *GUP* 12, 1976, 1-23.
2279 COOPER, Robin: Bach's passive, polysynthetic languages, temporal adverbs and free deletions. — [231], 64-75.
2280 DĘBOGÓRSKI, Marian: Wieloznaczność z punktu widzenia gramatyki parafras-

tycznej. — *ZNUG, Filozofia i Socjologia* 5, 1980 (1982), 89-97 | Polysemy from the view-point of paraphrastic grammar.
2281 DOKULIL, Miloš: K otázce slovnědruhových převodů a přechodů, zvl. transpozicc. — *SS* 43, 1982, 257-271 | Zur Frage der Typen des Wortartwechsels und Wortartübergangs, insbes. der Transposition (G. summ.).
2282 DRIGO, Marina: Morfologia e sottocategorizzazione. — *LeSt* 17, 1982, 527-547.
2283 DURIN, Jean: L'aspect dans la structure de récit. — *SEz* 7, 1982/1-2, 13-26 | Rés. bulg.
2284 *Ergativity*... Ed. by Frans PLANK. — London: 1979 | BL 1980, 298. | *Kratylos* 26, 1981 (1982), 9-20 H.-J. Sasse | *VJa* 1982/1, 135-138 M.E. Alekseev.
2285 GREEN, Georgia M.: Review art. on: *Syntax and semantics*. 12. Ed. by Talmy GIVÓN, 1979. — *Lg* 58, 1982, 672-680 | Cf. 2312.
2286 HANSSON, Gerd: *Studien zur grammatikalischen Topik: die Dynamik elementargrammatischer Intensionen, dargestellt am Beispiel Lokativ.* — Ars Linguistica 11; Tübingen: Narr, 1982, ix, 281 p.
HARRIS, A.C.: Georgian and the unaccusative hypothesis. — 13662.
2287 HELBIG, Gerhard: Grammatik aus kommunikativ-pragmatischer Sicht? — [189], 11-41.
2288 HOPPER, Paul J.: Aspect between discourse and grammar: an introductory essay for the volume. — [195], 3-18.
2289 INOUE, Kazuko: An interface of syntax, semantics, and discourse structures. — *Lingua* 57, 1982, 259-300.
2290 JAKOBSEN, Arnt Lykke: An analysis of hypostasis forms. — *AL* 17, 1982, 3-13.
2291 JARCEVA, V.N.: *Kontrastivnaja grammatika*. — Moskva: 1981 | BL 1981, 2702. | *VJa* 1982/5, 129-132 A.I. Domašnev | *IzvAN* 41, 1982, 563-564 G.Ja. Žernovej.
2292 JUDAKIN, A.P.: Leksiko-grammatičeskie zakonomernosti évoljucii aktivnogo pričastija (Na materiale indoevropejskich i semitskich jazykov). — *VJa* 1982/2, 59-67.
2293 KOCH, Wolfgang: Kasusgrammatik und "sprachliche Ebenen". Zum Verhältnis von Systemlinguistik und Pragmatik. — [189], 42-62.
2294 KRASNOVA, I.E.; MARČENKO, A.N.: Leksičeskoe i grammatičeskoe v slove. — *NDVŠ-F* 1982/3, 51-60.
2295 KRUPA, Viktor: Some remarks on the noun classes and genders. — *RLB* 6, 1982, 103-106.
2296 LANGACKER, Ronald W.: Review art. on: *Syntax and semantics*. 13. Ed. by Edith A. MORAVCSIK; Jessica R. WIRTH, 1980. — *Lg* 58, 1982, 399-412 | Cf. BL 1981, 498.
2297 LEVIN, Saul: The imperative, in relation to other verbal forms or functions. — *LACUS* 6, 1979 (1980), 162-169.
2298 LEVIN, Saul: A theory of grammatical gender, suggested by the anomalous agreement of the Semitic numerals. — *LACUS* 7, 1980 (1981), 295-304.
2299 MAJEWICZ, Alfred F.: Understanding aspect. — *LPosn* 24, 1982, 29-61; 25, 1982, 17-40.
2300 MANN, John William: *Effects of number: experimental studies of the grammatical atmosphere effect.* — Human Sci. Research Council Publ. Series 76; Johannesburg: Witwatersrand UP., 1982, xi, 255 p.
2301 MUYSKEN, Pieter: The theory of morphological control. — *NELS* 11, 1981, 219-234.

2302 NOVÁK, L'udovít: Nulová syntagma − jazyková realita. — [194], 107-110 | Syntagme zéro − une réalité linguistique.
2303 PARTRIDGE, John Geoffrey: *Semantic, pragmatic and syntactic correlates: an analysis of performative verbs based on English data.* — TBL 143; Tübingen: Narr, 1982, 172 p.
2304 ROTAETXE, Karmele: Normatividad y gramaticalidad. — *RSEL* 12, 1982, 1-15. La sémantique grammaticale. — 1424.
2305 SEREBRENNIKOV, B.A.; BIRJUKOVIČ, R.M.: Nekotorye osobennosti istoričeskogo razvitija perfekta v različnych jazykach. — *SovT* 1981/2, 3-12.
2306 SIVERS, Fanny DE: Quelques questions au sujet de la dimensionalité dans les morphèmes exprimant les relations spatiales. — *ABS* 14, 1982, 201-205. SKODA, F.: *Le redoublement expressif*... — 5196.
2307 SMITH, Michael Sharwood: More on the time reference and the analysis of tense. — *PSCL* 15, 1982, 67-80.
2308 SOUISSI, Taieb: *Sind Tempora zeitlos? Überprüfung von Harald Weinrichs Tempus-Theorie.* — Europäische Hochschulschriften, Reihe 1, 445; Frankfurt a.M.: Lang, 1982, 287 p.
2309 SROKA, Kazimierz Andrzej: Grammatical formatives in description and comparison. — *ZNUG, Linguistica et Anglica Gedanensia* 2, 1981, 33-62.
2310 ŠVAČKO, S.O.: *Jazykovye sredstva vyraženija količestva v sovremennom anglijskom, russkom i ukrainskom jazykach.* — Kiev: "Vyšča škola", 1981, 144 p. | *Mov* 1982/3, 75 M. Dudčenko.
2311 *Syntax and semantics.* Vol. 11: *Presupposition.* Ed. by Choon-Kyu OH; David A. DINNEEN. — New York: 1979 | BL 1980, 354. | *IzvAN* 41, 1982, 81-84 E.V. Padučeva.
2312 *Syntax and semantics.* Vol. 12: *Discourse and syntax.* Ed. by Talmy GIVÓN. — New York: 1979 | BL 1980, 355. | *Lingua* 53, 1981, 275-279 W.A. Smalley | Cf. 2285.
2313 *Syntax and semantics.* Vol. 15: *Studies in transitivity.* Ed. by Paul J. HOPPER; Sandra A. THOMSON. — New York: Academic Press, 1982, xiv, 459 p.
2314 TAHAL, Karel: Některé otázky vzájemného vztahu jazykového systému a promluvy. — *SPFÚ, Řada cizích jazyků* 1980 (1981), 21-34 | Some problems of the mutual relations between language system and speech act (Ru. & E. summ.).
2315 VILLIERS, Reinette DE: Phrasal categories in word formation rules. — *SPIL* 2, 1979, 39-69.
2316 WANDRUSZKA, Ulrich: Wortbildung und Syntax. — [263], 67-82.

2.1. Morphology and word-formation — Morphologie et formation des mots

2317 ALPATOV, V.M.: O dvuch podchodach k vydeleniju osnovnych edinic jazyka. — *VJa* 1982/6, 66-73.
2318 ANDERSON, Stephen R.: Where's morphology? — *LIn* 13, 1982, 571-612.
2319 BARBOUR, J.S.: Productive and non-productive morphology: the case of the German strong verbs. — *JL* 18, 1982, 331-354.
2320 BAUER, Laurie: *The grammar of nominal compounding*... — Odense: 1978 | BL 1979, 2104. | *Kratylos* 26, 1981 (1982), 171-175 L. Lipka.
2321 BEARD, Robert: The plural as a lexical derivation. — *Glossa* 16, 1982, 133-148.
2322 BLANKE, Detlev: *Plansprache und Nationalsprache: einige Probleme der Wortbildung des Esperanto und des Deutschen in konfrontativer Darstellung.* — Linguistische Studien. Reihe A: Arbeitsberichte 85; Berlin (DDR): Akad. der

Wissenschaften der DDR, Zentralinst. für Sprachwissenschaft, 1981, 161 p.
2323 BOTHA, Rudolf P.: Roeper and Siegel's theory of verbal compounding: a critical appraisal. — *SPIL* 4, 1980, 1-46 | Cf. BL 1978, 2007.
2324 BOTHA, Rudolf P.: *Word-based morphology and synthetic compounding.* — *SPIL* 5, 1980, 166 p.
2325 BREKLE, Herbert E.: Zur Integration eines speziellen Typs ikonischer Elemente in primär schriftsprachlichen Wortbildungen einiger europäischer Sprachen. — [323], 197-207 | On the types *U-turn* and *Deer Xing*.
2326 BROWNE, Wayles: Slavic *-ba* and English **slil:* two persistent constraints. — *FoSl* 4/2-3, 1981 (1982), 219-226.
2327 [BUZÁSSYOVÁ, K.] BUZAŠIOVA, Klara: Vzaimootnošenie meždu slovoobrazovatel'nym i leksičeskim značenijami transpozicionnych proizvodnych. — *RLB* 6, 1982, 35-53.
2328 COATES, Richard: On inflection, variation and the paradigm. — *FoL* 16, 1982, 119-136.
2329 COOPER, William E.: Hybrid morphology. — *SLang* 6, 1982, 405-407.
2330 COSERIU, Eugenio: Les procédés sémantiques dans la formation des mots. — *CFS* 35, 1981 (1982), 3-16.
2331 CYBOVA, I.A.: *Opredelite značenie slova.* — Moskva: "Meždunarodnye otnošenija", 1981 | *NDVŠ-F* 1982/5, 90-91 M.D. Stepanova.
2332 DRESSLER, Wolfgang U.: Kontrastive Wortbildungslehre. Ein polyzentrischer Ansatz. — [323], 209-214.
2333 EMENANJQ, E. 'Nolue: The interfix: an aspect of universal morphology. — *JWAL* 12, 1982/1, 77-88 | With examples from Igbo.
2334 ERNST, Gerhard: Ein Blick durch die durchsichtigen Wörter: Versuch einer Typologie der Wortdurchsichtigkeit und ihrer Einschränkungen. — *Ling* 21, 1981, 47-72.
2335 ETTINGER, Stefan: *Form und Funktion in der Wortbildung. Die Diminutiv- und Augmentativmodifikation im Lateinischen, Deutschen und Romanischen (Portugiesisch, Spanisch, Italienisch und Rumänisch). Ein kritischer Forschungsbericht 1900-1975.* 2., umgearbeitete und erweiterte Aufl. — TBL 47; Tübingen: Narr, 1980, 217 p. | 1st ed. 1974 (BL 1974, 2136). | *PhP* 25, 1982, 223-224 J.J. Šabršula.
2336 FILIPOVIĆ, Rudolf: Morphological categories in linguistic borrowing. — *SRAZ* 26, 1981 (1982), 197-207.
2337 GÓRSKA, Elzbieta: Formal and functional restrictions on the productivity of word formation rules (WFRs). — *FoL* 16, 1982, 149-162.
2338 GÓRSKA, Elżbieta: Formal and functional restrictions on the productivity of word formation rules (WFRs). — *NJL* 5, 1982, 77-89.
2339 GÓRSKA, Elżbieta: A way of testing the productivity of word formation rules (WFRs)? — *SAP* 14, 1982, 169-174.
2340 *Historical morphology.* Ed. by Jacek FISIAK. — The Hague: 1980 | BL 1981, 152. | *AJL* 2, 1982, 246-249 S. Johnson | *JL* 18, 1982, 486-492 A. Carstairs | *PhP* 25, 1982, 215-216 J. Vachek.
2341 HOUIS, Maurice: De la dérivation à travers quelques langues africaines. — *MLing* 4, 1982/2, 49-67 | Data from Bambara, Peul, Swahili and Tado (Gbe) languages.
2342 JENSEN, John T.: X̄ morphology. — *NELS* 11, 1981, 155-172.
2343 JOSEPH, Brian: Lexical productivity versus syntactic generativity. — *LIn* 11, 1980, 420-426 | Contra Roeper & Siegel (BL 1978, 2007), with evidence from the history of Gr.

MORPHOLOGIE

2344 KARIUS, Ilse: Wortbildung und Lexikalisierung. — [187], 114-123.
2345 KASTOVSKY, Dieter: Word-formation: a functional view. — *FoL* 16, 1982, 181-198.
2346 KNOP, Sabine DE: Metapheradjektive, keine Vergleichsadjektive. — [187], 124-133 | G. data.
2347 KOVALYK, I.I.: Pro morfemy (morfy) u sferi movy i movlennja. — *Mov* 1982/1, 3-11 | Morphemes in language and speech.
2348 LAPOINTE, Steven G.: The representation of inflectional morphology. — *NELS* 11, 1981, 190-204.
2349 LEHMANN, Christian: Directions for interlinear morphemic translations. — *FoL* 16, 1982, 199-224.
2350 LIEBER, Rochelle: Allomorphy. — *LAn* 10, 1982, 27-52.
2351 MALICKA, Anna: Postaronoffowskie leksykalne koncepcje morfologii generatywnej. — *LMNf* 9, 1980 (1982), 165-176.
2352 MALÍKOVÁ, Mária-Ol'ga: K probleme poluaffiksov. — *RLB* 6, 1982, 163-172.
2353 MALKIEL, Yakov: Semantically-marked root morphemes in diachronic morphology. — [378], 133-243.
2354 MARANTZ, Alec: Re reduplication. — *LIn* 13, 1982, 435-482.
2355 MATTHEWS, Peter H.: *Morfologia* . . . — Bologna: 1979 | BL 1980, 2057. | *LN* 42, 1981, 127-128 Gh. Ghinassi.
2356 MAYERTHALER, Willi: *Morphologische Natürlichkeit.* — Wiesbaden: 1981 | BL 1981, 2774. | *SLang* 6, 1982, 146-152 W. Mańczak | *Linguistics* 20, 1982, 666-667 B. Comrie.
2357 MCCARTHY, John J.: A prosodic theory of nonconcatenative morphology. — *LIn* 12, 1981, 373-418 | Examples from Ar. (and other Sem. languages).
2358 MCCARTHY, John J.: Prosodic templates, morphemic templates, and morphemic tiers. — [2036], 191-223.
MEL'ČUK, I.A.: . . . *a system of formal notions for theoretical morphology.* — 1127.
2359 MYCHAJLENKO, V.V.: Typolohični charakterystyky deryvaciji i transpozyciji dijeslova. — *InFil* 64, 1981, 3-5 | Typological characteristics of verb transformation and derivation.
2360 PANAGL, Oswald: Produktivität in der Wortbildung von Corpussprachen: Möglichkeiten und Grenzen der Heuristik. — *FoL* 16, 1982, 225-239.
2361 PENNANEN, Esko: Sananmuodostusopista ja sen ongelmista. — *Academia Scientiarum Fennica. Vuosikirja – Year Book* 1980 (Helsinki: 1982), 139-154 | Word-formation and its problems (E. summ.).
2362 PENNANEN, Esko V.: Remarks on syntagma and word-formation. — *FoL* 16, 1982, 241-261.
2363 PENNANEN, Esko V.: "Uniformity amidst variety". A review article on a book by Frans PLANK. — *FoL* 16, 1982, 433-457 | Cf. BL 1981, 2783.
2364 RIVAS, Alberto M.: On the interaction of rules during word formation: two-stage rules. — *NELS* 11, 1981, 319-330.
2365 ROBERGE, Paul Timothy: *Morphologization of phonological alternations: a theoretical study based on the evidence from Germanic.* — Univ. of Michigan diss., 1980, 308 p. | *DAb* 41/2, 1980, 659-A.
2366 Roos, Aarand: *Morfologiska tendenser vid språklig interferens* . . . — Uppsala: 1980 | BL 1981, 2785. | *UAJb* 53, 1981, 155 A. Raun | *Vir* 1982, 227-230 S. Suhonen.
2367 SAMUELSDORFF, Paul O.: The treatment of morphology in a functional grammar with special reference to Swahili. — *FoL* 16, 1982, 385-398.

2368 SELKIRK, Elisabeth O.: *The syntax of words.* — L*In* Monographs 7; Cambridge, MA: MIT Press, 1982, xi, 136 p. | E. derivational morphology, 77-119.
2369 SHAW, J. Howard: *Motivierte Komposita in der deutschen und englischen Gegenwartssprache.* — Tübingen: 1979 | BL 1979, 2130. | *Anglia* 100, 1982, 153-156 G. Deimer.
2370 SMITH, Lawrence R.: Labrador Inuttut (Eskimo) and the theory of morphology. — *SLang* 6, 1982, 221-244.
2371 STRAUSS, Steven L.: On the theory of word-formation and its role in phonological analysis. — *LAn* 9, 1982, 253-276.
2372 STRAUSS, Steven L.: On "relatedness paradoxes" and related paradoxes. — *LIn* 13, 1982, 694-700 | Apropos of E. WILLIAMS (BL 1981, 2803).
2373 SZYMANEK, Bogdan: Cyclic word formation rules and the haplological constraint. — *SAP* 14, 1982, 175-184.
2374 TIERSMA, Peter Meijes: Local and general markedness. — *Lg* 58, 1982, 832-849.
VENNEMANN, T.: Isolation – Agglutination – Flexion? . . . — 1338.
2375 VINCENZI, Giuseppe Carlo: *Linguistica: le forme delle parole.* — Bologna: Clueb, 1981, 165 p.
2376 WHEELER, Cathy J.: Historical evidence on speakers' morphemic analysis of noun declensions. — *SL* 36, 1982, 141-167.
2377 *Wortbildung.* Hrsg. von Leonhard LIPKA und Hartmut GÜNTHER. — WdF 564; Darmstadt: Wissenschaftliche Buchgesellschaft, 1981, vi, 404 p., ill. | Coll. of previously published studies by Hermann PAUL, Karl BRUGMANN, Wolfgang MOTSCH . . . [et al.].
2378 WURZEL, Wolfgang Ullrich: *Phonologie – Morphonologie – Morphologie.* — Linguistische Studien. Reihe A: Arbeitsberichte 93; Berlin (DDR): Akad. der Wissenschaften der DDR, Zentralinst. für Sprachwissenschaft, 1982, 101 p. | Contents: Wege der Morphologisierung phonologischer Regeln, 1-29; Überlegungen zum Zusammenhang von grammatischer Natürlichkeit und Typologie, 30-48; Probleme der Morphonologie, 49-85; Noch einmal: die Palatalisierung im Neuisländischen. Fallstudie einer morphonologischen Regel, 86-101.
2379 ZAGER, David: *A real-time process model of morphological change.* — State Univ. of New York at Buffalo diss., 1981, 158 p. | *DAb* 42/1, 1981, 200-A.
ZUFFI, S.: The nominal composition in It. . . . — 7276.

2.2. Syntax — Syntaxe

2380 AALDEREN, C.T. VAN: Some observations on ergativity and Sumerian. — *OLP* 13, 1982, 25-44.
2381 ABAŠYNA, V.M.: Vzajemovplyv komunikatyvnoji i strukturno-smyslovoji orhanizaciji syntaksyčnych odynyc'. — *Mov* 1982/1, 17-20 | Relations between the communicative and the structural-semantic organization of syntactic units.
2382 ABBOTT, Barbara: Isomorphic structure preservation. — *LAn* 10, 1982, 119-130.
2383 AGUIRRE, Manuel: *Factuality and modality.* — APIL 8; Wilrijk: Univ. Inst. Antwerpen, 1976, 145 p.
2384 AISSEN, Judith: Valence and coreference. — *SynS* 15, 1982, 7-35.
2385 AKIMOVA, T.G.: O dvuch vidovych oppozicijach v sisteme francuzskogo i anglijskogo glagola. — *NDVŠ-F* 1981/4, 65-70.
2386 AMBROSINI, Riccardo: Negatività e trasparenza. — *SSL* 22, 1982, 1-27.

2387 ANDERSON, John: A disagreeable note on relational grammatical relations. — [1312], 125-143 | Contra the alleged universality of agreement triggers uniquely based on grammatical relations.
2388 BACH, Emmon W.: Discontinuous constituents in generalized categorial grammars. — *NELS* 11, 1981, 1-12.
2389 BACH, Emmon: Purpose clauses and control. — [2584], 35-57.
2390 BAILEY, Charles-James N.: Deriving conjunctions, manner adverbs, prepositions, and the oblique cases from underlying predicates. — *LAL* 7, 1973, 82-111.
2391 BALTIN, Mark R.: A landing site theory of movement rules. — *LIn* 13, 1982, 1-38.
2392 BAMGBOŞE, Ayọ: Issues in the analysis of serial verbal constructions. — *JWAL* 12, 1982/2, 3-21.
2393 BAŃCZEROWSKI, Jerzy: *Systems of semantics and syntax* . . . — Warszawa: 1980 | BL 1980, 2092. | *LPosn* 25, 1982, 121-131 J. Pogonowski.
BARRAL, M.: *L'imparfait du subjonctif* . . . — 6626.
2394 BAVIN, Edith Laura: *On the grammatical notion* subject. — State Univ. of New York at Buffalo diss., 1980, 167 p. | *DAb* 41/8, 1981, 3556-A.
2395 BENNIS, Hans: A note on government and binding. — [2550], 1-8 | Discussion of Proper Government and its definition.
2396 BERMAN, Ruth A.: On the nature of 'oblique' objects in bitransitive constructions. — *Lingua* 56, 1982, 101-125.
2397 BERROTTONI, Pierangiolo: Aspetto verbale e viaggi temporali. Sul contenuto semantico dell'aspetto progressivo. — *SSL* 22, 1982, 49-117.
2398 BÍLÝ, Milan: Is there any backward pronominalization? — *PScCL* VI, 26-33.
2399 BIRENBAUM, Ja.G.: K teorii složnogo predloženija (Na materiale anglijskogo jazyka). — *VJa* 1982/2, 50-58.
2400 BLAKE, Barry J.: The absolutive: its scope in English and Kalkatungu. — *SynS* 15, 1982, 71-94.
2401 BLANCHE-BENVENISTE, Claire: L'approche pronominale et les théories de Gustave Guillaume. Prolégomènes pour une syntaxe. — [318], 97-110.
2402 BLOM, Alied; DAALDER, Saskia: *Syntaktische theorie en taalbeschrijving.* — Muiderberg: 1977 | BL 1977, 2637. | *Gramma* 2, 1978, 138-158 L. Stassen.
2403 BOJADŽIEV, Živko: Ošte vednăž po văprosa za silno obosobenite časti. — *SEz* 7, 1982/6, 13-21 | Once again on the problem of strongly isolated segments or parcels (Cf. BL 1972, 8527).
BOON, P.: "Isoliert-emphatischer" oder "proleptischer" Nominativ. — 8024.
2404 BORDELOIS, Ivonne A.: Transparency. — *LAn* 9, 1982, 161-203.
2405 BORER, Hagit: On extraction from clitic doubled constructions. — *NELS* 11, 1981, 22-37.
2406 BRAME, Michael K.: *Conjectures and refutations in syntax and semantics.* — New York: 1976 | BL 1976, 2425. | *KLit* 9, 1980, 111-114 P. Erdmann.
2407 BRAME, Michael K.: *Base generated syntax.* — Seattle: 1978 | BL 1980, 2108. | *JL* 18, 1982, 464-473 G. Gazdar.
2408 BRAME, Michael K.: *Essays toward realistic syntax.* — Seattle: 1979 | BL 1980, 2109. | *JL* 18, 1982, 464-473 G. Gazdar.
2409 BRAME, Michael: The head-selector theory of lexical specifications and the nonexistence of coarse categories. — *LAn* 10, 1982, 321-325.
2410 BREDEMEIER, Jürgen: Valenztheorie und Kasusgrammatik. — [367], 427-437.
2411 BRESNAN, Joan: Control and complementation. — *LIn* 13, 1982, 343-434 | In Lexical-Functional Grammar.

2412 BRETTSCHNEIDER, Gunter: *Koordination und syntaktische Komplexität*... — München: 1978 | BL 1978, 2039. | *L&H* 39, 1979, 74 G. L[urquin].
2413 BROWN, E.K.; MILLER, J.E.:*Syntax: Generative grammar.* — London: Hutchinson, 1982, 240 p.
2414 BRYAN, Robert Monk: *Elements of an improved treatment of tense, aspect, and temporal deixis in a Montague framework.* — Univ. of Kansas diss., 1980, 181 p. | *DAb* 41/12, 1981, 5078-A.
BURCKHARDT, Chr.: *Bedeutung und Satzgrammatik.* — 1360.
2415 BURGER, Harald: Interjektionen. — [329], 53-69.
2416 BUYSSENS, Éric: Modes et modalités. — *BAB* 68, 1982, 21-32.
2417 CARLSON, Greg N.: Comments on infinitives. — [231], 32-46.
2418 CATTELL, Ray: More on quasi-NPs. — *LIn* 11, 1980, 419-420 | Cf. BL 1980, 2117.
2419 ČEREMISINA, M.I.; SKRIBNIK, E.K.: K razrabotke ponjatija "pričastnoe predikativnoe sklonenie". — [343], 3-20.
2420 CHARNLEY, M. Bertens: A sentential invariant. — *RSEL* 12, 1982, 49-64.
2421 CHLOUPEK, Jan: Časové zařazení děje. — *JazA* 19, 1982, 62-63 | Temporal classification of the verb action.
2422 CHOMSKY, Noam: *Zagadnienia teorii składni.* Przełożył: Ireneusz JAKUBCZAK. With preface by Kazimierz POLAŃSKI. — Wrocław: Zakład im. Ossolińskich, 1982, 283 p. | Transl. of BL 1965, 774.
2423 CHOMSKY, Noam: *Lectures on government and binding.* — Dordrecht: 1981 | BL 1981, 2858. | *NyK* 84, 1982, 288-293 É. Kiss Katalin | *LeSt* 17, 1982, 589-594 A. Belletti | Cf. 2505 & 2576.
2424 CHOMSKY, Noam: *Some concepts and consequences of the theory of government and binding.* — *LIn*, Monograph 6; Cambridge, MA: MIT, 1982, 110 p.
2425 CHOMSKY, Noam: On binding. — *LIn* 11, 1980, 1-46.
2426 CHOMSKY, Noam: Principles and parameters in syntactic theory. — [1063], 32-75 | It. transl. in: *RGG* 4, 1979, 3-75.
2427 COLE, Peter: On defining bounding nodes for subjacency. — *LIn* 13, 1982, 139-145 | Data from Imbabura Quechua.
2428 COMRIE, Bernard: Future time reference in the conditional protasis. — *AJL* 2, 1982, 143-152.
2429 COOK, Walter A.: Case grammar: from roles to rules. — *LAL* 1, 1970, 14-29.
2430 COOK, Walter A.: Case grammar as a deep structure in tagmemic analysis. — *LAL* 2, 1971, 1-9.
2431 COOK, Walter A.: Improvements in case grammar 1970. — *LAL* 2, 1971, 10-22.
2432 COOK, Walter A.: A set of postulates for case grammar analysis. — *LAL* 4, 1972, 35-49.
2433 COOK, Walter A.: A case grammar matrix. — *LAL* 6, 1972, 15-47, 4 fig.
2434 COOK, Walter A.: Covert case roles. — *LAL* 7, 1973, 52-81, 6 fig.
2435 COOPER, Robin: Binding in wholewheat* syntax (*unenriched with inaudibilia). — [2584], 59-77.
2436 CORNILESCU, Alexandra: Presuppositions of questions and the analysis of conducive questions. — *RRLing* 27, 1982, 99-106.
COUQUAUX, D.: Fr. predication and linguistic theory. — 6642.
2437 CULICOVER, Peter W.: *Syntax.* 2nd ed. — New York: Academic Press, 1982, 356 p. | 1st ed. 1976 (BL 1977, 2667).
2438 DANEŠ, František; KOŘENSKÝ, Jan; HLAVSA, Zdeněk: Nové tendence v oblasti syntaktického bádání a jazykové vyučování. — [194], 27-41.

SYNTAXE

2439 DASGUPTA, Probal: Infinitives in Bangla and English: phrases or clauses. — *BDC* 41, 1982, 176-209.

2440 DECLERCK, Renaat: The triple origin of participial perception verb complements. — *LAn* 10, 1982, 1-26.

2441 DELANCEY, Scott: Aspect, transitivity and viewpoint. — [195], 167-183.

2442 DEŠERIEVA, T.I.: K voprosu o tak nazyvaemom "absoljutnom" padeže. — *VJa* 1982/3, 111-114.

2443 DIK, Simon C.: *Functional grammar*... — Amsterdam: 1978 | BL 1978, 962. | *PJ* 1982 (1983), 269-273 E.D. Zakrzewska.

2444 DIK, Simon C.: *Studies in functional grammar.* — London: Academic Press, 1980, xi, 245 p., ill. | Corr. to BL 1980, 2130 | *Linguistics* 20, 1982, 662-666 R. Goodwin | *Lg* 58, 1982, 727-728 E.A. Edwards | *NTg* 75, 1982, 360-369 J. Koster | *Spektator* 11, 1981-82, 547-550 C. de Groot | *SSL* 22, 1982, 199-202 R. Peroni.

2445 DIK, Simon C.: Onderzoek in Funktionele Grammatika. — *TTT* 1, 1981, 3-23, fig. | Research in Functional Grammar.

2446 DIK, Simon C.: Predication and expression: the problem and the theoretical framework. — [385], 1-17.

2447 DIK, Simon C.: Discrepancies between predication and expression in natural languages. — [385], 19-39.

2448 DOBROVIE-SORIN, Carmen: A propos de l'interprétation des groupes nominaux indéfinis dans les structures impératives. — *RRLing* 26, 1981, 565-577.

2449 DOERFER, Gerhard: Gedanken zur Anatomie der Syntax. — *Sprachw* 7, 1982, 19-39.

2450 DONALDSON, Anne: On restructuring and preposition stranding. — *CLO* 10, 1982, 81-100.

DOOLEY, R.A.: Options in the pragmatic structuring of Guaraní sentences. — 15514.

2451 DORFMÜLLER-KARPUSA, Käthi: Konnektive Ausdrücke und konnektive Relationen. — *Orbis* 29, 1980 (1982), 7-29.

2452 DOWTY, David: Grammatical relations and Montague Grammar. — [2584], 79-130.

2453 DRYER, Matthew S.: In defense of a universal passive. — *LAn* 10, 1982, 53-60 | Contra W.D. O'GRADY (BL 1981, 1549).

EDMONDSON, J.A.: Beförderungsregeln, umdrehbare Verben und die Relationsgrammatik... — 8040.

2454 EJERHED, Eva I.; JANLERT, Lars-Erik: The processing of tense. — *PScCL* VI, 165-176.

2455 EMONDS, Joseph: Inversion généralisée NP-α: marque distinctive de l'anglais. — *Langages* 60, 1980, 13-45.

2456 ENGDAHL, Elisabeth: The nested dependency constraint as a parsing strategy. — [231], 76-87.

2457 ESCRIBANO, José Luis G.: Reflexiones acerca del concepto de "núcleo" en la gramática tagmémica. — *Archivum* 29-30, 1979-80 (1982), 265-310.

2458 EVERS, Arnold: Restructuring versus reindexing (Preliminary version). — *UWPL* 11, 1982, 1-36.

2459 EVERS, Arnold: Sluicing versus gapping. — *UWPL* 11, 1982, 75-115.

2460 FERRARI, Giovanni: Étude syntaxique des déterminants "le" et "un" dans la phrase à verbe être. — *CILL* 6/3-4, 1980, 65-120.

2461 FINK, Stefan R.: *Aspects of a pedagogical grammar*... — Tübingen: 1977 | BL 1978, 2066. | *Anglia* 100, 1982, 451-455 R. Emons.

2462 FIRBAS, Jan: "Aktuální členění větné" (,) či "funkční perspektiva větná"? — SS 43, 1982, 282-293 | Is "functional sentence perspective" an equivalent of "aktuální členění větné"? (E. summ.).

2463 FIRBAS, Jan: Has every sentence a theme and a rheme? — [282], 97-115.

2464 FLYNN, Michael James: *Structure building operations and word order.* — Univ. of Massachusetts diss., 1981, 142 p. | *DAb* 42/3, 1981, 1127-A.

FODOR, J.A.; FODOR, J.D.: Functional structure, quantifiers, and meaning postulates. — 1389.

2465 FRAJZYNGIER, Zygmunt: Indefinite agent, passive and impersonal passive: a functional study. — *Lingua* 58, 1982, 267-290.

2466 FRANCESCONI, Consuelo: Further evidence for a compositional nature of aspects. — *CEL* 3, 1982, 92-124.

2467 FRANKS, Steven: Deep and surface case. — *NELS* 11, 1981, 79-95.

GARDE, P.: Des parties du discours . . . — 12002.

2468 GARRETTE, Robert: Statut de l'apposition. — [304], 157-176, 2 tab.

2469 GAZDAR, Gerald: Phrase structure grammar. — [2584], 131-186.

2470 GAZDAR, Gerald; PULLUM, Geoffrey K.; SAG, Ivan A.; WASOW, Thomas: Coordination and transformational grammar. — *LIn* 13, 1982, 663-676 | Contra E.S. WILLIAMS (BL 1978, 2201).

2471 GIL, David: Case marking, phonological size, and linear order. — *SynS* 15, 1982, 117-141 | 1. Hebr. *et.* 2. Toward a more general principle.

2472 GIVÓN, T.: Transitivity, topicality, and the Ute impersonal passive. — *SynS* 15, 1982, 143-160.

2473 GORĂSCU, Adriana: Linguistic empathy. — *RRLing* 27, 1982, 149-155.

2474 GROSU, Alexander: *Approaches to island phenomena.* — North-Holland Linguistic Series 45; Amsterdam: North-Holland, 1981, xii, 346 p.

2475 GROUSSIER, Marie-Line: Processus de déplacement et métaphore spatiotemporelle. — *MLing* 2, 1980/1, 57-106.

2476 GUÉRON, Jacqueline: On the syntax and semantics of PP extraposition. — *LIn* 11, 1980, 637-678.

2477 GUÉRON, J.: Logical operators, complete constituents, and extraction transformations. — [2550], 65-142.

2478 HAAN, Ger DE: On a distinctive property of rules of syntax: the accessibility condition. — *LAn* 8, 1981, 145-183 | Adapted version of chapter 3 of BL 1979, 2230.

2479 HAJIĆOVA, E.; SGALL, P.: Functional sentence perspective in the Slavonic languages and in English. — *JslF* 38, 1982, 19-34.

2480 HALPERN, Richard Neil: An investigation of *John is easy to please.* — Univ. of Illinois at Urbana-Champaign diss., 1979, 70 p. | *DAb* 41/6, 1980, 2586-A.

2481 HANDZJUK, S.P.: Lohična osnova syntaksyčnych procesiv (Na materiali nimec'koji movy). — *InFil* 63, 1981, 3-7 | Logische Grundlage der syntaktischen Prozesse (auf Grund der deutschen Sprache).

2482 HARBERT, Wayne: In defense of tense. — *LAn* 9, 1982, 1-18.

2483 HARRIS, Zellig S.: *Notes du cours de syntaxe.* — Paris: 1976 | BL 1976, 2490. | *L&H* 31, 1976, 114-115 G. L[urquin].

2484 HASEGAWA, Nobuko: On the passive as a lexical process. — *NELS* 11, 1981, 96-112.

2485 HAWKINS, John A.: Cross-category harmony, X-bar and the predictions of markedness. — *JL* 18, 1982, 1-35.

2486 HEGER, Klaus: "Il la lui a donnée, à Jean, son père, sa moto" – neue Überlegungen zu einem alten Beispiel. — [263], 53-66.

SYNTAXE

2487 HEGER, Klaus: Nominativ – Subjekt – Thema. — [314], 87-93.
2488 HELLAN, Lars: On non-transformational accounts of passive. — [231], 106-121.
2489 HENDRICK, Randall: Construing relative pronouns. — *LAn* 9, 1982, 205-224.
2490 HERSLUND, Michael: Ergative substructures in "objective" languages? — *PScCL* VI, 75-83 | 1. Introd. 2. Two cases of ergativity in Fr. 3. Ergativity in Dan.?
2491 HETZRON, Robert: Non-applicability as a test for category definitions. — [345], 131-183 | 1. Introd. 2. The two Gap-Fillers. 3. Aspect in Hg.
2492 HIGGINBOTHAM, James: Alcune note su teoria del legamento e forma logica. — *RGG* 6, 1981, 115-140.
2493 HIGGINBOTHAM, James: Pronouns and bound variables. — *LIn* 11, 1980, 679-708.
2494 HINTIKKA, Jaakko: Tag questions and grammatical acceptability. — *NJL* 5, 1982, 129-132.
2495 HOBÆK HAFF, Marianne: Une approche de quelques types particuliers de syntagmes de coordination. — *RRom* 17/2, 1982, 21-33.
2496 HOCK, Hans Heinrich: AUX-cliticization as a motivation for word order change. — *SLS* 12/1, 1982, 91-101.
2497 HORN, George M.: Motionless and traceless sources of passives. — *LAn* 8, 1981, 15-68 | Nontransformational analysis within a modified version of the lexical-interpretative model (cf. J. BRESNAN [BL 1979, 2075]).
2498 HORN, George M.: Functional structures & control. — [231], 123-133.
2499 HUDSON, Richard: Incomplete conjuncts. — *LIn* 13, 1982, 547-550.
2500 IHALAINEN, Ossi: New evidence for raising. — *NphM* 83, 1982, 210-215.
2501 IKEGAMI, Yoshihiko: Source vs goal: a case of linguistic dissymmetry. — [3563], 292-308.
2502 INFANT'EVA, R.N.: Principy i metody ustanovlenija sistemnoj sočetaemosti častej reči. — *NDVŠ-F* 1981/5, 62-67.
2503 IWAKURA, Kunihiro: No distinction between trace and PRO? — *LAn* 8, 1981, 325-341 | Apropos of J. KOSTER (BL 1979, 2270); cf. also No. 2694.
2504 IWAKURA, Kunihiro: On the rule "Move α" and traces. — *LAn* 8, 1981, 185-215.
2505 IWAKURA, Kunihiro: On government. — *LAn* 9, 1982, 135-159 | Critique of Chomsky's Case Theory (cf. 2423).
2506 IWAKURA, Kunihiro: On NP movement. — *LAn* 9, 1982, 285-305.
2507 IWAKURA, Kunihiro: Government principles and trace. — *LAn* 10, 1982, 275-297 | Sequel to 2506-7.
2508 IWAKURA, Kunihiro: Government theory and derived nominal constructions. — *LAn* 10, 1982, 365-391 | Critique of 2523.
2509 JACKENDOFF, Ray: $\bar{X}$ syntax . . . — Cambridge, MA: 1977 | BL 1979, 2255. | *JL* 18, 1982, 409-419 F. Stuurman | Cf. also 2583 & 2639.
2510 JACOBSON, Pauline: Evidence for gaps. — [2584], 187-228.
JAEGGLI, O.: *Topics in Romance syntax.* — 5963.
2511 JAKOBSEN, Lisbeth Falster; OLSEN, JØRGEN: Zu den Techniken der syntaktischen Analyse. — [233], 213-227 | With special reference to Gunnar BECH's 'systemic' linguistics.
2512 JAMES, Deborah: Past tense and the hypothetical: a cross-linguistic study. — *SLang* 6, 1982, 375-403.
2513 JENSEN, Per Anker: *Transformationel syntaks.* — Anglica et Americana 8; Copenhagen: Univ., 1979, 286 p. | *NJL* 4, 1981, 55-63 B. Jacobsen.

2514 JOHANSEN, Holger: Zum traditionellen Gebrauch des Worts "Subjekt": Beschreibung eines grammatischen Sprachgebrauchs und Untersuchung seiner Zweckmässigkeit. — [391], 213-243.

2515 JOHNSON, David E.: *Toward a theory of relationally-based grammar.* — Urbana, IL: 1974 | BL 1977, 984. | *Gramma* 2, 1978, 259-265 F. Poels.

2516 JOLY, André: Structure psychique et structure sémiologique de la négation nexale dans les langues indo-européennes. — *BSL* 76, 1981/1 (1982), 99-154.

2517 JONG, Franciska DE; VERKUYL, H.J.: Opacity and tense. — *PScCL* VI, 177-190.

2518 JUDAKIN, A.P.: Istoki suppletivizma vspomogatel'nogo glagola. — *NDVŠ-F* 1982/3, 43-51.

2519 KAČALA, Ján: Sémantická štruktúra vety a obsah vety. — *JČ* 33, 1982, 3-10 | Semantic sentence structure and sentence content (Ru. summ.).

2520 KAČALA, Ján: Bilaterálnosť syntagmy a syntaktický význam. — *JČ* 33, 1982, 159-171 | Bilaterality of the syntagm and syntactic meaning (Ru. summ.).

2521 KAYNE, Richard S.: De certaines différences entre le français et l'anglais. — *Langages* 60, 1980, 47-64.

2522 KAYNE, Richard S.: Extensions of binding and case-marking. — *LIn* 11, 1980, 75-96 | Evidence from E., Fr., and It.

2523 KAYNE, Richard S.: Unambiguous paths. — [2550], 143-183 | Against the notion of c-command (evidence from E.). | Cf. also 2508.

2524 KENESEI, István: The reincarnation of raising (or how to raise NPs without a raising rule). — [345], 269-291.

2525 KERSTENS, Johan: Bestaat *gapping* eigenlijk wel? Besprekingsartikel van: A.H. NEIJT-KAPPEN: *Gapping...*, 1979. — *Spektator* 11, 1981-82, 61-79 | Cf. 2585.

2526 KERSTENS, Johan: N.a.v. 'Gapping bestaat'. — *Spektator* 11, 1981-82, 85-86 | Rejoinder to 2587.

KIEFER, F.: The aspectual system of Hg. — 14109.

2527 KLEIBER, Georges: *Problèmes de référence: description définie et noms propres.* — Recherches linguistiques: études publiées par le Centre d'analyse syntaxique de l'Univ. de Metz 6; Paris: Klincksieck, 1981, 538 p.

2528 KOBRINA, N.A.; [LIIV, S.S.] LIJV, S.S.: K tipologii bezličnych predloženij. — *UZTarU* 619, 1982 (*Linguistica*), 33-40 | E. summ.

2529 KOEFOED, Oleg: *Le verbe comme objet d'étude...* — København: 1979 | BL 1981, 2965. | *RRom* 17/1, 1982, 155 P. Skårup.

2530 KOMLÓSY, András: Deep structure cases reinterpreted. — [345], 351-385.

2531 KOSTER, J.: Configurational grammar. — *Gramma* 4, 1980, 212-233.

2532 KOSTER, Jan: Configurational grammar. — [2550], 185-205.

2533 KOSTER, Jan; MAY, Robert: On the constituency of infinitives. — *Lg* 58, 1982, 116-143.

2534 KUBIŃSKI, Wojciech: A few remarks on the performative analysis and the theory of involvements relations. — *ZNUG, Linguistica et Anglica Gedanensia* 2, 1981, 96-108.

2535 KUIPER, Koenraad: Once more with feeling: modifier repetition as a stylistic rule. — *Linguistics* 20, 1982, 493-517.

2536 KURODA, S.-Y.: *The (w)hole of the doughnut...* — Ghent: 1979 | BL 1980, 2216. | *Lingua* 56, 1982, 96-98 G. Mallinson.

2537 LADD, D.R., Jr.: Intonation, main clause phenomena, and point of view. — [237], 149-163.

2538 LAMBERTZ, Th.: *Ausbaumodell zu Lucien Tesnières "Éléments de syntaxe structurale".* — Romania Occidentalis 13; Gerbrunn: Lehmann, 1982, xix, 609 p., 166 stemmata | *Gymnasium* 90, 1983, 322-324 F. Heberlein.

2539 LANC, Michèle: A propos de quelques problèmes relevant de la relation entre aspect et voix. — [318], 195-200.

2540 LANC, Michèle; FOURTINA, Hervé: A propos de *Vers une théorie des aspects:* notes sur quelques problèmes relatifs aux concepts d'indétermination, d'actualisation & d'assertion. — *MLing* 2, 1980/2, 139-148 | Rev. art. on C. FUCHS & A.-M. LÉONARD (BL 1979, 2210).

2541 LANGACKER, Ronald W.: Space grammar, analysability, and the English passive. — *Lg* 58, 1982, 22-80, fig.

2542 LANGENDOEN, D. Terence: On a class of not ungrammatical constructions. — *JL* 18, 1982, 107-112.

2543 LANGHOFF, Stephan: Semantic investiture of underspecified units in syntax. — [168], 181-195.

2544 LAPOINTE, Steven G.: A note on Akmajian, Steele, and Wasow's treatment of certain verb complement types. — *LIn* 11, 1980, 770-787 | Cf. BL 1980, 2078.

2545 LASKAREVA, E.R.: Ponjatija "valentnost'", "distribucija", "intencija" v svete teorii sočetaemosti. — *VLU* 1982/8, 80-87.

2546 LASNIK, Howard: Restricting the theory of transformations: a case study. — [1063], 152-173.

2547 LATTEY, Elsa Maria: *Grammatical systems across languages: a study of participation in English, German and Spanish.* — City Univ. of New York diss., 1980, 359 p. | *DAb* 41/5, 1980, 2087-A/2088-A.

2548 LAWSON, Jack Odell: *Case relations in generative grammar.* — Univ. of Washington diss., 1981, 180 p. | *DAb* 42/1, 1981, 195-A/196-A.

2549 LEINONEN, Marja: Roles and responsibilities: passivity in Russian and Finnish. — *ScSl* 28, 1982, 201-208.

2550 *Levels of syntactic representation.* Robert MAY; Jan KOSTER (eds.). — SGG 10; Dordrecht: Foris, 1981, v, 302 p.

2551 LIGHTFOOT, David W.: *Principles of diachronic syntax.* — Cambridge: 1979 | BL 1979, 2286. | *AGI* 66, 1981 (1982), 158-162 A. Uguzzoni.

2552 LIGHTFOOT, David: Sur la reconstruction d'une proto-syntaxe. — *Langages* 60, 1980, 109-123.

2553 LIGHTFOOT, David: Explaining syntactic change. — [1063], 209-240.

2554 LIPSKI, John M.: Surface deviation as grammatical competition. — *LACUS* 7, 1980 (1981), 73-82.

2555 LOCKWOOD, David G.: Principles of a box-diagram notation for syntactic solutions. — *LACUS* 6, 1979 (1980), 292-301.

2556 LONGOBARDI, G.: *Connectedness,* complementi circostanziali e Soggiacenza. — *RGG* 5, 1980, 141-185.

2557 LOUX-SCHURINGA, Anke LE: The predicate in 19th century sentence grammar and in the T.G.G. — [272], 21-26.

2558 LORD, Carol: The development of object markers in serial verb languages. — *SynS* 15, 1982, 277-299.

MAARTENS, J.: Extraposition . . . — 8735.

MANNHEIM, B.: Person, number, and inclusivity in two Andean languages. — 15532.

2559 MANZINI, Maria Rita: Una teoria del controllo. — *RGG* 4, 1979, 139-163.

2560 MARCISZEWSKI, Witold: Syntactic versus semantic coherence. — *ZNBiał, Logika* 6, 1981, 57-68.

2561 MARCUS, Mitchell P.: *A theory of syntactic recognition* . . . — Cambridge, MA: 1980 | BL 1980, 2233. | *SSL* 22, 1982, 195-197 R. Peroni | *Lg* 58, 1982, 447-455 M.B. Kac.
2562 MASICA, Colin P.: Ergativity in South Asia. — *SARev* 6/3, 1982, 1-11.
2563 MATTHEWS, P.H.: *Syntax.* — Cambridge: 1981 | BL 1981, 3003. | *AJL* 2, 1982, 240-245 R.W. Langacker | *SLang* 6, 1982, 271-275 G. Mallinson | *Kratylos* 27, 1982 (1983), 29-36 P. Swiggers.
2564 MAXWELL, Dan: Implications of NP accessibility for diachronic syntax. — *FoLH* 3, 1982, 135-152.
2565 MAXWELL, Dan: On the evolution of transitive sentences. — [187], 40-50.
2566 MAYER, Otto: *Syntaxanalyse.* 2., durchgesehene und ergänzte Aufl. — Reihe Informatik 27; Mannheim: Bibliographisches Inst., 1982, 433, 20 p. | 1st ed. 1978 (BL 1978, 2133).
2567 MCCAWLEY, James D.: Parentheticals and discontinuous constituent structure. — *LIn* 13, 1982, 91-106.
2568 MECLER, A.A.: O lingvističeskom statuse kategorii modal'nosti. — *NDVŠ-F* 1982/4, 66-72.
2569 MEL'ČUK, Igor A.: *Studies in dependency syntax.* — Ann Arbor: 1979 | BL 1979, 2299. | *LeL* 6, 1981/2, 175-178 R. Peroni.
2570 MEL'ČUK, Igor A.: Types de dépendance syntagmatique entre les mots-formes d'une phrase. — *BSL* 76, 1981/1 (1982), 1-59.
2571 MEY, Sjaak DE: The dependent plural and the analysis of tense. — *NELS* 11, 1981, 58-78.
2572 MEY, Sjaak DE: Aspects of the interpretation of bare plurals. — [272], 115-126.
2573 MILNER, Jean-Claude: Pour un usage du concept de marque en syntaxe comparative. — *Langages* 60, 1980, 65-74.
2574 MIŠESKA-TOMIĆ, Olga: *Generative syntax in theory and practice.* — Skopje: 1978 | BL 1981, 3017. | *Ling* 21, 1981, 317-323 M. Milojević-Sheppard.
2575 MISTRÍK, Jozef: Temporálny význam slovesa a jazykový i mimojazykový kontext. — *SR* 47, 1982, 321-325 | The temporal meaning of the verb and linguistic and extra-linguistic context.
MITHUN, M.; CAMPBELL, L.: On comparative syntax. — 1321.
2576 MOHANAN, K.P.: Infinitival subjects, government, and abstract case. — *LIn* 13, 1982, 323-327 | Malayalam evidence against N. CHOMSKY's government and binding approach (cf. 2423).
MOHANAN, K.P.: Pronouns in Malayalam. — 14723.
2577 MORAVCSIK, J.M.E.: Verkuyl on semantics. — *TL* 7, 1980, 149-153 | Apropos of BL 1981, 3127.
2578 MOUCHET-SCHLOTTKE, Erdmuthe: Ist der Sprechtakt eine statische oder eine variabele Einheit? — [292], 253-269.
2579 MUCHIN, A.M.: *Sintaksemnyj analiz i problema urovnej jazyka.* — Leningrad: 1980 | BL 1980, 2248. | *Word* 32, 1981 (1982), 160-161 M. Peckler | *Mov* 1982/3, 72-74 V. Kovalenko; O. Pys'menna.
2580 MÜLLER, Ernst-August: English idioms, "Funktionsverbgefüge" and free constructions: their delimitation in stratificational grammar. — *LACUS* 6, 1979 (1980), 245-254.
2581 MÜLLER, Ernst-August: Towards a stratificational description of collocations. — *LACUS* 7, 1980 (1981), 175-187.
2582 MUNRO, Pamela: On the transitivity of 'say' verbs. — *SynS* 15, 1982, 301-318.

2583 NAKAJIMA, Heizo: The V^4 system and bounding category. — *LAn* 9, 1982, 341-378 | Referring to Jackendoff's X̄ syntax (cf. 2509)
2584 *The nature of syntactic representation*, ed. by Pauline JACOBSON and Geoffrey K. PULLUM. — SLL 15; Dordrecht: Reidel, 1982, xix, 479 p. | Coll. of 10 studies exploring significant departures from Chomsky's ST, without rejecting the basic goals of generative grammatical theory; editorial introd., ix-xix.
2585 NEIJT, Anneke: *Gapping*... — Dordrecht: 1979 | BL 1979, 2308. | *JL* 18, 1982, 184-188 R.R. van Oirsouw | Cf. 2525.
2586 NEIJT, Anneke: Gaps and remnants — sentence grammar aspects of gapping. — *LAn* 8, 1981, 69-93.
2587 NEIJT, Anneke: Gapping bestaat. — *Spektator* 11, 1981-82, 80-84 | Reply to No. 2525.
2588 NEWMAN, John: Predicate adjuncts. — *AJL* 2, 1982, 153-166.
2589 *Novoe v zarubežnoj lingvistike*. Vyp. XI: *Sovremennye sintaksičeskie teorii v amerikanskoj lingvistike*. Sostavlenie, obščaja red. i vstupitel'naja stat'ja A.E. KIBRIKA. — Moskva: "Progress", 1982, 460 p. | Introd. by A.E. KIBRIK, Problema sintaksičeskich otnošenij v universal'noj grammatike, 5-36; Ru. transl. of 11 studies by David E. JOHNSON; David M. PERLMUTTER & Paul M. POSTAL; Edward L. KEENAN & Bernard COMRIE; et al., 37-410; Appendix: Johannes BECHERT, Ėrgativnost' kak ischodnyj punkt izučenija grammatičeskoj osnovy grammatičeskich kategorii, 411-431.
2590 NOVOTNÝ, Jiří: K některým otázkám neverbální valence. — *JazA* 19, 1982, 109-113 | On some problems of non-verbal valency.
2591 NOVOTNÝ, Jiří: Vazba, rekce a valence. — [194], 111-131 | Construction, rection and valency.
2592 NOWIKOWSKI, Sławomir: Some aspects of the transformational status of the article: the universality of the underlying representation. — *LMNf* 9, 1980 (1982), 177-183.
2593 NYOMÁRKAY, István: Prijedložno-padežne sintagme s pridjevskim značenjem. — *Filologija* 10, 1980-81 (1982), 213-219 | G. summ.: Präpositionalgruppen mit adjektivischer Bedeutung.
2594 O'GRADY, William D.: A note on minor movement. — *LIn* 11, 1980, 252-255 | Pro Dresher & Hornstein (BL 1980, 2139).
2595 O'GRADY, William: Remarks on thematically governed predication. — *LAn* 9, 1982, 119-134 | Discussion of 2695.
2596 O'GRADY, William: The syntax and semantics of quantifier placement. — *Linguistics* 20, 1982, 519-539.
2597 OIRSOUW, Robert R. VAN: Gazdar on coordination and constituents. — *LIn* 13, 1982, 553-557 | Cf. BL 1981, 2899 & No. 2646.
2598 OKAMOTO, Shigeko: The notion of givenness and the use of pronouns and ellipsis. — *PBLS* 7, 1981, 222-235.
2599 OOSTHUIZEN, Alta E.: On the category status of auxiliaries and the transformation test. — *SPIL* 2, 1979, 70-90.
2600 PAILLET, Jean-Pierre; DUGAS, André: *Approaches to syntax*. — LIS 5; Amsterdam: Benjamins, 1982, viii, 282 p. | Transl. of BL 1975, 2571.
2601 PANFILOV, V.Z.: Otricanie i ego rol' v konstituirovanii struktury prostogo predloženija i suždenija. — *VJa* 1982/2, 36-49.
2602 *Papers on diachronic syntax: six case studies*. Ed. by Hans Henrich HOCK. — *SLS* 12/2, 1982, ii, 211 p.
2603 PARKER, Frank; MACARI, Nick: Nontransformational syntactic change. — *GUP* 15, 1979, 1-17.

PAUL, Peter: Homonyms, semantic divergence and valency. — 1458.
2604 PAUL, Peter; PATERSON, Stephen: How facultative are facultative players. — *IJDL* 9, 1980, 274-285 | Verb valency.
2605 PÉREZ BOTÉRO, Luis: Corrientes actuales de las teorías de la sintaxis. — *RSEL* 12, 1982, 119-128.
2606 PERLMUTTER, David M.: Syntactic representation, syntactic levels, and the notion of subject. — [2584], 283-340.
2607 PERLMUTTER, David M.; SOAMES, Scott: *Syntactic argumentation and the structure of English.* — Berkeley: 1979 | BL 1979, 7544. | *CJL* 27, 1982, 72-73 E.A. Cowper.
2608 *Perspectives on Functional Grammar.* Eds.: Teun HOEKSTRA; Harry VAN DER HULST; Michael MOORTGAT. — General Linguistics 3; Dordrecht: Foris, 1981, 352 p. | Published as *Glot* 3, 1980/3-4.
2609 PETERSON, Peter G.: Problems with constraints on coordination. — *LAn* 8, 1981, 449-460.
2610 PICA, Pierre: Some theoretical implications of the study of NP-movement in some Scandinavian languages. — *PScCL* VI, 107-116.
2611 PIKVER, Ann: O valentnosti imeni suščestvitel'nogo (na materiale anglijskogo i ėstonskogo jazykov). — *UZTarU* 619, 1982 (*Linguistica*), 89-96.
2612 PIŤHA, Petr: Towards an explicit description of possessivity. — [114], 232-233.
2613 PIŤHA, Petr: Syntagma a věta. — [194], 91-106 | Syntagm and sentence.
PIŤHA, P.: On valency of adjectives. — 3260.
2614 PLANN, Susan: On F.R. Higgins's analysis of comparative ellipsis. — *LAn* 9, 1982, 395-403 | Contra BL 1973, 2487.
2615 POGONOWSKI, Jerzy: *An axiom system for hypotaxis.* — Poznań: Adam Mickiewicz Univ. (Inst. of Linguistics), 1981, 28 p.
2616 POLLOCK, J.-Y.: On case and impersonal constructions. — [2550], 219-252 | Data from Fr.
2617 POSTAL, Paul M.: The generalization (71) follows from trace theory. — *LAn* 9, 1982, 277-284 | Critique of Chomsky & Lasnik's filter involving "subject pronoun drop" (cf. BL 1977, 2659).
2618 POSTAL, Paul M.: Some arc pair grammar descriptions. — [2584], 341-425 | Primarily concerned with accounting for the distribution of extraposed indefinite NP's in Fr.
2619 POURADIER DUTEIL, Françoise: Verben, die keine sind. — [187], 166 178.
2620 PRINCE, Ellen F.: Topicalization, focus-movement, and Yiddish-movement: a pragmatic differentiation. — *PBLS* 7, 1981, 249-264.
2621 PULLUM, Geoffrey K.: Languages in which movement does not parallel bound anaphora. — *LIn* 11, 1980, 613-620 | Apropos of Dresher & Hornstein (BL 1980, 2139), with evidence from Hixkaryana, Bzhedukh Circassian, and Malagasy.
2622 QUICOLI, A.C.: *The structure of complementation.* — SIGLA 3; Ghent: Story-Scientia, 1982, xii, 172 p.
2623 RAABE, Horst: *Apposition . . .* — Tübingen: 1979 | BL 1979, 2329. | *ZRPh* 98, 1982, 434-437 F.J. Hausmann.
2624 RADFORD, Andrew: *Transformational syntax . . .* — Cambridge: 1981 | BL 1981, 3052. | *Linguistics* 20, 1982, 347-351 R. Salkie.
2625 RAMAT, Anna Giacalone: Explorations on syntactic change (relative clause formation strategies). — [170], 283-292.

2626 REED, Ann: Predicatives and contextual reference. — *LAn* 10, 1982, 327-359.
2627 REICHENBACH, Uwe Karl-Heinz: *Contexts, hierarchies, and filters: a study of transformational systems as disambiguated languages.* — Cornell Univ. diss., 1981, 119 p. | *DAb* 41/12, 1981, 5084-A.
2628 REIS, Marga: *Präsuppositionen und Syntax.* — Tübingen: 1977 | BL 1977, 2830. | *RBPh* 59, 1981, 698-700 J. Van der Auwera.
2629 REULAND, Eric J.: On extraposition of complement clauses. — *NELS* 11, 1981, 296-318.
2630 REULAND, Eric J.: On the governing properties of infinitival markers. — *PScCL* VI, 127-141.
2631 RIEMSDIJK, Henk VAN: On "adjacency" in phonology and syntax. — *NELS* 11, 1981, 399-413.
2632 ROCHEMONT, Michael S.: On the empirical motivation of the Raising Principle. — *LIn* 13, 1982, 150-154 | Contra No. 3800.
2633 ROECK, Anne DE; JOHNSON, Roderick; KING, Margaret; ROSNER, Michael; SAMPSON, Geoffrey; VARILE, Nino: A myth about centre-embedding. — *Lingua* 58, 1982, 327-340.
2634 RÖGNVALDSSON, Eiríkur: We need (some kind of a) rule of conjunction reduction. — *LIn* 13, 1982, 557-561 | Evidence from Icel.
2635 ROKOSZOWA, Jolanta: Über das Problem des Antropozentrismus in der Sprache (ein Beitrag zur Untersuchung des Genus verbi). — *JslF* 37, 1981, 25-54 | SCr. summ.
2636 ROSENBAUM, Harvey: Relative clause structures in informal conversation. — [231], 165-173.
2637 ROSENTHAL, Jehoda: Correlators and correlata in the syntagmatical string. — *GUP* 12, 1976, 73-78, 6 fig.
2638 ROUVERET, Alain: Sur la notion de proposition finie: gouvernement et inversion. — *Langages* 60, 1980, 75-107.
2639 RUHL, Charles; HINES, Carole P.: Modal phrases. — *LIn* 13, 1982, 154-160 | In favour of Jackendoff's proposal for M″ modifiers (cf. 2509).
2640 RUWET, Nicolas: *Problems in French syntax* . . . — London: 1976 | BL 1976, 1208. | *ZPhon* 34, 1981, 245-247 J. Klare | *SCL* 32, 1981, 190-192 M. Gaiţă.
2641 RUWET, Nicolas: *Grammaire des insultes et autres études.* — Travaux Linguistiques; Paris: Seuil, 1982, 352 p. | *L&H* 50, 1982, 104-105 G. L[urquin].
2642 RUŽIČKA, Jozef: K teoretickým základom syntaxe. — [194], 21-25 | On the theoretical foundations of syntax.
RŮŽIČKA, R.: Kontrollprinzipien infiniter Satzformen . . . — 12065.
2643 SAAD, George N.: Passivization. — [231], 174-191.
2644 SAFIR, Ken; PESETSKY, David: Inflection, inversion and subject clitics. — *NELS* 11, 1981, 331-344.
2645 SAG, Ivan A.: A further note on floated quantifiers, adverbs, and extraction. — *LIn* 11, 1980, 255-257 | Sequel to *LIn* 9, 1978, 146-150.
2646 SAG, Ivan A.: Coordination, extraction, and generalized phrase structure grammar. — *LIn* 13, 1982, 329-336 | Apropos of G.J.M. GAZDAR (BL 1981, 2899); cf. also 2597.
2647 SAG, Ivan A.: A semantic theory of "NP-movement" dependencies. — [2584], 427-466.
SAKSENA, A.: Case marking semantics . . . — 4653.
2648 SAKSENA, Anuradha: Contact in causation. — *Lg* 58, 1982, 820-831 | Examples from Hindi.

2649 SALUVEER, Madis: Semantičeskie i logičeskie svojstva nekotoryh grupp kačestvennych narečij. — *UZTarU* 619, 1982 (*Linguistica*), 97-106 | E. summ.
2650 SANDMANN, Manfred: *Subject and predicate* . . . 2nd ed. — Heidelberg: 1979 | BL 1979, 2347. | *ZDL* 49, 1982, 74-75 K.H. Schmidt.
2651 SASSE, Hans-Jürgen: Subjektprominenz. — [314], 267-286.
2652 SAVICKÝ, Nikolaj: Sloveso ve vědeckém textu. — *JazA* 19, 1982, 106-107 | The verb in sci. texts.
2653 SCHEMANN, Hans: Die Modalpartikel und ihre funktionalen Äquivalente. Untersuchung anhand des Deutschen, Französischen und Portugiesischen. — *ASNS* 219, 1982, 2-18.
2654 SCHLYTER, Suzanne: Point of observation and time indications with movement verbs. — [107], 111-126.
2655 SCHMID, Maureen Alicia: *Co-occurrence restrictions in negative, interrogative, and conditional clauses: a cross-linguistic study.* — State Univ. of New York at Buffalo diss., 1980, 239 p. | *DAb* 41/6, 1980, 2588-A.
2656 SCHOLTEN, T.; EVERS, Arn.; KLEIN, M.: *Inleiding in de transformationeel-generatieve taaltheorie.* — Groningen: Wolters-Noordhoff, 1981, 247 p. | *LB* 72, 1983, 459-464 F.G. Droste.
2657 SEUREN, Pieter A.M.: Graadadjektieven en oriëntatie. — *Gramma* 2, 1978, 1-29 | Degree adjectives and orientation: contra W.G. KLOOSTER (BL 1976, 2526); reply by K., ibid., 30-36.
2658 SHEPERD, Susan C.: From deontic to epistemic: an analysis of modals in the history of English, Creoles, and language acquisition. — [170], 316-323, tab.
2659 SHEPARDSON, Kenneth N.: Toward a structural definition of direct and indirect objects: support from Swahili. — *Word* 32, 1981 (1982), 109-131.
2660 SINCLAIR, M.: Root transformations as a waste-basket for potential counter-examples to the structure-preserving constraint. — *SPIL* 1, 1978, 39-73.
2661 SINCLAIR, Melinda: *The development of the Specified Subject Condition and the Tensed S-Condition/Propositional Island Condition.* — SPIL 9, 1982, 193 p.
2662 SLOBIN, Dan I.: The origins of grammatical encoding of events. — *SynS* 15, 1982, 409-422.
2663 SOBIN, Nicholas: On gapping and discontinuous constituent structure. — *Linguistics* 20, 1982, 727-745, fig.
2664 SRIDHAR, S.N.: New evidence for spontaneous demotion. — *IJDL* 8, 1979, 312-322.
2665 STAROSTA, Stanley: Lexicase: an attempt at a generative reformation. — *Kiswahili* 49, 1982/2, 62-79.
2666 STEIN, Gabriele: *Studies in the function of the passive.* — Tübingen: 1979 | BL 1979, 2363. | *KLit* 9, 1980, 114-117 E. Couper-Kuhlen | *PBB* 104, 1982, 93-106 H. Günther.
2667 ŠTELING, D.A.: O grammatičeskom statuse povelitel'nogo naklonenija. — *IzvAN* 41, 1982, 266-271.
2668 STOWELL, Tim: Complementizers and the empty category principle. — *NELS* 11, 1981, 345-363.
2669 STOWELL, Tim: The tense of infinitives. — *LIn* 13, 1982, 561-570.
2670 STUCKY, Susan U.: Free word order languages, free constituent order languages, and the gray area in between. — *NELS* 11, 1981, 364-376.
2671 STUTTERHEIM, C.F.P.: Definitie of geen definitie: problematiek van de definitie in de taalwetenschap, speciaal van de zinsdefinitie in Nederlandse grammati-

ca's. — [402], 35-51 | Definition or no definition: problems of definition in linguistics, especially the definition of the sentence in Du. grammar.
2672 SVOBODA, Aleš: Tematické prvky v teorii funkční větné perspektivy. — *JazA* 19, 1982, 65-66 | Thematic elements in functional sentence perspective theory.
2673 *Syntaxe générative et syntaxe comparée*, par Alain ROUVERET . . . [et al.]. — *Langages* 60; Paris: Larousse, 1980, 123 p. | Alain ROUVERET: Présentation, 5-12.
2674 TAKAHASHI, Kunitoshi: Gapping and factivity. — *SLang* 6, 1982, 431-434.
2675 TARALDSEN, Knut Tarald: The head of S in Germanic and Romance. — *PScCL* VI, 151-161.
2676 TARALDSEN, Knut Tarald: Remarks on government, thematic structure and the distribution of empty categories. — [2550], 253-291.
2677 TARVAINEN, Kalevi: *Einführung in die Dependenzgrammatik*. — RGL 35; Tübingen: Niemeyer, 1981, ix, 122 p. | *Kratylos* 27, 1982 (1983), 26-29 G. Helbig.
2678 TESNIÈRE, Lucien: *Grundzüge der strukturalen Syntax* . . . — Stuttgart: 1980 | BL 1980, 2293. | *ZRPh* 98, 1982, 420-425 H. Kalverkämper.
2679 THEBAN, Laurenţiu: From universal semantax to Romanian and Japanese syntax (I). — *RRLing* 27, 1982, 85-98.
2680 THÜMMEL, Wolf: Eine kombinatorische auffassung der grammatischen erscheinungen. — [233], 280-290.
2681 TOTTIE, Gunnel: Where do negative sentences come from? — *SL* 36, 1982, 88-105.
2682 TOURATIER, Christian: *La relative* . . . — Paris: 1980 | BL 1980, 2295. | *BSL* 76, 1981/2 (1982), 82-85 C. Moussy | *REL* 59, 1981 (1982), 329-333 G. Serbat | *FM* 50, 1982, 159-160 A. Lorian.
2683 TROST, Klaus: Zur Unterscheidung der finalen, der kausalen und der relationalen Verben. Ein Beitrag zur Theorie der verbalen Handlungsstruktur. — *Sprachw* 7, 1982, 168-196.
2684 TRÖSTEROVÁ, Zdeňka: Příspěvek k zkoumání souvětné sémantiky a prostředků její syntaktické realizace. — *SPFÚ, Řada cizích jazyků* 1980 (1981), 5-19 | Beitrag zur Untersuchung der Semantik der Satzgefüge und der Mittel ihrer syntaktischen Realisierung (Ru., G. summ.).
2685 VERNAY, Henri: *Syntaxe et sémantique: les deux plans des relations syntaxiques à l'exemple de la transitivité et de la transformation passive. Étude contrastive français-allemand*. — LA 90; Tübingen: Niemeyer, 1980, 162 p. | *VR* 41, 1982, 324-326 A. Karasch.
2686 WACHTEL, Tom: Double indexing and tail-to-head binding. — *LIn* 11, 1980, 807-810 | Apropos of G.K. PULLUM (BL 1980, 7688).
2687 WALI, Kashi: Oblique causee and the passive explanation. — *LIn* 11, 1980, 258-260 | Ex. from NIA.
2688 WEHRLI, Eric: On thematic roles and exceptional case marking. — *NELS* 11, 1981, 414-424.
2689 WEISS, Daniel: Begründungserwartungen und implizite Kausalität. — [185], 234-263 | 1. Allgemeines zur Semantik und Syntax der Kausalkonnexion. 2. Sprachphilosophische und sprechakttheoretische Vorüberlegungen. 3. Analyse von (ru. und pol.) Textbeispielen.
2690 WELKE, Klaus: Auszeichnung als ein pragmatischer Aspekt der Satzstruktur. — [189], 288-303.
2691 WHITNEY, Rosemarie: The syntactic unity of *Wh*-movement and complex NP shift. — *LAn* 10, 1982, 299-319.

2692 WIERZBICKA, Anna: *The case for surface case.* — Ann Arbor, MI: 1980 | BL 1980, 2308. | *SEEJ* 26, 1982, 373-375 J.S. Levine | *Lg* 58, 1982, 696-699 J. Nichols | *AJL* 2, 1982, 265-270 G. Corbett.

2693 WILKINS, Wendy: Adjacency and variables in syntactic transformations. — *LIn* 11, 1980, 709-758.

2694 WILKINS, Wendy: On the nonnecessity of the Locality Principle – a review of chapter 3 of *Locality principles in syntax*, by Jan KOSTER. — *LAn* 8, 1981, 111-144 | Cf. BL 1979, 2270 (& No. 2503).

2695 WILLIAMS, Edwin: Predication. — *LIn* 11, 1980, 203-238 | Cf. 2595.

2696 WILLIAMS, Edwin S.: The NP-cycle. — *LIn* 13, 1982, 277-295.

2697 WINCKLER, W.K.: On syntactic constituency and intuitive abhorrence. — *SPIL* 1, 1978, 74-104.

2698 ZIMEK, R.: *Sémantická výstavba věty.* — Praha: 1980 | BL 1980, 2312. | *SS* 43, 1982, 37-42 J. Panevová | *SlavSl* 17, 1982, 92-94 J. Ružička.

2699 ZIMEK, Rudolf: K chápání subjektu v sémantické syntaxi. — *RosOl* 20, 1981 (1982), 17-27 | On the concept of subject in semantic syntax.

2700 ZIV, Yael: Another look at definites in existentials. — *JL* 18, 1982, 73-88.

2701 ZUBER, R.: Explicit sentences and syntactic complexity. — [114], 299-301.

2.3. Text linguistics (Discourse analysis) — Linguistique du texte (Analyse du discours)

2702 ALBALADEJO MAYORDOMO, Tomás: Aspectos del análisis formal de textos. — *RSEL* 11, 1981, 117-160.

2703 ALBALADEJO MAYORDOMO, Tomás: Struttura comunicativa testuale e proposizioni performativo-modali. — *LeSt* 17, 1982, 113-159.

2704 ANTOS, Gerd: Formulierungskommentierende Ausdrücke. — [188], 121-131.
ANTOS, G.: *Grundlagen einer Theorie des Formulierens* . . . — 1519.

2705 ARNOL'D, I.V.: Implikacija kak priem postroenija teksta i predmet filologičeskogo izučenija. — *VJa* 1982/4, 83-91.

2706 BAJZÍKOVÁ, Eugénia: Some remarks on the problems of text syntax. — *RLB* 6, 1982, 11-16.

2707 BALLMER, Thomas T.: Words, sentences, texts, and all that. — *Text* 1, 1981, 163-189, fig.

2708 BEAUGRANDE, Robert DE: *Text, discourse, and process* . . . — Norwood, NJ: 1980 | BL 1980, 2317. | *Lg* 58, 1982, 463-466 J. Verschueren.

2709 BEAUGRANDE, Robert DE: Linguistic theory and metatheory for a science of texts. — *Text* 1, 1981, 113-161, 3 fig.

2710 BEAUGRANDE, Robert-Alain DE; DRESSLER, Wolfgang Ulrich: *Introduction to text linguistics.* — London: 1981 | BL 1981, 3164. | *RRLing* 27, 1982, 569-572 Z. Szabó | *BCILA* 35, 1982, 72-74 B. Schneuwly (On the G. version [BL 1981, 3163]).

2711 BERNAL LEONGÓMEZ, Jaime: Aproximación a un glosario de lingüística textual. — *Thesaurus* 37, 1982, 93-106.

2712 BERNÁRDEZ, Enrique: La lingüística del texto: ¿una revolución más en la lingüística? — *RSEL* 11, 1981, 175-188.
BIASCI, C.: *Konnektive in Sätzen und Texten* . . . — 1531.

2713 BURTON, Deirdre: *Dialogue and discourse: a sociolinguistic approach to modern drama dialogue and naturally occurring conversation.* — London: Routledge & Kegan Paul, 1980, xi, 210 p. | Cf. 2732.

2714 CARDEN, Guy: Backwards anaphora in discourse context. — *JL* 18, 1982, 361-387.

2715 COLSON, J.: Remarks on text taxonomy. — *L&H* 31, 1976, 45-52.
2716 Conversatieanalyse, onder redactie van Paul TEN HAVE. — *TTT* 2, 1982/2, 89-168 | Discourse analysis; special issue with contributions by Paul TEN HAVE, Hanneke HOUTKOOP-STEENSTRA & Harrie MAZELAND, Dick SPRINGORUM & Jan HARDEVELD, and Martha KOMTER.
2717 COOREMAN, Ann: Topicality, ergativity, and transitivity in narrative discourse: evidence from Chamorro. — *SLang* 6, 1982, 343-374, fig.
2718 COPELAND, James E.; DAVIS, Philip W.: A stratificational approach to discourse and other matters. — *LACUS* 6, 1979 (1980), 255-263.
2719 COPELAND, James E.; DAVIS, Philip W.: Identifiability and focal attention in an integrated view of discourse. — *LACUS* 7, 1980 (1981), 122-137.
2720 CORSARO, William A.: Communicative processes in studies of social organisation: sociological approaches to discourse analysis. — *Text* 1, 1981, 5-63, tab.
2721 CZARNAWSKA, Mirosława: Refleksje nad Petöfiego teorią tekstu. — *StSem* 12, 1982, 79-99 | Reflections on Petöfi's text-theory.
2722 *Del testo*. Seminario interdisciplinare sulla costituzione del testo 1977-1978. — Napoli: Istituto Universitario Orientale, 1979, 113 p. | Contents: Cesare SEGRE, L'originale del testo, 9-19; Mariantonia LIBORIO, La costituzione del testo, 21-37; Ludovica KOCH, L'autonomia del testo poetico, 39-63; Cristina VALLI, La costituzione del testo del *Cours de linguistique générale*, 65-94; Domenico SILVESTRI, Testualità e testi arcaici, 97-113. | *BSL* 76, 1981/2 (1982), 93-94 J. Savi.
2723 DIJK, Teun A. VAN: Subjektieve interpretatie. — *TTT* 1, 1981, 56-72, fig. | Subjective interpretation (of texts).
2724 DRAGOŞ, Elena: An approach to narrative discourse. — *RRLing* 27, 1982, 309-313.
2725 DRY, Helen: Sentence aspect and the movement of narrative time. — *Text* 1, 1981, 233-240.
2726 DULIČENKO, A.D.: Ob odnoj osobennosti teksta v period stanovlenija literaturnogo jazyka. — *UZTarU* 585, 1981 (*Linguistica* 14), 24-32 | E. summ.
2727 DUŢESCU-STURDZA, Rodica: Les actes de langage en poétique (L'argumentation hésitante chez A. Gide). — *RRLing* 26, 1981, 69-74.
2728 EDMONDSON, Willis: *Spoken discourse: a model for analysis*. — Longman Linguistics Library 27; London: Longman, 1981, ix, 217 p.
2729 EDMONDSON, Willis J.: On negotiation in discourse: contras and counters in exchange structure. — *GLS* 11-12, 1980, 28-44.
2730 ENGEL-ORTLIEB, Dorothea: Discourse processing in aphasics. — *Text* 1, 1981, 361-383, 4 fig., 7 tab., 3 appendices.
2731 ENKVIST, Nils Erik: Experiential iconicism in text strategy. — *Text* 1, 1981, 77-111.
2732 ENKVIST, Nils Erik: Review article on: [1] Gérard GENETTE, *Narrative discourse*, 1980; [2] Deirdre BURTON, *Dialogue and discourse* . . . , 1980. — *SLang* 6, 1982, 107-118 | Cf. 2713 & 2744.
2733 ENKVIST, Nils Erik: Teksti, rakenne ja prosessit. — *Kirjoituksia kirjoittamisesta*. Toim. Anneli Vähäpassi. (Äidinkielen opettajain liiton vuosikirja 29; Helsinki: ÄOL, 1982), 44-55 | Text, structure and process.
2734 ERMERT, Karl: *Briefsorten* . . . — Tübingen: 1979 | BL 1979, 2426. | *LB* 70, 1981, 71-79 G. Beck.
2735 EROMS, Hans-Werner: Zur Analyse kompakter Texte. — *Sprachw* 7, 1982, 329-347.

2736 FIALA, Karel: K otázkám koherence a pořadí vět v textu. — *JazA* 19, 1982, 101-102 | Problems of coherence and clause order in the text.
2737 FORTESCUE, Michael D.: *A discourse production model for 'twenty questions'*. — Amsterdam: 1980 | BL 1980, 2334. | *Lg* 58, 1982, 930-937 J. Mey.
2738 *Frame conceptions and text understanding*. Ed. by Dieter METZING. — Berlin: 1980 | BL 1980, 2335. | *Kratylos* 26, 1981 (1982), 193-196 H. Singer.
2739 FRITZ, Gerd: *Kohärenz: Grundfragen der linguistischen Kommunikationsanalyse*. — TBL 164; Tübingen: Narr, 1982, ix, 374 p.
2740 GALIN, Anne: Semantics and structure: an analysis of two trickster tales. — *Text* 1, 1981, 241-268 | In Hausa and Tunica.
2741 GAL'PERIN, I.R.: *Tekst kak ob"ekt lingvističeskogo issledovanija*. — Moskva: 1981 | BL 1981, 3194. | *NDVŠ-F* 1982/6, 84-86 V.A. Kucharenko; N.G. Ševčenko.
2742 GARBALEV, A.N.: Svjaznost' vremennych glagol'nych form v vyskazyvanii i metody ee analiza. — *UZTarU* 585, 1981 (*Linguistica* 14), 40-47 | E. summ.
2743 GARCÍA-BERRIO, Antonio: A text-typology of the classical sonnets. — *Poetics* 8, 1979, 435-458, 5 fig., 3 tab.
2744 GENETTE, Gérard: *Narrative discourse*. Transl. by Jane W. LEWIN. Foreword by Jonathan CULLER. — Oxford: Blackwell, 1980, 285 p. | Transl. of 'Discourse du récit', in: *Figures III*, Paris 1972. | Cf. 2732.
2745 GOBYN, Luc: Vorschläge zu einer Textklassifikation. — [188], 132-145.
2746 GOFFMAN, Erving: *Forms of talk*. — Philadelphia: Univ. of Pennsylvania Press, 1981, vi, 335 p.
2747 HÁDEK, Karel: Je textologie vskutku vědou o textu? — [401], 123-129 | Textology – a sci. of text? (Ru. summ.).
2748 HAGEMEIER, Susanne; SUCHAROWSKI, Wolfgang: Semantische Relationen: Realisation und ihre Bewertung in Schülertexten. — [188], 146-156 | Discourse analysis.
2749 HAKULINEN, Auli: Mikä tekee lauseista/virkkeistä tekstin. — [105], 5-11 | What makes a text out of sentences/clauses.
2750 HALLIDAY, M.A.K.: Text semantics and clause grammar: some patterns of realization. — *LACUS* 7, 1980 (1981), 31-59.
2751 HARDEVELD, J.; SPRINGORUM, Th.: Conversatieanalyse in Nederland. — *Gramma* 3, 1979, 160-168.
2752 HARRAH, David: On the complexity of texts and text theory. — *Text* 1, 1981, 83-95.
2753 HARTVELDT, Dolf: *De gesproken samenleving. Over het analyseren van gesprekken*. — Randgebieden 4; Muiderberg: Coutinho, 1982, 201 p. | Society speaking: on discourse analysis.
2754 HASAN, Ruqaiya: What's going on: a dynamic view of context in language. — *LACUS* 7, 1980 (1981), 106-121.
2755 HAUSENBLAS, Karel; HOFFMANNOVÁ-JIŘIČKOVÁ, Jana: Od syntaxe ke stavbě textu. — [194], 427-440 | From syntax to text linguistics.
2756 HELL, György: Textlinguistics and syntactical analysis (Analysis of meteorological reports). — [175], 44-51.
2757 HELLWIG, Peter: Titulus oder zum Zusammenhang von Titeln und Texten. Titel sind eine Schlüssel zur Textlinguistik. — [188], 157-167.
2758 HELTOFT, Lars: Er det relevant nok? Om relevansnorm, tekstanalyse og tekstlingvistik. — *PScCL* VI, 205-216 | The relevance of theories of communicative norms for textual analysis and text linguistics (E. summ.).

LINGUISTIQUE DU TEXTE

2759 HEYDRICH, Wolfgang: *Gegenstand und Sachverhalt: Bausteine zu einer nominalistisch orientierten Semantik für Texte.* — Papiere zur Textlinguistik 37; Hamburg: Buske, 1982, xiii, 450 p., fig. | Diss. Bielefeld 1981. *Impromptu speech* . . . — 346.

2760 JANKOWSKY, Kurt R.: The missing link in the interrelationship of sentences. — *LACUS* 7, 1980 (1981), 205-216.

2761 KALVERKÄMPER, Hartwig: *Orientierung zur Textlinguistik.* — Tübingen: 1981 | BL 1981, 3207. | *ZAA* 30, 1982, 355-356 R. Gläser | *EGerm* 37, 1982, 230 N. Jadin | *Kratylos* 27, 1982 (1983), 23-26 U.L. Figge | *BCILA* 36, 1982, 122-123 G. Merkt.

2762 KARAULOV, Ju.N.: Lingvističeskie osnovy funkcional'nogo podchoda v literaturovedenii. — *PSL* 1980 (1982), 20-37.

2763 KIENPOINTNER, Manfred: *Zur Analyse argumentativer Dialoge.* — Mitteilungen aus dem Inst. für Sprachwissenschaft der Univ. Innsbruck 1; Innsbruck: Inst. für Sprachwissenschaft, 1981, 95 p.

2764 KOLŠANSKIJ, G.V.: *Kontekstnaja semantika.* — Moskva: 1980 | BL 1980, 2349. | *RTP* 1982/4, 60-61 M. Hrdlička.

2765 KOMISARJEVSKY TYLER, Lorraine; MARSLEN-WILSON, William: The resolution of discourse anaphors: some on-line studies. — *Text* 2, 1982, 263-291.

2766 KRAUSOVÁ, Nora: Teória textu vo francúzskom štrukturalizme. — *Kritika buržoáznych koncepcií v literárnej vede* (Litteraria 23; Bratislava: 1982), 160-178 | Texttheorie im französischen Strukturalismus (Ru. & G. summ.).

2767 LANGLEBEN, M.: Latent coherence, contextual meanings, and the interpretation of a text. — *Text* 1, 1981, 279-313.

2768 LANTOLF, James P.: Information structure and pragmatics in Spanish discourse. — *LACUS* 6, 1979 (1980), 483-493.

2769 LARSON, Mildred L.: *The functions of reported speech in discourse.* — Summer Inst. of Linguistics Publ. in Linguistics 59; Dallas: Summer Inst. of Linguistics, 1978, 421 p. | Cf. BL 1978, 2252. | Aguaruna language, Perú. | *IJAL* 48, 1982, 484 H.E. Manelis Klein.

2770 LEHISTE, Ilse: Some phonetic characteristics of discourse. — *SL* 36, 1982, 117-130.

2771 LONGACRE, Robert E.: A spectrum and profile approach to discourse analysis. — *Text* 1, 1981, 337-359, 8 fig., tab.

2772 MAINGUENEAU, D.: Réseaux d'associations et mots clés en analyse du discours. — *CLex* 40, 1982/1, 3-10.

2773 MARANDIN, Jean-Marie, et al.: *Analyse de discours et linguistique générale.* — Langages 55; Paris: Larousse, 1979, 123 p. | J. SUMPF, A quoi peut servir l'analyse de discours?, 5-16; J.-M. MARANDIN, Problèmes d'analyse du discours: essai de description du discours français sur la Chine, 17-88; Y. LECERF, Des sous-univers du discours, qui seraient dégagés à la fois du sens et de la forme. Application à la syntaxe, 89-123.

2774 MARFURT, Bernhard: *Textsorte Witz* . . . — Tübingen: 1977 | BL 1977, 2946. | *ZAA* 30, 1982, 90-91 G. Graustein.

2775 MAYNARD, Senko Kumiya: Theme in Japanese and topic in English: a functional comparison. — *FLing* 5, 1980-81, 235-261.

2776 MAYNARD, Senko Kumiya: Hiroshima folktales: text-typology from the perspective of structure and discourse modality. — *Text* 2, 1982, 375-393, 3 fig., 11 tab.

2777 McCUTCHEN, Deborah; PERFETTI, Charles A.: Coherence and connectedness in the development of discourse production. — *Text* 2, 1982, 113-139.

2778 MIKO, František: Veta a text. — [194], 415-425 | Sentence and text.
2779 MISTRÍK, Jozef: Dialogue and hypersyntax. — RLB 6, 1982, 159-162.
2780 MOSKAL'SKAJA, O.I.: *Grammatika teksta.* — Moskva: "Vysšaja škola", 1981 | *NDVŠ-F* 1982/3, 89-91 V.A. Žerebkov.
2781 MÜLLEROVÁ, Olga: Typy dialogů a kritéria jejich třídění. — [351], 41-54, tab. | Types of dialogues and criteria for their classification.
2782 NEBESKÁ, Iva: Některé psycholingvistické přístupy k textu. — SS 43, 1982, 221-229 | Some psycholinguistic approaches to the text.
2783 NEBESKÝ, Ladislav: O funkčním členění vědeckých textů (zvláště mezioborových). — [351], 31-36 | Sur la division fonctionelle des textes sci. (surtout interdisciplinaires).
2784 NEKVAPIL, J.: Od generativní textové gramatiky k interdisciplinární vědě o textech. — SS 43, 1982/3, 229-236.
2785 New developments in cognitive models of discourse processing. Ed. by Teun A. VAN DIJK. — Text 2, 1982/1-3, 1-291, ill.
2786 NICULESCU, Laurenţiu: Text (non-literar) şi acţiune. — SCL 33, 1982, 47-55 | Non-literary text and action (E. summ.).
2787 NORRICK, Neal R.: On the semantics of overstatement. — [188], 168-176.
2788 ODINCOV, V.V.: *Stilistika teksta.* — Moskva: "Nauka", 1980 | *NDVŠ-F* 1982/2, 92-93 T.M. Cvetkova.
2789 OLTEAN, Ştefan: On a question of narrative theory. — RRLing 27, 1982, 441-445.
2790 OOMEN, Ursula: A performance model for text analysis: an application of general systems theory. — LAL 1, 1970, 92-97.
2791 L'oral en situation. — FM 50, 1982, 191-265 | Jacqueline PINCHON, Présentation, 191-192.
2792 PENELOPE, Julia: Topicalization: the rhetorical strategies it serves and the interpretative strategies it imposes. — Linguistics 20, 1982, 683-695.
2793 PETŐFI, János S.: Einige Bemerkungen über die grammatische Komponente einer integrierten semiotischen Texttheorie. — [367], 263-285.
2794 PETŐFI, János S.: Einige allgemeine Aspekte der Analyse und Beschreibung wissenschaftssprachlicher Texte. — [416], 140-168.
2795 *Probleme der Textgrammatik.* II. Hrsg. von František DANEŠ und Dieter VIEHWEGER. — Berlin: 1977 | BL 1978, 320. | *PBB* 104, 1982, 106-109 R. Meyer-Hermann.
2796 RAIBLE, Wolfgang: Was sind Gattungen? Eine Antwort aus semiotischer und textlinguistischer Sicht. — Poetica 12, 1980, 320-349.
2797 ROTHKEGEL, Annely: Sachinformierende Texte und ihre Attraktivmacher. — [188], 177-186.
2798 SAUKKONEN, Pauli: Text, text-typ a styl z hlediska sémiotického. — SS 43, 1982, 81-87 | Text, text type and style from a semiotic point of view (E. summ.).
2799 SMITH, Barbara Herrnstein: *On the margins of discourse* . . . — Chicago: 1978 | BL 1981, 2394. | *MPh* 78, 1980-81, 340-343 J. Phelan.
2800 STENSTRÖM, Anna-Brita: Elicitation. — PScCL VI, 217-226.
2801 SVOBODA, Aleš: *Diatheme* . . . — Brno: 1981 | BL 1981, 3248. | SS 43, 1982, 308-316 L. Uhlířová.
2802 TANNEN, Deborah: Oral and literate strategies in spoken and written narratives. — Lg 58, 1982, 1-21.
2803 TOGEBY, Ole: The structure of the news story. — PScCL VI, 236-244.
2804 TONFONI, Graziella: Per una "teoria del discorso". — LeSt 17, 1982, 513-525.

2805 TRZĘSICKI, Kazimierz: Axiomatic text theories. — *ZNBiał, Logika* 6, 1981, 69-83.
2806 TSCHAUDER, Gerhard: *Existenzsätze* . . . — München: 1979 | BL 1979, 2475. | *IF* 86, 1981 (1982), 332-334 M. Katzschmann.
2807 TYMA, Deborah: Some syntactic features in direct- and cross-examination. — *LACUS* 7, 1980 (1981), 240-248.
2808 ULRICH, Winfried: Ansätze zu einer Textsorten-Semantik am Beispiel des Witzes. — [188], 187-196.
2809 VELDE, Roger G. VAN DE: Textuality and human reasoning. — *Text* 1, 1981, 385-406.
2810 VIEHWEGER, Dieter: Pragmatische Voraussetzungen, deskriptive und kommunikative Explizität von Texten. — [189], 109-121.
2811 VLAD, Carmen: Perceptive levels in a stratified representation of text. — *RRLing* 27, 1982, 315-323.
2812 WODAK, Ruth: How do I put my problem? Problem presentation in therapy and interview. — *Text* 1, 1981, 191-213, appendix.
2813 ZAMMUNER, Vanda L.: *Speech production, strategies in discourse planning: a theoretical and empirical enquiry.* — Hamburg: Buske, 1981, 1, xi, 316 p. | *RRLing* 27, 1982, 567-569 P. Schveiger.
2814 ZILLIG, Werner: Textsorte 'Rezension'. — [188], 197-208.
2815 ZOUBEK, František: Ke vztahu: afirmace − negace mezi replikami dialogu. (Podíl reagujícího partnera na vzniku vztahu). — *SPFÚ, Řada cizích jazyků* 1980 (1981), 35-51 | Zur Beziehung "Affirmation − Negation" zwischen den Repliken. Teilnahme des reagierenden Partners der Kommunikation an der Entstehung der Beziehung (Ru. & G. summ.).

3. HISTORICAL LINGUISTICS — LINGUISTIQUE HISTORIQUE

2816 AMBROSINI, Riccardo: Ancora su grammatica generativa e linguistica storica. — *LeL* 6, 1981/1, 179-199.
Ansätze zu einer pragmatischen Sprachgeschichte . . . — 329.
ANTINUCCI, F.; MARCANTONIO, A.: I meccanismi del mutamento diacronico . . . — 7229.
2817 BAHNER, Werner: Einige generelle Aspekte der sprachgeschichtlichen Periodisierung. — [7963], 1-14.
2818 BAILEY, Charles-James N.: The garden path that historical linguistics went astray on. — *L&C* 2, 1982, 151-160.
2819 BAKRÓ-NAGY, Marianne Sz.: On the reconstruction of proto-meanings. — [345], 7-29.
2820 BECHERT, Johannes: Zur Theorie der Sprachgeschichte. — *Löwen und Sprachtiger* . . . Hrsg. von Rudolf KERN (Louvain: 1976 [BL 1981, 172]), 483-494.
2821 BENINCÀ, Paola; PECA CONTI, Rita: Teorie linguistiche e cambio linguistico. — *LeL* 7, 1982, 261-278.
2822 BOSSUYT, Alain: Functional explanations in historical linguistics. — [371], 33-42.
2823 BYBEE, Joan L.; SLOBIN, Dan I.: Why small children cannot change language on their own: suggestions from the English past tense. — [170], 29-37.
2824 CHRISTIE, William M., Jr.: *A stratificational view of linguistic change.* — Lake Bluff: Jupiter Press, 1977, 77 p. | *KLit* 9, 1980, 118-120 R. Schreyer.
2825 CHRISTIE, William M., Jr.: On the relationship between philology and historical linguistics. — [170], 414-424.

CHRISTIE, W.M., Jr.: Synchronic, diachronic, and panchronic linguistics. — 909.

2826 *Contributions to historical linguistics: issues and materials.* Ed. by Frans VAN COETSEM & Linda R. WAUGH. — Cornell Linguistic Contr. 3; Leiden: Brill, 1980, ix, 339 p. | Not yet analyzed. | *Lg* 58, 1982, 480-481 J. Klausenburger.

2827 COSERIU, Eugenio: *Sincronia, diacronia e storia: il problema del cambio linguistico.* — Testi e manuali della scienza contemporanea, Serie di linguistica; Torino: Boringhieri, 1981, 215 p. | Transl. of BL 1958, 28.

2828 Discussion [on 'Philology and Historical Linguistics']. — [170], 443-459 | Cf. 1914, 2128, 2825 & 2843.

GVOZDANOVIĆ, J.: On establishing restrictions imposed on sound change. — 2021.

2829 HALL, Robert A., Jr.: Comparative reconstruction (especially in Romance) – How far and how valid? — *LACUS* 6, 1979 (1980), 89-101.

HAMMARSTRÖM, Göran: Diachrony in synchrony. — 1082.

HANSEN, E.: The Mirror Hypothesis and the phenomenal error in the light of Fris. — 8752.

HANSEN, E.: On the purported relationship between historical linguistics and synchronic linguistics. — 1083.

2830 HARRIS, Martin: On explaining language change. — [170], 1-14.

HARTIG, M.: *Sozialer Wandel und Sprachwandel* . . . — 8218.

2831 HAWKINS, John A.: Languge universals and the logic of historical reconstruction. — *Linguistics* 20, 1982, 367-390.

2832 HELGORSKY, Françoise: Norme et histoire. — *FM* 50, 1982, 15-41.

2833 HOLMAN, Eugene: On the historical continuity of linguistic systems. — [170], 133-141.

2834 ITKONEN, Esa: Short-term and long-term teleology in linguistic change. — [168], 85-118.

2835 JANDA, Richard D.: Diachronic fact vs. synchronic fiction: historical-linguistic evidence against assuming underlying grammatical uniformity for contemporary dialects of the same language. — [170], 149-162.

2536 JEFFERS, Robert J.; LEHISTE, Ilse: *Principles and methods for historical linguistics.* — London: 1979 | BL 1979, 2505. | *FLing* 5, 1980-81, 262-273 C.T. Hodge.

2837 JOB, Dieter M.: Zur Bewertung von Rekonstrukten. — [272], 46-71.

2838 LABOV, William: Building on empirical foundations. — [378], 17-92, 4 fig., tab. | Assessment of the progress in research based on the principles set forth by U. WEINREICH, W. LABOV and M. HERZOG (BL 1969, 1061).

2839 LASS, Roger: *On explaining language change.* — Cambridge: 1980 | BL 1980, 1015. | *AGI* 66, 1981 (1982), 154-158 A. Uguzzoni | *ES* 63, 1982, 87-88 K. Sørensen | *RES* 33, 1982, 304-306 P. Mühlhäusler | Cf. 2845.

LEHMANN, V.: Die Auswirkungen von Sprachkontakten bei der Herausbildung von Standardsprachen . . . — 9864.

2840 LEHMANN, Winfred P.: Introduction: diachronic linguistics. — [378], 1-16.

LIGHTFOOT, D.: Sur la reconstruction d'une proto-syntaxe. — 2552.

LIGHTFOOT, D.: Explaining syntactic change. — 2553.

2841 MAGNUSSON, Walter L.: Language diversity and logic. — *UAJb* 53, 1981, 112-124 | Comments on Robert AUSTERLITZ (BL 1980, 2417).

2842 MALKIEL, Yakov: Between monogenesis and polygenesis. — [168], 235-272.

2843 Ó BUACHALLA, Breandán: Scribal practice, philology and historical linguistics. — [170], 425-432 | Ir. data.

2844 PAPP, Ferenc: Foreign language environment and linguistic change: two examples. — [345], 427-445 | Changes in Hg.: 1. Vowel harmony. 2. Recognizability of stems.
2845 PATEMAN, Trevor: Realism and language change. — *L&C* 2, 1982, 161-178 | Contra No. 2839.
Perspectives on historical linguistics . . . — 378.
2846 POLENZ, Peter v.: Zur Pragmatisierung der Beschreibungssprache in der Sprachgeschichtsschreibung. — [329], 35-51.
RAMAT, P.: Historische und synchrone Sprachwissenschaft. — 1149.
2847 RAUCH, Irmengard: Historical analogy and the Peircean categories. — [168], 359-367.
2848 ROMAINE, Suzanne: *Socio-historical linguistics: its status and methodology.* — Cambridge Studies in Linguistics 34; Cambridge: Cambridge UP., 1982, xii, 315 p.
2849 ROMAINE, Suzanne: The reconstruction of language in its social context: methodology for a socio-historical linguistic theory. — [170], 293-303.
2850 RÓNA-TAS András: *A nyelvrokonság. Kalandozások a történeti nyelvtudományban.* — Budapest: Gondolat, 1978, 486 p. | Linguistic affinity: wandering through hist. linguistics. | *NyK* 84, 1982, 279-281 Rédei Károly.
2851 RUSS, Charles V.J.: The grammatical conditioning of sound changes. — *LB* 71, 1982, 141-150.
2852 SCHANK, Gerd: Sprachwandel und Textsorte. — *Gramma* 5, 1981, 155-166.
2853 SCOTT, Janet E.: Vivid language and language change. — [170], 304-315.
2854 SEREBRENNIKOV, B.A.: Ob osnovnych otličnych istorii stroevych èlementov jazyka ot istorii literaturnogo jazyka. — *SovT* 1981/4, 3-13.
2855 SEREBRENNIKOV, B.A., et al.: Prajazyk kak neobchodimaja model'. — *CIFU* IV/2, 59-71 | Discussion by Tiit-Rein VIITSO, Mikko KORHONEN, et al. | Cf. BL 1975, 2710.
2856 SILVESTRI, Domenico: *La teoria del sostrato. Metodi e miraggi.* Vol. III. — Bibl. del *PP* 12; Napoli: Macchiaroli, 1982, 270 p. | Cf. BL 1978, 2321.
TRAUGOTT, E.C.: From propositional to textual and expressive meanings . . . — 1501.
2857 VIZMULLER, Jana: Theories of language and the nature of evidence and explanation in historical linguistics. — [170], 374-384, 4 tab.
2858 WOLFART, H. Christoph: The word-and-paradigm model and linguistic change: the verbal system of Ojibwa. — [168], 397-417, 2 tab., map.
2859 WOLFART, H. Christoph: Historical linguistics and metaphilology. — [170], 394-403.

4. LINGUISTIC GEOGRAPHY AND DIALECTOLOGY — GÉOGRAPHIE LINGUISTIQUE ET DIALECTOLOGIE

ALLERTON, D.J.: Orthography and dialect . . . — 3065.
2860 BELLMANN, Günter: Deskriptive Sprachgeographie in der Gegenwart: Zu Konzept und Praxis des mittelrheinischen Sprachatlasses. — *RhVJ* 46, 1982, 271-287.
2861 BROZOVIĆ, Dalibor: Tipološke značajke fonemskih inventara u jezicima evropskoga kontinenta (Razmatranje uz Evropski lingvistički atlas). — *RFFZ* 19, 1980 (1981), 3-14, map | E. summ.: Typological characteristics of the phoneme inventory in the languages of the continent of Europe.

2862 CAZACU, B.: Sur les mots qui désignent la notion "il danse", dans les langues romanes, germaniques et slaves (d'après l'*Atlas Linguarum Europae*). — *RRLing* 27, 1982, 183-191, carte.

2863 CHAMBERS, J.K.; TRUDGILL, Peter: *Dialectology*. — Cambridge: 1980 | BL 1980, 2462. | *SvLm* 105, 1982 (1983), 249-261 B. Nordberg | *AUMLA* 57, 1982, 224-226 J.S. Ryan | *JL* 18, 1982, 431-436 G.M. Awberry | *Lg* 58, 1982, 690-694 C. Feagin.

2864 COMRIE, Bernard: *The languages of the Soviet Union*. — Cambridge: 1981 | BL 1981, 3334. | *SEER* 60, 1982, 275-276 J.I. Press.

2865 COSERIU, Eugenio: Los conceptos de "dialecto", "nivel" y "estilo de lengua" y el sentido propio de la dialectología. — *LEA* 3, 1981, 1-32 | Originally written in 1958 for the *Primeiro Congresso Brasileiro de Dialectología e Etnografía* (Pôrto Alegre).
Dialektologie . . . — 339.

2866 *Dialektologkonferens 1978*. Rapport sammanställd av Sven BENSON och Hugo KARLSSON under medverkan av Birgitta ERNBY, Inger LINDSTEDT, Kerstin VANSVIK och Maj-Britt ABRAMSON. — Göteborg: 1978, 132 p. | Conference on dialectology held in Gothenburg, Sept. 1978. | *SvLm* 103, 1980 (1981), 178-181 S. Söderström.

2867 DOMINICY, Marc: De la linguistique générale à l'étude du dialecte. — [230], 111-122.

2868 EBNETER, Theodor: Diasystem vs. Kontakt: der Ausdruck der Zukunft im Deutschen, Rätoromanischen und Nordostitalienischen. — [399], 43-59, 7 maps.

2869 EICHHOFF, Jürgen: Erhebung von Sprachdaten durch schriftliche Befragung. — [339], 549-554 | On method in dialectology.

2870 GAVOROVÁ, Európsky jazykový atlas. — *JČ* 33, 1982, 98-100 | Atlas linguarum Europae.

2871 GERRITSEN, Marinel; JANSEN, Frank: The interplay between diachronic linguistics and dialectology: some refinements of Trudgills formula. — [168], 11-37, 3 fig., 2 tab., 4 maps | Cf. BL 1974, 2518.

2872 GLUTH, Klaus; LOMPA, Marion; SMOLKA, Hans-Henning: Verfahren dialektologischer Karteninterpretation und ihre Reichweite. — [339], 485-500, 3 maps, 11 fig.

2873 GOEBL, Hans: *Dialektometrie: Prinzipien und Methoden des Einsatzes der numerischen Taxonomie im Bereich der Dialektgeographie*. — Österreichische Akad. der Wissenschaften, Philosophisch-hist. Klasse, Denkschriften 157; Wien: Verlag der Österreichischen Akad. der Wiss., 1982, 598 p.

2874 GOEBL, Hans: Ansätze zu einer computativen Dialektometrie. — [339], 778-792, 7 maps, 2 fig.

2875 GROBER-GLÜCK, Gerda: Die Leistungen der kulturmorphologischen Betrachtungsweise im Rahmen dialektgeographischer Interpretationsverfahren. — [339], 92-113.

2876 HÄNDLER, Harald; WIEGAND, Herbert Ernst: Das Konzept der Isoglosse: methodische und terminologische Probleme. — [339], 501-527, 3 maps, 3 fig.

2877 HEGER, Klaus: Verhältnis von Theorie und Empirie in der Dialektologie. — [339], 424-440, 2 fig.
HINDERLING, R.: *Die deutsch-estnischen Lehnwortbeziehungen* . . . — 13942.

2878 HOOK, Peter Edwin: South Asia as a semantic area: forms, meanings and their connections. — *SARev* 6/3, 1982, 30-41.

2879 HUDLETT, Albert: Geolinguistik und Raumdynamik. Der geolinguistische Raum: eine stets im Werden begriffene Entität? — [292], 139-158, 2 fig., 3 maps.

2880 HUTTERER, Claus Jürgen: Sprachinselforschung als Prüfstand für dialektologische Arbeitsprinzipien. — [339], 178-189, map.

2881 *Jazyki i dialekti mira: prospekt i slovnik.* [Otv. red.: V.N. JARCEVA]. — Moskva: "Nauka", 1982, 208 p.

2882 JONGEN, René: Theoriebildung der strukturellen Dialektologie. — [339], 248-277, 4 maps, 17 fig. | Cf. also 8246.

2883 JOSEPH, John Earl: Dialect, language, and 'synecdoche'. — *Linguistics* 20, 1982, 473-491, fig.

2884 KÖNIG, Werner: Probleme der Repräsentativität in der Dialektologie. — [339], 463-485, map.

2885 KRAMER, Johannes: Die Übernahme der deutschen und der niederländischen Konstruktion Verb + Verbzusatz durch die Nachbarsprachen. — [398], 129-140.

2886 KUEN, Heinrich: Verfeinerung des Werkzeugs zur gedanklichen Erfassung der Wirklichkeit durch Sprachkontakt in der Mundart. — [398], 141-147.

2887 KÜHN, Peter: Typen lexikographischer Ergebnisdarstellung. — [339], 702-723, 18 facsim. | On dial. lexicography.

2888 KUNZE, Konrad: Erhebung von Sprachdaten aus schriftlichen Quellen. — [339], 554-562.

2889 LANG, Jürgen: *Sprache im Raum: zu den theoretischen Grundlagen der Mundartforschung, unter Berücksichtigung des Rätoromanischen und Leonesischen.* — ZRPh, Beiheft 185; Tübingen: Niemeyer, 1982, xiv, 292 p.

2890 *Les langues dans le monde ancien et moderne.* Ouvrage publié sous la direction de Jean PERROT. 1ᵉ partie: *Les langues de l'Afrique subsaharienne.* Textes réunis par Gabriel MANESSY. 2ᵉ partie: *Pidgins et créoles.* Textes réunis par Albert VALDMAN. — Paris: C.N.R.S., 1981, [xi], 691 p. [en 2 vol.], 12 cartes | Not analyzed.

2891 LAZARD, Sylviane: De quelques cas d'étymologies dialectales mises en question par des attestations anciennes. — [128], 265-268.

2892 *Linguistic composition of the nations of the world.* Eds.: Heinz KLOSS; Grant D. MCCONNELL. Vol. 3: *Central and South America.* — Quebec: Presses de l'Univ. Laval, 1979, 554 p. | Title also in Fr.; text in E. & Fr. | Cf. BL 1978, 2349.

2893 *Linguistic composition of the nations of the world.* Eds.: Heinz KLOSS; Grant D. MCCONNELL. Vol. 4. *Oceania.* — Quebec: Presses de l'Univ. Laval, 1981, 549 p. | Cf. 2892.

2894 LÖFFLER, Heinrich: Gegenstandskonstitution in der Dialektologie: Sprache und ihre Differenzierungen. — [339], 441-463.

2895 MATTHEIER, Klaus J.: Erhebung von Regionaldaten (historisch, sozial, kulturell, geographisch). — [339], 572-580.

2896 MATTHEIER, Klaus J.: Datenerhebung und Forschungsziel. — [339], 622-639 | On the status of dialectological data.

2897 MENGE, Heinz H.: Erhebung von Sprachdaten in 'künstlicher' Sprechsituation (Experiment und Test). — [339], 544-549.

2898 MULJAČIĆ, Žarko: Il termine "lingue distanziate apparentemente dialettalizzate" e la sua rilevanza per la sociolinguistica romanza. — *SRAZ* 26, 1981 (1982), 85-101.

2899 MULJAČIĆ, Žarko: Zur Kritik des Terminus "dachlose Aussenmundart": Beitrag zur Typologie der romanischen Ausbausprachen. — *ZDL* 49, 1982, 344-350 | E. summ.
2900 NAUMANN, Carl Ludwig: Kartographische Datendarstellung. — [339], 667-692, 9 maps, 5 fig.
2901 PAVEL, V.K.: K voprosu razgraničenija jazykovych javlenii po dannym lingvističeskoj geografii. — [413], 34-44.
2902 PETYT, K.M.: *The study of dialect*... — London: 1980 | BL 1981, 3359. | *JL* 18, 1982, 431-436 G.M. Awbery.
2903 PETYT, K.M.: Who is really doing dialectology? — [291], 192-208, 3 fig.
2904 PUTSCHKE, Wolfgang: Theoriebildung der 'klassischen' Dialektologie. — [339], 232-247, tab. | Cf. also 8196.
2905 PUTSCHKE, Wolfgang; NEUMANN, Robert: Automatische Sprachkartographie. — [339], 749-778, 14 maps, 14 fig.
2906 REIFFENSTEIN, Ingo: Das phonetische Beschreibungsprinzip als Ergebnis junggramatischer und dialektologischer Forschungsarbeiten. — [339], 23-38.
2907 *La ricerca dialettale*. Promossa e coordinata da Manlio CORTELAZZO. 3. — Pisa: 1981 | BL 1981, 3361. | *RJb* 32, 1981 (1982), 156-158 Ž. Muljačić.
2908 SALA, Marius; VINTILĂ-RĂDULESCU, Ioana: *Limbile lumii*... — București: 1981 | BL 1981, 3363. | *SCL* 33, 1982, 189 E. Popa; *ibid.* 506-509 C. Lupu | *LbR* 31, 1982, 523 I. Iordan.
2909 SARAMANDU, Nicolae: "Beau temps" dans les langues européennes à partir de l'*Atlas Linguarum Europae (ALE)*. — *RRLing* 27, 1982, 301-307, carte.
2910 SCHEUTZ, Hannes; HAUDUM, Peter: Theorieansätze einer kommunikativen Dialektologie. — [339], 295-315 | Cf. also 8273.
2911 SINGER, Horst: Typen grammatischer Darstellung. — [339], 693-702 | On method in dialectology.
2912 SPAVENTA, Lydia: Le minoranze linguistiche nei censimenti dell'Italia prefascista (1861-1921). — *RID* 5-6, 1981-82 (5), 37-59.
2913 SPINDLER, Sylviane: Note méthodologique sur un projet de traitement automatique des données dialectales. — [292], 271-290.
2914 STAIB, Bruno: *Semantik und Sprachgeographie*... — Tübingen: 1980 | BL 1981, 3368. | *VR* 41, 1982, 301-306 E. Werner | *RJb* 32, 1981 (1982), 169-171 H. Goebl.
2915 STEGER, Hugo: Erkenntnisinteressen und Zielorientierung in der Dialektologie. — [339], 397-424.
2916 VEITH, Werner Heinrich: Theorieansätze einer generativen Dialektologie. — [339], 277-295, 7 maps, 10 fig. | Cf. also 8199.
2917 VILKUNA, Kustaa, et al.: Sprachgrenze, ethnische Grenze, kulturelle Grenze. — *CIFU* IV/2, 39-56 | Discussion by I.S. GURBIČ & L.N. TERENT'EVA, István ERDÉLYI, et al. | Cf. BL 1975, 2757.
2918 VOEGELIN, C.F.; VOEGELIN, F.M.: *Classification and index of the world's languages*. — New York: 1977 | BL 1977, 3105. | *SLN* 8, 1977, 36-37 R.E. Wood | *BSL* 76, 1981/2 (1982), 15-22 P. Barkan.
2919 VULPE, Magdalena: Sur l'acception des termes "archaïque" et "conservateur". — *RRLing* 27, 1982, 231-233.
2920 WEIJNEN, A.: *The value of map configuration*. — Nijmegen: 1977 | BL 1979, 2556. | *SvLm* 103, 1980 (1981), 218-231 L.G. Bleckert.
2921 WEIJNEN, A.: L'importance d'un atlas linguistique européen. — *SAlb* 17, 1980/2 (1982), 99-113, 3 cartes.

2922 WIESINGER, Peter: Die Reihenschritttheorie: Muster eines dialektologischen Beitrags zur Erklärung des Lautwandels. — [339], 144-151, fig.
2923 WOLF, Lothar: *Aspekte der Dialektologie* . . . — Tübingen: 1975 | BL 1975, 2762. | *RBPh* 60, 1982, 625-626 R. Willemyns.
2924 [ZOGRAF, G.A.] ZOGRAPH, G.A.: *Languages of South Asia: a guide.* — Languages of Asia and Africa 3; London: Routledge, 1982, viii, 231 p., 2 maps | Transl. of a revised version of BL 1960, 106.
2925 [ZOGRAF, G.A.] ZOGRAPH, Georgij A.: *Die Sprachen Südasiens.* — Leipzig: Verlag Enzyklopädie, 1982, 167 p., fold. map | As No. 2924. | *Kratylos* 27, 1982 (1983), 184-185 B. Schlerath.

5. LEXICON — LEXIQUE

2926 ALINEI, Mario: *Etymography* and *etymothesis* as subfields of etymology: a contribution to the theory of diachronic semantics. — *FoL* 16, 1982, 41-56.
2927 ALVAR EZQUERRA, Manuel: Los diccionarios bilingües: su contenido. — *LEA* 3, 1981, 175-196.
2928 ALVAR EZQUERRA, Manuel: Diccionario y gramática. — *LEA* 4, 1982, 151-212.
2929 ANTOINE, G.: La "gestion" des vocabulaires scientifiques et techniques. — *FM* 50, 1982, 332-336.
2930 *Aspekte der sowjetrussischen Lexikographie.* Übersetzungen, Abstracts, bibliographische Angaben. Werner WOLSKI (Hg.). — RGL 43; Tübingen: Niemeyer, 1982, xii, 309 p. | Transl. listed separately; ab. of studies by Olga S. AKHMANOVA, A.M. BABKIN . . . [et al.].
2931 BANTAŞ, Andrei: Aspects of applied semantics: for modernizing bilingual dictionaries. — *RRLing* 27, 1982, 219-226.
2932 BARAN, Ja.A.: *Osnovni pytannja zahal'noji ta nimec'koji frazeolohiji.* — L'viv: Vyšča škola, 1980, 156 p. | Fundamental problems of general and G. phraseology. | *Mov* 1982/2, 75-76 V. Bublyk.
2933 BARRET-SCHULLER, Marie-France: Étude sémantique du vocabulaire nosographique utilisé en psychopathologie. — *L&H* 38, 1978, 3-12.
2934 BARTSCH, Renate: Kommunikatienormen en lexikale verandering. — *TTT* 1, 1981, 83-101, 8 fig. | Norms of communication and lexical shift.
2935 BERNI CANANI, Ugo: Graphes de relations sémantiques. — [179], 29-33.
2936 BERTEL'S, A.E.: Razdely slovarja, semantičeskie polja i tematičeskie gruppy slov. — *VJa* 1982/4, 52-63.
2937 BILEC'KYJ, A.O.: Pro slova schidnoho pochodžennja u zachidnych movach. — *Mov* 1981/5, 47-51 | Words of Oriental (Ar.) origin in Western languages.
2938 BREDEMEIER, Jürgen; JANSEN, Louise M.; PETÖFI, János S.: Überlegungen zu den syntaktischen und semantischen Informationen im Wörterbuch einer natürlichen Sprache. — [367], 65-89.
2939 BRONEC, Jiří: *K lingvodidaktické typologii cizojazyčného lexika.* — Spisy UJEP v Brně, Filozofická fakulta 239; Brno: Univ. J.E. Purkyně, 1982, 203 p. | On the typology of foreign vocabulary from the standpoint of linguo-didactics (Ru. summ.).
2940 BURGER, Harald; BUHOFER, Annelies; SIALM, Ambros: *Handbuch der Phraseologie.* [Unter Mitarbeit von Brigit ERIKSSON, et al.]. — Berlin (West): de Gruyter, 1982, xiv, 433 p. | *Germanistik* 23, 1982, 655 W. Müller.
2941 BURGHARDT, Wolfgang: Wie hilfreich sind fach- und umgangssprachliche Wörterbücher? (Eine mehrstufige Analyse ausgewählter Terme). — [367], 1-25 | G. data.

2942 BURGHARDT, Wolfgang: Zur Konstruktion der chemischen Fachsprache. — [367], 135-159.
2943 BUSA, Roberto: Activités depuis janvier 1977. — [179], 507-508.
2944 CALVET, Louis-Jean: *Les sigles.* — 'Que sais-je?' 1811; Paris: P.U.F., 1980, 123 p. | *Linguistique* 18/2, 1982, 146-147 G. Balesme.
2945 CARDONA, Giorgio Raimondo: I nomi del berillo. — *InL* 6, 1980-81 (1982), 63-96.
2946 CHLUPÁČOVÁ, K.: Aktual'nye voprosy leksikologii i obučenie leksike. — [125], 385-388.
2947 CIFOLETTI, Guido: *Il Vocabolario della lingua franca.* — Padova: Clesp, 1980, 154 p. | Étude des matériaux du *Dictionnaire de la langue franque ou petit mauresque*, 1830. | *Paideia* 36, 1981, 241 V. Pisani | *LN* 42, 1981, 95 P. Zolli.
2948 COHEN, Gerald L.: On the acceptance of borrowed words. — *SEz* 7, 1982/3, 23-24 | Bulg. summ.
2949 COLLISON, Robert L.: *A history of foreign-languge dictionaries.* — The Language Library; London: Deutsch, 1982, 214 p., 64 pl.
2950 CRAVENS, Thomas D.: Cross-language evidence in etymology: the origin of *testa* as 'head' in Romance. — *NphM* 83, 1982, 53-60.
2951 DÉCSY, Gyula: Linguistische Sinndeutungen IV. — *UAJb* 53, 1981, 66-75 | 40. Hg. *Csicsman.* 41. Hg. *Bálint* and E. *Ballantine.* 42. Hg. *Ficza.* 43. Hg. *Béla* and E. *Bill(y).* 44. Hg. *Sopornya.* 45. Hg. *Supena.* 46. Hg. *Supala.* 47. Hg. *Lámala.* 48. Hg. *Mőzs* and *Mozsgó.* 50. Ru. *Onega* and Fi. *Äänisjärvi.* 51. Fi. *Tenhunen* and *Janhunen.* 52. Uralian *lunka/runka.* | Cf. BL 1980, 2517.
2952 DÉCSY, Guyla: Linguistische Sinndeutungen V. — *UAJb* 54, 1982, 108-118 | 53. Hg. *Pécs.* 54. Croatian *Zagreb* and Hg. *Zágráb.* 55. Hg. *Csele.* 56. Hg. *Moson.* 57. Hg. *Pozsony.* 58. Hg. *Pered.* 59. Hg. *Szímő.* 60. Hg. *Sókszelőce.* 61. Hg. *Makács* and *makacs.* 62. Hg. *kuruc.* 63. G. *Memel.* 64. Fi. *Loviisa.* 65. Fi. *Tempakka.* 66. Turkish *balïq* "town" and Ugric *palaka.
2953 DEMANDT, Alexander: *Metaphern für Geschichte. Sprachbilder und Gleichnisse im historisch-politischen Denken.* — München: Beck, 1978, 531 p. | *Gnomon* 54, 1982, 321-328 E.-R. Schwinge.
DEM'JANKOV, V.Z.: Anglo-russkie terminy po prikladnoj lingvistike ... — 1811.
2954 DENISOV, P.N.: Über die universelle Struktur des Wörterbuchartikels. — [2930], 89-111 | Transl. of: Ob universal'noj strukture slovarnoj stat'i (in: *Aktual'nye problemy učebnoj leksikografii* [Red.: V.A. RED'KIN], Moskva, 1977, 205-225).
2955 DEROY, Louis: A propos de "somme d'argent". — *LEC* 50, 1982, 13-15.
2956 [DUMITRESCU, M.] DUMITRESKU, Marija; [ŞERBĂNESCU, P.] ŞERBĖNESKU, Paraskiva: Japonija, japonskij, po-japonski. — *RRLing* 27, 1982, 179-182.
2957 EIKMEYER, Hans-Jürgen: Syntaktische Information im Lexikon und Transformationen. — [367], 315-332.
2958 ERHART, A.; VEČERKA, R.: *Úvod do etymologie.* — Praha: 1981 | BL 1981, 3406. | *ČJLit* 33, 1982-83, 137-140 I. Lutterer | *Universitas* 1982/6, 107-108 Z. Majerčáková.
2959 FABIANOVÁ, Nadežda: Problema sistemnogo izučenija leksiki v rabotach sovetskich učenych. — *SlavSl* 17, 1982, 260-269.
2960 FOULKES, Irene Westling: *Meaning components in the structure of a semantic field.* Vol. I-II. — Georgetown Univ. diss., 1979, 455 p. | *DAb* 41/4, 1980, 1568-A.

LEXIQUE

2961 FRANÇOIS, Jacques: Explizite bilinguale Lexikoneinträge als Darstellungsmethode vergleichender Wortfeldanalysen (erörtert am Beispiel der deutschen Entsprechungen von frz. *apprendre*). — [187], 91-103.

2962 FRAWLEY, William: In defense of the dictionary: a response to Haiman. — *Lingua* 55, 1981, 53-61 | Reply to BL 1980, 1345; rejoinder by John HAIMAN: Dictionaries and encyclopedias again, *Lingua* 56, 1982, 353-355.

2963 GAL'PERIN, I.R.: Gnoseologičeskij aspekt dvujazyčnych slovarej i problemy kontrastivnoj leksikografii. — *IzvAN* 41, 1982, 551-560.

2964 GAUGER, Hans-Martin: Falsche Freunde. — [243], 77-92.

2965 GEERAERTS, D.: Prototypes en stereotypes. — *FdL* 23, 1982, 248-258 | On the theoretical position of lexicography.

2966 GEORGACAS, Demetrius J.: *Ichthyological terms for the sturgeon* . . . — Athens: 1978 | BL 1978, 2389. | *Étimologija* 1980 (1982), 177-179 Ja.B. Rudnyćkyj | *JAOS* 102, 1982, 656-657 E. Hamp | *RESEE* 19, 1981, 180-182 H. Mihăescu | *BSL* 76, 1981/2 (1982), 133 J.-L. Perpillou | *BNF* 17, 1982, 64-65 J. Knobloch | *ByzZ* 75, 1982, 32-34 H. & R. Kahane | *SMV* 27, 1980, 256-259 G.B. Pellegrini.

2967 GERD, A.S.: Terminologičeskij slovar' sredi drugich tipov slovarej. — *SRLek* 1980 (1981), 106-112.

2968 GERDEL, Wolfgang: Verbstrukturen in einem definierten medizinisch-wissenschaftlichen Textmaterial. — [367], 255-259.

2969 GILLMEISTER, Heiner: Über Tennis und Tennispunkte: ein Beitrag der Sprachwissenschaft zur Sportgeschichte. — *Stadion: Zeitschrift für Geschichte des Sports und der Körperkultur* (Leiden: Brill) 3, 1977, 187-229.

2970 GILLMEISTER, Heiner: The origin of European ball games: a re-evaluation and linguistic analysis. — *Stadion: Zeitschrift für Geschichte des Sports und der Körperkultur* (St. Augustin: Hans Richarz) 7, 1981, 19-51.

2971 GILLMEISTER, Heiner: Die Herkunft des Ballspiels im Spiegel der Tennissprache. — *Schweizer Beiträge zur Sportgeschichte* (Basel) 1, 1982, 19-22.

2972 GILLMEISTER, Heiner: Wanderwege unseres Kulturgutes aus sprachwissenschaftlicher Sicht: das pikardische Cache- und das englische Cricketspiel. — *2. Internationales Seminar zur Geschichte der Sportwissenschaft* (ICOSH) (Magglingen: Eidgenössische Turn- und Sportschule, 1982), 239-245.

2973 GOLD, David L.: Słownik i struktura leksykalna. Tłum. z angielskiego Ewa Romkowska. — *Zagadnienia Naukoznawstwa* (Warszawa) 17, 1981 (1982), 371-382 | The lexicon and lexical structure.

2974 GOLD, David L.: More on *drinking tobacco*. — *LB* 71, 1982, 441-442 | Suppl. to BL 1980, 2533.

2975 GOLD, David L.: The commonization of some glottonyms and related words. — *LB* 71, 1982, 447-452.

2976 GOLD, David L.: More on "enemy" = "hangnail". — *VR* 41, 1982, 202-205.

2977 GOROG, Ralph DE: The application of onomasiology to synonymy, word formation, and etymology. — *Word* 32, 1981 (1982), 99-108.

2978 GREGORY, Tullio: Relazione sulle attività del Lessico Intellettuale Europeo (1977-1979). — [179], 509-518.

2979 GUENTHNER, Franz: Problems for a theory of the lexicon. — [367], 107-118.

2980 GUNDA Béla: Terelőszavak és óeurópai pásztormigrációk. — *NyK* 84, 1982, 189-202, fig. | G. summ.: Treibwörter und alteuropäische Hirtenmigrationen.

2981 GUSMANI, Roberto: *Saggi sull'interferenza linguistica*. 1. — Firenze: Le Lettere, 1981, 171 p. | *Aevum* 56, 1982, 593-594 C. Milani.

2982 HAMESSE, Jacqueline: Les travaux de lexicographie réalisés à l'Institut supérieur de philosophie de l'Université catholique de Louvain de 1977 à 1980. — [179], 521-523.
2983 HARTENSTEIN, Klaus: *Das erklärend-kombinatorische Wörterbuch im 'Smysl ↔ Tekst'-Modell: Studien zu den lexikologischen Grundlagen der Bedeutungsexplikation und ihrer lexikographischen Verwendbarkeit.* — Slavistische Beiträge 148; München: Sagner, 1981, viii, 277 p. | *WSlA* 9, 1982, 337-341 T. Reuther.
2984 HAVLIK, Ernst: *Lexikon der Onomatopöien: die lautimitierenden Wörter im Comic.* — Frankfurt a.M.: Fricke, 1981, 263 p.
2985 HENNE, Helmut: Was die Valenzlexikographie bedenken sollte. — [146], 5-18.
2986 HIERSCHE, Rolf: Der Irrgarten der *Aloe.* — [287], 121-128 | On the double etym. of *aloe* (Gr. ἀλόη < Hebr. *'ahālīm/'ahālōṯ*, IA. *agaru/aguru*) = aloe (plant), 2. aloe wood.
2987 HLAVÁČ, Teodor: Termín ako sprostredkovateľ informácie. — *KVI* 14, 1982, 154-158 | The term as information mediator (Ru., E. & G. summ.).
2988 HÖFLER, Manfred: Für eine Ausgliederung der Kategorie "Lehnschöpfung" aus dem Bereich sprachlicher Entlehnung. — [323], 149-153.
2989 HÖLKER, Klaus: Über einen Typ von Lexikoneinträgen für gemeinsprachliche Lexika. — [367], 91-105.
2990 HORECKÝ, Ján: Systémový prístup k terminológii. — *KS* 16, 1982, 333-338 | In margine: E.B. ALAEV, *Ekonomicko-geografická terminológia,* Bratislava 1981.
2991 HÖRNER, Ekkehard: Fragestellung, Objektbereich und Argumentationsformen der Etymologie. — [187], 22-31.
2992 IVANOVÁ-ŠALINGOVÁ, Mária: Theorie der Homonymie. — *RLB* 6, 1982, 63-75.
2993 IVIĆ, Milka: O "regularnoj polisemiji" u leksikološkoj teoriji i leksikografskoj praksi. — [366], 77-81.
2994 JANSEN, Louise M.: Zur begrifflichen Ordnung substantivischer Lexikoneinheiten. — [367], 335-379 | Discussion by Walther KINDT: Zum Problem der Sortenspezifikation in Grammatiken, 381-391.
2995 JOB, D.M.: Semantic change and etymologies. — [170], 163-170.
2996 KAHANE, Henry; KAHANE, Renée: Three Mediterranean terms of Greek provenience. — [263], 247-260 | 1. *Artimón* 'foresail', 2. *Vogare* 'to row', 3. *Catalectum* 'couch'.
2997 KARAULOV, Ju.N.: *Lingvističeskoe konstruirovanie i tezaurus literaturnogo jazyka.* — Moskva: 1981 | BL 1981, 3429. | *IzvAN* 41, 1982, 78-81 L.A. Novikov.
2998 KARAULOV, Ju.N.: Zu einigen lexikographischen Gesetzmässigkeiten (Semiotische Aspekte des Wörterbuchs). — [2930], 127-140 | Transl. of BL 1974, 2562.
2999 KASTOVSKY, Dieter: "Privative opposition" and lexical semantics. — *SAP* 14, 1982, 29-45.
3000 KOLLÁR, Dezider: Medzijazyková homonymia. — *StASl* 11, 1982, 221-234 | Zwischensprachliche Homonymie (Slowakisch – Russisch).
3001 KONEČNÁ, Dana: O metaforickém vyjadřování. — [351], 37-40 | A propos de l'expression métaphorique.
3002 *Konzepte zur Lexikographie. Studien zur Bedeutungserklärung in einsprachigen Wörterbüchern.* Wolfgang MENTRUP (Hg.). — RGL 38; Tübingen: Niemeyer, 1982, viii, 188 p. | Papers presented at the 3. Lexikographische Colloquium, Mannheim, 19-20 Feb. 1981. | Wolfgang MENTRUP: Konzepte zur Lexikographie in der Diskussion. Bericht über die Diskussionen – Resümee, 176-188.

3003 KOPEČNÝ, František: Je význam slov *máma, bába, táta* apod. přirozeně dán? — *SFFBU*, A 30, 1982, 33-39 | Ist die Bedeutung der Wörter *máma, bába, táta* usw. naturgegeben? (G. summ.).
3004 KOPEČNÝ, František: Etymologické poznámky k termínům *slang, žargón* a *argot*. — [181], 28-30 | Notes étym. sur les termes cités.
3005 KRJUČKOVA, T.B.: K voprosu o mnogoznačnosti "ideologičeski svjazannoj" leksiki. — *VJa* 1982/1, 28-36.
3006 LARA, L.F.; HAM CHANDE, R.; et al.: *Investigaciones lingüísticas en lexicografía*. — Mexico: 1980 | BL 1980, 2556. | *PhP* 25, 1982, 220-222 J. Dubský.
3007 LEVIEUGE, Guy: Des relations lexicales du vocabulaire. — [292], 191-217, 14 fig.
3008 LINDBERG, G.U.; GERD, A.S.; RASS, T.S.: *Slovar' nazvanij morskich promyslovych ryb mirovoj fauny.* — Leningrad: 1980 | BL 1981, 3440. | *NDVŠ-F* 1982/4, 91-92 N.A. Meščerskij.
3009 LUTZEIER, Peter Rolf: The notion of lexical field and its application to English nouns of financial income. — *Lingua* 56, 1982, 1-42.
MAINGUENEAU, D.: Réseaux d'associations et mots clés en analyse du discours. — 2772.
3010 MAKKAI, Adam: The cognitive organization of idiomaticity: rhyme or reason? — *GUWP* 11, 1975, 10-29.
3011 MALKIEL, Yakov: *Etymological dictionaries* . . . — Chicago: 1976 | BL 1976, 2864. | *RBPh* 58, 1980, 1009-1010 J. Horrent.
3012 MAYRHOFER, Manfred: *Zur Gestaltung des etymologischen Wörterbuchs einer "Grosscorpussprache"*. — Wien: 1980 | BL 1980, 2565. | *BSL* 76, 1981/2 (1982), 117-118 Ch. de Lamberterie.
3013 MAZIERE, F.: Le traitement du lexique par les exercises structuraux. — *CLex* 40, 1982/1, 27-40.
3014 MEISSNER, Franz-Joseph: *Wortgeschichtliche Untersuchungen im Umkreis von französisch* enthousiasme . . . — Genève: 1979 | BL 1981, 3447. | *ASNS* 219, 1982, 450-453 H.-L. Scheel.
3015 MINAEVA, L.V.; FEDENEV, V.B.: "Paronimija" v jazyke i reči. — *VJa* 1982/2, 90-95.
3016 MLACEK, Jozef: Tipologija realizacii frazeologii v tekste. — *RLB* 6, 1982, 173-183.
3017 MÜHLHÄUSLER, Peter: Etymology and pidgin and creole languages. — *TPhS* 1982, 99-118.
3018 MULLER, Charles: Dictionnaire ou banque de données? — *FM* 50, 1982, 329-331.
3019 NĚMEC, Igor: K problému slovníkové definice. — *NŘ* 65, 1982, 113-118 | The problem of lexical definition.
3020 NEUBAUER, Fritz: Einige Aspekte umgangssprachlicher Lexika. — [367], 27-64.
3021 NEUMANN, Reimund: Thesauri und Klassifikation von Wissen. — [367], 163-227.
3022 OEING-HANHOFF, Ludger: *Res* comme concept trascendental et sur-trascendental. — [179], 285-296.
3023 OEING-HANHOFF, Ludger: "Historisches Wörterbuch der Philosophie". — [179], 547-548.
3024 PÁLFY Miklós: A poliszémia és a homonimia szótári kérdéseiről. — *NyK* 84, 1982, 404-409 | E. summ.: On problems of polysemy and homonymy in dictionaries.

3025 PANAGL, Oswald: *Aspekte der Volksetymologie.* — IBS, Vorträge und kleinere Schriften 30; Innsbruck: Inst. für Sprachwissenschaft der Univ. Innsbruck, 1982, 25 p. | *Kratylos* 27, 1982 (1983), 176-177 E. Seebold.
3026 PAULAUSKAS, J.: Frazeologizmų pateikimo aiškinamajame žodyne vietos nustatymas. — *LMAD* 1982/1 (78), 105-110 | Determination of role and place of phraseological units in the explanatory dictionary (Ru. summ.).
3027 PAVLOV, V.M.: Ponjatie leksemy i nekotorye spornye voprosy teorii slovosočetanija. — *IzvAN* 41, 1982, 272-279.
   PEŇÁZ, P.: Lexikální prostředky tzv voluntativní modality . . . — 5335.
3028 PETI, Mirko: Terminologizacija. — *RZJ* 6-7, 1980-81 (1982), 227-238 | Rés. fr.
3029 PETÖFI, János S.: Das Lexikon als Komponente einer semiotischen Theorie von natürlichen Sprachen. — [367], 287-296.
3030 PETÖFI, János S.: Lexikoneintragungen in der kanonischen Repräsentation von Sätzen und Texten. — [367], 297-314.
3031 *Praxis der Lexikographie* . . . Helmut HENNE (Hg.). — Tübingen: 1979 | BL 1980, 332. | *LB* 70, 1981, 115-117 F. Claes.
3032 *Problemy frazeologii.* Red.: V.T. BONDARENKO. — Tula: Tulgospedinstitut, 1980, 132 p. | *SlavSl* 17, 1982, 272-275 J. Mlacek.
3033 *Regards sur la lexicographie.* — *FM* 50, 1982, 287-343 | Robert MARTIN, Présentation, 287-291.
3034 REY, Alain: *Le lexique, images et modèles* . . . — Paris: 1977 | BL 1977, 3187. | *LPosn* 24, 1982, 137-139 J. Sypnicki; 139-143 J. Pleciński.
3035 REY, Alain: *La terminologie* . . . — Paris: 1979 | BL 1980, 2583. | *SEz* 7, 1982/1-2, 162-164 R. Pandova.
3036 RIŠKO, Andrej: Teória a metodika informačného jazyka predmetového slovníka. — *Bibliografický zborník* 1981 (Martin: 1982), 125-163 | Theory and linguistic methodology of subject vocabulary.
3037 ROBINET, André: Activités du Centre d'histoire des sciences et des doctrines. Études lexicographiques informatisées. — [179], 555-557.
   ROHR, R.: Zum Problem des Wortfelds in der etym. Forschung . . . — 5076.
3038 ROMEO, Luigi: *Ecce homo: A lexicon of man.* — Amsterdam: 1979 | BL 1979, 2634. | *CJL* 27, 1982, 82-83 A.S. Kaye.
3039 ŠČERBA, L.V.: Versuch einer allgemeinen Theorie der Lexikographie. — [2930], 17-62 | Transl. of: Opyt obščej teorii leksikografii (in: *Leksikografičeskij Sbornik* III, Moskva, 1940, 89-117).
3040 SEDLÁKOVÁ, Miluše: K problematice psychologického jazyka (K teoretickým a metodologickým předpokladům vytváření odborných psychologických slovníků). — *ČsPsych* 26, 1982, 253-260 | On the problems of psychological language: theoretical and methodological prerequisites for compiling special psychological dictionaries.
3041 SEEBOLD, Elmar: *Etymologie* . . . — München: 1981 | BL 1981, 3466. | *Kratylos* 26, 1981 (1982), 53-56 H.L. Kufner.
3042 SEKANINOVÁ, E.: K voprosu obučenija leksike kak sisteme. — [125], 335-338.
3043 *Semàntica i lexicologia.* — *ACILR* XVI/1, 277-322 | Exposés de Max PFISTER (279-286), Gerold HILTY (287-294), Kurt BALDINGER (295-303) et Paul IMBS (305-314), suivis d'une discussion (315-322).
3044 SÎRBU, Richard: L'antonymie des séries dérivatives. — *Ling* 21, 1981, 119-143.
3045 SOLODUB, Ju.P.: K voprosu o sovpadenii frazeologičeskich oborotov v različnych jazykach. — *VJa* 1982/2, 106-114.
3046 STERKENBURG, P. VAN; MARTIN, W.; AL, B.: A new Van Dale project: bilingual dictionaries on one and the same monolingual basis. — [154], 221-237.

3047 *Theory and method in lexicography* . . . Ed. by Ladislav ZGUSTA. — Columbia, SC: 1980 | BL 1980, 360. | *CJL* 27, 1982, 83-85 M.D. Kinkade.
3048 THUN, Harald: *Probleme der Phraseologie* . . . — Tübingen: 1978 | BL 1979, 2647. | *ZRPh* 98, 1982, 181-183 K. Hunnius.
3049 TRIER, Jost: *Wege der Etymologie*. Nach der hinterlassenen Druckvorlage mit einem Nachwort hrsg. von Hans SCHWARZ. — Phil. Studien und Quellen 101; Berlin: Schmidt, 1981, 244 p. | Coll. of partly unpublished or revised studies on general and IE. etym., with extensive indexes. | *Kratylos* 27, 1982 (1983), 59-63 J. Knobloch.
3050 TUROŬSKAJA, F.A.: Kanatatyŭnyja značěnni "nejtral'naj" leksiki. — *BeLi* 21, 1982, 25-30 | Les valeurs connotatives du lexique "neutre".
3051 VAJS, Nada: O leksikografskoj definiciji (od leksikografije do semantike). — [366], 21-26.
3052 VALESIO, Paolo: Into a theory of metaphor. — *GUWP* 11, 1975, 30-59.
3053 VANSTEELANDT-DEBAUCHE, A.: La création lexicale dans le vocabulaire de la publicité. Quelques tendances. — *L&H* 47, 1981, 24-26.
3054 VESELÝ, Josef: Problematika tzv. odhadu a potenciálního slovníku v cizím jazyce. — *CJŠ* 25, 1981-82, 434-440 | The various aspects of guess-work and potential vocabulary in a foreign language.
3055 VIDAL COLELL, María Ángeles: Automatización de los diccionarios de sinónimos. — *RSEL* 11, 1981, 419-425.
   VILELA, M.: *O léxico da simpatia* . . . — 6513.
3056 VINJA, Vojmir: En répondant à un appel du Maître: les noms adriatiques et méditerranéens des Carangidés. — *SRAZ* 26, 1981 (1982), 9-55.
3057 VODUŠEK, Božo [1905-78]: Über nicht onomatopoetische ikonische Synonymie. — *Ling* 21, 1981, 5-46.
3058 WAGNER, C.: A propos de l'analyse sémique. — *CLex* 40, 1982/1, 11-26.
3059 WERNER, Reinhold: Systemlinguistische Aspekte der Integration entlehnter lexikalischer Einheiten. — [398], 219-235.
3060 WIEDERMANN, Juraj: The complexity of lexicographic sorting and searching. — *Aplikace matematiky* (Praha) 26, 1981, 432-436 | Slov. & Ru. summ.
3061 WILTON, M.T.: The Canadian dictionary: an experiment in automated lexicography. — [320], 399-414.
3062 WITTLIN, Curt J.: Un nuevo tipo de siglas: acrónimos lexemas contextuales. — *LEA* 3, 1981, 159-174.
3063 *Wörterbuch der vergleichenden Bezeichnungslehre: Onomasiologie* . . . hrsg. von Johannes SCHRÖPFER. Band I, Lief. 1/2. — Heidelberg: 1979 | BL 1979, 2659. | *ASlPh* 13, 1982, 141-144 G. Neumann.
3064 WYLER, Siegfried: New dimensions in wordfield research. — *Poet* 7, 1977, 61-79.

6. SCRIPT, ORTHOGRAPHY — ÉCRITURE, ORTHOGRAPHE

3065 ALLERTON, D.J.: Orthography and dialect. How can different regional pronunciations be accommodated in a single orthography? — [4068], 57-69.
3066 *Aspects of cuneiform writing*. Guest ed. Marvin A. POWELL. — *Visible Language* (Cleveland, OH) 15, 1981/4, 317-444 | *ZA* 72, 1982/2 (1983), 291-293 W. von Soden.
3067 CARDONA, Giorgio Raimondo: *Antropologia della scrittura*. — Torino: Loescher, 1981, 242 p. | *LeSt* 17, 1982, 635-636 L. Rosiello | Cf. 3093.

COHEN, G.L.: The origin of the letter *omicron*. — 5389.
3068 CUBBERLEY, Paul V.: Glagolitic's Armenian connection. — *WSlA* 9, 1982, 291-304.
3069 FELDMAN, Laurie B.; TURVEY, M.T.: Words written in Kana are named faster than the same words written in Kanji. — *L&S* 23, 1980, 141-147.
3070 GORDON, Raymond Grant: *Symbolic manipulation of orthography.* — Cornell Univ. diss., 1981, 111 p. | *DAb* 41/12, 1981, 5080-A.
3071 GREEN, M.W.: The construction and implementation of the cuneiform writing system. — *Visible Language* (Cleveland, OH) 15, 1981/4, 345-372, ill.
3072 GRIMES, Joseph E.; GORDON, Raymond G., Jr.: Design of new orthographies. — [165], 93-103, 2 fig.
3073 HEUBECK, Alfred: *Die Schrift.* — Göttingen: 1979 | BL 1979, 2676. | *Mn* 36, 1983, 162-167 C.J. Ruijgh | *JHS* 101, 1981, 222-223 J. Chadwick | *MH* 39, 1982, 316 J. Latacz | *IF* 87, 1982 (1983), 304-308 J.T. Hooker.
3074 HEUBECK, Alfred: L'origine della lineare B. — *SMEA* 23, 1982, 195-207.
HUMEZ, A.; HUMEZ, N.: *Alpha to omega . . .* — 5391.
3075 LUKATELA, G.; LORENC, B.; OGNJENOVIĆ, P.; TURVEY, M.T.: A word superiority effect in a phonetically precise orthography. — *L&S* 24, 1981, 173-183.
MAGUEIJO, C.: Sobre a origem do linear B. — 5136.
3076 MALLON, Jean: *De l'écriture.* Recueil d'études publiées de 1937 à 1981. — Paris: C.N.R.S., 1982, 367 p., 24 tab., 133 fig.
3077 MARTINS, Eva: On graphotactic problems and visual interference. — *FUS* 5, 1982, 185-212.
MILLARD, A.R.: The Ug. and Canaanite alphabets . . . — 13066.
3078 MISTRÍK, Jozef: *Grafológia: synkritická analýza v modernej grafológii.* — Bratislava: Obzor, 1982, 203 p.
3079 MORREN, Ronald C.: Socio-psycho-linguistic testing in the development of an orthography for a preliterate society. — *LACUS* 7, 1980 (1981), 536-545.
3080 NAKANISHI, Akira: *Writing systems of the world: alphabets – syllabaries – pictograms.* — Rutland, VT: Tuttle, 1980, 122 p., maps, ill.
3081 NAVEH, Joseph: *Early history of the alphabet: an introduction to West Semitic epigraphy and palaeography.* — Jerusalem: Magnes/Leiden: Brill, 1982, ix, 211 p., 24 pl.
3082 *Opyt soveršenstvovanija alfavitov i orfografii jazykov narodov SSSR.* [Red.: K.M. MUSAEV; N.A. BASKAKOV; M.A. KUMACHOV; et al.]. — Mosvka: "Nauka", 1982, 226 p. | Sections, containing chapters by various authors, on Turkic, Mong., Cauc., Finno-Ugric, and IE. languages of the USSR.
3083 *The origin of Brāhmī script.* Ed. by S.P. GUPTA; K.S. RAMACHANDRAN. — Hist. and Historians of India Series 2; Delhi: D.K. Publications, 1979, xxiv, 128 p. | Two main papers: S.R. GOYAL, Brāhmī: an invention of the early Mauryan period; K.V. SOUNDARA RAJAN, Pre-Aśokan writing in India; comments by other scholars. | *JAOS* 102, 1982, 553-555 R. Salomon
Orthography, reading, and dyslexia . . . — 165.
3084 POWELL, Marvin A.: Three problems in the history of cuneiform writing: origin, direction of script, literacy. — *Visible Language* (Cleveland, OH) 15, 1981/4, 419-440, 10 fig.
3085 ŠČERBAK, A.M.: De l'alphabet ouigour. — *AOH* 36, 1982, 469-474.
3086 SCHMANDT-BESSERAT, Denise: From tokens to tablets: a re-evaluation of the so-called 'numerical tablets'. — *Visible Language* (Cleveland, OH) 15, 1981/4, 321-344, 9 fig.

3087 SCHMANDT-BESSERAT, Denise: How writing came about. — *ZPE* 47, 1982, 1-5.
3088 SCHMITT, Alfred: *Entstehung und Entwicklung von Schriften* . . . hrsg. von Claus HAEBLER. — Köln: 1980 | BL 1980, 2637. | *Sprache* 28, 1982, 178-179 O. B[ack] | *ZDMG* 132, 1982, 383-385 W. Röllig.
3089 SINGH, U.N.: Script and identity: two language situations. — *IJL* 9, 1982/1, 14-23 | India.
3090 SMOLER, Ivan: Eine rationelle Schrift auf phonetischer Grundlage. — *PhonP* 5, 1976 (1982), 143-171, 21 fig., tab. | Entwurf einer neuen phonetischen Transkription (G. summ.).
3091 SUPERANSKAJA, A.V.: *Teoretičeskie osnovy praktičeskoj transkripcii.* — Moskva: 1978 | BL 1978, 2493. | *BE* 32, 1982, 522-526 A. Dančev | *SEz* 7, 1982/5, 39-41 P. Džambazov.
3092 VACHEK, Josef: Written language as a heterogeneous system. — [282], 485-496.
3093 VALLINI, Cristina: A proposito di teorie della scrittura e di un libro recente: G.R. CARDONA: *Antropologia della scrittura* . . . — *Aiōn* 3, 1981 (1982), 281-296 | Cf. 3067.
3094 *Writing without letters* . . . Ed. by W. HAAS. — Manchester: 1976 | BL 1976, 2945. | *AAHG* 35, 1982, 244-247 E. Doblhofer.
3095 *Zabytye sistemy pis'ma: Ostrov Paschi, Velikoe Ljao, Indija. Materialy po dešifrovke.* [Red.: Ju.V. KNOROZOV]. — Moskva: "Nauka", 1982, 295 p.

7. STYLISTICS — STYLISTIQUE

3096 [ACHMANOVA, O.S.] AKHMANOVA, Olga: *Linguostylistics* . . . — The Hague: 1976 | BL 1976, 2947. | *Poet* 8, 1977, 110-118 K. Yamanaka.
3097 [ACHMANOVA, O.S.] AKHMANOVA, Olga; ZADORNOVA, Velta: On linguopoetic stratification of literary texts. — *Poet* 7, 1977, 50-60.
3098 ALEKSANDROVA, O.V.; ŠIŠKINA, T.N.: Frazirovka kak sintaktiko-stilističeskaja problema. — *VJa* 1982/1, 21-27.
3099 APHEK, Edna; TOBIN, Yishai: S.Y. Agnon: word systems and translation. — *Text* 1, 1981, 269-277, fig., tab. | On the stylistic concept of 'word system' and the problem of its transl. (exemplified by Hebr. h-z-r).
3100 BALAŠOV, N.I.: Strukturno-reljacionnaja differenciacija znaka jazykovogo i znaka poètičeskogo. — *IzvAN* 41, 1982, 125-135.
3101 BRASELMANN, Petra M.E.: Das Missverständnis um den Affektivitätsbegriff. — [243], 13-31.
3102 BUCKETT, Anna: The limitations of the linguistic analysis of literary texts. — *Ling* 20, 1980, 169-182.
3103 BUREAU, Conrad: *Linguistique fonctionnelle et stylistique objective.* — Paris: 1976 | BL 1977, 3270. | *L&H* 33, 1977, 65-66 G. L[urquin].
3104 CAZACU, B.: Linguistique et sociologie: implications sociolinguistiques dans l'interprétation du texte littéraire. — *RRLing* 26, 1981, 5-14.
3105 CAZACU, B.: A propos de l'interprétation linguistique du texte littéraire (avec application au *Creion* "Crayon" de Tudor Arghezi). — *RRLing* 26, 1981, 503-510.
3106 CHLOUPEK, Jan: Automatizácia a štýlová aktivizácia publicistického textu. — *KS* 16, 1982, 265-268 | Automatisierung und stilistische Aktivierung der publizistischen Texte.
3107 COHEN, Jean: *Le haut langage. Théorie de la poéticité.* — Paris: Flammarion, 1979, 291 p. | *FM* 50, 1982, 144-151 J.-M. Klinkenberg.

3108 COOK, Walter A.: Stylistics: measuring style complexity. — *GUWP* 11, 1975, 106-120, 8 fig.

3109 COSTA, Gregorio: L'intensité forte du qualificatif, lieu privilégié de l'hyperbole. — *LeL* 7, 1982, 39-79.

3110 DELIĆ, Mićo: Kompleksni lingvističkostilistički postupak s gledišta jezične komunikacije. — *RZJ* 6-7, 1980-81 (1982), 31-54 | Un procédé d'analyse linguistico-stylistique complexe du point de vue de la communication (Rés. fr.).

3111 DUBOIS, Betty Lou: Genre and structure of biomedical speeches. — *FLing* 5, 1980-81, 140-168.

3112 ENKVIST, Nils Erik: *Linguistic stylistics.* — The Hague: 1973 | BL 1973, 2960. | *GUP* 16, 1979, 88-93 C. Downey.

3113 ESAU, Helmut; HARRIS, Patricia: Poetic unity through coupling: a critical inquiry into Levin's *Linguistic structures in poetry.* — *Poet* 8, 1977, 97-109 | Cf. BL 1962, 1318.

3114 *Essays in modern stylistics.* Ed. by Donald C. FREEMAN. — London: 1981 | BL 1981, 3563. | *FdL* 23, 1982, 237-239 E. Vos.

3115 FREY, Eberhard: *Text und Stilrezeption* . . . — Königstein: 1980 | BL 1980, 2655. | *EGerm* 37, 1982, 472-473 N. Filleau.

3116 FREY, Eberhard: Subjective word frequency estimates and their stylistic relevance in literature. — *Poetics* 10, 1981, 395-407, 7 fig.

3117 GARCÍA GUAL, Carlos: Poetologische Termini in den europäischen Literaturwissenschaften. — [416], 404-421.

3118 HARDT, Manfred: *Poetik und Semiotik* . . . — Tübingen: 1976 | BL 1977, 3316. | *Poetica* 10, 1978, 507-514 D. Ingenschay.

3119 HENDRICKS, William O.: Style types: theory and practice in linguistic stylistics. — *Poet* 12, 1979 (1981), 45-59.

3120 HORÁLEK, Karel: Folklórní narativní struktury a teorie prózy. — *Slavia* 51, 1982, 38-53 | Les structures narratives du folklore et la théorie de prose.

3121 IHWE, Jens: *Linguistica e critica letteraria. Per lo sviluppo di una moderna teoria della scienza della letteratura.* — Bologna: Il Mulino, 1980, 480 p. | Transl. of BL 1972, 2327.

3122 IKEGAMI, Yoshihiko: The linguistic method and the study of literature. — *Poet* 3, 1975, 84-110.

3123 JAKOBSON, Roman: *Selected writings.* Vol. III: *Poetry of grammar and grammar of poetry.* Ed., with a preface, by Stephen RUDY. — The Hague: Mouton, 1981, xviii, 814 p.

3124 KAUCHTSCHISCHWILI, Nina: Il cromatismo come problema letterario. — [193], 53-65.

3125 KENNEDY, George A.: *Classical rhetoric and its christian and secular tradition* . . . — Chapel Hill: 1980 | BL 1981, 3584. | *CPh* 77, 1982, 56-62 H.C. Gotoff.

3126 KERŠITE, A.I.: Koncepcija poětičeskogo sostojanija jazyka u Polja Valeri. — *IzvAN* 41, 1982, 136-143 | Paul VALÉRY.

3127 [KJETSAA, G.] CHETSO, Gejr: Stil' i norma. — *UZTarU* 585, 1981 (*Linguistica* 14), 48-62 | E. summ.

3128 KLINKENBERG, Jean-Marie: Stylistics and poetics. — [6023], 45-78.

3129 KRAUS, J.: *Rétorika v dějinách jazykové komunikace.* — Praha: Academia, 1981, 232 p. | Rhetoric in the history of language communication (E. summ.). | *ČJLit* 33, 1982-83, 191-192 F. Uher.

3130 LENCEK, Rado L.: On poetical functions of the grammatical category of dual. — *SSGL* 2, 1982, 193-214.

3131 LIGOT, Marie-Thérèse: Ellipse et présupposition. — *Poétique* 11/44, 1980, 422-436.
3132 *Linguistic perspectives on literature.* Ed. by Marvin K.L. CHING . . . [et al.]. — London: 1980 | BL 1981, 3596. | *AUMLA* 57, 1982, 219-220 J.S. Ryan | *Lg* 58, 1982, 743-744 A.D. Grimshaw.
3133 MISTRÍK, Jozef: *Dramatický text.* — Bratislava: 1979 | BL 1979, 2737. | *Národopisné aktuality* (Praha) 19, 1982, 130-131 V. Hrníčko.
3134 MUKAŘOVSKÝ, Jan: *Studie z poetiky.* Uspořádala Hana MUKAŘOVSKÁ, k vyd. připr. Rudolf HAVEL, doslov naps. Miloš POHORSKÝ. Soupis díla sest. Emanuel MACEK. — Praha: Odeon, 1982, 906 p., fig. | Selected studies in poetics.
3135 MÜLLER, Ulrich: Mehrsprachigkeit und Sprachmischung als poetische Technik: Barbarolexis in den *Carmina Burana.* — [323], 87-104.
3136 NOSEK, Jiří: Linguistic style and utterance: devices and text. — *Poet* 6, 1976, 64-80.
3137 NYSENHOLC, Adolphe: La métaphore: métonymie *et* synecdoque. — *L&H* 45, 1981, 63-67.
3138 NYSENHOLC, Adolphe: La métaphore. — [371], 119-128.
3139 OOMEN, Ursula: On some elements of poetic communication. — *GUWP* 11, 1975, 60-68.
3140 PAVELKA, Jiří: *Anatomie metafory. Literárněteoretická studie.* — Brno: Blok, 1982, 198 p. | Theorie der Metapher.
3141 PEDDICORD, Mary Hill: *Linguistic stylistics and children's literature.* — Univ. of Southern Mississippi diss., 1980, 293 p. | *DAb* 41/11, 1981, 4700-A.
3142 Die poetische Sprache. — *Poetica* 14, 1982, 250-316 | Papers from the Bochumer Diskussion (24.1.1980) by Walter A. KOCH, Renate LACHMANN, Karlheinz STIERLE & Ulrich SUERBAUM.
3143 POPOVIČ, A.; LIBA, P.; ZAJAC, P.; ZSILKA, T.: *Interpretácia umeleckého textu.* — Bratislava: 1981 | BL 1981, 3624. | *KS* 16, 1982, 122-124 E. Bajzíková | *SJL* 28, 1981-82, 251-253 V. Obert | *SlP* 98, 1982/5, 136-138 D. Okáli.
3144 ROBERTS, Hilary: Voice in fictional discourse. — *PBLS* 7, 1981, 265-274.
3145 SANDIG, Barbara: *Stilistik* . . . — Berlin (West): 1978 | BL 1980, 2691. | *KLit* 8, 1979, 96-99 K. Zimmermann | *Poetica* 12, 1980, 512-518 S. Wichter.
3146 SAUKKONEN, Pauli: *Text and style.* — Oulun yliopiston suomen ja saamen kielen laitoksen tutkimusraportteja 24; Oulu: Oulun yliopisto, 1982, 59 p.
3147 SEIDLER, Herbert: *Grundfragen einer Wissenschaft von der Sprachkunst.* — München: 1978 | BL 1978, 2566. | *Lg* 58, 1982, 255-256 H. Penzl.
3148 SLEPAK, B.Ja.: Nekotorye teoretiko-metodologičeskie predposylki kačestvenno-količestvennoj koncepcii stilja. — *UZTarU* 619, 1982 (*Linguistica*), 107-117 | E summ.
3149 SZABÓ, Zoltán: Text levels and their historical dimensions (viewed from a stylistic point of view). — *RRLing* 26, 1981, 455-468.
3150 TAYLOR, Talbot J.: *Linguistic theory and structural stylistics.* — Oxford: 1980 | BL 1981, 3651. | *Lg* 58, 1982, 953-954 D. Hymes.
3151 TODOROV, Tzvetan: *Théories du symbole.* — Paris: 1977 | BL 1977, 3423. | *Poetica* 11, 1979, 473-481 J. Link.
3152 TRAUGOTT, Elizabeth Closs: The sociostylistics of minority dialect in literary prose. — *PBLS* 7, 1981, 308-316.
3153 VAŠÁK, Pavel: *Metody určování autorství.* — Praha: 1980 | BL 1981, 3657. | *ČLit* 30, 1982, 281-287 M. Otruba | *Mov* 1982/1, 74-76 M. Peščak.
3154 VINOKUR, Grigorij Osipovič: Il concetto di lingua poetica. — *SCr* 15 (44), 1981,

143-153 | Annotated transl., by Donatella FERRARI-BRAVO, of the art. 'Ponjatie poètičeskogo jazyka', *Doklady i soobščenija filologičeskogo fakul'teta* (Moskva) 3, 1947, and repr. in *Izbrannye raboty po russkomu jazyku* (1959), 388-393 [BL 1959, 257].

3155 WESCOTT, Roger W.: From proverb to aphorism: the evolution of a verbal artform. — *FLing* 5, 1980-81, 213-225.

3156 WILMET, Marc: Psychomécanique et stylistique. — [318], 403-422.

8. METRICS, VERSIFICATION — MÉTRIQUE, VERSIFICATION

3157 JOB, Ulrike: Annotated bibliography on the statistical study of hexameter verse. — [3160], 226-262.

3158 ALTMANN, G.: The homogeneity of metric patterns in hexameter. — [3160], 137-150, tab.

3159 FÓNAGY, Iván: Variation et normes prosodiques. — *FoL* 16, 1982, 17-39.

GROTJAHN, R.: A statistical model for the analysis of the coincidence of ictus and accent. — 3274.

3160 *Hexameter studies.* Rüdiger GROTJAHN [ed.]. — Quantitative Linguistics 11; Bochum: Brockmeyer, 1981, vi, 262 p. | *REL* 59, 1981 (1982), 338-339 J. Gérard | *REG* 95, 1982, 190-191 J. Irigoin.

3161 ISTRĂTESCU, Nicolae: Rythmologie poétique générative: critique de quelques théories concernant le rythme poétique. — *RRLing* 27, 1982, 47-69.

3162 ISTRĂTESCU, Nicolae: Rythmologie poétique générative: sur le système rythmologique isochrone. — *RRLing* 27, 1982, 463-484.

3163 PETTERSSON, Thore: Prose and poetry. — *SL* 36, 1982, 64-87.

THIESEN, F.: *A manual of classical Persian prosody, with chapters on Urdu...* — 4783.

3164 [TYNJANOV, Ju.N. (1894-1943)] TYNIANOV, Yuri: *The problem of verse language.* Ed. and transl. by Michael SOSA; Brent HARVEY. — Ann Arbor: Ardis, 1981, 170 p. | Transl. of *Problema stichotvornogo jazyka*, 1924. Contains also: Roman JAKOBSON, Afterword – Yuri Tynianov in Prague, 135-140; Brent L. HARVEY, Postface: The poetics of verse language, 163-170. | *SEEJ* 26, 1982, 107-109 B.P. Scherr | *CASS* 16, 1982, 526-528 E. Stankiewicz.

9. TRANSLATION — TRADUCTION

3165 ALBERTSEN, Leif Ludwig: Probleme der übersetzten Weltliteratur. — [323], 303-310.

3166 ALBRECHT, Jörn: *Zazie dans le métro* italienisch und deutsch. Zum Problem der Übersetzung von Texten grosser sozio-stilistischer Variabilität. — [323], 311-328 | Cf. 3197.

3167 ANDERSEN, Lis: *Om oversættelse: oversættelseteori med udgangspunkt i semantisk lingvistik og matematisk logik.* — Slaviske studier, Århus Univ., 3; Aarhus: Arkona, 1982, 105 p. | On translation.

3168 APEL, Freidmar: *Sprachbewegung. Eine historisch-poetologische Untersuchung zum Problem des Übersetzens.* — Beiträge zur neueren Literaturgeschichte, 3. Folge, 52; Heidelberg: Winter, 1982, 320 p. | Bibliographie zur Theorie der Übersetzung, 271-320.

APHEK, E.; TOBIN, Y.: ... word systems and transl. — 3099.

TRADUCTION

3169 ARCAINI, Enrico: Il problema della traduzione nell'ambito di una teoria azionale. — *LeSt* 17, 1982, 5-21.
3170 BASSNETT-MCGUIRE, Susan: *Translation studies.* — London: Methuen, 1980, xii, 159 p., fig. | *ES* 63, 1982, 84-85 H.Chr. Wekker.
3171 BEAUGRANDE, Robert DE: *Factors in a theory of poetic translation.* — Approaches to Transl. Studies 5; Assen: Van Gorcum, 1978, 186 p. | *Poetica* 11, 1979, 481-489 B. Lindemann.
3172 BETZ, Werner: Semantische Schichtungen als Mehrsprachigkeit des Übersetzers und der Sprachen — an dänischen und deutschen Beispielen. — [323], 185-195.
3173 DILLER, Hans-Jürgen; KORNELIUS, Joachim: *Linguistische Probleme der Übersetzung.* — Tübingen: 1978 | BL 1979, 2787. | *KLit* 9, 1980, 95-100 J.F. Boase | *ES* 63, 1982, 185-189 P. Robberecht.
3174 FANTI, Claudia: *Teorie della traduzione nel Settecento italiano: note e discussioni.* — Bologna: Tip. Compositori, 1980, 44 p.
3175 GARGANO, Antonella: Traduzione tecnica e traduzione letteraria. — *LeSt* 17, 1982, 79-89.
3176 GARNIER, Georges: Psychosystématique et traduction. — [318], 479-494.
3177 HANÁKOVÁ, Milada: Motivovanost jako lingvistická vlastnost jazykového znaku a její význam pro překlad. — *CJŠ* 26, 1982-83, 267-272 | La motivation en tant que propriété linguistique du signe linguistique et son importance pour la trad.
3178 HRALA, Milan: Překlad v meziliterárních vztazích. — *Slavia* 51, 1982, 290-297 | La trad. dans les relations interlittéraires.
3179 HRDLIČKA, Milan: K pojmu ekvivalence v teorii překladu. — *ČRus* 27, 1982, 222-224 | On the category of equivalence in transl. theory.
3180 HRDLIČKA, Milan: K některým problémům teorie překladu a teorie textu. — *RTP* 1982/3, 9-12 | On some problems of transl. theory from the standpoint of text theory.
3181 HRDLIČKA, M.: Voprosy teorii perevoda i obučenie inostrannym jazykam. — [125], 144-147.
3182 ILEK, Bohuslav: Překladatel jako interpret díla. — *ČRus* 27, 1982, 33-35 | The translator as an interpreter of the literary work (Ru. summ.).
3183 INGO, Rune: *Kääntämisen teoriaa ja sen sovellusta.* — Åbo: 1980 | BL 1980, 2740. | *NyK* 84, 1982, 452-455 M. Nagy Ilona.
3184 JÄGER, G.: Zum Problem der Diachronie bei der literarischen Übersetzung. — *ZSl* 27, 1982, 652-659.
3185 KELLERMAN, Eric: Predicting transferability from semantic space: an investigation of translation preference for a polysemous word. — *SAP* 14, 1982, 197-219.
3186 KELLY, Louis G.: *The true interpreter ...* — Oxford: 1979 | BL 1979, 2797. | *ASNS* 219, 1982, 157-160 K. Reiss.
3187 KOLI, František; POPOVIČ, Anton: Preklad v literárnohistorickom procese. — *ČRus* 27, 1982, 28-33 | Übersetzung und ihre Bedeutung für die Entwicklung des literaturhistorischen Prozesses (Ru. summ.).
3188 KOLLER, Werner: *Einführung in die Übersetzungswissenschaft.* — Heidelberg: 1979 | BL 1979, 2799. | *KLit* 9, 1980, 103-105 G. Schweig.
3189 KOLLER, Werner: Zum Stand der Übersetzungswissenschaft. — [323], 367-373.
3190 KOMISSAROV, V.N.: *Lingvistika perevoda.* — Moskva: 1980 | BL 1980, 2742. | *ČRus* 27, 1982, 227-228 M. Hrdlička.

3191 *Kontrastive Linguistik und Übersetzungswissenschaft.* Red.: W. KÜHLWEIN; G. THOME; W. WILSS. — München: Fink, 1981, 323 p. | *SS* 43, 1982, 251-252 K. Horálek.
3192 KRUPA, Viktor: Translation and word order. — *AAS* 18, 1982, 11-16.
3193 LADMIRAL, Jean-René: *Traduire*... — Paris: 1979 | BL 1979, 2802. | *LeSt* 15, 1980, 673-674 G. Tonfoni.
3194 LADMIRAL, Jean-René: La traduction comme linguistique d'intervention. — [323], 375-400.
3195 LEHTSALU, Urve; LIIV, Gustav: Transformation in translation; lexical expansion. — *UZTarU* 585, 1981 (*Linguistica* 14), 63-69 | Ru. summ.
3196 LEUVEN-ZWART, Kitty M. VAN: Overeenkomst en verschil: een poging tot een model ter bepaling van mikro-strukturele verschuivingen in vertalingen uit het Spaans in het Nederlands. — *Spektator* 11, 1981-82, 249-272 | Agreement and difference: a tentative model for determining micro-structural shifts in transl. from Sp. into Du.
3197 LICHEM, Klaus: Innersprachliche Mehrsprachigkeit und deren Übersetzungsprobleme in *Zazie dans le métro* von Raymond Queneau. — [323], 73-85 | Cf. 3166.
3198 LJUBENOV, Ljuben: Osnovnye problemy poètičeskogo perevoda. — *SlavSl* 17, 1982, 297-301.
3199 PAROLEK, Radegast: Poznámky k poetice básnického překladu. — *ČRus* 27, 1982, 212-215 | Glossen zur Poetik des Dichtübersetzens.
3200 REISS, Katharina: Elend und Glanz der Übersetzung oder Was hat das Übersetzen mit den kleinen grünen Männchen vom Mars zu tun? — [323], 409-419.
3201 ŠADRIN, N.L.: Sopostavitel'naja stilistika i teorija perevoda. — *IzvAN* 41, 1982, 11-17.
3202 SALLAGER, Edgar: Sprachzweifel und Sprache des Zweifels in Sartres *Les mots*: vergleichbar und unvergleichlich? Ein Beitrag zur Theorie der literarischen Übersetzung aus literaturhistorisch-komparatistischer Sicht. — [323], 433-447.
3203 *Săvremenni problemi na teorijata na prevoda.* Materiali ot nacionalnata konferencija (Sofija, 24-25 april 1979 g.). *Sovremennye problemy teorii perevoda.* Materialy ... *Topical problems of the theory of translation.* Papers ... [Red.: Bistra ALEKSIEVA, et al.]. — Sofija: Săjuz na prevodačite v Bălgarija, 1982, 247 p. | From the contents: Sider FLORIN, Izkustvo i teorijata na prevoda v Bălgarija [The art and theory of transl. in Bulgaria], 4-14; Anna LILOVA, Za socialnite funkcii na prevodi [Social functions of transl.], 15-24; Ivanka VASEVA, Komunikativna prevodimost i pragmatična adaptacija na izchodnija tekst pri prevoda [Communicative translatability and pragmatic adaptation of the source text], 25-32; Otto KADE, Zur Bestimmung des Übersetzens als Gegenstand wissenschaftlicher Untersuchungen, 33-46; Malina IVANOVA, Za subektivnija faktor pri prevod [The subjective factor in transl.], 47-55; André LEFEVERE, Translated literature: ten theses on theory and practice, 56-62; Ewald OSERS, Formal replica and functional equivalence in the translation of poetry, 174-179.
3204 ŠIMA, P.: Lingvističeskij analiz "šumov" v perevode. — [125], 397-400.
3205 SLOBODNÍK, D.: Semantičeskij prostor i perevod poèzii. — [125], 354-359.
3206 STEINER, George: *After Babel*... — London: 1975 | BL 1975, 3048. | *RBPh* 60, 1982, 595-597 R. Goffin.
3207 STEINER, George: *Après Babel*... — Paris: 1978 | BL 1978, 2619. | *L&H* 39, 1979, 68-69 G. L[urquin].

3208 TONFONI, Graziella: Dalla frase al testo: per una teoria linguistica della traduzione. — *LeSt* 17, 1982, 23-49.
3209 *Übersetzungswissenschaft.* Hrsg. von Wolfram WILSS. — WdF 535; Darmstadt: Wissenschaftliche Buchgesellschaft, 1981, xii, 414 p., ill. | Coll. of previously published studies by Eugene A. NIDA, Roman JAKOBSON . . . [et al.], all in G. transl.
3210 VANDERHEYDEN, Jan F.: Verkenningen in vroeger vertaalwerk 1450-1600: vertalen als taaloefening. — *VMKAN* 1982, 98-126 | Explorations into transl. work 1450-1600: transl. as language exercise.
3211 VASEVA, Ivanka: *Teorija i praktika perevoda.* — Sofija: Nauka i iskusstvo, 1980, 253 p. | *VMU* 1981/6, 79-84 E.M. Mednikova.
3212 VERDONCK, Jan: Beowulf vertalen. — *HZnMTL* 36, 1982, 239-258 | Translating Beowulf.
3213 WILSS, Wolfram: Handlungstheoretische Aspekte des Übersetzungsprozesses. — [323], 455-468.
3214 ZADRAŽIL, Ladislav: Překladatelská metoda jako pojem dějin překladu. — *ČRus* 27, 1982, 193-197 | Die Übersetzungsmethode als ein Begriff der Geschichte des Übersetzens (Ru. summ.).

10. MATHEMATICAL LINGUISTICS — LINGUISTIQUE MATHÉMATIQUE

10.0. General — Généralités

Kvantitativní lingvistika 1976. Bibliografie . . . — 25.

3215 BRODDA, Benny: Problems with tagging – and a solution. — *NJL* 5, 1982, 93-116.
3216 CALUDE, Cristian; MARCUS, Solomon: Man-computer communication. — *RRLing* 26, 1981, 103-112.
3217 CHRZ, Tomáš: Application of intensional logic to knowledge representation. — [114], 69-73.
3218 CUYCKENS, Hubert; GILLIS, Steven: *Semantic analysis and implementation of predicates expressing motion: the construction of an artificial language user.* — APIL 19; Wilrijk: Univ. Inst. Antwerpen, 1980, 158 p.
3219 DUGAS, André; HOFMANN, T.R.: Linguistique computationnelle et linguistique théorique. — [320], 141-147.
3220 GRISHMAN, Ralph; HIRSCHMAN, Lynette; FRIEDMAN, Carol: Natural language interfaces using limited semantic information. — [115], 89-94.
3221 GUST, Helmar; REDDIG, Carola: A logic-oriented ATN: grammar knowledge as part of the system's knowledge. — [114], 116-120, 2 fig.
3222 HAJIČOVÁ, Eva; VRBOVÁ, Jarka: On the role of the hierarchy of activation in the process of natural language understanding. — [115], 107-113.
3223 *Issledovanija v oblasti vyčislitel'noj lingvistiki i lingvostatistiki.* Otv. red.: V.M. ANDRJUŠENKO. — Moskva: 1978 | *BL* 1979, 2830. | *SS* 43, 1982, 58-60 J. Králík.
KELEMEN, J.: Methoden der Computerlinguistik und Sprachstatistik mit Rücksicht auf die Lexikologie. — 14159.
3224 KNORZ, Gerhard: Recognition of abstract objects – a decision theory approach within natural language processing. — [125], 161-166, fig.

3225 KÖNIGOVÁ, Marie: Využití metod matematické lingvistiky v informatice. — [415], 137-150 | On the application of mathematical methods in informatics.
3226 KÖNIGOVÁ, Marie: Jednání lingvistů a informatiků. — *ČsInf* 24, 1982, 254-256 | Seminar "Application of linguistic approaches in informatics" (Prague, June 10-11, 1982).
3227 *Künstliche Intelligenz und natürliche Sprache: Sprachverstehen und Problemlösen mit dem Computer.* Monika KOLVENBACH; Andreas LÖTSCHER; Hans Dieter LUTZ (Hrsg.). — Forschungsberichte des Inst. für deutsche Sprache 42; Tübingen: Narr, 1979, 326 p.
3228 LESOCHIN, M.M.; LUK'JANENKOV, K.F.; PIOTROVSKIJ, R.G.: *Vvedenie v matematičeskuju lingvistiku: lingvističeskoe priloženie osnov matematiki.* — Minsk: "Nauka i technika", 1982, 263 p.
3229 MARTIN, Willy: Möglichkeiten und Grenzen der quantitativen Linguistik beim Studium der wissenschaftlichen Fachsprachen. — [416], 169-184.
3230 ORŁOWSKA, Ewa: *Representation of temporal information.* — Prace Inst. Podstaw Informatyki PAN 484; Warszawa: 1982, 19 p.
3231 PARTEE, Barbara Hall: *Fundamentals of mathematics for linguists.* — Dordrecht: 1978 | BL 1980, 2789. | *NJL* 4, 1981, 181-183 H. Haberland.
3232 PEREBYJNIS, V.S.: Teoretyčni ta prikladni problemy strukturno-matematyčnoji linhvistyky. — *Mov* 1981/4, 3-13 | Theoretical and applied problems of structural-mathematical linguistics.

10.1. Mathematical models — Modèles mathématiques

3233 ABE, Northiro; TSUJI, Saburo: A learning of object structures by verbalism. — [115], 1-6, 4 fig.
3234 ADORNI, G.; BOCCALATTE, A.; DI MANZO, M.: Cognitive models for computer vision. — [115], 7-12, 3 fig.
3235 ANDREESCU, Gabriel: Subjectivity and hierarchy. — *RRLing* 26, 1981, 485-494 | Mathematical analysis of poetic texts.
3236 BAŃKOWSKI, J.; BIESAGA, K.; DOBOSZ, J., et al.: Generative description of programming languages. — [175], 5-23.
3237 BOLC, Leonard; STRZALKOWSKI, Tomasz: Transformation of natural language into logical formulas. — [115], 29-35.
3238 BUSZKOWSKI, Wojciech: Categories of partial functors. — *LPosn* 24, 1982, 63-70.
3239 CALUDE, Cristian; PĂUN, Gheorghe: On the adequacy of a grammatical model of the brain. — *RRLing* 27, 1982, 343-351.
3240 CELEYRETTE, Jean: La mathématisation en question. — *MLing* 2, 1980/1, 3-19.
3241 DESCLÉS, Jean-Pierre: Mathématisation des concepts linguistiques. — *MLing* 2, 1980/1, 21-56.
3242 DILGER, Werner: Tree directed grammars. — [115], 77-82, fig.
3243 EYNDE, Frank VAN: Merging — the art of representing different levels of sentence structure in a single analysis tree. — [114], 95-110.
3244 HALVORSEN, Per-Kristian: Lexical-functional grammar and order-free semantic composition. — [115], 115-120, 4 fig.
3245 HESS, Wolfgang J.: Algorithms and devices for pitch determination of speech signals. — *Phonetica* 39, 1982, 219-240, fig.
3246 JUNG, Uwe: Einige Zusammenhänge zwischen syntaktischen Strukturen und semantischen Netzen. — [175], 52-73, fig.

STATISTIQUE LINGUISTIQUE

3247 KIBRIK, A.E.: Components of semantic representation. — [114], 154-157.
3248 KŘÍŽ, Blažej: Generalized grammatical categories in the sense of Kunze. — *Archivum mathematicum* (Brno) 17, 1981, 151-158.
3249 KÜSTNER, Andreas: Some principles of coordination. I; II. — *PBML* 37, 1982, 61-73; 38, 1982, 31-44.
3250 LEINFELLNER, Elisabeth; STEINACKER, Ingeborg; TROST, Harald: Reference resolution and semantic coherence. — [114], 171-175.
3251 LEVIN, Harold D.: *Categorial grammar and the logical form of quantification.* — Indices 1; Napoli: Bibliopolis, 1982, 151 p.
3252 MIŠESKA-TOMIĆ, Olga: The relationship of underlying and surface structure in generative description of language. — [114], 291-295.
3253 MOREAU, René: *Introduction à la théorie des langages.* — Paris: 1975 | BL 1975, 3084. | *RBPh* 60, 1982, 567-570 M. Dominicy.
3254 NALIMOV, V.V.: *Verojatnostnaja model' jazyka.* — Moskva: Nauka, 1979, 304 p. | 1st ed. 1974 (BL 1975, 3086). | *AAS* 18, 1982, 201-203 V. Krupa.
3255 NIEMANN, Heinrich: *Pattern analysis.* — Berlin (West): Springer, 1981, 302 p. | *PBML* 37, 1982, 78-80 V. Albrecht; P. Jirků.
3256 PALA, Karel: O procedurální gramatice (pro češtinu). — *SFFBU*, A 30, 1982, 103-122, tab. | On the procedural grammar (for Cz.) E. summ.
3257 PANEVOVÁ, Jarmila: *Transducing components of functional generative description. 1: From tectogrammatics to morphemics.* — Explizite Beschreibung der Sprache und automatische Textbearbeitung 4; Praha: Matematicko-fyzikální fakulta UK, 1979, 166 p., 5 fig.
3258 PANEVOVÁ, Jarmila: Opisanie soglasovanija v funkcional'noj poroždajuščej modeli. Čast' 1. — *PBML* 38, 1982, 5-16.
3259 PETRUSZEWYCZ, Micheline: *Les chaînes de Markov dans le domaine linguistique.* — Travaux de linguistique quantitative 19; Genève: Slatkine, 1981, vi, 205 p., fig., ill., portr.
3260 PIŤHA, Petr: On valency of adjectives. — [175], 118-121.
3261 ŞTEFĂNESCU, Ioana: The categorial status of complementizers in Montague grammar. — *RRLing* 27, 1982, 35-46.
3262 ŠVEJDAROVÁ, H.: Description of the syntax of ALGOL 60 by means of dependency grammars. — *PBML* 37, 1982, 29-52.
3263 ȚĂRĂU, Paul: Aspects combinatoires dans l'analyse de texte: étude linguistique et mathématique d'une sextine de Arnaut Daniel. — *RRLing* 26, 1981, 469-483.
3264 TRYBULEC, Zinaida: Languages of Occurrences. — *ZNBiał, Logika* 6, 1981, 85-100.
3265 WEISHEITELOVÁ, Jana: *Transducing components of functional generative description. 2: Morphemic synthesis.* — Explizite Beschreibung der Sprache und automatische Textbearbeitung 5; Praha: Matematicko-fyzikální fakulta UK, 1979, 69 p., 7 tab.

10.2. Statistical linguistics — Statistique linguistique

JOB, U.: Annotated bibliography on the statistical study of hexameter verse. — 3157.

3266 ALEKSEEV, P.M.: O kvantitativnoj tipologii teksta. — *UZTarU* 591, 1981, 3-13 | E. summ.
3267 ALTMANN, Gabriel: *Statistik für Linguisten.* — Quantitative linguistics 8; Bochum: Brockmeyer, 1980, iii, 239 p. | *Lg* 58, 1982, 493-494 A.J. Naro.

3268 ALTMANN, Gabriel; NAUMANN, Carl Ludwig: Statistische Datendarstellung. — [339], 654-666, 11 fig.
3269 ARAPOV, M.V.: Tekst i jazyk – celostnost' i organizmennost'. — *UZTarU* 628, 1982 (*Trudy po lingvostatistike*), 3-21 | E. summ.
3270 DARČUK, N.P.: Simmetrija v predikativnych parach. — *UZTarU* 591, 1981, 25-34 | E. summ.
3271 FINZI, Alessandro: El estudio de las combinaciones léxicas: una contribución al análisis semiótico computerizado. — *CIHi* VII, 445-452.
3272 GINDIN, S.I.: Častota slova i ego značimost' v visteme jazyka (nekotorye uroki poiskov "vnutrennogo opravdanija" častotnych slovarej v lingvistike i lingvodidaktike). — *UZTarU* 628, 1982 (*Trudy po lingvostatistike*), 22-54 | E. summ.
3273 GROTJAHN, Rüdiger: *Linguistische und statistische Methoden in Metrik und Textwissenschaft.* — Bochum: 1979 | BL 1980, 2832. | *REL* 59, 1981 (1982), 338-339 J. Gérard | *ZRPh* 98, 1982, 159-163 M. Hug.
3274 GROTJAHN, Rüdiger: A statistical model for the analysis of the coincidence of ictus and accent. — [3160], 33-74, 8 tab.
3275 GUILBAUD, Georges Théodule: Statistique et philologie. — [179], 11-28.
Hexameter studies . . . — 3160.
3276 JOHANNESSON, Nils-Lennart: A method for quantitative analysis of text structure. — *LACUS* 7, 1980 (1981), 191-204.
3277 KOCK, Josse DE; BOSSAERT, Walter: *The morpheme: an experiment . . .* — Assen: 1978 | BL 1980, 2833. | *RSEL* 12, 1982, 203-205 C. Lleal.
3278 KÖNIGOVÁ, Marie: *Možnosti použití kvantitativních metod v informatice.* — AUC, Philosophica et historica, Monographia 85; Praha: Univ. Karlova, 1980, 152 p. | The possibilities of mathematical methods in informatics (Ru. & E. summ.).
3279 KRYLOV, Ju.K.: Ob odnoj paradigme lingvostatističeskich raspredelenij. — *UZTarU* 628, 1982 (*Trudy po lingvostatistike*), 80-102 | E. summ.
3280 LEVIN, Ju.I.: Zamečanija o primenenii matematičeskoj statistiki dlja izučenija zavisimostej i svjazej meždu charakteristikami chudožestvennych tekstov. — *UZTarU* 591, 1981 (*Trudy po lingvostatistike* 7), 46-59 | E. summ.
3281 MARTYNENKO, G.Ja.: Tipologija lingvostatističeskich raspredelenij. — *UZTarU* 628, 1982 (*Trudy po lingvostatistike*), 103-120 | E. summ.
3282 MARUSENKO, M.A.: Ob izmerenii svjazi otraslevych terminosistem s primeneniem ĖVM. — *UZTarU* 591, 1981 (*Trudy po lingvostatistike* 7), 74-81 | E. summ.
3283 MICHEL, Gunther: Zur Häufigkeitsverteilung der Wortlänge im Bulgarischen und im Griechischen. — [347], vol. 2, 143-208, 14 fig.
3284 MORALES DE WALTERS, Amparo: Los diccionarios de frecuencia y las calculadores electrónicas. — *LEA* 3, 1981, 275-283.
3285 NICOLAU, Edmond: On vowels' structure. — *RRLing* 27, 1982, 265-269.
3286 [PANKRATZ, II.] PANKRAC, G.Ja.: Statističeskoe issledovanie fonologičeskoj struktury slova (na materiale odnosložnych slov rjada indoevropejskich i kazachskogo jazykov). — *UZTarU* 591, 1981 (*Trudy po lingvostatistike* 7), 82-90 | G. summ.
SAUKKONEN, P.: Statistical viewpoints in stylistics. — 13784.
3287 SLEPAK, B.Ja.: "Prolegomeny" k statističeskoj teorii teksta. — *UZTarU* 591, 1981 (*Trudy po lingvostatistike* 7), 101-119 | E. summ.
3288 SLIVNJAK, D.I.: Statističeskie charakteristiki mežsegmentnych granic v dialoge. — *UZTarU* 591, 1981 (*Trudy po lingvostatistike* 7), 120-135 | E. summ.

ANALYSE AUTOMATIQUE 3289-3308

3289 SLIVNJAK, D.I.: Kategorija vremeni v dialoge. — *BEH* 1982/2, 189-194 | Arm. summ.
3290 *Statistika reči i avtomatičeskij analiz teksta.* Red.: R.G. PIOTROVSKIJ. — Leningrad: "Nauka", 1980, 221 p. | *SS* 43, 1982, 60-62 J. Králík.
3291 TĚŠITELOVÁ, Marie: *Využití statistických metod v gramatice.* — Praha: 1980 | BL 1980, 2845. | *NŘ* 65, 1982, 31-35 L. Klimeš | *SS* 43, 1982, 55-58 J. Štěpán | *ČJLit* 32, 1981-82, 469-471 F. Uher.
3292 TULDAVA, Juchan: O teoretiko-metodologičeskich osnovach kvantitativno-sistemnogo analiza leksiki (2): Lingvističeskie aspekty issledovanija. — *UZTarU* 585, 1981 (*Linguistica* 14), 114-133 | E. summ. | Cf. BL 1980, 2601.
3293 TULDAVA, Ju.: Opyt klassifikacii tekstov s pomoš'ju klaster-analiza. — *UZTarU* 591, 1981 (*Trudy po lingvostatistike* 7), 136-157 | E. summ.
3294 TULDAVA, Juchan: O teoretiko-metodologičeskich osnovach kvantitativno-sistemnogo analiza leksiki (3): metodika issledovanija. — *UZTarU* 619, 1982 (*Linguistica*), 123-143 | E. summ.
3295 VERBENKO, I.Ju.: Rozpodil dovžyny rečennja v tekstach z kibernetyky. — *Mov* 1981/4, 77-80 | Sentence length in sci. language.
3296 ZUBOVA, T.E.; ZUBOV, A.V.: Statističeskie metody vyjavlenija regiolektov na materiale lingvističeskich atlasov. — *UZTarU* 628, 1982 (*Trudy po lingvostatistike*), 55-62 | E. summ.

10.3. Automated analysis — Analyse automatique

3297 ANDRJUŠČENKO, V.M.: Vyčislitel'naja lingvistika kak naučnaja disciplina. — *UZTarU* 591, 1981, 14-24 | E. summ.
3298 [ANDRJUŠČENKO, V.M.] ANDREWSHTSHENKO, V.: A linguistic approach to the design of a language for computational linguistics. — [114], 17-20 | Proposition of the system LICOL (LIngua COmputationum Linguisticarum).
3299 ARKEL, Andrea VAN: Can the computer expand abbreviations? — *ABäG* 17, 1982, 1-12 | Ill. from Icel.
3300 BAROCCHI, Paola: Memorizzazione eletronica applicata ai dati e documenti storico-artistici. — [179], 495-501.
3301 BÁTORI, István: Subordinate clauses and belief − domains in verbal information processing. — [114], 25-28.
3302 BEGIER, Barbara: Knowledge representation method based on predicate calculus in an Intelligent CAI system. — [115], 13-18.
3303 BERRY-ROGGHE, Geneviève: On modes of definite reference: an application to the interaction with database systems. — [114], 32-36.
3304 BERRY-ROGGHE, G.L.; LUTZ, Hans Dieter; SAUKKO, Kaija: Das Informationssystem PLIDIS. — [3227], 39-91 | PLIDIS = Problemlösendes Informationssystem mit Deutsch als Interaktionssprache.
3305 BIEŃ, Janusz S.; SZPAKOWICZ, Stanisław: Toward a parsing method for free word order languages. — [114], 37-41.
3306 BÍLÝ, Milan; SIGURD, Bengt: Developing the COMMENTATOR, a computer system simulating verbal production. — [114], 42-45.
3307 BOLC, Leonard; CICHY, Małgorzata; RÓŻAŃSKA, Ludmiła: *Przetwarzanie języka naturalnego.* — Biblioteka Inżynierii Oprogramowania; Warszawa: Wyd. Naukowo-Techniczne, 1982, 170 p. | Natural language processing.
3308 BOOT, M.; KOPPELAAR, H.: The natural computer or: paradigm lost. — [154], 7-18.

3309 BORGHESI, Luigi; FAVARETO, Chiara: Flexible parsing of discretely uttered sentences. — [115], 37-42, 5 fig., tab.
3310 BORKOWSKY, Arcady: Generalized syntactic relations and substantional attributes. — [114], 49-54.
3311 BRIABRIN, V.: Adaptive dialogue – the basis for personal computer system. — [114], 55-60.
3312 BRIETZMANN, Astrid; GOERZ, Guenther: Pragmatics in speech understanding – revisited. — [115], 49-54.
3313 BRUIN, JOS DE; WIELINGA, Bonne: Flexibiliteit in natuurlijke taalverwerking. — *TTT* 2, 1982, 16-27 | Flexibility in natural language processing.
3314 BRUSTKERN, J.; HESS, K.D.: The Bonnlex lexicon system. — [154], 33-40, tab.
3315 BUSHARIA, Z.; COHN, I.; EYTAN, E.; HARELI, B.; YAGIL, S.: A Hebrew-English data processing dictionary created on-line. — [154], 75-86.
3316 CALZOLARI, Nicoletta: Towards the organization of lexical definitions on a database structure. — [114], 61-64.
3317 CASTELFRANCHI, Cristiano; PARISI, Domenico; STOCK, Oliviero: "Free" order languages: an experimental lexicon based parser. — [114], 65-68, fig. | Project of the system WEDNESDAY.
3318 CEJPEK, Jiří: Automatické vyhledávání informací z úplného textu dokumentů. — [415], 3-11 | Automatic data selection from a complete text.
3319 CHOURAQUI, Eugène: Recherches sur la représentation des connaissances, le système ARCHES. — [115], 55-59.
3320 CHYTIL, M.K.: Computational linguistics and its role in mechanized or man – machine cognitive problem solving. — [114], 74-79.
3321 COELHO, Helder: A formalism for the structural analysis of dialogues. — [115], 61-69, 4 fig.
3322 COLMERAUER, Alain: System Q (Formalismus für die Rechneranalyse und -synthese von Sätzen). — *PBML* 38, 1982, 45-74, tab.
3323 CONRAD, Rudi: Ein spezielles Problem der Frage – Antwort-Beziehungen: Fragen mit pluralischen NP. — [114], 80-81.
3324 CRITZ, James T.: Frame based recognition of theme continuity. — [115], 71-75.
3325 DELMONTE, Rudolfo: Computer assisted literary textual analysis with keymorphs and keyroots. — *RELO* 1980/1, 21-42, [1] + 2 tab., [1] + 2 fig., 9 annexes.
3326 DREWEK, R.; ERNI, M.: LDVLIB(LEM): a system for interactive lemmatizing and its application. — [114], 86-89.
3327 EHLERS, H.J.: Non Roman alphabet usage in online lexicography output. — [154], 87-97.
3328 ELIAZARYAN, Ê.Ṙ.: Mek^{c}enakan baṙaranneri kaṙowc^{c}man oroš harc^{c}er. — *LOH* 6, 1982, 186-198 | Certain problems of the structure of machine-made dictionaries.
3329 FELBER, H.; GALINSKI, Ch.: International efforts of termNet towards the recording of terminologies in machine-readable form. — [154], 143-157.
3330 FERRARI, Giacomo; PRODANOF, Irina: Revising an ATN parser. — [114], 101-105.
3331 FLEISCHMANN, Günter: Automatische Signalverarbeitung. — [339], 724-736, 20 fig.
3332 FORD, W. Randolph; SMITH, Raoul N.: Collocational grammar as a model for human-computer interaction. — [114], 106-110.

3333 FUM, Danilo; GUIDA, Giovanni; TASSO, Carlo: Forward and backward reasoning in automatic abstracting. — [115], 83-88, fig.
3334 GOFFIN, R.: Linguistic criteria to evaluate terminology banks. — [154], 159-169, fig.
3335 GROSZ, Barbara; HAAS, Norman; HENDRIX, Gary; et al.: DIALOGIC: a core natural-language processing system. — [115], 95-100, fig.
3336 HABEL, Christopher U.: Referential nets with attributes. — [115], 101-106.
3337 HAJIČOVÁ, Eva; VRBOVÁ, Jarka: On topic, focus and the stock of shared knowledge. — [175], 36-43, tab.
3338 HÄNDLER, Harald: Entwürfe zu dialektalen Informationssystemen. — [339], 792-806, 5 fig.
3339 HEIN, Anna Sågvall: An experimental parser. — [115], 121-126, 3 fig. | Uppsala Chart Processor.
3340 HESSE, H.; KÜSTNER, A.; LANG, E.: Zum Ambiguitätenproblem bei der Analyse koordinativer Verbindungen. — [114], 124-128.
3341 HINSKE, Norbert: Arbeitsschwerpunkte und Forschungsvorhaben der Abteilung für elektronische Datenverarbeitung des Faches Philosophie der Universität Trier. — [179], 525-528.
3342 HIRSCHMAN, Lynette: Constraints on noun phrase conjunction: a domain-independent mechanism. — [114], 129-133.
3343 HOBBS, Jerry R.; WALKER, Donald E.; AMSLER, Robert A.: Natural language access to structured text. — [115], 127-132, 3 fig.
3344 HOEPPNER, Wolfgang: A multilayered approach to the handling of word formation. — [115], 133-138, 2 fig.
3345 HOFMANN, Th.R.: Why there must be a semantic representation (over and above any cognitive network). — [114], 134-136.
3346 HORVÁTH, Frido: Lingvistické aspekty automatického spracovania textových informácií. — *KVI* 14, 1982, 12-19 | Linguistic aspects of automatic processing of text information (Ru., E. & G. summ.).
3347 *Inside computer understanding: five programs plus miniatures.* Ed. by Roger C. SCHANK; Christopher K. RIESBECK. — Hillsdale, NJ: Erlbaum, 1981, xii, 386 p. | *Lg* 58, 1982, 494-495 J. Scancarelli.
3348 JIRKŮ, Petr; HAJIČ, Jan: Inferencing and search for an answer in TIBAQ. — [114], 139-141 | TIBAQ = Text- and Inference-Based Answering of Question.
3349 JIRKŮ, P.; HAVRÁNEK, T.: On verbosity levels in cognitive problem solvers. — [114], 142-145.
3350 JONÁK, Zdeněk: Experimentální ověření sémantického analyzátoru při automatickém vyhledávání. — [415], 64-72 | Experimental verifying of semantic analyser in the information retrieval process.
3351 JONÁK, Zdeněk; FROŇKOVÁ, Jarmila: Automatické vyhledávání informací z textů v přirozeném jazyce. — *ČsInf* 24, 1982, 44-50 | Computerized information retrieval from texts in natural language (Ru., E., G. & Fr. summ.).
3352 JONÁK, Zdeněk; FROŇKOVÁ, Jarmila: Kvantitativní popis struktury textového souboru a selekčního jazyka automatizovaného systému. — *KVI* 14, 1982, 159-171 | Quantitative description of the text ensemble structure and information retrieval language of an automatized system (Ru., E. & G. summ.).
3353 JOSHI, Aravind K.: Processing of sentences with intra-sentential code-switching. — [115], 145-150.
3354 JURKIEWICZ, Zbigniew: Rule-based inflexional analysis. — [114], 146-149.
3355 KAC, Michael B.: Syntactic privilege. — [114], 150-153.

3356 KEMPEN, Gerard; HOENKAMP, Edward: Incremental sentence generation: implications for the structure of a syntactic processor. — [115], 151-156.
3357 KIRSCHNER, Zdeněk: Automatické zpracování přirozeného jazyka a strojový překlad. — [415], 47-54 | Automatic data processing of natural language and machine transl.
3358 KIRSCHNER, Zdeněk: Experiment s metodou úplného textu. — ČsInf 24, 1982, 105-112 | An experiment with the full-text method (Ru., E., G. & Fr. summ.).
3359 KIRSCHNER, Zdeněk: MOSAIC – a method of automatic extraction of technical terms in texts. — PBML 37, 1982, 5-27.
3360 KIRSCHNER, Zdeněk; SGALL, Petr: Automatizované systémy textové informace. — [415], 114-121 | Automatized systems of text information.
3361 KLÍMOVÁ, Jana: Tvorba dotazovacího systému v přirozeném jazyce – aplikace metody KODAS. — ČsInf 24, 1982, 176-179 | Developing a query system in natural language – the application of the KODAS method (Ru., E., G. & Fr. summ.).
3362 KOCH, Dieter: Language processing and storage management in the question answering system FAS 80. — [175], 78-89, 5 fig.
3363 KOPŘIVA, Jiří: On the reducibility of decomposition translations. — Information Processing Machines (Praha) 22, 1982, 41-58, fig. | Ru. & Cz. summ.
3364 KOSÍK, Juraj: Derivačný lingvistický procesor. — [415], 122-129 | A derivative linguistic processor (Ru., E., G. & Fr. summ.). | Cf. also ČsInf 24, 1982, 13-17.
3365 KRÁLÍKOVÁ, K.: Informacionnaja sistema na osnovanii metoda polnogo teksta. — [175], 90-96.
3366 KUČERA, Henry: Markedness and frequency: a computational analysis. — [115], 167-173.
3367 KUNZE, Jürgen: Some problems of linguistic data bases. — [114], 165-166.
3368 LEHNERT, Wendy; SHWARTZ, Steve: Natural language data base access with PEARL. — [114], 167-170.
3369 LÉON, Jacqueline; MEMMI, Daniel; ORNATO, Monique; et al.: Conversion of a French surface expression into its semantic representation according to the RESEDA metalanguage. — [115], 183-189.
3370 LÖTSCHER, Andreas: Automatische syntaktische Analyse des Deutschen mit Übergangsnetzwerken. — [3227], 135-185.
3371 LÖTSCHER, Andreas; KOLVENBACH, Monika: Morphosyntaktische Analyse in einem Frage-Antwort-System. — [3227], 187-226.
3372 LOZINSKII, E.L.; NIRENBURG, S.: The locality phenomenon and parallel processing of natural language. — [114], 186-190.
3373 LURQUIN, G.: The orthophonic dictionary. — [154], 99-107.
3374 MACDONALD, R. Ross: The order-class series in computational linguistics. — LAL 1, 1970, 63-69.
3375 MACHOŇOVÁ, Jarmila: Zpracování textových informací v rámci ASŘ. — ČsInf 24, 1982, 8-12 | Traitement de l'information textuelle dans le cadre des systèmes de gestion automatisés (Rés. ru., angl., all. & fr.).
3376 MACHOŇOVÁ, Jarmila: Význam zpracování textů v automatizovaných systémech řízení. — [415], 35-38 | Relevancy of computer-assisted processing of texts within the Management Information System (MIS).
3377 MALKOVSKY, Michael G.: TULIPS-2 – natural language learning system. — [115], 191-193 | TULIPS = Teachable Understanding Natural Language Problem-Solver.
3378 MANN, William C.: The anatomy of a systemic choice. — [115], 195-200.

ANALYSE AUTOMATIQUE

3379 MARSH, Elaine; SAGER, Naomi: Analysis and processing of compact text. — [115], 201-206, 2 tab.
3380 MAZLACK, Lawrence J.; FEINAUER, Richard A.: Surface analysis of queries directed toward a database. — [115], 207-213.
3381 MEMMI, D.; MARIANI, J.: ARBUS, a tool for developing application grammars. — [115], 221-226, 2 fig.
3382 MICHIELS, A.; NOËL, J.: Approaches to thesaurus production. — [115], 227-232.
3383 MIZOGUCHI, Fumio; KONDO, Shozo: A software environment for developing natural language understanding system. — [115], 233-238, 3 fig.
3384 MURAKI, Kazunori: On a semantic model for multi-lingual paraphrasing. — [115], 239-244, 7 fig.
3385 NAGAO, Makoto; NAKAMURA, Jun-ichi: A parser which learns the application order of rewriting rules. — [115], 253-258, 13 fig., 4 tab.
3386 NAGAO, M.; TSUJII, J.; UEDA, Y.; TAKIYAMA, M.: An attempt to computerize dictionary data bases. — [154], 51-73, 14 fig., 3 tab.
3387 NALBACH, M.; STUDZINSKI, K.; WALIGORSKI, S.: Conversations with a computer — an example of network programming in relational data base environment. — [114], 203-205, 1 fig.
3388 NEGUS, A.E.: Software for terminology data banks. — [154], 185-195.
3389 NEUBERT, Gunter: Zum Wiederauffinden von Informationen in automatischen Wörterbüchern. — [115], 259-264.
3390 NIKOLOVA, Bonka; NENOVA, Irina: Termservice — an automated system for terminology services. — [115], 265-269.
3391 OČAKOVSKAJA, O.N.: Lingvističeskij processor sistemy Vostok — O. — [114], 206-208.
3392 OLIVA, Karel, jr.: Programming in Q-language: some basic remarks. — [175], 101-107.
3393 PAPP, Ferenc: Empirical data and automatic analysis. — [115], 301-306.
3394 PAVLOV, Radoslav; ANGELOVA, Galia: On an approach for designing linguistic processors. — [114], 222-225, fig.
3395 PERCOVA, N.N.: On the types of semantic compression of text. — [114], 229-231.
3396 PHILLIPS, Brian; HENDLER, James A.: A message-passing control structure for text understanding. — [115], 307-312, 3 fig.
3397 POLÁK, Václav; POLÁKOVÁ, Naděžda: Operation logic — a database management operation system of human-like information processing. — [114], 234-239.
3398 POPOV, È.V.: *Obščenie s ÈVM na estestvennom jazyke.* — Moskva: "Nauka", 1982, 360 p. | JazA 19, 1982, 134-135 K. Horálek.
3399 POPOWSKA, Hanna: Ierarchičeskie otnošenija v deskriptornych informacionno-poiskovych jazykach — tipologija. — [175], 123-138, 2 tab.
3400 RAUSCHNER, Hans-Dieter: Zum Aufbau eines Lexikons für die maschinelle Sprachverarbeitung. — [367], 229-254.
3401 REIMANN, Dorothee: Bundles and syntactic analysis. — [114], 244-246.
3402 RIEGER, Burghard B.: Procedural meaning representation by connotative dependency structures. An empirical approach to word semantics for analogical inferencing. — [115], 319-324, 6 fig.
3403 RIETVELD, A.C.M.: Een eenvoudige syllabedetector. — *Gramma* 5, 1981, 249-261, 2 fig., 2 tab. | On automatic detection of syllables.

3404 ROESNER, Dietmar F.; LAUBSCH, Joachim H.: Formalization of argumentation structures in newspaper texts. — [115], 325-330, 4 fig.
3405 Ross, Kenneth M.: An improved left-corner parsing algorithm. — [115], 333-338.
3406 ŠABRŠULA, Jan; SVOBODOVÁ, Jitka; SVOBODA, Jaroslav: Some "informational" languages and models: a semantic view. — [114], 277-280.
3407 SAKAMOTO, Yoshiyuki; OKAMOTO, Tetsuya: Lexical parallelism in text structure determination and content analysis. — [115], 339-344, 2 fig., 3 tab.
3408 [ŠALJAPINA, Z.M.] SHALYAPINA, Z.M.: Grammatic and semantic normativity of linguistics units and features as a factor of automatic text processing. — [114], 255-258.
3409 SALUVEER, Madis: Adverbs and semantic inferences. — [114], 247-250.
3410 SALVETER, Sharon C.; MAIER, David: Natural language updates. — [115], 345-350, 3 fig.
3411 SCHEUERMANN, Ulrich: Automatische Lexikographie. — [339], 736-749, 5 fig.
3412 SCHMITZ, Ulrich: Wörter als Daten — Einige Probleme bei maschineller Textanalyse in semantischer Absicht. — [188], 98-108.
3413 SEPPÄNEN, Jouko J.: Recursive functions for computation of natural secret languages. — [114], 251-254.
3414 SGALL, Petr: Natural language understanding and the perspectives of question answering. — [115], 357-364, 2 fig. | Experimental system TIBAQ = Text- and Inference-Based Answering of Questions.
3415 SIGURD, Bengt: Commentator: a computer model of verbal production. — *Linguistics* 20, 1982, 611-632.
3416 SKUCE, Douglas: LESK: a language synthetizing natural language, computer and logic. — [114], 262-265 | LESK = Language for Exactly Stating Knowledge.
3417 SMETÁČEK, Vladimír: SEMAN — experimentální automatizovaný nástroj obsahové analýzy textů v přirozeném jazyce. — [415], 55-63 | SEMAN — an experimental automatized medium for semantic analysis of natural language texts.
3418 SMITH, Joan M.: The fellowship of scholars in literary and linguistic computing. — [179], 559-565.
SPITZBARDT, H.: Probleme der automatischen Morphemanalyse bei agglutinierenden Sprachen. — 13791.
3419 STEELS, Luc: *Parsing systems for regular and context-free languages.* — APIL 1; Wilrijk: Univ. Inst. Antwerpen, 1975, 44 p.
3420 STEELS, Luc: *Completion grammars and their application.* — APIL 3; Wilrijk: Univ. Inst. Antwerpen, 1975, 63 p.
3421 STEELS, Luc: *Producing natural languages from semantic information.* — APIL 6; Wilrijk: Univ. Inst. Antwerpen, 1976, 31 p.
3422 STEELS, Luc: *The FORLI.OLB package for list processing in FORTRAN IV. A user's manual.* — APIL 9; Wilrijk: Univ. Inst. Antwerpen, 1976, 35 p.
3423 STEELS, Luc; VERMEIR, Dirk: *On the formal properties of completion grammars and their related automata.* — APIL 5, 1976, 41 p.
3424 STUDNICKI, F.; POLANOWSKA, B.; STABRAWA, E.; et al.: The research project "Anaphora" (in its present state of advancement). — [114], 273-276.
3425 TAIT, J.I.: Topic identification techniques for predicative language analysers. — [114], 281-286.
3426 TĚŠITELOVÁ, Marie: Quantification of meaning and the computer. — [115], 377-382.

3427 TOMBEUR, Paul: Recherches en cours au Centre de Traitement Électronique des Documents (CETEDOC). — [179], 567-578.
3428 UHLÍŘOVÁ, Ludmila; NEBESKÁ, Iva; KRÁLÍK, Jan: Computational data analysis for syntax. — [115], 391-396.
3429 ULIČNÝ, Oldřich: Struktura sémantického analyzátoru jako prostředku sémantické analýzy textu. — [415], 81-87 | The structure of the semantic analyser as a medium of semantic text analysis.
3430 VASILESCU, Lucreția; NICOLESCU, Radu: Traitement automatique des relations d'analogie et d'association dans un dictionnaire explicatif. — RRLing 27, 1982, 485-489.
3431 WAGNEROVÁ, Vladimíra: Komprimace odborných textů. — [415], 159-166 | Komprimierung der Fachtexte und ihre Bedeutung für die Informatik.
3432 WALKER, Donald E.: Natural-language-access systems and the organization and use of information. — [115], 407-412.
3433 WEBBER, Bonnie; JOSHI, Aravind: Taking the initiative in natural language data base interactions: justifying why. — [115], 413-418.
3434 WHEELER, Eric Stanley: *Grammars for the recognition of natural language.* — Univ. of Toronto (Canada) diss., 1980 | DAb 42/1, 1981, 199-A/200-A.
3435 WEINER, E. Judith: *A contribution to the formal, computational recognition of sound change, analogic change and dialect borrowing.* — Univ. of Pennsylvania diss., 1980, 157 p. | From Proto-Italic to Lat. | DAb 41/3, 1980, 1047-A.
3436 WULZ, Hanno: Aspekte der automatischen Überführung natürlichsprachlicher Formulierungen in eine formale Repräsentationssprache. — [3227], 227-263.
3437 WULZ, Hanno; ZIFONUN, Gisela: Automatische Problemlösung und Sprachverarbeitung als Forschungsgegenstände. — [3227], 15-38.
3438 YOSHIDA, Sho; TSURUMARU, Hiroaki; HITAKA, Tooru: Man-assisted machine construction of a semantic dictionary for natural language processing. — [115], 419-424, 7 fig., 3 tab.
3439 ZADEH, Lotfi A.: Text-score semantics for natural languages. — [115], 425-435.
3440 ZIFONUN, Gisela: Formale Repräsentation natürsprachlicher Äusserungen. — [3227], 93-134.

10.4. Machine translation — Traduction automatique

3441 Les Actes du Colloque international sur la Traduction assistée par l'Informatique (21 octobre 1980). — L&H 45, 1981, 3-52 | G. LURQUIN: Introduction, 3-4; Conclusions, 52.
3442 *Automatische Sprachübersetzung.* Hrsg. von Herbert E. BRUDERER. — WdF 272; Darmstadt: Wissenschaftliche Buchgesellschaft, 1982, 372 p. | Coll. of previously published studies by Harry H. JOSSELSON, Victor H. YNGVE . . . [et al.]. | WSlJb 28, 1982, 170-173 J. Vintr.
3443 BARTHÉLEMY, Jean-Paul: Traduction automatique, traduction assistée, aide à la traduction. — L&H 45, 1981, 12-15.
3444 BENNETT, Winfield S.: The LRC machine translation system: an overview of the linguistic component of METAL. — [114], 29-31.
3445 BLATT, Achim: Semantische Analyse englischer Verben in einem System der maschinellen Übersetzung. — [188], 89-97.
3446 BOÎTET, Christian: Tendances futures en traduction automatisée. — L&H 45, 1981, 16-28.

3447 Boîtet, Ch.; Guillaume, P.; Quezel-Ambrunaz, M.: Implementation and conversational environment of ARIANE 78.4, an integrated system for automated translation and human revision. — [115], 19-27, 2 tab.
3448 Camion, Jean: Une écriture phonétique mécanisable. — *L&H* 45, 1981, 45-51.
3449 Clemens, J.: L'informatique et l'information au service de la traduction. — *L&H* 45, 1981, 44.
3450 Engelberg, Klaus-Jürgen: Proposals for a hierarchy of formal translation models. — [114], 90-94.
3451 Euvrard, Annette; Lecomte, Josette: *Élaboration d'une chaîne de traduction automatique d'anglais en français. Bilan d'une expérience.* — Cahiers du Centre de Recherches et d'Applications Linguistiques (C.R.A.L.), Publ. linguistiques du Groupe de Trad. Automatique 19; Nancy: C.R.A.L., 1979, 160 p. | *L&H* 43, 1980, 88-89 G. L[urquin].
3452 Gobeil, Fernand: Expériences et réalisations du Bureau canadien des traductions dans le domaine de l'automatisation de la traduction. — [114], 113-115.
3453 Goetschalckx, J.: The terminological activities at the Commission of the European Communities. — [154], 131-141.
3454 Hauenschild, Christa: A pragmatic concept of theme and rheme for machine translation. — [114], 121-123.
3455 Henisz-Dostert, Bożena; Macdonald, R. Ross; Zarechnak, Michael: *Machine translation.* — The Hague: 1979 | BL 1979, 2953. | *L&H* 43, 1980, 89-90 G. L[urquin].
3456 Jaspaert, Lieven: Deep cases for adverbial and propositional phrases. — [114], 137-138.
3457 Kirschner, Zdeněk: *A dependency-based analysis of English for the purpose of machine translation.* — Explizite Beschreibung der Sprache und automatische Textbearbeitung 9; Praha: Matematicko-fyzikální fakulta UK, 1982, 160 p.
3458 Kirschner, Zdeněk: On a device in dictionary operations in machine translation. — [175], 74-77 | Also in [115], 157-160.
3459 Kulagina, O.S.: *Issledovanija po mašinnomu perevodu.* — Moskva: "Nauka", 1979, 320 p. | *SS* 43, 1982, 62-66 E. Buráňová | *PBML* 37, 1982, 75-77 P. Sgall.
3460 Landsbergen, Jan: Machine translation based on logically isomorphic Montague grammars. — [115], 175-181, 4 fig.
3461 Leont'eva, N.N.: Automatic translation through understanding and summarizing. — [114], 178-181.
3462 Lier, Henri van: Le cycle Langage – Ordinateur – Langage. — *L&H* 45, 1981, 5-11.
3463 Lovckij, E.E.: Edinyj programmyj servis dlja spiskov i slovarej raznych tipov v sistemach mašinnogo perevoda. — [175], 97-100.
3464 Lytinen, Steven L.; Schank, Roger C.: Representation and translation. — *Text* 2, 1982, 83-111.
3465 Maegaard, Bente: The transfer of finite verb forms in a machine translation system. — [114], 190-195.
3466 Marčuk, Ju.N.: O lingvističeskom modelirovanii perevoda. — [114], 196-198.
3467 Melby, Alan K.: Linguistics and machine translation. — *LACUS* 7, 1980 (1981), 457-466.
3468 Melby, Alan K.: Multi-level translation aids in a distributed system. — [115], 215-220.

3469 MULLENDERS, J.; MICHIELS, A.: Un nouveau système interactif pour l'assistance à la traduction. — *L&H* 45, 1981, 29-35.

3470 NAGAO, Makoto; TSUJII, Jun-ichi; YADA, Koji; KAKIMOTO, Toshihiro: An English-Japanese machine translation system of the titles of scientific and engineering papers. — [115], 245-252, 2 fig., 4 tab.

3471 NISHIDA, Toyo-aki; DOSHITA, Shuji: An English-Japanese machine translation system based on formal semantics of natural language. — [115], 277-282, 2 fig.

3472 NISHIDA, Fujio; TAKAMATSU, Shinobu: Japanese-English translation through internal expressions. — [115], 271-276, 5 tab.

3473 NITTA, Yoshihiko; OKAJIMA, Atsushi; YAMANO, Fumiyuki; ISHIHARA, Koichiro: A heuristic approach to English-into-Japanese machine translation. — [115], 283-288, 6 fig., 2 tab.

3474 PANEVOVÁ, Jarmila; KIRSCHNER, Zdeněk: Některé výsledky kontrastivního rozboru jazyků z hlediska strojového překladu. — *SlavSl* 17, 1982, 127-132 | Einige Resultate der kontrastiven Sprachanalyse vom Standpunkt der maschinellen Übersetzung (Ru. summ.).

3475 PARISI, D.; GIORGI, A.; CASTELFRANCHI, C.: Traduzione automatica con compresione del testo da tradurre. — *LeSt* 17, 1982, 69-77.

3476 PLÁTEK, Martin: Composition of translation schemes with D-trees. — [115], 313-318.

3477 *Practical experience of machine translation:* proceedings of a conference, London, 5-6 November 1981, organised by Aslib and the Translators Guild of the Institute of Linguists with the co-sponsorship of the Commission of the European Communities. Ed. by Veronica LAWSON. — Amsterdam: North-Holland, 1982, xiv, 199 p., ill.

3478 RUE, Henrik: A way of treating verbal prefigation in a Russian-Danish machine translation system. — [309], 161-169.

3479 SAWAI, Susumu; FUKUSHIMA, Hiromichi; SUGIMOTO, Masakatsu; UKAI, Naoya: Knowledge representation and machine translation. — [115], 351-356, 6 fig.

3480 SOMERS, H.L.; JOHNSON, R.L.: BEDE: a microprocessor-based machine translation system. — [114], 266-272, 1 fig.

3481 TENNEY, Merle D.; RUSSELL, Robert A.: Pooling and threading in translation term banks. — [114], 287-290.

3482 TICHOMIROV, V.D.: Ob ispol'zovanii mašinnogo perevoda v sisteme naučnotechničeskoj informacii. — [175], 143-146.

3483 TSUJII, Jun-ichi: The transfer phase in an English-Japanese translation system. — [115], 383-390, 9 fig.

3484 [UBIN, I.I.] OUBINE, Ivan I.; [TICHOMIROV, B.D.] TIKHOMIROV, Boris D.: Machine translation systems and computer dictionaries in the information service: ways of their development and operation. — [115], 289-294.

3485 VERASTEGUI-CARVAJAL, J. Nelson: Utilisation du parallélisme en traduction automatisée par ordinateur. — [115], 397-405, 3 fig.

3486 WEISSGERBER, Monika: Texttypspezifische Kohärenz zwischen Nominalgruppen. — [188], 109-118 | On some problems related to machine transl.

3487 WHEELER, P.: La traduction informatisée à la C.E.E. — *L&H* 45, 1981, 36-43.

11. PSYCHOLINGUISTICS AND NEUROLINGUISTICS — PSYCHOLINGUISTIQUE ET NEUROLINGUISTIQUE

11.0. General — Généralités

3488 ABEL, Fritz: Wandruszkas "Interlinguistik" und die Sprachbetrachtung im Fremdsprachenunterricht: Bemerkungen zur Weltbildthese. — [323], 471-491.

3489 *Advances in the social psychology of language.* Ed. by Colin FRASER; Klaus R. SCHERER. — Cambridge: Cambridge UP./Paris: Éd. de la Maison des Sci. de l'Homme, 1982, vii, 264 p., fig.

3490 AITCHISON, Jean: *Il mammifero verbalizzante: un'introduzione alla psicolinguistica.* — Serie di Linguistica Teorica e Applicata 18; Roma: Armando, 1980, 278 p., ill. | Transl. of BL 1977, 3723.

3491 AITCHISON, Jean: *Der Mensch, das sprechende Wesen: eine Einführung in die Psycholinguistik.* — TBL 146; Tübingen: Narr, 1982, 267 p., ill. | Cf. 3490.

3492 ALAVERDYAN, Êdoward: Baři ənkalman žamanak zgayakan patkerneri drsevorman mi k^cani harc^cer. — *LHG* 1982/10, 13-20. | Some questions of expressing sensitive images during word-reception (Ru. summ.).

3493 ALBANESE, Antonietta: Mediazione verbale e sviluppo cognitivo. — [193], 41-52.

3494 ALTENBERG, Evelyn P.: *Bilingual lexical retrieval.* — City Univ. of New York diss., 1981, 205 p. | *DAb* 41/12, 1981, 5077-A.

3495 BACRI, Nicole: *Fonctionnement de la négation . . .* — Paris: 1976 | BL 1976, 3325. | *L&H* 34, 1977, 54 G. L[urquin].

3496 BARON, Jonathan; TREIMAN, Rebecca: Use of orthography in reading and learning to read. — [165], 171-189, fig., 3 tab.

BATES, E.; MACWHINNEY, B.: Functionalist approaches to grammar. — 2269.

3497 BENNETT, David C.; HAMMOND, Jay: Towards a relational network model of sentence recognition. — *LACUS* 7, 1980 (1981), 145-152.

3498 BERGER, Charles R.; BRADAC, James J.: *Language and social knowledge: uncertainty in interpersonal relations.* — The Social Psychology of Language 2; London: Arnold, 1982, viii, 151 p.

3499 BERKOVITS, Rochele: On disambiguating surface-structure ambiguity. — *Linguistics* 20, 1982, 713-726.

3500 BERRETTA, Monica: Un aspetto della (in)compctcnza testuale degli adolescenti: la comprensione delle proforme. — [193], 97-133.

3501 BEVER, T.G.: Some implications of the nonspecific bases of language. — [357], 429-449 | On the view that the essential formal characteristics of language are not human in origin.

3502 BIBEAU, Gilles: Hypothèse psycholinguistique sur l'apprentissage d'une langue étrangère. — [320], 559-580.

3503 BISAZZA, John Andrew: *The processing complexity of nouns and verbs: psycholinguistic and neurolinguistic issues.* — Univ. of Hawaii diss., 1980, 285 p. | *DAb* 41/12, 1981, 5077-A.

3504 BLACK, John B.: Psycholinguistic processes in writing. — [3542], 199-216.

3505 BOUTINET, J.P.: De la psychologie du langage au langage de la psychologie. — *L&H* 48, 1982, 16-27.

3506 BOVES, L.; BOT, K. DE: Visuele terugkoppeling bij intonatieleren. — *Gramma* 5, 1981, 29-47, 6 fig., 3 tab. | Visual feedback in the teaching of intonation.

PSYCHOLINGUISTIQUE

3507 Boves, L.; Fagel, W.; Herpt, L. van: Opvattingen van vrouwen en mannen over de spraak van mannen en vrouwen. — *NTg* 75, 1982, 1-23 | Ideas of women and men about the speech of men and women.

3508 Boysson-Bardies, Bénédicte de: *Négation et performance linguistique.* — The Hague: 1976 | BL 1976, 3335. | *L&H* 34, 1977, 59-60 G. L[urquin].

3509 Brouillet, D.: Effets de la pertinence sur la mémoire des phrases. — *CILL* 6/3-4, 1980, 3-30.

3510 Brožová, Věra: Výsledky výzkumu pojmové klasifikace slovního materiálu. — *ČsPsych* 26, 1982, 372-373 | The research of the concept classification of the wordstock.

3511 Cairns, Helen S.: *Psycholinguistics* ... — New York: 1976 | BL 1976, 3339. | *Anglia* 100, 1982, 138-140 H. Wode.

3512 Carroll, John M.: Naming and describing in social communication. — *L&S* 23, 1980, 309-322.

3513 [Catowryan, Karine] Caturjan, Karinė: Psichologičeskij status vnutrennej reči. — *LHG* 1982/5, 56-64. | Arm. summ.

3514 Christmann, Hans Helmut: Aphasie, Kindersprache, Jakobson – und ein Exempel aus der französischen Literatur. — [314], 31-35.

3515 Clark, Herbert H.; Clark, Eve V.: *Psychology and language* ... — New York: 1977 | BL 1977, 3753. | *Gramma* 2, 1978, 58-69 G. Extra.

3516 Clarke, David D.; Argyle, Michael: Conversation sequences. — [3489], 159-204, fig.

3517 Cooper, William E.: *Speech perception and production* ... — Norwood, NJ: 1979 | BL 1980, 2917. | *Linguistics* 20, 1982, 561-563 N. Harvey.

3518 Cooper, William E.; Sorenson, John M.: *Fundamental frequency in sentence production.* — New York: Springer, 1981, x, 213 p., ill. | *AP* 3, 1982, 170-177 L. Abbeduto | *L&H* 50, 1982, 101 G. L[urquin] | *Lg* 58, 1982, 478-479 E.M. Kaisse.

3519 Costermans, Jean: Les structures subjectives du lexique, leur genèse et leur évolution: quelques voies d'approche empiriques. — *L&H* 41, 1979, 3-16.

3520 Cutler, Anne; Fay, David A.: One mental lexicon, phonologically arranged: comments on Hurford's comments. — *LIn* 13, 1982, 107-113 | Cf. BL 1981, 3961.

3521 Damron, Oscar P. Rex: *Psycholinguistic abilities in American Sioux Indian children: a cross-cultural study using the Illinois Test of Psycholinguistic Abilities.* — Kent State Univ. diss., 1980, 143 p. | *DAb* 41/8, 1981, 3556-A/3557-A.

3522 Dawson, Elisabeth: Psycholinguistic processes in prelingually deaf adolescents. — [1773], 43-70.

3523 DePaulo, Bella M.; Coleman, Lerita M.: Evidence for the specialness of the "baby talk" register. — *L&S* 24, 1981, 223-231.

3524 Doca, Gheorghe: *Analyse psycholinguistique des erreurs faites lors de l'apprentissage d'une langue étrangère* ... — București: 1981 | BL 1981, 3927. | *SCL* 33, 1982, 283-285 Gr. Brâncuș.

3525 Dogana, Fernando: *Suono e senso: fondamenti teorici ed empirici del simbolismo fonetico.* — Psicologia 29; Milano: F. Angeli, [1982], 334 p.

3526 Droste, F.G.: Taal en denken en taal. — [4076], 59-98, ill. | Language and thought and language.

3527 *Early language: acquisition and intervention.* Ed. by Richard L. Schiefelbusch and Diane D. Bricker. Technical eds.: Marilyn Fischer; Robert Hoyt. — Language Intervention Series 6; Baltimore, MD: Univ. Park Press, 1981, x,

606 p. | I. Developmental processes and functions, 7-177; II. Mother-child interaction, 179-256; III. Early symbolic acquisition, 257-337; IV. Decision and implementation procedures, 339-443; V. Intervention issues and strategies, 445-573; Diane D. BRICKER; Richard L. SCHIEFELBUSCH: Major themes – an epilogue, 575-586. | *AP* 3, 1982, 177-178 P. Friedman.

3528 EHRI, Linnea: The role of orthographic images in learning printed words. — [165], 155-170, fig., 2 tab.

3529 EHRI, Linnea C.; WILCE, Lee S.: The influence of orthography on readers' conceptualization of the phonemic structure of words. — *AP* 1, 1980, 371-385, fig.

3530 *Errors in linguistic performance* . . . Ed. by Victoria A. FROMKIN. — New York: 1980 | BL 1981, 3931. | *JL* 18, 1982, 483-486 F. Nolan | *Lg* 58, 1982, 926-929 A.M. Peters.

3531 EVANS, Lionel: Psycholinguistic perspectives on visual communication. — [1773], 150-161.

3532 *Exceptional language and linguistics.* Ed. by Loraine K. OBLER and Lise MENN. — Perspectives in Neurolinguistics, Neuropsychology, and Psycholinguistics; New York: Academic Press, 1982, 384 p.
Explanation in linguistics . . . — 1063.

3533 FIGAS, Janusz: Grammatik und sprachliches Formulieren. Ein Beitrag zur kybernetischen Psycholinguistik. — *LMNf* 9, 1980 (1982), 122-131.

3534 FRASER, Colin; SCHERER, Klaus R.: Introduction: social psychological contributions to the study of language. — [3489], 1-9.

3535 FREEDLE, Roy; FINE, Jonathan: Prose comprehension in natural and experimental settings: The theory and its practical implications. — [3542], 257-294, tab.

3536 FRITH, Uta; FRITH, Christopher: Relationships between reading and spelling. — [165], 287-295, 4 tab.

3537 GEIS, Michael L.: *The language of television advertising.* — Perspectives in Neurolinguistics, Neuropsychology, and Psycholinguistics; New York: Academic Press, 1982, xiii, 257 p.

3538 GLAWOGGER, Peter: Informationsverarbeitung im lexikalischen Bereich der Sprache. — *GLS* 11-12, 1980, 86-102.

3539 GLUCKSBERG, Sam: Language and communication models: summary discussion. — [361], 107-117.

3540 GOODMAN, Kenneth S.: *Language and literacy: the selected writings.* Ed. and introd. by Frederick V. GOLLASCH. Vol. I: *Process, theory, research*; Vol. II: *Reading, language and the classroom teacher.* — Boston: Routledge & Kegan Paul, 1982, xxxv, 305 p., fig.; xiv, 356 p., fig.
GRIMES, J.E.; GORDON, R.G., Jr.: Design of new orthographies. — 3072.

3541 GRIMM, Hannelore; ENGELKAMP, Johannes: *Sprachpsychologie: Handbuch und Lexikon der Psycholinguistik.* — Handbücher zur Sprachwissenschaft und Sprachdidaktik 1; Berlin (West): E. Schmidt, 1981, 346 p.
GROSJEAN, F.: Life with two languages . . . — 4130.
GRUNWELL, P.: Clinical phonology. — 2020.

3542 *Handbook of applied psycholinguistics: major thrusts of research and theory.* Ed. by Sheldon ROSENBERG. — Hillsdale, NJ: Erlbaum, 1982, xvi, 615 p.

3543 HELFRICH, Hede: Age markers in speech. — [395], 63-107.

3544 HERRMANN, Theo: *Sprechen und Situation: eine psychologische Konzeption zur situationsspezifischen Sprachproduktion.* — Berlin (West): Springer, 1982, x, 182 p.

PSYCHOLINGUISTIQUE

3545 HERRMANN, Theo: Language and situation: the *pars pro toto* principle. — [3489], 123-158.
3546 HIEKE, Adolf E.: A content-processing view of hesitation phenomena. — *L&S* 24, 1981, 147-160.
HOLLIS, J.H.; SCHIEFELBUSCH, R.L.: A general system for language analysis ... — 1795.
3547 HÖRMANN, Hans: *Psychologie der Sprache*. 2. Aufl. — Berlin: 1977 | BL 1977, 3803. | *Roczniki Filozoficzne* (Lublin) 29, 1981/3 (1982), 185-188 Z. Hajduk.
3548 HÖRMANN, Hans: *Psycholinguistics* . . . 2nd ed. — Berlin (West): 1979 | BL 1979, 2987. | *ZDL* 49, 1982, 102-105 J. Rennison | *Kratylos* 26, 1981 (1982), 191-193 H. Hauri-Karrer.
3549 HÖRMANN, Hans: *Einführung in die Psycholinguistik*. — Darmstadt: 1981 | BL 1981, 3959. | *Sprache* 29, 1983, 62-63 Ch. Sch[aner]-W[olles] | *Kratylos* 27, 1982 (1983), 168-170 C. Schaner-Wolles.
3550 HÖRMANN, Hans: *To mean – to understand: problems of psycholological semantics.* — Berlin (West): Springer, 1981, 338 p.
3551 HORSTKOTTE, Gudrun: *Sprachliches Wissen: Lexikon oder Enzyklopädie?* — Studien zur Sprachpsychologie 9; Bern: Huber, 1982, 148 p., fig.
3552 INEICHEN, Gustav: Zum Begriff des Sprachbewusstseins. — [323], 155-161.
3553 JUTRONIĆ-TIHOMIROVIĆ, Dunja: Language, individual and society. — *RFFZ* 19, 1980 (1981), 33-44.
3554 KAGAN, Dona M.: Syntactic complexity and cognitive style. — *AP* 1, 1980, 111-122, 4 tab.
3555 KEIL, Frank C.: *Semantic and conceptual development.* — Cambridge, MA: 1979 | BL 1981, 3969. | *Lg* 58, 1982, 457-463 C.E. Caton.
3556 KEMPEN, Gerard: De architektuur van het spreken. — *TTT* 1, 1981, 110-123, 3 fig., tab. | The architecture of speech.
3557 KERKMAN, Hans: Taalpsychologisch onderzoek naar de organisatie van het tweetalig lexicon: een overzicht. — *Gramma* 6, 1982, 199-214, fig. | Psycholinguistic research into the organisation of a bilingual lexicon.
3558 KESS, Joseph F.; HOPPE, Ronald A.: *Ambiguity in psycholinguistics.* — Amsterdam: 1981 | BL 1981, 3971. | *Lg* 58, 1982, 737-738 A. Zwicky.
3559 KÖHLER, Theodor Wolfram: *Gedächtnisprozesse und Sprachproduktion: eine experimentelle Untersuchung.* — Europäische Hochschulschriften, Reihe 6, 79; Frankfurt a.M.: Lang, 1982, 78 p.
3560 KOKORA, D.P.: Grammar change in the adult. — *Annales de l'Univ. d'Abidjan*, série H: Linguistique 12, 1979/1, 145-156.
3561 KRAUSS, Robert M.: Communication models and communicative behavior. — [361], 49-72, 4 fig.
KYLE, J.: Signs and memory . . . — 1758.
3562 LADO, Robert; HIGGS, Theodore: Language, thought, and memory in linguistic performance: a thought view and the first two experiments. — *LAL* 1, 1970, 55-62, tab.
3563 *Language and cognitive styles: patterns of neurolinguistic and psycholinguistic development.* Ed. by Robert N. ST. CLAIR and Walburga VON RAFFLER-ENGEL. — Neurolinguistics 11; Lisse: Swets & Zeitlinger, 1982, 364 p. | R.N. ST. CLAIR & W. VON RAFFLER-ENGEL: Language, cognition, and developmental psychology: introductory essay, 11-18; I: Neurolinguistics and cognitive foundations, 19-90; II: Cognitive information processing, 91-194; III: Lexical acquisition, 195-270; IV: Developmental linguistics, 271-317. Relevant art. listed separately.

Language intervention from ape to child. — 361.
3564 *Learning to read in different languages.* Ed. by Sarah HUDELSON. — Linguistics and Literary Series 1; Washington, DC: Center for Applied Linguistics, 1981, xiii, 132 p. | *Lg* 58, 1982, 253-254 A. Pousada.
3565 LEIBER, Justin F.: Language and its analogues: functional and homological characterization in cognitive psychology. — *L&C* 2, 1982, 219-225.
3566 LEISER, David: The use of formulation frames in syntax perception. — *L&S* 24, 1981, 63-69.
3567 LEISI, Ernst: *Paar und Sprache*... — Heidelberg: 1978 | BL 1979, 3005. | *KLit* 9, 1980, 121-123 M. Hellinger | *BNF* 15, 1980, 88 R. Schützeichel.
3568 LENGA, Gerd: Osobowość mówiącego a sposób wypowiadania się. — *StSem* 12, 1982, 47-60 | The speaker's personality and the way of expressing oneself.
3569 LEVELT, Willem J.M.: Het lineariseringsprobleem van de spreker. — *TTT* 2, 1982, 1-15, 4 fig. | The speaker's linearization problem (E. version in *Philosophical Transactions of the Royal Society London*, B 295, 1981, 305-315).
3570 LEVELT, Willem J.M.: Cognitive styles in the use of spatial direction terms. — [1487], 251-268, 4 fig., 7 tab.
3571 LIBERMAN, Isabelle; LIBERMAN, Alvin M.; MATTINGLY, Ignatius; SHANKWEILER, Donald: Orthography and the beginning reader. — [165], 137-153.
3572 LLEWELLYN-JONES, Peter: Simultaneous interpreting. — [1773], 89-103 | From speech to sign language and vice versa.
3573 [LURIJA, A.R.] LURIA, Alexander R.: *Language and cognition.* Ed. by James V. WERTSCH. — Washington, DC: Winston, 1981/New York: Wiley, 1982, vii, 264 p. | Transl. of BL 1979, 3015.
3574 MASSARO, Dominic: How does orthographic structure facilitate reading? — [165], 193-209, 6 fig., tab.
3575 MATIC, Marian; WALES, Roger: Creating interpretations for novel metaphors. — *L&C* 2, 1982, 245-267, 2 tab.
3576 [MAIDRE, I] MAJDRE, Ingrid: Izučenie rečevych pauz psicholingvistami v SSSR. — *UZTarU* 619, 1982 (*Linguistica*), 66-73.
3577 MARODY, Mirosława: Language and common-sense knowledge in the explanation of human behaviour. — *Polish Sociological Bulletin* (Wrocław) 1981 (1982), 21-36.
3578 MARŠÁLOVÁ, Libuša: *Psycholingvistická analýza vývinu lexiky. Asociačné štruktúry v subjektívnom slovníku.* — Bratislava: Slov. pedag. nakl., 1982, 216 p., 4 tab. | Psycholinguistic analysis of the development of the lexicon: free word associations in the subjective lexicon organization (Ru. & E. summ.) | *Otázky žurnalistiky* 25, 1982/4, 44-45 J. Kačániová | *SJL* 29, 1982-83, 29-30 L. Takáčová.
3579 MATĚJČEK, Zdeněk; VOKOUNOVÁ, Alena: Vnímání písmen (Srovnávací studie českých a norských dětí). — *ČsPsych* 26, 1982, 156-165, tab. | Perception of letters (Comparative study of Cz. and Norw. children). Ru. & E. summ.
3580 MCLAUGHLIN, Barry: Second-language learning and bilingualism in children and adults. — [3542], 217-256, fig., tab.
3581 McQUADE, Debra V.: Variable reliance on phonological information in visual word recognition. — *L&S* 24, 1981, 99-109.
3582 MENZEL, Emil W.; JOHNSON, Marcia K.: Communication and cognitive organization in humans and other animals. — [361], 261-276.
3583 MISTRÍK, Jozef: *Rýchle čítanie.* — Bratislava: Slov. pedag. nakl., 1982, 118 p., fig. | Theorie und Praxis des sog. Schnellesens.

3584 MOSCATO, Michel; WITTWER, Jacques: *La psychologie du langage.* — Paris: 1978 | BL 1978, 2785. | *L&H* 39, 1979, 53-54 G. L[urquin].
3585 NOORDMANN, L.G.M.: *Inferring from language.* — Berlin (West): 1979 | BL 1979, 3022. | *JČ* 33, 1982, 82-84 J. Plichtová.
Orthography, reading and dyslexia . . . — 165.
3586 OSGOOD, Charles E.: *Lectures on language performance.* — New York: 1980 | BL 1980, 2966. | *Kratylos* 26, 1981 (1982), 20-23 W. Marx | *Lg* 58, 1982, 711-714 J.M. Carroll | *Word* 32, 1981 (1982), 242-245 H.S. Cairns.
PARADIS, M.: Language and thought in bilinguals. — 4151.
3587 PARISI, Domenico: *La psicolinguistica.* — Introduzione a . . . , 9; Firenze: Le Monnier, 1981, 120 p.
3588 PAULÍK, Karel: K otázce verbalizace v řešení problémů. — *ČsPsych* 26, 1982, 170-177 | On the question of verbalization in problem solving (Ru., E. summ.).
3589 PECH, Karel: Some questions of language teaching methods. — *PhP* 25, 1982, 197-207 | The genesis of mother tongue and foreign language learning (Cz. & Ru. summ.).
3590 PLÉH Csaba: *A pszicholingvisztika horizontja.* — Budapest: Akadémiai Kiadó, 1980, 186 p. | *NyK* 84, 1982, 447-449 Réger Zita.
3591 POLLIO, Howard R.; FABRIZI, Michael S.; WEDDLE, Harry L.: A note on pauses in spontaneous speech as a test of the derived process theory of metaphor. — *Linguistics* 20, 1982, 431-443.
3592 PREMACK, David: A functional analysis of language. — [361], 229-259, 5 fig.
3593 QUIGLEY, Stephen P.; KING, Cynthia M.: Syntactic performance of hearing impaired and normal hearing individuals. — *AP* 1, 1980, 329-356, 7 fig., 6 tab.
3594 RANK, Otto; SACHS, Hans: *Psychanalyse et sciences humaines.* — Paris: P.U.F., 1980, 157 p. | Trad. de *Die Bedeutung der Psychoanalyse für die Geisteswissenschaften*, 1913. Ch. 4: Ethnologie et linguistique. | *BSL* 76, 1981/2 (1982), 27-29 S. Auroux.
3595 READ, Charles; SCHREIBER, Peter; WALIA, Jean: Why short subjects are harder to find than long ones. — *Gramma* 4, 1980, 29-53, 4 tab., appendix.
3596 RONDAL, J.A.: *Langage et éducation.* — Bruxelles: 1978 | BL 1979, 3037. | *ERB* 13, 1982, 85-87 Z. Wotkeová.
3597 ROSENBERG, Sheldon: Applied psycholinguistics: Introduction, foundations and overview. — [3542], 1-31.
3598 RYAN, John W.: Linguistic factors in adult literacy. — [165], 105-120.
3599 SCHAEFER, Ronald Peter: *An experimental assessment of the boundaries demarcating three basic semantic categories in the domain of separation.* — Univ. of Kansas diss., 1980, 269 p. | *DAb* 41/12, 1981, 5085-A.
3600 SCHERER, Klaus R.: Personality markers in speech. — [395], 147-209.
3601 SIDES, Charles Hobart, III: *Some effects of syntax on comprehension: a psycholinguistic study.* — Univ. of Massachusetts diss., 1981, 284 p. | *DAb* 41/12, 1981, 5085-A.
3602 SILVA, Marilyn N.: Perception and the choice of language in oral narrative: the case of the co-temporal connectives. — *PBLS* 7, 1981, 284-294, fig.
3603 SMITH, Philip M.: Sex markers in speech. — [395], 109-146.
3604 SRIDHAR, Shikaripur Narayanarao: *Cognitive determinants of linguistic structures: a cross-linguistic experimental study of sentence production.* — Univ. of Illinois at Urbana-Champaign diss., 1980, 183 p. | *DAb* 41/11, 1981, 4700-A/4701-A.
3605 STÉFANINI, Jean: Avant-propos à une histoire de la psychomécanique. — [318], 3-18.

3606 STEINBERG, Danny D.: *Psycholinguistics: language, mind and world.* — LLL 28; London: Longman, 1982, 240 p.
3607 STERNBERG, Robert J.; POWELL, Janet S.; KAYE, Daniel B.: The nature of verbal comprehension. — *Poetics* 11, 1982, 155-187.
3608 STREET, Richard L., Jr.: Evaluation of noncontent speech accommodation. — *L&C* 2, 1982, 13-31, 5 tab.
3609 STREINU, Ileana: Learning by grammatical inference. — *RRLing* 26, 1981, 435-454.
3610 STROMKOVÁ, Zdeňka: Percepce odborného textu. — [415], 151-158 | On the perception of technical texts.
3611 *Studies in the perception of language.* Ed. by W.J.M. LEVELT; G.B. FLORES D'ARCAIS. — Chichester: Wiley, 1978, xviii, 335 p. | *Lg* 58, 1982, 735-737 D.G. MacKay; M.C. MacDonald.
3612 THAKERAR, Jitendra N.; GILES, Howard; CHESHIRE, Jenny: Psychological and linguistic parameters of speech accommodation theory. — [3489], 205-255, fig.
3613 TZENG, Ovid; HUNG, Daisy: Reading in a nonalphabetic writing system: some experimental studies. — [165], 211-226, fig., 6 tab.
3614 VELLUTINO, Frank R.: Theoretical issues in the study of word recognition: The unit of perception controversy reexamined. — [3542], 33-197, 8 fig., 3 tab.
3615 VLADISAVLJEVIĆ, Spasenija: Verbalno pamćenje i semantičko-gramatičke kategorije. — [269], 123-141 | Verbal memory and semantic-grammatical categories.
3616 WEBB, Karen Schuster: *A study of cognitive processing strategies for the encoding of English idioms into long-term memory: a study of native, advanced non-native, and low intermediate nonnative speakers of English.* — Indiana Univ. diss., 1980, 158 p. | *DAb* 41/3, 1980, 1046-A/1047-A.
3617 WETTLER, Manfred: *Sprache, Gedächtnis, Verstehen.* — Berlin: 1980 | BL 1980, 2999. | *SFFBU*, B 29, 1982, 98-101 J. Cetl.
3618 WODAK, Ruth: *Das Wort in der Gruppe: linguistische Studien zur therapeutischen Kommunikation.* — SbÖAW 386, Veröffentlichung der Kommission für Linguistik und Kommunikationsforschung 12; Wien: Verlag der Österreichischen Akad. der Wissenschaften, 1981, 315 p.
WODE, H.: Kognition und sprachliche Universalien. — 1340.

11.1. Origin of language — Origine du langage

3619 BICKERTON, Derek: *Roots of language.* — Ann Arbor: Karoma, 1981, xiii, 351 p. | *Kratylos* 27, 1982 (1983), 18-23 N. Boretzky.
3620 HILDEBRAND-NILSHON, Martin: *Die Entwicklung der Sprache: Phylogenese und Ontogenese.* — Frankfurt a.M.: Campus, 1980, 396 p., fig.
3621 JUDD, Elizabeth: Hallucinogens and the origin of language. — *SLN* 11, 1980, 7-12.
3622 LIEBERMAN, Philip: *L'origine delle parole.* — Torino: P. Boringhieri, 1980, 272 p., ill. | Transl. of BL 1975, 3307.
LIMBER, J.: What can chimps tell us about the origin of language? — 1798.
The origin of meaning . . . — 1455.
3623 SCHULZ, Friedhelm: *Das sprachliche Potential von Pongiden und menschlicher Primärspracherwerb.* — [Darmstadt: Copy Shop], 1981, iii, 215 p., ill. | Diss. Frankfurt a.M.

WITTMANN, H.: Intonation in glottogenesis. — 2265.

11.2. Language acquisition, Child language — Acquisition du langage, Langage enfantin

3624 AITCHISON, Jean; CHIAT, Shulamuth: Cuscus or goose-goose? Error and strategy variety in the acquisition of lexical items. — *GLS* 11-12, 1980, 11-27.
3625 AITCHISON, Jean; CHIAT, Shulamuth: Natural phonology or natural memory? The interaction between phonological processes and recall mechanisms. — *L&S* 24, 1981, 311-326.
3626 ATKINSON, Martin: *Explanations in the study of child language development.* — Cambridge Studies in Linguistics 35; Cambridge: Cambridge UP., 1982, viii, 289 p.
3627 AUGST, G.; KAUL, E.; KÜNKLER, H.H.: Zur Ontogenese der metaphorischen Kompetenz: erste Ergebnisse eines Forschungsprojekts. — *WW* 31, 1981, 363-377.
3628 AUWÄRTER, Manfred; KIRSCH, Edith: Die Generierung fiktionaler Realität im kindlichen Handpuppenspiel. — [3888], 91-114.
3629 BAHNS, Jens: 'Dekomposition von Zielstrukturen' im natürlichen L2-Erwerb am Beispiel des Modalverbs can. — [187], 217-227.
3630 BAKER, C.L.: Review art. on: Kenneth WEXLER; Peter W. CULICOVER, *Formal principles of language acquisition*, 1980. — *Lg* 58, 1982, 413-421 | Cf. 3800.
3631 BAKER, Wm.J.; DERWING, Bruce L.: Response coincidence analysis as evidence for language acquisition strategies. — *AP* 3, 1982, 193-221, 7 fig., 9 tab.
3632 BARRETT, Martyn D.: Distinguishing between prototypes: the early acquisition of the meaning of object names. — [359], 313-334, 7 tab.
3633 BECKER, Judith A.: Children's strategic use of requests to mark and manipulate social status. — [360], 1-35.
3634 BEHEYDT, Ludo: Trends in de kindertaalstudie. — *HZnMTL* 35, 1981, 7-24 | Trends in the study of child language.
3635 BEL'TJUKOV, V.I.: Mechanizmy obladenija proiznošeniem det'mi (O sootnošenii social'nych i biologičeskich faktorov). — [269], 77-90.
3636 BEVERIDGE, Michael; BRIERLEY, Chris: Classroom constructs: an interpretative approach to young children's language. — [3654], 156-195.
BICKERTON, D.: Roots of language. — 3619.
3637 BISSEX, Glenda L.: *Gnys et wrk: a child learns to write and read.* — Cambridge, MA: Harvard UP., 1980, xii, 223 p. | *AP* 2, 1981, 192-195 M. Nystrand.
3638 BLAKE, Robert James: *The acquisition of mood selection among Spanish-speaking children: ages 4 to 12.* — Univ. of Texas at Austin diss., 1980, 198 p. | *DAb* 41/7, 1981, 3084-A.
3639 BLOUNT, Ben G.: The ontogeny of emotions and their vocal expression in infants. — [360], 131-161, 2 tab.
3640 BOWERMAN, Melissa: Reorganizational processes in lexical and syntactic development. — [357], 319-346, 3 tab.
3641 BRAINE, Martin D.S.; HARDY, Judith A.: On what case categories there are, why they are, and how they develop: an amalgam of *a priori* considerations, speculations, and evidence from children. — [357], 219-239, 2 tab.
3642 BRAUN-LAMESCH, M.M.: L'acquisition du langage par un enfant vivant dans un milieu institutionnel. — *RPA* 57, 1981, 65-71.
3643 BRICKER, Diane D.; CARLSON, Laurel: Issues in early language intervention. — [3527], 477-515.

3644 BRIDGES, Allayne: Comprehension in context. — [3654], 27-51.
3645 BRINKER, Richard P.: Contextual contours and the development of language. — [3654], 239-264, fig.
3646 BRUNER, Jerome: The social context of language acquisition. — *L&C* 1, 1981, 155-178.
3647 BUTTERFIELD, Earl C.; SCHIEFELBUSCH, Richard L.: Some theoretical considerations in the design of language intervention programs. — [3527], 169-177.
BYBEE, J.L.; SLOBIN, D.I.: Why small children cannot change language on their own . . . — 2823.
3648 CAREY, Susan: Semantic development: the state of the art. — [357], 347-389.
3649 CARRIER, Joseph K., Jr.: Application of functional analysis and a nonspeech response mode to teaching language. — [361], 363-418, 9 fig., 4 tab.
3650 CHALKLEY, Mary Anne: The emergence of language as a social skill. — [360], 75-111, tab.
3651 CHAPMAN, Robin S.: Mother-child interaction in the second year of life: its role in language development. — [3527], 201-250, 21 tab.
3652 *The child's conception of language.* Eds.: A. SINCLAIR; R.J. JARVELLA; W.J.M. LEVELT. — Berlin (West): 1978 | BL 1978, 276. | *ZDL* 49, 1982, 105-107 E. Mayr.
3653 *The child's construction of language.* Ed. by Werner DEUTSCH. — Behavioural Development; London: Academic Press, 1981, x, 393 p., ill.
3654 *Children thinking through language.* Ed. by Michael BEVERIDGE. Pref. by Dan I. SLOBIN. — London: Arnold, 1982, x, 272 p., fig.
3655 CLAHSEN, Harald: *Spracherwerb in der Kindheit: eine Untersuchung zur Entwicklung der Syntax bei Kleinkindern.* — TBL, A-4; Tübingen: Narr, 1982, 183 p., fig.
3656 CLARK, Eve V.: The young word maker: a case study of innovation in the child's lexicon. — [357], 390-425, 14 tab.
3657 CLARK, Ruth: Theory and method in child-language research: Are we assuming too much? — [359], 1-36.
3658 CONNORS, K.; NUCKLE, L.; GREENE, W.: The acquisition of pronoun complement structures in French and English. — *LACUS* 7, 1980 (1981), 475-485.
3659 CROMER, Richard F.: Reconceptualizing language acquisition and cognitive development. — [3527], 51-137.
3660 DEVINE, Joanne Mary: *Developmental patterns in native and non-native reading acquisition.* — Michigan State Univ. diss., 1980, 220 p. | *DAb* 41/7, 1981, 3081-A.
3661 DURY, Richard: Analysis of communicative competence and the language-learning process. — [193], 163-174.
3662 *Early reading.* Robert LADO, Theodore ANDERSSON, eds. — *GUP* 13, 1976, 103 p.
3663 ELLIOT, Alison J.: *Child language.* — Cambridge: Cambridge UP., 1981, vi, 194 p.
3664 EMSLIE, Hazel C.; STEVENSON, Rosemary J.: Developmental aspects of communication: young children's use of referring expressions. — [1543], 86-95, 6 tab.
3665 ESAU, Helmut; POINTER, Lyra: The role of filtering devices in language acquisition. — *LACUS* 6, 1979 (1980), 393-402.
3666 FABRE, Claudine: Dans la poubelle de la classe: subjectivité et jeux de langage. — *Linguistique* 18/2, 1982, 99-113.
3667 FAY, W.H.; SCHULER, A.L.: *Emerging language in autistic children.* — Baltimore: Univ. Park Press, 1980, xiii, 216 p. | *AP* 3, 1982, 81-83 N.S. Rees.

ACQUISITION DU LANGAGE

3668 FELIX, Sascha Walter: *Psycholinguistische Aspekte des Zweitsprachenerwerbs.* — TBL, A-2; Tübingen: Narr, 1982, viii, 323 p.

3669 FIGUEIRA, Rosa Attié: Aprendendo a estrutura dos enunciados que indicam mudança de estado/locação sem a participação de agente. — CEL 3, 1982, 42-82.

3670 FLETCHER, Paul: On grammars and language acquisition. — [291], 139-151, 2 tab.

3671 FRANCESCATO, Giuseppe: A proposito del dialogo infantile. — GLS 11-12, 1980, 45-53.

3672 FRANÇOIS, Frédéric, et al.: *Conduites langagières et sociolinguistique scolaire.* — Langages 59; Paris: Larousse, 1980, 126 p. | Entre autres: Frédéric FRANÇOIS, Analyse linguistique, normes scolaires et différenciations socio-culturelles, 25-52; Christian HUDELOT, Organisation linguistique d'échanges verbaux chez les enfants de maternelle, 63-78; Astrid CRAVATTE, Comment les enfants expliquent-ils les mots?, 87-96.

3673 FREEMAN, N.H.; SINHA, C.G.; STEDMON, J.A.: All the cars — which cars? From word meaning to discourse analysis. — [3654], 52-74.

3674 FRENCH, Patrice A.: The comprehension of adjectives: formal and empirical codings. — [3563], 22-233.

3675 GALVAN, José Luz: *The development of aspectual relations in Spanish-speaking children.* — Univ. of Texas at Austin diss., 1980, 361 p. | DAb 41/7, 1981, 3081-A.

GARDNER, R.A.; GARDNER, B.T.: Early signs of language in child and chimpanzee. — 1793.

3676 GEEST, Ton VAN DER: Language acquisition process in different developmental stages. — [3563], 273-282.

3677 GENTNER, Dedre: Why nouns are learned before verbs: linguistic relativity versus natural partitioning. — [360], 301-334, 6 fig.

3678 GILLIS, Steven: *De verwerving van een woordveld bij 4; 5- tot 6-jarigen: een verkennend onderzoek.* — APIL 28; Wilrijk: Univ. Inst. Antwerpen, 1982, 91 p., ill. | Acquisition of a semantic field in 4; 5- till 6-year-olds.

3679 GILLIS, Steven: On prelinguistic prerequisites for linguistic reference. — [272], 157-165.

3680 GLEITMAN, Lila R.; WANNER, Eric: Language acquisition: the state of the art. — [357], 3-48.

3681 GOLDIN-MEADOW, Susan: The resilience of recursion: a study of a communication system developed without a conventional language model. — [357], 51-77, 4 fig., tab. | On preconditions for language acquisition.

3682 GOLDSMIT, L.: Situation de communication et acquisition du langage. — RPA 57, 1981, 79-86.

3683 GOLOD, V.I.; ŠACHNAROVIČ, A.M.: Semantičeskie aspekty poroždenija reči. Semantika v ontogeneze rečevoj dejatel'nosti. — IzvAN 41, 1982, 259-265.

3684 GREENBERG, Jeff; KUCZAJ, Stan A., II: Towards a theory of substantive word-meaning acquisition. — [359], 275-311.

3685 GREGORY, Susan; MOGFORD, Kay: Early language development in deaf children. — [1773], 218-237.

3686 HAKES, David T.: *The development of metalinguistic abilities in children.* — Berlin (West): 1980 | BL 1981, 4132. | SL 36, 1982, 106-109 K. Aronsson.

3687 HAKES, David T.: The development of metalinguistic abilities: What develops? — [360], 163-210.

3688 HAMBURGER, Henry; CRAIN, Stephen: Relative acquisition. — [359], 245-274, 2 tab.
3689 HODGES, Patricia; DEICH, Ruth F.: Language intervention strategies with manipulable symbols. — [361], 419-440, 4 tab.
3690 HOROWITZ, Frances Degen; SULLIVAN, Joseph W.: Mother-child interaction issues: summary chapter. — [3527], 251-256.
3691 HÜLLEN, Werner; JUNG, Lothar: *Sprachstruktur und Spracherwerb.* — Studienreihe Englisch 46; Düsseldorf: Francke, 1979, 210 p. | *Kratylos* 27, 1982 (1983), 167-168 E. Oksaar.
3692 INGRAM, David: The transition from early symbols to syntax. — [3527], 259-286, 5 tab.
3693 ISHII, Takeo: How Japanese children ask first questions. — [3563], 309-317, 3 tab.
3694 JOHNSON, Carl Nils: Acquisition of mental verbs and the concept of mind. — [359], 445-478, tab.
3695 KARMILOFF-SMITH, Annette: *A functional approach to child language* ... — Cambridge: 1979 | BL 1979, 3146. | *CJL* 27, 1982, 77-79 R. Fink.
3696 KÄSERMANN, Marie-Louise: *Spracherwerb und Interaktion.* — Studien zur Sprachpsychologie 8; Bern: Huber, 1980, 199 p., ill.
3697 KAY, Paul: On the syntax and semantics of early questions. — *LIn* 11, 1980, 426-429 | Apropos of Labov & Labov (BL 1978, 2891).
3698 KESSLER, Carolyn: Emergence of semantic notions in child bilingualism. — [244], 107-118.
3699 KIELHÖFER, Bernd: Entwicklungssequenzen beim Erwerb der französischen Vergangenheitstempora. — [187], 228-241.
3700 KNAFLIČ, Vladislava: Izgovor glasova kod dece na osnovnoškolskom uzrastu. — [269], 109-116 | The articulation of speech sounds by elementary school children.
3701 KOVAC, Ceil: *Children's acquisition of variable features.* — Georgetown Univ. diss., 1980, 187 p. | *DAb* 42/2, 1981, 687-A.
3702 KRAAK, A.: Psycholinguïstisch onderzoek naar leren lezen en schrijven. — *Gramma* 1, 1977/2, 41-53 | Psycholinguistic research on learning to read and to write.
3703 KUCZAJ, Stan A., II: On the nature of syntactic development. — [359], 37-71, 2 fig.
3704 KUCZAJ, Stan A., II; BEAN, Alice: The development of noncommunitive speech systems. — [360], 279-300.
3705 KUCZAJ, Stan A., II; BOSTON, Rick: The nature and development of personal temporal-reference systems. — [360], 365-395.
3706 KUCZAJ, Stan A., II; HARBAUGH, Brooke: What children think about the speaking capabilities of other persons and things. — [360], 211-227, 8 tab.
3707 *Language acquisition* ... Ed. by Paul FLETCHER; Michael GARMAN. — Cambridge: 1979 | BL 1981, 4150. | *Lg* 58, 1982, 470-474 N.V. Smith.
   Language acquisition ... — 357.
3708 *Language acquisition and linguistic theory.* Ed. by Susan L. TAVAKOLIAN. — Cambridge, MA: MIT, 1981, 233 p.
3709 *Language behavior in infancy and early childhood:* proceedings of a pediatric round table held at the Santa Barbara Biltmore Hotel, Santa Barbara, California, October 10-13, 1979. Ed.: Rachel E. STARK. — New York: Elsevier/North-Holland, 1981, xix, 479 p., ill.
   Language development. Vol. 1-2 ... — 359-60.

3710 LEBRUN, Yvan: *Kind en taal.* — Lisse: 1980 | BL 1981, 4151. | *Spektator* 11, 1981-82, 273-276 R.S. Prins (Lebrun's reply: *Spektator* 12, 1982-83, 77; rejoinder by Prins, *ibid.* 77-78).

3711 LEDERBERG, Amy R.: A framework for research on preschool children's speech modifications. — [360], 37-73, tab.

3712 LEE, David A.: Do children infer underlying structures? — *AUMLA* 57, 1982, 51-68.

3713 LEIWO, Matti: *Lapsen kielen kehitys.* — Helsinki: 1979 | BL 1979, 3153. | *Vir* 1982, 341-343 A. Räisänen.

3714 LEIWO, Matti: Laste keeleline areng ja selle uurimine. — *KjK* 25, 1982, 357-364 | The linguistic development of children and its investigation.

3715 LEIWO, Matti: Symptom på avvikande språkutveckling. — [389], 159-169, fig. | Symptoms of deviant language development.

3716 LENGYEL Zsolt: *Tanulmányok a nyelvelsajátítás köréből.* — Nyelvtudományi Értekezések 107; Budapest: Akadémiai Kiadó, 1981, 79 p. | Studies on the acquisition of language. | *NyK* 84, 1982, 455-457 Kassai Ilona.

3717 LEONARD, Laurence B.; NEWHOFF, Marilyn; MESALAM, Linda: Individual differences in early child phonology. — *AP* 1, 1980, 7-30, 4 fig., tab.

3718 LEROY-BOUSSION, A.: L'analyse en phonèmes du son d'une syllabe orale chez les enfants de 5 à 8 ans. Étude qualitative des erreurs. — *L&H* 39, 1979, 3-16.

3719 LIEVEN, E.V.M.: Context, process and progress in young children's speech. — [3654], 7-26.

3720 LIGHT, P.H.; REMINGTON, R.E.; PORTER, D.: Substitutes for speech? Nonvocal approaches to communication. — [3654], 216-238.

3721 LINDFORS, Judith Wells: *Childrens' language and learning.* — Englewood Cliffs, NJ: Prentice-Hall, 1980, xv, 447 p. | *Lg* 58, 1982, 738 M.W. Salus.

3722 LINELL, Per: Normal och avvikande språk- och kommunikationsutveckling hos barn. Synpunkter på forskningsbehov. — [389], 175-180 | Normal and deviant development of language and communication.

3723 LIVINGSTON, Kenneth R.: Beyond the definition given: On the growth of connotation. — [359], 429-444, 4 tab.

3724 LLOYD, Peter: Talking to some purpose. — [3654], 196-215.

LOCAL, J.: Modelling intonation variability in children's speech. — 3994.

3725 *The logical problem of language acquisition.* Ed. by C.L. BAKER; John J. MCCARTHY. — MIT Press Series on Cognitive Theory and Mental Representation; Cambridge, MA: MIT, 1981, xii, 358 p., ill.

3726 LUST, Barbara; SOLAN, Larry; FLYNN, Suzanne; CROSS, Catherine; SCHUETZ, Elaine: A comparison of null and pronominal anaphora in first language acquisition. — *NELS* 11, 1981, 205-218.

3727 MACNAMARA, John: *Names for things: a study of human learning.* — Cambridge, MA: MIT, 1982, xii, 275 p.

3728 MACWHINNEY, Brian: Basic syntactic processes. — [359], 73-136, fig., 2 tab.

3729 MALMQUIST, Eve; GRUNDIN, Hans U.: Cross-national studies on primary reading: a suggested program. — [165], 121-133.

3730 MARATSOS, Michael: The child's construction of grammatical categories. — [357], 240-266, 2 tab.

3731 MARTIN, John A.M.: *Voice, speech and language in the child: development and disorder.* — Disorders of Human Communication 4; Berlin (West): Springer, 1981, xvi, 210 p.

3732 MCGARR, Nancy S.: The effect of context on the intelligibility of hearing and deaf children's speech. — *L&S* 24, 1981, 255-264.

3733 MILLER, Jon F.: *Assessing language production in children* ... — Baltimore/London: 1981 | BL 1981, 4172. | *AP* 2, 1981, 83-86 H.K. Craig.
3734 MILLER, Jon F.: Early psycholinguistic acquisition: summary chapter. — [3527], 329-337.
3735 MILLER, Max: *The logic of language development in early childhood.* — Berlin (West): 1979 | BL 1979, 3171. | *CJL* 27, 1982, 79-81 P. Fletcher | *L&H* 44, 1980, 83-84 G. L[urquin].
3736 MOREAU, Marie-Louise; RICHELLE, Marc: *L'acquisition du langage.* — Psychologie et Sci. Humaines 108; Bruxelles: Mardaga, 1982, 261 p. | 1st ed. 1972 (BL 1972, 2829).
3737 MULFORD, Randa Cecilia: *Talking without seeing: some problems of semantic development in blind children.* — Stanford Univ. diss., 1981, 212 p. | *DAb* 42/2, 1981, 688-A.
3738 MÜLLER, Klaus: Natürlicher Zweitsprachenerwerb und Konversationsanalyse. — [187], 242-253.
3739 NELSON, Katherine: The syntagmatics and paradigmatics of conceptual development. — [360], 335-364.
3740 NELSON, Keith E.: Experimental gambits in the service of language-acquisition theory: from the Fiffin Project to Operation Input Swap. — [359], 159-199, 9 fig., 3 tab.
3741 NEMOIANU, Anca M.: *The boat's gonna leave* ... — Amsterdam: 1980 | BL 1980, 3050. | *Lg* 58, 1982, 930-937 J. Mey.
NEWPORT, E.L.: Task specificity in language learning? ... — 1768.
3742 NOVÁK, Zdeněk; PSTRUŽINOVÁ, Jaroslava: *Verbální složka intelektové schopnosti žáků.* — Studie ČSAV 1982/15; Praha: Academia, 1982, 109 p., 64 tab., 8 graphs | The verbal component of pupils' intellectual ability (E. summ.).
OCHS, E.: Ergativity and word order in Samoan child language. — 15059.
3743 OKSAAR, Els: *Language acquisition in the early years: an introduction to paedolinguistics.* Transl. by Katherine Turfler. — New York: St. Martin's, 1982/London: Batsford, 1983, vi, 232 p., ill. | Transl. of BL 1977, 4122.
3744 *The ontogenesis of meaning.* Ed. by Eve V. CLARK. — Wiesbaden: 1979 | BL 1980, 3051. | *Spektator* 11, 1981-82, 550-553 I. Vogel.
3745 OTSU, Yukio: Opacity condition and syntactic development in children. — *NELS* 11, 1981, 249-271.
3746 PAČESOVÁ, Jaroslava: Some remarks on /l/, /r/ and /ř/ in the child speech. — *PhonP* 5, 1976 (1982), 29-37.
3747 PAČESOVÁ, Jaroslava: On the acquisition of phonology. — *PhonP* 6, 1980 (1982), 21-25.
3748 PAČESOVÁ, Jaroslava: Form and function in language learning. — *SFFBU*, A 30, 1982, 41-54 | Cz. summ.
3749 PAČESOVÁ, Jaroslava: Some clues to the nature of semantic development in the child. — *FoL* 16, 1982, 57-71.
3750 PALERMO, David S.: Theoretical issues in semantic development. — [359], 335-364.
3751 PARKEL, Dorothy A.; SMITH, S. Tom, Jr.: Application of computer-aided language designs. — [361], 441-464, 4 tab.
3752 PETERS, Ann M.: Language typology and the segmentation problem in early child language acquisition. — *PBLS* 7, 1981, 236-248.
3753 PHINNEY, Marianne: *Syntactic constraints and the acquisition of embedded sentential complements.* — Univ. of Massachusetts diss., 1981, 278 p. | *DAb* 41/12, 1981, 5083-A/5084-A.

3754 PHINNEY, Marianne: The acquisition of embedded sentences and the NIC. — *NELS* 11, 1981, 272-283.
3755 PIÉRART, B.; LAMBINET, C.; MICHEL, P.: Style d'échange verbal à huit ans et à onze ans. — *RPA* 57, 1981, 87-92, 4 tab.
3756 POULIN, Monique: L'ordre d'acquisition des structures coordonnées chez l'enfant québécois francophone. — *RAQL* 1, 1981-82, 159-166.
3757 QUIGLEY, Stephen P.; KING, Cynthia M.: The language development of deaf children and youth. — [3542], 429-475, 6 tab. | Discussion of ASL [American Sign Language], manual E., and oral E.
3758 RAFFLER-ENGEL, Walburga VON: The correlation of verbal and nonverbal behavior in children in a linguistic situation: theoretical implications and practical applications. — [3563], 124-156.
3759 RAMEY, Craig T.; SPARLING, Joseph J.; WASIK, Barbara H.: Creating social environments to facilitate language development. — [3527], 447-476.
3760 READ, Charles; SCHREIBER, Peter: Why short subjects are harder to find than long ones. — [357], 78-101, 6 tab.
3761 RICHARDS, Meredith Martin: Empiricism and learning to mean. — [359], 365-396, 3 tab.
3762 RIJNSOEVER, Raymond VAN: Spellingen van voorschoolse kinderen en eersteklassers. — *Gramma* 3, 1979, 169-196, 10 tab. | Spelling in pre-school children and first-year pupils.
3763 RINGLER, Norma M.; MELILLO, Karen; STIENKE, Lynn: Development of meaning through parent-child interaction. — [3563], 283-291.
3764 ROEPER, Thomas: On the importance of syntax and the logical use of evidence in language acquisition. — [359], 137-158, 2 tab.
ROEPER, T.: The role of universals in the acquisition of gerunds. — 1327.
3765 RONDAL, J.A.: Une étude longitudinale des répétitions spontanées dans l'acquisition du langage. — *L&H* 50, 1982, 12-24.
3766 ROTH, Froma P.: *Effects of intervention on relative clause sentence processing in young normal children.* — City Univ. of New York diss., 1980, 226 p. | *DAb* 41/1, 1980, 231-A/232-A.
3767 RUOPPILA, Isto; LYYTINEN, Paula: Inlärning av finska språket och böjningsfel hos 3-5 åriga barn. — [389], 195-205, tab. | The acquisition of the Fi. language and inflection errors in children from 3 to 5.
3768 RUSSELL, James: Propositional attitudes. — [3654], 75-98.
3769 SARMAVUORI, Katri: *Lasten kielen oppiminen.* — Helsinki: Gaudeamus, 1982, 232 p., ill., tab. | The child's learning of language. | *Sananjalka* 24, 1982, 191-198 O. Heinämäki; A. Kauppinen; L. Laurinen.
3770 SARMAVUORI, Katri: Kehityspsykologista kielioppia kohti. — *Sananjalka* 24, 1982, 65-81 | Towards a developmental-psychological grammar (E. summ.).
3771 SAVAGE-RUMBAUGH, E. Sue; RUMBAUGH, Duane M.: Initial acquisition of symbolic skills via the Yerkes computerized Language Analog system. — [361], 277-294.
3772 SAYWITZ, Karen; WILKINSON, Louise Cherry: Age-related differences in metalinguistic awareness. — [360], 229-250, 2 fig., 2 tab.
3773 SCHNEIDER, Bruno: *Sprachliche Lernprozesse: lernpsychologische und linguistische Analyse des Erst- und Zweitsprachenerwerbs.* 2. Aufl. — TBL 99; Tübingen: Narr, 1982, 361 p. | 1st ed. 1978 (BL 1979, 3043).
3774 SCHOLES, Robert J.: Developmental comprehension of third person personal pronouns in English. — *L&S* 24, 1981, 91-98.

3775 SCHOLL, Dennis M.; RYAN, Ellen Bouchard: Development of metalinguistic performance in the early school years. — *L&S* 23, 1980, 199-211.
3776 SCHWARTZ, Richard G.: Lexical styles in early language acquisition. — [3563], 197-221.
3777 SHATZ, Marilyn: On mechanisms of language acquisition: Can features of the communicative environment account for development? — [357], 102-127, 2 tab.
3778 SINCLAIR, Anne: Children's capacities for detecting speech-act violations in discourse. — *RPA* 57, 1981, 47-50.
SLOBIN, D.: Universal and particular in the acquisition of language. — 1333.
Sprachprobleme bei Gastarbeiterkindern . . . — 4163.
STAHLKE, H.F.W. . . . [et al.]: The linguistic innateness hypothesis . . . — 1804.
3779 STEMMER, Nathan: On cognitive factors in language acquisition. — [3563], 260-270.
3780 *Studies in first and second language acquisition.* Ed. by Fred R. ECKMAN; Ashley J. HASTINGS. — Rowley, MA: 1979 | BL 1981, 4062. | *AP* 2, 1982, 182-185 L.K. Obler | *CJL* 27, 1982, 90-93 M. Paradis.
3781 SUZMAN, Susan M.: Strategies for acquiring Zulu concord. — *SAJAfrL* 2, 1982/4, 53-67.
3782 TAGER-FLUSBERG, Helen; VILLIERS, Jill DE; HAKUTA, Kenji: The development of sentence coordination. — [359], 201-243, 4 fig., 9 tab.
3783 TALLAL, Paula; STARK, Rachel E.; KALLMAN, Clayton; MELLITS, David: Perceptual constancy for phonemic categories: a developmental study with normal and language impaired children. — *AP* 1, 1980, 49-64, 3 fig., tab.
3784 THOMAN, Evelyn B.: Affective communication as the prelude and context for language learning. — [3527], 181-200.
3785 TOIVAINEN, Jorma: *Inflectional affixes used by Finnish-speaking children aged 1-3 years.* — Helsinki: 1980 | BL 1980, 3078. | *NJL* 4, 1981, 175-180 T. Itkonen.
3786 TREHUB, Sandra E.; BULL, Dale; SCHNEIDER, Bruce A.: Infant speech and nonspeech perception. — [3527], 9-50, 2 fig.
3787 TUNMER, William E.; NESDALE, Andrew R.: The effects of digraphs and pseudowords on phonemic segmentation in young children. — *AP* 3, 1982, 299-311, fig., 2 tab.
3788 URWIN, Cathy: The contribution of nonvisual communication systems and language to knowing oneself. — [3654], 99-128.
3789 VASIĆ, Smiljka: Razvitak akcenata u dece. — [269], 91-108 | The development of accents in children.
3790 VIHMAN, Marilyn May: The acquisition of morphology by a bilingual child: a whole-word approach. — *AP* 3, 1982, 141-160, tab.
3791 VILLIERS, Jill G. DE; VILLIERS, Peter A. DE: *Language acquisition.* — Cambridge, MA: 1978 | BL 1978, 2958. | *KLit* 9, 1980, 106-109 J. Tláskal.
3792 WAGNER, Klaus R.: Wieviel sprechen Kinder täglich? — *WW* 31, 1981, 17-28.
3793 WALKERDINE, Valerie: From context to text: a psychosemiotic approach to abstract thought. — [3654], 129-155, fig.
3794 WANNER, Eric; GLEITMAN, Lila R.: *Language acquisition: the state of the art.* — Cambridge: Cambridge UP., 1982, 532 p. | Cf. 357.
3795 WATERS, Harriet Salatas; TINSLEY, Virginia S.: The development of verbal self-regulation: Relationships between language, cognition, and behavior. — [360], 251-277, 6 fig., tab.

3796 WEEKS, Thelma E.: Intonation as an early marker of meaning. — [1769], 157-168 | On the acquisition of intonation.
3797 WEIST, Richard: *Verb concepts in child language: acquiring constraints on action role and animacy.* — Ars linguistica 12; Tübingen: Narr, 1982, 124 p.
3798 WELLS, C.G.; ROBINSON, W.P.: The role of adult speech in language development. — [3489], 11-76.
3799 WEXLER, Kenneth: A principle theory for language acquisition. — [357], 288-315.
3800 WEXLER, Kenneth; CULICOVER, Peter W.: *Formal principles of language acquisition.* — Cambridge, MA: 1980 | BL 1981, 4212. | Cf. 2632 & 3630.
3801 WICHTER, Sigurd: Zur Morphologie türkischer Lerner der zweiten Generation. — [187], 254-263.
3802 WILKINSON, Louise Cherry; REMBOLD, Karen: The communicative context of early-language development. — [360], 113-129, tab.
3803 WHITE, Lydia: *Grammatical theory and language acquisition.* — PLS 8; Dordrecht: Foris, 1982, 121 p., ill. | Revised McGill Univ. (Canada) diss., 1980 (cf. *DAb* 41/3, 1980, 1048-A).
WHITE, L.: The responsibility of grammatical theory to acquisitional data. — 1184.
3804 WHITEHURST, Grover J.; KEDESDY, Jurgen; WHITE, Thomas G.: A functional analysis of meaning. — [359], 397-427, 3 fig., 6 tab.
3805 WODE, Henning: *Learning a second language.* I. — Tübingen: 1981 | BL 1981, 4088. | *Lg* 58, 1982, 951-952 C. Abdul-Ghani | *Linguistics* 20, 1982, 147-153 K.-M. Köpcke.
3806 WODE, Henning: Grammatical intonation in child language. — [237], 331-345, 3 tab.
3807 WOLF, Dennie; GARDNER, Howard: On the structure of early symbolization. — [3527], 287-327, 4 tab.
3808 WOLFF, J. Gerard: Language acquisition and the discovery of phrase structure. — *L&S* 23, 1980, 255-269.
3809 WOLFF, J. Gerard: Language acquisition, data compression and generalization. — *L&C* 2, 1982, 57-89, 2 fig., tab.
3810 WOOD, David: Some developmental aspects of prelingual deafness. — [1773], 27-42.
3811 YODER, Cecilia K.: Two systems in synchrony: a study of early language development. — [3563], 234-259.

11.3. Neurolinguistics, Speech disorders — Neurolinguistique, Troubles du langage

3812 *Acquired aphasia.* Ed. by Martha Taylor SARNO. — New York: Academic Press, 1981, 568 p. | Textbook.
3813 ALBERT, Martin L.; GOODGLASS, Harold; HELM, Nancy A.; RUBENS, Alan B.; ALEXANDER, Michael P.: *Clinical aspects of dysphasia.* — Wien: 1981 | BL 1981, 4217. | *AP* 3, 1982, 370-371 P.B. Rosenberger | *Phonetica* 39, 1982, 153-156 D. von Cramon.
3814 ANDERSEN, Carla; DRIESSEN, Jon: Maybe I was dead. — *SLN* 11, 1980, 1-9 | Ethno-neurolinguistic investigation of an aphasic.
3815 *Badania porównawcze afazji.* Materiały z konferencji zorganizowanej przez Pracownię Badania Mechanizmów Mowy Instytutu Języka Polskiego Polskiej Akad. Nauk w Warszawie w dniach 28-30 listopada 1980. [Red.: Halina MIER-

ZEJEWSKA]. — Prace Inst. Języka Polskiego PAN 48; Wrocław: Zakład im. Ossolińskich, 1982, 147 p. | Comparative studies in aphasia (Fr., G. & Ru. summ.). From the contents: Halina MIERZEJEWSKA, Zagadnienia teoretyczne badań porównawczych nad afazją, 9-30; Halina MIERZEJEWSKA; Maria SADOWSKA, O pewnej prawidłowości afatycznych zakłóceń dźwięków mowy (realizacja afrykat i szczelinowych), 31-48; Halina MIERZEJEWSKA; Stanisław GROTECKI, O potrzebie badań porównawczych prozodycznej organizacji tekstów afatycznych, 49-57; Halina MIERZEJEWSKA; Stanisław GROTECKI, Fonotaktyczne badania porównawcze tekstów afatycznych, 59-69; Halina MIERZEJEWSKA; Małgorzata SIDORSKA, Kryterium porównywalności zakłóceń afatycznych u osób różnojęzycznych, 93-103; Halina MIERZEJEWSKA; Stanisław GROTECKI; et al.: Problemy transkrypcji, 105-118.

3816 BERNDT, Rita Sloan; CARAMAZZA, Alfonso: A redefinition of the syndrome of Broca's aphasia: implications for a neuropsychological model of language. — *AP* 1, 1980, 225-278.

3817 BERNDT, Rita Sloan; CARAMAZZA, Alfonso: Phrase comprehension after brain damage. — *AP* 3, 1982, 263-278, 7 fig.

3818 BHATNAGAR, Subhash C.: *A neurolinguistic analysis of paragrammatism: a study of three Hindi aphasics.* — Edmonton, Alberta: Linguistic Research, 1980, vi, 158 p. | Univ. of Rochester diss., 1979, 232 p. (*DAb* 41/1, 1980, 228-A) | *AP* 3, 1982, 182-191 S.G. Lapointe.

3819 BLAGOJEVIĆ, Dušanka; MIHALDŽIĆ, Đena; ANĐELKOVIĆ, Vladanka: Jezičko ocenjivanje disfazičnog govora. — [269], 339-346 | Linguistic evaluation of dysphasic speech.

3820 BLANK, Marion; MILEWSKI, Janet: Applying psycholinguistic concepts to the treatment of an autistic child. — *AP* 2, 1981, 65-84.

3821 BOND, Z.S.: A note concerning /s/ plus stop clusters in the speech of language-delayed children. — *AP* 2, 1981, 55-63, 3 fig., 2 tab.

3822 BUCKINGHAM, Hugh W., Jr.: On correlating aphasic errors with slips-of-the-tongue. — *AP* 1, 1980, 199-220, 6 tab.

3823 BYRNE, Margaret C.; SHERVANIAN, Chris C.: *Introduction to communicative disorders.* — New York: Harper, 1977, viii, 291 p. | *IJDL* 8, 1979, 192-195 A. Chandrasekhar.

3824 CARAMAZZA, Alfonso; BERNDT, Rita Sloan: A psycholinguistic assessment of adult aphasia. — [3542], 477-535, fig., 2 tab.

3825 COHEN, Alan H.: *The effects of varying syntactic complexity upon the echolalic productions of psychotic children.* — Temple Univ. diss., 1981, 161 p. | *DAb* 42/2, 1981, 684-A.

3826 CRYSTAL, David: *Introduction to language pathology.* — London: 1980 | *BL* 1980, 3088. | *AP* 2, 1981, 304 L.L. Elliott.

3827 CRYSTAL, David: Pseudo-controversy in linguistic theory. — [291], 16-24 | Concentrated on the so-called "Aphasia-Paradigm" of linguistic enquiry.

3828 *Deep dyslexia.* Ed. by Max COLTHEART . . . [et al.]. — London: 1980 | *BL* 1980, 3089. | *Lg* 58, 1982, 490-491 P.G. Patel | Cf. 3832.

3829 DIVINE, Suzanne: Why should linguists study aphasia? — *LAL* 1, 1970, 1-5.

3830 DUNLAP, Anne Austin: *A psycholinguistic appraisal of nonfluent aphasia: a case study.* — State Univ. of New York at Buffalo diss., 1981, 213 p. | *DAb* 42/1, 1981, 192-A.

ENGEL-ORTLIEB, D.: Discourse processing in aphasics. — 2730.

3831 FAY, David; MERMELSTEIN, Rebecca: Language in infantile autism. — [3542], 393-428.

NEUROLINGUISTIQUE

3832 FRIEDMAN, Rhonda B.: What we might learn from acquired disorders of reading. — *L&C* 2, 1982, 91-99 | Rev. art. on No. 3828.
3833 GAINOTTI, Guido: Some aspects of semantic-lexical impairment in aphasia. — *AP* 3, 1982, 279-294, tab.
3834 GANNETT, Cinthia Lee: Writers and appositionality. — *SLN* 11, 1980, 13-17.
3835 GARMAN, Michael: Is Broca's aphasia a phonological deficit? — [291], 152-171, 5 fig.
3836 GROBER, Ellen; KELLAR, Lucia: Semantic influences on pronoun assignment in aphasia. — *AP* 2, 1981, 253-268, 4 fig., 3 tab.
3837 HERBERT, Robert K.; WALTENSPERGER, Karen Z.: Schizophrasia: case study of a paranoid schizophrenic's language. — *AP* 1, 1980, 81-93.
3838 HIER, Daniel B.; KAPLAN, Joni: Verbal comprehension deficits after right hemisphere damage. — *AP* 1, 1980, 279-294, 6 tab.
3839 IVANOV, Vjačeslav Vsevolodovič: Čet i nečet. Asimmetrija mozga i znakovych sistem. — Moskva: Sovetskoe radio, 1978, 184 p., ill. | *KLit* 9, 1980, 38-47 W. Eismann.
3840 KEAN, Mary-Louise: Explanation in neurolinguistics. — [1063], 174-208.
3841 KILANI-SCHOCH, Marianne: *Processus phonologiques, processus morphologiques et lapsus dans un corpus aphasique.* — Publ. universitaires européennes, Série 21, 17; Berne: Lang, 1982, xvii, 568 p.
3842 KOCK, Josse DE, en colaboración con A.R. LECOURS, W. BREMS y J. KLÜSSENDORF: La glosolalia. Análisis automatizado de los fonemas de una gran jerga. — *LEA* 3, 1981, 221-274, ill. | Trad. de Carlos Alvar.
3843 KRAUSE, Rainer: A social psychological approach to the study of stuttering. — [3489], 77-122, fig.
3844 LANGLOIS, Aimee; WEST, Terri L.: Bilingualism and adult aphasia: research needs and clinical implications. — *L&H* 41, 1979, 24-28.
3845 LAVOREL, Pierre Marie; LAVOREL, Guy: Cortex et cortèges de jargonautes. Jargon absurde, poésie abstruse et hypothèses neurolinguistiques. — *L&H* 45, 1981, 53-58.
3846 LEBRUN, Yvan: L'aphasie chez les polyglottes. — *Linguistique* 18/1, 1982, 129-144.
3847 LEONARD, Laurence B.: The nature of specific language impairment in children. — [3542], 295-327, tab.
3848 LESLIE, Claudia Marie: *The interactive effects of syntax, pragmatics and task difficulty in aphasic language comprehension.* — Columbia Univ. diss., 1981, 147 p. | *DAb* 42/1, 1981, 196-A.
3849 MÜLLER, Rolf; SCHIPPER, Klaus Peter: Zwischen Lese-Rechtschreibschwäche und Legasthenie: eine Erklärung aus linguistischer Sicht. — Kasseler Arbeiten zur Sprache und Lit. 9; Frankfurt a.M.: Lang, 1981, 229 p., ill.
3850 NESPOULOUS, Jean-Luc; LECOURS, André Roch; JOANETTE, Yeves: Stabilité et instabilité des déviations phonétiques et/ou phonémiques des aphasiques: insuffisance d'un modèle statique d'analyse. — *Linguistique* 18/2, 1982, 85-97, fig.
3851 *Neural models of language processes.* Ed. by Michael A. ARBIB, David KAPLAN and John C. MARSHALL. — Perspectives in Neurolinguistics, Neuropsychology, and Psycholinguistics; New York: Academic Press, 1982, 592 p.
3852 *The neurology of aphasia.* Ed. by Howard S. KIRSHNER & Frank R. REEMON. — Neurolinguistics 12; Lisse: Swets & Zeitlinger, 1982, 224 p.
3853 *Neuropsychology of language, reading, and spelling.* Ed. by Ursula KIRK. — Educational Psychology; New York: Academic Press, 1982, 304 p.

Paradis, M.: Neurolinguistic organization of a bilingual's two languages. — 4152.

3854 Nuyts, Jan: *Een psycholinguïstische benadering van de fonologische aspekten van afasie: ontwikkeling van een test en analysemethoden, en toepassing ervan op een patient met geleidingsafasie.* — APIL 26; Wilrijk: Univ. Inst. Antwerpen, 1982, 116 p. | A psycholinguistic approach to the phonological aspects of aphasia.

3855 Perecman, Ellen: *Language realization in phonemic jargonaphasia: a case study.* — City Univ. of New York diss., 1980, 267 p. | *DAb* 41/8, 1981, 3558-A/3559-A.

3856 Peres, João Andrade: Elementos para uma tipologia linguística do discurso afásico. — *BF* 25, 1976-79, 27-54.

3857 *Recovery in aphasics.* Ed. by Yvan Lebrun & Richard Hoops. — Amsterdam: 1976 | BL 1977, 4294. | *L&H* 36, 1978, 77-78 G. L[urquin].

3858 Roch Lecours, André; Lhermite, François: *L'aphasie.* — Paris: Flammarion-Sciences/Montréal: Univ. de Montréal, 1979, 658 p. | *L&H* 45, 1981, 94-95 G. L[urquin].

3859 Rochester, Sherry; Martin, J.R.: *Crazy talk: a study of the discourse of schizophrenic speakers.* — New York: Plenum, 1979, xii, 229 p. | *CJL* 27, 1982, 172-174 B. Brainerd.

3860 Rogalińska, Stanisława: Strukturierung sprachlicher Äusserungen in der Agrammatismus-Forschung. — *LPosn* 25, 1982, 71-80.

3861 Rondal, J.A.; Lambert, J.-L.: L'acquisition du langage chez les déficients mentaux: Le problème délai-différence et le développement linguistique avancé. — *RPA* 57, 1981, 93-97.

3862 Rosenberg, Sheldon: The language of the mentally retarded: Development, processes, and intervention. — [3542], 329-392.

3863 Rosenberg, Sheldon; Abbeduto, Leonard: Adult schizophrenic language. — [3542], 537-590.

3864 Sadek-Khalil, Denise: Psychomécanique et pathologie du langage. — [318], 495-512.

3865 Schwartz, Steven: Language disabilities in infantile autism: a brief review and comment. — *AP* 2, 1981, 25-31.

3866 Shatz, Marilyn; Shulman, Marsha A.; Bernstein, Deena K.: The responses of language disordered children to indirect directives in varying contexts. — *AP* 1, 1980, 295-306, 4 fig.

3867 Stoel-Gammon, Carol: Phonological analysis of four Down's syndrome children. — *AP* 1, 1980, 31-48, 5 tab.

3868 Tager-Flusberg, Helen: Sentence comprehension in autistic children. — *AP* 2, 1981, 5-24, 8 tab.

3869 Valtin, Renate: Deficiencies in research on reading deficiencies. — [165], 271-286.

3870 Vellutino, Frank: Dyslexia: perceptual deficiency or perceptual inefficiency. — [165], 251-270, 2 fig.

3871 Whurr, Renata: Towards a linguistic typology of aphasic impairment. — [291], 239-257, 4 fig.

12. SOCIOLINGUISTICS — SOCIOLINGUISTIQUE

12.0. General — Généralités

3872 [Ross, John]: [Sociolinguistics bibliography]. — *SLN* 10, 1979, 3-28.
3873 STEVENS, Paul: A bibliography of Caribbean sociolinguistics. — *SLN* 11, 1980, 32-37.

Advances in the social psychology of language . . . — 3489.

3874 AKERE, Funso: Language use and language attitudes in a Yoruba suburban town: a sociolinguistic response to the factors of traditionalism and modernity. — *AnL* 24, 1982, 344-362.
3875 ALVAR, Manuel; LOPE BLANCH, Juan M.: *En torno a la sociolingüística.* — Cuadernos de lingüística 3; México: Univ. Nacional Autónoma de México, 1978, 57 p. | Contents: M. ALVAR, Lengua y sociedad [en fr.: BL 1976, 3705]; J.M. LOPE BLANCH, La sociolingüística y la dialectología hispánica [first published in *1975 Colloquium on Hispanic linguistics.* Eds.: Frances M. AID, et al. (Washington, DC, 1976), 67-90]. | *KLit* 8, 1979, 216-220 R. Werner | *SCL* 33, 1982, 451 M. Sala | *Thesaurus* 36, 1981, 601-602 J. Garavito.
3876 ALVAR, Manuel; LÓPEZ MORALES, Humberto: *Estudios sociolingüísticos.* — Cuadernos de lingüística 5; México: Univ. Nacional Autónoma de México, 1978, 44 p. | Contents: M. ALVAR, Actitud del hablante y sociolingüística [en fr.: BL 1976, 3706]; H. LÓPEZ MORALES, Hacia un concepto de la sociolingüística [Earlier version in *Revista Interamericana* 2, 1973, 478-489]. | *KLit* 8, 1979, 216-220 R. Werner | *SCL* 33, 1982, 452 M. Sala.
3877 AMMON, Ulrich: *Probleme der Soziolinguistik.* 2. Aufl. — Tübingen: 1977 | BL 1977, 4322. | *SGerm* 16 (44), 1978, 184-188 A. Gargano.
3878 ANGEVAARE, A.: Sociolinguïstiek met een nieuwe variabele: "sekse". — *Gramma* 2, 1978, 119-137 | Sociolinguistics with a new variable: "sex".
3879 *Anwendungsbereiche der Soziolinguistik.* Hrsg. von Hugo STEGER. — WdF 319; Darmstadt: Wissenschaftliche Buchgesellschaft, 1982, vii, 355 p., ill. | Coll. of previously published studies by František DANEŠ, Charles A. FERGUSON . . . [et al.], all in G.
3880 APPEL, René; HUBERS, Gerard; MEIJER, Guus: *Sociolinguïstiek.* — Utrecht: 1976 | BL 1976, 3712. | *Gramma* 1, 1977/1, 39-42 E. Nuijtens.
3881 ARACIL, Lluís V.: Sociolinguistics: revolution and paradigm. — *SLN* 9, 1978, 3-8.
3882 ARAÇIL, Luis V.: The sociolinguistic history of Europe: the subject and the challenge. — [369], 41-48.
3883 ASSUM, Monique T.N.A.M. VAN DEN; VANGANSBEKE, Christiane A.M.; MACKELENBERGH, Helen A.M. VAN: A socio-linguistic analysis of linguistic and ethnic evaluation in Brussels. — *L&H* 45, 1981, 59-62.
3884 BACK, Otto: Sprachsituationen und Sprachennamen. — [369], 233-237.
3885 BAGGIONI, Daniel: Pour un point de vue relativisé et historicisé sur la norme. — *Lengas* 2, 1977, 15-34.
3886 BALL, Peter; BYRNE, Jane; GILES, Howard; BERECHREE, Phillip; GRIFFITHS, Jennifer; MACDONALD, Helen; MCKENDRICK, Ian: The retrospective speech halo effect: some Australian data. — *L&C* 2, 1982, 277-284, 2 tab.
3887 BAUTIER, Roger: Le "langage" des débats télévisés. — *L&H* 42, 1980, 3-6.
3888 *Beiträge zu einer empirischen Sprachsoziologie.* Hrsg. von Hans-Georg SOEFF-

NER. — TBL 189; Tübingen: Narr, 1982, 220 p., fig. | Kerstin NAGLER & JO REICHERTZ: Auswahlbibliographie, 205-220.
3889 BERGMANN, Jörg R.: Schweigephasen im Gespräch — Aspekte ihrer interaktiven Organisation. — [3888], 143-184.
3890 BERNSTEIN, Basil: *Studien zur sprachlichen Sozialisation.* — Ullstein-Buch 35103; Frankfurt a.M.: Ullstein, 1981, 343 p. | Cf. BL 1972, 2875.
3891 BERRUTO, Gaetano: *La variabilità sociale della lingua.* — Torino: Loescher, 1980, 233 p.
3892 BOKSZAŃSKI, Zbigniew; PIOTROWSKI, Andrzej; ZIÓŁKOWSKI, Marek: *Socjologia języka.* — Warszawa: 1977 | BL 1978, 3052. | *SLN* 13, 1982, 35 [N.N.].
3893 BOSÁK, Ján: Lenin a jazyková kultura v ZSSR. — *KS* 16, 1982, 321-326 | V.I. Lenin and language culture in the USSR.
BOUTET, J.: Matériaux pour une sémantique sociale. — 1354.
3894 BRAGA, Giorgio: Per una politica linguistica europea. — [369], 202-217.
3895 BRAZEAU, Jacques: Typologie sur l'emploi des langues dans l'entreprise privée. — [159], 259-278 | Commentateurs: M.P. HERREMANS, et al., 279-298.
BROUWER, D.: The influence of the addressee's sex on politeness . . . — 8702.
3896 BROWN, Penelope; FRASER, Colin: Speech as a marker of situation. — [395], 33-62.
3897 BROWN, Penelope; LEVINSON, Stephen: Social structure, groups and interaction. — [395], 291-341.
3898 BUNGARTEN, Theo: Wissenschaft, Sprache und Gesellschaft. — [416], 14-53.
3899 CANALE, Michael; MOUGEON, Raymond; KLOKEID, Terry J.: Forensic linguistics. — *CJL* 27, 1982, 150-155 | Language experts in Toronto's first bilingual jury trial.
3900 CANCIANI, Domenico: Dalla Francia all'Italia: all'ascolto delle minoranze etnico-linguistiche. — [369], 289-298.
3901 CAUDMONT, Jean: La situation linguistique dans l'Archipel de San Andrés et Providencia (Colombie). — [399], 129-150.
3902 ČEJKA, Mirek: Podmínky úspěšnosti rozkazu a přání. — *JazA* 19, 1982, 116-117 | Happiness conditions in formulating imperative and desiderative utterances.
CHALKLEY, M.A.: The emergence of language as a social skill. — 3650.
3903 CIOLAC, Marina: La conscience communicative des élèves; une tentative d'approche sociolinguistique. — *RRLing* 27, 1982, 397-408.
3904 Conversation and the human encounter: face-to face interaction. Compiled & ed. by Adam KENDON. — *SLN* 9, 1978, 19-56.
3905 COOK, Mark; GURR, Pauline J.: Social class and ritualized speech. — *L&S* 24, 1981, 373-376.
3906 CRAEN, Piet VAN DE: Sociale linguïstiek en wetenschapsfilosofie. — [371], 195-213 | Sociolinguistics and philosophy of sci.
3907 CREMERS, Ehrhardt; REICHERTZ, Jo; SEIDEL, Rainer: Interaktion vor Gericht. Überlegungen zur sozialwissenschaftlichen Hermeneutik am Beispiel einer Hauptverhandlung des Jugendgerichts. — [3888], 115-141.
3908 DALL'ONGARO, Giuseppe: Comprensione e affinità culturali. — [369], 221-224.
3909 DENISON, Norman: A linguistic ecology for Europe? — *FoL* 16, 1982, 5-16.
3910 DEŠERIEV, Ju.D.: Jazykovye problemy mnogonacional'nogo sovetskogo obščestva. — *VJa* 1982/6, 14-27.
3911 DEŠERIEV, J.D.: Jazyková politika v podmínkách výstavby a existence rozvinu-

tého socialismu. — *SS* 43, 1982, 8-12 | Language policy in the conditions of construction and existence of developed socialism (Ru. summ.).

3912 DETH, J.P. VAN: La communication linguistique directe entre cultures européennes. — [369], 49-65.

3913 DITTMAR, Norbert; WILDGEN, Wolfgang: Pragmatique psychosociale: variation linguistique et contexte social. — [1617], 631-721.

3914 DOHALSKÁ, Marie: Problematika techniky zprostředkovaného sdělení vzhledem ke komunikačnímu cíli. — [351], 74-89 | Les problèmes de la structure des communications indirectes à l'égard de l'intention communicative.

3915 DOMAŠNEV, A.I.: Teorija kodov B. Bernstajna. Celi i rezul'taty. — *VJa* 1982/1, 3-12.

3916 DOMAŠNEV, A.I.: Zametki po povodu sociolingvističeskoj koncepcii U. Labova. — *VJa* 1982/6, 55-65.

3917 DRETTAS, Georges: La diglossie: un pèlerinage aux sources. — *BSL* 76, 1981/1 (1982), 61-98. | Notamment sur la situation en Grèce.

3918 DUA, Hans R.: Dimensions of language identity: dynamics of language symbols. — *IJL* 9, 1982/2, 8-25.

3919 DUCHÁČEK, Otto: Prostředky mezilidské komunikace a jejich vzájemné vztahy. — *JazA* 19, 1982, 34-35 | Les moyens de la communication interpersonnelle et leurs relations mutuelles.

3920 DURMULLER, Urs: American sociolinguistics 1980. — *SLN* 11, 1980, 1-6.

3921 EBERTOWSKI, M.: Over het ontstaan en de effecten van taalattitudes. — *Gramma* 1, 1977/2, 10-29 | On the emergence and effects of language attitudes.

3922 EBERTOWSKI, Marianne: Sociale psychologie en taal. — *Gramma* 3, 1979, 14-33 | Social psychology and language.

3923 EDWARDS, A.D.; SEIDEL, G.: Social facts and socially-constituted linguistics. — *SLN* 10, 1979, 18-20.

3924 EHLICH, Konrad: Sociolinguistique et sociologie de langage: pour une différentiation systématique (statement). — [186], 215-217.

3925 EMENEAU, Murray B.: *Language and linguistic areas*. — Stanford, CA: 1980 | BL 1980, 3140. | *Lingua* 56, 1982, 93-96 K.R. Norman | Cf. 4041.

3926 ENCREVÉ, Pierre: A propos du "marché linguistique". — [186], 97-103.

3927 FACHÉ, A.: Taalbarrières in de wetenschapscommunicatie met het grote publiek. — [4076], 159-177 | Language barriers in the science communication with the public at large.

3928 FLEERACKERS, J.: Van taalbarrières tot taalunie: een vèr-dragend verdrag. — [4076], 191-204 | From language barriers to the Du.-Belgian Language Union: a far-reaching convention.

3929 FLEISCHMANN, Ulrich: Alphabetisierung und Sprachpolitik: der Fall Haiti. — [399], 87-120.

3930 GAL, Susan: *Language shift* ... — New York: 1979 | BL 1979, 3298. | *SLN* 12, 1981, 23-24 P.H. Nelde.

3931 GARDIN, Bernard: Discours syndical et personnalité sociale. — *BRPh* 20, 1982, 293-306.

3932 GARMADI, Juliette: *La sociolinguistique*. — Paris: P.U.F., 1981, 226 p. | *Lengas* 12, 1982, 96-101 G. Kremnitz.

3933 GENSINI, Stefano; VEDOVELLI, Massimo: *Lingua, linguaggi e società: proposta per un aggiornamento*. Introd. e appendice storica di Tullio DE MAURO. 2. ed. ampliata. — Firenze: L. Manzuoli, 1981, 133 p. | 1st ed. 1978 (BL 1978, 3081).

3934 GIESECKE, Michael: Die Normalformanalyse, ein kommunikationswissenschaftliches Untersuchungsverfahren für interaktionelle Vorgänge in Institutionen. Dargestellt an Beispielen aus der Analyse von Supervisions- und Balintgruppen. — [3888], 185-204.
3935 GILES, Howard: Ethnicity markers in speech. — [395], 251-289.
3936 GILES, Howard; SCHERER, Klaus R.; TAYLOR, Donald M.: Speech markers in social interaction. — [395], 343-381.
3937 GNÄRIG, Burkhard: *Zwischen Quechua und Spanisch: Sprachwahl und -verwendung als Moment kultureller Konkurrenz. Zwei Beispiele aus Peru.* — Frankfurt a.M.: Fischer, 1981, 232 p.
3938 GREGORY, Michael; CARROLL, Susanne: *Language and situation* . . . — London: 1978 | BL 1980, 3150. | *SLN* 13, 1982, 53-55 P. Eglin.
3939 GRÈVE, Marcel DE: Vers un renouvellement de la formation dans une société globale plurilingue et pluriculturelle. — [369], 193-195.
3940 GRIMSHAW, Allen D.: *Language as a social resource.* — Stanford, CA: Stanford UP., 1981, 373 p.
GROCYCA, D.A. . . . [et al.].: Deaf children and chimpanzees . . . — 1755.
3941 GROSSE, Rudolf; NEUBERT, Albrecht: *Soziolinguistische Aspekte der Theorie des Sprachwandels.* — SbAWDDR 1982/10-G; Berlin (DDR): Akad.-Verlag, 1982, 43 p.
3942 GRUGINSKI, Jose Erasmo: *Correlation of self-evaluation with linguistic choices.* — Northwestern Univ. diss., 1980, 126 p. | Written Port. | *DAb* 41/6, 1980, 2586-A.
3943 GRYPDONCK, A.: Taal – taalbarrières – taaleenheid. — [4076], 15-57 | Language – language barriers – language unity.
3944 GUMPERZ, John J.: *Discourse strategies.* — Studies in Interactional Sociolinguistics 1; Cambridge: Cambridge UP., 1982, xii, 225 p.
3945 HAAS, W.: Introduction: On the normative character of language. — [4068], 1-36.
3946 HAGEN, A.: *Standaardtaal en dialectsprekende kinderen* . . . — Muiderberg: 1981 | BL 1981, 4331. | *Spektator* 11, 1981-82, 422-424 R. Appel | *FdL* 23, 1982, 67-69 G. Hubers.
3947 HARTIG, Matthias: Perspektiven der Soziolinguistik. — *FoL* 16, 1982, 411-431.
HARTIG, M.: *Sozialer Wandel und Sprachwandel* . . . — 8218.
3948 HARTMANN, Reinhard R.K.: Interlingual variation and intralingual change. On the terminology of code-switching operations. — *GLS* 11-12, 1980, 128-139.
3949 HARTUNG, Wolfdietrich: Sprachliche Varianten und ihre Systematisierbarkeit. — [189], 96-106.
3950 HARTWEG, Frédéric G.: Sprachkontakt und Sprachkonflikt im Elsass. — [398], 97-113.
3951 HEILMANN, Luigi: L'aspetto linguistico: sintesi del convegno. — [369], 196-201.
3952 HELGORSKY, Françoise: La notion de norme en linguistique. — *FM* 50, 1982, 1-14.
3953 HÉRAUD, Guy: Notion de minorité linguistique. — [159], 15-38 | Commentateurs: Jean POIRIER, et al., 39-69.
3954 HINNENKAMP, Volker: *Foreigner talk und Tarzanisch: eine vergleichende Studie über die Sprechweise gegenüber Ausländern am Beispiel des Deutschen und des Türkischen.* — Hamburg: Buske, 1982, xviii, 242 p.
3955 HORECKÝ, Ján: *Spoločnosť a jazyk.* — Bratislava: Veda, 1982, 106 p. | Society and language.

3956 HORECKÝ, Ján: Jazyk v sovietskej spoločnosti. — JČ 33, 1982, 105-108 | Language in Soviet society.
3957 HORECKÝ, Ján: Svetový jazykový proces. — KS 16, 1982, 97-101 | Word language development.
3958 HOUT, R. VAN: Taalvariatie en de variabele regel. — Gramma 4, 1980, 187-211 | Linguistic variation and variable rules. Cf. also 4047.
3959 HOUT, Roeland VAN: Sociolinguïstische transformaties rondom stijlverschuiving. — Gramma 6, 1982, 144-168, 10 fig., 3 tab. | Sociolinguistic transformations in style shifting.
3960 HUDSON, R.A.: *Sociolinguistics*. — London: 1980 | BL 1981, 4344. | *MSpråk* 75, 1981, 193-201 S. Ohlander.
3961 HUDSON, Richard A.: *Sociolinguistica*. — La Nuova Sci., Serie di Linguistica e Critica Letteraria; Bologna: Il Mulino, 1980, 308 p. | Transl. of No. 3960; It. ed. by Alberto VÀRVARO.
3962 HUDSON, R.A.: *Sociolinguïstiek*. Nederlandse vertaling Jo DAAN. — Taal en Maatschappij 5; Groningen: Wolters-Noordhoff, 1982, 288 p. | Transl. of No. 3960.
3963 HULS, Henrica Anna: *Taalgebruik in het gezin en sociale ongelijkheid: een interactioneel sociolinguïstisch onderzoek.* — Diss. Nijmegen; s.l. [Erica Huls, Alverstraat 20, 6576 BW Ooij], 1982, 375 p. | Language use and social inequality: a study in interactional sociolinguistics (E. summ., 367-374). Author's name on cover: Erica Huls.
3964 HUMPHREY, Frank Maurice: "Shh!": *a sociolinguistic study of teachers' turntaking sanctions in primary school lessons.* — Georgetown Univ. diss., 1979, 365 p. | *DAb* 41/4, 1980, 1569-A/1570-A.
3965 HYMES, Dell: *Foundations in sociolinguistics* . . . — London: 1977 | BL 1979, 3330. | *SEz* 7, 1982/3, 67-70 A. Pačev.
3966 HYMES, Dell H.: *Essays in the history of linguistic anthropology.* — SiHoL 25; Amsterdam: Benjamins, 1982, xxiii, 406 p.
3967 IERLAND, Margreet VAN: Normen, normering en taalontwikkelingsstoornissen. — *TTT* 2, 1982, 199-212, 3 fig. | Norms, normalization and disorders in language development.
3968 *Issues in sociolinguistics.* Ed.: Oscar URIBE-VILLEGAS. — The Hague: 1977 | BL 1977, 317. | *L&H* 41, 1979, 74-75 G. L[urquin].
3969 JANICKI, Karol: *The foreigner's language in a sociolinguistic perspective.* — Uniw. im. A. Mickiewicza w Poznaniu. Seria: Filologia Angielska 17; Poznań: Uniw. im. A. Mickiewicza, 1982, 105 p. | Pol. summ.
3970 JEDLIČKA, Alois: Typy norem jazykové komunikace. — SS 43, 1982, 272-281 | Die Typen der sprachlich-kommunikativen Normen (G. summ.).
3971 *Język i społeczenstwo.* Wybrał i wstępem opatrzył Michał GŁOWINSKI. — Warszawa: 1980 | BL 1980, 3163. | *Nowe Książki* (Warszawa) 1981/8, 63-64 B. Stanosz.
3972 JONES, Gareth; KRESS, Gunther: Classifications at work: the case of middle management. — *Text* 1, 1981, 65-81.
3973 JORDANA, Ricard: Multilingual study in the Europe of the 80's. — [369], 167-192.
3974 JOSEPH, John Earl: *The standard language: theory, dogma, and sociocultural reality.* — Univ. of Michigan diss., 1981, 309 p. | *DAb* 42/2, 1981, 686-A.
3975 KADE, Otto: *Die Sprachmittlung als gesellschaftliche Erscheinung und Gegenstand wissenschaftlicher Untersuchung.* — Leipzig: Enzyklopädie Verlag, 1980, 285 p. | *PhP* 25, 1982, 183-184 V. Stehlík.

KENDALL, M.B.: . . . a critique of deterministic models in sociolinguistics. — 1416.
3976 KESSLER, Carolyn: Age related to awareness of the social significance of language. — *LAL* 1, 1970, 42-54, 8 fig., tab.
3977 KLOSS, Heinz: Der heutige Stand der Sprachen Europas. — [369], 15-40.
3978 *Kommunikation und Sprachvariation.* Von einem Autorenkollektiv unter der Leitung von Wolfdietrich HARTUNG und Helmut SCHÖNFELD. — Sprache und Gesellschaft 17; Berlin (DDR): Akad.-Verlag, 1981, 471 p., 2 maps | From the contents: Wolfdietrich HARTUNG, Differenziertheit der Sprache als Inhalt kommunikativer Erfahrung, 11-25; Wolfdietrich HARTUNG, Differenziertheit der Sprache als Ausdruck ihrer Gesellschaftlichkeit, 26-72; Helmut SCHÖNFELD & Ruth PAPE, Sprachliche Existenzformen, 130-214; Margit PEINE & Helmut SCHÖNFELD, Sprachliche Differenzierungen und ihre Bewertung, 215-258; Joachim DONATH, Ruth PAPE, Marion ROLOFF & Helmut SCHÖNFELD, Beschreibung einer empirischen Untersuchung zur Sprachvarianz, 308-440.
3979 KONING, W.K.B.: Sociolinguistics in the Netherlands. — *SLN* 10, 1979, 3-14.
3980 KRAMARAE, Cheris: *Women and men speaking: frameworks for analysis.* — Rowley, MA: Newbury House, 1981, ix, 194 p. | *Lg* 58, 1982, 940-943 S.H. Elgin.
3981 KRAUS, Jiří: Jazyková kultura jako součást cílového projektu "Národní jazyky v rozvinuté socialistické společnosti". — *SS* 43, 1982, 21-27 | Language culture as a part of a target project "National languages in the developed socialist society" (G. summ.).
3982 KRAUS, Jiří: Společenské komunikační potřeby a informatika. — [415], 28-34 | Social communication requirements and informatics.
3983 KREMNITZ, Georg: Sur quelques niveaux sociaux des conflits linguistiques. — *Lengas* 12, 1982, 25-35.
3984 KREMNITZ, Georg: La sociolinguistique dans les États français et espagnol. — [186], 13-28.
3985 LABOV, William: *Sociolinguistique.* — Paris: 1976 | BL 1976, 3791. | *Lengas* 3, 1978, 122-128 F. Gardes-Madray | *L&H* 33, 1977, 85-87 G. L[urquin].
3986 LAFONT, Robert: Praxématique et sociolinguistique. — *Lengas* 3, 1978, 77-85.
3987 LAFONT, Robert: Productivité culturelle et domination linguistique. — *Lengas* 6, 1979, 1-21.
3988 LAFONT, Robert: Stéréotypes dans l'enquête sociolinguistique. — [186], 233-236.
3989 LAMBERT, Wallace E.; TUCKER, G. Richard: Tu, vous, usted . . . — Rowley, MA: 1976 | BL 1978, 3110. | *FR* 51, 1977-78, 456-457 H. Niedzielski.
3990 *Language, society, and paleoculture:* essays by Edgar C. POLOMÉ. Selected and introduced by Anwar S. DIL. — Language Sci. and National Development Series; Stanford, CA: Stanford UP., 1982, xiii, 387 p. | I. Sociolinguistics, II. Swahili, III. Creolization, IV. Language, paleoculture, and religion.
3991 LAVANDERA, Beatriz: Le principe de réinterprétation dans la théorie de la variation. — [186], 87-95, fig., 2 tab. | Exemplifié par le système modal esp.
3992 LAVER, John; TRUDGILL, Peter: Phonetic and linguistic markers in speech. — [395], 1-32.
3993 *Linguistique et sociolinguistique.* [No. dirigé par] Pierre ENCREVÉ. — *LFr* 34; Paris: 1977 | BL 1977, 4442. | *Lengas* 3, 1978, 129-133 P. Gardy.
3994 LOCAL, John: Modelling intonational variability in children's speech. — [4056], 85-103, 5 fig., 2 tab.

SOCIOLINGUISTIQUE

3995 LUBAŚ, Władysław: Socjolingwistyka − metoda interdyscyplinarna. *− PrNUŚ* 528, 1982 (*Socjolingwistyka* 4), 11-18 | Sociolinguistics: an interdisciplinary method.

3996 MAAS, Utz: Politique de la langue: concepts de base pour la linguistique politique. *− Lengas* 9, 1981, 9-38.

3997 MACKEY, William Francis: Typologie des interventions dans le domaine de l'enseignement. *−* [159], 209-228 | Commentateurs: Gerardo H. ALVAREZ; Guiu SOBIELA-CAANITZ, et al., 229-258.

3998 MACKEY, W.F.; ORNSTEIN, J.: *Sociolinguistic studies in language contacts . . . −* The Hague: 1979 | BL 1979, 3373. | *JazA* 19, 1982, 48 S. Heřman.

3999 MANTEN, Arie A.: Taalbarrières en (internationale) wetenschappelijke communicatie. *−* [4076], 119-141 | Language barriers and (international) sci. communication.

4000 MARCATO, Gianna: Lingue internazionali e distorsione del messaggio. *−* [369], 225-232.

4001 MARCJANIK, Małgorzata: Magiczne funkcje słów w kulturach pierwotnych i w działaniu językowym współczesnego człowieka. *− PrzH* 25, 1981/10-12, 111-116.

4002 MARCONOT, Jean-Marie: La notion de rôle et la conversation. *− Lengas* 11, 1982, 101-114.

4003 MARINER BIGORRA, Sebastián: La distinción lengua/dialecto en sociolingüística. *− RSEL* 11, 1981, 331-340.

4004 MAYS, David Vernon: *Cross-cultural social status perception in speech. −* Indiana Univ. diss., 1981, 106 p. | *DAb* 42/3, 1981, 1128-A.

4005 MCCORMACK, William C.: The passive bilingual and "foreigner talk". *− LACUS* 7, 1980 (1981), 509-521.

4006 MILLER, Max: Interpretatives Paradigma und die empirische Untersuchung der Ontogenese kollektiver moralischer Deutungsmuster. *−* [3888], 49-89, fig.

4007 MILROY, Lesley: *Language and social networks. −* Oxford: 1980 | BL 1980, 3188. | *JL* 18, 1982, 197-202 R.A. Hudson | *Lg* 58, 1982, 231-233 J.B. Pride.

4008 MIRAN, M. Alam: Language planning in Afghanistan. *− SLN* 8, 1977, 18-22.

4009 MLÍKOVSKÁ, Vlastimila: Ke specifice společenské povahy jazyka. *−* [351], 3-11 | Special problems of the social nature of language.

4010 *Mogučnij faktor nacional'no-jazykovogo razvitija.* [Red.: K.N. KULMATOV, et al.]. *−* Frunze: "Kyrgyzstan", 1981, 313 p. | *VJa* 1982/6, 140-143 K.V. Bachnjan.

4011 [MOVSISYAN, Ėvelina] MOVSESJAN, Ėvelina: Problema jazykovoj i kommunikativnoj kompetencii v zarubežnoj sociolingvistike. *− LHG* 1982/10, 58-64 | Arm. summ.

4012 MÜLLER, Hermann: Sprachvermittlung und binationale Ingenieurausbildung. *−* [369], 386-389.

4013 National language planning and treatment. Ed. by Richard E. WOOD. *− Word* 30, 1979/1-2 | *Kratylos* 26, 1981 (1982), 190-191 F.J. Hausmann.

4014 NAUTA, D., Jr.: Taal en interdisciplinariteit. *−* [4076], 101-118 | Language and interdisciplinarity.

4015 NELDE, Peter H.: Sprachloyalität und soziale Identifikation. Zur Problematik von Sprachenzählungen in Sprachgrenzgebieten. *− GLS* 11-12, 1980, 201-209.

4016 OKSAAR, Els: Situationale Interferenzen und Kommunikationskonflikte. *−* [323], 105-114.

4017 PANDIT, Prabodh B.: *Language in a plural society: a case of India. −* The

Seventh Dev Raj Chanana Memorial Lectures 1975; New Delhi: Manohar Book Service, 1977, 65 p. | 3 lectures: India: a profile in multilingualism; Prerequisites of language planning; Negotiating identities: Hindi and Urdu. | *IJDL* 9, 1980, 374-377 D.M. Joshi.

4018 PAP, Leo: Sociology of language versus sociolinguistics. — *LACUS* 7, 1980 (1981), 435-443.

4019 PENG, Fred C.C.: The place of sociolinguistics in language sciences. — *SLN* 13, 1982, 26-33.

4020 PERNTHALER, Peter: Modes d'action juridique dans le domaine linguistique. — [159], 71-83 | Commentateurs: Alberto ESCOBAR; Marc LENGEREAU; Rudolf VILETTA, 84-139.

4021 PETR, Jan: K realizaci programu "Národní jazyky" v rozvinuté socialistické společnosti. — *SS* 43, 1982, 1-7 | A propos de la réalisation du programme "Les langues nationales en société socialiste développée" (Rés. fr.).

4022 PETRELLA, Riccardo: Presente e avvenire delle lingue e culture "regionali" in Europa occidentale. — [369], 66-74.

4023 PIETERSEN, Lieuwe: *Taalsociologie* . . . — Groningen: 1976 | BL 1976, 3841. | *SLN* 8, 1977, 54-56 R.E. Wood.

4024 PIOTROWSKI, Andrzej; ZIÓŁKOWSKI, Marek: *Zróżnicowanie językowe a struktura społeczna.* — Warszawa: 1976 | BL 1976, 3842. | *SLN* 13, 1982, 35-36 N.N.

4025 PLASTRE, Guy: Typologie des interventions dans les services publics. — [159], 141-175 | Comments by Heinz KLOSS; Fried ESTERBAUER; Alain FENET, 176-208.

4026 [POLOMÉ, E.] POLOME, Ė.: Sociolingvističeski orientirovannoe obsledovanie (Analiz dejatel'nosti Komissii po izučeniju roli jazykov i ich prepodavanija v Vostočnoj Afrike). — *VJa* 1982/4, 109-120.

4027 PORTZ, Renate: *Sprachliche Variation und Spracheinstellungen bei Schulkindern und -jugendlichen: eine empirische Untersuchung in Norwich/England.* — TBL 184; Tübingen: Narr, 1982, xi, 190 p., fig.

4028 PÖTSCHKE, J.: *Sprache – Stil – Ideologie.* — Leipzig: Karl-Marx-Univ., 1980, 66 p. | *Otázky žurnalistiky* (Bratislava) 25, 1982/4, 46-48 D. Serafínová.

4029 PRADELLES DE LATOUR, Marie Lorraine: La notion de temps et d'espace au village et à la cité à partir de récits généalogiques. — [369], 332-336.

4030 REITMAJER, Valentin: Erhebung von Sozialdaten des Informanten. — [339], 580-585.

4031 RIGGS, Fred W.: Special languages and terminology. — *SLN* 11, 1980, 18-22.

4032 ROBINSON, W. Peter: Speech markers and social class. — [395], 211-249.

4033 ROMAINE, Suzanne: Stylistic variation and evaluative reactions to speech: problems in the investigation of linguistic attitudes in Scotland. — *L&S* 23, 1980, 213-232.

4034 ROMAINE, Suzanne: What is a speech community? — [4056], 13-24.

ROMAINE, S.: *Socio-historical linguistics* . . . — 2848.

ROMAINE, S.: The reconstruction of language in its social context . . . — 2849.

4035 RONDAL, Jean-A.: Langage et handicap socio-culturel: recherches récentes et perspectives. — *L&H* 46, 1981, 14-24.

4036 ŠABRŠULA, Jan: Zum Verhältnis von Subsystemen (Subkoden, "diastratischen" Varianten) der Sprache und politischem Text. — *BRPh* 20, 1981, 273-283.

4037 SAINT-BLANCAT, C.: How sociostructural variables influence minority's sociopsychological attitudes and strategies. — [369], 270-273.

4038 SAMARIN, William J.: Goals, roles, and language skills in colonizing central equatorial Africa. — *AnL* 24, 1982, 410-422.
4039 SCHEFE, Peter: Zur Funktionalität der Wissenschaftssprache — am Beispiel der Medizin. — [416], 356-371.
4040 SCHERFER, Peter: A propos d'une théorie et de l'étude empirique de la conscience linguistique. — [186], 225-232.
4041 SCHIFFMAN, Harold F.: Review art. on: Murray B. EMENEAU, *Language and linguistic area* . . . , 1980. — *Lg* 58, 1982, 185-193 | Cf. 3925.
4042 SCHLIEBEN-LANGE, Brigitte: Pour une sociolinguistique pragmatique: esquisse méthodologique. — *Lengas* 2, 1977, 3-13.
4043 SCHÖNFELD, Helmut: Vliv sociálních faktorů na diferenciaci národního jazyka (úkoly, metody, výsledky). — *SS* 43, 1982, 13-20 | The influence of social factors on the differentiation of national language: tasks, methods, results (G. summ.).
4044 SCHWARZE, Christoph: Sprachnormierung und Sprachpflege. — [314], 299-310.
4045 SEIDEL, Gill: Breaking the language code. — *SLN* 8, 1977, 11-13.
4046 SENOFONTE, Ciro: *Sociologia e filosofia del linguaggio*. Ed. riveduta e aggiornata. — Biblioteca, Contributi di Sociologia 64; Napoli: Liguori, 1982, 127 p. | 1st ed. 1975 (BL 1975, 3691).
4047 SEUREN, Pieter A.M.: Taalvariatie en de variabele regel. — *Gramma* 5, 1981, 51-54 | Linguistic variation and variable rules: contra Roeland VAN HOUT (No. 3958); reply by VAN H., *ibid*, 55-61.
4048 SHIELS, Mary: Sociolinguistics: old wine in new skins? An analysis of sociolinguistic methodology and its relation to general linguistic theory. — *LAL* 4, 1972, 50-60.
4049 SIGUÁN, Miguel: *Lenguaje y clase social en la infancia*. Apéndice: Marxismo y sociolingüística. — Publ. del Inst. de Ciencias de la Educación de la Univ. de Barcelona; Madrid: Pablo del Río, 1979, 93 p. | *RSEL* 11, 1981, 484-486 A. Tovar.
4050 SILVA, M.W. Sugathapala DE: Some consequences of diglossia. — [4068], 94-122.
4051 ŠIMEČEK, Václav: Současná jazyková situace ve Švýcarsku. — *CJŠ* 25, 1981-82, 373-374 | Present-day linguistic situation in Switzerland.
4052 SKÁCEL, Josef; ŠVARNÝ, Oldřich; ZIMA, Petr: *Rok 2000 — jazyk jako most i propast*. — Edice Prameny 46; Praha: Mladá fronta, 1982, 244 p. | The year 2000: language as a bridge and as a cleft.
4053 SMITH, David M.: Language as social adaptation. — *LAL* 4, 1972, 61-77.
4054 *Social markers in speech*. Ed. by Klaus R. SCHERER; Howard GILES. — Cambridge: 1979 | BL 1980, 3223. | *BSL* 76, 1981/2 (1982), 100-101 M. Bile.
4055 *Sociolinguistic problems in Czechoslovakia, Hungary, Romania and Yugoslavia*. Ed. by William R. SCHMALSTIEG & Thomas F. MAGNER. — Columbus, OH: 1978 | BL 1978, 3154. | *PrNUŚ* 528, 1982, 229-234 E. Prower.
4056 *Sociolinguistic variation in speech communities*. Ed. by Suzanne ROMAINE. — London: Arnold, 1982, viii, 179 p.
4057 Sociolinguistics. — *LAL* 5, 1972, 101 p.
4058 *Sociolinguïstische studies 1. Bijdragen uit het Nederlandse taalgebied*, bijeengebracht door G. GEERTS en A. HAGEN. — Groningen: 1980 | BL 1980, 3225. | *LB* 70, 1981, 195-199 Jo Daan.
4059 *Sociolinguïstische studies 2. Bijdragen uit de internationale literatuur*. Red.: G.

GEERTS; A. HAGEN. Uit het Engels vertaald door Hedwig Swinnen. — Taal, mens, maatschappij 3; Groningen: Wolters-Noordhoff, 1981, 224 p. | Sociolinguistic studies 2. Contr. from the intern. lit. | *Spektator* 12, 1982-83, 144-146 H.F. Schatz | *TeT* 34, 1982, 223-224 G. De Schutter.

4060 *Socjolingwistyka.* 4. Pod red. Władysława LUBASIA. — *PrNUŚ* 528; Warszawa: Państwowe Wyd. Naukowe / Uniw. Śląski, 1982, 256 p.

4061 SOEFFNER, Hans-Georg: Statt einer Einleitung: Prämissen einer sozialwissenschaftlichen Hermeneutik. — [3888], 9-48.

4062 ŠOKOVÁ, Soňa: Základné otázky sociolingvistiky. — *SR* 47, 1982, 33-40 | Basic problems of sociolinguistics.

4063 SORNICOLA, Rosanna: *La competenza multipla* . . . — Napoli: 1977 | BL 1977, 4494. | *LN* 42, 1981, 87-88 T. Poggi Salani.

4064 *Sosiolingvistiikan näkymiä.* [Ed. by] M.K. SUOJANEN; Päivikki SUOJANEN. — Helsinki: Gaudeamus, 1982, 239 p., tab., fig. | Sociolinguistic perspectives.

4065 *Soziolinguistik. Ansätze zur soziolinguistischen Theoriebildung.* Hrsg. von Hugo STEGER. — WdF 344; Darmstadt: Wissenschaftliche Buchgesellschaft, 1982, vii, 481 p., ill. | Coll. of previously published studies by Dell HYMES, William LABOV . . . [et al.], all in G.

Spanish in the U.S.: sociolinguistic aspects. — 6149.

4066 *Sprachenrecht, Sprachenpolitik, Sprachplanung.* Hrsg.: Helmut GLÜCK; Helmut JACHNOW; Utz MAAS. I-II. — Osnabrück: 1977 | BL 1977, 380. | *Lengas* 5, 1979, 127-132 G. Kremnitz.

4067 *Sprachnormen.* II. . . . [Hrsg. von] Gunter PRESCH und Klaus GLOY. — Stuttgart-Bad Cannstadt: 1976 | BL 1979, 3421. | *RBPh* 60, 1982, 582-584 A. Dussart (I-II).

4068 *Standard languages: spoken and written.* Ed. by W. HAAS. — Mont Follick Series 5; Manchester: Manchester UP./Totowa, NJ: Barnes & Noble Books, 1982, viii, 192 p.

4069 STEINIG, Wolfgang: Psychologische Fachsprache und Alltagskommunikation. — [416], 422-453.

4070 STUBBS, Michael: *Language and literacy* . . . — London: 1980 | BL 1981, 4421. | *Gramma* 6, 1982, 170-175 W. van Peer | *SLN* 12, 1981, 55-56 F. Gomes de Matos.

4071 STUBBS, Michael: *Discourse analysis: the sociolinguistic analysis of natural language.* — Language in Society 4; Oxford: Blackwell, 1983, xiv, 272 p.

4072 SULLIVAN, Jennifer: A sociolinguistic review of the Iowa tests of basic skills. — *LAL* 5, 1972, 61-75.

4073 ŠVEJCER, A.D.: K probleme social'noj differenciacii jazyka. — *VJa* 1982/5, 39-48.

4074 SWING, Elizabeth Sherman: The politicolinguistics of education in Belgium. — *Word* 32, 1981 (1982), 213-224.

4075 SZÉPE, G.: Remarks on European language policy. — [369], 253-256.

4076 *Taal en de communicatie van kennis.* Onder redactie van A. GRYPDONCK. — Hasselt: Heideland-Orbis, 1981, 220 p. | Language and the communication of knowledge. Coll. of papers read at a symposium at Diepenbeek (Belgium), March 1981.

4077 THAKERAR, Jitendra N.; GILES, Howard: They are — so they spoke: noncontent speech stereotypes. — *L&C* 1, 1981, 255-261, tab.

4078 THIBAULT, Pierrette: Style, sens, fonction. — [186], 73-79 | Sur l'analyse de l'équivalence fonctionnelle par la sociolinguistique variationniste (exemples du fr. de Montréal).

4079 TIMM, Lenora A.: Diglossia old and new – a critique. — *AnL* 23, 1981, 356-367.
4080 TITONE, Renzo: Formazione plurilingue in una scuola europea. — [369], 146-166.
4081 TIUGAN, Marilena: What sociolinguistics actually is? — *RRLing* 26, 1981, 333-340.
4082 TOLLEFSON, James W.: Alternative paradigms in the sociology of language. — *Word* 32, 1981 (1982), 1-13.
4083 TRUDGILL, Peter: *Sociolinguistics* . . . — Harmondsworth: 1974 | BL 1974, 3418. | *Anglia* 100, 1982, 485-487 K. Reichl.
4084 TRUDGILL, Peter: Linguistic accommodation: sociolinguistic observations on a sociopsychological theory. — *PScCL* VI, 284-297, 3 fig.
4085 TRUDGILL, Peter: On the limits of passive 'competence': sociolinguistics and the polylectal grammar controversy. — [291], 172-191, 8 tab.
4086 VAŠEK, Antonín: On the functioning of the developmental factors of an isolated language in contact and the way in which we come to know them. — *MJ* 31, 1980, 91-99.
4087 VERDOODT, Albert: Maintien de la langue – substitution de la langue et développement socio-économique. — *GLS* 11-12, 1980, 326-334.
4088 VERMEIRE, A.: Standpunten omtrent taalbarrières en internationale wetenschappelijke communicatie. — [4076], 143-158 | Viewpoints regarding language barriers and intern. sci. communication.
4089 VÖLZING, Paul Ludwig: Kommunikation zwischen Angehörigen unterschiedlicher Kulturen und die Gefahr des Missverständnisses. — [369], 245-252.
4090 *Vzaimootnošenie razvitija nacional'nych jazykov i nacional'nych kultur.* [Red.: Ju.D. DEŠERIEV; Ė.G. TUMANJAN]. — Moskva: "Nauka", 1980, 319 p. | *SS* 43, 1982, 236-237 J. Kraus.
4091 WANDRUSZKA, Mario: *Die Mehrsprachigkeit des Menschen.* — München: 1979 | BL 1979, 3438. | *KLit* 9, 1980, 105-106 G. Schweig.
4092 WEBER, Heinz: *Studentensprache: über den Zusammenhang von Sprache und Leben.* — Pragmalinguistik 24 (Diss. Tübingen 1978); Weinheim: Beltz, 1980, 304 p. | *LB* 72, 1983, 319-320 M. Hartig.
4093 WEBSTER, Jonathan James: *Some sociolinguistic aspects of religious communication.* — State Univ. of New York at Buffalo diss., 1981, 372 p. | *DAb* 42/1, 1981, 199-A.
4094 [WEINREICH, U.] VAJNRAJCH, U.: *Jazykovye kontakty: sostojanie i problemy issledovanija.* — Kiev: "Vyšča škola", 1979, 263 p. | Ru. transl. with comm. by Ju.A. ŽLUKTENKO and introd. by V.N. JARCEVA of BL 1953, 36. | *NDVŠ-F* 1981/4, 93-94 A.E. Karlinskij | *Mov* 1981/1, 87-89 R. Pomirko.
4095 WENZEL, Ryszard: A linguistic approach to bilingualism. — *ZNUG, Linguistica et Anglica Gedanensia* 2, 1981, 5-32.
4096 WHEELER, William; SAINT-JACQUES, Bernard: Restricted code speakers and behavioural failure. — *SLN* 12, 1981, 23-29.
4097 WHITEMAN, Marcia: Dialect differences in testing the language of children: a review of the California language tests. — *LAL* 5, 1972, 48-60.
4098 WILDGEN, Wolfgang: Esquisse d'une théorie de la variation linguistique. — [186], 105-112, 2 fig.
4099 WILLIAMS, Glyn; ROBERTS, Catrin: Institutional centralization and linguistic discrimination. — [369], 75-103.
4100 WOOD, Richard E.: Sociolinguistics in Scotland. — *SLN* 8, 1977, 3-9.

4101 *Zagadnienia socjo- i psycholingwistyki*. Pod red. Adama SCHAFFA. — Wrocław: 1980 | BL 1980, 3245. | *SLN* 13, 1982, 37-38 N.N.
4102 ŽLUKTENKO, Ju.O.: Krytyka sociolinhvistyčnych teorij zarubižnoho movoznavstva (idejno-filosofs'ki osnovy teoriji B. Bernstajna). — *Mov* 1981/5, 3-11 | Criticism of B. BERNSTEIN's theories.
4103 ŽLUKTENKO, Ju.O.: Idejni aspekty teorij "movnoho planuvannja". — *Mov* 1982/4, 8-17 | Ideological aspects of "language planning".
4104 ZVEGINCEV, V.A.: Social'noe i lingvističeskoe v sociolingvistike. — *IzvAN* 41, 1982, 250-258.
4105 ZYBERT, Jerzy: Sytuacja językowa w Hiszpanii. — *PrzH* 25, 1981/7-9 (1982), 193-203 | The language situation in Spain.

12.1. Bilingualism — Bilinguisme

4106 BAETENS BEARDSMORE, Hugo: *Bilingualism: basic principles*. — Clevedon, Avon: Tieto, 1982, 172 p. | *Linguistics* 20, 1982, 359-363 S. Romaine.
4107 BAUTISTA, Maria Lourdes S.: *The Filipino bilingual's competence* . . . — Canberra: 1980 | BL 1980, 3248. | *BSOAS* 45, 1982, 398-400 R. Hudson.
4108 BENTOLILA, Alain; GANI, Léon: Langues et problèmes d'éducation en Haïti. — *Langages* 61, 1981, 117-127.
4109 *Bilinguisme et diglossie*, par Jean-Baptiste MARCELLESI . . . [et al.]. — *Langages* 61; Paris: Larousse, 1981, 127 p. | J.-B. MARCELLESI, Bilinguisme, diglossie, hégémonie: problèmes et tâches, 5-11.
4110 BOURDET, Yvon: Matériau pour une théorie de la diglossie. — *Lengas* 12, 1982, 1-12.
4111 CHARPENTIER, Jean-Michel: Quand et où parler de bilinguisme et de diglossie? Le problème des pidgins et des patois quasi assimilés dans le cas du bichelamar de Vanuatu (ex-Nouvelles-Hébrides) et du patois francisé du Poitou. — *Linguistique* 18/1, 1982, 65-84.
4112 CLYNE, Michael: Second language attrition and first language reversion among elderly bilinguals in Australia. — [398], 25-32.
4113 CORBEIL, Jean-Claude: Essai de définition du bilinguisme fonctionnel. — [320], 415-423.
4114 DARBEEVA, A.A.: O bilingvizme mongolojazyčnych narodov (K probleme interferencii). — *VJa* 1982/6, 85-95.
4115 DENISON, Norman: Conservation and adaptation in a plurilingual context. — [398], 33-52.
4116 ECKERT, Penelope: L'imposition de la diglossie. — *Lengas* 9, 1981, 1-8.
4117 EGGER, Kurt: Sprachgebrauch und Sprachkompetenz bei mehrsprachigen Kindern im Südtiroler Unterland. — [398], 67-82.
4118 FERRERO, Margherita: Problematiche di bilinguismo e plurilinguismo nelle zone ladine e nelle isole linguistiche cimbre. — [398], 83-87.
4119 FISCHER, Anne: De quelques aspects du "code-switching" à Sarrebourg (Moselle). — [292], 127-137.
4120 FISHMAN, Joshua A.; GERTNER, Michael; LOWY, Esther; MILAN, William: Maintien des langues, 'renouveau ethnique' et diglossie aux États-Unis. — *Linguistique* 18/1, 1982, 45-64.
4121 FRANCESCATO, Giuseppe: Le aree bilingui e le regioni di confine. — [369], 126-145.
4122 FRANCESCATO, Giuseppe: On the problems of the isolated bilingual. — [398], 89-96.

4123 GARDÈS-MADRAY, Françoise: Diglossie et praxématique. — *Lengas* 11, 1982, 39-44.
4124 GARŠVA, K.K.: Razvitie dvujazyčija v Litovskoj SSR. — *LMAD* 1982/3 (80), 120-130 | Lith. summ.
4125 GIACALONE RAMAT, Anna: Considérations méthodologiques à propos de l'analyse de la variation linguistique dans une société plurilingue. — [186], 201-210, 2 tab.
4126 GIMENO, Francisco: Dimensiones del multilingüismo. — *RSEL* 11, 1981, 341-373.
4127 GINN, Doris O.: *Aspects of bidialectism among Afro-Americans of the United States.* — State Univ. of New York at Buffalo diss., 1980, 199 p. | *DAb* 41/6, 1980, 2585-A/2586-A.
4128 GRASSI, Corrado: Bilinguismus italienischer Gastarbeiterkinder in der Schweiz und der Bundesrepublik Deutschland. — *ItS* 5, 1982, 133-144.
4129 GRICKAT, Irena: Zapažanja o bilingvizmu. — *ZbMS* 30, 1982/2, 161-181 | SCr. & Ru.
4130 GROSJEAN, François: *Life with two languages: an introduction to bilingualism.* — Cambridge, MA: Harvard UP., 1982, ix, 370 p.
4131 HAMEL, Rainer Enrique; MUÑOZ CRUZ, Hector: Conflit de diglossie et conscience linguistique dans des communautés indigènes bilingues au Mexique. — [186], 249-269.
4132 HELLER, Karin: Gemischter Sprachausdruck bedingt durch Sprachkontakt. — [398], 115-119.
4133 HOFFMANN, Fernand: *Zwischenland.* — Germanistische Texte und Studien 11; Hildesheim: Olms, 1981, 204 p. | *AUMLA* 57, 1982, 95-97 M. Clyne.
4134 HORNUNG, Maria: Der wechselweise Gebrauch deutscher und romanischer Synonyma in den Sprachinselmundarten des östlichen Oberitaliens als Ausdruck einer Bewusstseinsverschiebung. — [398], 121-128.
4135 *Indian bilingualism:* Proceedings ... Ed. by P. Gopal SHARMA; Suresh KUMAR. — Agra: 1977 | BL 1979, 3472. | *IJDL* 8, 1979, 196-202 B. Sreedevi.
4136 JARDEL, Jean-Pierre: Le concept de "diglossie" de Psichari à Ferguson. — *Lengas* 11, 1982, 5-15.
4137 KARLINGER, Felix: Miszellen zur Mehrsprachigkeit des sardischen Theaters und des rumänischen Kultes. — [323], 53-61.
4138 KREMNITZ, Georg: Du "bilinguisme" au "conflit linguistique": cheminement de termes et de concepts. — *Langages* 61, 1981, 63-74.
4139 KRISTOL, Andres M.: 400 Jahre Mehrsprachigkeit in Bivio: Konstanz und Wandel einer plurilingualen Sprachsituation. — *Sprachvariation und Sprachwandel* ... Hrsg. von P. Sture URELAND (Tübingen: 1980 [BL 1981, 220]), 95-119, 2 fig., map | Not listed in BL 1981.
4140 LASAGABASTER MADINABEITIA, Jesús María: Literatura vasca y bilingüismo: vasco y castellano en la novela *Ehun metro*, de R. Saizarbitoria. — *CIHi* VII, 667-675.
4141 LAWTON, David: Code shifting in Puerto Rican Spanish/English. — [399], 121-128.
4142 LIPSKI, John M.: Bilingual code-switching: the evidence from Spanish and English. — *L&H* 42, 1980, 30-39.
4143 LÓPEZ MORALES, Humberto: Estudio de la competencia sociolingüística: los modelos probabilísticos. — *RSEL* 11, 1981, 247-268.
4144 MACKEY, William Francis: *Bilinguisme et contact des langues.* — Paris: 1976 | BL 1976, 3910. | *L&H* 36, 1978, 75-76 J.C.

4145 MARTINET, André: Bilinguisme et diglossie: appel à une vision dynamique des faits. — *Linguistique* 18/1, 1982, 5-16.
4146 MCENTEGART, Damian; LE PAGE, R.B.: An appraisal of the statistical techniques used in the sociolinguistic survey of multilingual communities. — [4056], 105-124, fig., 3 tab.
4147 MICEWICZ, Teresa M.: *Bilingualism in Upper Silesia: its psycho- and sociolinguistic problems.* — Warszawa: 1975 | BL 1975, 3736. | *PrNUŚ* 528, 1982, 243-253 B. Cząstka.
4148 NARTEY, Jonas N.A.: Code-switching, interference or faddism? Language use among educated Ghanians. — *AnL* 24, 1982, 183-192.
4149 NASH, Rose: Reconceptualization as a form of language contact. — *LACUS* 6, 1979 (1980), 412-419 | Puerto Rico.
4150 NELDE, Peter Hans: Überlegungen zur Kontaktlinguistik. — [152], 15-25.
4151 PARADIS, Michel: Language and thought in bilinguals. — *LACUS* 6, 1979 (1980), 420-431, 2 fig.
4152 PARADIS, Michael: Neurolinguistic organization of a bilingual's two languages. — *LACUS* 7, 1980 (1981), 486-494.
4153 POPLACK, Shana; POUSADA, Alicia; SANKOFF, David: Competing influences on gender assignment: variable process, stable outcome. — *Lingua* 57, 1982, 1-28.
4154 PRIESTLY, Tom: The influence of topic and other factors on language selection: a microcosmic example. — *GLS* 11-12, 1980, 210-220 | Evidence from Zell Pfarre/Sele Fara in Austrian Carinthia.
4155 PRUDENT, Lambert-Félix: Diglossie et interlecte. — *Langages* 61, 1981, 13-38.
4156 RAITH, Joachim: *Sprachgemeinschaftstyp, Sprachkontakt, Sprachgebrauch: eine Untersuchung des Bilinguismus der anabaptistischen Gruppen deutscher Abstammung in Lancaster County, Pennsylvania.* — *ZDL*, Beiheft 36; Wiesbaden: Steiner, 1982, xii, 241 p., 11 fig.
4157 ROHAL', Michal: Teorija bilingvizma L.V. Ščerby i ee pragmatičeskaja interpretacija. — *SlavSl* 17, 1982, 88-91 | L.V. Ščerba's theory of bilingualism and its pragmatic interpretation.
4158 ROJO, Guillermo: Conductas y actitudes lingüísticas en Galicia. — *RSEL* 11, 1981, 269-310.
4159 SCHWEDA, Nancy Lee: Goal-oriented interaction in the St. John Valley of Northern Maine: the use of code-switching as a verbal strategy in communities characterized by a French-English speech continuum. — [244], 37-46.
4160 SIBLOT, Paul: Production textuelle et situation diglossique. — *Lengas* 11, 1982, 17-37.
4161 SOUTHWORTH, F.C.: Functional aspects of bilingualism. — *IJDL* 9, 1980, 74-108 | Especially in India.
4162 *Sprachkontakt als Ursache von Veränderungen der Sprach- und Bewusstseinsstruktur: eine Sammlung von Studien zur sprachlichen Interferenz.* Hrsg. von Wolfgang MEID und Karin HELLER. — IBS 34; Innsbruck: Inst. für Sprachwissenschaft der Univ. Innsbruck, 1981, 235 p. | Cf. 398.
4163 *Sprachprobleme bei Gastarbeiterkindern./Problèmes linguistiques des enfants de migrants./Taalproblemen van gastarbeiderskinderen.* Hrsg. von Peter H. NELDE; Guus EXTRA; Matthias HARTIG; Marie-Jeanne DE VRIENDT. — TBL 167; Tübingen: Narr, 1981, 189 p., fig., photographs | Contr. in G., Fr. & Du.
4164 TABOURET-KELLER, Andrée: Entre bilinguisme et diglossie: du malaise des cloisonnements universitaires au malaise social. — *Linguistique* 18/1, 1982, 17-43.
4165 TABOURET-KELLER, Andrée; LUCKEL, Frédéric: Maintien de l'alsacien et adop-

tion du français: éléments de la situation linguistique en milieu rural en Alsace. — *Langages* 61, 1981, 39-62.
4166 TESCH, Gerd: *Linguale Interferenz* . . . — Tübingen: 1978 | BL 1978, 3231. | *Kratylos* 26, 1981 (1982), 56-59 H. Katz; H.-J. Sasse.
4167 *Tvåspråkighet* . . . Med en inledande oversikt av Astrid STEDJE och Peter AF TRAMPE . . . — Stockholm: 1979 | BL 1979, 3490. | *MSpråk* 75, 1981, 202-204 G. Korlén.
4168 TYROLLER, Hans: Zweisprachigkeit und sprachliche Interferenzen in Luserna. — [369], 264-269.
4169 URELAND, P. Sture: Einführung in die Problematik. — [152], 1-14 | General aspects of language contacts.
4170 VOLPI, Vittorio: Situazione sociolinguistica e educazione linguistica in Alto Adige. — *RID* 3-4, 1979-80 (4), 121-147.
4171 WOŹNIAKOWSKI, Waldemar: *Glottodydaktyka w świetle zjawiska bilingwizmu naturalnego*. — Wrocław: Zakład im. Ossolińskich (Komitet Neofilologiczny PAN), 1982, 96 p. | Glottodidactics in the light of natural bilingualism.

13. INTERLINGUISTICS — INTERLINGUISTIQUE

4172 BARANDOVSKÁ, Věra: Komenský a mezinárodní jazyk. — *CJŠ* 26, 1982-83, 103-05 | Comenius and international language.
4173 CAPPONI, Piero: *Proposta di pianificazione delle lingue romanze*. — Milano: UNICOPLI, 1982, 39 p.
4174 CHENG, Chin-chuan: The Esperanto of El Popola Ĉinio. — *SLS* 12/1, 1982, 49-62.
4175 [DULIČENKO, A.] DULITŠENKO, Aleksandr: Interlingvistika minevikust ja tänapäevast. — *KjK* 25, 1982, 288-295 | Interlinguistics: past and present.
4176 FORSTER, Peter G.: *The Esperanto movement*. — Contr. to the Sociology of Language 32; The Hague: Mouton, 1982, xiv, 413 p.
4177 *Plansprachen* . . . Hrsg. von Reinhard HAUPENTHAL. — Darmstadt: 1976 | BL 1976, 3957. | *SLN* 8, 1977, 49-50 R.E. Wood.
4178 SHERWOOD, Bruce Arne: Statistical analysis of conversational Esperanto, with discussion of the accusative. — *SLS* 12/1, 1982, 165-182.
4179 SHERWOOD, Bruce Arne: Variation in Esperanto. — *SLS* 12, 1982/1, 183-196.
4180 VELDE, Roger G. VAN DE: Understanding, comprehension and coherence: a plea for interlinguistics. — *LAnt* 14, 1980, 235-250.

14. ONOMASTICS — ONOMASTIQUE

4181 *Beiträge zur Bibliographie der Namenforschung in der DDR*. Bearbeitet von Inge BILY. — *Namenkundliche Informationen*, Beiheft 1; Leipzig: Karl-Marx-Univ., 1979, 67 p. | *BNF* 17, 1982, 81 J. Udolph.
Bibiliographia onomastica 1977-1978. — 8.
4182 RAJEC, Elizabeth M.: *The study of names in literature: a bibliography. Supplement.* — München: Saur, 1981, ix, 298 p. | Cf. BL 1979, 3508. | *BNF* 17, 1982, 356-357 G. Lohse.
ZWANZIGER, R.: *Bibliographie der Namenforschung in Österreich.* 1. — 41.
4183 ALOTTA, Robert I.: Code-named operations of World War II: an interpretation. — *Names* 30, 1982, 5-14.

4184 BABLER, Otto František: Jména Mléčne dráhy. — *ZprMK* 23, 1982, 529-534 | Names of the Milky Way.

4185 *Beiträge zur Onomastik:* Vorträge der namenkundlichen Arbeitstagung "Aktuelle Probleme der Namenforschung in der DDR", Karl Marx Universität Leipzig, 23.-24.10.1979. Hrsg. von Ernst EICHLER; Hans WALTHER. Red.: Inge BILY. — Linguistische Studien, Reihe A, 73; Berlin (DDR): Akad. der Wissenschaften der DDR, Zentralinst. für Sprachwissenschaft, 1980, p. 1-122; 123-246 (in 2 parts) | *BNF* 17, 1982, 83-87 J. Udolph.

4186 EICHLER, Ernst: *Ergebnisse der Namenforschung im deutsch-slawischen Berührungsgebiet.* — SbSAW 122, 5; Berlin (DDR): Akad.-Verlag, 1982, 47 p. | *BNF* 17, 1982, 454-457 E. Dickenmann.

GYSSELING, M.: IE. volksnamen in West-Europa. — 4270.

4187 HERGEMÖLLER, Bernd-Ulrich: *Die Geschichte der Papstnamen.* — Münster: Regensberg, 1980, 248 p., 24 ill. | *BNF* 17, 1982, 413-414 J. Huisman.

4188 HILGEMANN, Klaus: *Die Semantik der Eigennamen . . .* — Göppingen: 1978 | BL 1978, 3260. | *BNF* 17, 1982, 105-107 W. Van Langendonck.

4189 HILTY, Gerold: Der Bergname *Speer* im Kanton St. Gallen. — [263], 551-563.

4190 JANOWOWA, W.; SKARBEK, A.; ZBIJOWSKA, B.; ZBINIOWSKA, J.: *Slownik imion.* — Wrocław: 1975 | BL 1975, 3835. | *Slavia* 49, 1980, 411 M. Knappová.

4191 KISS Lajos: *Földrajzi nevek etimológiai szótára.* — Budapest: 1978 | BL 1978, 3269. | *UAJb* 54, 1982, 170 Gy. Décsy | *SEz* 7, 1982/5, 52-53 E. Katuš.

4192 *Literary onomastic studies.* V. Grace ALVAREZ-ALTMAN, ed. — Brockport, NY: State Univ. College, 1978 | *ZprMK* 23, 1982, 398 I. Lutterer | Vol. VI listed BL 1980, 3329.

4193 LITVIN, I.P.: Imja sobstvennoe i imja naricatel'noe na geografičeskoj karte. Na materiale toponimii Latinskoj Ameriki. — [176], 29-33.

4194 LOCKNEY, Thomas M.; AMES, Karl: Is *1069* a name? — *Names* 29, 1981, 1-35 | Case of someone in the USA who wanted to exchange his traditional name for a number.

4195 LUTTERER, Ivan: Onymical mistake in the naming process. — [176], 63-67.

4196 MAJTÁN, Milan: Toponym und onymische Situation. — *RLB* 6, 1982, 115-118.

4197 MAJTÁN, Milan: Jazyková a mimojazyková stránka vlastného mena. — *JazA* 19, 1982, 102-103 | Sprachliche und aussersprachliche Seite des Eigennamens.

4198 MAŃCZAK, Witold: La notion de nom propre. — [176], 101-106.

MAMONTOVA, N.N.: Voprosy metodiki sbora mikrotoponimii. — 13776.

4199 MARKEY, T.L.: Crisis and cognition in onomastics. — *Names* 30, 1982, 129-142.

4200 MATEJČÍK, Ján: Postavenie a úlohy onomastiky v systéme spoločenských vied. — *SR* 47, 1982, 193-203 | Position and tasks of onomastics in the system of the social sci.

4201 McGOFF, Michael Francis: *Computer-oriented onomastic surveys: the toponyms of New York State.* — State Univ. of New York at Binghamton diss., 1980 (1981), 371 p. | *DAb* 41/6, 1980, 2590-A.

4202 MEID, Wolfgang: *Lugdunum* 'desideratum montem'. Zu Endlichers Glossar. — [263], 149-153 | Folk etym. based on the vulgar pronunciation *Lubuđunum* (cf. Gmc. *lub̄-* 'love').

4203 MITKOV, Marinko: Statusot na ličnoto ime vo logičko-sintaksičkata organizacija na rečenicata. — *OnJug* 10, 1982, 157-161 | Zum Stand des Eigennamens in der logisch-syntaktischen Organisation des Satzes (G. summ.).

ONOMASTIQUE 4204-4222

4204 *Names, words, and graves*... Ed. by P.H. SAWYER. — Leeds: 1979 | BL 1980, 3333. | *BNF* 17, 1982, 443-444 K. Schneider.

4205 NICOLAISEN, Wilhelm F.H.: Lexical and onomastic fields. — [176], 209-216.

4206 NIYI AKINNASO, F.: Names and naming principles in cross-cultural perspective. — *Names* 29, 1981, 37-63 | 1. Introd. 2. The Delaware Indians. 3. The Yoruba in Southwestern Nigeria. 4. The cultural basis of Yoruba pers. names. 5. A common logic?

4207 OLIVA, Karel: Appellativ und Eigenname. — [176], 227-230.

4208 PAMP, Bengt: Names and meanings: a mentalistic approach. — [176], 231-237.

4209 PROKOP, Petr: Exonyma – úzus a kodifikace. — *ZprMK* 23, 1982, 49-53 | Exonyms – their usage and codification (cf. BL 1980, 3316).

4210 *Pubs, place-names, and patronymics: selected papers of the Names Institute.* Ed. by E. Wallace MCMULLEN. — Publ. of the Names Inst., 1; Madison, NJ: Farleigh Dickinson Univ., 1980, xii, 279 p. | *Names* 29, 1981, 85-87 K.B. Harder.

4211 RAPER, Peter Edmund: *Report on research in the United States of America involving consultation with six prominent onomasticians.* — Pretoria: Human Sci. Research Council, 1982, 36 p.

REMMEL, M.: On the use of classification and seriation methods in toponymy. — 13782.

4212 RYMUT, Kazimierz: Granica ili perechodnaja oblast' meždu nomen appellativum i nomen proprium. — [176], 335-339.

4213 SCHRAMM, Gottfried: *Eroberer und Eingesessene: geographische Lehnnamen als Zeugen der Geschichte Südosteuropas im ersten Jahrtausend n. Chr.* — Stuttgart: Hiersemann, 1981, xi, 467 p., 6 maps | *BNF* 17, 1982, 461-466 W.P. Schmid | *Kratylos* 27, 1982 (1983), 197-198 R. Schmitt.

4214 ŠMILAUER, Vladimír, et al.: 76., 77., 78. a 79. stovka onomastických zpráv a poznámek. II. část. — *ZprMK* 23, 1982, 91-243 | Onomastic news and comments (Cont.). | Cf. BL 1981, 4598.

4215 ŠMILAUER, Vladimír, et al.: 80. (81.) stovka onomastických zpráv a poznámek. — *ZprMK* 23, 1982, 451-516; 603-659 | Cf. 4214.

4216 SOLTÉSZ Katalin J.: *A tulajdonnév funkciója és jelentése.* — Budapest: Akadémiai Kiadó, 1979, 207 p. | Fonction et signification des noms propres. | *BSL* 76, 1981/2 (1982), 104-108 A. Sauvageot.

4217 SPAL, Jaromír: Jak dále v onomastice? — *ZprMK* 23, 1982, 54-59 | The present situation of Cz. onomastics.

4218 *Spravočnik ličnych imen narodov RSFSR.* Izd. 2-e ... [Red.: A.V. SUPERANSKAJA, et al.]. — Mosvka: 1979 | BL 1979, 3541. | *Onomastica* 27, 1982 (1983), 297-305 Z. Klimek | *ZprMK* 23, 1982, 144-145 V. Šmilauer.

4219 ŠRÁMEK, Rudolf: Varianty vlastních jmen. — *JazA* 19, 1982, 61-62 | Variants of proper names.

4220 ŠRÁMEK, Rudolf: Das onymische und das appellativische Objekt. — [176], 503-511.

4221 *Studia Onomastica* I. Red.: Johannes SCHULTHEIS; Hans WALTHER. — *Namenkundliche Informationen*, Beiheft 2; Leipzig: Karl-Marx-Univ., 1980, 106 p. | Some 12 contr., by I. BILY, W. FLEISCHER, et al., mainly on G. or G.-Sl. toponymy. | *BNF* 17, 1982, 81-83 J. Udolph.

4222 *Studia Onomastica* II. Red.: Ernst EICHLER; Johannes SCHULTHEIS. — *Namenkundliche Informationen*, Beiheft 3; Leipzig: Karl-Marx-Univ., 1981, 112 p. | Some 10 contr., by R. BARTHEL & G. SCHLIMPERT, E. EICHLER, et al., on G. and Sl. onomastics. | *BNF* 17, 1982, 83 J. Udolph.

4223 TÉMA, Bedřich: K metodologii toponomastiky. — [401], 131-137 | Zur Methodologie der Onomastik (G. summ.).
4224 TOPOLIŃSKA, Zuzanna: Proper names vs. definite descriptions. — [176], 555-559.
4225 *Voprosy onomastiki.* [14]. *Sobstvennye imena v sisteme jazyka.* [Red.: A.K. MATVEEV, et al.]. — Sverdlovsk: Ural'skij gosud. univ.im. A.M. Gor'kogo, 1980, 160 p. | Ju.A. KARPENKO, Onomastičeskie serii. I, 150-156.
4226 WEITMAN, Sasha: Some methodological issues in quantitative onomastics. — *Names* 29, 1981, 181-196.
4227 ZGUSTA, Ladislaus: Ad methodum, qua nomina locorum investiganda sunt, observationes aliquot. — [287], 459-463 | Methodological observations on toponymy.
4228 ZWOLIŃSKI, Przemysław: Mesto chrematonimov v onomastike. — [176], 649-652.

INTERRELATIONS BETWEEN FAMILIES OF LANGUAGES
RAPPORTS DES FAMILLES DE LANGUES ENTRE ELLES

AALTO, P.: Proposals concerning the affinities of Korean. — 14642.
ČOP, B.: Sur l'origine des thèmes pronominaux sigmatiques des langues i.-e. — 4252.

4229 FANE, Hannah: Sumerian-Dravidian interconnections: the linguistic, archeological and textual evidence. — *IJDL* 9, 1980, 286-305.

4230 HODGE, Carleton T.: Lislakh labials. — *AnL* 23, 1981, 368-382 | Lislakh = Lisramic (Hamito-Sem.) + IE.

4231 KAZÁR, Lajos: *Japanese-Uralic language comparison: locating Japanese origins with the help of Samoyed, Finnish, Hungarian, etc.: an attempt.* — Hamburg: Tsurusaki Books (Jap. Seminar der Univ.), 1980, iii, 311 p. | *ZDMG* 133, 1983, 186-197 K.H. Menges.

4232 KAZÁR, Lajos: Japanese-Uralic morphological parallels. — *UAJb* 53, 1981, 88-104.

4233 KOSKINEN, Kalevi E.: *Nilal: über die Urverwandtschaft des Hamito-Semitischen . . .* — Tampere: 1980 | BL 1980, 3359. | *Lg* 58, 1982, 726-727 A. Fox.

4234 LARSSON, Lars-Gunnar: Some remarks on the hypothesis of an Uralo-Dravidian genetic linguistic relationship. — *FUS* 5, 1982, 169-184.

4235 MCALPIN, David W.: *Proto-Elamo-Dravidian: the evidence and its implications.* — Transactions of the Am. Philosophical Soc. 71, 3; Philadelphia: Am. Philos. Soc., 1981, 155 p.

4236 MENGES, K.H.: Problemata etymologica: altajisch *qyr- und seine Verflechtungen. — *AOH* 36, 1982, 375-390.

4237 PETRÁČEK, Karel: La racine en indoeuropéen et en chamitosémitique et leurs perspectives comparatives. — *AION* 42, 1982, 381-402.

4238 PRÖHLE, Wilhelm: *Vergleichende Syntax der ural-altaischen (turanischen) Sprachen.* Autograph-Ausgabe. — Bibliotheca Nostratica 4; Wiesbaden: Harrassowitz, 1978, 282 p., front. | Enlarged ed. of *Grundriss einer vergleichenden Syntax der uralaltaischen Sprachen mit besonderer Berücksichtigung der japanischen Sprache*, Budapest 1943 (BL 1949, 61). With a foreword on Pröhle's life. | *UAJb* 53, 1981, 145-147 L. Kazár.

INTERRELATIONS BETWEEN FAMILIES OF LANGUAGES

Urreizteita-Rivera, I.: *Basque and Caucasian* . . . — 12826.

INDO-EUROPEAN LANGUAGES
LANGUES INDO-EUROPÉENNES

I. GENERAL — GÉNÉRALITÉS

4239 Indogermanische Chronik 28a; 28b. Von Manfred MAYRHOFER, Martin PETERS, Jochem SCHINDLER. Unter Mitarbeit von Alfred BAMMESBERGER, Heinz EICHNER . . . [et al.]. — *Sprache* 28, 1982, 38-128; 183-252 | I.J. SCHINDLER: Indogermanische Sprachwissenschaft, 39-49; 184-192; XIII. F. LOCHNER VON HÜTTENBACH: Indogermanische Restsprachen Europas, 125-128; 251-252.

4240 ADRADOS, Francisco Rodríguez: *Die räumliche und zeitliche Differenzierung des Indoeuropäischen im Lichte der Vor- und Frühgeschichte.* — IBS, Vorträge und kleinere Schriften 27; Innsbruck: Inst. für Sprachwissenschaft der Univ. Innsbruck, 1982, 28 p., ill. | Transl. of BL 1979, 3561.

4241 ADRADOS, Francisco R.: Indo-European -*s*-stems and the origins of polythematic verbal inflection. — *IF* 86, 1981 (1982), 96-122.

4242 ALEXANDER, S.M.: Was there an Indo-European art? — [4291], 87-103, 7 fig.

4243 BAMMESBERGER, Alfred: On the ending for nom. acc. du. in Indo-European. — *GL* 22, 1982, 245-249 | IE. *-e.

4244 BAMMESBERGER, Alfred: On the ablaut of athematic verbs in Indo-European. — *JIES* 10, 1982, 43-51.

BAMMESBERGER, A.: Einige *E*-stufige Präsentien . . . — 7889.

4245 BONFANTE, Giuliano: La parola *nudo* e la nudità sacrale fra gl'indoeuropei. — *AGI* 66, 1981, 89-94.

4246 BONFANTE, Giuliano: *W* bilabiale e *v* labiodentale in Europa e nell'Asia indoeuropea. — *RALinc* 36, 1982, 183-186.

4247 BREIVIK, L.E.: On the typological distinction between subject-prominence and topic-prominence. — *Nordlyd* (Tromsø) 6, 1982, 1-36 | Contra W.P. LEHMANN (BL 1976, 4097).

4248 BROSMAN, Paul W., Jr.: The development of the PIE feminine. — *JIES* 10, 1982, 224-272.

4249 CAMPANILE, Enrico: *Studi di cultura celtica e indoeuropea.* — Testi Linguistici 3; Pisa: Giardini, 1981, 109 p.

4250 CAMPANILE, Enrico: La dialettologia contemporanea e i problemi della riscotruzione indoeuropea. — [4321], 25-42.

4251 ČEJKA, Mirek: Indoevropská zemědělská terminologie. — *SFFBU*, E 27, 1982, 215-222 | IE. agricultural terminology (E. summ.).

4252 ČOP, Bojan: Sur l'origine des thèmes pronominaux sigmatiques des langues indoeuropéennes. — *Ling* 21, 1981, 73-103 | Basé sur la théorie indo-ouralienne.

4253 COSTELLO, John R.: The absolute construction in Indo-European: a syntagmemic reconstruction. — *JIES* 10, 1982, 223-252.

4254 CREPAJAC, Ljiljana: Razmatranja o dva indoevropska leksemska minimuma. — *Ling* 20, 1980, 67-76 | Notes on two IE. roots (G. summ.): 1. *oq^u* "to see; eye" ~ *noq^u-/t/-* "night". 2. *$snā/snə$, $snāu$-* "to swim" : *$nāu\ s$* "ship".

4255 CREVATIN, Franco: *Ricerche di antichità indeuropee.* — Trieste: 1979 | BL 1979, 3571. | *Kratylos* 26, 1981 (1982), 73-79 J.P. Mallory | *ZCPh* 39, 1982, 347-350 P. de Bernardo.

4256 DISTERHEFT, Dorothy: *The syntactic development of the infinitive in Indo-European.* — Columbus, OH: 1980 | BL 1980, 3380. | *Kratylos* 26, 1981 (1982), 70-72 K.H. Schmidt.

DORIA, M.: Miceneo e i.-e. — 5129.

4257 DUNKEL, George: The original syntax of conjunctive *-k^we. — *Sprache* 28, 1982, 129-143.

DUNKEL, G.E.: Naming-parentheses in IA. and IE. — 4496.

4258 ERHART, Adolf: *Indoevropské jazyky: srovnávací fonologie a morfologie.* — Praha: Acad., 1982, 260 p. | Indoeuropäische Sprachen: vergleichende Phonologie und Morphologie (G. summ.).

4259 ERHART, Adolf: Die Haupttendenzen der indoeuropäischen Lautentwicklung. — *SFFBU*, A 30, 1982, 21-31 | Cz. summ.

4260 EULER, Wolfram: *Indoiranisch-griechische Gemeinsamkeiten der Nominalbildung* ... — Innsbruck: 1979 | BL 1979, 3576. | *RPh* 56, 1982, 115-116 J.-L. Perpillou.

4261 GAMKRELIDZE, T.V.; IVANOV, Vjač.V.: Aktivnaja tipologija jazyka i proischoždenie praindoevropejskich mestoimennych i glagol'nych paradigm. — *IzvAN* 41, 1982, 28-34.

4262 GEORGIEV, Vladimir I.: *Introduction to the history of the Indo-European languages.* — Sofija: 1981 | BL 1981, 4647. | *BalkE* 25, 1982/1, 83-93 B. Simeonov | *Kratylos* 27, 1982 (1983), 179-180 R. Schmitt | *Palaeobulg* 6, 1982/2, 114-116 B. Simeonov | Cf. 4323.

4263 GEORGIEV, Vladimir I.: Die Entstehung der indoeuropäischen Verbalsuffixe -$nā/nə$ und -ew/u-. — *BalkE* 25, 1982/2, 5-12.

4264 GERCENBERG, Leonard Georgievič: *Voprosy rekonstrukcii indoevropejskoj prosodiki.* — Leningrad: 1981 | BL 1981, 4648. | *Kratylos* 27, 1982 (1983), 74-78 A. Erhart.

4265 GIMBUTAS, Marija: Old Europe in the fifth millennium B.C.: the European situation on the arrival of Indo-Europeans. — [4291], 1-60, 27 fig., 5 pl.

4266 GIPPERT, Jost: *Zur Syntax der infinitivischen Bildungen in den indogermanischen Sprachen.* — Frankfurt a.M.: 1978 | BL 1978, 3340. | *Kratylos* 26, 1981 (1982), 64-69 W. Blümel | *IF* 86, 1981 (1982), 336-338 H.-E. Seidel.

4267 GIRARDOT, Jean-Michel: Deux correspondances grammaticales entre l'indo-européen et les langues ouralo-altaïques. — *Orbis* 29, 1980 (1982), 162-168.

4268 GULAKJAN, A.K.: K voprosu ob augmente vo frigijskom, drevnegrečeskom i drevnearmjanskom jazykach. — [184], 16-17.

4269 GUSMANI, Roberto: Indoeuropeo *$w\bar{e}r$-. — *InL* 6, 1980-81 (1982), 108-109.

4270 GYSSELING, Maurits: Indo-Europese volksnamen in West-Europa. — *BCTD* 54, 1980 (1982), 25-40 | IE. ethnic names in Western Europe.

GYSSELING, M.: Noordwesteuropese persoonsnaambestanddelen. — 7905.

4271 HAMP, Eric P.: On the Celtic names of Ig. — *ANph* 9, 1976, 3-8 | Comments on Fritz LOCHNER VON HÜTTENBACH (Arheološke Študije II, *Situla = Razprave Narodnega muzeja v Ljubljani* 8, Ljubljana 1965, 15-45).

4272 HAMP, Eric P.: Further remarks on the Celtic names of Ig. — *ANph* 11, 1978, 57-63.

4273 HAMP, Eric P.: Latin *dextrata* and Indo-European **dek'si-no*. — *RESEE* 19, 1981, 141-145.
4274 HAMP, Eric P.: IE. **u̯res-* 'moisten' and its traces in Celtic. — *IF* 86, 1981 (1982), 191-193.
4275 HAMP, Eric P.: Remnants of the pronominal genitive singular *-l*. — *AJPh* 103, 1982, 214-216.
4276 HAMP, Eric P.: Two uncertain IE roots. — *FoLH* 3, 1982, 127-130 | 1. IE. **sleip-* or **k'leip-*? 2. IE. **reidh-* 'hasten (ride?)'.
4277 HAMP, Eric P.: 'Arm, shoulder'. — *JIES* 10, 1982, 187-189.
4278 HAMP, Eric P.: (Western) Indo-European **sel-* 'move'. — *MSS* 41, 1982, 49-59.
4279 HAMP, Eric P.: The Indo-European roots **bher* in the light of Celtic and Albanian. — *ZCPh* 39, 1982, 205-218.
4280 HAUDRY, Jean: *L'emploi des cas en védique* . . . — Lyon: 1977 | BL 1977, 4693. | *ZCPh* 39, 1982, 350-352 K.H. Schmidt | *IIJ* 24, 1982, 43-53 T.Ja. Elizarenkova.
4281 HAUDRY, Jean: *L'indo-européen*. — Paris: 1979 | BL 1979, 3591. | *Em* 50, 1982, 208-209 M.Á. San Martín | *BSL* 76, 1981/2 (1982), 113-114 J.-L. Perpillou.
4282 HAUDRY, Jean: *Les Indo-Européens*. — Que sais-je? 1965; Paris: P.U.F., 1981, 128 p.
4283 HAUDRY, Jean: *Préhistoire de la flexion nominale indo-européenne*. — Lyon: Inst. d'Études i.-e. de l'Univ. Jean Moulin (Lyon III), 1982, 78 p.
4284 HEHN, Victor: *Cultivated plants and domesticated animals in their migration from Asia to Europe* . . . New ed. . . . by James P. MALLORY. — Amsterdam: 1976 | BL 1976, 4085. | *UAJb* 54, 1982, 167-168 Gy. Décsy.
4285 HILMARSSON, Jorundur: Indo-European "tongue". — *JIES* 10, 1982, 355-367.
4286 HODGE, Carleton T.: Indo-Europeans in the Near East. — *AnL* 23, 1981, 227-244.
4287 HOENIGSWALD, Henry M.: An aspect of semivowel asymmetry in Indo-European. — *Bulletin of the Department of Comparative Philology and Linguistics* (Calcutta: Univ.) 3, 1978, 14-18 | On syllabification in OIA. *yúvan-, yūn-*.
4288 HOLLAND, Gary Brian: *Problems of word order change in selected Indo-European languages*. — Univ. of California, Berkeley, diss., 1980, 228 p. | *DAb* 42/1, 1981, 194-A.
4289 HOPPER, Paul J.: Areal typology and the early Indo-European consonant system. — [4291], 121-139.
4290 HUBSCHMID, Johannes: Vorindogermanische und indogermanische Substratwörter in den romanischen Sprachen — Methodische Überlegungen und Forschungsergebnisse. — [152], 27-38.
4291 *The Indo-Europeans in the fourth and third milennia*. Ed. by Edgar C. POLOMÉ. — Linguistica Extranea, Studia 14; Ann Arbor: Karoma, 1982, ix, 186 p. | *Kratylos* 27, 1982 (1983), 66-71 F. Lochner von Hüttenbach.
4292 IVANOV, Vjač.Vs.: K ètimologii nekotorych migracionnych kul'turnych terminov. — *Ètimologija* 1980 (1982), 157-166 | 1. Lycian *teteri* : Urart. *patari* : Eteocretan *matori*. 2. Luwian *kumm-iya-*, Lycian *kuma-* : Hurrian *Kuma/inni* : Urart. *Qumenu*. 3. Hattian musical terms in anc. Near Eastern languages. 4. An anc. Eurasian term for "grain". 5. A possible Eurasian term for "copper". 6. Hitt. *tiyarit* : Drav. **tera*. 7. Toch. A. *oṅkaläm*, B *oṅkolmo*.

4293 IVANOV, Vjač.Vs.: Novyj istočnik dlja ustanovlenija indoevropejskich akcentuacionnych paradigm (Klinopisnye napisanija s glasnymi). — [334], 192-205.
4294 [JAHOWKYAN, G.B.] DŽAUKJAN, G.B.: Indocvropejskaja fonema *b i voprosy rekonstrukcii indoevropejskogo konsonantizma. — VJa 1982/5, 59-67.
4295 JONSSON, Hans: *The laryngeal theory* . . . — Lund: 1978 | BL 1978, 3348. | IF 86, 1981 (1982), 325 F.O. Lindeman.
4296 JUCQUOIS, Guy; DEVLAMMINCK, Bernard: *Die Sprache 1 (1949) – 20 (1974). Index des formes.* — Louvain: 1979 | BL 1979, 25. | AC 51, 1982, 483-484 M. Leroy.
4297 JUSTUS, Carol F.: Directions in Indo-European etymology with special reference to grammatical theory. — [378], 291-328.
4298 KARSTIEN, Hans †: *Infixe im Indogermanischen.* — Heidelberg: 1971 | BL 1971, 3015. | IF 86, 1981 (1982), 335-336 E. Neu.
4299 KAZANSKIJ, N.N.: Ob odnom nazvanii chleba v jazykach Vostočnogo Sredizemnomor'ja. — [184], 27-28 | Gr. ἄρτος, Luwian arsa-, Hitt. ḫarši-, Iran. arð.
4300 KNOBLOCH, Johann: Von menschenfressenden Indogermanen und von fleischfressenden Särgen. Alte und neue etymologische Fabeleien. Ein Beitrag zur Methodik der historischen Semantik. — Glotta 60, 1982, 2-7.
4301 KORTLANDT, Frederik: 1st sg. middle $*\text{-}H_2$. — IF 86, 1981 (1982), 123-136.
4302 KUZ'MINA, E.E.: O balkanskom ili central'noaziatskom puti migracii indoevropejskich narodov. — [184], 34-36.
4303 LAMBERTERIE, Charles DE: Poids et force: reconstruction d'une racine verbale indo-européenne. — REArm 16, 1982, 21-55 | E. summ., 519.
4304 LAZZERONI, Romano: Messap. kl(a)ohi = sscr. śroṣi: un εἴδωλον della comparazione. — SSL 22, 1982, 163-169.
4305 LEHMANN, Winfred P.: Deixis in Proto-Indo-European. — [287], 137-142.
4306 LEHMANN, Winfred P.: From phonetic facts to syntactic paradigms: the noun in early PIE. — [4291], 140-155, 2 tab.
LETOUBLON, F.; PIERROT, A.: L'illocutoire en gr. et dans les langues anc. — 5183.
4307 LEVIN, Saul: *Homo : humus* and the Semitic counterparts: the oldest culturally significant etymology? — [168], 207-215.
LINCOLN, B.: The 'house of clay'. — 4559.
4308 LINDEMAN, Fredrik Otto: *The triple representation of schwa in Greek and some related problems of Indo-European phonology.* — Oslo: Universitetsforlaget, 1982, 76 p.
4309 LOCKWOOD, W.B.: *Indogermanische Sprachwissenschaft: eine historisch-vergleichende Untersuchung.* Aus dem Englischen von R. WESTERMAYR. — TBL 161; Tübingen: Narr, 1982, 202 p. | Transl. of BL 1969, 2541.
4310 MALLORY, J.P.: Indo-European and Kurgan fauna I: Wild mammals. — JIES 10, 1982, 193-222.
4311 MARKEY, T.L.: Reflexivity and Gmc. *se-l-b- 'self'. — Sprachw 7, 1982, 348-358.
4312 MARKEY, Thomas L.: Indo-European theophoric personal names and social structure. — [176], 107-119.
4313 MAWET, Francine: Les élargissements -s- et -dh- en indo-européen. — TLIE 1, 1980, 1-30.
4314 MAYRHOFER, Manfred: Über griechische Vokalprothese, Laryngaltheorie und externe Rekonstruktion. — [287], 177-192.

4315 MEID, Wolfgang: 'See' und 'Meer'. — [272], 91-96 | IE. *soik ᵘí-/*soik ᵘó-c.q. *mori-.
4316 MEID, Wolfgang: Zu idg. *krŭt- IEW 624. — [287], 193-200.
4317 MENDOZA, Julia M.: La /ă/ en indoeuropeo. I. Análisis de la *ă- en posición inicial de raíz. — Em 50, 1982, 325-363 | E. summ.
4318 MISRA, Satya Swarup: *Fresh light on Indo-European classification and chronology.* — Varanasi (India): Ashutosh Prakashan Sansthan, 1980, viii, 104 p.
4319 NICOLAISEN, W.F.H.: Thirty years later: thoughts on a viable concept of an Old European hydronymy. — [263], 139-148 | Contra Hans KRAHE.
4320 NIKOLAEV, S.L.; STAROSTIN, S.A.: Paradigmatičeskie klassy indoevropejskogo glagola. — [334], 261-343.
4321 *Nuovi materiali per la ricerca indoeuropeistica.* A cura di Enrico CAMPANILE. — Testi linguistici 1; Pisa: Giardini, 1981, 201 p. | *ZCPh* 39, 1982, 341-342 K.H. Schmidt | *Aevum* 57, 1983, 161-162 C. Milani.
NYMAN, M.: Positing a Lautgesetz . . . — 5743.
4322 OETTINGER, Norbert: Die Dentalerweiterung von *n*-Stämmen und Heteroklitika im Griechischen, Anatolischen und Altindischen. — [287], 233-245.
4323 OTKUPŠČIKOV, Ju.V.: Iz istorii indoevropejskogo jazykoznanija (K vychodu v svet knigi V.I. Georgieva). — *VJa* 1982/3, 19-30 | On No. 4262.
4324 PALMAITIS, Mykolas L.: The new look of Indo-European declension (thematic stems). — *IF* 86, 1981 (1982), 71-95.
4325 PANZER, Baldur: Ist das Französische eine Satem-Sprache? Zu den Palatalisierungen im Ur-Indogermanischen und in den indogermanischen Einzelsprachen. — [263], 101-114.
4326 PAUW, Jan Winsemius: *The dual number in Indo-European: a two-stage development.* — Univ. of California, Los Angeles, diss., 1980, 168 p. | *DAb* 41/4, 1980, 1565-A.
4327 PEPICELLO, W.J.: On the sources of Indo-European conjunctions of purpose, cause, and result. — [170], 256-264.
4328 PINAULT, Georges-Jean: A neglected phonetic law: the reduction of the Indo-European laryngeals in internal syllables before yod. — [170], 265-272.
4329 PISANI, Vittore: Corpi guerrieri indeuropei. — *Paideia* 36, 1981, 56-58 | 1. Satricum, satelles, latro. 2. Miceneo *oka, heq ᵘeta.*
4330 PISANI, Vittore: Ἀνάγκη/*necesse.* — *Paideia* 36, 1981, 61-62.
4331 PISANI, Vittore: "Rospo" e "rana" in alcune lingue indeuropee. — *Paideia* 36, 1981, 64-65.
4332 PISANI, Vittore: Alcuni casi di "suoni *p*". — *IF* 86, 1981 (1982), 208-211.
4333 PISANI, Vittore: Lat. *vinciō*, slav. *vęzati* und Verwandtes. — [263], 155-156 | IE. *u̯ingʷ/u̯inkʷ-.
4334 POLOMÉ, E.: Indo-European verb morphology: an outline of some recent views with special regard to Old Indic. — *IJDL* 9, 1980, 158-169.
4335 POLOMÉ, Edgar C.: Indo-European culture, with special attention to religion. — [4291], 156-172, 2 fig.
4336 PUHVEL, Jaan: *Analecta Indoeuropea:* delectus operum minorum plerumque Anglice aliquando Francogallice editorum annos 1952-1977 complectens. — IBS 35; Innsbruck: Inst. für Sprachwissenschaft der Univ. Innsbruck, 1981, x, 419 p., portr. | *Kratylos* 27, 1982 (1983), 178-179 J.A.C. Greppin.
4337 RASMUSSEN, Jens Elmegaard: Rev. art. on: William R. SCHMALSTIEG, *Indo-European linguistics . . .* , 1980. — *AL* 17, 1982, 169-187 | Cf. 4342.
4338 REKLAITIS, Janine K.: The PIE word order controversy and word order in Lithuanian. — [168], 369-385.

4339 Rikov, Georgi T.: Two etymologies. — *BalkE* 25, 1982/1, 81-82 | 1. Skr. *sắra-* and Gr. *ῥώννυμι.* 2. Hitt. *arga-* and Av. *arəza-.*
4340 Sandoz, Claude: Noms d'agent archaïques en indo européen. — *BLLL* 5, 1982, 63-68.
4341 Sandoz, Claude: Sur les noms d'agent indo-européens en *-i-*. — [263], 115-126.
Sandoz, C.: Subjonctif lat. et aoriste i.-e. — 5619.
4342 Schmalstieg, William R.: *Indo-European linguistics* . . . — University Park, PA: 1980 | BL 1980, 3427. | *Kratylos* 27, 1982 (1983), 71-74 F.R. Adrados | Cf. 4337.
4343 Schmalstieg, W.R.: The shift of intransitive to transitive passive in the Lithuanian and Indo-European verb. — *Baltistica* 18, 1982, 119-134.
4344 Schmidt, Gernot: Griechisch *-μην* und der idg. Konjunktiv des Perfekts. — [287], 345-356.
Serta Indogermanica . . . — 287.
Sgarbi, R.: Dell'unità formale, semantica e cultuale della nozione ie. della luce diurna e notturna . . . — 5356.
4345 Shields, Kenneth, Jr.: *Indo-European noun-inflection: a developmental history.* Foreword by William R. Schmalstieg. — University Park, PA: Pennsylvania State UP., 1982, xi, 106 p.
4346 Shields, Kenneth: The Indo-European third person plural verbal suffix. — *Ling* 21, 1981, 105-118.
4347 Shields, Kenneth, Jr.: The origin of the Greek first person plural active suffix *-men.* — *Glotta* 60, 1982, 197-204.
4348 Shields, Kenneth: Some thoughts about the Indo-European ablative singular. — *LPosn* 24, 1982, 71-80.
4349 Shields, Kenneth, Jr.: Some observations about the I.E. comparative. — *Orbis* 29, 1980 (1982), 110-119.
Shields, K.: The IE. origins of the OHitt. directive case. — 4443.
4350 Shukla, Shaligram: Some reflections on Indo-European phonology. — *GUWP* 11, 1975, 69-83.
4351 Silvestri, Domenico: La posizione linguistica dell'indoeuropeo. — [4321], 161-201.
4352 Simenschy, Theofil; Ivănescu, Gheorge: *Gramatica comparată a limbilor indoeuropene.* — București: Editura Didactică și Pedagogică, 1981, 496 p. | *Kratylos* 27, 1982 (1983), 180-181 R. Windisch.
4353 Sindou, Raymond: Phrygien *βεκος*, latin *baculum* et autres représentants nouveaux de la racine indo-européenne **bhe(n)g-* 'zerschlagen'? — [263], 127-138.
4354 Širokov, O.S.: *Sovremennye problemy sravnitel'no-istoričeskogo jazykoznanija.* — Moskva: Izd. MGU, 1981, 42 p. | *VMU* 1982/6, 66-88 L.G. Gercenberg.
4355 Širokov, O.S.: Albano-balto-slavjanskie glottogenetičeskie svjazi. — *ZbFL* 24, 1981/1 (1982), 7-21.
4356 Steenbergen, G. Jo: A note on the position of Germanic in the Indo-European language-family. — *LB* 71, 1982, 453-454 | Apropos of W. Mańczak (BL 1981, 4680).
4357 Strunk, Klaus: "Vater Himmel" — Tradition und Wandel einer sakralsprachlichen Formel. — [287], 427-438.
4358 Šubik, S.A.: Ierarchija členov predloženija v indoevropejskich jazykach. — [352], 125-134.

4359 THOMAS, Homer L.: Archaeological evidence for the migrations of the Indo-Europeans. — [4291], 61-86, 2 tab., map.

4360 TKAČENKO, V.A.: Semantyčna struktura nazv ruky v indojevropejs'kych movach. — *Mov* 1981/2, 62-69 | The semantic structure of words for "hand" in the IE. languages.

4361 TOPOROV, V.N.: Iz indoevropejskoj ètimologii II (1-3). — *Ètimologija* 1980 (1982), 134-137 | 1. Vedic *vaṅkú-*. 2. Anc. Gr. μάκαρ, μακάριος, etc. 3. *Spart- in IE. languages.

TOPOROV, V.N.: Dr.-gr. *bátrachos* i dr. (zametka na poljach). — 5375.

4362 TOVAR, Antonio: *Die Indoeuropäisierung Westeuropas.* — IBS, Vorträge und kleinere Schriften 28; Innsbruck: Inst. für Sprachwissenschaft der Univ. Innsbruck, 1982, 30 p., 4 maps.

TRIER, J.: *Wege der Etym.* — 3049.

4363 TURCAN, I.: "Dire" et "faire" dans le vocabulaire des institutions indo-européennes. — *EIE* 1, 1982, 3-21.

4364 UDOLPH, Jürgen: Zur frühen Gliederung des Indogermanischen. — *IF* 86, 1981 (1982), 30-70, map | Apropos of H. KUHN (BL 1978, 3351) & W.P. SCHMID (BL 1978, 3378).

UDOLPH, J.: Zu sl. Namen des Lachses. — 9912.

4365 VILLAR, F.: *Dativo y locativo en el singular de la flexión nominal indoeuropea.* — Theses et Studia Phil. Salmanticensia 20; Salamanca: Univ., 1981, 248 p. | *Em* 51, 1983, 153-155 F.R. Adrados.

4366 VORONCOVA, M.V.: Indoevropejskij vokalizm v koncepcii F.F. Fortunatova s fonologičeskoj točki zrenija. — *VMU* 1982/5, 36-43.

4367 WACKERNAGEL, Jacob: *Kleine Schriften.* III. — Göttingen: 1979 | BL 1980, 3453. | *IIJ* 24, 1982, 308-309 J.W. de Jong.

4368 WATKINS, Calvert: Aspects of Indo-European poetics. — [4291], 104-120.

4369 WINDEKENS, A.J. VAN: Vieux-prussien *lasto* 'lit' et tokharien B *lesto* 'nid, refuge'. — *LPosn* 25, 1982, 13-15.

4370 WINTER, Werner: Indo-European words for 'tongue' and 'fish': a reappraisal. — *JIES* 10, 1982, 167-186.

4371 WINTER, Werner: Tocharian and Proto-Indo-European. — *LPosn* 25, 1982, 1-11.

4372 WOLFF, Philippe: *Les origines linguistiques de l'Europe occidentale.* 2e éd. revue et mise à jour. — Ass. des Publ. de l'Univ. de Toulouse-Le Mirail A, 48; Toulouse: Univ., 1982, 175 p. | Cf. BL 1971, 2048. | *REL* 60, 1982 (1983), 349-350 F. Biville.

II. ANATOLIAN GROUP — GROUPE ANATOLIEN

A. General — Généralités

CAPLICE, R.; et al.: Keilschriftbibliographie . . . — 13.

4373 EICHNER, H.: Indogermanische Chronik 28. II. Anatolisch. — *Sprache* 28, 1982, 49-56; 192-197.

4374 KÜMMEL, Hans M.: Kleinasien (1979-1981). — *AfO* 28, 1981-82, 413-431.

4375 CARRUBA, Onofrio: Unità e varietà nell'anatolico. — *Aiōn* 3, 1981 (1982), 113-140.

4376 CARRUBA, Onofrio: L'anatolico: lingue, grafia, fonetica, e declinazione del nome. — [4321], 43-67.

4377 DINÇOL, B.: Alacahöyük mührünün okunusu hakkında. — *Anadolu araştırmaları* (İstanbul) 8, 1980 (1982), 59-60 | On the proper name *Gaga* (compared with Cun. Hitt. *Ka-ag-ga*, Hicr. *Kakaja.*
4378 *Hethitica* II. Travaux éd. par Guy JUCQUOIS et René LEBRUN . . . — Louvain: 1977 | BL 1979, 3644. | *JAOS* 102, 1982, 180-181 G.C. Moore.
4379 *Hethitica* III. Comité de réd.: Emmanuel LAROCHE, Erich NEU . . . [et al.]. — Louvain: 1979 | BL 1979, 3645. | *ZA* 70, 1980/1, 150-154 H. Otten.
4380 *Hethitica* IV. Comité de réd.: Emmanuel LAROCHE; Erich NEU; Yves DUHOUX; Guy JUCQUOIS; René LEBRUN. — Bibliothèque des *CILL* 21; Louvain-la-Neuve: Cabay, 1981, 155 p., 16 fig. | Cf. 4378-9.
4381 *Hethitisch und Indogermanisch* . . . Hrsg. von Erich NEU und Wolfgang MEID. — Innsbruck: 1979 | BL 1979, 286. | *Aevum* 56, 1982, 110-113 G. Bonfante | *OLZ* 77, 1982, 350-352 H. Sternemann.
4382 JAJLENKO, V.P.: Maloazijskie imena v nadpisjach Bospora. — [184], 69-70.
4383 MERIGGI, Piero: *Schizzo grammaticale dell'anatolico.* — Roma: 1980 | BL 1980, 3464. | *Paideia* 36, 1981, 242-244 V. Pisani.
4384 MERIGGI, Piero: Schizzo grammaticale dell'anatolico. — *MALinc* 24, 1980, 243-411.
4385 NOWICKI, Helmut: Zum Herrschernamen auf dem sogenannten "Tarkondemos"-Siegel. — [287], 227-232, 3 fig.
PFISTER, R.: Das Etr. und Kleinasien in der Geschichte der Forschung. — 12807.
4386 PUHVEL, Jaan: Baltic-Anatolian lexical isoglosses. — [272], 179-185 | On *u*-stem adjectives and verbs meaning 'say, speak'.
4387 RIKOV, Georgi T.: Notes on Hittite and Luwian grammar. — *BalkE* 25, 1982/3, 21-38 | 1. The Hitt. locative sg. ending *-a.* 2. The Hitt. suffix *-zi-el-, -zi-il.* 3. On Cun. Luw. SAL-*atti-/wanatti-/unatti-*, Hier. Luw. FEMINA-*nati-, huhati-*, etc. 4. Hitt. causative forms of the type of Vedic *várdhati.* 5. Hitt. *sarhiya-* and Gr. ῥώομαι.
4388 ROSENKRANZ, Bernhard: *Vergleichende Untersuchungen der altanatolischen Sprachen.* — The Hague: 1978 | BL 1978, 3406. | *IF* 86, 1981 (1982), 339-344 E. Neu | *JNES* 41, 1982, 151 H. Berman | *ZA* 70, 1980, 155-158 F. Starke.
4389 ŠEVOROŠKIN, Vitalij V.: Zu den hetitisch-luwischen Konsonanten. — [272], 210-214 | Contra F. JOSEPHSON (BL 1979, 3648).

B. Cuneiform Hittite — Hittite cunéiforme

4390 ADRADOS, Francisco Rodríguez: The archaic structure of Hittite: the crux of the problem. — *JIES* 10, 1982, 1-35.
4391 ARBEITMAN, Yoël L.: Look Ma, what's become of the sacred tongues. — *Maledicta* (Waukesha, Wisc.) 4, 1980/1, 71-88 | On Hitt. *ark-, arki-, ḫippara-, kuša-, pešna-.*
4392 BADER, Françoise: L'ancien et le nouveau: autour de hitt. *zinna-.* — [4380], 59-78.
4393 BECKMAN, Gary: The Hittite assembly. — *JAOS* 102, 1982, 435-442 | On the words *panku-* and *tuliya-.*
4394 BROSMAN, Paul W., Jr.: Designation of females in Hittite. — *JIES* 10, 1982, 65-70.
4395 CARINI, Maria Francesca: Il rituale di fondazione KUB XXIX 1. Ipotesi intorno alla nozione eteo-arcaica della regalità. — *Athenaeum* 60, 1982, 483-520.

HITTITE

4396 DARGA, M.: Hitit yazıtlarında geçen *taršan* sözcügünün anlamı hakkında. — *Anadolu Araştırmaları* (İstanbul) 8, 1980 (1982), 63-67 | On the meaning of Hitt. *taršan*.
4397 DEIGHTON, Hilary J.: *The weather-god in Hittite Anatolia: an examination of the archaeological and textual sources.* — BAR International Series 143; Oxford: BAR, 1982, 124 p., 12 fig.
4398 DUKOVA, Ute: Heth. *welwilas* DINGIR^MEŠ. — *BalkE* 25, 1982/3, 39-40.
4399 EICHNER, Heiner: Zur hethitischen Etymologie (1. *ištark-* und *ištarnik-*; 2. *ark-*; 3. *šešd-*). — [272], 16-28.
4400 FRIEDRICH, Johannes †; KAMMENHUBER, Annelies: *Hethitisches Wörterbuch.* 2., völlig neubearbeitete Aufl. auf der Grundlage der edierten hethitischen Texte. Lief. 6/7 [*aššija- – atta-*]. — Heidelberg: Winter, 1982, p. 401-560 | Cf. BL 1980, 3484. | *JAOS* 102, 1982, 177-179 J. Puhvel (Lief 4) | *REArm* 16, 1982, 484-485 J.A.C. Greppin (Lief. 5) | Cf. 4434.
4401 GAMKRELIDZE, Th.V.: Problems of consonantism of the Cuneiform Hittite language. — [245], 76-80 | Transl. of BL 1980, 3485.
4402 GEORGIEV, Vladimir I.: Hethitica. — *BalkE* 25, 1982/3, 5-20 | A. Der nominale Dativ-Lokativ im Hethitisch-Luwischen. B. Heth. *-asta* "dann", etc. C. Heth. *t/damai-* "anderer, zweiter". D. Zum Chicago *Hittite dictionary* (No. 4409).
4403 GEORGIEV, Vladimir I.: Die vier Konjugationen der hethitischen Sprache. — *BalkE* 25, 1982/4, 5-35.
4404 GEORGIEV, Vladimir I.: Die Herkunft der Konjugationsformen der hethitischen Verba *ne-ih-hi* und *te-ih-hi*. — [287], 71-76.
4405 GIORGADZE, G.: Einige Bemerkungen zum hethitischen Text KUB 48, 105. — [245], 110-116.
4406 GÜTERBOCK, Hans G.: Einige sumerische und akkadische Schreibungen im Hethitischen. — [270], 83-90 | 1. LUL und Verwandtes, 2. MEŠEDI.
4407 HAASE, Richard: Der ^LÚ*hipparaš* ein "homme d'affaires"? — [272], 29-37.
4408 HEINHOLD-KRAMER, S.; HOFFMANN, I.; KAMMENHUBER, A.; MAUER, G.: *Probleme der Textdatierung in der Hethitologie* . . . — Heidelberg: 1979 | BL 1979, 3681. | *JAOS* 102, 1982, 176-177 H.C. Melchert | *WO* 12, 1981, 189 R. Haase | *ZDMG* 132, 1982, 394-395 J. Tischler | *OLZ* 77, 1982, 560-563 O.R. Gurney.
4409 *The Hittite dictionary of the Oriental Institute of the University of Chicago.* Ed. by Hans G. GÜTERBOCK & Harry A. HOFFNER. Vol. 3, fasc. 1 . . . — Chicago: 1980 | BL 1980, 3497. | *JBL* 101, 1982, 428-429 G. Beckman | *WO* 12, 1981, 186-189 J. Tischler | *JNES* 42, 1983, 143-151 R. Stefanini | *IEJ* 33, 1983, 136-137 G. Kellerman | *Or* 51, 1982, 493-499 M. Poetto | *BiOr* 39, 1982, 356-363 F. Starke | Cf. 4402.
4410 HOFFNER, Harry A., Jr.: The Old Hittite legal idiom *šuwaye-* with the allative. — *JAOS* 102, 1982, 507-509.
4411 HOFFNER, Harry A.: Hittite *man* and *nūman*. — [272], 38-45.
IVANOV, Vjač.Vs.: Novyj istočnik dlja ustanovlenija indoevropejskich akcentuacionnych paradigm. — 4293.
JOSEPH, B.D.: The source of Anc. Gr. τολύπη. — 5308.
4412 JUSTUS, Carol F.: Visible sentences in cuneiform Hittite. — *Visible Language* (Cleveland, OH) 15, 1981/4, 373-408.
4413 KAMMENHUBER, Annelies: *Materialien zu einem hethitischen Thesaurus.* Lief. 10, Nr. 7: Carol F. JUSTUS, *šak(k)-/šek(k)-*. — Heidelberg 1981 | BL 1981, 4749. | *OLZ* 77, 1982, 40 M. Popko (9).
4414 KAMMENHUBER, Annelies: Das Ende des typisch alten Duktus im Hethitischen. — [245], 150-159.

4415 *Keilschrifttexte aus Boghazköi.* Heft 25: *Festbeschreibungen* . . . von Heinrich OTTEN & Christel RÜSTER. — Berlin (West): 1979 | BL 1979, 3689. | *OLZ* 77, 1982, 357-359 V. Haas.
4416 *Keilschrifttexte aus Boghazköi.* Heft 27: *Tafelfunde der siebziger Jahre und Texte in hurritischer Sprache,* von Heinrich OTTEN und Christel RÜSTER. — Berlin (West): Mann, 1982, xv, 50 p.
4417 *Keilschrifturkunden aus Boghazköi.* Heft 47: *Texte des hurrischen Kreises,* von Mirjo SALVINI. — Berlin (DDR): 1977 | BL 1977, 4787. | *BiOr* 38, 1981, 647-648 H.A. Hoffner, Jr.
4418 *Keilschrifturkunden aus Boghazköi.* Heft 48: *Texte des hattischen Kreises* . . . , von Howard BERMAN & Horst KLENGEL. — Berlin (DDR): 1977 | BL 1977, 4788. | *BiOr* 38, 1981, 649-651 H.A. Hoffner, Jr.
4419 *Keilschrifturkunden aus Boghazköi.* Heft 50: *Hethitische Orakeltexte,* von Alfonso ARCHI. — Berlin (DDR): Akad.-Verlag, 1979, x p., 50 pl. | Cf. BL 1979, 3691. | *OLZ* 77, 1982, 253-255 V. Haas (50 & 51).
4420 *Keilschrifturkunden aus Boghazköi.* Heft 51: *Hethitische Rituale und Festbeschreibungen,* von Helmut FREYDANK. — Berlin: 1981 | BL 1981, 4751. | *ZA* 72, 1982/1, 160-161 H. Otten.
4421 KOŠAK, Silvin: *Hittite inventory texts (CTH 241-250).* — Texte der Hethiter 10; Heidelberg: Winter, 1982, vii, 332 p.
4422 LAROCHE, Emmanuel: Epithètes et prédicats en hittite. — [287], 133-136.
4423 LAROCHE, Emmanuel: Les noms des Hittites: supplément. — [4380], 3-58 | Cf. BL 1966, 2288.
4424 LEBRUN, René: Studia ad civitates Samuha et Lawazantiya pertinentia. I. Vœux de la Reine à Istar de Lawazantiya. — [4380], 95-107 | KUB 48, 123: transcription, transl. & comm.
4425 MARAZZI, Massimiliano: ". . . e perciò voi convocate il *Tulija*"; breve nota all'editto di Telepinu § 31. — [287], 151-153.
4426 MASSON, Emilia: Le texte hittite KBo XV 10+: possibilités de datation. — [287], 155-169, 1 pl., 4 fig.
4427 NEU, Erich: *Althethitische Ritualtexte in Umschrift.* — Wiesbaden: 1980 | BL 1980, 3510. | *BiOr* 38, 1981, 652-657 H. Berman.
4428 NEU, Erich: *Studien zum endungslosen "Lokativ"*. . . — Innsbruck: 1980 | BL 1981, 4762. | *BiOr* 39, 1982, 364-368 N. Oettinger.
4429 NEU, Erich: KUB XXXI 101 Rs. 25': *paittani.* — *Kadmos* 21, 1982, 170-172 | On Gillian R. HART (BL 1981, 4741).
4430 NEU, Erich: Studie über den Gebrauch von Genetivformen auf -*u̯as* des hethitischen Verbalsubstantivs -*u̯ar.* — [272], 116-148.
4431 NEU, Erich: Hethitisch /r/ im Wortauslaut. — [287], 205-225.
4432 OETTINGER, Norbert: *Die Stammbildung des hethitischen Verbums.* — Nürnberg: 1979 | BL 1979, 3699. | *WZKM* 73, 1981, 182 V. Haas | Cf. 4452.
4433 OETTINGER, N.: Reste von *e*-Hochstufe im Formans hethitischer *n*-Stämme einschliesslich des *"umna"*-Suffixes. — [272], 162-177.
4434 OTTEN, Heinrich: Bemerkungen zum Hethitischen Wörterbuch III. — *ZA* 71, 1981/2 (1982), 215-220 | Cf. BL 1981, 4769. | On No. 4400 (Lief. 5).
4435 OTTEN, Heinrich: Textdatierung und Geschichtsdarstellung – exemplifiziert am Ortsnamen *Karkiša.* — [287], 247-249.
4436 PECCHIOLI DADDI, Franca: *Mestieri, professioni e dignità nell'Anatolia ittita.* — Incunabula Graeca 79; Roma: Ateneo, 1982, 652 p.
4437 PISANI, Vittore: Hethitisch *u̯ak-*: lateinisch *vacuus, vacare.* — [272], 178.

4438 POPKO, Maciej: *Kultobjekte in der hethitischen Religion* ... — Warszawa: 1978 | BL 1980, 3517. | *BiOr* 39, 1982, 368-373 J. de Roos.
4439 PUHVEL, Jaan: On the polyphonic *pè* value of the Hittite *pít* sign. — [287], 317-319 | Cf. also BL 1979, 3705.
4440 RIKOV, Georgi T.: Hittite etymologies II (4-8). — *BalkE* 25, 1982/2, 21-26 | 4. *arziya-*. 5. *armizzi-*. 6. *ar(r)usa-*. 7. *kanint-*, etc. 8. *paske/paskiya-*. | Cf. BL 1981, 4776.
4441 SCHMIDT, Karl Horst: Keltisch-Hethitisches. — [287], 357-362 | On possessive (clitic) pronouns.
4442 SHIELDS, Kenneth: Some thoughts on the Hittite *hi*-conjugation. — *GL* 22, 1982, 250-265.
4443 SHIELDS, Kenneth: The Indo-European origins of the Old Hittite directive case. — *JIES* 10, 1982, 273-282.
4444 SIMONE, Carlo DE: Hethitisch *Tarḫu-* — etruskisch *Tarχu-*. — [287], 401-406.
4445 SINGER, I.: A Hittite seal impression from T. Aphek. — [12832], 17-29, fig. | = *Tel Aviv* (Tel Aviv: Univ.) 4, 1977, 178-190.
4446 STARKE, Frank: *Die Funktionen der dimensionalen Kasus und Adverbien im Althethitischen*. — Wiesbaden: 1977 | BL 1977, 4798. | *Kratylos* 26, 1981 (1982), 94-105 F. Josephson.
4447 STARKE, Frank: Zur Deutung der Arzaua-Briefstelle VBoT 1, 25-27. — *ZA* 71, 1981/2, 220-231.
  STEINER, G.: Das Bedeutungsfeld "Tod" ... — 12959.
4448 SZEMERÉNYI, Oswald: Anatolica II (8-10). — [272], 215-234 | Cf. BL 1980, 3470. | 8-10. *hanti – hanza – hantezzi(ya)s*.
4449 TISCHLER, Johann: *Hethitisches etymologisches Glossar* ... Lief. 2-3. — Innsbruck: 1978-80 | BL 1980, 3521. | *IF* 86, 1981 (1982), 347-351 E. Neu (2) | *Kratylos* 26, 1981 (1982), 91-94 J.J.S. Weitenberg (3) | *ZDMG* 133, 1983, 438-441 N. Oettinger (3) | *BSL* 76, 1981/2 (1982), 124-126 F. Bader (3) | *BiOr* 38, 1981, 349-354 J. Puhvel (3).
4450 TISCHLER, Johann: *Das hethitische Gebet der Gassulijawija*. Text, Übersetzung, Kommentar. — IBS 37; Innsbruck: Inst. für Sprachwissenschaft der Univ. Innsbruck, 1981, vi, 85 p.
4451 TISCHLER, Johann: *Hethitisch-deutsches Wörterverzeichnis*. Mit einem semasiologischen Index. — IBS 39; Innsbruck: Inst. für Sprachwissenschaft der Univ. Innsbruck, 1982, iii, 153 p. | *BNF* 17, 1982, 401-402 R. Schmitt | *Sprache* 29, 1983, 82 [H. Eichner].
4452 TISCHLER, Johann: Zur Stammbildung des hethitischen Verbums. — *ZDMG* 132, 1982, 235-242 | Apropos of No. 4432.
4453 TISCHLER, Johann: Zur Entstehung der -*ḫi*-Konjugation: Überlegungen an Hand des Flexionsklassenwechsels. [272], 235-249.
4454 TISCHLER, Johann: Beiträge zur hethitischen Anthroponymie. — [287], 439-453.
4455 ÜNAL, Ahmet: *Ḫattušili III*. Teil I-II. — Heidelberg: 1974 | BL 1977, 4801. | *WO* 13, 1982, 152-153 H.M. Kümmel.
4456 ÜNAL, Ahmet: *Ein Orakeltext über die Intrigen am hethitischen Hof* ... — Heidelberg: 1978 | BL 1978, 3449. | *WO* 13, 1982, 153-159 M. Marazzi.
4457 WATKINS, Calvert: Notes on the plural formations of the Hittite neuters. — [272], 250-262.
4458 WATKINS, Calvert: A Greco-Hittite etymology. — [287], 455-457 | Hitt. *ḫapuš-* : Gr. ὀπυίω.

WEGNER, I.: *Gestalt und Kult der Ištar-Šawuška* . . . — 12676.
4459 WINDEKENS, A.J. VAN: Hittitica II. — *Orbis* 29, 1980 (1982), 180-182 | Cf. BL 1980, 3524. | I. *ešri-*; II. *kiš* (moy.); III. *tešḫa-*.

C. Hieroglyphic Hittite and Luwian; Palaian — Hittite hiéroglyphique et Louvite; Palaïte

4460 BAJUN, L.S.: Obščeluvijskij tip sprjaženija: k probleme rekonstrukcii. — [184], 6-7.
4461 CARRUBA, Onofrio: Der Kasus auf *-sa* des Luwischen. — [272], 1-15.
4462 CARRUBA, Onofrio: Beiträge zum Luwischen. — [287], 35-51.
4463 DINÇOL, Ali M.; DINÇOL, Belkıs: *Anadolu Medeniyetleri Müzesinde bulunan Hitit Hieroglif mühürleri/Hethitische Hieroglyphensiegel im Museum für Anatolische Zivilisationen*. — Ankara Turizmi, Eskieserler ve Müzeleri Sevenler Derniği Yayınları 10; Ankara: [1980?], 44 p.
4464 GONNET, Hatice: Sceaux hittites inédits. — *Anatolica* 7, 1979-80 (1981), 91-97, 2 pl. | Hier. Hitt.
4465 GÜTERBOCK, Hans G.: The Hieroglyphic inscriptions on the Hittite cylinder, No. 25. — *AfO* 28, 1981-82, 71-72 | Cf. 12686.
4466 GÜTERBOCK, Hans G.: *Les hiéroglyphes de Yazılıkaya: à propos d'un travail récent*. — Paris: ADPF, 1982, 61 p., ill. | On No. 4469.
4467 HAWKINS, J.D.; MORPURGO-DAVIES, A.: Buying and selling in Hieroglyphic Luwian. — [287], 91-105.
4468 LAROCHE, Emmanuel: Les hiéroglyphes de Meskene-Emar et le style "syro-hittite". — *Akkadica* 22, 1981, 5-14.
4469 MASSON, Emilia: *Le panthéon de Yazılıkaya: nouvelles lectures*. — Recherche sur les Grandes Civilisations, Synthèse 3; Paris: Inst. fr. d'études anatoliennes (distr.: ADPF), 1981, 77 p., 21 tab. | *ZA* 72, 1982/1, 154-159 M. Poetto | Cf. 4466.
4470 MERIGGI, Piero; POETTO, Massimo: Note alle strisce di piombo di KULULU. — [272], 97-115.
4471 NEUMANN, Günter: Die Konstruktionen mit Adiectiva genetivalia in den luwischen Sprachen. — [272], 149-161.
4472 POETTO, Massimo: Ancora sulla parola per 'esercito' in luvio. — *Kadmos* 21, 1982, 101-103, pl. h.-t. | *ku(wa)lana*.
4473 POETTO, Massimo: Osservazioni sull'iscrizione luvio-geroglifica di Aksaray. — [287], 275-286, 2 pl.
4474 POETTO, Massimo; SALVATORI, Sandro: *La collezione anatolica di E. Borowski. Sigilli e iscrizioni in luvio geroglifico* (M.P.). *Sigilli anepigrafici* (S.S.). — Studia Mediterranea 3; Pavia: GJES, 1981, 183 p.
4475 STARKE, Frank: Die Kasusendungen der luwischen Sprachen. — [287], 407-425.

D. Lycian — Lycien

4476 *Fouilles de Xanthos*. VI: *La stèle trilingue du Létôon* . . . — Paris: 1979 | BL 1979, 3730. | *BiOr* 38, 1981, 354-371 P. Frei.
4477 HEUBECK, Alfred: Zur lykischen Verbalflexion. — [287], 107-119.
SCHMITT, R.: Iran. Wörter und Namen im Lykischen. — 4727.

TOKHARIEN

E. Lydian — Lydien

4478 GUSMANI, Roberto: *Lydisches Wörterbuch. Mit grammatischer Skizze und Inschriftensammlung. Ergänzungsband:* Lief. 2 [*f – v*]. — Indogerm. Bibl., 2. Reihe; Heidelberg: Winter, 1982, p. 53-115 | Cf. BL 1980, 3552.
4479 GUSMANI, Roberto: Note d'antroponomastica lidia. — *InL* 6, 1980-81 (1982), 21-27.
4480 GUSMANI, Roberto: Zwei Graffiti aus Sardis und Umgebung. — *Kadmos* 21, 1982, 125-129, 2 pl. h.-t. | Lydian and Carian.
4481 GUSMANI, Roberto: Il lidio. — [4321], 107-116.
4482 MEIER-BRÜGGER, Michael: Zur lydischen Inschrift Nr. 50 im Louvre. — [287], 201-203, pl.

III. TOCHARIAN — TOKHARIEN

4483 THOMAS, W.: Indogermanische Chronik 28. III. Tocharisch. — *Sprache* 28, 1982, 57; 197.

4484 ADAMS, Douglas Q.: Studies in Tocharian vocabulary, I: Four verbs. — *JAOS* 102, 1982, 133-136 | B *pi-* (A *pis-*); B *pin-* (A *piw-*); AB *si-*; B *stāll-*.
4485 BONFANTE, Giuliano: Encore tokh. A *poke,* B *pauke.* — *BSL* 76, 1981/1 (1982), 223 | Add. to BL 1981, 4805.
4486 DIETZ, R.: *Der Gebrauch der Partizipia Präsentis im Tocharischen: eine syntaktische Untersuchung.* — Diss. Frankfurt, 1981, xii, 183 p.
4487 ROSE, Christian: Tokh. B *ste, stare* et véd. *ā́sthat, ásthiran.* — *TLIE* 1, 1980, 72-73.
4488 SCHMIDT, Klaus T.: Spuren tiefstufiger seṭ-Wurzeln im tocharischen Verbalsystem. — [287], 363-372.
4489 SHIELDS, Kenneth: The origin of the Tocharian locative suffixes. — *JAOS* 102, 1982, 129-131.
4490 THOMAS, Werner: *Formale Besonderheiten in metrischen Texten des Tocharischen . . .* — Wiesbaden: 1979 | BL 1979, 3743. | *IF* 87, 1982 (1983), 276-280 R. Dietz.
4491 WINDEKENS, A.J. VAN: *Le tokharien confronté avec les autres langues indoeuropéennes.* Vol. II, 2: *La morphologie verbale.* — Louvain: Centre International de Dialectologie Générale, 1982, xiv, 315 p. | Cf. BL 1979, 3746. | *LPosn* 24, 1982, 143-147 W. Stefanski (I-II, 1) | *ZCPh* 39, 1982, 352-354 K.H. Schmidt (II, 1) | *ZDMG* 132, 1982, 399-402 W. Winter (I) | Cf. also 4492.
4492 WINDEKENS, A.J. VAN: De quelques "observations" de M. Winter. — *Orbis* 29, 1980 (1982), 283-311 | Réponse aux c.-r. de W. WINTER (cf. BL 1981, 4810 & No. 4491).
4493 WINDEKENS, A.J. VAN: Recherches complémentaires sur le vocabulaire tokharien V. — *Orbis* 29, 1980 (1982), 202-205 | Cf. BL 1980, 3570. | I. A *asäl*, B *esale*; II. AB *waste*; III. A *wä-*, B *wa-, wä-*; IV. Nouveaux exemples de composés en *-āk-* = gr. *-ωπ-*.
WINTER, W.: Toch. and PIE. — 4370.

IV. INDO-IRANIAN — INDO-IRANIEN

A. General — Généralités

4494 MAYRHOFER, M.: Indogermanische Chronik 28. IV. Indo-Iranisch. — *Sprache* 28, 1982, 58-63; 198-202.

CAMPANILE, E.: Note sur vieil-irl. *bronnaid* . . . — 7798.

4495 DEHGHAN, Keyvan: *Der Awesta-Text* Srōš Yašt *(Yasna 57) mit Pahlavi- und Sanskritübersetzung.* — *MSS*, Beiheft 11, München: Kitzinger, 1982, 280 p. | *Kratylos* 27, 1982 (1983), 188-190 D.N. MacKenzie.

4496 DUNKEL, G.E.: Naming-parentheses in Indo-Iranian and Indo-European. — *MSS* 41, 1982, 11-21.

4497 ERHART, Adolf: *Struktura indoíránských jazyků.* — Brno: 1980 | BL 1980, 3576. | *Kratylos* 27, 1982 (1983), 183-184 R. Schmitt | *Baltistica* 18, 1982, 195 A. Sabaliauskas.

4498 HAMP, Eric P.: 1. *kála-* "black"; 2. *kālá-ḥ* "time"; 3. East Iranian **gaštra-* "mouth, tooth"; 4. Avestan *staman-*. — *IIJ* 24, 1982, 38-40.

4499 HESTON, W.L.: Some areal features: Indian or Irano-Indian? — *IJDL* 9, 1980, 141-157.

4500 HUMBACH, Helmut: Vedic *Índraśca Vāyo* ~ Old Avestan *Mazdāscā Ahurāṇhō.* — *MSS* 41, 1982, 95-102.

OGUIBEGINE, B.: Un vestige indo-iran. en slave? Suggestions pour la solution de l'étym. de **gospodь* . . . — 9900.

B. Indo-Aryan Group — Groupe indo-aryen

I. General — Généralités

4501 *Aryan and non-Aryan in India.* Ed. by Madhav M. DESHPANDE; Peter Edwin HOOK. — Ann Arbor: 1979 | BL 1979, 3758. | *BSL* 76, 1981/2 (1982), 118-121 C. Caillat.

4502 BASU, D.H.: *Indian linguistic researches: a pentalogue.* — Calcutta: Basudha, 1976, 168 p. | Coll. of previously published papers. | *AO* 50, 1982, 365 H. Preinhaelterová.

4503 BHATIA, Tej K.: Transplanted South Asian languages: an overview. — *SLS* 11, 1981/2, 129-134.

4504 CHATTERJI, Suniti Kumar [1890-1977]: *Select papers: Āṅgla-Nibandha-Chayana.* Vol. 1; 2. — New Delhi: People's Publishing House, 1972, xi, 324 p.; 1979, xiv, 327 p., front. (portr.) | *JASt* 41, 1981-82, 617-619 M.C. Shapiro.

4505 CHATTERJI, Suniti Kumar: *Select writings.* Vol. 1. — New Delhi: Vikas Publishing, 1978, vii, 307 p. | *JASt* 41, 1981-82, 617-619 M.C. Shapiro.

4506 GRANTOVSKIJ, É.A.; RAEVSKIJ, D.S.: K voprosu ob "indo-arijskom" ètnojazykovom èlemente v Severnom Pričernomor'e v antičnuju èpochu. — [184], 14-16.

The origin of Brāhmī script. — 3074.

4507 PRABHOO, Lalitha R.: Dative case in Indo-Aryan and Dravidian: contact and interference in the Indian subcontinent. — *IJDL* 9, 1980, 253-273.

4508 PRAY, Bruce R.: Verbs from participles in Indo-Aryan. — *SARev* 6/3, 1982, 138-147.

4509 *Die Sprache der ältesten buddhistischen Überlieferung* . . . Hrsg. von Heinz BECHERT. — Göttingen: 1980 | BL 1980, 3598. | *Kratylos* 26, 1981 (1982), 85-88 K.R. Norman | *IIJ* 24, 1982, 215-218 J.W. de Jong.

4510 TRUBAČEV, O.N.: Indoarica v Skifii i Dakii. — [184], 59-63.

4511 TURNER, R.L.: Implosive *d-* + *y-* or *r-* or *h-* in Indo-Aryan. — *BSOAS* 45, 1982, 84-87.

ZOGRAPH, G.A.: *Languages of South Asia* . . . — 2924-5.

II. Old Indo-Aryan — Ancien indo-aryen

4512 AMBROSINI, Riccardo: *Dal X libro dal Ṛg-Veda: inni tradotti e commentati.* — Pisa: Giardini, 1981, 176 p.

4513 ANANTHANARAYANA, H.S.: *Four lectures on Pa:ṇini's Aṣṭa:dhya:yi:.* — Annamalai Univ., Dept. of Linguistics, Publ. 43; Annamalainagar: 1976, 92, iv p. | *IIJ* 24, 1982, 301-302 G. Cardona.

4514 ANDERSEN, Paul Kent: Means of expressing a comparison of inequality in Old Indic. — *GL* 22, 1982, 172-184.

4515 ANDERSEN, Paul Kent: On the word order typology of the *Satapathabrāhmaṇa.* — *JIES* 10, 1982, 37-42.

4516 BAMMESBERGER, Alfred: The optative of the Sanskrit root aorist *gam-* — *IIJ* 24, 1982, 283-287.

4517 BHATE, Saroya: Pāṇini and Yāska: principles of derivation. — *ABORI* 62, 1981, 235-241.

4518 BRERETON, Joel P.: The particle *iva* in Vedic prose. — *JAOS* 102, 1982, 443-450.

4519 BRONKHORST, Johannes: Some observations on the Padapāṭha of the Ṛgveda. — *IIJ* 24, 1982, 181-189.

4520 BRUCKER, Egon: *Die spätvedische Kulturepoche* . . . — Wiesbaden: 1980 | BL 1981, 4843. | *JRAS* 1982, 193-194 R.E. Emmerick.

4521 BUDDRUSS, Georg: *Khowar-Texte in arabischer Schrift.* — AAWL 1982/1; Wiesbaden: Steiner, 1982, 79 p.

4522 BURROW, T.: *The problem of shwa in Sanskrit.* — Oxford: 1979 | BL 1979, 3777. | *OLZ* 77, 1982, 595-597 R. Hiersche.

4523 BURROW, Thomas: On some non-palatalised velars before front vowels in Sanskrit. — *Our Heritage*, special No.: *150th Anniversary Volume (1824-1974)* [Calcutta Skr. College Research Series 119; Calcutta: Skr. College, 1980], 1-11.

4524 BYRSKI, Maria Christopher: Is there a Sanskrit word for pumice? — *IndT* 8-9, 1980-81, 67-70 | *phenaka.*

4525 CVETKO, Varja: Ai. *sắra-* und *jáḍhu-.* — *ANph* 14, 1981, 109.

4526 DAALEN, L.A. VAN: *Vālmīki's Sanskrit.* — Leiden: 1980 | BL 1980, 3628. | *JASt* 41, 1981-82, 874-877 R.P. Goldman.

4527 DESHPANDE, Madhav M.: *Evolution of syntactic theory in Sanskrit grammar* . . . — Ann Arbor: 1980 | BL 1980, 3630. | *ABORI* 62, 1981, 279-281 G.V. Devasthali | *IIJ* 24, 1982, 132-135 T. Venkatacharya.

4528 DEVASTHALI, G.V.: Pre-fixation fermentation of the (Ṛgveda) Krama-Pāṭha. — *IndT* 8-9, 1980-81, 123-135.

4529 DEVASTHALI, G.V.: Pāṇini and the Aṣṭādhyāyī: a critique. — *ABORI* 62, 1981, 193-213 | Contra 1902.

4530 DUNKEL, George: Autour de *ắ* Ṛg-védique (a lexical study). — *IIJ* 24, 1982, 89-102.

4531 EICHNER-KÜHN, Ingrid: Ein Eidbruch im Ṛgveda. — *MSS* 41, 1982, 23-31 | *āntakadrúh-* (RV X 132).
4532 ELIZARENKOVA, T.Ja.: *Grammatika vedijskogo jazyka.* — Moskva: "Nauka", 1982, 438 p.
4533 *An encyclopaedic dictionary of Sanskrit on historical principles.* Vol. III, part 1 [*adh – adhimāsāhata*]. General ed.: A.M. GHATAGE. — Poona: Deccan College Postgraduate and Research Inst., 1982, p. 1479-1638 | Cf. BL 1981, 4857.
4534 FALK, Harry: The three groups of particles in the *Nirukta.* — *BSOAS* 45, 1982, 260-270.
4535 GARBACZ, Stephanie Klosinski: *Sanskrit and Old Church Slavonic: a comparative study of case systems.* — Georgetown Univ. diss., 1979, 373 p. | *DAb* 41/4, 1980, 1569-A.
4536 GHOSH, Abhijit: A note on the Vedic word *matyà.* — *IJL* 9, 1982/1, 36-48.
4537 GONDA, Jan: *Hymns of the Ṛgveda not employed in the solemn ritual.* — Amsterdam: 1978 | BL 1978, 3514. | *Kratylos* 26, 1981 (1982), 198-200 H.-P. Schmidt.
4538 GONDA, J.: *The medium in the Ṛgveda.* — Leiden: 1979 | BL 1979, 3784. | *JASt* 39, 1979-80, 379-381 R. Salomon.
4539 GONDA, Jan: *The mantras of the* agnyupasthāna *and the* sautrāmaṇī. — Amsterdam: 1980 | BL 1980, 3644. | *Kratylos* 26, 1981 (1982), 80-85 M. Witzel | *IIJ* 24, 1982, 53-54 K. Mylius.
4540 GONDA, J.: *Vedic ritual: the non-solemn rites.* — Handbuch der Orientalistik, 2. Abteilung, Band 4/1; Leiden: Brill, 1980, xiv, 516 p. | *BSOAS* 45, 1982, 187-188 T. Burrow.
4541 GONDA, J.: *The Praügaśastra.* — Amsterdam: 1981 | BL 1981, 4863. | *IIJ* 24, 1982, 307 K. Mylius.
4542 GONDA, J.: *The Haviryajñāḥ Somāḥ: the interrelations of the Vedic solemn sacrifices.* — VKNA 113; Amsterdam: North-Holland, 1982, 125 p.
4543 HAMP, Eric P.: *Aśītí-* "80". — *IIJ* 24, 1982, 37-38.
4544 HAUDRY, Jean: Note sur la syntaxe des comparaisons védiques. — *JA* 270, 1982, 147-151.
4545 HOCK, Hans Henrich: The Sanskrit passive: synchronic behavior and diachronic development. — *SARev* 6/3, 1982, 127-137.
4546 HOCK, Hans Henrich: Sanskrit causative syntax: a diachronic study. — *SLS* 11, 1981/2, 9-33.
4547 HOCK, Hans Henrich: Clitic verbs in PIE or discourse-based verb fronting? Sanskrit *sá hovāca gā́rgyaḥ* and congeners in Avestan and Homeric Greek. — *SLS* 12, 1982/2, 1-38.
4548 HOCK, Hans Henrich: The Sanskrit quotative: a historical and comparative study. — *SLS* 12, 1982/2, 39-85.
HOENIGSWALD, H.M.: An aspect of semivowel asymmetry . . . — 4287.
4549 HOFFMANN, Karl: Vedica. — *MSS* 41, 1982, 61-94 | 1. **atsyu-, pāsyu-*; 2. *asra-*; 3. *ávayas, ávayat*; 4. *upanivṛkṣam*; 5. *ūhyāte ūhyā́the;* 6. *khadát*; 7. *ghṛtaminvá-*; 8. *nānātyaya*; 9. *prertvan-, prártvā*; 10. *vālāpitasthá-*; 11. *ápaciti-*; 12. *uraka-*; 13. *púklaka-*.
4550 ISHIKAWA, A.: Description of Sanskrit compounds according to the X̄ convention. — *Sophia Linguistica* (Tokyo: Sophia Univ.) 4, 1978, 21-34.
4551 ISHIKAWA, A.: Spatial use of Sanskrit case according to λ-categorial language. — *Sophia Linguistica* 5, 1979, 49-58.

4552 JAMISON, Stephanie W.: Case disharmony in Ṛgvedic similes. — *IIJ* 24, 1982, 251-271.
4553 KIEHNLE, Catharina: *Vedisch* ukṣ *und* ukṣ/vakṣ ... — Wiesbaden: 1979 | BL 1979, 3790. | *IIJ* 24, 1982, 128-132 S. Zimmer.
4554 KLEIN, Jared S.: Sanskrit *ca*, Indo-European *$k^w e$, and the semantics of coordinate conjoined structures in the Rigveda. — *SARev* 6/3, 1982, 65-77.
4555 KLEIN, Jared S.: Rigvedic *tú* and *sú*. — *Sprache* 28, 1982, 1-26 | Contra G. LIEBERT (BL 1951, 74).
4556 KNOBL, W.F.: Zwei Studien zu Wörtern des Sanskrit. — *Journal of Naritasan Institute for Buddhist Studies* 6, 1981, 1-79 | 1. *saudāmanī* f. 'Blitz'; 2. *kaṭa*-m. 'Matte/Hüfte' und die Bildungen auf *(-)kaṭa-*.
4557 LAZZERONI, Romano: Frase nominale e ingiuntivo nel Rigveda. — *SCO* 32, 1982, 277-283.
4558 LAZZERONI, Romano: Su una presunta preferenza del medio per la coniugazione tematica in vedico. — *SSL* 22, 1982, 119-132.
4559 LINCOLN, Bruce: The 'house of clay'. — *IIJ* 24, 1982, 1-12 | mṛnmáyam gṛhám (RV 7.89) and the Proto-IE. Otherworld.
4560 LOKESH CHANDRA: *Oḍḍiyāna:* a new interpretation. — *IJDL* 9, 1980, 118-140.
4561 MAGGI, Daniele: Why is *rajas upastambhaka*- in the *Sāṁkhyakārikā?* — *IndT* 8-9, 1980-81, 233-239.
4562 MAUE, Dieter: Zur Nebenüberlieferung von ai. *jalūka*- "Blutegel". — [253], 114-117.
4563 MAYRHOFER, Manfred: Welches Material aus dem Indo-Arischen von Mitanni verbleibt für eine selektive Darstellung? — [272], 72-90.
4564 MEHENDALE, M.A.: *Áduvas* (?). — *JAOS* 102, 1982, 365.
4565 MEHENDALE, M.A.: The Mitanni name *Šattiu̯aza-*. — *IIJ* 24, 1982, 295-296.
4566 MORGENROTH, Wolfgang: Glossen in der Chāndogya-Upanishad. — *IndT* 8-9, 1980-81, 283-291.
4567 MYLIUS, Klaus: *Wörterbuch Sanskrit-Deutsch.* 2. Aufl. — Leipzig: 1980 | BL 1981, 4892. | *AsS* 36, 1982, 158-160 J.M. Verpoorten.
4568 NARTEN, Johanna: Zu einem Optativ im Śatapathabrāhmaṇa. — *MSS* 41, 1982, 127-137 | ŚB V 5, 3, 1, 6 vyuduhyā́t = vy $^+$ù duhyāt.
4569 NARTEN, Johanna: Die vedischen Präsensstämme hṛnāyá-, hṛnīyá- und Verwandtes. — *MSS* 41, 1982, 139-149.
4570 PATAÑJALI's *Vyākaraṇa-Mahābhāṣya Anabhihitāhnika* ... by S.D. JOSHI; J.A.F. ROODBERGEN. — Poona: 1976 | BL 1980, 3682. | *IF* 86, 1981 (1982), 354-355 H. Scharfe.
4571 PATAÑJALI's *Vyākaraṇa-Mahābhāṣya: Vibhaktyāhnika* (P. 2.3.18-2.3.45). Introd., text, transl. and notes by S.D. JOSHI; J.A.F. ROODBERGEN. — Publ. of the Centre of Advanced Study in Skr., C 12; Pune: Univ. of Poona, 1980, (xi), xxxiii, 115 p. | Cf. BL 1980, 3682. | *IIJ* 24, 1982, 302-305 J. Bronkhorst | *Kratylos* 27, 1982 (1983), 186-187 H. Scharfe.
4572 PATYAL, Hukam Chand: Non-Indo-Aryan sources as an aid for the Vedic interpretation. — *ABORI* 62, 1981, 219-225.
4573 PIRART, Eric: ṚV 3.26,7: *havír asmi nā́ma*. — *TLIE* 1, 1980, 31-33.
4574 PIRART, Eric: ṚV 4.19: un hymne du poète Vāmadeva au dieu Indra. — *TLIE* 1, 1980, 34-39 | Comm. & transl.
4575 PIRART, Eric: Autre hymne du poète Vāmadeva au dieu Indra, ṚV 4.20. — *TLIE* 1, 1980, 40-44 | Comm. & transl.
4576 PIRART, Eric: Quelques notes et remarques sur ṚV II,35. — *TLIE* 1, 1980, 45-52.

4577 PISANI, Vittore: San[s]crito *nāsatyau*. — *AGI* 66, 1981 (1982), 16-18.
4578 POLLOCK, Sheldon I.: *Aspects of versification in Sanskrit lyric poetry*. — New Haven, CO: 1977 | BL 1978, 3549. | *OLZ* 77, 1982, 590-595 C. Vogel.
4579 POLSKY, Marion Barbara: *Container/contained: the meaning of Parjanya in the Vedic samhitas*. — Princeton Univ. diss., 1981, 282 p. | *DAb* 41/11, 1981, 4697-A.
4580 PORCHER, Marie-Claude: Métaphore et comparaison dans quelques composés sanskrits. — *JA* 270, 1982, 153-171.
4581 RAJAM, V.S.: *A comparative study of two ancient Indian grammatical traditions: the Tamil* Tolkāppiyam *compared with the Sanskrit* Ṛk-Prātiśākhya Taittirīya-Prātiśākhya, Āpiśali-Śikṣa, *and the* Aṣṭādhyāyī. — Univ. of Pennsylvania diss., 1981, 498 p. | *DAb* 42/3, 1981, 1128-A/1129-A.
4582 RAU, Wilhelm: Vedisch *tejanī́-* f. und *tedanī́-* f. / *tedani-* f. — *MSS* 41, 1982, 169-178.
4583 *The Sāhityakaṇṭakoddhāra*. Ed. with introd. and notes by T. VENKATACHARYA. — Delhi: Motilal Benarsidass, 1980, xxiv, 70 p.
4584 SALOMON, Richard: The *Ukti-vyakti-prakaraṇa* as a manual of spoken Sanskrit. — *IIJ* 24, 1982, 13-25.
4585 SALUS, Peter H.: Rule-ordering in the Aṣṭādhyāyī. — *SARev* 6/3, 1982, 191-196.
4586 *Sanskrit-Wörterbuch der buddhistischen Texten aus den Turfan-Funden*. Begonnen von Ernst WALDSCHMIDT... hrsg. von Heinz BECHERT. 3. Lief.: *avadāta-varna / ātmadṛṣṭi (pratipakṣārtham)*, bearbeitet von Georg VON SIMSON. — Göttingen: Vandenhoeck & Ruprecht, s.d. [preface dated 1981], p. i-vii, 161-240 | Cf. BL 1977, 4890. | *OLZ* 76, 1981, 496-497 H. Berger (1-2) | *ZDMG* 132, 1982, 407-411 L. Schmithausen (1).
4587 SCHLERATH, Bernfried: *Sanskrit vocabulary*... — Leiden: 1980 | BL 1980, 3692. | *IIJ* 24, 1982, 135-136 J.W. de Jong.
4588 SCHMITT, Rüdiger: Die Notwendigkeit eines Sanskrit-Personennamenbuchs. — *BNF* 17, 1982, 161-169.
SHEPHEARD, D.: Saussure's Vedic anagrams. — 1978.
4589 SHUKLA, Shaligram: Kinship system in Pāṇini's Aṣṭādhyāyī. — *LAL* 2, 1971, 77-93.
4590 SIMSON, Georg VON: Zur Formelsprache des altindischen Epos: formelhafte Erwähnungen der Truppengattungen und formelhafte Vokative im Mahābhārata. — *AcIr* 22, 1982, 207-225.
4591 SINGH, J.D.: Technical terms in Pāṇini. — *IJDL* 8, 1979, 7-16.
4592 SMITH, R. Morton: On the development of the *triṣṭubh*. — *IndT* 8-9, 1980-81, 449-465.
4593 SÖHNEN, Renate: *Untersuchungen zur Komposition von Reden und Gesprächen im Rāmāyaṇa*. Teil 1; (Teil 2: Übersetzungen). — *StII*, Monographie 6; Reinbek: Inge Wezler, 1979 (1980), 330; 114 p. | *ZDMG* 132, 1982, 417-420 P. Schreiner.
SUNDERMANN, W.: Die Bedeutung des Parthischen für die Verbreitung buddhistischer Wörter indischer Herkunft. — 4754.
4594 *Vākyapadīyaprameyasaṃgraha: ein anonymes Scholion zum zweiten Kāṇḍa des Vākyapadīya*. Zusammen mit Peri Sarveswara SHARMA nach der einzigen bekannten Handschrift hrsg. von Wilhelm RAU. — Abhandlungen der Marburger Gelehrten Gesellschaft 1978/2, 85-156; München: Fink, 1981, 72 p. | *Kratylos* 27, 1982 (1983), 78-81 J. Bronkhorst.

4595 VELANKAR, Kamal N.: A note on *jāmi* in the Ṛgveda. — *IJDL* 8, 1979, 218-225.
4596 VERPOORTEN, J.-M.: *L'ordre des mots dans l'Aitareya-Brāhmaṇa*. — Paris: 1977 | BL 1977, 4907. | *IIJ* 24, 1982, 136-138 J.W. de Jong.
4597 YARDI, M.R.: The multiple authorship of the *Mahābhārata*: a statistical approach (Paper III). — *ABORI* 62, 1981, 49-65 | Parts I & II to be published in the *Journal of the Asiatic Soc. of Bombay*.

III. Middle Indo-Aryan — Moyen indo-aryen

4598 BAILEY, H.W.: *Khotanese Buddhist texts*. Revised ed. — Cambridge: 1981 | BL 1981, 5042. | *Kratylos* 27, 1982 (1983), 190-191 R. Schmitt.
4599 BAILEY, H.W.: Two Kharoṣṭhī inscriptions. — *JRAS* 1982, 149-155, pl. 2-8 | 1. An "Asó-raya" Kharoṣṭhī inscription. 2. The inscription of Bhagamoya, king of Apaca.
4600 *A critical Pāli dictionary*... Vol. II, fasc. 10. L. ALSDORF †, ed.-in-chief. — Copenhagen: 1979 | BL 1979, 3815. | *OLZ* 77, 1982, 402-404 K.R. Norman.
4601 DAMSTEEGT, Th.: *Epigraphical hybrid Sanskrit*... — Leiden: 1978 | BL 1978, 3571. | *JASt* 38, 1978-79, 601-602 R. Salomon.
4602 D'ONZA CHIODO, Mariangela; PANATTONI, Emanuela: *Kuḍḍa-rājan* and allied terms: a set of Dravidian loan-words in Pāli. — *IndT* 8-9, 1980-81, 147-162.
4603 DUNDAS, Paul: Prākrit *avvo*. — *IndT* 8-9, 1980-81, 163-167.
4604 FUSSMAN, Gérard: Documents épigraphiques kouchans (III). L'inscription kharoṣṭhī de Senavarma, roi d'Oḍi: une nouvelle lecture. — *BEFEO* 71, 1982, 1-46.
4605 JAMASPASA, Kaikhusroo M.: *Aogəmadaēcā: a Zoroastrian liturgy*. — SbÖAW 397, Veröffentlichungen der Iran. Kommission 11; Wien: Verlag der Österreichischen Akad. der Wissenschaften, 1982, 119 p., 54 facsim. | *Kratylos* 27, 1982 (1983), 187-188 B. Schlerath | = MIran. (misplacement).
4606 MISRA, S.S.; MISRA, H.: *A historical grammar of Ardhamāgadhī*. — Varanasi (India): Ashutosh Prakashan Sansthan, 1982, vii, 135 p.
4607 MURRAY, Robert W.: Consonant cluster developments in Pāli. — *FoLH* 3, 1982, 163-184.
4608 SALOMON, Richard: The original language of the *Karpūra-mañjarī*. — *ZDMG* 132, 1982, 119-141.
4609 SANI, Saverio: *Bhaṭamayesu:* un problema interpretativo in una iscrizione aśokea. — *Aiōn* 3, 1981 (1982), 215-226.
4610 SANI, Saverio: Note sulla lingua di Aśoka. — *SSL* 22, 1982, 151-162 | 1. The numeral "12" in Shāhbāzgaṛhī. 2. The future *kachati*. 3. The phono-syntactical reinforcement.
4611 SINGH, Ram Adhar: *Syntax of Apabhraṃśa*. — Calcutta: 1980 | BL 1980, 3737. | *JAOS* 102, 1982, 550-552 M.C. Shapiro.

IV. New Indo-Aryan — Indo-aryen moderne

A. GENERAL — GÉNÉRALITÉS

OHALA, M.: Sounds and sound patterns in South Asian languages. — 2027.
REIN, H.J.: Zum Schicksal der port. Familiennamen in Indien. — 6521.
4612 SCHIMMEL, Annemarie: *German contributions to the study of Indo-Pakistani linguistics*. — Publ. by the German-Pakistan Forum 5; Wiesenhoefen 16: G. Pak. Forum, 1981, 198 p., 14 pl.

4613 SIDDIQI, Akhtar Husain; BASTIAN, Robert W.: Urban place names in Pakistan: a reflection of cultural characteristics. — *Names* 29, 1981, 65-84, 5 maps.
SINGH, U.N.: Script and identity . . . — 3080.

B. EASTERN GROUP: BENGALI, BIHARI, ORIYA, ASSAMESE —
GROUPE ORIENTAL: BENGALI, BIHARI, ORIYA, ASSAMAIS

4614 ALEKSEEVA, E.A.: *Učebnik bengal'skogo jazyka*. Tom 1; 2. — Moskva: 1976-77 | BL 1979, 3826. | *AO* 50, 1982, 363-365 H. Preinhaelterová.
4615 DASGUPTA, Probal: The mantissa of indefinite words in Bangla. — *IJDL* 8, 1979, 46-51.
4616 DASGUPTA, Probal: Grammatical relations breaking compound words: Bengali. — *IJL* 7, 1980/1, 60-69.
DASGUPTA, P.: Infinitives in Bangla and E. . . . — 2439.
4617 DOMINGUE, Nicole: Internal change in a transplanted language. — *SLS* 11, 1981/2, 151-159 | Bihari.
4618 MALLIK, Bhakti P.: The underworld argot: West Bengal and the Bhojpuri and Magahi areas of Bihar. — *IJL* 7, 1980/2, 60-89; 9, 1982/1, 49-57; 9, 1982/2, 41-45.
4619 MITTER, Alokananda: Some similarities between Serbocroat and Bengali vocabulary. — [269], 217-227.
4620 PATNAIK, B.N.: Observations on non-polite verbal behaviour. — *IJL* 9, 1982/2, 1-7 | Examples from Standard Oriya.
4621 RÁCOVÁ, Anna: Grammatical categories of the substantive in Bengali. — *AAS* 18, 1982, 17-28.
4622 RÁCOVÁ, Anna: The morphological type of Bengali. — *RLB* 6, 1982, 215-222.
4623 SHUKLA, Shaligram: *Bhojpuri grammar*. — Washington, DC: Georgetown UP., 1981, xiv, 318 p., 2 maps.
4624 WOODS, Frances Margaret: *The interrelationship of cultural information, linguistic structure, and symbolic representations in a Halbi myth*. — Univ. of Texas at Arlington diss., 1980, 394 p. | *DAb* 41/6, 1980, 2589-A.

C. CENTRAL GROUP I: HINDI-URDU — GROUPE CENTRAL I: HINDI-OURDOU

4625 ABBI, Anvita: *Semantic grammar of Hindi* . . . — New Delhi: 1980 | BL 1980, 3757. | *Lg* 58, 1982, 487-488 M.C. Shapiro.
4626 AGGARWAL, Narindar K.: Reference material in Hindi: state of the art. — *SLS* 11, 1981/2, 209-219.
4627 ANEJA, Mohinder Paul: Consonant assimilation in Hindi. — *IJDL* 9, 1980, 109-117.
4628 BHATIA, Tej K.: In search of the oldest grammar of Hindustani. — *SARev* 6/3, 1982, 214-227, 2 facsim. | On a grammar written in Du. by Joshua J. KETELAAR, 1698.
4629 BHATIA, Tej K.: Trinidad Hindi: three generations of a transplanted variety. — *SLS* 11, 1981/2, 135-150, 2 maps.
4630 BHATIA, Tej K.: The treatment of transitivity in the Hindi grammatical tradition. — *SLS* 11, 1981/2, 195-208.
4631 CHATTERJI, Buddhadeva: Some word choice in Bombay Bazar (Pidgin) Hindi. — *IJL* 9, 1982/1, 9-13.
4632 DAVISON, Alice: On the form and meaning of Hindi passive sentences. — *Lingua* 58, 1982, 149-179.

4633 DEBRECZENI, Árpad: A summarizing study of some main characteristics of the Hindi verbal system. — *IJL* 7, 1980/2, 16-46.
4634 DWIVEDI, D.S.: Co-existent declensional patterns in Hindi. — *L&C* 2, 1982, 179-182.
4635 GUPTA, B.P.: A rule of deaspiration in colloquial Hindi. — *IIJ* 24, 1982, 191-200.
4636 HANSEN, Kathryn: Renu's regionalism: language and form. — *JASt* 40, 1980-81, 273-294 | Phanishwarnath Renu (1921-77).
4637 HILL, Edward Charles: *The specification of underlying aspectual values: a case study with particular reference to Hindi and Telugu.* — Univ. of Wisconsin-Madison diss., 1980, 155 p. | *DAb* 41/10, 1981, 4384-A.
4638 HOOK, Peter Edwin: *Hindi structures: intermediate level.* — Michigan Papers on South and Southeast Asia 16; Ann Arbor: Center for South and Southeast Asian Studies, Univ. of Michigan, 1979, xxii, 338 p. | *IIJ* 24, 1982, 141-142 R.K. Barz | *AAS* 18, 1982, 255-256 A. Rácová.
4639 KACHRU, Yamuna: Conjunct verbs in Hindi-Urdu and Persian. — *SARev* 6/3, 1982, 117-126.
4640 KACHRU, Yamuna: On the syntax, semantics and pragmatics of the conjunctive participle in Hindi-Urdu. — *SLS* 11, 1981/2, 35-49.
4641 KACHRU, Yamuna: Transitivity and volitionality in Hindi-Urdu. — *SLS* 11, 1981/2, 181-193.
4642 KACHRU, Yamuna: Syntactic variation and language change: Eastern and Western Hindi. — *SLS* 12, 1982/2, 87-96.
4643 KLAIMAN, M.H.: On the status of the subjecthood hierarchy in Hindi. — *IJDL* 8, 1979, 17-31.
4644 MCGREGOR, R.S.: *Outline of Hindi grammar*, with excercises. 5th ed. — Delhi: Oxford UP., 1980, xxxiii, 261 p. | 1st ed. 1972 (BL 1972, 3434). | *OLZ* 77, 1982, 296-299 E. Brucker.
4645 KUMAR, Suresh: Discourse structure in a Hindi short story. — *SLS* 11, 1981/2, 51-66.
4646 MEHROTA, R.R.: Impact of religion on Hindi personal names. — *Names* 30, 1982, 43-47.
4647 NESPITAL, Helmut: *Das Futursystem im Hindi und Urdu: ein Beitrag zur semantischen Analyse der Kategorien Tempus, Aspekt und Modus und ihrer Grammeme.* — Schriftenreihe des Südasien-Inst. der Univ. Heidelberg, 29; Wiesbaden: Steiner, 1981, xviii, 340 p. | *ZDMG* 133, 1983, 185-186 P. Schreiner.
4648 PANDHARIPANDE, Rajeshwari: Interface of lexicon and grammar: some problems in Hindi grammar. — *SLS* 11, 1981/2, 77-100.
4649 PANDHARIPANDE, Rajeshwari: Transitivity in Hindi. — *SLS* 11, 1981/2, 161-179.
4650 PANDHARIPANDE, Rajeshwari: Counteracting forces in language change: convergence vs. maintenance. — *SLS* 12, 1982/2, 97-116.
4651 PANDHARIPANDE, Rajeshwari: Volitionality: more evidence for a constraint on passive in Hindi. — *SARev* 6/3, 1982, 89-103.
4652 SAKSENA, Anuradha: Verb agreement in Hindi. — *Linguistics* 19, 1981, 467-474.
4653 SAKSENA, Anuradha: Case marking semantics. — *Lingua* 56, 1982, 335-343.
SAKSENA, A.: Contact in causation. — 2648.
4654 SHAPIRO, Michael C.: Towards a history of the Hindi language. — *SARev* 6/3, 1982, 148-159.

4655 SINGH, R.A.: *Survey of Halabi in Madhya Pradesh.* — Census of India 1971. Series I. Language monograph 5, 1961 series; New Delhi: Office of the Registrar General, India, Language Division, 1977, x, 72 p., map. | *IJDL* 9, 1980, 170-175 L.R. Prabhoo.
4656 SINGH, Rajendra: On some 'redundant compounds' in Modern Hindi. — *Lingua* 56, 1982, 345-351.
4657 SRIVASTAVA, R.N.: On capturing inaccessible mind: further evidence for word final schwa. — [269], 255-261.
4658 UČIDA, Norihiko: *Studien zur Hindi-Vokalphonologie.* — Wiesbaden: 1978 | BL 1978, 3608. | *JAOS* 102, 1982, 552-553 M.C. Shapiro.
4659 VERMA, Shivendra K.: Equipping Hindi for new roles. — *IJL* 9, 1982/1, 1-8.

D. CENTRAL GROUP II: GUJARATI, MARATHI, ETC. —
GROUPE CENTRAL II: GOUJRATI, MARATHE, ETC.

4660 DHONGDE, R.V.: Verbs of pre-cooking processes in Marathi: a study in semantic field. — *BDC* 41, 1982, 46-58.
4661 JOSHI, D.M.: Caused and purposive predicates. — *IJDL* 8, 1979, 236-248 | Gujarati.
4662 MAGIER, David: Marwari honorifics. — *SARev* 6/3, 1982, 160-173 | Rajasthani.
4663 MIRANDA, Rocky V.: The status of Konkani during the Portuguese era. — *SARev* 6/3, 1982, 204-213, map.
4664 MISTRY, P.J.: Personal names: their structure, variation, and grammar in Gujarati. — *SARev* 6/3, 1982, 174-190.
4665 NIGAM, R.C.; RAJATHI, Kumari J.: *Survey of Konkani in Kerala.* — Calcutta: 1976 | BL 1978, 3613. | *IJDL* 8, 1979, 345-355 Lalitha Prabhoo.
PANDHARIPANDE, R.: Counteracting forces in language change . . . — 4650.
4666 VREESE, K. DE: Remarks on three Old-Gujarātī Jaina poems. — *OLP* 13, 1982, 233-240 | Rev. art. on G. BAUMANN (BL 1975, 4227).
4667 WALI, Kashi: Marathi correlatives: a conspectus. — *SARev* 6/3, 1982, 78-88.

E. WESTERN AND NORTHERN GROUPS — GROUPES OCCIDENTAL ET SEPTENTRIONAL

4668 BHAT, Roopkrishen: Case in Kashmiri. — *IJL* 7, 1980/2, 47-59.
4669 KOUL, Omkar N.: *Linguistic studies in Kashmiri.* — Chandigarh: 1977 | BL 1977, 4977. | *IJDL* 8, 1979, 330-334 G. Knowles.
4670 PATYAL, Hukam Chand: Etymological notes on some Maṇḍyālī words (Indo-Aryan studies II). — *IIJ* 24, 1982, 289-294.
4671 RANGANATHA, M.R.: *Survey of Mandeali and Kului in Himachal Pradesh.* — Census of India 1971. Series I. Language monograph 7, 1961 series; New Delhi: Office of the Registrar General, India, Language Division, 1981, x, 168 p.
4672 SHACKLE, C.: *The Siraiki language* . . . — London: 1976 | DL 1977, 4978. | *JA* 270, 1982, 191-192 G. Fussman.
4673 SHACKLE, C.: *A Gurū Nānak glossary.* — London: 1981 | BL 1981, 4979. | *JRAS* 1982, 204-205 W.H. McLeod | *JA* 270, 1982, 192-193 G. Fussman | *IIJ* 24, 1982, 327-328 R.K. Barz.
4674 SHARMA, D.D.: Non-Aryan elements in Central Pahari. — *IJDL* 8, 1979, 323-329.
4675 WALLACE, William D.: Object-marking in the history of Nepali: a case of syntactic diffusion. — *SLS* 11, 1981/2, 107-128.

IRANIEN

4676 WALLACE, William D.: The evolution of ergative syntax in Nepali. — *SLS* 12, 1982/2, 147-211.

F. SINHALESE — SINGHALAIS

4677 ABREW, Kaluhath Kamal DE: *The syntax and semantics of negation in Sinhala.* — Cornell Univ. diss., 1981, 137 p. | *DAb* 41/12, 1981, 5079-A.
4678 GAIR, James W.: Sinhala, an Indo-Aryan isolate. — *SARev* 6/3, 1982, 51-64.
4679 REYNOLDS, C.H.B.: *Sinhalese*... — London: 1980 | BL 1980, 3797. | *BSOAS* 45, 1982, 628-629 R.E. Asher | *IIJ* 24, 1982, 69-73 L. Jayawardena; K. Matzel.
4680 WIKRAMASINGHE, Daya: Causativization in Sinhalese. — *IJL* 7, 1980/2, 1-15.

G. GYPSY — TSIGANE

4681 ARISTE, Paul: Die Darstellungsweise einiger Zigeunerlieder. — *UZTarU* 585, 1981 (*Linguistica* 14), 3-8 | Ru. summ.
4682 HEINSCHINK, M.: La langue tsigane parlée en Autriche et en Yougoslavie. — *Études Tsiganes* (Paris) 24, 1978, 8-20.
4683 KOCHANOWSKI, Jan: Trois énigmes tsiganes. — *LPosn* 25, 1982, 99-110.
4684 *Obrazcy fol'klora Cygan-Kėldėrarej.* Izd. podgotovili R.S. DEMETER; P.S. DEMETER. Predislovie L.N. ČERENKOVA; V.M. GACAKA. Primečanija V.M. GACAKA. — Moskva: Glavnaja red. vostočnoj lit., "Nauka", 1981, 264 p. | *IIJ* 24, 1982, 328-329 F.B.J. Kuiper.
4685 SORAVIA, Giulio: L'infinito in Romanés. — *RIL* 113, 1979 (1981), 35-54.
4686 UHLIK, Rade: Brojevi u romskom jeziku. — *GABiH* 20, 1982 (Centar za balkan. ispitivanja 18), 221-266 | Les numéros dans la langue des Tsiganes (Rés. fr.).
4687 VEKERDI, József: On the social prehistory of the Gypsies. — *AOH* 35, 1981/2-3 (1982), 243-254 | Analysis of the vocabulary.

C. Iranian Group — Groupe iranien

1. General — Généralités

4688 PIEMONTESE, Angelo Michele: *Bibliografia italiana dell'Iran (1462-1982).* Vol. I: *Bibliografia – Geografia – Viaggi e viaggiatori – Storia – Archeologia.* Vol. II: *Arte – Lingua – Letteratura – Filosofia e scienza – Religione – La Persia nella letteratura italiana ed europea – Addenda.* — Istituto Universitario Orientale, Seminario di studi asiatici, Series minor 18, 1 & 2; Napoli: (distr.: Herder, Roma), 1982, 453 p.; p. 457-947 | Lingua, II, 531-573 (Nos. 3937-4293).
4689 ZWANZIGER, Ronald: Iran 1977-1980. — *AfO* 27, 1980, 492-507 | 2. Sprachwissenschaft, 492-499.

4690 BAILEY, H.W.: *Maka*. — *JRAS* 1982, 10-13 | On Iran. ethnical and geogr. names from a base *mak-*.
4691 BAILEY, H.W.: Two Iranian words, Georgian *zvara* and *varz-i*. — [245], 22-23.
4692 DABIR-MOGHADDAM, Mohammad: Passive in Persian. — *SLS* 12, 1982/1, 63-90 | Synchronic and diachronic study.

4693 ÈDEL'MAN, D.I.: K perspektivam rekonstrukcii obščeiranskogo sostojanija. — *VJa* 1982/1, 37-47.
4694 GERSHEVITCH, Ilya: Beauty as the living soul in Iranian Manicheism. — *AAntH* 28, 1980 (1981), 281-288 | With comm. on *ruvānegān*.
4695 *Iranica*, a cura di Gherardo GNOLI e Adriano V. ROSSI. — Napoli: 1979 | BL 1979, 3872. | *WZKM* 73, 1981, 206-207 R. Schmitt.
4696 ISEBAERT, Lambert: Une dénomition iranienne de l'épée. — *Sprache* 28, 1982, 163-165 | MIran. *šfšyr*, Parthian *sfsyr* et al. < **safnačy(a)-agra-*.
4697 MELIKIAN-CHIRVANI, A.S.: Le rhyton selon les sources persanes: essai sur la continuité culturelle iranienne de l'Antiquité à l'Islam. — *StIr* 11, 1982, 263-292, pl. 25-26 | Sur les noms iran. du rhyton (Rés. angl.).
PÉRIKHANIAN, A.: 'Lièvre' et 'courrier' en arm. et en iran. — 4879.
4698 SCHWARTZ, Martin: "Blood" in Sogdian and Old Iranian. — *AcIr* 22, 1982, 189-196.

II. Old Iranian — Ancien Iranien

4699 ABAEV, V.I.: Slavo-Avestica. — *VJa* 1982/2, 18-25.
4700 ABAEV, V.I.: O nekotorych "varvarskich" topo-, ètno- i antroponimach u antičnych avtorov. — [184], 5 | Iran. **gauvargā*.
4701 AJELLO, Roberto: Antico-persiano *r̥ o ər?* — *SSL* 22, 1982, 133-149.
4702 BEEKES, R.S.P.: GAv. *må*, the PIE word for 'moon, month', and the perfect participle. — *JIES* 10, 1982, 53-64.
4703 BOCCALI, Giuliano: L'antico persiano. — [4321], 11-23.
4704 CORNILLOT, François: Le secret d'*Adukanaiš*. — *IIJ* 24, 1982, 205-213.
4705 *Corpus inscriptionum Iranicarum*. Part I, II, 1: *The Bisitun inscription of Darius the Great* . . . by Elizabeth VON VOIGTLANDER. — London: 1978 | BL 1978, 3635. | *BiOr* 38, 1981, 657-665 R. Zadok.
4706 ELOEVA, F.: O zapadnych svjazjach skifov. — [184], 18-19.
4707 FORSSMAN, Bernhard: Zur altpersischen Syntax: DB I 50. — *MSS* 41, 1982, 35-47 | 1. The optative *caxriyā*; 2. the word-group *ditam cāxriyā*; 3. the acc. *xšaçam*.
4708 GERSHEVITCH, Ilya: Diakonoff on writing, with an appendix by Darius. — [245], 99-109 | I.M. D'JAKONOV's reaction to BL 1979, 3883 and the Behistun inscription.
4709 GINDIN, L.A.: Čelenie skifskich plemen v svete semantičeskoj distribucii glagolov obitanija v IV kn. Gerodota. — [184], 8-14.
4710 HARRISON, Cynthia M.: Persian names and coins of northern Anatolia. — *JNES* 41, 1982, 181-194, fig.
HOCK, H.H.: Clitic verbs in PIE or discourse-based verb fronting? . . . — 4547.
4711 HUMBACH, Helmut: Der metaphorische Gebrauch von av. *gau-* 'Rind' und die Jatakas. — *MSS* 41, 1982, 103-117.
4712 *Iranisches Personennamenbuch*. Hrsg. von Manfred MAYRHOFER. Band I, fasz. 1-3. — Wien: 1977-79 | BL 1979, 3889. | *Orbis* 29, 1980 (1982), 275-278 L. Isebaert | *Kratylos* 26, 1981 (1982), 89-91 H. Humbach.
4713 MAWET, Francine: "Light" in Ancient Iranian. — *JIES* 10, 1982, 283-299.
4714 MAYRHOFER, Manfred: *Nachlese altpersischer Inschriften* . . . — Innsbruck: 1978 | BL 1978, 3654. | *OLZ* 77, 1982, 70-71 O. Klíma.
4715 MAYRHOFER, Manfred: *Supplement zur Sammlung der altpersischen Inschriften*. — Wien: 1978 | BL 1978, 3653. | *AfO* 27, 1980, 174-176 M.W. Stolper | *OLZ* 77, 1982, 69-70 O. Klíma.

4716 MAYRHOFER, Manfred: Zu übergangenen Inschriftenfragmente aus Susa. — *AÖAW* 118, 1981, 128-132, pl.
4717 MAYRHOFER, Manfred: Altpersisch *taumani* "Kräfte". — *IIJ* 24, 1982, 201-204.
4718 NARTEN, Johanna: *Die Aməṣa Spəntas im Avesta*. — Wiesbaden: Harrassowitz, 1982, xii, 155 p.
4719 ROSSI, Adriano V.: La varietà linguistica nell'Iran achemenide. — *Aiōn* 3, 1981 (1982), 141-196.
4720 SCHINDLER, Jochem: Zum Nom. Sing. m. der *nt*-Partizipien im Jungavestischen. — [272], 186-209.
4721 SCHMEJA, Hans: "Ging ein zum Throne der Götter". — *AcIr* 22, 1982, 185-188.
4722 SCHMITT, Rüdiger: *Die Iranier-Namen bei Aischylos* . . . — Wien: 1978 | BL 1978, 3660. | *OLZ* 77, 1982, 589-590 O. Szemerényi | *IIJ* 24, 1982, 127-128 L. Isebaert.
4723 SCHMITT, Rüdiger: *Altpersische Siegel-Inschriften*. — Wien: 1981 | BL 1981, 5030. | *AION* 42, 1982, 677 R. Contini | *ZDMG* 132, 1982, 398 H. Humbach | *BiOr* 39, 1982, 373-374 J.M. Balcer | *BNF* 17, 1982, 80-81 W. Blümel.
4724 SCHMITT, Rüdiger: *Iranische Namen in den indogermanischen Sprachen Kleinasiens (Lykisch, Lydisch, Phrygisch)*. — IPNB 5, 4; Wien: Verlag der Österreichischen Akad. der Wissenschaften, 1982, 40 p.
4725 SCHMITT, Rüdiger: Achaemenid throne-names. — *AION* 42, 1982, 83-95 | Sequel to BL 1977, 5031.
4726 SCHMITT, Rüdiger: Die Iranier-Namen in den *Persai* des Aischylos. — [176], 373-379.
4727 SCHMITT, Rüdiger: Iranische Wörter und Namen im Lykischen. — [287], 373-388.
4728 SHUKLA, Shaligram: Underlying representation and phonological change: IE *$\hat{k}$, *tt, and *s in Avestan and Old Bulgarian. — *LAL* 1, 1970, 98-103, 2 tab.
4729 SZEMERÉNYI, Oswald: *Four Iranian ethnic names* . . . — Wien: 1980 | BL 1980, 3828. | *BSL* 76, 1981/2 (1982), 121-122 G. Lazard | *RBPh* 60, 1982, 197-198 L. Deroy.
4730 ZADOK, Ran: Iranian and Babylonian notes. — *AfO* 28, 1981-82, 135-139 | I. On the date of the Assyrian relief from Šikaft-i Gulgul and the location of *Meḫrānu* [with a note on its etym.], II. Suppl. notes to [BL 1977, 5034], III. On some Iran. names [1. Ἄρτακος, 2. Ζαρδαῖος, 3. Za-ir-nu-ia, 4. Γύνδης, 5. Ia-a-nu, 6. Ur-zu-na-pi], IV. Thilouana.

III. Middle Iranian — Moyen Iranien

4731 BACK, Michael: *Die sassanidischen Staatsinschriften* . . . — Téhéran/Leiden: 1978 | BL 1978, 3668. | *IF* 87, 1982 (1983), 280-297 D.N. MacKenzie | *OLZ* 77, 1982, 489-492 W. Sundermann.
4732 BAILEY, H.W.: *Dictionary of Khotan Saka*. — Cambridge: 1979 | BL 1979, 3907. | *JASt* 39, 1979-80, 538-540 R.A. Millar.
4733 BAILEY, H.W.: *Khotanese Buddhist texts*. Revised ed. — Cambridge: 1981 | BL 1981, 5042. | *BiOr* 39, 1982, 478-481 R.E. Emmerick.
4734 BAILEY, H.W.: Indo-Iranica. — *IndT* 8-9, 1980-81, 15-18 | Suppl. to 4732.
4735 BIVAR, A.D.H.: Questions of interpretation in the inscriptions of the Sasanian seals. — *AAntH* 28, 1980 (1981), 205-211, 3 pl.

4736 DAVARY, G. Djelani: *Baktrisch: ein Wörterbuch auf Grund der Inschriften, Handschriften, Münzen und Siegelsteine.* — Heidelberg: Groos, 1982, 306 p.

4737 EMMERICK, Ronald E.: The case against *ṣun-*. *IF* 86, 1981 (1982), 212-222.

4738 EMMERICK, Ronald E.: Khotanese *nuvāta*. — *Indological and Buddhist Studies:* volume in honour of Prof. J.W. de Jong on his 60th birthday (Canberry: Fac. of Asian Studies, 1982), 137-147 | **ñara* < O. Iran. **nitara*.

4739 EMMERICK, R.E.; SKJÆRVØ, P.O.: *Studies in the vocabulary of Khotanese*, I. — SbÖAW 401: Veröffentlichungen der Iran. Kommission 12; Wien: Verlag der Österreichischen Akad. der Wissenschaften, 1982, 133 p. | *Kratylos* 27, 1982 (1983), 81-85 M. Back.

4740 GERSHEVITCH, Ilya: The colophon of the Nokonzok inscription. — *AAntH* 28, 1980 (1981), 179-184.

4741 GERSHEVITCH, Ilya: The Bactrian fragment in Manichean script. — *AAntH* 28, 1980 (1981), 273-280.

4742 GIGNOUX, Philippe: *Catalogue des sceaux . . . de la Bibliothèque Nationale . . .* II. — Paris: 1978 | BL 1980, 3838. | *JAOS* 102, 1982, 206-207 C.J. Brunner.

4743 GIGNOUX, Philippe; GYSELEN, Rika: *Sceaux sasanides de diverses collections privées.* — Leuven: Peeters, 1981, 208 p., 30 pl.

4744 GIGNOUX, Ph.; KALUS, L.: Les formules des sceaux sasanides et islamiques: continuité ou mutation? — *StIr* 11, 1982, 123-153.

4745 HUMBACH, Helmut: Friedrich Carl Andreas [1846-1930] and the Paikuli inscription. — *MSS* 41, 1982, 119-125 | Cf. also BL 1979, 3918.

4746 LAZARD, Gilbert: Sogdien *(ʔ)δβʔnk*. — *StIr* 11, 1982, 229-232.

4747 MONCHI-ZADEH, Davoud: *Xusrōv i Kavātān ut rētak:* Pahlavi text, transcription and translation. — *AcIr* 22, 1982, 47-91.

4748 *Osnovy iranskogo jazykoznanija: sredneiranskie jazyki.* Otv. red.: V.S. RASTORGUEVA. — Moskva: "Nauka", 1981, 544 p.

4749 PÉRIKHANIAN, Anahit: Sur m.-perse *'kblyt*. — *AcIr* 22, 1982, 153-155.

4750 SHAKED, Shaul: Pahlavi notes. — *AcIr* 22, 1982, 197-205 | 1. *dahišn* "reflection". 2. *juttar* "evil".

4751 SIMS-WILLIAMS, Nicholas: The double system of nominal inflexion in Sogdian. — *TPhS* 1982, 67-76.

4752 SUNDERMANN, Werner: *Mitteliranische manichäische Texte . . .* — Berlin: 1981 | BL 1981, 5075. | *ZDMG* 133, 1983, 453-454 P.O. Skjærvø.

4753 SUNDERMANN, W.: Probleme der Interpretation manichäisch-soghdischer Briefe. — *AAntH* 28, 1980 (1981), 289-316.

4754 SUNDERMANN, Werner: Die Bedeutung des Parthischen für die Verbreitung buddhistischer Wörter indischer Herkunft. — *AoF* 9, 1982, 99-113 | (1) *Bodhisattva*. (2) Soghd. *(a)fčambaδ*.

4755 SUNDERMANN, W.: Zur Etymologie von mittelpersisch *awist(u)wār*. — *ZPE* 45, 1982, 57-58.

4756 SUNDERMANN, Werner; ZIEME, Peter: Soghdisch türkische Wortlisten — [253], 184-193, pl. 2-5 (facsim.).

4757 UTAS, Bo: The Pahlavi treatise *Avdēh u sahīkēh ī Sakistān* or "Wonders and magnificence of Sistan". — *AAntH* 28, 1980 (1981), 259-267.

4758 WEBER, Dieter: Das Perfekt transitiver Verben im Khotansakischen. — *Sprache* 28, 1982, 165-170.

IV. New Iranian — Iranien moderne

4759 BEČKA, Jiří: *Úvod do paštského jazyka.* — Malé učebnice Nového Orientu; Praha: Acad., 1982, 168 p. | Introd. to Pashto.
4760 BING, Janet Mueller: Linguistic rhythm and grammatical structure in Afghan Persian. — *LIn* 11, 1980, 437-463.
4761 BLAU, Joyce: *Manuel de kurde . . .* — Paris: 1980 | BL 1980, 3846. | *BSL* 76, 1981/2 (1982), 122-123 G. Lazard.
4762 BOGOLJUBOV, M.N.: Dopolnenie k "Istorii Buchary" Naršachi. — *UZLU* 403, 1980 (*Vostokovedenie* 7), 3-8.
4763 D'ERME, Giovanni M.: *Grammatica del neopersiano.* — Napoli: 1979 | BL 1981, 5091. | *AO* 50, 1982, 210 J. Bečka.
4764 ECKERT, Rainer: Zu einigen ossetisch-slawischen Übereinstimmungen. — *Georgica* 4, 1981, 71-73.
4765 EILERS, Wilhelm: *Die Mundart von Gäz . . .* — Wiesbaden: 1979 | BL 1979, 3932. | *BiOr* 38, 1981, 489-493 J. Krámský.
4766 EILERS, Wilhelm: *Deutsch-persisches Wörterbuch.* Lief. 11 [*erraten — fahren*]. — Wiesbaden: Harrassowitz, 1982, p. 385-480 | Cf. BL 1981, 5095.
4767 ELFENBEIN, J.: Notes on the Balochi-Brahui linguistic commensality. — *TPhS* 1982, 77-98.
4768 GRJUNBERG, Aleksandr Leonovič: *Jazyk kati: teksty, grammatičeskij očerk.* — Jazyki Vostočnogo Gindukuša; Moskva: Glavnaja Redakcija Vostočnoj Literatury, 1980, 295 p., 2 maps, ill.
4769 JAHANGIRI, Nader; HUDSON, Richard A.: Patterns of variation in Tehrani Persian. — [4056], 49-63, 4 tab.

KACHRU, Y.: Conjunct verbs in Hindi-Urdu and Persian. — 4639.

4770 LAŠKARBEKOV, B.B.: K istorii vasanskoj kosvennoj konstrukcii. — *AcIr* 22, 1982, 1-4.
4771 LORENZ, M.: Die direkte Rede in Tâǧikischen. — *AcIr* 22, 1982, 5-14.
4772 MACKENZIE, D.N.: Matalūna. — *AcIr* 22, 1982, 15-45 | Pashto proverbs.
4773 MAHAMEDI, Hamid: The story of Rostam and Esfandiyār in an Iranian dialect. — *JAOS* 102, 1982, 451-459 | Text in Davāni, with transl. and notes.
4774 MAJIDI, Mohammed-Reza: *Strukturelle Beschreibung des iranischen Dialekts der Stadt Semnan: Phonetik, Morphologie, Syntax, Texte.* — Forum Phoneticum 22; Hamburg: Buske, 1980, xviii, 211 p. | *Islam* 59, 1982, 360-361 W. Eilers | *AO* 50, 1982, 83-85 J. Krámský.
4775 NALBANDYAN, G.M.: *Parsic^c lezvi k^{c}erakanowt^{c}yown.* — Erevan: 1980 | BL 1980, 3864. | *BEH* 1982/1, 216-217 Ju.Ju. Avaliani; M.U. Chamojan.
4776 NAWATA, Tatsuo: The Masal dialect of Talishi. — *AcIr* 22, 1982, 93-117.
4777 OVESEN, Jan: A note on the relation between language and culture: the Pashai case. — *AcIr* 22, 1982, 131-140.
4778 [PACHALINA, T.N.] PAKHALINA, T.N.: On the history of the forms of the demonstrative pronouns in the Pamir languages. — *AcIr* 22, 1982, 141-152.
4779 ROSSI, Adriano V.: Balōčī miscellanea. — *AcIr* 22, 1982, 157-183 | 1. Sociolinguistic desiderata in Baluchistan. 2. A Balōčī word list by Georg MORGENSTIERNE.
4780 SCHWARTZ, Martin: Osseto-Indo-Europaeica. — [245], 336-344 | On the Ossetic dissimilation *rærD̄* > *ræD̄* (in Iron *rædovin*).
4781 STEBLIN-KAMENSKIJ, I.M.: *Očerki po istorii leksiki pamirskich jazykov: nazvanija kul'turnych rastenij.* — Moskva: "Nauka", 1982, 166 p.

4782 STEBLIN-KAMENSKIJ, I.M.: Venok iz Vachana (A wreath from Wakhān). — *AcIr* 22, 1982, 227-249 | Plant-names.
4783 THIESEN, Finn: *A manual of Classical Persian prosody, with chapters on Urdu, Karakhanidic and Ottoman prosody.* — Wiesbaden: Harrassowitz, 1982, xxvi, 274 p., tab.
4784 THORDARSON, Fridrik: Preverbs in Ossetic. — *AcIr* 22, 1982, 251-261.
4785 UTAS, Bo: *A Persian Sufi poem: vocabulary* . . . — London: 1978 | BL 1978, 3713. | *AO* 50, 1982, 85-86 M. Shaki.
4786 WINDFUHR, Gernot L.: *Persian grammar* . . . — The Hague: 1979 | BL 1979, 3956. | *BiOr* 38, 1981, 787-788 G. Kreyenbroek | *JNES* 42, 1983, 323-326 J.R. Perry | *Kratylos* 27, 1982 (1983), 191-193 G. Herrmann.
4787 WINDFUHR, Gernot: The verbal category of inference in Persian. — *AcIr* 22, 1982, 263-287.
4788 [XAMOYAN, M.H.] CHAMOJAN, M.U.: Strukturno-semantičeskaja tipologija frazeologizmov (na materiale sovremennogo kurdskogo jazyka). — *IFŽ* 1982/2, 179-190 | Ru. summ.

V. ARMENIAN — ARMÉNIEN

4789 SCHMITT, Rüdiger: Indogermanische Chronik 28. V. Armenisch. — *Sprache* 28, 1982, 63-68; 202-206.
4790 ABRAHAMYAN, A[šot] G[aregini]: *Naxamaštoc͑yan hay gir ev grč͑owt͑- yown.* — Erevan: "Hayastan" hratarakč͑owt͑yown, 1982, 150 p. | Arm. writing and lit. before Mesrop Maštoc͑; on hier. texts, Aram. inscriptions, etc.
4791 ABRAHAMYAN, Sergej: Gitakan oče ev nra aṙanjnahatkowt͑yownnerə. — *LHG* 1982/3, 14-26 | (Arm.) sci. style and its peculiarities (Ru. summ.).
4792 *Aknarkner žamanakakic͑ hayoc͑ lezvi baṙagitowt͑yan ev terminabanowt͑- yan. / Očerki po leksikologii i terminologii sovremennogo armjanskogo jazyka.* — Erevan: Haykakan SSH GA hratarakč͑owt͑yown (H. Ačaṙyani anvan lezvi institowt), 1982, 316 p. | Studies in the lexicology and terminology of Mod. Arm. Collective vol., containing: H.A. ÔHANYAN, P͑oxaṙowt͑yan veraberyal tesaketneri k͑nnowt͑yown [Investigation of the views relative to borrowing], 5-65; Ṙ.X. MKRTČ͑YAN, Xosk͑i maseri baṙabardman kałaparnerə žamanakakic͑ hayerenowm [The models of composing the parts of speech in Mod. Arm.], 66-148; S.A. ASLANYAN, Terminabanowt͑yan ałbyowrnerə hayerenowm [The sources of terminology in Arm.], 149-237; S.A. ASLANYAN, Hay ṙazmakan terminabanowt͑yownnerə [The Arm. military terminologies], 238-313.
4793 *Aṙak͑el Siwnec͑i. Yałags k͑erakanowt͑ean hamaṙawt lowcmownk͑.* Ašxatasirowt͑eamb L.G. XAČ͑EREANI. — Los Ančelos: 1982, 237 p. | Aṙak͑el Siwnec͑i's "Brief Commentary on Grammar", ed. by L.G. XAČ͑ERYAN (E. summ., 200-204).
4794 AṘAK͑ELYAN, V.D.: *Aknarkner hayoc͑ grakan lezvi patmowt͑yan* (V dar). — Erevan: 1981 | BL 1981, 5133. | *LHG* 1982/10, 86-88 A. Karapetyan.
4795 ASATRYAN, G.S.: Hayerenowm iranakan mi k͑ani p͑oxaṙowt͑yownneri harc͑i šowrǰ. — *IFŽ* 1982/2, 191-193 | On the question of some Iran. borrowings in Arm. (Ru. summ.).
4796 ASATRYAN, M.: Hay baṙbaṙneri bazmahatkaniš dasakargowmə. — *BEH* 1982/1, 85-102 | The multi-feature classification of Arm. dialects (Ru. summ.).

4797 ASMANGOWLYAN, Hasmik: Bayakan kerpə hayerenowm ev anglerenowm. — *LHG* 1982/1, 29-37 | Verbal aspect in Arm. and E. (Ru. summ.).
4798 [AVAGYAN, A.M.] AVAKIAN, Anne M.: Armenian surname changes. — *American Name Society, ANS Bull.* 67, Feb. 1, 1982, 32-38.
4799 AVETISYAN, T.M.: Acanc^cowm ev xndraŕowt^cyown. — *LOH* 6, 1982, 5-51 | Derivation and rection (in Arm.).
4800 AVETISYAN, T.M.: Hayoc^c mi xowmb azganownneri dasakargman p^corj. — *LHG* 6, 1982, 268-273 | An attempt to classify a group of Arm. surnames. | Cf. 4801.
4801 AVETISYAN, T.M.: Hayoc^c anvanman banajeverə. — *IFŽ* 1982/1, 83-97 | Arm. naming formulas (Ru. summ.).
4802 BAŁDIŠYAN, Gevorg: Grabaralezow matenagirneri bnagrayin "Haykakan hamabarbaŕə. — *LHG* 1982/4, 58-67 | The textual "Arm. concordance" of OArm. authors (Ru. summ.).
4803 BĂLTĂCEANU, Maria-Francisca: Arménien et daco-mésien. — [161], 186-192 | Repr. of BL 1980, 4004.
4804 BEDIRYAN, Petros; HEK^CEK^CYAN, Narine: Ŕowserenic^c noragowyn baŕapatčenowmneri masin. — *LHG* 1982/12, 65-69 | On the latest lexical calques from Ru. (Ru. summ.).
4805 BOLOGNESI, G.: Motivi d'interesse delle antiche traduzioni armene di testi greci. — *ASGM* 22, 1981 (1982), 27-29.
4806 BOLOGNESI, Giancarlo: Tradition and innovation in the Armenian language. — [4809], 125-141.
4807 BUDAGOVA, Z.I.; GUKASJAN, V.L.: Ob azerbajdžansko-armjanskich jazykovych kontaktach. — *SovT* 1979/4, 10-21.
4808 Č^CAŁAYAN, Zohrab: Oč^c iragrakan žamanaki drsevorowmə ardi hayerenowm. — *LHG* 1982/10, 31-37 | The expression of non-situational time in Mod. Arm. (Ru. summ.).
4809 *Classical Armenian culture: influences and creativity.* Ed. by Thomas J. SAMUELIAN. — Univ. of Pennsylvania Arm. Texts and Studies 4; [s.l.], Scholars Press, 1982, xi, 223 p. | Proceedings of the 1st Dr. H. Markarian Conference on Arm. Culture.
DACHKÉVYTCH, Y.R.; TRYJARSKI, E.: "La Chronique de Pologne" un monument arméno-kiptchak ... — 14447.
4810 [DASZKIEWICZ, J.] DACHKÉVYTCH, Ja.R.: Who are Armeno-Kipchaks? (On the ethnical substrate of the Armenian colonies in the Ukraine). — *REArm* 16, 1982, 357-416.
4811 *Dawit^c Zêyt^cownc^ci. Meknowt^ciwn k^cerakani.* Ašxatasirowt^cyamb E.K. MELK^CONYANI. / David Zejtunci. Tolkovanie grammatiki. Tekst podgotovil i snabdil predisloviem E.K. MELKONJAN. — Erevan: Haykakan SSH GA hratarakč^cowt^cyown (Hr. Ačaŕyani anvan lezvi institowt), 1981, 187 p. | *IFŽ* 1982/1, 218-220 A.S. Zeyt^cownyan | *HHH* 9, 1981 (1982), 328-331 A. Kŕanean.
4812 [D'JAKONOV, I.M.] DIAKONOFF, Igor M.: Ancient Near Eastern substrata in Armenian. — *AArmL* 3, 1982, 13-18 | Abridged transl. of BL 1981, 5143.
4813 DUMÉZIL, Georges: Encore le nom du ciel en arménien. — *StIr* 11, 1982, 73-78 | Cf. BL 1979, 3988.
4814 ETMEKJIAN, James (ed.): *An anthology of Western Armenian literature.* — Delmar, NY: 1980 | BL 1980, 3896. | *AArmL* 3, 1982, 79-80 R Sch[mitt].
4815 FEL'DMAN, E.D.: O mnogoznačnosti russkich otnositel'nych prilagatel'nych i ich ėkvivalentach v armjanskom jazyke. — [396], 29-51 | Arm. summ.

4816 FEYDIT, F[rédéric]: *Considérations sur l'alphabet de Saint Mesrop et Recherches sur la phonétique de l'armenien* [sic]. [2ᵉ édition]. — Studien zur arm. Geschichte XI₂; Wien: Mechitharisten-Buchdruckerei, 1982, [15], 216 p. | 1ˢᵗ ed. 1964 (cf. BL 1962, 1266; 1964, 1435 for the original series of articles).

4817 GODEL, Robert: *Linguistique arménienne: études diachroniques.* — Paris: Fondation des Frères Ghoukassiantz/Librairie H. Samuel, (1982), 107 p. | Coll. of art. most of which have been published earlier.

4818 GODEL, R.: Une "loi phonétique" bien difficile à énoncer: *$*w$ > arm. w (v)/ g/zéro. — *REArm* 16, 1982, 9-16 | E. summ., 519.

4819 GREPPIN, John A.C.: *Classical and Middle Armenian bird names.* Delmar, NY: 1978 | BL 1978, 3735. | *VJa* 1982/3, 127-129 Ė.G. Tumanjan | *JAOS* 102, 1982, 243-245 E. Schütz.

4820 GREPPIN, John A.C.: A note on Arm. *išxan* 'ruler'. — *AArmL* 3, 1982, 57-59; 91 (bibliography).

4821 GREPPIN, John A.C.: The Anatolian substrata in Armenian — an interim report. — *AArmL* 3, 1982, 65-72.

4822 GREPPIN, John: Tracing the Armenians. — *The Illustrated London News*, Vol. 270, No. 7010, Sept. 1982, p. 48 | On Arm. prehistory and early history as revealed by the language.

4823 GREPPIN, John A.C.: Arm. t^c – Gk. $\pi\tau$-. — *JIES* 10, 1982, 347-354.

4824 GREPPIN, John A.C.: Preliminary comments on the Greek-Armenian lexicon to Galen. — *REArm* 16, 1982, 69-80.

4825 GREPPIN, John A.C.: Two points on Hurrian-Armenian lexical relationships. — [245], 117-119 | Hurr. *māḫri, awari* and Arm. *maxr, agarak*.

4826 GREPPIN, John A.C.: Two Hurrian words in Armenian. — [4809], 142-150 | On *agarak* "field", *kowt* "grain" from Hurr. *awari, kade*.

4827 HAIG, Helen A.: Passivization in Modern Western Armenian. — *SynS* 15, 1982, 161-176.

4828 [HAKOBYAN, R̄.S.] AKOPJAN, R.S.: Imenitel'nyj prisoedinenija (na materiale russkogo i armjanskogo jazykov). — [396], 52-126 | Arm. summ.

4829 HAMBARJOWMYAN, Vazgen: Grabari latinatip noramowcowtᶜyownneri hałtᶜaharowmə XVIII darowm. — *LHG* 1982/8, 63-72 | Overcoming Lat.-type innovations of Grabar in the 18th century (Ru. summ.).

4830 HAMBARJOWMYAN, V.G.: XVIII-XIX dareri grabar patmagrowtᶜyan lezvakan bnowtᶜagirə. — *IFŽ* 1982/1, 73-82 | The linguistic characterization of OArm. historiography in the 18th-19th centuries (Ru. summ.).

4831 HAMP, Eric P.: Armenian miscellanea. — *AArmL* 3, 1982, 53-56 | On *ereskᶜ, asełn, vaṙem/vaṙim*, locative *yamsean, ənd/əntocin*, and *cnownd*.

HAMP, E.P.: On Gr. ζ : *$*y$. — 5177. | On Arm. *leard, lowc*.

HAMP, E.P.: Two roots *$*H_o bhel$-. — 5293. | On Arm. *awelowm*, etc.

4832 HANEYAN, A.N.: Edesiayi barbaṙə. — [4835], 184-240 | The dial. of Edessa/Urfa.

4833 HAROWTᶜYOWNYAN, H.: Bay + anoroš derbay kaṙowycᶜnerə žamanakakicᶜ hayerenowm. — *BEH* 1982/2, 60-71 | Verb + infinitive constructions in Mod. Arm. (Ru. summ.).

4834 HAUDRY, Jean: La religion de la vérité dans l'épopée arménienne. — *EIE* 2, 1982, 1-21.

4835 *Hayereni barbaṙagitakan atlas* (Owsowmnasirowtᶜyownner ev nyowtᶜer). / *Armjanskij dialektologičeskij atlas* (Issledovanija i materialy). [On the jacket:

ARMÉNIEN

1]. — Erevan: Haykakan SSH GA hratarakčcowtcyown (Hr. Ačaṙyani anvan lezvi institowt), 1982, 274 p. | Studies and materials for the Arm. Dial. Atlas (listed separately).

4836 *Hayocc lezvi hamematakan kcerakanowtcyan harccer. / Voprosy sravnitel'- noj grammatiki armjanskogo jazyka.* — Erevan: 1979 | BL 1979, 4017. | *AArmL* 3, 1982, 85-86 J.A.C. G[reppin].

4837 HAYRAPETYAN, S.: Glxavor andamneri dirkcayin haraberowtcyownə grabarowm. — *BEH* 1982/1, 193-203 | The positional relation of the main parts of the sentence in OArm. (Ru. summ.).

4838 HAYRAPETYAN, V.N.: Ardi hayereni andem ev anvanakan naxadasowtcyownneri kcerakanakan kaṙowccvackcə. — *LOH* 6, 1982, 109-120 | The grammatical structure of impersonal and nominal sentences in Mod. Arm.

4839 HEWSEN, Robert H.: Ptolemy's chapter on Armenia: an investigation of his toponyms. — *REArm* 16, 1982, 111-150.

4840 HOVSEPcYAN, L[iana] S[amveli]: *Sovetahay lezvabanowtcyownə 60 tarowm. / OVSEPJAN, L.S.: Sovetskoe armjanskoe jazykoznanie za 60 let.* — Erevan: Haykakan SSH GA hratarakčcowtcyown (H. Ačaṙyani anvan lezvi institowt), 1982, 89 p. | Soviet-Arm. linguistics after 60 years.

4841 HOVSEPcYAN, L.S.: Miǰazgayin Hayerenagitakan Gitažołovə. — *IFŽ* 1982/4, 216-222 | The intern. symposium on Arm. studies (Yerevan, Sept. 21-25, 1982).

4842 *International Symposium on Armenian Linguistics*, September 21-25, 1982. Abstracts. — Yerevan: Acad. of Sci. of the Arm. SSR, Inst. of Linguistics, 1982, 137 p. | Ab. of 99 papers (parallel ed. in Ru. and Arm.).

4843 ISEBAERT, Lambert: Nouvelle note sur l'arménien *ownim*. — *REArm* 16, 1982, 17-19 | E. summ., 519.

4844 IŠXANYAN, Ṙ.A.: Hayereni šarahyowsowtcyan harccer. — *IFŽ* 1982/4, 177-188 | Problems of Arm. syntax (Ru. summ.).

4845 [JAHOWKYAN, G.B.] DŽAUKJAN, G[evork] B[eglarovič]: *Sravnitel'naja grammatika armjanskogo jazyka. / Hayocc lezvi hamematakan kcerakanowtcyown.* — Erevan: Izd. AN Armjanskoj SSR (Inst. jazyka im. R. Ačarjana), 1982, 274 p. | *KZ* 96, 1982-83, 314-316 J.A.C. Greppin.

4846 [JAHOWKYAN, G.B.] DJAHUKIAN, G.B.: Akkadian loan words in Armenian. — *AArmL* 3, 1982, 1-12 | Cf. BL 1980, 3917.

4847 JAKOBSON, R.: Drevnearmjanskij Vahagn v svete sravnitel'noj mifologii. — *IFŽ* 1982/4, 80-83 | Arm. summ.

4848 KARAPETYAN, Andranik: Žxtman haraberowtcyamb miavoryal naxadasowtcyownə žamanakakicc hayerenowm. — *LHG* 1982/9, 24-35 | The conjoint sentence with a negative relation in Mod. Arm. (Ru. summ.).

4849 KARAPETYAN, H.V.: "Čałag", "čala" baṙerə ev nrancc tełanvanakan gorcacowtcyownə. — *IFŽ* 1982/2, 153-161 | The words *čałag*, *čala* and their use in toponymy (Ru. summ.).

4850 KLINGENSCHMITT, Gert: *Das altarmenische Verbum.* — Wiesbaden: Reichert, 1982, ix, 306 p.

4851 KOSTANDYAN, D.M.: Xarberdi barbaṙi hnčcyownabanakan ev jevabanakan himnakan aṙanjnahatkowtcyownnerə. — [4835], 241-272 | The fundamental phonological and morphological peculiarities of the Xarberd dial.

4852 LAMBERTERIE, Ch. DE: La racine **(s)per-ĝh-* en arménien. — *REArm* 16, 1982, 57-68 | E. summ., 519.

LAMBERTERIE, Ch. DE: Poids et force: reconstruction d'une racine verbale i.-e. — 4303.

4853 ŁARIBYAN, A[rarat] S[ahaki]: *Ṙows-hayeren baṙaran mek hatorov.* Errord, anp^cop^cox hratarakowt^cyown./GARIBJAN, A.S.: *Russko-armjanskij slovar' v odnom tome.* Izd. tret'e, bez izmenenij. — Erevan: "Hayastan" hratarakč^cowt^cyown, 1982, xxxii, 1435 p. | Ru.-Arm. dictionary in 1 vol., 3rd ed. (2nd ed. 1977 [BL 1977, 5160]).

4854 ŁAZARYAN, B[abken] K[irakosi]: *Žamanakakic^c hayoc^c lezvi hačaxakanowt^cyan baṙaran* (Motavorapes 36200 baṙ). / KAZARJAN, B.K.: *Častotnyj slovar' sovremennogo armjanskogo jazyka* (Okolo 36200 slov). — Erevan: Haykakan SSH GA hratarakč^cowt^cyown (H. Ačaṙyani anvan lezvi institowt), 1982, 758 p. | Frequency dictionary of Mod. Arm. (ca. 36200 words).

4855 ŁAZARYAN, Ṙ.S.: *Bowsanownneri hayeren-latineren-ṙowseren-angleren-franseren-germaneren baṙaran.* — Erevan: 1981 | BL 1981, 5185. | *REArm* 16, 1982, 485-486 J.A.C. Greppin.

4856 LOWSENC^c, A[šot] Ł[owkasi]: *Areši barbaṙə.* / LUSENC, A.G.: *Arešskij dialekt.* — Erevan: Haykakan SSH GA hratarakč^cowt^cyown (Hr. Ačaṙyani anvan lezvi institowt), 1982, 271 p. | The dial. of Areš.

4857 MALXASYANC^c, Step^can: *Banasirakan hetazotowt^cyownner.* / MALCHASJANC, Stepan: *Filologičeskie issledovanija.* — Erevan: Erevani hamalsarani hratarakč^cowt^cyown, 1982, 319 p., front. | Phil. studies (selection of art. originally published 1889-1947).

4858 MANOWKYAN, Ž.K.: *Xosel bayi imastašarahyowsakan hatkanišnerə.* — *LOH* 6, 1982, 52-63 | The syntactical distinctive features of the ver *xosel*.

4859 MARGARYAN, Alek^csandr: Friki anvan cagman masin. — *LHG* 1982/5, 82-88 | On the origin of the name *Frik* (a mediaeval Arm. poet). Ru. summ.

4860 MARKOSYAN, Ṙazmik: Abovyani šrǰani oroš xosvack^cneri holovnerə ev holovman hamakargə. — *LHG* 1982/2, 25-34 | The cases and the declensional system of certain idioms of the Abovyan region (Ru. summ.).

4861 [MELIK^cYAN, N.A.] MELIKJAN, N.A.: K voprosu o levoasimmetričnosti sintaksičeskoj strukturu prostogo predloženija v armjanskom jazyke. — [396], 127-187 | Arm. summ.

4862 MESROPYAN, X[oren] M[ik^cayeli]: *Žamanakakic^c hayoc^c lezvi gorcnakan parapmownk^cneri jeṙnark. Hnč^cyownabanowt^cyown, baṙagitowt^cyown.* / MESROPJAN, Ch.M.: *Posobie praktičeskich zanjatij po sovremennomu armjanskomu jazyku. Fonetika, leksikologija.* — Erevan: Erevani hamalsarani hratarakč^cowt^cyown, 1982, 111 p. | Manual for practical exercises in contemporary Arm. (phonetics, lexicology).

4863 [MINASYAN, M.] MINASSIAN, Martiros: *Manuel pratique d'arménien occidental.* — Genève: 1981 | BL 1981, 5203. | *REArm* 16, 1982, 500-501 J.-P. M[ahé].

4864 [MINASYAN, M.] MINASSIAN, Martiros: *Grammaire d'arménien oriental.* — Delmar, NY: 1980 | BL 1980, 3938. | *BSL* 77, 1982/2, 84-86 Ch. de Lamberterie | *REArm* 16, 1982, 500-501 J.-P. M[ahé] | *Kratylos* 27, 1982 (1983), 90-91 K.H. Schmidt.

4865 MORANI, Moreno: Armeno e problema *satəm.* — *HA* 95, 1981 (1982), 13-30.

4866 MORANI, Moreno: In margine a una concordanza greco-armena. — *AGI* 66, 1981 (1982), 1-15 | Arm. *awji-k^c* — Gr. αὐχήν, etc.

4867 MORANI, M.: Arménien *ənker*: pour l'histoire d'un calque structurel. — *Orbis* 29, 1980 (1982), 169-175.

4868 MOWRADYAN, H[ovhannes] D[avt^ci]: *Hayoc^c lezvi patmakan k^cerakanowt^cyown. Hator I: Hnč^cyownabanowt^cyown.* / MURADJAN, O.D.: *Istoričeskaja grammatika armjanskogo jazyka.* Tom I: *Fonetika.* — Erevan: Haykakan SSH

GA hratarakčᶜowtᶜyown (Hr. Ačaṝyani anvan lezvi institowt), 1982, 347 p. | Historical grammar of Arm. I: Phonetics.
4869 MOWRADYAN, H.: Havelakan h‖h'-n hayereni barbaṝnerowm. — *BEH* 1982/2, 202-206 | The prothetic h/h' in Arm. dialects (Ru. summ.).
4870 MOWRADYAN, H.D.: Lezvabanakan ašxarhagrowtᶜyownə ev nra xndirnerə. — [4835], 6-27 | Linguistic geogr. and its tasks (esp. regarding Arm.).
4871 MOWRADYAN, M.H.: Owrvagic Moksi barbaṝi. — [4835], 108-183 | Sketch of the dial. of Moks.
4872 MXITᶜARYAN, S.G.: Apaṝni žamanakə ev nra gorcaṝowtᶜyownə hayerenowm ev ṝowserenowm. — [396], 5-16 | The future tense and its functioning in Arm. and Ru. (Ru. summ.).
4873 [NALBANDYAN, G.M.] NALBANDJAN, G.M.: Ėtimologii armjanskich sobstvennych imen iranskogo proschoždenija [recte: proischoždenija]: *Hražešt, Hrazdan, Aristakês.* — *VIII Vsesojuznaja naučnaja konferencija "Aktual'nye problemy iranskoj filologii"*, posvjaščennaja 60-letiju obrazovanija SSSR (Tezisy dokladov), 20-22 maja 1982 (Dušanbe 1982), 66.
4874 *Nor baṝgirkᶜ haykazean lezowi.* Hator aṝaǰin: *A-K.* — Erevan: Erevani hamalsarani hratarakčᶜowtᶜyown, 1979, [iv], 20, 1140 p. | Reprint of the 1836 ed. (Venice).
4875 ÔHANYAN, H[mayak] A[veti]: *Žamanakakicᶜ hayocᶜ lezvi baṝapašarə ev nra harstacᶜman miǰocᶜnerə.* / OGANJAN, A.A.: *Slovarnyj sostav sovremennogo armjanskogo jazyka i sredstva ego obogaščenija.* — Erevan: Haykakan SSH GA hratarakčᶜowtᶜyown (H. Ačaṝyani anvan lezvi institowt), 1982, 361 p. | The vocabulary of Mod. Arm. and the means of its augmentation.
4876 OWṜOWTYAN, Ṝ.L.: Žamanakakicᶜ hayereni anvanakan baṝapᶜopᶜoxman jevayin nkaragrowtᶜyownə. — *LOH* 6, 1982, 134-185 | The formal description of nominal modifications in Mod. Arm.
4877 PEDERSEN, Holger [1867-1953]: *Kleine Schriften zum Armenischen.* Hrsg. von Rüdiger SCHMITT. — Collectanea 40; Hildesheim: Olms, 1982, xviii, 336 p. | Introd. by the ed. (vii-xviii); repr. of ten art. and reviews originally published between 1900 and 1924; indices. | *REArm* 16, 1982, 486-487 J.A.C. Greppin | *Kratylos* 27, 1982 (1983), 88-89 K.H. Schmidt | *KZ* 96, 1982-83, 305-306 G. N[eumann] | *Aevum* 57, 1983, 159-160 G. Bolognesi.
4878 [PᶜERIXANYAN, A.G.] PERICHANJAN, A.G.: Ėtimologičeskie zametki I. — *IFŽ* 1982/1, 55-62 | About *Pᶜaytakaran, Lenkoran'*, Ru. *lapserdak*, ORu. *lyskar'/laskar'*, *barma* (~ OPers. *brazman-*, MPers. *brahm(ak)*, etc.) [Arm. summ.].
4879 [PᶜERIXANYAN, Anahit] PÉRIKHANIAN, Anahit: 'Lièvre' et 'courrier' en arménien et en iranien. — *AArmL* 3, 1982, 43-46 | On *napastak* 'hare', *sowrhandak* 'messenger'.
4880 PETROSYAN, L.B.: Ṝowseren grakanagitakan terminneri hayeren hamaržekᶜnerə. — [396], 188-194 | The Arm. equivalents of Ru. terms concerning the hist. of lit. (Ru. summ.).
4881 PETROSYAN, Sargis: "Širakay ambarkᶜ"-i šowrǰ. — *LHG* 1982/8, 73-79 | On the "Barns of Shirak" (in Moses of Chorene) [Ru. summ.].
PISANI, V.: Due contributi all'etimologia greca. — 5340 | 2. Gr. ἐρύω : arm. *gerel.*
PISANI, V.: Lat. *anhelare* – Arm. *anjn.* — 5754.
4882 PISOWICZ, Andrzej: O polskiej transkrypcji wyrazów ormiańskich. — *PrzO* 1979/2, 158-162 | On the Pol. transcription of Arm. words and names.

4883 POGOSOVA, S.S.: Opyt semantičeskoj klassifikacii glagolov dviženija (na materiale russkogo jazyka v sopostavlenii s armjanskim). — [396], 17-28 | Arm. summ.
4884 RUSSELL, James R.: Zoroastrian problems in Armenia: Mihr and Vahagn. — [4809], 1-7.
4885 SAHAKEAN, Sowrên M.: Ant^{c}ap (Andiabe) – Aynt^{c}ap: patma-banasirakan čšgrtowmner. — HHH 9, 1981 (1982), 181-224 | Ant^{c}ap (Andiabe) – Aynt^{c}ap: historico-phil. statements (esp. on dialectological questions) [E. summ.].
4886 ŠALOWNC^c, Ṙ[ima] N[ikolayi]: Ardi hayereni hamanownneri dproc^{c}akan baṙaran. — Erevan: "Lowys" hratarakč^{c}owt^{c}yown, 1980, 87 p. | School dictionary of homonyms of Mod. Arm. (in Arm.).
4887 SANSPEUR, C.L.: Note sur l'édition du fragment de l'Historie [sic] de Lazare de P^{c}arpi, découvert dans le Ms. A 82 de Léningrad. — HA 94, 1980 (1982), 13-22 | Cf. BL 1976, 4507.
4888 SANSPEUR, C.L.: Hellénismes retrouvés dans la Passion arménienne de S. Gordius. — HA 94, 1980 (1982), 23-26.
4889 [SARADŽEVA, Ljudviga A.] SARADJEVA, Ludviga A.: An Armeno-Slavo-Tokharian innovation. — AArmL 3, 1982, 47-52.
4890 SARADŽEVA, Ljudviga: Armjano-slavjanskie leksiko-semantičeskie schožděnija v oblasti terminologii tkačestva. — LHG 1982/6, 64-72 | Arm. summ.
4891 SARGSYAN, A.E.: Arevelahayereni ev arevmtahayereni hnč^{c}avičakagrowt^{c}yan zowgadrakan k^{c}nnowt^{c}yown. — LOH 6, 1982, 64-81 | Contrastive study of Eastern Arm. and Western Arm. sound statistics.
4892 SARGSYAN, N.Ž.: Havelakan kapakc^{c}owt^{c}yownnerə žamanakakic^c hayerenowm. — LOH 6, 1982, 199-267 | The conjunctive constructions in Mod. Arm.
4893 SCHMALSTIEG, William R.: A note on the Armenian dative-locative endings -um, -oy, and -oǰ. — AArmL 3, 1982, 61-64.
4894 SCHMIDT, Karl Horst: Perfekt, Haben und Übergang von Ergativ- zu Nominativ-Konstruktion im Armenischen und Südkaukasischen. — BK 40, 1982, 282-289.
4895 SCHMITT, Rüdiger: Grammatik des Klassisch-Armenischen ... — Innsbruck: 1981 | BL 1981, 5229. | Sprache 28, 1982, 175-177 G.R. Solta | Aevum 57, 1983, 157-158 G. Bolognesi | Kratylos 27, 1982 (1983), 86-87 K.H. Schmidt | REArm 16, 1982, 504-506 J.-P. M[ahé] | BSL 77, 1982/2, 80-84 Ch. de Lamberterie.
4896 SCHMITT, Rüdiger: Die armenische Sprache in alter Zeit: eine Skizze. — Hayastan: Armenisches Monatsmagazin 7 (Januar 1982), 6-8.
4897 SCHMITT, Rüdiger: Internationales Armenisch-Symposion in Erewan. — Hayastan: Armenisches Kulturmagazin 16 (Oktober 1982), 6.
4898 [SCHÜTZ, Edmund] ŠYOWC^c, Êdmond: Hayastani patmowt^{c}yan ev arvestin veraberoł grakanowt^{c}yan gradarjowt^{c}yownə (transliterac^{c}ia) ev taṙadarjowt^{c}yownə. — IFŽ 1982/2, 34-39 | The transliteration and transcription of lit. on the history and arts of Armenia (Ru. summ.).
4899 SOWK^{c}IASYAN, A[šot] M[owradi]: Žamanakakic^c hayoc^c lezow (Hnč^{c}yownabanowt^{c}yown, baṙagitowt^{c}yown, baṙakazmowt^{c}yown). / Sovremennyj armjanskij jazyk. — Erevan: Erevani Hamalsarani hratarakč^{c}owt^{c}yown, 1982, 439 p. | Modern Arm. (phonology, lexicology, word-formation).
4900 SWIGGERS, Pierre: Note comparative sur l'emploi temporel de isk. — Ling 22, 1982, 249-252.
4901 [TER-AṘAK^{c}ELYAN, Ṙ.A.] TER-ARAKELJAN, R[ubina] A[nušavanovna]: Prostoe predloženie v russkom i armjanskom jazykach (Sopostavitel'no-tipologičeskoe opisanie). — Erevan: Izd. "Lujs", 1982, 180 p.

PHRYGIEN

4902 T^cosownyan, Gevorg: Naxamasnikneri gorcacowt^cyownə V-VI dd. grabar matenagrowt^cyownowm. — *LHG* 1982/5, 65-71 | The use of prefixes in 5th-6th century OArm. lit. (Ru. summ.).
4903 [T^cowmanyan, Ê.G.] Tumanjan, Ė.G.: K istorii formirovanija internacional'nych ėlementov v armjanskom jazyke (Istoriko-areal'naja charakteristika). — *Internacional'nye ėlementy v leksike i terminologii* (Char'kov, Izd. "Višča škola", 1980), 155-169.
4904 Uluhogian, Gabriella: *Silloge delle epigrafi armene di S. Stefano di Giulfa.* — Milano: 1981 | BL 1981, 5238. | *BNF* 17, 1982, 64 R. Schmitt.
 Vinter, V.: O markirovannosti, sootvetstvii norme i "estestvennosti". — 1186 | On marked Arm. sing. *otn* vs. unmarked plur. *ots.*
4905 Wyatt, William F., Jr.: Lexical correspondences between Armenian and Greek. — *AArmL* 3, 1982, 19-42.
4906 [Xač^catryan, A.A.] Kh[achaturian], A.: Armenian dialect atlas. Hovhannes D. Muradyan, chief editor. — *AArmL* 3, 1982, 83 | Advance notice on the preparation of this atlas.
4907 Xač^catryan, Amalya; Galowstova, Marina: Harc^cakan naxadasowt^cyownneri hnč^cerangə hayerenowm ev anglerenowm. — *LHG* 1982/7, 19-27 | The intonation of interrogative sentences in Arm. and E. (Ru. summ.).
4908 Xač^catryan, A.E.: Ačaṙyanə ev hay barbaṙagitowt^cyownə. — [4835], 28-107 | Hrač^cya Hakobi Ačaṙyan (1876-1953) and Arm. dialectology.
4909 Xłłat^cyan, F[ridrix] H[ovhannesi]: *Baṙaran-telekatow: nor baṙer ev imastner.* — Erevan: "Hayastan" hratarakč^cowt^cyown, 1982, 167 p. | Lexical reference-book: new words and meanings (c. 1000 neologisms).
4910 Xłłat^cyan, F.H.: H[n]č^cyownakan očabanowt^cyown. — *LOH* 6, 1982, 82-108 | Phonetic stylistics.
4911 [Yowzbašyan, K.N.] Juzbašjan, K.N.: Novaja popytka istolkovat' proischoždenie armjanskogo alfavita: otkrytie ili zabluždenie? — *IFŽ* 1982/1, 177-184 | A new attempt at an interpretation of the origin of the Arm. alphabet: disclosure or delusion? (Critique of S.N. Murav'ev [BL 1980, 3951-3]).
4912 Zak^caryan, Anowšavan: Mijazgayin hayerenagitakan gitažołov. — *LHG* 1982/10, 94-96 | Report about the International Symposium on Arm. Linguistics, Yerevan 1982.

VI. PHRYGIAN; THRACIAN, DACIAN; ILLYRIAN, ETC. —
PHRYGIEN; THRACE, DACE; ILLYRIEN, ETC.

A. Phrygian — Phrygien

4913 Brixhe, Claude; Drew-Bear, Thomas: Trois nouvelles inscriptions paléophrygiennes de Çepni. — *Kadmos* 21, 1982, 64-87, 4 fig., 5 pl. h.-t.
4914 Lochner von Hüttenbach, Fritz: Der Anteil Österreichs an der Erforschung des Phrygischen. — [287], 143-150.
4915 Panagl, Oswald: Phrygisch – die Erschliessung einer verschollenen Sprache. — *Jahrbuch der Universität Salzburg* 1979-81 (1982), 119-123.
4916 Pisani, Vittore: Un genitivo singolare frigio? — *Kadmos* 21, 1982, 170 | *pserkeyoy.*
4917 Zgusta, Ladislav: Weiteres zum Namen der Kybele. — *Sprache* 28, 1982, 171-172 | Apropos of C. Brixhe (BL 1979, 4083).

B. Thracian, Dacian — Thrace, Dace

BĂLTĂCEANU, M. F.: Arm. et daco-mésien. — 4803.
4918 BREDOW, Iris VON: Die Vertretung des ide. *ě* im Thrakischen. — *GSU-KNF* 73, 1978/4 (1982), 123-150 | Bulg. summ.
4919 CRIŞAN, Ion Horaţiu: Rapports entre la culture géto-dace et la culture celtique. — [161], 100-104.
4920 CROSSLAND, R.A.: The Dacian and Thracian languages in the context of general Indo-European dialectology. — [161], 429-436.
4921 DURIDANOV, Ivan: *Ezikăt na Trakite.* — Sofija: 1976 | BL 1976, 4586. | *Paideia* 36, 1981, 239-240 V. Pisani.
4922 DURIDANOV, I.: Thrakisch-dakische Sprachkontakte. — [161], 163-166.
4923 FRANGA, Liviu: Suffixes daco-roumains de substrat en perspective comparée indo-européenne. — *RESEE* 20, 1982, 297-318.
4924 GEORGIEV, Vladimir I.: Kimmerioi. — *BalkE* 25, 1982/1, 5-6.
4925 GEORGIEV, Vladimir I.: L'état actuel de la linguistique thrace: thrace et dace. — [161], 24-34.
4926 GINDIN, Leonid A.: La Thrace et le monde méditerranéen d'après les données linguistiques. — [263], 323-326.
4927 GINDIN, L.A.; KALUŽSKAJA, I.A.; OREL, V.È.: A propos de la composition du fonds de substrat des langues de l'aire balkanique. — *ZBalk* 18, 1982, 127-133.
4928 HAMP, Eric P.: Thracian, Dacian, and Albanian-Romanian correspondences. — [161], 182-185.
4929 HUBSCHMID, Johannes: Interpretimi historik i barazimeve shqiptaro-rumune të fjalëve dhe substrati dakomiz. — *SFil* 36, 1982/3, 77-84 | L'interprétation hist. des concordances lexicales albano-roum. et le substrat daco-mysien.
4930 LAZOVA, Tzvete: Are the Halizones a Thracian tribe? Some glances at the ancient Greek tradition. — [161], 318-321.
OREL, V.È.: K gipoteze o frakijskich reliktach v bolg. . . . leksike. — 10218.
4931 OTKUPŠČIKOV, Ju.V.: O frakijsko-maloazijskoj onomastike Severnogo Pričernomor'ja. — [184], 45-46.
4932 ROSETTI, A.: Sur la langue des Daces et des Gètes. — *RRLing* 26, 1981, 499-501.
4933 RUSSU, I.I.: Stand und Aufgaben der thrakischen Sprach- und Namenforschung. — [161], 408-412.
4934 SAMSARIS, Dimitrios C.: Une inscription grecque inédite de la région de Serrès mentionnant un nouveau nom de personne thrace. — *BalkE* 25, 1982/3, 43-45.
4935 SIMEONOV, B.: Des Gètes et de leur langue. — [161], 167-174.
4936 SLUŞANSCHI, Dan: Daco-moesiana şi latina în cadrul indo-european. — *MSŞFLA* 2, 1979-80 (1981), 63-66.
4937 SOESBERGEN, Peter G. VAN: Thracian personal, ethnical and topographical names in the Bronze Age Linear A and B texts from Crete and the Greek mainland. — [161], 322-331 | = [12790], 563-576.
STEINKE, K.: Zur Frage der thrakischen Sprachreste in der bulg. Lexik. — 10233.
4938 TOPOROV, V.N.: Frak. Σπάρτακος v indoevropejskom kontekste. — *OnJug* 9, 1982, 145-157.
4939 TOPOROV, V.N.: Dr.-greč. Σπάρτη i frak. *Spart-*. — [184], 55-59.
4940 VELKOVA, Živka: Le iscrizioni trace (lo stato odierno delle indagini). — [161], 175-179.

4941 [VLACHOV, K.] VLAHOV, Kiril: Die thrakischen Gottheiten als Ärzte. — *Philologia* 10-11, 1982, 18-26, fig. | Bulg. summ.
4942 VRACIU, A.: *Limba daco-geților.* — Timișoara: 1980 | BL 1981, 5279. | *SCL* 33, 1982, 274-277 I.I. Russu.
4943 VRACIU, Ariton: Le thraco-dace et le baltique. — *RRLing* 27, 1982, 507-513.
4944 VULPE, Radu: *Studia thracologica.* — București: 1976 | BL 1976, 4606. | *Latomus* 40, 1981, 166-169 R. Chevalier.

C. Illyrian, Messapic — Illyrien, Messapien

4945 ANAMALI, S.: Ilirët dhe qyetetet e Ilirisë së Jugut në mbishkrimet e Greqisë. — *Iliria* 12, 1982/1, 5-14 | Les Illyriens et les villes de l'Illyrie du Sud dans les inscriptions de la Grèce.
4946 DRINI, F.; BUDINA, Dh.: Mbishkrimë të reja të zbuluara në Butrint. — *Iliria* 11, 1981/1, 227-234 | Nouvelles inscriptions découvertes à Butrint (rés. fr.).
4947 GIACOMELLI, Roberto: *I grecismi del messapico.* — Brescia: 1979 | BL 1979, 4091. | *Kratylos* 26, 1981 (1982), 206-208 E. Campanile.
4948 HAMP, Eric P.: *Jad(e)r-: Dízéros* and *Drinus.* — *ŽAnt* 32, 1982, 104 | Apropos of P.Hr. ILIEVSKI (BL 1981, 5264).
   KAULINS, A.: *The relation of the Balt. languages to Illyrian.* — 9682.
4949 KORKUTI, M.: Mbi disa probleme lidhur me etnogjenezën e ilirëve. — *Iliria* 12, 1982/1, 157-190 | A propos de l'ethnogenèse des Illyriens.
   LAZZERONI, R.: Messap. *kl(a)ohi* = sscr. *śroṣi*: . . . — 4304.
4950 ORIOLES, Vincenzo: Il messapico. — [4321], 139-160.
4951 PAÇO, Eliana: Rreth disa toponimeve të trevave shqiptare që dalin ne vepren *De aedificiis* të Prokopit të Cezaresë. — *SFil* 36, 1982/3, 143-150 | Sur quelques toponymes des régions alb. dans l'ouvrage *De aedificiis* de Procope de Césarée (Rés. fr.).
4952 PAGLIARA, C.: Materiali iscritti arcaici del Salento. — *Salento arcaico*: Atti del Colloquio Internazionale, Lecce 5-8 aprile 1979 (Galatina: Congedo, 1979), 57-91 | Discussion by V. PISANI, C. DE SIMONE, et al., 93-119.
4953 SANTORO, C.: Osservazioni preliminari sui nuovi documenti epigrafici prelatini della Messapia. — *Lingua e Storia in Puglia* 12, 1981, 33-80, ill.
4954 SIMONE, Carlo DE: Il messapico. — [117], 105-117.

VII. BALKAN LINGUISTICS AND ALBANIAN — LINGUISTIQUE BALKANIQUE ET ALBANAIS

A. General — Généralités

4955 *Bibliographie d'études balkaniques.* Vol. XIV – 1979. (Sous la dir. de N. TODOROV). — Sofija: Acad. Bulg. de sci., 1981, 424 p.
4956 ARONSON, Howard I.: Towards a typology of aspect in the languages of the Balkan Peninsula. — *FoSl* 4/2-3, 1981 (1982), 198-204.
4957 ASENOVA, Petja: Sur les fonctions syntaxiques de l'article dans les langues balkaniques. — *BalkE* 25, 1982/2, 13-17.
4958 COSERIU, Eugenio: Balkanismen oder Romanismen? Methodisches zum sog. "Balkansprachbund". — [314], 37-43.
4959 FERRAND, Marcel: Le roumain *păstra* et sa famille balkanique. — *RRLing* 27, 1982, 515-523.

4960 FRĂȚILĂ, V.: Gustav Weigand und die Balkanonomastik. — *RESEE* 19, 1981, 147-168.
4961 FRIEDMAN, Victor A.: The study of Balkan admirativity: its history and development. — *Balkanistica* 6, 1980 (1982), 7-30.
4962 [FRIEDMAN, V.A.] FRIDMAN, Viktor A.: Admirativnost vo balkanskite jazici: kategorija protiv upotreba. — *MJ* 31, 1980, 121-129 | Admirativity in Balkan languages.
FRIEDMAN, V.A.: Balkanology and Turcology: West Rumelian Turkish in Yugoslavia . . . — 14373.
4963 GABINSKIJ, M.A.: Romanskie dialektnye dannye po ètimologii i chronologii balkanizmov. — [413], 16-34.
GĂLĂBOV, I.: Languages in contact — ein typischer Fall: das Rum. — 7649.
GLUHAK, A.: Kavkaske podudarnosti jednoga starobalkanskog . . . naziva za životinje. — 10538.
4964 GOGOLEWSKI, Stanisław: *Kategoria przypadka w słowiańskich i romańskich językach ligi bałkańskiej.* — Acta Univ. Lodziensis; Łódź: Uniw. Łódzki, 1982, 283 p. | The category of case in the Sl. and Romance languages of the Balkan linguistic league.
4965 HAARMANN, Harald: *Balkanlinguistik* (1-2). — Tübingen: 1978 | BL 1978, 3822-3. | *RBPh* 60, 1982, 574-579 A. Barrera-Vidal.
HAMP, E.P.: Thracian, Dacian, and Alb.-Rom. correspondences. — 4928.
4966 JOSEPH, Brian D.: The Balkan infinitive loss — methodological problems. — *FoSl* 4/2-3, 1981 (1982), 300-308.
4967 KAZAZIS, Kostas: Albanian, Modern Greek, and Rumanian linguistics: 1966-1976. — *Balkanistica* 4, 1977-78 (1980), 132-145 | In the U.S.A.
4968 KLEPIKOVA, G.P.: K probleme stratifikacii romanskich zaimstvovanij v leksike jazykov balkanskoj (resp. balkano-karpatskoj) zony. — *OLA* 1980 (1982), 56-86, 3 maps.
KOBYLJANS'KYJ, B.V.: Leksyko-semantyčni paraleli balkano-karpatyzmiv. — 9891.
4969 LEHISTE, Ilse; IVIĆ, Pavle: The intonation of yes-or-no questions: a new Balkanism? — *Balkanistica* 6, 1980 (1982), 45-53.
MLADENOV, M.Sl.: Akademik S. Romanski i balkanistikata. — 754.
4970 NAYLOR, Kenneth E.: Some phonological characteristics of "schwa" in Balkan languages. — *Balkanistica* 6, 1980 (1982), 54-61.
4971 NAYLOR, Kenneth E.: The dative/locative opposition in the Balkan languages. — *FoSl* 4/2-3, 1981 (1982), 340-345.
4972 OREL, V.È.: Balkanskie ètimologii. 5. Južnoslav. *sarъ. — *OLA* 1980 (1982), 290-293.
4973 POLÁK, Václav †: Considérations sur la toponymie balkanique V. — *OnJug* 9, 1982, 83-89 | Cf. BL 1979, 4096.
4974 *Problemy sintaksisa jazykov balkanskogo areala.* Pod red. . . . A.V. DESNICKOJ. — Leningrad: 1979 | BL 1979, 324. | *ZBalk* 18, 1982, 216-227 N. Reiter.
4975 ROSETTI, A.: La linguistique balkanique. — *RRLing* 27, 1982, 3-6.
4976 SCHALLER, Helmut W.: Möglichkeiten der Gliederung der geographischen Namen der Balkanhalbinsel. — *BalkE* 25, 1982/1, 41-49.
SCHRAMM, G.: *Eroberer und Eingesessene: geogr. Lehnnamen* . . . — 4213.
4977 SOLTA, Georg R.: *Einführung in die Balkanlinguistik* . . . — Darmstadt: 1980 | BL 1980, 4062. | *SEER* 60, 1982, 274-275 D. Deletant | *Paideia* 36, 1981, 231-233 V. Pisani | *SSL* 22, 1982, 205-213 M.P. Bologna | *BNF* 17, 1982,

ALBANAIS

393-396 J. Untermann | *Kratylos* 26, 1981 (1982), 126-131 N. Boretzky | *RLiR* 46, 1982, 429-433 C. Schmitt.

4978 STEINKE, Klaus: Probleme der diachronen Sprachkontaktforschung. Am Beispiel der Balkansprachen. — [152], 339-354.

4979 [TOPOLIŃSKA, Z.] TOPOLINJSKA, Zuzana: Za formulata na takanarečeniot balkanski analitizam. — *SLPJ* 2, 1982, 193-200 | On the definition of so-called Balkan analytism (Pol. summ.).

VASILEV, Chr.: Die Präposition *za* als gradueller Balkanismus im Serbokroatischen. — 10432.

4980 VASILEV, Christo: Südslavismen und Balkanismen im Bulgarischen. — [347], vol. 2, 241-322.

4981 *Zur Herausbildung des modernen gesellschaftlichen Wortschatzes in Südosteuropa.* Beiträge zur Balkanlinguistik IV. — Linguistische Studien, A 58; Berlin (DDR): Akad. der Wissenschaften der DDR, Zentralinst. für Sprachwissenschaft, 1979, 200 p. | With contr. by Werner BAHNER, Oda BUCHHOLZ, et al. | *RESEE* 19, 1981, 806-808 C. Vătăşescu.

B. Albanian — Albanais

0. BILIOGRAPHY AND GENERAL — BIBLIOGRAPHIE ET GÉNÉRALITÉS

4982 DAKA, Palok: *Bibliografi e studimeve dhe e artikujve për gjuhën shqipe . . .* — Tiranë: 1975 | BL 1976, 4631. | *RESEE* 20, 1982, 176-178 G. Maksutovici; F. Teodorescu.

4983 DAKA, Palok: Studime dhe artikuj për normën gjuhësore të shqipes së sotme letrare. — *GjJ* 1, 1981/2, 100-113 | Bibliographie, 1952-80.

4984 DAKA, Palok: Bibliografi e gjuhësisë dhe e onomastikës shqiptare për vitin 1980. — *SFil* 36, 1982/3, 223-285.

4985 HAEBLER, C.: Indogermanische Chronik, 28. VI: Albanisch. — *Sprache* 28, 1982, 68-72; 206-209.

4986 KELMENDI, A.: Bibliografija novije albanske lingvistike. — *SuvL* 19-20, 1979, 90-94.

4987 AJETI, Idriz: *Kërkime gjuhësore.* — Prishtinë: "Rilindja", 1978, 418 p. | Coll. of previously published studies in Alb. linguistics. | *SFil* 36, 1982/3, 215-222 J. Gjinari.

4988 AJETI, Idriz: Probleme aktuale të kulturës së gjuhës. — *GjJ* 1, 1981/2, 22-32.

4989 BYRON, Janet L.: *Selection among alternates in language standardization . . .* — The Hague: 1976 | BL 1976, 4636. | *SLN* 8, 1977, 45-47 R.E. Wood.

4990 ÇABEJ, Eqrem: *Studime gjuhësore.* I-VI. — Prishtinë: 1975-77 | BL 1977, 5281. | *ZPhon* 34, 1981, 626-628 O. Buchholz; W. Fiedler.

4991 ÇABEJ, Eqrem: Për pastërtinë e gjuhës. — *GjJ* 1, 1981/1, 36-47.

4992 DHRIMO, Ali: Norma dhe kodifikimi. — *GjJ* 1, 1981/1, 48-57.

4993 DOMI, Mahir: Probleme të sotme të gjuhës letrare dhe detyra të kulturës së gjuhës. — *GjJ* 1, 1981/1, 26-35.

4994 ĖJNTREJ, G.I.: *Albanskij jazyk (grammatičeskij očerk s tekstami i kommentarijami).* Učebnoe posobie. — Leningrad: Izd. LGU, 1982, 191 p.

4995 *Gjuha jonë.* Viti I, 1. — Tiranë: Akad. e Shkencave e RPS të Shqipërisë, 1981, 131 p. | *ZBalk* 18, 1982, 228-229 K. Steinke.

4996 ISLAMI, Hivzi: Les Albanais dans le monde. — *SAlb* 17, 1980/2 (1982), 115-134

| 1. Distribution et nombre. 2. Extension et accroissement du nombre des Alb. en Yougoslavie. 3. Accroissement et extension des Alb. à Kosove.

4997 KASTRATI, Jup: *Histori e gramatologjisë shqiptare (1635-1944)*. Përgatiti dhe redaktoi Ahmet KELMENDI. — Prishtinë: "Rilindja", 1980, xii, 486 p.

4998 Konferenca kombëtare për formimin e popullit shqiptar, të gjuhës e të kulturës së tij. — *SFil* 36, 1982/3, 3-11 | National conference on the formation of the Alb. people, its language and its culture (July 2-5, 1982). Part of the papers presented are published in *SFil* 36, 1982/3.

4999 KOSTALLARI, Androkli: Mbi disa drejtime të përsosjes së sistemit e të strukturës së gjuhës sonë letrare. — *SFil* 36, 1982/2, 3-36 | Rés. fr.

5000 LAFE, Emil: Gjuhësia shqiptare për kulturën e gjuhës. — *GjJ* 1, 1981/2, 11-21.

5001 NEWMARK, Leonard; HUBBARD, Philip; PRIFTI, Peter: *Standard Albanian: a reference grammar for students*. — Stanford, CA: Stanford UP., 1982, xviii, 347 p.

5002 RIZA, Selman: *Studime albanistike*, I. Zgjodhën dhe përgatitën Hilmi AGANI; Besim BOKSHI; Rexhep ISMAJLI. — Prishtinë: "Rilindja", 1979, 478 p. | Repr. of 4 previously published studies: 1. Emrat në shqipen, sistemi i rasavet dhe tipet e lakimit . . . , 1-146; 2. Nyjat e shqipes: punim përshkrues e normativ, 147-218; 3. Pronorët e shqipes: punim historiko-kritik, 219-415; 4. Diftorët e shqipes dhe historiati i tyne, 417-475.

5003 SAMARA, Miço: Rreth normës leksikore në shqipen e sotme letrare. — *GjJ* 1, 1981/1, 73-80.

5004 SHKURTAJ, Gjovalin: Arritje të studiuesve të sotëm arbëreshë në fushën e shqipes. — *GjJ* 1, 1981/2, 91-99.

5005 XHUVANI, Aleksandër: *Vepra*, I. — Tiranë: 1980 | BL 1980, 4113. | *GjJ* 1, 1981/1, 113-118 E. Hysa | *RESEE* 19, 1982, 396-398 C. Vătăşescu.

1. PHONETICS AND PHONOLOGY — PHONÉTIQUE ET PHONOLOGIE

5006 BEVINGTON, Gary Lloyd: *Albanian phonology*. — Wiesbaden: 1974 | BL 1974, 4132. | *Orbis* 29, 1980 (1982), 278-282 D.L. Goyvaerts.

5007 DODI, Anastas: Kultura e gjuhës dhe shqiptimi letrar. — *GjJ* 1, 1981/1, 58-64.

5008 HALIMI, Halit: Problèmes de la nasalité phonétique et phonologique en albanais (dialecte guègue). — *Travaux de l'Inst. d'Études linguistiques et phonétiques de l'Univ. de la Sorbonne Nouvelle* (Paris III) 3, 1980, 92-120.

5009 KALUŽSKAJA, I.A.; OREL, V.È.: I.-e. **e* v albanskom. — [184], 28-29.

5010 OREL, V.È.: K rekonstrukcii drevnealbanskich akcentnych otnošenij (v sopostavlenii so slavjanskimi i drugimi indoevropejskimi jazykami). — *SovSlav* 1982/5, 83-90.

2. GRAMMAR — GRAMMAIRE

5011 AGALLIU, Fatmir: Mbi pjesëzën *po* në gjuhën shqipe. — *SFil* 36, 1982/2, 59-70 | Rés. fr.

5012 ANGONI, Engjëll: Çështje të gjinisë së emrave në numrin shumës. — *GjJ* 2, 1982/1, 31-40.

5013 BOKSHI, Besim: *Rruga e formimit të fleksionit të sotëm nominal të shqipes*. — Prishtinë: 1980, 395 p. | *RESEE* 20, 1982, 366-367 C. Vătăşescu.

5014 BUCHHOLZ, Oda: On the postpositive article in Albanian: its role in the expression of determinacy. — *FoSl* 4/2-3, 1981 (1982), 227-234.

5015 BUXHELI, Ludmila: Emrat e veprimit me prapashtesat -*im* dhe -*je* në gjuhën letrare shqipe. — *SFil* 35, 1981/4, 55-65 | Rés. fr.
5016 DEMIRAJ, Shaban: A ka ndikime të huaja në strukturën morfologjike të shqipes? — *GjJ* 1, 1981/2, 33-39.
5017 DEMIRAJ, Shaban: Rreth së ashtuquajturës kategori e masës në gjuhën shqipe. — *SFil* 36, 1982/2, 37-49 | Rés. fr.
5018 DEMIRAJ, Shaban: La place des déterminatifs en albanais, vue historiquement et en comparaison avec les langues romanes. — [263], 225-236.
5019 DOMI, Mahir: De quelques parallélismes syntaxiques albano-roumains. — [263], 345-358 | On coordinative constructions.
5020 FIEDLER, Wilfried: Collective plural forms in Albanian and Balkan Slavic. — *FoSl* 4/2-3, 1981 (1982), 263-272.
5021 FRIEDMAN, Victor A.: The pluperfect in Albanian and Macedonian. — *FoSl* 4/2-3, 1981 (1982), 273-282.
FRIEDMAN, V.A.: Admirativity in Bulg. compared with Alb. . . . — 10076.
5022 HENDRIKS, Peter: On distinguishing articles in Albanian. — *SSGL* 2, 1982, 95-108.
5023 HUBBARD, Philip Laurence: *The syntax of the Albanian verb complex.* — Univ. of California, San Diego, diss., 1980, 199 p. | *DAb* 41/7, 1981, 3086-A.
5024 HUBBARD, Philip L.: Dative clitics in Albanian: evidence for syntactic levels. — *PBLS* 7, 1981, 82-92.
5025 LOPAŠOV, Ju.A.: O grammatičeskich sredstvach vyraženija sub"ekta i ob"ektov v albanskom jazyke. — [352], 101-124.
5026 MANCAKU, Seit: Paskajorja e shqipes dhe kategoritë gramatikore të saj. — *SFil* 36, 1982/1, 139-161 | Rés. fr.
5027 OREL, V.È.: Proischoždenie albanskoj imennoj fleksii v svete slavjanskich i drugich indoevropejskich dannych. — *SovSlav* 1982/3, 92-96.
5028 RIZA, Selman: Probleme të nyjave të shqipes. — *SFil* 36, 1982/1, 121-138 | Rés. fr.
5029 TOTONI, Menella: Ndërtimet me emra foljorë me prapashtesa. — *GjJ* 2, 1982/1, 62-70.

3. HISTORY — HISTOIRE

5030 BECI, Bahri: Lashtësia e dialekteve të shqipes – dëshmi e vendbanimit të hershëm të shqiptarëve. — *SFil* 36, 1982/3, 65-75 | Rés. fr.
5031 BEVINGTON, Gary; CAMAJ, Martin: Linguistic and stylistic notes on the Canon of Leka Dukagjin. — *FoSl* 4/2-3, 1981 (1982), 210-218.
5032 ÇABEJ, Eqrem: Griechisch-albanische Sprachbeziehungen. — *SAlb* 18, 1981/1 (1982), 51-61.
5033 DEMIRAJ, Shaban: Koha e formimit të gjuhës shqipe në dritën e disa të dhënave të strukturës së saj gramatikore. — *SFil* 36, 1982/3, 27-34 | Rés. fr.
5034 DEMIRAJ, Shaban: Shqipja gjuhë indoevropiane. — *GjJ* 2, 1982/1, 5-12.
5035 DI GIOVINE, Paolo: *Il gruppo* ct *latino in albanese.* — Bibl. di Ricerche Linguistiche e Fil. 12; Roma: Ist. di Glottologia, Univ. di Roma (distr.: Herder, Roma), 1982, 132 p.
5036 DOMI, Mahir: Aspects de l'évolution et de la codification de l'albanais littéraire durant la période de la Renaissance nationale. — *SAlb* 17, 1980/2 (1982), 93-98.
5037 DOMI, Mahir: Probleme të historisë së formimit të gjuhës shqipe, arritje dhe detyra. I; II. — *SFil* 36, 1982/3, 13-26; 1982/4, 11-31.

5038 GJINARI, Jorgji: Dëshmi të historisë së gjuhës shqipe për kohën dhe vendin e formimit të popullit shqiptar. — *SFil* 36, 1982/3, 41-53, 4 cartes | Rés. fr.
5039 HAMP, Eric P.: The oldest Albanian syntagma. — *BalkE* 25, 1982/1, 77-79.
5040 MANSAKU, Seit: Autoktonia e shqiptarëve në dritën e të dhënave të toponimisë së lashtë. — *SFil* 36, 1982/3, 103-113 | Rés. fr.
5041 MIHĂESCU, Haralambie: Linguistika dhe etnogjeneza e shqiptarëve. — *SFil* 36, 1982/3, 55-63.
5042 MULAKU, Latif: Rreth zhvillimit të gjuhës letrare shqipe gjatë Rilindjes Kombëtare. — *GjJ* 2, 1982/2, 39-45.
5043 ÖLBERG, Hermann: Kontributi i gjuhësisë për çeshtjen e atdheut ballkanik të shqiptarëve. — *SFil* 36, 1982/3, 35-39.
ŠIROKOV, O.S.: Albano-balto-slavjanskie glottogenetičeskie svjazi. — 4354.
5044 SVANE, Gunnar: Formimi i gjuhës letrare shqipe siç paraqitet në "Pasqyrën e të rrëfyemit" të Budet (1621). — *SFil* 36, 1982/3, 115-131.

4. DIALECTOLOGY — DIALECTOLOGIE

5045 BECI, Bahri: Sur les traits caractéristiques des deux dialectes de l'albanais. — *SAlb* 18, 1981/1 (1982), 109-135.
5046 BECI, Bahri: Ku flitet sot gjuha shqipe? — *GjJ* 2, 1982/2, 23-32.
5047 GJINARI, Jorgji: Marrëdhëniet e sotme të dialekteve me gjuhën letrare. — *GjJ* 1, 1981/1, 65-72.
5048 GJINARI, Jorgji: Atlasi dialektologjik i gjuhës shqipe. — *GjJ* 2, 1982/2, 50-55.
5049 HALIMI, Mehmet: Sistemi konsonantik i së folmes së Moravës së Epërme. — *SFil* 35, 1981/4, 67-88 | Rés. fr.
5050 HARRISON, Gualtiero; FILENI, Franco; BOLOGNARI, Mario: Il contesto situazionale diglottico nell'area bilingue italo-albanese del Meridione d'Italia. — [369], 374-378.
5051 KAZAZIS, Kostas: Greek and Arvanitika in Corinthia. — *Balkanistika* 3, 1976 (1978), 42-51.
5052 PASHO, Hëna: Fjale e shprehje popullore nga Kosova. — *SFil* 36, 1982/3, 207-214.
5053 SASSE, Hans-Jürgen: Ein archaischer albanischer Dialekt auf der Insel Andros. — *ZBalk* 18, 1982, 61-69.
5054 SHEHU, Hajri; SAMARA, Miço: Fjalë e shprehje popullore nga Kosova. — *SFil* 36, 1982/2, 219-224.
5055 SHKURTAJ, Gjovalin: Disa veçori fonetike të të folmeve shqipe në Mal të Zi. — *SFil* 36, 1982/3, 179-195 | Particularités phonétiques des parlers alb. du Monténégro (Rés. fr.).
5056 SOLANO, Francesco: *Le parlate albanesi di S. Basile e Plataci.* — Castrovillari: 1979 | BL 1980, 4107. | *SAlb* 18, 1981/1 (1982), 201-205 G. Shkurtaj.
5057 TSITSIPIS, Lukas D.: Arvanitika language change in speech communities in Greece. — *FoSl* 4/2-3, 1981 (1982), 378-383.
5058 XHAFERI, Haredin: Fjalë e frazeologji që lidhen me botën shtazore në krahinën e Tomorricës. — *SFil* 36, 1982/2, 159-171.
5059 ZAKA, Pandeli: Fjalë të mbledhura në Myzeqe. — *GjJ* 2, 1982/2, 90-95.

5. LEXICON — LEXIQUE

5060 AGANI, Hilmi: *Fjalori i Lubomir Kujunxhiçit në dritën e shqipes së Rahovecit e të Gjakovës.* — Prishtinë: "Rilindja", 1981 | Le dictionnaire de L. KUJUNDŽIĆ vu à la lumière de l'alb. de Rahovec et de Gjakova.

5061 ÇABEJ, Eqrem [1908-80]: *Studime etimologjike ne fushe te shqipes.* Bleu I. — Tiranë: Akad. e Shkencave e RPS të Shqipërisë, Inst. i gjuhësisë dhe i letërsisë, 1982, viii, 341 p. | Études d'étym. alb. (texte alb., 27-132; trad. fr., 133-289; index des mots, 291-339).

5062 ÇABEJ, Eqrem: Sur les principes et la méthode des études étymologiques. — *SAlb* 17, 1980/2 (1982), 7-40 | Cf. BL 1980, 4077.

5063 DAKO, Niko: Disa vecori të leksikut në veprat e J. Vretos. — *SFil* 35, 1981/4, 105-109.

5064 DRINI, Sulejman; GOÇI, Ibrahim; HALIMI, Mehmet; GASHI, Sinan: *Fjalor fjalësh e shprehjesh popullore.* — Prishtinë: Inst. Albanologjik i Prishtinës, 1982, 317 p., map.

5065 DURO, Agron: Lindja dhe përhapja e termave në gjuhë. — *GjJ* 1, 1981/2, 40-45.

5066 Fjala shqipe në vend të fjalës së huai. [1; 2; 3]. — *GjJ* 1, 1981/2, 66-72; 2, 1982/1, 79-87; 1982/2, 82-89.

5067 *Fjalor i gjuhës së sotme shqipe* . . . [Red.: A. KOSTALLARI, et al.]. — Tiranë: 1980 | BL 1980, 4084. | *GjJ* 2, 1982/1, 101-108 M. Çeliku.

5068 [GIOCHÁLAS, T.P.] Γιοχάλας, Τίτος: *Τὸ Ἑλληνο-ἀλβανικὸν λεξικὸν τοῦ Μάρκου Μπότσαρη: φιλολογικὴ ἔκδοσις ἐκ τοῦ αὐτογράφου.* — Πραγματεῖαι τῆς 'Ακαδ. 'Αθηνῶν 46; Athens: 1980, 424 p., 70 pl. (facsim.) | The Gr.-Alb. dictionary of Markos MPÓTSARĒS [BOTSARIS (1788-1823)]. Ed. with introd. and Gr. and Alb. glossaries. | *Paideia* 36, 1981, 245 V. Pisani | *ZBalk* 18, 1982, 109-112 K. Steinke | *BalkE* 25, 1982/1, 93-96 P. Asenova.

HAMP, E.P.: The IE. roots *bher* in the light of Celt. and Alb. — 4279.

5069 HAXHIU, Idriz: Emërtime popullore të zvarranikëve. — *SFil* 35, 1981/4, 209-217.

5070 HOXHA, Shefqet: Rreth përhapjes dhe burimit të disa fjalëve. — *SFil* 35, 1981/4, 125-129 | 1. *blê-ni* m.; 2. *bollzë-a* f.; 3. *telake-ja* f.; 4. *vanok-e* adj.

5071 KETA, Beatrice: Fjala e rrallë shqipe. — *GjJ* 2, 1982/1, 88-93.

5072 KOSTALLARI, Androkli: Vëzhgime mbi disa grupe fjalësh popullore të trojeve verilindore të shqipes. — *SFil* 36, 1982/1, 105-119 | Rés. fr.

5073 LEKA, Ferdinand: Probleme të terminologjisë sonë. — *GjJ* 2, 1982/1, 50-56.

5074 LLOSHI, Xhevat: Fjalore i shqipes i Thimi Hondros. — *SFil* 36, 1982/1, 173-188 | Le dictionnaire alb. de Thimi HONDRO.

5075 PELLEGRINI, Giovan Battista: Disa vëzhgime mbi elementin latin të shqipes. — *SFil* 36, 1982/3, 85-102.

5076 ROHR, Rupprecht: Zum Problem des Wortfelds in der etymologischen Forschung (am Beispiel des Albanischen in Acquaformosa). — [263], 437-448, 3 tab.

5077 ROSETTI, A.: Albano-romanica: alb. *mbret*, dr. *împărat*, *părat* : lat. *imperator*. — *RRLing* 27, 1982, 495.

5078 SAMARA, Mico: Antonimia e togfjalëshave të qëndrueshëm në gjuhën e sotme shqipe. — *SFil* 35, 1981/4, 45-54 | Rés. fr.

5079 SHEHU, Hajri: Fjala e rrallë shqipe. — *GjJ* 1, 1981/2, 73-77.

5080 SHUTERIQI, Dhimiter S.: Fjalë nga leksiku i shqipes para Buzukut (879-1553). V; VI. — *SFil* 36, 1982/1, 189-196; 1982/2, 209-217 | Cf. BL 1981, 5347.

5081 THOMAJ, Jani: Rreth polisemisë dhe homonimisë në gjuhën shqipe. — *SFil* 35, 1981/4, 9-44 | Rés. fr.
5082 THOMAJ, Jani: Veçori të përdorimit të frazeologjisë së gjuhës shqipe. — *GjJ* 1, 1981/2, 51-58.
5083 THOMAJ, Jani: Përdorimi i disa lokucioneve librore. — *GjJ* 2, 1982/1, 13-21.
5084 XHUVANI, Aleksandër: Fjalë e shprehje të gjuhës shqipe (Kontribut për fjalorin e shqipes). XXXI; XXXII; XXXIII. — *SFil* 36, 1982/1, 163-172; 1982/3, 197-206; 1982/4, 213-221 | Cf. BL 1981, 5355.
5085 ZYMBERI, Abdullah: *Fjalorth i fjalëve të rralla.* — Prishtinë: "Rilindja", 1979, 199 p.

6. ORTHOGRAPHY — ORTHOGRAPHE

5086 MEMUSHAJ, Rahmi: Rreth pikësimit të disa ndërtimeve. — *GjJ* 2, 1981/1, 71-78.
5087 OSMANI, Tomor: Dhimitër Kamarda për alfabetin e gjuhës shqipe. — *SFil* 35, 1981/4, 89-104 | Dh. Kamarda (Demetrio CAMARDA) sur l'alphabet alb. (Rés. fr.).
5088 *Rregullat e pikësimit në gjuhën letrare shqipe* . . . — Tiranë: 1981 | BL 1981, 5342. | *GjJ* 1, 1981/2, 83-87 S. Mansaku.

7. STYLISTICS — STYLISTIQUE

5089 ÇABEJ, Sami: Rreth gjuhës së veprave letrare. — *GjJ* 2, 1982/1, 41-49.
5090 DEMIRAJ, Shaban: Fan Noli dhe gjuha e tij. — *SFil* 36, 1982/1, 87-91 | Rés. fr.
5091 LLOSHI, Xhevat: Vështrim stilistik për mjetet e shprehjes në gjuhën shqipe. — *GjJ* 1, 1981/1, 81-88.
5092 YMERI, Mariana: Vëzhgime për gjuhën e prozës artistike. — *GjJ* 2, 1982/2, 62-69.

14. ONOMASTICS — ONOMASTIQUE

5093 BEZHANI, Hamlet: Rreth "kuptimit" dhe shquarësisë së emrave të përveçëm në gjuhën shqipe. — *SFil* 36, 1982/2, 81-91 | E. summ.
5094 ÇELIKU, Mehmet: Shquarja e emrave të përveçëm në gjuhën shqipe. — *SFil* 36, 1982/2, 71-80 | Rés. fr.
5095 DAKA, Palok: Emrat e njerëzve në gjuhën tonë. — *GjJ* 1, 1981/1, 105-112.
5096 DHRIMO, Ali: Të dhëna nga toponimia e Labërisë si dëshmi për lashtësinë dhe njësinë e popullit shqiptar. — *SFil* 36, 1982/3, 133-141 | Rés. fr.
5097 DOÇI, Rexhep: Ilirsko-albanska baza *das- dash-* u funkciji antroponima, patronima i toponima. — *OnJug* 10, 1982, 29-34.
5098 GASHI, Skënder: Slavenski antroponimi Albanaca u XIV. i XV. stoljeću. — *OnJug* 9, 1982, 198-208 | The Sl. anthroponyms of Albanians in the 14th-15th centuries (E. summ.).
5099 GASHI, Skënder: Albansko-vlaška simbioza u svjetlu onomastike. — *OnJug* 10, 1982, 47-59 | Die alb.-walachische Symbiose im Lichte der Onomastik (G. summ.).
5100 HOXHA, Shefqet: Gjurma ilire në toponiminë e sotme të trevës së Kukësit. — *SFil* 36, 1982/3, 159-169 | Traces illyriennes dans la toponymie actuelle de la région de Kukës (Rés. fr.).

GREC

5101 KRASNIQI, Mark: Etno-geografsko značenje toponima *Rugove*. — *OnJug* 9, 1982, 45-51 | The ethno-geographic meaning of the toponym *Rugove* (E. summ.).
5102 KRASNIQI, Mark: Antroponimija kod Albanaca u Jugoslaviji. — *OnJug* 10, 1982, 103-109 | Alb. anthroponyms in Yugoslavia.
5103 LANGE-KOWAL, Ernst: Der Ländername Albanien. — *ZBalk* 18, 1982, 134-142.
5104 LUKA, David: Të dhëna të onomastikës të trevës së Krujës për historinë e formimit të popullit shqiptar. — *SFil* 36, 1982/3, 151-157 | Rés. fr.
5105 LUKA, Kolë: Emra me *t(ë)*- të përngjitur dhe protetikë në onomastikë. — *SFil* 35, 1981/4, 111-123 | Rés. fr.
5106 *Onomastika e Kosovës*. Simpozium i mbajtur më 25-27 shkurt 1977. [Red.: Idriz AJETI; Mark KRASNIQI; et al.]. — Prishtinë: Inst. Albanologjik i Prishtinës, 1979, 627 p. | L'onomastique de Kosovo. Réunion tenue du 25 au 27 févr. 1977. | *SAlb* 18, 1981/1 (1982), 195-200 E. Paço.
5107 PIRRAKU, Muhamet: Podudarnosti imena bratstava Albanaca Kosova s prezimenima Hrvata. — *OnJug* 10, 1982, 181-188 | Übereinstimmung der alb. Familiennamen von Kosovo mit kroatischen Vornamen (G. summ.).
5108 TREPÇA, Myfit; HOXHA, Ali: Vështrim historiko-gjuhësor mbi toponimet e trevës së Dibrës. — *SFil* 36, 1982/3, 171-177 | Rés. fr.

VIII. GREEK — GREC

A. General — Généralités

5109 *L'année philologique: bibliographie critique et analytique de l'antiquité gréco-latine*... publiée par Juliette ERNST et par Viktor POESCHL et William C. WEST ... Tome 51: *Bibliographie de l'année 1980 et compléments d'années antérieures*. — Paris: Les Belles Lettres, 1982, xxxvi, 820 p.
5110 *Bibliographical bulletin of the Greek language for the years 1975 and 1976*. [Vol. 3] ... Ed. by George BABINIOTIS [MPAMPINIÓTĒS] ... — Athens: 1978 | BL 1978, 3879. | *Byzantion* 48, 1979, 557 M. Leroy.
5111 CHARALAMBAKIS, C.: Forschungsbericht ueber die sprachwissenschaftlichen Studien in Griechenland: eine Auswahlbibliographie der letzten 10 Jahre (1971-1980). — Λεξικογραφικὸν Δελτίον (Athens: Ἀκαδημία Ἀθηνῶν) 14, 1982, 53-68 | Mykenologie, 71-74; Historische Entwicklung des Criechischen [sic], 71-74.
5112 PETERS, M.: Indogermanische Chronik. 28. VII. Altgriechisch. — *Sprache* 28, 1982, 73-89; 209-220.

5113 CYMBURSKIJ, V.: O svjazjach drevnemakedonskogo jazyka s balto-slavjanskimi. — [184], 73-74.
5114 Indice lessicale [della 1ª serie e della "nuova serie" (1893-1982)]. — *SIFC* 1, 1983, 478-529 | Miceneo, 478; Greco, 478-504; Latino, 505-529.
5115 KURZOVÁ, Helena: Altgriechisch und Neugriechisch: strukturell-typologische und historische Betrachtung. — *Eirene* 19, 1982, 71-81.
5116 PALMER, Leonard R.: *The Greek language*. — London: 1980 | BL 1980, 4149. | *LEC* 50, 1982, 267-268 B. Coulie | *AJPh* 104, 1983, 303-306 J.C. Billigmeier | *Paideia* 36, 1981, 144-145 G. Scarpat | *AUMLA* 57, 1982, 93-94 J.K. McKay.
5117 SAKELLARIOU, Michel B.: *Le peuplement de la Grèce et du Bassin égéen aux hautes époques*. III: *Les proto-Grecs*. — Athènes: Ekdotike Athenon, 1980,

287 p., 7 cartes h.-t. | Cf. BL 1979, 4184. | *REG* 95, 1982, 178-179 P. Faure.
5118 ŠARYPKIN, S.Ja.: K formirovaniju grečeskoj padežnoj sistemy v svete kritomikenskoj pis'mennosti. — [184], 68-69.

B. Mycenaean — Mycénien

5119 HOOKER, John T.: Mycenaean bibliography. — *Liverpool Classical Monthly* (Liverpool: Univ. of Liverpool, Dept. of Gr.) 6, 1981, 97-111.
5120 *Nestor: Mycenaean bibliography.* 4; 5; 6; 7; 8; 9. Eds.: T.W. JACOBSEN & W.W. RUDOLPH. — Bloomington, IN: Program in Classical Arch., Indiana Univ., 1977, 1101-1177; 1978, 1178-1330; 1979, 1331-1422; 1980, 1423-1500; 1981, 1501-1584; 1982, 1585-1669.
5121 BARTONĚK, Antonín: Substantiva a adjektiva samohláskových jmenů 3. deklinace v mykénské řečtině. — *SFFBU*, E 27, 1982, 223-234 | The vocalic and diphthongal stems of the 3rd declension in Myc. Gr. (E. summ.).
5122 BENNETT, Emmett L.; OLIVIER, Jean-Pierre: *The Pylos tablets.* Transcribed. I-II. — Roma: 1973-76 | BL 1976, 4714. | *VDI* 1980/3 (153), 198-200 N.S. Grinbaum.
5123 BENNET, John; MACGILLIVRAY, J. Alexander: A new fragment of a sheep tablet from Knossos. — *Kadmos* 21, 1982, 30-32, pl. h.-t.
5124 CATLING, H.W.; CHERRY, J.F.; JONES, R.E.; KILLEN, J.T.: The Linear B inscribed stirrup jars and West Crete. — *ABSA* 75, 1980, 49-113, 6 fig., 12 tab.
5125 CHADWICK, John: *The Mycenaean world.* — Cambridge: 1976 | BL 1976, 4716. | *Hellenika* 30, 1977-78, 157-162 M. Ἀνδρόνικος.
5126 CONSANI, Carlo: Per la definizione del valore fonetico del sillabogramma *56 nel sillabario lineare B. — *RALinc* 36, 1982, 9-21.
CONSANI, C.: . . . considerazioni sull'ortografia . . . delle iscrizioni cipriote classiche. — 5390.
5127 CREMONA, Maria Vittoria: I cereali nelle tavolette in lineare B di Cnosso. — *SMEA* 23, 1982, 73-82.
5128 DEGER-JALKOTZY, Sigrid: E-qe-ta . . . — Wien: 1978 | BL 1978, 3888. | *Kratylos* 26, 1981 (1982), 204-206 A. Hurst.
5129 DORIA, Mario: Miceneo e indoeuropeo. — [4321], 69-104.
5130 FERLUGA-PETRONIO, Fedora: *I nomi delle armi in miceneo.* — *ŽAnt*, Posebni izdanija 5; Skopje: 1979, 189 p.
5131 GUGLIELMINO, Riccardo: *Pa-ki-ja-ne*, la ierapoli di Pilo. — *SMEA* 23, 1982, 141-193.
5132 HAMP, Eric P.: Mycenaean *-da-a2* 'they contributed(?)'. — *IF* 86, 1981 (1982), 190 | Modification of E.D. FLOYD (BL 1979, 4198).
HAMP, E.P.: Two roots *$H_o$bhel-. — 5293.
HEUBECK, A.: L'origine della lineare B. — 3074.
5133 HILLER, Stephan: Amnisos und das Labyrinth. — *ŽAnt* 31, 1981, 63-72.
5134 HILLER, Stefan: Amnisos in den mykenischen Texten. — *Kadmos* 21, 1982, 33-63.
5135 KILLEN, J.T.: Some puzzles in a Mycenae personnel record. — *ŽAnt* 31, 1981, 37-45 | Au 102 *o-ri-ko* = ὀλίγοι.
5136 MAGUEIJO, C.: Sobre a origem do linear B. — *Euphrosyne* 11, 1981-82, 209-226 | Apropos of J.T. HOOKER (BL 1979, 2678).
MANESSY-GUITTON, J.: Deux emplois techniques de la base βαλ-/βλη- . . . II. Myc. *qe-re-ti-ri-jo*. — 5322.

5137 MELENA, José L.: The reading of the vase inscription TI Z 30. — *Kadmos* 21, 1982, 95-96, fig.
5138 MILANI, C.: Osservazioni sul *wanax* miceneo. — *Contributi dell'Istituto di Storia antica dell'Univ. del Sacro Cuore* (Milano: Vita e Pensiero) 7, 1981, 22-40.
5139 NIEMEIER, Wolf-Dietrich: Mycenaean Knossos and the age of Linear B. — *SMEA* 23, 1982, 219-287, 7 fig., 9 pl. | 1. Introd. 2. What is the context of the Knossos tablets? 3. What evidence do the tablets themselves give about their dating? 4. Why did Evans date the tablets as he did? 5. General conclusions and hist. implications.
5140 NIEMEIER, W.-D.: Das mykenische Knossos und das Alter von Linear B. — *Beiträge zur ägäischen Bronzezeit* 11, 1982, 29-126.
5141 PALAIMA, Thomas Gerard: *The scribes of Pylos.* — Univ. of Wisconsin-Madison diss., 1980, 270 p. | *DAb* 41/10, 1981, 4383-A.
5142 PALMER, Leonard R.: *Some new Minoan-Mycenaean gods.* — IBS, Vorträge und kleinere Schriften 26; Innsbrück: Inst. für Sprachwissenschaft der Univ. Innsbruck, 1981, 24 p., ill.
5143 PERPILLOU, Jean-Louis: Discussions mycéniennes. I. *e-to-ni-jo.* II: Abstraits verbaux en mycénien? — *BSL* 76, 1981/1 (1982), 225-240.
5144 PERUZZI, Emilio: *Mycenaeans in early Latium.* With an arch. appendix by L. VAGNETTI. — Incunabula Graeca 75; Roma: Ateneo & Bizarri, 1980, 184 p., 12 tab. | *Aevum* 57, 1983, 162-163 C. Milani.
5145 [PROMPONÂS, I.K.] Προμπονᾶς, Ἰωάννης K.: Σύντομος εἰσαγωγὴ εἰς τὴν μυκηναϊκὴν φιλολογίαν. — Athens: 1977 | BL 1977, 5387. | *Eirene* 18, 1982, 171-172 A. Bartoněk.
5146 [PROMPONÂS, I.K.] Προμπονᾶς, Ἰωάννης K.: Ἡ μυκηναϊκὴ ἐπικὴ μὲ βάση τὰ μυκηναϊκὰ κείμενα καὶ τὰ Ὁμηρικὰ ἔπη. — Athens: 1980, 144 p. | *RBPh* 60, 1982, 200-201 Y. Duhoux.
5147 RUIJGH, C.J.: Interprétation hypothétique de la tablette *Va* 15 de Pylos. — *ŽAnt* 31, 1981, 47-62.
5148 SCHMEJA, Hans: Varia Graeca et Mycenaea. — [287], 335-337 | 1. Myc. *a-qi-ti-ta*, 2. Gr. ἀφικτόν, ἀφικτρός.
5149 SINATRA, Marcella: KN Og 833: una proposta di interpretazione. — *SMEA* 23, 1982, 289-296.
SOESBERGEN, P.G. VAN: Thracian . . . names in the Bronze Age Linear . . . B texts . . . — 4937.
5150 STANLEY, P.V.: KN Uc 160 and Mycenaean wines. — *AJA* 86, 1982, 577-578 | On the meaning of *de-re-u-ko*, γλεῦκος.
5151 STELLA, L.-A.: Importanza della lista toponomastica egea di Tebe egizia nella cronologia delle tavolette Cnossie in LB e per la storia della conquista micenea di Creta. — [12790], 600-605.
5152 VANDENABEELE, Frieda: Nouvelles découvertes concernant les idéogrammes archéologiques du linéaire A et du linéaire B. — [241], 27-33.
5153 VIREDAZ, Rémy: **s entre occlusives en mycénien. — *SMEA* 23, 1982, 301-322.

C. Ancient Greek — Grec ancien

0. BIBLIOGRAPHY AND GENERAL — BIBLIOGRAPHIE ET GÉNÉRALITÉS

5154 KESSELS, A.H.M.; VERDENIUS, W.J.: *A concise bibliography of Greek language and literature.* — Apeldoorn: 1979 | BL 1980, 4144. | *LEC* 50, 1982, 181-182 B. Stenuit.

5155 LATACZ, Joachim: Zusammenfassender Literaturbericht für die Jahre 1951-1980. Griechische Sprache (Altgriechisch). 1. Teil. — *Glotta* 60, 1982, 136-161 | Cf. BL 1956, 93.

NOBER, P.; NORTH, R.: *Elenchus bibliographicus biblicus* . . . — 34.

5156 AALTO, Pentti: *Classical studies in Finland 1828-1918.* — Helsinki: 1980 | BL 1980, 4145. | *Kratylos* 26, 1981 (1982), 200-201 S. Koster | *AC* 52, 1983, 635-636 E. Liénard.

5157 ALPERS, Klaus: *Das attizistische Lexikon des Oros.* — Berlin: 1981 | BL 1981, 5416. | *AC* 52, 1983, 427-428 M. Leroy | *CR* 33, 1983, 20-22 M.L. West | *JHS* 103, 1983, 183 M.D. MacLeod | *NT* 25, 1983, 287 G.D. Kilpatrick.

Ax, W.: Aristarch und die "Grammatik". — 1835.

5158 BELARDI, Walter: Ptosis e onoma aoriston. — [297], 11-21.

5159 BLASS, Friedrich; DEBRUNNER, Albert: *Grammatica del greco del Nuovo Testamento.* Nuova ed. di Friedrich REHKOPF. Ed. it. a cura di Giordana PISI. — Suppl. al Grande Lessico del Nuovo Testamento 3; Brescia: Paideia, 1982, 709 p. | Cf. BL 1980, 4181.

5160 [DIONYSIUS HALICARNASSENSIS]. Denys d'Halicarnasse: *Opuscules rhétoriques.* III. . . . par Germaine AUJAC et Maurice LEBEL. — Paris: 1981 | BL 1981, 5418. | *AC* 52, 1983, 336-337 G. Nachtergael | *REG* 96, 1983, 332-334 L. Pernot.

5161 [DIONYSIUS THRAX]. *Die Fragmente* . . . Hrsg. von Konstanze LINKE . . . [et al.]. — Berlin: 1977 | BL 1979, 4236. | *CPh* 77, 1982, 270-277 A.R. Dyck.

5162 GIGNAC, Francis Thomas: *A grammar of the Greek papyri of the Roman and Byzantine periods.* Vol. I-II. — Milano: 1976-81 | BL 1981, 5458. | *NT* 24, 1982, 190-192 G.D. Kilpatrick (I-II) | *REG* 95, 1982, 227-228 J. Irigoin (II).

5163 GUERRA GÓMEZ, Manuel: *El idioma del Nuevo Testamento: gramática, estilística y diccionario estadístico del griego bíblico.* — Publ. de la Fac. de Teología del Norte de España; Burgos: Aldecoa, 1981, 418 p.

5164 MANZO, Antonio: Ἀδύνατον, ὑπερβολή e χάρις nella dottrina retorico-stilistica di Demetrio. — [297], 269-289.

5165 MEETKERCKE, Adolf VAN [1528-92]: *Kommentar zur richtigen alten Aussprache des Griechischen.* / Adolphi MEKERCHI BRUGENSIS *De veteri et recta pronuntiatione linguae Graecae commentarius.* Hrsg. und übersetzt von Johannes KRAMER. — Beiträge zur klassischen Phil. 136; Meisenheim am Glan: Hain, 1981, xvi, 206, 2 p. | *REL* 60, 1982 (1983), 387-388 F. Biville | *Latomus* 42, 1983, 485-486 R. Desmed.

5166 MONTANARI, F.: Il grammatico Tolomeo Pindarione, i poemi omerici e la scrittura. — [5174], 97-114.

5167 MORPURGO-TAGLIABUE, Guido: *Demetrio: Dello stile.* — Roma: 1980 | BL 1981, 5426. | *RFIC* 110, 1982, 504 A. Colonna | *Aevum* 57, 1983, 146-148 L. di Gregorio.

5168 MURRU, Furio: Sulla sequenza dei casi nella teorizzazione grammaticale greca. — *Hellenika* 32, 1980, 309-324 | Gr. summ., 409-410.

5169 NEGRI, Mario: Cronologie assolute e cronologie relative (a proposito di un saggio di E. Laroche). — *ASGM* 22, 1981 (1982), 16-24.

5170 PALUMBO STRACCA, Bruno M.: *La teoria antica degli asinarteti.* — Bollettino dei Classici, 1979, Suppl. 3; Roma: Accad. Nazionale dei Lincei, [1980], 117 p. | *REG* 95, 1982, 500-501 J. Irigoin.

5171 [PHILOXENUS GRAMMATICUS]. *Die Fragmente* . . . Hrsg. von Christos THEODO-

GREC ANCIEN

RIDIS. — Berlin: 1976 | BL 1976, 4752. | *Gnomon* 54, 1982, 436-442 N.A. Livadaras.

5172 SERBAT, Guy: Propositions sur l'importance des langues anciennes pour la théorie linguistique. — *Glotta* 60, 1982, 1-2.

5173 SNELL, Bruno: *Der Weg zum Denken und zur Wahrheit* . . . — Göttingen: 1978 | BL 1978, 3900. | *Mn* 35, 1982, 356-357 S.R. Slings | *AAHG* 35, 1982, 238-239 H. Schwabl.

5174 *Studi di letteratura greca.* — Ricerche di Fil. classica 1; Pisa: Giardini, 1981, 139 p.

5175 WILSON, Nigel: On the transmission of the Greek lexica. — *GRBS* 23, 1982, 369-375.

1. PHONETICS AND PHONOLOGY — PHONÉTIQUE ET PHONOLOGIE

5176 CRESPO, Emilio: La alternancia σσ/ττ y la prosa literaria ática del siglo V A.C. — *CFC* 16, 1979-80/1, 109-125.
GREPPIN, J.A.C.: Arm. t^c- Gk. πτ-. — 4823.

5177 HAMP, Eric P.: On Greek ζ: *y-. — *JIES* 10, 1982, 190-191 | *[i̯] > l in Arm. *leard, luc*: contra A.J. VAN WINDEKENS (BL 1980, 4171).
INGRIA, R.: Compensatory lengthening as a metrical phenomenon. — 2170.
LINDEMAN, F.O.: *The triple representation of schwa in Gr.* . . . — 4308.
MAYRHOFER, M.: Über gr. Vokalprothese, Laryngaltheorie und externe Rekonstruktion. — 4314.

5178 MILANI, Celestina: λ/ρ nei papiri: un aspetto dell'interferenza linguistica. — [284], 221-229.

5179 PETERS, Martin: *Untersuchungen zur Vertretung der indogermanischen Laryngale im Griechischen.* — Wien: 1980 | BL 1980, 4165. | *Kratylos* 26, 1981 (1982), 106-115 R.S.P. Beekes | *REG* 95, 1982, 189 J. Irigoin | *KZ* 96, 1982-83, 290-292 B. Forssman | *CPh* 78, 1983, 363-365 W.F. Wyatt, Jr. | *CR* 33, 1983, 342-343 G.R. Hart | *Mn* 36, 1983, 373-380 C.J. Ruijgh.
PRIEBATSCH, H.Y.: Spiranten und Aspiratae in Ugarit, AT und Hellas. — 13080.

5180 TEODORSSON, Sven-Tage: *The phonology of Ptolemaic Koine.* — Göteborg: 1977 | BL 1977, 5413. | *Kratylos* 27, 1982 (1983), 97-100 R. Schmitt.

5181 TEODORSSON, Sven-Tage: *The phonology of Attic in the Hellenistic period.* — Göteborg: 1978 | BL 1978, 3913. | *CPh* 77, 1982, 73-75 W.F. Wyatt, Jr. | *SILTA* 9, 1980/3 (1982), 599-600 A. Uguzzoni.

5182 THREATTE, Leslie: *The grammar of Attic inscriptions.* I: *Phonology.* — Berlin: 1980 | BL 1980, 4169. | *JHS* 102, 1982, 256-258 A.H. Sommerstein | *RPh* 56, 1982, 110-112 J. Irigoin | *Athenaeum* 61, 1983, 606-607 E. Campanile | *SCL* 33, 1982, 364-365 L. Lupaş.

2. GRAMMAR — GRAMMAIRE

2.0. *General — Généralités*

5183 LETOUBLON, Françoise; PIERROT, Alain: L'illocutoire en grec et dans les langues anciennes. — *CLF* 3, 1981, 125-147.

2.1. Morphology and word-formation — Morphologie et formation des mots

5184 BAMMESBERGER, Alfred: ἐγένετο und ἔγεντο. — *Glotta* 60, 1982, 27-31.
5185 BARTON, Charles R.: Greek ἐγήρα. — *Glotta* 60, 1982, 31-49.
5186 BILE, M.: Les adverbes grecs en -η. — *Verbum* 4, 1981, 279-292.
5187 CAMPANILE, Enrico: Un presente in *-nē-* in greco e in irlandese antico. — *SCO* 32, 1982, 285-289 | Anc. Gr. εἰλέω and OIr. *fillim*.
5188 DÍAZ TEJERA, Alberto: El género en griego clásico: descripción sincrónica y explicación diacrónica. — *RSEL* 11, 1981, 13-30.
5189 FREI-LÜTHY, Christine: *Der Einfluss der griechischen Personennamen auf die Wortbildung.* — Heidelberg: 1978 | BL 1978, 3917. | *IF* 87, 1982 (1983), 298-300 J. Udolph.
5190 HOLLIFIELD, Henry: Homeric κείω and the Greek desideratives of the type δρασείει. — *IF* 86, 1981 (1982), 161-189.
5191 MASSON, Olivier: Encore quelques noms de métier grecs en -ᾶς. — [287], 171-176 | Cf. BL 1973, 4884 & 1979, 4276. | 1. βακτρᾶς, 2. βουριχᾶς, 3. ἐνλυχνιδᾶς, 4. κοικᾶς, 5. σκεπαρνᾶς.
5192 MAWET, Francine: Aspects anciens et récents des conjugaisons grecque et latine. — *Grec et latin en 1980:* études et documents dédiés à Edmond Liénard et éd. par Ghislaine VIRÉ (Bruxelles: Univ. Libre de Bruxelles, 1980), 63-73.
5193 Morphologie verbale. — *Cratyle* 4-5, 1981, 52 p. | No. spécial consacré aux concepts et procédés morphologiques en gr. anc. (appliqué à l'enseignement).
5194 RISCH, Ernst: Ein Problem des griechischen Verbalparadigmas: die verschiedenen Formen der 3. Person Plural. — [287], 321-334.
SCHMIDT, G.: Gr. -μην und der idg. Konjunktiv des Perfekts. — 4344.
5195 SHIELDS, Kenneth, Jr.: On the origin of the Greek nominative-accusative dual suffix *-e*. — *ŽAnt* 32, 1982, 27-32.
SHIELDS, K., Jr.: The origin of the Gr. 1st pers. plural active suffix *-men*. — 4347.
5196 SKODA, Françoise: *Le redoublement expressif: un universal linguistique. Analyse du procédé en grec ancien et en d'autres langues.* — Soc. d'Études linguistiques et anthropologiques de France 15; Paris: SELAF, 1982, 269 p. | *Sprache* 29, 1983, 222 [M. Peters].
5197 WINDEKENS, A.J. VAN: Encore les substantifs grecs à suffixe -εύς. — *Glotta* 60, 1982, 49-52 | A propos de J.-L. PERPILLOU (BL 1973, 4814).

2.2. Syntax — Syntaxe

5198 AMIGUES, Suzanne: *Les subordonnées finales par ὅπως en attique classique.* — Paris: 1977 | BL 1977, 5415. | *Lg* 58, 1982, 483-484 C. Justus.
5199 AMPHOUX, Christian-Bernard: L'emploi du coordonnant dans l'Épître de Jacques. — *Biblica* 63, 1982, 90-101.
5200 BASSET, Louis: *Les emplois périphrastiques du verbe grec* μέλλειν . . . — Lyon: 1979 | BL 1979, 4260. | *RPh* 56, 1982, 116-118 J.-L. Perpillou | *Em* 51, 1983, 353-355 E. Crespo | *LF* 105, 1982, 56-57 D. Muchnová.
5201 BIRAUD, Michèle: Les structures comparatives [I]. — *Cratyle* 6, 1982, 31-43.
HOCK, H.H.: Clitic verbs in PIE or discourse-based verb fronting? . . . — 4547.
5202 KIRCHER, Chantal: Réflexions sur la syntaxe du génitif en grec ancien. — *Cratyle* 6, 1982, 1-30.
5203 KRAVAR, M.: O suščnosti grečesko-slavjanskoj vidovoj analogii. — *ŽAnt* 32,

1982, 5-26 | G. summ.: Zum Wesen der griechisch-slavischen Aspektanalogie, 25-26.

5204 LANGHOLF, V.: *Syntaktische Untersuchungen zu Hippokrates-Texten*. ... — Wiesbaden: 1977 | BL 1977, 5601. | *Eirene* 19, 1982, 166-167 H. Kurzová.

5205 LETOUBLON, Françoise: Les verbes de mouvement en grec: de la métaphore à l'auxiliarité? — *Glotta* 60, 1982, 178-196.

5206 LORIAUX, Robert †: Notes sur la syntaxe grecque des modes et des temps. — *LEC* 50, 1982, 49-62; 133-139; 225-235; 347-352.

5207 MALONEY, Elliott C.: *Semitic interference in Marcan syntax*. — Chico, CA: 1981 | BL 1981, 5489. | *CBQ* 44, 1982, 682-683 J.J. O'Rourke | *JSS* 27, 1982, 293-294 F.F. Bruce.

5208 MCCALL, John Frederick: *The syntax of Cicero's Greek in his letters*. — State Univ. of New York at Buffalo diss., 1980, 114 p. | *DAb* 41/2, 1980, 654-A.

5209 MOORHOUSE, A.C.: *The syntax of Sophocles*. — *Mn*, Suppl. 75; Leiden: Brill, 1982, xiii, 353 p. | *CR* 33, 1983, 171-173 H. Lloyd-Jones.

5210 MÜLLER, Dietram: *Satzbau, Satzgliederung und Satzverbindung in der Prosa Herodots*. — Meisenheim a.Glan: 1980 | BL 1980, 4426. | *Mn* 36, 1983, 170-173 C.J. Ruijgh.

5211 NEUBERGER-DONATH, Ruth: Der Gebrauch von ὅτι und ὡς in Subjekt- und Objekt-Sätzen. — *RhM* 125, 1982, 252-274.

5212 RIJKSBARON, Albert: Relative clause formation in Ancient Greek. — [385], 235-259.

5213 ROBSON, Edward Alfred: Καί-*configurations in the Greek New Testament*. — Syracuse Univ. diss., 1980, 668 p. | *DAb* 41/6, 1980, 2588-A.

5214 RUIPÉREZ, Martín Sánchez: *Structures du système, des aspects et des temps du verbe en grec ancien*. Trad. par M. PLENAT & P. SERÇA. — Annales litt. de l'Univ. de Besançon 263; Paris: Les Belles Lettres, 1982, 283 p. | Transl. of BL 1955, 97.

5215 SCHMIDT, Daryl Dean: *Hellenistic Greek grammar and Noam Chomsky*. — Chico, CA: 1981 | BL 1981, 5498. | *JSS* 27, 1982, 292-293 N.E. Collinge.

5216 SOISALON-SOININEN, Ilmari: ἐν für εἰς in der Septuaginta. — *VT* 32, 1982, 190-200.

5217 SPOTTORNO, Victoria: The relative pronoun in the New Testament. — *NTStud* 28, 1982, 132-141.

5218 STEFAŃSKI, Witold: Le système hypothétique en ancien grec et l'implication dans le calcul de propositions (anglais: sentential calculus). — *LPosn* 25, 1982, 81-86.

5219 STORK, Peter: *The aspectual usage of the dynamic infinitive in Herodotus*. — Groningen: Bouma's Boekhuis, 1982, xviii, 535 p.

2.3. *Text linguistics — Linguistique du texte*

5220 HAUSER, Hermann J.: *Strukturen der Abschlusserzählung der Apostelgeschichte* ... — Rome: 1979 | BL 1981, 5504. | *BZ* 26, 1982, 130-133 A. Weiser | *CBQ* 44, 1982, 328-330 J. Kodell.

3. HISTORY — HISTOIRE

5221 GARCÍA DOMINGO, Enrique: *Latinismos en la koiné* ... — Burgos: 1979 | BL 1979, 4299. | *AC* 51, 1982, 488-490 M. Dubuisson | *LEC* 50, 1982, 91 M. van

Esbroeck | *AAHG* 36, 1983, 59-61 W. Euler | *StPap* 22, 1983, 161-162 S. Daris. MADDOLI, G.: Contatti antichi del mondo lat. col mondo gr. — 5677.
5222 RIX, Helmut: *Historische Grammatik des Griechischen* . . . — Darmstadt: 1976 | BL 1976, 4814. | *AAHG* 35, 1982, 59-62 G.R. Solta | *Linguistics* 20, 1982, 159-160 P. Swiggers.
5223 SCHMID, Wolfgang-P.: Boiotisch und Koine. — [287], 339-343.
5224 SIJPESTEIJN, P.J.: De invloed van het Latijn op het Grieks. — *Lampas* 15, 1982, 318-330 | The influence of Lat. on Gr.

4. DIALECTOLOGY — DIALECTOLOGIE

5225 BLÜMEL, Wolfgang: *Die aiolischen Dialekte: Phonologie und Morphologie der inschriftlichen Texte aus generativer Sicht.* — *KZ*, Ergänzungsheft 30; Göttingen: Vandenhoeck & Ruprecht, 1982, 326 p.
5226 BUCK, Robert J.: *A history of Boeotia.* — Edmonton: Alberta UP., 1979, xv, 205 p. | Also on the Boeotian dial. | *Gnomon* 53, 1981, 140-150 D. Knoepfler.
5227 CRAIK, E.M.: *The Dorian Aegean.* — London: Routledge, 1980, x, 263 p. | On language and script, 47-62.
5228 FERNÁNDEZ ÁLVAREZ, M.ª Pilar: *El argólico occidental y oriental* . . . — Salamanca: 1981 | BL 1981, 5518. | *Em* 50, 1982, 373-375 J.J. Moralejo.
5229 FERNÁNDEZ ÁLVAREZ, M. Pilar: El sistema de vocales largas en los dialectos argólicos. — *Habis* 10-11, 1979-80, 9-16.
5230 GARBRAH, Kweku A.: The dative plural of o- and ā-stems in Homer: present problems and future prospects. — *Glotta* 60, 1982, 300-309.
5231 LANDI, Addolorata: *Dialetti e interazione soziale in Magna Grecia* . . . — Napoli: 1979 | BL 1979, 4312. | *Athenaeum* 60, 1982, 294-295 A. Russi | *Gnomon* 54, 1982, 258-261 C. de Simone.
5232 LEVIN, Saul: The significance of dialect words in Greek literature. I. The Homeric word for 'goddess'; II. The Doric tinge in lyrical passages of Attic tragedy; III. Non-Attic names in Thucydides' History; IV. The feminine suffix -ισσα (> -ess). — *GL* 21, 1981 (1982), 236-247; 22, 1982, 79-98; 143-157; 217-225.
5233 LILLO [ALCARAZ], A.: Consideraciones en torno al cierre de -ŏ en -υ y de la vocalización de las sonantes nasales en arcadio. — *SPhS* 4, 1980, 165-167.
5234 LILLO [ALCARAZ], A.: En torno a los dativos de la declinación temática en -οι y en -ωι del arcadio. — *SPhS* 5, 1981, 221-232.
5235 LORBER, Fritz: *Inschriften auf korinthischen Vasen* . . . — Berlin: 1979 | BL 1981, 5528. | *AJA* 87, 1983, 281 A.L. Boegehold.
5236 LÜTTEL, Verena: Κάς und καί . . . — Göttingen: 1981 | BL 1981, 5530. | *Kratylos* 26, 1981 (1982), 115-120 C.J. Ruijgh | *AC* 51, 1982, 487 M. Leroy.
5237 MANZONI, G.E.: Studi sulla fonetica cipriota. — *Acme* 32, 1979, 455-477.
5238 MASSON, Olivier: Les graffites chypriotes alphabétiques et syllabiques. — *La chapelle d'Achôris à Karnak*, éd. par C. TRAUNECKER et F. LE SAOUT (Paris: ADPF, 1981), 251-284, fig. 1-9, tab. I-IV.
5239 MÉNDEZ DOSUNA, Julián V.: Clasificación dialectal y cronología relativa: el dialecto eleo. — *SPhS* 4, 1979, 181-201.
5240 MÉNDEZ DOSUNA, Julián: Une autre question de Dialectologie grecque: connaît-on beaucoup d'exemples assurés de nominatifs masculins en -ā? — *Glotta* 60, 1982, 65-79.
5241 MILLER, D. Gary: *Homer and the Ionian epic tradition: some phonic and pho-*

nological evidene against an Aeolic 'phase'. — IBS 38; Innsbruck: Inst. für Sprachwissenschaft der Univ. Innsbruck, 1982, xvi, 192 p. | *Sprache* 29, 1983, 110 [M. Peters].

5242 MITFORD, Terence B.: *The Nymphaeum of Kafizin . . .* — Berlin: 1980 | BL 1981, 5533. | *Kratylos* 26, 1981 (1982), 121-125 O. Masson | *ZDMG* 132, 1982, 386 G. Neumann | *KZ* 96, 1982-83, 292-295 A. Heubeck | Cf. 5246.

5243 MORALEJO ÁLVAREZ, Juan J.: Los inicios de la dialectología griega. — *RSEL* 12, 1982, 17-33.

5244 NEGRI, Mario: L'unità intermedia ionico-attico. — *Acme* 35, 1982, 7-17.

5245 NEUMANN, Günter: Beiträge zum Kyprischen VIII [12-13]. — *Kadmos* 21, 1982, 88-92 | Cf. BL 1980, 4250. | 12. Zu ICS 337; 13. Der Lautwandel χ > s; 14. Zu ICS 261.

5246 POUILLOUX, Jean: Le dernier livre de T.B. Mitford. — *RPh* 56, 1982, 99-103 | Apropos of No. 5242.

5247 ROESCH, P.: *Études béotiennes.* — Inst. Fernand-Courby – Lyon, URA-15 du Centre de Recherches arch.; Paris: Boccard, 1982, x, 562 p., 20 tab. | *Sprache* 29, 1983, 113-114 [M. Peters].

SCHMID, W.P.: Boiotisch und Koine. — 5223.

5248 TUCKER, R. Whitney: Five-vowel and seven-vowel dialects. — *AJPh* 103, 1982, 448-449 | Contra G.S. SHEETS (BL 1980, 4252).

5249 WESTMAN, Rolf: Zur Ruhmesinschrift eines rhodischen Architekten (*IG* XII 1,144). — *Glotta* 60, 1982, 24-27.

5. LEXICON — LEXIQUE

5250 AMORY, F.: *Eirōn* and *eirōneia.* — *C&M* 33, 1981-82, 49-80.

5251 ANASTASSIOU, Anargyros: ἄλλη, ἀλαία oder ἀλαή? Zur hippokratischen Schrift *De locis in homine* und zum Hippokratesglossar des Galen. — *RhM* 125, 1982, 193-201.

5252 ANDRÉ, Jacques: Sur quelques phytonymes grecs. — *RPh* 56, 1982, 7-11 | 1. ἄφεδρος, 2. κάμμαρος, 3. κλύμενον, 4. κουρῖτις, 5. λεαντική, 6. λυκόφωλον, 7. ὀμφακόκαρπος, 8. ὀξύτονον, 9. παράρρινον, 10. ῥεξία.

ARENA, R.: Per l'interpretazione di due nomi greci. — 5508.

5253 AVOTINS, Ivars: On the Greek vocabulary of the digest. — *Glotta* 60, 1982, 246-280.

5254 BALDWIN, Barry: Notes on the Greek-Coptic glossary of Dioscorus of Aphrodito. — *Glotta* 60, 1982, 79-81.

5255 BALDWIN, B.: An unnoticed sense of κυμινοπρίστης. — *Glotta* 60, 1982, 244-245.

5256 BAMBERGER, F.: κέρδος et sa famille (emplois homériques): contributions aux recherches sur le vocabulaire de la "richesse" en grec. — *LAMA* 3, 1976, 1-32 | *κέρδω 'travailler en tant que δημιουργός" (cf. OIr. *cerd*, W. *cerdd*, Lat. *cerdō*).

5257 BAMMESBERGER, Alfred: ἀγών und ἀγείρω. — *Sprache* 28, 1982, 27-30 | Contra W.C. COWGILL (BL 1978, 3954).

5258 BLUMENTHAL, H.J.: Homeric hymn to Demeter 108: κουρήϊον ἄνθος. — *Glotta* 60, 1982, 225-227.

5259 BOCK CANO, Leonor DE: καθαρός, ἁγνός, ἀεικής: algunas correcciones a los léxicos desde el punto de vista de la semántica estructural. — *Em* 50, 1982, 121-137 | E. summ.

5260 BORGHINI, D.: Hom. ἄγω, ἄγρει, ἀγείρω et les dérivés grecs de la racine indo-européenne *ə₂eg-. — LAMA 6, 1980, 1-26 | IE. neutre *ə₂éĝ-r-.
5261 BOZZI, Andrea: Noti di lessicografia ippocratica: il trattato sulle arie, le acque, i luoghi. — Lessico Intellettuale Europeo 28; Roma: Ateneo, 1982, v, 80 p. | AC 52, 1983, 323-324 S. Byl.
5262 BRAVO, Benedetto: Remarques sur les assises sociales, les formes d'organisation et la terminologie du commerce maritime grec à l'époque archaïque. — Dialogues d'Histoire Ancienne 3 (Annales Littéraires de l'Univ. de Besançon 202), 1977, 1-59.
5263 BROCCIA, Giuseppe: Enchiridion... — Roma: 1979 | BL 1979, 4321. | REG 95, 1982, 498-499 J. Irigoin.
5264 CACCAMO CALTABIANO, M.; RADICI COLACE, P.: Economia premonetale e monetale in Epicarmo. — GIF 12, 1981, 57-67 | On the meaning of στατήρ.
5265 CADELL, Hélène: Papyrologie et information lexicologique. — [284], 73-83.
5266 CHANTRAINE, Pierre †: Dictionnaire étymologique de la langue grecque... — I-IV. — Paris: 1968-80 | BL 1980, 4279. | AC 51, 1982, 484-485 M. Leroy (IV, 2) | SClas 21, 1983, 152-153 L. Lupaş (IV, 1-2) | BSL 76, 1981/2 (1982), 126-128 P. Monteil (IV, 2) | Lingua 58, 1982, 202-210 C.J. Ruijgh (IV, 2).
5267 CHEYNS, André: La notion de φρένες dans l'Iliade et l'Odyssée. I. — CILL 6/3-4, 1980, 121-202.
5268 [CHRĒSTÍDĒS, D.A.] Χρηστίδης, Δ.Α.: "Κακχαρίζειν": Λουκιανοῦ Ἑταιρικοὶ Διάλογοι 6, 3. — Hellenika 30, 1977-78, 26-33 | Rés. fr., 208.
5269 CLAUS, David B.: Toward the soul... — New Haven: 1981 | BL 1981, 5568. | Phoenix 36, 1982, 272-275 S.D. Sullivan | REG 95, 1982, 194-195 Y. Vernière | CR 33, 1983, 52-53 M.R. Wright.
5270 DEGANI, Enzo: Problems in Greek lexicography. — MPhL 4, 1981, 1-14 | On the interpretation of Hesychian glosses (with special attention to the loci classici quoted).
5271 DENTON, D.R.: Ἀποκαραδοκία. — ZNTW 73, 1982, 138-140.
5272 Diccionario griego-español. Redactado bajo... Francisco R. ADRADOS. I. — Madrid: 1980 | BL 1980, 4289. | AC 51, 1982, 485-486 M. Leroy | CR 32, 1982, 210-213 N.G. Wilson | Em 50, 1982, 205-208 J. Alsina | JHS 102, 1982, 256 M.L. West | RPh 56, 1982, 112-113 C. Brixhe | Kratylos 27, 1982 (1983), 194-195 R. Führer | Cf. 5320.
5273 DUBUISSON, Michel: Οἱ ἀμφί τινα - οἱ περί τινα: l'évolution des sens et des emplois. I: Texte; II: Notes et index. — Univ. de Liège, Fac. de Philosophie et Lettres, année acad. 1976-77; Ann Arbor: Univ. Microfilms Intern., 1982, 211; 63 p.
5274 DUBUISSON, Michel: Remarques sur le vocabulaire grec de l'acculturation. — RBPh 60, 1982, 5-32.
5275 DUNKEL, George: ὕπτιος. — Glotta 60, 1982, 53-55.
5276 DUNKEL, George: σύν, ξύν. — Glotta 60, 1982, 55-61.
5277 DURLING, Richard J.: Lexicographical notes on Galen's writings (Part III). — Glotta 60, 1982, 236-244 | Cf. BL 1981, 5589.
5278 EDINGER, H.G.: Index analyticus graecitatis Aeschyleae. — Alpha-Omega A, 2; Hildesheim: Olms, 1981, ix, 474 p.
5279 EFFENTERRE, Henri VAN: Terminologie et formes de dépendance en Crète. — [241], 35-44 | Οἶκος, κλᾶρος, μνοία, ἀφαμία.
5280 FARINA CUZZI, Emilia: Graeca varia. — ASGM 22, 1981 (1982), 70-73.
5281 FERNÁNDEZ-GALIANO, Emilio: Léxico de los himnos de Calímaco. IV. — Madrid: 1980 | BL 1980, 4298. | AC 51, 1982, 397-398 H. Van Looy.

GREC ANCIEN

5282 FERRANTE, Domenico: *La semantica di* logos *in Dione Crisostomo* . . . — Napoli: 1981 | BL 1981, 5594. | *REG* 95, 1982, 532 J. Bouffartigue.
5283 FORSSMAN, Bernhard: ἀφελής. — [287], 65-69.
5284 GARCÍA RAMÓN, José Luis: La glosa de Hesiquio ζείναμεν· σβέννυμεν: una aporía fonética y morfológica. — *Em* 50, 1982, 99-119 | E. summ.
5285 GLOCKMANN, Günter: Das Polybius-Lexikon: Bemerkungen zum Werk von Arno Mauersberger und zu seiner Weiterführung. — *Philologus* 126, 1982, 289-299 | Cf. BL 1975, 4828.
5286 HAEBLER, Claus: κάρανος: eine sprachwissenschaftliche Betrachtung zu Xen. Hell. I 4, 3. — [287], 81-90.
5287 HAMP, Eric P.: ἀγοστός, ἀγείρω. — *ŽAnt* 31, 1981, 83-84 | < *ad + *g '*her*-.
5288 HAMP, Eric P.: Greek *$g^w hoitos$. — *ŽAnt* 31, 1981, 92 | φοῖτος < *$g^w h_a oi$-to- from βα-.
5289 HAMP, Eric P.: Some Greek forms in σ-. — *ŽAnt* 31, 1981, 93-96 | 1. συχνός (: σάττω), 2. σμάω, σμήω (: Lat. *macula, mactus*), 3. σφάλλω, 4. σφήν, 5. σπυρίς, σφυρίς and σπάρτον.
5290 HAMP, [E]ric P.: *anthrok^w os* once more. — *ŽAnt* 31, 1981, 133-134 | Contra A. GLUHAK (BL 1981, 4611).
5291 HAMP, Eric P.: ῎Αεθλος, -ον. — *FoLH* 3, 1982, 131-132.
5292 HAMP, Eric P.: μαλλός: a clarification. — *Glotta* 60, 1982, 61-62 | Related to W. blew (contra J.A.C. GREPPIN [BL 1981, 5602]).
5293 HAMP, Eric P.: Two roots *$H_o bhel$-. — *Glotta* 60, 1982, 227-230 | 1. ὀφείλω, ὀφλισκάνω, εὑρίσκω; 2. ὀφέλλω, Myc. *opero* I.
5294 HAMP, Eric P.: ῏Ηθος, ἔθος, Myc. *e-ti-we*. — *ŽAnt* 32, 1982, 33-34 | < IE. **sed*- c.q. **sedh*-.
5295 HAMP, Eric P.: Two Prehellenic possibilities. — *ŽAnt* 32, 1982, 37-38 | 1. χλαμύς, χλαῖνα 'cloak', 2. ἄσιλλα 'yoke'.
HAMP, E.P.: Got. *inu*, Gr. ἄνευ, OHG *ânu* . . . — 7906.
5296 HEMER, C.J.: Towards a new Moulton and Milligan. — *NT* 24, 1982, 97-123 | Proposals for a new dictionary on the basis of J.H. MOULTON & G. MILLIGAN, *The vocabulary of the Greek Testament illustrated from the papyri and other non-literary sources*, London: 1930 (published in fasc. 1914-1929), with some preliminary results and an appendix on βουνός (121-123).
5297 HILHORST, Antonius: *Sémitismes et latinismes dans le Pasteur d'Hermas.* — Nijmegen: 1976 | BL 1976, 4850. | *Byzantion* 48, 1979, 561-564 M. Dubuisson.
5298 HOCQUARD, M.: Grec ὄλεθρος - latin *lētum*. — *LAMA* 6, 1980, 353-401 | < IE. *$*ə_3 el$-$ə_1$-.
5299 HOFINGER, Marcel: *Études sur le vocabulaire du grec archaïque.* — Leiden: 1981 | BL 1981, 5621. | *CR* 32, 1982, 213-214 G.P. Edwards | *AC* 52, 1983, 301-302 H. Van Looy.
5300 HOGAN, James C.: Eris in Homer. — *GrB* 10, 1981 (1983), 21-58.
5301 HOOKER, J.T.: Ἱερός *in early Greek.* — Innsbruck: 1980 | BL 1981, 5622. | *Kratylos* 26, 1981 (1982), 201-204 P. Wülfing | *AAHG* 35, 1982, 125-126 G.R. Solta | *RPh* 56, 1982, 118 J.-L. Perpillou.
5302 HOOKER, John T.: Αὐτόκωλος. — *ŽAnt* 32, 1982, 32.
5303 HUSSON, G.: Ὑπό dans le grec d'Égypte et la préposition égyptienne ẖr. — *ZPE* 46, 1982, 227-230.
5304 INDELLI, Giovanni: Il lessico filodemo nell'opera "Sull'ira". — *Cronache Ercolanesi* (Napoli: Macchiaroli) 12, 1982, 85-89.
5305 *An index to Dio Chrysostomos.* Compiled by Richard KOOLMEISTER and Theo-

dor TALLMEISTER, ed. by Jan Frederik KINDSTRAND. — Studia Graeca Upsaliensia 17; Uppsala: (distr.: Almqvist & Wiksell, Stockholm), 1981, x, 481 p. | *RFIC* 110, 1982, 481-482 A. Colonna | *REG* 95, 1982, 531-532 L. Pernot.

5306 ISEBAERT, L.: Encore grec τάρανδ(ρ)ος "renne". — *Glotta* 60, 1982, 62-65.
5307 JENSEN, Minna Skafte: A note on Homer's use of the word κραναός. — *C&M* 33, 1981-82, 5-8.
5308 JOSEPH, Brian D.: The source of Ancient Greek τολύπη. — *Glotta* 60, 1982, 230-234 | Hitt. *tarup(p)-*.
5309 JOUANNA, Jacques: Sens et étymologie de ἀλέα (I et II) et de ἀλκή. — *REG* 95, 1982, 15-36.
5310 JUCQUOIS, Guy; DEVLAMMINCK, Bernard: *Compléments aux dictionnaires étymologiques du grec ancien.* I. — Louvain: 1977 | BL 1977, 5529. | *AGI* 66, 1981 (1982), 162-163 C.A. M[astrelli].
5311 KAIMIO, Maarit: *Characterization of sound in early Greek literature.* — Helsinki: 1977 | BL 1977, 5530. | *AAHG* 35, 1982, 42-43 E. Schmalzriedt.
5312 KNOBLOCH, Johann: Der Name der Kentauren. — [287], 129-131.
5313 KOTANSKY, Roy: Λεονταχάτης or λεοντάγχης (*Hippiatr.* 2.148.5)? — *Glotta* 60, 1982, 110-112.
5314 KURT, Christoph: *Seemännische Fachausdrücke bei Homer* . . . — Göttingen: 1979 | BL 1979, 4356. | *AC* 51, 1982, 348-349 M. Hofinger | *CR* 32, 1982, 269 J.B. Hainsworth | *REG* 95, 1982, 511-512 B.P. Reardon.
5315 LAKS, André: Remarques sur χαίρων ἴθι et les formules apparentées. — *Glotta* 60, 1982, 214-220.
LAMBIN, G.: Le surnom Βάταλος . . . — 5519.
5316 *Lessico politico dell'epica greca arcaica.* Diretto da L. BERTELLI e I. LANA. Fasc. 1. — Torino: 1977 | BL 1977, 5535. | *Eirene* 19, 1982, 165-166 J. Pečírka.
5317 LÉVÊQUE, Pierre: Ὄλβιος et la félicité des initiés. — [241], 113-126.
5318 LEVET, Jean-Pierre: *Le vrai et le faux dans la pensée grecque archaïque* . . . — Paris: 1976 | BL 1976, 4860. | *Mn* 35, 1982, 156-158 W.J. Verdenius.
5319 *Lexikon des frühgriechischen Epos (LfgrE).* Begründet von Bruno SNELL . . . vorbereitet und hrsg. vom Thesaurus Linguae Graecae. [Band 2:B] 10. Lief.: βάδην – Διώνη. Red.: Eva-Maria VOIGT. — Göttingen: Vandenhoeck & Ruprecht, 1982, xviii, 320 p. | Cf. BL 1979, 4359. | *Gymnasium* 90, 1983, 294-298 A. Heubeck.
5320 LÓPEZ FACAL, J.; GONZÁLEZ, Aníbal: Le traitement du lexique papyrologique dans le dictionnaire grec-espagnol. — *MPhL* 2, 1977, 187-192 | Cf. 5272.
5321 MANESSY-GUITTON, J.: Σταμῖνες. — *LAMA* 3, 1976, 239-281 | < **stem-*.
5322 MANESSY-GUITTON, J.: Deux emplois techniques de la base βαλ-/βλη. I. ἡ βάλανος. II. Myc. *qe-re-ti-ri-jo*. — *LAMA* 6, 1980, 402-427.
5323 MARTIN, Richard Peter: Healing, sacrifice, and battle: *Amēkhania* and related concepts in early Greek poetry. — *HSPh* 96, 1982, 283-285 | Summ. of diss.
5324 MARTÍNEZ HERNÁNDEZ, Marcos: *La esfera semántico-conceptual del dolor en Sófocles* . . . — Madrid: 1981 | BL 1981, 5653. | *Helmantica* 33, 1982, 585 F.G. Casar | *LEC* 50, 1982, 269-270 J. Rexach Aragon | *REG* 95, 1982, 198-199 M. Tichit | *Kratylos* 27, 1982 (1983), 92-96 F. Mawet.
MASSON, O.: Encore quelques noms de métier gr. en -ᾶς. — 5191.
5325 MAWET, Francine: *Recherches sur les oppositions fonctionnelles dans le vocabulaire homérique de la douleur* . . . — Bruxelles: 1979 | BL 1979, 4763. | *RPh* 56, 1982, 122-125 C. Brixhe | *AC* 52, 1983, 293-294 M. Mund-Dopchie | *BSL* 76, 1981/2 (1982), 129-132 J.-P. Levet.

GREC ANCIEN

5326 MAXWELL-STUART, P.G.: *Studies in Greek colour terminology*. Vol. 1-2. — Leiden: 1981 | BL 1981, 5656. | *CR* 32, 1982, 214-216 M. Davies | *RFIC* 110, 1982, 309-314 M.M. Sassi.
5327 MCKAY, K.J.: Λιγύς, λιγυρός. — *Glotta* 60, 1982, 235-236.
5328 MONTANARI, Elio: Κρᾶσις e μίξις . . . — Firenze: 1979 | BL 1979, 4365. | *MH* 39, 1982, 317 F. Lasserre | *AC* 52, 1983, 454-455 H. de Ley | *Paideia* 37, 1982, 118-119 A. Colonna.

MORANI, M.: In margine a una concordanza gr.-arm. — 4866.

5329 MÜRI, Walter: *Griechische Studien* . . . — Basel: 1976 | BL 1976, 4871. | *MH* 39, 1982, 316-317 W. Spoerri.

MURRU, F.: *Biothanatus*. — 5740.

5330 NEUBERGER-DONATH, Ruth: Zum Bedeutungsunterschied zwischen δύναμαι und οἷός τέ εἰμι. — *Hermes* 110, 1982, 363-367.
5331 NOUHAUD, Michel: Remarques sur ἀφανίζειν. — *RPh* 56, 1982, 73-79.
5332 OLLEY, John W.: *"Righteousness" in the Septuagint of Isaiah* . . . — Missoula, MT: 1979 | BL 1981, 5669. | *BiOr* 39, 1982, 187-190 A. van der Kooij.
5333 O'SULLIVAN, James N.: *A lexicon to Achilles Tatius*. — Berlin: 1980 | BL 1980, 4354. | *AC* 52, 1983, 349-350 M. Leroy.
5334 PANAGL, Oswald: Homerisch ὄχεα: ein verkappter lautlicher "Mykenismus". — [287], 251-257.
5335 PEŇÁZ, Petr: Lexikální prostředky tzv. voluntativní modality v řečtině v srovnání s latinou a češtinou. — *SFFBU*, E 27, 1982, 259-269, tab. | Die lexikalen Mittel der voluntativen Modalität im Gr. im Vergleich mit dem Lat. und Tschechischen (G. summ.).
5336 PERPILLOU, Jean-Louis: Verbes de sonorité à vocalisme expressif en grec ancien. — *REG* 95, 1982, 233-274.
5337 PETERSMANN, Hubert: Nochmals zu Aischylos *Agamemnon* 560ff.: der sprachliche Ausdruck und die Bedeutung von ἔνθηρος. — [287], 259-263.
5338 PISANI, Vittore: Miscellanea etimologica: 1. gr. ἐναλίγκιος; lat. *spurius*. — *ASGM* 22, 1981 (1982), 1.
5339 PISANI, Vittore: Greco ἐναλίγκιος ed ἄντην. — *IF* 86, 1981 (1982), 206-207.
5340 PISANI, Vittore: Due contributi all'etimologia greca. — [287], 273-274 | 1. στυφελίζω, 2. Gr. ἐρύω : arm. *gerel*.
5341 PÖHLMANN, Egert; TICHY, Eva: Zur Herkunft und Bedeutung von κόλλοψ. — [287], 287-315, 6 fig.
5342 POLIAKOFF, Michael: *Studies in the terminology of the Greek combat sports*. — Beiträge zur klassischen Phil. 146; Königstein/Ts.: Hain, 1982, x, 202 p., ill.
5343 POMPELLA, G.: *Index in Quintum Smyrnaeum*. — Alpha-Omega A, 49; Hildesheim: Olms, 1981, 443 p.
5344 REMUS, Harold: Does terminology distinguish early Christian from pagan miracles? — *JBL* 101, 1982, 531-551 | On σημεῖον and τέρας.
5345 RENEHAN, Robert: *Greek lexicographical notes: second series. A critical supplement to the Greek-English lexicon of Liddell-Scott-Jones*. — Hypomnemata 74; Göttingen: Vandenhoeck & Ruprecht, 1982, 143 p. | Cf. BL 1975, 4779.
5346 RENGSTORF, Karl Heinrich: *A complete concordance to Flavius Josephus*. Vol. I-III. — Leiden: 1973-79 | BL 1979, 4427. | *NT* 24, 1982, 92-96 G.D. Kilpatrick (I-III) | *RB* 89, 1982, 148-149 J. Murphy-O'Connor (III).
5347 RISCH, Ernst: Griechisch μίτυλος und seine Verwandten. — *ŽAnt* 31, 1981, 29-36.
5348 ROLLANT, N.: Contribution à l'étude du vocabulaire du rituel chez Homère: le μάντις. — *LAMA* 3, 1976, 289-352.

5349 ROSE, Christian: L'étymologie de ἐπίσταμαι. — *TLIE* 1, 1980, 53-62.
5350 ROSE, Christian: (ἐφ)ίσταμαι chez Homère et skr. *tíṣṭhati*, lat. *sistō*. — *TLIE* 1, 1980, 63-71.
5351 ROSE, Christian: Le syntagme ὀρθός στᾱ- chez Homère. — *TLIE* 1, 1980, 74-83 | ὀρθός < *$w^o r\partial_3 dhwós$.
5352 ROSE, Christian: L'étymologie de τέχνη. — [371], 144-170.
5353 SASSI, Maria Michela: Xenophan. B 16 e Herodt. 4, 108: una nota sul significato di πυρρός. — *RFIC* 10, 1982, 391-393.
SCHMEJA, Hans: Varia Graeca et Mycenaea. — 5147.
5354 SCHWABE, W.: *"Mischung" und "Element" im Griechischen bis Platon: wort- und begriffsgeschichtliche Untersuchungen, insbesondere zur Bedeutungsentwicklung von* Stoicheion. — *Archiv für Begriffsgeschichte*, Suppl.-Heft 3; Bonn: Bouvier, 1980, 277 p.
5355 SEGAL, Charles: Etymologies and double meanings in Euripides' *Bacchae*. — *Glotta* 60, 1982, 81-93.
5356 SGARBI, Romano: Dell'unità formale, semantica e cultuale della nozione indoeuropea della luce diurna e notturna nei termini greci ἠέλιος/σελάννᾱ. — *Aevum* 56, 1982, 87-91.
5357 SHIPP, G.P.: *Modern Greek evidence for the Ancient Greek vocabulary.* — Sydney: 1979 | BL 1980, 4373. | *RPh* 56, 1982, 118-120 J.-L. Perpillou | *Mn* 36, 1983, 380-384 C.J. Ruijgh | *NT* 25, 1983, 279-280 G.D. Kilpatrick | *CJL* 27, 1982, 188-189 B. Newton.
5358 SINOS, Dale S.: *Achilles, Patroklos and the meaning of* philos. — IBS 29; Innsbruck: Inst. für Sprachwissenschaft der Univ. Innsbruck, 1980, 86 p.
5359 SKODA, F.: Souvenirs mythologiques dans les dénominations grecques de l'oiseau combattant. — *LAMA* 2, 1974, 201-206 | Apropos of Μέμνονος ὄρνις, μεμνονίς.
5360 SKODA, F.: Contribution à l'étude du lexique animal en grec (formations onomatopoétiques, noms imitatifs, emprunts). — *LAMA* 2, 1974, 207-316 | Cf. 5363.
5361 SKODA, F.: Αἰόλος et πομφόλυξ: étude étymologique et sémantique de termes à emplois techniques. — *LAMA* 3, 1976, 353-392.
5362 SKODA, F.: De quelques phytonymes empruntés (termes à redoublement). — *LAMA* 4, 1979, 305-321.
5363 SKODA, F.: Contribution à l'étude du lexique animal en grec ancien (dérivation, composition, emplois métaphoriques). — *LAMA* 6, 1980, 439-454 | Cf. 5360.
5364 SLEEMAN, J.H.; POLLET, Gilbert: *Lexicon Plotinianum*. — Leiden: 1980 | BL 1980, 4376. | *Orbis* 29, 1980 (1982), 272-273 W. Vanhamel | *AC* 52, 1983, 344-345 R. Joly.
5365 *Soziale Typenbegriffe im alten Griechenland und ihr Fortleben in den Sprachen der Welt.* Hrsg. von F.C. WELSKOPF. Band III: *Untersuchungen ausgewählter sozialer Typenbegriffe.* IV: *Untersuchungen ausgewählter altgriechischer Typenbegriffe und ihr Fortleben in Antike und Mittelalter.* V: *Das Fortleben altgriechischer sozialer Typenbegriffe in der deutschen Sprache.* — Berlin (DDR): Akad.-Verlag, 1981, 419; 405; 335 p. | Studies on Anc. Gr. terms for social types as δοῦλος, βάρβαρος etc. (not analyzed).
5366 SPICQ, Ceslas: *Notes de lexicographie néotestamentaire: supplément.* — Orbis biblicus et orientalis 22, 3; Fribourg (Suisse): Éd. Universitaires/Göttingen: Vandenhoeck & Ruprecht, 1982, 698 p. | Cf. BL 1978, 3980. | *REG* 96, 1983, 338-340 A. Le Boulluec | *Biblica* 64, 1983, 586-588 J. Swetnam.

GREC ANCIEN

5367 Spicq, C.: Note de lexicographie: ἀρετή. — *RB* 89, 1982, 161-176.
5368 Stefanelli, Rossana: Greco πέπλος. — *AGI* 66, 1981 (1982), 19-32.
5369 Straus, Jean A.: La terminologie grecque de l'esclavage dans les papyrus de l'Égypte lagide et romaine. — [284], 385-391.
5370 [Sunodínou, K.] Συνοδίνου, Κ.: ἔοικα – εἰκός *καὶ συγγενικὰ ἀπὸ τὸν "Ομηρον ὡς τὸν 'Αριστοφάνη: σημασιολογικὴ μελέτη*. — Πανεπιστήμιο 'Ιωαννίνων, 'Επιστημονικὴ 'Επετηρίδα Φιλοσοφικῆς Σχόλης Δωδώνη, Παράρτημα 17; Iōannina: 1981, 231 p.
5371 Tagliaferro, E.: Nota linguistica filoniana (*Cher*. 1-10). — *Helikon* (Roma) 18-19, 1978-79 (1980), 415-424 | On the meaning of ἐκβάλλω and ἐξαποστέλλω.
5372 Taillardat, Jean: Φιλότης, πίστις et *foedus*. — *REG* 95, 1982, 1-14.
5373 Teffeteller Dale, Annette: Homeric ἐπητής/ἐπητύς: meaning and etymology. — *Glotta* 60, 1982, 205-214.
5374 [Thabórēs, A.I.] Thaworis, Antonios I.: *Προυνικός (προύνικος, προύνεικος* u.s.w.) aus *πορνικός* mehr als überzeugend. — *Hellenika* 30, 1977-78, 73-83 | Gr. summ., 209-210.
5375 Toporov, V.N.: Dr.-greč. *bátrachos* i dr. (zametka na poljach). — [334], 155-162.
5376 Torricelli, Patrizia: Sul gr. ὅρκος e la figura lessicale del giuramento. — *RALinc* 36, 1982, 125-139.
5377 Turlides, G.A.: *De significatione prima vocabuli* sycophanta. — Athenis: 1981, 6 p.
5378 Turner, Nigel: *Christian words*. — Edinburgh: Clark, 1980, xvii, 513 p. | *Biblica* 64, 1983, 139-140 J. Welch | *CBQ* 45, 1983, 332-334 F.T. Gignac.
5379 Usener, Hermannus: *Glossarium Epicureum*. — Roma: 1977 | BL 1977, 5624. | *RFIC* 111, 1983, 331-333 A. Martina.
5380 Verdenius, W.J.: Εἶναι 'to imply'. — *Mn* 35, 1982, 140.
5381 Viljamaa, Toivo: Greek τετραίνω – an alleged reduplication. — *IF* 86, 1981 (1982), 194-205.
5382 Waack-Erdmann, Katharina: Das Futur des Verbums ἐννέπω. — *MSS* 41, 1982, 199-204 | Etym. study.
5383 Wartelle, A.: *Lexique de la "Rhétorique" d'Aristote*. — Coll. d'Études anc.; Paris: Les Belles Lettres, 1982, 509 p.
Watkins, C.: A Greco-Hitt. etym. — 4458.
5384 Whitton, J.: A neglected meaning for *skeuos* in 1 Thessalonians 4.4. — *NTStud* 28, 1982, 142-143.
5385 Williams, Frederick: Διερός: further ramifications. — *MPhL* 5, 1981, 84-93 | Issue already discussed by the author in *QUCC* 19, 1975, 127-143 and by A. Zinato (BL 1976, 4904).
5386 Wyatt, William F., Jr.: Homeric ἄτη. — *AJPh* 103, 1982, 247-276.
Wyatt, W.F., Jr.: Lexical correspondences between Arm. and Gr. — 4905.
5387 Xanthakis-Karamanos, Georgia: Notes on the vocabulary of post-classical tragedy. — *Glotta* 60, 1982, 93-96.

6. script — écriture

5388 Brugnone, A.: Epigrafia greca. — *Kokalos* 26-27, 1980-81 (1982), 437-455, tab. | Sicilian inscriptions, with remarks on the development of the Gr. alphabet; discussion, 455-467, pl. 26-29.

5389 Cohen, Gerald Leonard: The origin of the letter *omicron*. — *Kadmos* 21, 1982, 122-124.
5390 Consani, Carlo: Regole grafiche, contesto e tipologia scrittoria: considerazioni sull'ortografia dei testi in lineare B e delle iscrizioni cipriote classiche. — *SCO* 31, 1981, 205-225.
5391 Humez, A.; Humez, N.: *Alpha to omega: the life and times of the Greek alphabet*. — Boston: Goodine, 1981, xiii, 194 p.
5392 Masson, Olivier: Syllabaire chypriote. — *Kadmos* 21, 1982, 174.
5393 [Nikolaïdēs, A.G.] Νικολαΐδης, Ἀναστάσιος Γ.: Γύρω ἀπὸ τὴν ὀρθογραφία τῶν λέξεων πρᾶος (πρᾷος) καὶ φιλόνικος (φιλόνεικος). — *Hellenika* 32, 1980, 364-370 | Sur l'orthographe des mots πρᾶος (πρᾷος) et φιλόνικος (φιλόνεικος); rés. fr., 411.

7. STYLISTICS — STYLISTIQUE

5394 Andersen, Øivind: *Litai* und Ehre: Zu *Ilias* 9, 513f. — *Glotta* 60, 1982, 7-13.
5395 Bauer, Johannes B.: "Literarische" Namen und "literarische" Bräuche (zu Joh 2, 10 und 18, 39). — *BZ* 26, 1982, 258-264.
5396 Bowie, A.M.: *The poetic dialect of Sappho and Alcaeus*. — Monographs in Classical Studies; New York: Arno, 1981, 203 p.
5397 Braswell, Bruce Karl: A grammatical note on *Cypria*, Fr. 4 K. — *Glotta* 60, 1982, 221-225 | On prepositional phrases with σύν or μετά as felt to make the subject of the predicate (G. summ.).
5398 Carmignani, L.: Stile e tecnica narrativa di Stesicoro. — [5174], 25-60.
5399 Chrysaffis, G.: *A textual and stylistic commentary on Theocritus' Idyll XXV*. — Amsterdam: 1981 | BL 1981, 5724. | *REG* 95, 1982, 528-529 C. Meillier | *CR* 33, 1983, 130-131 N. Hopkinson.
5400 Evans, Craig A.: On the quotation formulas in the fourth Gospel. — *BZ* 26, 1982, 79-83.
5401 Felsenthal, Richard Albert: *The language of Greek choral lyric: Alcman, Stesichorus, Ibycus and Simonides*. — Univ. of Wisconsin-Madison diss., 1980, 185 p. | *DAb* 42/1, 1981, 191-A.
5402 Fusillo, M.: Γλαυκὴ δυσπέμφελος: una designazione del mare in Esiodo, Th. 440. — [5174], 9-23.
5403 Hatzikosta, Styliani: The dual in Theocritus. — *MPhL* 4, 1981, 73-87 | Study of its stylistic use.
5404 Henderson, Jeffrey: *The maculate Muse* . . . — New Haven: 1975 | BL 1975, 4817. | *Mn* 35, 1982, 165-166 W.J. Verdenius.
5405 *Homer: Tradition und Neuerung*. Hrsg. von Joachim Latacz. — WdF 463; Darmstadt: Wissenschaftliche Buchgesellschaft, 1979, 618 p. | Coll. of previously publ. art. on Homeric epic language and oral poetry theory by M. Parry, A. Heubeck . . . [et al.]. | *IF* 87, 1982 (1983), 301-303 E. Heitsch.
5406 Ingalls, Wayne B.: Linguistic and formular innovation in the mythical digressions in the *Iliad*. — *Phoenix* 36, 1982, 201-208.
5407 Janko, Richard: *Homer, Hesiod and the hymns: diachronic development in epic diction*. — Cambridge Classical Studies; Cambridge: Cambridge UP., 1982, xvi, 322 p. | *Sprache* 29, 1983, 109 [M. Peters].
5408 Jeremias, Joachim: *Die Sprache des Lukasevangeliums*. — Göttingen: 1980 | BL 1981, 5741. | *Biblica* 63, 1982, 430-434 L.J. Topel.
5409 Keegan, Terence J.: Introductory formulae for Matthean discourses. — *CBQ* 44, 1982, 415-430.

5410 KINDSTRAND, Jan Fredrik: *The stylistic evaluation of Aeschines in antiquity.* — Studia Gr. Upsaliensia 18; Uppsala: (distr.: Almqvist & Wiksell, Stockholm), 1982, 104 p. | *REG* 96, 1983, 323 R. Weil.
5411 LEPRE, Maria Zaffira: *L'interiezione vocativale nei poemi omerici.* — Roma: 1979 | Corr. to BL 1981, 5761. | *CR* 32, 1982, 88-89 P.V. Jones.
5412 LOOY, Herman VAN: Figura etymologica et étymologie dans l'œuvre de Sophocle. — *MPhL* 1, 1975, 109-119.
MILLER, G.D.: *Homer and the Ionian epic tradition . . .* — 5241.
MOORHOUSE, A.C.: *The syntax of Sophocles.* — 5209.
5413 PHILIPP, Karl: *Zeugung als Denkform . . .* — Zürich: 1980 | BL 1980, 4429. | *MH* 39, 1982, 321 Th.A. Szlezák | *AAHG* 36, 1983, 178-179 D. Bremer.
5414 POCCETTI, Paolo: Elementi culturali negli epitafi poetici peligni. II: Modeli formulari. — *Aiōn* 3, 1981 (1982), 259-270.
5415 RAMERSDORFER, H.: *Singuläre Iterata der Ilias (A-K).* — Beiträge zur klassischen Phil. 137; Königstein/Ts.: Hain, 1981, 306 p.
5416 RUIZ MONTERO, Consuelo: Una interpretación del "estilo καί" de Jenofonte de Éfeso. — *Em* 50, 1982, 305-323 | E. summ.
5417 RYAN, P.J.: Chrysostom – a derived stylist? — *VChr* 36, 1982, 5-14.
5418 VIVANTE, Paolo: The syntax of Homer's epithets of wine. — *Glotta* 60, 1982, 13-23.
5419 WENSKUS, Otta: *Ringkomposition, anaphorisch-rekapitulierende Verbindung und anknüpfende Wiederholung im hippokratischen Corpus.* — Göttinger philosophische Diss. D 7; Frankfurt a.M.: Fischer, 1982, 219 p. | *MH* 40, 1983, 259-260 F. Lasserre | *RFIC* 111, 1983, 330-331 P. Lamberti.
5420 WOODLOCK, Lawrence Thomas: *Noun-verb associations and the formula in Homer's* Iliad. — Stanford Univ. diss., 1981, 158 p. | *DAb* 42/2, 1981, 683-A.

8. METRICS, VERSIFICATION — MÉTRIQUE, VERSIFICATION

5421 BATSCHELET-MASSINI, W.: Neue Versuche zum demosthenischen Prosarhythmus. — *Tainia:* Roland Hampe zum 70. Geburtstag (Mainz: von Zabern, 1980), 503-528.
5422 CANTILENA, Mario: *Enjambement e poesia esametrica orale . . .* — Ferrara: 1980 | BL 1981, 4438. | *REG* 95, 1982, 500 J. Irigoin.
5423 CLAYMAN, Dee Lesser: Sentence length in Greek hexameter poetry. — [3160], 107-136, tab.
5424 DALE, A.M.: *Metrical analyses of tragic choruses. 2.* — London: 1981 | BL 1981, 5765. | *JHS* 102, 1982, 255 M.L. West.
5425 DEVINE, A.M.; STEPHENS, Laurence D.: Towards a new theory of Greek prosody: the suprasyllabic rules. — *TAPA* 112, 1982, 33-63.
5426 GENTILI, Bruno: Archiloco e la funzione politica della poesia del biasimo. — *QUCC* 11, 1982, 7-28 | App.: I metri di Archiloco, 27-28.
5427 GUZMÁN GUERRA, Antonio: *Estudio de las series métricas de transición en los versos líricos de Eurípides.* — Madrid: 1981 | BL 1981, 5770. | *LEC* 50, 1982, 271 J. Rexach Aragon.
5428 HOEKSTRA, A.: *Epic verse before Homer: three studies.* — Verhandelingen van de Koninklijke Nederlandse Akad. van Wetenschappen, Afd. Letterkunde, N.R. 108; Amsterdam: North-Holland, 1981, 112 p. | 1. Homer, κ 322/κ 295; 2. Epic verse and the hexameter; 3. The amplitudo. | *Sprache* 28, 1982, 74 [M. Peters].

5429 HOPKINSON, Neil: Juxtaposed prosodic variants in Greek and Latin poetry. — *Glotta* 60, 1982, 162-177.
5430 ITSUMI, Kiichiro: The 'choriambic dimeter' of Euripides. — *CQ* 32, 1982, 59-74.
5431 PALUMBO STRACCA, Bruna M.: *La teoria antica degli asinarteti.* — [Roma: La Roccia], 1980, 116 p.
5432 *Ricerche sul trimetro dei tragici greci . . .* A cura di Carlo PRATO . . . [et al.]. — Roma: 1975 | BL 1975, 4851. | *AC* 51, 1982, 360-361 H. Van Looy | *SClas* 21, 1983, 153-154 L. Lupaş.
5433 SCHEIN, Seth L.: *The iambic trimeter in Aeschylus and Sophocles . . .* — Leiden: 1979 | BL 1979, 4443. | *RPh* 56, 1982, 125-126 J. Irigoin | *RBPh* 60, 1982, 201 M. Mund-Dopchie | *RFIC* 110, 1982, 314-319 G. Basta Donzelli.
5434 SCHMIEL, Robert: Rhythm and accent: texture in Greek epic poetry. — [3160], 1-32, 7 tab.
5435 SNELL, Bruno: *Griechische Metrik.* 4., neubearbeitete Aufl. — Studienhefte zur Altertumswissenschaft 1.4; Göttingen: Vandenhoeck & Ruprecht, 1982, iv, 76 p. | *REG* 95, 1982, 499-500 J. Irigoin.
5436 TRAVERSE, Stephen Edward: *Ictus metricus: phonological, historical and comparative studies in Greek and Latin metrics.* — Univ. of Toronto (Canada), 1980, unnumbered | *DAb* 41/11, 1981, 4697-A/4698-A.
5437 WEST, M.L.: *Greek metre.* — Oxford: Oxford UP., 1982, xiv, 208 p. | *Sprache* 29, 1983, 221 [M. Peters].
5438 WEST, M.L.: Three topics in Greek metre. — *CQ* 32, 1982, 281-297 | 1. Catalexis; 2. Anceps; 3. Caesura.
5439 WEST, M.L.: Metrical analyses: Timotheos and others. — *ZPE* 45, 1982, 1-13.
5440 WEST, M.L.: Disjunction of cola in iambic tetrameters. — *ZPE* 45, 1982, 14-16.

9. TRANSLATION — TRADUCTION

5441 AEJMELAEUS, Anneli: *Parataxis in the Septuagint: a study of the renderings of the Hebrew coordinate clauses in the Greek Pentateuch.* — Annales Acad. Sci. Fennicae, Diss. Humanarum Litterarum 31; Helsinki: Suomalainen Tiedeakatemia, 1982, vi, 198 p. | *Helmantica* 33, 1982, 607 C. Sapir | *Aevum* 57, 1983, 128-131 F. Luciani | *JSS* 28, 1983, 369-371 D.W. Gooding.
5442 AEJMELAEUS, Anneli: *Participium coniunctum* as a criterion of translation technique. — *VT* 32, 1982, 385-393.
5443 BLOMQVIST, Jerker: Translation Greek in the trilingual inscription of Xanthus. — *Opuscula Atheniensia* (Lund) 14, 1982, 11-20.
5444 HEATER, Homer, Jr.: *A Septuagint translation technique in the Book of Job.* — *CBQ*, Monograph Series 11; Washington, DC: Catholic Bibl. Ass., 1982, xiv, 152 p.
5445 SOLLAMO, Raija: *Renderings of Hebrew semiprepositions in the Septuagint.* — Helsinki: 1979 | BL 1979, 4296. | *CBQ* 44, 1982, 135-136 J.W. Betlyon.
5446 TOV, Emanuel: The representation of the causative aspects of the *hiph'il* in the LXX. A study in translation technique. — *Biblica* 63, 1982, 417-424.
5447 ZLOTOWITZ, Bernard M.: *The Septuagint translation of the Hebrew terms in relation to God in the book of Jeremiah . . .* — New York: 1981 | BL 1981, 5792. | *CBQ* 45, 1983, 672-673 L. Laberge | *JAOS* 102, 1982, 662-663 W.L. Holliday.

10. MATHEMATICAL LINGUISTICS — LINGUISTIQUE MATHÉMATIQUE

CLAYMAN, D.L.: Sentence length in Gr. hexameter poetry. — 5423.
5448 MALONEY, Gilles: Particules et genres littéraires dans le "corpus" hippocratique. — *RELO* 1980/1, 1-20, 7 tab.
5449 MALONEY, Gilles: L'emploi des particules dans les œuvres d'Hippocrate. — *RELO* 1980/4, 1-31, 3 tab.
5450 MALONEY, Gilles: De l'inconstance des particules dans le corpus hippocratique. — *RELO* 1980/4, 33-56, 11 tab.
5451 MOREUX, Bernard: L'utilisation des méthodes quantitatives en linguistique grecque et latine. — *AC* 51, 1982, 291-338.
5452 WALTON, Wesley: Hiatus as a measurement of style. — *RELO* 1979/4, 1-29, 8 tab. | Computer analysis of hiatus in Anc. Gr.

12. SOCIOLINGUISTICS — SOCIOLINGUISTIQUE

5453 ADRADOS, F.R.: Sociolingüística y griego antiguo. — *RSEL* 11, 1981, 311-329.
5454 CASSIO, Albio Cesare: Attico 'volgare' e Ioni in Atene alla fine del 5. secolo a.C. — *Aiōn* 3, 1981 (1982), 79-93.
5455 KAIMIO, Jorma: *The Romans and the Greek language.* — Helsinki: 1979 | BL 1979, 4237. | *AC* 51, 1982, 490-492 E. Liénard | *CR* 32, 1982, 216-218 M.D. MacLeod | *RPh* 56, 1982, 146-147 P. Flobert | *VDI* 1981/4 (158), 165-173 A.I. Dovatur (corr. to BL 1981, 5914) | *Gymnasium* 90, 1983, 305-307 P. Wittke | *RFIC* 110, 1982, 121-122 A. Traina | *Em* 51, 1983, 351-353 A. Tovar | *Lg* 58, 1982, 211-216 A.M. Devine; L.D. Stephens.
5456 LANZA, Diego: *Lingua e discorso nell'Atene delle professioni.* — Napoli: 1979 | BL 1979, 4302. | *AC* 51, 1982, 488 S. Byl | *JHS* 103, 1983, 191-193 F.D. Harvey.

D. Byzantine and Modern Greek — Grec byzantin et moderne

5457 ADAMS, Douglas Q.: On the history and position of 'Old Athenian' dialects of Modern Greek. — *FoSl* 4/2-3, 1981 (1982), 181-187.
5458 ALEXIOU, Margaret: Diglossia in Greece. — [4068], 156-192.
5459 [ANDRIŌTĒS, N.P.] Ἀνδριώτης, Ν.Π. †: Νεοελληνικὰ παρατακτικὰ σύνθετα. — *Hellenika* 32, 1980, 3-31 | Composés copulatifs du gr. mod.
5460 ANGELIEVA, Fanka: Nabljudenija vărchu sravnitelnata i prevăzchodnata stepen za sravnenie v novogrăcki ezik. — *Philologia* 10-11, 1982, 100-104 | Observations sur le comparatif et le superlatif du gr. mod.
5461 BALDWIN, Barry: The language and style of some anonymous Byzantine epigrams. — *Byzantion* 52, 1982, 5-23.
5462 BEŠEVLIEV, Veselin: Sprachliches aus byzantinischen Bleisiegeln. — *JbÖByz* 30, 1981, 63-74 | Orthography, phonology, morphology, and the construction of βοηθῶ.
5463 BIEN, Peter: *Kazantzakis and the linguistic revolution in Greek literature.* — Princeton: 1972 | BL 1972, 4109. | *Hellenika* 30, 1977-78, 512-514 Γ.Γ. Φαρίνου.
5464 BRAD, Lia: Tradition and innovation in the formation of the Greek official language. — *RESEE* 20, 1982, 431-435.
5465 CHORIKOV, I.P.; MALEV, M.G.: *Novogrečesko-ruskij slovar'.* Okolo 67 000

slov. / Έλληνο-ρωσικό λεξικό. — Moskva: Izd. "Russkij jazyk", 1980, 854 p.

5466 CONSTANTELOS, Demetrios J.: The term *neoterikoi* (innovators) in the *Exabiblos* of Constantine Armenopoulos and its cultural-linguistic implications. — *Charanis studies:* essays in honor of Peter Charanis. Ed. by Angeliki E. LAIOU-THOMADAKIS (New Brunswick, NJ: Rutgers UP., 1980), 1-18.

5467 [DĒMĒTROKÁLLĒS, G.] Δημητροκάλλης, Γεώργιος: Τὸ ἔτυμον τῆς ὀνομασίας τοῦ φυτοῦ ἀρμπαρόρριζα. — *Athena* 78, 1980-82, 93-95 | L'étymologie du mot ἀρμπαρόρριζα (*pelargonium fragrans*) [rés. fr., 322].

5468 [DETORÁKĒS, Th.E.] Δετοράκης, Θεοχάρης Ἐ.: Ἀθησαύριστα βυζαντινά: ἑκατοντὰς τετάρτη. — *Athena* 78, 1980-82, 153-163 | Mots byzantins non thésaurisés: 4ᵉ centaine (cf. BL 1981, 5808).

DRETTAS, G.: La diglossie ... — 3917.

5469 FEISSEL, Denis: Trois aspects de l'influence du latin sur le grec tardif. — *Hommage à M. Paul Lemerle* (Paris: Boccard, 1981), 135-150 | 1. Le lat. *plus minus* et ses équivalents gr.; 2. Les noms de dizaines de 30 à 90; 3. Noms de mois: janvier, février.

5470 GEORGACAS, Demetrius J.: *A Graeco-Slavic controversial problem reexamined: the* -ιτσ- *suffixes in Byzantine, Medieval, and Modern Greek: their origin and ethnological implications (The suffixes* -ίτσι(ν), -ίτσης, -ίτσα ... for nouns, anthroponyms, and place-names contrasted with similar Slavic suffixes: -ьcь, -ec, -ica, etc.). Supplements on suffixes: Panhellenic -ούτσι, -ούτσικος & Pontic -άβα f. ... — Πραγματεῖαι τῆς Ἀκαδημίας Ἀθηνῶν 47; Athens: 1982, 437 p. | Annotated bibliography, p. 293-384. | Gr. summ. in Πρακτικὰ τῆς Ἀκαδημίας Ἀθηνῶν 53, 1978, 353-394 (BL 1981, 5812).

GIOCHÁLAS, T.P.: Τὸ Ἑλληνο-ἀλβανικὸν λεξικὸν ... — 5068.

5471 GROSDIDIER DE MATONS, J.: Note sur le sens médiéval du mot κλίνη. — *Centre de Recherche d'Histoire et de Civilisation Byzantines, Travaux et Mémoires* (Paris: de Boccard) 7, 1979, 363-373.

5472 GUILLOU, André: Grecs de la Calabre latine au XIIᵉ siècle: une enquête sémantique. — *Byzantion* 49, 1980, 447-454.

5473 HAWKINS, Peter: Greek diglossia and variation theory. — *Orbis* 29, 1980 (1982), 60-75.

5474 HÖRANDNER, W.: *Der Prosarhythmus in der rhetorischen Literatur der Byzantiner.* — Wien: 1981 | BL 1981, 5817. | *Aevum* 56, 1982, 280 C.M. Mazucchi | *ByzZ* 76, 1983, 322-323 R. Browning | *Kratylos* 27, 1982 (1983), 100-104 M. Jeffreys.

5475 JOSEPH, Brian D.: *Morphology and universals in syntactic change: evidence from Medieval and Modern Greek.* — Bloomington, IN: Indiana Univ., Linguistics Club, 1978, vii, 293 p.

KAHANE, H. & R.: *Graeca et Romanica scripta selecta.* II. — 5965.

5476 KAISSE, Ellen M.: On the preservation of stress in Modern Greek. — *Linguistics* 20, 1982, 59-82.

5477 [KARAPOTÓSOGLOU, K.] Καραποτόσογλου, Κώστας: Ἐτυμολογικὰ σὲ λέξεις τῆς μεσαιωνικῆς καὶ νεοελληνικῆς γλώσσας. — *Hellenika* 32, 1980, 338-350 | Remarques étym. sur des mots de la langue gr. médiévale et mod.: 1. ἀζάπης, 2. καραμουσάλι, καραμουσέλι, 3. σουγιάς, 4. τζάγγρα, τσάκρα; rés. fr., 410-411.

5478 [KARATZÁS, S.] CARATZAS, Stam C.: *Les Tzacones.* — Berlin: 1976 | BL 1976, 5677. | *Hellenika* 30, 1977-78, 484-499 Ἀ.Γ. Τσοπανάκης.

GREC MODERNE

5479 KARÚDĒS, B.] Καρύδης, B: *Ὁ λόγος τοῦ λόγου. Ἐννοιολογικὸν σύστημα τῶν γλωσσικῶν ὅρων τῆς ἑλληνικῆς*. — Athens: Δωδώνη, 1980, 45 p.

5480 KAZAZIS, Kostas: Folk etymology with and without adaptation: some Turkish loanwords in Greek. — *FoSl* 4/2-3, 1981 (1982), 309-316.
KAZAZIS, K.: Alb., Mod. Gr., and Rum. linguistics: 1966-1976. — 4967.
KAZAZIS, K.: Greek and Arvanitika in Corinthia. — 5051.

5481 [KONTOSÓPOULOS, N.G.] CONTOSSOPOULOS, Nicolas G.: *L'influence du français sur le grec*... — Athènes: 1978 | BL 1979, 4453. | *Byzantion* 48, 1979, 558-559 M. Leroy.

5482 [KONTOSÓPOULOS, Ni.G.] Κοντοσόπουλος, Νικόλαος Γ.: Τὸ γλωσσικὸν ἰδίωμα τῶν Κυθήρων. — *Athena* 78, 1980-82, 125-144 | Le parler de Cythère (rés. fr., 323-324).

5483 [KÓSMAS, N.] COSMAS, Nicos: Grammatical gender in Modern Greek. — *RRLing* 26, 1981, 549-557.

5484 [KRIARÂS, E.] Κριαρᾶς, Ἐμμανουήλ: *Λεξικὸ τῆς μεσαιωνικῆς ἑλληνικῆς δημώδους γραμματείας 1100-1669*. Τόμος Η': καταθολώνω – κροκύδα. — Thessaloniki: 1982, νζ', 440 p. | Cf. BL 1981, 5832. | *Byzantion* 49, 1979, 555-557; 51, 1981, 640-641; 53, 1983, 370-371 M. Leroy (5-6; 7; 8) | *RESEE* 19, 1981, 796-797 H. Mihăescu (7).
MICHEL, G.: Zur Häufigkeitsverteilung der Wortlänge im Bulg. und im Griech. — 3284.

5485 MIHĂESCU, H.: Influenţă lingvistică occidentală în cultura bizantină. — *MSŞFLA* 2, 1979-80 (1981), 11-18.

5486 MIHĂESCU, H.: Les termes byzantins βίρρον, βίρρος "casaque, tunique d'homme" et γοῦνα "fourrure". — *RESEE* 19, 1981, 425-432.

5487 MURNU, George G.: *Rumänische Lehnwörter im Neugriechischen*... hrsg. von H. MIHĂESCU. — Bucureşti: 1977 | BL 1980, 4473. | *RESEE* 19, 1981, 394-396 N. Saramandu.

5488 NEDĚLKA, Teodor: *Novořecko-český slovník. / Νεοελληνο-τσεχικό λεξικό*. — Praha: Státní pedag. naklad., 1982, 1069 p.

5489 NEWTON, Brian: Dialectal variation in verbal aspect. — *Hellenika* 32, 1980, 325-337 | Gr. summ., 410.

5490 NEWTON, Brian: Temporal asymmetries in Greek verbal aspect. — *FoSl* 4/2-3, 1981 (1982), 346-351.

5491 NEWTON, Brian; VELOUDIS, Ioannis: Sense of Modern Greek weak modal, and verbal aspect. — *Glotta* 60, 1982, 282-299.

5492 PAVLIDOU, Theodossia: Die performativen Verben des Neugriechischen. — [188], 253-261.

5493 PENTHEROUDAKIS, Joseph E.: Indefinite descriptions in Modern Greek. — *Balkanistica* 6, 1980 (1982), 62-73.

5494 PENTHEROUDAKIS, Joseph E.: (Some of) the pragmatics of diglossia: evidence from Modern Greek literature. — *FoSl* 4/2-3, 1981 (1982), 352-356.

5495 *Photii patriarchae lexicon*. Ed. Christos THEODORIDIS. Vol. I: A – Δ. — Berlin: de Gruyter, 1982, lxxix, 461 p., 6 tab. | *ByzZ* 76, 1983, 33-327 W. Bühler.

5496 [PLATÁKĒS, E.K.] Πλατάκης, Ἐλευθέριος Κ.: Παρατηρήσεις ἐπὶ λέξεων τοῦ "Ἐρωτοκρίτου" — *Athena* 78, 1980-82, 85-92 | Quelques remarques sur des mots employés dans l'Erotokritos (rés. fr., 322).

5497 POPESCU-MIHUŢ, Emanuela: Contributions à l'étude des mots latins dans la littérature juridique byzantine. — *RESEE* 19, 1981, 433-441.

5498 PRING, J.T.: *The Oxford dictionary of Modern Greek: Greek-English and English-Greek*. — Oxford: Clarendon, 1982, xviii, 370 p.

5499 ROHLFS, Gerhard: L'antico ellenismo nell'Italia di oggi (sostrati e riflessi). — [117], 7-28, 23 fig.
5500 ROSENQVIST, Jan Olof: *Studien zur Syntax . . . der Vita Theodori Syceotae.* — Uppsala: 1981 | BL 1981, 5839. | *REG* 96, 1983, 342 J. Irigoin | *CR* 33, 1983, 119-122 P. Pattenden | *ByzZ* 76, 1983, 344 W. Hörandner.
5501 SPECK, Paul: Κοσμοσυστάτων βασιλέων. — *Hellenika* 30, 1977-78, 407-411 | Gr. summ., 335-336.
5502 [STAURÍDOU-ZAPHRÁKA, A.] Σταυρίδου-Ζαφράκα, A.: Ἡ σημασία τῆς λέξης *"κομβέντον"* σε ἐπιστολὴ τοῦ Νικολάου Μυστικοῦ. — *Hellenika* 30, 1977-78, 150-152 | Rés. fr., 212.
5503 [TŌMADÁKĒS, Nikólaos B.] Τωμαδάκης, Νικόλαος B.: Τὸ ξύλον τοῦ Σταυροῦ ἐν τῇ ὀρθοδόξῳ ἑλληνικῇ ὑμνογραφίᾳ. Ἀποθησαυρίσματα: τὸ ξύλον B'. — *Athena* 78, 1980-82, 3-49; 51-70 | Le ξύλον τοῦ Σταυροῦ dans l'hymnographie orthodoxe (rés. fr.: 321); addenda (326).
5504 [T(ŌMADÁKĒS), N.B.] Τ[ωμαδάκης], N.B.: Ἡ παραγωγικὴ κατάληξις -άρι(ον) (οὐδέτερα). I. Τὰ Δημώδη. II. Εἰς -άριον, ἐκκλησιαστικὰ καὶ ἄλλα. — *Athena* 78, 1980-82, 96; 108 | La terminaison -άριον. I. Gr. mod. II. Usage ecclésiastique et autres (rés. fr., 322).
5505 [TŌMADÁKĒS, Nikólaos B.] Τωμαδάκης, Νικόλαος B.: Μορέας > Μοριὰς = ὁ τόπος ὅπου φύονται μορέαι (μουριὲς). — *Athena* 78, 1980-82, 124 | Rés. fr., 323.
5506 [TSOPANÁKĒS, A.G.] Τσοπανάκης, Ἀγαπητὸς Γ.: Φιλολογικὲς παρατηρήσεις στὴν *Διήγησιν Ἀλεξάνδρου*. — *Hellenika* 32, 1980, 141-160 | Remarques phil. sur la *Διήγησις Ἀλεξάνδρου:* 1. La constitution du texte, 2. Remarques linguistiques, 3. Problèmes de ponctuation et de contraction, 4. Problèmes d'interprétation, 5. Problèmes de lexique, 6. Conclusion.
WARBURTON, I.P.: Constraints on rules of grammar as universals. — 1339.
5507 WARING, H.: The investigation of Modern Greek intonation. — *Μαντατοφόρος* 20, 1982, 18-29.

14. ONOMASTICS (ANCIENT AND MODERN) — ONOMASTIQUE (ANCIENNE ET MODERNE)

5508 ARENA, R.: Per l'interpretazione di due nomi greci (βούβρωστις, Ἀρκολύκα). — *RIL* 113, 1979 (1981), 81-87.
5509 ARENA, Renato: Di alcuni nomi propri nel *Partenio* di Alcmane. — *Acme* 34, 1981/2, 173-180 | 1. Κληησιθήρα, 2. Ἀρήιος : Ἀρήιτος.
5510 ARENA, Renato: Osservazioni su alcuni nomi propri greci. — *Acme* 34, 1981/3 (1982), 393-397 | 1. Κληησιθήρα : κληηδών, 2. Παιάδης, 3. Κλεύαντος, Νεύαντος.
5511 ARENA, Renato: Sul nome *Aiax.* — *Paideia* 37, 1982, 21-29.
5512 BECHTEL, Friedrich: *Kleine onomastische Studien . . .* — Königstein/Ts.: 1981 | BL 1981, 5849. | *CR* 32, 1982, 104-105 P.M. Fraser | *RPh* 56, 1982, 113-114 C. Brixhe | *KZ* 96, 1982-83, 300-301 G. N[eumann] | *RBPh* 60, 1982, 198 M. Leroy | *Kratylos* 27, 1982 (1983), 196 H. Schmeja.
5513 BOYAVAL, B.: Notes d'onomastique. — *Anagennesis* (Athens: Classica) 2, 1982, 185-211 | Sur l'anthroponymie gréco-égyptienne.
5514 DUGAND, Jean-Édouard: Toponomastique cananéenne des îles Stoechades et de la côte avoisinante de Port d'Alon à la pointe des Issambres. — *LAMA* 2, 1974, 12-81.
5515 DUGAND, Jean-Édouard: Recherches sur le substrat cananéen de la toponymie

ONOMASTIQUE GRECQUE 5516-5531

grecque de nombre de côtes de la Méditerranée centrale et occidentale. I. Afrique punique. — *LAMA* 3, 1976, 33-192; 4, 1979, 4-145 | Cf. BL 1973, 5057.

5516 GRILLI, Alberto: Il mito del fiume Ἀλκυλις. — *RIL* 113, 1979 (1981), 21-26.
5517 HUMBACH, Helmut: Ἀγχάρης und ἀγχήρης. — *Gnomosyne: menschliches Denken und Handeln in der frühgriechischen Literatur. Festschrift für Walter Marg zum 70. Geburtstag*, hrsg. von G. Kurz . . . [et al.]. (München: Beck, 1981), 235-237 | Ad Aisch. *Pers.* 994.
5518 KAMPTZ, Hans VON: *Homerische Personennamen. Sprachwissenschaftliche und historische Klassifikation.* — Diss. Jena 1956; Göttingen: Vandenhoeck & Ruprecht, 1981, xxvi, 388 p.
5519 LAMBIN, Gérard: Le surnom Βάταλος et les mots de cette famille. — *RPh* 56, 1982, 249-263.
5520 LANDI, Addolorata: *Antroponimia Siceliota* . . . — Roma: 1981 | BL 1981, 5865. | *CR* 32, 1982, 225-227 E.E. Rice.
5521 LOCHNER VON HÜTTENBACH, Fritz Frhr.: Zur Personennamengebung in der griechischen Bukolik. — [176], 35-41.

LORETZ, O.: Vom Baal-Epitheton *adn* zu Adonis . . . — 13130.

5522 MALINGOUDIS, Phaedon: *Studien zu den slavischen Ortsnamen Griechenlands.* 1. — Wiesbaden: 1981 | BL 1981, 5868. | *BalkE* 25, 1982/2, 67-69 D.A. Michajlova | *BE* 32, 1982, 237-240 D.A. Michajlova | *BNF* 17, 1982, 472-475 J. Udolph.
5523 MASSON, Olivier: Notes d'anthroponymie grecque, III: Ἀρκέσας, Ὀνάσας, et autres noms tirés de participes aoristes en -σας. — *RPh* 56, 1982, 13-17 | Cf. BL 1981, 5870.

MASSON, O.: Quelques noms celt. en Grèce et en Asie Mineure. — 7775.

5524 MÜHLESTEIN, Hugo: Der homerische Phoinix und sein Name. — *ŽAnt* 31, 1981, 85-91.
5525 O'CALLAGHAN, José: Dos papiros griegos con nombres personales (PPalau Rib. inv. 208 y 22). — *StPap* 21, 1982, 93-95.
5526 SIENKEWICZ, Thomas J.: A note on Anchises' name. — *Aevum* 56, 1982, 19-20.
5527 SLAVJATINSKAJA, M.N.: Ètnonimy v poètičeskom tekste. — [184], 54-55 | On Homeric Ἀχαιοί, Δαναοί, Ἀργειοί.
5528 SOLIN, Heikki: *Die griechischen Personennamen in Rom: ein Namenbuch.* I-III. — Berlin (West): de Gruyter, 1982, xxviii, 648 p.; iv, 649-1146; iv. 1147-1584.

TEDESCO, M.C.: Liguri o Ambrones? — 5548.

TOPOROV, V.N.: Dr.-greč. Σμάρτη i frak. *Spart-*. — 4939.

5529 TRAPP, Erich: Die Etymologie des Namens Kostomyres. — *JbÖByz* 30, 1981, 169-170.
5530 [TSIKRITSÊ-KATSIANÁKE, Ch.Z.] Τσικριτσῆ-Κατσιανάκη, Χρυσ.Ζ.: Κρητικὴ ἐπώνυμα ἐπαγγελματικὰ καὶ δηλωτικὰ τίτλων καὶ ἀξιωμάτων. — Ἀθῆνα: 1981, 262 p. | *Athena* 78, 1980-82, 296-300 [N.B. Tōmadákēs].
5531 WINDEKENS, A.J. VAN: Le nom propre grec Μίνως: synonyme de ἥρως. — *BalkE* 25, 1982/3, 41-42.

IX. ITALIC — ITALIQUE

A. General — Généralités

L'année philologique . . . — 5109.
5532 PETERS, M.: Indogermanische Chronik 28. VIII. Italisch. — *Sprache* 28, 1982, 89-102; 220-228.
5533 AGOSTINIANI, L.: Epigrafia e linguistica anelleniche di Sicilia: prospettive, problemi, acquisizione. — *Kokalos* 26-27, 1980-81 (1982), 503-530.
5534 AMBROSINI, Riccardo: Le iscrizioni sicane, sicule, elime. — [117], 57-104.
5535 BONFANTE, Giuliano: Il retico, il leponzio, il ligure, il gallico, il sardo, il corso. — [117], 205-212.
5536 CAMPANILE, Enrico: Prolegomeni ad un'analisi della variazione linguistica nei dialetti italici e nel gallico. — *Aiōn* 3, 1981 (1982), 37-46.
5537 DURANTE, Marcello: La più antica iscrizione italica. — [4321], 105-106 | Ve. 362.
5538 EULER, Wolfram: Dōnom dō-: *eine figura etymologica der Sprachen Altitaliens.* — IBS, Vorträge und kleinere Schriften 29; Innsbruck: Inst. für Sprachwissenschaft der Univ. Innsbruck, 1982, 39 p., map | *REL* 60, 1982 (1983), 340 P. Flobert | *Kratylos* 27, 1982 (1983), 182-183 E. Campanile.
5539 MORANDI, Alessandro: *Epigrafia italica.* — Roma: Bretschneider, 1982, 252 p., ill., 53 pl. | *REL* 60, 1982 (1983), 496-498 J. Heurgon | *Gnomon* 55, 1983, 367-368 G. Radtke.
5540 NEGRI, Mario: Chiose a una *illustration* dell'*Économie des changements phonétiques* di André MARTINET. — *Acme* 35, 1982, 191-198 | Cf. 2192. | On the development of IE. mediae aspiratae in the Italic languages.
5541 NEGRI, Mario: "Lupi Sabinorum lingua uocantur hirpi". — *Acme* 35, 1982, 199-203 | Sab. *lupus, Lupercālia,* and Oscan *(h)irpus* (not Sab.).
5542 PALLOTTINO, Massimo: *Genti e culture dell'Italia preromana.* — Roma: Jouvence, 1981, 136 p., 54 tab.
PALLOTTINO, M.: *Saggi di antichità.* I-III. — 12805.
5543 *Popoli e civiltà dell'Italia antica.* Vol. VI: *Lingue e dialetti* . . . A cura di Aldo L. PROSDOCIMI. — Roma: 1978 | BL 1978, 4085. | *InL* 6, 1980-81 (1982), 111-120 M.L. Porzio Gernia.
5544 PORZIO GERNIA, Maria Luisa: Il latino e le lingue indoeuropee dell'Italia antica. — [5661], 11-26.
5545 PROSDOCIMI, Aldo L.: Le iscrizioni italiche: acquisizione, temi, problemi. — [117], 119-204, 11 fig.
5546 PULGRAM, Ernst: *Italic, Latin, Italian* . . . — Heidelberg: 1978 | BL 1978, 4091. | *LEC* 50, 1982, 90 M. van Esbroeck.
5547 RIX, Helmut: Rapporti onomastici fra il panteon etrusco e quello romano. — [290], 104-126.
5548 TEDESCO, Maria Cristina: Liguri o Ambrones? — *RIL* 113, 1979 (1981), 339-347 | On the name of the Ligurians.
WEINER, E.J.: *A contribution to the formal, computational recognition of sound change* . . . — 3435.

B. Oscan and Umbrian, etc. — Osque et Ombrien, etc.

5549 BONFADINI, G.: Questioni di fonetica oscoumbra. — *Acme* 32, 1979, 363-376 | A propos de l'évolution des nasales.

5550 BORGEAUD, Willy Alfred: *Fasti Vmbrici: études sur le vocabulaire et le rituel des Tables eugubines.* — Coll. d'Études Anc. de l'Univ. d'Ottawa 1; Ottawa, Ontario: Éd. de l'Univ. d'Ottawa, 1982, 264 p.

5551 CAMPANILE, E.; LETTA, C.: *Studi sulle magistrature indigene e municipali in area italica.* — Pisa: 1979 | BL 1979, 4486. | *Gnomon* 54, 1982, 811-812 G. Radtke | *Paideia* 36, 1981, 162-165 V. Orioles.

5552 DUHOUX, Yves: Osque *sverruneí* et *deketasiúí* (Vetter, n° 1). — *ŽAnt* 31, 1981, 109-112.

5553 FRANCHI DE BELLIS, Annalisa: Voci italiche inesistenti. — *RIL* 113, 1979 (1981), 371-390, 6 fig.

5554 JOSEPH, Brian D.: Oscan *slaagí-*. — *Glotta* 60, 1982, 112-115.

5555 KEANEY, Anne Marie: ΚΑΠΟΡΟΙΝΝΑ. — *Glotta* 60, 1982, 246 | Apropos of D. ADAMESTEANU & M. LEJEUNE (BL 1971, 3830).

5556 POCCETTI, Paolo: Bemerkungen zu den paelignischen Personnennamen. — *BNF* 17, 1982, 329-342.

5557 POCCETTI, Paolo: Ancora sull'interpretazione di peligno *an(a)c(e)ta* alla luce di una nuova attestazione. — *SSL* 22, 1982, 171-182, pl.

5558 POCCETTI, Paolo: Minima Paeligna. — *SSL* 22, 1982, 183-187 | On the Pelignian inscriptions Vetter 217a and b.

5559 SIRONEN, Timo: Osservazioni sulle grafie per l'$\bar{\iota}$ breve d'origine greca nell'osco. — *Arctos* 16, 1982, 159-164.

C. Venetic — Vénète

5560 *Este e la civiltà paleoveneta a cento anni dalle prime scoperte:* atti dell'XI Convegno di Studi Etruschi e Italici, Este-Padova, 27 giugno-1 luglio 1976. — Ist. di Studi Etr. ed Italici; Firenze: Olschki, 1980, xx, 320 p., 30 tab. h.-t.

5561 LEJEUNE, Michel: Venetica. XVIII: Dans la plus ancienne épitaphe atestine, *vinetikaris* ou *vineti karis?* — *Latomus* 41, 1982, 732-742 | Cf. BL 1972, 4195.

5562 LEJEUNE, Michel: État présent des études vénètes. — [117], 29-37.

5563 LEJEUNE, Michel: La romanisation de l'anthroponymie vénète (résumé). — [5560], 283-284 | Cf. BL 1981, 5906.

5564 PELLEGRINI, Giovan Battista: La lingua venetica e l'eredità paleoveneta. — *Archeologa Veneta* 1, 1978, 55-68.

5565 PELLEGRINI, Giovanni Battista: Problemi di toponomastica veneta preromana. — [5560], 285-307.

5566 PROSDOCIMI, Aldo Luigi: 1876-1976. Tra indoeuropeo ricostruito e storicità italica: un dossier per il venetico. — [5560], 213-281.

D. Ancient Latin — Latin ancien

0. BIBLIOGRAPHY AND GENERAL — BIBLIOGRAPHIE ET GÉNÉRALITÉS

5567 *Bibliographie zur lateinischen Wortforschung*, hrsg. von Otto HILTBRUNNER. I. — Bern: 1981 | BL 1981, 5907. | *Em* 50, 1982, 376 L.C. Pérez Castro | *REL* 60, 1982 (1983), 347 P. Flobert | *Gnomon* 55, 1983, 540-542 S. Eklund | *MH*

40, 1983, 263-264 F. Paschoud | *CR* 33, 1983, 343 P.G.W. Glare | *Sprache* 28, 1983, 225-226 [M. Peters].

5568 COCCIA, Michèle: Lingua e letteratura latina. — *Studi Romani* (Roma: Ist. di Studi Rom.) 29, 1981, 399-409; 30, 1982, 386-397.
NOBER, P.; NORTH, R.: *Elenchus bibliographicus biblicus* . . . — 34.

5569 AGROECIUS: *Ars de orthographia*. A cura di Mariarosaria PUGLIARELLO. — Milano: 1978 | BL 1978, 4119. | *Latomus* 41, 1982, 686 P. Monteil.

5570 *Aufstieg und Niedergang der römischen Welt: Geschichte und Kultur Roms im Spiegel der neueren Forschung.* Teil II: *Principat.* Band 30: *Sprache und Literatur* (Literatur der Augusteischen Zeit: Allgemeines; Einzelne Autoren. 1. & 2. Halbband. Hrsg. von Wolfgang HAASE. — Berlin: de Gruyter, 1982, xii, 896 p.; viii, p. 897-1443.

5571 *Aufstieg und Niedergang der römischen Welt* . . . II. Band 31: *Sprache und Literatur* (Literatur der Augusteischen Zeit: Einzelne Autoren. Forts. [Vergil, Horaz, Ovid]). 1.-4. Halbband. Hrsg. von Wolfgang HAASE. — Berlin: de Gruyter, 1980, x, 705 p.; 1981, viii, p. 706-1399; viii, p. 1400-2158; viii, p. 2159-2783.

5572 CAVAZZA, Franco: *Studio su Varrone etimologico e grammatico* . . . — Firenze: 1981 | BL 1981, 2176. | *Gnomon* 55, 1983, 542-544 J.-P. Cèbe.

5573 CHRISTES, Johannes: *Sklaven* . . . *als Grammatiker* . . . *im antiken Rom.* — Wiesbaden: 1979 | BL 1979, 4496. | *CR* 32, 1982, 75-76 T.E.J. Wiedemann | *Latomus* 41, 1982, 173-175 L. Deschamps.

5574 *La grammatica dell'Anonymus Bobiensis (GL I 533-565 Keil).* Ed. critica a cura di Mario DE NONNO, con un app. carisiana. — Sussidi Eruditi 36; Roma: Ed. di Storia e Lett., 1982, xxxv, 91 p. | *REL* 60, 1982 (1983), 384-385 L. Holtz | *RFIC* 111, 1983, 223-226 H.D. Jocelyn | *Athenaeum* 61, 1983, 615-616 D. Magnino.

5575 HOLTZ, Louis: *Donat et la tradition de l'enseignement grammatical* . . . — Paris: 1981 | BL 1981, 5913. | *Latomus* 41, 1982, 669-670 E. Liénard | *RFIC* 111, 1983, 382-383 M. Passalacqua | *Aevum* 57, 1983, 361-362 M. Cortesi. Indice lessicale . . . — 5114.

5576 LEUMANN, [Manu]; HOFMANN, [Johann Baptist]; SZANTYR, [Anton]: *Lateinische Grammatik*. III. Band: *Stellenregister* . . . Hergestellt von Fritz RADT † und Abel WESTENBRINK. — München: 1979 | BL 1979, 4500. | *AC* 51, 1982, 496 E. Liénard | *RBPh* 59, 1981, 207 G. François | *Em* 50, 1982, 209-210 M.Á. San Martín.

5577 MURRU, Furio: Prisciano e il sesto caso "greco". — *Eirene* 18, 1982, 13-19.

5578 MURRU, Furio; PESSOLANO FILOS, Giuseppe: *Alla riscoperta della didattica del latino in Italia* . . . — Roma: 1980 | BL 1981, 5916. | *BSL* 76, 1981/2 (1982), 144-146 M. Fruyt.

5579 PASCUCCI, Giovanni: Le componenti linguistiche del latino secondo la dottrina varroniana. — [297], 339-363.

5580 PIZZANI, Ubaldo: Schema agostiano e schema varroniano della disciplina grammaticale. — [297], 397-411.

5581 PFAFFEL, Wilhelm: *Quartus gradus etymologiae* . . . — Königstein: 1981 | BL 1981, 5917. | *KZ* 96, 1982-83, 303-305 G. N[eumann] | *Latomus* 42, 1983, 657-660 L. Deschamps | *CR* 33, 1983, 325-326 E. Laughton.

5582 SCHWARZ, Gary S.; WERTIS, Richard L.: *Index locorum zu Kühner-Stegmann* . . . — Darmstadt: 1980 | BL 1980, 4535. | *RPh* 56, 1982, 340 G. Serbat | *RFIC* 111, 1983, 73-76 R.M. D'Angelo.

LATIN ANCIEN

5583 SERBAT, Guy: *Les structures du latin*... Nouvelle éd. — Paris: 1980 | BL 1981, 5920. | *AC* 51, 1982, 493-494 E. Liénard.

SERBAT, G.: Propositions sur l'importance des langues anc. pour la théorie linguistique. — 5172.

5584 STRUNK, Klaus: Phänomene syn- und diasystematischer Selektion im Latein. — [314], 311-326.

5585 TIMPANARO, Sebastiano: *Contributi di filologia e di storia della lingua latina.* — Roma: 1978 | BL 1979, 4510. | *CR* 32, 1982, 186-188 N. Horsfall.

5586 TRAINA, Alfonso: *Poeti latini*... — Bologna: 1981 | BL 1981, 5922. | *RFIC* 110, 1982, 482-489 C. Di Giovine.

5587 VARRO, Marcus Terentius: *De lingua latina*. Libro VI.... a cura di Elisabetta RIGANTI. — Bologna: 1978 | BL 1978, 4124. | *AAHG* 35, 1982, 51-53 F. Weissengruber | *REA* 83, 1981 (1983), 138-142 L. Deschamps.

I. PHONETICS AND PHONOLOGY — PHONÉTIQUE ET PHONOLOGIE

5588 *L'accent latin:* Colloque de Morigny, 19 mai 1979, organisé par Jean HELLEGOUARC'H. — Civilisations 6; Paris: Publ. de l'Univ. de Paris-Sorbonne, 1982, 73 p. | Not yet analyzed.

5589 BARBARINO, Joseph L.: *The evolution of the Latin /b/-/u̯/ merger*... — Chapel Hill: 1978 | BL 1979, 4512. | *SILTA* 9, 1980/3 (1982), 601-603 M.G. Tibiletti Bruno | *Italica* 59, 1982, 109-110 P.A. Gaeng.

5590 FASSEL, Luminiţa: Quantité et qualité vocalique en latin. — *RRLing* 26, 1981, 511-518.

5591 GERCENBERG, L.G.: O sledach indoevropejskoj prosodiki v latinskom. — *VJa* 1982/5, 68-77.

5592 GIACOMELLI, Roberto: Di alcune parole latine con -s-. — *Paideia* 36, 1981, 39-44.

INGRIA, R.: Compensatory lengthening as a metrical phenomenon. — 2170.

5593 Iso ECHEGOYEN, J.J.: Notas sobre la pérdida de la cantidad vocálica en latín. — *CFC* 16, 1979-80, 101-108.

5594 KARASEVA, T.A.: Udarenie v latinskom jazyke i ëolijskich dialektach. — *VMU* 1982/4, 54-60.

5595 KRAMER, Johannes: Das vulgärlateinische Vokalsystem. — *ZPE* 47, 1982, 300.

5596 RODRÍGUEZ-PANTOJA, M.: Las oclusivas orales en latín vulgar. — *Habis* 10-11, 1979-80, 131-150.

5597 RONCAGLIA, Aurelio: L'effondrement de la quantité phonologique latine. — *ACILR* XVI/1, 107-122.

5598 SOMMER, Ferdinand: *Handbuch der lateinischen Laut- und Formenlehre*... Band I: *Einleitung und Lautlehre*. Von Raimund PFISTER. 4., neubearb. Aufl. — Heidelberg: 1977 | BL 1977, 5810. | *AAHG* 35, 1982, 62-64 G.R. Solta.

5599 ZORZI, E.: *Fonetica del latino con elementi di fonologia generale.* — Pubbl. dell'Univ. Cattolica del S. Cuore; Milano: Vita e Pensiero, 1982, 54 p.

2. GRAMMAR — GRAMMAIRE

2.0. *General — Généralités*

5600 CARVALHO, P. DE: Cas et personne: propositions pour une théorie morpho-sémantique des cas latins. — *REA* 82, 1980 (1982), 243-274.
5601 KARLSSON, Keith E.: *Syntax and affixation*... — Tübingen: 1981 | BL 1981, 5942. | *Kratylos* 27, 1982 (1983), 115-118 A. Greive | *RJb* 32, 1981 (1982), 158-161 J. Lüdtke.
5602 SAFAREWICZ, Jan: Notes sur la catégorie du temps dans la flexion du verbe latin. Erratum. — *LPosn* 25, 1982, 111-112 | Cf. BL 1980, 4623.
5603 *Le sens du parfait de l'indicatif actif en latin*. Colloque de Morigny, 2 décembre 1978, organisé par G. SERBAT. — Civilisations 1; Paris: Univ. de Paris-Sorbonne, 1980, 122 p. | G.S.: Exposé [d'introduction] (4-11). | *AC* 52, 1983, 431-433 E. Liénard.

2.1. *Morphology and word-formation — Morphologie et formation des mots*

5604 ALLEN, Andrew Strachan: *The development of the inchoative suffix in Latin and Romance*. — Univ. of California, Berkeley, diss., 1980, 349 p. | *DAb* 41/7, 1981, 3083-A.
5605 BOL'ŠAKOV, I.A.; DURNOVO, A.A.: *Formal'naja model' latinskoj morfologii*. — Inst. ru. jazyka AN SSSR, Problemnaja gruppa po èksperimental'noj i prikladnoj lingvistike, Vyp. 125/2; Moskva: 1979, 67 p.
5606 GAENG, Paul A.: *A study of nominal inflection in Latin inscriptions*... — Chapel Hill: 1977 | BL 1977, 5834. | *VR* 41, 1982, 238-240 J. Wüest.
5607 GONZÁLEZ FERNÁNDEZ, Julián: *El perfecto radical latino*. — Sevilla: Univ. de Sevilla, 1980, 153 p.
5608 HAMP, Eric P.: The anaphora **ei* in Latin. — *AJPh* 103, 1982, 98-99.
5609 HOCQUARD, M.: *Les verbes d'état en -ē- du latin*. — Lille: Atelier de Reproduction des Thèses de l'Univ. de Lille III/Paris: Champion, 1981, 638 p.
5610 JIRGENSONS, Leonid Aurelijs: *A formal analysis of Vergil's substantive suffixes with special regard to proper nouns*. — Univ. of Minnesota diss., 1981, 369 p. | *DAb* 42/1, 1981, 191-A.
5611 KIRCHER, C.: Peut-on emprunter une catégorie dérivationnelle? — *LAMA* 2, 1974, 112-200 | A propos des mots en *-inus* dérivés de noms de matières et de plantes.
5612 KIRCHER-DURAND, Ch.: Les noms en *-nus, -na, -num* en latin classique (Thèse pour le doctorat d'État, 26 janv. 1980). — *LAMA* 5, 1979, 425 p.
5613 KLAUSENBURGER, Jürgen: *Morphologization*... — Tübingen: 1979 | BL 1979, 4551. | *Kratylos* 26, 1981 (1982), 132-138 E. Mayerthaler | *RRom* 17, 1982/2, 134-136 M. Herslund | *Rapports* 52, 1982, 24-29 L. Wetzels.
      LEJEUNE, M.: Procédures soustractives dans les numérations étr. et lat. — 12802.
5614 LEUMANN, Manu: *Lateinische Laut- und Formenlehre*. — München: 1977 | BL 1977, 5843. | *AGI* 66, 1981 (1982), 163-169 G. Bonfante | *Eirene* 19, 1982, 168 H. Kurzová.
      MAWET, F.: Aspects anc. et récents des conjugaisons gr. et lat. — 5192.
5615 ORIOLES, Vincenzo: Sulla fortuna del suffisso latino *-iscus*. — *InL* 6, 1980-81 (1982), 29-61.

5616 PARIENTE, Ángel: Las formas verbales latinas en *-bam, -bo*. — *AF* 5, 1979 (1981), 19-71.
5617 PARIENTE, Ángel †: El sufijo latino *-ulentus*. — *Em* 50, 1982, 253-259 | E. summ.
5618 PFISTER, Raimund: Formenbildungsregeln in der lateinischen Grammatik. — *MSS* 41, 1982, 151-168.
5619 SANDOZ, Claude: Subjonctif latin et aoriste indo-européen. — *Latomus* 41, 1982, 766-770.

2. Syntax — Syntaxe

5620 BARATIN, Marc: Remarques sur l'emploi des temps et des modes dans le système conditionnel latin. — *BSL* 76, 1981/1 (1982), 249-273.
5621 BECHET, Florica: 3 × *ad symphoniam*. — *RRLing* 27, 1982, 359-364 | *Ad symphoniam* in Petronius.
5622 BOLKESTEIN, A. Machtelt: *Problems in the description of modal verbs* . . . — Assen: 1980 | BL 1980, 4558. | *CR* 33, 1983, 145-146 E. Tucker | *Paideia* 36, 1981, 129-130 F. Murru.
5623 BOLKESTEIN, A. Machtelt: Embedded predications, displacement and pseudo-argument formation in Latin. — [385], 63-122.
5624 BOLKESTEIN, A. Machtelt: Factivity as a condition for an optional expression rule in Latin: the *ab urbe condita* construction and its underlying representation. — [385], 205-233.
5625 BOLOGNA, Maria Patrizia: A proposito di equivalenza morfosintattica in latino e del rapporto sintassi : semantica. — *SSL* 22, 1982, 29-47.
5626 BONELLI, Guido: *Struttura del significato e ordine frasale in latino* . . . — Torino: 1981 | BL 1981, 5963. | *LEC* 50, 1982, 91 B. Stenuit.
5627 CARVALHO, P. DE: Cas et prépositions en latin. — *Orphea uoce:* Cahiers du Groupe de Recherches sur la Poésie latine (Univ. de Bordeaux III), juin 1980, 25-105.
5628 COLUCCI, Loris: *Prospettive per una reinterpretazione del dativo in Virgilio.* — Roma: Signorelli, 1981, 80 p.
5629 Discussion. — [5603], 97-112 | I. La concordance des temps; II. Le parfait est-il un "accompli" "sans spécification temporelle"? III. La bi-temporalité du parfait; IV. Imparfait et parfait; V. L'emploi de *nunc* avec le parfait.
5630 FELTENIUS, Leif: *Intransitivizations in Latin* . . . — Uppsala: 1977 | BL 1977, 5830. | *MH* 39, 1982, 328 F. Piccoli.
5631 FLOBERT, Pierre: *Les verbes déponents latins* . . . — Paris: 1975 | BL 1975, 4988. | *Gnomon* 54, 1982, 189-191 B. Bergh.
5632 GEORGIEVA, Nedjalka: Kăm văprosa za kauzalnite izrečenija v klasičeskija latinski ezik. — *GSU-KNF* 73, 1978/4 (1982), 151-185 | Sur les propositions causales en lat. classique (Rés. fr.).
5633 HABINEK, Thomas Noel: The colometry of Latin prose. — *HSPh* 96, 1982, 278-281 | Summ. of diss.
5634 HAPP, Heinz: *Grundfragen einer Dependenz-Grammatik des Lateinischen.* — Göttingen: 1976 | BL 1976, 5093. | *RHKUL* 27, 1979/6 (1982), 55-68 M. Kaczmarkowski.
5635 HELANDER, Hans: *The noun* victoria *as subject.* — Studia Lat. Upsaliensia 14; Uppsala: Inst. för klassiska språk (distr.: Almqvist & Wiksell, Stockholm), 1982, 123 p., ill. | *Gnomon* 55, 1983, 676-681 S. Eklund | *RFIC* 111, 1983, 253 C. Facchini Tosi.

5636 JONG, JAN R. DE: Word order within the Latin ablative absolute construction. — [272], 95-101.
5637 KESSISSOGLU, Alexander I.: *Das elativische Adjektiv in der frühlateinischen Literatur.* — Europäische Hochschulschriften 15, 19; Frankfurt a.M.: Lang, 1982, 140 p. | *REL* 60, 1982 (1983), 338-340 G. Serbat.
5638 KRAVAR, Miroslav: *Pitanja glagolska vida.* — ŽAnt, Posebni izdanija 6; Skopje: 1980, viii, 167 p. | Problems of verbal aspect in Lat.
5639 MATLOVÁ, Jana: Zum absoluten Ablativ in den Schriften des Ambrosius Theodosius Macrobius. — *GLP* 8, 1980, 52-65.
5640 NYMAN, Martti: *Relational and reconstructive aspects of grammatical systematization: data-oriented studies.* — Publ. of the Dept. of General Linguistics, Univ. of Helsinki (Diss. Helsinki) 8; Helsinki: 1982, 262 p.
5641 ORLANDINI, Anna: Wesen und Entwicklung des Artikels vom Lateinischen zu den romanischen Sprachen. — *IF* 86, 1981 (1982), 223-247.
5642 PANHUIS, Dirk G.J.: *The communicative perspective in the sentence: a study of Latin word order.* — SLCS 11; Amsterdam: Benjamins, 1982, viii, 178 p.
5643 PINKSTER, H.: The use of the so-called ablativus qualitatis in the function Praedicativum. — [286], 247-256, fig.
5644 POIRIER, Michel: Le parfait de l'indicatif latin: un passé accompli, ou un accompli pur et simple? — [5603], 87-96.
5645 QUETGLAS NICOLAU, P.J.: *La modalidad factitiva en latín.* Resumen de la Tesis. — Barcelona: Univ. de Barcelona, 1981, 32 p.
5646 REICHOVÁ, Hana: Vyjadřování míry jistoty v latině. — *SFFBU*, E 27, 1982, 247-258, fig. | Die Ausdrucksmittel einzelner Gewissheitsgrade im Lat. (G. summ.).
5647 ROSÉN, Hannah: *Studies in the syntax of the verbal noun in early Latin.* — München: Fink, 1981, 250 p.
5648 ROSÉN, Haiim B.; ROSÉN, Hannah: *On moods and tenses of the Latin verb* . . . — München: 1980 | BL 1980, 4620. | *Kratylos* 27, 1982 (1983), 104-110 G. Calboli | *Lg* 58, 1982, 905-907 L. Stephens.
5649 SÁNCHEZ SALOR, E.: El incremento de la construcción intransitiva en latín tardío. — *RSEL* 11, 1981, 375-401.
5650 SEGURA RAMOS, B.: Notas sobre el orden de palabras con especial referencia al latín. — *Habis* 10-11, 1979-80, 119-130.
5651 SERBAT, G.: Le système casuel est-il systématique? — *REL* 59, 1981 (1982), 298-317.
5652 SERBAT, Guy: Le parfait de l'indicatif en latin. — [5603], 12-54.
5653 TESAŘOVÁ-NOVÁKOVÁ, Drahomíra: Kategorie času v latině a její podíl na aktivizaci děje. — *LF* 105, 1982, 132-142 | Die Tempuskategorie im Lat. und ihr Anteil an der Handlungsaktivisation (G. summ.).
5654 VAIREL-CARRON, Hélène: *Exclamation, ordre et défense* . . . — Paris: 1975 | BL 1975, 5012. | *CPh* 78, 1983, 71-77 G.M. Messing.
5655 VAIREL, Hélène: Un modèle d'analyse linguistique des conditionnelles: latin *si di sunt, si di sint, si di essent.* — *BSL* 76, 1981/1 (1982), 275-326.
5656 VAIREL, Hélène: La valeur de l'opposition infectum/perfectum en latin. Examen et critique des diverses interprét[at]ions proposées. Valeur en langue et valeurs d'emploi des formes du perfectum. — [5603], 55-86.
5657 VAIREL, Hélène: Praeteritum perfectum et praeteritum imperfectum: l'opposition aspectuelle *dedi/dabam.* — [5603], 114-122.
5658 WALES, M.L.: Another look at the Latin accusative and infinitive. — *Lingua* 56, 1982, 127-152.

5659 WARNER, Richard: Word order in Latin: copulative clauses. — *Orbis* 29, 1980 (1982), 251-263.

3. HISTORY — HISTOIRE

5660 ALBRECHT, Michael VON: La littérature et la langue latine de l'antiquité tardive. — *LEC* 50, 1982, 3-11.
5661 *Alle origini del latino:* Atti del Convegno dalla Società Italiana di Glottologia, Pisa, 7-8 dicembre 1980, a cura di Edoardo VINEIS. — Pisa: Giardini, 1982, 78 p. | *Aevum* 57, 1983, 163-164 C. Milani | *Paideia* 37, 1982, 89-91 G. Bonfante.
5662 BARTELINK, G.J.M.: Augustin und die lateinische Umgangssprache. — *Mn* 35, 1982, 283-289.
5663 BORK, Hans Dieter: Zu den Gräzismen im Vulgärlatein. — [243], 125-140.
5664 CRISTOFANI, Mauro: I contatti tra Lazio ed Etruria in età arcaica. — [5661], 27-42.
5665 CUPAIUOLO, Fabio: *Appunti di grammatica storica latina.* — Napoli: Soc. Editrice Napoletana, 1981, 270 p.
5666 DURANTE, Marcello: Il latino preletterario. — [5661], 65-78.
5667 FLORES, Enrico: *Latinità arcaica e produzione linguistica.* — Forme, Materiali e Ideologie del Mondo antico 4; Napoli: Liguori, 1978, 131 p. | *Eirene* 18, 1982, 151 K. Rubešová.
5668 GAENG, Paul A.: Inscriptional evidence as a source of spoken Latin. — *ICS* 7, 1982, 159-170.
   GEISLER, H.: *Studien zur typologischen Entwicklung* . . . — 6796.
5669 GRILLONE, Antonino: Sul *De metatione castrorum* dello ps.-Igino: il linguaggio di un geometra del III secolo. — *Philologus* 126, 1982, 247-264.
5670 GUARDUCCI, Margherita: *La cosidetta fibula prenestina* . . . — Roma: 1980 | BL 1981, 6006. | *Arctos* 16, 1982, 243 H. Solin | Cf. 5673.
5671 HOFMANN, Johann Baptist: *La lingua d'uso latina.* — Bologna: 1980 | BL 1980, 4527. | *REL* 59, 1981 (1982), 327-328 P. Flobert.
5672 JANSON, Tore: *Mechanisms of language change in Latin.* — Stockholm: 1979 | BL 1979, 4590. | *Latomus* 41, 1982, 189 L. Prat | *Phoenix* 36, 1982, 188-189 A. Maniet | *RPh* 56, 1982, 144-146 P. Flobert | *Lingua* 58, 1982, 197-202 W. Zonneveld.
5673 KRUMMREY, Hans: Die Fibula Praenestina als Fälschung erwiesen? — *Klio* 64, 1982, 583-589 | Rev. art. on No. 5670.
5674 *Lapis Satricanus* . . . , by C.M. STIBBE, G. COLONNA, C. DE SIMONE and H.S. VERSNEL . . . — 's Gravenhage: 1980 | BL 1981, 6012. | *AGI* 66, 1981 (1982), 169-173 G. Bonfante | Cf. 5686.
5675 LÖFSTEDT, Bengt: Die vulgärlateinische Sprachforschung in diesem Jahrhundert: Rückschau und Ausblick. — *Aevum* 56, 1982, 200-204.
5676 LÖFSTEDT, Einar: *Il latino tardo* . . . — Brescia: 1980 | BL 1981, 6205. | *Helmantica* 33, 1982, 602 P. Orosio | *LEC* 50, 1982, 83 B. Stenuit | *REL* 59, 1981 (1982), 333 J. Fontaine | *RPh* 56, 1982, 340 F. Kerlouégan | *RBPh* 60, 1982, 178-181 P. Hamblenne.
5677 MADDOLI, Gianfranco: Contatti antichi del mondo latino col mondo greco. — [5661], 43-64.
5678 MARICHAL, Robert: Une tablette d'exécration de l'oppidum de Montfo (Hérault). — *CRAI* 1981, 41-51, 4 fig. | Suivi d'observations de Michel LEJEUNE, En marge de la défixion de Montfo, 51-52.

5679 MIHĂESCU, H.: *La langue latine dans le Sud-Est de l'Europe* . . . — Bucureşti/ Paris: 1978 | BL 1978, 4182. | *OCP* 47, 1981, 526 E. Merendino.

5680 NEGRI, Mario: *Latino arcaico, latino rustico e latino preromanzo. Corso monografico di glottologia II per l'A.A. 1981/82.* — Materiali Universitari, Lettere 21; Milano: UNICOPLI, 1982, 95 p. | *Sprache* 28, 1982, 222 [M. Peters].
PERUZZI, E.: *Mycenaeans in early Latin.* — 5143.

5681 RADKE, Gerhard: *Archaisches Latein* . . . — Darmstadt: 1981 | BL 1981, 6017. | *REL* 59, 1981 (1982), 324-327 G. Serbat | *AC* 52, 1983, 431 G. Jucquois.

5682 SIMONE, Carlo DE: Gli Etruschi a Roma: evidenza linguistica e problemi metodologici. — [290], 93-103, pl.

5683 SKUBIĆ, Mitja: La langue des inscriptions latines en Slovénie. — *Ling* 21, 1981, 277-298.

5684 VÄÄNÄNEN, Veikko: *Introduction au latin vulgaire.* 3ᵉ éd. — Paris: 1981 | BL 1981, 6020. | *CR* 32, 1982, 287 J.N. Adams | *REL* 59, 1981 (1982), 328-329 G. Serbat | *RPh* 56, 1982, 95-98 P. Flobert | *RBPh* 60, 1982, 199-200 P. Hamblenne | *NphM* 83, 1982, 475-478 C.D. Lanham | *RF* 94, 1982, 451 H. Lausberg.

5685 VÄÄNÄNEN, Veikko: *Introduzione al latino volgare.* A cura di Alberto LIMENTANI. Trad. di Annamilla GRANDESSO SILVESTRI. 3ª ed. it. riveduta. — Testi e Manuali per l'Insegnamento universitario del Lat. 8; Bologna: Pàtron, 1982, 419 p. | 2nd ed. 1974 (BL 1974, 4585). | Transl. of 5684.

5686 VERSNEL, H.S.: Die neue Inschrift von Satricum in historischer Sicht. — *Gymnasium* 89, 1982, 193-235, tab. V-VI | On No. 5674.

5. LEXICON — LEXIQUE

5687 ADAMS, J.N.: *The Latin sexual vocabulary.* — London: Duckworth, 1982, xii, 272 p.

5688 ADAMS, J.N.: Anatomical terms used pars pro toto in Latin. — *Proceedings of the African Classical Association* (Salisbury, Zimbabwe) 16, 1982, 37-45.

5689 ANDREI, Silvia: *Aspects du vocabulaire agricole latin.* — Roma: 1981 | BL 1981, 6023. | *AC* 52, 1983, 436-437 R. Verdière | *Gnomon* 55, 1983, 204-208 W. Richter.

5690 BAUER, Johannes B.: *Tenere* – 'bannen'. — *Hermes* 110, 1982, 122-124.

5691 BAUER, Johannes B.: *divulsare:* Addendum Lexicis Latinis. — *Sprache* 28, 1982, 173-174.

5692 *Beiträge aus der Thesaurus-Arbeit* . . . — Leiden: 1979 | BL 1979, 4606. | *CPh* 78, 1983, 360-363 J.E.G. Zetzel.

5693 BERNARDI PERINI, Giorgio: Sulla preistoria di *vetus.* — *Paideia* 36, 1981, 92-105.

5694 BERNHARD, Michael: *Wortkonkordanz zu Anicius Manlius Severinus Boethius,* De institutione musica. — Munchen: Beck, 1979, viii, 813 p. | *Speculum* 57, 1982, 862-863 S. Lusignan.

5695 BIONDI, Giuseppe Gilberto: *Semantica di* cupidus . . . — Bologna: 1979 | BL 1979, 4609. | *Latomus* 42, 1983, 185-186 P. Hamblenne.

5696 BONFANTE, Giuliano: L'ètimo di latino *sinister* (it. *sinistro*). — *RALinc* 36, 1982, 187-188.

5697 BOOTH, Alan D.: Rhéteur d'orge. — *Glotta* 60, 1982, 125-129 | Sur le sens de *hordearius rhetor.*

5698 BOZZI, Andrea: *Il trattato ippocratico* Περὶ ἀέρων, ὑδάτων, τόπων *e la sua tra-*

dizione latina tardo-antica: concordanze contrastive con il calcolatore elettronico e commento linguistico-filologico al lessico tecnico latino. — Orientamenti Linguistici 16; Pisa: Giardini, 1981, 96 p.

5699 CAMPANILE, Enrico: Sulla preistoria di lat. *pontifex.* — *SCO* 32, 1982, 291-297.

5700 CAPPONI, Filippo: *Ornithologia latina.* — Genova: 1979 | BL 1980, 4667. | *Gnomon* 54, 1982, 191-193 E. Lüthje.

5701 CASTRESANA, Ricardo: Cielo, mar y tierra en la *Eneida.* — *Helmantica* 33, 1982, 245-258.

5702 CHAMPEAUX, Jacqueline: *Fortuna* et le vocabulaire de la famille de *fortuna* chez Plaute et Térence, II. Les dérivés de *fortuna.* — *RPh* 56, 1982, 57-71 | Cf. BL 1981, 6031.

5703 CIPRIANO, Palmira: Arcaità di dicere in testimonianze varroniane. — [297], 63-79.

5704 COLONNA, Vincenza: *Lucii Ampelii lexicon.* — Genova: 1980 | BL 1981, 6032. | *Paideia* 36, 1981, 145-146 A. Grilli.

5705 *Concordanze della Orestis Tragoedia di Draconzio*, a cura di Rosanna MARINO. — Pisa: 1981 | BL 1981, 6033. | *REL* 60, 1982 (1983), 345-346 C. Moussy | *Athenaeum* 61, 1983, 613-614 F.E. Consolino.

5706 CONSO, Danièle: Sur le sens de *formula* dans les *Variae* de Cassiodore. — *RPh* 56, 1982, 265-285.

5707 CORSETTI, Pierre-Paul: Notes de lexicologie latine. — *RPh* 56, 1982, 233-248, fig. | 1. *tālus*, 2. *suffrāgō*.

5708 COSTAS RODRÍGUEZ, Jenaro: *Aspectos del vocabulario de Q. Curtius Rufus...* — Salamanca: 1980 | BL 1981, 6034. | *CR* 32, 1982, 280 J.M. Alonso-Núñez | *Gnomon* 55, 1983, 166-168 W. Rutz | *Kratylos* 27, 1982 (1983), 110-114 M. González-Haba.

5709 DANKER, Frederick W.: Benefactor: epigraphic study of a Graeco-Roman and New Testament semantic field. — St. Louis: Clayton, 1982, 509 p.

5710 ESTEFANÍA, Dulce: *M. Val. Martialis epigrammaton concordantia.* Fasc. 2: *C*; 3: *C-D.* — Monografías de la Univ. de Santiago de Compostela 49; Santiago de Compostela: Univ., 1980, ii, p. 243-561; 1982, ii, 562-768 | *Latomus* 42, 1983, 706-707 A. Martin (2) | *Em* 51, 1983, 155-156 C. Morano (3).

5711 FEDOROV, N.A.: Stanovlenie ėstetičeskogo komponenta v semantike leksičeskoj gruppy *decus, decorum, decere, dignitas* (na materiale tekstov Cicerona). — *VMU* 1981/1, 49-61.

5712 FERRUA, A.: Note al *Thesaurus Linguae Latinae.* Addenda et corrigenda al vol. I. — *Vetera Christianorum* (Bari: Ist. di Lett. cristiana antica) 18, 1981, 309-331.

5713 FISCHER, Helmut: Lateinisch *gravis* "schwer". — *MSS* 41, 1982, 33-34.

5714 FLURY, Peter: *Res* im antiken Latein. — [179], 35-45.

5715 GAMBERALE, Leopoldo: Note su alcune concordanze computerizzate di testi latini. — *RFIC* 110, 1982, 230-244.

5716 GIACOMELLI, Roberto: Tra linguistica e gastronomia: a) Lat. *capriare* "frollare", it. *carpionare* e un luogo di Antimo; b) A proposito di un etimo germanico di pizza. Appendice: Di un nuovo caso di commutazione automatica diglottica nel latino epigrafico. — *ASGM* 22, 1981 (1982), 29-36.

5717 GNOLI, F.: Di una recente ipotesi sui rapporti tra *pecus, pecunia, peculium.* — *Studia et Documenta Historiae et Iuris* (Roma) 44, 1978, 204-218.

5718 GRIEVE, Lucy J.: The etymology of *municeps.* — *Latomus* 41, 1982, 771-772.

5719 GRILLI, Alberto: *Dizionario della lingua latina.* I, 1-3. — Brescia: 1974-79 | BL 1980, 4683. | *RFIC* 110, 1982, 109-110 P. Parroni.

5720 GRILLI, Alberto: *Biaeothanatus/biothanatus.* — *Paideia* 37, 1982, 41-44 | Cf. 5740.
5721 GUSMANI, Roberto: Latino *postulare.* — *InL* 6, 1980-81 (1982), 109-110.
5722 HAMP, Eric P.: *Hīc* and *ibi* in Latin. — *AJPh* 103, 1982, 99-101.
5723 HAMP, Eric P.: *Glōria.* — *AJPh* 103, 1982, 447-448.
5724 HAMP, Eric P.: *Dulcis.* — *FoLH* 3, 1982, 133-134.
5725 HAMP, Eric P.: Latin *ut/nē* and *ut (. . . nōn).* — *Glotta* 60, 1982, 115-120.
5726 HAMP, Eric P.: Latin *apis.* — [263], 157-158.
HAMP, E.P.: Lat. *dextrata* and IE. **dek'si-no.* — 4273.
5727 HENSELLEK, Werner; SCHILLING, Peter: *De vera religione: Werksindex.* — Wien: 1980 | BL 1980, 4687. | *Gymnasium* 89, 1982, 346-347 I. Opelt | *Latomus* 41, 1982, 692 R. Braun | *AC* 52, 1983, 418-419 L. Verheijen.
HOCQUARD, M.: Gr. ὄλεθρος − lat. *lētum.* — 5298.
5728 *Index verborum Ammiani Marcellini,* ed. Maria CHIABO. Pars I: *A-L*; II: *M-Z.* — Alpha-Omega A, 44; Hildesheim: Olms, 1983, ii, 447 p.; p. 448-903.
5729 KELLER, Madeleine: Latin *vescor.* — *RPh* 56, 1982, 81-93.
5730 KRAMER, Johannes: Fragment eines alphabetischen lateinischen Glossars: *C.* — *ZPE* 47, 1982, 291-300.
5731 LE BŒUFFLE, André: *Les noms latins d'astres* . . . — Paris: 1977 | BL 1977, 5891. | *Gnomon* 54, 1982, 720-725 W. Hübner.
5732 LOMANTO, Valeria: "Concordanza dei grammatici latini": relazione sulle attività. — [179], 531-533.
5733 MACRÌ LI GOTTI, Maria Vittoria: *Caulis/cauda,* un caso di tabù linguistico, e *codex.* — *RIL* 1979 (1981), 303-313.
5734 MANTOVANELLI, Paolo: Profundus . . . — Roma: 1981 | BL 1981, 6066. | *LEC* 50, 1982, 373-374 B. Stenuit | *REL* 59, 1981 (1982), 334-336 J. Fontaine | *AC* 52, 1983, 434-435 E. Liénard | *SClas* 21, 1983, 154-155 I. Câmpeanu | *RFIC* 111, 1983, 213-216 I. Dionigi | *Latomus* 42, 1983, 184-185 J. Hellegouarc'h.
5735 MCCARREN, V.P.: *A critical concordance to Catullus.* — Leiden: 1977 | BL 1977, 5932. | *REA* 83, 1981 (1983), 131-132 J. Granarolo.
5736 MIGNOT, Xavier: *Salūtāre* en latin, *saluer* en français sont-ils bien des verbes délocutifs? — *BSL* 76, 1981/1 (1982), 327-344.
5737 MOES, R.: *Les hellénismes de l'époque théodosienne* . . . — Strassbourg: 1980 | BL 1981, 6069. | *Gnomon* 54, 1982, 387-389 P. de Jonge.
5738 MORANI, Moreno: Aspetti del lessico religioso latino. — *ASGM* 22, 1981 (1982), 24-26.
5739 MUCHNOVÁ, Dagmar: *Veritas* dans les traités philosophiques de Marcus Tullius Cicéron. — *GLP* 8, 1980, 41-51.
5740 MURRU, Furio: *Biothanatus.* — *Paideia* 36, 1981, 89-91 | Cf. 5720.
5741 NASCIMENTO, A.A.: Concordâncías verbais: instrumentos de trabalho e opções metodológicas de base. — *Euphrosyne* 10, 1980, 185-195 | A propos de publ. récentes.
5742 *Novae concordantiae Bibliorum Sanctorum iuxta vulgatam versionem* . . . digessit Bonifatius FISCHER. I-V. — Stuttgart: 1977 | BL 1978, 4212. | *Speculum* 56, 1981, 611-613 P. Meyvaert; S. Lusignan.
5743 NYMAN, Martti: Positing a Lautgesetz: Latin *capillus, pullus* and kindred issues. — *FoLH* 3, 1982, 87-108 | Contra V. PISANI (BL 1980, 4721).
5744 O'DONOVAN, Oliver: *Usus* and *fruitio* in Augustine, *De doctrina christiana* I. — *JThS* 33, 1982, 361-397.
5745 OPELT, Ilona: Schimpfwörter bei Claudian. — *Glotta* 60, 1982, 130-135.

LATIN ANCIEN

5746 OTÓN SOBRINO, Enrique: *Léxico de Valerio Máximo*. I. — Madrid: 1977 | BL 1977, 5936. | *REA* 83, 1981 (1983), 156-157 P. de Carvalho.

5747 *Oxford Latin dictionary*. Fasc. VIII: *Sopor - Zythum*. Ed. by P.W.G. GLARE. — Oxford: Clarendon Press, 1982, p. 1793-2126 | Cf. BL 1980, 4718. | Last fasc. of the *OLD* which has now appeared as a single-bound vol. (cf. 5748). | *REL* 60, 1982 (1983), 347-349 J. Perret (8) | *Gnomon* 55, 1983, 586-589 H. Wieland (7) | *RBPh* 60, 1982, 198-199 M. Leroy (7).

5748 *Oxford Latin dictionary*. Ed. by P.W.G. GLARE. — Oxford: Clarendon Press, 1982, xxiv, 2126 p. | Cf. 5747.

5749 PAULIS, Giulio: Two lexical congruences between Italic and Balto-Slavic. — *ABS* 14, 1982, 189-194 | 1. Lat. *trabea*. 2. Lat. *strebula*.

5750 PÉREZ CASTRO, Lois C.: *Dextrator*. — *Em* 50, 1982, 301-303 | In Sp. with E. summ.

5751 PETRESCU, Gabriela: Terminologia textilă în limba latină. — *MSȘFLA* 2, 1979-80 (1981), 32-55.

5752 PISANI, Vittore: *Rosmarinus*. — *Paideia* 36, 1981, 66-68.
5753 PISANI, Vittore: Lat. *saniēs*. — *IF* 86, 1981 (1982), 208.
5754 PISANI, Vittore: Latino *anhelare* - Armeno *anjn*. — *Paideia* 37, 1982, 79.
5755 PISANI, Vittore: Lat. *vesticeps* e *investis*. — *Sprache* 28, 1982, 31.

PISANI, V.: Heth. *ṷak-*: lat. *vacuus, vacae*. — 4437.

PISANI, V.: Miscellanea etim.: . . . lat. *spurius*. — 5338.

5756 POPE, Maurice: *Quid si non* . . . - an idiom of Classical Latin. — *Phoenix* 36, 1982, 53-70.

5757 REUTER, K.: Formosus *und* lautus: *zwei Wortuntersuchungen*. — Köln: Univ., Philosophische Fak., 1981, 204 p. | Revised diss., Köln 1967.

5758 ROSALIA, A. DE: *Lexicon Accianum*. — Alpha-Omega A, 53; Hildesheim: Olms, 1982, xxiii, 202 p.

5759 SALEMME, Carmelo: *Strutture semiologiche nel De rerum natura* . . . — Napoli: 1980 | BL 1981, 6082. | *RFIC* 110, 1982, 208-211 P. Venini.

5760 SCARPAT, Giuseppe: Una rara accezione di *transire* nel Testamentum porcelli. — *Paideia* 36, 1981, 35-38.

TAILLARDAT, J.: Φιλότης, πίστις et *foedus*. — 5372.

5761 *Thesaurus linguae latinae* . . . Vol. X, 1, fasc. i: *p - palpebra* [Red.: Hans WIELAND]. — Leipzig: Teubner, 1982, c. 1-160.

5762 *Thesaurus linguae latinae* . . . Vol. X, 2, fasc. ii: *possum - potestas* [Red.: Hugo BEIKIRCHER]. — Leipzig: Teubner, 1982, c. 153-320 | Cf. BL 1981, 6092.

5763 THOMAS, Richard F.: *Gadflies* (Virg. Geo. 3.146-148). — *HSPh* 96, 1982, 81-85 | On the meaning of *asilus*.

5764 VALGIGLIO, Ernesto: Confessio *nella Bibbia e nella letteratura cristiana antica*. — Torino: Giappichelli, 1980, 355 p. | *VChr* 36, 1982, 191-193 J. den Boeft | *Aevum* 57, 1983, 165-166 C. Scaglione | *Paideia* 36, 1981, 140-142 G. Scarpat.

5765 WINKELMANN, Otto: Lat. *magister* und seine Entsprechungen im Rumänischen. — [263], 367-408.

5766 ZAGAGI, Netta: A note on *munus, munus fungi* in early Latin. — *Glotta* 60, 1982, 280-281.

7. STYLISTICS — STYLISTIQUE

5767 AILI, Hans: Livy's language. A critical survey of research. — [5570], 1122-1147.

5768 ANDRIA, Gerardo: *Preverbi in funzione espressiva nel primo libro delle Epistole a Lucilio.* — [Salerno: Scuola Arti Grafiche del Comune], 1981, 128 p.
5769 BOOTH, Joan: Aspects of Ovid's language. — [5571], 2686-2700.
5770 BRACCIALI MAGNINI, M. Letizia: *Grecismi dotti nelle Satire di Giovenale.* — Firenze: Le Monnier, 1980, 15 p.
5771 COLLART, Jean: Quelques remarques sur le style de Varron dans les Satires Ménippées (La qualification). — [297], 101-106.
5772 DANGEL, Jacqueline: *La phrase oratoire chez Tite-Live.* — Paris: Les Belles Lettres, 1982, x, 468 p. | *REL* 60, 1982 (1983), 341-343 J. Hellegouarc'h.
5773 DESCHAMPS, Lucienne: *Étude sur la langue de Varron* . . . 1-2. — Lille: 1976 | BL 1976, 5187. | *REA* 83, 1981 (1983), 142-143 R. Lesueur.
5774 GAEBEL, Robert E.: The varied uses of *-es* and *-is* for the accusative plural of *i*-stem words in Vergil's *Georgics.* — *Latomus* 41, 1982, 104-131.
5775 GÖRLER, Woldemar: Beobachtungen zu Vergils Syntax. — *WJA* 8, 1982, 69-81.
5776 GOTOFF, Harold C.: *Cicero's elegant style* . . . — Urbana, Ill.: 1979 | BL 1979, 4669. | *LEC* 50, 1982, 371 F.-X. Druet.
5777 GOTOFF, Harold C.: Analyzing Cicero's style from the text of Cicero: a reply. — *CPh* 77, 1982, 336-339 | Contra Ch.E. MURGIA (BL 1981, 6120); response by M., ib., 340-341.
5778 GRATWICK, A.S.; LIGHTLEY, S.J.: Light and heavy syllables as dramatic colouring in Plautus and others. — *CQ* 32, 1982, 124-133.
5779 HELLEGOUARC'H, J.: Les structures verbales de l'hexamètre dans les *Annales* d'Ennius et la création du vers épique latin. — *Latomus* 41, 1982, 743-765.
5780 HELTTULA, Anne: Did Apicius use the accusative absolute? — *Arctos* 16, 1982, 11-17.
5781 HENSELLEK, Werner: *Sprachstudien an Augustins* De vera religione. — Wien: 1981 | BL 1981, 6111. | *Gymnasium* 89, 1982, 350 I. Opelt | *Latomus* 41, 1982, 668-669 G.J.M. Bartelink | *REL* 59, 1981 (1982), 334 M. Baratin.
5782 HINOJO ANDRES, Gregorio: Del estilo de las *Bucólicas* y *Geórgicas:* la utilización del adjetivo poético. — *Helmantica* 33, 1982, 345-358.
5783 *Lateinisches Hexameter-Lexikon* . . . Zusammengestellt von Otto SCHUMANN (†). Teil 5: *S-Z.* — Monumenta Germaniae Historica, Hilfsmittel 4, 5; München: Mon. Germ. Hist., 1982, xxiv, 762 p. | Cf. BL 1981, 6116. | *AC* 51, 1982, 495-496 E. Liénard (1-3) | *CR* 32, 1982, 220-222 E.J. Kenney (1) | *Gymnasium* 89, 1982, 540-542 F. Bömer (4-5) | *ALMA* 42, 1979-80 (1982), 189-191 A. Guerreau-Jalabert (1-3) | *MLatJb* 17, 1982, 245-246 U. Kindermann (1-3) | *RPh* 56, 1982, 149-151 J. Soubiran (1-3) | *MAev* 50, 1981, 311-312 P. Godman (1).
5784 LESUEUR, Roger: *Iter* et *ire* dans l'Énéide: quelques réflexions sur la représentation du mouvement. — *AUToul* 17, 1981/3 (*Pallas* 28), 15-29.
5785 *La lingua poetica latina.* A cura di Aldo LUNELLI . . . 2ª ed. — Bologna: 1980 | BL 1980, 4758. | *AC* 52, 1983, 433-434 E. Liénard | *REL* 60, 1982 (1983), 343-344 P. Grimal.
5786 MINYARD, John Douglas: *Mode and value in the* De rerum natura . . . — Wiesbaden: 1978 | BL 1979, 4677. | *Helmantica* 33, 1982, 592-593 J. Oroz.
5787 MOSKALEW, Walter: *Formular language and poetic design in the* Aeneid. — *Mn*, Suppl. 73; Leiden: Brill, 1982, xi, 273 p. | *CR* 33, 1983, 320 N.M. Horsfall.
5788 NOVELLI, Anna: *Il linguaggio di Calpurnio Siculo.* — Lecce: 1980 | BL 1980, 4763. | *RFIC* 110, 1982, 464-467 F. Speranza.
5789 OKSALA, Teivas: Zum Gebrauch der griechischen Lehnwörter bei Catull. — *Arctos* 16, 1982, 99-119.

LATIN ANCIEN

5790 PETERSMANN, Hubert: *Petrons urbane Prosa* . . . — Wien: 1977 | BL 1977, 5939. | *RPh* 56, 1982, 147-149 G. Serbat.

POCCETTI, P.: Elementi culturali negli epitafi poetici peligni. II. — 5414.

5791 STOCKERT, Walter: Zur sprachlichen Charakterisierung der Personen in Plautus' "Aulularia". — *Gymnasium* 89, 1982, 4-14.

5792 TRAGLIA, Antonio: Elementi stilistici nel *De lingua latina* di Varrone. — *ASNP* 12, 1982, 481-511.

5793 TRAINA, Alfonso: *Lo stile "drammatico" del filosofo Seneca*. 2ª ed. — Bologna: 1978 | BL 1981, 6130. | *AAHG* 35, 1982, 211-213 G. Maurach.

5794 WALLACE, Rex: A note on the phonostylistics of Latin: *(s)* in Plautus. — *Glotta* 60, 1982, 120-124.

5795 ZAFFAGNO, Elena: *Iniziative semantiche di Tacito annalista*. — Genova: 1981 | BL 1981, 6132. | *Latomus* 42, 1983, 458-459 J. Hellegouarc'h.

8. METRICS, VERSIFICATION — MÉTRIQUE, VERSIFICATION

5796 AILI, Hans: *The prose rhythm of Sallust and Livy*. — Stockholm: 1979 | BL 1979, 4698. | *RPh* 56, 1982, 346 P. Flobert.

5797 BOLDRINI, Sandro: Iato prosodico, elementi, verso, ritmo. — *ASNP* 11, 1981, 641-673.

5798 CANCIK, Hubert; CANCIK-LINDEMAIER, Hildegard; KOTTKE, Dirk; OTT, Wilhelm: Untersuchungen zur Geschichte der Schemata-Forschung im lateinischen Hexameter. — *RELO* 1979/3, 1-86, 14 tab.

5799 FORTASSIER, P.: Sur l'hypermètre: brève mise au point. — *REL* 59, 1981 (1982), 65-68 | Cf. BL 1981, 6141.

5800 GÉRARD, Jean: *La ponctuation trochaïque dans l'hexamètre latin d'Ennius à Juvénal*. . . — Paris: 1980 | BL 1980, 4793. | *AC* 51, 1982, 418-420 E. Liénard | *CR* 32, 1982, 218-220 E.J. Kenney.

5801 GÉRARD, J.: Liaisons syllabiques dans les partages trochaïques de l'hexamètre latin. — [3160], 168-211, tab. | Comm. by Rüdiger GROTJAHN, 212-225.

5802 GREENBERG, Nathan A.: Vocalic initials in Aeneid 12. — [3160], 151-167, tab.

5803 HÅKANSON, Lennart: Homoeoteleuton in Latin dactylic poetry. — *HSPh* 96, 1982, 87-115.

HOPKINSON, N.: Juxtaposed prosodic variants in Gr. and Lat. poetry. — 5429.

5804 KOLLMANN, E.D.: Zum Enjambement in der lateinischen Hexameterdichtung. — *RhM* 125, 1982, 117-134, 3 tab.

5805 LEBEK, Wolfgang D.: Sinnbezug und Hexametergestalt im Aeneisproömium. — *Hermes* 110, 1982, 195-211.

5806 OTT, Wilhelm: *Metrische Analysen zu Vergil, Aeneis Buch X*. — Materialien zu Metrik und Stilistik 13; Tübingen: Niemeyer, 1982, xviii, 188 p., 18 cartes perforées.

5807 OTT, Wilhelm: *Metrische Analysen zu Vergil, Aeneis Buch IV*. — Materialien zu Metrik und Stilistik 12; Tübingen: Niemeyer, 1982, xvii, 160 p., 16 cartes perforées.

5808 PALLA, Roberto: Questioni di metrica ed esegesi prudenziane. — *SCO* 32, 1982, 253-275.

5809 RAFFAELLI, Renato: *Ricerche sui versi lunghi di Plauto e di Terenzio: metriche, stilistiche, codicologiche*. — Biblioteca di Studi Antichi 36; Pisa: Giardini, 1982, 213 p., tab.

5810 SMITH, Peter L.: Enclitic rhythms in the Vergilian hexameter. — *Phoenix* 36, 1982, 124-143, 5 tab.

5811 THRAEDE, K.: *Der Hexameter in Rom* . . . — München: 1977 | BL 1978, 4242. | *Eirene* 18, 1982, 152-153 D. Svobodová.
5812 TORDEUR, Pol: Étude statistique sur l'hexamètre d'Ausone. — [3160], 75-91, 6 tab. | Comm. by Rüdiger GROTJAHN, 97-106.
TRAVERSE, S.E.: *Ictus metricus* . . . — 5436.

10. MATHEMATICAL LINGUISTICS — LINGUISTIQUE MATHÉMATIQUE

5813 DELATTE, Louis; ÉVRARD, Étienne; DENOOZ, Joseph: *Dictionnaire fréquentiel et index inverse de la langue latine.* — Liège: Univ. de Liège, Laboratoire d'Analyse statistique des Langues anc., 1981, v, 537 p.
5814 ÉVRARD, Étienne: Quelques traits quantificatifs du vocabulaire du *Moretum.* — *Latomus* 41, 1982, 550-565.
MOREUX, B.: L'utilisation des méthodes quantitatives en linguistique gr. et lat. — 5451.
5815 [N.N.] Recherches statistiques sur les Héroïdes XVI et XVII d'Ovide. — *RELO* 1979/2, 1-61, 18 tab. | Chapitre d'un mémoire de licence sous la direction de L. DELATTE.
TORDEUR, P.: Étude statistique sur l'hexamètre d'Ausone. — 5812.

12. SOCIOLINGUISTICS — SOCIOLINGUISTIQUE

5816 ACHARD, Guy: Langage et société: à propos des *optimates* et des *populares.* — *Latomus* 41, 1982, 794-800.
5817 BEZZOLA, G.: Il dialetto come diversità. — *Acme* 34, 1981, 5-13.
5818 LOI, Vincenzo: *Origini e caratteristiche della latinità cristiana.* — Roma: 1978 | BL 1980, 4529. | *Latomus* 42, 1983, 682-684 M. Van Uytfanghe.

14. ONOMASTICS — ONOMASTIQUE

ARENA, R.: Sul nome *Aiax.* — 5511.
5819 FISCHER, I.: Le cognomen romain *Synhelix.* — *RRLing* 27, 1982, 497-498.
5820 GOLVERS, N.: De Aeneïs en de Italische naamtradities. — *HZnMTL* 35, 1981, 87-130 | The Aeneid and the Italic tradition of names.
5821 KIRCHER-DURAND, C.: Héritage indo-européen, apports étrusque et sabin et vestiges du substrat pré-italique dans quelques noms de vieilles divinités romaines. — *LAMA* 4, 1979, 146-187 | A propos des noms en *-nus/-na.*
5822 NEGRI, Mario: *Achīuī, Achaeī* e Ἀχαιοί. — *Acme* 34, 1981, 221-226.
5823 PETRACCO SICARDI, G.; CAPRINI, R.: *Toponomastica storica della Liguria.* — Genova: Sagep, 1981, 127 p. | Contents: G.P.S., La toponomastica preromana e romana della Liguria, 7-82; R.C., Toponomi liguri di origine germanica, 83-125; App.: Bibliografia e indice dei toponimi, 15 p.
5824 RIVET, A.L.F.; SMITH, Colin: *The place-names of Roman Britain.* — Princeton, NJ: 1979 | BL 1979, 4722. | *CMCS* 4, 1982, 90-93 P. Sims-Williams.
5825 SOLIN, Heikki: Analecta epigraphica. — *Arctos* 16, 1982, 165-222 | LXXIX. Der neue *Index cognominum* von *CIL* VI.

LATIN MÉDIÉVAL

E. Medieval and Modern Latin — Latin médiéval et moderne

5826 BATE, A.K.: Medieval Latin. — *YWMLS* 43, 1981 (1982), 19-25.

5827 *Medioevo latino: bollettino bibliografico della cultura europea dal secolo VI al XIII*. III. *1980*. A cura di Claudio LEONARDI e di Rino AVESANI, Ferruccio BERTINI, Giuseppe CREMASCOLI, Giovanni ORLANDI, Giuseppe SCALIA. — Spoleto: Centro it. di Studi sull'alto Medioevo, 1982, xl, 984 p. | Cf. BL 1981, 6156. | *REL* 59, 1981 (1982), 476-477; 60, 1982 (1983), 533-534 J. Fontaine (II; III) | *RFIC* 110, 1982, 124 M. Passalacqua (I).

5828 ABBON DE FLEURY: *Questions grammaticales (Quaestiones grammaticales)*. Texte établi, trad. et comm. par Anita GUERREAU-JALABERT. — Paris: Les Belles Lettres, 1982, 339 p. | *Gnomon* 55, 1983, 226-229 S. Lundström | Cf. also 5864.

5829 ANGRISANI SANFILIPPO, M.L.: Lessicografia mediolatina. — *Cultura e Scuola* (Roma: Ist. dell'Enciclopedia it.) 20, 1981/78, 76-87.

5830 BALDINGER, Kurt: Die Etymologie von mlt. *bidannum*, afr. mfr. *biain* 'corvée'. — [263], 635-667, map.

5831 BARTOLETTI COLOMBO, Anna Maria: Usi e valori di *res* nelle *Novellae* Giustinianee. — [179], 47-66.

5832 BAUER, Johannes B.: *Stola* und *tapetum:* zu den Oxforder Gedichten des Primas. — *MLatJb* 17, 1982, 130-133.

5833 BAUTIER, Anne-Marie: La lexicographie du latin médiéval: bilan international des travaux. — [153], 433-453.

5834 BAUTIER, Anne-Marie: Sens matériels de *res* et leurs correspondants en latin médiéval. — [179], 67-89.

5835 BAUTIER, A.-M.: Activité du Comité Du Cange (Paris). — [179], 503-506.

5836 BEAUJOUAN, Guy: Le vocabulaire scientifique du latin médiéval. — [153], 345-354.

5837 BIELER, Ludwig: *The Patrician texts in the Book of Armagh* . . . — Dublin: 1979 | BL 1981, 6165. | *Éigse* 18/2, 1981, 329-332 R. Sharpe.

5838 BILLANOVICH, Giuseppe: La latinité des humanistes italiens. — [153], 125-130.

5839 BISCHOFF, Bernhard: A propos des Gloses de Reichenau entre latin et français. — [153], 47-57.

5840 BOZZI, Andrea; EMMANUELE, Salvatore: Thesaurus mediae et recentioris latinitatis. — [179], 377-392.

5841 BRADLEY, D.R.: The doctrinal formula of Patrick. — *JThS* 33, 1982, 124-133 | On the structure of Patrick's *Confessio*.

5842 BUSA, Roberto: Voces *realis-realiter* in S. Thoma Aq. cum appendice de voce *res-rei*. — [179], 105-136.

5843 Il calendario irlandese del codice D IV 18 della Biblioteca Nazionale di Torino. Parte I. Alessandro VITALE BROVARONE: Introduzione e descrizione del codice. Parte II. Fiorenza GRANUCCI: Le ricorrenze del calendario date nel margine destro. Glossari. — *AGI* 66, 1981 (1982), 33-54; 55-88, 2 pl.; 67, 1982, 38-113 | With extensive linguistic notes on the Lat. and Ir. texts.

5844 CARPENTIER, Élisabeth: Histoire et informatique: recherches sur le vocabulaire des biographies royales françaises. — *CCM* 25, 1982, 3-30.

5845 CHAURAND, Jacques: Latin médiéval et contexte social: le campagnard et l'homme de cour d'après un recueil de "Distinction[e]s" du XIVe siècle. — [153], 59-75.

5846 CICCARESE, Maria Pia: Il *Contra adversarium legis et prophetarum* di Agostino. — *MALinc* 25, 1981, 283-423.

5847 COSTABEL, Pierre; REDONDI, Pietro: Contribution à la sémantèse de *res/cosa/cossa* dans la langue scientifique du XVIe siècle. — [179], 179-196.

5848 CRAPULLI, Giovanni: *Res* e *cosa* (*cossa*) nella terminologia algebrica del sec. XVI. — [179], 151-178.

5849 CRAWFORD, T.D.: On the linguistic competence of Geoffrey of Monmouth. — *MAev* 51, 1982, 152-162.

CREVATIN, F.: It. *taràntola* . . . ; mlt. *brittula* . . . — 7423.

5850 DAVIES, Wendy: Clerics as rulers: some implications of the terminology of ecclesiastical authority in early medieval Ireland. — [5880], 81-97.

5851 DELLA CASA, Adriana: Les glossaires et les traités de grammaire du moyen âge. — [153], 35-46.

5852 DELMAS, Jean: La lexicographie du latin médiéval et l'histoire des techniques. — [153], 421-430.

5853 DÍAZ Y DÍAZ, Manuel C.: Le latin du haut moyen âge espagnol. — [153], 105-114.

5854 *Dictionary of Medieval Latin from British sources*. Fasc. II: *C*. Prepared by R.E. LATHAM. — London: Oxford UP., 1981, xii, p. 233-551 | Cf. BL 1975, 5120. | Cf. 5879.

5855 DUCHET-SUCHAUX, Monique: Les méthodes du travail lexicographique. — [153], 455-460.

5856 ERB, T.: *Die Handwerkerbezeichnungen im Mittellatein: Ergebnisse einer Wortschatzanalyse.* — Berlin: Akad.-Verlag, 1978, 192 p.

5857 FARMINI, Luciano: *Alle fonti del volgare nelle carte di Troia.* — Milano: La Prora, 1980, 170 p.

5858 FAVREAU, Robert; MICHAUD, Jean: Épigraphie et lexicographie: note sur les inscriptions carolingiennes en France. — [153], 251-258.

5859 FRANSEN, Gérard: La lexicographie du droit canonique médiéval (1140-1400). — [153], 191-196.

5860 GAUTHIER, Marie-Madeleine: *Pulcher et formosus*, l'appréciation du beau, en latin médiéval. — [153], 401-419, tab.

5861 *Glossarium till medeltidslatinet i Sverige*, av Eva ODELMAN. / *Glossarium Mediae Latinitatis Sueciae* . . . Vol. II, Fasc. 1: *iustitia - metuendus*. — Stockholm: Kungl. Vitterhets, Historie och Antikvitets Akad. (distr.: Almqvist & Wiksell), 1982, 73 p. | Cf. BL 1978, 4283.

5862 GRATWICK, A.S.: Latinitas britannica: was British Latin archaic? — [5880], 1-79.

5863 GREENWOOD, David: De Latinitate recenti: some reflections on modern Latinity. — *Hermathena* 132, 1982, 26-37.

5864 GUERREAU-JALABERT, Anita: A propos des *Quaestiones grammaticales* d'Abbon de Fleury: essai de statistique lexicale. — *ALMA* 42, 1979-80 (1982), 85-128 | Cf. 5828.

5865 GUILLOT, Olivier: Le droit romain classique et la lexicographie de termes du latin médiéval impliquant délégation de pouvoir. — [153], 153-166.

5866 GY, P.-M.: Le vocabulaire liturgique latin au moyen âge. — [153], 295-301.

5867 HALLEUX, Robert: Problèmes de lexicographie alchimiste. — [153], 355-365.

5868 HAMESSE, Jacqueline: *Res* chez les auteurs philosophiques des 12e et 13e siècles ou le passage de la neutralité à la spécificité. — [179], 91-104.

5869 HUGLO, Michel: La lexicographie du latin médiéval et l'histoire de la musique. — [153], 391-399.

LATIN MÉDIÉVAL

5870 IJSEWIJN, Jozef: *Companion to Neo-Latin studies.* — Amsterdam: 1977 | BL 1977, 6003. | *AAHG* 36, 1983, 118-124 W. Trillitzsch.

5871 IMBS, Paul: Réflexions d'un romaniste. — [153], 25-34 | A propos de la lexicographie médiolatine.

5872 [ISIDORUS HISPALIENSIS]. Isidore de Séville: *Étymologies*, livre XVII: *De l'agriculture*... par Jacques ANDRÉ. — Paris: 1981 | BL 1981, 6185. | *Helmantica* 33, 1982, 597-598 J. Oroz | *MH* 39, 1982, 333 F. Paschoud | *RPh* 56, 1982, 361-364 I. Opelt.

5873 JACQUART, Danielle; TROUPEAU, Gérard: Traduction de l'arabe et vocabulaire médical latin: quelques exemples. — [153], 367-376.

5874 KALIVODA, Jan: *Cursus* v některých dílech z počátku husitské revoluce, připisovaných mistru Vavřincovi. — *GLP* 8, 1980, 113-121 | *Cursus* in einigen dem Laurentius von Brezova zugeschriebenen Werken (G. summ.).

5875 KÖBLER, Gerhard: *Wörterverzeichnis zu den Leges Francorum.* — Arbeiten zur Rechts- und Sprachwissenschaft 10; Giessen: Arbeiten zur Rechts- und Sprachwissenschaft-Verlag, 1979, 116 p. | *BNF* 17, 1982, 436-437 E. Stutz.

5876 KÖBLER, Gerhard: *Wörterverzeichnis zu den Leges Alamannorum und Baiwariorum.* — Arbeiten zur Rechts- und Sprachwissenschaft 11; Giessen: Arbeiten zur Rechts- und Sprachwissenschaft-Verlag, 1979, 127 p. | *BNF* 17, 1982, 436-437 E. Stutz.

5877 LANGOSCH, Karl: Zur Produktion der Wort-Indices. — *MLatJb* 17, 1982, 230-233 | On A. EPE (BL 1981, 6176) & No. 5915.

5878 LATHAM, Ronald: *Res/causa* dans le fichier du lexique latin médiéval tiré de sources britanniques. — [179], 137-149.

5879 LATHAM, Ronald E.: British Medieval Latin Dictionary. — [179], 529-530 | Cf. 5854.

5880 *Latin and the vernacular languages in early medieval Britain.* Ed. by Nicholas BROOKS. — Studies in the Early History of Britain; Leicester: UP., 1982, xi, 170 p., 4 pl. | *CR* 33, 1983, 344-345 P. Godman.

5881 Latinitatis Italicae medii aevi inde ab a. CDLXXVI usque ad a. MXXII lexicon imperfectum moderante † Francisco ARNALDI, cura et studio L. CELENTANO – A. DE PRISCO – A.V. NAZZARO. Huic fasc. conficiendo praefuit Paschalis SMIRAGLIA. Addenda, fasc. v: *Ebanielum – Gyrus.* — *ALMA* 42, 1979-80 (1982), 5-72 | Cf. BL 1979, 4744.

5882 LE GOFF, Jacques: Le vocabulaire des *exempla* d'après l'*alphabetum narrationum* (début XIVe siècle). — [153], 321-332.

5883 Lessico Intellettuale Europeo: materiali per le voci *res, realis, realitas, realiter* nel *Dizionario Filosofico del '600 e '700.* — [179], 395-481.
La lexicographie du lat. médiéval ... — 153.

5884 *Lexicon latinitatis Nederlandicae medii aevi. / Woordenboek van het middeleeuws Latijn van de Noordelijke Nederlanden.* Composuerunt J.W. FUCHS †, Olga WEIJERS, Marijke GUMBERT. Fasc. 17: *d – deifice*; 18: *deificio – destituto.* — Leiden: Brill, 1982, p. 1235-1314; 1315-1394 | Cf. BL 1981, 6196.

5885 LIVER, Ricarda: *Die Nachwirkung der antiken Sakralsprache im christlichen Gebet...* — Bern: 1979 | BL 1980, 4863. | *VR* 41, 1982, 253-255 L. Gnädinger.

5886 LÖFSTEDT, Bengt: Zum Latein des Olaus Magnus. — *Habis* 10-11, 1979-80, 151-156 | Cf. also BL 1981, 6203.

5887 LÖFSTEDT, Bengt: Notizen zu mittelalterlichen Grammatiken. — *ALMA* 42, 1979-80 (1982), 79-83 | 1. Zu Tatwine, 2. Zu Paulus Diaconus, 3. Zu Hilderich.

5888 LÖFSTEDT, Bengt: Zum Wortschatz des Virgilius Maro Grammaticus. — *Philologicus* 126, 1982, 99-110.

5889 LONGÈRE, Jean: Le vocabulaire de la prédication. — [153], 303-320.
5890 MARTÍNKOVÁ, Dana: Příspěvek k jazykové charakteristice latinských spisů Vavřince z Březové. — *LF* 105, 1982, 228-232 | De operum Latinorum Laurentii de Brzezowa lingua (Lat. summ.).
5891 MILANI, Celestina: Contributo del *Corpus Glossary* al lessico del latino tardo e dell'antico inglese. — *RIL* 113, 1979 (1981), 55-80.
5892 MOSINO, Franco: Una etimologia del "Liber Pontificalis". — *RLiR* 46, 1982, 253 | *Burgus.*
5893 MULON, Marianne: Lexicographie du latin médiéval et toponymie. — [153], 137-144.
5894 NORBERG, Dag: Étymologie et changement de sens. — [153], 77-95.
5895 NOVÁKOVÁ, Julie: Tři komeniologické drobnosti. — *LF* 105, 1982, 30-33 | 3. *Elianus* = eliášovský (Lat. summ.).
5896 *Novum glossarium mediae latinitatis ab anno DCCC usque ad annum MCC.* Edendum curavit Consilium academiarum consociatarum. Huic fasciculo conficiendo praefuit Yves LEFÈVRE. 10: *opertura – ordino*; 11: *ordior – oz.* — Hafniae [København]: Munksgaard, 1980, c. 541-728; 729-940 | Cf. BL 1978, 4294.
5897 ÖNNERFORS, Alf: *Die Verfasserschaft des Waltharius-Epos . . .* — Opladen: 1979 | BL 1979, 4756. | *AC* 52, 1983, 422-424 M. Van Uytfanghe.
5898 PALADINI, V.; MARCO, Maria DE: *Lingua e letteratura mediolatina.* 2ª ed. — Bologna: 1980 | BL 1981, 6216. | *LEC* 50, 1982, 83 B. Stenuit.
5899 [PAPIAS VOCABULISTA]. *Papiae Elementarium.* Littera *A.* 3 (*Ani – Azoni*). Recensuit Violetta DE ANGELIS. — Testi e Documenti per lo Studio dell'Antichità 58; Milano: Cisalpino-Goliardica, 1980, p. 257-440 | Cf. BL 1979, 4758.
5900 PARISSE, Michel: A propos du traitement automatique des chartes: chronologie du vocabulaire et repérage des actes suspects. — [153], 241-249, 9 fig.
5901 PAYR, Theresia: Dictionnaire du latin médiéval: remarques sur la méthode. — [153], 473-479.
5902 PITKÄRANTA, Reijo: Lexikalisches zu einigen naturwissenschaftlichen Dissertationen Finnlands von 1645-1661. — *Arctos* 16, 1982, 145-152.
5903 PLEZIA, Marian: Le latin dans les pays slaves. — [153], 131-136.
5904 POLY, Jean-Pierre: Vocabulaire "féodo-vassalique" et aires de culture durant le haut moyen-âge. — [153], 167-190.
5905 PRINZ, Otto: Untersuchungen zur Überlieferung und zur Orthographie der Kosmographie des Aethicus. — *DAEM* 37, 1981, 474-510.
5906 PRELOG, Jan: *Die Chronik Alfons' III: Untersuchung und kritische Edition der vier Redaktionen.* — Europäische Hochschulschriften 3, 134; Frankfurt a.M.: Lang, 1980, cxcvii, 192 p. | With phil. comm.
5907 PUTANEC, Valentin: Primjeri za srednjovjekovno značenje latinske riječi *plebs* "župna crkva, župa" s hrvatskog terena. — *Filologija* 10, 1980-81 (1982), 93-96 | Les attestations de lat. médiéval *plebs* "église paroissiale, paroisse" en territoire croate (Rés. fr.).
5908 RICHÉ, Pierre: L'étude du vocabulaire latin dans les écoles anglo-saxonnes au début du Xe siècle. — [153], 115-124.
5909 RICHTER, Michael: Die Sprachenpolitik Karls des Grossen. — *Sprachw* 7, 1982, 412-437.
5910 RIJK, Lambert-Marie DE: La lexicographie du latin médiéval et l'histoire de la logique. — [153], 289-293.
5911 ROBINET, André: *Res* et *nihil* dans "Ethica 77". — [179], 253-283.

5912 SCHMITT, Jean-Claude: *Gestus – gesticulatio:* contribution à l'étude du vocabulaire latin médiéval des gestes. — [153], 377-390.

5913 SCHNEIDER, Jean: Lexicographie du latin médiéval et vocabulaire des institutions. — [153], 197-213.

5914 *Słownik łaciny średniowiecznej w Polsce. / Lexicon mediae et infimae latinitatis Polonorum.* Ed. Marian PLEZIA. Vol. V, fasc. 6 (40): *intellectualis – intrudo*; 7 (41): *intruncatio – iungo*; 8 (42): *iunior – latro*. — Wrocław: Zakład Narodowy im. Ossolińskich, 1982, c. 801-960; 961-1120; 1121-1280 | Cf. BL 1981, 6220.

5915 STIENE, Heinz Erich: *Konkordanz zum Paderborner Epos/Aachener Karlsepos.* Unter Mitarbeit von Wolfgang KIRSCH. — Lat. Sprache und Lit. des Mittelalters 12 (=Europäische Hochschulschriften I, 501); Frankfurt a.M.: Lang, 1982, 149 p. | Cf. 5877.

5916 STIENE, Heinz Erich: *Konkordanz zum Waltharius-Epos.* Unter Mitarbeit von Wolfgang KIRSCH. — Lat. Sprache und Lit. des Mittelalters 13 (=Europäische Hochschulschriften I, 544); Frankfurt a.M.: Lang, 1982, 359 p.

5917 The study of Latin texts in late Anglo-Saxon England. [1] Michael LAPIDGE: The evidence of Latin glosses; [2] R.I. PAGE: The evidence of English glosses. — [5880], 99-140, 2 pl.; 141-165, 2 pl.

TEKAVČIĆ, P.: L'importanza e l'interesse degli studi istroromanzi per la linguistica neolatina . . . — 7396.

5918 THOUZELLIER, Christine: La lexicographie du latin médiéval et les controverses religieuses au moyen âge. — [153], 333-341.

5919 TIMBAL, Pierre; METMAN, Josette: La lexicographie du latin médiéval et le vocabulaire juridique. — [153], 147-152.

TISCHLER, J.: Die Aufschriften der burgundischen Danielschnallen. — 7935.

5920 TOMBEUR, Paul: L'informatique et le travail lexicographique. — [153], 461-472, 2 app.

5921 VERBEKE, Gérard: Lexicographie du latin médiéval et philosophie médiévale. — [153], 261-287.

5922 [VIRGILIUS MARO]. Virgilio Marone grammatico: *Epitome ed epistole.* Ed. critica a cura di G. POLARA. — Napoli: 1979 | BL 1979, 4769. | *AAHG* 36, 1983, 64-68 F. Rädle | *RFIC* 111, 1983, 85-92 L. Munzi.

5923 WEIJERS, Olga: Le système traditionnel de la lexicographie appliqué au latin médiéval. — [153], 481-489.

5924 WRIGHT, Roger: *Late Latin and early Romance in Spain and Carolingian France.* — Classical and Medieval Texts, Papers and Monographs 8; Liverpool: Cairns, 1982, xii, 322 p.

5925 ZACHOVÁ, Jana: Der rhetorische Stil in zwei Biographien der Zeit Karls IV. — *GLP* 8, 1980, 105-111 | Vita venerabilis Arnesti; Vita venerabilis presbyteri Milicii (FRB I).

5926 ZATOČIL, Leopold: Lateinische Texte und Quellen zum Ackermann aus Böhmen. — *BBGN* 3, 1982, 7-19 | Cz. summ.

X. ROMANCE LANGUAGES — LANGUES ROMANES

A. General — Généralités

5927 Bibliographie der Schweizer Romanistik. — *VR* 41, 1982, 374-384.
5928 GREEN, John N.: Romance linguistics. — *YWMLS* 43, 1981 (1982), 31-37.

5929 MCKAY, John C.: *A guide to Romance reference grammars* ... — Amsterdam: 1979 | BL 1979, 4777. | *RRom* 17/1, 1982, 145-146 P. Spore. *Romanische Bibliographie, 1975-1976.* — 38.
5930 Schedario 5/a; 5/b. — *CultNeol* 41, 1981/3-4 (1982), 189-318; 42, 1982, 9-149 | Bibliographie analytique des études romanes, années 1976-79.

ALLEN, A.S.: *The development of the inchoative suffix in Lat. and Romance.* — 5604.
5931 ANDERSON, James M.; ROCHET, Bernard: *Historical Romance morphology.* — Ann Arbor: 1979 | BL 1979, 4781. | *Lg* 58, 1982, 424-429 S. Fleischman.
5932 BABINČUK, I.I.: Rol' kel'tyzaciji v procesi utvorennja romans'kych mov ta jich dialektiv u svitli danych areal'noji linhvistyky. — *InFil* 64, 1981, 97-104 | Le rôle du substrat celt. dans le processus de la formation des langues romanes et de leurs dialectes à la lumière de la théorie des aires.
5933 BAHNER, Werner: Methodologische Aspekte und Prinzipien einer Geschichte der romanischen Sprachwissenschaft. — *BRPh* 20, 1981, 5-27.
5934 BAL, Willy: Romance studies in Belgium (1945-1974). — [6024], 41-78.
5935 BONFANTE, Giuliano: *Imperator* nelle lingue romanze. — *AGI* 66, 1981 (1982), 94.
5936 BONFANTE, Giuliano: Fr. *caisse, chétif,* ingl. (norm.) *caitiff,* port. *caixa* ecc. — *Paideia* 37, 1982, 80.
5937 BORODINA, M.A.; SKRELINA, L.M.: Kategorii sub"ekta i ob"ekta v romanskich jazykach. — [352], 4-22.
5938 CHRISTOV, Paisij: Distribucija na glagolnite predstavki v romanskite ezici v sravnenie s bălgarski ezik. — *TrTărnovo* 17, 1982/2, 7-31 | Distribution des préfixes verbaux dans les langues romanes en comparaison avec le bulg. (Suite). | Cf. BL 1981, 6252.
5939 COLON, Germà: Les llengües romàniques i llur selecció lexical. — *ACILR* XVI/1, 55-90.
5940 COMPANYS MALDONADO, Manuel: Le phonétisme des langues romanes. — [304], 77-100.
5941 CORBETT, Noel: Romance studies in North America. — [6024], 81-126.

COSERIU, E.: Balkanismen oder Romanismen? ... — 4958.
CRAVENS, T.D.: ... the origin of *testa* as 'head' in Romance. — 2950.
5942 CREVATIN, Franco: Supplementi istriani al *REW* : I. — [128], 197-208.
5943 DARDEL, Robert DE: Romance studies in Switzerland. — [6024], 9-39.

DEMIRAJ, S.: La place des déterminatifs en alb. ... en comparaison avec les langues romanes. — 5018.
5944 DESNITZKAJA, Agnija V.: Lat. *bucca:* zur Verbreitungsgeschichte eines gemeinromanischen Wortes. — [263], 237-245.
5945 DUCHÁČEK, Otto: *L'évolution de l'articulation linguistique du domaine esthétique* ... — Brno: 1978 | BL 1978, 4326. | *BRPh* 20, 1981, 165-167 K. Sekvent | *Romania* 103, 1982, 402-406 V. Vlasák.
5946 DUMBRĂVEANU, I.M.: *Očerk po teorii slovosloženija (na materiale romanskich jazykov).* — Kišinev: Štiinca, 1980, 112 p. | *SEz* 7, 1982/1-2, 160-162 D. Bankov.
5947 DWORKIN, Steven N.: Romance etymology. — [378], 273-289.
5948 ELWERT, Wilhelm Theodor: *Die romanischen Sprachen und Literaturen* ... — München: 1979 | BL 1979, 4798. | *HR* 50, 1982, 479-481 C. Blaylock | *RomPh* 36/1, 1982, 104-105 H. Kahane.

5949 ENGLER, Rudolf: Romanisches in Saussures *CLG.* — [263], 35-51.
5950 ETTINGER, Stefan: *Norm und System beim Verb.* — Tübingen: 1976 | BL 1976, 5303. | *RBPh* 60, 1982, 619-620 A. Dussart.
5951 FASSEL, Luminiţa: Les formes pronominales avec *-ne* en roumain et d'autres langues romanes. — *RRLing* 26, 1981, 177-180.
5952 FASSÒ, Andrea; MENONI, Viviana: Lingua-dialetto-lingua nelle origini romanze. — *RID* 3-4, 1979-80 (4), 7-37 | E. summ.
5953 FERREIRA, Paulo Martins: Überlegungen zum Konjunktiv in den romanischen Sprachen. — [188], 12-27.
5954 FLEISCHMAN, Suzanne: *The future in thought and language: diachronic evidence from Romance.* — Cambridge Studies in Linguistics 36; Cambridge: UP., 1982, xii, 218 p. | *FoLH* 4, 1983, 139-147 M.B. Harris.
5955 GAUGER, Hans-Martin; OESTERREICHER, Wulf; WINDISCH, Rudolf: *Einführung in die romanische Sprachwissenschaft.* — Darmstadt: 1981 | BL 1981, 6262. | *Kratylos* 27, 1982 (1983), 118-122 F. Abel | *MSpråk* 76, 1982, 309-311 I. Söhrman.
5956 GOSSEN, Carl Theodor: Interromanisch ausser Rumänisch. — *VR* 41, 1982, 13-45.
5957 *Grammatika i semantika romanskich jazykov. K probleme universalij.* (Red.: G.V. STEPANOV). — Moskva: 1978 | BL 1980, 4921. | *SEz* 7, 1982/1-2, 151-153 N. Michov.
5958 GREEN, John N.: The status of the Romance auxiliaries of voice. — [240], 97-138.
5959 HALL, Robert A., Jr.: *Comparative Romance grammar.* [Vol. 2]. *Proto-Romance phonology.* — New York: 1976 | BL 1976, 5314. | *KLit* 8, 1979, 220-224 J. Tláskal.
5960 HARRIS, Martin: The 'past simple' and the 'present perfect' in Romance. — [240], 42-70.
5961 HIRSCHBÜHLER, Paul; RIVERO, María-Luisa: Aspects of the evolution of relatives in Romance. — [170], 123-132.
HUBSCHMID, J.: Voridg. und idg. Substratwörter in den romanischen Sprachen . . . — 4290.
5962 INEICHEN, Gustav: Lateinische Futurperiphrasen und die romanische Klassifikation. — [314], 111-115.
5963 JAEGGLI, Osvaldo: *Topics in Romance syntax.* — SGG 12; Dordrecht: Foris, 1982, vii, 188 p.
5964 JUNGANDREAS, Wolfgang: *Zur Geschichte des Moselromanischen . . .* — Wiesbaden: 1979 | BL 1979, 4818. | *LB* 71, 1982, 251-252 M. Gysseling | *ASNS* 219, 1982, 213-218 H.J. Wolf | *RLiR* 46, 1982, 478-484 C. Schmitt.
5965 KAHANE, Henry & Renée: *Graeca et Romanica scripta selecta.* Vol. II: *Byzantium and the West, Hellenistic heritage in the West, Structural and sociolinguistics, Literature and theatre.* — Amsterdam: Hakkert, 1981, viii, 603 p. | Collected studies, Nos. 58-94. | Cf. BL 1979, 4930. | *ZRPh* 98, 1982, 556 K. Baldinger.
5966 KNOBLOCH, Johann: Eine gräkolateinische Krankheitsbezeichnung im Romanischen. — *RhM* 125, 1982, 190-191 | Sp. *gangoso*, Cat. *ganguejar*, Occ. *ganguelar* and related words.
5967 KNOBLOCH, Johann: Zwei vermeintliche Schallnachahmungen in den romanischen Sprachen. — *Sprachw* 7, 1982, 407-411 | 1. Rum. *talangă, talancă*, 2. Lat. **piciare*, It. *pisciare*.

KÖRNER, K.-H.: . . . die syntaktische Typologie der romanischen Sprachen. — 6076.

5968 KREMNITZ, Georg: L'Ibéro-romania dans la Gallo-romania: phénomènes de contact entre langues ibéro-romanes et gallo-romanes dans le sud de la France. Premières observations. — *Lengas* 10, 1981, 17-35.

LANG, J.: *Sprache im Raum* . . . *unter Berücksichtigung des Rätoromanischen und Leonesischen.* — 2889.

5969 LEONARD, Clifford S., Jr.: *Umlaut in Romance* . . . — Grossen-Linden: 1978 | BL 1978, 4342. | *FLing* 5, 1980-81, 84-87 G.M. Messing.

5970 LÜDER, Elsa: *Probleme der sprachlichen Gradation* . . . — Freiburg: 1978 | BL 1978, 4343. | *RJb* 32, 1981 (1982), 161-163 J. Kramer.

5971 LÜDTKE, Helmut: Romance studies in Germany and Austria: a paradigmatic survey. — [6024], 173-221.

LÜDTKE, H.: Remarques sur l'épistémologie de la grammaire "historique". — 6807.

5972 LÜDTKE, Jens: *Die romanischen Sprachen im "Mithridates"*. . . — Tübingen: 1978 | BL 1978, 4344. | *BRPh* 20, 1981, 343-344 W. Bahner.

5973 MAIR, Walter N.; METER, Helmut: Die Romanistik in Österreich zwischen 1945 und 1980: Versuch einer Institutionsgeschichte unter besonderer Berücksichtigung der Italienistik. — *ItS* 5, 1982, 159-193.

5974 MALKIEL, Yakov: Infinitive endings, conjugation classes, nominal derivational suffixes, and vocalic gamuts in Romance. — *AL* 17, 1982, 15-48.

5975 MANCARELLA, Giovan Battista: *Linguistica romanza.* — Bologna: 1978 | BL 1978, 4348. | *SILTA* 9, 1980/3 (1982), 603-605 B. Badini.

5976 MAŃCZAK, Witold: Die Herkunft der romanischen Sprachen. — [263], 175-188.

5977 MAŃCZAK, Witold: Romance studies in Eastern Europe. — [6024], 275-294.

5978 MANOLIU-MANEA, M.: Un cas désespéré de la syntaxe romane: les possessifs – syntaxe et pragmatique du langage. — *ACILR* XVI/1, 259-268 | Cf. 6022.

5979 MARTIN, Robert: De la sémantique à la pragmatique: théorie et illustration en linguistique romane. — *ACILR* XVI/1, 91-105.

Més enllà de l'estructuralisme. — 1130.

5980 METZELTIN, M.: ¿Lingüística, ciencia literaria o lingüística textual? — *ACILR* XVI/1, 243-258 | Cf. 6022.

5981 MORENO, Jesús; PEIRA, Pedro: *Crestomatía románica medieval.* — Madrid: 1979 | BL 1981, 6292. | *RRLing* 26, 1981, 193-195 E. Popeanga | *ZRPh* 98, 1982, 179-181 K. Baldinger | *Verba* 7, 1980, 406-408 F.J. Fernández Campo.

5982 MOURIN, Louis: Possessifs romans. — *RRLing* 26, 1981, 341-366.

5983 NANDRIS, Octavian: Diachronie romane: évolution et diversification. — [263], 189-206.

5984 NOOMEN, Willem: Romance studies in the Netherlands. — [6024], 223-249.

ORLANDINI, A.: Wesen und Entwicklung des Artikels vom Lat. zu den romanischen Sprachen. — 5641.

PEARCE, E.: Infinitival complements in OFr. . . . — 6720.

5985 PEI, Mario: *The story of Latin and the Romance languages.* — New York: 1976 | BL 1976, 5339. | *FR* 50, 1976-77, 379-380 T. Huebener.

5986 PENSADO, J.L.: Sobre el *Lexicon etymologicum* de G. ALESSIO. — *Verba* 7, 1980, 343-353 | Notes on BL 1976, 5287.

5987 PETKANOV, Ivan: La création des cognomina composita dans les langues romanes. — [176], 245-251.

5988 PFISTER, Max: *Einführung in die romanische Etymologie.* — Darmstadt: 1980 | BL 1980, 4955. | ZDL 49, 1982, 375-378 W. Oesterreicher | RESEE 19, 1981, 808-809 Z. Mihail | RF 94, 1982, 264-269 H. Meier | AGI 67, 1982, 183-185 Ž. Muljačić | Sprache 28, 1982, 34-35 M. M[ayrhofer].

5989 PFISTER, Max: Altromanische Relikte in der östlichen und südlichen Galloromania, in den rheinischen Mundarten, im Alpenraum und in Oberitalien. — [314], 219-230, 4 maps | *Fraga, *prūma, *vincus, rapīcius, fascia, sulcus, clīvus/*clēvus, pascuum, rivulus.*

5990 PHARIES, David Arnold: *Sound symbolism in the Romance languages.* — Univ. of California, Berkeley diss., 1979, 216 p. | DAb 41/1, 1980, 231-A.

5991 PISANI, Vittore: La vocale pronominale prostetica nelle lingue romanze. — RIL 113, 1979 (1981), 321-323.

5992 PISANI, Vittore: Ludi etymologici. — RIL 113, 1979 (1981), 314-320 | 1. Fr. *fi!* (digressione: σῦκον in Aristofane). 2. *marmocchio, marmaglia.* 3. *slecio, traliccio.* 4. *marmitta.* 5. *stracco, stanco.* 6. *attaccare* e *staccare, taccagno, toccare.* 7. *piccolo,* fr. *petit.*

5993 PISANI, Vittore: Il gruppo latino *ps* nelle lingue romanze. — Paideia 36, 1981, 58-60.

5994 POSNER, Rebecca: Vers une méthode de linguistique romane. — ACILR XVI/1, 235-241 | Cf. 6022.

5995 POUNTAIN, Christopher: **essere/stare* as a Romance phenomenon. — [240], 139-160.

5996 PRESS, J. Ian: Romance linguistics in the Soviet Union (1945 to the present day). — [6024], 295-316.

5997 PRICE, Glanville: Romance studies in Great Britain. — [6024], 127-170.

5998 RAIBLE, Wolfgang: "Regelmässige Ausnahmen" im Bereich der romanischen Nominaldetermination. — [314], 231-239.

5999 RAMAT, Paolo: Ein Beispiel von 'reanalysis', typologisch betrachtet. — FoL 16, 1982, 365-383 | Anc. Lat. *habēre* + PPP and the development of the Romance periphrastic past tense forms.

6000 RENZI, Lorenzo: *Einführung in die romanische Sprachwissenschaft.* Hrsg. von Gustav INEICHEN. — Tübingen: 1980 | BL 1980, 4962. | IF 86, 1981 (1982), 355-358 J. Albrecht | BSL 76, 1981/2 (1982), 196 J. Stéfanini | VR 41, 1982, 337-338 B. Kielhöfer.

6001 ROCCHETTI, A.: De l'indo-européen aux langues romanes: une hypothèse sur l'évolution du système verbal. — [318], 254-267.

6002 ROEGIEST, Eugeen: Constructions adjectivales transformées dans les langues romanes. — RRLing 26, 1981, 415-433.

6003 ROEGIEST, Eugeen: Phénomènes de montée et prépositions en espagnol et dans quelques langues romanes. — [371], 129-143.

6004 ROHLFS, Gerhard: *Die rumänische Sprache in ihrer sprachgeographischen Beziehung ...* — München: 1980 | BL 1981, 6301. | ZRPh 98, 1982, 530-532 K. Heitmann.

6005 ROHLFS, Gerhard: Romanische Haustiernamen aus affektiver romanischer Urschöpfung: de *cochon* à *truie.* — [323], 285-291, map.

6006 ŠABRŠULA, Jan, et al.: *Úvod do srovnávacího studia románských jazyků.* I; II. — Praha: Stát. pedag. nakl., 1980, 283; 276 p. | Introd. à l'étude comparée des langues romanes. | CJŠ 26, 1982-83, 138-139 J. Dubský | JazA 19, 1982, 44-45 S. Hamplová | ČMF 64 (PhP 25), 1982, 29-30 B. Zavadil.

6007 SALA, Marius: Considérations sur les mots d'origine autochthone dans les langues romanes. — [263], 261-265.

6008 SALVI, Giampaolo: Sulla storia sintattica della costruzione romanza *habeo* + *participio*. — *RRom* 17, 1982/1, 118-133.
6009 SAMPSON, Rodney: *Early Romance texts* . . . — Cambridge: 1980 | BL 1981, 6303. | *BHS* 59, 1982, 146-147 J.T. Snow.
6010 SCHAFFER, Martha Elizabeth: *The vicissitudes of a Latin derivational suffix in Medieval and Modern Romance: the case of* -tūdō, *with special reference to Portuguese.* — Univ. of California, Berkeley, diss., 1980, 276 p. | *DAb* 42/1, 1981, 198-A.
6011 SCHEEL, Hans Ludwig: Die romanischen Entsprechungen von *nihilum* (das Nichts). — [314], 287-297.
6012 SCHMITT, Christian: Die Ausbildung der romanischen Sprachen – Zur Bedeutung von Varietät und Stratum für die Sprachgenese. — [152], 39-61.
6013 SCHMITT, Christian: Spanisch *odre*, italienisch *utello*, französisch *huche* und *bahut*. — [263], 267-287, 3 maps.
6014 SCHÖN, Ilse: *Neutrum and Kollektivum* . . . — Innsbruck: 1971 | BL 1971, 4162. | *IF* 87, 1982 (1983), 314-316 E. Neu.
6015 SCHÜRR, Friedrich: *La dittongazione romanza e la riorganizzazione dei sistemi vocalici.* Trad. di Maria Valeria MINIATI e Sanzio BALDUCCI. 3. ed. rielaborata ed aggiornata con una presentazione di Temistocle FRANCESCHI. — Ravenna: Edizioni del Girasole, 1980, 221 p. | Trad. de BL 1970, 4487.
Semàntica i lexicologia. — 3043.
6016 Sociolingüística i lingüística romànica. — *ACILR* XVI/1, 189-231 | Exposés d'Alberto VARVARO (191-201), J. HERMAN (203-208), Brigitte SCHLIEBEN-LANGE (209-215) et Lluís V. ARACIL (217-221), suivis d'une discussion (223-231).
6017 SPANG-HANSSEN, Ebbe: Romance studies in Scandinavia. — [6024], 251-271.
6018 STATI, Sorin: *La sémantique des adjectifs* . . . — Saint-Sulpice-de-Favières: 1979 | BL 1980, 4970. | *L&H* 42, 1980, 79-80 G. L[urquin].
6019 STOROST, Jürgen: Zur Stellung Raynouards in der Geschichte der romanischen Philologie. — *BRPh* 20, 1981, 195-212.
6020 STRAKA, Georges: Sur les dénominations romanes du sillon. — *RLiR* 46, 1982, 231-251, 6 cartes.
6021 *Substrate und Superstrate in den romanischen Sprachen.* Hrsg. von Reinhold KONTZI. — WdF 425; Darmstadt: Wissenschaftliche Buchgesellschaft, 1982, xii, 551 p., 2 fig., 4 maps | Coll. of previously published papers (1881-1970), partly in transl., together with an original contr. by the ed.: Das Zusammentreffen der arabischen Welt mit der romanischen und seine sprachlichen Folgen, 387-450; bibliography, 483-503; indices, 505-551.
TEKAVČIĆ, P.: Il posto dell'istroromanzo nella Romània Circumadriatica. — 7395.
6022 Teories lingüístiques i lingüística romànica. — *ACILR* XVI/1, 233-276 | Exposés de Rebecca POSNER (235-241), M. METZELTIN (243-258) et M. MANOLIU-MANEA (259-268), suivis d'une discussion (269-276).
6023 *Trends in Romance linguistics and philology.* Vol. 3: *Language and philology in Romance.* Ed. by Rebecca POSNER; John N. GREEN. — Trends in Linguistics, Studies and Monographs 14; The Hague: Mouton, 1982, viii, 478 p., maps | 3 sections: 1. Romance linguistics and philology (Karl D. UITTI, Introd., 3-44); 2. The 'minor' languages. 3. Non-metropolitan Romance. | Cf. BL 1981, 6309. | *CJL* 27, 1982, 193-195 D.C. Walker (On vol. 1-2) | *AGI* 67, 1982, 179-183 Ž. Muljačić (On vol. 1).

HISPANIQUE

6024 *Trends in Romance linguistics and philology.* Vol. 4: *National and regional trends in Romance linguistics and philology.* Ed. by Rebecca POSNER; John N. GREEN. — Trends in Linguistics, Studies and Monographs 15; The Hague: Mouton, 1982, vii, 331 p. | R. POSNER, Favoured approaches among Romance-speaking nations, 3-8.

6025 VÄÄNÄNEN, Veikko: *Recherches et récréations latino-romanes.* — Bibl. Enrico Damiani 4; Napoli: Ist. Univ. Orientale (distr.: Bibliopolis), 1981, 458 p. | Recueil de 28 art. de V.V. traitant des sujets suivants: I. De la langue de Rome aux langues romanes, II. Des paroles et des façons de parler, III. Textes témoins, IV. Le fr.: impressions et observations, V. Hommage aux maîtres. | *REL* 60, 1982 (1983), 545-546 P. Flobert | *ZRPh* 98, 1982, 555 A. Gier.

6026 VIDOS, B.E.: Il posto eminente di Genova medievale nel campo dei termini tecnici. — *SMV* 27, 1980, 233-241.

6027 VINCENT, Nigel: The development of the auxiliaries *habere* and *esse* in Romance. — [240], 71-96.

6028 WIDŁAK, Stanisław: Deux sources fondamentales d'homonymie dans les langues romanes. — *BRPh* 20, 1981, 137-148 | 1. L'évolution phonétique convergente, 2. L'emprunt.

WILMET, M.: La grammaire historique ou le temps retrouvé. — 6819.

6029 WOLF, H.J.: Über das traurige Schicksal des lat. Diminutivsuffixes *-unculus* sowie die Existenz von **renio* und **piscio* (>frz. *poisson* etc.). — *Verba* 7, 1980, 171-181.

WRIGHT, R.: *Late Lat. and early Romance . . .* — 5924.

WULSTAN, D.: The *muwaššaḥ* and *zaǧal* revisited. — 13458.

6030 WUNDERLI, Peter: *Modus and Tempus: Beiträge zur . . . Morphosyntax der romanischen Sprachen.* — Tübingen: 1976 | BL 1976, 5361. | *KLit* 9, 1980, 109-111 J. Schmidt-Radefeldt.

6031 ZAGONA, Karen: A right branching verbal complex for Romance. — *NELS* 11, 1981, 425-439.

6032 *Zur Entstehung der romanischen Sprachen.* Hrsg. von Reinhold KONTZI. — Darmstadt: 1978 | BL 1978, 4375. | *ASNS* 219, 1982, 442-447 B. Müller.

B. Hispanic languages — Langues hispaniques

1. General — Généralités

6033 CANFIELD, D. Lincoln: Language. — *Handbook of Latin American studies.* 44: *Humanities.* Ed. by Dolores MOYANO MARTIN (Austin: Univ. of Texas Press, 1982), 379-402 | Bibliography of recent studies: Sp., Port., Creole.

6034 CHATHAM, James R.: Dissertations in the Hispanic and Luso-Brazilian languages and literatures – 1981. — *Hispania* 65, 1982, 225-238.

6035 HULET, Claude L.: Dissertations in the Hispanic languages and literatures – 1979; 1980. — *Hispania* 63, 1980, 456-464; 64, 1981, 330-337.

6036 BURSCH, Horst: Der Hund und das Schwein. Etymologische Überlegungen zu span.-port. *perro,* galiz. *perrencha, perrencho* und verwandten Formen. — *Verba* 7, 1980, 13-20.

6037 *1975 Colloquium on Hispanic linguistics.* Ed. by Frances M. AID; Melvyn C. RESNICK; Bohdan SACIUK. — Washington, DC: Georgetown UP., 1976, vi, 157 p. | Not yet analyzed. | *RomPh* 36/2, 1982, 242-253 R. de Gorog.

6038 CRADDOCK, Jerry R.: Portugués antiguo *sandeu*, castellano antiguo *sandío* 'loco': una sugerencia etimológica nueva. — [263], 955-959.
6039 KREMER, Dieter: Bemerkungen zu den mittelalterlichen hispanischen *cognomina* (VI; VII). — *APK* 16, 1980, 117-205; 17, 1981-82, 47-146 | Cf. BL 1978, 4387.
6040 KREMER, Dieter: Proyectos para un Onomástico románico. — *Verba* 6, 1979 (1980), 313-339.
6041 KREMER, Dieter: Tradition und Namengebung (statistische Anmerkungen zur mittelalterlichen Namengebung). — *Verba* 7, 1980, 75-155, map, 2 fold. tab.
6042 MEIER, Harri: Span.-galiz.-port. *empachar, despachar.* — *Verba* 7, 1980, 21-28.
6043 MORALEJO LASO, Abelardo: Ojeada a los topónimos hispánicos y especialmente a los gallegos de origen prelatino de J. Corominas. — *Verba* 5, 1978 (1979), 13-24; 6, 1979 (1980), 13-16.
6044 PIEL, Joseph M.: Bemerkungen und Nachträge zum Thema Tiernamen in den iberoromanischen Ortsnamen. — *APK* 16, 1980, 211-216 | Cf. BL 1969, 3953.
6045 PIEL, Joseph M.: Rodung, Brache und verwandte Begriffe in den Ortsnamen des Nordwestens der iberischen Halbinsel. — [263], 985-992.
6046 PIEL, Joseph M; KREMER, Dieter: *Hispano-gotisches Namenbuch* ... — Heidelberg: 1976 | BL 1976, 5378. | *KLit* 8, 1979, 227-229 H. Kröll | *SGerm* 16 (44), 1978, 218-220 M.G. A[arcamone].
6047 RIIHO, Timo: Por *y* para: *estudio sobre los orígenes y la evolución* ... — Helsinki: 1979 | BL 1979, 4867. | *RRom* 17/1, 1982, 163-165 A.-J. Henrichsen.
6048 WEXLER, Paul: Marrano Ibero-Romance: classification and research tasks. — *ZRPh* 98, 1982, 59-108.

II. Catalan — Catalan

6049 WHEELER, Max W.: Catalan studies: language. — *YWMLS* 43, 1981 (1982), 411-421.
6050 ANGUERA, Montserrat: Notes sobre la gramàtica ullastriana. — [239], II, 65-79 | On Josep ULLASTRA, *Grammatica cathalana* (cf. BL 1980, 5008).
6051 ARCA, Antonio: La minoranza catalana di Alghero. — [369], 315-321.
6052 ARGENTE, Joan A.: Els nivells de representació sintàctica. — [283], III, 15-35.
6053 BADIA, Lola: El verb *buscar* documentat a mitjan segle XIV. — [239], I, 65-68.
6054 BADIA I MARGARIT, Antoni M.: L'estat present de les investigacions sobre la llengua catalana. — [6069], 11-39.
6055 BADIA I MARGARIT, Antoni M.: Dialectalismes baleàrics en Ramon Llull? Una qüestió de mètode. — [283], I, 31-49.
6056 BADIA I MARGARIT, Antoni M.: Lexicografia i demologia pirinenques: a propòsit de les notes de Verdaguer al *Canigó*. — [239], II, 109-123.
6057 BASTARDAS I PARERA, Joan: Nota sobre l'omissió del pronom reflexiu en la construcció factitiva *fer* + infinitiu. — [283], II, 5-24.
6058 BATLLORI, Miquel: Dos textos mallorquins dialectals de les darreries del trescents. — [283], III, 71-78.
6059 BERNARDÓ, Domènec: Problématique d'une recherche sur la diglossie: nouvelles propositions. — *Lengas* 8, 1980, 59-66 | Introd. méthodologique et documentaire à une étude sociolinguistique du plurilinguisme en Catalogne-Nord.
6060 BERNARDÓ, Domènec: Recherches sociolinguistiques: centre et périphérie. — [186], 211-212 | Sur la sociolinguistique cat.

6061 BRUGUERA, Jordi: Vocabulari militar de la Crònica de Jaume I. — [239], I, 39-64.
6062 BRUGUERA, Jordi: Vocabulari marítim de la Crònica de Jaume I. — [283], III, 63-69.
6063 COLON, Germà: L'humanista Furió Ceriol i la unitat de la llengua. — [239], I, 117-130.
6064 COLON, Germà: Sinonímia i diatopisme. — [283], III, 45-61.
6065 CORBERA I POU, Jaume: Tomàs Aguiló i Forteza i la qüestió de la llengua. — [283], I, 97-116.
6066 COROMINES, Joan: *Diccionari etimològic i complementari de la llengua catalana*. Amb la col·laboració de Joseph GULSOY i Max CAHNER. Vol. III. *D – fi*. — Barcelona: Curial Edicions Cat., Caixa de Pensions "La Caixa", 1982, 1054 p. | Cf. BL 1981, 6349.
6067 *Diccionari de la llengua catalana*. [Director editorial: Joan CARRERAS I MARTÍ. Assessor lingüístic: R. ARAMON I SERRA]. — Els diccionaris de la Fundació Enciclopèdia Cat.; Barcelona: Enciclopèdia Cat., 1982, 1679 p.
6068 DOÑATE SEBASTIÀ, Josep Maria: Vocabulari d'arcaïsmes de l'arxiu de Vila-Real (Castelló). — *AF* 5, 1979 (1981), 403-482 | Germà COLON, Paraules preliminars, 403-405.
6069 *Estudis de llengua, literatura i cultura catalanes*. Actes del primer Col·loqui d'Estudis Catalans a Nord-Amèrica (Urbana, 30 de marc – 1 d'abril de 1978), a cura d'Albert PORQUERAS-MAYO, Spurgeon BALDWIN i Jaume MARTÍ-OLIVELLA. — Bibl. "Abat Oliba" 15; Montserrat: Publ. de l'Abadia de Montserrat, 1979, 330 p., 8 pl. | *IbRom* 15, 1982, 150-152 R. Brummer.
6070 FALK, Johan: Ser *y* estar *con atributos adjetivales . . . en catalán y en castellano*. I. — Uppsala: 1979 | BL 1979, 4880. | *BSL* 76, 1981/2 (1982), 206-207 H. Vidal Sephiha | *Lg* 58, 1982, 245-246 C. Silva-Corvalán.
6071 FERRER, Antoni-Lluc: Refranys i locucions del "Diari de Buja". — [283], I, 83-96.
6072 FERRER I MALLOL, Maria Teresa: Dues cartes en català des de Ciutadella a la companyia Datini de Mallorca (1405-1408). — [283], II, 81-97.
6073 GULSOY, Joseph: L'evolució de la terminació adjectival *-idus* en català i castellà. — [239], II, 25-42.
6074 GULSOY, Joseph: Catalan. — [6023], 189-296 | Bibliography, 263-296.
6075 HIRSCHBÜHLER, Paul; RIVERO, María-Luisa: A unified analysis of matching and non-matching free relatives in Catalan. — *NELS* 11, 1981, 113-124.
6076 KÖRNER, Karl-Hermann: "Concordança del participi passat" im Katalanischen und die syntaktische Typologie der romanischen Sprachen. — *ASNS* 219, 1982, 324-337.
6077 LÓPEZ DEL CASTILLO, Lluís: *Llengua standard i nivells de llenguatge*. — Barcelona: 1976 | BL 1980, 4997. | *Lengas* 2, 1977, 124-126 F. Jouanna.
6078 LUNN, Patricia V.: Pronouns as articles: evidence from Catalan. — [6069], 129-137.
6079 MARCET I SALOM, Pere: Polèmica entre P. Pi i Vidal i I. Ferrer i Carrió sobre la lletra *x*. — [239], I, 131-148.
6080 MARQUET, Lluís: *Novetat i llenguatge*. Primera sèrie; Segona sèrie. — Col·lecció popular Barcino 233 & 235; Barcelona: Barcino, 1979, 114 p.; 1981, 110 p.
6081 MARSÁ, María: Aspectos lingüísticos de un manuscrito catalán del siglo XIV. — *AF* 5, 1979 (1981), 483-487.
6082 MARTÍ I CASTELL, Joan: *El català medieval: la llengua de Ramon Llull*. — Assaig 2; Barcelona: Indesinenter, 1981, 192 p.

6083 MASCARÓ, Joan; RAFEL I FONTANALS, Joaquim: La ę intervocàlica baleàrica. — [283], III, 37-44, 8 fig.
6084 MELIÀ I CAULES, Miquel: Un manuscrit sobre ictiologia menorquina del fons de la Biblioteca de la Real. — [283], III, 79-139.
6085 MIRA COSTERA, Joan F.: *Poblaciò i llengua al País Valencià.* — Valencia: Inst. "Alfons el Magnànim", 1981, 159 p.
6086 MOLL, Francesc de B.: Suggeriments sobre problemes de lèxic. — [239], II, 81-85.
6087 NADAL, Josep M.; PRATS, Modest: *Història de la llengua catalana.* Vol. I: *Dels orígens al segle XV.* Proleg de Joaquim MOLAS. — Col·lecció Estudis i documents 33; Barcelona: Edicions 62, 1982, 534 p., 8 pl., 16 maps | 2nd ed. 1983.
6088 NEU-ALTENHEIMER, Irmela: Remarques sur la normalisation ("normalització") et codification ("normativització") du catalan. — [369], 299-307.
6089 Present i futur de la llengua catalana. — *ACILR* XVI/1, 123-159 | Exposés de M. WANDRUSZKA (125-130), G. KREMNITZ (131-134), Vicent PITARCH I ALMELA (135-143) et A.M. BADIA I MARGARIT (145-149), suivis d'une discussion (151-156) et d'un "document sur l'unité de la langue catalane" (157-159).
6090 QUINTANA, Artur: *Handbuch des Katalanischen.* 2., durchgesehene und vermehrte Aufl. — Manuals lingüistics Barcino 7; Barcelona: Editorial Barcino, 1981, 322 p., map | 1st ed. 1973 (BL 1974, 4826).
6091 RAFEL FONTANALS, Joaquín: *La lengua catalana fronteriza en el Bajo Aragón meridional: estudio fonológico.* — Barcelona: Univ. de Barcelona, 1981, 337 p.
6092 RASICO, Philip D.: *Preliterary Catalan historical phonology.* — Indiana Univ. diss., 1981, 355 p. | *DAb* 42/3, 1981, 1129-A.
6093 RASICO, Philip D.: *Estudis sobre la fonologia del català preliterari.* — Barcelona: Curial / Montserrat: Abadia de Montserrat, 1982, 250 p.
6094 RASICO, Philip D.: El desenvolupament dels fonemes $\hat{z}$ i $\hat{s}$ en el català preliterari: qüestions de fonologia històrica, cronologia i geografia lingüística. — [239], II, 5-24.
6095 RASICO, Philip D.: Alguns problemes cronològics de les sibilants catalanes. — [6069], 93-109.
6096 REIXACH I PLA, Modest: Une enquête sur la langue et la culture en Catalogne. — [186], 195-200.
6097 RIGAU I OLIVER, Gemma: *Gramàtica del discurs.* — Bellaterra: Univ. Autònoma de Barcelona, 1981, 544 p.
6098 RIGAU I OLIVER, Gemma: L'home pel llenguatge. — [283], III, 7-14.
6099 RIGAU, Gemma: Inanimate indirect objects in Catalan. — *LIn* 13, 1982, 146-150.
6100 RIQUER, Martí DE: Els metalls, les colors i les pennes en heràldica catalana. — [239], II, 87-107.
6101 SALTARELLI, Mario: Catalan causatives. — [6069], 139-148.
6102 SIMÓ, Guillem: Ús fonètico-sintàctic de l'article definit a la llengua literària de Mallorca durant el segon quart del segle XVIII. — [283], I, 73-82.
6103 SOBERANAS, Amadeu J.: Lletres del bisbe Campins i de mossèn Alcover a Tomàs Costa i Fornaguera, arquebisbe de Tarragona (Sobre el "Diccionari" i l'extensió del culte a Ramon Llull). — [283], III, 145-158.
6104 SOBERANAS, Amadeu-J.: *Macari,* un hel·lenisme inadvertit en el català medieval. — [239], I, 31-37.
6105 SOBRÉ, J.M.: Ausiàs March, the myth of language, and the troubadour tradition. — *HR* 50, 1982, 327-336.

ESPAGNOL

6106 TAVANI, Giuseppe: Sobre la versificació de Gilabert de Próixita. 1: Les estructures estròfiques i mètriques. — [239], 125-144.
6107 VALLVERDÚ, Francesc: Estàndard i llenguatge literari en les dues edicions de *Bearn*. — [283], III, 171-178 | Llorenç Villalonga.
6108 VENY, Joan: Transfusió i adaptació d'ictiònims en el "Dictionarium" de Pere Torra (segle XVII). — [239], I, 69-102.
6109 VENY I CLAR, Joan: Problemas de adstrato en catalán. — *Archivum* 29-30, 1979-80 (1982), 399-422, 4 maps.
6110 VENY I CLAR, Joan: De la bèl·lua al tauró: supervivents catalans del llatí *pistrix*. — [283], I, 51-62, 3 fig.
6111 VENY I CLAR, Joan: Sobre els castellanismes del Rossellonès. — [304], 401-438, 5 cartes.
6112 VERDAGUER, Pere: *Comentarios sobre el vocabulari rossellonès*. — Tramuntana 30; Barcelona: Barcino, 1982, 206 p.
6113 VINYOLES I VIDAL, Joan J.: *Vocabulari de l'argot de la delinqüència*. — Col·lecció Llengua viva 1; Barcelona: Millà, 1978, 191 p.
6114 WANNER, Dieter: Notes on the phonology of Catalan clitics. — [6069], 111-128.

14. ONOMASTICS — ONOMASTIQUE

6115 AGUILÓ ADROVER, Cosme: La toponímia marina de Felanitx, Santanyí i Ses Salines (Mallorca). — [283], II, 25-49.
6116 BIBILONI, Gabriel: La Ciutat de Mallorca: consideracions sobre un topònim. — [283], I, 25-30.
6117 DOLÇ, Miquel: La toponímia més remota de les Illes. — [283], I, 9-15.
6118 JOVÉ I HORTONEDA, Ferra: *Toponímia de les Borges del Camp i del seu terme municipal*. — Barcelona: Inst. d'Estudis Cat., 1981, 166 p.
6119 LLEAL, Coloma; MARTINELL, Emma: Onomástica comercial barcelonesa. — *RSEL* 11, 1981, 51-68, fig.
6120 MIRALLES I MONTSERRAT, Joan: Entorn de l'etimologia de *Montuïri*: estat de la qüestió. — [283], I, 17-23 | Mallorca.
6121 MORAN I OCERINJAUREGUI, Josep: Notas de toponímia antiga del Pla de Barcelona. — [239], I, 103-115.
6122 MOREU-REY, Enric: *Renoms, motius, malnoms i noms de casa*. — Col·lecció Llengua viva 4; Barcelona: Millà, 1981, 251 p.
6123 MOREU-REY, Enric: *Els nostres noms de lloc*. — Els Treballs i els Dies 22; Palma de Mallorca: Moll, 1982, 219 p., 17 pl.
6124 MOREU-REY, Enric: Reflexions sobre malnoms de Mallorca, Menorca i Eivissa. — [283], II, 51-61.

III. Spanish — Espagnol

0. BIBLIOGRAPHY AND GENERAL — BIBLIOGRAPHIE ET GÉNÉRALITÉS

6125 DAVIS, Jack Emory: *The Spanish of Argentina and Uruguay: an annotated bibliography*. — JanL, Series maior 105; Berlin (West): Mouton, 1982, ix, 360 p.
6126 GIFFORD, D.J.: Latin-American studies: language. American Spanish. — *YWMLS* 43, 1981 (1982), 469-472.
6127 GONZÁLEZ OLLÉ, Fernando: *Manuel bibliográfico de estudios españoles*. —

Pamplona: 1976 | BL 1979, 4893. | *RJb* 30, 1979 (1980), 340-341 D. Briesemeister.

6128 WRIGHT, Roger; WHEELER, Max W.: Spanish studies: language. — *YWMLS* 43, 1981 (1982), 271-291.

6129 ABAD, Francisco: Bello, Salvá y la Academia (Concepciones gramaticales en el siglo XIX). — *RSEL* 11, 1981, 447-455.

6130 AVANZINI D'ANGELO, Fernanda: *Moderna gramática española, con estudios lingüísticos.* — Bologna: Pàtron, 1980, 254 p.

6131 BURT, John R.: *From phonology to philology: an outline of . . . Spanish linguistics.* — Lanham: 1980 | BL 1980, 5018. | *Hispania* 65, 1982, 150 J.W. Brown | *RomPh* 36/1, 1982, 105-107 S.N. Dworkin.

6132 COLLET-SEDOLA, Sabina: Gerónimo de Texeda. — *BHi* 82, 1980, 189-198 | Grammairien esp. en France dans la 1ᵉ moitié du 17e siècle.

6133 CRIADO DE VAL, Manuel: *Estructura general del coloquio.* — Colección "Lengua coloquial"; Madrid: Soc. General Esp. de Librería, 1980, 143 p. | *SCL* 33, 1982, 510-512 T. Şandru Olteanu.

6134 ECHAIDE, Ana María; CORREA, Pedro: *Filología hispánica: guía de los estudios universitarios.* I; II. — Pamplona: Univ. de Navarra, 1978, 134; 248 p. | *IbRom* 15, 1982, 146-148 M. Betz.

6135 FONTANELLA DE WEINBERG, María Beatriz: Spanish outside Spain. — [6023], 319-411.

6136 GARCÍA DE LA TORRE, José Manuel: La lengua en España en los últimos años. — *CIHi* VII, 519-527.

6137 GARCÍA VALDECASAS Y GARCÍA VALDECASAS, Alfonso: El lenguaje jurídico en Andrés Bello. — *BAE* 62, 1982, 51-63.

6138 GAUGER, Hans-Martin: Das Spanische – eine leichte Sprache. — [323], 225-247.

6139 GONZALES FRAPICCINI, Nora: *La variante argentina, simplificación del sistema lingüístico español.* — Quaderni, Univ. degli studi di Roma, Fac. di economia e commercio, Istituto di lingue straniere. Lingua spagnola 1; Roma: Istituto di lingue straniere, Fac. di economia e commercio, 1980, 22 p.

6140 *El habla culta de Caracas: materiales para su estudio.* Inst. de Filología Andrés Bello. Dirección: Ángel ROSENBLAT. — Caracas: Ediciones de la Fac. de Humanidades y Educación, Univ. Central de Venezuela, 1979, 666 p. | *Thesaurus* 36, 1981, 590-595 H. Otálora de Fernández.

6141 *El habla culta de Santiago de Chile: materiales para su estudio.* Ambrosio RABANALES y Lidia CONTRERAS, editores. Tomo I. — *Boletín de Filología*, Inst. de Filología de la Univ. de Chile, Anejo 2; Santiago: Editorial Universitaria de la Univ. de Chile, 1979, vii, 516 p. | *Thesaurus* 36, 1981, 576-590 A. González García.

6142 LORENZO, Emilio: *El español y otras lenguas.* — Madrid: Soc. General Esp. de Librería, 1980, 220 p. | Coll. of previously published papers.

6143 MARCOS MARÍN, Francisco: *Curso de gramática española.* — Madrid: 1980 | BL 1980, 5023. | *RSEL* 12, 1982, 208-216 R.M. Espinosa Elorza.

6144 NEBRIJA, Antonio DE: *Gramática de la lengua castellana.* Estudio y ed. de Antonio *Quilis.* — Clásicos para una bibl. contemporánea, Literatura; Madrid: Editora Nacional, 1981, 267 p. | *ZRPh* 98, 1982, 491-493 A. Gier.

6145 RESTREPO, Félix: *El castellano naciente y otros estudios filológicos.* Ed. dirigida por Horacio BEJARANO DÍAZ. — Bibl. Colombiana 15 (Obras de Félix

ESPAGNOL

Restrepo 2); Bogotá: Inst. Caro y Cuervo, 1978, 288 p. | Repr. of earlier studies. | *RomPh* 36/1, 1982, 107-108 E.T. Myers.

6146 RESTREPO, Félix: *La cultura popular griega a través de la lengua castellana y otros estudios semánticos*. Selección de Horacio BEJARANO DÍAZ. — Bibl. Colombiana 16 (Obras de Félix Restrep 3); Bogotá: Inst. Caro y Cuervo, 1979, 269 p. | Repr. of earlier studies. Contains also: Carlos ORTIZ RESTREPO, Confidencias biográficas, 11-39; Carlos E. MESA, Semblanza y elogio del Reverendo Padre Félix Restrepo, 41-73.

6147 SÁNCHEZ REGUEIRA, Isolina: La fonética en la obra y en la época de César Oudin. — *Verba* 6, 1979 (1980), 43-73.

6148 SÁNCHEZ REGUEIRA, Isolina: La *Grammaire espagnolle* de C. Oudin: formas y funciones del español en el cruce de los siglos XVI y XVII. — *Verba* 8, 1981, 113-169.

6149 *Spanish in the United States: sociolinguistic aspects*. Ed. by Jon AMASTAE; Lucía ELÍAS-OLIVARES. — Cambridge: Cambridge UP., 1982, x, 434 p. | 18 papers, some of which previously published. Three parts: I. Varieties and variations of Sp. in the U.S.; II. Aspects of language contact and language change; III. Ethnographic aspects of language use in bilingual communities.

6150 TABOADA CID, Manuel: Notas para una edición de las primeras gramáticas de la Real Academia Española (1771, 1772, 1781 y 1788). — *Verba* 8, 1981, 79-111; 9, 1982, 325-328, facsim.

6151 TEXEDA, Jerónimo DE: *Gramática de la lengua española*. Ed. . . . de Juan M. LOPE BLANCH. — México: 1979 | BL 1980, 5028. | *HR* 50, 1982, 86-89 G.J. Mac Donald.

6152 VELLEMAN, Barry L.: Norma y sincronía en la gramática latinoamericana. — *Thesaurus* 36, 1981, 1-13.

1. PHONETICS AND PHONOLOGY — PHONÉTIQUE ET PHONOLOGIE

6153 ÁLVAREZ GONZÁLEZ, Juan A.: Influencias de los sonidos contiguos en el timbre de las vocales (estudio acústico). — *RSEL* 11, 1981, 427-445, 3 fig. | Sp. vowels (E. summ.).

6154 AMASTAE, Jon: Mid vowel raising and its consequences in Spanish. — *Linguistics* 20, 1982, 175-202.

6155 CANFIELD, D. Lincoln: *Spanish pronunciation in the Americas*. — Chicago: 1981 | BL 1981, 6409. | *Hispania* 65, 1982, 476 D.N. Cárdenas | *Thesaurus* 37, 1982, 176 J.J. Montes Giraldo.

6156 CRESSEY, William W.: *Spanish phonology and morphology* . . . — Washington, DC: 1978 | BL 1978, 4446. | *Hispania* 63, 1980, 445-446 J.H. Matluck.

6157 CRESSEY, William W.: Bidirectional rules: another case from Spanish. — *GUP* 15, 1979, 123-126.

6158 DANESI, Marcel: The description of Spanish /b, d, g/ revisited. — *Hispania* 65, 1982, 252-258.

6159 GODÍNEZ, Manuel, Jr.: An acoustic study of Mexican and Brazilian Portuguese vowels. — *Hispania* 64, 1981, 594-600, 3 fig.

6160 GUITART, Jorge M.: On the true environment for weakening and deletion in consonant-weak Spanish dialects. — [244], 17-25.

6161 HERSLUND, Michael: The stress pattern of Spanish. — *AL* 17, 1982, 105-129.

6162 MACPHERSON, I.R.: *Spanish phonology* . . . — Manchester: 1975 | BL 1975, 5294. | *BHS* 55, 1978, 145 L. Ingamells.

6163 MALKIEL, Yakov: Contrastive patterns of overextension of diphthongs in Old Spanish. — *RomPh* 36/1, 1982, 18-28.
6164 MALKIEL, Yakov: Interplay of sounds and forms in the shaping of three Old Spanish medial consonant clusters. — *HR* 50, 1982, 247-266.
6165 QUILIS, Antonio: *Fonética acústica de la lengua española.* — BRHi III, 49; Madrid: Gredos, 1981, 519 p. | *ZRPh* 98, 1982, 698-699 P. Braselmann.
6166 RUIZ HERNÁNDEZ, Vitelio: El fenómeno de las asimilaciones en contacto en Cuba: distintas posibilidades de realización. Ejemplos de análisis acústicos. — *PhonP* 6, 1980 (1982), 117-121.
6167 TERRELL, T.D.: Problemas en los estudios cuantitativos de procesos fonológicos variables: datos del Caribe hispánico. — *Boletín de la Acad. Puertorriqueña de la Lengua Española* 7, 1979, 145-165.
6168 TORREBLANCA, Máximo: Factores condicionadores de la distribución de los alófonos consonánticos españoles. — *Hispania* 63, 1980, 730-736.

2. GRAMMAR — GRAMMAIRE

2.0. *General — Généralités*

6169 BARTOŠ, Lubomír: Contribución a la interpretación de las formaciones compuestas en el francés y el español. — *ERB* 13, 1982, 61-74.
6170 BOSQUE, Ignacio: Más allá de la lexicalización. — *BAE* 62, 1982, 103-158.
6171 CEPEDA, Gladys I.: *Ordering the transformational rules of the Spanish grammar.* — Univ. of Pittsburgh diss., 1980, 262 p. | *DAb* 41/12, 1981, 5079-A.
6172 LOBO-SERNA, Ciro Alfonso: *Morfología y sintaxis del español y del latín.* — Bogotá: Sterner, 1980, 256 p. | *Thesaurus* 36, 1981, 602-604 Á.H. Grimaldo Sánchez.
ZENENKO, G.P.: Los paradigmas de los pronombres pers. en ruso y esp. — 11893.

2.1. *Morphology and word-formation — Morphologie et formation des mots*

6173 BELLIDO, Paloma G.: Affective suffixes in Spanish: evidence for morphological generalizations. — [231], 1-12.
6174 CASADO VELARDE, Manuel: Un sufijo de la lengua juvenil: *-ata.* — *Thesaurus* 36, 1981, 323-327.
6175 DOROŠENKO, V.A.: Sufiks *-menta* jak formant zonal'noho pošyrennja v ispano-amerykans'kych krajinach. — *InFil* 62, 1981, 106-111 | Suff. *-menta* como formante de extensión regional en los paises hispanohablantes.
6176 FAITELSON-WEISER, Silvia: Las funciones sufijales en español moderno. — *RLiR* 46, 1982, 299-317.
6177 FOSTER, David William: Further considerations on exocentric N [N N] nouns in Spanish. — *Orbis* 29, 1980 (1982), 126-146 | Cf. BL 1976, 5472.
6178 KLEVCOVA, M.D.: Modeljuvannja typiv dodatkovoji informaciji v odnoosnovnych ispans'kych utvorennjach typu *barca/barco.* — *InFil* 61, 1981, 91-98 | Acerca de los modelos de información adictional en los pares de sustantivos esp., tipo: *barca/barco.*
6179 MALKIEL, Yakov: Morpho-semantic conditioning of Spanish diphthongization: the case of *teso ~ tieso.* — *RomPh* 36/2, 1982, 154-184.
MATTHEWS, P.: Two problems in Italian and Spanish verbal inflection. — 7257.

ESPAGNOL

6180 PENA, Jesús: *La derivación en español* . . . — Santiago de Compostela: 1980 | BL 1980, 5104. | *RLiR* 46, 1982, 445-451 C. Schmitt | *RJb* 32, 1981 (1982), 370-373 J. Lüdtke.
6181 PRADO, Marcial: El genero en español y la teoría de la marcadez. — *Hispania* 65, 1982, 258-266.
6182 SCAVNICKY, Gary Eugene A.: The suffix *-oso* in Central-American Spanish. — *Hispania* 65, 1982, 86-89.
6183 VARELA, Beatriz: Nombres compuestos con el verbo *comer*. — *Hispania* 63, 1980, 564-567.

2.2. Syntax — Syntaxe

6184 BELL, Anthony: Mood in Spanish: a discussion of some recent proposals. — *Hispania* 63, 1980, 377-390.
6185 BELL, Tony: The semantic significance of the indefinite article in Spanish. — *Hispania* 65, 1982, 619-624.
6186 BOK-BENNEMA, Reineke: Clitics and binding in Spanish. — [2550], 9-32.
6187 BOSQUE, Ignacio: *Sobre la negación.* — Madrid: 1980 | BL 1980, 5048. | *ZRPh* 98, 1982, 498-501 R. Eberenz.
6188 BOSQUE, Ignacio: Retrospective imperatives. — *LIn* 11, 1980, 415-419 | On Sp. RI's.
6189 CARBONERO CANO, Pedro: *Deixis espacial y temporal en el sistema lingüístico.* — Sevilla: 1979 | BL 1981, 6429. | *RSEL* 11, 1981, 477 V. Lamíquiz.
CHEVALIER, J.-C.: Du système pronominal en esp. . . . — 6638.
6190 *Los clíticos en el español actual.* [Comité editorial: Guillermo ARAYA, et al.]. — Amsterdam: 1980 | BL 1980, 5055. | *Lingua* 58, 1982, 192-197 F.H. Nuessel, JR. | *Hispania* 65, 1982, 476 T.R. Arrington.
6191 COMBÉ, Henk A.: Some discrepancy phenomena in Spanish. — [385], 185-203.
6192 CONTRERAS, Heles: Sentential stress, word order, and the notion of subject in Spanish. — [237], 45-53.
6193 DEMONTE, Violeta: El falso problema de la posición del adjetivo: dos análises semánticos. — *BAE* 62, 1982, 453-485.
6194 DIETRICH, Wolf: Zur Funktion der spanischen Verbform auf *-ra.* — *RJb* 32, 1981 (1982), 247-259.
6195 D'INTRONO, Francesco: *Sintaxis transformacional del español.* — Madrid: 1979 | BL 1979, 4925. | *RRLing* 26, 1981, 398-399 D. Dumitrescu.
6196 DOWLING, Lee H.: An investigation of the Spanish causatives *hacer ver, hacer creer, hacer pensar* and *hacer saber*. — *Hispania* 64, 1981, 588-594.
6197 DRAKE, Dana B.; ASCARZA, Manuel; PREBLE, Oralia: The use and non-use of a preposition or other word between a noun and the following infinitive. — *Hispania* 65, 1982, 79-85.
6198 EBERENZ, Rolf: Las conjunciones temporales del español: esbozo del sistema actual y de la trayectoria histórica en la norma peninsular. — *BAE* 62, 1982, 289-385.
6199 FENWICK, Susan Lee Grady: *Verbal aspect: its form and function in contemporary Spanish.* — Univ. of Iowa diss., 1980, 240 p. | *DAb* 41/6, 1980, 2589-A.
6200 GARCÍA, Erica C.: Evidencia del carácter no reflejo de *sí*. — *CIHi* VII, 467-474.
6201 GARCÍA, Maryellen: Syntactic variation in verb phrases of motion in U.S.-Mexican Spanish. — [6149], 82-92.

6202 GEHMAN, Henry Snyder: Arabic syntax of the relative pronoun in *Poema de Mío Cid* and *Don Quijote*. — *HR* 50, 1982, 53-60.
6203 GÓMEZ MOLINA, C.: Los verbos conjugados pronominalmente y su frecuencia. — *LAnt* 14, 1980, 173-179 | Based on a corpus of 212 art. of Miguel de Unamuno (written between 1931 and 1936).
6204 GÓMEZ MOLINA, C.: De la conjugaison pronominale de quelques verbes intransitifs en espagnol. — *Orbis* 29, 1980 (1982), 147-161.
6205 GÓMEZ MOLINA, Carmen: Las formas pronominales de tercera persona en los verbos transitivos. — *LEA* 3, 1981, 73-157.
6206 GOROG, Ralph DE: Movement, displacement and change of state in Spanish and English. — *Hispania* 64, 1981, 103-107.
6207 GRAUPERA, Arturo A.: Pejorative connotations of *el tal* and *un tal:* a comment. — *Hispania* 64, 1981, 601.
6208 GUTIÉRREZ ORDOÑEZ, Salvador: "Tengo que vender unos libros / Tengo unos libros que vender". — *Verba* 7, 1980, 389-396.
6209 HADLICH, Roger L.: *Gramática transformativa del español* ... — Madrid: 1973 | BL 1973, 5558. | *LPosn* 24, 1982, 147-150 S. Pieczara.
6210 HAVERKATE, Henk: *Impositive sentences in Spanish* ... — Amsterdam: 1979 | BL 1979, 4933. | *Gramma* 4, 1980, 154-163 T. Walraven | *Hispania* 64, 1981, 492-493 J.M. Guitart.
6211 HERNÁNDEZ ALONSO, César: La llamada "voz pasiva" en español. — *LEA* 4, 1982, 82-92.
6212 HOTTENROTH, Priska-Monika: The system of local deixis in Spanish. — [1402], 133-153.
6213 KLEIN-ANDREU, Flora: Distintos sistemas de empleo de *le, la, lo*: perspectiva sincrónica, diacrónica y sociolingüística. — *Thesaurus* 36, 1981, 284-304, 7 fig.
6214 KNOWLES, John: A cross relative from Spain. — *LIn* 9, 1978, 505-510 | Cf. 6237.
6215 KOCK, Josse DE: Existe-t-il une série d'auxiliaires transitifs en espagnol? — *LAnt* 14, 1980, 29-40.
6216 KUTTERT, Rainer: *Syntaktische und semantische Differenzierung der spanischen Tempusformen der Vergangenheit:* perfecto simple, perfecto compuesto *und* imperfecto. — Europäische Hochschulschriften, 24. Reihe, 18; Frankfurt a.M.: Lang, 1982, 592 p.
6217 LAVANDERA, Beatriz R.: Inferencia y referencia en la teoria del lenguaje. — *Vicus* 1, 1977, 177-138 | Exemplified by the constraint on the negation of the Sp. imperative and the 'imperative uses' of the subjunctive mood (E. summ.).
6218 LÁZARO MORA, Fernando A.: Sobre *aunque* adversativo. — *LEA* 4, 1982, 123-130.
6219 LESMAN, Ann St. Clair: *El pronombre atono en la prosa española del siglo XVII*. — Univ. of Maryland diss., 1980, 224 p. | *DAb* 42/2, 1981, 687-A/688-A.
6220 LLEÓ, Conxita: *Some optional rules in Spanish complementation* ... — Tübingen: 1979 | BL 1979, 4937. | *HR* 50, 1982, 219-221 M. Suñer | *ZRPh* 98, 1982, 241-244 G. Bossong.
6221 MANTECA ALONSO-CORTÉS, A.: *Gramática del subjuntivo*. — Madrid: Cátedra, 1981, 158 p.
6222 MARTÍN ZORRAQUINO, María Antonia: *Desviaciones del sistema y de la norma de la lengua en las construcciones pronominales españolas*. — Series universitaria 70; Madrid: Fundación Juan March, 1978, 45 p. | *SCL* 33, 1982, 367-368 T. Şandru Olteanu.

ESPAGNOL

6223 MARTÍN ZORRAQUINO, M.ª Antonia: *Las construcciones pronominales en español* . . . — Madrid: 1979 | BL 1979, 4944. | *Thesaurus* 36, 1981, 138-140 J.J. Montes Giraldo | Cf. 6258.

6224 MARTÍNEZ MARÍN, Juan: *Este agua* y construcciones afines en español actual. — *LEA* 4, 1982, 39-46.

6225 MED, N.G.: Sobstvenno-ėmotivnye predloženija v ispanskom i portugal'skom jazykach (ėkspressija i izbytočnost'). — *VLU* 1982/20, 66-70.

6226 MERRILL, Judith S.: Indirect discourse and the protasis of the future-more-vivid condition. — *Hispania* 65, 1982, 416-418.

6227 MORALES DE WALTERS, Amparo: La posición de sujeto en el español de Puerto Rico a la luz de la clase semántica verbal, la oposición tema-rema y el tópico oracional. — *LEA* 4, 1982, 23-38, fig., 4 tab.

6228 MOURELLE DE LEMA, Manuel: Los verbos causativos en español. — *Thesaurus* 36, 1981, 14-22.

6229 MOYA CORRAL, Juan Antonio: Notas de sintaxis femológica. — *RSEL* 11, 1981, 83-89.

6230 NARBONA JIMÉNEZ, Antonio: *Las proposiciones consecutivas en español medieval*. — Granada: 1978 | BL 1979, 4949. | *Verba* 7, 1980, 415-419 E. Montero Cartelle.

6231 NARBONA JIMÉNEZ, Antonio: ¿Verbos modales en español? — *Verba* 8, 1981, 171-186.

6232 NOVICOV, V.: Acerca de la influencia del gallego en el empleo de las formas indicativas en *-ra* en el español de América. — *Verba* 6, 1979 (1980), 225-234.

6233 PÁEZ URDANETA, Iraset: Conversational *pues* in Spanish: a process of degrammaticalization? — [170], 332-340.

6234 PAPADOPOL, María: Los morfemas de pretérito indefinido y las conjugaciones tradicionales. — *LEA* 4, 1982, 131-135.

6235 PIZZINI, Quentin A.: The positioning of clitic pronouns in Spanish. — *Lingua* 57, 1982, 47-69.

6236 PLANN, Susan: *Relative clauses in Spanish without overt antecedents* . . . — Berkeley: 1980 | BL 1980, 5106. | *Hispania* 64, 1981, 652 J.M. Lipski | *Lg* 58, 1982, 694-696 G. Mallinson | *SLang* 6, 1982, 292-299 J. Schroten | *Lingua* 58, 1982, 374-380 F.H. Nuessel, Jr.

6237 PLANN, Susan: The nonevidence for a cross relative from Spain. — *LIn* 11, 1980, 607-613 | Contra 6214.

6238 PLANN, Susan: Indirect questions in Spanish. — *LIn* 13, 1982, 297-312 | Contra M.-L. RIVERO (BL 1978, 4503).

6239 POLO FIGUEROA, Nicolás: *Estructuras semántico-sintácticas en español*. — Bogotá: Univ. Santo Tomás, Centro de Enseñanza desescolarizada, 1981, 192 p. | *Thesaurus* 36, 1981, 351-352 J. Bernal Leongómez.

PRIESOLOVÁ, J.: Les différences caractéristiques dans l'emploi des formes verbo-temporelles . . . — 6727.

6240 RANDERI, Martha Garza: *The use of clitics in Spanish between the ages of five and nine*. — Univ. of California, Los Angeles, diss., 1980, 256 p. | *DAb* 41/4, 1980, 1572-A.

6241 RASMUSSEN, Poul: *El verbo* hacer *en expresiones temporales: estudio sintáctico y semántico*. — *RRom*, No. spécial 22; Copenhague: Akademisk Forlag, 1981, 139 p. | *ZRPh* 98, 1982, 699-700 K. Böckle.

6242 RIVAROLA, José Luis: Las construcciones concesivas y restrictivas en español (hipotaxis y parataxis). — *CIHi* VII, 865-874.

6243 RIVERO, María-Luisa: On left-dislocation and topicalization in Spanish. — *LIn* 11, 1980, 363-393.
6244 RODRÍGUEZ DÍEZ, Bonifacio: L'attribut en espagnol: essai d'une description et classification fonctionnelles. — *Linguistique* 18, 1982/2, 33-48.
6245 RODRÍGUEZ SOUSA, Mª Estrella: La adversatividad en español. — *Verba* 6, 1979 (1980), 235-312.
6246 ROEGIEST, Eugeen: Grammaire des cas et sémantique des prépositions dans la construction verbale de quelques langues romanes. — [111], 65-88 | Esp. et fr.
6247 ROJAS NIETO, Cecilia: *Construcciones coordinadas sindéticas en el español hablado culto de la Ciudad de México.* — Col. publicaciones Centro de Lingüística Hispánica 16; México: UNAM, 1982, 271 p.
6248 SACKS, Norman P.: More on the indefinite article in Spanish. — *Hispania* 63, 1980, 554-557.
6249 ŞANDRU OLTEANU, Tudora: Observaciones sobre el español coloquial: construcciones de valor superlativo. — *RRLing* 27, 1982, 293-299.
6250 SCHROTEN, Jan: Las oraciones finitas que carecen de sujeto léxico: análisis estructural y análisis generativo. — *Archivum* 29-30, 1979-80 (1982), 507-533.
6251 SILVA-CORVALÁN, Carmen: Subject expression and placement in Mexican-American Spanish. — [6149], 93-120, fig.
6252 SOLÉ, Yolanda R.: On *mas/menos . . . que* versus *mas/menos de* comparatives. — *Hispania* 65, 1982, 614-619.
6253 STUDERUS, Lenard H.: A notional feature map to Spanish aspect. — *LACUS* 7, 1980 (1981), 318-328.
6254 STUDERUS, Lenard H.: A Spanish twilight zone: mood, syntax, and past temporal reference. — *Hispania* 64, 1981, 97-103.
6255 SUÑER, Margarita: *Syntax and semantics of Spanish presentational sentence-types.* — Washington, DC: Georgetown UP., 1982, 371 p.
6256 SUÑER, Margarita: On null subjects. — *LAn* 9, 1982, 55-78 | Investigation of Sp.
6257 TERKER, Andrew Michael: *Linear order and intonation in the Spanish noun phrase.* — Univ. of Washington diss., 1980, 139 p. | *DAb* 41/11, 1981, 4701-A.
6258 TORREBLANCA, Máximo: Diacronía y sincronía en el estudio de los pronombres átonos españoles. — *RomPh* 36/1, 1982, 44-57 | Rev. art.: on (1) F. MARCOS MARÍN (BL 1978, 4492); (2) No. 6223.
6259 VAL ALVARO, José Francisco: Grupos nominales con /de/ en español moderno (complementos de cualidad). — *LEA* 3, 1981, 49-72.
6260 VASILEVA, Maria: Sobre algunos aspectos del fenómeno "voseo". — *Philologia* 10-11, 1982, 35-48 | Bulg. summ.
6261 VOIGT, Burkhard: *Die Negation in der spanischen Gegenwartssprache . . .* — Frankfurt a.M.: 1979 | BL 1979, 4972. | *ZRPh* 98, 1982, 494-498 R. Eberenz | *RJb* 32, 1981 (1982), 373-376 G. Bossong.
6262 WONDER, John P.: The determiner + adjective phrase in Spanish. — *Hispania* 64, 1981, 348-359 | Cf. also *Hispania* 65, 1982, 238-239.
6263 ZAVADIL, Bohumil: *Kategorie modality ve španělštině.* — AUC, Philologica: Monographia 80; Praha: Univ. Karlova, 1980, 165 p. | The category of modality in Sp. (Sp. summ.).
6264 ZAVADIL, Bohumil: La delimitación de la categoría de modalidad. — *IAP* 13, 1982, 51-88.
6265 ZULUAGA, Alberto: El futuro de subjuntivo: observaciones sobre la distinción lengua hablada/lengua escrita y el verbo español. — *CIHi* VII, 1069-1079.

ESPAGNOL

2.3. Text linguistics — Linguistique du texte

6266 BLUMENTHAL, Peter: Satzstruktur und Kausalität bei Boccaccio und Cervantes. — [314], 13-23.
6267 REYES, Graciela: El estilo indirecto en el texto periodistico. — *LEA* 4, 1982, 1-21.
6268 RUGGERI MARCHETTI, Magda: *Un approccio all'interpretazione testuale: il discorso scientifico spagnolo.* — Linguistica applicata 8; Roma: Bulzoni, 1982, 86 p.

3. HISTORY — HISTOIRE

6269 ALVAR EZQUERRA, Manuel: *Concordancias e índices léxicos de la "Vida de San Ildefonso".* — Málaga: Univ. de Málaga, 1980, 448 p. | *RLiR* 46, 1982, 440-445 R. Pellen.
6270 ALVAREZ NAZARIO, Manuel: *Orígenes y desarrollo del español en Puerto Rico: siglos XVI y XVII.* — Río Piedras: Edupr., 1982, 470 p.
6271 BOSSONG, Georg: *Probleme der Übersetzung wissenschaftlicher Werke aus dem Arabischen ...* — Tübingen: 1979 | BL 1979, 4977. | *Romania* 102, 1981, 569-571 J. M[onfrin].
6272 BUBNOVSKAJA, Ė.F.; VASIL'EVA, L.N.: *Chrestomatija po istorii ispanskogo jazyka XII-XVI veka.* — Kiev: "Vyšča škola", 1979, 176 p. | *VMU* 1982/2, 88-89 Ė.I. Levintova.
6273 CRAVENS, Thomas D.: The analogical pressure of synonymy: the dual gender of Spanish *mar* 'sea'. — [170], 38-43.
6274 FONTANELLA DE WEINBERG, María Beatriz: *Aspectos del español hablado en el Río de la Plata durante los siglos XVI y XVII.* — Bahía Blanca: Univ. Nac. del Sur, 1982, 62 p.
6275 GARCÍA TURZA, Claudio: *La tradición manuscrita de Berceo*, con un estudio filológico particular del MS. 1533 de la Biblioteca Nacional de Madrid (BN). — Centro de Estudios "Gonzalo de Berceo" 4; Logroño: Inst. de Estudios Riojanos, 1979, 356 p. | *ZRPh* 98, 1982, 232-234 A. Gier.
GULSOY, J.: L'evolució de la terminació adjectival *-idus* ... — 6073.
6276 HOYOS HOYOS, María del Carmen: *Contribución al estudio de la lengua de 'El Conde Lucanor'.* — (Univ. of Valladolid diss., 1979); Valladolid: Univ. de Valladolid, Fac. de Filosofía y Letras, 1982, 836 p.
6277 KONTZI, Reinhold: *Aljamiado Texte.* I-II. — Wiesbaden: 1974 | BL 1974, 4948. | *ZDMG* 132, 1982, 180-182 O. Hegyi.
6278 LAPESA, Rafael: *Historia de la lengua española.* 8.ª ed. — Madrid: 1980 | BL 1980, 5140. | *HR* 50, 1982, 353-357 P.M. Lloyd.
6279 LATHROP, Thomas A.: *The evolution of Spanish* ... — Newark, DE: 1980 | BL 1980, 5142. | *Hispania* 65, 1982, 318-319 J.M. Lipski | *BHS* 59, 1982, 147-148 R. Penny.
6280 MARCOS MARÍN, Francisco: *Reforma y modernización del español* ... — Madrid: 1979 | BL 1979, 4986. | *RSEL* 11, 1981, 478-482 I. Acero Durántez.
6281 [Polo, Marco]. *Juan Fernández de Heredia's Aragonese version of the 'Libro de Marco Polo'.* Ed. by John J. NITTI. — The Hispanic Seminary of Medieval Studies, Dialect Series 1; Madison, WI: Hispanic Seminary of Medieval Studies, 1980, xxxvi, 123 p., 14 facsim.
6282 RODRÍGUEZ COSMEN, Melchor: *Pachxuezu: el habla medieval del occidente*

astur-leonés. Prólogo: Luis G. DE CANDAMO. — León: Nebrija Editorial, 1982, 175 p.

6283 SALVADOR MIGUEL, Nicasio: Una edición del "Libro de Apolonio" [ed. Manuel ALVAR]. — *Archivum* 29-30, 1979-80 (1982), 253-264 | Rev. of BL 1978, 4524.

6284 SÁNCHEZ-REGUEIRA, Manuela: Un hispanista alemán del siglo XVII-XVIII y su aportación al conocimiento de la sintaxis histórica del español. — [314], 259-266 | Matthias KRAMER.

6285 TERRACINI, Lore: *Lingua come problema nella letteratura spagnola del Cinquecento* . . . — Torino: 1979 | BL 1979, 4995. | *ZRPh* 98, 1982, 236-239 F. Lebsanft.

6286 VERDONK, R.A.: Het eerste woordenboek "Nederlands-Spaans": De "Nieuwen Dictionaris" van Juan Francisco Rodriguez (Antwerpen, 1634). — *HZnMTL* 35, 1981, 271-283 | On the 1st Du.-Sp. dictionary, with remarks on the Sp. as used in the Southern Netherlands (17th century).

4. DIALECTOLOGY — DIALECTOLOGIE

6287 ALVAR, Manuel: *Leticia: estudios lingüísticos sobre la Amazonia colombiana.* Con una monografía etnográfica de Elena ALVAR. — Publ. del Inst. Caro y Cuervo 43; Bogotá: 1977, 558 p. | *SCL* 33, 1982, 90-91 M. Sala.

6288 BAHAMONDE SILVA, Mario: *Diccionario de voces del norte de Chile.* — Santiago, Chile: Editorial Nascimento, 1978, 400 p.

6289 CANO GONZÁLEZ, Ana Mª: El habla de Somiedo (Occidente de Asturias). I; II. — *Verba* 4, 1977, 173-299; 5, 1978, 113-257.

6290 CANO GONZÁLEZ, Ana Mª: Estudio morfosintáctico sobre el bable del "Quixote de la Cantabria". — *Verba* 6, 1979 (1980), 75-95.

6291 CHIOSSONE, Tulio: *El lenguaje erudito, popular y folklórico de los Andes venezolanos.* — Bibl. de autores y temas tachirenses 69; Caracas: Officina Central de Información, 1977, 299 p.

6292 COLUCCIO, Félix: *Diccionario de voces y expresiones argentinas.* — Buenos Aires: Editorial Plus Ultra, 1979, 223 p.

6293 DALBOR, John B.: Observations on present-day *seseo* and *ceceo* in southern Spain. — *Hispania* 63, 1980, 5-19 | Corr. to BL 1980, 5155.

6294 *Dialectología hispanoamericana* . . . Gary E. SCAVNICKY, ed. — Washington, DC: 1980 | BL 1980, 5019. | *Thesaurus* 36, 1981, 347-349 J.J. Montes Giraldo | *Hispania* 65, 1982, 317-318 H.M. Wilkins | *RomPh* 36/2, 1982, 242-253 R. de Gorog.

6295 DISHMAN, Amalia C.: Sobre el origen y uso del *che* argentino. — *Hispania* 65, 1982, 93-97.

6296 DUBSKÝ, Josef: *Observaciones sobre el léxico santiaguero.* — Praha: 1977 | BL 1978, 4540. | *IAP* 13, 1982, 274-275 Z. Hampl | *BSL* 76, 1981/2 (1982), 207-208 H. Vidal Sephiha.

6297 FONTANELLA DE WEINBERG, María Beatriz: Three intonational systems of Argentinian Spanish. — [237], 115-126.

6298 GARCÍA ARIAS, X.Ll.: Dos notas de sintaxis diacrónica n'asturiano. — *Archivum* 29-30, 1979-80 (1982), 535-545 | 1. El neñu de mió. 2. me/mi.

6299 GARCÍA ARIAS, X.Ll.: Ast. *mosea* y su posible filiación prerromana. — *Archivum* 29-30, 1979-80 (1982), 585-593.

6300 GARCÍA GONZÁLEZ, Francisco: La frontera oriental del asturiano. — *BAE* 62, 1982, 173-191, 2 maps.

ESPAGNOL

6301 GEOFFROY RIVAS, Pedro: *Español que hablamos en El Salvador*. 3.a ed. — San Salvador: Ministerio de Educación, Dirección de Publicaciones, 1976, 117 p. | 5th ed., 1982, 88 p.

6302 GEOFFROY RIVAS, Pedro: *La lengua salvadoreña*. — San Salvador: Ministério de Educación, Dirección de Publicaciones, 1978, 131 p.

6303 GRANDA, Germán DE: *Estudios lingüísticos hispánicos* . . . — Madrid: 1978 | BL 1978, 4547. | *RSEL* 12, 1982, 217-223 R. Rodríguez Marín.

6304 GRANDA, Germán DE: *El español del Paraguay: temas, problemas y métodos*. — Asunción: 1979, 145 p. | *Thesaurus* 36, 1981, 133-136 J.J. Montes Giraldo.

6305 GRANDA, Germán DE: *Lengua y sociedad: notas sobre el español del Paraguay*. — Asunción: 1980, 140 p. | *Thesaurus* 36, 1981, 133-136 J.J. Montes Giraldo.

6306 GUARNIERI, Juan Carlos: *Diccionario del lenguaje rioplatense*. — Montevideo: Ediciones de la Banda Oriental, 1979, 199 p.

6307 GUITART, Jorge M.: En torno a la sílaba come entidad fonemática en los dialectos del Caribe hispánico. — *Thesaurus* 36, 1981, 457-463.

6308 KUBARTH, Hugo: Probleme und Perspektiven der Dialektologie Lateinamerikas. — *IbRom* 16, 1982, 23-37.

6309 LOPE BLANCH, Juan M.: *Investigaciones sobre dialectología mexicana*. — México: 1979 | BL 1981, 6549. | *BRPh* 20, 1981, 362-363 M. Perl | *HR* 50, 1982, 373 P.M. Boyd-Bowman.

6310 LOPE BLANCH, Juan M.: Sobre la influencia fonética maya en el español de Yucatán. — *Thesaurus* 36, 1981, 413-428.

6311 MONTES GIRALDO, José Joaquín: El español de Colombia: propuesta de clasificación dialectal. — *Thesaurus* 37, 1982, 23-92, 37 maps.

6312 MUÑOZ REYES, Jorge; MUÑOZ REYES, Isabel: *Diccionario de bolivianismos y semántica boliviana*. — Cochabamba: Amigos, 1982, 389 p.

6313 NÚÑEZ CEDEÑO, Rafael A.: *La fonología moderna y el español de Santo Domingo*. — Santo Domingo: 1980 | BL 1981, 6560. | *Thesaurus* 37, 1982, 174-175 J.J. Montes Giraldo.

6314 PERL, Matthias: Creole morphosyntax in the Cuban "habla bozal". — *SCL* 33, 1982, 424-433.

6315 PHILLIPS, Robert: Influences of English on /b/ in Los Angeles Spanish. — [6149], 71-81 | Repr. from *Studies in language and linguistics 1972-1973*, ed. Ralph W. EWTON & Jacob ORNSTEIN (El Paso: Texas Western Press, 1974), 202-212.

6316 RIVAS TORRES, José E.: *Voces populares del sur merideño*. — Mérida, Venezuela: Univ. de los Andes, Consejo de Publ., 1980, 78 p.

6317 ROJAS, Elena M.: *Aspectos del habla en San Miguel de Tucumán*. — Ciencia y técnica 63; Tucumán, Argentina: Fac. de Filosofía y Letras, Univ. Nacional de Tucumán, 1980, 208, xxvi p.

6318 ROSS, L. Ronald: La supresión de /y/ en el español chicano. — *Hispania* 63, 1980, 552-554.

6319 SÁNCHEZ-BOUDY, José: *Diccionario de cubanismos más usuales: Cómo habla el cubano*. — Miami: Ediciones Universal, 1978, 430 p. | *Hispania* 64, 1981, 324 G.J. Fernández.

6320 SANTIESTEBAN, Argelio: *Habla popular cubana de hoy*. — La Habana: Ciencias Sociales, 1982, 376 p.

6321 *Studien zur Herausbildung der kubanischen Variante der spanischen Sprache* . . . Von Matthias PERL . . . [et al.]. — Leipzig: 1980 | BL 1981, 6567. | *BRPh* 20, 1981, 163-165 H.-D. Paufler | *Thesaurus* 36, 1981, 129-133 N. de Castillo Mathieu.

6322 SUÁREZ, Victor Manuel: *El español que se habla en Yucatán: apuntamientos filológicos.* 2.a ed. corr. y aumentada. — Mérida, Yucatán, México: Ediciones de la Univ. de Yucatán, 1979, 194 p., maps | 1st ed. 1945 (BL 1948, 98).
6323 TERRELL, T.D.: Current trends in the investigation of Cuban and Puerto Rican phonology. — [6149], 47-70.
6324 VALDÉS BERNAL, Sergio: *Indoamericanismos no aruacos en el español de Cuba.* — La Habana: 1978, 80 p. | *SCL* 33, 1982, 453 L. Bolocan.
6325 VARELA, Beatriz: *Lo chino en el habla cubana.* — Miami: Ediciones Universal, 1980, 62 p. | *Hispania* 65, 1982, 318 M. Torreblanca.
6326 VIUDAS CAMARASA, Antonio: *Diccionario extremeño.* — Cáceres: 1980 | BL 1980, 5190. | *SCL* 33, 1982, 452-453 F. Sădeanu | *BSL* 76, 1981/2 (1982), 205-206 H. Vidal Sephiha | *ZRPh* 98, 1982, 700-701 W. Mettmann.
6327 VIUDAS CAMARASA, Antonio: Descripción fonológica del habla de La Litera. — *Archivum* 29-30, 1979-80 (1982), 423-457, 6 fig. | Prov. de Huesca.
6328 WEBB, John T.: Mexican-American *caló* and standard Mexican Spanish. — [6149], 121-131.
6329 WILLIAMS, Alan: The use of the *-ra* and *-se* forms of the past subjunctive in Navarre. — *Hispania* 65, 1982, 89-93.

5. LEXICON — LEXIQUE

6330 ALONSO HERNÁNDEZ, José Luis: *Léxico del marginalismo* ... — Salamanca: 1977 | BL 1977, 6358. | *VR* 41, 1982, 371-372 L. López Molina.
6331 ALONSO HERNÁNDEZ, José Luis: Paremia, discurso, ideología. — *Archivum* 29-30, 1979-80 (1982), 311-358.
6332 ALVAR, Manuel: Atlas lingüísticos y diccionarios. — *CIHi* VII, 53-73.
6333 ALVAR, Manuel: Atlas lingüísticos y diccionarios. — *LEA* 4, 1982, 253-323.
6334 ARAYA, Guillermo: Sobre arcaísmos del español de Chile: a propósito de un libro reciente. — *BHi* 80, 1978 (1979), 303-309 | On Isaías LERNER (BL 1974, 5042).
6335 ARAYA, Guillermo: El diccionario de americanismos. — *LEA* 4, 1982, 137-150.
6336 BARRIUSO FERNÁNDEZ, Emilio: Problemas léxicos de la fauna marina: los nombres de los espáridos de la costa de Asturias. — *Archivum* 29-30, 1979-80 (1982), 565-584.
6337 BEINHAUER, Werner: *Stilistisch-phraseologisches Wörterbuch spanisch-deutsch.* — München: 1978 | BL 1978, 4564. | *ZRPh* 98, 1982, 493-494 D. Kremer.
6338 BONFANTE, G.: Lo spagnolo *estrella*. — *Paideia* 36, 1981, 86-87.
6339 BRUYNE, Jacques DE: Hacia una definición de *feúcha*. — *BHi* 83, 1981, 181-187.
6340 BRUYNE, Jacques DE: Hacia una definición de *guapetona*. — *CIHi* VII, 345-352.
6341 CEBRIÁN HERREROS, M.: *Diccionario de radio y televisión: bases de una delimitación terminológica.* — Madrid: Alhambra, 1981, 376 p. | *Verba* 9, 1982, 360-363 J.M. Folgar de la Calle.
6342 CHAMBERLAIN, Bobby J.: Lexical similarities of *lunfardo* and *gíria*. — *Hispania* 64, 1981, 417-425.
CHRISTENSEN, P.; WINDFELD HANSEN, J.: *Dansk-spansk ordbog.* — 9465.
6343 COROMINAS, Joan: *Breve diccionario etimológico de la lengua castellana.* 3.ª ed. muy revisada y mejorada. — Madrid: Gredos, 1980, 627 p. | 2nd ed. 1967 (BL 1967, 3954). | *ZPhon* 35, 1982, 338-339 M. Perl.

ESPAGNOL

6344 *Diccionario histórico de la lengua española*, proyectado y dirigido inicialmente por Julio CASARES († 1964). Seminario de lexicografía. Director: Rafael LAPESA MELGAR. Académicos redactores: Salvador FERNÁNDEZ RAMÍREZ; Alonso ZAMORA VICENTE; Manuel SECO REYMUNDO . . . Fasc. 15: *aloja – alzo*. — Madrid: Real Acad. Esp., 1981, p. i-xxiii, 553-682 | Cf. BL 1980, 5205.

6345 Enmiendas y adiciones a los diccionarios de la Academia aprobadas por la Corporación (junio a diciembre de 1981; enero de 1982; febrero-marzo de 1982). — *BAE* 62, 1982, 7-31; 201-206; 421-439.

6346 ESCOBAR, José: *Civilizar, civilizado* y *civilización*: una polémica de 1763. — *CIHi* VII, 419-427.

6347 ESTAPÀ, Roser: Una propuesta: el malapropismo. — *AF* 5, 1979 (1981), 257-266.

6348 FERNÁNDEZ LAGUNILLA, Marina: Lexicología y política: un campo léxico dentro del vocabulario republicano (1876-1899). — *Verba* 7, 1980, 379-387.

6349 FERRECCIO PODESTÁ, Mario: *El diccionario académico de americanismos: pautas para un examen integral del Diccionario de la lengua española de la Real Academia Española*. — Theses et studia scholastica 2; Santiago de Chile: Univ. de Chile, Seminario de Filología Hispánica, 1978, 306 p. | *SCL* 33, 1982, 89-90 M. Sala | *ZRPh* 98, 1982, 510-516 G. Araya.

6350 GEMMINGEN-OBSTFELDER, Barbara VON: Limpia, fija y da esplendor: zur Frage des guten Sprachgebrauchs im *Diccionario de Autoridades*. — [243], 61-75.

6351 GRIMES, Larry M.: *El tabú lingüístico en México* . . . — New York: 1978 | BL 1979, 5033. | *Hispania* 63, 1980, 446-447 J.M. Sharp.

6352 HAENSCH, Günther: La lengua española y la lexicografía actual. — *LEA* 4, 1982, 239-252.

6353 HAENSCH, Günther: El vocabulario económico español, un problema de lenguas en contacto. — [323], 135-147.

6354 HAMP, Eric P.: Old Spanish *sencido* again. — *RomPh* 36/1, 1982, 28-31 | Y[akov] M[ALKIEL]: Editorial post-script, 31-34. | Comments on BL 1980, 5207.

6355 HENSCHEL, Helgunde: Die Real Academia Española und das *Diccionario de Autoridades* in ihrem Verhältnis zum Gallizismus. — *BRPh* 20, 1981, 95-107.

6356 KURČATKINA, N.N.; SUPRUN, A.V.: *Frazeologija ispanskogo jazyka*. — Moskva: "Vysšaja škola", 1981, 143 p. | *VMU* 1982/4, 77-79 R.A. Budagov.

6357 LEÓN, Víctor: *Diccionario de argot español y lenguaje popular*. — Madrid: 1980 | BL 1980, 5223. | *SCL* 33, 1982, 285-287 T. Şandru Olteanu.

6358 *Léxico del habla culta de México*. Director: Juan M. LOPE BLANCH. Investigadores: Antonio ALCALÁ ALBA, Gustavo CANTERO SANDOVAL . . . [et al.]. — Publ. del Centro de Lingüística Hispánica 6; México: Univ. Nacional Autónoma de México, 1978, 586 p. | *SCL* 33, 1982, 363-364 M. Sala.

6359 LOZANO, Anthony Girard: Aztec traces in Modern Spanish. — *Hispania* 64, 1981, 410-417 | Cf. note by James J. CHAMPION, *Hispania* 65, 1982, 239-240.

6360 LÜDI, Georges: Estabilidad o inestabilidad de las estructuras lexicales? Observaciones acerca del léxico argentino de la moda. — *BRPh* 20, 1981, 221-233.

6361 LÜDI, Georges: Bemerkungen zur Instabilität der lexikalischen Strukturen in der Modesprache Argentiniens. — *IbRom* 15, 1982, 1-20 | Sp. summ.

6362 MALKIEL, Yakov: Los dos núcleos de *almuerzo/almorzar:* el latino y el prelatino. — [263], 961-984.

6363 MALKIEL, Yakov: Ancien espagnol *losenja/lisonja* "flatterie" et *(a)limos(i)na* "aumône". En marge d'un provençalisme littéraire. — [304], 195-205.

6364 MARTINELL, Emma: Los nombres de color. — *AF* 5, 1979 (1981), 267-322, 2 pl.
6365 MATILLA TASCÓN, Antonio: Para la historia del "Diccionario". — *BAE* 62, 1982, 441-443.
6366 MEIER, Harri: Span. *piar, piada*. — *Verba* 6, 1979 (1980), 25-28.
6367 MEIER, Harri: Anmerkungen zum *DECH* von Corominas/Pascual. — *RF* 94, 1982, 221-232 | Cf. BL 1981, 6576.
 MENOCAL, M.R.: The etym. of O. Prov. *trobar* . . . — 7147.
6368 MERCADO CARDONA, Homero: *Estudio analítico de los anglicismos en el habla colombiana*. — Baranquilla (Colombia): Editorial Mejoras, 1979, 217 p. | *Thesaurus* 36, 1981, 143-144 J. Gútemberg Bohórquez.
6369 MESSNER, Dieter: *Geschichte des spanischen Wortschatzes* . . . — Heidelberg: 1979 | BL 1981, 6597. | *BRPh* 20, 1981, 360-361 H.-D. Paufler | *Verba* 7, 1980, 412-415 R. Lorenzo.
6370 MONDÉJAR, José: *Congrio y zafío:* un capítulo de ictionimia mediterránea y atlántica. — *VR* 41, 1982, 206-219.
6371 NEBRIJA, Elio Antonio DE: *Diccionario latino-español* . . . — Barcelona: 1979 | BL 1979, 5040. | *HR* 50, 1982, 95-98 G.J. Mac Donald | *RLiR* 46, 1982, 438-440 C.-T. Gossen.
6372 PENSADO, J.L.: Sobre el *Diccionario crítico etimológico castellano e hispánico* por J. Corominas con la colaboración de J.A. Pascual. I (Letras A y B). — *Verba* 7, 1980, 301-342 | Cf. BL 1981, 6576.
 POMIRKO, R.S.: Leksyčni utvorennja na osnovi zapozyčenych sliv . . . — 6976.
6373 PRATT, Chris: *El anglicismo en el español peninsular contemporáneo*. — Madrid: 1980 | BL 1980, 5241. | *MLR* 77, 1982, 743-744 T.C. Bookless | *BHS* 59, 1982, 68 L. Williams.
6374 REYNOLDS, John J.: Further comments on the gender of *vislumbre*. — *Hispania* 65, 1982, 97-98 | Cf. 6383.
6375 RICARD, Robert: Origine grecque de *marica*? — *BHi* 83, 1981, 467-470.
6376 RICHARDS, Ruth M.: *Concordance to the Sonnets of Góngora*. — Madison, WI: Hispanic Seminary of Medieval Studies, 1982, [6], 185 p.
6377 RODRÍGUEZ CASTELO, Hernán: *Léxico sexual ecuatoriano y latinoamericano*. — Quito: Ediciones Libri Mundi / Otavalo: Inst. Otavaleño de Antropología, 1979, 399 p., ill.
6378 SÁEZ-GODOY, Leopoldo: Voces de origen indígena en la Crónica de Gerónimo de Bibar (1558): materiales de estudio. — *IbRom* 16, 1982, 1-22.
6379 SALA, Marius: *Dicţionarul fundamental al spaniolei americane*. — *SCL* 33, 1982, 170-172.
6380 SALA, M.; MUNTEANU, D.; NEAGU, V.; ŞANDRU-OLTEANU, T.: *El léxico indígena del español americano* . . . — Bucureşti: 1977 | BL 1977, 6400. | *VR* 41, 1982, 332-335 R. Eberenz | *BHi* 81, 1979, 357-366 G. Araya | *ASNS* 219, 1982, 457-460 G. Carrillo-Herrera (†).
6381 SALA, Marius; MUNTEANU, Dan; NEAGU, Valeria; ŞANDRU-OLTEANU, Tudora: *El español de América*. Tomo I. *Léxico*. Parte 1ª-2ª. Coordinator: Marius SALA. — Publ. del Inst. Caro y Cuervo 60-61; Bogotá: 1982, xxxii, 623; 497 p.
6382 SCOTTI-ROSIN, Michael: *Die Sprache der Falange und des Salazarismus: eine vergleichende Untersuchung zur politischen Lexikologie des Spanischen und Portugiesischen*. — Europäische Hochschulschriften, 24. Reihe, 14; Frankfurt a.M.: Lang, 1982, 331 p.
6383 SILVERMAN, Joseph H.: Concerning the gender of *vislumbre:* a query. — *Hispania* 63, 1980, 723-724 | Cf. 6374.

ESPAGNOL

6384 TRUP, Ladislav: Charakteristika slovnej zásoby súčasnej kubánskej tlače. — *CJŠ* 25, 1981-82, 354-360 | Characteristics of the vocabulary of contemporary Cuban press.

6385 VERDONK, Robert A.: *La lengua española en Flandes en el siglo XVII* ... — Madrid: 1980 | BL 1980, 5149. | *BHS* 59, 1982, 69 R.J. Penny.

6386 WHINNOM, Keith: *Autor* and *tratado* in the fifteenth century: semantic latinism or etymological trap? — *BHS* 59, 1982, 211-218.

6387 ZULUAGA, Alberto: *Introducción al estudio de las expresiones fijas.* — Studia Romanica et Linguistica 10; Frankfurt a.M.: Lang, 1980, 278 p. | *Thesaurus* 36, 1981, 136-138 J.J. Montes Giraldo; 598-600 C. Ortiz Ricaurte.

6. ORTHOGRAPHY — ORTHOGRAPHE

6388 DOUGLASS, R. Thomas: Notes on the spelling of Philip II. — *Hispania* 65, 1982, 418-424.

7. STYLISTICS — STYLISTIQUE

6389 CARRILLO-HERRERA, Gastón: Tradición, popularismo e innovación lingüística en la poesía de Neruda y en la lírica hispanoamericana. — *CIHi* VII, 289-300.

6390 CASE, Thomas E.: The significance of Morisco speech in Lope's plays. — *Hispania* 65, 1982, 594-600.

6391 DEUTSCHMANN, Olaf: Kirchenlateinisch-hebräische Elemente in der spanischen und portugiesischen Syntax und Stilistik. 1. Deus animae meae (*hijo de mi alma*). — *RJb* 32, 1981 (1982), 321-367 | Cf. BL 1981, 6633.

6392 FIRSOVA, N.M.: *Vvedenie v grammatičeskuju stilistiku sovremennogo ispanskogo jazyka. Na materiale imeni suščestvitel'nogo i glagola.* — Moskva: "Vysšaja škola", 1981, 160 p. | *VMU* 1982/4, 77-79 R.A. Budagov.

6393 GUTIÉRREZ MARRONE, Nila: *El estilo de Juan Rulfo* ... — New York: 1978 | BL 1979, 5057. | *BHi* 80, 1978 (1979), 337-345 G. Araya.
LASAGABASTER MADINABEITIA, J.M.: Literatura vasca y bilingüismo: vasco y castellano en la novela *Ehun metro*, de R. Saizarbitoria. — 4140.

6394 LORENZO-RIVERO, Luis: *Larra: lengua y estilo.* — Madrid: 1977 | BL 1979, 5061. | *BHi* 82, 1980, 509-516 J.-R. Aymes.

6395 LOTTINI, Otello: Proliferazione linguistica e metafora sociale (a proposito di *Rol de cornudos* di Camilo José Cela). — *AION-R* 23, 1981, 643-669.

6396 LOUPIAS, Bernard: Importance et signification du lexique d'origine arabe dans le "Don Julián" de Juan Goytisolo. — *BHi* 80, 1978 (1979), 229-262.

6397 NUESSEL, Frank H., Jr.: Eye dialect in Spanish: some pedagogical applications. — *Hispania* 65, 1982, 346-351 | Orthographic alterations used by creative writers.

6398 PERERA SAN MARTÍN, Nicasio: El cocoliche en el teatro de Florencio Sánchez: descripción; elementos de evaluación estilística. — *BHi* 80, 1978, 108-122.

6399 SOCRATE, Mario: L'*Adán* di Lorca e la simultaneità del punto di vista. — *SCr* 15 (44), 1981, 46-67.

6400 TRUP, Ladislav: Niektoré morfosyntaktické aspekty kubánskeho publicistického štýlu. — *CJŠ* 26, 1982-83, 167-171 | Certain morphosyntactic aspects of Cuban journalistic style.

6401 URRUTIA CÁRDENAS, Hernán: Apelación y procedimientos léxicos en titulares periodísticos del ámbito político. — *RSEL* 11, 1981, 403-417.

6402 VYDROVÁ, Hedvika: Las constantes y las variantes en la poesia de César Vallejo: los heraldos negros. — *IAP* 13, 1982, 19-49.

8. METRICS, VERSIFICATION — MÉTRIQUE, VERSIFICATION

6403 LOPE BLANCH, Juan M.: La estructura de la cláusula en dos obras medievales. — *CIHi* VII, 699-706.
6404 PIERA, Carlos José: *Spanish verse and the theory of metre.* — Univ. of California, Los Angeles, diss., 1980, 251 p. | *DAb* 42/1, 1981, 197-A.
6405 PIOTROWSKI, Bodan: Valores de similitud y su función en *Mi verso* de Rafael Maya. — *Thesaurus* 36, 1981, 527-543.

9. TRANSLATION — TRADUCTION

6406 DUMITRESCU, Domniţa: *Îndreptar pentru traducerea din limba română în limba spaniolă.* — Bucarest: Editorial Científica y Enciclopédica, 1980, 334 p. | *RRLing* 26, 1981, 393-394 T. Şandru Olteanu.

10. MATHEMATICAL LINGUISTICS — LINGUISTIQUE MATHÉMATIQUE

6407 ALVAR, Manuel; NUÑO, María Pilar: Un ejemplo de atlas lingüístico automatizado: el *ALES*. — *LEA* 3, 1981, 359-374, 4 maps.
6408 ANDREEWSKI, A.; DESI, M.; FLUHR, C.: Méthodes d'apprentissage pour l'analyse automatique, morphosyntaxique et lexicale-sémantique de la langue espagnole. — [114], 11-16 | E. summ.
6409 GARCÍA CAMARERO, E.: Algunos datos cuantativos del español. — *LEA* 3, 1981, 337-357, 8 tab.
   GÓMEZ MOLINA, C.: Los verbos conjugados pronominalmente y su frecuencia. — 6203.
6410 KOCK, Josse DE: Método para una posible automatización del análisis estilístico. — *LEA* 3, 1981, 305-336, 4 tab.
6411 KOCK, Josse DE; GÓMEZ MOLINA, Carmen: Concordancias e índices automáticos a disposición de la enseñanza del español, lengua extranjera. — *LEA* 4, 1982, 47-82, 5 tab., 4 app.
6412 PÉREZ, Alma: Division automatique des syllabes en espagnol. — *CLex* 40, 1982/1, 77-94.
6413 ROUDIL, Jean: Del tratamiento automático de los textos medievales españoles al análisis semántico y a la estructura del léxico: pasos principales. — *LEA* 3, 1981, 285-304.

12. SOCIOLINGUISTICS — SOCIOLINGUISTIQUE

6414 ALVAR, Manuel: Lengua y sociedad: las constituciones de América. — *ACILR* XVI/1, 33-54.
6415 BORREGO NIETO, Julio: *Sociolingüística rural: investigación en Villadepera de Sayago.* — Acta Salmanticensia, Filosofía y Letras 120; Salamanca: Univ. de Salamanca, 1981, 383 p.
6416 CORTÉS RODRÍGUEZ, Luis: Hacia unas posibles variantes sintácticas en el campo sociolingüístico. — *RSEL* 12, 1982, 85-105.
6417 GALVÁN, José L.: Marble terminology in a bilingual South Texas community: a sociolinguistic perspective on language change. — [6149], 413-430.

ESPAGNOL

6418 GARCÍA MARTÍNEZ, Alfonso L.: *Idioma y política* . . . — San Juan: 1976 | BL 1977, 6459. | *SLN* 8, 1977, 33 R.E. Wood.

6419 GRANDA, Germán DE: Algunas precisiones sobre el bilingüismo del Paraguay. — *LEA* 4, 1982, 93-121.

6420 HUDSON-EDWARDS, Alan; BILLS, Garland D.: Intergenerational language shift in an Albuquerque barrio. — [6149], 135-153, fig. | Repr. from *A Festschrift for Jacob Ornstein*, ed. Edward L. BLANSITT; Richard V. TESCHNER (Rowley, MA: Newbury House, 1980), 139-158.

6421 JACOBSON, Rodolfo: The social implications of intra-sentential code-switching. — [6149], 182-208 | Sp.-E. code-switching in Texas. | Repr. from *The New Scholar* 6, 1977, 227-256.

6422 JOUANNA, Françoise: Questions de sociolinguistique hispanique. — *Lengas* 4, 1978, 147-153.

LAVANDERA, B.: Le principe de réinterprétation dans la théorie de la variation. — 3991.

6423 LEÓN PORTILLA, Miguel: Nahuatlismos en el castellano de España. — *LEA* 4, 1982, 213-238.

6424 MALANCA DE RODRÍGUEZ ROJAS, Alicia; PREVEDELLO, Nora Lily; TONIOLO, María Teresa: Actitud del hablante frente a su lengua. Resultado de una encuesta realizada en la ciudad de Córdoba (Argentina). — *LEA* 3, 1981, 33-47.

6425 MAYORAL, José Antonio: Algunas puntualizaciones sobre F. ABAD NEBOT: "Notas sobre variables diastráticas en el habla de Ciudad Real" publicado en el volumen *Estudios filológicos*, Universidad de Valladolid, 1980, págs. 103-111. — *RSEL* 11, 1981, 188-191.

MELIÀ, B.: La entrada del castellano en el guaraní del Paraguay. — 15536.

MORGAN, M.M.: *Language change in progress in Totontepec, Oaxaca, Mexico*. — 15449.

6426 MUYSKEN, Pieter: Spaans en Quecha in Ecuador. — *TTT* 1, 1981, 124-138, 2 fig., tab.

6427 PÁEZ URDANETA, Iraset de Jesus: *The use of* tu *and* usted: *patterns of address in the middle class of Caracas*. — Stanford Univ. diss., 1980, 331 p. | *DAb* 41/2, 1980, 658-A/659-A.

6428 PEÑALOSA, Fernando: *Chicano sociolinguistics: a brief introduction*. — Rowley: Newbury House, 1980, x, 238 p. | *Hispania* 64, 1981, 650-651 J.M. Sharp.

6429 RAYA CASTILLO, Luis: Conciencia lingüística y otras cuestiones en torno a la sociolingüística: esbozo de un estudio práctico. — *RSEL* 12, 1982, 107-118 | On the speech of Fernán Núnez, province of Córdoba.

6430 REYES, Rogelio: Language mixing in Chicano Spanish. — [6149], 154-165 | Repr. from *Studies in Chicano Spanish* (Bloomington: Indiana Univ. Linguistics Club, 1978), 83-96.

6431 RISSEL, Dorothy: Diferencias entre el habla femenina y la masculina en español. — *Thesaurus* 36, 1981, 305-322.

SALAS, A.: Mapuche-esp.: análisis fonológico . . . — 15547.

6432 SÁNCHEZ, Rosaura: Our linguistic and social context. — [6149], 9-46 | Sp. in the Southwest of the USA.

6433 SAWOFF, Adolf: A sociolinguistic appraisal of the sibilant pronunciation in the city of Seville. — *GLS* 11-12, 1980, 238-262.

6434 STEPANOV, G.V.: *K probleme jazykovogo var'irovanija*. — Moskva: "Nauka", 1979, 328 p. | *Thesaurus* 36, 1981, 344-347 J.J. Montes Giraldo.

6435 STONE, Gregory Bee: *Analysis of the usage of verbal periphrasis with the ger-*

und in the educated speech of Havana. — Univ. of Texas at Austin diss., 1980, 88 p. | *DAb* 41/11, 1981, 4702-A.

6436 VALDÉS, Guadalupe: Social interaction and code-switching patterns: a case study of Spanish/English alternation. — [6149], 209-229 | Repr. from *Bilingualism in the bicentennial and beyond*, ed. Gary KELLER, et al. (New York: Bilingual Review Press, 1976), 53-85.

6437 VIRKEL DE SANDLER, Ana E.: El bilingüismo idish – español en dos comunidades bonaerenses. — *Vicus* 1, 1977, 139-160 | E. summ.

14. ONOMASTICS — ONOMASTIQUE

6438 COLTHARP, Lurline H.: Dual influences on Chicano naming practices. — *Names* 29, 1981, 297-302.

6439 FRAGO GRACIA, J.A.: *Toponimia del Campo de Borja: estudio lexicológico.* — Zaragoza: Diputación Provincial, 1980, 253 p.

6440 LÜDTKE, Helmut: Les noms propres dans la grammaire historique espagnole et portugaise. — [176], 69-74.

6441 MONTOYA MARTÍNEZ, Jesús: Tres topónimos en las Cantigas de Santa María. — *Verba* 6, 1979 (1980), 17-24.

6442 ROTHRACKER, Kenneth C.: *Cianca:* the suffix *-anco* in Spanish toponymy. — *Names* 29, 1981, 255-257.

6443 VERD, Gabriel María: *Íñigo, Íñiguez, Huéñega: historia y morfología.* — Miscelanea Comillas 32; 1974, 144 p. | *BNF* 17, 1982, 397-398 J. Untermann.

6444 VERD, Gabriel María: Apellidos modernos derivados de *Enneco* y *Onneca* (en castellano, gallego y vascuense). — *FLV* 10 (29), 1978, [26] p. (offprint) | *BNF* 17, 1982, 397 J. Untermann.

6445 VERD, Gabriel María: Patronímicos de "vocal + *-iz*" (*Enecoiz* . . .). — *BAE* 62, 1982, 445-452.

IIIA. Judaeo-Spanish — Judéo-espagnol

6446 BÉNICHOU, Paul: Sobre la vox *ḥakitía.* — *HR* 50, 1982, 473-478.

IV. Portuguese and Galician — Portugais et Galicien

6447 DIETRICH, Wolf: *Bibliografia da língua portuguesa do Brasil.* — Tübingen: 1980 | BL 1980, 5304. | *RJb* 32, 1981 (1982), 376-379 H. Schemann | *ZRPh* 97, 1981, 622-623 A. Gier | *ČMF* 64 (*PhP* 25), 1982, 28 Z. Hampl.

6448 PARKINSON, Stephen: Portuguese studies: language (including Brazilian Portuguese and Galician). — *YWMLS* 43, 1981 (1982), 445-453.

6449 AZEVEDO, Milton M.: Sobre o emprego de *você* no português brasileiro atual. — *Hispania* 64, 1981, 273-278.

6450 BAL, Willy: Portuguese loan-words in Africa and the Orient. — *APK* 13, 1974-75 (1977), 280-300.

6451 BAS LÓPEZ, Begoña: Os nomes galegos dos hórreos e dos seus elementos. — *Verba* 7, 1980, 183-202, 2 maps, 4 fig.

6452 BESSELAAR, José VAN DEN: Achegas para o estudo lexicológico da obra vieiriana. — *APK* 13, 1974-75 (1977), 222-246.

6453 BEYL, David W.: A distinctive feature analysis of the Portuguese phonological system. — *GUWP* 11, 1975, 84-105, 5 fig., 11 tab.

BICHAKJIAN, B.H.: Generative phonology . . . and the explanation of Fr. and Port. nasalization. — 2137.
6454 BIERBACH, Christine: Diglossia and criteria for language policy in Galicia. — [369], 282-288.
6455 BRAKEL, Arthur: Boundaries in a morphological grammar of Portuguese. — Word 32, 1981 (1982), 193-212.
6456 BREA, Mercedes: Denominaciones gallegas de la hoja del pino. — Verba 7, 1980, 51-74.
6457 BURSCH, Horst: *Sarabia/saraiva:* ein galizisch-portugiesischer Präromanismus? — Verba 6, 1979 (1980), 29-33.
6458 CAMPOS, Odette A. de Sousa: *O gerundio no português.* — Rio de Janeiro: Presença, 1982, 126 p.
6459 CARBALLO CALERO, R.: Novos testemunhos gráficos do galego *decer* "dizer". — Verba 7, 1980, 203-207.
6460 CARDOSO, Susana Alice Marcelino da Silva: *Processos de negação do dialeto de Gararu (Sergipe).* — Salvador-Bahia: Univ. Federal da Bahia, Pós-Graduação em Letras, 1979, 118 p. | Thesaurus 36, 1981, 596-597 J.J. Montes Giraldo.
CHAMBERLAIN, B.J.: Lexical similarities of *lunfardo* and *gíria.* — 6342.
6461 COMRIE, Bernard: Remarks on clitic-climbing in Brazilian Portuguese. — Lingua 58, 1982, 243-265 | Refers to BL 1976, 5729.
6462 COUTO, Hildo Honório DO: "Volkswagen" in Brasilien. — ASNS 219, 1982, 395-398.
6463 CUNHA, António Geraldo DA: *Dicionário etimológico Nova Fronteira da língua portuguesa.* — Rio de Janeiro: Nova Fronteira, 1982, xix, 839 p.
6464 DASCAL, Marcelo: Comecemos a acabar de começar(?). Prolegômenos para uma análise semântica de algumas perífrases verbais indicadoras de fase, do português. — CEL 3, 1982, 126-186.
6465 DIK, Simon C.: The interaction of subject and topic in Portuguese. — [385], 165-184.
6466 FREITAS, Horácio Rolim DE: *Princípios de morfologia (visão sincrônica de derivação em português).* — Rio de Janeiro: Presença, 1979, 119 p. | Verba 6, 1979 (1980), 425-427 V. Ogando.
6767 GARCÍA, Constantino: Los días de la semana en gallego (problema de interferencias). — Verba 7, 1980, 29-39, 4 maps.
GODÍNEZ, M., Jr.: An acoustic study of Mexican and Brazilian Port. vowels. — 6159.
6468 GONDAR, Francisco G.: *O infinitivo conxugado en galego.* — Verba, Anejo 13; Santiago de Compostela: Secretariado de Publ. de la Univ., 1978, 168 p., 4 maps | KZ 96, 1982-83, 309-311 H. Meier.
6469 GUY, Gregory Riordan: *Linguistic variation in Brazilian Portuguese: aspects of the phonology, syntax, and language history.* — Univ. of Pennsylvania diss., 1981, 404 p. | DAb 42/3, 1981, 1127-A/1128-A.
6470 HAMMERMÜLLER, Gunther: La sociolinguistique au Portugal. — [186], 29-31.
6471 HUNDERTMARK-SANTOS MARTINS, Maria Teresa: *Portugiesische Grammatik.* — Tübingen: Niemeyer, 1982, xxxii, 642 p.
6472 JENSEN, John B.: Forms of address in Brazilian Portuguese: Standard European or Oriental honorifics. — [298], 45-66.
6473 KATO, Mary Aizawa: Pronouns and coreference in English and Portuguese. — SILTA 9, 1980/2 (1982), 255-268.

6474 KLIFFER, Michael D.: The case of the missing reflexive. — *Hispania* 65, 1982, 424-427.
6475 KOLLER, Erwin: Zum Subjektspronomen aus kontrastiver Sicht: Portugiesisch – Deutsch. — *Sprachw* 7, 1982, 149-167.
6476 KÖRNER, Karl-Hermann: Textlinguistisches zu portugiesisch *porém*, besonders in der "História do Futuro" von A. Vieira. — *APK* 13, 1974-75 (1977), 247-264.
6477 KREUTZER, Winfried: *Stile der portugiesischen Lyrik im 20. Jahrhundert*. — Münster: Aschendorff, 1980, 256 p. | *BHS* 59, 1982, 82-83 J. Parker.
6478 MAIOR, Mário Souto: *Dicionário do palavrão e termos afins*. Apresentação de Eliézer ROSA; prefacio de Gilberto FREYRE. 2a ed., revista e aumentada. — Recife: Editora Guararapes, 1980, xvii, 166 p. | *Hispania* 65, 1982, 151 A. Aiex.
6479 MARBÁN, Jorge A.: The current status of Galician in Spain. — *Hispania* 63, 1980, 560-562.
 MED, N.G.: Sobstvenno-ėmotyvnye predloženija v isp. i port. jazykach . . . — 6225.
6480 MEIER, Harri: Port. (Bras.) *sungar, assungar*. Zur Problematik der brasilianischen Afrikanismen. — *APK* 16, 1980, 206-209 | Postscript by Wilhelm J.G. MÖHLIG, Zur sprachgeschichtlichen Einordnung des Wortes *-sunga* "puxar" im Kimbundu, 209-210.
6481 MEYER-HERMANN, Reinhard: Zu den "Verbalperiphrasen" im heutigen Portugiesisch. — *APK* 15, 1978 (1979), 204-226.
6482 MONTERO CARTELLE, Enrique: El influjo de la lengua cultual en la lengua gallega. — *Verba* 6, 1979 (1980), 97-105.
6483 NARO, Anthony J.: A historical parallel between passives and adjectives. — [298], 67-77.
6484 NARO, Anthony J.: Portuguese in Brazil. — [6023], 413-462.
6485 OGANDO, Victoria: A colocación do pronome átono en relación co verbo no galego-portugués medieval. — *Verba* 7, 1980, 251-282.
6486 OSBORNE, Bruce: On the origin of the Portuguese inflected infinitive. — [170], 243-248.
6487 PARKINSON, Stephen: Os tabeliães, o seu título e os seus documentos. — *BF* 25, 1976-79, 185-212.
6488 PARKINSON, Stephen: Phonology versus morphology in the Portuguese verb. — [240], 19-41.
6489 PENAS PATIÑO, José Manuel; PEDREIRA LÓPEZ, Carlos: Nomes galegos das aves da familia "fringillidae". — *Verba* 7, 1980, 355-377, 3 fig., 3 maps.
6490 PENSADO, J.L.: Sobre tres pasajes extraños de las Cantigas de Santa María. — *Verba* 6, 1979 (1980), 35-41.
6491 PENSADO, J.L.: Aportaciones a la historia de *ceibar* y *ceibe* en gallego y portugués. — *Verba* 7, 1980, 41-49.
6492 PIEL, José M.: Sobre alguns termos rústicos da linguagem de Gil Vicente. — *APK* 13, 1974-75 (1977), 150-156.
6493 PIEL, Joseph M.: Ein verschollenes hispano-romanisches Suffix: gal.-port. *-én/-ém* < lat. *-edo, -edine(m)*. — *APK* 14, 1976-77, 299-302.
6494 PIEL, Joseph M.: Beiträge zur portugiesischen und galicischen Etymologie und Wortgeschichte VI (Achegas de etimologia e historia lexical galego-portugesas VI). — *APK* 15, 1978 (1979), 130-149 | Notes 44-60. | Cf. BL 1975, 5569.
6495 PIEL, Joseph M.: Odeitallas e outras miudallas. Apontamentos de etimologia galega (con referencia a *caño, monllo, monza, pavea, rabeira, veeira* e *vencello*). — *Verba* 6, 1979 (1980), 341-344.

6496 PIEL, Joseph M.: Sobre o discutido problema da origem do gal.-port. *inzar/incar* "infectar" etc. — [298], 79-83.
6497 PIZZINI, Quentin A.: The placement of clitic pronouns in Portuguese. — *LAn* 8, 1981, 403-430.
6498 POHL, Paul: Zur Alliteration im Portugiesischen. — *APK* 15, 1978 (1979), 150-203 | Alliteration in fixed phrases.
6499 PRIETO ALONSO, Domingo: Algunhas hipóteses sobre a geada. — *Verba* 7, 1980, 223-241 | Cf. 6501 & 6504.
QUICOLI, A.C.: *The structure of complementation.* — 2622.
6500 RAMEH, Cléa: Aspectos da língua portuguesa nos Estados Unidos da América do Norte. — [298], 85-94.
REDENBARGER, W.J.: *Articulator features and Portuguese vowel height.* — 2030.
RODRIGUES, I.: Der Gebrauch des Passivs im Deutschen und Port. — 8109.
ROJO, G.: Conductas y actitudes lingüísticas en Galicia. — 4158.
6501 SANTAMARINA, Anton: Novas consideracións ó redor das orixes da *geada*. — *Verba* 7, 1980, 243-249 | Cf. 6499 & 6504.
SCHAFFER, M.E.: *The vicissitudes of a Lat. derivational suffix . . .* — 6010.
6502 SCHEMANN, Hans; SCHEMANN-DIAS, Luiza: *Dicionário idiomático português-alemão . . .* — Braga/München: 1979 | BL 1979, 5125. | *RJb* 32, 1981 (1982), 382-385 H. Thun.
6503 SCHMITZ, John Robert: A contrastive generative transformational analysis of *ser, estar, estar-ndo* and *be, be-ing*: theoretical framework for teaching Portuguese as a foreign language. — *SILTA* 9, 1980/2 (1982), 239-254.
6504 SCHROTEN, Jan: Interpretación de la geada gallega. — *Verba* 7, 1980, 209-222 | Cf. 6499 & 6501.
6505 SCHROTEN, Jan: Sobre el tratamiento del vocabulario culto en el gallego actual. — *Verba* 8, 1981,
6506 SCOTTI-ROSIN, Michael: Die Sprache Brasiliens – ein eigenständiges Idiom? Methodische Überlegungen zur "língua brasileira". — *APK* 17, 1981-82, 147-164.
SCOTTI-ROSIN, M.: *Die Sprache der Falange und des Salazarismus . . .* — 6382.
6507 STERNBERG-COSTA, Janet: Subjunctive and indicative in Brazilian Portuguese. — *LACUS* 7, 1980 (1981), 329-338.
6508 TABOADA, Manuel: *El habla del valle de Verín.* — *Verba*, Anejo 15; Santiago de Compostela: Univ. de S. de C., 1979, 259 p., 6 pl., 10 maps (1 fold.).
6509 TEYSSIER, Paul: *Histoire de la langue portugaise.* — Paris: 1980 | BL 1980, 5359. | *Hispania* 65, 1982, 151 J.R. Kelly | *BSL* 76, 1981/2 (1982), 209 H. Vidal Sephiha | *MLN* 97, 1982, 447-448 T.R. Hart | *Verba* 9, 1982, 347-352 A. Veiga.
6510 TEYSSIER, Paul: *História da língua portuguesa.* Versión port. de Celso Cunha. — Lisboa: Sá da Costa, 1982, 113 p. | Transl. of No. 6509. | *Verba* 9, 1982, 352-353 A. Veiga.
6511 TLÁSKAL, Jaromír: Dynamique du système phonologique des voyelles orales en portugais du Brésil. — *PhonP* 6, 1980 (1982), 69-79.
6512 VÁZQUEZ CUESTA, Pilar; LUZ, Maria Albertina Mendes DA: *Gramática da língua portuguesa.* — Lisboa: Ed. 70, 1980 | Trad. de la 3e éd. esp. de 1971 (BL 1973, 5864). | *AION-R* 23, 1981, 707-708 A. Pagliaro Micieli.
6513 VILELA, Mário: *O léxico da simpatia: estudos sobre o campo lexical da "determinação substantiva de simpatia humana e social" (1850-1900) e respectivo contexto cultural.* — Diss. Tübingen 1978; Porto: Inst. Nacional de Investigação Científica, 1980, 389 p. | G. summ., p. 319-359.

6514 WILLIAMS, Frederick G.: Portuguese bilingualism among Azoreans in California. — *Hispania* 63, 1980, 724-730.
6515 WOLL, Dieter: Die Eigenentwicklung des brasilianischen Portugiesisch: der Artikelgebrauch. — *RF* 94, 1982, 67-83.
6516 ZIMMER, Rudolf: Der persönliche Infinitiv: ein Phänomen des Portugiesischen und Ungarischen – Ein kontrastiver Versuch. — *FUM* 6, 1982, 125-144.

14. ONOMASTICS — ONOMASTIQUE

LÜDTKE, H.: Les noms propres dans la grammaire hist. esp. et port. — 6440.
6517 MORALEJO LASO, Abelardo: Notas acerca de hidronimia gallega. — *Verba* 7, 1980, 157-170.
6518 MOREIRA, Domingos A.: Anthropo-toponymie chrétienne portugaise après le Moyen-Age. — [176], 159-165.
6519 PIEL, Joseph M.: Considerações gerais sobre toponímia e antroponímia galegas. — *Verba* 6, 1979 (1980), 5-11.
6520 PIEL, Joseph M.: Zu port. *Peniche*, span. *Peñíscola*. — [323], 167-169.
6521 REIN, Hans Jürgen: Zum Schicksal der portugiesischen Familiennamen in Indien. — *APK* 13, 1974-75 (1977), 265-279.
6522 RIVAS QUINTAS, Eligio: *Toponimia de Marín*. — *Verba*, Anexo 18; Santiago de Compostela: Univ. de S. de C., 1982, 412 p., map.
6523 SERRA, Pedro Cunha: Estudos toponímicos (Cont.). — *BF* 25, 1976-79, 263-274 | 26. *Penedones – Penedono*. 27. *Bagueixe, Bagueixo*, etc. 28. *Brancelhe – Brancelho – Branzelo*. 29. *Lixosa*. 30. *Topónimos frásicos.* | Cf. BL 1976, 5734.

C. French and Occitan — Français et Occitan

1. French — Français

0. BIBLIOGRAPHY AND GENERAL — BIBLIOGRAPHIE ET GÉNÉRALITÉS

Bull. analytique de linguistique fr. . . . — 10.
6524 CHERVEL, André: *Les grammaires françaises, 1800-1914: répertoire chronologique.* — Paris: Inst. National de Recherche Pédagogique, Service de l'Hist. de l'Éducation, 1982, xxii, 227 p. | *ZRPh* 98, 1982, 680 K. Baldinger.
6525 DEBRIE, René: *Bibliographie de dialectologie picarde.* — Publ. du Centre d'Études Picardes de l'Univ. de Picardie 18; Amiens: Univ. de Picardie, 1982, 48 p. | *ZRPh* 98, 1982, 643 K. Baldinger.
6526 DINGUIRARD, J.-C.: Essai de bibliographie des monographies consacrées au français régional du Midi et plus spécialement à celui de la Gascogne, surtout pyrénéenne. — *VD* 26, 1981/2, 87-96.
6527 GODDARD, K.A.: French studies: language. — *YWMLS* 43, 1981 (1982), 38-47.
6528 OSBURN, Charles B.: *Research and reference guide to French studies*. 2nd ed. — Metuchen, NJ: Scarecrow Press, 1981, xxxvii, 532 p. | 1st ed. 1968 (BL 1969, 3959) | *ZRPh* 98, 1982, 641-642 K. Baldinger.
6529 BATTAIL, Jean-François: Littré hors de son dictionnaire. — *MSpråk* 75, 1981, 363-371 | Emile LITTRÉ, 1801-1881.
6530 CAPUTO, Cataldo: *Le français technique et scientifique.* — Bologna: Clueb, 1982, 195 p.

FRANÇAIS

6531 CHERVEL, André: . . . *et il fallait apprendre à écrire à tous les petits Français* . . . — Paris: 1977 | BL 1977, 6544. | *Linguistique* 18, 1982/1, 155-156 G. Mounin.
6532 CHRISTMANN, Hans Helmut: Das Französische der Gegenwart: zu seiner Norm und seiner "défense". — [243], 259-281.
6533 HAMMAR, Elisabet: *L'enseignement du français en Suède jusqu'en 1807* . . . — Stockholm: 1980 | BL 1981, 6734. | *MSpråk* 75, 1981, 413-422 I. Bartning.
IMBS, P.: É. Littré et la langue fr. — 650.
IVANTCHEV, S.: Parallèles linguistiques bulgaro-fr. — 10040.
6534 KOLEV, Nikola T.: Razprostranenie na frenskija ezik sred bălgarite i na frenskata prevodna v Bălgarija prez Văzraždaneto. — *GSU-KNF* 73, 1978/2 (1982), 1-131 | La diffusion de la langue fr. parmi les Bulgares et les trad. du fr. en Bulgarie pendant la Renaissance (Rés. fr.).
6535 KUBARTH, Hugo: *L'image dans la publicité française moderne: l'exploitation linguistique de l'image et ses limites.* — Reihe Romanistik 19; Rheinfelden: Schäuble, 1981, vi, 70 p., fig., pl.
6536 LEONARDSSON, Sigurd: *Den franska grammatikens historia i Sverige.* 1-2. — Lund: 1978 | BL 1978, 4683. | *MSpråk* 76, 1982, 101-104 S. Björkman.
6537 MEIGRET, Louis: *Le Traité de la grammaire française (1550)* . . . — Tübingen: 1980 | BL 1981, 6742. | *FM* 50, 1982, 277 J. Stéfanini | *BRPh* 20, 1981, 342-343 W. Bahner.
6538 MEIGRET, Louis: *Traité touchant l'escriture françoise.* Ed. by Keith CAMERON. — Exeter: Univ. of Exeter, 1979, xxii, 98 p. | *MLR* 77, 1982, 199-200 A.H. Diverres.
6539 *Les sciences du langage en France au XXème siècle.* Articles recueillis par Bernard POTTIER. — Soc. d'Études Linguistiques et Anthropologiques de France, No. spécial 10; Paris: SELAF, 1980, 405 p.; p. 407-824 | Rés. fr. & angl., 7-13 (not yet analyzed).
6540 STEINMEYER, Georg: *Historische Aspekte des français avancé.* — Genève: 1979 | BL 1981, 6752. | *ASNS* 219, 1982, 453-456 H. Meier.
6541 SWIGGERS, P.: La grammaire dans l'encyclopédie: état actuel des études. — *BRPh* 20, 1981, 175-193.
Systèmes et variations. — 1175.
6542 VIATTE, Auguste: French outside France. — [6023], 299-317.
6543 WAGNER, Robert-Léon: *Essais de linguistique française.* — Paris: Nathan: 1980, 197 p. | Coll. de 18 études parus entre 1948 et 1980. | *BSL* 76, 1981/2 (1982), 158 J. Stéfanini | *VR* 41, 1982, 311-315 P. Wunderli.
6544 *Zur Geschichte des gesprochenen Französisch* . . . hrsg. von Helmut STIMM. — Wiesbaden: 1980 | BL 1981, 6758. | *ASNS* 219, 1982, 218-220 A. Greive | *VR* 41, 1982, 309-311 G. Lüdi.

I. PHONETICS AND PHONOLOGY — PHONÉTIQUE ET PHONOLOGIE

6545 *L'accent en français contemporain.* Par Ivan FÓNAGY & Pierre LÉON. — Ottawa: 1979 | BL 1980, 5398. | *CJL* 27, 1982, 89-90 A. Marchal.
6546 ANDERSON, Stephen R.: The analysis of French shwa: or, how to get something for nothing. — *Lg* 58, 1982, 534-573.
6547 BIBEAU, Gilles: *Introduction à la phonologie générative du français.* — Paris: 1975 | BL 1975, 5607. | *FR* 50, 1976-77, 951-952 J. Klausenburger | *L&H* 34, 1977, 71-72 G. L[urquin].

BICHAKJIAN, B.H.: Generative phonology . . . and the explanation of Fr. and Port. nasalization. — 2137.

CAELEN, G.: *Structures prosodiques de la phrase énonciative* . . . — 2233.

6548 CARTON, F.: Recherches en cours sur les intonations "régionales" en français. — *Verbum* 5, 1982, 239-243.

6549 CHARBONNEAU, René; HUSSON, Gérard: Étude de la durée relative des phonèmes en français. — [310], 81-97, 5 tab.

6550 DIENSBERG, Bernhard: Romanische Lehnwörter des Mittelenglischen als angebliche Zeugen für eine Diphthongierung von vulgärlat. *u* ($\hat{=}$ nfranz. *ü*) im Altfranzösischen. — *Sprachw* 7, 1982, 75-81.

6551 DOHALSKÁ-ZICHOVÁ, Marie: Sur quelques aspects du dictionnaire de prononciation contemporaine d'André Martinet. — *PhonP* 5, 1976 (1982), 49-63 | Cf. BL 1973, 5939.

6552 HEWSON, John: Shifting systems: evidence for systemic change in French historical phonology. — [170], 117-122.

6553 HOUDEBINE, Anne-Marie: Norme, imaginaire linguistique et phonologie du français contemporain. — *FM* 50, 1982, 42-51.

6554 KRÖTSCH, Monique: Accent et syllabation des groupes de consonnes en français. — [314], 121-134.

6555 KUENZEL, Hermann: Phonetische Unterschiede zwischen deutschen und französischen Okklusiven und ihre Bedeutung für deutsche Französischlernende. — *RPA* 48, 1978, 305-320 | G. & Fr. summ.

6556 LÉON, Monique: Sémantique et intonation. — *LACUS* 6, 1979 (1980), 502-509, fig.

6557 LEROND, Alain: *Dictionnaire de la prononciation.* — Paris: 1980 | BL 1980, 5412. | *FM* 50, 1982, 344-348 F. Carton.

6558 MALÉCOT, André: *Introduction à la phonétique française.* — The Hague: 1977 | BL 1977, 6610. | *FR* 52, 1978-79, 198-199 A.W. Grundstrom.

6559 MATTE, Edouard Joseph: *Histoire des modes phonétiques du français.* — Publ. romanes et fr. 162; Genève: Droz: 1982, 237 p., 9 fig.

6560 METTAS, Odette: *La prononciation parisienne: aspects phoniques d'un sociolecte parisien (du Faubourg Saint-Germain à la Muette).* — Société d'Études Linguistiques et Anthropologiques de France, No. spécial 8; Paris: SELAF, 1979, 564 p., fig., maps | *Phonetica* 39, 1982, 156-158 P.R. Léon.

6561 MORIN, Yves-Charles; KAYE, Jonathan D.: The syntactic bases for French liaison. — *JL* 18, 1982, 291-330.

6562 MULJAČIĆ, Žarko: Sur la valeur phonologique de l'*e* "instable" en français moderne. — [304], 231-238.

6563 NIKOLOV, Bojil: La nasalité vocalique en français et en bulgare: problème phonétique et phonologique. — *SEz* 7, 1982/1-2, 122-129 | Rés. bulg.

6564 NOSKE, Roland: Syllabification and syllable changing rules in French. — [2037], 257-310.

6565 PIERRET, J.M.: *Phonétique du français: notions de phonétique générale et phonétique du français.* — Série Pédagogique de l'Inst. de Linguistique de Louvain (SPILL) 11; Louvain-la-Neuve: Cabay, 1981, v, 245, 4 p.

6566 REENEN, Pieter VAN: Voyelles nasales en ancien français non suivies de consonne nasale. — *Rapports* 52, 1982, 132-143, cartes.

6567 RIETVELD, A.C.M.: Word boundaries in the French language. — *L&S* 23, 1980, 289-296.

6568 ROCHET, Bernard: A propos d'une vieille querelle: la chronologie de la nasalisation vocalique en ancien français. — [304], 307-318.

6569 SANTERRE, Laurent: La comparaison de /ε/ et des /a/ en québécois et en français. — [320], 325-361.

SIMEONOV, B.: La structure du consonantisme fr. et bulg. — 10060.

6570 VALDMAN, Albert: *Introduction to French phonology and morphology.* — Rowley, MA: 1976 | BL 1976, 5814. | *FR* 51, 1977-78, 144-145 J.A. Rea | *KLit* 8, 1979, 224-227 J. Tláskal.

6571 WALKER, D.C.: *Old French morphophonology.* — Studia Phonetica 19; Montréal (Canada): Didier, 1981, 125 p.

6572 WALTER, Henriette: *La dynamique des phonèmes...* — Paris: 1976 | BL 1976, 5817. | *RBPh* 60, 1982, 623-625 E. Buyssens | *RomPh* 36/1, 1982, 66-71 N.L. Corbett.

6573 WALTER, Henriette: *La phonologie du français.* — Paris: 1977 | BL 1977, 6638. | *L&H* 36, 1978, 83 G. L[urquin].

6574 WUNDERLI, Peter: Au sujet de l'intonation du français: la parenthèse en position initiale. — [243], 231-258, 5 tab., 3 fig.

6575 WUNDERLI, Peter: Au sujet de l'intonation du français: la parenthèse en position médiane. — *TLL* 20, 1982/1, 233-270, fig.

6576 WUNDERLI, Peter: Die Intonation der Fragen vom Typ *"Tu penses à quoi?"*. — [263], 827-846, tab.

2. GRAMMAR — GRAMMAIRE

2.0. *General — Généralités*

6577 *Adverbes en* -ment, *manière, discours.* Présenté par N. DANJOU-FLAUX & M.-N. GARY-PRIEUR. — Lexique 1; Lille: Presses Univ. de Lille, 1982, 164 p. | Présentation: vers une sémantique des adverbes en *-ment*, 7-11 (avec bibliographie).

BARTOŠ, L.: Contr. a la interpretación de las formaciones compuestas en el fr. y el sp. — 6169.

BECHKOVA, R.: Quelques observations sur les verbes bulg. ... et leurs équivalents ... — 10065.

6578 CÉLÉRIER, Pierre; MAILLARD, Jean-Pierre: *Dictionnaire des structures fondamentales du français.* Avec la collaboration de Michel BALIÉ. — Paris: CLE International, 1979, 162 p. | *SEz* 7, 1982/1-2, 164-166 D. Bankov.

6579 DI SCIULLO, Anne-Marie: Des principes généraux qui couvrent la syntaxe et la morphologie: le cas des composés syntaxiques. — *RLMo* 18, 1982, 197-210.

6580 DOLBEC, Jean; LE FLEM, Daniel C.: Morphologie verbale et syntaxe de la fonction attribut. — [318], 310-325.

FEUILLET, J.: Systèmes aspectuels en fr. et en bulg. — 10075.

6581 *Grammaire fonctionelle du français.* Sous la rédaction d'André MARTINET. — Paris: 1979 | BL 1979, 5216. | *IF* 87, 1982 (1983), 316-321 G. Ineichen | *PhP* 25, 1982, 120 J. Šabršula | *Rapports* 52, 1982, 18-21 R. de Dardel.

6582 HARMER, L.C.: *Uncertainties in French grammar.* — Cambridge: 1979 | BL 1979, 5218. | *MLR* 77, 1982, 193-194 C. Sanders.

6583 HUSMANN, Karlheinz: Zur Vitalität des *-ment*-Adverbs im Neufranzösischen. — [243], 219-229.

6584 ILIJA, L.I.: *Posobie po teoretičeskoj grammatike francuzskogo jazyka.* — Moskva: "Vysšaja škola", 1979 | *NDVŠ-F* 1982/5, 91-92 A.G. Basmanova; A.N. Tarasova.

6585 MOIGNET, Gérard: *Systématique de la langue française*... — Paris: 1981 | BL 1981, 6809. | *RLiR* 46, 1982, 192-195 M. Wilmet | *RF* 94, 1982, 273-277 P. Blumenthal | *RRom* 17/1, 1982, 160-163 M. Hoboek Haff.

6586 MÜLLER, Bodo: Entwicklungstendenzen im Französischen: Adjektiv und Genusmarkierung. — [314], 185-194.

6587 TOGEBY, Knud: *Grammaire française*. Vol. I: *Le nom*. Publiée par Magnus BERG; Ghani MERAD; Ebbe SPANG-HANSSEN. — Études romanes de l'Univ. de Copenhague; Copenhague: Akademisk Forlag, 1982, 551 p.

6588 VASIL'EVA, N.M.; PICKOVA, L.P.: *Les catégories grammaticales du verbe français*. — Moskva: "Vysšaja škola", 1979, 152 p. | *SEz* 7, 1982/1-2, 159-160 J. Čukanova.

6589 WITTMANN, Henri; FOURNIER, Robert: *Bom Sadek i bez li:* la particule *i* en français. — *RAQL* 1, 1981-82, 177-196.

6590 ZINGER, L.Š.: K probleme rasščeplenija posessiva ot latyni k francuzskomu jazyku. — *VLU* 1982/8, 87-94 | E. summ.

2.1. *Morphology and word-formation — Morphologie et formation des mots*

6591 BACIU, Ioan: Sur une restructuration lexicale dans les verbes et les substantifs déverbaux. — *RRLing* 27, 1982, 203-206.

6592 BIERBACH, Mechtild: *Die Verbindung von Verbal- und Nominalelement im Französischen: Beitrag zur Geschichte eines Wortbildungsmusters.* — TBL 162; Tübingen: Narr, 1982, 414 p.

6593 DEMAROLLE, Pierre: Réalité et relativité des systèmes morphologiques: existe-t-il en français un "pronom personnel de la 3ème personne"? — *Verbum* 4, 1981, 307-320.

6594 DI-LILLO, Antoine: Il n'ya pas de suffixe *-ateur* en français, voyons! — *RLMo* 18, 1982, 89-133.

6595 DI SCIULLO, Anne-Marie: Sur le composé verbaux [sic] du français. — *RAQL* 1, 1981-82, 45-60.

6596 DOUAUD, Patrick C.: Morphological contour of the French adjective. — *RRLing* 26, 1981, 75-87.

6597 FENNELL, T.G.: *La morphologie du futur en moyen français.* — Genève: 1975 | BL 1975, 5656. | *MA* 88, 1982, 183-186 L. Dulac.

6598 FOLEY, James: *Theoretical morphology of the French verb.* — Amsterdam: 1979 | BL 1979, 5237. | *JL* 18, 1982, 474-477 J. Durand | *Lingua* 53, 1981, 291-294 D.C. Walker | *BSL* 76, 1981/2 (1982), 164-167 J. Stéfanini.

6599 GEBHARDT, Karl: Les sigles et leurs dérivés en français contemporain. — [187], 104-113.

6600 GLATIGNY, Michel: Remarques sur la formation des adverbes en *-ment* au seizième siècle. — *Lexique* 1, 1982, 65-90.

6601 GOSSEN, Carl Theodor: Tendenzen der Wortschöpfung im heutigen Französisch. — [323], 29-41.

6602 HUPKA, Werner: Zur Funktionalität der altfranzösischen Zweikasusdeklination. — [314], 95-109, 2 tab.

6603 LÖFSTEDT, Leena: La désinence féminine *-esse.* — [168], 217-234.

6604 MAYERTHALER, Willi: *Studien zur theoretischen und französischen Morphologie...* — Tübingen: 1977 | BL 1977, 2608. | *Rapports* 52, 1982, 24-29 L. Wetzels.

6605 MUNDT, Wolf-Rüdiger: *Wortbildungstendenzen im modernen Französischen,*

FRANÇAIS

untersucht an den "Noms de marques déposés". — Berlin: Freie Universität, 1981, 334 p., ill. | Inaug. Dissertation Berlin.

6606 Naïs, Hélène: Le suffix *-age*: enseignements d'une expérience. — [249], 223-228.

6607 Picoche, Jacqueline: *Précis de morphologie historique du français.* — Paris: 1979 | BL 1979, 5248. | *Rapports* 50, 1980, 132-133 Q.I.M. Mok | *BSL* 76, 1981/2 (1982), 163-164 J. Stéfanini.

6608 Pouradier Duteil, Françoise: *Trois suffixes nominalisateurs . . .* — Tübingen: 1978 | BL 1978, 4735. | *RRom* 17/2, 1982, 149-150 O. Mørdrup.

6609 Sabaneeva, M.K.: *Genezis kosvennych naklonenij francuzskogo glagola.* — Leningrad: Izd. LGU, 1981, 183 p. | *VJa* 1982/5, 133-134 G.M. Ščerba.

6610 Séguin, Hubert: Rapport de variabilité grammaticale entre les formes phoniques et graphiques des adjectifs français. — [320], 235-257.

6611 Surridge, Marie E.: L'attribution du genre grammatical aux emprunts anglais en français canadien: le rôle des homologues et des monosyllabes. — *Glossa* 16, 1982, 28-39.

6612 Suslova, Ju.I.: Slovoobrazovanie v sinchronii i diachronii (na materiale francuzskogo jazyka). — *VMU* 1982/1, 39-50.

6613 Thiele, Johannes: *Wortbildung der französischen Gegenwartssprache: ein Abriss.* — Leipzig: Verlag Enzyklopädie, 1981, 172 p.

6614 Tverkina-Besahanyč, Z.V.: Interfiksacija v sučasnij francuz'kij movi. — *InFil* 61, 1981, 99-105 | Interfixation dans le fr. contemporain.

6615 Widdig, Walter: Archi-, ultra-, maxi- *und andere Steigerungspräfixe im heutigen Französisch.* — Kölner romanistische Arbeiten, N.F. 59 (Diss. Köln); Genève: Droz, 1982, 290 p.

6616 Winther, André: Un cas de dérivation non-affixale: la substantivation des adjectifs en français. — *FoL* 16, 1982, 345-364.

6617 Zwanenburg, Wiecher: Adjectifs dénominaux français comme type de dérivation. — [272], 147-155.

2.2. Syntax — Syntaxe

6618 Al, Bernard P.F.: *La notion de grammaticalité en grammaire générative transformationnelle . . .* — Leiden: 1975 | BL 1975, 5667. | *FM* 50, 1982, 88-89 J. Sumpf.

6619 Apeldoorn, Nico W.M.: Topic en inversie in het Frans: een functionele analyse. — [371], 1-32 | Topic and inversion in Fr.: a functional analysis.

6620 Ashby, William J.: The drift of French syntax. — *Lingua* 57, 1982, 29-46.

6621 Baciu, Ioan: A propos des concessives françaises non conjonctives. — *RRLing* 26, 1981, 559-564.

6622 Baciu, Ioan: Adverbes de phrase et négation en français. — *CLing* 27, 1982, 119-128.

6623 Bailard, Joëlle: Le français de demain: VSO ou VOS. — [170], 20-28.

6624 Bailard, Joëlle: The interaction of semantic and syntactic functions and French clitic case marking in causative sentences. — *SynS* 15, 1982, 49-69.

6625 Barbaud, Philippe: La notion de foyer dans les phrases restrictives en *ne . . . que.* — [320], 149-192.

6626 Barral, Marcel: *L'imparfait du subjonctif: étude sur l'emploi et la concordance des temps du subjonctif.* — Paris: Picard, 1980, iii, 627 p. | *RLiR* 46, 1982, 473-475 R. Martin | *FM* 50, 1982, 268-270 C. Wimmer.

6627 BARTNING, Inge: *Remarques sur la syntaxe et la sémantique des pseudoadjectifs dénominaux* . . . — Stockholm: 1980 | BL 1980, 5473. | *FM* 50, 1982, 157-159 L. Bauer | *ZRPh* 98, 1982, 218-220 Å. Grafström.

6628 BAUSCH, Hubert: Les constructions absolues du participe passé en moyen français. — [243], 173-182.

6629 BEGIONI, Louis: Le système de la question en français parlé. — *CJŠ* 25, 1981-82, 464-468 | Rés. tch.

6630 BELL, Alexander: Notes on negation in Gaimar's *Estoire des Engleis*. — *MAev* 50, 1981, 293-301.

6631 BERLAN, F.: Épithète grammaticale et épithète rhétorique. — *CLex* 39, 1981 (1982), 5-23.

6632 BLANCHE-BENVÉNISTE, Claire: *Recherches en vue d'une théorie de la grammaire française* . . . — Paris: 1975 | BL 1975, 5676. | *FR* 52, 1978-79, 202-203 P. Cannings.

6633 BLETON, Paul: La surcomposition dans le verbe français. — *CJL* 27, 1982, 31-40.

6634 BLUMENTHAL, Peter: *La syntaxe du message* . . . — Tübingen: 1980 | BL 1980, 5476. | *FM* 50, 1982, 155-157 H. Bonnard | *RLiR* 46, 1982, 174-175 G. Kleiber | *Rapports* 52, 1982, 29-30 T. Laeven | *Kratylos* 26, 1981 (1982), 142-146 J. Albrecht | *VR* 41, 1982, 326-329 K. Brademann.

BOYADJIEV, J.: La proposition nominale assertive . . . — 10066.

6635 BROWN, Annick Girard: *L'agencement des constituants grammaticaux dans la phrase française au quinzième siècle.* — Ohio State Univ. diss., 1980, 176 p. | *DAb* 41/7, 1981, 3084-A.

6636 BUREAU, Conrad: *Syntaxe fonctionnelle du français.* — Québec: 1978 | BL 1978, 4754. | *CJL* 27, 1982, 85-88 J.-M. Leard.

6637 [ČAUŠEV, A.] TCHAOUCHEV, Assen: Remarques sur l'extension et la détermination du syntagme nominal-sujet en français contemporain. — *SEz* 7, 1982/1-2, 144-148 | Rés. bulg.

6638 CHEVALIER, Jean-Claude: Du système pronominal en espagnol et en français. — *TLL* 20, 1982/1, 283-323.

6639 CHOUL, Jean-Claude: Le comportement syntagmatique et l'évolution de quelques prépositions dans les français contemporains. — *RAQL* 1, 1981-82, 35-44.

6640 [CHRISTOV, P.] HRISTOV, Païssy: Réflexions sur la subordination des propositions circonstancielles en français et en bulgare. — *SEz* 7, 1982/1-2, 90-98 | Rés. bulg.

6641 COSTA, Gregorio: Pour une grammaire de l'interjection française. — *LeL* 6, 1981/1, 87-124.

6642 COUQUAUX, Daniel: French predication and linguistic theory. — [2550], 33-64.

6643 CULIOLI, Antoine: A propos de *quelque*. — *SEz* 7, 1982/1-2, 6-12 | Bulg. summ.

6644 DANELL, Karl Johan: *L'emploi des formes fortes des pronoms personnels pour désigner des choses* . . . — Uppsala: 1973 | BL 1973, 5994. | *VR* 41, 1982, 321-324 Th. Ebneter.

6645 DANELL, Karl Johan: *Remarques sur la construction dite causative* . . . — Stockholm: 1979 | BL 1980, 5489. | *ZRPh* 98, 1982, 220-222 Å. Grafström.

6646 DEMAROLLE, Pierre: Modèles de découpage et typologie de la phrase française: le pronom personnel "groupe nominal sujet". — *Verbum* 2, 1979/2 (1980), 193-201.

6647 DI-LILLO, Antoine: Le syntagme adverbial du français et ses spécificateurs. — *RLMo* 18, 1982, 135-148.

FRANÇAIS

6648 ELIA, Annibale: Une note sur la syntaxe et la sémantique des verbes de mouvement en français. — *QS* 3, 1982, 351-357.

6649 ERIKSSON, Barbro: *L'emploi des modes dans la subordonnée relative* . . . — Uppsala: 1979 | BL 1979, 5292. | *ZRPh* 98, 1982, 472-477 F.J. Hausmann.

6650 ERIKSSON, Olof: *Il m'a dit ce qu'il pense:* interrogative ou relative? — *RRom* 17, 1982/2, 3-20.

6651 FICHEZ-VALLEZ, Élisabeth: A propos du verbe *porter*: analyse syntaxique et descriptions lexicographiques. — *MLing* 3, 1981/1, 28-53, 3 annexes | Fr. & E. summ.

6652 FLORES VARELA, Camilo D.: Jove Llanos et le statut de *on* dans la grammaire. — *Verba* 6, 1979 (1980), 161-168.

6653 FONG, Eugene A.: Toward a lexical interpretative theory of French causative constructions. — *RRLing* 27, 1982, 525-549.

6654 FORSGREN, Mats: *La place de l'adjectif épithète en français contemporain* . . . — Uppsala: 1978 | BL 1978, 5029. | *CFS* 35, 1981 (1982), 145-146 C. Rubattel | *RomPh* 36, 1982/2, 253-258 N.L. Corbett.

6655 GAATONE, David: Grammaire géographique: réflexions sur la syntaxe des noms de pays en français. — *FM* 50, 1982, 95-117.

6656 GARDIES, Jean-Louis: Éléments pour une grammaire pure de l'aspect. — *MLing* 3, 1981/1, 112-134 | Fr. & E. summ.

6657 GARY-PRIEUR, Marie-Noëlle: "Adverbes de manière": que signifie cette étiquette? — *Lexique* 1, 1982, 13-23.

6658 GÉRARD, Josselyne: *L'exclamation en français* . . . — Tübingen: 1980 | BL 1980, 5500. | *Rapports* 52, 1982, 23-24 M. Suttorp.

6659 GRELSSON, Sigvard: *Les adverbes en* -ment . . . — Lund: 1981 | BL 1981, 6871. | *RLiR* 46, 1982, 475-477 C. Wimmer.

6660 GROSS, Maurice: *Grammaire transformationnelle du français* . . . — Paris: 1977 | BL 1977, 6722. | *L&H* 39, 1979, 65-66 G. L[urquin].

6661 GRÜNBECK, Bernhard: Kollektivschau (*vue d'ensemble*) und Einzelschau (*vue du détail*) im Deutschen und im Französischen. — *VR* 41, 1982, 158-180.

6662 GUNNARSON, Kjell-Åke: Structure dérivée d'extrapositions: étude sur l'extraposition en français et en suédois. — *SL* 36, 1982, 1-38.

6663 HANSÉN, Iah: *Les adverbes prédicatifs français en* -ment: *usage et emploi au XXe siècle.* — Romanica Gothoburgensia 19; Göteborg: Acta Universitatis Gothoburgensis, 1982, 232 p. | *ZRPh* 98, 1982, 688 K. Baldinger.

6664 HANTSON, A.: Le verbe *faire* et le cycle transformationnel. — *L&H* 43, 1980, 45-57.

6665 HÄRMÄ, Juhani: *Recherches sur les constructions imbriquées relatives* . . . — Helsinki: 1979 | BL 1979, 5306. | *MSpråk* 76, 1982, 393-396 O. Eriksson | *BSL* 76, 1981/2 (1982), 172-175 J. Stéfanini.

6666 HARRIS, Martin: *The evolution of French syntax* . . . — London: 1978 | BL 1978, 4777. | *JL* 18, 1982, 176-184 J. Klausenburger.

HEGER, K.: "Il la lui a donnée, à Jean, son père, sa moto" . . . — 2486.

6667 HENRY, Albert: *Études de syntaxe expressive* . . . 2e éd. — Bruxelles: 1977 | BL 1977, 6731. | *L&H* 35, 1977, 71-72 G. L[urquin].

6668 HERSCHENSOHN, Julia: French causatives: restructuring, opacity, filters and construal. — *LAn* 8, 1981, 217-280.

6669 HERSCHENSOHN, Julia: The French presentational as a base generated structure. — *SLang* 6, 1982, 193-219.

6670 HERZOG, Christian: *Le passé simple dans les journaux du XXe siècle.* — Berne: 1981 | BL 1981, 6879. | *Kratylos* 27, 1982 (1983), 126-129 K. Hunnius.

6671 HIRSCHBÜHLER, Paul: Two analyses of free relatives in French. — *L&H* 31, 1976, 71-81.
6672 HLIBOWICKA-WĘGLARZ, Barbara: Les équivalents français de l'instrumental polonais de manière. — *LMNf* 9, 1980 (1982), 133-154.
6673 HRISTOVA, Doreana: L'anaphore présentée par *en*. — *GZb* 5, 1979, 121-126.
6674 HRISTOVA, Doreana: Les relations d'identification et de localisation. — *GZb* 5, 1979, 127-133.
6675 HULK, Aafke Clara Jacoba: *Het clitisch pronomen* en: *een dwarsdoorsnede van de Franse syntaxis.* — Diss. Utrecht; Amsterdam: Rodopi, 1982, 248 p., ill. | E. summ.: The clitic *en:* a case study in Fr. syntax.
6676 JAYEZ, Jacques: *A fortiori:* problèmes de syntaxe et de sémantique. — *CLF* 3, 1981, 173-231.
6677 JELENOVÁ, Olga: La décomposition des temps passés composés en français. — *ERB* 13, 1982, 55-60.
6678 JENSEN, Margaret Teller Stong: *Phrasal compounds in French and the theory of control.* — Univ. of Colorado at Boulder diss., 1980, 412 p. | *DAb* 41/8, 1981, 3557-A.
6679 JOKINEN, Ulla: *Les relatifs en moyen français...* — Helsinki: 1978 | BL 1978, 4782. | *RBPh* 60, 1982, 626-628 M. Wilmet.
6680 KAISER, Egbert: *Strukturen der Frage im Französischen...* — Tübingen: 1980 | BL 1981, 6885. | *RLiR* 46, 1982, 471-472 R. Martin.
6681 KARASCH, Angela: *Passiv und passivische Diathese im Französischen und Deutschen.* — Studia romanica et linguistica (SRL) 14; Frankfurt a.M.: Lang, 1982, 510 p.
6682 KAYNE, Richard: Il dativo in francese e in inglese. — *RGG* 6, 1981, 141-154.
6683 KAYNE, Richard S.: *French syntax...* — Cambridge, MA: 1975 | BL 1975, 5711. | *FR* 50, 1976-77, 776-777 P.L. Cannings.
6684 KAYNE, Richard S.: *Syntaxe du français...* Paris: 1977 | BL 1977, 6740. | *L&H* 35, 1977, 70-71 G. L[urquin].
6685 KOCH, Peter: *Verb. Valenz. Verfügung. Zur Satzsemantik und Valenz französischer Verben am Beispiel der Verfügungs-Verben.* — Reihe Siegen 32; Heidelberg: Winter, 1981, 400 p., fig.
6686 KRENN, Herwig: Pro-Passiv: ein französisches Paradoxon. — [314], 117-120.
6687 [KRUMOVA, J.] KROUMOVA, Yordanka; [CHRISTOV, P.] HRISTOV, Païssy: Les fonctions de *comme.* — *RRLing* 27, 1982, 71-78.
6688 KSENOFONTOVA, O.A.: Sootnošenie kontekstov, vyražajuščich pubuždenie k dejstviju i zapret (na materiale francuzskich predloženij s glagolom *dire*). — *VLU* 1982/14, 91-97.
6689 LA FAUCI, Nunzio: Semantica sintattica. Alcuni verbi che reggono una completiva in italiano ed in francese. — *LeL* 7, 1982, 17-37.
6690 LAMBRECHT, Knud: *Topic, antitopic and verb agreement in Non-Standard French.* — P&B II: 6; Amsterdam: Benjamins, 1981, vii, 133 p.
6691 LAROCHETTE, Joe: Quelques considérations sur la pronominalisation. — [371], 110-118.
6692 LAURENDEAU, Paul; NÉRON, Martine; FOURNIER, Robert: Contraintes sur l'emploi du pro-écho sujet en français du Québec. — *RAQL* 1, 1981-82, 115-128.
6693 LÉARD, Jean-Marcel: Sur la non-équivalence des types de phrases. — *RAQL* 1, 1981-82, 129-148.
6694 LEMHAGEN, Gunnar: *La concurrence entre l'infinitif et la subordonnée complé-*

tive . . . 1. — Uppsala: 1979 | BL 1979, 5331. | *ZRPh* 98, 1982, 222-223 J. Langenbacher | *Rapports* 52, 1982, 21-22 W. Zwanenburg.

6695 LEMHAGEN, Gunnar: Quelques remarques sur les dictionnaires des constructions des verbes en français. — *MSpråk* 75, 1981, 55-62 | A propos de BL 1979, 5272.

6696 LINDQVIST, Christina: *L'emploi temporel dans la complétive au subjonctif*. . . — Uppsala: 1979 | BL 1981, 6899. | *BSL* 76, 1981/2 (1982), 170-172 J. Stéfanini.

6697 LINTHORST, P.: L'antéposition d'un constituant en ancien et en moyen français. — *Rapports* 52, 1982, 123-131.

6698 LIPKA, Leonhard: "Mise en relief" und "cleft sentence": zwei Verfahren der Thema/Rhema-Gliederung. — [314], 163-172 | Examples from Fr. and E.

6699 LORIAN, Alexandre: L'adverbiale attelée. — *RLiR* 46, 1982, 381-393

6700 LÜDICKE, Annemarie: Zum Ausfall der Verneinungspartikel *ne* im gesprochenen Französisch. — *ZRPh* 98, 1982, 43-58, carte.

6701 LYONS, Christopher: Pronominal voice in French. — [240], 161-184.

6702 LYSEBRAATE, Hannemor: Les constructions en *depuis* en français moderne. — *RRom* 17, 1982/1, 62-73.

6703 [MANČEV, K.] MANTCHEV, Krassimir: La genèse sémantique de la phrase complexe.— *SEz* 7, 1982/1-2, 114-122 | Rés. bulg.

6704 MARTIN, Robert; WILMET, Marc: *Syntaxe du moyen français*. — Bordeaux: 1980 | BL 1981, 6909. | *FM* 50, 1982, 160-166 G. Zink | *RRom* 17, 1982/2, 143-145 M. Herslund | *Romania* 102, 1981, 406-410 C. Marchello-Nizia | *BSL* 76, 1981/2 (1982), 146-148 J. Stéfanini.

6705 MARTINET, Hanne: Une analyse contrastive fonctionnelle des adjectifs épithètes en *-ant* et *-ende* en français et en danois contemporain. — *SILTA* 9, 1980/2 (1982), 269-288 | Cf. BL 1981, 6911.

6706 MELIS, Ludo: Peut-on définir l'ellipse discursive? Une approche grammaticale. — [126], 139-145 | Sur les phrases comportant le verbe *aller* dans le *Petit Jehan de Saintré* d'Antoine de la Sale (discussion, 145-146).

6707 *Méthodes en grammaire française*. Textes . . . présentées par Jean-Claude CHEVALIER et Maurice GROSS. — Paris: 1976 | BL 1976, 5916. | *FR* 52, 1978-79, 366-367 W.D. Donaldson, Jr. | *RomPh* 36, 1982/1, 108-111 F.M. Jenkins.

6708 MEYER, Wolfgang J.: *Modalverb und semantische Funktion: Diskussion des Forschungsstandes zur Semantik von neufrz.* devoir *aus sprechhandlungstheoretischer Sicht*. — *ZFSL*, Beiheft 8; Wiesbaden: Steiner, 1982, v, 58 p.

6709 MÖHREN, Frankwalt: *Le renforcement affectif de la négation . . . en ancien français*. — Tübingen: 1980 | BL 1980, 5540. | *VR* 41, 1982, 276-278 L. Löfstedt | *BSL* 76, 1981/2 (1982), 152-155 J. Stéfanini | *ZRPh* 98, 1982, 204-207 G. Roques | *RF* 94, 1982, 280-284 F.-J. Klein.

6710 MOIGNET, Gérard †: Diathèse verbale et verbes fondamentaux en français. — [318], 268-283.

6711 MOLINIER, Christian: Les adverbes de fréquence en français. — *Lexique* 1, 1982, 91-104.

6712 MOREAU, Marie-Louise: *C'est: étude de syntaxe* . . . — Mons: 1976 | BL 1976, 5924. | *VR* 41, 1982, 316-320 E. Manzotti | *L&H* 34, 1977, 76-77 G. L [urquin].

6713 MORIN, Yves-Charles: Some myths about pronominal clitics in French. — *LAn* 8, 1981, 95-109.

6714 NOAILLY-LE BIHAN, Michèle: De nouveaux adjectifs. — *FM* 50, 1982, 129-139 | Sur les groupes nominaux dans lesquels la détermination épithétique est assurée par un substantif.

6715 NØLKE, Henning: Problems in the semantic/pragmatic description of French adverbials like *même, aussi, surtout* and *seulement*. — *AL* 17, 1982, 157-168.
6716 NORDAHL, Helge: Les relatives juxtaposées en ancien français. — *NphM* 83, 1982, 61-67.
6717 OBENAUER, Hans-Georg: Empty quantifiers, LF-movement, and the ECP in French. — [2550], 207-217.
6718 PAILLARD, Denis: A propos de quelques énoncés génériques en français et en bulgare. — *SEz* 7, 1982/1-2, 60-68 | Rés. bulg.
6719 PEARCE, Elizabeth: Infinitival complements in Old French and diachronic change. — *SLS* 12, 1982/2, 117-145.
6720 PICABIA, Lélia: *Éléments de grammaire générative* . . . — Paris: 1975 | BL 1975, 5735. | *FR* 51, 1977-78, 457-458 W.J. Ashby.
6721 PICABIA, Lélia: *Les constructions adjectivales en français* . . . — Genève: 1978 | BL 1978, 4820. | *CFS* 35, 1981 (1982), 147-148 C. Rubattel.
6722 POPOVIČ, M.M.: Rol' povtornoji nominaciji u vyražennj funkcional'noji perspektyvy rečennja. — *InFil* 63, 1981, 95-104 | Le rôle de la répétition dans l'expression de la perspective fonctionnelle de la proposition.
POPOVSKI, A.: Différences de distribution des unités lexicales . . . — 10324.
6723 POSTAL, Paul M.: A failed analysis of the French cohesive infinitive construction. — *LAn* 8, 1981, 281-323 | Critique of No. 6729 (cf. also 6730).
6724 POTTIER, Bernard: Comparaison: le *même* et l'*autre*. — *MLing* 4, 1982/2, 41-48.
6725 POTTIER, Bernard: Convergence et combinaison des procédés de détermination en français. — *SEz* 7, 1982/1-2, 68-72.
6726 PREBENSEN, Henrik: La proposition relative dite attributive. — *RRom* 17, 1982/1, 98-117.
6727 PRIESOLOVÁ, Janka: Les différences caractéristiques dans l'emploi des formes verbo-temporelles en français et en espagnol d'après l'étude de textes parallèles. — *PhP* 25, 1982, 185-196 | Rés. tch. et ru.
6728 PRONOVOST, Dominique: Cliticisation et dislocation: peut-on les prévoir? — *RLMo* 18, 1982, 167-181.
6729 QUICOLI, A. Carlos: The placement of *y, en* in French causatives. — *LAn* 8, 1981, 343-376 | Cf. also 6723 & 6730.
6730 QUICOLI, A. Carlos: Some issues on the theory of clitics. — *LAn* 10, 1982, 203-273 | Rebuttal of No. 6723.
6731 RÉQUÉDAT, François: Remarques sur les constructions verbales avec l'infinitif. — *SEz* 7, 1982/1-2, 73-78 | Rés. bulg.
6732 RICKARD, Peter: "Prier" and its constructions from Old to early Modern French. — *VR* 41, 1982, 133-157.
6733 RINGQVIST, Eva Larsson: Topikalisering i franska och svenska. — *PScCL* VI, 142-150 | Topicalisation in Fr. and Sw.
6734 ROBERTS, James Stewart: *French causatives in generative syntax.* — Georgetown Univ. diss., 1980, 339 p. | *DAb* 41/7, 1981, 3089-A.
ROEGIEST, E.: Grammaire des cas et sémantique des prépositions dans la construction verbale . . . — 6246.
6735 ROUVERET, Alain; VERGNAUD, Jean-Roger: Specifying reference to the subject: French causatives and conditions on representations. — *LIn* 11, 1980, 97-202.
6736 RUBATTEL, Christian: De la syntaxe des connecteurs pragmatiques. — *CLF* 4, 1982, 37-61.
6737 SALKOFF, Morris: *Analyse syntaxique du français*. . . — Amsterdam: 1980 | BL 1980, 5559. | *BSL* 76, 1981/2 (1982), 167-169 J. Stéfanini.

6738 SCHUMACHER, Nestor: Étude contrastive des emplois du participe présent (français/allemand et allemand/français). — L&H 47, 1981, 27-37; 48, 1982, 73-82.

6739 SCHUMACHER, Nestor: De quelques emplois du participe passé: étude contrastive français/allemand et allemand/français. — L&H 50, 1982, 34-51.

6740 SCHWARZ, Christoph: Der nicht-nominale ment-Ausdruck im Französischen ... — München: 1980 | BL 1980, 5562. | RLiR 46, 1982, 196-199 G. Kleiber | RomPh 36, 1982/1, 111-113 K. Karlsson.

6741 ŠIGAREVSKAJA, N.A.: Novoe v sovremennom francuzskom sintaksise. — Moskva: "Prosveščenie", 1977, 102 p. | CJŠ 26, 1982-83, 137-138 Z. Stavinohová.

6742 SILENSTAM, Margareta: Les phrases qui contiennent une complétive ... — Uppsala: 1979 | BL 1979, 5369. | ZRPh 98, 1982, 470-472 Å. Grafström.

6743 SIMEONOV, Josif: Problèmes de syntaxe française (Mécanismes opératifs). 1e partie: Niveau syntagmatique. 2e partie: Niveau phrastique. — GSU-KNF 73, 1978/4 (1982), 5-63; 65-121.

SIMÉONOV, Y.: Quelques problèmes de la grammaire contrastive ... — 10121.

6744 SKEPSKAJA, G.I.: K probleme protivitel'nych otnošenij (sojuz mais v sovremennom francuzskom jazyke. — NDVŠ-F 1982/4, 61-66.

6745 SKEPSKAJA, G.I.: Vvedenie i sintagmatiku. — Moskva: "Vysšaja škola", 1979, 132 p. | SEz 7, 1982/1-2, 156-158 N. Michov.

6746 SKOROCHOD'KO, S.H.: Formal'no-funkcional'ni zv'jazky miž riznovydamy struktury emfatyčnoho rečennja (Na materiali sučasnoji francuz'koji movy). — InFil 63, 1981, 104-111 | Liens formels et fonctionnels entre certaines variétés structurelles de la phrase emphatique en fr. contemporain.

6747 SKRELINA, Louise M.: Le syntagme nominal en ancien français. — Linguistique 18, 1982/2, 49-57.

6748 STAVINOHOVÁ, Zdeňka: Les temps passés de l'indicatif ... — Brno: 1978 | BL 1978, 4841. | BRPh 20, 1981, 159-160 O. Ducháček.

6749 TARDIF, Michel: La sous-catégorisation des adverbes en -ment. — RLMo 18, 1982, 149-156.

6750 URBYE, Renée: Essai d'étude synoptique et contrastive de l'emploi des temps en français et en norvégien. — SILTA 9, 1980/2 (1982), 221-236.

6751 VASSANT, Annette: Incidence et décadence dans l'analyse du présent français. — [318], 284-309.

6752 VERHEUGD, Els: Les phrases copulatives françaises avec deux NP. — [272], 127-133.

6753 VERLUYTEN, Sylvain: L'ambiguité de la locution rien moins que en français moderne. — L&H 32, 1976, 21-30, 2 fig.

6754 VERNAY, Henri: Syntaxe et sémantique: les deux plans des relations syntaxiques à l'exemple de la transitivité et de la transformation passive. Étude contrastive français-allemand. — LA 90; Tübingen: Niemeyer, 1980, 162 p. | RF 94, 1982, 92-94 O. Gsell.

6755 VET, Co: Temps, aspects et adverbes de temps ... — Genève: 1980 | BL 1980, 5572. | RRom 17, 1982/1, 156-160 H. NØLKE | Lingua 57, 1982, 93-100 F. Nef.

6756 VET, Co: Subject assignment in the impersonal constructions of French. — [385], 143-163.

6757 VILLIARD, Pierre: Le là en québécois: de l'adverbe au complémenteur. — RAQL 1, 1981-82, 167-177.

6758 WALL, Kerstin: L'inversion dans la subordonnée ... — Uppsala: 1980 | BL 1980, 5576. | BSL 76, 1981/2 (1982), 176-178 J. Stéfanini.

6759 WANDRUSZKA, Mario: Nochmals zum "thematischen" Konjunktiv. — [314], 343-351.
6760 WARNANT, Léon: *Structure syntaxique du français: essai de cinéto-syntaxe.* — BFPhLL 233; Paris: Les Belles Lettres, 1982, 358 p. | *L&H* 53, 1983, 59-60 M. Leys.
6761 WERNER, Edeltraud: *Die Verbalperiphrase im Mittelfranzösischen* ... — Frankfurt a.M.: 1980 | BL 1980, 5580. | *Romania* 102, 1981, 410-415 M. Wilmet | *RRom* 17, 1982/2, 145-147 L. SCHØSLER | *VR* 41, 1982, 363-365 L. Löfstedt.
6762 WERNER, Edeltraud: Les périphrases verbales du moyen français: analyse syntaxique, sémantique et textuelle. — [126], 153-168 | Discussion, 168-170.
6763 WILLEMS, Dominique: *Syntaxe, lexique et sémantique: les constructions verbales.* — Werken uitgegeven door de Faculteit van de Letteren en Wijsbegeerte, Rijksuniversiteit te Gent 168; Gent: Rijksuniv. te Gent, 1981, 275 p., ill. | Revision of 1975 diss.
6764 WILLEMS, Dominique: Syntaxe et sémantique: quelques réflexions sur la polysémie verbale. — [371], 214-225.
6765 WILMET, Marc: *Études de morpho-syntaxe verbale.* — Paris: 1976 | BL 1976, 5978. | *FR* 52, 1978-79, 505-506 J. Pesot.
6766 WILMET, Marc: Sur la place de l'adjectif qualificatif en wallon. — [230], 467-477.
6767 WIMMER, Christine: Les *si* conjonctions et la lexigenèse de *si*. — *NphM* 83, 1982, 313-328.
6768 WINKELMANN, Otto: *Artikelwahl, Referenz und Textkonstitution* ... — Frankfurt a.M.: 1978 | BL 1978, 4856. | *ZRPh* 98, 1982, 224-227 R. Meyer-Hermann.

2.3. Text linguistics — Linguistique du texte

6769 ADAM, Jean-Michel: Le récit politique comme stratégie illocutoire: l'exemple du récit autobiographique giscardien dans le discours "Du bon choix pour la France". — *BRPh* 20, 1981, 313-322.
6770 AUCHLIN, Antoine: *Mais heu, pis bon, ben alors voilà, quoi!* Marqueurs de structuration de la conversation et complétude. — *CLF* 2, 1981, 141-159, tab.
6771 BRUXELLES, Sylvie; DOBROVIE-SORIN, Catherine; DUCROT, Oswald; et al.: *Justement*, l'inversion argumentative. — *Lexique* 1, 1982, 151-164.
6772 DANJOU-FLAUX, Nelly; GARY-PRIEUR, Marie-Noëlle: *Forcément*, ou le recours à la force dans le discours. — *MLing* 3, 1981/1, 54-111 | Fr. & E. summ.
6773 GIACOMI, Alain; VÉRONIQUE, Daniel: A propos de *"il y a"* .../*"il y en a"*... — *FM* 50, 1982, 237-242.
6774 HIRSCH, Michèle: Flaubert: fonctions de personne et distance intérieure. — [318], 423-434.
6775 JAMROZIK, Elżbieta: La communication linguistique en français: dire et parler. — *StSem* 12, 1982, 19-29.
6776 LAPARRA, Marceline: Sélection thématique et cohérence du discourse à l'oral. — *FM* 50, 1982, 208-236.
6777 LUZZATI, Daniel: "Ben" appui du discours. — *FM* 50, 1982, 193-207.
6778 MICHEL-LOPEZ, Annick: De l'oral à l'écrit ou les avatars du locuteur et de l'interlocuteur. — *FM* 50, 1982, 243-251.
6779 MOESCHLER, Jacques; SPENGLER, Nina DE: *Quand même:* de la concession à la refutation. — *CLF* 2, 1981, 93-112.

FRANÇAIS

6780 PLANTIN, Christian: *Oui* et *non* sont-ils des "pro-phrases"? Remarques sur leur fonctionnement dans les dialogues. — *FM* 50, 1982, 252-265.

6781 SCHELLING, Marianne: Quelques modalités de clôture: les conclusifs *finalement, en somme, au fond, de toute façon*. — *CLF* 4, 1982, 63-106.

6782 ZENONE, Anna: Marqueurs de consécutions: le cas de *donc*. — *CLF* 2, 1981, 113-139.

6783 ZENONE, Anna: La consécution sans contradiction: *donc, par conséquent, alors, ainsi, aussi* (première partie). — *CLF* 4, 1982, 107-141.

3. HISTORY — HISTOIRE

6784 ANDRIEUX, Nelly; PERRET, Michèle: Ancien français *-nt, -ent, -ont?* Arguments pour une personne 6. — *TLL* 20, 1982/1, 47-59.

6785 ATKINSON, J. Keith: Le dialecte du *Boèce* de Troyes 898: à propos d'une édition récente. — *Romania* 102, 1981, 250-259 | A propos de R. SCHROTH, *Eine altfranzösische Übersetzung der 'consolatio philosophiae' des Boethius (Handschrift Troyes No. 898)* (Bern: Lang, 1976).

6786 BAERTEN, Jean: Le français à Bruxelles au moyen âge: une mise en garde. — *RBPh* 60, 1982, 887-897.

6787 BACKVALL, Hans: Alexandre Dumas père, introducteur d'italianismes en français. — *MSpråk* 75, 1981, 177-192.

6788 BANITT, Menahem: Le renouvellement lexical de la *Version Vulgate* des Juifs de France au moyen âge dans le *Glossaire de Leipzig*. — *Romania* 102, 1981, 433-455.

6789 BERSCHIN, Helmut; FELIXBERGER, Josef; GOEBL, Hans: *Französische Sprachgeschichte* . . . — München: 1978 | BL 1978, 4862. | *BRPh* 20, 1981, 157-158 K. Bochmann | *Kratylos* 26, 1981 (1982), 138-142 H. Geckeler.

6790 BOCHMANN, Klaus: Neue Überlegungen zu den Folgen der französischen Revolution für die französische Sprache. — *BRPh* 20, 1981, 213-220.

6791 BRAUSSE, Ursula: Zur Vorgeschichte der historischen Sprachwissenschaft: die Auseinandersetzungen im Frankreich des 18. Jahrhunderts über den keltischen Anteil an der französischen Sprachentwicklung. — *BRPh* 20, 1981, 79-93.

6792 CERQUIGLINI, Bernard: *La parole médiévale: discours, syntaxe, texte*. — Paris: Minuit, 1981, 252 p.

6793 CHAMBON, Jean-Pierre: Notes d'ancien auvergnat: en relisant le *Testament* de Peironelle de Bulhon. — *Romania* 102, 1982, 226-237 | Notules phonétiques, 235-237.

6794 DEES, Anthonij: *Atlas des formes et des constructions des chartes françaises* . . . — Tübingen: 1980 | BL 1980, 5597. | *MAev* 50, 1981, 136-141 A. McIntosh | *VR* 41, 1982, 273-276 C.Th. Gossen | *VJa* 1982/3, 129-132 N.L. Suchačev.

6795 DI STEFANO, Giuseppe: *Essais sur le Moyen Français*. — Padova: 1977 | BL 1977, 6823. | *RRom* 17, 1982/2, 137-139 L. Schøsler.

6796 GEISLER, Hans: *Studien zur typologischen Entwicklung: lateinisch, altfranzösisch, neufranzösisch*. — Romanica Monacensia 17; München: Fink, 1982, 310 p.

6797 GREGORY, Stewart: La préposition *a(h)ier* en ancien français. — *Romania* 102, 1981, 543-549.

6798 HARTLEY, D.J.: Patriotism in the *Deffence et illustration de la langue françoyse*. — *NphM* 83, 1982, 83-95.

6799 HARTWEG, Frédéric: Zur Sprachsituation der Hugenotten in Berlin im 18. Jahrhundert. — *BRPh* 20, 1981, 117-127.

6800 HASSELL, James Woodrow, Jr.: *Middle French proverbs, sentences, and proverbial phrases.* — Subsidia Mediaevalia 12; Toronto: Pontifical Inst. of Mediaeval Studies/Leiden: Brill, 1982, x, 274 p.

6801 HERGOT, Lucien: *Estre* pour *aler:* sur un vers du *Florimont* d'Aymon de Varennes. — *Romania* 103, 1982, 1-27.

6802 HOLTUS, Günter: *Lexikalische Untersuchungen zur Interferenz: die frankoitalienische "Entrée d'Espagne".* — Tübingen: 1979 | BL 1979, 5405. | *SMV* 27, 1980, 260-263 G.B. Pellegrini.

6803 HUNT, Tony: The Anglo-Norman vocabularies in MS Oxford, Bodleian Library, Douce 88. — *MAev* 49, 1980, 5-25.

6804 JACOBSEN, Berit: Tautologies pures et tautologies rhétorisées dans un texte d'ancien français. — *NphM* 83, 1982, 99-111.

KAHLMANN, A.: Den första fransk-svenska och sv.-fr. ordbokens tillkomst. — 9556.

6805 LALANDE, Denis: Quelques premières attestations dans le vocabulaire du *Livre des fais de Jehan Le Maingre, dit Bouciquaut.* — *Romania* 103, 1982, 332-336.

6806 LINDVALL, Lars: Structures syntaxiques et structures stylistiques dans l'œuvre de Chrestien de Troyes. — *Romania* 102, 1981, 456-500, fig.

6807 LÜDTKE, Helmut: Remarques sur l'épistémologie de la grammaire "historique". — [126], 291-295 | Discussion, 295-300.

6808 MANTOU, Reine: Hapax et pseudo-hapax dans la "Chronique rimée" de Philippe Mousket. — [230], 371-385.

6809 MARCHELLO-NIZIA, Christiane: *Histoire de la langue française* . . . — Paris: 1979 | BL 1979, 5415. | *RRom* 17, 1982/2, 139-142 S. Hendrup.

6810 MERRILEES, Brian: La simplification du système vocalique de l'anglo-normand. — *RLiR* 46, 1982, 319-326.

6811 MORMILE, Mario: *Voltaire linguiste et la question des auteurs classiques.* — Bibl. di cultura 213; Roma: Bulzoni, 1982, 149 p.

6812 MÜLLER, Wulf: Aux débuts de la scripta fribourgeoise. — [263], 857-864.

6813 NAUDEAU, Olivier: Note sur les articles *sa* 'la', *so* 'le' dans le sud-ouest français. — *Romania* 103, 1982, 336-338.

6814 REENEN, Pieter VAN: Une faiblesse épistémologique de la grammaire historique actuelle. — [126], 301-304 | Sur le niveau des données systématiques (niveau intermédiaire entre les données brutes et la description linguistique): à propos de *-ie-* < lat. *-e-* en syllabe fermée.

6815 REFEROVSKAJA, E.A.: *Formirovanie romanskich literaturnych jazykov: francuzskij jazyk.* — Leningrad: "Nauka", 1980, 200 p. | *SEz* 7, 1982/1-2, 149-150 D. Bankov.

6816 RICKARD, Peter: Système ou arbitraire? Quelques réflexions sur la soudure des mots dans les manuscrits français du moyen âge. — *Romania* 103, 1982, 470-512.

6817 ROUSSEL, Claude: *A la forclose.* — *Romania* 102, 1981, 549-553 | A propos de F. LECOY (BL 1939-47, 105).

6818 URWIN, Kenneth: The mood of Anglo-Norman *fud.* — *MAev* 46, 1977, 41-45.

6819 WILMET, Marc: La grammaire historique ou le temps retrouvé. — [126], 279-283 | Discussion, 284-289.

6820 WOLEDGE, B.: Les couples *com/con* et *dom/don* chez le copiste Guiot. — [248], 403-408.

6821 WOLF, Heinz Jürgen: *Französische Sprachgeschichte.* — Heidelberg: 1979 | BL 1979, 5434. | *ZRPh* 98, 1982, 448-451 F. Möhren | *FM* 50, 1982, 273-274 J. Stéfanini.

FRANÇAIS

6822 WOLF, Lothar: Ingwäonisch, Fränkisch und Französisch: Anfrk. *ai* und afr. *a*. — [314], 353-361.
6823 WOLF, Lothar; HUPKA, Werner: *Altfranzösisch* . . . — Darmstadt: 1981 | BL 1981, 7029. | *RLiR* 46, 1982, 189-191 F. Möhren | *Linguistics* 20, 1982, 157-158 P. Swiggers | *Kratylos* 27, 1982 (1983), 198-200 M. Ley-Wigger | *ZRPh* 98, 1982, 201-204 K. Baldinger.

4. DIALECTOLOGY — DIALECTOLOGIE

6824 BAL, Willy: Expressions de la sexualité dans les paskîyes de Jamioulx. — [230], 1-12.
6825 BARBAUD, Ph.; DUCHARME, Ch.; VALOIS, D.: D'un usage particulier du genre en canadien-français: la féminisation des noms à initiale vocalique. — *CJL* 27, 1982, 103-133.
6826 BEAUCHEMIN, Normand: *Dictionnaire d'expressions figurées en français parlé du Québec: les 700 "québécoiseries" les plus usuelles.* — Recherches sociolinguistiques dans la région de Sherbrooke, Document de travail 18; Sherbrooke, Québec: Univ. de Sherbrooke, 1982, 145 p.
6827 BEAUVY, François: *Lexique picard de Sarcus.* — Éklitra 47; Grandvilliers: Sinet, 1981, 63 p., ill. | *ZRPh* 98, 1982, 694 K. Baldinger.
6828 BIDAUX, Maurice: *Glossaire français-patois: Ajoie-Jura, Franche-Comté, régions avoisinantes.* — Vilars-le-Sec/Delle; Bure: [M. Bidaux], 1982, 292 p., pl.
6829 BORODINA, M.A.: Dialekty ili regional'nye jazyki? (K probleme jazykovoj situacii v sovremennoj Francii). — *VJa* 1982/5, 29-38.
6830 BOUVIER, Jean-Claude: Emprunts lexicaux et systèmes linguistiques dialectaux. — [304], 49-59.
6831 BRASSEUR, Patrice: *Atlas linguistique et ethnographique normand.* Vol. I. — Paris: C.N.R.S., 1980, 16 p., 373 cartes.
6832 CARTON, Fernand: Application de l'analyse "multi-dimensionnelle" à la caractérisation d'un français dialectal. — [304], 61-75 | Région de Lille.
   CARTON, F.: Recherches en cours sur les intonations "regionales" en fr. — 6548.
6833 CHARBONNEAU, René; MARCHAL, Alain: Considérations sur la définition acoustique et perceptuelle des "R" en français québécois. — [320], 291-303.
6834 CORBEIL, Jean-Claude: *L'aménagement linguistique du Québec.* — Langue et Société 3; Montréal: Guérin, 1980, 154 p. | *FM* 50, 1982, 175-184 J.-C. Boulanger.
6835 DEBRIE, René: *Lexique picard des parlers sud-amiénois.* — Grandvilliers-Oise: 1979 | BL 1980, 5634. | *BSL* 76, 1981/2 (1982), 191 R. Sindou.
6836 DEMHARTER, Cheryl Ann Marie: *Une étude phonologique du français parlé à Sainte-Flore, Province de Québec.* — Tulane Univ. diss., 1981, 251 p. | *DAb* 42/3, 1981, 1126-A.
6837 DOPPAGNE, Albert: *Les régionalismes du français.* — Gembloux: 1978 | BL 1979, 5440. | *FM* 50, 1982, 84-86 M. Piron.
6838 DROIXHE, Daniel: Dialecte et français dans la Wallonie d'ancien régime: une réponse inédite à l'enquête de l'abbé Grégoire (1790). — [230], 123-145.
6839 ESCOFFIER, S.: "Bercer", "berceau" en gallo-roman. — [304], 109-120, 3 cartes.
6840 FIACRE, Klaus-Jürgen: *Historische Lautlehre des Dialektes von Béverçé* . . . — Gerbrunn bei Würzburg: 1979 | BL 1979, 5444. | *VR* 41, 1982, 297-299 W. Müller.

6841 FRANCARD, Michel: *Le parler de Tenneville* . . . — Louvain-la-Neuve: 1980 | BL 1980, 5637. | *VR* 41, 1982, 299-301 C.Th. Gossen | *BSL* 76, 1981/2 (1982), 192-193 R. Sindou | *ZRPh* 98, 1982, 694 K. Baldinger | *RLiR* 46, 1982, 485-489 Y.-Ch. Morin.

6842 GIURESCU, Anca: Mutamenti nel lessico di Val d'Aosta dovuti al bilinguismo. — *RRLing* 26, 1981, 379-382.

6843 *Glossaire des patois de la Suisse romande* . . . Tome VI, fasc. 73: *èpouin – escalier*. Réd.: Z. MARZYS; F. VOILLAT; P.-H. LIARD; H. GASSMANN. — Genève: Droz / Neuchâtel: Attinger, 1982, p. 617-672 | Cf. BL 1981, 7063 | *BSL* 76, 1981/2 (1982), 190-191 R. Sindou (69-70) | Cf. 6865.

6844 *Glossaire des patois de la Suisse romande*. 83e rapport annuel, 1981 [par Michel BURGER]. — Neuchâtel: P. Attinger, 1982, 8 p.

6845 GOOSSE, André: Belgicismes techniques. — [230], 209-215.

6846 JOHANSSON, Christer: The French language in Louisiana: a summary. — *MSpråk* 75, 1981, 259-272, map.

6847 KELLEY, Henry Edward: *Phonological variables in a New England French speech community*. — Cornell Univ. diss., 1980, 222 p. | *DAb* 41/8, 1981, 3558-A.

6848 LAHNER, Jean; LITAIZE, Alain; RICHARD, Jean: *Atlas linguistique et ethnographique de la Lorraine romane*. Vol. II. — Paris: C.N.R.S., 1981, p. 343-695 (cartes) | Cf. BL 1980, 5644. | *AGI* 66, 1981 (1982), 177-178 C.A. M[astrelli] (vol. I).

6849 LECHANTEUR, Jean: Deux anciens mots liégeois du vocabulaire des drapiers: °*doutoir(e)*, °*fertoire*. — [230], 345-353.

6850 LEFEBVRE, Gilles-R.: Le parler français de Jersey (Îles-de-la-Manche): essai d'ethnolinguistique. — [320], 201-233, 2 cartes.

6851 LÉVY, F.; CARTON, F.: Le français parlé en Moselle "germanophone". — *Verbum* 5, 1982, 127-155.

6852 MARCHAIS, Gilles DES: De la phonétique à la phonologie d'un idiolecte québécien. — [320], 261-290.

6853 MASSICOTTE, Micheline: *Le parler rural de l'Île-aux-Grues, Québec* . . . — Québec: 1978 | BL 1978, 4913. | *RLiR* 46, 1982, 489-490 P. Rézeau.

6854 *Les Mauges: présentation de la région et étude de la prononciation*. Sous la direction d'Henriette WALTER. — Angers: Univ. d'Angers, Centre de Recherches en Litt. et en Linguistique sur l'Anjou et le Bocage, 1980, 236 p. | Les Mauges, 11-65; L'enquête phonologique, 66-165; Les documents, 166-236. | *BSL* 76, 1981/2 (1982), 193-194 R. Sindou | *Lengas* 10, 1981, 91-95 J. Mazel.

6855 MINEAU, Robert; RACINOUX, Lucien: *Glossaire des vieux parlers poitevins: recueillis dans le département de la Vienne et lieux voisins*. Nouvelle éd. revue, corr. & considérablement augm. — Poitiers: Brissaud, 1981, 564 p. | 1st ed. 1975 (BL 1976, 6073).

6856 MONAMY, Jacques: Les groupes de consonnes dans le parler de Montecheroux (ancienne principauté de Montbéliard). — [292], 237-252.

6857 MOUGEON, Raymond; BENIAK, Édouard; BÉLANGER, Monique: Morphologie et évolution des pronoms déterminatifs dans le français parlé à Welland (Ontario). — *CJL* 27, 1982, 1-22.

6858 PICARD, Marc: A la recherche de l'épenthèse en québécois. — *RLMo* 18, 1982, 183-187.

6859 POHL, Jacques: *Les variétés régionales du français* . . . — Bruxelles: 1979 | BL 1979, 5134. | *FM* 50, 1982, 83-84 J. Chaurand.

FRANÇAIS

6860 POHL, Jacques: Le français qui se parle à Saint-Mard: les grandes zones de son lexique. — [230], 405-419, tab.
6861 ROCHET, Bernard: The mid-vowels in Bordeaux French. — Orbis 29, 1980 (1982), 76-104.
6862 SEUTIN, Émile: Description grammaticale du parler de l'Île-aux-Coudres . . . — Montréal: 1975 | BL 1975, 5842. | FR 51, 1977-78, 321-322 D.F. Rogers.
6863 SIMONI-AUREMBOU, Marie-Rose: Le point 316 de l'*A.L.F.* — [304], 327-346, pl. | *A.L.F.* = *Atlas linguistique de la France* (Paris: 1902-10).
6864 STRAKA, Georges: Deux régionalismes nancéiens: *cheulard* et *haltata*: note étymologique. — [263], 715-729.
6865 SWIGGERS, P.: Le *Glossaire des patois de la Suisse romande:* état actuel des études. — Orbis 29, 1980 (1982), 268-271 | A propos du No. 6843 (fasc. 55-72).
6866 TAVERDET, Gérard: *Les patois de Saône-et-Loire* . . . — Dijon: 1981 | BL 1981, 7097. | Verbum 4, 1981, 386-387 J. Lanher.
6867 VLIET, Edward Richie VAN: The generative model of dialectology: Burgundian, Franco-Provençal, and Standard French. — Word 32, 1981 (1982), 45-62.
6868 WALTER, Henriette: *Enquête phonologique et variétés régionales du français*. Préface d'André MARTINET. — Le Linguiste 22; Paris: P.U.F., 1982, 252 p., carte.
6869 WRENN, Phyllis: Allophonic variation of /ɛ/ and its morphologization in an Acadian dialect of Nova Scotia. — L&S 24, 1981, 327-347.

5. LEXICON — LEXIQUE

6870 ABÉLARD, Jacques: Une contribution au dictionnaire du moyen français: le glossaire des *Illustrations de Gaule* de Jean Lemaire de Belges. — [126], 89-99 | Discussion, 99-102.
6871 ANDERER, Emmeram Peter: *Theologiesprache in Frankreich nach der soziozentrischen Wende: Versuch eines Neologismenwörterbuchs anhand der Zeitschrift "Lumière et Vie".* I; II. — Diss. der Univ. Salzburg 15; Wien: VWGÖ, 1981, 160; 454 p. | ZRPh 98, 1982, 690-692 K. Baldinger.
6872 ANDERER, Emmeram Peter: *Wörterbuch der Theologie in Frankreich nach 1968.* — Wien: VWGÖ, 1981, 454 p. | Identique au vol. II du No. précédent. | ZRPh 98, 1982, 692 K. Baldinger.
6873 ANTOINE, Gérald: *Liberté, égalité, fraternité ou les fluctuations d'une devise.* — Paris: Unesco, 1981, 186 p. | FM 50, 1982, 82-83 M. Piron.
6874 ARVEILLER, Raymond: Addenda au *FEW* XIX/1 (*abar – qubba*): 12e article. — ZRPh 98, 1982, 331-364 (à suivre) | Cf. BL 1981, 7108.
6875 ARVEILLER, Raymond: Français *alcassave, cassave, casbah* et variantes: note lexicologique. — [263], 731-750.
6876 BALDINGER, Kurt: Un jeu de mots manqué au XVe siècle. — RLiR 46, 1982, 331-335.
6877 BALDINGER, Kurt: Vocabulaire étymologique de Pierre Michault: *Le procès d'honneur féminin*, ca. 1465. — RLiR 46, 1982, 35-98.
6878 BALDINGER, Kurt: Le remplacement de *moult* par *beaucoup* (A propos des bases méthodologiques d'un dictionnaire du moyen français). — [126], 57-84 | Discussion, 85-87.
6879 BALDINGER, Kurt: Fehldatierungen zu Rabelais: zur Bedeutung der Philologie für die Lexikologie. — [314], 1-11 | A propos du *FEW*.
6880 BALDINGER, Kurt: *Stupide* bei Rabelais: *faux amis* in der Übersetzung. — [323], 349-357.

BALDINGER, K.: Die Etym. von mlt. *bidannum*, afr. mfr. *biain* . . . — 5830.
6881 BAMBECK, Manfred: Fr. *baudrier* "Wehrgehänge" und Adalbert von Laon. — *QS* 3, 1982, 301-303.
6882 BAMBECK, Manfred: Jean-Baptiste Thiers und das *FEW*. — [243], 201-218.
6883 BAMBECK, Manfred: "Nodar en son correi" im *Girart de Roussillon*. — [263], 705-714.
6884 BERGERON, Léandre: *Dictionnaire de la langue québécoise*. — Québec: 1980 | BL 1980, 5678. | *RLiR* 46, 1982, 204-206 B. Dunn-Lardeau | *CJL* 27, 1982, 191-193 É. Seutin.
6885 BERTRAND, Roger: *Index automatique du vocabulaire: Livre I des Mémoires de Commynes*. — Publ. du CUERMA, Univ. de Provence, Aix; Marseille: Jean Laffitte, 1982, viii, 74 p. | *ZRPh* 98, 1982, 663 K. Baldinger.
6886 BIMSON, Kent D.; THURMAN, Robert C.: Body language: a study of semantic shifts in body parts. — *Orbis* 29, 1980 (1982), 182-201, 5 maps.
6887 BLOEMEN, Johan: La syncatégorématicité relative de *petit* et *grand*. — [187], 83-90.
6888 BLOEMEN, Johan; HAVER, Dirk VAN: *L'extension et la compréhension de deux adjectifs français:* petit *et* grand. — APIL 24; Wilrijk: Univ. Inst. Antwerpen, 1981, 55 p.
6889 BONFANTE, Giulio: Il valore fonosimbolico di *z* (*s*-sonoro) iniziale in francese. — [263], 823-826.
6890 BORNÄS, Göran: Quel dictionnaire choisir? Présentation et comparaison de quelques dictionnaires français en un volume. I; II. — *MSpråk* 75, 1981, 47-54; 163-175.
6891 BOUFFARTIGUE, Jean; DELRIEU, Anne-Marie: *Trésors des racines latines*. — Le fr. retrouvé 3; Paris: Belin, 1981, 335 p., ill.
6892 BRADEMANN, Karl: Spuren des Gerichtszeugnisses in Dokumenten des europäischen Mittelalters. — [263], 207-223 | O. & MFr. *recort/recorder*.
6893 BROSMAN, Paul W., Jr.: Proposed East Franconian etyma in Old French. — [314], 25-30 | OHG. *tûmôn* > OFr. *tumer*, OHG *tumb* > OFr. *entombir*, OHG. *tûba* > OFr. *tubé*, OHG. **tarnjan* > MFr. *ternir*.
6894 BUZON, C.; DESCAMPS, J.-L.; LAMIZET, B.: Un exercise dictionnairique (Complément). — *CLex* 40, 1982/1, 113-115 | Cf. BL 1981, 7119.
6895 CALVET, Louis-Jean: *Les sigles*. — "Que sais-je?" 1811; Paris: P.U.F., 1980, 123 p. | *BSL* 76, 1981/2 (1982), 109-110 C. Brixhe.
6896 CARADEC, François: *Dictionnaire du français argotique et populaire*. — Paris: 1977 | BL 1977, 6929. | *FR* 52, 1978-79, 940-941 M.G. Hydak.
6897 CATACH, Nina: *Orthographe et lexicographie: les mots composés*. Avec la collaboration de Jeanne GOLFAND et Roger DENUX. — Paris: Nathan, 1981, 350 p. | *ZRPh* 98, 1982, 686 K. Baldinger.
6898 CELLARD, Jacques; REY, Alain: *Dictionnaire du français non conventionnel*. — Paris: 1980 | BL 1980, 5687. | *FM* 50, 1982, 365-371 P. Rézeau.
6899 CERQUIGLINI, Bernard: Réflexions sur une désattestation. — [126], 125-134 | A propos de la situation de l'adverbe d'anc. fr. *mar* en moyen fr. (discussion, 134).
6900 CORBIN, Danielle: Le monde étrange des dictionnaires (2): sur le statut lexicographique des adverbes en *-ment*. — *Lexique* 1, 1982, 25-64.
6901 CORBIN, Pierre: Le monde étrange des dictionnaires (3): *la faisselle* et autres contes, scolies sur le changement lexical. — *MLing* 4, 1982/1, 125-184.
6902 COTTEZ, Henri: *Dictionnaire des structures du vocabulaire savant* . . . — Paris: 1980 | BL 1980, 5690. | *FM* 50, 1982, 371-374 M. Tournier.

FRANÇAIS 6903-6922

6903 DANJOU-FLAUX, Nelly: *Réellement* et *en réalité:* données lexicographique et description sémantique. — *Lexique* 1, 1982, 105-150.

6904 DAVAU, Maurice; COHEN, Marcel; LALLEMAND, Maurice: *Dictionnaire du français vivant.* Nouvelle éd. entièrement revue et augm. — Paris: Bordas, 1980, xiii, 1344 p. | 1st ed. 1972 (BL 1972, 5218).

6905 *Dictionnaire contextuel de français pour la géologie.* CRÉDIF, Centre de recherche et d'étude pour la diffusion du français. Tome I; II. [Réd.: J.-L. DESCAMPS; G. GAGONON; M. GAULTIER; et al.]. — Paris: Didier, 1976, xiii, 832 p.; xxviii p., p. 833-1617 | *BSL* 76, 1981/2 (1982), 180-182 M. Coyaud | Cf. 6916.

6906 *Dictionnaire étymologique de l'ancien français (DEAF).* [Éd. par] Kurt BALDINGER [avec la collaboration de Lionel BOISVERT; Jean-Yves DUGAS; Albert GIER; Frankwalt MÖHREN; Georges STRAKA]. *G4.* — Québec: Presses de l'Univ. Laval / Tübingen: Niemeyer / Paris: Klincksieck, 1982, c. 505-698 | Cf. BL 1974, 5458 | *MAev* 46, 1977, 366-368 R. Harris (*G1-G3*).

6907 *Dictionnaire Hachette de la langue française.* [Éd. sous la direction de Françoise GUÉRARD]. — Paris: Hachette, 1980, 1813 p., tab.

6908 ELNITSKY, L.: Une description du verbe *flamber*: exercice dictionnairique. — *CLex* 40, 1982/1, 95-111.

6909 ESSER, Myriam: Étude comparative du lexique chromatique en français et en russe d'après "Vojna i mir" de Tolstoj et la traduction "La guerre et la paix" de Boris de Schloezer. — *L&H* 40, 1979, 43-54.

FICHEZ-VALLEZ, É.: A propos du verbe *porter* . . . — 6651.

6910 FRANCO ARIAS, Froilán: Aspectos semánticos del diminutivo en francés (intento de clasificación en campos nocionales). — *Archivum* 29-30, 1979-80 (1982), 481-506.

6911 FUGGER, Bernd: Neologismus und Wortbildung: Tendenzen bei der Herausbildung einer neuen französischen Fachsprache der Medizin. — [243], 283-297.

6912 GAUVIN, Joseph: Les dérivés de *Res* dans la *Phénoménologie de l'esprit.* — [179], 313-346.

6913 GEBHART, Karl: L'apport des dialectes d'oïl (surtout entre 1300 et 1600) au lexique de la langue commune (d'après le *FEW*). — [126], 31-45 | Discussion, 45-48.

6914 GEBHARDT, Karl: *"Smog im fictionnaire":* zu den *mots-valises* der französischen Sprache. — [263], 775-798.

6915 GENOUVRIER, Émile; DÉSIRAT, Claude; HORDÉ, Tristan: *Nouveau dictionnaire des synonymes.* — Paris: 1977 | BL 1977, 6948. | *FM* 50, 1982, 348-350 H. Gerner; R. Martin.

6916 GENTILHOMME, Yves: Réflexions à propos du *Dictionnaire contextuel de français pour la géologie.* — *FM* 50, 1982, 301-320 | Cf. 6905.

6917 GEORGE, Kenneth E.M.: *Les désignations du tisserand* . . . — Tübingen: 1978 | BL 1978, 4951. | *ZRPh* 98, 1982, 207-211 B. von Gemmingen-Obstfelder.

6918 GIER, Albert: Afr. *andre* oder die Irreführung des Lesers durch die Philologen. — [263], 677-689.

6919 GILBERT, Pierre: *Dictionnaire des mots contemporains.* — Paris: 1980 | BL 1980, 5707. | *FM* 50, 1982, 354-358 G. Marié.

6920 GIRAUD, Robert: *L'argot tel qu'on le parle: dictionnaire français-argot.* — Paris: Grancher, 1981, 311 p., ill.

6921 GORCY, Gérard: *Chose/rien*: présentation des rubriques d'analyse synchronique dans le *Trésor de la langue française.* — [179], 347-373.

6922 GRAFSTRÖM, Åke: Nicolas Ruault et la Révolution française: étude historique et linguistique. — *TLL* 20, 1982/1, 135-226.

Grand dictionnaire fr.-pol. . . . — 11589.
6923 *Grand Larousse de la langue française en sept volumes.* [Sous la direction de Louis GILBERT . . . (et al.)]. — Paris: 1971-78 | BL 1978, 4955. | *PhP* 25, 1982, 182-183 J. Šabršula.
6924 GREIMAS, A.J.: *Dictionnaire de l'ancien français jusqu'au milieu du XIVe siècle.* 2e éd. — Paris: Larousse, 1979, xv, 676 p. | 1e éd. 1969 (BL 1969, 4261). | *ZRPh* 98, 1982, 451-452 F. Möhren.
6925 GREIMAS, A.J.: *De la colère: étude de sémantique lexicale.* — École des Hautes Études en Sci. Sociales, Groupe de recherches semio-linguistiques: U.R.L. 7 de l'Inst. de la Langue Fr., Document de recherche III, 27; Paris: CNRS, 1981, 27 p. | *ZRPh* 98, 1982, 689 K. Baldinger.
6926 GROSS, G.. Lexicographie et grammaire. — *CLex* 39, 1981 (1982), 35-46.
6927 GUIRAUD, Pierre: *Dictionnaire des étymologies obscures.* — Paris: Payot, 1982, 524 p. | *L&H* 51, 1983, 49-50 G. L[urquin].
6928 HAŞ, Gheorghe: A propos de l'accumulation des vocables nouveaux dans les paradigmes dérivationnels. — *RRLing* 27, 1982, 409-411.
6929 HAUSMANN, Franz Josef: Autour du TLFQ ("Trésor de la langue française au Québec"): réflexions sur un nouveau dictionnaire régional. — *VR* 41, 1982, 181-201.
6930 HÖFLER, Manfred: *Dictionnaire des anglicismes.* — Paris: Larousse, 1982, xxvi, 308 p.
6931 HÖFLER, Manfred: Les dictionnaires français et la recherche de datations: le *Larousse du XXe siècle.* — *FM* 50, 1982, 292-300.
6932 HÖFLER, Manfred: Etymologische Prinzipien der Lehnwortforschung (anlässlich der Etymologie von fr. *boxe* n.f.). — [263], 751-757.
6933 HÖFLER, Manfred: Methodologische Überlegungen zu einem neuen Historischen Wörterbuch der Anglizismen im Französischen. — [399], 69-86.
6934 HOLTUS, Günter: Etimologia e lessico franco-italiano. — [128], 153-163.
6935 HUPKA, Werner: *Das Wortfeld 'schlagen' im Altfranzösischen* . . . — München: 1980 | BL 1980, 5723. | *BSL* 76, 1981/2 (1982), 155-157 J. Stéfanini | *ZRPh* 98, 1982, 454-458 A. Stefenelli | *ASNS* 219, 1982, 447-450 H. Meier.
6936 *Inventaire des particularités lexicales du français en Afrique Noire* (A-B; C-F). . . . Coordination: Danièle RACELLE-LATIN. — Montréal: 1980-81 | BL 1981, 7153. | *FM* 50, 1982, 74-78 J.-C. Corbeil | *RLiR* 46, 1982, 206-208 J. Pohl.
6937 JÄNICKE, Otto: Zu fr. *bigler* und anderen form- und sinnverwandten Bezeichnungen. — [243], 141-159.
6938 JÄNICKE, Otto: Zu fr. *magouille* und anderen umgangssprachlichen Bezeichnungen des Französischen für zweifelhafte Praktiken. — [263], 759-774.
6939 JONAS, Pol: Valeur de *ne . . . pas, mie, point* en ancien français. — [230], 335-343.
6940 KESSELRING, Wilhelm: *Dictionnaire chronologique du vocabulaire français; le XVIe siècle.* Heidelberg. Winter, 1981, xviii, 758 p. | *ZRPh* 98, 1982, 667-668 F.J. Hausmann.
6941 KNOPP, Klaus: *Französischer Schülerargot.* — Frankfurt a.M.: 1979 | BL 1979, 5525. | *RF* 94, 1982, 284-286 R. Zimmer.
6942 KOCOUREK, Rostislav: *La langue française de la technique et de la science.* — Wiesbaden: Brandstetter, 1982, 259 p. | *ZRPh* 98, 1982, 689 K. Baldinger.
6943 KOGELSCHATZ, Brigitte: *Theorie und Praxis des sprachlichen Feldes: französische Verstandesadjektive in drei Zeitepochen.* Mit einem Nachwort von Ludwig SCHAUWECKER. — München: Fink, 1981, 290 p. | *ZRPh* 98, 1982, 687-688 K. Baldinger.

FRANÇAIS

6944 KÖHLER, Hartmut: "Histoire d'idiomes". — [323], 265-274.
6945 LAFLEUR, Bruno: *Dictionnaire des locutions idiomatiques françaises.* — Ottawa: Éditions du Renouveau pédagogique / Berne: Lang, 1979, xlvii, 669 p.
6946 LAHOUSSE, Anik: *Le vocabulaire de la cosmétologie en français contemporain.* — Louvain: 1978 | BL 1979, 5527. | *FM* 50, 1982, 171-172 R. Arveiller | *RF* 94, 1982, 96-99 H.J. Wolf.
6947 LAMARRA, Antonio; PIMPINELLA, Pietro: Per uno studio dei derivati di *Res* in Locke e in Leibniz. — [179], 197-251.
6948 LEAKE, Roy E.; LEAKE, David B.; LEAKE, Alice Elder: *Concordance des Essais de Montaigne.* — Genève: 1981 | BL 1981, 7243. | *ZRPh* 98, 1982, 671-672 K. Baldinger.
6949 LERAT, P.: L'aspect dans le lexique français contemporain. — *CLex* 39, 1981 (1982), 48-54.
6950 *Lexis. Dictionnaire de la langue française.* [Direction: Jean DUBOIS]. — Paris: 1975 | BL 1975, 5904. | *KLit* 8, 1979, 89-95 B. von Gemmingen-Obstfelder | *Linguistique* 18/2, 1982, 139-141 H. Walter.
6951 LOFFLER-LAURIAN, Anne-Marie: *Être* dans quelques textes de physique et de chimie hautement spécialisés. — *RLiR* 46, 1982, 121-157.
6952 LÖFSTEDT, Leena: Aucuns notables extraitz du livre de Vegece. — *NphM* 83, 1982, 297-312.
6953 MANTOU, Reine: Le vocabulaire des actes originaux rédigés en français dans la partie flamingante du comté de Flandre (1250-1350). V. — *BCTD* 54, 1980 (1982), 211-261 (à suivre) | Cf. BL 1981, 7169.
6954 MARIER, Danielle; VÉZINA, Jean-Claude: Enquête et recherche étymologique sur les mots se terminant en *-oune.* — *RAQL* 1, 1981-82, 149-157.
6955 MARTIN, Robert: Pour un dictionnaire du moyen français. — [126], 13-20 | Discussion, 21-24.
6956 MARTIN-BERTHET, F.: A propos de *jeune fille*: remarques sémantiques et lexicographiques. — *CLex* 39, 1981 (1982), 67-77.
6957 MAZIÈRE, F.: Le dictionnaire et les termes. — *CLex* 39, 1981 (1982), 79-104.
MAZINGUE, É.: Aspects de la pénétration linguistique. — 8331.
6958 MEISSNER, F.-J.: Maistre Nicolas Oresme et la lexicologie française. — *CLex* 40, 1982/1, 51-66.
6959 MEISSNER, Franz-Joseph: Zum Wortschatz des *Livre de Divinacions* von Nicole Oresme. — *ASNS* 219, 1982, 140-145.
6960 MESSNER, Dieter: *Dictionnaire chronologique des langues ibéroromanes.* 4:*Répertoire chronologique des mots français.* — Heidelberg: 1977 | BL 1977, 6988. | *ZRPh* 98, 1982, 666-667 F.J. Hausmann.
MIGNOT, X.: *Salūtāre* en lat., *saluer* en fr. . . . — 5736.
6961 MÖHREN, Frankwalt: Agn. *afre/aver*: eine wortgeschichtliche und wissenschaftsgeschichtliche Untersuchung. — *ASNS* 218, 1981, 129-136.
6962 MÖHREN, Frankwalt: La datation du vocabulaire des imprimés de textes anciens. — *RLiR* 46, 1982, 3-28.
6963 MÖHREN, Frankwalt: Philologie und Etymologie: fr. *oë* "Mutterschaft". — *ZRPh* 98, 1982, 533-539.
6964 MÖHREN, Frankwalt: Remarques concernant les bases philologiques d'un dictionnaire du moyen français. — [126], 49-54 | Discussion, 54-56.
6965 MÖHREN, Frankwalt: Zur Datenforschung. — [263], 691-704 | O. & MFr. *aiguiseur, aine, assavoir, augmentation, autour, monopole, octroi, stipulation, taxation.*

6966 Mosino, Franco: Storia di "pila". — *Paideia* 36, 1981, 106-107 | Sur la pile électrique.

Müller, B.: Geostatistik der gallischen/kelt. Substratwörter in der Galloromania. — 7778.

6967 Muller, Charles: Une nouvelle façon de voir le lexique: le "Brunet". — *FM* 50, 1982, 321-328.

6968 Myšanyč, K.M.: Rol' leksyčnych i semantyčnych neolohizmiv u rozvitku francuz'koji synonimiji. — *InFil* 61, 1981, 106-113 | Le rôle des néologismes lexicaux et sémantiques dans le développement de la synonymie fr.

6969 Ndiaye-Corréard, Geneviève; Schmidt, Jean: *Le français au Sénégal: enquête lexicale*. III: *Q-Z*. — Dakar: Dép. de linguistique générale et linguistique afr. de la Fac. des Lettres et Sci. Humaines de l'Univ. de Dakar, 1979, 238 p. | Cf. BL 1979, 5541. | *ZRPh* 98, 1982, 695 K. Baldinger (I-III).

6970 Nies, Fritz: Textarten-Appellative: Erstbelegkorrekturen zu lexikographischen Standardwerken des Französischen aus einer Grauzone der Forschung. — *ZRPh* 98, 1982, 312-330.

6971 Ostrá, Růžena: Soudobá francouzská lexikografie. — *JazA* 19, 1982, 55-56 | Notes sur la lexicographie fr. contemporaine.

6972 Paepcke, Fritz: Wege und Wandelwege von *acte gratuit* im Französischen. — [263], 799-822.

6973 Picoche, Jacqueline: *Le vocabulaire psychologique* . . . I. — Paris: 1976 | BL 1976, 6017. | *FR* 51, 1977-78, 911-912 S.N. Rosenberg.

6974 Picoche, Jacqueline: *Grevé, constraint, abstraint* et *apressé* dans les "Chroniques" de Froissart: recherche des critères de la subjectivité. — [126], 115-122 | Discussion, 122-123.

6975 Pleciński, Jacek: *Quelques types de relations sémantiques dans les lexiques français et polonais: essai d'une confrontation*. — Uniw. im. A. Mickiewicza w Poznaniu, Filologia Romańska 11; Poznań: Wyd. Naukowe Uniw. A. Mickiewicza, 1982, 152 p.

Pöckl, W.: *Fehlleistung* und *acte manqué*. — 8339.

6976 Pomirko, R.S.: Leksyčni utvorennja na osnovi zapozyčenych sliv pry movnych kontaktach (Na materiali francuz'koji ta ispans'koji mov). — *InFil* 61, 1981, 113-118 | La créativité lexicale à partir des mots empruntés lors des contacts linguistiques fr.-esp.

6977 Quemada, Bernard: L'Institut de la langue française (C.N.R.S.). — [179], 549-554.

6978 Reiner, Erwin: *Die etymologischen Dubletten des Französischen* . . . — Wien: 1980 | BL 1980, 5762. | *RF* 94, 1982, 277-279 G. Schlemmer.

6979 Reiner, Erwin: *Les doublets étymologiques: considérations sur la structure et l'étude d'un secteur fondamental du vocabulaire français, avec des remarques sur les doublets d'autres langues*. — Wien: Braumüller, 1982, 93 p.

6980 Rettig, Wolfgang: Kritik etymologischer Angaben: Entlehnung und Wortbildung bei französischen Adjektiven auf *-al*. — [243], 51-59.

6981 Rey, Alain; Chantreau, Sophie: *Dictionnaire des expressions et locutions*. — Paris: 1979 | BL 1980, 5343. | *FM* 50, 1982, 352-353 G. Matoré | *ZRPh* 98, 1982, 216-218 G. Roques.

6982 Rey-Debove, Josette; Gagnon, Gilberte: *Dictionnaire des anglicismes* . . . — Paris: 1980 | BL 1981, 7191. | *FM* 50, 1982, 363-365 B. de Bessé.

6983 Rivière, Jean-Claude: Le vocabulaire dialectal dans les pastourelles des trouvères d'Arras. — [248], 301-312.

FRANÇAIS

6984 ROBERT, Paul: *Dictionnaire alphabétique & analogique de la langue française.* Nouvelle éd., revue, corr. et mise à jour. Rédaction dirigée par A. REY & J. REY-DEBOVE. — Paris: Le Robert, 1982, xxxi, 2172 p. | Cf. BL 1977, 7005.

6985 *Le Robert méthodique: dictionnaire méthodique du français actuel.* Red. dirigée par Josette REY-DEBOVE. — Paris: Le Robert, 1982, xxiii, 1617 p.

6986 ROQUES, Gilles: En lisant quelques textes . . . — *RLiR* 46, 1982, 327-330 | Anc. fr. *esbafé* 'ébahi'; *estrier*; *gasté*; *heru* 'monstrueux, hideux'; *lauser* 'railler, moquer'; *misse* 'pauvre'.

6987 ROQUES, Gilles: Notes de lexicographie française. — *TLL* 20, 1982/1, 39-46 | Anc. fr. *cateron, catel*; fr. *ergoter*, anc. fr. *hargoter*; *nager entre deux eaux*; anc. & m. fr. *transir, transi, transe.*

6988 ROQUES, Gilles: Pour la localisation de la *Vie de Sainte Euphrosyne.* — *RLiR* 46, 1982, 29-33.

6989 R[OQUES], G[illes], et al.: Notes de lexicographie critique. — *FM* 50, 1982, 337-343 | *Entegriteiz – irritable* | Cf. also BL 1981, 7192.

6990 ROQUES, Gilles: Étude lexicologique du "Mystère de Saint Martin" d'Andrieu de la Vigne (vers 1 à 2500). — [126], 103-114 | Discussion, 114.

6991 SCHAPIRA, Charlotte: Les noms composés VERBE + OBJET DIRECT. — *TLL* 20, 1982/1, 271-282.

6992 SCHERWINSKY, Felix: *Die Neologismen in der modernen französischen Sciencefiction.* — Meisenheim a.Gl.: 1978 | BL 1978, 4987. | *BRPh* 20, 1981, 167-168 J. Storost.

6993 SCHNEIDERS, Hans-Wolfgang: *Der französische Wortschatz zur Bezeichnung von Schall.* — Genève: 1978 | BL 1978, 4989. | *VR* 41, 1982, 307-309 K. Brademann | *RomPh* 36/1, 1982, 71-74 D. Justice.

6994 SCHWAKE, Helmut Peter: *Der Wortschatz des "Cligés" von Chrétien de Troyes.* — Tübingen: 1979 | BL 1981, 7200. | *ASNS* 219, 1982, 222-225 H.J. Wolf.

6995 SCOONES, Stewart: *Les noms de quelques officiers féodaux . . .* — Paris: 1976 | BL 1976, 6168. | *FR* 51, 1977-78, 912 S.N. Rosenberg.

6996 SIMONI-AUREMBOU, Marie-Rose: De l'espace au temps: l'apport de la géographie linguistique à l'histoire d'un lexique. Quelques cas de francisation autour de Paris. — *RLiR* 46, 1982, 351-380, cartes.

6997 SINDOU, Raymond: Gallo-roman *pagan, pacan, bacan.* — [304], 347-365.

6998 STAVINOHOVÁ, Zdeňka: Quelques remarques à propos des expressions de renforcement. — *ERB* 13, 1982, 47-53.

6999 STEFENELLI, Arnulf: *Geschichte des französischen Kernwortschatzes.* — Berlin (West): 1981 | BL 1981, 7206. | *RLiR* 46, 1982, 467-468 G. Roques.

7000 STIMM, Helmut: Altfrankoprovenzalisch *machignier* 'barbouiller, salir, souiller, tacher'. — [263], 847-856.

7001 TAYLOR, Robert: *Li sermons sor Laudate*, texte anonyme de la fin du XIIe siècle. — *TLL* 20, 1982/1, 61-100.

7002 TECHTMEIER, Bärbel; KLEIN, Wolfgang: Politische Lexikologie des modernen Französisch. — *BRPh* 20, 1981, 149-154.

7003 THIELE, Johannes: Bemerkungen zum gesellschaftspolitischen Wortschatz der Saint-Simonisten und Fourieristen. — *BRPh* 20, 1981, 285-292.

7004 *Trésor de la langue française . . .* VIII. [Direction: B. QUEMADA]. — Paris: 1980 | BL 1980, 5780. | *NphM* 83, 1982, 216-217 V. Väänänen.

7005 VENCKELEER, Theo: "Et si c'était à refaire . . .": enseignements à tirer d'un projet non réalisé. — [126], 25-29 | A propos d'un dictionnaire du moyen fr. (discussion, 30).

7006 *Vocabulaire de la micrographie: index allemand et anglais.* Conseil intern. de la langue fr. — Paris: Hachette, 1980, 190 p. | *BSL* 76, 1981/2 (1982), 179 J. Stéfanini.

7007 WARTBURG, Walther von †: *Französisches Etymologisches Wörterbuch: eine darstellung des galloromanischen sprachschatzes.* Publié par Carl Theodor GOSSEN. Fasc. 143, tome XXIV (refonte du tome 1er): *amphibios – anhelare.* — Basel: Zbinden / Paris: Librairie des Méridiens, 1982, p. 481-576 | Cf. BL 1981, 7217 | *RLiR* 46, 1982, 185-188 G. Roques (142).

7008 WEIL, Sylvie; RAMEAU, Louise: *Trésor des expressions françaises.* — Le Fr. retrouvé 1; Paris: Belin, 1981, 223 p.

7009 ZOLLI, Paolo: Innovazione e tradizione nel *Nouveau dictionnaire françois-italien* di F. Alberti de Villeneuve. — *Mélanges à la mémoire de Franco Simone: France et Italie dans la culture européenne*, II (Genève: Slatkine, 1981), 599-627 | *ZRPh* 98, 1982, 679 K. Baldinger.

6. ORTHOGRAPHY — ORTHOGRAPHE

7010 CATACH, Nina: *L'orthographe.* — Paris: 1978 | BL 1978, 5000. | *Verba* 7, 1980, 424-426 Mª L. Casal; C. Flores.

7011 CATACH, Nina: *L'orthographe française: traité théorique et pratique avec des travaux d'application et leurs corrigés.* Avec la collaboration de Claude GRUAZ et Daniel DUPREZ. — Paris: Nathan, 1980, 334 p. | *ZRPh* 98, 1982, 685 K. Baldinger | *RLiR* 46, 1982, 200-203 G. Kleiber.

7012 GAK, V.G.: *L'orthographe du français . . .* — Paris: 1976 | BL 1976, 6185. | *L&H* 36, 1978, 73-74 G. L[urquin].

7013 JOUETTE, A.: *Dictionnaire d'orthographe et de grammaire.* — Pluriguides Nathan; Paris: Nathan, 1980, 764 p. | Titre de couverture: *TOP: Toute l'orthographe pratique.* | *BSL* 76, 1981/2 (1982), 186-188 N. Catach.

7014 MARTINET, André et Jeanne: *Dictionnaire de l'orthographe . . .* — Paris: 1980 | BL 1980, 5794. | *BSL* 76, 1981/2 (1982), 182-185 N. Catach | *L&H* 45, 1981, 70-71 G. L[urquin].

7015 PASQUES, Liselotte: L'*h* dit "aspiré" et l'*h* muet dans un essai de réforme du système graphique au XVIIe siècle (Poisson 1609): approche de l'évolution ultérieure. — *RLiR* 46, 1982, 337-350.

7. STYLISTICS — STYLISTIQUE

7016 ARAGÓN FERNÁNDEZ, M.ª Aurora: La calificación adjetiva en las novelas de Chrétien de Troyes. — *Archivum* 29-30, 1979-80 (1982), 459-480.

7017 BEHRENS, Rudolf: *Problematische Rhetorik: Studien zur französischen Theoriebildung der Affektrhetorik zwischen Cartesianismus und Frühaufklärung.* — Reihe Rhetorik 2; München: Fink, 1982, 236 p., fig.

7018 BRASELMANN, Petra M.E.: *Konnotation, Verstehen, Stil . . .* — Frankfurt a.M.: 1981 | BL 1981, 7233. | *RLiR* 46, 1982, 424-426 R. Martin.

7019 BRUCKER, Charles: Aspects sémantiques, stylistiques et rhétoriques de la qualification adjectivale chez les Grands Rhétoriqueurs. — [126], 201-211.

7020 CHAURAND, J.: Quelques réflexions sur le vocabulaire de *Françoise* dans l'œuvre de Marcel Proust. — *CLex* 39, 1981 (1982), 25-34.

7021 GOLDIN, Jeanne: Gareau de Bergerac et les jeux de sons. — [320], 379-392 | Cyrano de Bergerac, *Le Pédant joué.*

FRANÇAIS

7022 GRÜNBECK, Bernhard: Subjektivismus im Französischen, Objektivismus im Deutschen? Kritische Betrachtungen zu einer Sprachhypothese. — *LAnt* 14, 1980, 182-213.

7023 HOUSTON, John Porter: *The traditions of French prose style: a rhetorical study.* — Baton Rouge: Louisiana State UP., 1981, xii, 278 p.

7024 HUCHON, Mireille: *Rabelais grammairien...* — Genève: 1981 | BL 1981, 7240. | *RF* 94, 1982, 470-472 F.J. Hausmann | *MLN* 97, 1982, 1010-1012 R.M. Berrong | *ZRPh* 98, 1982, 468-470 K. Baldinger.

7025 JAKUBJAK, M.V.: Semantyko-stylistyčna funkcija periodu jak odynyci tekstu. — *InFil* 64, 1981, 111-118 | Question de la fonction sémantico-stylistique de la période comme unité textuelle.

7026 KAISER, Egbert: Structures orales dans les textes dramatiques de la fin du XVe siècle. — [126], 189-196 | Discussion, 196-197.

7027 KRECHEL, Hans-Ludwig: *Strukturen des Vokabulars in den Maigret-Romanen Georges Simenons.* — Bonner romanistische Arbeiten 12 (Diss. Bonn 1981); Frankfurt a.M.: Lang, 1982, 255 p., 23 ill. | *ZRPh* 98, 1982, 685 K. Baldinger.

7028 LANGENBACHER, Jutta: *Das 'Néo-français'...* — Frankfurt a.M.: 1981 | BL 1981, 7242. | *RJb* 32, 1981 (1982), 171-173 K. Hunnius | *RLiR* 46, 1982, 495-496 G. Holtus | *ZRPh* 98, 1982, 477-481 F.J. Hausmann.

LICHEM, K.: Innersprachliche Mehrsprachigkeit und deren Übersetzungsprobleme in *Zazie dans le métro* von R. Queneau. — 3197.

7029 LORIAN, Alexandre: Les "incipit" des "Cent nouvelles nouvelles". — [126], 171-185 | Discussion, 186-187.

7030 LUCE, Stanford: *A glossary of Céline's fiction, with English translations.* — (Miami Univ. diss.); Ann Arbor: Univ. Microfilms Intern., 1979, xi, 317 p. | *ZRPh* 98, 1982, 481-483 G. Holtus.

7031 MULON, Marianne: L'onomastique dans la littérature française: 1830-1930. — [176], 187-197.

7032 SCAVEE, Pierre; INTRAVAIA, Pietro: *Traité de stylistique comparée: analyse comparative de l'italien et du français.* — Bruxelles: Didier, 1979, 226 p. | *L&H* 42, 1980, 71-72 G. L[urquin].

7033 STAVINOHOVÁ, Zdeňka: Odraz mluvené francouzštiny v literárních dílech. — *JazA* 19, 1982, 115-116 | Les reflets du fr. parlé dans les œuvres litt.

7034 STEWART, Joan Hinde: Some aspects of verb use in *Aucassin et Nicolette.* — *FR* 50, 1976-77, 429-436.

7035 *Table de concordances rythmique et syntaxique des Poésies d'Arthur Rimbaud.* Tome I: *Poésies (1869-1872).* Éd. établie par F. EIGELDINGER et G. SCHAEFFER. Tome II: *Table de concordances,* élaborée par André BANDELIER; Frédéric EIGELDINGER; Pierre-Eric MONNIN; Eric WEHRLI. — Neuchâtel: La Baconnière (Centre d'études Arthur Rimbaud, Univ. de Neuchâtel), 1981, iv, 155; xii, 367 p.

7036 THIRY, Claude: Au carrefour des deux rhétoriques: les prosimètres de Jean Molinet. — [126], 213-225 | Discussion, 226-227.

7037 TRISOLINI, Giovanna: *Le lexique de Jehan Marot dans "Le doctrinal des Princesses et nobles Dames".* — Speculum Artium 4; Ravenna: Longo, s.d. [1978], 103 p. | *RBPh* 60, 1982, 665-667 J. Lemaire.

7038 WOLEDGE, Brian; SHORT, Ian: Liste provisoire de manuscrits du XIIe siècle contenant des textes en langue française. — *Romania* 102, 1981, 1.

8. METRICS, VERSIFICATION — MÉTRIQUE, VERSIFICATION

7039 ARAGÓN FERNÁNDEZ, Mª Aurora: La versificación de Chrétien de Troyes: coincidencia verso/frase y grupos de versos. — *Verba* 7, 1980, 283-300.
7040 CORNULIER, Benoît DE: *Théorie du vers: Rimbaud, Verlaine, Mallarmé.* — Paris: Seuil, 1982, 320 p., fig.
7041 GRIMAUD, Michel: Métrique et stylistique chez Victor Hugo: apologie du *e* dit muet. — *FR* 51, 1977-78, 15-21.
7042 JOHNSTON, R.C.: Matthew Paris, Jordan Fantosme and Anglo-Norman versification. — [248], 165-175.
7043 LEWIS, Roy: *On reading French verse: a study of poetic form.* — Oxford: Clarendon, 1982, xvi, 256 p.
7044 MESCHONNIC, Henri: *Critique du rythme: anthropologie historique du langage.* — Lagrasse: Verdier, 1982, 713 [+15] p., fig.
7045 VERLUYTEN, S. Paul: Historical metrics: the caesura in French. — [170], 356-361.

9. TRANSLATION — TRADUCTION

7046 BAEHR, Rudolf: Rolle und Bild der Übersetzung im Spiegel literarischer Texte des 12. und 13. Jahrhunderts in Frankreich. — [323], 329-348.
7047 KÖPPEN, Ulrich: *Die "Dialoghi d'amore" des Leone Ebreo in ihren französischen Übersetzungen: Buchgeschichte, Übersetzungstheorie und Übersetzungspraxis im 16. Jahrhundert.* — Studien zur Lit.- und Sozialgeschichte Spaniens und Lateinamerika 2; Bonn: Bouvier, 1979, 225 p. | *ZRPh* 98, 1982, 211-213 G. Ernst.
7048 ROHR, Rupprecht: Zur Wahl der *temps verbaux* in der Übersetzung. — [323], 421-432.
WEPPEN, E.E. VON DER: *Denotative Äquivalenz* ... — 8388.

10. MATHEMATICAL LINGUISTICS — LINGUISTIQUE MATHÉMATIQUE

7049 BEAUCHEMIN, Normand: Un système d'analyse semi-automatique du québécois parlé. — *RAQL* 1, 1981-82, 25-33.
7050 BRUNET, Étienne: *Le vocabulaire français de 1789 à nos jours d'après les données du Trésor de la langue française.* Préface de Paul IMBS. I; II; III. — Travaux de linguistique quantitative 17; Genève: Slatkine / Paris: Champion, 1981, x, 852; 518; 454 p.
7051 DUGAST, Daniel: *Vocabulaire et stylistique* ... 1. — Genève: 1979 | BL 1980, 5839. | *Linguistics* 20, 1982, 569-570 A. Raphael.
FORSGREN, Mats: *La place de l'adjectif épithète en français contemporain* ... — 6654.
7052 JAYEZ, J.-H.: *Compréhension automatique du langage naturel: le cas du groupe nominal en français.* — Paris: Masson, 1982, 188 p. | *L&H* 51, 1983, 67 G. L[urquin].
7053 JOLIVET, Rémi: *Descriptions quantifiées en syntaxe du français: approche fonctionnelle.* — Travaux de linguistique quantitative 10; Genève: Slatkine, 1982, 668 p., fig.
7054 ROHRER, Christian: Towards a mechanical analysis of French tense forms in texts. — [115], 331-332.

FRANÇAIS

7055 SABOURIN, Conrad; CHANDIOUX, John: *L'adverbe français* . . . — Saint-Sulpice-de-Favières: 1977 | BL 1977, 7102. | *L&H* 38, 1978, 79 G. L[urquin].

7056 SCURTU, Gabriela: Essai de statistique sur l'élément lexical d'origine latine de la langue française. — *RRLing* 27, 1982, 413-421.

7057 SÉGUIN, Hubert: Statistique du code graphique du verbe français dans le lexique et dans le vocabulaire. — *SILTA* 9, 1980/2 (1982), 195-220.

12. SOCIOLINGUISTICS — SOCIOLINGUISTIQUE

7058 AUZIAS, Jean-Marie: Réflexions sociologiques sur le francitan. — *Lengas* 11, 1982, 45-55.

7059 CASSANO, P.V.: Language interaction in Louisiana: sound systems in contact, English and French. — *Orbis* 29, 1980 (1982), 206-233.

7060 ČEREDNYČENKO, O.I.: Procesi diferenciaciji v leksyci kolyšn'oji kolonial'noji movy. — *Mov* 1981/5, 59-65 | Lexical differentiation in the Fr. language of former Afr. colonies.

7061 DUMONT, Pierre: Pour une nouvelle francophonie: le Sénégal. — *Lengas* 12, 1982, 13-23.

7062 EICHINGER, Ludwig M.: Die sprachliche und politische Lage im Schweizer Jura. — [369], 342-349.

7063 *Le français au Québec*. [No. dirigé par] Jean-Claude CORBEIL & Louis GUILBERT. — *LFr* 31; Paris: 1976 | BL 1976, 5752. | *Lengas* 1, 1977, 123-126 F. Baudou.

7064 *Le français hors de France*. Sous la direction de A. VALDMAN. — Paris: 1979 | BL 1980, 5376. | *Lengas* 6, 1979, 146-148 J. Mazel.

7065 GAGNÉ, Gilles: Enseignement et "qualité de la langue" au Québec: quelques propositions. — *FM* 50, 1982, 62-73.

7066 GARDY, Philippe: Le retour du francitan. — *Lengas* 1, 1977, 79-96.

GIRAUD, R.: *L'argot tel qu'on le parle* . . . — 6920.

7067 GUEUNIER, Nicole; GENOUVRIER, Émile; KHOMSI, Abdelhamid: *Les Français devant la norme* . . . — Paris: 1978 | BL 1978, 4682. | *Lengas* 5, 1979, 140-147 J. Mazel.

7068 HOPPE, Danielle: *Aussprache und sozialer status* . . . — Kronberg/Ts.: 1976 | BL 1976, 5779. | *SLN* 8, 1977, 33-34 R.E. Wood.

7069 IMBS, Paul: Le français langue de culture. — *TLL* 20, 1982/1, 7-37.

7070 KAGANOVA, Tiju: O dvujazyčii v Kanade (I): Jazykovaja situacija francuzskogo nacional'nogo men'šinstva. — *UZTarU* 619, 1982 (*Linguistica*), 25-32 | Rés. fr.: Bilinguisme au Canada (I): Situation linguistique de la minorité francophone hors du Québec.

7071 KATTENBUSCH, Dieter: Mort ou survie d'un dialecte? — *Lengas* 7, 1980, 143-147 | Sur le dialecte franco-provençal de Faeto et Celle (Foggia, Italie).

7072 KLINKENBERG, Jean-Marie: Les niveaux de langue et le filtre du "bon usage": du discours normatif au discours sociolinguistique. — *FM* 50, 1982, 52-61.

7073 KREMNITZ, Georg: Une Alsace bilingue? Remarques à l'occasion d'un livre récent. — *Lengas* 7, 1980, 93-112 | A propos de Eugène PHILIPPS: *La crise d'identité: l'Alsace face à son destin* (Strasbourg: 1978).

7074 LE CORNEC, Jacques: *Quand le français perd son Latin: nouvelle défense et illustration*. — Confluents 8; Paris: Les Belles Lettres, 1981, 509 p., pl., cartes.

7075 MAZEL, Jean: Francitan et français d'Oc: problèmes de terminologie. — *Lengas* 7, 1980, 133-141.

7076 MENDE, Hans-Walter: *Sprachvermittlung im Dienste der Entwicklungspolitik: die Rezeption der französischen und der deutschen Sprache vor und nach der politischen Unabhängigkeit Senegals unter Berücksichtigung der Einführung der Nationalsprachen in das Unterrichtswesen. Eine Modellstudie.* — Göppingen: Kümmerle, 1982, 476 p., ill., maps.

7077 MOUGEON, R.: Compte-rendu périodique du programme de recherches sociolinguistiques du Centre d'études franco-ontariennes. — [186], 301-310.

7078 MOUGEON, Raymond: Paramètres extralinguistiques de la variabilité morphologique en français ontarien. — [186], 113-120, 3 tab.

7079 NELDE, P.H.: Quantitative und Qualitative Aspekte der Mehrsprachigkeit in Ostbelgien. — [369], 368-373.

OLSSON, L.: La situation linguistique et culturelle des Basques de France . . . — 12817.

7080 PIETSCH, Artura: Sprachliche Manifestationen zentraler Begriffe aus der Diskussion um das gemeinsame Regierungsprogramm der französischen Linken in der kommunistischen und der bürgerlichen Presse Frankreichs — die Rolle von Umformulierungen. — *BRPh* 20, 1982, 307-311.

7081 POHL, Jacques: *Les variétés régionales du français* . . . — Bruxelles: 1979 | BL 1979, 5134. | *L&H* 41, 1979, 90-91 G. L[urquin].

7082 POHL, J.: Bruxelles parle donc si mal? — *L&H* 40, 1979, 25-29.

7083 RADTKE, Edgar: Die Rolle des Argot in der Diastratik des Französischen. — *RF* 94, 1982, 151-166.

7084 REBAUDIÈRES PATY, Madeleine: Projet "Frontières" dans le Bassin Houiller Lorrain. — [369], 325-331.

7085 ROBACH, Inger-Britt: *Étude socio-linguistique de la segmentation syntaxique du français parlé.* — Lund: 1974 | BL 1974, 5617. | *RBPh* 60, 1982, 620-623 C. Germain.

7086 ROBERTSON, Barbara Mae: *The socio-cultural determiners of French language maintenance: the case of Niagara Falls, Ontario.* — State Univ. of New York at Buffalo diss., 1980, 168 p. | *DAb* 41/8, 1981, 3559-A.

7087 ROHR, Rupprecht: Nordgermanische und bretonische Nachwirkungen in der französischsprachigen Bretagne. — [152], 215-226, 7 tab., map.

7088 SANKOFF, Gillian: Usage linguistique et grammaticalisation: les clitiques sujets en français. — [186], 81-85, 2 tab. | Étude sociolinguistique.

TABOURET-KELLER, A.: Entre bilinguisme et diglossie . . . — 4164.

THIBAULT, P.: Style, sens, fonction. — 4078.

7089 VERAIN, J.: Les malades du taquet: argot des médias ou sociolecte des motards? — *CLex* 39, 1981 (1982), 105-127; 40, 1982/1, 117-127 (suite).

7090 VERDOODT, Albert: Les frontières linguistiques et les échanges culturels en Belgique. Vers une typologie du plurilinguisme. — [369], 104-125.

7091 ZEIDLER, Heidemarie: *Das* français fondamental . . . — Frankfurt: 1980 | BL 1981, 7290. | *RF* 94, 1982, 94-96 K. Hunnius.

II. Occitan — Occitan

7092 ALLIÈRES, Jacques: Les types *biscle/biscà* et *serimana/sirman* 'poutre faîtière' (*ALG* III 673) ou les charpentiers basques en Gascogne. — [263], 923-936, 2 cartes.

7093 ALLIÈRES, Jacques: Les versions basque, gasconne et française d'un même dialogue à Labastide-Clairence (Pyrénées-Atlantiques), point 691-0 de l'*ALG*. — [304], 3-19.

7094 ANATOLE, Christian: L'œuvre lexicographique du Docteur Jean-Baptiste Noulet [1802-90]. — *VD* 27, 1982/1, 71-82 | Avec une bibliographie des publ. de J.-B. N. concernant le lexique occ.

7095 ANATOLE, Christian; DINGUIRARD, Jean-Claude: Lange tortue = langue d'Oc. — *Lengas* 8, 1980, 67-69.

7096 BAMBECK, Manfred: Okzitanisch *madaisso*, rätoromanisch *mattitschun* "Kinnbacke". — *QS* 3, 1982, 305-307.

7097 BARIS, Michel: *Langue d'oïl contre langue d'oc*... — Lyon: 1978 | BL 1980, 5864. | *Lengas* 5, 1979, 133-137 J. Kremnitz | *Aicí e ara* (Montpelhièr) 2, 1979, 56-57 F. Pic.

7098 BARSOTTI, Glaudi: Un sègle de premsa occitana a Marselha (1840-1940). 1a; 2a; 3a partida. — *Lengas* 9, 1981, 39-91; 10, 1981, 37-62; 11, 1982, 79-100.

7099 BARTA, Rogièr: L'occitan general de nostre temps. — *Aicí e ara* (Montpelhièr) 1, 1979, 25-34.

7100 BAZALGUES, Gaston: Diglossie et littérature orale: la Pointe Courte à Sète. — *Lengas* 12, 1982, 75-87.

7101 BAZALGUES, Gaston: L'*Essay sur le langage gascon* d'Étienne de Barbazan: un dictionnaire manuscrit de l'ancien occitan. — *Lengas* 3, 1978, 99-104.

7102 BAZALGUES, Gaston: L'occitan dans la vie publique: affiches et tracts électoraux. — *Lengas* 2, 1977, 109-111 [+3 p. h.-t.].

7103 BAZALGUES, Gaston: Préliminaires à l'enquête sur la diglossie: la ville de Sète. — *Lengas* 7, 1980, 51-69, carte h.-t.

7104 BEC, Pierre: Occitan. — [6023], 115-130, 2 maps.

7105 BONNAUD, Pierre: *Grand dictionnaire français-auvergnat*. I-III. — Beaumont: 1978-80 | BL 1980, 5865. | *ZRPh* 98, 1982, 227-230 K. Baldinger.

BOUVIER, J.-C.: Emprunts lexicaux et systèmes linguistiques dial. — 6830.

7106 BOUVIER, Jean-Claude; MARTEL, Claude: *Atlas linguistique et ethnographique de la Provence*. Vol. II. — Paris: 1979 | BL 1981, 7299. | *AGI* 66, 1981 (1982), 174-176 C.A. M[astrelli].

7107 CHOLVY, Gérard: Des institutions du Languedoc-Roussillon parlent du patois en 1860. — *Lengas* 3, 1978, 47-58.

7108 CINGOLANI, Stefano Maria: *Chantador*. — *CultNeol* 42, 1982, 169-179.

7109 Deux enquêtes sur la diglossie franco-occitane (été 1976) en Uzège (Roland PÉCOUT) et sur le Causse de Blandas (Francine BAUDOU). — *Lengas* 1, 1977, 9-39 | R.P.: Enquista en païs d'Usès, 11-20; F.B.: Enquêtes sur le Causse de Blandas, 21-30; Robert LAFONT: A propos de l'enquête sur la diglossie: l'intercesseur de la norme, 31-39.

7110 DINGUIRARD, Jean-Claude: Français et gascon dans les Pyrénées centrales. — *Lengas* 2, 1977, 71-108.

7111 DINGUIRARD, Jean-Claude: Une lecture de Marcabru. 1. Au ras des mots. — *VD* 26, 1981/2, 6-45.

7112 DINGUIRARD, Jean-Claude: L'article *et, era* du gascon pyrénéen: archaïsme ou innovation? — *Lengas* 12, 1982, 37-61.

7113 DINGUIRARD, Jean-Claude: Notes aquitaines. — *VD* 27, 1982/1, 55-70 | 1. Virgile de Toulouse et l'état linguistique de l'Aquitaine au VIe siècle, 2. Le nom *Comminges* et la phonologie de la langue des Aquitains, 3. Des Basques au Val d'Aran?

7114 *Entfremdung, Selbstbefreiung und Norm: Texte aus der okzitanischen Soziolinguistik*. Hrsg. von Georg KREMNITZ, in Zusammenarbeit mit Monika GEERKENS; Ulla HAMMEKE; Dieter KATTENBUSCH; Waltraud ROGGE. — TBL 178;

Tübingen: Narr, 1982, 180 p., fig. | G. KREMNITZ, Zur okzitanischen Soziolinguistik, 10-33; Bibliographie, 168-180 | Coll. of 13 previously publ. art. by Jean Paul BRINGUIER, Yves COUDERC, Philippe GARDY & Robert LAFONT.

7115 FRAISSE, Chantal: Une enquête sociolinguistique à Mathaly (Tarn et Garonne). — *Lengas* 5, 1979, 37-51, 2 cartes h.-t.

7116 FRAISSE, Chantal: Diglossie, discours occitaniste et blocages linguistiques. — *Lengas* 8, 1980, 1-32.

7117 GALLACHER, Desmond B.: *Les chartes de La Salvetat-Mondragon* ... — Montpellier: 1978 | BL 1980, 5875. | *Romania* 102, 1981, 260-268 Å. Grafström.

7118 GARDY, Philippe; LAFONT, Robert: La diglossie comme conflit: l'exemple occitan. — *Langages* 61, 1981, 75-91.

7119 GARDY, Philippe: Contribution à l'étude des représentations de l'occitan dans la vie publique: les élections d'août 1893 à Montpellier. — *Lengas* 5, 1979, 1-35.

7120 GARDY, Philippe: Pour une typologie des fonctions normatives dans la pratique diglossique franco-occitane: norme mythique et théatralisation. — *Lengas* 1, 1977, 113-121.

7121 GARDY, Philippe: Une scène linguistique: le théâtre d'oc en Provence au XVIIIe siècle. — *Lengas* 10, 1981, 63-84.

7122 GHIGO, Francis: *The Provençal speech of the Waldensian colonists of Valdese* ... — Valdese, NC: 1980 | BL 1981, 7310. | *RomPh* 36, 1982/2, 326-327 M. Peet.

7123 GRAFSTRÖM, Åke: Encore des contributions à la connaissance du vocabulaire de l'ancien occitan. — [263], 909-921.

7124 GUIDA, Saverio: Note su alcuni derivati occitanici da *pik-. — *CultNeol* 42, 1982, 159-167.

7125 GUITER, Henri: Lignes de force de l'implantation gauloise en Gascogne, Languedoc et Provence. — [304], 177-191, 4 cartes.

7126 HARRIS, M. Roy: Occitan *fruc* 'fruit': étude étymologique d'un régionalisme. — *Romania* 103, 1982, 145-169.

7127 HARRIS, Marvyn Roy: *Index inverse du Petit dictionnaire provençal-français* [d'Emil Levy]. — Sammlung romanischer Elementar- und Handbücher. Reihe 3: Wörterbücher; Heidelberg: Winter, 1981, xii, 199 p.

7128 HAUDRICOURT, A.-G.: Les strats aquitains et occitans en gascon. — [304], 193-194.

7129 HILTY, Gerold: Die zweisprachige Alba. — [323], 43-51.

7130 HIRSCH, Ernst: *Provenzalische Mundarttexte aus Piemont*. — Tübingen: 1978 | BL 1978, 5077. | *ZRPh* 98, 1982, 230-232 N. Weinhold

7131 JENSEN, Frede: *The Old Provençal noun and adjective declension*. — Odense: 1976 | BL 1976, 6291. | *FR* 51, 1977-78, 910-911 D.T. Mériz.

7132 JOUANNA, Françoise: Notes pour une analyse du texte normatif de Loïs Alibert (*Gramatica occitana*, Barcelona, 1935). — *Lengas* 1, 1977, 105-112.

7133 LAFONT, Robert: La forme phrastique de l'énonciation orale en situation dialectale et diglossique. — *Lengas* 10, 1981, 1-16.

7134 LAFONT, Robert: La spectacularisation de l'occitanophonie dans l'enquête sociolinguistique: la fonction du "retour". — *Lengas* 7, 1980, 71-77.

7135 MANDACH, André DE: A propos de la périphérie occitane: "La chronique dite Saintongeaise". — [263], 867-897, carte.

7136 MARCONOT, Jean-Marie: Une année de prédication occitane dans la région de Cahors: 1851. — *Lengas* 1, 1977, 61-77.

7137 MARCONOT, Jean-Marie: [Préliminaires à l'enquête sociolinguistique:] Vauvert. — *Lengas* 4, 1978, 1-13.
7138 MARCONOT, Jean-Marie: Vauvert: quels changements? — *Lengas* 7, 1980, 1-49.
7139 MARCONOT, Jean-Marie: Notes à propos de l'enquête sur la diglossie. — *Lengas* 7, 1980, 87-92 | Cf. 7137-8.
7140 MARGNES, Daniel: Une enquête sur la presse occitane contemporaine: hypothèses et commentaires. — *Lengas* 6, 1979, 59-98.
7141 MARTIN, Patric: Étude sociolinguistique de trois cas de diglossie (Mèze, 1970-1971). — *Lengas* 2, 1977, 35-69.
7142 MARTY, Jacqueline: Conflits linguistiques et ethnotypes occitans dans le théâtre français du XVIIe siècle. — *Lengas* 1, 1977, 41-48.
7143 MAURAND, Georges: Le problème des géminées en occitan central. — [304], 207-215, 3 tab.
7144 MAZEL, Jean: L'enquête phonologique: équilibre du système et poids de la norme. — *Lengas* 4, 1978, 69-115, 3 annexes | Usage et représentation en Occitanie.
7145 MEFFRE, Joèu: La lenga celèsta dei "Bergiers de Seguret" — testimoni de L.G. — *Lengas* 3, 1978, 59-75.
7146 MEIER, Harri: Zwei Wortfamilien im Okzitanischen und das Problem der Herausbildung der sprachlichen okzitanischen Individualität. — [304], 217-223 | 1. Okz. *masan, masantá*, 2. Fränk. **gulja* 'Pfütze' oder vorröm. **gavulia*?
7147 MENOCAL, María Rosa: The etymology of Old Provençal *trobar, trobador*: a return to the 'third solution'. — *RomPh* 36, 1982/2, 137-148 | Yakov MALKIEL: Editorial postscript: Old Provençal *trobar*, Old Spanish *fallar*, 148-153.
7148 MERCIER, Dominique: La situation de l'occitan dans un village de la vallée du Rhône: Salazac (Gard). — *Lengas* 5, 1979, 53-75.
7149 MINIUSSI, Francesco: Gasconisme: lo recuèlh de 1597. — *Lengas* 8, 1980, 71-73.
7150 NACQ, Gilda: Introduction du français et disparition du gascon dans la pratique notariale à Bordeaux et dans le Bordelais (1450-1539). — *Lengas* 5, 1979, 77-121 [+ 7 p. h.-t.].
7151 NÜESCH, Hans-Rudolf: *Altwaldensische Bibelübersetzung* . . . I-II. — Bern: 1979 | BL 1981, 7331. | *CCM* 25, 1982, 299-302 P. Wunderli.
7152 PEREZ, Michel: Images et représentations de l'Occitanie (à travers un sondage d'opinion). — *Lengas* 3, 1978, 87-97.
7153 PONS, Gérard; SAUZET, Patrick: [Préliminaires à l'enquête sociolinguistique:] La Vallée française. — *Lengas* 4, 1978, 14-25.
7154 POTTE, Jean-Claude: La "Chanson patriotique en patois par Rouchou Jules". — [304], 243-256, 2 pl. | Avec remarques sur la langue.
7155 RAVIER, Xavier: *Atlas linguistique et ethnographique du Languedoc occidental*. Collaborateurs: Jacques BOISGONTIER et Ernest NÈGRE. Vol. I. — Paris: 1978 | BL 1978, 5096. | *AGI* 66, 1981 (1982), 176-177 C.A. M[astrelli].
7156 RAVIER, Xavier: Le thème *lur* dans le lexique gascon. — [263], 937-952, carte.
7157 RAVIER, Xavier: Observations sur l'isoglosse [*fai̯t*] / [*fats*] dans les parlers languedociens occidentaux: problèmes phonétiques et phonologiques. — [304], 257-298, 9 cartes.
7158 SAUZET, Patrick: Fonologia sintactica, versificacion e nivèls de lenga en cò de Bigòt: d'après lo recuèlh *Li flou d'armas*. — *Lengas* 12, 1982, 63-74.
7159 SCHLIEBEN-LANGE, Brigitte: Ein Vorschlag zur Aufdeckung "verschütteter" Sprache. — *GLS* 11-12, 1980, 280-297 | Problèmes de l'occitan à Bagnols-sur-Cèze (Gard).

7160 SCHLIEBEN-LANGE, Brigitte: Une ville du Sud de la France: Bagnols sur Cèze – étude de sociolinguistique ponctuelle. — *Lengas* 3, 1978, 111-117.
7161 SCHMITT, Christian: Quelques particularités du vocabulaire roman de la Gascogne. — [304], 319-326, carte.
7162 SEGUIN, Joan-B.: A prepaus d'un catechisme occitan e de la catechesa en occitan. — *Lengas* 4, 1978, 57-68.
SINDOU, R.: Gallo-roman *pagan, pacan, bacan.* — 6997.
7163 SOUTOU, André: Le nom de lieu: *Cabrespine.* — *VD* 28, 1982/2, 141-145, pl. | Contra Jean-Pierre CHAMBON (BL 1981, 7343); réponse par J.-P. C., 147-151.
7164 SUHAČIOV, N.L.: "Transport" d'après les cartes de l'*A.L.G.* (Études d'aréologie lexicale). — [304], 383-400, 5 fig., 4 tab.
7165 TARDIEU, Jean-Paul: Approche sociolinguistique d'un texte patoisant: les *Poésies provençales et françaises* de Louis Sauze (1926). — *Lengas* 6, 1979, 99-127.
7166 *Il Vergier de cunsollacion . . .* A cura di Annabella DEGAN CHECCHINI. — Torino: 1979 | BL 1981, 7338. | *VR* 41, 1982, 271-273 H.-R. Nüesch.
7167 VIAUT, Alain: "Auto-conscience" de groupe et dénivellements culturels dans la communication occitane en Médoc. — *Lengas* 3, 1978, 5-45, 3 cartes h.-t.
7168 VIAUT, Alain: L'occitan dens la premsa medoquina: l'exemple de dus jornaus. — *Lengas* 6, 1979, 23-57, 4 pl. h.-t.
7169 VIGNETTA, Andrea: *Grammatica del dialetto provenzale alpino della medioalta Val Chisone. Con introduzione sulla origine e sullo sviluppo del dialetto e per l'interpretazione della scelta ortografica.* — Fenestrelle / Pinerolo: Alzani, 1981, 92 p.
7170 VIGUIÈR, Maria-Clara: Isoglòssas. — *Aicí e ara* (Montpelhièr) 4, 1979, 7-12.
7171 WOLF, Lothar: Zu kelt. **kal-* 'weiss, weissgefleckt' und möglichen okzitanischen Entsprechungen. — [263], 901-907.
7172 WOLF, Lothar: A propos de quelques mots occitans d'origine inconnue. Corrections et additions au *FEW.* — [304], 439-445 | 1. *graulhoú,* 2. *fráysso,* 3. *gingoular,* 4. *gráulęm,* 5. *lúmbro,* 6. *kéyto,* 7. *mirgosát,* 8. *saβáw.*

III (14). Onomastics — Onomastique

7173 DEBRIE, René: *Toponymie de Namps-au-Val.* — Éklitra 30; Amiens: "Éklitra", 1980, 31 p.
7174 FABRE, Paul: *L'affluence hydronymique de la rive droite du Rhône.* — Montpellier: 1980 | BL 1980, 5896. | *RLiR* 46, 1982, 492-495 J.-P. Chambon | *RF* 94, 1982, 287-290 H.J. Wolf.
7175 FALC'HUN, François: *Les noms de lieux celtiques.* Avec la collaboration de Bernard TANGUY. 2e éd., revue et considérablement augm. Ire série: *Vallées et plaines.* — Genève: Slatkine, 1982, 311 p., cartes | 1re éd. 1966 (BL 1966, 4221). | *BSL* 76, 1981/2 (1982), 213 P.-Y. Lambert (Sur la 3e série, 1979 [BL 1979, 5699]).
7176 GERMAIN, Jean: Toponymie d'Évrehailles (D 8). — *BCTD* 54, 1980 (1982), 109-210, carte dépl. | Province de Namur.
7177 HAMLIN, Frank R.: Greek and Germanic settlements in Eastern Languedoc: new evidence from a place name survey. — *Names* 29, 1981, 219-225.
7178 HENRY, Albert: *Esquisse d'une histoire des mots* wallon *et* Wallonie. — Bruxelles: 1974 | BL 1974, 5692. | *VR* 41, 1982, 295-297 M. Bossard.
7179 HIRSCH, Ernst: Das Substrat des provenzalischen Ortsnamengutes im Sangonetal. — *BNF* 17, 1982, 386-391, map.

ITALIEN

7180 HIRSCH, Ernst: Feen, Dämonen und Hexentanzplätze in der Flurnamengebung der Westalpen. — *BNF* 17, 1982, 382-385.
HIRSCH, E.: Häretikernamen aus den Westalpen. — 7529.
7181 HIRSCH, Ernst: Zum Namen *Schiamonda*. — *BNF* 17, 1982, 40.
7182 KOKKELMANS, J.J.M.F.: *Registre des noms de lieux du sud de la Belgique, du Luxembourg et du nord de la France*. — Mons: chez l'auteur (Univ. Catholique de Mons), 1982, xviii, 133 p.
7183 LAGNEAU, Philippe; ARBULEAU, Jean: *Dictionnaire des noms de famille et des prénoms...* — Vernoy: Arnaud de Vesgre, 1980, 802 p., ill. | Corr. à BL 1981, 7354. | *Naamkunde* 12, 1980, 247-249 F. Debrabandere.
7184 LAPIERRE, André: Post office names and the history of French settlements in Ontario. — *Names* 30, 1982, 105-112.
7185 LAPIERRE, André: *Toponymie française en Ontario*. — Montréal: 1981 | BL 1981, 7355. | *BNF* 17, 1982, 351-352 H.J. Niederehe.
7186 MÜLLER, Wulf: Le toponyme *Boudry*. — [243], 161-171.
7187 NÈGRE, Ernest: L'hydronyme *Alzonne* en France. — [263], 621-634.
7188 PETKANOV, Ivan: Pour une origine celtique de Bigorre. — [304], 239-241.
7189 PFISTER, Max: Die Bedeutung toponomastischer Quellen für die galloromanische Lexikographie und Phonetik. — [263], 669-675 | Examples from Lorraine.
7190 REMACLE, Louis: Contaminations dans l'histoire des noms de l'Aune. — [304], 299-306.
7191 SINDOU, Raymond: Noms grecs donnés à des lieux de France pendant le Moyen-Âge. — [176], 405-417.
7192 SPORE, Palle: *Études toponymiques*. I. — Odense: 1980 | BL 1981, 7359. | *RLiR* 46, 1982, 490-491 G. Roques.
7193 TAVERDET, Gérard: Le nom de *Chalmazel*. — [176], 527-533.
7194 WEST, G.D.: *An index of proper names in French Arthurian prose romances*. — Toronto: 1978 | BL 1980, 5914. | *RomPh* 36, 1982/2, 329-331 M. Peet.

D. Italian — Italien

0. BIBLIOGRAPHY AND GENERAL — BIBLIOGRAPHIE ET GÉNÉRALITÉS

7195 *Bibliografia dialettale ligure*. A cura di Lorenzo CÒVERI... [et al.]. Appendice: *La Val di Magra*, a cura di Patrizia MAFFEI BELLUCCI. — Genova: 1980 | BL 1980, 5915. | *AGI* 67, 1982, 193-194 G. Giacomelli.
7196 *Bibliografia Linguistica Italiana*. 1981/1; 1981/2. [Direttore responsabile: Pierfrancesco PACINI]. — Pisa: Pacini, s.d., 96 p.; p. 97-192.
7197 CHERUBINI, Jon: A bibliography of Italian studies in North America. — *Italica* 59, 1982, 65-71; 249-257; 356-363.
7198 HALL, Robert A., Jr.: *Bibliografia della linguistica italiana: secondo supplemento decennale...* — Pisa: 1980 | BL 1980, 5918. | *RJb* 32, 1981 (1982), 163-166 Ž. Muljačić | *LN* 43, 1982, 94 Gh. Ghinassi.
7199 *Schedario. Coordinamento di Lorenzo* CÒVERI *e Fabio* FORESTI. — *RID* 3-4, 1979-80 (4), 315-496 | Survey of recent dialect studies (cf. BL 1979, 5712). | 0. Generalità (Sociolinguistica; Educazione linguistica; ecc.), a cura di Gaetano BERRUTO, 317-382; 1. Piemonte. Valle d'Aosta, a cura di Giovanni RONCO, 383-408; 4. Svizzera italiana, a cura di Elena CALANCHINI, 409-418; 12. Toscana, a cura di Annalisa NESI, 419-433; 16. Abruzzo. Molise, a cura di Marcello

MARINUCCI, 434-437; 17. Campania, a cura di Nicola DE BLASI, 438-457; 21. Sicilia, a cura di Antonia G. MÒCCIARO, 458-488; 24. Malta, a cura di Giovanni MANGION, 489-496.

7200 Schedario. Coordinamento di Lorenzo CÒVERI e Fabio FORESTI. — *RID* 5-6, 1981-82 (5), 113-224 | 3. Lombardia, a cura di Giovanni BONFADINI, 115-148; 9. Venezia Giulia. Istria. Dalmazia, a cura di Mario DORIA, 149-174; 19. Salento, a cura di Maria Teresa ROMANELLO CAPRIOLI, 175-194; 22. Sardegna, a cura di Ines LOI CORVETTO, 195-224.

7201 VINCENT, Nigel: Italian studies: language. — *YWMLS* 43, 1981 (1982), 496-505.

7202 ALBRECHT, Jörn: *Italiano non-aulico unitario?* Zum Problem des Überregionalen Substandards im Italienischen. — *ItS* 2, 1979, 145-160.

7203 BOLELLI, Tristano: *Qualche parola al giorno. Conversazioni . . .* — Pisa: 1979 | BL 1979, 5716. | *LN* 41, 1980, 148 P. Zolli.

7204 CARDONA, Giorgio R.: *Standard Italian.* — The Hague: 1976 | BL 1976, 6341. | *ZRPh* 98, 1982, 250-252 H. Geckeler.

7205 CASTELLANI, Arrigo: *Saggi di linguistica e filologia italiana e romanza . . .* I-III. — Roma: 1980 | BL 1980, 5920. | *LN* 43, 1982, 29-30 Gh. Ghinassi | *LeL* 6, 1981/2, 159-170 W. Pagani.

7206 CHRISTMANN, Hans Helmut: Wesenszüge der italienischen Sprache in Geschichte und Gegenwart. — *ItS* 2, 1979, 119-135.

7207 GALIĆ, Pavao: Un manuale di conversazione italo-croato (Venezia 1804). — *SGI* 10, 1981, 51-61, 3 facsim.

7208 LEONE, Alfonso: *L'italiano regionale in Sicilia: esperienze di forme locali nella lingua comune.* — Studi linguistici e semiologici 15; Bologna: Il Mulino, 1982, 193 p.

7209 LEPSCHY, Giulio C.: *Saggi di linguistica italiana.* — Bologna: 1978 | BL 1978, 5154. | *IF* 86, 1981 (1982), 301-306 F. Murru.

7210 *Letteratura e scienza nella storia della cultura italiana.* Atti del IX congresso dell'Associazione internazionale per gli studi di lingua e letteratura italiana (Palermo – Messina – Catania, 21-25 aprile 1976). A cura di V. BRANCA, P. MAZZAMUTO . . . [et al.]. — Palermo: Manfredi, 1978, xiv, 913 p. | *LN* 43, 1982, 86-89 A. Dardi.

7211 *Una lingua per tutti: l'italiano.* I: *Lingua e storia.* A cura di Raffaele SIMONE. [Scritti di] Ignazio BALDELLI . . . [et al.]. — Torino: ERI, 1980, 293 p. | *LN* 43, 1982, 90-91 M.L. Fanfani.
MAIR, W.N.; METER, H.: Die Romanistik in Österreich zwischen 1945 und 1980 . . . — 5973.

7212 MAURO, Tullio DE: *Linguaggio e società nell'Italia d'oggi.* — Torino: 1978 | BL 1978, 5157. | *Verba* 7, 1980, 423-424 I. González.

7213 PANZINI, Alfredo: *Grammatica italiana.* — La memoria 50; Palermo: Sellerio, 1982, 156 p.

7214 PFISTER, Max: La "questione della lingua" nel Cinquecento e nel Novecento. — *ItS* 4, 1981, 101-116.

7215 PITTÀNO, Giuseppe: *Bidizionario italiano linguistico e grammaticale.* — Bologna: Calderini, 1981, vii, 1222 p., ill.

7216 *Quaderni dell'Atlante Lessicale Toscano.* [Numero unico in attesa di autorizzazione. Red.: Gabriella GIACOMELLI, et al.]. — [Firenze]: Regione Toscana, 1982, vii, 291 p. | Followed by vol. 1 in 1983.

7217 TEKAVČIĆ, Pavao: *Grammatica storica dell'italiano*. 2a ed. I-III. — Bologna: 1980 | BL 1981, 7383. | *LN* 43, 1982, 90 M.L. Fanfani.

1. PHONETICS AND PHONOLOGY — PHONÉTIQUE ET PHONOLOGIE

7218 CHAPALLAZ, Marguerite: *The pronunciation of Italian* . . . — London: 1979 | BL 1979, 5728. | *LN* 41, 1980, 38-39 Gh. Ghinassi | *BSL* 76, 1981/2 (1982), 201 J. Savi.
7219 DELMONTE, Rodolfo: L'accento di parola nella prosodia dell'enunciato dell'italiano standard. — *SGI* 10, 1981, 351-394.
7220 GENOT, Gérard: *Phonologie diachronique de l'italien*. — Centre de Recherches de Langue et Litt. it., Documents de travail et prépubl. 23; Nanterre: Univ. de Paris X, 1981, 130 p.
7221 KORZEN, Iørn: Il raddoppiamento sintattico e la geminata nella variante toscana dell'italiano-standard. Risultati di un'indagine sperimentale. — *SILTA* 9, 1980/3 (1982), 333-366 | E. summ.
7222 KORZEN, Iørn: Il prolungamento intervocalico di alcune consonanti iniziali e finali di parola nella variante toscana dell'italiano-standard. Risultati di un'indagine sperimentale. — *SILTA* 9, 1980/3 (1982), 367-384 | E. summ.
7223 KORZEN, Iørn: Nota sulla trascrizione delle consonanti "geminate". — *RID* 5-6, 1981-82 (5), 67-71.
7224 MELILLO, Armistizio Matteo: *Primi appunti per lo studio della fonologia italiana*. [1]. I-VI. — Manfredonia: Atlantica, 1979, 120 p.
7225 MIGLIORINI, Bruno; TAGLIAVINI, Carlo; FIORELLI, Piero: *DOP: Dizionario d'ortografia e di pronunzia* . . . — Torino: 1981 | BL 1981, 7386. | *RRom* 17, 1982/2, 152-153 G. Skytte.

NESPOR, M.; VOGEL, I.: Prosodic domains of external sandhi rules. — 2254.
7226 POGGI SALANI, Teresa: Riflessioni sul trascrivere. — *RID* 5-6, 1981-82 (5), 61-66.
7227 SAMPSON, Rodney: Subphonemic length variation in Italian consonants. — *Word* 32, 1981 (1982), 35-44.
7228 VOGEL, Irene; SCALISE, Sergio: Secondary stress in Italian. — *Lingua* 58, 1982, 213-242.

2. GRAMMAR — GRAMMAIRE

7229 ANTINUCCI, Francesco; MARCANTONIO, Angela: I meccanismi del mutamento diacronico: il cambiamento d'ordine dei pronomi clitici in italiano. — *RGG* 5, 1980, 3-50.
7230 BENINCÀ, Paola: Nomi senza articolo. — *RGG* 5, 1980, 51-63.
7231 BERTINETTO, Pier Marco: Alcune ipotesi sul nostro futuro (con osservazioni su *potere* e *dovere*). — *RGG* 4, 1979, 77-138.

BLUMENTHAL, P.: Satzstruktur und Kausalität bei Boccaccio . . . — 6266.
7232 BOER, Minne Gerben DE: The inflection of the Italian verb: a generative account. — *JIL* 6, 1981/2, 55-93.
7233 BRAMBILLA AGENO, Franca: Nota sulle proposizioni introdotte da *purché*. — *SGI* 10, 1981, 5-13.
7234 BRAMBILLA AGENO, Franca: Imperativo in secondaria. — *LN* 43, 1982, 1-2.
7235 CALABRESE, Andrea: Sui pronomi atoni e tonici dell'italiano. — *RGG* 5, 1980, 65-116.

7236 DARDANO, Maurizio: Einige Überlegungen zu den multilexikalischen Einheiten im Italienischen. — *FoL* 16, 1982, 137-147.
7237 DIVINE, Suzanne: A generative approach to teaching Italian verb morphology. — *LAL* 1, 1970, 6-13.
7238 ELIA, A.; MARTINELLI, M.; D'AGOSTINO, E.: *Lessico e strutture sintattiche: introduzione alla sintassi del verbo italiano.* — Napoli: Liguori, 1981, 430 p.
7239 FACHE, Charles: I nomi aggettivati che terminano in *-a*. — *L&H* 37, 1978, 43-45.
7240 GIUSTI, Francesca: La referenza nominale in una lingua senza articolo. Analisi comparativa del russo e dell'italiano. — *SGI* 10, 1981, 109-214.
7241 GRAFFI, Giorgio: Su alcune costruzioni "pseudo-relative". — *RGG* 5, 1980, 117-139.
GSELL, O.: . . . Verbalperiphrasen mit Ordsadverb im Rätoromanischen und im It. — 7560.
7242 HYAMS, Nina: The choice of auxiliary and agreement in Italian. — *NELS* 11, 1981, 143-154.
7243 JACQMAIN, Monique; MEERTS, Elisabeth: Problemi di ausiliare. — *SGI* 10, 1981, 215-244.
7244 LA FAUCI, Nunzio: *Costruzioni con verbo operatore in testi italiani antichi . . .* — Pisa: 1979 | BL 1980, 5972. | *BSL* 76, 1981/2 (1982), 202 J. Savi.
LA FAUCI, N.: . . . Alcuni verbi che reggono una completiva in it. ed in fr. — 6689.
LASORSA, C.: Contesti aspettuali-temporali in russo e in it. — 12031.
7245 LEONE, Alfonso: Varietà di *-one*. — *Paideia* 36, 1981, 83-85.
7246 LEONE, Alfonso: *A continuatore di ac?* — *Paideia* 37, 1982, 81-85 | Sur le type *vado a faccio*.
7247 LEONE, Alfonso: Della frequenza. — *LN* 43, 1982, 20-23.
7248 LONE, Steinar: Ancora sulla negazione espletiva nelle lingue romanze: le espressioni di timore nell'italiano moderno. — *SCL* 33, 1982, 494-496 | A propos de l'art. de Louis MOURIN (BL 1979, 4831).
7249 LONGOBARDI, Giuseppe: Postille alla regola di ristrutturazione. — *RGG* 4, 1979, 213-228.
7250 LONZI, Lidia: Passivi e controllo. — *RGG* 5, 1980, 187-192.
7251 LORENZI, Franco: Un'analisi procedurale di alcuni verbi di movimento in italiano. — *SGI* 10, 1981, 395-417.
7252 MALINAR, Smiljka: Formazione delle parole nelle opere di Guittone d'Arezzo (Parte seconda: prefissazione, parasintesi, trascategorizzazione col suffisso Ø, composizione). — *SRAZ* 26, 1981 (1982), 103-148 | Cf. BL 1976, 6409.
7253 MANZINI, Maria Rita: Sulla struttura di un tipo di frasi infinitivali italiane. — *SMV* 27, 1980, 125-137.
7254 MARCANTONIO, Angela: The distribution of *a* and *da* in Italian causative constructions. — *JIL* 6, 1981/1, 1-33 | It. summ.
7255 MARCANTONIO, Angela; MEREU, Lunella: A lexical analysis of some aspects of the Italian verbal system. — *LAn* 9, 1982, 225-251, 2 tab.
7256 MARIOTTI, Antonella: Funzioni sintattiche della preposizione *con*. — *SGI* 10, 1981, 245-292.
7257 MATTHEWS, Peter: Two problems in Italian and Spanish verbal inflection. — [240], 1-18 | (1) Futures and conditionals. (2) Stress.
7258 RADFORD, Andrew: *Italian syntax . . .* — Cambridge: 1977 | BL 1977, 7293. | *LEC* 50, 1982, 91-92 M. van Esbroeck.

7259 RADFORD, Andrew: The syntax of verbal wh-exclamatives in Italian. — [240], 185-204.
7260 RENZI, Lorenzo: Il vero plurale dell'articolo *uno*. — *LN* 43, 1982, 63-68.
7261 RIZZI, Luigi: *Issues in Italian syntax*. — SGG 11; Dordrecht: Foris, 1982, xiv, 188 p.
7262 RIZZI, Luigi: Teoria della traccia e processi fonosintattici. — *RGG* 4, 1979, 165-181.
7263 ROCCHIETTI, Alvaro: Sémantique de *andare*, verbe plein et auxiliaire en italien: de l'expression du mouvement à la modalité d'obligation. — *MLing* 4, 1982/2, 115-133.
7264 SALVI, Giampaolo: Complementi predicativi. — *SGI* 10, 1981, 313-349.
7265 SANTANGELO, Annamaria: I plurali italiani del tipo 'le braccia'. — *AGI* 66, 1981 (1982), 95-154 | On It. plurals in *-a*.
7266 SCORRETTI, Mauro: Complementizer ellipsis in 15th century Italian. — *JIL* 6, 1981/1, 35-46.
7267 STEFANINI, R.: Alterazione e derivazione nominale intorno alle "parti del corpo" in italiano. — *AGI* 67, 1982, 136-165 | Morphological and lexicological study.
7268 TUMLER, Tilman: *Der Tempusgebrauch der Vergangenheit in der modernen italienischen Prosa*. — Wien: 1980 | BL 1981, 7422. | *RF* 94, 1982, 102-104 E. Radtke.
7269 VANELLI, Laura: Una forma suppletiva dell'articolo e la sua fonosintassi. — *RGG* 4, 1979, 183-206.
7270 VANELLI, Laura: Il meccanismo deittico e la deissi del discorso. — *SGI* 10, 1981, 293-311.
7271 VANVOLSEM, Serge: L'uso dell'infinito sostantivato nelle due edizioni dei *Promessi Sposi*. — *SGI* 10, 1981, 29-50.
7272 VIZMULLER, Jana: The Italian construction verb + preposition + infinitive. — *LACUS* 7, 1980 (1981), 312-317.
7273 VUČETIĆ, Zorica: Sostantivi italiani in *-ficio*. — *SRAZ* 24, 1979 (1981), 61-67.
7274 WANDRUSZKA, Ulrich: *Studien zur italienischen Wortstellung: Wortstellung – Semantik – Informationsstruktur*. — TBL 193; Tübingen: Narr, 1982, ix, 226 p.
7275 WANNER, Dieter: Surface complementizer deletion: Italian *che* ~ Ø. — *JIL* 6, 1981/1, 47-82 | It. summ.
7276 ZUFFI, Stefano: The nominal composition in Italian: topics in generative morphology. — *JIL* 6, 1981/2, 1-54 | It. summ.

3. HISTORY — HISTOIRE

7277 AMBROSINI, Riccardo: Ancora sull'indovinello veronese. — *LeL* 7, 1982, 227-230.
7278 BENI, Paolo: *L'anticrusca*. Parte II, III, IV. Testo inedito a cura di Gino CASAGRANDE. — Scrittori it. e testi antichi; Firenze: Accad. della Crusca, 1982, lxxv, 277 p. | Facsim. repr. of part I: ibid. 1983 (original ed. Padova 1612). | Cf. 7289.
7279 CARRANNANTE, Antonio: La posizione linguistica di Raffaello Lambruschini. — *LN* 43, 1982, 16-20.
7280 CASTELLANI, Arrigo: *La prosa italiana delle origini*. I: *Testi toscani di carattere pratico*. 1. *Trascrizioni*; 2. *Facsimili*. — Bologna: Pàtron, 1982, xx, 546 p.; [vi] p., 392 pl.

7281 COLETTI, Vittorio: *Chiesa ed erersia tra latino e volgare, sec. XII-XIII.* Corso di storia della lingua italiana, anno accademico 1980-81. — Genova: Bozzi, 1981, 108 p.

7282 DRAGO RIVERA, Fausta: *De vulgari eloquentia: la questione della lingua da Dante a domani.* — Milano: Centro nazionale di studi manzoniani, 1980, 154 p.

7283 DURANTE, Marcello: *Dal latino all'italiano moderno*. . . — Bologna: 1981 | BL 1981, 7432. | *LeSt* 17, 1982, 609-611 P.M. Bertinetto.

7284 ELWERT, Wilhelm Theodor: Das Übersetzen der *Vita nuova.* Zur Interpretation der Kanzone: "Donne ch'avete intelletto d'amore". — [323], 359-365.

7285 FANCIULLO, Franco: In margine alle glosse volgari del Codice Criptense Gr. Z. α. IV. — *ID* 45, 1982, 125-141 | A propos de l'éd. de L. MELAZZO (BL 1980, 6004).

7286 FANTAPPIÈ, Renzo: *Le carte della propositura di S. Stefano di Prato.* I: 1006-1200. — Firenze: Olschki, 1977, xxvii, 595 p. | *AGI* 64, 1979 (1980), 144-146 P. Zolli.

7287 FOLENA, Gianfranco: Note sulla lauda escorialense. — *LN* 43, 1982, 97-100.

7288 GENTILE, Salvatore: *Repatriare Masuccio al suo lassato nido: contributo filologico e linguistico.* — Atti del Convegno di studi su Masuccio Salernitano 2; Galatina: Congedo, 1979, 231 p., 31 pl. | *LN* 43, 1982, 27-29 V. Valente.

7289 LANDONI, Elena: A proposito della vita e delle opere di Paolo Beni (1552-1625). — *RIL* 113, 1979 (1981), 27-34 | Cf. 7278.

7290 MACCIOLA, Gabriella: Fonetica e morfologia di "Le Miracole de Roma". — *ID* 45, 1982, 37-123.

7291 MALINAR, Smiljka: Analisi linguistica e stilistica del "Panfilo in antico veneziano" (III). — *SRAZ* 25, 1980 (1981), 47-120 | Cf. BL 1981, 7439.

7292 MARAZZINI, Claudio: Questione della lingua e antifrancesismo in Piemonte tra Sette e Ottocento: l'eredità culturale di Galeani Napione. — *LN* 43, 1982, 100-107.

7293 MARTELLI, Mario: *Una giarda fiorentina: il "Dialogo della lingua"*. . . — Roma: 1978 | BL 1978, 5213. | *LN* 43, 1982, 26-27 L. Vignali.

7294 MARTELLI, Mario: Paralipomeni alla "Giarda": venti tesi sul "Dialogo della lingua". — *Filologia e Critica* 4/2-3, 1979, 212-279 | *LN* 43, 1982, 26-27 L. Vignali.

7295 PELLEGRINI, Giovan Battista: Veneto ant. *sent(o)* "santo". — *SMV* 27, 1980, 139-162.

7296 SERIANNI, Luca: *Norma dei puristi e lingua d'uso dell'Ottocento*. . . — Firenze: 1981 | BL 1981, 7443. | *LN* 43, 1982, 89 Gh. Ghinassi.

7297 SOZZI, B.T.: Proposte sul "Discorso o Dialogo". — *GSLI* 158, 1981, 275-285.

7298 STUSSI, Alfredo: *Studi e documenti di storia della lingua e dei dialetti italiani.* — Studi linguistici e semiologici 16; Bologna: Il Mulino, 1982, 304 p.

7299 TEKAVČIĆ, Pavao: Costanza, ripetizione, regressione, unicità nell'evoluzione dell'italiano letterario. — *Ling* 21, 1981, 251-275.

7300 TROVATO, Enrico: Appunti sul "Discorso intorno alla nostra lingua" del Machiavelli. — *Bibliofilia:* Rivista di storia del libro e di bibliografia (Firenze) 83, 1981/1, 25-69.

7301 VARVARO, Alberto: *Lingua e storia in Sicilia.* I: *Dalle guerre puniche alla conquista normanna.* — Prisma 38; Palermo: Sellerio, 1981, 263 p. | *ZRPh* 98, 1982, 712 K. Baldinger.

7302 VAULCHIER, Henri DE: Nodier et Manzoni, positions sur le problème de la langue. — *SGI* 10, 1981, 15-28.

ITALIEN

7303 VIGNALI, Luigi: Il volgare nelle *Grammaticae institutiones* di G.A. Flaminio. — *LN* 43, 1982, 33-44.

7304 VITALE, Maurizio: Il Foscolo e la questione linguistica del primo Ottocento. — *La Rassegna della Letteratura It.* 83, 1979, 59-89 | *LN* 43, 1982, 31-32 A. Dardi.

7305 WOODHOUSE, H.F.: *Language and style in a Renaissance epic: Berni's corrections to Boiardo's 'Orlando innamorato'.* — London: Mod. Humanities Research Ass., 1982, viii, 240 p.

4. DIALECTOLOGY — DIALECTOLOGIE

7306 ACCAME, Giacomo; PETRACCO SICARDI, Giulia: *Dizionario pietrese.* — Pietra Ligure: Centro Storico Pietrese, [1981?], 126 p., ill.

7307 AGOSTINIANI, Luciano: Sulla morfologia dell'articolo determinativo maschile singolare nei dialetti amiatini e in fiorentino. — *QALT* 1982, 65-91.

7308 AZARETTI, Emilio: *L'evoluzione dei dialetti liguri* . . . — Sanremo: 1977 | BL 1977, 7331. | *AGI* 64, 1979 (1980), 146 G. Bonfante.

7309 BADINI, Bruna: Aspetti dell'etimologia dialettale del primo Ottocento nel *Vocabolario bolognese* di C.E. Ferrari. — [128], 247-264.

7310 BATINTI, Antonio; MANCINI BATINTI, Carla: Il bucato nella zona di confine tra Umbria e Toscana (PG, AR, SI). — *QALT* 1982, 201-246, 27 fig., 9 maps.

7311 BELTRAMINI, Gino; DONATI, Elisabetta: *Piccolo dizionario veronese-italiano.* — Verona: Edizioni di Vita veronese, 1980, xii, 352 p.

7312 BENATTI, Geminiano: *Dal dialetto alla lingua. All'ombra della Ghirlandina.* [2. ed.]. — Modena: Artioli, 1980, 226 p.

7313 BERDAR, Adolfo: *Nomi dialettali fiumani che riguardano organismi marini: pesca, marineria, gastronomia, costa, porto, nuoto, condizioni meteorologiche, altri fenomeni naturali e varie imbarcazioni del Quarnero.* — Villa San Giovanni: Grafica meridionale, 1980, 80 p., pl.

7314 BERETTA, Claudio: *Contributo per una grammatica del milanese contemporaneo.* — Milano: 1980 | BL 1980, 6016. | *VR* 41, 1982, 263-266 F. Lurà.

7315 BIGALKE, Rainer: *Dizionario dialettale della Basilicata* . . . — Heidelberg: 1980 | BL 1980, 6017. | *ItS* 5, 1982, 214 G. Rohlfs.

7316 BIOLCATI, Beniamino: *Lèzar e scrivar: grammatica del dialetto ferrarese.* — Ferrara: Alba, 1980, 178 p.

7317 BONINSEGNA, Arturo: *Dialetto e mestieri a Predazzo: il lessico tecnico di alcuni mestieri nel dialetto di Predazzo.* — S. Michele all'Adige: Museo degli usi e costumi della gente trentina / Predazzo: Cassa rurale di Predazzo e Ziano di Fiemme, [1981?], 331 p., ill.

7318 BRACCHI, Remo: Spunti religiosi nei gerghi lombardi. — *Paideia* 37, 1982, 61-74.

7319 BRANDI, Luciana; CORDIN, Patrizia: Dialetti e italiano: un confronto sul parametro del soggetto nullo. — *RGG* 6, 1981, 33-87.

7320 BROGIONI, Gianna: Due voci toscane: *pécchia* e *péglia.* — *QALT* 1982, 195-199.

7321 BUSCAINO, Maddalena: *Dizionario siciliano-italiano: nomenclatore.* — Trapani: Tip. G. Di Stefano, [1981?], 66 p., ill.

7322 CALDARELLI, Raffaele: Voci d'origine croata nel lessico dei dialetti abruzzesi e molisani. — [128], 365-377.

7323 CAPANO, Andrea: Distribuzione geografica e interferenza semantica: il caso del piemontese *drüğa.* — [128], 121-127.

7324 CATTONARO, Enrico: *Disevimo cussì: le nostre parole.* Con disegni fuori testo

di Fulvio Monai. — Suppl. a *L'arena di Pola*; Gorizia: L'arena di Pola, 1981, 81 p., ill.
7325 CHICCO, Paola: *Skòrdamənnə e skəngòrdə*. — [128], 443-445.
7326 COLASUONNO, Giovanni: *Storia di parole pugliesi: lessico etimologico grumese aggiunto e corretto, saggio lessicale dei dialetti barese.* — Bitonto: The author, 1980, 173 p.
7327 COLOTTI, Maria Teresa: Proposte etimologiche per un dizionario dei dialetti lucani. — [128], 429-441.
7328 CORNAGLIOTTI, Anna: Proposte etimologiche per alcune voci piemontesi. — [128], 111-119.
7329 CORTELAZZO, Manlio: *I dialetti e la dialettologia in Italia* . . . — Tübingen: 1980 | BL 1980, 6023. | *ZRPh* 98, 1982, 710 G. Holtus | *AGI* 67, 1982, 189-193 Ž. Muljačić | *LN* 43, 1982, 124-125 P. Zolli.
7330 CORTELAZZO, Manlio: *Memoria di parole: dialetto tra vita e letteratura.* — Bibl. del Girasole 6; Ravenna: Edizioni del Girasole, 1982, 139 p.
7331 CORTELAZZO, Manlio: Lessico dialettale e lessico comune. — *QALT* 1982, 1-18.
7332 CROCE, Giulio Cesare: *Il tesoro. Sandrone astuto.* Due commedie inedite a cura di Fabio FORESTI; Maria Rosa DAMIANI. — Bologna: CLUEB, 1982, xi, 177 p. | Texts in 16th century Bolognese. | Cf. 7340.
7333 DELLA MONICA, Walter: *I dialetti e l'Italia: inchiesta fra scrittori, poeti, sociologi, specialisti.* — Il timone 110; Milano: Pan, 1981, 213 p.
7334 *I dialetti in Val Padana:* relazioni presentate all'Incontro dei dialettali all'ombra della Ghirlandina, 26 aprile 1980. [A cura del] Gruppo dialettale modenese La trivèla. — Modena: Teic, 1981, 108 p.
7335 DORIA, Mario: Il Dizionario Etimologico Triestino. — [128], 171-196.
7336 DURAND, Ferdinando: *Influssi greci nel dialetto ligure (con particolare riferimento alla parlata di Val d'Arroscia).* — Milano: Edizioni Pergamena, 1981, 69 p., map.
7337 *L'evangelio secondo S. Matio.* Versione di Gianjacopo Fontana in veneziano. Introd. di Alberto ZAMBONI. — Le traduzioni del Vangelo di S. Matteo nei dialetti promosse da L.L. Bonaparte, a cura di Fabio FORESTI, 2; Bologna: CLUEB, 1981, xxxviii, [5], 125 p. | Repr. of the original ed., London 1859. | Cf. BL 1980, 6027 & 6058.
7338 FALCONE, Giuseppe: Postille all'EWUG[2] e all'NDDC. — [128], 447-463.
7339 FANCIULLI, Pietro: Vocabolario di Monte Argentario e Isola del Giglio. [*lustrini – mená*]. — *ID* 45, 1982, 159-179 (to be cont.) | Cf. BL 1981, 7471.
7340 FORESTI, Fabio: *Annotazioni sul vocalismo tonico bolognese della fine del XVI secolo.* — Bologna: CLUEB, 1983, 30 p. | Annex to No. 7332.
7341 FORESTI, Fabio: Il *Vocabolista bolognese* di O. Montalbani e l'etimologia dialettale nel '600. — [128], 237-246.
7342 GASPARI, Gianluigi: *Cercine* e *strofinaccio* nel dialetto di Ascoli Piceno e zone di compresenza centro-meridionali: tentativi etimologici. — [128], 315-338.
7343 GIACOMELLI, Gabriella: L'Atlante Lessicale Toscano: presentazione. — *QALT* 1982, 275-289, map.
7344 GIACOMELLI, Gabriella; NESI, Annalisa: L'etimologia nell'Atlante Lessicale Toscano. — [128], 269-282.
7345 GIANNELLI, Luciano: Caratteristiche grammaticali e patrimonio lessicale: proposte per una ricerca dialettologica integrata. — *QALT* 1982, 45-63.
7346 GIANNELLI, Luciano; SAVOIA, Leonardo M.: L'indebolimento consonantico in Toscana (II). — *RID* 3-4, 1979-80 (4), 38-101, map | E. summ. | Cf. BL 1978, 5268.

ITALIEN

7347 GIGANTE, Nicola: *Spagnolismi nel Tarantino*. — Quaderni di storia, arch., arte. Soc. di storia patria per la Puglia, Sezione di Taranto, 3; s.l.: 1980, 101 p., pl.

7348 GIOVANNI, Marcello DE: Uno sguardo al L.E.D.M.: l'elemento latino nei dialetti medioadriatici. — [128], 339-364.

7349 GIULINO, Giuseppe: L'etimologia siciliana nel Settecento. — [128], 517-542.

7350 GRASSI, Corrado: *Dialettologia italiana*. Parte A: *Geografia linguistica ed etnografia*, a cura di Anna Maria SCASSA SARONI. Parte B: *Sociolinguistica ed emarginazione sociale*, a cura di Chiara Maria GRASSI. — Torino: Tirrenia-Stampatori, 1980, 176 p., ill.

7351 GUARALDI, Mario: *La parlata napolitana: nuove ipotesi semantiche*. — Napoli: Fiorentino, 1982, 205 p.

7352 *Guida ai dialetti veneti*, III. A cura di Manlio CORTELAZZO. — Padova: CLEUP, 1981, vi, 246 p., ill. | Cf. BL 1981, 7478. | *AAAd* 76, 1982, 286-290 V. Pallabazzer.

7353 *Le imbarcazioni tradizionali delle acque interne nell'Italia centrale: quadro di riferimento e risultati della ricerca.* [A cura di] Marco BONINO. — Le classi popolari nell'Italia centrale, 6. Cataloghi e repertori, 5. Quaderni dell'Atlante linguistico dei laghi it., ALLI, 1; Firenze: Nuova Guaraldi, 1982, 107 p., ill.

7354 JURILLI, Antonio; TEDONE, Angelo: *Dizionario etimologico rubastino*. [4]: *Kam – I*. — Palo del Colle: Liantonio, [1981], p. 217-288, xxii-xxvii | Cf. BL 1977, 7353.

7355 LEONE, Alfonso: *La morfologia del verbo nelle parlate della Sicilia sud-orientale*. — Bibl. del Centro di Studi Fil. e Linguistici Siciliani 4; Palermo: Centro di Studi Fil. e Ling. Sic., 1980, 158 p. | *AGI* 67, 1982, 194-199 L. Melazzo.

7356 *Lingua e storia in Puglia*. I quaderni della regione 8; 9; 10. — Siponto: Centro Residenziale di Studi Pugliesi in Siponto, 1980, 144; 144; 144 p. | *ZRPh* 98, 1982, 613-616 G. Holtus.

7357 LUCIANI, Luciano: Vocabolario del dialetto carrarese. [kaṅpáṅ – kaseta]. — *ID* 45, 1982, 181-213 (to be cont.) | Cf. BL 1981, 7482. | *QALT* 1982, 260-262 L.M. Savoia (On the parts published 1974-80).

7358 MAFFEI BELLUCCI, Patrizia; SANTORU, Pina: Toscano e immigrati sardi: un'esperienza metodologica. — *QALT* 1982, 93-155, fold. tab.

7359 MANCARELLA, Giovan Battista: Lessico pugliese in alcune scritture del XVI secolo. — [128], 409-419.

7360 MARCATO, Carla: Intorno alla denominazione del fienile nell'Italia nord-orientale. — *AAAd* 76, 1982, 23-40.

7361 MARCATO, Gianna: *Parlarveneto*. — Regioni it. 4; [Firenze]: Edizioni del Riccio, 1981, 206 p.

7362 MARRI, Fabio: Ricerca etimologica e dialettologica nel Muratori. — [128], 71-99.

7363 MASTRELLI, Carlo Alberto: Veneto "vampadora" e varianti. — *AAAd* 76, 1982, 139-147.

7364 MASUTTI, Patrizia: Un arabismo veneziano. — [128], 165-170.

7365 MELILLO, Michele: *L'articolo, l'aggettivo, il nome dei dialetti di Puglia nelle versioni della parabola del figliuol prodigo*. — Saggi del Nuovo Atlante fonetico pugliese 4, 7; Bari: Cattedra di Dialettologia It. della Fac. di Lettere, Univ. degli Studi di Bari, 1981, 186 p., carte.

7366 MERLI, Anna: La lavorazione della canapa nel dialetto di Macerata. Contributo etimologico. — [128], 303-313.

7367 MOCCIARO, Antonia G.: Per una storia della ricerca etimologica in Sicilia: il vocabolario etimologico siciliano manoscritto di Corrado Avolio. — [128], 543-552.
7368 Moneti, Francesco: *Cortogna aliberèta: poema epicogiocoso in vernacolo cortonese*. Ed. critica a cura di Enzo MATTESINI . . . — Collana di filologia romanza 1; Perugia: Univ. degli Studi di Perugia, 1980, 452 p. | Ch. 4: La lingua, 163-231. | *QALT* 1982, 264-266 L. Giannelli.
7369 MORTARA GARAVELLI, Bice: Scrittura popolare: un quaderno di memorie del XVII secolo. — *RID* 3-4, 1979-80 (4), 149-180, 2 facsim. | Text from Alessandria, Piemont, with analysis.
7370 MOSINO, Franco: Per un glossario del calabrese antico (Sec. XI-XV). — [128], 465-479.
7371 MULJAČIĆ, Žarko: Noterelle linguistiche slavo-romanze (in margine al *DAM*). — [263], 495-508 | *DAM* = Dizionario Abruzzese e Molisano | 1. cunéjjë, ndrëppätë, ngattabbújë, nʒënʒä́në/-ënë, pëtrësënnëlë, prëgadòrië, pròpëtë, prugnèttë, remätëchë, téculë, truvëtà, uràgnë/urànië, 2. ngallátë, ngangrènë, nnamurárësë, pulmunía, ruffiánë, salvièttë, scure, štòzzë/štuòzzë.
7372 NERI, Attilio: *Vocabolario del dialetto modenese*. 2. ed. aggiornata, corr. e arricchita di 1300 nuovi vocaboli. — Sala Bolognese: A. Forni, 1981, xxii, 435 p.
7373 NICOTRA, Vincenzo: *Dizionario siciliano*. — Bologna: Forni, 1974, 926 p. | Repr. of the original ed., Catania 1883. | *SILTA* 9, 1980/3 (1982), 606-608 S.C. Sgroi.
7374 NOCENTINI, Alberto: Alle origini del dialetto aretino. — *Bollettino del Rotary Club di Arezzo* 901, 32. 5. 1980, 3-13 | *QALT* 1982, 267 L. Giannelli.
7375 PELLEGRINI, Giovan Battista: Nomi di piante nell'area dolomitica e friulana (VI). — *Ling* 20, 1980, 77-123.
PELLEGRINI, G.B.; ZAMBONI, A.: *Flora popolare friulana* . . . — 7575.
7376 *Per un vocabolario delle parlate liguri* . . . A cura di Lorenzo CÒVERI. — s.l.: 1979 | BL 1979, 5830. | *SMV* 27, 1980, 268-272 G.B. Pellegrini.
7377 PETROLINI, Giovanni: In margine a *I dialetti della Liguria orientale odierna* . . . di Hugo Plomteux. — [128], 129-140 | Cf. BL 1975, 6287.
7378 PLOMTEUX, Hugo †: Les dénominations des batraciens anoures en Italie: le crapaud. — *QS* 3, 1982, 203-300, 9 cartes.
7379 POLI, Diego: *Wörter und Sachen* di ambito dialettale: dal latino-gallico al gallo-italiano. — [128], 101-109.
7380 RIOLO, Salvatore: Proposte di etimologia per le denominazioni dello 'scacciapensieri' nel dialetto siciliano. — [128], 553-579.
7381 ROHLFS, Gerhard: *Nuovo dizionario dialettale della Calabria* . . . — Ravenna: 1977 | BL 1977, 7377. | *AGI* 66, 1981 (1982), 178-179 C.A. M[astrelli].
7382 ROHLFS, Gerhard: *Toscana dialettale delle aree marginali* . . . — *SLeI* 1, 83-262 | BL 1979, 5839. | *QALT* 1982, 251-260 G. Giacomelli.
7383 ROHLFS, Gerhard: Ein archaischer phonetischer Latinismus im nördlichen ("lateinischen") Kalabrien. — *ZRPh* 98, 1982, 547-550, map.
7384 ROHR, Rupprecht: Italienische Sprachgeographie und Sprachunterricht. — *ItS* 2, 1979, 137-144.
7385 SANCTIS, Gabriele DE: *Parole tra noi: appunti per una migliore conoscenza dell'italiano attraverso il dialetto*. — Chieti Scalo: Crocetti, 1981, 154 p., ill.
7386 SANTORO, Ciro: Proposte per un vocabolario dei dialetti salentini. — [128], 421-428.
7387 SAVJ, Joseph: *Éléments de dialectologie italienne*. — Centre de Recherches de

ITALIEN

Langue et Litt. it., Documents de travail et prépubl. 22; Paris: Univ. de Paris X-Nanterre, 1981, 153 p., cartes.

7388 SCAVUZZO, Carmelo: *Dizionario del parlar siciliano*. Con una grammatica di G. PITRÈ, elementi di ortografia di G. PICCITTO, etnofonti raccolte da A. RIGOLI, note di A. AMITRANO SAVARESE. — Palermo: Edikronos, 1982, x, 331 p.

7389 SIMONI, Pino: *Dizionario dei nomi degli uccelli veronesi*. — Verona: Amministrazione della Provincia di Verona, Settore agricoltura caccia e pesca, 1980, 184 p.

7390 SKUBIC, Mitja: Fonti del lessico agrario nell'Istria nord-occidentale: interferenze slavo venete. — [128], 209-215.

7391 SPADA, Stefania: Contributo per lo studio dei francesismi nel dialetto calabrese. — [128], 481-498.

7392 SPARANO, Ciro Antonio: *Il vernacolo caiatino*. — Napoli: Laurenziana, 1982, 71 p.

7393 SPIESS, Federico: Über die Abgrenzung scheinbar zusammengehöriger Worteinheiten. — [263], 479-493 | Examples from Swiss It.

7394 STEHL, Thomas: *Die Mundarten Apuliens: historische und strukturelle Beiträge*. — Forschungen zur romanischen Phil. 22; Münster: Aschendorff, 1980, lxxiv, 520 p. | *ZRPh* 98, 1982, 711 M. Pfister.

7395 TEKAVČIĆ, Pavao: Il posto dell'istroromanzo nella Romània Circumadriatica. — *SRAZ* 24, 1979 (1981), 21-46.

7396 TEKAVČIĆ, Pavao: L'importanza e l'interesse degli studi istroromanzi per la linguistica neolatina e generale. — *RLiR* 46, 1982, 271-298.

7397 *Tradizione orale e mezzadria nella Val d'Elsa inferiore*. A cura di Zeffiro CIUFFOLETTI. — Certaldo: storia, cultura e territorio 2; Firenze: Vallecchi, 1979, 242 p. | From the contents: L. GIANNELLI, I problemi linguistici e di trascrizione, 23-33; P.P. BENUCCI, Tradizioni e canto popolare, 34-127; S. LANDI, Un'esperienza di lavoro linguistico a Certaldo, 173-242. | *QALT* 1982, 262 P. Maffei Belluccu.

7398 TROVATO, Salvatore C.: Considerazioni sul lessico dei dialetti galloitalici della Sicilia. — [128], 581-596.

7399 TUTTLE, Edward F.: Un mutamento linguistico e il suo inverso: l'apocope nell'Alto Veneto. — *RID* 5-6, 1981-82 (5), 15-35.

7400 TUTTLE, Edward F.: Per l'origine dei plurali in -*n* nel Grigioni italiano: poligenesi e parallelismi strutturali. — *VR* 41, 1982, 73-94.

7401 UGOCCIONI, Nicoletta: *Reti e sistemi trdizionali di pesca nel Lago Trasimeno*. — Le classi popolari nell'Italia centrale, 7. Cataloghi e repertori, 6. Quaderni dell'Atlante linguistico dei laghi it., ALLI 2; Firenze: Nuova Guaraldi, 1982, 148 p., ill.

7402 VALENTE, Vincenzo Gennaro: *Dizionario manfredoniano, con grammatica*. — Roma: Manzella, 1982, 168 p.

7403 VALENTE, Vincenzo: Il lessico apulo-barese e la tradizione latina medievale. — [128], 399-408.

7404 VARVARO, Alberto: Criteri di impostazione del *Vocabolario etimologico siciliano*. — [128], 499-515.

7405 VIOLI, Franco: *Storia di parole e di nomi propri modenesi*. — Deputazione di storia patria per le antiche province modenesi, Biblioteca, N.S. 69; Modena: Aedes Muratoria, 1982, 125 p. | *LN* 44, 1983, 95-96 F. Marri.

7406 *Vocabolario delle parlate liguri: lessici speciali. 1. Gli uccelli*. — Genova: SAGEP (Consulta ligure), 1982, 131 p.

7407 VOLPE, C.: *Il dialetto di Priverno: ricerca fonetico-morfologica.* — Quaderni del Centro di Documentazione Privernate 1; Priverno: Ed. del Comune di Priverno, Centro Sociale e Biblioteca Comunale, 1981, 80 p.

5. LEXICON — LEXIQUE

7408 ABEGG-MENGOLD, Colette: *Die Bezeichnungsgeschichte von Mais, Kartoffel und Ananas im Italienischen* . . . — Bern: 1979 | BL 1979, 5855. | *VR* 41, 1982, 260-263 M. Pfister | *ASNS* 219, 1982, 230-233 G. Ernst.
7409 ARCAMONE, Maria Giovanna: Italiano antico *mucciare* e voci toscane connesse. — *QALT* 1982, 167-192.
7410 AVALLE, D'Arco Silvio: Seconda relazione sull' "Opera del Vocabolario" dell'Accademia della Crusca (gennaio 1980). — [179], 485-494.
7411 BOLELLI, Tristano: Postilla sull'origine di *carnevale*. — *ID* 45, 1982, 215.
7412 BRAMBILLA AGENO, Franca: *Rifronzire* hápax dantesco? — *LN* 43, 1982, 116-117.
7413 BURSCH, Horst: Rätselraten um *ragazzo*. — *RJb* 32, 1981 (1982), 41-47.
7414 CALABRESI, Ilio: *Aver provato* (non provare) *il morso del lupo*. — *LN* 43, 1982, 23-25.
7415 *The Cambridge Italian dictionary*. General ed.: Barbara REYNOLDS. Vol. II. — Cambridge: 1981 | BL 1981, 7530. | *Ln* 43, 1982, 81-84 G. Lepschy.
7416 CAPRINI, Rita: Riflessi italiani del germanico *marka. — *SGerm* 16 (45-46), 1978, 245-266.
7417 CASTELFRANCHI, Cristiano: Come "diventare magri" senza dimagrire, ovvero: i miracoli alla rovescia. — *RGG* 4, 1979, 207-211.
7418 CORDIÉ, Carlo: *Velocipedismo*. — *LN* 43, 1982, 78-80.
7419 CORTELAZZO, Manlio: *Ciao, imbranato!*: due fortunati neologismi di provenienza dialettale. — *ItS* 4, 1981, 117-126.
7420 CORTELAZZO, Manlio; ZOLLI, Paolo: *Dizionario etimologico della lingua italiana*. 2. — Bologna: 1980 | BL 1980, 6071. | *Paideia* 36, 1981, 238-239 V. Pisani | *RF* 94, 1982, 457-464 H. Meier | *Aevum* 56, 1982, 355 G. Bonfante | Cf. 7427, 7434 & 7477.
7421 CORTELAZZO, Michele A.: Studien zur politischen Sprache in Italien. — *ItS* 5, 1982, 115-132 | Survey of research.
CRAPULLI, G.: *Res* e *cosa* (*cossa*) . . . — 5848.
7422 CREVATIN, Franco: Etimi italiani e dialettali. — *InL* 6, 1980-81 (1982), 107-108.
7423 CREVATIN, Franco: It. *taràntola*; istr. *skontradùra* "infezione"; mlt. *brittula* "erba cipollina". — *ZRPh* 98, 1982, 156-158.
7424 DARDI, Andrea: L'influsso del francese sull'italiano tra il 1650 e il 1917 (VII): Calchi formali. (VIII): Calchi formali. (IX). Calchi formali. — *LN* 43, 1982, 6-13; 48-60; 107-116 | Cf. BL 1981, 7541.
7425 DEL POPOLO, Concetto: *Storiare* cioè *cruciare*. — *LN* 43, 1982, 44-46.
7426 FANCIULLO, Franco: Minima etymologica. — *ID* 45, 1982, 143-155 | 1. Pugliese *(viendə) fúmələ* e salentino *jèntu fúnulu*. 2. Calabrese *prazzisceji* e calabrese *prazzina*. 3. Pugliese *šcunè* e calabrese *šcamuría*.
7427 FASSÒ, Andrea: Etimologia come filologia e come storia: proposte di aggiunte e modifiche al *DELI*. — *RID* 3-4, 1979-80 (4), 181-208 | Cf. 7420.
7428 FOGARASI, Miklós: *Storia di parole, storia della cultura* . . . — Napoli: 1976 | BL 1976, 6608. | *RomPh* 36, 1982/2, 237-242 L.V. Fainberg.
7429 FOLENA, Gianfranco: *Raitro* e *reitro*. — *LN* 43, 1982, 14.

7430 GENTILE, Aniello: *Dizionario etimologico dell'arte tessile.* — Napoli: Società Editrice Napoletana, 1981, 134 p. | *CLing* 28, 1982, 168-169 R. Todoran.
7431 GHINASSI, Ghino: *Obscurantisme* e *oscurantismo.* — *LN* 43, 1982, 60-62.
GIACOMELLI, R.: Tra linguistica e gastronomia . . . — 5716.
7432 GIUDICI, Enzo: Bilancio e prospettive dell'etimologia del termine *camòrra.* — [128], 379-397.
7433 *Glossario delle consuetudini giuridiche dall'unità d'Italia.* [Dell'] Istituto per la documentazione giuridica del Consiglio Nazionale delle Ricerche. Redatto da Salvatore TONDO. I: *A-D.* — Firenze: 1980, lxi, 291 p.
HALL, R.A., Jr.: Scabrous etym.: E. *felon* and It. *infinocchiare.* — 9158.
7434 HOLTUS, Günter: Ein neues Handwörterbuch zur Geschichte des italienischen Wortschatzes: der *Dizionario etimologico della lingua italiana (DELI).* — *ZRPh* 98, 1982, 407-419 | Cf. 7420.
HOLTUS, G.: Etimologia e lessico franco-it. — 6934.
7435 LA PENNA, Antonio: *Disonerare* o *disonorare?* — *LN* 43, 1982, 2-4.
7436 LESO, Erasmo: Alle origini del vocabolario politico italiano moderno. — *BRPh* 20, 1981, 245-253.
7437 LUCA, Giovan Battista DE: *Se sia bene trattare la legge in lingua volgare.* A cura di Piero FIORELLI. — Firenze: 1980 | *BL* 1981, 7547. | *Paideia* 36, 1981, 269-271 P. Zolli.
7438 LUPIS, Antonio: Postille cinegetiche ai dizionari italiani. — *ZRPh* 98, 1982, 365-393.
7439 LURATI, Ottavio: Una nuova etimologia per *lażżi* e i continuatori del latino *asilus.* — [128], 61-70.
7440 LURATI, Ottavio: *Pateracchio.* — *LN* 43, 1982, 4-5.
7441 MANCINI, Anna Maria: L'Atlante paremiologico italiano (API): un'innovazione nello studio del proverbio. — *ItS* 4, 1981, 141-149.
7442 MARCATO, Carla: *Ricerche etimologiche sul lessico veneto: rassegna critico-bibliografica.* — Padova: CLEUP, 1982, xxvi, 189 p.
7443 MARELLO, Carla: *Lessico ed educazione popolare: dizionari metodici italiani dell' '800.* Introd. di G. NENCIONI. — Roma: A. Armando, 1980, 156 p. | *ItS* 5, 1982, 215-216 B. Londero.
7444 MASINI, Andrea: Regionalismi e voci di lingua in un "Vocabolario domestico" del 1741. — *RIL* 114, 1980 (1982), 142-180.
7445 MASTRELLI, Carlo Alberto: L'origine longobarda dell'italiano *farfalla.* — *AGI* 67, 1982, 114-135, 2 cartes.
7446 MASTRELLI, Carlo Alberto: Tra onomatopea e lessico: l'origine longobarda dell'ital. *tubare* (dei piccioni) e una nota sulla tosc. *ciro* 'porco'. — [263], 467-478.
7447 MASTRELLI, C.A.: Lucchese *sciambugliare* e toscano *scombugliare*: una prospettiva per l'ital. *subbugliare, subbuglio.* — *ID* 45, 1982, 217-219.
7448 MEIER, Harri: Lautgeschichte – Wortbildung – Etymologie: zu ital. *abbagliare/sbagliare, strosciare, svignarsela, truffare.* — *AION-R* 23, 1981, 435-457.
7449 NENCIONI, Giovanni; PARODI, Severina: L'Accademia della Crusca per il lessico tecnico. — [179], 535-546.
7450 NESI, Annalisa: Toscano *fare (al)l'amore.* — *QALT* 1982, 157-165.
7451 NOYER-WEIDNER, Alfred: Standortbestimmungen zum Gebrauch eines "echt italienischen Wortes" (*vago*) bei Dante und Petrarca. — [314], 195-218.
7452 ORIOLES, Vincenzo: Retrodatazioni dagli scritti di Gramsci 1914-1920 (II). — *LN* 43, 1982, 69-72 | Cf. *BL* 1981, 7557.

7453 ORIOLES, Vincenzo: *Beni culturali:* genesi e fortuna di un'espressione del linguaggio giuridico. — *LN* 43, 1982, 118-121.
7454 PARRINO, Flavio: Apporti della ricerca etimologica "dialettale" al chiarimento di problemi di etimologia "italiana". — [128], 283-302.
7455 PFISTER, Max: *LEI: Lessico etimologico italiano*, fasc. 5° [*admortire – aedificare*]; fasc. 6° [*aedificare* – aestimare]. — Wiesbaden: Reichert, 1982, c. 769-960; 961-1152 | Cf. BL 1981, 7560. | *AGI* 67, 1982, 185-189 P. Zolli (1-2) | *Paideia* 36, 1981, 237 V. Pisani (2) | *SMV* 27, 1980, 263-268 G.B. Pellegrini (1-2) | *RLiR* 46, 1982, 177-181 S. Lazard (1-3) | *Kratylos* 27, 1982 (1983), 122-126 Y. Malkiel (4).
7456 PFISTER, Max: Lessico etimologico italiano (LEI). — *ItS* 3, 1980, 133-151, fold. map | Text in G.
7457 PFISTER, Max: Il LEI (Lessico etimologico italiano). — [128], 5-19.
7458 PISANI, Vittore: *Finocchio* "pederasta". — *FLing* 5, 1980-81, 179.
7459 PISANI, Vittore: Italiano *vanni* "ali". — *Paideia* 37, 1982, 78.
PISANI, V.: Ludi etymologici. — 5992.
7460 POETTO, Massimo: *Fravagella.* — *Paideia* 37, 1982, 75.
7461 POGGI SALANI, Teresa: Per il Tommaseo-Bellini. — *SMV* 27, 1980, 183-232.
POHL, H.D.: *Das it.-kroatische Glossar MS Selden Supra 95* . . . — 10558.
7462 PRATI, Angelico: *Voci di gerganti, vagabondi e malviventi* . . . Nuova ed. . . . di Tristano BOLELLI. — Pisa: 1978 | BL 1978, 5354. | *ZRPh* 98, 1982, 708-709 K. Baldinger.
7463 RADTKE, Edgar: *Typologie des sexuell-erotischen Vokabulars des heutigen Italienisch* . . . — Tübingen: 1979 | BL 1979, 5893. | *RF* 94, 1982, 99-101 G. Schlemmer.
7464 RAUHUT, Franz: Giambattista Vicos "Kultur" im ideologisch-linguistischen Kontrast. — [323], 275-283 | The term *civile* in Vico.
7465 SALINARI, Carlo: *Dizionario ragionato della lingua parlata in Italia.* Con l'ausilio di una red. formata da Clelia ABATE . . . [et al.]. — [Milano]: Massarone, 1981, 1222 p.
7466 SCOTTI MORGANA, Silvia: *Le parole nuove.* — Bologna: 1981 | BL 1981, 7571. | *ZRPh* 98, 1982, 709-710 E. Radtke.
7467 SIRONIĆ-BONEFAČIĆ, Nives: Il lessico italiano della flora e della fauna marina nel dizionario *Blago jezika slovinskoga* di Iacopo Micaglia. — *SRAZ* 26, 1981 (1982), 177-195.
7468 SPIESS, Federico: La ricerca etimologica nell'ambito del *Vocabolario dei dialetti della Svizzera italiana.* — [128], 141-152.
7469 STEFANINI, Ruggero: Fior. *vòcolo*: un dato dialettale e un esercizio etimologico. — *QALT* 1982, 193-194.
STEFANINI, R.: Alterazione e derivazione nominale intorno alle "parti del corpo" in it. — 7267.
7470 STOJANOVIĆ, Nada; ŠAU, Zdenka: Elementi non italiani nella lingua giornalistica contemporanea. — *Ling* 20, 1980, 125-129.
7471 TELEĆAN, Milivoj: Elementi slavi nell'opera lessicografica di Enrico Rosamani. — *SRAZ* 26, 1981 (1982), 159-176.
7472 *Terminologia forestale: scienze forestali, tecnica, pratica e prodotti forestali.* Versione it., redatta da Giovanni BERNETTI, Maria MANOLACU GREGORI, Susanna NOCENTINI. Direzione: Giovanni BERNETTI. — Coll. di terminologia forestale multilingue 3; Roma: Consiglio Nazionale delle Ricerche, 1980, xiii, 518 p.

7473 URSINI, Flavia: Etimologia, cultura e lessico dialettale. — [128], 41-48.
7474 VALENTE, Vincenzo: Tosc. *malabbiato* "malfattore". — *LN* 43, 1982, 46-48.
7475 VALENTE, Vincenzo: Tosc. *ciprigno.* — *LN* 43, 1982, 62.
7476 ZOLLI, Paolo: *Le parole straniere.* — Bologna: 1976 | BL 1976, 6650. | *Verba* 7, 1980, 419-422 N. Messina.
7477 ZOLLI, Paolo: Lessico italiano e lessico dialettale nel DELI. — [128], 21-29 | Cf. 7420.
7478 ZOLLI, Paolo: *Fabbisogno.* — *LN* 43, 1982, 15.

6. ORTHOGRAPHY — ORTHOGRAPHE

7479 Il problema della grafia (IV). Coordinamento di Luciano GIANNELLI e Glauco SANGA. — *RID* 3-4, 1979-80 (4), 211-314 | La grafia dei dialetti, a cura di Glauco SANGA, con la collaborazione di Bruna BADINI, Giuseppe BELLOSI, Luciano CANEPARI, et al. | Cf. BL 1979, 5904.

7. STYLISTICS — STYLISTIQUE

7480 ALINEI, Mario: Semantica e fonetica in Montale. — *QS* 3, 1982, 189-195.
7481 ALTIERI BIAGI, Maria Luisa: *La lingua in scena.* — La parola letteraria 2; Bologna: Zanichelli, 1980, vi, 224 p.
7482 AMBROSINI, Riccardo: Linguistica e letteratura in Idelfonso Nieri. — *LeL* 6, 1981/1, 9-36.
7483 AMBROSINI, Riccardo: L'impersonale nei *Malavoglia,* dal punto di vista della critica linguistica. — *LeL* 6, 1981/2, 9-27.
7484 CAPRETTINI, Gian Paolo: Un retore che si fece poeta. Gidino da Sommacampagna e la costruzione dell'esempio metrico nel "Trattato e arte deli rithimi volgari". — *MALinc* 24, 1980, 5-32.
7485 CASTRILLO, Giuseppe: La metafora in Vincenzo Monti. — *AION-R* 23, 1981, 509-559.
7486 DARDANO, Maurizio: *Il linguaggio dei giornali italiani.* — Bibl. Universale Laterza 18; Bari: Laterza, 1981, xvi, 500 p. | Repr. of the 1973 ed. (BL 1973, 6806), augm. by a ch. 'Le radici degli anni Ottanta', 447-482. | *LN* 43, 1982, 94 Gh. Ghinassi.
7487 GIURESCU, Anca: Elipsa în proza lui Sciascia: între stilistică și sintaxă. — *SCL* 33, 1982, 413-417.
7488 GOKCEN, Adnan Mahmut: *The language of Bonvesin da la Riva and a concordance of his works.* — Univ. of Toronto (Canada) diss., 1980 | *DAb* 42/1, 1981, 193-A.
7489 LA FAUCI, Nunzio: Lettura in chiave linguistica di un brano di I. Calvino. — *LeL* 6, 1981/2, 151-157.
7490 POMILIO, Mario: Un intervento di Pirandello sulla questione della lingua. — *ItS* 5, 1982, 91-97.
SCAVEE, P.; INTRAVIA, P.: *Traité de stylistique comparée* . . — 7032.

8. METRICS, VERSIFICATION — MÉTRIQUE, VERSIFICATION

7491 BERTINETTO, Pier Marco: *Strutture prosodiche dell'italiano* . . . — Firenze: 1981 | BL 1981, 7600. | *SCL* 33, 1982, 442-445 A. Avram | *LeSt* 17, 1982, 605-609 A. Uguzzoni.

7492 BERTONE, Giorgio: *Appunti e nozioni di metrica italiana.* — Genova: Bozzi, 1981, 143 p.
7493 GASPAROV, M.L.: Ital'janskij stich: sillabika ili sillabo-tonika? (Opyt ispol'zovanija verojatnostnych modelej v sravnitel'nom stichovedenii). — *PSL* 1978 (1981), 199-218.

9. TRANSLATION — TRADUCTION

7494 MEO ZILIO, Giovanni: Algo más sobre Vallejo en italiano. — *Thesaurus* 36, 1981, 328-333.

10. MATHEMATICAL LINGUISTICS — LINGUISTIQUE MATHÉMATIQUE

7495 DEL CANTO, M.; FUSCONI, F.; STRINGA, L.: A semantic analyser of natural Italian sentences. — [114], 82-85.
7496 KATERINOV, Katerin, et al.: *Ricerche sul lessico e le strutture grammaticali più frequenti nell'italiano d'oggi.* Ricerca condotta sotto la direzione di Katerin KATERINOV. — Perugia: Guerra (C.I.L.A., Centro It. di Linguistica Applicata), 1980, 108 p.
7497 *Spogli elettronici dell'italiano delle origine e del Duecento.* II: *Forme.* 18. *Prose fiorentine* . . . A cura di Mario ALINEI. — Bologna: 1978 | BL 1979, 5923. | *ZRPh* 98, 1982, 705-706 M. Pfister.

12. SOCIOLINGUISTICS — SOCIOLINGUISTIQUE

7498 BETTONI, Camilla: *Italian in North Queensland: changes in the speech of first and second generation bilinguals.* — Capricornia 3; Townsville, Australia: Dept. of Mod. Languages, James Cook Univ. of North Queensland, 1981, 146 p. | *IS* 37, 1982, 151-152 S.A. Hill.
7499 CORTELAZZO, Manlio: Italiano regionale e dialetto (nota informativa). — [186], 179-183.
7500 CORTELAZZO, Michele A.: Etimologia e educazione linguistica. — [128], 31-40.
7501 DI LUZIO, Aldo: Problemi linguistici dei figli di lavoratori migranti. — [369], 358-367.
7502 DI LUZIO, Aldo: La sociolinguistique en Italie. — [186], 33-52.
7503 Il dialetto nella scuola (I). Coordinamento di Lorenzo CÒVERI e Alberto ZAMBONI. — *RID* 5-6, 1981-82 (5), 75-111 | Lorenzo CÒVERI, Dialetto e scuola nell'Italia unita, 77-97; Loredana CORRÀ, Dialetto e scuola oggi: osservazioni su programmi e libri di testo, 99-111.
7504 EGGER, Kurt: Mehrsprachige Schüler im Südtiroler Unterland. Fallbeispiele und Probleme. — [369], 381-385.
7505 FORESTI, Fabio: Langue, propagande, destinataires dans l'Italie fasciste: quelques hypothèses. — *BRPh* 20, 1981, 255-265.
7506 GALLI DE PARATESI, Nora: Attitudes and standardisation trend in contemporary Italian. — [186], 237-248, 5 tab.
7507 GRASSI, Corrado: Ville et campagne dans la sociolinguistique italienne. — [186], 143-152.
7508 GUTIA, Ioan, et al.: *Contatti interlinguistici e mass media.* — Roma: 1981 | BL 1981, 7617. | *CLing* 27, 1982, 104-106 G. Gruiță.

7509 HALLER, Hermann W.: Between Standard Italian and Creole: an interim report on language patterns in an Italian-American community. — *Word* 32, 1981 (1982), 181-191.

HARRISON, G. . . . . [et al.]: Il contesto situazionale diglottico nell'area bilingue italo-albanese del Meridione d'Italia. — 5050.

7510 HOLTUS, Günter: Educazione linguistica (democratica). — *ItS* 4, 1981, 67-99 | Rev. (in G.) of recent books.

KRAMER, J.: *Deutsch und It. in Südtirol.* — 8406.

7511 LANGER, Alexander: Chancen und Hindernisse für Zweisprachigkeit in Südtirol. — [369], 337-341.

7512 LENTINI, Giacinto: Comunicazione e isolamento socio-linguistico: i Tunisini nel Trapanese. — [369], 350-357.

7513 *Lingua e territorio: materiali per un'analisi della situazione sociolinguistica della città di Lecco.* A cura di Emanuele BANFI. — Materiali lecchesi 1; Lecco: Bibl. civica, [1980?], 123 p.

7514 MARCATO, Gianna: Il vocabolario dialettale, eutanasia di una lingua. — [128], 49-59.

7515 MIONI, Alberto M.: Quelques aspects de la grammaire de variation: applications italiennes. — [186], 67-71.

7516 NEUMANN, Gerlinde: Zur Sprache der italienischen Neofaschisten. — *BRPh* 20, 1982, 267-272.

7517 PACCAGNELLA, Ivano; CORTELAZZO, Michele A.: La lingua politica in Italia: linee di ricerca. — *BRPh* 20, 1982, 235-244.

7518 PELLEGRINI, Giovan Battista: Osservazioni di sociolinguistica italiana. — *ID* 45, 1982, 1-36.

7519 RADTKE, Edgar: Die italienische Stadtsprachenproblematik in der Varietätenlinguistik: *l'italiano di Napoli.* — *ItS* 5, 1982, 99-114.

7520 RADTKE, Edgar: Regionalitalienisch im Meridione — zur Interferenzanalyse Dialekt-Hochsprache. — [152], 89-105, map.

7521 RAFFAELLI, Sergio: Un trentennio di censure linguistiche nel cinema in Italia (1913-1945). — *Communicazioni sociali* 1, 1979/4, 21-53 | *LN* 43, 1982, 92-93 L. Vignali.

7522 SANGA, Glauco: Les dynamiques linguistiques de la société italienne (1861-1980): de la naissance de l'italien populaire à la diffusion des ethnicismes linguistiques. — *Langages* 61, 1981, 93-115.

7523 SOBRERO, Alberto A.: Aspects linguistiques des migrations internes en Italie (avec un fragment de sociolinguistique contrastive). — [186], 152-162, 5 fig.

7524 SOBRERO, Alberto A.; ROMANELLO, Maria Teresa: *L'italiano come si parla in Salento.* — Lecce: 1981 | BL 1981, 7625. | *LN* 43, 1982, 125-127 G. Berruto.

VOLPI, V.: Situazione sociolinguistica e educazione linguistica in Alto Adige. — 4170.

7525 ZÖRNER, Lotte: Der soziolinguistische Hintergrund zur Dialektsituation in der Provinz Piacenza: bei Mundart-Aufnahmen heute. — *ItS* 5, 1982, 4 maps.

14. ONOMASTICS — ONOMASTIQUE

7526 BOLELLI, Tristano: Sul toponimo *Aulla.* — *ID* 45, 157-158.

CAPRINI, R.: Riflessi it. del gmc. **marka.* — 7416.

7527 FELICE, Emidio DE: *I cognomi italiani* . . . — Bologna: 1980 | BL 1981, 7635. | *LN* 43, 1982, 93 L. Vignali | *Aevum* 56, 1982, 593 C. Milani | Cf. 7531.

7528 FELICE, Emidio DE: *I nomi degli Italiani. Informazioni onomastiche e linguistiche, socioculturali e religiose* (I). — Venezia: Marsilio, 1982, 358 p. | *LN* 44, 1983, 95 L. Vignali.

7529 HIRSCH, Ernst: Häretikernamen aus den Westalpen. — *BNF* 17, 1982, 43-46.

7530 LANDI, Addolorata: Aspetti extralinguistici dell'onomastica siciliana in età coloniale. — [176], 9-12.

7531 MERKÙ, Pavle: De Felicejeva slovarja priimkov. — *SlavR* 30, 1982, 215-219 | Rev. of BL 1978, 5413 & of No. 7527.

7532 PETRACCO SICARDI, Giulia; CAPRINI, Rita: *Toponomastica storica della Liguria*. — Genova: Sagep editrice, 1981, 127 + 15 p. (Bibliografia e indice dei toponimi) | *BNF* 17, 1982, 248-249 H. Tiefenbach.

7533 POCCETTI, Paolo: Sul toponimo *Rocca Monfina* (Caserta). — *ID* 45, 1982, 221-227.

7534 *Repertorio toponomastico ticinese: i nomi di luogo dei comuni del Canton Ticino. Faido*, a cura di Vittorio F. | Raschèr e Mario FRASA. — Zürich: Univ. Zürich (Centro di ricerca per la storia e l'onomatica ticinese), 1982, 79 p., 16 ill., 6 fold. maps | *AAAd* 76, 1982, 294-296 V. Pallabazzer.

E. Sardinian — Sarde

Schedario. — 7200 | Sardegna, p. 195-224.

7535 ATZORI, Maria Teresa: L'unità lessicale della lingua sarda. — [128], 637-640.

7536 BOSSONG, Georg: La situation actuelle de la langue sarde: perspectives linguistiques et politiques. — *Lengas* 8, 1980, 33-58.

7537 BOSSONG, Georg: Der präpositionale Akkusativ im Sardischen. — [263], 579-599.

7538 CONTINI, Michel; TUTTLE, Edward F.: Sardinian. — [6023], 171-188, map.

7539 CORDA, Francesco: *Una lingua per i Sardi: studi e ricerche su logudorese-campidanese-gallurese*. — Cagliari: Edizioni 3T, 1979, 96 p. | *RID* 5-6, 1981-82 (5), 218 M. Virdis.

7540 DETTORI, Antonietta: Alcune proposte etimologiche in margine all'inedita "Appendice al vocabolario sardo italiano" di G. Spano. — [128], 623-636.

KARLINGER, F.: Miszellen zur Mehrsprachigkeit des sardischen Theaters und des rum. Kultes. 4137.

7541 LOI CORVETTO, Ines: Dittonghi i iato nel campidanese. — *RID* 3-4, 1979-80 (4), 103-119, fig. | E. summ.

MAFFEI BELLUCCI, P.; SANTORU, P.: Toscano e immigrati sardi . . . — 7358.

7542 MERLER, Alberto: La funzione di intermediazione culturale e linguistica della Sardegna. — [369], 238-244.

7543 PAULIS, Giulio: *Grecità e romanità nella Sardegna bizantina e altogiudicale*. — Materiali dell'Istituto di Glottologia dell'Univ. di Cagliari; Cagliari: Istituto di Glottologia, 1980, 133 p.

7544 RINDLER SCHJERVE, Rosita: Der Sprachenstreit in Sardinien und die Frage der "Lingua sarda". — [369], 274-281.

7545 SANNA, Antonio: Rettifiche e aggiunte al *Dizionario etimologico sardo* di M.L. Wagner. — [128], 609-622.

7546 SOLE, Leonardo: La minoranza linguistica sarda: aspetti e problemi. — [369], 308-314.

RHÉTO-ROMAN

F. Rhaeto-Romance (Romansh, Ladin) — Rhéto-roman (Romanche, Ladin)

BAMBECK, M.: Okz. *madaisso*, rätoromanisch *mattitschun* ... — 7096.

7547 CAMARTIN, Iso: Integration und Assimilation von Anderssprachigen (dargestellt an der Sprachsituation in Graubünden). — [152], 107-118.

7548 CATHOMAS, Bernard: Raetoromanische Spracherhaltung: Konzepte — Massnahmen — Wirkungen. — [152], 119-129.

7549 DECURTINS, Alexi: Wortschatz und Wortbildung — Beobachtungen im Lichte der Bündnerromanischen Zeitungssprache des 19./20. Jahrhunderts. — [314], 45-57.

7550 DESINAN, Cornelio Cesare: Contatti toponimici slavo-romanzi in Friuli. — *AAAd* 76, 1982, 69-94.

7551 *Dicziunari Rumantsch Grischun*, publichà da la Società Retorumantscha ... Red.: Alexi DECURTINS; Hans STRICKER; Felix GIGER. 93. fasc.: *glin — gnam*; 94. fasc.: *gnam — gnir*; 95. fasc.: *gnir — gon*. — Winterthur: Stamparia Winterthur, 1982, p. 449-512; 513-576; 577-640, ill. | Cf. BL 1981, 7666. | See also No. 7554.

7552 DIEKMANN, Erwin: Soziolinguistische Aspekte deutsch-rätoromanischer Interferenzbeziehungen in Graubünden. — [152], 131-154, 5 maps.

7553 DIEKMANN, Erwin: Italienisches Wortgut im Engadinischen vermittelt durch sozio-ökonomische Wanderbewegungen. — [263], 535-549.

7554 DIEKMANN-SAMMET, Doris: Einige Beobachtungen am *Dicziunari Rumantsch Grischun* im Hinblick auf deutsch-surselvische Interferenzerscheinungen unter besonderer Berücksichtigung der sprachpflegerischen Bewusstseinshaltung. — [398], 53-65 | Cf. 7551.

7555 EBNETER, Theodor: *Schu'l schvob* "ins Schwabenland". Die Lokativen und direktionalen Adverbien und Präpositionen des Romanischen von Vaz/Obervaz. I. Teil. — [314], 59-70.

EBNETER, Th.: Diasystem vs. Kontakt: der Ausdruck der Zukunft im Deutschen, Rätoromanischen und Nordostitalienischen. — 2868.

7556 FRANCESCATO, Giuseppe: *Udine: la lingua*. — Udine: Casamassima, 1982, 181 p.

7557 FRANCESCATO, Giuseppe: Rhaeto-Friulian. — [6023], 131-169.

7558 GREGOR, D.B.: *Romontsch language and literature: the Sursilvan Raeto-Romance of Switzerland*. — Oleander Language and Lit. 11; Cambridge: Oleander Press, 1982, viii, 388 p., ill.

7559 GOEBL, Hans: Kulturgeschichtliche Bedingtheiten von Kontaktlinguistik: Bemerkungen zum gegenwärtigen Stand der "Questione ladina". — [152], 155-169, tab.

7560 GSELL, Otto: *Las rosas dattan ora — les röses da fora — le rose danno fuori*: Verbalperiphrasen mit Ortsadverb im Rätoromanischen und im Italienischen. — [314], 71-85, map.

7561 ILIESCU, Maria: Le "rhéto-roman". — *RRLing* 27, 1982, 143-145.

7562 ILIESCU, Maria: 'Weinen' und Verwandtes im Rätoromanischen. — [263], 523-534.

7563 KRAMER, Johannes: Premesse sociolinguistiche per la genesi di nuove lingue letterarie e il caso del ladino. — *AAAd* 76, 1982, 5-21.

7564 KUEN, Heinrich: Archaisches im Wortschatz der ladinischen Mundart von Enneberg (Marèo). — [314], 135-146.

7565 KUEN, Heinrich: Die Verzahnung der rätoromanischen Mundarten. — [263], 509-522.

7566 *Ladinia.* Sföi cultural dai Ladins dles Dolomites. 1-4. — San Martin de Tor, Piculin, Italia: 1977-80 | *Ling* 21, 1981, 325-331 P. Tekavčić.
7567 LINDER, Karl Peter: Die Nichtübereinstimmung von finitem Verb und nachgestelltem Subjekt bei (Genus und) Numerus im rätoromanischen Graubündens. — [314], 147-162.
7568 LIVER, Ricarda: *Manuel pratique de romanche: sursilvan-vallader.* Précis de grammaire suivi d'un choix de textes. — Romanica Raetica 4; Chur: Lia Rumantscha, 1982, xxi, 234 p.
7569 MAYERTHALER, Willi: Bairische 'Bach-Namen': ein Beitrag zur Ladinia Submersa. — [314], 173-183.
7570 MENEGUS TAMBURIN, Vincenzo: *Grammatica del lessico ladino di S. Vito di Cadore.* — Firenze: Istituto di studi per l'Alto Adige, 1981 (1982), 78 p. | *AAAd* 76, 1982, 302-304 J. Kramer.
7571 PELLEGRINI, Giovan Battista: Noterelle linguistiche sulla terminologia della fienagione in Friuli (Commento alle carte dell'ASLEF IV). — *AAAd* 76, 1982, 41-68.
7572 PELLEGRINI, Giovan Battista: Nuovo saggio del 'DESF'' (Dizionario etimologico-storico friulano). — *QALT* 1982, 19-44.
7573 PELLEGRINI, Giovan Battista: Appunti etimologici friulani (elementi slavi). — [263], 565-578.
7574 PELLEGRINI, Giovan Battista: Programma per il DESF. — [128], 217-230.
PELLEGRINI, G.B.: Nomi di piante nell'area dolomitica e friulana (VI). — 7375.
7575 PELLEGRINI, Giovan Battista; ZAMBONI, Alberto: *Flora popolare friulana: contributo all'analisi etimologica e areale del lessico regionale del Friuli-Venezia Giulia.* [1; 2]. — Udine: Casamassima (Dizionario etimologico storico friulano), 1982, lxxxi, 324 p.; p. 325-778, 20 maps | *AAAd* 76, 1982, 279-285 V. Pallabazzer.
7576 PLANGG, Guntram: Sprachliche Interferenzen im Ladinischen des Gadertals. — [398], 187-194.
7577 QUARTU, B. Monica; KRAMER, Johannes; FINKE, Annerose: *Vocabolario anpezan. Ampezzanisches Wörterbuch.* I: A-E. — Romania Occidentalis 7; Gerbrunn bei Würzburg: A. Lehmann, 1982, 108 p. | *AAAd* 76, 1982, 305-308 V. Pallabazzer.
7578 *Die Rechtsquellen des Kantons Graubünden. B: Die Statuten der Gerichtsgemeinden.* 1. Teil: *Der Gotteshausbund.* Band 2: *Unterengadin.* Bearbeitet und hrsg. von Andrea SCHORTA. Geschichtliche Einleitung von Peter LIVER. — Sammlung Schweizerische Rechtsquellen, XV. Abteilung; Aarau: Sauerländer, 1981, 623 p. | Cf. BL 1981, 7676. | *ZRPh* 98, 1982, 713-714 K. Baldinger.
7579 RIZZOLATTI, Piera: *Cioppa da barons* e *tirli in birli*: osservazioni su due presunti friulanismi di F. Sacchetti. — [128], 231-236.
7580 ROHLFS, Gerhard: Germanische Inversion in der Romania? — [314], 241-244.
7581 RUNGGALDIER, Heidi: Zum Problem der sprachlichen Interferenz im Grödnerischen. — [398], 203-217.
7582 SCHMID, Heinrich: *Richtlinien für die Gestaltung einer gesamtbündnerromanischen Schriftsprache: rumantsch grischun.* [2. Fassung]. — Cuira: Lia Rumantscha, 1982, 30 p., p. a-g: ill.
7583 STIMM, Helmut: Über *ja* und *schon* im Rätoromanischen Graubündens. — [323], 171-182.
7584 TORE BARBINA, Maria: *Dizionario italiano-friulano pratico e illustrato.* — Udine: Istituto per l'Enciclopedia del Friuli-Venezia Giulia, 1980, 275 p. | *RRLing* 26, 1981, 394-395 M. Iliescu.

7585 URELAND, P. Sture: Typological, areal linguistic, and statistical aspects of Raeto-Romanic reflexives. — [152], 171-200, 4 maps.
7586 WIDMER, P. Ambros: Die Orts- und Flurnamen des Medelsertales. — [152], 201-214.
7587 ZUDINI, Diomiro; DORSI, Pierpaolo: *Dizionario del dialetto muglisano*. — Udine: Casamassima (Dizionario etimologico storico friulano), 1981, xlvi, 187 p., 9 ill. | Corr. à BL 1981, 7516. | *BSL* 77, 1982/2, 127 J. Savi.

G. Dalmatian — Dalmate

Schedario. — 7200 | Venezia Giulia; Istria; Dalmazia, p. 149-174.

7588 TEKAVČIĆ, Pavao: *Motovun* i *Flaveyco* (svjedočanstva silaznih diftonga u toponima o rasprostranjenosti autohtonih romanskih govora na istočnoj obali Jadrana. — *OnJug* 9, 1982, 129-135 | It. summ.: *Motovun* e *Flaveyco* (testimonianze dei dittonghi discendenti nei toponimi a proposito dell'estensione degli idiomi romanzi autoctoni dell'Adriatico orientale).

H. Rumanian (and Moldavian) — Roumain (et Moldave)

0. BIBLIOGRAPHY AND GENERAL — BIBLIOGRAPHIE ET GÉNÉRALITÉS

DĂNĂILĂ, I.; POPA, E.: Bibliografia românească de lingvistică . . . — 14.
7589 PRICE, Glanville: Rumanian studies: language. — *YWMLS* 43, 1981 (1982), 626-630.
7590 AVRAM, Mioara: Contacte între română şi alte limbi romanice. — *SCL* 33, 1982, 253-259.
7591 CONSTANTINESCU-DOBRIDOR, Gheorghe: *Mic dicţionar de terminologie lingvistică*. — Bucureşti: 1979 | BL 1979, 5984. | *SCL* 33, 1982, 79-85 M. Iliescu.
7592 HELIADE RĂDULESCU, Ion: *Gramatică românească*. Ed. . . . de Valeria GUŢU ROMALO. — Bucureşti: 1980 | BL 1980, 6216. | *CLing* 27, 1982, 90-91 M. Zdrenghea.
KAZAZIS, K.: Alb., Mod. Gr., and Rum. linguistics: 1966-1976. — 4967.
7593 MICU, Samuil; ŞINCAI, Gheorghe: *Elementa linguae daco-romanae* . . . Studiu introductiv . . . de Mircea ZDRENGHEA. — Cluj-Napoca: 1980 | BL 1981, 7697. | *CLing* 27, 1982, 89-90 N. Mocanu.
7594 POPOVICI, Iosif: *Scrieri lingvistice*. Ed. . . . de Maria PURDELA-SITARU şi Livia VASILUŢĂ. — Timişoara: 1979 | BL 1979, 5993. | *LbR* 31, 1982, 312-314 E. Beltechi.
7595 *Soziolinguistische Aspekte der rumänischen Sprache*. Ein Sammelband hrsg. von Klaus BOCHMANN. — Linguistische Studien; Leipzig: Verlag Enzyklopädie, 1980, 171 p. | From the contents: Klaus BOCHMANN, Die Herausbildung soziolinguistischer Betrachtungsweise in der rumänischen Sprachwissenschaft, 9-35; Al. NICULESCU, Die Romanität der rumänischen Sprache und Kultur, 35-52; Gh. BULGĂR, Die Funktionalstile der rumänischen Sprache der Gegenwart, 73-92; Magdalena VULPE, Volkssprachlich, dialektal, mündlich, 92-106; Mihai CONŢIU, Bemerkungen zum Berufswortschatz in einem rumänischen Textilbetrieb, 115-124. | *RESEE* 20, 1982, 355-357 C. Vătăşescu | *VR* 41, 1982, 347-348 C.Th. Gossen.
7596 WINDISCH, Rudolf: Die Herkunft der Rumänen im Lichte der deutschen For-

schung. — *VR* 41, 1982, 46-72 | A propos de Ioan HURDUBEȚIU (BL 1977, 7542).

1. PHONETICS AND PHONOLOGY — PHONÉTIQUE ET PHONOLOGIE

7597 AVRAM, Andrei: Despre o încercare de cronologie a unor fenomene din fonetica istorică a limbii române. — *SCL* 33, 1982, 260-270.
7598 BONFANTE, G.: Il rotacismo romeno e il prof. A. Rosetti. — *Paideia* 36, 1981, 88.
7599 DASCĂLU, Laurenția: Listening tests on the intonation of segmented utterances. — *RRLing* 26, 1981, 207-212.
7600 DASCĂLU, Laurenția: On the intonation of negative questions in Romanian. — *RRLing* 26, 1981, 329-332.
7601 DASCĂLU, Laurenția: On the rhetorical interrogative intonation in Romanian. — *RRLing* 27, 1982, 207-210.
7602 DASCĂLU, Laurenția: Cîteva "răspunsuri interogative" și intonația lor în limba română. — *SCL* 33, 1982, 39-46.
7603 DASCĂLU, Laurenția: Despre raportul dintre intonație si unele semne de punctuație. — *SCL* 33, 1982, 322-333.
7604 DUMISTRĂCEL, Stelian: Fonetisme perceptibile și nonperceptibile pentru informator și rezultatele anchetei dialectale. — *SCL* 33, 1982, 375-386 | Rés. fr.
7605 FELIX, Jiří: *Zvuková a písemná stránka rumunštiny: aspectul sonor și cel scris al limbii române.* — Praha: Univ. Karlova, 1982, 149 p.
7606 GARNES, Sara: American students' perception and production of Romanian plosives. — *Balkanistica* 6, 1980 (1982), 31-44, 4 fig.
7607 GHEȚIE, Ion: O chestiune de fonetică istorică românească: lat. *rapidus > repede.* — *SCL* 33, 1982, 67-69.
7608 GRASSEGGER, Hans: Sonagraphische Untersuchungen zum rumänischen [ɨ]. — *GLS* 11-12, 1980, 118-127.
7609 ROSETTI, Alexandru: Sur la voyelle supplémentaire en fin de mot en roumain. — [263], 409-411.
7610 SAMPSON, Rodney: The phonetic history of stressed *ī* in Romanian. — *RRLing* 26, 1981, 125-133 | Suivi d'une note d'A. ROSETTI, Le sort de lat. *i* accentué en roumain, 135.
7611 SCHUYT, Roel: Soft consonants – a comparison between Russian, Bulgarian and Rumanian. — *SSGL* 2, 1982, 267-277.
7612 TIUGAN, Marilena: The depalatalization of *k'* and *g'* in the speech of Bucharest City community. — *RRLing* 26, 1981, 113-124.
7613 TURCULEȚ, Adrian: Trăsăturile distinctive ale fonemelor limbii române standard. — *LbR* 31, 1982, 496-503.

2. GRAMMAR — GRAMMAIRE

7614 AVRAM, Mioara: Numeralul ordinal: forme și norme. — *MSȘFLA* 2, 1979-80 (1981), 77-86.
7615 BEJAN, D.: Structura regenților propoziției subiective. — *CLing* 27, 1982, 31-36 | Rés. fr.
7616 BÎTEA, Ioan N.; BÎTEA, Dana: Observații asupra lui *sau* apozitiv. — *LbR* 31, 1982, 117-126.
7617 DIACONESCU, Ion: Complementul de schimb și propoziția subordonată corespunzătoare. — *LbR* 31, 1982, 217-221.

ROUMAIN

7618 DIACONESCU, Paula: Gramatica tradițională. Recitire. — *LbR* 31, 1982, 111-115.

DOMI, M.: De quelques parallélismes syntaxiques alb.-roum. — 5019.

7619 DRAȘOVEANU, D.D.: Nominativul și acuzativul: schițe sintactice cu adnotări. — *CLing* 27, 1982, 37-46.

7620 EREMIA, A.I.: *Contribuții la studiul formării cuvintelor în limba moldovenească.* — Chișinău: "Știința", 1979, 274 p. | *SCL* 33, 1982, 360-362 M. Popescu-Marin.

7621 FARKAS, Donka: Word order in Rumanian main clauses. — *FoSl* 4/2-3, 1981 (1982), 254-262.

7622 FLOREA, Vladimir: Existe-t-il un mode présomptif en roumain? — [318], 326-333.

7623 FRÂNCU, C.: Vechimea și difuziunea lexicală a unei inovații comune dialectelor limbii române: desinența *-uri* la pluralul femininelor. — *LbR* 31, 1982, 199-212.

7624 FRÂNCU, C.: Vechimea formelor de mai mult ca perfect, perfect compus, prezent indicativ și conjunctiv în *-ră*. — *LbR* 31, 1982, 281-293.

FRANGA, L.: Suffixes daco-roum. de substrat . . . — 4923.

7625 GRUIȚĂ, G.: *Acordul în limba română.* — București: Editura științifică și enciclopedică, 1981, 203 p. | Rés. fr. | *CLing* 27, 1982, 165-166 D.D. Drașoveanu | *LbR* 31, 1982, 524-526 G.G. Neamțu.

7626 HASAN, Finuța: Din istoria pluralului de reverență. — *LbR* 31, 1982, 213-216.

7627 HINRICHS, Uwe: Zum Problem der *cuvinte incidente* im Rumänischen. — *ZBalk* 18, 1982, 22-42.

7628 IONESCU-RUXĂNDOIU, Liliana: Some linguistic problems of the address forms in Romanian. — *RRLing* 27, 1982, 249-253.

7629 *Limba moldovenjaskė literarė kontemporanė: sintaksa.* [Red.: A.I. ČOBANU]. — Kišinėu: "Lumina", 1981, 438 p. | *NDVŠ-F* 1982/6, 82-84 T.A. Repina.

7630 LOMBARD, Alf: *Întreagă casa.* — *RRLing* 27, 1982, 499.

7631 LOMBARD, Alf; GÂDEI, Constantin: *Dictionnaire morphologique de la langue roumaine.* — Skrifter utgivna av Vetenskapssocieteten i Lund 76; Lund: Gleerup / București: Editura Acad. RSR, 1981, x, 70, 104, 232 p.

7632 MILAȘ, C.: O valoare contextuală a prepoziției *la*. — *CLing* 27, 1982, 47-54 | E. summ.

7633 NEAMȚU, G.G.: Korrelative Adverbien in der rumänischen Disjunktion. — *RRLing* 27, 1982, 281-285.

7634 NEAMȚU, G.G.: Observații asupra conjuncțiilor corelative disjunctive. — *LbR* 31, 1982, 504-507.

7635 NEAMȚU, G.G.: Un nominativ prodatival. — *CLing* 27, 1982, 55-59.

7636 ORZA, Rodica: Numele etnice feminine (pe baza *ALR* II). — *CLing* 27, 1982, 142-146.

7637 PANĂ DINDELEGAN, Gabriela: Structura sintactică nominal + adverb (sau adjectiv) + supin. — *LbR* 31, 1982, 5-13.

7638 PĂTRUȚ, Ioan: Contradictio in principiis. — *CLing* 27, 1982, 129-133 | A propos d'un art. de Elena TOMA, Mică enciclopedic a limbii române. Sufix verbal, I, *Limbă și literatură* (București) 3, 1980, 401-407.

7639 POPESCU, Ion: În legătură cu definiția pronumelui de întărire. — *LbR* 31, 1982, 187-189.

7640 SĂTEANU, Cornel: *Timp și temporalitate în limba română contemporană . . .* — București: 1980 | *BL* 1980, 6288. | *ZRPh* 98, 1982, 252-254 J. Felixberger.

SLAMA-CAZACU, T.: Structura dialogului . . . — 1648.
7641 ŞTEFĂNESCU, Ioana: The transformational rule of raising in Romanian. — *RRLing* 27, 1982, 365-395.
7642 TOBIN, Yishai: The last case of Romance: a decoding model for Romanian case. — *RRLing* 26, 1981, 169-176.
7643 TODORAN, Romulus: Participiile scurte (*văst, vint* etc.). — *CLing* 27, 1982, 60-68, map.
7644 ULIVI, Anca: Remarques sur la relation entre la syncope et l'haplologie. — *RRLing* 27, 1982, 551-554 | Problèmes roum.
VAIMBERG, S.: O paralelă sintactică romano-bulgară. — 10124.
VRACIU, A.: Sopostavitel'nyj analiz kategorii roda . . . — 9737.
7645 VULPE, Magdalena: *Subordonarea în frază in dacoromâna vorbită.* — Bucureşti: 1980 | BL 1980, 6296. | *CLing* 27, 1982, 91-92 R. Todoran | *JazA* 19, 1982, 133-134 S. Utěšený.

3. HISTORY — HISTOIRE

7646 *Codicele Voroneţean.* Ed. . . . de Mariana COSTINESCU. — Bucureşti: 1981 | BL 1981, 7752. | *CLing* 27, 1982, 164-165 E. Pavel | *SCL* 28, 1982, 491-492 Al. Rosetti.
7647 DAVID, Doina: *Limba şi cultură (Româna literară între 1880 şi 1920 . . .).* — Timişoara: 1980 | BL 1981, 7756. | *CLing* 27, 1982, 166-168 E. Dragos | *SCL* 33, 1982, 434-437 V.V. Grecu.
7648 DJAMO-DIACONIŢĂ, Lucia: Noi contribuţii la cunoaşterea slavonei româneşti. — *SCL* 33, 1982, 163-169.
7649 GĂLĂBOV, Ivan: Languages in contact − ein typischer Fall: das Rumänische. — [399], 17-28.
7650 GHEŢIE, Ion: A existat un izvor latin al psaltirilor româneşti din secolul al XVI-lea? — *LbR* 31, 1982, 181-185.
7651 GHEŢIE, Ion: Banatul şi textele rotacizante. — *LbR* 31, 1982, 238-246.
7652 GHEŢIE, Ion: Locul *Paliei de la Orăştie* în dezvoltarea limbii române literare. — *LbR* 31, 1982, 470-473.
7653 HAMP, Eric P.: The chronology of a cluster type in Romanian. — *RRLing* 26, 1981, 405-409 | Grave nasal plus voiceless dental obstruent.
7654 HUBSCHMID, Johannes: Die Erforschung sprachlicher Substrate, besonders im Rumänischen. — [161], 334-339.
7655 IVĂNESCU, Gheorghe: *Istoria limbii române.* — Iaşi: 1980 | BL 1980, 6314. | *Paideia* 36, 1981, 236 V. Pisani | *RESEE* 19, 1981, 391-394 H. Mihăescu.
7656 MAREŞ, Alexandru: Datarea *Codicelui Voroneţean.* — *LbR* 31, 1982, 41-50, 12 fig.
7657 MIHĂESCU, Doru: La plus ancienne synthèse roumaine des chronographes néo-grecs vénitiens du XVIIe siècle. II; III. — *RESEE* 19, 1981, 109-131; 355-367 | Cf. BL 1980, 6316.
7658 MIHĂILĂ, G.: Aspecte teoretice şi istorice ale studierii raporturilor lingvistice vechi slavo-române. — *SCL* 33, 1982, 57-66.
7659 MIRCEA, Ion-Radu: O veche traducere românească: *Parimiarul de la Braşov.* — *LbR* 31, 1982, 474-491, 7 fig.
7660 NICULESCU, Alexandru: Aspecte fonetice ale latinităţii limbii române: probleme de cronologie relativă. — *MSŞFLA* 2, 1979-80 (1981), 19-32.
7661 ONU, Liviu: Paternitatea titlului *Viaţa şi petrecerea . . .* sau o chestiune de metodă. — *LbR* 31, 1982, 247-251.

7662 PICCILLO, Giuseppe: Il manoscritto italiano-romeno Asch 223 di Göttingen. — *RLiR* 46, 1982, 255-270.
7663 POGHIRC, Cicerone: Y a-t-il des éléments méditerranéens en roumain? — [263], 313-321.
7664 RĂDULESCU, Maria: *Noul Testament* de la Bălgrad (1648): modele și izvoare. — *SCL* 33, 1982, 239-252 | Rés. fr.
7665 ROSETTI, A.: Slavo-romanica. Considérations sur les rapports linguistiques slavo-roumains à l'époque la plus ancienne. II. — *RLing* 26, 1981, 411-413 | Éd. corr. de l'art. publié dans *Romanoslavica* 19, 1979 (1981), 13-15. Ie partie dans *Analele Universității din București, Limbi străine* 26, 1977.
7666 ROSETTI, A.: Sur la valeur de la lettre cyrillique . . . dans les textes roumains anciens. — *RRLing* 27, 1982, 141-142.
7667 RUSSU, I.I.: *Etnogeneza românilor. Fondul autohton* . . . — București: 1981 | BL 1981, 7777. | *CLing* 27, 1982, 88-89 A. Goția | *SCL* 33, 1982, 278-282 L. Franga | *ZRPh* 98, 1982, 714-715 R. Windisch.
7668 RUSU, Valeriu: L'histoire de la langue roumaine et l'occitan. — *RRLing* 27, 1982, 147-148.
7669 STANOMIR, Gheorghe: Das geto-dakische Substrat im Spannungsfeld zwischen Sprachwissenschaft und Politik. — [263], 327-344.
7670 *Texte românești din secolul al XVI-lea.* Ediții critice de Emanuela BUZĂ, Gheorghe CHIVU . . . [et al.]. Coordonator: Ion GHEȚIE. — București: Editura Acad. RSR, 1982, 638 p.
7671 VRABIE, Emil: Linguistic aspects of the question of the Romanians' continuity in Dacia: a critical study. — *RRLing* 26, 1981, 213-262 | On André Du NAY (BL 1978, 5534).
7672 ZGRAON, Florentina: Textele complementare și manierismul sintactic în limba secolului al XVI-lea. — *LbR* 31, 1982, 225-237.

4. DIALECTOLOGY — DIALECTOLOGIE

7673 ARVINTE, V.: Atlasele lingvistice regionale românești. Pe marginea *Noului atlas lingvistic român pe regiuni: Banat*, I. | *SCL* 33, 1982, 344-354 | Cf. 7680.
7674 CARAGEANI, Gheorghe: La subordinazione circostanziale ipotattica nella frase del dialetto aromeno (macedoromeno). Parte III. — *AION-R* 23, 1981, 35-114 | Cf. BL 1980, 6328.
7675 CARAGIU MARIOȚEANU, Matilda: Le *REW* et l'aroumain. — [263], 413-418 | On some problems concerning the relationship between the invariant unity of Rum. and its dial.
GABINSKIJ, M.A.: Romanskie dial. dannye po ètiologii . . . balkanizmov. — 4963.
7676 GOŽIN, G.M.: O stjažen̂ii glasnych v zijanii v jugo-zapadnych govorach moldavskogo jazyka. — [413], 131-158.
7677 KOVAČEC, August: Les différences lexicales entre l'istroroumain du nord et l'istroroumain du sud. — *SRAZ* 26, 1981 (1982), 57-83.
7678 *Micul atlas lingvistic român.* Partea II. Serie nouă. Vol. IV . . . Red. principal: Ioan PĂTRUȚ . . . — București: 1981 | BL 1981, 7789. | *CLing* 27, 1982, 161-163 P. Neiescu.
7679 MOCANU, Nicolae: *Riu, friu, briu, griu* etc.: răspîndirea actuală în graiurile bănățene. — *CLing* 27, 1982, 152-160, 4 cartes | Rés. fr.
7680 *Noul atlas lingvistic român pe regiuni: Banat*, I. [+] *Date despre localități și*

informatori. Sub conducerea Petru NEIESCU . . . — Cluj-Napoca: 1980 | BL 1980, 6335-6. | *RRLing* 27, 1982, 563-566 M. Vulpe | Cf. 7673.

7681 PANĂ-BOROIANU, Ruxandra: Remarques sur l'emploi du passé simple dans les textes non littéraires d'Olténie. — *RRLing* 27, 1982, 423-434, carte.

7682 POPESCU, Radu Sp.: *Graiul gorjenilor de lingă munte.* — Craiova: 1980 | BL 1980, 6339. | *SCL* 33, 1982, 177-181 I. Ionică.

7683 POPESCU, Radu Sp.: Transylvanian terms in the vocabulary of the Gorj district dialect. — *RRLing* 27, 1982, 435-439.

7684 RANKIN, Robert L.: A note on dental sibilants and vowel centralization in Romanian dialects. — *FoSl* 4/2-3, 1981 (1982), 357-364, fig.

7685 ROLSHOVEN, Jürgen: Türkisch-aromunische Lehnsbeziehungen. — [399], 29-41.

7686 RUSU, Valeriu: Orientations sociolinguistiques dans la dialectologie roumaine contemporaine. — [186], 53-59.

7687 SCĂRLĂTOIU, Elena: *Relații lingvistice ale aromânilor cu slavii de sud* . . . — București: 1980 | BL 1980, 6341. | *RESEE* 20, 1982, 154-156 N. Saramandu.

7688 TURCULEȚ, Adrian: Sistemul fornematic al graiului tecucean. — *SCL* 33, 1982, 468-481 | Furcenii Vechi, jud. Galați.

7689 UDLER, R.Ja.: Lingvističeskaja geografija vostočnoj romanii. — [413], 4-16.

7690 VÎNTU, Ileana: Standard/popular în graiul comunei Dumitra. — *SCL* 33, 1982, 395-406 | Județul Bistrita-Nasaud (E. summ.).

5. LEXICON — LEXIQUE

7691 AVRAM, Andrei: Note etimologice. — *LbR* 31, 1982, 15-20; 137-142 | Notes sur 25 mots commençant par *p-*.

7692 BOCHMANN, Klaus: *Der politisch-soziale Wortschatz des Rumänischen* . . . — Berlin (DDR): 1979 | BL 1980, 6349. | *ASNS* 219, 1982, 238-240 K. Heitmann | *LPosn* 25, 1982, 148-149 H. Misterski | *RESEE* 20, 1982, 359-362 Z. Mihail | *ZPhon* 35, 1982, 337-338 A. Beyrer.

7693 BRÂNCUȘ, Grigore: Observații generale asupra lexicului autohton al limbii române. — *MSȘFLA* 2, 1979-80 (1981), 57-61.

7694 COMȘULEA, Elena: *Ragilă:* contribuții etimologice și lexicale. — *CLing* 27, 1982, 134-139.

7695 CONTRAȘ, E.: Completări și îndreptări la DLR, litera *M*. II; III. — *LbR* 31, 1982, 21-31; 127-136 | Cf. BL 1981, 7813.

7696 DIACON, Vasile: Aspecte ale lexicului neologic la Eufrosin Poteca. Reminiscențe italiene. — *LbR* 31, 1982, 161-172.

7697 *Dicționarul elementelor românești din documentele slavo-române, 1374-1600.* Red. responsabil: Gh. BOLOCAN . . . — București: 1981 | BL 1981, 7814. | *SCL* 33, 1982, 86-87 I. Rizescu | *RESEE* 20, 1982, 349-351 E. Scărlătoiu.

7698 *Dicționarul limbii române (DLR).* Serie nouă. Tomul XI, partea a 2-a, Litera T: *t – tocăliță.* [Redactori responsabili: Iorgu IORDAN, et al. Red.: Ioana ANGHEL; Elena COMȘULEA; et al.]. — București: Editura Acad. RSR, 1982, 376 p. | Cf. BL 1980, 6362. | *SCL* 33, 1982, 449 M. Muntean Bojan (On vol. VIII, 4) | *LbR* 31, 1982, 269-272 I. Popescu-Sireteanu (On vol. XI, 1).

7699 DIMITRESCU, Florica: *Dicționar de cuvinte recente.* — București: Albatros, 1982, 535 p. | *SCL* 33, 1982, 501-506 C. Lupu | *RRLing* 27, 1982, 566-567 M. Caragiu Marioțeanu | *RLiR* 46, 1982, 433-435 A. Lombard.

7700 DUMISTRĂCEL, Stelian: *Lexic românesc* . . . — București: 1980 | BL 1980, 6366.

| *RRLing* 26, 1981, 399-401 E. Toma | *CLing* 27, 1982, 98-99 E. Comşulea | *ERB* 13, 1982, 82-88 R. Ostrá.

FERRAND, M.: Le roum. *păstra* et sa famille balkanique. — 4959.

7701 GRAUR, Alexandru: *Cuvinte înrudite.* — Bucureşti: 1980 | BL 1980, 6372. | *CLing* 27, 1982, 96-97 Gh. Haş.

7702 GRECU, Doina: Numele zilelor săptămînii: note pe marginea *ALR* şi *DLR.* — *CLing* 27, 1982, 140-141.

7703 HUBSCHMID, Johannes: Vorarbeiten für das Rumänische etymologische Wörterbuch. 10. *ac*; 11. *alb.*; 12. *agurida.* — *RRLing* 27, 1982, 501-505 | Cf. BL 1980, 6374; 1981, 7821-4.

7704 ILIESCU, Maria: *Grundwortschatz Rumänisch* . . . — Frankfurt a.M.: 1979 | BL 1979, 6114. | *BRPh* 20, 1982, 155-157 A. Beyrer.

7705 ILIESCU, Maria; NEAGU, Valeria; NEDELCU, Carmen; SCURTU, Gabriela: *Vocabularul minimal al limbii române* . . . Bucureşti: 1981 | BL 1981, 7826. | *RLiR* 46, 1982, 182-185 P. Tekavčic.

7706 IORDACHE, Gh.: *Mărturii etno-lingvistice despre vechimea meseriilor populare româneşti* . . . — Craiova: 1980 | BL 1981, 7828. | *CLing* 27, 1982, 93-94 V. Bidian | *LbR* 32, 1983, 75-78 I. Calotă.

7707 MIHĂILĂ, G.: Studiul elementelor autohtone în *Cuvenete den bătrîni.* — *MSŠFLA* 2, 1979-80 (1981), 67-75.

7708 [MIHĂILĂ, G.] MICHAILA, G.: Latino-greko-slavjanskie zaimstvovanija v rumynskom jazyke do 1521 g. — *RRLing* 26, 1981, 15-24.

7709 MIRON, Paul: Rumänisch *da.* — [243], 107-115, map.

7710 MOISE, Ion: Note de argou militar. — *LbR* 31, 1982, 33-39.

7711 NESTORESCU, Virgil: Note etimologice. — *LbR* 31, 1982, 222-224 | *baboşă; campadură; caval; cortel; hahaleră; lufar.*

7712 NICULESCU, Alexandru: La notion 'traduire' dans la langue roumaine. — [263], 359-366.

7713 PAUN, Constantin: Emprunts italiens et français dans le vocabulaire roumain de l'architecture (XVIIIe-XIXe siècles. — *Lengas* 7, 1980, 113-131.

7714 PREDA, Irina: Note lexicale (I; II). Addenda şi corrigenda la dicţionarele explicative româneşti actuale. — *LbR* 31, 1982, 509-517; 32, 1983, 34-40.

7715 SĂNDULESCU-TRANDAFIRESCU, Natalia: Glosar de cuvinte greceşti. — *Revista Arhivelor* (Bucureşti) 34, 1972/1, 97-106; 35, 1973/2, 393-403; 41, 1979/4, 430-437; 42, 1980/1, 116-124 | *RESEE* 20, 1982, 367 C. Papacostea-Danielopolu.

7716 *Scurt dicţionar etimologic al limbii moldoveneşti.* Red.: N. RAEVSKII; M. GABINSKII. — Chişinau: 1978 | BL 1981, 7854. | *ZRPh* 98, 1982, 254-255 W.Th. Elwert | *LF* 105, 1982, 126-127 P. Beneš.

7717 SECHE, Luiza; SECHE, Mircea: *Dicţionarul de sinonime al limbii române (DSR).* — Bucureşti: Editura Acad. RSR, 1982, 1120 p.

7718 ŞERBAN, Felicia: *Umbră* – între *lumină* şi *întuneric.* — *CLing* 27, 1982, 147-151.

7719 ŞERBAN, Valentina: Termeni de măsură pentru lungime. — *CLing* 27, 1982, 10-14.

7720 SÎRBU, Richard: Modele derivative antonimice. — *SCL* 33, 1982, 225-238 | Rés. fr.

7721 STAN, Ionel: On the typological characterization and the unity of structure of the Romanian vocabulary. — *RRLing* 27, 1982, 227-230.

7722 STEINKE, Klaus: Zur Form einiger Turzismen im Rumänischen und Bulgarischen. — [263], 419-436.

7723 TOMA, Elena: Despre metafora terminologică în limba română. — *CLing* 27, 1982, 15-24 | Rés. fr.

WINKELMANN, O.: Lat. *magister* und seine Entsprechungen im Rum. — 5765.

7. STYLISTICS — STYLISTIQUE

7724 ANDREESCU, Gabriel: Classification of poetic items: the volumes "Plumb" by Bacovia and "Poemele luminii" by Blaga. — *RRLing* 26, 1981, 181-188.

7725 COTEANU, I.: Grupul nominal (GN) în poezie. I; II; III. — *SCL* 33, 1982, 3-18; 115-132; 203-210 | E. summ.

7726 DASCĂLU, Laurenția: Despre unele valori stilistice și intonația corespunzătoare parantezei, liniei de pauză și punctelor de suspensie. — *SCL* 33, 1982, 387-394 | E. summ.

7727 DRAGOȘ, Elena: Structura narativă a nuvelei istorice românești (C. Negruzzi și Al. Odobescu). — *CLing* 27, 1982, 69-78 | Rés. fr.

7728 LÜDER, Elsa: Procedee stilistice la Ion Creangă. — [243], 117-123.

7729 MIHĂILĂ, Ecaterina: Structura gramaticală a limbajului matematic în perioada 1880-1980. Perspectivă stilistică. — *LbR* 31, 1982, 51-65.

7730 OANCEA, Ileana: "Transferul atributiv" și semnificația sa pentru semantica și sintaxa epitetului în poezia modernă. — *SCL* 33, 1982, 19-27 | Rés. fr.

7731 POPESCU, Florin D.: *Limba și stilul poeziei lui Vasile Alecsandri: îndrumări metodice.* — București: Editura didactică și pedagogică, 1980, 264 p. | *SCL* 33, 1982, 355-360 C. Dominte.

7732 ȘTEFAN, Ion: Deosebiri între vorbirea bărbaților și cea a femeilor la țăranii lui Marin Preda. — *LbR* 31, 1982, 75-83.

7733 ȘTEFAN, Ion: Repartiția stilistică a neologismelor în *-ie* și *-iune*. — *LbR* 31, 1982, 294-302.

7734 TASMOWSKI-DE RYCK, Liliane: A cache-cache. — *SCL* 33, 1982, 29-37 | Analyse du poème *De-a v-ați ascuns* de Tudor Arghezi.

8. METRICS, VERSIFICATION — MÉTRIQUE, VERSIFICATION

7735 BERCA, Olimpia: Sistemele rimei. II. — *LbR* 31, 1982, 67-73 | Cf. BL 1981, 7882.

7736 DINU, Mihai: Rythme et "macrorythme" dans la versification roumaine. — *RRLing* 27, 1982, 255-263.

7737 FUNERIU, I.: Adnotări la niște "note critice". — *LbR* 31, 1982, 97-98 | Réponse à G.C. Rusu (BL 1981, 7887).

ISTRĂTESCU, N.: Rythmologie poétique générative . . . — 3161-2.

7738 TOHĂNEANU, G.I.: Statutul prozodic al negațiilor. — *LbR* 31, 1982, 143-154.

7739 TOHĂNEANU, G.I.: Variații eminesciene pe tema strofei safice. — *SCL* 33, 1982, 407-412.

12. SOCIOLINGUISTICS — SOCIOLINGUISTIQUE

KARLINGER, F.: Miszellen zur Mehrsprachigkeit des sardischen Theaters und des rum. Kultes. — 4137.

CELTIQUE

14. ONOMASTICS — ONOMASTIQUE

7740 BÂLDEA, N.: Sufixul *-oni* în antroponimia și toponimia unor sate din nord-vestul Olteniei. — *CLing* 27, 1982, 25-27.
7741 BOLOCAN, Gh.: Formarea numelor de grup în Oltenia. — *SCL* 33, 1982, 133-162.
7742 BUREȚEA, Emilian N.: Sufixe diminutivale cu valoare posesivă în toponimia din nordul județului Vîlcea. — *LbR* 31, 1982, 173-179.
7743 DAN, Ilie: *Toponimie și continuitate în Moldova de Nord.* — Iași: 1980 | BL 1980, 6446. | *LbR* 31, 1982, 195 P. Tomegea.
7744 DĂNILĂ, Simion: Documente inedite privitoare la antroponimia bănățeană. — *LbR* 31, 1982, 260-265.
7745 DUMBRĔVJANU, A.N.: Zaimstvovannye vostočnoslavjanskie ličnye imena v moldavskoj dialektnoj antroponimii i ich kartografirovanie. — [413], 100-108, 4 maps.
7746 HOMORODEAN, M.: Sulla toponomastica mitologica (con speciale riferimento alla toponomastica romena). — *ASGM* 22, 1981 (1982), 67-70.
7747 IONIȚĂ, Vasile: *Nume de locuri din Banat.* — Timișoara: Facla, 1982, 276 p. | *LbR* 32, 1983, 72-75 E. Suciu.
7748 IORDAN, Iorgu: Despre "prioritatea unei idei" (cu privire la articolul lui Vasile Frățilă . . .). — *LbR* 31, 1982, 518-519 | A propos de BL 1981, 7900.
7749 MODORAN, Filofteia: Toponime care reflectă mișcări de populație românească pe teritoriul țării noastre. — *LbR* 31, 1982, 85-92.
7750 OANCĂ, Teodor: Sufixul antroponimic *-éga*. — *LbR* 31, 1982, 252-259.
7751 PĂTRUȚ, Ioan: Din nou despre *Lugoj.* — *LbR* 31, 1982, 266-267.
7752 PĂTRUȚ, I.: Sufixul *-og-* în antroponimia românească. — *CLing* 27, 1982, 28-30.
7753 PAVEL, Eugen: Din istoricul preocupărilor de lexicografie toponimică. — *CLing* 27, 1982, 5-9.
   SALZMANN, Z.: Nicknaming in Bigăr . . . — 11073.
7754 ȚOPAN, Grigore: *Batin* – un nom commun à quelques-unes des langues sud-est-européennes. — [176], 549-554.

XI. CELTIC LANGUAGES — LANGUES CELTIQUES

A. General — Généralités

7755 EVANS, D. Ellis: Common Celtic and Old Celtic. — *YWMLS* 43, 1981 (1982), 631-639.
7756 ROIDER, U.; MEID, W.: Indogermanische Chronik 28. IX. Keltisch. — *Sprache* 28, 1982, 102-105; 229-233.
   CAMPANILE, E.: *Studi di cultura celt. e i.-e.* — 4249.
   CRIȘAN, I.H.: Rapports entre la culture géto-dace et la culture celt. — 4919.
7757 FLEURIOT, Léon: Notes sur le celtique antique. — *EC* 19, 1982, 121-128 | 1. Traductions lat. d'épithètes divines gauloises. 2. Onomastique celtibère, irl. et br. anciennes.
7758 HAMP, Eric P.: Varia. VII-XI. — *EC* 19, 1982, 137-142 | 7. Lexical renewal of anc. semantics. 8. Two riddles of Br. phonology. 9. OIr. *reód*. 10. Ir. *síd* "tumulus" and Ir. *síd* "peace". 11. OIr. *seir*, W. *ffer*, etc. | Cf. BL 1981, 7989.

7759 HAMP, Eric P.: *-og- in British Celtic and notes on *bro*. — *EC* 19, 1982, 143-149 | 1. *-og- > -ag- in British Celt. II. W. *troed*, Br. *troad*, OIr. *droch*. III. Notes on *bro* (1. *diffroeð*; 2. *Kymro, Kymry*; 3. *allmyn*; 4. Celt. **mrog*-).
7760 HAMP, Eric P.: [1] *vch bob aelwyt*; [2] *ffuruf CLlaLl 134;* [3] *Corannyeit*; [4] *cerennydd*. — *BBCS* 29/4, 1982, 681-683.
7761 HAMP, Eric P.: [1] *amygaf, amwyn*; [2] *gorch(y)fygaf, gorch(y)fygu*; [3] On notable trees (1. *Elmet*; 2. *llwyfen*; 3. *De(i)ri*; [4] W. *safn*, Br. *staon*; [5] An indeterminacy. — *BBCS* 30/1-2, 1982, 39-45.
HAMP, E.P.: On the Celt. names of Ig. — 4271-2.
HAMP, E.P.: IE. *μres-* . . . and its traces in Celt. — 4274.
HAMP, E.P.: The IE. roots **bher* in the light of Celt. and Alb. — 4279.
7762 JOSEPH, Lionel S.: The treatment of CR̥H- and the origin of CaRa- in Celtic. — *Ériu* 33, 1982, 51-57.
PETKANOV, I.: Pour une origine celt. de Bigorre. — 7188.
SCHMIDT, K.H.: Keltisch-Hethitisches. — 4441.
7763 STOKES, Whitley; BEZZENBERGER, Adalbert: *Wortschatz der keltischen Spracheinheit*. 5., unveränderte Aufl. — Göttingen: Vandenhoeck & Ruprecht, 1979, viii, 337 p. | Repr. of the 4th ed., 1894 | *ZCPh* 39, 1982, 274-277 E. Campanile.
7764 TERNES, Elmar: The grammatical structure of the Celtic languages. — *The Celtic consciousness*. Ed. by Robert O'DRISCOLL (Toronto: McClelland & Stewart, 1981 / Portlaoise, Ireland: Dolmen Press, & Edinburgh: Canongate Publishing, 1982), 69-78, map.
7765 WAGNER, Heinrich: Near Eastern and African connections with the Celtic world. — *The Celtic consciousness* [cf. 7764], 51-67.

B. Continental Celtic — Celtique continental

CAMPANILE, E.: Prolegomeni ad'un analisi della variazione linguistica nei dialetti italici e nel gallico. — 5536.
7766 DUVAL, Paul-Marie: Chronique gallo-romaine. — *REA* 82, 1980 (1982), 281-307 | 11. Langue gauloise, inscriptions (283-285).
FALC'HUN, F.: *Les noms de lieux celt.* . . . — 7175.
7767 GARCÍA MERINO, C.; ALBERTOS, Mª L.: La tésera celtibérica de Uxama: Rectificación de su lectura. — *Em* 50, 1982, 365-366 | Cf. BL 1981, 7932.
7768 HAMP, Eric P.: Hispanic *Complūtum, Compleutica*. — *ZCPh* 39, 1982, 204.
7769 HITZ, Hans-Rudolf: *Als man noch protokeltisch sprach: Versuch einer Entzifferung der Inschriften von Glozel*. — Zürich: Juris-Verlag, 1982, 186 p., 91 fig.
JUNGANDREAS, W.: Sprachliche Studien zur germ. Altertumskunde. — 7911.
7770 LEJEUNE, Michel: La campanienne inscrite de Saint-Blaise et de Saint-Rémy. — *Revue Archéologique de Narbonnaise* (Paris: de Boccard) 14, 1981, 99-123, 12 pl. | Inscription gallo-gr.
7771 LEJEUNE, Michel: En marge d'une *rīganī* gauloise. — *CRAI* 1981, 29-30 | Notes supplémentaires à l'art. de Jean-Jacques HATT, La divinité féminine souveraine chez les Celtes continentaux d'après l'épigraphe gallo-romaine et l'art celtique, *ibid*. 12-28.
7772 LEJEUNE, Michel: Notes d'étymologie gauloise. VI-VII. — *EC* 19, 1982, 107-119 | VI. Gaulois ANΔOOYNNABO. VII. Les noms en -*rīgos*. | Cf. BL 1980, 6479.
7773 LEJEUNE, Michel; LAMBERT, Pierre-Yves: Celtique continental. — [4321], 117-123.

IRLANDAIS

7774 MARICHAL, Robert: Nouvelles fouilles et nouveaux graffites de la Graufesenque. — *CRAI* 1981, 244-272, 17 fig.
MARICHAL, R.: Une tablette d'exécration de l'oppidum de Montfo . . . — 5678.
7775 MASSON, Olivier: Quelques noms celtiques en Grèce et en Asie Mineure. — *EC* 19, 1982, 129-135 | 1. Noms celt. en Macédoine et en Thessalie. 2. Noms celt. en Asie Mineure.
7776 MEID, Wolfgang: *Gallisch oder Lateinisch?* . . . — Wien: 1980 | BL 1980, 4819. | *AAHG* 35, 1982, 275 F. Lochner von Hüttenbach | *ZCPh* 39, 1982, 297-299 L. Fleuriot.
7777 MOTTO, Filippo: Un relitto morfologico celtiberico. — *Aiōn* 3, 1981 (1982), 271-275.
7778 MÜLLER, Bodo: Geostatistik der gallischen/keltischen Substratwörter in der Galloromania. — [263], 603-620, 3 maps.
7779 REICHARDT, Lutz: *Grinar[ium]*. Ein römisches Lagerdorf. — *BNF* 17, 1982, 31-33 | Kreis Esslingen, Baden-Württemberg.
7780 TOVAR, Antonio: The god *Lugus* in Spain. — *BBCS* 29/4, 1982, 591-599.

C. Insular Celtic — Celtique insulaire

I. General — Généralités

7781 LAMBERT, Pierre-Yves: Les gloses du manuscrit BN Lat. 10290. — *EC* 19, 1982, 173-210, 3 pl. | 1. Contenu du ms. 2. Gloses lat. 3. Les gloses irl. 4. Les scribes. 5. Liste des gloses brittoniques. 6. Remarques particulières sur certaines gloses.
7782 ROIDER, Ulrike: Zweisprachigkeit und grammatische Inter- und Transferenz im Keltischen der Britischen Inseln. — [398], 195-201.
7783 WILLIAMS, J.E. Caerwyn: Remarks on a linguistic drift. — *Celtica* 14, 1981, 67-82 | On the ways of expressing the agent of a verbal noun in W. and Ir.

II. Irish and Scottish Gaelic — Irlandais et Gaélique d'Écosse

7784 Ó BAOILL, Colm: Irish studies. — *YWMLS* 43, 1981 (1982), 660-669 | For 1978-81.
7785 THOMSON, Derick S.: Scottish Gaelic studies. — *YWMLS* 43, 1981 (1982), 670-673.

7786 BAMMESBERGER, Alfred: *A handbook of Irish*. 1. *Essentials of Modern Irish*. — Sprachwissenschaftliche Studienbücher; Heidelberg: Winter, 1982, 157 p., 2 maps.
7787 BAMMESBERGER, Alfred: Le mot irlandais désignant l'œil. — *EC* 19, 1982, 155-157.
7788 BAMMESBERGER, Alfred: The origin of the *ā*-subjunctive in Irish. — *Ériu* 33, 1982, 65-72.
7789 BHALDRAITHE, Tomás DE: *Innéacs Nua-Ghaeilge don 'Dictionary of the Irish language'*. — Deascán Foclóireachta 1; Baile Átha Cliath: Acadamh Ríoga na hÉireann, 1981, iv, 78 p.
7790 BHALDRAITHE, Tomás DE: *Nótaí*. — *Éigse* 18/2, 1981, 295-297 | 1. Aicearracht chainte le briathra. 2. Dhá fhocal (*stán;* *clódhghalar*).
7791 BHALDRAITHE, Tomás DE: Brí agus bunús an fhocail *gúm*. — *Éigse* 19/1, 1982, 167-168.

7792 BHALDRAITHE, Tomás DE: Varia. — *Ériu* 33, 1982, 172-175 | 1. *PCT*: Trí nóta. 2. Dobhriathra mar bhriathra.
7793 BLANKENHORN, V.S.: Pitch, quantity and stress in Munster Irish. — *Éigse* 18/2, 1981, 225-250.
7794 BRODERICK, George: Baase Illiam Dhone. — *Celtica* 14, 1981, 105-123 | A lament in Manx Gaelic: ed. with E. transl. and notes.
7795 BRODERICK, George: Manx stories and reminiscences of Ned Beg Hom Ruy. — *ZCPh* 39, 1982, 117-194 | Transl. and notes (Cf. BL 1981, 7947).
7796 BÚRCA, Seán DE: Epenthesis. — *Éigse* 18/2, 1981, 263-276.
7797 BYRNE, Francis John: Varia. — *Ériu* 33, 1982, 167-169 | 1. **do-airet*. 2. *cadessin*.
Il calendario ir. del codice D IV 18 della Bibl. Nazionale di Torino . . . — 5843.
7798 CAMPANILE, Enrico: Note sur vieil-irlandais *bronnaid* (une nouvelle concordance lexicale et morphologique entre celtique et indo-iranien). — *EC* 19, 1982, 151-154.
CAMPANILE, E.: Un presente in **-nē-* in gr. e in irl. antico. — 5187.
7799 CAREY, John: The name *Tuatha Dé Danann*. — *Éigse* 18/2, 1981, 291-294.
7800 CARNEY, James: Linking alliteration ('Fidrad freccomail'). — *Éigse* 18/2, 1981, 251-262.
7801 *Cath Almaine*. Ed. by Pádraig Ó RIAIN. — Dublin: 1978 | BL 1978, 5698. | *Éigse* 18/2, 1981, 309-312 T. Ó Cathasaigh.
7802 CORTHALS, Johan: On a use of *gaibid*. — *Celtica* 14, 1981, 64-66.
7803 DISTERHEFT, Dorothy: Subject raising in Old Irish. — [170], 44-53.
7804 DORIAN, Nancy C.: *Language death: the life cycle of a Scottish Gaelic dialect*. — Philadelphia: Univ. of Pennsylvania Press, 1981, xviii, 206 p. | *Lg* 58, 1982, 432-435 W.U. Dressler.
7805 DORIAN, Nancy C.: Defining the speech community to include its working margins. — [4056], 25-33 | On East Sutherland Gaelic.
7806 FARGHER, Douglas C.: *Fargher's English-Manx dictionary* . . . — Douglas, Isle of Man: 1979 | BL 1979, 6198. | *Celtica* 14, 1981, 175-177 B. Ó Cuív.
7807 FEUTH, Els: Two segments or one?: nasalized voiced plosives in Old Irish. — *ZCPh* 39, 1982, 88-95.
FILPPULA, M.: VSO and SVO languages in contact: sentence-thematic peculiarities of Hiberno-E. — 9114.
7808 GREENE, David: Varia. *Ériu* 33, 1982, 161-164 | 1. *lecc diice*. 2. Sg 69^{a}9.
7809 HAMP, Eric P.: Old Irish *biáil* "axe". — *ZCPh* 39, 1982, 86-87.
7810 HAMP, Eric P.: Varia. — *Ériu* 33, 1982, 178-183 | 1. Fer Diad. 2. The collective numerals. 3. The transparency of *$*H_een(+i)$*. 4. On post-syncope adjustment of quality. 5. The neuter plural in *-a*.
7811 HENRY, P.L.: *Saoithiúlacht na Sean-Ghaeilge* . . . — Baile Átha Cliath: 1978 | BL 1981, 7957. | *ZCPh* 39, 1982, 304-308 M. Bhreathnach.
7812 HENRY, P.L.: The cruces of *Audacht Morainn*. — *ZCPh* 39, 1982, 33-53.
7813 HICKEY, Raymond: The phonology of English loan-words in Inis Meáin Irish. — *Ériu* 33, 1982, 137-156.
7814 JOSEPH, Lionel S.: Old Irish *tuir*, "house-post". — *Ériu* 33, 1982, 176-177.
7815 KORTLANDT, Frederik: Phonemicization and rephonemicization of the Old Irish mutations. — *Ériu* 33, 1982, 73-83.
7816 LAZAR-MEYN, Heide Ann: Modern Irish grammars and the plural marker *-acha*. — [170], 196-200.
7817 LINDEMAN, Fredrik Otto: Varia. — *EC* 19, 1982, 159-163 | 1. Le gén. sg. des

thèmes fém. en -ā- en v.-irl. 2. Note phonologique sur le type v.-irl. *dinad(rícthe)*.
7818 LINDEMAN, Fredrik Otto: Varia. — *Ériu* 33, 1982, 184-186 | 1. OIr. *-ánac*. 2. Wb 1ª6. 3. OIr. *fíu, féotar*.
7819 LUCAS, Leslie W.: *Grammar of Ross Goill Irish Co. Donegal.* — Belfast: 1979 | BL 1979, 6207. | *Celtica* 14, 1981, 172-174 B. Ó Cuív.
7820 MACAULAY, Donald: Borrow, calque and switch: the law of the English frontier. — [282], 203-237 | Gaelic-E. bilingualism.
7821 MAC EOIN, Gearóid: Linguistic contacts in Ireland. — [152], 227-235.
7822 MAC EOIN, Gearóid: Observations on *Saltair na Rann*. — *ZCPh* 39, 1982, 1-28.
MACKENZIE, B.G.: On the relation of Norse skaldic verse to Ir. syllabic poetry. — 9371.
7823 MCCONE, Kim: Further to absolute and conjunct. — *Ériu* 33, 1982, 1-29.
7824 MCGONAGLE, Noel: Tá rud éigin a cheithre orm. — *Éigse* 18/2, 1981, 299-303 | Discussion (in E.) of this phrase.
7825 MCKENNA, Malachy: Gutaí fada neamhaiceanta in Oirdheisceart Uladh. — *Éigse* 19/1, 1982, 145-149 | Dial. study.
7826 MODER, Carol Lynn; NOONAN, Michael: Analogical leveling and child morphology: the case of the Irish dependent. — *PBLS* 7, 1981, 192-201.
7827 MOTTA, Filippo: Note su alcuni testi ogamici posteriori al CIIC. — [4321], 125-138.
7828 MOTTA, Filippo: Ogamica. — *SCO* 32, 1982, 299-304.
7829 NÍ DHOMHNAILL, Cáit: *Duanareacht . . . na mBard.* — Baile Átha Cliath: 1975 | BL 1980, 6522. | *ZCPh* 39, 1982, 314-317 D. Ó hAodha.
7830 NÍ DHOMHNAILL, Cáit: Closure in bardic poetry. — *Celtica* 14, 1981, 47-63.
7831 NÍ DHOMHNAILL, Cáit: Leaganacha as Conamara. — *Éigse* 19/1, 1982, 150-158 | I. *I gcás go*: (a) 'cé go'; (b) '(cuir) i gcás'. II. *Dath* 'cuid', etc. III. An fragra biorránach.
Ó BUACHALLA, B.: Scribal practice, phil. and hist. linguistics. — 2843.
7832 Ó CORRÁIN, Donnchadh; MAGUIRE, Fidelma: *Gaelic personal names.* — Dublin: Academy Press, 1981, 188 p.
7833 Ó CUÍV, Brian: The etymology of *dia do bheatha*. — *Celtica* 14, 1981, 27-42.
7834 Ó CUÍV, Brian: Two notes. — *Éigse* 18/2, 1981, 285-288 | 1. Vowel changes in the inflexion of *cos, cas*. 2. The phrases **cuirim in iúl* and **ar aoiniúl*.
7835 Ó DOCHARTAIGH, Cathair: A disputed vowel. — *Éigse* 18/2, 1981, 277-283 | Short /o/ in Ir. dialects.
7836 Ó DOCHARTAIGH, Cathair: Some anomalous vowels. — *Éigse* 19/1, 1982, 137-144 | In borrowings from Hiberno-E.
7837 OLMSTED, Garrett: Mórrígan's warning to Donn Cuailnge. — *EC* 19, 1982, 165-172 | The *rosc* found in lines 846-852 of the YBL version of *Táin Bó Cuailnge*: text, transl., notes.
7838 Ó MURCHÚ, Séamas: *Liosta focal as* Idir Shúgradh agus Dáiríre. — Deascán Foclóireachta 2; Baile Átha Cliath: Acadamh Ríoga na hÉireann, 1982, ix, 25 p.
7839 O'RAHILLY, Cecile †: Three notes. — *Celtica* 14, 1981, 1-5 | 1. *feib (amal) as dech*. 2. *doiligh, doilghe*. 3. Inflexion of the objective predicate adj.
7840 Ó SIADHAIL, Mícheál: Cardinal numbers in Modern Irish. — *Ériu* 33, 1982, 99-107.
7841 QUIN, E.G.: Ochtfóclach Choluim Chille. — *Celtica* 14, 1981, 125-153 | Ed. of this poem with E. transl. and notes.

7842 QUIN, E.G.: A further note on Wb 13ᵇ13. — *Ériu* 33, 1982, 165-166 | Cf. BL 1980, 6542.
7843 ROIDER, Ulrike: . . . *De chophur in da muccida. Eine altirische Sage* . . . — Innsbruck: 1979 | BL 1979, 6215. | *EC* 19, 1982, 396-397 P.Y. Lambert.
SABBAN, A.: *Gälisch-engl. Sprachkontakt* . . . — 9300.
7844 SCHMIDT, Karl Horst: Die Würzburger Glossen. — *ZCPh* 39, 1982, 54-77 | OIr. glosses.
7845 SPROULE, David: Complex alliteration in Gruibne's *roscad*. — *Ériu* 33, 1982, 157-160.
7846 STENSON, Nancy: On short-term language change: developments in Irish morphology. — [170], 324-331.
STRAUSS, D.: Schottland – einsprachig oder dreisprachig? . . . — 9306.
7847 THOMSON, Derick S.: *The new English-Gaelic dictionary*. — Glasgow: Gairm Publications, 1981, vii, 210 p.
7848 TRISTRAM, Hildegard L.C.: *Tense and time in early Irish narrative*. — IBS, Vorträge und kleinere Schriften 32; Innsbruck: Inst. für Sprachwissenschaft der Univ. Innsbruck, 1982, 37 p.
7849 VENDRYES, J.: *Lexique étymologique de l'irlandais ancien*. Lettre B, par les soins de E. BACHELLERY et P.-Y. LAMBERT. — Dublin: Dublin Inst. for Advanced Studies / Paris: C.N.R.S, 1981, xiv, 119 p. | Cf. BL 1978, 5748.
7850 WAGNER, H[einrich]: A syntactical feature of archaic O.Ir. poetry. — *ZCPh* 39, 1982, 78-82.
7851 WAGNER, H[einrich]: Old Irish *-bria*, subjunctive of *bronnaid* "injures, damages, spoils, breaks". — *ZCPh* 39, 1982, 83-85.
7852 WAGNER, H[einrich]: Studies in the history of Gaelic dialects, Part 1. — *ZCPh* 39, 1982, 96-116, 3 maps | 1. *Teach* "house". 2. The pl. of *gédh* "goose". 3. The declension of OIr. *og* "egg" in Gaelic dialects.
7853 WATSON, Seosamh: Easling an Chearbhallaigh Dhalaid. — *Éigse* 19/1, 1982, 121-136 | Text, with notes on the language and glossary.

III. Brittonic — Brittonique

A. GENERAL — GÉNÉRALITÉS

7854 JACKSON, Kenneth: Varia: II. Gildas and the names of the British princes. — *CMCS* 3, 1982, 30-40.
7855 KOCH, John: The loss of final syllables and loss of declension in Brittonic. — *Proceedings of the Harvard Celtic Colloquium*. Vol. I, 1981. Eds.: James E. Doan; Cornelius G. Buttimer (Cambridge, MA: Dept. of Celt. Languages and Lit., Harvard Univ., 1981), 21-51.
7856 LAMBERT, Pierre-Yves: Vieux-gallois *nou, nom, inno*. — *BBCS* 30/1-2, 1982, 20-29.
7857 MARKEY, T.L.: The cosmology of Lear and his daughters. — *BNF* 17, 1982, 56-62.

B. WELSH — GALLOIS

7858 WATKINS, T. Arwyn: Welsh studies: language. — *YWMLS* 43, 1981 (1982), 640-645.

CRAWFORD, T.D.: On the linguistic competence of Geoffrey of Monmouth. — 5849.
7859 EWEN, Colin J.: The phonological representation of the Welsh mutations. — [282], 75-95.
7860 FOWKES, Robert A.: Welsh naming practices, with a comparative look at Cornish. — Names 29, 1981, 265-272.
7861 *Geiriadur prifysgol Cymru. A dictionary of the Welsh language.* [Eds.: Gareth A. BEVAN, et al.]. Rhan 32: *iawnol – lwc.* — Caerdydd: Gwasg Prifysgol Cymru, 1982, p. 2007-2070 | Cf. BL 1981, 8000.
7862 HAMP, Eric P.: *Lloegr:* the Welsh name for England. — *CMCS* 4, 1982, 83-85.
7863 JACKSON, Kenneth: Prosthetic vowels before *n-* in Early Middle Welsh. — *BBCS* 30/1-2, 1982, 45-49.
7864 JONES, R.M.: The article in Welsh. — [318], 113-131.
7865 JONES, Tho.: *The Welsh-English dictionary of 1688*, being a facsimile reprint of a rare volume. — Llanwrda: Black Pig Press, 1977, no pagination | Repr. of *The British language in its lustre, or a copious dictionary of Welsh and English . . .*
7866 LINDEMAN, Fredrik Otto: Welsh *adwaen.* — *BBCS* 29/4, 1982, 684-686.
7867 LINDEMAN, Fredrik Otto: Welsh *haeddu.* — *BBCS* 30/1-2, 1982, 49-50.
7868 MATONIS, A.T.E.: The Welsh bardic grammars and the Western grammatical tradition. — *MPh* 79, 1981/82, 121-145 | Descriptive account of medieval W. grammars.
7869 ROWLANDS, E.I.: Sylwadau pellach ar gystrawennau'r Frawddeg Gymysg a'r Frawddeg Dro. — *BBCS* 29/4, 1982, 674-680.
7870 RUSSELL, Paul: The origin of the Welsh conjunctive pronouns. — *BBCS* 30/1-2, 1982, 30-38.
7871 SIMS-WILLIAMS, Patrick: The significance of the Irish personal names in *Culhwch ac Olwen.* — *BBCS* 29/4, 1982, 600-620.
7872 THOMAS, Alan R.: Change and decay in language. — [291], 209-219, 2 tab. | Prolegomena to a forthcoming survey of W.
7873 WILLIAMS, Colin H.: The spatial analysis of Welsh culture. — *EC* 19, 1982, 283-322.

C. CORNISH — CORNIQUE

7874 PENNAOD, Goulven: *Passyon agan Arluth. La Passion de notre Seigneur.* — Quimper: Preder, 1981 | Texte en m.-cornique, version normalisée de ce texte, trad. en br. mod. | *EC* 19, 1982, 390 L. Fleuriot.
7875 QUENTEL, P.: Notes corniques. — *ZCPh* 39, 1982, 195-203 | 1. Le nom du "hundred" de Powder. 2. Lostwithiel. 3. Ketleigh.

D. BRETON — BRETON

7876 HUMPHREYS, Humphrey Lloyd: Breton and Cornish studies. — *YWMLS* 43, 1981 (1982), 657-659.

7877 ANDERSON, Stephen R.: Topicalization in Breton. — *PBLS* 7, 1981, 27-39.
7878 BERNIER, Gildas: *Magoer Aurilian*, la "Muraille d'Aurélien". — *EC* 19, 1982, 275-282.
7879 DRESSLER, Wolfgang U.; HUFGARD, Josef: *Études phonologiques sur le breton*

sud-bigouden. — Wien: 1980 | BL 1980, 6588. | *BSL* 76, 1981/2 (1982), 214-216 L. Fleuriot.

7880 FLEURIOT, Léon: Brittonica. — *EC* 19, 1982, 259-274 | 1. Toponymes contenant des dérivés de *Britannus, Britto*. 2. Les *Laeti*, les *Litauii* et les origines de l'empereur Magnence. 3. Les *Coriosed(ii)*. 4. La chanson du voyer de Quimperlé. 5. Notes philologiques.

7882 KING, Phyllis Gafford: *Breton relativization*. — Univ. of California, San Diego, diss., 1980, 176 p. | *DAb* 41/4, 1980, 1570-A/1571-A.

7883 KING, Phyllis: An internal head analysis of the Breton relative clause. — *Linguistics* 20, 1982, 83-92.

7884 MCKENNA, Malachy: Initial stress in the Breton of Guémené-sur-Scorff (Bas-Vannetais). — *Celtica* 14, 1981, 62-63.

7885 SAYERS, William: *Bisclavret* in Marie de France: a reply. — *CMCS* 4, 1982, 77-82 | Cf. BL 1981, 8017.

7886 SOMMERFELT, Alf: *Le breton parlé à Saint-Pol-de-Léon* . . . Nouv. éd. — Oslo: 1978 | BL 1978, 5780. | *ZCPh* 39, 1982, 328-332 E. Ternes.

XII. GERMANIC LANGUAGES — LANGUES GERMANIQUES

A. General — Généralités

7887 BAMMESBERGER, A.: Indogermanische Chronik. 28. X. Altgermanisch. — *Sprache* 28, 1982, 106-115; 233-238.

7888 BAMMESBERGER, Alfred: Das germanische Verb für leihen. — *MSS* 41, 1982, 5-9 | Proto-Gmc. *$l\bar{\imath}hw$-a-*.

7889 BAMMESBERGER, Alfred: Einige *E*-stufige Präsentien des Urgermanischen und ihr Verhältnis zu indogermanischen athematischen Wurzelaoristen. — *PBB* 104, 1982, 339-344.

7890 *Beiträge zur historischen Grammatik und zur Dialektologie*. — KBGL 10; København: Akademisk Forlag, 1978, 101 p.

7891 BENNETT, Jane: The name of the ring-finger in the Germanic languages. — *ABäG* 17, 1982, 13-21.

7892 BIRKHAN, Helmut: *Das "Zipfsche Gesetz"* . . . — Wien: 1979 | BL 1979, 6255. | *Kratylos* 26, 1981 (1982), 153-157 E. Seebold.

7893 BRAUNMÜLLER, Kurt: *Syntaxtypologische Studien zum Germanischen*. — TBL 197; Tübingen: Narr, 1982, xiv, 306 p.

7894 BUTI, GianGabriella: Scorci giuridici dietro parole germaniche. — *Paideia* 36, 1981, 45-55 | Words belonging to the root **fri-*.

7895 CHLEBNIKOVA, I.B.; KOLOD'KO, V.I.: K probleme peredviženija indoevropejskogo *b* v germanskoe *p*. — *VJa* 1982/6, 115-122.

7896 COOMBS, Virginia M.: *A semantic syntax of grammatical negation in the older Germanic dialects*. — Göppingen: 1976 | BL 1976, 7110. | *ZDL* 49, 1982, 247-250 C.M. Barrack.

7897 DARMS, Georges: *Schwäher und Schwager* . . . — München: 1978 | BL 1978, 5790. | *IF* 87, 1982 (1983), 342-344 A. Greule.

7898 DAVIDSEN-NIELSEN, Niels: On the exceptions to the Germanic and High German consonant shifts on *sp, st, sk* in English: a reply to Hans F. Nielsen. — *AL* 17, 1982, 86-95 | Cf. 7923-4.

7899 ELMER, Willi: Das Kielschwein: eine nordseegermanische Etymologie. — *Skandinavistik* 12, 1982, 128-136.
7900 FEUILLET, Jack: Quelques problèmes de morphologie verbale germanique. — *BSL* 76, 1981/1 (1982), 201-221.
7901 FULLERTON, G. Lee: *Historical Germanic verb morphology.* — Berlin (West): 1977 | BL 1977, 7870. | *BNF* 17, 1982, 103-105 E. Stutz.
7902 GRAZI, Vittoria: Contributo allo studio del lessico religioso: Germ. **hunsla-* e germ. **blōt*. — *AGI* 67, 1982, 1-37.
7903 GRØNVIK, Ottar: *The words for 'heir', 'inheritance' and 'funeral feast' in early Germanic.* — Oslo: Universitetsforlaget, 1982, 28 p.
7904 GUERRIERI, Anna Maria: *Introduzione allo studio della filologia germanica.* I: *Le lingue germaniche.* — Roma: Kappa, 1980, 221 p.
7905 GYSSELING, Maurits: Noordwesteuropese persoonsnaambestanddelen. — *Naamkunde* 14, 1982, 80-102 | Elements of north-west European pers. names.
7906 HAMP, Eric P.: Gothic *inu*, Greek ἄνευ, OHG *ânu* 'ohne'. — *JIES* 10, 1982, 189-190.
   HAMP, E.P.: *Thwaite.* — 9161.
7907 HAUDRY, Jean: Les deux flexions de l'adjectif germanique. — *BSL* 76, 1981/1 (1982), 191-200.
7908 HOFMANN, Dietrich: Der Name der Juden in den altgermanischen Sprachen. — *GLL* 35, 1981-82, 296-314.
7909 HOFMANN, Dietrich: Zur Syntax der Zehnerzahlen mit Substantiv in den altgermanischen Sprachen, insbesondere im Altfriesischen. — *Us Wurk* 31, 1982, 85-106.
7910 HOFSTRA, Tette: Germ. **mūgēn/*mūgaz* und germ. **mūkaz* im Ostseefinnischen. — *ABäG* 17, 1982, 29-38.
7911 JUNGANDREAS, Wolfgang: *Sprachliche Studien zur germanischen Altertumskunde.* — Wiesbaden: Steiner, 1981, xii, 81 p., 10 ill. | Contents: 1. Germanen und Kelten am Rhein vor Christi Geburt, 1-32; 2. Westgermanen, 32-70; 3. Sprachlicher Index, 71-81. | *ZCPh* 39, 1982, 285-288 K.H. Schmidt.
7912 KABELL, Aage: *Metrische Studien.* I. — München: 1978 | BL 1978, 5796. | *MLatJb* 17, 1982, 246-249 P. Klopsch.
7913 KIM, Youn Han: Untersuchungen zum *i*-Umlaut im Germanischen. — *Eoneohag: Journal of the Linguistic Soc. of Korea* 4, 1979, 94-123 | Partial ed., with Korean summ., of a Univ. of Fribourg (Switzerland) diss., 1970.
7914 KLOSS, Heinz: *Die Entwicklung neuer germanischer Kultursprachen seit 1800.* — Düsseldorf: 1978 | BL 1978, 5797. | *AGI* 67, 1982, 175-179 Ž. Muljačić.
7915 KÖBLER, Gerhard: *Germanisch-neuhochdeutsches und neuhochdeutsch-germanisches Wörterbuch.* — Arbeiten zur Rechts- und Sprachwissenschaft 15; Giessen/Lahn: Arbeiten-zur-Rechts-und-Sprachwissenschaft-Verlag, 1981, xxx, 291 p.
   KÖBLER, G.: *Wörterverzeichnis zu den Leges Francorum.* — 5875-6.
7916 KUHN, Hans: *Kleine Schriften . . .* IV. — Berlin: 1978 | BL 1978, 5799. | *IF* 87, 1982 (1983), 322-326 J. Göschel.
7917 LELE, D.A.: K voprosu ob iskonnoj germano-prusskoj leksike. — *VMU* 1982/2, 79-85.
7918 LOON, J. VAN: De heilige Farahildis: haar naam en de historische waarde van haar vita. — *Naamkunde* 14, 1982, 103-115 | Saint Farahildis: her name and the hist. value of her vita.
   MARKEY, T.L.: Reflexivity and Gmc. **se-l-b-* 'self'. — 4311.

MEID, W.: 'See' und 'Meer'. — 4315.
7919 MOLINARI, Maria Vittoria: *La filologia germanica.* — Bologna: 1980 | BL 1980, 6629. | *Paideia* 36, 1981, 233 V. Pisani.
7920 MYCHAJLENKO, V.V.: Koreljacija paradyhmatyčnoho ta syntahmatyčnoho aspektiv imperatyva v starohermans'kych movach. — *InFil* 63, 1981, 21-26 | Correlation of paradigmatic and syntagmatic aspects of the imperative in OGmc. languages.
7921 NIELSEN, Hans Frede: *De germanske sprog . . .* — Odense: 1979 | BL 1979, 6283. | *MScan* 11, 1978-79 (1982), 281-288 H. Andersen | *BSL* 76, 1981/2 (1982), 216-218 R. Boyer | *DS* 1982, 142-145 T. Kisbye.
7922 NIELSEN, Hans F.: *Old English and the continental Germanic languages . . .* — Innsbruck: 1981 | BL 1981, 8042. | *Kratylos* 27, 1982 (1983), 133-138 T.L. Markey | *ES* 63, 1982, 565-566 R.H. Bremmer Jr.
7923 NIELSEN, Hans F.: On the exceptions to the Germanic and High German consonant shifts and *sp, st, sk* in English. — *AL* 17, 1982, 79-85 | On Niels DAVIDSEN-NIELSEN's theory of exceptions to the Gmc. and HG. consonant shifts (BL 1976, 7111) [cf. 7898 & 7924].
7924 NIELSEN, Hans F.: Final remarks. — *AL* 17, 1982, 96-97 | Reply to 7898.
7925 PHILIPPA, Marlies: Verwarring rond de velaarumlaut: een kwestie van terminologie. — *ABäG* 17, 1982, 113-128 | Confusion over the velar umlaut: a matter of terminology.
7926 RAMAT, Paolo: *Einführung in das Germanische.* — Tübingen: 1981 | BL 1981, 8046. | *Kratylos* 27, 1982 (1983), 129-132 E. Seebold.
7927 RAUCH, Irmengard: Uses of the Germanic past perfect in epic backgrounding. — *JIES* 10, 1982, 301-314.
7928 *Reallexikon der germanischen Altertumskunde.* Begründet von Johannes HOOPS. 2. völlig neu bearbeitete und stark erweiterte Aufl. unter Mitwirkung zahlreicher Fachgelehrter. Hrsg. von Heinrich BECK; Herbert JANKUHN; Kurt RANKE; Reinhard WENSKUS. Band 5, Lief. 1/2 [*Chronos – Damaszierung*]. — Berlin (West): de Gruyter, 1982, p. 1-192, ill. | Cf. BL 1981, 8047. | *WSlav* 27, 1982, 441-445 H. Kunstmann (1-4) | *BNF* 17, 1982, 264-267 R. Schützeichel (3-4).
ROBERGE, P.T.: *Morpholigization of phonological alternations . . .* — 2365.
7929 SCAFFIDI ABBATE, Augusto: *Introduzione allo studio comparativo delle lingue germaniche antiche.* — Bologna: 1979 | BL 1979, 6288. | *IF* 87, 1982 (1983), 352-354 E. Seebold.
7930 SCARDIGLI, Pier Giuseppe; GERVASI, Teresa: *Avviamento all'etimologia inglese e tedesca . . .* — Firenze: 1978 | BL 1978, 5814. | *SGerm* 17-18 (47-52), 1979-80, 436-439 F. Albano Leoni | *ZPhon* 34, 1981, 768-769 G.F. Meier.
7931 SCHÜWER, Helmut: *Rahmen, rumpf, rümpfen* – etymologische Untersuchungen. — *NJb* 104, 1981 (1982), 82-106, 2 fig.
7932 SHIELDS, Kenneth, Jr.: The origin of the Germanic dental preterite: a new proposal. — *LB* 71, 1982, 427-440.
7933 STEENBERGEN, G. Jo: *A contribution to etymology with special reference to the suffixes* -esque *and* -ish *in the Germanic languages.* — APIL 29; Wilrijk: Univ. Inst. Antwerpen, 1982, 27 p.
7934 SZULC, Aleksander: Zur relativen Chronologie des Vernerschen Gesetzes. — [7890], 5-17.
7935 TISCHLER, Johann: Die Aufschriften der burgundischen Danielschnallen. Mit Zeichnungen von R. Moosbrugger-Leu. — *BNF* 17, 1982, 113-160, 12 fig.

7936 VOYLES, Joseph B.: *Gothic, Germanic, and Northwest Germanic.* — ZDL, Beiheft 39; Wiesbaden: Steiner, 1981, x, 160 p.
7937 WAGNER, Norbert: *-es* in lateinisch-germanischen Personennamen (*-baudes, [Segest]es, -meres*). — *BNF* 17, 1982, 4-26.
7938 WAGNER, Norbert: . . . ex genere beleos. — *BNF* 17, 1982, 170-177 | On the name of the Longobardic king *Beleos*.
7939 WAGNER, Norbert: Arminius und die Ingaevones. — *BNF* 17, 1982, 291-304.
7940 WAGNER, Norbert: Namen von Germanen bei Fulgentius von Ruspe: *Abragila – Eterpamara, Pinta, Scarila.* — *BNF* 17, 1982, 361-368.
   WOLF, L.: Ingwäonisch, Fränkisch und Fr. . . . — 6822.
7941 YOSHIDA, Kazuhiko: Towards word order and word order change in the older Germanic languages. — *JIES* 10, 1982, 315-245.

B. West Germanic — Germanique occidental

I. General — Généralités

7942 BREMMER, Rolf H., Jr.: Old English – Old Frisian: the relationship reviewed. — [8757], 79-90.
7943 MENKE, Hubertus: *Das Namengut der frühen karolingischen Königsurkunden* . . . — Heidelberg: 1980 | BL 1980, 6652. | *BNF* 17, 1982, 408-411 W.-A. Frhr. v. Reitzenstein.
   RICHTER, M.: Die sprachpolitik Karls des Grossen. — 5909.
7944 ROOTH, Erick: *Nordseegermanische Studien. 2.* — Stockholm: 1981 | BL 1981, 8060. | *LB* 71, 1982, 372-374 M. Gysseling.

II. German — Allemand

A. High German — Haut-allemand

0. BIBLIOGRAPHY AND GENERAL — BIBLIOGRAPHIE ET GÉNÉRALITÉS

7945 *Bibliographie der deutschen Sprach- und Literaturwissenschaft.* Hrsg. von Clemens KÖTTELWESCH. — Band 21: *1981*. Bearbeitet von Irene SCHNEIDER in Zusammenarbeit mit Bernhard KOSSMANN und Monika RICHTER. — Frankfurt a.M.: Klostermann, 1982, xlviii, 550 p.
   Germanistik: Intern. Referatenorgan . . . — 19.
   KOCH, H.-A.; KOCH, U.:*Intern. germanistische Bibliographie* . . . — 23.
7946 PIIRAINEN, Ilpo Tapani: *Frühneuhochdeutsche Bibliographie* . . . — Tübingen: 1980 | BL 1980, 6663. | *AGI* 66, 1981 (1982), 174 C.A. M[astrelli].
7947 SIEGEL, Elli: *Deutsche Wortkarte 1971-1978: eine Bibliographie. Ergänzung.* Redaktionelle Betreuung: Reiner HILDEBRANDT. — Beiträge zur deutschen Phil. 40a; Giessen: W. Schmitz, 1981, 38 p.
7948 WEST, J.: German studies: language. — *YWMLS* 43, 1981 (1982), 675-726.
7949 WIESINGER, Peter; RAFFIN, Elisabeth: *Bibliographie zur Grammatik der deutschen Dialekte: Laut-, Formen-, Wortbildungs- und Satzlehre 1800 bis 1980.* Unter Mitarbeit von Gertraude VOIGT. — Europäische Hochschulschriften, 1. Reihe, 509; Frankfurt a.M.: Lang, 1982, lv, 515 p., 5 fold. maps | *Germanistik* 23, 1982, 648 E. Bauer.

7950 BERGMANN, Rolf; PAULY, Peter; SCHLAEFER, Michael: *Einführung in die deutsche Sprachwissenschaft.* — Heidelberg: 1981 | BL 1981, 8073. | *BNF* 17, 1982, 418 P. Hessmann.
7951 *Deutsch als Muttersprache in Belgien:* Forschungsberichte . . . unter der Leitung von Peter H. NELDE. — Wiesbaden: 1979 | BL 1979, 6325. | *LB* 71, 1982, 235-236 D. Karch.
7952 DEVKIN, V.D.: *Nemeckaja razgovornaja reč': sintaksis i leksika.* — Moskva: "Meždunarodnye otnošenija", 1979 | *NDVŠ-F* 1982/1, 83-85 G.G. Infantova.
7953 FLUCK, Hans-Rüdiger: *Fachsprachen* . . . — München: 1976 | BL 1976, 7175. | *RBPh* 60, 1982, 585-586 A. Dussart.
7954 GIUSTINIANI, Vito R.: Francesco Filelfo (1398-1481) e la conoscenza del tedesco in Italia durante il Quattrocento. — [243], 93-106.
7955 GOOD, Bruno: *Das Sprachbuch im Deutschunterricht: linguistische und medienkritische Untersuchungen zu Beispielen aus dem* Schweizer Sprachbuch. — Germanistische Linguistik 40; Tübingen: Niemeyer, 1982, x, 199 p.
7956 *Grundzüge einer deutschen Grammatik* . . . unter der Leitung von Karl Erich HEIDOLPH; Walter FLÄMIG; Wolfgang MOTSCH. — Berlin (DDR): 1981 | BL 1981, 8080. | *VJa* 1982/4, 142-145 O.I. Moskal'skaja | *MSpråk* 75, 1981, 405-410 F. Freund | *SaS* 43, 1982, 320-332 Z. Hlavsa (et al.).
7957 MENGE, Heinz H.: Was ist Umgangssprache? Vorschläge zur Behandlung einer lästigen Frage. — *ZDL* 49, 1982, 52-63 | E. summ.
7958 *Der öffentliche Sprachgebrauch.* I. . . . Bearb. von Birgitta MOGGE. — Stuttgart: 1980 | BL 1980, 6674. | *MSpråk* 75, 1981, 87-91 B. Stolt.
7959 *Der öffentliche Sprachgebrauch.* Band II: *Die Sprache des Rechts und der Verwaltung.* Bearbeitet von Ingulf RADTKE. III: *Schulen für einen guten Sprachgebrauch.* Bearbeitet von Brigitta MOGGE und Ingulf RADTKE. — Stuttgart: Klett-Cotta, 1981, 376 p.; 1982, 279 p.
7960 POPP, T.Ju.: Movna nadlyškovist' na riznych rivnjach sučasnoji nimec'koji movy. — *InFil* 62, 1981, 101-105 | Über die Erscheinungen der sprachlichen Redundanz auf verschiedenen Ebenen der mod. deutschen Sprache.
POPPE, E.: *C.F. Aichingers 'Versuch einer teutschen Sprachlehre'.* . . — 1952.
7961 STICKEL, Gerhard: Sprachvergleich mit Deutsch als Zielsprache. — *KBGL* 13, 1978, 7-20.
7962 *Studien zum Einfluss der englischen Sprache auf das Deutsche.* Hrsg. von Wolfgang VIERECK. — Tübingen: 1980 | BL 1980, 6679. | *LB* 71, 1982, 358-362 M.G. Clyne.
7963 *Zur Periodisierung der deutschen Sprachgeschichte: Prinzipien, Probleme, Aufgaben.* Hrsg. von Joachim SCHILDT. — Linguistische Studien. Reihe A: Arbeitsberichte 88; Berlin (DDR): Akad. der Wissenschaften der DDR, Zentralinst. für Sprachwissenschaft, 1982, 159 p.

I. PHONETICS AND PHONOLOGY — PHONÉTIQUE ET PHONOLOGIE

7964 BOTHOREL-WITZ, Arlette: Les consonnes de l'allemand: faits de durée. — [292], 33-65.
7965 DOMMELEN, Willem Arie VAN: *Temporale Faktoren bei ausländischem Akzent: eine kontrastive deutsch-niederländische Untersuchung zur Produktion und Perzeption von Segmentdauerwerten.* — Diss. Rijksuniv. Leiden, 1980, 220 p.
7966 DOMMELEN, Wim VAN: A contrastive investigation of vowel duration in German and Dutch. — *Phonetica* 39, 1982, 23-35, fig.

7967 EHLICH, Konrad: Intonation des gesprochenen Deutsch: Aufzeichnung, Analyse, Lehre. — *KBGL* 18, 1981, 46-93.
7968 FOX, Anthony: Remarks on intonation and 'Ausrahmung' in German. — *JL* 18, 1982, 89-106.
7969 GRIFFEN, T.D.: German /R/. — *Lingua* 56, 1982, 297-316.
7970 HINDERLING, R.: Das nhd. Phonem /ä:/ in synchroner Sicht und die Problematik der Aussprachenormierung. — *GLL* 35, 1981-82, 287-295.
7971 KEIPERT, Helmut: Aleksej Kutuzov und die Aussprache des Deutschen im 18. Jahrhundert. — *Sprachw* 7, 1982, 82-93.
7972 KLOEKE, Wus van Lessen: *Deutsche Phonologie und Morphologie: Merkmale und Markiertheit.* — LA 117 (Diss. Leiden 1981); Tübingen: Niemeyer, 1982, ix, 258 p. | *Germanistik* 23, 1982, 266 K. Braunmüller.
KUENZEL, H.: Phonetische Unterschiede zwischen deutschen und fr. Okklusiven . . . — 6555.
7973 LEYS, Odo: Zur Formulierung der hochdeutschen Tenuesverschiebung. Eine kritische Miszelle. — *PBB* 104, 1982, 1-9.
7974 MEINHOLD, Gottfried; STOCK, Eberhard: *Phonologie der deutschen Gegenwartssprache.* 2., durchgesehene Aufl. — Leipzig: Bibliographisches Inst., 1982, 256 p. | Cf. BL 1980, 6698. | *CJŠ* 24, 1980-81, 430-431 A. Šimečková.
7975 NAUMOV, V.V.: Spektral'nyj analiz nediftongičeskich sočetanij glasnych sovremennogo nemeckogo jazyka. — *VLU* 1982/2, 114-116.
PENZL, H.: . . . Schreibung — Lautung und die Erforschung des Althochdeutschen. — 2197.
7976 PFEFFER, J. Alan: Die Wechselbetonung bei Zusammensetzungen mit *da(r)-*. Unter Mitwirkung von Ursula BRAMMER. — *WW* 32, 1982, 299-306.
7977 PHEBY, John: *Intonation und Grammatik im Deutschen.* 2., durchgesehene Aufl. — Sammlung Akad.-Verlag 19; Berlin (DDR): Akad.-Verlag, 1980, 192 p. | 1st ed. 1975 (BL 1975, 6910).
7978 ŠIMEČKOVÁ, Alena: Zur Korrelation von Akzentuierung und Distanzbarkeit deutscher Komplexverben. — *GermP* 7, 1976 (1980), 23-31, 4 tab. | Cz. summ.
7979 SIMMLER, Franz: *Die westgermanische Konsonantengemination im Deutschen* . . . — München: 1974 | BL 1974, 6427. | *ADA* 93, 1982, 1-5 R. Hinderling.
7980 SIMMLER, Franz: *Graphematisch-phonematische Studien zum althochdeutschen Konsonantismus* . . . — Heidelberg: 1981 | BL 1981, 8113. | *BNF* 17, 1982, 69-70 H. Tiefenbach.
7981 TIÓ I CASACUBERTA, Jaume: Observacions sobre la reducció de la síl·laba final *-en* a l'alemany actual. — *AF* 5, 1979 (1981), 559-566.
7982 TROST, Pavel: Zur Theorie der Bühnensprache. — *PhonP* 6, 1980 (1982), 135-138.
7983 VERNON, J.-P.: Distribution des voyelles en allemand contemporain. — *Verbum* 5, 1982, 203-225.
ZIELIŃSKI, J.A.: Die Assimilation im Niederl., Pol. und Deutschen. — 8550.

2. GRAMMAR — GRAMMAIRE

2.0. *General — Généralités*

7984 BAUSCH, Karl-Heinz: Der Konjunktiv im Deutschen — Ein Thema für die Linguistik oder die Soziolinguistik. — *KBGL* 13, 1978, 21-51.
7985 BENTZINGER, Rudolf: Zum Artikel in der deutschen Sprache der Gegenwart. — *GermP* 7, 1976 (1980), 49-58 | Cz. summ.

BLUME, H.: Schwedisch *han/hon* und seine Entsprechungen im Deutschen. — 9530.
7986 DITTMER, Arne: Betrachtungen anlässlich der *Deutschen Grammatik* von Eichler-Bünting. — *KBGL* 15, 1979, 101-118 | Rev. art. on BL 1976, 7224.
7987 GERSBACH, Bernhard: *Die Vergangenheitstempora in oberdeutscher gesprochener Sprache: Formen, Vorkommen und Funktionen untersucht an Tonbandaufnahmen aus Baden-Württemberg, Bayrisch-Schwaben und Vorarlberg.* — Idiomatica 9 (Diss. Tübingen, 1980); Tübingen: Niemeyer, 1982, 237 p., map | *LB* 72, 1982, 337-344 E. Bauer | *BNF* 17, 1982, 434-435 H. Löffler.
JELBY, O.: P. JØRGENSENS Grammatiktheorie. — 1899.
7989 LIPCZUK, Ryszard: *Die Stellung der Zahlwörter im Rahmen der Wortarten* . . . — Lauterburg: 1980 | BL 1981, 8122. | *EGerm* 37, 1982, 60-61 J. Feuillet.
7990 MASAŘÍK, Zdeněk: *Vývoj mluvnického systému němčiny.* — Brno: Univ. J.E. Purkyně, 1982, 176 p. | Die Entwicklung des grammatischen Systems des Deutschen.
7991 MUCHOVEC'KYJ, A.M.: Pro vžyvannja dijeslivnych form *Präteritum* ta *Perfekt* u švejcars'komu varianti nemec'koji literaturnoji movy. — *Mov* 1981/1, 52-60 | *Präteritum* and *Perfekt* in the Swiss variant of lit. G.
7992 RICHTER, Helmut: Zur Systematik der Personendungen des deutschen Verbs. — [187], 179-188.
7993 ŠUMYLJAK, F.I.: Vzajemozv'jazok verbal'nych katehorij sposobu i času v sučasnij nimec'kij movi. — *InFil* 61, 1981, 64-69 | Zum Problem der Temporalgrammatik im mod. Deutsch.
7994 TEYSSIER, Jacques †: Le système du pronom personnel allemand et ses implications morpho-syntaxiques. — [318], 151-184.
7995 WIESE, Bernd: German past participles and sancta simplicitas. — *Linguistics* 20, 1982, 573-582 | Apropos of R.A. WOLFF (BL 1981, 8127).
7996 WODŇANSKÁ, Annalies: Zum Problem der grammatischen Kategorien im Deutschen. — *SPFÚ, Řada cizích jazyků* 1980 (1981), 65-77 | Cz. & Ru. summ.

2.1. *Morphology and word-formation — Morphologie et formation des mots*

BARBOUR, J.S.: Productive and non-productive morphology . . . — 2319.
7997 COLLIANDER, Peter: Methoden zur Berechnung des Informationswerts einer in der Linguistik einsetzbaren Matrix. — *KBGL* 16, 1980, 1-33 | Contra No. 8006.
7998 ERBEN, Johannes: *Einführung in die deutsche Wortbildungslehre.* — Berlin: 1975 | BL 1975, 6935. | *RBPh* 60, 1982, 787-788 A. Dussart.
7999 FLEISCHER, Wolfgang: Kommunikativ-pragmatische Aspekte der Wortbildung. — [189], 317-329.
8000 GAWEŁKO, Marek: Über Oppositionen und distinktive Merkmale der deutschen Adjektive. — *WW* 32, 1982, 81-87.
8001 GIESSMANN, Ulrike: *Die Flexion von* gehen *und* stehen *im Frühneuhochdeutschen.* — Germ. Bibl., Reihe 3; Heidelberg: Winter, 1981, 233 p.
8002 HRYCYNA, N.I.: Sposterežennja nad strukturnym spivvidnošennjam imennykivych sufiksiv. — *InFil* 64, 1981, 41-49 | Zur Frage der Beobachtung der strukturellen Beziehungen von den Substantivsuffixen der deutschen Gegenwartssprache.

HAUT-ALLEMAND

8003 INGHULT, Göran: *'Entsorgung'* – eine problematische Wortbildung. — *MSpråk* 75, 1981, 35-40.
8004 JACIJ, M.Z.: Rozvytok žinočoji vidminy imennykiv u nimec'kij movi XVI st. (Na materiali tvoriv Hansa Saksa). — *InFil* 61, 1981, 77-83 | Zur Frage der Entwicklung der weiblichen Deklination in der deutschen Sprache des 16. Jahrhunderts.
8005 JEZIORSKI, Jan: Strukturmodelle der deutschen Nominalkomposita vom Typ "Substantiv + Substantiv". — *WW* 32, 1982, 235-238.
8006 JØRGENSEN, Mogens Wied: Die Deklination der deutschen Substantive. Zu dem Hermodssonschen Begriff "Informationswert". — *KBGL* 15, 1979, 42-55 | Cf. BL 1968, 5913 & No. 7997.
8007 JØRGENSEN, Mogens Wied: Zur Anzahl der Klassen in der deutschen Substantivdeklination. — [233], 228-261.
8008 KEFER, Michel: Eine morphologische Regel mit inhärenter Variabilität im Deutschen. — *Lingua* 58, 1982, 137-148.
8009 OGULNICK, Karen A.: *Allomorphy in linguistic theory: strong verbs and derived nouns in German.* — Univ. of Connecticut diss., 1981, 230 p. | *DAb* 42/2, 1981, 688-A.
8010 PANAGL, Oswald: Wortbildungstypen in der Sprache der Anzeigenwerbung anhand deutscher Beispiele. — [323], 115-122.
8011 PEER, Angelo D.: *Studien zur Wortbildung in einer "klassischen" Transformationsgrammatik* . . . — Innsbruck: 1978 | BL 1978, 5876. | *BSL* 76, 1981/2 (1982), 220-223 R. Barudio.
8012 PENZL, Herbert: Personal names and German noun inflection. — *Names* 30, 1982, 69-75.
8013 SARLOV, Stojan: Einige semantische und grammatische Eigenschaften der deutschen Präfixe *ver-* und *ent-* und ihrer bulgarischen Entsprechungen. Eine konfrontative Studie. — *TrTărnovo* 17, 1982/2, 155-172.
8014 SINGH, Rajendra; KULLY, Rolf Max: Nativization and German *-ieren*. — *CJL* 27, 1982, 55-57.
8015 VOETZ, Lothar: *Komposita auf* -man *im Althochdeutschen* . . . — Heidelberg: 1977 | BL 1977, 8041. | *ZDL* 49, 1982, 77 N.R. Wolf.
8016 WILDGEN, Wolfgang: Zur Dynamik lokaler Kompositionsprozesse: am Beispiel nominaler *ad hoc*-Komposita im Deutschen. — *FoL* 16, 1982, 297-344, fig.
8017 ZERNOVA, V.K.: Struktura imennykiv z konstytuentamy *unter-* ta *ober-* u sučasnij nimec'kij movi. — *InFil* 61, 1981, 45-50 | Wortbildungsstruktur der Substantive mit den Konstituenten *unter-* und *ober-*.

2.2. Syntax — Syntaxe

8018 ALTMANN, Hans: *Die Gradpartikeln im Deutschen* . . . — Tübingen: 1976 | BL 1976, 7262. | *IF* 87, 1982 (1983), 359-361 U. Schwartz.
8019 ALTMANN, Hans: *Formen der "Herausstellung" im Deutschen* . . . — Tübingen: 1981 | BL 1981, 8150. | *Kratylos* 27, 1982 (1983), 146-149 K. Donhauser. ASKEDAL, J.O.: On the syntactic representation of so-called "existential-presentative sentences" in Norw. and G. . . . — 9415.
8020 ASKEDAL, John Ole: Über das Passiv von Verben mit zwei Akkusativergänzungen im Deutschen. — [233], 1-18.
8021 BALDAUF, Kunibert: Die Relativsatzeinleitung in der Luthersprache. — *Sprachw* 7, 1982, 448-480.

8022 BECKMAN, Barbara Joe: *Underlying word order* . . . — Frankfurt a.M.: 1980 | BL 1980, 6743. | *Lingua* 56, 1982, 364-368 G. Mallinson.
8023 BENEŠ, Eduard: Die formale Struktur der wissenschaftlichen Fachsprachen in syntaktischer Hinsicht. — [416], 185-212 | On the formal structure of sci. written G.
8024 BOON, Pieter: "Isoliert-emphatischer" oder "proleptischer" Nominativ. — *IF* 86, 1981 (1982), 271-283 | On the so-called isolated-emphatic nominative in the works of Ulrich von Hutten.
8025 BRAČIČ, Stojan: Zu einigen Entwicklungstendenzen beim Ausdruck der Gewissheitsmodalität. — *Ling* 21, 1981, 185-207 | Slovenian summ.
8026 BRAČIČ, Stojan: Zum Wesen der Modalität in der deutschen Gegenwartssprache. — *ANph* 15, 1982, 143-173.
8028 BRÜNNER, Gisela: "Wer oder was kennst du?" Probleme des Grammatikunterrichts in der Grundschule. — [187], 136-146.
8029 BZDĘGA, Andrzej Z.: Zur Konstituentenstruktur der Verbalphrase im Deutschen. — [233], 25-39.
8030 CLÉMENT, Danièle: *Élaboration d'une syntaxe de l'allemand.* — Publ. universitaires européennes, Série 21, 15; Frankfurt a.M.: Lang, 1982, 342 p. | *Germanistik* 24, 1983, 260 R. Dietrich
8031 CLÉMENT, Danièle: Syntaktische beschreibung deutscher modalwörter. — [233], 40-60.
8032 COLLET, S.: La notion de subordination dans la phrase composée allemande. — *Verbum* 5, 1982, 33-55.
DANIELSEN, N.: A semiotactical analysis of complex mesonomic verb structures in G. and North Fris. — 8746.
8033 DITTMER, Arne: *Seit Adam und Eva ist es so (gewesen)!* Tempusprobleme in Verbindung mit *seit*. — *KBGL* 14, 1978, 135-160.
8034 DITTMER, Arne: Über den "sogenannten absoluten Akkusativ". — [233], 61-83.
8035 DONHAUSER, Karin: Ein Typ mit *und* koordinierter Imperative des Deutschen. — *Sprachw* 7, 1982, 220-252.
8036 DREJKANT, O.A.: Modal'nyj majbutnij čas u nimec'kij i anhlijs'kij movach. — *InFil* 62, 1981, 94-100 | Das modale Futur im Deutschen und E.
8037 DYHR, Mogens: Zur Beschreibung von Funktionsverbgefügen. — [233], 105-122.
8038 EBERT, Robert Peter: *Historische Syntax des Deutschen.* — Stuttgart: 1978 | BL 1978, 5889. | *BNF* 14, 1979, 93 J. Erben.
8039 EDMONDSON, Jerold A.: *Einführung in die Transformationssyntax des Deutschen.* — TBL 141; Tübingen: Narr, x, 219 p., fig.
8040 EDMONDSON, Jerold A.: Beförderungsregeln, umdrehbare Verben und die Relationsgrammatik im Deutschen und in anderen Sprachen . . . — [391], 309-330.
8041 EHRICH, Veronika: *Da* and the system of spatial deixis in German. — [1402], 43-63.
8042 EICHINGER, Ludwig M.: *Syntaktische Transposition und semantische Derivation: die Adjektive auf -isch im heutigen Deutsch.* — LA 113; Tübingen: Niemeyer, 1982, x, 250 p., tab.
ELST, G. VAN DER: *Verbsemantik* . . . — 1383.

8043 ENGEL, Ulrich: *Syntax der deutschen Gegenwartssprache.* 2., überarbeitete Auflage. — Grundlagen der Germanistik 22; Berlin (West): Schmidt, 1982, 343 p., ill. | Cf. BL 1977, 8079.
8044 ENGEL, Ulrich: Der Verbalkomplex im Deutschen. — [233], 123-159.
8045 ENGSTRÖM-PERSSON, Gunhild: *Zum Konjunktiv im Deutschen um 1800.* — Stockholm: 1979 | BL 1979, 6467. | *PBB* 104, 1982, 270-274 R. Schrodt | *ZDL* 49, 1982, 387-388 A. Lötscher.
8046 EROMS, Hans-Werner: Be-*Verb und Präpositionalphrase: ein Beitrag zur Grammatik der deutschen Verbalpräfixe.* — Monographien zur Sprachwissenschaft 9; Heidelberg: Winter, 1980, 67 p.
8047 FABRICIUS-HANSEN, Cathrine: Sogenannte ergänzende *wenn*-Sätze. Ein Beispiel semantisch-syntaktischer Argumentation. — [233], 160-188.
8048 FABRICIUS-HANSEN, Cathrine: Was ist nun wieder ein Korrelat? Gedanken zur Rehabilitierung eines naiven Nebensatzbegriffs. — *KBGL* 18, 1981, 1-45 | Discussion by Lisbeth FALSTER JAKOBSEN & Jørgen OLSEN, *KBGL* 20, 1982, 127-135.
8049 FAUCHER, Eugène: Le composant infinitival des groupes pronominaux ou adjectivaux et des lexèmes verbaux: un supin en allemand? — [292], 113-125.
8050 FRITZ, Gerd: Zur Verwendung tautologischer Sätze in der Umgangssprache. — *WW* 31, 1981, 398-415.
8051 GADLER, Hanspeter: Die Akzeptabilität der Abfolge nominaler Satzglieder im Deutschen. — *GLS* 11-12, 1980, 54-85.
8052 GADLER, Hanspeter: Zur Serialisierung nominaler Satzglieder im Mittelfeld und zur Topikalisierung. — [391], 155-169.
8053 GOBYN, Luc: De informatieve waarde van hoofd- en bijzinnen (met Duitse voorbeeldteksten). — *HZnMTL* 36, 1982, 129-151 | The informative value of main and subordinate clauses (with G. examples).
8054 GORNIK-GERHARDT, Hildegard: *Zu den Funktionen der Modalpartikel schon und einiger ihrer Substituentia.* — TBL 155; Tübingen: Narr, 1981, 142 p.
8055 GRAF, Rainer: *Der Konjunktiv in gesprochener Sprache . . .* — Tübingen: 1977 | BL 1977, 8093. | *ZDL* 49, 1982, 388-393 A. Lötscher.
8056 GREULE, Albrecht: Valenz und althochdeutsche Syntax. — [412], 1-17.
GRÜNBECK, B.: Kollektivschau . . . und Einzelschau . . . im Deutschen und im Fr. — 6661.
8057 HÁJEK, Otto: Der Konjunktiv in Konditionalgefügen und verwandten Satztypen. — *BBGN* 3, 1982, 55-70 | Cz. summ.
8058 HALL, Christopher: *Zur transformationellen Behandlung der Nominalisierung in einer generativen Grammatik des deutschen.* — Tampereen Ylipiston Filologian Laitos I:n Julkaisuja Sarja B, 5; Tampere: 1980, 259 p.
8059 HÄRD, John Evert: *Studien zur Struktur mehrgliedriger deutscher Nebensatzprädikate: Diachronie und Synchronie.* — Göteborger germanistische Forschungen 21; Göteborg: Acta Universitatis Gothoburgensis, 1981, 191 p.
8060 HARTMANN, Dietrich: Deixis und anaphora in German dialects: the semantics and pragmatics of two definite articles in dialectal varieties. — [1402], 187-207.
8061 HARWEG, Roland: Zur Textologie der postkomparativischen Vergleichsausdrücke. — *WW* 32, 1982, 238-249.
8062 HEDBERG-SCHLAUG, Lydia: Zur Frage von *sollen* in Finalsätzen. — *MSpråk* 76, 1982, 143-148 | On BL 1975, 7002.
8063 HELBIG, Gerhard: Zustandspassiv, *sein*-Passiv oder Stativ? — [233], 199-212.

8064 HENTSCHEL, Elke: *Halt* und *eben*. — [188], 231-241, 7 fig. | Semantic and pragmatic study.
8065 HINDERDAEL, Michael: Verbo-nominale constructies van het type Dt. *Einfluss haben (auf)* – Ndl. *invloed hebben (op)*. — *HZnMTL* 35, 1981, 131-146.
8066 HÖHLE, Tilman N.: *Lexikalistische syntax* . . . — Tübingen: 1978 | BL 1978, 5901. | *PBB* 104, 1982, 93-106 H. Günther.
8067 HÖHLE, Tilman N.: Explikationen für "normale Betonung" und "normale Wortstellung". — [391], 75-153.
8068 HOLMLANDER, Inger: *Zur Distribution und Leistung des Pronominaladverb* . . . — Uppsala: 1979 | BL 1979, 6495. | *ANph* 12, 1980, 61-64 S. Heusinger.
8069 HRYCYNA, N.I.: Možlyvosti vyjavlennja semantyčnych osoblyvostej sufiksal'nych imennykiv sučasnoji nimec'koji movy na syntaksyčnomu rivni. — *InFil* 62, 1981, 72-79 | Über die Möglichkeiten der Explizierung von den semantischen Besonderheiten der suffixalen Substantive der deutschen Gegenwartssprache auf der syntaktischen Ebene.
8070 HUBER, Walter: *Infinitivkomplemente im Deutschen: transformationsgrammatische Untersuchungen zum Verb* lassen. — Diss. Freie Univ. Berlin, 1980, 532 p.
8071 JÄGER, Gert: Einige Bemerkungen zu einem speziellen Typ komplexer Sätze im Deutschen und im Bulgarischen. — *SEz* 7, 1982/3, 3-8 | Bulg. summ.
8072 JAKOBSEN, Lisbeth Falster; OLSEN, Jørgen: Zur Technik der kontrastiven Beschreibung, dargestellt an dt. *es* und dän. *det/der*. — *KBGL* 16, 1980, 92-180.
8073 JANITZA, Jean: Quelques aspects psycholinguistiques de la syntaxe allemande. — [292], 159-172.
8074 JÄNTTI, Ahti: *Zum Reflexiv und Passiv im heutigen Deutsch* . . . — Helsinki: 1978 | BL 1978, 5903. | *PBB* 104, 1982, 93-106 H. Günther.
KARASCH, Angela: Passiv und passivische Diathese . . . — 6681.
8075 KIBARDINA, S.M.: Kategorii sub"ekta i ob"ekta i teorija valentnosti (na materiale nemeckogo jazyka). — [352], 23-44.
8076 KOCH, Christa: Zu einigen Kriterien weiterführender Nebensätze. — *AUNCHum, Filologia Germańska* 7, 1981, 101-109.
8077 KOHRT, Manfred: *Koordinationsreduktion und Verbstellung* . . . — Tübingen: 1976 | BL 1976, 7319. | *IF* 86, 1981 (1982), 378-382 G. Kolde.
8078 KOLLER, Erwin: Sprechweisen und Verbformen im Deutschen. — *Sprache* 28, 1982, 144-162.
KOLLER, E.: Zum Subjektspronomen aus kontrastiver Sicht: Port. – Deutsch. — 6475.
8079 KORHONEN, Jarmo: *Studien zu Dependenz, Valenz und Satzmodell. Teil 2.* — Bern: 1978 | BL 1978, 5910. | *ZDL* 49, 1982, 123-125 G. Koller.
8080 KORHONEN, Jarmo: *Zu syntaktischen Ähnlichkeiten in Luthers Evangelienübersetzung* . . . — Oulu: 1979 | BL 1979, 6519. | *ZDL* 49, 1982, 121-123 K. Gärtner.
8081 KORHONEN, Jarmo: Satzmodelle im Frühneuhochdeutschen und im heutigen Deutsch: ein Vergleich. — [412], 185-208.
8082 KÖRNER, Karl-Hermann: Deutsch für Inländer: zur Korrelation von *er war (den Brief) am Schreiben* mit *was ich noch gesagt haben wollte*. — [187], 147-156.
8083 KOSTOVA-DOBREVA, Haritina: Zum Objektsprädikativ bei Verben vom Typ *machen (zu)*. — *Philologia* 10-11, 1982, 27-34.
8084 KRENČEYOVÁ, Hana: Princípy používania člena v nemčine. — *CJŠ* 26, 1982-83, 208-217 | Prinzipien des Artikelgebrauchs im Deutschen.

8085 KRIVONOSOV, A.T.: Modal'nye časticy kak sredstvo logiko-grammatičeskogo členenija predloženija v nemeckom jazyke. — *VJa* 1982/3, 48-61.
8086 KROMANN, Hans-Peder: Die syntaktischen, semantischen und pragmatischen Faktoren und Funktionen in der Wortstellung des einfachen Verbalsatzes im heutigen Deutsch. — [189], 304-316.
8087 LARSEN, H. Verner: Ist das Relativpronomen *derer* die bevorzugte Form nach Genitivpräposition? — *MSpråk* 76, 1982, 363-366 | Nachtrag, 366-367 | Hans EGGERS, Zum Diskussionsbeitrag von H.V. Larsen, 367-369.
8088 LEROT, Jacques: Die verbregierten Präpositionen und Präpositionalobjekten. — [391], 261-291.
8089 LÜTTEN, Jutta: *Untersuchungen zur Leistung der Partikeln in der gesprochenen deutschen Sprache.* — Göppingen: 1977 | BL 1977, 8145. | *VJa* 1982/4, 145-148 A.T. Krivonosov.
8090 MAKSYMČUK, B.V.: Hramatyčna reprezentacija kvalifikatoriv na rivni paradyhmatyčnoji morfolohiji. — *InFil* 64, 1981, 68-77 | Grammatische Representanz des Qualifikators auf der Ebene der paradigmatischen Morphologie.
8091 MARKO, Ernest: Das prädikative Attribut im Deutschen und Slowakischen. — *RLB* 6, 1982, 129-138.
8092 MARX-MOYSE, Janine: *Es* als vorausweisendes Element eines Subjektsatzes. — [292], 219-235.
8093 MASAŘÍK, Zdeněk: Vorüberlegungen zu den sog. Satzadverbien im Deutschen und Tschechischen. — *BBGN* 3, 1982, 21-35 | Cz. summ.
8094 MATZEL, Klaus; ULVESTAD, Bjarne: Futur I und futurisches Präsens. — *Sprachw* 7, 1982, 282-328.
8095 MAXWELL, Hugh: Probleme bei der Valenzbeschreibung mittelhochdeutscher Verben. — [412], 19-27.
8096 MAXWELL, Hugh: *Valenzgrammatik mittelhochdeutscher Verben.* — Europäische Hochschulschriften, 1. Reihe, 504; Frankfurt a.M.: Lang, 1982, iii, 190 p.
8097 MEDEOVÁ, Helena: Rozvitý prívlastok a gerundium v nemeckých lekárskych textoch. — *CJŠ* 26, 1982-83, 164-167 | Das erweiterte Attribut und die Konstruktion "*zu* + Partizip I" in deutschen medizinischen Fachtexten.
8098 MICHAELIS, Cornelia: *Formale Bestimmung und Interpretation einer syntaktischen Relation: das Genitivattribut im Deutschen.* — Diss. Freie Univ. Berlin, 1980, 151, 25 p.
8099 MIT'KOVA, L.D.: Sintaksičeskie al'ternacii v nemeckom literaturnom jazyke. — *VMU* 1982/3, 31-40.
8100 MOILANEN, Markku: *Statistische lokative Präpositionen im heutigen Deutsch* . . . — Tübingen: 1979 | BL 1979, 6544. | *Kratylos* 26, 1981 (1982), 212-213 J.L. Mackenzie.
8101 NÄF, Anton: *Die Wortstellung in Notkers Consolatio* . . . — Berlin (West): 1979 | BL 1979, 6546. | *LB* 71, 1982, 384-388 J. Splett.
8102 NIKULA, Henrik: Satzglieder und Verbvalenz. — [391], 293-307.
8103 OLESEN, Ole Frimann: Die Verbformen in der indirekten Rede im geschriebenen Dänisch und geschriebenen Deutsch. Eine kontrastive Analyse. — *KBGL* 20, 1982, 86-122.
8104 P'JATNYČKO, B.P.: Pro syntaksyčni nominatyvni odynyci v sučasnij nimec'kij movi. — *InFil* 61, 1981, 57-64 | Zu den syntaktischen Nominaleinheiten im mod. Deutsch.
8105 PÜTZ, Herbert: Objektsprädikate. — [391], 331-367.
8106 PUTZER, Oskar: *Konjunktionale Nebensätze und äquivalente Strukturen* . . . — Wien: 1979 | BL 1979, 6563. | *PBB* 104, 1982, 465-468 N.R. Wolf.

8107 RALL, Dietrich; RALL, Marlene; ZORRILLA, Oscar: *Diccionario de valencias verbales: alemán-español.* — TBL 134; Tübingen: Niemeyer, 1980, 289 p. | Based on BL 1976, 7287.
8108 REIS, Marga: Zum Subjektbegriff im Deutschen. — [391], 171-211.
8109 RODRIGUES, Isabel: Der Gebrauch des Passivs im Deutschen und Portugiesischen. — [187], 189-203, 3 tab.
8110 ROHRER, Christian: Zur Bedeutung von *erst* und *schon.* — [314], 245-258.
8111 RUSS, Charles V.J.: *Da* + preposition in historical German syntax. — *GLL* 35, 1981-82, 315-318.
Satzglieder im Deutschen . . . — 391.
8112 SCHANK, Gerd: Zu einigen Fällen des Artikelwegfalls in der deutschen Gegenwartssprache: Überlegungen zur sprachlichen Reduktion und zum "simplified speech". — *GLS* 11-12, 1980, 263-279, fig.
8113 SCHATTE, Czesława: Das erweiterte Partizipialattribut im Deutschen und Polnischen. — *AUNCHum, Filologia Germańska* 7, 1981, 89-99.
8114 SCHOENTHAL, Gisela: *Das Passiv in der deutschen Standardsprache* . . . — München: 1976 | BL 1976, 7346. | *PBB* 104, 1982, 93-106 H. Günther.
8115 SCHRODT, Richard: Valenz und Modus in der Diachronie der deutschen Inhaltssätze. — [412], 231-257.
8116 SCHUBERT, Klaus: *Aktiv und Passiv im Deutschen und Schwedischen.* — SAIS, Arbeitsberichte aus dem Seminar für allgemeine und indogerm. Sprachwissenschaft 5 (Diss. Kiel); Kiel: Seminar für allg. und indogerm. Sprachwissenschaft, Univ. Kiel, 1982, 274 p.
SCHUBIGER, M.: E. intonation and G. modal particles II . . . — 8831.
SCHUMACHER, N.: Étude contrastive des emplois du participe présent . . . — 6738.
SCHUMACHER, N.: De quelques emplois du participe passé . . . — 6739.
8117 SCHÜTTE, Wilfried: Historische Valenzsyntax am Beispiel der Lieder Heinrichs von Morungen. — [412], 29-68.
8118 SENNEKAMP, Marita: *Die Verwendungsmöglichkeiten von Negationszeichen in Dialogen* . . . — München: 1979 | BL 1979, 6593. | *LB* 71, 1982, 374-384 W. Kürschner.
8119 SGALL, Petr: Wortfolge und Fokus im Deutschen. — [391], 59-74.
8120 SIMMLER, Franz: Zur Valenz und Distribution von Verben in einer deutschen Benediktinerregel des 15. Jahrhunderts. Forschungsüberblick, methodologische Überlegungen und empirische Analyse. — [412], 129-183.
8121 SMEREKA, Krystyna: *Deutsche Syntax.* — Uniw. Wrocławski; Wrocław: Wyd. Uniw. Wrocławskiego, 1981, 111 p.
8122 STECHOW, Arnim VON: Three local deictics. — [1487], 73-99 | On the syntax and semantics of *hier, da,* and *dort.*
8123 STEINBERG, H.: Syntaksyčni i semantyčni vidnošennja predykatyvnoho označennja v nimec'kij movi. — *InFil* 63, 1981, 91-94 | Syntaktische und semantische Relationen des prädikativen Attributs in der deutschen Sprache.
8124 STRUK, T.M.: Funkcional'ne pole koncesyvnosti v sučasnij nimec'kij movi. — *InFil* 64, 1981, 77-84 | Funktionales Feld der Konzessivität im gegenwärtigen Deutsch.
8125 TESSIER, Christine: Slow cadence and rapid cadence: effects of the past tense in German? — [318], 132-150, 2 fig.
8126 THIM-MABREY, Christiane: Zur Syntax der kausalen Konjunktionen *weil, da* und *denn.* — *Sprachw* 7, 1982, 197-219.

8127 THOMAS, Werner: Nochmals zum sogenannten erzählenden Futur im Deutschen. — *IF* 86, 1981 (1982), 248-254 | Cf. BL 1977, 8189.
8128 [TONOYAN, A.] TONOJAN, A.: Performativnye glagoly trebovanija v nemeckom jazyke. — *BEH* 1982/2, 207-218 | Arm. summ.
8129 VATER, Heinz: Modalverben und Sprechakte. — [233], 291-308.
   VERNAY, H.: *Syntaxe et sémantique* . . . — 6754.
8130 VITALIŠ, L.P.: Semantyčnyj zv'jazok sirkonstanta z finitnym dijeslovom u konstrukciji Vf + *mit* + Ndev. — *InFil* 63, 1981, 83-90 | Semantische Beziehungen der valenzfreien Angabe zum finiten Verb in der Konstruktion Vf + *mit* + Ndev.
8131 VITALIŠ, L.P.: Semantyčna struktura konstrukciji "Vf + *nach* + Ndev". — *InFil* 61, 1981, 84-90 | Semantische Struktur der Konstruktion Vf + *nach* + Ndev.
8132 WEBER, Heinrich: *Kleine generative Syntax des Deutschen*. 1. — Tübingen: 1977 | BL 1977, 8196. | *SGerm* 16 (45-46), 1978, 490-494 A. Gargano | *RBPh* 60, 1982, 788-789 L. Draye.
8133 WEGSTEIN, Werner; WOLF, Norbert Richard: Syntaktische und semantische Valenz von Verben und Verbalabstrakta des Frühneuhochdeutschen: Prolegomena zur Methode. — [412], 109-127.
8134 WEIGAND, Edda: *Die Zuordnung von Ausdruck und Inhalt* . . . — Tübingen: 1978 | BL 1978, 5940. | *PBB* 104, 1982, 275-281 N. Fries | *IF* 87, 1982 (1983), 356-358 U. Schwartz.
8135 WESEMANN, Monika: *Etwas Altes etwas Neu:* ein Beispiel zur Wortklasseneinteilung nach syntaktischen Kriterien. — *KBGL* 13, 1978, 52-68.
8136 WILLIAMS, Britt: On the development of the construction *kommen* + perf. part. in German. — *LACUS* 7, 1980 (1981), 374-387.
8137 ZEMAN, Jaromír: *Untersuchungen zur Satzgliedstellung im Nebensatz in der deutschen Sprache der Gegenwart*. — Brno: 1979 | BL 1979, 6618. | *EGerm* 36, 1981, 68 E. Faucher | *PhP* 25, 1982, 60-61 J. Hošek.
8138 ZEMAN, Jaromír: Tendenzen zur nominalen Ausdrucksweise im Deutschen im Vergleich mit dem Englischen. — *BBGN* 3, 1982, 37-53 | Cz. summ.
8139 ZINT, Ingeborg: Zum 'kommunikativen Status' von Ausbausätzen mit *wie*. — *KBGL* 16, 1980, 181-194.
8140 ZINT-DYHR, Ingeborg: *Ergänzungssätze im heutigen Deutsch: Untersuchungen zum komplexen Satz*. — Ars Linguistica 9; Tübingen: Narr, 1981, 131 p.
8141 ZUBIN, David A.: Salience and egocentrism. A quantitative study of the meaning of the nominative in German. — [391], 245-259.

2.3. Text linguistics — Linguistique du texte

8142 *Linguistische und literaturwissenschaftliche Analyse von deutschen Gebrauchstexten*. Referate des textlinguistischen Symposions in Kopenhagen 15.-18. September 1975. — *KBGL* 9; København: Akademisk Forlag, 1977, 173 p. | With contr. by Hans GLINZ, Gerd MICHELS, et al.
8143 WAWRZYNIAK, Z.: *Einführung in die Textwissenschaft* . . . — Warszawa: 1980 | BL 1980, 6819. | *JazA* 18, 1981, 147-148 P. Mareš.
8144 WUNDERLICH, Dieter: Analyse einiger Funktionen von *sonst* – ein Beitrag zur Klärung von Kontextabhängigkeit. — [189], 371-390.

3. HISTORY — HISTOIRE

8145 ARNDT, Erwin: Ziele und Kriterien der Periodisierung in ihrer wechselseitigen Bedingtheit. — [7963], 71-82.
8146 *Auswirkungen der industriellen Revolution auf die deutsche Sprachentwicklung im 19. Jahrhundert.* Von einem Autorenkollektiv unter Leitung von Joachim SCHILDT. — Bausteine zur Sprachgeschichte des Neuhochdeutschen 60; Berlin (DDR): Akad.-Verlag, 1981, 308 p.
8147 BACH, Heinrich: Die druckschwachen präfixe in der sprache Luthers. — [233], 19-24.
8148 BENTZINGER, Rudolf: Zur Periodisierung der deutschen Sprachgeschichte nach syntaktischen Gesichtspunkten. — [7963], 148-159.
8149 BERGMANN, Rolf: Zum Anteil der Grammatiker an der Normierung der neuhochdeutschen Schriftsprache. — *Sprachw* 7, 1982, 261-281.
8150 BOGGS, R.A.: *Hartmann von Aue: lemmatisierte Konkordanz zum Gesamtwerk.* 1; 2. — Indices zur deutschen Lit. 12-13; Nendeln: Kraus (KTO Press), 792 p. (in 2 vol.) | *MAev* 50, 1981, 158-160 D.N. Yeandle.
8151 BORTER, Alfred: *Syntaktische Klammerbildung in Notkers Psalter.* — Das Althochdeutsche von St. Gallen 7; Berlin (West): de Gruyter, 1982, xiv, 213 p.
8152 BRÄUER, Rolf: Sprachhistorische Periodisierungskriterien und ihre Anwendung in der deutschen Sprachgeschichte. — [7963], 40-59.
8153 CHRISTENSEN, Helgard: Das ahd. Gedicht 'De Henrico'. — [7890], 18-32 | With an extensive phonological description.
8154 COETSEM, Frans VAN; MCCORMICK, Susan: Old High German umlaut and the notion of optimal patterning. — *ABäG* 17, 1982, 23-27.
8155 FEUDEL, Günter: Zur Bedeutung der Literatursprache für die Periodisierung der deutschen Sprachgeschichte. — [7963], 98-109.
8156 *Geschichte der deutschen Sprache.* Hans MOSER; Hans WELLMANN; Norbert Richard WOLF (Hrsg.). Band I: *Althochdeutsch – Mittelhochdeutsch*, von Norbert Richard WOLF. — Uni-Taschenbücher 1139; Heidelberg: Quelle und Meyer, 1981, 271 p.
8157 [GUCHMAN, M.M.] GUCHMANN, Mirra M.; SEMENJUK, Natalia N.: Einige Fragen der Periodisierung des Deutschen. — [7963], 15-29.
8158 HAMP, Eric P.: On Ljubljana Old High German glosses. — *ANph* 12, 1979, 59-60.

HARTWEG, Frédéric: Zur Sprachsituation der Hugenotten in Berlin . . . — 6799.

8159 HENNE, Helmut: Probleme einer historischen Gesprächsanalyse: zur Rekonstruktion gesprochener Sprache im 18. Jahrhundert. — [329], 89-102.
8160 HILDEBRANDT, Reiner: Neuere Aspekte zur germanisch-deutschen Sprachentwicklung. — *MNCDN* 16, 1977-78, 36-46.
8161 HUISMAN, J.A.: *Contra caducum morbum.* Zum althochdeutschen Spruch gegen Fallsucht. — *ABäG* 17, 1982, 39-50.
8162 HYLDGAARD-JENSEN, Karl: Wechselbeziehungen zwischen der juristischen und der nicht-juristischen Sprache im Frühmittelalter am Beispiel des Wortschatzes. — *KBGL* 16, 1980, 85-91.
8163 KETTMANN, Gerhard: Bemerkungen zu einigen Prämissen der Datierung des Frühneuhochdeutschen. — [7963], 134-143.
8164 KRAMER, Günter: Kriterien der Periodisierung und die praktische Konsequenz einer veränderten Faktenbewertung. — [7963], 128-133.

8165 KRISCH, Thomas: Synchrone Valenzdifferenzierung und diachrone Valenzänderung, mit Beobachtungen zum deutschen Bedeutungswandel. — [412], 209-229.
8166 LANGNER, Helmut: Zu einigen Grundpositionen, Problemen und Aufgaben der Periodisierung der deutschen Sprachgeschichte. — [7963], 83-97.
8167 LERCHNER, Gotthard: Zur Dialektik von Objektivem und Subjektivem in der sprachgeschichtlichen Periodisierung. — [7963], 60-70.
8168 LÜHR, Rosemarie: *Studien zur Sprache des Hildebrandliedes.* Teil 1: *Herkunft und Sprache.* Teil 2: *Kommentar.* — Regensburger Beiträge zur deutschen Sprach- und Literaturwissenschaft, B 22 (Diss. Erlangen 1977); Frankfurt a.M.: Lang, 1982, cxxxii, 800 p. (in 2 vol.) | Also in the series Europäische Hochschulschriften, Reihe 1, 568. | *BNF* 18, 1983, 206-210 W. Relleke.
8169 MATTHEIER, Klaus J.: Sozialgeschichte und Sprachgeschichte in Köln: Überlegungen zur historischen Sprachsoziologie. — *RhVJ* 46, 1982, 226-253.
8170 MATZEL, Klaus; PENZL, Herbert: Heinrich Braun (1732-1792) und die deutsche Hochsprache in Bayern. — *Sprachw* 7, 1982, 120-148.
8171 MAYER, Hartwig: *Die althochdeutschen Griffelglossen der Handschrift Ottob. Lat. 3295 (Biblioteca Vaticana): Edition und Untersuchung.* — Canadian Studies in G. Language and Lit. 27; Bern: Lang, 1982, 192 p.
8172 METTKE, Heinz: Zur Periodisierung im Frühfeudalismus. — [7963], 110-127.
MOLLAY, K.: *Német-magyar nyelvi érintkezések* . . . — 14129.
8173 MOSER, Virgil [1882-1951]: *Schriften zum Frühneuhochdeutschen.* Hrsg. von Hugo STOPP †. Mit einem Register erstellt von Angelika SCHMITT unter Mitwirkung von Maria WALCH. Band 1; 2. — Germanische Bibliothek, N.F.R., 3. Br.; Heidelberg: Winter, 1982, viii, 404 p., front. (portr.); p. 405-777.
8174 MUSSELECK, Karl-Heinz: *Untersuchungen zur Sprache katholischer Bibelübersetzungen der Reformationszeit.* — Studien zum Frühneuhochdeutschen 6; Heidelberg: Winter, 1981, 319 p.
8175 MUST, Gustav: Das St. Galler Credo. — *FmS* 15, 1981 (1982), 371-386.
8176 NEWMAN, John; with the assistance of Richard SPROAT: *Old High German reader with computer-formatted translation, glossary and concordance.* — Reynoldsburg, OH.: Advocate Publishing Group, 1981, ii, 157 p. | *AUMLA* 61, 1984, 115-118 E.M. Wilkinson.
8177 PAUL, Hermann: *Mittelhochdeutsche Grammatik.* 22., durchgesehene Aufl. von Hugo MOSER, Ingeborg SCHRÖBLER † und Siegfried GROSSE. — Sammlung kurzer Grammatiken germ. Dialekte, A 2; Tübingen: Niemeyer, 1982, xxxvi, 510 p., map | 21st ed. 1975 (BL 1975, 7124). | *BNF* 17, 1982, 415-418 J. Huisman.
8178 PHILIPP, Gerhard: *Einführung ins Frühneuhochdeutsche* . . . — Heidelberg: 1980 | BL 1980, 6858. | *BNF* 17, 1982, 354-356 H. Graser | *Lg* 58, 1982, 948-949 H. Penzl.
8179 PIIRAINEN, Ilpo Tapani: *Das Iglauer Bergrecht* . . . — Heidelberg: 1980 | BL 1980, 6859. | *LF* 105, 1982, 62 F. Hoffmann.
8180 PIIRAINEN, Ilpo Tapani: Ausgleichstendenzen im Frühneuhochdeutschen. — *NphM* 83, 1982, 353-370.
POLENZ, P. v.: Zur Pragmatisierung der Beschreibungssprache in der Sprachgeschichtsschreibung. — 2846.
QUAK, A.: Zur Sprache der sog. Wachtendonckschen Psalmen. — 8613.
8181 RIS, Roland: Probleme aus der pragmatischen Sprachgeschichte der deutschen Schweiz. — [329], 103-128.

8182 RUSS, Charles V.J.: *Historical German phonology and morphology.* — Oxford: 1978 | BL 1978, 5962. | *PBB* 104, 1982, 84-88 J. Kohlhase.

8183 SCHENKER, Walter: *Die Sprache Huldrych Zwinglis*... — Berlin (West): 1977 | BL 1977, 8509. | *ZDL* 49, 1982, 397-401 H. Moser.

8184 SCHILDT, Joachim: Zum Verhältnis von Gesellschafts- und Sprachgeschichte: Periodisierungsprobleme. — [7963], 30-39.

8185 SCHÜTZEICHEL, Rudolf: *Addenda und Corrigenda zu Steinmeyers Glossensammlung.* — NAWG 1982/6; Göttingen: Vandenhoeck & Ruprecht, 1982, 44 p. | *BNF* 18, 1983, 171 G. Lohse.

8186 SCHÜTZEICHEL, Rudolf: *Studien zur Heidelberger Otfridhandschrift, zum Kicila-Vers und zum Georgslied.* — AAWG 3, 130; Göttingen: Vandenhoeck & Ruprecht, 1982, 103 p.

8187 SONDEREGGER, Stefan: Gesprochene Sprache im Althochdeutschen und ihre Vergleichbarkeit mit dem Neuhochdeutschen: das Beispiel Notkers des Deutschen von St. Gallen. — [329], 71-88.

8188 SPLETT, Jochen: *Samanunga-Studien*... — Göppingen: 1979 | BL 1979, 6659. | *PBB* 104, 1982, 267-270 H. Mayer.

8189 SZALAI, Lajos: *Die Sprache der Ödenburger Kanzlei in den Jahren 1460-1470: eine graphematische Untersuchung.* — Budapester Beiträge zur Germanistik 6; Budapest: Loránd-Eötvös-Univ., 1979, 303 p.

8190 VESPER, Wilhelm: *Deutsche Schulgrammatik im 19. Jahrhundert: zur Begründung einer historisch-kritischen Sprachdidaktik.* — RGL 25; Tübingen: Niemeyer, 1980, vii, 209 p. fig.

8191 WINGE, Vibeke: Versuch einer Ergänzung zur Althochdeutschen Grammatik. — [233], 321-335 | On tense and aspect.

8192 WINGE, Vibeke: Einige Betrachtungen zur sog. Pluralumwälzung im Deutschen. — [7890], 33-42.

4. DIALECTOLOGY — DIALECTOLOGIE

8193 *Atlas linguistique... de la Lorraine germanophone.* Par Marthe PHILIPP... [et al.]. Vol. I. — Paris: 1977 | BL 1977, 8262. | *ZDL* 49, 1982, 237-241 P. Wiesinger.

8194 *Badisches Wörterbuch*... Vorbereitet und betreut von Friedrich KLUGE; Alfred GÖTZE... [et al.]. Bearbeitet von Ernst OCHS. Fortgesetzt von Gerhard W. BAUR. Band III, Lief. 41: *knoppertöllisch – konsumieren.* — Lahr/Schwarzwald: Schauenburg, 1982, p. 193-224 | Cf. BL 1981, 8319.

8195 BARBA, Katharina: *Deutsche Dialekte in Rumänien: die südfränkischen Mundarten der Banater deutschen Sprachinsel.* — ZDL, Beiheft 35; Wiesbaden: Steiner, 1982, xi, 241 p., 11 maps.

8196 BAUR, Gerhard W.: Der Dialekt von Schiltach und Umgebung. Eine Fallstudie im Rahmen der 'klassischen' Dialektologie. — [339], 316-340, 7 maps. | Cf. also 2904.

8197 *Bayerisch-österreichisches Wörterbuch. I. Österreich. Wörterbuch der bairischen Mundarten in Österreich*... hrsg. von der Kommission für Mundartkunde und Namenforschung [Maria HORNUNG; Werner BAUER, Redaktoren]. 21. Lief. (7. Lief. des 3. Bandes): *Prûe – Pûlin.* — Wien: Verlag der Österreichischen Akad. der Wissenschaften, 1982, c. 1153-1344 | Cf. BL 1981, 8322. | *BNF* 17, 1982, 432-434; 18, 1983, 318 K. Matzel (On fasc. 18-21).

8198 BECKER, Christiane: Centres dialectaux et centres d'attraction migratoire. Espaces migratoires lexicaux et cellules de vie homogène. — [292], 1-32, 11 cartes | Basse-Alsace.

8199 BECKER, Donald A.: *Der Dialekt von Barr (Elsass)*. Eine Pilotstudie im Rahmen der generativen Dialektologie. — [339], 361-374 | Cf. also 2916.

BELLMANN, G.: Deskriptive Sprachgeographie in der Gegenwart: zu Konzept und Praxis des mittelrheinischen Sprachatlasses. — 2860.

8200 BEYER, Ernest; MATZEN, Raymond: *Atlas linguistique . . . de l'Alsace*. Vol. I. — Paris: 1969 | BL 1969, 5435. | ZDL 49, 1982, 234-237 P. Wiesinger.

8201 BIGLER, Nikolaus: *Mundartwandel im mittleren Aargau . . .* — Bern: 1979 | BL 1979, 6678. | ZDL 49, 1982, 395-397 G.A. Plangg.

8202 BOSSHARD, Hans Heinrich: *Mundartnamen von Bäumen und Sträuchern in der deutschsprachigen Schweiz . . .* — Zürich: 1978 | BL 1978, 5975. | ZDL 49, 1982, 394-395 K. Kehr.

8203 BRETZ, Gerda: *Die mundartliche Fachsprache der Spinnerei und Weberei in Heltau, Siebenbürgen . . .* — Marburg: 1977 | BL 1977, 8270. | ZDL 49, 1982, 251-252 K. Manherz.

8204 BÜCHERL, Rainald F.J.: Regularitäten bei Dialektveränderung und Dialektvariation, empirisch untersucht am Vokalismus nord-/mittelbairischer Übergangsdialekte. — ZDL 49, 1982, 1-27, map, 9 tab. | E. summ.

Dialektologie . . . Handbuch zur deutschen und allgemeinen Dialektologie . . . — 339.

EBNETER, Th.: Diasystem vs. Kontakt: der Ausdruck der Zukunft im Deutschen, Rätoromanischen und Nordostitalienischen. — 2868.

8205 EGLI, Alfred: *Weinbau im Deutschwallis: Sachkultur, Wortschatz, Sprachgeographie*. — Beiträge zur schweizerdeutschen Mundartforschung 23; Frauenfeld: Huber, 1982, xxix, 443 p., ill., 22 maps.

8206 EICHHOFF, Jürgen: *Wortatlas der deutschen Umgangssprache*. I-II. — Bern: 1977-78 | Cf. BL 1979, 6685. | KZ 96, 1982-83, 306-309 R. Hiersche.

8207 FISCHER, Helmut: *Erzählgut der Gegenwart: mündliche Texte aus dem Siegraum*. — Werken und Wohnen. Volkskundliche Untersuchungen im Rheinland 11; Köln: Rheinland-Verlag, 1978, 410 p. | ZDL 49, 1982, 95-96 O. Reichmann.

8208 FRANCOVICH ONESTI, Nicoletta: I nomi di parentela nei dialetti delle isole linguistiche alemanne del Piemonte e della Valle d'Aosta. — SGerm 17-18 (47-52), 1979-80, 5-34.

8209 *Frankfurter Wörterbuch*. Aufgrund des von Johann Joseph OPPEL (1815-1894) und Hans Ludwig RAUCH (1892-1945) gesammelten Materials hrsg. . . . von Wolfgang BRÜCKNER. 13. Lief., bearbeitet von Stephan HERBER; Hans-Otto SCHEMBS; Helmut WAIBLER: *Reibach* bis *Schienbein*. 14. Lief., bearbeitet von Stephan HERBER; Dorothea STRUCKMEIER-SCHUBERT; Günther VOGT: *Schiepe* bis *schwuppen*. — Frankfurt a.M.: Kramer, 1982, p. 2473-2680; 2681-2888 | Cf. BL 1981, 8333. | BNF 17, 1982, 427-428 G. Bellmann (8-11).

8210 FRIDOLIN [= CHRIST, Robert B.]: *E Baseldytsch-Sammlig, ygruumt in zwelf Fächli und in e Vytryne*. Mit Helge vom Ferdi Afflerbach. 4. Aufl. — Grammatiken und Wörterbücher des Schweizerdeutschen 5; Basel: 1976, 230 p. | First ed. 1947. | ZDL 49, 1982, 91-94 A. Lötscher.

8211 FÜHRER, Beate: *Das Berlinische im Tagesschrifttum von 1848-49: Studien zum Verhältnis von Idiolekt, Soziolekt und Dialekt*. — Europäische Hochschulschriften, Reihe 1, 456; Frankfurt a.M.: Lang, 1982, 319 p.

8212 GOOSSENS, Jan: Der Sprachatlas des nördlichen Rheinlands und des südöstlichen Niederlands. — RhVJ 46, 1982, 254-270, 2 fold. maps | Cf. 8260.

8213 GRUBER, Josef: *Die Sprache der Heimat: Wörterbuch über die Mundart des Dorfes Mittelberg bei Langenlois, Bez. Krems a.d. Donau, Niederösterreich.* Alphabetisches Verzeichnis der wichtigsten und interessantesten sprachlichen Ausdrücke einer Dorfbevölkerung. 2. Aufl. — 2111 Rückersdorf, Kirchengasse 15: Josef Gruber, 1981, 277 p.

8214 GUENTHERODT, Ingrid: *Dudenrode Kr. Witzenhausen. Netra Kr. Eschwege.* — Phonai, Deutsche Reihe 23. Monographien 14; Tübingen: Niemeyer, 1982, 341 p., 2 maps.

8215 HAAS, Walter: *Sprachwandel und Sprachgeographie* . . . — Wiesbaden: 1978 | BL 1978, 5983. | *PBB* 104, 1982, 89-93 R.E. Keller.

8216 HALDENWANG, Sigrid: Adjective împrumutate de graiurile săseşti din limba română şi maghiară. — *SCL* 33, 1982, 482-490 | G. summ.: Über die Entlehnung rum. und magyarischer Adjektive in der siebenbürgisch-sächsischen Mundart.

8217 HAMBUCH, Wendel: *Der Weinbau von Pusztavám/Pusstawahn. Der Wortschatz des Weinbaus in der deutschen Mundart von Pusztavám.* — Ungarndeutsche Studien 1; Budapest: Lehrbuchverlag, 1981, 180 p.

8218 HARTIG, Matthias: *Sozialer Wandel und Sprachwandel: explorative Studie zur Entwicklung der Dialektfunktion in unserer Gesellschaft.* — TBL 182; Tübingen: Narr, 1981, 147 p.

HARTMANN, D.: Deixis and anaphora in G. dialects . . . — 8060.

8219 HATHAWAY, Luise: *Der Mundartwandel in Imst in Tirol* . . . — Wien: 1979 | BL 1979, 6697. | *ZDL* 49, 1982, 401-403 E. Bauer.

8220 HENN, Beate: *Mundartinterferenzen am Beispiel des Nordwestpfälzischen.* — Wiesbaden: 1978 | BL 1979, 6699. | *ZDL* 49, 1982, 257-262 I. Guentherodt.

8221 HENN, Beate: *Pfälzisch.* — Dialekt/Hochsprache – kontrastiv. Sprachhefte für den Deutschunterricht 7; Düsseldorf: Schwann, 1980, 135 p.

8222 *Historische, geographische und soziale Übergänge im alemannischen Sprachraum.* Hrsg. von Werner KÖNIG und Hugo STOPP. — München: 1980 | BL 1981, 8344. | *Kratylos* 27, 1982 (1983), 207-208 M. Schlaefer.

8223 HOFFMANN, Fernand: *Zwischenland: dialektologische, mundartphilologische und mundartliterarische Grenzgänge.* — Germanistische Texte und Studien 11; Hildesheim: Olms, 1981, 204 p. | Coll. of papers mainly pertaining to Luxemburg.

8224 KALT, Ilse; KETTEMANN, Bernhard: Dialektphonologische Interferenz Kärntnerisch – Englisch. — *GLS* 11-12, 1980, 140-162.

8225 KARCH, Dieter: *Neuburg am Rhein: elne alemannische Sprachinsel* . . . — Lincoln: 1978 | BL 1979, 6705. | *ZDL* 49, 1982, 406-407 H. Tatzreiter.

8226 KARCH, Dieter: *Proben westpfälzischer Ortsmundarten.* — Univ. of Nebraska Studies, N.S. 64; Lincoln Univ. of Nebraska, 1980, 129 p., maps.

8227 KIESER, Otto: *Keilchen* "Klösse" im lausitzisch-obersächsischen Grenzbereich. — *NJb* 104, 1981 (1982), 160-164, map | Erhard RIEMANN, Anmerkung zu ostpreussisch *Keilchen*, 165.

8228 KIESER, Otto: Das Umspringen gleichartiger Konsonanten in andere Artikulationsbereiche: Gedanken zu Walther Mitzkas *Deutschem Wortatlas* (zu Band 18 (1971) "Der Sauger"). — *ZDL* 49, 1982, 64-66, fold. map.

8229 KIESER, Otto: Bezeichnungen für die "Kaulquappe" im Gebiet von Mulde-Elbe-Schwarze Elster. Gedanken zu Gisela Bangs gleichnämiger Dissertation und zur Walther Mitzkas Karte "Kaulquappe" im Deutschen Wortatlas. — *ZDL* 49, 1982, 208-216, 3 maps.

8230 KLEES, Henri: *Luxemburger Tiernamen* (Inbegriffen, in 2. Aufl., die *Luxem-*

burger Vogelnamen von Henri RINNEN). — Beiträge zur luxemburgischen Sprach- und Volkskunde 14; Luxembourg: Linden, 1981, 131 p., 32 maps.

8231 KLEIBER, Wolfgang; KUNZE, Konrad; LÖFFLER, Heinrich: *Historischer südwestdeutscher Sprachatlas* . . . Band 1; 2. — Bern: 1979 | BL 1979, 6712. | *BNF* 17, 1982, 352-354 H. Graser | *LB* 71, 1982, 388-391 G. Bellmann | *ADA* 93, 1982, 51-57 J. Goossens.

8232 KLEIN, Eva; MATTHEIER, Klaus J.; MICKARTZ, Heinz: *Rheinisch.* — Düsseldorf: 1978 | BL 1980, 6926. | *ZDL* 49, 1982, 403-406 I. Guentherodt.

8233 KRÄMER, Julius: *Unser Sprachschatz: Wörterbuch der galizischen Pfälzer und Schwaben.* — Reutlingen: Killinger, 1979, xxviii, 276 c. | *ZDL* 49, 1982, 85-91 I. Guentherodt.

8234 KUNZE, Konrad: Der *Historische Südwestdeutsche Sprachatlas* als Muster historischer Dialektgeographie. — [339], 169-177, 5 maps | Cf. BL 1979, 6712.

8235 LADIN, Wolfgang: *Der elsässische Dialekt – museumreif? Analyse einer Umfrage.* Vorwort von Eugène PHILIPPS. — Strasbourg: Salde, 1982, 271 p.

8236 LANGNER, Helmut: *Untersuchungen zur Mundart . . . im Raum um Wittenberg.* — Berlin (DDR): 1977 | BL 1977, 8301. | *BNF* 17, 1982, 423-426 H. Weinacht.

8237 *Laut und Schrift in Dialekt und Standardsprache.* Beiträge von Rolf MÜLLER . . . — Wiesbaden: 1978 | BL 1979, 6714. | *ZDL* 49, 1982, 266-268 L. Zehetner.

8238 LEVIEUGE-COLAS, Evelyne: Les oppositions d'occlusives du moyen-hautallemand: types de neutralisation en Lorraine germanophone. — [292], 173-189, 3 cartes.

8239 LÖFFLER, Heinrich: Interferenz-Areale Dialekt/Standardsprache: Projekt eines deutschen Fehleratlasses. — [339], 528-538, 10 maps.

8240 MATTHEIER, Klaus J.: *Pragmatik und Soziologie der Dialekte.* — Heidelberg: Quelle & Meyer, 1980, 233 p. | *BCILA* 36, 1982, 117-121 H. Joss.

8241 MAY, Iwona: Dialekty niemieckie i ich renesans. — *Przegląd Zachodni* (Poznań) 36, 1980/5-6 (1982), 159-185 | Deutsche Mundarten und ihre Renaissance.

8242 MEID, Wolfgang: Der Katechismus von 1602 und die sprachliche Situation des Zimbrischen im 17. und 18. Jahrhundert. — [398], 149-180 | Cf. 8243.

8243 MEID, Wolfgang: Il catechismo del 1602 e la situazione linguistica del cimbro nei sec. XVII e XVIII. — *AAAd* 76, 1982, 95-138 | Cf. 8242.

8244 MOELLER, Bernd; STACKMANN, Karl: *Luder – Luther – Eleutherius: Erwägungen zu Luthers Namen.* — NAWG 1981, 7; Göttingen: Vandenhoeck & Ruprecht, 1981, p. 173-203.

8245 MOSER, Hugo: Regionale Varianten der deutschen Standardsprache. — *WW* 32, 1982, 327-339.

8246 NIEBAUM, Hermann: Der Dialekt von Laer. Eine Fallstudie im Rahmen der strukturellen Dialektologie. — [339], 340-361, 20 fig. | Cf. also 2882.

8247 PANIZZOLO, Paola: *Die schweizerische Variante des Hochdeutschen.* — Deutsche Dialektgeographie 108; Marburg: Elwert, 1982, 92 p.

8248 *Pfälzisches Wörterbuch.* Begründet von Ernst CHRISTMANN, bearbeitet von Julius KRÄMER und Rudolf POST unter Mitarbeit von Josef SCHWING. Band IV, Lief. 28: *knüppel-dick – kreischen.* — Wiesbaden: Steiner, s.d. [1982], c. 385-576, maps | Cf. BL 1981, 8360 | *ZDL* 49, 1982, 84 D. Karch (on Band 3, Lief. 22-23).

8249 PICARD, Rudolf: *Solinger Sprachschatz: Wörterbuch und sprachwissenschaftliche Beiträge zur Solinger Mundart.* 2., erweiterte Aufl. — Duisburg: Braun, 1981, 445 p. | First ed. 1974 (BL 1974, 6653).

8250 POPADIĆ, Hanna: *Deutsche Siedlungsmundarten aus Slawonien* . . . — Tübingen: 1978 | BL 1978, 6003. | *LB* 70, 1981, 157 M. Hornung.

8251 RUOFF, Arno: Die Forschungstätigkeit der Württembergischen Schule als Beispiel regionaler Dialektologie. — [339], 127-144.

8252 SCHABUS, Sieglinde: *Die Präfixverben in den südbairischen Dialekten Kärntens: eine Untersuchung zur Wortbildung.* — Schriften zur deutschen Sprache in Österreich 8; Wien: Braunmüller, 1982, xvii, 194 p., map.

8253 SCHMID, Martin; ISSLER, Gaudenz: *Davosdeutscher Wörterbuch: der Wortschatz einer Bündner Walsermundart.* Mitarbeiter: Christian und Tilly LOREZ; Zeichnungen von Fridolin Taverna. — Grammatiken und Wörterbücher des Schweizerdeutschen 7; Chur: Verlag Walservereinigung Graubünden, 1982, xx, 261 p., ill.

8254 SCHUHMACHER, W.W.: Zur Ableitung *baurieren* in den hochdeutschen Mundarten von Kasachstan. — [7890], 57-58.

8255 SCHÜTZEICHEL, Rudolf: *Die Grundlagen des westlichen Mitteldeutschen* . . . — Tübingen: 1976 | BL 1976, 7483. | *IF* 86, 1981 (1982), 376-378 W. Kleiber.

8256 *Schweizerisches Idiotikon: Wörterbuch der schweizerdeutschen Sprache* . . . Red.: Peter DALCHER, Rudolph TRÜB, Peter OTT, Thomas A. HAMMER, Ruth JÖRG. 181. Heft, enthaltend die Gruppen Dral – drul . . . Dram – drum (a^n-trölen bis üf-trummen). — Frauenfeld: Huber, 1980, c. 897-1024 of vol. XIV | Cf. BL 1979, 6737.

8257 *Schweizerisches Idiotikon: Wörterbuch der schweizerdeutschen Sprache* . . . Red.: Peter DALCHER . . . [as No. 8256]. 182. Heft, enthaltend die Gruppen Dram – drum . . . Drank – drunk (*um-trummen* bis *Tränketen*). — Frauenfeld: Huber, 1981, c. 1025-1152.

8258 *Schweizerisches Idiotikon: Wörterbuch der schweizerdeutschen Sprache* . . . Red.: Peter DALCHER . . . [as No. 8256]. 183. Heft, enthaltend die Gruppen Drank – drunk . . . Drapf – drupf (*Tränki* bis *Tropf* III). — Frauenfeld: Huber, 1982, c. 1153-1280.

8259 *Siebenbürgisch-deutscher Sprachatlas. Band I: Laut- und Formenatlas.* Hrsg. von Karl Kurt KLEIN und Ludwig Erich SCHMITT. Teil 1; 2. Band II: *Siebenbürgisch-deutscher Wortatlas.* Hrsg. von Kurt REIN und Reiner HILDEBRANDT. — Marburg: 1961; 1964; 1979 | BL 1961, 55; 1964, 4934; 1979, 6738. | *ZDL* 49, 1982, 222-233 E. Seidelmann.

8260 *Sprachatlas des nördlichen Rheinlandes und des südöstlichen Niederlands* . . . Hrsg. von Jan GOOSSENS. *Ordregister, Grundkarte.* — Marburg: 1981 | BL 1981, 8371. | *TsNTL* 98, 1982, 239-240 J. Stroop | Cf. 8212.

8261 *Sudetendeutsches Wörterbuch: Wörterbuch der deutschen Mundarten in Böhmen und Mähren-Schlesien.* Begründet von Ernst SCHWARZ, betreut von Franz J. BERANEK †, Hertha WOLF-BERANEK †, Horst KÜHNEL. Hrsg. im Auftrag des Collegium Carolinum von Heinz ENGELS. Band I, Lief. 1: *A – abher-kratzen*. — München: Oldenbourg, 1982, 64 p., fold. map.

8262 *Südhessisches Wörterbuch* . . . bearbeitet von Rudolf MULCH & Roland MULCH. III. — Marburg: 1973-77 | BL 1977, 8327. | *ZDL* 49, 1982, 84 E. Wagner.

8263 THINNES, Norbert: *Untersuchungen zur Variation nasaler Vokale: ein soziolinguistischer Beitrag zum Rheinfränkischen.* — Mainzer Studien zur Sprach- und Volksforschung 5; Wiesbaden: Steiner, 1981, xiii, 552 p.

8264 *Thüringisches Wörterbuch* . . . bearbeitet unter Leitung von K. SPANGENBERG. V. Band, 12., 13. und 14. Lief.: *Spritzenhaus – Syringenstrauch*. Bearbeitet

HAUT-ALLEMAND

von H. ROSENKRANZ; R. SCHÄFTLEIN; H. SCHRICKEL; K. SPANGENBERG. — Berlin (DDR): Akad.-Verlag, 1982, i p., c. 1409-1772, 1773-1778, ill. (end of vol. V) | Cf. BL 1981, 8376.

8265 TRAUNMÜLLER, Hartmut: Der Vokalismus im Ostmittelbairischen. — *ZDL* 49, 1982, 289-333, map | E. summ.

8266 TRÜB, Rudolf: Der *Sprachatlas der deutschen Schweiz* als Beispiel einer sprachgeographischen Gesamtdarstellung. — [339], 151-168, 4 maps, 7 facsim. | Cf. BL 1975, 7228.

8267 URELAND, P. Sture: Numerical and sociolinguistic perspectives of the p/pf-isogloss in South-Rhenish Franconian dialects. — [170], 341-355, 2 fig., 4 maps | Abbreviated and revised version of BL 1981, 8342.

8268 UUSTALU, Koidu: Niederdeutsche Elemente im Baltisch-Deutsch des XVII. Jh. — *UZTarU* 619, 1982 (*Linguistica*), 151-158 | Ru. summ.

8269 VALISKA, J.: *Nemecké nárečie Dobšinej. Príspevok k výskumu zanikania nárečí enkláv.* — Rimavská Sobota: 1980 | BL 1980, 6962. | *Nové obzory* 24, 1982, 302-305 L. Bartko | *JČ* 33, 1982, 90-92 J. Kriššáková | *PhP* 25, 1982, 222-223 J. Povejšil.

8270 VALISKA, Juraj: *Nemecké nárečia horného Spiša. Príspevok k výskumu reliktných nárečí v pokročilom štádiu ich vývoja.* — Stará L'ubovňa: Okresné vlastivedné múzeum, 1982, 302 p.

8271 VALISKA, Juraj: Buleinerisch ist keine Monophthongierungsmundart. — *RLB* 6, 1982, 263-274 | Zum Vokalsystem der deutschen Mundart von Dobšiná (Dobschau, Ostslowakei).

8272 VEITH, Werner H.: *Der Kleine Deutsche Sprachatlas als Arbeitsmittel.* — Studien zum Kleinen Deutschen Sprachatlas 1; Tübingen: Niemeyer, 1982, xii, 130 p. | *BNF* 17, 1982, 423 W. König | *Kratylos* 27, 1982 (1983), 206-207 H. Tiefenbach.

8273 WEISS, Andreas: Sprachgebrauch in Ulrichsberg/Oberösterreich. Eine Pilotstudie in kommunikativer Dialektologie. — [339], 375-396, 5 fig. | Cf. also 2910.

8274 WERLEN, Iwar: *Lautstrukturen des Dialekts von Brig . . .* — Wiesbaden: 1977 | BL 1977, 8335. | *ZDL* 49, 1982, 262-265 W. Haas.

8275 WESSELY, Gerda: *Nebensätze im spontanen Gespräch . . .* — Wien: 1981 | BL 1981, 8381. | *Kratylos* 27, 1982 (1983), 210-212 H. Löffler.

8276 WIESINGER, Peter: Probleme der Dialektgliederung des Deutschen. — *ZDL* 49, 1982, 145-168 | E. summ.

8277 ZAPP, Hubert: Linguistique contrastive: expression du temps et de la phase dans le parler de Sarreguemines et en allemand. Applications pédagogiques. — [292], 291-309.

8278 ZEHETNER, Ludwig: *Die Mundart der Hallertau . . .* — Marburg: 1978 | BL 1978, 6015. | *ZDL* 49, 1982, 252-256 H. Tatzreiter | *LB* 71, 1982, 232-235 P.E. Webber.

8279 ZENDER, Matthias: Prinzipien und Praxis dialektaler Lexikographie am Beispiel des Rheinischen Wörterbuches. — [339], 113-126, 2 maps, 2 facsim. | Cf. BL 1971, 6236.

8280 ZIMMERMANN, Fritz: *Historisch-ethnographische Analyse der deutschen Siedlung im Pressburgerland.* — Ethnos 19; Wien: Braumüller, 1980, 383 p. | *BNF* 17, 1982, 252-255 G. Lipold.

8281 ZÜRRER, Peter: *Wörterbuch der Mundart von Gressoney, mit einer Einführung in die Sprachsituation und einem grammatischen Abriss.* — Beiträge zur schweizerdeutschen Mundartforschung 24; Frauenfeld: Huber, 1982, 324 p., 95 fig. | *BNF* 17, 1982, 429-432 P. Zinsli.

5. LEXICON — LEXIQUE

8282 *Althochdeutsches Glossenwörterbuch*... Zusammengetragen, bearbeitet und hrsg. von Taylor STARCK † und J.C. WELLS. 7. Lief. [*reckunga - -sloʒ*]; 8. Lief. [*sloʒgrintil - tūmāri*]. — Heidelberg: Winter, 1982, p. 481-560; 561-640 | Cf. BL 1981, 8385 | *BNF* 17, 1982, 71-75 H. Tiefenbach (5-6) | *ASNS* 219, 1982, 406-409 H. von Gadow (5).

8283 *Althochdeutsches Wörterbuch*... Hrsg. von Rudolf GROSSE. Bearbeitet von Siegfried BLUM; Sybille BLUM; Heinrich GÖTZ; Rolf HELLER... [et al.]. Band III: E und F, 12. und 13. Lief. [*bi-findan - folgên*]. — Berlin (DDR): Akad.-Verlag, 1982, c. 873-1032 | Cf. BL 1980, 6977.

BAKOS, F.: Megnevezés és kontrasztivitás... — 1303.

8284 BALLWEG-SCHRAMM, Angelika: Zur semantischen Beschreibung von Verben im Hinblick auf lexikographische Erfordernisse. *Essen, trinken* und so weiter... — [146], 37-58.

BALOUN, J.: *Německo-český slovník lingvistické terminologie*. — 1808.

BARAN, Ja.A.: *Osnovni pytannja zahal'noji ta nimec'koji frazeolohiji*. — 2932.

8285 BERGMANN, Rolf: Ankündigung eines Rückläufigen althochdeutschen Wörterbuches. — *Sprachw* 7, 1982, 446-447.

8286 BETZ, Werner †: *Gehorsam* und *Kunstfehler*: zwei Lehnbildungen und ihre Wirkungen. — [398], 19-24.

8287 BIELFELDT, Hans Holm: *Die slawischen Wörter im Deutschen: ausgewählte Schriften 1950-1978*. — Opuscula 15; Leipzig: Zentralantiquariat der DDR, 1982, ix, 386 p.

BIELFELDT, H.H.: Onomatopoetika im Sorbischen und Deutschen — 11753.

8288 Brockhaus-Wahrig: *Deutsches Wörterbuch* in sechs Bänden. Hrsg. von Gerhard WAHRIG †; Hildegard KRÄMER; Harald ZIMMERMANN. 4. Band: *k - oz*. — Wiesbaden: Brockhaus / Stuttgart: Deutsche Verlags-Anstalt, 1982, 941 p. | Cf. BL 1981, 8392. | See 8354.

8289 BURKHARDT, Armin: Gesprächswörter. Ihre lexikologische Bestimmung und lexikographische Beschreibung. — [3002], 138-171 | Cf. 8349.

8290 [ČERNYŠEVA, I.I.] CHERNYSEVA, I.I.: *Feste Wortkomplexe des Deutschen in Sprache und Rede*. — Moskau: "Vysšaja škola", 1980, 114 p.

8291 ČIERNA, M.; GÉZE, E.; JURÍKOVÁ, M.; MENKE, E.: *Nemecko-slovenský slovník. / Deutsch-slowakisches Wörterbuch*. — Bratislava: Slov. pedag. nakl., 1981, 961 p. | *KS* 16, 1982, 315-316 J. Horecký.

8292 CUBBER, Walter DE: Het Vroegmiddelhoogduits en de studie van zijn religieuze woordenschat. — *HZnMTL* 36, 1982, 41-56 | Early MHG and the study of its religious vocabulary.

8293 DENYSENKO, S.N.: Realizacija stijkych slovesnych kompleksiv u movlenni. — *InFil* 64, 1981, 61-68 | Realisierung fester Wortkomplexe in der Rede.

8294 DENYSENKO, S.N.: Frazeolohična deryvacija jak systemnyj faktor frazotvorennja (Na materiali nimec'koji leksykohrafiji). — *InFil* 61, 1981, 51-57 | Phraseologische Derivation als Systemfaktor der Satzbildung (am Material der deutschen Lexikographie).

8295 *Deutsches Rechtswörterbuch: Wörterbuch der älteren deutschen Rechts-*

sprache. In Verbindung mit der Akad. der Wissenschaften der DDR hrsg. von der Heidelberger Akad. der Wissenschaften. [Wissenschaftlicher Leiter: Günther DICKEL. Leiter der Forschungsstelle: Heino SPEER]. Band VII, Heft 9 [*Konzil – Kreisbote*]. — Weimar: H. Böhlaus Nachfolger, 1982, c. 1281-1440 | Cf. BL 1981, 8396.

8296 *Deutsches Wörterbuch* von Jacob Grimm und Wilhelm Grimm. Neubearbeitung . . . 6. Band, 10 Lief.: *drücken – Durchfahrung*; 11. Lief.: *Durchfahrung – ²durchstreichen*. Bearbeitet in der Arbeitsstelle Göttingen von H. ALBRAND, J. BAHR, B. HORLITZ . . . [et al.]. — Leipzig: Hirzel, 1982, c. 1441-1600; 1601-1760 | Cf. BL 1980, 6987.

8297 DRÖGE, Kurt: *Die Fachsprache des Buchdrucks* . . . — Lemgo: 1978 | BL 1978, 6029. | *BNF* 15, 1980, 435 H. Stopp | *RhVJ* 46, 1982, 309-310 H.-R. Spiegel.

8298 *Duden. Das grosse Wörterbuch der deutschen Sprache* . . . Band 6. — Mannheim: 1981 | BL 1981, 8400. | *BNF* 17, 1982, 110-111 R. Schützeichel.

8299 DUPUY-ENGELHARDT, Hiltraud: *Reden, sagen, sprechen. Von den Distributions- zu den Bedeutungsunterschieden.* — [292], 95-112.

8300 EHNERT, Rolf: *Behalten. Ein Beispiel für Kontextbeschreibungen bei mittelhochdeutschen Verben.* — [412], 69-107.

8301 FISHER, Rodney: Middle High German *prüeven.* — *MAev* 51, 1982, 227-233.

8302 GÖRNER, H.: *Redensarten* . . . — Leipzig: 1979 | BL 1979, 6787. | *CJŠ* 23, 1979-80, 465 A. Kařízek.

8303 *Grosses Fremdwörterbuch.* — Leipzig: 1977 | BL 1977, 8393. | *BNF* 15, 1980, 75 H. Stopp.

8304 *Handwörterbuch zur deutschen Rechtsgeschichte.* Hrsg. von Adalbert ERLER und Ekkehard KAUFMANN unter philologischer Mitarbeit von Ruth SCHMIDT-WIEGAND . . . 21. Lief.: *Nominatio – Orden (Mönchsorden).* — Berlin (West): E. Schmidt, 1982, c. 1025-1280 | Cf. BL 1981, 8411 | *ADA* 93, 1982, 107-113 R. Gmür (1-20) | *BNF* 17, 1982, 258-260 R. Schützeichel (20).

8305 HARRAS, Gisela: Zur Lexikographie von Befindlichkeitsadjektiven. Möglichkeiten und Grenzen ihrer Bedeutungserläuterungen. — [3002], 92-102.

8306 HAVRYS', V.I.; PROROČENKO, O.P.: *Nimec'ko-ukrajins'kyj frazeolohičnyj slovnyk.* I; II. — Kyjiv: "Radjans'ka škola", 1981, 416; 382 p. | *Mov* 1982/3, 74 V. Levyc'kyj.

8307 HENNE, Helmut: Gibt es hyponyme Satzadverbien des "Gewissheitsgrades"? Zu H.E. Wiegands "Beitrag zur praktischen Lexikologie". — [3002], 133-137 | Contra No. 8353.

8308 HERMANN, Ursula: *Knaurs Fremdwörter-Lexikon: 40000 Fremdwörter. Schreibweise, Bedeutung, Anwendung.* — München: Droemer-Kanur, 1982, 452 p. | *Germanistik* 24, 1983, 274 J. Werner.

8309 HIERSCHE, Rolf: Deutsche Wortforschung in Giessen. Über ein Forschungsunternehmen zur deutschen Etymologie und Wortgeschichte. — *Sprachw* 7, 1982, 438-445.

8310 HIETSCH, Otto: The mirthless world of the bilingual dictionary: a critical look at two German-English examples, and a glossary. — *Ling* 20, 1980, 183-218.

8311 HIETSCH, Otto: Unmuffling the *Muffel*: living usage and laggard lexicalisation. — *Ling* 21, 1981, 209-225.

8312 HINSKE, Norbert: *Ding* und *Sache* in Johann Heinrich Lamberts *Neuem Organon.* — [179], 297-311.

8313 HORLITZ, Bernd: Valenz und Bedeutung bei den mit *durch* verbundenen Verben. — [412], 259-270.

8314 KLAPPENBACH, Ruth: *Studien zur modernen deutschen Lexikographie.* — Amsterdam: 1980 | BL 1980, 7018. | *KBGL* 18, 1981, 218-220 M. Wesemann | *SS* 43, 1982, 159-162 J. Filipec.
8315 KLAPPENBACH, Ruth (†); MALIGE-KLAPPENBACH, Helene: Das Wörterbuch der deutschen Gegenwartssprache: Entstehung, Werdegang, Vollendung. — *KBGL* 14, 1978, 5-46 | Cf. 8355.
8316 *Konzeption eines Wörterbuchs deutscher Verben. Zu Theorie und Praxis einer semantisch orientierten Valenzlexikographie.* Projektgruppe Verbvalenz. Leiter: Helmut SCHUMACHER. — Forschungsberichte des Inst. für deutsche Sprache, Mannheim, 45; Tübingen: Narr, 1981, 346 p.
8317 KORLÉN, Gustav: Bemerkungen zum DDR-Wortschatz anlässlich eines empfehlenswerten Wörterbuchs. — *MSpråk* 75, 1981, 251-257 | On Michael KINNE & Birgit STRUBE-EDELMANN (BL 1981, 8418).
8318 KOROTKICH, Ju.G.: *Leksičeskie zaimstvovanija v sovremennom nemeckom jazyke (na materiale razgovornoj reči).* — Voronež: Izd. Voronežskogo univ., 1980, 109 p. | *VMU* 1982/2, 89-91 N.I. Zimomrja.
8319 KÜHN, Peter: *Der Grundwortschatz...* — Tübingen: 1979 | BL 1979, 6815. | *IF* 87, 1982 (1983), 349-352 G. Doerfer.
8320 KÜPPER, Heinz: *Illustriertes Lexikon der deutschen Umgangssprache* in 8 Bänden. Band 1: *A – Blatt.* — Stuttgart: Klett, 1982, 400 p., ill.
8321 KURKO, P.F.: Kontekst i semantyčna charakterystyka dyminutyviv. — *InFil* 64, 1981, 49-55 | Kontext und semantische Charakteristik der Diminutiva.
8322 LARSEN, H. Verner: Über Klappenbach/Steinitz: *Wörterbuch der deutschen Gegenwartssprache*, bes. im Vergleich zu Gerh. Wahrig: *Deutsches Wörterbuch.* — *KBGL* 14, 1978, 161-174 | Rev. art. on No. 8355.
8323 LAUFFER, Hartmut: *Der Lehnwortschatz der althochdeutschen und altsächsischen Prudentiusglossen.* — München: 1976 | BL 1976, 7550. | *SGerm* 17-18 (47-52), 1979-80, 439-441 R. Gusmani | *ADA* 93, 1982, 12-20 Th. Klein.
8324 LAZAROVYČ, V.V.: Dejaki osoblyvosti rozvytku frazeolohičnych zapozyčen' u movi-receptori (Na materiali nimec'kych zapozyčen' latyns'koho pochodžennja). — *InFil* 61, 1981, 69-76 | Zu einigen Besonderheiten der Entwicklung der phraseologischen Entlehnungen in der Rezeptorsprache (auf deutschem Sprachmaterial).
8325 LEPESTKOV, G.O.: Vnutrišni morfolohični i semantyčni valentnosti skladnych imennykiv. — *InFil* 63, 1981, 57-63 | Innere morphologische und semantische Valenzen der zusammengesetzten Substantiven.
8326 LITVINOV, M.M.: Utočnjujuči pryslivnyky. — *InFil* 62, 1981, 86-93 | Präzisierende Adverbien.
8327 LOCHNER VON HÜTTENBACH, Fritz Frh.: *Wissenschaftler – Wissenschafter*: Überlegungen zum Sprachgebrauch in Österreich. — *GLS* 11-12, 1980, 193-200.
LUTZEIER, P.R.: *Wort und Feld...* — 1434.
8328 MACKENSEN, Lutz: *Deutsches Wörterbuch: Rechtschreibung, Grammatik, Stil, Worterklärung, Fremdwörterbuch, Geschichte des deutschen Wortschatzes.* 10. erweiterte Aufl. — Köln: Vehling-Verlag, 1982, xliv, 1228 p. | 9th ed. 1977 (BL 1977, 8421). | *BNF* 17, 1982, 426-427 E. Neuss.
8329 MAŃCZAK, W.: Der Ursprung von dt. *Akt* "nu". — *ASNS* 219, 1982, 373.
8330 MARCQ, Philippe: Histoire (partielle) de *'bei'* (Étude sémantique). — *EGerm* 37, 1982, 1-10.
8331 MAZINGUE, Étienne: Aspects de la pénétration linguistique. — *EGerm* 37, 1982, 135-147.

8332 MENTRUP, Wolfgang: Der Sprach- und Wörterbuchausschnitt 'Anweisung durch Packungsbeilage von Medikamenten'. Zur lexikographischen Beschreibung des Vokabulars. — [3002], 1-33.
MRAZOVIĆ, P.; PRIMORAC, R.: *Nemačko-srpskohrvatski frazeološki rečnik.* — 10554.
8333 MÜLLER, Ernst Erhard: *Grossvater, Enkel, Schwiegersohn . . .* — Heidelberg: 1979 | BL 1980, 7034. | *BNF* 17, 1982, 67-69 H.-G. Maak.
8334 MURJASOV, R.Z.: Antroponimy v slovoobrazovatel'noj sisteme jazyka. — *VJa* 1982/3, 62-72.
8335 MUST, Gustav: Das deutsche Wort *Farbe.* — *IF* 86, 1981 (1982), 255-270.
8336 [OL'ŠANSKIJ, I.G.] OLŠANSKI, I.G.: *Moderne deutsche Lexikographie.* — Moskau: "Vysšaja škola", 1979, 136 p. | *Mov* 1981/3, 90-92 O. Proročenko; V. Havrys'.
8337 ORTNER, Lorelies: *Wortschatz der Pop-/Rockmusik: das Vokabular der Beiträge über Pop-/Rockmusik.* — Sprache der Gegenwart 53; Düsseldorf: Schwann, 1982, 465 p.
8338 PIJNENBURG, W.J.J.: Ahd. *uuiessa* "Iltis". — *RhVJ* 46, 1982, 288-290.
8339 PÖCKL, Wolfgang: *Fehlleistung* und *acte manqué.* — [323], 401-408.
8340 PRETZEL, Ulrich: Zur Geschichte des Deutschen Wörterbuches. — [549], 216-248.
8341 PÜSCHEL, Ulrich: Die Berücksichtigung mundartlicher Lexik in Johann Christoph Adelungs "Wörterbuch der hochdeutschen Mundart". — *ZDL* 49, 1982, 28-51 | E. summ.
8342 RAJCHŠTEJN, A.D.: *Sopostavitel'nyj analiz nemeckoj i russkoj frazeologii.* — Moskva: "Vysšaja škola", 1980, 143 p. | *Mov* 1982/2, 76-77 O. Proročenko; V. Havrys' | *NDVŠ-F* 1982/5, 87-89 I.-Ė.S. Rachmankulova.
8343 ROTH, Klaus-Hinrich: *"Deutsch": Prolegomena zur neueren Wortgeschichte.* — München: 1978 | BL 1978, 6063. | *ZDL* 49, 1982, 272-273 E. Bauer.
8344 SCHAEDER, Burkhard: Untersuchungen zur Kodifikation der Wirtschaftssprache in fachsprachlichen und gemeinsprachlichen Wörterbüchern. — [3002], 65-91.
8345 SCHERER, Thomas: *Phraseologie im Schulalter: Untersuchung zur Phraseologie deutschschweizerischer Schüler und ihrer Sprachbücher.* — Europäische Hochschulschriften, Reihe 1, 515; Bern: Lang, 1982, 167 p., fig.
8346 SCHUMACHER, Helmut: Zur Konzeption eines Valenzwörterbuchs der Verben auf semantischer Basis. — [146], 19-36.
8347 SMEREKA, Krystyna: Zur Valenzanalyse einiger verba vivendi im Deutschen und Polnischen. — *GW* 47, 1982, 107-113.
8348 SPALDING, Keith: *An historical dictionary of German figurative usage.* With the assistance of Kenneth BROOKE. Fasc. 32: *kleben — Kopf*; 33: *Kopf — Lage*; 34: *Lage — Lippe*; 35: *Lippe — Maul*; 36: *Maul — Mund.* — Oxford: Blackwell, 1979, p. 1481-1528; 1980, p. 1529-1576; 1981, p. 1577-1624; 1982, p. 1625-1672; p. 1673-1720 | Cf. BL 1979, 6843.
8349 STICKEL, Gerhard: Was sollen "Gesprächswörter" im Wörterbuch? — [3002], 172-175 | On No. 8289.
8350 STRAUSS, Gerhard: Aspekte des Sprachausschnitts 'Politik' im einsprachigen Wörterbuch. Politisch-ideologische Ismen — lexikographisch betrachtet. — [3002], 34-64.
8351 TROST, Pavel: Tzv. citátová kompozita v němčině. — *CJŠ* 26, 1982-83, 18 | Die Zitatenkomposita im Deutschen.

8352 WIEGAND, Herbert E.: Einige grundlegende semantisch-pragmatische Aspekte von Wörterbucheinträgen. Ein Beitrag zur praktischen Lexikologie. — [146], 59-149, ill.
8353 WIEGAND, Herbert Ernst: Zur Bedeutungserläuterung von Satzadverbien in einsprachigen Wörterbüchern. Ein Beitrag zur praktischen Lexikologie. — [3002], 103-132 | Cf. 8307.
8354 WIEGAND, Herbert Ernst; KUČERA, Antonín: Brockhaus-Wahrig: Deutsches Wörterbuch auf dem Prüfstand der praktischen Lexikologie. I. Teil: 1. Band (*A-BT*); 2. Band (*BU-FZ*). — *KBGL* 18, 1981, 94-217 | Cf. 8288.
8355 *Wörterbuch der deutschen Gegenwartssprache*... Hrsg. von Ruth KLAPPENBACH und Wolfgang STEINITZ †... Band VI. — Berlin: 1977 | BL 1977, 8469. | *Mu* 91, 1981, 218-228 M. Bues | Cf. 8315 & 8322.

6. ORTHOGRAPHY — ORTHOGRAPHE

8356 AUGST, Gerhard: Doppeldeutigkeit und Schwerverständlichkeit: eine Entgegnung auf A. Digesers Aufsatz. — *WW* 31, 1981, 35-39 | Cf. 8359; Note by A. DIGESER, *ibid.* 126.
8357 BAUDUSCH, Renate: Aus der Arbeit der Forschungsgruppe "Orthographie" (am Zentralinstitut für Sprachwissenschaft der Akademie der Wissenschaften der DDR). — *PhP* 25, 1982, 110-116.
8358 BERGER, Dieter: *Duden: Komma, Punkt und alle anderen Satzzeichen, mit umfangreicher Beispielsammlung*. 2., neu bearbeitete und erweiterte Aufl. — Duden-Taschenbücher 1; Mannheim: Bibliographisches Inst., 1982, 165 p.
8359 DIGESER, Andreas: Versachlichung der Rechtschreibdiskussion. — *WW* 31, 1981, 29-35 | Cf. 8356.
8360 HEINLE, Eva-Maria: *Hieronymus Freyers Anweisung zur Teutschen Orthographie. Ein Beitrag zur Sprachgeschichte des 18. Jahrhunderts*. — Germ. Bibl., 3. Reihe: Untersuchungen; Heidelberg: Winter, 1982, 376 p.
8361 HÖCHLI, Stefan: *Zur Geschichte der Interpunktion im Deutschen*... — Berlin (West): 1981 | BL 1981, 8466. | *Kratylos* 27, 1982 (1983), 203-204 M. Schlaefer | *EGerm* 37, 1982, 63-64 J.-L. Risse.
8362 MENTRUP, Wolfgang: *Die gemässigte Kleinschreibung*... — Mannheim: 1979 | BL 1979, 6867. | *PBB* 104, 1982, 286-291 G. Augst.
8363 MENTRUP, Wolfgang: *Die Gross- und Kleinschreibung im Deutschen*... — Tübingen: 1979 | BL 1979, 6866. | *PBB* 104, 1982, 286-291 G. Augst.
8364 ÖHLSCHLÄGER, Günther: Zur deutschen Orthographie und ihrer Reform: ein Forschungsbericht. — *GermL* 1979/5-6 (1982), 71-116.
8365 *Sprachwissenschaftliche Untersuchungen zu einer Reform der deutschen Orthographie*. Band 1; 2. — Linguistische Studien, Reihe A: Arbeitsberichte 83, 1 & 2; Berlin (DDR): Akad. der Wissenschaften der DDR, Zentralinst. für Sprachwissenschaft, 1981, 318; 323 p. | Contents, vol. 1: Dieter NERIUS & Jürgen SCHARNHORST, Einführung in die Untersuchungen zu einer Reform der deutschen Orthographie, 1-54; Gottfried MEINHOLD & Eberhard STOCK, Untersuchungen zu einer Reform der deutschen Orthographie auf dem Gebiet der Phonem-Graphem-Beziehungen, 55-153; Klaus HELLER, Untersuchungen zu einer Reform der deutschen Orthographie auf dem Gebiet der Fremdwortschreibung, 154-227; Werner HOFRICHTER, Untersuchungen zu einer Reform der deutschen Orthographie auf dem Gebiet der graphischen Worttrennung ("Silbentrennung"), 228-318; vol. 2: Dieter NERIUS, Untersuchungen zu einer

Reform der deutschen Orthographie auf dem Gebiet der Gross- und Kleinschreibung, 1-67; Petra EWALD, Zu den Versuchen einer Neuregelung der Gross- und Kleinschreibung im Rahmen der Substantivgroßschreibung, 68-108; Dieter HERBERG, Untersuchungen zu einer Reform der deutschen Orthographie auf dem Gebiet der Getrennt- und Zusammenschreibung, 109-215; Renate BAUDUSCH, Untersuchungen zu einer Reform der deutschen Orthographie auf dem Gebiet der Interpunktion, 216-323.

8366 SKÁLA, Emil: Zur Stabilität der frühneuhochdeutschen Graphie. — *GermP* 7, 1976 (1980), 7-21 | Cz. summ.

8367 *Theoretische Probleme der deutschen Orthographie.* Hrsg. von Dieter NERIUS; Jürgen SCHARNHORST. — Berlin (DDR): 1980 | BL 1980, 7082. | *WW* 31, 1981, 282-286 G. Augst | *PhP* 25, 1982, 117-119 P. Sgall.

7. STYLISTICS — STYLISTIQUE

8368 BARTSCH, Angelika: *Zur Stellung der Adverbiale in den Werken von Thomas Mann.* — Europäische Hochschulschriften, 1. Reihe, 521 (Diss. München); Frankfurt a.M.: Lang, 1982, viii, 377 p.

8369 BLATTMANN, Ekkehard: *Reinhold Schneider linguistisch interpretiert.* — Literatur, Linguistik, Didaktik 2; Heidelberg: Stiehm, 1979, 106 p., ill. | *EGerm* 36, 1981, 101-102 G. Reiner.

8370 BURGER, Harald; BUHOFER, Annelies: Phraseologie als Indikator für Text- und Stiltypen. — *WW* 31, 1981, 377-398.

8371 *Goethe-Wörterbuch.* Hrsg. von der Akad. der Wissenschaften der DDR, der Akad. der Wissenschaften in Göttingen und der Heidelberger Akad. der Wissenschaften. [Wissenschaftliche Leitung: Konrad GAISER; Werner HARTKE; Karl Robert MANDELKOW]. II. Band, 4. Lief.: *bequemen – Beständer.* — Stuttgart: Kohlhammer, 1982, c. 385-512 | Cf. BL 1981, 8482 | *BNF* 17, 1982, 111-112 R. Schützeichel (II. Band, 3. Lief.).

GRÜNBECK, B.: Subjektivismus im Fr., Objektivismus im Deutschen? . . . — 7022.

8372 HELD, Gudrun: Die Abtönungspartikel *halt* in der österreichische Komödiensprache. Versuch einer kontrastiven Mikroanalyse. — [323], 249-264.

8373 LEPA, Karl: Zum Gebrauch der Phraseologismen in der zeitgenössischen deutschen politischen Lyrik. — *UZTarU* 619, 1982 (*Linguistica*), 41-54 | Ru. summ.

8374 MIRSKIJ, A.A.: Funkcional'no-stilističeskaja obuslovlennost' modelej predloženija v sovremennom nemeckom jazyke. — *UZTarU* 619, 1982 (*Linguistica*), 74-80 | G. summ.

8375 PEL'VEC'KYJ, V.J.: Uzual'ne vžyvannja frazeolohičnych odynyc' u chudožnij literaturi (Na materiali frazeolohiji tvoriv L. Franka). — *InFil* 63, 1981, 68-75 | Der usuelle Gebrauch der Phraseologismen in der schönen Literatur (auf Grund der Phraseologie von L. Frank).

8376 PFITZNER, Jürgen: *Der Anglizismus im Deutschen* . . . — Stuttgart: 1978 | BL 1978, 6096. | *ASNS* 219, 1982, 163-166 A.W. Stanforth.

8377 POSOR, Monika: Eine Charakteristik der Sprache in Maxie Wanders Guten Morgen du Schöne. — *AUNCHum, Filologia Germańska* 7, 1981, 66-75.

8378 POSOR, Monika: Bemerkungen zu Peter Handkes Prosawerken. — *AUNCHum, Filologia Germańska* 7, 1981, 77-88.

8379 PUTSCHÖGL-WILD, Anna M.: *Untersuchungen zur Sprache im Fremdenverkehr* . . . — Bern: 1978 | BL 1978, 6098. | *LB* 71, 1982, 237-241 E. Bauer.

8380 TYMOŠČUK, L.M.: Stylistyčni potenciji punktuaciji (Na prykladi opovidan' V. Borcherta). — *InFil* 64, 1981, 84-89 | Stilistische Potenzen der Interpunktion.
8381 WILSS, Wolfram: Beobachtungen zur Anspielungstechnik in der deutschen Gegenwartssprache. — *GLS* 11-12, 1980, 368-390.
8382 ŽOVNIRUK, Z.L.: Stylistyka reprezentyvnoho komponenta prjamoji movy u tvorach sučasnych nimec'kych pys'mennykiv. — *InFil* 64, 1981, 55-61 | Die Stilistik der Redeeinkleidung der direkten Rede in den Werken der zeitgenössischen deutschen Schriftsteller.
8383 ŽOVNIRUK, Z.L.: Formy reprodukciji čužoji movy (prjamoji, nevlasneprjamoji i neprjamoji) jak zasib charakterystyky personaživ povisti K. Vol'f "Rozkolote nebo". — *InFil* 63, 1981, 75-83 | Die Arten der Rededarstellung (die direkte, erlebte und indirekte Rede) als Mittel der Sprachcharakteristik der Gestalten in der Erzählung "Der geteilte Himmel" von Ch. Wolf.

8. METRICS, VERSIFICATION — MÉTRIQUE, VERSIFICATION

8384 BREUER, Dieter: *Deutsche Metrik und Versgeschichte*. — Pragmatische Texttheorie 5; München: Fink, 1981, 414 p., ill. | *EGerm* 37, 1982, 466 G.R. Marschall.
8385 NEWTON, Robert P.: *Vowel undersong: studies of vocalic timbre and chroneme patterning in German lyric poetry*. — De Proprietatibus Litterarum, Series Maior 27; The Hague: Mouton, 1981, xv, 456 p.
8386 WAGENKNECHT, Christian: *Deutsche Metrik: eine historische Einführung*. — München: Beck, 1981, 139 p.

9. TRANSLATION — TRADUCTION

8387 VERMEER, Hans J.: "Die Sitten des Staates, die zwei Übel verwüsteten" — ein Kapitel angewandte Translationswissenschaft. — *LAnt* 14, 1980, 251-276 | Translating Sallustius' *Coniuratio Catilinae*.
8388 WEPPEN, Erwin E. VON DER: *Denotative Äquivalenz in der französischdeutschen Übersetzung: Kriterien und ihre Ermittlung*. — Europäische Hochschulschriften, Reihe 13, 80; Frankfurt a.M.: Lang, 1982, ii, 201 p., fig.

10. MATHEMATICAL LINGUISTICS — LINGUISTIQUE MATHÉMATIQUE

8389 KOCH, Sabine; MENZEL, Wolfgang; STARKE, Ingrid: A procedure of an automatic grapheme-to-phoneme transformation of German. — [114], 158-161.
8390 KYJAK, T.R.: Zaležnist' miž umotyvovanistju ta kil'kistju osnov naukovotechničnych terminiv. — *InFil* 63, 1981, 63-68 | Die Motivierung in der wissenschaftlich-technischen Terminologie.
8391 LENDERS, Winfried: The representation of semantic information in German machine readable dictionaries. — [114], 176-177.
8392 *Maschinelle Auswertung sprachhistorischer Quellen: ein Bericht zur computerunterstützten Analyse der Flexionsmorphologie des Frühneuhochdeutschen*. Hrsg. von Winfried LENDERS und Klaus-Peter WEGERA. — Sprache und Information 3; Tübingen: Niemeyer, 1982, xi, 236 p. | *Kratylos* 27, 1982 (1983), 204-206 N.R. Wolf.
8393 RUOFF, Arno: *Häufigkeitswörterbuch gesprochener Sprache* . . . — Tübingen: 1981 | BL 1981, 8513. | *BNF* 17, 1982, 441 R. Bergmann.
8394 STEINACKER, Ingeborg; TROST, Harald: Parsing German. — [115], 365-370.

12. SOCIOLINGUISTICS — SOCIOLINGUISTIQUE

BAUSCH, K.-H.: Der Konjunktiv im Deutschen . . . — 7984.

8395 BELLMANN, Günter: Vorschläge zur Integrationstypologie auf der Grundlage des slawisch-deutschen Sprachkontaktes. — [152], 265-276, map.

8396 BÜCHER, Brunhilde; SCRABACK, Petra: Situationstypische Mundartsverwendung: Sprachverhalten auf dem Markt. — [8422], 207-234.

DENISON, N.: English in Europe, with particular reference to the G.-speaking area. — 8771.

8397 DINGELDEIN, Heinrich J.: Hessische sprachliche Landesforschung – Geschichte und Ergebnisse. — [8422], 56-108.

EGGER, K.: Mehrsprachige Schüler im Südtiroler Unterland . . . — 7504.

EICHINGER, L.M.: Die sprachliche und politische Lage im Schweizer Jura. — 7062.

8398 GAUTSCHI, Theres: *Bildhafte Phraseologismen in der Nationalratswahlpropaganda: Untersuchungen zum Vorkommen und zum Gebrauch von bildhaften Phraseologismen in der Nationalratswahlpropaganda der FDP, SVP und der SP des Kantons Bern von 1919-1979.* — Europäische Hochschulschriften, Reihe I, 536; Bern: Lang, 1982, 224 p., fig., tab.

GROSSE, R.; NEUBERT, A.: *Soziolinguistische Aspekte der Theorie des Sprachwandels.* — 3941.

8399 GUDORF, Odilo: *Sprache als Politik: Untersuchung zur öffentlichen Sprache und Kommunikationsstruktur in der DDR.* — Köln: Verlag Wissenschaft und Politik, 1981, vi, 289 p.

HARTWEG, F.G.: Sprachkontakt . . . im Elsass. — 3950.

8400 HASSELBERG, Joachim: Mundart als Schulproblem. — [8422], 29-55.

8401 HOFFMEISTER, Walter: *Sprachwechsel in Ost-Lothringen* . . . — Wiesbaden: 1977 | BL 1977, 8550. | ZDL 49, 1982, 407-408 J. Eichhoff.

8402 KEIM, Inken; NIKITOPOULOS, Pantelis; REPP, Michael: *Kommunikation ausländischer Arbeiter: eine Studie zum deutschsprachigen Interaktionsverhalten von griechischen und türkischen Arbeitern.* — Forschungsberichte des Inst. für deutsche Sprache, Mannheim, 53; Tübingen: Narr, 1982, 229 p.

8403 KELLER, R.E.: Diglossia in German-speaking Switzerland. — [4068], 70-93.

KLEINZ, N.: *Die drei germ. Sprachen Südwestafrikas* . . . — 8733.

8404 KOŁTUNOWSKI, Piotr: Niemcy, Żydzi i Polacy w "Krakauer Zeitung". (Przyczynek do badań nad językiem narodowego socjalizmu w Niemczech hitlerowskich). — *LMNf* 9, 1980 (1982), 155-164 | Germans, Jews and Poles in the Nazi *Krakauer Zeitung* (on the language of Nazi Germany).

8405 KORLÉN, Gustav: Die deutsche Sprache in Belgien. — *MSpråk* 75, 1981, 41-46.

8406 KRAMER, Johannes: *Deutsch und Italienisch in Südtirol.* — Reihe Siegen 23, Romanistische Abteilung; Heidelberg: Winter, 1981, 212 p. | *AAAd* 76, 1982, 291-293.

8407 MITENKO, L.I.: Rosijs'ki ta ukrajins'ki zapozyčennja v nimec'kij movi kolyšnich kolonistiv pivdnja Ukrajiny (Na materiali presy 20-ch rokov). — *InFil* 62, 1981, 79-86 | Die Sprache der Sovjetdeutschen, der ehemaligen Kolonisten in der Südukraine, im Spiegel des Lehnworts (anhand der Presse der 20-er Jahre).

8408 MÜLLER, Hans-Peter: *Die schweizerische Sprachenfrage von 1914* . . . — Wiesbaden: 1977 | BL 1977, 8557. | ZDL 49, 1982, 393-394 J. Eichhoff.

8409 MUNSKE, Horst H.: Die Rolle des Lateins als Superstratum im Deutschen und in anderen germanischen Sprachen. — [152], 237-263.

8410 NAUMANN, Horst: Zur Sprache der Lehrerstudenten in der DDR. — [181], 81-91.
8411 NELDE, Peter H.: Französische Einflüsse auf eine deutsche Minderheit. — [399], 61-67 | Ostbelgien.
8412 NELDE, P.H.: French interference among a German-speaking minority. — *ITL* 53, 1981, 3-21 | Eastern Belgium.
8413 NELDE, Peter H.: Zur Sprachvariation im deutschsprachigen Belgien. — [398], 181-186, map.

NELDE, P.H.: Quantitative und qualitative Aspekte der Mehrsprachigkeit in Ostbelgien. — 7079.

8414 ORLOVIĆ-SCHWARZWALD, Marija: *Zum Gastarbeiterdeutsch jugoslawischer Arbeiter* . . . — Wiesbaden: 1978 | BL 1978, 6126. | *ZDL* 49, 1982, 268-272 R. Müller.

RAITH, J.: *Sprachgemeinschaftstyp . . . Gruppen deutscher Abstammung in Lancaster Co., Pennsylvania.* — 4156.

8415 ROUSSEAU PAYEN, Nicole: *La situation linguistique de Hilbesheim.* — Berne: 1979 | BL 1979, 6943. | *FM* 50, 1982, 78-81 A.-M. Houdebine.
8416 ROWLEY, A.R.: Report on the linguistic enclave of Valfersina. — [369], 259-263.
8417 SCHANZE, Rosemarie: Entwicklungsmomente und Praxis der Neuen Mundartbewegung. — [8422], 1-28.
8418 SCHILDT, Joachim: *Abriss der Geschichte der deutschen Sprache: zum Verhältnis von Gesellschafts- und Sprachgeschichte.* 2., durchgesehene Aufl. — Sammlung Akad.-Verlag 20; Berlin (DDR): Akad.-Verlag, 1981, 246 p., 5 fig., 10 maps | 1st ed. 1976 (BL 1976, 7675).
8419 *Le Schwyzertütsch, 5e langue nationale?* Actes du colloque de la Commission interuniversitaire suisse de linguistique appliquée, Neuchâtel, 24-26.9.80. F. REDARD, R. JEANNERET et J.-P. MÉTRAL (éds). — *BCILA* 33; Neuchâtel: Inst. de Linguistique de l'Univ. de Neuchâtel, 1981, 130 p. | From the contents: W. HAAS, Entre dialecte et langue – l'exemple du Schwyzertütsch, 22-41; Rudolf VILETTA, Die Regelung der Beziehungen zwischen den schweizerischen Sprachgemeinschaften, 42-72; B. CATHOMAS, Die Einstellungen der Rätoromanen zum Schwyzertütsch, 105-117.
8420 SLÁDKOVÁ, Miroslava: Alsaské dialekty a otázka vzájemného působení dvou nepříbuzných jazykových společenství. — *CJŠ* 25, 1981-82, 254-257 | Les dialectes alsaciens et la question de l'interaction de deux communautés linguistiques non-apparentées.
8421 SCHENKER, Walter: *Medienkonsum und Sprachverhalten: eine Erhebung in Rheinland-Pfalz und im Saarland, repräsentativ für die Bundesrepublik.* — Europäische Hochschulschriften, Reihe I, 436; Frankfurt a.M.: Lang, 1982, 149 p.
8422 *Sprache in Hessen.* Hrsg. von der Hessischen Vereinigung für Volkskunde durch Rosemarie SCHANZE. — *Hessische Blätter für Volks- und Kulturforschung* (Giessen: Schmitz) 11-12, 1981, 1-234.
8423 *Sprache und Kultur. Studien zur Diglossie, Gastarbeiterproblematik und kulturellen Integration.* Wolfgang KÜHLWEIN; Günter RADDEN (Hrsg.). — TBL 107; Tübingen: Narr, 1978, 308 p.
8424 STIELAU, Hildegard I.: *Nataler Deutsch* . . . — Wiesbaden: 1980 | BL 1980, 7146. | *LB* 71, 1982, 491-493 D. Karch.

TABOURET-KELLER, A.; LUCKEL, F.: Maintien de l'alsacien et adoption du fr.: éléments de la situation ling. en milieu rural en Alsace. — 4165.

8425 VIERECK, Wolfgang: The influence of the English language on German. — *Amst* 27, 1982, 203-215.
8426 WEIJENBERG, Arend Jan: *Authentizität gesprochener Sprache in Lehrwerken für Deutsch als Fremdsprache.* — Diss. Leiden 1980; Heidelberg: Groos, 1980, 278 p.
8427 ZEH, Jürgen: *Die deutsche Sprachgemeinschaft in Nordschleswig: ein soziales Gebilde im Wandel.* — Bonner Beiträge zur Soziologie 19 = Minoritäten, Medien und Sprache 3; Stuttgart: Enke, 1981, iii, 364 p. | *Germanistik* 23, 1982, 263 F. Debus.
8428 *Zur Situation des Deutschen in Südtirol: sprachwissenschaftliche Beiträge zu den Fragen von Sprachnorm und Sprachkontakt.* Unter Mitwirkung von Oskar PUTZER hrsg. von Hans MOSER. — IBK, Germanistische Reihe 13; Innsbruck: Inst. für Germanistik der Univ. Innsbruck, 1982, 230 p.

B. Yiddish — Yiddish

8429 BIRNBAUM, Solomon A.: *Yiddish...* — Toronto: 1979 | *BL* 1979, 6952. | *BiOr* 38, 1981, 430-432 L. Fuks | *CJL* 27, 1982, 76-77 S.M. Embleton | *PBB* 104, 1982, 291-297 P. Wexler.
8430 GEIPEL, John: *Mame Loshn: the making of Yiddish.* — London: Journeyman, 1982, xi, 113 p. | *JSS* 28, 1983, 400-402 M. Durrell.
8431 HAARMANN, Harald: *Studien zum Multilingualismus aschkenasischer und orientalischer Juden im asiatischen Teil der Sowjetunion.* — Hamburg: Buske, 1980, 313 p., fig., maps.
VIRKEL DE SANDLER, A.E.: El bilingüismo idish – esp. en dos comunidades bonaerenses. — 6437.
8432 WEXLER, Paul: Slavicization vs. de-Slavicization in Yiddish verb derivation (*linirn, ojslinirn ~ ojslin'even ~ ojslin'[en]en*). — *WSlav* 27, 1982, 359-381.

C. Low German — Bas-allemand

8433 GOOSSENS, Jan: Niederdeutsche Dialektologie und Soziolinguistik 1976-1980. — *NdW* 21, 1981 (1982), 120-144.

8434 *Brandenburg-Berlinisches Wörterbuch.* Begründet und angelegt von Anneliese BRETSCHNEIDER unter Einschluss der Sammlungen von Hermann TEUCHERT. Bearbeitet unter der Leitung von Joachim WIESE. II. Band, 7. Lief.: *i* bis *kaspern.* Bearbeitet von Gerhard ISING †; Annemarie WIESE; Joachim WIESE; Teodolius WITKOWSKI. — Berlin: Akad.-Verlag / Neumünster: Wachholtz, 1982, c. 769-896 | Cf. BL 1981, 8586.
8435 BÜLD, Bernard: *Holzschuhe und Holzschuhmacherhandwerk im westlichen Münsterland: ein Beitrag zur Geschichte und Volkskunde des westfälischen Handwerks.* — Beiträge des Heimatsvereins Vreden zur Landes- und Volkskunde 18; Vreden: Heimatverein, 1980, 208 p., 136 ill. | *TeT* 34, 1982, 215-217 L. Kremer.
8436 BÜLD, Heinrich: *Niederdeutsche Schwanksprüche zwischen Ems und Issel.* — Münster: Aschendorff, 1981, viii, 152 p. | *BNF* 17, 1982, 349 R. Schützeichel.
8437 EICHHOFF, Jürgen: Niederdeutsche Mundarten in Nordamerika: Geschichte und Bibliographie. — *NJb* 104, 1981(1982), 134-159.
8438 GOLTZ, Reinhard: Ausgewählte Aspekte zum Fachwortschatz in der Finken-

werder Hochseefischerei und zu seiner fachlich bedingten Entwicklung. — *NJb* 104, 1981 (1982), 107-117.

8439 HANSEN, Margrethe Stig: Versuch einer kontrastiven Analyse des Dithmarsischen dem Hochdeutschen gegenüber. — *KBGL* 16, 1980, 34-84.

KIESER, O.: *Keilchen* "Klösse" im lausitzisch-obersächsischen Grenzbereich. — 8227.

8440 KREMER, Ludger: Ein niederdeutsches Utopia. Die sprachpolitischen Überlegungen G.G. Kloekes im Jahre 1945. — *NdW* 21, 1981 (1982), 54-60.

8441 *Mittelniederdeutsches Handwörterbuch.* Begründet von A. LASCH und C. BORCHLING . . . hrsg. von Gerhard CORDES. Band II, 21. Lief.: *lêfte* bis *mandâtenbrôt*. Bearbeitet von Gerhard CORDES. — Neumünster: Wachholtz, 1982, c. 769-896 | Cf. BL 1977, 8599.

8442 NIEBAUM, Hermann: *Westfälisch.* — Düsseldorf: 1977 | BL 1977, 8601. | *NJb* 104, 1981 (1982), 177-178 D. Rosenthal.

8443 NYMAN, Lennart: Die niederdeutschen Mundarten der Russland-Mennoniten. — [7890], 43-56.

8444 ODWARKA, Karl: Evidence of *Auslautsverhärtung* in Old Saxon. — [168], 323-343.

8445 *Preussisches Wörterbuch: deutsche Mundarten Ost- und Westpreussens.* Begründet und hrsg. von Erhard RIEMANN. Band 3, Lief. 1: *Kaak – Katharina.* Bearbeiter: Erhard RIEMANN; Ulrich TOLKSDORF; Dietmar WAGNER. — Neumünster: Wachholtz, 1982, c. 1-128, maps, fig. | Cf. BL 1981, 8600.

8446 RAUCH, Irmengard: Inversion, adjectival participle, and narrative effect in Old Saxon. — *NJb* 104, 1981 (1982), 22-30.

8447 ROSEMANN genannt KLÖNTRUP, Johan Gilges [1755-1830]: *Niederdeutsch-Westphälisches Wörterbuch.* Bearbeitet von Wolfgang KRAMER; Hermann NIEBAUM; Ulrich SCHEUERMANN. Band 1: *A-M*; Band 2: *N-Z*. — Veröffentlichungen des Inst. für hist. Landesforschung der Univ. Göttingen 16; Hildesheim: Lax, 1982, 25*, v p., 552 c.; [iv] p., 570 c., [6] p.

8448 ROSENFELD, Hans-Friedrich: *Wernigeroder Wörterbuch* . . . — Neumünster: 1975 | BL 1975, 7470. | *ZDL* 49, 1982, 81-83 P. Seidensticker.

8449 SCHÜWER, Helmut: *Wortgeographische und etymologische Untersuchungen zur Terminologie des Ackerwagens* . . . — Köln: 1978 | BL 1978, 6155. | *NJb* 104, 1981 (1982), 174-177 D. Rosenthal.

8450 SMET, Gilbert A.R. DE: Die gedruckte niederdeutsche Lexikographie bis 1650. — *NJb* 104, 1981 (1982), 70-81.

8451 *Sprache, Dialekt und Theologie: Beiträge zur plattdeutschen Verkündigung heute.* Hrsg. von Johann D. BELLMANN; H. KRÖGER. — Göttingen: Vandenhoeck & Ruprecht, 1979, 204 p. | *NJb* 104, 1981 (1982), 170-174 B.-J. Diebner.

8452 TAEGER, Burkhard: Das Straubinger "Heliand"-Fragment: philologische Untersuchungen (Fortsetzung). — *PBB* 104, 1982, 10-43 | Cf. BL 1981, 8609.

8453 VELDTRUP, Josef: *Bargunsch oder Humpisch: die Geheimsprache der westfälischen Tiötten. Eine Untersuchung.* 2., verbesserte und ergänzte Aufl. — Münster: Aschendorff, 1981, iii, 84 p. | First ed. 1974 (BL 1974, 6928).

8454 WINGE, Ruth A.: Zum Konjunktiv im Verbsystem der Mundart von Greffen. — *NdW* 21, 1981 (1982), 61-76 | Kreis Warendorf, Westfalen.

8455 WITTE, Ulrich: *Die Bezeichnungen für den Böttcher im niederdeutschen Sprachbereich. Eine wort- und sachkundliche Untersuchung zum Böttcherhandwerk.* — Europäische Hochschulschriften, Reihe I, 539; Frankfurt a.M.: Lang, 1982, xii, 485 p., 11 maps, ill., photographs.

8456 Wossidlo-Teuchert: *Mecklenburgisches Wörterbuch.* Hrsg. von der Sächsischen Akad. der Wissenschaften zu Leipzig aus den Sammlungen Richard WOSSIDLOS und aus den Ergänzungen und nach der Anlage Hermann TEUCHERTS. 61. Lief. (VII, 4): *Uhr* bis *unwis'*. Bearbeitet unter der Leitung von Jürgen GUNDLACH unter Mitarbeit von Eva-Sophie DAHL, Christian ROTHE und Erika KRACKOW. — Berlin (DDR): Akad.-Verlag, 1982, c. 385-512 | Cf. BL 1981, 8614.

8457 ZANNI, Roland: *Heliand, Genesis und das Altenglische* . . . — Berlin: 1980 | BL 1980, 7190. | *Kratylos* 26, 1981 (1982), 168-171 K. Dietz | *MAev* 51, 1982, 275-276 D.H. Green.

D. German onomastics — Onomastique allemand

8458 BAHLOW, Hans: *Deutsches Namenlexikon* . . . 2. Aufl. — Frankfurt/M.: 1976 | BL 1976, 7739. | *ZprMK* 23, 1982, 383-389 J. Beneš.

8459 BAHLOW, Hans: *Pommersche Familiennamen: ihr Geschichts- und Heimatwert.* — Neustadt/Aisch: Degener, 1982, 99 p. | *BNF* 18, 1983, 224-225 H. Rosenfeld.

8460 BAHLOW, Hans: *Störtebeker und Konsorten: 800 niederdeutsche Satznamen. Ein Beitrag zur Volkskunde des Mittelalters.* — Bad Honnef: Proff, 1982, 51 p. | *BNF* 17, 1982, 264 R. Schützeichel.

8461 BLEIER, Reinhard: Tiroler Familiennamen und Hofnamen in neuer Sicht. — *BNF* 17, 1982, 178-244.

8462 BOESCH, Bruno: *Kleine Schriften zur Namenforschung* . . . — Heidelberg: 1981 | BL 1981, 8618. | *BNF* 17, 1982, 406-408 F. Lochner von Hüttenbach.

8463 BURSCH, Horst: Zur Deutung einiger *-hoven*-Namen in der Swistniederung. — *BNF* 17, 1982, 47-55.

8464 DEBUS, Friedhelm: Flurnamen als Geschichtsquelle: Bemerkungen zu einem Buch gleichen Titels. — *BNF* 16, 1981, 167-183 | On Ernst HENN (BL 1977, 8634).

8465 *Deutsch-slawische Namenforschung:* Vorträge und Berichte aus Anlass der wissenschaftlichen Tagung des J.G. Herder-Forschungsrates über Probleme der deutsch-slawischen Namenforschung am 21. und 22. Oktober 1976. Hrsg. von Hans-Bernd HARDER. — Tagungsberichte des Johann-Gottfried-Herder-Forschungsrates 7; MarburgLahn: J.G. Herder-Inst., 1981, ix, 157 p., 2 maps. | *BNF* 17, 1982, 468-470 J. Udolph.

8466 EICHLER, Ernst: Sprachkontakte und Sprachebenen in der Onomastik. — *OnSG* 13, 1981, 7-19.

EICHLER, E.: *Ergebnisse der Namenforschung im deutsch-sl. Berührungsgebiet.* — 4186.

8467 FRITZE, Wolfgang H.: Ortsnamenkunde und Landesgeschichte in ostdeutschen Ländern: Probleme der Namenkontinuität. — [8465], 1-39, 2 maps.

8468 GANSLEWEIT, Klaus-Dieter: Flurnamen und Siedlungsgeschichte in der nordöstlichen Niederlausitz. — *OnSG* 13, 1981, 51-60, map.

8469 GILLMEISTER, Heiner: Zum rheinischen Familiennamen *Böning(er)*. — *BNF* 17, 1982, 245.

8470 GOTTSCHALD, Max: *Deutsche Namenkunde: unsere Familiennamen.* 5. verbesserte Aufl. mit einer Einführung in die Familiennamenkunde von Rudolf SCHÜTZEICHEL. — Berlin (West): de Gruyter, 1982, 667 p. | 4th ed. 1971 (BL 1971, 6556). | *BNF* 17, 1982, 411 H. Tiefenbach.

8471 HENGST, Karlheinz: Zur Integration slawischer Toponyme ins Deutsche. — *OnSG* 13, 1981, 21-42.

8472 *Historisches Ortslexikon für die Niederlausitz.* Band 1; 2. Bearbeitet von Rudolf LEHMANN. — Marburg: 1979 | BL 1981, 8638 (corr.). | *SlOc* 39, 1982, 220-221 J. Strzelczyk.

8473 HORNUNG, Maria: Beobachtungen über die kategorienbildende Funktion slawischer Suffixe bei deutschem Namenmaterial in Sprachberührungszonen. — *OnSG* 13, 1981, 61-66.

8474 HUBRICH-MESSOW, Gundula: *Personennamen in schleswig-holsteinischen Volksmärchen (AT 300 – AT 960).* — Kieler Beiträge zur deutschen Sprachgeschichte 4; Neumünster: Wachholtz, 1981, 134 p. | *BNF* 17, 1982, 90-91 G. Lohse.

8475 KOHLHEIM, Volker: Diffusionstheoretische Aspekte spätmittelalterlicher Anthroponymie: die Verbreitung der Rufnamengebung nach Heiligennamen in Regensburg bis a. 1378. — [8465], 137-157.

8476 KRAMER, Wolfgang: Zum Gebrauch des bestimmten Artikels in südniedersächsischen Siedlungsnamen. — *NdW* 21, 1981 (1982), 77-102.

8477 KUNSTMANN, Heinrich: Noch einmal *Banz.* — *WSlav* 27, 1982, 352-358 | Cf. BL 1981, 8645.

8478 KVARAN, Gudrun: *Die Zuflüsse zur Nord- und Ostsee . . .* — Wiesbaden: 1979 | BL 1979, 7034. | *IF* 87, 1982 (1983), 361-364 W. Laur.

8479 LATHWESEN, Heinrich: *Das Calenberger Hausbuch von 1592 nach dem Lagerbuch des Amtes Calenberg von 1653 und anderen Quellen bearbeitet.* — Veröffentlichungen der Hist. Kommission für Niedersachsen und Bremen 34. Quellen und Forschungen zur Wirtschafts- und Sozialgeschichte Niedersachsens in der Neuzeit 7; Hildesheim: August Lax, 1980, vi, 308 p., fold. map | *BNF* 17, 1982, 101-103 T. Dahlberg.

8480 LENNARTZ, Josef; GÖRTZ, Theo: *Erkelenzer Strassen: Materialien zu Namen und Geschichte.* — Schriften des Heimatvereins der Erkelenzer Lande 3; Erkelenz: Heimatverein, 1982, 175 p., map | *BNF* 18, 1983, 216-217 G. Lohse.

8481 LÖFFLER, Heinrich: Norm und Freiheit im Gebrauch von Eigennamen in historischen Quellen des 14. Jhs.: Beobachtungen zum historischen Übergang von Appellativen zu Eigennamen. — [176], 49-55.

8482 LUKAS, Rainer Friedrich Wilhelm: *Die Vornamengebung in Schwalmstadt/Ziegenhain und Giessen von 1945-1975.* — Frankfurt a.M.: R.G. Fischer, 1981, 280 p.

8483 MOELLER, Bernd; STACKMANN, Karl: Luder – Luther – Eleutherius: *Erwägungen zu Luthers Namen.* — NAWG 1981/7; Göttingen: Vandenhoeck & Ruprecht, 1981, 37 p., 6 ill. | *BNF* 17, 1982, 412 H. Bach.

8484 MÜLLER, Gunter: Der bestimmte Artikel vor Siedlungsnamen: sein Gebrauch in mittelalterlichen Texten Westfalens. — *NdW* 21, 1981 (1982), 103-119.

8485 NAIL, Norbert: Zur Deutung des Talnamens *Ulten:* Ultental/Val d'Ultimo bei Meran. — *BNF* 17, 1982, 36-39.

8486 NEUMANN, Isolde: *Die Familiennamen der Stadtbewohner in den Kreisen Oschatz, Riesa und Grossenhain bis 1600.* — Obersächsische Familiennamen 2 = Deutsch-sl. Forschungen zur Namenkunde und Siedlungsgeschichte 33; Berlin (DDR): Akad.-Verlag, 1981, 341 p., 4 maps | *BNF* 17, 1982, 260 R. Schützeichel.

8487 NEUMANN, Johann: *Tschechische Familiennamen in Wien . . .* — Wien: 1977 | BL 1977, 8653. | *BNF* 15, 1980, 167-168 H. Rösel.

8488 OLT, Reinhard: *Die amtlichen Flurnamen des Odenwald-Kreises*, mit einer Einführung und Erläuterung. Vorwort von H. RAMGE. — Michelstadt: Neuthor-Verlag, 1981, 160 p. | *BNF* 17, 1982, 419 P. Hessmann.
Ortslexikon der böhmischen Länder . . . — 11065.
8489 PENZL, Herbert: Personennamen und deutsche Grammatik im 18. Jahrhundert. — [176], 239-243.
8490 PRINZ, Jürgen: Der Name *Berlin* und die Veneder-Frage. — [8465], 67-80.
8491 *Probleme der Namenforschung im deutschsprachigen Raum*. Hrsg. von Hugo STEGER. — Darmstadt: 1977 | BL 1977, 8654. | *BNF* 17, 1982, 439-440 R. Bergmann.
8492 REICHARDT, Lutz: *Ortsnamenbuch des Kreises Esslingen*. — Veröffentlichungen der Kommission für geschichtliche Landeskunde in Baden-Württemberg, B 98; Stuttgart: Kohlhammer, 1982, vii, 140 p., fold. map | *BNF* 18, 1983, 200-202 A. Greule.
8493 REICHARDT, Lutz: *Ortsnamenbuch des Stadtkreises Stuttgart und des Landkreises Ludwigsburg*. — Veröffentlichungen der Kommission für geschichtliche Landeskunde in Baden-Württemberg, B 101; Stuttgart: Kohlhammer, 1982, vii, 205 p., fold. map | *BNF* 18, 1983, 217-218 A. Greule.
8494 REICHARDT, Lutz: *Ammerbuch* und *Starzach*. Zwei moderne Ortsnamen. — *BNF* 17, 1982, 369-373.
8495 REICHARDT, Lutz: *Pflugfelden*. — *BNF* 17, 1982, 34-35 | Part of Ludwigsburg, near Stuttgart.
8496 REICHARDT, Lutz: *Sumelocenna, Sülchen, Ebingen* und *Rottenburg*: vier Ortsnamen im Bereich der Stadt Rottenburg am Neckar. — *BNF* 17, 1982, 374-381.
8497 REICHARDT, Lutz: *Teck* und *Neuffen*. Zwei altertümliche Bergnamen in Schwaben. — *BNF* 17, 1982, 27-30.
8498 ROSENKRANZ, Heinz: Personennamen als Appellativa in der Mundart. — [176], 299-305.
8499 RUBERG, Uwe: Rhetorische und hermeneutische Komponenten literarischer Namendeutung. — [176], 319-326.
8500 RUDYJ, V.H.: Slova-rečennja u funkciji nimec'kych prizvyšč (typ *Satznamen*). — *InFil* 64, 1981, 90-96 | Satzwörter in der Funktion von Familiennamen im Deutschen.
8501 SCHMITZ, Antje: *Die Orts- und Gewässernamen des Kreises Ostholstein*. — Neumünster: 1981 | BL 1981, 8656. | *NJb* 104, 1981 (1982), 178-183 W. Kaestner | *BNF* 17, 1982, 250-252 W.P. Schmid.
8502 SCHMITZ, Antje: Sprachliche Anmerkungen zu den slawischen Ortsnamen des Kreises Ostholstein. — [8465], 81-135.
8503 SCHRÖDER, Werner: *Die Namen im "Parzival" und im "Titurel" Wolframs von Eschenbach*. — Berlin (West): de Gruyter, 1982, xxviii, 148 p. | *BNF* 17, 1982, 267-271 H. Kolb.
SCHULTHEIS, J.: Namenschichten im Mittelelbegebiet. — 9930.
8504 SCHÜTTE, Leopold: Wik. *Eine Siedlungsbezeichnung* . . . — Köln: 1976 | BL 1976, 7798. | *BNF* 17, 1982, 93-97 F. Debus.
8505 SCHÜTZ, Joseph: Stand und Aufgabe der Ortsnamenforschung appellativischer slawischer Herkunft in Nordostbayern. — [176], 395-398.
8506 SEIBICKE, Wilfried: *Die Personennamen im Deutschen*. — Sammlung Göschen 2218; Berlin (West): de Gruyter, 1982, 227 p. | *Germanistik* 23, 1982, 663 G. Schmitz.
8507 SORNIG, Karl: Strategien literarischer Namengebung. — [176], 447-458.

SPAL, J.: Die Ortsnamen des südöstlichen Böhmerwaldes. — 11082.

SPAL, J.: Zur Eindeutschung zweigliedriger tschechischer Ortsnamen. — 11083.

8508 SPANG, Rolf: *Die Gewässernamen des Saarlandes aus geographischer Sicht.* — Beiträge zur Sprache im Saarland 3; Saarbrücken: Saarbrücker Druckerei und Verlag, 1982, 279 p. | *BNF* 17, 1982, 477-480 A. Greule.

8509 STEINER, Thaddäus: *Allgäuer Alpnamen: das Alter der Allgäuer Alpwirtschaft nach Aussage der Alpnamen.* Zeichnungen von Wilhelm Berktold. — Allgäuer Heimatbücher 80; Kempten: Verlag für Heimatpflege, 1980, 137 p. | *BNF* 17, 1982, 109 M. Hornung.

8510 STEININGER, Reinhold: Wortbildung und Bedeutung von Rufnamenformen im Unteren Bayerischen Wald. — *BNF* 17, 1982, 305-328.

8511 STÖCKL, Emil: *Die Flur- und Hausnamen der Gemeinde Schäftlarn in ihrer geschichtlichen Entwicklung.* — Die Flurnamen Bayerns 7; Verband für Orts- und Flurnamenforschung in Bayern, 1982, xiii, 109 p., 4 maps (3 fold.) | *BNF* 17, 1982, 435-436 N. Wagner.

8512 STRICKER, Hans: *Die romanischen Orts- und Flurnamen von Wartau.* — Chur: 1981 | BL 1981, 8664. | *VR* 41, 1982, 266-270 A. Schorta | *ZRPh* 98, 1982, 528-530 K. Baldinger.

TREDER, J.: Deutsche Elemente in der Toponymie der Kreise Puck ... — 11738.

8513 ULBRICHT, Elfriede: Untergehende Appellativa im Spiegel der ältesten Personennamen des Klosters Fulda. — [176], 575-578.

8514 WAGNER, Ernst: *Historisch-statistisches Ortsnamenbuch für Siebenbürgen*... — Köln: 1977 | BL 1977, 8666. | *FUF* 44, 1982, 222-225 Á. Törpényi Szabó.

8515 WALTHER, Hans: Zur Terminologie, Typologie und soziolinguistischen Problematik der sogenannten 'Mischnamen' (onymischen Hybride). — [176], 589-596.

8516 WARNECKE, Rudolf: *Die Flurnamen von Harpstedt: Geschichte und Bedeutung der Harpstedter Flurnamen.* — Delmenhorst: Siegfried Rieck, 1979, 72 p., 2 maps | *BNF* 17, 1982, 91 P. Hessmann.

8517 WEIS, Béatrice: Les appellatifs dans les anthroponymes et les toponymes en Alsace. — [176], 621-626.

8518 WELLMANN, Hans: Namenkunde: ein Überblick mit Bemerkungen zu neueren Büchern (1970-1980). — *WW* 32, 1982, 113-137.

8519 WIESINGER, Peter: Deutsch-slawische Namenforschung in Österreich. — [8465], 41-66.

III. Dutch — Néerlandais

0. BIBLIOGRAPHY AND GENERAL — BIBLIOGRAPHIE ET GÉNÉRALITÉS

8520 *Bibliografie der dialecten van Nederland, 1951-1964.* — Amsterdam: Kon. Nederl. Akad. van Wetenschappen, P.J. Meertens-Inst., 1982, xvi, 148 p. | Har BROK, Introd., ix-xii.

8521 *Bibliografie van de Nederlandse taal- en literatuurwetenschap, 1980.* Aangevuld met de bibliografie van de Friese taal- en literatuurwetenschap 1980. Met aanvullingen vanaf 1975. [Red.: Marja GEESINK; Theo VAN DEN HOEK; Rob RENTENAAR; D.W. KOK; et al.]. — 's-Gravenhage: Koninklijke Bibliotheek / Brussel: Koninklijke Bibliotheek [etc.], 1982, 397 p.

NÉERLANDAIS

8522 CLAES, Frans M.: *A bibliography of Netherlandic dictionaries* . . . — München: 1980 | BL 1980, 7269. | *TsNTL* 98, 1982, 53-58 M. Baeyens | *TeT* 34, 1982, 207-210 H. Brok.

8523 KING, P.K.: Dutch studies. — *YWMLS* 43, 1981 (1982), 974-993.

8524 MARYNISSEN, C.: De persoonsnamenstudie in 1975-1979. — *BCTD* 54, 1980 (1982), 263-298 | Cf. BL 1979, 7078.

8525 Verhandelingen en scripties in verband met de Nederlandse dialectologie, 1979 en 1980. — *TeT* 34, 1982, 178-181.

8526 *130 jaar Woordenboek der Nederlandsche taal 1851-1981. De briefwisseling tussen Mathias de Vries en Jacob Grimm 1852-1863*, bewerkt door C. SOETEMAN. — Leiden: Stichting Inst. voor Nederl. Lexicologie, 63 p., facsim., portr. | Addresses by P.J. VERDAM, W. DE CLERCK, et al., 9-24.
DIBBETS, G.R.W.: Woord . . . in de Nederl. Triviumgrammatica. — 1864.
DRIEL, L. VAN: Tussen attributief en predikatief: iets over de geschiedenis van de bepaling van gesteldheid in de 19e eeuw. — 1868.
DRUYVEN, Th.: Samenspraak bij de *Hollandsche Spraakleer*. Over W.G. Brill en de samenwerking met M. de Vries bij de totstandkoming van de *Hollandsche Spraakleer*. — 1869.
ELFFERS, E.: Nederlands strukturalisme en zinsontleding . . . — 1870.
HELVOORT, J.R. VAN: Over L.A. te Winkel . . . — 876.
HULSHOF, H.: C.H. den Hartog en zijn bronnen . . . — 1892.
KLIFMAN, H.: De geschiedenis van de taalkunde als methodologisch probleem . . . — 1904.
KLIJNSMIT, A.J.: Klank en teken bij P. Weiland. — 1905.

8527 KÓK, A.L.: *Ont-werp der Neder-duitsche letter-konst*. Uitgegeven, ingeleid en van kommentaar voorzien door G.R.W. DIBBETS. — Studia Theodisca 14; Assen: Van Gorcum, 1981, lxii, 93 p., facsim. | Repr. of the original ed., Amsterdam 1649. | *NTg* 75, 1982, 349-350 J.M. van der Horst | *FdL* 23, 1982, 297-299 C.S.M. Rademaker.

8528 *Neerlandistiek buiten Nederland en België*. [Uitgegeven onder auspiciën van de Intern. Vereniging voor Neerlandistiek (IVN)]. — 's-Gravenhage / Hasselt: IVN, 1982, 155 p.

8529 PEETERS, L.: Auteurschap en tekst van "Spiegels" *Twe-spraack* (1584). — *TsNTL* 98, 1982, 117-130.

8530 ROMBAUTS, W.: *De Koninklijke Vlaamse Academie voor Taal- en Letterkunde (1886-1914): haar geschiedenis en haar rol in het Vlaamse cultuurleven*. I; II en III. — Kon. Acad. voor Nederl. Taal- en Letterkunde, VIe reeks, 110bis; Gent: Secretariaat van de Kon. Acad. voor Nederl. Taal- en Letterkunde, 1979, 240 p.; 1981, p. 245-462 | Corr. to BL 1981, 8683.

8531 *Taal kundig beschouwd* . . . bijeengebracht . . . door M. KLEIN. — Den Haag: 1980 | BL 1981, 8686. | *FdL* 23, 1982, 70-71 A. van Santen (M. Klein's reply: ibid. 147).

8532 *Taalschat: een keur van artikelen uit het maandblad* Onze Taal. Verzameld door J. RENKEMA, redacteur. — Dordrecht: Foris, 1981, xi, 107 p. | Title on cover: *Een keur van artikelen uit het maandblad* Onze Taal *van 1931-1981*. | *NTg* 75, 1982, 278 M.C. van den Toorn | *TeT* 34, 1982, 225-226 J.B. Berns.

8533 VANACKER, Hans: *De "Nederlandsche Taal- en Letterkundige Congressen" en de vernederlandsing van het onderwijs*. — Gentse bijdragen tot de literatuurstudie 4; Gent: Cultureel Documentatiecentrum 't Pand, Rijksuniversiteit, 1982, 231 p.

WAL, M.J. VAN DER: Opvattingen . . . over het passief in de Nederlandse grammatikale traditie . . . — 2002.
8534 WEIJNEN, A.: Panta rhei. — *TeT* 34, 1982, 107-119.
8535 WOUDE, P. VAN DER: Meester Anslijn leert ontleden: iets over N. Anslijn en zijn taalonderwijs. — [402], 146-156 | Nicolaas ANSLIJN (1777-1838) and his grammatical teaching.

I. PHONETICS AND PHONOLOGY — PHONÉTIQUE ET PHONOLOGIE

8536 BOOIJ, G.E.: *Generatieve fonologie van het Nederlands.* — Utrecht: 1981 | BL 1981, 8690. | *NTg* 75, 1982, 552-556 E. Berendsen | *FdL* 23, 1982, 150-153 J.G. Kooij.
8537 BOOIJ, G.E.: Fonologische en fonetische aspecten van klinkerreductie. — *Spectator* 11, 1981-82, 295-301.
8538 BOVES, L.; HAVE, B.L. TEN: Instrumentele toetsing van een perceptief systeem voor de transcriptie van intonatie in het nederlands: eerste resultaten. — *Gramma* 4, 1980, 126-152, 7 fig., 2 tab.
COLLINS, B.; MEES, I.: The sounds of E. and Du. — 8797.
DOMMELEN, W. VAN: A contrastive investigation of vowel duration in G. and Du. — 7966.
DOMMELEN, W.A. VAN: *Temporale Faktoren bei ausländischem Akzent* . . . — 7965.
8539 DOOREN, K. VAN; EYNDE, K. VAN DEN: A structure for the intonation of Dutch. — *Linguistics* 20, 1982, 203-235, fig.
8540 ERTVELDE, Roland VAN: *Introduzione alla fonologia nederlandese.* I: *Il vocalismo.* — Padova: CLESP, 1981, 119 p.
8541 KEIJSPER, C.E.: Over de relatie tussen context en accentuatie. — *FdL* 23, 1982, 31-45.
8542 KOOIJ, J.G.: Epenthetische schwa: processen, regels en domeinen. — *Spektator* 11, 1981-82, 315-325.
8543 KOOPMANS-VAN BEINUM, F.J.: Akoestische en perspectieve aspecten van klinker- en contrastreductie en de rol van de fonologie. — *Spektator* 11, 1981-82, 284-294, 3 fig.
8544 KRUYT, J.G.: The effect of "given" and "new" information on (de-) accentuation in Dutch. — [272], 167-171.
8545 MARLE, J. VAN; ZONNEVELD, W.: Bij een themanummer over de schwa. — *Spektator* 11, 1981-82, 279-283 | Introd. to a special issue on the shwa in Du.
8546 NEIJT, Anneke; ZONNEVELD, Wim: Metrische fonologie – de representatie van klemtoon in Nederlandse monomorfematische woorden. — *NTg* 75, 1982, 527-547.
8547 TROMMELEN, Mieke: Nederlandse schwa: zijn vorm, zijn gedrag, en zijn rol in rijm. *Spektator* 11, 1981-82, 302-314.
8548 WIRTH-VAN WIJK, L.E.: *Uit en rondom de Spreeckonst van Petrus Montanus* . . . — Assen: 1980 | BL 1981, 8705. | *Spektator* 11, 1981-82, 431-432 E. Ruijsendaal.
8549 WIRTH-VAN WIJK, L.E.: De "Franse úu". — *NTg* 75, 1982, 130-134 | The "French úu" in Petrus Montanus' *Spreeckonst*.
8550 ZIELIŃSKI, Jerzy A.: Die Assimilation im Niederländischen, Polnischen und Deutschen. — *GW* 47, 1982, 127-140.

2. GRAMMAR — GRAMMAIRE

8551 BRACHIN, P.: Anekdootje? Anekdotetje? (II). — *NTg* 75, 1982, 161-162 | Cf. BL 1980, 7311.
8552 BRESNAN, Joan; KAPLAN, Ronald M.; PETERS, Stanley; ZAENEN, Annie: Crossserial dependencies in Dutch. — *LIn* 13, 1982, 613-635, 4 fig.
8553 CHRISTENSEN, Gorm: Das niederländische Diminutivsystem. — *KBGL* 7, 1976, 5-58.
8554 COPPEN, Peter-Arno: De verplaatsing van het kwantitatieve *er*. — *Gramma* 5, 1981, 167-176.
8555 CUYCKENS, Hubert: De semantische structuur van spatiale preposities: *in* vs. *op*. — [111], 3-20.
8556 DIBBETS, Geert: Signalering van enkele merkwaardige *dat*-zinnen. — *Gramma* 5, 1981, 177-181 | On MDu.
8557 DIK, Simon C.: Embedded themes in spoken Dutch: two ways out. — [385], 113-124.
8558 DRIEL, L.F. VAN: T. Roorda en de bepaling van gesteldheid. — *NTg* 75, 1982, 36-38.
8559 DRIEL, H. V[AN]; TOORN, M.C. V[AN] D[EN]; VULLINGS, H.L.M.: Intuïties omtrent het voorzetselvoorwerp. — *Gramma* 2, 1978, 37-50 | Cf. 8597.
8560 EVERAERT, Martin: A syntactic passive in Dutch. — *UWPL* 11, 1982, 37-74.
8561 GERRITSEN, Marinel: Word order change in Dutch imperative clauses: the interaction between contextual and syntactic factors. — [170], 62-73, 3 tab.
8562 GOBYN, Luc: Tekstsemantische analyse van een sprookje. — [111], 49-63.
8563 HAAFTEN, Ton VAN; PAUW, Annelies: Het begrepen subject, een fantoom in de taalbeschrijving. — *FdL* 23, 1982, 124-146.
HINDERDAEL, M.: Verbo-nominale constructies van het type . . . Ndl. *invloed hebben (op)*. — 8065.
8564 HOFMANS, Mark: Aspects of deverbalisation: the semi-modals. — [272], 83-94.
8565 HOFMANS, Mark: *Hebben* of *zijn*: een enquête naar het gebruik van "hebben" of "zijn" in de konstruktie Thww + Mhww + Hww in Nederland en Vlaanderen. — *Tijdschrift van de Vrije Univ. Brussel* 22, 1981/1, 62-114.
8566 HOFMANS, Mark: *Hebben* of *zijn* en de deverbalisering van de modale werkwoorden in het Nederlands. — [371], 81-109.
8567 HOFMANS, Mark: *To have* or not *to have*: deverbalization of modals or the choice between *have* and *be*. — *Gramma* 6, 1982, 126-143, 6 tab. | On Du. modals.
8568 HORST, J.M. VAN DER: *Kleine Middelnederlandse syntaxis*. — Amsterdam: 1981 | BL 1981, 8725. | *Spektator* 11, 1981-82, 439-443 J. Heymans.
8569 JANSEN, Frank: *Syntaktische konstrukties in gesproken taal*. — Amsterdam: 1981 | BL 1981, 8729. | *TsNTL* 98, 1982, 234-239 M.C. van den Toorn | *NTg* 75, 1982, 268-277 H.J. Verkuyl.
8570 JANSSEN, Theo A.J.M.: Hebben-*konstrukties en indirekt-objektskonstrukties*. — Utrecht: 1976 | BL 1976, 7844. | *LB* 71, 1982, 351-355 W. van Langendonck.
8571 KIRSNER, Robert S.: *The problem of presentative sentences in Modern Dutch*. — Amsterdam: 1979 | BL 1979, 7109. | *Lg* 58, 1982, 429-432 W.Z. Shetter.
8572 KLEIN, M.: Akmajian, Paardekooper en *Twee van die Sinterklazen*. — *Gramma* 1, 1977/1, 4-10.
8573 KLEIN, M.: Paardekoopers notie 'aanloop' en het bestaansrecht van subjectzinnen. — *Gramma* 3, 1979, 87-113.

8574 KRAJCARZ, Mariusz: Zur Wiedergabe der niederländischen Diminutive im Polnischen. — *ITL* 53, 1981, 63-80 | Du. summ.
8575 LOEY, A. VAN: Quasi-zonderlinge diminutiefformaties. — *VMKAN* 1981, 258-268.
8576 LOUX-SCHURINGA, J.A. LE; VERKUYL, H.J.: De geboorte van het koppelwerkwoord. — *NTg* 75, 1982, 141-152.
8577 LUBBE, H.F.A. VAN DER: Over echte en schijnbare partitieve woordgroepen. — *Spektator* 11, 1981-82, 367-378 | Apropos of M. KLEIN (BL 1981, 8736).
8578 MARLE, J. VAN: Een niet-generaliserende analyse van schwa-deletie. — *Spektator* 11, 1981-82, 326-341.
8579 MOSKEY, Stephen T.: Morphology in case grammar and in generative semantics: evidence from Dutch. — *GUP* 12, 1976, 40-62, 6 fig.
8580 PAARDEKOOPER, P.C.: Het tweede schim-element in een bv *om*-zin. — *NTg* 75, 1982, 193-204.
8581 PAARDEKOOPER, P.C.: Het beperkte type *hoe kom jij zo nat*. — *NTg* 75, 1982, 387-405.
8582 PHILIPPA, Marlies: Problematiek rond het *s*-meervoud; een diachroon overzicht. — *NTg* 75, 1982, 407-417.
8583 PIETERS, Lody; SCHREEL-NOË, Hilde; BAKEL, Jan VAN: *Moeilijk dat het was!* Het voegwoord *dat*. — *Gramma* 4, 1980, 2-28.
8584 PIJNENBURG, W.J.J.: De mnl. *ghe*-loze participia. — *TsNTL* 98, 1982, 104-116.
8585 ROMBOUTS, Jos: *De relatie tussen het partikel* nog *en bepalingen van tijd: een pragmatisch en semantisch onderzoek*. — APIL 21; Wilrijk: Univ. Inst. Antwerpen, 1980, 79 p.
8586 ROMBOUTS, Jos: Polysemie door semantisering van konversationele implikaturen. — [111], 89-133 | *Nog*.
8587 ROOIJ, J. DE: *Omdat* en *doordat* in het Nederlands. — *NTg* 75, 1982, 329-342.
SCHOLTEN, T., et al.: *Inleiding in de transformationeel-generatieve taaltheorie*. — 2656.
8588 SCHUTTER, Georges DE: *Een semantisch-syntaktische beschrijving van adjektieven in het Nederlands*. — APIL 7; Wilrijk: Univ. Inst. Antwerpen, 1976, 44 p. | E. summ.
8589 SCHUTTER, Georges DE: Beschouwingen over het Nederlandse tempussysteem vanuit een universalistische gezichtshoek. — [111], 21-47.
8590 SMITH, Norval: Over complexe werkwoorden. — *FdL* 23, 1982, 269-273 | Comments on Anke DE ROOIJ-BRONKHORST (BL 1980, 7332).
8591 TOORN, M.C. VAN DEN: *Nederlandse grammatica*. 7e herziene druk. — Groningen: Wolters-Noordhoff, 1981, xii, 324 p. | 5th ed. 1977 (BL 1977, 8733); 6th ed. 1979. | *Spektator* 11, 1981-82, 429-431 G.E. Booij.
8592 TOORN, M.C. VAN DEN: Het onderzoek van samenstellingen. — *TsNTL* 98, 1982, 33-52.
8593 TOORN, M.C. VAN DEN: Tendenzen bij de beregeling van de verbindingsklank in nominale samenstellingen I; II. — *NTg* 75, 1982, 24-33; 153-160.
8594 VANDEWEGHE, W.: Partikels en woordvolgorde. Een reaktie op het "pennelikker-hangijzer" van van den Toorn. — *Gramma* 2, 1978, 80-101 | Cf. *Gramma* 1, 1977/1, 33.
8595 VANDEWEGHE, Willy: *Al/nog/meer* en perspektiviteitswisseling. — [111], 135-152.
8596 VRIENDT, S. DE: L'article en néerlandais. — [318], 229-242.
8597 WACKERS, P.: Intuïties en cijfers. — *Gramma* 2, 1978, 241-245 | Contra No. 8559; reply by H. VAN DRIEL, *ibid.* 246-248.

8598 WALRAVEN, F.A.G.: Vooropplaatsing en accentuering van pronomina in PP's. — *Gramma* 3, 1979, 205-208.
8599 WEIJNEN, A.: *Om* + localiserend bijwoord. — *TeT* 34, 1982, 163-165.
8600 ZONNEVELD, Wim: The descriptive power of the Dutch theme-vowel. — *Spektator* 11, 1981-82, 342-365.

3. HISTORY — HISTOIRE

8601 BRAEKMAN, W.L.: Uniek Nederlands traktaat over africhting en verzorging van jachtvogels (16e eeuw). — *VMKAN* 1981, 48-99 | Ed. with introd., notes, and glossary.
8602 BREE, C. VAN: *Leerboek voor de historische grammatica van het Nederlands* . . . — Groningen: 1977 | BL 1977, 8740. | *Spektator* 12, 1982-83, 146-149 R. Jansen-Sieben.
8603 DIBBETS, G.: Datering en bronnen van *The Dutch-tutor* (1659?). — *Gramma* 1, 1977/2, 2-9.
8604 DIBBETS, Geert: *Ende* en *en* in de *Twe-spraack* en elders. — *Gramma* 4, 1980, 116-125.
8605 DIBBETS, G.R.W.: Rond de *Twe-spraack vande Nederduitsche letterkunst*. — *Gramma* 6, 1982, 189-198.
8606 GOOSSENS, J.: Oudnederlandse en vroegmiddelnederlandse letterkunde. — *TsNTL* 98, 1982, 241-272, 2 cartes | Réflexions à propos du *Corpus van Middelnederlandse teksten* publié par M. GYSSELING (BL 1980, 7346).
8607 GRAUWE, L. DE: Anglosaxonismen in de Oudnederlandse psalmen. — *TsNTL* 98, 1982, 81-103.
8608 HERMKENS, H.M.; KETTERIJ, C. VAN DE: *Grammaticale interpretatie van zeventiende-eeuwse teksten: instructiegrammatica*. — Groningen: 1980 | BL 1980, 7350. | *LB* 71, 1982, 342-348 B.C. Damsteegt.
8609 KEMPEN, Josef: Zur niederländischen Sprachvergangenheit des Niederrheins. — *WW* 32, 1982, 387-390.
8610 KETTERIJ, C. VAN DE: *Grammatikale interpretatie van Middelnederlandse teksten: instructiegrammatika*. — Groningen: 1980 | BL 1981, 8782. | *TsNTL* 98, 1982, 225-234 B.C. Damsteegt | *LB* 71, 1982, 349-351 R. Willemyns.
8611 LELOUX, H.J.: Middeleeuws Oostgelders: een oriënterende verkenning. — *TeT* 34, 1982, 8-23, map.
8612 PORTIER, J.; PIJNENBURG, W.: Atlas of early Middle Dutch language variants. — [272], 61-69, map.
8613 QUAK, Arend: Zur Sprache der sogenannten Wachtendonckschen Psalmen. — *NJb* 104, 1981 (1982), 7-21.
8614 SMET, G. DE: De lokalizering van de 'Curia palatium'. — *ABäG* 17, 1982, 157-161.
8615 STERKENBURG, P.G.J.: De lokalisering van de Middelnederlandse Arturroman *Lantsloot vander Haghedochte*: een voorstudie. — *TsNTL* 98, 1982, 1-32, 3 maps.
8616 WILLEMYNS, R.: *Het niet-literaire Middelnederlands* . . . — Assen: 1979 | BL 1979, 7148. | *Spektator* 11, 1981-82, 87-88 M. Philippa.

4. DIALECTOLOGY — DIALECTOLOGIE

8617 BERNS, J.B.: Oost-Gelderland en het Zuiden. — *TeT* 34, 1982, 45-53, 3 maps.
8618 BERNS, J.B.: Het Woordenboek van de Vlaamse dialecten. — *TeT* 34, 1982, 156-162 | Cf. 8664.
8619 BLOEMHOFF-DE BRUIJN, Philomène: Over zeggen geschreven. Iets over enkelvoudsvormen t.t. in een aantal dialecten van de Veluwerand en Noordwest-Overijssel. — *DmB* 34, 1982, 145-160, 4 maps.
8620 BREE, Cornelis VAN: Hebben-*constructies en datiefconstructies* . . . — Diss. Leiden 1981 | BL 1981, 8794. | *NTg* 75, 1982, 551 M. Klein | *FdL* 23, 1982, 294-296 H. Bloemhoff.
8621 BROECKE-DE MAN, E.J. VAN DEN; DIELEMAN, M.: *Dialect in het Land van Axel.* — [Vlissingen]: Zeeuwsche Vereeniging voor Dialectonderzoek, 1981, 159 p., ill., map.
8622 CROMPVOETS, H.: Rondom het Woordenboek van de Brabantse dialecten. — *MNCDN* 17, 1979-80, 57-73, 2 fig.
8623 CROMPVOETS, Herman: Hoe betrouwbaar is de Brabantse *zeug*? — *MNCDN* 16, 1977-78, 1-6, 3 maps.
8624 DAAN, Jo: Oost-Gelderland en het Westen. — *TeT* 34, 1982, 54-59, map.
8625 DEUNK, G.H.; ENTJES, H.: *Het dialect van Winterswijk.* Deel II: G.H. DEUNK, *Grammatica van het Winterswijks*, met een voorwoord van H. ENTJES en teksten van Winterswijkse auteurs. — Groningen: Sasland, 1977, xii, 237 p. | Cf. BL 1971, 6704.
8626 DEUNK, G.H.; ENTJES, H.: *Het dialect van Winterswijk.* Deel III: G.H. DEUNK, *Nieuw Winterswijks woordenboek.* Bezorgd door het Nedersaksisch Inst. van de Rijksuniversiteit Groningen. — Groningen: Sasland, 1982, xxi, 365 p.
8627 *Dialecten in Oost-Zeeuwsch-Vlaanderen.* 2. Verzameld en gerangschikt door E.J. VAN DEN BROECKE-DE MAN en J.L. EGGERMONT. — Vlissingen: Zeeuwsche Vereeniging voor Dialectonderzoek, 1982, 247 p., ill.
8628 ENTJES, H.: *Dialektatlas van Zuid-Drente en Noord-Overijssel*, met 149 kaarten. 1: Teksten; 2: Kaarten. — Reeks Nederl. dialektatlassen 14; Malle: De Sikkel, 1982, lxxxiv, 200 p.; 149 maps.
8629 ENTJES, H.: Waver stroek en waver bos, een aanvulling. — *DmB* 34, 1982, 1-3 | Addition to BL 1981, 8798.
8630 ENTJES, H.: Brood en stoete. — *DmB* 34, 1982, 79-88 | Rev. art. on No. 8634.
8631 GERRITSEN, Marinel; JANSEN, Frank: Veranderingen in de Noordhollandse *ui*: ontwikkeling of aanpassing? — *Spektator* 12, 1982-83, 50-76, 4 maps.
GOOSSENS, J.: Der Sprachatlas des nördlichen Rheinlands und des südöstlichen Niederlands. — 8212.
8632 HAAR, Bert DE: Laren Dutch diphthongs, synchronical and diachronical remarks. — [272], 51-60.
8633 HOPPENBROUWERS, Cornelis A.J.: *Language change: a study of phonemic and analogical change with particular reference to S.E. Dutch dialects.* — Univ. of Groningen diss.; (Groningen: Rijksuniv.), 1982, viii, 226 p.
8634 JOBSE-VAN PUTTEN, Jozien: *"'n Brood is ginnen stoeten"* . . . — Amsterdam: 1980 | BL 1980, 7377. | *TeT* 34, 1982, 201-204 J. Van Keymeulen | *LB* 71, 1982, 261-263 F. Claes | *Spektator* 12, 1982-83, 149-150 J. Stroop | Cf. 8630.
8635 KEIJ, Adrianus: *Onderzoek naar dialectgrenzen en articulatorische verschillen in het Middennederlandse rivierengebied, met een verwijzing naar een mogelij-*

ke relevantie voor het onderwijs in de moderne vreemde talen. — Amsterdamer Publ. zur Sprache und Lit. 49 (Diss. Nijmegen); Amsterdam: Rodopi, 1982, xx, 461 p., ccxxxii p. (maps).

8636 KEULEN, W. VAN: Dialectverenigingen in Oost-Gelderland. — *TeT* 34, 1982, 41-44.

8637 KOCKS, G.H.: *Tien jaar Drents woordenboek.* Met medewerking van H. ENTJES en J. VAN DER KOOI. — Groningen: Nedersaksisch Inst., Rijksuniversiteit, 1982, 88 p., ill., map.

8638 KOCKS, Geert H.: Zwolle dialectgeografisch. — *NJb* 1981 (1982), 118-133, 10 maps.

8639 KREMER, Ludger: Achterhoeks en Munsterlands: overeenkomsten en verschillen. — *TeT* 34, 1982, 60-69, 3 maps.

8640 LUTGERINK, Marius: Zijn de Limburgers de Chinezen van Nederland? — *UWPL*, Nederlandse uitgaven 6, 1981, 1-21 | Tone in the dialects of Limburg.

8641 MAASEN, M.; GOOSSENS, J.: *Limburgs idioticon . . .* — Tongeren: 1975 | BL 1975, 7647. | *ZDL* 49, 1982, 94-95 U. Scheuermann.

8642 MIEDEMA, H.T.J.: Van Saksenromantiek naar Westfaals-Oostgelderse grensproblemen: Oostgelderse dialectologen tussen 1880 en 1980. — *TeT* 34, 1982, 70-79.

8643 NIJEN TWILHAAR, Jan: Meervoudsvorming in het Hellendoorns. — *DmB* 34, 1982, 133-144.

8644 Oost-Gelderlandnummer. [Inleiding: Jo DAAN]. — *TeT* 34/1-2; Gent-Sint-Amandsberg / Amsterdam: 1982, 105 p., maps | Bibliography, 99-105.

8645 PANNEKEET, J.A.: *Woordvorming in het hedendaags Westfries.* — Amsterdam: 1979 | BL 1979, 7170. | *TeT* 34, 1982, 187-192 A.F. Florijn | *LB* 71, 1982, 253-257 G. van der Meer.

8646 PROOIJE, Leendert VAN: De termen van onderdelen van het gebintwerk: verschillen in de terminologie van boeren en timmerlieden in Oost-Gelderland. — *TeT* 34, 1982, 33-40, fig.

8647 REKER, Siemon: Afleidingen van plaatsnamen in de provincie Groningen. Over *Helpers, Damsters, Woldjers* e.a. — *DmB* 34, 1982, 59-77, map.

8648 ROEBROEK, J.L.H. [1851-1924]: *Dialect van Beek-Elsloo.* Met inleiding door F. RAMAEKERS en P. GOOSSENS. — Wat Baek ós bud 3; [Beek: Heemkunde Vereniging Beek (Limburg)], 1982, 179 p., portr., facsim., ill. | Facsim. ed. of the MS. of 1886. A. WEIJNEN, Ten geleide. Frans RAMAEKERS, Louis Roebroek, de schrijver van het Beeker dialect, 5-34.

8649 SCHAARS, A.H.G.: De indeling van de Oostgelderse dialecten. — *TeT* 34, 1982, 24-32, 3 maps.

8650 SCHAARS, A.H.G.: Het Woordenboek van de Achterhoekse en Liemerse dialecten *WALD.* — *TeT* 34, 1982, 92-98, map.

8651 SCHAARS, A.H.G.; AGELINK, G.J.: *Woordenverzameling van J.H. Gallée.* — Telgen van 't Wald 2; Doetinchem: Staring Inst., 1981, v, 172 p., portr., ill.

8652 SCHOUTEN, M.E.H.: *T*-deletie in de stad Utrech: schoolkinderen en grootouders. — *FdL* 23, 1982, 282-291.

8653 STAELENS, X.: *Dieksjenèèr van 't (H)essels: Nederlands-Hasselts woordenboek:* 6.000 trefwoorden. 1e-2e verb. druk. — Hasselt: Heideland, 1982, 582 p.

8654 STROOP, Jan: *Sprekend een Westbrabander.* — Amsterdam: 1979 | BL 1979, 7178. | *LB* 71, 1982, 339 H. Heestermans | *TeT* 34, 1982, 210-211 H. Heestermans.

8655   STROOP, Jan: Metathesis van *s* en *p*. Over oorzaak en status van de metathesis van *s* en *p* in de Nederlandse dialekten. — *Spektator* 11, 1981-82, 224-248, 6 maps.
8656   STROOP, Jan: Twee gevallen van woordverandering. — *NTg* 75, 1982, 135-140, map | Forms for *wesp* in Eastern Noord-Brabant and in Limburg.
8657   *Taalatlas van het Nederlands en het Fries.* Voortzetting van de Taalatlas van Noord- en Zuid-Nederland, aangevangen door G.G. KLOEKE en voortgezet door de Dialectencommissie der Koninklijke Nederl. Akad. van Wetenschappen. Band I, afl. 10. — Leiden: Brill, 1981, maps 111-170, 22 pl. (comm.) | Cf. BL 1976, 7889. | *ZDL* 49, 1982, 241-243 U. Scheuermann (On fasc. 9).
8658   TAELDEMAN, Johan: Regelordening, taalverandering en ruimtelijke taalvariatie. — *TeT* 34, 1982, 120-132.
8659   TAELDEMAN, Johan: "Ingwäonismen" in Flandern. — [152], 277-296, 6 maps.
8660   *Toelichting bij de Taalatlas van Noord- en Zuid-Nederland.* II. *Kommentaren* . . . door Jan STROOP (red.). . . . — Amsterdam: 1974 | BL 1974, 7067. | *ZDL* 49, 1982, 241-243 U. Scheuermann.
8661   TOLLENAERE, F. DE: Vlaams in *Vlaamse soldatenbrieven uit Napoleontische tijd.* — *TsNTL* 98, 1982, 180-195 | A propos de l'ouvrage de Jan VAN BAKEL (BL 1979, 7149).
8662   *Woordenboek der Zeeuwse dialecten.* Bijeengebracht door de Zeeuwsche Vereeniging voor Dialectonderzoek. Red.: Ha.C.M. GHIJSEN. — Amsterdam: 1979 | BL 1979, 7187. | *NTg* 73, 1980, 168 L. Koelmans.
8663   *Woordenboek Elburgs dialect en enige wetenswaardigheden omtrent Elburg.* — Elburg: Oudheidkundige Vereniging 'Arent thoe Boecop', 1982, 143 p. | Preface by Tom BERGSTRA, 5.
8664   *Woordenboek van de Vlaamse dialekten.* Deel II: *Niet-agrarische vaktalen.* Afl. 1: *De mandenmaker;* Afl. 2: *De strodekker;* Afl. 3: *Handspinner en touwslager,* door Magda DEVOS; Hugo RYCKEBOER; Jacques VAN KEYMEULEN. [+] *Wetenschappelijk apparaat.* — Gent: Seminarie voor Vlaamse Dialektologie, Rijksuniversiteit / Tongeren: Michiels, 1982, x, 99 p., 16 maps, 45 ill.; vii, 40 p., 2 maps, 17 ill.; ix, 59 p., map, 20 ill.; 124 p. | Cf. BL 1980, 7400. | *RhVJ* 46, 1982, 303-307 H. Eickmans (I) | *LB* 71, 1982, 340-342 H. Crompvoets (I) | *FdL* 23, 1982, 229-230 H. Heestermans (I) | Cf. 8618.

5. LEXICON — LEXIQUE

8665   ADRIAENS, Geert: Vrouwelijke beroepsnamen in evolutie. — *FdL* 23, 1982, 1-17.
8666   ARENS, J.C.: Uit oude woordenboeken. — *TsNTL* 98, 1982, 273-289 | 1. Vlaams in een (Gents?) Catholicon (Oxf., Bodl., D'Orv. 44). 2. Het woordenboek van Ph. Schonus (Xanten Hs 11 f. 1r-24r) en Trier SB Hs 1128/2053 f. 68r-115r.
8667   CLAES, Frans: Fragmenten van twee Middelnederlandse woordenboeken. — *LB* 71, 1982, 393-426, 4 facsim.
8668   CLAES, Frans: Molentermen in zestiende-eeuwse woordenboeken. — *TeT* 34, 1982, 166-177.
8669   CLERCK, Walter DE: *Nijhoff's Zuidnederlands woordenboek.* — 's-Gravenhage: 1981 | BL 1981, 8825. | *NTg* 75, 1982, 358-360 H.J. Verkuyl | *TeT* 34, 1982, 182-187 J. de Rooij | *FdL* 23, 1982, 301-303 G. Janssens | *Gramma* 6, 1982, 176-178 M.C. van den Toorn.

NÉERLANDAIS

8670 DELDEN, J. VAN: *De tale Kanaäns: bijbelse woorden, spreekwoorden en uitdrukkingen.* — Nijkerk: Callenbach, 1982, 280 p.

8671 DEVOS, M.: Toponiemen en historisch lexikologisch onderzoek. — *TeT* 34, 1982, 133-155.

8672 DREWES, J.B.: Hoe onjuist is een moderne betekenis van het woord *klinisch*? — *NTg* 75, 1982, 343-346 | Apropos of P.J. VINKEN (BL 1981, 8846). Cf. also: C. KRUYSKAMP, *Klinisch, NTg* 75, 1982, 347.

8673 GEERAERTS, D.; JANSSENS, G.: *Wegwijs in woordenboeken: een kritisch overzicht van de lexicografie van het Nederlands.* — Assen: Van Gorcum, 1982, vi, 149 p.

8674 HEESTERMANS, Hans [red.]; STERKENBURG, Piet VAN; VOORT VAN DER KLEIJ, John VAN DER: *Erotisch woordenboek.* — Utrecht: 1980 | BL 1980, 7407. | *TsNTL* 98, 1982, 218-224 F. de Tollenaere.

8675 LIEVENS, R.: De herkomst van de lichtmissen. — *TsNTL* 98, 1982, 137-149.

8676 RENTENAAR, Rob.: Kanttekeningen bij een ezelsrug: over de woorden *oudaan* en *dodane*. — *Naamkunde* 14, 1982, 67-79 | Cf. BL 1981, 8884.

8677 STERN, Henry R.: English in Flemish Belgium. — *AS* 52, 1977/1-2 (1980), 128-133.

8678 STORMS, G.: Etymologische mijmeringen. — *Gramma* 2, 1978, 235-240 | 1. *kwaad spreken/roddelen*, 2. *afschepen*, 3. *kruid/kruien*, 4. *hij/zij*, 5. *strand*.

8679 STROOP, Jan: *Molenaarstermen en molengeschiedenis*... — Amsterdam: 1977 | BL 1977, 8806. | *Gramma* 2, 1978, 186-193 J. van Bakel; reply by S. *ibid.* 249-255, map.

8680 Vos, P.: Vaktermen in oude akten. — *MNCDN* 17, 1979-80, 46-56.

8681 *Woordenboek der Nederlandsche taal.* XIIe deel, 4e stuk, 5e afl.: *reu* (I) – *revenu(e)*. Bewerkt door W. DE CLERCK, A.C. CRENA DE IONGH, J.L.A. HEESTERMANS, H.A.C. LAMBERMONT... [et al.]. — 's-Gravenhage: Nijhoff, 1980, c. 521-648 | Cf. BL 1976, 7922.

8682 *Woordenboek der Nederlandsche taal.* XIIe deel, 4e stuk, 6e afl.: *reverbeeren – rhythmus*. Bewerkt door W. DE CLERCK, D. GEERAERTS, G. JANSSENS, H.A.C. LAMBERMONT... [et al.]. — 's-Gravenhage: Nijhoff, 1981, c. 649-742, p. i-vii.

8683 *Woordenboek der Nederlandsche taal.* XVIIe deel, 3e stuk, 8e afl.: *uitkomen* (I) – *uitleveren*. Bewerkt door J.L.A. HEESTERMANS met medewerking van I. VAN DAMME. — 's-Gravenhage: Nijhoff, 1982, c. 897-1024 | Cf. BL 1980, 7419.

8684 *Woordenboek der Nederlandsche taal.* XVIIe deel, 3e stuk, 9e afl.: *uitleveren – uitn-*. Bewerkt door J.L.A. HEESTERMANS en D. SIMONS met medewerking van J.G. KRUYT. — 's-Gravenhage: Nijhoff, 1982, c. 1025-1152.

8685 *Woordenboek der Nederlandsche taal.* XIXe deel, 8e – 21e afl.: *verbreeden* (II) – *verhypotheken*. Bewerkt door E.E.M. BEIJK, W. DE CLERCK, D. GEERAERTS, D. GEIRNAERT... [et al.]. — 's-Gravenhage: Nijhoff, 1980-82, c. 928-2674, p. i-xii | Cf. BL 1979, 7208.

8686 *Woordenboek der Nederlandsche taal.* XXe deel, 1e afl.: *veriabel – verkeerd*. Bewerkt door D. GEERAERTS en H.A.C. LAMBERMONT. — 's-Gravenhage: Nijhoff, 1982, c. 1-128.

8687 *Woordenboek der Nederlandsche taal.* XXIIe deel, 8e afl.: *volkomenlijk – volte* (I). Bewerkt door W. DE CLERCK, J.L.A. HEESTERMANS, H.A.C. LAMBERMONT... [et al.]. — 's-Gravenhage: Nijhoff, 1982, c. 897-1024. | Cf. BL 1981, 8849.

8688 *Woordenboek der Nederlandsche taal.* XXIIIe deel, 7e afl.: *vrijkomen* –

vroegtijdig. Bewerkt door J.L.A. HEESTERMANS en H.A.C. LAMBERMONT en door W. DE CLERCK, A.M.F.J. MOERDIJK . . . [et al.]. — 's-Gravenhage: Nijhoff, 1982, c. 769-896 | Cf. BL 1981, 8850.

6. ORTHOGRAPHY — ORTHOGRAPHE

8689 COUVREUR, W.: De analogische *s*-spelling in de Antwerpse straatnamenlijst. — *VMKAN* 1981, 340-350.
8690 HEUVEN, Vincent J. VAN: Aspects of Dutch orthography and reading. — [165], 57-73, 3 fig., 2 tab.
8691 HEUVEN, Vincent J.J.P. VAN: *Spelling en lezen* . . . — Assen: 1978 | BL 1978, 6335. | *TsNTL* 98, 1982, 58-68 C.F.P. Stutterheim.
8692 MAAS, Nop: Marcellus Emants [1848-1923] en de vereenvoudigde spelling. — *Gramma* 5, 1981, 124-154, ill.

7. STYLISTICS — STYLISTIQUE

8693 [HIPP, H.] CHIPP, Chel'ga: O jazyke i stile prozy Lode Zilensa. — *VMU* 1981/1, 39-48 | Lode Zielens.
8694 JANSONIUS, F.: Van Deyssels metaforen en vergelijkingen. — *NTg* 75, 1982, 313-328.
8695 JONG, Martien G.J. DE: De taal van Elias: fragment van een stilistische benadering. — *NTg* 75, 1982, 105-115 | Maurice Gilliams, *Elias of het gevecht met de nachtegalen.*
8696 LOEY, A. VAN: Verzorgd Nederlands. — *VMKAN* 1981, 269-302.
8697 RENKEMA, Jan: *De taal van 'Den Haag'* . . . — 's-Gravenhage: 1981 | BL 1981, 8861. | *TsNTL* 98, 1982, 310-314 M.C. van den Toorn | *NTg* 75, 1982, 459-464 H.J. Verkuyl.

8. METRICS, VERSIFICATION — MÉTRIQUE, VERSIFICATION

8698 GERRITSEN, W.P.: Poëticale en prosodische aspecten van de carmina in Boethius' *Consolatio* in de vertalingen van Vilt (1466) tot Coornhert (1585). — *VMKAN* 1981, 1-14.

9. TRANSLATION — TRADUCTION

8699 JACQMAIN, Monique: Kiliaan als Nederlands vertaler van Lodovico Guicciardini's "Descrittione di tutti i Paesi Bassi". — *LAnt* 14, 1980, 215-223.

10. MATHEMATICAL LINGUISTICS — LINGUISTIQUE MATHÉMATIQUE

8700 HOF, Martin VAN 'T; COPPEN, Peter-Arno; TRIENES, Jean; WIJSMAN, Jos: Een kwantitatief onderzoek naar de interpretatie van dubbelzinnige pronomina. — *Gramma* 4, 1980, 103-115, 5 tab.
8701 Werkgroep Frequentie-onderzoek van het Nederlands: *Spreektaal* . . . Red.: Eveline D. DE JONG. — Utrecht: 1979 | BL 1979, 7212. | *Gramma* 4, 1980, 86-99 R. van Hout.

12. SOCIOLINGUISTICS — SOCIOLINGUISTIQUE

8702 BROUWER, Dédé: The influence of the addressee's sex on politeness in language use. — *Linguistics* 20, 1982, 697-711.
8703 GOOSSENS, J.: De gevolgen van 150 jaar België voor het taalgebruik in Vlaanderen. — *VMKAN* 1981, 196-213.
8704 HOUT, R. VAN: Kennis van een dialect: norm en regel. — *Gramma* 3, 1979, 135-157.
8705 HOUT, R. VAN: Nederlands tussen dialect en standaardtaal: een sociolinguïstisch onderzoek in Nijmegen. — *Gramma* 2, 1978, 52-57.
8706 HOUT, Roeland VAN; MÜNSTERMANN, Henk: Linguïstische afstand, dialekt en attitude. — *Gramma* 5, 1981, 101-123, fig., 5 tab., map.
8707 HULS, Erica: Pragmatische en conversationele aspecten van taalgebruik in naar sociaal milieu verschillende gezinnen. — *Gramma* 5, 1981, 183-213, 2 fig., 11 tab.
8708 IPEREN, Art VAN: Van kick-off tot aftrap: de invloed van het Engels op de Nederlandse voetbaltaal. — *L&H* 44, 1980, 62-70.
8709 KNOPS, U.: *Attitudes van Vlamingen tegenover de Nederlandse standaardtaal.* — (Diss. Leuven); Nijmegen: Knops, 1982, xii, 285 p.
8710 KNOPS, U.: Taalassimilatieverschijnselen bij Vlamingen in Nederland. — *Gramma* 5, 1981, 2-28, 2 tab.
8711 MACHA, Jürgen: De relevantie van de taalgebruiker. Zu einigen neueren Veröffentlichungen der niederländischen und belgischen Dialektologie. — *RhVJ* 46, 1982, 291-302.
8712 *Taal en sociale integratie.* Deel 2. — Brussel: 1979 | BL 1980, 7280. | *TeT* 34, 1982, 221-223 G. De Schutter | *LB* 71, 1982, 263-264 A. Verdoodt.
  TAELDEMAN, J.: "Ingwäonismen" in Flandern. — 8659.
8713 VELDE, Marc VAN DE: Taal in de politiek: pronominale aanspreekvorm in verkiezingspropaganda. — *HZnMTL* 34, 1980, 223-248, 6 tab.
  VERDOODT, A.: Les frontières linguistiques . . . en Belgique . . . — 7090.
8714 VLIS, D.A. VAN DER: School en dialekt in de Gelderse Achterhoek. — *TeT* 34, 1982, 80-84.

14. ONOMASTICS — ONOMASTIQUE

8715 ASBROEK, W.E. TEN; OVERBEKE, J.G.L.: *Veldnamen in Haaksbergen.* — Historie van Haaksbergen 4 = Veldnamen in Overijssel 3; Haaksbergen: Hist. Kring Haaksbergen, 1982, 223 p., 33 p. of maps | *Naamkunde* 14, 1982, 252-253 R. Rentenaar.
8716 CLAES, Frans: Plantin of Plantijn? — *Naamkunde* 14, 1982, 116-119.
8717 DEBRABANDERE, Frans: *Kortrijkse naamkunde, 1200-1300* . . . — Kortrijk: 1980 | BL 1980, 7457. | *TeT* 34, 1982, 211-215 C. Tavernier-Vereecken.
8718 EBELING, R.A.: Oorspronkelijk Duitse familienamen in Noord- en Oostnederland. — *DmB* 34, 1982, 119-132, map.
8719 EECKHAUT, R. VAN DEN: Toponymie van Brecht. II. — *BCTD* 54, 1980 (1982), 41-108 (to be cont.) | Cf. BL 1981, 8888.
8720 KISMAN, A.K.: *Straatnamen in Doetinchem in woord en beeld.* — Doetinchem: Van den Brink en Sluis, [1981], 144 p., ill. | *Naamkunde* 14, 1982, 253-255 R. Rentenaar.
8721 MIEDEMA, H.T.J.: De naam van de *Linde* of *Lenne*, de zuidgrens van Friesland. — *ABäG* 17, 1982, 89-96.

8722 MOLEMANS, J.: *De nederzettingsnamen in het land van Vogelzang.* — *Naamkunde* 14, 1982, 17-45, fold. map | Limbourg belge.
8723 MOLEMANS, J.: *Toponymie van Overpelt.* — Leuven/Brussel: 1976 | BL 1976, 7967. | *RBPh* 60, 1982, 725-726 C. Tavernier.
8725 MOLEMANS, Jos: *Toponymie van Zonhoven: historisch-naamkundige studie.* Met medewerking van J. MERTENS. — Nomina geographica Flandrica. Monographieën 13; Leuven: Inst. voor Naamkunde, 1982, xii, 670 p., ill., 6 maps | Also published at Zonhoven with title: *Zonhoven: historisch-naamkundige studie.* | *Naamkunde* 14, 1982, 242-249 C. Marynissen | *BNF* 17, 1982, 420-421 G. Lohse.
8725 *Nederlands repertorium van familienamen*, uitgegeven door de Commissie voor Naamkunde en Nederzettingsgeschiedenis van de Koninklijke Nederl. Akad. van Wetenschappen onder red. van P.J. MEERTENS en H. BUITENHUIS. XII: *Noordholland.* Band 1: A t/m L; Band 2: M t/m Z. Met een inleiding van H. BUITENHUIS. — Zutphen: Walburg Pers, 1981, 832 p., fold. tab. (in 2 vol.) | Corr. to BL 1981, 8899. | *BNF* 17, 1982, 350-351 R. Schützeichel.
RENTENAAR, R.: Kanttekeningen bij . . . *oudaan* en *dodane.* — 8676.
8726 SCHEYGROND, A.: *De namen der Goudse straten, wijken, bruggen, sluizen, waterlopen en poorten.* — Alphen aan den Rijn: Repro-Holland, 1981, 424 p., ill. | Suppl. to BL 1981, 8900.
8727 SWAAN, J.: De veldnaam *kroft* of *krocht* in relatie tot het grondgebruik in de gemeente Heemskerk (Noordholland). — *Naamkunde* 14, 1982, 52-66, 4 maps.
8728 TIMMER, K.: *Lent*, turflaadplaats? — *DmB* 34, 1982, 33-35 | Cf. BL 1976, 7979.
8729 ZELDERS, N.L.: De waternaam *Faal* – een grensgeval. — *ABäG* 17, 1982, 189-194.

IV. Afrikaans — Afrikaans

8730 BOTHA, Thereza: *Generalizations about synthetic compounding in Afrikaans.* — *SPIL* 6, 1981, 394 p.
8731 CILLIERS, Daniel Hendrik: *Albert se aandeel in die Afrikaanse Beweging tot 1900.* — Burgersdorp: Burgedorpse Seëlkomitee, 1982, 95 p., plate.
8732 DU TOIT, Pietrus Jacobus: *Taalleer vir onderwyser en student.* — Pretoria: Academica, 1982, 240 p.
8733 KLEINZ, Norbert: *Die drei germanischen Sprachen Südwestafrikas – politische und soziologische Gesichtspunkte ihrer Lage und Entwicklung.* — Bonn: Rheinische Friedrich-Wilhelms-Univ., 1981, 434 p. | Inaugural diss. *Kongresreferate Linguistevereniging van Suider-Afrika* . . . — 147.
8734 LE ROUX, Cecile: On control: an analysis of control phenomena in Afrikaans and an argument for dispensing with the minimal distance principle. — *SPIL* 4, 1980, 17-93.
8735 MAARTENS, Jeanne: Extraposition: a new perspective. — *SPIL* 2, 1979, 91-134 | On the implication of extra/intraposition phenomena in Afrikaans for the Revised Standard Theory.
8736 MARKEY, Thomas L.: Afrikaans: creole or non-creole? — *ZDL* 49, 1982, 169-207 | G. summ.
8737 MERWE, Henderik Johannes Jan Matthys: *Die korrekte woord: Afrikaanse taalkwessies.* Hersien deur F.A. PONELIS. 6e Hers. en uitgebreide uitg. — Pretoria: Van Schaik, 1982, 230 p.
8738 PICARD, Johan Hijmen: *The problem of standardization in the Afrikaans tech-*

nical terminology [Afrikaans text]. — Univ. of South Africa diss., 1979 | *DAb* 42/1, 1981, 201-A.
8739 SCHOLTZ, J. DU P.: *Wording en ontwikkeling van Afrikaans.* — Kaapstad: 1980 | BL 1980, 7483. | *LB* 71, 1982, 493-494 J.L. Pauwels.
8740 TALJAARD, P.J.; SMIT, W.K.: *Tweetalige voorsetselwoordeboek, alsook enkele bijwoorde.* — Roodepoort: CUM-Boeke, 1982, 309 p. | In Afrikaans and E.
8741 WAHER, Hester: The position of the finite verb in Afrikaans. — *SPIL* 8, 1982, 51-78.
8742 WISSING, Daniel Petrus: *Algemene en Afrikaanse generatiewe fonologie.* — Johannesburg: Macmillan, 1982, 200 p., ill.

v. Frisian — Frison

Bibliografie van de Nederlandse taal- en literatuurwetenschap . . . — 8521.

8743 BOR, A.: An aspect of word order in Frisian. — *Us Wurk* 31, 1982, 13-28.
8744 BUMA, W.J.: Trije Aldfryske wurdstudzjes. — *Us Wurk* 31, 1982, 43-50 | 1. OFris. *ûtsîane/ûtsîone.* 2. An unknown OFris. word. 3. OFris. *krawelbên* and *quêmbên.*
8745 COSTELLO, J.R.: *A generative grammar of Old Frisian.* — Bern: 1977 | BL 1977, 8888. | *RES* 30, 1979, 368 D.R. McLintock.
8746 DANIELSEN, Niels: A semiotactical analysis of complex mesonomic verb structures in German and North Frisian (Sölring): a constitutional contrastive study. — [8750], 9-74.
8747 DIJK, K.J. VAN: *De ûntjouwing fan it Frysk yn it offisiële ferkear.* — Fryske Akademy 617, Sosiaal-wittenskiplige rige 8; Ljouwert: Fryske Akad., 1982, 221 p.
8748 FINET-VAN DER SCHAAF, Baukje: Problèmes du bilinguisme en Frise. — *EGerm* 37, 1982, 393-410, maps.
8749 *Friserstudier:* 4 foredrag . . . Udgivet af Niels DANIELSEN; Erik HANSEN . . . — Odense: 1980 | BL 1981, 8948. | *TeT* 34, 1982, 218-220 S. Krol.
8750 *Friserstudier:* II. Udgivet af Niels DANIELSEN; Erik HANSEN; Hanse Frede NIELSEN. — Odense: Odense Universitetsforlag, 1982, 109 p. | Cf. BL 1981, 8948.
8751 GORTER, D.: De libbenskreft fan it Frysk: in oanset ta analyze. — [8757], 91-108.
8752 HANSEN, Erik: The Mirror Hypothesis and the phenomenal error in the light of Frisian. — [8750], 77-97.
8753 HOEKEMA, Taeke: Ta de wurdfolge yn G.N. Visser syn poësije. — *Us Wurk* 31, 1982, 77-84.
HOFMANN, D.: Zur Syntax der Zehnerzahlen mit Subst. in der altgerm. Sprachen . . . — 7909.
8754 MARKEY, T.L.: *Frisian.* — The Hague: 1981 | BL 1981, 8954. | *FdL* 23, 1982, 75-77 A. Petersen | *CJL* 27, 1982, 182 S.M. Embleton | *Kratylos* 27, 1982 (1983), 141-145 B. Sjölin | *Linguistics* 20, 1982, 345-347 S. Johnson.
8755 NIELSEN, Hans F.: Review article: Rolf H. BREMMER, Jr., "Frisians in Anglo-Saxon England . . ." *Fryske nammen* 3 (1981), 45-94. — [8750], 101-109 | Cf. BL 1981, 9510.
8756 PHILIPPA, Marlies: "Frisa kiltar letu reisa stein þensa . . .": taalkundige gevolgen van de 'mercantiele' confrontaties tussen Friezen en Skandinaviërs in de vroege middeleeuwen. — [8757], 40-53, map | Linguistic results of the "mer-

cantile" confrontations between Frisians and Scandinavians in the early Middle Ages.
8757 *Philologia Frisica anno 1981.* Lezingen en neipetearen fan it njoggende Frysk filologekongres, oktober 1981. — Utjefte Fryske Akademy 618; Ljouwert: Fryske Akad., 1982, 123 p. | Theme: Friesland and the North Sea area.
8758 SMITH, James Floyd: *Language & language attitudes in a bilingual community: Terherne (Friesland).* — Stabo's Scientific Series 11 = Fryske Akad. 585 = Estrikken 58; Ljouwert: Stabo, 1980, xvi, 299 p., map | Cf. BL 1979, 7277. | *TeT* 34, 1982, 193-200 G. van der Meer.
TIERSMA, P.M.: *The lexicon in phonological theory: data from Frisian.* — 2214.
8759 WALKER, Alastair G.H.: *Die nordfriesische Mundart der Bökingharde* . . . — Wiesbaden: 1980 | BL 1980, 7494. | *EGerm* 37, 1982, 467-468 P. Heitzler.

14. ONOMASTICS — ONOMASTIQUE

8760 BAKKER, M.: *Toponymy fan Akkrum en Nes.* — Fryske nammen 4 (Fryske Akademy 613); Ljouwert: Fryske Akad., 1982, 102 p., 5 maps.
8761 MIEDEMA, H.T.J.: De Friese plaats- en waternaam (de) *Lemmer* of *Liamer.* — *Naamkunde* 14, 1982, 46-51.

VI. English — Anglais

0. BIBLIOGRAPHY AND GENERAL — BIBLIOGRAPHIE ET GÉNÉRALITÉS

8762 *Annual bibliography of English language and literature for 1979.* Vol. 54. Ed.: Michael SMITH; Am. eds.: James B. MISENHEIMER, Jr.; Mary Jean DEMARR. — London: Mod. Humanities Research Ass., 1982, xlii, 800 p.
8763 ARNOLD, Roland; SCHACHT, Hiltgunt; RAPHAEL, Helga: 100 Jahre Anglistik in Greifswald. Zugleich ein Bericht über die modernenglische Forschung der DDR-Anglistik. — *ZAA* 30, 1982, 72-77 | Commemoration at the Ernst-Moritz-Arndt-Universität Greifswald, 4-5 May 1981.
8764 BERKHOUT, Carl T.: Old English research in progress: 1981-1982. — *NphM* 83, 1982, 266-274.
8765 BERKHOUT, Carl T.; BIDDLE, Martin, et al.: Bibliography for 1980. *ASE* 10, 1982, 245-284 | OE. language, 248-253.
8766 *English and American studies in German.* Summaries of theses and monographs. A suppl. to *Anglia* 1981. Ed. by Werner HABICHT. — Tübingen: Niemeyer, 1982, xii, 168 p.
8767 HORNER, Patrick J.; GRUBER, Loren C.; HARWOOD, Britton J.: Middle English research in progress 1981-1982. — *NphM* 83, 1982, 275-290.
8768 PARTRIDGE, A.C.: Shakespeare's English: a bibliographical survey. — *Poet* 11, 1979, 46-79.
8769 *Writings on Canadian English, 1792-1975: an annotated bibliography.* Comp. by Walter S. AVIS; A.M. KINLOCH. — Toronto: Fitzhenry and Whiteside, 1979, xi, 155 p. | *JEL* 14, 1980, 36-39 H.B. Allen | *Anglia* 99, 1981, 475 H. Ulherr.
8770 *The Year's work in English studies.* Vol. 61: *1980.* Ed. by James REDMOND . . . [et al.]. — London: John Murray, for the E.Ass., 1982, xxvi, 524 p. | Richard M. HOGG; Mary BRENNAN, English language, 24-60.

ANGLAIS

8771 DENISON, Norman: English in Europe, with particular reference to the German-speaking area. — [323], 3-18.
8772 DRAKE, Glendon F.: *The role of prescriptivism in American linguistics 1820-1970.* — Amsterdam: 1977 | BL 1977, 8912. | *Lg* 58, 1982, 485-486 J.L. Subbiondo.
8773 ENNINGER, Werner: *Übungen zu einem strukturell-taxonomischen Modell der englischen Grammatik.* — Tübingen: 1976 | BL 1976, 8022. | *RBPh* 60, 1982, 733-736 E. Buyssens.
8774 EVANS, William W.: Language and the lay linguist. — *AS* 52, 1977/1-2 (1980), 134-145 | Rev. of (1) Edwin NEWMAN (BL 1975, 7820); (2) Robert K. MUELLER (BL 1975, 8243).
8775 GALINSKY, Hans: *Das amerikanische Englisch . . .* — Darmstadt: 1979 | BL 1979, 7303. | *Kratylos* 26, 1981 (1982), 179-182 J.F. Davies.
8776 GILMORE, Thomas B., Jr.: Johnson's attitudes toward French influence on the English language. — *MPh* 78, 1980-81, 243-260 | On (the preface of) Samuel JOHNSON's *Dictionary of the English language*, 1755.
8777 GUTCH, Donald: *Einführung in die anglistische Sprachwissenschaft.* — Düsseldorf: 1975 | BL 1975, 7814. | *ZAA* 30, 1982, 161-163 K. Gommlich | *Anglia* 100, 1982, 442-450 D. Katovsky.
8778 HAYASHI, Tetsuro: *The theory of English lexicography . . .* — Amsterdam: 1978 | BL 1979, 7304. | *Anglia* 100, 1982, 160-162 H. Käsmann | *ES* 63, 1982, 165-167 D.M.E. Gillam.
8779 HETHERINGTON, M. Sue: *The beginnings of Old English lexicography.* — Spicewood, TX: the author, 1980, viii, 344 p. | *RES* 33, 1982, 446-447 B. Cottle.
8780 KOŠEVAJA, I.G.; DUBOVSKIJ, Ju.A.: *Sravnitel'naja tipologija anglijskogo i russkogo jazykov.* — Minsk: 1980 | BL 1980, 7517. | *NDVŠ-F* 1982/4, 89-90 E.I. Carenko.
8781 MARCKWARDT, Albert H.: *American English.* 2nd ed., revised by J.L. DILLARD. — New York: Oxford UP., 1980, xi, 192 p. | *Names* 29, 1981, 253 K.B. Harder.
8782 MÜLLER-SCHOTTE, Hans: *Anschaulichkeit und Eindringlichkeit als sprachgestaltende Prinzipien im neueren Englisch.* — Forum Anglicum 7; Frankfurt a.M.: Lang, 1980, 502 p. | *Anglia* 100, 1982, 478-480 H. Käsmann.
8783 PYLES, Thomas: *Selected essays on English usage.* — Gainesville, Fla.: 1979 | BL 1980, 7521. | *RES* 33, 1982, 190-191 B. Cottle | *LB* 70, 1981, 275 E. Vorlat.
8784 QUIRK, Randolph; RUSIECKI, Jan: Grammatical data by elicitation. — [282], 379-394.
8785 RINK, Bernd: *Amerikanisch compact . . .* — Ismaning bei München: 1977 | BL 1977, 8923. | *ZAA* 30, 1982, 356-357 K. Gommlich.
8786 SACK, Friedrich L.: *Grammatik der englischen Sprache.* — Düsseldorf/Bern: 1978 | BL 1978, 6429. | *Anglia* 100, 1982, 473-474 H. Ulherr.
8787 SCHUR, Norman W.: *English English.* 2nd ed. — Essex, CT: Verbatim Books, 1980, xxiv, 332 p. | 1st ed.: *British self-taught, with comments in American*, 1973 | *Names* 29, 1980, 252-253 K.B. Harder.
8788 *The state of the language.* Ed. by Leonard MICHAELS and Christopher RICKS. — Berkeley, CA: Univ. of California, 1980, xii, 609 p. | Coll. of essays & poems by D. BOLINGER, R. QUIRK . . . [et al.].
8789 *Studies in descriptive English grammar.* Ed. by Dietrich NEHLS. — Studies in Descriptive Linguistics 1; Heidelberg: Groos, 1978, 115 p. | *PhP* 25, 1982, 58-60 L. Dušková.

8790 SVARTVIK, Jan; QUIRK, Randolph (eds.): *A corpus of English conversation.* — Lund: 1980 | BL 1981, 9007. | *JL* 18, 1982, 436-442 M. Owen | *Anglia* 100, 1982, 471-473 H. Wode | *ES* 63, 1982, 85-86 K. Sørensen | *Linguistics* 20, 1982, 146-147 A. Cutler.
TRNKA, B.: *Selected papers in structural linguistics* . . . — 1005.
8791 WYLER, Siegfried: *Untersuchungen zu einer Kategorie Norm in sprachlichen Systemen, insbesondere im Englischen.* — Anglistische Forschungen 140; Heidelberg: Winter, 1980, 132 p.

I. PHONETICS AND PHONOLOGY — PHONÉTIQUE ET PHONOLOGIE

8792 ARNOLD, Roland; HANSEN, Klaus: *Englische Phonetik.* — Leipzig: 1975 | BL 1975, 7835. | *Anglia* 100, 1982, 463-465 A. Wollmann.
8793 BAILEY, Charles-James N.: Evidence for variable syllabic boundaries in English. — [237], 25-39.
8794 BARRACK, Charles M.: *A diachronic phonology from proto-Germanic to Old English* . . . — The Hague: 1975 | BL 1975, 7837. | *Kratylos* 26, 1981 (1982), 164-167 K. Dietz.
8795 BAUER, Laurie; DIENHART, John M.; HARTVIGSON, Hans H.; JACOBSEN, Leif Kvistgaard: *American English pronunciation.* — Copenhagen: Gyldendalske Boghandel / Nordisk Forlag; 1980, xi, 295 p. | Suppl.: *Comparison with Danish*, vii, 38 p. | *MSpråk* 76, 1982, 181-183 J. Hedberg | *Lg* 58, 1982, 728 J.T. Jensen.
8796 BING, Janet Mueller: The given/new distinction and the unmarked stress pattern. — *NELS* 11, 1981, 13-21.
BROWN, Gillian, et al.: *Questions of intonation.* — 2232.
8797 COLLINS, Beverly; MEES, Inger: *The sounds of English and Dutch.* — Leiden: Leiden UP., 1981, 293 p. | *Lingua* 58, 1982, 189-191 W. Scott Allan.
CURRIE, K.L.: An initial "search for tonics". — 2236-7.
8798 D'EUGENIO, Antonio: *Major problems of English phonology, with special reference to Italian-speaking learners.* — Studi linguistici generali ed applicati 2; Foggia: Atlantica, 1982, xxvi, 368 p., ill.
8799 DEKEYSER, Xavier; SHELDON, Patricia D.: *An introduction to the articulation of RP phonemes.* — Antwerpen: De Nederlandse Boekhandel, 1974, xiii, 145 p. | *Anglia* 100, 1982, 461-467 A. Wollmann.
DIENSBERG, B.: Rom. Lehnwörter des ME. als angebliche Zeugen für eine Diphthongierung von vulgärlat. *u* im Altfr. — 6550.
8800 DRESHER, Bezalel Elan: The Mercian second fronting: a case of rule loss in Old English. — *LIn* 11, 1980, 47-73.
8801 EK, Karl-Gustav: *The development of OE æ* . . . — Lund: 1975 | BL 1975, 7848. | *ZDL* 49, 1982, 374-375 C.M. Barrack.
8802 FAURE, G.; HIRST, D.J.; CHAFCOULOFF, M.: Rhythm in English: isochronism, pitch, and perceived stress. — [237], 71-79, 5 tab.
8803 FLEGE, J.E.; BROWN, W.S., Jr.: Effects of utterance position on English speech timing. — *Phonetica* 39, 1982, 337-357, fig.
8804 GIFFHORN, Jürgen: *Phonologische Untersuchungen zu den altenglischen Kurzdiphthongen.* — München: 1974 | BL 1974, 7197. | *ASNS* 219, 1982, 184-187 A. Lutz.
8805 GIMSON, A.C.: *An introduction to the pronunciation of English.* 3rd ed. — London: 1980 | BL 1980, 7548. | *ZAA* 30, 1982, 274-275 K. Hansen.

ANGLAIS

8806 GUIÈRRE, Lionel: Les digraphes dans la phonologie de l'anglais. — *MLing* 3, 1981/2, 133-146 | Fr. & E. summ.
8807 HANNA, Blake T.: Mather Flint et la prononciation de l'anglais vers 1750. — [320], 363-375.
8808 HARAGUCHI, Shosuke: On Schane's linear theory of English stress and rhythm. — [2036], 83-95 | Critique of BL 1979, 7350 & BL 1980, 7568.
8809 HARDER, Jayne C.: Thomas Sheridan: a chapter in the saga of standard English. — *AS* 52, 1977/1-2 (1980), 65-75.
8810 HAYES, Bruce: Extrametricality and English stress. — *LIn* 13, 1982, 227-276.
8811 HIRST, Daniel: *Intonative features: a syntactic approach to English intonation.* — The Hague: 1977 | BL 1979, 7336. | *BSL* 75, 1980/2 (1981), 162-163 A.R. Tellier.
8812 HOGG, Richard M.: Two geminate consonants in Old English? — [282], 187-202 | [ff] & [gg].
8813 JUTRONIĆ, Dunja: Apstraktna fonološka predodžba konsonanata u ranom zapadnosaksonskom dijalektu. — *RFFZ* 13, 1974-75, 79-106 | Analysis of the early West Saxon consonant system (E. summ.).
8814 JUTRONIĆ-TIHOMIROVIĆ, Dunja: Apstraktna fonološka predodžba vokala i diftonga u ranom zapadnosaksonskom dijalektu. — *RFFZ* 17, 1977-78, 227-246 | Analysis of the early West Saxon vocalic system (E. summ.).
8815 KREIDLER, Charles W.: Diacritic features in English phonology. — *LAL* 2, 1971, 28-34.
8816 KUBÁTOVÁ, Jaroslava: Diphthongization or intensity changes? (Notes on the pronunciation of the English "long" vowels). — *PhonP* 5, 1976 (1982), 65-71.
8817 LADD, D. Robert, Jr.: *The structure of intonational meaning . . .* — Bloomington: 1980 | BL 1981, 9031. | *JL* 18, 1982, 202-206 G. Knowles | *Lg* 58, 1982, 422-424 J. Goldsmith | *Linguistics* 20, 1982, 565-569 S.D. Isard.
8818 LADD, D. Robert: English compound stress. — *NELS* 11, 1981, 173-189.
8819 LEE, W.R.: A point about the rise-endings and fall-endings of yes-no questions. — [237], 165-168.
8820 LEHISTE, Ilse: Interaction between test word duration and length of utterance. — [237], 169-176, 2 fig., 6 tab.
8821 LINDSTRÖM, Olof: *Aspects of English intonation.* — Göteborg: 1978 | BL 1978, 6465. | *Anglia* 100, 1982, 144-148 K. Maroldt | *ASNS* 219, 1982, 416-419 F.W. Gester.
8822 MCCARTHY, John J.: Prosodic structure and expletive infixation. — *Lg* 58, 1982, 574-590.
8823 MCMILLAN, James B.: A controversial consonant. — *AS* 52, 1977/1-2 (1980), 84-97 | On /ž/.
8824 MICHAELS, David: Spelling and the phonology of tense vowels. — *L&S* 23, 1980, 379-392.
8825 NATALYN, V.P.: Pro jmovirnyj charakter zmin peredn'ojazyčnych proholosnych v anhlijs'kij movi. — *InFil* 61, 1981, 11-15 | On the probabilistic nature of phonological changes of coronal consonants in E.
8826 NÖJD, Torkel: *Richard Hodge's 'The English primrose' . . .* — Stockholm: 1978 | BL 1980, 7563. | *ES* 63, 1982, 170-172 N.E. Osselton.
    OAKESHOTT-TAYLOR, J.: *Acoustic variability and its reception.* — 2099.
8827 PEDERSON, Lee: Studies of American pronunciation since 1945. — *AS* 52, 1977/3-4 (1981), 262-327.
8828 POLDAUF, Ivan: Germánský přízvuk v angličtině. — *JazA* 19, 1982, 108-109 | Gmc. accent in E.

8829 PRICE, Patti Jo: *A cross-linguistic study of flaps in Japanese and in American English.* — Univ. of Pennsylvania diss., 1981, 133 p. | *DAb* 42/3, 1981, 1128-A.
8830 RANDO, Emily: Intonation in discourse. — [237], 243-278.
8831 SCHUBIGER, M.: English intonation and German modal particles II: a comparative study. — [237], 279-298 | Cf. BL 1965, 5850.
8832 SELKIRK, Elisabeth O.: The role of prosodic categories in English word stress. — *LIn* 11, 1980, 563-605.
8833 SHORT, David: A peripheral occurrence of the English post-alveolar frictionless continuant /r/. — *PhonP* 6, 1980 (1982), 87-88, fig.
8834 SKALIČKOVÁ, Alena: *Fonetika současné angličtiny.* — Praha: Stát. pedag. nakl., 1982, 261 p., 29 fig. | Phonetics of contemporary E.
8835 SKALIČKOVÁ, Alena: Suprasegmental phenomena in English and in Czech. — *PhP* 25, 1982, 157-173 | Cz. & Ru. summ.
8836 SMITH, Ian: Abstractness in phonology: the English velar nasal. — *Linguistics* 20, 1982, 391-409.
TAKEZAWA, K.: Rhythm rule in metrical theory. — 2261.
8837 THOMPSON, Henry Swift: *Stress and salience in English: theory and practice.* — Univ. of California, Berkeley, diss., 1980, 201 p. | *DAb* 41/7, 1981, 3090-A.
8838 VOEJKOVA, E.L.; MINAEVA, L.V.: "Otdel'nost' slova" v zvučaščej reči. — *VMU* 1982/3, 51-57.
8839 ZWICKY, Arnold M.: Stranded *to* and phonological phrasing in English. — *Linguistics* 20, 1982, 3-57.

2. GRAMMAR — GRAMMAIRE

2.0. *General — Généralités*

8840 BRAUN, Albert: *Studien zu Syntax und Morphologie der Steigerungsformen im Englischen.* — Schweizer anglistische Arbeiten 110; Bern: Francke, 1982, 156 p.
8841 COTTE, Pierre: *To*, opérateur de dévirtualisation en anglais. — *MLing* 4, 1982/2, 135-149.
8842 HIRTLE, Walter H.: *Number and inner space: a study of grammatical number in English.* — Cahiers de psychomécanique du langage; Québec: Presses de l'Univ. Laval, 1982, v, 142 p.
8843 JOHANSSON, Stig: *Plural attributive nouns in present-day English.* — Lund: 1980 | BL 1981, 9061. | *ES* 63, 1982, 468 K. Sørensen.
PARTRIDGE, J.G.: . . . *an analysis of performative verbs based on E. data.* — 2303.
8844 ŠIKRA, Juraj; FURDÍK, Juraj: Príspevok k vymedzeniu a klasifikácii zámen z konfrontačného hl'adiska (Na materiáli angličtiny a slovenčiny). — *JČ* 33, 1982, 132-143 | The determination and classification of pronouns from a contrastive point of view (E.-Slov.) [Ru. summ.].
8845 TAYLOR, Sharon Marie Henderson: *Lexical idiosyncrasy in English: an argument for a lexically based grammar.* — Univ. of Oregon diss., 1980, 193 p. | *DAb* 41/5, 1980, 2092-A.
8846 WIEGAND, Nancy: From discourse to syntax: *for* in early English causal clauses. — [170], 385-393.

ANGLAIS

2.1. Morphology and word-formation — Morphologie et formation des mots

8847 ALGEO, Jhon: Blends, a structural and systemic view. — *AS* 52, 1977/1-2 (1980), 47-64.

BAMMESBERGER, A.: Der Optativ bei athematischen Verbalstämmen im Altengl. — 9049.

BROWNE, W.: Sl. *-ba* and E. **slil*: two persistent constraints. — 2326.

8848 CYGAN, Jan: Fleksja przymiotnika angielskiego. — *JOS* 26, 1982/2, 67-72 | The inflection of E. adjectives.

8849 DIENSBERG, Bernhard: Probleme der neuenglischen Wortbildungslehre. Zur linguistischen Analyse der 'verb-particle construction'. — *Sprachw* 7, 1982, 378-402.

8850 FILL, Alwin: *Wortdurchsichtigkeit im Englischen* ... — Innsbruck: 1980 | BL 1981, 9075. | *ZAA* 30, 1982, 88-89 K. Hansen | *Anglia* 100, 1982, 467-471 H. Sauer.

8851 FRASER, Thomas: The preverb *to-* in Old English. — [318], 185-194.

8852 IWASAKI, Haruo: A survey of the noun declensions in Lazamon's *Brut*. — *Poet* 12, 1979 (1981), 77-81.

8853 KNUTOVÁ, Gabriela: Existuje čiastočná konverzia? — *CJŠ* 26, 1982-83, 207-208 | Does partial conversion exist?

8854 LEITNER, Gerhard: *Denominale Verbalisierung im Englischen* ... — Tübingen: 1974 | BL 1974, 7263. | *RBPh* 60, 1982, 737-739 J. Dierickx | *LB* 67, 1978, 226-227 Y. Putseys.

8855 LINT, Trudeke VAN: The interpretation of compound nouns. — [272], 135-145.

8856 MASTERMAN, Joan Kay: *Overt and covert Modern English morpheme boundaries following Greek prefixes.* — Illinois Inst. of Technology diss., 1980, 139 p. | *DAb* 41/5, 1980, 2088-A.

8857 MOESSNER, Lilo: *Morphonologie*. — Tübingen: 1978 | BL 1978, 6488. | *IF* 86, 1981 (1982), 325-329 R. Ködderitzsch.

8858 NEWFIELD, Madeleine: Options in language: the productive formation of English verb preterits. — *LB* 71, 1982, 151-185.

8859 OHONOVS'KA, O.V.: Dejaki osoblyvosti semantyky, kombinatoryky i paradyhmy dijesliv-zamiščuvačiv. — *InFil* 64, 1981, 36-40 | Some peculiarities of meaning, combinability and paradigm of verb substitutes.

8860 PICARD, Marc: The *Latin* negative prefix *in-*. — *RLMo* 18, 1982, 189-192 | Apropos of No. 8864.

8861 PIPERKOVA, Iskra: Častična săpostavka na ličnite mestoimenija v anglijski i bălgarski ezik. — *RZE* 10, 1982/1, 38-45 | Partial comparison of personal pronouns in E. & Bulg.

8862 POLJUŽYN, M.M.: Morfemy promižnoho statusu v sučasnij anhlijs'kij movi. — *InFil* 62, 1981, 48-52 | Morphemes of intermediate status in mod. E.

8863 RUSS, Charles V.J.: Die Vereinfachung der Nominalflexion im Englischen und Jütisch-Dänischen. Ein Fall der gegenseitigen Beeinflussung? — *Orbis* 29, 1980 (1982), 120-125.

SELKIRK, E.O.: *The syntax of words*. — 2368.

8864 SINGH, Rajendra: The English negative prefix *in-*. — *RLMo* 17, 1981, 139-143 | Cf. 8860.

8865 SINGH, Rajendra: The English prefix *in-* revisited. — *RLMo* 18, 1982, 193-196.

8866 STARK, Detlef: *The Old English weak verbs: a diachronic and synchronic anal-*

ysis. — LA 112; Tübingen: Niemeyer, 1982, viii, 148 p.
8867 URDANG, Laurence; HUMEZ, Alexander; ZETTLER, Howard G.: *Suffixes and other word-final elements of English.* — Detroit: Gale Research, 1982, ix, 363 p. | *Names* 30, 1982, 199-200 K.B. Harder.
8868 WARREN, Beatrice: *Semantic patterns of noun-noun compounds.* — Göteborg: 1978 | BL 1978, 6493. | *Anglia* 100, 1982, 148-152 H. Sauer.
8869 WOLFF, Dieter: *Grundzüge der diachronischen Morphologie des Englischen.* — Tübingen: 1975 | BL 1975, 7942. | *Anglia* 100, 1982, 459-463 H. Sauer.
8870 ZAVGORODNJEV, Ju.A.: Misce skandinavs'kych zapozyčen' u systemi konversijnoho slovotvoru sučasnoji anhlijs'koji movy. — *InFil* 63, 1981, 8-13 | Scand. borrowings in their relation to conversion in mod. E.

2.2. Syntax — Syntaxe

8871 ACKER, Marianne VAN: Must *and* have to: *a dynamic perspective.* — APIL 22; Wilrijk: Univ. Inst. Antwerpen, 1981, 84 p.
8872 ALLEN, Cynthia: Movement and deletion in Old English. — *LIn* 11, 1980, 261-323.
8873 ALLEN, Cynthia L.: *Whether* in Old English. — *LIn* 11, 1980, 789-793.
8874 ALTENBERG, Bengt: *The genitive v. the of-construction: a study of syntactic variation in 17th century English.* — Lund Studies in E. 62 (Diss. Lund); Lund: LiberLäromedel/Gleerup, 1982, 318 p. | *SL* 36, 1982, 168-172 J.M. Anderson.
8875 ANDO, Sadao: A case study in syntactic variation: *Factors influencing the placement of English adverbs in relation to auxiliaries.* — *Poet* 6, 1976, 111-121 | Rev. art. on S. JACOBSON (BL 1975, 8011).
8876 ANDREWS, Avery, III: A note on the constituent structure of adverbials and auxiliaries. — *LIn* 13, 1982, 313-317.
8877 ARD, Josh: Auxiliary *do*: support or emphasis? — *Linguistics* 20, 1982, 445-466.
8878 ARISTOVA, E.B.: Kategorija sub″ekta i agentivnye sintaksemy v sovremennom anglijskom jazyke. — [352], 45-64.
8879 BÄCKLUND, Ulf: *Perfectly* and *quite*: explicit and implicit contrastiveness. — *LACUS* 6, 1979 (1980), 177-199.
8880 BAER, Louis A.: The predicate adjective in English: a case grammar analysis. — *LAL* 7, 1973, 13-32.
BAGHDIKIAN, S.: A functional perspective of the system of negation in early Mod. E. — 9047.
8881 BALTIN, Mark: On the notion "quantifier phrase". — *LIn* 11, 1980, 247-249.
8882 BEUKEMA, F.H.: On the internal structure of free adjuncts. — [272], 71-82.
8883 BILYNS'KYJ, M.E.: Hramatyčni funkciji dijesliv ruchu v anhlijs'kij movi. — *InFil* 64, 1981, 6-12 | Grammatical functions of motion verbs in E.
8884 BITEA, Ioan N.: On dilemmatic copulative *or* constructions. — *RRLing* 26, 1981, 275-287.
8885 BOLINGER, Dwight: Consonance, dissonance, and grammaticality: the case of *wanna*. — *L&C* 1, 1981, 189-206.
8886 BONIEWICZ, Alina: Properties of raised constructions in English and Polish. — *PSCL* 15, 1982, 95-110.
8887 BUTLER, Milton Chadwick: *Grammatically motivated subjects in early English.* — Univ. of Texas at Austin diss., 1980, 335 p. | *DAb* 41/7, 1981, 3084-A.
8888 BUTTERS, Ronald R.: More on indirect questions. — *AS* 51, 1976 (1979), 57-62.

8889 BUTTERS, Ronald R.: Variability in indirect questions. — *AS* 49, 1974 (1976), 230-234.
8890 BUYSSCHAERT, Joost: *Criteria for the classification of English adverbials.* — Kon. Acad. voor Wetenschappen, Letteren en Schone Kunsten van België, Klasse der Letteren, Verhandelingen, jaargang 44, No. 99; Brussel: Paleis der Academiën, 1982, 176 p. | *LB* 72, 1983, 318-319 E. Vorlat.
8891 BYBEE, Joan L.; SLOBIN, Dan I.: Rules and schemas in the development and use of the English past tense. — *Lg* 58, 1982, 265-289.
8892 CARLSON, Greg N.: Polarity *any* is existential. — *LIn* 11, 1980, 799-804.
8893 CATFORD, J.C.: Marking and frequency in the English verb. — [282], 11-27.
8894 CHAPMAN, Robin S.: *The interpretation of deviant sentences in English* . . . — The Hague: 1974 | BL 1974, 7293. | *RBPh* 60, 1982, 740-741 J. Dierickx.
8895 CHAYEN, Maurice J.: Three sources of co-ordination in English. — [320], 193-199.
8896 CHARĘZIŃSKA, Anna: Some remarks on multiple negation in English and Polish. — *PSCL* 15, 1982, 121-136.
8897 CHEVILLET, François: *Les relatifs au début du moyen-anglais. Tome I; II.* — Thèse Univ. de Paris X, 1977; Lille: Atelier Reproduction des thèses, Univ. de Lille III / Paris: Champion, 1981, [7], vii, 462 p.; p. 463-813, 151 p.
8898 COLLINS, Janet Duthie: An hypothesis for Old English object noun case alternation. — *LACUS* 6, 1979 (1980), 125-131.
8899 COLLINS, Janet Duthie: The Old English nominal form/function configuration. — *LACUS* 7, 1980 (1981), 368-373.
8900 COLSON, Jacques Louis: *Entailment, conjunctions and causal clauses. A logico-semantic, syntactic and discursive approach of causal clauses in present-day English.* — Catholic Univ. of Louvain (Belgium) diss., 1980, 519 p. | *DAb* 42/2, 1981, 684-A/685-A.
COMRIE, B.: Future time reference in the conditional protasis. — 2428.
8901 CORNILESCU, Alexandra; DIMITRESCU, Ioana: On the grammar of English exclamative constructions. — *RRLing* 27, 1982, 7-33.
8902 COUPER-KUHLEN, Elizabeth: *The prepositional passive in English* . . . — Tübingen: 1979 | BL 1979, 7425. | *JL* 18, 1982, 210-211 R. Hudson | *LB* 71, 1982, 367-372 H. den Besten.
8903 CUMMINGS, Michael: Systemic analysis of Old English nominal groups. — *LACUS* 6, 1979 (1980), 228-242.
8904 CUMMINGS, Michael: Systemic phoricity in the Old English nominal group. — *LACUS* 7, 1980 (1981), 348-358.
8905 CUSACK, Bridget: Complements and humours. — [282], 29-42.
8906 CUTLER, Anne: Idioms: the colder the older. — *LIn* 13, 1982, 317-320, tab. | Apropos of B. FRASER (BL 1970, 901).
8907 CZEPLUCH, Hartmut: *Syntaktische Funktionen im Englischen: Elemente einer 'funktionalen autonomen Syntax'.* — TBL 157; Tübingen: Narr, 1981, 369 p.
8908 DECARRICO, Jeanette Speer: *Anaphoric options of indefinite noun phrases in English.* — Univ. of Washington diss., 1980, 277 p. | *DAb* 41/5, 1980, 2085-A.
8909 DIETERICH, Thomas G.; NAPOLI, Donna Jo: Comparative *rather.* — *JL* 18, 1982, 137-165.
8910 DIXON, R.M.W.: The grammar of English phrasal verbs. — *AJL* 2, 1982, 1-42.
8911 DJAKOVA, Sonja: Strukturno-semantični modeli s *fall* + adverbialna častica ili predlog i technite sãotvetstvija v bãlgarskija ezik. — *TrTărnovo* 17, 1982/2, 173-205 | Structural-semantic patterns with *fall* + adverbial particles/prepositions and their Bulg. equivalents (Ru. & E. summ.).

8912 DOLININA, I.B.: Markirovka sub″ektno-ob″ektnych otnošenij u valentnostnych kategorij anglijskogo glagola. — [352], 65-100.
DREJKANT, O.A.: Modal'nyj majbutnij čas . . . — 8036.
8913 ELGIN, Suzette Haden: What on earth is *that*? — *GUP* 16, 1979, 33-44.
8914 ELMER, Willy: *Diachronic grammar: the history of . . . subjectless constructions*. — Tübingen: 1981 | BL 1981, 9134. | *Kratylos* 27, 1982 (1983), 138-141 E. Burgschmidt.
8915 EMONS, Rudolf: *Englische Nominale: Konstituenz und syntagmatische Semantik*. — LA 121; Tübingen: Niemeyer, 1982, ix, 229 p.
8916 FRASER, Thomas K.H.: The system of verbs involving a speaker-hearer relationship: *come/go, bring/take* in Old and Middle English. — [170], 54-61, 3 fig.
8917 FREY, Juliet Stark: *Perceptions of cause*. — Indiana Univ. diss., 1980, 139 p. | *Because* and *since*. | *DAb* 41/12, 1981, 5079-A/5080-A.
8918 FRIES, Udo: Zur Kongruenz bei Kollektiven. — [323], 19-27.
8919 FRONEK, Josef: *Thing* as a function word. — *Linguistics* 20, 1982, 633-654.
8920 GAZDAR, Gerald; PULLUM, Geoffrey K.: *Easy to solve*. — *LAn* 10, 1982, 361-363 | Apropos of 9003.
8921 GAZDAR, Gerald; PULLUM, Geoffrey K.; SAG, Ivan A.: Auxiliaries and related phenomena in a restrictive theory of grammar. — *Lg* 58, 1982, 591-638.
8922 GOLDSMITH, John; WOISETSCHLAEGER, Erich: The logic of the English progressive. — *LIn* 13, 1982, 79-89.
8923 GOOSSENS, Louis: On the development of the modals and of the epistemic function in English. — [170], 74-84.
8924 GREENBAUM, Sidney: Current usage and the experimenter. — *AS* 51, 1976 (1979), 161-175.
8925 GREENBAUM, Sidney; MEYER, Charles F.: Ellipsis and coordination: norms and preferences. — *L&C* 2, 1982, 137-149.
8926 GUIMIER, Claude: Les verbes de discours résultatifs en anglais moderne. Essai d'analyse des phrases du type: *he painted the door red*. — [318], 201-216.
8927 GUIMIER, Claude: Sur la substitution verbale en anglais. — *MLing* 3, 1981/1, 135-161, 13 fig. | Fr. & E. summ.
8928 GULJAR, T.B.: Zovnišnja dystrybucija prysudka, jakyj skladajet'sja z dijeslova v osobovij formi ta imennoji častyny. — *InFil* 63, 1981, 13-21 | Outer distribution of the predicative consisting of a finite verb and predicative.
8929 HAEGEMAN, Liliane: Singular *they*: a recent development? — *MSpråk* 75, 1981, 235-238.
8930 HARRIS, Martin; VINCENT, Nigel: On zero relatives. — *LIn* 11, 1980, 805-807 | Contra Chomsky & Lasnik (BL 1977, 2659).
8931 HAWKINS, John A.: *Definiteness and indefiniteness . . .* — London: 1978 | BL 1978, 6536. | *SLang* 6, 1982, 261-271 H. Vater.
8932 HENDRICK, Randall: Reduced questions and their theoretical implications. — *Lg* 58, 1982, 800-819.
8933 HERMERÉN, Lars: *On modality in English . . .* — Lund: 1978 | BL 1978, 6537. | *ZAA* 30, 1982, 165-166 W. Rathay.
8934 HILL, Clifford: Up/down, front/back, left/right: a contrastive study of Hausa and English. — [1402], 13-42.
8935 HINES, Carole P.: *As well* and *as well as*. — *LACUS* 6, 1979 (1980), 170-176.
8936 HIRTLE, W.H.: The singular plurality of verb discord in English. — *CJL* 27, 1982, 47-54.

8937 HIRTLE, Walter H.: Meaning and form in *when*-clauses. — [318], 217-228.
8938 HOFFMAN, Craig Ward: *Phrase structure, subcategorization, and transformations in the English verb phrase.* — Univ. of Connecticut diss., 1980, 144 p. | *DAb* 42/1, 1981, 194-A.
8939 JAEGGLI, Osvaldo A.: Remarks on *to* contraction. — *LIn* 11, 1980, 239-245 | Critique of Postal & Pullum (BL 1978, 2160) in favour of trace theory (No. 2425); cf. also 8984.
8940 JAMES, Francis: *Unified theory of the English subjunctive.* — Univ. of California, Berkeley, diss., 1980, 232 p. | *DAb* 42/1, 1981, 195-A.
8941 JATEL', H.P.: Pro syntahmatyku j paradyhmatyku pryjmennykovoho slovospolučennja v sučasnij anhlijs'kij movi. — *InFil* 62, 1981, 59-67 | On the syntagmatics and paradigmatics of prepositional word-combinations in mod. E.
8942 JAWORSKA, Ewa: On the structure of adverbial subordinate clauses in English and Polish. — *SAP* 14, 1982, 137-167.
8943 JENKINS, Lyle: *The English existential.* — Tübingen: 1975 | BL 1975, 8013. | *RBPh* 60, 1982, 739-740 J. Dierickx.
8944 JOHANNESSON, Nils-Lennart: *The English modal auxiliaries . . .* — Stockholm: 1976 | BL 1976, 8216. | *ZAA* 30, 1982, 166-168 W. Rathay.
8945 JOLY, André: *But*, signe de l'exception et de la restriction dans l'histoire de l'anglais. — *MLing* 4, 1982/2, 151-175.
8946 JOLY, André: The system of negation in later Middle English. — [170], 176-189, 9 fig.
8947 JØRGENSEN, Erik: Reflexive or only anaphoric function of the ordinary personal pronoun? — *ES* 63, 1982, 554-558.
8948 JØRGENSEN, Erik: *To think of* + gerund – *to think of* + *to*-infinitive. — *ES* 63, 1982, 54-62.
KAYNE, R.: Il dativo in fr. e in ingl. — 6682.
8949 KEFER, Michel: A note on lexical entries. — *LIn* 11, 1980, 429-432 | On Fillmore's analysis of different *with*-phrases (cf. e.g. BL 1977, 928).
8950 KJELLMER, Göran: *Each other* and *one another*: on the use of the English reciprocal pronouns. — *ES* 63, 1982, 231-254.
8951 KJELLMER, Göran: *What to do?* On non-finite direct questions in English. — *ES* 63, 1982, 446-454.
8952 KONTRA, Mikós: On English negative interrogatives. — *LACUS* 7, 1980 (1981), 412-431.
8953 KRILE, Ivo: The English verb *move* in the Serbo-Croatian translation equivalence. — *SRAZ* 24, 1979 (1981), 235-263.
8954 KRYK, Barbara: The relation between predicates and their sentential complements: a pragmatic approach to English and Polish. — *SAP* 14, 1982, 103-120.
KUBIŃSKI, W.: Pol. *się* constructions and their E. counterparts. — 11426.
8955 KUNTZMAN, Linda Edmund: *A study of English passives.* — Univ. of Hawaii diss., 1980, 160 p. | *DAb* 41/4, 1980, 1571-A.
8956 KUROVS'KA, O.V.: Semantyka rozhornutych nominatyviv modeli V_{have} + N. — *InFil* 62, 1981, 35-42 | Multifarious use of V_{have} + N predicative structures.
8957 LANGACKER, Ronald W.: Remarks on English aspect. — [195], 265-304, 17 fig.
LANGACKER, R.W.: Space grammar . . . and the E. passive. — 2541.
8958 LEEK, Frederike VAN DER; JONG, Jan Albert: The complement structure of perception verbs in English. — [272], 103-114.
8959 LEVINE, Arvin: Reading writing in 'rithmetic. — *LIn* 11, 1980, 250-252.

8960 LINDKVIST, Karl-Gunnar: *A comprehensive study of conceptions of locality* . . . — Stockholm: 1976 | BL 1976, 8238. | *BSL* 73, 1978/2, 312 A.R. Tellier | *LB* 71, 1982, 228-230 W. van Langendonck | *RBPh* 60, 1982, 731-733 E. Buyssens.

LIPKA, L.: "Mise en relief" und "cleft sentence" . . . — 6698.

8961 LJUNG, Magnus: *Reflections on the English progressive.* — Göteborg: 1980 | BL 1980, 7666. | *ES* 63, 1982, 469-470 K. Sørensen | *Lg* 58, 1982, 729 A. Davison.

8962 MACDONALD, R. Ross: A brief note on stress on prepositions in English. — *LAL* 6, 1972, 75-78.

8963 MACDONALD, R. Ross: Prepositions of time in English. — *LAL* 4, 1972, 94-110.

8964 MACKENZIE, J. Lachlan; HANNAY, Mike: Prepositional predicates and focus constructions in a functional grammar of English. — *Lingua* 56, 1982, 43-57.

8965 MARKUS, Manfred: *Tempus und Aspekt* . . . — München: 1977 | BL 1977, 9189. | *IF* 86, 1981 (1982), 371-376 G. Rauh.

8966 MCCOARD, R.W.: *The English perfect* . . . — Amsterdam: 1978 | BL 1978, 6566. | *CJŠ* 26, 1982-83, 285-287 A. Klégr.

8967 MCDAVID, Virginia: *Which* in relative clauses. — *AS* 52, 1977/1-2 (1980), 76-83.

8968 MCTEAR, Michael F.: The pragmatics of *"because"*. — *LACUS* 6, 1979 (1980), 455-463.

8969 MELO, Ricardo Arias: *A metaformal study of the linguistic function of simple English prepositions.* — Illinois Inst. of Technology diss., 1980, 253 p. | *DAb* 41/5, 1980, 2089-A.

8970 MIŠESKA TOMIĆ, Olga: The word classes reexamined (on the example of English). — *GZb* 5, 1979, 79-106 | Maced. summ.

8971 MITTWOCH, Anita: On the difference between *eating* and *eating something*: activities versus accomplishments. — *LIn* 13, 1982, 113-122.

8972 MOESSNER, Lilo: Die Syntax des äq[u]ationalen Prädikats im Englischen. — [187], 157-165.

8973 NAPOLI, Donna Jo: Initial material deletion in English. — *Glossa* 16, 1982, 85-111.

8974 NEWMAN, John: *The semantics of raising constructions.* — Univ. of California, San Diego, diss., 1981, 215 p. | *DAb* 41/12, 1981, 5083-A.

8975 NEY, James W.: Optionality and choice in the selection of verb complements in English. — *Word* 32, 1981 (1982), 133-152.

8976 NEY, James W.: *Semantic structures for the syntax of complements and auxiliaries in English.* — JanL, Series minor 171; The Hague: Mouton, 1981, ix, 165 p.

8977 NIKOLAEVSKAJA, R.: Nekotorye zamečanija otnositel'no oslablenija anglijskogo finitnogo glagola i sdviga v storonu imennogo vyražčnija. — *UZTarU* 585, 1981 (*Linguistica* 14), 86-89 | E. summ.

8978 OHONOVS'KA, O.V.: Anaforyčne i neanaforyčne zamiščennja. — *InFil* 61, 1981, 16-20 | Anaphoric and non-anaphoric substitution.

8979 O'NEIL, Wayne: Simplifying the grammar of English. — [282], 285-306 | On case-realization and the distinction between derivational and inflectional morphemes.

8980 OSSELTON, N.E.: Points of modern English syntax. LXIV; LXV. — *ES* 63, 1982, 457-461 | Cf. BL 1981, 9220.

8981 PALMER, F.R.: *Modality and the English modals.* — London: 1979 | BL 1979,

7521. | *ES* 63, 1982, 273-277 L. Haegeman | *RES* 33, 1982, 191-192 T.J. Taylor | *ITL* 53, 1981, 84-88 R. Dirven | *PhP* 25, 1982, 61-64 J. Tárnyiková.

8982 PERKINS, Michael R.: The core meanings of the English modals. — *JL* 18, 1982, 245-273.

8983 POLDAUF, Ivan: Verbal aspect: a Slavonic-English comparison. — [282], 307-319.

8984 POSTAL, Paul M.; PULLUM, Geoffrey K.: The contraction debate. — *LIn* 13, 1982, 122-138 | Contra recent accounts of E. *to* contraction in terms of "trace theory" (cf. e.g. 1044 & 8939).

8985 PULLUM, Geoffrey K.: Syncategorematicity and English infinitival *to*. — *Glossa* 16, 1982, 181-215.

8986 PUTSEYS, Y.: Implication versus ambiguity in *during*-adverbials. — *L&H* 35, 1977, 36-38.

8987 RASSOCHA, M.N.: K istorii razvitija anglijskich častic. — *VLU* 1982/20, 115-116.

8988 REBUSCHI, Georges: Quelques problèmes de syntaxe anglaise pour la grammaire dite "relationnelle". — *Verbum* 4, 1981, 85-119.

8989 REINHART, Tanya: On the position of extraposed clauses. — *LIn* 11, 1980, 621-624.

8990 RIVARA, René: *La comparaison quantitative en anglais contemporain*. — Thèse Univ. de Lille 1977; Lille: Presses Univ. de Lille, 1979, 908 p. [en 2 vol.] | Cf. 8993.

8991 RIVIÈRE, Claude: Objectionable objects. — *LIn* 13, 1982, 685-689 | On resultative sentences in E.

8992 RIVIÈRE, Claude: Résultatifs anglais et transitivité. — *MLing* 3, 1981/1, 162-180 | Fr. & E. summ.

8993 ROGGERO, Jacques: A propos de la comparaison quantitative en anglais. — *MLing* 3, 1981/1, 181-194 | Rev. of 8990.

8994 ROHDENBURG, Günter: Nominale Adjektive des Englischen unter besonderer Berücksichtigung der prädikativen Verwendung. — [187], 204-214.

8995 ROMERO, Jorge C.: Can *it* anticipate a noun phrase? — *ES* 63, 1982, 49-53.

8996 RUDANKO, Juhani: Towards a description of negatively conditioned subject operator inversion in English. — *ES* 63, 1982, 348-359.

8997 RUSSOM, Jacqueline Haring: An examination of the evidence for OE indirect passives. — *LIn* 13, 1982, 677-680 | Critique of R. LIEBER (BL 1980, 7757).

8998 RUSZKIEWICZ, Piotr: Tough movement, reflexives and other problems. — *SAP* 14, 1982, 267-291.

8999 RYAN, William M.: Either *neither . . . or, either . . . nor*, or other. — *AS* 51, 1976 (1979), 176-184.

RYBARKIEWICZ, W.: Subject- and topic-prominence in Pol. and E. — 11440.

9000 RYCKER, Teun DE: *The expanded form: a dynamic synchronic approach*. — APIL 27; Wilrijk: Univ. Inst. Antwerpen, 1982, 138 p.

9001 RYDÉN, Mats: *An introduction to the historical study of English syntax*. — Stockholm: 1979 | BL 1980, 7695. | *LB* 71, 1982, 231-232 X. Dekeyser.

9002 SAHLIN, Elisabeth: Some *and* any *in spoken and written English*. — Uppsala: 1979 | BL 1979, 7536. | *JL* 18, 1982, 211-212 R. Hudson.

9003 SCHACHTER, Paul: Lovely to look at. — *LAn* 8, 1981, 431-448 | On the analysis of so-called "missing object" constructions (cf. also 8920).

9004 SCHMIDT, Deborah Ann: *A history of inversion in English*. — Ohio State Univ. diss., 1980, 315 p. | *DAb* 41/7, 1981, 3089-A/3090-A.

9005 SEIDLOVÁ, Ivana: Časové a místní určení v slovosledu anglické a české věty. — SS 43, 1982, 294-302 | Temporal and local adverbials in the word order of the E. and Cz. sentence (E. summ.).
9006 SIERTSEMA, Berthe: Sidelights on tag questions. — [237], 299-314 | E. tag questions, their contexts, intonation patterns, and equivalents in Du.
9007 SIMON-VANDENBERGEN, A.M.: *The grammar of headlines in The Times 1870-1970.* — Verhandelingen van de Koninklijke Acad. voor Wetenschappen, Letteren en Schone Kunsten van België, Klasse der Letteren, Jaargang 43, No. 95; Brussel: Paleis der Academiën, 1981, 363 p. | LB 71, 1982, 362-364 E. Vorlat.
9008 SKÁLOVÁ, Eva: Postavení tvaru *I mean* mezi tzv. fillers. — CJŠ 25, 1981-82, 251-253 | Position of the structure *I mean* among the so-called "fillers".
9009 SOAMES, Scott; PERLMUTTER, David M.: *Syntactic argumentation* ... — Berkeley: 1979 | BL 1979, 7544. | RES 33, 1982, 63-64 T.J. Taylor.
9010 SPALATIN, Leonardo: Generated definite article. — SRAZ 24, 1979 (1981), 209-234.
9011 SPALATIN, Leonardo: Memorized definite article. — SRAZ 26, 1981 (1982), 209-262.
9012 ŠTÍCHA, František: On reflexive verbs in English. — PhP 25, 1982, 173-181 | Cz. & Ru. summ.
9013 STRANG, Barbara M.H.: Some aspects of the history of the *be + ing* construction. — [282], 427-474.
9014 SUSSEX, Roland: A note on the *get*-passive construction. — AJL 2, 1982, 83-92 | On Hilary CHAPPELL (BL 1981, 9114).
9015 SZWEDEK, Aleksander: Some problems of *yes – no* answers. — PSCL 15, 1982, 5-11.
9016 TABE, Shigeru: Noun and *that*-clause in apposition. — LACUS 6, 1979 (1980), 150-161.
9017 THORNE, James Peter: A note on the indefinite article. — [282], 475-484.
9018 TOTTIE, Gunnel; PARADIS, Carita: From function to structure: some pragmatic determinants of syntactic frequencies in impromptu speech. — [346], 307-317.
9019 TREGIDGO, P.S.: *Must* and *may*: demand and permission. — Lingua 56, 1982, 75-92.
9020 UKAJI, Masatomo: *Imperative sentences in Early Modern English.* — Tokyo: 1978 | BL 1979, 7553. | Anglia 100, 1982, 156 160 J. Monaghan.
9021 VEIKHMAN, G.A.: English complex sentences: fact or fiction? — ZAA 30, 1982, 148-156.
9022 WARNER, A.: *Complementation in Middle English.* — University Park, PA: Pennsylvania State UP., 1982, 266 p.
9023 WEISLER, Steven Eric: *Relativization and existence.* — Stanford Univ. diss., 1981, 177 p. | DAb 41/11, 1981, 4701-A.
9024 WEISLER, Steven: The syntax of *that*-less relatives. — LIn 11, 1980, 625-631.
9025 WILLIAMS, Edwin: Another argument that passive is transformational. — LIn 13, 1982, 160-163 | On a "head-final" constraint on prenominal modifiers in E.
9026 WOLFE, Susan J.; STANLEY, Julia Penelope: Attributive adjectives and rule conspiracies: ontogeny recapitulates phylogeny. — LACUS 6, 1979 (1980), 111-124.
9027 YOUNG, David J.: *The structure of English clauses.* — London: 1980 | BL 1981, 9272. | SLang 6, 1982, 157-166 T. Thrane.
9028 ZDRENGHEA, Mihai Mircea: "Willingness" and "insistence": on a representation of English modals. — RRLing 27, 1982, 195-201.

ANGLAIS

9029 ZELENS'KA, O.P.: Skladnopidrjadni rečennja z pidrjadnymy pryčyny v anhlijs'kij i ukrajins'kij movach. — *InFil* 62, 1981, 20-28 | Complex sentences with subordinate clauses of cause in E. & Ukr.

9030 ZIV, Yael: Getting more mileage out of existentials in English. — *Linguistics* 20, 1982, 747-762.

9031 ZUKINA, L.B.: Vil'ni slovospolučennja z imennykom u prepozyciji. — *InFil* 62, 1981, 67-71 | Word groups with a noun modifier.

9032 ZWICKY, Arnold M.: You don't have *tó*. — *LIn* 11, 1980, 631-636 | On contrastive VP's ending in *to, have*, and *be*.

2.3. Text linguistics — Linguistique du texte

9033 BALLMER, Th.; BRENNENSTUHL, W.: *Speech act classification. A study in the lexical analysis of English speech activity verbs.* — Language and Communication 8; Berlin: Springer, 1982, 274 p. | *L&H* 50, 1982, 102 G. L[urquin].

9034 COLEMAN, Robert, Jr.: *A survey of cohesive ties in the styles of several English language writers.* — Illinois Inst. of Technology diss., 1980, 178 p. | *DAb* 41/5, 1980, 2085-A.

9035 FRASER, Thomas; JOLY, André: Le système de la deixis (2): endophore et cohésion discursive en anglais. — *MLing* 2, 1980/2, 22-51.

9036 GALLAIS-HAMONNO, Janine: L'article défini dans les textes scientifiques anglosaxons. — *L&H* 48, 1982, 53-60.

9037 GOOSSENS, Louis: Say: *a case of perspectivization on the scene of linguistic action.* — APIL 25; Wilrijk: Univ. Inst. Antwerpen, 1982, 51 p.

9038 HALLIDAY, M.A.K.; HASAN, Ruqaiya: *Cohesion in English.* — London: 1976 | BL 1976, 8195. | *FLing* 5, 1980-81, 88-94 A. Schiller.

9039 JONES, Larry Bert: *Pragmatic aspects of English text structure.* — Univ. of Texas at Arlington diss., 1980, 244 p. | *DAb* 41/4, 1980, 1570-A.

9040 JONES, Larry B.: Pragmatic influences on English written discourse. — *LACUS* 6, 1979 (1980), 525-537.

9041 MUTT, Oleg: Some notes on recent and current research into English and the teaching of English (5): Text linguistics. — *UZTarU* 585, 1981 (*Linguistica* 14), 75-85.

9042 OSSELTON, N.E.: On the use of the perfect in present-tense narrative. — *ES* 63, 1982, 63-69.

9043 ROUX, Louis; GILIBERT, Hervé: *Le vocabulaire, la phrase et le paragraphe du "Léviathan" de Thomas Hobbes.* — Centre interdisciplinaire d'étude et de recherche sur l'expression contemporaine, Univ. de Saint-Étienne, Travaux 25; Saint-Étienne: Centre interdisciplinaire . . . [etc.], 1980, 196 p., ill.

9044 SVARTVIK, Jan: The segmentation of impromptu speech. — [346], 131-145.

9045 THAVENIUS, Cecilia: Exophora in English conversation: a study of third person pronominal reference. — [346], 291-305.

3. HISTORY — HISTOIRE

9046 AMOS, Ashley C.: *Linguistic means of determining the dates of Old English literary texts.* — Cambridge, MA: 1980 | BL 1980, 7728. | *Speculum* 57, 1982, 112-114 M. Rissanen.

9047 BAGHDIKIAN, Sonia: A functional perspective of the system of negation in early Modern English. — *FoLH* 3, 1982, 153-161.

9048 BAMMESBERGER, Alfred: A note on Beowulf 83b. — *NphM* 83, 1982, 24-25.
9049 BAMMESBERGER, Alfred: Der Optativ bei athematischen Verbalstämmen im Altenglischen. — *Anglia* 100, 1982, 413-418.
9050 BATELY, Janet M.: Lexical evidence for the authorship of the prose psalms in Paris Psalter. — *ASE* 10, 1982, 69-95.
9051 *Beowulf und die kleineren Denkmäler der altenglischen Heldensage Waldere und Finnsburg*. 1. Teil: *Text, Übersetzung, Namenverzeichnis und Stammtafeln*. 2. Teil: *Einleitung, Kommentar, Sachregister und Literaturverzeichnis*. Bearb. von J. KLEGRAF, W. KÜHLWEIN, D. NEHLS und R. ZIMMERMANN; hrsg. von Gerhard NICKEL. — Germ. Bibl. 4. Reihe; Heidelberg: Winter, 1976, xi, 220 p., 2 facsim.; xxviii, 112 p. | *IF* 87, 1982 (1983), 328-337 K.R. Grinda.
9052 BERKNER, S.S.: *Problemy razvitija razgovornogo anglijskogo jazyka v XVI-XX vekach (na materiale dramatičeskogo i drugich literaturnych žanrov)*. — Voronež: 1978, 230 p. | *ZAA* 30, 1982, 91-92 K.-D. Baumann.
9053 BERNDT, Rolf: *A history of the English language*. — Leipzig: VEB Verlag Enzyklopädie, 1982, 240 p.
9054 BESPJATYCH, N.G.: Normalizatorskaja dejatel'nost' jazykovedov rannenovoanglijskogo perioda. — *VLU* 1982/20, 113-115.
9055 BOURCIER, Georges: *Histoire de la langue anglaise* . . . — Paris: 1978 | BL 1978, 6641. | *BSL* 75, 1980/2 (1981), 157-158 A. Crépin.
9056 BOURCIER, Georges: *An introduction to the history of the English language*. — Cheltenham: Thornes, 1981, viii, 230 p. | E. adaptation by Cecily CLARK of 9055. | *CJL* 27, 1982, 183-184 S.M. Embleton.
9057 BURNLEY, David: Inflexion in Chaucer's adjectives. — *NphM* 83, 1982, 169-177.
9058 BURNLEY, J.D.: *Chaucer's language and the philosophers' tradition*. — Cambridge: 1979 | BL 1979, 7570. | *MAev* 50, 1981, 344-346 A.V.C. Schmidt.
9059 BUUREN-VEENENBOS, Catharina Christina VAN: *The Buke of the sevyne sagis. A Middle Scots version of "The seven sages of Rome"*. Ed. from the Asloan Manuscript (NLS Acc. 4233), c. 1515. — Gmc. and Anglistic Studies of the Univ. of Leiden 20 (Diss. Leiden); Leiden: Leiden UP., 1982, 463 p.
9060 CALUWÉ-DOR, Juliette DE: *Forms and meaning of the verbs contained in M.S. Bodley 34*. — Publ. de l'Ass. des médiévistes anglicistes de l'enseignement supérieur 7 (Thèse Liège 1981); Paris: Ass. des médiévistes anglicistes . . . , 1982, 432 p.
9061 CALUWÉ-DOR, Juliette DE: La convergence étymologique et le bilinguisme. — [371], 66-80 | A propos du Katherine Group.
9062 CRÉPIN, André: *Grammaire historique de l'anglais: du XIIe siècle à nos jours*. — Paris: P.U.F., 1978, 127 p. | *BSL* 75, 1980/2 (1981), 155-157 S. Kalifa.
9063 CRÉPIN, André: *Problèmes de grammaire historique: de l'indo-européen au vieil-anglais*. — Paris: 1978 | BL 1978, 6643. | *BSL* 75, 1980/2 (1981), 155-157 S. Kalifa.
9064 FISIAK, Jacek: Middle English *-ong* > *-ung* revisited. — *SAP* 14, 1982, 17-27.
9065 FRANCOVICH ONESTI, Nicoletta: Sulle forme dell'articolo determinativo nelle ultime sezioni della Cronaca di Peterborough. — *InL* 6, 1980-81 (1982), 7-20.
9066 GALLARDO, Andres: *The standardization of American English*. — State Univ. of New York at Buffalo diss., 1980, 367 p. | *DAb* 41/8, 1981, 3557-A.
9067 GREENE, Jesse Laurence: Object-verb and verbo-object sequences in Beowulf. — *JIES* 10, 1982, 71-115.
9068 HEALEY, Antonette diPaolo; VENEZKY, Richard L.: *A microfiche concordance*

to Old English. — Toronto: 1980 | BL 1980, 7746. | *Speculum* 57, 1982, 133-135 F.C. Robinson.

9069 Hogg, Richard M.: Was there ever an /ɔ/-phoneme in Old English? — *NphM* 83, 1982, 225-229.

9070 Hollowell, Ida Masters: An Old English verse-rhythm. — *ES* 63, 1982, 385-393.

9071 Ingersoll, Sheila Most: *Intensive and restrictive modification in Old English.* — Heidelberg: 1978 | BL 1978, 6654. | *ASNS* 219, 1982, 419-420 E.G. Stanley.

9072 Jacobs, Nicolas: Anglo-Danish relations, poetic archaism and the date of *Beowulf*. — *Poet* 8, 1977, 23-43.

9073 *The Katherine Group.* Ed. from MS. Bodley 34 by S.T.R.O. d'Ardenne. — Bibl. de la Fac. de Philosophie et Lettres de l'Univ. de Liège 215; Paris: Les Belles Lettres, 1977, xii, 186 p. | *BSL* 75, 1980/2 (1981), 158-161 A. Crépin.

9074 Kerkhof, J.: *Studies in the language of Geoffrey Chaucer.* 2nd, rev. and enl. ed. — Leidse Germanistische en Anglistische Reeks 5; Leiden: Leiden UP., 1982, xii, 503 p. | Cf. BL 1966, 6084.

9075 Kisbye, Torben: *Vikingerne i England: sproglige spor.* — København: Akademisk Forlag, 1982, 145 p., ill. | The Vikings in England: linguistic traces.

9076 Kossuth, Karen C.: Historical implications of the co-occurrence constraints on auxiliaries. — *Lingua* 56, 1982, 283-295.

9077 Kovatcheva, Mira: An aspect of the transition towards analytical sentence structure in English. — *FoLH* 3, 1982, 109-119.

9078 Lehnert, Martin: *Altenglisches Elementarbuch* . . . 9. Aufl. — Berlin (West): 1978 | BL 1978, 6658. | *ZDL* 49, 1982, 372-373 P.T. Roberge.

9079 Locherbie-Cameron, M.A.L.: Structure, mood and meaning in *Beowulf*. — *Poet* 10, 1978, 1-11.

9080 Milani, Celestina: Note su alcune glosse in antico inglese. — *RIL* 114, 1980 (1982), 70-84.

9081 Minkova, Donka: The environment for open syllable lengthening in Middle English. — *FoLH* 3, 1982, 29-58.

9082 Mitchell, Bruce: Old English *man* 'one': two notes. — [282], 277-284 | 1. Problems of classification, 2. *Man* + an active verb form as a periphrasis for the passive voice.

9083 Mitchell, Bruce; Robinson, Fred C.: *A guide to Old English.* Revised with texts and glossary [3rd ed.]. — Oxford: Blackwell, 1982, 271 p. | 2nd ed. 1968 (BL 1969, 6340). | *FoLH* 4, 1983, 325-330 F. Colman.

9084 Miyabe, Kikuo: The Vernon version of the *Ancrene Riwle*. — *Poet* 11, 1979, 80-107; 13, 1980 (1982), 1-14 | Critical ed. with phil. notes.

9085 Negro, Pier Giorgio: Nota sulla "Durham Admonition". — *RIL* 114, 1980 (1982), 181-196 | Linguistic analysis.

9086 O'Grady, William D.: The subject relation in Middle English. — *SAP* 14, 1982, 87-90.

9087 Pezzini, Domenico: *Storia della lingua inglese.* I: *Dalle origine al Quattrocento.* — Pubbl. del Centro di linguistica dell'Univ. cattolica. Trattati e manuali 3; Brescia: La scuola, 1981, 217 p.

9088 Plank, Frans: Coming into being among the Anglo-Saxons. — *FoL* 16, 1982, 73-118.

9089 Poussa, Patricia: The evolution of early standard English: the creolization hypothesis. — *SAP* 14, 1982, 69-85.

9090 Reddick, Robert J.: On the underlying order of Early West Saxon. — *JL* 18, 1982, 37-56.

9091 RICHTER, Michael: *Sprache und Gesellschaft im Mittelalter* . . . — Stuttgart: 1979 | BL 1979, 7594. | *Anglia* 100, 1982, 455-459 H. Käsmann | *CCM* 25, 1982, 157-160 A.J. Holden.
9092 RIFFER-MAČEK, Dora: On interpreting a type of ambiguity in an Old English text. — *SRAZ* 26, 1981 (1982), 281-295.
9093 ROBINSON, Fred C.: Latin for Old English in Anglo-Saxon manuscripts. — [282], 395-400.
9094 SCARGILL, M.H.: *A short history of Canadian English.* — Victoria, B.C.: 1977 | BL 1977, 9316. | *AUMLA* 49, 1978, 112-113 G. Tulloch.
9095 SCHLAUCH, Margaret: The language of *The cobbler of Canterbury* [1590]. — *Poet* 12, 1979 (1981), 98-102.
9096 STANLEY, E.G.: The prenominal prefix *ge-* in late Old English and early Middle English. — *TPhS* 1982, 25-66.
9097 STARK, Detlev: *The Old English weak verbs. A diachronic and synchronic analysis.* — LA 112; Tübingen: Niemeyer, 1982, viii, 148 p.
9098 SUZUKI, Eiichi: Archaic nouns in *Morte Arthure*: a reconsideration. — *Poet* 12, 1979 (1981), 134-141 | Apropos of V. KRISHNA (BL 1975, 8129).
9099 SUZUKI, Seiichi: Phonetic values of Old English vocalic digraphs. — *Linguistics* 20, 1982, 323-338.
9100 TORNAGHI, Paola: Osservazioni su alcuni errori di traduzione nel "Canterbury Psalter" di Eadwine. — *RIL* 114, 1980 (1982), 19-40.
9101 TRAHERN, Joseph B., Jr.: An Old English metrical proverb in the Junius 121 *De Descensu Christi.* — *Anglia* 100, 1982, 419-421.
9102 WENISCH, Franz: *Spezifisch anglisches Wortgut in den nordhumbrischen Interlinearglossierungen* . . . — Heidelberg: 1979 | BL 1979, 7597. | *Speculum* 57, 1982, 956-957 A. Cameron.
9103 YERKES, David: *The two versions of Wærferth's translation of Gregory's Dialogues: an Old English thesaurus.* — Toronto OE. Series 4; Toronto: Univ. of Toronto Press, 1979, xxvi, 100 p. | Corr. to BL 1981, 9343. | *MAev* 51, 1982, 115-119 R.I. Page.
9104 YERKES, David: The differences of inflection between the two versions of the Old English translation of Gregory's *Dialogues.* — *NphM* 83, 1982, 260-265.

4. DIALECTOLOGY — DIALECTOLOGIE

9106 ALLEN, Harold B.: Regional dialects, 1945-1974. — *AS* 53, 1977/3-4 (1981), 163-261.
9107 *Aspects of English dialects in Ireland.* Vol. 1. Ed. by Michael V. BARRY. — Belfast: 1981 | BL 1981, 9346. | *Anglia* 100, 1982, 480-482 L. Todd.
9108 BÄHR, Dieter: *Die englische Sprache in Kanada: eine Analyse des "Survey of Canadian English".* — TBL 165; Tübingen: Narr, 1981, 235 p.
9109 BLISS, Alan: *Spoken English in Ireland, 1600-1740.* — Dublin: 1979 | BL 1981, 9348. | *Éigse* 18/2, 1981, 319-326 P.L. Henry | *ASNS* 219, 1982, 182-184 M. Görlach | *RES* 33, 1982, 192-194 A. Ward.
9110 BREWER, Jeutonne P.: The *WPA* slave narratives as linguistic data. — *Orbis* 29, 1980 (1982), 30-54 | *WPA* = Works Projects Administration.
9111 CROWLEY, Joseph Patrick: *The study of Old English dialects.* — Univ. of North Carolina at Chapel Hill diss., 1980, 399 p. | *DAb* 42/3, 1981, 1125-A.

9112 DEAN, Patricia Kay Elder: *A word atlas of North Central Texas*. — East Texas State Univ. diss., 1980, 751 p. | *DAb* 41/2, 1980, 655-A.
9113 DELRUE, Laurence: Variété et unité du dialecte de Long Island, New York. — *MLing* 3, 1981/2, 115-131, 3 fig. | Fr. & E. summ.
9114 FILPPULA, Markku: VSO and SVO languages in contact: sentence-thematic peculiarities of Hiberno-English. — *PScCL* VI, 50-59.
9115 FISIAK, Jacek: Isophones or isographs? A problem in historical dialectology. — [282], 117-138 | ME. dial.
9116 GIFFHORN, Jürgen: *Studien am Survey of English dialects* . . . — München: 1979 | BL 1979, 7606. | *ES* 63, 1982, 371-373 G. Kristensson | *Speculum* 57, 1982, 883-884 D. Jost.
9117 HUGHES, Arthur; TRUDGILL, Peter: *English accents and dialects* . . . — London: 1979 | BL 1979, 7608. | *ZAA* 30, 1982, 86-88 K. Hansen | *Lg* 58, 1982, 243-244 M.R. Key.
9118 HURLBUT, Marilyn: Folk synonyms from Argyle, Texas. — *AS* 51, 1976 (1979), 63-75.
9119 LANHAM, L.W.; MACDONALD, C.A.: *The standard in South African English* . . . — Heidelberg: 1979 | BL 1980, 7793. | *ASNS* 219, 1982, 178-181 F.W. Gester | *FoLH* 3, 1982, 251-263 C. Jeffery.
9120 *Linguistic atlas of the Middle and South Atlantic states*. Eds.: Raven I. McDAVID, Jr.; Raymond K. O'CAIN. Vol. I, fasc. 1-2. — Chicago: 1980 | BL 1980, 7795. | *Names* 29, 1981, 251-252 K.B. Harder | *Lg* 58, 1982, 244-245 E. Finegan.
9121 MCCARDLE, Peggy Diana: *Spelling ability as a reflection of underlying phonological representation in child speakers of Black English Vernacular*. — Pennsylvania State Univ. diss., 1980, 238 p. | *DAb* 41/9, 1981, 4018-A.
9122 MCCLURE, J. Derrick: The Linguistic Atlas of Scotland. — *AS* 51, 1976 (1979), 223-234 | Rev. of BL 1975, 8167.
9123 MCCLURE, J. Derrick: Western Scottish intonation: a preliminary study. — [237], 201-217.
9124 MCDAVID, Raven I., Jr.: Notes on the pronunciation of *American*. — *AS* 52, 1977/1-2 (1980), 98-104, 4 maps.
9125 NILES, Norma Anita: *Provincial English dialects and Barbadian English*. — Univ. of Michigan diss., 1980, 201 p. | *DAb* 41/9, 1981, 4018-A.
9126 NOBBELIN, Kent G.: *The low-back vowels of the North-Central States*. — Illinois Inst. of Technology diss., 1980, 209 p. | *DAb* 41/5, 1980, 2089-A/2090-A.
9127 PAVONE, James: *Implicational scales and English dialectology*. — Indiana Univ. diss., 1980, 307 p. | *DAb* 41/3, 1980, 1045-A/1046-A.
9128 SHORROCKS, Graham: Relative pronouns and relative clauses in the dialect of Farnworth and district (Greater Manchester County, formerly Lancashire). — *ZDL* 49, 1982, 334-343.
9129 SPEARS, Arthur K.: The Black English semi-auxiliary *come*. — *Lg* 58, 1982, 850-872.
9130 VIERECK, Wolfgang: Das amerikanische Englisch in Forschung und Lehre. — *ZDL* 49, 1982, 351-365.
9131 VIERECK, Wolfgang: Dialektometrie und englische Dialektologie. — *GLS* 11-12, 1980, 335-356, 6 maps.
9132 WELTENS, Bert: Grammatische aspecten van Britse dialecten: enkele problemen en implicaties van een literatuur-survey. — *Gramma* 6, 1982, 179-188 | Grammatical aspects of British dialects.

9133 WOLFRAM, Walt: Toward a description of *a*-prefixing in Appalachian English. — *AS* 51, 1976 (1979), 45-56.
9134 WRIGHT, Peter: *Cockney dialect and slang.* — London: Batsford, 1981, 184 p. | *Lg* 58, 1982, 946-947 B.K. Dumas.

5. LEXICON — LEXIQUE

9135 ACHNAZAROVA, G.T.; CVIRKUNOVA, L.P.: Semantyčna dominanta sporidnenych synonimičnych hrup. — *InFil* 61, 1981, 30-36 | On semantic dominance in related synonymic groups.
9136 AISENSTADT, Ester: Restricted collocations in English lexicology and lexicography. — *ITL* 53, 1981, 53-61.
9137 ANDREW, Malcolm: Rome-runners and *Patience*, line 52. — *ASNS* 219, 1982, 116-119.
9138 ARCAINI, Enrico; ROSSINI FAVRETTI, Rema: Il concetto di lavoro nei suoi rapporti con le istituzioni inglesi: *work, labour, job.* — *SILTA* 9, 1980/3 (1982), 385-413.
9139 BÄCKLUND, Ulf: Pregnant and specific objects: a collocational investigation of *recognize* and *realize*. — *LACUS* 7, 1980 (1981), 399-411.
9140 BALLMER, Th.; BRENNENSTUHL, W.: *Speech act classification: a study in the lexical analysis of English speech activity verbs.* — Springer Series in Language and Communication 8; Berlin: Springer, 1982, 274 p. | *SLang* 6, 1982, 245-253 A. Lehrer | Cf. 9033.
9141 BARNHART, Clarence L.; STEINMETZ, Sol; BARNHART, Robert K.: *The second Barnhart dictionary of new English.* — Bronxville, N.Y.: Barnhart Books, 1980, xv, 520 p. | Cf. BL 1973, 8804. | *Anglia* 100, 1982, 162-166 H. Käsmann | *CJL* 27, 1982, 65-67 J.K. Chambers | Cf. 9147 & 9177.
9142 BÁRTOVÁ, Etela, et al.: *Anglicko-slovenský pôdohospodársky slovník.* — Bratislava: Príroda, 1982, 964 p. | E.-Slov. agricultural dictionary.
9143 BECK, Herbert: *Der Begriff* silly fool *im Slang einer englischen Schule.* — Schweizer anglistische Arbeiten 106 (Diss. Zürich); Bern: Francke, 1982, ix, 166 p., 6 pl.
9144 BENNETT, John: Some reflections on the terms *black* and *white* in English colour collocations. — *CFS* 35, 1981 (1982), 17-28.
9145 BRANFORD, Jean: *A dictionary of South African English.* — Cape Town: 1978 | BL 1978, 6699. | *ES* 63, 1982, 184-185 J. Honey.
9146 BRYANT, Margaret M.: New words from *Popular Mechanics*. — *AS* 52, 1977/1-2 (1980), 39-46.
9147 CANNON, Garland: New onomastic items in English. — *Names* 29, 1981, 101-119 | (1) Onomastic items from Jap. (2) *The Second Barnhart Dictionary of New English* (cf. 9141).
9148 *Collins Dictionary of the English language.* Patrick HANKS, ed.; Thomas Hill LONG, managing ed.; Laurence URDANG, editorial director. — London: 1979 | BL 1979, 7642. | *MSpråk* 75, 1981, 75-81 B. Errington | *ZAA* 30, 1982, 279-281 H. Mettke.
9149 CRESWELL, Thomas J.: Snobs' way. — *AS* 53, 1977/1-2 (1980), 145-150 | Rev. of the *Harper dictionary of contemporary usage* (BL 1975, 8220).
9150 DANYLOVA, Z.V.: Invariantne značennja i typovi smysly dijeslova burst. — *InFil* 64, 1981, 16-21 | The invariant meaning and typical senses of the verbs *break* and *burst*.

9151 DIENSBERG, B.: The etymology of Modern English *boy*: a new hypothesis. — *MAev* 50, 1981, 79-87.
9152 EBLE, Connie C.: Slang, productivity, and semantic theory. — *LACUS* 6, 1979 (1980), 215-227.
9153 EBLE, Connie C.: Slang, productivity, and semantic theory: a closer look. — *LACUS* 7, 1980 (1981), 270-275.
9154 FARKAŠOVÁ, Ol'ga: Analýza viacslovných termínov v anglickom matematickom texte. — *CJŠ* 26, 1982-83, 203-207 | The analysis of terms made up of compound words in an E. mathematical text.
9155 GILLMEISTER, Heiner: The origin of imperative constructions and Chaucer's nonce-words *viritoot, virytrate,* and *phislyas.* — *Poet* 4, 1975, 24-49.
GILLMEISTER, H.: Über Tennis und Tennispunkte . . . — 2969-72.
9156 GOLD, David L.: More on *lect.* — *LB* 71, 1982, 443-445 | Suppl. to BL 1981, 9400.
GOLD, D.L.: The commonization of some glottonyms . . . — 2975.
9157 GRINDA, Klaus R.: *"Arbeit" und "Mühe"* . . . — München: 1975 | BL 1975, 8219. | *IF* 86, 1981 (1982), 365-367 K. Bitterling.
9158 HALL, Robert A., Jr.: Scabrous etymology: English *felon* and Italian *infinocchiare.* — *AS* 55, 1980, 231-234.
9159 HALL, Roland: *Oxford Dictionary*: Representative Report of Lexicographic Activities, given at the Final Meeting of the 1980 Colloquio. — [179], 519-520.
9160 HALLER, John M.: Like a very drab. — *AS* 51, 1976 (1979), 25-34 | Taboo words.
9161 HAMP, Eric P.: *Thwaite.* — [282], 161-167 | 1. On Norse-Cumbrian contacts: overlords or allies? 2. Gmc. *þwaitō.*
HEDBERG, J.: Swedish in mod. English . . . — 9546.
9162 HIRSHBERG, Jeffrey Alan: Going the whole hog to acknowledge the corn. — *AS* 51, 1976 (1979), 102-108 | On the phrase *to acknowledge the corn.*
9163 HUGHES, Geoffrey Ian: *Semantic change in English: an investigation into the relation between semantic change and the forces of social, economic and political change from the Norman conquest to the present day.* — Univ. of South Africa diss., 1979 | *DAb* 41/4, 1980, 1565-A.
9164 HURS'KYJ, S.O.: Nejtralizacija opozycij u semasiolohiji. — *InFil* 63, 1981, 50-56 | Neutralization of oppositions in semasiology.
9165 JANKOV, A.V.: Strukturno-semantyčna charakterystyka social'no-polityčnych neolohizmiv – skladnych sliv i slovospolučen' v amerykans'komu varianti anhlijs'koji movy. — *InFil* 61, 1981, 36-44 | Structural-semantic characteristics of social and political neologisms in Am. E.
9166 JANKOV, A.V.: Denotatyvne i konotatyvne značennja social'no-polityčnych neolohizmiv v amerykans'komu varianti anhlijs'koji movy. — *InFil* 62, 1981, 52-59 | Denotative and connotative meaning of social and political neologisms in Am. E.
9167 JOST, Urs: *Die französischen Entlehnungen im Englischen von 1750 bis 1759: sprachliche und kulturelle Aspekte ihrer Aufnahme.* — Schweizer anglistische Arbeiten 104 (Diss. Zürich); Bern: Francke, 1981, 169 p.
9168 KOROTAEVA, G.V.: K voprosu ob istoričeskoj évoljucii dialektnoj leksiki (na materiale kentskogo dialekta anglijskogo jazyka). — *VMU* 1982/4, 45-53.
9169 KUHN, Sherman M.: Middle English *don* and *maken*: some observations on semantic patterns. — *AS* 52, 1977/1-2 (1980), 5-18.
9170 KUHN, Sherman M.: On the making of the *Middle English Dictionary.* — *Poet* 4, 1975, 1-23 | Cf. 9179.

LAMARRA, A.; PIMPINELLA, P.: Per uno studio dei derivati di *Res* . . . — 6947.
9171 LAPIDGE, Michael: Some Old English Sedulius glosses from BN lat. 8092. — *Anglia* 100, 1982, 1-17.
9172 LAVRYK, M.P.: Charakter informatyvnosti kombinujučych form u naukovych medyčnych terminach. — *InFil* 62, 1981, 42-48 | Informativity of combining forms of medical terms.
9173 LEVIN, Harry; LONG, Susan; SCHAFFER, Carole A.: The formality of the Latinate lexicon in English. — *L&S* 24, 1981, 161-171.
9174 LIPKA, Leonhard: Causatives and inchoatives in English and their treatment in recent lexicographic practice. — *SAP* 14, 1982, 3-16.
9175 *Longman Dictionary of English idioms.* [Editorial director: Thomas Hill LONG. Managing ed.: Della SUMMERS.] — London: 1979 | BL 1979, 7669. | *RES* 33, 1982, 303-304 B. Cottle.
LUTZEIER, P.R.: The notion of lexical field . . . — 3009.
9176 MAURER, D.W.: Language and the sex revolution: World War I through World War II. — *AS* 51, 1976 (1979), 5-24.
9177 MCMILLAN, James B.: Updating dictionaries. — *AS* 51, 1976 (1979), 138-144 | Rev. art. on: (1) Clarence L. BARNHART, et al., *The Barnhart dictionary of New English since 1963* (BL 1973, 8804); (2) *6000 words* (BL 1976, 8467).
9178 MELDAU, Rudolf: *Sinnverwandte Wörter der englischen Sprache.* Unter Mitwirkung von Ralph B. WHITLING. — Anglistische Forschungen 154; Heidelberg: Winter, 1981, 642 p. | *Anglia* 100, 1982, 474-478 H. Käsmann.
9179 *Middle English dictionary.* Sherman M. KUHN, ed. Part P. 1 (*oversenden – partāble*); P. 2 (*partable – penaunce*); P. 3 (*penaunce – phoger*). — Ann Arbor: Univ. of Michigan Press, 1981, p. 513-640; 1982, 641-768; 769-896 | Cf. BL 1981, 9410.
MILANI, C.: Contributo del *Corpus Glossary* al lessico del lat. tardo e dell'antico inglese. — 5891 | See also 9170 & 9181.
9180 MOČUL'S'KA, O.P.: Morfolohična struktura anhlijs'kych mineralohičnych terminiv. — *InFil* 63, 1981, 31-35 | Morphologic structure of E. mineralogical terms.
9181 MOESSNER, Lilo: Some remarks on the *MED.* — *NphM* 83, 1982, 150-151 | Cf. 9179.
9182 MORRIS, Kenneth M.: *Blue* as a marker of intensification. — *AS* 51, 1976 (1979), 35-44.
9183 MOSTOVYJ, M.I.: Systemnist' dijeslivnoji leksyky. — *InFil* 63, 1981, 26-31 | On systemic relations of meaning of verbs.
9184 ONO, Shigeru: Supplementary notes on *ongietan, undergietan* and *understandan.* — *Poet* 12, 1979 (1981), 94-97.
9185 PEDERSON, Lee: The randy sons of Nancy Whisky. — *AS* 52, 1977/1-2 (1980), 112-121 | Moonshining terms.
9186 PEPRNÍK, Jaroslav: *Slovník amerikanismů.* — Praha: Stát. pedag. nakl., 1982, 612 p. | A dictionary of Americanisms.
9187 PHILLIPS, Jean McCabe: What's an unzoo? — *FLing* 5, 1980-81, 53-65.
9188 PÍSOVÁ, Zuzana: K možnostem a prostředkům expresivizace slovní zásoby v moderní angličtině a češtině. — *CJŠ* 26, 1982-83, 12-17 | On the possibilities and means of expressivization of vocabulary in mod. E. and Cz.
9189 POČEPCOVA, L.D.; RUSEC'KA, L.O.: Rehional'no-specyfični elementy v leksyci tvarynnyctva anhlijs'koji movy Avstraliji. — *InFil* 63, 1981, 39-45 | Regionally specific elements in Austr. E. cattle-breeding vocabulary.

9190 POTTER, Simeon: Recent semantic changes in spoken and written English. — *Poet* 3, 1975, 62-71.
9191 RAFF, Samuel J.: The life of Riley. — *AS* 51, 1976 (1979), 94-101 | On the origin of this phrase.
9192 ROBERTS, Jane: Towards an Old English Thesaurus. — *Poet* 9, 1978, 56-72.
9193 RÜDEN, Michael VON: Wlanc *und Derivate im Alt- und Mittelenglischen* . . . — Frankfurt a.M.: 1978 | BL 1979, 7685. | *MAev* 48, 1979, 271 E.G. Stanley.
9194 RUHL, Charles: The noun *ice*. — *LACUS* 7, 1980 (1981), 257-269.
9195 RUHL, Charles: The semantic field of *break, cut,* and *tear*. — *LACUS* 6, 1979 (1980), 200-214.
RUŽIČKOVÁ, E.: *Slovesá pohybu v slov. a angl.* — 11260.
9196 RUŽIČKOVÁ, Eva: Verbs of motion in English and Slovak. — *RLB* 6, 1982, 229-232.
9197 ŠADMANOV, K.B.: Rol' latyns'kych leksyčnych zapozyčen' u popovnenni abstraktno-filosofs' koji leksyky anhlijs' koji movy v XVI stolitti. — *InFil* 61, 1981, 26-30 | The formation of the XVI c. E. vocabulary of words with abstract philosophical meanings through borrowings from Lat.
9198 SANDAHL, Bertil: *Middle English sea terms.* Vol. III: *Standing and running rigging*. — Studia Anglistica Upsaliensia 42; Uppsala: (distr.: Almqvist & Wiksell, Stockholm), 1982, [16], 194 p., ill.
9199 SAUTER-BAILLIET, Theresia: English, the vernacular of the airline industry. — *AS* 51, 1976 (1979), 76-84.
9200 SCHÄFER, Jürgen: *Documentation in the O.E.D.* . . . — Oxford: 1980 | BL 1980, 7863. | *RES* 33, 1982, 447-449 M. Stokes.
9201 SIMPSON, J.A.: Notes on some Norse loans, real or supposed, in *Sir Gawain and the Green Knight*. — *MAev* 50, 1981, 301-304.
9202 STEIN, Gabriele: Nuclear English: reflections on the structure of its vocabulary. — *Poet* 10, 1978, 64-76.
9203 SWAN, Toril: A note on the scope(s) of *sadly*. — *SL* 36, 1982, 131-140.
9204 VILJUMAN, V.G.: *Anglijskaja sinonimika (vvedenie v teoriju sinonimii i metodiku izučeniju sinonimov)*. — Moskva: "Vysšaja škola", 1980 | *NDVŠ-F* 1982/2, 90-92 A.M. Kuznecov.
9205 ZAVGORODNJEV, Ju.A.: Rozpodil zapozyčenoji skandinavs' koji leksyky v tvorach rann' oho seredn' oanhlijs' koho periodu. — *InFil* 62, 1981, 14-20 | Distribution of Scand. loans in early ME. writings.

6. SCRIPT, ORTHOGRAPHY — ÉCRITURE, ORTHOGRAPHE

9206 MARCKWARDT, Albert H. †: The development of *oa* spellings in early Modern English. — *AS* 52, 1977/1-2 (1980), 105-111.
9207 VACHEK, J.: English orthography: a functionalist approach. — [4068], 37-56.
9208 WILLIAMSON, Leon: The influence of phonetics, semantics, etymology and preference on English spelling. — *LACUS* 7, 1980 (1981), 546-572.

7. STYLISTICS — STYLISTIQUE

9209 ALEXANDER, Gillian: Politics of the pronoun in the literature of the English revolution. — [9225], 217-235, 5 fig.
9210 BALASUBRAMONIAN, Brinda: An objective approach to the linguistic style of press advertisements in English. — *BDC* 41, 1982, 11-15.

9211 BLACK, N.F.: *Non-standard language in English literature.* — The Language Library; London: Deutsch, 1981, 217 p.
9212 BROWN, Calvin S.: *A glossary of Faulkner's South.* — New Haven: 1976 | BL 1976, 8499. | *AS* 51, 1976 (1979), 238-243 J.H. Hall.
9213 BURTON, Deirdre: Through glass darkly: through dark glasses. On stylistics and political commitment – via a study of a passage from Sylvia Plath's *The bell jar.* — [9225], 195-214.
9214 CARTER, Ronald: Style and interpretation in Hemingway's 'Cat in the rain'. — [9225], 65-80.
9215 CURETON, Richard Dozier: *The aesthetic use of syntax: studies on the syntax of the poetry of E.E. Cummings.* — Univ. of Illinois at Urbana-Champaign diss., 1980, 289 p. | *DAb* 41/11, 1981, 4698-A.
9216 FOWLER, Roger; HODGE, Bob; KRESS, Gunther; TREW, Tony: *Language and control.* — London: Routledge, 1979, 224 p. | 10 essays on the style of various samples of language. | *CJL* 27, 1982, 88-89 D. Lightfoot.
9217 GORŠKOVA, K.O.: Pro stylistyčne funkcionuvannja anhlijs'koho imennyka šyrokoji semantyky *thing.* — *InFil* 61, 1981, 3-11 | On the stylistic functions of E. *thing.*
9218 GOTTFRIED, Roy K.: *The art of Joyce's syntax in Ulysses.* — Athens, Georgia: Univ. of Georgia Press, 1980, 191 p. | *CJL* 27, 1982, 75 S. Ehrlich.
9219 HALLIDAY, M.A.K.: The de-automatization of grammar: from Priestley's "An inspector calls". — [282], 129-159, 8 fig.
9220 IKEGAMI, Yoshihiko: The language of 'appearance' and 'reality' – an aspect of the language of tragedy in the Elizabethan and Jacobean periods. — *Poet* 12, 1979 (1981), 60-76.
9221 KENNEDY, Chris: Systemic grammar and its use in literary analysis. — [9225], 83-99 | Applied to *The secret agent* by Joseph Conrad, and *Two Gallants* by James Joyce.
9222 KOLIN, Philip C.: Paronomastic announcements; or, How to have a little pun with your ads. — *AS* 52, 1977/1-2 (1980), 29-38.
9223 KOSKENNIEMI, Inna: On the use of verbal phrases of the type *to take revenge* in English Renaissance drama. — *Poet* 7, 1977, 80-90.
9224 KRISHNA, Valerie: Parataxis, formulaic density, and thrift in the *Alliterative Morte Arthure.* — *Speculum* 57, 1982, 63-83.
9225 *Language and literature: an introductory reader in stylistics.* Ed. by Ronald CARTER. — Aspects of E.; London: Allen & Unwin, 1982, xiv, 256 p. | Glossary, 236-245.
9226 MACLEOD, Norman: The stylistic analysis of poetic texts: Owen's *Futility* and Davie's *The garden party.* — [282], 239-275.
9227 MANASJAN, N.: O raspredelenijach terminov v anglijskom naučno-techničeskom tekste (pod"jazyk kvantovych generatorov). — *UZTarU* 591, 1981 (*Trudy po lingvostatistike* 7), 60-73 | E. summ.
9228 MASON, Mary: Deixis: a point of entry to *Little Dorrit.* — [9225], 29-38.
9229 MILIC, Louis T.: Singularity and style in eighteenth-century English prose. — *Poet* 13, 1980 (1982), 91-112.
9230 MILROY, James: *The language of Gerald Manley Hopkins.* — The Language Library; London: Deutsch, 1977, 264 p. | *RBPh* 60, 1982, 766 H. Servotte.
9231 NASH, Walter: On a passage from Lawrence's 'Odour of Chrysanthemums'. — [9225], 101-120 | Analysis in terms of distinctive linguistic features.
9232 NESS, Lynn; DUNCAN-ROSE, Caroline: A syntactic correlate of style switching in the Canterbury Tales. — [168], 293-322.

ANGLAIS

9233 OIZUMI, Akio: The world of Chaucer's idiom: *Chaucer's English*. — *Poet* 5, 1976, 74-81 | Rev. art. on R.W.V. ELLIOTT (BL 1974, 7629).

9234 OLTEAN, Ştefan: Textual functions of free indirect discourse in the novel *Mrs Dalloway* by Virginia Woolf. — *RRLing* 26, 1981, 533-547.

9235 ONO, Shigeru: A statistical study of *shall* and *will* in Chaucer's *Canterbury Tales* and its relevance to style. — *Poet* 3, 1975, 35-44, 8 tab.

9236 PARTRIDGE, A.C.: The language of Shakespeare's *Troilus and Cressida*. — *Poet* 4, 1975, 78-96.

9237 READ, Allen Walker: The grammar of double talk. — *AS* 52, 1977/1-2 (1980), 122-127.

9238 RODGER, A.: '"O where are you going"': a suggested experiment in classroom stylistics. — [9225], 123-163.

9239 SASAKI, Tatsu: On the diction of sixteenth-century English verse. — *Poet* 10, 1978, 50-63.

9240 SCHELER, Manfred: *Shakespeares Englisch: eine sprachwissenschaftliche Einführung*. — Grundlagen der Anglistik und Amerikanistik 12; Berlin: Schmidt, 1982, 171 p.

9241 SHORT, M.H.: 'Prelude I' to a literary linguistic stylistics. — [9225], 55-62, tab. | On the use of (linguistic) stylistics in literary criticism with an application to T.S. Eliot's 'Prelude I'.

9242 SHORT, M.H.: Stylistics and the teaching of literature: with an example from James Joyce's *A portrait of the artist as a young man*. — [9225], 179-192.

9243 SINCLAIR, John: Lines about 'Lines'. — [9225], 163-176, 3 fig. | Stylistic analysis of Wordsworth's 'Tintern Abbey'.

9244 SMYKALOVA, L.O.: Stylistyčna funkcija chudožn'oho porivnjannja v romani Gr. Grina "Vlada i slava". — *InFil* 61, 1981, 20-26 | The stylistic function of the *simile* in Gr. Greene's novel "The power and the glory".

9245 SÖDERLIND, Johannes: A novel by Dickens linguistically analysed. — *Poet* 5, 1976, 60-73 | *Dombey and son* (1846-8).

9246 TRISTRAM, Hildegard L.C.: *Linguistik und die Interpretation englischer literarischer Texte*. — Tübingen: 1978 | BL 1978, 6792. | *IF* 87, 1982 (1983), 345-349 G. Rauh.

9247 VOLANTE, Paola: Contestazione linguistica in *Gulliver's travels*. — *LeL* 6, 1981/1, 155-178.

9248 WIDDOWSON, H.G.: The conditional presence of *Mr Bleaney*. — [9225], 19-26 | Analysis of some linguistic features.

9249 WIDDOWSON, H.G.: Othello in person. — [9225], 41-53 | Stylistic analysis.

8. METRICS, VERSIFICATION — MÉTRIQUE, VERSIFICATION

9250 FLYNN, Michael: A note on Shakespeare's versification. — [231], 88-105

9251 HILL, Archibald A.: Rhymes and reasons, the practice of two poets. — [282], 169-186 | Oliver St. John Gogarty & Edna St. Vincent Millay.

9252 KENDALL, Calvin B.: The prefix *un-* and the metrical grammar of *Beowulf*. — *ASE* 10, 1982, 39-52.

9253 OPLAND, Jeff: *Anglo-Saxon oral poetry: a study of the traditions*. — New Haven: Yale UP., 1980, xi, 289 p. | *MAev* 51, 1982, 237-239 J. Turville-Petre.

9254 REICHARD, Claude Manley: *Meter and rhythm in English verse: towards a musical synthesis*. — Stanford Univ. diss., 1981, 239 p. | *DAb* 41/11, 1981, 4700-A.

9255 VOGEL, Irene: Strutture prosodiche dell'inglese. — *RGG* 6, 1981, 181-205.
9256 WINDEATT, B.A.: 'Most conservatyf the soun': Chaucer's *Troilus* metre. — *Poet* 8, 1977, 44-60.

9. TRANSLATION — TRADUCTION

9257 FIALA, Jiří: Nad překlady Wolkerových básní "Poštovní schránka" a "Žně". — [401], 41-47 | On the transl. of Wolker's poems "The letterbox" and "The harvest time" (E. summ.).
9258 MURAD, Timothy: *Los de abajo* vs. *The underdogs*: the translation of Mariano Azuela's masterpiece. — *Hispania* 65, 1982, 554-561.

10. MATHEMATICAL LINGUISTICS — LINGUISTIQUE MATHÉMATIQUE

9259 BOLZ, Norbert: *Eine statistische, computer-unterstützte Echtheitsprüfung von 'The repentance of Robert Greene'*... — Bern: 1978 | BL 1978, 6809. | *KLit* 8, 1979, 67-68 B. Kreifelts.
9260 BRADFORD, James: A metric space defined on English and its relation to error correction. — [115], 43-48.
9261 DAHL, Hartvig: *Word frequencies of spoken American English*. — Essex, CT: 1979 | BL 1981, 9465. | *Names* 29, 1981, 93 K.B. Harder | *NyK* 84, 1982, 461-463 Kontra Miklós.
9262 GALLAIS-HAMONNO, Janine: A contrastive analysis of the use of definite articles in English scientific texts and in English literature. — [114], 111-112.
9263 HOROT', Je.I.: Struktura fonolohičnoho skladu prykmetnykiv (na materiali anhlijs'koji movy). — *Mov* 1981/3, 75-79 | The phonological structure of E. adjectives.
9264 McNAUGHT, John: Specialised lexicography in the context of a British linguistic data bank. — [154], 171-184.
9265 MICHIELS, A.; MULLENDERS, J.; NOËL, J.: The Longman-Liège Project. — [154], 201-210, 4 fig.
9266 OPPACHER, F.: PET: processing English text. — [114], 214-216.
9267 SYMAČEVS'KA, Ž.M.: Pro častotnist' ta semantyku prykmetnykiv typu *bahuvrihi* v terminolohičnij sferi funkcionuvannja. — *InFil* 63, 1981, 45-49 | On frequency and semantics of *bahuvrihi* compounds in the terminological functioning sphere.
9268 WILENSKY, Robert: PHRAN and PHRED: analysis and production using a common knowledge base. — [114], 296-298 | PHRAN = Phrasal analyser; PHRED = Phrasal English diction.

12. SOCIOLINGUISTICS — SOCIOLINGUISTIQUE

9270 ANDRECHT, Ernst H.: *Sprachsoziologische Aspekte in der dramatischen Sprachgestaltung Bernard Shaws*. — Bern/Frankfurt: 1976 | BL 1976, 8564. | *RBPh* 60, 1982, 774-775 C. Tindemans.
9271 *Australia talks*... Ed. by Michael CLYNE. — Canberra: 1976 | BL 1979, 7740. | *SLN* 8, 1977, 32-33 R.E. Wood.
9272 BARANKIN, Joseph Paul: *Selected issues related to the social phenomenon of black English*. — United States International Univ. diss., 1980, 159 p. | *DAb* 41/4, 1980, 1567-A.

CASSANO, P.V.: Language interaction in Louisiana . . . — 7059.
9273 CHESHIRE, Jenny: *Variation in an English dialect: a sociolinguistic study.* — Cambridge Studies in Linguistics 37; Cambridge: Cambridge UP., 1982, ix, 142 p., ill. | Town of Reading, Berkshire.
9274 CHESHIRE, Jenny: Linguistic variation and social function. — [4056], 153-166, 6 tab. | Non-standard E. in Reading, Berkshire.
9275 COLLINS, Peter C.: Investigating acceptability in Australian English. — *Word* 32, 1981 (1982), 15-34.
9276 DALGISH, G.M.: *A dictionary of Africanisms: contributions of Sub-Saharan Africa to the English language.* — Westport, CT: Greenwood, 1982, 203 p.
DWEIK, B.S.: *Factors determining language maintenance and language shift in Ar.-Am. communities.* — 13462.
9277 *English for cross-cultural communication.* Ed. by Larry E. SMITH. — Hong Kong: MacMillan (for the Center for Cultural and Technical Interchange between East and West), 1981, xxiii, 248 p., ill. | Relevant papers listed separately. | Introd. by Braj B. KACHRU & Randolph QUIRK, xiii-xx.
9278 FASOLD, Ralph: A look at the form *be* in Standard English. — *LAL* 5, 1972, 95-101.
9279 FEAGIN, Crawford: *Variation and change in Alabama English* . . . — Washington, DC: 1979 | BL 1979, 7743. | *Anglia* 100, 1982, 484-485 H. Ulherr.
FISHMAN, J.A. . . . [et al.]: Maintien des langues . . . — 4120.
9280 GOUGH, John: Broadcast English. — *ZAA* 30, 1982, 244-249 | On 'BBC-English' and Received Pronunciation (RP) E.
9281 HABICK, Timothy: *Sound change in Farmer City: a sociolinguistic study based on acoustic data.* — Univ. of Illinois at Urbana-Champaign diss., 1980, 441 p. | *DAb* 41/2, 1980, 655-A.
9282 HIRVONEN, Pekka: Aspects of fossilized interlanguage: the English of Finnish Americans. — *PScCL* VI, 260-268.
9283 HOLM, John: *Central American English.* — VEAW Text Series 2; Heidelberg: Groos, 1982, 184 p., 9 maps | Spoken examples on tape.
9284 JASPER, Susan Dale Penfield: *Selected grammatical characteristics of Mohave English.* — Univ. of Arizona diss., 1980, 214 p. | *DAb* 41/2, 1980, 656-A.
9285 KACHRU, Braj B.: The pragmatics of non-native varieties of English. — [9277], 15-39.
KLEINZ, N.: *Die drei germ. Sprachen Südwestafrikas* . . . — 8733.
9286 KNIFFKA, Hannes: *Soziolinguistik und empirische Textanalyse: Schlagzeilen- und Leadformulierung in amerikanischen Tageszeitungen.* — LA 94; Tübingen: Niemeyer, 1980, 350 p. | *LB* 71, 1982, 364-367 E. Vorlat.
9287 KNOWLES, Roberta Quarles: *The understanding and use of varieties of spoken English by selected Virgin Island adults.* — New York Univ. diss., 1980, 325 p. | *DAb* 42/2, 1981, 686-A/687-A.
MACAULAY, D.: Borrow, calque and switch . . . — 7820.
9288 MILES, Celia Hooper: *Selected verb features in Haywood County, North Carolina: a generational study.* — Indiana Univ. of Pennsylvania diss., 1980, 206 p. | *DAb* 41/5, 1980, 2089-A.
9289 MILROY, James: Probing under the tip of the iceberg: phonological 'normalization' and the shape of speech communities. — [4056], 35-47 | On short [a] in Belfast.

9290 MILROY, Lesley: Social network and linguistic focusing. — [4056], 141-152, 4 fig., 3 tab. | On Belfast vernacular speech.
9291 MINDERHOUT, David: Final consonant cluster reduction. — *LAL* 5, 1972, 8-15, 13 tab. | Sociolinguistic investigation of E.
9292 MOORE, Barbara Joan Reeves: *A sociolinguistic longitudinal study (1969-1979) of a Texas German community, including curricular recommendations.* — Univ. of Texas at Austin diss., 1980, 269 p. | *DAb* 41/4, 1980, 1571-A.
9293 *Perspectives on American English.* Ed. by J.L. DILLARD. — Contributions to the Sociology of Language 29; The Hague: Mouton, 1980, vii, 467 p. | *Anglia* 100, 1982, 482-484 H. Pilch | *Amst* 27, 1982, 231-233 W. Viereck.
9294 PLATT, John; WEBER, Heide: *English in Singapore and Malaysia. Status: features: functions.* — Oxford: Oxford UP., 1980, xviii, 292 p., ill., 2 maps, 8 pl.
PORTZ, Renate: *Sprachliche Variation . . .* — 4027.
9295 PRIDE, John: Communicative needs in the learning and use of English. — [282], 321-377.
9296 QUIRK, Randolph: International communication and the concept of nuclear English. — [9277], 151-165.
9297 RICHARDS, Jack C.; TAY, Mary W.J.: Norm and variability in language use and language learning. — [9277], 40-56.
9298 RILEY, William K.: Native and non-native perceptions of Standard English. — *LAL* 5, 1972, 40-47.
9299 ROT, Sándor: Inherent variability and linguistic interference in present-day British Standard English. — *GLS* 11-12, 1980, 221-237.
9300 SABBAN, Annette: *Gälisch-englischer Sprachkontakt: zur Variabilität des Englischen im gälischsprachigen Gebiet Schottlands. Eine empirische Studie.* — Sammlung Groos 11 (Diss. Saarbrücken); Heidelberg: Groos, 1981, 610 p.
9301 SCHMIEDEL, Lothar; SCHUBERT, Manfred: Bedeutungsvariabilität im ideologierelevanten Bereich des englischen Lexikons – dargestellt am Beispiel *human rights.* — *ZAA* 30, 1982, 137-147.
9302 SCHROCK, Earl Franklin, Jr.: *A study of the dialect of the blacks in Pope County, Arkansas.* — Univ. of Arkansas diss., 1980, 185 p. | *DAb* 41/5, 1980, 2091-A.
9303 SEN, Ann L.: Some social implications of /r/ loss in American English. — *Orbis* 29, 1980 (1982), 55-59.
9304 SEPPÄNEN, Aimo: On the notion of correct usage. — *MSpråk* 75, 1981, 225-233.
9305 SHNUKAL, Anna: *You're gettin' somethink for nothing:* two phonological variables of Australian English. — *AJL* 2, 1982, 197-212.
9306 STRAUSS, Dietrich: Schottland – einsprachig oder dreisprachig? Beobachtungen und Überlegungen aus nichtschottischer Sicht. — [152], 297-306.
9307 STREVENS, Peter: Forms of English: an analysis of the variables. — [9277], 1-14.
9308 SULLIVAN, William J.: English as a (non-)sexist language. — *LACUS* 7, 1980 (1981), 444-456.
9309 TODD, Loreto: *Cameroon.* — VEAW Text Series 1; Heidelberg: Groos, 1982, 180 p., map | Spoken examples on tape.
9310 TRIFONOVITCH, Gregory: English as an international language: an attitudinal approach. — [9277], 211-215.
9311 TRUDGILL, Peter; HANNAH, Jean: *International English: a guide to varieties of standard English.* — London: Arnold, 1982, xii, 130 p.

9312 VACHEK, Josef: Substandard English and diachronic problems of Modern English (Marginal remarks on Martin LEHNERT's *Substandard English*, Berlin, Akademie Verlag, 1981). — *FoLH* 3, 1982, 121-125.
9313 VAUGHN-COOKE, Anna Fay: The black preaching style: historical development and characteristics. — *LAL* 5, 1972, 28-39.
9314 VERMA, Shivendra K.: Politeness in Indian English: an exploration in the functions of language. — *IJL* 9, 1982/2, 26-40.
9315 WATCYN-JONES, Peter: *Impact: English for social interaction*. — Harmondsworth: Penguin Books, 1979, 192 p. | *BSL* 75, 1980/2 (1981), 161 A. Crépin.
9316 WELLS, J.C.: *Accents of English*. 1: *An introduction*; 2: *The British isles*; 3: *Beyond the British isles*. — Cambridge: Cambridge UP., 1982, xix, 277 p.; xix, 278-465; xix, 466-673.
9317 WONG, Irene F.H.: English in Malaysia. — [9277], 94-107.

14. ONOMASTICS — ONOMASTIQUE

9318 ALGEO, John: Magic names: onomastics in the fantasies of Ursula Le Guin. — *Names* 30, 1982, 59-67.
9319 BARRY, Herbert, III; HARPER, Aylene S.: Evolution of unisex names. — *Names* 30, 1982, 15-22.
9320 CASSIDY, F.G.: Notes on nicknames for places in the United States. — *AS* 52, 1977/1-2 (1980), 19-28.
9321 CASSIDY, Fred: Lemmatization – the case of *catalpa*. — [282], 1-10 | Am. tree name.
9322 COULET DU GARD, René; WESTERN, Dominique C.: *The handbook of American counties, parishes and independent cities*. — Newark, DE: Éditions des Deux Mondes, 1981, vi, 500 p., maps | *Names* 29, 1981, 89-90 W.F.H. Nicolaisen.
9323 DIAMENT, Henri: Ethnonyms in American usage: the story of a partial breakdown in communication. — *Names* 29, 1981, 197-218.
9324 FLETCHER, Barbara "Rainbow": *Don't blame the stork: the cyclopedia of unusual names*. With ill. by Larry Lewis. — Seattle, WA: Rainbow Publ., 1981, x, 294 p. | *Names* 29, 1981, 166-168 K.B. Harder.
9325 FORSTER, Klaus: *A pronouncing dictionary of English place-names*. — London: 1981 | BL 1981, 9515. | *BNF* 17, 1982, 445-446 K. Schneider.
FOWKES, R.A.: Welsh naming practices . . . — 7860.
9326 GELLING, Margaret: *The place-names of Berkshire*. I-III. — London: 1973-76 | BL 1976, 8600. | *BNF* 17, 1982, 446 D.P. Blok.
9327 GOFF, John H.: *Placenames of Georgia* . . . — Athens: 1975 | BL 1975, 8414. | *AS* 51, 1976 (1979), 153-157 C.S. Brown.
9328 GREEN, Eugene: Naming and mapping the environments of early Massachusetts, 1620-1776. — *Names* 30, 1982, 77-92, 8 fig.
9329 GUSYNINA, E.B.: Sociolingvističeskie osnovy stanovlenija anglijskich familij. — *VLU* 1982/20, 111-113.
9330 HARDER, Kelsie B.: Dickens and his lists of names. — *Names* 30, 1982, 33-41.
9331 HEMPERLEY, Marion R.: *Cities, towns and communities of Georgia between 1847-1962: 8500 places and the county in which located*. — Easly, SC: Southern Historical Press, 1980, 161 p. | *Names* 29, 1981, 170 K.B. Harder.
9332 HIXON, Robert & Mary: *The place names of the White Mountains*. — Camden, ME: Down East Books, 1980, 186 p., ill. | *Names* 29, 1981, 249-250 K.B. Harder.

9333 JÖNSJÖ, Jan: *Studies on Middle English nicknames.* I. — Lund: 1979 | BL 1979, 7767. | *ASNS* 219, 1982, 430-432 P. Erlebach | *ES* 63, 1982, 168-170 C. Clark | *RES* 33, 1982, 68-69 B. Cottle.

9334 KINGSBURY, Stewart A.: Sets and name duplication in the Upper Peninsula of Michigan. — *Names* 29, 1981, 303-312.

9335 KOLIN, Philip C.: Names in business and technical writing textbooks. — *Names* 29, 1981, 285-295.

9336 LIPSKI, John M.: Prejudice and pronunciation. — *AS* 51, 1976 (1979), 109-118 | On foreign pers. names in the USA.
MARKEY, T.L.: The cosmology of Lear and his daughters. — 7857.

9337 MILLS, A.D.: *The place-names of Dorset.* Part II. — Nottingham: 1980 | BL 1980, 7961. | *Names* 29, 1981, 90-91 K.B. Harder | *MAev* 50, 1981, 353 M.F. Wakelin.

9338 NILSEN, Don L.F.: American proper noun reference: the humorous naming of persons, places, and things. — *Names* 30, 1982, 171-182.

9339 RAUP, H.F.: An overview of Ohio place names. — *Names* 30, 1982, 49-54.

9340 REANEY, Percy Hide: *The origin of English surnames.* — London: Routledge & Kegan Paul, 1980, xix, 415 p., geneal. tab., maps. | Originally published 1967 (Cf. BL 1967, 6731) | *BNF* 17, 1982, 255-256 K. Dietz.

9341 ROOM, Adrian: *Naming names: stories of pseudonyms and name changes with a who's who.* — Jefferson, NC: McFarland & Co. / London: Routledge, 1981, x, 349 p. | *Names* 29, 1981, 92 E.C. Smith.

9342 SANDRED, Karl Inge: Scandinavian place names and appellatives in Norfolk. A study of the medieval field names of Flitcham. — [176], 357-363.

9343 SELTÉN, Bo: *The Anglo-Saxon heritage* . . . II. — Lund: 1979 | BL 1979, 7773. | *ASNS* 219, 1982, 427-429 P. Erlebach.

9344 VERSTAPPEN, Peter: *The book of surnames: origins and oddities of popular names.* — London: Pelham books, 1980, 256 p. | *Names* 29, 1981, 93 E.C. Smith.

9345 WOOD, Bruce: *San Juan Island: coastal names and cartographic nomenclature.* — Ann Arbor, MI: Univ. Microfilms Intern., for Washington State Hist. Soc., 1980, xii, 268 p. | *Names* 29, 1981, 171-174 K.B. Harder.

C. North Germanic — Germanique septentrional

I. General and Old Norse — Généralités et Vieux-norois

9346 BENSON, S.; EJDER, B.; PAMP, B.: Litteraturkronika 1981. — *Arkiv* 97, 1982, 205-233 | Scand. studies, 1981.

9347 *Bibliography of Old Norse-Icelandic. studies, 1978.* [Ed. by Hans BEKKER-NIELSEN]. — Copenhagen: Royal Library, 1982, 60 p. | Contains also: P.M. MITCHELL, Halldór Hermannson [1878-1958]: the maturation of a bibliographer, 7-18, 3 fig.

9348 *Bibliography of Scandinavian philology* XXXI-XXXIV, 1961-1969. Part III-IV. Prepared by Jørgen LARSEN; Agnete LOTH. — *APhS* 33; Copenhagen: 1982, 156 p. | With suppl. (= No. 9349). | Cf. BL 1975, 8441.

9349 *Bulletin of Scandinavian philology.* 1975/1. [Prepared by Karl-Erich BRINK; Jørgen LARSEN]. — *APhS* 33, Suppl.; s.l.n.d. [1982], 56 p.

9350 ALBANO LEONI, Federico: *Il primo trattato grammaticale islandese.* — Bologna: 1975 | BL 1975, 8443. | *SGerm* 16 (45-46), 1978, 477-485 F. Raschellà.
9351 AMORY, Frederic: Towards a grammatical classification of kennings as compounds. — *Arkiv* 97, 1982, 67-80.
ARKEL, A. VAN: Can the computer expand abbreviations? — 3299.
9352 BARNES, Michael P.: Problems of morphological simplification and grammatical agreement in the Scandinavian languages. — *Skandinavistik* 12, 1982, 112-127.
9353 BASBØLL, Hans: Nordic *i*-Umlaut once more: a variational view. — *FoLH* 3, 1982, 59-86.
9354 BENEDIKTSSON, Hreinn: Nordic umlaut and breaking: thirty years of research (1951-1980). — *NJL* 5, 1982, 1-60.
9355 BOYER, Régis: *Éléments de grammaire de l'islandais ancien.* — Göpinger Arbeiten zur Germanistik 322; Göppingen: Kümmerle, 1981, 108 p.
9356 FARMINI, Luciano: Le peculiarità del lessico "locale" antico islandese. — *Paideia* 37, 1982, 53-60.
9357 GUREVIČ, E.A.: Drevneislandskaja poètičeskaja sinonimika i problemy ee izučenija (chejti i tuly). — *VMU* 1982/3, 58-65.
9358 HALLBERG, Peter: Ja, *Knýtlinga saga* und *Laxdæla saga* sind Schöpfungen *eines* Mannes. — *MScan* 11, 1978-79 (1982), 179-192 | Reply to No. 9362.
9359 HALLBERG, Peter: Some aspects of the Fornaldarsögur as a corpus. — *Arkiv* 97, 1982, 1-35.
9360 HAUGEN, Einar: *Scandinavian language structures: a comparative historical survey.* — Sprachstrukturen, A 5; Tübingen: Niemeyer, 1982, xii, 225 p.
9361 HELLBERG, Staffan: Om inskjutna satser i skaldediktningen. — *MM* 1981, 1-24.
9362 HELLER, Rolf: *Knýtlinga saga* und *Laxdæla saga*: Schöpfungen *eines* Mannes? — *MScan* 11, 1978-79 (1982), 163-178 | Against Peter Hallberg's statistical studies. | Cf. 9358.
9363 HOFMANN, Dietrich: Sagaprosa als Partner von Skaldenstrophen. — *MScan* 11, 1978-79 (1982), 68-81 | Apropos of Klaus VON SEE (BL 1977, 9755). | Cf. 9379.
9364 HOFMANN, Dietrich: Hálogaland – Rogaland – Þelamǫrk. Zur Entwicklung der *i*-Deklination im Urnordischen. — *Arkiv* 97, 1982, 144-154.
9365 HOLM, Gösta: *Kväner, Kvänland* och *kainulaiset.* — [307], 131-144 | *Kväner, Kvänland* and Fi. *kainulaiset* (E. summ.).
9366 JAKOBSEN, Alfred: En norsk avskrift fra 1200-tallet av Sverris saga? — *MM* 1981, 145-156 | AM 327, 4°.
9367 KOSSUTH, Karen C.: *A case grammar of verbal predicators in Old Icelandic.* — Göppingen: 1980 | BL 1981, 9538. | *BSL* 76, 1981/2 (1982), 218-219 R. Boyer.
9368 KRISTJÁNSSON, Jónas: Learned style or saga style? — [317], 260-292 | On the style of the oldest West Norse sagas.
9369 KUHN, Hans: Vor tausend Jahren. Zur Geschichte des skaldischen Innenreims. — [317], 293-309.
9370 LIBERMAN, Anatoly: *Germanic accentology.* Vol. 1: *The Scandinavian languages.* — Minnesota Publ. in the Humanities 1; Minneapolis: Univ. of Minnesota Press, 1982, xix, 380 p., 9 maps | *Skandinavistik* 12, 1982, 154-156 M. Pétursson.
9371 MACKENZIE, Bridget Gordon: On the relation of Norse skaldic verse to Irish syllabic poetry. — [317], 337-356.
9372 MALING, Joan; ZAENEN, Annie: A phrase structure account of Scandinavian extraction phenomena. — [2584], 229-282.

MENGES, K.H.: Kylfingar. — 13742.
9373 MOTZ, Lotte: Giantesses and their names. — *FmS* 15, 1981 (1982), 495-511 | In the O.Icel. texts.
9374 NAUMANN, Hans-Peter: *Sprachstil und Textkonstitution* . . . — Basel: 1979 | BL 1979, 7799. | *Kratylos* 26, 1981 (1982), 157-164 H. Beck.
PHILIPPA, M.: "Frisa kiltar letu reisa stein þensa . . .": taalkundige gevolgen . . . — 8756.
PICA, P.: Some theoretical implications of the study of NP-movement in some Scand. languages. — 2610.
9375 *Readings on unbounded dependencies in Scandinavian languages.* Ed. by Elisabet ENGDAHL; Eva EJERHED. — Umeå Studies in the Humanities 43; Umeå: (distr.: Almqvist & Wiksell, Stockholm), 1982, 230 p. | Thomas WASOW, Preface, 5-6; Introd. by the eds., 7-13.
9376 RINDAL, Magnus: Datamaskinell behandling av norrøne, særleg gammalnorske tekstar. — *MM* 1981, 171-181.
9377 RINGGAARD, Kristian: On the problem of merger. — [168], 387-395, map | Illustrated by North Gmc. languages.
9378 SANDØY, Helge: Ein vest-nordisk aspektkonstruksjon. — [107], 69-88, map.
9379 SEE, Klaus VON: Mündliche Prosa und Skaldendichtung. Mit einem Exkurs über Skaldensagas und Trobadorbiographien. — *MScan* 11, 1978-79 (1982), 82-91 | Cf. 9363.
9380 *The so-called Second grammatical treatise: an orthographic pattern of late thirteenth-century Icelandic.* Ed., transl. and comm. by Fabrizio D. RASCHELLÀ. — Fil. germ., Testi e studi 2; Firenze: Le Monnier, 1982, x, 164 p., pl.
9381 SMIRNICKAJA, O.A.: Poètika i lingvistika skal'dov. — *VMU* 1982/2, 34-42.
9382 *Sprognormer i Norden.* Indlæg ved et faellesnordisk symposium i København, oktober 1978. Redigeret af Erik HANSEN og Peder SKYUM-NIELSEN. — NyS, Nydanske Studier & Almen kommunikationsteori 12; København: Akademisk Forlag, 1979, 276 p. | From the contents: Klaus GLOY, Normer och språknormer: några grundläggande tankar, 8-24 (Norms and linguistic norms; E. summ.); Ulf TELEMAN, Språknormer och begriplighet, 25-38 (Linguistic norms and intelligibility; E. summ.); Mikael REUTER, Språknämndernas roll i normbildningen, 125-135 (The Nordic language committees and their influence on the linguistic norm; E. summ.); Geirr WIGGEN, Språknormer og språknormering i den dansk-, norsk- og svenskspråklige skolen: ei jamføring . . . , 229-259 (Standards and standardization of the mother tongue in Danish-, Norwegian- and Swedish-speaking schools; E. summ.). Bibliography, 264-276. Some other papers listed separately.
9383 STEBLIN-KAMENSKIJ, M.I.: Skandinavskoe peredviženie soglasnych. — *VJa* 1982/1, 48-64.
9384 VALFELLS, Sigrid; CATHEY, James E.: *Old Icelandic: an introductory course.* — Oxford: Oxford UP., in ass. with the Am.-Scand. Foundation, 1981, xxiv, 378 p. | Corr. to BL 1981, 9547.
9385 VOREL, Robert: Typologisk beskrivning av genitivkasus i skandinavska språk (isländskan och färöiskan). — *GermP* 7, 1976 (1980), 33-47 | Cz. summ.
9386 VOYLES, Joseph B.: Old Norse *i*-umlaut. — *Linguistics* 20, 1982, 267-285.
9387 WALTER, Ernst: *Lexikalisches Lehngut im Altwestnordischen* . . . — Berlin (DDR): 1976 | BL 1976, 8664. | *MM* 1981, 219-223 F. Hødnebø.
9388 *Die Waräger.* Ausgewählte Texte zu den Fahrten der Wikinger nach Vorderasien. Mit Anmerkungen und Glossar hrsg. von Else EBEL. — Tübingen: Nie-

meyer, 1978, 108 p., 2 maps | Texts in O. Icel. | *IF* 87, 1982 (1983), 327 G. Kvaran.

II. Runology — Runologie

9389 ANTONSEN, Elmer H.: *A concise grammar of the older runic inscriptions.* — Tübingen: 1975 | BL 1975, 8477. | *SGerm* 17-18 (47-52), 1979-80, 487-489 M.G. A [rcamone].

9390 BUTI, Giangabriella: *Glossario runico (secoli II-VIII).* — Bologna: CLUEB, 1982, 150 p.

9391 GRØNVIK, Ottar: *Runene pa Tunesteinen: alfabet, språkform, budskap.* — Oslo: Universitetsforlaget, 1981, 263 p., 6 pl.

9392 HALL, Robert A., Jr.: *The Kensington rune-stone is genuine: linguistic, practical, methodological considerations.* — Columbia, SC: Hornbeam Press, 1982, x, 109 p.

9393 JANSSON, Sven B.F.: *Ein unbekannter Englandfahrer aus Torsåker.* — [317], 250-259, 4 fig. | Rune stones in Torsåker, Gästrikland.

9394 KNIRK, James E.: "Fanden ta deg! Amen!" To runenotiser i AM 327 4to. — *MM* 1981, 51-57.

9395 KRATZ, Henry: Was Vamoþ still alive? The Rök-stone as an initiation memorial. — *MScan* 11, 1978-79 (1982), 9-29.

9396 MOLTKE, Erik: Järsbergstenen, en mærkelig värmlandsk runesten. — *Fornvännen* 76, 1981, 81-90, 8 fig. | The Järsberg stone, a remarkable runestone in Värmland (E. summ.).

9397 NIELSEN, Karl Martin: 16-tegns futharken og fonologisk teori. — *DS* 1982, 73-85.

9398 OHLMARKS, Åke: *Vikingatågen och runstenarna.* — Vällingby: Sjöstrand, 1981, 236 p., ill., maps.

9399 PETERSSON, Conny L.A.: *Runstenar i västra Östergötland.* — Borensberg: Noteria, 1982, 112 p., ill., maps.

9400 QUAK, Arend: Zur Entstehung des sogenannten jüngeren Futharks. — *ABäG* 17, 1982, 145-156.

SJÖBERG, A.: Pop Upir' Lichoj and the Sw. rune-carver Ofeigr Upir. — 12493.

9401 SNÆDAL BRINK, Thorgunn; STRID, Jan Paul: Runfynd 1981. — *Fornvännen* 77, 1982, 233-251, 9 fig. | Rune finds in Sweden, 1981.

9402 WESTERGAARD, Kai-Erik: *Skrifttegn og symboler: noen studier over tegnformer i det eldre runealfabet.* — Osloer Beiträge zur Germanistik 6 (Diss. Oslo); Oslo: Univ. i Oslo, Germanistisk inst., 1981, 309 p., ill.

III. Icelandic — Islandais

9403 ANDREWS, Avery D.: Long distance agreement in Modern Icelandic. — [2584], 1-33 | On predicate modifiers.

9404 ÁRNASON, Kristján: *Quantity in historical phonology* . . . — Cambridge: 1980 | BL 1981, 9554. | *JL* 18, 1982, 492-497 W.G. Moulton | *Lg* 58, 1982, 241 E.M. Kaisse | *GL* 21, 1981, 281-286 A. Liberman | Cf. 9409.

9405 MALING, Joan: Non-clause-bounded reflexives in Icelandic. — *PScCL* VI, 90-106.

9406 OREŠNIK, Janez: On the lack of palatalisation before -*end*-.in the plural of Icelandic nominalised present participles such as *leikandi.* — *Ling* 20, 1980, 245-259.

9407 PÉTURSSON, Magnús: *Lehrbuch der isländischen Sprache*, mit Übungen und Lösungen. — Hamburg: Buske, 1980, 303 p., cassette | *ScS* 54, 1982, 169-171 A. Liberman.

9408 PÉTURSSON, Magnús: Sprachpflege und Sprachpolitik in Island. — *Ling* 20, 1980, 219-244.

9409 RISCHEL, Jørgen: Quantity in historical phonology. — *NJL* 5, 1982, 163-171 | Rev. art. on No. 9404.

RÖGNVALDSSON, E.: We need (some kind of a) rule of conjunction reduction. — 2634.

9410 SMITH, Sidney Rufus: Magnús Ketilsson's orthography and the Hrappsey Press. — *ScS* 54, 1982, 195-204.

9411 WIDDING, Ole; MAGNÚSSON, Haraldur; MEULENGRACHT SØRENSEN, Preben: *Íslenzk-dönsk orðabók*. — Reykjavík: Ísafoldarprentsmiðja, 1976, 948 p. | Icel.-Dan. dictionary.

WURZEL, W.U.: *Phonologie — Morphonologie* . . . — 2378.

IV. Faroese — Féroïen

9412 HASKÁ, Inger: Några synpunkter på Carin Sandqvists avhandling *Studier över meningsbyggnaden i färöiskt skriftspråk*. — *Arkiv* 97, 1982, 175-184 | On BL 1980, 8055.

V. Norwegian — Norvégien

9413 LARSEN, Erling Georg: Norwegian studies: language and early literature. — *YWMLS* 43, 1981 (1982), 1004-1013.

9414 ASKEDAL, John Ole: Om preposisjonens syntaktiske status i de såkalte "transitive verbalgrupper" i norsk. — *NJL* 5, 1982, 133-162 | E. summ.

9415 ASKEDAL, John Ole: On the syntactic representation of so-called "existential-presentative sentences" in Norwegian and German. A contrastive analysis. — *PScCL* VI, 11-25.

9416 BERKOV, Valerij: Noen bemerkninger om artikkel ved predikativ i norsk. — *MM* 1981, 210-216.

9417 BRAUN, Friederike: *Anredeverhalten im Norwegischen*. — SAIS, Arbeitsbe rlchte aus dem Seminar für Allgemeine und Indogermanische Sprachwissenschaft, Heft 4, April 1982; Kiel: 1981, 8, 392, 61 p. | *SCL* 33, 1982, 512-514 A.A. Avram.

9418 BROCH, Ingvild; JAHR, Ernst Håkon: *Russenorsk: et pidginspråk i Norge*. — Tromsø-studier i språkvetenskap 3; Oslo: Novus, 1981, 164 p., ill.

9419 BULL, Trygve: *Språket i Oslo*. Ny, revidert utgave. — Oslo: Gyldendal, 1982, 78 p. | 1st ed. 1980 (BL 1980, 8062). | *MM* 1981, 224-229 J. Engh (1st ed.).

9420 CHRISTENSEN, Kirsti Koch: On filler-gap dependencies in Norwegian. — *PScCL* VI, 34-49.

9421 CHRISTENSEN, Kirsti Koch: On multiple filler-gap constructions in Norwegian. — [9375], 77-98.

9422 CHRISTOFFERSEN, Marit: Kort trykksterk vokal og "stød" i utlyd i Kristiansand bymål. — *MM* 1981, 77-85.

9423 DALEN, Arnold; HAGLAND, Jan Ragnar: On evaluating older texts as evidence for historical linguistics. — *PScCL* VI, 274-283, 2 maps | On texts from Trøndelag, Norway.

9424 ELSTAD, Kåre: *Borgfjerdingsmål*, 1-2. — Tromsø-studier i språkvitenskap 4; Oslo: Novus, 1982, 432; 107 p. | Lofoten, Nordland.
FOLDVIK, A.K.: Vokalnotasjon i Norvegia-lydskrift. — 2064.
9425 FRETHEIM, Thorstein: "Ego"-dempere og "alter"-dempere. — *MM* 1981, 86-100.
9426 FRETHEIM, Thorstein: Norwegian intonation patterns in discourse perspective (Is there a 'neutral' intonation?). — *PScCL* VI, 193-204.
9427 GJERMUNDSEN, Arne Johan: *Variasjonsmønster i Holla-målet* . . . — Oslo: 1981 | BL 1981, 9566. | *SvLm* 105, 1982 (1983), 261-270 M. Thelander.
9428 HANSSEN, Eskil, et al.: *Oslomål: prosjektbeskrivelse og syntaktisk analyse av Oslomål med henblikk på sosiale skilander*. Hovedrapport. — Talemålsundersøkelsen i Oslo (TAUS), Skrift 6; Oslo: Novus, 1978, vi, 301 p. | *MM* 1981, 101-113 G. Kristoffersen.
9429 HASLEV, Marianne: Spørsmålet om begynnende sammenfall mellom palatoalveolar og palatal frikativ i bergensk. — *MM* 1981, 205-209.
9430 HATLEBREKKE, Hildur: Vadsø-dialekten, med glimt fra dialektene i Kiby og Ekkerøy. — Vadsø: Varanger mallag, 1981, 44 p., ill.
9431 HELLAN, Lars: Semantic and functional government of reflexives in Norwegian. — *PScCL* VI, 60-74.
9432 HOFF, Ingeborg: *Opphav og samband: utgreiingar om norske målføre*. Heidersskrift til Ingeborg Hoff på 70-årsdagen 15. november 1981. Redaksjonsnemnd: Olav T. BEITO; Arnold DALEN; Hallvard MAGERØY. — Skrifter fra Norsk malførearkiv 36; Oslo: Universitetsforlaget, 1981, 393 p., 2 pl. | 15 previously published art., with bibliography of I. Hoff's works.
9433 JAHR, Ernst Håkon: Language contact in Northern Norway: adstratum and substratum in the Norwegian, Lappish and Finnish of Northern Norway. — [152], 307-320, map.
9434 KADEČKOVÁ, Helena: Som dropen og kvisten. Eksempler på Vesaas' billedspråk i Is-slottet. — *GermP* 7, 1976, 85-89 | Cz. & G. summ.
9435 LIE, Svein: Combinatory coordination in Norwegian. — *PScCL* VI, 84-89.
9436 LIE, Svein: Discontinuous questions and subjacency in Norwegian. — [9375], 193-203.
9437 LUNDEBY, Einar: Syntagmetypen *yngste sønnen, svarte natta*. — *MM* 1981, 61-71.
9438 NESLAND, Anna: *Ord og uttrykk i Drangedals-målet*. — Kragerø: Bibliografisk forlag, 1980, 95 p.
9439 *Norsk språk i dag:* rapport fra ein konferanse på Lysebu 9.-10. november 1981, utgitt av Norsk språkråd. [Red.: Sissel BRANDAL] — Oslo: Norsk språkråd, 1982, v, 89 p.
9440 *Nyord i norsk 1945-1975*. Norsk språkråd. — Bergen: Universitetsforlaget, 1982, 453 p.
9441 RINDAL, Magnus: *Brev frå Opplanda før 1350: skrivemiljø og språkform*. — Univ. i Bergen, Nordisk inst. skriftserie 9; Oslo: Novus, 1981, 106 p.
9442 SCHMIDT, Tom: *Fagordliste for norsk namnegransking*. — Oslo: Inst. for namnegranskning, Univ. i Oslo, 1981, 148 p.
9443 SEIM, Tone: *Kragerø-dialekten*. — Kragerø: Kragerø forlag, 1981, 47 p.
9444 SLETHEI, Kolbjørn: Mer om palato-alveolarer i bergensmålet. — *MM* 1981, 194-204.
9445 *Språk og samfunn gjennom tusen år*. Redigert av Olaf ALMENNINGEN; Thore A. ROKSVOLD; Helge SANDØY; Lars L. VIKØR. — Oslo: Universitetsforlaget, 1981, 168 p., ill.

9446 STEMSHAUG, Ola: *Språkleg tradisjon*... — Oslo: 1978 | BL 1978, 7872. | *SvLm* 103, 1980 (1981), 215-218 M. Källskog.
9447 TARALDSEN, Knut Tarald: Case-conflict in Norwegian topicalization. — *NELS* 11, 1981, 377-398.
9448 TARALDSEN, Knut Tarald: Extraction from relative clauses in Norwegian. — [9375], 205-221.
9449 TEXMO, Kirsti: *Språkvalget: en innføring i språkbruksanalyse.* — Oslo: Universitetsforlaget, 1982, 148 p., ill.
 URBYE, R.: Essai d'étude synoptique et contrastive de l'emploi des temps en fr. et en norv. — 6750.
9450 VENÅS, Kjell: *So sea me her: hefte om hallingmålet.* — Oslo: The author (Univ. i Oslo, Inst. for nordisk språk og litt.), 1981, 76 p.
9451 VENÅS, Kjell: *Mål og miljø: innføring i sosiolingvistikk eller språksosiologi.* — Oslo: Novus, 1982, 282 p.
9452 VINJE, Finn-Erik, et al.: *Journalistspråket.* Med ill. ... — Fredrikstad: Inst. for journalistikk, 1982, 335 p., ill.

VI. Danish — Danois

9453 HANSEN, Erik; RIEMANN, Nana: *Bibliografi over moderne dansk rigssprog*... — København: 1979 | BL 1979, 7882. | *DS* 1982, 127-131 S. Bruhns.
9454 ANDERSEN, Torben: Modalpartikler og deres funktion i dansk. — *DS* 1982, 86-95.
9455 ANKER-MØLLER, Søren; JENSEN, Hanne; STRAY JØRGENSEN, Peter: *Politikens slangordbog.* — København: Politiken, 1982, 243 p.
9456 BÉVORT, Inger: En ærøsk dialekttekst fra 1833. — *DF* 22/2, 1980, 135-145, facsim.
9457 BJERRUM, Marie: Det danske List-mål: Supplement til oplysningerne i Kort over de danske Folkemål. — *DF* 21, 1976-78, 99-114.
9458 BJERRUM, Marie: Talemåden om "Skrædderens Barselsgilde". — *DF* 22/1, 1979, 55-61.
9459 BJERRUM, Marie: Bærrende blå og renende væk. Forstærkende adverbier på *-ende*. — *DF* 23, 1981, 1-7.
9460 BJERRUM, Marie: En bund og et låg. — *DF* 24, 1982, 1-8 | On the meaning of *bund* in Dan. dialects.
9461 BJERRUM, Marie: *Tilje* i de danske ømål. — *DF* 24, 1982, 9-18, map.
 BJØRN, B.: A classification of Ru. equivalents to Dan. passive constructions. — 11984.
9462 BRINK, Karl-Erich: Generative regler for vestjysk stød. — *DF* 21, 1976-78, 139-147.
9463 BRINK, Karl-Erich: Glidere og diftonger i Bjerreherredsmålet fra generativt synspunkt. — *DF* 23, 1981, 19-30.
9464 CHRISTENSEN, Birgit: Die mittelniederdeutschen Lehnwörter in dänischen Urkunden aus dem Zeitraum 1378-1435. — *KBGL* 20, 1982, 1-66.
9465 CHRISTENSEN, Palle; WINDFELD HANSEN, Johan: *Dansk-spansk ordbog.* — København: Munksgaard, 1982, 800 p. | Dan.-Sp. dictionary. | *RRom* 17/2, 1982, 151-152 J. Kuhlmann Madsen.
9466 *Danmarks gamle ordsprog*, utgivet af Iver KJÆR og John KAUSGÅRD SØRENSEN. V: *Proverbes: franzøske, danske, italianiske oc tyske Ordsprock oc Sententzer,*

DANOIS

à Copenhague 1633, [af] Daniel MATRAS. Udg. af Iver KJÆR. — København: C.A. Reitzel, 1981, xv, 308 p. | Cf. BL 1981, 9577.

9467 *Danmarks gamle ordsprog*, udgivet af Iver KJÆR og John KOUSGÅRD SØRENSEN. VI: *Samlinger fra 17. århundrede*. Udg. af John KOUSGÅRD SØRENSEN. — København: C.A. Reitzel, 1980, 177 p.

9468 DITTMER, Arne: Einige Bemerkungen zu dem Artikel "Der dänischen Satzknoten . . ." von L.F. Jakobsen. — *KBGL* 15, 1979, 126-130 | Cf. 9472; reply by L.F.J.: Von den Tücken der TG, *ibid.* 119-125.

9469 EJSKJÆR, INGER: Om præpositioners tryk i verbale tryktabshelheder i Salling-, Thybo-, Hanherreds- og Vendelbodialekter. — *DF* 21, 1976-78, 115-130.

9470 EKMANN, BJØRN: *Oversættelse fra tysk til dansk. Teori og teknik*. — *KBGL* 11; København: Akademisk Forlag, 1977, 278 p. | *KBGL* 16, 1980, 195-201 M. Wesemann.

9471 ERTESCHIK-SHIR, Nomi: Extractability in Danish and the pragmatic principle of dominance. — [3975], 175-191.

9472 FALSTER JAKOBSEN, Lisbeth: Der dänische Satzknoten – mit Anleitungen zu seiner Übersetzung ins Deutsche. — *KBGL* 14, 1978, 83-134 | Cf. 9468.

9473 GERING, A.G.: Anglo-amerikanizmy v naučnych tekstach na datskom jazyke. — *UZTarU* 585, 1981 (*Linguistica* 14), 33-39 | E. summ.

9474 HANSEN, Erik: *Skrift, stavning og retstavning*. — København: Hans Reitzel, 1981, 134 p. | *DS* 1982, 145-147 A. Hamburger.

9475 HANSEN, Erik: Motorik und Lokalbestimmung einiger hochfrequenter verba ponendi im Dänischen. — [233], 189-198.

9476 HANSEN, Erik: Den danske rigssprogsnorm. — [9382], 65-82 | E. summ.

9477 *Holberg-ordbog: ordbog over Ludvig Holbergs sprog*. Redigeret af Aage HANSEN; fra 1957 sammen med Sv. EEGHOLM-PEDERSEN, under medvirken af Christopher MAALØE. II: E-H. — København: C.A. Reitzel / Oslo: Universitetsforlaget, 1982, 1576 c. | Cf. BL 1981, 9580 (where Holmberg should be Holberg). | *DS* 1982, 125-127 E. Hansen (On vol. I).

9478 HOUGAARD, Christian: Danish versus Russian. A short analysis of the verb. — *PSCL* 15, 1982, 13-54.

JAKOBSEN, L.F.; OLSEN, J.: Zur Technik der kontrastiven Beschreibung, dargestellt an dt. *es* und dän. *det/der*. — 8072.

9479 JENSEN, Ella: De lange Vokaler i Alsisk. — *DF* 22/1, 1979, 41-53, map.
9480 KARKER, Allan: Om ordet *ordsprog* i dansk. — *DS* 1982, 112-113.
9481 KOEFOED, H.A.: *Bornholmiana: udvalgte bornholmske artikler*. — Odense: Odense Universitetsforlag, 1982, 197 p. | Coll. of earlier art.
9482 KØSTER, Finn: Nogle accentforhold i dialekterne på øerne syd for Fyn. — *DF* 22/2, 1980, 125-134.
9483 KRISTENSEN, Kjeld: Situationsafhængig sprogbrug hos vestjyske skoleelever. — *DF* 22/2, 1980, 29-124, 14 fig.
9484 KROMANN, Hans-Peder: Grammatischer problemkatalog bei der erarbeitung des *Dansk-Tysk ordbog (DTO)*. — [146], 162-169 | Cf. 9491. | *KBGL* 14, 1978, 175-179 H.V. Larsen.
9485 LISSE, Christian: Bikkelspillet på Amager. — *DF* 23, 1981, 9-18, fig.
9486 LOKŠTANOVA, L.M.: Sistema form kategorii naklonenija v datskom jazyke. — *VMU* 1982/1, 25-38.
9487 LOMHOT, Jørgen: *Le danois contemporain*. — København: Akademisk Forlag, 1982, 264 p.

9488 LUND, Jørn: *Sprog og sprogbrug i dag: 6 kapitler om det danske sprog i det 20. århundrede.* — København: Reitzel, 1982, 115 p.
9489 LUND, Jørn: Massemedierne og de sproglige normer. — [9382], 111-124 | E. summ.
9490 MALLING, Alis: Hvor gammelt er det danske stød? — *ABäG* 17, 1982, 79-87. MARTINET, H.: Une analyse contrastive fonct. des adj. épithètes en *-ant* et *-ende* en fr. et en dan. contemp. — 6705.
9491 MØLLER, Elisabeth: Das *DTO*-Projekt. — [146], 150-161 | On the production of a Dan.-G. lexicon (*Dansk-Tysk ordbog*); cf. 9484.
9492 NIELSEN, Bent Jul: Sønderjyske ø-former i præteritum af *sige* og *lægge*. — *DF* 21, 1976-78, 92-98.
9493 NIELSEN, Bent Jul: Om stedsadverbium *fra* i jyske dialekter. — *DF* 21, 1976-78, 131-138.
9494 NIELSEN, Bent Jul: Himmerlandske korrespondenser til *nd* og *nt*. — *DF* 24, 1982, 53-73, 2 maps.
9495 NISSEN, Gunnar: *Det er bare dansk.* — København: Lindhardt og Ringhof, 1982, 157 p.
9496 *Nudansk ordbog.* [Red.: Lis JACOBSEN, et al. 11. reviderede og forøgede udgave, ved Erik OXENVAD]. I. bind: *A-K*; II. bind: *L-Å*. — København: Politikens Forlag, 1982, 548 p.; p. 549-1100 | Allan KARKER, Sproghistorisk oversigt, 13-31. | 10th ed. 1979.
9497 NYBERG, Magda: Sproglige undersøgelser ved den dansk-tyske grænse efter 1945. — *DF* 21, 1976-78, 82-91.
9498 NYBERG, Magda: Dialekt og riksmål i skolen. — *DF* 22/1, 1979, 1-39.
9499 NYBERG, Magda: Findes der dialektbarrierer i Danmark? Rapport om et rundspørge blandt 112 lærere i folkeskolen. — *DF* 22/2, 1980, 1-28.
9500 NYBERG, Magda: Findes der dialektbarrierer i Danmark? (2). Rapport om et rundspørge blandt 531 skoleelever. — *DF* 23, 1981, 69-130.
9501 NYBERG, Magda: Om nogle særlige stødforhold i Hadsherreds-, Samsø- og Djursland-dialekterne. — *DF* 24, 1982, 19-51.
OLESEN, O.F.: Die Verbformen in der indirekten Rede im geschriebenen Dän. und geschriebenen Deutsch . . . — 8103.
9502 OLRIK FREDERIKSEN, Britta: Omøske *n*-kombinationer: en materialefremlæggelse. — *DF* 24, 1982, 75-99.
9503 *Ord til andet: iagttagelser og synspunkter*, 2. — Dansk Sprognævns Skrifter 10; København: Gyldendal, 1980, 150 p. | 10 papers, inter alia: Peter SKAUTRUP, Dansk Sprognævn – forhistorien, 9-14; Erik HANSEN, Det nye retskrivningsordbog, 15-34. | *ScS* 54, 1982, 75-76 C. Henriksen.
9504 ØSTERGAARD, Frede: The progressive aspect in Danish. — [107], 89-109.
9505 PEDERSEN, Inge Lise: Glidere og langvokaler i vestfynsk. — *DF* 21, 1976-78, 73-81.
9506 PEDERSEN, Inge Lise: Fynske *j*-forbindelser: palatalisering eller *j*-indskud. — *DF* 24, 1982, 123-145.
9507 PEDERSEN, Inge Lise; KØSTER, Finn; PEDERSEN, Karen Margrethe; BÉVORT, Inger: *j*-svind og *j*-restitution i ømålsområdet. — *DF* 23, 1981, 31-68.
9508 PEDERSEN, Karen Margrethe: Lollandske *n*-kombinationer. — *DF* 24, 1982, 101-122.
9509 PIEPER, Ursula: Abgrenzung von Stilarten auf der Basis quantitativer Methoden am Beispiel der dänischen Gegenwartsprosa. — *KBGL* 14, 1978, 47-82.
9510 RISCHEL, Jørgen: Phrasenakzent als Signal des Objekts ohne 'determiner' im Dänischen. — [233], 262-279.

Russ, Ch.V.J.: Die Vereinfachung der Nominalflexion im E. und Jütisch-Dän. ... — 8863.

9511 *Så tal dog dansk.* — Modersmåls-Selskabets årbog 1982; [Haarby]: Forlaget i Haarby, 1982, 107 p.

9512 Skov-Larsen, Jens: Faktorer, der betinger valget mellem dansk præteritum og perfektum. — [107], 127-140.

9513 Skyum-Nielsen, Peder: Et overblik over de instanser der (i Danmark) udfører sproglig normgivning. — [9382], 136-154 | E. summ.

9514 *Sproget i industrisamfundet.* — Modersmåls-Selskabets årbog 1981; [Haarby]: Forlaget i Haarby, 1981, 115 p.

9515 *Vort modersmål er . . . :* Modersmåal-Selskabets årbog 1980. [Red.: Poul A. Jørgensen]. — [Haarby]: Forlaget i Haarby, 1980, 184 p. | ScS 54, 1982, 76-78 C. Henriksen.

9516 Watkin, Julia: *A key to Kierkegaard's abbreviations and spelling.* Ed. and with a preface by Alastair McKinnon. / *Nøgle til Kierkegaards forkortelser og stavemåde.* — København: C.A. Reitzel, 1981, xiv, 100 p. | Preface and introd. in Dan. & E.

9517 Werner, Otmar: Weshalb ist das gesprochene Dänisch so schwierig? — *Akten der vierten Arbeitstagung der Skandinavisten des deutschen Sprachgebiets,* 1. bis 5. Okt. 1979 in Bochum. Hrsg. von Fritz Paul (Scandica, Wissenschaftliche Reihe 2; Hattingen 1981), 37-71.

9518 Wesemann, Monika: Die dänische Partikel *ellers* und ihre deutschen Entsprechungen. — [233], 309-320.

9519 Wied Jørgensen, Mogens: Die grammatischen Angaben zu den Lemmata in zweisprachigen Wörterbüchern, besonders im Hinblick auf das *DTO* (Dänisch-Deutsches Wörterbuch). — *KBGL* 20, 1982, 67-85.

VII. Swedish — Suédois

9520 Petersson, Kerstin: Swedish studies: language. — *YWMLS* 43, 1981 (1982), 1027-1033.

9521 Ahlbäck, Olav: *Ordbok över Finlands svenska folkmål.* I:2. — Helsingfors: 1978 | BL 1978, 7014. | *IF* 87, 1982 (1983), 355-356 H.H. Ronge.

9522 Allwood, Jens S.: The complex NP constraint in Swedish. — [9375], 15-32.

9523 Andersson, Lars-Gunnar: What is Swedish an exception to? Extractions and Island-constraints. — [9375], 33-45.

9524 Anward, Jan: Basic Swedish. — [9375], 47-75.

9525 *Bebyggelsehistorisk tidskrift.* Nr 4: *Äldre territoriell indelning i Sverige.* Redigerat av Thorsten Andersson; Sölve Göransson. — Stockholm: Forskningsrådens förlagstjänst, 1982, 155 p., ill. | From the contents: Thorsten Andersson, Sölve Göransson, Forskning om äldre territoriell indelning i Sverige: en introduktion, 3-9; Birger Lundberg (†), Äldre indelningssystem i Uppland, 24-41; Thorsten Andersson, *Hund, hundare* och *härad* fran språklig synpunkt, 52-66, 4 maps; Åke Hyenstrand, Om *Tuna*-problemet och den territoriella indelningen, 83-88.

9526 Benson, Sven: *Blekingska dialektstudier.* 2. — Lund: 1981 | BL 1981, 9597. | *SvLm* 104, 1981 (1982), 99-102 C. Åneman.

9527 Bergfors, Georg [1882-1975]: *Ordspråk, talesätt och härm pa ytterlännäsmål.* Proverbs, idioms and wellerisms in Ytterlännäs dialect. — Skrifter utg. genom Dialekt- och folkminnesarkivet i Uppsala, B 15; Sollefteå: Dahlbergs bokhandel, 1981, 89 p., pl.

9528 BJÖRKLUND, Stig: Dalrunor och bomärke på en träskål från år 1705, återfunnen i Minnesota. — *SvLm* 103, 1980 (1981), 107-142, 15 fig. | Dalecarlian runes and owner's mark on a wooden bowl dated 1705, found in Minnesota (E. summ.).

9529 BJÖRKLUND, Stig: *Ertse* "myrmalm" i Övre Västerdalarna: en järnterminologisk studie. — *SvLm* 104, 1981 (1982), 86-90 | E. summ.

9530 BLUME, Herbert: Schwedisch *han/hon* und seine Entsprechungen im Deutschen. — *Skandinavistik* 12, 1982, 137-151.

9531 BRUCE, Gösta: Textual aspects of prosody in Swedish. — *Phonetica* 39, 1982, 274-287, fig.

9532 COLLINDER, Björn; SVENBLAD, Ralf: *Förkortningsordbok: sextusen svenska och internationella förkortningar med förklaringar.* — Stockholm: LiberFörlag, 1981, 101 p.

9533 DAHLSTEDT, Karl-Hampus: Ord för "renko" i nordsvenska dialekter: en studie i mellandspråklig ordgeografi. — [307], 21-66, 4 maps | Words for "cow reindeer" in North-Sw. dialects: a study of interlingual word geogr. (E. summ.).

9534 DAHLSTEDT, Karl-Hampus; ÅGREN, Per-Uno: *Övre Norrlands bygdemål: berättelser på bygdemål med forkläringar och en dialektoversikt.* — Skrifter utgivna av Johan Nordlander-sällskapet 2; Umeå: 1980, xii, 308 p., 8 maps | 2nd, corr. ed. First ed. 1954 (BL 1954, 221).

9535 EJERHED, Eva: The processing of unbounded dependencies in Swedish. — [9375], 99-149.

9536 ENGDAHL, Elisabet Britt: *The syntax and semantics of questions in Swedish.* — Univ. of Massachusetts diss., 1980, 252 p. | *DAb* 41/7, 1981, 3085-A/3086-A.

9537 ENGDAHL, Elisabet: Restrictions on unbounded dependencies in Swedish. — [9375], 151-174.

9538 ENVALL, Petrus †: Enviken-Svärdsjömålets formlära. — *SvLm* 103, 1980 (1981), 7-73 | Ed. by Erik Olof BERGFORS, with E. summ. Followed by: Sven SÖDERSTRÖM, Register över dalabergslagsord i Petrus Envalls avhandlingar "Enviken-Svärdsjömålets formlära" och "Dala-Bergslagsmålet", 74-106.

9539 *Förhandlingar vid Trettonde sammankomsten för att dryfta frågor rörande svenskans beskrivning.* Hanaholmen 1981. — Meddelanden från Institutionen för nordiska språk och nordisk litt. vid Helsingfors univ., B 6; Helsingfors: Inst. för nordiska språk . . . , 1982, 344 p., ill. | Cover title: *Svenskans beskrivning* 13.

9540 FORSGREN, Tuuli: Har du haft en kolare med bilen? — *FUS* 5, 1982, 57-67 | On Finland-Sw. provincialisms in the transl. of Fi. lit. into Sw. (E. summ.).

9541 GÅRDING, Eva: Swedish prosody, summary of a project. — *Phonetica* 39, 1982, 288-301, fig.

9542 GUNNARSSON, Britt-Louise: *Lagtexters begriplighet: en språkfunktionell studie av medbestämmandelagen.* — (Diss. Uppsala); Stockholm: LiberFörlag, 1982, 326 p. | E. summ.

GUNNARSON, Kjell-Åke: Structure dérivée d'extrapositions . . . — 6662.

9543 HADDING, Kerstin; NAUCLÉR, Kerstin: Permissible and impermissible variations in pitch contours. — [237], 127-133, 2 fig. | Data from (southern) Sw.

9544 HANSSON, Åke: Vokalfonem i sydvästerbottnisk dialekt. — *SvLm* 103, 1980 (1981), 143-152 | E. summ.

9545 HANSSON, Åke: En stad byter skriftspråk. — [307], 93-111, 3 fig. | The change-over from Sw. to Fi. in Uleåborg (Oulu), Finland (E. summ.).

9546 HEDBERG, Johannes: Swedish in modern English and English in modern Swedish. — *MSpråk* 76, 1982, 113-121.
9547 HEDBLOM, Folke: Swedish dialects in the Midwest: notes from field research. — *SvLm* 104, 1981 (1982), 7-26, 3 maps | Repr. from *Languages in conflict* [BL 1981, 9607].
9548 HELLBOM, Algot: *Medelpadska dialektord.* — Det gamla Medelpad 11; Sundsvall: Medelpads fornminnesförening, 1982, 144 p.
9549 HOLMBERG, Karl Axel: Måse, possa och sporr. Om ord pa gammalt *ör, ös.* — *SvLm* 104, 1981 (1982), 27-38 | Apropos of Sven PIHLSTRÖM (BL 1981, 9627).
9550 HOLSTIUS, Karin: *Attidyder till reklamtexter och deras syntax: en empirisk studie.* Attitudes towards advertising copy and its syntactic structure: an empirical study. — Ekonomi och samhälle 30 (Diss. Helsingfors, Svenska handelshögskola); Helsingfors: Svenska handelshögskola, 1981, [x], 216 p., ill. | E. summ.
9551 HORMIA, Osmo: Metern i svenska Kalevalaöversättningar. — [307], 145-155 | The metre in Sw. Kalevala translations (E. summ.).
9552 HULDÉN, Lars: Valdemars finala *r*-ljud. — [310], 119-124 | Die finalen *r*-Laute Valdemars (G. summ.).
9553 JOALAID, Marje; JUHKAM, Evi: Reigi rootslaste järeltulijad Ukrainas. — *KjK* 25, 1982, 240-245 | Descendants of the Swedes from Reigi in the Ukraine.
9554 JONSSON, Åke: *Den omsorgsfulle ordmålaren: studier i Sven Jerrings radiospråk mot bakgrund av radios allmänna syn på språket under de första decennierna.* — Umeå Studies in the Humanities 48 (Diss. Umeå); Umeå: (distr.: Almqvist & Wiksell, Stockholm), 1982, 195 p., tab. | E. summ.
9555 JOSEPHSON, Olle: *Svåra ord: en undersökning av förståelsen av 153 ord frå ekonomiska, sociala och politiska sammanhang.* — MINS (Meddelanden från Institutionen för nordiska språk vid Stockholms univ.) 11 (Diss. Stockholm); Stockholm: Inst. för nordiska språk, 1982, 252 p. | E. summ.
9556 KAHLMANN, André: Den första fransk-svenska och svensk-franska ordbokens tillkomst. — *MSpråk* 76, 1982, 345-361, ill.
9557 KLINTBERG, Mathias: *Ordbok över Laumålet på Gotland* . . . utarbetad av Herbert GUSTAVSON. Band III, Häfte 18: Illustrationer P – spörjdag(er). Band IV, Häfte 19: stabba – styv; Häfte 20: styvaktig – säker. — Skrifter utg. genom Dialekt- och folkminnesarkivet i Uppsala, D 2; Uppsala: Lundequist, 1981, 67 p., ill. + [iv] p.; 1982, p. 1265-1344; 1345-1424 | Cf. BL 1981, 9612.
9558 KOTSINAS, Ulla-Britt: *Svenska svårt: några invandrares svenska talspråk. Ordförrådet.* — MINS (Meddelanden från Institutionen för nordiska språk vid Stockholms univ.) 10 (Diss. Stockholm); Stockholm: Inst. för nordiska språk, 1982, 282 p. | E. summ.
9559 KOZŁOWSKA-RAŚ, Rita: Funkcje szyku w zdaniu w języku szwedzkim i polskim. — *ZNUG, Studia Scandinavica* 4, 1981 (1982), 33-43 | The function of the order in the sentence in Sw. and Pol.
9560 LEINONEN, Kari; PITKÄNEN, Antti J.; VIHANTA, Veijo V.: Riksvenskt och finlandssvenskt ljudsystem ur perceptionssynpunkt. — [131], 163-218, tab., fig. | The sound systems of Finnish Sw. and standard Sw. from the point of view of perception (E. summ.).
9561 LEVANDER, Lars; BJÖRKLUND, Stig: *Ordbok över folkmålen i övre Dalarna* . . . — Band III, Häfte 21: *ljutfågel – lövåma.* — Skrifter utg. genom Dialekt- och folkminnesarkivet i Uppsala, D 1; Uppsala: Lundequist, 1982, p. 1407-1502 | Cf. BL 1981, 9615.

9562 NORDENSTAM, Kerstin: *Svenskan i Norge* . . . — Göteborg: 1979 | BL 1979, 7949. | *MM* 1981, 229-238 H. Sandøy.
9563 *Nordsvenska: språkdrag i övre Norrlands tätorter.* Utg. av Claes-Christian ELERT; Sigurd FRIES. — Umeå Studies in the Humanities 49; Umeå: (distr.: Almqvist & Wiksell, Stockholm), 1982, 256 p. | Coll. of art. Åke JONSSON, En bibliografi över vad som skrivits om svensk språk i övra Norrland, 233-252.
9564 NYMAN, Åsa: Barnfoten: en egendomlig benämning på en måltid. — *SvLm* 104, 1981 (1982), 93-96 | E. summ.
9565 OHLSSON, Stig Örjan: *Skånes språkliga försvenskning.* I-II. — Lund: 1978-79 | BL 1979, 7953. | *SvLm* 103, 1980 (1981), 198-207 G. Hallberg.
9566 PETERSON, Lena: *Kvinnonamnens böjning i fornsvenskan* . . . — Uppsala: 1981 | BL 1981, 9625. | *BNF* 17, 1982, 97-99 O. Bandle | *ABäG* 17, 1982, 195-197 A. Quak.
9567 PLATZACK, Christer: *The semantic interpretation of aspect . . . in Swedish.* — Dordrecht: 1979 | BL 1979, 7957. | *Spektator* 11, 1981-82, 436-438 C. Vet.
9568 PLATZACK, Christer: *Meningsbyggnaden i några fornsvenska prosakrönikor.* — Lundastudier i nordisk språkvetenskap, D 13; Lund: Inst. för nordisk språk, 1980, 41 p.
9569 PLATZACK, Christer: Adjectives with noun phrase complements in Swedish. — *PScCL* VI, 117-126.
9570 PLATZACK, Christer: Förekomsten av *e* i ändelser för väntat *a* i äldra nysvenskt skriftspråk. — *Arkiv* 97, 1982, 185-198 | Rev. art. on Lars SVENSSON (BL 1981, 9636).
9571 PLATZACK, Christer: Transitive adjectives in Old and Modern Swedish. — [170], 273-282.
9572 PLATZACK, Sven: *En kontextgrammatisk guide till avsnittet om tempus i "en svensk referensgrammatik".* — Sve-re-gram 9, Rapport från projektet En svensk referensgrammatik; Lund: 1981, 104 p. | *Arkiv* 97, 1982, 220-222 B. Ejder.
9573 REINHAMMAR, Maj: Vädertermer i närpesmålet. — *SvLm* 103, 1980 (1981), 153-168 | Rev. art. on Kristina NIKULA (BL 1979, 7948). E. summ.
RINGQVIST, E.L.: Topikalisering i fr. och sv. — 6733.
9574 SCHLYTER, Kerstin; MOIGNET, Gérard †: En marge d'un inédit de Gustave Guillaume: la systématisation connexe de l'article et du genre en suédois. — [318], 243-253.
SCHUBERT, K.: *Aktiv und Passiv im Deutschen und Schwedischen.* — 8116.
9575 SJÖSTEDT, Gösta: *Ordbok över folkmålen i Västra Göinga härad.* Del 1. — Lund: 1979 | BL 1979, 7964. | *SvLm* 103, 1980 (1981), 210-215 S. Björklund.
9576 SÖDERSTRÖM, Sven: *Hössjömålet: ordbok* . . . pa grundvall av Evert LARSSONS samlingar utarbetad. — Umeå: 1979 | BL 1979, 7965. | *SvLm* 103, 1980 (1981), 194-197 T. Berg.
9577 SÖDERSTRÖM, Sven: Från den sydsamiska ordboken. — *SvLm* 104, 1981 (1982), 56-67 | From the South Lappish dictionary. On Sw. words which can be assumed to be loans from Lappish. 1. *ackja*; 2. *balse*, Sw. *pals(e)*; 3. *dalgedh*, Sw. *tolka*; 4. *duorge*, Sw. *dorg*, etc. (E. summ.).
9578 SÖDERSTRÖM, Sven: Från en sydsamisk ordbok. — *FUS* 5, 1982, 305-323 | On some Sw. words which can be assumed to be loans from Lappish (E. summ.).
9579 STOLPE, Birger: *Adjö till Änglar: kåserier om ord.* — Stockholm: LiberFörlag, 1980, 239 p. | Cf. BL 1981, 9634. | *ScS* 54, 1982, 184-185 S. Mitchell.
9580 *Tankar om språket: språkvårdsstudier.* Red. av Bertil MOLDE. — Skrifter utg.

av Svenska språknämnden 70; Solna: Esselte studium, 1982, 162 p. | Coll. of art. previously published in the periodical *Språkvård*, 1974-80.

9581 THELANDER, Mats: A qualitative approach to the quantitative data of speech variation. — [4056], 65-83, 11 fig., 2 tab. | On Burträsk Sw.

9582 THORS, Carl-Eric: Dialect and standard Swedish in Ostrobothnis [recte: Ostrobothnia]. — [310], 207-209.

9583 WESTERBERG, Anette: *"Inom språket sker oupphörligt ändringar"*: *en jämförelse mellan tredje och fjärde upplagan av Erik Wellanders Riktig svenska.* — Meddelanden från Institutionen för nordisk språk vid Umeå univ. 20; Umeå: Inst. för nordisk språk, 1981, 49 p. | Cf. BL 1973, 9345.

9584 WIKTORSSON, Per-Axel: *Avskrifter och skrivare* . . . — Uppsala: 1981 | BL 1981, 9640. | *ABäG* 17, 1982, 199-201 A. Quak.

9585 WOLLIN, Lars: *Svensk latinöversättning. 1. Processen.* — Lund: 1981 | BL 1981, 9641. | *SL* 36, 1982, 174-182 I. Haskå | *AL* 17, 1982, 189-193 V.H. Pedersen.

9586 WYKA, Bogusław: Cechy dystynktywne szwedzkiego wokalizmu wobec polskiego systemu samogłoskowego. — *LMNf* 9, 1980 (1982), 205-215 | The distinctive features of Sw. & Pol. vocalism.

YIP, M.: Why Scanian is not a case for multivalued features. — 2045.

9587 ZAENEN, Annie; MALING, Joan: The status of resumptive pronouns in Swedish. — [9375], 223-230.

VIII (14). ONOMASTICS — ONOMASTIQUE

9588 LARSEN, Terje: *Norsk stadnamnbibliografi.* — Oslo: Univ. i Oslo, Inst. for namnegransking, 1981, 181 p.

9589 AASEN, Ivar: *Norsk Navnebog* . . . [Ed.: Per A. NORDSETH]. — Oslo: 1980 | BL 1980, 8214. | *MM* 1981, 114-117 K. Kruken.

9590 BENSON, Sven: Problemkomplex inom förnamnsforskningen. — *SNoF* 63, 1982, 227-235 | Problem complexities in the study of Christian names (E. summ.).

9591 DALBERG, Vibeke; KOUSGÅRD SØRENSEN, John: *Stednavneforskning. 2. Udnyttelsesmuligheder.* — København: 1979 | BL 1979, 7985. | *BNF* 17, 1982, 450 W. Laur.

9592 *Danmarks stednavne* . . . Bind 17, 2. halvbind, 1. haefte: *Stednavne i Ringkøbing amt* . . . ved Gordon ALBØGE. — København: 1981 | BL 1981, 9649. | *BNF* 17, 1982, 452 W. Laur.

9593 EJDER, Bertil: Kronologiska indelningar av det nordiska ortnamnsmaterialet – gamla och nya synpunkter. — *SNoF* 63, 1982, 60-67 | Strata in Scand. toponymic material: old and new points of view (E. summ.).

9594 FRANZÉN, Gösta: *Ortnamn i Östergötland.* — Stockholm: AWE/Gebers, 1982, 148 p., 22 fig. & maps | Preface by Thorsten ANDERSSON, 7-9.

9595 GEHLIN, Ake: *Kring ortnamn i Stockholms skärgård: från Arholma till Landsort.* — Stockholm: Prisma, 1982, 190 p., ill.

9596 GRANLUND, Åke: Om namnet Jomala. — *SNoF* 63, 1982, 78-94, 2 maps | On the name *Jomala* (Åland Islands, Finland). E. summ.

9597 HALLAN, Nils: Eit nordsvensk innslag i det nordnorske namnelandskapet. — *SNoF* 63, 1982, 68-77 | Sw. settlement names in Northern Norway (E. summ.).

9598 HALLAN, Nils: Gardsnamna *Finnset* og *Sommarset.* — [307], 79-90, map | The farm-names *F.* and *S.* in northern Norway (E. summ.).

9599 HELLELAND, Botolv: Dialekthistorisk nytte av stadnamn. — *SNoF* 63, 1982, 163-173 | The use of place-names in hist. dial. study (E. summ.).
9600 HJORTH PEDERSEN, Birthe; WEISE, Lis: Nogle resultater af EDB-behandling af danske stednavne. — *SNoF* 63, 1982, 142-162 | Some results of automatic data processing of Dan. place-names (E. summ.).
HOFMANN, D.: Hálogaland – Rogaland . . . — 9364.
9601 HOLM, Gösta: Försök till en slutbetraktelse över *anger*-namnen. — *SNoF* 63, 1982, 12-16 | Final reflections on the place-names in *-anger* (E. summ.).
9602 HOLMBERG, Bente: *Stednavne som kulturhistorisk kilde* . . . — København: 1980 | BL 1980, 8233. | *BNF* 17, 1982, 454 W. Laur.
9603 HOVDA, Per: Ferdslenamn: namngjeving – namngjevar. — *SNoF* 63, 1982, 5-11 | On the names of travel routes (E. summ.).
9604 HULDÉN, Lars: Finska inslag i Ålandsområdets ortnamnsskick. — *SNoF* 63, 1982, 95-103 | Fi. elements in the toponymy of the Åland Islands (E. summ.).
9605 JAKOBSEN, Alfred: Sophus Bugge og E.H. Linds "Norsk-isländska dopnamn ock fingerade namn från medeltiden. — *Arkiv* 97, 1982, 138-143.
9606 JØRGENSEN, Bent: *Stednavne og administrationshistorie*. — København: 1980 | BL 1980, 8239. | *BNF* 17, 1982, 453 W. Laur.
9607 JØRGENSEN, Bent: *Dansk stednavneleksikon: øerne øst for Storebælt*. — København: 1981 | BL 1981, 9652. | *BNF* 17, 1982, 448-450 W. Laur.
9608 JØRGENSEN, Bent: *Dansk stednavneleksikon: Jylland – nordlige del*. — København: Gyldendal, 1982, 154 p. | *BNF* 17, 1982, 448-450 W. Laur.
9609 KOUSGÅRD SØRENSEN, John: *Danske sø- og ånavne*. 4: K-L. — København: 1981 | BL 1981, 9654. | *BNF* 17, 1982, 450-451 W. Laur.
9610 KOUSGÅRD SØRENSEN, John: Danmark – del af Krahes Gammeleuropa? Del af Kuhns Gammeleuropa? En midtvejsrapport. — *SNoF* 63, 1982, 47-59 | Denmark: part of Krahe's Anc. Europe, part of Kuhn's Anc. Europe? A preliminary report (E. summ.).
9611 KROMNOW, Åke: *Ortnamns värde och vård:* betänkande av särskild utredare. — Statens offentliga utredningar 1982, 45; Stockholm: Liber/Allmänna förlag, 1982, 144 p.
9612 KVILLERUD, Reinert: *Förnamn i Göteborg* . . . — Göteborg: 1980 | BL 1980, 8243. | *BNF* 17, 1982, 97-99 O. Bandle.
9613 LAUR, Wolfgang: Nogle stednavne på *-by* i Sydslesvig. — *SNoF* 63, 1982, 38-46 | Einige Ortsnamen auf *-by* in Südschleswig (G. summ.).
9614 LIDARÄNG, Arnold: *Lurel och Smesa: västgötska personnamn i muntlig tradition*. Teckningar av Sven Björnson. — Stockholm: LT:s förlag, 1982, 255 p., ill.
9615 LINDE, Gunnar: *Ortnamn i Västergötland*. — Stockholm: AWE/Gebers, 1982, 160 p., 7 fig., 2 maps | Preface by Thorsten ANDERSSON, 7-9.
9616 LUNDEBY, Einar: To gårdsnavn i Hobøl: *Haskilt* og *Igsi*. — *MM* 1981, 72-76.
9617 MATTISSON, Ann-Christin: Elementet *hus* i medeltida nordiska borgnamn. — *SNoF* 63, 1982, 17-37, map | The element *hus* in medieval Scand. names of castles (E. summ.).
9618 NAERT, Aino: Lån av ortnamnsefterleder från främmande språk. — *SNoF* 63, 1982, 104-113 | Entlehnung von Zweitgliedern fremder Ortsnamen (G. summ.). Finland.
9619 Nordisk namnforskning 1981. — *NoB* 70, 1982, 140-165 (Separate: NORNA 21; Uppsala: Nordiska samarbetskommittén för namnforskning, 1982) | Scand. onomastic studies 1981. Survey of current research, and bibliography,

ONOMASTIQUE SCANDINAVE 9620-9638

by Thorsten ANDERSSON, Vibeke DALBERG, Eero KIVINIEMI & Peter SLOTTE, Ola STEMSHAUG, et al.

9620 *Nordisk navneforskerregister 1982*. Redigeret af Bent JØRGENSEN. — NORNA 22; Uppsala: NORNA-förlaget / København: Nordisk samarbejdskomité for navneforskning, 1982, 50 p.

9621 NORDLUND, H.O.: *Vejnavne i Hvidovre kommune*. — Hvidovre: Lokalhistorisk Selskab, Lokalhist. Arkiv, 1982, 52 p., ill.

9622 *Norsk personnamnleksikon*, redigert av Ola STEMSHAUG. — Oslo: Det Norske Samlaget, 1982, 239 p. | *BNF* 18, 1983, 235-237 U. Ebel.

9623 *Ortnamnen i Norrbottens län*. Del 13: *Överkalix kommun*. A: *Bebyggelsenamn*, av Gunnar PELLIJEFF. — Övre Norrlands ortnamn; Umeå: Dialekt- och ortnamnsarkivet, Umeå univ., 1982, 106 p., map | Cf. BL 1980, 8252.

9624 *Ortnamen i Östergotlands län*. På offentligt uppdrag utgivna av Kungl. Ortnamnskommissionen. Del XI: *Hammarkinds härad: bebyggelsenamn*, av Gösta FRANZÉN. — Skrifter utg. genom Ortnamnsarkivet i Uppsala, Serie A; Uppsala: Lundequist, 1982, 204 p.

9625 *Ortnamnen i Skaraborgs län*. På offenligt uppdrag utgivna av Kungl. Ortnamnskommissionen. Del XVIII, häftet 3: *Register* 2, av Ivar LUNDAHL. — Skrifter utg. genom Ortnamnsarkivet i Uppsala, Serie A; Uppsala: Lundequist, 1981, 67 p. | Cf. BL 1975, 8663.

9626 PELLIJEFF, Gunnar: Bynamnet *Kåddis* än en gång. — [307], 229-234 | The place-name *K*. (near Umeå, Sweden) once again (E. summ.).

9627 ROSTVIK, Allan: Cartography and place name research in Sweden. — [176], 313-318.

9628 SALTVEIT, Laurits: Die Mann-Frauvorstellung bei Gebirgsnamen. — [176], 345-355.

SCHRAMM, G.: Normannische Stützpunkte in Nordwestrussland . . . — 12492.

9629 SØNDERGAARD, Georg: *Danske fornavne: betydning, oprindelse, popularitet*. — København: Lademann, 1982, 78 p., ill.

9630 SØNDERGAARD, Georg: Personnavnebrug som stilistisk fænomen. — *SNoF* 63, 1982, 211-226 | The use of pers. names as a stylistic phenomenon (E. summ.). Denmark.

9631 STÅHL, Harry: *Ortnamn i Dalarna*. — Stockholm: AWE/Gebers, 1982, 107 p., 14 fig. & maps | Preface by Thorsten ANDERSSON, 7-9.

9632 STEMSHAUG, Ola: Namnebruk i skjønlitteraturen. Nokre metodiske synspunkt. — *SNoF* 63, 1982, 174-185 | The use of names in (Scand.) fiction (E. summ.).

9633 STEMSHAUG, Ola: Trondheim og Trøndelag. — *Arkiv* 97, 1982, 155-174.

9634 STRID, Jan Paul: *Ortnamn i Huddinge*. — Huddinges historia 1; Huddinge: Huddinge kommun, 1981, viii, 72 p., ill.

9635 THORS, Carl-Eric: Cartographic treatment of Swedish names in Finland. — [176], 535-538.

9636 THORS, Carl-Eric: Kring skärgårdsnamn av finskt ursprung i svenskbygden österom Kvarken. — [307], 273-278 | Names of Fi. origin in the coastal area east of the Gulf of Bothnia (E. summ.).

9637 TVEITANE, Mattias: Ordlagingstyper i norske elvenavn. — *SNoF* 63, 1982, 121-141 | Word formation in Norw. river names (E. summ.).

9638 VILLARSEN MELDGAARD, Eva: Dansk fornavneskik i 1600-tallet. — *SNoF* 63, 1982, 186-210 | Dan. Christian names in the 17th century (E. summ.).

D. East Germanic — Germanique oriental

9639 AGUD APARICIO, A.; FERNANDEZ A., Maria P.: *Manual de lengua gótica.* — Manuales Univ. 14; Salamanca: Univ. de Salamanca, 1982, 248 p.
9640 DEVLAMMINCK, Bernard; JUCQUOIS, Guy: *Compléments aux dictionnaires étymologiques du gotique.* I. — Louvain: 1977 | BL 1981, 9677. | *AGI* 66, 1981 (1982), 173 C.A. M[astrelli].
9641 DITTMER, Ernst: Über den Optativ Präsens in gotischen Konditionalsätzen. — [233], 84-104.
9642 DOLCETTI CORAZZA, Vittoria: Le preposizioni gotiche *fram, us, af, þairh* e la loro funzione agentiva. — *Aevum* 56, 1982, 92-106.
9643 EBBINGHAUS, Ernst A.: The end of a ghost-word and the resurrection of an old problem. — *Sprachw* 7, 1982, 403-406 | *Naiw* in the Got. version of Mark 6, 19.
ENRIETTI, M.: Il nome del padre in sl. e in got. — 9877.
9644 KÖBLER, Gerhard: *Gotisch-neuhochdeutsches und neuhochdeutsch-gotisches Wörterbuch.* — Arbeiten zur Rechts- und Sprachwissenschaft 16; Giessen/Lahn: Arbeiten-zur-Rechts-und-Sprachwissenschaft-Verlag, 1981, xl, 282 p. | *Germanistik* 23, 1982, 624 C.J. Hutterer.
9645 LUDVIK, Dušan: Langobardisch *gastald.* — *Ling* 21, 1981, 175-184 | Slovenian summ.
9646 MILROY, James: On the problem of historical interpretation: Verner's law in Gothic. — [170], 223-229.
9647 NETUNAEVA, I.M.: Glagoly s datel'nym ob"ekta v sisteme leksiko-grammatičeskich protivopostavlenij gotskogo jazyka. — *VMU* 1982/5, 60-70.
9648 PISANI, Vittore: Got. *widuwaírna.* — *Paideia* 36, 1981, 75-76.
9649 STEARNS, MacDonald, Jr.: *Crimean Gothic . . .* — Saratoga, CA: 1978 | BL 1978, 7133. | *IF* 86, 1981 (1982), 364-365 E. Seebold.
9650 SUZUKI, Seiichi: A metrical approach to Gothic reduplication. — *Linguistics* 20, 1982, 587-609, fig.

XIII. BALTIC AND SLAVIC — BALTIQUE ET SLAVE

A. General — Généralités

The American bibliography of Sl. and East European studies . . . — 1.
European bibliography of Soviet, East European and Sl. studies. — 17.
9651 List of books and articles published by Scandinavian Slavists and Baltologists 1981. — *ScSl* 28, 1982, 249-264.
Zeitschrift für Slavistik: Inhaltsverzeichnis Bd. 1-25 . . . — 40.

9652 BEZLAJ, France: Sloveno-baltica. — *JiS* 26, 1980 81, 51 53.
9653 [BREIDAKS, A.] BREJDAK, A.B.: Ob odnom baltizme v slavjanskich jazykach. — *ABS* 14, 1982, 79-81, map.
9654 ECKERT, Rainer: *Untersuchungen zur historischen Phraseologie und Lexikologie des Slawischen und Baltischen . . .* — Berlin (DDR): 1981 | BL 1981, 9701. | *VJa* 1982/2, 148-151 Ž.Ž. Varbot | *ZSl* 27, 1982, 321-322 H.H. Bielfeldt.
9655 ECKERT, R.: Balto-slawische Phraseologie. — *ZSl* 27, 1982, 332-341.
9656 GENZOR, Jozef: Slovanské a baltské jazyky. — *Príroda a spoločnosť* (Bratislava) 31, 1982/9, 42-49 | Sl. and Balt. languages.
9657 GOŁĄB, Zbigniew: Kiedy nastąpiło rozszczepienie językowe Bałtów i Słowian? — *ABS* 14, 1982, 121-133 | When did Balt. and Sl. become differentiated?

BALTIQUE ET SLAVE 9658-9675

9658 [ILLIČ-SVITYČ, V.M.] ILLICH-SVITYCH, V.M.: *Nominal accentuation in Baltic and Slavic* . . . — Cambridge, MA: 1979 | BL 1979, 8061. | *SEEJ* 26, 1982, 258 D.F. Robinson | *Lg* 58, 1982, 247-248 R. Alexander | *SlRev* 39, 1980, 721-722 M. Kenstowicz.

9659 IVANOV, V.V.: Proischoždenie baltijskich i slavjanskich otglagol'nych form na *-l.* — *ABS* 14, 1982, 145-153.

9660 MARTYNOV, V.V.: Baltijskij leksičeskij ingredient praslavjanskogo jazyka. — *ABS* 14, 1982, 175-187.

9661 NEVSKAJA, L.G.: Semantika doma i smežnych predstavlenij v pogrebal'nom fol'klore. — [334], 106-121.

PAULIS, G.: Two lexical congruences between Italic and Balto-Sl. — 5749.

9662 POHL, Heinz Dieter: Baltisch und Slavisch. I: Materialien. II: Kommentar. — *KBS* 6, 1980, 58-101; 7, 1981, 93-126.

9663 POHL, Heinz Dieter: Die balto-slavische Einheit — areal gesehen. — *WSlJb* 28, 1982, 77-91.

9664 POHRT, H.: Zur Entwicklung der Slawistik und Baltistik in Deutschland gegen Ende des 19. Jahrhunderts. — *ZSl* 27, 1982, 700-709.

9665 RIMŠA, V.: Baltijskie i paleobalkanskie sootvetstvija nekotorych nazvanij rek Pravoberežnoj Ukrainy. — *SovSlav* 1982/1, 90-93.

ŠIROKOV, O.S.: Albano-balto-slavjanskie glottogenetičeskie svjazi. — 4354.

9666 SŁAWSKI, Franciszek: O bałto-słowiańskich przymiotnikach z sufiksem *-ra-* o zredukowanym wokalizmie pierwiastka. — *ABS* 14, 1982, 207-209 | On Balto-Sl. adj. with suffix *-ra-* with reduced root vocalism.

9667 SMOCZYŃSKI, Wojciech: Indoeuropejskie podstawy słownictwa bałtyckiego. — *ABS* 14, 1982, 211-240 | The IE. foundations of the Balt. lexicon.

SMOCZYŃSKI, W.: Zestawienie prac J. Safarewicza z zakresu językoznawstwa bałto-słowiańskiego . . . — 769.

9668 SNOJ, Marko: Še ena baltoslovanska skupna osnova: sln. *repljáti* in lit. *replióti*. — *JiS* 27, 1981-82, 149-150.

9669 SUDNIK, T.M.; CIV'JAN, T.V.: O mifologii ljaguški (balto-balkanskie dannye). — [334], 137-154.

9670 TOPOROV, V.N.: Baltijskij gorizont drevnej Moskvy. — *ABS* 14, 1982, 259-272.

9671 TOPOROV, V.N.: Drevnaja Moskva v baltijskoj perspektive. — [334], 3-61, 10 maps.

9672 TRUBAČEV, O.N.: Etyma baltico-slavica controversa: *kúokštas* ≠ *kustъ*. — *ABS* 14, 1981, 273-276.

9673 TRUBAČEV, O.N.: Jazykoznanie i ėtnogenez slavjan: drevnie slavjane po dannym ėtimologii i onomastiki. — *VJa* 1982/4, 10-26, 4 maps; 1982/5, 3-17.

9674 UDOLPH, Jürgen: *Studien zu slavischen Gewässernamen* . . . — Heidelberg: 1979 | BL 1979, 8071. | *SEER* 60, 1982, 87 H. Leeming | *Ėtimologija* 1980 (1982), 170-177 O.N. Trubačev | *ASlPh* 13, 1982, 77-86 H. Schelesniker | *Kratylos* 25, 1980 (1981), 171-175 O. Kronsteiner | *IF* 87, 1982 (1983), 369-376 E. Dickenmann | *ZprMK* 23, 1982, 672-675 R. Šrámek | *Onomastica* 27, 1982 (1983), 283-287 H. Borek.

9675 URBUTIS, V.: Bl.-sl. **balnā* "brazdas; oda". — *Baltistica* 18, 1982, 163-164 | G. summ.

B. Baltic Languages — Langues baltiques

1. General — Généralités

9676 SCHMID, W.P.: Indogermanische Chronik, 28. XI: Baltisch. — *Sprache* 28, 1982, 115-119; 239-244.

9677 AMBRAZAS, V.: Žodžių tvarka ir baltų kalbų sakinio tipo rekonstrukcija. — *Baltistica* 18, 1982, 100-118 | Word order and the reconstruction of the Balt. sentence type (E. summ.).

BEDNARCZUK, L.; SMOCZYŃSKI, W.: Badania prof. J. Safarewicza nad językami balt. — 767.

9678 HAMP, E.P.: **dmós* > **[ʔnmś]*. — *Baltistica* 18, 1982, 63-64 | Addition to his note on *nāmas, namiē, Baltistica* 16, 1980, 44.

9679 HAMP, Eric P.: Lith. *vařdas* : Lat. *uerbum*. — *ABS* 14, 1982, 143-144.

INNO, K.: Aestii, the Estonians . . . — 13944.

9680 KARALIŪNAS, S.: Lie. *kúnas*. — *Baltistica* 18, 1982, 165-166 | Lith. *kúnas* "body", Latvian *kûnis*, and cognates (E. summ.).

9681 KARULIS, K.A.: Iz baltijskich ėtimologij. — [334], 97-100 | (1) Latvian *makšķere*. (2) Latvian *mats*.

9682 KAULINS, Andis: *The relation of the Baltic languages to Illyrian* [including "Concerning the parallels between Baltic and ancient Balkan languages" by A. BREIDAKS]. — Origins 3; Darmstadt: A. Kaulins, Dieburgerstr. 156, 1980, xviii, 86 p.

9683 KORTLANDT, F.: Innovations which betray archaisms. — *Baltistica* 18, 1982, 4-9 | 1. The reconstruction of the Proto-Baltic demonstrative pronoun. 2. The reconstruction of the neuter gender in East Balt. 3. The reconstruction of the Balt. future paradigm. 4. The optative endings of the O. Prussian imperative.

LAUČJUTE, Ju.A.: *Slovar' baltizmov v slavjanskich jazykach*. — 9894.

9684 LEKOMCEVA, M.I.: K rekonstrukcii fonologičeskich sistem jazykov goljadi i dneprovsko-dvinskich baltov (II). — [334], 88-96 | Cf. BL 1981, 9718.

LELE, D.A.: K voprosu ob iskonnoj germano-prusskoj leksike. — 7917.

9685 MAYER, Harvey E.: Baltic membership in the West satem subgroup. — *JBaltS* 11, 1980, 356-362.

9686 NALEPA, Jerzy: Stabo – jaćwięska nazwa Jeziora Kamiennego na Suwalszczyźnie. — *Rocznik Białostocki* (Warszawa) 15, 1981, 141-149.

9687 NEPOKUPNYJ, A.P.: K strukture kratkich i rekonstrukcii polnych form dvuchosnovnych imen jatvjagov. — *Baltistica* 18, 1982, 10-17.

POPOWSKA-TABORSKA, H.: Lechickie *jesiory* . . . i ich bałt. odpowiedniki. — 10780.

PUHVEL, J.: Baltic-Anatolian lexical isoglosses. — 4386.

9688 ROSINAS, A.: Deiktinės sistemos baltų kalbų tarmėse. — *Baltistica* 18, 1982, 140-152 | E. summ.: Deictic systems in Balt. dialects.

9689 SABALIAUSKAS, A.: Indo-evropejskoe baltijskoe jazykoznanie (1922-1982 gg.). — *IzvAN* 41, 1982, 512-520.

9690 VANAGAS, Aleksandras: Baltijskie gidronimy apelljativnogo proischoždenija. — [176], 597-603.

VRACIU, A.: Le thraco-dace et le balt. — 4943.

II. Old Prussian — Vieux-prussien

BORYŚ, W.: Pol. dial. *kuk(u)rzysko* . . . — 11535.
9691 LEVIN, Jules F.: *The Slavic element in the Old Prussian Elbing vocabulary.* — Berkeley: 1974 | BL 1974, 8142. | *IJSLP* 24, 1981 (1982), 174-183 V.N. Toporov.
9692 LEVIN, Jules F.: Graphology and sound change in Old Prussian. — [170], 201-210.
SCHMALSTIEG, W.R.: Does O. Ru. *lidiě* come from O. Prussian *liede* . . . ? — 12151.
9693 TOPOROV, V.N.: Prussk. *reddi* i pod. kak semantičeskaja problema. — [334], 100-105.

III. Lithuanian — Lituanien

9694 *Tarybų Lietuvos visuomenės mokslai: Kalbotyra.* 9. Referatyvinis leidinys. [Red.: B. TOLUTIENĖ, et al.]. — Vilnius: Lietuvos TSR Mokslų Akad., Visuomenės mokslų informacijos centras prie Visuomenės mokslų skyriaus, 1982, 119 p. | Social sciences in Lithuania: linguistics. Abstracts.

9695 [ADOMAVIČIŪTĖ, I.] ADOMAVIČJUTE, I.Ė.: Ėtapy pol'sko-litovskogo leksičeskogo vzaimodejstvija. — *ABS* 14, 1982, 41-48.
9696 [ADOMAVIČIŪTĖ, I.] ADOMAVIČJUTE, Irena-Ėl'žbeta: Problemy izučenija pol'skich zaimstvovanij v litovskich govorach. — [11356], 151-177, map.
9697 BALČIKONIS, Juozas [1885-1969]: *Rinktiniai raštai*, I. [Red.: A. LYBERIS; V. MAŽIULIS; K. ULVYDAS]. — Vilnius: "Mokslas", 1978, 407 p., portr. | Selected writings on Lith., 1918-68 (Ru. & G. summ.). Aldonas PUPKIS & Vytautas MAŽIULIS, Juozas Balčikonis, 5-35.
9698 BALČIKONIS, Juozas: *Rinktiniai raštai*, II. [Red.: A. LYBERIS; V. MAŽIULIS; K. ULVYDAS]. — Vilnius: "Mokslas", 1982, 330 p., portr. | Selected writings: papers on Lith. grammar; notices on Lith. philologists; letters (Ru. & G. summ.).
9699 BECKER, Lee A.: De Saussure's laws: the origin of distinctive intonations in Lithuanian. — *IJSLP* 24, 1981 (1982), 7-21.
9700 ČEPAITIENĖ, G.: Formanto *b* išnykimas iš lietuvių kalbos tariamosios nuosakos paradigmos. — *LMAD* 1982/4 (81), 105-111 | Ru. summ.
9701 GALNAITYTĖ, E.: Dėl diskusijos veiksmažodžio veikslo klausimu. — *Baltistica* 18, 1982, 75-84.
9702 [GALNAITYTĖ, E.] GALNAJTYTE, Ė.A.: Tipologija kauzativnych glagolov kak sposoba dejstvija (na materiale russkogo i litovskogo jazykov). — *UZTarU* 537, 1980 (*Vopr. ru. aspektologii* 5), 100-114.
9703 GARŠVA, K.: Svarbesnės šiaurės vakarų panevėžiškių fonologijos ypatybės. — *Baltistica* 18, 1982, 65-74 | Ru. summ.
9704 GIRDENIS, A.: Opyt morfonologičeskoj interpretacii severožemajtskoj attrakcii udarenija. — *Baltistica* 18, 1982, 179-188.
9705 GRINAVECKIS, V.: Dėl žemaičių *ja, jo* (= ide. *jo, jā*) kamieno būdvardžių perėjimo į *a, o* kamieną. — *Baltistica* 18, 1982, 192-194 | Ru. summ.
9706 GRINAVECKIS, V.Z.: Razvitie attrakcii udarenija v govorach litovskogo jazyka. — *VJa* 1982/4, 102-108.
9707 JAKULIS, A.: "Sumos evangelijų" ir "Maldų krikščioniškų" autorystės klausimu. — *Baltistica* 18, 1982, 173-178 | G. summ.

9708 KAČIUŠKIENĖ, G.; GIRDENIS, A.: "Žiemgališkoji" anaptikse šiaurės panevėžiškių tarmėje ir jos kilmė. — *Baltistica* 18, 1982, 189-191 | Ru. summ.
9709 *Kalbos kultūra.* 42; 43. [Red.: K. ULVYDAS, et al.]. — Vilnius: "Mokslas", 1982, 86; 87 p. | Periodical. Articles on standard usage, terminology, etc.
9710 KARALIŪNAS, S.: Lie. *ráižyti (-o)* "pjaustyti, karpyti į dalis". — *Baltistica* 18, 1982, 61-62 | E. summ.
9711 KNIŪKŠTA, P.: Diaktavardinių priesagos *-inis* būdvardžių kirčiavimas lietuvių kalbos tarmėse. — *LMAD* 1982/2 (79), 60-70, map | Ru. summ.
9712 KUDZINOWSKI, Czesław: Les contractions vocaliques dans la "Daukšos Postilė". — *ABS* 14, 1982, 169-173.
9713 LEMCHENAS, Ch.: *Rusų-lietuvių kalbų žodynas.* I: A-J. / *Russko-litovskij slovar'* . . . — Vilnius: "Mokslas", 1982, 800 p.
9714 MARVAN, Jiří: *Modern Lithuanian declension* . . . — Ann Arbor: 1979 | BL 1979, 8133. | *Baltistica* 18, 1982, 89-91 A. Sabaliauskas; L. Valeika | *BSL* 76, 1981/2 (1982), 223-224 P. Garde | *SlRev* 41, 1982, 190 V.J. Zeps.
9715 MICHELINI, Guido: Le forme verbali con l'enclitica riflessiva *s(i)* nei salmi di Davide, stampati a Königsberg nel 1625. — *RIL* 113, 1979 (1981), 107-122.
9716 MICHELINI, G.: Pasyvinė konstrukcija kaip teksto reiškinys ir jos vartojimas lietuvių tautosakoje. — *Baltistica* 18, 1982, 153-156 | Ru. summ.
9717 MICHELINI, G.: "Netiesioginė nuosaka" kaip teksto reiškinys ir jos vartojimas lietuvių tautosakoje. — *Baltistica* 18, 1982, 158-162 | Ru. summ.
9718 Mo, Chien-ching: *Lithuanian syntax: a case grammar description.* — Taipei, Taiwan: Liberal Arts Press, 1981, 300 p. | *Lituanus* 28, 1982/2, 84-86 A. Klimas.
9719 OGINSKIENĖ, E.: Neigimo reiškimas dabartinės lietuvių literatūrinės kalbos vientisiniuose sakaniuose su neigiamaisiais įvardžiais ir prieveiksmiais. — *LMAD* 1982/3 (80), 107-119 | Ru. summ.
9720 PAKERYS, Antanas: *Lietuvių bendrinės kalbos prozodija.* — Vilnius: "Mokslas", 1982, 214 p., ill.
9721 PUPKIS, Aldonas: Jazyková kultura v Litvě. — *NŘ* 65, 1982, 263-266 | Cultivation of language in Lithuania.
REKLAITIS, J.K.: The PIE word order controversy and word order in Lith. — 4338.
9722 RINHOLM, Helge Dagfinn: *Toward the semantic distinctive features of Lithuanian prepositions and preverbs: an invariant component analysis.* — Indiana Univ. diss., 1980, 754 p. | *DAb* 41/9, 1981, 4020-A.
9723 ROSINAS, A.: Kai kurių deiktinių žodžių, intensifikatorių ir prieveiksmių kilmės klausimu. — *Baltistica* 18, 1982, 39-46 | E. summ.: On the origin of some deictic words, intensifying words, and adverbs.
9724 RUHIG, Philipp [1675-1749]: *Betrachtung der Littauischen Sprache, in ihrem Ursprunge, Wesen und Eigenschaften.* Nachdruck der Ausgabe Königsberg 1745, hrsg. und mit einer Einleitung versehen von Friedrich SCHOLZ. — Linguarum minorum documenta historiographica 4; Hamburg: Buske, 1981, xxxvi, 88 p. | *Baltistica* 19, 1983, 102-103 J. Palionis.
9725 SABALIAUSKAS, A.: *Lietuvių kalbos tyrinėjimo istorija: 1940-1980 m.* — Vilnius: "Mokslas", 1982, 268 p. | The hist. of the studies in Lith.: 1940-1980 (Ru. & E. summ.). | Cf. BL 1979, 8151. | *SS* 43, 1982, 352 J. Petr.
SAFAREWICZ, J.: Rusko-litewska postać niektórych nazwisk polskich. — 11726.
9726 SCHMALSTIEG, William R.: The Lithuanian language – past and present. — *Lituanus* 28, 1982/1, 5-26, map.

LITUANIEN

9727 SCHMALSTIEG, William R.: Standard Lithuanian and its dialects. — *Lituanus* 28, 1982/1, 27-44.
9728 SCHMALSTIEG, William R.: Early Lithuanian grammars. — *Lituanus* 28, 1982/1, 45-69.
9729 SCHMALSTIEG, William R.: From Donelaitis to Jablonskis. — *Lituanus* 28, 1982/1, 70-92.
SCHMALSTIEG, W.R.: The shift of intransitive to transitive passive in the Lith. and IE. verb. — 4343.
9730 ŠIROKOV, O.S.: Prosodičeskie gruppy morfem v litovskom i russkom jazykach. — *ABS* 14, 1982, 251-257.
SMOCZYŃSKI, W.: Polono-Lituanica. 1. — 11732.
9731 STRAŽAS-KAMENECKAITE, Nedda: Phraseological expression of the concept of work in Lithuanian. — *Lingua* 56, 1982, 317-333.
9732 STRAZHAS-KAMENECKAITE, Nedda: Lithuanian idioms with the noun *ranka* (hand). — *JBalS* 12, 1981, 354-361.
SUDNIK, T.M.: Iz sintaksičeskich nabljudenij nad govorami litovsko-sl. pogranič'ja. — 12639.
9733 *Universitas linguarum Litvaniae*. Iš lotynų kalbos vertė ir ivadą parašė K. EIGMINAS. — Vilnius: "Mokslas", 1981, 126 p., 56 facsim. | New ed. of an anonymous Lith. grammar from 1737, with introd. and Lith. transl. | *Slavia* 51, 1982, 424-425 J. Petr | *Baltistica* 19, 1983, 97-102 J. Palionis.
9734 URBUTIS, V.: Lie. *atpetúoti*, r. *pétat'*. — *Baltistica* 18, 1982, 47-57 | G. summ.
9735 VALECKIENĖ, A.: Laipsnio kategorijos sistema lietuvių kalboje. — *Baltistica* 18, 1982, 135-139.
9736 [VELIUS, N.] VELJUS, N.: Rastenija vjal'njasa v litovskom fol'klore. — [334], 121-130.
9737 [VRACIU, A.] VRAČU, Ariton: Sopostavitel'nyj analiz kategorii roda v litovskom i rumynskom jazykach. Predvaritel'nye zamečanija. — *ABS* 14, 1982, 295-303.
9738 ZINKEVIČIUS, Z.: *Lietuvių kalbos istorinė gramatika*. I; II. — Vilnius: "Mokslas", 1980, 283 p.; 1981, 300 p. | BL 1980, 8379 (vol. I). | *Slavia* 51, 1982, 425-429 J. Petr | *Baltistica* 19, 1983, 91-97 B. Stundžia; R. Venckutė.
9739 ZINKEVIČIUS, Z.: Lietuvių kalbos postpoziciniai vietininkai. — *Baltistica* 18, 1982, 21-38 | E. summ.: Postpositional locatives in Lith.

IV. Latvian — Lette

9740 ARISTE, Paul: Läti keel Tartu ülikoolis. — *KjK* 25, 1982, 533-536 | The Latvian language at Tartu Univ.
9741 BALDUNČIKS, J.: The etymology of two sea terms in Latvian. — *Baltistica* 18, 1982, 167-168 | *ğine* and *kaile*.
9742 BREIDAKS, Antons: The problem of secondary metaphony in High-Latvian vernaculars. — *LPosn* 24, 1982, 93-96, map.
9743 [BREIDAKS, A.] BREJDAK, A.B.: Nekotorye osobennosti fonematičeskoj podsistemy soglasnych v glubinnych govorach Latgalii. — [334], 81-88, 5 maps.
9744 ECKERT, R.: Lettisch-slawische Übereinstimmungen aus der Terminologie der Waldimkerei. — *ABS* 14, 1982, 109-119.
9745 ERNITS, E.: Einiges über die estnisch-lettischen Beziehungen. — *Baltistica* 18, 1982, 18-20.

9746 FENNELL, Trevor G.: Conjugation in early Latvian grammars. — *JBalS* 12, 1981, 340-353.
9747 FENNELL, Trevor G.: The discovery of the Latvian reflexive. — *LPosn* 24, 1982, 83-92.
9748 FENNELL, Trevor G.; GELSEN, Henry: *A grammar of modern Latvian.* Vol. I; II; III. — SlPR 304; The Hague: Mouton, 1980, xxxi, 448 p.; p. i-xii, 449-918; p. i-xii, 919-1370.
9749 KALME, V.; SMILTNIECE, G.: *Mūsdienu latviešu literārās valodas morfoloğija: deklinējamās vardšķiras.* — Rīga: Latvijas Valsts Univ., 1982, 120 p.
9750 KOLBUSZEWSKI, Stanisław F.: Przyczynki do słownika zapożyczeń słowiańskich w łotewszczyźnie i latgalszczyźnie. — *ABS* 14, 1982, 155-164, 3 maps | On Sl. loan-words in Latvian and Latgalian.
9751 METUZĀLE-MUZIKANTE, Baiba: Vowel-shifts in deverbal derivatives of Latvian. — *LPosn* 24, 1982, 81-82.
9752 RAĞE, Sylvia Karlovna: Zum Einfluss des Estnischen und Livischen auf die lettischen Mundarten. — *CIFU* IV/3, 423-426.
9753 RŪĶE-DRAVIŅA, Velta: *The standardization process in Latvian . . .* — Stockholm: 1977 | BL 1977, 10096. | *LPosn* 24, 1982, 150-153 S.F. Kolbuszewski.

V (14). ONOMASTICS — ONOMASTIQUE

9754 [AGEEVA, R.] AGEJEVA, R.: Hydronymik baltischen Ursprungs auf dem Territorium der Pskower und Nowgoroder Oblast. — *Ėtnografičeskie i lingvističeskie aspekty ėtničeskoj istorii baltskich narodov* (Red.: S. Cimermanis; Riga: "Zinatne", 1980), 147-152 | *LPosn* 25, 1982, 153-162 S.F. Kolbuszewski.
9755 BEDNARCZUK, Leszek: Onomastyka bałtycka w źródłach antycznych. — *ABS* 14, 1982, 49-66 | Balt. onomastics in anc. sources.
9756 BUKŠS, M.: Latgalische Orts- und Familiennamen im Raum um Polock, Novgorod und Pliskov. — *The problems of Latgalian language and its expansion* (München 1961), 56-123 | *LPosn* 25, 1982, 153-162 S.F. Kolbuszewski.
9757 DAUBARAS, F.: Iš prūsų hidronimijos. — *Baltistica* 18, 1982, 169-172 | G. summ.: Zur altpreussischen Hydronymie.
9758 SCHMALSTIEG, William R.: Lithuanian names. — *Lituanus* 28, 1982/3, 5-10.
9759 STALTMANE, Velta Ė.: *Latyšskaja antroponimija . . .* — Moskva: 1981 | BL 1981, 9789. | *NDVŠ-F* 1982/6, 87-88 A.N. Onučin.
9760 ZEPS, Valdis J.: Former names of some east Latgalian lakes. — *LPosn* 24, 1982, 97-100, map.

C. Slavic languages — Langues slaves

1. General — Généralités

0. BIBLIOGRAPHY AND GENERAL — BIBLIOGRAPHIE ET GÉNÉRALITÉS

Bibliografija za 1979. godinu rasprava i dela . . . u Jugoslaviji. — 6-7.
9761 *Dorobek wydawniczy Zakładu Języków Słowiańskich Instytutu Słowianoznawstwa PAN. Bibliografia.* Opracowała Irena DULEWICZOWA. — Inst. Słowianoznawstwa PAN, Prace Slawistyczne 26; Wrocław: Zakład im. Ossolińskich, 1982, 175 p.
9762 POHL, H.D.: Indogermanische Chronik, 28. XII: Altslavisch. — *Sprache* 28, 1982, 119-125; 244-251.

9763 SCHALLER, Helmut Wilhelm: *Bibliographie der Bibliographien zur slavischen Sprachwissenschaft.* — Symbolae Slavicae 15; Frankfurt a.M.: Lang, 1982, 115 p.
9764 SIMMONS, J.S.G.: Theses in Slavonic studies approved for higher degrees by British universities, 1977-1981. With a cumulative index, 1907-1981. — *OSlP* 15, 1982, 140-167.
9765 *Slavjanskoe jazykoznanie: ukazatel' literatury,* izdannoj v SSSR s 1971 po 1975 g., s dopolnenijami za predyduščie gody. *Slavjanskie jazyki. Prikladnoe jazykoznanie.* [Sost.: N.P. LEBEC; N.T. BUNIMOVIČ; G.G. ŽARKOVA. Red.: F.M. BEREZIN, et al.]. — Moskva: "Nauka", 1981, 158 p. | Cf. BL 1980, 10379.
9766 SMRČKOVÁ, Jiřina: Ze slavistických bibliografií. — *Slavia* 51, 1982, 105-108 | Aperçu de quelques bibliographies slavistiques.

9767 BARNET, Vladimír: Typy slovanských spisovných jazyků. — *JazA* 19, 1982, 104-105 | Sl. standard languages from the typological point of view.
9768 BARNET, Vladimír: Funkční pojetí spisovného a standardního jazyka. — [143], 7-15.
9769 BEZLAJ, France: Slovenski delež v razvoju etimologije 19. stoletja. — *SSlJ* 17, 1981, 117-127.
9770 BILODID, O.I.: Z istoriji rozvytku linhvoslavistyky. — *UkrM* 10, 1982, 3-9.
9771 BIRNBAUM, Henrik: *Common Slavic: progress and problems* . . . — Cambridge, MA: 1975 | BL 1975, 8787. | *LPosn* 24, 1982, 153-155 W. Mańczak.
9772 BIRNBAUM, Henrik: The Slavonic language community as a genetic and typological class. — *WSlav* 27, 1982, 5-43.
9773 BRANG, P.: Bemerkungen zur Geschichte der Slawistik in der Schweiz. — *ZSl* 27, 1982, 38-42.
9774 *Československá slavistika v letech 1918-1939.* Autoři: Milan KUDĚLKA . . . [et al.]. — Praha: 1977 | BL 1977, 10116. | *ZSl* 27, 1982, 166 H. Pohrt.
9775 CHELIMSKIJ, E.A.: Lingvističeskie publikacii izdatel'stva "Slavika" (SŠA). — *SovSlav* 1982/6, 82-90 | Linguistic publ. of "Slavica" publishers.
9776 D'JAKOV, V.A.: Osnovnye čerty razvitija slavistiki v mežvoennyj period. — *ZSl* 27, 1982, 29-37.
9777 DMITRIEV, P.A.: V.I. Lenin, slavjanskie jazyki i slavjanskoe jazykoznanie. — *UZTarU* 573, 1981, 3-26.
9778 DULIČENKO, A.D.: *Slavjanskie literaturnye mikrojazyki* . . . — Tallin: 1981 | BL 1981, 9806. | *Slavia* 51, 1982, 84-89 A.E. Suprun.
9779 DULIČENKO, A.D.: Kajkavskij literaturnyj jazyk i ego mesto sredi drugich slavjanskich literaturnych mikrojazykov. — *HDZb* 6, 1982, 135-155.
9780 EICHLER, Ernst: Über progressive Traditionen der deutschen Slawistik zu Beginn des 19. Jahrhunderts. — [411], 105-108.
9781 *L'époque napoléonienne et les Slaves.* Sous la réd. de Stefan KOZAK et Hanna POPOWSKA-TABORSKA. [Colloque organisé à Jabłonna, 3-4 septembre 1980]. — Inst. d'études sl., Prace Slawistyczne 24; Wrocław: Zakład im. Ossolińskich, 1982, 163 p.
9782 *Etnogeneza i topogeneza Słowian* . . . — Poznań: 1980 | BL 1980, 8412. | *JP* 62, 1982, 204-207 H. Górnowicz.
9783 GEORGIEVA, Elena: Za rabotata na Komisijata za lingvističnata terminologija na slavjanskite ezici. — *SEz* 7, 1982/3, 82-85.
9784 HENNIG, Dieter: Vater, Karadžić und Jacob Grimm: ein Beitrag zur Frühgeschichte der slawischen Philologie. — [557], 285-311; 500.

9785 [ISAKOV, S.] ISSAKOV, Sergei; SMIRNOV, Savvati: Vene ja slaavi filoloogia Tartu ülikoolis. — *KjK* 25, 1982, 473-484 | Ru. and Sl. phil. at Tartu Univ.
9786 *Iz istorii slavjanovedenija v Rossii. Trudy po russkoj i slavjanskoj filologii.* [Red.: S.V. SMIRNOV, et al.]. — *UZTarU* 573; Tartu: 1981, 148 p.
9787 JAKOPIN, Franc: Kopitarjevo izročilo v Miklošičevem delu. — *SSIJ* 16, 1980, 17-22.
9788 KUCAROV, Ivan: *Uvod v slavjanskata filologija. (Ezikovedska slavistika.* Čast I). — Sofija: [Sofijski univ. "Kliment Ochridski"], 1981, 177 p.
 LENCEK, R.L.: Kopitar's share in the evolution of Sl. phil. — 618.
9789 LÖTZSCH, R.: Zum Verhältnis zwischen der genetischen, typologischen und arealen Klassifizierung der slawischen Sprachen und Dialekte. — *ZSl* 27, 1982, 356-363.
9790 MAGNER, Thomas F.: Language mitosis in the Slavic world. — *FoSl* 4/2-3, 1981 (1982), 332-339.
9791 MYL'NIKOV, A.S.: Stanovlenie slavistiki kak predmet issledovanija. — *ZSl* 27, 1982, 20-28.
9792 *Nadawki a hranicy rěčneji kodifikacije. Aufgaben und Grenzen der sprachlichen Kodifizierung.* Materialije 7. posedźenja Komisije za słowjanske spisowne rěče při Mjezynarodnym komiteju slawistow 21.-23. septembra 1977 w Budyšinje. Red.: Helmut FASSKE. — Spisy Instituta za serbski ludospyt 54; Budyšin: Domowina, 1979, 103 p. | 13 papers, by Vladimír BARNET, Helmut FASSKE, Alois JEDLIČKA, et al.
9793 NECHUTOVÁ, Jana; ŠLOSAR, Dušan; VEČERKA, Radoslav: *Čítanka ze slovanské jazykovědy v českých zemích.* I. Úvod: "Slovanská jazykověda u nás od počátku do osvícenství" napsal a bibliografii zprac. R. VEČERKA. — Brno: Univ. J.E. Purkyně, 1982, 162 p. | Sl. linguistics in the Cz. countries: anthology. I. Introd., with bibliography.
9794 NIKULINA, M.V.: Pervye naučnye putešestvija v slavjanskie zemli i ich rol' v istorii russkogo slavjanovedenija (pervaja tret' XIX v). — *UZTarU* 573, 1981, 75-94.
 ORZECHOWSKA, H.: J. Kopitar's influence on contemporary grammars of the Sl. languages. — 620.
 Papers in Sl. phil. 2: To honor J. Kopitar . . . — 268.
9795 PETR, Jan: *Slavistické zájmy K. Marxe a B. Engelse.* — Praha: 1976 | BL 1977, 10125. | *PrNUŚ* 528, 1982, 205-206 F. Sowa.
9796 SCHALLER, Helmut Wilhelm: *Die Geschichte der Slavistik in Bayern.* — Selecta Slavica 5; Neuried: Hieronymus Verlag, 1981, 237 p. | *ASlPh* 13, 1982, 145-146 W. Baumann.
9797 SCHALLER, H.W.: Die Anfänge der Slawischen Philologie in Bayern. — *ZSl* 27, 1982, 76-87.
9798 *The Slavic literary languages: formation and development.* Ed. by Alexander M. SCHENKER; Edward STANKIEWICZ . . . — New Haven: 1980 | BL 1980, 8423. | *WSlav* 27, 1982, 435-440 P. Rehder | *SEER* 60, 1982, 90 G. Stone | *SEEJ* 26, 1982, 120-122 T. Alt; W. Browne | *CASS* 16, 1982, 115 C.A. Moser.
9799 SOTÁK, Michal: Ob istokach idei obščeslavjanskoj vzaimnosti. — *SlavSl* 17, 1982, 9-17 | Slov. summ.
9800 *Studie ze slovanské jazykovědy,* II. Red.: Vlasta STRAKOVÁ. — Praha: 1979 | BL 1979, 8225. | *ČRus* 27, 1982, 86-88 Z. Trösterová.
9801 *Studie ze slovanské jazykovědy,* III. Red.: Helena BĚLIČOVÁ. — Praha: 1980 | BL 1980, 8428. | *ČRus* 27, 1982, 182-184 Z. Trösterová.

SLAVE   9802-9820

9802 SUPRUN, A.E.; KALJUTA, A.M.: *Vvedenie v slavjanskuju filologiju*. — Minsk:
      1981 | BL 1981, 9823. | *SovSlav* 1982/5, 118-120 V.M. Mokienko | *Mov* 1981/5,
      87-89 K. Trofymovyč.
9803 *Voprosy stanovlenija i razvitija jazykovoj sistemy. Trudy po russkoj i slavjan-
      skoj filologii*. [Red.: M.A. ŠELJAKIN, et al.]. — *UZTarU* 579; Tartu: 1981, 151
      p.
9804 *Z problemów frazeologii polskiej i słowiańskiej*. I. Pod red. Mieczysława BA-
      SAJA i Danuty RYTEL. — Wrocław: Zakład im. Ossolińskich (Komitet Słowia-
      noznawstwa PAN), 1982, 202 p.
9805 ZEIL, W.: Zu einigen Grundfragen einer Gesamtdarstellung der Geschichte der
      Slawistik in Deutschland bis 1945. — *ZSl* 27, 1982, 69-75.
      ZEIL, W.: A. Soerensens Beitrag zur Slawistik . . . — 803.

I. PHONETICS AND PHONOLOGY — PHONÉTIQUE ET PHONOLOGIE

9806 ARUMAA, Peeter: *Urslavische Grammatik* . . . Band 2: *Konsonantismus*. —
      Heidelberg: 1976 | BL 1976, 9087. | *IJSLP* 24, 1981 (1982), 153-165 H. Birn-
      baum.
9807 BROWNING, Tim: On the origin of morphophonemic alternations *v-vl'* in
      Slavic. — *SEEJ* 26, 1982, 460-471.
9808 CANTARINI, Aldo: *Lineamenti di fonologia slava*. — Brescia: [1979] | BL 1981,
      9827. | *AGI* 66, 1981 (1982), 186-187 M.T. Ademollo Gagliano.
9809 [ČEKMAN, V.M.] ČEKMAN, V.N.: *Issledovanija po istoričeskoj fonetike pra-
      slavjanskogo jazyka* . . . — Minsk: 1979 | BL 1979, 8233. | *Baltistica* 18, 1982,
      92-96 A. Girdenis | *NDVŠ-F* 1982/1, 81-83 Ju.S. Kudrjavcev.
9810 DOBRODOMOV, I.G.: Akcentologičeskaja charakteristika bulgarizmov v slav-
      janskich jazykach. — *SovT* 1979/5, 8-19.
9811 DYBO, V.A.: Praslavjanskoe raspredelenie akcentnych tipov v prezense temati-
      českich glagolov s kornjami na nešumnye (materialy k rekonstrukcii). —
      [334], 205-261.
9812 HAMP, Eric P.: On the columnar accent of Slavic postverbals in *-ā*. — *ZbFL*
      24, 1981/1 (1982), 171.
9813 IVIĆ, Pavle: Faktori koji utiču na razvoj vokala u slovenskim jezicima. — *JslF*
      38, 1982, 1-18 | Factors influencing the development of vowels in Sl. languages
      (E. summ.).
9814 KALNYN', L.Ė.; MASLENNIKOVA, L.I.: K voprosu o sootnošenii zvukovoj sin-
      tagmatiki i slogodelenija (na materiale slavjanskich dialektov). — *OLA* 1980
      (1982), 99-150.
9815 KOLOMIJEC', V.T.: Istoryčni džerela typolohičnych osoblyvostej slov'jans-
      s'kych mov u haluzi fonetyky. — *Mov* 1982/5, 38-48.
9816 KOMÁREK, Miroslav: Vývoj vztahu mezi /i/ a /j/ v praslovanštině. — *SlavOl*
      4, 1982, 31-35 | Die Entwicklung des Verhältnisses zwischen /i/ und /j/ im Ur-
      slawischen (Ru. summ.).
9817 KORTLANDT, Frederik: IE **pt* in Slavic. — *FoLH* 3, 1982, 25-28.
9818 MALKOVA, O.V.: K probleme padenija reducirovannych glasnych v slavjan-
      skich jazykach i razvitija ukrainskogo ikavizma. — *VJa* 1982/5, 95-102.
9819 MARVAN, Jiří: *Prehistoric Slavic contraction*. — University Park, PA: 1979 |
      BL 1981, 9837. | *WSlA* 9, 1982, 343-346 G. Holzer | *Lingua* 56, 1982, 98-100
      F. Kortlandt.
9820 MULIĆ, Malik I.: Još o metatoniji slovenskih imenica tipa *"võlja"* i *"sûša"*.
      — *SLPJ* 2, 1982, 29-36 | Pol. summ.

498

9821 [NEWEKLOWSKY, G.] NEVEKLOVSKI, Gerchard: Tendencii razvitija podvižnogo udarenija imeni suščestvitel'nogo v slavjanskich jazykach. — *WSlJb* 28, 1982, 64-76.
9822 NIKOLAEVA, T.M.: *Frazovaja intonacija slavjanskich jazykov.* — Moskva: 1977 | BL 1977, 10151. | *PJ* 1982 (1983), 184-188 K. Przybyła.
9823 NIKOLAEVA, T.M.: Fakty slavjanskoj frazovoj intonacii v svete areal'no-tipologičeskogo podchoda. — *IJSLP* 24, 1981 (1982), 23-47.
9824 ŠAUR, Vladimír: Ze slovanské akcentologie. — *JazA* 19, 1982, 35-36.
9825 SKLJARENKO, V.H.: Flektyvni dovhoty v pizn'opraslov'jans'kij movi. — *Mov* 1981/2, 54-61.
9826 [SPERBER, W.] ŠPERBER, V.: Gruppy soglasnych v načale i v konce slovoform v slavjanskich jazykach. — *ZSl* 27, 1982, 740-750.
9827 STANKIEWICZ, Edward: *Studies in Slavic morphophonemics* ... — Ann Arbor: 1979 | BL 1980, 8457. | *CSlP* 24, 1982, 200-201 G.M. Eramian | *SlRev* 40, 1981, 153-154 M. Kenstowicz | *Lg* 58, 1982, 248-249 R. Alexander | Cf. 9828.
9828 STANKIEWICZ, Edward: A reply to the review of my book 'Studies in Slavic morphophonemics and accentology'. — *Lingua* 56, 1982, 179-183 | Cf. BL 1980, 8457. | Rejoinder by F. KORTLANDT, 182-183.
9829 TIMBERLAKE, Alan: Dual reflexes of **dj* in Slavic and a morphological constraint on sound change. — *IJSLP* 23, 1981 (1982), 25-54.
9830 VELČEVA, Borjana: *Praslavjanski i starobălgarski fonologičeski izmenenija.* — Sofija: 1980 | BL 1980, 8459. | *Palaeobulg* 6, 1982/2, 117-119 E. Scatton | *SEz* 7, 1982/4, 67-69 S. Petkov.

2. GRAMMAR — GRAMMAIRE

9831 BOGUSŁAWSKI, Andrzej: On describing accomplished facts with imperfective verbs. — [309], 34-40.
BROWNE, W.: Sl. *-ba* and E. **slil*: two persistent constraints. — 2326.
9832 ĆERIĆ, Snježana: O deklinaciji imenica tipa *telę – telęte* u slovenskim jezicima. — *SLPJ* 2, 1982, 95-98, 2 maps.
9833 CORBETT, Greville: Resolution rules for predicate agreement in the Slavonic languages. — *SEER* 60, 1982, 347-378.
9834 DEGTJAREV, V.I.: Proischoždenie imen *pluralia tantum* v slavjanskich jazykach (K opredeleniju semantičeskich mechanizmov leksikalizacii form mn. č.). — *VJa* 1982/1, 65-77.
9835 DEGTJAREV, V.I.: Sobiratel'nost' i kategorija čisla v istorii slavjanskich jazykov. — *VJa* 1982/4, 92-101.
9836 DEGTJAREV, V.I.: Oformlenie svjazi skazuemogo s podležaščim-imenem sobiratel'nym v drevnich slavjanskich jazykach. — *VJa* 1982/5, 78-89.
9837 DEJANOVA, M.; LAŠKOVA, L.; PERNIŠKA, E.; STANIŠEVA, D.: *Slovoobrazovatelna i semantična struktura na složnite prilagatelni v slavjanskite ezici.* — Sofija: 1980 | BL 1980, 8472. | *SEz* 7, 1982/3, 39-44 Julija Baltova.
9838 DOBREV, Ivan: *Proizchod i značenie na praslavjanskoto konsonantno i diftongično sklonenie.* — Sofija: Izd. na BAN (BAN, Edinen centăr po ezik i literatura), 1982, 217 p.
9839 DUNN, J.A.: The nominative and infinitive construction in the Slavonic languages. — *SEER* 60, 1982, 500-527.
9840 FEINBERG, L.E.: Theme and desinence in Commo Slavic declension. — *SSlav* 27, 1981 (1982), 269-280.

SLAVE

GEORGACAS, D.J.: *A Graeco-Slavic controversial problem reexamined: the suffixes* . . . — 5470.

9841 GERD, A.S.: Areal'naja tipologija slavjanskich tekstov XV-XVI vekov. — *SovSlav* 1982/5, 74-82.

9842 HARKAVEC', O.M.: Pro kryteriji podilu sliv na častyny movy. — *UkrM* 10, 1982, 15-20 | Ru. & Ukr. examples.

9843 HELTBERG, Kristine: On aspect in Czech, Polish and Russian. — [309], 41-50.

9844 *Imennoe sklonenie v slavjanskich jazykach XV-XVI vv.: lingvostatističeskij analiz.* [Red.: N.A. MEŠČERSKIJ; A.S. GERD]. — Leningrad: Izd. LGU, 1977, 223 p. | *SSlav* 27, 1981, 309-311 M. Szarvas (Also in the preceding vol. for the 11th-14th centuries [BL 1974, 8322]).

9845 IVANČEV, Svetomir: Glagolnoto okončanie za 1 l. mn. č -*mo* v slavjanskite ezici. — *ZbFL* 24, 1982/2 (1982), 81-88.

9846 IVIĆ, Milka: O nekim principima glagolske prefiksacije u slovenskim jezicima. — *JslF* 38, 1982, 51-61 | On some principles of verbal prefixation in Sl. languages (E. summ.).

9847 KOSESKA-TOSZEWA, Violetta: *Semantyczne aspekty kategorii określoności/nieokreśloności (na materiale z języka bułgarskiego, polskiego i rosyjskiego).* — Inst. Słowianoznawstwa PAN, Prace Slawistyczne 23; Wrocław: Zakład im. Ossolińskich, 1982, 89 p.

9848 KOVAČEV, S.P.; DONECKICH, L.I.: K voprosu ob ostatkach drevnego perfekta v sisteme slavjanskogo glagola. — *BRus* 9, 1982/1, 33-42.

KRAVAR, M.: O suščnosti grečesko-slavjanskoj vidovoj analogii. — 5203.

9849 MAROJEVIĆ, Radmilo: "Devetbratnja sestra" u narodnoj pesmi. O jednom tvorbeno-semantičkom tipu slovenskih posesivnih prideva. — *JslF* 37, 1981, 243-249 | Ru. summ.

9850 MEČKOVSKA, Nina: Samomnožinski samostalniki v slovenskem in v vzhodnoslovanskih jezikih. — *SlavR* 30, 1982, 27-46 | *Pluralia tantum* in Slovenian and the East Sl. languages (Ru. summ.).

9851 MISTRÍK, J.: Zasadanie Medzinárodnej gramatickej komisie slovanských jazykov, spojené s konferenciou v Moskve. — *SR* 47, 1982, 185-186 | Meeting of the Intern. board for the grammar of the Sl. languages (Moscow, Dec. 9-12, 1981).

9852 MOLOŠNAJA, T.N.: Processy sintaksičeskogo pererazloženija slovosočetanij v slavjanskich jazykach (na materiale russkogo, pol'skogo, češskogo, serbsko-chorvatskogo i bolgarskogo jazykov). — *SovSlav* 1982/3, 80-91.

9853 MRÁZEK, Roman: Pojem subjektu vzhledem ke struktuře slovanské věty. — *JazA* 19, 1982, 32-33 | On the concept of subject in relation to the structure of the Sl. sentence.

9854 PANČENKO, E.A.: Indoevropejskij suffiks -*eu̯*-/-*ŭ*- i praslavjanskie *ū*-osnovy. — *VMU* 1982/1, 60-65.

POLDAUF, I.: Verbal aspect . . . — 8983.

9855 REŽIĆ, Ksenija: Perfektivni imperfekt u glagoljskom lekcionaru i u starijoj hrvatskoj književnosti. — *Slovo* 30, 1980 (1981), 89-100.

9856 SIGALOV, P.S.: Zametki po vidoobrazovaniju. — *UZTarU* 537, 1980 (*Vopr. ru. aspektologii* 5), 39-49.

9857 ŠIVIĆ-DULAR, Alenka: Sln. *nocój* in njegove vzporednice v slovanskih jezikih. — *SlavR* 30, 1982, 415-418 | Slovenian *nocój* and its parallels in other Sl. languages (E. summ.).

9858 TOPOLIŃSKA, Zuzanna: Perifrastični predikatski izrazi na međuslovenskim relacijama. — *JslF* 38, 1982, 35-49 | Periphrastic predicative expressions in Sl. (E. summ.).

9859 TRUBAČEV, O.N.: Iz issledovanij po praslavjanskomu slovoobrazovaniju: genezis modeli na *-ěninъ, *-janinъ*. — *Ėtimologija* 1980 (1982), 3-15.

9860 VAILLANT, André: *Grammaire comparée des langues slaves*. V. *La syntaxe*. — Paris: 1977 | BL 1977, 10190. | *KLit* 8, 1979, 33-35 Chr. Vasilev | *IJSLP* 24, 1981 (1982), 166-174 H. Birnbaum (On vol. IV [BL 1974, 8366]).

9861 WIECZOREK, Diana: O walencji wieloznaczego czasownika. — *SW* 22, 1982 (AUW 589, 1982), 81-84.

9862 ŽĖBIT, N.R.: Ab perachodnym semijalahičnym type naminatyŭnych adzinak. — *VANB* 1982/4, 104-111 | Ru. & Pol. examples.

3. HISTORY — HISTOIRE

DJAMO-DIACONIȚĂ, L.: Noi contr. la cunoașterea slavonei românești. — 7648.

9863 KORTLANDT, Frederik: Early dialectal diversity in South Slavic I. — *SSGL* 2, 1982, 177-192.

9864 LEHMANN, Volkmar: Die Auswirkungen von Sprachkontakten bei der Herausbildung von Standardsprachen. Am Beispiel des Polnischen, Serbokroatischen und Russischen. — *WSlav* 27, 1982, 137-166.

9865 MAŃCZAK, Witold: *Praojczyzna Słowian*. — Wrocław: 1981 | BL 1981, 9874. | *ZprMK* 23, 1982, 613-615 J. Spal.

9866 PIVTORAK, H.P.: Praslov'jans'ka epocha u svitli sučasnych naukovych danych. — *Mov* 1982/2, 32-42.

9867 ROSPOND, Stanisław †: Etnogeneza Słowian w świetle terminologii topograficznej. — *OnJug* 9, 107-120.

4. DIALECTOLOGY — DIALECTOLOGIE

9868 IVANOVA-MIRČEVA, Dora: Rabotata na bălgarskata komisija za Obštoslavjanskija lingvističen atlas. — *BE* 32, 1982, 330-335.

9869 KRIVNICKIJ, A.A.; KLIMČUK, F.D.: Oboznačenie peremeščenija polzkom v slavjanskich dialektach (po materialam OLA). — *OLA* 1980 (1982), 23-35, fold. map.

9870 *Obščeslavjanskij lingvističeskij atlas. Materialy i issledovanija*, 1980. [Red.: R.I. AVANESOV; S.B. BERNŠTEJN, et al.]. — Moskva: "Nauka", 1982, 366 p., 5 fold. maps.

9871 PERCZYŃSKA, Nina; POMIANOWSKA, Wanda; SUŁKOWSKA, Jadwiga: Słowiańskie przywoływania domowego ptactwa wodnego. Na marginesie map *Ogólnosłowiańskiego atlasu lingwistycznego*. — *SLPJ* 2, 1982, 81-85.

9872 VENDINA, T.I.; KAL'NYN', L.Ė.: O principach sostavlenija obobščajuščich fonetičeskich kart OLA. — *OLA* 1980 (1982), 3-22, 3 fold. maps.

9873 ZARĘBA, Alfred: Problemy badawcze dialektologii słowiańskiej w dwudziestoleciu międzywojennym (przegląd krytyczny, 1918-1939). — *ZbFL* 24, 1981/2 (1982), 57-80.

5. LEXICON — LEXIQUE

ABAEV, V.I.: Slavo-Avestica. — 4699.

9874 ANIKIN, A.E.: O praslav. **pelz-/*polz-/*pъlz-*. — *Ėtimologija* 1980 (1982), 41-49.

9875 BEZLAJ, France: Nekaj opomb ob željno pričakovanih knjigah. — JiS 26, 1980-81, 4-9.
9876 CIENKOWSKI, Witold: Typy słowników frazeologicznych (z zagadnień słowiańskiej leksykografii frazeologicznej). — [9804], 17-31.
ECKERT, R.: Lettisch-sl. Übereinstimmungen aus der Terminologie der Waldimkerei. — 9744.
ECKERT, R.: Zu einigen ossetisch-sl. Übereinstimmungen. — 4764.
9877 ENRIETTI, Mario: Il nome del padre in slavo e in gotico. — RIL 113, 1979 (1981), 99-106.
9878 ENRIETTI, Mario: Slavo xǫdogŭ. — Aevum 56, 1982, 107-109.
9879 FERLUGA-PETRONIO, Fedora: Il Natale nelle lingue slave. — Ling 20, 1980, 131-150.
9880 FERLUGA-PETRONIO, Fedora: I nomi delle feste Mariane nelle lingue slave. — Ling 21, 1981, 145-163.
9881 FERLUGA-PETRONIO, Fedora: Il nome della Pentecoste nelle lingue slave. — InL 6, 1980-81 (1982), 97-106.
9882 FERLUGA-PETRONIO, Fedora: Praznik svečnica v slovanskih jezikih. — SlavR 30, 1982, 507-511 | Candlemas in the Sl. languages (It. summ.).
9883 GAVAZZI, Milovan: Beiträge zur slavischen Wort- und Sachkunde. — [302], 153-161, fig. | 1. žetica; 2. motovi(d)lo.
9884 GLUHAK, Alemko: Sl. *inъjь. — ZbFL 24, 1981/1 (1982), 27-30 | Nostratic etym.
9885 GORJAČEVA, T.V.: Ėtimologičeskie zametki. — Ėtimologija 1980 (1982), 103-114 | (1) brutucha. (2) Sl. *restiti. (3) sklidka. (4) bátruž'e. (5) čipór. (6) číčmarja.
9886 GRUCO, A.P.: Obščeslavjanskoe "deržava" i proizvodnye ot nego v blizkorodstvennych russkom i belorusskom jazykach. — Slavia 51, 1982, 56-59.
9887 HAMP, Eric P.: Autochthonous vatră. — RRLing 26, 1981, 315.
9888 HAMP, Eric P.: OCS (j)ešte. — SSGL 2, 1982, 91-94.
9889 IONESCU, A.I.: Lingvistică şi mitologie. Contribuţii la studierea terminologiei credinţelor populare ale slavilor. — Bucureşti: 1978 | BL 1978, 7476. | BalkE 25, 1982/1, 97-99 U. Dukova.
9890 KAZLOVA, R.M.: Belaruska-paŭdnëvaslavjanskija izaleksy praslavjanskaha pachodžannja. — BeLi 21, 1982, 59-65.
KLEPIKOVA, G.P.: K probleme stratifikacii romanskich zaimstvovanij . . . 4968.
9891 KOBYLJANS'KYJ, B.V.: Leksyko-semantyčni paraleli balkano-karpatyzmiv. — Mov 1981/6, 41-52.
9892 KOLOMIJEC', V.T.: Etymolohiji slov'jans'kych nazv ryb. — Mov 1981/6, 53-59.
9893 KOPEČNÝ, František: Základní všeslovanská slovní zásoba. — Praha: 1981 | BL 1981, 9905. | Slavia 51, 1982, 214-217 E. Havlová; H. Plevačová | ČJLit 32, 1981-82, 472 F. Uher.
9894 [LAUČIŪTĖ, J.] LAUČJUTE, Ju.A.: Slovar' baltizmov v slavjanskich jazykach. — Leningrad: "Nauka", 1982, 211 p.
9895 LUKINOVA, T.B.: Davn'oslov'jans'ki viruvannja v dzerkali leksyky slov'jans'kych mov (do etymolohiji sliv upyr, netopyr). — Mov 1981/6, 59-68.
9896 MATIJAŠEVIĆ, Jelka: O sinonimiji i sinonimima. — [366], 115-130.
9897 MOKIENKO, V.M.: Slavjanskaja frazeologija. — Moskva: 1980 | BL 1981, 9913. | RTP 1982/1, 83-85 J. Bezděk | SS 43, 1982, 75-77 L. Horalík.

9898 MUR'JANOV, M.F.: Sila (ponjatie i slovo). — *Ėtimologija* 1980 (1982), 50-56.
9899 OGUIBENINE, Boris: Un modèle conceptuel pour l'étymologie du slave commun *vorgŭ* 'ennemi'. — *IJSLP* 23, 1981 (1982), 13-23.
9900 OGUIBENINE, Boris: Un vestige indo-iranien en slave? Suggestions pour la solution de l'étymologie de **gospodь* "maître suprême, dieu". — *AcIr* 22, 1982, 119-129.
9901 ONDRUŠ, Šimon: Sémantická motivácia základných právnych pojmov u starých Slovanů. — *JazA* 19, 1982, 63-65 | Semantische Motivierung der Grundbegriffe im Bereich des altslawischen Rechtes.
9902 OREL, V.Ė.: Balkanskie ėtimologii. I. Slav. **осьtъ*. — [184], 46-47 | From Alb. *athët* (cf. Got. *akeit-*).
9903 PETLEVA, I.P.: Ėtimologičeskie zametki po slavjanskoj leksike. XI. Kontinuanty **rǫd-* (k **rędDŽ-*). — *Ėtimologija* 1980 (1982), 36-41 | Cf. BL 1981, 9922.
9904 PISANI, Vittore: Marginalia Slavica. — *Paideia* 36, 1981, 78-81 | (1) **gomolǔka*; (2) **govoriti*; (3) **gonositi*; (4) *gověti*; (5) **granica*; (6) **gǔbanica* e **gybanica*.
PUCHAL'S'KA, N.Ja.: Morfolohična adaptacija narodnolatyns'kych zapozyčen . . . — 12586.
SARADŽEVA, L.: Armjano-slavjanskie leksiko-semantičeskie schoždenija . . . — 4890.
ŠAUR, V.: Akad. S. Mladenov i germ. zaemki. — 683.
9905 SCĂRLĂTOIU, Elena: Remarks on a "lexical model" in the Slavic languages. — *RESEE* 20, 1982, 319-325.
9906 SĘDZIK, Władysław: *Prasłowiańska terminologia rolnicza* . . . — Wrocław: 1977 | BL 1977, 10247. | *LPosn* 25, 1982, 167-171 T. Lewaszkiewicz.
9907 SHAPIRO, Michael: Slavonic **nejęsytь* "pelican": the perpetuation of a Septuagintal solecism. — *SEER* 60, 1982, 161-171.
9908 ŠIVIC-DULAR, Alenka: Vloga pomenoslovja pri etimoloških razikavah. — *SSlJ* 16, 1980, 65-76.
9909 *Słownik prasłowiański* . . . pod red. Franciszka SŁAWSKIEGO . . . Tom III. — Wrocław: 1979 | BL 1979, 8362. | *Ėtimologija* 1980 (1982), 168-170 O.N. Trubačev.
9910 STANKIEWICZ, Edward: Russ. *večór, včerá*; SCr. *jùčē(r)*; Pol. *wczoraj* "yesterday". — *FoSl* 4/2-3, 1981 (1982), 371-377.
9911 STARASCENKA, N.A.: Leksemy, suadnosnyja z nazvami žyvël u slavjanskich movach. — *BMov* 10, 1982, 80-86.
9912 UDOLPH, Jürgen: Zu slavischen Namen des Lachses. — *WSlav* 27, 1982, 269-300, map.
9913 VARBOT, Ž.Ž.: K rekonstrukcii i ėtimologii nekotorych praslavjanskich glagol'nych osnov i otglagol'nych imen. IX (**zoriti/*zariti* II, **obsogъ* i **obsožiti*, **syknǫti*, **rъvьnь* i **ruja*, **guzlo*). — *Ėtimologija* 1980 (1982), 30-36 | Cf. BL 1980, 8589.

6. SCRIPT, ORTHOGRAPHY — ÉCRITURE, ORTHOGRAPHE

CUBBERLEY, P.V.: Glagolitic's Arm. connection. — 3068.
9914 GEORGIEV, Emil: *Našeto "Az-Buki-Vedi"*. — Sofija: Narodna prosveta, 1981, 144 p. | *Palaeobulg* 6, 1982/2, 120-121 K. Mečev.
9915 RATKOŠ, Peter: Vznik hlaholiky vo svetle nových pramenných edícií. — *Historický časopis* (Bratislava) 30, 1982, 451-454 | The origin of the Glagolitic alphabet according to new sources (E. summ.).

14. ONOMASTICS — ONOMASTIQUE

9916 EICHENSEER, C.: Die Slawen nannte man in der Antike *Sclavi*. — *WSlA* 9, 1982, 305-309.

EICHLER, E.: *Ergebnisse der Namenforschung im deutsch-sl. Berührungsgebiet.* — 4186.

EICHLER, E.: Sprachkontakte und Sprachebenen ... — 8466.

FRITZE, W.H.: Ortsnamenkunde und Landesgeschichte in ostdeutschen Ländern ... — 8467.

9917 GOŁĄB, Zbigniew: The puzzle of the ethnicon *Hrváti*. — *FoSl* 4/2-3, 1981 (1982), 283-288.

9918 GÓRNOWICZ, Hubert: **Vyšegărdъ*. — *ABS* 14, 1982, 135-141.

9919 HAMM, Josip: O Notaru koji i nije bio notar. — *OnJug* 9, 1982, 193-198 | Notar der möglichst keiner war (G. summ.).

HENGST, K.: Zur Integration sl. Toponyme ins Deutsche. — 8471.

9920 [HORGOSI, Ödön] CHORGOŠI, Ėdën: Zamečanija k toponimu tipa *Bojan, Bojana* (Na materiale vengerskich toponimov). — *Palaeobulg* 6, 1982/1, 116-118 | Apropos of I. Petkanov's art. Za imenata *Bojan, Bojana* (BL 1980, 8606).

9921 KLIMČUK, F.D.: K osobennostjam gidronimičeskogo landšafta odnoj slavjanskoj mikrozony. — *UZTarU* 579, 1981 (*Trudy po ru. i sl. fil.*), 52-59.

9922 KRAJČOVIČ, Rudolf: K príprave slovanského onomastického atlasu. — *ZprMK* 23, 1982, 573-575 | On the preparation of the Sl. Onomastic Atlas.

9923 KRONSTEINER, Otto: Zur Etymologie der Bezeichnung *Němьci* 'die Deutschen'. — *OnJug* 9, 1982, 237-241.

KUNSTMANN, H.: Noch einmal *Banz*. — 8477.

9924 MAROJEVIĆ, Radmilo: Praslovenska adiectiva possessiva tipa *Tvorimiŕičь* (od patronima tipa *Tvorimiŕičь*), njihova sudbina i tragovi u slovenskim jezicima. — *JslF* 38, 1982, 89-109 | Ru. summ.

9925 NOWAKOWSKA-KEMPNA, Iwona: *Transpozycja nazw własnych z języka polskiego na języki południowosłowiańskie* ... — Katowice: 1979 | BL 1979, 8392. | *Onomastica* 27, 1982 (1983), 308-314 B. Czopek.

9926 *Perspektivy razvitija slavjanskoj onomastiki.* [Red.: A.V. SUPERANSKAJA; N.V. PODOL'SKAJA]. — Moskva: 1980 | BL 1981, 9944. | *ZprMK* 23, 1982, 73-82 J. Pleskalová | *Onomastica* 27, 1982 (1983), 314-321 J. Strutyński.

9927 POPOWSKA-TABORSKA, Hanna: Les travaux polonais de slavistique écrits sous la fascination de Napoléon. — [9781], 43-49.

PRINZ, J.: Der name *Berlin* ... — 8490.

RADUNOVIĆ, R.: O etim. toponima *Duklja*. — 10658.

9928 ROSPOND, Stanisław: Die slawische Siedlungsgeschichte im Lichte der Ortsnamentypen. — [176], 307-311.

9929 RYMUT, Kazimierz: Uwagi o aktualnym stanie onomastyki słowiańskiej. — *ZprMK* 23, 1982, 576-582 | Reflections on the present state of Sl. onomastics.

9930 SCHULTHEIS, Johannes: Namenschichten im Mittelelbegebiet. — [176], 389-394.

SCHÜTZ, J.: Stand und Aufgabe der Ortsnamenforschung ... in Nordostbayern. — 8505.

9931 SHAPIRO, Michael: Neglected evidence of dioscurism (divine twinning) in the Old Slavic pantheon. — *JIES* 10, 1982, 137-165 | On the Sl. mythological names *Volos* and *Veles* (E. summ.).

9932 SKLJARENKO, O.M.; ANDRIANOVA, E.M.: Vydy omonimiji v toponimičnij systemi ta zasoby jiji podolannja. — *Mov* 1981/3, 44-47.

9933 ŠRÁMEK, Rudolf: Z činnosti subkomise pro Slovanský onomastický atlas při mezinárodní komisi pro slovanskou onomastiku MKS. — *ZprMK* 23, 1982, 256-263 | The activity of the Subcommittee for the Sl. Onomastic Atlas at the Intern. Committee of Sl. Onomastics of the Intern. Committee of Slavicists.
9934 STRZELCZYK, Jerzy: Państwo Samona we Frankonii? (Nowe hipotezy Heinricha Kunstmanna). — *SlOc* 39, 1982, 212-216 | On H. KUNSTMANN's art. in *WSlav* 24 & 25 (BL 1979, 8388; 1980, 8598).
9935 TOLSTOJ, N.I.: O vozmožnosti primenenija ponjatija "semantičeskij registr" v onomastike. — *OnJug* 9, 1982, 137-144.
9936 TRUBAČEV, O.N.: Zametki po slavjanskoj onomastike. — *OnJug* 9, 1982, 159-165.
9937 UDOLPH, Jürgen: Südslavische Appellativa in nordslavischen Namen und ihre Bedeutung für die Urheimat der Slaven. — [176], 565-574, map.
WIESINGER, P.: Deutsch-sl. Namenforschung in Österreich. — 8519.
9938 ŽELEZNJAK, I.M.: Letopisnaja *Serchovica* i semantičeskie problemy topoosnov. — *OLA* 1980 (1982), 87-98.

II. South Slavic — Slave méridional

A. General — Généralités

9939 STANKIEWICZ, Edward; NAYLOR, Kenneth E.: South Slavic linguistics in the United States: 1966-1976. — *Balkanistica* 4, 1977-78 (1980), 146-169.
9940 ALEXANDER, Ronelle: External and internal change in Balkan Slavic. — *FoSl* 4/2-3, 1981 (1982), 188-197, 2 maps.
BASARA, J.: Paralele fonetyczne polsko-południowosłowiańskie. — 11488.
9941 BEZLAJ, France: Iz južnoslovanske leksike. — *JiS* 27, 1981-82, 45-47 | 1. Slovenian & SCr. *lukati*. 2. Slovenian *legat*, SCr. *leganj*.
9942 BRAY, R.G.A. DE: *Guide to the South Slavonic languages* . . . — Columbus, OH: 1980 | BL 1980, 8623. | *SEER* 60, 1982, 91-93 P. Herrity | *SEEJ* 26, 1982, 126-129 K.E. Naylor | *CASS* 16, 1982, 113-114 G. Schaarschmidt | *SlRev* 41, 1982, 186-187 B.J. Darden | *SR* 47, 1982, 248-250 J. Ružička.
9943 DYBO, V.A.: O nekotorych akcentologičeskich izoglossach slovensko-kajkavskoj jazykovoj oblasti. — *HDZb* 6, 1982, 101-134.
FIEDLER, W.: Collective plural forms in Alb. and Balk. Sl. — 5020.
9944 KUDĚLKA, Viktor: K počátkům jihoslovanské slavistiky. — [411], 113-120 | Zu den Anfängen der südslawischen Slawistik.
9945 LENCEK, Rado L.: A note on the -*m* > -*n* change in South Slavic dialects. — *FoSl* 4/2-3, 1981 (1982), 317-326, fig.
9946 SEDLÁČEK, Jan: Vývoj kopulativních spojek v jižní slovanštině. — *Slavia* 51, 1982, 121-126 | Évolution des conjonctions copulatives en sl. du sud.
9947 SEDLÁČEK, Jan: Modální perifráze *da* + indikativ v jižní slovanštině. — *Slavia* 51, 1982, 241-247 | Les périphrases modales *da* + indicatif en sl. du sud.
SIMIĆ, R.: Das Serbokroatische zwischen den balkanslav. Sprachen und den übrigen Slavinen. — 10367.
9948 ŠIVIC-DULAR, Alenka: Južnoslovanski priimki s pripono -*(j)ava*. — *OnJug* 10, 1982, 239-246.

VIEUX-SLAVE 9949-9968

B. Old Slavic — Vieux-slave

9949 DUJČEV, Iv.; KIRMAGOVA, A.; PAUNOVA, A.: *Kirilometodievska bibliografija 1940-1980.* — Sofija: Sofijski univ. "Kliment Ochridski", 1983, 723 p.

9950 MOŽAEVA, I.E.: *Bibliografija po kirillo-mefodievskoj problematike 1945-1974 gg.* [Red.: S.B. BERNŠTEJN]. — Moskva: "Nauka", 1980, 223 p. | Corr. to BL 1981, 9966. | *Byzsl* 43, 1982, 229-233 I. Páclová | *SP* 68, 1982, 154-155 Z. Šimeček.

9951 AITZETMÜLLER, Rudolf: *Altbulgarische Grammatik . . .* — Freiburg i.Br.: 1978 | BL 1978, 7577. | *KLit* 8, 1979, 149-151 W. Jakoby | *IF* 87, 1982 (1983), 364-369 J. Udolph.

9952 AITZETMÜLLER, Rudolf: Abg. *licemĕrъ* προσωπολήπτης. — *Palaeobulg* 6, 1982/3, 140-142.

9953 ALEKSOVA, Vasilka: Po văprosa za naimenovanieto na ezika na slavjanorumănskata knižnina. — *Palaeobulg* 6, 1982/2, 110-113.

9954 ALTBAUER, M.: *Otъ gī bystъ sī* (O notce S. Sewer'janova do Psalmu CXVII: 23). — *MJ* 31, 1980, 133-136 | Psalterium Sinaiticum.

9955 APOSTOLOV, Miladin; BOTEV, Vjačeslav: Răkopisi s medicinsko sădăržanie ot Aton. Chilendarski medicinski sbornik No. 517. — *Palaeobulg* 6, 1982/1, 59-86, facsim.

9956 BAJRAMOVA, Maja: Starobălgarskite nadpisi ot epochata na Părvata bălgarska dăržava. — *EL* 37, 1982/1, 60-67.

9957 BAKMAZ, Ivan: Prvo razdoblje hrvatsko-glagoljskog tiskarstva (Analiza grafije). — *Slovo* 31, 1981 (1982), 103-132, ill. | G. summ.

9958 BARANKOVA, Galina: Leksikalni osobenosti v pametnicite ot Preslavskata knižovna škola. Izbornik ot 1073 g. i Šestodnev na Joan Ekzarch Bălgarski. — *EL* 37, 1982/1, 40-48.

9959 BERNARD, Roger: Un emprunt fait par le grec byzantin au vieux bulgare: λοσνίκιον 'couverture de lit'. — *Palaeobulg* 6, 1982/3, 98-102.

9960 BESTERS-DILGER, Juliane: Die Wiedergabe lateinischer syntaktischer Konstruktionen (Acc. cum inf., Part. coniunctum und Abl. absolutus) in Kurbskijs Damascenus-Übersetzung. — *ASlPh* 13, 1982, 1-24.

9961 BICEVSKA, Kita: Leksički i zboroobrazuvački sinonimi kaj složenkite vo staroslovenskiot jazik (na materijalot na evangelskite tekstovi). — *MJ* 31, 1980, 175-190.

9962 BOGDAN, Damian P.: L'originalité des inscriptions, manuscrits, documents et livres roumains rédigés en slave. — *RESEE* 19, 1981, 97-107.

9963 BOGDANOVIĆ, Dimitrije: Nebiblijska građa u Rečniku staroslovenskog jezika srpske redakcije. — *Slovo* 31, 1981 (1982), 7-14 | Ru. summ.

9964 CAKALIDI, T.G.: Iz nabljudenij nad negativnymi konstrukcijami v drevnejšem slavjanskom pamjatnike tradicionnogo soderžanija. — *VJa* 1982/1, 97-106.

9965 CAPALDO, Mario: Pour l'édition des Sermons attribués à Jean l'Exarque. — *BalkE* 25, 1982/1, 19-39.

9966 *Černorizec Chrabăr. O pismenechь.* Kritičesko izd. izgotvila: Alda DŽAMBELUKA-KOSSOVA [GIAMBELLUCA-KOSSOVA] . . . — Sofija: 1980 | BL 1980, 8637. | *EL* 37, 1982/1, 108-113 S. Nikolova; I. Todorov.

9967 CHARALAMPIEV, Ivan: Po ezikovite osobenosti na Svodnija paterik. — *EL* 37, 1982/5, 88-92.

9968 CHODOVA, K.I.: *Prostoe predloženie v staroslavjanskom jazyke.* — Moskva: 1980 | BL 1980, 8638. | *Slavia* 51, 1982, 81-84 E. Pallasová.

9969 CHODOVA, Kapitolina: K voprosu o soglasovanii s sobiratel'nymi suščestvitel'nymi v drevnebolgarskom jazyke. — *Palaeobulg* 6, 1982/3, 166-173.
9970 DARDEN, Bill J.: On the source of OCS *$j\varrho$. — *FoSl* 4/2-3, 1981 (1982), 243-245.
9971 DAVIDOV, Angel: La tradition vieux bulgare dans le lexique de l'École littéraire de Tărnovo. — *Palaeobulg* 6, 1982/3, 129-139.
9972 DESPODOVA, Vangelija: Specifičnite metodološki problemi pri izrabotkata na Rečnikot na makedonskite crkvnoslovenski rakopisi. — *Slovo* 31, 1981 (1982), 23-31.
9973 DESPODOVA, Vangelija: Jazičnite osobenosti na spomenicite za Rečnikot na makedonskite crkvnoslovenski rakopisi. — *Slovo* 31, 1981 (1982), 83-101.
9974 DOBREV, Ivan: *Starobălgarska gramatika. Teorija na osnovite.* — Sofija: Nauka i izkustvo, 1982, 212 p.
9975 DOGRAMADŽIEVA, Ekaterina: Knižovnata norma pri aoristnite dubleti v starobălgarskite pametnici. — *EL* 37, 1982/3, 15-22.
9976 DULIČENKO, L.V.: Vzaimozamena vinitel'nogo i lokativa s predlogami *vъ* i *na* v parallelnych tekstach drevneslavjanskoj kanoničeskoj pis'mennosti. — *UZTarU* 579, 1981 (*Trudy po ru. i sl. fil.*), 60-70.
FILKOVA, P.: K voprosu o nasledii drevnebolg. i cerkovnosl. jazykov ... — 12223.
9977 FOMINA, Ljudmila F.: Nazvanija sozvezdij v drevnebolgarskich pamjatnikach. — *Palaeobulg* 6, 1982/4, 32-36.
9978 FORSSMAN, Bernhard: Der Auslaut von Altkirchenslavisch *jestŭ, sǫtŭ.* — [302], 145-151.
GARBACZ, S.K.: *Skr. and O. Church Sl.* ... — 4535.
9979 IVANČEV, Svetomir: Kăm văprosa za săčetanijata *rъ/rь, lъ/lь* v starobălgarskite tekstove. — *Palaeobulg* 6, 1982/3, 103-107.
9980 IVANOVA-MIRČEVA, Dora: Starobolgarskie literaturnye centry kak "jazykovye školy". — *Palaeobulg* 6, 1982/3, 119-128.
9981 JOVANOVIĆ, Gordana: O kriterijumu izvora jevanđeljskih tekstova za građu crkvenoslovenskog rečnika srpske redakcije. — *Slovo* 31, 1981 (1982), 33-40 | E. summ.
9982 JOVIĆEVIĆ, Radojica: Ponarodnjena grčka i grcizirana nomina propria u Asemanovu jevanđelju. — *OnJug* 10, 1982, 83-84.
9983 JOVIĆEVIĆ, Radojica R.: Morfološki habitus grčkih i grciziranih indeclinabilia feminina na konsonant u staroslovenskom jeziku. — *ZbSl* 23, 1982, 215-219.
9984 KEIPERT, Helmut: Leskiens Altbulgarisch-Vorlesung von 1877/78. — [347], vol. 1, 17-38.
9985 KONZAL, Václav: Ještě jednou k csl. adjektivu *razlatyj.* — *Slavia* 51, 1982, 54-55 | Encore une fois sur l'adjectif slavon cité (cf. BL 1980, 8650).
KURBSKIJ, A.M.: *Novyj Margarit* ... — 12133.
9986 LOGAČEV, K.I.: Problema kritičeskogo izdanija pervogo pis'mennogo pamjatnika kirillo-mefodievskoj tradicii. — *SovSlav* 1982/5, 66-73.
9987 LUNT, Horace G.: On dating Old Church Slavonic gospel manuscripts. — *SSGL* 2, 1982, 215-231.
9988 LYSAGHT, T.A.: *Material towards the compilation of a concise Old Church Slavonic-English dictionary.* — Wellington, N.Z.: 1978 | BL 1979, 8442. | *Slavia* 51, 1982, 80-81 V. Polák | *SEz* 7, 1982/5, 50-51 I. Bujukliev; Ja. Băčvarov.
9989 MAREŠ, Francis W.: *An anthology of Church Slavonic texts of western (Czech) origin* ... — München: 1979 | BL 1979, 8443. | *WSlav* 27, 1982, 214-221 H. Birnbaum.

VIEUX-SLAVE 9990-10008

9990 MARTI, Roland: Die Evangelienzitate im Glagolita Clozianus. — [302], 443-458.
9991 MIHALJEVIĆ, Milan: Problemi normalizacije u vezi s poluglasom (Rad na Rječniku općeslavenskog književnog jezika hrvatske redakcije). — *Slovo* 31, 1981 (1982), 67-79 | E. summ.
9992 MILEVA, Nedka: Săjuzăt *da* v proizvedenijata na Joan Ekzarch. — *BE* 32, 1982, 198-205.
9993 MINČEVA, Angelina: Kăm văprosa za Kirilo-Metodievite tradicii v dejnostta na Preslavskite knižovnici. — *EL* 37, 1982/6, 29-38.
9994 MLADENOVA, Margarita: Problemi na Kirilo-Metodievata tradicija na čechoslovaškata ezikova teritorija. — *Palaeobulg* 6, 1982/2, 34-40.
9995 *Naučna konferencija. Prevodnoto delo na Konstantin-Kiril Filosof. V. Tărnovo, 24 okt. 1981. Sbornik ot dokladi.* — Sofija: Săjuz na prevodačite v Bălgarija, 1982, 52 p. | From the contents: Dora IVANOVA-MIRČEVA, 'Deloto na Konstantin-Kiril Filosof – osnova na prevodačeskata dejnost v Bălgarija ot IX-X do XIV-XV vek'; Kujo KUEV, 'Prevodačeskata dejnost na Konstantin-Kiril Filosof'; Angelina MINČEVA, 'Prevodačeskite principi na Konstantin-Kiril i priloženieto im v dejnostta na preslavskite knižovnici'; Spas NIKOLOV, 'Săvremennata značimost na prevodnoto delo na Konstantin-Kiril Filosof'.
9996 NIKOLIĆ, Svetozar: *Staroslovenski jezik.* I: *Pravopis, glasovi, oblici.* II: *Primeri sa rečnikom.* IV izdanje. — Beograd: Naučna knjiga, 1978, 252 p.; 1980, 143 p. | Vol. I in BL 1978, 7622. | *ZbFL* 24, 1981/2 (1982), 190-195 G. Jovanović.
9997 PALLASOVÁ, Eva: Postavení přívlastku v staroslověnských památkách biblických. — *SFFBU*, A 30, 1982, 69-81 | Die Stellung des Attributs in den altkirchenslawischen biblischen Denkmälern (G. summ.).
9998 *Proučvanija vărchu Suprasălskija sbornik, starobălgarski pametnik ot X vek* ... — Sofija: 1980 | BL 1980, 8678. | *Slavia* 51, 1982, 410-413 E. Pallasová.
9999 RADOVICH, Natalino: *Glossario greco-slavo ecclesiastico dei vangeli.* Fasc. 1. — Padova: 1980 | *ASlPh* 13, 1982, 119-121 E. Hansack.
10000 REITER, Norbert: *Drugăjj, ină,* állos, éteros. — [347], vol. 2, 209-240.
10001 REITER, Norbert: Superlativ und Komparativ im Altbulgarischen. — [302], 581-605.
10002 REŽIĆ, Ksenija: Problemi normalizacije hrvatskocrkvenoslavenskih složenica s početnim *bez-, vz-, iz-, niz-* i *raz-*. — *Slovo* 31, 1981 (1982), 51-57.
10003 RIBAROVA, Zdenka: Problematikata na podgotvitelnite raboti za Rečnikot na makedonskite crkovnoslovenski rakopisi. — *Slovo*, 31, 1981 (1982), 59-66.
10004 ŠARAPATKOVÁ, Žofie: Explicitní vyjadřování pronominálního podmětu 1. a 2. osoby v staroslověnštině. — *SFFBU*, A 30, 1982, 61-68 | Die Sätze mit dem ausgedrückten Pronominalsubjekt der 1. und 2. Person in der altsl. Sprache (G. summ.).
10005 SAVOVA, Petranka: Opit za statističeski izsledvanija i nabljudenija vărchu sbornika ot 1076 godina (Simeonov sbornik). — *NTPlovdiv* 16, 1978/5, 491-512.
10006 SAVOVA, P.: Opit za nabljudenie vărchu leksikalni varianti ot sbornika 1076 godina. — *NTPlovdiv* 19, 1981/5, 263-271.
10007 SCHÜTZ, Joseph: Methods Grab in der Kathedrale von Morava. — *Palaeobulg* 6, 1982/2, 28-33.
SHUKLA, S.: . . . IE *$\hat{k}$, *tt,* and *s* in Avestan and O. Bulg. — 4728.
10008 SKUTIL, Jan: Dobrovského "Institutiones" a Kopitarova "pannonská teorie". — [411], 33-40 | J. DOBROVSKÝ und B. KOPITAR über den Ursprung und die Heimat des Altkirchenslawischen.

10009 *Slovník jazyka staroslověnského. Lexicon linguae palaeoslovenicae*. Hlavní red.: Josef KURZ †; výkonná red.: Zoe HAUPTOVÁ. 35 (*rogъ – rufovъ*). — Praha: Academia, 1982, p. 641-671 | Cf. BL 1981, 10031.
10010 SMJADOVSKI, Stefan: Za simvoličnite znaci i abecedara vărchu ploča ot Sofijskija archeologičeski muzej. — *BE* 32, 1982, 54-57.
10011 STANČEV, Krasimir: *Poetika na starobălgarskata literatura (Osnovni principi i problemi)*. — Sofija: Nauka i izkustvo, 1982, 200 p.
10012 STEFANOVIĆ, Dimitrije: Neki aspekti ispitivanja sakralne terminologije u crkvenoslovenskim apostolskim tekstovima. — *Slovo* 31, 1981 (1982), 41-49 | G. summ.
10013 STEFANOVIĆ, Dimitrije: O slovenskim ekvivalentima grčkih vezničkih izraza εἰ *(καὶ)* εἴ πως i εἴτε u crkvenoslovenskim apostolskim tekstovima. — *JslF* 38, 1982, 111-122 | E. summ.
10014 *Suprasălski ili Retkov sbornik*. V dva toma. 1. Jordan ZAIMOV: Uvod i komentar na starobălgarskija tekst. Mario KAPALDO [CAPALDO]: Podbor i komentar na grăckija tekst. — Sofija: Izd. na BAN (Inst. za bălg. ezik), 1982, 564 p., facsim. | Vol. 2: 1983.
10015 [TÓTH, I.] TOT, Imre: O protografe i proterografe kirillovskoj časti Rejmsskogo evangelija. — *Palaeobulg* 6, 1982/3, 180-183.
10016 TROST, Klaus: *Untersuchungen zur Übersetzungstheorie und -praxis des späteren Kirchenslavischen* . . . — München: 1978 | BL 1978, 7647. | *KLit* 9, 1980, 47-51 H. Jelitte | *JslF* 37, 1981, 293-296 D. Stefanović.
10017 UGRINOVA-SKALOVSKA, Radmila: *Staro-slavenski jazik:* gramatika, tekstovi, rečnik kon gramatikata i tekstovite. — Skopje: Univ. "Kiril i Metodij", 1979, 168 p., 10 pl. | 1st ed. 1970 (BL 1971, 8110). | *Slovo* 30, 1980 (1981), 129-131 H. Kuna.
10018 VAVŘÍNEK, Vladimír; ZÁSTĚROVÁ, Bohumila: Byzantium's role in the formation of Great Moravian culture. — *Byzsl* 43, 1982, 161-188, 16 fig.
10019 VEREŠČAGIN, E.M.: U istokov slavjanskoj filosofskoj terminologii: mentalizacija kak priem terminotvorčestva. — *VJa* 1982/6, 105-114.
10020 VOSTOKOV, Aleksandr Christoforovič [1781-1864]: *Grammatika cerkovno-slovenskago jazyka, izložennaja po drevnejšim onago pis'mennym pamjatnikam*. — Slavistische Forschungen 29; Köln: Böhlau, 1980, 134 p. | Reprint of the 1863 ed. | *Kratylos* 27, 1982 (1983), 212-214 H. Keipert.
10021 VYSKOČIL, Pavel: Rusismy v Apoštoláři Ochridském. — *Slovo* 30, 1980 (1981), 7-15.
10022 ZEIL, W.: Altbulgarische Studien in Deutschland bis 1945 und ihre Bedeutung für die internationale Slawistik. — *ZSl* 27, 1982, 726-739.
10023 ŽIVKOVA, Ljudmila: *Četveroevangelieto na car Ivan Aleksandăr* . . . — Sofija: 1980 | BL 1981, 10043. | *Slovo* 31, 1981 (1982), 148-151 A. Nazor.
10024 ZOR, Janez: Novo odkriti glagolski fragment iz leta 1370. — *JiS* 27, 1981-82, 191-195, facsim.

C. Bulgarian — Bulgare

0. BIBLIOGRAPHY AND GENERAL — BIBLIOGRAPHIE ET GÉNÉRALITÉS

10025 CHRUSANOVA, Vesela: Săpostavitelno izsledvane na bălgarski s drugi ezici: bibliografija za 1981 godina. — *SEz* 7, 1982/6, 82-96 | Cf. BL 1981, 10045.
10026 CONKOVA, Marija: Bălgaristikata v čužbina prez 1981 g. v čužda periodika. Do-

pălnenie kăm "Bălgaristikata v čužbina prez 1979/80 g.". — *BE* 32, 1982, 384-389.

10027 HARALAMPIEFF, Kyrill; SCHALLER, Helmut W.: Bibliographie zur Bulgaristik in Deutschland (ein Überblick). — [347], vol. 1, 431-470.

MLADENOVA, O., et al.: Bibliografija na bălg. ezikovedska literatura ... — 31-32.

10028 BALČEV, Vladimir: "Bolgarska gramatika" na Neofit Rilski i edno nejno dopălnenie. — *EL* 37, 1982/3, 23-39.

10029 [BERNARD, R.] BERNAR, Rože: *Bălgaristični izsledvanija*. Săstavitel: Dimităr TILKOV. — Sofija: Nauka i izkustvo, 1982, 569 p., portr. | Coll. of B.'s Bulg. studies, transl. from the Fr. Linguistics, p. 37-491. With bibliography of B.'s work.

BOJADŽIEV, T.; MLADENOV, M.Sl.: Prinosite na d-r D.S. Tilkov v bălg. ezikoznanie. — 837.

10030 Bolgarskij jazyk i obščnost' ego dialektov. — *BalkE* 25, 1982/4, 37-42.

BULANIN, L.L., et al.: *Voprosy sopostavitel'nogo opisanija ru. i bolg. jazykov* ... — 11802.

10031 *Bulgaria past & present. Studies on history, literature, economics, sociology, folklore, music & linguistics*. Proceedings of the second International Conference on Bulgarian Studies held at Druzhba, Varna — June 13-17, 1978. [Ed.: Dimitŭr KOSEV]. — Sofia: Publishing House of the Bulg. Acad. of Sci., 1982, 271 p.

10032 *Bulgarien 1300:* Referate der Sektion "Sprache und Literatur" des Symposiums *Bulgarien in Geschichte und Gegenwart*, Hamburg 9.-17. Mai 1981. Hrsg. von Peter HILL. — Slavistische Beiträge 155; München: Sagner, 1982, 97 p.

COOPER, H.R., Jr.: Kopitar and the beginning of Bulg. studies. — 615.

10033 *Dějiny bulharistiky na Universitě Karlově*. Uspořádal J. PETR. — Praha: 1981 | BL 1981, 10053. | *SP* 68, 1982, 414-417 J. Svobodová.

10034 DMITRIEV, P.A.: Izučenie bolgarskogo jazyka v SSSR. — *VLU* 1982/2, 82-87.

10035 DURIDANOV, Ivan: Vtori bălgaro-skandinavski simpozium po bălgaristika. — *EL* 37, 1982/6, 112-113.

10036 *Ezikovedskata bălgaristika v GDR*. Săstaviteli: Chilmar VALTER [H. WALTER], Karl GUTŠMIT [K. GUTSCHMIDT], Svetomir IVANČEV. — Sofija: Nauka i izkustvo, 1982, 337 p. | A coll. of previously published studies (mainly transl. from *ZSl*), except No. 10125.

10037 *1300 godini Bălgarska dăržava*. (Dokladi i săobštenija ot naučna konferencija, provedena na 5 i 6 noemvri 1981 g. v čest na 1300-godišninata na Bălgarskata dăržava). [Red. kolegija: Nikolaj P. KOVAČEV, et al.]. — Veliko Tărnovo: Velikotărnovski univ. "Kiril i Metodij", 1982, 221 p.

10038 GEORGIEV, Emil: Bălgaristikata — săštnost, razvoj, problemi. — *EL* 37, 1982/1, 1-10.

10039 GEORGIEV, Emil: Osnovni etapi v razvitieto na bălgaristikata. Vărchu material ot ezikoznanieto i literaturoznanieto. — *EL* 37, 1982/6, 1-23.

HILL, P.: Different codifications of a language. — 10304.

10040 [IVANČEV, S.] IVANTCHEV, Svetomir: Parallèles linguistiques bulgaro-français. — *SEz* 7, 1982/1-2, 98-104 | Rés. bulg.

10041 IVANOVA, Elena: Kăm charakteristikata na detskata reč. — [10037], 107-115.

10042 *Jazyk i pis'mennost' srednebolgarskogo perioda*. (Red.: E.I. DEMINA, E.V. ČEŠKO, et al.]. — Moskva: "Nauka", 1982, 286 p.

10043 Kočev, Ivan: Dejnostta na Instituta za bălgarski ezik prez 1981 g. — *BE* 32, 1982, 241-244.
10044 Konstantinova, Violeta: *Predlozite v bălgarskata gramatična literatura.* — Sofija: Izd. na BAN (Inst. za bălg. ezik), 1982, 152 p.
10045 Maslov, Ju.S.: *Grammatika bolgarskogo jazyka.* — Moskva: "Vysšaja škola", 1981, 407 p. | *VMU* 1982/4, 79-82 R.P. Usikova | *BE* 32, 1982, 230-233 K. Ivanova | *SovSlav* 1982/6, 119-122 T.N. Mološnaja; T.V. Popova.
10046 Maslov, Ju.S.: *Gramatika na bălgarskija ezik.* Predgovor: Sv. Ivančev. Prev.: Blažo Blažev. — Sofija: Nauka i izkustvo, 1982, 403 p. | Transl. of No. 10045.
10047 Părvev, Christo: Bălgarskoto ezikoznanie – postiženija i perspektivi. — *SpBAN* 1982/4, 23-35.
10048 [Petr, J.] Petăr, Jan: Iz istorijata na ezikovedskata bălgaristika v Čechija. — *SEz* 7, 1982/4, 47-57.
Petr, J.: K počátkům Šafaříkova poznávání nové bulharštiny. — 773.
Popov, K.: *Naučnoto delo na vidni bălg. ezikovedi.* — 1951.
10049 Stojanov, Stojan: Našata pozicija ostava nepromenena. — *EL* 37, 1982/5, 1-8 | Apropos of No. 10227.
10050 Walter, H.: Die neubulgarische Sprache in den deutschsprachigen Ländern Ende des 18./Anfang des 19. Jahrhunderts. — *ZSl* 27, 1982, 146-150.
10051 Zwoliński, Przemysław: Kontakty poljakov so staro- i novobolgarskim jazykom ot poloviny XVI do konca XIX veka. — *Slavia* 51, 1982, 60-62.

I. PHONETICS AND PHONOLOGY — PHONÉTIQUE ET PHONOLOGIE

10052 Alexander, Ronelle: Directions of morphophonemic change in Bulgarian dialects. — [10031], 217-220.
10053 Christensen, Rolf H.: Das akzentuelle Zusammenwirken zwischen dem unbestimmten und dem bestimmten Substantiv im Bulgarischen. — *ScSl* 28, 1982, 175-199.
10054 *Gramatika na săvremennija bălgarski knižoven ezik.* Tom I. *Fonetika.* [Glaven red.: Dimităr Tilkov. Red. kolegija: Todor Bojadžiev, Christo Părvev. Avtori: Todor Bojadžiev, Elena Georgieva, et al.] — Sofija: Izd. na BAN (Inst. za bălgarski ezik), 1982, 300 p.
10055 Gyllin, Roger: The traditional normative view on vowel reduction in Bulgarian and its target groups. — *SSGL* 2, 1982, 79-90.
10056 Henrichs, J.P.: Eine neue Untersuchung der ostbulgarischen akzentuierten Texte des späten 14. Jahrhunderts. — *SSGL* 2, 1982, 109-116.
10057 Kočev, Ivan: Osobenosti na nazalnata vokalna korelacija v istoričeskija razvoj na bălgarskija ezik. — *BE* 32, 1982, 177-183.
Machrova, T.: Osobenosti na ru. i bălg. intonacija . . . — 11862.
10058 Miševa, Anastasija: Akcentno-ritmičnite edinici v bălgarskija i ruskija ezik. — *SEz* 7, 1982/5, 3-10, fig.
Nikolov, B.: La nasalité vocalique en fr. et en bulg. . . . — 6563.
10059 Penčev, Jordan: *Osnovni intonacionni konturi v bălgarskoto izrečenie.* — Sofija: 1980 | *BL* 1980, 8725. | *SEz* 7, 1982/3, 52-55 T. Machrova | *BRus* 9, 1982/1, 86-87 T. Stoeva | *Slavia* 51, 1982, 347-352 L. Uhlířová | *Mov* 1982/2, 78-80 A. Bahmut.
Schuyt, R.: Soft consonants – a comparison between Ru., Bulg. and Rum. — 7611.

BULGARE

10060 SIMEONOV, Boris: La structure du consonantisme français et bulgare. — *SEz* 7, 1982/1-2, 129-135 | Rés. bulg.
10061 TILKOV, Dimităr: *Intonacijata v bălgarskija ezik.* — Sofija: Narodna prosveta, 1981, 136 p., tab., fig. | *BEL* 25, 1982/3, 59-60 K. Dimčev.
10062 VĂTOV, Vărban: Gavril Krăstevič i aktualnite fonetični văprosi na knižovnoezikovoto stroitelstvo u nas v sredata na XIX v. — *EL* 37, 1982/5, 73-80.
10063 [VELČEVA, B.] VELCHEVA, Boriana: Old Bulgarian "jers" and the contribution of American linguists to their study. — [10031], 214-216.

2. GRAMMAR — GRAMMAIRE

10064 BARAKOVA, Penka: Za edin semantično-sintaktičen izrečenski tip v bălgarskija ezik (Kăm opisanieto na *za da*-izrečenijata). — *BE* 32, 1982, 442-448.
10065 [BEŠKOVA, R.] BECHKOVA, Radka: Quelques observations sur les verbes bulgares caractérisés par des préfixes et leurs équivalents analytiques en français. — *SEz* 7, 1982/1-2, 79-85 | Rés. bulg.
10066 [BOJADŽIEV, Ž.] BOYADJIEV, Jivco: La proposition nominale assertive en bulgare, français et russe. — *SEz* 7, 1982/1-2, 85-90 | Rés. bulg.
BOJADŽIEV, Ž.: Ošte vednăž po văprosa za silno obosobenite časti. — 2403.
10067 BREZINSKI, Stefan: Vlijanie na analitizma vărchu novobălgarskoto izrečenie. — *EL* 37, 1982/4, 114-118.
10068 BUROV, Stojan: Kăm văprosa za stepenuvaneto na prilagatelnite imena i narečijata v săvremennija bălgarski knižoven ezik. — *BE* 32, 1982, 104-110.
10069 CANKOV, Kiril: Kăm slovoobrazovatelnata i akcentnata charakteristika na săštestvitelnite s nastavki *-džija/-čija* i *-lija* v săvremennija bălgarski ezik. — *BE* 32, 1982, 70-75.
10070 CANKOV, Kiril: Kategorijata zalog i văzvratnite glagoli v săvremennija bălgarski knižoven ezik. — *TrTărnovo* 17, 1982/2, 65-95 | E. & Ru. summ.
ČENEVA, V.: Konstrukcii so svobodnym vremennym sojuzom *kak* . . . — 11989.
10071 CHRISTOV, Paisij: Mechanizăm na bezpredstavăčnata glagolna nominacija v bălgarskija i văv frenskija ezik. — [10037], 117-123 | On the verbal unprefixed nomination in Bulg. & Fr.
10072 DEJANOVA, Marija: Otnosno predikativnoto opredelenie kăm dopălnenieto v bălgarski. — *BE* 32, 1982, 75-78.
DEJANOVA, M.: *Funkcionalen razvoj na infinitiva* . . . — 10399.
DEJANOVA, M.: Za funkciite na služebnata duma *da* . . . — 10697.
DJAKOVA, S.: Strukturno-semantični modeli s *fall* + adverbialna častica . . . i technite săotvetsvija . . . — 8911.
10073 DOBREVA, Elka: Za ponjatieto gramatičeska kategorija i kategoriite na bălgarskija glagol. — *BE* 32, 1982, 94-103.
ENČEVA, N.: Semantiko-sintaktičeskoe stjaženie slovosočetanij, vyražajuščich otnošenie časti k celomu . . . — 11918.
10074 ENGLUND, Birgitta: *Yes/no questions in Bulgarian and Macedonian: form.* — Stockholm: 1977 | *BL* 1977, 10375. | *MJ* 31, 1980, 311-314 Z. Topolińska.
10075 FEUILLET, Jack: Systèmes aspectuels en français et en bulgare. — *SEz* 7, 1982/1-2, 26-36 | Rés. bulg.
10076 FRIEDMAN, Victor A.: Admirativity in Bulgarian compared with Albanian and Turkish. — [10031], 63-67 | Cf. 4961-2.

10077 GALTON, Herbert: Compound and secondary tenses in Bulgarian. — ZBalk 18, 1982, 117-126.
10078 [GENČEVA, Z.] GUENTCHÉVA, Zlatka; DESCLÉS, Jean-Pierre: A la recherche d'une valeur fondamentale du parfait bulgare. — SEz 7, 1982/1-2, 44-56 | Rés. bulg.
10079 GERDŽIKOV, Georgi: Tăj narečenoto preizkazvane i văprosăt za modalnite kategorii, koito glagolăt može da pritežava. — SEz 7, 1982/4, 21-38.
10080 GRANNES, Alf: *Loan compounds in Bulgarian reflecting the Turkish indefinite izafet-construction.* — Oslo: 1980 | BL 1981, 10100. | SEER 60, 1982, 97-98 G.A.M.W. Moudrova | SEEJ 26, 1982, 137-138 Chr. Kramer | SEz 7, 1982/4, 58-67 M. Bajramova | SEz 7, 1982/5, 26-29 I.K. Dobrev.
10081 [GYLLIN, R.] GILLIN, Roger: Morfologična klasifikacija na opredelitelnija člen v bălgarskija ezik. — SEz 7, 1982/3, 16-22.
10082 HAMP, Eric P.: The loss of declension and the definite. — [10031], 71-76.
HRISTOV, P.: Réflexions sur la subordination des propositions circonstantielles . . . — 6640.
10083 ILIEVA, Kornelija: Pozicionno razpredelenie na glagolnite predstavki v săvremennija bălgarski knižoven ezik. — BE 32, 1982, 35-47.
10084 IVANČEV, Svetomir: On the problem of the temporal defectiveness of some verbs in Bulgarian. — [309], 67-69.
10085 [IVANČEV, S.] IVANCHEV, Svetomir: An unusual way of forming diminutives from nouns of masculine gender in Bulgarian. — [10031], 68-70.
JÄGER, G.: Einige Bemerkungen zu einem speziellen Typ komplexer Sätze . . . — 8071.
10086 KABAKČIEV, Krasimir: Markerite za količestvena o graničenost v morfologičeskata struktura na glagolite i săštestvitelnite imena. — EL 37, 1982/6, 63-73.
10087 KALDIEVA-ZACHARIEVA, Stefana: Kăm charakteristikata na otvlečenite otglagolni săštestvitelni săs sufiks -ne v săvremennija bălgarski knižoven ezik. — BE 32, 1982, 48-53; 116-124.
10088 KÄMMERER, Horst: *Untersuchungen zur Flexion der Substantive in der bulgarischen Schriftsprache des 14./15. Jahrhunderts . . .* — München: 1977 | BL 1977, 10392. | KLit 8, 1979, 40-43 H. Keipert.
10089 KARAG'OZOVA, Snežina: Opredelenata referencija. Čast I: Ezikovi sredstva na opredelenata referencija. Čast II: Funkciraneto na tretoličnite mestoimenija, pokazatelnite mestoimenija i opredelitelnija člen v săvremennija bălgarski ezik kato sredstva za opredelenata referencija. — SEz 7, 1982/5, 16-25; 1982/6, 22-28.
10090 KATTEIN, Rudolf: Eine neue Modaltheorie und ihre Anwendung auf das Bulgarische. — [10032], 36-43.
10091 KOSTOV, K.: Altbulgarische syntaktische Besonderheiten und ihre Entsprechungen im Neubulgarischen. — ZSl 27, 1982, 436-445.
10092 KRĂSTEV, Borimir: Certains aspects de la catégorie de la diminution relatifs aux emprunts bulgares faits à la langue française. — SEz 7, 1982/1-2, 105-114 | Rés. bulg.
10093 KUCAROV, I.: Văprosăt za proizchoda na preizkaznite formi v bălgarskija ezik. — NTPlovdiv 17, 1979/5, 101-122.
10094 KUCAROV, Ivan: Teorijata za funkcionalno-semantičnite kategorii kato osnova za sinchronno opisanie na bălgarskija ezik. — NTPlovdiv 18, 1980/5, 19-45.
10095 KUCAROV, Ivan: Za plana na sădăržanie na glagolnite morfologični kategorii v săvremennija bălgarski ezik. — NTPlovdiv 19, 1981/5, 19-28.

10096 LAKOVA, Meri: Kăm problematikata na văprosite za popălvane. — *BE* 32, 1982, 218-222 | Apropos of No. 10117.
10097 LEMPP, Albrecht: Neubulg. *da* in verbalen Kontexten. — [347], vol. 1, 271-279.
10098 MAKSIMOVA, V.: Otricanieto kato element na semantičnata struktura na njakoi predložni konstrukcii, izrazjavašti "văzmožnost" v bălgarski i polski ezik. — *NTPlovdiv* 19, 1981/5, 273-283.
10099 MARINOVA, Jordanka: Kăm văprosa za semantiko-sintaktičnite osobenosti na glagolite s ograničena struktura v bălgarskija knižoven ezik. — *TrTărnovo* 17, 1982/2, 129-154.
10100 MARINOVA, Jordanka: Osnovni semantični razredi glagoli v bălgarskija knižoven ezik. — [10037], 23-29.
10101 MAROVSKA, Vera: Problemi na analitičnija imperativ v bălgarskija ezik. — *NTPlovdiv* 16, 1978/5, 199-224.
10102 MAROVSKA, V.: Kăm charakteristikata na glagolnata opozicija prechodnost/ neprechodnost v săvremennija bălgarski ezik. — *NTPlovdiv* 17, 1979/5, 145-164.

MINČEV, T.: O semantičeskoj nedifferencirovanosti morfemnych elementov . . . — 11945.

MITEV, D.: Slovoobrazovatel'naja struktura prilagatel'nych s suffiksami *-at-* . . . — 11947.

10103 NEDEV, Ivan: Kăm strukturno-semantičnata charakteristika na tematičnite izrečenija v săvremennija bălgarski knižoven ezik. — *BE* 32, 1982, 405-412.
10104 NEDEV, Ivan: Ocenăčni izrečenija v săvremennija bălgarski knižoven ezik. — *EL* 37, 1982/3, 50-64.
10105 NEDEV, Ivan: Vărchu njakoi problemi na ednosăstavnite neopredeleno-lični izrečenija. — *EL* 37, 1982/4, 68-84.
10106 NEDEV, Ivan: Kăm otgovora na văprosa: săštestvuva li ednorodnost pri skazuemoto? — *EL* 37, 1982/5, 61-66.
10107 NICOLOVA, Ruselina: Za upotrebata na văzvratnoto lično mestoimenie v bălgarskija ezik (v săpostavka s drugite slavjanski ezici i s nemskija). — *SEz* 7, 1982/6, 3-12 | On the distribution of the reflexive pronoun in Bulg. (in comparison with other Sl. languages and with G.).
10108 NICOLOVA, Ruselina: Die Spezifik der bulgarischen Pronomen. — [10032], 62-88.

PAILLARD, D.: A propos de quelques énoncés génériques . . . — 6718.

10109 PENČEV, Jordan: Za bezličnite izrečenija v bălgarski ezik. — *BE* 32, 1982, 111-115.
10110 [PENČEV, J.] PENCHEV, Iordan: Dative pronominal indirect objects and attributes in Bulgarian. — [10031], 221-223.
10111 PENKOVA, Pirinka: Epistemic modality in Bulgarian. — [309], 131-136.
10112 PETKOV, Slavčo: Preki stojnosti na rečevite načini. — *EL* 37, 1982/5, 67-72.

PIPERKOVA, I.: Čestična săpostavka na ličnite mestoimenija . . . — 8861.

10113 POPOVA, Marija: Prechodnost/neprechodnost na glagolite v bălgarskija ezik s ogled na tipologičnata im charakteristika. — *EL* 37, 1982/5, 45-54.
10114 RADEVA, Penka: Glagoli – părvi komponent na săstavno glagolno skazuemo. — *EL* 37, 1982/6, 74-82.
10115 RADEVA, Penka: Glagoli za dviženie i položenie – părvi komponent na săstavno glagolno skazuemo. — [10037], 31-39.
10116 RIEDL, Siegfried: Der Artikel im Bulgarischen. — [347], vol. 1, 317-335.

10117 ŠAMRAJ, Tatjana: Ošte vednăž za semantičnata interpretacija na văprositelnite izrečenija. — *BE* 32, 1982, 156-158 | Apropos of M. LAKOVA (BL 1980, 8756); cf. also No. 10096.

SARLOV, S.: Einige . . . Eigenschaften der deutschen Präfixe *ver-* und *ent-* und ihrer bulg. Entsprechungen . . . — 8013.

10118 SCHALLER, Helmut Wilhelm: Fragen der Textlinguistik des Bulgarischen aus vergleichenden Sicht. — [347], vol. 1, 337-350.

10119 SELIMSKI, Ljudvig: Formirane na nastavkata za otnositelni prilagatelni *-ešk-i* v bălgarskija ezik. — *BE* 32, 1982, 129-135.

10120 SIMDORN, Angelica: Zur Thema-Rhema-Gliederung im Bulgarischen. — [347], vol. 1, 367-377.

10121 [SIMEONOV, J.] SIMÉONOV, Yosif: Quelques problèmes de la grammaire contrastive dans l'optique du rapport représentation/expression. — *SEz* 7, 1982/1-2, 135-144 | Rés. bulg.

10122 STANKOV, Valentin: Za datelnite mestoimenni klitiki v bălgarskija ezik. — *BE* 32, 1982, 494-502.

10123 STEINKE, Klaus: Zur Charakteristik des Verbalsubstantivs auf *-ne* in der neubulgarischen Schriftsprache (ein Überblick). — [347], vol. 1, 379-406.

10124 VAIMBERG, S.: O paralelă sintactică româno-bulgară. — *SCL* 33, 1982, 334-343.

10125 [WALTER, H.] VALTER, Chilmar: Za kategorijata lice na glagola pri opisanie na săvremennija bălgarski knižoven ezik. — [10036], 79-88.

10126 ZLATEVA, Palma: Za upotrebata na pălnite i kratkite formi na pritežatelnite mestoimenija v bălgarskija ezik. — *BE* 32, 1982, 80-81.

3. HISTORY — HISTOIRE

10127 ANDREJČIN, Ljubomir: Filologičeski osnovi, vărchu koito se gradi knižovnata dejnost na njakoi văzroždenci prez tretata četvărt na XIX vek. — *BE* 32, 1982, 485-487.

10128 *Baniško evangelie. Srednobălgarski pametnik* . . . Podgotovili . . . Ekaterina DOGRAMADŽIEVA; Božidar RAJKOV. — Sofija: 1981 | BL 1981, 10160. | *Slavia* 51, 1982, 220-222 R. Večerka.

10129 BERNŠTEJN, S.B.: Akademik P.S. Biljarskij i ego vklad v izučenie jazyka srednebolgarskoj pis'mennosti. — [10042], 131-144.

10130 BOSILKOV, Konstantin: Istorijata na Paisij Chilendarski i bălgarskata knižovnoezikova tradicija. — *Palaeobulg* 6, 1982/2, 3-27.

10131 BOSILKOV, Konstantin: Njakoi teoretični văprosi na novobălgarskija knižoven ezik prez Văzraždaneto. — *EL* 37, 1982/1, 18-24.

10132 CHARALAMPIEV, Ivan: Zakonomernosti pri upotrebata na nekontrachirani i kontrachirani imperfektni formi v Manasievata chronika i Trojanskata povest. — *BE* 32, 1982, 125-129.

10133 DOBREV, Ivan: Kăm tălkuvaneto na ktitorskija nadpis v Bojanskata cărkva. — *GSU-SF* 71, 1979/1 (1982), 127-166.

10134 DOGRAMADŽIEVA, E.: Otraženie raspada sklonenija v Baniškom evangelii. — [10042], 166-174.

10135 DURIDANOV, I.: Interferenzerscheinungen in der Sprache der walacho-bulgarischen Urkunden. — *BalkE* 25, 1982/3, 47-49.

10136 DURIDANOV, Ivan: Hauptprobleme der Geschichte der bulgarischen Sprache. — [10032], 7-23.

10137 GEORGIEV, Vladimir I.: Genesis of the Bulgarian people and the appearance of the Bulgarian language. — [10031], 57-59.
10138 HILL, Peter: Die Entwicklung der bulgarischen Schriftsprache zur Standardsprache. — [10032], 24-35.
10139 IVANOV, J.: Tărlisko evangelie — novobălgarski ezikov pametnik ot 1861 godina. — *NTPlovdiv* 18, 1980/5, 9-18.
10140 IVANOVA-MIRČEVA, Dora: Bălgarskijat knižoven ezik ot XIII-XIV v. — treti klasičeski ezik v srednovekovna Evropa. — *BE* 32, 1982, 391-397.
10141 IVANOVA-MIRČEVA, D.: Zadači izučenija bolgarskogo literaturnogo jazyka XIII-XIV vv. — [10042], 5-19.
10142 KABAKČIEV, Kiril: Kăm individualno-stilnata sinonimika v tvorčestvoto na Grigorij Camblak. — *BE* 32, 1982, 503-508.
10143 KOSSEK, Natalija V.: Semantika i sintaksis otricanija v evangelii Kochno. — *Palaeobulg* 6, 1982/4, 51-57.
10144 MARGOS, Ara: Za nadpisite, svărzani z car Georgi Terter I, pri selo Ivanovo, Rusensko. — *Palaeobulg* 6, 1982/4, 44-50.
10145 MIČEV, Michail: Kak se četat i za kakvo razkazvat njakoi skalni nadpisi kraj selo Carevec, Vračansko. — *Vekove* (Sofija) 1982/1-2, 102-117.
10146 MIHAIL, Zamfira: Problèmes du bulgare littéraire durant la période des luttes pour un état national bulgare (XIXe siècle). — *RESEE* 20, 1982, 415-420.
10147 MIKLAS, Heinz: Tradition und Innovation in der bulgarischen Hochsprache des 14.-15. Jahrhunderts. — *ASlPh* 13, 1982, 45-76.
10148 MINČEVA, Angelina: Ezikovata situacija v bălgarskite zemi prez XVIII v. i Paisievata "Istorija slavenobolgarskaja". — *Paleobulg* 6, 1982/4, 37-43.
10149 MINČEVA, A.: K sintaksičeskoj charakteristike srednebolgarskich evangel'skich spiskov (Ryl'skoe B evangelie). — [10042], 194-202.
10150 PĂRVEV, Christo: Mjasto i rolja na d-r Petăr Beron v istorijata na bălgarskija nacionalen knižoven ezik. — *BE* 32, 1982, 287-295.
10151 PĂRVEV, Christo: Bălgarskijat knižoven ezik sled Osvoboždenieto — obstanovkata v kraja na XIX i načaloto na XX vek. — *EL* 37, 1982/4, 59-67.
10152 PLATONOVA, I.V.: Otklonenija v upotreblenii priglagol'nogo datel'nogo padeža v srednebolgarskich rukopisjach. — [10042], 174-193.
10153 RUSINOV, Rusin: Christaki Pavlovič i izgraždaneto na novobălgarskija knižoven ezik. — *EL* 37, 1982/6, 39-50.
10154 SIEBERT, Tatjana: Einige Bemerkungen zu Paisijs "Istorija slavjanobolgarskaja" (auf der Basis einer Untersuchung der Adjektive). — [347], vol. 1, 351-365.
10155 SMJADOVSKI, Stefan: Za člennite formi v Dobromirovoto evangelie. — *BE* 32, 1982, 340-344.
10156 VAČKOVA, Kina: Ezikăt na dramite prez Văzraždaneto. — *EL* 37, 1982/3, 71-76.
VASILEV, C.: Südslavismen und Balkanismen im Bulg. — 4980.
10157 *Vekovni bălgarski ezikovi tradicii.* Săstaviteli: Elena GEORGIEVA; Nevena TODOROVA. — Sofija: 1980 | BL 1980, 8833. | *BE* 32, 1982, 166-168 A. Minčeva.
10158 VEL'ČEVA, B.: Grafiko-lingvističeskij analiz Ryl'skogo B evangelija načala XIV v. — [10042], 145-166.
10159 ŽEREV, Stojan: Nacionalnoezikovata politika na carigradskija bălgarski periodičen pečat (v. "Gajda" i v. "Makedonija"). — *BE* 32, 1982, 296-318.
10160 ZLATANOVA, R.: Funkcija skazuemogo imen suščestvitel'nych i imen prilagatel'nych v srednebolgarskom. — [10042], 202-225.

4. DIALECTOLOGY — DIALECTOLOGIE

10161 ANTONOVA, Lučija: Njakoi popravki na dannite za govora na s. Volak, Dramsko (Spored t. I na *Bălgarski dialekten atlas, Bălgarski govori ot Egejska Makedonija*). — *BE* 32, 1982, 436-439.

10162 GEORGIEV, Vladimir I.: Văznikvaneto na palatalnite săglasni *k' i g'* ot *š't', ž'd'* v jugozapadni bălgarski govori. — *BE* 32, 1982, 398-404.

10163 IVANOV, Jordan N.: Zur Frage der Klassifizierung der bulgarischen Dialekte in Mazedonien. — *BalkE* 25, 1982/4, 43-51.

10164 KABASANOV, Stajko: Ezikăt na Kirila i Metodija v rodopskite govori. — *EL* 37, 1982/3, 76-82.

10165 KARABELOVA, G.: Njakoi nabljudenija văv vrăzka s redukcijata na neudarenite široki glasni v centralnija balkanski govor. — *NTPlovdiv* 19, 1981/5, 101-106.

10166 KEREMIDČIEVA, Slavka G.: Smesvane na gramatičeskite rodove v chvojnenskija govor. — *BE* 32, 1982, 439-442.

10167 KOČEV, Ivan: Dialektnata delitba na Pirinskija kraj. — *BE* 32, 1982, 488-493.

10168 MĂŽLEKOVA, Marija: Kăm văprosa za starobălgarskata leksika v săvremennite bălgarski dialekti. — [10037], 9-21.

10169 PAVLOVA, Neda: Razširena upotreba na bădešte vreme v minaloto v edin trakijski govor. — *BE* 32, 1982, 69-70.

POMIANOWSKA, W.: Gwary macedońskie na tle południowosłowiańskim . . . — 10323.

10170 RADEVA, Vasilka: *Leksikalnoto bogatstvo na bălgarskite govori.* — Biblioteka "Rodna reč omajna" 17; Sofija: Narodna prosveta, 1982, 88 p.

10171 ŠAUR, Vladimír: Jak klasifikovat bulharská nářečí? — *SFFBU*, A 30, 1982, 155-167 | Zur Klassifikation der bulg. Dialekte (Ru. summ.).

10172 SCATTON, Ernest: To mark it, to mark it . . . : person-number in Western Bulgarian (Godeč). — *FoSl* 4/2-3, 1981 (1982), 365-370.

10173 SIMEONOV, Boris: Ima li "Lautverschiebung" v bălgarskite govori? — *BE* 32, 1982, 61-69.

10174 URBAŃCZYK, Stanisław: Uwagi o słownictwie Suchego i Wysokiej (na podstawie *Słownika* M. Małeckiego). — *SLPJ* 2, 1982, 87-94.

10175 ZELENINA, Ė.I.: *Sravnitel'nyj tematičeskij slovar' trech bolgarskich sel Moldavii.* — *BDial* 10; Sofija: Izd. na BAN, 1981, 179 p., 79 fig.

5. LEXICON — LEXIQUE

10176 *Bălgarski etimologičen rečnik.* Svezka 21-22 (tom III): *kutríto – lastún*[1]. Săstaviteli: V.I. GEORGIEV, R. BERNAR [BERNARD], St. ILČEV . . . [et al.]. — Sofija: Izd. na BAN (Inst. za bălg. ezik), 1982, p. 161-320 | Cf. BL 1980, 8857.

10177 *Bălgarskoto slovno bogatstvo.* Săstav.: El. GEORGIEVA; Nevena TODOROVA. — "Znanija za ezika" 3; Sofija: Narodna prosveta, 1982, 160 p. | A coll. of earlier publ. art., inter alia: Emilija PERNIŠKA, 'Leksikata kato sistema'; Marija ČOROLEEVA, 'Kolko značenija može da ima edna duma'; Albena POPOVA, 'Stilistično razčlenenie na rečnikovija săstav ot funkcionalno-ekspresivno gledište'; Malina IVANOVA, 'Stilistični plastove v leksikata'; Maja BOŽILOVA, 'Emocionalna leksika'; Keti NIČEVA, 'Frazeologijata – bogato izrazno sredstvo na ezika'; Vesa KJUVLIEVA, 'Tradicionnite sravnenija v bălgarskija ezik'; Christina PANTELEEVA, 'Specialna leksika za postigane na kolorit v romana "Antichrist" ot Emilijan Stanev'; Stefan ILČEV, 'Ruski zaemki v bălgarskija ezik'.

10178 BOEV, Emil: Po povod etimologijata na *àle. — Philologia* 10-11, 1982, 105-106.
10179 BOSILKOV, Ljubomir: Zaemki, čuždici, nedorazumenija (văz osnova na material ot anglijski). — [10037], 131-138.
10180 BUDZISZEWSKA, Wanda: Słownictwo dotyczące bułgarskich wierzeń ludowych związanych ze słońcem (i księżycem) na tle porównawczym. — *PF* 31, 1982, 47-58, map.
10181 CANKOV, Kiril: Za dve nepodchodjašti značenija na glagola *naznačavam*. — *BE* 32, 1982, 228-229.
10182 CEJTLIN, R.M.: Iz nabljudenij nad leksikoj Dobromirova evangelija (sravnitel'no s drevnebolgarskimi rukopisjami). — [10042], 225-249.
10183 ČOLAKOVA, Kristalina: Slovesnijat fond za săstavjane na rečnici pri Instituta za bălgarski ezik. — *BE* 32, 1982, 89-93.
10184 ČUMBALOVA, G.M.: O tjurkskich leksičeskich èlementach v sovremennom bolgarskom jazyke (na materiale proizvedenij L. Karavelova i I. Vazova). — *SovT* 1979/3, 12-19.
10185 DASKALOVA, Angelina; VELČEVA, Borjana: Iz istorijata na bălgarskata rodninska terminologija. — *Palaeobulg* 6, 1982/4, 58-68.
10186 DIMITROVA, M.; SPASOVA, A.: *Sinonimen rečnik*... — Sofija: 1980 | BL 1980, 8867. | *CLing* 27, 1982, 107-108 O. Vinţeler.
10187 DIMITROVA-TODOROVA, Liljana: Drei balkanische Lehnwörter im Bulgarischen. — *BalkE* 25, 1982/2, 35-36 | On the words *mischor, misjubetin, mitebér*.
10188 DIMITROVA-TODOROVA, Liljana: Za proizchoda na dialektnata duma *vinče*. — *BE* 32, 1982, 207-208.
10189 DIMITROVA-TODOROVA, Liljana: Proizchod na tri dumi ot bălgarskija folklor. — *BE* 32, 1982, 424-425 | On the words *lăčkam, lăčugam, Mistrovden*, etc.
10190 DOBREV, Ivan K.: Ošte edna prabălgarska duma v săvremennija ni ezik – *părle*. — *BE* 32, 1982, 57-59.
10191 DOBREV, Ivan K.: *Gulak/gulači* – slovno nasledstvo ot kumanskija superstrat v bălgarskija ezik. — *BE* 32, 1982, 415-421.
10192 DURIDANOV, Ivan: Bulgarisch *odeve, odave* und Verwandtes. — [302], 95-101.
10193 DURIDANOV, Ivan: Kăm etimologijata na bălg. *tlapja, tlapam*, srchărv. *tlapiti* i pod. — *EL* 37, 1982/3, 65-70.
10194 DURIDANOV, Ivan: Povtorno za etimologijata na bălg. *džel*. — *BE* 32, 1982, 59-60 | Apropos of L. DIMITROVA-TODOROVA (BL 1981, 10219).
10195 DZIDZILIS, Hristos: Za njakolko grăcki zaemki v bălgarskija ezik. — *SEz* 7, 1982/5, 11-15 | On the words *adílio, elská, ilárija*, etc.
10196 GEORGIEVA, Elena: Semantični i strukturni problemi pri kalkirane na terminologični izrazi v bălgarskija ezik. — *Slavia* 51, 1982, 1-6.
10197 GERDŽIKOV, Ognjan: Juridičeskata leksika i bălgarskite rečnici. — *EL* 37, 1982/4, 119-123.
10198 [GUGUŁANOVA, I.] GUGUŁANOWA, Iwanka: Frazeologizmy z liczebnikami w językyu polskim i bułgarskim. — [9804], 149-156.
10199 HANEGREEFS-POPOVA, Noëlle: Variations dans l'usage des mots d'origine française en bulgare moderne. — *SEz* 7, 1982/1-2, 57-60 | Rés. bulg.
10200 [HEREJ-SZYMAŃSKA, K.] CHEREJ-ŠIMANSKA, Kristina: Bălg. dial. *natra*. — *BE* 32, 1982, 139-141 | Etym. of this word.
10201 [HEREJ-SZYMAŃSKA, K.] CHEREJ-ŠIMANSKA, Kristina: Slovnoto semejstvo na dumata *ečemik*. — *BE* 32, 1982, 427-435.
10202 IVANOVA, Kina: Kăm văprosa za tălkuvaneto na abstraktnite săštestvitelni imena s nastavka *-ost* v mnogotomnija Rečnik na bălgarskija ezik. — [10037], 41-49.

JANEV, L.: Semantična klasifikacija na frazeologizmite ... — 10922.
10203 JORDANOVA, Ljubima: *Novite dumi v săvremennija bălgarski ezik.* — Sofija: 1980 | BL 1980, 8879. | *BE* 32, 1982, 170-171 L. Manolova.
10204 KJUVLIEVA, Vesa: Za formata i značenieto na pozdrava: *zdravej, zdravejte.* — *BE* 32, 1982, 223-225.
10205 KJUVLIEVA, Vesa: Tradicionni sravnenija v bălgarskij ezik – mnogoznačnost, variantnost, sinonimija. — *EL* 37, 1982/2, 22-26.
10206 KJUVLIEVA, Vesa: Projavi na semantična kondenzacija pri njakoi tradicionni (ustojčivi) sravnenija. — *EL* 37, 1982/5, 55-60.
10207 KRUMOVA, Lilija; ČOROLEEVA, Marija: *Săkraštenieto i săkraštenijata v bălgarskija ezik.* — Sofija: Izd. na BAN (Inst. za bălg. ezik), 1982, 200 p.
10208 KURKINA, L.V.: Leksičeskie archaizmy rodopskogo dialekta. — *Ėtimologija* 1980 (1982), 16-30.
LEONIDOVA, M.: Poslovici i pogovorki s onomastičen komponent ... — 12255.
10209 MANGOLD, Max: Numerierte Paradigmatisierung und bulgarische Lexikographie (mit Bibliographie). — [347], vol. 1, 281-302.
10210 MANOLOVA, Lilija: Problemi na terminologizacijata v bălgarskija knižoven ezik. — *Slavia* 51, 1982, 15-20.
10211 MAROVSKA, V.: Njakoi osobenosti na leksiko-gramatičnite razredi v bălgarskata ezikova sistema. — *NTPlovdiv* 19, 1981/5, 69-82.
10212 MICHAJLOVA, Dimitrina Al.: Dial. duma *ljákum.* — *BE* 32, 1982, 60-61.
10213 MIČRI, Elena: Nemski ili bavarsko-avstrijski? — *Philologia* 10-11, 1982, 94-99 | On the borrowings *karfiol, kifla, krenvirš, palačinka*, etc.
10214 [MOLCHOVA, Ž.] MOLHOVA, Zhana: What does componential analysis say? — [10031], 60-62.
MOLLOVA, M.: Quelques turcismes en *a-* dans les langues s.-cr. et bulg. — 10553.
10215 MOSKOV, Mosko: Die protobulgarischen Sprachreste im Gegenwartsbulgarischen. — [10032], 44-61.
10216 NIČEVA, Keti: Frazeologični modeli, obusloveni ot strukturata i semantikata na frazeologičnata edinica. — *BE* 32, 1982, 448-456.
10217 NIČEVA, Keti: Frazeoschemi (frazeologizirani konstrukcii) v bălgarskija ezik. — *EL* 37, 1982/5, 29-44.
10218 OREL, V.Ė.: K gipoteze o frakijskich reliktach v bolgarskoj apellativnoj leksike. — *Ėtimologija* 1980 (1982), 56-64 | 1. *griv.* 2. *katerica, katerja se.* 3. *rofeja, rufja.*
POLENAKOVIK', H.: Nekoi leksički marginalii na G. Prličev ... — 10322.
10219 POP-ATANASOV, Ǵorǵi: Makedonski rečnik na latinski zborovi od 1466 g. — *MJ* 31, 1980, 275-281, facsim.
10220 POPOVA, Marija: Ezikova motiviranost na terminite. — *BE* 32, 1982, 209-217.
10221 POPOVA, Marija: "Protiv" i "za" terminite-sinonimi. — *BE* 32, 1982, 360-362.
10222 POPOVA, Marija: Nekotorye lingvističeskie osnovanija terminologizacii v bolgarskom jazyke. — *Slavia* 51, 1982, 7-14.
10223 RAČEVA, Marija: Kăm praslavjanskoto nasledstvo v bălgarskata dialektna leksika. — *BE* 32, 1982, 336-340.
10224 *Rečnik na čuždite dumi v bălgarskija ezik.* [Săstaviteli: M. FILIPOVA-BAJROVA; S. BOJADŽIEV; El. MAŠALOVA; K. KOSTOV]. — Sofija: Izd. na BAN (Inst. za bălg. ezik), 1982, 1015 p.
10225 REPNIKOV, Ewgenij: Deutsche Lehnwörter im Bulgarischen. — [347], vol. 1, 303-316.

BULGARE

10226 RUSEK, Jerzy: *Otmǫt* 'odmęt, wir w rzece, topiel'. — *MJ* 31, 1980, 131-132.
10227 RUSEK, Jerzy: Starye balkanskie zaimstvovanija v bolgarskom jazyke. Nazvanija častej tela. — *BalkE* 25, 1982/1, 7-18 | On the words *bubrěgъ, korьmъ, stomachъ* (cf. also No. 10049).
10228 RUSEK, Jerzy; RAČEVA, Marija: K rannim tjurkizmam v bolgarskom jazyke: *komъrogъ κεράμιον, ὑδρία*. — *BalkE* 25, 1982/2, 27-34.
10229 RUSINOV, Rusin: Za prilagatelnoto ime *zdravecov*. — *BE* 32, 1982, 79-80.
10230 RUSINOV, Rusin: Njakolko dumi văv vrăzka săs zajcevădstvoto. — *BE* 32, 1982, 362-363.
10231 SELIMSKI, Ljudvig: Semantična diferencijacija na akcentnite dubleti pri njakoi imenni formi za množestveno čislo. — [10037], 51-63.
10232 STANKOV, Valentin: Za naimenovanijata na naučnite zvanija u nas. — *BE* 32, 1982, 161-163.
10233 STEINKE, Klaus: Zur Frage der thrakischen Sprachreste in der bulgarischen Lexik. — [161], 340-344.
STEINKE, K.: Zur Form einiger Turzismen im Rum. und Bulg. — 7722.
10234 [SZYMAŃSKI, T.] ŠIMANSKI, Tadeuš: Leksikalni beležki (*creslo, buka*). — *BE* 32, 1982, 349-352.
10235 TODOROV, Todor At.: Etimologični beležki. — *BE* 32, 1982, 205-206 | On the words *labúnja, lájpur, lăírъ*.
10236 TODOROV, Todor At.: Proizchod na dialektnoto rodninsko ime *lájka* 'bate, batko'. — *BE* 32, 1982, 425-426.
10237 TODOROV, Todor At.: Aoristnata osnova *(ἐ)λαχ*- na novogrăckija glagol *λαχαίνω* v bălgarski dialektni dumi. — *BE* 32, 1982, 508-511.
10238 TRIFONOVA, Jordanka: Za leksikografskoto tălkuvane na njakoi glagoli za dviženie v săvremennija bălgarski ezik (*lazja, vleka/vlača*). — *BE* 32, 1982, 141-148.
10239 TRIFONOVA, Jordanka: Za opozicijata *ida – chodja* v săvremennija bălgarski ezik. — *EL* 37, 1982/4, 105-114.
10240 VENEDIKTOV, G.K.: I.I. Sreznevskij i načalo bolgarskoj leksikografii. — *UZTarU* 573, 1981, 46-74.
10241 ZANEV, Valentin: Archaičen tip složni săštestvitelni imena s părvi glagolen komponent. — *BE* 32, 1982, 511-513.

6. ORTHOGRAPHY — ORTHOGRAPHE

10242 DANČEV, Andrej: *Bălgarska transkripcija na anglijski imena. Teorija i praktika*. 2. prerab. i dop. izd. — Sofija: Narodna prosveta, 1982, 243 p. | 1st ed. 1978 (BL 1980, 8940).
10243 KATUŠ, Elvira: Njakoi problemi pri transkripcijata na ungarski imena. — *BE* 32, 1982, 158-160.
RUSINOV, R.: S. Romanski i pravopisnijat văpros u nas . . . — 756.
10244 VENEDIKTOV, G.K.: K načal'noj istorii sovremennoj bolgarskoj orfografii. — [10042], 249-285.

7. STYLISTICS — STYLISTIQUE

10245 BĂRKALOVA, P.: Săpostavitelno proučvane na klišeto v bălgarskija i češkija publicističen stil. — *NTPlovdiv* 19, 1981/5, 57-67.
10246 ČIZMAROV, Dimităr: *Stilistika na bălgarskija knižoven ezik. Uvod, leksika i fra-*

zeologija. Učebnik za studenti-filolozi. — Sofija: Nauka i izkustvo, 1982, 232 p.

10247 GORANOVA, Iliana: Nabljudenija vărchu upotrebata na glagolni leksemi v romana "Morava zvezda kărvava" na Konstantin Petkanov. — *EL* 37, 1982/1, 68-72.

10248 JOSIFOVA, Raška: Lingvostilističen analiz na "Napast božija" ot Elin Pelin. — *EL* 37, 1982/1, 97-105.

10249 KARABELOVA, Ginka: Nabljudenija vărchu obosobenite časti v poetičeskija sintaksis na Vapcarov. — *NTPlovdiv* 16, 1978/5, 191-197.

10250 KJUVLIEVA, Vesa: Chudožestvenijat stil – raznovidnost na knižovnijat ezik. — *RodR* 1982/7, 59-60.

10251 METLAROVA, M.: Frenskata leksika v romanite na Ivan Vazov "Pod igoto" i "Nova zemja". — *NTPlovdiv* 17, 1979/5, 165-174.

10252 PAVLOVA, Elena: *Metonimijata kato stilno-ezikovo sredstvo.* — Sofija: Narodna prosveta, 1982, 119 p.

10253 PETROV, Milko: Izobrazitelno-izraznite sredstva v stila na publicista Vladimir Topenčarov. — *GSU-Fak. po žurnalistika* 73, 1979/1 (1982), 34-50.

10254 PETROVA, Stefka: Greški ili tendencija na ezikovoto razvitie. — *EL* 37, 1982/1, 89-93.

10255 RUSINOV, Rusin: "Obštestveno-literaturni văprosi" (1901) ot Dimităr Blagoev i knižoven bălgarski ezik v načaloto na XX v. — *EL* 37, 1982/1, 73-77.

10256 SAVOVA, Ivelina: Charakteristika na replikite-povtori v dialogičnata reč. — *BE* 32, 1982, 149-156.

10257 SAVOVA, Ivelina: Repliki săs săglasuvašti se dumi v dialogičnata reč. — *EL* 37, 1982/3, 96-104.

10258 SIMEONOV, Boris: Značenie, funkcii i upotreba na rumănski leksikalni elementi v dramatičnoto tvorčestvo na Dobri Vojnikov. — *NTPlovdiv* 16, 1978/5, 87-108.

10259 STAVROVA, Daniela: Funkcionalno-stilističen djal na glagola v chudožestveno-ezikovata sistema na Čudomir. — *BEL* 24, 1982/5, 8-15.

10260 VAPORDŽIEV, Veselin: Avtorski preobrazovanija na frazeologizmi v publicistikata na Georgi Dimitrov. — *EL* 37, 1982/4, 41-46.

10261 VĂTOV, Vărban: Ezikăt na Sava Dobroplodni v prevodnoto săčinenie "Igionomija". — *EL* 37, 1982/3, 82-96.

10262 VĂTOV, Vărban: Načini za predavane na čužda (personažna) reč v chudožestvenoto povestvovanie (Vărchu material ot romana na St. Dičev "Pătjat kăm Sofija"). — *TrTărnovo* 17, 1982/2, 33-64.

10263 VIDENOV, Michail: Kăm dinamikata na bălgarskija knižoven ezik dnes. — *GSU-SF* 71, 1979/1 (1982), 5-51 | G. summ.

9. TRANSLATION — TRADUCTION

10264 KABAKČIEV, Kiril: Leksikalnata sinonimija u Grigorij Camblak kato iztočnik na svedenija za prevodačeskata dejnost na Evtimij Tărnovski. — *BE* 32, 1982, 27-34.

10. MATHEMATICAL LINGUISTICS — LINGUISTIQUE MATHÉMATIQUE

MICHEL, G.: Zur Häufigkeitsverteilung der Wortlänge im Bulg. und im Griech. — 3284.

10265 PASKALEVA, Elena: A formal procedure for Bulgarian word form generation. — [114], 217-221.
10266 PASKALEVA, Elena: Kompjutărăt – pomoštnik na lingvista. — *BE* 32, 1982, 354-358.
10267 PASKALEVA, Elena: O vozmožnostjach avtomatičeskogo analiza bolgarskogo teksta bez pomošči slovarja leksem. — *PMBL* 37, 1982, 53-60.

12. SOCIOLINGUISTICS — SOCIOLINGUISTIQUE

10268 JORDANOVA, Ljubima: Leksikalna kompetentnost, ocenka, izbor. — *BE* 32, 1982, 184-195.
10269 KARASTOJČEVA, Cvetana: Vzájemné působení významu lexikálního a syntaktického jako prostředek k obohacování slovní zásoby slangu mládeže. — [181], 61-80 | Mutual influencing of lexical and syntactic meaning as means of enriching the young generation's slang.
10270 VIDENOV, Michail G.: *Sociolingvistika. Osnovni tezisi. Bălgarski sociolingvističeski problemi.* — Sofija: Nauka i izkustvo, 1982, 215 p. | *BE* 32, 1982, 472-474 L. Jordanova | *JazA* 19, 1982, 122-123 J. Kraus.
10271 VIDENOV, Michail: Kăm bălgarskata paralingvistika. — *GSU-SF* 72, 1979/1 (1982), 1-94 | E. summ.
10272 VIDENOV, Michail: Opit za tipologija na bălgarskata ezikova situacija prez Văzraždaneto. — *EL* 37, 1982/6, 82-88.

14. ONOMASTICS — ONOMASTIQUE

10273 ANGELOVA-ATANASOVA, Marija: Imenata na izčeznali selišta v Gornoorjachovsko. — [10037], 85-98.
10274 BALKANSKI, Todor: Imenata na Ivajlo. — *BE* 32, 1982, 344-349.
10275 BEŠEVLIEV, Veselin: Imeto *Varna*. — *Izvestija na Naroden muzej* (Varna), 17, 1981, 5-8.
10276 DURIDANOV, Ivan: Der Bergname *Viskjar*. — *OnJug* 9, 1982, 37-39.
10277 DŽAMBAZOV, Petăr: Za bălgarskite geografski imena v spravočnite dokumenti na Osvoboditelnata vojna. — [10037], 99-106.
10278 GEORGIEVA, Nikolinka: Njakoi nabljudenija vărchu antroponimičnata sistema v Polomieto ot Osvoboždenieto do 1900 g. — *EL* 37, 1982/4, 85-95.
10279 IVANOV, Jordan N.: *Mestnite imena meždu Dolna Struma i Dolna Mesta (Prinos kăm proučvaneto na bălgarskata toponimija v Belomorieto).* — Bălgarska onomastika 4; Sofija: Izd. na BAN (Inst. za bălg. ezik), 1982, 239 p.
10280 IVANOVA, Nedjalka: Imeto na s. Višovgrad (Pavlikensko) i pogled vărchu imenata na mestnostite mu. — [10037], 75-83.
10281 KOVAČEV, Nikolaj P.: *Bălgarska onomastika. Speckurs.* — Veliko Tărnovo: Velikotărnovski univ. "Kiril i Metodij", 1982, 230 p.
10282 KOVAČEV, Nikolaj: Onomastični proučvanija văv Velikotărnovskija universitet "Kiril i Metodij". — [10037], 65-73.
10283 KUZMANOV, Petăr: Selištnoto naimenovanie *Medkovec* (Proizchod i pravopis). — *BE* 32, 1982, 136-139.
10284 MICHAJLOVA, Dimitrina: Starinnye nazvanija v toponimii Michajlovgradskogo rajona. — [176], 129-131.
10285 MICHAJLOVA, Dimitrina Al.: Geografski imena s *-jь* v Michajlovgradsko. — *BE* 32, 1982, 352-353.

10286 PARVANOVA-GR'OŠEL, Elena: Prizchod i säštnost na selištnoto nazvanie Sušica. — *NTPlovdiv* 16, 1978/5, 171-179.
10287 POPOV, Konstantin: *Mestnite imena v Razložko*. — Sofija: 1979 | BL 1979, 8803. | *Onomastica* 27, 1982 (1983), 287-293 K. Zierhoffer.
10288 RUSINOV, Rusin: Familii s suffiksom *-ski* v bolgarskom jazyke. — [176], 327-333.
10289 SALAMBAŠEV, A.: *Mestnite imena v Smoljansko*. — Sofija: 1976 | BL 1976, 9574. | *Onomastica* 27, 1982 (1983), 287-293 K. Zierhoffer.
10290 SIMEONOV, Boris: Argač. — *BE* 32, 1982, 421-424.
10291 SKLJARENKO, A.M.: Onimizacija nomenklaturnych terminov. Na materiale bolgarskogo jazyka. — [176], 435-436.
10292 STOJANOV, Stojan: Kăm văprosa za značenieto na părvobălgarskogo rodovo nazvanie *Dulo*. — *BE* 32, 1982, 413-415.
10293 TAFRADŽIJSKA, Cvetana: Orientalistika i psevdoorientalistika. — *Philologia* 10-11, 1982, 119-124 | Apropos of B. SIMEONOV's art. on the names *Bălgari* (BL 1979, 8807).
10294 ZAIMOV, Jordan: *Mestnite imena v Panagjiursko*. — Sofija: 1977 | BL 1977, 10595. | *Onomastica* 27, 1982 (1983), 287-293 K. Zierhoffer.
10295 ZAIMOV, Jordan: Couches ethniques dans l'hydronymie bulgare. — *BalkE* 25, 1982/2, 19-20.

D. Macedonian — Macédonien

10296 CVETKOVSKI, Živko: Za nekoi svrznički dopusni izrazi vo makedonskiot jazik. — *GZb* 5, 1979, 135-142.
10297 DESPODOVA, Vangelija: Kon prašanjeto za razvojniot proces od sintetizam kon analitizam vo makedonskiot jazik. — *MJ* 31, 1980, 191-195.
10298 DIMITROVSKI, Todor: Neki aktuelni zadaci makedonske leksikografije. — [366], 65-68.
10299 ELSON, Mark J.: Macedonian verbal morphophonemics. — *IJSLP* 23, 1981 (1982), 77-85.
10300 ELSON, Mark J.: Markedness and intraformational aspect in standard Macedonian. — *FoSl* 4/2-3, 1981 (1982), 246-253.
 FRIEDMAN, V.A.: The pluperfect in Alb. and Maced. — 5021.
10301 FULON, J.: Le discours indirect – la narration indirecte et le mode. — *MJ* 31, 1980, 157-174.
10302 GALTON, Herbert: Taka narečenata "obopštuvačka" funkcija na opredeleniot člen vo makedonskiot jazik. — *MJ* 31, 1980, 151-155.
10303 HENDRIKS, Peter: Prospects for an indefinite article in Macedonian. — *FoSl* 4/2-3, 1981 (1982), 289-299.
10304 HILL, Peter: Different codifications of a language. — [185], 48-63 | Standard Bulg. and Standard Maced.
10305 [HOFMAN-PIANKA, A.] HOFMAN-PJANKA, Agnješka: Semantičko-sintaktička analiza na posesivnite glagoli (na izbrani primeri od makedonskiot i srpskohrvatskiot jazik). — *MJ* 31, 1980, 295-309.
 IVANOV, J.N.: Zur Frage der Klassifizierung der bulg. Dialekte in Mazedonien. — 10163.
10306 JAŠAR-NASTEVA, Olivera: Razvoj na dijalektnata leksika vo uslovi na jazično mešanje. (Vrz osnova na tursko-makedonski i tursko-albanski jazični kontakti vo Gostivarsko). — *MJ* 31, 1980, 27-37.

MACÉDONIEN

10307 JAŠAR-NASTEVA, Olivera: Za funkcijata na boite vo jazikot na sovremenata makedonska poezija. — *SLPJ* 2, 1982, 125-131.

10308 KIŠ, Marijana: 'Božurika' (Papaver rhoeas) vo makedonskite govori. — *MJ* 31, 1980, 251-274.

10309 KONESKI, Blaže: Faktorot na vremeto vo jazičnite promeni. — *SLPJ* 2, 1982, 23-27.

10310 KREJA, Bogusław: Przyrostek *-t-* – osobliwość słowotwórcza w tworzeniu macedońskich liczebników porządkowych. — *MJ* 31, 1980, 101-103.

10311 LEHISTE, Ilse: German loanwords in Macedonian. — *MJ* 31, 1980, 113-119.

10312 MAREŠ, František Václav: Vztah makedonského členu a kategorie gramatického rodu a čísla. — *MJ* 31, 1980, 85-89.

10313 MARKOV, Boris: Imenki so značenjeto nositel na svojstvo. — *GZb* 5, 1979, 17-64 | Ru. summ.

10314 MARKOV, Boris: Značenjeto nositel na svojstvo vo imenki so nastavki od stransko poteklo. — *MJ* 31, 1980, 137-150.

10315 MARKOV, Boris: Turskiot faktor vo oddelni tipovi frazeologizmi vo makedonskiot jazik. — *SLPJ* 2, 1982, 133-144 | Pol. summ.

10316 MINOVA-ǴURKOVA, Liljana: Relativiziranata imenska fraza vo makedonskiot literaturen jazik. — *SLPJ* 2, 1982, 157-169.

10317 MIRKULOVSKA, Bistrica: Prozodiskite karakteristiki na makedonskiot jazik i poetskata tradicija. — *GZb* 5, 1979, 65-77 | Ru. summ.

10318 MIŠESKA-TOMIḰ, Olga: Za gramatikalizacijata (na primerot na makedonskiot jazik). — *MJ* 31, 1980, 289-294.

10319 MITEVA, Dimka: Eden značaen jubilej. 35 godini na makedonskata azbuka i pravopis. — *MJ* 31, 319-320.

10320 MITEVA, Dimka: Neutralizacija na deminutivnosta kaj nekoi zborovi od grupata imenki vo makedonskiot jazik. — [366], 131-135.

10321 PANOSKA, Ruža: Za jazikot vo poezijata na Blaže Koneski. — *SLPJ* 2, 1982, 187-191.

10322 POLENAKOVIḰ, Haralampie: Nekoi leksički marginalii na Grigor Prličev storeni na *"Grečesko-russkij slovar'"* Moskva 1848, I, II. — *SLPJ* 2, 1982, 151-154, facsim.

10323 POMIANOWSKA, Wanda: Gwary macedońskie na tle południowosłowiańskim w świetle faktów słowotwórczych. — *MJ* 31, 1980, 57-68.

10324 POPOVSKI, Aleksa: Différences de distribution des unités lexicales en macédonien et en français et les interférences lexicales. — *GZb* 5, 1979, 107-119.

10325 SAUVAGEOT, Aurélien: L'ensemble des temps verbaux en macédonien et en serbo-croate. — *SSGL* 2, 1982, 253-265.

10326 SAUVAGEOT, Aurélien: Le discours indirect – la narration indirecte et le mode (en macédonien). — *SSGL* 2, 1982, 233-251.

10327 SCĂRLĂTOIU, Elena: Romanian lexical elements in Macedonian and Serbo-Croatian. [III-X]. — *RESEE* 19, 1981, 133-140 | Cf. BL 1979, 8827.

10328 ŠOKLAROVA-LJOROVSKA, Germanija: Značenjeto i upotrebata na prilogot *kade* vo jazikot na makedonskata narodna poezija. — *MJ* 31, 1980, 283-288.

10329 STAMATOSKI, Trajo: Ǵorǵi Pulevski i negovata Slognica rečovska. — *MJ* 31, 1980, 5-12.

10330 TOPOLIŃSKA, Zuzanna: Uwagi o niektórych czasownikach kauzatywnych w języku macedońskim i polskim. — *MJ* 31, 1980, 39-47.

10331 UGRINOVA-SKALOVSKA, Radmila: Za dialektniot material vo Treskavečkiot kodik. — *SLPJ* 2, 1982, 43-49.

10332 USIKOVA, R.P.: Za strukturata na zboroobrazuvačkoto pole na agensot vo makedonskiot jazik vo sporedba so ruskiot. — *MJ* 31, 1980, 69-75.
WRÓBEL, H.: Interpretacja kategorialno-semantyczna czasowników ... — 11452.

14. ONOMASTICS — ONOMASTIQUE

10333 ARGIROVSKI, Mito: Geografski termini što označuvaat spoj na vodi vo makedonskata mikrotoponimija. — *OnJug* 10, 1982, 279-284.
10334 ILIEVSKA, Krasimira: Geografskite iminja vo toponimijata na skopskata oblast od XIII i XIV vek. — *OnJug* 10, 1982, 307-311.
10335 ILIEVSKI, Petar Hr.: Nekolku toponimi i hidronimi od osnovata *alb(h)- vo Makedonija. — *OnJug* 10, 1982, 313-320.
10336 IVANOVA, Olga: *Mestnite iminja na oblasta vo slivot na Bregalnica.* — Inst. za maked. jazik "K. Misirkov". Posebni izd. 13; Skopje: 1982, 236 p., 8 cartes h.-t. | Rés. angl.
10337 IVANOVA, Olga: Kon značenieto na *balvan* vo makedonskata toponimija. — *OnJug* 9, 1982, 41-44.
10338 IVANOVA, Olga: Toponimiski termini što označuvaat premin. — *OnJug* 10, 1982, 323-328.
10339 MARKOV, Boris: Makedonski preziminja izvedeni od žensko lično ime ili prekar. — *OnJug* 10, 1982, 125-128.
10340 MIRKULOVSKA, Bistrica: Onomastički lik na *bělъ*- vo SR Makedonija. — *OnJug* 10, 1982, 147-155.
10341 MITEVA, Dimka: Hidronimiskite geografski termini vo toponimijata na radoviško-strumičkiot region. — *OnJug* 10, 1982, 329-336.
10342 MITKOV, Marinko: Distributivno-sintaktičeskie sootnošenija meždu sobstvennymi i naricatel'nymi imenami v makedonskom jazyke i ich semantičeskaja interpretacija. — [176], 139-142.
10343 STAMATOSKI, Trajko: Principi rada na onomastičkim rečnicima u Makedoniji. — *OnJug* 9, 1982, 267-273.
10344 STAMATOSKI, Trajko: Principi rada na onomastičkim rečnicima u Makedoniji. — [366], 279-284.
10345 STAMATOSKI, Trajko: Za prezimeto voopšto i za preziminjata so profesionalno ime vo osnovata kaj Makedoncite. — *OnJug* 10, 1982, 221-226.
10346 STANKOVSKA, Ljubica: Makedonskata toponimisko-geografska terminologija vo XIII i XIV vek. — *OnJug* 10, 1982, 345-349.
10347 STANKOVSKA, Ljubica: Nekotorye specifičnosti makedonskoj slovoobrazovatel'noj toponimičeskoj sistemy v otnošenii naricatel'noj sistemy. — [176], 459-463.
TOMIĆ, M.: Toponimija Sviničana. — 10677.
10348 VIDOESKI, Božidar: Tendencies towards grammatical differentiation of toponyms as opposed to appellatives in the Macedonian linguistic area. — [176], 583-587.

SERBO-CROATE

E. Serbo-Croatian — Serbo-croate

0. BIBLIOGRAPHY AND GENERAL — BIBLIOGRAPHIE ET GÉNÉRALITÉS

10349 HACIMEJLIĆ, Jasna: Bibliografija radova (od 1978. do 1981. god.). — *BhZb* 3, 1982, 307-356 | Bibliography of studies on the dialects of Bosnia-Hercegovina, 1978-81.

10350 HAWKESWORTH, E. Celia: Serbo-Croat studies. — *YWMLS* 43, 1981 (1982), 1188-1205 | For 1980-81.

10351 OKUKA, Miloš; STANČIĆ, Ljiljana; KOVAČEVIĆ, Miloš: Bibliografija radova u lingvističkim časopisima Bosne i Hercegovine. — *KnJ* 10, 1981/4, 33-61.

10352 CASSIUS, Bartholomaeus: *Institutiones linguae Illyricae* . . . ed. R. OLESCH. — Köln: 1977 | BL 1977, 10640. | *KLit* 8, 1979, 38-40 Chr. Vasilev | Cf. 10356. GALIĆ, P.: Un manuale di conversazione italo-croato . . . — 7207.

10353 IVIĆ, Pavle: Kopitar and the evolution of Vuk Karadžić's views on the Serbian literary language. — [268], 99-107.

10354 *Jugoslavenski seminar za strane slaviste*. 30: Zajedništvo jezika, književnosti i kultura naroda i narodnosti Jugoslavije. Red.: Radoje SIMIĆ; Božo ĆORIĆ. — Beograd: Filološki fak. u Beogradu, Medžunarodni slavistički centar, 1979, 248 p.

10355 *Jugoslavenski seminar za strane slaviste*. 31: Savremeni tokovi u nauci o jeziku i književnostima jugoslovenskih naroda i narodnosti. Red.: Radoje SIMIĆ; Božo ĆORIĆ. — Beograd: Filološki fak. u Beogradu, Medžunarodni slavistički centar, 1980, 251 p.

10356 KATIČIĆ, Radoslav: Gramatika Bartola Kašića. — *RadJA* 288, 1981, 5-129 | On the grammar of Bartol KAŠIĆ (Bartholomaeus Cassius, 1575-1650) [cf. 10352]. G. summ., 98-106; Index Croaticus, by Eva Maria OSSADNIK, 107-129.

10357 KATIČIĆ, Radoslav: Dual u gramatici Bartola Kašića. — *Filologija* 10, 1980-81 (1982), 243-244 | Addition (with G. summ.) to No. 10356.

10358 KLAJN, Ivan: *Jezik oko nas*. — Beograd: Nolit, 1980, 397 p. | *KnJ* 10, 1981/3, 45-50 Lj. Stančić.

10359 *Konstrastivna analiza engleskog i hrvatskog ili srpskog jezika. Contrastive analysis of English and Serbo-Croatian*. Rudolf FILIPOVIĆ, ed. — Zagrebački kontrastivni projekt engleskog i hrvatskog ili srpskog jezika. The Zagreb E.-SCr. contrastive project, 1; Zagreb: Inst. of Linguistics, Univ. of Zagreb, 1975, 179 p. | Introd. by the ed., 4-47; 20 papers written by Wayles BROWNE & Anuska NAKIĆ. | *FoSl* 4, 1980/1 (1982), 147-159 B. Šljivić-Šimšić.

10360 KOSTIĆ, Đorđe: *O kulturi govora: osnovi*. — Bibl. RTV, Teorija i praksa 4; . . . | *KnJ* 11, 1982/2, 103-106 S. Stefanović.

10361 KVAPIL, Miroslav: Příspěvek k historii srbocharvátského lektorátu na filozofické fakultě Univerzity Karlovy. — [382], 65-71 | Ein Beitrag zur Geschichte des Lektorats für das Serbokr. an der Karls Univ.

10362 MELVINGER, Jasna: O nazivlju transformacijske tvorbene gramatike u hrvatskoj lingvistici. — *KnJ* 11, 1982/3, 127-131.

10363 NEDELJKOVIĆ, Olga: New perspectives on the collaboration between Maksimilijan Vrhovac and Jernej Kopitar. — [268], 123-149.

10364 Prilozi sa znanstvenog skupa "Kajkavsko narječje", održanoga 15., 16. i 17. ožujka god. 1978. u Zagrebu. — *HDZb* 6, 1982, 1-313.

10365 RAGUŽ, Dragutin: Hrvatska gramatička terminologija u dvjema preradbama

Alvaresove latinske gramatike (T. Babića iz 1712. i L.Š. Ljubušaka iz 1713). — *Filologija* 10, 1980-81 (1982), 97-124, 2 facsim. | Rés. fr.

10366 RAGUŽ, Dragutin: Rječnik i gramatika u hrvatskome ili srpskome po vrijednosnom identitetu. — [366], 249-255.

10367 SIMIĆ, Radoje: Das Serbokroatische zwischen den balkanslavischen Sprachen und den übrigen Slavinen. — *ZBalk* 18, 1982, 70-77.

10368 ŠIMUNDIĆ, Mate: Gramatičko nazivlje u Gazofilaciju Ivana Belostenca. — *HDZb* 6, 1982, 279-282.

10369 STOLZ, Benjamin: Kopitar and Vuk: an assessment of their roles in the rise of the new Serbian literary language. — [268], 151-167, portr.

10370 VUKOVIĆ, Jovan: Ka boljoj kulturi govorne reči. — [269], 1-5.

I. PHONETICS AND PHONOLOGY — PHONÉTIQUE ET PHONOLOGIE

10371 ANIĆ, Vladimir: O akcentu složenica u hrvatskosrpskom jeziku. — *RFFZ* 10 (9), 1971-72, 25-29 | E. summ.

10372 BRKIĆ, Ivka: O slogovnoj vrijednosti dugoga jata u dvjema antologijama hrvatske poezije. — *RFFZ* 17, 1977-78, 169-186.

10373 BROZOVIĆ, Dalibor: O alofonskoj problematici u hrvatskoj ortoepiji (fonemi i alofoni u standardnome hrvatskosrpskom jeziku). — *RFFZ* 10 (9), 1971-72, 5-24, fold. tab. | E. summ.

10374 BULATOVA, R.V.: Akcentologičeskie svjazi kajkavskogo dialekta s drugimi dialektami serbochorvatskogo jazyka. Sud'ba pristavočnych *postverbal.* — *HDZb* 6, 1982, 85-100.

10375 BULATOVA, R.V.: Akcentuacija pristavočnych "postverbal" ŏ-osnov v serbochorvatskom jazyke. — *SovSlav* 1982/4, 82-97.

10376 ĆORIĆ, Božo: Imenički sufiksi s inicijalnim č. — *KnJ* 10, 1981/4, 15-18.

10377 ĐORĐEVIĆ, Branivoj: Melodični nizovi srpskohrvatskog govornog izraza. — [269], 143-176, ill.

10378 GVOZDANOVIĆ, Jadranka: *Tone and accent in standard Serbo-Croatian . . .* — Wien: 1980 | BL 1980, 9100. | *Lg* 58, 1982, 250-251 R. Alexander.

IVANČEV, S.: Za rotacizma v slovenski i sărbochărvatski ezik. — 10707.

10379 LEHISTE, Ilse; IVIĆ, Pavle: The phonetic nature of the Neo-Štokavian accent shift in Serbo-Croatian. — [168], 197-206.

10380 PAVKOVIĆ, Vasa: O distribuciji fonema uz inicijalno *g* u srpskohrvatskom jeziku. — *NJ* 25/4-5, 1982, 242-247.

10381 PECO, Asim: Akcenti u našim rječnicima. — [366], 201-207.

10382 PECO, A.: Juraj Križanić kao akcentolog. — *JslF* 38, 1982, 63-78 | Ru. summ.

10383 PETROVIĆ, Dragoljub: Osnovni akcenatski sistemi u srpskohrvatskim dijalektima – istorijska perspektiva i aktuelno stanje. — *JSSS* 31, 1980, 73-79.

10384 REMETIĆ, Slobodan: "Stvarni poslovi" i "diverzije". — *JslF* 38, 1982, 153-172.

10385 SAWICKA, Irena: Kontrastivna fonologija srpskohrvatskog i poljskog jezika (I). — *ZbFL* 24, 1981/2 (1982), 7-55.

10386 SIMIĆ, Radoje: O tzv. "nezamenjenom jatu" i okolo njega. — *JslF* 38, 1982, 131-151.

10387 VINCE, Jasna: Fonemi *ļ, ņ, j* i njihova grafija u hrvatskoglagoljskim rukopisima. — *Slovo* 31, 1981 (1982), 15-21.

2. GRAMMAR — GRAMMAIRE

10388 ALBIJANIĆ, Aleksandar: Imenice *glad, rat* i *doba* u delima pojedinih srpskih pisaca XVIII i početka XIX stoleća. — *ZbFL* 24, 1981/1 (1982), 93-100.
10389 ANIĆ, Vladimir: Prostorna značenja padeža u jeziku Mihovila Pavlinovića. — *RFFZ* 13, 1974-75, 27-47 | G. summ.
10390 BABIĆ, Stjepan: Tvorba imenica sufiksima na *-ina*. — *RadJA* 388, 1981, 313-335.
10391 BABIĆ, Stjepan: Tvorba imenica sufiksima na *-ar*. — *Filologija* 10, 1980-81 (1982), 141-150 | E. summ.
10392 BABIĆ, Stjepan: Aorist i imperfekt u djelima Vladimira Nazora. — *Jezik* 29, 1981-82, 33-43.
10393 BABIĆ, Stjepan: Sustav u mocijskoj tvorbi u suvremenom hrvatskom književnom jeziku. — [302], 33-46.
10394 BARIĆ, Eugenija: Imeničke složenice s glagolskim prvim dijelom. — *RZJ* 6-7, 1980-81 (1982), 17-30 | G. summ.
10395 BARJAMOVIĆ, Miro: Interrogativ spezifizierte Äusserungen im Serbokroatischen: ihre logisch-semantische Struktur. — *ScSl* 28, 1982, 161-174.
10396 ĆORIĆ, Božo: Sufiks *-ka* u mocionoj funkciji. — *JSSS* 31, 1980, 41-71.
10397 CVIJETIĆ, Ratomir: O jednom slučaju upotrebe predloga *s(a)*. — *NJ* 25/4-5, 1982, 269-272.
10398 DEGTJAREV, V.I.: O proishoždenii tipa imen sobiratel'nych na *-ad* v serbochorvatskom i slovenskom jazykach. — *Etimologija* 1980 (1982), 79-87.
10399 DEJANOVA, Marija: *Funkcionalen razvoj na infinitiva v sărbochărvatskija ezik (v sravnenie s bălgarski).* — Slavjansko ezikoznanie 3; Sofija: Izd. na BAN (Inst. za bălg. ezik), 1982, 300 p.
10400 DMITRIEV, P.A.: Ob odnoj slovoobrazovatel'noj modeli v russkom i serbochorvatskom (chorvatoserbskom) jazykach. — *UZTarU* 579, 1981 (*Trudy po ru. i sl. fil.*), 46-51.
10401 FILIPOVIĆ, Rudolf: Transmorphemization: substitution on the morphological level reinterpreted. — *SRAZ* 25, 1980 (1981), 1-8.
10402 GRICKAT, Irena: O imenicama tipa *nalet* u srpskohrvatskom jeziku. — *ZbFL* 24, 1981/1 (1982), 101-134 | Ru. summ.
10403 GVOZDANOVIĆ, Jadranka: Word order and displacement in Serbo-Croatian. — [385], 125-141.

HOFMAN-PIANKA, A.: Semantičko-sintaktička analiza na posesivnite glagoli ... — 10305.

10404 IVIĆ, Milka: Srpskohrvatski glagolski oblici za iskazivanje pojava koje postoje u sadašnjosti. — *JslF* 37, 1981, 13-24 | E. summ.
10405 KATIČIĆ, Radoslav: Kategorija gotovosti u vremenskom značenju glagolskih oblika. — *Jezik* 29, 1981-82, 3-13 | E. summ.
10406 KATUŠIĆ, Maslina: Note preliminari sulla traduzione dell'articolo italiano. — *SRAZ* 26, 1981 (1982), 149-158.
10407 KOJEN, Leon: O nekim glagolskim konstrukcijama u srpskohrvatskom. — *JslF* 37, 1981, 55-89 | E. summ.
10408 KOVAČEVIĆ, Miloš: Posesivne imeničko-padežne sintagme u djelima Anđelka Vuletića. — *KnJ* 10, 1981/3, 25-35.
10409 KOVAČEVIĆ, Miloš: Tipovi nekongruentnih atributa uz deverbativne imenice u djelima Anđelka Vuletića. — *KnJ* 11, 1982/2, 81-92 | G. summ.
10410 KRAVAR, Miroslav: Neke suvremene dileme oko glagolskoga vida (na građi hrvatsko-srpskoga jezika. — *JSSS* 31, 1980, 5-17.

KRILE, I.: The E. verb *move* in the SCr. transl. equivalence. — 8953.
10411 LEVENBERG, Joel Thomas: *A semantic analysis of aspect in Russian and Serbocroatian.* — Indiana Univ. diss., 1981, 198 p. | *DAb* 41/12, 1981, 5082-A.
10412 MAMIĆ, Mile: Neke sintaktičke crte hrvatskih ustavnopravnih tekstova druge polovice 19. stoljeća. — *Filologija* 10, 1980-81 (1982), 125-135.
10413 MARKOVIĆ, Svetozar: Lični i bezlični oblici glagola *trebati.* — *JSSS* 31, 1980, 81-92.
10414 MAROJEVIĆ, Radmilo: Oblik *kući* adverbijalnoj funkciji (sa istoriskog i savremenog gledišta). — *JslF* 37, 1981, 237-242.
10415 MELVINGER, Jasna: Supstandardni prijedložni infinitiv i odnovarajuća sintaktička sredstva u hrvatskom književnom jeziku. — *Jezik* 29, 1981-82, 74-76.
10416 MILOŠEVIĆ, Ksenija: Obilježavanje budućnosti u srpskohrvatskom jeziku. — *KnJ* 11, 1982/1, 1-12.
10417 MILOŠEVIĆ, Ksenija: Uloga aspekatskog značenja u predstavljanju hronološke determinacije u složenoj rečenici sa temporalnom klauzom u srpskohrvatskom jeziku. — *KnJ* 11, 1982/2, 49-62 | Rés. fr.
10418 MINOVIĆ, Milivoje: O leksičko-semantičkom mikrosistemu tipa *aktivnost/aktivitet* u savremenom srpskohrvatskom književnom jeziku (u poređenju s ruskim, poljskim i makedonskim jezikom). — *KnJ* 11, 1982/3, 109-126.
10419 MOLOVIĆ, J.: O "pravilnom" i uobičajenom u književnom jeziku. — *NJ* 25/4-5, 1982, 273-279.
10420 MØRK, Henning: The distribution of the *n*-suffix in Serbo-Croatian conjugation. — [309], 107-115.
10421 OKUKA, Miloš: I stroži i strožiji. — *KnJ* 11, 1982/2, 93-97.
10422 PETI, Mirko: O problematici izrade rekcijskog rječnika. — [366], 191-194.
10423 POPOVIĆ, Ljubomir: Upotreba kardinalnih brojeva u srpskohrvatskom jeziku. — *JSSS* 30, 1979, 3-24.
POPOVIĆ, M.: Što je *-te* u 2. licu množine imperativa u ruskom i hrvatskosrpskom jeziku? — 11954.
10424 PRANJKOVIĆ, Ivo: O problemu razgraničenja koordinacije i subordinacije u hrvatskom književnom jeziku. — *Filologija* 10, 1980-81 (1982), 151-163 | E. summ.
10425 RIĐANOVIĆ, Midhat: Upotreba zavisnih veznika *što* i *da* osvijetljena pojmom presupozicije. — *KnJ* 10, 1981/4, 7-13 | E. summ.
10426 RISTIĆ, Stana: Morfema *-telj-* u savremenom srpskohrvatskom jeziku. — *NJ* 25/4-5, 1982, 189-230.
SAUVAGEOT, A.: L'ensemble des temps verbaux en macéd. et en s-cr. — 10325.
10427 SOVIĆ, Ivan: Aorist i imperfekt u Šenoinu jeziku. — *Jezik* 29, 1981-82, 104-109.
10428 STEVANOVIĆ, Mihailo: Sintaksa u leksici. — [366], 289-296.
10429 SVANE, Gunnar: Derivational types of causative in Serbo-Croat. — [309], 170-179.
10430 TAFRA, Branka: Vrste imeničke deklinacije (s posebnim obzirom na starije hrvatske gramatike). — *Jezik* 29, 1981-82, 44-47.
10431 TOPOLIŃSKA, Zuzanna: Restrikcija nasuprot apozicije: dve vrste atributa imeničke sintagme. — *JslF* 37, 1981, 1-11 | E. summ.
10432 VASILEV, Chr.: Die Präposition *za* als gradueller Balkanismus im Serbokroatischen. — *ZBalk* 18, 1982, 78-88.
10433 ZEC, Draga; KOJEN, Leon: Srpskohrvatske konstrukcije s obaveznim determinatorima. — *ZbFL* 24, 1981/1 (1982), 135-149 | E. summ.
10434 ŽEPIĆ, Stanko: O temporalnoj vrijednosti pasiva. — *Jezik* 29, 1981-82, 140-143.

3. HISTORY — HISTOIRE

10435 ALBIJANIĆ, Aleksandar: Odnos između domaćih i ruskoslovenskih elemenata u jeziku proklamacija Josifa II, štampanih od 1783. do 1787 godine. — *ZbFL* 24, 1981/2 (1982), 89-98 | E. summ.

10436 AUTY, Robert: Kajkavski književni jezik u svjetlu jezičnoga preporoda kod Slavena. — *HDZb* 6, 1982, 19-21.

10437 BARTOLIĆ, Zvonimir: Hrvatski književni i neknjiževni tekstovi na tlu Međimurja do 1918. — *HDZb* 6, 1982, 23-57.

10438 BOŠKOV, Mirjana; PIPER, Predrag: Ogled kontrastivne analize teksta u proučavanju jezika srpske književnosti u XVIII-XIX veku. — *ZbFL* 24, 1981/1 (1982), 55-74.

10439 BRATULIĆ, Josip: *Istarski razvod*. — Pula: Čakavski sabor, 1978, 298 p. | *Slovo* 31, 1981 (1982), 141-145 I. Pranjković.

10440 BROZOVIĆ, Dalibor: O standardnojezičnim pojavama XIX stoljeća. — *JSSS* 30, 1979, 44-50.

10441 BUTLER, Thomas: *Monumenta Serbocroatica: a bilingual anthology of Serbian and Croatian texts from the 12th to the 19th century*. Ed. and transl. — Michigan Sl. Publ.; Ann Arbor: Ardis, 1980, xxii, 483 p., ill. | *SlRev* 40, 1981, 686-687 R. Dunatov | *CASS* 16, 1982, 147-148 W.W. Derbyshire.

10442 BUTLER, Thomas: Toward a sociolinguistic study of the Serbian national language movement during the late eighteenth and early nineteenth centuries. — *FoSl* 4/2-3, 1981 (1982), 235-242.

10443 ĆUPIĆ, Drago: Vuk i Crna Gora. — *JSSS* 30, 1979, 51-59.

10444 ĆUPIĆ, Drago: O jeziku Vukovih *Srpskih narodnih poslovica*. — *JslF* 37, 1981, 125-150.

10445 DESPALATOVIĆ, Elinor Murray: *Ljudevit Gaj and the Illyrian movement*. — Boulder, CO: 1975 | BL 1977, 10678. | *IJSLP* 24, 1981 (1982), 190-191 T. Eekman.

10446 FRANOLIC, Branko: *A short history of literary Croatian*. — Paris: 1980 | BL 1980, 9154. | *BSL* 76, 1981/2 (1982), 248-250 P. Garde.

10447 HERRITY, Peter: Zaharija Orfelin's role in the development of the Serbian literary language. — *ZbFL* 24, 1981/1 (1982), 41-53.

10448 JEMBRIH, Alojz: Jezik Antuna Vramca u kontekstu dijalekata i tradicije. — *Filologija* 10, 1980-81 (1982), 53-68, 3 ill. | G. summ.

10449 JERKOVIĆ, Jovan: Osvrt na razvoj verzije književnog jezika u drugoj polovini prošlog stoleća. — *JSSS* 30, 1979, 60-70.

10450 JERKOVIĆ, Vera: Morfološki sistem u "Žitiju sv. Simeona" od sv. Save. — *JslF* 37, 1981, 195-212 | G. summ.

10451 KALENIĆ, Vatroslav: Iz sociolingvistične problematike jezika hrvatske književnosti 19. stoletja. — *JiS* 25, 1979-80, 72-80.

10452 KESSLER, Wolfgang: Društvena podloga upotrebe hrvatskog kajkavskog jezika u prvoj polovici XIX. stoljeća. — *HDZb* 6, 1982, 217-222.

10453 MALIĆ, Dragica: Pravci razvoja hrvatskogo književnog jezika do ilirskog razdoblja (Pokušaj sinteza). — *RZJ* 6-7, 1980-81 (1982), 141-162 | Rés. fr.

10454 MAMIĆ, Mile: Hrvatski ustavnopravni jezik u 2. polovici 19. stoljeća. — *RZJ* 6-7, 1980-81 (1982), 163-226.

10455 *Matičin apostol (XIII vek)*. Priredili Radmila KOVAČEVIĆ; Dimitrije STEFANOVIĆ. Uvod i opis rukopisa napisao Dimitrije BOGDANOVIĆ. Urednik: Pavle IVIĆ. — Zbornik za istoriju, jezik i književnost srpskog naroda, 1. odeljenje, 29;

Beograd: Srpska Akad. nauka i umetnosti, 1979, 361 p., 5 facsim. | *ArP* 2, 1980, 345-348 T. Jovanović | *SEER* 59, 1981, 587-588 A.E. Pennington | *ASlPh* 13, 1982, 116-118 A. Minčeva.

10456 MIKELSEN, Hans Kristijan: Složena rečenica u starosrpskom jeziku: analiza rečeničkih konstrukcija u Zakoniku cara Dušana (struški spomenik). — *JslF* 37, 1981, 213-236 | Ru. summ.

10457 MLADENOVIĆ, Aleksandar: Neke slavenosrpske osobine u jeziku Dimitrija Isajlovića 1816. godine. — *JslF* 37, 1981, 179-193.

10458 MLADENOVIĆ, Aleksandar: Beleške o grafiji i jeziku u "Žitiju Stefana Dečanskog" Grigorija Camblaka. — *ZbFL* 24, 1981/1 (1982), 31-40.

10459 MLADENOVIĆ, Aleksandar: Napomene u vezi sa shvatanjima o književnom jeziku kod Srba u XVIII i u prvim decenijama XIX veka. — *ZbFL* 24, 1981/1 (1982), 89-92.

10460 MLADENOVIĆ, Aleksandar: Narodni jezik Dimitrija Isajlovića 1816. godine. — *ZbFL* 24, 1981/2 (1982), 99-127.

10461 MLADENOVIĆ, Aleksandar: Napomene u vezi sa shvatanjima o književnom jeziku kod Srba u XVIII i u prvim decenijama XIX veka. — [143], 83-87.

10462 NYOMÁRKAY, István: Neke jezične karakteristike kajkavskog rukopisa iz početka XIX. stoljeća. — *HDZb* 6, 1982, 265-267.

10463 OKUKA, Miloš: Odjeci "Vedine" ankete o jeziku u Bosni i Hercegovini. — *KnJ* 11, 1982/3, 133-138 | It. summ.

10464 OSTOJIĆ, Branislav: Vukov književni jezik u Crnoj Gori. — *KnJ* 11, 1982/2, 75-80.

10465 PECO, Asim: Križanićevi pogledi na srpskohrvatski jezik i njegove dijalekte. — *JslF* 37, 1981, 151-177 | Juraj KRIŽANIĆ's views on the SCr. language and its dialects.

10466 PEDERIN, Ivan: Strani i uredovni jezik u Hrvatskoj. — *Jezik* 29, 1981-82, 65-73.

10467 POPOVIĆ, Miodrag: Vukov književni jezik. — [269], 7-16, facsim. | Vuk Karadžić's literary language.

10468 PUTANEC, Valentin: Prvo latiničko izdanje "Plača Majke Božje" (Mikaljino izdanje iz 1642). — *RZJ* 6-7, 1980-81 (1982), 239-278 (252-278: fac-sim.) | Rés. fr.

10469 PUTANEC, Valentin: Jezik "Dekretuma" (1574) Ivana Pergošića. — *HDZb* 6, 1982, 268-277.

10470 SEKEREŠ, Stjepan: Jezik osječkih cehovskih isprava. — *ZbFL* 24, 1981/2 (1982), 141-171 | The language of guilds in Osijek (E. summ.).

10471 SIMIĆ, Radoje: Procesi rane standardizacije na srpskohrvatskom književnojezičkom području. — *KnJ* 11, 1982/1, 13-24 | G. summ.

10472 ŠOJAT, Antun: O nekim problemima transkripcije starih kajkavskih tekstova. — *HDZb* 6, 1982, 283-292.

10473 STANOJČIĆ, Ž.: Za kontinuitet u književnom jeziku i u njegovom usavršavanju. — *NJ* 25/4-5, 1982, 183-188.

10474 VINCE, Zlatko: *Putovima hrvatskoga književnog jezika* . . . — Zagreb: 1978 | BL 1979, 8927. | *Mov* 1981/1, 89-91 V. Čumak | *JiS* 27, 1981-82, 250-252 V. Kalenić.

10475 VINCE, Zlatko: August Šenoa – jezični arbitar. — *Jezik* 29, 1981-82, 97-104.

10476 VONČINA, Josip: Mavro Vetranović između govora i jezične tradicije. — *Filologija* 10, 1980-81 (1982), 353-370.

10477 VONČINA, Josip: Jezična kultura Petra Zoranića. — [302], 741-756.

4. DIALECTOLOGY — DIALECTOLOGIE

10478 ALIREJSOVIĆ, Edina: Romanski elementi u srpskim govorima Livanjskog polja. — *GABiH* 20, 1982 (Centar za balkan. ispitivanja 18), 267-277 | Les éléments romans dans les parlers serbes de la Plaine de Livno (Rés. fr.).
10479 BAOTIĆ, Josip: Akut u govoru starosjedilaca bosanske Posavine danas. — *SLPJ* 2, 1982, 53-62.
10480 *Bosanskohercegovački dijalektološki zbornik.* Knjiga II. Red.: Jovan VUKOVIĆ, Asim PECO . . . [et al.]. — Sarajevo: Inst. za jezik i književnosti u Sarajevu, Odjeljene za jezik, 1979, 370 p. | *KnJ* 11, 1982/3, 155-161 Dž.A. Jahić.
10481 BRABEC, Ivan: Kajkavci u dijaspori. — *HDZb* 6, 1982, 77-84.
10482 DULIČENKO, A.D.: Dialekt molizskich slavjan Italii i russkaja slavistika XIX – načala XX vv. — *UZTarU* 573, 1981, 95-109 | Molise, Italy.
10483 FINKA, Božidar: Akcenatski odnosi na "kajkavsko-čakavskom" području istočno od Karlovca. — *HDZb* 6, 1982, 161-167.
10484 HOUTZAGERS, H.P.: Accentuation in a few dialects of the island of Cres. — *SSGL* 2, 1982, 117-129.
10485 HRASTE, Mate; ŠIMUNOVIĆ, Petar: *Čakavisch-deutsches Lexikon.* Unter Mitarbeit und Red. von Reinhold OLESCH. Teil I; II. — Köln: 1979-81 | BL 1981, 10415. | *KLit* 9, 1980, 52-54 Chr. Vasilev (On vol. I) | *Ėtimologija* 1980 (1982), 180-186 L.V. Kurkina (On vol. I) | *Slavia* 51, 1982, 217-218 J. Petr (On vol. II).
10486 IVIĆ, Pavle: O munskom govoru u severnoj Istri. — *SSGL* 2, 1982, 131-155.
10487 IVIĆ, Pavle: O nekim fenomenima akcenatske varijacije koji nisu uvršteni u Ivšićev koordinatni sistem. — *HDZb* 6, 1982, 181-188, 2 maps.
10488 JUNKOVIĆ, Zvonimir: Dioba kajkavskih govora: porodice, tipovi i savezi. — *HDZb* 6, 1982, 191-216.
10489 JURUŠIĆ, Blaž: *Rječnik govora otoka Vrgade* . . . II. — Zagreb: 1973 | BL 1973, 10227. | *Ėtimologija* 1980 (1982), 180-186 L.V. Kurkina.
10490 KALSBEEK, Janneke: O fonemskom sustavu čakavštine sela Orbanići kod Žminja. — *SSGL* 2, 1982, 157-175.
10491 LONČARIĆ, Mijo: Sjevernomoslavački kajkavski govori. — *RZJ* 6-7, 1980-81 (1982), 55-120, 2 maps (1 fold.) | G. summ.
10492 LONČARIĆ, Mijo: Prilog podjeli kajkavskoga narječja (s kartom kajkavskoga narječja). — *HDZb* 6, 1982, 237-246, fold. map.
10493 MARCH, William J.: Kajkavian inflectional morphophonemics: an analysis of the morphology of dialects of Velika Rakovica, Virje, and Bednja. — *RadJA* 388, 1981, 237-312, 2 maps.
10494 MATEŠIĆ, Josip: Interes za kajkavštinu na njemačkom jezičnom području. — *HDZb* 6, 1982, 247-252.
10495 MOGUŠ, Milan: *Čakavsko narječje* . . . — Zagreb: 1977 | BL 1977, 10694. | *Filologija* 10, 1980-81 (1982), 259-262 K. Režić.
10496 MOGUŠ, Milan: O osnovama *màlin-* i *màlin-* (Odgovor Asimu Peci). — *NJ* 25, 1982/4-5, 248-254 | A. PECO, Nekoliko napomena uz prethodni članak prof. M. Moguša, *ibid.* 254-264.
10497 MULJAČIĆ, Žarko: Un nuovo tipo di trasferenza? — [323], 163-166 | On Dubrovnik Croatian.
10498 NEWEKLOWSKY, Gerhard: *Die kroatischen Dialekte des Burgenlandes* . . . — Wien: 1978 | BL 1978, 8076. | *Sprache* 28, 1982, 35-36 H.D. P[ohl] | *ZbFL* 24, 1981/1 (1982), 185-189 D. Petrović.
10499 NEWEKLOWSKY, Gerhard: O kajkavskim osobinama u "nekajkavskim govorima" Gradišća. — *HDZb* 6, 1982, 257-263 | Burgenland, Austria.

10500 NYOMÁRKAY, I.: Die wendische Übersetzung eines ungarischen Gebetbuches. — *SSlav* 27, 1981 (1982), 129-132 | Burgenland Croatian, 18th century.

10501 PAVLOVIĆ, Radoslav M.: Oblici deklinacije i konjugacije u govoru područja Rače Kragujevačke (s posebnim osvrtom na akcenat). — *SDZb* 28, 1982, 7-61.

10502 PECO, Asim: Ikavskošćakavski govori zapadne Bosne (II dio: Akcenat, oblici, tekstovi). — *BhDZb* 3, 1982, 7-258, map | Cf. BL 1977, 10698.

PENAVIN, O.: A szerb-horvát nyelv hatása a magyar nyelvjárásokra. — 14138.

10503 RAJKOVIĆ, Ljubiša: Leksičko bogatstvo timočko-lužničkog govora. — [366], 263-268.

10504 REMETIĆ, Slobodan: O nezamenjenom jatu i ikavizmima u govorima severozapadne Srbije. — *SDZb* 27, 1981, 7-105, map | G. summ.

10505 REMETIĆ, Slobodan: Konstrukcije tipa *Šta čine s one đece* u govorima istočne Bosne. — *JslF* 37, 1981, 265-272 | G. summ.

10506 REMETIĆ, Slobodan: Dativ-instrumental (-lokativ) množine imenica *a*-osnove sa nastavkom *-ema* u govorima kosovsko-resavskog dijalekta. — *ZbFL* 24, 1981/1 (1982), 165-169.

10507 REMETIĆ, Slobodan N.: Iz šumarske terminologije kladanjskog kraja. — [366], 269-274.

RIGLER, J.: O slovensko-kajkavskih jezikovnih razmerjih. — 10745.

10508 SEKEREŠ, Stjepan: Odnos govora slavonske Podravine prema kajkavskom narječju. — *ZbFL* 24, 1981/1 (1982), 75-88 | Ru. summ.

10509 SEKEREŠ, Stjepan: Govori s nezamijenjenim jatom u našičkom kraju. — *HDZb* 6, 1982, 497-501.

10510 SEKULIĆ, Nevenka: Zbirka dijalekatskih tekstova iz Vojvodine. — *SDZb* 27, 1981, 107-305, map.

10511 SIMIĆ, Radoje: Skica za dijalektološku kartu severne Srbije. — *JSSS* 31, 1980, 93-136.

10512 ŠOJAT, Antun: O jeziku i rječniku gradišćanskih Hrvata. — *RZJ* 6-7, 1980-81 (1982), 305-317 | G. summ.

10513 ŠOJAT, Antun: Pregled rada na istraživanju i obrađivanju kajkavskog narječja u poslijeratnom razdoblju. — *HDZb* 6, 1982, 9-16.

10514 ŠOJAT, Antun: Turopoljski govori. — *HDZb* 6, 1982, 317-493, map.

10515 STANIĆ, Milija: Akcenatsko putovanje po Uskocima u ljeto 1980. godine. — *JslF* 37, 1981, 251-254 | E. summ.

10516 STANIĆ, Milija: Uskočki akccnat. — *SDZb* 28, 1982, 63-191 | Ru. summ.

10517 TEŽAK, Stjepko: Akcenatski odnosi u luku rijeke Kupe i u podžumberačkom kraju. — *HDZb* 6, 1982, 293-302.

10518 VERMEER, Willem Roelof: *Studies in South Slavonic dialectology.* — Univ. of Leiden diss.; Leiden: Vakgroep Slavische taal- en letterkunde, Rijksuniv. te Leiden, 1982, [xi], 318 p. | Contents: Introd., 1-25; I. On the quantity of the thematic vowel in the Slavonic present tense (an answer to critical remarks by D.J.L. JOHNSON), 26-110 [to appear in *SSGL*]; II. = No. 10519; III. = BL 1976, 9742; IV. = BL 1979, 8966; V. = BL 1980, 9218; VI. Raising of *ě and loss of the nasal feature in Slovene, 236-284 [to appear in *ZbFL*]. Appendix = BL 1980, 9219.

10519 VERMEER, Willem: On the principal sources for the study of Čakavian dialects with neocircumflex in adjectives and *e*-presents. — *SSGL* 2, 1982, 279-341, map.

10520 VIDOV, Božidar: *Vocabolario in dialetto delle località dell'isola linguistica croata nel Molise.* — Toronto: Božidar Vidov, 1972, 96 p. | *Lingua* 44, 1978, 394-397 B. Franolic.

10521 VIDOV, Božidar: *Grammatica del dialetto ikavo-štokavo delle località dell'isola linguistica croata nel Molise: Montemitro – San Felice – Acquaviva Collecroce. Grammatika ikavsko-štokavskog govora stanovnika hrvatskog podrijetla* ... — Toronto, Canada: Božidar Vidov, 1974, 60 p. | *Lingua* 44, 1978, 394-397 B. Franolic.
10522 VITOŠEVIĆ, Dragiša: Pogled na jezičko blago Gruže. — [366], 33-35.
10523 ZAJCEVA, Svetlana: Dijalekatski rečnici kao baza za savremena lingvistička istraživanja. — [366], 69-76.

5. LEXICON — LEXIQUE

10524 BABIĆ, Stjepan: Nađena zamjena za *body scanner*. — *Jezik* 29, 1981-82, 29-31.
10525 BARIĆ, Eugenija: Mogućnosti zamjene višečlanog naziva *stroj za pranje*. — *Jezik* 29, 1981-82, 77-80.
10526 BATISTIĆ, Tatjana: O komponentnoj analizi leksičkog značenja. — [366], 9-13.
10527 BATUŠIĆ, Nikola: Kajkavska kazališna terminologija. — *HDZb* 6, 1982, 59-68.
10528 BENSON, Morton: *Englesko-srpskohrvatski rečnik* ... — Beograd: 1978/Philadelphia: 1979 | BL 1980, 9222. | *Lg* 58, 1982, 251-252 R. Alexander | *SlRev* 40, 1981, 689 W.W. Derbyshire.
10529 BORYŚ, Wiesław: Prilozi proučavanju ostataka arhaičnog slavenskog (praslavenskog) leksika u kajkavštini. — *HDZb* 6, 1982, 69-76.
10530 BROZOVIĆ, Dalibor: O sadržaju pojma *norma* u leksikologiji i leksikografiji. — [366], 15-20.
10531 BUJAS, Željko: Stvaranje dvojezične leksikografske datoteke ručnim preokretanjem i njezino vrednovanje. — *Filologija* 10, 1980-81 (1982), 199-212 | E. summ.
10532 ĆUPIĆ, Drago: Novija srpskohrvatska leksikografija. — [366], 305-310.
10533 DABIĆ, Bogdan L.: Pozajmice ruskog porijekla u srpskohrvatskom jeziku. — *KnJ* 10, 1981/3, 7-23.
10534 DEŠIĆ, Milorad: Iz srpskohrvatske polisemije. — [366], 57-64.
10535 DEŠIĆ, Milorad: Polisemija i homonimija u rječnicima savremenog srpskohrvatskog jezika. — *NJ* 25, 1982/4-5, 231-241.
DURIDANOV, I.: Kăm etimologijata na bălg. *tlapja* ..., srchărv. *tlapiti* i pod. — 10193.
10536 FINKA, Božidar: Rječnik jezika hrvatske kajkavske pisane riječi. — [366], 325-331.
10537 FRANOLIĆ, Branko: *Les mots d'emprunt français en croate*. — Paris: 1976 | BL 1978, 8100. | *IF* 86, 1981 (1982), 359-361 A. de Vincenz.
10538 GLUHAK, Alemko: Kavkaske podudarnosti jednoga starobalkanskog i nekih slavenskih (predindoevropskih?) naziva za životinje. — *GABiH* 20, 1982 (Centar za balkan. ispitivanja 18), 279-281 | Note sur l'étym. des mots s.-cr. et balkaniques *blavor, ogar* et *zagar, zubar* (Rés. fr.).
10539 JOCIĆ, Mirjana: Terminologija u dokumentima iz narodnooslobodilačke borbe. — *ZbFL* 24, 1981/2 (1982), 129-139.
10540 JOVANOVIĆ-STIPČEVIĆ, Biljana: Arhaizmi u srpskoslovenskoj leksici. — [269], 39-45.
JURANČIČ, J.: *Slovensko-srbskohrvatski slovar*. — 10710.
JURANČIČ, J.: Konfrontacija slovenačkoga i srpskohrvatskog rečničkog fonda ... — 10711.

KALENIĆ, V.: Pomenske razlike besed istega izvora . . . — 10712.
10541 KALMETA, Ratimir: O nazivima *turist, turizam* i *turizmologija*. — Jezik 29, 1981-82, 48-52.
10542 KAŠIĆ, Jovan: Neke pojave u vezi sa oslovljavanjem (na materialu Vukovog *Srpskog rječnika*). — [366], 91-94.
10543 KOVAČEVIĆ, Marko: Interferencije jednoga semantičkog polja (*osnova – osnovica – temelj – baza*). — Jezik 29, 1981-82, 144-153.
10544 KRILE, Ivo: *Nositi* versus *to carry* and *to wear*. — SRAZ 25, 1980 (1981), 9-18.
10545 KRILE, Ivo: O pojmu kretanja u hrvatskom književnom jeziku. — Jezik 29, 1981-82, 13-19 | E. summ.
10546 LONČARIĆ, Mijo: O nazivima *moreplovac, pomorac, mornar, brodar, lađar*. — Jezik 29, 1981-82, 87-89.
10547 MALIĆ, Dragica: Akademijin rječnik i njegove dopune. — RZJ 6-7, 1980-81 (1982), 121-139 | Rés. fr.
10548 MAMIĆ, Mile: Stručni nazivi u općim rječnicima. — [366], 109-114.
10549 MATEŠIĆ, Josip: *Frazeološki rječnik hrvatskoga ili srpskog jezika*. — Zagreb: "Školska knjiga", 1982, xx, 808 p.
10550 MIHAJLOVIĆ, Velimir: Iz naše frazeologije. — KnJ 11, 1982/2, 63-70.
10551 MLADENOVIĆ, Aleksandar: Napomene o radu na rečniku slavenosrpskog tipa književnog jezika. — [366], 137-140.
10552 MOGUŠ, Milan: Što je *pasja vrućina*? — KnJ 11, 1982/2, 71-73.
10553 MOLLOVA, Mefküre: Quelques turcismes en *a*- dans les langues serbocroate et bulgare. — BalkE 25, 1982/2, 37-66.
10554 MRAZOVIĆ, Pavica; PRIMORAC, Ružica: *Nemačko-srpskohrvatski frazeološki rečnik*. — Beograd: 1981, 1004 p. | G.-SCr. phraseological dictionary. | JslF 38, 1982, 173-182 I. Grickat.
10555 MRŠEVIĆ, Dragana: O kriterijima koji određuju mesto obrade frazeologizama u rečniku. — [366], 141-148.
10556 PEŠIKAN, Mitar: O selekciji reči u opisnim rečnicima. — [366], 209-215.
10557 PETROVIĆ, Dragoljub: Problemi i izgledi srpskohrvatske dijalekatske leksikografije. — [366], 195-199.
10558 POHL, Heinz Dieter: *Das italienisch-kroatische Glossar MS Selden Supra 95: Edition des Textes und linguistischer Kommentar*. — Schriften der Balkankommission, Linguistische Abteilung 24/1; Wien: Verlag der Österreichischen Akad. der Wissenschaften, 1976, 124 p. | LN 43, 1982, 84-85 Ž. Muljačić.
10559 PREMK, D.G.: O semantičkom sadržaju leksikografske definicije. — [366], 49-51.
10560 PUJIĆ, Savo: Porijeklo srpskohrvatske pčelarske leksike. — [366], 217-226.
10561 PUTANEC, Valentin: Aneksni rječnici u djelu "Pokorni i mnogi ini psalmi Davidovi" (1582) Šimuna Budinića i "Pištole i evangelija" (1613[1]-1857[16]) Ivana Bandulavića. — [366], 227-247, facsim.
10562 RADOVIĆ-TEŠIĆ, Milica: Arhaizmi i njihova obrada u Rečniku SANU. — [366], 257-262.
SCĂRLĂTOIU, E.: Romanian lexical elements in Maced. and SCr. [III-X]. — 10327.
10563 SEKULIĆ, Ante: Ambrozije Šarčević i njegova dva rječnika. — Filologija 10, 1980-81 (1982), 173-197, 3 facsim. | A. ŠARČEVIĆ (1820-99) and his two dictionaries (E. summ.).
10564 *Srbocharvátsko-český slovník*. Zpracoval lexikografický kolektiv Kabinetu cizích jazyků ČSAV: Anna JENÍKOVÁ; Karel LEMARIE; Jan SEDLÁČEK; Stanislava

SÝKOROVÁ; věd. red. † Josef KURZ a Jan PETR. — Praha: Academia, 1982, 988 p.

10565 ŠIMUNOVIĆ, Petar: Apelativne geografske oznake u vezi s morem u svjetlu arealnog proučavanju slavenskih jezika. — *RZJ* 6-7, 1980-81 (1982), 289-303 | Rés. fr.

10566 STANIĆ, Milija: Iz uskočke leksike. — [366], 285-288.

10567 TAFRA, Branka: Sinonimija. — [366], 297-300.

TELEĆAN, M.: Elementi slavi nell'opera lessicografica di E. Rosamani. — 7439.

10568 TEŠIĆ, Miloslav: Rečnik jezika pisca u odnosu na opšti rečnik. — [366], 301-304.

10569 TRIFUNOVIĆ, Đorđe: Rečnik uz srpske prepise Lestvice: prilog poznavanju srpske srednjovekovne leksikografije. — *JslF* 38, 1982, 79-87 | E. summ.

10570 VAJS, Nada: Semantizam "bosti" u fitonimiji. — *RZJ* 6-7, 1980-81 (1982), 319-337 | Rés. fr.

10571 VASIĆ, Smiljka: Doprinos drugih nauka leksikografiji. — [366], 27-32.

10572 VINJA, Vojmir: Semantičke strukture naziva za ribe iz obitelji *Labridae*. — *RadJA* 388, 1981, 337-396.

VINJA, V.: En répondant à un appel du Maître: les noms adriatiques et méditerranéens des Carangidés. — 3056.

10573 VRKLJAN, Zvonimir: Uz 100. obljetnicu prvog hrvatskog tehničkog rječnika. — *Jezik* 29, 1981-82, 133-139.

10574 VUKOVIĆ, Gordana: Iz problematike srpskohrvatskih hrematonima. — [366], 43-48.

6. ORTHOGRAPHY — ORTHOGRAPHE

10575 IVIĆ, Pavle; JERKOVIĆ, Vera: *Pravopis srpskohrvatskih ćirilskih povelja i pisama XII i XIII veka.* — Novi Sad: Inst. za južnoslovenske jezike, Filozofski Fak., 1981, 226 p. | *KnJ* 11, 1982/3, 151-155 D. Gabrić-Bagarić.

10576 JERKOVIĆ, Vera: Srednjovekovne ortografske škole kod Srba. — *JSSS* 31, 1980, 19-28.

10577 LUKATELA, Georgije; TURVEY, Michael T.: Some experiments on the Roman and Cyrillic alphabets of Serbo-Croatian. — [165], 227-247, 4 fig., 6 tab.

10578 PEŠIKAN, Mitar: O obradi transkripcije kineskih imena u okviru normativističkih projekata u BiH. — *NJ* 25/4-5, 1982, 280-292.

10579 POPOVIĆ, Miodrag: *Jota.* — Tršić: Vukov Sabor / Beograd: "Rad", 1981, 153 p., 16 pl. (facsim.) | On the introd. of the *j* into the Serbian alphabet.

10580 RAGUŽ, Dragutin: Pisanje stranih imena. — *RZJ* 6-7, 1980-81 (1982), 279-287 | Rés. fr.

10581 SIMIĆ, Radoje: Vukova reforma grafije i ortografije. — *JSSS* 30, 1979, 30-40.

10582 SMAILOVIĆ, Ismet: O transkripciji arapskih imena u srpskohrvatskom jeziku. — *KnJ* 11, 1982/3, 143-149.

10583 STANIĆ, Milija; MORAČIĆ, Damnjan: *Jezičko-pravopisni savetnik.* — Beograd: "Rad", 1981, 440 p. | *KnJ* 10, 1981/3, 51-54 I. Čedić.

7. STYLISTICS — STYLISTIQUE

10584 HADROVICS, László: Štefan Zagrebec kajkavski umjetnik kompozicije i stila. — *HDZb* 6, 1982, 169-179.

10585 JACOBSEN, Per: The function of the simultaneous gerund in Ivo Andrić's novel *Na drini Ćuprija.* — [309], 70-74.

10586 Kostić, Đorđe: Problemi leksike savremene poezije. — [366], 99-107.
10587 Kuna, Herta: Štokavsko-kajkavska interferencija u "Pjesmama na narodnu" (Dijačke junačke) Frane Krste Frankopana. — HDZb 6, 1982, 223-236.
10588 Minović, Milivoje: O razvoju savremenog srpskohrvatskog književnog jezika (spontanost, stihijnost, usmjerenost). — SLPJ 2, 1982, 171-186 | Pol. summ.
10589 Moguš, Milan: Listajući kompjutorsku konkordanciju Krležinih "Balada". — HDZb 6, 1982, 253-256.
10590 Peco, Asim: O nekim specifičnostima Andrićeve rečenice. — [269], 17-27.
10591 Petković, Novica: Uvod u jezičku genezu književnog teksta (Prvi odeljak studije "Književni međusvet"). — ZbMS 30, 1982/2, 183-204.
10592 Samardžija, Marko: Osnovne značajke Kozarčaninove prozne rečenice. — Jezik 29, 1981-82, 109-124.
10593 Šipka, Milan: O izradi rječnika Kočićeva jezika na osnovu kompjuterske konkordance. — [366], 359-367.
10594 Vončina, Josip: Stilska virtuoznost Jurja Habdelića. — HDZb 6, 1982, 303-313.
10595 Vuletić, Branko: Pokušaj definiranja umjetničkog krika uz jedan Krležin primjer (Uvodni dio jednog dužeg teksta). — Jezik 29, 1981-82, 129-133.

8. METRICS, VERSIFICATION — MÉTRIQUE, VERSIFICATION

10596 Creed, Robert P.: Sound-patterning in some sung and dictated performances of Avdo Medjedović. — CASS 15, 1981, 116-121.
10597 Miličić, Vladimir: A contribution to discussions on Serbo-Croatian metrics. — IJSLP 24, 1981 (1982), 121-134.
10598 Pretnar, Tone: Slamnigova knjiga o naravi, zgodovini in kulturni dolečenosti hrvaškega verznega oblikovanja. — SlavR 30, 1982, 111-118 | Rev. of No. 10599.
10599 Slamnig, Ivan: *Hrvatska versifikacija: narav, povijest, veze.* — Zagreb: Liber, 1981, 155 p. | Cf. 10598.
10600 Težak, Stjepko: Zvuk i ritam zavičajne riječi kao izvor i razlog dijalektalne poezije Ivana Gorana Kovačića. — Filologija 10, 1980-81 (1982), 33-51 | Sound and rhythm in the Kajkavian poetry of Ivan Goran Kovačić (E. summ.).

9. TRANSLATION — TRADUCTION

10601 Kvapil, Miroslav: O nekim aspektima prevođenja Jana Nerude. — Slavia 52, 1981, 63-64 | Quelques aspects de la trad. de Jan Neruda en s.-cr.

12. SOCIOLINGUISTICS — SOCIOLINGUISTIQUE

10602 Filipović, Rudolf: Istraživanje hrvatskih dijalekata bilingvnih govorika u neposrednom posuđivanju. — HDZb 6, 1982, 157-160.
10603 Herrity, Peter: The problem of lexical variants in the standard language in Bosnia-Hercegovina. — WSlav 27, 1982, 77-89.

14. ONOMASTICS — ONOMASTIQUE

10604 Alerić, Danijel: Slavensko ime grada Dubrovnika. — Filologija 10, 1980-81 (1982), 69-92 | Rés. fr.

SERBO-CROATE

10605 ALIREJSOVIĆ, Edina: Prilog proučavanju hercegovačke mikrotoponimije. — *SLPJ* 2, 1982, 101-106.
10606 ANTUNOVIĆ KOBLIŠKA, Milovan: Za pravilno tumačenje značenja i porekla nekih starih rudarskih i topioničarskih naziva. — *OnPril* 3, 1982, 169-185 | E. summ.
10607 BABLER, O.F.: Jméno *Oliver* v srbských dějinách. — *ZprMK* 23, 1982, 9-12 | The name *O.* in Serbian history.
10608 BARAC-GRUM, Vida: Patronimička prezimena u SRH. — *OnJug* 10, 1982, 3-5.
10609 BARIĆ, Eugenija: Tvorbeno-onomastička problematika u člancima Radosava Boškovića. — *Filologija* 10, 1980-81 (1982), 253-257.
10610 BJELANOVIĆ, Živko: Fonološke varijacije i varijante u antroponimiji. — *OnJug* 9, 1982, 175-187.
10611 BJELANOVIĆ, Živko: Tvorba hipokoristika sufiksalne forme u jekavskom govoru sjeverne Dalmacije. — *OnJug* 10, 1982, 7-15.
10612 BOGDANOVIĆ, Nedeljko: Geografska imena u svrljiškom kraju. — *OnJug* 10, 1982, 285-292.
10613 BUKUMIRIĆ, Mileta: Onomastika Prekoruplja (II deo). — *OnPril* 3, 1982, 303-418 | 1st part in *OnPril* 2 (BL 1981, 10493).
10614 BURIĆ, Antun: *Povijesna antroponimija Gorskog kotara u Hrvatskoj. Goranska prezimena kroz povijest.* — Rijeka: Društvo za zaštitu prirodne, kulturne i povijesne baštine Gorskog kotara, 1979, 293 p. | *SlRev* 41, 1982, 166-167 J.L. Conrad.
10615 CËRABREGU, Muharem: Toponimija SAP Kosova na kartama XVI. stoljeća. — *OnJug* 10, 1982, 17-22.
10616 ĆUPIĆ, Drago: Hidronimija sliva *Zete*. — *Onjug* 9, 1982, 23-36.
10617 ĆUPIĆ, Drago: Lična imena u hronici *"Kazivanje starih Trebješana"*. — *OnJug* 10, 1982, 23-28.
10618 ĆUPIĆ, Drago: O jednoj patronimijskoj složenici. — [269], 61-64.
10619 DALMACIJA, Stevo: Geografski apelativi u mikrotoponimiji Knešpolja. — *OnJug* 10, 1982, 293-300.

DOÇI, R.: Ilirsko-alb. baza *das-* . . . — 5097.

10620 DŽOGOVIĆ, Alija; BUKUMIRIĆ, Mileta: Sistem ličnih imena kod srpskog stanovništva u Klini i Drsniku u Metohiji. — *OnJug* 10, 1982, 35-38.
10621 FEKETE, Egon: Nešto o obradi ktetika u našim savremenim rečnicima. — [366], 317-324.
10622 FILIPOVIĆ, Rudolf: Sudbina hrvatskih prezimena na engleskom jezičnom području u SAD. — *OnJug* 10, 1982, 39-46 | The fate of Croatian surnames in E.-speaking regions of the USA (E. summ.).

GRASHI, S.: Slavenski antroponimi Albanaca . . . — 5098.

10623 GRKOVIĆ, Milica: Koren *hrg* u antroponimiji. — *OnJug* 9, 1982, 215-216.
10624 GRKOVIĆ, Milica: O toponimu *Rugova*. — *OnPril* 3, 1982, 187-189 | Ru. summ.
10625 GRKOVIĆ, Milica: Za rečnik prezimena. — [366], 53-55.
10626 HAMM, Josip: Morfonologija u onomastici (onimiji). — *OnJug* 10, 1982, 69-73.
10627 JANKOVIĆ, Srđan: Imena tipa *Elma – Alma*. — *OnJug* 10, 1982, 75-81.

JURANČIČ, J.: O jeziku in priimkih na obeh straneh slovensko-hrvaške meje . . . — 10773.

10628 KATIČIĆ, Radoslav: Značenje antroponomastike u našoj filologiji. — *OnJug* 10, 1982, 85-90.
10629 KILIBARDA, Gojko M.: O postanku nekih patronima u Nikšiću i okolini (Legende i istorijske jezgre u njima). — *OnJug* 10, 1982, 91-102.

KRASNIQI, M.: Etno-geografsko značenje toponima *Rugove*. — 5101.
10630 KUNSTMANN, Heinrich: Über den Namen der Kroaten. — *WSlav* 27, 1982, 131-136.
10631 LAĐEVIĆ, Milica: Neka ženska imena bez odgovarajućeg muškog para. — *OnJug* 10, 1982, 111-116.
10632 LLESHI, Qazim: Onomastična problematika Kosova i susednih krajeva. — *OnJug* 10, 1982, 117-120.
10633 LOMA, Aleksandar: Imena slovenskih božanstava kao antroponimi u Srba. — *OnJug* 10, 1982, 121-124.
10634 LOMA, Aleksandar: Imenski par *Maljen : Povlen*. — *OnPril* 3, 1982, 155-168 | G. summ.
10635 MAROJEVIĆ, Radmilo: Postanak toponima *Rudeža* i *Rubeža* (još dva priloga pitanju o tragovima duala u slovenskoj toponimiji). — *OnPril* 3, 1982, 151-154 | Ru. summ.
10636 MENAC, Antica: Ruska imena u hrvatskom književnom jeziku. — *OnJug* 10, 1982, 129-134.
10637 MENAC, Mira: Sustav osobnih imena Milne na Braču. — *OnJug* 10, 1982, 135-141.
10638 MIHAJLOVIĆ, Velimir: Tragovi indoevropske osmice u našoj apelativnoj leksici i onomastici. — *OnJug* 10, 1982, 143-146.
10639 MIHAJLOVIĆ, Velimir: Onomastischer Aspekt der Süsswasserfischerei im Serbokroatischen. — [176], 133-138.
10640 MOGUŠ, Milan: Berufsbezeichnungen als Toponyme. — [176], 153-157.
10641 MOGUŠ, Milan: Berufsbezeichnungen als Toponyme. — [302], 475-482 | In Croatia.
10642 MOGUŠ, Milan: Prezimena nalik na osobna imena. — *OnJug* 10, 1982, 163-164.
10643 MULJAČIĆ, Žarko: Etnik *Gorinci*. — *OnJug* 9, 1982, 251-255 | It. summ.
10644 NIKONOV, V.A.: Chorvatskie familii v statistiko-geografičeskom osveščenii. — *OnJug* 9, 1982, 257-265.
10645 OSTOJIĆ, Miloš: Etimološka analiza geografskog pojma Vasojevići. — *OnJug* 10, 1982, 165-170.
10646 PAVLOVIĆ, Zvezdana: Sistem determinanata u sintagmatskim spojevima. — *OnJug* 9, 1982, 67-76.
10647 PAVLOVIĆ, Zvezdana: Baza *tur* u patronimiji i toponimiji. — *OnJug* 10, 1982, 171-176.
10648 PAVLOVIĆ, Zvezdana M.: Neki leksičko-semantički odnosi primenjeni u onomastici. — [366], 171-181.
10649 PECO, Asim: Oronimi u toponimiji. — *OnJug* 9, 1982, 77-82.
10650 PECO, Asim: Oronimi u toponomastici. — *SLPJ* 2, 1982, 145-150.
10651 PECO, Asim: O jednom tipu naših hipokoristika. — *OnJug* 10, 1982, 177-180.
10652 PEŠIKAN, Mitar: O upotrebljivosti onomastičkih podataka iz turskih teftera. — *JslF* 37, 1981, 91-108 | Rés. fr.
10653 PEŠIKAN, Mitar: Moguće onomastičke paralele imena putnih stanica na rimskom kontinentalnom putu kroz Crnu Goru. — *OnJug* 9, 1982, 91-98.
10654 PEŠIKAN, Mitar: Zetsko-humsko-raška imena na početku turskoga doba. — *OnPril* 3, 1982, 1-120, 2 cartes h.-t.
PIRRAKU, M.: Podudarnosti imena bratstava Albanaca Kosova ... — 5107.
10655 PUJIĆ, Savo: Antroponimi pčelarskog porijekla *Parojčić* i *Bělopčelaninъ*. — *OnJug* 10, 1982, 189-190.
10656 PUTANEC, Valentin: Hrvatski antroponimni sufiksi očuvani u toponimiji zagrebačke regije. — *OnJug* 10, 1982, 191-194 | Rés. fr.

10657 RADIĆ, Prvoslav: Iz onomastike sela Miloševa u Velikom Pomoravlju. — OnPril 3, 1982, 419-458.
10658 RADUNOVIĆ, Risto: O etimologiji toponima *Duklja*. — OnJug 9, 1982, 99-105.
10659 RADUNOVIĆ, Risto V.: Vuranje (Vranje) i manastir Vranjina. — OnJug 10, 1982, 195-202, map.
10660 RESULOVIĆ, Zulfikar: Rasprostranjenost izomorfe *Miro, Mire* i *Miro, Mira* na području Hercegovine. — OnJug 10, 1982, 205-209.
10661 SEKEREŠ, Stjepan: Slavonska zemljišna imena. — HDZb 6, 1982, 503-530.
10662 SEKULIĆ, Ante: Povijest trinaest subotičkih toponima. — OnJug 9, 1982, 121-127 | Die Geschichte der dreizehn Toponymen von Subotica (*Subotica, Bajmok, Čantavir*, etc.) | G. summ.
10663 ŠIMUNDIĆ, Mate: Nepoznata hrvatska osobna imena s kraja XI. stoljeća. — OnJug 9, 1982, 275-282.
10664 ŠIMUNDIĆ, Mate: Nepoznata hrvatska osobna imena do polovice 11. stoljeća. — OnJug 10, 1982, 229-237 | G. summ.
10665 ŠIMUNDIĆ, Mate: Nepoznata hrvatska osobna imena XII stoljeća. — OnPril 3, 1982, 121-150 | G. summ.
10666 ŠIMUNDIĆ, Mate: Unbekannte und weniger bekannte kroatische Personennamen des IX., X. und XI. Jahrhunderts. II. Teil. — BalkE 25, 1982/1, 51-75 | Cf. BL 1980, 9336.
10667 ŠIMUNDIĆ, Mate: Phonetische Unterschiede der Personennamen gleichen Ursprungs in der serbokroatischen Sprache. — [176], 491-494.
10668 ŠIMUNDIĆ, Mate: Nacrt rječnika osobnih imena hrvatskoga ili srpskoga jezika. — [366], 339-349.
10669 ŠIMUNOVIĆ, Petar: Razvitak imenske formule u Hrvata. — OnJug 9, 1982, 283-292 | E. summ.
10670 ŠIMUNOVIĆ, Petar: An der Grenze von Toponym und Appellativ. — [176], 495-501.
10671 ŠIMUNOVIĆ, Petar: Prolegomena za toponomastički rječnik Hrvatske. — [366], 351-357.
10672 SMAILOVIĆ, Ismet: O imenima neobičnog značenja u bosanskohercegovačkoj muslimanskoj antroponimiji. — OnJug 10, 1982, 211-219.
10673 ŠOJAT, Antun: Geografski termini u toponimiji riječko-goranske regije (s osobitom obzirom na zaleđe Bakarskog zaljeva). — OnJug 10, 1982, 351-356.
10674 STIJOVIĆ, Svetozar: O hipokoristicima na -*i* u Metohijskom (Pećkom) Podgoru. — JslF 37, 1981, 255-263.
10675 STIJOVIĆ, Svetozar: O jednom specifičnom toponomastičkom modelu u slivu Belog Drima. — JslF 38, 1982, 123-130.
10676 STIJOVIĆ, Svetozar: Onomastika zapadnog dela Metohijskog (Pećkog) Podgora. — OnPril 3, 1982, 193-302, map.

TEKAVČIĆ, P.: *Motovun* i *Flaveyco* . . . — 7588.

10677 TOMIĆ, Mile: Toponimija Sviničana. — MJ 31, 1980, 239-250.
10678 UROŠEVIĆ, Atanasije: Toponimi Kačanika i okoline. — OnJug 9, 1982, 167-170 | Les toponymes de Kačanik et ses environs (Rés. fr.).
10679 UROŠEVIĆ, Atanasije: Srednjovekovni antroponimi u toponimima Kosova. — OnJug 10, 1982, 247-249 | Rés. fr.
10680 USHAKU, Ruzhdi: O nekim patronimima u ulcinjskom kraju i njihovim tragovima u srednjovekovnim ispravama. — OnJug 10, 1982, 251-257.
10681 VAJS, Nada: Geografske oznake romanskog podrijetla u našoj otočkoj toponimiji. — OnJug 10, 1982, 359-364 | Les termes géographiques d'origine romane dans la toponymie insulaire yougoslave (Rés. fr.).

10682 VALJAVAC, Naila: Akcenatski tipovi antroponima u govoru visočkih Muslimana. — OnJug 10, 1982, 259-262.
10683 VUJIČIĆ, Dragomir: *Hidronimi (imena voda) u lijevom slivu Drine.* — Akad. nauka i umjetnosti Bosne i Hercegovine. Djela, 58. Odjeljenje društvenih nauka, 33; Sarajevo: 1982, 225 p.
10684 VUJIČIĆ, Dragomir: O hidronimu *Prača.* — OnJug 9, 1982, 171-174.
10685 VUJIČIĆ, Dragomir: Hidronimi antroponimskog (patronimičkog) porijekla u lijevom slivu Drine. — OnJug 10, 1982, 263-267.
10686 VUJIČIĆ, Dragomir: O nekoliko hidronima sa bosanskog područja. — SLPJ 2, 1982, 117-123.
10687 VUJIČIĆ, Dragomir: Onomastička građa Mehmed-bega Kapetanovića Ljubušaka. — BhDZb 3, 1982, 259-305.
10688 VUJIČIĆ, Dragomir: Prilog poznavanju toponomastičke i druge leksike u durmitorskom kraju. — [366], 37-41.
10689 VUKUŠIĆ, Stjepan: Zapadnonovoštokavske naglasne tendencije u hidronimima i antroponimima. — Jezik 29, 1981-82, 81-85.
10690 VUKUŠIĆ, Stjepan: O naglascima zemljopisnih imena u hrvatskom književnom jeziku. — OnJug 10, 1982, 365-370 | G. summ.
10691 ZEČEVIĆ, Vesna: Najčešća prezimena u SR Hrvatskoj. — OnJug 10, 1982, 269-275 | Rés. fr.

F. Slovenian — Slovène

10692 KRANJEC, Marko, et al.: Slovenistika v letu 1979. Bibliografski pregled. — JiS 25, 1979-80, 223-235 | Idem for 1980, JiS 26, 1980-81, 222-236 | Idem for 1981, JiS 27, 1981-82, 234-249.
10693 AHLIN, Martin: Povojna slovenska leksikografija. — [366], 3-8.
10694 BABULA, Elzbieta: Modalni glagoli v izvirnem besedilu Mickiewiczevega "Gospoda Tadeja" in njihovi ustrezniki v slovenskem prevodu. — JiS 26, 1980-81, 110-114.
10695 BEZLAJ, France: *Etimološke slovar slovenskega jezika.* Druga knjiga: K-O. — Ljubljana: Izdala Slovenska akad. znanosti in umetnosti, Inst. za slovenski jezik, Založila Mladinska knjiga, 1982, 265 p. | Cf. BL 1976, 9840.
10696 ČERNELIČ-KOZLEVČAR, Ivana: O glagolih premikanja zlasti glede na glagol *iti* in stavčne vzorce. — JiS 25, 1979-80, 45-47.
  DEGTJAREV, V.I.: O proischoždenii tipa imen sobiratel'nych na -ad . . . — 10398.
10697 DEJANOVA, Marija: Za funkciite na služebnata duma *da* v slovenskija knižoven ezik (v sravnenie s bălgarski). — BE 32, 1982, 319-329.
10698 DULIČENKO, A.D.: Odna iz poslednich popytok sozdanija novogo slavjanskogo literaturnogo jazyka: rez'janskij v Italii. — UZTarU 579, 1981 (*Trudy po ru. i sl. fil.*), 20-45.
10699 GJURIN, Velemir: Semantic inaccuracies in three Slovene translations of "King Lear". — ANph 9, 1976, 59-83.
10700 GJURIN, Velemir: Sopomenskost besed *cilj, namen* in *smoter.* — JiS 26, 1980-81, 122-125.
10701 GLOŽANČEV, Alenka: Kratice v imenih delovnih organizacij. — JiS 26, 1980-81, 75-78.
10702 GNAMUŠ, Olga: Izvor in funkcija samostalniškega izražanja. — JiS 25, 1979-80, 160-164.

SLOVÈNE

10703 GRAD, Anton: Starejši grecizmi v slovenščini (II). — *Ling* 21, 1981, 165-173 (to be cont.) | Cf. BL 1980, 9369.
10704 HAFNER, Stanislav: O problemu funkcijskih zvrsti slovenskega ljudskega jezika. — *JiS* 26, 1980-81, 54-61.
10705 HAVLOVÁ, Eva: Několik slovinských názvů rostlin. — *Slavia* 51, 1982, 188-191 | Noms de plantes: 1. *Lisičjak, kijasti lisičjak* (Lycopodium clavatum); 2. *Vratič, navadni vratič* (Tanacetum vulgare); 3. *Vrednik, navadni vrednik* (Teucrium chamaedrys).
10706 HUMAR, Marjeta: Sinonimi in njihova funkcija v Slovarju slovenskega knjižnega jezika. — [366], 333-338.
10707 IVANČEV, Svetomir: Za rotacizma v slovenski i sărbochărvatski ezik. — *ZbFL* 24, 1981/1 (1982), 23-25.
10708 JAKOPIN, Franc: K vprašanju ruskih jezikovnih prvin v slovenščini. — *SSlJ* 15, 1979, 45-63.
10709 JUG-KRANJEC, Hermina: O pomenski in stilni vlogi besednega reda pri oblikovanju sporočilne perspektive povedi. — *JiS* 27, 1981-82, 37-42.
10710 JURANČIČ, Janko: *Slovensko-srbskohrvatski slovar.* — Ljubljana: Državna Založba Slovenije, 1981, 1408 p. | Cf. 10748.
10711 JURANČIČ, Janko: Konfrontacija slovenačkoga i srpskohrvatskog rečničkog fonda u leksikografiji. — [366], 83-89.
10712 KALENIĆ, Vatroslav: Pomenske razlike besed istega izvora v slovenščini in srbohrvaščini. — *SSlJ* 16, 1980, 47-64.
10713 KAUČIČ-BAŠA, Majda: Rodilnik zanikanja. — *SlavR* 30, 1982, 305-321 | It. summ.
10714 KOROŠEC, Tomo: Slovenskih dajalnik in dajalniške pretvorbe. — *SSlJ* 13, 1977, 59-67.
10715 KOROŠEC, Tomo: Besediloslovna vprašanja slovenščine. — *SSlJ* 17, 1981, 173-186.
10716 KRIŽAJ, Martina: Glagolska vezljivost. — *SlavR* 30, 1982, 189-213 | E. summ.
10717 KUNST-GNAMUŠ, Olga: Primer pomensko, funkcijsko in operativno zasnovane obravnave. — *JiS* 27, 1981-82, 182-190.
10718 KURKINA, L.V.: Zametki po slovenskoj ėtimologii. — *OLA* 1980 (1982), 275-281 | *obrúten; preonęgati; pákelj; pakóta; rúgati se; sklabotína; strž.*
10719 LENCEK, Rado L.: *The structure and history of the Slovene language.* — Columbus, Ohio: Slavica, 1982, 365 p., 21 fig. (maps).
LENCEK, R.L.: On poetical functions of the grammatical category of dual. — 3130.
10720 *Lexikalische Inventarisierung der slowenischen Volkssprache in Kärnten* . . . Hrsg. von S. HAFNER; E. PRUNČ. — Graz: 1980 | BL 1980, 9378. | *ZbFL* 24, 1981/ (1982), 189-191 D. Petrović.
10721 LIPOVEC, Albinca: Verbalizirana pritrdilnica (nikalnica) v govoru Babnega polja. — *JiS* 25, 1979-80, 209-213.
10722 LOGAR, Janez: Jernej Kopitar v zavesti Slovencev ob njegovi stoletnici rojstva. — *JiS* 26, 1980-81, 10-18.
10723 LOGAR, Tine: Govor Repenj – Kopitarjevega rojstnega kraja. — *SSlJ* 17, 1981, 129-141.
10724 LOGAR, Tine: Diftongizacija in monoftongizacija v slovenskih dialektih. — *JiS* 27, 1981-82, 209-212.
10725 MAHNIČ, Joža: Domača pokrajina in govorica pri Prešernu. — *JiS* 26, 1980-81, 200-208.

10726 MERKÙ, Pavle: Zasebna slovenščina v 17. stoletju. — SlavR 30, 1982, 121-150 | It. summ.
10727 MIKLIČ, Tjaša: Nekateri glagoli premikanja. — JiS 25, 1979-80, 107-115.
10728 MIKLIČ, Tjaša: Skladenjska merila pri določanju semantičnih vrednosti glagola in njegovih sestavljenk. — JiS 26, 1980-81, 18-25.
MISTRÍK, J.: Temporálny význam slovesa a jazykový . . . kontext. — 2575.
10729 MÜLLER, Jaka: Pomenske skupine in pomenska sestava besed (samostalnikov). — SSlJ 16, 1980, 35-46.
10730 MÜLLER, Jaka: Pomenoslovje samostalniških besed. — JiS 27, 1981-82, 10-16.
10731 MÜLLER, Jaka: Slovarsko pomenoslovje samostalnikov. — [366], 149-162.
10732 NARTNIK, Vlado: Poskus postopne obravnave slovenske sprege. — JiS 26, 1980-81, 27-33.
10733 NARTNIK, Vlado: Modalni romb in modalne pretvorbe. — Slavia 51, 1982, 353-357.
10734 NOVAK, France: Vprašanja pomenske analize leksike starejših obdobij. — [366], 163-169.
10735 OROŽEN, Martina: Jezik učnih knjig v 19. stoletju. — SSlJ 15, 1979, 121-153.
10736 OROŽEN, Martina: Besedotvorne pomenske kategorije knjižnih besedil v začetku 19. stoletja. — SSlJ 16, 1980, 25-33.
10737 OROŽEN, Martina: Mluvnice Josefa Dobrovského jako metodologický vzor slovinské mluvnice F. Metelka. — [411], 27-32 | J. Dobrovskýs Ausführliches Lehrgebäude der böhmischen Sprache als methodologisches Muster der slowenischen Grammatik von F. METELKO (1825).
PELLEGRINI, G.B.: Nomi di piante nell'area dolomitica e friulana (VI). — 7375.
10738 POGORELEC, Breda: Slovenski knjižni jezik v slovenskem jezikoslovju. — SSlJ 13, 1977, 87-92.
10739 POGORELEC, Breda: Slovenski jezik: jezikovna politika in praksa. — SSlJ 15, 1979, 3-29.
10740 PRETNAR, Tone: Metrične osnove Murnovega verza. — JiS 25, 1979-80, 165-170.
10741 PRETNAR, Tone: "Mladost, podaj mi krila" (Iz zgodovine prevajanja Mickiewiczeve Ode na mladost). — JiS 26, 1980-81, 125-133.
10742 PRETNAR, Tone: O Devovem dramskem verzu. — JiS 27, 1981-82, 99-105.
10743 PRETNAR, Tone: Lovi kakor da hoče oživeti iz (O verznem v Gradišnikovi Zemljizemljizemlji). — SlavR 30, 1982, 419-435 | E. summ
10744 PRIESTLY, Tom: *k + dative in a Carinthian Slovene dialect. — FoSl 4, 1980/1 (1982), 25-34.
10745 RIGLER, Jakob: O slovensko-kajkavskih jezikovnih razmerjih. — SSlJ 13, 1977, 29-38.
10746 RIGLER, Jakob: Akcentuacijska zmeda v naših slovarjih. — SlavR 30, 1982, 491-503.
10747 RODE, Matej: Janko Bezjak in njegovi pogledi na frazeologijo. — JiS 25, 1979-80, 176-178.
10748 RODE, Matej: Frazeologija v slovensko-srbskohrvatskem slovarju. — SlavR 30, 1982, 347-351 | On No. 10710.
10749 SCHERBER, P.: Slovar Prešernovega pesniškega jezika. — Maribor: 1977 | BL 1977, 10769. | Slavia 51, 1982, 413-415 V. Nartnik.
10750 XIII. Seminar slovenskega jezika, literature in kulture, 4.-16. julija 1977. Zbornik predavanj. [Uredil: Franc JAKOPIN]. — Ljubljana: Univ. v Ljubljani, Filozofska fak., Pedagoško-znanstvena enota za slovanske jezike in književnosti, 1977, 106 p.

10751 XV. Seminar slovenskega jezika, literature in kulture, 2.-14. julija 1979. Zbornik predavanj. [Uredili: Breda POGORELEC; Ljubica ČRNIVEC]. — Ljubljana: Univ. v Edvarda Kardelja v Ljubljani, Filozofska fak., Pedagoško-znanstvena enota za slovanske jezike in književnosti, 1979, xxx, 429 p.
10752 XVI. Seminar slovenskega jezika, literature in kulture, 29. juni – 12. julij 1980. Zbornik predavanj. [Uredil: Jože TOPORIŠIČ]. — Ljubljana: Univ. E. Kardelja, Filoz. fak., Ped.-znanstvena enota za slovanske jezike in književnosti, 1980, 214 p., ill.
10753 XVII. Seminar slovenskega jezika, literature in kulture, 6.-18. julij 1981. Zbornik predavanj. — Ljubljana: Univ. E. Kardelja, Filoz. fak., Ped.-znanstvena enota za slovanske jezike in književnosti, 1981, 281 p.
ŠIVIĆ-DULAR, A.: Sln. *nocój* in njegove vzporednice v slovanskih jezikih. — 9857.
10754 SUHADOLNIK, Stane: Breznikove raziskave morfonoloških vprašanj slovenskega knjižnega jezika iz druge polovice 19. stoletja. — *SSlJ* 17, 1981, 143-162.
10755 *Thesaurus der slowenischen Volkssprache in Kärnten.* Hrsg. von Stanislaus HAFNER; Erich PRUNČ. Band 1: A- bis B-. Redaktionsteam: Erich PRUNČ (Hauptredaktion), Stanislaus HAFNER, Ludwig KARNIČAR und Heinrich PFANDL unter Mitarbeit von . . . — Österreichische Akad. der Wissenschaften, Philos.-hist. Klasse, Schriften der Balkankommission, Linguistische Abteilung, Sonderpublikation; Wien: Verlag der Österreichischen Akad. der Wissenschaften, 1982, 221 p.
10756 *Schlüssel zum "Thesaurus der slowenischen Volkssprache in Kärnten".* Hrsg. von Stanislaus HAFNER; Erich PRUNČ . . . — Wien: [as No. 10755], 1982, 111 p., 5 maps (1 fold.).
10757 TOKARZ, Emil: *Składnia zdań złożonych współrzędnie w języku słoweńskim.* — Katowice: 1977 | BL 1977, 10774. | *LPosn* 25, 1982, 171-176 T. Lewaszkiewicz.
10758 TOLLEFSON, James W.: *The language situation and language policy in Slovenia.* — Washington, DC: UP. of America, 1981, x, 285 p. | *CSlP* 24, 1982, 456-457 T.M.S. Priestly | *SlRev* 41, 1982, 588 R. Dunatov.
10759 TOPORIŠIČ, Jože: *Nova slovenska skladnja.* — Ljubljana: Slovenije, 1982, 488 p.
10760 TOPORIŠIČ, Jože: Družbene pogojenost norme in predpisa slovenskega jezika. — *SSlJ* 15, 1979, 31-44.
10761 TOPORIŠIČ, Jože: Še ke teoriji besednih vrst, posebno predikativa. — *JiS* 25, 1979-80, 201-205.
10762 TOPORIŠIČ, Jože: O strukturalnem določanju besednih pomenov (ob glagolu *biti*). — *Ling* 20, 1980, 151-167 | G. summ.
10763 TOPORIŠIČ, Jože: Dinamika razvoje slovenskega knjižnega jezika. — *JiS* 26, 1980-81, 193-199.
10764 TOPORIŠIČ, Jože: Strukturalno pomenoslovje besed. — *SSlJ* 17, 1981, 95-112.
10765 TOPORIŠIČ, Jože: Slowenisch als Fremdsprache. — *Ling* 21, 1981, 299-316 | Slovenian summ.
10766 TOPORIŠIČ, Jože: Moderni slovenskih knjižni jezik. — *SlavR* 30, 1982, 436-461 | G. summ.
10767 TOPORIŠIČ, Jože: Kopitar kot branilec samobitnosti slovenskega jezika. — *SlavR* 30, 1982, 69-88 | J. KOPITAR as an advocate of the individuality of the Slovenian language (E. summ.).
10768 TOPORIŠIČ, Jože: Kopitar's *Grammar*. — [268], 77-97, facsim.
VERMEER, W.R.: Studies in South Sl. dialectology. — 10518.

10769   VIDOVIČ-MUHA, Ada: Pridevniške zaimenske besede. — SSlJ 15, 1979, 65-97.

14. ONOMASTICS — ONOMASTIQUE

10770   EICHLER, Ernst: Zur Rekonstruktion altslowenischer possessivischer Ortsnamen mit dem Suffix -j-. — OnJug 9, 1982, 189-192.
10771   GRAD, Anton: K etimologiji slovenskega toponima *Koseze*. — OnJug 9, 1982, 209-214.
10772   GRAD, Anton: K etimologiji toponima *Opčine* nad Trstom. — *SlavR* 30, 1982, 230-232 | L'étym. du toponyme *Opčine (Villa Opicina)* près de Trieste (Rés. fr.).
10773   JURANČIČ, Janko: O jeziku in priimkih na obeh straneh slovensko-hrvaške meje v nekdanji Panoniji. — OnJug 9, 1982, 217-228 | On the language and family names on the Slovenian-Croatian border in Pannonia (E. summ.).
10774   KEBER, Janez: O izvoru priimkov na -šek. — OnJug 9, 1982, 229-236 | E. summ.

MAJTÁN, M.: Riečne nâzvy slov. *Krupinica,* slovin. *Ljubljanica.* — 11323.

10775   NOVAK, France: Slovenska jamska terminologija. — OnJug 10, 1982, 337-344.

III. West Slavic — Slave occidental

A. General — Généralités

10776   BASAJ, Mieczysław: L'influence des types de noms sur la formation des modèles dérivationnels dans les langues slaves occidentales. — [9781], 145-153.
10777   BRAY, R.G.A. DE: *Guide to the West Slavonic languages* ... — Columbus, OH: 1980 | BL 1980, 9393. | *SEER* 60, 1982, 93-94 G. Stone | *SEEJ* 26, 1982, 122-126 C.E. Townsend | *CASS* 16, 1982, 113-114 G. Schaarschmidt | *SlRev* 41, 1982, 186-187 B.J. Darden | *SR* 47, 1982, 248-250 J. Ružička.
10778   EICHLER, E.: Probleme der vergleichenden westslawischen Toponomastik, unter besonderer Berücksichtigung der altsorbisch-alttschechischen Sprachbeziehungen. — *ZSl* 27, 1982, 412-419.
10779   ORŁOŚ, Teresa Z.: Frazeologizmy z "dać" w języku polskim, czeskim i słowackim. — [9804], 167-172.
10780   POPOWSKA-TABORSKA, Hanna: Lechickie *jesiory, osiory* i ich bałtyckie odpowiedniki. — *ABS* 14, 1982, 195-199.
10781   SINIELNIKOFF, Roxana: Repartycja funkcji znaczeniowych sufiksów -*izna* || -*ina* w języku polskim, czeskim i górnołużyckim. — *PF* 31, 1982, 255-262.
10782   WAUER, Sophie: Die Ortsnamen *Krakov-* im polabo-pomoranischen und altsorbischen Gebiet. — [176], 613-620.

B. Czech — Tchèque

0. BIBLIOGRAPHY AND GENERAL — BIBLIOGRAPHIE ET GÉNÉRALITÉS

Bibliografie české lingvistiky 1979; 1980. — 4-5.

10783   NOVÁKOVÁ-ŠLAJSOVÁ, Marie: *Bibliografie pomístních jmen Čech a Moravy do roku 1945.* — *ZprMK* 23, 1982; zvl. příloha; Praha: Ústav pro jazyk český ČSAV, 1982, xviii, 155 p., 2 maps.
10784   NOVÁKOVÁ-ŠLAJSOVÁ, Marie: Vozniknovenie, razvitie i sostojanie češskoj onomastičeskoj bibliografii. — [176], 223-226.

TCHÈQUE

10785 SHORT, David: Czech studies: language. — *YWMLS* 43, 1981 (1982), 1049-1061.
10786 BALHAR, Jan: O spisovné normě a její kodifikaci. — *Universitas* 1982/3, 48-50.
10787 BALHAR, Jan; JELÍNEK, Milan: Je jazykový purismus mrtvý? — *Universitas* 1982/1, 38-41.

BUDOVIČOVÁ, V.: Dvojjazyková komunikácia v slov. a v češtine. — 11106.
10788 ČEJKA, Mirek: *Úvod do studia jazyka pro bohemisty*. — Praha: Stát. pedag. nakl., 1982, 112 p.

FLÖSSER, J.: *Formalisierung in der Semantik . . . des Tschechischen*. — 1388.
10789 HAVLOVÁ, Františka: Ivan Olbracht a *Naše řeč*. — *NŘ* 65, 1982, 208-212.
10790 HAVRÁNEK, Bohuslav; JEDLIČKA, Alois: *Česká mluvnice*. 4. vydání, přepracované. — Praha: Stát. pedag. nakl., 1981, 584 p. | Cf. BL 1971, 8545. | *ČJLit* 32, 1981-82, 461-464 B. Rulíková.
10791 HRUBEŠ, Jiří: Byl František Josef Kinský obráncem české řeči? (In margine jeho spisu "Über einen wichtigen Gegenstand . . ."). — *Strahovská knihovna* (Praha) 16-17, 1981-82, 299-307.

ILEK, B.: V. Mathesius a česká jazyková kultura. — 664.
10792 JEDLIČKA, Alois: Spisovný jazyk z hlediska současné teorie a praxe. — [143], 59-66.
10793 JEDLIČKA, Alois: Josef Dobrovský a mluvnická norma spisovné češtiny. — [411], 15-19 | J.D. and the grammatical norm of standard Cz.

LOTKO, E.: Polština a čeština z hlediska typologického. — 11348.
10794 MACURA, Vladimír: Jazyk v jungmannovském projektu české kultury. — *ČLit* 30, 1982, 303-310 | Rés. fr.
10795 MAREŠ, P.; NEJEDLÝ, P.: Dvacet let od smrti Zdeňka Nejedlého. — *NŘ* 65, 1982, 74-77 | Z. Nejedlý's views on language.
10796 ORŁOŚ, Teresa Zofia: Krakovská bohemistika. — [382], 125-137.
10797 PORÁK, Jaroslav: Bohemistika ve sbornících brněnské filozofické fakulty. — *NŘ* 65, 1982, 212-215 | On *SFFBU*, A 27-29, 1979-81.
10798 SCHULZOVÁ, Oľga: Postavenie a vzťah češtiny a slovenčiny v súčasnom Československu. — *PLŠSS* 23, 1982, 60-68.

ŠIŠIĆ, N.: *V. Mathesius als Bohemist . . .* — 663.
10799 SOTÁK, M.; VLČEK, J.: Čechoslovacko-russkie jazykovye i kul'turnye kontakty. — [125], 9-17.
10800 TÉMA, Bedřich: K demokratickým tendencím ve vývoji češtiny a polštiny. — [411], 109-112.
10801 *Z dějin a přítomnosti českého jazyka*. Uspořádal Josef POLÁK. — *FilS* 11; Praha: Univ. Karlova, 1981, 114 p.

I. PHONETICS AND PHONOLOGY — PHONÉTIQUE ET PHONOLOGIE

10802 BOROVIČKOVÁ, Blanka; MALÁČ, Vlastislav; PELEŠKOVÁ, Hana: Akustische Realisation von Lautverbindungen im Tschechischen. — *PhonP* 6, 1980 (1982), 81-86.
10803 BUCHTELOVÁ, Růžena: Zur Frage der Ermittlung der Aussprachenorm von Lehnwörtern. — *PhonP* 6, 1980 (1982), 139-142.
10804 BUCHTELOVÁ, R.: K metodologii sociofonetičeskogo analiza proiznošenija zaimstvovannych slov v češskom jazyke. — *SovSlav* 1982/2, 73-79.
10805 DOHALSKÁ, Marie: Aplikační využití poznatků o mluveném projevu a verbální komunikace. — *Psychologie v ekonomické praxi* (Praha) 13, 1978, 263-268.

10806 HONZÁKOVÁ, Marie; ROMPORTL, Milan: *Čteme je správně? Slovníček výslovnosti cizích jmen.* — Praha: Albatros, 1981, 344 p. | *ČJLit* 33, 1982-83, 85-88 M. Sedláček | *NŘ* 65, 1982, 49-50 L. Švestková.
10807 HUBÁČEK, Jaroslav: *O zvukové stránce českého jazyka.* 2., doplněné vyd. — Praha: Stát. pedag. nakl., 1982, 151 p. | 1st ed. 1978 (BL 1978, 8233).
10808 KOMÁREK, Miroslav: *Nástin fonologického vývoje českého jazyka.* — Praha: Stát. pedag. nakl., 1982, 93 p.
10809 NOVOTNÁ-HŮRKOVÁ, Jiřina: Selected problems of consonant clusters. — *PhonP* 6, 1980 (1982), 89-95.
10810 ONDRÁČKOVÁ, Jana: Stress and vowel quality in Czech. — *PhonP* 6, 1980 (1982), 123-125, fig.
10811 ONDRÁČKOVÁ, Jana: Concerning the articulation of the sung, spoken and whispered long vowels in Czech. — [310], 233-238.
10812 PALKOVÁ, Zdena: Výslovnost rozhlasových mluvčích. — *NŘ* 65, 1982, 186-196.
10813 PALKOVÁ, Zdena: Rozhlasový text a percepcia. — *KS* 16, 1982, 298-301.
10814 POSPĚCHOVÁ, Danuše: K zvukové stránce rozhlasových projevů Zdeňka Nejedlého. — [401], 115-122 | Rés. fr.
10815 RIGAULT, André: Rôle du timbre et de la durée dans l'identification de la quantité vocalique en tchèque. — [320], 305-324, 6 tab., 6 fig.
10816 ROMPORTL, Milan: Asimilace znělosti v češtině a její pravidla. — *PLŠSS* 23, 1982, 44-53.
10817 ROMPORTL, Milan: Poznámky k zvukové stránce projevů v slangu a v profesionální mluvě. — [181], 31-37.
ROMPORTL, M.: Sopostavlenie melodiki predloženija . . . — 11869.
SKALIČKOVÁ, A.: Suprasegmental phenomena in E. and in Cz. — 8835.
10818 STICH, Alexandr: Výslovnostní kodifikace přejaté slovní zásoby. — *NŘ* 65, 1982, 86-101 | On *Výslovnost spisovné češtiny . . .* Zprac. Milan ROMPORTL, et al. (BL 1978, 8239).

2. GRAMMAR — GRAMMAIRE

ADAMEC, P., et al.: Sopostavitel'nyj analiz sredstv vyraženija ukazyvanija . . . — 11971.
10819 BALHAR, Jan: O slovesně jmenném vyjadřování. — *Universitas* 1982/4, 44-47.
10820 BALIIAR, Jan: Vědec a přechodníky. — *Universitas* 1982/5, 30-33.
10821 BALHAR, Jan: O substantivní univerbizaci. — *Universitas* 1982/6, 45-48.
BĚLIČOVÁ, H.: *Sémantická struktura věty a kategorie pádu* . . . — 11979.
10822 BÉMOVÁ, Alla: Syntaktické vlastnosti prefigovaných sloves. — *Explizite Beschreibung der Sprache und automatische Textbearbeitung* 4 (Praha: 1979), 69-164 | Syntactic properties of Cz. verbs with prefixes.
10823 ČERMÁK, František; HOLUB, Jan: *Syntagmatika a paradigmatika českého slovesa. I. Valence a kolokabilita.* — Praha: Stát. pedag. nakl., 1982, 192 p.
10824 DANEŠ, František: Způsoby výkladu věty. Několik základních myšlenek. — [194], 177-183.
10825 DANEŠ, František; HLAVSA, Zdeněk, a kol.: *Větné vzorce v češtině.* — Praha: 1981 | BL 1981, 10622. | *ČJLit* 33, 1982-83, 95-96 F. Uher.
10826 DOKULIL, Miloš: Dva příspěvky k odvozování sloves. — *NŘ* 65, 1982, 1-11 | 1. Obecná charakteristika odvozování sloves. 2. Odvozování sloves expresívních.
10829 DRŠATOVÁ, Jitka: Tvoření substantiv v češtině J.A. Komenského. — *SPFHK* 37, 1982, 75-84 | Ru. & G. summ.

TCHÈQUE 10828-10848

FLÍDROVÁ, H.: Ztráta lexikálního významu u imperativu. — 11996.
FORMÁNKOVÁ, M.: *Vyjadřování kategorie kvantity u různých slovních druhů* ... — 11998.
FORMÁNKOVÁ, M.: Kvantifikacija glagol'nogo dejstvija ... — 11999.

10828 HAUENSCHILD, Christa: Demonstrative pronouns in Russian and Czech — deixis and anaphora. — [1402], 167-186.
10829 HAVLOVÁ, Ivana: Tematická výstavba přihlášek vynálezů. — *FilS* 11, 1981, 77-84 | Rés. ru.
10830 HENDRYCHOVÁ, Hana: Struktura věty ve slohových pracích žáků. — *Komenský* (Praha) 106, 1981-82, 478-480 | Statistical analysis.
10831 HIRSCHOVÁ, Milada: K některým otázkám reprodukování cizích výpovědí. — [401], 97-102 | E. summ.
10832 HLAVSA, Zdeněk: Nový pohled na skladbu a vyučování českému jazyku. — *ČJLit* 33, 1982-83, 120-129.

HRBÁČKOVÁ, Ž.: Ustojčivye glagol'no-imennye slovosočetanija ... — 12016.

10833 HUBÁČEK, Josef: Postavení a lexikální stránka shodného přívlastku v českých spisech J.A. Komenského. — *SPFHK* 37, 1982, 85-111 | Ru. & G. summ.
10834 HUBÁČEK, Josef: Substantivizovaná adjektiva v českých spisech J.A. Komenského. — *Studia Comeniana et Historica* (Uherský Brod) 12, 1982/24, 84-91 | G. summ.
10835 KALMÁR, Ivan: Transitivity in a Czech folk tale. — *SynS* 15, 1982, 241-259.
10836 KARLÍK, Petr: Má čeština konjunktiv? — *SFFBU*, A 30, 1982, 123-130 | E. summ.
10837 KARLÍK, Petr: Souvětné vyjadřování postojů mluvčího. — *SS* 43, 1982, 93-101 | E. summ.
10838 KOENITZ, B.: Zur Thema-Rhema-Gliederung von Sätzen mit Negativpronomina im Tschechischen und Deutschen. — *ZSl* 27, 1982, 751-759.
10839 KOMÁREK, Miroslav: K významu předložkových pádů v češtině. — [401], 77-85 | Ru. summ.
10840 KOPEČNÝ, František: K dobrym počátkům české gramatické tradice. — *WSlA* 9, 1982, 257-283.
10841 KOPEČNÝ, František: Ke vztahu mezi morfologií a syntaxí. — [194], 43-46.
10842 LÖNNGREN, Lennart: On the semantics of Czech suffixal derivation. — *ScSl* 28, 1982, 209-221.
10843 LOTKO, Edvard: O typologicky relevantních jevech morfonologického plánu češtiny a polštiny. — *SlavSl* 17, 1982, 231-236 | Ru. summ.
10844 LOTKO, Edvard: Vazby s prostými a předložkovými pády v současné češtině a polštině. — [401], 87-96 | E. summ.
10845 LOTKO, Edvard: Implicitnost a explicitnost vyjádření obsahových vztahů v polštině a češtině. — *SlavOl* 4, 1982, 49-56 | Implizität und Explizität in Ausdrücken von inhaltlichen Beziehungen im Pol. und im Tschechischen (G. summ.).
10846 MARKOVÁ, Milada: K vymezení polopredikativních konstrukcí. — *FilS* 11, 1981, 63-75 | Rés. ru.

MASAŘÍK, Z.: Vorüberlegungen zu den sog. Satzadverbien ... — 8093.

10847 MÜLLEROVÁ, Olga: Otázka a odpověď v dialogu. — *SS* 43, 1982, 200-212 | G. summ.
10848 NEŠČIMENKO, G.P.: *Očerk deminutivnoj derivacionnoj sistemy v istorii češskogo literaturnogo jazyka* ... — Praha: 1980 | BL 1980, 9438. | *SS* 43, 1982, 42-47 V. Straková.

10849 NOVOTNÝ, Jiří: *Valence dějových substantiv v češtině.* — *SPFÚ,* Řada bohemistická, 1980 | BL 1980, 9439. | *ČJLit* 33, 1982-83, 42-44 H. Hrdličková.
10850 PANEVOVÁ, Jarmila: *Formy a funkce ve stavbě české věty.* — Praha: 1980 | BL 1980, 9440. | *SS* 43, 1982, 316-320 E. Macháčková | *BSL* 76, 1981/2 (1982), 242-248 Y. Millet.
10851 PAVLÍK, Jaroslav: The present tense transgressive in the Czech language during the first half of the eighteenth century (based on the Czech pilgrim's book *Radostná Cesta* / "The joyful journey", 26/ from 1735). — [309], 123-130.
10852 PETR, Jan: Shoda českých přívlastků s názvy citovanými v cizím jazyce. — *NŘ* 65, 1982, 66-72.
10853 PETR, Jan: Mluvnická shoda členů rozvíjejících názvy výtvorů slovesných. — *NŘ* 65, 1982, 225-233.
10854 PETRÁČKOVÁ, Věra: Jmenná adjektiva v starších mluvnicích češtiny. — *Slavia* 51, 1982, 358-367.
PÍŠA, J.: Sposoby perevoda razvernutoj deverbativnoj sintagmy . . . — 12055.
10855 PŘÍHA, Petr: K otázce valence u adjektiv. — *SS* 43, 1982, 113-118 | E. summ.
10856 RUSÍNOVÁ, Zdenka: *Současná česká morfologie.* — Praha: Stát. pedag. nakl., 1982, 119 p.
Russkij sintaksis v sopostavlenii s češskim. — 12063.
10857 RYTEL, Danuta: *Leksykalne środki wyrażania modalności w języku czeskim i polskim.* — Komitet Słowianoznawstwa PAN, Monografie Slawistyczne 47; Wrocław: Zakład im. Ossolińskich, 1982, 184 p. | E. summ.
10858 SEDLÁČEK, Miloslav: V "Záhřebě" i v "Záhřebu". — *NŘ* 65, 1982, 11-15.
SEIDLOVÁ, I.: Časové a místní určení v slovosledu . . . — 9005.
10859 SGALL, P.; HAJIČOVÁ, E.; BURÁŇOVÁ, E.: *Aktuální členění věty v češtině.* — Praha: 1980 | BL 1980, 9442. | *JČ* 33, 1982, 80-82 S. Ondrejovič.
10860 ŠLOSAR, Dušan: *Slovotvorný vývoj českého slovesa.* — Brno: 1981 | BL 1981, 10649. | *NŘ* 65, 1982, 253-255 K. Kučera | *Universitas* 1982/5, 98-99 Z. Majerčáková | *ČJLit* 33, 1982-83, 47 F. Uher.
10861 ŠLOSAR, Dušan: Vývoj deverbálních substantiv s konkrétním významem v češtině. — *SFFBU,* A 30, 1982, 131-142 | G. summ.
10862 ŠTĚPÁN, Josef: K zapojení lexikálně vyjádřených základních prostorových obsahů do věty. — *SS* 43, 1982, 102-112 | G. summ. | Cf. also *JazA* 19, 1982, 56-57.
10863 SVOBODA, Karel: O současném českém souvětí z hlediska vývojového. — *PLŠSS* 23, 1982, 23-30.
10864 SVOBODA, Karel: Předložky v písemných pracích žáků středních škol. — *ČJLit* 33, 1982-83, 198-207.
10865 TOMAN, Jindřich: Aspects of multiple wh-movement in Polish and Czech. — [2550], 293-302.
10866 ULIČNÝ, Oldřich: Citoslovce jako slovní druh. — *JazA* 19, 1982, 66-67.
URBANOVÁ, B.: Porovnávací analýza adjektivních slovních spojení . . . — 12085.
10867 WEISHEITELOVÁ, Jana; KRÁLÍKOVÁ, Květa; SGALL, Petr: *Morphemic analysis of Czech.* — Explizite Beschreibung der Sprache und automatische Textbearbeitung 7; Praha: Matematicko-fyzikální fakulta, 1982, 120 p., tab.
10868 ŽAŽA, Stanislav: Semantičeskij analiz konstrukcij so slovami *možná, asi, snad* i ich russkimi ekvivalentami. — *SFFBU,* A 30, 1982, 83-89 | Cz. summ.

3. HISTORY — HISTOIRE

10869 ČEŠKA, Jan: *Řeči a naučení hlubokých mudrců*. K vyd. připr., předmluvou, vysvětlivkami a ediční poznámkou opatřila Milada NEDVĚDOVÁ. — Světová četba 513; Praha: Odeon, 1982, 172 p.
10870 ČORNEJ, Petr: Nad Palackého edicí Starých letopisů českých. — *Slavia* 51, 1982, 69-79.
10871 DANEŠ, Z.F.: Ali sta KZR južnoslovanskega izvora? — *SlavR* 30, 1982, 89-110 | Are the manuscripts of Dvůr Králové and Zelená Hora of South Sl. origin? (Cz. summ.).
10872 DAŇHELKA, Jiří: Das Zeugnis des Stockholmer Autographs von Hus. — *WSlav* 27, 1982, 225-233.
10873 KOPECKÝ, Milan: Nové přístupy ke staré lyrice. — *SFFBU*, D 29, 1982, 31-39 | Neue Zutritte zur Editionsproblematik der alttsch. Lyrik (G. summ.).
10874 KVÍTKOVÁ, Naděžda: Nejstarší zápisy kroniky tak řečeného Dalimila. — *LF* 105, 1982, 13-22 | Zlomky Hanušovy a zlomky Hradecké (Ru. summ.).
10875 Matthioli, Petr Ondrej: *Herbář, jinak bylinář velmi užitečný*. Překlad Tadeáše Hájka z Hájku. K vyd. připravili Věra PETRÁČKOVÁ, Jaroslav PORÁK a Martin STEINER . . . ; ediční a jazykovou poznámku naps. Jaroslav PORÁK. — Praha: Odeon, 1982, 333 p., fig. | Ed. of selected parts of the Cz. text from 1562.
10876 MICHÁLEK, Emanuel: Čtyři sta let od smrti Jiřího Melantricha. — *NŘ* 65, 1982, 22-28.
10877 MICHÁLEK, Emanuel: K slovní zásobě prvního stč. překladu čtveroevangelia. — *LF* 105, 1982, 153-158 | G. summ.
10878 NECHUTOVÁ, Jana; PILATÍKOVÁ, Dagmar; ŠKROBÁKOVÁ, Ivana: Etymologie v české reformaci a její prameny. — *SFFBU*, E 27, 1982, 235-246 | Quomodo auctores bohemici saec. XIV-XV artem etymologicam intellexerint (Lat. summ.).
10879 NEDVĚDOVÁ, Milada: Staročeské Knihy o rodu a běhu života Josefova. — *LF* 105, 1982, 216-221 | G. summ.
10880 NOVÁK, L'udovít: Čeština na Slovensku v predspisovnom období. — *StASl* 11, 1982, 377-393.
10881 Praprocký z Hlohol, Bartoloměj: *O válce turecké a jiné příběhy. Výbor z Diadochu*. K vyd. připr., předmluvou, ediční poznámkou a slovníčkem opatřil Eduard PETRŮ. — Živá díla minulosti 92; Praha: Odeon, 1982, 481 p., fig.
10882 PRAŽÁK, Emil: K interpretaci staročeské písně Slóvce M. — *LF* 105, 1982, 222-227 | G. summ.
10883 PRAŽÁK, Emil: Žákovská milostná skladba Detrimentum pacior. Příspěvek ke studiu středověkých veršovaných textů. — *ČLit* 30, 1982, 396-406 | G. summ.
10884 *Regiment zdraví Henrycha Rankovia v překladu Adama Hubera z Risenbachu 1786*. – *Salernské verše o zachování dobrého zdraví Regimen sanitatis Salernitanum v překladu Daniela Adama z Veleslavína 1587*. K vyd. připravil . . ., slovník a vysvětlivky naps. Pavel KUCHARSKÝ. — Praha: Avicenum, 1980 (1982), 240 p., fig.
10885 RÖSEL, Hubert: Grundsätzliches zur Sprache des J.A. Comenius. — [302], 661-673.
10886 RYBA, Bohumil: Volyňský zlomek neznámé verze staročeského překladu Geneze. — *Strahovská knihovna* (Praha) 12-13, 1982, 5-16.
10887 RYBA, Bohumil: Hankův klam při edici staročeského Nomenklátoru. — *Strahovská knihovna* (Praha) 16-17, 1981-82, 173-180 | Rés. fr.

10888 ŠLOSAR, Dušan; VEČERKA, Radoslav: *Spisovný jazyk v dějinách české společnosti.* — Praha: Stát. pedag. nakl., 1982, 142 p.

10889 *Spis o nových zemích a o novém světě.* Faksimile a výklad plzeňského tisku Mikuláše Bakaláře z roku 1506. Vydal Pravoslav KNEIDL. — Praha: Památník národního písemnictví, 1981, 189 p., 13 fig., 13 facsim.

10890 *Staročeská bible Drážďanská a Olomoucká.* Kritické vydání . . . I: *Evangelia.* Vydal Vladimír KYAS. — Praha: 1981 | BL 1981, 10668. | *NŘ* 65, 1982, 40-44 M. Homolková; P. Nejedlý | *Slavia* 51, 1982, 210-214 K. Horálek | *SS* 43, 1982, 249-251 J. Pečírkova | *WSlJb* 28, 1982, 170-173 J. Vintr.

10891 ŠVÁB, Miloslav: Zur alttschechischen Alexandreis. Kritische Auseinandersetzung mit einigen Behauptungen über das Werk. — *WSlav* 27, 1982, 382-421.

10892 VIDMANOVÁ, Anežka: Ke spisku Orthographia Bohemica. — *LF* 105, 1982, 75-89 | Zur Textkritik des Traktats (G. summ.).

10893 VIDMANOVÁ, Anežka: K dataci staročeského Passionálu. — *LF* 105, 1982, 200-208 | G. summ.

10894 VINTR, Josef: *Die ältesten tschechischen Evangeliare. Edition* . . . — München: 1977 | BL 1978, 8295. | *Slavia* 51, 1982, 408-410 V. Kyas.

10895 [Žerotín]. *Karel starší ze Žerotína: Z korespondence.* Vybrala, předmluvu naps., poznámkami, ediční poznámkou a slovníčkem opatřila Noemi REJCHRTOVÁ. — Živá díla minulosti 93; Praha: Odeon, 1982, 452 p., fig.

4. DIALECTOLOGY — DIALECTOLOGIE

10896 BALHAR, Jan: Zanikající složky nářeční slovní zásoby. — *SFFBU,* A 30, 1982, 143-148 | G. summ.

10897 BRABCOVÁ, Radoslava: Vztah spisovné češtiny a nespisovných útvarů národního jazyka ve školní praxi Středočeského kraje. — *FilS* 11, 1981, 7-61 | Rés. ru.

10898 DEJMEK, Bohumír: *Běžně mluvený jazyk . . . města Přelouče.* — Hradec Králové: 1976 | BL 1976, 9954. | *NŘ* 65, 1982, 215-221 P. Jančák.

10899 DEJMEK, Bohumír: *Mluva nejstarší generace Hradce Králové . . .* — Hradec Králové: 1981 | BL 1981, 10674. | *NŘ* 65, 1982, 221-223 P. Jančák | *ČJLit* 33, 1982-83, 278-279 V. Styblík.

10900 DEJMEK, Bohumír: Výsledky dotazníkové akce o jazyce Hradce Králové. — *SPFHK* 37, 1982, 19-47 | Ru. & G. summ.

10901 HLAVSOVÁ, Jaroslava: K některým místním (nářečním) rozdílům v tvoření vztahových adjektiv v češtině. — *NŘ* 65, 1982, 196-204.

10902 HUBÁČEK, Jaroslav: *O českých slanzích.* 2. vyd. — Ostrava: 1981 | BL 1981, 10676. | *NŘ* 65, 1982, 101-102 J. Nekvapil.

10903 JAROŠ, J.: K funkci úsloví a rčení v zápisech kronikářů, písmáků a veršovců na střední Moravě. — *Slovenský národopis* (Bratislava) 29, 1981, 562-568.

10904 LASKOWSKI, Roman: Nad derywacją rzeczowników żeńskich od męskich osobowych w dialektach laskich. — *SLPJ* 2, 1982, 77-80.

10905 PLESKALOVÁ, Jana: Příspěvek k zeměpisným diferencím v nářečí a mikrotoponymii. — *SFFBU,* A 30, 1982, 149-154, 3 maps | G. summ.

10906 PLESKALOVÁ, Jana: Nářeční materiál v soupisech pomístních jmen. — *VVM* 34, 1982, 72-74.

10907 SKULINA, Josef: *Ostravská mluva.* — Ostrava: 1979 | BL 1979, 9193. | *PrNUŚ* 528, 1982, 225-228 F. Sowa.

10908 SKUTIL, Jan: Nářečí Malé Hané v systému moravských dialektů. — *Sborník přednášek ze VI. konference vlastivědných kroužků* (Velké Opatovice: 1982), 22-30.

5. LEXICON — LEXIQUE

10909 BALHAR, Jan: O nových předložkách. — *Universitas* 1982/2, 22-24.
10910 BASAJ, Mieczysław: Z problematyki słownika frazeologicznego czesko-polskiego. — [11353], 7-15.
10911 BEČKA, Josef Václav: *Slovník synonym a frazeologismů*. 3. oprav. a dopl. vyd. — Knihovnička novináře 29; Praha: Novinář, 1982, 464 p. | 2nd ed. 1979 (BL 1979, 9204).
10912 BEČKA, Josef Václav: Co je slang a co není slang. — [181], 5-8.
10913 ČERMÁK, František: *Idiomatika a frazeologie češtiny*. — Praha: Univ. Karlova, 1982, 239 p.
10914 ČERVENÁ, Vlasta, a kol.: K dějinám vzniku a vydávání Jungmannova Slovníku. — *NŘ* 65, 1982, 233-247.
10915 CHURAVÝ, Miloslav: Hudebnický slang. — [181], 132-139.
10916 DEJMEK, Bohumír: K některým způsobům obohacování slovní zásoby slangu. — [181], 46-50.
10917 DIBLÍK, Jan: Slovotvorné typy nejužívanějších výrazů v některých spisech J.A. Komenského z hlediska pedagogické terminologie. — *SPFHK* 37, 1982, 65-73 | Ru. & G. summ.
10918 FIEDLEROVÁ, Alena, a kol.: Ze staročeské terminologie sociálních vztahů (*paní*). — *SS* 43, 1982, 218-221.
10919 HAUSER, Přemysl: Hornický slang, jeho povaha, dosavadní zkoumání a perspektivy dalšího výzkumu. — [181], 126-131.
10920 HOLUB, Josef; LYER, Stanislav: *Stručný etymologický slovník jazyka českého se zvláštním zřetelem k slovům kulturním a cizím*. 3. vyd. připravil Ivan LUTTERER. — Praha: Stát. pedag. nakl., 1982, 528 p. | 2nd ed. 1978 (BL 1978, 8323).
HRNČÍŘ, B.: Složnye slova v ru. i češskom jazykach. — 12234.
10921 HUBÁČEK, Jaroslav: K onomaziologickým postupům ve slovní zásobě slangů. — [181], 36-45, 2 tab.
10922 JANEV, L.: Semantična klasifikacija na frazeologizmite săs struktura na izrečenie v češki i bălgarski ezik. — *NTPlovdiv* 18, 1980/5, 57-66.
10923 KAMIŠ, Karel: *Fix, fixka*. — *NŘ* 65, 1982, 166.
10924 KLIMEŠ, Lumír: *Slovník cizích slov*. — Praha: 1981 | BL 1981, 10694. | *ČJLit* 33, 1982-83, 183-185 K. Kučera.
10925 KLIMEŠ, Lumír: K problematice slovníku cizích slov. — *JazA* 19, 1982, 118-119.
10926 KOLARI, Veli: *Jan Svatopluk Presl und die tschechische botanische Nomenklatur. Eine lexikalisch-nomenklatorische Studie*. — AASF, Dissertationes humanarum litterarum 25; Helsinki: Suomalainen Tiedeakatemia, 1981, xxxii, 422 p. | *NŘ* 65, 1982, 35-40 J. Filipec.
10927 KOLAŘÍKOVÁ, Olga: K problematice odborné psychologické terminologie. — *ČsPsych* 26, 1982, 242-282.
10928 LAUBOVÁ, Vlasta: O staročeské kuchyni. — *Věda a život* (Brno) 27, 1982, 180-183, fig.
10929 MACHÁČKOVÁ, Eva: Výrazy typu *být předmětem jednání, stát se středem pozornosti*. — *NŘ* 65, 1982, 15-19.
10930 MACHÁČKOVÁ, Eva: *Mražená zelenina, mražené ovoce*. — *NŘ* 65, 1982, 52-53.
10931 MACHÁČKOVÁ, Eva: *Pokojové* nebo *bytové* stěny. — *NŘ* 65, 1982, 107-108.

10932 MACHÁČKOVÁ, Eva: Vztah příčiny a následku vyjádřený slovesy *způsobit, vést k, vyvolat aj*. — SS 43, 1982, 119-124 | Ru. summ.
10933 MAREŠ, Petr: *Titulní role*. — NŘ 65, 1982, 53-54.
10934 MAREŠ, Petr: K slangu studentů právnické fakulty. — NŘ 65, 1982, 164-165.
10935 MICHÁLEK, Emanuel: Z dějin českých sloves s významem "osopit se". — Slavia 51, 1982, 192-193.
10936 MICHÁLEK, Emanuel: *Žongléř, jokulátor, žakéř*. — NŘ 65, 1982, 54-56.
10937 MICHÁLEK, Emanuel; ŠAUR, Vladimír: Ze staročeského slovníku. — LF 105, 1982, 90-97 | 1. MICHÁLEK, K staročeské terminologii řemeslnické, 90-95. 2. ŠAUR, K původu adj. *pěčný*, adv. *pěčně*, 95-97.
10938 MINÁŘOVÁ, Eva: Slang v závodním tisku. — [181], 154-160.
10939 NEKVAPIL, Jiří: Poznámky k některým aspektům slangových sloves. — [181], 51-60.
10940 NĚMEC, Igor: *Rekonstrukce lexikálního vývoje*. — Praha: 1980 | BL 1980, 9514. | SS 43, 1982, 51-55 J. Filipec | Slavia 51, 1982, 92-95 P. Nejedlý.
NĚMEC, I.; MICHÁLEK, E.: Žilinská kniha jako pramen slov. a české hist. lexikografie. — 11246.
NOVÁČEK, Č.; ZIMEK, R.: *Rusko-český a česko-ruský slovník lingvistických termínů*. — 12272.
10941 ORŁOŚ, Teresa Zofia: Prispevek k problematiki slovensko-čeških jezikovnih stikov. — JiS 26, 1980-81, 34-38.
10942 PASTYŘÍK, Svatopluk: O koření vůbec a jeho etymologii zvláště. — SPFHK 37, 1982, 49-64 | Ru. & G. summ.
10943 PETR, Jan: České *lidový* z polského *ludowy*. — NŘ 65, 1982, 118-128.
10944 PETRŽELKOVÁ, Olga: *Fóliovník, fólijník*. — NŘ 65, 1982, 108-109.
PÍSOVÁ, Z.: K možnostem a prostředkům expresivizace slovní zásoby . . . — 9188.
10945 POKORNÁ, Eva: Die deonymisierten Namen im tschechischen Wortschatz. — [176], 261-265.
10946 POŠTOLKOVÁ, Běla: Znovu o plazmě a plazmatu. — NŘ 65, 1982, 106-107.
Rusko-český a česko-ruský elektrotechnický . . . slovník. — 12305.
Rusko-český hutnický slovník. — 12306.
10947 RÝDL, Oldřich: Technický slang. — [181], 140-143.
10948 RYTEL, Danuta: Frazeologiczne warianty i synonimy ustalonych porównań w języku czeskim i polskim. — [11353], 69-77.
SAVICKÝ, N.: Slovari ru. i češskogo jazykov . . . — 12310.
10949 SGALL, Petr; KRÁLÍKOVÁ, Květa: Obecná čeština a slang, zejména vojenský. — [181], 116-125.
10950 *Slova a dějiny*. Pod vedením Igora NĚMCE zpracoval autorský kolektiv . . . — Praha: 1980 | BL 1980, 9532. | *Československý časopis historický* 30, 1982, 134-135 Z. Boháč | ČLit 30, 1982, 81-83 J. Kolár.
10951 *Slovník spisovné češtiny pro školu a veřejnost* . . . Red.: Josef FILIPEC; František DANEŠ. — Praha: 1978 | BL 1978, 8338. | Mov 9, 1981/3, 88-90 H. Neruš.
10952 *Słownik frazeologiczny czesko-polski*. Opracowali: Mieczysław BASAJ; Danuta RYTEL. — Katowice: 1981 | BL 1981, 10725. | NŘ 65, 1982, 151-152 J. Porák.
10953 *Staročeský slovník*. 12: ortel – ošemetný. Zpracoval autorský kolektiv oddělení pro dějiny českého jazyka Ústavu pro jazyk český ČSAV za vedení Igora NĚMCE. Hlavní red.: † Bohuslav HAVRÁNEK. — Praha: Academia, 1982, p. 593-752 | Cf. BL 1980, 9534.

TCHÈQUE

10954 *Staročeský slovník.* 13: ošemetný – otpierati. Zpracoval autorský kolektiv . . . Hlavní red.: † Václav KŘÍSTEK. — Praha: Academia, 1982, p. 753-912.
10955 ŠTĚPÁN, Josef: Lexikální diference v manželství a jejich společenská základna. — [181], 144-153.
10956 STYBLÍK, Vlastimil: Slangová označení *ucho* a *bažant.* — *ČJLit* 33, 1982-83, 231-232.
10957 ŠVESTKOVÁ, Ludmila: *Hejno, láj.* — *NŘ* 65, 1982, 110-111.
10958 TŘÍŠKA, Josef: K jazykovému paralelismu a školské terminologii 14. stol. — *FilS* 11, 1981, 85-92 | Rés. lat.
10959 UTĚŠENÝ, Slavomír: K českým oblastním lidovým termínům *ouvar* – *vejvar.* — *Slavia* 51, 1982, 368-371.
10960 UTĚŠENÝ, Slavomír: "Česká" *harmonika* – "moravská" *housenka.* — *NŘ* 65, 1982, 109-110 | Cf. BL 1981, 10729.
10961 UTĚŠENÝ, Slavomír: Ke kolokviálnímu slangu a slangovosti pracovní mluvy u nás. — [181], 102-115.

6. ORTHOGRAPHY — ORTHOGRAPHE

10962 ČERVENÁ, Vlasta; ROUDNÝ, Miroslav: Králováci na Šumavě. — *NŘ* 65, 1982, 111-112.
10963 HRUŠKOVÁ, Zdeňka; DVOŘÁK, Emil; TEJNOR, Antonín: Proč nedochází k radikální reformě pravopisu? — *Typografia* (Praha) 85, 1982, 190-191.
10964 PETR, Jan: O začleňování litevských a lotyšských příjmení do češtiny (s návrhem na přepis litevských a lotyšskych písmen). — *NŘ* 65, 1982, 57-66.
10965 PETR, Jan: K pravopisu chemických výrazů. — *Bulletin Čs. společnosti biochemické při ČSAV* 10, 1982/1, 47-49.

7. STYLISTICS — STYLISTIQUE

BĂRKALOVA, P.: Săpostavitelno proučvane na klišeto . . . — 10245.
10966 BARTŮŇKOVÁ, Jana: Jazyk a styl Šrámkových divadelních her. — *SPFHK* 37, 1982, 7-17 | Ru. & G. summ.
10967 BEČKA, J.V.: Názornost slohu a literatura pro mládež. — *ČJLit* 32, 1981-82, 400-409.
10968 BŘÍZOVÁ-HANKOVÁ, Ludmila: Jazyková výstavba povídek Bohumila Hrabala. — *SSlav* 27, 1981 (1982), 81-105.
10969 DEBICKÁ-ŠIMONKOVÁ, Alena: Hovorovost v povídce "Předtucha" Marie Pujmanové. — *JazA* 19, 1982, 31-32.
10970 DVOŘÁK, Jaromír: *Bezručovské studie.* — Ostrava: Profil, 1982, 206 p. | Kap. 2: O text díla (97-176).
10971 FREIDHOF, Gerd: Innere und äussere sprachliche Differenzierung in Hašeks Švejk und Probleme ihrer Translation ins Russische (am Beispiel der Bogatyrev-Übersetzung). — [185], 7-26.
10972 HÁJKOVÁ, Alena: Jazyková komika v díle Karla Poláčka. — *SFFBU*, D 29, 1982, 123-130 | G. summ.
10973 HEDVIČÁKOVÁ, Jaroslava: Jazyk básnické trilogie Jana Erazima Vocela. — *FilS* 11, 1981, 93-113 | Rés. ru.
10974 HORÁLEK, Karel: K textologii a typologii pohádek B. Němcové. — *Slavia* 51, 1982, 270-277.
10975 KOŘENSKÝ, J.; NĚMEC, B.; PETR, J.: O jazyku funkcionáře a propagandisty. — *NŘ* 65, 1982, 176-185.

10976 KRAUS, Jiří: *Úvod do stylistiky pro informační pracovníky*. 2., rozšířené vydání. — Studijní texty, č. 2; Praha: Ústředí věd., techn. a ekonomických informací, 1982, 108 p. | First ed. 1977 (BL 1977, 10879).

10977 KROUPOVÁ, Libuše: K stylistickému využití sekundárních předložek v umělecké literatuře. — *NŘ* 65, 1982, 19-22.

10978 KUBŮ, Libuše; SPAL, Jaromír: *Sloh (Základy lexikologie a stylistiky)*. — Plzeň: Pedagogická fakulta, 1982, 162 p.

10979 MACUROVÁ, Alena: Výstavba a smysl Vančurova "Rozmarného léta". — Praha: 1981 | BL 1981, 10737. | *SS* 43, 1982, 252-255 J. Kraus | *ČJLit* 33, 1982-83, 190-191 P. Mareš (also: *JazA* 19, 1982, 77-79).

10980 PAVELKA, Jiří: Trampoty s názvem básnické sbírky (Poznámky k poetice knižních titulů z let 1970-81). — *Literární měsíčník* (Praha) 11, 1982/8, 157-158.

10981 PODHORNÁ, Vlasta: Členění věty ve verších M. Floriana. — [401], 103-113 | G. summ.

10982 PODHORNÁ, Vlasta: Výrazné jazykové prostředky v posledních prózách Vladimíra Párala. — *JazA* 19, 1982, 29-30.

10983 POHORSKÝ, Miloš; VAŠÁK, Pavel: Funkce a jazyk literární kritiky. — *ČLit* 30, 1982, 344-353.

10984 POLANSKÝ, Miloslav: Funkčně stylistická klasifikace a terminologická charakteristika českého ekonomického textu. — [351], 55-66.

10985 RULFOVÁ, Milena: Hovorový jazyk stále v popředí zájmu. — *NŘ* 65, 1982, 152-157.

8. METRICS, VERSIFICATION — MÉTRIQUE, VERSIFICATION

10986 MIKEŠ, Vladimír: Rytmické problémy v překladu poezie. — *SKPČJ* 1982, 82-94.

10987 NOVÁKOVÁ, Julie: Zápas o český hexametr není ukončen. — *LF* 105, 1982, 261-270 | De hexametro bohemico certari desitum non est (Lat. summ.).

9. TRANSLATION — TRADUCTION

BACIGÁLOVÁ-VALCEROVÁ, H.: Rým Andreja Voznesenského ... — 12415.

10988 BASAJ, Mieczysław: Ekwiwalencja tłumaczeń frazeologizmów (na przykładzie języka czeskiego i polskiego). — [9804], 157-165.

10989 BEJBLÍK, Alois: České překlady Poeova Havrana. — *SKPČJ* 1982, 119-139.

10990 BLAHYNKA, Milan: Nezvalův Heine. — *SFFBU*, D 29, 1982, 169-175 | V. Nezvals Übersetzungen der Heineschen Lyrik (G. summ.).

10991 ČERMÁK, Josef: Vojtěch Jirát a otázky překladu. — *SKPČJ* 1982, 19-41.

10992 DVOŘÁK, Jan: Tři úvahy o Julii Novákové a dvou vydáních jejího překladu Lucretia. — *GLP* 8, 1980, 81-104 | G. summ.

10993 FORBELSKÝ, Josef: Etymologie a překlad. — *SKPČJ* 1982, 94-106.

10994 FRANĚK, Jiří: Překladatelské dílo Emanuela Frynty. — *SKPČJ* 1982, 41-63.

10995 FRYČER, Jaroslav: Hanuš Jelínek – traducteur de la littérature française. — *ERB* 13, 1982, 9-19.

10996 HAVRÁNKOVÁ, Marie: K Halasovu překladu Słowackého Balladyny (Příspěvek k problematice překládání z polštiny). — *Slavia* 51, 1982, 159-164.

10997 ILEK, Bohuslav: O překládání Tolstého. — *SlavP* 22, 1979 (1982), 177-179 | Rés. ru.

10998 JANOUŠEK, Jan: Dvě česká podání Apuleiových Metamorfóz. — *ZJKF* 24,

1982, 33-46 | 1. Ferdinand Stiebitz: *Proměny čili zlatý osel* (Praha 1928). 2. Václav Bahník: *Zlatý osel* (Praha 1974).
10999 JEDLIČKA, Alois: Jazyková situace a překlad. — *SKPČJ* 1982, 14-19.
11000 JELENOVÁ, Jarmila: K českému překladu slovenských slangových lexikálních jednotek. — [181], 161-167 | On Klára Jarunková, *Jediná*, transl. by A. Benešová (1977).
11001 KOMÁREK, Miroslav: Opilý koráb aneb úskalí konotace. — *RosOl* 20, 1981 (1982), 28-30 | Sur trois trad. tech. de Rimbaud, *Le bateau ivre*.
11002 [KRESTOVSKÝ, V.] KRESTOVSKIJ, Vladimir: K problematike perevoda dramatičeskich proizvedenij (Po perevodu V. Goračeka "Meščan" M. Gor'kogo). — *ČRus* 27, 1982, 201-205 | V. Horáček, Praha 1971.
11003 KŠICOVÁ, Danuše: K.D. Balmont v českých překladech. — *SFFBU*, D 29, 1982, 113-121 | Ru. summ.
11004 LEONOVIČEVA, Z.: Perevod avtobiografičeskoj trilogii M. Gor'kogo na češskij jazyk. — [125], 223-226.
11005 MAREČEK, Zdeněk: Zu einigen Fragen der Hölderlin-Rezeption in Böhmen. — *BBGN* 3, 1982, 99-109 | Cz. summ.
11006 MAREŠ, Petr: O překládání titulu filmového díla. — *NŘ* 65, 1982, 128-144.
11007 PECHAR, Jiří: Problematika analýzy básnického překladu. — *SKPČJ* 1982, 63-82.
11008 PODHORNÁ, Vlasta: České překlady Taťánina dopisu Oněginovi. — *SlavOl* 4, 1982, 129-145, tab. | G. summ.
11009 *Překlad v Československu.* — Praha: Český literární fond/Slovenský literární fond, 1982, 37 p. | Contents: B. ILEK, Minulost a současnost českého překladu, 5-25; D. SLOBODNÍK; J. FERENČÍK, Minulosť a súčasnosť slovenského prekladu, 26-34; Překladatelská činnost v Československu, 35-37.
11010 SAUDKOVÁ, Věra: Einige Randnotizen zu einer Goethe-Übersetzung. — *PhP* 25, 1982, 93-97 | Otakar Fischers Übersetzung und Nachdichtung aus dem J. 1929 (Cz. & Ru. summ.).

SELIVERSTOVA, E.I.: Nekotorye stilističeskie priemy ispol'zovanija frazeologičeskich edinic v proizvedenijach N.S. Leskova i ich peredača na češskij jazyk. — 12401.
11011 VANĚČKOVÁ, Galina: Simvol "rjabina" v poèzii Mariny Cvetaevoj i ego perevod. — *ČRus* 27, 1982, 197-201.
11012 ŽANTOVSKÁ, Hana: Pokusy o překlad Byronova díla a česká překladatelská tradice. — *SKPČJ* 1982, 106-119.
11013 ZATOVKAŇUK, Mikoláš: O lexikálních rusismech (v překladech z ruštiny do češtiny). — *RJ* 33, 1982-83, 11-17.

10. MATHEMATICAL LINGUISTICS — LINGUISTIQUE MATHÉMATIQUE

11014 CONFORTIOVÁ, Helena: Slovesa v oblasti hospodářské češtiny z hlediska kvantitativního. — *SS* 43, 1982, 125-133 | E. summ.
11015 ČULEJOVÁ, Jana: Experimentální srovnání různých odborných textů. — [415], 130-136, tab.
11016 DUŠKOVÁ, Jana: Zodpovídání českých dotazů nad bází dat z oboru ekonomiky. — [415], 88-95.
11017 *Frekvenční slovník současné odborné češtiny.* Za vedení Marie TĚŠITELOVÉ zpracoval kolektiv oddělení matematické lingvistiky Ústavu pro jazyk český ČSAV. — Praha: Ústav pro jazyk český ČSAV, 1982, 229 p.

11018 HAJIČ, Jan: Metoda KODAS (kontakt s jednoduchou relační bází dat v češtině). — [415], 96-103.
11019 *Kvantitativní charakteristiky současné české publicistiky.* Zpracovala Marie TĚŠITELOVÁ s kolektivem oddělení matematické lingvistiky a fonetiky. Linguistica II. — Praha: Ústav pro jazyk český ČSAV, 1982, 82 p. | *NŘ* 65, 1982, 248-253 J. Petr | *JazA* 19, 1982, 125-126 J. Štěpán.
11020 *Kvantitativní charakteristiky současné české publicistiky. Tabulky a grafy.* Zpracovala Marie TĚŠITELOVÁ s kolektivem oddělení matematické lingvistiky a fonetiky. Linguistica III. — Praha: Ústav pro jazyk český ČSAV, 1982, 101 p. PALA, K.: O procedurální gramatice . . . — 3256.
11021 PANEVOVÁ, Jarmila: Random generation of Czech sentences. — [115], 295-300.
11022 PANEVOVÁ, Jarmila: Automatická syntakticko-sémantická analýza češtiny pro informační systém. — [415], 39-46.
11023 PANEVOVÁ, Jarmila, et al.: *Lexical input data for experiments with Czech.* — Explizite Beschreibung der Sprache und automatische Textbearbeitung 6; Praha: Matematicko-fyzikální fakulta UK, 1981, 160 p.
11024 PANEVOVÁ, Jarmila; OLIVA, Karel, jr.: On the use of Q-language for syntactic analysis of Czech. — [175], 108-117.
11025 SGALL, Petr; HAJIČOVÁ, Eva; PIŤHA, Petr: *Učíme stroje česky.* — Praha: Panorama, 1982, 295 p., fig.
11026 SVOBODOVÁ, Alena: Frekvence cizích slov v dětských časopisech. — *SPFHK* 37, 1982, 161-172, 5 tab. | Ru. & G. summ.

12. SOCIOLINGUISTICS — SOCIOLINGUISTIQUE

11027 SLEZÁKOVÁ, Jana; ZEMAN, Jiří: Ještě k interferenčním jevům v projevech českých středoškoláků studujících ve slovenském prostředí. — *ČJLit* 32, 1981-82, 224-227.

14. ONOMASTICS — ONOMASTIQUE

11028 BABLER, O.F.: Názvy divizny. — *NŘ* 65, 1982, 165.
11029 BARTOŠ, Josef; SCHULZ, Jindřich; TRAPL, Miloš: *Historický místopis Moravy u Slezska v letech 1848-1960.* VIII: *Okresy Uherské Hradiště, Uherský Brod, Hodonín, Kyjov.* — Ostrava: Profil, 1982, 355 p.
11030 BENEŠ, Josef: Složená příjmení se základním členem -bek za -bach. — *ZprMK* 23, 1982, 174-176.
11031 BENEŠ, Josef: Příjmení *Stroupežnický.* — *ZprMK* 23, 1982, 176-177.
11032 BENEŠ, Josef: Naše příjmení psaná starým pravopisem. — *ZprMK* 23, 1982, 535-543.
11033 BENEŠ, Josef: *Jan Maria Plojhar.* — *ZprMK* 23, 1982, 630-631.
11034 ČECHURA, Jaroslav: Poznámky k místopisu někdejšího tepelského klášterství. — *ZprMK* 23, 1982, 13-20.
11035 ČERNÝ, Ervín: Jak byla zjišťována nebo upřesňována lokalizace jednotlivých zaniklých středověkých osad na Drahanské vrchovině. — *VVM* 34, 1982, 310-325, map | G. summ.
11036 CHROBOKOVÁ, Miroslava: Pomístní jména na Znojemsku. — *ZprMK* 23, 1982, 285-307.
11037 FORSTINGER, Rudolf: Příjmení *Kabók.* — *ZprMK* 23, 1982, 627-629.

11038 HOFMANN, Gustav: Příjmení a jména stavení na panství Nalžovy v první polovině 17. století. — *ZprMK* 23, 1982, 21-35 | On the surname *Bejvl.*
11039 HOFMANN, Gustav: Nové osady na panství Nečtiny a na statku Bezděkov u Klatov. — *ZprMK* 23, 1982, 279-284.
11040 HOFMANN, Gustav: Čtyři nové osady — *Svinná, Tajanov, Vrhaveč, Myslinka.* — *ZprMK* 23, 1982, 544-548.
11041 HONL, Ivan: O jméně *Jestřebích hor.* — *Červenokostelecko* (Červený Kostelec) 1, 1980, 9-18.
11042 HOSÁK, Ladislav; ŠRÁMEK, Rudolf: *Místní jména na Moravě a ve Slezsku.* II. — Praha: 1980 | BL 1980, 9585. | *HG* 20, 1982, 328-330 Z. Boháč | *SFFBU*, A 30, 1982, 176-177 K. Fic | *SS* 43, 1982, 69-71 I. Lutterer | *VVM* 34, 1982, 109-111 M. Zemek.
11043 JEJKAL, Josef: K pomístním jménům v Českém středohoří. — *ZprMK* 23, 1982, 36-45; 549-555 | 14. *Chlum.* 15. *Kozí vrch, Kozí hora — Ziegenberg.* | Cf. BL 1981, 10780.
11044 JEJKAL, Josef: Drobnosti z Krušnohoří. — *ZprMK* 23, 1982, 308-317 | 15. *Cínovecký hřbet — Am todten Kind.* | Cf. BL 1981, 10781.
11045 JÍHLAVEC, J.: *Slovotice* a *Velemíř*, neznámé osady. — *ZprMK* 23, 1982, 193-194.
11046 JÍHLAVEC, J.: *Svařeň* (Pokus o výklad místního jména). — *ZprMK* 23, 1982, 199-201.
11047 JÍHLAVEC, J.: Pomístní jména na Vysokomýtsku v roce 1562. — *ZprMK* 23, 1982, 205-206.
11048 JÍHLAVEC, J.: Přezdívky pražských profesorů v letech 1913-1920. — *ZprMK* 23, 1982, 221-222.
11049 JISKRA, Zdeněk: Moraveč a jména mlýnů na Bezdružicku. — *ZprMK* 23, 1982, 46-48.
11050 KÁLALOVÁ, Drahoslava: Jména rybníků na Novohradsku. — *ZprMK* 23, 1982, 318-329.
11051 KASTNER, Q.: Rodná (křestní) jména vlastníků domů v Roudnici nad Labem v první polovině 17. století. — *ZprMK* 23, 1982, 644-647.
11052 KLIMEŠ, Lumír: Jména pohádkových bytostí v pohádce Václava Čtvrtka "Jak ševci zvedli vojnu pro červenou sukni" (Praha 1979). — *ZprMK* 23, 1982, 168-169.
11053 KLIMEŠ, Lumír: Názvy pionýrských družin, oddílů a skupin. — *ZprMK* 23, 1982, 179-180.
11054 KNAPPOVÁ, Miloslava: Jazykovye aspekty obščestvennogo funkcionirovanija ličnych imen. — [11824], 66-73.
11055 KOLÁR, Jaroslav: Takzvaná mapa Čech Mikuláše Klaudiána. — *Strahovská knihovna* (Praha) 14-15, 1982, 49-73.
11056 KOPECKÝ, Zdeněk: Příjmení charakteristická pro jisté osady. — *ZprMK* 23, 1982, 508-509.
11057 KVĚT, Radan: Historická pojmenování nalezišť minerálních vod na Moravě. — *ZprMK* 23, 1982, 330-342.
11058 LUTTERER, Ivan: Onomastika v díle Fr. Palackého. — *PLSSS* 23, 1982, 54-59.
11059 LUTTERER, Ivan; MAJTÁN, Milan; ŠRÁMEK, Rudolf: *Zeměpisná jména Československa. Slovník vybraných zeměpisných jmen s výkladem jejich původu a historického vývoje.* — Malé encyklopedie 11; Praha: Mladá fronta, 1982, 373 p., maps.
11060 MAREŠ, Franjo Većeslav: Česko mjesno ime *Zbečno.* — *OnJug* 9, 1982, 53-55.

11061 MATEJČÍK, Ján: Stav a úlohy čs. onomastiky. — *ZprMK* 23, 1982, 244-255.
11062 MUSIL, J.: Česká a slovenská rodná jména v kalendářích na rok 1980. — *ZprMK* 23, 1982, 153-154.
11063 NEKUDA, Vladimír; UNGER, Josef: *Hrádky a tvrze na Moravě*. — Brno: Blok, 1981, 366 p., map | *ZprMK* 23, 1982, 414-433 R. Šrámek.
11064 NEZBEDA, Vilém: Proměny jmen rybníků. — *ZprMK* 23, 1982, 640-641.
11065 *Ortslexikon der böhmischen Länder 1910-1965*. Hrsg. im Auftrag des Collegium Carolinum von Heribert STURM. Lief. 6-9: Bezirk Olmütz-Land − Bezirk Znaim. Register. — München: Oldenbourg, 1980-81, p. 401-720 | Cf. BL 1979, 9321. | *BNF* 17, 1982, 468 H. Rösel.
PALKOVIČ, K.: Zhody a rozdiely v rodných menách . . . — 11328.
11066 PANÁČEK, Jaroslav, jr.: Zaniklé osady na panství Stráž pod Ralskem. — *ZprMK* 23, 1982, 565-570.
11067 PETR, Jan: Řeka Němen, blízko *Němenu* nebo *Němnu*. — *NŘ* 65, 1982, 103-106.
11068 PETROVSKÝ, Vladimír: Některá MJ v Čechách r. 1847. — *ZprMK* 23, 1982, 194-195.
11069 POKORNÁ, Eva: Cizí zeměpisná jména v českém kontextu. K publikaci Ctibora Votrubce "Lidská sídla". — *NŘ* 65, 1982, 44-48.
11070 POLÍVKOVÁ, Alena: Tvoření přídavných jmen od víceslovných místních jmen. — *NŘ* 65, 1982, 268-271.
11071 POLÍVKOVÁ, Alena: Skloňování místních jmen zakončených na *-i*. — *NŘ* 65, 1982, 271-282.
11072 POVAŽAJ, Matej: Otázky štandardizácie a kodifikácie na I. československej onomastickej konferencii. — *KS* 16, 1982, 372-374 | Problems of standardization and codification at the first Czechoslovak onomastic conference (Trojanovice, May 18-21, 1982).
11073 SALZMANN, Zdeněk: Nicknaming in Bigăr: a contribution to the anthroponymy of a Czech-speaking village in the southern Romanian Banat. — *Names* 29, 1981, 121-137.
11074 ŠÍPEK, Zdeněk: Rodná (křestní) jména a příjmení ve Skalici, okr. Znojmo, ve světle historických pramenů z období feudalismu. — *ZprMK* 23, 1982, 349-359.
11075 SKÁLA, Emil: Zur Typologie zweisprachiger Oronyma in der ČSR. — [176], 419-426.
11076 SKUTIL, Jan: Die Anthroponymie in dem alttschechischen Heldenepos. — [176], 427-434.
11077 SKUTIL, Jan: Vlastní jména v procese dobových změn na příkladě Jevišovicka. — *Jižní Morava* 21, 1982, 183-185.
11078 ŠMILAUER, Vladimír: Toponomastika a dějiny feudální držby v předhusitských Čechách. — *ZprMK* 23, 1982, 83-87 | Critical notes on some art. published in *HG* 18, 1979.
11079 ŠMILAUER, Vladimír: *Klokočná* apod. — *ZprMK* 23, 1982, 166-167.
11080 ŠMILAUER, Vladimír: Pražské trhy a tržiště od konce 18. do počátku 20. století. — *ZprMK* 23, 1982, 220-221.
11081 ŠMILAUER, Vladimír: *Vysočina* kontra *Vrchovina*. — *ZprMK* 23, 1982, 230-231.
11082 SPAL, Jaromír: Die Ortsnamen des südöstlichen Böhmerwaldes. — *OnSG* 13, 1981, 73-85, map.
11083 SPAL, Jaromír: Zur Eindeutschung zweigliedriger tschechischer Ortsnamen. — *OnSG* 13, 1981, 67-72.

SLOVAQUE 11084-111105

11084 SPAL, Jaromír: Slangová vlastní jména. — [181], 61-65.
11085 SPAL, Jaromír: Vývoj osídlení západních Čech podle místních jmen. — *Minulostí Západočeského kraje* (Plzeň) 18, 1982, 211-227, map | G. summ.
11086 SPAL, Jaromír: *Výtoň* a *Zátoň*. — *Jihočeský sborník historický* (Čes. Budějovice) 51, 1982, 102-105.
11087 SPAL, Jaromír: Z onomastiky železniční. — *ZprMK* 23, 1982, 343-348 | On names of locomotives, express trains, etc.
11088 SPAL, Jaromír: *Otava*. — *ZprMK* 23, 1982, 505-508.
11089 ŠRÁMEK, R.: Lidová přirovnání z místních jmen. — *ZprMK* 23, 1982, 225-226.
11090 ŠRÁMEK, Rudolf: Rozdíl "úředních" a "neúředních" pomístních jmen. — *ZprMK* 23, 1982, 511-512.
11091 ŠRÁMEK, Rudolf: *Česko-bavorské pohraničí, Český les, Böhmerwald.* — *ZprMK* 23, 1982, 641-644.
11092 ŠRÁMEK, Rudolf: O jméně *Cikháj* a co s ním souvisí. — *Universitas* 1982/3, 30-32.
11093 STEIN, K.: Umrlčí cesty v severních Čechách. — *ZprMK* 23, 1982, 207-208.
11094 STŘEDA, Josef: Obyvatelé Červeného Kostelce a okolních obcí v lidových přezdívkách. — *Červenokostelecko* (Červený Kostelec) 1, 1980, 50-54.
11095 TÉMA, Bedřich: Kulturní apelativa v toponymii východního Těšínska. — *SlavOl* 4, 1982, 81-88 | G. summ.
11096 TÉMA, Bedřich: Přezdívky na Karvinsku. — *ZprMK* 23, 1982, 60-66.
11097 TÉMA, Bedřich: Studie z toponymie Těšínska. — *ZprMK* 23, 1982, 360-377 | 1. Jména vodních toků na Těšínsku. 2. Jména rybníků na jihovýchodním Těšínsku. 3. Odraz pěstování kulturních rostlin, lesního hospodářství a pastevectví v toponymii východního Těšínska.
11098 TÉMA, Bedřich: Ke jménu *Visolaje*. — *Studie o Těšínsku* (Český Těšín) 10, 1982, 117-121.
11099 TROST, Pavel: Über einige tschechische Familiennamen. — *OnSG* 13, 1981, 111-114 | 1. Türkische Namen. 2. Literarische Namen. 3. Namen böhmischer und mährischer Juden.
11100 TUREK, Rudolf: Hradisko Hůrka – Starý Plzenec dílem 13. věku? — *ZprMK* 23, 378-380.
11101 VERMOUZEK, R.: *Pratně – Pratní.* — *ZprMK* 23, 1982, 228-229 | Flurnamen in Lanžhot.
11102 *Vžitá česká vlastní jména geografická.* Zprac. Ivo ČÁSLAVKA, Hana ŠTUSÁKOVÁ, Pavla VYSKOČILOVÁ. Geografické názvoslovné seznamy OSN – ČSSR. — Praha: Česky úřad geodetický a kartografický, 1982, 214 p., tab., map | Ru. & E. summ.
11103 ZUBER, Rudolf: Pomístní jména v práci kronikářů. — *Severní Morava* (Šumperk) 44, 1982, 78-80.

C. Slovak — Slovaque

0. BIBLIOGRAPHY AND GENERAL — BIBLIOGRAPHIE ET GÉNÉRALITÉS

11104 MAJTÁN, Milan: *Bibliografický prehľad slovenskej onomastiky za roky 1965-1977.* — Banská Bystrica: 1978 | BL 1978, 8435. | *ZprMK* 23, 1982, 234-235 M. Nováková-Šlajsová.

11105 BALÁŽ, Peter: Štúrova koncepcia spisovného jazyka. — *StASl* 11, 1982, 31-47.

11106 BUDOVIČOVÁ, Viera: Dvojjazyková komunikácia v slovenčine a v češtine. — *StASl* 11, 1982, 49-64.
11107 FAZEKAŠOVÁ, Magda: XVII. letný seminár slovenského jazyka a kultúry Studia Academica Slovaca. — *KS* 16, 1982, 25-27 | Bratislava, 27.7.-21.8.1981.
11108 IHNÁTKOVÁ, N., a kol.: *K modernizácii vyučovania slovenského jazyka.* — Bratislava: Slov. pedag. nakl., 1981, 204 p. | *SR* 47, 1982, 244-248 F. Kočiš.
11109 KNĚZEK, Libor: Dorozumievacia reč – slovenčina. — *SlP* 98, 1982/11, 155-156.
11110 MICHEL, Georg: Jazyková kultúra a jazyková estetika. — *KS* 16, 1982, 10-16 | Sprachkultur und Sprachästhetik.
11111 MISTRÍK, Jozef: *Basic Slovak.* — Bratislava: 1981 | BL 1981, 10834. | *SR* 47, 1982, 376-377 D. Augustinská.
11112 ONDREJOVIČ, Slavo: Novinári o jazyku. — *KS* 16, 1982, 309-312.
11113 PAULINY, Eugen: *Slovenská gramatika* . . . — Bratislava: 1981 | BL 1981, 10835. | *SR* 47, 1982, 313-318 G. Horák | *JČ* 33, 1982, 190-193 J. Horecký | *SJL* 28, 1981-82, 155-157 N. Ihnátková.
11114 RUŽIČKA, Jozef: Kritický rozbor Trubeckého náhľadov na slovenčinu. — *JČ* 33, 1982, 59-68 | Ru. summ.

SCHULZOVÁ, O.: Postavenie a vzťah češtiny a slovančiny . . . — 10798.
11115 SOTÁK, Michal: *Kapitoly zo slovensko-ruských jazykových kontaktov.* — Bratislava: Slov. pedag. nakl., 1982, 238 p., fig. | Contains also: František MIKO & Anton POPOVIČ, Slovensko-ruské jazykové kontakty: tradícia a súčasnosť, 234-237.

SOTÁK, M.; VLČEK, J.: Čechoslovacko-russkie jazykovye . . . kontakty. — 10799.

I. PHONETICS AND PHONOLOGY — PHONÉTIQUE ET PHONOLOGIE

11116 DVONČ, Ladislav: Alternácia *sk/šť* v spisovnej slovenčine. — *SR* 47, 1982, 41-50.
11117 DVONČ, Ladislav: Fonéma *č* v spisovnej slovenčine. — *SR* 47, 1982, 352-357.
11118 HOLČÍK, Jaroslav: O skracovaní dlhých samohlások v spisovnej slovenčine. — *KS* 16, 1982, 41-43.
11119 HORÁK, Gejza: Kultúra reči v Krajskom bábkovom divadle v Banskej Bystrici. — *KS* 16, 1982, 54-56.
11120 KOČIŠ, F.: Slovo *maniak*, jeho výslovnosť a deriváty. — *SR* 47, 1982, 378-379.
11121 KRÁĽ, Ábel: *Príručný slovník slovenskej výslovnosti.* 2., opravené vydanie. — Bratislava: Slov. pedag. nakl., 1982, 646 p. | First ed. 1979 (BL 1979, 9360).
11122 KRÁĽ, Ábel: Ústnosť a písomnosť rečových prejavov v masovej komunikácii a jazyková kultúra. — *KS* 16, 1982, 289-295.
11123 LENHARDT, Ján: O výslovnosti jedného typu koncovej slabiky anglických slov prevzatých do slovenčiny. — *SR* 47, 1982, 166-169 | On the type consonant + *l* or *n*.
11124 LENHARDT, Ján: Výslovnosť koncovej slabiky "spoluhláska + *er*" v anglických slovách prevzatých do slovenčiny. — *KS* 16, 1982, 46-47.
11125 NEMCOVÁ, Emília: Vplyv znelostnej neutralizácie na realizovanie fonologického systému slovenčiny. — *JČ* 33, 1982, 144-158 | Ru. summ.
11126 PALKOVIČ, Konštantín: Hlásky a písmená *h* a *g*. — *KS* 16, 1982, 106-110.
11127 PAULINY, Eugen: Označenie fonologických vlastností slovenských vokálov. — *SR* 47, 1982, 114-116.

SLOVAQUE 11128-11151

11128 POLLÁKOVÁ, Nadežda: O výslovnosti anglických vlastných mien v slovenčine. — *KS* 16, 1982, 38-40.
11129 SABOL, Ján: *Fonetika a fonológia. Metódy fonologického rozboru.* — Košice: Univ. P.J. Šafárika, 1982, 150 p.
11130 SABOL, Ján: Vokalické a konsonantické alternácie v spisovnej slovenčine. — *StASl* 11, 1982, 471-485.
11131 SABOL, Ján: Hovorené slovo v rozhlasovom vysielaní. — *KS* 16, 1982, 295-298.
11132 SCHULZOVÁ, Oľga: Oscillogrammes des consonnes paires en slovaque. — *PhonP* 5, 1976 (1982), 39-47.
11133 SCHULZOVÁ, Oľga: Une approche socio-phonétique des sons slovaques *ä* et *ľ* (la codification et l'usage). — *PhonP* 6, 1980, 65-67.
11134 SEKVENT, Karel: O zásadách výslovnosti francúzskych vlastných mien v slovenčine. — *KS* 16, 1982, 33-37.

2. GRAMMAR — GRAMMAIRE

11135 BAJZÍKOVÁ, Eugénia: Lexikálne opakovanie ako prostriedok výstavby textu. — *ZFFUKom, Philologica* 29, 1977 (1981), 67-76.
11136 BAJZÍKOVÁ, Eugénia: Pripájacie jazykové prostriedky. — *StASl* 11, 1982, 21-29.
11137 BAJZÍKOVÁ, Eugénia: Výstavba textu z hľadiska gramatiky zámen. — [194], 441-447.
BERANOVÁ, E.: Sopostavlenie stroenija ru. i slov. proizvodnych slov. — 11899.
11138 BUFFA, Ferdinand: O slovotvornej adaptácii prevzatých slov v slovenčine. — *SR* 47, 1982, 326-331.
11139 BUZÁSSYOVÁ, Klára: Názvy deja a názvy vlastnosti v transpozičnej a nominačnej funkcii. — *JČ* 33, 1982, 21-35 | Ru. summ.
ČABALA, M.: Z konfrontačného štúdia ruštiny a slov. . . . — 11907.
11140 ĎUROVIČ, Ľubomir: Vzťah slovies *esse : habere* v slovanských jazykoch a otázka pasíva v slovenčine. — *MJ* 31, 1980, 49-56.
11141 DVONČ, Ladislav: Skloňovanie gréckych a latinských osobných mien v spisovnej slovenčine. — *SR* 47, 1982, 223-229.
11142 DVONČ, L.: Otázka dvojtvarov v gen. pl. subst. vzoru *srdce.* — *SR* 47, 1982, 381-382.
11143 FURDÍK, Juraj: Syntax slovotvorne motivovaných slov. — [194], 75-84.
11144 HÁBOVČÍK, Ondrej: Model kompetencie slovenského slovesa. — [194], 195-212.
11145 HAYEKOVÁ, Matilda: Jubilujúca gramatika. — *SJL* 29, 1982-83, 88-89 | Štefan HLAVATÝ (1876-1923): *Vývoj skloňovania podstatných a prídavných mien slovenských* (Trnava 1923).
11146 HORÁK, Gejza: Replikové vety súhlasu, odmietania, nabádania a počudovania. — *SR* 47, 1982, 129-138.
11147 HORÁK, Gejza: Zdôrazňovacia častica *ho.* — *KS* 16, 1982, 60-62.
11148 KAČALA, Ján: Ierarchizacija atributov v slovackom jazyke. — *RLB* 6, 1982, 77-92.
11149 KAČALA, Ján: Polovetné konštrukcie v slovenčine. — [194], 353-369.
11150 KOČIŠ, František: Nekongruentné a kongruentno-nekongruentné zložené substantívne syntagmy. — *SR* 47, 1982, 12-22.
11151 KOČIŠ, František: Očerk klassifikacii slovosočetanij v slovackom jazyke. — *RLB* 6, 1982, 93-102.

11152 Kočiš, František: Problematika zložených syntagiem v slovenčine. — *SJL* 29, 1982-83, 38-42.
Kučera, V.: Sporné prípady substantivizácie a syntax. — 12028.
11153 Madunický, Ján: Grafické zobrazovanie vetnej stavby. — [194], 289-331.
11154 Malíková, Mária-Oľga: Zložené slová s grécko-latinskými kvantitatívnymi morfémami označujúcimi presný počet (na materiáli slovenčiny a ruštiny). — *ČRus* 27, 1982, 153-158 | Ru. summ.
Marko, E.: Das prädikative Attribut im Deutschen und Slow. — 8091.
Mikluš, M.: O sistemoobrazujuščich svjazjach predloženij s imennym skazuemym . . . — 12046.
11155 Moško, Gustáv: Doplnok a polopredikatívne konštrukcie. — *SR* 47, 1982, 156-166.
11156 Moško, Gustáv: Problematika polopredikatívnych konštrukcií v teórii a praxi. — [194], 371-382.
11157 Nižníková, Jolana: K problematike prístavku. — [194], 383-395.
11158 Nižníková, Jolana: Prívlastok ako obligatórny člen vety (výpovede). — *JČ* 33, 1982, 52-58 | Ru. summ.
11159 Ondrejovič, Slavo: O niektorých otázkach slovesnej konverzie. — *JČ* 33, 1982, 43-51 | Ru. summ.
11160 Oravcová, Anna: Obsah a forma v polovetných konštrukciách. — [194], 397-404.
11161 Oravcová, Anna: Príslovkové určenie vyjadrené výrazom s prirovnávacou spojkou. — *SR* 47, 1982, 288-298.
11162 Oravcová, Anna: Z problematiky príslovkového určenia. — *JČ* 33, 1982, 69-78 | Ru. summ.
11163 Oravec, Ján: K systému prvotných predložiek v slovenčine. — *StASl* 11, 1982, 405-413.
11164 Oravec, Ján: Predmet a príslovkové určenie. — [194], 225-233.
11165 Oravec, Ján: The objective reflexive pronoun in Slovak. — *RLB* 6, 1982, 205-214.
11166 Oravec, Ján; Bajzíková, Eugénia: *Súčasný slovenský spisovný jazyk. Syntax.* — Bratislava: Slov. pedag. nakl., 1982, 272 p.
11167 Papierz, Maria: *Nominalizacje we współczesnym języku słowackim.* — *ZNUJ* 590, Prace Językoznawcze 72; Kraków: Nakładem Uniw. Jagiellońskiego, 1982, 66 p. | Nominalizations in present-day standard Slov.
11168 Pauliny, Eugen: O vývine kongruentného skloňovania. — *SR* 47, 1982, 3-11.
11169 Ružička, Jozef: Recipročná syntagma. — *SR* 47, 1982, 103-107.
11170 Ružička, Jozef: Trojčlenná vetná konštrukcia so slovesami existencie. — *SR* 47, 1982, 261-268.
11171 Ružička, Jozef: O vetnej konštrukcii "bolo ti mlčať". — *KS* 16, 1982, 159-163.
11172 Ružička, Jozef: Modálna vetná konštrukcia "bolo počuť niečo". — *KS* 16, 1982, 193-198.
11173 Rybák, Július: O funkcional'no-semantičeskoj kategorii "animal'nosti – neanimal'nosti" v slovackom jazyke (v sopostavlenii s russkim). — *RLB* 6, 1982, 233-236.
11174 Sabol, Filip: Slovo *čím* v platnosti zámena, častice a spojky. — *SR* 47, 1982, 50-54.
11175 Schnek, Richard: Osobitné vzťahy medzi vetami. — [194], 275-288.
Sekaninová, E.: Vyraženie intensivnosti dejstvija . . . — 12069.

SLOVAQUE

11176 SEKVENT, Karel: O skloňovaní francúzskych priezvisk na -*ay*, -*aye*, -*ey*. — *SR* 47, 1982, 234-238.

ŠIKRA, J.; FURDÍK, J.: Príspevok k vymedzeniu a klasifikácii zámen ... — 8844.

11177 SOTÁK, Michal: Syntax dejových deverbatív. — [194], 85-89.

SVETLÍK, J.; BALÁŽ, G.: K voprosam sopostavitel'nogo izučenija grammatičeskogo stroja ... — 11892.

11178 VAŇKO, Juraj: Aktuálne vetné členenie ako gramatické kritérium. — [194], 213-223.

11179 VASIL'EVA, E.P.: Semantiko-stilističeskaja charakteristika glagol'nogo jadra vvoda konstrukcij s prjamoj reč'ju v slovackom jazyke v sopostavlenii s russkim jazykom. — *SlavSl* 17, 1982, 211-230 | Slov. summ.

VESELÁ, M.: Expresívne oznamovacie vety s niektorými časticami ... — 12089.

VESELÁ, M.: Ėkspressivnye pobuditel'nye predloženija ... — 12090.

WARCHOŁ, S.: Charakterystyka ekspresywów z -*ik* ... — 11450.

11180 ŽIGO, Pavol: Účelové vedl'ajšie vety v predspisovnej slovenčine. — *SR* 47, 1982, 92-98.

3. HISTORY — HISTOIRE

11181 DORUĽA, Ján: Über die Sprache der feudalen slowakischen Nationalität im 15.-18. Jahrhundert. — *RLB* 6, 1982, 55-62.

11182 HALAGA, Ondrej R.: Vývoj jazykovo-národnostnej štruktúry Košíc. — *Historický časopis* (Bratislava) 30, 1982, 588-603 | Ru. & E. summ.

11183 KRAJČOVIČ, Rudolf: *Pôvod a vývin slovenského jazyka.* — Bratislava: 1981 | BL 1981, 10903. | *Historický časopis* (Bratislava) 30, 1982, 900-901 M. Kučera | Cf. 11285.

11184 KRAJČOVIČ, Rudolf: Kapitoly z dejín jazykovej kultúry. 5-7. — *KS* 16, 1982, 3-9; 65-76; 154-159 | 5. Slovenčina v období uhorského humanizmu. 6. Slovenčina v období uhorského baroka. 7. Na prahu spisovného obdobia. | Cf. BL 1981, 10905.

11185 KRASNOVSKÁ, Elena: O jazyku tzv. kurensov z rokov 1784-1790. — *JŠ* 17, 1982, 39-59, 4 tab.

11186 MAJTÁNOVÁ, Marie; MAJTÁN, Milan: Používanie slovenčiny v Krupine v minulosti. — *Vlastivedný časopis* (Bratislava) 31, 1982, 126-129.

11187 PALKOVIČ, Konštantín: Trnavský školský slovník z roku 1648. — *JŠ* 17, 1982, 119-126 | "Verborum in institutione grammaticae contentorum in Ungaricum et Sclavonicum translatio secundum ordinem alphabeticum".

11188 PAULINY, Eugen: Vznikanie spisovnej slovenčiny v súvislosti s formovaním slovenskej národnosti a národa. — *MJ* 31, 1980, 13-25.

11189 ŠVAGROVSKÝ, Štefan: Zemplínske tlače z polovice 18. storočia vo svetle doterajších výskumov. — *StASl* 11, 1982, 503-518.

4. DIALECTOLOGY — DIALECTOLOGIE

11190 *Atlas slovenského jazyka.* Diel 2/2; 3/2. — Bratislava: 1978 | BL 1980, 9737-8. | *SJL* 29, 1982-83, 116-118 K. Habovštiaková.

11191 BUFFA, Ferdinand: O slovnej zásobe šarišských nárečí zo štruktúrneho hl'adiska. — *Nové obzory* 24, 1982, 209-216 | Ru. & G. summ.

11192 BUFFA, Ferdinand: Zur Charakteristik der mundartlichen Lexik vom Standpunkt der Wortbildung. — RLB 6, 1982, 29-33.
11193 CHOLUJ, Dominik: Tradičné spôsoby označovania vlastníctva na Kysuciach. — Slovenský národopis (Bratislava) 30, 1982, 89-91, fig.
11194 DUDOK, Daniel: Slovenské nárečia v Juhoslávii. — StASl 11, 1982, 65-84.
11195 FAZEKAŠOVÁ, M.: Jazykové a etnografické pamiatky Slovákov v Maďarsku. — SR 47, 1982, 186-187 | Zborník piatich štúdií "Nyíregyházi szlovák ("tirpák") nyelvjárási és néprajzi emlék" (1977).
11196 FERENČÍKOVÁ, Adriana: Významová analýza častice *azda, ozdaj* z územného aspektu. — SR 47, 1982, 213-218.
11197 GREGOR, František: Slovenské nárečia v Maďarsku. — StASl 11, 1982, 171-183.
11198 HROZIENČIK, Jozef: *Turčianski olejkári a šafraníci.* — Bratislava: Tatran, 1981, 176 + 68 p., fig. | SR 47, 1982, 119-121 J. Doruľa.
11199 KOŠECKÁ, Jozefa: Nie je koľaj ako koľaj alebo o slangu žilinských vysokoškolákov. — KS 16, 1982, 277-279.
11200 KRIŠŠÁKOVÁ, Júlia: O goralských nárečiach z aspektu slovensko-poľských jazykových kontaktov. — StASl 11, 1982, 235-249.
11201 MAJTÁNOVÁ, Marie: *Zemežlč, cintária, stozlatková zelina.* — KS 16, 1982, 85-87 | Slov. names for *Centaurium minus.*
11202 MAJTÁNOVÁ, Marie: *Nechtík lekársky.* — KS 16, 1982, 239-241 | Calendula officinalis L. in the Slov. dialects.
11203 MAREC, Rudolf: Synchronický opis hláskoslovia trebišovského nárečia. — Nové obzory 24, 1982, 237-248, tab. | Ru. & G. summ.
11204 NIŽNANSKÝ, Jozef R.: Územné rozloženie niektorých vinohradníckych termínov. — SR 47, 1982, 23-32.
11205 NIŽNANSKÝ, Jozef R.: Členitosť vinice a jej nárečová terminológia. — SR 47, 1982, 332-340.
11206 NIŽNANSKÝ, Jozef R.: Z terminologickej vrstvy nárečovej slovnej zásoby (*Krupobitie, ľadovec, krúpy* a synonymá). — KS 16, 1982, 342-350.
11207 ORLOVSKÝ, Jozef: *Gemerský nárečový slovník.* — Rimavská Sobota: Gemerská vlastivedná spoločnosť/Martin: Osveta, 1982, 424 p.
11208 PALKOVIČ, Konštantín: *Slovenské nárečia . . .* — Banská Bystrica: 1981 | BL 1981, 10918. | SJL 28, 1981-82, 316-317 E. Gašinec.
11209 RIPKA, Ivor: *Vecný slovník dolnotrenčianskych nárečí.* — Bratislava: 1981 | BL 1981, 10919. | NŘ 65, 1982, 158-161 S. Utěšený.
11210 *Slovník slovenských nárečí. Ukážkový zväzok.* — Bratislava: 1980 | BL 1980, 9781. | JČ 33, 1982, 87-90 K. Habovštiaková.
11211 UHLÁR, Vlado: *Mutok* (čiže *dudok*) v nárečiach a krásnej spisbe. — SR 47, 1982, 219-222.
VAKARELSKA, D.: Vtora slovaška dialektoložka konferencija. — 226.

5. LEXICON — LEXIQUE

BÁRTOVÁ, E., et al.: *Anglicko-slov. pôdohospodársky slovník.* — 9142.
11212 BETÁKOVÁ, Valéria: *Nakládka.* — KS 16, 1982, 63-64.
11213 BLANÁR, Vincent: Lexikálno-sémantická problematika historického slovníka slovenského jazyka. — JŠ 17, 1982, 25-38, tab.
11214 BLANÁR, Vincent: Formovanie lexikálno-sémantickej skupiny výrazov *začať/otvoriť súdne konanie, rokovanie, zasadnutie.* — SR 47, 1982, 65-76.
11215 *Boľšoj slovacko-russkij slovar'./Veľký slovensko-ruský slovník.* 1: A-K.

SLOVAQUE

Sprac. kolektív JÚĽŠ SAV, hl. red. Dezider KOLLÁR. II: L-O. Sprac. kolektív JUĽŠ SAV, hl. red. Ella SEKANINOVÁ. — Bratislava: Veda, 1979, 990 p.; 1982, 848 p.

11216 BUGÁROVÁ, Marta: O lexike vysokoškolákov. — *KS* 16, 1982, 43-46.
11217 BUZÁSSYOVÁ, Klára: *Pri príležitosti, z príležitosti.* — *KS* 16, 1982, 115-117.
ČIERNA, M., et al.: *Nemecko-slovenský slovník.* — 8291.
11218 DORUĽA, Ján: Význam slovenských povestí pre výskum slovenskej lexiky. — *Slovenský národopis* 30, 1982, 92-97 | Ad: Pavol Dobšinský, *Prostonárodné slovenské povesti* (Martin, 1880-83).
11219 DVONČ, Ladislav: Apelatíva propriálneho pôvodu v spisovnej slovenčine. — *StASl* 11, 1982, 101-120.
11220 DVONČ, Ladislav: O štylistickej hodnote slovies *poručiť* a *odkázať.* — *SR* 47, 1982, 127-128.
11221 DVONČ, Ladislav: Význam a používanie spojenia *hlavné mesto.* — *KS* 16, 1982, 21-22.
11222 DVONČ, Ladislav: Pomenovanie mesta v spisovnej slovenčine. — *KS* 16, 1982, 77-80.
11223 HLAVIČKA, František: Proverbiá v Bernolákovom Slovári. — *SJL* 28, 1981-82, 149-153.
11224 HOCHEL, Braňo: Čo je slang. Slang a iné nespisovné vrstvy jazyka (Pokus o vymedzenie a usúvzťažnenie javu). — [181], 9-27.
11225 HORÁK, Gejza: *Starať sa* a *starieť sa.* — *KS* 16, 1982, 81-85.
11226 HORÁK, Gejza: *Ohrievky.* — *KS* 16, 1982, 312-313.
11227 HORECKÝ, Ján: Pomenovania motivované podobnosťou. — *StASl* 11, 1982, 197-205.
11228 HORECKÝ, Ján: Nové slovo *rezist.* — *KS* 16, 1982, 58-59.
11229 HORECKÝ, Ján: Nové slová s predponou *disko-.* — *KS* 16, 1982, 217-218.
11230 JACKO, Jozef: Nové názvy osôb a vecí (nástrojov). — *KS* 16, 1982, 230-236.
11231 JACKO, Jozef: *Ozvučenie.* — *KS* 16, 1982, 368-369.
11232 KOTULIČ, Izidor: Z predbernolákovskej slovenskej jazykovednej terminológie. — *JŠ* 17, 1982, 93-118.
11233 KUČERA, Ladislav: Slová *štylista, štylizátor, štylistikár, štylistik.* — *KS* 16, 1982, 366-368.
KUČEROVÁ, E.: Sémantická analýza adjektívnych ustálených slovných spojení ... — 12250.
KUČEROVÁ, E.: K voprosu o sopostaviteľnom izučenii frazeologii ... — 12249.
11234 KUCHAR, Rudolf: Z lexiky majetkovo-právnych vzťahov v starej slovenčine. — *JŠ* 17, 1982, 61-71.
11235 MAČÁK, Ivan: Opis a terminológia fujary. — *KS* 16, 1982, 163-168.
11236 MAJTÁN, Milan: Začiatky slovenskej geografickej terminológie. — *JŠ* 17, 1982, 73-92, 5 fig.
11237 MAJTÁNOVÁ, Marie: Der urslawische Charakter von Pilznamen im Slowakischen. — *RLB* 6, 1982, 119-128.
11238 MARSINOVÁ, Marta: Durch Tiernamen motivierte Verben in der slowakischen Sprache. — *RLB* 6, 1982, 139-158.
11239 MASÁR, Ivan: Termín a jeho neterminologické náprotivky v športovej publicistike. — *KS* 16, 1982, 268-281.
11240 MASÁR, Ivan: Slovenská jazykoveda a odborná terminológia. — *KS* 16, 1982, 326-333.

11241 MATĚJOVÁ, Katarína: *Vychovávateľňa?* — *KS* 16, 1982, 369-370.
11242 MLACEK, Jozef: *Povrávky.* —*StASl* 11, 1982, 349-362.
11243 MLACEK, Jozef: Syntax a frazeológia. — [194], 47-66.
11244 MLACEK, Jozef: Ustálené slovné spojenia a frazeologické spojenia. — *KS* 16, 1982, 50-52.
11245 MLACEK, Jozef: Vývin frazeologických aktualizácií v slovenčine. — *SR* 47, 1982, 139-144.
11246 NĚMEC, Igor; MICHÁLEK, Emanuel: Žilinská kniha jako pramen slovenské a české historické lexikografie. — *JŠ* 17, 1982, 5-14.
11247 OKÁĽ, Albín: Ovce sa *neodporážajú* ani *neporážajú.* — *KS* 16, 1982, 365-366.
11248 ONDREJOVIČ, Slavo: Sémantika slovies *zdediť, zanechať, odkázať.* — *SR* 47, 1982, 204-212.
11249 ONDREJOVIČ, Slavo: Zo sémantickej problematiky konverzných slovies *požičať – požičať si.* — *SR* 47, 1982, 341-348.
11250 ONDREJOVIČ, Slavo: *Kontrakultúra.* — *KS* 16, 1982, 175-176.
OROSZOVÁ, D.: Preberanie pomenovaní z cudzích jazykov a jeho vplyv . . . — 12280.
11251 PECIAR, Štefan: Súčasná slovenská lexikografia. — *StASl* 11, 1982, 415-428.
11252 PISÁRČIKOVÁ, Mária: Knižné slová v slovenčine. — *SR* 47, 1982, 84-92.
11253 PISÁRČIKOVÁ, Mária: Čo je *recesia*? — *KS* 16, 1982, 172-174.
11254 PORUBSKÝ, Štefan: Matematická terminológia v oblasti aritmetiky a teória čísiel. — *KS* 16, 1982, 350-364.
REJAKOWA, B.: Frazeologiczna homonimia międzyjęzykowa . . . — 11575.
11255 RÍSOVÁ, Eva: O slovách *windsurfing* a *skate-boarding.* — *KS* 16, 1982, 47-49.
11256 RÍSOVÁ, Eva: O slove *pík.* — *KS* 16, 1982, 174-175.
11257 RÍSOVÁ, Eva: *Je u seba – nie je u seba?* — *KS* 16, 1982, 284-285.
11258 RUŽIČKA, Jozef: Povera o *lezúňovi.* — *KS* 16, 1982, 24-25.
11259 RUŽIČKA, Jozef: *Primáš* ostane primášom. — *KS* 16, 1982, 49-50.
11260 RUŽIČKOVÁ, Eva: *Slovesá pohybu v slovenčine a angličtine.* — Bratislava: Veda, 1982, 242 p. | Verbs of movement in Slov. and E. (Ru. & E. summ.).
RUŽIČKOVÁ, E.: Verbs of motion in E. and Slov. — 9196.
SEKANINOVÁ, E.: Lexikálno-sémantická skupina slovies pocitu . . . — 12315.
11261 ŠIMON, František: Termíny zo sufixom *-itis* v klinickej terminológii. — *Zborník Lekárskej fakulty* (Košice) 24, 1981, 341-351 | Ru. & E. summ.
11262 ŠIMON, František: Poznámky k vývoju pripony *-oma.* — *Bratislavské lekárske listy* 77, 1982, 106-109.
11263 SKLADANÁ, Jana: Problémy frazeológie z hľadiska diachrónie. — *JŠ* 17, 1982, 15-24.
11264 SMIEŠKOVÁ, Elena: Okrídlené výrazy a tvz. citátové frazeologizmy v slovenčine. — *SR* 47, 1982, 76-84.
11265 SMIEŠKOVÁ, Elena: *Sobáš – sobášny – svadba, svadobný.* — *KS* 16, 1982, 215-216.
11266 SMIEŠKOVÁ, Elena; HAVAS-SIMÁNÉ, Éva: *Slovensko-maďarský frazeologický slovník . . .* — Bratislava: 1981 | BL 1981, 10985. | *KS* 16, 1982, 316-319 K. Buzássyová.
11267 TIBENSKÁ, Eva: Expresivita slovies z hľadiska lexikografickej praxe. — *SR* 47, 1982, 145-155.
11268 TRUP, Ladislav: Združené pomenovania v archeologickej terminológii. — *KS* 16, 1982, 338-342.
11269 TVRDOŇ, Emil: Z dejín slovenskej frazeológie. — *SR* 47, 1982, 280-285 | On František ŠUJANSKÝ (1832-1907).

SLOVAQUE

11270 *Z dejín slovenskej lexiky.* Red.: Štefan PECIAR; Ján DORUĽA. — *JŠ* 17; Bratislava: Veda, 1982, 128 p.

6. ORTHOGRAPHY — ORTHOGRAPHE

11271 BUZÁSSYOVÁ, Klára: Seminár o transkripcii a skloňovaní antických mien. — *KS* 16, 1982, 176-179 | Bratislava, 19.11.1981.
11272 DVONČ, Ladislav: Interpunkčné znamienka v spisovnej slovenčine. — *KS* 16, 1982, 208-213.
11273 DVONČ, Ladislav: Pravopis slovného vyjadrenia sumy. — *KS* 16, 1982, 246-247.
11274 DVONČ, L.: *Nad ránom — nadránom.* — *SR* 47, 1982, 379-381.
11275 HORECKÝ, Ján: Grécke a latinské vlastné mená v slovenčine. — *KS* 16, 1982, 130-133.
11276 KOČIŠ, F.: Ako rozdeľovať zložené slová na mieste spojovníka. — *SR* 47, 1982, 254-256.
11277 PALKOVIČ, Konštantín: O transkripcii latinských a gréckych mien. — *KS* 16, 1982, 137-144.
11278 PALKOVIČ, Konštantín; LUČYC-FEDAREC, Ivan: O transkripcii z bieloruštiny. — *SR* 47, 1982, 349-352
11279 ŠKOVIERA, Daniel: K problematike transkripcie antických mien. — *KS* 16, 1982, 149-153.

7. STYLISTICS — STYLISTIQUE

11280 ČEPAN, Oskár: Kontexty rozprávača v Jesenského próze. — *SLit* 29, 1982, 14-18 | Ru. summ.
11281 CHMELÍK, Andrej: Formulácia označenia výrobkov na nálepkách. — *KS* 16, 1982, 191-192.
11282 ČÚZY, Ladislav: Poetika a interpretačné možnosti (Nad prózami Karola Horáka). — *Romboid* 17, 1982/4, 22-26.
11283 FINDRA, Ján: K formovaniu publicistických žánrov v slovenčine. — *StASl* 11, 1982, 157-170.
11284 HORÁK, Gejza: Nadpisy úvodníkov Pravdy. — *KS* 16, 1982, 302-305.
11285 HORECKÝ, Ján: Výkladové postupy v učebnici. — *KS* 16, 1982, 16-21 | Analysis of Rudolf KRAJČOVIČ's text *Pôvod a vývin slovenského jazyka* [11183].
11286 HORECKÝ, Ján: Jazyk v novinách. — *KS* 16, 1982, 257-261.
11287 KOPÁL, J.: K výrazovej variabilite a typológii riekanky. — *Slovenský národopis* (Bratislava) 29, 1981, 551-556.
11288 MISTRÍK, Jozef: Jazyk nie je len skloňovanie. — *KS* 16, 1982, 261-265 | On the language and style of mass media.
11289 MLACEK, Jozef: Štylistika a literárna kritika. — *Romboid* 17, 1982/8, 46-50.
11290 NÁBĚLKOVÁ, Mira: Našim deťom. — *KS* 16, 1982, 71-76 | Errors in the Slov. transl. of children's books.
11291 NÁBĚLKOVÁ, Mira: O jazyku a štýle detských časopisov. — *KS* 16, 1982, 305-309.
11292 OKTAVEC, František: Cudzojazyčné segmenty v diele Gustáva K. Zechentera-Laskomerského. — *CJŠ* 26, 1982-83, 263-266.
11293 RÍSOVÁ, Eva: O rozhlasovom seriáli "Čo nového, Bielikovci?". — *KS* 16, 1982, 101-105.

11294 Rísová, Eva: O jazyku rozhlasového seriálu "Čo nového, Bielikovci?" — *KS* 16, 1982, 198-204.
11295 Slančová, Dana: O morfologických prostriedkoch esejistického štýlu spisovnej slovenčiny. — *SR* 47, 1982, 268-280.
11296 Slančová, Dana: Osobitosti eseje ako žánru. — *KS* 16, 1982, 204-207.
11297 Winczer, Pavol: Slovo vo Válkovom Slove. — *Romboid* 17, 1982/4, 30-40 | Miroslav Válek, *Slovo* (1976).

8. METRICS, VERSIFICATION — MÉTRIQUE, VERSIFICATION

11298 Sabol, Ján: O rytme jazyka a básnickej reči. — *Romboid* 17, 1982/3, 64-67.
11299 Štraus, František: Rytmus a metrum v poézii Miroslava Válka (Cyklus "Z vody"). — *SLit* 29, 1982, 483-500, 5 tab. | Ru. summ.

9. TRANSLATION — TRADUCTION

Bacigálová-Valcerová, H.: Rým Andreja Voznesenského . . . — 12415.
11300 Ferenčík, Ján: *Kontexty prekladu*. — Bratislava: Slovenský spisovateľ, 1982, 146 p.
11301 Kočiš, František: Poznámky ku gramatickej stránke odborného prekladu. — *KS* 16, 1982, 251-254.
11302 Nováková, Taida: K otázke simultánneho tlmočenia z nemčiny do slovenčiny. — *StASl* 11, 1982, 395-404.
11303 Okál, Miloslav: Prekladanie gréckej a latinskej poézie do slovenčiny. — *ZJKF* 24, 1982, 4-32.
Překlad v Československu. — 11009.
11304 Rybák, Július: *Kapitolky o jazyku a prekladaní.* — Bratislava: Smena, 1982, 143 p. | *Romboid* 17, 1982/11, 94-95 B. Hečko.
11305 Slobodník, Dušan: Vývin prekladovej tvorby na Slovensku v rokoch 1945-1980. — *SlavSl* 17, 1982, 78-87 | Development of transl. in Slovakia (Ru. summ.).
11306 Trup, Ladislav: Implicitnosť a explicitnosť vyjadrovania v preklade (na slovenskom a španielskom materiáli). — *SR* 47, 1982, 229-234.

10. MATHEMATICAL LINGUISTICS — LINGUISTIQUE MATHÉMATIQUE

11307 Mistrík, Jozef: Frekvencia a sémantika slova. — *StASl* 11, 1982, 319-331.

12. SOCIOLINGUISTICS — SOCIOLINGUISTIQUE

11308 Doruľa, Ján: Niekoľko poznámok k jazyku novín. — *KS* 16, 1982, 272-277.
11309 Kačala, Ján: Hromadné oznamovacie prostriedky a jazyková kultúra. — *KS* 16, 1982, 225-230.
11310 Ličko, Pavol: Komunikatívna účelnosť reči stredoškoláka. — *SJL* 28, 1981-82, 235-236.
11311 Muránsky, Jozef: Osobitosti hovorenej podoby spisovnej slovenčiny. — *Nové obzory* 24, 1982, 217-235, 4 tab. | Ru. & G. summ.
11312 Sowa, Franciszek: Badania socjolingwistyczne na Słowacji. — *PrNUŚ* 528, 1982, 197-203.

14. ONOMASTICS — ONOMASTIQUE

11313 BROCKI, Z.: Słowacki oronim *Ostrva* – polski pseudonim i nazwisko *Osterwa*. — *ZprMK* 23, 1982, 241-242.
11314 DVONČ, Ladislav: O nezdomácnených a zdomácnených podobách gréckych a latinských vlastných mien osôb v spisovnej slovenčine. — *KS* 16, 1982, 133-137.
11315 DVONČ, Ladislav: Písanie spojovníka v menách typu *Jozef Gregor-Tajovský*. — *SR* 47, 1982, 108-114.
11316 HABOVŠTIAK, Anton: Vlastné mená vo Hviezdoslavovej epike. — *SLit* 29, 1982, 135-149 | Ru. summ.
11317 HORECKÝ, Ján: Priezviská typu *Gregor-Tajovský* zo semiotického hľadiska. — *SR* 47, 1982, 286-288.
11318 JACKO, J.: Miestne názvy typu *Nechválova Polianka*, ich deriváty a pravopis. — *SR* 47, 1982, 251-254.
11319 JACKO, Jozef: Pravopis vlastných mien *Skalnaté pleso* a *Zemplínska šírava*. — *KS* 16, 1982, 117-119.
11320 KOČIŠ, F.: *Medzilaborce* – *medzilaborecký* alebo *medzilaborský*? — *SR* 47, 1982, 62-64.
LUTTERER, I., et al.: *Zeměpisná jména Československa* . . . — 11059.
11321 MAJTÁN, Milan: Zwischensprachliche Kontakte und das Wort *rígeľ* in der slowakischen Toponymie. — *OnSG* 13, 1981, 107-110, fig.
11322 MAJTÁN, Milan: Súčasná slovenská hydronymia. — *StASl* 11, 1982, 277-287.
11323 MAJTÁN, Milan: Riečne názvy slov. *Krupinica*, slovin. *Ljubljanica*. — *OnJug* 9, 1982, 61-65.
11324 MAJTÁN, Milan: Toponim i onimičeskaja situacija. — [176], 91-94.
11325 MASÁR, Ivan: Vlastné mená v práci "Bohovia a hrdinovia antických bájí". — *KS* 16, 1982, 145-149 | Based on V. Zamarovský's book (1969).
11326 MATEJČÍK, Ján: Heuristický výskum živých osobných mien na strednom Slovensku. — *ZprMK* 23, 1982, 556-564.
11327 MATEJČÍK, Ján: Kartografirovanie designacii ličnych živych imen. Na materiale iz srednej Slovakii. — [176], 121-127, 2 cartes h.-t.
MATEJČÍK, J.: Stav a úlohy čs. onomastiky. — 11061.
MUSIL, J.: Česká a slov. rodná jména . . . — 11062.
11328 PALKOVIČ, Konštantín: Zhody a rozdiely v rodných menách v slovenčine a češtine. — *KS* 16, 1982, 244-246.
11329 SEMJANOVÁ, Miloslava: Die linguistische Beschreibung der Gruppenanthroponyme im Slowakischen und ihre Stellung auf der Ebene Appellativum – Proprium. — [176], 399-403.
11330 SMIEŠKOVÁ, Elena: O vzťahu priezviska k všeobecným pomenovaniam. — *KS* 16, 1982, 286-287.
11331 TVRDOŇ, Emil: Prvý slovenský pokus o toponomastický slovník Uhorska. — *SR* 47, 1982, 98-102 | The MS. *Materiál k topografickému slovníku Uhorska* . . . of Ľudovít V. RIZNER (1849-1913).
11332 UHLÁR, Vlado: O transkripcii rodových mien a priezvisk v slovenčine. — *SR* 47, 1982, 57-60.
11333 UHLÁR, Vlado: Miestne názvy *Humenné* a *Cimenná*. — *SR* 47, 1982, 357-361.
11334 UHLÁR, Vlado: O pôvode miestnych názvov *Kšinná, Alekšince, Jalakšová*. — *KS* 16, 1982, 236-239.

D. Polish — Polonais

0. BIBLIOGRAPHY AND GENERAL — BIBLIOGRAPHIE ET GÉNÉRALITÉS

11335 MIMIETZ, Bärbel: *Kontrastive Linguistik deutsch-polnisch 1965-1980: ein Literaturbericht.* — Vorträge und Abhandlungen zur Slavistik 2; Giessen: Schmitz, 1981, 127 p.
11336 STONE, Gerald: Polish studies: language. — *YWMLS* 43, 1981 (1982), 1062-1071.
11337 ADAMISZYN, Zbigniew: Uwagi o zakresie i metodologii badań języka potocznego. — *ZNOp, Językoznawstwo* 8, 1981, 55-67.
11338 [AVDEEV, A.] AWDIEJEW, Aleksy; LABOCHA, Janina; RUDEK, Krystyna: Norma językowa a sytuacja aktu mowy. — *SPol* 9, 1981, 57-65.
11339 BĄBA, Stanisław: Z zagadnień współczesnej normy językowej. — *SPol* 9, 1981, 27-36.
11340 BUTTLER, Danuta; KURKOWSKA, Halina; SATKIEWICZ, Halina: *Kultura języka polskiego. Zagadnienia poprawności leksykalnej (Słownictwo rodzime).* — Warszawa: Państwowe Wyd. Naukowe, 1982, 466 p. | Cf. BL 1971, 8977.
11341 CIECHANOWICZ, Anna: Spostrzeganie mówcy. Język mass-mediów versus język potoczny. — *Psychologia Wychowawcza* (Warszawa) 24, 1981/1, 40-57.
11342 CYRAN, Władysław: Błędy językowe a tendencje rozwojowe języka. — *PF* 31, 1982, 345-348.
DOROSZEWSKI, W.: *Język, myślenie, działanie . . .* — 916.
11343 FRYDRYCHOWICZ, Stefan; RZEPA, Teresa: Doświadczenie indywidualne i doświadczenie językowe jako efekt orientacji człowieka w otoczeniu semiotycznym. — *Przegląd Psychologiczny* (Wrocław) 24, 1981, 453-470; 681-891.
11344 GAJDA, Stanisław: System norm współczesnej polszczyzny. — *SPol* 9, 1981, 15-25.
11345 GRUSZCZYŃSKI, Włodzimierz: Wybór kryteriów poprawności językowej a ewolucja normy we współczesnej polszczyźnie. — *SPol* 9, 1981, 37-44.
11346 *Język i językoznawstwo polskie w sześćdziesięcioleciu niepodległości (1918-1978).* Materiały konferencji naukowej Warszawa, 25 października 1978. [Red.: Janusz RIEGER; Mieczysław SZYMCZAK]. — Wrocław: Zakład im. Ossolińskich (Inst. Języka Polskiego PAN), 1982, 295 p. | From the contents: Janusz RIEGER, 'Plon sesji Sześćdziesięciolecia', 9-15; Mieczysław SZYMCZAK, 'Język polski w sześćdziesięcioleciu naszej niepodległości (1918-1978)', 17-35; Jan BASARA, 'Społeczny aspekt międzynarodowej współpracy naukowej', 47-50; Teresa SMÓŁKOWA, 'System językowy polszczyzny w okresie sześćdziesięciolecia', 227-231.
11347 KLEMENSIEWICZ, Zenon [1891-1969]: *Składnia, stylistyka, pedagogika językowa.* Wybór prac pod red. Anny KAŁKOWSKIEJ. — Bibl. Filologii Polskiej. Seria A: Językoznawstwo; Warszawa: Państwowe Wyd. Naukowe, 1982, 913 p., front. (portr.) | Selected studies. Preface by Anna KAŁKOWSKA, 5-32; Bibliography of K.'s works, 1922-76, by Krystyna PISARKOWA & Anna KAŁKOWSKA, 861-887.
11348 LOTKO, Edvard: *Polština a čeština z hlediska typologického.* — Olomouc: Univ. Palackého, 1981, 96 p.
11349 MAYEN, Józef: *O komunikatywności dziennika radiowego.* — Wrocław: Zakład im. Ossolińskich (PAN, Inst. badań literackich), 1981, 202 p. | *Zeszyty Prasoznawcze* (Kraków) 23, 1982/1-2, 185-186 Z. Otałęga.

POLONAIS 11350-11368

11350 NIECKULA, Franciszek; DOMAGAŁA, Jadwiga: *Język polski na Dolnym Śląsku*. — Wrocław: 1979 | *KwO* 27, 1981, 105-107 F. Pluta.

11351 ORŁOŚ, Teresa Zofia: *Polsko-czeskie związki językowe*. — Wrocław: 1980 | BL 1980, 9981. | *BSL* 76, 1981/2 (1982), 239 Y. Millet.

11352 SAFAREWICZ, Jan: Uwagi o nauce języka ojczystego w szkole. — *PF* 31, 1982, 377-381.

11353 *Stałość i zmienność związków frazeologicznych*. Praca zbiorowa pod red. Andrzeja Marii LEWICKIEGO. — Lublin: Uniw. Marii Curie-Skłodowskiej, Zakład Języka Polskiego, 1982, 162 p.

11354 STATORIUS, Petrus: *Polonicae grammatices institutio* . . . ed. R. OLESCH. — Köln: 1980 | BL 1981, 11082. | *VJa* 1982/2, 151-152 Z.N. Strekalova | *SEER* 60, 1982, 613 H. Leeming | *JP* 62, 1982, 41-42 S. Urbańczyk.

11355 *Studia językoznawcze: streszenia prac doktorskich*. VIII: *Słownictwo i składnia*. Pod red. Wiesława BORYSIA. — PrJPAN 96; Wrocław: Zakład im. Ossolińskich, 1981, 109 p.

11356 *Studia nad polszczyzną kresową*. Tom I. Pod red. Janusza RIEGERA i Wiaczesława WERENICZA [V.L. VERENIČ]. — PrJPAN 98; Wrocław: Zakład im. Ossolińskich, 1982, 259 p. | Preface by J. RIEGER.

11357 *Studia nad polszczyzną mówioną Krakowa*, 1. [Red.: Bogusław DUNAJ]. — Kraków: 1981 | BL 1981, 11084. | *JazA* 19, 1982, 79-81 B. Téma.

11358 *Studia Polonistyczne*. IX: *Ogólnopolska konferencja naukowo-dydaktyczna "Kształtowanie się norm języka polskiego w XXXV-leciu PRL" (25-26 X 1979)*. — Poznań: Wyd. Naukowe Uniwersytetu im. Adama Mickiewicza, 1981, 239 p.
TÉMA, B.: K demokratickým tendencím ve vývoji češtiny a polštiny. — 10800.

11359 TICHOMIROVA, T.S.: *Pol'skij jazyk. Grammatičeskij očerk, literaturnye teksty s kommentarijami i slovar'em*. — Moskva: Izd. Moskovskogo Univ., 1978, 208 p. | *Polonica* 7, 1981 (1982), 279-285 K. Kowalik.

11360 WALCZAK, Bogdan: O tzw. kryterium narodowym oceny innowacji językowych. — *SPol* 9, 1981, 45-55.

11361 *Werbalne i pozawerbalne środki wyrazu w źródle historycznym*. Materiały II Sympozjum Nauk Dających Poznawać Źródła Historyczne. Problemy warsztatu historyka. — Lublin: Uniw. Marii Curie-Skłodowskiej w Lublinie, Inst. Historii, 1981, 154 p.

11362 ZARĘBINA, Maria: *Język polski w rozwoju jednostki* . . . — Kraków: 1980 | BL 1980, 9990. | *JazA* 19, 1982, 82-83 B. Téma.

1. PHONETICS AND PHONOLOGY — PHONÉTIQUE ET PHONOLOGIE

11363 BAJEROWA, Irena: Jeszcze o grupach typu *SS* w gwarach. — *JP* 62, 1982, 32-34 | Comment to No. 11365.

11364 BAJEROWA, Irena: Przekształtcenia typu *jenerał ≥ gienerał ≥ generał* w polszczyźnie XIX wieku. — *JP* 62, 1982, 246-252.

11365 BAŃKOWSKI, Andrzej: O rozwoju geminat *ss šš śś* inaczej. — *JP* 62, 1982, 26-32 | Cf. 11363.

11366 DODA, Barbara: Rozwój biernika liczby pojedynczej rzeczowników żeńskich typu *ambicja, wola, pani* w XIX wieku. — *Polonica* 7, 1981 (1982), 209-231.

11367 DUNAJ, Bogusław: W sprawie normy wymawianiowej wyrazów typu *artyzm, romantyzm*. — *JP* 62, 1982, 252-254 | Comment by S. URBAŃCZYK, 254-255.

11368 DUNAJ, Bogusław; KUREK, Halina: Aspekty socjolingwistyczne normy fonetycznej. — *SPol* 9, 1981, 75-81.

11369 KACZMAREK, Leon: O polskiej logopedii. — [11346], 143-152.
11370 KEATING, Patricia Ann: *A phonetic study of a voicing contrast in Polish.* — Brown Univ. diss., 1980, 249 p. | *DAb* 41/12, 1981, 5081-A/5082-A.
11371 KREJA, Bogusław: Problem normy akcentowej we współczesnej polszczyźnie. — *SPol* 9, 1981, 97-110.
11372 MADEJOWA, Maria: Tendencje wymawianiowe we współczesnej polszczyźnie literackiej. — *SPol* 9, 1981, 91-96.
11373 PAWŁOWSKA, Regina: *Fonetyka języka polskiego nauczanego w Gdańsku w XVII wieku.* — Wrocław: 1979 | BL 179, 9578. | *JP* 62, 1982, 209-213 B. Dunaj | *SlOc* 39, 1982, 208-210 B. Mikołajczakowa.
11374 PISANI, Vittore: A proposito della legge di Lachmann. — *IF* 86, 1981 (1982), 207-208 | Pol. parallels to the Lat. phenomenon known as Lachmann's law.
11375 PRĘDOTA, Stanisław: *Die polnisch-deutsche Interferenz im Bereich der Aussprache.* — Wrocław: 1979 | BL 1979, 9579. | *Przegląd Glottodydaktyczny* (Warszawa) 5, 1980 (1981), 162-166 G. Hentschel | *PrNUŚ* 528, 1982, 239-242 F. Sowa.
11376 ROCŁAWSKI, Bronisław: Stan obecny i przyszłość polskiej normy ortofonicznej. — *SPol* 9, 1981, 83-89.
11377 ROCŁAWSKI, Bronisław: Fonostatyczne korelacje między fonemami współczesnej polszczyzny. — *PrJG* 7, 1981 (1982), 107-138.
SAWICKA, I.: Kontrastivna fonologija srpskohrvatskog i poljskog jezika (I). — 10385.
11378 STIEBER, Zdzisław: *A historical phonology of the Polish language.* — Heidelberg: 1973 | BL 1973, 10818. | *IJSLP* 23, 1981 (1982), 181-187 H. Birnbaum.
11379 WIERZCHOWSKA, Bożena: O badaniach postaci dźwiękowej języka polskiego. — [11346], 279-282.
WYKA, B.: Cechy dystynktywne szwedzkiego wokalizmu . . . — 9586.
11380 *Z zagadnień fonetyki i fonologii współczesnego języka polskiego.* Księga referatów ogólnopolskiej konferencji w Toruniu 27-29 listopada 1978 r. [Red. naukowy: Jerzy MACIEJEWSKI]. — Toruń: Uniw. Mikołaja Kopernika, 1982, 180 p. | From the contents: Bożena WIERZCHOWSKA, 'Potrzeby i zadania w zakresie fonetyki polskiej', 7-13; Bogusław DUNAJ, 'Fonetyka języka czytanego a mówionego', 14-20; Maria MADEJOWA, 'Problem normy fonetycznej współczesnej polszczyzny mówionej', 21-29; Zygmunt SALONI, 'Uwagi o słowniku wymowy polskiej', 30-43; Aleksy AWDIEJEW, 'Niektóre problemy fonetyki języka polskiego w świetle badań kontrastywnych', 44-48; Adam ROPA, 'Przedmiot i zadania fonetyki percepcyjnej', 49-56; Katarzyna DOBROGOWSKA, 'Wpływ kontekstu na identyfikację samogłosek syntetycznych, 57-61; Bronisław ROCŁAWSKI, 'Źródła informacji o funkcjonowaniu systemu fonologicznego', 62-69, fig.; Józef WIERZCHOWSKI, 'Czynnik znaczeniowy w problematyce opisu postaci dźwiękowej języka polskiego', 70-73; Marcin PREYZNER, 'Podstawowe pojęcia fonologii w opisie współczesnego języka polskiego', 85-93; Piotra ŁOBACZ, 'Interpretacja fonologiczna palatalności w języku polskim na podstawie analizy spektrograficznej', 93-100; Bożena WIERZCHOWSKA, Józef WIERZCHOWSKI, 'W sprawie akcentu wyrazowego w języku polskim', 101-105; Witold MAŃCZAK, 'Akcent na ostatniej sylabie w polszczyźnie', 106-111; Maria STEFFEN-BATOGOWA, 'Z badań nad percepcją polskiego akcentu', 112-118; Adam ROPA, Anna RUSOWICZ, 'Rola cech prozodycznych w segmentacji tekstu mówionego', 119-126; Lutosława RICHTER, 'Wpływ tempa mowy na czas trwania głosek w języku polskim', 127-130; Krystyna KOWALIK, 'Z badań nad alter-

nacjami samogłoskowymi w systemie derywacyjnym polskich tematów nominalnych', 168-172.
ZIELIŃSKI, J.A.: Die Assimilation im Niederl., Pol. und Deutschen. — 8550.

2. GRAMMAR — GRAMMAIRE

2.0. *General — Généralités*

11381 DUDA, W.: Zur quantitativen Charakteristik im Polnischen (im Vergleich zum Deutschen und Russischen). — *ZSl* 27, 1982, 760-768.
11382 DULEWICZOWA, Irena: Czasowniki *być* i *mieć* w języku polskim i rosyjskim. — *ABS* 14, 1982, 91-107.
11383 PISARKOWA, Krystyna: Do semantyki kauzatywności. — *Polonica* 7, 1981 (1982), 37-46.
11384 ROGOWSKA, Marianna; ROGOWSKI, Józef: Kilka uwag o klasyfikacji gramatycznej leksemów polskich Z. Saloniego. — *ZNBiał* 31, Prace Filologiczne 5, 1980 (1981), 109-118.
11385 TURKOWSKA, Maria: O wyznaczoności. — *Polonica* 7, 1981 (1982), 47-66.

2.1. *Morphology and word-formation — Morphologie et formation des mots*

11386 BIEŃ, Janusz S.; SALONI, Zygmunt: Pojęcie wyrazu morfologicznego i jego zastosowanie do opisu fleksji polskiej (wersja wstępna). — *PF* 31, 1982, 31-45.
11387 BRZEZINA, Maria: *Wariancja rodzaju gramatycznego rzeczowników nieżywotnych w potocznej polszczyźnie.* — PrPJAN 100; Wrocław: Zakład im. Ossolińskich, 1982, 153 p., 44 cartes h.-t.
11388 DŁUGOSZ-KURCZABOWA, Krystyna: Formant *-ynier* || *-inier* w języku polskim. — *PF* 31, 1982, 247-249.
11389 DŁUGOSZ-KURCZABOWA, Krystyna: Formanty *-ada* i *-jada* w języku polskim. — *SlOc* 39, 1982, 65-71.
11390 GAWĘDA, Elżbieta: Tendencje normatywne w zakresie wariantywnych form gen. sg. masculinum rzeczowników. — *SPol* 9, 1981, 159-170.
11391 GRZEGORCZYKOWA, Renata: Stan badań i perspektywy rozwoju polskiego słowotwórstwa. — [11346], 87-95.
11392 GRYBOSIOWA, Antonina: Norma i uzus w powojennej fleksji nazw własnych. — *SPol* 9, 1981, 141-148.
11393 HONOWSKA, Maria: *Ewolucja metod polskiego słowotwórstwa synchronicznego* . . . — Wrocław: 1979 | *BL* 1979, 9603. | *BSL* 76, 1981/2 (1982), 237 W. Mańczak | *JiS* 26, 1980-81, 42-43 A. Grybosiowa.
11394 JOCHYM-KUSZLIKOWA, Ludwika: *Metoda analizy gniazdowej w konfrontatywnych badaniach słowotwórstwa współczesnego języka polskiego i rosyjskiego (formacje odprzymiotnikowe).* — Prace Monograficzne Wyższej Szkoły Pedagogicznej w Krakowie, t. 54; Kraków: Wyd. Naukowe Wyższej Szkoły Pedagogicznej, 1982, 165 p.
11395 JUDYCKA, Irmina: Jeden ze sposobów objaśniania funkcji formantu. — *PF* 31, 1982, 251-254.
11396 KARPLUK, Maria: Okruchy szesnastowieczne: wołacze *ksze, kszą* od *ksiądz, księżą*. — *JP* 62, 1982, 119-123.
11397 KREJA, Bogusław: Słowotwórstwo a problem tworzenia nowych wyrazów. — *PF* 31, 1982, 103-107.

11398 KRUPIANKA, Aleksandra: Chwiejność normy językowej w zakresie użycia przedrostków czasownikowych we współczesnym języku polskim. — *SPol* 9, 1981, 127-134.

11399 KSIĄŻEK-BRYŁOWA, Władysława: Czy można mówić o mieszanej deklinacji rzeczowników? — *SPol* 9, 1981, 149-157.

11400 LASKOWSKI, Roman: *Studia nad morfonologią współczesnego języka polskiego.* — Wrocław: 1975 | BL 1975, 9920. | *IJSLP* 24, 1981 (1982), 183-189 R.D. Steele.

LOTKO, E.: O typologicky relevantních jevech morfonologického plánu . . . — 10843.

11401 LUBASZEWSKI, Wiesław: *Struktura morfemowa polskiego czasownika (próba opisu generatywnego).* — Prace Inst. Języka Polskiego PAN 46; Wrocław: Zakład im. Ossolińskich, 1982, 124 p.

11402 MĄCZYŃSKI, Maciej: Derywacja czasowników ekspresywnych i onomatopeicznych. Zarys problematyki. — *JP* 62, 1982, 255-259.

11403 SATKIEWICZ, Halina: Procesy wyrównawcze we współczesnej fleksji polskiej. — *SPol* 9, 1981, 135-140.

11404 STREKALOVA, Z.N.: *Morfologija glagol'nogo vida v sovremennom pol'skom literaturnom jazyke.* — Moskva: 1979 | BL 1979, 9615. | *IzvAN* 40, 1981, 181-183 Z.M. Volockaja | *VJa* 1982/3, 132-134 V.B. Silina | *PJ* 1982 (1983), 575-579 E. Sękowska.

11405 STRUTYŃSKI, Janusz: *Modele strukturalne przymiotników motywowanych przez nazwy miejscowe* . . . — Kraków: 1979 | BL 1979, 9616. | *JP* 62, 1982, 52-56 J. Fras.

11406 SZYMCZAK, Mieczysław: Derivatives formed from proper nouns. — [176], 519-525.

TOPOLIŃSKA, Z.: Uwagi o niektórych czasownikach kauzatywnych . . . — 10330.

11407 WIERZCHOWSKI, Józef: Uwagi o problemie wyróżnienia znaczeń form wyrazowych. — *ZNBiał* 31, Prace Filologiczne 5, 1980 (1981), 171-183.

11408 ZĄBKOWSKA, Jadwiga: Status kategorialny formacji typu *zdyscyplinowany, kropkowany* w świetle faktów słowotwórczych w języku polskim i rosyjskim. — *SFRS* 3, Językoznawstwo, 1979, 147-154.

2.2. Syntax — Syntaxe

11409 BARTNICKA, Barbara: *Funkcje semantyczno-składniowe bezokolicznika we współczesnej polszczyźnie.* — PrJPAN 101; Wrocław: Zakład im. Ossolińskich, 1982, 253 p.

11410 BARTNICKA, Barbara: Bezokolicznik jako predykat samodzielny w zdaniach pytajnych niezależnych. — *PF* 31, 1982, 163-170.

11411 BEDNAREK, Adam: Analiza semantyczna zdań z wyrażeniem *udowodnić*. — *AUNCHum, Filologia Polska*, 18, 1981, 3-14.

11412 BOBROWSKI, Ireneusz: Zasady subkategoryzacji czasowników przechodnich występujących w zdaniach bez dopełnień bliższych. — *Polonica* 7, 1981 (1982), 97-105.

11413 BONIECKA, Barbara: Pragmatyka wypowiedzeń pytajnych. — *SPol* 9, 1981, 181-190.

BONIEWICZ, A.: Properties of raised constructions . . . — 8886.

CHARĘZIŃSKA, A.: Some remarks on multiple negation . . . — 8896.

11414 FRANKOWSKA, Maria: *Grupy imienne z determinatorem koniecznym w języku polskim.* — Tow. Naukowe w Toruniu, Prace Wydziału Filologiczno-Filozoficznego, 28/3; Warszawa: Państwowe Wyd. Naukowe, 1982, 143 p. | Noun phrases with non-omissible determiners in Pol. (E. summ.).

11415 FRANKOWSKA, Maria: Co decyduje o użyciu determinatora koniecznego w grupach imiennych współczesnej polszczyzny? — *SPol* 9, 1981, 171-179.

11416 FRANKOWSKA, Maria: Znominalizowane grupy imienne z determinatorem koniecznym. — *AUNCHum, Filologia Polska* 18, 1981, 15-29.

11417 GROCHOWSKI, Maciej: *Pojęcie celu. Studie semantyczne.* — Wrocław: 1980 | BL 1980, 10034. | *SS* 43, 1982, 73-75 I. Nebeská.

11418 GROCHOWSKI, Maciej: O spójnikach nieciągłych (Obserwacje faktów a argumentowanie hipotez). — *JP* 62, 1982, 308-312 | Cf. BL 1981, 11187.

11419 GRZEGORCZYKOWA, Renata: Regularność i nieregularność w tworzeniu konstrukcji zwrotnych. — *PF* 31, 1982, 179-185.

HLIBOWICKA-WĘGLARZ, B.: Les équivalents fr. de l'instrumental pol. de manière. — 6672.

JAWORSKA, E.: On the structure of adverbial subordinate clauses . . . — 8942.

11420 JUCHNIEWICZ, Krzysztof: O pewnym problemie związanym z transformacją strony czynnej na bierną. — *ZNBiał* 31, Prace Filologiczne 5, 1980 (1981), 59-69.

11421 KALLAS, Krystyna: Struktura semantyczna konstrukcji apozycyjnych. Relacje denotacyjne i relacje sensu między członami. — *MJ* 31, 1980, 205-237.

11422 KLEBANOWSKA, Barbara: Dlaczego *dzięki.* — *Polonica* 7, 1981 (1982), 127-135.

11423 KLEBANOWSKA, Barbara: *Przez* w znaczeniu przyczynowym. — *Polonica* 7, 1981 (1982), 137-147.

11424 KOZARZEWSKA, Emilia: Funkcje składniowe konstrukcji przyimkowych z archaizmami. — *PF* 31, 1982, 187-192.

KOZŁOWSKA-RAŚ, Rita: Funkcje szyku w zdaniu . . . — 9559.

KRAJCARZ, M.: Zur Wiedergabe der niederl. Diminutive im Pol. — 8573.

11425 KRAWCZYKIEWICZ, Antoni: Past tenses in Finnish and Polish. — *CIFU* IV/3, 402-408.

KRYK, B.: The relation between predicates and their sentential complements . . . — 8954.

11426 KUBIŃSKI, Wojciech: Polish *się* constructions and their English counterparts. — *PSCL* 15, 1982, 55-56.

11427 LACHUR, Czesław: Temporalne grupy nominalne w funkcji orzecznika przyimkowego w wypowiedzeniach z łącznikiem czasownikowym w języku polskim i ich odpowiedniki w języku rosyjskim. — *ZNOp, Filologia Rosyjska* 22, 1981, 5-16.

11428 LESZ, Maria: Bezprzyimkowe konstrukcje temporalne w polszczyźnie. — *Prace Naukowe Wyższej Szkoły Pedagogicznej w Częstochowie* (Częstochowa) 4, Seria Humanistyczna 1, 1981, 93-102.

11429 LIPCZUK, Ewa: Pozornie komparatywne formy przymiotnika. Analiza syntaktyczna. — *AUNCHum, Filologia Polska* 18, 1981, 31-40.

11430 ŁOJASIEWICZ, Anna: Zasób spójników współczesnego języka polskiego w świetle literatury przedmiotu. — *Polonica* 7, 1981 (1982), 107-126.

LOTKO, E.: Vazby s prostými a předložkovými pády . . . — 10844.

LOTKO, E.: Implicitnost a explicitnost vyjádření obsahových vztahů . . . — 10845.

MAKSIMOVA, V.: Otricanieto kato element na semantičnata struktura . . . — 10098.

11431 MARCJANIK, Małgorzata: O tak zwanej modalności woluntalnej. — *Studia i Materiały*, Wyższa Szkoła Pedagogiczna w Zielonej Górze 7, *Nauki Filologiczne* 3, 1981, 173-186.
11432 MARCJANIK, Małgorzata: Semantyczno-syntaktyczna analiza łączliwości czasowników wyrażających rozkaz, zakaz, pozwolenie, prośbę. — *Polonica* 7, 1981 (1982), 85-95.
11433 MINDAK, Jolanta: O niektórych predykatach fazowych w języku polskim. — *JslF* 37, 1981, 109-123 | SCr. summ.
  NILSSON, B.: *Pers. pronouns in Ru. and Pol.* . . . — 12049.
11434 NOWICKA-SCHWARTZ, Aldona Antonina: *Ordering of attributive adjectives in Polish.* — Univ. of California, Berkeley, diss., 1980, 203 p. | *DAb* 41/7, 1981, 3088-A.
11435 OTFINOWSKI, Andrzej: *Z zagadnień transformacyjnego opisu elementarnych struktur zdaniowych.* — Bydgoszcz: Wyższa Szkoła Pedagogiczna w Bydgoszczy, 1982, 155 p. | E. summ.
  PISAREK, L.: *Mestoimennye voprositel'nye predloženija* . . . — 12056.
11436 PODRACKI, Jerzy: *Koncepcje składniowe w gramatykach języka polskiego (od O. Kopczyńskiego do Z. Klemensiewicza).* — Dissertationes Univ. Varsoviensis 209; Warszawa: Wyd. Uniw. Warszawskiego, 1982, 233 p.
11437 PODRACKI, Jerzy: Próba przełamania monopolu składni tradycyjnej – A. Morzycki (Z historii polskiej składni). — *PF* 31, 1982, 193-199.
11438 PREYZNER, Marcin: Konstrukce spajające oparte na podobieństwie leksemów. — *PF* 31, 1982, 201-210.
11439 ROGOWSKA, Marianna: Funkcje gramatyczne słowa *jako*. — *Polonica* 7, 1981 (1982), 161-175.
11440 RYBARKIEWICZ, Włodzimierz: Subject- and topic-prominence in Polish and English. — *PSCL* 15, 1982, 111-119.
  RYTEL, D.: *Leksykalne środki wyrażania modalności* . . . — 10857.
11441 SALONI, Zygmunt: Problems of noun ellipsis in Polish. — *LPosn* 24, 1982, 101-109.
  SCHATTE, Cz.: *Das erweiterte Partizipialattribut* . . . — 8113.
11442 SĘDZIAK, Henryk: Walencja czasowników *iść – chodzić*. — *PF* 31, 1982, 211-229.
11443 SĘDZIAK, Henryk: Łączliwość składniowa czasowników ruchu w gwarze łomżyńskiej i we współczesnej polszczyźnie literackiej. — [11355], 51-109, map.
11444 ŚLIWIŃSKI, Władysław: W poszukiwaniu metody opisu szyku wyrazów w grupach nominalnych dzisiejszej polszczyzny pisanej. — *PamL* 73, 1982/1-2, 145-166.
11445 ŚWIDZIŃSKI, Marek: Związki syntaktyczne z grupą bezokolicznikową w języku polskim. — *PF* 31, 1982, 231-244.
11446 ŚWIĘCZKOWSKA, Halina: O kategorii określoności w języku polskim. — *ZNBiał, Logika* 6, 1981, 147-160.
11447 SZPAKOWICZ, Stanisław; ŚWIDZIŃSKI, Marek: The syntactic structure of nominal phrases in contemporary Polish. — [175], 139-142.
11448 SZPAKOWICZ, Stanisław; ŚWIDZIŃSKI, Marek: Zarys klasyfikacji schematów zdaniowych we współczesnej polszczyźnie pisanej. — *Polonica* 7, 1981 (1982), 5-35.
11449 SZUPRYCZYŃSKA, Maria: *Opis składniowy polskiego przymiotnika.* — Toruń: 1980 | BL 1980, 10058. | *JP* 61, 1981, 273-276 I. Bobrowski.
  TOMAN, J.: *Aspects of multiple wh-movement in Pol. and Cz.* — 10865.

11450 WARCHOŁ, Stefan: Charakterystyka ekspresywów z -*ik* w języku polskim w porównaniu ze słowackim. — *JP* 62, 1982, 12-21.
11451 WEISS, Daniel: *Syntax und Semantik polnischer Partizipialkonstruktionen...* — Bern: 1977 | BL 1977, 11266. | *KLit* 8, 1979, 35-37 Chr. Vasilev.
11452 WRÓBEL, Henryk: Interpretacja kategorialnosemantyczna czasowników denominalnych. — *SLPJ* 2, 1982, 201-207.
11453 ZAKRZEWSKA, Ewa Danuta: O konstrukcjach z niekonotowanym przymiotnikiem akomodowanym przez czasownik. — *PJ* 1981, 237-250.
11454 ZARON, Zofia: *Ze studiów nad składnią i semantiką czasownika...* — Wrocław: 1980 | BL 1980, 10065. | *SS* 43, 1982, 71-73 A. Jirsová; H. Prouzová.
11455 ZGÓŁKOWA, Halina: Uwagi poprawnościowe o kontekstowym znaczeniu wyrażeń w polszczyźnie mówionej. — *SPol* 9, 1981, 67-74.

2.3. Text linguistics — Linguistique du texte

11456 CHANIEWSKA, Benigna: Tekst jako jednostka informacyjna. — *ZNBiał* 34, *Filologia Rosyjska* 6, 1982, 5-12.
11457 GIZBERT-STUDNICKI, Tomasz: Znamiona czasownikowe w kodeksie karnym. Zagadnienie czasu gramatycznego i aspektu. — *Studia Prawnicze* (Wrocław) 1982/1-2, 10-116.
11458 KLEMENTEWICZ, Tadeusz: Organizacja semantyczna wypowiedzeń uzasadniających decyzje polityczne. — *Studia Nauk Politycznych* (Warszawa) 1981/6, 119-142.
11459 OŻÓG, Kazimierz: Podziękowania w polszczyźnie mówionej. — *JP* 62, 1982, 259-266.
11460 ŚWIĘCZKOWSKA, Halina: Analiza dialogu w aspekcie teorii funkcjonalnej perspektywy zdania. — *ZNBiał* 31, *Prace Filologiczne* 5, 1980 (1981), 157-169.
11461 WAJSZCZUK, Jadwiga: Pojęcie nawiązania. Analiza koncepcji Zenona Klemensiewicza. — *Polonica* 7, 1981 (1982), 67-83.

3. HISTORY — HISTOIRE

11462 ARGIGLOBYN, Jerzy: Wykład nabożny piosnki "Salve Regina". Wydali: Wojciech Ryszard RZEPKA i Wiesław WYDRA. Część II. — *SlOc* 39, 1982, 135-161, 4 facsim. | Cf. BL 1981, 11195.
11463 BAJEROWA, Irena: Wpływ rewolucji przemysłowej na polski język ogólny XIX wieku. — [11361], 18-26.
11464 BORAWSKI, Stanisław; FURDAL, Antoni: *Wybór tekstów do historii języka polskiego.* — Warszawa: 1980 | BL 1981, 11197. | *JP* 62, 1982, 344-348 S. Borawski | *JP* 62, 1982, 348-351 S. Urbańczyk | *SlOc* 39, 1982, 222-223 Z. Zagórski.
11465 *Fragen der polnischen Kultur im 16. Jahrhundert.* Vorträge und Diskussionen der Tagung zum ehrenden Gedenken an Alexander Brückner, Bonn 1978. Hrsg. von Reinhold OLESCH und Hans ROTHE. — Bausteine zur Geschichte der Lit. bei den Slawen 14, 1; Giessen: W. Schmitz, 1980, 416 p. | Not yet analyzed. | *JP* 61, 1981, 262-264 S. Urbańczyk | *PJ* 1982 (1983), 568-571 H. Borek.
11466 GRABSKI, Grzegorz: Nieznany rękopis więzienny z XIX w. — *ZNBiał* 31, *Prace Filologiczne* 5, 1980 (1981), 349-366.
11467 HOELSCHER-OBERMAIER, Hans-Peter: Zur Genese der *Bogurodzica.* — *WSlav* 27, 1982, 90-105 | Mainly based on the study of metre and rhyme. | Cf. BL 1981, 11390.

11468   HÖRBERG, Beata: Wielkopolskie właściwości dialektyczne w rotach sądowych XIV-XV wieku. — *SlOc* 39, 1982, 13-18.
11469   KAMIŃSKA, Maria: *Psałterz Floriański. Monografia językowa.* Część I. — Wrocław: 1981 | BL 1981, 11205. | *Slavia* 51, 1982, 339-346 J. Petr.
11470   KLIMEK, Zygmunt: O zależności tekstów "Ukazania", "Nauki cudnej" oraz "Książeczek polskich" i o języku "Ukazania" w świetle dialektologii historycznej. — *Biuletyn Biblioteki Jagiellońskiej* (Warszawa) 31, 1981 (1982), 57-74.
11471   KURZOWA, Zofia: Język polski na kresach północno-wschodnich. — [11356], 13-17.
11472   *Mamotrekty staropolskie.* Opracowali: Wanda ŻUROWSKA-GÓRECKA i Vladimír KYAS. Cz. I; II; III. — Wrocław: 1977; 1980 | BL 1977, 11281; BL 1980, 10078. | *JP* 62, 1982, 337-343 I. Kwilecka.
11473   MATUSZEWSKI, Józef: *Najstarsze polskie zdanie prozaiczne. Zdanie henrykowskie . . .* — Wrocław: 1981 | BL 1981, 11215. | *JP* 62, 1982, 320-324 B. Dunaj.
11474   PLUTA, Feliks: W sprawie języka polskiego w czasie II wojny światowej. — *PF* 31, 1982, 109-117.
11475   RZEPKA, Wojciech Ryszard; WALCZAK, Bogdan: Osobliwości leksykalne "Worka Judaszowego" Stanisława Fabiana Klonowica. — *PF* 31, 1982, 299-308.
11476   SIEKIERSKA, Krystyna: Porównania w "Wojnie chocimskiej" Wacława Potockiego i w "Pamiętnikach" Jana Chryzostoma Paska. — *Polonica* 7, 1981 (1982), 233-254.
11477   STASIEWICZ, Krystyna: Niektóre cechy języka komedii Stanisława Herakliusza Lubomirskiego ze stanowiska historii języka. — *AUNCHum, Filologia Polska* 18, 1981, 51-62.
11478   URBAŃCZYK, Stanisław: "Persefonie ostatniej się stawić" w Trenach Jana Kochanowskiego. — *JP* 61, 1981, 203-206 | Apropos of Józefa Kobylińska's art., *JP* 61, 199-203 (BL 1981, 11206). Note by J. SAFAREWICZ, ibid. 206-207.
11479   *Wielkopolskie roty sądowe XIV-XV wieku.* Zebrali i opracowali Henryk KoWALEWICZ i Władysław KURASZKIEWICZ. Tom I-V. — Wrocław: 1959-81 | BL 1981, 11230. | *PJ* 1982 (1983), 420-424 W.R. Rzepka; B. Walczak.
11480   WIŚNIEWSKA, Halina: Tytulatura Sebastiana Fabiana Klonowica (1545-1602). — *JP* 62, 1982, 3-11.
11481   WÓJCIK, Remisław: *Język Wacława Rzewuskiego.* — Szczecin: 1977 | BL 1977, 11292. | *PJ* 1982 (1983), 59-62 K. Kwaśniewska-Mżyk.
11482   WRÓBEL, Adam: Fleksja i składnia liczebników w chełmińskich księgach kamlarskich z XVII i XVIII wieku. — *AUNCHum, Filologia Polska* 18, 1981, 99-123.

4. DIALECTOLOGY — DIALECTOLOGIE

11483   ANAN'EVA, Natal'ja Evgen'evna: Čeredovanija v paradigme nastojaščego vremeni glagolov pol'skogo govora derevni Gajde Ignalinskogo rajona Litovskoj SSSR. — [11356], 179-191.
11484   ANAN'EVA, Natal'ja Evgen'evna: Teksty iz okrestnostnoj derevni Gajde (Litovskaja SSR) fol'klornyj material (pesni). — [11356], 243-250.
11485   *Atlas języka i kultury ludowej Wielkopolski.* Opracowany zespołowo pod red. Zenona SOBIERAJSKIEGO i Józefa BURSZTY. Tom III: *Rolnictwo.* Cz. 1: Mapy 236-365; cz. 2: Wykazy i komentarze do map 236-365. — Polska Akad. Nauk,

Oddział w Poznaniu. Seria: Etnografia 3; Wrocław: Zakład im. Ossolińskich, 1982, 129 cartes, 192 p. | Cf. BL 1979, 9702. | *SlOc* 39, 1982, 185-188 E. Breza (On vol. I-II) | *Ibid.* 221-222 A. Weijnen (On vol. I-II) | *Ethnologia Polona* (Wrocław) 7, 1981 (1982), 140-143 Z. Kłodnicki (On vol. I-II).

11486 BĄK, Piotr: Oracje weselne z okolic Kramska. — *JP* 62, 1982, 181-184.

11487 BARTMIŃSKI, Jerzy; MAZUR, Jan: *Teksty gwarowe z Lubelszczyzny.* — Wrocław: 1978 | BL 1978, 8813. | *JP* 62, 1982, 218-220 B. Dunaj.

11488 BASARA, Jan: Paralele fonetyczne polsko-południowosłowiańskie. — *SLPJ* 2, 1982, 19-21.

11489 BRZEZIŃSKI, Władysław: *Słownictwo krajniackie. Słownik gwary wsi Podróżna w Złotowskiem.* T. I: *A — G.* — Wrocław: Zakład im. Ossolińskich (Komitet Językoznawstwa PAN), 1982, xlix, 232 p.

11490 CHOROŚ, Monika: Rzeczowniki złożone w gwarach Śląska. — *ZNOp, Językoznawstwo* 8, 1981, 69-81.

11491 DEJNA, Karol: W sprawie podjęcia prac nad Atlasem gwar polskich. — [11346], 71-73.

11492 DUNAJ, Bogusław: Wybór polskich tekstów gwarowych. — [11346], 75-77.

11493 FALIŃSKA, Barbara: Uloga geografskog faktora u definisanju značenja. — [366], 311-315.

11494 GJULUMJANC, Kira Michajlovna: Nekotorye nabljudenija nad frazeologiej pol'skich govorov belorussko-litovskoj zony. — [11356], 225-231.

11495 GÓRNOWICZ, Hubert: Apelatywne pochodne od nazw miejscowych na obszarze gwar malborskich. — *PrJG* 7, 1981 (1982), 25-39.

11496 GRUCHMANOWA, Monika: Język polski w Babimojskiem w świetle dokumentów niemieckich. — [11346], 83-85.

11497 HANDKE, Kwiryna: Osiągnięcia polskiej dialektologii w latach 1918-1978. — [11346], 97-106.

11498 JAKUS-DĄBROWSKA, Ewa: Nazwy związane z zakładami przemysłowymi gospodarki leśnej występujące w toponimii Kociewia. — *PrJG* 7, 1981 (1982), 45-76, 13 maps.

11499 KOWALSKA, Anna: Formacje z sufiksem *-ula* w gwarach polskich. — *SLPJ* 2, 1982, 69-76.

11500 KOWNACKI, Edmund: Z badań nad nazwami narzędzi rolniczych w gwarach Wielkopolski (kosa i jej części). — *SlOc* 39, 1982, 35-63, 10 maps.

KRIŠŠÁKOVÁ, J.: O goralských nárečiach z aspektu slov.-pol. jazykových kontaktov. — 11200.

11501 LESZCZYŃSKI, Zenon: *Kierunki zmian w grupach spółgłoskowych typu* Sr *oraz* rS ... — Wrocław: 1978 | BL 1978, 8840. | *BSL* 76, 1981/2 (1982), 238 W. Mańczak.

11502 MASLENNIKOVA, Ljudmila Ivanovna: O morfologičeskich variantach u suščestvitel'nych (na materiale pol'skogo govora derevni Ornjany). — [11356], 193-206.

11503 MÓL, Henryk: Gwarowe nazwy ptaków domowych. — *JP* 62, 1982, 297-307.

11504 NOWAK, Henryk: *Gwary południowej Wielkopolski.* — Uniw. im. Adama Mickiewicza w Poznaniu, Seria Filologia Polska 23; Poznań: Wyd. Naukowe Uniw. im. A. Mickiewicza, 1982, 216 p., maps | G. summ. | *Nurt* (Poznań) 1982/5, 13-14 S.F. Kolbuszewski.

11505 NOWAK, Henryk: Charakterystyka fonetyczna gwar okolic Borku Wielkopolskiego (w południowej Wielkopolsce). Część I: Wokalizm. — *SlOc* 39, 1982, 83-118, map.

11506 OLESCH, Reinhold: Deutsche Lehnwörter im oberschlesischen Polnisch. Zur Frage ihrer phonetisch-phonologischen Adaptation. — [302], 483-496.
11507 PARŠUTA, Juzefa Michajlovna: Sintaksis padežej v pol'skoj reči žitelej derevni Darvinieki Madonskogo rajona Latvijskoj SSR. — [11356], 207-224.
11508 PARŠUTA, Juzefa Michajlovna: Teksty iz sela Dagdy (Latvijskaja SSR). — [11356], 257-259.
11509 RECZKOWA, Barbara: *Wyrazy pochodzenia francuskiego w gwarach polskich.* — Prace Inst. Języka Polskiego PAN 45; Wrocław: Zakład im. Ossolińskich, 1982, 128 p.
11510 REICHAN, Jerzy: *Małopolskie gwary jednonosówkowe.* Cz. I; II. — Wrocław: 1980 | BL 1980, 10122. | *JP* 62, 1982, 213-218 B. Dunaj.
11511 REICHAN, Jerzy: Teksty z gwary polskiej na Wileńszczyźnie. — *JP* 62, 1982, 34-39.
11512 RIEGER, Janusz: Słownictwo "karpackie" gwar Beskidu Niskiego i pogórza a problem kontaktów językowych polsko-ukraińskich. — *PrJG* 7, 1981 (1982), 97-105.
11513 ROJZENZON, Leonid Ivanovič; GOL'CEKER, Jurij Pavlovič: Nabljudenija nad frazeologiej pol'skich narodnych govorov na territorii Litovskoj SSR. — [11356], 233-242.
11514 *Słownik gwar polskich.* Opracowany przez Zakład Dialektologii Polskiej Inst. Języka Polskiego PAN w Krakowie pod kierunkiem Mieczysława KARASIA. Tom I, zesz. 3: *bałachwasta – bąga.* — Wrocław: Zakład im. Ossolińskich, 1982, p. 325-463 | Cf. BL 1981, 11260. | *OLA* 1980 (1982), 361-364 O.N. Morachovskaja; T.M. Morozova (On I/1) | *Polonica* 7, 1981 (1982), 271-279 J. Dzedzeliwski (On I/1).
11515 *Słownik gwarowy Śląska (Zeszyt próbny).* Pod red. S. BĄKA i S. ROSPONDA. — Opole: Inst. Śląski, 1982, xxix, 190 p.
11516 SOBIERAJSKI, Zenon; SKOCZYLAS-STAWSKA, Honorata; NOWAK, Henryk: Tematyka nagrań gwarowych i etnograficznych z lat 1965-1969. Katalog taśmoteki Zakładu Dialektologii Polskiej Uniwersytetu A. Mickiewicza w Poznaniu. Część V. — *SlOc* 39, 1982, 163-184, map.
11517 STEFFEN, Wiktor: Rozwój *p, b̕ i v́, f́* w dialekcie warmińskim. — *JP* 62, 1982, 24-26.
11518 SUDER, Paweł: Porównawcza analiza wybranych zjawisk językowych gwar podhalańskiej i spiskiej. — *Studia i Materiały,* Wyższa Szkoła Pedagogiczna w Zielonej Górze 7, *Nauki Filologiczne* 3, 1981, 187-198.
11519 TEKIELSKI, Krzysztof: Gwarowa polszczyzna okolic Podbrzezia i Niemenczyna na Wileńszczyźnie. — *JP* 62, 1982, 282-293.
11520 TOPOLIŃSKA, Zuzanna: *Opisy fonologiczne polskich punktów "Ogólnosłowiańskiego atlasu językowego".* Zeszyt I: *Kaszuby, Wielkopolska, Śląsk.* — Prace Inst. Języka Polskiego PAN 43; Wrocław: Zakład im. Ossolińskich, 1982, 150 p.
11521 TREDER, Jerzy: O wariantach i innowacjach idiomów (na materiale gwarowym). — [11353], 79-90.
11522 VERENIČ, Vjačeslav Leont'evič: Teksty iz sela Jašuny i okrestnostej (Litovskaja SSR). — [11356], 251-255.
11523 WITKOWSKI, Leon: Niektóre germanizmy i prowincjonalizmy mówionej i pisanej polszczyzny na Pomorzu. — *JP* 62, 1982, 190-192.
11524 WYDERKA, Bogusław: Kierunki ewolucji fleksji rzeczowników w języku ludności miejscowej Baborowa. — *ZNOp, Językoznawstwo* 8, 1981, 83-95.

11525 ZARĘBA, Alfred: Pogranicze językowe polsko-niemieckie. — [11346], 283-287.
11526 ZDANIUKIEWICZ, Alojzy Adam: Charakterystyka konsonantyzmu gwar wileńskich. — *JP* 62, 1982, 270-282.
11527 ZDANIUKIEWICZ, A.A.: Gwary wileńskie w województwie olsztyńskim po trzydziestu latach (Stan i perspektywy badań). — *ABS* 14, 1982, 305-308.

5. LEXICON — LEXIQUE

11528 BĄBA, Stanisław: Główne typy innowacji frazeologicznych. — [11353], 17-25.
11529 BĄBA, Stanisław: *Rzucać kłody pod nogi – rzucić kłodę pod nogi || rzucić kłody pod nogi.* — *JP* 62, 1982, 294-297.
11530 BAJEROWA, Irena: Badania nad terminologią języków specjalnych (środowiskowych). — [11346], 37-40.
11531 BASAJ, Mieczysław: Wpływy obce na polszczyznę w sześćdziesięcioleciu. — [11346], 41-46.
BASAJ, M.: Z problematyki słownika frazeologicznego czesko-polskiego. — 10910.
11532 BASARA, Anna: Semantyka odpowiedników *golva* w języku polskim (na tle trzech współczesnych języków słowiańskich). — *SLPJ* 2, 1982, 107-115.
11533 BOGUSŁAWSKI, Andrzej; GARNYSZ-KOZŁOWSKA, Teresa: *Addendum to a Polish phraseology* ... — Edmonton, Alb.: 1979 | BL 1979, 9746. | *JP* 62, 1982, 324-329 W. Gruszczyński.
BONDALETOV, V.D.: Gr. zaimstvovanija v ru., ukr., belorusskich i pol. argo ... — 11773.
11534 BOREJSZO, Maria: Adaptacja włoskich zapożyczeń leksykalnych w języku polskim. — [11355], 7-49.
11535 BORYŚ, Wiesław: Polskie dialektalne *kuk(u)rzysko* – domniemany relikt staropruskiej leksyki. — *ABS* 14, 1982, 67-77.
11536 BRZEZINA, Maria: *Pomarańcza* i jej warianty rodzajowe. — *JP* 62, 1982, 132-141 | Comment by M. KUCAŁA, 141-143; M. Brzezinowa's reply, 143-145.
11537 BUŁCZYŃSKA, Kazimiera; ZGÓŁKOWA, Halina: O słownictwie czasopism dla dzieci w wieku przedszkolnym. — *Wychowanie w Przedszkolu* (Warszawa) 35, 1982, 337-345.
11538 BUTTLER, Danuta: Pojęcie wariantów frazeologicznych. — [11353], 27-35.
11539 BUTTLER, Danuta: Rozwój słownictwa w sześćdziesięcioleciu. — [11346], 57-63.
11540 BUTTLER, Danuta: O zjawiskach derywacji we frazeologii. — *PJ* 1981, 229-237.
11541 BUTTLER, Danuta: Użycie przyimków w różnych odmianach współczesnej polszczyzny. — *PF* 31, 1982, 171-178.
11542 CEGIEŁA, Anna: *Słowniczek gwary teatralnej. Zeszyt próbny słownika teatralnego.* — Wrocław: Wyd. Uniwersytetu Wrocławskiego, 1980, 74 p. | *JP* 62, 1982, 207-209 R. Przybylska | *PJ* 1982 (1983), 347-349 A. Pawłowska.
ČERNYŠ, T.O.: Slova na poznačennja vysokoji temperatury ... — 12566.
11543 COCKIEWICZ, Wacław; ŚLIWIŃSKI, Władysław: O pewnej metodzie badań ilościowych frazeologii współczesnej polszczyzny mówionej w telewizji. — [11353], 137-162.
11544 CZARNECKI, Tomasz: O wyrazach staropolskich pochodzenia niemieckiego z zakresu tkactwa i sukiennictwa. — *PJ* 1981, 251-254.
11545 DACEWICZ, Leonard: Zmiany nazw odzieży pod wpływem "mody" językowej. — *ZNBiał* 34, *Filologia Rosyjska* 6, 1982, 13-25.

11546 DEJNA, Karol: Z zagadnień słownictwa potocznego. — *Acta Universitatis Lodziensis, Folia Litteraria* 2, 1981, 15-24.
11547 GROCHOWSKI, Maciej: *Zarys leksykologii i leksykografii: zagadnienia synchroniczne.* — Toruń: Uniw. Mikołaja Kopernika, 1982, 147 p. | A manual for students.
11548 GRUSZCZYŃSKI, Włodzimierz: Informacja gramatyczna w dawnych słownikach języka polskiego. — *PF* 31, 1982, 67-85.
GUGULANOVA, I.: Frazeologizmy z liczebnikami w języku polskim i bułg. — 10198.
11549 HERNICZEK-MOROZOWA, Wanda: *Terminologia polskiego pasterstwa górskiego.* 1; 2-3. — Wrocław: 1975; 1976 | BL 1975, 10054; 1976, 10522. | *ZbFL* 24, 1981/2 (1982), 185-188 Ž. Bošnjaković.
11550 JURKOWSKI, Marian: Wpływy obce na język polski w okresie sześćdziesięciolecia. — [11346], 135-141.
11551 KACHLAK, Tadeusz: *Wielki słownik polsko-niemiecki. Suplement. A-Ż / Grosswörterbuch polnisch-deutsch. Ergänzungsband. A-Ż.* — Warszawa: "Wiedza Powszechna", 1982, 223 p. | Cf. BL 1974, 9636.
11552 KANIA, Stanisław: O słownictwie polskich jeńców wojennych 1939-1945. — *PF* 31, 1982, 87-95.
11553 KAWKA, Maciej: *Słownik syntaktyczno-semantyczny czasowników polskich.* Cz. I. — Kraków: 1980 | BL 1980, 10157. | *JP* 62, 1982, 58-61 I. Bobrowski.
11554 KLEBANOWSKA, Barbara: Przyimek *po* w znaczeniu czasowym. — *PF* 31, 1982, 97-102.
11555 KOZARZEWSKA, Emilia: O pewnych typach werbalnych związków wyrazowych. — [11353], 97-111.
11556 KRAJEWSKI, Lech: Synonimia porównań doprzymiotnikowych. — [11353], 113-121.
11557 KRAWCZYK, Anna: Zapędzić kogo w kozi róg. — *MJ* 31, 1980, 197-204.
11558 KREJA, Bogusław: Drobiazgi słowotwórcze. 15-17. — *JP* 62, 1981, 123-132 | 15. Gwar. *plenić*. 16. *Skąpiradło*. 17. Nazwisko *Dachtera* (czyli o przyrostku *-era* i czasowniku *dachtać, gdakotać*). | Comment by F. SŁAWSKI, 132. | Cf. BL 1977, 11375.
11559 KREJA, Bogusław: Wpływ czynników rytmicznych na formę jednostek frazeologicznych. — [11353], 91-96.
11560 KRUPIANKA, Aleksandra: *Czasowniki z przedrostkami przestrzennymi w polszczyźnie XVIII wieku.* — Warszawa: 1979 | BL 1979, 9767. | *SlOc* 39, 1982, 206-208 S. Mikołajczak.
11561 KURASZKIEWICZ, Władysław: Osobne wyrazy Reja w *Słowniku polszczyzny XVI wieku*. — [302], 357-360.
11562 ŁASKI, Piotr: Terminy *wojna partyzancka* i *partyzant* w politologii i publicystyce. — *Studia Nauk Politycznych* (Warszawa) 1981/6, 143-155.
11563 LEWASZKIEWICZ, Tadeusz: *Panslawistyczne osobliwości leksykalne S.B. Lindego...* — Wrocław: 1980 | BL 1980, 10165. | *SlavR* 30, 1982, 118-120 T. Pretnar.
11564 LEWASZKIEWICZ, Tadeusz: O pewnym typie osobliwości leksykalnych w *Słowniku* Lindego. — *SlOc* 39, 1982, 73-82.
11565 LEWICKI, Andrzej Maria: Problemy metodologiczne wariantywności związków frazeologicznych. — [11353], 37-46.
11566 MAJKOWSKA, Grażyna: Tendencja do specjalizacji i konkretyzacji znaczeniowej wyrazów abstrakcyjnych na wybranych przykładach. — *SPol* 9, 1981, 191-199.

11567 MIESZKOWSKA, Walentyna: Metaforyczne znaczenie czasowników w języku polskim i rosyjskim. — *ZNBiał* 34, *Filologia Rosyjska* 6, 1982, 37-44.

11568 PADO, Anna: Wykorzystanie genetiwu adnominalnego i przymiotnika dzierżawczego w związkach frazeologicznych o tych samych leksemach w języku polskim i rosyjskim. — [11353], 47-53.

11569 PAJDZIŃSKA, Anna: Szeregi wariantów a mechanizmy łączliwości frazeologicznej. — [11353], 55-67.

11570 PAWŁOWSKA, Regina: Znaczenie i użycie czasownika *myśleć*. — *Polonica* 7, 1981 (1982), 149-160.

11571 PELC, Jerzy: O znaczeniu słów "sens" i "znaczenie". — *PrzH* 25, 1981/5, 1-10.

11572 PIHAN, Alicja: Glosa do Mickiewicza: *oćma*. — *JP* 62, 1982, 114-117 | Comment by S. URBAŃCZYK, 118-119.

PLECIŃSKI, J.: *Quelques types de relations sémantiques dans les lexiques fr. et pol.* . . . — 6975.

11573 PUZYNINA, Jadwiga: O pojęciu słownictwa etycznego. — *PF* 31, 1982, 119-126.

11574 RECZEK, Józef: Polono-Turcica II. — *Polonica* 7, 1981 (1982), 255-260 | Cf. BL 1979, 9780.

11575 REJAKOWA, Bożena: Frazeologiczna homonimia międzyjęzykowa (na materiale polskim i słowackim). — [11353], 123-135.

11576 RYMUT, Kazimierz: Kto to byli *świepietnicy*? — *SLPJ* 2, 1982, 37-41.

RYTEL, D.: Frazeologiczne warianty i synonimy ustalonych porównań . . . — 10948.

11577 SITARSKI, Andrzej: O kompresji strukturalnej w zakresie polskiej i rosyjskiej terminologii językoznawczej. — *StRP* 16, 1981 (1982), 183-191.

11578 SITARSKI, Andrzej: O synonimii w polskiej i rosyjskiej terminologii językoznawczej. — *PrzR* 4, 1981/4 (1982), 68-72.

11579 SKARŻYŃSKI, Mirosław: O nowym typie słowników jednojęzycznych. — *PrzH* 25, 1981/7-9 (1982), 221-226.

11580 SKORUPKA, Stanisław: Rozwój frazeologii w ostatnim sześćdziesięcioleciu. — [11346], 233-237.

11581 SKORUPKA, Stanisław: Łączenie wyrazów w grupy synonimiczne. — *PF* 31, 1982, 135-141.

11582 SŁAWSKI, Franciszek: *Słownik etymologiczny języka polskiego*. Tom V, zesz. 5 (25): *łuża – łżywy*. — Kraków: Nakładem Towarzystwa Miłośników Języka Polskiego, 1982, p. 377-462 | Cf. BL 1979, 9784.

11583 *Słownik polszczyzny XVI wieku*. Red. naczelny: Maria Renata MAYENOWA. Zastępca red. naczelnego: Franciszek PEPŁOWSKI. Tom XIV: *Miejsce – Monument*. — Wrocław: Zakład im. Ossolińskich, 1982, viii, 628 p. | Cf. BL 1981, 11326.

11584 *Słownik staropolski*. [Komitet red.: Stanisław URBAŃCZYK, Jan SAFAREWICZ, et al.]. Tom IX, zesz. 1 (55): *ściadły – taczka*. — Wrocław: Zakład im. Ossolińskich, 1982, p. 1-80 | Cf. BL 1981, 11327.

SMEREKA, K.: *Zur Valenzanalyse einiger verba vivendi im Deutschen und Pol.* — 8347.

11585 STARZEC, Anna: Udział derywacji morfologicznej w kształtowaniu leksyki motoryzacyjnej okresu międzywojennego. — *ZNOp, Językoznawstwo* 8, 1981, 113-126.

11586 STETKIEWICZ, Maria Teresa: Zakresy występowania italianizmów w języku polskim (na podstawie słowników wyrazów obcych Arcta i pod redakcją J. Tokarskiego). — *ZNBiał* 31, *Prace Filologiczne*, 1980 (1981), 145-155.

11587 SZYMAŃSKI, Tadeusz: Jeszcze o etymologii *dukać, duka, ducza.* — *JP* 62, 1982, 312-316 | Cf. BL 1978, 8924.
11588 URBAŃCZYK, Stanisław: Co znaczy dziś wyraz *prząśny.* — *JP* 62, 1982, 21-24.
11589 *Wielki słownik francusko-polski / Grand dictionnaire français-polonais.* Tom II: *M-Z.* Opracowali: Stefania CIESIELSKA-BORKOWSKA, Maria CIEŚLA, Jerzy DOBRZYŃSKI . . . [et al.]. — Warszawa: "Wiedza Powszechna", 1982, 1173 p. | Cf. BL 1980, 10191.
11590 ZAGRODNIKOWA, Alicja: *Nowe wyrazy i wyrażenia w prasie.* — Biblioteka Wiedzy o Prasie. Seria A, 15; Kraków: Ośrodek Badań Prasoznawczych, 1982, 351 p. | E. & Ru. summ.
11591 ZAGRODNIKOWA, Alicja: Słownictwo i frazeologia okresu przemian w Polsce. — *Zeszyty Prasoznawcze* (Kraków) 23, 1982/1-2, 41-56; 1982/3, 29-46; 1982/4, 39-52.
11592 ZALAS-STRAŚ, Ewa: O zmianach znaczeniowych terminów *kara* i *wrona* w języku polskim. — *ZNBiał* 31, *Prace Filologiczne* 5, 1980 (1981), 205-213.
11593 ZARĘBA, Alfred: Kilka uwag o zmianach leksykalno-semantycznych we współczesnej polszczyźnie. — *PF* 31, 1982, 147-149.
11594 ZGÓŁKOWA, Halina: Pragmatyczne ujęcie związków frazeologicznych. Empiryczne badania nad frazeologią polską. — *PF* 31, 1982, 151-159.
11595 ŻUROWSKI, Adam: Nazwy konia w polszczyźnie XVI wieku. — *AUNCHum, Filologia Polska* 18, 1981, 125-142.

6. ORTHOGRAPHY — ORTHOGRAPHE

11596 [ANGELOVA, I.] ANGEŁOWA, Iskra: Charakterystyka wielokropka na tle pozostałych znaków interpunkcyjnych polszczyzny. — *JP* 62, 1982, 158-166.
11597 DULEWICZOWA, Irena: *Transkrypcja i transliteracja wyrazów rosyjskich.* — Warszawa: 1981 | *JazA* 19, 1982, 83-84 V. Straková.
11598 JANUSZOWSKI, Jan: *Nowy karakter polski z Drukárnie Lázárzowéj y orthographia polska Iana Kochanowskiego, Ie° M.P. Lukasza Gornickie° etc. etc.* — Warszawa: Wyd. Artystyczne i Filmowe, 1982, 66 p. | Repr. of the 1594 ed.
11599 JODŁOWSKI, Stanisław: Bilans zmian w ortografii polskiej dokonanych w ostatnim sześćdziesięcioleciu. — [11346], 131-133.
11600 NOWAK, Franciszek: Współczesna norma ortograficzna a stan ortografii uczniów. — *SPol* 9, 1981, 119-125.
11601 ROCŁAWSKI, Bronisław; KUCHTA, Ewa; MILEWSKI, Stanisław: Norma ortograficzna i propozycje jej zmiany w świetle opinii społecznej. — *SPol* 9, 1981, 111-117.

7. STYLISTICS — STYLISTIQUE

11602 BĄBA, Stanisław: Frazeologiczne innowacje modyfikujące we współczesnej prozie polskiej – próba oceny normatywnej. — *SPol* 9, 1981, 207-212.
11603 BUDREWICZ, Tadeusz: Język a losy bohatera literackiego (Na przykładzie Ptasiego gościńca i Babiego Haliny Auderskiej). — *RND* 84, *Prace Historycznoliterackie* 9, 1982, 83-98.
11604 BUKOWCOWA, Zofia: Uwagi o składni powieści Kornela Filipowicza Księżyc nad Nidą. — *JP* 62, 1982, 145-158.
11605 BUTTLER, Danuta: Miejsce języka potocznego wśród odmian współczesnej polszczyzny. — [143], 17-28.

11606 DUBISZ, Stanisław: Wykładniki stylizacji gwarowej w utworze J. Waksmańskiego pt. "Czarne Łochynie". — *PF* 31, 1982, 273-283.
11607 GAJDA, Stanisław: *Podstawy badań stylistycznych nad językiem naukowym.* — Warszawa – Wrocław: Państwowe Wyd. Naukowe, 1982, 188 p.
11608 JAROSZUK, Jerzy: Składnia prozy Janusza Głowackiego – przyczynek do badań stylistycznych. — *ZNBiał* 31, *Prace Filologiczne* 5, 1980 (1981), 25-57.
11609 JURKOWSKI, Marian: Tytuły listów do Marysieńki Jana Sobieskiego (analiza stylistyczno-językowa). — *ZNBiał* 31, *Prace Filologiczne* 5, 1980 (1981), 71-82.
11610 KAŁKOWSKA, Anna: *Struktura składniowa listu.* — Prace Inst. Języka Polskiego PAN 47; Wrocław: Zakład im. Ossolińskich, 1982, 154 p.
11611 KĘSIKOWA, Urszula: Przymiotniki złożone w poezji Kazimierza Przerwy-Tetmajera. — *PrJG* 7, 1981 (1982), 77-89.
11612 KILAŃSKI, Janusz: Kultura języka w radiu i telewizji. — [11346], 157-160.
11613 KREJA, Bogusław: Z zagadnień kultury języka w Polsce niepodległej. — [11346], 161-167.
11614 KUPISZEWSKI, Władysław: Czy na prawdę niemoc poetycka? (Z zagadnień stylu Jana Kochanowskiego). — *PF* 31, 1982, 285-286.
11615 KWAŚNIEWSKA-MŻYK, Krystyna: *Język Franciszka Karpińskiego.* — Warszawa: 1979 | BL 1979, 9818. | *PJ* 1982 (1983), 182-184 K. Bobrowicz.
11616 NOWAKOWSKA, Alicja: Gestykulacja foniczna jako środek stylizacyjny we współczesnej powieści polskiej. — [11380], 173-180.
11617 PISAREK, Walery: Język w prasie. — [11346], 191-195.
11618 PUŁKA, Leszek: Rzemiosło i natchnienie. Przyczynek do zagadnień języka artystycznego baroku. — *AUW* 661, *Prace Literackie* 23, 1982, 3-16.
11619 SAPPOK, Christian: Hymny Jana Ksprowicza: kompozycja oraz specyfika gramatyczna. — *AUW* 661, *Prace Literackie* 23, 1982, 79-98.
11620 SATKIEWICZ, Halina: Norma polskiego języka literackiego a innowacje fleksyjne. — [143], 89-92.
11621 SCHABOWSKA, Maria: Charakterystyczne cechy języka powieści produkcyjnej. — *RND* 84, *Prace Historyczno-Literackie* 9, 1982, 63-82.
11622 SKUBALANKA, Teresa: Polski styl artystyczny po roku 1918. — [11346], 221-226.
11623 SZLIFERSZTEJNOWA, Salomea: Nad językiem Juliusza Słowackiego. — *PF* 31, 1982, 309-315.
11624 TOMASZEWSKA, Sławomira: Słownictwo utworów Jana Gawińskiego. — *PF* 31, 1982, 317-342.
11625 TREDER, Jerzy: O wpływie słownika Ramułta na "Wiatr od morza" Żeromskiego. — *PrJG* 7, 1981 (1982), 139-144.
11626 VINCENZ, A. DE: Zu Sprache und Stil von Franciszek Mickiewicz. — [302], 731-740.
WIELICZKO, K.: *Živaja reč' v uslovijach massovoj kommunikacii* . . . — 12412.
11627 ZARĘBINA, Maria: Teksty dyskusji literackiej. Analiza językowa. — *PJ* 1981, 297-310.
11628 ZEMBATY-MICHALAKOWA, Maria: *Poezja Juliana Przybosia w świetle badań statystyczno-językowych na tle porównawczym.* — AUW 467; Wrocław: Wyd. Uniw. Wrocławskiego, 1982, 311 p. | Rés. fr.

8. METRICS, VERSIFICATION — MÉTRIQUE, VERSIFICATION

11629 SAPPOK, Christian: Grammatische und rhythmische Gliederung. Beobachtungen zu sprachlichen Besonderheiten polnischer prosarhythmischer Texte. — *WSlav* 27, 1982, 185-202.

9. TRANSLATION — TRADUCTION

BASAJ, M.: Ekwiwalencja tłumaczeń frazeologizmów . . . — 10988.
DASZCZYŃSKA, I.: *Frazeologia wojennych powieści Konstantego Simonowa* . . . — 12371.

10. MATHEMATICAL LINGUISTICS — LINGUISTIQUE MATHÉMATIQUE

11630 BIEŃ, Janusz S.; SZPAKOWICZ, Stanisław: On surface-syntactic analysis of Polish. — [175], 24-35, fig.
11631 JASSEM, Wiktor; GEMBIAK, D.: *Subiektywne prawdopodobieństwo wyrazów polskich.* — Warszawa: 1980 | BL 1980, 10246. | *LPosn* 25, 1982, 178-183 H. Zgółkowa.
11632 OSTAŃKOWICZ-BAZANOWA, Halina: Warunki optymalizacji polskiego systemu fonologicznego. Próba analizy. — [11380], 74-84.
11633 SAMBOR, Jadwiga: Polskie językoznawstwo statystyczne w minionym sześćdziesięcioleciu. — [11346], 213-216.
11634 WÓJCIK, Zbigniew Marcin: Matematyczny model tłumaczenia tekstów na języki obce. — *Polonica* 7, 1981 (1982), 177-195.

12. SOCIOLINGUISTICS — SOCIOLINGUISTIQUE

11635 BOREJSZO, Maria; ZGÓŁKOWA, Halina: Uwagi poprawnościowe o języku poznańskich ogłoszeń. — *SPol* 9, 1981, 213-217.
11636 BOROWIEC, Helena; KRAJEWSKI, Lech: Mechanizmy ekspresji w synonimii leksykalnej języka nieletnich przestępców. — *AUNCHum, Filologia Polska* 18, 1981, 143-154.
11637 BRALCZYK, Jerzy: O języku w polityce. — *Zeszyty Prasoznawcze* (Kraków) 23, 1982/1-2, 57-64.
11638 BUTTLER, Danuta: Czasowniki potoczne współczesnej polszczyzny. — *PrNUŚ* 528, 1982, 55-66 | Ru. & E. summ.
11639 ČEKMAN, Valerij Nikolajevič: K sociolingvističeskoj charakteristike pol'skich govorov belorussko-litovskogo pograničʹja. — [11356], 123-138.
11640 CYRAN, Władysław: Integracja gwar z językiem literackim. — [11346], 65-69.
11641 DĄBROWSKI, Stanisław: Zmiany fonetyczne we współczesnym języku mówionym mieszkańców wsi Pomorza Zachodniego. — [11380], 142-149.
11642 FURDAL, Antoni: Język naukowy jako składnik języka literackiego. — [143], 43-47.
11643 FURDAL, Antoni: Periodyzacja najnowszych dziejów języka polskiego. — [11346], 79-81.
11644 FURGALSKA, Aldona; LEBDA, Renarda; WARCHALA, Jacek: O przejawach "niepewności lingwistycznej". Na przykładzie wywiadów z robotnikami. — *PrNUŚ* 528, 1982, 67-74.
11645 FURGALSKA, Aldona; URBAN, Krystyna: Swoisty idiolekt chłopa – pisarza. — *PrNUŚ* 528, 1982, 103-113 | Ru. & E. summ.

11646 FURGALSKA, Aldona; WARCHALA, Jacek: O tekstach pozdrowień. — *PrNUŚ* 528, 1982, 123-127.
11647 GAWĘDA, Elżbieta; URBAN, Krystyna; ZABIEROWSKA, Krystyna: O pewnym typie illokucji — toasty. — *PrNUŚ* 528, 1982, 115-121 | Ru. & E. summ.
11648 GRABIAS, Stanisław: Paronimia jako proces leksykalny. — *PrNUŚ* 528, 1982, 75-88.
11649 GRUCHMANOWA, Monika: Z zagadnień kultury języka mieszkańców Poznania w XX-leciu międzywojennym. — *SPol* 9, 1981, 219-226.
11650 [GRUCHMANOWA, M.] GRUCHMAN, Monika: A sociolinguistic study of Polish spoken by Polish Americans. — *LPosn* 24, 1982, 117-122.
11651 HOMA, Edward: Nowe gwary na Pomorzu Środkowym. — [11346], 113-119.
11652 HOMA, Edward: *Współczesne gwary Pomorza Środkowego. Studium socjologiczne*. Cz. 1-2. — Słupsk: 1979 | BL 1979, 9844. | *JP* 62, 1982, 220-225 J. Kąś | *PJ* 1982 (1983), 654-656 B. Nowomiejski | *PrNUŚ* 528, 1982, 235-238 F. Sowa.
11653 HOMA, Edward: O zmianach fonetycznych w języku mieszkańców wsi Pomorza Środkowego. — [11380], 131-141.
11654 JAWORSKI, Adam: Formy zwracania się do drugich w wojsku. Analiza socjolingwistyczna. — *JP* 62, 1982, 266-270.
11655 JOHNSON, Katherine Jane: *Linguistic stratification in a socialist society: a sociolinguistic survey of a Polish community*. — Univ. of Oklahoma diss., 1980, 111 p. | *DAb* 41/5, 1980, 2087-A.
11656 KANIA, Stanisław: O badaniach nad rozwojem gwary żołnierskiej. — [11346], 153-155.
11657 KOWALSKA, Alina: Zróżnicowanie socjalne polszczyzny górnośląskiej w drugiej połowie XIX wieku. — *PrNUŚ* 528, 1982, 141-152 | Ru. & E. summ.
11658 KUREK, Halina: Samogłoska nosowa -ę w języku mieszkańców Krakowa (aspekty socjolingwistyczne). — [11380], 150-155.
11659 KURKOWSKA, Halina: O języku Warszawy. — [11346], 175-178.
11660 LUBAŚ, Władysław: Badania nad językiem skupisk miejskich. — [11346], 179-181.
11661 LUBAŚ, Władysław: Sposoby ujawniania społecznej waloryzacji wariantów współczesnej polszczyzny ogólnej. — [143], 73-82.
11662 MATUSIAK, Brian: Ethnic language consciousness among Polish American students. — *LPosn* 24, 1982, 111-116.
11663 MIODEK, Jan: Procesy terminologizacyjne w środowiskowych odmianach języka. — *SPol* 9, 1981, 201-206.
11664 MIODUNKA, Władysław: *Teoria pól językowych. Społeczne i indywidualne ich uwarunkowania*. — Warszawa: 1980 | BL 1980, 10254. | *JP* 62, 1982, 48-52 S. Gajda.
11665 NIECKULA, Franciszek: Geograficzne zróżnicowanie polszczyzny kulturalnej. — [11346], 183-189.
11666 NIESPOREK, Bernadeta: Wymowa samogłosek nosowych w kilku wsiach w okolicy Łącka jako przykład procesów socjolingwistycznych. — *PrNUŚ* 528, 1982, 129-139.
11667 PLUTA, Feliks: Z badań nad wpływem drugiej wojny światowej na język polski. — [11346], 197-201.
11668 POLAŃSKI, Edward: *Słownictwo uczniów: problemy, badania, wnioski*. — Warszawa: Wyd. Szkolne i Pedagogiczne, 1982, 175 p.
11669 *Problemy badawcze języka radia i telewizji*. — Katowice: 1981 | BL 1981, 11429. | *Zeszyty Prasoznawcze* (Kraków) 23, 1982/1-2, 186-188 A. Zagrodni-

kowa | *Przekazy i Opinie* (Warszawa) 1982/2-3, 163-168 W. Miodunka, A. Ropa.
11670 RIEGER, Janusz: O potrzebie badań nad polszczyzną kresową. — [11356], 9-12.
11671 ROLSKA, Maria: Z problemów segmentacji tekstu mówionego. — *PrNUŚ* 528, 1982, 43-54 | Ru. & E. summ.
11672 SOBIERAJSKI, Zenon: Badania nad językiem polskim poza granicami kraju. — [11346], 239-243.
11673 STANECKA-TYRALSKA, Barbara: Występowanie mianownika w funkcji dopełniacza w polskim języku mówionym w Wielkiej Brytanii. — *Polonica* 7, 1981 (1982), 197-207.
11674 STONE, Gerald: Pronominal address in Polish. — *IJSLP* 23, 1981 (1982), 55-76.
11675 SYNOWIEC, Helena: Słownictwo nazywające cechy osobowości w wypowiedziach mówionych uczniów szkół śląskich. — *PrNUŚ* 528, 1982, 89-101.
11676 SZYDŁOWSKA-CEGLOWA, Barbara: Badania nad językiem Polonii. — [11346], 249-253.
11677 *Teksty języka mówionego mieszkańców miast górnego Śląska i Zagłębia*. I. Pod red. Władysława LUBASIA. — Katowice: Uniw. Śląski, 1978, 354 p. | *JP* 61, 1981, 264-267 B. Wyderka | W. LUBAŚ's reply, *ibid*. 267-268.
11678 TURSKA, Halina: O powstaniu polskich obszarów językowych na Wileńszczyźnie. — [11356], 19-121, map.
11679 [VERENIČ, V.] WERENICZ, Wiaczesław: Z zagadnień socjolingwistycznej charakterystyki dwóch skupisk polonijnych na Łotwie. — *ABS* 14, 1981, 277-293.
11680 VERENIČ, Vjačeslav Leont'evič: Govor sela Jašuny Litovskoj SSR (k charakteristike etno-jazykovoj situacii na Vilenščine). — [11356], 139-150.
11681 WĘGIER, Janina: Integracja językowa na ziemiach zachodnich i północnych. — [11346], 273-277.
11682 WIERZCHOWSKI, Józef: Niektóre zagadnienia semantyczne języków środowiskowych. — *ZNBiał* 34, *Filologia Rosyjska* 6, 1982, 135-141.
11683 WILKOŃ, Aleksander: Język mówiony a pisany. — *PrNUŚ* 528, 1982, 19-33.
11684 WRÓBEL, Henryk: Wyznaczniki potoczności – problemy dyskusyjne. — *PrNUŚ* 528, 1982, 35-41.
11685 ZAGÓRSKI, Zygmunt: *Mały kwestionariusz do badań integracji językowej na wsi*. Z. 1-2. — Gorzów Wielkopolski: Gorzowskie Towarzystwo Naukowe, 1979, 376 p. | *JP* 62, 1982, 56-58 Z. Leszczyński.
11686 ZAGÓRSKI, Zygmunt: *O badaniach integracji w zakresie świadomości językowej w kilku województwach zachodnich*. — Komitet Językoznawstwa PAN, Prace Językoznawcze 99; Wrocław: Zakład im. Ossolińskich, 1982, 93 p. | Investigations on the integration of linguistic consciousness in several western provinces (E. summ.).
11687 ZARĘBINA, Maria: Uwagi o języku w środowisku szkolnym. — [11346], 289-295.
11688 ZDUŃSKA, Helena: *Język polski górniczych środowisk w północnej Francji*. — Wrocław: 1981 | BL 1981, 11444. | *JP* 62, 1982, 329-334 B. Szydłowska-Ceglowa | *PJ* 1982 (1983), 266-269 H. Rybicka-Nowacka | *PJ* 1982 (1983), 718-722 W. Miodunka.
11689 ZDUŃSKA, Helena: Z zagadnień interferencji fonetycznej w języku Polonii francuskiej. — *SLPJ* 2, 1982, 63-68.
11690 ZGÓŁKA, Tadeusz: O teoretycznych podstawach tzw. polityki językowej. — *SPol* 9, 1981, 7-14.

14. ONOMASTICS — ONOMASTIQUE

11691 BAŃKOWSKI, Andrzej: *Zmiany morfemiczne w toponimii polskiej*. — Prace Onomastyczne 29; Wrocław: Zakład im. Ossolińskich (Komitet Językoznawstwa PAN), 1982, 186 p.

11692 BIOLIK, Maria: Typy semantyczne współczesnych nazw ulic i placów Olsztyna. — *Komunikaty Warmińsko-Mazurskie* (Olsztyn) 1982/1-2, 51-61.

11693 BOREK, Henryk: Badania nad słownictwem apelatywnym w nazewnictwie. — [11346], 51-56.

11694 BOREK, Henryk: Złoże apelatywne w nazewnictwie. — *ZNOp, Językoznawstwo* 8, 1981, 5-9.

11695 BREZA, Edward: Beinamen des pommerschen Adels. Zur Anthroponymie des Adels von Pomorze (ausser Pomorze Gdańskie). — *OnSG* 13, 1981, 115-129.

11696 BREZA, Edward: Polskie nazwy osobowe z sufiksem *-ica* i jego pochodnymi. — *PrJG* 7, 1981 (1982), 19-24.

11697 BROCKI, Z.: O nazwie miasta *Kamienna Góra*. — *ZprMK* 23, 1982, 123-127
BROCKI, Z.: Słowacki oronim *Ostrva* – polski . . . *Osterwa*. — 11313.

11698 DEMARTIN, Adam: Klasyfikacja strukturalna wielkopolskich nazw terenowych. — *Studia i Materiały*, Wyższa Szkoła Pedagogiczna w Zielonej Górze 7, *Nauki Filologiczne* 3, 1981, 123-149.

11699 GOŁĄBEK, Stefan: Nazwy żartobliwe na mapie Polskie. — *Ziemia* (Warszawa) 1979 (1982), 241-251.

11700 GÓRNOWICZ, Hubert: *Toponimia Powiśla Gdańskiego*. — Gdańsk: 1980 | BL 1980, 10281. | *Onomastica* 27, 1982 (1983), 268-281 R. Šrámek | *SlOc* 39, 1982, 196-200 K. Handke | *LPosn* 25, 1982, 150-153 Z. Zagórski.

11701 GÓRNOWICZ, Hubert: Toponimizacja leksykalna na przykładzie obszaru gwar malborskich. — *PF* 31, 1982, 59-65.

11702 HERTEL, Jacek: *Imiennictwo dynastii piastowskiej we wczesnym średniowieczu*. — Warszawa: 1980 | BL 1980, 10284. | *JP* 62, 1980, 44-48 J. Reczek | *Onomastica* 27, 1982 (1983), 293-297 M. Karpluk.

11703 HERTEL, Jacek: Problem dwuimienności u Piastów we wcześniejszym średniowieczu (do potomstwa Bolesława Krzywoustego). — *Onomastica* 24, 1980, 125-142 | *JP* 62, 1982, 44-48 J. Reczek.

11704 JARCZAK, Łucja: Toponimy śląskie związane z nazwami części ciała. — *ZNOp, Językoznawstwo* 8, 1981, 11-19.

11705 KANIA, Stanisław: Przezwiska żołnierskie. — *Studia i materiały*, Wyższa Szkoła Pedagogiczna w Zielonej Górze 7, *Nauki Filologiczne* 3, 1981, 151-171.

11706 KOSYL, Czesław: *Nazwy miejscowe dawnego województwa lubelskiego*. — Wrocław: 1978 | BL 1978, 9019. | *JP* 62, 1982, 351-353 Cz. Kosyl.

11707 KULECZKA, Pola: Powrót polskich nazw (z badań toponomastycznych okolic Świebodzina). — *Ziemia* (Warszawa) 1979 (1982), 231-240.

11708 LEEMING, Henry: Onomastic problems in the correspondence of Emil Korytko. — [176], 13-20.

11709 LESZCZYŃSKI, Zenon: Die Tendenz zur Flexionslosigkeit der Familiennamen im heutigen Polnisch. — [176], 21-27.

11710 LUBAŚ, Władysław: Sovremennye pol'skie ličnye nazvanija v rečevom akte. — [176], 57-61.

11711 LUBAŚ, Władysław: Zagadkowa *Jaszczew*. — *OnJug* 9, 1982, 57-59.

11712 MACIEJEWSKI, Jerzy: Nazwy miejscowe ziem świeckiej i nowskiej. — *Dzieje Świecia nad Wisłą i jego regionu*. Pod red. K. Jasińskiego. Tom I (Warszawa

- Poznań – Toruń: Towarzystwo Naukowe w Toruniu, 1979), 63-72 | *PrJG* 7, 1981 (1982), 154-160 [E. Jakus-Dąbrowska].
11713 MALEC, Maria: *Staropolskie skrócone nazwy osobowe od imion dwuczłonowych.* — Prace Inst. Języka Polskiego PAN 42; Wrocław: Zakład im. Ossolińskich, 1982, 220 p.
11714 MALEC, Maria: Ursprung und Funktion des Exponenten des weiblichen Paradigmas in den altpolnischen männlichen Rufnamen. — [176], 95-100.
11715 MAŃCZAK, Witold: Dagome iudex. — *OnJug* 9, 1982, 243-249.
11716 MATUSZEWSKI, Józef: Sposoby oddawania polskich nazw miejscowości (NM) w średniowiecznych tekstach łacińskich. — [11361], 37-63.
11717 MOCZKO, Helga: Przezwiska mieszkańców wsi Cisiec w Żywieckiem. — *ZNOp, Językoznawstwo* 8, 1981, 21-35.
11718 *Nazwy miast Pomorza Gdańskiego . . .* pod red. Huberta GÓRNOWICZA i Zygmunta BROCKIEGO. — Wrocław: 1978 | BL 1978, 9032. | *Onomastica* 27, 1982 (1983), 266-267 M. Buczyński.
11719 ROSIN, Ryszard: Problematyka badań toponomastycznych w historiografii polskiej. — [11361], 91-107.
11720 ROSPOND, Stanisław: Zur Siedlungsgeschichte Polens im Lichte der Toponomastik. — *OnSG* 13, 1981, 43-49, fig.
11721 ROSPOND, Stanisław: Ze studiów nad polską toponomastyką. XX. *Bochnia.* XXI. *Wdzydze.* — *JP* 62, 1982, 91-98 | Cf. BL 1980, 10308.
11722 RYMUT, Kazimierz: *Nazwy miast Polski.* — Wrocław: 1980 | BL 1980, 10311. | *Onomastica* 27, 1982 (1983), 258-266 E. Rzetelska-Feleszkowa | *ZprMK* 23, 1982, 69-72 I. Lutterer.
11723 RYMUT, Kazimierz: Onomastyka polska w sześćdziesięcioleciu. — [11346], 203-208.
11724 RZETELSKA-FELESZKO, Ewa: Inflectional derivation in onomastics. — [176], 341-344.
11725 SAFAREWICZ, Jan: Polskie nazwy miejscowości na *-iszki.* — *JP* 62, 1982, 98-101.
11726 SAFAREWICZ, J[an]: Rusko-litewska postać niektórych nazwisk polskich. — *JP* 62, 1982, 335-336 | Cf. BL 1980, 8400.
11727 SĘKOWSKA, Elżbieta: Etymologia i dzieje kilku nazw miejscowych z rdzeniem *kras.* — *PF* 31, 1982, 127-133.
11728 SICIŃSKI, Bogdan: Repolonizacja nazw miejscowych na ziemiach zachodnich i północnych. — [11346], 217-220.
11729 *Słownik historyczno-geograficzny województwa poznańskiego w średniowieczu.* Opracowali: Stefan CHMIELEWSKI; Krystyna GÓRSKA-GOŁASKA; Jerzy LUCIŃSKI. Cz. I, zesz. 1: *A-B.* — Wrocław: Zakład im. Ossolińskich (PAN, Inst. Historii), 1982, xxvi, 168 p., map.
11730 *Słownik staropolskich nazw osobowych.* Pod red. i ze wstępem Witolda TASZYCKIEGO. Tom VI, zesz. 2: *Wojsław – Zimnowodski.* — Wrocław: Zakład im. Ossolińskich, 1982, p. 177-320 | Cf. BL 1981, 11502.
11731 SMOCZYŃSKI, Wojciech: Les noms de famille polonais d'origine lituanienne. — [176], 437-446.
11732 SMOCZYŃSKI, Wojciech: Polono-Lituanica. 1. O nazwiskach typu *Piłsudski.* — *JP* 62, 1982, 101-110.
11733 STARZEC, Anna: Toponimičeskie nazvanija osnovannye na slove *jemioła* (omela). — [176], 465-468.
11734 SPURANOWICZ, Elżbieta: Sources of inspiration for humanistic literarian pseudonyms ("pen-names"). — [176], 485-489.

11735 SZEWCZYK, Łucja: Dobrzyńskie nazwy częńci wsi z członem utożsamiającym *Rumunek* || *Rumunki*. — *AUNCHum, Filologia Polska* 18, 1981, 63-98.
11736 SZYBISTOWA, Magdalena: *Gnębon Puczymorda* – nom signifiant. — [176], 513-518.
11737 SZYMCZAK, Mieczysław: O piękno i kulturę nazw handlowych. — *PF* 31, 1982, 143-145.
11738 TREDER, Jerzy: Deutsche Elemente in der Toponymie der Kreise Puck und Wejherowo. — *OnSG* 13, 1981, 87-105.
11739 URBAŃCZYK, Stanisław: Namen altpolnischer Organisationszentren und die Typologie slawischer Ortsnamen. — [176], 579-581.
11740 WARCHOŁ, Stefan: Les formations onomastiques de Lublin avec *-icz, -owicz, -ewicz* en comparaison avec les formations appellatives. — [176], 605-612.
11741 WOLFF, Adam; RZETELSKA-FELESZKO, Ewa: *Mazowieckie nazwy terenowe do końca XVI wieku.* — Prace Mazowieckiego Ośrodka Badań Naukowych 37; Warszawa: Państwowe Wyd. Naukowe, 1982, 332 p.
11742 WOŁOWIK, Barbara: Wyrazy toponimiczne związane z podstawą *młyn*. — *ZNOp, Językoznawstwo* 8, 1981, 37-54.
11743 WOŁOWIK, Barbara: Toponimičeskie nazvanija, svjazannye s osnovoj *izba*. — [176], 627-632.
11744 WYDERKA, Bogusław: Toponimičeskie nazvanija s osnovoj *gad, wąż, żmija*. — [176], 633-637.

E. Kashubian and Pomeranian — Kachoube et Poméranien

11745 *Atlas językowy kaszubszczyzny* . . . pod kierunkiem Hanny POPOWSKIEJ-TABORSKIEJ. I-XV. — Wrocław: 1964-78 | BL 1978, 9060. | *PrJG* 7, 1981 (1982), 147-150 E. Breza.
11746 HINZE, F.: Der urslawische Anteil am pomoranischen Wortschatz. Urslawische Lexik des Pomoranischen, die nicht im Polnischen bezeugt ist. — *ZSl* 27, 1982, 342-355.
11747 IWICKI, Witold: Słowińskie nazwy geograficzne z sufiksami *-ice, -ewice, -owice*. — *PrJG* 7, 1981 (1982), 41-45.
11748 MAJOWA, Jadwiga: Kaszubskie nazwy kuźni. — *PrJG* 7, 1981 (1982), 91-96.
11749 POPOWSKA-TABORSKA, Hanna: *Kaszubszczyzna. Zarys dziejów.* — Warszawa: 1980 | BL 1980, 10332. | *JP* 62, 1982, 42-44 E. Rzetelska-Feleszko | *PJ* 1982 (1983), 424-425 S. Dubisz | *RG* 42, 1982/2 (1983), 209-211 H. Górnowicz.
11750 SYCHTA, Bernard: *Słownictwo kociewskie na tle kultury ludowej.* Tom I; II. — Wrocław: 1980 | BL 1980, 10126. | *SlOc* 39, 1982, 188-190 E. Breza (vol. I) | *PrJG* 7, 1981 (1982), 161-167 B. Szczepińska (vol. I).
TOPOLIŃSKA, Z.: *Opisy fonologiczne pol. punktów "Ogólnosłowiańskiego atlasu językowego"* . . . — 11520.
TREDER, J.: O wpływie słownika Ramułta na "Wiatr od morza" Żeromskiego. — 11625.

F. Polabian — Polabe

11751 SCHLIMPERT, Gerhard: Zu dem in altpolabischen und altsorbischen Personennamen enthaltenen appellativischen Wortschatz. — [176], 365-371.

G. Sorb — Sorabe

11752 BIELFELDT, H.H.: Sorbisch-deutsche Lehnwortforschung 50 Jahre später. — *ZSl* 27, 1982, 13-19.
11753 BIELFELDT, H.H.: Onomatopoetika im Sorbischen und Deutschen. — *ZSl* 27, 1982, 323-331.
  BIELFELDT, H.H.: Arnošt Muka als Etymologe. — 690.
11754 EICHLER, Ernst: Die geographische Terminologie in der altsorbischen Toponymie (unter besonderer Berücksichtigung der westslawisch-südslawischen Sprachbeziehungen). — *OnJug* 10, 1982, 301-305.
11755 ERMAKOVA, M.I.: Serbolužickaja dialektnaja morfologija v trudach sorabistov GDR. — *OLA* 1980 (1982), 294-349.
11756 FASSKE, Helmut: Serbska spisowna rěč a komunikaciske sfery jeje wuživanja (Pospyt kwalitatiwneje a kwantitatiwneje charakteristiki). — [143], 29-41.
  GANSLEWEIT, K.-D.: Flurnamen . . . in der nordöstlichen Niederlausitz. — 8468.
11757 HEY, Gustav [1847-1916]: *Die slavischen Siedlungen im Königreich Sachsen mit Erklärung ihrer Namen*. Mit Nachwort und ergänzendem Verzeichnis zu den Ortsnamen von Ernst EICHLER. — Slavistische Forschungen 35; Köln: Böhlau, 1981, 335 (+ 16) p. | Repr. of the first ed., Dresden 1893. | *BNF* 17, 1982, 475-476 J. Udolph | *CASS* 16, 1982, 515-517 G. Schaarschmidt.
11758 *Die Kölner niedersorbische Liederhandschrift* . . . hrsg. von Reinhold OLESCH. — Köln: 1977 | BL 1977, 11607. | *SlOc* 39, 1982, 219-220 J. Strzelczyk.
11759 KUNZE, P.: Die Bedeutung der Oberlausitzischen Gesellschaft der Wissenschaften für die Entwicklung der Sorabistik: 1789-1847. — *ZSl* 27, 1982, 88-98.
11760 MATTHAEI, Georg: *Wendische Grammatica*, Budissin 1721. Hrsg. von Reinhold OLESCH. — Slavistische Forschungen 31; Köln: Böhlau, 1981, xix, 272 p. | *WSlJb* 28, 1982, 182-183 J. Vintr.
11761 MĚTŠK, Frido: *Studien zur Geschichte sorbisch-deutscher Kulturbeziehungen*. [Hrsg. anlässlich des 65. Geburtstages des Autors von Peter KUNZE und Jan SOLTA]. — Schriftenreihe des Inst. für sorbische Volksforschung in Bautzen 55; Bautzen: Domowina, 1981, 258 p., 3 maps | Coll. of previously published papers.
11762 MICHALK, F.: O častotnosti i distribucii "opredelënnogo artiklja" v serbolužicko-nemeckom jazykovom kontakte. — *MJ* 31, 1980, 77-84.
11763 MUDRA, Jiří; PETR, Jan: *Učebnice lužické srbštiny*. I; II. — Praha: Stát. pedag. nakl., 1982, 164; 142 p. | Lehrbuch des Sorbischen.
  SCHLIMPERT, G.: Zu dem in altpolabischen und altsorbischen Personennamen enthaltenen . . . Wortschatz. — 11751.
11764 SCHUSTER-ŠEWC, H.: *Historisch-etymologisches Wörterbuch der ober- und niedersorbischen Sprache*. 10: kružić – lhać. — Bautzen: Domowina, 1982, p. 689-768 | Cf. BL 1981, 11537.
11765 *Sorbischer Sprachatlas*. 8: Terminologie der Sachgebiete Verwandtschaft, Berufe und Gesellschaft, bearbeitet von H. FASSKE, H. JENTSCH und S. MICHALK. / *Serbski rěčny atlas*. 8. — Bautzen: Domowina, 1982, 231 p., 98 maps | Cf. BL 1979, 9965-6.
11766 STASZEWSKI, Jerzy: Rodzaje czynności w zakresie górnołużyckich czasowników ruchu a typy rzeczowników odczasownikowych. — *SlOc* 39, 1982, 119-134 | Aspects of Upper Sorbian verbs of motion and the types of derived verbal nouns (E. summ.).

SLAVE ORIENTAL   11767-11786

11767 STEDJE, Astrid: On Sorbian, the language, and Sorbians, the people. — *MSpråk* 75, 1981, 63-64.
11768 TROFIMOVIČ, K.K.: Social'no-ėkonomičeskie uslovija razvitija i funkcionirovanija literaturnogo jazyka nebol'šoj socialističeskoj narodnosti. — *UZTarU* 579, 1981 (*Trudy po ru. i sl. fil.*), 3-19.
11769 WENZEL, Walter: Deappellativische sorbische Personennamen ohne Entsprechungen im niedersorbischen und obersorbischen Wortschatz. — *OnSG* 13, 1981, 131-143.

IV. East Slavic — Slave oriental

A. General — Généralités

11770 AGEEVA, R.A.; MIKLJAEV, A.M.: Toponimy s *-lja, -l'* na Severo-Zapade SSSR i problema vostočnoslavjanskogo rasselenija. — [11789], 30-54.
11771 ANIČĖNKA, U.V.: Vučėnne A.A. Patabni pra hramatyčnyja katėhoryi dzejaslova i ich užyvanne va ŭschodneslavjanskich movach. — *BMov* 10, 1982, 71-79.
11772 BACHTURINA, R.V.: K voprosu o rannich vostočnoslavjanskich perevodach s pol'skogo. — [11813], 75-92.
11773 BONDALETOV, V.D.: Grečeskie zaimstvovanija v russkich, ukrainskich, belorusskich i pol'skich argo (K probleme genezisa i kontaktirovanija social'nych dialektov slavjanskich jazykov). — *Ėtimologija* 1980 (1982), 64-79.
11774 BORKOVSKIJ, V.I.: *Sintaksis skazok: russko-belorusskie paralleli.* — Moskva: "Nauka", 1981, 236 p. | *IzvAN* 41, 1982, 280-281 M.G. Bulachov.
11775 BOROVS'KYJ, Ja.Je.: Bilja džerel schidnoslov'jans'koji pysemnosti. — *UMLŠ* 1982/10, 38-42, 2 fig.
11776 BRAY, R.G.A. DE: *Guide to the East Slavonic languages* . . . — Columbus, OH: 1980 | BL 1980, 10359. | *CASS* 16, 1982, 113-114 G. Schaarschmidt | *SlRev* 41, 1982, 186-187 B.J. Darden | *SR* 47, 1982, 248-250 J. Ružička.
11777 BUBLEJNYK, L.V.: Pro odyn iz typiv semantyčnych spivvidnošen' u dijeslivnij synonimici (na materiali schidnoslov'jans'kych mov). — *Mov* 1981/5, 35-41.
11778 BURJAČOK, A.A.: Formuvannja nazv ponjat' myru ta bezpeky u schidnoslov'jans'kych movach. — *Mov* 1982/6, 36-46.
11779 CHABURGAEV, G.A.: *Ėtnonimija "Povesti vremennych let" v svjazi s zadačami rekonstrukcii vostočnoslavjanskogo glottogeneza.* — Moskva: 1979 | BL 1980, 10360. | *SlOr* 30, 1981/3 (1983) 355-358 M. Timoszuk | Cf. 11792.
11780 HONČAROV, V.I.: Z istoriji terminiv *nevod* i *sak*. — *Mov* 1982/3, 60-63.
11781 JIŽAKEVYČ, H.P.: Osnovni tendenciji rozvytku ta vzajemodiji leksyčnych system sučasnych schidnoslov'jans'kych mov. — *Mov* 1982/6, 20-27.
11782 JUNALEJEVA, R.A.: Pro tjurkizmy nazvy odjahu u schidnoslov'jans'kych movach. — *Mov* 1982/4, 50-57.
11783 KOČERHAN, M.P.: *Slovo i kontekst (leksyčna spolučuvanist' i značennja slova).* — L'viv: "Vyšča škola", 1980, 183 p. | *Mov* 1981/4, 91-94 O. Taranenko.
11784 KONONENKO, V.I.: Zakonomirnosti vnutrišn'ostrukturnoho rozvytku schidnoslov'jans'kich mov u period rozvynutoho socializmu. — *Mov* 1982/6, 28-35.
11785 LEMCJUHOVA, V.P.: Nazvy typaŭ paseliščaŭ u skladze ŭschodneslavjanskaj ajkanimii. — *VANB* 1982/1, 101-108.
11786 PAN'KO, T.I.: Spil'na osnova politekonomičnoji terminolohiji rosijs'koji, ukrajins'koji ta bilorus'koji mov. — *Mov* 1982/5, 3-11.

11787 PANZER, Baldur: Genetische und stratalinguistische Faktoren in der Entstehung der ostslavischen Schriftsprachen. — [152], 321-337, map.
11788 *Problemy sopostavitel'noj stilistiki vostočnoslavjanskich jazykov.* [Red.: V.I. KONONENKO, et al.]. — Kiev: 1981 | BL 1981, 11563. | *VJa* 1982/6, 144-147 A.A. Lukašanec; A.E. Michnevič.
11789 *Problemy vostočnoslavjanskoj toponimii.* [Red.: O.A. KIBAL'ČIČ, N.V. ALISOV, et al.]. — Moskva: Moskovskij filial Geogr. obščestva SSSR, 1979, 152 p. | R.A. AGEEVA, E.M. POSPELOV, Zadači izučenija vostočnoslavjanskoj toponimii, 3-5.
11790 ROT, A.M.: *Vengersko-vostočnoslavjanskie jazykovye kontakty.* — Budapest: 1973 | BL 1973, 11208. | *SSlav* 27, 1981 (1982), 319-324 P. Lieli.
11791 *Schidnoslov'jans'ki hramatyky, XVI-XVII st.: materialy sympoziumu.* [Red.: I.P. ČEPIHA, K.S. SYMONOVA, et al.]. — Kyjiv: "Naukova dumka", 1982, 178 p. | Coll. of some 40 papers, inter alia: V.V. NIMČUK, Osnovopoložne značennja "Hramatyky" M. Smotryc'koho u vitčyznjanomu movoznavstvi, 6-20.
11792 SHEVELOV, George Y.: Meždu praslavjanskim i russkim. — *RLing* 6/3, 1982, 353-376 | Rev. art. on No. 11779 and No. 12111.
11793 STANKIEWICZ, Edward: The counted plurals of the East Slavic languages. — *IJSLP* 24, 1981 (1982), 49-58.
11794 SYMONOVA, K.S.: Pytal'ny častky v davn'orus'kij ta staroukrajins'kij movach. — *Mov* 1982/1, 33-41.
11795 ZATOVKAŇUK, Mikoláš: K otázce určenosti/neurčenosti z hlediska konfrontačního (na materiálu východoslovanských jazyků). — *Slavia* 51, 1982, 113-120 | Definiteness/indefiniteness from a confrontational point of view (East Sl. languages).

B. Russian — Russe

0. BIBLIOGRAPHY AND GENERAL — BIBLIOGRAPHIE ET GÉNÉRALITÉS

11796 *Bibliografija čechoslovackoj rusistiki 1971-1980.* Pjatyj Meždunarodnyj kongress prepodavatelej russkogo jazyka i literatury, Praga 1982. Otvetstvennyj red.: Vsevolod SATO. Sostaviteli: Milan BALCAR, Marie NOVÁKOVÁ, Radko PURM, Milena TYLOVA . . . [et al.]. — Praha: Stát. pedag. nakl., 1982, 503 p. | *RJ* 33, 1982-83, 45-46 M. Balcar.
11797 BREUILLARD, J.: L'étude des unités superphrastiques et du texte lié en U.R.S.S. Aperçu bibliographique. — [116], 121-136.
11798 KILBY, David: Russian studies: language. — *YWMLS* 43, 1981 (1982), 1082-1090.

Aspekty semantičeskich issledovanij. — 1343.
11799 BALÁŽ, G.; KUČEROVÁ, E.; SOTÁK, M.: Slovackaja lingvističeskaja rusistika v semidesjatye gody. — *Ruštinar* 17, 1982/6, 9-13.
11800 [BARSOV, A.A.]: *The comprehensive Russian grammar of A.A. Barsov . . .* Critical ed. by Lawrence W. NEWMAN. — Columbus, Ohio: 1980 | BL 1980, 10380. | *Lg* 58, 1982, 249 B. Comrie.
11801 BEZDĚK, J.; MAKSIMOVIČOVÁ, S.; HUCL, V.: Russkij jazyk v SĖV. — [125], 44-47 | SĖV = Sovet Ėkonomičeskoj Vzaimopomošči.
11802 BALUNIN, Lev L.; STOEVA, Totka M.; ČERVENKOVA, Irina V.: *Voprosy sopostavitel'nogo opisanija russkogo i bolgarskogo jazykov. Fonetika i leksika.* — Sofija: Nauka i izkustvo, 1982, 184 p.

RUSSE

11803 COMRIE, Bernard: Russian. — [365], 91-151 | 1. The structure of Ru., 2. Ru.: language and society.
11804 *Dialektnaja leksika*, 1979. [Red.: F.P. SOROKOLETOV; F.P. FILIN]. — Leningrad: "Nauka", 1982, 174 p.
11805 *Dinamika struktury sovremennogo russkogo jazyka.* [Red.: V.V. KOLESOV]. — Leningrad: Izd. LGU, 1982, 136 p. | 7 chapters, inter alia: Sociolingvističeskie aspekty izmenenija sovremennogo russkogo jazyka, 7-22; Funkcionirovanie zvukovoj sistemy literaturnogo russkogo jazyka v sovremennych uslovijach, 22-51; Tendencii razvitija russkogo udarenija i grammatičeskaja forma slova, 61-76; Razvitie sintaksičeskich konstrukcij v sovremennom russkom literaturnom jazyke, 85-121. Authors: G.N. AKIMOVA, S.I. BOGDANOV, L.V. BONDARKO, et al.
11806 DOROTJAKOVÁ, Viktória: Starostlivosť o jazykovú kultúru v časopise Russkaja reč. — *KS* 16, 1982, 110-114.
FILIN, P.F.: *Očerki po teorii jazykoznanija.* — 1066.
11807 *Funkcionirovanie russkogo jazyka v blizkorodstvennom jazykovom okruženii.* [Otv. red.: G.P. IŽAKEVIČ]. — Kiev: "Naukova dumka", 1981, 344 p. | *VJa* 1982/6, 144-147 A.A. Lukašanec; A.E. Michnevič | *Mov* 1982/6, 70-72 N. Mychajlovs'ka.
11808 GARDE, Paul: *Grammaire russe.* I: *Phonologie — Morphologie.* — Paris: 1980 | BL 1980, 10386. | *BSL* 76, 1981/2 (1982), 225-228 J. Veyrenc | *CASS* 16, 1982, 120-121 P. Mayo | *RLing* 7/1, 1982, 47-62 Lj. Djurovič | Cf. 11861.
11809 GECOVA, O.G.; DOLGICH, I.A.; et al.: Rusistika v Moskovskom universitete v sovetskij period. — *VMU* 1982/6, 28-44.
11810 GOLOVIN, B.N.: *Osnovy kul'tury reči.* — Mosvka: 1980 | BL 1980, 10388. | *RTP* 1982/1, 81-82 M. Hrdlička.
11811 GORBAČEVIČ, K.S.: *Variantnost' slova i jazykovaja norma . . .* — Leningrad: 1978 | BL 1978, 9151. | *KLit* 8, 1979, 151-153 M. Rammelmeyer | *PrNUŚ* 528, 1982, 214-218 E. Wojciszke.
11812 HRABĚ, V.; ZIMEK, R.; MILOSLAVSKIJ, I.: K sopostavitel'nomu izučeniju russkogo jazyka. — [125], 129-134.
11813 *Istorija russkogo jazyka: issledovanija i teksty.* [Red.: V.G. DEM'JANOV; V.F. DUBROVINA]. — Moskva: "Nauka", 1982, 405 p. | G.S. BARANKOVA, L.Ju. ASTACHINA, Publikacii i opisanija russkich rukopisej za rubežom s 1971 po 1975 g. (Bibliografičeskij obzor), 384-402.
11814 *Istorija russkogo jazyka: pamjatniki XI-XVIII vv.* [Red.: S.I. KOTKOV; N.P. PANKRATOVA]. — Moskva: "Nauka", 1982, 358 p.
11815 IVANOV, V.V.; MICHAJLOVSKAJA, N.G.: Russkij jazyk kak sredstvo mežnacional'nogo obščenija: aktual'nye aspekty i problemy. — *VJa* 1982/6, 3-13.
11816 JIŽAKEVYČ, H.P.: Kul'tura rosijs'koho movlennja na Ukrajini (teoretyčni i praktyčni problemy). — *Mov* 1982/2, 3-10.
11817 KRASIL'NIKOVA, E.V.: O sootnošenii jazykovych urovnej v sisteme russkoj razgovornoj reči. — *PSL* 1980 (1982), 37-49.
11818 *Kratkija pravila rossijskoj grammatiki*, Moskva 1773. Nachdruck nebst einer Aufsatzstudie von Michail SCHÜTRUMPF. — Specimina philologiae Slavicae 41; München: Sagner, 1982, [5], xiii, 105 p.
11819 KRUČININA, I.N.; LOPATIN, V.V.: Zametki o pražskoj "Russkoj grammatike". — *VJa* 1982/2, 122-134 | On No. 11831.
KUL'MAN, N.: *Iz istorii russkoj grammatiki . . .* — 1917.
11820 *Leksika i frazeologija russkich govorov Sibiri.* [Red.: A.I. FEDOROV, et al.]. — Novosibirsk: "Nauka", Sibirskoe otdelenie, 1982, 144 p.

11821 *Literaturnaja norma i variantnost'*. [Red.: L.I. SKVORCOV, et al.]. — Moskva: "Nauka", 1981, 271 p.
11822 LÖNNQVIST, Barbara: The study of Russian impromptu speech in Soviet linguistics. — [346], 341-353.
11823 MRÁZEK, R.: Po povodu konkretnogo ispol'zovanija motivacii pri obučenii russkomu jazyku. — [125], 261-264.
11824 *Onomastika i grammatika*. [Red.: L.P. KALAKUCKAJA]. — Moskva: "Nauka", 1981, 273 p.
11825 PÁLENÍKOVÁ, Eva: Iz istorii izučenija russkogo jazyka v Čechoslovakii (1945-1980 gg.). — *RJ* 32, 1981-82, 433-437.
11826 PÁLENÍKOVÁ, E.; ROHAL', M.; SOTÁK, M.: Rol' i značenie russkogo jazyka v ČSSR. — *Prepodavanie russkogo jazyka v ČSSR* (Bratislava: 1982), 7-14.
11827 PAPP Ferenc: *Könyv az orosz nyelvről*. — Budapest: 1979 | BL 1981, 11593. | *SSlav* 27, 1981 (1982), 303-307 I. Nyomárkay.
11828 POPOV, R.N.; VAL'KOVA, D.P.; MALOVICKIJ, L.Ja.; FEDOROV, A.K.: *Sovremennyj russkij jazyk*. — Moskva: "Prosveščenie", 1978, 463 p. | *RJ* 32, 1981-82, 334-336 M. Dlouhý; J. Kout.
11829 RODDE, Jacob: *Russische Sprachlehre:* Ausgabe Riga 1773. Nachdruck besorgt von Gerd FREIDHOF und Bernd SCHOLZ. — Specimina philologiae Slavicae 38; München: Sagner, 1982, 249 p.
11830 *Die russische Sprache der Gegenwart*. Hrsg. . . . von Kurt GABKA. Band 1; 2; 3; 4. — Leipzig: 1974; 1975; 1976; 1978 | BL 1974, 9876; 1975, 10318; 1976, 10783; 1978, 9169. | *SEEJ* 26, 1982, 496-498 G. Schaarschmidt.
11831 *Russkaja grammatika*. I; II. Zpracovali: Vilma BARNETOVÁ, Helena BĚLIČOVÁ-KŘÍŽKOVÁ . . . [et al.]. — Praha: 1979 | BL 1979, 10015. | *ČRus* 27, 1982, 74-86 V. Hrabě, K. Horálek, J. Jiráček, S. Žaža; ibid. 168-175 P. Adamec, M. Kubík | *ZSl* 27, 1982, 302-307 V.D. Klimonov; 307-313 W. Gladrow | *BSL* 76, 1981/2 (1982), 228-232 J. Veyrenc | *Mov* 1982/6, 74-76 J. Anderš; V. Rusanivs'kyj | *RLing* 7/1, 1982, 63-72 T. Pettersson | Cf. 11819.
11832 *Russkaja grammatika*. Tom I; II. [Red.: N.Ju. ŠVEDOVA, et al.]. — Moskva: 1980 | BL 1980, 10403-4. | *VJa* 1982/2, 135-139 V.N. Jarceva | *ZSl* 27, 1982, 313-321 W. Duda; M. Frenzel; et al. (On vol. I) | *SCL* 33, 1982, 183-185 V. Vascenco | *SlOr* 31, 1982 (1983), 217-223 S. Grzybowski | *SlRev* 41, 1982, 187-190 F.Y. Gladney | *RLing* 7/1, 1982, 25-29 R. Zett; 29-33 J. Raecke; 33-46 W. Lehfeldt.
11833 *Russkij jazyk: ènciklopedija*. Glavnyj red.: F.P. FILIN . . . — Moskva: 1979 | BL 1980, 10407. | *Mov* 1981/1, 84-86 H. Jižakevyč; V. Kononenko | *SW* 23 (AUW 610), 1982, 145-147 M. Sarnowski.
11834 *Russkoe i slavjanskoe jazykoznanie v Rossii serediny XVIII-XIX vv.* . . . [Red.: P.A. DMITRIEV]. — Leningrad: 1980 | BL 1980, 10408. | *Mov* 1981/5, 84-87 M. Žovtobrjuch.
11835 SKVORCOV, L.I.: *Teoretičeskie osnovy kul'tury reči*. — Mosvka: 1980 | BL 1980, 10411. | *BE* 31, 1981, 86-89 L. Manolova | *IzvAN* 41, 1982, 188-191 Ju.A. Bel'čikov.
11836 SKVORCOV, L.I.: *Pravil'no li my govorim po russki?* — Moskva: 1980 | BL 1981, 11600. | *RTP* 1982/1, 78-80 Z. Trösterová.
SOTÁK, M.: *Kapitoly zo slovensko-ru. jazykových kontaktov*. — 11115.
11837 *Studie rusistické*. III. Red.: Josef KRAJC. — SPFB 75, řada jazyková a literární 14; Brno: Univ. J.E. Purkyně, 1982, 162 p.
11838 ZEMSKAJA, E.A.: *Russkaja razgovornaja reč': lingvističeskij analiz i problemy*

RUSSE 11839-11858

obučenija. — Moskva: 1979 | BL 1981, 11607. | *NŘ* 65, 1979, 152-157 M. Rulfová.
11839 Živov, V.M.: Margaretiana renovata. Nekotorye ispravlenija i dopolnenija k stat'e D.S. Vorta "The French Captain's Russian". — *RLing* 6/3, 1982, 335-351 | Additions to Dean S. WORTH (BL 1981, 11606).

I. PHONETICS AND PHONOLOGY — PHONÉTIQUE ET PHONOLOGIE

11840 ARDENTOV, B.P.: *Fonologija sovremennogo russkogo literaturnogo jazyka.* — Kišinev: 1979 | BL 1979, 10032. | *SFFBU*, A 30, 1982, 169-170 L. Klosová.
11841 BALDWIN, John R.: *A formal analysis of the intonation of modern colloquial Russian.* — Hamburg: 1979 | BL 1979, 10034. | *Phonetica* 39, 1982, 159-160 J. Kelly.
11842 BOLLA, Kálmán: *A conspectus of Russian speech sounds...* — Budapest: 1981 | BL 1981, 11609. | *NyK* 84, 1982, 294-297 Szende Tamás | *SCL* 33, 1982, 91-93 A. Nicolescu | *ČRus* 27, 1982, 179-182 Č. Nováček.
11843 BYČKOVA, O.I.: Intonacionnoe svoeobrazie rasskaza A.P. Čechova "Krest". — *NDVŠ-F* 1982/3, 81-83.
11844 DEM'JANOV, V.G.: Iz nabljudenij nad peredačej nemeckich toponimov v vestjach-kurantach 1600-1639 gg. — [11814], 158-169.
11845 DEM'JANOV, V.G.: Processy grafemno-fonetičeskoj adaptacii v oblasti vokalizma leksiki, zaimstvovannoj iz nemeckogo jazyka (po dannym "Vestej-Kurantov 1600-1639 gg."). — [11813], 92-115.
11846 DURIN, J.: Le jokanié – phonétique, phonologie. — [116], 213-222.
11847 FACCANI, Remo: O rečevoj maske Sljunjaja. — *RLing* 6/2, 1982, 251-254.
11848 FLIER, Michael S.: The Russian sharped geminate palatals in functional perspective. — *RLing* 6/2, 1982, 277-291 | Reply to Nils B. THELIN (BL 1981, 11636).
11849 FORMAN, Miloslav: Člen jako součást hláskové struktury slov přejatých ruštinou z cizích jazyků. — *RJ* 33, 1982-83, 98-102 | The article as a component of the inventory of sounds in Ru. loan-words.
11850 FOUGERON, Irina: De l'accentuation dans la phrase. — [116], 201-212.
11851 GASPAROV, B.[M.]: On sentence prosody change in contemporary Russian. — *Estonian Papers in Phonetics* (Tallinn) 1978, 27-30 | *RLing* 7/1, 1982, 79 L'. Ďurovič.
11852 GRÉCIET, F.: Les bases méthodologiques de la description de l'intonation russe dans la linguistique soviétique récente. — [116], 193-199.
11853 HOLDEN, Kyril T.: Borrowing and the perception of English vowels in Russian. — *CJL* 27, 1982, 135-149, 11 fig.
11854 KIPARSKY, Valentin: *Russian historical grammar.* Vol. I: *The development of the sound system.* — Ann Arbor: 1979 | BL 1979, 10050. | *CASS* 15, 1981, 554-555 C.E. Gribble.
11855 KOLESOV, V.V.: *Istoričeskaja fonetika russkogo jazyka.* — Moskva: 1980 | BL 1980, 10437. | *SlOr* 31, 1982 (1983), 214-217 E. Zazowska.
11856 KOLESOV, V.V.: *Vvedenie v istoričeskuju fonologiju.* Učebnoe posobie. — Leningrad: LGU, 1982, 120 p.
11857 KOTKOVA, N.S.: Iz nabljudenij nad peredačej glasnych pervogo predudarnogo sloga v kurskich tamožennych knigach XVII v. — [11814], 221-231.
11858 KUROCHTINA, G.N.: Nekotorye zakonomernosti rasstanovki udarenija v russkich inicial'nych abbreviaturach. — *VMU* 1982/3, 41-50.

11859-11878 **RUSSIAN**

11859 KUZNECOVA, L.N.: Varianty dialektnogo proiznošenija v sceničeskoj reči. — [11821], 192-215.
11860 LAPIDUS, I.Ja.: K istorii akcentuacii imeni suščestvitel'nogo v russkom jazyke. — *UZTarU* 579, 1981 (*Trudy po ru. i sl. fil.*), 81-91.
11861 LEHFELDT, Werner: Zur Behandlung des Flexionsakzents in der *Grammaire russe* von Paul Garde. — *WSlav* 27, 1982, 321-332 | Cf. 11808.
11862 MACHROVA, Tamara: Osobenosti na ruskata i bălgarskata intonacija v zavisimost ot smislovata struktura na izrečenieto. — *SEz* 7, 1982/3, 9-15.
11863 MIKESKOVÁ, D.: Češsko-russkaja interferencija v oblasti intonacii. — [125], 240-244.
        MIŠEVA, A.: Akcentno-ritmičnite edinici v bălg. i ru. ezik. — 10058.
11864 MITROFANOVÁ, Milena: Výslovnostní norma a její vývoj v ruském jazyce. — *JazA* 19, 1982, 57-58 | Sprechnorm und ihre Entwicklung im Ru.
11865 NOVÁČEK, Čestmír: K akustické struktuře ruského přízvučného vokalismu. — *SlavOl* 4, 1982, 19-30 | On the acoustic structure of stressed vowels in Ru. (Ru. summ.).
11866 PILCH, Herbert: Der phonologische Bau des russischen Wortes. Ein Alternativmodell für die heutige Umgangssprache. — [302], 497-511.
11867 POPOV, M.B.: Problemy istoričeskoj morfonologii i padenie reducirovannych glasnych. — *VLU* 1982/14, 84-91.
11868 PROKOPOVA, L.I.; TOC'KA, N.I.; CIPCJURA, L.F.: Linhvistyčni peredumovy fonetyčnoji interferenciji pry vzajemodiji blyz'kosporidnenych mov (na materiali rosijs'koji ta ukrajins'koji mov). — *Mov* 1981/2, 42-48.
11869 ROMPORTL, Milan: Sopostavlenie melodiki predloženija v russkom i češskom jazykach. — [125], 322-326.
11870 SAVINSKIJ, V.G.: O "temporal'noj figure" sintagmy. — *VMU* 1982/3, 66-69.
        SCHUYT, R.: Soft consonants – a comparison between Ru., Bulg. and Rum. — 7611.
11871 SMIRNOVA, G.A.: Osobennosti fonologičeskoj i morfologičeskoj struktury nesklonjaemych suščestvitel'nych. I. — *PSL* 1980 (1982), 157-173.
11872 STRAKOVÁ, V.: Obučenie russkomu udareniju i grafičeskie sredstva. — [125], 364-365.
11873 SVETOZAROVA, N.D.: *Intonacionnaja sistema russkogo jazyka*. — Leningrad: Izd. LGU, 1982, 175 p.
11874 TOČEVA, Ekaterina: Văprosi na intonacionnoto oformlenie na rečta. — *RZE* 10, 1982/4-5, 75-81 | Ru. examples.
11875 VEČERKA, Radoslav: Ruskocírkevněslovanské *št*. — *SFFBU*, A 30, 1982, 55-60 | Ru.-Church Sl. *št* (Ru. summ.).
11876 VORONCOVA, V.L.: *Russkoe literaturnoe udarenie XVIII-XX vv.* . . . — Moskva: 1979 | BL 1979, 10070. | *ČRus* 27, 1982, 184-186 V. Straková.
11877 VORONCOVA, V.L.: Ob akcentnoj specifike sobstvennych imen. — [11824], 189-195.

2. GRAMMAR — GRAMMAIRE

2.0. *General — Généralités*

11878 BAUDER, A.Ja.: *Časti reči: strukturno-semantičeskie klassy slov v sovremennom russkom jazyke*. — Tallin: "Valgus", 1982, 184 p. | *KjK* 26, 1983, 323-325 A. Õim.

11879 BOGUSLAVSKIJ, I.M.: Otricanie i protivopostavlenie. — *PSL* 1980 (1982), 63-76.
DULEWICZOWA, I.: Czasowniki *być* i *mieć* w języku pol. i rosyjskim. — 11382.
11880 DŽEMAKULOVA, Ė.M.: O strukturnoj sootnositel'nosti pristavočnogo derivata i predložnogo sočetanija. — *UZTarU* 537, 1980 (*Vopr. ru. aspektologii* 5), 25-38.
11881 GRAUDINA, L.K.: *Voprosy normalizacii russkogo jazyka* ... — Moskva: 1980 | BL 1980, 10469. | *VJa* 1982/4, 132-134 Ju.A. Bel'čikov.
11882 GRAUDINA, L.K.: K istorii normalizacii variantov v grammatikach (nač. XX v. — 60-e gody). — [11821], 39-69.
11883 HILL, Steven P.: *The* n-*factor and Russian prepositions* ... — The Hague: 1977 | BL 1977, 11696. | *SlRev* 39, 1980, 163-164 D.S. Worth.
HOUGAARD, Chr.: Dan. versus Ru. ... — 9478.
11884 LUŠČAJ, V.V.: Polifunkcional'ni slovoformy jak členy rečennja i jak komponenty slovospolučennja (na materiali rosijs'koji movy). — *Mov* 1981/6, 10-14.
11885 LUKIN, M.F.: Perechod častej reči ili ich substitucija? — *NDVŠ-F* 1982/2, 78-80.
11886 MASLOV, Jurij S.: Functional completeness and morphological regularity of the aspectual paradigm. — [309], 103-106.
11887 MATEŠIĆ, Josip: Zur Kategorie des Genus der Substantive im System der russischen Gegenwartssprache. — [263], 159-171.
11888 MEL'ČUK, Igor': Lično-količestvennye ("sobiratel'nye") čislitel'nye v russkom jazyke. — *RLing* 6/3, 1982, 307-334.
11889 PAVLOVA, Rumjana: Sopostavitel'nye issledovanija v oblasti grammatiki russkogo i bolgarskogo jazykov. — *RZE* 10, 1982/6, 12-14.
11890 ROGOŽNIKOVA, R.P.: Varianty služebnych slov v sovremennom russkom jazyke. — [11821], 86-98.
RUE, H.: A way of treating verbal prefigation in a Ru.-Dan. machine transl. system. — 3478.
11891 SOKOŁOWSKI, J.: *Negatywa we współczesnym języku rosyjskim (Studium semantyczne)*. — AUW 566, Studia linguistica 7; Warszawa & Wrocław: Państwowe Wyd. Naukowe, 1982, 116 p. | Negatives in present-day Ru.: a semantic study (E. & Ru. summ.).
ŠVAČKO, S.A.: *Jazykovye sredstva vyraženija količestva* ... — 1334.
11892 SVETLÍK, J.; BALÁŽ, G.: K voprosam sopostavitel'nogo izučenija grammatičeskogo stroja russkogo i slovackogo jazykov. — [125], 327-331.
11893 ZENENKO, G.P.: Los paradigmas de los pronombres personales en ruso y español. — *RSEL* 11, 1981, 161-173.

2.1. *Morphology and word-formation — Morphologie et formation des mots*

11894 ALEKSEEVA, Ė.V.: Imena sobiratel'nye v sovremennom russkom jazyke. — *NDVŠ-F* 1982/3, 37-39.
11895 AL'TMAN, I.V.: Otglagol'nye gnezda: tipologija i semantika. II. — *PSL* 1980 (1982), 148-157 | Cf. BL 1981, 11659.
11896 ANDREEVA-VASINA, N.I.: Iz nabljudenij nad pristavočnym slovoobrazovaniem glagolov v severnych skazkach. — *DialL* 1979 (1982), 119-135.
11897 AZARCH, Ju.S.: K istorii kategorii oduševlennosti/neoduševlennosti v russkom jazyke. 1. Izmenenija v slovoobrazovanii suščestvitel'nych mužskogo roda s suffiksami ličnosti/neličnosti. — *OLA* 1980 (1982), 151-176.
11898 AZARCH, Ju.S.: O grammatičeskich i lingvogeografičeskich različijach imen naricatel'nych i sobstvennych s omonimičnymi suffiksami. — [11824], 5-29.

11899 BERANOVÁ, E.: Sopostavlenie stroenija russkich i slovackich proizvodnych slov. — [125], 48-52.
11900 [BARTOSZEWICZ, A.] BARTOŠEVIČ, Al'bert: Tendencija k usileniju strukturnoj kompressii v slovoobrazovanii sovremennogo russkogo jazyka. — *BRus* 9, 1982/6, 35-41.
11901 BAŽENOVA, S.I.: O sostojanii akcional'noj sistemy v drevnerusskom jazyke XII-XIII vekov. — *UZTarU* 537, 1980 (*Vopr. ru. aspektologii* 5), 60-69.
11902 BAŽENOVA, S.I.: K osobenostjam rezul'tativnogo sposoba dejstvija v russkom jazyke XII-XVII vv. — *UZTarU* 579, 1981 (*Trudy po ru. i sl. fil.*), 125-136.
11903 BEZRUK, L.P.: Katehorija čysla rečovynnych imennykiv v aspekti semantyky. — *Mov* 1982/4, 33-36.
11904 BOGDANOVA, Sybka: O produktivnosti v slovoobrazovanii (na primere agentivnych suščestvitel'nych s suffiksom *-tel'*) v russkom literaturnom jazyke. — *BRus* 9, 1982/4, 23-31.
11905 BRANDNER, Aleš: K konsonantičeskim sočetanijam s plavnymi v finaljach russkoj substantivnoj paradigmy. — *SFFBU*, A 30, 1982, 91-97 | Cz. summ.
11906 BUKČINA, B.Z.: Ob obrazovanijach tipa *Gruzija-fil'm, Tula-ugol'* i pod. — [11824], 41-54.
11907 ČABALA, Michal: Z konfrontačného štúdia ruštiny a slovenčiny. Tvary 1. sg. muž. rodu s koncovkou *-u*. — *Ruštinár* 7, 1982/8, 6-11.
11908 ČANTURIŠVILI, D.S.: Sistema padežej, dominacija padežnych sistem i distribucija vinitel'nogo padeža v russkom jazyke (s tipologičeskimi ėkskursami v gruzinskij jazyk). — *VJa* 1982/1, 87-96.
11909 ČAPAEVA, L.G.: Formirovanie pokazatelja množestvennosti v sklonenii neličnych mestoimenij (na materiale moskovskich gramot XIV-XVI vv.). — *VMU* 1982/4, 61-66.
11910 ČEL'COVA, L.K.: Leksikografičeskie varianty form čisla. — [11821], 114-137.
11911 CHAUMONT, Pierre: Propositions relatives à la détermination des verbes russes. — [116], 137-146, dépl.
11912 COMTET, M.R.: Et pourquoi pas *russko-francuzskij sojuz*? (L'organisation des éléments dans les combinaisons adjectivales du type *franko-russkij*). — *SSlav* 27, 1981 (1982), 255-268.
11913 CORBETT, Greville G.: Gender in Russian: an account of gender specification and its relationship to declension. — *RLing* 6/2, 1982, 197-232.
11914 ČURMAEVA, N.V.: Narečija tipa *včeras', daveča, odinova* v istorii russkogo jazyka. — *OLA* 1980 (1982), 246-262.
11915 CYGANENKO, G.P.: *Sostav slova i slovoobrazovanie v russkom jazyke*. — Kiev: "Radjans'ka škola", 1978, 152 p. | *SFFBU*, A 30, 1982, 172-174 A. Brandner.
11916 DŽAMBAZOV, Petăr: Vnešnjaja derivacija russkich prefiksal'nych glagolov tret'ego produktivnogo klassa. — *TrTărnovo* 17, 1982/2, 97-128.
11917 DŽEMAKULOVA, E.: Proischoždenie russkich kumuljativnych glagolov. — *UZTarU* 579, 1981 (*Trudy po ru. i sl. fil.*), 105-124.
11918 ENČEVA, Nikolina: Semantiko-sintaktičeskoe stjaženie slovosočetanij, vyražajuščich otnošenie časti k celomu, v russkom i bolgarskom jazykach. — *BRus* 9, 1982/2, 63-68.
11919 FINEDORE, Paula Goodman: *The Russian nominal declension categories: a semantic analysis of morphological gender.* — Indiana Univ. diss., 1980, 233 p. | *DAb* 41/3, 1980, 1048-A.
11920 FLIER, Michael S.: The morphology of the Russian past active participle. — *IJSLP* 24, 1981 (1982), 79-106.

GALNAITYTĖ, E.: Tipologija kauzativnych glagolov kak sposoba dejstvija. — 9702.
11921 GINZBURG, E.L.: Kompaktnye slovoobrazovatel'nye gnezda. — *PSL* 1978 (1981), 175-198.
11922 GINZBURG, E.L.: Preobrazovanija slovoobrazovatel'nych gnezd. II. — *PSL* 1980 (1982), 133-148 | Cf. BL 1981, 11678.
11923 GOČEV, Gočo: Za okončanieto na ruskite săštestvitelni pluralia tantum v roditelen padež. — *RZE* 10, 1982/4-5, 22-27.
11924 GRAUDINA, L.K.: Sovremennaja norma sklonenija toponimov (v sočetanijach s geografičeskim terminom). — [11824], 122-145.
11925 GUSEJNOV, F.G.: O tjurkojazyčnoj osnove suffiksa *-ač* v russkom jazyke. — *SovT* 1980/6, 51-55.
11926 HAGEN, Stephen: A root morph hypothesis in Russian word formation. — *FoL* 16, 1982, 163-179.
11927 IORDANIDI, S.I.: Iz istorii form suščestvitel'nych imenitel'nogo množestvennogo na *-á* v russkom jazyke. — *OLA* 1980 (1982), 212-236 | *RLing* 7/3, 1983, 294 W. Lehfeldt.
11928 *Istoričeskaja grammatika russkogo jazyka: morfologija, glagol.* Pod red. R.I. AVANESOVA, V.V. IVANOVA. — Moskva: "Nauka", 1982, 436 p. | Chapters by V.N. BELOUSOV; V.V. IVANOV; V.B. SILINA; I.B. KUZ'MINA & E.V. NEMČENKO.
11929 JAKOBSON, Roman: Notes on the declension of pronouns in contemporary Russian. — *IJSLP* 23, 1981 (1982), 87-91.
11930 JANOVIČ, E.I.: *Narečie v istorii russkogo jazyka. Genezis i funkcionirovanie osnovnych morfologičeskich tipov proizvodnych narečij.* — Minsk: Izd. BGU, 1978, 140 p. | Corr. to BL 1980, 10501. | *BeLi* 21, 1982, 75-77 L.Ja. Malavicki.
11931 JARULLINA, T.S.: Izučenie slovoobrazovatel'nych gnezd v vuzovskom kurse sovremennogo russkogo jazyka. — *NDVŠ-F* 1982/3, 76-80.
11932 JELITTE, Herbert: *Die abstrakten Nominalbildungen im Russischen: ein Beitrag zur altrussischen Wortbildung und Wortforschung.* Teil 1: *Lexikalischer Bestand.* Teil 2: *Analyse.* — Beiträge zur Slavistik 4; Frankfurt a.M.: Lang, 1982, 280; 453 p.
11933 JIRÁČEK, Jiří: Etymologie *n*-ových internacionálních sufixů desubstantivních adjektiv v současné ruštině. — *SFFBU*, A 30, 1982, 99-102 | Etym. of intern. *n*-suffixes in contemporary Ru. desubstantival adjectives (Ru. summ.).
11934 JIRÁČEK, J.: Slovoobrazovatel'naja sinonimija otsubstantivnych prilagatel'nych (Na materiale prilagatel'nych s suffiksom *-al'n*). — [125], 184-188.
JOCHYM-KUSZLIKOWA, L.: *Metoda analizy gniazdowej w konfrontatywnych badaniach słowotwórstwa ...* — 11394.
11935 KALAKUCKAJA, L.P.: Rol' grammatičeskich variantov v slovoizmenenii antroponimii. — [11821], 69-85.
11936 KOLEVA, Ivanka: Metafora i semantičeskoe slovoobrazovanie. — *BRus* 9, 1982/2, 57-62.
11937 KOZNEVA, L.M.: Kategorija čisla imen veščestvennoj semantiki v russkom jazyke XVI-XVII vv. — *VMU* 1982/2, 53-61.
11938 KRASIL'NIKOVA, E.V.: O formal'noj strukture slova. — *PSL* 1978 (1981), 149-162.
11939 KUZ'MINA, I.B.: Nekotorye itogi istoričeskogo izučenija russkich pričastij. — *OLA* 1980 (1982), 263-274.
11940 KUZNECOVA, M.V.: Glagoly *reflexiva tantum* v istorii russkogo jazyka. — *VLU* 1982/20, 62-66.

MALÍKOVÁ, M.-O.: Zložené slová s grécko-lat. kvantitatívnymi morfémami
... — 11154.
11941 MANOWKYAN, A.X.: Řowsereni goyakani tᶜvi ev holovi orošowmə jevabanakan verlowcowtᶜyan žamanak. — *LOH* 6, 1982, 121-133 | The determination of nominal number and case in Ru. during morphological analysis.
11942 MATVJEJEVA, N.P.: Do pytannja pro funkcionuvannja prefiksiv *vz- (vzo-, vs-)* ta *voz- (vozo-, vos-)* u sučasnij rosijs'kij movi. — *Mov* 1982/3, 57-60.
11943 MERLE, Gilbert: Sémantique lexicale et formation des mots. — [116], 179-191.
11944 MILOSLAVSKIJ, I.G.: *Voprosy slovoobrazovatel'nogo sinteza.* — Moskva: 1980 | BL 1980, 10522. | *IzvAN* 41, 1982, 564-568 A.N. Tichonov.
11945 MINČEV, Todor: O semantičeskoj nedifferencirovannosti morfemnych èlementov v blizkorodstvennych jazykach (na primere prilagatel'nych na *-ičnyj, -ičeskij* v russkom i *-ičen, -ičeski* v bolgarskom jazykach, v obščetechničeskoj literature). — *BRus* 9, 1982/4, 32-39.
11946 MIS'KEVIČ, G.I.: Iz nabljudenij nad slovoobrazovatel'nymi variantami. — [11821], 99-114.
11947 MITEV, Damjan: Slovoobrazovatel'naja struktura prilagatel'nych s suffiksami *-at-, -čat-, -ovat-, -ast-* v russkom jazyke v sopostavlenii s bolgarskim. — *BRus* 9, 1982/1, 43-55.
11948 MITEVA, Cenka: Kategorijata čislo na săštestvitelnite imena v ruski ezik. — *RZE* 10, 1982/1, 24-30.
11949 MOROZOVA, T.S.: Struktura slovoobrazovatel'nych paradigm i stupenčatyj charakter russkogo slovoobrazovanija. — *PSL* 1978 (1981), 162-174.
11950 NIZAMETDINOVA, N.Ch.: Morfemnoe stroenie složnych slov starorusskogo jazyka XVI v. — *NDVŠ-F* 1982/5, 78-82.
11951 OHNHEISER, Ingeborg: *Wortbildung und Synonymie: Untersuchung zur nominalen Wortbildungssynonymie in der russischen Gegenwartssprache.* — Leipzig: 1979 | BL 1979, 10508. | *SFFBU*, A 30, 1982, 174-176 J. Šturala.
11952 [PIHLAK, A.] PICHLAK, A.I.: Otraženie značenij pristavočnych sposobov dejstvija v russko-èstonskich slovarjach. — *UZTarU* 537, 1980 (*Vopr. ru. aspektologii* 5), 70-99.
11953 POLTERAUER, Ilona: *Die Deminutiva in der modernen russischen Schriftsprache.* — Dissertationen der Univ. Wien 148; Wien: Verband der wissenschaftlichen Gesellschaften Österreichs, 1981, 181 p.
11954 POPOVIĆ, Milenko: Što je *-te* u 2. licu množine imperativa u ruskom i hrvatskosrpskom jeziku? — *Filologija* 10, 1980-81 (1982), 221-232 | Ru. summ.
11955 ŠARIFULLIN, B.Ja.: Ob osobennostjach èkspressivnych affiksov v slovoobrazovatel'noj sisteme jazyka. Èkspressivnye prefiksy. — [11820], 111-123.
ŠIROKOV, O.S.: Prosodičeskie gruppy morfem v litovskom i ru. jazykach. — 9730.
11956 ŠIRŠOV, I.A.: Množestvennost' motivacij v suščestvitel'nych na *-tel'stvo.* — *NDVŠ-F* 1982/5, 59-66
11957 SMIRNOVA, G.A.: Grammatičeskie kategorii neoduševlennych nesklonjaemych suščestvitel'nych. — *PSL* 1978 (1981), 125-149.
11958 SPECK, Stefan: *Die morphologische Adaptation der Lehnwörter im Russischen* ... — Bern: 1978 | BL 1978, 9310. | *SSlav* 27, 1981 (1982), 316-319 J. Grotzky.
11959 ŠUL'GA, M.V.: Formy imen suščestvitel'nych tipa *kъnjagyni, kъrmъčii* v istorii russkogo jazyka. — *OLA* 1980 (1982), 177-195 | *RLing* 7/3, 1983, 295 W. Lehfeldt.
11960 TĚŠÍNSKÁ, Věra: Gramatické příčiny adjektivizace participií. — *RTP* 1982/3,

13-17 | Adjektivierung der Partizipien und deren grammatische Ursachen.
11961 TICHONOV, A.N.: *Škol'nyj slovoobrazovatel'nyj slovar' russkogo jazyka.* — Moskva: 1978 | BL 1980, 10550. | *SFFBU,* A 30, 1982, 171-172 A. Brandner.
11962 TOROPCEV, I.S.: *Slovoproizvodstvennaja model'.* — Voronež: Izd. Voronežskogo univ., 1980, 148 p. | *NDVŠ-F* 1982/2, 87-88 A.I. Moiseev.
11963 ULUCHANOV, I.S.: *Slovoobrazovatel'naja semantika v russkom jazyke i principy ee opisanija.* — Moskva: 1977 | BL 1977, 11768. | *LMNf* 9, 1980 (1982), 263-270 M. Łesiów.
11964 VEYRENC, Jacques: Théories nouvelles sur la composition nominale. — [116], 171-178.
11965 [WERNKE, G.] VERNKE, G.: K istoričeskoj morfologii russkogo jazyka. K istorii fleksii rod. ed. suščestvitel'nych na **jā* v russkom jazyke. — *SSlav* 27, 1981 (1982), 281-295.
11966 WOŁODŹKO, Emilia: Słowotwórstwo przysłówków odprzymiotnikowych w języku rosyjskim i polskim. — *RND* 74, Prace Rusycystyczne 6, 1982, 163-180. ZĄBKOWSKA, J.: Status kategorialny formacji typu *zdyscyplinowany . . .* — 11408.
11967 ZALIZNJAK, A.A.: *Grammatičeskij slovar' russkogo jazyka . . .* — Moskva: 1977 | BL 1977, 11771. | *JslF* 37, 1981, 287-291 G. Jovanović; D. Gortan-Premk.
11968 ZVERKOVSKAJA, N.P.: K istorii formantov s primetoj *t* v russkom jazyke (suffiksy *-at-, -ovat-, -čat-, -ast-*). — *OLA* 1980 (1982), 237-245.

2.2. *Syntax — Syntaxe*

11969 ADAMEC, Přemysl: *Obrazovanie predloženij iz propozicij v sovremennom russkom jazyke.* — AUC, Philologica, Monographia 69; Praha: Univ. Karlova, 1978 (1982), 160 p. | Cz. summ.
11970 ADAMEC, Přemysl: K problematice aktuálního členění polypropozičních vět jednoduchých v současné ruštině. — *JazA* 19, 1982, 113-115 | A propos de la division actuelle des énoncés simples constitués par plusieurs propositions en ru. contemporain.
11971 ADAMEC, P.; BRČÁKOVÁ, D.; ORLOVA, N.: Sopostavitel'nyj analiz sredstv vyraženija ukazyvanija, otoždestvlenija, otsylanija i napominanija v russkom i češskom jazykach. — [125], 21-25.
11972 ADRIAN, Erik: The influence of language system and of consituation in utterances without a verbal predicate (VP°). A contribution to the debate on modern Russian speech – razgovornaja reč' (RR). — [309], 1-6.
11973 AKIMOVA, G.N.: *Novye javlenija v sintaksičeskom stroe sovremennogo russkogo jazyka.* Učebnoe posobie. — Leningrad: Izd. LGU, 1982, 130 p. AKOPJAN, R.S.: Imenitel'nyj prisoedinenija . . . — 4828.
11974 AL'TMAN, I.V.: Lokalizatory v strukture predloženija. — *PSL* 1978 (1981), 91-98.
11975 APRESJAN, Ju.D.: Semantic amalgamation rules for Russian verbs. — [309], 7-13.
11976 ARBATCHEWSKY-JUMARIE, Nadia: Ordre des mots et prosodie de la phrase russe en fonction de sa structure syntaxico-communicative. — *WSlA* 9, 1982, 225-256.
11977 BABBY, Leonard H.: *A transformational grammar of Russian adjectives.* — The Hague: 1975 | BL 1975, 10485. | *IJSLP* 23, 1981 (1982), 187-191 R. Sussex.

11978 BABBY, Leonard H.: *Existential sentences and negation in Russian.* — Ann Arbor: 1980 | BL 1980, 10564. | *BSL* 76, 1981/2 (1982), 234-235 M. Guiraud-Weber | *Lg* 58, 1982, 249-250 J. Gallant.

11979 BĚLIČOVÁ, Helena: *Sémantická struktura věty a kategorie pádu (Příspěvek k porovnávací syntaxi ruské a české jednoduché věty).* — Studie a práce lingvistické 17; Praha: Academia, 1982, 164 p. | Die semantische Struktur des Satzes und die Kategorie des Kasus. Ein Beitrag zur kontrastiven Syntax des einfachen Satzes im Ru. und Tsch. (Ru. summ.).

11980 BELOBROVA, L.V.: Vlijanie semantiko-sintaksičeskoj organizacii predloženija na raspoloženie atributivno-obstojatel'stvennych rasprostranitelej skazuemogo. — *VMU* 1982/2, 62-70.

11981 BELOŠAPKOVA, V.A.: *Sovremennyj russkij jazyk. Sintaksis.* — Moskva: 1977 | BL 1978, 9334. | *IzvAN* 40, 1981, 81-84 I.I. Kovtunova.

11982 BENOIST, Jean-Pierre: Syntaxe et division actuelle. — [116], 153-159.

11983 BITECHTINA, G.A.: Semantiko-sintaksičeskie uslovija upotreblenija kačestvenno-količestvennych narečij v russkom jazyke. — *VMU* 1982/5, 44-50.

11984 BJØRN, Britta: A classification of Russian equivalents to Danish passive constructions. — [309], 25-33.

11985 BLAUVELT, Yvonne Michele Luketich: *Russian verbal government.* — Ohio State Univ. diss., 1980, 246 p. | *DAb* 41/4, 1980, 1567-A.

11986 BLAŽEV, Blažo: Upotreblenie glagolov *poseljat'*, *vseljat'*, *zaseljat'* i ich vozvratnych proizvodnych s konstrukcijami napravlenija ili mesta. — *BRus* 9, 1982/6, 30-35.

11987 BOGDANOVA, A.F.: O grammatičeskoj kategorii perechodnosti-neperechodnosti glagol'nych frazeologizmov (na materiale russkogo jazyka). — [11820], 133-141.

BOYADJIEV, J.: La proposition nominale assertive . . . — 10066.

11988 BREU, Walter: *Semantische Untersuchungen zum Verbalaspekt* . . . — München: 1980 | BL 1980, 10582. | *SEER* 60, 1982, 95-96 F.E. Knowles | *ZbFL* 24, 1981/2 (1982), 180-185 P. Piper.

11989 ČENEVA, Vera: Konstrukcii so svobodnym vremennym sojuzom *kak* v russkom jazyke i ich bolgarskie semantičeskie sootvetstvija. — *BRus* 9, 1982/5, 32-40.

11990 ČEPASOVA, A.M.: Značenija padežnych form frazeologizmov. — *NDVŠ-F* 1982/1, 43-50.

11991 ČMEJRKOVÁ, Světla: Glagol'noe vremja v povestvovatel'nom tekste. — *ČRus* 27, 1982, 67-74.

11992 CONRAD, R.: Rhetorische Fragen. — *ZSl* 27, 1982, 420-428.

11993 FERRAND, Marcel: Les prétérits russes de l'aller et retour unique (*chodil, prichodil, bral,* etc.) sont-ils perfectifs? — *RESl* 54, 1982, 455-475.

11994 FLAUME, Anatol; FRANK, Margot: Shifting of stress onto prepositions in Russian. — *GUP* 16, 1979, 56-63.

11995 FLÍDROVÁ, H.: Otraženie otnošenij meždu učastnikami kommunikacii v oformlenii pobuditel'nych vyskazyvanij. — [125], 374-377.

11996 FLÍDROVÁ, Helena: Ztráta lexikálního významu u imperativu. — *RosOl* 20, 1981 (1982), 38-44 | The disappearance of lexical meaning in the Ru. and Cz. imperative.

11997 FONTAINE, Jacqueline: A propos de la notion d'aoriste. — *SEz* 7, 1982/1-2, 36-43 | Rés. bulg.

11998 FORMÁNKOVÁ, Marie: *Vyjadřování kategorie kvantity u různých slovních dru-*

hů v současné ruštině v porovnání s češtinou. — AUC, Philologica. Monographia 73; Praha: Univ. Karlova, 1978 (1982), 139 p. | Vyraženie kategorii količestva u raznych častej reči v russkom jazyke v sopostavlenii s češskim (Ru. summ.).

11999 FORMÁNKOVÁ, M.: Kvantifikacija glagol'nogo dejstvija v russkom i češskom jazykach. — [125], 382-384.

12000 FREIDHOF, Gerd: *Kasusgrammatik und lokaler Ausdruck im Russischen.* — München: 1978 | BL 1978, 9366. | *SS* 43, 1982, 80 P. Adamec.

12001 FURAŠOV, V.I.: Opredelenie kak sintaksičeskaja kategorija. — *NDVŠ-F* 1982/2, 16-23.

12002 GARDE, Paul: Des parties du discours, notamment en russe. — *BSL* 76, 1981/1 (1982), 155-189.

12003 GARDE, Paul: Russe *kakovó.* — *RESl* 54, 1982, 79-86.

12004 GEORGIEV, Ignat: Prjamoe dopolnenie i akkuzativ v ponjatijach semantiko-sintaktičeskogo polja. — *BRus* 9, 1982/2, 11-18.

12005 GIBSON, Margaret I.: The comparative degree in Russian. — *FoSl* 4/1, 1980 (1982), 35-144.

12006 GIUSTI, Francesca: Nereferentnye pokazateli imeni naricatel'nogo. — *RLing* 7/1, 1982, 3-19.

GIUSTI, F.: La referenza nominale in una lingua senza articolo . . . — 7240.

12007 GLADNEY, Frank Y.: Biaspectual verbs and the syntax of aspect in Russian. — *SEEJ* 26, 1982, 202-215.

12008 GLADROW, W.: Zur dreidimensionalen Beschreibung russischer Satzgefüge. — *ZSl* 27, 1982, 364-372.

12009 GLOVINSKAJA, M.Ja.: *Semantičeskie tipy vidovych protivopostavlenij russkogo glagola.* — Moskva: "Nauka", 1982, 155 p.

12010 GLOVINSKAJA, M.Ja.: Obščefaktičeskoe značenie nesoveršennogo vida (formy prošedšego vremeni). — *PSL* 1978 (1981), 108-125.

12011 GREEN, Mark Christopher: *On the syntax and semantics of impersonal sentences in Russian: a study of the sentence type* vetrom uneslo lodku. — Cornell Univ. diss., 1980, 248 p. | *DAb* 41/8, 1981, 3559-A/3560-A.

12012 GUIRAUD-WEBER, Marguerite: La phrase quantitative en russe moderne. — *IJSLP* 24, 1981 (1982), 107-114.

12013 GUIRAUD-WEBER, Marguerite: Sens structurel de la phrase, sur l'exemple des phrases dites "impersonnelles" en russe moderne. — [116], 161-169.

HAUENSCHILD, C.: Demonstrative pronouns in Ru. and Cz. . . . — 10828.

12014 HEŘMAN, Miroslav: Přechodníky v odborném stylu. — *RTP* 1982/1, 29-36 | Transgressive im ru. Fachstil.

12015 HOLK, André VAN: Reflections on the syntax of the Russian infinitive. — *RLing* 6/2, 1982, 255-275 | Apropos of No. 12091.

12016 HRBÁČKOVÁ, Ž.: Ustojčivye glagol'no-imennye slovosočetanija analitičeskogo tipa v russkom i češskom jazykach. — [125], 140-143.

12017 HUMS, M.: Zur Semantik und Syntax der Verben mit Kopulafunktion in russischen Quantitätssätzen. — *ZSl* 27, 1982, 461-469.

12018 ICKOVIČ, V.A.: *Očerki sintaksičeskoj normy.* — Moskva: "Nauka", 1982, 199 p.

12019 IORDANSKAJA, Lidija N.; MEL'ČUK, Igor A.: On a class of Russian verbs which can introduce direct speech. Constructions of the type *"Ostav'te menja!"* – *ispugalsja bufetčik*: lexical polysemy or semantic syntax? — [309], 51-66.

12020 KARPOV, O.M.: Do pytannja pro osoblyvosti syntaksysu monolohičnoho

movlennja (na materiali rosijs'koji literaturnoji movy). — *Mov* 1981/4, 25-32.
12021 KOLESNIKOFF, James Donald: *Focus placement and čto-subject complementation in Russian.* — Simon Fraser Univ. (Canada) diss., 1980 | *DAb* 42/1, 1981, 195-A.
12022 KORČIC, M.A.: O sintaktičeskich sposobach vyraženija svjazi priznaka s ego nositelem (na materiale romana L.N. Tolstogo "Anna Karenina"). — *NTPlovdiv* 18, 1980/5, 375-392.
12023 KOSSEK, N.V.; KOSTJUK, V.N.: Sil'noe i slaboe otricanie v russkom jazyke. — *PSL* 1980 (1982), 50-62.
12024 KOZÍLKOVÁ, Jana: Určenost a přívlastek. — *RosOl* 20, 1981 (1982), 45-49 | Determiniertheit und Attribut im Ru.
12025 KOZÍLKOVÁ, Jana: Kategorie určenosti substantiv a její výrazové prostředky v ruštině. — *SlavOl* 4, 1982, 65-73 | Die Kategorie der Determiniertheit des Substantivs und ihre Ausdrucksmittel im Ru. (G. summ.).
12026 KRAG, Helen L.: Verb or noun − the verbal noun in Russian. — [309], 75-86.
12027 KREJDLIN, G.E.: O porjadke slov v voprositel'nych predloženijach s neskol'- kimi voprositel'nymi slovami. — *PSL* 1980 (1982), 92-98.
12028 KUČERA, Vladimír: Sporné prípady substantivizácie a syntax. — *SlavSl* 17, 1982, 40-51 | Questionable cases of substantivization and syntax in Ru. and Slov. (Ru. summ.).
12029 KUR'JANOVA, V.K.: Substantyvni bezpryjmennykovi slovospolučennja iz značennjam sub'jekta. — *Mov* 1981/1, 69-74.
12030 KURKOVÁ, Miloslava: Delexikalizace a syntaktizace substantiv jako jedna z možností obohacování výrazových prostředků odborného stylu ruského jazyka. — *SPFÚ, Řada cizích jazyků* 1980 (1981), 53-64 | Desemantisierung und Grammatikalisierung als eine Möglichkeit der Bereicherung der Ausdrucksmittel des Fachstils in der ru. Sprache (Ru. & G. summ.).
LACHUR, Cz.: Temporalne grupy nominalne w funkcji orzecznika przyimkowego . . . — 11427.
12031 LASORSA, Claudia: Contesti aspettuali-temporali in russo e in italiano (Modo indicativo, tempo passato). — *SILTA* 9, 1980/3 (1982), 437-479 | E. summ.
12032 LATYŠEVA, A.N.: O semantike uslovnych, pričinnych i ustupitel'nych sojuzov v russkom jazyke. — *VMU* 1982/5, 51-59.
12033 LEBEDEVA, L.B.: Semantičeskie tipy suščestvitel'nych i struktura imennych sočetanij. — *IzvAN* 40, 1981, 57-65.
12034 LEINONEN, Marja: Specificness and non-specificness in Russian aspect. — [107], 35-50.
LEVENBERG, J.T.: *A semantic analysis of aspect in Ru. and SCr.* — 10411.
12035 LEVICKIJ, Ju.A.: Semantika russkich sočinitel'nych sojuzov. — *PSL* 1978 (1981), 83-91.
12036 LEVINE, James S.: Observations on "inalienable possession" in Russian. — *FoSl* 4/1, 1980 (1982), 7-24.
12037 L'HERMITTE, René: *La phrase nominale en russe.* — Paris: 1978 | BL 1978, 9398. | *SSlav* 27, 1981 (1982), 307-309 F. Papp | *CSlP* 24, 1982, 201-203 G. Schaarschmidt.
12038 LÖNNGREN, Lennart: On the semantics of Russian verbs derived from nouns. — [309], 87-95.
12039 LØNSTRUP, Brita: The semantics of the Russian verbs of motion. — [309], 96-102.
12040 LUCENKO, N.A.: O sistemno-semantičeskich funkcijach glagol'nych form tipa

napišet v russkom jazyke (v sopostavlenii s nekotorymi drugimi slavjanskimi i indoevropejskimi). — *UZTarU* 579, 1981 (*Trudy po ru. i sl. fil.*), 92-104.
12041 LUCENKO, O.E.: O deepričastijach tipa *čitav* v sovremennom russkom jazyke. — *UZTarU* 579, 1981 (*Trudy po ru. i sl. fil.*), 137-142.
12042 MACDONALD, R. Ross: Prepositions of time in Russian. — *LAL* 6, 1972, 65-74.
12043 MEHLIG, Hans Robert: Verbalaspekt und Iteration im Russischen. Zum Aspektgebrauch bei Referenz auf mehrmalige Ereignisse. — [185], 113-154.
12044 MENEY, Lionel: Temps et aspect en russe: à propos du schéma guillaumien. — [318], 333-344.
12045 MESENJAŠINA, L.A.: Pozicionnye svojstva konstrukcij iz"jasnenija. — *PSL* 1980 (1982), 108-115.
12046 MIKLUŠ, M.: O sistemoobrazujuščich svjazjach predloženij s imennym skazuemym v sopostavitel'nom russko-slovackom plane. — [125], 245-248.
12047 MOLČANOVA, E.K.: Značenie glagol'nych rasprostranitelej i semantičeskoe soderžanie vida glagola. — *VMU* 1982/1, 51-59.
12048 NICHOLS, Johanna: Prominence, cohesion, and control: object-controlled predicate nominals in Russian. — *SynS* 15, 1982, 319-350.
12049 NILSSON, Barbro: *Personal pronouns in Russian and Polish: a study of their communicative function and placement in the sentence.* — Stockholm Sl. Studies 13; Stockholm: Almqvist & Wiksell, 1982, 206 p. | *SEER* 61, 1983, 417-418 G. Stone.
12050 NILSSON, Barbro: Russian verbal nouns, their underlying structure and their syntactical function. — [309], 116-122.
12051 PADUČEVA, E.V.: Značenie i sintaksičeskie funkcii slova *èto*. — *PSL* 1980 (1982), 76-91.
12052 PAILLARD, Denis: Problèmes des paires aspectuelles: le perfectif comme "prédicat complexe". — [116], 105-113.
12053 PETTERSSON, Thore: On voice in the Russian verb. — [309], 137-146.
12054 PIPEREK, Klaus: *Die grammatische Struktur des russischen Aufforderungssatzes.* — Forum Slavicum 52 (Diss. Berlin, Freie Univ.); München: Fink, 1980, 274 p.
12055 PÍŠA, J.: Sposoby perevoda razvernutoj deverbativnoj sintagmy na češskij jazyk. — [125], 291-295.
12056 PISAREK, Larisa: *Mestoimennye voprositel'nye predloženija v russkom i pol'skom jazykach.* — AUW 631, Slavica Wratislaviensia 24; Wrocław: Wyd. Uniw. Wrocławskiego, 1981, 200 p. | Pol. & E. summ.
12057 PROKOPOVIČ, E.N.: *Glagol v predloženii: semantika i stilistika vido-vremennych form.* — Moskva: "Nauka", 1982, 286 p.
12058 RADEVIČ-VINNICKIJ, Ja.K.: Adverbial'nye sintaksičeskie kompleksy. — *NDVŠ-F* 1982/3, 40-43.
12059 RAPPAPORT, Gilbert: Bound and free reference in Russian infinitival clauses. — *NELS* 11, 1981, 284-295.
12060 RASSUDOVA, O.P.: *Upotreblenie vidov glagola v sovremennom russkom jazyke.* Izd. 2-e, ispravlennoe i dopolnennoe. — Moskva: "Russkij jazyk", 1982, 149 p. | First ed. 1968 (BL 1968, 9698). | A repr. of the first ed. appeared in the series Specimina philologiae Slavicae 37, Notizen und Materialien zur russistischen Linguistik 7; München: Sagner, 1981.
12061 RATHMAYR, Renate: Die russischen Partikeln als Pragmalexeme. Ein Beitrag zur Theorie einer umstrittenen Wortart anhand einer Analyse von *prosto*. — [185], 186-225.

12062 RESTAN, Per: The position of the finite verb in some elementary declarative sentences in Modern Russian. — [309], 147-160.
12063 *Russkij sintaksis v sopostavlenii s češskim.* Zprac. P. ADAMEC; V. HRABĚ; R. ZIMEK; S. ŽAŽA. Red.: M. KUBÍK. — Praha: Stát. pedag. nakl., 1982, 282 p.
12064 RŮŽIČKA, Rudolf: *Studien zum Verhältnis von Syntax und Semantik im modernen Russischen.* — Berlin: 1980 | BL 1980, 10665. | *VMU* 1982/4, 83-86 I.M. Kobozeva; M.F. Tolstopjatova | *BE* 32, 1982, 375-378 R. Nicolova.
12065 RŮŽIČKA, R.: Kontrollprinzipien infiniter Satzformen: Infinitiv und Gerundium (*deepričastie*) im Russischen und in anderen slawischen Sprachen. — *ZSl* 27, 1982, 373-411.
12066 SAPPOK, Christian: Zur Basisstruktur der russischen Substantivgruppe. — [185], 226-233.
12067 SCHALLER, Helmut Wilhelm: *Das direkte Objekt in verneinten Sätzen des Russischen.* — Frankfurt a.M.: 1978 | BL 1980, 10673. | *CSlP* 24, 1982, 96-98 G. Schaarschmidt.
12068 SCHOONEVELD, Cornelis H. VAN: *Semantic transmutations* . . . Vol. I. — Bloomington: 1978 | BL 1979, 10298. | *ZbFL* 24, 1981/1 (1982), 183-184 B. Volek | *SlRev* 39, 1980, 358 R.D. Brecht.
12069 SEKANINOVÁ, Ella: Vyraženie intensivnosti dejstvija v russkom i slovackom jazykach. — *RLB* 6, 1982, 245-251.
12070 ŠELJAKIN, M.A.: O semantičeskoj strukture otricatel'nych mestoimenij russkogo jazyka i proischoždenii konstrukcij s neparnym otricaniem. — *UZTarU* 579, 1981 (*Trudy po ru. i sl. fil.*), 71-80.
12071 SÉMON, Jean-Paul: L'acte itératif nombré et l'aspect. — [116], 87-104.
12072 SÉMON, Jean-Paul: Participation d'une association de traits catégoriels à une fonction sémantique. — *RESl* 54, 1982, 195-203.
12073 SEVBO, I.P.: *Grafičeskoe predstravlenie sintaksičeskich struktur i stilističeskaja diagnostika.* — Kiev: "Naukova dumka", 1981, 192 p.
12074 SKORIKOVA, T.P.: Konstruktivnye vozmožnosti segmenta v ustnoj naučnoj reči (K probleme sootnošenija intonacionnogo i semantiko-sintaksičeskogo členenija rečevogo potoka). — *ČRus* 27, 1982, 56-61.
12075 SKOTT, Staffan: On biaspectual verbs in Russian. — [107], 17-33.
12076 SKOVORODNIKOV, A.P.: O sisteme ėkspressivnych sintaksičeskich konstrukcij sovremennogo literaturnogo jazyka. — *NDVŠ-F* 1982/1, 37-43.
12077 SOROKINA, E.N.: Osobennosti upotreblenija bezglagol'nych konstrukcij v naučno-gumanitarnom tekste. — *NDVŠ-F* 1982/4, 49-55.
12078 STEFANÓW, Maria: Struktura i znaczenie jednoczłonowych zdań czasowych z wyrażonymi odpowiednikami zespolenia. — *RND* 74, *Prace Rusycystyczne* 6, 1982, 153-161.
12079 SUMKINA, A.I.: Zavisimost' sintaksičeskogo stroja nektorych pamjatnikov delovoj pis'mennosti XVIII v. ot ich soderžanija. — [11814], 232 257.
12080 SUSSEX, Roland: Russian *takže* and *tože* revisited. — [291], 122-137.
12081 ŠVEDOVA, N.Ju.: Ob identifikacii predloženij na osnove ich stacionarnych charakteristik (dvukomponentnye predloženija s imenitel'nym padežom i infinitivom). — *PSL* 1978 (1981), 59-68.
12082 TARLANOV, Z.K.: *Očerki po sintaksisu russkich poslovic.* — Leningrad: LGU, 1982, 136 p.
12083 TIMBERLAKE, Alan: Invariance and the syntax of Russian aspect. — [195], 305-331.
12084 TRÖSTEROVÁ, Zdeňka: Kontekstnye predposylki i složnoe predloženie v

Sinodal'nom spiske I Novgorodskoj letopisi. — ČRus 27, 1982, 145-153.

12085 URBANOVÁ, Blažena: Porovnávací analýza adjektivních slovních spojení s bezpředložkovým genitivem a instrumentálem substantiv v ruštině a v češtině. — [11837], 95-116 | Vergleichende Analyse der Wortfügungen aus Adjektiv + reinem Genitiv oder reinem Instrumentalis der Substantive im Ru. und Tsch. (Ru. & G. summ.).

USENBAEVA, R.G.: Bessojuznye složnye predloženija s obščim značeniem obuslovlennosti . . . — 14498.

12086 VÁCHA, Michal: Sémantika verba finita v ruských ekonomických textech. — RTP 1982/1, 56-60 | The semantics of the verbum finitum in Ru. economical texts.

12087 VASILEVSKAJA, L.I.: Sintaktičeskie vozmožnosti imeni sobstvennogo. II; III. — PSL 1978 (1981), 98-107; 1980 (1982), 99-108 | Cf. BL 1979, 2375.

12088 VAVERKOVÁ, G.: Vvodjaščie konstrukcii v russkoj naučnoj proze. — RTP 1981/4, 43-47 | Cf. also [125], 67-70.

12089 VESELÁ, Mária: Expresívne oznamovacie vety s niektorými časticami v ruštine a ich slovenské ekvivalenty. — SlavSl 17, 1982, 185-194 | Expressive indicative sentences with certain particles in Ru. and Slov. (Ru. summ.).

12090 VESELÁ, M.: Ėkspressivnye pobuditel'nye predloženija v russkom i slovackom jazykach. — [125], 84-88.

12091 VEYRENC, Jacques: Les propositions infinitives en russe. — Paris: 1979 | BL 1979, 10317. | Lingua 56, 1982, 368-372 W. Honselaar | Cf. 12015.

12092 VEYRENC, Jacques: Études sur le verbe russe. — Paris: 1980 | BL 1980, 10697. | SEz 7, 1982/5, 44-50 S. Dimitrova | IzvAN 40, 1981, 476-479 V.G. Gak | BSL 76, 1981/2 (1982), 232-234 P. Garde | Slavia 51, 1982, 415-419 V. Straková.

12093 VLADIMIROVA, L.A.: O sintaksičeskoj funkcii časticy že (na materiale Mstislavova evangelija 1115-1117 gg.). — [11813], 155-162.

12094 VOLOCHINA, G.A.; POPOVA, Z.D.: Sootnositel'noe slovo v iz"jasnitel'nych složnopodčinennych predloženijach v aspekte variantnosti i normy. — [11821], 138-148.

12095 VSEVOLODOVA, M.V.; VLADIMIRSKIJ, E.Ju.: Sposoby vyraženija prostranstvennych otnošenij v sovremennom russkom jazyke. — Moskva: "Russkij jazyk", 1982, 262 p.

12096 WADE, Terence B.L.: The Russian preposition do . . . — Birmingham: 1980 | BL 1980, 10946. | SEER 60, 1982, 154 S. Marder.

WEISS, D.: Begründungserwartungen und implizite Kausalität. — 2689.

12097 WLODARCZYK, H.: L'aspect en russe et en français (test contrastif d'une définition de la catégorie). — [116], 75-86.

12098 ZANIEWSKI, Jan: Osobennosti sintaksisa podjazyka mediciny. — PrzR 4, 1981/4 (1982), 45-52.

ŽAŽA, S.: Semantičeskij analiz konstrukcij so slovami možná, asi . . . — 10868.

12099 ZIMEK, R.: Obrazovanie vyskazyvanij v reče-myslitel'nom processe. — [125], 170-174.

12100 ZIMEK, Rudolf: Vyraženie sub"ektivnogo otnošenija govorjaščego k soderžaniju sobstvennogo vyskazyvanija. — SlavOl 4, 1982, 57-63 | Cz. summ.

12101 ZIMEK, Rudolf: Základní sémantické struktury vět v ruštině. — Slavia 51, 1982, 260-269 | Les structures sémantiques fondamentales des propositions ru.

12102 ZIMKOVÁ, L.: Sintaktiko-semantičeskaja interpretacija gazetnych zagolovkov (v processe raboty s sovetskoj pečatju v vuze). — [125], 175-178.

12103 ZUBER, Ryszard: Sémantique logique et aspect en russe. — [116], 65-73.

2.3. Text linguistics — Linguistique du texte

12104 BJÖRLING, Fiona: The uses of the present and future tenses in Pasternak's *Vozdušnye puti*. — [309], 14-24.
12105 OBST, Ulrich: *Studien zur zweidimensionalen syntagmatischen Substitution in modernen Prosatexten des Russischen.* — Münster: 1981 | BL 1981, 11842. | *WSlav* 27, 1982, 432-435 H.W. Schaller.
12106 REJMÁNKOVÁ, Ludmila: K výstavbě odborného dialogu v ruském jazyce. — *JazA* 19, 1982, 105-106 | Zum Aufbau des Fachdialogs im Ru.

3. HISTORY — HISTOIRE

12107 ARAKIN, V.D.: O tjurkizmach v jazyke novgorodskich gramot na bereste. — *SovT* 1980/5, 14-19.
12108 BARANKOVA, G.S.: Glossirovanie kak priem redaktirovanija v spiskach pozdnej russkoj redakcii "Šestodneva". — [11814], 30-56.
12109 BARANKOVA, G.S.: O vzaimootnošenijach "Šestodneva" Ioanna ėkzarcha Bolgarskogo i "Tolkovoj Palei" (Tekstovo-lingvističeskij aspekt). — [11813], 262-277.
12110 ČERNYŠEVA, M.I.: Zamečanija o priemach perevoda portretnoj leksiki iz "Chroniki" Ioanna Malaly. — [11814], 57-66.
12111 CHABURGAEV, G.A.: *Stanovlenie russkogo jazyka: posobie po istoričeskoj grammatike.* — Moskva: "Vysšaja škola", 1980, 191 p. | Cf. 11792.
12112 DAVIDSSON, K.K.: Novgorodskie dokumenty. Iz russkich rukopisej XVII v., chranjaščichsja v universitetskoj biblioteke g. Upsaly (Švecija). — [11813], 326-365.
12113 *Delovaja pis'mennost' Vologodskogo kraja XVII-XVIII vv.* Sost.: A.P. LARIONOVA; G.V. SUDAKOV; Ju.I. ČAJKINA. Otv. red. Ju.I. ČAJKINA. — Vologda: 1979, 108 p. | *VJa* 1982/3, 117-119 I.S. Filippova.
12114 DERGANC, Aleksandra: Novejši pogledi na drugi južnoslovanski vpliv v staroruski književnosti in jeziku. — *SlavR* 30, 1982, 177-188 | Recent views about the second South Sl. influence on O.Ru. lit. and language (E. summ.).
12115 FABINI LOKOT'KO, Galina: *Breve storia della lingua russa.* — Bologna: Clueb, 1980, 121 p.
12116 FILIN, F.P.: *Istoki i sud'by russkogo literaturnogo jazyka.* Moskva. 1981 | BL 1981, 11913. | *NDVS-F* 1982/4, 85-86 V.I. Maksimov; F.P. Sorokoletov | *Mov* 1982/3, 64-67 V. Rusanivs'kyj.
12117 FILIPPOVA, I.S.: Moskovskie gramoty XVI v. iz Gosudarstvennogo archiva Rjazanskoj oblasti. — [11814], 258-286.
12118 FLECKENSTEIN, Chr.: Probleme der Entwicklung der russischen Literatursprache in der zweiten Hälfte des 18. Jahrhunderts. — *ZSl* 27, 1982, 454-460.
12119 FLORJA, B.N.: Dva pis'ma načala XVII v. iz Troice-Sergieva monastyrja. — [11813], 319-325.
12120 FRANČUK, V.Ju.: Kievskaja letopis' kak pamjatnik jazyka. — *VJa* 1982/4, 41-51.
12121 FRANČUK, V.Ju.: Obrazna mova Kyjivs'koho litopysu. — *Mov* 1982/3, 19-27.
12122 GALSTER, Irena: *Zarys gramatyki historycznej języka rosyjskiego.* — Warszawa: Państwowe Wyd. Naukowe, 1982, 241 p.
12123 GODYŠENKO, V.S.; DEM'JANOV, V.G.; KOTKOV, S.I.: Ob odnom "osveščenii" izdanij pamjatnikov drevnerusskogo jazyka. — *VJa* 1982/4, 126-131 | Apropos of BL 1981, 11929. | Cf. 12143.

12124 GORŠKOV, A.I.: Istoričeskie osnovy sovremennogo russkogo literaturnogo jazyka (russkij literaturnyj jazyk vtoroj poloviny XVIII v.). — [143], 49-53.
12125 GORŠKOVA, K.V.; CHABURGAEV, G.A.: *Istoričeskaja grammatika russkogo jazyka.* — Moskva: "Vysšaja škola", 1981, 359 p. | *NDVŠ-F* 1982/4, 87-89 V.I. Degtjarev.
12126 [HÜTTL-FOLTER, G.] CHJUTL'-FOL'TER, Gerta: Problematika jazykovogo nasledija XVII v. v russkom literaturnom jazyke novogo vremeni (XVIII v.). — *WSlJb* 28, 1982, 9-26.
12127 IŠČENKO, D.S.: Maloizvestnoe poučenie Feodora Studita v drevnerusskom perevode. — [11813], 308-319.
12128 KEIPERT, Helmut: Russische Sprachgeschichte als Übersetzungsgeschichte. — [185], 67-101.
12129 KOSTA, Peter: *Eine russische Kosmographie aus dem 17. Jahrhundert:* sprachwissenschaftliche Analyse mit Textedition und Faksimile. — Specimina philologiae Slavicae 40; München: Sagner, 1982, 471 p. (facsim.: p. 209-471).
12130 KOTKOV, S.I.; BRAŽNIKOVA, N.N.: Knigi gorodovogo dela XVII v. — [11813], 3-18, 3 facsim.
12131 KOTKOV, S.I.: *Lingvističeskoe istočnikovedenie i istorija russkogo jazyka.* — Moskva: 1980 | BL 1981, 11920. | *VLU* 1982/2, 122-123 N.A. Meščerskij; L.V. Osinkina | *Slavia* 51, 1982, 90-92 Z. Trösterová.
12132 Kotošixin, Grigorij: *O Rossii v carstvovanie Alekseja Mixajloviča . . .* A.E. PENNINGTON. — Oxford: 1980 | BL 1981, 11922. | *VJa* 1982/4, 137-139 S.P. Mordovina.
12133 KURBSKIJ, Andrej Michajlovič: *Novyj Margarit: historisch-kritische Ausgabe auf der Grundlage der Wolfenbütteler Handschrift.* Hrsg. von Inge AUERBACH. Band 1, Lief. 1; 2; 3; 4; 5. Band 2, Lief. 6; 7. — Bausteine zur Geschichte der Lit. bei den Slawen. Editionen (4), Band 9, 1 & 2; Giessen: W. Schmitz, 1976, ix p., 27 p. (double), 2 pl. (facsim.); 1977, p. 28-56 (double); 1977, p. 57-86 (double); 1978, p. 87-126 (double); 1982, p. 127-158 (double); 1982, p. 159-190 (double), pl. (facsim.); 1982, p. 191-222 (double) | *ASlPh* 13, 1982, 136-141 E. Weiher (On fasc. 1-4).
12134 LEHMANN, Volkmar: Zur Kritik des Begriffs "Geschichte der russischen Literatursprache". — [185], 102-112.
12135 L'VOV, A.S.: Issledovanie Pochvaly velikomu knjazju Svjatoslavu i carju Simeonu. — [11813], 162-197.
12136 MEDYNCEVA, A.A.: *Tmutarakanskij kamen'.* — Moskva: "Nauka", 1979, 54 p. | *Palaeobulg* 6, 1982/1, 119-121 K. Popkonstantinov.
12137 MICHAJLOVSKAJA, N.G.: Leksičeskaja variantnost' v spiskach drevnerusskich pamjatnikov. — [11821], 6-22.
12138 MOLDOVAN, A.M.: Nekotorye sintaksičeskie dannye "Slova o zakone i blagodati" v srednevekovych spiskach pamjatnika. — [11814], 67-73.
12139 MOLDOVAN, A.M.: "Slovo o zakone i blagodati" (Sopostavlenie spiskov). — [11813], 227-261.
12140 MORDOVINA, S.P.; STANISLAVSKIJ, A.L.: Gadatel'naja kniga XVII v. cholopa Pimena Kalinina. — [11814], 321-336.
12141 MOROZOV, B.N.: Častnoe pis'mo načala XVII v. — [11814], 287-290, facsim.
12142 MRÁZEK, Roman; POPOVA, G.V.: *Historický vývoj ruštiny.* — Praha: Stát. pedag. nakl., 1982, 162 p. | Historical evolution of Ru.
12143 MUR'JANOV, M.F.: Ešče raz o Minee Dubrovskogo. — *VJa* 1982/5, 90-94 | Reply to No. 12123.

12144 NIMČUK, V.V.: Počatky literaturnych mov Kyjivs'koji Rusi. — *Mov* 1982/2, 21-32.
12145 ODINCOV, G.F.: Opisnaja kniga Oružejnoj palaty 1687 g. — [11814], 296-320.
12146 *Pamjatniki južnovelikorusskogo narečija. Tamožennye knigi.* Izd. podgotovili S.I. KOTKOV; N.S. KOTKOVA. — Moskva: "Nauka", 1982, 343 p. (p. 331-341: facsim.) | Texts and glossary. | Cf. BL 1977, 11898.
12147 PUCKO, Vasilij: Slavjanskaja nadpis' na kreste-relikvarii iz Polocka. — *Slovo* 30, 1980 (1981), 101-121, 2 fig.
12148 RUDNIK-KARWATOWA, Zofia: *Formacje iteratywne w języku staroruskim XI-XVII wieku.* — Inst. Słowianoznawstwa PAN, Prace Slawistyczne 22; Wrocław: Zakład im. Ossolińskich, 1982, 150 p.
12149 RUSANOVSKIJ, V.M.: Rol' Kieva v razvitii literaturnych jazykov Kievskoj Rusi. — *VJa* 1982/4, 27-40.
12150 ŠAGAPOVA, O.M.: Fonetiko-morfologičeskie dannye revizskich skazok pervoj poloviny XVIII v. — [11813], 53-75.
12151 SCHMALSTIEG, W.R.: Does Old Russian *lidiě* come from Old Prussian *liede* "Hecht, pike, šuka"? — *Baltistica* 18, 1982, 58-60.
12152 SEMERENKO, H.V.: Zasoby vyražennja zdribnilosti j pestlyvosti v davn'orus'kij movi. — *UkrM* 10, 1982, 99-106.
12153 SUMKINA, A.I.: Opisanie goroda Moskvy 1785 g. — [11814], 337-356.
12154 SUNDBERG, Hagar: *The Novgorod Kabala Books of 1614-1616: text and commentary.* — Stockholm Sl. Studies 14 (Diss. Stockholm); Stockholm: Almqvist & Wiksell, 1982, x, 200 p. | *RLing* 7/2, 1983, 193-196 S.S. Lunden.
12155 [TÓTH, I.H.] TOT, I.Ch.: K izučeniju finljandskich otryvkov. — *SSlav* 27, 1981 (1982), 3-17, 6 facsim.
TOT, I.: O protografe . . . kirillovskoj časti Rejmsskogo evangelija. — 10015.
12156 TROST, Klaus: Die Germanismen des Igorliedes. — *ASlPh* 13, 1982, 25-28.
12157 VAŠČENKO, T.F.: K izučeniju otkaznych knig. — [11813], 19-40, facsim.
12158 WHITE, Stephen Merrill: *Quantifiable church slavonisms in the basic manuscripts of the Russkaja Pravda.* — Univ. of Michigan diss., 1979, 366 p. | *DAb* 41/2, 1980, 659-A.
12159 WÓJTOWICZ, Marian: Novgorodskaja berestjanaja gramota o peredače kun. — *LPosn* 25, 1982, 41-44.
12160 ZALIZNJAK, A.A.: K istoričeskoj fonetike drevnenovgorodskogo dialekta. — [334], 61-80 | (1) Otsutstvie vtoroj palatalizacii. (?) Vopros o praslavjanskom načal'nom *il. | *RLing* 7/3, 1983, 293 W. Lehfeldt.
12161 ŽUKOVSKAJA, L.P.: K voprosu o južnoslavjanskom vlijanii na russkogo pis'mennost' (Žitie Anis'i po spiskam 1282-1632 gg.). — [11813], 277-287.

4. DIALECTOLOGY — DIALECTOLOGIE

12162 *Archangel'skij oblustnoj slovar'.* Vyp. 2: Berëza – Bjašče. Pod red. O.G. GECOVOJ. — [Moskva]: Izd. MGU, 1982, 214 p. | Cf. BL 1980, 10746.
12163 ARZUMANOVA, N.G.: Semantičeskaja struktura glagolov so značeniem "bit'", udarjat'" v severnovelikorusskich govorach. — *DialL* 1979 (1982), 91-101.
12164 BARANNIKOVA, L.I.; BONDALETOV, V.D.: *Sbornik upražnenij po russkoj dialektologii.* — Moskva: "Vysšaja škola", 1980, 176 p. | *NDVŠ-F* 1982/3, 93-94 E.V. Uchmylina.
12165 BEZDĚK, Jaroslav: Nové prvky v ruských ekonomických textech. — *RTP* 1982/1, 54-56 | Les éléments nouveaux dans les textes économiques ru.

12166 BUCHAREVA, N.T.: Rol' dialektologičeskogo teksta v izučenii russkich govorov Sibiri. — [11820], 88-96.
12167 BUCHAREVA, N.T.: Sistemnyj charakter leksiko-semantičeskich otnošenij v russkich govorach Sibiri. — [11820], 57-68.
12168 BYTEVA, T.I.: K voprosu o specifike polisemii v dialektnoj sisteme. — [11820], 69-78.
12169 DEMIDOVA, G.I.: K istorii form roditel'nogo padeža edinstvennogo čisla suščestvitel'nych na -u v brjanskich govorach. — DialL 1979 (1982), 140-149.
12170 FEDOROV, A.I.: Sibirskaja dialektnaja frazeologija. — Novosibirsk: 1980 | BL 1980, 10751. | VJa 1982/2, 142-145 V.M. Mokienko.
12171 FEDOROV, A.I.: Russkij jazyk v Sibiri. — VJa 1982/2, 81-89.
12172 GORDEEVA, O.I.; OL'GOVIČ, S.I.; OCHOLINA, N.M.; PALAGINA, V.V.: Vtoričnye zaimstvovanija v govorach Srednego Priob'ja. — Tomsk: Izd. Tomskogo univ., 1981, 178 p.
12173 IVANOVA, A.I.: Slovar' smolenskich govorov. Učebnoe posobie. Vyp. 3: G-D. — Smolensk: Smolenskij gosud. pedag. inst., 1982, 161 p. | Cf. BL 1981, 11963.
12174 KUZNECOVA, O.D.: Slovo v sovremennych govorach russkogo jazyka (leksikalizacija fonetičeskich javlenij). — DialL 1979 (1982), 3-11.
12175 Leksika i frazeologija severnorusskich govorov. [Red.: Ju.I. CAJKINA]. — Vologda: Vologodskij gosud. pedag. inst., 1980, 179 p. | Coll. of 34 art.
12176 LUPPOVA, E.P.: Pritjažatel'nye mestoimenija, oboznačajuščie prinadležnost' tret'emu licu v govorach russkogo jazyka (č. 2). — DialL 1979 (1982), 102-109 | Cf. BL 1979, 10388.
12177 MARYNIAKOWA, Irena: Funkcje składniowe bezokolicznika w gwarze pskowskiej i w gwarze Rosjan-starowierców mieszkających w Polsce (Studium porównawcze). — Inst. Słowianoznawstwa PAN, Prace Slawistyczne 27; Wrocław: Zakład im. Ossolińskich, 1982, 114 p.
12178 [MÜRKHEIN, V.] MJURKCHEJN, V.V.: O variantnych formach vida v dialektnoj reči. — UZTarU 537, 1980 (Vopr. ru. aspektologii 5), 50-59.
12179 [MÜRKHEIN, V.] MJURKCHEJN, V.V.: Slova nemeckogo proischoždenija v russkich govorach Ėstonskoj SSR. Stat'ja I. — UZTarU 579, 1981 (Trudy po ru. i sl. fil.), 143-150.
12180 OSSOVECKIJ, I.A.: Leksika sovremennych russkich narodnych govorov. — Moskva: "Nauka", 1982, 198 p.
12181 PETROPAVLOVSKAJA, L.V.: Leksika finno-ugorskogo proischoždenija v sostave russkich govorov Novosibirskoj oblasti. — [11820], 49-57.
12182 PETROPAVLOVSKAJA, L.V.: Nazvanija postroek dlja skota i domašnej pticy v govorach Novosibirskoj oblasti. — [11820], 78-87.
12183 POROCHOVA, O.G.: O leksike s nepolnoglasiem i polnoglasiem v russkich narodnych govorach (č. V: Nekotorye osobennosti značenij v dialektach). — DialL 1979 (1982), 50-59 | Cf. BL 1978, 9541-2.
12184 Russkie govory na Ukraine. — Kiev: "Naukova dumka", 1982, 231 p. | 10 contr. by L.F. BARANNIK, L.F. CIPCJURA, et al. Preface by F.P. FILIN. Bibliography, 221-230.
12185 SIMINA, G.Ja.: Semantičeskie dialektizmy i uslovija ich obrazovanija (po materialam pinežskogo govora). — DialL 1979 (1982), 110-118.
12186 Slovar' russkich govorov na territorii Mordovskoj ASSR: K-L. Učebnoe posobie po russkoj dialektologii. [Sostaviteli: Ė.S. BOL'ŠAKOVA, F.V. KARAULOVA, et al.]. — Saransk: Mordovskij gosud. univ., 1982, 141 p. | Cf. BL 1980, 10758.

12187 Slovar' russkich govorov Srednego Urala. Tom 3. Obabnica – Perevalok. Učebnoe posobie. [Red.: A.G. VOL'SKAJA, et al.]. — Sverdlovsk: Ural'skij gos. un-t im. A.M. Gor'kogo, 1981, 128 p. | Cf. BL 1971, 9784.

12188 TASKAEVA, L.A.: Slovoobrazovatel'nye modeli geografičeskoj terminologii v russkich govorach Srednego Urala. — *VO* 14, 1980, 80-85.

12189 TEPLOVA, V.N.: Sklonenie suščestvitel'nych mužskogo roda s suffiksami -*ušk*-, -*išk*- v govorach russkogo jazyka. — *OLA* 1980 (1982), 196-211, fold. map.

12190 TYNTUEVA, E.I.: Iz istorii slov *omšanik* i *golbec* v dialektnom jazyke (na materiale bytovoj leksiki govora semejskich staroobrjadcev Zabajkal'ja). — *DialL* 1979 (1982), 161-169.

5. LEXICON — LEXIQUE

12191 ABAKUMOVA, H.O.: Osoblyvosti paradyhmatyčnych vidnošen' suspil'no-polityčnych terminiv iz značennjam osoby (na materiali rosijs'koji literaturnoji movy). — *Mov* 1982/3, 54-56.

12192 ABEL, Walther: Der Verfasser des ersten rückläufigen Wörterbuchs des Russischen. — *WSlav* 27, 1982, 203-205 | Ludwig DEUBNER (1877-1946).

12193 ABRAMOV, V.P.: Glagoly peredači v sovremennom russkom jazyke (Principy strukturno-semantičeskogo opisanija). — *UZTarU* 537, 1980 (*Vopr. ru. aspektologii* 5), 115-127.

12194 ANDREJČINA, K.; VLACHOV, S.; et al.: *Russko-bolgarskij frazeologičeskij slovar'* . . . — Sofija: 1980 | BL 1980, 10771. | *SovSlav* 1982/4, 121-123 A.V. Kunin; V.M. Mokienko.

12195 ARBATSKIJ, D.I.: Verweisbestimmungen im philologischen Wörterbuch. — [2930], 183-191 | Transl. of: Otsyločnye opredelenija v filologičeskom slovare (in: *Sovremennaja russkaja leksikografija*, 1976 [BL 1980, 10927], 180-186). *Aspekte der sowjetrussischen Lexikographie* . . . — 2930.

12196 BABKIN, A.M.: Idiomatika i grammatika v slovare. — *SRLek* 1980 (1981), 5-43.

12197 BABKIN, A.M.; ŠENDECOV, V.V.: *Slovar' inojazyčnych vyraženij i slov.* A-J. Izd. 2-e. — Leningrad: 1981 | BL 1981, 11979. | *IzvAN* 41, 1982, 467-469 E.V. Gercman.

12198 BACHTURINA, R.V.: K tolkovaniju naimenovanij polevych kul'tur v "Naziratele". — [11814], 122-146.

12199 BALACHONOVA, L.I.: K voprosu o statuse prostorečnoj i dialektnoj leksiki. — *VJa* 1982/3, 104-110.

12200 BARANDEEV, A.V.: Problemy istoričeskogo izučenija russkoj gidrografičeskoj terminologii. — *NDVŠ-F* 1982/1, 74-79.

12201 BARANOV, A.N.: O nesubstantivnych upotreblenijach leksemy *pravda*. — *VMU* 1982/2, 43-52.

12202 BASKAKOV, N.A.: Tjurkizmy v russkoj leksike (ètimologičeskie zametki). — *SovT* 1979/6, 3-8.

12203 BATOŽOK, N.I.: K utočeniju semantičeskoj struktury slova v slovare (*lico*). — *SRLek* 1980 (1981), 70-77.

12204 BIRÓ, Alice: *Russische Baufachsprache des 18. Jahrhunderts:* Dolnost' architekturnoj èkspedicii. — Slavica Helvetica 20 (Diss. Zürich); Bern: Lang, 1982, viii, 365 p.

12205 BOGATOVA, G.A.; DERJAGIN, V.Ja.; ROMANOVA, G.Ja.: Slavjanskaja istoričeskaja leksikografija i problemy regional'noj charakteristiki slova. — *VJa* 1982/3, 31-42.

12206 BOGORODSKIJ, B.L.: K istorii frazeologizma *devjatyj val*. — *SRLek* 1980 (1981), 112-120.
Bol'šoj slovacko-russkij slovar' . . . — 11215.
12207 BONDALETOV, B.D.: Finno-ugorskie zaimstvovanija v russkich professional'- nych argo. — *CIFU* IV/3, 369-372.
12208 BRAGINA, A.A.: Sinonimičeskie otnošenija v leksike i slovarnaja stat'ja. — *SRLek* 1980 (1981), 54-61.
12209 BRANICKÁ, J.: K semantike ocenočnych prilagatel'nych tipa *krasivyj – pekný*. — [125], 55-59.
12210 BRYM, Jiří; VOLČEK, Natalija: Russkij predlog *v* kak oboznačenie otnošenija meždu častnym i celym. — *RJ* 32, 1981-82, 321-325.
12211 CHITROVA, V.I.: Dela General'nogo meževanija kak leksikologičeskij istočnik (K izučeniju geografičeskoj leksiki Voronežskogo kraja v ee istoričeskom razvitii). — [11813], 40-53.
12212 CYVIN, A.M.: Zur Klassifikation russischer Wörterbücher. — [2930], 112-126 | Transl. of BL 1978, 9580.
12213 DIMITROVA, Ljudmila: O nekotorych slovoobrazovatel'nych èlementach obščeslavjanskogo proischoždenija v sovremennoj russkoj medicinskoj leksike. — *BRus* 9, 1982/5, 41-46.
12214 DOBRODOMOV, I.G.: Iz istorii izučenija tjurkizmov russkogo jazyka. — *TSb* 1977 (1981), 90-108.
12215 DOBRODOMOV, I.G.: O tungusskich slovach v russkom jazyke i ego govorach. — *DialL* 1979 (1982), 83-90.
12216 DUBROVINA, V.F.: K izučeniju leksiki perevodnogo pamjatnika. — [11813], 198-227.
12217 [DZIEKAN, J.] DZEKAN, Jadviga: Abbreviatury kak sostavnoe zveno leksičeskogo sostava russkogo jazyka. — *Zeszyty Naukowe Wyższej Szkoły Inżynierskiej w Opolu* (Opole) 78, *Języki Obce* 3, 1982, 77-84.
ESSER, M.: Étude comparative du lexique chromatique en fr. et en ru. . . . — 6909.
12218 *Ètimologičeskie issledovanija. Ètimologija russkich dialektnych slov*. [Red.: O.V. VOSTRIKOV, et al.]. — Sverdlovsk: 1978 | BL 1978, 9593. | *SovFU* 18, 1982, 229-230 A. Turkin.
12219 *Ètimologičeskie issledovanija*. [Red.: O.V. VOSTRIKOV, et al.]. — Sverdlovsk: 1981 | BL 1981, 11579. | *SovFU* 18, 1982, 230-231 A. Turkin.
12220 FEDOROV, A.I.: Archaizmy i istorizmy v russkom literaturnom jazyke i v govorach. — [11820], 3-9.
FEL'DMAN, E.D.: O mnogoznačnosti ru. otnositel'nych prilagatel'nych . . . — 4815.
12221 FILIN, F.P.: O leksike drevnerusskogo jazyka. K 1500-letiju goroda Kieva. — *VJa* 1982/2, 3-17; 1982/3, 3-18.
12222 FILIN, F.P.: O slovarnom sostave jazyka velikorusskogo naroda. — *VJa* 1982/5, 18-28.
12223 FILKOVA, Penka: K voprosu o nasledii drevnebolgarskogo i cerkovnoslavjanskogo jazykov v leksike russkogo literaturnogo jazyka. — *GSU-SF* 71, 1979/1 (1982), 53-110 | Rés. fr.
12224 FILKOVA, Penka: Ruskata redakcija na starobălgarskija ezik kato edin ot iztočnicite na ruskata terminologija. — *EL* 37, 1982/1, 54-59.
12225 GAJSINA, R.M.: K voprosu o specifike značenija glagola. — *IzvAN* 41, 1982, 59-64.

12226 GEYR, Heinz: *Sprichwörter und sprichwortnahe Bildungen im dreisprachigen Petersburger Lexikon von 1731.* — Symbolae Slavicae 13; Frankfurt a.M.: Lang, 1981, 234 p.

12227 GORBAČEVIČ, K.S.: Wörterbuch und Zitat (über die Rationalisierung der Illustrierung von Wörtern und Bedeutungen in der zweiten Auflage des siebzehnbändigen Wörterbuchs). — [2930], 148-165 | Transl. of BL 1978, 9599.

12228 GORBAČEVIČ, K.S.; CHABLO, E.P.: *Slovar' ėpitetov russkogo literaturnogo jazyka.* — Leningrad: 1979 | BL 1979, 10449. | *ZbSl* 20, 1981, 174-175 V. Vuletić.

12229 *Grammatičeskaja leksikologija russkogo jazyka.* [Red.: V.M. MARKOV; I.Ė. ESELEVIČ]. — [Kazan']: 1978 | BL 1978, 9600. | *LPosn* 25, 1982, 176-178 A. Bartoszewicz.

12230 GRIBBLE, Ch.E.: *A short dictionary of 18th-century Russian. / Slovarik russkogo jazyka 18-go veka.* — Colombus, Ohio: Slavica Publ., Inc., 1976, 104 p. | *SEz* 7, 1982/4, 69-70 S. Christov.

12231 GÜNTHER, E.: Zu einigen Fragen des Analytismus in der russischen Gegenwartssprache. — *ZSl* 27, 1982, 429-435.

HARTENSTEIN, K.: Das erklärend-kombinatorische Wörterbuch im 'Smysl ↔ Tekst'-Modell . . . — 2983.

12232 HORÁLÍK, Ladislav: O slovní zásobě spisovné ruštiny 2. pol. 20. století. — *SlavOl* 4, 1982, 37-48, 7 tab. | The vocabulary of lit. Ru. in the 2nd half of the 20th century (Ru. summ.).

12233 HORÁLÍK, Ladislav: Neologismy v současné ruštině. — *RTP* 1982/3, 17-20 | Neologisms in mod. Ru.

12234 HRNČÍŘ, B.: Složnye slova v russkom i češskom jazykach. — [125], 148-151.

ISMAGULOVA, B.Ch.: Tipologičeskie sootvetstvija i različija v sfere leksičeskoj semantiki . . . — 14464.

12235 *Istorija leksiki russkogo literaturnogo jazyka konca XVII – načala XIX veka.* [Red.: F.P. FILIN]. — Moskva: 1981 | BL 1981, 12019. | *SCL* 33, 1982, 445-448 M. Georgescu.

12236 JARANCEV, R.I.: *Slovar'-spravočnik po russkoj frazeologii. Okolo 800 frazeologizmov.* — Moskva: "Russkij jazyk", 1981, 304 p. | *RJ* 33, 1982-83, 95-96 V. Hucl.

12237 JELÍNKOVÁ, A.: Najbolee effektivnye sposoby tolkovanija značenij imen suščestvitel'nych i prilagatel'nych v kratkich tolkovych slovarjach. — *RTP* 1982/2, 43-46.

12238 KARPOVA, O.M.; STUPIN, L.P.: Sovetskaja pisatel'skaja leksikografija (K 25-letiju so dnja vychoda v svet pervogo toma Slovarja jazyka A.S. Puškina). — *VJa* 1982/1, 13-20.

12239 KARPOVIČ, A.E.: Zur lexikographischen Terminologie. — [2930], 141-147 | Transl. of: O leksikografičeskoj terminologii (in: *Sovremennaja russkaja leksikografija*, 1976 [BL 1980, 10927], 205-210).

12240 KESIĆ ŠAFAR, Branka: Historical background of Anglo-Russian linguistic borrowing. — *SRAZ* 24, 1979 (1981), 265-277.

12241 KESIĆ-ŠAFAR, Branka: Semantička adaptacija engleskih, njemačkih i francuskih posuđenica u Tolstojevo doba. — *Filologija* 10, 1980-81 (1982), 233-242 | E. summ.

12242 KOGOTKOVA, T.S.: *Russkaja dialektnaja leksikologija* . . . — Moskva: 1979 | BL 1979, 10471. | *ZbFL* 24, 1981/1 (1982), 177-180 S.V. Zajceva.

12243 KOLESOV, V.V.: Literaturnye slova v dialektnoj reči (3. *bolezn'*). — *DialL* 1979 (1982), 12-28 | Cf. BL 1979, 10472.

12244 KOPORSKAJA, E.S.: O nekotorych faktorach vozniknovenija leksičeskoj variantnosti v russkom literaturnom jazyke XVIII – načala XIX v. — [11821], 22-38.
12245 KORNEV, A.I.: Rol' ustojčivych slovosočetanij v razvitii semantiki slova. — *SRLek* 1980 (1981), 43-53.
12246 KOZYREV, I.S.: Razvitie i sootnošenie oblastnoj i literaturnoj leksiki so značenijami "master po kovke metalla", "pomeščenie, v kotorom obrabatyvaetsja metall kovkoj" v russkom i belorusskom jazykach. — *DialL* 1979 (1982), 60-67.
12247 KRAPIVNYJ, A.P.; RADKEVIČ, V.A.; TICHONOVA, N.I.: *Kratkij zoologičeskij slovar'*. Pod obščej red. V.A. Radkeviča. — Minsk: "Vyšėjšaja škola", 1982, 222 p., 24 pl., numerous fig.
12248 KUČEROVÁ, E.: Frazeologičeskaja edinica v teoretičeskom i praktičeskom plane. — [125], 209-212.
12249 KUČEROVÁ, Eleonóra: K voprosu o sopostavitel'nom izučenii frazeologii (Na materiale russkogo i slovackogo jazykov). — *RLB* 6, 1982, 107-114.
11250 KUČEROVÁ, Eleonóra: Sémantická analýza adjektívnych ustálených slovných spojení s frazeologizovaným komponentom (na ruskom a slovenskom materiáli). — *SlavSl* 17, 1982, 18-31 | Semantic analysis of adjectival fixed word-combinations with phraseologized component in Ru. and Slov. (Ru. summ.).
12251 KUNES, Karen Zdenka VON: *The lexical impact of Italian upon the standard Russian language from Peter the Great until the present*. — McGill Univ. (Canada) diss., 1980 | *DAb* 41/3, 1980, 1046-A.
12252 KUZNECOVA, Ė.V.: *Leksikologija russkogo jazyka . . . dlja studentov filologičeskich fakul'tetov universitetov.* — Moskva: "Vysšaja škola", 1982, 151 p.
12253 KUZNECOVA, T.V.: Semantičeskaja struktura mnogoznačnogo glagola (opyt analiza). — *NDVŠ-F* 1982/3, 29-37 | On the verb *smotret'*.
12254 LAVRENT'EVA, N.B.: K voprosu o principach klassifikacii glagol'nych metafor (na materiale govorov Novosibirskoj oblasti). — [11820], 123-133.
12255 LEONIDOVA, Marija: Poslovici i pogovorki s onomastičen komponent (v ruskija, bălgarskija i nemskija ezik). — *SEz* 7, 1982/4, 13-20 | Proverbs and sayings with onomastic components (in Ru., Bulg. and G.).
12256 LEŚNIAK, Barbara: Nazvanija ženščin po mestu žitel'stva ili proischoždenija v russkom jazyke (struktura slov na *-anka*). — *RND* 84, *Prace Rusycystyczne* 6, 1982, 143-152.
12257 LEVAŠOV, E.A.: Prilagatel'nye ot sobstvennych imen i leksikografičeskaja tradicija. — *SRLek* 1980 (1981), 139-142.
12258 LEVENKO, E.P.: Vidy semantičeskich izmenenij v promyslovoj leksike russkich govoroch (na materiale terminov rybolovstva). — *VMU* 1982/6, 55-61.
12259 L'HERMITTE, René: A propos de *podvig*. — *RESl* 54, 1982, 153-155.
12260 L'HERMITTE, René: Lexicographie et idéologie. — *RESl* 54, 1982, 403-408.
12261 LUK'JANOVA, N.A.: O nekotorych aspektach izučenija ėkspressivno-vyrazitel'noj leksiki dialektnogo jazyka. — [11820], 96-111.
12262 L'VOV, A.S.: Iz leksičeskich nabljudenij. 19-20. — *Ėtimologija* 1980 (1982), 114-120 | 19. K ėtimologii slov s osnovoj *mosk-ot'-*. 20. *Šupaškar*.
12263 MAURER, Walter: *Englische und anglo-deutsche Lehnübersetzungen im Russischen*. — Slavica Helvetica 21 (Diss. Zürich); Bern: Lang, 1982, 192 p.
12264 MELADZE, E.O.: Semantičeskoe pereoformlenie staroslavjanskoj leksiki v russkom literaturnom jazyke. — *NDVŠ-F* 1982/2, 10-16.
12265 MERKULOVA, V.A.: Russkie ėtimologii. V. — *Ėtimologija* 1980 (1982), 87-93

| *osetovat'sja; ogloben'; krečely; aglet'; obeton.* | Cf. BL 1980, 10867.
12266 MERKULOVA, V.A.: Iz terminologii narodnoj mediciny. — *OLA* 1980 (1982), 282-287.
12267 MICHAJLOVSKAJA, N.G.: *Sistemnye svjazi v leksike drevnerusskogo knižnopis'mennogo jazyka XI-XIV vv.* . . . — Moskva: 1980 | BL 1980, 10870. | *VJa* 1982/2, 139-142 A.I. Gorškov.
MIESZKOWSKA, W.: Metaforyczne znaczenie czasowników . . . — 11567.
12268 MIKULINA, L.T.: Otraženie nacional'noj kul'tury v tolkovom slovare. — *SRLek* 1980 (1981), 62-69.
12269 MOISEEV, A.I.: Über eine Formel zur Erklärung von Wörtern in Wörterbüchern. — [2930], 192-200 | Transl. of: Ob odnoj formule tolkovanija slov v slovarjach, *NDVŠ-F* 1972/3, 92-97.
12270 MORACHOVSKAJA, O.N.: K istorii nazvanij postroek v russkom jazyke (*chata*). — *OLA* 1980 (1982), 36-55, map.
12271 NIMČUK, V.V.: Davn'orus'ka pobutova leksyka. — *Mov* 1981/6, 30-40.
12272 NOVÁČEK, Čestmír; ZIMEK, Rudolf: *Rusko-český a česko-ruský slovník lingvistických termínů.* — Praha: Stát. pedag. nakl., 1981, 63 p. | Dictionary of linguistic terms: Ru.-Cz. and Cz.-Ru.
12273 NOVIKOVA, N.V.: Varianty v nazvanijach lic so značeniem "žitel' planety" (na materiale sovremennoj fantastičeskoj literatury). — [11821], 182-192.
12274 *Novoe v russkoj leksike: slovarnye materialy – 78.* Pod red. N.Z. KOTELOVOJ. — Moskva: 1981 | BL 1981, 12071. | *VJa* 1982/3, 122-127 V.G. Gak (Also on the 77 vol. [BL 1980, 10878]) | *RTP* 1982/4, 59-60 Z. Trösterová | *JiS* 27, 1981-82, 166-168 F. Jakopin (Also on the 77 vol.).
12275 *Novye slova i slovari novych slov.* Pod red. N.Z. KOTELOVOJ. — Leningrad: "Nauka", 1978, 184 p. | *ČRus* 27, 1982, 92-94 M. Sádlíková.
12276 NYKLOVÁ, Anna: Některé výrazové prostředky k vyjádření významu "změna stavu" v ruském odborném textu. — *RTP* 1982/4, 5-11 | Einige Ausdrucksmittel der Zustandsänderung bei den Verben in ru. Fachtexten.
12277 ODINCOV, G.F.: *Iz istorii gippologičeskoj leksiki* . . . — Moskva: 1980 | BL 1980, 10879. | *VJa* 1982/4, 135-136 V.Ja. Derjagin.
12278 ODINCOV, G.F.: K istorii drevnerusskich nazvanij boevych nožej. — *Ètimologija* 1980 (1982), 120-134.
12279 ORLOV, M.M.: Frazeologizacija grammatičeskich značenij. — *NDVŠ-F* 1982/5, 66-71.
12280 OROSZOVÁ, Daniela: Preberanie pomenovaní z cudzích jazykov a jeho vplyv na motiváciu ruských a slovenských termínov. — *SlavSl* 17, 1982, 237-242 | Borrowing of naming units from foreign languages and its influence on the motivation of Ru. and Slov. terms (Ru. summ.).
12281 OSYPENKO, Z.M.: Pro sučasni tendenciji rozvytku leksyky (na materiali rosijs'koji movy). — *Mov* 1981/4, 33-37.
12282 OTIN, E.S.: Materialy k slovarju sobstvennych imen, upotrebljaemych v perenosnom značenii. — *VO* 14, 1980, 3-13.
PADO, A.: Wykorzystanie genetiwu adnominalnego i przymiotnika dzierżawczego . . . — 11568.
12283 PANIN, L.G.: Geografičeskie terminy v delovoj pis'mennosti zapadnoj Sibiri XVII – pervoj poloviny XVIII v. — [11820], 35-49.
12284 PANIN, L.G.: Iz istorii leksiki russkich sibirskich govorov. — [11820], 9-26.
12285 PAVLENKO, P.I.: K voprosu o vzaimodejstvii leksiki russkogo literaturnogo jazyka i narodnych govorov (o pristavočnych obrazovanijach knižnoslavjanskogo proischoždenija). — *DialL* 1979 (1982), 150-160.

12286 PAVLOV, V.M.; RIZAEV, B.Ch.: O principach vydelenija stroevych fazovych glagolov, vyražajuščich značenie prekraščenija processa. — *UZTarU* 537, 1980 (*Vopr. ru. aspektologii* 5), 128-139.
12287 PEN'KOVSKAJA, N.P.: Semantičeskie izmenenija slova *stykovka*. — *SRLek* 1980 (1981), 132-134.
12288 PERERVA, V.M.: Pereroždajutsja li terminy v obščem upotreblenii? — *SRLek* 1980 (1981), 89-97.
12289 PERERVA, V.M.: Die Auswahl der terminologischen Lexik für allgemeinsprachlichen Wörterbücher. — [2930], 166-182 | Transl. of: Otbor terminologičeskoj leksiki dlja obščich slovarej jazyka (in: *Sovremennaja russkaja leksikografija*, 1977 [BL 1980, 10928], 107-120).
PERICHANJAN, A.G.: Ėtim. zametki I. — 4878.
12290 PETLEVA, I.P.: Ėtimologičeskie zametki: rus. dial. *škritka* – praslav. *(s)kriti. — *OLA* 1980 (1982), 288-289.
12291 PETROVA, Z.M.: Ešče raz o slove *romantičeskij* (istorija i leksikografičeskoe opisanie). — *SRLek* 1980 (1981), 120-127.
12292 PISANI, Vittore: Russo *pocelúj* "bacio" e greco χεῖλος. — *Paideia* 37, 1982, 76.
12293 PLOTICYN, V.N.: O rasširenii sfery obraščenija zaimstvovannych sportivnych terminov. — *VLU* 1982/14, 102-105.
POGOSOVA, S.S.: Opyt semantičeskoj klassifikacii glagolov dviženija ... — 4883.
12294 POPOV, I.A.: Narečija i narečnye sočetanija so značeniem vremennoj koordinacii v predelach bližajšich sutok. — *DialL* 1979 (1982), 29-49.
12295 POPOVA, N.V.: Osobennosti otricanija *ne-* v sostave nekotorych dialektnych slov. — *DialL* 1979 (1982), 136-139.
12296 POPPE, Nicholas, Jr.: On some Turkic words in Old Russian. — *CAJ* 25, 1981, 310-316.
12297 POTECHINA, N.Ju.: Leksiko-semantičeskie varianty imen suščestvitel'nych v tomskich delovych dokumentach XVII v. — [11820], 26-35.
12298 PRIVALOVA, M.I.: Priemy komičeskogo istolkovanija značenij slov v satiričeskich miniatjurach XIX v. — *SRLek* 1980 (1981), 77-89.
12299 PROKOPOVIČ, N.N.; DERIBAS, L.A.; PROKOPOVIČ, E.N.: *Imennoe i glagol'noe upravlenie v sovremennom russkom jazyke*. Izd. 2-e, ispravlennoe. — Moskva: "Russkij jazyk", 1981, 189 p.
RAJCHŠTEJN, A.D.: *Sopostavitel'nyj analiz nemeckoj i ru. frazeologii*. — 8342.
12300 REJSER, S.A.: *Dvornik*. — *SRLek* 1980 (1981), 134-138.
12301 ROGOŽNIKOVA, R.P.: Redkie slova v proizvedenijach avtorov XIX v. — *VJa* 1982/1, 78-86.
12302 ROJS, Jurij: Razvrstitev frazeologemov iz jugoslovanske družbene prakse v ruskem jeziku. — *JiS* 27, 1981-82, 66-70.
12303 ROTY, Martine: *Dictionnaire russe-français des termes en usage dans l'Église russe*. — Lexiques de l'Inst. d'études sl. 4; Paris: Inst. d'études sl., 1980, 160 p. | *SEER* 60, 1982, 443-444 S. Hackel.
12304 ROŽDESTVENSKIJ, Vl.V.: Slovo *dulo* i svjazannye s nim ponjatija v slovarjach sovremennogo russkogo jazyka. — *SRLek* 1980 (1981), 127-132.
12305 *Rusko-český a česko-ruský elektrotechnický a elektronický slovník*. Zpracoval kolektiv. — Praha: SNTL, 1982, 804 p. | Dictionary of electro-technics and electronics: Ru.-Cz. and Cz.-Ru.
12306 *Rusko-český hutnický slovník*. Zpracoval kolektiv. — Praha: SNTL / Moskva: "Russkij jazyk", 1982, 280 p. | Ru.-Cz. metallurgical dictionary.

12307 *Rusko-slovenský pôdohospodársky slovník.* . . . pod ved. M. SOTÁKA. — Bratislava: 1980 | BL 1981, 12091. | *SlavSl* 17, 1982, 94-96 L'. Benediková.
12308 *Russko-belorusskij slovar' v dvuch tomach. / Ruska-belaruski sloŭnik u dvuch tamach.* Red.: K.K. ATRACHOVIČ (Kondrat KRAPIVA). Izd. 2-e, dopolnennoe i pererabotannoe. 1. *A — O*; 2. *P — Ja.* — Minsk: Izd. "Belorusskaja Sovetskaja Ėnciklopedija" (Inst. jazykoznanija imeni J. Kolasa AN BSSR), 1982, 648; 634 p. | First ed. 1953.
12309 ŠATUNOVSKIJ, I.B.: Kommunikativnye funkcii slova i otnošenija motivacii. — *NDVŠ-F* 1982/6, 48-55.
12310 SAVICKÝ, Nikolaj: Slovari russkogo i češskogo jazykov i perspektivy razvitija leksikografii. — *ČRus* 27, 1982, 62-67.
12311 ŠČĖRBIN, V.K.: Katėhoryja prastory-času ŭ leksicy ruskaj i belaruskaj moŭ. — *VANB* 1982/3, 110-118.
12312 SCHLOSSER, Hannelore: *Theorien der lexikalischen Synonymie im Russischen.* — Frankfurt a.M.: 1977 | BL 1977, 12035. | *ASlPh* 13, 1982, 131-132 C. Cheauré.
12313 SEDLÁKOVÁ, B.: Nekotorye novye tendencii v ispol'zovanii predložnych slovosočetanij v jazyke russkoj delovoj literatury (Na jazyke materialov SEV). — *RTP* 1982/1, 36-39 | SEV = Sovet ėkonomičeskoj vzaimopomošči.
12314 SEKANINOVÁ, Ella: *Semantická analýza predponového slovesa v ruštine a slovenčine.* — Bratislava: 1980 | BL 1980, 10912. | *SovSlav* 1982/4, 119-121 M.A. Osipova | *SS* 43, 1982, 144-151 M. Dokulil | *JazA* 19, 1982, 43-44 A. Jirsová.
12315 SEKANINOVÁ, Ella: Lexikálno-sémantická skupina slovies pocitu v ruštine a slovenčine. — *SlavSl* 17, 1982, 32-39 | A lexical-semantic group of verbs denoting emotions in Ru. and Slov. (Ru. summ.).
12316 SERGEEV, V.N.: Professionalizmy kak ob"ekt leksikografii. — *SRLek* 1980 (1981), 97-105.
12317 SETAROV, D.S.: Tjurkizmy v russkich nazvanijach životnogo mira. — *SovT* 1980/1, 8-27.
12318 ŠIŠKA, Z.: O funkcionirovanii v reči nekotorych russkich kvantifikatorov. — [125], 405-408.
SITARSKI, A.: O kompresji strukturalnej w zakresie . . . terminologii językoznawczej. — 11577.
SITARSKI, A.: O synonimii w . . . terminologii językoznawczej. — 11578
12319 SŁAWSKI, Franciszek: O słownictwie bylin. — [302], 721-723.
12320 *Slovar' russkich narodnych govorov.* Vyp. 18: masleniček — mutarslivnyj. [Glavnyj red.: F.P. FILIN. Red.: F.P. SOROKOLETOV. Sost.: N.I. ANDREEVA-VASINA, O.D. KUZNECOVA, et al.]. — Leningrad: "Nauka", 1982, 367 p. | Cf. BL 1981, 12105.
12321 *Slovar' russkogo jazyka XI-XVII vv.* Vyp. 9 (M). [Glavnyj red.: F.P. FILIN. Red.: G.A. BOGATOVA. Red. vypuska: V.Ja. DERJAGIN, O.V. MALKOVA]. — Mosvka: "Nauka", 1982, 357 p. | Cf. BL 1981, 12107.
12322 SMELEVA, I.N.: Einige Fragen der Stilistik in einem allgemeinen Wörterbuch der Hochsprache. — [2930], 201-220 | Transl. of: Nekotorye voprosy stilistiki v obščem slovare literaturnogo jazyka (in: *Sovremennaja russkaja leksikografija*, 1975 [BL 1977, 12049], 24-39).
12323 SMOLINA, K.P.: Leksičeskoe značenie v ego otnošenii k paradigmatičeskim i sintagmatičeskim svjazjam slova. — *NDVŠ-F* 1982/3, 60-64.
12324 ŠNAJDROVÁ, Hana; POTICHA, Z.A.: Leksičeskie povtory pri obrazovanii narečij. — *RTP* 1982/1, 26-29.

12325 SOROKOLETOV, F.P.: Slova so značeniem "stojanka", "stan" v russkom jazyke. — *DialL* 1979 (1982), 68-82.
12326 SOROKOLETOV, F.P.: Traditionen der sowjetrussischen Lexikographie. — [2930], 63-88 | Transl. of BL 1978, 9693.
12327 *Sovremennaja russkaja leksikografija,* 1980. [Red.: A.M. BABKIN; V.N. SERGEEV]. — Leningrad: "Nauka", 1981, 144 p. | Cf. BL 1980, 10927-8.
12328 STETKIEWICZ, Maria Teresa: Międzynarodowe kontakty a zapożyczenia językowe (na podstawie italianizmów we współczesnym języku rosyjskim). — *ZNBiał* 34, *Filologia Rosyjska* 6, 1982, 107-113.
12329 TARABASOVA, N.I.: Iz istorii sinonimičeskich otnošenij slov s kornjami *bol-* i *skorb-* (na materiale vestej-kurantov pervoj poloviny XVII v.). — [11813], 115-131.
12330 TELIJA, V.N.: *Tipy jazykovych značenij: svjazannoe značenie slova v jazyke.* — Moskva: "Nauka", 1981, 269 p.
12331 THOMAS, George: *Middle Low German loanwords in Russian.* — München: 1978 | BL 1978, 9706. | *KLit* 8, 1979, 153-154 A.R. Wedel.
12332 TIMOFEEVA, O.V.: Semantičeskaja i slovoobrazovatel'naja charakteristika otantroponimičeskich obrazovanij v russkoj dialektnoj leksike. — *VO* 14, 1980, 127-130.
12333 URAKSIN, Z.G.: Vzaimodejstvie russkogo i tjurkskich jazykov v oblasti frazeologii. — *VJa* 1982/1, 107-112.
URBUTIS, V.: Lie. *atpetúoti,* r. *pétat'.* — 9734.
12334 VAIMBERG, Solomon: On the semantic structure of the verbs of motion in Russian. — *RRLing* 26, 1981, 289-293.
12335 VARCHOLA, M.: Funkcija i značenie "kontrastno-pragmatičeskich" antonimov v sovremennom russkom jazyke. — [125], 75-79.
12336 VAŠČENKO, T.F.: Nekotorye dannye o sostave leksiki otkaznych knig. — [11814], 147-157.
12337 VASIL'EV, L.M.: *Semantika russkogo glagola.* — Moskva: "Vysšaja škola", 1981, 184 p.
12338 VINOGRADOV, S.I.: Abbreviatury kak varianty oboznačenija v russkom literaturnom jazyke 20-ch – načala 30-ch godov. — [11821], 148-181.
12339 VINOGRADOV, V.V.: Über die Homonymie in der russischen lexikographischen Tradition. — [2930], 221-231 | Transl. of: Ob omonimii v russkoj leksikografičeskoj tradicii (in: *Istoriko-filologičeskie issledovanija,* Moskva, 1967, 51-57).
12340 VOL'F, E.M.: K voprosu o klassifikatorach priznakov. — *NDVŠ-F* 1982/2, 32-38.
12341 VOSTRIKOV, O.V.: Substratnaja geografičeskaja terminologija v russkich govorach i toponimii Volgo-Dvinskogo meždureč'ja. — *VO* 14, 1980, 71-79.
12342]WEISMANN, Ehrenreich]. *Weismanns Petersburger Lexikon von 1731.* (I); II. — Specimina philologiae Slavicae 46; München: Sagner, 1982, [4], iv, 394 p.; 1983, p. 394-788 | Repr. of *Teutsch-Lateinisch- und Russisches Lexicon,* St. Petersburg 1731. Preface by B. SCHOLZ, G. FREIDHOF, et al.
12343 WILSKE, L.: Performative Verben im Russischen. Semantische und funktionale Aspekte. — *ZSl* 27, 1982, 446-453.
12344 WILSON, Elizabeth A.M.: *The modern Russian dictionary for English speakers: English-Russian.* Russian ed.: L.P. POPOVA; assistant Ru. ed.: M.D. LITVINOVA; assistant compilers: E. WILSON, A. LEE, J. MCNAIR. — Oxford: Pergamon Press / Moskva: "Russkij jazyk", 1982, 716 p.
12345 WÓJCIK, Tomasz: Przyimek jako uzupełniający środek nominacji językowej. — *StRP* 16, 1981 (1982), 161-167.

12346 WOLTNER, Margarete: *Likbez* und *beskul'tur'e*. — [302], 757-764.
12347 YOUNG, Steven: Dialectal data and etymologies: Russian *sóčen'* and *šči*. — *IJSLP* 24, 1981 (1982), 115-119.
12348 ZAJČENKO, N.F.: Pro strukturno-semantyčni osoblyvosti komparatyvnych frazeolohičnych odynyc' (na materiali frazeolohizmiv z animal'nym komponentom). — *Mov* 1982/4, 41-46.
12349 ZAREC'KYJ, O.V.: Sproba typolohičnoho doslidžennja odnoho leksyčnoho cyklu (semantyka i slovotvir). — *Mov* 1981/6, 75-81.
12350 ZASLAVSKY, Victor; FABRIS, Maria: Leksika neravenstva: k probleme razvitija russkogo jazyka v sovetskij period. — *RESl* 54, 1982, 387-401.
12351 ŽUKOV, V.P.: *Škol'nyj frazeologičeskij slovar' russkogo jazyka*. — Moskva: 1980 | BL 1981, 12129. | *SR* 47, 1982, 121-124 P. Ďurčo.

6. ORTHOGRAPHY — ORTHOGRAPHE

12352 BUKČINA, B.Z.: Orfografičeskie varianty. — [11821], 215-233.
12353 ČEL'COVA, L.K.: O napisanii suščestvitel'nogo *Leniniana*. — [11824], 260-266.
12354 DAUKSZA-KRUPIŃSKA, Maria: Problemy pisowni nazw geograficznych Polski w języku rosyjskim. — *StRP* 16, 1981 (1982), 19-21.
12355 GOLYŠENKO, V.S.: Nemarkirovannyj znak *y* v rannich vostočnoslavjanskich rukopisjach. — [11814], 3-29.
12356 KOTKOVA, N.S.: Udvoennye napisanija *i* po dannym nekotorych rukopisnych tekstov delovogo soderžanija XVII v. — [11813], 132-155, 8 facsim.
12357 LIBERMAN, Anatoly: Orthography and phonemics in present-day Russian. — [165], 51-55.
12358 MALKOVA, O.V.: Paleografičeskoe opisanie galicko-volynskoj rukopisi (GPB. F. p. I. 64). — [11813], 297-308.
12359 NOSOWICZ, Jan: Transpozycja polskich nazw własnych w tekście rosyjskim a obowiązujące normy. — *ZNBiał* 34, *Filologia Rosyjska* 6, 1982, 57-70.
12360 OSIPOV, B.I.: Zametki ob orfografii piscov Kirillo-Belozerskogo monastyrja v XV v. — [11813], 287-297.
12361 TARABASOVA, N.I.: Nekotorye čerty moskovskoj skoropisi XVII v. — [11814], 170-220.

7. STYLISTICS — STYLISTIQUE

12362 ALEKSEEV, A.Ja.: Stilističeskaja informacija jazykovogo znaka. — *NDVŠ-F* 1982/1, 50-55.
12363 ARANT, Patricia: Aspects of oral style: Russian traditional oral lament. — *CASS* 15, 1981, 42 51.
12364 BELOVA, L.I.: Stilističeskoe osvoenie leksiki dialektnogo proischoždenija sovremennym russkim literaturnym jazykom. — *DialL* 1979 (1982), 170-173.
12365 BENOIST, Jean-Pierre: *Les fonctions de l'ordre des mots en russe moderne (dans les romans et nouvelles de Gorki)*. — Paris: 1979 | BL 1980, 10760. | *SEz* 7, 1982/1-2, 166-173 E. Georgieva | *SEEJ* 26, 1982, 375-376 K.L. Nalibow | *CSlP* 24, 1982, 203-204 G. Schaarschmidt | *Mov* 1981/6, 85-87 S. Vorobjova; I. Dolgov.
12366 BOJKO, Neonila: O lingvističeskoj prirode kategorii "obraza avtora". — *StRP* 16, 1981 (1982), 3-12.

RUSSE

12367 [BULACHAŬ, M.H.] BULACHOV, M.G.: *Osnovnye voprosy sopostavitel'noj stilistiki russkogo i belorusskogo jazykov.* — Minsk: 1979 | BL 1979, 10566. | *Mov* 1981/1, 93 H. Pivtorak.

12368 ČEREMISINA, N.V.: *Voprosy ėstetiki russkoj chudožestvennoj reči.* — Kiev: 1981 | BL 1981, 12149. | *Mov* 1982/6, 72-73 I. Borysjuk.

12369 ČERTORYZ'KA, T.K.: Vplyv ukrajins'koji movy na leksyko-semantyčnu systemu rosijs'kych tvoriv T.H. Ševčenka. — *Mov* 1981/3, 25-33.

12370 ČERVENJAKOV, Aleksandăr: O nekotorych aspektach stilja i chudožestvennoj sistemy romana M. Gor'kogo "Delo Artamonovych". — *BRus* 9, 1982/1, 23-32.

12371 DASZCZYŃSKA, Izabella: *Frazeologia wojennych powieści Konstantego Simonowa w konfrontacji z polskimi przekładami.* — Słupsk: Wyższa Szkoła Pedagogiczna, 1982, 224 p.

12372 DEM'JANOVIČ, M.I.: Ob upotreblenii V.I. Leninym ustojčivych sravnenij. — *RJ* 33, 1982-83, 174-176.

12373 DENISOV, P.N.: O jazyke i stile pisatelja, myslitelja, politika (v svjazi s rabotoj nad slovarem jazyka V.I. Lenina). — *IzvAN* 41, 1982, 387-396.

12374 DONČENKO, N.: Istoričeskij roman i problema povestvovatel'nogo vremeni. — *BRus* 9, 1982/2, 40-48.

12375 DONECKICH, L.I.: *Ėstetičeskie funkcii slova.* Otv. red.: N.F. IVANOVA. — Kišinev: "Stiinca", 1982, 154 p.

12376 DREIZIN, Felix; PRIESTLY, Tom: A systematic approach to Russian obscene language. — *RLing* 6/2, 1982, 233-249 | Cf. 12411.

12377 EREMINA, L.I.: Točnost' iskusstva . . . i točnost' grammatiki. — [11821], 248-269.

12378 FORMANOVSKAJA, N.I.: *Stilistika složnogo predloženija.* — Moskva: 1978 | BL 1980, 10966. | *RJ* 32, 1981-82, 285-288 J. Bezděk.

12379 FRANZ, Norbert: *Groteske Strukturen in der Prosa Zamjatins: syntaktische, semantische und pragmatische Aspekte.* — Slavistische Beiträge 139; München: Sagner, 1980, 312 p. | *SEER* 60, 1982, 284-285 C.J. Barnes.

12380 GORŠKOV, A.I.: Vopros o variantnosti norm v svjazi s ponimaniem jazyka kak sistemy sistem. — [11821], 234-248.

12381 [HÜTTL-FOLTER, G.] CHJUTL'-FOL'TER, G.: O meste razgovornoj reči v obščeliteraturnom jazyke. — [143], 55-58.

12382 IŽAKEVIČ, G.P.; KONONENKO, V.I.; PILINSKIJ, N.N.; SIROTINA, V.A.: *Sopostavitel'naja stilistika russkogo i ukrainskogo jazykov.* — Kiev: Vyšča škola, 1980, 208 p. | *BeLi* 21, 1982, 73-75 V.M. Nikalaeva | *NDVŠ-F* 1982/3, 92-93 G.M. Čumakov | *Mov* 1981/6, 82-84 Ju. Bjel'čykov.

12383 JAKOBSON, Roman: La facture d'un quatrain de Pouchkine. — *Poétique* 9/34, 1978, 189-192 | Zoloto i bulat (1827).

12384 JUNGGREN, Anna: Nekotorye sintaksičeskie osobennosti rannej poėzii B. Pasternaka. — *ScSl* 28, 1982, 223-234.

12385 KARPOVA, O.M.; STUPIN, L.P.: Slovar' avtobiografičeskoj trilogii M. Gor'kogo. — *NDVŠ-F* 1982/1, 67-70.

12386 KNORINA, L.V.: Grammatika i norma v poėtičeskoj reči (na materiale poėzii B.L. Pasternaka). — *PSL* 1980 (1982), 241-253.

12387 KOŽIN, A.N.: Jazyk chudožestvennoj literatury kak specifičeskaja forma suščestvovanija literaturnogo jazyka. — [143], 67-71.

12388 KOŽIN, A.N.: O predmete stilistiki. — *VJa* 1982/2, 68-74.

12389 KUKUŠKINA, E.Ju.: O nekotorych tipach vzaimodejstvija leksičeskogo i sintaksičeskogo povtora v lirike A. Bloka. — *PSL* 1980 (1982), 232-241.

12390 LARIOCHINA, N.M.: *Voprosy sintaksisa naučnogo stilja reči.* — Moskva: 1979 | BL 1979, 10609. | *ČRus* 27, 1982, 91-92 H. Bendová.
12391 LEONOVIČOVA, Zdenka: Neskol'ko zamečanij k jazyku i stilju V.I. Lenina. — [11837], 21-30 | Cz. summ.
12392 MIKUŠKA, Ladislav: K niektorým lingvisticko-štylistickým otázkam ruského odborného textu. — *Ruštinár* 17, 1982/4, 4-8 | Some linguistic-stylistic questions of Ru. technical texts.
12393 MILEJKOWSKA, Halina: Środki ekspresji w balladach Włodzimierza Wysockiego. — *ZNBiał* 34, *Filologia Rosyjska* 6, 1982, 45-55.
12394 [MILEJKOWSKA, H.] MILEJKOVSKA, Galina: Staroe i novoe v jazyke A.S. Puškina (Slovoobrazovanie imen prilagate'nych). — *PrzR* 4, 1981/4 (1982), 73-79.
12395 PETEŁCZYC, Regina: Cerkiewizmy jako środek ekspresji we współczesnej poezji rosyjskiej. — *ZNBiał* 34, *Filologia Rosyjska* 6, 1982, 71-85.
12396 PROSNAK, Hanna: Koncepcja języka Wielemira Chlebnikowa. — *StRP* 16, 1981 (1982), 101-109.
12397 PURM, Radko; REJMÁNKOVÁ, Ludmila: K voprosu o razvitii russkoj dialogičeskoj reči. — *RTP* 1982/2, 53-57.
12398 RAECKE, Jochen: Zur Frage der Definition des zeitgenössischen russischen *prostorečie.* — [185], 155-185.
12399 RUTKA, Barbara: Elementy folklorystyczne w języku opowiadań M. Sałtykowa. — *PrzR* 4, 1981/4 (1982), 61-67.
12400 ŠELGUNOVA, Lidija: Reproduktivnye formy ukazanija na reč' personažej v russkoj povestvovatel'noj chudožestvennoj proze. — *ČRus* 27, 1982, 205-212.
12401 SELIVERSTOVA, E.I.: Nekotorye stilističeskie priemy ispol'zovanija frazeologičeskich edinic v proizvedenijach N.S. Leskova i ich peredača na češskij jazyk. — *VLU* 1982/20, 75-80.
12402 SIMEK, Anna: Sintetičeskaja i analitičeskaja forma sravnitel'noj stepeni prilagatel'nych v jazyke chudožestvennoj literatury 70-ych godov. — *JR* 35, 1982/2, 77-81.
12403 SMORCZEWSKA, Helena: Problem onomatopei w liryce pejzażowej G.R. Dzierżawina. — *ZNBiał* 34, *Filologia Rosyjska* 6, 1982, 95-106.
12404 ŠUL'SKAJA, O.V.: Funkcii paronimii v chudožestvennoj reči (paronimičeskie svjazi slova *dym* v russkoj poèzii). — *PSL* 1980 (1982), 222-231.
12405 SUPA, Wanda: Organizacja form językowych we współczesnej radzieckiej prozie produkcyjnej. — *ZNBiał* 34, *Filologia Rosyjska* 6, 1982, 115-124.
12406 SZYMONIUK, Maja: *Wykorzystanie elementów języka potocznego w literaturze rosyjskiej lat 1955-1978.* — PrNUŚ 50; Katowice: Uniw. Śląski, 1982, 155 p. | E. summ.
12407 TIŠKINA, I.I.: Frazeologija v romanach Il'i Il'fa i Evgenija Petrova. — *SSlav* 27, 1981 (1982), 241-254.
12408 TKAČENKO, L.P.: Stilističeskoe ispol'zovanie paronimičeskoj attrakcii v sovremennom russkom jazyke. — *NDVŠ-F* 1982/4, 76-81.
12409 VEYRENC, Jacques: L'appareil du discours indirect en slavon russe (d'après la relation de la parabole de Carpe dans la Correspondance d'Ivan le Terrible avec Kurbskij). — *RESl* 54, 1982, 237-246.
12410 VEYRENC, Jacques: Note sur le style indirect libre (SIL) dans les Fables de Krylov. — *RESl* 54, 1982, 437-453.
12411 WARD, D.: Pro-form and metaphor − Pro-form and vocative. — *RLing* 7/1, 1982, 21-23 | Apropos of No. 12376.
12412 WIELICZKO, Kazimierz: *Živaja reč' v uslovijach massovoj kommunikacii.*

Sportivnyj kommentarij na russkom i pol'skom jazykach. — Uniw. im. A. Mickiewicza w Poznaniu. Seria: Filologia Rosyjska 17; Poznań: Uniw. im. A. Mickiewicza, 1982, 121 p. | Spoken language in mass media. Sports commentaries in Ru. and Pol. (E. summ.).

12413 ZHOLKOVSKY, Alexander: Distributive contact: a syntactic invariant in Pasternak. — *WSlA* 9, 1982, 119-149 + loose addenda.

12414 ŽVÁČEK, Dušan: Genetivní metafora v tvorbě Josifa Utkina. — *SlavOl* 4, 1982, 75-80 | The genitive metaphor in J. Utkin's (1903-44) work (Ru. summ.).

8. METRICS, VERSIFICATION — MÉTRIQUE, VERSIFICATION

12415 BACIGÁLOVÁ-VALCEROVÁ, Hana: Rým Andreja Voznesenského a jeho prekladové substitúcie. — *SlavSl* 17, 1982, 150-168 | A. Voznesenskij's rhyme and its transl. substitutes in Cz. and Slov.

12416 BAEVSKIJ, V.S.: Stich i poèzija. — *PSL* 1980 (1982), 254-269.

12417 BAILEY, James: The Russian three-stress *dol'nik* with zero anacrusis. — *IJSLP* 23, 1981 (1982), 113-131.

12418 GASPAROV, M.L.: Semantičeskij oreol trechstopnogo amfibrachija. — *PSL* 1980 (1982), 174-192.

12419 GERHARDT, Dietrich: "Hyperdaktylischer" Reim im Russischen. — *WSlav* 27, 1982, 44-56.

12420 GINDIN, S.I.: Ritmika, intonacija i smyslovaja kompozicija v poème Vl. Lugovskogo "Kak čelovek plyl s Odisseem". — *PSL* 1978 (1981), 230-265.

12421 IVANOV, Vjač.Vs.: Ob odnom sposobe organizacii ritmičeskogo postroenija stichotvorenija. — *PSL* 1978 (1981), 218-229.

12422 JACOBSSON, Gunnar: Le message d'une femme poète défunte à ses amis (le poème *V ogromnom gorode moem – noč'* de Marina Cvetaeva). — [302], 237-255 | Mètre et rhytme, 242-248; Structure phonique, 248-253.

12423 KEMBALL, Robin: A.P. Sumarokov – a master of metrics. — [302], 327-356.

12424 KORMILOV, S.N.: Neklassičeskij stich Lermontova. Diskussionnye problemy ritmologii. — *VMU* 1982/4, 11-21.

12425 KOŽEVNIKOVA, N.A.: Ob odnom prieme zvukovoj organizacii sticha. — *PSL* 1980 (1982), 269-284.

12426 LILLY, Ian K.: On the rich rhymes of M.N. Murav'ev. — *IJSLP* 23, 1981 (1982), 147-161.

12427 LILLY, Ian K.: On the rhymes of Bely's first three books of verse. — *SEER* 60, 1982, 379-389.

12428 MATHAUSEROVÁ, Světla: K typologii ruského lidového verše. — *Metodologie literárněvědných prací. Studie o ruské literatuře* (Praha: 1982), 143-150 | Zur Typologie des ru. Volksverses (Ru. summ.).

12429 SEDLMAJEROVÁ, Dana: Ke zvukové výstavbě poezie S. Kirsanova. — *SPFÚ, Řada cizích jazyků* 1980 (1981), 147-154 | Die Poetik von S. Kirsanov. Klangaufbau (Ru. & G. summ.).

12430 ŠEPELEVA, S.N.; PETROV, V.M.: K probleme opisanija èvoljucionnych parametrov russkoj rifmy. — *PSL* 1978 (1981), 273-289.

12431 ŠEPELEVA, S.N.; PETROV, V.M.: K izučeniju zakonomernostej èvoljucii russkoj rifmy. — *PSL* 1980 (1981), 285-299.

12432 SMITH, G.S.: Stanza rhythm in the iambic tetrameter of three modern Russian poets. — *IJSLP* 24, 1981 (1982), 135-152.

12433 VEJDLE, Vladimir [1895-1979]: *Èmbriologija poèzii: vvedenie v fonosemanti-*

ke poètičeskoj reči. Predislovie E. ÈTKINDA. / WEIDLÉ, Wladimir: *Embryologie de la poésie: introduction à la phonosémantique de la parole.* Préface de Efim ETKIND. — Bibl. ru. de l'Inst. d'Études Sl. 55; Paris: Inst. d'Études Sl., 1980, 296 p. | Recueil d'art. (en ru.) publiés initialement dans la revue *Novyj Žurnal* (New York), 1972-74. | *SlRev* 40, 1981, 500-501 V. Setchkarev | *CASS* 16, 1982, 122-123 T. Eekman.

12434 VICKERY, Walter H.: Deržavin's "Na smert' Kateriny Jakovlevny": a metrical-stylistic study. — *IJSLP* 23, 1981 (1982), 163-180

9. TRANSLATION — TRADUCTION

12435 DLUGOŠ, A.M.: Anglijskij glagol *get* v kauzativnoj funkcii i ego perevod. — *TPP* 7, 1982, 127-132.
FREIDHOF, G.: Innere und äussere sprachliche Differenzierung in Hašeks Švejk und Probleme ihrer Transl. ins Ru. — 10971.
12436 KVESELEVIČ, D.I.: O perevode frazeologizmov v russko-anglijskom frazeologičeskom slovare. — *TPP* 7, 1982, 110-120.
12437 LISICA, N.M.: Perevod anglijskich predložno-imennych sočetanij so značeniem vremeni na russkij jazyk. — *TPP* 7, 1982, 137-143.
12438 NEVMERŽICKIJ, I.S.: Kontaminacija glagol'no-imennych slovosočetanij pri perevode s russkogo jazyka na nemeckij. — *TPP* 7, 1982, 143-149.
12439 SOROKIN, Ju.A.: Leksičeskie sootnesennosti v tekste (Mėj Šėn v perevode Ėzry Paunda). — *TPP* 7, 1982, 120-127.
12440 ŠPAK, N.A.: O perevode propozityvnych imennych fraz v funkcii podležaščego. — *TPP* 7, 1982, 152-162.
12441 VAKULENKO, O.L.: Vossozdanie avtorski preobrazovannych frazeologizmov v perevode (Na materiale anglojazyčnych perevodov proizvedenij V. Majakovskogo). — *TPP* 7, 1982, 97-104.

10. MATHEMATICAL LINGUISTICS — LINGUISTIQUE MATHÉMATIQUE

12442 LEONT'EVA, N.N.; SOKOLOVA, E.G.; KUDRJAŠOVA, I.M.: Sintaksičeskoe predstavlenie v sisteme francuzsko-russkogo avtomatičeskogo perevoda (FRAP). — [175], 147-157.
12443 PERCOVA, N.N.: O strukture neologizmov. — *PBML* 38, 1982, 17-30.
12444 STANČEVA-ARNAUDOVA, Ekaterina: Lingvostatističeskij analiz nekotorych charakteristik pod"jazyka geografii. — *GSU-SF* 71, 1979/1 (1982), 111-125 | Linguistik-statistische Analyse einiger Charakteristiken der Geographiesprache (G. summ.).
12445 ZUBOV, A.V.: Avtomatičeskij statističeskij analiz poètičeskogo teksta. — *UZTarU* 591, 1981 (*Trudy po lingvostatistike* 7), 35-45 | Analysis of texts by S. Esenin (E. summ.).

12. SOCIOLINGUISTICS — SOCIOLINGUISTIQUE

12446 ASFANDIJAROV, I.U.: *Russkij jazyk v Uzbekistane v uslovijach razvitogo socializma (Problemy vzaimovlijanija i vzaimoobogaščenija jazykov).* — Taškent: "Fan", 1982, 159 p. | *NDVŠ-F* 1982/6, 81-82 M.I. Isaev.
BROCH, I.; JAHR, E.H.: *Russenorsk* . . . — 9418.
HAARMANN, H.: *Studien zum Multilingualismus aschkenasischer und orientalischer Juden* . . . — 8431.

12447 *Jazyk i stil' sredstv massovoj informacii i propagandy. Pečat'* – *radio* – *televidenie* – *dokumental'noe kino*. Red.: D.E. ROZENTAL'. — Moskva: Izd. Moskovskogo univ., 1980, 254 p. | *SS* 43, 1982, 169-170 L. Uhlířová.
12448 LAPTEVA, O.A.; BARNET, V.: Teoretičeskaja i metodičeskaja problematika ustnoj naučnoj reči. — [125], 218-222.
12449 NEKVAPILOVÁ, Bohumila: Neskol'ko zamečanij k reči sovetskich studentov. — [181], 93-100.
12450 ROBERT, Claude: Les questions posées par la sociolinguistique au cours de la description du russe d'aujourd'hui. — [116], 115-119.
12451 ROMANIUK, Luba: Wpływ czynników społecznych na zmiany formacji z sufiksem *-š(a)*. — *ZNBiał* 34, *Filologia Rosyjska* 6, 1982, 87-93.
12452 *Russkij jazyk v nacional'nych respublikach Sovetskogo Sojuza*. [Red.: V.V. IVANOV, V.A. IVANOVA, et al.]. — Moskva: "Nauk", 1980, 260 p. | Coll. of papers by several authors. Bibliography, 227-259.
12453 VÁCHA, M.: Kommunikativnaja samodostatočnost' predloženija. — [125], 80-83.

VEENKER, W.: Ru.-finnougrische Stratawirkungen. — 13794.

12454 WHALEN, Suzanne: The pronouns of address in Dostoevskii's *Besy*: a sociolinguistic sketch. — *CSlP* 24, 1982, 67-72.

14. ONOMASTICS — ONOMASTIQUE

12455 AFANAS'EV, A.P.: Formirovanie russkoj ojkonimii v bassejne Mezeni. — [11789], 54-69.

AGEJEVA, R.: Hydronymik balt. Ursprungs auf dem Territorium der Pskower ... Oblast. — 9754.

12456 BASKAKOV, N.A.: *Russkie familii tjurkskogo proischoždenija*. — Moskva: 1979 | BL 1979, 10663. | *LPosn* 25, 1982, 162-166 M. Wójtowicz.
12457 BASKAKOV, N.A.: Turkizmy v nazvanijach moskovskich ulic. — *SovT* 1979/2, 20-29.
12458 BORONINA, O.V.: K voprosu ob otfamil'nych prozviščach. — *VO* 14, 1980, 111-115.

BUKŠS, M.: Latgalische Orts- und Familiennamen im Raum um Polock ... — 9756.

12459 CHUDAŠ, M.L.: Pro pochodžennja davn'orus'kych etnonimiv *drehovyči* j *ulyči*. — *Mov* 1981/5, 52-58.
12460 DOROVSKICH, L.V.: Iz nabljudenij nad naimenovaniem geroev v russkoj narodnoj skazke. — *VO* 14, 1980, 86-98.
12461 DUBOVA, N.G.: Nekotorye osobennosti kliček ochotnič'ich sobak. — *VO* 14, 1980, 145-149.
12462 GERHARDT, Dietrich: *Ein Pferdename: einzelsprachliche Pointen und die Möglichkeiten ihrer Übersetzung am Beispiel von A.P. Čechovs "Lošadinaja familija"*. — Vorträge und Abhandlungen zur Slavistik 3; Giessen: W. Schmitz, 1982, 69 p. | *BNF* 17, 1982, 466-467 J. Knobloch | *WSlJb* 28, 1982, 177-178 G. Wytrzens.
12463 GILJAREVSKIJ, R.S.; STAROSTIN, B.A.: *Inostrannye imena i nazvanija v russkom tekste*. — Moskva: "Meždunarodnye otnošenija", 1978, 240 p. | [11824], 267-269 I.P. Litvin; A.Z. Skripničenko.
12464 GLINSKICH, G.V.: Lingvističeskie kriterii pri utočnenii nazvanij naselennych punktov. — *VO* 14, 1980, 14-28.

12465 GORBANEVSKIJ, M.V.: Ob osnovnom principe nominacii v ojkonimii Moskovskoj oblasti. — [11789], 137-148.
12466 GORBANEVSKIJ, M.V.: Opyt sostavlenija toponimičeskogo slovarja Moskovskoj oblasti. — [11789], 88-111.
12467 GORBANEVSKIJ, M.V.: Osnovnoj princip nominacii v russkich nazvanijach naselennych punktov. — *NDVŠ-F* 1982/1, 70-74.
12468 GRIGOR'EV, V.P.: Sobstvennye imena i svjazannye s nimi apelljativy v slovotvorčestve Chlebnikova. — [11824], 196-222.
12469 IVAŠKO, V.A.: *Kak vybirajut imena.* — Minsk: "Vyšėjšaja škola", 1980, 174 p. | *ZprMK* 23, 1982, 483-484 M. Knappová.
12470 KALAKUCKAJA, L.P.: Slovoizmenitel'naja antroponimičeskaja norma v XIX veke. — [11824], 146-179.
12471 KARPENKO, A.Ju.: Deminutivnoe antroponimičeskoe slovoobrazovanie (na materiale russkich govorov juga Ukrainy). — *VO* 14, 1980, 99-110.
12472 KARPENKO, O.Ju.: Najužyvaniši čoloviči imena rosijs'koho naselennja pivdnja Ukrajiny. — *Mov* 1981/3, 80-84.
    KERT, G.M.: Charakter toponimii . . . Kol'skogo poluostrova. — 13996.
12473 KONDRAŠINA, V.V.: Sootnositel'nyj rjad "verchnij" – "nižnij" v russkoj toponimii. — *VO* 14, 1980, 29-35.
12474 KOŽEVNIKOVA, N.A.: Zametki o sobstvennych imenach v proze Andreja Belogo. — [11824], 222-259.
12475 LAPINA, V.P.: Proizvodnye formy russkich ličnych imen na territorii Mordovii. — *VO* 14, 1980, 122-126.
12476 LOPATIN, V.V.: Slovoobrazovatel'naja struktura nazvanij naselennych punktov v sovremennom russkom jazyke. — [11824], 30-40.
12477 MAGAZANIK, Ė.B.: *Onomapoėtika, ili "govorjaščie imena" v literature.* — Taškent: Izd. FAN, 1978, 146 p. | Corr. to BL 1981, 12237. | *KLit* 8, 1979, 159-162 E. Bojadžiev.
12478 MAROJEVIĆ, Radmilo: "Pirogoščaja" u "Slovu o polku Igoreve" i staroruskim letopisima. — *ZbSl* 23, 1982, 211-214.
12479 MIS'KEVIČ, G.I.: Priobe, Podmoskov'e, Nečernozem'e . . . — [11824], 54-65.
12480 MIZERSKA, Teresa: Karta Adama Olearija (1656) kak istočnik russkoj toponimii XVII veka. — [176], 149-152.
12481 NIKULINA, Z.P.: O nekotorych faktorach, vlijajuščich na vybor prozvišča. — *VO* 14, 1980, 116-121.
12482 NIKULINA, Zinaida P.: Nazvanija životnych i prozvišča. O sootnošenii semantiki prozvišča i apelljativa. — [176], 217-222.
12483 Nosowicz, Jan: Toponimy polskie w tekście rosyjskim. — *ZNBiał* 31, *Prace Filologiczne* 5, 1980 (1981), 83-96.
12484 OTIN, E.S.: Arealy slavjanskich gidrografičeskich terminov v toponimii Podon'ja. — [11789], 5-29.
12485 PODOL'SKAJA, Natalija V.: Identičnye antropo- i topoosnovy v drevnerusskich imenach. — [176], 253-259.
12486 POPOV, A.I.: *Sledy vremen minuvšich. Iz istorii geografičeskich nazvanij . . .* — Leningrad: 1981 | BL 1981, 12240. | *VJa* 1982/3, 119-122 A.K. Matveev | *BNF* 17, 1982, 345-349 E. Dickenmann.
12487 POSPELOV, E.M.: Materialy k toponimičeskomu slovarju Moskovskoj oblasti. — [11789], 112-136.
12488 POSPELOV, Evgenij M.: Toponimija v poėzii A.S. Puškina. — [176], 271-274.

12489 Russisches geographisches Namenbuch. Begründet von Max VASMER. Hrsg. von Herbert BRÄUER. Bearbeitet von Ingrid COPER, Klaus PIPEREK, Jürgen PRINZ, Georg Viktor SCHULZ. Band X: Caadyr – Jajučina. — Wiesbaden: Harrassowitz, 1981, xii, 582 p. | Published in parts; cf. BL 1980, 11048. | ZprMK 23, 1982, 408-413 V. Šmilauer (On vol. I-X).

12490 ŠČETININ, L.M.: *Russkie imena: očerki po donskoj antroponimii.* 3-e izd., ispr. i dop. — Rostov: 1978, 253 p. | [11824], 270-272 L.P. Kalakuckaja.

12491 SCHOLZ, Friedrich: Die Funktionen der Namen im russischen Volksmärchen und im russischen literarischen Märchen. — [176], 381-388.

12492 SCHRAMM, Gottfried: Normannische Stützpunkte in Nordwestrussland: Etappen einer Reichsbildung im Spiegel von Namen. — *BNF* 17, 1982, 273-290, map; 381.

12493 SJÖBERG, Anders: Pop Upir' Lichoj and the Swedish rune-carver Ofeigr Upir. — *ScSl* 28, 1982, 109-124 | Etym. of the name *Upir'*.

12494 SMOLICKAJA, G.P.: O tipe slovarnoj stat'i v toponimičeskom slovare Moskovskoj oblasti. — [11789], 76-88.

12495 SUPERANSKAJA, A.V.: K voprosu o kodifikacii ličnych imen. — [11824], 74-98.

12496 SUPERANSKAJA, Aleksandra V.: Slovo na geografičeskoj karte. — [176], 477-484.

12497 SUPERANSKAJA, A.V.; SUSLOVA, A.V.: *Sovremennye russkie familii.* — Moskva: 1981 | BL 1981, 12247. | ZprMK 23, 1982, 585-588 M. Knappová.

12498 TKAČENKO, N.V.: O metaforičeskich nazvanijach polej i lugov v russkoj toponimii. — *VO* 14, 1980, 36-40.

12499 TRUBE, Lev: Nazvanija gorodov SSSR, imejuščie geografičeskij smysl. — [176], 561-564.

12500 UŠAKOV, N.N.; VASIL'EVA, V.D.; KLJUEVA, N.P.: O grammatičeskich osobennostjach prozviščnych imen. — [11824], 98-122.

C. Ukrainian — Ukrainien

0. BIBLIOGRAPHY AND GENERAL — BIBLIOGRAPHIE ET GÉNÉRALITÉS

12501 SWOBODA, V.: Ukrainian studies. — *YWMLS* 43, 1981 (1982), 1162-1173.

12502 ANDERŠ, I.F.: Dostiženija i zadači ukrainskich lingvistov. — *ČRus* 27, 1982, 175-179.

12503 HRYŠČENKO, A.P.: Dosjahnennja ukrajins'koho radjans'koho movoznavstva. — *Mov* 1982/6, 11-20.

12504 HUMESKY, Assya: *Modern Ukrainian.* — Edmonton & Toronto: Canadian Inst. of Ukr. Studies, 1980, xvi, 438 p. | *SEEJ* 26, 1982, 134-136 G.A. Perfecky | *CSlP* 24, 1982, 207 Y. Slavutych.

12505 LYZANEC', P.M.: Rozvytok radjans'koho movoznavstva na Zakarpatti. — *Mov* 1982/4, 18-26.

12506 MELIKA, G.I.: Evidente und diskrete strukturelle Verschiebungen in den interferierenden ungarischen und ukrainischen Sprachidiomen. — *CIFU* IV/3, 409-413.

12507 PYLYNS'KYJ, M.M.: Dejaki osoblyvosti rozvytku sučasnoji ukrajins'koji literaturnoji movy ta jiji funkcional'nych styliv. — *SlavSl* 17, 1982, 251-259.

12508 *Rozvytok movoznavstva v URSR, 1967-1977.* [Avtory: J.F. ANDERŠ, A.J.

BAHMUT, et al. Red.: I.K. BILODID]. — Kyjiv: "Naukova dumka", 1980, 247 p.
12509 SYMONENKOVA, L.M.: *Vyvčennja fonetyky i morfolohiji v umovach miscevych hovoriv.* — Kyjiv: "Radjans'ka škola", 1981 | *UMLŠ* 1982/2, 75-76 A.T. Hamalij.
12510 VYNNYK, V.O.: V avanhardi ukrajins'koho radjans'koho movoznavstva. — *Mov* 1982/2, 11-20.

1. PHONETICS AND PHONOLOGY — PHONÉTIQUE ET PHONOLOGIE

12511 ČABANENKO, V.A.: Fonetyčna variantnist' slova i movna ekspresija. — *Mov* 1981/5, 28-35.
PROKOPOVA, L.I., et al.: Linhvistyčni peredumovy fonetyčnoji interferenciji ... — 11868.
12512 SHEVELOV, George Y.: *A historical phonology of the Ukrainian language.* — Heidelberg: 1979 | BL 1979, 10703. | *SEER* 60, 1982, 441-443 H. Leeming | *ZDL* 49, 1982, 379-384 J. Göschel.
12513 ZALES'KYJ, A.M.: Pryčyny stverdinnja šipljačych v ukrajins'kij movi. — *Mov* 1982/5, 48-58.

2. GRAMMAR — GRAMMAIRE

12514 ARPOLENKO, H.P.; ZABJELINA, V.P.: *Strukturno-semantyčna budova rečennja v sučasnij ukrajins'kij movi.* — Kyjiv: "Naukova dumka", 1982, 131 p.
12515 BEZPOJASKO, O.K.: Vzajemodija spil'no-korenevych sliv z internacional'nymy ta ukrajins'kymy sufiksamy. — *Mov* 1981/3, 67-70.
12516 BOJČENKO, L.M.: Strukturno-semantyčni typy abreviatur i diapazon jich deryvacijnoji aktyvnosti v sučasnij ukrajins'kij movi. — *Mov* 1982/5, 75-80.
12517 DOROŠENKO, S.I.: *Skladni bezspolučnykovi konstrukciji v sučasnij ukrajins'kij movi.* — Charkiv: "Vyšča škola", 1980, 151 p. | *Mov* 1981/3, 93-94 L. Avksent'jev; V. Kalašnyk.
12518 HOLJANYČ, M.I.: Vnutrišnja valentnist' dijeslivnych utvoren' z podvijnoju prefiksacijeju. — *Mov* 1981/3, 55-59.
12519 HOLOJUCH, V.I.: Eliptyčni rečennja z neverbalizovanymy holovnymy členamy. — *Mov* 1982/1, 21-26.
12520 HORJANYJ, V.D.: Predykatyvy v ukrajins'kij movi. — *UMLŠ* 1982/3, 40-42.
12521 HORNJATKEVYČ, A.J.: Ukrainian conjugation. — *IJSLP* 24, 1981 (1982), 59-77.
12522 HREŠČUK, V.V.: Istoryčnyj rozvytok slovotvirnoji struktury ukrajins'kych imennykiv na *-ist'* (< *-ost'*). — *Mov* 1981/3, 60-66.
12523 HRJAZNUCHINA, T.O.; KLYMENKO, N.F.; KOMAROVA, L.I.; et al.: *Morfemna struktura slova.* Vidp. red.: M.M. PEŠČAK. — Kyjiv: "Naukova dumka", 1979, 334 p. | *Mov* 1981/4, 89-91 Z. Voloc'ka.
12524 HUJVANJUK, N.V.: Rodovyj prynadležnosti v sučasnij ukrajins'kij movi. — *UkrM* 10, 1982, 41-48.
12525 KOBYLJANS'KA, M.F.: Keruvannja orudnym vidminkom v ukrajins'kij movi (Na materiali tvoriv pys'mennykiv peršoji polovyny i 60-70 rokiv druhoji polovyny XIX st.). — *UkrM* 10, 1982, 34-41.
12526 KORUNEC', L.I.: Katehorija deminutyvnosti v anhlijskij ta ukrajins'kij movach. — *Mov* 1981/4, 81-85.

UKRAINIEN

12527 KOZAČUK, H.O.: Pidmety, vyraženi slovospolučennjamy. — *UMLŠ* 1982/1, 36-39.
12528 KUČERENKO, I.K.: Frazeolohizm jak ob'jekt syntaksysu. — *UkrM* 10, 1982, 9-15.
12529 LYNNYK, T.G.: *Parametryčni prykmetnyky i jich stanovlennja.* — Kyjiv: "Naukova dumka", 1982, 198 p.
12530 MAMRAK, A.V.: Produktyvnist' slovotvirnych typiv u sučasnij ukrajins'kij movi (na materiali utvoren' z -*nyk*). — *Mov* 1982/4, 46-49.
12531 MOJSIJENKO, A.K.: Vidkomparatyvni imennyky v ukrajins'kij movi. — *UkrM* 10, 1982, 27-33.
12532 *Morfemna struktura slova.* Red.: M.M. PEŠČAK. — Kyjiv: "Naukova dumka", 1979, 334 p. | *JČ* 33, 1982, 193-195 J. Bosák.
12533 POHYBA, L.H.: Dijeslova sumarno-dystrybutyvnoji diji v sučasnij ukrajins'kij literaturnij movi. — *Mov* 1981/2, 82-86.
12534 ŠEKERA, M.H.: Imenni deminutyvni deryvaty (na materiali ševs'koji leksyky). — *Mov* 1982/3, 45-47.
12535 ŠEVČUK, O.S.: Analiz tvorennja sliv pid čas vyvčennja častyn movy. — *UMLŠ* 1982/9, 29-33.
12536 *Slovotvir sučasnoji ukrajins'koji movy.* [Red.: M.A. ŽOVTOBRJUCH]. — Kyjiv: 1979 | BL 1979, 10730. | *Mov* 1981/2, 91-93 O. Tychonov; A. Lukašanec'; S. Karabekova.
ŠVAČKO, S.A.: *Jazykovye sredstva vyraženija količestva* ... — 1334.
12537 SYČ, V.F.: Prysvijni zajmennyky. — *UMLŠ* 1982/2, 39-43.
12538 TARANENKO, O.O.: Hramatyko-semantyčni procesy na osnovi vidnošen' podibnosti (metafora i analohija). — *Mov* 1981/6, 15-23.
12539 TARANENKO, O.O.: Smyslovi procesy v osnovi rozvytku deminutyvnych sufiksiv. — *UkrM* 10, 1982, 48-56.
12540 TRETEVYČ, L.M.: Nul'ova sufiksacija dead'jektyvnych imennykiv u sučasnij ukrajins'kij movi. — *UkrM* 10, 1982, 60-66.
12541 UL'JANCEVA, S.H.: Semantyko-syntaksyčnyj status viddijeslivnych imennykiv. — *Mov* 1982/4, 37-41.
12542 VOZNYJ, T.M.: *Slovotvir dijesliv v ukrajins'kij movi u porivnjanni z rosijs'koju ta bilorus'koju.* — L'viv: "Vyšča škola", 1981 | *UMLŠ* 1982/9, 77-80 J.O. Dzendzelivs'kyj.
12543 VYCHOVANEC', I.R.: *Pryjmennykova systema ukrajins'koji movy.* — Kyjiv: 1980 | BL 1980, 11109. | *Mov* 1982/1, 72-74 V. Kononenko | *UMLŠ* 1982/7, 75-78 V.M. Bricyn.
12544 VYŠNJA, L.I.: Syntaksyčni zv'jazky miž rečennjamy i jich značennja dlja struktury abzaca. — *UMLŠ* 1982/11, 51-54.
12545 ZACHLJUPANA, N.M.: Viddijeslivni imennyky na -*ka* v ukrajins'kij movi. — *Mov* 1981/4, 38-41.
ZELENS'KA, O.P.: *Skladnopidrjadni rečennja z pidrjadnymy pryčny* ... — 9029.

3. HISTORY — HISTOIRE

12546 [DEZSŐ, L.] DEŽË, L.: O jazyke ukrainskogo polemista M. Andrelly i zakarpatskoj "narodnoj literatury" XVII v. — *SSlav* 27, 1981 (1982), 19-52.
12547 HAJDUČOK, M.I.: Sposerežennja nad istorijeju rozvytku inchoatyvnych dijesliv z prefiksom *za*- u staroukrajins'kij movi XIV-XVIII st. — *UkrM* 10, 1982, 107-111.

12548 PEREDRIJENKO, V.A.: *Formuvannja ukrajins'koji literaturnoji movy XVIII st.*
. . . — Kyjiv: 1979 | BL 1979, 10734. | *Mov* 1981/1, 91-92 S. Bevzenko.

4. DIALECTOLOGY — DIALECTOLOGIE

12549 *Atlas gwar bojkowskich.* Opracowany głównie na podstawie zapisów Stefana HRABCA przez Zespół Instytutu Słowianoznawstwa PAN (Janusz RIEGER, Elżbieta RUDOLF-ZIOŁKOWSKA, Ewa WOLNICZ-PAWŁOWSKA) pod kierunkiem Janusza RIEGERA. Tom III. Cz. 1: Mapy; Cz. 2: Komentarze do map 133-185. — Inst. Słowianoznawstwa PAN, Prace Slawistyczne 25; Wrocław: Zakład im. Ossolińskich, 1982, 53 maps, 75 p. | Cf. BL 1981, 12274.
12550 DEMARTIN, Adam: Ikawizm w pieśniach ukraińskich na obszarze Karpat wschodnich. — *Studia i Materiały*, Wyższa Szkoła Pedagogiczna w Zielonej Górze 7, *Nauki Filologiczne* 3, 1981, 109-121.
12551 DZENDZELIVS'KYJ, J.O.: Stan doslidžennja henezy ukrajins'kych dialektiv. — *Mov* 1981/1, 45-51.
12552 KURASZKIEWICZ, Władysław: Szkic mazurzącej ruskiej gwary wsi Zajęczniki na wschód od Drohiczyna. — *PF* 31, 1982, 265-269.
12553 LIZANEC, P.I.: Lingvogeografičeskij aspekt v issledovanii ukrainsko-vengerskich meždialektnych kontaktov. — *CIFU* IV/3, 18-23.
12554 LUNT, Horace G.: Ukrainian dialect *d* "toward". — *FoSl* 4/2-3, 1981 (1982), 327-331.
12555 MATVIJAS, I.H.: Členuvannja pivdenno-schidnoho naričča ukrajins'koji movy. — *Mov* 1981/4, 42-50.
12556 NYKONČUK, M.V.: *Materialy po leksyčnoho atlasu ukrajins'koji movy: Pravoberežne Polissja.* — Kyjiv: "Naukova dumka", 1979, 314 p., map | Corr. to BL 1980, 11134. | Cf. 12560.
12557 NYKONČUK, M.V.: Členuvannja pravoberežnopolis'koho dialektnoho masyvu za endemičnymy danymy leksyky i semantyky. — *Mov* 1981/4, 50-55.
RIEGER, J.: Słownictwo "karpackie" gwar Beskidu Niskiego . . . — 11512.
12558 STIEBER, Zdzisław: *Dialekt Łemków. Fonetyka i fonologia.* — PrJPAN 97; Wrocław: Zakład im. Ossolińskich, 1982, 111 p., carte h.-t.
12559 *Struktura ukrajins'kych hovoriv.* [Red.: I.H. MATVIJAS]. — Kyjiv: "Naukova dumka", 1982, 200 p. | 12 studies, inter alia: I.H. MATVIJAS, Hrupuvannja hovoriv ukrajins'koji movy, 3-68; A.M. ZALES'KYJ, Fonolohična systema bojkivs'koji hovirky, 69-84; V.V. NIMČUK, Prefiksal'nyj slovotvir dijesliv u zakarpats'kych hovirkach, 85-112; P.Ju. HRYČENKO, Tvarynnyc'ka leksyka ukrajins'kych zachidnostepovych hovirok. Pytannja orhanizaciji tematyčnoji hrupy, 142-170.
12560 TOLSTAJA, S.M.: Ob odnom opyte areal'nogo issledovanija polesskoj leksiki. — *OLA* 1980 (1982), 350-360, map | A propos du No. 12556.
12561 VAŇKO, Juraj: Štruktúrne typy viet ukrajinských nárečí Bardejovského okresu. — *SlavSl* 17, 1982, 195-210 | Structural sentence types in the Ukr. dialects of Bardejov district (East Slovakia). Ru. summ.

5. LEXICON — LEXIQUE

12562 BILOUSENKO, P.I.: Pryslivnyky času v sučasnij ukrajins'kij movi. — *UMLŠ* 1982/7, 43-45.
12563 BOHUC'KA, H.I.: Ukrajins'ki nazvy ptachiv. — *UMLŠ* 1982/3, 73-76.

UKRAINIEN 12564-12586

12564 BUTENKO, N.P.: *Slovnyk asociatyvnych norm ukrajins'koji movy.* — L'viv: 1979 | BL 1979, 10749. | *Mov* 1981/2, 94-95 M. Muravyc'ka.
12565 ČEPIHA, I.P.: Budivel'na leksyka staroukrajins'koji movy (zahal'ni ponjattja, budivel'ni materialy, pervynna obrobka dereva, znarjaddja praci). — *Mov* 1982/2, 51-61.
12566 ČERNYŠ, T.O.: Slova na poznačennja vysokoji temperatury (na materiali ukrajins'koji i pol's'koji mov). — *Mov* 1982/2, 67-74.
12567 CHALIMONENKO, H.I.: Semantyčna adaptacija bulharyzmiv v ukrajins'kij movi. — *Mov* 1982/1, 42-45.
12568 CYMBALJUK, Ju.V.: Inšomovni slova z artykljamy, zasvojeni ukrajins'koju movoju. — *UkrM* 10, 1982, 120-126.
12569 DEMS'KYJ, M.T.: Leksyčni ta hramatyčni osoblyvosti ukrajins'kych imennykovych frazeolohizmiv. — *Mov* 1981/2, 35-41.
12570 DEMS'KYJ, M.T.: Ukrajins'ka ad'ektyvna frazemika. — *Mov* 1982/1, 26-32.
12571 *Etymolohičnyj slovnyk ukrajins'koji movy.* Tom peršyj: A-H. [Red.: O.S. MEL'NYČUK; I.K. BILODID; V.T. KOLOMIJEC'; O.B. TKAČENKO]. — Kyjiv: "Naukova dumka", 1982, 631 p.
12572 FILIN, F.P.; BEVZENKO, S.F.; KONONENKO, V.I.: Slovar' ukrainskogo jazyka: problemy i suždenija. — *VJa* 1982/6, 45-54 | On No. 12588.
12573 HALYČ, M.O.; POLJUHA, L.M.; POSTRYHAN', S.A.; STOJKO, S.M.; ŠYLO, N.I.: *Rosijs'ko-ukrajins'kyj slovnyk terminiv lisivnyctva.* — Kyjiv: "Naukova dumka", 1980, 158 p. | *Mov* 1981/3, 92-93 L. Symonenko.
HAVRYS', V.I.; PROROČENKO, O.P.: *Nimec'ko-ukr. frazeolohičnyj slovnyk.* — 8306.
12574 HUMEC'KA, L.L.: Z istoryčnoji leksykolohiji ukrajins'koji movy. — *Mov* 1981/1, 38-44.
12575 JERMOLENKO, S.Ja.: Skarbnycja narodnoho slova. — *Mov* 1982/6, 58-69.
12576 KARPOVA, V.L.: Semantyčna evoljucija nazv roslyn u staroukrajins'kij movi. — *Mov* 1982/2, 43-51.
12577 KLYMENKO, N.F.: Skladni slova ta problema jich hnizduvannja. — *UkrM* 10, 1982, 66-72.
12578 KLYMENKO, N.F.: Vzajemozv'jazky slovotvornoji i leksyčnoji semantyky sliv. — *Mov* 1982/3, 38-45.
12579 KREJTOR, A.M.: Zistavnyj analiz semantyky slova *baba* v ukrajins'kij ta rosijs'kij movach. — *UkrM* 10, 1982, 112-120.
12580 KUDINA, O.F.: Izomorfni ta alomorfni rysy frazeolohičnych odynyc' z komponentom "vlasna nazva" (na materiali nimec'koji ta ukrajins'koji mov). — *Mov* 1981/5, 70-74.
12581 LYSYČENKO, L.A.: Mižrivnevi zv'jazky leksyko-semantyčnoji systemy imennykiv. — *UkrM* 10, 1982, 20-27.
12582 MARCINKOVSKAJA, O.E.: K voprosu o processe razvitija značenija v slove (na materiale russkogo i ukrainskogo jazykov). — *NDVŠ-F* 1982/6, 21-30
12583 NEČYTAJLO, O.I.: Synonimy u perekladnych slovnykach. — *Mov* 1982/1, 60-66.
12584 NIMČUK, V.V.: *Staroukrajins'ka leksykohrafija v jiji zv'jazkach . . .* — Kyjiv: 1980 | BL 1980, 11173. | *Mov* 1982/1, 70-72 L. Kovtun.
12585 NIMČUK, V.V.: Davn'orus'ka osnova leksyky ukrajins'koji movy. — *UMLŠ* 1982/3, 70-73; 1982/4, 77-80; 1982/9, 65-68.
12586 PUCHAL'S'KA, N.Ja.: Morfolohična adaptacija narodnolatyns'kych zapozyčen' davn'oho periodu u hovorach slov'jan (Na materiali ukrajins'koji movy). — *UkrM* 10, 1982, 94-99.

12587 RUDNYC'KYJ, Jaroslav: *An etymological dictionary of the Ukrainian language.* Vol. II, parts 6-11 [z – ь]. — s.l.: Ukr. Mohylo-Mazepian Acad. of Sci. & Ukr. Language Ass. (distr.: Univ. of Ottawa Press), 1982, p. 401-1128 | Cf. BL 1977, 12250.
12588 *Slovnyk ukrajins'koji movy.* Tom I-XI. [Red.: I.K. BILODID, et al.]. — Kyjiv: 1970-80 | BL 1980, 11182. | *SS* 43, 1982, 240-244 J. Filipec | *BE* 32, 1982, 372-375 E. Perniška | Cf. also 12572 & 12589.
12589 SOROKOLETOV, F.P.: Pervyj tolkovyj slovar' ukrainskogo jazyka. — *IzvAN* 41, 1982, 99-108 | On No. 12588.
12590 STRYŽAK, O.S.: Kyjiv (etymolohični problemy). — *Mov* 1982/3, 28-37.
12591 TYŠKIVS'KA, N.Ja.: Strukturno-semantyčni zv'jazky v slovotvirnomu hnizdi korenja *-rad-* u sučasnij ukrajins'kij movi. — *UkrM* 10, 1982, 56-60.

6. ORTHOGRAPHY — ORTHOGRAPHE

12592 HOROVEC', V.J.: Ukrajins'kyj skoropys peršoji polovyny XVIII st. — *Mov* 1982/2, 61-66.
12593 *Skladni pytannja sučasnoho ukrajins'koho pravopysu.* [Avtory: V.O. HORPYNYČ, A.P. HRYŠČENKO, et al. Vidpovidal'nyj red.: V.M. RUSANIVS'KYJ]. — Kyjiv: "Naukova dumka", 1980, 223 p. | *UMLŠ* 1982/6, 78-80 Je.S. Otin; M.V. Leonova.

7. STYLISTICS — STYLISTIQUE

12594 DANYLJUK, N.O.: Stylistyčni osoblyvosti poemy "Divčyna i smert'" M. Gor'koho u perekladi M.T. Ryl's'koho. — *UkrM* 10, 1982, 87-94.
12595 DAVYDENKO, N.D.: Slovo v konteksti. — *UkrM* 10, 1982, 73-79 | Ukr. examples.
IŽAKEVIČ, G.P., et al.: *Sopostavitel'naja stilistika ru. i ukr. jazykov.* — 12382.
12596 JANUŠ, Ja.V.: Rol' synonimiv u dramatyčnomu tvori. — *UkrM* 10, 1982, 79-87.
12597 JERMOLENKO, S.Ja.: Semantyčnyj aspekt doslidžennja syntaksysu i problemy stylistyky. — *Mov* 1981/1, 16-25.
12598 PYLYNS'KYJ, M.M.: Mystec'ke slovo i mova. — *Mov* 1982/6, 46-58.
12599 SYROTINA, V.O.: Pro specyfiku slovesnych značen' u chudožn'omu teksti. — *Mov* 1981/1, 26-31.
12600 ŽURAVEL', N.V.: Realizacija ekspresyvnych vlastyvostej omonimičnych utvoren'. — *Mov* 1981/5, 75-79.

8. METRICS, VERSIFICATION — MÉTRIQUE, VERSIFICATION

12601 BURJAČOK, A.A.; HURYN, I.I.: *Slovnyk ukrajins'kych rym.* — Kyjiv: 1979 | BL 1980, 11152. | *SEz* 7, 1982/6, 46-47 L. Ljubenov.

9. TRANSLATION — TRADUCTION

12602 DOMBROVS'KYJ, Ju.A.: Dejaki leksyčni problemy perekladu "Pisni pro Rolanda" na ukrajins'ku movu. — *TPP* 7, 1982, 87-96.
12603 KOPTILOV, V.V.: *Teorija i praktyka perekladu.* — Kyjiv: "Vyšča škola", 1982, 165 p.

UKRAINIEN 12604-12620

12604 KRAVEC', Ja.I.: Dva ukrajins'ki pereklady poemy Emilja Vercharna "La dame en noir". — *TPP* 7, 1982, 53-60.
12605 PARCHOMENKO, A.F.: Realizacija valentnosti komparativnogo osnovanija pri perevode na anglijskij jazyk. — *TPP* 7, 1982, 149-152.
12606 ŠVAČKO, S.O.: Pereklad anhlijs'kych numeral'nych slovospolučen' iz značennjam pryblyznoji kilkosti na ukrajins'ku movu. — *TPP* 7, 1982, 132-137.

10. MATHEMATICAL LINGUISTICS — LINGUISTIQUE MATHÉMATIQUE

12607 *Častotnyj slovnyk sučasnoji ukrajins'koji chudožn'oji prozy*. Red. kol.: V.S. PEREBYJNIS; N.P. DARČUK . . . [et al.]. I; II. — Kyjiv: "Naukova dumka", 1981, 864; 855 p. | Vol. I already in BL 1981, 12296. | *Mov* 1982/3, 67-69 O. Bilodid; L. Kadomceva.

12. SOCIOLINGUISTICS — SOCIOLINGUISTIQUE

12608 ČERTORYZ'KA, T.K.: Dynamika vzajemodiji i vzajemozbahačennja ukrajins'koji i rosijs'koji mov. — *Mov* 1982/3, 3-9.
12609 SHYMKIW, Anna: Some phonological innovations and a Canadian variant of the Ukrainian language. — *CSIP* 24, 1982, 50-66.

14. ONOMASTICS — ONOMASTIQUE

12610 DOBRODOMOV, I.G.: O nadežnosti toponimičeskich ètimologij (gidronim *Ovrad* na juge Ukrainy). — *Ètimologija* 1980 (1982), 93-102.
12611 FRANKO, Z.T.: *Hramatyčna budova ukrajins'kych hidronimiv.* — Kyjiv: "Naukova dumka", 1979, 185 p. | *Mov* 1981/5, 92-94 Ju. Karpenko.
12612 JANUŠ, Ja.V.: Zobražal'ni funkciji antroponimiv u movi ukrajins'koji dramaturgiji kincja XIX – počatku XX st. — *Mov* 1981/5, 41-46.
12613 ŁESIÓW, Michał: Antroponimy v ukrainskich poslovicach i pogovorkach. — [176], 83-89.
12614 OTIN, Je.S.: Oronimija pivdenno-schidnoji Ukrajiny. — *Mov* 1981/3, 34-44.
12615 PONOMARENKO, M.F.: Pro pochodžennja nazvy mista *Kaniv*. — *Mov* 1981/2, 70-73.
RIMŠA, V.: Balt. i paleobalkanskie sootvetstvija nekotorych nazvanij rek Pravoberežnoj Ukrainy. — 9665.
12616 SENIV, M.I.: Do istoriji adaptaciji žinočych kalendarnych vlasnych imen v ukrajins'kij movi XIV – počatku XIX st. — *Mov* 1982/4, 72-76.
12617 *Slovnyk hidronimiv Ukrajiny.* [Red.: A.P. NEPOKUPNYJ, et al.]. — Kyjiv: 1979 | BL 1980, 11217. | *EL* 37, 1982/3, 119-122 I. Duridanov.
12618 STRYŽAK, A.S.: Ètimologičeskij slovar' letopisnych geografičeskich nazvanij Ukrainy. — [11789], 69-76.
12619 SUCHOMLIN, Ivan D.: Nekotorye teoretičeskie voprosy kartografirovanija antroponimnoj sistemy. Na materiale antroponimii Pridneprov'ja. — [176], 469-475.
12620 ŽELJEZNJAK, I.M.: Dobryj Dub na Željani. — *Mov* 1981/4, 56-62.

D. White-Russian — Blanc-russe

0. BIBLIOGRAPHY AND GENERAL — BIBLIOGRAPHIE ET GÉNÉRALITÉS

12621 NADSON, Alexander: Byelorussian studies. — *YWMLS* 43, 1981 (1982), 1174-1187.
12622 [ANIČĖNKA, U.V.] ANIČENKO, V.V.: Funcional'noe razvitie belorusskogo literaturnogo jazyka. — *SlavSl* 17, 1982, 243-250.

1. PHONETICS AND PHONOLOGY — PHONÉTIQUE ET PHONOLOGIE

12623 BURLYKA, V.R.: Hubnaja kaartykuljacyja ŭ belaruskaj move. — *VANB* 1982/6, 113-119.
12624 MAROZAŬ, U.I.: Behlyja halosnyja ŭ imennym slovazmjanenni i slovaŭtvarėnni. — *VANB* 1982/2, 100-106.
12625 MILLER, Raymond H.: Belorussian soft dental affricates: the evolution of a sound change. — *CSlP* 24, 1982, 32-43.

2. GRAMMAR — GRAMMAIRE

12626 BORKOVSKIJ, V.I.: Vremennye mnogokomponentnye složnye predloženija v starobelorusskich povestjach XVI-XVII vv. — *IzvAN* 41, 1982, 298-304.
12627 JAŬNEVIČ, M.S.; SCJACKO, P.U.: *Sintaksis sučasnaj belaruskaj movy*. — Minsk: "Vyšėjšaja škola", 1980, 303 p. | *ZSl* 28, 1983, 929-930 S. Heyl.
12628 LJAPĖŠKIN, V.U.: Asablivasci unifikacyi nekatorych sklonavych form nazoŭnikaŭ u sučasnaj belaruskaj litaraturnaj move. — *BeLi* 21, 1982, 31-37.
12629 MJACEL'SKAJA, E.S.; KAMAROŬSKI, Ja.M.: Nekatoryja strukturna-semantyčnyja madėli ŭstoilivych kamparatyvaŭ u belaruskaj move. — *BMov* 10, 1982, 63-70.
12630 SCJACKO, P.U.: *Belaruskae narodnae slovaŭtvarėnne. Afiksal'nye nazoŭniki.* — Minsk: 1977 | BL 1977, 12313. | *Slavia* 51, 1982, 419-424 J.O. Dzendzelivs'kyj.

3. HISTORY — HISTOIRE

12631 ŽURAŬSKI, A.I.: Litaraturnaja mova Kieŭskaj Rusi – zychodny ėtap u historyi starabelaruskaj litaraturnaj movy. — *BeLi* 21, 1982, 3-10.
12632 ŽURAŬSKI, Arkadzij I.: Nekatoryja asablivasci razvicija belaruskaj litaraturnaj movy. — [143], 93-100.

4. DIALECTOLOGY — DIALECTOLOGIE

12633 JANKOVA, T.S.: *Dyjalektny sloŭnik Loeŭščyny*. — Minsk: "Navuka i tėchnika", 1982, 432 p.
12634 KRYVICKI, A.A.: Sučasnaja belaruskaja dyjalektnaja leksikahrafija. Stan i perspektyvy. — *MJ* 31, 1980, 105-111.
KRYVICKI, A.A.: Spadčyna Ja.F. Karskaha pa belaruskaj dyjalektalohii. — 605.
12635 KRYVICKI, A.A.; CYCHUN, H.A.; JAŠKIN, I.Ja.: *Turaŭski sloŭnik* u pjaci ta-

BLANC-RUSSE 12636-12654

mach. [Réd.: A.A. KRYVICKI]. Tom 1: A-H; Tom 2: D-K. — Minsk: "Navuka i tèchnika", 1982, 254; 271 p.

12636 Matèryjaly dlja dyjalektnaha sloŭnika Homel'ščyny. [Ch – Ja]. — BMov 10, 1982, 110-159 | Cf. BL 1981, 12326.

12637 MJACEL'SKAJA, E.S.; KAMAROŬSKI, Ja.M.: *Belaruskaja dyjalektalohija: chrèstamatyja.* — Minsk: 1979 | BL 1980, 11269. | SlOr 30, 1981/4 (1983), 486-489 A. Fałowski.

12638 *Sloŭnik belaruskich havorak paŭnočno-zachodnjaj Belarusi i jae pahraničča.* [Réd.: Ju.F. MACKEVIČ, et al.]. Tom 3: M-P. — Minsk: "Navuka i tèchnika", 1982, 536 p. | Cf. BL 1980, 11271.

12639 SUDNIK, T.M.: Iz sintaksičeskich nabljudenij nad govorami litovsko-slavjanskogo pogranič'ja. — *ABS* 14, 1982, 245-250.

12640 VARDAMACKI, L.M.; EMEL'JANAŬ, A.S.: Z historyi apisannja i vyvučènnja leksiki Vicebščyny. — *BMov* 10, 1982, 31-38.

5. LEXICON — LEXIQUE

12641 AKSAMITAŬ, A.S.: *Belaruskaja frazeolohija.* — Minsk: 1978 | BL 1978, 10030. | *Literatura Ludowa* (Wrocław), 24, 1980 (1982), 123-126 A.M. Lewicki.

12642 AKSAMITAŬ, A.S.: Historyka-ètymalahičnyja natatki. Bel. *rod – plemja.* — *BeLi* 21, 1982, 68-70.

12643 BACHAN'KOŬ, A.Ja.: Paŭkal'ki ŭ beloruskaj move saveckaha času. — *BMov* 10, 1982, 38-44.

12644 *Ètymalahičny sloŭnik belaruskaj movy.* [Red.: V.U. MARTYNAŬ]. Tom 1; 2. — Minsk: 1978; 1980 | BL 1980, 11287. | *SlavSl* 17, 1982, 270-272 Š. Ondruš.

12645 EŬTUCHOŬ, U.D.: Z historyi razviccja tèmparal'naj leksiki belaruskaj movy (na matèryjale leksemy *vek*). — *BMov* 10, 1982, 13-23.

12646 *Histaryčny sloŭnik belaruskaj movy.* Vyp. 1: *A – Bienbe.* [Haloŭny rèd.: A.I. ŽURAŬSKI. Rèd. vypuska: A.M. BULYKA]. — Minsk: "Navuka i tèchnika" (Akad. navuk Belarus. SSR, Inst. movaznaŭstva imja Jakuba Kolasa), 1982, 296 p. | Vol. 2 & 3: 1983.

12647 HRABČYKAŬ, S.M.: *Ciažkija vypadki užyvannja blizkich pa hučannju sloŭ.* — Minsk: 1977 | BL 1977, 12295. | *KS* 16, 1982, 381 K. Palkovič.

12648 [HRABČYKAŬ, S.M.] GRABČIKOV, S.M.: *Mežjazykovye omonimy a paronimy: opyt russko-belarusskogo slovarja.* — Minsk: Izd. BGU, 1980, 216 p. | *KS* 17, 1982, 379-380 K. Palkovič.

12649 JAKAŬLEVA, L.R.: Leksičnaja sinanimika ŭ "Leksise" Laŭrèncija Zizanija. — *BMov* 10, 1982, 8-13.

KAZLOVA, R.M.: Belaruska-paŭdnèvaslavjanskija izaleksy . . . — 9890.

KOZYREV, I.S.: Razvitie i sootnošenie oblastnoj i literaturnoj leksiki so značenijami "master po kovke metalla" . . . — 12246.

12650 KUPRÈENKA, V.A.: Leksika bortnaha promyslu starabelaruskaj movy. — *BMov* 10, 1982, 3-8.

12651 MAL'KO, R.M.: Historyka-ètymalahičnyja natatki. Bel. *savosy.* Bel. *skundzjableny* . . . [etc.]. — *BeLi* 21, 1982, 70-72.

12652 Matèryjaly dlja sloŭnika movy Janki Kupaly. — *BMov* 10, 1982, 88-109.

12653 PAMEC'KA, N.K.: Nazvy zbroi ŭ pomnikach belaruskaj pis'mennasci XV-XVII stst. — *VANB* 1982/5, 107-114.

12654 RABADANAVA, L.I.: Nazvy častak adzennja ŭ pomnikach belaruskaj pis'mennasci XV-XVII stst. — *VANB* 1982/2, 107-115.

12655 RABADANAVA, L.I.: Nazvy tkanin u pomnikach belaruskaj pis'mennasci XV-XVII stst. — *BeLi* 21, 1982, 51-58.
Russko-belorusskij slovar' . . . — 12308.
ŠČĖRBIN, V.K.: Katėhoryja prastory-času u leksicy ruskaj i belaruskaj moŭ. — 12311.
12656 SMUŁKOWA, Elżbieta: Białoruskie *kudr'avy* to nie zawsze 'kędzierzawy'. — *ABS* 14, 1982, 241-244.
12657 ZLOBIN, L.I.: Razviccë semantiki vytvornaha mnahaznačnaha nazoŭnika. — *BMov* 10, 1982, 23-31.

6. ORTHOGRAPHY — ORTHOGRAPHE

12658 APRYMENE, A.L.: Nekatoryja asablivasci arfahrafičnaj sistėmy Apostala F. Skaryny 1525 h. — *BeLi* 21, 1982, 46-50.
12659 PAŬLAVEC, D.D.: Pytanni arfahrafii u knižnaslavjanskaj linhvistyčnaj litaratury Belarusi XVI-XVII stst. — *BMov* 10, 1982, 55-63.

7. STYLISTICS — STYLISTIQUE

12660 BANDARĖNKA, T.P.: Pra najbol'š typovyja pamylki ŭ move hazet. — *BeLi* 21, 1982, 38-45.
12661 BOBRYK, U.A.: Sposaby utvarėnnja dzejaslovaŭ-navatvoraŭ u move Kupaly. — *BMov* 10, 1982, 44-49.
12662 DANIL'ČYK, Z.P.; BARĖJKA, A.M.: Leksičnyja antonimy i ich stylistyčnae vykarystanne ŭ move Kupaly. — *BMov* 10, 1982, 49-54.
12663 LEPEŠAŬ, I.Ja.: Spalučal'nasc' frazealahizmaŭ i moŭnaja norma. — *VANB* 1982/4, 96-104.

10. MATHEMATICAL LINGUISTICS — LINGUISTIQUE MATHÉMATIQUE

12664 MAŽĖJKA, N.S.; SUPRUN, A.Ja.: *Častotny sloŭnik belaruskaj movy: publicystyka*. — Minsk: 1979 | BL 1980, 11316. | *Mov* 1982/4, 77-78 N. Darčuk (Also on BL 1976, 11573).

14. ONOMASTICS — ONOMASTIQUE

12665 ŁAPICZ, Czesław: Problemy mikrotoponimizacii dialektnoj geografičeskoj apelljativnoj leksiki. — [176], 75-81.
12666 RAPANOVIČ, Ja.N.: Novyja nazvy naselenych punktaŭ Belarusi. — *VANB* 1982/1, 92-100.

ASIANIC AND MEDITERRANEAN LANGUAGES
LANGUES ASIANIQUES ET MÉDITERRANÉENNES

I. ASIANIC LANGUAGES — LANGUES ASIANIQUES

A. General — Généralités

CAPLICE, R., et al.: Keilschriftbibliographie . . . — 13.
IVANOV, V.V.: K ètim. nekotorych migracionnych kul'nurnych terminov. — 4292.
12667 LAROCHE, E.: RS 20.189. — *UF* 11, 1979 (1980), 477-480, fig., pl. | Quadrilingual syllabary (Sum., Akk., Hurrian, Ug.): text & notes.

B. Carian — Carien

12668 GUSMANI, Roberto: Zum Karischen. — [287], 77-80 | 1. Das Zeichen Nr. 32. 2. Notabene zu Nr. 25.
GUSMANI, R.: Zwei Graffiti aus Sardis und Umgebung. — 4480.
12669 RAY, J.D.: The Carian inscriptions from Egypt. — *JEA* 68, 1982, 181-198.

C. Pisidian — Pisidien

12670 BRIXHE, Claude; GIBSON, Elsa: Monuments from Pisidia in the Rahmi Koç collection. — *Kadmos* 21, 1982, 130-169, 5 fig., 6 pl. h.-t.

D. Hurrian — Hourrite

12671 BARRELET, M.T., et al.: *Méthodologie et critiques* I: *Problèmes concernant les Hurrites*. — Centre de Recherches Arch., Publ. de l'U.R.A. 8; Paris: C.N.R.S., 1977, 11, 208 p. | *JNES* 40, 1981, 149-151 M.P. Maidman.
GREPPIN, J.A.C.: Two points on Hurrian-Arm. lexical relationships. — 4825.
GREPPIN, J.A.C.: Two Hurrian words in Arm. — 4826.
12672 HAAS, Volkert; THIEL, Hans Jochen: *Die Beschwörungsrituale der Allaiturah̬(h̬)i* . . . — Kevelaer: 1978 | BL 1978, 10081. | *JAOS* 102, 1982, 400-401 C. Carter.
12673 HAAS, V.; THIEL, H.J.: Ein Beitrag zum hurritischen Wörterbuch. — *UF* 11,

1979 (1980), 337-352 | 1. *anzi*, 2. *argaba*, 3. *elw-*, 4. *ḫašeri* und *kaubi*, 5. *ḫuššulli*, 6. *papani lablaḫḫi/laḫlaḫḫi (eḫḫi/enḫi)*, 7. *šini-m(a) (ḫini-ma(a))*, 8. *tilla*, 9. *ulme*, 10. *urgi*, 11. Männliche und weibliche Attribute: *wunuḫušši/ punuhunzi, aštaggarše, ḫulilše, umbišḫe, nirše*, 12. Verschiedene botanische Begriffe: *mäški, kamiššuuri, naami, ašamri, kutti, maaḫri, uurḫati*. *Keilschrifttexte aus Boghazköi*. Heft 27: . . . Texte in hurritischer Sprache . . . — 4416.

12674 SOLDT, W.H. VAN: Hurrian *utte* 'emmer'. — *RAss* 75, 1981, 93.
12675 SORNIG, Karl: Hurritische Spuren: Vielsprachigkeit im Alten Orient, der Ṭûr 'Abdîn und die Waššuganni-Frage. — *GLS* 11-12, 1980, 298-325.
12676 WEGNER, Ilse: *Gestalt und Kult der Ištar-Šawuška in Kleinasien*. — AOAT 36 (Hurritologische Studien 3); Kevelaer: Butzon & Bercker/Neukirchen-Vluyn: Neukirchener Verlag, 1981, xiii, 250 p. | *BiOr* 39, 1982, 145-147 M. Popko.
12677 [XAČʿIKYAN, M.L.] KHAČIKJAN, M.L.: On the typology of the Hurro-Urartian verb. — [245], 165-168.

E. Urartaean — Ourartéen

12678 BELLI, Oktay; KAVAKLI, Ersin: Çivi yazılı iki urartu kralısas. — *Anadolu Araştırmaları* (İstanbul) 7, 1979 (1981), 15-25, tab. | 2 inscribed Urartaean royal sceptres.
12679 DINÇOL, Ali M.; KAVAKLI, Ersin: Karahan köyünde bulunan dört yeni urartu yazıtı/Neuere urartäische Inschriften aus dem Dorfe Karahan. — *Anadolu Araştırmaları* (İstanbul) 6, 1978 (1979), 17-28/29-32.
12680 DINÇOL, Ali M.; KAVAKLI, Ersin: *Van bölgesinde bulunmuş yeni urartu yazıtları/Die neuen urartäischen Inschriften aus der Umgebung von Van*. — *Anadolu Araştırmaları*, EK Yayın 1/*Jahrbuch für kleinasiatische Forschung*, Beiheft 1; İstanbul: 1978.
12681 KʿOSYAN, Aram: Čšgrtowmner Argištixinilii mi pakasavor arjanagrowtʿyan әntʿercʿowmnerowm. — *LHG* 1982/2, 75-82 | Corrections to the readings of a defective (Urartaean) inscription (of Sarduri II) from Argištiḫinili (Ru. summ.).
12682 MAYER, Walter: Texte zur politischen und kulturellen Geschichte Urartus I. — *UF* 12, 1980 (1981), 293-304 | I. Die İkzoğlu-Inschrift, II. Die Tontafeln aus Bastam.
12683 MELIKIŠVILI, G.A.: *Die urartäische Sprache*. — Rome: 1971 | BL 1971, 10266. | *AfO* 28, 1981-82, 174-177 G. Frantz-Szabó.
[XAČʿIKYAN, M.L.] KHAČIKJAN, M.L.: On the typology of the Hurro-Urartian verb. — 12677.

F. Kassite — Cassite

12684 ANCILLOTTI, Augusto: *La lingua dei Cassiti*. — Milano: 1981 | BL 1981, 12391. | *Paideia* 36, 1981, 244 V. Pisani.
12685 BRINKMAN, J.A.: The Western Asiatic seals found at Thebes in Greece: a preliminary edition of the inscriptions. — *AfO* 28, 1981-82, 73-77 | Cf. 12686; postscript by E. PORADA, 77-78.
12686 PORADA, Edith: The cylinder seals found at Thebes in Boeotia. — *AfO* 28, 1981-82, 1-70, ill. | With Hier. Hitt. (seal 25, cf. 4465) and Kassite (seals 26-36, cf. 12685) inscriptions.

G. Sumerian — Sumérien

AALDEREN, C.T. VAN: Some observations on ergativity and Sum. — 2380.
12687 [AFANAS'EVA, V.K.] AFANASJEVA, V.: Zu den Metaphern in einem Lied der "heiligen Hochzeit". — [245], 15-21 | UM 29-16-37.
12688 ARCARI, Elena: *La lista di professioni "Early Dynastic* LU A*". Esempio di metodo di analisi dei rapporti tra le scuole scribali del III millennio a.C.* — *AION*, Suppl. 32; Napoli: Ist. Orientale di Napoli, 1982, [viii], 83 p.
12689 BEHRENS, Hermann: *Enlil und Ninlil* . . . — Rome: 1978 | BL 1978, 10095. | *AfO* 27, 1980, 168-170 M.J. Geller | *BiOr* 39, 1982, 339-344 M.W. Green.
12690 BERLIN, Adele: *Enmerkar and Ensuḫkešdanna* . . . — Philadelphia: 1979 | BL 1979, 10892. | *BiOr* 38, 1981, 338-343 W.H.Ph. Römer.
BORGER, R.: *Handbuch der Keilschriftliteratur.* 2-3. — 12872-3.
12691 BRINKMAN, J.A.: Sex, age, and physical condition designations for servile laborers in the Middle Babylonian period: a preliminary survey. — [270], 1-8.
12692 COHEN, Mark E.: *Sumerian hymnology* . . . — New York: 1981 | BL 1981, 12398. | *CBQ* 44, 1982, 478-479 W.L. Moran.
12693 COOPER, Jerrold S.: *The return of Ninurta of Nippur* . . . — Roma: 1978 | BL 1978, 10104. | *AfO* 27, 1980, 154-159 J.A. Black.
12694 COOPER, Jerrold S.: Gilgamesh and Agga: a review article. — *JCS* 33, 1981, 224-241 | On No. 12732. | Followed by W. HEIMPEL, A note on "Gilgamesh and Agga", 242-243.
12695 DIJK, Jan VAN: *Texte aus dem Reš-Heiligtum in Uruk-Warka* . . . vorbereitet und eingeleitet von Werner R. MAYER. — Berlin (West): 1980 | BL 1980, 11354. | *BiOr* 38, 1981, 638-642 G.J.P. McEwan.
12696 Ea A = *nâqu*, Aa A = *nâqu* . . . Ed. by Miguel CIVIL, with the collaboration of Margaret W. GREEN and Wilfred G. LAMBERT. — Rome: 1979 | BL 1979, 10918. | *JNES* 42, 1983, 151-153 P. Michalowski | *RAss* 76, 1982, 185-186 D. Charpin.
12697 EDZARD, Dietz Otto: Der Aufbau der Syllabars "Proto-Ea". — [245], 42-61.
EDZARD, D.O.: Qīšum, Ensi von Kazallu. — 12893.
12698 ELLERMEIER, Friedrich: *Sumerisches Glossar* . . . Band I, Teil 1: *Die sumerischen Lautwerte* . . . Lief. 1-2. — Nörten-Hardenberg bei Göttingen: 1979-80 | BL 1980, 11357. | *WO* 13, 1982, 147-151 J. Bauer | *AfO* 28, 1981-82, 172-174 B. Hruška.
12699 ELLIS, Maria deJong: Gilgamesh' approach to Huwawa: a new text. — *AfO* 28, 1981-82, 123-131, ill. | FLP 1053.
12700 FOSTER, Benjamin R.: Ethnicity and onomastics in Sargonic Mesopotamia. — *Or* 51, 1982, 297-354.
12701 GELB, I.J.: Terms for slaves in ancient Mesopotamia. — [245], 81-98, 2 tab.
12702 GELB, I.J.: Sumerian and Akkadian words for "string of fruit". — [270], 67-82; 484.
12703 GOMI, Tohru: *Wirtschaftstexte der Ur III-Zeit aus dem British Museum.* — Materiali per il vocabolario neosumerico 12; Roma: Multigrafica editrice (Unione Accademica Nazionale), 1982, 137 p., 117 pl.
12704 GOMI, Tohru: Neo-Sumerian tablets of the Manchester Museum: published and unpublished. — *RAss* 76, 1982, 7-15, ill.
GREEN, M.W.: The construction and implementation of the cuneiform writing system. — 3071.
12705 GRÉGOIRE, J.P.: *Inscriptions et archives administratives cunéiformes* (1ᵉ par-

tie). — Rome: 1981 | BL 1981, 12399. | *RB* 89, 1982, 461 M. S[igrist].
12706 GURNEY, O.R.: Three contracts from Babylon. — [245], 120-128, 4 ill.
12707 GURNEY, Oliver R.; KRAMER, Samuel N.: *Sumerian literary texts in the Ashmolean Museum.* — London: 1976 | BL 1976, 11645. | *Syria* 57, 1980 (1983), 325-328 M. Lambert.
12708 HALLO, William W.: Notes from the Babylonian Collection, II: Old Babylonian HAR-ra. — *JCS* 34, 1982, 81-93, 3 fig. | Cf. BL 1979, 10903.
12709 HALLO, William W.: The royal correspondence of Larsa: II. The appeal to Utu. — [270], 95-109, 3 fig. | Cf. BL 1976, 11646.
12710 HEIMERDINGER, Jane W.: *Sumerian literary fragments from Nippur.* — Philadelphia: 1979 | BL 1980, 11366. | *JAOS* 102, 1982, 660-661 W. Heimpel | *JCS* 34, 1982, 104-111 W.H.Ph. Römer | *ZA* 71, 1981/1, 144-146 D.O. Edzard.
12711 HEIMPEL, W.: The Nanshe hymn. — *JCS* 33, 1981, 65-139, 20 pl. | Translitteration and transl., comm.
12712 JACOBSEN, Thorkild: Oral to written. — [245], 129-137.
12713 KANEVA, Irina T.: Notes on Sumerian grammar. — [245], 160-164 | On the dimensional prefix of the comitative case in finite verbs without correlation.
12714 KÄRKI, Ilmari: *Die sumerischen und akkadischen Königsinschriften der altbabylonischen Zeit. I. Isin, Larsa, Uruk.* — Studia Orientalia 49; Helsinki: Fi. Oriental Soc., 1980 (1981), xviii, 193 p.
12715 KIENAST, Burkhart: Verzichtklausel und Eviktionsgarantie in den ältesten sumerischen Kaufurkunden. — *ZA* 72, 1982/1, 28-41.
12716 KRAMER, Samuel Noah: Three Old Babylonian *balag*-catalogues from the British Museum. — [245], 206-213, pl.
12717 KRAMER, Samuel Noah: Lisin, the weeping mother goddess: a new Sumerian lament. — [270], 133-144, 2 fig.
12718 KRISPIJN, Th.J.H.: Das Verb in den zweisprachigen Inschriften der Hammurabi-Dynastie. — [270], 145-162.
12719 LAFONT, Bernard: A propos de la publication d'un ouvrage récent. — *RAss* 75, 1981, 75-88 | Rev. art. on D. CAQUOT (BL 1979, 10919).
12720 LAMBERT, Wilfred G.: The reading of AMA.GAN.ŠA. — *Acta Sumerologica* (Hiroshima) 3, 1981, 31-36 | = *šagan*.
12721 LAMBERT, W.G.: Ur or Sur-? — *RAss* 75, 1981, 61-62; 76, 1982, 93-94.
LERBERGHE, K VAN: L'arrachement de l'emblème *šurinnum*. — 12920.
12722 LIMET, Henri: "Peuple" et "humanité" chez les Sumériens. — [270], 258-267.
12723 *Materials for the Sumerian lexicon. MSL* XVI: *The series* SIG₇.ALAN = *Nabnītu*. Ed. by Irving L. FINKEL, with the collaboration of Miguel CIVIL. — Roma: Pontificium Inst. Biblicum, 1982, xii, 348 p., ill. | Cf. BL 1979, 10918.
MEYER, L. DE: Deux prières *ikribu* . . . — 12932.
12724 MICHALOWSKI, Piotr: Carminative magic: towards an understanding of Sumerian poetics. — *ZA* 71, 1981/1, 1-18, 3 fig.
12725 OWEN, David: *Selected Ur III texts from the Harvard Semitic Museum.* — Materiali per il vocabolario neosumerico 11; Roma: Multigrafica editrice (Unione Accademica Nazionale), 1982, 41 p., 54 pl.
12726 OWEN, David I.: *Neo-Sumerian archival texts primarily from Nippur in the University Museum, the Oriental Institute and the Iraq Museum (NATN).* — Winona Lake, IN: Eisenbrauns, 1982, x, 85 p., 213, x pl.
12727 OWEN, David I.: Of birds, eggs and turtles. — *ZA* 71, 1981/1, 29-47, ill. | FLP 145, with phil. comm., followed by W.W. HALLO: Appendix, 48-50 (discussion of YBC 16646 & 16648).

SUMÉRIEN

12728 PETTINATO, G.; PICCHIONI, S.A.: *Testi economici di Lagaš del Museo di Istanbul*. Parte II. — Roma: 1978 | BL 1978, 10133. | *BiOr* 38, 1981, 346-347 W.H.Ph. Römer.

12729 POMPONIO, Francesco: The meaning of the term lul-gu-aka. — *WO* 13, 1982, 95-96.

12730 POWELL, Marvin A.: On the verb *AK* in Sumerian. — [245], 313-318.

RAINEY, A.F.: A tri-lingual coneiform fragment from T. Aphek. — 12862.

12731 *Répertoire géographique des textes cunéiformes*. . . II: *Die Orts- und Gewässernamen der Zeit der 3. Dynastie von Ur*, von Dietz Otto EDZARD und Gertrud FARBER. — Wiesbaden: 1974 | BL 1974, 10784. | *JCS* 33, 1981, 244-269 D.I. Owen.

12732 RÖMER, Willem H.Ph.: *Das sumerische Kurzepos 'Bilgameš und Akka'*. . . — Kevelaer: 1980 | BL 1981, 12417. | *BSOAS* 45, 1982, 577-578 P. Michalowski | *JAOS* 102, 1982, 655 S.N. Kramer | Cf. 12694.

12733 RÖMER, W.H.Ph.: Sumerische Hymnen. I. Ein ér-šèm-ma-Lied für den Gott Iškur von Karkar (CT 15, 15-16). — [270], 298-317, fig.

12734 SAUREN, Herbert: *Les tablettes cunéiformes de l'époque d'Ur des collections de la New York Public Library*. — Publ. de l'Inst. Orientaliste de Louvain 19; Louvain-la-Neuve: Univ. Cath. de Louvain, Inst. Orientaliste, 1978, vi, 23 p., 135 pl. | Cf. 12744.

12735 SIGRIST, Marcel: Le travail des cuirs et peaux à Umma sous la dynastie d'Ur III. — *JCS* 33, 1981, 141-190.

12736 SILVESTRI, Domenico: Valenze sintattiche, sintagmi, sequenze testuali nei testi arcaici di Uruk IV. — *Aiōn* 3, 1981 (1982), 227-236, 5 fig.

12737 SJÖBERG, Åke W.: Miscellaneous Sumerian texts, III. — *JCS* 34, 1982, 62-80, 6 fig. | 6 texts, ed. with transl. and comm. | Cf. BL 1978, 10143.

SMITH, R.F.: Chiasm in Sumero-Akk. — 12953.

12738 SOLLBERGER, Edmond: *The Pinches manuscript*. — Roma: 1978 | BL 1978, 10145. | *BiOr* 38, 1981, 343-346 W.H.Ph. Römer.

12739 SOLLBERGER, Edmond: An Old-Babylonian tribute to an Old-Babylonian master. — [270], 342-350 | 1. A new inscription of Nūr-Adad of Larsa, 2. A Sum. legal compendium.

12740 STEIBLE, Horst: *Die altsumerischen Bau- und Weihinschriften*. Bearbeitet unter Mitarbeit von Hermann BEHRENS. Teil I: *Inschriften aus "Lagaš"*. Teil II: *Kommentar zu den Inschriften aus "Lagaš", Inschriften ausserhalb von "Lagaš"*. — Freiburger altorientalische Studien 5; Wiesbaden: Steiner, 1982, xiv, 371; vi, 347, 6 p., ill.

12741 STEINER, Gerd: *Ḫamṭu* und *marû* als verbale Kategorien im Sumerischen und im Akkadischen. — *RAss* 75, 1981, 1-14.

STEINER, G.: Das Bedeutungsfeld "Tod" . . . — 12959.

12742 STEINKELLER, Piotr: Studies in third millennium paleography, 1: Signs til and bad. — *ZA* 71, 1981/1, 19-28, tab.

12743 STEINKELLER, Piotr: On the reading and meaning of $GI_4 \times GI_4$ and LAK-173. — *AfO* 28, 1981-82, 140-141.

12744 STEINKELLER, Piotr: On editing Ur III economic texts. — *JAOS* 102, 1982, 639-644 | Rev. art. of 12734.

12745 STEINKELLER, Piotr: Two Sargonic documents concerning women. — *Or* 51, 1982, 355-368, tab., 3 fig. | Kelsey Museum 89509 & MM 401: transliteration, transl. and phil. notes.

STOL, M.: A cadastral innovation by Hammurabi. — 12963.

12746 STOLA, R.: Zu den sumerischen Entsprechungen des akkadischen Imperativs in späten zweisprachigen Texten. — *AfO* 28, 1981-82, 79-91.
12747 TALON, Ph.: Cinq tablettes néo-sumériennes. — *Akkadica* 7, 1978, 14-20, 3 pl. | Transcription, trad. & notes phil.
12748 TALON, Philippe: Une tablette néo-sumérienne de collection privée. — *Akkadica* 21, 1981, 48-51 | Copie, transcription, trad. & notes phil.
12749 TANRET, M.: Trois textes de collections privées. — *Akkadica* 25, 1981, 8-18, pl. | Copies, transcriptions, trad. & comm.
12750 TOSUN, Mebrure; YALVAÇ, Kadrıye: *Sumer dılı ve gramerı*. I. Cilt: *Sumerce'den Ornekler*. — Türk Tarıh Kurumu Yayınlar 6, 21; Ankara: 1981, xii, 164 p., 59 tab. | The Sum. language and its grammar. Vol. I: A Sum. reader.
12751 VALERI, Vincenzo: I segni nei testi di Uruk IV: dalla sintattica alla semantica. — *Aiōn* 3, 1981 (1982), 249-257, 2 fig.
12752 WAETZOLDT, Hartmut: Inschriften und Tonreliefs aus der Sammlung Hoza. — *AfO* 28, 1981-82, 132-134, 3 fig.
12753 WAETZOLDT, Hartmut: Das Amt des Utullu. — [270], 386-397, tab. | ú-du (-l), ú-túl = *utullu*.
WALKER, C.B.F.: *Cuneiform brick inscriptions* . . . — 12970.
12754 YOSHIKAWA, Mamoru: Plural expressions in Sumerian verbs. — *Acta Sumerologica* (Hiroshima) 3, 1981, 111-124.
12755 YOSHIKAWA, Mamoru: A clay tablet in the Okayama Municipal Museum of Near Eastern Art. — *Acta Sumerologica* (Hiroshima) 3, 1981, 193-197, pl. | With a comparative sign-table.
ZADOK, R.: The toponymy of the Nippur region during the 1st millennium B.C. . . . — 12978.

H. Elamite — Élamite

12756 [D'JAKONOV, I.M.] DIAKONOFF, Igor Mikhailovič: Ist das Elamische eine Ergativsprache? — *AMI* 14, 1981, 7-8 | On G. WILHELM (BL 1978, 10161); cf. also No. 12759.
GERSHEVITCH, I.: Diakonoff on writing . . . — 4708.
12757 GRILLOT, Françoise: Notes à propos des formules votives élamites. — *Akkadica* 27, 1982, 5-13.
McALPIN, D.W.: *Proto-Elamo-Dravidian* . . . — 4235.
12758 STEINER, Gerd: Das Syntagma V = M = *a tarma* = M und analoge Konstruktionen im achaemenidischen Elamisch. — *MSS* 41, 1982, 179-198 | V = verbal stem/root, M = morpheme.
WALKER, C.B.F.: *Cuneiform brick inscriptions* . . . — 12970.
12759 WILHELM, Gernot; [D'JAKONOV, I.M.] DIAKONOFF, Igor Mikhailovitch: Noch einmal zur behaupteten Ergativität des Elamischen. — *AMI* 15, 1982, 7-8 | Cf. 12756.

I. Language of the Indus civilization — Langue de la civilisation de l'Indus

12760 MITCHINER, John E.: *Studies in the Indus Valley inscriptions*. — New Delhi: 1978 | BL 1980, 11410. | *JASt* 40, 1980-81, 638-639 R.J. Cohen | *JAOS* 102, 1982, 233-236 W. Bright.
12761 POTTS, Daniel: The role of the Indo-Iranian borderlands in the formation of the Harappan writing system. — *AION* 42, 1982, 513-519, 4 fig.

III. MEDITERRANEAN LANGUAGES — LANGUES MÉDITERRANÉENNES

A. General — Généralités

AMBROSINI, R.: Le iscrizioni sicane, sicule, elime. — 5534.

B. Minoan, Eteocretan, Prehellenic — Minoen, Étéocrétois, Préhellénique

12762 ANDREADAKI VLASAKI, Maria; GODART, Louis: Une nouvelle tablette en linéaire A de la Canée: KH 91. — *SMEA* 23, 1982, 51-60, 10 fig.

12763 BEST, Jan: *yaššaram!* — *UF* 13, 1981 (1982), 291-293 | = *ja-sa-sa-ra-me*: on a Minoan dedication formula (and its Sem. relationship).

12764 BOSKAMP, Anton: Die minoischen Masseinheiten: ein Zwischenbericht. — *Kadmos* 21, 1982, 15-25.

12765 BRICE, William C.: The Zakro tablets 16, 17 and 18. — *Kadmos* 21, 1982, 9-14, 3 fig.

12766 CHADWICK, John: The prehistory of the classical Cretan dialect. — [12790], 62-66.

12767 DELEKAT, L.: Der Diskos von Phaistos: Entwurf einer Textlesung und -deutung. — *UF* 11, 1979 (1980), 165-178, 3 fig.

12768 DUHOUX, Yves: *L'étéocrétois: les textes – la langue.* — Amsterdam: Gieben, 1982, 335 p., 35 fig. | *KZ* 96, 1982-83, 301-303 G. N[eumann] | *Sprache* 29, 1983, 125-126 [M. Peters].

12769 FAUCOUNAU, Jean: Les signes du disque de Phaistos et leur identification. — *Kretologia* 12-13, 1981, 185-211.

12770 FAUCOUNAU, Jean: Le sens de l'écriture du disque de Phaistos: vers la fin d'une controverse? — *Kretologia* 12-13, 1981, 245-250.

12771 GODART, Louis; OLIVIER, Jean-Pierre: *Recueil des inscriptions en linéaire A.* Vol. 4: *Autres documents.* — École fr. d'Athènes, Études crétoises 21, 4; Paris: Geuthner, 1982, xli, 177 p. | Cf. BL 1979, 10942-3. | *REG* 96, 1983, 293-295 P. Faure.

12772 GORDON, Cyrus H.: New light on the Minoan language. — [12790], 205-209.

12773 JANKO, Richard: A stone object inscribed in Linear A from Ayios Stephanos, Laconia. — *Kadmos* 21, 1982, 97-100, pl. h.-t.

12774 KAMM, R.: A-sa-sa-ra-me: *die Übersetzung minoischer Texte meist rituellen Charakters mit Hilfe des Altindischen.* Mit einem Anhang von W. KAMM. — Ellwangen: R. Kamm, 1981, 55 p.

12775 KAMM, Richard: Min. *ki-de-ma-pi-na* = Pithosdeckel. — *Orbis* 29, 1980 (1982), 264-265.

12776 KAMM, Richard: *ai-ke-u* als griechische Version des minoischen Einfusses (Rhytons). — *Orbis* 29, 1980 (1982), 266-267.

12777 MASSON, E.: Quelques inscriptions inédites d'Enkomi. — *UF* 11, 1979 (1980), 559-562, 3 fig.

12778 MASSON, Olivier: Pèlerins chypriotes en Phénicie (Sarepta et Sidon). — *Semitica* 32, 1982, 45-49, pl. VII, 1-2.

12779 MEIJER, Louk C.: *Eine strukturelle Analyse der Hagia Triada-Tafeln: ein Beitrag zur Linear A-Forschung.* — Publ. of the Henri Frankfort Foundation 8; Amsterdam: Grüner, 1982, viii, 151 p.

12780 MOLČANOV, A.A.: *Tajnstvennye pis'mena pervych evropejcev.* — Moskva:

"Nauka", 1980, 119 p. | Attempt at a decipherment of the Phaistos disc.
12781 MOLČANOV, A.A.: Metodika raboty s minojskimi tekstami: dešifrovka i interpretacija. — [184], 42-45.
12782 MUENZER, P.J.: Die spiralförmig beschriebenen Scheiben der Antike. — Ur- und Frühzeit (Hornburg: Hagenberg) 1980/2, 4-12.
12783 MUENZER, P.J.: Die 'eteokretische' Inschrift von Psychro entziffert. — Ur- und Frühzeit 1980/4, 4-7.
12784 MUENZER, P.J.: Die Schrift des Königs Minos und deren erfolglose Entzifferer. — Ur- und Frühzeit 1981/2, 30-35.
12785 NEUMANN, Günter: Zum kretischen Hieroglyphenzeichen H 29. — Kadmos 21, 1982, 5-8.
12786 OLIVIER, Jean-Pierre: Les sceaux avec des signes hiéroglyphiques: que lire? Une question de définition. — Studien zur minoischen und helladischen Glyptik, hrsg. von W.-D. NIEMEIER (Berlin: Mann, 1981), 105-116.
12787 OLIVIER, Jean-Pierre: La bague en or de Mavro Spelio et son inscription en linéaire A. — [241], 15-26.
12788 OLIVIER, Jean-Pierre: État actuel des travaux sur le Linéaire A. — [12790], 395-400.
PALMER, L.R.: Some new Minoan-Mycenaean gods. — 5142.
12789 [PAPAPOSTÓLOU, I.A.] Παπαποστόλου, I.A.; GODART, Louis; OLIVIER, Jean-Pierre: Γραμμικὴ A στὸ μινωικὸ ἀρχεῖο τῶν Χανιῶν. — Roma: 1976 | BL 1976, 11707. | LEC 50, 1982, 90 M. van Esbroeck.
12790 Πεπραγμένα τοῦ Δ' Διεθνοῦς Κρητολογικοῦ Συνεδρίου . . . Τόμος A'. — Athens: 1980 | Cf. BL 1980, 2618. | Analyzed in the present vol.
12791 [PLÁTŌN, N.] Πλάτων, N.; BRICE, W.C.: Ἐνεπίγραφοι πινακίδες καὶ πίθοι γραμμικοῦ συστήματος A ἐκ Ζάκρου. — Athens: 1975 | BL 1978, 10171. | Hellenika 30, 1977-78, 441-448 B. Ἀραβαντινός.
12792 RAISON, Jacques; POPE, Maurice: Corpus transnuméré du linéaire A. — Louvain-la-Neuve: 1980 | BL 1980, 11425. | BSL 76, 1981/2 (1982), 135-137 Y. Duhoux.
12793 SACCONI, Anna: Quelques remarques sur le WA-NA-KA dans les tablettes en Linéaire A de Cnossos. — [12790], 477-478.
SOESBERGEN, P.G. VAN: Thracian . . . names in the Bronze Age Linear A . . . texts . . . — 4937.
12794 STIEGLITZ, R.R.: The letters of Kadmos: mythology, archaeology and Eteocretan. — [12790], 606-616.
12795 TSIPOPOULOU, Metaxia; GODART, Louis; OLIVIER, Jean-Pierre: Bol de bronze à base ombiliquée avec inscription en linéaire A de la collection K. et M. Mitsotakis. — SMEA 23, 1982, 61-72, 18 fig.
12796 UHLENBROCK, Jaimee P.: A dipinto from Tiryns. — Kadmos 21, 1982, 26-29, fig., pl.
VANDENABEELE, F.: Nouvelles découvertes concernant les idéogrammes arch. du linéaire A . . . — 5151.
WINDEKENS, A.J. VAN: Le nom propre grec Μίνως. — 5531.

C. Etruscan — Étrusque

12797 CRISTOFANI, Mauro: Varietà linguistica e contesti sociali di pertinenza nell'antroponimia etrusca. — Aiōn 3, 1981 (1982), 47-78.
CRISTOFANI, M.: I contatti tra Lazio ed Etruria in età arcaica. — 5664.

RHÉTIQUE

12798 FOWLER, Murray; WOLFE, Richard George: *Materials for the study of the Etruscan language*. — Roma: 1980 | BL 1980, 11428. | *Gymnasium* 89, 1982, 535-536 R. Schmitt.
12799 GLUHAK, Alemko: Etruscan *al-* "to give". — *Orbis* 29, 1980 (1982), 176-179.
12800 GLUHAK, A.: Etr. *kurpu*. — *ŽAnt* 32, 1982, 35-37.
12801 GORDEZIANI, Rismag: *Et'rusk'uli da kartveluri.* / *Ėtrusskij i kartvel'skij*. — Tbilisi: Univ. Gamomcemloba, 1980, 93 p. | Etr. and Kartvelian (In Georg. with Ru. & G. summ.). | *BK* 40, 1982, 372-373 W. Boeder.
12802 LEJEUNE, Michel: Procédures soustractives dans les numérations étrusque et latine. — *BSL* 76, 1981/1 (1982), 241-248.
12803 LEJEUNE, M.: Notes de linguistique italique. — *REL* 59, 1981 (1982), 69-82 | XXXIII. Les six premiers numéraux étr. XXXIV. Un nom étr. de l'alphabet? XXXV. Comment translitérer les siflantes étr.? | Cf. BL 1975, 4947.
 MORANDI, A.: *Epigrafia italica*. — 5539.
12804 PALLOTTINO, Massimo: *La langue étrusque* . . . — Paris: 1978 | BL 1979, 10968. | *KZ* 96, 1982-83, 295-300 H. Rix | *IF* 87, 1982 (1983), 376-379 R. Pfister.
12805 PALLOTTINO, Massimo: *Saggi di antichità*. I. *Alle origini dell'Italia antica*. II. *Documenti per la storia della civiltà etrusca*. III. *Immagini inedite e alternative di arte antica*. — Roma: Bretschneider, 1979, xlvi, 472 p.; 473-866; 867-1306, ill.
12806 PALLOTTINO, Massimo: Le iscrizioni etrusche. — [117], 39-44.
 PALLOTTINO, M.: *Genti e culture dell'Italia preromana*. — 5542.
12807 PFISTER, Raimund: Das Etruskische und Kleinasien in der Geschichte der Forschung. — [287], 265-271.
 RIX, H.: Rapporti onomastici fra il panteon etr. e quello romano. — 5547.
 SIMONE, C. DE: Heth. *Tarḫu-* – etr. *Tarχu*. — 4444.
 SIMONE, C. DE: Gli Etruschi a Roma: evidenza linguistica e problemi metodologici. — 5682.
12808 *Thesaurus linguae Etruscae*. Pubbl. . . . da Massimo PALLOTTINO. I: *Indice lessicale*. — Roma: 1978 (1979) | BL 1979, 10971 [1980, 11439]. | *AAHG* 35, 1982, 223-224 A.J. Pfiffig | *Klio* 64, 1982, 591-596 H. Krummrey | *KZ* 96, 1982-83, 295-300 H. Rix.
12809 WOOD, J.R.: The Etrusco-Latin *Liber Tageticus* in Lydus' *De Ostentis*. — *MPhL* 5, 1981, 94-125.

D. Rhaetian — Rhétique

12810 BRAVI, Ferruccio: *La lingua dei Reti*. 1: *Grafica, fonetica, note grammaticali, titoli*. 2: *Testi, lessico, repertori*. — Clessidra 19; Bolzano: Centro di documentazione storica, 1981.

BASQUE AND THE ANCIENT LANGUAGES OF THE IBERIAN PENINSULA

BASQUE ET ANCIENNES LANGUES DE LA PÉNINSULE IBÉRIQUE

12811 AGUD, Manuel: *Elementos de cultura material en el País Vasco.* — San Sebastián: L. Haranburu, 1980, 483 p. | *ZRPh* 98, 1982, 701-702 H. Schwerteck.

ALLIÈRES, J.: Les versions basque, gasc. et fr. d'un même dialogue . . . — 7093.

12812 *Bask'uri ena da bask'ur-k'avk'asiuri hip'otezi.* Red.: Arn. ČIKOBAVA. — Tbilisi: Tbilisis univ. gamomcemloba, 1976, 114 p. | The Basque language and the Basque-Cauc. hypothesis. Contents (in Georg.): R. LAFON, The Basque language (9-84); R. LAFON, Basque and Caucasian linguistics (85-98); A. ČIKOBAVA, René Lafon, specialist of Basque and the Ibero-Caucasian languages, and the immediate tasks of Ibero-Caucasian linguistics (99-110). | *EIKJa* 6, 1979, 366-376 V.G. Šengelia.

12813 BELTRÁN LLORIS, Miguel: *Arqueología e historia de las ciudades antiguas del Cabezo de Alcalá de Azaila (Teruel).* — Zaragoza: 1976, 527 p. | *BNF* 17, 1982, 398-401 J. Untermann.

12814 HESTER, Thomas Riley: *A generative, typological analysis of ergative phenomena in noun phrases and verb phrases in a Guipuzcoan dialect of Basque.* — Univ. of Texas at Austin diss., 1980, 229 p. | *DAb* 41/4, 1980, 1569-A.

LASAGABASTER MADINABEITIA, J.M.: Literatura vasca y bilingüismo: vasco y castellano en la novela *Ehun metro*, de R. Saizarbitoria. — 4140.

12815 MICHELENA, Luis: *Fonética histórica vasca.* 2.ª ed. — San Sebastián: 1977 | BL 1977, 12428. | *ZCPh* 39, 1982, 354-356 D.M. Job.

12816 *Monumenta linguarum Hispanicarum.* Hrsg. von Jürgen UNTERMANN. Band II. — Wiesbaden: 1980 | BL 1981, 12474. | *ZCPh* 39, 1982, 288-291 K.H. Schmidt.

12817 OLSSON, Lars: La situation linguistique et culturelle des Basques de France. I; II. — *MSpråk* 75, 1981, 373-389, carte; 76, 1982, 57-72.

12818 PIEL, J.M.: Onomástica hispânica. — *Euphrosyne* 11, 1981-82, 236-240 | Apropos of M.L. ALBERTOS FIRMAT (BL 1966, 8935).

12819 REBUSCHI, Georges: Sur les deux passifs et quelques phénomènes en basque d'Oñate (biscayen oriental). — *Verbum* 2, 1979, 211-231.

12820 ROTAETXE, Karmele: *Estudio estructural del euskara de Ondárroa.* — Durango: 1978 | BL 1981, 12477. | *EIKJa* 6, 1979, 377-385 N. St'urua (In Georg. with Ru. & E. summ.).

12821 ROTAETXE, Karmele: Interpretación de la cantidad silábica en euskara. — *Archivum* 29-30, 1979-80 (1982), 373-397, 12 fig.
12822 TOVAR, A.: *Baskskij jazyk*. Perevel s avtoriz. angl. N. Sturua. Red. i avt. predislovie A. ČIKOBAVA. — Tbilisi: Mecniereba, 1980, 102 p.
12823 TOVAR, Antonio: *Mitología e ideología sobre la lengua vasca: historia de los estudios sobre ella.* — Madrid: Alianza, 1980, 218 p. | *ZCPh* 39, 1982, 356-357 K.H. Schmidt | *RSEL* 12, 1982, 223-225 R. Estapà Argemí | *BSL* 76, 1981/2 (1982), 335-337 G. Rebuschi.
12824 UNTERMANN, Jürgen: La varietà linguistica nell'Iberia preromana. — *Aiōn* 3, 1981 (1982), 15-35, 2 fig., 24 cartes h.-t.
12825 URREIZTIETA-RIVERA, Irel: *Basque and Caucasian: a survey of the methods used in establishing ancient genetic affiliations.* — Univ. of Arizona diss., 1980, 177 p. | *DAb* 41/7, 1981, 3090-A/3091-A.

VERD, G.M.: *Íñigo, Íñiguez* . . . — 6443-4.

HAMITO-SEMITIC LANGUAGES
LANGUES CHAMITO-SÉMITIQUES

I. GENERAL — GÉNÉRALITÉS

12826 CONTI, Giovanni: *Rapporti tra egiziano e semitico nel lessico egiziano dell'agricoltura.* — Firenze: 1978 | BL 1979, 11000. | *ZDMG* 132, 1982, 387-389 O. Rössler.

12827 CONTI, Giovanni: *Studi sul bilitterismo in semitico e in egiziano.* 1. — Firenze: 1980 | BL 1980, 11455. | *JSS* 27, 1982, 295 T.W. Thacker.

DOLGOPOLSKY, A.: . . . epenthetic -γ- in Sura in the light of Hamitosemitic comparative linguistics. — 13605.

FELLMAN, J.: F.W. Newman . . . and Hamito-Sem. linguistics. — 700.

12828 GÖRG, Manfred: Ein ägyptisches Listenfragment mit asiatischen Toponymen. — *ZDPV* 98, 1982, 9-16, fig.

JUNGRAITHMAYR, H.: Chadic within Hamitosemitic or between Hamitosemitic and Nigritic? — 13618.

II. SEMITIC LANGUAGES — LANGUES SÉMITIQUES

A. General — Généralités

CAPLICE, R., et al.: Keilschriftbibliographie . . . — 13.

12829 Mesopotamien 1978-1979. — *AfO* 27, 1980, 462-479 | Alphabetic bibliography on Assyriology and related subjects.

12830 Mesopotamien und Nachbargebiete 1980. — *AfO* 28, 1981-82, 396-412.

NOBER, P.; NORTH, R.: *Elenchus bibliographicus biblicus* . . . — 34.

12831 VATTIONI, Francesco: Saggio di bibliografia semitica 1981-1982. — *AION* 42, 1982, 623-670.

12832 *Aphek-Antipatris 1974-1977: the inscriptions.* Ed. by M. KOCHAVI. — Tel Aviv: 1978 | BL 1981, 12669 (but analyzed in the present vol.). | *RB* 88, 1981, 269-270 É. Puech | *Syria* 57, 1980 (1983), 331 A. Caquot.

12833 AVISHUR, Y.: Expressions of the type *byn ydym* in the Bible and Semitic languages. — *UF* 12, 1980 (1981), 125-133.

12834 BOONSTRA, Folkert: *Nieuwere theorieën omtrent de verbaalstammen in de klassiek-Semietische talen (oorsprong, relaties en funkties): morfologisch-semasiologisch onderzoek.* — Diss. Groningen; Meppel: Krips Repro, 1982, viii, 219 p. | Recent theories about the verbal stems in the classical Sem. languages (origin, relations and functions). G. summ.

12835 BOYD, Jesse L., III: The development of the West Semitic *qal* perfect of the double-*'ayin* verb with particular reference to its transmission into Syriac. — *JNSL* 10, 1982, 11-23.

12836 BRUGNATELLI, Vermondo: *Questioni di morfologia e sintassi dei numerali cardinali semitici.* — Pubbl. della Fac. di Lettere e Filosofia dell'Univ. di Milano 93, Sezione a cura dell'Ist. di Glottologia 7; Firenze: La Nuova Editrice, 1982, xvi, 167 p. | *AION* 43, 1983, 342-343 F. Vattioni.

12837 [CERETELI, K.] TSERETELI, Konstantin: On one suprasegmental phoneme in modern Semitic. — *JAOS* 102, 1982, 343-346.

12838 *Chiasmus in antiquity: structures, analyses, exegesis.* John W. WELCH, ed. — Hildesheim: Gerstenberg, 1981, 353 p. | David Noel FREEDMAN, Preface, 7-8; Bibliography, 269-286; R.F. SMITH, Index, 287-352.

12839 CONTINI, Riccardo: *Tipologia della frase nominale nel semitico nordoccidentale del I millennio a.C.* — Studi e ricerche 1; Pisa: Giardini, 1982, v, 124 p.

12840 COOGAN, Michael D.: *West Semitic personal names in the Murašu documents.* — Missoula, MT: 1976 | BL 1976, 11757. | *AO* 50, 1982, 89-90 P. Swiggers.

DEGEN, Rainer: Bemerkungen zu *lḥn* im Nordwestsemitischen. — 13445.

12841 DIEM, Werner: Die Entwicklung des Derivationsmorphems der *t*-Stämme im Semitischen. — *ZDMG* 132, 1982, 29-84.

12842 DUGAND, J.-E.: Périples de la côte des Syrtes au sud de la Maurétanie (1ère partie). — *LAMA* 6, 1980, 27-156 | Sem. toponymy.

12843 FABER, Alice: *Genetic subgroupings of the Semitic languages.* — Univ. of Texas at Austin diss., 1980, 303 p. | *DAb* 41/4, 1980, 1568-A.

12844 GAI, Amikam: The reduction of the tense (and other categories) of the consequent verb in North-West Semitic. — *Or* 51, 1982, 254-256.

12845 GARBINI, Giovanni: Lingue e "varietà linguistiche" nel semitico nordoccidentale del I millennio a.C. — *Aiōn* 3, 1981 (1982), 95-111.

12846 GARBINI, Giovanni: Le serie alfabetiche semitiche e il loro significato. — *AION* 42, 1982, 403-411.

12847 GELB, Ignace J., with the assistance of Joyce BARTELS, Stuart-Morgan VANCE, Robert M. WHITING: *Computer-aided analysis of Amorite.* — Chicago: 1980 | BL 1980, 11469. | *ZA* 71, 1981/1, 157-160 H.-P. Müller | *Or* 51, 1982, 402-405 W. von Soden | Cf. 12858.

GOOD, R.M.: . . . *a study of the Hebr. noun 'am(m) and its Sem. cognates.* — 13204.

12848 GORDON, Cyrus H.: Extensions of Barth's law of vocalic sequence. — *Or* 51, 1982, 394-396.

12849 GRABBE, L.L.: Hebrew *pā'al*/Ugaritic *b'l* and the supposed *b/p* interchange in Semitic. — *UF* 11, 1979 (1980), 307-314.

12850 GRAVE, Cecilia: Northwest Semitic *ṣapānu* in a break-up of an Egyptian stereotype phrase in *EA* 147. — *Or* 51, 1982, 161-182 | Cf. also 13038.

12851 GREENFIELD, Jonas C.: The root *šql* in Akkadian, Ugaritic and Aramaic. — *UF* 11, 1979 (1980), 325-327.

12852 GREENSTEIN, Edward L.: Trans-Semitic idiomatic equivalency and the derivation of Hebrew *ml'kh*. — *UF* 11, 1979 (1980), 329-336.

12853 GRUBER, Mayer I.: *Aspects of nonverbal communication in the ancient Near*

East. — Studia Pohl 12; Rome: Biblical Inst. Press, 1980, xxx, 770 p. [2 vol.] | RAss 76, 1982, 183-184 A. Lemaire | ZA 72, 1982/1, 150-153 W. von Soden.

12854 HURVITZ, Avi: The history of a legal formula: kōl ᵃšer-ḥāpēṣ 'āśāh (Psalms cxv 3, cxxxv 6). — VT 32, 1982, 257-267.

12855 JANOWSKI, Bernd: Erwägungen zur Vorgeschichte des israelitischen šᵉlamîm-Opfers. — UF 12, 1980 (1981), 231-259 | I. Vorbemerkung, II. Ug. šlmm und šrp wšlmm (kmm) in Ritualtexten und Opferlisten, III. Zur Problematik der singularischen šlm (= "šlm-Opfer")-Belege aus Ugarit, IV. Ug. šlmm/hebr. šᵉlamîm = akk. šulmānu? V. Der Ritus des ug. šlm(m)-Opfers und die These vom mediterranen Ursprung des kanaanäisch-israelitischen Opferkultes, VI. Phön. šlmm, phön.-pun. šlm und altsüdarb. ms₁lm, *s₁lm, VIII. Schluss.

12856 KIENAST, Burkhardt: Zur Geschichte des semitischen Verbums. — [112], 17-23.

12857 KITCHEN, K.A.: Egypt, Ugarit, Qatna and covenant. — UF 11, 1979 (1980), 453-464 | Sem. brt.

12858 KNUDSEN, Ebbe Egede: An analysis of Amorite: a review article. — JCS 34, 1982, 1-18 | On 12847.

LAROCHE, E.: RS 20.189. — 12667.

LEVIN, S.: A theory of grammatic gender . . . Sem. numerals. — 2298.

LEVIN, S.: Homo : humus and the Sem. counterparts . . . — 4307.

12859 MALAMAT, Abraham: Ummatum in Old Babylonian texts and its Ugaritic and Biblical counterparts. — UF 11, 1979 (1980), 527-536 | Ug. 'umt & Hebr. 'ummāh.

12860 MCCARTHY, John Joseph, III: Formal problems in Semitic phonology and morphology. — (MIT Diss. 1979); Bloomington, IN: Indiana Univ. Linguistics Club, 1982, viii, 240 p.

NAVEH, J.: Early history of the alphabet . . . — 3081.

12861 PAUL, Shalom M.: Two cognate Semitic terms for mating and copulation. — VT 32, 1982, 492-493.

12862 RAINEY, A.F.: A tri-lingual cuneiform fragment from T. Aphek. — [12832], 13-16 | = Tel Aviv (Tel Aviv: Univ.) 3, 1976, 137-140 | Sum., Akk. & North-West Sem.

12863 RAINEY, Anson F.: Linguistic notes on Thutmose III's topographical list. — [13525], 335-359, tab. | Late Kingdom transcriptions of West Sem. place-names.

12864 ROMAN, André: De la langue arabe comme un modèle général de la formation des langues sémitiques et de leur évolution. — Arabica 28, 1981, 127-161.

12865 SWIGGERS, P.: The meaning of the root lḥm "food" in the Semitic languages. — UF 13, 1981 (1982), 307-308.

12866 VOIGT, Rainer M.: Inkompatibilitäten und Diskrepanzen in der Sprache und das erste phonologische Inkompatibilitätsgesetz des Semitischen. — WO 12, 1981, 136-172.

12867 WARD, W.A.: Egypto-Semitic mr, "be bitter, strong". — UF 12, 1980 (1981), 357-360.

B. Akkadian — Akkadien

12868 HIRSCH, Hans; HUNGER, Hermann: Assyriologie. Register: 1. Realien, 2. Wörter, 3. Textstellen (1979, mit Nachträgen); (1980, mit Nachträgen). — AfO 27, 1980, 335-461; 28, 1981-82, 286-364.

AKKADIEN

12869 ABOU-ASSAF, Ali; BORDREUIL, Pierre; MILLARD, Alan R.: *La statue de Tell Fekherye et son inscription bilingue assyro-araméenne.* — Études Assyriologiques 7; Paris: Éd. Recherche sur les civilisations, 1982, 127 p., 14 pl. | *ZA* 72, 1982/2 (1983), 293-296 W. von Soden | Cf. 13283.

12870 *Akkadisches Handwörterbuch.* Unter Benutzung des lexikalischen Nachlasses von Bruno MEISSNER (1868-1947) bearbeitet von Wolfram VON SODEN. Band III: *S – Z*. Berichtigungen und Nachträge. — Heidelberger Akad. der Wiss.; Wiesbaden: Steiner, 1981, xvi, p. 1065-1592 | Cf. BL 1981, 12578. | *JSS* 27, 1982, 281-286 W.G. Lambert (Lief. 15-16).

12871 *The Assyrian dictionary of the University of Chicago.* Vol. 13: *Q*. Erica REINER, ed.-in-charge; Robert D. BIGGS, associate ed.; with the assistance of Maureen GALLERY, Brigitte GRONEBERG, Hermann HUNGER, and Burkhart KIENAST. Manuscript ed.: Peter T. DANIELS. — Chicago: Oriental Inst./Glückstadt: Augustin, 1982, xxiv, 332 p. | Cf. BL 1981, 12534. | *ZA* 71, 1981/2 (1982), 280-288 D.O. Edzard (11) | *BiOr* 38, 1981, 626-630 R. Borger (10).

12872 BORGER, Rykle: *Handbuch der Keilschriftliteratur.* Band II: *Supplement zu Band I.* Anhang: Zur Kuyunjik-Sammlung. — Berlin (West): de Gruyter, 1975, xxxii, 395 p. | Cf. BL 1967, 9089.

12873 BORGER, Rykle: *Handbuch der Keilschriftliteratur.* Band III: *Inhaltliche Ordnung der sumerischen und akkadischen Texte.* Anhang: Sekundärliteratur in Auswahl. — Berlin (West): de Gruyter, 1975, viii, 168 p.

12874 BORGER, Rykle: *Assyrisch-babylonische Zeichenliste* . . . — Kevelaer: 1978 | BL 1978, 10098. | *OLZ* 77, 1982, 137-140 M. Müller.

12875 BORGER, Rykle: *Assyrisch-babylonische Zeichenliste:* Ergänzungsheft zur 1. Auflage (AOAT 33). — AOAT 33A; Kevelaer: Butzon & Bercker/Neukirchen-Vluyn: Neukirchener Verlag, 1981, p. 415-452 | *BiOr* 39, 1982, 333-334 S.J. Lieberman.

12876 BORGER, R.: Die Kuyunjik-Sammlung von Ende 1973 bis Anfang 1982: Nachträge zu Leichty's *Bibliography* und zu *HKL* II 331-395. — *AfO* 28, 1981-82, 365-395 | Cf. BL 1965, 8863 & No. 12872 (and also BL 1978, 10244).

12877 BORGER, R.; TADMOR, H.: Zwei Beiträge zur alttestamentlichen Wissenschaft aufgrund der Inschriften Tiglarpilesers III. — *ZATW* 94, 1982, 244-251.

12878 BOTTÉRO, Jean: Le "Code" de Ḫammu-rabi. — *ASNP* 12, 1982, 409-444.
 BRINKMAN, J.A.: Sex, age, and physical condition designations for servile laborers in the M. Babylonian period . . . — 12691.

12879 BUCCELLATI, Giorgio: Comparative graphemic analysis of Old Babylonian and Western Akkadian. — *UF* 11, 1979 (1980), 89-100, 6 tab.

12880 CAGNI, Luigi: *Briefe aus dem Iraq Museum (TIM II).* Bearbeitet. — Altbabylonische Briefe in Umschrift und Übersetzung 8; Leiden: Brill, 1980, x, 103 p. | *BiOr* 39, 1982, 133-136 W. von Soden.

12881 CAPLICE, Richard: *Introduction to Akkadian.* — Rome: 1980 | BL 1980, 11480. | *BSOAS* 45, 1982, 138-139 S. Dalley | *BiOr* 39, 1982, 122-131 J. Huehnergard; D. Snell | *CBQ* 44, 1982, 646-648 R.S. Majoros, Jr. | *JNES* 42, 1983, 309-312 W. Farber | *RAss* 76, 1982, 184-185 D. Charpin.

12882 CASSIN, Elena; GLASSNER, Jean-Jacques: *Anthroponymie et anthropologie de Nuzi.* I. — Malibu: 1977 | BL 1977, 12482. | *OLZ* 77, 1982, 352-353 H. Freydank.

12883 CHARPIN, Dominique: *Archives familiales et propriété privée en Babylonie ancienne* . . . — Genève: 1980 | BL 1980, 11482. | *ZA* 71, 1981/1, 146-148 W. von Soden.

12884 CHARPIN, Dominique: La Babylonie de Samsu-iluna à la lumière de nouveaux documents. — *BiOr* 38, 1981, 517-547 | C.r. du No. 12901.
12885 CHARPIN, Dominique; DURAND, Jean-Marie: Textes paléo-babyloniens divers du Musée du Louvre. — *RAss* 75, 1981, 15-29; 97-106.
12886 COHEN, Chaim: Neo-Assyrian elements in the first speech of the Biblical *rab-šāqê*. — *IOS* 9, 1979, 32-48.
12887 DALLEY, Stephanie: *A catalogue of the Akkadian cuneiform tablets in the collections of the Royal Scottish Museum* . . . — Edinburgh: 1979 | BL 1981, 12540. | *BiOr* 39, 1982, 131-133 Kh. Nashef.
12888 DELSMAN, W.C.: Das Barth'sche Gesetz und Lehnwörter. — *UF* 11, 1979 (1980), 187-188.
12889 DONBAZ, Veysel; KALAÇ, Mustafa: Two tablets from Nuzi housed in Istanbul. — *ZA* 71, 1981/2 (1982), 205-214, ill.
12890 DOSSIN, Georges: Un message de détresse dans une lettre paléobabylonienne. — *Akkadica* 6, 1978, 2-8, 3 pl. | No. 0.3859 (Musées Royaux d'Art et d'Histoire, Bruxelles): photo, copie, transcription, trad. & notes phil.
12891 DOSSIN, Georges: Secrets d'état . . . — *Akkadica* 25, 1981, 1-7 | Lettre de Mari (A. 158) avec transcription, trad. & comm.
12892 EDZARD, Dietz Otto: Zu den akkadischen Nominalformen *parsat-, pirsat-* und *pursat-*. — *ZA* 72, 1982/1, 68-88.
12893 EDZARD, D.O.: Qīšum, Ensi von Kazallu. — [270], 26-33 | BIN 8 No. 121.
12894 ELAT, Moshe: Mesopotamische Kriegsrituale. — *BiOr* 39, 1982, 5-25, 4 fig. | Ed. with transl. and notes.
12895 FALES, Frederick Mario: New Assyrian letters from the Kuyunjik collection. — *AfO* 27, 1980, 136-153 | With transl. and notes.
12896 FALES, Frederick Mario: Two Neo-Assyrian notes. — *RAss* 75, 1981, 67-69 | 1. GIŠ.ŠÚ.A in Neo-Ass. letters, 2. ABL 124.
12897 FARBER, Gertrud: Rinder mit Namen. — [270], 34-36.
12898 FARBER, Walter: *Beschwörungsrituale an Ištar und Dumuzi* . . . — Wiesbaden: 1977 | BL 1978, 10256. | *JAOS* 102, 1982, 160-161 D.A. Foxvog.
12899 FARBER, Walter: Zur älteren akkadischen Beschwörungsliteratur. — *ZA* 71, 1981/1, 51-72, ill.
12900 FARBER, Walter: Altbabylonische Adverbialendungen auf *-āni*. — [270], 37-47.
12901 FEIGIN, Samuel: *Legal and administrative texts of the reign of Samsu-Iluna* . . . — New Haven: 1979 | BL 1979, 11044. | *JAOS* 102, 1982, 161-163 M. Stol | *JNES* 41, 1982, 311-312 R. Harris | Cf. 12884.
FOSTER, B.R.: Ethnicity and onomastics in Sargonic Mesopotamia. — 12700.
12902 FRANKENA, R.: *Kommentar zu den altbabylonischen Briefen aus Lagaba* . . . — Leiden: 1978 | BL 1979, 11045. | *OLZ* 77, 1982, 140-142 H. Klengel.
12903 GARELLI, Paul: Serments et procès dans l'ancienne Assyrie (AO 22505). — [270], 56-66, fig.
GELB, I.J.: Sum. and Akk. words for "string of fruit". — 12702.
12904 GREENGUS, Samuel: *Old Babylonian tablets from Ishchali* . . . — Istanbul: 1979 | BL 1979, 11048. | *OLZ* 77, 1982, 250-252 H. Klengel | *ZA* 71, 1981/1, 149-151 W. von Soden.
12905 GRONEBERG, B.: Philologische Bearbeitung des Agušayahymnus. — *RAss* 75, 1981, 107-134.
12906 GURNEY, O.R.: The Sultantepe tablets. Addenda and further corrigenda. — *AfO* 28, 1981-82, 92-112, 18 pl. | Cf. BL 1967, 9106.

AKKADIEN

12907 HIRSCH, Hans: Über das Lachen der Götter. — [270], 110-120 | *ṣjḫ.
HUENERGARD, J.: Akk. evidence for case-vowels on Ug. bound forms. — 13051.
12908 HUNGER, Hermann: Spätbabylonische Texte aus Uruk. Teil I. — Berlin (West): 1976 | BL 1978, 10269. | BiOr 39, 1982, 141-145 C. Wilcke.
12909 JAKOB-ROST, Liane; FREYDANK, Helmut: Spätbabylonische Rechtsurkunden . . . aus Uruk. — Berlin (DDR): 1978 | BL 1979, 11053. | OLZ 77, 1982, 355-357 M.A. Dandamajev.
12910 JOANNÈS, Francis: Textes économiques de la Babylonie récente. — Recherche sur les Civilisations, Cahier 5; Étude des textes de TBER, Cahier 6; Paris: Éditions Recherche sur les Civilisations, 1982, vii, 450 p.
12911 JOANNÈS, Francis: La localisation de Ṣurru à l'époque néo-babylonienne. — Semitica 32, 1982, 35-43.
KÄRKI, I.: Die sum. und akk. Königsinschriften der altbabylonischen Zeit . . . — 12714.
12912 KIENAST, Burkhart: Die altbabylonischen Briefe und Urkunden aus Kisurra. 1-2. — Wiesbaden: 1978 | BL 1978, 10273. | JNES 42, 1983, 219-228 J.G. Westenholz | AfO 27, 1980, 161-164 M. Stol | AO 50, 1982, 211-212 L. Matouš | JAOS 102, 1982, 156-160 D. Charpin.
12913 KILMER, Anne Draffkorn: A note on an overlooked word-play in the Akkadian Gilgamesh. — [270], 128-132 | haṣṣinnu:assinnu, kiṣru:kezru, pukku:mekku.
12914 KNUDSEN, Ebbe Egede: The Mari Akkadian shift $ia > ê$ and the treatment of $l''h$ formations in Biblical Hebrew. — JNES 41, 1982, 35-43.
12915 KRAUS, F.R.: Briefe aus dem British Museum . . . — Leiden: 1977 | BL 1977, 12493. | AfO 27, 1980, 164-168 Kh. Nasher.
KRISPIJN, Th.J.H.: Das Verb in den zweisprachigen Inschriften der Hammurabi-Dynastie. — 12718.
12916 LACKENBACHER, Sylvie: Nouveaux documents d'Ugarit. I. Une lettre royale. — RAss 76, 1982, 141-156, tab. | RS 34 165.
12917 LAMBERT, W.G.: New fragments of Babylonian epics. — AfO 27, 1980, 71-82 | With transl. and notes.
12918 LAMBERT, W.G.: Old Akkadian Ilaba = Ugaritic Ilib? — UF 13, 1981 (1982), 299-301.
12919 LAMBERT, W.G.: The hymn to the queen of Nippur. — [270], 173-218, ill.
12920 LERBERGHE, K. VAN: L'arrachement de l'emblème šurinnum. — [270], 245-257 | BM 82437.
12921 LIPIŃSKI, Edward: Le culte d'Ištar en Mésopotamie du Nord à l'époque parthe. — OLP 13, 1982, 117-124.
12922 MARCUS, David: A manual of Akkadian. — Washington, DC: 1978 | BL 1979, 11063. | CBQ 44, 1982, 646-648 R.S. Majoros, Jr.
12923 MARRASSINI, Paolo: Nota sul passaggio $a > e$ in accadico. — Egitto e Vicino Oriente (Pisa) 4, 1981, 349-355.
Materials for the Sum. lexicon . . . — 12723.
12924 MAYER, Walter: Nuzi-Studien, I. — Kevelaer/Neukirchen-Vluyn: 1978 | BL 1978, 10286. | Or 51, 1982, 276-281 C. Zaccagnini | JAOS 102, 1982, 168-170 M.P. Maidman.
12925 MAYER, Werner R.: Corrigenda zu O. LORETZ – W.R. MAYER, Šu-ila-Gebete (AOAT 34; 1978). — UF 12, 1980 (1981), 422-424 | Cf. BL 1981, 12561.
12926 MCEWAN, Gilbert J.P.: Priest and temple in Hellenistic Babylonia. — Freiburger Altorientalische Studien 4; Wiesbaden: Steiner, 1981, xi, 211 p. | ZA 71, 1981/2 (1982), 292-296 W. von Soden.

12927 McEwan, G.J.P.: *The late Babylonian tablets in the Royal Ontario Museum.* — Royal Ontario Museum Cuneiform Texts 2; Toronto: R.O.M., 1982, xviii, 110 p. | *ZA* 72, 1982/2 (1983), 296-297 W. von Soden.
12928 McEwan, Gilbert J.P.: *Texts from Hellenistic Babylonia in the Ashmolean Museum.* With notes on the seal impressions by the late Briggs Buchanan. — Oxford Ed. of Cuneiform Texts 9; Oxford: Clarendon, 1982, ix, 115 p. | *ZA* 72, 1982/2 (1983), 297-299 W. von Soden.
12929 McEwan, Gilbert J.P.: Arsacid temple records. — *Iraq* 43, 1981, 131-143, 3 fig. | AB 244-248, with comm.
12930 McEwan, Gilbert J.P.: *ša taturru.* — *RAss* 75, 1981, 91-92.
12931 Menzel, Brigitte: *Assyrische Tempel. I. Untersuchungen zu Kult, Administration und Personal. II. Anmerkungen, Textbuch, Tabellen und Indices.* — Studia Pohl, Series Maior 10/I-II; Rome: Biblical Inst. Press, 1981, xv, 322; viii, 241*, 218, 35, 18 p. | *JSS* 28, 1983, 155-159 J.N. Postgate.
12932 Meyer, L. de: Deux prières *ikribu* du temps d'Ammī-ṣaduqa. — [270], 271-278, 2 fig.
12933 Moran, William L.: *duppuru (dubburu) - tuppuru,* too? — *JCS* 33, 1981, 44-47.
12934 Na'aman, N.: The origin and historical background of several Amarna letters. — *UF* 11, 1979 (1980), 673-684.
12935 Nováková, N.; Souček, V.: *Úvod do klínového písma a babylónštiny.* — Praha: 1980 | BL 1980, 11523. | *Nový Orient* (Praha) 36, 1981, 127-128 B. Hruška.
12936 Oberhuber, Karl: Ein Versuch zum Verständnis von Atra-ḫasīs I 223 und I 1. — [270], 279-281.
12937 Oelsner, Joachim: Spätachämenidische Texte aus Nippur. — *RAss* 76, 1982, 94-95 | A propos de J.-M. Durand (BL 1979, 11043).
12938 Powell, Marvin A.: The adverbial suffix *-ā* and the morphology of the multiples of ten in Akkadian. — *ZA* 72, 1982/1, 89-105.
12939 Rainey, A.F.: Two cuneiform fragments from Aphek inscriptions. — [12832], 8-12 | = *Tel Aviv* (Tel Aviv: Univ.) 2, 1975, 125-129.
12940 Reade, J.E.; Walker, C.B.F.: Some Neo-Assyrian royal inscriptions. — *AfO* 28, 1981-82, 113-122, 14 fig.
12941 Remarques sur les monuments de Karatepe. III. Paul Garelli: Les données assyriennes. — *RAss* 75, 1981, 54-60 | Cf. also No. 13148.
12942 *Répertoire géographique des textes cunéiformes.* III: *Die Orts- und Gewässernamen der altbabylonischen Zeit.* . . . bearbeitet von Brigitte Groneberg. — Wiesbaden: 1980 | BL 1981, 12571. | *BiOr* 39, 1982, 137-141 J.M. Sasson.
12943 *Répertoire géographique des textes cunéiformes.* V: *Die Orts- und Gewässernamen der mittelbabylonischen und mittelassyrischen Zeit,* von Khaled Nashef. — Beihefte zum Tübinger Atlas des Vorderen Orients, Reihe B 7; Wiesbaden: Reichert, 1982, xxviii, 341 p., fold. map.
12944 Sack, Ronald H.: The temple scribe in Chaldean Uruk. — *Visible Language* (Cleveland, OH) 15, 1981/4, 409-418.
12945 Safren, Jonathan D.: *merḫûm* and *merḫûtum* in Mari. — *Or* 51, 1982, 1-29.
12946 Saporetti, Claudio: *Assur 14446: la famiglia A. Ascesa e declino di persone e famiglie all'inizio del medio regno assiro,* I. — Cybernetica Mesopotamica, Data Sets: Cun. Texts 1; Malibu: Undena, 1979, iii, 139 p. | *BiOr* 39, 1982, 347-349 G. Wilhelm.
12947 Saporetti, Claudio: *Risultati e prospettive dell'analisi dei testi accadici mediante il calcolatore elettronico.* Conferenza . . . — Contr. del Centro linceo

AKKADIEN

interdisciplinare di scienze matematiche e loro applicazioni 56; Roma: Accad. Nazionale dei Lincei, 1981, 26 p.
12948 SCHOLZ, B.: *adêšu*. — *AfO* 28, 1981-82, 142.
12949 SCHRAMM, W.: *ka-inim-ma*. — *RAss* 75, 1981, 90.
12950 SEUX, Marie-Joseph: *Hymnes et prières aux dieux de Babylonie et d'Assyrie*. — Paris: 1976 | BL 1977, 12506. | *WO* 12, 1981, 178-183 B. Groneberg.
12951 SHAFFER, Aaron: A new musical term in ancient Mesopotamian music. — *Iraq* 43, 1981, 79-83 | *sihpum*.
12952 SIGRIST, R. Marcel: Une tablette cunéiforme de Tell Keisan. — *IEJ* 32, 1982, 32-35, 2 fig.
12953 SMITH, R.F.: Chiasm in Sumero-Akkadian. — [12838], 17-35.
12954 SODEN, Wolfram VON: Assyriasmen im Akkadischen von Ugarit und das Problem der Verwaltungssprache im Mitannireich. — *UF* 11, 1979 (1980), 745-751.
12955 SODEN, Wolfram VON: Die 2. Tafel der Unterserie *Šumma Ea liballiṭ-ka* von *alandimmû*. — *ZA* 71, 1981/1, 109-121, ill. | With transl. & comm.
12956 SODEN, Wolfram VON: Untersuchungen zur babylonischen Metrik, Teil I. — *ZA* 71, 1981/2 (1982), 161-204.
12957 SOLLBERGER, E.: A new inscription of Šar-kali-šarrī. — [245], 345-348.
12958 SPERLING, S. David: A šu-íl-lá to Ištar. — *WO* 12, 1981, 8-20.
12959 STEINER, Gerd: Das Bedeutungsfeld "Tod" in den Sprachen des Alten Orients. — *Or* 51, 1982, 239-248 | Mainly in Sum., Akk., and Hitt.
STEINER, G.: *Ḫamṭu* und *marû* als verbale Kategorien im Sum. und im Akk. — 12741.
STEINKELLER, P.: Two Sargonic documents . . . — 12745.
12960 STOL, M.: *On trees, mountains and milestones* . . . — Leiden: 1979 | BL 1980, 11539. | *AfO* 28, 1981-82, 170-172 W.G. Lambert | *BiOr* 38, 1981, 630-634 W. Heimpel | *JAOS* 102, 1982, 659-660 R.D. Biggs.
12961 STOL, M.: *Letters from Yale*, transliterated and transl. — Altbabylonische Briefe in Umschrift und Übersetzung 9; Leiden: Brill, 1981, ix, 170 p.
12962 STOL, M.: State and private business in the land of Larsa. — *JCS* 34, 1982, 127-230, 42 fig. | Appendix I (156-178): The new texts. Appendix III (181-192): Pers. names.
12963 STOL, M.: A cadastral innovation by Hammurabi. — [270], 351-358 | On the use of *ugārum*, with an app. on toponyms with a.gàr.
STOLA, R.: Zu den sum. Entsprechungen des akk. Imperativs . . . — 12746.
12964 STOLPER, Matthew W.: Two Neo-Assyrian fragments. — *AfO* 27, 1980, 83-85 | With comm.
12965 TALON, Philippe: Assyriologie et informatique. — *Akkadica* 23, 1981, 23-36, 3 fig.
TSUMURA, D.T.: Hab 2_2 in the light of Akk. legal practice. — 13227.
12966 VEENHOF, Klaas R.: Een oudassyrische brief te Brussel. — *Akkadica* 18, 1980, 31-44 | 0.3918 (Musées Royaux d'Art et d'Histoire, Bruxelles) avec trad. & comm.
12967 VEENHOF, K.R.: Observations on some letters from Mari (ARM 2, 124; 10, 4; 43; 84; 114), with a note on *tillatum*. — *RAss* 76, 1982, 119-140.
12968 VEENHOF, Klaas R.: A deed of manumission and adoption from the later Old Assyrian period: its writing, language, and contents in comparative perspective. — [270], 359-385, pl., fig. | APM 9220.
WAETZOLDT, H.: Das Amt des Utullu. — 12753.
12969 WALKER, C.B.F.: *Old Babylonian letters*. — London: 1976 | BL 1979, 11085. | *AfO* 27, 1980, 164-168 Kh. Nasher.

12970 WALKER, C.B.F.: *Cuneiform brick inscriptions in the British Museum, the Ashmolean Museum, Oxford, the City of Birmingham Museums and Art Gallery, the City of Bristol Museum and Art Gallery.* — London: British Museum Publ., 1981, 168 p. | No. 1-117: Sum. and Babylonian inscriptions; 118-190: Assyrian inscriptions; 191-124: Elamite inscriptions. | *JCS* 34, 1982, 112-117 W.W. Hallo.
12971 WALKER, C.B.F.; KRAMER, S.N.: Cuneiform tablets in the collection of Lord Binning. — *Iraq* 44, 1982, 70-86, ill. | With transl. and comm.
12972 WEISBERG, David B.: *Texts from the time of Nebuchadnezzar.* — New Haven: 1980 | BL 1981, 12584. | *JNES* 42, 1983, 312-314 G. Frame | *RAss* 76, 1982, 84-92 F. Joannès | *ZA* 71, 1981/2 (1982), 288-292 G. Ries | *BiOr* 39, 1982, 350-352 H. Freydank.
12973 WIGGERMANN, F.A.M.: On *bin šar dadmē*, the "Anzû-myth". — [270], 418-425.
12974 WILCKE, Claus: Noch einmal: *šilip rēmim* und die Adoption *ina mê-šu*. Neue und alte einschlägige Texte. — *ZA* 71, 1981/1, 87-94.
12975 WILCKE, Claus: Zwei spät-altbabylonische Kaufverträge aus Kiš. Mit zwei Exkursen: A: *nudunnûm* und *nišītum*; B: Quasi-Hüllentafeln und *kanīkāt/ṭuppāt ummatim*. — [270], 426-483, 10 fig.
12976 WILHELM, Gernot: *Das Archiv des Šilwa-Teššup*. 2. — Wiesbaden: 1980 | BL 1981, 12587. | *JNES* 42, 1983, 307-309 D.I. Owen | *JAOS* 102, 1982, 391-392 M.P. Maidman.
12977 ZADOK, Ran: Babylonian notes. — *BiOr* 38, 1981, 547-551 | 1. The Neo/Late-Babylonian pronunciation of two divine names. 3. *numītu*. 4. *puṣādu*.
12978 ZADOK, Ran: The toponymy of the Nippur region during the 1st millennium B.C. within the general framework of the Mesopotamian toponymy. — *WO* 12, 1981, 39-69, 4 tab. | Mainly Akk. and Aram.
12979 ZADOK, Ran: Three non-Akkadian words in Late-Babylonian documents. — *JAOS* 102, 1982, 115-117 | 1. *girisuakarrānu*. 2. *maḫaṣṣatu*. 3. *uštajammu*.
12980 ZADOK, Ran: Lexical, onomastic and geographical notes. — *RAss* 76, 1982, 174-178 | 1. *kitintu*, 2. *Nār-Ṣirṣirri*, 3. *naṭīlu*, 4. *niṭpu*, 5. *Nurzānu*, 6. *nūzu*, 7. *šilipu*, 8. *Tabalāja*, 9. *turun*.

C. Eblaite — Eblaite

12981 ARCHI, Alfonso; BIGA, Maria Giovanna: *Testi amministrativi di vario contenuto (archivio L.2769: TM.75.G.3000-4101).* — Archivi Reali di Ebla, Testi 3; Roma: Herder, 1981, 410 p., 24 pl.
12982 CHARPIN, Dominique: Mari et le calendrier d'Ebla. — *RAss* 76, 1982, 1-6.
12983 DAHOOD, Mitchell: Eblaite, Ugaritic, and Hebrew lexical notes. — *UF* 11, 1979 (1980), 141-146 | [1] *ipd* "ephod", *iptt* "ephods"; [2] *aḥd* "one" or "community"; [3] *arw* "lion"; [4] emphatic *ky* "indeed"; [5] *'l* "because of"; [6] *tlt* "to plow a third time"; [7] *tlt* "bronze, copper" | [Cf. 13015(4)]..
12984 DAHOOD, Mitchell †: An Ebla personal name and the metaphor in Psalm 19, 11-12. — *Biblica* 63, 1982, 260-263 | *zāhāb* and *nizhār* ~ Eblaite *sa-ab-za-ir-ma-lik* (= *zāhāb-zāhir-malik*), and other parallels.
12985 DAHOOD, Mitchell: Eblaite and Biblical Hebrew. — *CBQ* 44, 1982, 1-24.
12986 EDZARD, Dietz Otto: *Verwaltungstexte verschiedenen Inhalts (aus dem Archiv L.2769).* — Archivi Reali di Ebla, Testi 2; Roma: Herder, 1981, viii, 170 p., 40 tab.

OUGARITIQUE

12987 FRONZAROLI, Pelio: The concord in gender in Eblaite theophoric personal names. — *UF* 11, 1979 (1980), 275-281.
12988 MATTHIAE, Paolo: Le palais royal et les archives d'état d'Ebla protosyrienne. — *Akkadica* 2, 1977, 2-19, ill.
12989 PETTINATO, Giovanni: Relations entre les royaumes d'Ebla et de Mari au troisième millénaire, d'après les archives royales de Tell Mardikh-Ebla. — *Akkadica* 2, 1977, 20-28.
12990 PETTINATO, Giovanni: *Testi amministrativi della biblioteca L. 2769. Tavole.* — Materiali Epigrafici di Ebla 2*; Napoli: Ist. Univ. Orientale, 1981, 8 p., 70 tab. | Cf. BL 1981, 12610.
12991 PETTINATO, Giovanni: *Testi lessicali monolingui della biblioteca L. 2769.* [1]. *Tavole.* — Materiali Epigrafici di Ebla 3*; Napoli: Ist. Univ. Orientale, 1981, 4 p., 40 tab. | Cf. BL 1981, 12611.
12992 PETTINATO, Giovanni: *Testi lessicali bilingui della biblioteca L. 2769.* In collaborazione con E. ARCARI . . . [et al.]. 1. *Traslitterazione dei testi e ricostruzione del VE.* — Materiali Epigrafici di Ebla 4; Napoli: Ist. Univ. Orientale, 1982, xxxiv, 427 p., 16 pl.

D. Ugaritic — Ougaritique

12993 AARTUN, Kjell: *Die Partikeln des Ugaritischen.* 1.-2. Teil. — Kevelaer/Neukirchen-Vluyn: 1974-78 | BL 1978, 10313. | *Or* 51, 1982, 281-283 M. Dahood † (2) | *UF* 12, 1980 (1981), 455-457; 458-460 J. Hoftijzer (1; 2) | *BiOr* 38, 1981, 383-386 E. Lipiński (2).
12994 AARTUN, Kjell: Ugaritisch *mḫ*. — *UF* 11, 1979 (1980), 1-5.
12995 AARTUN, Kjell: Die belegten Partikelformen in den ugaritischen Texten aus Ras Ibn Hani. — *UF* 12, 1980 (1981), 1-6.
12996 AVISHUR, Y.: The ghost-expelling incantation from Ugarit (Ras Ibn Hani 78/20). — *UF* 13, 1981 (1982), 13-25 | Colometry & comm.
12997 BEYERS BRINK, Marthinus: *A philological study of texts in connection with Aṯtrt and Aṯirat in the Ugaritic language.* — Univ. of Stellenbosch diss., 1977, 916 p.
12998 BLAU, Joshua: Zu Lautlehre und Vokalismus des Ugaritischen. — *UF* 11, 1979 (1980), 55-62.
    BLAU, J.: Some Ug., Hebr., and Ar. parallels. — 13159.
12999 BORDREUIL, Pierre: Quatre documents en cunéiformes alphabétiques mal connus ou inédits (*U.H.* 138, *RS* 23.492, *RS* 34.356, *Musée d'Alep M.* 3601). — *Semitica* 32, 1982, 5-14, pl. I-II.
13000 BORDREUIL, Pierre; PARDEE, Dennis: Le rituel funéraire ougaritique RS. 34.126. — *Syria* 59, 1982, 121-128, 4 fig.
13001 BOWMAN, Charles H.; COOTE, Robert B.: A narrative incantation for snake bite. — *UF* 12, 1980 (1981), 135-139 | RS 24.244.
13002 BROOKE, George J.: The textual, formal and historical significance of Ugaritic letter RS 34.124 (= *KTU* 2.72). — *UF* 11, 1979 (1980), 69-87.
13003 CAQUOT, André: La lettre de la reine Puduḫepa. — [13097], 121-134, 5 fig.
13004 CAZELLES, H.: Ugarit au cœur du Proche-Orient. — *UF* 12, 1980 (1981), 141-146.
13005 CECCHINI, S.M.: *tḫt* in KAI 2, 3 e in KTU 1.161:22ss. — *UF* 13, 1981 (1982), 27-31.
13006 CRAIGIE, P.C.: Parallel word pairs in Ugaritic poetry: a critical evaluation of their relevance for Psalm 29. — *UF* 11, 1979 (1980), 135-140.

13007 CUNCHILLOS, J.L.: Le texte ugaritique KTU 2.30. — *AF* 5, 1979 (1981), 73-76.
13008 CUNCHILLOS, J.L.: KTU 2.14 une lettre pour demander une recommandation. — *UF* 12, 1980 (1981), 147-151.
13009 CUNCHILLOS, J.L.: KTU 2.21 — lettre adressée à la Reine: *IBRKD* a transmis le message de la Reine. — *UF* 13, 1981 (1982), 45-48 | Text, transl. & comm. DAHOOD, M.: Eblaite, Ug., and Hebr. lexical notes. — 12983.
13010 DEL OLMO LETE, G.: *Mitos y leyendas de Canaan* . . . — Madrid/Valencia: 1981 | BL 1981, 12630. | *Biblica* 64, 1983, 575-579 E. Zurro | *CBQ* 45, 1983, 292-294 R.H. McGrath | *UF* 13, 1982 (1983), 318 M. Dietrich; O. Loretz | *JSS* 28, 1983, 160-161 J.C.L. Gibson.
13011 DEL OLMO LETE, G.: Quantity precision in Ugaritic administrative texts (*ṣmd, ḥrs, aḫd*). — *UF* 11, 1979 (1980), 179-186.
13012 DEL OLMO LETE, G.: Le mythe de la vierge-mère *'Anatu*: une nouvelle interprétation de CTA/KTU 13. — *UF* 13, 1981 (1982), 49-62.
13013 DEL OLMO LETE, G.: Once again on some Ugaritic administrative texts and wordings. — *JNSL* 10, 1982, 37-42 | Contra No. 13015.
13014 DIETRICH, M.; LORETZ, O.: Die keilalphabetische Krugaufschrift RS 25.318. — [13097], 147-148.
13015 DIETRICH, M.; LORETZ, O.: Einzelfragen zu Wörtern aus den ugaritischen Mythen und Wirtschaftstexten. Zur ugaritischen Lexikographie (XV). — *UF* 11, 1979 (1980), 189-198 | Cf. BL 1979, 11102. | 1. KTU 4.392 — eine Notiz über "insgesamt 36" trainierte Pferde; 2. *s'n* und seine Ableitungen; 3. *ḥrṣ* in den Wirtschaftstexten und Mythen; 4. *tlt* "Kupfer, Bronze" im Keret-Epos [Cf. 12983(7)]; 5. *'tn* "jetzt, nun" in KTU 2.16:13 | Cf. 13013.
13016 DIETRICH, M.; LORETZ, O.: Zweifelhafte Belege für ug. *m(n)* "von". Zur ugaritischen Lexikographie (XVI). — *UF* 12, 1980 (1981), 183-187.
13017 DIETRICH, M.; LORETZ, O.: Die Wehklage über Keret in KTU 1.16 I 2-23 (||II 35-50). Zur ugaritischen Lexikographie (XVII). — *UF* 12, 1980 (1981), 189-192.
13018 DIETRICH, M.; LORETZ, O.: Das Porträt einer Königin in KTU 1.14 I 12-15. Zur ugaritischen Lexikographie (XVIII). — *UF* 12, 1980 (1981), 199-204.
13019 DIETRICH, M.; LORETZ, O.: Die Bannung von Schlangengift (KTU 1.100 und KTU 1.107:7b-13a.19b-20). — *UF* 12, 1980 (1981), 153-170 | With phil. notes.
13020 DIETRICH, M.; LORETZ, O.: Baal *rpu* in KTU 1.108; 1.113 und nach 1.17 VI 25-33. — *UF* 12, 1980 (1981), 171 182.
13021 DIETRICH, M.; LORETZ, O.: Der Ausmarsch des Heeres im Keret-Epos (KTU 1.14 II 27b — III 1 || IV 9b-31). — *UF* 12, 1980 (1981), 193-197.
13022 DIETRICH, M.; LORETZ, O.: Anats grosse Sprünge: zu KTU 1.3 IV 31-40 et par. — *UF* 12, 1980 (1981), 383-386 | Colometry, transl., phil. and epigraphic notes.
13023 DIETRICH, M.; LORETZ, O.: Ämter und Titel des Schreibers *Ilmlk* von Ugarit. — *UF* 12, 1980 (1981), 387-389 | KTU 1.16 VI 59 & 1.6 VI 54-58.
13024 DIETRICH, M.; LORETZ, O.: Die Ba'al-Titel *b'l arṣ* und *aliy qrdm*. — *UF* 12, 1980 (1981), 391-393.
13025 DIETRICH, M.; LORETZ, O.: *ṣrrt ṣpn* — "Feste des *Ṣapānu*". — *UF* 12, 1980 (1981), 394 | Cf. also 13038.
13026 DIETRICH, M.; LORETZ, O.: Parallelen zur Beschreibung des Reichtums im Keret-Epos (KTU 1.14 I [51] — II 3 et par.). — *UF* 12, 1980 (1981), 397-398.
13027 DIETRICH, M.; LORETZ, O.: Schriftliche und mündliche Überlieferung eines "Sonnenhymnus" nach KTU 1.6 VI 42-53. — *UF* 12, 1980 (1981), 399-400 | Colometry, transl. & comm.

OUGARITIQUE

13028 DIETRICH, M.; LORETZ, O.: Kennen die ug. Texte den Babylonischen Gottesnamen *Lillu(m)*? — *UF* 12, 1980 (1981), 403 | *ll* = "night".

13029 DIETRICH, M.; LORETZ, O.: Der Tod Baals als Rache Mots für die Vernichtung Leviathans in KTU 1.5 I 1-8. — *UF* 12, 1980 (1981), 404-407 | Colometry, transl. & notes.

13030 DIETRICH, M.; LORETZ, O.: Neue Studien zu den Ritualtexten aus Ugarit (I): ein Forschungsbericht. — *UF* 13, 1981 (1982), 63-100 | Apropos of (i.a.) No. 13110.

13031 DIETRICH, M.; LORETZ, O.: Ugaritisch *kly* "aufbrauchen, ausgeben". — *UF* 13, 1981 (1982), 294-296.

13032 DIETRICH, M.; LORETZ, O.: *mḥrt* "Brandopferaltar, Brand-, Röststelle" (KTU 6.14:3). — *UF* 13, 1981 (1982), 297-298.

13033 DIETRICH, M.; LORETZ, O.; SANMARTÍN, J.: *Die keilalphabetischen Texte aus Ugarit . . .* Teil 1. — Kevelaer: 1976 | BL 1977, 12525. | *BiOr* 38, 1981, 371-380 M. Dijkstra; J.C. de Moor; K. Spronk.

13034 EMERTON, J.A.: Leviathan and *ltn*: the vocalization of the Ugaritic word for the dragon. — *VT* 32, 1982, 327-331.

13035 FENSHAM, F. Charles: Notes on treaty terminology in Ugaritic epics. — *UF* 11, 1979 (1980), 265-274.

13036 FENSHAM, F.C.: Note on Keret in CTA 14:90-103a. — *JNSL* 8, 1980, 35-47 | Cf. also BL 1981, 12631.

13037 GIBSON, J.C.L.: *Canaanite myths and legends.* 2nd ed. — Edinburgh: 1978 | BL 1978, 10330. | *JNES* 41, 1982, 67-68 D. Pardee | *Syria* 57, 1980 (1983), 329-331 J.L. Cunchillos.

13038 GRAVE, Cecilia: The etymology of Northwest Semitic *sapānu*. — *UF* 12, 1980 (1981), 221-229 | Ug. *ṣpn* & Hebr. *ṣāpôn* (cf. also 12851 & 13025).

13039 GRAY, John: Canaanite religion and Old Testament study in the light of new alphabetic texts from Ras Shamra. — [13097], 79-108.

13040 GREENSTEIN, Edward L.: "To grasp the hem" in Ugaritic literature. — *VT* 32, 1982, 217-218.

13041 GOOD, R. McClive: Geminated sonants, word stress, and energic in *-nn/-.nn* in Ugaritic. — *UF* 13, 1981 (1982), 117-121.

13042 HEALEY, J.F.: Ugaritic *htk*: a note. — *UF* 12, 1980 (1981), 408-409.

13043 HELTZER, Michael: Some questions concerning the *sherdana* in Ugarit. — *IOS* 9, 1979, 9-16.

13044 HELTZER, M.: *ḥzr* in den Verwaltungstexten aus Ugarit. — *UF* 12, 1980 (1981), 410-412.

13045 HELTZER, M.: Der ugaritische Text KTU 4.751 und das Festmahl (?) der Dienstleute des Königs. — *UF* 12, 1980 (1981), 413-415 | Text, transl. & phil. notes.

13046 HERDNER, A.: Nouveaux textes alphabétiques de Ras Shamra – XXIVe Campagne, 1961. — [13097], 1-74, 17 fig. | Liste de dieux; rituels; présages; liste de maisons; abécédaire; fragments divers.

13047 HERDNER, A.: Lettre de deux serviteurs à leur maître. — [13097], 75-78.

13048 HOFTIJZER, J.: Une lettre du roi de Tyr. — *UF* 11, 1979 (1980), 383-388 | KTU 2.38.

13049 HOFTIJZER, J.: Quodlibet Ugariticum. — [270], 121-127 | 1. Die Endung *-n*, 2. *ngṯ(y)*, 3. *blym*, 4. *mnt(y)*.

13050 HORWITZ, William J.: The Ugaritic scribe. — *UF* 11, 1979 (1980), 389-394.

13051 HUEHNERGARD, John: Akkadian evidence for case-vowels on Ugaritic bound forms. — *JCS* 33, 1981, 199-205.

13052 JACOB, E.: Ugarit dans les études vétérotestamentaires: bilan d'un demi-siècle. — *UF* 11, 1979 (1980), 395-406 | On the Ug. and Hebr. languages, 400-402.

13053 JOHNSTONE, William: Lexical and comparative philological contributions to Ugaritic of the mythological texts of the 24th campaign at Ras Shamra. — [13097], 109-119.

13054 KIENAST, Burkhart: Rechtsurkunden in ugaritischer Sprache. — *UF* 11, 1979 (1980), 431-452.

KUTLER, L.B.: *Social terminology in Phoenician, Biblical Hebr. and Ug.* — 13128.

LAMBERT, W.G.: OAkk. Ilaba = Ug. Ilib? — 12918.

13055 L'HEUREUX, C.E.: *Rank among the Canaanite gods. El, Ba'al, and the Repha'im.* — Harvard Sem. Monographs 21; Chico, CA: Scholars Press, 1979, 249 p. | *AfO* 28, 1981-82, 264-267 D. Pardee (cf. 13078) | *UF* 13, 1981 (1982), 315 O. Loretz.

13056 LIPIŃSKI, E.: Allusions historiques dans la correspondance ougaritique de Ras Shamra: lettre de Ewri-šarri à Pilsiya. — *UF* 13, 1981 (1982), 123-126 | RS 4.475: text, transl. & notes.

13057 LORETZ, O.: Ugaritische und hebräische Lexikographie. — *UF* 12, 1980 (1981), 279-286 | 1. Ug. *bẓr* "Feingold", *bṣr* "schauen, spähen" und hebr. *bṣr* in Ps 76,13; 2. Ug. *šb* – hebr. *šwp*; 3. Zu *ḫjt* in Ps 68,11 und ug. *ḥwt* "Land"; 4. Ug. *jp'* 'sich erheben" und he. *jb'* hif "hervorbrechen lassen (Licht), leuchten"; 5. Der Heuschrecken-Vergleich; 6. Zu KTU 1.14 I 30 und Ps 6,7.

13058 LORETZ, Oswald: Ugaritische und hebräische Lexikographie (II). — *UF* 13, 1981 (1982), 126-135 | 7. He. *šlmjm* als plurale tantum oder *šlm* und *šlmjm* als Opferterminus? 8. Ug. *'db* "zubereiten, bereithalten, -stellen, hinstellen" und he. *'zb* II? 9. Ug. *itnn* und he. *'tnn*.

13059 LORETZ, Oswald: Ugaritisch *skn* – *śknt* und hebräisch *skn* – *sknt*. — *ZATW* 94, 1982, 123-127.

13060 MARGALIT, Baruch: *A matter of 'life' and 'death'* . . . — Kevelaer/Neukirchen-Vluyn: 1980 | BL 1981, 12644. | *AfO* 28, 1981-82, 267-270 D. Pardee (cf. 13078) | *UF* 13, 1981 (1982), 316-321 M.H. Pope | *BiOr* 39, 1982, 147-153 M. Dijkstra.

13061 MARGALIT, Baruch: Alliteration in Ugaritic poetry: its rôle in composition and analysis. — *UF* 11, 1979 (1980), 537-557.

13062 MARGALIT, Baruch: Alliteration in Ugaritic poetry: its rôle in composition and analysis (part II). — *JNSL* 8, 1980, 57-80.

13063 MARGALIT, Baruch: The Ugaritic creation myth: fact or fiction? — *UF* 13, 1981 (1982), 137-145 | Excursus: The creation of *Š'tqt* (CTA/KTU 16:V:23-30), 142-144 [text, transl., epigraphic & phil. notes].

13064 MARGALIT, Baruch: Ugaritic lexicography I. — *RB* 89, 1982, 418-426 | 1. *yṣrk* (KTU 1.19: I: 43); 2. **ṣbu špš*.

13065 MILIK, J.T.: Quelques tablettes cunéiformes alphabétiques d'Ugarit. — [13097], 135-146, 12 fig. | Cf. 13068 [14].

13066 MILLARD, A.R.: The Ugaritic and Canaanite alphabets – some notes. — *UF* 11, 1979 (1980), 613-616.

13067 MILLER, Gerald Irving: *Studies in the juridical texts from Ugarit.* — Johns Hopkins Univ. diss., 1980, 405 p. | *DAb* 41/3, 1980, 1043-A/1044-A.

MILLER, P.D., Jr.: Vocative *lamed* . . . — 13177.

13068 MOOR, J.C. DE: Contributions to the Ugaritic lexicon. — *UF* 11, 1979 (1980), 639-653 | [1] The beautifying of Baal [KTU 1.106:6], [2] The speech of Môt in KTU 1.5 I [cf. No. 13086], [3] The passive D-stem of ḥwy, [4] The wives of Kirt [KTU 1.14 I 16-21], [5] A confusing coincidence [on homonymic mhr I 'lance', II 'olfactory organ, nostrils'], [6] Some fragrant herbs, [7] pḫr 'potter', [8] A prayer to Anat [KTU 1.93], [9] An exchange between bride and groom [KTU 1.100:70-76], [10] ṣrḫ 'comet', [11] The fulfillment of a sworn agreement [KTU 1.82:2], [12] The loyalty of Ammurapi [KTU 2.39], [13] tlmd 'training draught-animal', [14] A reference to the wedding of Nikkal [cf. No. 13065].

13069 MOOR, Johannes C. DE: An incantation against infertility (KTU 1.13). — UF 12, 1980 (1981), 305-310.

13070 MOOR, Johannes C. DE: The art of versification in Ugarit and Israel. III: Further illustrations of the principle of expansion. — UF 12, 1980 (1981), 311-315 | Cf. BL 1979, 11116.

13071 MOOR, J.C. DE: The anatomy of the back. — UF 12, 1980 (1981), 425-426 | On KTU 1.3 III 32-35 (par.).

13072 MOOR, J.C. DE: ṯbš and šbš: a rejoinder. — UF 12, 1980 (1981), 427-428 | On KTU 1.5 I 16f. & 1.133:5-8.

13073 MOOR, Johannes C. DE: An incantation against evil spirits (Ras Ibn Hani 78/20). — UF 12, 1980 (1981), 429-432 | Text, transl. & comm.

13074 MOOR, Johannes C. DE: Donkey-packs and geology. — UF 13, 1981 (1982), 303-304 | On Ug. mṯpd & mtḥ.

13075 PARDEE, D.: More on the preposition in Ugaritic. — UF 11, 1979 (1980), 685-692 | Cf. e.g. BL 1979, 11117.

13076 PARDEE, Dennis: A further note on the Ugaritic text 147 (= CTA 90 = KTU 4.43). — UF 12, 1980 (1981), 433 | Cf. BL 1975, 11447.

13077 PARDEE, Dennis: A further note on PRU V, No. 60: epigraphic in nature. — UF 13, 1981 (1982), 151-156 | = RS 18.38 (=UT 2060 = KTU 2.39): text, transl. & notes (cf. also BL 1978, 10326).

13078 PARDEE, Dennis: Ugaritic. — AfO 28, 1981-82, 259-272 | Report on recent Ug. studies (rev. listed separately).

13079 POPE, Marvin H.: An Arabic cognate for Ugaritic brlt? — UF 13, 1981 (1982), 305-306 | Ar. burâ'il, bur'ûla-t.

13080 PRIEBATSCH, H.Y.: Spiranten und Aspiratae in Ugarit, AT und Hellas. — UF 12, 1980 (1981), 317-333.

13081 Ras Shamra parallels . . . III. Ed. by Stan RUMMEL. — Roma: 1981 | BL 1981, 12648. | UF 14, 1982 (1983), 332-333 M. Dietrich; O. Loretz | JSS 28, 1983, 359-361 J.A. Emerton (I-II [cf. BL 1976, 11860]); 361-364 S. Segert. RENDSBURG, G.: Hebr. 'šdt und Ug. išdym. — 13215.

13082 SANMARTÍN, J.: Glossen zum ugaritischen Lexikon (III). — UF 11, 1979 (1980), 723-728 | Cf. BL 1979, 11125-6. | 1. irǵn 'Sperma', 2. bz 'Euter', 3. ḫtr, 4. bšr I, 5. bšr II 'auslösen, freistellen', 6. dd 'Anteil', 7. mispt, 8. Npṭry, KNF, 9. 'dt 'besondere Konstellation' als günstiges Omen, 10. ǵdy 'füttern, ernähern', 11. pṭr, 12. pẓr, 13. pṭt, 14. qṭ 'Flachs', 15. šny 'sich ändern', 16. št, 17. tnrr 'Feuerofen'.

13083 SANMARTÍN, J.: Glossen zum ugaritischen Lexikon (IV). — UF 12, 1980 (1981), 335-339 | 1. blḫdr, ein Tuch o. Kleidungsstück, 2. gml ''Reserverind'', 3. grgr, eine Art Wurfwaffe, 4. dm ''Anstrich, Lack'', 5. dṭt ''Kraut, wildes Getreide'', 6. ḏhrt, 7. ḏrt '''Inspiratio', Trance'', 8. hdrt, 9. ydn ''Spanne für Spanne'' (adv.), 10. mgṯ ''Schlachttier'', 11. nblu ''Harfe''.

13084 SANMARTÍN, J.: Die Haarttracht der 'nt. — UF 12, 1980 (1981), 341-344, 2 fig.

| On Ug. *dbat* (KTU 1.10 II 21f), Hebr. *d'b* (Hi 41:14) || *'z*) & Aram. *db'* (Dt 33:25, || *mn'l*).

13085 SANMARTÍN, J.: Zu den *'d(d)*-Denominierungen im Ugaritischen. — *UF* 12, 1980 (1981), 345-348.

13086 SANMARTÍN, J.: Lexikographisches zu *Mt*'s Spruch KTU 1.5 I 1ff. — *UF* 12, 1980 (1981), 438-439 | Apropos of No. 13068 [2].

13087 SEGERT, Stanislav: Ugaritic poetry and poetics: some preliminary observations. — *UF* 11, 1979 (1980), 729-738.

13088 SELMS, A. VAN: The root *k-t-r* and its derivatives in Ugaritic literature. — *UF* 11, 1979 (1980), 739-744.

13089 STAMM, J.J.: Erwägungen zu RS 24.246. — *UF* 11, 1979 (1980), 753-758.

13090 STIEGLITZ, Robert R.: A physician's equipment list from Ugarit. — *JCS* 33, 1981, 52-55.

13091 TARRAGON, Jean-Michel DE: Le culte à Ugarit . . . — Paris: 1980 | BL 1981, 12652. | *JBL* 101, 1982, 595-596 P.D. Miller, Jr. | *IEJ* 33, 1983, 137-139 E. Lipiński | *AfO* 28, 1981-82, 265 D. Pardee (cf. 13078) | *UF* 13, 1981 (1982), 327-332 P. Xella | *JAOS* 102, 1982, 661 C.E. L'Heureux.

13092 THIEL, Winfried: Zur gesellschaftlichen Stellung des *mudu* in Ugarit. — *UF* 12, 1980 (1981), 349-356.

13093 TSEVAT, Matitiahu: Der Schlangentext von Ugarit: UT 607 – KTU 1.100 – Ug V, 564 ff. – RS 24.244. — *UF* 11, 1979 (1980), 759-778 | With phil. notes.

13094 TSUMURA, D.T.: THE *verba primae waw, wld*, in Ugaritic. — *UF* 11, 1979 (1980), 779-782.

13095 *Ugarit in retrospect* . . . Ed. by Gordon Douglas YOUNG. — Winona Lake, IN: 1981 | BL 1981, 12655. | *CBQ* 44, 1982, 708-710 J. Ferrie.

13096 *Ugaritica VI*. Publié à l'occasion de la XXXe Campagne de fouilles à Ras Shamra (1968) dirigée par Claude F.A. SCHAEFFER. Préface par André PARROT, avec la collaboration de Pierre AMIET, Michael ASTOUR, Adnan BOUNNI . . . [et al.]. — Mission de Ras Shamra 17 = Bibl. arch. et hist. de l'Inst. fr. d'Arch. de Beyrouth 81; Paris: Mission Arch. de Ras Shamra, Collège de France, Geuthner, 1969, 544 p, ill. | Cf. BL 1969, 9968.

13097 *Ugaritica VII*. Avec la collaboration de Abou-l-Faradj AL-OUCHE, A. CAQUOT, J.-C. et L. COURTOIS . . . [et al.]. Irène SCHAEFFER DE CHALON et Antoinette SCHAEFFER-BOEHLING, secrétaires de l'éd. — Mission de Ras Shamra 18 = Bibl. arch. et hist. de l'Inst. fr. d'Arch. de Beyrouth 99; Paris: Mission Arch. de Ras Shamra, Collège de France, Geuthner/Leiden: Brill, 1978, vi, 564 p., ill. | Relevant art. listed separately. | *JNES* 41, 1982, 313-315 D. Pardee | *AfO* 28, 1981-82, 259-264 D. Pardee (with a list of Ug. texts; cf. 13078) | *BiOr* 38, 1981, 380-383 M. Dahood.

13098 Untersuchungen zu Statue und Inschrift des Königs Idrimi von Alalaḫ. — *UF* 13, 1981 (1982), 199-290 | [1] M. DIETRICH; O. LORETZ: Die Inschrift der Statue des Königs Idrimi von Alalaḫ, 201-269, 16 pl.; [2] H. KLENGEL: Historischer Kommentar, 269-278; [3] R. MAYER-OPIFICIUS: Archäologischer Kommentar, 279-290, 10 fig.

13099 VARGYAS, P.: Le *mudu* à Ugarit: ami du roi? — *UF* 13, 1981 (1982), 165-179.

13100 WATSON, W.G.E.: The PN *yṣb* in the Keret legend. — *UF* 11, 1979 (1980), 807-809.

13101 WATSON, Wilfred G.E.: An example of multiple wordplay in Ugaritic. — *UF* 12, 1980 (1981), 443-444 | On the meaning of *'rẓ*.

13102 WATSON, Wilfred G.E.: Quasi-acrostics in Ugaritic poetry. — *UF* 12, 1980 (1981), 445-447.

13103 WATSON, Wilfred G.E.: Gender-matched synonymous parallelism in Ugaritic poetry. — *UF* 13, 1981 (1982), 181-187.
13104 WATSON, Wilfred G.E.: Reversed word-pairs in Ugaritic poetry. — *UF* 13, 1981 (1982), 189-192.
13105 WELCH, John W.: Chiasmus in Ugaritic. — [12838], 36-49 | Cf. BL 1975, 11454.
13106 WESSELIUS, J.W.: Some regularities in the Ugaritic administrative texts. — *UF* 12, 1980 (1981), 448-450 | 1. *šir*, 2. The numeral on *-t*, 3. *kbd*.
13107 WHITLEY, C.F.: Koheleth and Ugaritic parallels. — *UF* 11, 1979 (1980), 811-824 | On parallel 'word pairs'.
13108 WILSON, Gerald H.: Ugaritic word order and sentence structure in Krt. — *JSS* 27, 1982, 17-32.
13109 WYATT, Nicolas: The relationship of the deities Dagan and Hadad. — *UF* 12, 1980 (1981), 375-379 | 1. Evidence for the cult of Dagan, 2. The functions and etym. of Dagan, 3. The problem of the expression *bn dgn*.
13110 XELLA, Paolo: *I testi rituali di Ugarit*. I. — Roma: 1981 | BL 1981, 12659. | *AION* 42, 1982, 331-333 F. Vattioni | *RB* 89, 1982, 621 J.-M. de T[arragon] | Cf. also 13030.
13111 XELLA, Paolo: KTU 1.91 (RS 19.15) e i sacrifici del re. — *UF* 11, 1979 (1980), 833-838 | With phil. notes.
13112 XELLA, Paolo: Lexikographische Randbemerkungen. — *UF* 12, 1980 (1981), 451-453 | 1. *mšm't*, 2. *rib (ksp)*, 3. *trṣ* (?).
13113 XELLA, Paolo: *db* "soglia" in Ras Ibn Hani 77/2B:4. — *UF* 13, 1981 (1982), 309-311.
13114 XELLA, Paolo: Die Ausrüstung eines kanaanäischen Schiffes (KTU 4.689). — *WO* 13, 1982, 31-35 | With phil. comm.
13115 ZEVIT, Z.: Two *hapax legomena* in Ugaritic: *t'lgt* and *pš*. — *UF* 13, 1981 (1982), 193-197.

E. Canaanite, Aramaic — Cananéen, Araméen

1. General — Généralités

13116 BORDREUIL, Pierre; LEMAIRE, André: Nouveaux sceaux hébreux et araméens. — *Semitica* 32, 1982, 21-34, pl. V-VI.
13117 DELCOR, M.: *Bala'am pâtôrâh*, "interprète de songes" au pays d'Ammon, d'après Num 22,5: les témoignages épigraphiques parallèles. — *Semitica* 32, 1982, 89-91.
13118 HERR, Larry G.: *The scripts of ancient Northwest Semitic seals*. — Missoula: 1978 | BL 1978, 10349. | *JNES* 41, 1982, 228-230 J.C. Greenfield | *JAOS* 102, 1982, 185-186 V. Sasson.
13119 HESTRIN, Ruth; DAYAGI-MENDELS, Michal: *Inscribed seals . . .* — Jerusalem: 1979 | BL 1981, 12665. | *Syria* 57, 1980 (1983), 496-497 A. Lemaire | *JNES* 41, 1982, 317-318 D. Pardee.
13120 NAVEH, Joseph: Varia epigraphica judaica. — *IOS* 9, 1979, 17-31, 8 fig., 2 pl. | 1. Two unpublished [Aram.] ossuary inscriptions, 2. The title "witness" [*śhd*] as a professional designation, 3. The spinning jar of Shimeon, 4. The spelling *šhlrby* in Beth-She'arim.
SANMARTÍN, J.: Die Haartracht der *'nt*. — 13084.
13121 SWIGGERS, P.: The Aramaic inscription of Kilamuwa. — *Or* 51, 1982, 249-253 | Text in an Aram. dial., with lexical influences of Canaanite origin.

2. Canaanite — Cananéen

a. General (and Ammonite, Moabite, etc.) — Généralités (et Ammonite, Moabite, etc)

13122 AUFFRET, P.: Essai sur la structure littéraire de la stèle de Mésha. — *UF* 12, 1980 (1981), 109-124.
13123 BECKING, B.E.J.H.: Zur Interpretation der ammonitischen Inschrift vom Tell Sīrān. — *BiOr* 38, 1981, 273-276.
13124 DEMSKY, A.: A proto-Canaanite abecedary dating from the period of Judges and its implication for the history of the alphabet. — [12832], 47-60, 4 fig. | = *Tel Aviv* (Tel Aviv: Univ.) 4, 1977, 14-27.
 DUGAND, J.-É.: Recherches sur le substrat cananéen de la toponymie gr. de nombre de côtes de la Méditerranée centrale et occidentale. I. — 5514-5.
13125 HALPERN, Baruch; HUEHNERGARD, John: El-Amarna letter 252. — *Or* 51, 1982, 227-230.
13126 JACKSON, Kent Phillips: *The Ammonite language of the iron age.* — Univ. of Michigan diss., 1980, 164 p. | *DAb* 41/2, 1980, 654-A.
13127 KOCHAVI, M.: An ostracon of the period of Judges from 'Izbet Sarṭah. — [12832], 34-46, 4 fig. | = *Tel Aviv* (Tel Aviv: Univ.) 4, 1977, 1-13.
13128 KUTLER, Laurence Brian: *Social terminology in Phoenician, Biblical Hebrew and Ugaritic.* — New York Univ. diss., 1980, 335 p. | *DAb* 41/12, 1981, 5077-A.
13129 LEMAIRE, André: Notes d'épigraphie nord-ouest sémitique. — *Semitica* 32, 1982, 15-20, pl. III-IV | Cf. BL 1981, 12674. | 4. Tessons inscrits du territoire de Manassé; 5. Nouvelle inscription paléo-hébr. sur carafe; 6. Nouveau poids *PYM* en bronze.
13130 LORETZ, O.: Vom Baal-Epitheton *adn* zu Adonis und Adonaj. — *UF* 12, 1980 (1981), 287-292.
13131 LORETZ, O.: Der kanaanäische Ursprung des biblischen Gottesnamen El saddaj. — *UF* 12, 1980 (1981), 420-421 | Ug. *il šd* (KTU 1.108:10b-13a).
 MILLARD, A.R.: The Ug. and Canaanite alphabets ... — 13066.
13132 SWIGGERS, P.: Note sur le nom moabite *Kmšyt.* — *AION* 42, 1982, 305-306.
13133 SWIGGERS, P.: The Moabite inscription of el-Kerak. — *AION* 42, 1982, 521-525.

b. Phoenician — Phénicien

13134 AVIGAD, N.; GREENFIELD, J.C.: A bronze *phialē* with a Phoenician dedicatory inscription. — *IEJ* 32, 1982, 118-128, 3 fig.
13135 BORDREUIL, P.: L'inscription phénicienne de Sarafand en cunéiformes alphabétiques. — *UF* 11, 1979 (1980), 63-68, pl.
13136 BRON, François: *Recherches sur les inscriptions phéniciennes de Karatepe.* — Genève: 1979 | BL 1979, 11147. | *IEJ* 32, 1982, 179-181 J.C. Greenfield | *JAOS* 102, 1982, 200-201 E.L. Greenstein | *Muséon* 95, 1982, 218-220 P.-M. Bogaert | *OLZ* 77, 1982, 456-460 E. Lipiński | *Or* 51, 1982, 283-284 M. Dahood † | *WZKM* 73, 1981, 183-186 W. Röllig | Cf. 13150.
13137 COACCI POLSELLI, G.: L'epigrafia punica in Sicilia. — *Kokalos* 26-27, 1980-81 (1982), 468-478 | Discussion by S. CALDERONE, 478-479.
13138 *Fouilles de Kition.* III. *Inscriptions phéniciennes,* par Maria Giulia GUZZO AMADASI et Vassos KARAGEORGHIS. — Nicosia: 1977 | BL 1977, 12544. | *JNES* 41, 1982, 146-148 J. Teixidor.

13139 FUENTES ESTAÑOL, María-José: *Vocabulario fenicio.* — Barcelona: 1980 | BL 1981, 12686. | *AION* 42, 1982, 499-502 F. Vattioni.
13140 GARBINI, Giovanni: Iscrizioni funerarie puniche di Sardegna. — *AION* 42, 1982, 461-466.
13141 GIBSON, John C.L.: *Textbook of Syrian Semitic inscriptions.* Vol. III: *Phoenician inscriptions, including inscriptions in the mixed dialect of Arslan Tash.* — Oxford: Clarendon/UP., 1982, xx, 187 p., 17 fig., 8 pl. | *JThS* 34, 1983, 198-201 P. Wernberg-Møll.
13142 GÖRG, Manfred: Zum Namen der punischen Göttin Tinnit. — *UF* 11, 1979 (1980), 303-306.
13143 HELTZER, Michael: The inscription on the Nimrud bronze bowl No. 5 (BM.91303). — *PEQ* 114, 1982, 1-6, 4 fig.
13144 HUSS, Werner: Der Name der Byrsa von Karthago. — *Klio* 64, 1982, 403-406 | = Punic *byrtt/brtt.*
13145 MOSCATI, Sabatino: Le iscrizioni fenicio-puniche. — [117], 45-55.
13146 OCKINGA, Boyo G.: Einige Bemerkungen zur Inschrift des Jehumilk aus Byblos. — *WO* 12, 1981, 70-72 | With comm. on the use of the demonstrative pronoun.
13147 PUECH, Émile: Note sur la particule accusativale en phénicien. — *Semitica* 32, 1982, 51-55.
13148 Remarques sur les monuments de Karatepe. II. Maurice SZNYCER: La date des inscriptions phéniciennes de Karatepe: problèmes philologiques et paléographiques. — *RAss* 75, 1981, 47-53, tab. | Cf. also No. 12941.
13149 SOLA-SOLÉ, Josep M.: *El alfabeto monetario de las cecas "libio-fenices". Hacia un intento de interpretación de un alfabeto desconocido.* — Barcelona: Puvill, 1980, 91 p. | Corr. to BL 1981, 12697. | *Hispania* 65, 1982, 319 T.V. Higgs.
13150 SWIGGERS, P.: A note on the Phoenician inscription of Azitiwada. — *UF* 12, 1980 (1981), 440 | Apropos of No. 13136 (on the grammatical analysis of the sentence *wbymty 'nk 'št tk lḥdy dl plkm*).
13151 SZNYCER, Maurice: Une inscription punique d'Althiburos (Hensir Médéina). — *Semitica* 32, 1982, 57-66 fig., pl. VIII.
13152 TOMBACK, Richard S.: *A comparative Semitic lexicon of the Phoenician and Punic languages.* — Missoula, MT: 1978 | BL 1978, 10372. | *JBL* 101, 1982, 137-138 F.L. Benz.
13153 TOMBACK, Richard S.: Punica miscellanea - I. — *JNSL* 8, 1980, 105-106 | *kl t s't'* and *lyn.*
13154 VATTIONI, Francesco: I Fenici in Tessalia. — *AION* 42, 1982, 71-81.

c. Hebrew — Hébreu

I. General — Généralités

13155 FINK, F. David: *The Hebrew grammar of Maimonides* [1135-1204]. — Yale Univ. diss., 1980, 167 p. | *DAb* 41/12, 1981, 4697-A.
13156 GORDON, Amnon: The development of the participle in Biblical, Mishnaic, and Modern Hebrew. — *AAL* 8/3, 1982, 59 p.
13157 KUTSCHER, Eduard Yechezkel [† 1971]: *A history of the Hebrew language.* Ed. by Raphael KUTSCHER. — Jerusalem: The Magnes Press, The Hebr. Univ./ Leiden: Brill, 1982, xxx, 306 p. | *Helmantica* 33, 1982, 608 C. Carrete Parrondo.

II. Ancient (Biblical) Hebrew — Hébreu ancien (biblique)

0. BIBLIOGRAPHY AND GENERAL — BIBLIOGRAPHIE ET GÉNÉRALITÉS

13158 BLAU, Joshua: *A grammar of Biblical Hebrew.* — Wiesbaden: 1976 | BL 1976, 11913. | *JAOS* 102, 1982, 187-188 B. Grossfeld.
13159 BLAU, Joshua: Some Ugaritic, Hebrew, and Arabic parallels. — *JNSL* 10, 1982, 5-10 | 2. On the use of the counted noun without adding numeral "one" or "first" in Biblical Hebr. 3. Hebr. *qṣʻ* and Ug. *qṣʻt*. 4. Hebr. *štʻ* and Ar. *šatiʻa*.
13160 CERESKO, Anthony R.: *Job 29-31 in the light of Northwest Semitic* . . . — Rome: 1980 | BL 1980, 11595. | *RB* 89, 1982, 276 J.-M. de Tarragon | *CBQ* 45, 1983, 280-281 L.L. Grabbe.
DAHOOD, M.: Eblaite and Biblical Hebr. — 12985.
13161 FREEDMAN, David Noel: *Pottery, poetry, and prophecy* . . . — Winona Lake, IN: 1980 | BL 1981, 12712. | *Muséon* 95, 1982, 220-221 A.-M. Denis.
13162 GIBSON, Arthur: *Biblical semantic logic: a preliminary analysis.* — Oxford: Blackwell, 1981, xii, 244 p. | *JSS* 27, 1982, 80-81 A.H. Lesser.
13163 GRUNTFEST, J.: Spinoza as a linguist. — *IOS* 9, 1979, 103-128 | Baruch SPINOZA's views on the Hebr. language in his *Compendium grammatices linguae hebraeae* (1678) and his *Tractatus theologico-politicus* (1670).
JACOB, E.: Ugarit dans les étude vétérotestamentaires . . . — 13052.
13164 [ΟΙΚΟΝΌΜΟΥ, Ε.Β.] Οἰκονόμου, Ἐ.Β.: *Γραμματικὴ τῆς ἑβραϊκῆς γλώσσης: Εἰσαγωγή, κανόνες, πίνακες.* — Athens: Ἔκδοσις Πανεπιστημίου Ἀθηνῶν, 1976, vi, 304 p. | Hebr. grammar: introd., rules, paradigms.

1. PHONETICS AND PHONOLOGY — PHONÉTIQUE ET PHONOLOGIE

13165 BLAU, Joshua: Some remarks on the prehistory of stress in Biblical Hebrew. — *IOS* 9, 1979, 49-54.
13166 HARVIAINEN, Tapani: *On the vocalism of the closed unstressed syllables in Hebrew* . . . — Helsinki: 1977 | BL 1977, 12610. | *JSS* 27, 1982, 288-291 S. Morag | *OLZ* 76, 1981, 44-46 W. Thiel.
KNUDSEN, E.E.: The Mari Akk. shift *ia* > *ê* and the treatment of *l"h* formations in Biblical Hebr. — 12914.
LEBEN, W.R.: A metrical analysis of length. — 2186.
PRIEBATSCH, H.Y.: Spiranten und Aspiratae in Ugarit, AT und Hellas. — 13080.

2. GRAMMAR — GRAMMAIRE

13167 BARR, James: Hebrew *ʻaḏ*, especially at Job I. 18 and Neh. VII. 3. — *JSS* 27, 1982, 177-192.
13168 BARTELMUS, Rüdiger: hyh: *Bedeutung und Funktion eines hebräischen "Allerwortes"* – *zugleich ein Beitrag zur Frage des hebräischen Tempussystems.* — Arbeiten zu Text und Sprache im Alten Testament 17; St. Ottilien: EOS, 1982, xi, 251 p.
13169 COUROYER, B.: A propos d'Exode, II, 14. — *RB* 89, 1982, 48-51 | Cf. also M. DAHOOD (BL 1981, 12739) & No. 13177.
13170 DAHOOD, Mitchell †: The dative suffix in Job 33, 13. — *Biblica* 63, 1982, 258-259 | *dbryw = dōḇərāyw*.

13171 EHLICH, Konrad: *Verwendungen der Deixis beim sprachlichen Handeln* . . . — Frankfurt a.M.: 1979 | BL 1979, 1454. | *JSS* 27, 1982, 77-79 P. Wernberg-Møller.

13172 FENSHAM, F.C.: The use of the suffix conjugation and the prefix conjugation in a few old Hebrew poems. — *JNSL* 6, 1978, 9-18.

13173 *Hebraica*. Hrsg. von Otto RÖSSLER. — Berlin: 1977 | BL 1980, 11641. | *WO* 12, 1981, 190-191 B. Groneberg.

13174 HOFTIJZER, J.: *A search for method* . . . — Leiden: 1981 | BL 1981, 12747. | *Biblica* 64, 1983, 279-282 P. Swiggers.

13175 JOHNSON, Bo: *Hebräisches Perfekt und Imperfekt mit vorangehendem* w^e. — Lund: 1979 | BL 1979, 11199. | *BZ* 26, 1982, 277-279 F.V. Reiterer | *JBL* 101, 1982, 139-141 W.R. Bodine | *JNES* 42, 1983, 161-163 D. Pardee | *WO* 13, 1982, 166-168 H. Bobzin.

13176 MCFALL, Leslie: *The enigma of the Hebrew verbal system: solutions from Ewald to the present day*. — Historic Texts and Interpreters in Biblical Scholarship 2; Sheffield: Almond Press, 1982, xiii, 259 p.

13177 MILLER, Patrick D., Jr.: Vocative *lamed* in the Psalter: a reconsideration. — *UF* 11, 1979 (1980), 617-637 | Contra M. DAHOOD (cf. e.g. BL 1981, 12739 & No. 13169), with due attention to Ug.

13178 RENDSBURG, Gary: *Laqtîl* infinitives: yiph'il or hiph'il? — *Or* 51, 1982, 231-238.

13179 RICHTER, Wolfgang: *Grundlagen einer althebräischen Grammatik. B. Die Beschreibungsebenen*. I-III. — St. Ottilien: 1978-80 | BL 1980, 11639. | *CBQ* 44, 1982, 662-663 W.J. Fulco (III) | *JNES* 42, 1983, 235-238 D. Pardee (I-II).

13180 RUBINSTEIN, Eliezer: Adjectival verbs in Biblical Hebrew. — *IOS* 9, 1979, 55-76.

13181 SABOTTKA, Liudger: $r\bar{e}'\bar{e}k\bar{a}$ in Ps 139,17: ein adverbieller Akkusativ. — *Biblica* 63, 1982, 558-559.

13182 SCHWEIZER, Harald: *Metaphorische Grammatik*. — Arbeiten zu Text und Sprache im Alten Testament 15; St. Ottilien: Eos, 1981, 346 p. | Application of syntactic, semantic, and pragmatic analysis to the grammar of Biblical Hebr. | *CBQ* 45, 1983, 666-668 M.A. Sweeney | *JSS* 28, 1983, 364-366 P. Wernberg-Møller.

13183 SCHWEIZER, Harald: Prädikationen und Leerstellen im 1. Gottesknechtslied (Jes 42,1-4). — *BZ* 26, 1982, 251-258, tab.

13184 SONSINO, Rifat: *Motive clauses in Hebrew law: Biblical forms and Near Eastern parallels*. — SBL Diss. Series 45; Chico, CA: Scholars Press, 1980, xix, 336 p. | *JSS* 28, 1983, 161-163 B.J. Schwartz.

13185 TALSTRA, E.: Text grammar and Hebrew Bible. II: Syntax and semantics. — *BiOr* 39, 1982, 26-38 | Cf. BL 1979, 11237. | 2nd part of rev. art. on W. SCHNEIDER, *Grammatik des biblischen Hebräisch*, 3. Aufl., 1978 (1st ed. 1974, cf. BL 1974, 11089).

3. HISTORY — HISTOIRE

13186 BEN-ḤAYYIM, Z.: *The literary and oral tradition of Hebrew and Aramaic amongst the Samaritans*. 4; 5. — Jerusalem: 1977 | BL 1980, 11583. | *BSL* 76, 1981/2 (1982), 363-364 D. Cohen.

13187 HADAS-LEBEL, Mireille: *Histoire de la langue hébraïque des origines à l'époque de la Mishna*. — Paris: Publ. Orientalistes de France, 1981, 167 p.

13188 HILL, Andrew Elmer, III: *The book of Malachi: its place in post-exilic chronology linguistically reconsidered.* — Univ. of Michigan diss., 1981, 165 p. | *DAb* 42/2, 1981, 683-A.

13189 JANSSENS, Gerard: *Studies in Hebrew historical linguistics based on Origen's Secunda.* — Orientalia Gandensia 9; Leuven: Peeters, 1982, 182 p.

13190 MATHEWS, Kenneth Alan: *The paleo-Hebrew Leviticus scroll from Qumran.* — Univ. of Michigan diss., 1980, 291 p. | *DAb* 41/2, 1980, 654-A.

13191 NAVEH, Joseph: A fragment of an ancient Hebrew inscription from the Ophel. — *IEJ* 32, 1982, 195-198, fig.

13192 RENDSBURG, Gary Alan: *Evidence for a spoken Hebrew in Biblical times.* — New York Univ. diss., 1980, 316 p. | *DAb* 41/6, 1980, 2583-A.

13193 RENDSBURG, Gary A.: A new look at Pentateuchal *hw'*. — *Biblica* 63, 1982, 351-369 | Epicene form due to Hurrian and Hitt. influence (Fr. summ.).

13194 ROSÉN, Haiim B.: *L'hébreu et ses rapports avec le monde classique* . . . — Paris: 1979 | BL 1979, 11228. | *ZDMG* 132, 1982, 390-391 R. Macuch | *REG* 95, 1982, 539-540 A. Le Boulluec.

13195 SASSON, Victor: The Siloam Tunnel inscription. — *PEQ* 114, 1982, 111-117.

5. LEXICON — LEXIQUE

13196 ANDRÉ, Gunnel: *Determining the destiny:* pqd . . . — Lund: 1980 | BL 1981, 12777. | *JBL* 101, 1982, 430-431 H. Van Dyke Parunak | *CBQ* 44, 1982, 472-473 A. Fitzgerald | *VT* 32, 1982, 348-351 R.P. Gordon.

13197 BARRICK, W. Boyd: The meaning and use of *rkb* in Biblical Hebrew. — *JBL* 101, 1982, 481-503.

BARTELMUS, R.: hyh . . . — 13168.

13198 BRENNER, Athalya: *Colour terms in the Old Testament.* — Journal for the Study of the Old Testament, Suppl. 21; Sheffield, *JSOT* Press, 1982, ix, 296 p.

13199 COHEN, Jeffrey M.: An unrecognized connotation of *nšq peh* with special reference to three Biblical occurrences. — *VT* 32, 1982, 416-424.

13200 DAHOOD, Mitchell: The hapax *ḥārak* in Proverbs 12,27. — *Biblica* 63, 1982, 60-62.

DAHOOD, M.: Eblaite, Ug., and Hebr. lexical notes. — 12983.

DAHOOD, M.: An Ebla personal name and the metaphor in Psalm 19, 11-12. — 12984.

13201 EBACH, Jürgen; RÜTERSWÖRDEN, Udo: Unterweltsbeschwörung im Alten Testament: Untersuchungen zur Begriffs- und Religionsgeschichte des *'ōb*. — *UF* 12, 1980 (1981), 205-220.

EMERTON, J.A.: Leviathan and *ltn* . . . — 13034.

13202 FOWLER, Mervyn D.: The Israelite *bāmâ*: a question of interpretation. — *ZATW* 94, 1982, 203-213.

13203 GIESEN, G.: *Die Wurzel* šb' *"schwören". Eine semasiologische Studie zum Eid im Alten Testament.* — Bonner Biblische Beiträge 56; Königstein/Ts.: Hanstein, 1981, xi, 445 p. | *CBQ* 45, 1983, 283-284 D. Pardee.

13204 GOOD, Robert McClive: *The sheep and his pasture: a study of the Hebrew noun* 'am(m) *and its Semitic cognates.* — Yale Univ. diss., 1980, 333 p. | *DAb* 41/5, 1980, 2083-A.

GRAVE, C.: The etym. of Northwest Sem. *ṣapānu*. — 13038.

GREENSTEIN, E.L.: Trans-Sem. idomatic equivalency and the derivation of Hebr. *ml'kh*. — 12852.

13205 HAAK, Robert D.: A study and new interpretation of *qsr npš*. — *JBL* 101, 1982, 161-167.
13206 HOFFMAN, Y.: The root *qrb* as a legal term. — *JNSL* 10, 1982, 67-73.
13207 KELLENBERGER, E.: ḥäsäd wä'ᵃmät *als Ausdruck einer Glaubenserfahrung: Gottes Offen-Werden und Bleiben als Voraussetzung des Lebens.* — Abhandlungen zur Theologie des Alten Testaments 69; Zürich: Theologischer Verlag, 1982, 208 p. | Part I on the semasiology of *ḥɛsɛḏ* and *ˀɛmɛṯ* (as opposed to semantic cognates as *ṣdq, rḥm, ḥnn, ṯwb, kwn & brt*).
LORETZ, O.: Ug. und hebr. Lexikographie. — 13057-8.
LORETZ, O.: Ug. *skn – śknt* und hebr. *skn – sknt*. — 13059.
13208 MARGAIN, Jean: *Essais de sémantique sur l'hébreu ancien . . .* — Paris: 1976 | *BL* 1979, 11211. | *RB* 89, 1982, 613 J.-M. de T [arragon].
13209 MARTINEZ, Ernest R.: *Hebrew-Ugaritic index*, II . . . — Rome: 1981 | BL 1981, 12806. | *CBQ* 44, 1982, 479-480 J.I. Hunt | *JNES* 42, 1983, 163 D. Pardee.
13210 MEYER, Rudolf: *Gegensinn und Mehrdeutigkeit in der althebräischen Wort- und Begriffsbildung.* — Berlin (DDR): 1979 | BL 1980, 11630. | *BiOr* 38, 1981, 671-673 M. Dahood | *OLZ* 77, 1982, 563-564 S. Wagner.
13211 MEYER, Rudolf: Gegensinn und Mehrdeutigkeit in der althebräischen Wort- und Begriffsbildung. — *UF* 11, 1979 (1980), 601-612 | Abridged version of No. 13210.
13212 MULDER, Martin Jan: Bedeutet *'śym* in I Reg 5₁₃ "Pflanzen"? — *ZATW* 94, 1982, 410-412.
13213 OLIVIER, J.P.J.: A possible interpretation of the word *ṣiyyâ* in Zeph. 2, 13. — *JNSL* 8, 1980, 95-97.
13214 RAPALLO, Umberto: Paradigmatica e sintagmatica nell'ermeneutica biblica tradizionale. — *QS* 3, 1982, 133-188.
13215 RENDSBURG, Gary: Hebrew *'šdt* and Ugaritic *išdym*. — *JNSL* 8, 1980, 81-84.
13216 RENDSBURG, Gary: Double polysemy in Genesis 49:6 and Job 3:6,48-51. — *CBQ* 44, 1982, 48-51.
13217 SASSON, Victor: The meaning of *whsbt* in the Arad inscription. — *ZATW* 94, 1982, 105-111.
13218 SCHENKER, Adrien: *kōper* et expiation. — *Biblica* 63, 1982, 32-46.
13219 SCHOLNICK, Sylvia Huberman: The meaning of *mispaṭ* in the book of Job. — *JBL* 101, 1982, 521-529.
13220 SMITH, P.J.: A semotactical approach to the meaning of the term *rûaḥ 'ĕlōhîm* in Genesis 1:2. — *JNSL* 8, 1980, 99-104.
13221 SODEN, Wolfram VON: Zum hebräischen Wörterbuch. — *UF* 13, 1981 (1982), 157-164 | 1. *bṣr* in der Erzählung vom Turmbau zu Babel Genesis 11. 2. *jkl* und *miśśē't* "tragen". 3. Das Hophal von *mūt* in Hiob 33,22? 4. *'ū/ōnā* "Wohnung", nicht "Beiwohnen, Beischlaf". 5. *šūp*. 7. [sic] *hiškīm*. 8. Zu einigen akk. Entsprechungen hebr. Wörter.
13222 STÄHLI, Hans-Peter: *Knabe – Jüngling – Knecht . . .* — Frankfurt/M.: 1978 | BL 1980, 11648. | *BZ* 26, 1982, 114-115 J. Becker.
13223 STRÖMBERG KRANTZ, Eva: *Des Schiffes Weg mitten im Meer. Beiträge zur Erforschung der nautischen Terminologie des Alten Testaments.* — Coniectanea Biblica, O.T. Series 19; Lund: Gleerup, 1982, 225 p., 15 pl. | *JThS* 34, 1983, 557-558 P.R. Davies.
13224 *Theologisches Wörterbuch zum Alten Testament.* In Verbindung mit George W. ANDERSON . . . [et al.] hrsg. von G. Johannes BOTTERWECK und Helmer RINGGREN. Band 3: *ḥmr – ytr*. — Stuttgart: Kohlhammer, 1982, xix p., 1090 c., p. (574)-(568) | Cf. BL 1980, 11652.

13225 TIGAY, Jeffrey H.: On the meaning of *ṭ(w)ṭpt*. — *JBL* 101, 1982, 321-331.
13226 TOLL, Christopher: Ausdrücke für "Kraft" im Alten Testament mit besonderer Rücksicht auf die Wurzel *brk*. — *ZATW* 94, 1982, 111-123.
13227 TSUMURA, David Toshio: Hab 2_2 in the light of Akkadian legal practice. — *ZATW* 94, 1982, 294-295 | On Hebr. *b'r* and Akk. *burru*.
13228 TVEDTNES, John A.: Egyptian etymologies for Biblical cultic paraphernalia. — [13525], 215-221.

6. SCRIPT, ORTHOGRAPHY — ÉCRITURE, ORTHOGRAPHE

13229 DRINKARD, Joel Flood, Jr.: *Vowel letters in pre-exilic Palestinian inscriptions.* — Southern Baptist Theological Seminary diss., 1980, 303 p. | *DAb* 41/3, 1980, 1043-A.
13230 ZEVIT, Ziony: *Matres lectionis in Ancient Hebrew epigraphs.* — Cambridge, MA: 1980 | BL 1981, 12841. | *JNES* 42, 1983, 163-165 P.J. Bruton | *CBQ* 44, 1982, 503-504 D. Pardee | *IEJ* 33, 1983, 139-140 J. Naveh | *JNSL* 10, 1982, 99-100 F.C. Fensham.

7. STYLISTICS — STYLISTIQUE

13231 AUFFRET, Pierre: Essai sur la structure littéraire de Gn 12,1-4aα. — *BZ* 26, 1982, 243-248.
13232 AUFFRET, Pierre: Note sur la structure littéraire du Psaume CX. — *Semitica* 32, 1982, 83-88.
AVISHUR, Y.: Expressions of the type *byn ydym* . . . — 12833.
13233 BRAULIK, Georg: *Die Mittel deuteronomischer Rhetorik* . . . — Rome: 1978 | BL 1978, 10388. | *JSS* 27, 1982, 79-80 G.J. Wenham.
13234 CERESKO, Anthony: The function of the *antanaclasis* (*mṣ'* "to find" // *mṣ'* "to reach, overtake, grasp") in Hebrew poetry, especially in the Book of Qoheleth. — *CBQ* 44, 1982, 551-569.
13235 CLAASSEN, W.T.: 1 Sam. 3:19 – a case of context and semantics. — *JNSL* 8, 1980, 1-9.
COHEN, C.: Neo-Assyrian elements in the first speech of the Biblical *rab-šāqê*. — 12886.
13236 CONROY, Charles: *Absalom Absalom!* . . . — Rome: 1978 | BL 1979, 11183. | *JSS* 28, 1983, 164-165 A.A. Anderson.
13237 FOKKELMAN, J.P.: *Narrative art and poetry in the books of Samuel* . . . — Assen: 1981 | BL 1981, 12855. | *CBQ* 45, 1983, 104-106 D.J. McCarthy | *JSS* 28, 1983, 165-167 G. Hammond.
13238 HURVITZ, Avi: *A linguistic study of the relationship between the priestly source and the Book of Ezekiel: a new approach to an old problem*. — Cahiers de la RB 20; Paris: Gabalda, 1982, xviii, 198 p. | *Biblica* 64, 1983, 583-586 J. Becker.
13239 KITTEL, Bonnie P.: *The hymns of Qumran.* — Chico, CA: 1981 | BL 1981, 12867. | *RB* 89, 1982, 152-153 J. Murphy-O'Connor.
13240 KSELMAN, John S.: The abcb pattern: further examples. — *VT* 32, 1982, 224-229.
13241 KUGEL, James L.: *The idea of Biblical poetry: parallelism and its history.* — New Haven: Yale UP., 1981, xi, 339 p. | *Biblica* 64, 1983, 134-136 W.G.E. Watson.
13242 LABUSCHAGNE, Casper J.: The pattern of the divine speech formulas in the Pentateuch. — *VT* 32, 1982, 268-296.

13243 LAUBSCHER, F. Du T.: Notes on the literary structure of 1QS 2:11-18 and its Biblical parallel in Deut. 29. — *JNSL* 8, 1980, 49-55.
13244 LICHTENSTEIN, Murray H.: Chiasm and symmetry in Proverbs 31. — *CBQ* 44, 1982, 202-211.
13245 LORETZ, O.: Philologische und textologische Probleme in Hi 24,1-25. — *UF* 12, 1980 (1981), 261-266.
13246 LORETZ, O.: Altorientalische und kanaanäische Topoi im Buche Kohelet. — *UF* 12, 1980 (1981), 267-278.
13247 NUÑES CARREIRA, José: Kunstsprache und Weisheit bei Micha. — *BZ* 26, 1982, 50-74.
13248 RADDAY, Y.T.: Chiasmus in Hebrew Biblical narrative. — [12838], 50-117.
13249 RINGGREN, Helmer: The omitting of *kol* in Hebrew parallelism. — *VT* 32, 1982, 99-103.
13250 SCHEDL, Klaus: Zur logotechnischen Struktur von Jeremia 34,18. — *BZ* 26, 1982, 249-251.
13251 SCHOORS, Antoon: La structure littéraire de Qoheleth. — *OLP* 13, 1982, 91-116.
13252 THRONTVEIT, Mark A.: Linguistic analysis and the question of authorship in Chronicles, Ezra and Nehemiah. — *VT* 32, 1982, 201-216.
13253 WATSON, Wilfred G.E.: Chiastic patterns in Biblical Hebrew poetry. — [12838], 118-168.
13254 YEE, Gale A.: An analysis of Prov. $8_{22\text{-}31}$ according to style and structure. — *ZATW* 94, 1982, 58-66.

8. METRICS, VERSIFICATION — MÉTRIQUE, VERSIFICATION

13255 COLLINS, Terence: *Line-forms in Hebrew poetry* . . . — Rome: 1978 | BL 1978, 10392. | *JAOS* 102, 1982, 404-405 D.L. Christensen | *WO* 12, 1981, 191-193 R. Smend.
13256 GELLER, Stephen A.: *Parallelism in early Biblical poetry*. — Missoula, MT: 1979 | BL 1981, 12859. | *JAOS* 102, 1982, 404-405 D.L. Christensen.
13257 LONGMAN, Tremper: A critique of two recent metrical systems. — *Biblica* 63, 1982, 230-254 | A propos des théories de F. CROSS & D.N. FREEDMAN et de J. KURYŁOWICZ (Rés. fr.).
13258 LUGT, Pieter VAN DER: *Strofische structuren in de Bijbels-Hebreeuwse poëzie* . . . — Kampen: 1980 | BL 1980, 11623. | *CBQ* 44, 1982, 655-657 R. North | *JSS* 27, 1982, 299-304 T. Collins.
MOOR, J.C. DE: The art of versification in Ugarit and Israel. III. — 13070.
13259 O'CONNOR, M.: *Hebrew verse structure*. — Winona Lake, IN: 1980 | BL 1980, 11635. | *AfO* 28, 1981-82, 184-185 O. Loretz | *Biblica* 64, 1983, 131-134 W.G.E. Watson | *BiOr* 39, 1982, 160-169 A. Blommerde | *CBQ* 45, 1983, 464-466 J.A. Galbraith | *JAOS* 102, 1982, 392-393 A. Berlin | *JNES* 42, 1983, 298-301 D. Pardee | *JRAS* 1982, 48 N.R.M. de Lange | *JThS* 33, 1982, 224-225 D.R. Ap-Thomas | *Muséon* 95, 1982, 220-221 Alb.-M. Denis | *UF* 13, 1982 (1983), 330 O. Loretz.
13260 WANSBROUGH, John: Hebrew verse: scansion and parallax. — *BSOAS* 45, 1982, 5-13.
13261 WANSBROUGH, John: Hebrew verse: apostrophe and epanalepsis. — *BSOAS* 45, 1982, 425-433.

12. SOCIOLINGUISTICS — SOCIOLINGUISTIQUE

13262 FELLMAN, Jack: Linguistic nationalism: the case of Biblical Hebrew. — *JNSL* 8, 1980, 11-13.

III. Mishnaic, Medieval and Modern Hebrew — Hébreu mishnaïque, médiéval et moderne

13263 BAR-ASHER, Moshe: *Prqym bmswrt lšwn ḥkmym šl yhwdy 'ṭlyh ('l-py ktb-yd Paris 328-329)*. — Language Traditions Project 6; Jerusalem: Magnes/Hebr. Univ., 1980, ix, 154 p. | The tradition of Mishnaic Hebr. in the communities of Italy (according to Ms. Paris 328-329). | *RB* 88, 1981, 629-630 E. Qimron | *JSS* 28, 1983, 175-176 S. Fassberg.
13264 BERMAN, Ruth Aronson: *Modern Hebrew structure*. — Tel Aviv: 1978 | BL 1979, 11174. | *Lg* 58, 1982, 916-921 P. Cole.
13265 BLAU, Joshua: *The renaissance of Modern Hebrew and Modern Standard Arabic: parallels and differences in the revival of two Semitic languages*. — Near Eastern Studies 18; Berkeley, CA: Univ. of California, 1982, viii, 260 p.
13266 BOLOZKY, Shmuel: On the monophonematic interpretation of Modern Hebrew affricates. — *LIn* 11, 1980, 793-799.
13267 BOLOZKY, Shmuel: Remarks on rhythmic stress in Modern Hebrew. — *JL* 18, 1982, 275-289.
13268 CHOMSKY, Noam: *Morphophonemics of Modern Hebrew*. — New York: 1979 | BL 1980, 11596. | *AO* 50, 1982, 276 P.A. Luelsdorff.
13269 EVEN-ZOHAR, Itamar: The emergence of speech organisers in a renovated language: the case of Hebrew void pragmatic connectives. — [346], 179-193.
13270 FEITELSON, Dina: Relating instructional strategies to language idiosyncrasies in Hebrew. — [165], 25-34.
    GIL, D.: Case marking, phon. size, and linear order. — 2471.
13271 GLINERT, Lewis: Negative and non-assertive in contemporary Hebrew. — *BSOAS* 45, 1982, 434-470.
13272 LEDERMAN, Shlomo: Problems in a prosodic analysis of Hebrew morphology. — *SLS* 12/1, 1982, 141-163.
13273 ROSÉN, Haiim B.: *Contemporary Hebrew*. — The Hague: 1977 | BL 1977, 12640. | *JSS* 27, 1982, 88-90 T. Muraoka | *OLZ* 77, 1982, 276-279 H. Simon | *RO* 42/1, 1981, 110-112 W. Tyloch.
13274 TOBIN, Yishai: Asserting one's existence in Modern Hebrew: a Saussurian-based analysis of the domain of attention in selected 'existentials'. — *Lingua* 58, 1982, 341-368.
13275 WERNER, Fritz: Die introflexive Wortbildung im Hebräischen. — *FoL* 16, 1982, 263-295.
13276 ZIV, Yael: On so-called 'existentials': a typological problem. — *Lingua* 56, 1982, 261-281.

14. ONOMASTICS (ANCIENT AND MODERN) — ONOMASTIQUE (ANCIENNE ET MODERNE)

13277 COHEN, Saul B.; KLIOT, Nurit: Israel's place-names as reflection of continuity and change in nation-building. — *Names* 29, 1981, 227-248.
13278 ELIASSAF, Nissim: Names' survey in the population administration: State of Israel. Transl. by Edwin D. LAWSON & Batsheva TAUBE. — *Names* 29, 1981, 273-284 | Hebr original in *Maaseh Choshev*, 8/2, April 1981.

13279 HELTZER, M.; OHANA, M.: *The extra-biblical tradition of Hebrew personal names* . . . — Haifa: 1978 | BL 1981, 12920. | *Syria* 57, 1980 (1983), 331-333 A. Caquot | *AION* 42, 1982, 165 G. Garbini | *WO* 13, 1982, 168-172 R. Zadok.
13280 STAMM, Johann Jakob: *Beiträge zur hebräischen und altorientalischen Namenkunde* . . . — Freiburg (Schweiz): 1980 | BL 1980, 11668. | *BNF* 17, 1982, 403-404 K. Hecker | *CBQ* 44, 1982, 701 K.J. Cathcart | *ZA* 71, 1981/1, 153-157 H.-P. Müller.
13281 STRUS, Andrzej: *Nomen – Omen* . . . — Rome: 1978 | BL 1980, 11650. | *BZ* 26, 1982, 108-109 J. Scharbert.

3. Aramaic — Araméen

ABOU-ASSAF, A., et al.: *La statue de Tell Fekherye* . . . — 12869.
13282 AGGOULA, Basile: Studia aramaica I. — *Semitica* 32, 1982, 101-116, pl. X-XII, 1 | 1. Les inscriptions de Sari et de Hessen-Kef. 2. Doura-Europos: inscription aram. en caractères gr. 3. Palmyre: *Inventaire*, IX, 28.
13283 BORDREUIL, Pierre; MILLARD, Alan R.; ABOU ASSAF, Ali: La statue de Tell Fekheryé: la première inscription bilingue assyro-araméenne. — *CRAI* 1981, 640-652, 3 fig. | Observations d'André CAQUOT et d'André DUPONT-SOMMER, 652-655 | Cf. 12869.
BOYD, J.L., III: The development of the West Sem. *qal* perfect of the double-*'ayin* verb . . . — 12835.
13284 [CERETELI, K.] TSERETELI, Konstantin: *Grammatik der modernen assyrischen Sprache* . . . — Leipzig: 1978 | BL 1978, 10462. | *JAOS* 102, 1982, 209 J.C. Greenfield | *OLZ* 77, 1982, 50-53 C. Correll | *BiOr* 39, 1982, 398-401 J.C.J. Sanders | Cf. 13305.
13285 The Chicago Colloquium on Aramaic studies. — *JNES* 37, 1978/2, 81-193 | *WO* 12, 1981, 196-200 R. Zadok.
13286 DEMIDOVA, G.M.: Infinitiv v zapadno-aramejskom jazyke. — *UZLU* 403, 1980 (*Vostokovedenie* 7), 18-23.
13287 DION, Paul-E.: La lettre araméenne passe-partout et ses sous-espèces. — *RB* 89, 1982, 528-575 | Cf. BL 1981, 12672.
13288 FELLMAN, Jack: Sociolinguistic notes on the history of Aramaic. — *JNSL* 8, 1980, 15-16.
13289 FITZMYER, Joseph A.: *A wandering Aramaean* . . . — Missoula, MT: 1979 | BL 1979, 11265. | *JSS* 27, 1982, 81-85 G.D. Kilpatrick.
13290 FITZMYER, Joseph A.; HARRINGTON, Daniel J.: *A manual of Palestinian Aramaic texts* . . . — Rome: 1978 | BL 1978, 10468. | *JAOS* 102, 1982, 181-183 P.E. Dion | *IEJ* 32, 1982, 178-179 G.B. Sarfatti.
13291 FRAENKEL, J.: Chiasmus in Talmudic-Aggadic narratives. — [12838], 183-197.
13292 GOLOMB, David: Nominal syntax in the language of Codex Vatican Neofiti 1: the genitive relationship. — *JAOS* 102, 1982, 297-308.
13293 *Inventaire des inscriptions de Palmyre*. Fasc. XII, par Adnan BOUNNI & Javier TEIXIDOR. — Damas: Direction générale des antiquités et des musées de la République Ar. Syrienne, 1975 (1978), 55 p., 13 pl. | Cf. BL 1979, 11256. | *JAOS* 102, 1982, 184-185 J. Naveh | *JNES* 41, 1982, 148-149 J.C. Greenfield.
13294 KLEIN, Michael L.: *The fragment-Targums of the Pentateuch* . . . I-II. — Rome: 1980 | BL 1981, 12964. | *CBQ* 44, 1982, 651-652 B.J. Malina | *RB* 89, 1982, 599-605 P. Grelot.

13295 KNUDSEN, Ebbe E.: *A Targumic Aramaic reader* . . . — Leiden: 1981 | BL 1981, 12966. | *BiOr* 39, 1982, 190-193 R. Le Déaut | *CBQ* 44, 1982, 295-296 D.J. Harrington | *JThS* 33, 1982, 232-233 S. Brock.

13296 KROTKOFF, Georg: *A Neo-Aramaic dialect of Kurdistan: texts, grammar and vocabulary.* — Am. Oriental Series 64; New Haven, CO: Am. Oriental Soc., 1982, 172 p.

LEEMHUIS, F.: Qur'anic *siğğīl* and Aram. *sgyl*. — 13439.

13297 LEMAIRE, André: Cinq sceaux araméens inscrits inédits. — *Syria* 59, 1982, 109-116, 5 fig.

13298 LEVINE, Étan: *The Aramaic version of Qohelet.* — New York: 1978 | BL 1981, 12972. | *CBQ* 44, 1982, 296-297 P. Nickels.

13299 MACUCH, Rudolf: *Zur Sprache und Literatur der Mandäer* . . . — Berlin (West): 1976 | BL 1976, 12006. | *OLZ* 77, 1982, 466-474 G. Widengren.

13300 MACUCH, Rudolf: *Grammatik des Samaritanischen Aramäisch.* — Studia Samaritana 4; Berlin (West): de Gruyter, 1982, lxxii, 427 p.

13301 MARCUS, David: *A manual of Babylonian Jewish Aramaic.* — Washington, DC: 1981 | BL 1981, 12976. | *CBQ* 44, 1982, 295-296 D.J. Harrington | *JSS* 27, 1982, 287-288 A.P. Hayman | *JNES* 42, 1983, 297-298 D. Boyarin.

13302 MEEHAN, Charles; ALON, Jacqueline: The boy whose tunic stuck to him: a folktale in the Jewish Neo-Aramaic dialect of Zakho (Iraqi Kurdistan). — *IOS* 9, 1979, 174-203 | Text in phonetic transcription with transl.

13303 MÜLLER, Hans-Peter: Die aramäische Inschrift von Deir 'Allā und die älteren Bileamsprüche. — *ZATW* 94, 1982, 214-244.

13304 NAVEH, Joseph: An Aramaic consolatory burial inscription. — *'Atiqot* 14, 1980, 55-59.

13305 PETRÁČEK, Karel: Zur neuaramäischen Sprachforschung. — *AO* 50, 1982, 248-250 | Mainly rev. of No. 13284.

13306 POLOTSKY, H.J.: Verbs with two objects in Modern Syriac (Urmi). — *IOS* 9, 1979, 204-227.

13307 PORTEN, B.: Structure and chiasm in Aramaic contracts and letters. — [12838], 169-182.

13308 PUECH, Émile: Les inscriptions araméennes I et II de Sfiré: nouvelles lectures. — *RB* 89, 1982, 576-587, pl. XIII.

13309 RITTER, Hellmut: *Ṭūrōyo: die Volkssprache der syrischen Christen* . . . B. — Beirut: 1979 | BL 1981, 12987. | *JAOS* 102, 1982, 406-407 J.C. Greenfield.

13310 RYBAK, Solomon F.: *The Aramaic dialect of Nedarim.* — Yeshiva Univ. diss., 1980, 161 p. | *DAb* 41/4, 1980, 1566-A.

13311 SABAR, Yona: The quadriradical verb in Eastern Neo-Aramaic dialects. — *JSS* 27, 1982, 149-176.

13312 SELMS, A. VAN: *dawqa!* — Its Biblical precedents. — *Semitics* 7, 1980, 40-49.

13313 STROTHMANN, Werner: *Syrische Hymnen zur Myron-Weihe.* — Wiesbaden: 1978 | BL 1978, 10498. | *BSOAS* 42, 1979, 561 S.P. Brock.

13314 SWIGGERS, P.: The Hermopolis papyri III and IV. — *AION* 42, 1982, 135-140 | Phil. and linguistic notes (cf. also BL 1981, 13000 [on I & II]).

13315 SZUBIN, H.Z.; PORTEN, Bezalel: "Ancestral estates" in Aramaic contracts: the legal significance of the term *mḥḥsn*. — *JRAS* 1982, 3-9.

13316 TAL, Abraham: *The Samaritan Targum of the Pentateuch* . . . Vol. I-II. — Tel-Aviv: 1980-81 | BL 1981, 13001. | *RB* 89, 1982, 616-617 R. Tournay.

13317 TEIXIDOR, Javier: Le thiase de Bêlastor et de Beelshamên d'après une inscription récemment découverte à Palmyre. — *CRAI* 1981, 306-314, fig.

13318 [VIL'SKER, L.Ch.] VILSKER, L.H.: *Manuel d'araméen samaritain.* — Paris: 1981 | BL 1981, 13006. | *Helmantica* 33, 1982, 195-196 C. Sapir | *Muséon* 95, 1982, 394-395 P.-M. Bogaert | *PEQ* 114, 1982, 156 P. Coxon | *ZDMG* 133, 1983, 441-442 R. Macuch | *JNES* 42, 1983, 295-297 M. Baillet | *JSS* 28, 1983, 177-178 A.D. Crown.
13319 VIVIAN, Angelo: *Studi di sintassi constrastiva . . .* — Firenze: 1981 | BL 1981, 13007. | *JSS* 28, 1983, 176-177 T. Muraoka.
13320 WEIPPERT, Helga; WEIPPERT, Manfred: Die "Bileam"-Inschrift von Tell Dēr 'Allā. — *ZDPV* 98, 1982, 77-103, fig.
13321 WESSELIUS, J.W.: Notes on Aramaic magical texts. — *BiOr* 39, 1982, 249-251 | 1. The incantation in cun. script from Uruk. 2. The creeping demons.
13322 WESSELIUS, J.W.: The spelling of the third person masculine singular suffixed pronoun in Syriac. — *BiOr* 39, 1982, 251-254.

14. ONOMASTICS — ONOMASTIQUE

ZADOK, R.: The toponymy of the Nippur region during the 1st millennium B.C. . . . — 12978.

F. Arabic — Arabe

0. BIBLIOGRAPHY AND GENERAL — BIBLIOGRAPHIE ET GÉNÉRALITÉS

13323 DIEM, Werner: Bibliography/Bibliographie: Sekundärliteratur zur einheimischen arabischen Grammatikschreibung. — *HL* 8, 1981/2-3 (1982), 431-486.
13324 SCHMIDT, Richard W.: Arabic sociolinguistics – a selected bibliography. — *SLN* 8, 1977, 10-17.
13325 *Abḥāth fi 'l-lugha wa 'l-uslūb./Papers on language and style.* Ed. by Sasson SOMEKH [Sāsūn SŪMIKH]. — Lit. Studies & Texts 2; Tel Aviv: Univ./Ar. Publ. House, 1980, 95 p. | *JSS* 27, 1982, 95-96 M.M. badawi.
13326 ACHVLEDIANI, V.G.: Arabistika v Gruzii. — *IzvAN* 41, 1982, 504-511.
13327 AMBROS, Edith: *Sieben Kapittel des Šarḥ Kitāb Sībawaihi von ar-Rummānī . . .* — Wien: 1979 | BL 1980, 11699. | *OLZ* 77, 1982, 571-573 D. Sturm.
13328 BAALBAKI, R.: *Tawahhum*: an ambiguous concept in early Arabic grammar. — *BSOAS* 45, 1982, 233-244.
BAKALLA, M.H.: Ibn Jinni, an early Arab Muslim phonetician . . . — 1837.
BLAU, J.: The renaissance of Mod. Hebr. and Mod. Standard Ar. . . . — 13265.
13329 BOHAS, Georges: Quelques aspects de l'argumentation et de l'explication chez les grammairiens arabes. — *Arabica* 28, 1981, 204-221.
13330 CORRIENTE, Federico: *Gramática árabe.* — Madrid: 1980 | BL 1981, 13021. | *JAOS* 102, 1982, 669-670 A.S. Kaye.
13331 COWAN, William: Arabic grammatical terminology in Pedro de Alcalá. — *HL* 8, 1981/2-3 (1982), 357-363 | Pedro DE ALCALÁ, *Arte para ligeramente saber la lengua arauiga,* 1505.
13332 FRANK, R.M.: Meanings are spoken of in many ways: the earlier Arab grammarians. — *Muséon* 94, 1981, 259-319.
13333 FÜCK, Johann: *Arabische Kultur und Islam im Mittelalter: ausgewählte Schriften.* Hrsg. von Manfred FLEISCHHAMMER. — Weimar: Böhlau, 1981, 370 p., front. (portr.) | *ZAL* 9, 1982, 88 W. Fischer.

13334 *Grundriss der arabischen Philologie.* Band I: *Sprachwissenschaft,* hrsg. von Wolfdietrich FISCHER. — Wiesbaden: Reichert, 1982, xiii, 326 p.
13335 GUILLAUME, Jean-Patrick: Le statut des représentations sous-jacentes en morphophonologie d'après Ibn Ğinnī. — *Arabica* 28, 1981, 222-241.
13336 JASTROW, Otto: Die Struktur des Neuarabischen. — [13334], 128-141.
13337 KONINGSVELD, P.S. VAN: *The Latin-Arabic glossary of the Leiden University Library.* — Leiden: 1976 | BL 1976, 12030. | *Arabica* 28, 1981, 120-121 G. Troupeau.
13338 PIAMENTA, M.: *Islam in everyday Arabic speech.* — Leiden: 1979 | BL 1979, 11299. | *Islam* 59, 1982, 334-335 W. Ende | *JSS* 27, 1982, 93-95 M.M. Badawi.
13339 SABUNI, Abdulghafur: *Einführung in die Arabistik.* — Hamburg: Buske, 1981, xviii, 226 p. | 2nd title in Ar.
13340 TALMON, Rafael: *Naḥwiyyūn* in Sībawayhi's *Kitāb.* — *ZAL* 8, 1982, 12-38.
13341 TROUPEAU, Gérard: La logique d'Ibn al-Muqaffaʿ et les origines de la grammaire arabe. — *Arabica* 28, 1981, 242-250.
VERSTEEGH, C.H.M.: A dissenting grammarian: Quṭrub ... — 1999.

I. PHONETICS AND PHONOLOGY — PHONÉTIQUE ET PHONOLOGIE

13342 ABDUL-KARIM, Kamal Wadih: *Aspects of the phonology of Lebanese Arabic.* — Univ. of Illinois at Urbana-Champaign diss., 1980, 171 p. | Generative approach. | *DAb* 41/6, 1980, 2583-A.
13343 ABU-SALIM, Issam M.: Syllable structure and syllabification in Palestinian Arabic. — *SLS* 12, 1982/1, 1-28.
13344 AL-MOZAINY, Hamza Qublan: *Vowel alternations in a Bedouin Hijazi Arabic dialect: abstractness and stress.* — Univ. of Texas at Austin diss., 1981, 292 p. | *DAb* 42/3, 1981, 1125-A/1126-A.
13345 AMBROS, Arne A.: Zur Entstehung der Emphase in *Allāh.* — *WZKM* 73, 1981, 23-32.
13346 BENHALLAM, Abderrafi: *Syllable structure and rule types in Arabic.* — Univ. of Florida diss., 1980, 193 p. | *DAb* 41/6, 1980, 2583-A/2584-A.
13347 GHAZELI, Salem: La coarticulation de l'emphase en arabe. — *Arabica* 28, 1981, 251-277, 10 fig.
13348 KÄSTNER, Hartmut: *Phonetik und Phonologie des modernen Hocharabisch.* — Leipzig: Verlag Enzyklopädie, 1981, 131 p.
13349 KENESBAEVA, S.S.: *Spektral'nyj analiz guttural'nych soglasnych arabskogo literaturnogo jazyka.* — Alma-Ata: "Nauka", 1982, 158 p.
13350 LOI CORVETTO, Ines: L'intonazione nell'arabo siriano. — *LeSt* 17, 1982, 371-393.
13351 MAY, Janet Grace: *The perception of Egyptian Arabic fricatives.* — Univ. of Connecticut diss., 1980, 103 p. | *DAb* 41/2, 1980, 658-A.
13352 ODISHO, Edward Y.: The sun or moon status of Arabic ǧ: a descriptive view. — *IJDL* 9, 1980, 36-43.
13353 SAYED, Abdelrahman Ahmed: *The phonology of Moroccan Arabic: a generative phonological approach.* — Univ. of Texas at Austin diss., 1981, 178 p. | *DAb* 42/3, 1981, 1130-A.
WALTER, H.: Pourquoi des tableaux phonologiques? ... — 2218.

2. GRAMMAR — GRAMMAIRE

13354 ABBOUD, Peter: The Classical Arabic jussive forms and their reflexes in the Modern Arabic dialects. — *ZDMG* 132, 1982, 98-118.
13355 ANGHELESCU, Nadia: *Oser dire* en arabe. — *RRLing* 26, 1981, 323-327.
13356 ANWAR, Mohamed Sami: *Be and equational sentences in Egyptian colloquial Arabic.* — Amsterdam: 1979 | BL 1979, 11303. | *BiOr* 38, 1981, 731-732 F. Leemhuis.
13357 AYOUB, Georgine; BOHAS, Georges: Les grammairiens arabes, la phrase nominale et le bon sens. — *HL* 8, 1981/2-3 (1982), 267-284 | E. summ.
13358 BOBZIN, Hartmut: Zum Begriff der "Valenz" des Verbums in der arabischen Nationalgrammatik. — *HL* 8, 1981/2-3 (1982), 329-344 | E. & Fr. summ.
13359 CARTER, M.G.: The use of proper names as a testing device in Sībawayhi's *Kitāb*. — *HL* 8, 1981/2-3 (1982), 345-356 | Rés. fr.
13360 DAHL, Östen; TALMOUDI, Fathi: *Qad* and *laqad*: tense/aspect and pragmatics in Arabic. — [107], 51-68.
13361 DROZDÍK, Ladislav: Grammatical, derivational and lexical dimensions of transitivity in Arabic. — *AAS* 18, 1982, 29-52 | E. summ.
13362 EKSELL HARNING, Kerstin: *The analytic genitive in the modern Arabic dialects.* — Göteborg: 1980 | BL 1980, 11725. | *BSOAS* 45, 1982, 584 T.M. Johnstone | *Islam* 59, 1982, 337 W. Diem | *AO* 50, 1982, 378 L. Drozdík | *Arabica* 29, 1982, 338 M. Barbot.
13363 FARGHALY, Ali Ahmed Sabry: *Topics in the syntax of Egyptian Arabic.* — Univ. of Texas at Austin diss., 1981, 237 p. | *DAb* 42/3, 1981, 1127-A.
13364 FASSI FEHRI, A.: Théorie lexicale-fonctionnelle, contrôle et accord en arabe moderne. — *Arabica* 28, 1981, 299-332.
13365 FLEISCH, Henri: *Traité de philologie arabe.* Vol. II. — Beyrouth: 1979 | BL 1979, 11305. | *ZDMG* 131, 1981, 192 W. Diem | *ZAL* 8, 1982, 102-104 W. Fischer | *Arabica* 28, 1981, 118 G. Troupeau.
13366 GAI, Amikam: Two points of Arabic grammar. — *Arabica* 28, 1981, 293-298 | 1. The function of *fa*. 2. On nominalizations.
13367 HARTMANN, Regina: Klassifikation arabischer Substantive anhand ihrer Morphologie. — [367], 393-423.
13368 HASHIM, Kamal M.Z.: *Sentential complements in Egyptian Colloquial Arabic.* — Georgetown Univ. diss., 1980, 133 p. | *DAb* 42/2, 1981, 686-A.
13369 IBRAHIM, Muḥammad H.: Radical duplication in Arabic. — *ZAL* 9, 1982, 82-87.
13370 JELINEK, Mary Eloise: *On defining categories:* AUX *and* PREDICATE *in Colloquial Egyptian Arabic.* — Univ. of Arizona diss., 1981, 230 p. | *DAb* 41/12, 1981, 5081-A.
13371 AL-KHULI, Muhammad Ali: *A contrastive transformational grammar, Arabic and English.* — Leiden: 1979 | BL 1979, 11310. | *JAOS* 102, 1982, 217-218 P. Abboud | *Arabica* 29, 1982, 338-339 A. Roman
MCCARTHY, J.J.: A prosodic theory of nonconcatenative morphology. — 2357.
13372 MYKYTENKO, Je.O.: Pytannja arabs'koho syntaksysu v doslidžennjach A.Ju. Kryms'koho. — *Mov* 1981/5, 80-83 | Problems of Ar. syntax in A.Ju. KRYMS'KYJ's studies.
13373 NEBES, Norbert: *Funktionsanalyse von* kāna yaf'alu: *ein Beitrag zur Verbalsyntax des Althocharabischen mit besonderer Berücksichtigung der Tempus-*

und Aspektproblematik. — Studien zur Sprachwissenschaft 1 (Diss. München); Hildesheim: Olms, 1982, xiii, 222 p.

13374 NEBES, Norbert: *'in al-muḫaffafa* und *al-lām al-fāriqa.* 1. — *ZAL* 7, 1982, 7-22.

13375 PIAMENTA, Moshe: Remarks on some annexion structures in Modern Standard Arabic. — *IOS* 9, 1979, 258-271.

13376 SAAD, George Nehmed: *Transitivity, causation and passivization: a semantic study of the verb in classical Arabic.* — Library of Arab Linguistics, Monograph 4; London: Kegan Paul, 1982, xviii, 121 p.

13377 SAWAIE, Mohammed: *Discourse reference and pronominalization in Arabic.* — Ohio State Univ. diss., 1980, 129 p. | *DAb* 41/7, 1981, 3089-A.

13378 SCHUB, Michael B.: The expression of panchronic actions in Arabic: an exegetical clarification. — *JSS* 27, 1982, 57-59.

13379 SUAIEH, Saadun Ismail: *Aspects of Arabic relative clauses: a study of the structure of relative clauses in modern written Arabic.* — Indiana Univ. diss., 1980, 401 p. | *DAb* 41/9, 1981, 4019-A.

13380 TALMON, R.: Appositival *'aṭf* – an inquiry into the history of a syntactic category. — *Arabica* 28, 1981, 278-292.

13381 TROUPEAU, Gérard: Les "partes orationis" dans le *Kitāb al-'Uṣūl* d'Ibn al-Sarrāj. — *HL* 8, 1981/2-3 (1982), 379-388.

13382 WEBB, Charlotte: A historical source for the geminate roots in Arabic. — *Glossa* 16, 1982, 13-27.

3. HISTORY — HISTOIRE

13383 BEESTON, A.F.L.: Languages of pre-Islamic Arabia. — *Arabica* 28, 1981, 178-186.

13384 BLAU, Joshua: The state of research in the field of the linguistic study of Middle Arabic. — *Arabica* 28, 1981, 187-203.

13385 BLAU, Joshua: Das frühe Neuarabisch in mittelarabischen Texten. — [13334], 96-109.

13386 CORRIENTE, Federico: *Gramática, métrica y texto del cancionero hispanoárabe de Aban Quzmán . . .* — Madrid: 1980 | BL 1981, 13051. | *JSS* 27, 1982, 128-130 A. Jones.

13387 FISCHER, Wolfdietrich: Die geschichtliche Rolle des Arabischen. — [13334], 1-5.

13388 FISCHER, Wolfdietrich: Das Altarabische in islamischer Überlieferung: das Klassische Arabisch. — [13334], 37-50.

13389 FISCHER, Wolfdietrich: Frühe Zeugnisse des Neuarabischen. — [13334], 83-95.

13390 GAUBE, Heinz: Epigraphik. — [13334], 210-225.

13391 HECKER, Karl: Das Arabische im Rahmen der semitischen Sprachen. — [13334], 6-16.

13392 KHOURY, Raif Georges: Papyruskunde. — [13334], 251-270 | Schrift und Sprache der Papyrustexte, 263-268.

13393 MÜLLER, Walter W.: Das Frühnordarabische. — [13334], 17-29.

13394 MÜLLER, Walter W.: Das Altarabische der Inschriften aus vorislamischer Zeit. — [13334], 30-36.

13395 PETRÁČEK, Karel: Le système de l'arabe dans une perspective diachronique. — *Arabica* 28, 1981, 162-177.

ROMAN, A.: De la langue ar. comme un modèle général de la formation des langues sém. . . . — 12864.

13396 VERSTEEGH, C.H.M.: Structural change and pidginization in the history of the Arabic language. — [170], 362-373.
13397 WILD, Stefan: Die arabische Schriftsprache der Gegenwart. — [13334], 51-57.
13398 WINNETT, Fred V.; HARDING, G. Lankester: *Inscriptions from fifty Safaitic cairns.* — Toronto: 1978 | BL 1978, 10542. | *Syria* 57, 1980 (1983), 335-336 A. Caquot.

4. DIALECTOLOGY — DIALECTOLOGIE

ABDUL-KARIM, K.W.: *Aspects of the phonology of Lebanese Ar.* — 13342.
13399 ABU-HAIDAR, Farida: *A study of the spoken Arabic of Baskinta.* — Leiden: 1979 | BL 1979, 11323. | *JAOS* 102, 1982, 216-217 P. Abboud | *ZAL* 7, 1982, 88-91 Chr. Correll | *Arabica* 29, 1982, 340 A. Roman | *JSS* 28, 1983, 199-204 O. Jastrow.
AL-MOZAINY, H.Q.: *Vowel alternations in a Bedouin Hijazi Ar. dial.* . . . — 13344.
13400 AMBROS, Arne: *Damascus Arabic.* — Malibu: 1977 | BL 1977, 12766. | *JNES* 41, 1982, 159-160 C. Killean.
13401 ANGOUJARD, J.P.: Marqueur du féminin et système vocalique dans l'arabe de Damas. — *Arabica* 28, 1981, 345-357.
13402 BARBOT, M.: *Évolution de l'arabe contemporain.* I. *Bibliographie d'arabe: Moderne et du Levant — Introduction au parler de Damas*; II. *Les sons du parler de Damas.* — Publ. de la Sorbonne, Recherches 47; Paris: A. Maisonneuve, 1981, 331, x p.; p. 332-1008.
13403 BEHNSTEDT, P.; WOIDICH, M.: Die ägyptischen Oasen — ein dialektologischer Vorbericht. — *ZAL* 8, 1982, 39-71, 2 fig.
13404 BERGÉ, Heliane Jill: Mutations vocaliques dans les dialectes hispano-arabes. — *Arabica* 28, 1981, 362-368.
13405 CADORA, Frederic J.: *Interdialectal lexical compatibility in Arabic* . . . — Leiden: 1979 | BL 1979, 11327. | *JAOS* 102, 1982, 218-219 A.S. Kaye | *JSS* 28, 1983, 204-207 O. Jastrow.
13406 ELBAZ, Simone: La subordination en arabe d'Oujda. — *Arabica* 28, 1981, 333-344.
13407 GARY, Judith Olmsted [† 1981]; GAMAL-ELDIN, Saad: *Cairene Egyptian colloquial Arabic.* — LDS, Lingua Descriptive Studies 6; Amsterdam: North-Holland, 1982, ix, 141 p.
13408 *Handbuch der arabischen Dialekte* . . . hrsg. von Wolfdietrich FISCHER und Otto JASTROW. — Wiesbaden: 1980 | BL 1981, 13066. | *Islam* 59, 1982, 335-337 Chr. Correll | *ZAL* 9, 1982, 91-93 A. Roth | *JSS* 28, 1983, 195-199 W. Erwin.
13409 HASSAN, Motie Ibrahim: *in-nâs wil-malik, People and king: folk tales in the Cairene dialect in roman transcription.* Transcription devised, controlled and introd. by Karl-G. PRASSE. — København: Akad. Forlag, 1971, xxii, 93 p. | *JSS* 27, 1982, 92-93 M. Hinds.
13410 HEATH, Jeffrey: A Judeo-Arabic dialect of Tafilalt (Southeastern Morocco). — *ZAL* 9, 1982, 32-78.
13411 HEINE, Bernd: *The Nubi language of Kibera — an Arabic creole.* — Language and Dial. Atlas of Kenya 3; Berlin: Reimer, 1982, 84 p.
13412 INGHAM, Bruce: *North East Arabian dialects.* — Library of Ar. Linguistics, Monograph 3; London: Routledge & Kegan Paul, 1982, xxiii, 208 p., maps.
13413 INGHAM, Bruce: Notes on the dialect of the Dhafīr of North-Eastern Arabia. — *BSOAS* 45, 1982, 245-259, map.

13414 JASTROW, Otto: Lexikalische Nachträge zu Bəhzāni. — *ZAL* 9, 1982, 81-82.
13415 JOHNSON, C. Douglas: Vowel-consonant metathesis in a Palestinian dialect. — *AL* 17, 1982, 61-77.
13416 KAYE, Alan S.: *A dictionary of Nigerian Arabic.* — Bibliotheca Afroasiatica 1; Malibu, CA: Undena, 1982, xvi, 92 p.
13417 MARÇAIS, Philippe: *Esquisse grammaticale de l'arabe maghrébin.* — Paris: 1977 | BL 1977, 12785. | *BSL* 76, 1981/2 (1982), 361-363 D. Cohen.
13418 MARÇAIS, Ph.; VIRÉ, F.: Gazelles et outardes en Tunisie: reportage en parler arabe de la tribu des Mahâdhba. — *Arabica* 28, 1981, 369-387.
13419 MCLOUGHLIN, Leslie J.: *Colloquial Arabic (Levantine).* — London: Routledge & Kegan Paul, 1982, vi, 145 p.
13420 MIŠKUROV, E.N.: *Alžirskij dialekt arabskogo jazyka.* — Jazyki narodov Azii i Afriki; Moskva: "Nauka", 1982, 131 p.
13421 MUNZEL, Kurt: Die zusammengesetzte Verbalform *kunt i'mil* im Kairener Arabisch. Versuch einer Erklärung. — *ZAL* 7, 1982, 76-78.
13422 PALVA, Heikki: *Narratives and poems from Ḥesbân . . .* — Göteborg: 1978 | BL 1978, 10567. | *BiOr* 38, 1981, 462-467 J. den Heijer.
13423 ROSENHOUSE, Judith: An analysis of major tendencies in the development of the Bedouin dialects of the North of Israel. — *BSOAS* 45, 1982, 14-38.
13424 ROSENHOUSE, Judith: Some features of some Bedouin dialects in the North of Israel. — *ZAL* 7, 1982, 23-47.
13425 SABUNI, Abdulghafur: *Laut- und Formenlehre des arabischen Dialekts von Aleppo.* — Frankfurt a.M.: 1980 | BL 1980, 11768. | *BSOAS* 45, 1982, 355-356 T.M. Johnstone.
13426 SINGER, Hans-Rudolf: Der neuarabische Sprachraum. — [13334], 110-127.
13427 SOWAYAN, Saad Abdullah: A poem and its narrative by Riḍa ibn Tarif aš-Šammari. — *ZAL* 7, 1982, 48-73 | Text and transl., with notes on the transl. and linguistic remarks.
13428 TALMOUDI, Fathi: *The Arabic dialect of Sūsa . . .* — Göteborg: 1980 | BL 1980, 11771. | *BSOAS* 45, 1982, 356-357 T.M. Johnstone | *BiOr* 38, 1981, 468-470 R. Otten | *ZAL* 7, 1982, 92-94 H.-R. Singer.
13429 Taymūr, Maḥmūd: *'Il-maḥba' raqam talattâsar*: an annotated phonemic transcription by Stig T. RASMUSSEN. — København: Akademisk Forlag, 1979, xiii, 140, 171 p., fold. tab. | *ZAL* 7, 1982, 91 M. Woidich | *JSS* 27, 1982, 92-93 M. Hinds.
13430 VOCKE, Sibylle; WALDNER, Wolfram: *Der Wortschatz des anatolischen Arabisch.* — (Magister-Arbeit, Univ. Erlangen-Nürnburg); Erlangen: 1982, 472 p.
13431 ZAVADOVSKIJ, Ju.N.: *Mavritanskij dialekt arabskogo jazyka (Chassanija).* — Jazyki narodov Azii i Afriki; Moskva: "Nauka", 1981, 78 p.

5. LEXICON — LEXIQUE

13432 *Al-kâmil: dictionnaire arabe-français-anglais (langue classique et moderne) . . .* Par Moustafa CHOUÉMI. Tome IV, fasc. 42. — Paris: G.-P. Maisonneuve et Larose, 1982, p. 2609-2672 | Cf. BL 1980, 11777.
13433 BEHNSTEDT, Peter: Weitere koptische Lehnwörter im Ägyptisch-Arabischen. — *WO* 12, 1981, 81-98, ill. | Cf. also W.B. BISHAI: Coptic lexical influence on Egyptian Arabic, *JNES* 23, 1964, 39-47.
13434 BEHNSTEDT, Peter: *iz-zarga.* — *ZAL* 7, 1982, 74-75 | Contra Stefan REICHMUTH (BL 1981, 13076).

BLAU, J.: Some Ug., Hebr., and Ar. parallels. — 13159.
13435 BOBZIN, Hartmut: Eine mögliche Parallele zu *fa-'ummuhū hāwiyatun* (Sure 101, 9). — *ZAL* 9, 1982, 79-80.
13436 CIFOLETTI, Guido: La terminologia della pesca a el-Ghardaqa (Egitto). — *AION* 42, 1982, 565-591, 8 pl. h.-t.
CIFOLETTI, G.: *Il Vocabolario della lingua franca.* — 2947.
13437 FARUQI, Lois Ibn al: *An annotated glossary of Arabic musical terms.* Foreword by Ali Jihad RACY & Don Michael RANDEL. — Westport, CO: Greenwood Press, 1981, xxii, 511 p.
13438 KUNITZSCH, Paul: *Glossar der arabischen Fachausdrücke in der mittelalterlichen europäischen Astrolabliteratur.* — NAWG 1982, 11; Göttingen: Vandenhoeck & Ruprecht, 1982, 117 p.
13439 LEEMHUIS, F.: Qur'anic *siğğīl* and Aramaic *sgyl*. — *JSS* 27, 1982, 47-56.
13440 LEWIN, Bernhard: *A vocabulary of the Huḏailian poems.* — Göteborg: 1978 | BL 1979, 11349. | *JAOS* 102, 1982, 376-377 M.J. Ajami | *Islam* 59, 1982, 132-133 W. Heinrichs | *OLZ* 77, 1982, 392 H. Fähndrich | *BiOr* 38, 1981, 461-462 R. Jacobi.
POPE, M.H.: An Ar. cognate for Ug. *brlt*? — 13079.
13441 SCHALL, Anton: Geschichte des arabischen Wortschatzes — Lehn- und Fremdwörter im Klassischen Arabisch. — [13334], 142-153.
13442 SCHMIDT, Jean-Jacques: *Dictionnaire français-arabe/arabe-français: mots utilisés dans la vie courante.* — Paris: Dauphin, 1982, 192, 194 p.
13443 ŠĪR, Adday: *Muʿğam al-alfāẓ al-fārisiyya al-muʿarraba/A dictionary of Persian loan-words in the Arabic language.* — Bayrût: Maktabat Lubnân, 1980, 194 p. | *AION* 42, 1982, 158-160 M. Tosco.
13444 TROUPEAU, Gérard: *Lexique-index du "Kitāb" de Sībawayhi.* — Paris: 1976 | BL 1976, 12099. | *NAA* 1979/4, 232-238 D.V. Frolov.
13445 ULLMANN, Manfred: *Wa-ḫairu l-ḥadīṯi mā kāna laḥnan.* Mit einem Beitrag von Rainer DEGEN: Bemerkungen zu *lḥn* im Nordwestsemitischen. — SbBAW 1979/9 = Beiträge zur Lexikographie des Klassischen Ar. 1; München: Beck (in Kommission), 1979, 32 p. | *ZDMG* 133, 1983, 206 H. B[obzin] | *ZAL* 7, 1982, 87-88 S. Hopkins.
13446 WEHR, Hans: *A dictionary of modern written Arabic...* Ed. by J. Milton COWAN. 4th ed. — Wiesbaden: 1979 | BL 1979, 11355. | *Islam* 59, 1982, 157 G. Krotkoff | *AAS* 18, 1982, 292-295 L. Drozdík | *ZAL* 8, 1982, 99-102 H. Bobzin | *JSS* 27, 1982, 90 R. Allen.

6. SCRIPT, ORTHOGRAPHY — ÉCRITURE, ORTHOGRAPHE

13447 ASSFALG, Julius: Arabische Handschriften in syrischer Schrift (Karšūnī). — [13334], 297-302.
13448 BLAU, Joshua: Arabische Handschriften in hebräischer Schrift. — [13334], 303-305.
13449 ENDRESS, Gerhard: Herkunft und Entwicklung der arabischen Schrift. — [13334], 165-197.
13450 ENDRESS, Gerhard: Handschriftenkunde. — [13334], 271-296 | Paläographie der Handschriften, 278-285.
13451 SCHIMMEL, Annemarie: Die Schriftarten und ihr kalligraphischer Gebrauch. — [13334], 198-209.

7. STYLISTICS — STYLISTIQUE

13452 GHEDIRA, Ameur: La fréquence du mot *'ayn/œil* dans les poèmes de Baššār l'aveugle. — *Arabica* 28, 1981, 1-37.
13453 HARTMANN, Regina: Direkte und indirekte Rede als Formen der Redewiedergabe in Sadats Autobiographie *al-Baht 'an aḏ-Ḏat*. — *ZAL* 9, 1982, 7-31.
13454 ZWETTLER, Michael: *The oral tradition of classical Arabic poetry* . . . — Columbus: 1978 | BL 1980, 11791. | *BSOAS* 45, 1982, 159-161 R.C. Ostle.

8. METRICS, VERSIFICATION — MÉTRIQUE, VERSIFICATION

13455 LATHAM, J. Derek: New light on the scansion of an Old Andalusian *Muwaššaḥ*. — *JSS* 27, 1982, 61-75.
13456 NEUWIRTH, Angelika: *Studien zur Komposition der mekkanischen Suren*. — Studien zur Sprache, Geschichte und Kultur des islamischen Orients: Beihefte zur Zeitschrift *Der Islam*, Neue Folge, 10; Berlin (West): de Gruyter, 1981, ix, 433 p. | *JRAS* 1982, 50-51 H.T. Norris | *BSOAS* 45, 1982, 149-150 A. Rippin.
13457 SOWAYAN, Saad Abdullah: The prosodic relationship of Nabaṭī poetry to classical Arabic poetry. — *ZAL* 8, 1982, 72-93.
13458 WULSTAN, David: The *muwaššaḥ* and *zaǧal* revisited. — *JAOS* 102, 1982, 247-264 | Questions of metre and structure.

9. TRANSLATION — TRADUCTION

13459 MACUCH, Rudolf: On the problems of the Arabic translation of the Samaritan Pentateuch. — *IOS* 9, 1979, 147-173.

10. MATHEMATICAL LINGUISTICS — LINGUISTIQUE MATHÉMATIQUE

13460 FROMM, Wolf-Dietrich: *Häufigkeitswörterbuch der modernen arabischen Zeitungssprache (ein Mindestwortschatz): Arabisch-Deutsch-Englisch. / Frequency dictionary of modern newspaper Arabic*. — Leipzig: Verlag Enzyklopädie, 1982, xix, 351 p.

12. SOCIOLINGUISTICS — SOCIOLINGUISTIQUE

13461 BENABDI, Linda Caroline: *Arabization in Algeria: processes and problems*. — Indiana Univ. diss., 1980, 273 p. | *DAb* 41/9, 1981, 4019-A.
13462 DWEIK, Bader Saed: *Factors determining language maintenance and language shift in Arabic-American communities*. — State Univ. of New York at Buffalo diss., 1980, 156 p. | *DAb* 41/8, 1981, 3557-A.
13463 EID, Mushira: The non-randomness of diglossic variation in Arabic. — *Glossa* 16, 1982, 54-84.
13464 HUSSEIN, Riad Fayez Issa: *The case for triglossia in Arabic (with special emphasis on Jordan)*. — State Univ. of New York at Buffalo diss., 1980, 218 p. | *DAb* 42/1, 1981, 194-A/195-A.
13465 MEISELES, Gustav: Informal written Arabic: a preliminary evaluation of data. — *IOS* 9, 1979, 272-314.
13466 MITCHELL, T.F.: More than a matter of 'writing with the learned, pronouncing with the vulgar': some preliminary observations on the Arabic *koine*. — [4068], 123-155.

13467 SOMEKH, Sasson: The diglottic dilemma in the drama of Tawfīq al-Ḥakīm. — *IOS* 9, 1979, 329-403.

14. ONOMASTICS — ONOMASTIQUE

13468 DAGORN, René: *La geste d'Ismaël d'après l'onomastique et la tradition arabes.* Préface de Maxime RODINSON. — Centre de Recherches d'Hist. et de Phil. de la IVe section de l'École Pratique des Hautes Études. II: Hautes études orientales 16; Genève: Droz / Paris: Champion, 1981, xxxv, 21, 427 p. | *JRAS* 1982, 52 R.B. Serjeant | *BSOAS* 45, 1982, 351-353 H.T. Norris.
13469 OMAN, Giovanni: Personal names in the regional areas of the Sultanate of Oman. Materials for the study of Arabic anthroponymy. — *AION* 42, 1982, 527-564, 2 tab. & frequency list.
13470 WILD, Stefan: Arabische Eigennamen. — [13334], 154-164.
13471 ZAGÓRSKI, Bogusław R.: Quelques toponymes maghrébins d'après Ibn Ḫaldūn. — [176], 639-644.

G. Maltese — Maltais

Schedario ... — 7199 | Malta, p. 489-496.

13472 BORG, Albert J.: *A study of aspect in Maltese.* — Ann Arbor: 1981 | BL 1981, 13115. | *JSS* 28, 1983, 212-213 B.S.J. Isserlin.
13473 BRINCAT, Giuseppe: Etimologia e lessico dialettale nel maltese: il carattere meridionale della componente romanza. — [128], 597-608.
13474 FENECH, Edward: *Contemporary journalistic Maltese...* — Leiden: 1978 | BL 1978, 10599. | *BiOr* 38, 1981, 467-468 R. Otten.
13475 KONTZI, Reinhold: Maltesisch: sprachgeschichtliche und areallinguistische Aspekte. — [152], 63-87, 14 maps.
13476 KONTZI, Reinhold: Gibt es reines Maltesisch? — [323], 63-71.
13477 SCHABERT, Peter: *Laut- und Formenlehre des Maltesischen...* — Erlangen: 1976 | BL 1976, 12122. | *JSS* 27, 1982, 147-148 B.S.J. Isserlin | *OLZ* 77, 1982, 53-54 H.-R. Singer.
13478 *A survey of contemporary Maltese...* under the direction of J. AQUILINA & B.S.J. ISSERLIN. — Leiden: 1981 | BL 1981, 13120. | *JSS* 28, 1983, 211-212 P. Cachia.

H. South-Arabic — Sud-arabique

13479 MÜLLER, Walter W.: Südarabien im Altertum. Ausgewählte und kommentierte Bibliographie des Jahres 1978 (mit Nachträgen für die Jahre 1976 und 1977); ... des Jahres 1979; ... des Jahres 1980 (mit Nachträgen für das Jahr 1979). — *AfO* 27, 1980, 480-483; 484-489; 28, 1981-82, 432-435.

13480 AVANZINI, Alessandra: *Glossaire des inscriptions de l'Arabie du Sud 1950-1973.* Vol. II (*'-h*). — Quaderni di Semitistica 3; Firenze: Ist. di Linguistica e di Lingue Orientali, Univ., 1980, xiii, 310 p. | Cf. BL 1978, 10606.
13481 BEESTON, A.F.L.: A note on Ma'dikarib's *Wādī Māsil* text. — *AION* 42, 1982, 307-311 | Contra Giovanni GARBINI (BL 1979, 11376).
13482 BEESTON, A.F.L.: The 'lord of hds_1' votive text. — *AION* 42, 1982, 312-314

| Comments on some observations made by Giovanni GARBINI (BL 1976, 12126) & François BRON (BL 1981, 13123).
BEESTON, A.F.L.: Languages of pre-Islamic Arabia. — 13383.
13483 BEESTON, A.F.L.; GHUL, M.A.; MÜLLER, W.W.; RYCKMANS, J.: *Sabaic dictionary (English-French-Arabic).* — Publ. of the Univ. of Sanaa, YAR; Louvain-la-Neuve: Peeters/Beyrouth: Librairie du Liban, 1982, xli, 173, 17 [Ar.] p.
13484 BIELLA, Joan Copeland: *Dictionary of Old South Arabic: Sabaean dialect.* — Harvard Sem. Studies 25; Chico, CA: Scholars Press, 1982, xiii, 561 p.
13485 *Corpus des inscriptions et antiquités sud-arabes.* I, 1-2. — Louvain: 1977 | BL 1977, 12849. | *OLZ* 77, 1982, 161-166 W.W. Müller.
13486 HÖFNER, Maria: *Beleg-Wörterbuch zum Corpus inscriptionum Semiticarum*, pars IV . . . — Wien: 1980 | BL 1981, 13126. | *AION* 42, 1982, 496-497 G. Garbini.
13487 JOHNSTONE, T.M.: *Jibbāli lexicon.* — London: Oxford UP. (School of Oriental and Afr. Studies), 1981, xxxvii, 328 p.
13488 NAUMKIN, V.V.; PORCHOMOVSKIJ, V.Ju.: *Očerki po étnolingvistike Sokotry.* — Moskva: "Nauka", 1981, 128 p. | *IzvAN* 41, 1982, 381-383 A. Militarev.
13489 PIRENNE, Jacqueline: *La maîtrise de l'eau en Arabie du Sud antique . . .* — Paris: 1977 | BL 1977, 10614. | *JSS* 27, 1982, 101-108 A.F.L. Beeston | *AfO* 27, 1980, 189-190 M. Höfner | *OLZ* 77, 1982, 56-60 W.W. Müller.
13490 PREISSLER, Holger: Zum südarabischen Lexikon: *brw* = "Neugeborenes; Kind; Sohn". — *AoF* 9, 1982, 93-97.
13491 ROBIN, Christian: Les inscriptions d'al-Mi'sâl et la chronologie de l'Arabie méridionale au IIIe siècle de l'ère chrétienne. — *CRAI* 1981, 315-339, 10 fig.
13492 *Sammlung Eduard Glaser.* XIV. Maria HÖFNER: *Sabäische Inschriften* (letzte Folge). — Wien: 1981 | BL 1981, 13135. | *AION* 42, 1982, 496-497 G. Garbini.
13493 SCHEIBA, Abdallah Hassan AL-: *Die Ortsnamen in den altsüdarabischen Inschriften (mit dem Versuch ihrer Identifizierung und Lokalisierung).* — Diss. Marburg, 1982, 160 p., map.
13494 SWIGGERS, P.: A phonological analysis of the Ḥarsūsi consonants. — *Arabica* 28, 1981, 358-361.

I. Ethiopic — Éthiopien

13495 BECK, Thomas Emil: Ethiopia's Kafa province: realities of language use and imperatives for language policy. — *GUP* 12, 1976, 79-127, 6 tab.
13496 BENDER, M. Lionel; HAILU FULASS: *Amharic verb morphology.* — East Lansing, MI: 1978 | BL 1979, 11384. | *AAL* 8, 1982/4, 3-9 G. Hudson.
13497 FELLMAN, Jack: Notes towards a classification of Modern Ethiopian Semitic. — *Orbis* 29, 1980 (1982), 105-107.
13498 FELLMAN, Jack: Sociolinguistic notes on obsolescent languages: the case of Semitic Ethiopic. — *Orbis* 29, 1980 (1982), 108-109.
13499 GOLDENBERG, Gideon: Les Mémoires d'Aläqa Lämma et l'étude de l'amharique parlé. — *RSEt* 28, 1980-81, 41-56.
13500 HAILE, Getatchew: Panegyrics in Old Amharic, EMML 1943, f. 3v. — *IOS* 9, 1979, 228-236, pl. | EEML = Eth. MS. Microfilm Library (Addis Ababa/Collegeville, Minn.); text with transl. and linguistic notes.
13501 HAILE, Getatchew: The homily of *Aṣe* Zär'a Ya'əqob of Ethiopia in honour of Saturday. — *OLP* 13, 1982, 185-231.

ÉGYPTIEN

13502 HARTMANN, Josef: *Amharische Grammatik.* — Wiesbaden: 1980 | BL 1980, 11826. | *BiOr* 39, 1982, 470-478 O. Kapeliuk | *AuÜ* 65, 1982, 279-283 L. Gerhardt.
13503 HETZRON, Robert: *The Gunnän-Gurage languages.* — Napoli: 1977 | BL 1977, 12864. | *JNES* 41, 1982, 231-234 G.B. Gragg | *OLZ* 76, 1981, 153-155 J. Oelsner.
13504 KENSTOWICZ, Michael: Gemination and spirantization in Tigrinya. — *SLS* 12, 1982/1, 103-122.
13505 KNIBB, Michael A., in consultation with E. ULLENDORFF: *The Ethiopic book of Enoch . . .* I-II. — Oxford: 1978 | BL 1980, 11829. | *IEJ* 32, 1982, 176-178 G. Goldenberg.
13506 LESLAU, Wolf: *Etymological dictionary of Gurage (Ethiopic).* Vol. 1-3. — Wiesbaden: 1979 | BL 1979, 11392. | *AION* 42, 1982, 149-157 L. Ricci | *JAOS* 102, 1982, 377-381 G. Hudson.
13507 LESLAU, Wolf: *Ethiopians speak: studies in cultural background.* IV. *Muher.* — Äthiopistische Forschungen 11; Wiesbaden: Steiner, 1981, ix, 205 p., 2 maps | Cf. BL 1968, 10873. | *JSS* 28, 1983, 215-221 O. Kapeliuk.
13508 LESLAU, Wolf: *North Ethiopic and Amharic cognates in Tigre.* — *AION,* Suppl. 31; Napoli: Ist. Orientale di Napoli, 1982, 86 p.
13509 LESLAU, Wolf: The jussive in the Gurage dialects of Muher and Masqan. — *ZDMG* 132, 1982, 85-97, 2 tab.
13510 VOIGT, Rainer M.: *Das tigrinische Verbalsystem.* — Berlin (West): 1977 | BL 1977, 12872. | *AO* 50, 1982, 96 K. Petráček.

III. EGYPTIAN — ÉGYPTIEN

13511 *Annual Egyptological bibliography/Bibliographie égyptologique annuelle, 1978.* Compiled by/Composée par Jac.J. JANSSEN, with the collaboration of/avec la collaboration de Inge HOFMANN and/et L.M.J. ZONHOVEN. — Warminster, Wilts.: Aris & Phillips, 1982, x, 221 p.
13512 Bibliografia metodica degli studi di egittologia e di papyrologia. — *Aegyptus* 61, 1981 (1982), 291-363; 62, 1982, 288-344.
13513 MEEKS, Dimitri: *Année lexicographique.* Tome I (1977). — Paris: 1980 | BL 1981, 13163. | *BiOr* 38, 1981, 578 W.A. Ward.
13514 VITTMANN, G.: Ägypten 1978 (2. Teil) – 1979 (mit Nachträgen zu früherer Literatur). — *AfO* 28, 1981-82, 436-487 | X. Schrift und Sprache, 462-475.

13515 AGAM, Jochanan: Ein nicht-"emphatisches" anfängliches *sḏm.n.f* als Perfectum propheticum? — [13525], 187-202.
13516 *The apocalypse of Elijah . . .* Coptic text ed. and transl. by Albert PIETERSMA and Susan Turner COMSTOCK with Harold W. ATTRIDGE. — Chico, CA: 1981 | BL 1981, 13168. | *JSS* 27, 1982, 313-316 K.H. Kuhn.
13517 BARTA, Winfried: Bemerkungen zur Semantik des Substantivs *ḥprw.* — *ZÄS* 109, 1982, 81-86.
13518 BROWNE, Gerald M.: *Michigan Coptic texts.* — Barcelona: 1979 | BL 1979, 11400. | *JNES* 42, 1983, 321-322 M.J. Smith | *BiOr* 38, 1981, 324-334 G. Godron | Cf. 13538.
13519 ČERNÝ, J.: *Coptic etymological dictionary.* — Cambridge: 1976 | BL 1976, 12161. | *JNES* 41, 1982, 139-140 J.H. Johnson.
13520 CHERIX, Pierre: *Études de lexicographie copte . . .* — Paris: 1979 | BL 1979,

11403. | *BiOr* 38, 1981, 334-337 G.M. Browne | *Or* 51, 1982, 284-288 H. Quecke.

13521 COQUIN, R.-G.; LUCCHESI, Enzo: Un complément au corpus copte des *Lettres festales* d'Athanase *(Paris, B.N.; Copte 176*).* — *OLP* 13, 1982, 137-142, pl. III.

13522 *A dictionary of Late Egyptian.* Vol. I. Leonard H. LESKO, ed.; Barbara Switalski LESKO, collaborating ed. — Berkeley, CA: B.C. Scribe Publications, 1982, xix, 260 p.

13523 EDEL, Elmar: *Neue Deutungen keilschriftlicher Umschreibungen ägyptischer Wörter und Personennamen.* — SbÖAW 375; Wien: Verlag der Österreichischen Akad. der Wissenschaften, 1980, 48 p.

13524 EDWARDS, I.E.S.: A rare use of the conjunctive. — *MDAI(K)* 37, 1981, 135-137.

13525 *Egyptological Studies/Mḥqrym 'gypṭwlwgyym*, ed. on behalf of the Faculty of Humanities by Sarah ISRAELIT-GROLL [YŚR'LYT-GRWL]. — Scripta Hierosolymitana 28; Jerusalem: Magnes Press, Hebr. Univ., 1982, 537 p.

13526 ENGLUND, Gertie: *Akh* ... — Stockholm: 1978 | BL 1980, 11864. | *CdE* 57, 1980, 75-76 Ph. Derchain | *Or* 51, 1982, 397-399 K.A. Kitchen | *OLZ* 77, 1982, 444-448 J. Zandee.

13527 FISCHER, Henry George: *Ancient Egyptian calligraphy: a beginner's guide to writing hieroglyphs.* — Egyptological Publ. from the Metropolitan Museum of Art; New York: Metropolitan Museum of Art, 1979, xiv, 63 p. | *BiOr* 39, 1982, 41-43 M.-Chr. Van Hamme-Van Hoorebeke.

13528 FUNK, Wolf-Peter: Toward a synchronic morphology of Coptic. — [13529], 104-124.

13529 *The future of Coptic studies.* Ed. by R. McL. WILSON. — Coptic Studies 1; Leiden: Brill, 1978, xii, 253 p. | Papers from the First International Congress of Coptology (Cairo, 1976). | *BiOr* 38, 1981, 614-619 R.-G. Coquin | *JAOS* 102, 1982, 183-184 O. Wintermute | *OLZ* 77, 1982, 135-137 H.-M. Schenke.

13530 GASKINS, Leanna Jean: *The syntax of Middle Egyptian relative clauses.* — Univ. of California, Berkeley, diss., 1980, 378 p. | *DAb* 42/1, 1981, 192-A/193-A.

13531 GIVEON, R.: Two unique Egyptian inscriptions from T. Aphek. — [12832], 30-33 | = *Tel Aviv* (Tel Aviv: Univ.) 5, 1978, 188-191.

13532 HESTRIN, Ruth; SASS, Benjamin; OPHEL, Amihai: The Lachish prism inscription – Proto-Canaanite or Egyptian? — *IEJ* 32, 1982, 103-106, fig.
HUSSON, G.: Ὑπό dans le gr. d'Égypte et la préposition ég. *ḥr.* — 5303.

13533 ISRAELIT-GROLL, Sarah: Diachronic grammar as a means of dating undated texts. — [13525], 11-104 | Prepositions in verbal formations as dating indicators from Ramses I till Ramses III.

13534 JAYE, Harold Seymour: *A homily of Shenoute of Atripe on human will and the devil: translation, commentary, and literary analysis.* — Brandeis Univ. diss., 1980, 165 p. | *DAb* 41/5, 1980, 2083-A.

13535 JOHNSON, Janet H.: *The Demotic verbal system.* — Chicago: 1976 | BL 1976, 12172. | *OLZ* 76, 1981, 344-345 H.-J. Thissen.

13536 JOHNSON, Janet H.: Remarks on Egyptian verbal sentences. — *AAL* 5/5, 1978 | BL 1978, 10651. | *CdE* 57, 1982, 65-66 W. Vycichl.

13537 KASSER, Rodolphe: Le dialecte protosaïdique de Thèbes. — *Archiv für Papyrusforschung* (Leipzig: Teubner) 28, 1982, 67-81.

13538 KASSER, Rodolphe: Un nouveau document protolycopolitain. — *Or* 51, 1982,

ÉGYPTIEN 13539-13558

30-38 | P. Mich. inv. 3535a (= fragment 6 in No. 13518) with linguistic notes.
13539 KRAUSE, M.: Die Disziplin Koptologie. — [13529], 1-22.
13540 KRUCHTEN, Jean-Marie: *Études de syntaxe néo-égyptienne. Les verbes* ^cḥ^c, ḥmsỉ *et* sḏr *en néo-égyptien: emploi et significations.* — AnnIPhO, Suppl. 1; Bruxelles: Éd. de l'Univ., 1982, [iii], 105 p.
13541 *Lexikon der Ägyptologie.* Begründet von Wolfgang HELCK und Eberhard OTTO. Hrsg. von Wolfgang HELCK und Wolfhart WESTENDORF. Band IV: *Megiddo – Pyramiden.* — Wiesbaden: Harrassowitz, 1982, xxxii p., 1272 c., ill. | Published in parts, 1980-82 (cf. BL 1980, 11888).
13542 *Das Matthäus-Evangelium im mittelägyptischen Dialekt des Koptischen (Codex Scheide).* Hrsg. von Hans-Martin SCHENKE. — Texte und Untersuchungen zur Geschichte der altchristlichen Literatur 127; Berlin: Akad.-Verlag, 1981, xii, 202 p.
13543 MELTZER, Edmund Stephen: *Problems of adjectival constructions in Old and Middle Egyptian.* — Univ. of Toronto (Canada) diss., 1980 | *DAb* 41/6, 1980, 2582-A.
13544 MIDANT-REYNES, Béatrix: Les noms du silex en égyptien. — *RE* 33, 1981, 39-45.
13545 MINK, Gerd: Allgemeine Sprachwissenschaft und Koptologie. — [13529], 71-103.
13546 PATANÈ, Massimo: Gl'inni al diadema e il loro contributo alla teoria dell'analisi metrica. — *Aegyptus* 62, 1982, 43-46.
13547 QUAEGEBEUR, Jan: De la préhistoire de l'écriture copte. — *OLP* 13, 1982, 125-136.
RAINEY, A.F.: Linguistic notes on Thutmose III's topographical list. — 12863.
13548 ROQUET, G.: Aspects critiques de la méthode appliquée à la reconstruction comparative du lexique égyptien ancien. — *CdE* 57, 1982, 14-54.
13549 SATZINGER, Helmut: *Neuägyptische Studien. Die Partikel* ỉr . . . — Wien: 1976 | BL 1976, 12186. | *AO* 50, 1982, 94 L. Bareš.
13550 SCHENKE, H.-M.: Zur Bildung der Nomina in der ägyptischen Sprache. — *OLZ* 77, 1982, 229-236 | Rev. art. on Jürgen OSING (BL 1980, 11894).
13551 SCHENKEL, Wolfgang: . . . ḏ(j.y)-ʿnh "mit Leben beschenkt" als grammatische Konstruktion. — *MDAI(K)* 37, 1981, 427-432.
13552 SHENNUM, David: *English-Egyptian index of Faulkner's Concise dictionary of Middle Egyptian.* — Malibu: 1977 | BL 1978, 10664. | *CdE* 54, 1979, 245 H. De Meulenaere.
13553 SHIRUN-GRUMACH, Irene: Die poetischen Teile der Gebel-Barkal-Stele. — [13525], 117-186 | Prosodic analysis.
13554 SIDARUS, Adel Y.: Coptic lexicography in the middle ages: the Coptic Arabic *scalae.* — [13529], 125-142.
13555 SILVERMAN, David P.: *Interrogative constructions with* ỉn *and* ỉn-ỉw . . . — Malibu: 1980 | BL 1981, 13247. | *CdE* 57, 1982, 243-249 P. Vernus.
13556 SILVERMAN, David P.: Plural demonstrative constructions in Ancient Egyptian. — *RE* 33, 1981, 59-65.
13557 STEINMANN, Frank: Untersuchungen zu den in der handwerklich-künstlerischen Produktion beschäftigten Personen und Berufsgruppen des Neuen Reichs. II. Klassifizierung der Berufsbezeichnungen und Titel. III. Bemerkungen zu den an Titel und Berufsbeziehungen angeknüpften Angaben über Dienstverhältnisse etc. — *ZÄS* 109, 1982, 66-72; 149-156 | Cf. BL 1981, 13251.
13558 STOPA, Roman: A tentative approach to the language of the early population of Egypt. — *Africana Bulletin* 31, 1982, 141-146.

13559 TAIT, W.J.: A Demotic word-list from Tebtunis: P. Carlsberg 41A. — *JEA* 68, 1982, 210-227, pl. 21-22.
13560 *Textes grecs, démotiques et bilingues (P.L. Bat. 19)*, éd. par E. BOSWINKEL; P.W. PESTMAN. — Papyrologica Lugduno-Batava 19; Lugdunum Batavorum [Leiden]: Brill, 1978, x, 286 p., 28 tab. | *Aegyptus* 62, 1982, 268-272 S. Pernigotti.
TVEDTNES, J.A.: Eg. etym. for Biblical cultic paraphernalia. — 13228.
13561 VALLOGGIA, Michel: *Recherche sur les "messagers"* (wpwtyw) . . . — Genève: 1976 | BL 1977, 12897. | *Or* 51, 1982, 130-131 E.A.E. Reymond.
13562 VERGOTE, Jozef: *Grammaire copte* . . . Ia; Ib. — Louvain: 1973 | BL 1973, 12912. | *OLZ* 76, 1981, 345-351 H.-M. Schenke.
13563 VERGOTE, Jozef: *Piṱas ni mu'tu* = "coffre à brancard". — [13525], 105-116 | Transcription cunéiforme de l'expression ég. *pds n m3wḏ*.
13564 VYCICHL, Werner: A propos de la flexion nominale en égyptien et en sémitique. — *CdE* 57, 1982, 55-64.
13565 WARD, William A.: *The four Egyptian homographic roots* b-ꜣ . . . — Rome: 1978 | BL 1978, 10678. | *Or* 51, 1982, 271-273 P. Vernus.
13566 WARD, William A.: Two unrecognized *ḫupsu*-mercenaries in Egyptian texts. — *UF* 12, 1980 (1981), 441-442.
13567 WARD, William A.: The *'t ḥnkt* "kitchen", and the kitchen staff of Middle Kingdom private estates. — *CdE* 57, 1982, 191-200.
13568 WARD, William A.: Old Kingdom *sš 'n nsw n ḫft-ḥr*, "personal scribe of royal records", and Middle Kingdom *sš 'n nsw n ḫft-ḥr*, "scribe of the royal tablet of the court". — *Or* 51, 1982, 382-389.
WARD, W.A.: Egypto-Sem. *mr* . . . — 12867.

14. ONOMASTICS — ONOMASTIQUE

BOYAVAL, B.: Notes d'onomastique. — 5513.
13569 *Demotisches Namenbuch*. Hrsg. von Erich LÜDDECKENS . . . Band I, Lief. 1. — Wiesbaden: 1980 | BL 1980, 11919. | *BiOr* 39, 1982, 56-61 W. Clarysse.
13570 GILULA, Mordechai: An Egyptian etymology of the name of Horus? — *JEA* 68, 1982, 259-265.
13571 MEULENAERE, Herman DE: Notes d'onomastique tardive (Quatrième série). — *BiOr* 38, 1981, 253-258.
13572 THIRION, Michelle: Notes d'onomastique: contribution à une révision du Ranke *PN* (2e série). — *RE* 33, 1981, 79-87 | Cf. BL 1980, 11930.

IV. CUSHITIC — COUCHITIQUE

13573 PODOLSKY, Baruch: Bibliographia cushitica II. — *IOS* 9, 1979, 237-244 | Cf. BL 1979, 11418a. | Smaller Lowland and Highland East Cushitic languages, with add. and corr. to part I.
13574 AMBORN, Hermann; MINKER, Gunter; SASSEN, Hans-Jürgen: *Das Dullay* . . . — Berlin: 1980 | BL 1980, 11933. | *ZDMG* 133, 1983, 465-466 R.M. V[oigt] | *Lg* 58, 1982, 730-731 M.L. Bender.
13575 BIBER, Douglas: Accent in the Central Somali nominal system. — *SAL* 13, 1982, 1-10.
13576 EHRET, Christopher: *The historical reconstruction of Southern Cushitic phonology and vocabulary*. — Berlin: 1980 | BL 1980, 11938. | *ZDMG* 133, 1983,

197-198 R.M. Voigt | *SUGIA* 4, 1982, 239-250 R. Hetzron; E. Tálos | *Lg* 58, 1982, 949-950 D. Biber.
13577 GOROVAJA, E.V.: *Slovar' geografičeskich nazvanij Somali.* 1: *A-Z*; 2: *I-Ja*; 3: *Ukazatel' geografičeskich nazvanij v latinskoj grafike s russkoj transkripciej.* — Moskva: "Nauka", 1982, 261; 324; 335 p.
13578 GRAGG, Gene B.: *Oromo dictionary.* — Committee on Northeast Afr. Studies, Monograph 12; East Lansing, MI: Afr. Studies Centre, Michigan State Univ./ Chicago: Oriental Inst., Univ. of Chicago, 1982, 462 p.
13579 HAYWARD, R.J.: Some inferences from an irregular imperative form in Saho. — *IOS* 9, 1979, 245-257.
13580 HAYWARD, R.J.: Notes on the Koyra language. — *AuÜ* 65, 1982, 211-268.
13581 HEINE, Bernd: *Boni dialects.* — Language and Dial. Atlas of Kenya 10; Berlin: Reimer, 1982, 151 p., 4 maps.
13582 MORIN, Didier: Un conte somali: l'oryx que je tuerai. — *AfrLa* 18, 1982, 37-47.
13583 *The non-Semitic languages of Ethiopia* . . . ed. by M. Lionel BENDER. — East Lansing, MI: 1976 | BL 1978, 10700. | *AuÜ* 65, 1982, 277-279 L. Gerhardt.
13584 OWENS, Jonathan: Case in the Booran dialect of Oromo. — *AuÜ* 65, 1982, 43-74.
13585 SAEED, John I.: Central Somali – a grammatical outline. — *AAL* 8, 1982/2, 77-119.
13586 SAEED, John I.: The syntactic status of quantifiers in Somali. — *BSOAS* 45, 1982, 525-545.
13587 SASSE, Hans-Jürgen: *An etymological dictionary of Burji.* — Kuschitische Sprachstudien/Cushitic Language Studies 1; Hamburg: Buske, 1982, xiv, 256 p.
13588 SCHLEE, Günther: *Sprachliche Studien zum Rendille.* — Hamburg: 1978 | BL 1978, 10706. | *JALL* 4, 1982, 101-103 R.J. Sim; K. Wedekind | *AAL* 8, 1982/4, 21-25 H.-J. Sasse.
13589 *Studi Somali* 1-2. — Rome: 1981 | BL 1981, 13299-300. | *JALL* 4, 1982, 217-221 B. Andrzejewski.
13590 TABLINO, Paolo: Nomi personali usati dai Gabbra del Kenya. — *RSEt* 28, 1980-81, 77-97, map.

V. LIBYCO-BERBER — LIBYCO-BERBÈRE

13591 ĂLĀWJELI, Ghubayd: *Ăwgălel təmajəq-təfrənsist* . . . — Copenhagen: 1980 | BL 1981, 13304. | *JSS* 28, 1983, 208-209 L. Galand.
13592 BENTOLILA, Fernand: *Grammaire fonctionnelle d'un parler berbère* . . . — Paris: 1981 | BL 1981, 13305. | *JSS* 28, 1983, 209-211 Ch. Pellat.
13593 BRUGNATELLI, Vermondo: Note di geografia linguistica berbera. — *ASGM* 22, 1981 (1982), 37-50.
13594 DALLET, J.-M.: *Dictionnaire kabyle-français: parler des At Mangellat, Algérie.* — Paris: SELAF, 1982, xl, 1052 p.
13595 SHALTZ, Gregory Paul, Jr.: *A descriptive phonology of Thaqovelith.* — Illinois Inst. of Technology diss., 1980, 345 p. | *DAb* 41/5, 1980, 2091-A.
13596 WILLMS, Alfred: *Die dialektale Differenzierung des Berberischen.* — *AuÜ*, Beiheft 31; Berlin: Reimer, 1980, 139 p. | *JALL* 4, 1982, 97-99 K.-G. Prasse.

VI. CHADIC — TCHADIEN

13597 ABU-MANGA, Al-Amin: Code-switching among the Fulani and Hausa in the Sudan: a case study from Maiurno on the Blue Nile. — *AfrM* 15, 1982/2, 47-58.
13598 BAGARI, Dauda M.: Some aspects of Guddiranci (the Guddiri dialect of Hausa). — [112], 244-253.
13599 BARRETEAU, Daniel; JUNGRAITHMAYR, Herrmann: Le verbe en sibine. — [112], 192-229.
13600 CARON, Bernard: Alternance formes verbales/noms verbaux en haoussa: éléments statistiques d'étude. — *BSL* 76, 1981/1 (1982), 345-358.
The Chad languages . . . — 112.
13601 CHURMA, Donald G.: Rule inversion in Chadic: a closer look. — *SAL* 13, 1982, 11-29.
13602 *Cinq textes tchadiques* . . . H. JUNGRAITHMAYR et J.-P. CAPRILE (éd.). — Berlin: 1978 | BL 1978, 10719. | *ZDMG* 132, 1982, 198-203 A. Zaborski.
13603 COLOMBEL, Véronique DE: Esquisse d'une classification de 18 langues tchadiques du Nord-Cameroun. — [112], 103-122.
13604 COLOMBEL, Véronique DE: Aperçu sur le fonctionnement du système verbal ouldémé. — [13607], 5-24.
13605 DOLGOPOLSKY, Aharon: Chadic – Semitic – Cushitic: epenthetic -γ- in Sura in the light of Hamitosemitic comparative linguistics. — [112], 32-46.
13606 EBERT, Karen H.: *Sprache und Tradition der Kera (Tschad)*. III. — Berlin: 1979 | BL 1979, 11452. | *AuÜ* 65, 1982, 272-274 E. Wolff.
13607 *Fonctionnement du verbe dans trois langues tchadiques*. Éd. par Herrmann JUNGRAITHMAYR et Henry TOURNEUX. — *AfrM*, special issue 6; Marburg: 1982, 38 p.
13608 FRAJZYNGIER, Zygmunt: On the form and function of pre-pronominal markers in Chadic. — *BSOAS* 45, 1982, 323-342.
13609 FRAJZYNGIER, Zygmunt: Another look at West Chadic verb classes. — *AfrM* 15, 1982/1, 25-42.
13610 FRAJZYNGIER, Zygmunt: The underlying form of verb in Proto-Chadic. — [112], 123-143.
13611 FRANK, Barbara: Diskrepanz zwischen Kultur- und Sprachzugehörigkeit der Kulere im nigerianischen "Mittelgürtel". — [112], 144-149.
13612 FURNISS, G.L.: Aspects of style and meaning in the analysis of a Hausa poem. — *BSOAS* 45, 1982, 546-570.
GALIN, A.: Semantics and structure . . . — 2740.
13613 HALLER, Beat; HALLER, Irma: *Phonology of Zulgo*. — Yaounde: Summer Inst. of Linguistics, 1980, 89 p.
13614 HERMAN, Jerzy: "In the name of God, I, a slave": a Hausa homily in verse from the manuscript i asar/334. — *Africana Bulletin* 31, 1982, 147-214.
HILL, C.: Up/down, front/back, left/right: a contrastive study of Hausa and E. — 8934.
13615 HODGE, Carleton: The Hausa relative. — [112], 254-260.
13616 HUNTER, Linda: Silence is also language: Hausa attitudes about speech and language. — *AnL* 24, 1982, 389-409.
13617 JAGGAR, Philip J.: Monoverbal imperative formation in Hausa: a striking case of analogical realignment. — *JALL* 4, 1982, 133-156.
13618 JUNGRAITHMAYR, Herrmann: Chadic within Hamitosemitic or between Hamitosemitic and Nigritic? — [112], 3-8.

TCHADIEN

13619 JUNGRAITHMAYR, Herrmann: Le fonctionnement du verbe dans l'énoncé simple en mokilko. — [13607], 25-29.
13620 KRAFT, Charles H.: *Chadic wordlists.* 1-3. — Berlin: 1981 | BL 1981, 13336. | *AuÜ* 65, 1982, 269-271 L. Gerhardt.
LEBEN, W.R.: A metrical analysis of length. — 2186.
13621 MATSUSHITA, Suji: 'Cluster', a program package for cluster analysis of the Chadic languages. — [112], 150-156.
13622 MUKAROVSKY, Hans G.: Lateinische Lehnwörter im Hausa. — [112], 261-268.
13623 NEWMAN, Paul: Grammatical reconstruction in Hausa: indirect objects and possessives. — *JALL* 4, 1982, 59-73.
13624 PETRÁČEK, Karel: Die Laryngale in den Tschadsprachen. — *AfrM* 15, 1982/1, 56-68.
13625 PIŁASZEWICZ, Stanisław: Homiletic poetry of Al-Ḥāji 'Umaru. — *Africana Bulletin* 30, 1981, 73-110 | Hausa text with transl.
13626 RABIN, Chaim: A semitist looks at Chadic. — [112], 9-11.
13627 RYAN, Pauline M.: An introduction to Hausa personal nomenclature. — *Names* 29, 1981, 139-164.
13628 SACHNINE, Michka: Interprétation de deux réalisations [ʾw] et [ʾy] en lamé (zime). — [112], 157-159.
13629 SCHUH, Russell G.: *Bole-Tangale languages of the Bauchi area.* — Berlin: 1978 | BL 1978, 10740. | *AAL* 8, 1982/4, 25-26 A. Skinner.
13630 SCHUH, Russell G.: *A dictionary of Ngizim.* — Berkeley, CA: 1981 | BL 1981, 13343. | *AuÜ* 65, 1982, 138-139 E. Wolff | *JALL* 4, 1982, 99-101 D. Burquest.
13631 SCHUH, Russell G.: A note on inalienable possession in Hausa. — *JWAL* 9, 1974, 113-114.
13632 SCHUH, Russell G.: Questioned and focussed subjects and objects in Bade/Ngizim. — [112], 160-174.
13633 SIMONS, Pamela: *Nè . . . ba* marking in Lele: a cleft construction? — *SAL* 13, 1982, 217-229.
13634 SMIRNOVA, M.A.: *The Hausa language: a descriptive grammar.* — Languages of Asia and Africa 5; London: Routledge & Kegan Paul, 1982, 112 p.
13635 SMITH, David M.: A problem of Kapsiki verb semology. — *LAL* 5, 1972, 17-27.
13636 TOURNEUX, Henri: *Le mulwi ou vulum de Mogroum* . . . — Paris: 1978 | BL 1981, 13351. | *JSAfr* 51, 1981, 239-240 M. Houis.
13637 TOURNEUX, Henry: Les classes verbales en mulwi (Tschad). — [112], 175-182.
13638 TOURNEUX, Henry: Fonctionnement du verbe dans les énoncés simples et complexes en vulum. — [13607], 31-38.
13639 WOLFF, Ekkehard: *Sprachkunst der Lamang* . . . — Glückstadt: 1980 | BL 1980, 11984. | *AuÜ* 65, 1982, 135-137 R. Vossen.
13640 WOLFF, Ekkehard: Grammatical categories of verb stems . . . in Chadic. — *AAL* 6/5, 1979, 1-48 | BL 1979, 11471. | *BiOr* 39, 1982, 233-235 P. Newman.
13641 WOLFF, Ekkehard: 'Aspect' and aspect-related categories in Chadic. — [112], 183-191.
13642 ZIMA, Petr: The Hausa aspect system (Problems of morphophonological and morphotonological reconstruction in Chadic). — *PhonP* 5, 1976 (1982), 133-141.

CAUCASIAN LANGUAGES
LANGUES CAUCASIENNES

I. GENERAL — GÉNÉRALITÉS

13643 BOEDER, Winfried: Bücher aus Georgien (Sprachwissenschaft). — *BK* 38, 1980, 332-347 | Corr. to BL 1980, 11986.
13644 BOEDER, Winfried: Bücher aus Georgien (Sprachwissenschaft). — *BK* 39, 1981, 298-306; 40, 1982, 369-387.
13645 Informacija o rabote po izučeniju iberijsko-kavkazskich jazykov za 1977 g. — *EIKJa* 6, 1979, 386-402 | Information on linguistic work done in the USSR. (In Ru., Georg. & E.) | Cf. BL 1981, 13360.

Bask'uri ena da bask'uri-k'avk'asiuri hip'otezi. — 12813.

13646 DEŠERIEV, Ju.D.; DŽORBENADZE, B.A.; ŠENGELIA, V.G.: "Ežegodnik iberijsko-kavkazskogo jazykoznanija", t. I-VII (1974-1980). — *VJa* 1982/5, 114-117 | Rev. of *EIKJa*.
13647 GECADZE, I.O.; GAJDAROVA, F.A.: O vyraženii sub″ektno-ob″ektnych otnošenij v iberijsko-kavkazskich jazykach. — [352], 154-188.
13648 HEWITT, B.G.: The kinship-lexicon of Georgian, Mingrelian and Abkhaz. — *BK* 39, 1981, 256-267.
13649 KLIMOV, G.A.: Nekotorye itogi tipologičeskich i genetičeskich issledovanij v kavkazskom jazykoznanii (1922-1982). — *IzvAN* 41, 1982, 496-503.
KLIMOV, G.A.; ÈDEL'MAN, D.I.: K ètimologii *Albasty//Almasty.* — 14266.
URREIZTIETA-RIVERA, I.: *Basque and Caucasian* . . . — 12826.
13650 VOGT, Hans: Remarques sur les noms de lieux du Caucase. — *BK* 39, 1981, 30-37 | Sur les noms attestés par les Grecs et les Latins. | Réimpression de l'art. paru dans *SymbOsl*, Serta Eitremiana (1942), 176-184 (BL 1939-47, 53).

II. SOUTH CAUCASIAN LANGUAGES — LANGUES CAUCASIENNES DU SUD

13651 ARONSON, Howard I.: *Georgian: a reading grammar.* — Columbus, OH: Slavica, 1982, 526 p.
13652 ATANELIŠVILI, Lili: *Dzveli kartuli saidumlo damc'erloba. / Drevnegruzinskaja tajnopis'.* — Tbilisi: Mecniereba, 1982, 429 p. | In Georg. with Ru. summ.
BAILEY, H.W.: Two Iran. words, Georg. *zvara* and *varz-i.* — 4691.

BEČKA, J.: J. Rypka a Gruzie. — 765.
13653 BEDOŠVILI, G.: *Erc'o-tianetis t'op'onimik'a.* — Tbilisi: Mecniereba, 1980, 240 p. | Toponimija Erco-Tianeti (Ru. summ., 218-233).
13654 DŽANGIDZE, Venera: *Ingilojski dialekt v Azerbajdžane...* — Tbilisi: 1978 | BL 1980, 12003. | *OLZ* 77, 1982, 65 G. Doerfer.
13655 DZIDZIGURI, Šota: *Davit Guramišvilis ena.* — Tbilisi: Mecniereba, 1980, 90 p. | The language of Davit Guramišvili.
13656 DŽORBENADZE, B.: *Zmnis gvaris pormata c'armoebisa da punkciis sak'itdzeli kartulši.* — Tbilisi: Tbilisis univ. gamomcemloba, 1975, 237 p. | *EIKJa* 6, 1979, 347-352 E.A. Osidze.
13657 ERTELIŠVILI, P.: *Saxelur pudzeta ponemat'uri st'rukt'urisa da ist'oriis sak'itxebi kartulši.* — Tbilisi: Tbilisis univ. gamomcemloba, 1980, 232 p.
13658 GAMKRELIDZE, Thomas V.; MAČAVARIANI, Givi I.: *Sonantensystem und Ablaut in den Kartwelsprachen: eine Typologie der Struktur des Gemeinkartwelischen.* Ins Deutsche übertragen, bearbeitet und mit einem Nachwort versehen von Winfried BOEDER. — Ars Linguistica 10; Tübingen: Narr, 1982, xii, 160 p. | Transl. of BL 1965, 9355. | *Georgica* 6, 1983, 132-133 G.A. Klimow. GORDEZIANI, R.: *Et'rusk'uli da kartveluri.* — 12801.
13659 *Gruzinskaja rukopisnaja grammatika XVIII veka (na ital'janskom jazyke). The Georgian manuscript grammar of the XVIII century...* — *EIKJa* 6, 1979, Appendix, 193 p. | Facsim.-ed. | Cf. 13666.
13660 GUKASJAN, V.L.: Ob azerbajdžansko-gruzinskich jazykovych kontaktach. — *SovT* 1980/4, 22-33.
13661 HARRIS, Alice C.: Ablaut and syntax in Karvelian. — [170], 110-116.
13662 HARRIS, Alice C.: Georgian and the unaccusative hypothesis. — *Lg* 58, 1982, 290-306.
13663 HEWITT, B.G.: Morphologically-sensitive phonological rules in the Svan verbal complex. — *BK* 40, 1982, 330-336.
13664 HEWITT, B.G.: "The North wind and the sun" in Georgian. — *BK* 40, 1982, 337-343 | Text and analysis.
13665 HOLISKY, Dee Ann: *Aspect and Georgian medial verbs.* — Anatolian and Cauc. Studies; Delmar, NY: Caravan Books, 1981, 212 p. | *AArmL* 3, 1982, 77-78 A.C. Harris | *Georgica* 6, 1983, 126-127 H. Fähnrich.
13666 [MAGAROTTO, L.] MAGAROT'O, Luidži; T'ABADUA, Ilia: It'alieli avt'oris mier šedgenili kartuli enis gamoukveqnebeli gramat'ik'a (XVIII sauk'unisa). — *EIKJa* 6, 1979, 281-289 | The unpublished "Grammar of the Georgian language" written by an It. author (Ru. & E. summ.). A facsim. of the grammar is published in an appendix [13659].
13667 MAISURADZE, Ilia: *Kartuli gvarsaxelebi (Saleksik'ono bibliograpiuli masalebi).* Red. Šota DZIDZIGURI. — Tbilisi: Mecniereba, 1981, 252 p. | Georg. surnames.
13668 O'GRADY, William D.: Grammatical relations and case in Modern Georgian. — *LACUS* 6, 1979 (1980), 132-140.
13669 OUTTIER, Bernard: Esquisse d'histoire des lexiques svanes. I. — *BK* 40, 1982, 200-211.
13670 ROGAVA, G.: Dzeli kartuli *uvis* zmnis ponet'ik'uri da semant'ik'uri variant'ebi kartvelur enebši. — *EIKJa* 6, 1979, 37-44 | Phonetic and semantic variants of the O. Georg. verb *uvis* in the Kartvelian languages (Ru. & E. summ.).
13671 ŠANIDZE, Ak'ak'i: *Txzulebani* tormet' t'omad. / *Sočinenija* v dvenadcati tomach. T'omi II: *Kartuli enis st'rukt'urisa da ist'oris sak'itxebi.* / *Voprosy struktury i istorii gruzinskogo jazyka.* — Tbilisi: "Mecniereba", 1981, 544 p.

13672 ŠANIDZE, Ak'ak'i: *Txzulebani* tormet' t'omad . . . T'omi III: *Kartuli enis gramat'ik'is sapudzvlebi.* / *Osnovy grammatiki gruzinskogo jazyka.* — Tbilisi: Tbilisis univ. gamomcemloba, 1980, 656 p.

13673 [ŠANIDZE, A.] SCHANIDSE, Akaki: *Altgeorgisches Elementarbuch.* 1. Teil: *Grammatik der altgeorgischen Sprache.* Aus dem Georgischen von Heinz FÄHNRICH. / ŠANIDZE, Akaki: . . . [2nd title-page in Georg.]. — Staatsuniv. Tbilissi, Schriften des Lehrstuhls für altgeorgische Sprache 24; Tbilissi: Universitätsverlag, 1982, 197 p. | Original Georg. ed. 1976 (BL 1976, 12259).

13674 ŠARADZENIDZE, T.: *a → ä → e* p'rocesisatvis svanuri. — *EIKJa* 6, 1979, 45-74 | The process *a → ä → e* in Svan (Ru. & E. summ.).
SCHMIDT, K.H.: Perfekt, Haben und Übergang von Ergativ- zu Nominativ-Konstruktion . . . — 4894.

13675 SHIMOMIYA, Tadao: *Zur Typologie des Georgischen* . . . — Gakushuin: 1978 | BL 1978, 10764. | *IF* 87, 1982 (1983), 388-389 R. Bielmeier.

13676 SIXARULIDZE, Iuri: *Čaneti (Lazeti)* . . . II. — Batumi: "Sabčota Adžara", 1979, 86 p., map | Čaneti (Lazeti): materialy po istoričeskoj geografii.

13677 VAČNADZE, Nino: *Zogierti rusuli p'reverbiani zmnis kartulad gadmocemis sašualebani.* — Tbilisi: "Mecniereba", 1980, 154 p. | Sposoby peredači nekotorych russkich pristavočnych glagolov na gruzinskom jazyke (Ru. summ., 142-148).

13678 ZWOLANEK, Renée: *Altgeorgische Kurzgrammatik* . . . — Freiburg (Schweiz): 1976 | BL 1976, 12263. | *OLZ* 77, 1982, 281 G. Pätsch.

III. NORTH CAUCASIAN LANGUAGES — LANGUES CAUCASIENNES DU NORD

13679 ABDOKOV, A.I.: *Vvedenie v sravnitel'no-istoričeskuju morfologiju abchazsko-adygskich i nachsko-dagestanskich jazykov.* — Nal'čik: Kabardino-balkarskij gosud. univ., 1981, 95 p.

13680 ABDULLAEV, I.Ch.: Mimeo-izobrazitel'nye slova v lakskom jazyke. — *EIKJa* 6, 1979, 168-175 | Georg. & E. summ.

13681 ABDULLAEV, I.Ch.: Morfologičeskaja struktura služebnych častej reči v lakskom jazyke. — [13716], 69-90.

13682 ABDULLAEV, S.N.: O termine "achir" ("okončanie"). — [13716], 176-181 | On Dargin grammar. | With postscript by Z.G. ABDULLAEV.

13683 ABDULLAEV, Z.G.: K analizu struktury slova darginskogo jazyka. — [13716], 38-57.

13684 ABDULLAEV, Z.G.: K genezisu formantov dativa v darginskom jazyke. — *VJa* 1982/1, 113-118.

13685 ABREGOV, A.N.: K vzaimootnošeniju meždu kompozitami, sintaksičeskimi blokami i slovosočetanijami v nazvanijach rastenij adygskich jazykov. — *EIKJa* 6, 1979, 122-133 | Georg. & E. summ.

13686 BAGOV, P.M.: K probleme polipersonal'nosti glagola v adygskich jazykach. — *EIKJa* 6, 1979, 105-118 | Georg. & E. summ.

13687 BOKAREV, E.A.: *Sravnitel'no-istoričeskaja fonetika vostočnokavkazskich jazykov.* — Moskva: "Nauka", 1981, 137 p.

13688 BOSSONG, Georg: Actance ergative et transitivité: le cas du système verbal de l'oubykh. — *Lingua* 56, 1982, 201-234 | Bibliographie, 230-234.

13689 BURČULADZE, G.T.: Voprosy stanovlenija ličnogo sprjaženija v lakskom jazyke. — *EIKJa* 6, 1979, 176-246 | Georg. & E. summ.

13690 BURČULADZE, G.T.: Reduplikacija i grammatičeskie klassy v lakskom jazyke. — *VJa* 1982/5, 109-113.
13691 CHALILOV, M.Š.: O leksiko-grammatičeskich klassach v beztinskom jazyke. — [13716], 23-37.
13692 CHIDIROV, V.S.: Osobennosti glagol'nogo slovoobrazovanija v kryzskom jazyke. — [13716], 155-167.
13693 Č'RELAŠVILI, K'.: *Naxuri enebis tanxmovanta.* — Tbilisi: Tbilisis univ. gamomcemloba, 1975, 313 p. | Ru. summ.: Sistema soglasnych v nachskich jazykach. Cited with Ru. title in BL 1975, 12010. | *EIKJa* 6, 1979, 353-365 F.G. Uturgaidze.
13694 DAUROV, Ch.B.: K voprosu o nekotorych perežitočnych javlenijach grammatičeskich klassov u kvantorov i prisubstantivnych opredelenij v adygejskom jazyke. — *EIKJa* 6, 1979, 119-121 | Georg. & E. summ.
13695 DUMÉZIL, Georges: Notes d'étymologie et de vocabulaire sur les langues caucasiques du Nord-Ouest. 21. La racine oubykh γ/γa/γ'a, tcherkesse *γ(e). — *BK* 40, 1982, 9-18.
13696 DUMÉZIL, Georges; ESENÇ, Tevfik: Petite chronique des villages oubykhs. — *BK* 39, 1981, 15-29 | Textes oubykhs avec notes et trad.
13697 DŽIDALAEV, N.S.: Ob odnom rjade bulgarskich slov v lakskom jazyke (*viri, vir, virin, vivra/viura, virxu*). — *SovT* 1979/2, 30-36.
13698 *Fonetičeskaja sistema dagestanskich jazykov* (Tematičeskij sbornik). [Red.: B.B. TALIBOV]. — Machačkala: Dagestanskij filial AN SSSR, Inst. ist., jazyka i lit. im. G. Cadasy, 1981, 199 p.
13699 GAJDAROVA, F.A.: O verba sentiendi v dagestanskich jazykach. — *EIKJa* 6, 1979, 163-167 | Georg. & E. summ.
13700 GANIEVA, F.A.: Nekotorye voprosy glagola džabinskogo dialekta lezginskogo jazyka. — [13716], 103-122.
13701 HEWITT, B.G.: The relative clause in Adyghe (Temirgoi dialect). — *EIKJa* 6, 1979, 134-162 | Georg. & Ru. summ.
13702 HEWITT, B.G.: "The North wind and the sun" in Avar. — *BK* 39, 1981, 268-278 | Text and grammatical analysis.
13703 ISAKOV, I.: Čislitel'nye v kusurskom dialekte avarskogo jazyka. — [13716], 20-22.
13704 JOB, Michael: "Grammatischer Wechsel" im Lesgischen. — *BK* 39, 1981, 279-296.
13705 KUMACHOV, M.A.: *Sravnitel'no-istoričeskaja fonetika adygskich (čerkesskich) jazykov).* — Moskva: "Nauka", 1981, 285 p. | E. summ.
13706 KUMACHOV, M.A.: Ob odnoj abchazsko-adygskoj sintaksičeskoj modeli. — *EIKJa* 6, 1979, 92-94.
13707 KUMACHOV, M.A.: O funkcional'nom statuse slova i morfemy v jazyke ustnoj poėzii. — *VJa* 1982/6, 74-84 | Adyghe.
13708 KUMACHOVA, Z.Ju.: O rasširenii funkcij nekotorych sintaksičeskich konstrukcij v adygskich jazykach. — *EIKJa* 6, 1979, 95-104 | Georg. & E. summ.
13709 LOMTATIDZE, K.V.: K voprosu o vokalizme adygskich jazykov (Predvaritel'noe soobščenie). — *EIKJa* 6, 1979, 75-82 | On the vocalism of the Adyghe languages (Georg. & E. summ.).
13710 MAGOMEDOV, A.G.: O pervom čečenskom bukvare. — *EIKJa* 6, 1979, 290-333 | The first Chechen ABC book (1862). Georg. & E. summ. Facsim., 301-333.
13711 MAGOMETOV, A.A.: *Megebskij dialekt darginskogo jazyka (Issledovanie i teksty).* — Tbilisi: "Mecniereba", 1982, 231 p.

13712 MAGOMETOV, A.A.: Voprosy normirovanija tabasaranskogo literaturnogo jazyka. — *EIKJa* 6, 1979, 270-280 | Georg. & E. summ.

13713 MAMMAEVA, N.C.: Morfologičeskaja struktura proizvodnych narečij vremeni v lakskom jazyke. — [13716], 91-97.

13714 MEJLANOVA, U.A.: Osnovnye voprosy razrabotki dialektologičeskich slovarej dagestanskich jazykov. — *EIKJa* 6, 1979, 247-257 | Georg. & E. summ.

13715 MERETUKOV, K.Ch.: *Adygejskij toponimičeskij slovar'*. — Majkop: Adyg. otd. Krasnodarskogo knižn. izd., 1981, 180 p. | *NDVŠ-F* 1982/6, 88 Z.U. Bljagoz.

13716 *Morfologičeskaja struktura dagestanskich jazykov (Strukturnye i kategorial'-nye svojstva rečevych edinic)*. [Red.: G.B. MURKELINSKIJ, et al.]. — Machačkala: Dagestanskij filial AN SSSR, Inst. istorii, jazyka i lit. im. G. Cadasy, 1981, 182 p.

13717 MURKELINSKIJ, G.B.: Voprosy normalizacii literaturnych jazykov Dagestana. — *EIKJa* 6, 1979, 258-269.

13718 MURKELINSKAJA, Z.G.: Ob osnovach složnych glagolov v lakskom jazyke. — [13716], 98-102.

13719 NICHOLS, Johanna: Transitivity and foregrounding in the North Caucasus. — *PBLS* 7, 1981, 202-221.

13720 OZDOEV, I.A.: *Russko-ingušskij slovar'*: 40 000 slov. Pod red. F.G. OZDOEVOJ i A.S. KURKIEVA. — Moskva: "Russkij jazyk", 1980, 830 p.

13721 PARIS, Catherine: La racine composée *q'ə:yə "le tenir (à la main)", "l'avoir" du tcherkesse: analyse sémantique. — *BK* 39, 1981, 38-53.

13722 PARIS, Catherine: "Main" > "avoir" > "être": la racine *q'e en tcherkesse. — *BK* 40, 1982, 19-30.

13723 PROVASI, Elio: Three short Kabardian (East Circassian) texts. — *AION* 42, 1982, 169-194.

13724 ROGAVA, G.V.: Preverby napravlenija v abchazsko-adygskich jazykach. — *EIKJa* 6, 1979, 83-91 | Preverbs of direction in the Abkhaz-Adyghe languages (Georg. & E. summ.).

13725 ŠAGIROV, A.K.: *Material'nye i strukturnye obščnosti leksiki abchazo-adygskich jazykov*. — Moskva: "Nauka", 1982, 163 p.

13726 SAIDOVA, P.A.: Množestvennoe čislo imen suščestvitel'nych v zakatel'skom i ancuchskom dialektach avarskogo jazyka. — [13716], 3-19.

13727 ŠALBUZOV, K.T.: Morfologičeskie osobennosti chivskogo govora tabasaranskogo jazyka. — [13716], 123-134.

13728 SCHULZE, Wolfgang: *Die Sprache der Uden in Nord-Azerbajdžan: Studien zur Synchronie und Diachronie einer südostkaukasischen Sprache*. — (Diss. Bonn 1981); Wiesbaden: Harrassowitz, 1982, xviii, 313 p., map.

13729 SULEJMANOV, N.D.: Glagol v kerenskom dialekte agul'skogo jazyka. — [13716], 135-154.

13730 *Tabasaranskie ėtjudy: materialy Dagestanskoj ėkspedicii*, 1979. [Red.: V.A. ZVEGINCEV]. — MGU im. M.V. Lomonosova, Publ. Otdelenija strukturnoj i prikladnoj lingvistiki, Serija monografij 15; Moskva: Izd. MGU, 1982, 94 p.

13731 TCH'ARK'UACH'O, Ju.A.: *Adygabzėm ifrazeologizmė guščy'al'. Frazeologizmė 1700-rėm ech'u k'yzėchefy*. — Myek'uapė: Krasnodarske Tchyl' Tedzap'ėm i Adygė Otd., 1980, 198 p. | Adyghe phraseological dictionary (in Adyghe).

13732 TCHARKACHO, Ju.A.: *Stanovlenie stilej i norm adygejskogo literaturnogo jazyka*. — Majkop: Adyg. otd. Krasnodarskogo Kniž. izd., 1982, 190 p.

CAUCASIEN DU NORD

13733 TEMIRBULATOVA, S.: Glagol'naja prefiksacija kak odin iz sposobov vyraženija prostranstvennych otnošenij v chajdakskom dialekte darginskogo jazyka. — [13716], 58-68.
13734 URUSOV, Ch.Š.: *Morfemika adygskich jazykov.* — Nal'čik: "Él'brus", 1980, 401 p.

LANGUAGES OF EURASIA AND NORTHERN ASIA
LANGUES DE L'EURASIE ET DE L'ASIE SEPTENTRIONALE

I. GENERAL — GÉNÉRALITÉS

13735 [BAJČURA, U.S.] BAITCHURA, Uzbek: About an Ural-Altaic word in Estonian dialects (A contribution to studies of the interaction between Russian and Estonian). — *FUM* 6, 1982, 33-50 | Est. *koi* and *kari* "moth" and related words in Ural-Altaic languages.

13736 ERDŐDI, József: Sprachkontakte im eurasischen Raum. — *CIFU* IV/3, 377-382.

13737 *Fonetika sibirskich jazykov* (Sbornik naučnych trudov). [Red.: V.M. NADELJAEV]. — Novosibirsk: AN SSSR, Sibirskoe otdelenie, Inst. istorii, fil. i filozofii, 1979, 155 p.
GIRARDOT, J.-M.: Deux correspondences grammaticales entre l'i.-e. et les langues ouralo-altaïques. — 4267.

13738 *Jazyki i toponimija.* [6]. [Red.: È.G. BEKKER, et al.]. — Tomsk: Tomskij gosud. pedag. inst., 1978, 172 p. | Cf. BL 1976, 334.

13739 JOKI, Aulis J.: Die altaische Einwirkung auf die uralische Naturterminologie. — *TUBA* 4, 1980, 57-60.

13740 JOKI, Aulis J., et al.: Affinität und Interferenz in den Sprachen des nordeurasischen Areals. — *CIFU* IV/2, 73-93 | Discussion by Robert T. HARMS, Günter J. STIPA, et al. | Cf. BL 1975, 12029.
KAZÁR, L.: *Jap.-Uralic language comparison* . . . — 4231.
KAZÁR, L.: Jap.-Uralic morphological parallels. — 4232.

13741 KONT, K.: O nekotorych osobennostjach osnovnych mestoimennych slov v jazykach severoevrazijskogo areala. — *CIFU* IV/3, 398-401.

13742 MENGES, Karl H.: Kylfingar. — *UAJb NF* 1, 1981, 88-92 | On the *Kylfingar* of the *Egilssaga* (ORu. *kolbjagi*) and a word for the club-arrow (ON. *kylfa, kolv*, and related terms in Uralic and Altaic languages).

13743 MENGES, K.H.: Etymologika. — *CAJ* 26, 1982, 105-118 | 1. Mong. *žabdu-* und seine Verbreitung; die türkischen Verba *jap-* und Verwandtes. 2. Türk. *äb* "Jurte; Haus", Korean. *ip* "Haus", Jap. *iba, ipu, jū* "Haus". 3. Türk. *qaraquš* "Adler", altajische und drav. Wörter für "Adler", "schwarz" und "Bär".
PRÖHLE, W.: *Vergleichende Syntax der ural-altaischen . . . Sprachen.* — 4238.

II. URALIAN LANGUAGES — LANGUES OURALIENNES

A. General — Généralités

13744 *Bibliographia Uralica. Soome-ugri ja samojeedi keeleteadus Nõukogude Liidus,* 1980. Koostanud O. KIVI; M. LEIVO. Toimetanud A.-R. HAUSENBERG. /*Bibliographia Uralica. Finno-ugorskoe i samodijskoe jazykoznanie v Sovetskom Sojuze 1980* . . . — Tallinn: Eesti NSV Teaduste Akad., Keele ja kirjanduse inst., 1982, xviii, 160 p. | Preface in Est., Ru. & E.

13745 *Bibliographie der uralischen Sprachwissenschaft, 1830-1970.* Hrsg. von Wolfgang SCHLACHTER und Gerhard GANSCHOW. Red.: Christoph GLÄSER; Richard ZELENKA. Band II, 4. Lief.: *Estnisch / Lappisch / Wolgafinnisch.* — München: Fink, 1982, p. 681-920 | Corr. to BL 1981, 13442. | *UAJb* 53, 1981, 148-149 A. Raun (On II/1-3) | *IF* 87, 1982 (1983), 380-383 J. Helder-Jastrzębska (On II/1-2).

13746 AJCHENVAL'D, A.Ju.; PETRUCHIN, V.Ja.; CHELIMSKIJ, E.A.: K rekonstrukcii mifologičeskich predstavlenij finno-ugorskich narodov. — [334], 162-192.

13747 BAKRÓ-NAGY, Marianne Sz.: Morpho-semantic analysis of the Uralic/Finno-Ugric proto-language. — *CIFU* IV/3, 257-265.

13748 BAŃCZEROWSKI, Jerzy: A contribution to the theory of Uralic apophony. — *CIFU* IV/3, 195-201.

13749 BARTENS, Raija: *Mordvan, tšeremissin ja votjakin konjugaation infiniittisten muotojen syntaksi.* — Helsinki: 1979 | BL 1979, 11568. | *Vir* 1982, 91-94 H. Kantinkoski | *FUF* 44, 1982, 177-184 A. Alhoniemi.

13750 BATALOVA, R.M.: Metody opredelenija dinamiki rasprostranenija dialektnych javlenij. — *CIFU* IV/3, 13-17.

13751 BÁTORI, István: Die maschinelle Kontrolle der hypothetischen uralischen Formen. — *CIFU* IV/3, 121-154.

13752 BÁTORI, István: Versuch einer Typologie des Sprachkontaktes anhand der finnisch-ugrischen Sprachen. — [152], 355-370, 3 fig., 3 tab.

13753 BÁTORI, István: Die zahlenmässige Entwicklung der finnisch-ugrischen Völker der Sowjetunion anhand der Volkszählung 1979. — *FUF* 44, 1982, 127-149.

13754 BODROGI, Tibor, et al.: Die Gesellschaftsorganisation der finnisch-ugrischen Völker. — *CIFU* IV/2, 113-123 | Discussion by Judit MORVAY, R.F. NIKOL'-SKAJA (Sistema rodstva u karel, 117-121), et al. | Cf. BL 1975, 12038.

13755 COMRIE, Bernard: Direct object case-marking in Uralic languages: an explanatory model. — *CIFU* IV/3, 265-269.

DÉCSY, Gy.: Linguistische Sinndeutungen. — 2951-2.

13756 DOMOKOS, Péter: *Handbuch der uralischer Literaturen.* — Studia Uralo-Altaica 18; Szeged (distr.: Benjamins, Amsterdam), 1982, 397 p.

13757 FEOKTISTOV, A.P.: O nekotorych osobennostjach razvitija "mladopis'mennych" finno-ugorskich jazykov. — *CIFU* IV/3, 175-180.

13758 FEOKTISTOV, A.P.: Važnye issledovanija po finno-ugorskim jazykam. — [13759], 132-138 | Rev. of No. 14022.

13759 *Finno-ugristika* III. Mežvuzovskij tematičeskij sbornik naučnych rabot. — Saransk: Mordovskij gosud. univ., 1980, 164 p. | *SovFU* 18, 1982, 70-71 N. Agafonova.

13760 FUTAKY, István; NIEDERKIRCHER, Stefan; REINEKE-FEYERABEND, Anja: Ausdrücke für "Gewissen" im Finnisch-Ugrischen. — *FUM* 6, 1982, 59-69.

13761 HAJDÚ Péter: *Az uráli nyelvészet alapkérdései.* — Budapest: Tankönyvkiadó,

1981, 202 p. | Foundations of Uralian linguistics. Completely revised ed. of *Bevezetés az uráli nyelvtudományba*, 1966 (BL 1966, 9447; 2nd ed. 1973). | *FUM* 6, 1982, 195-198 É. Fancsaly.

13762 HAJDU Péter; DOMOKOS Péter: *Uráli nyelvrokonaink.* — Budapest: 1978 | BL 1979, 11576. | *OLZ* 77, 1982, 177-178 B. Kálmán.

13763 HAUSENBERG, Anu-Reet: Ergänzungen zum gemeinsamen ostseefinnischen und permischen Wortschatz. — *SovFU* 18, 1982, 247-250 | Ru. summ.

13764 JACOBSOHN, Hermann: *Arier und Ugrofinnen.* Nachdruck . . . hrsg. von Wolfgang VEENKER. — Göttingen: 1980 | BL 1981, 13462. | *FUF* 44, 1982, 235-237 R.Radomski.

JAHR, E.H.: Language contact in Northern Norway . . . — 9433.

13765 JANHUNEN, Juha: On the structure of Proto-Uralic. — *FUF* 44, 1982, 23-42.

13766 KATZ, Hartmut: Uralisch *kalɜ 'Netz'? — *FUF* 44, 1982, 104-109.

13767 KISS, Jenő: Dialektmonographien und sprachsoziologische Aspekte. — *CIFU* IV/3, 50-52.

13768 KOKLA, Paul: Zum Problem einer einheitlichen Schriftsprache. — *CIFU* IV/3, 189-191.

13769 KORHONEN, Mikko: Reductive phonetic developments as the trigger to typological change: two examples from the Finno-Ugrian languages. — [170], 190-195.

13770 KOSKI, Mauno: On the notion root morpheme. — *CIFU* IV/3, 287-288.

13771 KULDSEPP, Toivo; SEILENTHAL, Tõnu: *Tarton yliopistoj ja Suomi.* — Suomi 124, 3; Helsinki: Suomalaisen kirjallisuuden seura, 1982, 62 p. | Tartu Univ. and Finland. | *KjK* 25, 1982, 608-609 A. Künnap.

13772 KÜNNAP, A.: Eesti eitussõnade *ei, ep* ja *es* tausta. — *UZTarU* 611, 1982 (*Fenno-Ugristica* 9), 61-66 | Ru. summ.: K proischoždeniju èstonskich otricatel'nych slov *ei, er* i *es.*

13773 KUUSINEN, M.E.; SUCHANOVA, V.S.: Sravnitel'naja charakteristika odnoj iz grupp glagolov dviženija v pribaltijsko-finskich i permskich jazykach. — *CIFU* IV/3, 292-305.

13774 LAANEST, Arvo: Dialektforschung und wechselseitiger Einfluss von nahverwandten Sprachen. — *CIFU* IV/3, 28-33.

13775 LAKÓ, György, et al.: Mittel und Wege in den finnisch-ugrischen Wissenschaften. — *CIFU* IV/2, 13-37 | Discussion by Lauri HONKO, Lauri POSTI, et al. | Cf. BL 1975, 12064.

LARSSON, L.-G.: Some remarks on . . . Uralo-Drav. genetic linguistic relationship. — 4234.

13776 MAMONTOVA, N.N.: Voprosy metodiki sbora mikrotoponimii. — *CIFU* IV/3, 43-45.

13777 MOLNÁR, Ferenc A.: Some semantic problems of Finno-Ugrian etymological studies. — *CIFU* IV/3, 350-353.

13778 MOSIN, M.V.; CYGANKIN, D.V.: O tipach ètimologičeskich (slovoobrazovatel'nych) svjazej finno-ugorskich jazykich. — *CIFU* IV/3, 305-311.

13779 PAULEY, Douglas Ronald: *German loan translations in Estonian, Finnish and Hungarian.* — Indiana Univ. diss., 1980, 275 p. | *DAb* 41/3, 1980, 1045-A.

13780 PIOTROVSKIJ, R.G.: Ispol'zovanie ÈVM v tipologičeskich issledovanijach. — *CIFU* IV/3, 118-120.

13781 RÉDEI Károly: Szófejtések. [202-210]. — *NyK* 84, 1982, 221-228 | Etymologies (G. summ.). 202. Vogul *mā-tāpriś.* 203. Ostyak *nắšъ.* 204. Ostyak *pīstə-.* 205. Zyryan *akań.* 206. Zyryan *leb.* 207. Votyak *šaj.* 208. Cheremis *talyəðe.* 209.

Mordvin *pulo*. 210. Mordvin E M *šašto-*, E *čašto-* | Cf. BL 1981, 13479.

13782 REMMEL, Mart: On the use of classification and seriation methods in toponymy. — *CIFU* IV/3, 46-49.

RÓNA-TAS, A.: On the history of the Turkic and Finno-Ugrian affricates. — 14278.

13783 ROT, A.M.: Semantičeskaja interferencija i voprosy strukturnoj tipologii jazykov severa evrazijskogo jazykovogo areala. — *CIFU* IV/3, 427-436.

13784 SAUKKONEN, Pauli: Statistical viewpoints in stylistics. — *CIFU* IV/3, 97-102.

13785 SAUVAGEOT, Aurélien: De la double fonction de la marque personnelle en ouralien. — *UAJb NF* 1, 1981, 1-18.

13786 SCHLACHTER, Wolfgang: Finnisch-ugrische Entsprechungen zum Akkusativ mit Infinitiv. — *UAJb NF* 1, 1981, 19-32.

13787 SCHLACHTER, Wolfgang, et al.: Das Verb und seine Satzlehre. — *CIFU* IV/2, 95-110 | Discussion by Sándor KÁROLY, Laslo DEŽË [DEZSŐ], et al. | Cf. BL 1975, 12078.

13788 SEREBRENNIKOV, B.A.: O nekotorych problemach istorii finno-ugorskich jazykov. — *SovFU* 18, 1982, 81-89 | 1. Ešče raz o proischoždenii pokazatelja vnešnemestnych padežej. 2. O proischoždenii ob″ektnogo pokazatelja -*l*- v obsko-ugorskich jazykach. 3. Ob isčeznuvšem postpozitivnom artikle *ǝt* v marijskom jazyke. 4. O proischoždenii suffiksov *-an, -on* v permskich nazvanijach orudij. 5. Zagadočnye semantičeskie paralleli. G. summ.

13789 SEREBRENNIKOV, B.A.: Ob istokach *s*-ovogo lativa v finno-ugorskich jazykach. — *SovFU* 18, 1982, 241-246 | G. summ.

13790 SKÖLD, Tryggve: Nyutkommen uralisk etymologisk litteratur. — *SvLm* 104, 1981 (1982), 108-112 | Survey of recent work in Uralian etym.

13791 SPITZBARDT, Harry: Probleme der automatischen Morphemanalyse bei agglutinierenden Sprachen. — *CIFU* IV/3, 85-90.

13792 SZÍJ Enikő: A korkülönbség kifejeződése a finnugor nyelvek rokonságneveiben. I. rész. — *NyK* 84, 1982, 381-391 (to be cont.) | Vyraženie sravnitel′nogo staršinstva v terminach rodstva finno-ugorskich jazykov. I.

13793 VEENKER, Wolfgang: Konfrontierende Darstellung zur phonologischen Statistik der ungarischen und finnischen Schriftsprache. — *NyK* 84, 1982, 305-348, 54 tab.

13794 VEENKER, Wolfgang: Russisch-finnougrische Stratawirkungen. — [152], 371-390, 5 fig.

13795 *Voprosy grammatiki i leksiki ural′skich jazykov.* [Red.: P. ALVRE; A. KÜNNAP, et al.] — *UZTarU* 611, Fenno-Ugristica. Trudy po finno-ugrovedeniju 9; Tartu: 1982, 152 p.

VOSTRIKOV, O.V.: Substratnaja geogr. terminologija . . . Volgo-Dvinskogo meždureč′ja. — 12341.

13796 WELTER, Alfons: O ugrofinských jazycích na území Sovětského svazu. — *JazA* 19, 1982, 59-60 | The Finno-Ugrian languages of the Soviet Union.

B. Finno-Ugric Group — Groupe finno-ougrien

I. Baltic-Finnic — Balto-finnois

A. GENERAL — GÉNÉRALITÉS

13797 ALVRE, Paul: Läänemeresoome indefiniitpronoomeneist. — [310], 45-55 | Indefinite pronouns in Finnic languages (E. summ.).
13798 KRIKMANN, A.: Opyt ocenki tesnoty fol'klornoj svjazi pribaltijsko-finskich narodov (na materiale poslovic). — *UZTarU* 628, 1982 (*Trudy po lingvostatistike*), 63-79 | E. summ.
13799 LARSSON, Lars-Gunnar: *Studier i de östersjöfinska språkens partitivbruk.* — Uppsala: Finsk-ugriska institutionen, 1981, 242 p. | Studien zum Partitivgebrauch in den ostseefinnischen Sprachen. | *Vir* 1982, 429-434 T. Itkonen | *Sananjalka* 24, 1982, 175-180 O. Ikola.
13800 LARSSON, L.-G.: *Three Baltic loanwords in Fennic.* — Acta Soc. Linguistica Upsaliensis, Nova Series 3,2; Uppsala: (distr.: Almqvist & Wiksell, Stockholm), 1981, 56 p.
13801 NIKKILÄ, Osmo: Wörter für "Körper" germanischen Ursprungs im Ostseefinnischen. — *SovFU* 18, 1982, 251-260 | 1. runko. 2. ruho. 3. runnakko. Ru. summ.
13802 [PALMEOS, P.] PAL'MEOS, Paula: Suffiks -*nik* v pribaltijsko-finskich jazykach. — *SovFU* 18, 1982, 1-7 | G. summ.
13803 PLÖGER, Angela: Über die Entstehung des finnischen Stammtyps $C\bar{V}C(C)a/ä$. — *FUF* 44, 1982, 66-98.
RAĢE, S.K.: Zum Einfluss des Est. und Livischen auf die lettischen Mundarten. — 9752.
13804 SIVERS, Fanny DE: Bemerkungen zu einer "Ethnogrammatik" der ostseefinnischen Sprachen. — *FUM* 6, 1982, 71-75.
13805 SKÖLD, Tryggve: Finnish *valjaat* "harness" a Baltic loanword. — *FUS* 5, 1982, 292-304.
13806 SUHONEN, Seppo: Über die Charakteristika der deskriptiven Verben im Livischen und Wepsischen. — *CIFU* IV/3, 239-243.
13807 TURUNEN, Aimo: Die Apokope und die Synkope in den östlichen ostseefinnischen Sprachen. — *CIFU* IV/3, 248-254.
13808 TURUNEN, Aimo: Kaksi itämerensuomen monimuotoista sanaa. — [310], 311-319 | Two Finnic words with a variety of forms: *saukko (Lutra lutra)* 'otter' and *vadelma (Rubus idaeus)* 'raspberry' (E. summ.).
13809 VIRTARANTA, Pertti: Spezielle lexikographische Fragen der Dialektologie. — *CIFU* IV/3, 24-27 | Sprachliche Überprüfung des Inkeriliedes aus dem Helkazyklus von Ritvala.

B. FINNISH (SUOMI) — FINNOIS (SUOMI)

13810 ANTTILA, Ulla: Jälkitavujen *a, ä -loppuiset vokaaliyhtymät.* — [*13895*], *83-95,* tab. | The vowel combinations ending in *a, ä* in non-initial syllables.
13811 ARCELLI, Eeva Uotila: Remarks on the word order in interrogative Finnish sentences. — *CIFU* IV/3, 342-343.
13812 AUSTERLITZ, Robert: Finnish derivational profiles. — [307], 1-9.
13813 DUBROVINA, Z.M.: Složnopodčinennye predloženija s vremennym pridatoč-

nym v finskom jazyke I. — *UZTarU* 611, 1982 (*Fenno-Ugristica* 9), 20-35.
13814 FLINT, Aili: *Semantic structures in the Finnish lexicon* . . . — Helsinki: 1980 | BL 1980, 12175. | *UAJb* 54, 1982, 161-162 M. Luthy | *Vir* 1982, 79-82 H.-L. Matihaldi.
13815 FROMM, Hans: *Finnische Grammatik.* — Heidelberg: Winter, 1982, 304 p., tab.
13816 HAARALA, Risto: *Sanastotyön opas.* — Kotimaisten kielten tutkimuskeskuksen julkaisuja 16; Helsinki: 1981, 62 p. | *KjK* 26, 1983, 327-329 T. Erelt.
13817 HAKANEN, Aimo: *Laaki ja prekkajakku. Tekstilingvistinen analyysi kauvatsalaisen kansanmiehen puheesta.* — Turun yliopiston suomalaisen ja yleisen kielitieteen laitoksen julkaisuja 15; Turku: Turun yliopisto, 1982, 180, 17 p. | A text linguistic analysis of the speech of a common man from Kauvatsa.
13818 HÄKKINEN, Kaisa: Suomen kielen sanaston suomalais-ugrilaiset juuret. — *Sananjalka* 24, 1982, 7-23, ill. | The Finno-Ugric roots of the Fi. vocabulary (E. summ.).
13819 HÄKKINEN, Kaisa: Statistische Angaben zur Lautstruktur der finnischen Sprache. — *FUM* 6, 1982, 77-96.
13820 HAKULINEN, Auli: *Itse*-sanan merkityksestä ja käytöstä. — *Vir* 1982, 43-57 | On the meaning and use of the word *itse* '(one)self' (E. summ.).
13821 HAKULINEN, Auli: Subjektikategoria vai nominaalijäsenten subjektimaisuus? — [151], 17-33 | The category of subject or the subject character of nominal constituents?
13822 HAKULINEN, Auli; KARLSSON, Fred: *Nykysuomen lauseoppia.* — Jyväskylä: 1979 | BL 1979, 11625. | *Vir* 1982, 208-226 E. Kangasmaa-Minn.
13823 HAKULINEN, Auli; KARLSSON, Fred; VILKUNA, Maria: *Suomen tekstilauseiden piirteitä. Kvantitatiivinen tutkimus.* — Helsinki: 1980 | BL 1980, 12179. | *Sananjalka* 24, 1982, 185-188 O. Järvikoski | *SS* 43, 1982, 166-167 H. Lehečková.
HANSSON, Å.: En stad byter skriftspråk. — 9545.
13824 HARTUNG, Liselotte: Das Verhältnis von Semantik und Morphologie in infiniten Konstruktionen. — *CIFU* IV/3, 394-397.
13825 HEIKKINEN, Hannele: Vierassanat ja nykysuomi. Joitain sosiofoneettisia huomioita. — [131], 47-57, tab. | Foreign loans in modern Fi.: some sociophonetic remarks (E. summ.).
13826 HELANDER, Elina: Det finska språkets ställning i Övre Soppero i dag. — [307], 113-130 | The present situation of the Fi. language in Övre Soppero, Sweden (E. summ.).
13827 HELLSTROM, Robert W.: Finglish. — *AS* 51, 1976 (1979), 85-93 | Language of Fi. immigrants in the USA.
13828 HENTTONEN, Veli-Pekka: *i*:n loppuheitto. — [13895], 61-81, tab. | Apocope of *i* in Tampere colloquial speech.
13829 *Heutige Wege der finnischen Dialektologie.* Ed. by Heikki LESKINEN. — Helsinki: 1981 | BL 1981, 13531. | *KjK* 25, 1982, 387-389 P. Alvre | *Vir* 1982, 327-337 P. Lehtimäki.
HOFSTRA, T.: Germ. *mūgen/*mūgaz . . . — 7910.
HOLM, G.: Kväner . . . och kainulaiset. — 9365.
HORMIA, O.: Metern i svenska Kalevala-översättningar. — 9551.
13830 HYVÄRINEN, Irma: Suomen kolmannen infinitiivin verbisidonnaisten inessiivin, elatiivin ja illatiivin lauseenjäsenfunktioista ja niiden saksalaisista vastineista valenssiteorian näkökulmasta. — [151], 59-89 | On the function as sentence constituents of the inessive, elative, and illative forms of the Fi. 3rd infini-

tive governed by a verb and their G. equivalents from the standpoint of the theory of valence.

13831 HYVÖNEN, Eero: Verkkokielimenetelmä suomenkielen semanttisen jäsentämisen ja ymmärtämisen kuvaamiseksi. — [151], 117-134 | The network language method for the depiction of the semantic analysis and understanding of Fi.

13832 ITKONEN, Erkki: Lapin kieli suomen kielen historian valaisijana. — *Academia Scientiarum Fennica. Vuosikirja/ Year Book* 1977 (Helsinki: 1979), 121-128 | Erhellung der Geschichte des Fi. durch das Lappische (G. summ.).

13833 ITKONEN, Terho: *Retkiä nykysuomeen.* — Helsinki: 1979 | BL 1979, 11631. | *Vir* 1982, 234-235 P. Rintala.

13834 ITKONEN, Terho: *Laaja, lavea, lakea* ja *laakea.* Lisiä suomen *kj*-sanojen vaiheisiin. — *Vir* 1982, 121-139 | Zur Geschichte der fi. *kj*-Wörter (G. summ.).

13835 ITKONEN, Terho: Suvannosta tyveneen. — [307], 157-165 | Fi. *suvanto* "quiet waters" and *tyven* "calm, quiet" (E. summ.).

13836 JONNINEN-NIILEKSELÄ, Kaija: Tampereen puhekieli tutkimuskohteena. — [13895], 7-35, tab., fig. | The colloquial language of Tampere as an object of research.

13837 JONNINEN-NIILEKSELÄ, Kaija: Eräitä äänne- ja muoto-opillisia piirteitä. — [13895], 121-160, tab. | Some phonological and morphological features in Tampere colloquial speech.

13838 JUSSILA, Raimo: Kansanmiehen kirjasuomi 1800-luvun alussa. — *Kotiseutu* 1982, 112-116 | The written Fi. of a common man (Samuel Rinta-Nikkola) at the beginning of the 19th century.

13839 KAJANTO, Iiro: Muuan Porthanin edelläkävijä. — *Vir* 1982, 315-325 | Simon Lindheim, a predecessor of H.G. Porthan.

13840 KALLIO, Jussi; LAHTI, Markus: *Kauhavan murretta.* — Suomen kielen näytteitä 11; Kotimaisten kielten tutkimuskeskuksen julkaisuja 17; Helsinki: Kotimaisten kielten tutkimuskeskus, 1982, xvi, 102 p. | Text in the Kauhava dialect.

13841 KANGASMAA-MINN, Eeva: Derivaatiokielioppia 1: verbijohdokset. — *Sananjalka* 24, 1982, 43-63 | Towards a grammar of derivation. 1. Verb derivatives (E. summ.).

13842 KARLSSON, Fred: *Suomen peruskielioppi.* — Suomalaisen Kirjallisuuden Seuran toimituksia 378; Helsinki: Suomalaisen Kirjallisuuden Seura, 1982, 250 p. | Fi. grammar.

13843 KARTTUNEN, Kaarina: Pänniiks sua vai miks sä niuhotat? — *Kotiseutu* 1982, 142-144 | Slang words originating in dialects.

13844 KAUPPINEN, Anneli: Kuinka negaatio kasvaa. — *Vir* 1982, 140-163 | The development of negation (E. summ.).

13845 KINGSLEY, R.W.: The *nousta*-type verbs in modern standard Finnish. — *UAJb* 54, 1982, 139-140.

13846 KOIVULEHTO, Jorma: *Rasia* ja *asia.* — *Vir* 1982, 257 276 | Germ. **randja*- und **(us-)anþja*- im Fi. (G. summ.).

13847 KORHONEN, Olavi: *Samisk-finska båttermer och ortnamnselement och deras slaviska bakgrund. En studie i mellanspråklig ordgeografi och mellanfolklig kulturhistoria.* — Skrifter utg. av Dialekt-, ortnamns- och folkminnesarkivet i Umeå, A 3; Umeå: Umeå univ., 1982, 240 p., ill., maps | *Vir* 1982, 434-439 T. Itkonen.

13848 KOSKENNIEMI, Kimmo: *Suomen kielen sananmuotojen perusmuodon automaattinen päätely . . .* — Helsinki: 1978 | BL 1978, 10878. | *SS* 43, 1982, 163-165 H. Lehečková.

FINNOIS 13849-13866

13849 KOSKENNIEMI, Kimmo: Morfologian tunnistusmalleista. — *Viitekehykset, hahmontunnistusprosessit ja luonnollinen kieli.* Esitelmätilaisuus Helsingissä 16.1.1982. [Ed. by] Kaisa HÄKKINEN (Publ. of the Linguistic Ass. of Finland 8; Turku: 1982), 47-51 | On morphological recognition models.

13850 KOSKI, Mauno: *Suomen johto-opin morfologiaa.* — Fennistica 4; Turku: Åbo Akademi, Finska institutionen, 1982, 101 p. | Derivational morphology in Fi.

13851 KOSKI, Mauno; LÖFLUND, Juhani: *Näytteitä Paraisten suomesta.* — Fennistica 3; Turku: Åbo Akademi, Finska institutionen, 1982, 136 p. | Texts in the Parainen dialect.

KRAWCZYKIEWICZ, A.: Past tenses in Fi. and Pol. — 11425.

13852 KUIRI, Kaija: Suora, epäsuora ja sekaesitys murteiden referaatin luokkina. — *Occasional papers* 2. Ed. by Ilkka SAVIJÄRVI (Joensuun korkeakoulu, Kielten osaston julkaisuja 7; Joensuu: 1982), 15-33 | Direct, indirect, and mixed presentation as referential classes in dialects.

13853 *Kuusi artikkelia.* Ed. by Terttu ORPANA. — Tampereen yliopiston Suomen kielen ja yleisen kielitieteen laitoksen julkaisuja 8; Folia fennistica & linguistica 8; Tampere: 1982, 185 p., tab., fig. | Six papers on linguistics.

13854 KYÖSTIÖ, O.K.: Is learning to read easy in a language in which the grapheme-phoneme correspondences are clear? — [165], 35-49, 2 tab. | Investigation of Fi.

13855 LAALO, Klaus: Nykysuomen nominivartalotyyppien ja niiden ikäkerrostumien frekvensseistä. Kaksitavuisten nominien eri vartalotyyppien sanamäärät ja sanojen esiintymistaajuudet. — *Vir* 1982, 22-42 | On the frequencies of nominal stem types and their age strata in Mod. Standard Fi. (E. summ.).

13856 LARSSON, Lars-Gunnar: Onko suomen *olla humalassa* käännöslaina venäjän kielestä? — [307], 211-217 | Is Fi. *olla humalassa* a transl. from Ru.? (E. summ.).

13857 LEHTINEN, Raija: *Pihtiputaan murretta.* — Suomen kielen näytteitä 13; Kotimaisten kielten tutkimuskeskuksen julkaisuja 21; Helsinki: Kotimaisten kielten tutkimuskeskus, 1982, viii, 112 p. | Text in the Pihtipudas dial.

13858 LEINO, Pentti: *Suomen kielen lohkolause.* — Suomi 124:2; Helsinki: Suomalaisen Kirjallisuuden Seura, 1982, 228 p. | Cleft sentence in Fi. | *Sananjalka* 24, 1982, 180-182 A. Alhoniemi.

13859 LEINO, Pentti: Miten suhtautua subjektiin? — [151], 5-15 | How should one relate to the subject?

13860 LEIWO, Matti: Erottamaton omistus suomen kieliopin ongelmana. — [151], 35-46 | Inalienable possession as a problem in Fi. grammar.

13861 LEIWO, Matti: Kieliopillinen ja psykolingvistinen produktiivisuus. — [389], 63-75 | Grammatical and psycholinguistic productivity.

13862 LEIWO, Matti: Äidinkielen osaaminen ja omaksuminen. — *Kouluikäisten kieli.* Toim. Maija Larmola (Tietolipas 88; Helsinki: Suomalaisen Kirjallisuuden Seura, 1982), 28-44 | The mastery and acquisition of the mother tongue.

13863 LINDGREN, Kaj B.: Ist der Saunaofen *kiuas* germanisch? Versuch einer phonologischen Etymologie. — [310], 199-207.

13864 LUTHY, Melvin J.: A comparative generative-junction approach to Finnish morphosyntax. — *UAJb* 54, 1982, 86-96.

13865 MÁRK Tamás: A finn nyelvtanírás "új hulláma". — *NyK* 84, 1982, 418-423 | The "new wave" of Fi. grammars.

13866 MIELIKÄINEN, Aila: *Etelä-Savon murteiden äännehistoria.* 1: *Konsonantit.* — Helsinki: 1981 | BL 1981, 13563. | *Vir* 1982, 337-341 A. Räisänen.

13867 MIELIKÄINEN, Aila: Nykypuhesuomen alueellista taustaa. — *Vir* 1982, 277-294 | The regional background of spoken Mod. Fi. (E. summ.).
13868 MOREAU, Jean-Luc: Réflexions sur quelques désinences casuelles du finnois et du lapon. — *EFOu* 14, 1977 (1980), 19-32.
13869 NAHKOLA, Kari: Havaintoja perihämäläisen murteen muuttumisesta. — *Sananjalka* 24, 1982, 25-42 | Über die Veränderungen in der kerntawastländischen Mundart (G. summ.).
13870 NIEMI, Jussi: Timing and stress in Finnish: production and perception data. — *PScCL* VI, 247-257, 6 fig.
13871 NIEMINEN, Pirkko: Monikon 3. persoonan kirjakielinen ja puhekielinen malli. — [13895], 183-189, tab. | The 3rd person pl. in literary and spoken language.
13872 NIRVI, R.E.: *Petojen nimitykset kosinta- ja hääsanastossa.* — Suomi 123: 3; Helsinki: Suomalaisen Kirjallisuuden Seura, 1982, 156 p. | With E. summ.: Animal appellatives in the vocabulary of courtship and marriage.
13873 NYLUND TORSTENSSON, Eivor: Lapin sananalkuisen č-äänteen vastineista suomalaisissa lainasanoissa ja paikannimissä. — *FUS* 5, 1982, 213-223 | On the equivalents of the Lappish č-sound in Fi. loan-words and place-names (E. summ.).
13874 PALANDER, Marjatta: Havaintoja nuoren polven murteenkäytöstä ja -tuntemuksesta. — *Vir* 1982, 164-176 | Observations on young people's use and knowledge of dialect (E. summ.).
13875 PAUNONEN, Heikki: Muuttuvat puhesuomen muodot. — *Kouluikäisten kieli.* Toim. Maija Larmola (Tietolipas 8; Helsinki: Suomalaisen Kirjallisuuden Seura, 1982), 130-152, 5 fig. | The changing forms of spoken Fi.
13876 PAUNONEN, Heikki: Suomen kielen sosiolingvistinen vaihtelu tutkimuskohteena. — [4064], 35-110, tab., fig. | The sociolinguistic variation in Fi. as an object of research.
13877 PIITULAINEN, Marja-Leena: Suomen kielen rakenteesta (subjekti + *olla* +) adjektiivi + III inf. illatiivi ja sen saksankielisistä vastineista. — [13853], 55-120 | On the Fi. construction (subject + *olla* +) adj. + III infinitive illative and its G. equivalents.
13878 PLÖGER, Angela: Die frühurfinnische Neuwortproduktion. — *CIFU* IV/3, 354-358.
13879 POSTI, Lauri: Über die Herkunft von fi. *tiere.* — [310], 261-265.
13880 RÄSÄNEN, Seppo: Aleksis Kiven e-johdoksista. — [13853], 7-22 | The derivatives in *e* used by Aleksis Kivi.
13881 SAARTEINEN, Pekka: Pikapuhemuodoista. — [13895], 191-209, tab., fig. | On the morphology of allegro speech.
13882 SAHLMAN-KARLSSON, Siiri: Tässä sitä nyt istua mökötetään. — *FUS* 5, 1982, 258-280 | On colloquial use of Fi. *sitä* (E. summ.).
13883 SAHLMAN-KARLSSON, Siiri: Att översätta kolorativa konstruktioner i Kalevala. — [307], 243-253 | Translating the colorative constructions of the Kalevala (E. summ.).
13884 SALONEN, Marja: Diftongin avartuminen. — [13895], 97-119, tab. | The opening of diphthongs.
13885 SÄRKKÄ, Pirjo: *Kiihtelysvaaran murretta.* — Suomen kielen näytteitä 14, Kotimaisten kielten tutkimuskeskuksen julkaisuja 22; Helsinki: Kotimaisten kielten tutkimuskeskus, 1982, vi, 118 p. | Text in the Kiihtelysvaara dial.
13886 SAUKKONEN, Pauli: *Oulun korpus. 1960-luvun suomen yleiskielen tutkimusmateriaali.* — Oulun yliopiston suomen ja saamen kielen laitoksen tutki-

musraportteja 1; Oulu: 1982, 20 p. | The Oulu corpus. Research material of the standard Fi. of the 1960's.

13887 SAUKKONEN, Pauli: Suomen kielen tekstilajeja. — [105], 13-21 | Types of texts in Fi.

13888 SAUKKONEN, Pauli; HAIPUS, Marjatta, et al.: *Suomen kielen taajuussanasto* . . . — Helsinki: 1979 | BL 1979, 11666. | *UAJb* 53, 1981, 153-154 Gy. Décsy.

13889 SAUKKONEN, Pauli; HAIPUS, Marjatta; NIEMIKORPI, Antero; SULKALA, Helena: Suomen kielen homonyymeja. — [307], 255-272 | The hononyms of Fi. (E. summ.).

13890 SAVIJÄRVI, Ilkka: Ortografiset periaatteet Maskun Hemmingin *Piae Cantiones* -kokoelman suomennoksessa. — *Vir* 1982, 392-412 | Die orthographischen Grundsätze in Maskun Hemminkis finnischer Übersetzung der *Piae Cantiones* (G. summ.).

13891 SJUR'JALAJNEN, Ju.Ė.: O finskich narodnych nazvanijach rastenij. — *SovFU* 18, 1982, 261-262 | G. summ.

13892 SORSAKIVI, Merja: Infinitiivijärjestelmän muutoksia lasten kielessä. — *Vir* 1982, 377-391 | Changes in the infinitive system in the languages of the younger generation in Helsinki (E. summ.).

13893 SUOJANEN, M.K.: Sosiolingvistiika – synkretistinen tieteenala. — [4064], 7-34, tab., fig. | Sociolinguistics: a syncretistic branch of sci.

13894 TAKALA, Ulla: Lumellakin on monta nimeä. — *Kotiseutu* 1982, 135-141, maps | On the names of snow.

13895 *Tampereen puhekieli tutkimuskohteena.* Ed. by Kaija JONNINEN-NIILEKSELÄ. — Tampereen yliopiston Suomen kielen ja yleisen kielitieteen laitoksen julkaisuja 6; Folia fennistica & linguistica 6; Tampere: 1982, 214 p., maps, tab., fig. | The colloquial language of Tampere as an object of research.

13896 TOIVAINEN, Jorma: Suomen puhekielen suhdesanojen luokittelusta. — *FUS* 5, 1982, 341-359 | The problem of prepositions and postpositions in Fi. (E. summ.).

13897 TOIVIAINEN, Kari: *Raudun murretta.* — Suomen kielen näytteitä 15; Kotimaisten kielten tutkimuskeskuksen julkaisuja 23; Helsinki: Kotimaisten kielten tutkimuskeskus, 1982, ix, 96 p. | Text in the Rautu dialect.

13898 TOIVIAINEN, Kari: Matkoreki karjupihan seiniveirellä. — *Kotiseutu* 1982, 129-135, maps | The determinant part ending in *-i, -o,* and *-u* in compound words: the type *matkoreki, karjupiha, seinivieri.*

13899 TURUNEN, Pirkko: Puhekielen omistusmuotojen tarkastelua. — [13895], 161-181, tab., fig. | A study of the possessive forms in colloquial language.

13900 VILHUNEN, Airi: *A:* n loppuheitto ja sen sosiaalinen variaatio. — [13895], 37-60, tab., fig. | Apocope of *a* and its social variation.

13901 VIRKKUNEN, Pirjo: Nachgestellte Schaltsätze im Finnischen . . . — *FUM* 4, 31-45 | BL 1980, 12251. | *BSL* 76, 1981/2 (1982), 331-333 A. Sauvageot.

13902 VIRTARANTA, Pertti: *Länsi-Kannaksen murrekirja.* — Kotiseudun murrekirjoja 3; Suomalaisen Kirjallisuuden Seuran toimituksia 353; Helsinki: Suomalaisen Kirjallisuuden Seura, 1982, 259 p., ill. | A dialect chrestomathy of the Western Karelian Isthmus.

13903 VIRTARANTA, Pertti: Havaintoja Kurravaaran murteesta. — [307], 287-306, 2 maps | G. summ.: Beobachtungen zum fi. Dialekt von Kurravaara (Nordschweden).

13904 WANDE, Erling: *Niin minun oli kruunu.* Anteckningar om finsk satsintonation samt Ett fall av stigande intonation i tornedalsfinskan. — *FUS* 5, 1982,

360-393, 4 fig., 2 maps | Notes on Fi. intonation and A case of rising intonation in Tornedal Fi. (E. summ.).
13905 WHITE, Leila: *Noormarkun murretta.* — Suomen kielen näytteitä 16; Kotimaisten kielten tutkimuskeskuksen julkaisuja 24; Helsinki: Kotimaisten kielten tutkimuskeskus, 1982, vi, 93 p. | Text in the Noormarkku dialect.
13906 YLI-VAKKURI, Valma: Transitiiviverbi ja pseudointransitiivi. — [13853], 23-34 | The transitive verb and the pseudotransitive.

14. ONOMASTICS — ONOMASTIQUE

GRANLUND, Å.: Om namnet Jomala. — 9596.
HULDÉN, L.: Finska inslag i Ålandsomradets ortnamnsskick. — 9604.
13907 JOHANSSON, Carl: Vildrensjakt, tjäderfångst och sommargravar samt deras avspegling i Gällivares ortnamn. — [307], 167-172 | The hunting of wild reindeer, catching capercailzie (wood grouse), and summer graves and how they are reflected in place-names in Gällivare (northern Sweden). E. summ.
13908 KEPSU, Saulo: Labilt namnbruk. — *SNoF* 63, 1982, 114-120 | The unstable use of names (E. summ.).
13909 KIVINIEMI, Eero: *Rakkaan lapsen monet nimet. Suomalaisten etunimet ja nimenvalinta.* — Espoo: Weilin + Göös, 1982, 376 p., tab., fig. | The many names of a dear child. The given names of the Finns and their selection.
13910 KIVINIEMI, Eero: Suomen varhaisiin henkilönnimisysteemeihin liittyviä ongelmia. — *Suku ja tieto.* Sukututkimuspäivien esitelmiä 1979-1980 (Suomen sukututkimusseuran julkaisuja 34; Helsinki: 1982), 29-43 | Problems connected with the earliest Fi. systems of personal names.
13911 KORHONEN, Olavi: Ortnamnet *Sirkesluokta.* — [307], 173-209, 11 maps, fig. | The place-name *S.* (Lake Stora Lulevatten, northern Sweden). E. summ.
13912 LEHIKOINEN, Laila: *Lappeenrannan kadunnimet.* — Etelä-Karjalan museo, Julkaisusarja 9; Lappeenranta: Etelä-Karjalan museo, 1982, 126 p., ill., maps | Lappeenranta street names (E. summ.).
13913 NAERT, Aino: Der Fluss *Aura* und seine etymologischen Probleme. — [176], 201-208.
13914 NIRVI, Ruben: *Piuru,* kadonnut appellatiivi. — [310], 227-232 | *Piuru,* ein verschwundenes Appellativum (G. summ.).
13915 NISSILÄ, Viljo: *Viipurin kadunnimet.* — *Viipurin Suomalaisen Kirjallisuusseuran toimitteita* 5 (Helsinki: 1982), 3-73, ill., maps | Viipuri street names.
THORS, C.-E.: Kring skärgårdsnamn av finskt ursprung . . . — 9636.

C. CARELIAN, VEPSIAN, INGRIAN, VODIAN — CARÉLIEN, VEPSE, INGRIEN, VOTE

13916 *Äänisvepsän näytteitä.* Keränneet ja julk. Antti SOVIJÄRVI; Reino PELTOLA. MSFOu 171, Helsinki: Suomalais-ugrilainen Seura, 1982, 171 p. | Examples of Onega Vepsian.
13917 ALVRE, P.: Vepsän *a*-vartaloiden monikkotaivutuksesta. — *UZTarU* 611, 1982 (*Fenno-Ugristica* 9), 3-15 | Ru. summ.: O množestvennom čisle osnov na -*a* v vepsskom jazyke.
13918 ALVRE, Paul: Zu wepsischen Pluralformen (besonders in *ä*-stämmigen Wörtern). — *SovFU* 18, 1982, 168-175 | Ru. summ.
13919 ALVRE, Paul: Das wotische Suffix -*či* und seine Varianten. — *SovFU* 18, 1982, 263-270 | Ru. summ.

13920 HAARMANN, Harald: Ingrisch-vepsische Kongruenzen im russischen Lehnwortschatz: ein Beitrag zur Areallinguistik der ostseefinnischen Sprachen. — *FUM* 6, 1982, 97-114.
13921 LEHTINEN, Tapani: Karjalan supistumaverbien imperfektityypit. Tyyppien ikäsuhteista erityisesti vienalaismurteiden valossa. — *Vir* 1982, 1-21 | Über die Altersverhältnisse der Imperfekttypen bei den Kontraktionsverben im Karelischen (G. summ.).
13922 MAMONTOVA, N.N.: Nazvanija pachotnych i senokosnych ugodij u karellivvikov (otapelljativnye obrazovanija). — *VO* 14, 1980, 41-56.
13923 MARKIANOVA, L.F.: Ob usečenii proizvodjaščej osnovy karel'skogo proizvodnogo glagola. — *SovFU* 18, 1982, 161-163 | G. summ.
13924 ÕISPUU, Jaan: Zum morphologischen Hintergrund der karelischen Imperativform *l'äk̀kö ~ l'äk̀kä ~ l'äk̀ke ~ l'äk̀ki*. — *SovFU* 18, 1982, 164-167 | Ru. summ.
13925 PALMEOS, Paula: Entlehnte Suffixe in einer Mundart des Karelischen. — *CIFU* IV/3, 414-416.
13926 RAAG, Virve: A dictionary of Votic. — *FUS* 5, 1982, 230-234.
13927 SZABÓ, László: Infinitivkonstruktionen im Wotischen. — *FUM* 6, 1982, 115-214.
13928 *Vatjan kielen Kukkosin murteen sanakirja.* Ainekset kerännyt Lauri POSTI. Painokuntoon toimittanut Seppo SUHONEN ... — Helsinki: 1980 | BL 1980, 12282. | *UAJb* 53, 1981, 155-156 F.J. Oinas | *FUF* 44, 1982, 200-212 E. Adler.
13929 VIRTARANTA, Pertti: *Karjalaisia kulttuurikuvia* ... — Espoo: 1981 | BL 1981, 13652. | *KjK* 25, 1982, 49-50 A. Viires | *UZTarU* 611, 1982 (*Fenno-Ugristica* 9), 150 A. Künnap.
13930 ZAJCEVA, M.I.: *Suffiksal'noe glagol'noe slovoobrazovanie v vepsskom jazyke.* — Leningrad: "Nauka", 1978, 176 p. | *SovFU* 18, 1982, 62-68 T. Lechtinen.

D. ESTONIAN — ESTONIEN

13931 AAVER, Ants: The Estonian word *üks* as an equivalent of the English indefinite article. — *UZTarU* 619, 1982 (*Linguistica*), 3-7.
13932 ALVRE, Paul: Mis käändes oli *paremini*? — *KjK* 25, 1982, 134-137.
13933 ALVRE, Paul: Omapäraseid kuluvorme. — *KjK* 25, 1982, 310-314.
13934 ALVRE, Paul: Miks *tud*-kesksõna komparatiiv? — *KjK* 25, 1982, 529-531.
13935 ALVRE, Paul: Zu *subi* und *suda ~ sutta* aus der altestnischen Schriftsprache. — *SovFU* 18, 1982, 21-26 | Ru. summ.
13936 ARISTE, P.: *Naamal ja naamik*. — *UZTarU* 611, 1982 (*Fenno-Ugristica* 9), 16-19 | Ru. summ.
13937 ARISTE, Paul: Emotsionaalne palatalisatsioon eesti keeles. — [310], 57-62 | Die emotionale Palatalisation im Estnischen (G. summ.).
BAJČURA, U.S.: About an Ural-Altaic word in Est. dialects. — 13735.
13938 *Eesti vanasõnad* I. Toimetanud A. KRIKMANN; I. SARV ... — Tallinn: 1980 | BL 1980, 12295. | *FUF* 44, 1982, 247-256 K. Laukkanen.
13939 [ERELT, M.] ÈRELT, M.A.: *Sintaksis prilagatel'nych èstonskogo jazyka.* — Tallin: 1981 | *SovFU* 18, 1982, 148-152 P. Alvre | *UZTarU* 611, 1982 (*Fenno-Ugristica* 9), 133-139 P. Alvre.
13940 ERELT, Tiiu: *Eesti oskuskeel.* Toimetanud Ustus AGUR. — Tallinn: "Valgus", 1982, 216 p. | Est. terminology. | *KjK* 26, 1983, 389-393 H. Ots.

ERNITS, E.: Einiges über die estnisch-lettischen Beziehungen. — 9745.

13941 GROUNDSTROEM, Axel: Hur manga deklinationer och konjugationer har estniskan? — *FUS* 5, 1982, 68-92 | How many declinations and conjugations are there in Est.? (E. summ.).

13942 HINDERLING, Robert: *Die deutsch-estnischen Lehnwortbeziehungen im Rahmen einer europäischen Lehnwortgeographie.* — Wiesbaden: Harrassowitz, 1981, xii, 258 p. | *KjK* 25, 1982, 163-166 P. Ariste | *Sananjalka* 24, 1982, 198-202 P. Kokla.

13943 IKOLA, Osmo: Etelävirolainen käsikirja vuodelta 1691. Lisä virolaisen varhaiskirjallisuuden historiaan. — *Sananjalka* 24, 1982, 97-120, ill. | Ein Dorpatestnisches Handbuch aus dem Jahre 1691 (G. summ.).

13944 INNO, Karl: Aestii, the Estonians, and the origin of Eesti. — *UAJb* 54, 1982, 57-85, 3 maps.

13945 KALLASMAA, M.È.: *Struktura èstonskoj mikrotoponimii (na materiale zapadnogo dialekta).* Diss. na soiskanie učenoj stepeni kandidata filol. nauk. — Tallin: 1980 | *SovFU* 18, 1982, 73-74 L. Tijk | *UZTarU* 611, 1982 (*Fenno-Ugristica* 9), 122-127 P. Alvre.

13946 KASK, Arnold: F.R. Faehlmann Tartu ülikooli eesti keele lektorina. — *KjK* 25, 1982, 457-464 | F.R. FAEHLMANN als Lektor der estnischen Sprache an der Univ. Tartu.

13947 KOKLA, Paul: Kielenuudistus ja kielensäätely viron kirjakielen kehittämismalleina. — *Sananjalka* 24, 1982, 83-96 | Die Sprachneuerung und Sprachnormierung als Entwicklungsmodelle der estnischen Schriftsprache (G. summ.).

13948 KOLBUSZEWSKI, Stanisław Franciszek: Christoph Blume senitundmatud varatrükised. — *KjK* 25, 1982, 572-575, 4 pl. | Newly discovered early prints of Christoph BLUME (on the Est. language).

13949 MÄGISTE, Julius [1900-78]: *Estnisches etymologisches Wörterbuch.* 3: kammkuht; 4: kuhtuma-loom; 5: looma-niit; 6: niitma-piirama; 7: piirask-raba; 8: raba-sarm; 9: sarn-tahr; 10: taht-tuur; 11: tuur-varukil; 12: varuks-üüt. — Helsinki: Finnisch-ugrische Gesellschaft, 1982, p. 681-1018; 1019-1359; 1360-1697; 1698-2032; 2033-2371; 2372-2707; 2708-3044; 3045-3390; 3391-3745; 3746-4106 | Vol. 1-2 published in 1983.

13950 MURUMETS, Sirje: Eesti keeleala murdelisest liigendusest "Väikese murdesõnastiku" põhjal (I). — *KjK* 25, 1982, 11-17, 2 maps.

13951 NEETAR, Helmi: Der *da*-Infinitiv als Attribut in estnischen Dialekten. — *CIFU* IV/3, 312-313.

13952 PALL, Valdek: Idamurde vahekorrast naabermurretega ja vadja keelega. — *KjK* 25, 1982, 246-251.

13953 PEEBO, Jaak: *muuseum*-tüüpi sõnade käänamisest. — *KjK* 25, 1982, 431-435.

13954 PEEGEL, J.: *Nimisõna poeetilised sünonüümid eesti regivärssides. Sõnastik.* I (A-K). — Eesti NSV Teaduste Akad. Emakeele Seltsi toimetised 15; Tallinn: "Eesti Raamat", 1982, 196 p. | *KjK* 26, 1983, 579-583 R. Mirov.

PIHLAK, A.: Otraženie značenij pristavočnych sposobov dejstvija v russko-èstonskich slovarjach. — 11952.

13955 PIIRIMÄE, Helmut: Kas XVII sajandil ja XVIII sajandi algul osati Tartu ülikoolis eesti keelt? — *KjK* 25, 1982, 451-457 | Inwiefern beherrschte man die estnische Sprache an der Tartuer Univ. im 17. Jahrhundert und am Anfang des 18. Jahrhunderts?

13956 PRINCE, Alan S.: A metrical theory for Estonian quantity. — *LIn* 11, 1980, 511-562.

13957 RAAG, Raimo: *Lexical characteristics in Swedish Estonian.* — Studia Uralica et Altaica Upsaliensia 13 (Uppsala Univ. diss.); Uppsala: (distr.: Almqvist & Wiksell, Stockholm), 1982, 148 p., 4 maps | *KjK* 26, 1983, 48-50 P. Ariste.
13958 RAAG, Raimo: Lexical variation in Swedish Estonian. — *FUS* 5, 1982, 224-229.
13959 RAJANDI, Edgar; DEQUEKER, Michel: Anthroponymes et toponymes d'origine latine et française en Estonie. — *CIFU* IV/3, 359-363.
13960 RAUN, A.: Note on specific Estonian words of Finno-Ugric background. — *UAJb* 54, 1982, 138-139.
13961 Roos, Aarand: Imperatiivi *mina*-vormist ja optatiivist. — *Finsk-ugriska småskrifter* (Lund) 5, 1982, 3-14.
13962 SAAGPAKK, Paul F.: *Eesti-inglise sõnaraamat. Estonian-English dictionary.* With an introd. by Johannes AAVIK. — Yale Linguistic Series; New Haven: Yale UP., 1982, cxi, 1180 p.
13963 SAARI, Ch.M.: *Analiz principov èstonskoj terminologii.* Diss. na soiskanie učenoj stepeni kandidata filol. nauk. — Tallin: 1981 | *SovFU* 18, 1982, 231-234 P. Alvre | *UZTarU* 611, 1982 (*Fenno-Ugristica* 9), 144-149 P. Alvre.
13964 SANG, I.A.: *Otricanie v sovremennom èstonskom literaturnom jazyke. . . .* — Tartu: 1980 | BL 1981, 13697. | *UZTarU* 611, 1982 (*Fenno-Ugristica* 9), 128-132 P. Alvre.
13965 SANG, Joel: Valged laigud eesti keelekaardil. — *KjK* 25, 1982, 422-428 | White spots on the map of the Est. language.
13966 SIVERS, Fanny DE: Les voyelles du rire en estonien. — *CIFU* IV/3, 437-443.
13967 *Sõnasõel. Uurimusi ja materjale eesti keele sõnavara alalt.* 1; 2; 3; 4; 5. — Tartu: 1972, 212 p.; 1973, 204 p.; 1975, 236 p.; 1980, 176 p.; 1980, 96 p. | Studies and materials in the domain of the Est. lexicon. | *KjK* 25, 1982, 495-499 R. Karelson.
13968 TAMMERT, Salme: Lugemikusõnade tähenduse tundmine 2. klassis. — *Finsk-ugriska småskrifter* (Lund) 5, 1982, 15-20.
13969 TAULI, Valter: *Eesti grammatika.* 2: *Lauseõpetus.* — Uppsala: 1980 | BL 1981, 13699. | *SovFU* 18, 1982, 216-221 H. Metslang.
13970 TAULI, Valter: Standardization of Estonian language. — *FUS* 5, 1982, 324-340.
13971 TIITS, Mai: Seisundiadverbidest. — *KjK* 25, 1982, 17-21 | Adverbs of state.
13972 TÕEVERE, Helme: Über die phraseologischen Germanismen im estnischen Schrifttum des 18. Jahrhunderts. — *UZTarU* 619, 1982 (*Linguistica*), 144-150.
13973 TULDAVA, Ju.: Kvantitativnoe issledovanie genetičeskogo sostava leksiki èstonskogo jazyka. — *UZTarU* 628, 1982 (*Trudy po lingvostatistike*), 136-166 | E. summ.
13974 UUSPÕLD, Ellen: Viron verbien infiniittisten rakenteiden subjektisääntöjä. — [13853], 35-53, tab. | Rules for the subject of the verb in Est. infinitive constructions.
13975 *Väike murdesõnastik,* I [A-L]. Toimetanud Valdek PALL. [Koostanud E. JUHKAM, M. KALLASSMAA et al.]. — Tallinn: "Valgus", 1982, 503 p.
13976 VALMET, Aino: Imperativ in der älteren estnischen Schriftsprache (16. und 17. Jahrhundert). — *CIFU* IV/3, 317-319.
VALMET, A.: A. Kask ja eesti murdeteadus. — 608.
13977 VALMET, A.; UUSPYLD, È.; TURU, È.: *Učebnik èstonskogo jazyka.* / VALMET, A.; UUSPÕLD, E.; TURU, E.: *Eesti keele õpik.* — Tallin: "Valgus", 1981, 504 p. | *KjK* 25, 1982, 666-667 K. Riikoja.
13978 VIHMA, Helgi; VIHMA, Heidi: "Muhu monoloogid" ja Muhu murrak. — *KjK* 25, 1982, 85-91 | Juhan Smuul's "Muhu monologues" (1968) and the Muhu dialect.

13979 [Viitso, T.-R.] Vijtso, Tijt-Rejn: Moroščitajuščij li jazyk ėstonskij? — *SovFU* 18, 1982, 8-20 | E. summ.
13980 Viks, Ülle: Ühest morfoloogilisest klassifikatsioonist. — *KjK* 25, 1982, 517-525; 575-586.
13981 Villup, A.A.; Tuldava, Ju.A.: Novye dannye o častjach reči ėstonskogo jazyka, polučennye posredstvom ĖVM "Minsk-32". — *CIFU* IV/3, 103-108, 4 tab.

E. LIVONIAN — LIVE

13982 Suhonen, Seppo: Über die Quantität der livischen Vokale. — [310], 295-306.
13983 Vääri, E.: Liivi verbisufiks *-r + l̃-*. — *UZTarU* 611, 1982 (*Fenno-Ugristica* 9), 99-115 | Die livischen Verbalsuffixe *-r + l̃-* (Ru. & G. summ.).
13984 Vääri, Eduard: Mechanismus der livischen Verbalsuffixe. — *CIFU* IV/3, 320-322, tab.

II. Lappish — Lapon

13985 Bartens, Hans-Hermann: *Die Verwendung von Potential und Konditinal im Lappischen.* — Helsinki: 1980 | BL 1980, 12357. | *Kratylos* 27, 1982 (1983), 215-216 M. Korhonen | *BSL* 76, 1981/2 (1982), 328-329 A. Sauvageot.
13986 Bartens, Hans-Hermann: Der Finalsatz im Lappischen. — *CIFU* IV/3, 325-330.
13987 Bartens, Raija: *Synteettiset ja analyyttiset rakenteet lapin paikanilmauksissa.* — Helsinki: 1978 | BL 1978, 11012. | *Vir* 1982, 88-91 H. Kantinkoski.
13988 Bergsland, Knut: *Lappische Grammatik . . .* — Wiesbaden: 1976 | BL 1976, 12492. | *EFOu* 14, 1977 (1980), 171-173 G. Zaicz.
13989 Bergsland, Knut: Den svensk-samiske ABC fra 1638 som sproghistorisk dokument. — [307], 11-20 | The Sw.-Sami primer of 1638 as a linguistic document (E. summ.).
Dahlstedt, K.-H.: Ord för "renko" . . . — 9533.
13990 Fromm, Hans: Ein deutscher Lappland-Spiegel um die Mitte des 19. Jahrhunderts. — [307], 67-78 | E. summ.
13991 Hansegård, Nils-Erik: Some figures concerning the lexicon of Northern Lappish. — *FUS* 5, 1982, 93-110.
13992 Hasselbrink, Gustav: *Südlappisches Wörterbuch. Oårj'elsaamien baaguog-'ärjuu.* I: *Grammatık — Wörterbuch*, A — flytt'edh . . . — Skrifter utgivna genom Dialekt- och folkminnesarkivet i Uppsala, C 4/1; Uppsala: Lundequist, 1981, 496 p.
13993 Helander, Elina: Utomspråkliga faktorer som påverkar minoritetsspråkens ställning — aspekter på språkbevarandet hos samerna i Sverige. — *FUS* 5, 1982, 120-132 | Non-linguistic factors which influence the status of minority languages: aspects of Sámi language preservation in Sweden (E. summ.).
13994 Itkonen, Erkki: Die naso-oralen Vokale im Inarilappischen. — [310], 143-150.
Itkonen, E.: Lapin kieli suomen kielen historian valaisijana. — 13832.
13995 Kecskeméti, István; Zaicz, Gábor: Répertoire de terminaisons a tergo du lapon norvégien. — *EFOu* 14, 1977 (1980), 87-113.
13996 Kert, G.M.: Charakter toponimii jugo-zapadnogo areala Kol'skogo poluostrova. — *EFOu* 17, 1977 (1980), 141-145 | Rés. fr.
13997 Korhonen, Mikko: *Johdatus lapin kielen historiaan.* — Helsinki: 1981 | BL

1981, 13724. | *Vir* 1982, 82-88 P. Sammallahti | *Sananjalka* 24, 1982, 202-208 K. Häkkinen | *KjK* 25, 1982, 51-52 P. Alvre.
13998 KORHONEN, Mikko: Lapin kielen varhaisvaiheista. — *Academia Scientiarum Fennica. Vuosikirja/Year Book* 1977 (Helsinki: 1979), 129-141 | Über die Frühentwicklung der lappischen Sprache (G. summ.).
KORHONEN, O.: *Samisk-finska båttermer* . . . — 13847.
KORHONEN, O.: Ortnamnet *Sirkesluokta.* — 13911.
13999 KOSKIMIES, A.V.; ITKONEN, T.I.: *Inarinlappalaista kansantietoutta.* Koonneet ja julkaisseet. 2., uudistettu painos. — MSFOu 167; Helsinki: Suomalaisugrilainen seura, 1978 (1979), 417 p., facsim. | 2nd ed. prepared by Lea LAITINEN (1st ed. 1917). | *UAJb NF* 1, 1981, 286-290 H.-H. Bartens.
14000 LEEM, Knud: *Beskrivelse over Finmarkens Lapper,* 1767. Efterord af Asbjørn NESHEIM. — København: Rosenkilde og Bagger, 1975, [38], 544, [94] p., 101 pl. | *EFOu* 14, 1977 (1980), 178-180 J. Erdődi.
14001 LEHTIRANTA, Juhani: Eine Beobachtung über die Gründe der raschen Veränderung des Grundwortschatzes im Lappischen. — *FUF* 44, 1982, 114-118, tab.
14002 LUKKARI, Pekka: *Sami-suoma sadnekirji* . . . — Helsinki: 1974 | BL 1974, 11664. | *EFOu* 14, 1977 (1980), 173-174 J.-L. Moreau; 174-176 G. Zaicz.
14003 MATTISSON, Ann-Christin: Stavningen av samiska ortnamn på kartorna över nordligaste Sverige. — [307], 219-227 | The spelling of Lappish place-names on the maps of northern Sweden (E. summ.).
14004 MATVEEV, A.K.: Ob odnoj fonetičeskoj osobennosti drevnich saamskich dialektov Zavoloč'ja. — *EFOu* 14, 1977 (1980), 41-43 | Rés. fr.
MOREAU, J.-L.: Réflexions sur quelques désinences casuelles du fi. et du lapon. — 13868.
14005 RUONG, Israel: En sägen från Barturte i Arjeplog. — *FUS* 5, 1982, 249-257 | On a Lappish text.
14006 RUONG, Israel: Samiska benämningar pô icke-smer. — [307], 235-242 | Lappish names for non-Lapps (E. summ.).
14007 SAMMALLAHTI, Pekka: On grade alternation and the illative plural in Lappish. — *FUF* 44, 1982, 110-113.
14008 SAUVAGEOT, Aurélien: Où situer le lapon? — *EFOu* 14, 1977 (1980), 7-18.
14009 SCHIEFER, Erhard: Zur semantischen differentia specifica zwischen lapp. *vuole ålmai* "Bier-Mann" und deutsch *Biermann.* — *EFOu* 14, 1977 (1980), 169.
SÖDERSTRÖM, S.: Från den sydsamiska ordboken. — 9577.
SÖDERSTRÖM, S.: Från en sydsamisk ordbok. — 9578.
14010 WICKMAN, Bo: Nordisk påverkan på samisk syntax. — [307], 279-285 | Scandinavian influence on Lappish syntax (E. summ.).
14011 ZAJKOV, P.M.: O morfologičeskich čeredovanijach v sisteme glagol'nogo slovoizmenenija saamskogo jazyka (na materiale babinskogo dialekta). — *EFOu* 14, 1977 (1980), 147-155 | Rés. fr.
14012 LAANEKASK, Heli: O.W. Masingu keeleteaduslikust vaatepiirist. — *KjK* 25, 1982, 122-133 | The linguistic horizon of O.W. MASING (1763-18??).

III. Volgaic — Volgaïque

A. GENERAL — GÉNÉRALITÉS

14013 CORRADI, Carla: *I finni del Volga.* — [Parma]: Studium Parmense, 1981, 253 p.

14014 DOBRODOMOV, I.G.: Povolžkoe slovo *najan*. — *AOH* 36, 1982, 125-128.
SEREBRENNIKOV, B.A.; ISANBAEV, N.I.: Vostočnye finno-ugorskie jazyki i ich značenie dlja istorii tjurkskich jazykov Povolž'ja. — 14491.

B. MORDVIN — MORDVE

14015 AGAFONOVA, Nina: Ličnye mestoimenija v smešannych erzja-mokšanskich govorach. — *SovFU* 18, 1982, 34-43 | G. summ.
14016 AGAFONOVA, Nina: Ukazatel'no-ličnye mestoimenija v smešannych mordovskich govorach Kujbyševskoj oblasti. — *SovFU* 18, 1982, 90-93 | E. summ.
14017 ALHONIEMI, Alho: Eräitä näkökohtia mordvan nominaalisen predikaatin käytöstä. — [151], 47-58 | Some views on the use of the nominal predicate in Mordvin.
14018 ALHONIEMI, Alho: *ez*-vartaloisten postpositioiden asemasta mordvan syntaktisessa järjestelmässä. — [310], 31-44 | Über die Stellung der *ez*-stämmigen Postpositionen im syntaktischen System des Mordwinischen (G. summ.).
14019 ANAN'INA, K.I.: Suženie glasnych imennych i glagol'nych osnov v dialektach mokšanskogo jazyka. — [13759], 69-74.
14020 BUZAKOV, I.S.: Vremennye formy skazuemogo v predloženijach pričinno-sledstvennogo i uslovno-sledstvennogo charaktera. — *CIFU* IV/3, 331-333.
14021 BUZAKOVA, R.N.: *Slovar' sinonimov erzjanskogo jazyka*. — Saransk: 1982, 190 p. | *SovFU* 18, 1982, 299 A. Ariste.
14022 CYGANKIN, D.V.: *Grammatičeskie kategorii imeni suščestvitel'nogo v dialektach erzja-mordovskogo jazyka (opredelennosti-neopredelennosti i pritjažatel'nosti)*. — Saransk: Mordovskij gosud. univ. im. N.P. Ogareva, 1978, 72 p. | Cf. 13758 & 14035.
14023 CYGANKIN, D.V.: Imennye i glagol'nye osnovy mordovskich jazykov v diachronnom osveščenii. — [13759], 60-69.
14024 ERMUŠKIN, G.I.: Vyraženie dlitel'nogo dejstvija v erzja-mordovskom jazyke. — *CIFU* IV/3, 270-274.
14025 IMAJKINA, M.D.: Monosemija, polisemija i omonimija služebnych morfem mordovskich jazykov. — [13759], 75-84.
14026 KUDAEV, P.S.: Novaja rabota po sinonimii. — [13759], 153-159 | Rev. of R.N. BUZAKOVA (BL 1977, 13262).
14027 LEDJAJKINA, V.A.: Sintaksičeskie funkcii pričastija zakončennogo dejstvija s suffiksom *-z'* v erzja-mordovskom jazyke. — [13759], 84-95.
14028 LIPATOV, S.I.; CYGANKIN, D.V.: Razvitie mordovskogo jazykaznanija za 50 let. — [13759], 4-20.
14029 *Mordwinische Volksdichtung*. Band VII . . . hrsg. von Martti KAHLA. — Helsinki: 1980 | BL 1980, 12368. | *BSL* 76, 1981/2 (1982), 325 A. Sauvageot.
14030 MOSIN, M.V.: Semantičeskie sootnošenija (korreljacii) slov v mordovskich i finskom jazykach. — [13759], 20-33.
14031 NAD'KIN, Dmitrij: O prirode beglogo glasnogo v sisteme glagol'nogo slovoizmenenija i slovoobrazovanija mordovskich jazykov. — *SovFU* 18, 1982, 27-33 | G. summ.
14032 NAD'KIN, D.: Pre- i postpozicionnye predely glagoloobrazujuščego suffiksa v mordovskich jazykach. — *UZTarU* 611, 1982 (*Fenno-Ugristica* 9), 77-87 | E. summ.
14033 NIKONOV, V.A.: Iz geografii mordovskich familij. — [13759], 127-132.

14034 POLJAKOV, O.E.: *Affrikaty i sibiljanty v mordovskich (mokšanskom i ėrzjanskom) jazykach i dialektach.* Diss. na soiskanie učenoj stepeni kandidata filol. nauk. — Tartu: 1981 | *SovFU* 18, 1982, 152-154 P. Ariste.
14035 RAUN, A.: Valuable contributions to Mordvin dialectology. — *UAJb* 53, 1981, 143 | On three books by D.V. CYGANKIN (BL 1977, 13264; BL 1979, 11755; above 14022).
14036 RÉDEI, Károly: Beitrag zur Vokalharmonie im Ersa-Mordwinischen. — *SovFU* 18, 1982, 176-177.
14037 ŠANKINA, N.A.: Vyraženie prostranstvennych otnošenij narečijami (na materiale mordovskich jazykov). — [13759], 95-109.
14038 ŠIRMANKINA, R.S.: Obščefinno-ugorskaja leksika v sostave mordovskich frazeologičeskich edinic. — *CIFU* IV/3, 364-365.
14039 VEDJAŠKIN, I.M.: *Kategorija zaloga v ėrzja-mordovskom literaturnom jazyke.* Diss. na soiskanie učenoj stepeni kandidata filol. nauk. — Saransk: 1979 | *SovFU* 18, 1982, 154-157 D.V. Cygankin; 157-160 V. Challap.
14040 VIL'DJAEVA, A.M.: Slovoobrazovatel'naja struktura florističeskich nazvanij v mordovskich jazykach. — [13759], 117-127.
14041 VEENKER, Wolfgang: Zur phonologischen Statistik der mordvinischen Schriftsprachen. — *UAJb NF* 1, 1981, 33-72.

C. CHEREMIS (MARI) — TCHÉRÉMISSE (MARI)

14042 AKCORIN, V.A.: Istoriko-fol'klornye osnovy slova *onar*. — [14061], 73-78.
14043 BERECZKI, Gábor: Etimológiai megjegyzések. — *NyK* 84, 1982, 392-394 | Etym. notes. 1. Cheremis *šəže*. 2. Cheremis *numalam*. 3. Cheremis *lupo*.
14044 BERŠININ, V.I.: K ėtimologii slova *šemer*. — [14061], 26-35.
14045 ČERNYCH, S.Ja.: Marijskie antroponimy, svjazannye s ėtnonimami (ėtnoantroponimy). — [14061], 36-72.
14046 GALKIN, I.S.: Finno-ugorskoe i nefinno-ugorskoe v sisteme glagol'nych vremen marijskogo jazyka. — *CIFU* IV/3, 383-386.
14047 GORDEEV, F.I.: *Ėtimologičeskij slovar' marijskogo jazyka.* Tom I. — Joškar-Ola: 1979 | BL 1979, 11765. | *Ėtimologija* 1980 (1982), 186-193 A.P. Feoktistov.
14048 GORDEEV, F.I.: Ėtimologii marijskich antroponimov. — [14061], 79-131.
14049 GORDEEV, F.I.: O tatarizmach v leksike marijskogo jazyka. — *CIFU* IV/3, 391-393.
14050 ISANBAEV, N.I.: K voprosu o pronicaemosti morfologičeskich javlenij pri vzaimodejstvii jazykov. — [13759], 52-60 | On Tatar adjectives in Cheremis.
14051 IVANOV, I.G.: K probleme vozniknovenija i formirovanija marijskogo literaturnogo jazyka. — *CIFU* IV/3, 163-168.
14052 KOVEDJAEVA, E.I.: Staroe i novoe v sisteme lokal'nych padežej marijskogo jazyka. — *CIFU* IV/3, 289-291.
14053 KUZNECOV, V.V.: Ojkonimy Marijskoj ASSR s topoformantom *-mas*. — [14061], 3-15.
14054 LAVRENT'EV, G.I.: Morfemy i morfy v strukture slovoform marijskogo literaturnogo jazyka. — *SovFU* 18, 1982, 94-100.
14055 LEWY, Ernst: *Beiträge zur Kunde des Tscheremissischen.* 3. — München: 1981 | BL 1981, 13757. | *Kratylos* 27, 1982 (1983), 216-217 A. Plöger.
14056 SAVATKOVA, A.A.: *Slovar' gornogo narečija marijskogo jazyka.* — Joškar-Ola: 1981 | BL 1981, 13760. | *SovFU* 18, 1982, 300 G.I. Lavrent'ev.

14057 VASIKOVA, Lidija: Strukturnye schemy predloženij v marijskom jazyke. — *SovFU* 18, 1982, 271-282 | E. summ.
14058 VASIL'EV, V.N.: Nazvanija ptic v marijskom jazyke. — *SovFU* 18, 1982, 101-104 | G. summ.
14059 VEENKER, Wolfgang: Das erste Gedicht in bergčeremissischer Sprache. — [253], 206-214.
14060 *Voprosy marijskoj dialektologii.* [Sost.: I.I. ISANBAEV]. — Marijskij NII, Trudy 49; Joškar-Ola: 1981, 192 p. | I.I. ISANBAEV, Osnovnye itogi dejatel'nosti sektora jazyka za pjat'desjat let (1930-1980 gg.), 5-31. | *SovFU* 18, 1982, 301-303 L.A. Petuchova.
14061 *Voprosy marijskoj onomastiki.* Vyp. 2. [Red.: I.S. GALKIN]. — Marijskij NII, Trudy 45; Joškar-Ola: 1980, 144 p. | Cf. BL 1980, 12384. | *SovFU* 18, 1982, 71-73 O.E. Poljakov.
14062 WICHMANN, Yrjö: *Tscheremissische Sätze.* — Helsinki: 1978 | BL 1978, 11038. | *BSL* 74, 1979/2, 361 A. Sauvageot.

IV. Permian — Permien

A. GENERAL — GÉNÉRALITÉS

14063 KEL'MAKOV, V.K.: Praudmurtskaja sistema glasnych. — *CIFU* IV/3, 202-207.

B. VOTYAK (UDMURT) — VOTIAK (OUDMOURTE)

14064 KEL'MAKOV, V.K.: *Obrazcy udmurtskoj reči: severnoe narečie i srednie govory.* — Iževsk: Izd. "Udmurtija", 1981, 300 p. | *SovFU* 18, 1982, 303-305 P. Alvre | *NyK* 84, 1982, 431-433 Szíj Enikő.
14065 *Materialy po udmurtskoj dialektologii. Obrazcy reči.* [Red.: R.Š. NASIBULLIN, et al.]. — Iževsk: 1981, 184 p. | Texts in Udmurt dialects, published by G.A. ARCHIPOV, M.G. ATAMANOV, A.V. GIL'MAEV, et al. | *NyK* 84, 1982, 428-431 Csúcs Sándor.
14066 MIKOLA, Tibor: *Materialien zur wotjakischen Etymologie.* — Studia Uralo-Altaica 11; Szeged: Univ. Szegediensis de Attila József nominata (& Amsterdam: Benjamins), 1977, 188 p.
14067 Szíj Enikő: A votják rokonságnevek szerkezeti-szemantikai elemzése (Tőszavak, egyszavas szerkezetek). — *NyK* 84, 1982, 165-188, fig. | Ru. summ.: Morfosemantičeskij analiz terminov rodstva udmurtskogo jazyka (Nesostavnye terminy i parnye sočetanija ob"edinjajuščego tipa).
14068 TARAKANOV, I.V.: Udmurtsko-tatarskie jazykovye kontakty i nekotorye javlenija interferencii. — *CIFU* IV/3, 444-449.
14069 TARAKANOV, I.V.: Proniknovenie tjurkskich elementov v udmurtskoe slovoobrazovanie. — [13759], 33-51.
14070 TEPLJAŠINA, T.I.: Labializacija glasnych v udmurtskom jazyke. — *CIFU* IV/3, 244-247.

C. ZYRYAN (KOMI) — ZYRIÈNE (KOMI)

14071 BARAKSANOV, G.G.: Razrabotka leksičeskich normi komi literaturnogo jazyka XIX veka. — *CIFU* IV/3, 181-184.
14072 BARTENS, Raija: Die Dialektmonographien für das Komi-Syrjänischen. — *FUF* 44, 1982, 150-164 | Rev. art.

HONGROIS

14073 BATALOVA, R.M.: *Areal'nye issledovanija po vostočnom finno-ugorskim jazykam (komi jazyki).* — Moskva: "Nauka", 1982, 167 p.
14074 BEZNOSIKOVA, L.M.: Sinonimičeskie otnošenija glagolov dviženija v komi jazyke. — *SovFU* 18, 1982, 105-111 | E. summ.
14075 COATES, J.G.: The *-džyk* comparatve suffix in contemporary Komi usage. — *TPhS* 1982, 119-129.
14076 FEDJUNEVA, G.V.: *Slovoobrazovatel'nye suffiksy suščestvitel'nych v komi jazyke.* Diss. na soiskanie učenoj stepeni kandidata filol. nauk. — Tartu: 1982 | *SovFU* 18, 1982, 234-236 D.V. Cygankin.
14077 GULJAEV, E.S.: Dva dopolnenija k "Kratkomu ètimologičeskomu slovarju komi jazyka". — *CIFU* IV/3, 347-349.
14078 KNEISL, Marianne: *Die Verbalbildung im Syrjänischen.* — München: 1978 | BL 1981, 13793. | *SovFU* 18, 1982, 222-227 V. Černych.
14079 KRIVOŠČEKOVA-GANTMAN, A.S.; RATEGOVA, L.P.: *Komi-permjackie govory.* — Perm': 1980 | BL 1980, 12395. | *SovFU* 18, 1982, 227-229 E.A. Iguševe; V.A. Ljašev.
14080 PROKUŠEVA, T.I.: *Infinitiv v komi jazyke.* Diss. na soiskanie učenoj stepeni kandidata filol. nauk. — Syktyvkar: 1981 | *SovFU* 18, 1982, 236-238 P. Alvre | *UZTarU* 611, 1982 (*Fenno-Ugristica* 9), 140-143 P. Alvre.
14081 PROKUŠEVA, T.I.: Proischoždenie infinitiva v komi jazyke. — *SovFU* 18, 1982, 44-49 | E. summ.
14082 PROKUŠEVA, T.I.: Modal'nost' infinitivnych predloženij v komi jazyke. — *SovFU* 18, 1982, 178-183 | E. summ.
14083 RÉDEI, Károly: *Zyrian folklore texts.* — Budapest: 1978 | BL 1978, 11060. | *UAJb* 53, 1981, 157-158 D. Abondolo | *OLZ* 77, 1982, 178-179 B. Kálmán.
14084 RÉDEI, Károly: *Syrjänische Chrestomathie mit Grammatik und Glossar.* — Wien: 1978 | BL 1980, 12399. | *FUF* 44, 1982, 165-169 R. Bartens.

v. Ugric group — Groupe ougrien

A. General — Généralités

14085 GANSCHOW, Gerhard: Aszendenztheoretische Untersuchungen ugrischer Nominalstrukturen. — *CIFU* IV/3, 55-63.
14086 VÁSÁRY, I.: The "Yugria" problem. — [14341], 247-257.

B. Hungarian — Hongrois

0. BIBLIOGRAPHY AND GENERAL — BIBLIOGRAPHIE ET GÉNÉRALITÉS

14087 BALÁZS János: *Magyar deákság: anyanyelvünk és az európai nyelvi modell.* — Budapest: Magveto Kiadó, 1980, 655 p. | Cf. 14088.
14088 DÉCSY, Gy.: Neuorientierung der ungarischen Sprachpflege? — *UAJb* 54, 1982, 137-138 | On No. 14087.
14089 GUSZKOVA Antonyina: *A társadalmi kapcsolatteremtés eszközei a mai magyar nyelvben.* — Nyelvtudományi Értekezések 106; Budapest: Akadémiai Kiadó, 1981, 98 p. | *NyK* 84, 1982, 433-434 Posgay Ildikó.
MELIKA, G.I.: . . . strukturelle Verschiebungen in den interferierenden ung. und ukr. Sprachidiomen. — 12506.
14090 *Nyelvművelő kézikönyv.* Főszerk. GRÉTSY László; KOVALOVSZKY Miklós. I:

A-K. — Budapest: Akadémiai Kiadó, 1980, 1295 p. | Handbook of language cultivation. | *BSL* 76, 1981/2 (1982), 289-291 A. Sauvageot.

14091 *Studies in English and Hungarian contrastive linguistics.* Ed. by L. DEZSŐ; W. NEMSER. — Budapest: Akadémiai Kiadó, 1980, 590 p. | *UAJb* 54, 1982, 159-160 M. Luthy.

1. PHONETICS AND PHONOLOGY — PHONÉTIQUE ET PHONOLOGIE

14092 BATTISTELLA, Ed: More on Hungarian vowel harmony. — *LAn* 9, 1982, 95-118.
14093 KASSAI Ilona: A magyar köznyelvben nincsenek diftongusok. — *NyK* 84, 1982, 395-397 | E. summ.: There are no diphthongs in standard Hg. [Reply to A.D. KYLSTRA & T. DE GRAAF (BL 1981, 13819)].
14094 KASSAI Ilona; LŐRINCZY Éva B.: A magyar mássalhangzó-kapcsolódások pszichofiziológiai hátteréről. — *NyK* 84, 1982, 244-257 | E. summ.: On the psycho-physiological background of Hg. consonant clusters.
14095 LŐRINCZY Éva B.: *A magyar mássalhangzókapcsolódások rendszere* ... — Budapest: 1979 | BL 1981, 13820. | *UAJb* 53, 1981, 152 L. Szabó | *ZDL* 49, 1982, 101-102 M. Katzschmann.
14096 NYIRKOS, István: Az inetimologikus hangok a magyarban és a rokon nyelvekben. — *CIFU* IV/3, 212-218.
14097 RINGEN, Catherine O.: Abstractness and the theory of exceptions. — *LAn* 10, 1982, 191-202 | Critique of Zonneveld's analysis of Hung. vowel harmony (cf. BL 1981, 2677).
14098 SOVIJÄRVI, Antti: Results of the spectographic analysis of alveolo-palatals in Hungarian. — *CIFU* IV/3, 229-238, 2 fig., 9 tab.
14099 VAGO, Robert M.: *The sound pattern of Hungarian.* — Washington, DC: Georgetown UP., 1980, xiv, 150 p. | Revised and condensed version of the author's 1974 diss. | *Lg* 58, 1982, 218-221 J.T. Jensen | *UAJb* 53, 1981, 149-151 D. Farkas | *NyK* 84, 1982, 283-287 Z. McRobbie-Utasi.
14100 VAGO, Robert M.: Abstract /w/ in Hungarian. — [345], 589-599.

2. GRAMMAR — GRAMMAIRE

14101 BARTHA Katalin D.: *A magyar szóképzés története.* — Budapest: ELTE, 1982, 138 p. | The hist. of Hg. word-formation.
14102 BÁTORI, István: On verb deixis in Hungarian. — [1402], 155-165.
14103 BEHRENS, Leila: *Zur funktionalen Motivation der Wortstellung: Untersuchungen anhand des Ungarischen.* — Veröffentlichungen des Finnisch-Ugrischen Seminars an der Univ. München, C 13; München: 1982, [7], vi, 235 p.
14104 GINTER Karoly: Finnugor-indoeurópai kontrasztok a magyar nyelvben. — *CIFU* IV/3, 387-390.
14105 GROOT, Casper DE: Sentence-intertwining in Hungarian. — [385], 41-62.
HETZRON, R.: Non-applicability as a test for category definitions. — 2491.
14106 JAKAB István: *A magyar igekötő szófajtani útja.* — Nyelvtudományi értekezések 112; Budapest: Akadémiai Kiadó, 1982, 73 p.
14107 KÁROLY, Sándor: Intransitive-transitive derivational suffixes in Hungarian. — [345], 185-243.
14108 KIEFER, Ferenc: Zur semantischen Klassifizierung der ungarischen Adjektive. — *CIFU* IV/3, 275-286.
14109 KIEFER, Ferenc: The aspectual system of Hungarian. — [345], 293-329.

14110 LÉVAY, Béla: A new approach and a model of the indefinite and definite conjugation in Hungarian. — *CIFU* IV/3, 296-301.
14111 LINDHOLM, Hans: Något om ordbildning i ungerskan. — *Finsk-ugriska småskrifter* (Lund) 5, 1982, 21-26 | Notes on word-formation in Hg.
14112 MOLNÁR, Ilona: Existential relations in *hogy*-sentences (sentences containing a that-clause) in Hungarian. — [345], 387-426 | Cf. BL 1981, 13843.
14113 NAGY Ferenc: *Kriminalisztikai szövegelemzés.* — Budapest: Akadémiai Kiadó, 1980, 172 p. | *NyK* 84, 1982, 293-294 Juhász József.
14114 PERROT, Jena: Accent et syntagme prédicatif en hongrois. — *CIFU* IV/3, 334-338.
14115 PLÉH, Csaba: Subject or topic in Hungarian: some psycholinguistic evidence to increase the confusion. — [345], 447-465.
14116 RÉDEI, Károly: Die Herkunft des Imperativzeichens im Ungarischen. — *FUF* 44, 1982, 1-10.
14117 SARKISJAN, A.E.: K voprosy pristavok glagolov vengerskogo jazyka. — *CIFU* IV/3, 314-316.
14118 VÁSÁRHELYI, István: Das Verhältnis der Endungen zum Wortstamm bei der Deklination des ungarischen Hauptwortes. — *CIFU* IV/3, 109-117, 2 tab.
ZIMMER, R.: Der persönliche Inf.: ein Phänomen des Port. und Ung. . . . — 6516.

3. HISTORY — HISTOIRE

14119 BENKŐ Loránd: *Az Árpád-kor magyar nyelvű szövegemlékei.* — Budapest: 1980 | BL 1981, 13852. | *NyK* 84, 1982, 274-279 Balázs János.
14120 BÜKY, Béla: Zur Frage des lateinischen Originals des "Wiener Kodex". — *FUF* 44, 1982, 61-65.
14121 CREISSELS, Denis: Caractérisation typologique des constructions possessives du hongrois (affinités typologiques et parenté génétique). — *CIFU* IV/3, 373-376.
14122 DÉCSY, Gyula: Genetische und areale Merkmale im Ungarischen. — *CIFU* IV/3, 64-69.
14123 FODOR, István: *Altungarn, Bulgarotürken und Ostslawen in Südrussland. Archäologische Beiträge.* — Acta Antiqua et Archaeologica 20; Szeged: Univ. de Attila József nominata, 1977, 136 p., 15 pl. | *NyK* 84, 1982, 436-438 Veres Péter.
14124 FODOR, I.: On Magyar – Bulgar-Turkish contacts. — [14341], 45-81, 2 fig.
14125 HAJDÚ Péter; KRISTÓ Gyula; RÓNA-TAS András: *Bevezetés a magyar őstörténet kutatásainak forrásaiba.* I, 1; I, 2; II. — Budapest: Tankönyvkiadó, 1976, 308 p.; 1976, 328 p.; 1977, 328 p. | Introd. to the sources (linguistic included) of Hg. prehistory. | *UAJb NF* 1, 1981, 291-292 K. Agyagási.
KAKUK, S.: The Hg. hist. etym. dictionary and Chuvash phonology. — 14346.
14126 KORENCHY, Éva: Iranian contacts during the period of Ugric division. — *CIFU* IV/3, 70-76.
14127 KORNILOV, Genn: O gomogennych javlenijach v vengerskom i čuvašskom jazykach. — *SovFU* 18, 1982, 50-57 | G. summ.
14128 LÁSZLÓ, Gyula, et al.: Die ungarische Landnahme und ihre Vorereignisse. — *CIFU* IV/2, 195-238 | Discussion by R.G. KUZEEV & T.M. GARIPOV ("Magna Chungaria" i drevnaja Baškirija, 197-202, map), Mircea RUSU (La population autochtone et les Hongrois sur le territoire de la Transylvanie aux IXe-XIe siècles, 207-218, 2 maps), et al. | Cf. BL 1975, 12412.

MIRŽANOVA, S.F.: O drevnich etno-jazykovych svazjach baškir i vengrov. — 14478.
14129 MOLLAY Károly: *Német-magyar nyelvi érintkezések a XVI. század végéig.* — Nyelvészeti tanulmányok 23; Budapest: Akadémiai Kiadó, 1982, 643 p. | Deutsch-ungarische Sprachkontakte bis zum Ende des 16. Jahrhunderts.
PALLÓ, M.: The Bulgar-Turkish loanwords of the Hg. language . . . — 143500.
PAPP, F.: Foreign language environment and linguistic change . . . — 2844.
14130 SEBESTYÉN Árpád: Irodalmi nyelv és nyelvtani irodalom. — *CIFU* IV/3, 169-174.
14131 SZABÓ, Géza: Zu einigen Fragen der urungarischen Lokalbestimmungen. — *CIFU* IV/3, 77-82.

4. DIALECTOLOGY — DIALECTOLOGIE

14132 DÉCSY, Gy.: Atlas der ungarischen Dialekte. — *UAJb* 53, 1981, 139-141 | On *A magyar nyelvjárások atlasza*, I-VI, 1968-77 (BL 1981, 13860).
14133 DEME, László: Types of linguistic atlases. — *CIFU* IV/3, 40-42.
14134 KISS Jenő: *A rábaközi Mihályi nyelvjárásának hang- és alaktana.* — Budapest: Akadémiai Kiadó, 1982, 211 p. | Phonology and morphology of the dialect of Mihályi, Rábaköz region.
LIZANEC, P.I.: Lingvogeografičeskij aspekt v issledovanii ukrainsko-vengerskich meždialektnych kontaktov. — 12553
14135 MÁRTON, Gyula; PÉNTEK, János; VÖŐ, István: *A magyar nyelvjárások román kölcsönszavai.* — Bukarest: 1977 | BL 1977, 13357. | *FUF* 44, 1982, 217-221 Á. Törpényi Szabó.
14136 MURÁDIN László: Miriszló nyelvjárásának magánhangzórendszere. — *NyIrK* 25, 1981/1, 39-66 | Rum. summ.
14137 PENAVIN, Olga: Regionalni dijalektološki rečnik Mađara u Jugoslaviji. — [366], 184-189 | On the dial. vocabulary of Hungarians in Yugoslavia.
14138 PENAVIN, Olga: A szerb-horvát nyelv hatása a magyar nyelvjárásokra. — *CIFU* IV/3, 417-422.
14139 TEMESI, Mihály: Ortsnamenforschung und Sprachgeographie. — *CIFU* IV/3, 34-39.
14140 *Új magyar tájszótár.* Főszerkesztő B. LŐRINCZY Éva. . . . I. kötet. — Budapest: 1979 | BL 1979, 11839. | *UAJb* 54, 1982, 152-153 K. Keresztes | *JČ* 33, 1982, 92-94 F. Sima | *FUF* 44, 1982, 194-197 É. Ruzsiczky.

5. LEXICON — LEXIQUE

14141 ADAMOVIĆ, Milan: Zum ungarischen Wort *csipke.* — *FUF* 44, 1982, 99-103.
14142 BAKOS Ferenc: *A magyar szókészlet román elemeinek története.* — Budapest: Akadémiai Kiadó, 1982, 560 p. | *ZRPh* 98, 1982, 716 J. Hubschmid.
14143 CSÚCS Sándor: A magyar szókészlet finnugor elemeinek statisztkája. — *NyK* 84, 1982, 258-263 | Statistics of the Finno-Ugric elements of the Hg. lexicon (E. summ.).
14144 HABOVŠTIAKOVÁ, Katarína; HASÁK, Viliam; et al.: *Magyar-szlovák frazeológiai szótár.* — Bratislava: 1980 | BL 1980, 12425. | *SlavSl* 17, 1982, 275-279 E. Kučerová.
14145 HORVÁTH Mária: *Német elemek a 17. század magyar nyelvében.* — Budapest: 1978 | BL 1979, 11851. | *SSlav* 27, 1981 (1982), 324-334 F. Gregor.

14146 KONTRA Miklós: *A nyelvek közötti kölcsönzés néhány kérdéséről, különös tekintettel "elangolosodó" orvosi nyelvünkre.* — Nyelvtudományi értekezések 109; Budapest: Akadémiai Kiadó, 1981, 64 p. | On some questions of interlingual borrowing, with special reference to the "Anglicization" of Hg. medical terminology (E. summ.). | *UAJb* 54, 1982, 155-156 E. Moravcsik.

14147 KONTRA, Miklós; NEHLER, Gregory L.: Ethnic designations used by Hungarian-Americans in South Bend, Indiana. — *UAJb* 53, 1981, 105-111.

14148 *A magyar szókészlet finn-ugor elemei* . . . III. Főszerkesztő: LAKÓ György . . . — Budapest: 1978 | BL 1979, 11857. | *BSL* 76, 1981/2 (1982), 282-285 A. Sauvageot | Cf. 14154.

14149 NAGY Gábor, O.; RUZSICZKY Éva: *Magyar szinonímaszótár.* — Budapest: 1978 | BL 1979, 11860. | *FUM* 6, 1982, 199-208 B. Brogyanyi | *LPosn* 24, 1982, 155-158 J. Bańczerowski.

14150 PALLO Margit, K.: *Régi török eredetű igéink.* — Studia Uralo-Altaica, Suppl. 1; Szeged: Univ. Szegediensis de Attila József nominata, 1982, 271, xii p. | O. Hg. verbs of Turkic origin.

14151 PENAVIN, Olga: Sprichwörter und Redensarten in der ungarischen Sprache in Jugoslawien. — *FUF* 44, 1982, 43-60.

14152 RITTER, Ralf-Peter: Ein frühneuhochdeutsches Lehnwort des Ungarischen: *hopcihér* "Rädelsführer". — *NyK* 84, 1982, 269-270.

14153 SZABÓ T. Attila: *Erdélyi magyar szótörténeti tár.* III (elt – felzs). — Bucureşti: Kriterion, 1982, 1162 p. | Cf. BL 1981, 13882. | *UAJb NF* 1, 1981, 271-273 T. Fazekas (On vol. I-II).

14154 *Szómutató a Magyar szókészlet finnugor elemei cimű etimológiai szótár I-III.* Főszerkesztő: LAKÓ György. Szerkesztő: A. JÁSZÓ Anna. — Budapest: Akadémiai Kiadó, 1981, 130 p. | Word index to No. 14148 | *UAJb* 54, 1982, 151 Gy. Décsy.

14155 TAKÁCS Lajos: *Kopolya.* — *NyK* 84, 1982, 264-268 | *Kopolya* "water hole" (E. summ.).

6. ORTHOGRAPHY — ORTHOGRAPHE

14156 *Keleti nevek magyar helyesírása.* Főszerkesztő: LIGETI Lajos; szerkesztő: TERJÉK József. — Budapest: Akadémiai Kiadó, 1981, 960 p. | The spelling of Oriental names in Hg. | *NyK* 84, 1982, 299-300 T. Urbán Ilona.

7. STYLISTICS — STYLISTIQUE

14157 BENKŐ László: *Az írói szótár* . . . — Budapest: 1979 | BL 1981, 13887. | *BSL* 76, 1981/2 (1982), 94-97 A. Sauvageot.

14158 SZATHMÁRI, István: Quand la langue littéraire hongroise s'est-elle fixée? — *CIFU* IV/3, 157-162.

10. MATHEMATICAL LINGUISTICS — LINGUISTIQUE MATHÉMATIQUE

14159 KELEMEN, József: Methoden der Computerlinguistik und Sprachstatistik mit Rücksicht auf die Lexikologie. — *CIFU* IV/3, 91-96.

14. ONOMASTICS — ONOMASTIQUE

14160 BENKŐ, Loránd: Mittelalterliche ungarische Siedlungsnamentypen. — *FUS* 5, 1982, 15-22.
      CHORGOŠI, E.: Zamečanija k toponimu tipa *Bojan* . . . — 9920.
14161 GERGELY Piroska, B.: *A kalotaszegi magyar családnevek rendszertani és funkcionális vizsgálata.* — Nyelvtudományi Értekezések 108; Budapest: Akadémiai Kiadó, 1981, 96 p. | *NyK* 84, 1982, 434-436 Fehértói Katalin.
14162 KÁLMÁN Béla: *The world of names* . . . — Budapest: 1978 | BL 1978, 11110. | *Kratylos* 27, 1982 (1983), 218-220 R.-P. Ritter | *Onomastica* 27, 1982 (1983), 249-258 J. Reczek.
14163 POSGAY, Ildikó: Les noms des cafés à Budapest. — [176], 267-270.
14164 RÁSONYI, László: The Old-Hungarian name *Vajk*: a note on the origin of the Hunyadi family. — *AOH* 36, 1982, 419-428.

C. Ob-Ugric — Ougrien de l'Ob

A. GENERAL — GÉNÉRALITÉS

14165 BAKRÓ-NAGY, Marianne Sz.: *Die Sprache des Bärenkultes im Obugrischen.* — Budapest: 1979 | BL 1979, 11896. | *FUF* 44, 1982, 191-194 J. Janhunen.
14166 HAARMANN, Harald: Spracherhaltung und Sprachwechsel bei den vogulischen und ostjakischen Bevölkerungsgruppen. — *UAJb NF* 1, 1981, 73-84.
14167 HONTI, László: *Geschichte des obugrischen Vokalismus der ersten Silbe.* — Bibl. Uralica 6; Budapest: Akadémiai Kiadó, 1982, 227 p. | *FUM* 6, 1982, 189-194 R. Radomski | *Sananjalka* 24, 1982, 208-209 V. Eiras.
14168 HONTI, László: Vergleichende Analyse der Phonologie der nördlichen Mundarten der obugrischen Sprachen. — *FUF* 44, 1982, 11-22.
14169 HONTI, László: Diskussionsbeitrag zu dem sogenannten palatalen Trigon in der obugrischen Vokalgeschichte. — *FUM* 6, 1982, 179-188.
14170 KATZ, Hartmut: Zur obugrischen Benennung des Ob. — *FUM* 6, 1982, 173-174.

B. OSTYAK (KHANTI) — OSTIAK (KHANTI)

14171 HONTI, László: *Nordostjakisches Wörterverzeichnis.* — Studia Uralo-Altaica 16; Szeged (distr.: Benjamins, Amsterdam), 1982, xii, 211 p.
14172 HONTI László: A szalimi osztják nyelvjárás hang- és alaktanának ismertetése. — *NyK* 84, 1982, 91-119 | E. summ.: A phonological and morphological survey of the Salym dialect of Ostyak.
14173 HONTI László: Vaszjugáni osztják szövegek. — *NyK* 84, 1982, 121-164 | Vasjugan Ostyak texts, with phonemic transcription, Hg. transl., and glossary.
14174 [KARJALAINEN, K.F.] *K.F. Karjalainens südostjakische Textsammlungen* . . . hrsg. von Edith VÉRTES. I. — Helsinki: 1975 | BL 1975, 12494. | *Sprache* 28, 1982, 36-37 H. K[atz].
14175 KATZ, Hartmut: *Generative Phonologie und phonologische Sprachbünde des Ostjakischen und Samojedischen.* — München: 1975 | BL 1975, 12495. | *FUF* 44, 1982, 169-177 S. Csúcs.
14176 KURKINA, G.G.: *Vokalizm chantyjskogo jazyka (èksperimental'noe issledovanie).* Diss. na soiskanie učenoj stepeni kandidata filol. nauk. — Novosibirsk: 1982 | *SovFU* 18, 1982, 309-311 A. Eėk.

14177 KURKINA, G.G.: Spektral'nye charakteristiki perednerjadnych glasnych v jazyke kazymskich chanty. — [13737], 66-76, 26 fig.
14178 KURKINA, G.G.: *F*-kartiny central'norjadnych glasnych v jazyke kazymskich chanty. — [13737], 77-86, 26 fig.
14179 [PAASONEN, H.] *H. Paasonens südostjakische Textsammlungen* I-IV. ... hrsg. von Edith VÉRTES. — Helsinki: 1980 | BL 1980, 12465. | *Kratylos* 27, 1982 (1983), 217-218 A. Plöger | *BSL* 76, 1981/2 (1982), 329-330 A. Sauvageot | *FUF* 44, 1982, 259-261 A. Plöger.
14180 RADOMSKI, Rosemarie: Dialektvarianten in ostjakischen Ortsnamen. — [176], 275-280.
14181 RIESE, Timothy: The conditional sentence in the Ostyak language. — *NyK* 84, 1982, 229-243.
14182 SCHIEFER, Lieselotte: *Phonematik und Phonotaktik des Vach-Ostjakischen.* — München: 1975 | BL 1975, 12503. | *LPosn* 24, 1982, 158-166 A.F. Majewicz.
14183 SCHIEFER, Lieselotte: Russische Lehnwörter im Vach-Ostjakischen. — *FUM* 6, 1982, 163-171.
14184 SCHULZE, Brigitte: Zur Entwicklung der Lexik im Chantischen seit 1917. — *CIFU* IV/3, 185-188.
14185 SEILENTHAL, T.: A névutós szerkezetek felépítése és típusai az osztjákban. — *UZTarU* 611, 1982 (*Fenno-Ugristica* 9), 88-98 | Ru. summ.: Struktura i tipy posleložnych konstrukcij v chantyjskom jazyke.
14186 STEINITZ, Wolfgang: *Ostjakologische Arbeiten.* Band IV. — Budapest: 1980 | BL 1980, 12469. | *OLZ* 77, 1982, 419-420 S. Csúcs.
14187 STEINITZ, Wolfgang: *Dialektologisches und etymologisches Wörterbuch der ostjakischen Sprache.* Lief. 9. Bearbeitet von Gert SAUER unter Mitarbeit von Liselotte HARTUNG; Petra HAUEL; Brigitte SCHULZE. — Berlin (DDR): Akad.-Verlag, 1980, p. 993-1120 | Cf. BL 1981, 13909. | *NyK* 84, 1982, 287-288 Keresztes László.
14188 TAMBOVCEV, Ju.A.: Ėmpiričeskoe raspredelenie častotnosti fonem v kazymskom dialekte chantijskogo jazyka. — *UZTarU* 628, 1982 (*Trudy po lingvostatistike*), 121-135 | E. summ.
14189 TEREŠKIN, N.I.: *Slovar' vostočno-chantijskich dialektov.* — Leningrad: 1981 | BL 1981, 13911. | *SovFU* 18, 1982, 305-308 G. Sauer | *NyK* 84, 1982, 427-428 Csepregi Márta.
14190 VERTE, L.A.: *Konsonantizm chantyjskogo jazyka (ėksperimental'noe issledovanie).* Diss. na soiskanie učenoj stepeni kandidata filol. nauk. — Novosibirsk: 1982 | *SovFU* 18, 1982, 311-314 A. Ėėk.
14191 VERTE, L.A.: Raspredelenie soglasnych fonem v jazyke kazymskich chanty. — *SovFU* 18, 1982, 184-188 | Ru. summ.
14192 VERTE, L.A.: Lateral'nye fonemy [l], [ł], [λ] v kazymskom dialekte chantijskogo jazyka. — [13737], 14-27, 10 fig.
14193 VERTE, L.A.: Malošumnye ptovye [w], [j] v kazymskom dialekte chantijskogo jazyka (po ėksperimental'nym dannym). — [13737], 28-34, 2 fig.

C. VOGUL (MANSI) — VOGOUL (MANSI)

14194 MATVEEV, A.K.: *Geografičeskie nazvanija Urala (Kratkij toponimičeskij slovar').* — Sverdlovsk: 1980 | BL 1981, 13919. | *NyK* 84, 1982, 281-282 Kálmán Béla.
14195 MIHKELE, A.: Ülevaade mansi postpositsioonidest. — *UZTarU* 611, 1982 (*Fenno-Ugristica* 9), 67-76 | Ru. summ.: Obzor mansijskich poslelogov.

14196 RÉDEI, Károly: Nochmals zum *l* der wogulischen objektiven Konjugation. — *UAJb NF* 1, 1981, 85-87.
14197 ROMBANDEEVA, E.I.: O funkcijach logičeskogo udarenija v mansijskom jazyke. — *CIFU* IV/3, 339-341.
14198 TAMBOVCEV, Jury A.: Kombinierbarkeit von Vokalen und Konsonanten im Vogulischen. — *FUM* 6, 1982, 145-161.
14199 TAMBOVCEV, Ju.A.: Spektral'nye charakteristiki udarnych central'nozadnerjadnych glasnych literaturnogo mansijskogo jazyka. — [13737], 87-93.
14200 VLASOVA, D.D.: Toponimy, otražajuščie religioznye predstavlenija kondinskich mansi. — *VO* 14, 1980, 57-62.
14201 *Wogulische Volksdichtung*. Gesammelt und übersetzt von Artturi KANNISTO. Band VII: *Wörterverzeichnis zu den Bänden I-VI*. Bearbeitet von Matti LIIMOLA und Vuokko EIRAS. — MSFOu 180; Kotimaisten kielten tutkimuskeskuksen julkaisuja 20; Helsinki: Suomalais-ugrilainen Seura, 1982, 385 p.

C. Samoyedic group — Groupe samoyède

14202 BYKONJA, V.V.: Funkcional'naja napravlennost' posleložnych narečij v sel'kupskom jazyke. — [13738], 22-34.
14203 BYKONJA, V.V.: Sobstvenno poslelogi v sel'kupskom jazyke. — [13738], 35-46.
 CHALIKOVA, R.Ch.; CHISAMETDINOVA, F.G.: O nekotorych konsonantnych sočetanijach v tjurkskich i samodijskich jazykach . . . — 14444.
14204 CHELIMSKIJ, E.A.: Leksikografičeskie materialy XVIII – načala XIX vv. po sajano-samodijskim jazykam. — [13738], 47-58.
14205 HAJDÚ, Péter: On the syntax of the negative auxiliary in Samoyed. — [345], 109-130.
14206 HELL, Karin; KATZ, Hartmut: Zu selkupisch *pō*. — *FUM* 6, 1982, 175-177.
14207 JANKUNEN, Juha: Progress in Samoyedology: review of recent publications. — *FUF* 44, 1982, 184-191.
14208 JANURIK Tamás: Szamojéd hangmegfelelések. I: Mássalhangzók. — *NyK* 84, 1982, 41-89 | E. summ.: Sound correspondence in Samoyedic. I: Consonants.
14209 KATZ, Hartmut: *Selkupische Quellen: ein Lesebuch*. — Wien: 1979 | BL 1979, 11928. | *FUF* 44, 1982, 190 J. Janhunen.
14210 KATZSCHMANN, Michael; PUSZTAY, János: *Jenissej samojedisches . . . Wörterverzeichnis*. — Hamburg: 1978 | BL 1978, 11132. | *SovFU* 18, 1982, 135-147 E.A. Chelimskij | *FUF* 44, 1982, 188 J. Janhunen.
14211 KOVALENKO, N.N.: O nekotorych osobennostjach funkcionirovanija nganasanskogo deepričastija s suffiksom *-bü'/-chü'* v sostave zavisimoj časti polipredikativnogo predloženija. — [343], 90-98.
14212 KÜNNAP, A.: A survey of linguistic publications on Kamassian in 1944-1971. — *UZTarU* 611, 1982 (*Fenno-Ugristica* 9), 36-60.
14213 KÜNNAP, Ago: Über die ursprüngliche Kasusform des substantivischen Bestimmungswortes der postpositionalen Fügungen im Samojedischen. — *SovFU* 18, 1982, 112-118 | Ru. summ.
14214 [KÜNNAP, A.] KJUNNAP, Ago: Osnovnye istočniki vtoričnych okončanij lokal'nych padežej v samodijskich jazykach. — *SovFU* 18, 1982, 194-200 | G. summ.
14215 LABANAUSKAS, Kazis: K izučeniju prošedšich vremen neneckogo i éneckogo jazykov. — *SovFU* 18, 1982, 125-134 | G. summ.

ALTAÏQUE

14216 LABANAUSKAS, Kazis: Naklonenie kažuščegosja dejstvija v neneckom jazyke. — *SovFU* 18, 1982, 283-292 | G. summ.
14217 MÁRK, Tamás: Phonologische Struktur der Wortarten im Samojedischen. — *CIFU* IV/3, 302-304.
14218 MOREV, Ju.A.: Problema vosstanovlenija zvukovogo stroja obščesel'kupskogo jazyka. — *CIFU* IV/3, 208-211.
14219 MOREV, Ju.A.: K sootnošeniju gluchosti-zvonkosti i dolgoty-kratkosti šumnych soglasnych v sel'kupskom jazyke. — [13738], 3-14.
14220 POPOVA, Ja.N.: *Nenecko-russkij slovar'* . . . — Szeged: 1978 | BL 1981, 13955. | *BSL* 76, 1981/2 (1982), 330-331 A. Sauvageot.
14221 RYŽOVA, E.Ju.: Sistema pričastij v severnom dialekte èneckogo jazyka. — *SovFU* 18, 1982, 201-207 | E. summ.
14222 STOLJAREVA, A.K.: Fonema [ŋ] v jazyke avamskich nganasan. — [13738], 15-21, 10 fig.
14223 TERENT'EV, V.A.: K voprosu o rekonstrukcii prasamodijskogo jazyka. — *SovFU* 18, 1982, 189-193 | E. summ.
14224 TEREŠČENKO, N.M.: *Nganasanskij jazyk.* — Leningrad: 1979 | BL 1979, 11937. | *FUF* 44, 1982, 188-189 J. Janhunen.
14225 TEREŠČENKO, N.M.: O dejstvii v jazyke sposoba vyravnivanija (na primere nganasanskogo). — *SovFU* 18, 1982, 119-124 | G. summ.
14226 TEREŠČENKO, N.M.: Jubilej neneckoj pis'mennosti. — *SovFU* 18, 1982, 293-298.

III. ALTAIC LANGUAGES — LANGUES ALTAÏQUES

A. General — Généralités

14227 ANDREEV, N.D.; SUNIK, O.P.: O probleme rodstva altajskich jazykov i metodach ee rešenija. — *VJa* 1982/2, 26-35.
14228 BASKAKOV, N.A.: *Altajskaja sem'ja jazykov i ee izučenie.* — Moskva: "Nauka", 1981, 134 p.
14229 FRANKE, Herbert: Randnotizen zu einigen Worten der Khitansprache im Lichte neuere Arbeiten. — *AOH* 36, 1982, 173-182.
14230 GOLDEN, Peter B.: The twelve-year animal cycle calendar in Georgian sources. — *AOH* 36, 1982, 197-206 | On the Mong. and Turkic forms.
14231 HATTORI, Shirô: Vowel harmonies of the Altaic languages, Korean, and Japanese. — *AOH* 36, 1982, 207-214.
MENGES, K.H.: Problemata etymologica: altajisch *qyr- . . . — 4236.
14232 MILLER, Roy Andrew: Japanese evidence for some Altaic denominal verb-stem derivational suffixes. — *AOH* 36, 1982, 391-403.
14233 MOLNÁR, Ádám: The plough and ploughing among the Altaic peoples. — *CAJ* 26, 1982, 215-224, 2 pl., 4 fig., map.
14234 NASILOV, D.M.: Iz istorii altaistiki. [3]. — *SovT* 1979/4, 94-100.
14235 NASILOV, D.M.: Altaistika XIX v. — *TSb* 1977 (1981), 150-155.
14236 NASILOV, D.M.: Tjurk. *-a-* kak pokazatel' sposoba dejstvija na fone drugich altajskich jazykov. — *TSb* 1977 (1981), 156-182.
14237 NEKLJUDOV, S.Ju.: Mifologija tjurkskich i mongol'skich narodov (Problemy vzaimosvjazej). — *TSb* 1977 (1981), 183-202.
14238 TEKIN, Talat: On the structure of Altaic echoic verbs in (-KIrA). — *AOH* 36, 1982, 503-513.

14239 VÁSÁRY, István: The institution of foster-brothers (*emildäš* and *kökäldäš*) in the Chingisid states. — *AOH* 36, 1982, 549-562 | On the terms *ämildaš, kökäldäš*, etc.

B. Turkic Languages — Langues turciques

I. General — Généralités

14240 KAKUK, Zsuzsa: *Hungarian Turcology 1945-1974: bibliography.* — Keleti tanulmányok 5; Budapest: Magyar Tudományos Akad. Könyvtara, 1981, 190 p.
14241 Turkologischer Anzeiger (TA 7). [Hrsg. von Georg HAZAI; Andreas TIETZE]. — *WZKM* 73, 1981, *1-*254 | B. Sprache, von Lars JOHANSON, *40-*50; N. Nichtosmanische Turksprachen und Literaturen, von Istvan VÁSÁRY, *216-*223.
14242 ACHMET'JANOV, R.G.: *Sravnitel'noe issledovanie tatarskogo i čuvašskogo jazykov*... — Moskva: 1978 | BL 1981, 13966. | *SovT* 1979/6, 80-82 F.M. Chisamova.
14243 ACHMET'JANOV, R.G.: "Les", "derovo" i "bars" u tjurkov (ètimologičeskie ètjudy). — *SovT* 1980/5, 87-95.
14244 AŠNIN, F.D.: Pervaja pečatnaja naučnaja grammatika altajskogo jazyka. Problema avtorstva. — *TSb* 1975 (1978), 34-61.
14245 AŠNIN, F.D.: Pervaja pečatnaja naučnaja grammatika altajskogo jazyka (Vopros o nazvanii). — *TSb* 1977 (1981), 7-20.
14246 AZERBAEV, É.G.: K proischoždeniju porjadkovych čislitel'nych v tjurkskich jazykach. — *VJa* 1982/4, 64-71.
14247 BASKAKOV, N.A.: Processy areal'noj integracii v istorii tjurkskich jazykov. — *SovT* 1980/4, 3-6.
14248 BASKAKOV, N.A.: Ob unifikacii nazvanij drevnich i srednevekovych pis'mennych tjurkskich jazykov. — *TSb* 1977 (1981), 21-26.
14249 BENZING, Johannes: Bemerkungen zu zwei türkischen Gottesbezeichnungen. — [253], 8-12.
14250 ČAJKOVSKAJA, A.I.: Formy uslovnogo naklonenija v srednevekovych arabojazyčnych grammatikach tjurkskich jazykov. — *TSb* 1977 (1981), 285-295.
14251 CHAMITOVA, A.G.: Ob affiksach, vyražajuščich nepolnotu priznaka v imenach prilagatel'nych tjurkskich jazykov (na materiale sovremennogo uzbekskogo, ujgurskogo, kazachskogo i turkmenskogo jazykov). — *SovT* 1979/4, 69-74.
14252 DEM'JANENKO, Z.P.: Dolganskie *kujka, kyjka, kyn'yka* i ich svjazi s dannymi altajskich i enisejskich jazykov. — *SovT* 1979/6, 43-49.
 DOBRODOMOV, I.G.: Iz istorii izučenija tjurkizmov russkogo jazyka. — 12214.
14253 DOERFER, Gerhard: Materialien zu türk. *h-* (I). — *UAJb NF* 1, 1981, 93-141.
14254 DOERFER, Gerhard: Zur Betonung der Wortverbindungen des Chaladsch. — [253], 47-54.
14255 DOERFER, Gerhard; TEZCAN, Semih: *Wörterbuch des Chaladsch*... — Budapest: 1980 | BL 1980, 12532. | *NyK* 84, 1982, 438-441 Berta Árpád | *AAS* 18, 1982, 256-257 G. Hazai | *AO* 50, 1982, 274 L. H[řebíček] | *BiOr* 39, 1982, 481-483 R.E. Emmerick.
14256 FEDOTOV, M.R.: Otnošenie čuvašskogo i obščetjurkskogo jazykov i jazykam chazar, dunajskich i volžskich bulgar, a takže finno-ugrov. — *SovT* 1979/3, 25-37.

TURCIQUE

14257 FEDOTOV, M.R.: Zametki o perevode s odnogo tjurkskogo jazyka na drugoj (na materiale vremennych form glagola). — *SovT* 1980/1, 78-83.

14258 GADŽIEVA, N.Z.: *Tjurkojazyčnye arealy Kavkaza.* — Moskva: 1979 | BL 1979, 11950. | *VJa* 1982/6, 137-140 V.I. Aslanov; V.L. Gukasjan | *SovT* 1980/6, 86-88 A.A. Achundov; M.A. Chabičev.

14259 GANIEV, F.A.: Ob orfografii složnych slov v tjurkskich jazykach. — *SovT* 1979/5, 36-40.

14260 GRØNBECH, Vilhelm [1873-1948]: *Preliminary studies in Turkic historical phonology.* Transl. from the Danish by John R. KRUEGER. — Indiana Univ. Uralic and Altaic Series 135; Bloomington, IN: Indiana Univ. Research Inst. for Inner Asian Studies, 1979, 162 p. | Transl. of *Forstudier til tyrkisk Lydhistorie,* 1902. | Cf. 14262.

14261 HANSER, Oskar: Der Streit um den Türkischen Nebensatz unter besonderer Berücksichtigung der Sowjetturkologie. — *ZDMG* 132, 1982, 308-325.

14262 JAECKEL, R.: Vilhelm Grønbech's Turkic historical phonology in English translation. — *UAJb* 54, 1982, 145-149 | On No. 14260.

14263 JARRING, Gunnar: Owner's marks among the Turks of Central Asia. — [253], 103-106.

14264 JULDAŠEV, A.A.: Istoričeskoe razvitie vzaimnogo zaloga tjurkskogo glagola. — *SovT* 1980/4, 7-21.

14265 KAJDAROV, A.T.; KAŽIBEKOV, E.Z.: Gomogennye korni i ich leksiko-semantičeskoe razvitie (na primere *qa- ~ qa*). — *SovT* 1980/3, 17-24.

14266 KLIMOV, G.A.; ÈDEL'MAN, D.I.: K ètimologii *Albasty//Almasty.* — *SovT* 1979/3, 57-63.

14267 KONDRAT'EV, V.G.: Osnovnye tendencii razvitija v morfologičeskom stroe tjurkskich jazykov. — *SovT* 1980/5, 31-36.

14268 KONONOV, A.N.: *Istorija izučenija tjurkskich jazykov v Rossii: dooktjabr'skij period.* Izd. 2-e, dop. i ispr. — Leningrad: "Nauka", 1982, 359 p. | First ed. 1972 (BL 1972, 11951).

14269 KONONOV, A.N.: Semantika i funkcii glagol'noj svjazki *turur* > *-turu/-duru* > *-tur/-dur* > *-tu/-du* > *-t/-d* (sravnitel'no-istoričeskij ètjud). — *SovT* 1980/5, 3-13.

14270 KONONOV, A.N.; TENIŠEV, È.R.; FAZYLOV, È.I.: Tjurkskoe jazykoznanie v SSSR: itogi i perspektivy. — *SovT* 1981/1, 3-22.

14271 KUZNECOV, P.I.: K obosnovaniju teorii verbal'nosti tjurkskogo predloženija. — *SovT* 1980/3, 48-56; 1980/4, 43-54.

14272 KUZNECOV, P.I.: Genezis tjurkskogo aorista. — *SovT* 1980/6, 32-43.

14273 MAMATOV, N.: Ob otlični sobstvennosložnych slov ot sintaksičeskich sočetanij. — *SovT* 1979/4, 38-46.

14274 MUSAEV, K.M.: K istorii sojuzov v tjurkskich jazykach. — *SovT* 1980/6, 3-11.

14275 NIGMATOV, Ch.G.: O charaktere grammatičeskogo značenija tjurkskich form i kategorij. — *SovT* 1980/6, 44-50.

14276 OFROSIMOVA-SEROVA, L.G.: Istočniki ètimologičeskich slovarej regional'nych grupp tjurkskich jazykov i praktičeskie voprosy podgotovki materialov ètich slovarej. — *SovT* 1980/1, 53-58.

POPPE, N., Jr.: On some Turkic words in O. Ru. — 12296.

RECZEK, J.: Polono-Turcica II. — 11574.

14277 ROEMER, Hans Robert: Lehnwortforschung zur Kulturgeschichte der islamischen Welt. — *ZDMG* 132, 1982, 348-362 | On Gerhard DOERFER's contr. to

the *Philologiae Turcicae fundamenta*, 1959 (BL 1959, 297).
14278 RÓNA-TAS, A.: On the history of the Turkic and Finno-Ugrian affricates. — *AOH* 36, 1982, 429-447.
14279 ŠAVLOVA, N.V.: Količestvennyj faktor v charakteristike udarnogo glasnogo. — [13738], 71-77.
14280 SEREBRENNIKOV, B.A.: O nekotorych trudnych problemach istoričeskoj grammatiki tjurkskich jazykov. — *SovT* 1979/3, 3-11.
14281 SEREBRENNIKOV, B.A.: Zagadka affiksal'nogo ablauta *a : y* v tjurkskich jazykach. — *SovT* 1980/3, 42-47.
14282 SEREBRENNIKOV, B.A.: Javljajutsja li tjursko-mongol'skie paralleli sredstvom proniknovenija v glubiny istorii tjurkskich jazykov? — *SovT* 1980/6, 23-31.
 SETAROV, D.S.: Tjurkizmy v russkich nazvanijach životnogo mira. — 12317.
14283 SINOR, Denis: Réflexions sur la présence turco-mongole dans le monde méditerranéen et pontique à l'époque pré-ottomane. — *AOH* 36, 1982, 485-501.
14284 ŠIRALIEV, M.Š.: O podgotovke dialektologičeskogo atlasa tjurkskich jazykov SSSR. — *SovT* 1979/2, 3-8.
14285 ŠIRALIEV, M.Š.: O tvoritel'nom padeže. — *SovT* 1980/6, 20-22.
14286 STEBLEVA, I.V.: K probleme sovremennoj interpretacii teorii tjurkskogo aruza. — *TSb* 1977 (1981), 256-264.
14287 TEKIN, Şinasi: The Turkish translation of Bedvü'l-Amālī in quatrains. — *TUBA* 4, 1980, 157-206 | Text in a mixed dial. (Oghuz with Central Asian Turkish elements), with an analytical index.
14288 TEMIR, Ahmet: Türkçe Kül-tigin ve Moğolca Otčigin adlari üzerine. — [253], 194-200 | On the Turkic name *Kül-tigin* and the Mong. *Otçigin*.
 TIMONINA, L.G.: Kottsko-tjurkskie slovarnye sopostavlenija Karla Bouda. — 14636.
14289 TROFIMOV, M.I.: Ob udarenii v složnych slovach i slovosočetanijach v tjurkskich jazykach. — *SovT* 1981/1, 65-76.
 URAKSIN, Z.G.: Vzaimodejstvie russkogo i tjurkskich jazykov v oblasti frazeologii. — 12333.

II. Old and Middle Turkic — Turcique ancien et moyen

14290 ACHMETGALEEVA, Ja.S.: *Issledovanie tjurkojazyčnogo pamjatnika "Kisekbaš kitaby"*. — Moskva: 1979, 191 p. | *SovT* 1980/2, 76-77 L. Dmitrieva.
14291 ACHMETOV, M.A.: *Glagol v jazyke orchono-enisejskich pamjatnikov (v sravnitel'nom plane s sovremennym baškirskim jazykom)*. — Saratov: Izd. Saratovskogo univ., 1978, 131 p. | *SovT* 1979/6, 85-86 V.G. Kondrat'ev.
14292 ARAT, Reşid Rahmeti: *Kutadgu Bilig III: İndeks*. İndeksi neşre hazırlayanlar: Kemal ERASLAN; Osman F. SERTKAYA; Nuri YÜCE. — Türk Kültürünü Araştırma Enstitüsü Yayınları: 47, Seri: Iv – Sayı: A 12; İstanbul: 1979, xv, 565 p. | *TUBA* 3, 1979, 461-464 R. Dankoff.
14293 BAZIN, Louis: *Kül tegin* ou *Kö̈l tegin*? — [253], 1-7 | Nom dans une inscription de l'Orkhon.
14294 BIRNBAUM, Eleazar: A lifemanship manual: the earliest Turkish version of the Ḳābūsnāme? — *TUBA* 1, 1977, 1-64 | Ms. Birnbaum No. T12 ["B"]: text, transcription & linguistic comm.
14295 BLAGOVA, G.F.: Problemy lingvističeskogo izučenija srednevekovych tjurk-

skich tekstov (O metodike izučenija. O sootnošenii istorii pis'menno-literaturnogo jazyka i istoričeskoj grammatiki. O periodizacii istorii staropis'mennogo jazyka). — *TSb* 1977 (1981), 27-50.

14296 BODROGLIGETI, A.J.E.: Muhammad Shaybāni's *'Bahru'l-hudâ'*: an early sixteenth century didactic qasida in Chagatay. — *UAJb* 54, 1982, 1-56 | Introd. (mainly on the language), text in transcription, transl.

14297 ÇAĞATAY, Saadet: Bedeutungs-Übertragungen im Kutadgu Bilig. — [253], 38-46.

14298 Choğandi: *Latafat-name: kniga o krasote*. Vvedenie, transkripcija teksta, perevod, glossarij, grammatičeskij ukazatel' È.I. FAZYLOVA. — Taškent: "Fan", 1976, 199 p. | *OLZ* 77, 1982, 385-387 T.B. Möckel.

14299 CLARK, Larry V.: The Manichean Turkic *Pothi-book*. — *AoF* 9, 1982, 145-218 | Ed. with transl., comm. and glossary.

14300 DANKOFF, Robert: Textual problems in *Kutadgu Bilig*. — *TUBA* 3, 1979, 89-99.

14301 DOERFER, Gerhard: Zum Vokalismus nichterster Silben im Alttürkischen. — *WZKM* 73, 1981, 47-87 (to be cont.).

14302 DRÜLL, Dagmar: *Der Codex Cumanicus* . . . — Stuttgart: 1979 | BL 1981, 13985. | *TUBA* 4, 1980, 211-213 O. Pritsak.

14303 GOLDEN, Peter B.: *Khazar studies: an historico-philological inquiry into the origins of the Khazars*. Vol. I; II. — Bibl. Orientalis Hungarica 25; Budapest: Akadémiai Kiadó, 1980, 290 p.; xxv p., 252 pl. | *UAJb* 54, 1982, 165-166 Gy. Décsy | *BSOAS* 45, 1982, 179 C.E. Bosworth | *Historický časopis* (Bratislava) 30, 1982, 746-750 V. Kopčan | Cf. 14566.

14304 *"Izyskannyj dar tjurkskomu jazyku" (grammatičeskij traktat XIV v. na arabskom jazyke)*. Vvedenie, leksiko-grammatičeskij očerk, perevod, glossarij, grammatičeskij ukazatel' È.I. FAZYLOVA i M.T. ZIJAEVOJ. — Taškent: "Fan", 1978, 450 p. | *SovT* 1979/3, 71-73 A.M. Ščerbak.

14305 JAECKEL, Ralph: Recently discovered notes by Eckmann for his "Middle Turkic glosses of the Rylands interlinear Koran translation". — *UAJb* 53, 1981, 76-87 | Cf. BL 1976, 12880.

14306 JOHANSON, Lars: *Alttürkisch als "dissimilierende Sprache"*. — Wiesbaden: 1979 | BL 1979, 11968. | *BiOr* 38, 1981, 482-486 J. Krámský | *CAJ* 26, 1982, 145-147 A. v. Gabain.

14307 KLJAŠTORNYJ, S.G.: Mifologičeskie sjužety v drevnetjurkskich pamjatnikach. — *TSb* 1977 (1981), 117-138.

14308 KLJAŠTORNYJ, S.G.: Terchinskaja nadpis' (predvaritel'naja publikacija). — *SovT* 1980/3, 82-95, 3 fig.

14309 [KLJAŠTORNYJ, S.G.] KLYASHTORNY, S.G.: The Terkhin inscription. — *AOH* 36, 1982, 335-366, 18 fig. | Modified E. version of No. 14308.

14310 KONDRAT'EV, V.G.: Perifrastičeskie i analitičeskie formy glagola v drevnetjurkskom jayzke. — *UZLU* 403, 1980 (*Vostokovedenie* 7), 32-40.

14311 KORMUŠIN, I.V.: Tekstologičeskie issledovanija po drevnetjurkskim runičeskim pamjatnikam. I. — *TSb* 1977 (1981), 139-149.

14312 KUDARA, Kōgi; RÖHRBORN, Klaus: Zwei verirrte Blätter des uigurischen Goldglanz-Sūtras im Etnografiska Museum, Stockholm. — *ZDMG* 132, 1982, 336-347, 4 fig. on 2 pl.

14313 KÜRYŠŽANOV, A.Q.; ŽÜBANOV, A.Q.; BELBOTAEV, A.B.: *Kumanša-qazaqša zilik-sözdik*. — Almaty: "Gylym", 1978, 276 p. | *SovT* 1979/4, 103-104 A.B. Koškarov.

14314 KYZLASOV, I.L.: Tugutjupskaja stela s drevnechakasskoj ėpitafiej. — *SovT* 1979/5, 90-96, 2 fig.

14315 MÄMMÄDOV, Junis: *Orchon-jenisej abidälärindä adlar.* — Baky: API-nin näšři, 1979, 112 p. | *SovT* 1981/1, 90-91 F. Džalilov; N. Chudiev.
MAUE, D.: Zur Nebenüberlieferung von ai. *jalūka*- "Blutegel". — 4562.

14316 MOERLOOSE, Eddy: Sanskrit loan words in Uighur. — *TUBA* 4, 1980, 61-78 | On the introd. of Skr. loan words in Uighur through Toch.

14317 NADŽIP, Ė.N.: *Istoriko-sravnitel'nyj slovar' tjurkskich jazykov XIV veka*... Tom I. — Moskva: 1979 | BL 1979, 11972. | *OLZ* 77, 1982, 581-583 L. Johanson.

14318 POTAPOV, L.P.: *Ier sub* v orchonskich nadpisjach. — *SovT* 1979/6, 71-77.

14319 PRITSAK, Omeljan: Turkology and the comparative study of Altaic languages: the system of the Old Turkic runic script. — *TUBA* 4, 1980, 83-100.

14320 RÖHRBORN, Klaus: *Uigurisches Wörterbuch*... Lief 2. — Wiesbaden: 1979 | BL 1979, 11973. | *FUF* 44, 1982, 286-288 P. Aalto | *OLZ* 77, 1982, 174-177 P. Zieme.

14321 RÖHRBORN, Klaus: Ein Glückwunsch für den Kaiser Toyon Temür: ein Beitrag zur Metaphorik des Türkischen. — [253], 123-129.

14322 SERTKAYA, Osman Fikri: Probleme der köktürkischen Geschichte: muss es *Çölgi Az ẹri* oder *Çöl(l)üg iz ẹri* heissen? — *TUBA* 3, 1979, 291-294 | Notes on the inscription of Tonyukuk.

14323 SERTKAYA, Osman F.: Der Name "Gross-Rom = Byzanz" in den köktürkischen Inschriften. — *CAJ* 26, 1982, 122-130.

14324 ŠERVAŠIDZE, I.N.: K voprosu o deepričastii na *-ujin, -jin; -matyn/-maty, -majyn* v jazyke drevnetjurkskich runičeskich pamjatnikov. — *SovT* 1979/4, 90-93.

14325 SHŌGAITO, Masahiro: Ein uigurisches Fragment eines Beichttextes. — [253], 163-169, pl. (facsim.) | Ed. with transl. and comm.
SUNDERMAN, W.; ZIEME, P.: Soghdisch-türkische Wortlisten. — 4756.

14326 TEKIN, Sinasi: *Buddhistische Uigurica aus der Yüan-Zeit.* Teil I: *HSIN Tözin Oqidtači Nom.* Teil II: *Die Geschichte von Sadāprarudita und Dharmodgata Bodhisattva.* — Budapest: Akadémiai Kiadó / Wiesbaden: Harrassowitz, 1980, 383 p., 42 facsim. | *AO* 50, 1982, 197 P. Poucha.

14327 TUGUŠEVA, L.Ju.: O strukture drevneujgurskich tekstov. — *TSb* 1977 (1981), 265-284.

14328 VASIL'EV, D.D.: Drevnetjurkskaja ėpigrafika Južnoj Sibiri. II. — *TSb* 1977 (1981), 51-62, 13 fig.

14329 VASIL'EV, D.D.; ČADAMBA, Z.B.: Drevnetjurkskie ėpigrafičeskie pamjatniki iz doliny r. Ujuk. — *TSb* 1977 (1981), 63-75, 9 fig.

14330 WARNKE, Ingrid: Ein uigurisches Kolophon aus der Berliner Turfan-Sammlung. — [253], 215-220, pl. 6-7 (facsim.).

14331 YÜCE, Nuri: Neu festgestellte Wörter und Wortbedeutungen im Chōresmtürkischen. — *CAJ* 26, 1982, 301-308.

14332 ZEJNALOV, F.R.: *Gädim türk jazyly adidäläri (orta türk dövrü).* — Baky: S.M. Kirov Adyna Azärb. dövlät univ. näsri, 1980, 96 p. | — *SovT* 1980/6, 82-84 Z.I. Budagova; R.G. Ėjvazova.

14333 ZIEME, Peter: Ein Hochzeitssegen uigurischer Christen. — [253], 221-232, pl. 8-9 (facsim.).

14334 ZIEME, Peter: Ein uigurisches Familienregister aus Turfan. — *AoF* 9, 1982, 263-267.

14335 ZIEME, Peter: Zum uigurischen Tārā-Ekaviṃśatistotra. — *AOH* 36, 1982, 583-597, 3 facsim.
14336 ZIEME, Peter; KARA, György: *Ein uigurisches Totenbuch: Nāropas Lehre in uigurischer Übersetzung* . . . — Budapest: 1978 | BL 1979, 11979. | *BSOAS* 45, 1982, 179-181 K. Röhrborn | *ZDMG* 132, 1982, 396-398 J.P. Laut | *AAS* 18, 1982, 254-255 G. Hazai | *IIJ* 24, 1982, 162-166 J.W. de Jong.

III. Chuvash, etc. (Bolgar Group) —
Tchouvache, etc. (Groupe Bolgar)

14337 AGYAGÁSI, Clara: On the edition of Chuvash literary sources. — [14341], 7-17.
14338 *Čăvašla-vyrăsla slovar'*: 40000 sămacha jachăn. M.I. Skvorcov, redakcilenĕ. / *Čuvašsko-russkij slovar'*: okolo 40000 slov. Pod red. M.I. SKVORCOVA. [Avtory: I.A. ANDREEV, A.E. GORŠKOV, et al.]. — Moskva: "Russkij jazyk", 1982, 712 p., 32 pl., p. 665-712: fig.
14339 ČERNOV, M.F.: Tipy svobodnych e nesvobodnych sočetanij slov (s glagolom *tux*) v sovremennom čuvašskom jazyke. — *SovT* 1979/5, 55-63.
14340 CHAKIMZJANOV, F.S.: *Jazyk ėpitafij volžskich bulgar.* — Moskva: 1978 | BL 1980, 12570. | *SovT* 1979/5, 107-109 R.G. Achmet'janov.
14341 *Chuvash studies.* Ed. by András RÓNA-TAS. — Bibl. Orientalis Hungarica 28; Budapest: Akadémiai Kiadó, 1982, 306 p., 8 pl. | Also in the series Asiatische Forschungen 79; Wiesbaden: Harrassowitz, 1982.
14342 CZEGLÉDI, Catherine: Contributions to the microtoponymy of the Chuvash Republic. — [14341], 19-43, 8 fig.
14343 DOBRODOMOV, I.G.: Iz alanskogo plasta iranskich zaimstvovanij čuvašskogo jazyka. — *SovT* 1980/2, 21-29.

DOBRODOMOV, I.G.: Akcentologičeskaja charakteristika bulgarizmov . . . — 9810.

DŽIDALAEV, N.S.: Ob odnom rjade bulg. slov v lakskom jazyke . . . — 13697.

14344 FACHRUTDINOV, R.G.: Ob imeni i tituli pravitelja Volžskoj Bulgarii. — *SovT* 1979/2, 63-71.

FODOR, I.: *Altungarn, Bulgarotürken und Ostslawen in Südrussland* . . . — 14123.

14345 *Issledovanija po ėtimologii čuvašskogo jazyka.* — Čeboksary: NII jazyka, lit., istorii i ėkonomiki pri Sovete ministrov Čuvašskoj ASSR, 1981, 146 p.
14346 KAKUK, Susan: The Hungarian historical etymological dictionary and Chuvash phonology. — [14341], 83-95.

KORNILOV, G.: O gomogennych javlenijach v vengerskom i čuvašskom jazykach. — 14127.

14347 KOTLEEV, V.I.: Differencial'nye priznaki i akustičeskie charakteristiki čuvašskich glasnych. — *SovT* 1979/5, 64-71, 3 fig.
14348 KOTLEEV, V.I.: Fonetičeskaja charakteristika zvonkosti intervokal'nych šumnych soglasnych v sovremennom čuvašskom jazyke. — *SovT* 1980/3, 69-77, 5 fig.
14349 LEVITSKAJA, L.S.: Imejutsja li v čuvašskom jazyke oguzskie ėlementy? — [14341], 97-103.

MOSKOV, M.: Die protobulg. Sprachreste im Gegenwartsbulg. — 10215.

14350 PALLÓ, Margaret: The Bulgar-Turkish loanwords of the Hungarian language as sources of Chuvash prehistory. — [14341], 105-112.
14351 PETROV, N.P.: *Čuvašskij jazyk v sovetskuju ėpochu.* — Čeboksary: Čuvašskoe knižnoe izd., 1980, 208 p. | *SovT* 1981/1, 87-88 N.A. Baskakov.

14352 PRITSAK, Omeljan: Die protobulgarische Aufschrift auf einer Bleiplombe aus Warna. — [253], 118-122.
14353 *Problemy istoričeskoj leksikologii čuvašskogo jazyka.* — NII jazyka, lit., istorii i ėkonomiki pri Sovete Ministrov Čuvašskoj ASSR, Trudy 97; Čeboksary: 1980, 158 p.
14354 RÓNA-TAS, A.: The periodization and sources of Chuvash linguistic history. — [14341], 113-169.
14355 SIMEONOV, Boris: Die protobulgarische Inschrift aus Preslav. — *Palaeobulg* 6, 1982/4, 69-77.
14356 SIMEONOV, B.: K voprosu o proischoždenii i ėtničeskoj prinadležnosti prabolgar. — *BalkE* 25, 1982/3, 51-58.
14357 SZALONTAI-DMITRIEVA, Judith: The etymology of the Chuvash word *yumśă* "sorcerer". — [14341], 171-177.
14358 ZAHEMSZKY, L.: Konstantin Ivanov's versification and Chuvash folk poetry. — [14341], 275-284.

IV. South Turkic (Oghuz) — Turcique méridional (Oghouz)

A. GENERAL — GÉNÉRALITÉS

14359 DOERFER, G.: Ein türkischer Dialekt aus der Gegend von Hamadān. — *AOH* 36, 1982, 99-124, map.
14360 JOHANSON, Lars: *Pluralsuffixformen im Südwesttürkischen.* — AAWL 1981, 9; Wiesbaden: Steiner, 1981, 20 p.
14361 [JOHANSON, L.] JUCHANSON, L.: Nejtral'naja stadija v razvitii affiksal'nogo vokalizma v tureckom i azerbajdžanskom jazykach. — *SovT* 1979/6, 57-61.

B. TURKISH (OSMANLI) AND BALKAN DIALECTS —
TURC (OSMANLI) ET DIALECTES DES BALKANS

14362 ADALI, Oya: *Türkiye türkçesinde biçimbirimler.* — Türk Dil Kurumu yayınları 459; Ankara: 1979, 117 p.
14363 ANHEGGER, R.F.M.: *Hurufumuz Yunanca. Ein Beitrag zur Kenntnis der Karamanisch-Türkischen Literatur.* — *Anatolica* 7, 1979-80 (1981), 157-202 | II. Zur karamanischen Schrift und Sprache, 162-168.
14364 ATABAY, Neşe; ÖZEL, Sevgi; ÇAM, Ayfer: *Türkiye türkçesinin sözdizimi.* — Türk Dil Kurumu yayınları 472; Türkye türkçesi temel dilbilgisi genel izlencesi dizisi 3; Ankara: 1981, 131 p.
14365 CLEMENTS, George N.; SEZER, Engin: Vowel and consonant disharmony in Turkish. — [2037], 213-255.
14366 CLOGG, Richard: A karamanlidika inscription from Mount Athos (1818). — *BMGS* 1, 1975, 207-210 | Turkic written in Gr. characters.
14367 CLOGG, Richard: Some karamanlidika inscriptions from the monastery of the Zoodokhos Pigi, Balıkı, Istanbul. — *BMGS* 4, 1978, 55-67.
14368 DEDE, Müserref: Grammatical relations and surface cases in Turkish. — *PBLS* 7, 1981, 40-49.
14369 DOBREV, Ivan K.: Koordinativnye substantivno-substantivnye slovosočetanija v sovremennom tureckom jazyke. — *BalkE* 25, 1982/4, 61-84.
14370 DOĞAN, D. Mehmet: *Büyük türkçe sözlük: türkçe, osmanlıca, yabancı dillerden türkçeye geçen ve en çok kullanılan kelimeler.* — Birlik yayınları 4 = Sözlük dizisi 1; Ankara: Birlik Yayınları, 1981, v, 1088 p.

TURC (OSMANLI)

14371 DžANAŠIA, N.N.: *Morfologija tureckogo glagola.* — Tbilisi: Izd. Univ., 1981, 251 p.

14372 FESER, Robert: *Die infiniten Verbalformen des Osmanisch-Türkischen: Funktionen – Konstruktionen – Entwicklungswege.* — Hochschulsammlung Philosophie, Sprachwissenschaft 4 (Diss. München 1978); Freiburg [Breisgau]: Hochschulverlag, 1981, 140 p.

14373 FRIEDMAN, Victor A.: Balkanology and Turcology: West Rumelian Turkish in Yugoslavia as reflected in prescriptive grammar. — *SSGL* 2, 1982, 1-77.

14374 GAJDARŽI, G.A.: *Gagauzskij sintaksis: pridatočnye predloženija sojuznogo podčinenija.* — Kišinev: "Štiinca", 1981, 131 p.

14375 GILSON, Erika Hitzigrath: *The Turkish grammar of Thomas Vaughan: Ottoman-Turkish at the end of the XVIIth century according to an English "Transkriptionstext".* — Univ. of Pennsylvania diss., 1981, 373 p. | *DAb* 42/3, 1981, 1125-A.

14376 GOLUBEVA, N.P.: Predikativnoe grammatičeskoe členenie: oppozicii po sostavnosti. — *SovT* 1979/6, 31-42.

14377 GUZEV, V.G.: *Staroosmanskij jazyk.* — Jazyki narodov Azii i Afriki; Moskva: "Nauka", 1979, 96 p. | *OLZ* 77, 1982, 579-581 L. Johanson.

14378 HAFIZ, Nimetullah: Specifičnisti prizrenskog turskog govora. — *Prilozi za Orientalnu Filologiju* (Sarajevo) 27, 1977 (1979), 61-100 | E. summ.: Text and accent features of the Prizren Turkish popular language.

14379 HAZAI, Georg: Zur Herausbildung der labial-illabialen Angleichung im Osmanisch-Türkischen. — [253], 80-83.

14380 IBRAHIMI, Sami: Ndikimi i gjuhës shqipe në rrafshin fonologjik të turqishte së folur në Maqedoni dhe Kosovë. — *SFil* 36, 1982/2, 51-57 | L'influence exercé par l'alb. sur la phonologie du turc parlé en Macédoine et en Kosovo.

14381 IVANOV, S.N.: *Kurs tureckoj grammatiki. Čast' 2.* — Leningrad: 1977 | BL 1977, 13502. | *SovT* 1979/2, 82-85 M.M. Mirzaev; A.B. Abdullaev, et al.

14382 KARDESTUNCER, A.: A three-boundary system for Turkish. — *LAn* 10, 1982, 95-117.

14383 KISSLING, Hans-Joachim: *İşbu fermân-i ǧihân-muṭâ'.* — [253], 107-113.

14384 KONONOV, A.N.: Zametki po morfologii tureckogo jazyka (I. Forma na *sındı, sınlardı.* II. Forma na *-(y)indi.* III. Modal'nost' na *-dir*). — *SovT* 1980/2, 14-20; 1980/3, 3-16.

14385 MALONE, Joseph L.: Generative phonology and Turkish rhyme. — *LIn* 13, 1982, 550-553 | Application of P. KIPARSKY's method (cf. e.g. BL 1972, 3342).
MOLLOVA, M.: Quelques turcismes en *a*- . . . — 10553.

14386 NICOLAS, Michèle: Les composantes de vocabulaire botanique turc. — *Islam* 59, 1982, 114-121.

14387 PROKOSCH, Erich: *Studien zur Grammatik des Osmanisch-Türkischen . . .* — Freiburg: 1980 | BL 1980, 12593. | *Islam* 59, 1982, 372-374 B. Flemming | *WZKM* 73, 1981, 212-215 B. Brendemoen | *AAS* 18, 1982, 280-282 V. Kopčan | *OLZ* 77, 1982, 484-488 L. Johanson.

14388 RÖMER, Claudia: Der Einfluss der Übersetzungen aus dem Persischen auf die Entwicklung des Osmanischen im 14. und 15. Jahrhundert. — *WZKM* 73, 1981, 89-114.

14389 ŠČEKA, Ju.V.: Nekotorye strukturno-semantičeskie osobennosti predikativnych konstrukcij s glagol'nymi povtorami v tureckoj razgovornoj reči. — *SovT* 1979/4, 75-83.

14390 SLOBIN, Dan I.; AKSU, Ayhan A.: Tense, aspect, and modality in the use of the Turkish evidential. — [195], 185-200.

14391 *Söyleyiş ve yazım sözlüğü.* [Ed.:] Kemal DEMIRAY. — İstanbul: Inkilâp ve Aka, 1982, 256 p.
14392 SPIES, Otto: Nominalisierung von Sätzen im Osmanisch-Türkischen. — [253], 180-183.
14393 [SUMEŌNÍDĒS, Ch.] SYMEONIDES, Ch.: *Der Vokalismus der griechischen Lehnwörter im Türkischen.* — Thessaloniki: 1976 | BL 1976, 12960. | *JbÖByz* 27, 1978, 388-389 E. Trapp.
14394 TIETZE, A.: Die Zusammensetzung des gewerblichen Wortschatzes in der Provinz Kars. — *ZBalk* 18, 1982, 159-215.
14395 TIETZE, Andreas: Zum Argot der anatolischen Abdal (Gruppe Teber). — *AOH* 36, 1982, 521-532.
14396 TURA, Sabahat Sansa: "Yes, he hasn't" and a few other not's in Turkish. — *PBLS* 7, 1981, 317-327.
14397 UMAROV, È.A.: O frazeologičeskich slovarjach tureckogo jazyka. — *SovT* 1979/2, 75-79.
14398 WAETZOLD, Irene: *Zu den osmanischen Verbformen des 16. Jahrhunderts...* — Freiburg: 1978 | BL 1978, 11254. | *Islam* 59, 1982, 374-375 A.C. Schaendlinger.
14399 YAVAŞ, Feryal: *On the meaning of the tense and aspect markers in Turkish.* — Univ. of Kansas diss., 1980, 180 p. | *DAb* 41/12, 1981, 5086-A/5087-A.
14400 YAVAŞ, Feryal: Future reference in Turkish. — *Linguistics* 20, 1982, 411-429.
14401 YAVAŞ, Feryal: The Turkish aorist. — *Glossa* 16, 1982, 40-53.
14402 [YAVAŞ, M.S.] YAVAS, Mehmet Sukru: *Borrowing and its implications for Turkish phonology.* — Univ. of Kansas diss., 1980, 162 p. | *DAb* 41/5, 1980, 2093-A.
14403 YÜCEL, Tahsin: *Dil devrimi ve sonuçları.* — Türk Dil Kurumu yayınları 482; Türk Dil Kurumu tanıtma yayınları, Dil konuları dizisi 32; Ankara: 1982, 173 p.
14404 Yūsuf-i Meddaḥ: *Varqa ve Gülşāh...* Ed. ... by Grace Martin SMITH. — Leiden: 1976 | BL 1977, 13520. | *TUBA* 2, 1978, 146-154 R. Dankoff.

C. AZERBAIJANI — AZERBAÏDJANAIS

14405 ABDULLAEVA, N.Dž.: Varianty složnosočinennych predloženij s pojasnitel'noj svjaz'ju. — *SovT* 1980/4, 55-62.
14406 ADILOV, M.I.: *Azärbajġan dilindä tälidi sözlär.* — Baky: Adu Näsri, 1979, 96 p. | *SovT* 1980/1, 89-90 A.K. Alekperov.
14407 AGAEVA, I.S.: Vzaimodejstvie chudožestvennogo i naučnogo stilej sovremennogo azerbajdžanskogo literaturnogo jazyka. — *SovT* 1980/2, 47-56.
14408 ALIZADE, Z.A.: Otnošenie poslovic i pogovorok k frazeologii (na primere azerbajdžanskogo jazyka. — *SovT* 1979/2, 48-59.
14409 ALIZADE, Z.A.: Sintaktiko-stilističeskie osobennosti poslovic i pogovorok v azerbajdžanskom jazyke. — *SovT* 1980/1, 59-67.
14410 BABAJEV, A.M.; ISMAJYLZADÄ, Ġ.B.: *Azärbajġan klassik ädäbijjatynda išlädilän äräb vä fars sözläri lüġati.* — Baky: Maarif, 1981, 280 p.
14411 BAĠYROV, G.Ä.: *Bädii äsärlärdä danysyg dilinin grammatik chüsusijjätläri.* — Baky: API-nin Näsri, 1978, 95 p. | *SovT* 1980/1, 90-92 K. Abdullaev; F. Džalipov.
BUDAGOVA, Z.I.; GUKASJAN, V.L.: Ob azerb.-arm. jazykovych kontaktach. — 4807.

14412 DŽAVADOVA, M.N.: Neproizvodnye glagoly v pis'mennych pamjatnikach azerbajdžanskogo jazyka. — SovT 1981/1, 77-86.
GUKASJAN, V.L.: Ob azerbajdžansko-gruzinskich jazykovych kontaktach. — 13660.
14413 HÄSÄNOV, H.: Müasir azärbajğan ädäbi dilinin omonimlär lüğäti. — Baky: Maarif, 1981, 120 p.
14414 ISLAMOV, M.I.: Ob izučenii azerbajdžanskich dialektov i govorov metodom lingvističeskoj geografii. — SovT 1979/3, 64-70.
14415 MAGERRAMOVA, R.Dž.; RZAEVA, Z.I.: Vzaimootnošenija dialektov i govorov azerbajdžanskogo jazyka s pis'mennym literaturnom jazykom XVIII veka. — SovT 1979/5, 80-84.
14416 ŠÜKÜROV, Äliisa: Azärbajğan dilinin tarichi grammatikasy (Zärf vä kömäkči nitg hissärläri). — Baky: API-nin Näšri, 1981, 96 p.

D. TURKMEN — TURKMÈNE

14417 AMANSARYEV, Ğ.; GULMANOV, G.: Lingvistik terminleriŋ rusča-türkmenče spravočnigi. Red.: R. BERDIEV. / Russko-turkmenskij spravočnik lingvističeskich terminov. — Ašgabaet: Magaryf, 1981, 236 p.
14418 AZMUN, Yusuf: İran Türkmencesi. Bir Yomut Ağzı: Arzuv. — TUBA 2, 1978, 1-46.
14419 HANSER, Oskar: Turkmen manual . . . — Wien: 1977 | BL 1980, 12613. | BiOr 39, 1982, 227-228 H.E. Boeschoten.
14420 KÜRENOV, S.; MOLLAEV, A.; SAPAEV, A.: Türkmen dilinde ğogap ve bujruk frazalarynyŋ intonacijasy. Ėksperimental-fonetik dernev. / Intonacija otvetnych i pobuditel'nych fraz v turkmenskom jazyke. — Ašgabet: "Ylym", 1981, 155 p.
14421 MYRADOV, A.: Chäzirki zaman türkmen dilinde doly däl sözlemleriŋ gurlušy. Red.: M.N. CHYDYROV; N. NARTYEV. / MURADOV, A.: Struktura nepolnych predloženij v sovremennom turkmenskom jazyke. — Ašgabat: [TGU], 1981, 98 p.
14422 NAZAROV, O.: Türkmen dilinde rus alynma sözleri. / Russkie zaimstvovanija v turkmenskom jazyke. — Ašgabat: "Ylym", 1981, 196 p. | Text in Turkmen.
14423 REICHL, Karl: Türkmenische Märchen, mit Übersetzung, Glossar und Anmerkungen hrsg. — MTurc, Beiheft 4; Bochum: Brockmeyer, 1982, 140 p.
14424 Türkmen diliniŋ tarychy grammatikasynyŋ problemalary. Red.: S. ATANYJAZOV. — Ašgabat: "Ylym", 1980, 125 p.

v. West Turkic (Kipchak-Koman) —
Turcique occidental (Kiptchak-Coman)

14425 ACHATOV, G.Ch.: Tatarskaja dialektologija. [2]: Srednij dialekt. — Ufa: Izd. Baškirskogo univ., 1979, 80 p. | Cf. BL 1978, 11261. | SovT 1980/5, 98-100 U.D. Dospanov.
14426 ACHATOV, G.Ch.: Mašarskij dialekt tatarskogo jazyka. — Ufa: Izd. Baškirskogo univ., 1980, 81 p.
14427 ACHMATOV, I.Ch.: Ob opredelenii bezličnosti predloženija v karačaevo-balkarskom jazyke. — SovT 1979/4, 47-53.
14428 ACHMETGALEEVA, Ja.S.: Grammatika tatarskogo jazyka Ibragima Chal'fina (K charakteristike lingvističeskogo nasledija). — SovT 1979/6, 23-30.

14429 *Aktual'nye voprosy karačaevo-balkarskoj grammatiki i leksiki*. [Red.: A.A. Žappuev]. — Nal'čik: Kabardino-balkarskij Inst. istorii, fil. i ėkonomiki pri Sovete ministrov KBASSR, 1982, 191 p.

14430 ALIEV, F.F.: *Očerki po leksike jazyka turok Kazachstana*. — Alma-Ata: "Nauka", 1978, 100 p. | *SovT* 1979/4, 105 U.D. Dospanov.

14431 ARKITSKAJA, L.: Vspomogatel'nye glagoly *ėtmek* i *turkmak"* v analitičeskich konstrukcijach kumykskogo jazyka. — [13716], 168-175.

14432 ARSLANOV, L.Š.: O kalmyckich zaimstvovanijach v jazyke alabugatskich tatar Kaspijskogo rajona Kalmyckoj ASSR. — *SovT* 1979/6, 9-13.

14433 ARSLANOV, L.Š.: Rol' ėkstralingvističeskich faktorov v formirovanii tatarskich govorov Volgogradskoj, Astrachanskoj oblastej i Stavropol'skogo kraja. — *SovT* 1980/5, 68-74.

14434 ASTEMIROVA, F.B.: Rol' russkogo jazyka v formirovanii kumykskoj lingvističeskoj terminologii. — *SovT* 1980/3, 25-31.

14435 BARLYBAEV, R.: *Qazirgi qazaq tilindegi qağamdyq-sajasi leksika*. — Almaty: "Mektep", 1978, 144 p. | *SovT* 1979/5, 105-106 K. Musaev.

14436 *Baškirskoe jazykoznanie: ukazatel' literatury*. [Sost.: T.M. GARIPOV, et al.]. — Ufa: Baškirskaja Respublikanskaja Bibl. im. N.K. Krupskoj, 1980, 240 p.

14437 BAZYLCHAN, B.: *Qazaqša-moŋğolša sözdik*. 30000 žuyk söz. Red.: Ž. ACHMET; B. BATAA. — Ulanbatyr: 1977, 392 p. | Kazakh-Mong. dictionary. | *SovT* 1979/4, 101-103 G.D. Sanžeev.

14438 BEGŽANOV, T.: O terminach šelkovodstva v karakalpakskom jazyke. — *SovT* 1979/5, 85-89.

14439 BEGŽANOV, T.: Zametki ob ėtimologii nekotorych skotovodčeskich terminov v karakalpakskom jazyke. — *SovT* 1980/4, 85-89.

14440 BERTA, Árpád: Die Terminologie der Siedlung und des Hauses bei den getauften Tataren im Wolga-Gebiet. — *CAJ* 26, 1982, 167-183.

14441 ÇENELI, Ilhan; GRUBER, Ernst August: *Krimtatarische Chrestomathie* ... — Wiesbaden: 1980 | BL 1980, 14062. | *Islam* 59, 1982, 172-174 L. Johanson | *WZKM* 73, 1981, 221-222 A. Tietze.

14442 CHADŽILAEV, Ch.-M.I.: O različijach v leksike karačaevskogo i balkarskogo variantov sovremennogo literaturnogo karačaevo-balkarskogo jazyka. — *SovT* 1979/2, 72-74.

14443 CHALIKOVA, R.Ch.: O jazyke istoričeskich pis'mennych pamjatnikov baškir XVIII-XIX vekov (povestvovatel'nyc i aktovyc dokumenty). — *SovT* 1979/4, 84-89.

14444 CHALIKOVA, R.Ch.; CHISAMETDINOVA, F.G.: O nekotorych konsonantnych sočetanijach v tjurkskich i samodijskich jazykach (na materiale baškirskogo i neneckogo jazykov). — *SovT* 1980/3, 78-81.

14445 CHAMIDOV, Ch.: Ob izučenii pis'mennych pamjatnikov karakalpakskogo jazyka dorevoljucionnogo perioda. — *SovT* 1979/5, 97-100.

14446 CHUSAINOV, K.Š.: *V.V. Radlov i kazachskij jazyk*. — Alma-Ata: "Nauka", 1981, 170 p.

14447 [DASZKIEWICZ, J.] DACHKÉVYTCH, Yaroslav R.; TRYJARSKI, Edward: "La Chronique de Pologne" — un monument arméno-kiptchak de la première moitié du XVIe siècle. — *RO* 42/1, 1981, 5-26, 6 fac-sim. | Introd., texte, trad., glossaire.

DACHKÉVYTCH, Ja.R.: Who are Armeno-Kipchaks? ... — 4810.

14448 DAVLETOV, S.; KUJDAJBERGENOV, S.: *Azyrky kyrgyz tili: morfologija*. — Frunze: Mektep, 1980, 234 p.

TURCIQUE OCCIDENTAL

14449-14469

14449 DONBAEV, E.B.; TRUNIN-DONSKOJ, V.N.: *Modelirovanie sistem ponimanija kirgizskoj reči na ĖVM.* — Frunze: AN Kirgizskoj SSR, Inst. jazyka i lit., 1977, 162 p. | *UAJb NF* 1, 1981, 296 l. Bátori.

14450 DOR, Rémy: Un fragment pamirien de *Manas.* — *CAJ* 26, 1982, 1-55 | Texte, trad. et comm.

14451 DOR, Rémy: *Metel* ou l'apprentissage du comportement. Le proverbe chez les Kirghiz du Pamir afghan. — *JA* 270, 1982, 67-146.

14452 DOSPANOV, U.: *Dialektnaja leksika karakalpakskogo jazyka.* — Nukus: "Karakapkapstan", 1980, 201 p.

14453 DUBIŃSKI, Aleksander: Charakterystyka języka Tatarów polsko-litewskich. — *ABS* 14, 1982, 83-90 | Characteristics of the language of the Pol.-Lith. Tatars.

14454 DŽUNISBEKOV, A.: *Singarmonizm v kazachskom jazyke.* — Alma-Ata: "Nauka", 1980, 75 p.

14455 GADŽIACHMEDOV, N.Ė.: Sistema prošedšich vremen kumykskogo indikativa. — *SovT* 1980/6, 76-81.

14456 GANIEV, F.A.: *Obrazovanie složnych slov v tatarskom jazyke.* — Moskva: "Nauka", 1982, 149 p.

14457 GARIPOV, T.M.: *Kypčakskie jazyki Uralo-Povolž'ja . . .* — Moskva: 1979 | BL 1979, 12028. | *SovT* 1980/1, 84-86 Ė.R. Tenišev | *VJa* 1982/1, 129-132 E.A. Grunina.

GORDEEV, F.I.: O tatarizmach v leksike marijskogo jazyka. — 14049.

14458 GUZEEV, Ž.M.: *Osnovy karačaevo-balkarskoj orfografii.* — Nal'čik: "Ėl'brus", 1980, 170 p.

14459 HARKAVEC', O.M.: Problema vydilennja infinityva v urums'kij movi. — *Mov* 1981/3, 47-54 | The problem of the prominence of the infinitive in the Urum language.

14460 [HARKAVEC', O.M.] GARKAVEC, A.N.: Dve novonajdennye armjano-kypčakskie rukopisi. — *TSb* 1977 (1981), 76-80.

14461 IBRAGIMOV, S.I.: O nekotorych strukturno-verojatnostnych parametrach kirgizskogo naučno-techničeskogo teksta. — *SovT* 1979/5, 72-79.

14462 IMART, Guy: *Le kirghiz, turk d'Asie centrale soviétique: description d'une langue de littérisation récente.* Avec une étude sur le dialecte kirghiz du Pamir afghan par Rémy DOR. — (Thèse Aix-Marseille I, 1979); Aix-en-Provence: Univ. de Provence / Paris: Champion, 1981, 2 vol. non-paginés, cartes | *VJa* 1982/5, 137-139 N.A. Baskakov | *Linguistics* 20, 1982, 363-364 B. Comrie.

14463 IŠBERDIN, Ė.F.: Udarenie i sistema glasnych baškirskogo jazyka. — *SovT* 1980/5, 55-58.

14464 ISMAGULOVA, B.Ch.: Tipologičeskie sootvetstvija i različija v sfere leksičeskoj semantiki v russkom i kazachskom jazykach. — *SovT* 1979/6, 50-56.

14465 *Issledovanija i materialy po baškirskoj dialektologii.* [Red.: T.M. GARIPOV, et al.]. — Ufa: AN SSSR, Baškirskij filial, Inst. ist., jazyka i lit., 1981, 119 p.

14466 *Issledovanija po grammatika sovremennogo baškirskogo literaturnogo jazyka.* — Ufa: Izd. BF AN SSSR, 1979, 133 p. | *SovT* 1981/1, 88-89 G.G. Kagarmanov.

14467 JUSUPOV, R.A.: Obščee i specifičeskoe v perenosnom upotreblenii slov kontaktirujuščich jazykov (na materiale russkogo i tatarskogo jazykov). — *SovT* 1981/1, 30-36.

14468 KAKUK, Zsuzsa: Ein mischärtatarisches Wörterverzeichnis. — *AOH* 36, 1982, 241-259.

14469 KALIEV, Ğ.; SARYBAEV, Š.: *Qazaq dialektologijasy.* — Almaty: Mektep, 1979, 200 p.

14470 *Kasantatarische Volkslieder* . . . hrsg. von Zsuzsa KAKUK. — Budapest: 1980 | BL 1980, 12621. | *UAJb* 53, 1981, 158-162 A.J.E. Bodrogligeti | *NyK* 84, 1982, 441-443 Berta Árpád | *JAOS* 102, 1982, 563-564 U. Schamiloglu | *SovT* 1980/6, 93-94 A.M. Bušuj.

14471 KEŊESBAEV, I.: *Qazaq tiliniŋ frazeologijalyq sözdigi.* — Almaty: 1977 | BL 1979, 12033. | *SovT* 1979/2, 80-82 Ė.N. Nadžip.

14472 KURBATOV, Ch.R.: *Tatarskaja lingvističeskaja stilistika i poėtika* . . . — Moskva: 1978 | BL 1980, 12624. | *SovT* 1980/5, 96-98 V.Ch. Chakov.

14473 *Kyrgyz terminologijasynyn maseleleri. Voprosy kirgizskoj terminologii.* [Red.: S. KUDAJBERGENOV]. — Frunze: "Ilim", 1981, 183 p.

14474 LEVITSKAJA, L.: Novoe v tatarskoj dialektologii. — *SovT* 1979/2, 60-62.

14475 *Materialy po tatarskoj dialektologii.* 4: *Obrazcy tekstov.* Red.: L.T. MACHMUTOVA; D.B. RAMAZANOVA. — Kazan': Izd. Kazanskogo filiala AN SSSR, 1978, 131 p. | *SovT* 1979/6, 82-83 F.S. Safiullina.

14476 MEMETOV, A.: O terminach rodstva v krymsko-tatarskom jazyke. — *SovT* 1980/6, 70-75.

14477 MIRŽANOVA, S.F.: O jazyke baškir plemeni "kypčak". — *SovT* 1979/4, 62-68.

14478 MIRŽANOVA, S.F.: O drevnich ėtno-jazykovych svazjach baškir i vengrov. — *SovT* 1981/1, 37-48.

14479 NADŽIP, Ė.N.: "Pjatijazyčnyj slovar' Damaskina" (charakteristika tatarskoj časti). — *SovT* 1980/2, 57-63.

14480 NÜRMAĠAMBETOV, Ä.: *Qazaq tili govorlarynyŋ batys toby.* — Almaty: "Ġylym", 1978, 216 p. | *SovT* 1979/6, 83-85 S.S. Tatubaev.

14481 ORALBAEVA, Nūržamal: *Qazaq tilindegi etistiktiŋ analitikalyq formanttarynyŋ* . . . — Almaty: 1979 | BL 1979, 12039. | *SovT* 1980/2, 78-79 A.K. Kalybaeva.

14482 ORUZBAEVA, B.Ö.; ZAKIROVA, V.: *Grammatikalyk terminderdin kyrgyzča-orusča sözdügü. / Kirgizsko-russkij slovar' grammatičeskich terminov.* — Frunze: "Mektep", 1981, 102 p.

14483 OTAROV, I.M.: *Professional'naja leksika karačaevo-balkarskogo jazyka (na materiale nazvanij odeždy i obuvi).* — Nal'čik: "Ėl'brus", 1978, 108 p. | *SovT* 1979/4, 106-107 G.K. Kuliev.

14484 *Qazaq ädebi tiliniŋ qalyptasy tarichy men damu žoldary.* [Red.: I. KEŊESBAEV, et al.]. / *Stanovlenie i razvitie kazachskogo literaturnogo jazyka.* — Almaty: "Ġylym", 1981, 183 p., 5 tab.

14485 RACHIMOVA, R.K.: I izučeniju tatarskoj professional'noj leksiki. — *SovT* 1980/4, 90-99.

14486 *Razvitie kazachskogo sovetskogo jazykoznanija.* [Red.: A.T. KAJDAROV, et al.]. — Alma-Ata: "Nauka", 1980, 242 p.

14487 *Razvitie terminologii baškirskogo literaturnogo jazyka (issledovanija i materialy).* [Red.: Z.G. URAKSIN]. — Ufa: AN SSSR, Baškirskij filial, Inst. istorii, jazyka i lit., 1981, 151 p.

14488 *Russko-dunganskij slovar'* v trech tomach. [Sost.: F.Ch. MAKEEVA, I. JUSUPOV, et al. Red.: M.Ch. IMAZOV, et al.]. Tom I; II; III. — Frunze: "Ilim", 1981.

14489 SAFIULLINA, F.S.: *Sintaksis tatarskogo razgovornoj reči.* — Kazan': Izd. Kazanskogo univ., 1978, 253 p. | *SovT* 1979/6, 89-91 L.A. Pokrovskaja.

14490 SAFIULLINA, F.S.: Funkcional'no-semantičeskaja kategorija utverždenija i otricanija (na materiale tatarskogo jazyka). — *SovT* 1980/5, 59-67.

14491 SEREBRENNIKOV, B.A.; ISANBAEV, N.I.: Vostočnye finno-ugorskie jazyki i ich značenie dlja istorii tjurkskich jazykov Povolž'ja. — *SovT* 1979/5, 3-7.

TURCIQUE ORIENTAL 14492-14509

14492 SIBAGATOV, R.G.: Atributivnye i predikativnye konstrukcii v plane soderžanija (Na materiale tatarskogo jazyka). — *VJa* 1982/2, 96-105.
14493 SOJUNČEV, Ch.I.: *Karačaevo-balkarskie i mongol'skie leksičeskie paralleli.* — Čerkessk: Karačaevo-čerkesskoe otdelenie Stavropol'skogo knižnogo izd., 1977, 174 p. | *SovT* 1979/3, 74-75 I.M. Otarov.
14494 TAJLAQBAEV, B.: *Qazaq tilindegi saldyr šüǧyl dauyssyzdar.* — Almaty: "Gylym", 1981, 86 p.
 TARAKANOV, I.V.: Udmurtsko-tatarskie jazykovye kontakty . . . — 14068.
14495 TRYJARSKI, Edward: How to live to be (at least!) a hundred and twenty? — *AOH* 36, 1982, 539-544, facsim. | Short Armeno-Kipchak text: transcription, transl., notes.
14496 TUMAŠEVA, D.G.: *Dialekty sibirskich tatar (opyt sravnitel'nogo issledovanija).* — Kazan': Izd. Kazanskogo univ., 1977, 294 p. | *SovT* 1979/5, 101-105 D.S. Nasyrov; U.D. Dospanov; A.B. Bekbergenov.
14497 TURSUNOV, Askar: *Kyrgyz tilindegi ėtištik söz ajkaštary (salyštyruu planynda).* II bölük. — Frunze: "Ilim", 1978, 337 p. | Vol. I, 1976. | *SovT* 1979/6, 78-80 K. Musaev.
14498 USENBAEVA, R.G.: Bessojuznye složnye predloženija s obščim značeniem obuslovlennosti v russkom i kirgizskom jazykach. — *SovT* 1979/4, 54-61.
14499 ZAJNULLIN, M.V.: Modal'nye slova i slovosočetanija kak leksikogrammatičeskoe sredstvo vyraženija modal'nosti v sovremennom baškirskom jazyke. — *SovT* 1979/2, 9-19.

VI. East Turkic (Uigur Group) — Turcique oriental (groupe ouïgour)

14500 ABDULLAEV, N.: Ob uzbekskich govorach Afganistana. — *SovT* 1979/6, 62-70.
14501 ACHMEDOV, B.Ja.: O nekotorych faktorach vlijanija russkogo jazyka na uzbekskie slovosočetanija. — *SovT* 1980/3, 32-35.
14502 ASFANDIJAROV, I.U.: Russkie leksičeskie zaimstvovanija v uzbekskom jazyke. — *VJa* 1982/2, 75-80 | Cf. also 12446.
 ASFANDIJAROV, I.U.: *Russkij jazyk v Uzbekistane* . . . — 12446.
14503 BASKAKOV, N.A.: Osnovnye vechi razvitija sovetskogo ujgurovedenija. — *SovT* 1979/4, 3-9.
14504 BODROGLIGETI, A.J.E.: *Ḥāliṣ's story of Ibrāhīm* . . . — Leiden: 1975 | BL 1977, 13560. | *TUBA* 2, 1978, 141-145 R. Dankoff (also on BL 1974, 11953).
14505 BODROGLIGETI, A.J.E.: A glossary of the Rylands Eastern Turkic-Persian versified vocabulary. — *UAJb* 53, 1981, 1-65.
14506 Čingi, Muchammed Jakub: *Kelur-name (starouzbeksko-tadžiksko-persidskij slovar' XVII v.).* Vvedenie, transkripcija i perevod teksta, glossarij, leksikogrammatičeskij očerk, grammatičeskij ukazatel' A. IBRAGIMOVOJ. — Taškent: "Fan", 1982, 145 p.
14507 IVANOV, S.N.: K probleme pridatočnych predloženij v tjurkskich jazykach (Iz"jasnitel'nye pričastnye konstrukcii v uzbekskom jazyke i vopros o transformach). — *TSb* 1977 (1981), 109-116.
14508 JARRING, Gunnar: *Literary texts from Kashgar* . . . — Lund: 1980 | BL 1981, 14084. | *JRAS* 1982, 61-62 A. von Gabain.
14509 JARRING, Gunnar: *Some notes on Eastern Turki (New Uighur) Munazara literature.* — Scripta minora Regiae Societatis Humaniorum Litterarum Lundensis 1980-81, 2; Lund: Gleerup, 1981, 27 p. | *AO* 50, 1982, 373 L. H[řebíček].

14510 KUDAČINA, N.: K ėtimologii slova *baj* v altajskom jazyke. — *SovT* 1980/5, 82-86.
14511 MAMAŽANOV, A.: O periodach v sovremennom uzbekskom literaturnom jazyke. — *SovT* 1979/5, 50-54.
14512 MATGAZIEV, A.: O roli pis'menno-literaturnoj tradicii v formirovanii i razvitii sovremennogo uzbekskogo literaturnogo jazyka (po materialam istočnikov XIX-XX vekov). — *SovT* 1980/5, 37-45.
14513 NAZAROVA, Ch.: *Osobennosti sintaksičeskogo stroja uzbekskogo literaturnogo jazyka konca XV – načala XVI veka.* — Taškent: "Fan", 1979, 160 p. | *SovT* 1980/1, 86-88 R.Dž. Magerramova; S.G. Mechtueva.
14514 NIGMATOV, Ch.G.; CALKALAMANIDZE, A.A.: Semantiko-sintaksičeskie gruppy glagolov i značenie zalogovych affiksov v uzbekskom jazyke. — *SovT* 1979/3, 48-56.
14515 NURMANOV, A.N.: *Problemy sistemnogo issledovanija sintaksisa uzbekskogo jazyka.* — Taškent: "Fan", 1982, 151 p.
14516 SAFAEV, A.S.: *Semantiko-sintaksičeskoe členenie predloženija v uzbekskom jazyke.* — Taškent: 1977 | BL 1977, 13568. | *SovT* 1979/3, 77-78 F.R. Zejnalov.
14517 ŠERMATOV, A.: *Uzbekskie narodnye govory Kaškadar'inskoj oblasti.* — Taškent: "Fan", 1978, 144 p. | *SovT* 1979/2, 85-87 M.I. Islamov; R.D. Magerramova.
14518 SOPER, John: A review of the *Uzbek-English dictionary.* — UAJb 54, 1982, 119-136 | On No. 14525.
14519 TADYKIN, V.N.; TYBYKOVA, A.T.: *Orfografija i punktuacija altajskogo jazyka.* — Gorno-Altajsk: Gorno-Altajski NII ist., jazyka i lit., 1981, 163 p.
14520 *Toškent oblasti ŭzbek ševalari (fonetika, morfologija, leksika, sintaksis).* [Red.: Š.Š. ŠOABDURACHMANOV]. — Toškent: "Fan", 1976, 171 p. | *UAJb NF* 1, 1981, 295 G. Doerfer.
14521 TROFIMOV, M.I.: O smyslorazličitel'noj funkcii udarenija v uzbekskom jazyke v sopostavlenii s russkim. — *SovT* 1980/4, 63-71.
14522 TURABAEVA, R.A.: Lingvističeskie osobennosti pragmatičeskogo aspekta perevoda s anglijskogo jazyka na uzbekskij (na materiale prostoj rečevoj metafory). — *SovT* 1980/5, 75-81.
14523 URINBAEV, B.U.: Specifika razgovornoj reči i territorial'nogo dialekta. — *SovT* 1980/6, 64-69.
14524 *Voprosy izučenija altajskogo jazyka* (Sbornik naučnych trudov). [Red.: A.T. TYBYKOVA, et al.]. — Gorno-Altajsk: Gorno-Altajski NII ist., jazyka i lit., 1981, 200 p.
14525 WATERSON, Natalie: *Uzbek-English dictionary.* — Oxford: 1980 | BL 1980, 12638. | *MLR* 77, 1982, 255-256 G.L. Lewis | Cf. 14518.
14526 ZIKRILLAEV, G.N.: Komponentnyj analiz sintetičeskich form prošedšego vremeni v uzbekskom jazyke. — *SovT* 1980/5, 46-54.

VII. North Turkic — Turcique septentrional

14527 BIRJUKOVIČ, R.M.: *Morfologija čulymsko-tjurkskogo jazyka.* I. — Moskva: 1979 | BL 1980, 12641. | *SovT* 1980/2, 74-76 A.A. Čečenov.
14528 BIRJUKOVIČ, R.M.: Semantika i formy vyraženija sposobov glagol'nogo dejstvija v čulymsko-tjurkskom jazyke. — *SovT* 1980/1, 68-77.
14529 BORGOJAKOVA, T.G.: Klassifikacija frazeologičeskich edinic chakasskogo jazyka po semantičeskoj slitnosti komponentov. — *SovT* 1980/4, 72-80.

ONOMASTIQUE TURCIQUE

14530 ČEREMISINA, M.I.; BORGOJAKOVA, T.N.: O chakasskom pričastii na *-ğalach/- gelek* v roli zavisimogo predikata. — [343], 70-82.
14531 ČISPIJAKOVA, F.G.: O nekotorych zvukovych sootvetstvijach v kondomskom i mrasskom dialektach šorskogo jazyka. — [13738], 59-70.
14532 ESIPOVA, A.V.: K voprosu ob obrazovanii i proischoždenii pričastij v šorskom jazyke. — [13738], 97-105.
14533 FISAKOVA, G.G.: Fonetičeskie zakonomernosti bačatsko-teleutskogo vokalizma. — [13737], 94-97.
14534 KAŁUŻYŃSKI, Stanisław: Einige tungusische Lehnwörter im Jakutischen. — *AOH* 36, 1982, 261-269.
14535 [KAŁUŻYŃSKI, S.] KALUŽIN'SKI, Stanislav: Ėtimologičeskie issledovanija po jakutskomu jazyku. Dvusložnye osnovy (V). — *RO* 42/1, 1981, 27-39 | Cf. BL 1979, 12059.
14536 MEL'NIKOVA, A.A.: Funkcii datel'nogo padeža v šorskom jazyke. — [13738], 86-92.
14537 PETROV, N.E.: O stichotvornoj forme oloncho i ee svjazi s poėziej orchonskich tjurkov. — *SovT* 1979/5, 41-49.
14538 RAJKOVA, V.E.: K probleme fonetičeskogo oformlenija anlauta starych rusizmov v chakasskom jazyke. — *SovT* 1980/1, 28-31.
14539 RASSADIN, V.I.: *Morfologija tofalarskogo jazyka* . . . — Moskva: 1978 | BL 1978, 11322. | *VJa* 1982/1, 125-129 N.I. Letjagina; D.M. Nasilov | *SovT* 1980/6, 88-91 G.G. Fisakova.
14540 RASSADIN, V.I.: Problemy obščnosti v tjurkskich jazykach sajano-altajskogo regiona. — *TSb* 1977 (1981), 219-231.
14541 ŠAMINA, L.A.; ČEREMISINA, M.I.: Pričastie na *-galak (-kalak)* v tuvinskom jazyke. — [343], 57-69.
14542 SEGLENMEJ, S.F.: Tuvinskie perednejazyčnye v tverdorjadnych slovoformach (po dannym rentgenogramm i dentopalatogramm). — [13737], 35-44, 13 fig.
14543 SELJUTINA, I.Ja.: Kumandinskie šumnye soglasnye četvertoj artikuljacii. — [13737], 45-65, 12 fig.
14544 SIDOROVA, O.G.: K voprosu o klassifikacii poslelogov v šorskom jazyke. — [13738], 93-96.
14545 TIMONINA, S.P.: Složnye imena v šorskom jazyke. — [13738], 78-85.
14546 VASIL'EV, Ju.I.: Sravnitel'nye konstrukcii s pokazatelem *dyly* v jakutskom jazyke. — [343], 99-104.

VIII (14). ONOMASTICS — ONOMASTIQUE

14547 ATANYJASOV, S.: *Türkmenistanyŋ geografik atlarynyŋ düšündirišli sözlügi*. Red.: P. AZYMOV; A. BABAEVIŋ. — Ašgabat: Ylym, 1980, 363 p. | Tolkovyj slovar' geografičeskich nazvanij Turkmenistana.
14548 BASKAKOV, N.A.: Mikroėtnonimy uzov (oguzov) — černych klobukov v russkich letopisjach. — *AOH* 36, 1982, 39-46.
14549 BAZIN, Louis: Notes de toponymie turque ancienne. — *AOH* 36, 1982, 57-60.
14550 BUŠAKOV, V.A.: O pervonačal'nom nazvanii Askanii-Nova – *Čapli*. — *SovT* 1980/1, 50-52.
14551 CHALIKOVA, R.Ch.; ŠAKIROV, R.Z.: Topinimy v letopisnych i aktovych pamjatnikach baškir XVIII-XIX vv. — *VO* 14, 1980, 63-70.
14552 ČISPIJAKOV, E.F.: O strukture šorskich familij. — [13738], 157-165.
14553 DRON, I.V.: *Komrat* — ėtnotoponym nogajskogo proischoždenija. — *SovT* 1981/1, 54-59.

14554 DUBIN'SKI, A.: Karaimskie ženskie imena v Krymu i ich semantiko-ėtimologičeskij analiz. — *SovT* 1979/4, 29-37.
14555 GUSEJNZADE, A.: Ob odnom drevnem ėtnoponime Azerbajdžana (*Biläsuvar*). — *SovT* 1979/5, 30-35.
14556 GUSEJNZADE, A.: Ob odnom toponime Apšeronskogo poluostrova (*Duvanny*). — *SovT* 1980/5, 20-24.
14557 ISMAILOVA, S.A.; OVČINNIKOVA, E.I.: Ličnye imena i ich varianty v kirgizskom jazyke. — *VO* 14, 1980, 131-139.
14558 KAMALOV, A.: O toponimii Baškirii. — — *SovT* 1980/2, 39-46, 2 maps.
14559 KARAEV, S.K.: O pokazateljach množestvennosti v toponimach Uzbekistana. — *SovT* 1979/5, 26-29.
14560 *Kyrgyz adam attarynyn sözdügu. Praktikalyk koldonmo.* Red.: Üsönbek ASANALIEV; I.S. KOLOSOV. — Frunze: Mektep, 1979, 463 p. | Dictionary of Kirghiz pers. names.
14561 LOGAŠOVA, Bibi-Rabiga: Tjurkskie toponimy na severo-vostoke Irana. — [176], 43-48.
14562 MACHPIROV, V.U.: Antroponimy v "Divanu lugat-it-tjurk" i "Kutadgu bilig". — *SovT* 1979/4, 22-28.
14563 MOLČANOVA, O.T.: *Toponimičeskij slovar' Gornogo Altaja.* — Gorno-Altajsk: 1979, 398 p., maps | *SovT* 1980/6, 91-93 Z.G. Uraksin.
14564 MOLČANOVA, O.T.: *Strukturnye tipy tjurkskich toponimov Gornogo Altaja.* — Saratov: Izd. Saratovskogo univ., 1982, 256 p.
14565 MUCHAMEDOVA, Zelicha-Bakevna: Onomastičeskij material ody Jagmur-Šachira v čest Gar' Ogly-chana. — [176], 167-185.
14566 RÓNA-TAS András: A kazár népnévről. — *NyK* 84, 1982, 349-380 | E. summ.: On the ethnonym *Khazar.* | Cf. 14303.
14567 SATTAROV, G.F.: Nazvanija naselennych punktov Tatarii, proizvodnye ot drevnich tjurko-tatarskich ličnych imen. — *SovT* 1979/2, 37-47.
14568 SATTAROV, G.F.: Ėtnotoponymy Tatarii. — *SovT* 1980/1, 32-49.
14569 SATTAROV, G.F.: Nazvanija naselennych punktov Tatarii, proizvodnye ot allonimov. — *SovT* 1980/3, 36-41.
14570 SCHEINHARDT, Hartwig: *Typen türkischer Ortsnamen . . .* — Heidelberg: 1979 | BL 1979, 12069. | *WO* 12, 1981, 203-204 N. Yüce.
14571 SKRJABINA, N.P.: Ličnye naimenovanija v dokumentach jasačnogo sbora XVII v. na territorii Jakutii. — *VO* 14, 1980, 140-144.
14572 SMIRNOVA, O.I.: K imeni Almyša, syna Šilki, carja bulgar. — *TSb* 1977 (1981), 249-255.
14573 ZAJĄCZKOWSKI, Włodzimierz: Die Familiennamen türkischer Herkunft bei den Krimkaraimen. — [176], 645-647.
14574 ZEMLJANOVA, E.A.: Sostav ličnych imen jakutov po aktam o roždenii 1970-1975 gg. — [13738], 166-171.

C. Mongolian Languages — Langues mongoles

14575 AUBIN, Françoise: Pensée romano-germanique et droit mongol contemporain: le langage juridique en République Populaire de Mongolie. — *AOH* 36, 1982, 17-27.
14576 BAWDEN, Charles R.: The first systematic translation of Hung Lou Meng: Qasbuu's commented Mongolian version. — *ZASB* 15, 1981, 241-305.
BAZYLCHAN, B.: *Qazaqša-moŋγolša sözdïk . . .* — 14437.

14577 BINNICK, Robert I.: *Modern Mongolian* . . . — Toronto: 1979 | BL 1979, 12072. | *JL* 17, 1981, 176-177 D. Kilby.
14578 BITKEEV, P.C.: Jazykoznanie v MNR za 60 let. — *VJa* 1982/6, 123-128.
14579 BUDAEV, B.Ž.: Tonal'nost' v slovesnom udaerii burjatskogo jazyka. — [13737], 121-145.
14580 ČĖRĖNSODNOM, D.: *Mongol šülgijn onol tüüxijn zarim asuudal.* Red.: L. TÜDĖV. — Ulaanbaatar: Ulsyn xėvlėlijn gazar, 1977, 175 p. | Some problems of the hist. of Mong. metrics. | *ZASB* 15, 1981, 549-550 N. Poppe.
14581 CLEAVES, Francis Woodman: The initial formulae in a communication of a Mongolian viceroy to the king of Korea. — *TUBA* 3, 1979, 65-88.
14582 CLEAVES, Francis Woodman: The first chapter of an early Mongolian version of the *Hsiao ching*. — *AOH* 36, 1982, 69-88 | Transcription of the Mong. text, transl., notes.
14583 CYDENDAMBAEV, C.B.: *Grammatičeskie kategorii burjatskogo jazyka* . . . — Moskva: 1979 | BL 1980, 12660. | *VJa* 1982/1, 119-121 U.-Ž.Š. Dondukov; B.V. Matcheev.
DARBEEVA, A.A.: O bilingvizme mongolojazyčnych narodov. — 4114.
14584 DZAGDSÜREN, U.; TSOLO, J.; KARA, G.: Khan Siir. A chapter of the Jangar epic. — *AOH* 36, 1982, 271-314 | Text, transl., glossary.
14585 FRANKE, Herbert: Kleine Nachlese zu der mongolischen Mahākālī-Hymne aus Turfan. — *ZASB* 15, 1981, 11-26, fig.
14586 *Geser Rëdzia-wu: Dominik Schröders nachgelassene Monguor (Tujen)-Version des Geser Epos aus Amdo*, in Facsimilia und mit einer Einleitung hrsg. von Walther HEISSIG. — Asiatische Forschungen 70; Wiesbaden: Harrassowitz, 1980, 120 p. with 10 ill., 322 p. of facsim., 2 pl. | *CAJ* 26, 1982, 314 N. Poppe.
14587 GRIGOR'EV, A.P.: Oficial'nyj jazyk Zolotoj Ordy XIII-XIV vv. — *TSb* 1977 (1981), 81-89.
14588 HEISSIG, Walther: *Die mongolischen Handschriften-Reste aus Olon süme* . . . — Wiesbaden: 1976 | BL 1976, 13085. | *UAJb NF* 1, 1981, 297-299 I. de Rachewiltz.
14589 HEISSIG, Walther: Ein Text zum Kult des Sülde Tngri. — [253], 84-102.
14590 [KŐHALMI, K.U.] U.-KŐHALMI, Käthe: Über einige dagurische Ortsnamen aus dem 17. Jahrhundert. — *AOH* 36, 1982, 315-319.
14591 KUZ'MENKOV, E.A.: Opyt distributivnoj klassifikacii leksem mongol'skogo jazyka. — *UZLU* 403, 1980 (*Vostokovedenie* 7), 40-51.
14592 MITROŠKINA, Anastasija G.: "Ochrannye" imena burjat i ich ėtnografičeskie korni. — [176], 143-148.
14593 MOCHOSOEVA, M.M.: Melodemy nepolnych voproso-otvetnych predloženij v burjatskom jazyke. — [13737], 146-154, 6 fig.
14594 POPPE, Nikolaus: *Mongolische Epen* IX: Übersetzung der Sammlung C.Ž. Žamcarano, *Proizvedenija narodnoj slovesnosti mongol'skich plemen*, t. I. — Asiatische Forschungen 65; Wiesbaden: Harrassowitz, 1980, vii, 515 p. | *OLZ* 77, 1982, 514-515 P. Poucha.
14595 POPPE, Nicholas: On some suffices of plant names in Mongolian. — *ZASB* 15, 1981, 383-390.
14596 POPPE, Nicholas: On some Mongolian adverbs of Turkic origin. — *AOH* 36, 1982, 405-411.
14597 RACHEWILTZ, Igor DE: The preclassical Mongolian version of the Hsiao-Ching. — *ZASB* 16, 1982, 7-109, 14 facsim. | Transcription and transl., notes to the transl.

14598 SÁRKÖZI, Alice: A 17th century Mongol *Mañjuśrīnāmaśaṃgīti* with commentary. — *AOH* 36, 1982, 449-468.
14599 SCHWARZ, Henry G.: Mongolian studies in China. — *ZASB* 14, 1980/1, 211-216.
14600 SCHWARZ, Henry G.: A script for the Dongxiang. — *ZASB* 16, 1982, 153-164 | Mong.-speaking minority in Gansu province, China.
14601 SERRUYS, Henry: *Em-sai* and other loan words in Mongol. — *ZASB* 14, 1980/2, 29-35.
14602 SERRUYS, Henry: Four letters from Ordos, 1906. — *UAJb NF* 1, 1981, 169-185 | Text and transl.
14603 SERRUYS, Henry: *Mongγol : moγal* and *mangγus : maγus*. — *AOH* 36, 1982, 475-484.
14604 SKRIBNIK, E.K.: Ėmotivnye konstrukcii v burjatskom jazyke. — [343], 83-90.
SOJUNČEV, Ch.I.: *Karačaevo-balkarskie i mong. leksičeskie paralleli*. — 14493.
14605 STREET, John: The particle *ber* in the Secret History. — *UAJb NF* 1, 1981, 142-168.
14606 STREET, John: The particle *gü* in the Secret History. — *JAOS* 102, 1982, 619-630.
14607 TODAEVA, B.Ch.: *Jazyk mongolov vnutrennej Mongolii: materialy i slovar'*. — Moskva: "Nauka", 1981, 276 p.
14608 WEIDLICH, Mary Frances: The status of the word *domog* in Modern Mongolian. — *TUBA* 4, 1980, 207-209.
14609 WEIERS, Michael: Aus der Poesie der Mogholen. — *AOH* 36, 1982, 563-574.

D. Tungus Languages — Langues toungouses

14610 ANDREEVA, T.E.: Gubnye soglasnye fonemy v tommotskom govore vostočnogo dialekta ėvenkijskogo jazyka. — [13737], 3-13, 13 fig.
14611 BOLDYREV, B.V.: Forma obladanija v tunguso-man'čžurskich jazykach. — [343], 105-116.
14612 BRODSKAJA, L.M.: Klassifikacija glagol'nych form v ėvenkijskom jazyke. — [343], 20-39.
14613 *Deutsch-Mandjurisches Wörterverzeichnis . . . Durchgesehen von Hartmut* WALRAVENS und Martin GIMM. — Wiesbaden: 1978 | BL 1978, 11367. | *ZDMG* 132, 1982, 424-425 P. Schulz.
14614 GIMM, Martin: Zur Mandjuristik in der Volksrepublik China 1980: ein Kurzbericht. — *TP* 67, 1981, 269-287.
14615 GORELOVA, L.M.: Sposoby vyraženija podčinenija v polipredikativnych konstrukcijach v man'čžurskom jazyke. — [343], 40-57.
KAŁUŻYŃSKI, S.: Einige tungusische Lehnwörter im Jakutischen. — 14534.
14616 KOHALMI, Käthe: Daurien: das Keimen und Absterben eines Nomadenreiches. — *AOH* 35, 1981/2-3 (1982), 255-273 | Ethnic and geogr. names.
14617 LIE, Hiu: Ein tungusisches Wort im Mittelkoreanischen. — *UAJb NF* 1, 1981, 186-194 | The word *chap'i*.
14618 MENGES, K.H.: Das neue lamutische Wörterbuch und andere neue Veröffentlichungen über das Lamutische. — *CAJ* 26, 1982, 193-214 | Mainly on BL 1980, 12680.
14619 NORMAN, Jerry: *A concise Manchu-English lexicon*. — Seattle: 1978 | BL 1978, 11372. | *JASt* 39, 1979-80, 803-805 G. Stary | *CAJ* 26, 1982, 157-160 K.H. Menges | *BSL* 76, 1981/2 (1982), 375 M. Coyaud.

PALÉOSIBÉRIEN

14620 ROBBEK, V.A.: *Vidy glagola v évenskom jazyke.* — Leningrad: "Nauka", 1982, 112 p.
14621 STARY, Giovanni: Mandschurische Schamanengebete. — *ZASB* 14, 1980/2, 7-28.
14622 UNDERDOWN, Michael: The importance of Manchu. — *AsS* 36, 1982, 153-157.

IV. PALAEOSIBERIAN LANGUAGES — LANGUES PALÉOSIBÉRIENNES

14623 BELIMOV, È.I.: Složnoe i sostavnoe skazuemoe v enisejskich jazykach. — [343], 132-141.
 DEM'JANENKO, Z.P.: Dolganskie *kujka, kyjka, kyn'yka* i ich svjazi s dannymi altajskich i enisejskich jazykov. — 14252.
14624 DUL'ZON, A.P.; VERNER, G.K.: Obrazcy symskoj (jugskoj) razgovornoj reči. — [13738], 106-113.
14625 FEER, B.B.: Distribucija soglasnych v tonal'nom ketskom jazyke (nakulichinskij govor). — [13737], 98-120.
14626 GRIŠINA, N.M.: Polipredikativnye konstrukcii s poslelogom *dugde* v ketskom jazyke. — [343], 142-146.
14627 KOSTJAKOV, M.M.: Materialy po sravnitel'noj leksikologii enisejskich jazykov (nazvanija rastenij). — [343], 116-123.
14628 KRAUSE, Scott Russell: *Topics in Chukchee phonology and morphology.* — Univ. of Illinois at Urbana-Champaign diss., 1980, 261 p. | *DAb* 41/2, 1980, 657-A.
14629 KREJNOVIČ, E.A.: L.Ja. Šternberg [1861-1927] kak issledovatel' nivchskogo jazyka. — [13738], 137-152.
14630 NEDJALKOV, V.P.: Čukotskie glagoly s inkorporirovannym podležaščim (tip: *n'ɜgny y'l-y-mle-gɐi* 's gory obvalilsja sneg', bukv. "gora snego-obvalilas'"). — [352], 135-153.
14631 POLJAKOV, V.A.: Ob omonimii i polisemii v leksike jazyka symskich ketov. — [343], 159-162.
14632 POROTOVA, T.I.: O čislovych anomalijach suščestvitel'nych kottskogo jazyka po M.A. Kastrenu. — [343], 149-152.
14633 ŠABAEV, V.G.: Ispol'zovanie časticy *bin* dlja vyraženija vidovogo značenija zaveršennosti v ketskom jazyke. — [343], 153-159.
14634 ŠERER, V.E.: Služebnye imena ketskogo jazyka, vypolnjajuščie funkcii poslelogov. — [13738], 125-136.
14635 TAMBOVCEV, Ju.A.; VERNER, G.K.: A jugi nyelv mássalhangzóinak kapcsolódási lehetőségei hangstatisztikai adatok alapján. — *NyK* 84, 1982, 398-403 | Ru. summ.: Sočetaemost' jugskich soglasnych po dannym fonostatistiki.
14636 TIMONINA, L.G.: Kottsko-tjurkskie slovarnye sopostavlenija Karla Bouda. — *SovT* 1979/5, 20-25.
14637 TIMONINA, L.G.: K ètimologii komponenta *il-/al-* v sostave nekotorych enisejskich slov. — [343], 162-168.
14638 TIMONINA, L.G.: Obščeenisejskaja leksika v kottskom jazyke. — [13738], 114-124.
14639 VERNER, G.K.: K voprosu o mež'jazykovych leksiko-grammatičeskich sootvetstvijach (na materiale ketskogo, jugskogo i russkogo jazykov). — [343], 124-132.
14640 VERNER, G.K.: O gidronimach *Tym, Sym* v meždureč'e Obi i Eniseja. — [13738], 153-156.

14641 ŽIVOVA, G.T.: Grammatičeskoe vyraženie predikativnosti v enisejskich jazykach. — [343], 147-148.

V. KOREAN — CORÉEN

14642 AALTO, Pentti: Proposals concerning the affinities of Korean. — [310], 19-29.
14643 AN, Dong Hwan: *Semantics of Korean tense markers.* — Georgetown Univ. diss., 1980, 248 p. | *DAb* 41/7, 1981, 3083-A.
14644 CHANG, Namgui: The development of aspiration in Sino-Korean and relative phonological strength. — *JCL* 9, 1981, 37-60.
14645 CHO, Seung-bog: The Koreans in China and their language. — *FUS* 5, 1982, 23-56, 2 fig.
14646 CHUNG, Kook: *Neutralization in Korean: a functional view.* — Univ. of Texas at Austin diss., 1980, 169 p. | *DAb* 41/7, 1981, 3084-A/3085-A.
HATTORI, S.: Vowel harmonies of the Altaic languages, Korean, and Jap. — 14231.
14647 *Hun Min Jeong Eum (Die richtigen Laute zur Unterweisung des Volkes* [1446]). Aus dem Koreanischen übersetzt von Wolfgang FRANZ und Reiner ITSCHERT. Hrsg. von Herbert ZACHERT. Mit einer Einleitung von KUH-SEONG KUH. — Veröffentlichungen der Sejong-Bibl. des Seminars für Orientalische Sprachen bei der Univ. Bonn, A 2; Wiesbaden: Harrassowitz, 1980, 48 p., 2 pl. | *ZDMG* 132, 1982, 425-427 D. Eikemeier.
LIE, Hiu: Ein tung. Wort im Mittelkoreanischen. — 14617.
14648 MOON, Kyung Hwan: Korean *P*-irregular verbs revisited. — *LAn* 8, 1981, 377-402.
14649 PUCEK, Vladimír: *Úvod do studia koreanistiky. Část filologická.* — Praha: Stát. pedag. nakl., 1982, 195 p. | Introd. to Korean studies.
14650 RAMSTEDT, G.J.: *Paralipomena of Korean etymologies.* Collected and ed. by Songmoo KHO. — MSFOu 182; Helsinki: Suomalais-ugrilainen Seura, 1982, 295 p.

VI. JAPANESE — JAPONAIS

14651 ARAKI, K.; HINATSU, K.; ITAYAMA, K.; et al.: Development of basic practical techniques for Japanese letter string processing — automatic keyword extraction and automatic reading. — [114], 21-24.
14652 CHU, Harold S.: Structural inversion of Japanese. — *GUP* 12, 1976, 24-39.
14653 CLANCY, Patricia Marie: *The acquisition of narrative discourse: a study in Japanese.* — Univ. of California, Berkeley, diss., 1980, 356 p. | *DAb* 41/7, 1981, 3085-A.
14654 COULMAS, Florian: Some remarks on Japanese deictics. — [1402], 209-221.
FELDMAN, L.B.; TURVEY, M.T.: Words written in Kana are named faster than the same words written in Kanji. — 3069.
14655 FIORONI SANDRI, Giancarla: *Eigogairaigo.* — Milano: Cartoleria La Manna, 1981, 154, v p. | Anglicisms in Jap.
14656 GROOTAERS, Willem A.: Dialectology and sociolinguistics: a general survey. — *Lingua* 57, 1982, 327-355, fig.
HATTORI, S.: Vowel harmonies of the Altaic languages, Korean, and Jap. — 14231.
14657 HINDS, John: Japanese conversational structures. — *Lingua* 57, 1982, 301-326.

14658 HINDS, John: Case marking in Japanese. — *Linguistics* 20, 1982, 541-557.
14659 IDE, Sachiko: Japanese sociolinguistics. Politeness and women's language. — *Lingua* 57, 1982, 357-385.
14660 IKEDA, Tadashi: *Classical Japanese grammar: illustrated with texts.* — Tôkyô: The Tôhô Gakkai, 1975, viii, 356 p. | *OLZ* 77, 1982, 88-90 H. Silberstein.
INOUE, K.: An interface of syntax, semantics, and discourse structures. — 2289.
14661 JACOBSEN, Wesley: The semantics of spontaneity in Japanese. — *PBLS* 7, 1981, 104-115.
14662 KAGEYAMA, Taro: Word formation in Japanese. — *Lingua* 57, 1982, 215-258.
KANAI, Y.: A case against the morphophonemic-allophonic principle. — 2177.
14663 KAWAGUCHI, Junji: Interrogation et personne en japonais. — [318], 387-399.
KAZÁR, L.: *Jap.-Uralic language comparison* . . . — 4231.
14664 KITAGAWA, Chisato: Topic constructions in Japanese. — *Lingua* 57, 1982, 175-214.
14665 KULIKOVA, A.M.: Načalo izučenija japonskogo jazyka v Rossii. — *NAA* 1979/1, 134-145.
14666 LE NESTOUR, Patrik: Marques sémantiques sociolinguistiques du japonais. "La déférence et ses subordonnés". — *MLing* 4, 1982/2, 89-114.
14667 LEWIN, B [runo]: International symposium on the genetic relationships of the Japanese language. — *UAJb* 53, 1981, 135-137 | Kyoto, Oct. 10-13, 1980.
LEWIN, B.: *Sprachbetrachtung . . . im vormodernen Japan.* — 1922.
14668 LEWIN, Bruno; PACK, Tchi-ho: Zur Entwicklung moderner Fachsprachen in Japan. — *Bochumer Jahrbuch zur Ostasienforschung*, hrsg. von der Abteilung für Ostasienwissenschaften der Ruhr-Univ. Bochum 1, 1978, 393-414.
LOVEDAY, L.: Jap. donatory forms: their implications for linguistic theory. — 1591.
14669 MAKINO, Seiichi: Japanese grammar and functional grammar. — *Lingua* 57, 1982, 125-173.
14670 MARTIN, Samuel E.: *A reference grammar of Japanese.* — New Haven: 1975 | BL 1975, 13094. | *OLZ* 77, 1982, 90-91 H. Silberstein.
14671 MAYNARD, Senko Kumiya: *Discourse functions of the Japanese theme marker -wa.* — Northwestern Univ. diss., 1980, 294 p. | *DAb* 41/6, 1980, 2586-A.
MAYNARD, S.K.: Theme in Jap. and topic in E. . . . — 2775.
14672 MCCLAIN, Yoko M.: *Handbook of Modern Japanese grammar.* — Tokyo: Hokuseido Press, 1981, xvi, 272 p. | *JASt* 41, 1981-82, 843 [N.N.].
14673 MILLER, Roy A.: *The Japanese language in contemporary Japan* . . . — Washington, DC: 1977 | BL 1977, 13672. | *NAA* 1979/2, 244-247 E.V. Strugova.
14674 MILLER, Roy Andrew: *Origins of the Japanese language.* — Seattle: 1980 | BL 1980, 12742. | *JASt* 41, 1981-82, 145-147 J.M. Unger | *BSOAS* 45, 1982, 211-212 W.E. Skillend | *JAOS* 102, 1982, 431-433 J. Street | *Lg* 58, 1982, 699-701 J. Patrie | *CAJ* 26, 1982, 151-157 K.H. Menges.
MILLER, R.A.: Jap. evidence for some Altaic denominal verb-stem derivational suffixes. — 14232.
14675 MIYAGAWA, Shigeru: *Complex verbs and the lexicon.* — Univ. of Arizona diss., 1980, 157 p. | Application of Chomsky's Lexicalist Hypothesis to Jap. | *DAb* 41/10, 1981, 4386-A.
14676 MIYARA, Shinsho: Reordering in Japanese. — *LAn* 9, 1982, 307-340 | Within an extended version of Montague Grammar.
14677 MIZUTANI, Nobuko: The listener's response in Japanese conversation. — *SLN* 13, 1982, 33-38, 3 tab.

14678 OKADA, Naoyuki; MIURA, Aiko: Conceptual taxonomy of Japanese adjectives for understanding natural language and picture patterns. — [114], 209-213, 3 fig.
14679 ONO, Kiyoharu: Causative constructions in Japanese. — *Linguistics* 20, 1982, 97-121.
14680 ONO, Kiyoharu: Is NP-*wa* NP-*ga* V-*te ar* ungrammatical? — *LIn* 13, 1982, 327-329.
14681 PASSIN, Herbert: *Japanese and the Japanese: language and culture change.* — Tokyo: Kinseido, 1981, iii, 154 p. | *BSOAS* 45, 1982, 417 P. O'N.
PRICE, P.J.: *A cross-linguistic study of flaps* . . . — 8829.
14682 PRIDEAUX, Gary D.: The processing of Japanese relative clauses. — *CJL* 27, 1982, 23-30.
14683 PRINDLE, Tamae K.: Polite forms of Japanese speech. — *AnL* 23, 1981, 209-214.
14684 Ross, Claudia N.G.: Prenominal modification in Chinese and Japanese. — *LAn* 9, 1982, 19-53, 2 tab.
14685 SAKAMOTO, Takahiko: Reading of hiragana. — [165], 15-24, 4 fig., 10 tab.
14686 SASAKI, Tsuyoshi: Case grammar for Japanese. — *LAL* 2, 1971, 61-76.
SATO, S., et al.: Statistical relationships among the first three formant frequencies in vowel segments . . . — 2112.
14687 SAWASHIMA, Masayuki; HIROSE, Hajime; YOSHIOKA, Hirohide; KIRITANI, Shigeru: Interaction between articulatory movements and vocal pitch control in Japanese word accent. — *Phonetica* 39, 1982, 188-198.
14688 SHIBATANI, Masayoshi: Japanese grammar and universal grammar. — *Lingua* 57, 1982, 103-123.
14689 SHIRAI, K.; KUBOTA, J.; HAYASHI, Y.: Japanese sentence analysis system ESSAY — evaluation of dictionary derived from real text data. — [114], 259-261.
14690 SUGAMOTO, Nobuko: Transitivity and objecthood in Japanese. — *SynS* 15, 1982, 423-447.
14691 SZABÓ, Á.T.: Konferenz über die Herkunft des Japanischen. — *UAJb* 54, 1982, 143-144 | Hamburg, Jan. 27-28, 1981.
14692 TERAKURA, Hiroko: *Some aspects of complementation in Japanese: a study of* to yuu. — Univ. of Wisconsin-Madison diss., 1980, 237 p. | *DAb* 42/1, 1981, 198-A/199-A.
14693 VANCE, Timothy J.: On the origin of voicing alteration in Japanese consonants. — *JAOS* 102, 1982, 333-341.
14694 ZUBIZARRETA, Maria L.: The formal interaction of harmony and accent: the tone pattern of Japanese. — [2037], 159-212.

VII. AINU — AÏNOU

14695 MURAZAKI Kyōko: *Karafuto Ainu-go: bumpōhen.* — Tōkyō: Kokusho kankōkai, 1979, 27, 177 p. | The language of Sakhalin Ainu: a grammar. | Cf. BL 1976, 13200. | *LPosn* 25, 1982, 145-148 A.F. Majewicz; E. Majewicz.
14696 PATRIE, J.: *The genetic relationship of the Ainu language.* — *OL*, Special Publ. 17; Honolulu: Univ. of Hawaii, 1982, 174 p.

DRAVIDIAN LANGUAGES
LANGUES DRAVIDIENNES

I. GENERAL AND MISCELLANEOUS — GÉNÉRALITÉS ET LANGUES DIVERSES

14697 ANDRONOV, M.S.: *Sravnitel'naja grammatika dravidijskich jazykov.* — Moskva: 1978 | BL 1978, 11429. | *VJa* 1982/1, 132-135 V.A. Makarenko | *AO* 50, 1982, 362 J. Vacek.

14698 ANDRONOV, M. [S.]: Verbals in Dravidian: a comparative study. — *IJDL* 8, 1979, 52-70.

14699 BHASKARARAO, Peri: *Koṇekor Gadaba: a Dravidian language.* — Pune: Deccan College Post-graduate & Research Inst., 1980, [viii], 135 p.

BHATIA, T.K.: Transplanted South Asian languages . . . — 4503.

D'ONZA C., M.; PANATTONI, E.: *Kuḍḍa-rājan* and allied terms: a set of Drav. loan-words in Pāli. — 4602.

14700 EKKA, Francis: Some aspects of Kūṛux aspect. — *IJDL* 8, 1979, 277-284.

ELFENBEIN, J.: Notes on the Balochi-Brahui linguistic commensality. — 4767.

14701 GOPINATHAN NAIR, B.: On quantitative alternations in Dravidian. — *IJDL* 8, 1979, 32-45.

HILL, E.C.: *The specification of underlying aspectual values* . . . — 4637.

14702 ISRAEL, M.: *A grammar of the Kuvi language* . . . — Trivandrum: 1979 | BL 1979, 12158. | *AO* 50, 1982, 358-359 J. Vacek.

14703 JANERT, Klaus L.; NARASIMHAN POTI, N.: *Yākka Sālēre kathe: Tuḷu texts of Dravidian folk poetry from the South of India*, with an English translation and a glossary. — Verzeichnis der Orientalischen Handschriften in Deutschland, Supplementband 25; Wiesbaden: Steiner, 1981, 128 p. | *BSOAS* 45, 1982, 597 J.D. Smith.

14704 KAMATCHINATHAN, A.: Evolution of dental nasal in Dravidian. — *IJDL* 8, 1979, 226-235.

14705 KAPP, Dieter B.: *Ālu-Kuṛumbaru Nāya^n: die Sprache der Ālu-Kuṛumbas. Grammatik, Texte, Wörterbuch.* — Neuindische Studien 7; Wiesbaden: Harrassowitz, 1982, xxxiii, 442 p., map.

14706 KARASHIMA, Norobu; SUBBARAYALU, Y.; MATSUI, Toru: *A concordance of the names in the Cōla inscriptions.* Vol. I & II: *List of names and related information.* Vol. III: *Index of the segments of names.* — Madurai: Sarvodaya Ilakkiya

Pannai, 1978, lxvii, 408 p.; p. 409-871; 453 p. | Corr. to BL 1980, 12771. | *AO* 50, 1982, 361-362 J. Vacek.
14707 KHRISHNAMURTI, Bh.: Areal and lexical diffusion of sound change: evidence from Dravidian. — *Lg* 54, 1978, 1-20.
LARSSON, L.-G.: Some remarks on . . . Uralo-Drav. genetic linguistic relationship. — 4234.
LOKESH CHANDRA: *Oḍḍiyāna* . . . — 4560.
MCALPIN, D.W.: *Proto-Elamo-Dravidian* . . . — 4235.
PRABHOO, L.R.: Dative case in IA. and Drav. . . . — 4507.
14708 SORRENTINO, Antonio: Dravidian studies in Italy. — *AION* 42, 1982, 617-622.
14709 STEEVER, Sanford B.: The genesis of polypersonal verbs in South Central Dravidian. — *IJDL* 9, 1980, 337-373.
14710 SUBRAHMANYAM, P.S.: The Gondi aspectual system: some preliminary observations. — *IJDL* 8, 1979, 285-288.
ZOGRAPH, G.A.: *Languages of South Asia* . . . — 2924-5.
14711 ZVELEBIL, Kamil: *A sketch of comparative Dravidian morphology.* Part I. — The Hague: 1977 | BL 1977, 13707. | *RO* 42/1, 1981, 112-116 R. Sundaram.
14712 ZVELEBIL, Kamil V.: *The Irula (Ërla) language.* Part III: *Irula lore. Texts and translations.* — Neuindische Studien 9; Wiesbaden: Harrassowitz, 1982, xii, 389 p. | A sketch of Irula grammar, 189-210. | Cf. BL 1979, 12169.
14713 ZVELEBIL, Kamil V.: A plea for Nilgiri areal studies. — *IJDL* 9, 1980, 1-22.
14714 ZVELEBIL, Kamil V.: Bëṭṭu Kuṟumba: first report on a tribal language. — *JAOS* 102, 1982, 523-527 | Muḍumalai area.

II. KANNADA — CANARA

14715 BEAN, Susan S.: *Symbolic and pragmatic semantics: a Kannada system of address.* — Chicago: 1978 | BL 1978, 11442. | *JASt* 38, 1978-79, 615-616 H.E. Ullrich.
14716 BHAT, D.N.S.: Vectors in Kannada. — *IJDL* 8, 1979, 300-309.
14717 BHAT, D.N.S.: Physical identification in Kannada. — *SLS* 11/2, 1981, 1-8.
14718 KHADABADI, B.K.: On the Apabhraṁśa chapter of the *Śabdamanidarpana*. — *ABORI* 62, 1981, 227-234.
14719 RANGANATHA, M.R.: *Morphophonemic analysis of the Kannada language (relative frequency of phonemes and morphemes in Kannuda).* — CIIL Occasional Monographs Series 17; Mysore: Central Inst. of Indian Languages, 1982, vii, 343 p.
14720 SHASTRI, K.G.: *The Havyaka dialect of North Kanara.* — Dharwar: 1971 | BL 1972, 12280. | *IJDL* 8, 1979, 185-187 K.K. Gowda.

III. MALAYALAM — MALAYALAM

14721 KARICKAMPALLY, Anne: *An introductory sector analysis of Malayalam.* — Columbia Univ. Teachers College diss., 1977 | BL 1977, 13712. | *IJDL* 9, 1980, 186-190 R. Saraswathy Amma.
14722 KRISHNA WARRIOR, N.V.: *Historical study of Malayalam metre.* — Vanchiyoor, Trivandrum: Drav. Linguistics Ass., 1977, xiii, 346 p. | *IJDL* 8, 1979, 152-181 K. Unnikkitāv.
14723 MOHANAN, K.P.: Pronouns in Malayalam. — *SLS* 11, 1981/2, 67-75.
MOHANAN, K.P.: Infinitival subjects, government, and abstract sense. — 2576.

14724 PRABODHACHANDRAN NAYAR, V.R.: Aspectual system in Malayalam. — *IJDL* 8, 1979, 289-299.
14725 RAVINDRAN, P.N.: *Nominal composition in Malayalam.* — Annamalainagar: 1975 | BL 1976, 13224. | *IJDL* 8, 1979, 356-361 A.P. Andrewskutty | *AO* 50, 1982, 359-360 J. Vacek.
14726 SUBRAMONIAM, V.I.: Present tense markers in Malayalam. — *IJDL* 8, 1979, 249-259.
14727 SYAMALA KUMARI, B.: *An intensive course in Malayalam.* — CIIL Intensive Course Series 4; Mysore: Central Inst. of Indian Languages, 1981, xxx, 903 p.
14728 THUNDY, Zacharias P.: The new Malayalee personal names. — [176], 539-548.

IV. TAMIL — TAMOUL

14729 ANNAMALAI, E.: Aspects of aspect in Tamil. — *IJDL* 8, 1979, 260-267.
14730 ASHER, R.E.: *Tamil.* — LDS: Lingua Descriptive Studies 7; Amsterdam: North-Holland Publishing Co., 1982, xiv, 265 p., map.
14731 BALASUBRAMANIAN, T.: The pure oral vowels of colloquial Tamil: a spectrographic study. — *IJDL* 9, 1980, 23-35.
14732 DÉCSY, Gy.: Alte und neue Farbennamen im Tamil. — *UAJb* 53, 1981, 141-142.
14733 *The first European Tamil grammar.* A critical ed. by Hans J. VERMEER. E. version by Angelika MORATH. — Heidelberg: Groos, 1982, 2 facsim.; xxvii, 166 p. | With remarks on Henrique HENRIQUES (1520-1600), probably the author of the grammar, and two indices. | *ZDMG* 133, 1983, 458 S.A. Srinivasan.
14734 HART, Kausalya; HART, George L., III: *Beginning Tamil.* — Berkeley, CA: Dept. of South and Southeast Asian Studies, 1979, 356 p. | *IJDL* 9, 1980, 378-379 R.R.F. Moag.
14735 KANDIAH, Thiru: On the source of two classes of "manner adverb" in Tamil. — *IJDL* 8, 1979, 205-217.
14736 KOTHANDARAMAN, R.: Agreement markers in T[amil] verbals. — *IJDL* 9, 1980, 61-73.
14737 NAGARAJA, K.S.: Tense in Sanketi Tamil: a comparative note. — *BDC* 41, 1982, 126-129.
14738 PARAMASIVAM, K.: Effectivity and causativity in Tamil. — *IJDL* 8, 1979, 71-151.
RAJAM, V.S.: *A comparative study of two anc. Indian grammatical traditions* ... — 4581.
14739 RAJENDRAN, S.: Verbs of "seeing" in Tamil. — *BDC* 41, 1982, 151-159.
14740 SCHIFFMAN, Harold: *A grammar of spoken Tamil.* — Madras: 1979 | BL 1979, 12182. | *JASt* 40, 1980-81, 183-184 D.W. McAlpin.
14741 SCHIFFMAN, Harold: Negation in Tamil: semantic and syntactic aspects. — *SARev* 6/3, 1982, 104-116.
14742 SRINIVASAN, Radha: Negation in Tamil. — *IJL* 9, 1982/1, 24-35; 58.
14743 VIJAYAKRISHNAN, K.G.: The syllable in phonological theory: arguments from Tamil. — *SLS* 11/2, 1981, 101-105.
14744 VIJAYALAKSHMY, R.: *A study of Cīvakacintāmaṇi: particularly from the point of view of interaction of Sanskrit language and literature with Tamil.* — L.D. Series 82; Ahmedabad: Inst. of Indology, 1981, xii, 234 p. | *BDC* 41, 1982, 229-230 N. Sen.

V. TELUGU — TÉLOUGOU

14745 BHASKARARAO, Peri: A re-examination of consonantal sandhi in modern colloquial Telugu. — *BDC* 41, 1982, 16-26.
14746 JAGANNATH: *Telugu loanword phonology.* — Univ. of Arizona diss., 1981, 102 p. | *DAb* 41/12, 1981, 5081-A.
14747 KRISHNAMURTI, Bh.: Bilingualism and social dialects in Telugu. — [269], 209-216.
14748 SUBBARAO, K.V.: Secondary verbs in Telugu. — *IJDL* 8, 1979, 268-276.

BURUSHASKI
BOUROUCHASKI

14749 TIFFOU, Étienne; MORIN, Yves-Charles: A note on split ergativity in Burushaski. — *BSOAS* 45, 1982, 88-94.
14750 TIFFOU, Étienne; MORIN, Yves-Charles: Étude sur les couleurs en bourouchaski. — *JA* 270, 1982, 363-383, 6 fig. | E. summ.

14751-14757

LANGUAGES OF SOUTH-EAST ASIA
LANGUES DE L'ASIE DU SUD-EST

I. GENERAL — GÉNÉRALITÉS

14751 BOODBERG, Peter A.: *Selected works.* Compiled by Alvin P. COHEN. — Los Angeles: 1979 | BL 1980, 12779. | *BSOAS* 45, 1982, 390-392 S. Allan | *JAOS* 102, 1982, 422-423 A.E. Dien.
ZOGRAPH, G.A.: *Languages of South Asia* . . . — 2924-5.

II. SINO-TIBETAN LANGUAGES — LANGUES SINO-TIBÉTAINES

A. General — Généralités

14752 DELL, François: *La langue bai, phonologie et lexique.* — Matériaux pour l'étude de l'Asie moderne et contemporaine: études linguistiques 2; Paris: Éditions de l'École des Hautes Études en Sci. Sociales, 1981, 175 p. | *BSOAS* 45, 1982, 615-616 J.H.C.S. Davidson | *Lg* 58, 1982, 732 G. Thurgood.
14753 YIP, Moira: Against a segmental analysis of Zahao and Thai: a laryngeal tier proposal. — *LAn* 9, 1982, 79-94.

B. Sinitic Group — Groupe sinitique

0. BIBLIOGRAPHY AND GENERAL — BIBLIOGRAPHIE ET GÉNÉRALITÉS

14754 *Revue bibliographique de sinologie.* 11, année 1965. [Réd.: Michel CARTIER].
— La Haye: Mouton / Paris: Éditions de l'École des Hautes Études en Sci. Sociales, 1977, 507 p. | Langue, p. 225-265 (Nos. 384-476). | Cf. BL 1973, 13830.
14755 *Revue bibliographique de sinologie.* 12-13, années 1966-1967. [Réd.: Michel CARTIER]. — La Haye: Mouton / Paris: Éditions de l'École des Hautes Études en Sci. Sociales, 1980, 632 p. | Langue, p. 319-362 (Nos. 584-686).
14756 *Revue bibliographique de sinologie.* 14-15, années 1968-1970. [Direction: Michel CARTIER; Danielle ELISSÉEFF]. — La Haye: Mouton / Paris: Éditions de l'École des Hautes Études en Sci. Sociales, 1982, 388 p. | Langue, p. 163-193 (Nos. 280-348).
14757 YANG, Paul Fu-mien: *Chinese dialectology: a selected and classified bibliogra-*

phy. — Hong Kong: Chin. UP., 1981, xxxvii, 189 p. | *JASt* 42, 1982-83, 158-159 W.H. Baxter III.

14758   [CHAO, Yuen-ren] Zhao Yuanren: *A grammar of spoken Chinese — Hanyu konyu yufa.* — Beijing: 1979, 380 p. | Cf. BL 1968, 11824. | *SCL* 33, 1982, 186-188 F. Vişan.
CHENG, Chin-chuan: The esperanto of El Popola Ĉinio. — 4174.
14759   GOGOVA, Svežina: *Osnovni problemi na ezikovata situacija v săvremennoto kitajsko obštestvo.* — Sofija: SU "Kliment Ochridski", 1982, 212 p. | Basic questions of the linguistic situation in present-day Chin. society. Bibliography, 198-211.
14760   HENNE, Henry; RONGEN, Ole B.; HANSEN, Lars J.: *A handbook on Chinese language structure.* — Oslo: 1977 | BL 1978, 11487. | *JASt* 38, 1978-79, 376-377 T. Light.
14761   HEŘMANOVÁ, Z.: Jazyková politika. – *Čínska kultúra a maoizmus. Literatúra, školstvo a jazyk v rokoch 1949-1969* (Bratislava: 1982), 213-242 | Language policy in the People's Republic of China, 1949-69.
14762   HUANG, Shuan-fan: Chinese concept of a person: an essay on language and metaphysics. — *JCL* 10, 1982, 86-107.
14763   *Language reform in China: documents...* Ed. by Peter J. SEYBOLT; Gregory Kuei-ke CHIANG. — White Plains, NY: 1979 | BL 1979, 12225. | *JASt* 40, 1980-81, 364-365 Chin-chuan Cheng.

I. PHONETICS AND PHONOLOGY — PHONÉTIQUE ET PHONOLOGIE

14764   ASTOR, Wally G.: Aspects of a phonological analysis of Modern Standard Chinese. — *LAL* 4, 1972, 1-11, 8 fig.
14765   BAEK, Eung-Jin: Assibilation in Sino-Korean. — [170], 15-19.
14766   CHAN, Marjorie K.M.: A response to Boltz' notes on Cantonese dentilabialization. — *JAOS* 102, 1982, 107-109 | Cf. BL 1978, 11473.
14767   CHAO, Yuen Ren: Chinese tones and English stress. — [237], 41-44.
14768   CLUMECK, Harold; BARTON, David; MACKEN, Marlys A.; HUNTINGTON, Dorothy A.: The aspiration contrast in Cantonese word-initial stops: data from children and adults. — *JCL* 9, 1981, 210-225.
14769   ELMAN, Benjamin: From value to fact: the emergence of phonology as a precise discipline in late imperial China. — *JAOS* 102, 1982, 493-500.
14770   GANDOUR, Jack: Perceptual dimensions of tone: evidence from Cantonese. — *JCL* 9, 1981, 20-36, 2 fig.
14771   HASHIMOTO, Mantaro J.: *Phonology of Ancient Chinese.* I; II. — Inst. for the Study of Languages and Cultures of Asia and Africa, Monograph 10 & 11; Tokyo: 1978; 1979.
14772   KASEVIČ, V.B.; SABEL'NIKOVA, E.M.: Perceptivnye granicy meždu kitajskimi tonami i kategorial'nost' vosprijatija zvukov reči. — *VJa* 1982/3, 83-91, 4 fig.
14773   SHERARD, Michael: *A synchronic phonology of modern colloquial Shanghai.* — Computational Analyses of Asian and Afr. Languages, Monograph 15; Tokyo: Inst. of Asian & Afr. Languages, 1980, 141 p.
14774   YIP, Moira: Reduplication and C-V skeleta in Chinese secret languages. — *LIn* 13, 1982, 637-661.

2. GRAMMAR — GRAMMAIRE

14775 ALLETON, Viviane: Final particles and expression of modality in Modern Chinese. — JCL 9, 1981, 91-115.
14776 BENNETT, Paul A.: The evolution of passive and disposal sentences. — JCL 9, 1981, 61-90.
14777 CHEN, Chen-Kuan: *Dependent clauses in Mandarin Chinese.* — Univ. of Texas at Austin diss., 1980, 155 p. | *DAb* 41/4, 1980, 1567-A/1568-A.
14778 CHU, Chauncey C.: Word order universals and SVO → SOV in Chinese. — *LACUS* 7, 1980 (1981), 284-294.
14779 DALSECCO, Luciano: Sui principali usi di . . . 'dou' in cinese moderno. — *SILTA* 9, 1980/3 (1982), 481-486.
14780 GASSMANN, Robert H.: *Zur Syntax von Einbettungsstrukturen im klassischen Chinesisch.* — Schweizer asiatische Studien: Studienhefte 6; Bern: Lang, 1982, 216 p.
14781 HARBSMEIER, Christoph: *Aspects of Classical Chinese syntax.* — Scand. Inst. of Asian Studies, Monograph Series 45; London: Curzon Press, 1981, 303 p. | Dan. summ.
14782 HUANG, Shuan-Fan: On the scope of phenomena of Chinese quantifiers. — *JCL* 9, 1981, 226-242.
14783 KILLINGLEY, Siew-yue: The semantic grouping of mensural classifiers in Cantonese. — *AnL* 23, 1981, 383-435.
14784 LI, Charles N.; TOMPSON, Sandra A.: *Mandarin Chinese: a functional reference grammar.* — Berkeley: Univ. of California Press, 1981, xviii, 691 p., map | *JASt* 42, 1982-83, 627-629 P. Fu-mien Yang.
14785 LI, Charles N.; THOMPSON, Sandra A.; THOMPSON, R. McMillan: The discourse motivation for the perfect aspect: the Mandarin particle *le*. — [195], 19-44.
14786 PARIS, Marie-Claude: *Problèmes de syntaxe et de sémantique en linguistique chinoise.* — Mémoires de l'Inst. des Hautes Études Chin. 20 (Thèse Paris VII); Paris: Inst. des Hautes Études Chin., 1981, 453 p.
14787 PARIS, Marie-Claude: Sens et don en mandarin: une approche de *gei* en sémantique grammaticale. — *MLing* 4, 1982/2, 69-88.
14788 PASIERBSKY, Fritz: Zur historischen Entwicklung der Personendeixis im Chinesischen. — [1402], 253-272.
14789 PEYRAUBE, Alain: *Les constructions locatives en chinois moderne.* — Paris: Centre de Recherches Linguistiques sur l'Asie Orientale, 1980, 337 p.
14790 PULLEYBLANK, Edwin G.: Emphatic negatives in Classical Chinese. — *Ancient China: studies in early civilization.* Eds.: David Roy & Tsuen-hsuin Tsien (Hongkong: Chin. UP., 1978), 115-135.
Ross, C.N.G.: Prenominal modification in Chin. and Jap. — 14684.
14791 SCHUESSLER, Axel: On word order in early Zhou Chinese. — *JCL* 10, 1982, 1-51.
14792 SOBELMAN, C.P.: *Rere de he yi wan cha:* a study note and related questions. — *JCL* 10, 1982, 52-76 | With comments by John H.T. LU, 77-80, and James TAI, 81-85. In Chin. with E. summ.
14793 THOMPSON, J. Charles: The particles *ma, a* and *ba.* — *LAL* 1, 1970, 114-116.

3. HISTORY — HISTOIRE

CHANG, Namgui: The development of aspiration in Sino-Korean . . . — 14644.

14794 HENRICKS, Robert G.: Examining the Ma-wang-tui silk texts of the *Lao-tzu*, with special note of their differences from the Wang Pi text. — *TP* 65, 1979, 166-199.
14795 HUANG Shu-ying; KRJUKOV, V.M.: *Drevnekitajskij jazyk*. — Moskva: 1978 | BL 1978, 11492. | *AO* 50, 1982, 257-259 J. Vochala.
14796 NIKITINA, T.N.: Struktura drevnekitajskogo teksta. — *UZLU* 403, 1980 (*Vostokovedenie* 7), 51-64.
14797 PULLEYBLANK, E.G.: Some examples of colloquial pronunciation from the southern Liang dynasty (A.D. 502-556). — [250], 315-327.

4. DIALECTOLOGY — DIALECTOLOGIE

14798 CHEN Chung-yu: Towards an affiliation of the Nanping Mandarin dialect of Fujian. — *JCL* 9, 1981, 151-209; 10, 1982, 185-188.
14799 CHENG, Chin-Chuan: A quantification of Chinese dialect affinity. — *SLS* 12, 1982/1, 29-47.
14800 D'ANDREA, John A.; LIGHT, Timothy: Toishan glossary project: an interim report. — *JCL* 9, 1981, 130-137.
14801 GAO Hua-nian: *Guangzhou fangyan yanjiu*. — Hong Kong: Commercial Press, 1980, 3383 p. | Studies on the Guanzhou dial.
14802 LI, Charles N.; THOMPSON, Sandra A.: Chinese: dialect variations and language reform. — [365], 295-335, 9 fig., 6 tab.
14803 YANG, Paul: A sociolinguistic profile of the Hakka dialect. — *LAL* 1, 1970, 117-124.
14804 ZAV'JALOVA, O.I.: Nekotorye voprosy lingvogeografičeskogo izučenija fonetiki guan'chua (severnych dialektov kitajskogo jazyka). — *VJa* 1982/3, 92-103.

5. LEXICON — LEXIQUE

14805 BILANCIA, Philip R.: *Dictionary of Chinese law and government: Chinese-English*. — Stanford, CA: Stanford UP., 1981, xv, 822 p. | *BSOAS* 45, 1982, 645 H.D.R. Baker.
14806 *Han ying ci dian. / The Pinyin Chinese-English dictionary*. Ed.-in-chief: WU Jinrong. — Peking: 1978 | BL 1979, 12217. | *TP* 66, 1980, 288-291 J.C.P. Liang.
14807 Ho Kwok-cheung: *A comparative study of the Chinese vocabulary in several textbooks for Westerners*. — Hong Kong: Chin. UP., 1979, 387 p. | *AO* 50, 1982, 75-76 J. Vochala.
14808 HOMINAL, François: *Terminologie mathématique en chinois moderne*. — Paris: 1980 | BL 1980, 12862. | *BSL* 76, 1981/2 (1982), 376 A. Cartier.
14809 LIPPERT, Wolfgang: *Entstehung und Funktion einiger chinesischer marxistischer Termini* . . . — Wiesbaden: 1979 | BL 1981, 14291. | *BSL* 76, 1981/2 (1982), 377 A. Cartier.
14810 MAJOR, John S.: Notes on the nomenclature of winds and directions in the early Han. — *TP* 65, 1979, 66-80, 3 fig.
14811 MCCASKEY, M.: Word borrowing from Indo-European languages in Modern Standard Chinese: methods and problems. — *LAL* 7, 1973, 33-41.

6. SCRIPT — ÉCRITURE

14812 BARNARD, Noel: The nature of the Ch'in 'Reform of the script' as reflected in archaeological documents excavated under conditions of control. — *Ancient China* [cf. 14790], 118-213, 14 fig.
14813 BRYANT, Daniel: The use of *pinyin*. — *JASt* 40, 1980-81, 90-93.
14814 DEBON, Günther: *Grundbegriffe der chinesischen Schrifttheorie*. . . — Wiesbaden: 1978 | BL 1978, 11482. | *OLZ* 77, 1982, 196-197 Th. Thilo.
14815 LEON, N.H.: *Character indexes of Modern Chinese . . . Xiandai hanyu hanzi jianzi.* — Scand. Inst. of Asian Studies, Monograph Series 42; London: Curzon Press, 1981, xv, 508 p. | *Lg* 58, 1982, 488 C.L. McClenon | *AO* 50, 1982, 74 Z. H.-N.
14816 T'SOU, B.K.Y.: A sociolinguistic analysis of the logographic writing system of Chinese. — *JCL* 9, 1981, 1-19.
 TZENG, O.; HUNG, D.: Reading in a nonalphabetic writing system . . . — 3613.
14817 VIŞAN, Florentina: Semnificațiile reformei scrierii chineze în lumina raportului continuitate – schimbare. — *SCL* 33, 1982, 497-500.
14818 WANG, David Kuo-wei: *Definitions and classifications of the six scripts according to Hsu Shen (ca. A.D. 58-147) and leading Ch'ing scholars.* — Georgetown Univ. diss., 1979, 253 p. | *DAb* 41/4, 1980, 1573-A.

7. STYLISTICS — STYLISTIQUE

14819 HSU, Raymond S.W.: *The style of Lu Hsun: vocabulary and usage.* — Hong Kong: 1979 | BL 1980, 12871. | *Lg* 58, 1982, 488-489 C.L. McClenon.

10. MATHEMATICAL LINGUISTICS — LINGUISTIQUE MATHÉMATIQUE

14820 QIAN, Feng: Chinese input system with artificial intelligence. — [114], 240-243.
14821 SUEN, Ching Y.: Computational analysis of Mandarin sounds with reference to the English language. — [115], 371-376, 2 tab.

14. ONOMASTICS — ONOMASTIQUE

14822 SERRUYS, Henry: Place names along China's northern frontier. — *BSOAS* 45, 1982, 271-283.

C. Bodic Group — Groupe bodique

14823 BIELMEIER, Roland: Problems in Tibetan dialectology and language history with special reference to the *sKyid-groń* dialect. — *ZASB* 16, 1982, 405-425.
14824 CAUGHLEY, Ross Charles: *The syntax and morphology of the verb in Chepang.* — *PL*, B 84; Canberra: ANU, Dept. of Linguistics, Research School of Pacific Studies, 1982, xvi, 269 p., 3 maps.
14825 DARGYAY, Eva K.; LOBSANG: Der törichte Bär und der kluge Fuchs – ein Märchen aus Zanskar. — *ZASB* 14, 1980/2, 201-204 | Text, transl., notes.
14826 DAWSON, Willa: *Tibetan phonology.* — Univ. of Washington diss., 1980, 150 p. | *DAb* 41/11, 1981, 4699-A.
14827 DELANCEY, Scott Cameron: *Deictic categories in the Tibeto-Burman verb.* — Indiana Univ. diss., 1980, 295 p. | *DAb* 41/6, 1980, 2584-A/2585-A.

14828 GOLDSTEIN, Melvyn: *Tibetan-English dictionary of Modern Tibetan.* — Bibliotheca Himalayica II, 9; Kathmandu, Nepal: Ratna Pustak Bhandar, 1975, 1234 p. | *JASt* 40, 1980-81, 123-124 T.V. Wylie.
14829 HALE, Austin: *Research on Tibeto-Burman languages.* — Trends in Linguistics, State-of-the-art report 14; Berlin (West): Mouton, 1982, vi, 213 p.
14830 HÖFER, András: *Tamang ritual texts.* I: *Preliminary studies in the folk-region of an ethnic minority in Nepal.* — Beiträge zur Südasienforschung, Südasien-Inst., Univ. Heidelberg, 65; Wiesbaden: Steiner, 1981, viii, 184 p. | *JRAS* 1982, 205-207 T. Skorupski.
14831 KLAFKOWSKI, Piotr: Ramstedt's History of the Uigurs in the Tibetan translation — text and English translation. — *AO* 50, 1982, 162-173.
14832 KOSHAL, Sanyukta: *Ladakhi grammar.* — Delhi: 1979 | BL 1979, 12247. | *ZDMG* 133, 1983, 459-460 G.W. Houston.
14833 LEE, Don Y.: *An introduction to East Asian and Tibetan linguistics and culture.* — Bloomington, IN: Eastern Press, 1981, vi, 339 p.
14834 MATISOFF, James A.: Conjugal bliss: an Indo-Aryan word-family *pair / yoke / join* in Tibeto-Burman. — *SARev* 6/3, 1982, 42-50.
14835 MILLER, Roy A.: *Studies in the grammatical tradition in Tibet.* — Amsterdam: 1976 | BL 1976, 13297. | *JASt* 38, 1978-79, 327-328 R. Rocher.
14836 SHARMA, D.D.: *Studies in Tibeto-Himalayan linguistics: a descriptive analysis of Pattani (a dialect of Lahaul).* — Panjab Univ. Indological Series 28; Hoshiarpur: Vishveshvaranand Vishva Bandhu Inst. of Skr. and Indological Studies, Panjab Univ., 1982, xvii, 224 p.
14837 SHARMA, Suhnu Ram: Loan words in PaTani: problems and mysteries. — *BDC* 41, 1982, 160-163 | Lahul, Himachal Pradesh, India.
SIMONSSON, N.: On the concept of sentence in anc. Indian and Tib. theory . . . — 1980.
14838 TAUBE, Manfred: *Die Tibetica der Berliner Turfansammlung.* — Schriften zur Geschichte und Kultur des Alten Orients, Berliner Turfantexte 10; Berlin: Akad.-Verlag, 1980, 169 p., 88 pl. | *ZDMG* 132, 1982, 423-424 D. Maue.
14839 TENIŠEV, È.R.: Zametki ob odnom tibetskom govore Amdo. — *AOH* 36, 1982, 515-520.
14840 ZIMMERMANN, Heinz: *Wortart und Sprachstruktur im Tibetischen.* — Wiesbaden: 1979 | BL 1979, 12253. | *BSOAS* 45, 1982, 205-207 P. Denwood | *ZASB* 15, 1981, 552-559 R. Bielmeier.

D. Burmic and Karenic Groups — Groupes birmanique et karénique

14841 BERNOT, Denise, et al.: *Dictionnaire birman-français.* 4; 5. — Langues et civilisations de l'Asie du Sud-Est et du monde insulindien 3; Paris: SELAF, 1981, 208 & 200 p. | Cf. BL 1981, 14338. | *AO* 50, 1982, 203-204 D. Bečková (On fasc. 1).
14842 BRADLEY, David: *Proto-Loloish.* — London: 1979 | BL 1979, 12257. | *JASt* 41, 1981-82, 411-412 J.K. Wheatley | *BSL* 76, 1981/2 (1982), 368 [A.] Haudricourt | *Lg* 58, 1982, 951 G. Thurgood.
DELANCEY, S.C.: Deictic categories in the Tibeto-Burman verb. — 14827.
HALE, A.: Research on Tibeto-Burman languages. — 14829.
14843 JANSON, R.A.: O kriterijach opredelenija jazykovoj odnorodnosti drevnebirmanskich tekstov. — *UZLU* 403, 1980 (*Vostokovedenie* 7), 77-86.
MATISOFF, J.A.: Conjugal bliss: an IA. word-family . . . in Tibeto-Burman. — 14834.

14844 THURGOOD, Graham: The historical development of the Akha evidentials system. — *PBLS* 7, 1981, 295-302.
14845 THURGOOD, Graham: A comparative note on the Indian linguistic area. — *SARev* 6/3, 1982, 23-29 | On the Lolo-Burmese languages.

E. Daic Group (Thai) — Groupe daïque (Thai)

COWAN, H.K.J.: The Achenese metre *sanja'* and the Thai *klɔ:n pɛ:t*. — 14918.
14846 GRIMA, John A.: A velar-for-alveolar substitution in Thai child language. — *SLang* 6, 1982, 175-192.
14847 HARTMANN, John F.: Computations on a Tai Dam origin myth. — *AnL* 23, 1981, 183-202.
14848 HASHIMOTO, Mantaro: *The Be language: a classified lexicon of its Limkow dialect*. — Asian & Afr. Lexicon 11; Tokyo: Inst. for the Study of Languages and Cultures of Asia and Africa, 1980, xxii, 420 p. | Hainan. | *BSL* 76, 1981/2 (1982), 367 [A.] Haudricourt.
14849 JACHONTOV, S.E.: Sootvetstvija zadnejazyčnych soglasnych v dun-tajskich jazykach. — *UZLU* 403, 1980 (*Vostokovedenie* 7), 86-97.
14850 LI, Fang Kuei: *A handbook of comparative Tai*. — Honolulu: 1977 | BL 1977, 13824. | *JASt* 38, 1978-79, 616-617 A. Diller.
14851 MESSENGER, Scribner Ames: *Theme as a stylistic parameter in Thai prose*. — Cornell Univ. diss., 1980, 350 p. | *DAb* 41/1, 1980, 230-A.
14852 STEIN, Mark Jeffrey: *Quantification in Thai*. — Univ. of Massachusetts diss., 1981, 184 p. | *DAb* 41/12, 1981, 5085-A/5086-A.
14853 STEIN, Mark J.: Mass/count distinctions in Thai nominals. — [231], 204-221.
14854 WONGBIASAJ, Soranee: *On movement transformations in Thai*. — Univ. of Illinois at Urbana-Champaign diss., 1980, 176 p. | *DAb* 41/11, 1981, 4701-A.

III. VIETNAMESE AND MUONG — VIETNAMIEN ET MUONG

14855 *Bildwörterbuch Deutsch und Vietnamesisch*. Teil I: Wortgut mit deutschem und vietnamesischen Register. Teil II: Bildtafeln. — Leipzig: Verlag Enzyklopädie, 1981, 464; 204 p. | *AO* 50, 1982, 355-356 I. Klinderová.
14856 BOSCHER, Winfried: *Wörterbuch Vietnamesisch-Deutsch* ... — Leipzig: 1978 | BL 1978, 11580. | *OLZ* 77, 1982, 203-206 K. Kaden.
14857 BYSTROV, I.S.; STANKEVIČ, N.V.: O glagolach-predlogach v'etnamskogo jazyka. — *UZLU* 403, 1980 (*Vostokovedenie* 7), 8-17.
14858 CLARK, Marybeth: *Coverbs and case in Vietnamese*. — Canberra: 1978 | BL 1978, 11582. | *JAOS* 102, 1982, 581 L.C. Thompson.
    EISENGARTEN, R.: "Involuntativ"-Kategorisierung im Indonesischen und Vietnamesischen ... — 14876.
14859 FRANCIS, John DE: *Colonialism and language policy in Vietnam*. — The Hague: 1977 | BL 1980, 12921. | *BSOAS* 45, 1982, 213-214 J. Davidson.
14860 NGUYEN-PHAN, Canh: Essai sur une description non discrète de la phonologie vietnamienne. — *PhonP* 5, 1976 (1982), 73-132, fig., tab.
14861 PANFILOV, V.S.: K voprosu o kategorii vremeni o v'etnamskom jazyke. — *VJa* 1982/3, 73-82.
14862 PHAM, Hai Van: *The influence of T'ang poetry on Vietnamese poetry written in Nom characters and in the Quoc-ngu writing system*. — Georgetown Univ. diss., 1980, 332 p. | *DAb* 41/7, 1981, 3088-A/3089-A.

MON-KHMER

14863 WATSON, Richard Leon: *A grammar of two Pacoh texts.* — Univ. of Texas at Arlington diss., 1980, 345 p. | *DAb* 41/12, 1981, 5086-A.

IV. MON-KHMER LANGUAGES — LANGUES MON-KHMER

14864 CHAKRAVARTI, Andhir: A glossary of Old Khmer. — *IJL* 8, 1981/2, 19-36; 9, 1982/1, 1-16; 9, 1982/2, 46-53.
14865 ELOVKOV, D.I.: O razgraničenii sfer leksikologii i grammatiki pri opisanii kchmerskogo jazyka. — *UZLU* 403, 1980 (*Vostokovedenie* 7), 24-32.
14866 FILBECK, David: *T'in: a historical study.* — Canberra: 1978 | BL 1978, 11588. | *JAOS* 102, 1982, 581 L.C. Thompson.
14867 HUFFMAN, Franklin E.; IM PROUM: *English-Khmer dictionary.* — New Haven: 1978 | BL 1978, 11593. | *JASt* 38, 1978-79, 839-840 P.N. Jenner.
14868 JENNER, P.N.; POU, Saveros: *A lexicon of Khmer morphology.* — Mon-Khmer Studies 9-10; Honolulu: UP. of Hawaii, 1981, lxiv, 524 p.
14869 SHORTO, H.L.: The affinities of Kuy. — *BSOAS* 45, 1982, 574-576.
14870 SMITH, Kenneth D.: *Sedang grammar: phonological and syntactic structure.* — *PL*, B 50; Canberra: Research School of Pacific Studies, Austr. National Univ., 1980, xix, 191 p., 3 maps | Corr. to BL 1979, 12296. | *BSOAS* 45, 1982, 215-216 J.M. Jacob.
14871 SRIWISES, Prasert: *Kui (Suai)-Thai-English dictionary.* — [Bangkok]: Chulalongkorn Univ. Language Inst., 1978.
14872 THONGKUM, Theraphan L.; PUENGPA, See: *A Bruu-Thai-English dictionary.* — Bangkok: Chulalongkorn Univ., 1980.
14873 WATSON, Richard & Saundra; CUBUAT: *Pacoh dictionary.* — Huntington Beach, CA: 1979 | BL 1981, 14371. | *BSOAS* 45, 1982, 214-215 J. Davidson.

V. NICOBARESE — NICOBARAIS

14874 RADHAKRISHNAN, R.: *The Nancowry word . . .* — Carbondale, IL: 1981 | BL 1981, 14375. | *Lg* 58, 1982, 950-951 D. Sherwood.

LANGUAGES OF AUSTRALASIA AND OCEANIA

LANGUES DE L'AUSTRALASIE ET DE L'OCÉANIE

I. GENERAL — GÉNÉRALITÉS

14875 DUTTON, Tom: Borrowing in Austronesian and non-Austronesian languages of coastal south-east mainland Papua New Guinea. — [14878], 109-177.

14876 EISENGARTEN, Renate: "Involuntativ"-Kategorisierung im Indonesischen und Vietnamesischen: ein neuer Beweis austrischer Sprachzusammengehörigkeit? — *Wissenschaftliche Beiträge der Friedrich-Schiller-Universität Jena*, 1982, 59-83 | The 'involuntative' category in Vietnamese and Indonesian: new evidence for an Austric language family?

14877 *The Makian languages and their neighbours.* Ed. by C.L. VOORHOEVE. — *PL*, D 46 (=Materials in languages of Indonesia 12); Canberra: Austr. National Univ., Dept. of Linguistics, Research School of Pacific Studies, 1982, viii, 148 p., maps.

14878 *Papers from the Third International Conference on Austronesian Linguistics.* Vol. 1: *Currents in Oceania.* Ed. by AMRAN HALIM; Lois CARRINGTON; S.A. WURM. — *PL*, C 74; Canberra: Austr. National Univ., Dept. of Linguistics, Research School of Pacific Studies, 1982, vi, 314 p., incl. 8 maps | Conference held in Bali, January 1981
Papers from the Third International Conference on Austronesian Linguistics. Vol. 2: *Tracking the travellers* . . . — 167.

14879 *Papers from the Third International Conference on Austronesian Linguistics.* Vol. 3: *Accent on variety.* Eds.: AMRAN HALIM; Lois CARRINGTON; S.A. WURM. — *PL*, C 76; Canberra: Austr. National Univ., Dept. of Linguistics, Research School of Pacific Studies, 1982, vi, 324 p., maps.
SIMONS, Gary F.: Word taboo and comparative Austronesian linguistics . . . — 14894.

14880 *Syntax and semantics in Papua New Guinea languages.* Ed. by Karl J. FRANKLIN. — Ukarumpa: Summer Inst. of Linguistics, 1981 | *JPS* 91, 1982, 306-309 W. Foley.

14881 VOORHOEVE, C.L.: The Halmahera connection: a case for prehistoric traffic through Torres Straits. — [167], 217-239.

14882 WURM, Stephen A.: Austronesian and Non-Austronesian (Papuan) languages in contact: some notes. — [266], 87-110.

INDONÉSIEN

II. AUSTRONESIAN LANGUAGES — LANGUES AUSTRONÉSIENNES

A. General — Généralités

14883 ANCEAUX, J.C.: Towards a typological reconstruction of the verbal system in Proto-Austronesian. — [167], 101-110.
14884 BLUST, Robert: The Proto-Austronesian word for 'female'. — [266], 17-30.
14885 CAPELL, Arthur: Bezirkssprachen im UAN-Gebiet. — [266], 1-16 | Regional languages in the Proto-Austronesian area.
14886 CARTIER, A.; RIVIERRE, J.C.: Le troisième congrès international de linguistique indonésienne. — *Archipel* 24, 1982, 32-39 | Avec liste des communications.
14887 COLLINS, James T.: Prothesis in the languages of Central Maluku: an argument from Proto-Austronesian grammar. — [167], 187-200.
14888 DYEN, Isidore: The present status of some Austronesian subgrouping hypotheses. — [167], 31-35.
14889 GUY, Jacques B.M.: Bases for new methods in glottochronology. — [14878], 283-314.
14890 HARVEY, Mark: Subgroups in Austronesian. — [167], 47-99.
14891 LAYCOCK, Don: Metathesis in Austronesian: Ririo and other cases. — [14878], 269-281.
14892 LLAMZON, Teodoro A.: A syntactic model for the comparative study of Austronesian languages. — [167], 37-46.
14893 ONN, Farid M.; SIMANJUNTAK, Mangantar: The inadequacy of the inertial development principle in accounting for sound changes in several Austronesian languages: Malay, Indonesian, Javanese, Toba-Batak, Tagalog and Samoan. — *Nusantara* 6, 1981, 85-110 | Also in: [167], 263-284.
14894 SIMONS, Gary F.: Word taboo and comparative Austronesian linguistics. — [14879], 157-226, maps | Sample: 75 Austronesian and 12 non-Austronesian languages.
14895 STAROSTA, Stanley; Andrew K. PAWLEY; Lawrence A. REID: The evolution of focus in Austronesian. — [167], 145-170.
14896 WOLFF, John U.: Proto-Austronesian $*c$, $*z$, $*g$ and $*t$. — [167], 1-30.
14897 ZORC, R. David: Where, O where have the laryngeals gone? Austronesian laryngeals re-examined. — [167], 111-144.

B. Indonesian languages — Langues indonésiennes

1. General — Généralités

14898 HERRFURTH, Hans: Satztypologische Übereinstimmungen zwischen dem Altjawanischen und Tagalischen. — *AO* 50, 1982, 296-308.

2. Central Indonesian — Indonésien central

14899 ADAM, Ahmat: Dari bahasa Melayu rendah ke bahasa Indonesia: suatu tinjauan sejarah. — *Jurnal budaya Melayu* 4/1, 1982, 1-33 | From low Malay to Indonesian, an historical overview.
14900 AHMAD, Hassan: Some information on the development and the role of the national language in Malaysia. — [14908], 205-222.
14901 ALISJAHBANA, S.T.: The concept of language standardization and its application to the Indonesian language. — [266], 391-418.

14902 ALISJAHBANA, S. Takdir: Language modernization and nation building. — [14908], 55-72.
14903 AMRAN HALIM: *Intonation in relation to syntax in Indonesian.* — *PL*, D 36 (= Materials in Languages of Indonesia 5); Canberra: Austr. National Univ., Dept. of Linguistics, Research School of Pacific Studies, 1981, vii, 149 p. | First publ. 1974 in Indonesian | With a sketch of the segmental phonology of Indonesian, 131-144.
14904 AMRAN HALIM: Language, education and nation building. — [14908], 329-338.
14905 ARBAK OTHMAN: Imbuhan ME- dan pentingnya dalam pengajaran tatabahasa Bahasa Malaysia. — *DB* 26, 1982, 817-842 | The affix ME- and its importance in the instruction of Malaysian grammar.
14906 BACHTIAR, Harsja W.: Bahasa Indonesia and the Indonesian nation. — [14908], 357-376.
14907 BADUDU, Jusuf Syarif: Morfologi bahasa Gorontalo. — Jakarta: Djambatan, 1982, xii, 207 p. | Morphology of Gorontalo, North-Sulawesi.
14908 *Bahasa dan pembangunan bahasa.* Ed. by AMRAN HALIM. — Jakarta: Pusat Pembinaan dan Pengembangan Bahasa, Departemen Pendidikan dan Kebudayaan, 1981, iv, 382 p.
14909 BLUST, Robert: The linguistic value of the Wallace line. — *BKI* 138, 1982, 231-250.
14910 BLUST, Robert A.: An overlooked feature of Malay historical phonology. — *BSOAS* 45, 1982, 284-299.
14911 CENSE, A.A. (in co-operation with ABDOERRAHIM): *Makassaars-Nederlands woordenboek.* — The Hague: 1979 | BL 1979, 12334. | *Archipel* 24, 1982, 270-272 Ü. Sirk.
14912 CHAER, Abdul: Predikat kompleks dan fenomen pasif. — *PBI* 3, 1982, 232-238 | Complex predicates and passive phenomena.
14913 CHAER, Abdul Mad'ie: Masalah bunyi nasal dalam proses nominalisasi dengan awalan *'pe'* dan akhiran kombinasi *'pe . . . an'*. — *DB* 26, 1982, 96-107 | On the problem of nasal sounds in connection with the affixes *'pe'* and *'pe . . . an'*.
14914 CHAER, Abdul Mad'ie: Usaha mencari identiti kata majmuk dalam bahasa Indonesia. — *DB* 26, 1982, 380-387 | In search of the identity of compound words in Indonesian.
14915 CHAMBERT-LOIR, Henri: *Hikayat Dewa Mandu: épopée malaise.* 1: *Texte et présentation.* — Publ. de l'École Fr. d'Extrême-Orient 121; Paris: EFEO, 1980, 348 p. | With ch. on the language of the text. | *BSOAS* 45, 1982, 218-219 E.U. Kratz.
14916 COADY, James; MCGINN, Richard: On the so-called implosive nasals of Rejang. — [266], 437-450 | South Sumatra.
14917 COLLINS, James T.: A short vocabulary of East Makian. — [14877], 99-128.
14918 COWAN, H.K.J..: The Achenese metre *sanja'* and the Thai *klɔ:n pɛ:t*. — *JRAS* 1982, 156-160.
14919 DAIN, Raja Mukhtaruddin R.M.: Language and nation building: the Malaysian case. — [14908], 251-264.
14920 DARDJOWIDJOJO, Soenjono: The impact of colonialism in national language development. — [14908], 235-250.
14921 DARDJOWIDJOJO, Soenjono: Morphological gaps in Indonesian. — [266], 419-436.
14922 DJAMARIS, Edwar: Bahasa Melayu Minangkabau. — *DB* 26, 1982, 346-352 | Minangkabau Malay.

INDONÉSIEN

14923 DJAWANAI, Stephanus Anthonius: *A study of the Ngadha text tradition: a linguistic investigation of the collective mind of the Ngadha people on the island of Flores, Indonesia.* — Univ. of Michigan diss., 1980, 435 p. | *DAb* 41/6, 1980, 2585-A.

14924 DREWES, G.W.J.: De etymologie van *'padri'*. — *BKI* 138, 1982, 346-350.

14925 ECHOLS, John M.: Dictionaries and dictionary making: Malay and Indonesian. — *JASt* 38, 1978-79, 11-24.

14926 EISENGARTEN, Renate: Zu Strukturproblemen des Indonesischen gegen bisherige europazentristische Auffassungen. — *WZUJ* 30/1, 1981, 105-117 | Structural problems in Indonesian and European-centred views.

14927 EISENGARTEN, Renate: Zum Stand der Spracheninventarisierung für das Hoheitsgebiet der Republik Indonesien. — *WZUJ* 30/1, 1981, 119-131 | Inventory of Indonesian languages.

14928 ERRINGTON, Joseph: Speech in the royal presence: Javanese palace language. — *Indonesia* 34, 1982, 89-101.

14929 Fox, James J.: The Rotinese chotbah as a linguistic performance. — [14879], 311-318 | Rotinese & Malay.

14930 GRIJNS, C.D.: Patterns of cohesion in Jakarta Malay: towards a more objective method of describing areal variation. — [14879], 247-285, maps.

14931 HERSRI: A language from Buru: Wayapo-Indonesian wordlist. — *Indonesia* 34, 1982, 131-154 | Moluccas.

14932 *Holle lists: vocabularies in languages of Indonesia.* Vol. 3/3: *Central Moluccas: Seram (III); Banda; Ambon (I).* Ed. by W.A.L. STOKHOF; with Lia SALEH-BRONCKHORST and Alma E. ALMANAR. — *PL*, D 49 (= Materials in languages of Indonesia 15); Canberra: Austr. National Univ., Dept. of Linguistics, Research School of Pacific Studies, 1982, vi, 214 p.

14933 *Holle lists: Vocabularies in languages of Indonesia.* Vol. 3/4: *Central Moluccas: Ambon (II); Buru; Nusa Laut; Saparua.* Ed. by W.A.L. STOKHOF; with Lia SALEH-BRONCKHORST and Alma E. ALMANAR. — *PL*, D 50 (= Materials in languages of Indonesia 16); Canberra: Austr. National Univ., Dept. of Linguistics, Research School of Pacific Studies, 1982, iv, 179 p.

14934 IKRANAGARA, Kay: Two schools: on functions of language in the classroom in Indonesia. — [14879], 95-114.

14935 ISMAN, Jakub: The role of the national language in fostering national identity in Indonesia. — [14908], 185-204.

14937 JUNUS, Umar: Permainan bahasa dalam bahan bacaan remaja di Indonesia. — *DB* 26, 1982, 3-16 | Language games in children's books in Indonesia.

14938 KAŠTANOVA, Nina Pavlovna: Morfologo-tipologičeskaja charakteristika malajzijskogo jazyka. — *Vestnik Moskovskogo Universiteta. Ser. 13: Vostokovedenie* 2, 1981, 34-43.

14939 KIMBALL, L.A.: The initial-syllable-loss affectionate vocative in Brunei Malay. — *BRB* 14, 1982, 53-56.

14940 KONDRAŠKINA, E.A.: Ėtnolingvističeskaja charakteristika Džakarti. — *NAA* 1981/1, 100-105.

14941 [KONDRAŠKINA, E.A.] KONDRASHKINA, E.A.: Socio-linguistic research on Indonesian and Malay in the Soviet Union. — [14879], 123-129.

14942 KRAUSE, Erich-Dieter: Der Einfluss des Japanischen auf die Bahasa Indonesia. — *Abhandlungen und Berichte des Staatlichen Museums für Volkerkunde Dresden* 37, 1979, 39-42.

14943 KRIDALAKSANA, Harimurti: Der Beginn der europäischen Grammatik-Tradition in Indonesien: die Wortarten-Einteilung in der malaiischen Sprache von Joannes Roman (1653). — [266], 377-390.
14944 KRIDALAKSANA, Harimurti: Perihal konstruksi sintaksis dalam bahasa Melayu kuna. — *DB* 26, 1982, 89-95 | On syntactic constructions in Old Malay.
14945 KUMANIRENG, Threes Y.: Diglossia in Larantuka, Flores: a study about language use and language switching among the Larantuka community. — [14879], 131-135 | Flores.
14946 LAPOLIWA, Hans: Phonological problems of loanwords in Bahasa Indonesia. — [167], 285-297.
14947 LUFTI ABAS: Kata majmuk. — *DB* 26, 1982, 911-929 | Compound words.
14948 MAHMOOD, Abd. Hamid: Ciri-ciri dialek Kelantan yang mempengaruhi bahasa Malaysia standard. — *DB* 26, 1982, 339-345, 396-408 | Features of the Kelantan dialect which influence standard Malaysian.
14949 MARDIWARSITO: Pengaruh bahasa Sansekerta ke dalam Bahasa Indonesia. — *PBI* 3, 1982, 104-108 | On the influence of Sanskrit in Indonesian.
14950 MASINAMBOW, E.K.M.: Bahasa-bahasa di Timor-timur. — *Berita Antropologi* 11, 1980, 68-81 | Languages of East Timor.
14951 MIMI NUREMI: Beberapa catatan tentang penunjukan dalam Bahasa Indonesia. — *PBI* 3, 1982, 167-174 | Some notes on reference in Indonesian.
14952 MOELIONO, Anton M.: Language loyalty versus linguistic diversification. — [14908], 339-346.
14953 NABABAN, P.W.J.: Ethnic language maintenance and nationalism: a research problem. — [14908], 347-356.
14954 NIK SAFIAH KARIM: Language standardization and nation building: the standardization of bahasa Malaysia syntax. — [14908], 43-54.
14955 NOORDUYN, J.: Sound changes in the Gorontalo language. — [167], 241-261.
14956 NOTHOFER, Bernd: *Dialektgeographische Untersuchungen in West Java . . .* — Wiesbaden: 1980 | BL 1980, 13004. | *JAOS* 102, 1982, 558-559 J.U. Wolff.
14957 NOTHOFER, Bernd: Central Javanese dialects. — [14879], 287-309, maps.
14958 POEDJOSOEDARMO, Soepomo: *Javanese influence on Indonesian.* — *PL*, D 38 (= Materials in languages of Indonesia 7); Canberra: Austr. National Univ., Dept. of Linguistics, Research School of Pacific Studies, 1982, viii, 187 p., map.
14959 PRENTICE, D.J.: Some ludic aspects of Timugon Murut. — [14879], 145-155.
14960 PRENTICE, D.J.: Some problems in the compilation of an English-Malay dictionary. — [14908], 309-318.
14961 PROKOF'EV, G.I.: O slabych i sil'nych formach v indonezijskom jazyke. — *UZLU* 403, 1980 (*Vostokovedenie* 7), 64-77.
14962 RAFFERTY, Ellen: Aspect in conversational Indonesian. — [195], 65-87.
14963 RAFFERTY, Ellen: *Discourse structures of the Chinese Indonesian of Malang.* — *Nusa* 12; Jakarta: 1982, x, 66 p.
14964 RAHMAN, Zaiton Abd.: Persoalan morfonem dalam pengajaran: satu tinjauan. — *DB* 26, 1982, 353-357 | The problem of morphophonemes in education: an observation.
14965 RAIS, M.K.: Suatu kemungkinan tiadanya alomorf [məɲ] dan [pəɲ] di dalam bahasa Melayu. — *DB* 26, 1982, 190-192 | On the possibility that the allomorphs [məɲ] and [pəɲ] do not exist in Malay [Cf. 14972].

INDONÉSIEN

14966 REVEL-MACDONALD, Nicole: Synchronical description at the phonetic and syllable level of Modang (Kalimantan Timur) in contrast to Kenyah, Kayan, and Palawan (Philippines). — [167], 321-331.
14967 ROOSMAN, Raden S.: Pidgin Malay as spoken in Irian Jaya. — *The Indonesian quarterly* 10/2, 1982, 95-104.
14968 SAMSURI: Fungsi kata *itu*. — *PBI* 3, 1982, 53-57 | The function of the word *itu*.
14969 SARUMPAET, J.P.: Linguistic varieties in Toba-Batak. — [14879], 27-78.
14970 SEILER, Walter: The spread of Malay to Kaiser Wilhelmsland. — [266], 67-86.
14971 SELLATO, B.J.D.: A double polarity in Aokeng terminological system of direction. — *BRB* 14, 1982, 24-27 | Borneo.
14972 SIMANJUNTAK, Mangantar: Sekitar masalah morfem /meŋ/ dan /peŋ/ dalam bahasa Melayu. — *DB* 26, 1982, 476-484 | On the problem of the morphemes /meŋ/ and /peŋ/ in Malay [Cf. 14965].
14973 SIRK, Ü.: New works by Indonesian linguists on the Buginese language. — *Archipel* 23, 1982, 232-234.
14974 SIRK, Y.K.: The south Sulawesi group and neighbouring languages. — *Indonesia Circle* 25, 1981, 29-36.
14975 SMITHIES, Michael: Abbreviations and acronyms in journalese Indonesian. — *The Indonesian Quarterly* 9/2, 1981, 78-94.
14976 SMITHIES, Michael: The vocabulary of the elite: an examination of contemporary loanwords in Indonesian. — *The Indonesian Quarterly* 10/2, 1982, 105-113.
14977 SNEDDON, J.N.: *Proto-Minahasan* ... — Canberra: 1978 | BL 1978, 11686. | *JAOS* 102, 1982, 147 J.U. Wolff | *Lg* 58, 1982, 921-926 R.A. Blust.
14978 SOEPOMO POEDJOSOEDARMO: Problems of Indonesian. — [14908], 153-168.
14979 SUDARTI, Florentina: Beberapa catatan mengenai kata pemisah dalam Bahasa Indonesia. — *PBS* 4, 1980, 6-14 | Some notes on copula-words in Indonesian.
14980 SUHARNO, I.: Speaker-interlocutor relationship. — [14908], 85-114.
14981 SUHARNO, Ignatius: *A descriptive study of Javanese.* — *PL*, D 45 (= Materials in languages of Indonesia 11); Canberra: Austr. National Univ., Dept. of Linguistics, Research School of Pacific Studies, 1982, xiv, 175 p., fig.
14982 SUTOMO, Istiati: Some sociocultural factors as determinants of language proficiency. — [14879], 115-122 | Indonesian in a Javanese setting.
14983 TELJEUR, Dick: Short wordlists from South Halmahera, Kayoa, Makian, Ternate, Tidore, and Bacan. — [14877], 129-148, map.
14984 THOMAZ, Luis Filipe F.R.: Note sur le Dictionnaire François et Timorien de F.E. de Rosily. — *Archipel* 23, 1982, 105-108.
14985 UHLENBECK, E.M.: *Studies in Javanese morphology.* — The Hague: 1978 | BL 1978, 11690. | *OLZ* 77, 1982, 501-502 L.F. Brakel.
14986 UKUN SURYAMAN: Tentang pemakaian kata ganti diri *'ia'* dan *'dia'* dalam Bahasa Indonesia dan Bahasa Malaysia. — *PBI* 3, 1982, 96-103 | On the use of the personal pronouns *'ia'* and *'dia'* in Indonesian and Malaysian.
14987 USOP, Kma M.: Karunya: the Ngaju Dayak songs of praise. — [14879], 319-324.
14988 VERHEIJEN, J.A.J.: *Dictionary of Manggarai plant names.* — *PL*, D 43; Canberra: Austr. National Univ., Dept. of Linguistics, Research School of Pacific Studies, 1982, iii, 140 p., map | West Flores.
14989 VERHEIJEN, Jilis A.J.: *Komodo. Het eiland, het volk en de taal.* — Verhandelingen van het Koninklijk Instituut voor Taal-, Land- en Volkenkunde 96; The

Hague: Nijhoff, 1982, xiv, 260 p., ill., maps. | Komodo. The island, the people and the language. Wordlist Komodo – Indonesian – Du. – E., 76-136; Indonesian – Komodo, 137-164; Du. – Komodo, 165-196; E. – Komodo, 197-224.

14990 WALKER, Alan T.: *A grammar of Sawu.* — *Nusa* 13; Jakarta: 1982, xv, 75 p. | Lesser Sunda islands.
14991 WALKER, Roland: Language use at Namatota: a sociolinguistic profile. — [14879], 79-94, map.
14992 WOJOWASITO, Soewojo: *A Kawi lexicon.* Ed. by Roger F. MILLS. — Ann Arbor: 1980 | BL 1980, 12990. | *JASt* 40, 1980-81, 657-658 J.M. Echols.
14993 WOLFF, John U.: *Formal Indonesian.* — Ithaca, NY: Cornell Univ. Southeast Asia Program, 1980, xiv, 466 p. | *JASt* 42, 1982-83, 465 J.V. Dreyfuss.
14994 WOLFF, John U.: Über die Gestaltung der indonesischen Mundart der Peranakan Chinesen in Ostjava. — [266], 451-462.
14995 WOLFF, John U.; SOEPOMO POEDJOSOEDARMO: *Communicative codes in Central Java.* — Southeast Asia Program, Department of Asian Studies, Cornell University, 1982, x, 197 p.
14996 YALLOP, Colin: The phonology of Javanese vowels. — [167], 299-319.
14997 ZOETMULDER, P.J.; with the collaboration of S.O. ROBSON: *Old Javanese – English dictionary.* 2 Vol. — 's-Gravenhage: Nijhoff, 1982, xxxi, 2368 p. | Bibliography, xxiii-xxvii.

3. Languages of the Philippines — Langues des Philippines

14998 BAUTISTA, Maria Lourdes S.: *The Filipino bilingual's competence* . . . — Canberra: 1980 | BL 1980, 3248. | *BSOAS* 45, 1982, 398-400 R. Hudson.
14999 CHUNG, Sandra: Unbounded dependencies in Chamorro grammar. — *LIn* 13, 1982, 39-77.
15000 CONSTANTINO, Ernesto: *Isinay texts and translations.* — Tokyo: Inst. for the Study of Languages and Cultures of Asia and Africa, 1982, ix, 561 p.
COOREMAN, A.: Topicality, ergativity, and transitivity in narrative discourse . . . — 2717.
15001 ESPIRITU-REID, Precy: "Filipino" as a union language for the Philippines. — [14879], 227-246 | Based on Tagalog.
15002 Fox, Barbara A.: Figure-ground in language: a study of several topic continuity devices in Chamorro. — *Glossa* 16, 1982, 149-180.
15003 FRAKE, Charles O.: *Language and cultural description: essays.* Selected and introduced by Anwar S. DIL. — Language Science and Development 15; Stanford, CA: Stanford UP., 1980, 341 p. | Coll. of 17 papers (4 published for the first time), dealing mostly with the ethnography and languages of Philippine peoples. | *BSOAS* 45, 1982, 631-632 J.E. Buse.
15004 GIBSON, Jeanne Darrigrand: *Clause union in Chamorro and in universal grammar.* — Univ. of California, San Diego, diss., 1980, 274 p. | Mariana Islands. | *DAb* 41/10, 1981, 4384-A.
15005 GONZALEZ, Andrew: Tagalog, Kapampangan and Hiligaynon: some attempts at language distance measures. — [266], 321-376.
15006 *Holle lists: vocabularies in languages of Indonesia.* Vol. 4: *Talaud and Sangir islands.* Ed. by W.A.L. STOKHOF, in co-op. with Lia SALEH-BRONCKHORST and Alma E. ALMANAR. — *PL*, D 51 (= Materials in languages of Indonesia 17); Canberra: Austr. National Univ., Dept. of Linguistics, Research School of Pacific Studies, 1982, iv, 313 p., ill., map.

LANGUES DE L'OCÉANIE

15007 KESS, Joseph F.: Tagalog respect forms: sociolinguistic uses, origins, and parallels. — [14879], 1-25.
15008 MAKARENKO, V.A.: Évolucija sovremennogo tagal'skogo jazyka. — *NAA* 1979/3, 114-122.
15009 MARTIN, J.R.: Conjunction and continuity in Tagalog. — |1150|, 310-336.
       PAYNE, T.E.: Role and reference related subject properties . . . — 15397.
15010 PAZ, Consuelo J.: The application of the comparative method to Philippine languages. — [168], 345-357.
15011 PEREZ, Al.Q.: The Pilipino language: its role in bilingual education in the Philipines. — [14908], 169-184.
15012 REID, Lawrence A.: The demise of Proto-Philippines. — [167], 201-216.
15013 ZORC, R.D.P.: *The Bisayan dialects of the Philippines* . . . — Canberra: 1977 | BL 1978, 11699. | *JAOS* 102, 1982, 147-148 J.U. Wolff.
15014 ZORC, R. David: Micro- and macro subgrouping: criteria, problems and procedures. — [266], 305-320.

4. Languages of Formosa and Indo-China — Langues de Formose et d'Indo-Chine

15015 EGEROD, Søren: *Atayal-English dictionary*. — London: 1980 | BL 1980, 13053. | *BSL* 76, 1981/2 (1982), 370 [A.] Haudricourt.
15016 FERRELL, Raleigh: *Paiwan dictionary*. — *PL*, C 73; Canberra: Austr. National Univ., Dept. of Linguistics, Research School of Pacific Studies, 1982, x, 503 p.
15017 LI, Paul Jen-Kuei: Atayalic final voiced stops. — [167], 171-185.
15018 LI, Paul Jen-Kuei: Kavalan phonology: synchronic and diachronic. — [266], 479-495.
15019 LI, Paul Jen-Kuei: Male and female forms of speech in the Atayalic group. — *BIHP* 53, 1982, 265-304.
15020 SCHRÖDER, D.; VEIL, P.: *Das Wort der Alten: Erzählungen der Pujuma von Katipol (Taiwan)*. Gesammelt . . . Hrsg. von Anton QUACK. — Collectanea Instituti Anthropos 12; St. Augustin: Haus Völker und Kulturen, Anthropos Inst., 1981, 268 p., map | Puyuma texts. | *BSOAS* 45, 1982, 417 S. Egerod.
15021 TSUCHIDA, Shigeru: Most persistent words in vanishing languages: the case of Papora (Taiwan). — [266], 463-478.

5. Malagasy — Malgache

15022 RANDRIAMASIMANANA, Charles: *A study of the causative constructions of Malagasy*. — Univ. of Southern California diss., 1981 | *DAb* 42/1, 1981, 198-A.

C. Languages of Oceania — Langues de l'Océanie

1. General — Généralités

15023 BLUST, Robert A.: *The Proto-Oceanic palatals*. — Wellington, N.Z.: 1978 | BL 1979, 12513. | *BSL* 76, 1981/2 (1982), 365-366 J.-C. Rivierre | *UAJb* 53, 1981, 169 Gy. Décsy.
15024 HARRISON, S.P.: Proto-Oceanic *aki(ni) and the Proto-Oceanic periphrastic causatives. — [14878], 179-230.
15025 HAUDRICOURT, André G.: Les récent changements de prononciation en Océanie. — *JSOc* 38, 1982, 209-210.

15026 JOHNSTON, Raymond L.: Proto-Kimbe and the New Guinea Oceanic hypothesis. — [14878], 59-95.
15027 LAYCOCK, D.C.: Linguistic diversity in Melanesia: a tentative explanation. — [266], 31-37.
Linguistic composition of the nations of the world . . . 4: Oceania. — 2893.
15028 LYNCH, John: Towards a theory of the origin of the Oceanic possessive constructions. — [14878], 243-268.
15029 WALSH, D.S.: Variation of verb-initial consonants in some eastern Oceanic languages. — [14878], 231-242.

2. MELANESIAN AND MICRONESIAN LANGUAGES —
LANGUES MÉLANÉSIENNES ET MICRONÉSIENNES

15030 BEAUMONT, Clive H.: *The Tigak language of New Ireland.* — Canberra: 1979 | BL 1979, 12518. | *JPS* 91, 1982, 148-149 F. Lichtenberk.
15031 BRADSHAW, Joel: Genitives and relatives in Numbami, a New Guinea Austronesian language. — [266], 123-140.
15032 CLARK, Ross: 'Necessary' and 'unnecessary' borrowing. — [14879], 137-143 | Mele-Fila, an oceanic language of Vanuatu.
15033 DUTTON, Thomas E.: Motu words in the Kikori area before European contact: a concluding note. — [266], 111-122.
15034 GUY, J.B.M.: The Shark Bay language and its implications for linguistic theory. — *L&C* 2, 1982, 197-216.
Holle lists . . . Vol. 5/1: Irian Yaya . . . — 15074.
15035 JOHNSTON, R.L.: *Nakanai of New Britain . . .* — Canberra: 1980 | BL 1980, 13077. | *BSOAS* 45, 1982, 397-398 A. Chowning.
15036 LICHTENBERK, Frantisek: *A grammar of Manam.* — Univ. of Hawaii diss., 1980 | Manam and Boesa islands, New Guinea | *DAb* 41/3, 1980, 1044-A/1045-A.
15037 LICHTENBERK, Frantisek: Individuation hierarchies in Manam. — *SynS* 15, 1982, 261-276.
15038 LYNCH, John: The Ura language, Eromango. — [266], 215-236 | Southern New Hebrides.
15039 MOSEL, Ulrike: The influence of the Church missions on the development of Tolai.   [266], 155-172 | New Britain.
15040 MOSEL, Ulrike: Local deixis in Tolai. — [1402], 111-132.
15041 RIVIERRE, Jean-Claude: *La langue de Touho . . . (Nouvelle-Calédonie).* — Paris: 1980 | BL 1980, 13090. | *BSL* 76, 1981/2 (1982), 367 [A.] Haudricourt.
15042 Ross, Malcolm: Aspect-marking in New Ireland: towards a historical reconstruction. — [266], 173-196.
15043 Ross, Malcolm: The development of the verb phrase in the Oceanic languages of the Bougainville region. — [14878], 1-57.
15044 THURSTON, William R.: *A comparative study of Anêm and Lusi.* — *PL*, B 83; Canberra: Austr. National Univ., Dept. of Linguistics, Research School of Pacific Studies, 1982, ix, 107 p., incl. 3 maps.
15045 TRYON, D.T.: Towards a classification of Solomon Island languages. — [14878], 97-108.
15046 TRYON, Darrel: The languages of the Solomon islands: the present position. — [266], 197-214.

15047 WALSH, D.S.: The restricted distribution of Raga /k/: starting point for a subgrouping hypothesis. — [266], 237-252 | New Hebrides.
15048 ZEWEN, Francis X.: Untersuchung der verbalen Suffixe des Ponape. — [266], 273-303.

3. Polynesian languages — Langues polynésiennes

15049 BAUER, Winifred: Relativization in Maori. — *SLang* 6, 1982, 305-342.
15050 CLARKE, Gordon W.: *Street names of Kahului and Wailuki.* — Wailuku, Hawaii: Maui Hist. Soc., 1980, 43 p. | *Names* 29,1981, 174-175 K.B. Harder.
15051 COPPENRATH, Hubert: Archaïsmes et néologismes dans le Tahitien d'aujourd'hui. — *JSOc* 38, 1982, 201-208.
DRECHSEL, E.J.; MAKUAKĀNE, T.H.: Hawaiian loanwords in two native American Pidgins. — 15387.
15052 DURANTI, Alessandro: *The* fono: *a Samoan speech event.* — Univ. of Southern California diss., 1981, unnumbered | *DAb* 41/11, 1981, 4699-A.
15053 ELBERT, Samuel H.: Lexical diffusion in Polynesia and the Marquesan-Hawaiian relationship. — *JPS* 91, 1982, 499-517.
15054 ELBERT, S.H.; PUKUI, M.K.: *Hawaiian Grammar.* — Honolulu: 1979 | BL 1979, 12548. | *JPS* 91, 1982, 614-619 B.W. Bender.
15055 GUY, Jacques B.M.: Fused glyphs in the Easter Island script. — *JPS* 91, 1982, 445-447.
15056 HARLOW, R.B.: Some phonological changes in Polynesian languages. — [170], 98-109.
15057 JOSEPHSON, Nors S.: Altgriechische Elemente in der heutigen Osterinselsprache. — *ZPhon* 34, 1981, 599-624 | Mit 607 Gleichungen.
15058 LEMAÎTRE, Yves: Analyse du vocabulaire de la médecine tahitienne traditionelle. — *JSOc* 38, 1982, 159-176.
15059 OCHS, Elinor: Ergativity and word order in Samoan child language. — *Lg* 58, 1982, 646-671.
15060 PAWLEY, Andrew K.: The etymology of Samoan tāupōu. — [266], 263-272.
15061 PAWLEY, Andrew; SAYABA, Timoci: A sketch grammar of the Nabukelevu language of Kadavu. — *Te Reo* 25, 1982, 35-93 | Fijian islands.
15062 RANBY, Peter: The dual reflexes of Proto-Polynesian *s in Anuta. — *Te Reo* 25, 1982, 3-11.
15063 RENSCH, Karl H.: Mots tongiens dans la version originelle du «dictionnaire wallisien» de P. Bataillon (1851). — *JSOc* 38, 1982, 177-200.
15064 SCHÜTZ, Albert J.: The vowel system of standard Fijian. — [266], 253-262.
15065 TCHEKHOFF, Claude: *Simple sentences in Tongan.* — *PL*, B 81; Canberra: Austr. National Univ., Dept. of Linguistics, Research School of Pacific Studies, 1981, iv, 95 p.
15066 WILSON, William H.: *Proto-Polynesian possessive marking.* — *PL*, B 85; Canberra: Austr. National Univ., Dept. of Linguistics, Research School of Pacific Studies, 1982, xv, 137 p.

III. PAPUAN LANGUAGES — LANGUES PAPOUES

15067 BROMLEY, H. Myron: *A grammar of Lower Grand Valley Dani.* — *PL*, C 63; Canberra: Austr. National Univ., Dept. of Linguistics, Research School of Pacific Studies, 1981, xiv, 424 p., fig., map.

15068 COLLINS, James T.: Further notes towards a West Makian vocabulary. — [14877], 75-97.
15069 FARR, Cynthia J.M.; Carl R. WHITEHEAD: This, that, and the other: a study of Korafe demonstratives. — *Kivung* 13, 1981-82, 64-80 | Northern Province, PNG.
15070 HAIMAN, John: *Hua: a Papuan language* . . . — Amsterdam: 1980 | BL 1980, 13119. | *BSOAS* 45, 1982, 400-401 F. Lichtenberk | *AJL* 2, 1982, 276-279 D. Laycock.
15071 HAIMAN, John: High transitivity in Hua. — *SynS* 15, 1982, 177-194.
15072 HAIMAN, John: Hua: a Papuan language of New Guinea. — [365], 35-89.
15073 HEESCHEN, Volker: Some systems of spatial deixis in Papuan languages. — [1402], 81-109.
15074 *Holle lists: vocabularies in languages of Indonesia.* Vol. 5/1: *Irian Jaya: Austronesian languages; Papuan languages, Digul area.* Ed. by W.A.L. STOKHOF, in co-op. with Lia SALEH-BRONCKHORST and Alma E. ALMANAR. — *PL*, D 52 (= Materials in languages of Indonesia 18); Canberra: Austr. National Univ., Dept. of Linguistics, Research School of Pacific Studies, 1982, iii, 186 p., ill., 2 maps.
15075 LITTERAL, Robert Lee: *Features of Anggor discourse.* — Univ. of Pennsylvania diss., 1980, 385 p. | *DAb* 41/7, 1981, 3087-A.
15076 MCGREGOR, Donald E.; MCGREGOR, Aileen: *Olo language materials.* — *PL*, D 42; Canberra: Austr. National Univ., Dept. of Linguistics, Research School of Pacific Studies, 1982, viii, 155 p. | West Sepik Province, PNG.
15077 PIAU, Julie Ann: Kuman classificatory verbs. — *Kivung* 13, 1981-82, 3-31 | Chimbu Province, PNG.
15078 REESINK, Ger: The Whorfian hypothesis and Siroi grammar. — *Kivung* 13, 1981-82, 81-105 | Rev. art. on: Margaret A. WELLS, *Siroi grammar* . . . , 1979 (BL 1979, 12590).
15079 STOKHOF, W.A.L.: *Woisika riddles.* — *PL*, D 41; Canberra: Austr. National Univ., Dept. of Linguistics, Research School of Pacific Studies, 1982, iv, 74 p., ill., map.
TELJEUR, D.: Short wordlists from . . . Ternate, Tidore . . . — 14983.
THURSTON, W.R.: *A comparative study of Anêm and Lusi.* — 15044.
15080 TIPTON, Ruth A.: *Nembi procedural and narrative discourse.* — *PL*, B 82; Canberra: Austr. National Univ., Dept. of Linguistics, Research School of Pacific Studies, 1982, v, 87 p.
15081 VOORHOEVE, C.L.: The West Makian language, North Moluccas, Indonesia: a fieldwork report. — [14877], 1-74, map.
15082 WHITEHEAD, Carl R.: Subject, object and indirect object: towards a typology of Papuan languages. — *Kivung* 13, 1981-82, 32-63.

IV. AUSTRALIAN LANGUAGES — LANGUES AUSTRALIENNES

15083 Publications on Australian languages, 1981. Comp. by R.M.W. DIXON. — *AJL* 2, 1982, 223-226 | List of books, papers and book reviews published in 1981.
15084 Publications on Australian languages, 1982. Comp. by Harold KOCH. — *AJL* 3, 1983, 245-251 | Appendix: suppl. to bibliography for 1981 (Cf. No. 15083).

15085 AUSTIN, Peter: The deictic system of Diyari. — [1402], 273-284.

AUSTRALIEN

15086 AUSTIN, Peter: Transitivity and cognate objects in Australian languages. — *SynS* 15, 1982, 37-47.
15087 BLAKE, Barry J.: *Case marking in Australian languages.* — Canberra: 1977 | BL 1978, 11812. | *Oceania* 53, 1982, 196-198 A. Rumsey.
BLAKE, B.J.: The absolutive: its scope in E. and Kalkatungu. — 2400.
15088 BRANDENSTEIN, Carl Georg VON: *Ngadumaja* . . . — Innsbruck: 1980 | BL 1981, 14600. | *AJL* 2, 1982, 270-276 D. Nash | *Oceania* 53, 1982, 192-193 P. McConvell.
15089 DENCH, Alan: The development of an accusative case marking pattern in the Ngayarda languages of Western Australia. — *AJL* 2, 1982, 43-59.
15090 DIXON, R.M.W.: *The languages of Australia.* — Cambridge: 1980 | BL 1980, 13146. | *JL* 18, 1982, 190-194 J. Heath | *Lg* 58, 1982, 701-704 D. Laycock | *BSL* 76, 1981/2 (1982), 369 [A.] Haudricourt | *Oceania* 53, 1982, 194-195 P. Black.
15091 DIXON, R.M.W.: Problems in Dyirbal dialectology. — [282], 43-73, map, 2 tab.
15092 EADES, Diana: You gotta know how to talk . . . : information seeking in South-East Queensland Aboriginal society. — *AJL* 2, 1982, 61-82.
15093 GODDARD, Cliff: Case systems and case marking in Australian languages: a new interpretation. — *AJL* 2, 1982, 167-196.
15094 *Handbook of Australian languages.* Vol. 1-2. Ed. by R.M.W. DIXON; Barry J. BLAKE. — Amsterdam: 1979-1981 | BL 1979, 12609; 1981, 14612. | *JL* 18, 1982, 194-197 J. Heath (vol. 1) | *Lg* 58, 1982, 704-711 B. Rigsby (vol. 1) | *Kratylos* 27, 1982 (1983), 149-152 P. Black (vol. 1-2).
15095 HAYES, Bruce: Metrical structure as the organizing principle of Yidin^y phonology. — [2036], 97-110.
15096 HEATH, Jeffrey: *Linguistic diffusion in Arnhem land.* — Canberra: 1978 | BL 1978, 11821. | *Lg* 58, 1982, 435-440 I. Smith | *JL* 18, 1982, 173-175 A. Rumsey.
15097 HEATH, Jeffrey: *Ngandi grammar* . . . — Canberra: 1978 | BL 1978, 11822. | *Lg* 58, 1982, 435-440 I. Smith | *Oceania* 53, 1982, 188-191 A. Rumsey.
15098 HERCUS, L.A.: *The Bāgandji language.* — *PL*, B 67; Canberra: Austr. National Univ., Dept. of Linguistics, Research School of Pacific Studies, 1982, xviii, 329 p., 5 maps, photographs.
15099 *Kaytetye picture vocabulary.* From a word-list compiled by Ken HALE; transcribed into practical orthography by Harold KOCH; illustrations by Julie Carter. — Alice Springs, N.T.: Institute for Aboriginal Development, 1982, 108 p., ill.
15100 MCDONALD, M.; WURM, S.A.: *Basic materials in Wankumara* . . . — Canberra: 1979 | BL 1979, 12619. | *Lg* 58, 1982, 732-733 P. Austin.
15101 MERLAN, Francesca: *Mangarayi.* — Lingua Descriptive Studies 4; Amsterdam: North-Holland, 1982, xvi, 242 p. | *Lingua* 58, 1982, 383-386 B.J. Blake.
15102 NASH, David George: *Topics in Warlpiri grammar.* — M.I.T. diss., 1980 | Central Australia | *DAb* 41/3, 1980, 1045-A.
15103 *Papers in Warlpiri grammar: in memory of Lothar Jagst.* Ed.: S. SWARTZ. — Work Papers of SIL-AAB, Series A, vol. 6; Darwin: Summer Inst. of Linguistics, Australian Aborigines Branch, 1982, xii, 315 p.
15104 RUMSEY, A.: *An intra-sentence of Ngarinjin, North Western Australia.* — *PL*, B 86; Canberra: Austr. National Univ., Dept. of Linguistics, Research School of Pacific Studies, 1982, xii, 179 p., map.
15105 *Sourcebook for Central Australian languages.* Comp. by Kathy MENNING; ed. by David NASH. — Alice Springs: Inst. for Aboriginal Development, 1981, 176 p., map.

15106 WORDICK, F.J.F.: *The Yindjibarndi language.* — *PL*, C 71; Canberra: Austr. National Univ., Dept. of Linguistics, Research School of Pacific Studies, 1982, xiv, 390 p., map.

15107 YALLOP, C.: *Australian aboriginal languages.* — Boulder, CO: Westview, 1982, 188 p.

LANGUAGES OF NEGRO-AFRICA

LANGUES DE L'AFRIQUE NOIRE

1. GENERAL — GÉNÉRALITÉS

15108 *Africana Sammlung und Africana Katalog in der Stadtbibliothek Winterthur.* Bd. 2: *1977-1981.* Einführung in den Katalog und Katalog von Verena MÜLLER. — Mitteilungen 27; Basel: Basler Afrika-Bibliographien, 1982, 308 p.

15109 BELLONCLE, G.: *Bibliographie de l'alphabétisation: Afrique de l'Ouest.* — Paris: ACCT, 1982, 240 p.
Fachkatalog Afrika. Band 6: *Sprachen, Linguistik* . . . — 18.

15110 ADAMS, William Y.: The coming of Nubian speakers to the Nile Valley. — [15112], 11-38.

15111 AMBROSE, Stanley H.: Archaeology and linguistic reconstructions of history in East Africa. — [15112], 104-157.

15112 *The archaeological and linguistic reconstruction of African history.* Ed. by Christopher EHRET and Merrick POSNANSKY. — Berkeley: Univ. of California Press, 1982, 299 p., 17 maps | Includes revised papers presented at a conference at the Univ. of California, Los Angeles, June 1979.
BAL, W.: Port. loan-words in Africa . . . — 6450.

15113 BOUQUIAUX, Luc: Probleme der vergleichenden Sprachforschung im nördlichen Grenzraum des 'Nigritischen'. — [112], 49-52.

15114 CAPRILE, Jean-Pierre; NGALASSO, Mwatha Musanji: Introduction: observation, application, et théorisation linguistiques en Afrique Centrale. — [15117], 11-14.

15115 CECCALDI, Pierette: *Essai de nomenclature des populations, langues et dialectes de Côte d'Ivoire.* — Paris: Centre d'Études africaines, CARDANEPHE, 1974, 2 fasc. de fiches cartonnées, bibl. | *JSAfr* 50, 1980/1, 154-157 A. Prost.

15116 COLLETT, D.P.: Models of spread of the Early Iron Age. — [15112], 182-198.

15117 *Contacts de langues et contacts de cultures. 4. L'expansion des langues africaines: peul, kikongo, ciluba, swahili,* éd. par Jean-Pierre CAPRILE. — LACITO-documents, Afrique 8; Paris: SELAF et AELIA, 1982, 109 p.

15118 CREISSELS, D.: Le comitatif, la coordination et les constructions dites "possessives" dans quelques langues africaines. — *Annales de l'Univ. d'Abidjan, série H: linguistique* 12, 1979/1, 125-144.

15119 *Culture History in the Southern Sudan: archaeology, linguistics, ethnohistory.* Ed. by John MACK and Peter ROBERTSHAW. — Memoir 8; Nairobi: British Inst. in Eastern Africa, 1982, 179 p., maps, plates, fig.
15120 DATTA, Ansu K.: Languages used by Zambian Asians. — [15333], 244-268.
15121 DAVID, Nicholas: Prehistory and historical linguistics in Central Africa: points of contact. — [15112], 78-95.
15122 DIEU, Michel; RENAUD, Patrick; SACHNINE, Michka: Atlas linguistique du Cameroun: programme et méthodes. — [15140], 61-86.
15123 DIMMENDAAL, Gerrit J.: Contacts between Eastern Nilotic and Surma groups: linguistic evidence. — [15119], 101-110.
15124 EHRET, Christopher: Population movement and contact in the Southern Sudan, c. 3000 BC to AD 1000: a preliminary linguistic overview. — [15119], 19-48.
15125 FODOR, István: *A fallacy of contemporary linguistics: J.H. Greenberg's classification of African languages and his "comparative method".* — Hamburg: Buske, 1982, 114 p. | 4th ed. of *The problems in the classification of African languages . . .*, Budapest 1966 (BL 1967, 10671) | *AuÜ* 65, 1982, 276-277 L. Gerhardt.
15126 HEINE, Bernd: Traditional fishing in the Rift Valley of Kenya: a linguistic survey. — *SUGIA* 4, 1982, 7-40, 3 maps, 2 drawings.
15127 HENDRIX, Melvin K.: *An international bibliography of African lexicons.* — Metuchen, NJ: The Scarecrow Press, 1982, 370 p.
HOUIS, M.: De la dérivation à travers quelques langues afr. — 2341.
JUNGRAITHMAYR, H.: Chadic within Hamitosemitic or between Hamitosemitic and Nigritic? — 13618.
15128 KÖHLER, Oswin: *Afrika-Kartenwerk, Serie S.: Südafrika (Moçambique, Swaziland, Republik Südafrika), Blatt 10: Linguistik. 23°10' – 26°52' S, 29°50' – 35°40' E; 1:1,000,000.* — Berlin: Borntraeger, 1982.
15129 *Language map of Africa and the adjacent islands* (provisional edition). Ed. by David DALBY. — London: International African Inst., 1979 | *Northeast African Studies* 4, 1982/2, 71-73 B. Adrzejewski; R. Hayward | On the Cushitic sections of the map.
Les langues dans le monde ancien et moderne . . . — 2890.
15130 *Livret de la recherche.* Éd. par l'Institut National des Langues et Civilisations Orientales. — Paris: INALCO et Publications Langues 'O, 1982, 220 p.
15131 MINTA, Ousmane: *Language policy and literacy development: a study of the two West African countries of Ghana and Mali.* — Ohio Univ. diss., 1980, 268 p. | *DAb* 41/11, 1981, 4699-A/4700-A.
15132 MORIN, Didier: Aspects du multilinguisme en République de Djibouti. — *Northeast African Studies* 4, 1982/1, 1-8.
15133 *Occasional Papers in the Study of Sudanese Languages 1.* — Juba (Sudan): College of Education, Univ. of Juba/Summer Inst. of Linguistics, Inst. of Regional Languages, 1981, 121 p.
15134 OL'DEROGGE, D.A.; ŽUKOV, A.A.: Afrikanskie jazyki i obščaja lingvistika (Iz istorii izučenija jazykov Afriki). — *VJa* 1982/4, 121-125.
PIKE, Kenneth L.: Tune and tone . . . — 2257.
POLOMÉ, E.: Sociolingvističeski orientirovannoe obsledovanie. — 4026.
15135 POLOMÉ, Edgar C.; HILL, C.P.: *Language in Tanzania.* — London: 1980 | BL 1980, 13195. | *JALL* 4, 1982, 234-241 C. Scotton.
15136 POSNANSKY, Merrick: Archaeological and linguistic reconstruction in Ghana. — [15112], 256-265.

15137 Pygmées de Centrafrique . . . Éd. par Serge BAHUCHET. — Paris: 1979 | BL 1981, 14647. | AuÜ 65, 1982, 292-295 A. Vorbichler
15138 Recent research on Africa: language and culture. Rapport sur la recherche africanistique allemande: langue et culture. Ed. by Bernd HEINE. — Bonn: Deutsche Forschungsgemeinschaft/Tübingen: Institute for Scientific Co-operation, 1982, 126 p.
15139 REH, Mechtild; HEINE, Bernd: Sprachpolitik in Afrika. — Hamburg: Buske, 1982, 332 p.
15140 Théories et méthodes en linguistique africaine, communications au 11ème congrès de la société de linguistique d'Afrique Occidentale (S.L.A.O.) (Yaoundé, avril 1974). Éd. par Luc BOUQUIAUX. — Bibliothèque de la SELAF 54-55; Paris: SELAF, 1976, 172 p., 1 cassette, 2 pl. | AuÜ 64, 1981, 151-152 A. Vorbichler.
15141 THOMAS, Jacqueline M.C.: L'enquête linguistique sans langue commune de communication. — [15140], 17-25.
15142 THOMAS, Jacqueline M.C.: Entlehnung oder Verwandtschaft? Betrachtungen über die Sprachen der Pygmäen Zentralafrikas. — [112], 53-79 | Transl. of BL 1981, 14651.
15143 THOMAS, Jacqueline M.C.; BEHAGHEL, Anne: La linguistique africaniste française . . . — Paris: 1980 | BL 1980, 13197. | AuÜ 65, 1982, 139-140 H. Jungraithmayr.

II. NILO-SAHARAN — NILO-SAHARIEN

15144 ARENSEN, Jon: Murle grammar. — Occasional Papers in the Study of Sudanese Languages 2; Juba (Sudan): College of Education/Summer Inst. of Linguistics, Inst. of Regional Languages, 1982, xiv, 143 p.
15145 BAVIN, Edith L.: Aspects of morphological and syntactic divergence in Lango and Acholi. — SAL 13, 1982, 231-248.
15146 BOUQUET, Christian; CAPRILE, Jean-Pierre: Quelques aspects sociolinguistiques et sociodémographiques de l'extinction d'une langue: le cas du babalia du Bas-Chari (Tchad). — [15140], 87-101.
15147 BUTH, Randall: Ergative word order – Luwo is OVS. — [15133], 74-90.
15148 CALLINAN, Lynne: A preliminary study of Avokaya phonemes. — [15133], 64-73.
15149 CREIDER, Chet A.: Studies in Kalenjin nominal tonology. — Language and Dialect Atlas of Kenya, suppl. 3; Berlin: Reimer, 1982, 159 p., map.
15150 CREIDER, Chet A.: Thematisation in Luo. — [1543], 117-128.
15151 HALL, Beatrice L.; YOKWE, Eluzai M.: Bari vowel harmony: the evolution of a cross-height vowel harmony. — [15133], 55-63.
15152 HINTZE, Fritz: Beiträge zur meroitischen Grammatik. Mit Kommentaren . . . — Berlin (DDR): 1979 | BL 1979, 12657. | OLZ 77, 1982, 28-32 R. Thelwall.
15153 HOFMANN, Inge: Probleme der meroitischen Sprachforschung. — SUGIA 4, 1982, 41-54.
15154 JOUANNET, Francis: Accompli et inaccompli en kanembou. — [112], 94-99.
15155 JOUANNET, Francis: Le kanembou des Ngaldoukou (langue saharienne parlée sur les rives septentrionales du Lac Tchad): phonématique et prosodie. — Bibliothèque 91-92; Paris: SELAF, 1982, 166 p.
15156 KILPATRICK, Eileen: Avokaya predication. — [15133], 91-109.
15157 NICOLAÏ, Robert: Problèmes de dynamique linguistique: recherches en prosodie songhay. — SAL 13, 1982, 273-322.

15158 NICOLAÏ, Robert: Le songhay septentrional (études phonématiques). 1e partie: Les parlers du groupe nomade; 2e partie: Les parlers du groupe sédentaire; 3e partie: Les groupes consonantiques. — *BIFAN* 41, 1979, 303-370; 539-567; 829-866.

15159 OKOTH-OKOMBO, Duncan: *Dholuo morphophonemics in a generative framework.* — Language and Dialect Atlas of Kenya, suppl. 2; Berlin: Reimer, 1982, 117 p.

15160 OMONDI, Lucia Ndong'a: *The major syntactic structures of Dholuo.* — Language and Dialect Atlas of Kenya, suppl. 1; Berlin: Reimer, 1982, 385 p.

15161 PERSSON, Andrew M.: Clause types in Jur Mödö. — [15133], 110-121.

15162 PERSSON, Janet: Notes on the phonology of Jur Mödö. — [15133], 43-54.

15163 ROTTLAND, Franz: *Recent publications on Kalenjin.* — *JALL* 4, 1982, 75-82 | Rev. art. on: C.C. NG'ELECHEI (BL 1979, 12669) & Taitta TOWEETT (BL 1979, 12679) & No. 15169.

15164 ROTTLAND, Franz: *Die Südnilotischen Sprachen. Beschreibung, Vergleichung und Rekonstruktion.* — Kölner Beiträge zur Afrikanistik 7; Berlin: Reimer, 1982, 563 p., 16 maps, table.

15165 SURUGUE, Bernard: Schèmes tonals parlés et schèmes tonals chantés. — [15140], 103-111 | Zarma.

15166 TERSIS, Nicole: Fréquence des principales formes verbales en zarma (Niger). — [15140], 37-42.

15167 THAYER, Linda J.: *A comparative-historical phonology of the Chari languages* ... — Napels: 1976 | BL 1976, 13583. | *SUGIA* 4, 1982, 251-272 J. Keegan.

15168 THELWALL, Robin: Linguistic aspects of greater Nubian history. — [15112], 39-52.

15169 TOWEETT, Taaitta: *A study of Kalenjin linguistics.* — Nairobi: 1979 | BL 1979, 12678. | *Lg* 58, 1982, 731-732 D. Odden | Cf. 15163.

15170 VOSSEN, Rainer: *The Eastern Nilotes, linguistic and historical reconstructions.* — Kölner Beiträge zur Afrikanistik 9; Berlin: Reimer, 1982, 512 p., 17 maps, tab., fig.

III. KORDOFANIAN — KORDOFANIEN

15171 SCHADEBERG, Thilo C.: *A survey of Kordofanian.* Vol. 1-2. . . — Hamburg: 1981 | BL 1981, 14702-3. | *JALL* 4, 1982, 221-225 G. Manessy.

IV. ADAMAWA-EASTERN GROUP — GROUPE ADAMAWA-ORIENTAL

15172 AROM, Simha; CLOAREC-HEISS, France: Le langage tambouriné des banda-linda (R.C.A.). — [15140], 113-169.

15173 BOKULA, Moiso: Étude comparée des langues ndunga et mba (Zaïre). — *AnAe* 3, 1982, 107-130.

15174 BOUQUIAUX, Luc: La création lexicale dans une langue véhiculaire: le cas du sango de République Centrafrique. — [15140], 53-59.

15175 BOUQUIAUX, Luc: *Dictionnaire sango-français* ... — Paris: 1978 | BL 1979, 12684. | *BSL* 76, 1981/2 (1982), 353-357 M. Houis.

15176 BOYELDIEU, Pascal: *Deux études laal (Moyen – Chari, Tchad).* — Marburger Studien zur Afrika- und Asienkunde, Afrika 29; Berlin: Reimer, 1982, 233 p.

15177 BOYELDIEU, Pascal: Quelques questions portant sur la classification du laal (Tchad). — [112], 80-93.
15178 CADIOU, Yves: Virtuel et actuel en gbaya buli. — [318], 345-365.
15179 CREISSELS, Denis; GOUNGAI, Ouanfiom NGanatoua: Le statut phonologique de la nasalité en gbeya (parler gbaya de la région de Bossangoa, R.C.A.). — *AfrLa* 17, 1982, 12-21.
15180 DIKI-KIDIRI, Marcel: L'expansion du sango en Centrafrique. — [15117], 29-42.
15181 FEDRY, Jacques: Un précieux instrument de référence: le dictionnaire sango. — *JSAfr* 50, 1980/1, 120-127.
15182 HINO, Shun'ya: *The classified vocabulary of the Mbum language in Mbang Mboum*... — Tokyo: 1978 | BL 1979, 12688. | *JALL* 4, 1982, 83-87 S. Mufwene.
15183 JEFFREY, Dorothea; POLLEY, Linda: Phonology and morphophonemics in Mündü. — [15133], 1-42.
15184 ROULON, Paulette, avec la contr. de Raymond DOKO et Claudie HAXAIRE: La conception gbaya du corps humain. — *JSAfr* 50, 1980/1, 59-106.
15185 SAMARIN, William J.: Colonization and pidginization on the Ubangi River. — *JALL* 4, 1982, 1-42, map.
15186 SAMARIN, William J.: Creolizing lag in creole Sango. — *Ba Shiru* 11, 1980/2, 3-20.
15187 SAXON, Douglas E.: Linguistic evidence for the eastward spread of Ubangian peoples. — [15112], 66-77.

V. WEST ATLANTIC GROUP — GROUPE OUEST-ATLANTIQUE

ABU-MANGA, Al-Amin: Code-switching among Fulani and Hausa ... — 13597.
15188 BIDAUD, Lucien; PROST, André: *Manuel de langue peule: dialecte du Liptako (Dori, Haute Volta)*. — Paris: Publ. Orientalistes de France, 1982, 236 p.
15189 GAMBLE, David P.; SALMON, Linda K.; BALDEH, Mary Umah: *Firdu-Fula grammar (Gambian dialect)*. — Gambian Studies 14; San Francisco: San Francisco State Univ., 1982, 127 p.
15190 KENDALL, Martha B.; BIRD, Charles S.: Initial consonant change in Soninke. — *AnL* 24, 1982, 1-13.
15191 LABATUT, Roger: La situation du peul au Nord-Cameroun. — [15117], 15-27.
15192 TRESSAN, Marquis DE: Description succinte du diola du Fogny (Sénégal). — *BIFAN* 41, 1979, 568-652.

VI. MANDE GROUP — GROUPE MANDÉ

15193 BRACONNIER, C.: *Le système tonal du dioula d'Odienné. 1.* — Abidjan: Inst. de Linguistique Appliquée, 1982, 206 p., map.
15194 BRACONNIER, C.; DIABY, S.: *Dioula d'Odiénné (parler de Samatiguila): matériel lexical.* — Abidjan: Inst. de Linguistique Appliquée, Univ. d'Abidjan/ Agence de Coopération Culturelle et Technique, 1982, 130 p. | Lexique dioula – fr.
15195 BRINK, James T.: Speech, play and blasphemy: managing power and shame in Bamana Theater. — *AnL* 24, 1982, 423-431.
15196 CREISSELS, Denis: Contacts de peuples et contacts de langues, différenciation

ethnique et différenciation dialectale: le cas du Xasonga. — *SUGIA* 4, 1982, 83-93.

15197 CREISSELS, Denis: *Document lexical Maukakan (parler manding du Maou).* — Publ. du Centre de dialectologie africaine, 1; Grenoble: Univ. de Grenoble III, 1982, 59 p.

15198 CREISSELS, Denis: Notes d'enquête sur le système tonal du Maukakan (parler manding du Maou). — *CIRL* 11, 1982, 77-100.

15199 DUMESTRE, Gérard: Remarques à propos de l'usage des adverbes expressifs en bambara. — *AfrLa* 17, 1982, 5-11.

15200 HOPKINS, Bradley L.: Étude tonologique du Yaouré. — *CIRL* 11, 1982, 7-41.

15201 LONCHAMPS, F.; COULIBALY, K.: Tonologie du bambara: le problème de la modalité "défini". — *Verbum* 5, 1982, 157-176.

15202 LY, Issiaka: *Language planning in Mali: a preliminary study.* — Georgetown Univ. diss., 1980 | *DAb* 41/7, 1981, 3087-A.

15203 MCNAUGHTON, Patrick R.: Language, art, secrecy and power: the semantics of Dalilu. — *AnL* 24, 1982, 487-505.

15204 STEWART, Marjorie Helen: The role of the Manding in the hinterland trade of the Western Sudan: a linguistic and cultural analysis. — *BIFAN* 41, 1979, 281-302.

VII. GUR (VOLTAIC) GROUP — GROUPE GOUR (VOLTAÏQUE)

15205 BECUWE, Jacques: Le système tonologique du Lobiri. — *CIRL* 11, 1982, 61-74.

15206 BIANCO, A.: Phonologie de Koulango de la région de Bondoukou. — *Annales de l'Univ. d'Abidjan, série H: linguistique* 12, 1979/1, 5-123.

15207 BONNET, Doris: *Le proverbe chez les Mossi du Yatenga (Haute-Volta).* — Oralité – Documents 6; Paris: SELAF, 1982, 192 p., map.

15208 BONVINI, Emilio: Le corps dans l'injure orale kasim (Haute-Volta). — *AfrLa* 17, 1982, 22-35.

15209 BOUTIN, Pierre: Relations de détermination en fodonon [fɔ̃ndɔ̃ndɔ̀] (parler sénoufo de la région de Dikodougou, Côte-d'Ivoire). — *AfrLa* 18, 1982, 5-35, map.

15210 KABORE, Oger: Chants d'enfants mossi. — *JSAfr* 51, 1981, 183-200.

15211 MANESSY, Gabriel: *Contribution à la classification généalogique des langues voltaïques.* — Paris: 1979 | BI 1979, 12710. | *JSAfr* 52, 1982, 203-204 E. Bonvini.

15212 MANESSY, Gabriel: Matériaux linguistiques pour servir à l'histoire des populations du sud-ouest de la Haute-Volta. — *SUGIA* 4, 1982, 95-164, map.

15213 NADEN, Anthony J.: Class pronoun desuetude revisited. — *JWAL* 12, 1982/1, 34-42 | With comment by W.A.A. WILSON.

15214 PETERSON, Thomas H.: On definite restrictive relatives in Mooré. — *JWAL* 9, 1974, 71-78.

15215 PROST, A.: Le gurenne ou nankan. — *Annales de l'Univ. d'Abidjan, série H: linguistique* 12, 1979/1, 179-262.

15216 PROST, André: *La langue des Kouroumba ou akurumfe.* — Wien: 1980 | BL 1980, 13257. | *AuÜ* 65, 1982, 140-142 J. Zwernemann | *BSL* 76, 1981/2 (1982), 357-358 G. Manessy.

15217 SOMÉ PÉNOU-ACHILLE: *Systématique du signifiant en Dagara: variété Wúlé.* — Paris: Éd. l'Harmattan-Agence de Coopération Culturelle et Technique, 1982, 491 p.

VIII. KWA GROUP — GROUPE KWA

15218 AKINNASO, F. Niyi: On the syntax and semantics of nominal compounds in Yoruba personal names. — *PBLS* 7, 1981, 1-12.
15219 *Atlas des langues kwa de Côte-d'Ivoire*, tome 1, éd. par G. HÉRAULT. — Abidjan: Inst. de Linguistique Appliquée, Univ. d'Abidjan, 1982, 510 p., 17 maps | Language data on Abbey, Abidji, Abouré, Abron, Adioukrou, Agni, Aizi, Alladian, Attié, Avikam, Baoulé, Ébrié, Éga, Éotilé, Krobou, Mbatto.
15220 AWOBULUYI, Oladele: *Essentials of Yoruba Grammar.* — Ibadan: Oxford UP., 1978, 158 p. | *JWAL* 12, 1982/2, 130-131 L. Marchese.
15221 BOAKYE, Paul: *Syntaxe de l'achanti: du phonème à la phrase segmentée.* — Publ. univ. européennes, Linguistique 19; Bern: Lang, 1982, 360 p.
15222 CAPO, Hounkpatin C.: Phonologie comparative du gbe. — *SUGIA* 4, 1982, 207-224, map.
15223 CHUMBOW, Beban Sammy: Contraction and tone polarization in Ogori. — *JWAL* 12, 1982/1, 89-103.
15224 CHUMBOW, Beban Sammy: Ogori vowel harmony: an autosegmental perspective. — *LAn* 10, 1982, 61-93 | Within the framework of autosegmental phonology.
15225 CLARK, David J.: The classification of verbal suffixes in Ekpeye. — *JWAL* 9, 1974, 87-111.
15226 DOLPHYNE, F.A.: Language use among the Brong of Ghana. — *JWAL* 12, 1982/1, 52-76 | Akan dial.
15227 DUTHIE, A.S.; VLAARDINGERBROEK, R.K.: *Bibliography of Gbe* . . . — Basel: 1981 | BL 1981, 14735. | *JALL* 4, 1982, 232-233 J. Walpole.
15228 ELIMELICH, Baruch: Syllable counting in Yoruba. — *SAL* 13, 1982, 77-88. EMENANJO, E.'N.: The interfix . . . — 2333.
15229 FRAJZYNGIER, Zygmunt: Postpositions in Awutu. — *JWAL* 9, 1974, 61-70.
15230 GEORGE MADUGU, Isaac S.: The Yoruba *ni*-object construction in pragmatic perspective. — *JALL* 4, 1982, 43-58.
15231 HERAULT, Georges: *Éléments de grammaire adioukrou.* — Abidjan: 1978 | BL 1979, 12723. | *JWAL* 12, 1982/1, 104-105 L. Marchese.
15232 IKEKEONWU, Clara I.: Borrowings and neologisms in Igbo. — *AnL* 24, 1982, 480-486.
15233 ISOLA, Akinwumi: Ena: code-talking in Yoruba. — *JWAL* 12, 1982/1, 43-51.
15234 JONDOH, Edina Elemawusi: *Some aspects of the predicate phrase in Gegbe.* — Indiana Univ. diss., 1980, 176 p. | *DAb* 41/9, 1981, 4017-A.
15235 KAYE, Jonathan D.: Harmony processes in Vata. — [2037], 385-452.
15236 KOKORA, D.P.: Another look at the 'Q'-morpheme: evidence from Koyo. — *Annales de l'Univ. d'Abidjan, série H: linguistique* 12, 1979/1, 157-177.
15237 KROPP DAKUBU, M.E.: The peopling of Southern Ghana: a linguistic viewpoint. — [15111], 245-255.
15238 KROPP DAKUBU, M.E.: Some features of tone in Dangme. — *JWAL* 9, 1974, 79-86.
15239 MARCHESE, Lynell: Basic aspectual categories in Proto-Kru. — *JWAL* 12, 1982/1, 3-23.
15240 MENSAH, E.N.A.: The feature lingual and the Akan consonant system. — *JWAL* 12, 1982/1, 24-33.
15241 NIYI AKINNASO, F.: Names and naming principles . . . — 4206 | Yoruba pers. names.

15242 OMAMOR, Augusta Phil: Tense and aspect in Isekiri. — *JWAL* 12, 1982/2, 95-129.
15243 QUAIREAU, A.: Système et règles des tons en anyi et en baoulé (Côte d'Ivoire). — *Verbum* 5, 1982, 177-202.
15244 TUFUOR, Yao: Le downstep "automatique" à la lumière du twi: l'instrumentation au service de la linguistique. — *CIRL* 11, 1982, 43-59.

IX. BENUE GROUP — GROUPE BÉNOUÉ

15245 FARACLAS, Nicholas: Elision and other morpheme boundary phenomena in the western dialects of Obolo. — *JWAL* 12, 1982/2, 69-82.
15246 GARDNER, Ian: *Abuan-English, English-Abuan dictionary.* — Jos: 1980 | BL 1980, 13286. | *JALL* 4, 1982, 228-232 G. Dimmendaal.
15247 HYMAN, Larry M.: The representation of nasality in Gokana. — [2036], 111-130.
15248 SHIMIZU, Kiyoshi: Die Nord-Jos-Gruppe der Plateau-Sprachen Nigerias. — *AuÜ* 65, 1982, 161-210.
15249 SHIMIZU, Kiyoshi: Ten more wordlists with analyses from the Northern Jos group of Plateau languages. — *AuÜ* 65, 1982, 97-134.
15250 STANLEY, Carol: Direct and reported speech in Tikar narrative texts. — *SAL* 13, 1982, 31-52.
15251 STANLEY, Carol: Form and function of adjectival elements in Tikar. — *JWAL* 12, 1982/2, 83-94.

X. BANTU LANGUAGES — LANGUES BANTOUES

A. General — Généralités

15252 TOSCANO, Maddalena: The Zulus. A selective bibliography of articles. — *AION* 42, 1982, 1-31.

15253 BASTIN, Y.; COUPEZ, A.; HALLEUX, B. DE: Classification lexicostatistique des langues bantoues (214 relevés). — *Bulletin des Séances de l'Académie Royale d'Outre-Mer* 27, 1981/2, 173-199.
15254 COUPEZ, André: Retour à l'anomalie: courts-circuits dans la structure hiérarchique. — [371], 52-64 | Examples from Bantu languages.
15255 DAVY, J.I.M.; NURSE, Derek: Synchronic versions of Dahl's law: the multiple application of a phonological dissimilation rule. — *JALL* 4, 1982, 157-195.
15256 DOKE, C.M. *Outline grammar of Bantu.* — Communication 12; Grahamstown: Dept. of African Languages, Rhodes Univ., 1982, 62 p. | 1st mimeograph ed. 1943.
15257 EHRET, Christopher: Linguistic inferences about early Bantu history. — [15112], 57-65.
15258 *Études sur le bantu oriental (Comeres, Tanzanie, Somalie et Kenya): dialectologie et classification.* Éd. par Marie-Françoise ROMBI. — LACITO-Documents 9; Paris: SELAF, 1982, 158 p., 2 maps
15259 FIVAZ, Derek: Southern Bantu typology: a renewed phase of enquiry. — *Suppl. to SAJAfrL* 1, 1981, 1-11.
15260 GUARISMA, Gladys: Le phénomène de terrasses ou de failles tonales dans quelques langues bantoues du Cameroun. — [15140], 43-52.

BANTOU

15261 HINNEBUSCH, Thomas J.; NURSE, Derek; MOULD, Martin: *Studies in the classification of Eastern Bantu languages.* — Sprache und Geschichte in Afrika, Beiheft 3; Hamburg: Buske, 1981, 261 p., 3 maps, tab.
15262 HINNEBUSCH, Thomas J.: Northeast Coastal Bantu. — [15261], 21-125.
15263 HYMAN, Larry M.: On the object relation in Bantu. — *SynS* 15, 1982, 217-239. MEIER, H.: Port. (Bras.) *sungar . . .* — 6480.
15264 MOULD, Martin: Greater Luyia. — [15261], 181-236.
15265 *Noun classes in the Grassfields Bantu Borderland.* Ed. by Larry M. HYMAN. — Los Angeles: 1980 | BL 1980, 13318. | *JWAL* 12, 1982/2, 131-132 L. Marchese.
15266 NSUKA NKUTSI, F.: *Les structures fondamentales du relatif dans les langues bantoues.* — AnnMAfrC 108; Tervuren: Musée Royal de l'Afrique Centrale, 1982, 265 p., 19 maps.
15267 NURSE, Derek: Bantu expansion into East Africa: linguistic evidence. — [15112], 199-222.
15268 NURSE, Derek: Chaga/Taita. — [15261], 127-180.
15269 PHILIPPSON, Gérard: Quelques données nouvelles sur la classification des langues bantou d'afrique orientale. — [15258], 147-158.
15270 SCHADEBERG, Thilo C.: Les suffixes verbaux séparatifs en bantou. — *SUGIA* 4, 1982, 55-66.
15271 SOPER, Robert: Bantu expansion into Eastern Africa: archeological evidence. — [15112], 223-238.
15272 *Le verbe bantou.* Éd. par Gladys GUARISMA; Gabriel NISSIM; Jan VOORHOEVE. — Oralité-Documents 4; Paris: SELAF, 1982, 199 p.
15273 WIESEMANN, Ursula: Switch reference in Bantu languages. — *JWAL* 12, 1982/2, 42-57.

B. Swahili — Souahéli

15274 BAKULA, Moiso: A propos de l'application des règles transformationelles en Kiswahili. — *AnAe* 3, 1982, 177-180.
15275 BERTONCINI, Elena: The extended consecutive tense in Swahili. — *AION* 42, 1982, 605-615.
15276 FABIAN, Johannes: Scratching the surface: observations on the poetics of lexical borrowing in Shaba Swahili. — *AnL* 24, 1982, 14-50.
15277 GIBBE, A.G.: The development of Kiswahili technical terms. — *Studies and Documents* 2, 1981, 17-33 | With transl. in Fr., p. 69-84.
15278 HINNEBUSCH, Thomas J.: Swahili. — [365], 209-293, ill. | 1. The Swahili language, 2. Swahili language and society.
15279 KEACH, Camillia Nevada Barrett: *The syntax and interpretation of the relative clause construction in Swahili.* — Univ. of Massachusetts diss., 1980, 268 p. | *DAb* 41/8, 1981, 3558-A.
15280 KHAMISI, A.M.: The use of Kiswahili as a medium of instruction. — *Studies and Documents* 2, 1981, 5-15 | With transl. in Fr., p. 59-68.
15281 KLÍMA, Vladimír: Svahilština – důležitý východoafrický jazyk. — *CJŠ* 25, 1981-82, 218-220 | Swahili: an important language of East Africa.
15282 KROPÁČEK, L.; BURDA, H.: *Svahilsko-český a česko-svahilský kapesní slovník . . .* — Praha: 1980 | BL 1980, 13342. | *AAS* 18, 1982, 304-306 V. Pawliková. *Language, society, and paleoculture:* essays by E.C. POLOMÉ. — 3990.
15283 MAGOTI, A.: The role of translation in the development of Kiswahili and its ef-

fects. — *Studies and Documents* 2, 1981, 45-56 | With transl. in Fr., p. 95-106.

15284 MAZRUI, Al-Amin: *Acceptability in a planned standard: the case of Swahili in Kenya.* — Stanford Univ. diss., 1981, 247 p. | *DAb* 41/11, 1981, 4699-A.

15285 NURSE, Derek: A tentative classification of the primary dialects of Swahili. — *SUGIA* 4, 1982, 165-205.

15286 OHLY, R.: *Swahili — the diagram of crises.* — Veröffentlichungen der Institute für Afrikanistik und Ägyptologie der Univ. Wien 21, Beiträge zur Afrikanistik 15; Wien: Afro-Pub/Dar es Salaam: UP., 1982, 175 p.

15287 OHLY, Rajmund: Report on lexicographic research at the Friendship Textile Mill. — *Kiswahili* 49, 1982/1, 73-86.

15288 OHLY, Rajmund: Report on the state of modern Swahili in urban Bukoba (May 1978). — *Kiswahili* 49, 1982/2, 81-92.

15289 OPALKA, Hubertus: Representations of local *ni*-deixis in Swahili in relation to Bühler's "Origo des Zeigfelds". — [1402], 65-79.

15290 PHILIPPSON, Gérard: Le swahili et l'expansion des langues africaines. — [15117], 87-104.

15291 PORT, Robert F.; SHEPARDSON, Kenneth N.: Morphophonemics of Swahili verb suffixes. — *SAL* 13, 1982, 249-271.

15292 RUSSELL, Joan: Networks and sociolinguistic variation in an African urban setting. — [4056], 125-140, 6 fig. | On Mombasa Swahili.

SAMUELSDORFF, Paul O.: The treatment of morphology in a functional grammar . . . — 2367.

15293 SCHEVEN, Albert: *Swahili proverbs: Nia zikiwa moja, kilicho mbali huja.* — Washington, DC: UP. of America, 1981, xxii, 586 p. | *BSOAS* 45, 1982, 648 J. Middleton.

15294 SCHICHO, W.: *Syntax des Swahili von Lubumbashi. Kreolisiertes Swahili vs. Standardvarietät.* — Veröffentlichungen der Institute für Afrikanistik und Ägyptologie der Univ. Wien 22, Beiträge zur Afrikanistik 16; Wien: Afro-Pub, 1982, 285 p.

15295 SCOTTON, Carol Myers: The possibility of code-switching: motivation for maintaining multilingualism. — *AnL* 24, 1982, 432-444 | On Swahili, Luyia (Lwidakho).

15296 SHEPARDSON, Kenneth N.: An integrated analysis of Swahili augmentative-diminutives. — *SAL* 13, 1982, 53-76.

SHEPARDSON, K.N.: Toward a structural definition of direct and indirect objects . . . — 2659.

15297 TUMBO, Z.: Towards a systematic terminology development in Kiswahili. — *Kiswahili* 49, 1982/1, 87-98.

15298 VITALE, Anthony J.: Problems of stress placement in Swahili. — *SAL* 13, 1982, 325-330.

15299 WALD, Benji: Swahili, pre-Pidgin, Pidgin, and depidginization in Coastal Kenya. — [15559], 7-26.

15300 ZAWAWI, Sharifa M.: *Loan words and their effect on the classification of Swahili nominals.* — Leiden: 1979 | BL 1979, 12766. | *OLZ* 77, 1982, 613-614 A. Vorbichler.

C. Other languages — Autres langues

15301 PETERS, Marguerite Andrée; MATHÊTHÊ TABANE, Matthew: *Bibliography of the Tswana language: a bibliography of books, periodicals, pamphlets and manuscripts to the year 1980/Bibliokerafia ya puo ya Setswana.* — Bibliographies 25; Pretoria: State Library, 1982, 175 p.

15302 ABESSOLO NNOMO, Thierry; ETOGO MBEZELE, Luc: *Éléments de grammaire ewondo.* — Langues et littératures nationales 10; Douala: Collège Libermann, 1982, 198 p.
15303 ADAMS, Charles R.: Lexical accession in Sharamboko: a camp language in Lesotho. — *AnL* 24, 1982, 137-183.
15304 ANDERSON, Stephen C.: From semivowels to aspiration to long consonants in Ngyembɔɔn-Bamileke. — *JWAL* 12, 1982/2, 58-68.
15305 ANGOGO, Rachel Msimbi: *Linguistic and attitudinal factors in the maintenance of Luyia group identity.* — Univ. of Texas at Austin diss., 1980, 308 p. | *DAb* 41/4, 1980, 1566-A.
15306 AROGA BESSONG, D.P.; MEL'ČUK, Igor A.: Un modèle formel de la conjugaison bafia (à l'indicatif). — *RLMo* 18, 1982, 1-79 | Cameroun.
15307 BEGNE, Leopold Prosper: *The phonology of Bikele, a Cameroonian language.* — Illinois Inst. of Technology diss., 1980, 164 p. | *DAb* 41/5, 1980, 2084-A.
15308 BING, T.B.: The Sotho orthographies: yesterday, today and tomorrow. — *SAJAfrL* 2, 1982/2, 1-19.
15309 CHAMANGA, Mohammed Ahmed; GUEUNIER, Noël-Jacques: *Le dictionnaire comorien-français . . . du R.P. Sacleux.* — Paris: 1979 | BL 1979, 12771. | *BSL* 76, 1981/2 (1982), 352-353 P. Alexandre | *AuÜ* 65, 1982, 154-155 E. Damann | *VJa* 1982/4, 139-141 D.A. Ol'derogge; L.Z. Sova.
15310 CHENG, Chin-Chuan; KISSEBERTH, Charles W.: Tone-bearing nasals in Makua. — *SLS* 12, 1982/1, 123-139.
15311 COMBETTES, Bernard; TOMASSONE, Roberte: Évolution d'un système morphosyntaxique: classes nominales et accords en Lingala. — *Verbum* 3, 1980, 183-234.
15312 DAELEMAN, J.: Durée consonantique en tetela (Zaïre). — *AnAe* 3, 1982, 161-167.
15313 DEMBETEMBE, N.C.: Towards a linguistic analysis of a Shona speech register. — *SAJAfrL* 2, 1982/3, 1-17.
15314 GAAY FORTMAN, Clasina DE: Oral competence in Nyanja among Lusaka schoolchildren. — [15333], 182-206.
15315 GENSLER, Orin D.: The phonological status of downstep in Bakweri. — *PBLS* 7, 1981, 50-67 | Cameroon.
15316 GERHARDT, Ludwig: Jarawan Bantu – the mistaken identity of Bantu who turned north. — *AuÜ* 65, 1982, 75-95.
15317 GUARISMA, Gladys: *Études vouté . . .* — Paris: 1978 | BL 1979, 12785. | *JALL* 4, 1982, 92-94 S. Anderson.
15318 GUARISMA, Gladys: Le syntagme verbal à modalité de temps et à modalité d'aspect en bafia. — [15272], 57-77.
15319 JACQUOT, André: *Lexique laadi (koongo).* — Oralité-Documents 3; Paris: SELAF et ORSTOM, 1982, 269 p.
15320 KAGAYA, Ryohei: Tonal analysis of Kikuyu nouns in three dialects: Murang'a, Nyeri, and Ndia. — *Journal of Asian and African Studies* 24, 1982, 1-41.
15321 KALEMA, John: The tonal behaviour of morphemes of different strata in Luganda. — *AuÜ* 65, 1982, 29-41.
15322 *Kaminya – nande – swahili dictionaire.* — Goma (Zaïre): Lib. des Volcans, 1982, 516 p.

15323 KANTSHÌÀMÀ, Bàdibàngà; KAMBA-KAMBA, Mpamba; BÀDINÈNGANÌ, Mpooyi: Glissements sémantiques et interprétation des emprunts français en ciluba. — *CLO* 10, 1982, 37-79.
15324 KASHOKI, Mubanga E.: Between-language communication in Zambia. — [15333], 123-143.
15325 KASHOKI, Mubanga E.: The language situation in Zambia. — [15333], 9-46.
15326 KASHOKI, Mubanga E.; MANN, Michael: A general sketch of the Bantu languages of Zambia. — [15333], 47-100.
15327 KAZADI, Ntole; MUTOMBO, Huta: Le ciluba et l'expansion des langues africaines. — [15117], 73-86.
15328 KHUMALO, J.S.M.: Zulu tonology, part 2. — *AfrS* 41, 1982/1, 3-125 | Cf. BL 1981, 14857.
15329 KIMENYI, Alexandre: *A relational grammar of Kinyarwanda.* — Berkeley, CA: 1980 | BL 1980, 13394. | *AuÜ* 65, 1982, 149-150 L. Sibomana.
15330 KRUGER, W.J.: Language communication at black-white contact points in the Eastern Cape industries with special reference to IsiXhosa as language medium. — *Suppl. to SAJAfrL* 2.3, 1982, 41-49.
15331 KUPERUS, Julianna: The morphology of (Ba-) Londo verb tenses. — [15272], 19-56.
15332 LAFON, Michel: Brève présentation du système verbal et du fonctionnement d'un auxiliaire en shingazidja. — [15272], 151-177.
15333 *Language in Zambia.* Ed. by Sirarpi OHANESSIAN and Mubanga E. KASHOKI. — London: Intern. Afr. Inst., 1978, 461 p., 8 maps | *AfrS* 41, 1982, 213-215 G. Fortune.
15334 LEHMANN, D.A.: Languages of the Kafue basin: introductory notes. — [15333], 101-120.
15335 LEROY, Jacqueline: Extensions en mankon. — [15272], 125-138.
15336 LOMBARD, D.P.: On the places of articulation and obstruction in articulatory phonetics with reference to some Northern Sotho consonants. — *SAJAfrL* 2, 1982/3, 76-93.
15337 LOUWRENS, L.J.: The relevance of the notions "given" and "new" discourse information in the study of North Sotho syntax. — *SAJAfrL* 1, 1981, 21-49.
15338 LOUWRENS, L.J.: Remarks on some grammatical and pragmatic functions of the object concord in Northern Sotho. — *SAJAfrL* 2, 1982/1, 19-35.
15339 LOUWRENS, Louis Jacobus: *Noun functions in Northern Sotho* [Afrikaans text]. — Univ. of Pretoria (South Africa) diss., 1979 | *DAb* 41/2, 1980, 657-A/658A.
15340 MALINGA, R.M.M.: The analysis of the Xhosa demonstrative. — *SAJAfrL* 2, 1982/4, 40-52.
15341 MAPHIKE, P.R.S.: The morphology and semantics of the Southern Sotho demonstrative. — *Suppl. to SAJAfrL* 2.1, 1982, 61-69.
15342 MAXWELL, Edith M.: Question strategies and hierarchies of grammatical relations in Kinyarwanda. — *PBLS* 7, 1981, 166-177.
15343 MOTINGEA, Mangulu: Inventaire des éléments vocaliques en lingombe (Zaïre). — *AnAe* 3, 1982, 147-160.
15344 MUSONDA, Moses: A study of language use among local students at the university of Zambia. — [15333], 228-243.
15345 MYTTON, Graham: Language in the media in Zambia. — [15333], 207-227.
15346 NDEMBE-NSASI, D.: Sous-catégorisation sémantico-syntaxique du verbe central yombe. — [15272], 115-123.

BANTOU

15347 NDEMBE-NSASI, D.: Les verbes opérateurs yombe (H16). — [15272], 141-150.
15348 NGALASSO, Mwatha Musanji: Émergence et développement d'une langue véhiculaire: le kikongo. — [15117], 43-72.
15349 NGARA, E.A.: *Bilingualism, language contact and language planning: proposals for language use and language teaching in Zimbabwe.* — Zambeziana 12; Gwelo (Zimbabwe): Mambo Press, 1982, 162 p., map.
15350 NISSIM, Gabriel: La négation en bamilekeghomala'. — [15272], 79-95.
15351 NKONDO, Charlotte Priscilla Nxalati: *Xiletelo xa xiTsonga.* — Sovenga: the author, 1981, ii, 70, 28, 15 p. | A guide of the Tsonga language.
NTUMBA, T.: *Denken und sprechen* . . . — 1258.
15352 NURSE, Derek: Description of sample Bantu languages of Tanzania. — *AfLa* 5 | BL 1980, 13319. | *Kiswahili* 49, 1982/1, 99-104 H. Batibo.
15353 NURSE, Derek: The Swahili dialects of Somalia and the Northern Kenya Coast. — [15258], 73-146.
15354 ODDEN, David: Assigned rule features in Shona. — *NELS* 11, 1981, 235-248.
15355 OHLY, Rajmund: Stress assimilation of Swahili oriental loanwords in Runyakore. — *Kiswahili* 49, 1982/2, 93-97.
15356 PHILIPPSON, Gérard: Essai de phonologie comparée des dialectes chaga de Tanzanie. — [15258], 41-71.
15357 PHIRI, Anacklet George: *A description of derivational forms in Tumbuka.* — Univ. of Texas at Austin diss., 1980, 196 p. | *DAb* 41/4, 1980, 1572-A.
15358 PLESSIS, J.A. DU: The analysis of the infinitive. — *SAJAfrL* 2, 1982/3, 18-47 | On Xhosa and SeSotho.
15359 PLESSIS, J.A. DU: Sentential infinitives and nominal infinitives? — *SAJAfrL* 2, 1982/1, 1-18 | On Xhosa and SeSotho.
15360 PLESSIS, J.A. DU: Transitivity in SeSotho and Xhosa. — *SAJAfrL* 1, 1981, 50-85.
15361 PONGWENI, Alec J.C.: Some Shona word derivation processes: the case of the class 9/10 (N) prefix. — *Journal of Asian and African Studies* 24, 1982, 106-119.
15362 POSTHUMUS, L.C.: A review of the so-called *-be/-ba* past tenses of Zulu. — *SAJAfrL* 2, 1982/3, 94-108.
15363 POSTMA OWNBY, Carolan: Early Nguni history: linguistic suggestions. — *Suppl. to SAJAfrL* 1, 1981, 60-81.
15364 PRINSLOO, D.J.: 'N kritiese oorsig van bestaande beskouinge oor lokatiefvorming in Bantoe met besondere verwysing na Noord-Sotho. — *SAJAfrL* 1, 1981, 86-110 | A critical review of viewpoints towards the locative in Bantu with special reference to North Sotho.
15365 PRINSLOO, D.J.: Lokatieve voorsetselgroepe in Noord-Sotho. — *Suppl. to SAJAfrL* 1, 1981, 43-59 | Locative prepositional phrases in North Sotho.
15366 ROMBI, Marie-Françoise; ALEXANDRE, Pierre: Les parlers comoriens, caractéristiques différentielles, position par rapport au swahili. — [15258], 17-39.
15367 SCHADEBERG, Thilo C.: Nasalization in UMbundu. — *JALL* 4, 1982, 109-132.
SCOTTON, Carol Myers: The possibility of code-switching . . . — 15295.
15369 SERPELL, Robert: Comprehension of Nyanja by Lusaka schoolchildren. — [15333], 144-181.
15370 STADEN, P.M.S. VON: Aspects of affective meaning in Zulu. — *SAJAfrL* 2, 1982/4, 68-90.
SUZMAN, S.: Strategies for acquiring Zulu concord. — 3781.
15371 THIPA, H.M.: What about semantics? — *Suppl. to SAJAfrL* 2.1, 1982, 70-81 | Xhosa, SeSotho.

15372 THOMAS, Jacqueline M.C.: Classes et genres nominaux en aka, langue bantoue des pygmées de Mongoumba (R.C.A.) — [15140], 27-35.
15373 VILJOEN, Johannes Jurgens: *The copulative construction in Ndonga and Kwanyama* [Afrikaans text]. — Univ. of South Africa diss., 1980 | Oshiwambo dial. (Owambo, South Africa). | *DAb* 42/1, 1981, 199-A.
15374 VOORHOEVE, Jan: L'auxiliaire en ngwo. — [15272], 179-189.
15375 VOORHOEVE, Jan: Le ton du verbe en ngwo. — [15272], 97-112.
15376 WALSER, Ferdinand: *Luganda Proverbs*. — Beiträge zur Kulturanthropologie; Berlin: Reimer, 1982, 510 p.
15377 WENTZEL, P.J.; MULOIWA, T.W.: *Improved trilingual dictionary Venda-Afrikaans-English*. — Pretoria: Univ. of South Africa, 1982, 189 p.
15378 YANGA, Tshimpaka: *A sociolinguistic identification of Lingala (Republic of Zaire)*. — Univ. of Texas at Austin diss., 1980, 267 p. | *DAb* 41/7, 1981, 3091-A/3092-A.
15379 YUKAWA, Yasutoshi: A tentative tonal analysis of Sambaa nouns. — *Journal of Asian and African Studies* 24, 1982, 181-209 | In Japanese.

XI. KHOISAN LANGUAGES — LANGUES KHOISAN

15380 DAMMAN, Ernst: Zur Orthographie des Nama. — *AuÜ* 65, 1982, 15-27.
15381 EHRET, Christopher: The first spread of food production to Southern Africa. — [15112], 158-181.
15382 ELDERKIN, E.D.: On the classification of Hadza. — *SUGIA* 4, 1982, 67-82.
15383 RAPER, Peter E.: Solving the problem of the meaning of Khoekhoen place names by studying toponymic clusters. — [176], 291-297.
STOPA, R.: A tentative approach to the language of the early population of Egypt . . . — 13558.

AMERICAN LANGUAGES
LANGUES AMÉRICAINES

I. GENERAL — GÉNÉRALITÉS

15384 MATTESON, Esther, et al.: *Comparative studies in Amerindian languages* . . . — The Hague: 1972 | BL 1972, 12972. | *LAL* 7, 1973, 112-117 S. Shukla.
15385 STUART, Don Graham; O'BRIEN, Richard J.: The indigenous languages of America. — *LAL* 6, 1972, 48-64.

II. LANGUAGES OF NORTH AND MIDDLE AMERICA — LANGUES DE L'AMÉRIQUE DU NORD ET DE L'AMÉRIQUE CENTRALE

A. General — Généralités

15386 DIEBOLD, A. Richard, Jr.: Alleged American Indian *baribal* 'American black bear': a query. — *IJAL* 48, 1982, 89-91.
15387 DRECHSEL, Emanuel J.; MAKUAKĀNE, T. Haunani: Hawaiian loanwords in two native American Pidgins. — *IJAL* 48, 1982, 460-467 | Chinook Jargon and Eskimo Jargon.
15388 *The languages of native America* . . . Ed. by Lyle CAMPBELL; Marianne MITHUN. — Austin: 1979 | BL 1981, 14912. | *Lg* 58, 1982, 440-443 A.R. Taylor. PARODI, C.: *La investigación lingüística en México* . . . — 36.

B. Eskimo and Aleut — Esquimau et Aléoute

15389 DENNY, J. Peter: Semantics of the Inuktitut (Eskimo) spatial deictics. — *IJAL* 48, 1982, 359-384.
15390 HARPER, Ken: *Suffixes of the Eskimo dialects of Cumberland Peninsula* . . . — Ottawa: 1979 | BL 1979, 12838. | *IJAL* 48, 1982, 91-101 M.D. Fortescue.
15391 JANUSSEN, Estrid: *Håndbog i grønlandsk grammatik*. — Grønlands som fremmedsprog; [Godthåb: Pilersuiffik], 1982, 100 p., ill.
15392 KALMÁR, Ivan: *Case and context in Inuktitut* . . . — Ottawa: 1979 | BL 1979, 12841. | *IJAL* 48, 1982, 91-101 M.D. Fortescue.
15393 KALMÁR, Ivan: The function of Inuktitut verb modes in narrative texts. — [195], 45-64.

15394　KAPLAN, Lawrence D.: Consonant alternation in Inupiaq Eskimo. — *IJAL* 48, 1982, 385-393.
15395　PANFILOV, V.Z.; VACHTIN, N.B.: Izučenie ėskimossko-aleutskich jazykov v SSSR. — *VJa* 1982/3, 43-47.
15396　PAYNE, Thomas E.: Subject in Yup'ik (Eskimo). — *LACUS* 6, 1979 (1980), 141-149.
15397　PAYNE, Thomas E.: Role and reference related subject properties and ergativity in Yup'ik Eskimo and Tagalog. — *SLang* 6, 1982, 75-106.
15398　SMITH, Lawrence R.: An analysis of affixal verbal derivation and complementation in Labrador Inuttut. — *LAn* 10, 1982, 161-189.
　　　　SMITH, L.R.: Labrador Inuttut (Eskimo) and the theory of morphology. — 2370.

C. Na-Dene — Na-Dene

15399　ENRICO, John James: *Masset Haida phonology.* — Univ. of California, Berkeley, diss., 1980, 471 p. | *DAb* 42/1, 1981, 192-A.
15400　HOLM, Wayne: Learning to read and write in Navajo. — [165], 77-91.
15401　KRAUSS, Michael E.: Proto-Athapaskan *k in Chipewyan, 1742-1800: philological evidence. — *IJAL* 48, 1982, 73-82.
15402　NEUNDORF, Alice: Terminology development in Navajo. — *IJAL* 48, 1982, 271-276.
15403　PERKINS, Ellavina: Extraposition of relative clauses in Navajo. — *IJAL* 48, 1982, 277-285.
15404　PLATERO, Paul: Missing noun phrases and grammatical relations in Navajo. — *IJAL* 48, 1982, 286-305.
15405　SAVILLE-TROIKE, Muriel: Variation and change in Navajo: some preliminary notes. — *LAL* 7, 1973, 1-2.
15406　SHAYNE, Joanne: Some semantic aspects of *yi-* and *bi-* in San Carlos Apache. — *SynS* 15, 1982, 379-407.

D. Macro-Algonquian — Macro-Algonquin

15407　BERMAN, Howard: A supplement to Robins's Yurok-English lexicon. — *IJAL* 48, 1982, 197-222 | R.H. ROBBINS, *The Yurok language*, 1958 (BL 1958, 331).
15408　BERMAN, Howard: Two phonological innovations in Ritwan. — *IJAL* 48, 1982, 412-420.
15409　BOLING, Jerry Alden: *Selected problems in Shawnee syntax.* — Indiana Univ. diss., 1981, 164 p. | *DAb* 41/12, 1981, 5078-A.
15410　BOOKER, Karen M.: *Comparative Muskogean: aspects of Proto-Muskogean verb morphology.* — Univ. of Kansas diss., 1980, 306 p. | *DAh* 41/5, 1980, 2084-A/2085 A.
15411　CLARKE, Sandra: *North-West River (Shēshātshīt) Montagnais: a grammatical sketch.* — National Museum of Man, Mercury Series, Canadian Ethn. Service paper 80; Ottawa: National Museums of Canada, 1982, viii, 168 p.
15412　COWAN, William: A note on phonological change in Ojibwa. — *CJL* 27, 1982, 41-46.
15413　DAVIES, William D.: Possessor ascension in Choctaw. — *NELS* 11, 1981, 38-57.
15414　DERRICK-MESCUA, Mary Tyler: *A phonology and morphology of Mikasuki.* — Univ. of Florida diss., 1980, 491 p. | *DAb* 41/5, 1980, 2086-A.

GALIN, A.: Semantics and structure . . . — 2740.
15415 GODDARD, Ives: Eastern Algonquian as a genetic subgroup. — *Papers of the eleventh Algonquian Conference.* William Cowan, ed. (Ottawa: Carleton Univ., 1980), 143-158.
15416 GODDARD, Ives: Massachusetts phonology: a preliminary look. — *Papers of the twelfth Algonquian Conference.* William Cowan, ed. (Ottawa: Carleton Univ., 1981), 57-105.
15417 GODDARD, Ives: Against the linguistic evidence claimed for some Algonquian dialectal relationships. — *AnL* 23, 1981, 271-297.
15418 GODDARD, Ives: The historical phonology of Munsee. — *IJAL* 48, 1982, 16-48.
15419 HEWSON, John: *Beothuk vocabularies: a comparative study.* — Technical Papers of the Newfoundland Museum 2; St. John's: Newfoundland Museum, 1978, vii, 178 p. | *CJL* 27, 1982, 174-175 W. Cowan.
15420 HEWSON, John: The reconstruction of underlying meaning: synthesis and cumulation in Algonkian. — [318], 366-386.
15421 MARTIN, Pierre: Les semi-voyelles en cris-montagnais de Fort George. — *Papers of the eleventh Algonquian Conference.* William Cowan, ed. (Ottawa: Carleton Univ., 1980), 247-261.
15422 MARTIN, Pierre: L'obviatif en montagnais. — *Linguistique* 18/1, 1982, 145-149.
15423 MUNRO, Pamela; GORDON, Lynn: Syntactic relations in Western Muskogean: a typological perspective. — *Lg* 58, 1982, 81-115.
15424 PAYNE, Doris L.: Chickasaw agreement morphology: a functional explanation. — *SynS* 15, 1982, 351-378.
15425 PROULX, Paul: The origin of the absolute verbs of the Algonquian independent order. — *IJAL* 48, 1982, 394-411.
15426 PROULX, Paul: Proto-Algonquian *k in Cheyenne. — *IJAL* 48, 1982, 467-471.
15427 SZABÓ, László: *Indianisches Wörterbuch: Malecite-Deutsch-Englisch.* — Wiesbaden: Harrassowitz, 1981, 257 p.
WOLFART, H.C.: . . . the verbal system of Ojibwa. — 2858.

E. Macro-Siouan — Macro-Siou

15428 CHAMBERS, J.K.; SHAW, Patricia A.: Systematic obfuscation of morphology in Dakota. — *LIn* 11, 1980, 325-336.
15429 EAGLE, Josie White: Teaching scientific inquiry and the Winnebago language. — *IJAL* 48, 1982, 306-319.
15430 FOSTER, Michael K.: Alternating weak and strong syllables in Cayuga words. — *IJAL* 48, 1982, 59-72.
15431 GUYETTE, Susan: An examination of Cherokee language vitality. — *AnL* 23, 1981, 215-225.
15432 MITHUN, Marianne: The synchronic and diachronic behavior of plops, squeaks, croaks, sighs, and moans. — *IJAL* 48, 1982, 49-58 | Iroquoian expressive vocabulary.
15433 MITHUN, Marianne: The mystery of the vanished Laurentians. — [170], 230-242.
15434 MITHUN, Marianne; CHAFE, Wallace L.: Recapturing the Mohawk language. — [365], 3-33.

F. Macro-Hokan — Macro-Hoka

15435 BENDIXEN, Birgitte Holt: *Phonological and temporal properties of Cocopa.* — Univ. of California, San Diego, diss., 1980, 615 p. | *DAb* 41/10, 1981, 4384-A.
15436 GORDON, Lynn Martha: *Maricopa morphology and syntax.* — Univ. of California, Los Angeles, diss., 1980, 328 p. | *DAb* 41/12, 1981, 5080-A.
15437 MARLETT, Stephen A.: The abstract consonant in Seri. — *PBLS* 7, 1981, 154-165.
15438 RICHTER, Gregory C.: Highland Chontal morphology: some new perspectives. — *IJAL* 48, 1982, 472-476.
15439 WATAHOMIGIE, Lucille J.; BENDER, Jorigine; YAMAMOTO, Akira: *Hualapai reference grammar.* — Los Angeles: Am. Indian Studies Center, 1982, xiii, 575 p.

G. Macro-Penutian — Macro-Penutia

15440 AYRES, Glenn Thompson: *Un bosquejo gramatical del idioma Ixil.* — Univ. of California, Berkeley, diss., 1980, 384 p. | *DAb* 41/7, 1981, 3083-A/3084-A.
15441 BLACKBURN, Linda: Repetition in Quiché discourse. — *LACUS* 7, 1980 (1981), 217-226.
15442 DATZ, Margaret J. Dickeman: *Jacaltec syntactic structures and the demands of discourse.* — Univ. of Colorado at Boulder diss., 1980, 470 p. | *DAb* 41/4, 1980, 1568-A.
15443 DUNN, John Asher: *A practical dictionary of the Coast Tsimshian language.* — Ottawa: 1978 | BL 1979, 12902. | *Lg* 58, 1982, 733-734 C.M. Eastman.
15444 FERNÁNDEZ GARAY, Ana V.: Rogativas mapuches. — *Amérindia* 7, 1982, 109-144.
15445 HARRISON, Roy & Margaret; GARCÍA H., Cástulo: *Diccionario zoque de Copainalá.* — Serie de vocabularios indígenas "Mariano Silva y Aceves" 23; México, D.F.: Inst. Lingüístico de Verano, 1981, ix, 489 p.
15446 HURLEY, Vda. de DELGATY, Alfa; RUÍZ SÁNCHEZ, Agustín: *Diccionario tzotzil de San Andrés con variaciones dialectales: tzotzil-español, español-tzotzil.* — Serie de vocabularios y diccionarios indígenas "Mariano Silva y Aceves" 22; México, D.F.: Inst. Lingüístico de Verano, 1978, xvii, 481 p. | *IJAL* 48, 1982, 226-232 C.G. Craig; N.C. England.
15447 LARSEN, Thomas W.: Functional correlates of ergativity in Aguacatec. — *PBLS* 7, 1981, 136-153.
15448 MONDLOCH, James Lorin: *Voice in Quiché-Maya.* — State Univ. of New York at Albany diss., 1981, 359 p. | *DAb* 42/1, 1981, 197-A.
15449 MORGAN, Mary Muse: *Language change in progress in Totontepec, Oaxaca, Mexico.* — Georgetown Univ. diss., 1980, 145 p. | Bilingual community (Mixe and Sp.) | *DAb* 41/7, 1981, 3087-A/3088-A.
15450 PĂLTINEANU, Viorel: Algunas notas diacrónicas sobre la lengua maya-chontal. — *RRLing* 26, 1981, 317-322.
15451 PYE, Clifton Lowell: *The acquisition of grammatical morphemes in Quiche Mayan.* — Univ. of Pittsburgh diss., 1980, 343 p. | *DAb* 41/6, 1980, 2587-A/2588-A.
15452 ROBERTSON, John S.: The history of the absolutive second-person pronoun from Common Mayan to modern Tzotzil. — *IJAL* 48, 1982, 436-443.
15453 SHAUL, David L.: Glottalized consonants in Zuni. — *IJAL* 48, 1982, 83-85.
15454 SPIELMANN, Roger W.: Providing accounts and hosting in Tzeltal as member accomplishments. — *SLN* 10, 1979, 20-22.

AZTEC-TANO

15455 TRECHSEL, Frank Rinard: *A categorial treatment of Quichean (Mayan) ergativity.* — Univ. of Texas at Austin diss., 1981, 203 p. | *DAb* 42/3, 1981, 1131-A.
15456 VEBLEN, Thomas T.: Declinación de la población indígena en Totonicapán, Guatemala. — *Mesoamérica.* Revista semestral publ. por el Centro de Investigaciones Regionales de Mesoamérica (Antigua, Guatemala) 3, 1982, 26-66, 3 fig.
15457 WALTER, Stephen Leslie: *Application of a cognitive model of linguistic structure to the analysis of selected problems in Tzeltal (Mayan) grammar.* — Univ. of Texas at Arlington diss., 1980, 336 p. | *DAb* 41/4, 1980, 1573-A.
15458 WHISTLER, Kenneth Wayne: *Proto-Wintun kin classification: a case study in reconstruction of a complex semantic system.* — Univ. of California, Berkeley, diss., 1980, 385 p. | *DAb* 42/1, 1981, 200-A.

H. Aztec-Tanoan — Aztec-Tano

15459 BASCOM, Burton: Northern Tepehuan. — [15487], 267-393.
15460 BENNETT, Michael Eric: Aspects of grammatical number in Hopi. — *LACUS* 6, 1979 (1980), 271-281.
15461 BENNETT, Michael Eric: Aspects of the imperative in Hopi. — *LACUS* 7, 1980 (1981), 359-367.
15462 CANGER, Una: *Five studies inspired by Nahuatl verbs in* -oa. — Copenhagen: 1980 | BL 1980, 13551. | *BSL* 76, 1981/2 (1982), 380-381 S. Toumi.
15463 COMRIE, Bernard: Grammatical relations in Huichol. — *SynS* 15, 1982, 95-115.
15464 FRANKLIN, Robert; BUNTE, Pamela: Southern Paiute stress and related phenomena. — *LACUS* 7, 1980 (1981), 339-347.
GIVÓN, T.: Transitivity, topicality, and the Ute impersonal passive. — 2472.
15466 GRIMES, Joseph E., et al.: *El huichol: apuntes sobre el léxico.* — Ithaca, NY: Cornell Univ., Dept. of Mod. Languages and Linguistics, 1981 | *Amérindia* 7, 1982, 183-184 S. Toumi.
15467 HERZOG, George; On the phonemic status of Pima-Papago *w* versus *v*, with a note on orthography. — *IJAL* 48, 1982, 86-87.
15468 JEANNE, LaVerne Masayesva: Some phonological rules of Hopi. — *IJAL* 48, 1982, 245-270.
15469 KALECTACA, Milo: *Lessons in Hopi.* Ed. by Ronald W. LANGACKER. — Tucson, AZ: 1978 | BL 1980, 13555. | *IJAL* 48, 1982, 105-107 D.L. Shaul.
15470 LAUNEY, Michael: *Introduction à la langue et à la littérature aztèques.* I. — Paris: 1979 | BL 1979, 12925. | *IJAL* 48, 1982, 101-105 F. Karttunen.
15471 LAUNEY, Michel: Une interprétation linguistique des schémas relationnels: passifs-impersonnels et causatifs en nahuatl classique. — *Amérindia* 6, 1981, 17-58.
15472 LIONNET, André: *El idioma tubar y los Tubares.* — México: Univ. Iberoamericana, 1978, 132 p. | *Amérindia* 6, 1981, 151 M. Launey.
15473 LIONNET, André: Un dialecte méridional du tarahumar. — *Amérindia* 7, 1982, 61-83 | Chihuahua (Mexique).
15474 MALOTKI, Ekkehard: *Hopi-Raum* . . . — Tübingen: 1979 | BL 1980, 13557. | *Kratylos* 26, 1981 (1982), 182-189 G. Hansson.
15475 MALOTKI, Eckehart: Hopi person deixis. — [1402], 223-252.
15476 MILLER, Irving W.: Southern Paiute and Numic final features. — *IJAL* 48, 1982, 444-449.
15477 PURY-TOUMI, Sybille DE: L'espace des possibles: l'exemple du nahuatl. — *BSL* 76, 1981/1 (1982), 359-379.

15478 PURY-TOUMI, Sybille DE: Quand oui c'est non et non c'est oui: essai d'interprétation de l'assertion en nahuatl moderne. — *Amérindia* 7, 1982, 23-38.
15479 SAXTON, Dean: Papago. — [15487], 93-266.
15480 SEILER, Hansjakob: Inherent versus established relation, proximity versus obviation, and two types of Cahuilla kinship expressions. — *IJAL* 48, 1982, 185-196.
15481 SEILER, Hansjakob: *Cahuilla grammar.* — Banning, CA: 1977 | BL 1977, 14314. | *Amérindia* 6, 1981, 149-151 M. Launey.
15482 SEILER, Hansjakob; HIOKI, Kojiro: *Cahuilla dictionary.* — Banning, CA: Malki Museum Press, 1979, 291 p. | Corr. to BL 1979, 12930. | *BSL* 76, 1981/2 (1982), 378-380 S. Toumi.
15483 SHAUL, David L.: Semantic change in Shoshone-Comanche, 1800-1900. — *AnL* 23, 1981, 344-355.
15484 SHAUL, David L.: Piman song syntax: its historical significance. — *PBLS* 7, 1981, 275-283.
15485 SHAUL, David L.: The *Ave Maria* in Piman. — *IJAL* 48, 1982, 87-88.
15486 SNAPP, Allen; ANDERSON, Joy: Northern Paiute. — [15487], 1-92.
15487 *Studies in Uto-Aztecan grammar.* 3: *Uto-Aztecan grammatical sketches.* Ed. by Ronald W. LANGACKER. — Summer Inst. of Linguistics Publ. in Linguistics 57; Dallas: SIL, 1982, xii, 396 p.
15488 WATKINS, Laurel Jayne: *A grammar of Kiowa.* — Univ. of Kansas diss., 1980, 339 p. | *Dab* 41/12, 1981, 5086-A.
15489 WHEELER, Deirdre: A historical explanation for final stress in Tübatulabal. — [231], 222-232.
15490 WILLETT, Elizabeth: Reduplication and accent in Southeastern Tepehuan. — *IJAL* 48, 1982, 168-184.
15491 ZEPEDA, Ofelia: *'O'odham ha-cegǐtodag* / Pima and Papago thoughts. — *IJAL* 48, 1982, 320-326.

I. Macro-Otomanguean — Macro-Otomang

15492 ALEXANDER, Ruth M.: *Gramática mixteca* . . . — México: 1980 | BL 1980, 13569. | *Amérindia* 7, 1982, 177-178 M. Launey.
15493 BUTLER H., Inez M.: *Gramática zapoteca* . . . — México: 1980 | BL 1980, 13572. | *Amérindia* 7, 1982, 178-180 M. Launey.
15494 CLARK, Lawrence: An obsolete numbering system uncovered. — *IJAL* 48, 1982, 223-225 | Popoluca.
15495 CLARK, Lawrence E.: *Diccionario popoluca de Oluta: popoluca-español, español-popoluca.* — Serie de vocabularios indígenas "Mariano Silva y Aceves" 25; México, D.F.: Inst. Lingüístico de Verano, 1981, xviii, 162 p.
15496 DALMASSO, María Teresa: La familia popolocana: su evolución fonológica. — *CIIJ* 6/3-4, 1980, 203-235.
15497 JAEGER, Jeri J.; VALIN, Robert D. VAN, Jr.: Initial consonant clusters in Yateé Zapotec. — *IJAL* 48, 1982, 125-138.
15498 JAMIESON, Carole Ann: Conflated subsystems marking person and aspect in Chiquihuitlán Mazatec verbs. — *IJAL* 48, 1982, 139-167.

J. Other languages — Autres langues

15499 GRUBB, David McC.: *A practical writing system and short dictionary of Kwakw'ala* . . . — Ottawa: 1977 | BL 1977, 14319. | *IJAL* 48, 1982, 232-238 P.J. Wilson.

15500 HAGÈGE, Claude: *Le Comox Ihaamen de Colombie britannique: présentation d'une langue amérindienne.* — *Amérindia*, No. spécial 2; Paris: "Amérindia" (Inst. hispanique), 1981, 187 p., cartes.

15501 HÉBERT, Yvonne M.: Aspect and transitivity in (Nicola Lake) Okanagan. — *SynS* 15, 1982, 195-215.

15502 KINKADE, M. Dale: Singular vs. plural roots in Kinkade. — *AnL* 23, 1981, 262-269.

15503 KINKADE, M. Dale: Interior Salishan particles. — *AnL* 23, 1981, 327-343.

15504 KUIPERS, A.H.: Towards a Salish etymological dictionary II. — *Lingua* 57, 1982, 71-92 | Cf. BL 1970, 12370.

15505 MATTINA, Anthony: The Colville-Okanagan transitive system. — *IJAL* 48, 1982, 421-435.

15506 SAUNDERS, Ross; DAVIS, Philip W.: The control system of Bella Coola. — *IJAL* 48, 1982, 1-15, 2 fig.

15507 SOMDAY, James Benjamin: *Colville Indian language dictionary.* — Univ. of North Dakota diss., 1980, 942 p. | *DAb* 41/3, 1980 1048-A.

III. LANGUAGES OF SOUTH-AMERICA AND THE ANTILLES
LANGUES DE L'AMÉRIQUE DU SUD ET DES ANTILLES

15508 ADELAAR, Willem F.H.: Incidental changes in the suffix part of Quechua. — *Lingua* 56, 1982, 59-73.

15509 ALLIN, Trevor R.: *Vocabulario resígaro.* — Documento de trabajo 16; Yarinacocha: Inst. Lingüístico de Verano, 1979, 528 p. | *IJAL* 48, 1982, 485 H.E. Manelis Klein.

15510 CAUTY, André: De l'art délectable mais difficile d'entendre les coups de glotte panaré. — *Amérindia* 7, 1982, 39-54.

15511 CLAIRIS, Christos: La lengua qawasqar (alakaluf). — *Vicus* 2, 1978, 29-44 | E. summ.

15512 COLE, Peter: *Imbabura Quechua.* — LDS, Lingua Descriptive Studies 5; Amsterdam: North-Holland Publishing Co., 1982, vii, 233 p., 2 fig.

COLE, P.: On defining bounding nodes for subjacency. — 2427.

15513 COLE, Peter; HARBERT, Wayne; HERMON, Gabriella: Headless relative clauses in Quechua. — *IJAL* 48, 1982, 113-124.

DENT, L.J.: *Laryngeal control in the production of three classes of voiceless stops* . . . — 2058.

15514 DOOLEY, Robert A.: Options in the pragmatic structuring of Guaraní sentences. — *Lg* 58, 1982, 307-331.

15515 FERNÁNDEZ GARAY, Ana; GOLLUSCIO, Lucía: Rogativas araucanas. — *Vicus* 2, 1978, 103-132 | E. summ.

15516 FONTANELLA DE WEINBERG, María Beatriz: El lunfardo: de lengua delictiva a parte de un contínuo lingüístico. — *Vicus* 2, 1978, 133-146 | E. summ.

15517 FORERO, Manuel José: Algunos topónimos indígenas de Colombia. — *Thesaurus* 37, 1982, 161-167.

GNÄRIG, B.: *Zwischen Quechua und Spanisch* . . . — 3937.

15518 GOLBERT DE GOODBAR, Perla: Yagán: I. Las partes de la oración; II. Morfología nominal. — *Vicus* 1, 1977, 5-60; 2, 1978, 87-102 | Tierra del Fuego (E. summ.).

15519 GONZÁLEZ DE PÉREZ, María Stella: *Trayectoria de los estudios sobre la lengua chibcha o muisca.* — Bogotá: 1980 | BL 1981, 15013. | *Amérindia* 7, 1982, 180-182 J. Landaburu.

15520 GOULET, Jean-Guy: The Guajiro kinship system: it semantic structure and social significance. — *AnL* 23, 1981, 298-325.

GRANDA, G. DE: Algunas precisiones sobre el bilingüismo del Paraguay. — 6419.

15521 HARDMAN, Martha James: La familia lingüística andina jaqi: jaqaru, kawki, aymara. — *Vicus* 2, 1978, 5-28 | E. summ.

15522 HART-GONZALEZ, Lucinda: *Change in language use and attitudes: Bolivian Quecha.* — Georgetown Univ. diss., 1980, 294 p. | *DAb* 42/2, 1981, 685-A/686-A.

HERMON, G.: The relationship of meaning and underlying grammatical relations: evidence from Quechua. — 1403.

15523 HERRERO, Joaquín; SÁNCHEZ DE LOZADA, Federico: *Gramática quechua: estructura del quechua boliviano contemporáneo.* — Cochabamba: Editorial Universal, 1978, 520 p. | *IJAL* 48, 1982, 476-480 L. Hart-González.

15524 HERRERO, Joaquín; SÁNCHEZ DE LOZADA, Federico: *Método práctico para la enseñanza y aprendizaje de la lengua quechua.* — Cochabamba: Editorial Universal, 1978, 565 p. | *IJAL* 48, 1982, 480-484 L. Hart-González.

15525 KEY, Mary Ritchie: *The grouping of South American Indian languages.* — Tübingen: 1979 | BL 1979, 12965. | *Lingua* 58, 1982, 380-383 W.F.H. Adelaar | *Thesaurus* 36, 1981, 352-355 M. Lobo-Guerrero.

15526 KEY, Mary Ritchie: Lingüística comparativa araucana. — *Vicus* 2, 1978, 45-56 | E. summ.

15527 LANDABURU, Jon: *La langue des Andoke . . .* — Paris: 1979 | BL 1979, 12967. | *Thesaurus* 36, 1981, 127-129 A. Tovar; J.R. Monguí Sánchez.

LARSON, M.L.: *The functions of reported speech in discourse.* — 2769.

15528 LEFEBVRE, Claire; MUYSKEN, Pieter Cornelis: *Relative clauses in Cuzco Quechua: interaction between core and periphery.* — Bloomington, IN: Indiana Univ. Linguistics Club, 1982, 71 p.

15529 LINDENFELD, Jacqueline: Langues en contact: le yaqui face à l'espagnol. — *Linguistique* 18, 1982/1, 111-127.

Linguistic composition of the nations of the world . . . 3: Central and South America. — 2892.

15530 LOZANO, Elena: Cuentos secretos vilelas: I. *La mujer tigre.* — *Vicus* 1, 1977, 93-116 | Vilela text with Sp. transl. (E. summ.).

15531 MANELIS KLEIN, Harriet E.: Five volumes on South American Indian languages. — *IJAL* 48, 1982, 484-486 | Rev. of inter alia BL 1975, 13873; BL 1976, 13896; BL 1980, 13605.

15532 MANNHEIM, Bruce: Person, number, and inclusivity in two Andean languages. — *AL* 17, 1982, 139-156.

15533 MANNHEIM, Bruce: A note on 'inclusive/exclusive' in sixteenth-century Peru. — *IJAL* 48, 1982, 450-459.

15534 MARTIRENA DE GASQUET, Ana María: Fonología de la lengua toba. — *Vicus* 1, 1977, 61-91 | E. summ.

15535 MATTEI MULLER, Marie Claude: La reducción silábica en panare: comportamiento original de la oclusión glotal en la lengua panare comparada a las demás lenguas caribes de Venezuela. — *Amérindia* 6, 1981, 59-84, map.

15536 MELIÀ, Bartomeu: La entrada del castellano en el guaraní del Paraguay. — [399], 151-160.

MUYSKEN, P.: Spaans en Quechua in Ecuador. — 6426.

15537 ORTIZ, Francisco; QUEIXALÓS, Francisco: Ornitología cuiva-guahibo. — *Amérindia* 6, 1981, 125-147, map.

15538 PATTE, Marie-France: Les préfixes personnels en anún: morphophonologie. — *Amérinda* 6, 1981, 7-16 | Venezuela.

15539 PAYNE, David L.: *The phonology and morphology of Axininca Campa.* — Summer Inst. of Linguistics Publ. in Linguistics 66; Dallas, TX: SIL & Univ. of Texas at Arlington, 1981, ix, 285 p.

15540 PAYNE, David L.; PAYNE, Judith K.; SANCHEZ SANTOS, Jorge; BALLENA DÁVILA, Marlene: *Morfología, fonología y fonética del ashéninca del Apurucayali (Campa – Arawak preandino).* — Serie lingüística peruana 18; Yarinacocha, Perú: Inst. Lingüístico de Verano, 1982, 311 p.

15541 PORTERIE-GUTIERREZ, Liliane: El ratón y el zorro: cuento aymara de Chucuito (Puno, Perú). — *Amérindia* 6, 1981, 97-124.

15542 QUEIXALÓS, Francisco: "Love me do", o la persona indefinida en sikuani (guahíbo). — *Thesaurus* 36, 1981, 104-109.

15543 QUEIXALÓS, Francisco: Le regard et le réel. A propos de l'ouvrage de P. GRENAND, *Introduction à l'étude de l'univers wayãpi*, SELAF, 1980, Paris. — *Amérindia* 7, 1982, 85-105.

15544 RENARD-CASEVITZ, France-Marie: Fragment d'une leçon de Daniel, chamane matsiguenga. Avec la collaboration de Marie-France PATTE. — *Amérindia* 7, 1982, 145-176 | Texte et trad. annotée (Pérou).

15545 ROUDNÝ, Miroslav: Palabras españolas en la lengua aimará. — *IAP* 13, 1982, 89-98.

SÁEZ-GODOY, L.: Voces de origen indígena en la Crónica de Gerónimo de Bibar ... — 6378.

15546 SAFIR, Ken: Nasal spreading in Capanahua. — *LIn* 13, 1982, 689-694.

15547 SALAS, Adalberto: Mapuche-español: análisis fonológico contrastivo. — *Vicus* 2, 1978, 57-86 | E. summ.

15548 SEKI, Lucy: Mercadores de pessoa do verbo kamaiurá. — *CEL* 3, 1982, 22-40.

15549 TAYLOR, Gerald: Enoncés exprimant la possession et l'obligation en quechua. — *Amérindia* 6, 1981, 85-94.

15550 TAYLOR, Gerald: Le morphème de respect /-pa-/ dans les parlers quechuas de la Sierra équatorienne. — *Amérindia* 7, 1982, 55-60.

15551 TOVAR, Antonio: *Relatos y diálogos de los Matacos, seguidos de una gramática de su lengua.* — Col. Amerindia; Madrid: Ed. Cultura Hisp. del Inst. de Cooperación Iberoamericana, 1981, 256 p. | *IF* 87, 1982 (1983), 390-391 M. Faust.

15552 WAGNER, Claudio: Las lenguas indígenas de Chile. — *SCL* 33, 1982, 173-176.

CREOLIZED LANGUAGES
LANGUES CRÉOLISÉES

I. GENERAL — GÉNÉRALITÉS

STEVENS, P.: A bibliography of Caribbean sociolinguistics. — 3873.

15553 BAUDET, M.: Identifying the African base of the Caribbean Creoles. — [15559], 104-117.
BICKERTON, D.: Roots of language. — 3619.
15554 BOLLÉE, Annegret: Die Rolle der Konvergenz bei der Kreolisierung. — [152], 391-405.
BROCH, I.; JAHR, E.H.: *Russenorsk* . . . — 9418.
15555 FONTANELLA DE WEINBERG, María Beatriz: Nuevas perspectivas sobre el origen y evolución de pidgins y criollos. — *Vicus* 1, 1977, 169-189 | Analysis of BL 1971, 358 (E. summ.).
15556 *The genesis of language* . . . Ed. by Kenneth C. HILL. — Ann Arbor: 1979 | BL 1979, 12989. | *ZAA* 30, 1982, 357-358 M. Perl | *Lg* 58, 1982, 221-225 P. Mühlhäusler.
15557 GILMAN, Charles: Proto-Creole r. — *Ba Shiru* 11, 1980/2, 36-44.
GIVÓN, T.: Tense-aspect-modality: the Creole prototype and beyond. — 1307.
HALLER, H.W.: Between Standard It. and Creole . . . — 7509.
HEINE, B.: The Nubi language of Kibera . . . — 13411.
15558 HESSELING, Dirk Christiaan: *On the origin and formation of Creoles* . . . Ed. . . . by Thomas L. MARKEY; Paul T. ROBERGE . . . — Ann Arbor: 1979 | BL 1979, 12990. | *FLing* 5, 1980-81, 185-187 D.L. Lawton | *ZAA* 30, 1982, 92-93 M. Perl.
15559 *Historicity and variation in Creole studies*. Ed. by Arnold HIGHFIELD and Albert VALDMAN. — Ann Arbor: Karoma, 1981, xi, 126 p. | *Kratylos* 27, 1982 (1983), 153-157 N. Boretzky.
Language, society, and paleoculture: essays by E.C. POLOMÉ. — 3990.
Les langues dans le monde ancien et moderne . . . — 2890.
15560 *Langues en contact* . . . Jürgen M. MEISEL (ed.). — Tübingen: 1977 | BL 1977, 114. | *FR* 51, 1977-78, 459-460 H. Tinelli | *Lengas* 4, 1978, 155-161 G. Kremnitz | *L&H* 36, 1978, 92 G. L[urquin].
15561 MANESSY, Gabriel: Expansion et évolution. — [15559], 79-90 | On colloquial Fr. in Cameroon and the process of creolization.

LANGUES CRÉOLISÉES 15562-15579

MARKEY, T.L.: Afrikaans: creole or non-creole? — 8736.
15562 MÜHLHÄUSLER, Peter: Kritische Bemerkungen zu Sprachmischungsuniversalien. — [152], 407-431.
MÜHLHÄUSLER, P.: Etym. and pidgin and creole languages. — 3017.
15563 *Pidgin and Creole linguistics.* Ed. by Albert VALDMAN. — Bloomington: 1977 | BL 1977, 351. | *FR* 52, 1978-79, 203-204 R.E. Wood | *RBPh* 60, 1982, 573-574 D. Goyvaerts.
15564 REIM, Inken: Gastarbeiterdeutsch als Spiegel der Kontaktprozesse. — [152], 433-445.
15565 SCHUCHARDT, Hugo: *The ethnography of variation* . . . Ed. . . . by T.L. MARKEY. — Ann Arbor: 1979 | BL 1979, 12994. | *JL* 18, 1982, 188-190 J.E. Reinecke | *ZAA* 30, 1982, 92-93 M. Perl.
15566 SCHUCHARDT, Hugo: *Pidgin and Creole languages* . . . Ed. & transl. by Glenn G. GILBERT. — Cambridge: 1980 | BL 1981, 15040. | *BSL* 76, 1981/2 (1982), 26-27 J. Faublée | *JL* 18, 1982, 188-190 J.E. Reinecke.
15567 TINELLI, Henri: *Creole phonology.* — The Hague: 1981 | BL 1981, 15041. | *Kratylos* 27, 1982 (1983), 157-160 N. Boretzky | *Linguistique* 18, 1982/2, 145-146 A.L. Tessonneau.

II. SPANISH, PORTUGUESE AND FRENCH CREOLES — CRÉOLES ESPAGNOLS, PORTUGAIS ET FRANÇAIS

15568 AMASTAE, Jon: Dominican Creole phonology I-II. — *GUP* 15, 1979, 83-122; 16, 1979, 1-32.
15569 BAKER, Philip; CORNE, Chris: *Isle de France Creole: affinities and origins.* — [Ann Arbor]: Karoma Publishers, 1982, viii, 299 p.
15570 BÉBEL-GISLER, Dany: *La langue créole, force jugulée* . . . — Paris: 1976 | BL 1976, 13916. | *Lengas* 2, 1977, 118-123 P. Gardy.
BENTOLILA, A.; GANI, L.: Langues et problèmes d'éducation en Haïti. — 4108.
15571 BERNABÉ, Jean: Contribution à une approche glottocritique de l'espace littéraire antillais. — *Linguistique* 18/1, 1982, 85-109.
15572 BOLLÉE, Annegret: *Le créole français des Seychelles* . . . — Tübingen: 1977 | BL 1977, 14389. | *FR* 52, 1978-79, 506-507 A. Hull.
15573 CHAUDENSON, R.: *Le lexique du parler créole de la Réunion.* — Paris: 1974 | BL 1974, 12885. | *FR* 51, 1977-78, 460-461 H. Tinelli.
15574 CHAUDENSON, Robert: *Les créoles français.* — Paris: 1979 | BL 1979, 12999. | *ZFSL* 91, 1981, 271-279 P. Stein | *Rapports* 52, 1982, 32-33 C. Vet.
15575 CHAUDENSON, Robert: *Textes créoles anciens (La Réunion et Ile Maurice): comparaison et essai d'analyse.* — Kreolische Bibl. 1; Hamburg: Buske, 1981, vii, 270 p.
15576 CLEMESHA, Josephine: *Hispanización y desacriollamiento en papiamento.* — Trayecto, Anejo 3; Utrecht: Inst. de Estudios Hispánicos, Port. e Iberoamericanos de la Univ. de Utrecht, 1981, 74 p. | *ZRPh* 98, 1982, 702 A. Gier.
15577 CORNE, Chris: *Seychelles Creole grammar* . . . — Tübingen: 1977 | BL 1977, 14393. | *Lengas* 4, 1978, 161-163 G. Kremnitz.
15578 FERROL, Orlando: *La cuestión del origen y de la formación del papiamento.* — Univ. de las Antillas Neerlandesas 4; La Haya: Smits, 1982, 93 p.
15579 FERROL, Orlando: *La cuestión del origen y de la formación del papiamento.* — Willemstad: Univ. de las Antillas Neerlandesas [etc.]: 1982, 93 p. | Luis H. DAAL, préface, 8-9.

15580 FLEISCHMANN, Ulrich: Migration interne et changement d'attitude envers la langue vernaculaire: une enquête en Haïti. — [186], 163-177, 5 tab.
FLEISCHMANN, U.: Alphabetisierung und Sprachpolitik: der Fall Haiti. — 3929.
15581 FYLE, Clifford N.; JONES, Eldred D.: *A Krio-English dictionary.* — Oxford: 1980 | BL 1980, 13636. | *SLang* 6, 1982, 441-447 D.K. Nylander.
15582 GLISSANT, Édouard: *Le discours antillais.* — Paris: Éd. du Seuil, 1981, 511 p. | Glossaire, 495-500.
15583 JARDEL, Jean-Pierre: Langue et identité culturelle en domaine franco-créolophone: le cas antillais. — *Ba Shiru* 11, 1980/2, 45-53.
15584 LEFEBVRE, Claire; MAGLOIRE-HOLLY, Hélène; PIOU, Nanie: *Syntaxe de l'haïtien.* — Ann Arbor: Karoma, 1982, xiv, 251 p.
15585 MORGAN, R.: Guadeloupean Creole pronouns. — [15559], 91-103.
15586 MUYSKEN, Pieter: Halfway between Quechua and Spanish: the case for reflexification. — [15559], 52-78.
15587 PRUDENT, Lambert-Félix: *Du baragouin à la langue antillaise: analyse historique et sociolinguistique du discours sur le créole.* — Paris: Éditions Caribéennes, 1980, 215 p. | *Lengas* 10, 1981, 96-102 G. Kremnitz.
SAMARIN, W.J.: Colonization and pidginization on the Ubangi River . . . — 15185.
SAMARIN, W.J.: Creolizing lag in creole Sango . . . — 15186.
15588 VALDMAN, Albert: *Le créole* . . . — Paris: 1978 | BL 1979, 13009. | *L&H* 40, 1979, 82-83 G. L[urquin].
15589 VALDMAN, Albert: Créole et français en Haïti. — *FR* 49, 1975-76, 174-185, 2 tab.
15590 VINTILĂ-RĂDULESCU, Ioana: *Le créole français.* — The Hague: 1976 | BL 1976, 13929. | *FR* 51, 1977-78, 458-459 R. Morgan.

III. ENGLISH CREOLE AND PIDGIN — CRÉOLE ANGLAIS ET PIDGIN

15591 AKHIONBARE, Matthew O.; CHUMBOW, Beban S.: Focus in Nigerian Pidgin English. — *CIRL* 12, 1982, 57-85.
15592 ALLEYNE, Mervyn C.: *Comparative Afro-American* . . . — Ann Arbor: 1980 | BL 1980, 13644. | *ZAA* 30, 1982, 168-169 M. Perl | *Kratylos* 27, 1982 (1983), 161-166 N. Boretzky.
15593 BARBAG, Anna: The Nigerian Pidgin English lexicon – a phonological, morphological and semantic analysis. — *Africana Bulletin* 30, 1981, 111-146.
CAUDMONT, J.: La situation ling. dans l'Archipel de San Andrés et Providencia. — 3901.
15594 FÉRAL, Carole DE: Quelques fonctions caractéristiques structurelles du Pidgin-English camerounais. — *Ba Shiru* 11, 1980/2, 21-35.
15595 CROWLEY, Terry; RIGSBY, Bruce: Cape York Creole. — [365], 153-207.
15596 *Discourse studies in Djuka and Saramaccan.* James F. PARK . . . [et al.]. Ed. by Stephen H. LEVINSOHN. — Languages of the Guianas 3; Paramaribo, Suriname: Summer Inst. of Linguistics, 1981, iii, 86 p. | Contents: James F. PARK, Paragraph in Djuka deliberative discourse, 1-30; Naomi GLOCK & Stephen H. LEVINSOHN, Structure of the Saramaccan folktale, 31-55; S. Catherine ROUNTREE, Saramaccan personal narrative, 56-84.
15597 ESCURE, Geneviève: Decreolization in a Creole continuum: Belize. — [15559], 27-39.
15598 FRITH, May: Language variation in Jamaica: a brief examination of the Jamaican Creole continuum. — *GUP* 16, 1979, 77-84, 2 fig.

LANGUES CRÉOLISÉES

15599 Holm, J.: Sociolinguistic history and the creolist. — [15559], 40-51 | English-based Miskito Coast Creole (Nicaragua).
15600 *Issues in English Creoles. Papers from the 1975 Hawaii conference.* Ed. by Richard R. Day. — VEAW, General Series 2; Heidelberg: Groos, 1980, xi, 185 p. | *Anglia* 100, 1982, 141-144 L. Todd | *IF* 87, 1982 (1983), 337-342 H. Wode.
15601 Lawton, David: Code-shifting in Jamaican creole: a Caribbean context. — *Orbis* 29, 1980 (1982), 234-250.
15602 Mufwene, Saliko S.: Observations on time reference in Jamaican and Guyanese Creoles. — *Ba Shiru* 11, 1980/2, 54-76.
15603 Mühlhäusler, Peter: *Growth and structure of the lexicon of New Guinea Pidgin.* — Canberra: 1979 | BL 1979, 13017. | *Lg* 58, 1982, 225-230 E. Woolford.
15604 Mühlhäusler, Peter: Language and communication efficiency: the case of Tok Pisin. — *L&C* 2, 1982, 105-121.
15605 Mühlhäusler, Peter: Unsuccessful morphological and syntactic developments in Tok Pisin (New Guinea Pidgin English). — [266], 57-66.
15606 Wald, Benji: On the relation of Atlantic English Creole phonology to submerged rhyme in U.S. Vernacular Black English. — *Ba Shiru* 11, 1980/2, 77-87.

AUTHOR INDEX
INDEX DES AUTEURS

The order followed is the order used in French and English. The characters with diacritical signs and the mutated vowels of German, Swedish, etc., are arranged with the simple characters, so č with c, ś with s, ö with o, å with a, etc.

The particles de, von, van *etc., are not taken into consideration in the alphabetical classification, except the articles* Le, La, Li, *etc., which are considered as integral parts of the name.*

L'ordre suivie est l'ordre employé en français et en anglais. Les caractères à signe diacritique et les voyelles infléchies d'allemand, du suédois, etc., sont entremêlés avec les caractères simples, ainsi č *avec* c, ś *avec* s, ö *avec* o, å *avec* a, *etc.*

Il n'est pas tenu compte, pour le classement alphabétique, des particules de, von, van, *etc., excepté des articles* Le, La, Li, *etc., qui sont considérés comme parties intégrantes du nom.*

Aalderen, C.T. van 2380
Aalto, P. 5156, 14642
Aarsleff, H. 1824
Aarts, F. 891
Aartun, K. 12993, 12994, 12995
Aasen, I. 9589
Aaver, A. 13931
Aavik, J. 13962
Abad, F. 6129
Abad Nebot, F. 6425
Abaev, V.I. 4699, 4700
Abakumova, H.O. 12191
Abašyna, V.M. 2381
Abate, C. 7465
Abbeduto, L. 3863
Abbi, A. 4625
Abbon de Fleury 5828
Abbott, B. 1410, 2382
Abboud, P. 13354

Abdoerrahim 14911
Abdokov, A.I. 13679
Abduladze, I. 418
Abdul-Karım, K.W. 13342
Abdullaev, A.Z. 417
Abdullaev, I.Ch. 13680, 13681
Abdullaev, N. 14500
Abdullaev, S.N. 13682
Abdullaev, Z.G. 13682, 13683, 13684
Abdullaeva, N.Dž. 14405
Abe, I. 2226
Abe, N. 3233
Abegg-Mengold, C. 7408
Abel, F. 2016, 3488
Abel, W. 12192
Abélard, J. 6870
Abercrombie, D. 1825
Abessolo Nnomo, T. 15302

Abou, S. 159
Abou-Assaf, A. 12869, 13283
Abraham, W. 200, 391, 1515
Abrahamyan, A.G. 4790
Abrahamyan, S. 4791
Abramov, V.P. 12193
Abrams, K.H. 1735
Abramson, M.-B. 2866
Abregov, A.N. 13685
Abrew, K.K. de 4677
Abu-Haidar, F. 13399
Abu-Manga, A.-A. 13597
Abu-Salim, I.M. 13343
Abutalipov, Č.A. 748
Ačaŕyan, H.H. 4908
Accame, G. 7306
Acero Fernández, J.J. 1192
Achard, G. 5816
Achatov, G.Ch. 14425, 14426

INDEX

Achmanova, O.S. 1807, 3096, 3097
Achmatov, I.Ch. 14427
Achmedov, B.Ja. 14501
Achmet, Ž. 14437
Achmetgaleeva, Ja.S. 14290, 14428
Achmet'janov, R.G. 14242, 14243
Achmetov, M.A. 14291
Achnazarova, G.T. 9135
Achundov, A. 562
Achvlediani, V.G. 13326
Acker, M. Van 8871
Adalı, O. 14362
Adam, A. 14899
Adam, J.-M. 6769
Adamec, P. 11969, 11970, 11971, 12063
Adamesteanu, D. 5555
Adamiszyn, Z. 11337
Adamović, M. 14141
Adams, C.R. 15303
Adams, D.Q. 4484, 5457
Adams, J.N. 5687, 5688
Adams, W.Y. 15110
Adamzik, K. 20, 1640
Adelaar, W.F.H. 15508
Adelung, J.C. 1906, 8341
Adilov, M.I. 14406
Adler, M.J. 1517
Admoni, W. 892
Adomavičiūtė, I. 9695, 9696
Adorni, G. 3234
Adrados, F.R. 4240, 4241, 4390, 5272, 5453
Adriaens, G. 8665
Adrian, E. 11972
Aejmelaeus, A. 5441, 5442
Afanasjeva, V. 12687
Afanas'ev, A.P. 12455
Afanas'eva, V.K. 12687
Agaeva, I.S. 14407
Agafonova, N. 14015, 14016
Agalliu, F. 5011
Agam, J. 13515
Agani, H. 5002, 5060
Agazade, N.G. 419
Ageeva, R. 9754
Ageeva, R.A. 11770, 11789
Agejeva, R. 9754
Agelink, G.J. 8651
Aggarwal, N.K. 4626
Aggoula, B. 13282
Agostini, F. 420

Agostiniani, L. 5533, 7307
Ågren, P.-U. 9534
Agroecius 5569
Agud, A. 1826
Agud, M. 12811
Agud Aparicio, A. 9639
Aguiló Adrover, C. 6115
Aguirre, M. 2383
Agur, U. 13940
Agyagási, C. 14337
Ahlbäck, O. 9521
Ahlin, M. 10693
Ahlqvist, A. 170
Ahmad, H. 14900
Aichinger, C.F. 1952
Aid, F.M. 3875, 6037
Aili, H. 5767, 5796
Airoldi, S. 1589
Aisenstadt, E. 9136
Aissen, J. 2384
Aitchison, J. 3490, 3491, 3624, 3625
Aitzetmüller, R. 9951, 9952
Ajchenval'd, A.Ju. 13746
Ajello, R. 138, 4701
Ajeti, I. 4987, 4988, 5106
Ajljarov, Š.S. 421
Akcorin, V.A. 14042
Akere, F. 3874
Akhionbare, M.O. 15591
Akhmanova, O. 1807, 3096, 3097
Akhmanova, O.S. 2930
Akimova, G.N. 11805, 11973
Akimova, T.G. 2385
Akinnaso, F.N. 15218
Akmajian, A. 893, 946, 2544, 8572
Akopjan, R.S. 4828
Aksamitaŭ, A.S. 12641, 12642
Aksu, A.A. 14390
Al, B. 3046
Al, B.P.F. 6618
Alaev, E.B. 2990
Alaverdyan, Ê. 3492
Ălăwjeli, G. 13591
Albaladejo Mayordomo, T. 2702, 2703
Albanese, A. 3493
Albano Leoni, F. 9350
Albert, M.L. 3813
Albertos, M.L. 7767
Albertos Firmat, M.L. 12818

Albertsen, L.L. 3165
Albijanić, A. 10388, 10435
Albøge, G. 9592
Albrand, H. 8296
Albrecht, J. 3166, 7202
Albrecht, M. von 5660
Alcalá, P. de 13331
Alcalá Alba, A. 6358
Alekperov, A.K. 419
Aleksandrova, O.V. 3098
Alekseev, A.Ja. 12362
Alekseev, P.M. 728, 3266
Alekseeva, E.A. 4614
Alekseeva, É.V. 11894
Aleksieva, B. 3203
Aleksova, V. 9953
Alerić, D. 10604
Alessio, G. 5986
Alexander, G. 9209
Alexander, M.P. 3813
Alexander, R. 9940, 10052
Alexander, R.M. 15492
Alexander, S.M. 4242
Alexandre, P. 15366
Alexiou, M. 5458
Alford, D.K. 173, 1193
Alford, J.A. 1827
Algeo, J. 8847, 9318
Alhoniemi, A. 534, 14017, 14018
Alibert, L. 7132
Aliev, F.F. 14430
Alieva, N.F. 349
Alinei, M. 2926, 730, 7480, 7497
Alirejsović, E. 10478, 10605
Alisjahbana, S.T. 14901, 14902
Alisov, N.V. 11789
Alizade, Z.A. 14408, 14409
Allen, A.S. 5604
Allen, C.J. 8872, 8873
Allen, H.B. 9106
Allerton, D.J. 3065
Alleton, V. 14775
Alleyne, M.C. 15592
Allières, J. 422, 7092, 7093
Allik, J. 1805
Allin, T.R. 15509
Allwood, J.S. 1194, 9522
Almanar, A.E. 14932, 14933, 15006, 15074
Almeida, A. 2046
Almeida, Y. 1195
Almenningen, O. 9445

INDEX

Al-Mozainy, H.Q. 13344
Alon, J. 13302
Alonso Hernández, J.L. 6330, 6331
Alotta, R.I. 4183
Al-Ouche, A.-l-F. 13097
Alpatov, V.M. 2317
Alpers, K. 5157
Alsdorf, L. 4600
Altbauer, M. 9954
Altenberg, B. 8874
Altenberg, E.P. 3494
Althaus, H.P. 951
Altieri Biagi, M.L. 7481
Al'tman, I.V. 11895, 11974
Altmann, G. 3158, 3267, 3268
Altmann, H. 8018, 8019
Alvar, E. 6287
Alvar, M. 3875, 3876, 6283, 6287, 6332, 6333, 6407, 6414
Alvarez, G.H. 3997
Alvarez-Altman, G. 4192
Álvarez González, J.A. 6153
Alvarez Nazario, M. 6270
Alvar Ezquerra, M. 2927, 2928
Alvre, P. 423, 13795, 13797, 13917, 13918, 13919, 13932, 13933, 13934, 13935
Amansaryev, G̈. 14417
Amastae, J. 6149, 6154, 15568
Amborn, H. 13574
Ambrazas, V. 9677
Ambros, A. 13400
Ambros, A.A. 13345
Ambros, E. 13327
Ambrose, S.H. 15111
Ambrosini, R. 895, 1015, 2386, 2816, 4512, 5534, 7277, 7482, 7483
Ames, K. 4194
Amlet, P. 13096
Amigues, S. 5198
Amitrano Savane, A. 7388
Ammon, U. 3877
Amory, F. 5250, 9351
Amos, A.C. 9046
Amphoux, C.-B. 5199
Amran Halim 14878, 14879, 14903, 14904, 14908
Amsler, R.A. 3343

An, Dong Hwan 14643
Anamali, S. 4945
Anan'eva, N.E. 11483, 11484
Anan'ina, K.I. 14019
Ananthanarayana, H.S. 4513
Anastassiou, A. 5251
Anatole, C. 7094, 7095
Anceaux, J.C. 14883
Ancillotti, A. 12684
Anđelković, V. 3819
Anderer, E.P. 6871, 6872
Anderš, I.F. 12502
Anderš, J.F. 12508
Andersen, C. 3814
Andersen, H. 199, 1849, 2128
Andersen, L. 3167
Andersen, Ø. 5394
Andersen, P.K. 1300, 4514, 4515
Andersen, T. 9454
Anderson, G.W. 228, 13224
Anderson, James M. 5931
Anderson, John 282, 2387
Anderson, John M. 1306
Anderson, Joy 15486
Anderson, L.B. 1301, 1302
Anderson, Stephen C. 15304
Anderson, Stephen R. 2129, 2130, 2131, 2318, 6546, 7877
Andersson, L.-G. 1194, 9523
Andersson, Theodore 3662
Andersson, Thorsten 9525, 9594, 9615, 9619, 9631
Ando, S. 636, 8875
Andrade, F. 28
André, G. 13196
André, J. 5252, 5872
Andreadaki Vlasaki, M. 12762
Andreas, F.C. 4745
Andrecht, E.H. 9270
Andreescu, G. 1196, 3235, 7724
Andreev, I.A. 14338
Andreev, N.D. 14227
Andreeva, T.E. 14610
Andreeva-Vasina, N.I. 11896, 12320
Andreewski, A. 6408
Andrei, S. 5689
Andrejčin, L. 10127
Andrejčina, K. 12194

Andresen, J.T. 1829
Andrew, M. 9137
Andrews, A., III 8876
Andrews, A.D. 9403
Andrewshtshenko, V. 3298
Andria, G. 5768
Andrianova, E.M. 9932
Andrieux, N. 6784
Andriótēs, N.P. 5459
Andrjuščenko, V.M. 3297, 3298
Andrjušenko, V.M. 3223
Andronov, M.S. 14697, 14698
Aneja, M.P. 4627
Angelieva, F. 5460
Angelis, V. De 5899
Angelova, G. 3394
Angelova, I. 11596
Angelova-Atanasova, M. 10273
Angełowa, I. 11596
Angevaare, A. 3878
Anghel, I. 7698
Anghelescu, N. 1830, 1831, 13355
Angogo, R.M. 15305
Angoni, E. 5012
Angoujard, J.P. 13401
Angrisani Sanfilippo, M.L. 5829
Anguera, M. 6050
Anhegger, R.F.M. 14363
Anić, V. 10371, 10389
Aničěnka, U.V. 11771, 12622
Aničenko, V.V. 12622
Anikin, A.E. 9874
Anker-Møller, S. 9455
Annamalai, E. 14729
Annas, J. 1197
Anscombre, J.-C. 1518
Anslijn, N. 8535
Antinucci, F. 7229
Antoine, G. 867, 2929, 6873
Antonova, L. 10161
Antonsen, E.H. 9389
Antos, G. 1519, 2704
Anttila, R. 2132
Anttila, U. 13810
Antunović Kobliška, M. 10606
Anwar, M.S. 1832, 13356
Anward, J. 9524
Apel, F. 3168

INDEX

Apeldoorn, N.W.M. 6619
Aphek, E. 3099
Apollonius Dyscolus 1845
Apostel, L. 150, 1017, 1520, 1617
Apostolov, M. 9955
Appel, R. 3880
Apresjan, Ju.D. 1016, 1341, 11975
Aprymene, A.L. 12658
Aquilna, J. 13478
Aracil, L.V. 3881, 6016
Araçil, L.V. 3882
Aragón Fernández, M.A. 7016, 7039
Aṙakʿelyan, V.D. 4794
Araki, K. 14651
Arakin, V.D. 421, 490, 12107
Aramon i Serra, R. 229, 6067
Arant, P. 12363
Arapov, M.V. 3269
Arat, R.R. 14292
Araya, G. 6190, 6334, 6335
Arbak Othman 14905
Arbatchewsky-Jumarie, N. 11976
Arbatskij, D.I. 12195
Arbeitman, Y.L. 4391
Arbib, M.A. 3851
Arbuleau, J. 7183
Arca, A. 6051
Arcaini, E. 896, 3169, 9138
Arcamone, M.G. 7409
Arcari, E. 12688, 12992
Arcelli, E.U. 13811
Archi, A. 4419, 12981
Archipov, G.A. 14065
Ard, J. 8877
Ardenne, S.T.R.O. d' 9073
Ardentov, B.P. 11840
Arduini, S. 1833
Arena, R. 5508, 5509, 5510, 5511
Arens, J.C. 8666
Arensen, J. 15144
Argente, J.A. 6052
Argiglobyn, J. 11462
Argirovski, M. 10333
Argyle, M. 1736, 3516
Århammar, N. 478
Aristarchus 1835
Ariste, P. 423, 425, 535, 1834, 4681, 9740, 13936, 13937

Aristoteles 1230, 1875, 1932
Aristova, E.B. 8878
Arkel, A. van 3299
Arkitskaja, L. 14431
Armand, M. 17
Arnaldi, F. 424, 5881
Árnason, K. 9404
Arndt, E. 8145
Arnol'd, I.V. 2705
Arnold, R. 8763, 8792
Arnould, M.A. 230, 760
Aroga Bessong, D.P. 15306
Arom, S. 15172
Aronson, H.I. 258, 4956, 13651
Arpolenko, H.P. 12514
Arslanov, L.Š. 14432, 14433
Arumaa, P. 425, 426, 9806
Arutjunova, N.D. 333, 1257, 1342, 1343
Arvat, N.M. 2266
Arveiller, R. 6874, 6875
Arvinte, V. 7673
Arzikulov, Ch.A. 728
Arzumanova, N.G. 12163
Asanaliev, Ü. 14560
Asatryan, G.S. 4795
Asatryan, M. 4796
Asbroek, W.E. ten 8715
Ascarza, M. 6197
Asenova, P. 4957
Asfandijarov, I.U. 12446, 14502
Ashby, W.J. 6620
Asher, R.E. 14730
Aširbaev, S. 856
Askedal, J.O. 8020, 9414, 9415
Aslanyan, S.A. 4792
Asmangowlyan, H. 4797
Ašnin, F.D. 14244, 14245
Aspesi, F. 1198
Assfalg, J. 13447
Assum, M.T.N.A.M. van den 3883
Astachina, L.Ju. 11813
Astemirova, F.B. 14434
Astor, W.G. 1344, 14764
Astour, M. 13096
Atabay, N. 14364
Atamanov, M.G. 14065
Atanelišvili, L. 13652
Atanyjasov, S. 14547
Atanyjazov, S. 14424
Atkins, B.T. 154

Atkinson, J.K. 6785
Atkinson, M. 897, 3626
Atrachovič, K.K. 12308
Attridge, H.W. 13516
Atzori, M.T. 7535
Aubin, F. 14575
Auchlin, A. 1522, 1523, 6770
Auerbach, I. 12133
Auffret, P. 13122, 13231, 13232
Augerot, J.E. 2133
Augst, G. 3627, 8356
Augustinská, D. 201
Augustinus 1965
Aujac, G. 5160
Austerlitz, R. 2841, 13812
Austin, J.L. 1661, 1285
Austin, P. 15085, 15086
Auty, R. 10436
Auwärter, M. 3628
Auwera, J. Van der 182, 1345
Auzias, J.-M. 7058
Avagyan, A.M. 4798
Avakian, A.M. 4798
Avalle, D'A.S. 7410
Avanesov, R.I. 427, 428, 429, 430, 431, 432, 433, 9870, 11928
Avanzini, A. 13480
Avanzini D'Angelo, F. 6130
Avdeev, A. 11338
Avesani, R. 5827
Avetisyan, T.M. 4799, 4800, 4801
Avigad, N. 13134
Avis, W.S. 8769
Avishur, Y. 12833, 12996
Avotins, I. 5253
Avram, A. 583, 2134, 7597, 7691, 7590, 7614
Awdiejew, A. 11338, 11380
Awobuluyi, O. 15220
Ax, W. 1835
Aymard, M. 17
Ayoub, G. 13357
Ayres, G.T. 15440
Azarch, Ju.S. 11897, 11898
Azaretti, E. 7308
Azerbaev, E.G. 14246
Azevedo, M.M. 6449
Azizov, Ė.I. 862
Azmun, Y. 14418
Azymov, P. 14547

INDEX

Baalbaki, R. 13328
Bąba, S. 11339, 11528, 11529, 11602
Babaeviŋ, A. 14547
Babajev, A.M. 14410
Babby, L.H. 11977, 11978
Babić, S. 10390, 10391, 10392, 10393, 10524
Babinčuk, I.I. 5932
Babiniotis, G. 5110
Babkin, A.M. 2930, 12196, 12197, 12327
Babler, O.F. 4184, 10607, 11028
Babula, E. 10694
Bach, E. 231, 2279
Bach, E.W. 2388, 2389
Bach, H. 8147
Bach, K. 1524
Bachan'koŭ, A.Ja. 12643
Bache, C. 2267
Bachellery, E. 7849
Bachtiar, H.W. 14906
Bachtin, M.M. 1199, 1289, 1292
Bachturina, R.V. 11772, 12198
Bacigálová-Valcerová, H. 12415
Baciu, I. 6591, 6621, 6622
Back, M. 4731
Back, O. 3884
Bäcklund, U. 8879, 9139
Backvall, H. 6787
Bacri, N. 3495
Bader, F. 4392
Badia, L. 6053
Badia i Margarit, A.M. 6054, 6055, 6056, 6089
Bàdinèngani, M. 15323
Badini, B. 7309, 7479
Badudu, J.S. 14907
Baehr, R. 7046
Baek, Eung-Jin 14765
Baer, L.A. 8880
Baerten, J. 6786
Baetens Beardsmore, H. 4106
Baevskij, V.S. 12416
Bagari, D.M. 13598
Baggioni, D. 3885
Baghdikian, S. 9047
Bagirov, A.A. 417
Bagov, P.M. 13686
Bağyrov, G.Ä. 14411

Bahamonde Silva, M. 6288
Bahlow, H. 8458, 8459, 8460
Bahmut, A.J. 12508
Bahner, W. 2014, 2817, 4981, 5933
Bahns, J. 3629
Bähr, D. 9108
Bähr, H.W. 19
Bahr, J. 8296
Bahuchet, S. 15137
Bailard, J. 6623, 6624
Bailey, C.-J.N. 898, 1018, 1019, 1836, 2390, 2818, 8793
Bailey, H.W. 4598, 4599, 4690, 4691, 4732, 4733, 4734
Bailey, J. 12417
Bailey, R.W. 978
Baitchura, U. 13735
Bajčura, U.S. 13735
Bajerowa, I. 11363, 11364, 11463, 11530
Bajliev, Ch. 434
Bajramova, M. 9956
Bajun, L.S. 4460
Bajzíková, E. 2706, 11135, 11136, 11137, 11166
Bąk, P. 11486
Bąk, S. 435, 436, 11515
Bakalla, M.H. 1837, 1838
Bakel, J. van 8583, 8661
Baker, C.L. 3630, 3725
Baker, G.P. 1200
Baker, P. 15569
Baker, W.J. 3631
Bakhtine, M. 1199
Bakker, M. 8760
Bakmaz, I. 9957
Bakos, F. 1303, 14142
Bakró-Nagy, M.Sz. 2819, 13747, 14165
Bakula, M. 15274
Bal, W. 5934, 6450, 6824
Balachonova, L.I. 12199
Balašov, N.I. 3100
Balasubramanian, T. 14731
Balasubramonian, B. 9210
Balayn, J.D. 1446
Baláž, G. 11799, 11892
Baláž, P. 11105
Balázs, J. 14087
Balcar, M. 11796
Balčev, V. 10028
Balčikonis, J. 9697, 9698

Bald, W.-D. 1020
Baldauf, K. 8021
Bâldea, N. 7740
Baldeh, M.U. 15189
Baldelli, I. 7211
Baldi, P. 205
Baldinger, K. 232, 573, 3043, 5830, 6876, 6877, 6878, 6879, 6880, 6906
Bałdišyan, G. 4802
Baldunčiks, J. 9741
Baldwin, B. 5254, 5255, 5461
Baldwin, J.R. 11841
Baldwin, S. 6069
Balhar, J. 10819, 10820, 10821, 10896, 10909
Balié, M. 6578
Balkanski, T. 10274
Ball, P. 3886
Ballena Dávila, M. 15540
Ballmer, T. 1525, 9033, 9140
Ballmer, T.T. 899, 2707
Ballweg, J. 1346
Ballweg-Schramm, A. 8284
Baloun, J. 1808
Băltăceanu, M.-F. 4803
Baltin, M. 8881, 2391
Bambeck, M. 6881, 6882, 6883, 7096
Bamberger, F. 5256
Bamgboşe, A. 2392
Bammesberger, A. 4239, 4243, 4244, 4516, 5184, 5257, 7786, 7787, 7788, 7887, 7888, 7889, 9048, 9049
Bańczerowski, J. 1021, 2393, 13748, 1839
Bandarėnka, T.P. 12660
Bandelier, A. 7035
Banfi, E. 7513
Banitt, M. 6788
Bańkowski, A. 11365, 11691
Bańkowski, J. 3236
Bantaş, A. 2931
Baotić, J. 10479
Barac-Grum, V. 10608
Barakova, P. 10064
Baraksanov, G.G. 655, 14071
Baran, Ja.A. 2932
Barandeev, A.V. 12200
Barandovská, V. 4172
Barankin, J.P. 9272

809

INDEX

Barankova, G. 9958
Barankova, G.S. 11813, 12108, 12109
Barannik, L.F. 12184
Barannikova, L.I. 12164
Baranov, A.N. 12201
Bar-Asher, M. 13263
Baratin, M. 1828, 5620
Barba, K. 8195
Barbag, A. 15593
Barbarino, J.L. 5589
Barbaud, P. 6625, 6825
Barbot, M. 13402
Barbour, J.S. 2319
Barėjka, A.M. 12662
Barentsen, A.A. 397
Bareš, K. 1022
Barić, E. 3, 10394, 10525, 10609
Baris, M. 7097
Bărkalova, P. 10245
Barlybaev, R. 14435
Barnard, N. 14812
Barnes, M.P. 9352
Barnes, M.R. 1023
Barnet, V. 624, 9767, 9768, 9792, 12448
Barnetová, V. 11831
Barnhart, C.L. 9141, 9177
Barnhart, R.K. 9141, 9147
Barocchi, P. 3300
Baron, J. 3496
Barr, J. 13167
Barrack, C.M. 8794
Barral, M. 6626
Barrelet, M.T. 12671
Barreteau, D. 13599
Barret-Schuller, M.-F. 2933
Barrett, M.D. 3632
Barrick, W.B. 13197
Barriuso Fernández, E. 6336
Barry, H., III 9319
Barry, M.V. 9107
Barsotti, G. 7098
Barsov, A.A. 11800
Barta, R. 7099
Barta, W. 13517
Bartelink, G.J.M. 5662
Bartelmus, R. 13168
Bartels, J. 12847
Bartens, H.-H. 13985, 13986
Bartens, R. 13749, 13987, 14072
Barth, E.M. 1017
Bartha, K. D. 14101

Barthel, R. 4222
Barthélemy, J.-P. 3443
Bartlett, B.E. 1840
Bartmiński, J. 11487
Bartnicka, B. 11409, 11410
Bartning, I. 6627
Bartoletti Colombo, A.M. 5831
Bartolić, Z. 10437
Barton, C.R. 5185
Barton, D. 2047, 14768
Bartoněk, A. 5121
Bartoš, J. 11029
Bartoš, L. 6169
Bartoszewicz, A. 11900
Bártová, E. 9142
Bartsch, A. 8368
Bartsch, K. 437
Bartsch, R. 2268, 2934, 1024
Bartůňková, J. 10966
Basaj, M. 9804, 10776, 10910, 10952, 10988, 11531
Basara, A. 11532
Basara, J. 11346, 11488
Basbøll, H. 2135, 9353
Bascom, B. 15459
Baskakov, N.A. 438, 552, 3082, 12202, 12456, 12457, 14228, 14247, 14248, 14503, 14548
Bas López, B. 6451
Basset, L. 5200
Bassnett-McGuire, S. 3170
Bastardas i Parera, J. 6057
Bastian, R.W. 4613
Bastin, Y. 15253
Basu, D.H. 4502
Bataa, B. 14437
Batalova, R.M. 13750, 14073
Bate, A.K. 5826
Bately, J.M. 9050
Bates, E. 2269
Batinti, A. 7310
Batistić, T. 10526
Batllori, M. 6058
Bátori, I. 3301, 13751, 13752, 13753, 14102
Batožok, N.I. 12203
Batschelet-Massini, W. 5421
Batstone, S. 2048
Battail, J.-F. 6529
Battison, R. 1774
Battistella, E. 14092
Battisti, C. 439

Batušić, N. 10527
Bauder, A.Ja. 11878
Baudet, M. 15553
Baudou, F. 7109
Baudouin de Courtenay, J. 440, 1865, 1971, 2014
Baudusch, R. 8357, 8365
Bauer, J.B. 5395, 5690, 5691, 5832
Bauer, L. 2320
Bauer, L. 8795
Bauer, Werner 8197
Bauer, Winfred 15049
Bauer, Wolfgang 250
Bäuerle, R. 1479
Baugh, A.C. 441
Baumann, G. 4666
Baur, G.W. 8194, 8196
Bausch, H. 507, 6628
Bausch, K.-H. 7984
Bautier, A.-M. 5833, 5834, 5835
Bautier, R. 3887
Bautista, M.L.S. 4107, 14998
Bavin, E.L. 2394, 15145
Bawden, C.R. 14576
Bazalgues, G. 7100, 7101, 7102, 7103
Baženova, S.I. 11901, 11902
Bazin, L. 14293, 14549
Bazylchan, B. 14437
Bean, A. 3704
Bean, S.S. 14715
Beard, R. 2321
Beauchemin, N. 6826, 7049
Beaugrande, R. de 2708, 2709, 3171
Beaugrande, R.-A. de 2710
Beaujouan, G. 5836
Beaumont, C.H. 15030
Beauvy, F. 6827
Beauzée, N. 1840
Bébel-Gisler, D. 15570
Bec, P. 7104
Beccaria, G.L. 1000
Bech, G. 233, 2511
Bechert, H. 4509, 4586
Bechert, J. 1304, 2589, 2820
Bechet, F. 5621
Bechkova, R. 10065
Bechs, G. 442
Bechtel, F. 5512
Bechyňová, V. 516
Beci, B. 5030, 5045, 5046

INDEX

Beck, G. 1526
Beck, H. 7928, 9143
Beck, T.E. 13495
Bečka, J. 765, 4759
Bečka, J.V. 10911, 10912, 10967
Becker, A. 186
Becker, C. 8198
Becker, D.A. 8199
Becker, J.A. 3633
Becker, L.A. 9699
Becker, M. 1527
Becking, B.E.J.H. 13123
Beckman, B.J. 8022
Beckman, G. 4393
Beckman, M. 2049
Becquer, A. 10
Becuwe, J. 15205
Bediryan, P. 4804
Bednarczuk, L. 767, 9755
Bednarek, A. 11411
Bedošvili, G. 13653
Beebe, B. 1738
Beekes, R.S.P. 4702
Beeston, A.F.L. 13383, 13481, 13482, 13483
Begier, B. 3302
Begioni, L. 6629
Begne, L.P. 15307
Begžanov, T. 14438, 14439
Behaghel, A. 15143
Beheydt, L. 3634
Behnstedt, P. 13403, 13433, 13434
Behrend, F. 1988
Behrens, B. 186
Behrens, H. 12689, 12740
Behrens, L. 14103
Behrens, R. 7017
Behrwind, H. 1527
Beijk, E.E.M. 8685
Beikircher, H. 5762
Beinhauer, W. 6337
Beito, O.T. 9432
Bejan, D. 7615
Bejarano Díaz, H. 6145, 6146
Bejblík, A. 10989
Bekker, È.G. 13738
Bekker-Nielsen, H. 9347
Bekkum, W.J. van 1841
Bektaev, K.B. 728
Bélanger, M. 6857
Belardi, W. 5158
Belbotaev, A.B. 14313

Belchiţă-Hartular, A. 1528
Belhar, J. 10786, 10787
Běličová, H. 9801, 11979
Běličová-Křížkova, H. 11831
Belimov, È.I. 14623
Bell, A. 404, 6184, 6185, 6630
Bell, A.G. 443
Belli, O. 12678
Bellido, P.G. 6173
Bellini, G. 101
Bellmann, G. 1347, 2860, 8395
Bellmann, J.D. 8451
Bello, A. 444, 445, 446. 6137
Belloncle, S. 15109
Bellosi, G. 7479
Bellugi, U. 1739
Belobrova, L.V. 11980
Belošapkova, V.A. 11981
Belousov, V.N. 11928
Belova, L.I. 12364
Bel'tjukov, V.I. 3635
Beltramini, G. 7311
Beltrán Lloris, M. 12813
Belyj, V.V. 741, 1842
Bembo, P. 1942
Bémová, A. 10822
Benabdi, L.C. 13461
Benatti, G. 7312
Bender, J. 15439
Bender, M.L. 13496, 13583
Bendixen, B.H. 15435
Benediktsson, H. 1957, 9354
Beneš, E. 8023
Beneš, J. 447, 11030, 11031, 11032, 11033
Benhallam, A. 13346
Ben Ḥayyim, Z. 13186
Beni, P. 7278
Beniak, É. 6857
Bénichou, P. 6446
Benincà, P. 2821, 7230
Benkő, László 14157
Benkő, Lorand 14119, 14160
Bennet, J. 5123
Bennett, D.C. 3497
Bennett, E.L. 5122
Bennett, J. 7891, 9144
Bennett, J.A.W. 448, 449, 450
Bennett, M.E. 15460, 15461
Bennett, P.A. 14776
Bennett, W.S. 3444
Bennis, H. 2395

Benoist, J.-P. 11982, 12365
Benson, M. 10528
Benson, R.G. 1740
Benson, S. 2866, 9346, 9436, 9590
Bentolila, A. 4108
Bentolila, F. 13592
Bentzinger, R. 7985, 8148
Benucci, P.P. 7397
Benveniste, É. 451
Benzing, J. 14249
Beranek, F.J. 8261
Beranová, E. 11899
Bérard, E. 2241
Berca, O. 7735
Berdar, A. 7313
Berdiev, R. 14417
Berechree, P. 3886
Bereczki, G. 122, 14043
Beretta, A. 452
Beretta, C. 7314
Beretta, M. 193
Berežan, S.G. 1025
Berezin, F.M. 33, 1843, 9765
Bereznyj, L.A. 414
Berg, M. 6587
Bergé, H.J. 13404
Berger, C.R. 3498
Berger, D. 8358
Bergeron, L. 6884
Bergfors, E.O. 834, 9538
Bergfors, G. 9527
Bergmann, J.R. 3889
Bergmann, R. 7950, 8149, 8285
Bergsland, K. 13988, 13989
Bergstra, T. 8663
Berjamović, M. 10395
Berkenbusch, P. 1527
Berkhout, C.T. 8764, 8765
Berkner, S.S. 9052
Berkov, V. 9416
Berkov, V.P. 813, 814
Berkovits, R. 2228
Berkovitz, R. 3499
Berlan, F. 6631
Berlin, A. 12690
Berman, H. 4418, 15407, 15408
Berman, R.A. 2396, 13264
Bernabé, J. 15571
Bernal Leongómez, J. 2136, 2711
Bernar, R. 10029, 10176
Bernard, R. 453, 9959, 10029, 10176

INDEX

Bernárdez, E. 2712
Bernardi Perini, G. 5693
Bernardó, D. 6059, 6060
Berndt, R. 2270, 9053
Berndt, R.S. 3816, 3817, 3824
Bernetti, G. 7472
Bernhard, M. 5694
Berni Canani, U. 2935
Bernier, G. 7878
Bernolák, A. 454
Bernot, D. 14841
Berns, J.B. 8617, 8618
Bernstein, B. 3890, 3915, 4102
Bernstein, D.K. 3866
Bernštejn, S.B. 850, 9950, 9870, 10129
Berrendonner, A. 910, 1529, 1530
Berretta, M. 3500
Berrottoni, P. 2397
Berruto, G. 3891, 7199
Berry-Rogghe, G. 3303, 3304
Berschin, H. 6789
Beršinin, V.I. 14044
Berta, Á. 14440
Bertelli, L. 5316
Bertel's, A.E. 2936
Bertinetto, P.M. 7231, 7491
Bertini, F. 5827
Bertoncini, E. 15275
Bertone, G. 7492
Bertrand, R. 6885
Berwick, R.C. 1026
Besch, W. 339
Bescond, L. 1201
Beševliev, V. 5462, 10275
Beškova, R. 10065
Beskrovnyj, V.M. 455
Bespjatych, N.G. 9054
Besselaar, J. van den 6452
Best, J. 12763
Besters-Dilger, J. 9960
Betáková, V. 11212
Bettoni, C. 7498
Betz, W. 234, 3172, 8286
Beukema, F. 900
Beukema, F.H. 8882
Bevan, G.A. 7861
Bever, T.G. 3501
Beveridge, M. 3636, 3654
Bevington, G. 5031
Bevington, G.L. 5006
Bévort, I. 9456, 9507

Bevzenko, S.F. 12572
Beyer, A. 1844
Beyer, E. 8200
Beyers Brink, M. 12997
Beyl, D.W. 6453
Beylsmit, J.J. 27
Bezděk, J. 11801, 12165
Bezhani, H. 5093
Bezjak, J. 10747
Bezlaj, F. 235, 456, 457, 458, 9652, 9769, 9875, 9941, 10695
Beznosikova, L.M. 14074
Bezpojasko, O.K. 12515
Bezruk, L.P. 11903
Bezzenberger, A. 7763
Bezzola, G. 5817
Bezzola, R. 236
Bhaldraithe, T. de 7789, 7790, 7791, 7792
Bhaskararao, P. 14699, 14745
Bhat, D.N.S. 14716, 14717
Bhat, R. 4668
Bhate, S. 4517
Bhatia, T.K. 4503, 4628, 4629, 4630
Bhatnagar, S.C. 3818
Bianchi, M. 179
Bianchi, P. 917
Bianco, A. 15206
Biasci, C. 1531
Bibeau, G. 320, 3502, 6547
Biber, D. 13575
Bibiloni, G. 6116
Bicevska, K. 9961
Bichakjian, B.H. 298, 2137
Bickerton, D. 3619
Bidaud, L. 15188
Bidaux, M. 6828
Biddle, M. 8765
Bieler, L. 459, 460, 5837
Bielfeldt, H.H. 461, 462, 690, 8287, 11752, 11753
Biella, J.C. 13484
Bielmeier, R. 14823
Bień, J.S. 3305, 11386, 11630
Bien, P. 5463
Bierbach, C. 186, 6454
Bierbach, M. 6592
Bierwisch, M. 1348
Biesaga, K. 3236
Biga, M.G. 12981
Bigalke, R. 7315

Biggs, C. 1349
Biggs, R.D. 12871
Bigler, N. 8201
Bilancia, P.R. 14805
Bile, M. 5186
Bilec'kyj, A.O. 2937
Bílek, J. 641
Biljarski, P.S. 10129
Billanovich, G. 5838
Bills, G.D. 6420
Bilodid, I.K. 463, 464, 465, 466, 12508, 12571, 12588
Bilodid, O.I. 9770
Bilousenko, P.I. 12562
Bily, I. 4181, 4185, 4221
Bílý, M. 2398, 3306
Bilyns'kyj, M.E. 8883
Bimson, K.D. 6886
Bing, J.M. 2229, 4760, 8796
Bing, T.B. 15308
Bingen, J. 278
Binnick, R.I. 1573, 14577
Biolcati, B. 7316
Biolik, M. 11692
Biondi, G.G. 5695
Bírǎ, E. 1532
Biraud, M. 5201
Bird, C.S. 15190
Birenbaum, Ja.G. 2399
Birjukovič, R.M. 2305, 14527, 14528
Birkhan, H. 7892
Birnbaum, E. 14294
Birnbaum, H. 9771, 9772
Birnbaum, S.A. 8429
Biró, A. 12204
Bisazza, J.A. 3503
Bischoff, B. 5839
Bishai, W.B. 13433
Bissex, G.L. 3637
Bîtea, D. 7616
Bîtea, I.N. 7616, 8884
Bitechtina, G.A. 11983
Bitkeev, P.C. 14578
Bittel, K. 257
Bivar, A.D.H. 4735
Bjelanović, Ž. 10610, 10611
Bjerrum, M. 1957, 9457, 9458, 9459, 9460, 9461
Bjervig, N. 746
Björklund, S. 9528, 9529, 9561
Björling, F. 12104
Bjørn, B. 11984
Black, J.B. 3504

INDEX

Black, J.W. 2050
Black, N.F. 9211
Blackburn, L. 15441
Blagojević, D. 3819
Blagova, G.F. 695, 733, 14295
Blahynka, M. 10990
Blake, B.J. 1320, 2400, 15087, 15094
Blake, N. 9272
Blake, R.J. 3638
Blanár, V. 467, 468, 1350, 11213, 11214
Blanche-Benvéniste, C. 2401, 6632
Blank, D.L. 1845
Blank, M. 3820
Blanke, D. 2322
Blankenhorn, V.S. 7793
Blasi, N. De 7199
Blass, F. 5159
Blatt, A. 3445
Blatt, F. 469
Blattmann, E. 8369
Blau, Joshua 12998, 13158, 13159, 13165, 13265, 13384, 13385, 13448
Blau, Joyce 4761
Blauvelt, Y.M.L. 11985
Blažev, B. 10046, 11986
Bleier, R. 8461
Bleton, P. 6633
Blinov, A.V. 1846
Bliss, A. 9109
Bloemen, J. 1202, 6887, 6888
Bloemhoff-de Bruijn, P. 8619
Blom, A. 2402
Blomqvist, J. 5443
Bloomfield, L. 2009, 1027
Bloomfield, M. 362
Blount, B.G. 3639
Blum, Siegfried 8283
Blum, Sybille 8283
Blume, C. 13948
Blume, H. 9530
Blümel, W. 5225
Blumenthal, H.J. 5258
Blumenthal, P. 6266, 6634
Blunt, H.C. 1250
Blust, R. 14884
Blust, R.A. 14909, 14910, 15023
Boakye, P. 15221

Bobrowski, I. 11412
Bobryk, U.A. 12661
Bobzin, H. 13358, 13435
Boccalatte, A. 3234
Boccali, G. 4703
Bochmann, K. 6790, 7595, 7692
Bock Cano, L. de 5259
Bodine, J.F. 1847
Bodrogi, T. 13754
Bodrogligeti, A.J.E. 14296, 14504, 14505
Boeder, W. 13643, 13644, 13658
Boeft, J. den 286
Boer, M.G. de 7232
Boesch, B. 470, 8462
Boev, E. 10178
Bogatova, G.A. 539, 12205
Bogatova, G.A. 12321
Bogdan, D.P. 9962
Bogdanov, S.I. 11805
Bogdanova, A.F. 11987
Bogdanova, S. 541, 777, 11904
Bogdanović, D. 9963, 10455
Bogdanović, N. 10612
Boggs, R.A. 8150
Bogoljubov, M.N. 4762
Bogorodskij, B.L. 12206
Bogusławski, A. 1351, 9831, 11533
Boguslavskij, I.M. 11879
Bohas, G. 13329, 13357
Böhtlingk, O. 471
Bohuc'ka, H.I. 12563
Boisgontier, J. 7155
Boisset, J.-H. 1352
Boisvert, L. 93, 6906
Boîtet, C. 3446, 3447
Bojadžiev, S. 10224
Bojadžiev, T. 836, 10054
Bojadžiev, Ž. 744, 877, 2403, 10066
Bojčenko, L.M. 12516
Bojko, N. 12366
Bokadorova, N.Ju. 901
Bokarev, E.A. 13687
Bok-Bennema, R. 6186
Bokshi, B. 5002, 5013
Bokszański, Z. 3892
Bokula, M. 15173
Bolc, L. 3237, 3307
Boldrini, S. 5797
Boldyrev, B.V. 14611

Bolelli, T. 7203, 7411, 7462, 7526
Boling, J.A. 15409
Bolinger, D. 902, 2230, 8788, 8885, 8788
Bolinger, D.L. 237
Bolkestein, A.M. 385, 5622, 5623, 5624
Bolla, K. 2051, 11842
Bollée, A. 15554, 15572
Bolocan, G. 7697, 7741
Bol'šakov, I.A. 5605
Bol'šakova, Ė.S. 12186
Bologna, M.P. 5625
Bolognari, M. 5050
Bolognesi, G. 537, 4805, 4806
Bolozky, S. 13266, 13267
Bolz, N. 9259
Bolzano, B. 472
Bomhard, A.R. 168
Bonazza, S. 613
Bond, R.N. 2061
Bond, Z.S. 2017, 3821
Bondaletov, B.D. 12207
Bondaletov, V.D. 11773, 12164
Bondarenko, V.T. 3032
Bondarko, L.V. 11805
Bonelli, G. 5626
Bonfadini, G. 5549, 7200
Bonfante, G. 1848 4245, 4246, 4485, 5535, 5696, 5935, 5936, 6338, 6889, 7598
Boniecka, B. 11413
Boniewicz, A. 8886
Bonino, M. 7353
Boninsegna, A. 7317
Bonnaud, P. 7105
Bonnet, D. 15207
Bonvini, E. 15208
Boodberg, P.A. 14751
Booij, G.E. 1809, 2138, 8536, 8537
Booker, K.M. 15410
Boon, P. 8024
Boonstra, F. 12834
Boot, M. 3308
Booth, A.D. 5697
Booth, J. 5769
Bor, A. 8743
Borawski, S. 11464
Borchling, C. 8441
Bordelois, I.A. 2404

INDEX

Bordreuil, P. 12869, 12999, 13000, 13116, 13135, 13283
Borejszo, M. 11534, 11635
Borek, H. 11693, 11694
Borel, M. 11
Borello, E. 1028, 1029
Borer, H. 2405
Borg, A.J. 13472
Borgato, G. 1030
Borgeaud, W.A. 5550
Borger, R. 12872, 12873, 12874, 12875, 12876, 12877
Borghesi, L. 3309
Borghini, A. 1353
Borghini, D. 5260
Borgojakova, T.G. 14529
Borgojakova, T.N. 14530
Bork, H.D. 5663
Borkent, H. 27
Borkovskij, V.I. 473, 11774, 12626
Borkowsky, A. 3310
Bornäs, G. 6890
Borodina, M.A. 5937, 6829
Boronina, O.V. 12458
Borovičková, B. 10802
Borovs'kyj, Ja.Je. 11775
Borowiec, H. 11636
Borrego Nieto, J. 6415
Borter, A. 8151
Boryś, W. 10529, 11355, 11535
Bosák, J. 3893
Boscher, W. 14856
Bosilkov, K. 10130, 10131
Bosilkov, L. 10179
Boskamp, A. 12764
Boškov, M. 10438
Bošković, R. 10609
Bosque, I. 6170, 6187, 6188
Bossaert, W. 3277
Bosshard, H.H. 8202
Bossong, G. 6271, 7536, 7537, 13688
Bossuyt, A. 2822
Boston, R. 3705
Boswinkel, E. 13560
Bot, K. de 3506
Botev, V. 9955
Botha, R.P. 2323, 2324, 1031, 1032, 1033, 1034, 1035, 1080
Botha, T. 8730

Bothorel, A. 292
Bothorel-Witz, A. 7964
Botsaris, M. 5068
Bottéro, J. 12878
Botterweck, G.J. 13224
Bouda, K. 14636
Boueke, D. 1533
Bouffartigue, J. 6891
Bounni, A. 13096, 13293
Bouquet, C. 15146
Bouquiaux, L. 130, 15113, 15140, 15174, 15175
Bourcier, G. 9055, 9056
Bourdet, Y. 4110
Boutet, J. 1560, 1354
Boutin, P. 15209
Boutinet, J.P. 3505
Bouton, C.P. 1355
Bouvier, J.-C. 6830, 7106
Boves, L. 2031, 3506, 3507, 8538
Bowerman, M. 1036, 3640
Bowie, A.M. 5396
Bowman, C.H. 13001
Boyadjiev, J. 10066
Boyaval, B. 5513
Boyd, J.L., III 12835
Boyeldieu, P. 15176, 15177
Boyer, R. 9355
Boyle, L.E. 459
Boysson-Bardies, B. de 3508
Božilova, M. 10177
Bozzi, A. 5261, 5698, 5840
Brabcová, R. 10897
Brabec, I. 10481
Bracchi, R. 7318
Bracciali Magnini, M.L. 5770
Brachin, P. 8551
Bračič, S. 8025, 8026
Braconnier, C. 15193, 15194
Brad, L. 5464
Bradac, J.J. 3498
Brademann, K. 6892
Bradford, J. 9260
Bradley, D. 14842
Bradley, D.R. 5841
Bradshaw, J. 15031
Braekman, W.L. 8601
Braga, G. 369, 3894
Bragina, A.A. 12208
Braine, M.D.S. 3641
Braisch, M. 263, 1356
Brakel, A. 6455
Bralczyk, J. 11637

Bramann, K.-W. 8027
Brambilla Ageno, F. 7233, 7234, 7412
Brame, M.K. 2406, 2407, 2408, 2409
Brammer, U. 7976
Branca, V. 7210
Brâncuş, G. 483, 7693
Brandal, S. 9439
Brandenstein, C.G. von 15088
Brandi, L. 7319
Brandner, A. 11905
Brands, H.W. 253
Branford, J. 9145
Brang, P. 9773
Branická, J. 12209
Braselmann, P.M.E. 3101, 7018
Brasington, R.W.P. 2139
Brassai, S. 1903
Brasseur, P. 6831
Braswell, B.K. 5397
Bratulić, J. 10439
Bräuer, R. 8152
Braulik, G. 13233
Braun, A. 2046, 8840
Braun, F. 9417
Braun, H. 8170
Braun-Lamesch, M.M. 3642
Braunmüller, K. 7893
Brausse, U. 6791
Bravi, F. 12810
Bravo, B. 5262
Bray, R.G.A. de 9942, 10777, 11776
Brazeau, J. 3895
Brazil, D. 2231
Bražnikova, N.N. 12130
Brčáková, D. 624, 11971
Brea, M. 6456
Bréal, M. 474
Bredemeier, J. 367, 1357, 2410, 2938
Bredow, I. von 4918
Bredsdorff, J.H. 1849
Bree, C. van 8602, 8620
Breidaks, A. 9653, 9682, 9742, 9743
Breivik, L.E. 4247
Brejdak, A.B. 9653, 9743
Brekle, H.E. 1854, 2325
Bremer, E. 42
Bremmer, R.H., Jr. 7942, 8755

INDEX

Brems, W. 3842
Brennan, M. 1741, 8770
Brennenstuhl, W. 903, 1525, 9033, 9140
Brenner, A. 13198
Brenner, M. 1534
Brereton, J.P. 4518
Bresciani, E. 284
Bresnan, J. 2411, 2497, 1129, 8552
Bretschneider, A. 8434
Brettschneider, G. 305, 2412
Bretz, G. 8203
Breu, W. 11988
Breuer, D. 8384
Breuillard, J. 11797
Breuker, P.H. 254
Brewer, A.M. 15
Brewer, J.P. 9110
Breza, E. 475, 476, 11695, 11696
Brezinski, S. 734, 10067
Breznik, A. 10754
Briabrin, V. 3311
Brice, W.C. 12765, 12791
Bricker, D.D. 3527, 3643
Bridges, A. 3644
Brierley, C. 3636
Brietzmann, A. 3312
Bright, W. 904
Brill, W.G. 1869
Brincat, G. 13473
Bringuier, J.P. 7114
Brink, J.T. 15195
Brink, K.-E. 9349, 9462, 9463
Brinker, R.P. 3645
Brinkman, J.A. 563, 12685, 12691
Brinkmann, H. 905
Brinkmann, R. 19
Brixhe, C. 4913, 4917, 12670
Břízová-Hanková, L. 10968
Brkić, I. 10372
Broccia, G. 5263
Broch, I. 9418
Brocki, Z. 475, 476, 632, 11313, 11697, 11718
Brodda, B. 3215
Broderick, G. 7794, 7795
Brodskaja, L.M. 14612
Broecke, M.P.R. van den 2073
Broecke-de Man, E.J. van den 8621, 8627

Brogioni, G. 7320
Brogsitter, K.O. 234
Brogyanyi, B. 315
Brok, H. 8520
Bromlej, S.V. 427
Bromley, H.M. 15067
Bron, F. 13136, 13482
Bronckart, J.P. 1037
Brøndsted, M. 581
Bronec, J. 477, 2939
Bronkhorst, J. 1850, 4519
Brook, T. 524
Brooke, G.J. 13002
Brooke, K. 8348
Brooks, N. 5880
Broselow, E. 2140
Brosman, P.W., Jr. 4248, 4394, 6893
Brouillet, D. 3509
Brouwer, D. 8702
Brouwer, J.H. 478, 479
Brown, A.G. 6635
Brown, C.H. 1203
Brown, C.S. 9212
Brown, E.K. 2413
Brown, G. 2232
Brown, P. 3896, 3897
Brown, R. 2052
Brown, W.S., Jr. 8803
Browne, G.M. 13518
Browne, W. 2326, 10359
Browning, T. 9807
Brožová, V. 3510
Brozović, D. 2861, 10373, 10440, 10530
Bruce, G. 9531
Brucker, C. 7019
Brucker, E. 4520
Brückner, A. 11465
Brückner, W. 8209
Bruderer, H.E. 3442
Brugmann, K. 2377
Brugnatelli, V. 12836, 13593
Brugnone, A. 5388
Bruguera, J. 6061, 6062
Bruin, J. de 3313
Bruner, J. 3646
Brunet, É. 7050
Brunet, L. 292, 1358
Bruni, F. 917
Brünner, G. 8028
Brustkern, J. 3314
Bruxelles, S. 6771
Bruyne, J. De 6339, 6340
Bruzy, C. 1689

Bryan, R.M. 2414
Bryant, D. 14813
Bryant, M.M. 9146
Brym, J. 12210
Brzezina, M. 11387, 11536
Brzeziński, W. 11489
Bublejnyk, L.V. 11777
Bublyk, V.N. 1038
Bubnovskaja, Ė.F. 6272
Buccellati, G. 12879
Buchanan, B. 12928
Buchareva, N.T. 12166, 12167
Bücher, B. 8396
Bücherl, R.F.J. 8204
Buchholz, O. 4981, 5014
Buchröder, S. 1527
Buchtelová, R. 10803, 10804
Buck, R.J. 5226
Buckett, A. 1535, 3102
Buckingham, H.W., Jr. 3822
Buda, A. 484
Budaev, B.Ž. 14579
Budagov, R.A. 906, 907, 1851
Budagova, Z.I. 4807
Buddruss, G. 4521
Budenz, J. 480
Budina, D. 4946
Budovičová, V. 11106
Budrewicz, T. 11603
Budziszewska, W. 10180
Buffa, F. 11138, 11191, 11192
Būga, K. 481
Bugárová, M. 11216
Bugarski, R. 1039
Bugge, S. 9605
Bühler, K. 2006, 1096, 1359
Buhofer, A. 2940
Buhofer, A. 8370
Buitenhuis, H. 8725
Bujas, Ž. 10531
Bujukliev, I. 467
Bukčina, B.Z. 11906, 12352
Bukowcowa, Z. 11604
Bukšs, M. 9756
Bukumirić, M. 10613, 10620
Büky, B. 14120
Bulachaŭ, M.H. 601, 12367
Bulachov, M.G. 601, 12367
Bulanin, L.L. 11802
Bulatova, R.V. 10374, 10375
Bułczyńska, K. 11537
Büld, B. 8435, 8436

INDEX

Bulgăr, G. 7595
Bull, D. 3786
Bull, T. 9419
Bulygina, T.V. 1343, 1536
Bulyka, A.M. 12646
Buma, W.J. 8744
Bungarten, T. 416, 3898
Bunimovič, N.T. 9765
Bunte, P. 15464
Bünting, K.-D. 7986
Buráňová, E. 10859
Búrca, S. de 7796
Burckhardt, C. 1360
Burčuladze, G.T. 13689, 13690
Burda, H. 15282
Bureau, C. 3103, 6636
Burețea, E.N. 7742
Burger, H. 2415, 2940, 8370, 6844
Burghardt, W. 2941, 2942
Burić, A. 10614
Burjačok, A.A. 11778, 12601
Burke, V. 174
Burkhardt, A. 8289
Burlyka, V.R. 12623
Burnley, D. 9057
Burnley, J.D. 9058
Burov, S. 10068
Burrow, T. 4522, 4523
Bursch, H. 6036, 6457, 7413, 8463
Bursill-Hall, G.L. 238, 1852
Burstynsky, E. 2199
Burszta, J. 11485
Burt, J.R. 6131
Burton, D. 2713, 2732, 9213
Burzlaff, W. 1689
Busa, R. 2943, 5842
Bušakov, V.A. 14550
Buscaino, M. 7321
Busharia, Z. 3315
Busnel, R.G. 1742
Bušuj, A.M. 12
Buszkowski, W. 3238
Butcher, A. 2053
Butenko, N.P. 12564
Buth, R. 15147
Buti, G. 7894, 9390
Butler, C. 1967
Butler, M.C. 8887
Butler, T. 614, 10441, 10442
Butler H., I.M. 15493
Butterfield, E.C. 3647

Butters, R.R. 8888, 8889
Buttler, D. 11340, 11538, 11539, 11540, 11541, 11605, 11638
Buuren-Veenenbos, C.C. van 9059
Buxheli, L. 5015
Buysschaert, J. 8890
Buyssens, E. 1040, 2141
Buyssens, É. 2271, 2416
Buză, E. 7670
Buzakov, I.S. 482, 14020
Buzakova, R.N. 14021, 14026
Buzašiova, K. 2327
Buzássyová, K. 43, 2327, 11139, 11217, 11271
Buzetti, D. 1882
Buzon, C. 6894
Bybee, J.L. 2823, 8891
Byčkova, O.I. 11843
Bykonja, V.V. 14202, 14203
Byrne, F.J. 7797
Byrne, J. 3886
Byrne, M.C. 3823
Byron, J.L. 4989
Byrski, M.C. 4524
Bystrov, I.S. 14857
Byteva, T.I. 12168
Bzdęga, A.Z. 8029

Čabala, M. 11907
Čabanenko, V.A. 12511
Çabej, E. 483, 484, 485, 486, 487, 4990, 4991, 5032, 5061, 5062
Çabej, S. 5089
Caccamo Caltabiano, M. 5264
Čadamba, Z.B. 14329
Cadell, H. 5265
Cadiot, P. 1361
Cadiou, Y. 15178
Cadora, F.J. 13405
Caelen, G. 2233
Çağatay, S. 14297
Cagni, L. 12880
Cahner, M. 6066
Caird, G.B. 1362
Cairns, C.E. 2142
Cairns, H.S. 3511
Čajkina, Ju.I. 12113
Cajkina, Ju.I. 12175
Čajkovskaja, A.I. 14250
Cakalidi, T.G. 9964

Calabrese, A. 7235
Calabresi, I. 7414
Calanchini, E. 7199
Čᶜałayan, Z. 2272, 4808
Caldarelli, R. 7322
Caldera, R. 444
Calderone, S. 13137
Calkalamanidze, A.A. 14514
Callinan, L. 15148
Calude, C. 3216, 3239
Caluwé-Dor, J. De 9060, 9061
Calvet, L.-J. 2944, 6895
Calzolari, N. 3316
Çam, A. 14364
Camaj, M. 5031
Camarda, D. 5087
Camartin, I. 7547
Cambier, G. 241, 488, 489
Cameron, K. 6538
Camion, J. 3448
Campanile, E. 4249, 4250, 4321, 5187, 5536, 5551, 5699, 7798
Campbell, L. 1321, 15388
Campbell, R.N. 1853
Campos, O.A. de S. 6458
Canale, M. 3899
Canciani, D. 3900
Cancik, H. 5798
Cancik-Lindemaier, H. 5798
Candamo, L.G. de 6282
Canepari, L. 7479
Canfield, D.L. 6033, 6155
Canger, U. 199, 15462
Canilli, A. 1204
Cankov, K. 10069, 10070, 10181
Cannon, G. 595, 9147
Cano González, A.M. 6289, 6290
Cantarini, A. 9808
Cantero Sandoval, G. 6358
Cantilena, M. 5422
Čanturišvili, D.S. 11908
Canz, I.G. 1854
Čapaeva, L.G. 11909
Capaldo, M. 9965, 10014
Capano, A. 7323
Capell, A. 14885
Caplice, R. 13, 497, 12881
Capo, H.C. 15222
Capponi, F. 5700
Capponi, P. 4173
Caprettini, G.P. 1690, 7484

INDEX

Caprile, J.-P. 13602, 15114, 15117, 15146
Caprini, R. 5823, 7416, 7532
Caputo, C. 6530
Caquot, A. 13003, 13097, 13283
Caquot, D. 12719
Caradec, F. 6896
Carageani, G. 7674
Caragiu Marioțeanu, M. 7675
Caramazza, A. 3816, 3817, 3824
Caratzas, S.C. 5478
Carballo Calero, R. 6459
Carbonero Cano, P. 6189
Carden, G. 2714
Cardona, G. 1855
Cardona, G.R. 2169, 2945, 3067, 3093, 7204
Cardoso, S.A.M. da S. 6460
Carey, J. 7799, 3648
Carini, M.F. 4395
Carle, R. 266
Carling, C. 1133
Carlson, G.N. 2417, 8892
Carlson, L. 3643
Carlson, T.B. 1538
Carmignani, L. 5398
Carney, J. 7800
Caron, B. 13600
Carpentier, É. 5844
Carpov, M. 1691
Carrannante, A. 7279
Carreras i Martí, J. 6067
Carrier, J.K., Jr. 3649
Carrillo-Herrera, G. 6389
Carrington, L. 167, 14878, 14879
Carroll, J.M. 3512
Carroll, S. 3938
Carruba, O. 4375, 4376, 4461, 4462
Carter, M.G. 13359
Carter, R. 9214, 9225
Cartier, A. 14886
Cartier, M. 14754, 14755, 14756
Carton, F. 6548, 6832, 6851
Carvalho, P. de 5600, 5627
Casacuberta, J.M. de 239
Casadio, C. 1415
Casado-Velarde, M. 6174
Casagrande, G. 7278
Casalegno, P. 1363

Casares, J. 6344
Case, T.E. 6390
Čáslavka, I. 11102
Cassano, P.V. 7059
Cassidy, F.G. 9320, 9321
Cassin, E. 12882
Cassio, A.C. 5454
Cassius, B. 10352
Castelfranchi, C. 3317, 3475, 1041, 7417
Castellani, A. 7205, 7280
Castren, M.A. 14632
Castresana, R. 5701
Castrillo, G. 7485
Catach, N. 6897, 7010, 7011
Catford, J.C. 8893
Cathcart, K.J. 498
Cathey, J.E. 9384
Cathomas, B. 7548, 8419
Catling, H.W. 5124
Catowryan, K. 3513
Cattell, R. 2418
Cattonaro, E. 7324
Caturjan, K. 3513
Caudmont, J. 3901
Caughley, R.C. 14824
Čaušev, A. 6637
Cauty, A. 15510
Cavazza, F. 5572
Cazacu, B. 2862, 3104, 3105
Cazelles, H. 13004
Cebrián Herreros, M. 6341
Ceccaldi, P. 15115
Cecchini, S.M. 13005
Čečenov, A.A. 597, 833
Čechová, M. 588
Čechura, J. 11034
Cegieła, A. 11542
Čejka, M. 474, 3902, 4251, 10788
Cejpek, J. 3318
Cejtlin, R.M. 10182
Čekman, V.M. 9809
Čekman, V.N. 9809, 11639
Čel′cova, L.K. 11910, 12353
Celentano, L. 5881
Célérier, P. 6578
Celeyrette, J. 3240
Çeliku, M. 5094
Cellard, J. 6898
Çeneli, I. 14441
Čeneva, V. 11989
Cense, A.A. 14911
Cenurian, S.G. 490
Čepaitienė, G. 9700

Čepan, O. 11280
Čepasova, A.M. 11990
Cepeda, G.I. 6171
Čepiha, I.P. 11791, 12565
Cërabregu, M. 10615
Čerednyčenko, O.I. 7060
Čeremisina, M.I. 2419, 14530, 14541
Čeremisina, N.V. 12368
Čerenkov, L.N. 4684
Čėrėnsodnom, D. 14580
Ceresko, A. 13234
Ceresko, A.R. 13160
Cereteli, K. 12837, 13284
Ćerić, S. 9832
Čermák, F. 10823, 10913
Čermák, J. 10991
Černelič-Kozlevčar, I. 10696
Černov, M.F. 14339
Černý, E. 11035
Černý, J. 13519
Černych, S.Ja. 14045
Černyš, T.O. 12566
Černyševa, I.I. 8290
Černyševa, M.I. 12110
Cerquiglini, B. 6792, 6899
Čertoryz′ka, T.K. 12369, 12608
Červená, V. 10914, 10962
Červenjakov, A. 12370
Červenkova, I.V. 11802
Cesa Bianchi, M. 452
Češka, J. 10869
Česko, E.V. 10042
Chablo, E.P. 12228
Chaburgaev, G.A. 11779, 12111, 12125
Chadwick, J. 5125, 12766
Chadžilaev, Ch.-M.I. 14442
Chaer, A.M. 14912, 14913, 14914
Chafcouloff, M. 8802
Chafe, W.L. 15434
Chakimov, N.G. 491
Chakimzjanov, F.S. 14340
Chakravarti, A. 14864
Chalikova, R.Ch. 14443, 14444, 14551
Chalilov, M.Š. 13691
Chalimonenko, H.I. 12567
Chalkley, M.A. 3650
Chall, L.P. 28
Chamanga, M.A. 15309
Chamberlain, B.J. 6342
Chambers, J.K. 2863, 15428

INDEX

Chambert-Loir, H. 14915
Chambon, J.-P. 6793, 7163
Chamidov, Ch. 14445
Chamitova, A.G. 14251
Chamojan, M.U. 4788
Champeaux, J. 5702
Champion, J.J. 6359
Champollion, J.F. 493
Chan, Marjorie K.M. 14766
Chan, S. Wai-Cheung 2054
Chandioux, J. 7055
Chang Namgui 14644
Chaniewska, B. 11456
Chantraine, P. 5266
Chantreau, S. 6981
Chao, Yuen-ren 492, 14758, 14767
Chapallaz, M. 7218
Chapman, R.S. 3651, 8894
Chappell, H. 9014
Charalambakis, C. 5111
Charalampiev, I. 9967, 10132
Charbonneau, R. 6549, 6833
Charęzińska, A. 8896
Charnley, M.B. 2420
Charpentier, J.-M. 4111
Charpin, D. 12883, 12884, 12885, 12982
Chatham, J.R. 6034
Chatman, S. 183
Chatterjee, R. 195
Chatterji, B. 4631
Chatterji, S.K. 4504, 4505
Chaudenson, R. 15573, 15574, 15575
Chaumont, P. 11911
Chaurand, J. 5845, 7020
Chaussée, F. de la 2273
Chayen, M.J. 8895
Chelimskij, E.A. 9775, 13746, 14204
Chen, Chen-Kuan 14777
Chen, Chung-yu 14798
Cheng, Chin-chuan 4174, 14799, 15310
Cherej-Šimanska, K. 10200, 10201
Cherix, P. 13520
Chernyseva, I.I. 8290
Cherry, J.F. 5124
Cherubim, D. 1537, 1042
Cherubini, J. 7197
Chervel, A. 6524, 6531
Cheshire, J. 3612, 9273, 9274

Chetso, G. 3127
Chevalier, J.-C. 1205, 6638, 6707
Chevillet, F. 8897
Cheyns, A. 5267
Chiabo, M. 5728
Chiang, Gregory Kuei-ke 14763
Chiarini, P. 300
Chiat, S. 3624, 3625
Chicco, P. 7325
Chidirov, V.S. 13692
Chigarevskaïa, N. 793
Ching, Marvin K.L. 3132
Chiossone, T. 6291
Chipp, C. 8693
Chisametdinova, F.G. 14444
Chistovich, L.A. 2055
Chițoran, D. 2234
Chitrova, V.I. 12211
Chivescu, R. 1813
Chivu, G. 7670
Chládková, V. 674
Chlebnikova, I.B. 2274, 7895
Chloupek, J. 589, 2421, 3106
Chlupáčová, K. 2946
Chmelík, A. 11281
Chmielewski, S. 11729
Cho, Seung-bog 14645
Chodova, K. 9969
Chodova, K.I. 9968
Choğandi 14298
Cholodovič, A.A. 2275
Choluj, D. 11193
Cholvy, G. 7107
Chomarat, J. 1856
Chomsky, N. 908, 972, 1029, 1043, 1044, 1045, 1179, 1206, 1929, 2422, 2423, 2424, 2425, 2426, 2505, 2576, 2617, 8930, 13268
Chorgoši, È. 9920
Chorikov, I.P. 5465
Choroś, M. 11490
Chouémi, M. 13432
Choul, J.-C. 1364, 6639
Chouraqui, E. 3319
Chrakovskij, V.S. 2276
Chrēstídēs, D.A. 5268
Christ, R.B. 8210
Christensen, B. 9464
Christensen, G. 8553

Christensen, H. 8153
Christensen, K.K. 9420, 9421
Christensen, P. 9465
Christensen, R.H. 10053
Christes, J. 5573
Christie, W.M., Jr. 909, 1046, 2143, 2144, 2824, 2825
Christmann, E. 8248
Christmann, H.H. 694, 1985, 3514, 6532, 7206
Christoffersen, M. 9422
Christov, P. 5938, 6640, 6687, 10071
Christy, T.C. 1857
Chroboková, M. 11036
Chrusanova, V. 10025
Chrysaffis, G. 5399
Chrz, T. 3217
Chu, Chauncey C. 14778
Chu, Harold S. 14652
Chudaš, M.L. 12459
Chumbow, B.S. 15223, 15224, 15591
Chung, Kook 14646
Chung, Sandra 14999
Churavý, M. 10915
Churma, D.G. 13601
Chusainov, K.Š. 14446
Chuzangaj, A.P. 533
Chydyrov, M.N. 14421
Chytil, M.K. 3320
Čičagov, V.K. 494
Ciccarese, M.P. 5846
Cichy, M. 3307
Ciechanowicz, A. 11341
Cienkowski, W. 9876
Čierna, M. 8291
Ciesielska-Borkowska, S. 11589
Cieśla, M. 11589
Cifoletti, G. 2947, 13436
Čikobava, A. 12812, 12822
Čikobava, A.S. 418
Cilliers, D.H. 8731
Cilujko, K.K. 495
Čingi, M.J. 14506
Cingolani, S.M. 7108
Ciolac, M. 3903
Cipcjura, L.F. 11868, 12184
Cipriano, P. 5703
Cirtautas, A.M. 738
Čispijakov, E.F. 14552
Čispijakova, F.G. 14531
Čistovič, L.A. 2055

INDEX

Ciuffoletti, Z. 7397
Civil, M. 12696, 12723
Civ'jan, T.V. 9669
Čizmarov, D. 10246
Claassen, W.T. 13235
Claes, F. 8667, 8668, 8716
Claes, F.M. 8522
Clahsen, H. 3655
Clairis, C. 1175, 15511
Clancy, P.M. 14653
Clark, C. 9056
Clark, D.J. 15225
Clark, E.V. 1538, 3515, 3656, 3744
Clark, H.H. 3515
Clark, L.E. 15494, 15495
Clark, L.V. 14299
Clark, M. 14858
Clark, Ross 15032
Clark, Ruth 3657
Clarke, D.D. 1539, 1540, 3516
Clarke, G.W. 15050
Clarke, S. 15411
Classe, A. 1742
Claus, D.B. 5269
Clayman, D.L. 5423
Cleaves, F.W. 14581, 14582
Clem, N. 1813
Clemens, J. 3449
Clément, D. 8030, 8031
Clements, G.N. 2145, 2163, 14365
Clemesha, J. 15576
Clerck, W. de 8526, 8669, 8681, 8682, 8685, 8687, 8688
Clerico, G. 1858, 1970
Clifton, J.M. 2146
Cloarec-Heiss, F. 15172
Clogg, R. 14366, 14367
Clumeck, H. 14768
Clyne, M. 4112, 9271
Čmejrková, S. 11991
Coacci Polselli, G. 13137
Coady, J. 14916
Coates, J.G. 14075
Coates, R. 2148, 2328, 1047
Čobanu, A.I. 7629
Coccia, M. 5568
Cockiewicz, W. 11543
Coelho, H. 3321
Coetsem, F. van 2826, 8154
Cohen, A. 2056
Cohen, A.H. 3825

Cohen, A.P. 14751
Cohen, C. 12886
Cohen, G.L. 2948, 1365, 5389
Cohen, Jean 3107
Cohen, J.M. 13199
Cohen, M. 6904
Cohen, M.E. 12692
Cohen, S.B. 13277
Cohn, I. 3315
Coja, I. 1048
Čolakova, K. 751, 10183
Colasuonno, G. 7326
Cole, P. 2427, 15512, 15513
Coleman, L.M. 3523
Coleman, R., Jr. 9034
Coletti, V. 7281
Collart, J. 5771
Collet, S. 8253
Collet-Sedola, S. 6132
Collett, D.P. 15116
Colliander, P. 7997
Collier, R. 2056
Collinder, B. 9532
Collins, B. 8797
Collins, J.D. 8898, 8899
Collins, J.T. 14887, 14917, 15068
Collins, P.C. 9275
Collins, T. 13255
Collison, R.L. 2949
Colmerauer, A. 3322
Colombel, V. de 13603, 13604
Colon, G. 5939, 6063, 6064, 6068
Colonna, G. 290, 5674
Colonna, V. 5704
Colotti, M.T. 7327
Colson, J. 2715, 8900
Coltharp, L.H. 6438
Coltheart, M. 3828
Colucci, L. 5628
Coluccio, F. 6292
Colville, M. 1743
Combé, H.A. 385, 6191
Combettes, B. 15311
Companys Maldonado, M. 5940
Comrie, B. 1305, 2277, 2428, 2589, 2864, 6461, 11803, 13755, 15463
Comstock, S. Turner 13516
Comșulea, E. 7694, 7698
Comtet, M.R. 11912

Condax, I.D. 2089
Condillac, É. Bonnot de 1968
Conev, B. 1951
Confortiová, H. 11014
Conkova, M. 10026
Connors, K. 3658
Conrad, R. 1744, 3323, 11992
Conroy, C. 13236
Consani, C. 5126, 5390
Conso, D. 5706
Constantelos, D.J. 5466
Constantinescu-Dobridor, G. 7591
Constantino, E. 15000
Conti, G. 12826, 12827
Contini, M. 7538
Contini, R. 12839
Conțiu, M. 7595
Contossopoulos, N.G. 5481
Contraș, E. 7695
Contreras, H. 6192
Contreras, L. 6141
Coogan, M.D. 12840
Cook, M. 3905
Cook, W.A. 2278, 2429, 2430, 2431, 2432, 2433, 2434, 3108
Coombs, V.M. 7896
Cooper, H.R., Jr. 268, 615
Cooper, J.S. 12693, 12694
Cooper, R. 2279, 2435
Cooper, W.E. 2329, 3517, 3518
Cooreman, A. 2717
Coote, R.B. 13001
Čop, B. 256, 4252
Copeland, J.E. 149, 2718, 2719
Coppen, P.-A. 8554, 8700
Coppenrath, H. 15051
Coppieters, R. 1208
Coquin, R.-G. 13521
Corbeil, J.-C. 4113, 6834, 7063
Corbera i Pou, J. 6065
Corbett, G. 9833
Corbett, G.G. 11913
Corbett, N. 5941
Corbin, D. 1049, 6900
Corbin, P. 6901
Corda, F. 7539
Corder, S.P. 104
Cordes, G. 8441

INDEX

Cordié, C. 7418
Cordier, J. 103, 150
Cordin, P. 7319
Ćorić, B. 10354, 10355, 10376, 10396
Cornagliotti, A. 7328
Corne, C. 15569, 15577
Corneille, J.-P. 1050
Čornej, P. 10870
Cornilescu, A. 1366, 2436, 8901
Cornillot, F. 4704
Cornulier, B. de 1544, 7040
Čoroleeva, M. 10177, 10207
Corominas, J. 6043, 6343, 6367
Coromines, J. 6066
Corrà, L. 7503
Corradi, C. 14013
Corraze, J. 1745
Correa, P. 6134
Corriente, F. 13330 13386
Corsaro, W.A. 2720
Corsetti, P.-P. 5707
Cortelazzo, Manlio 2907, 7329, 7330, 7331, 7352, 7419, 7420, 7499
Cortelazzo, Michele A. 7421, 7500, 7517
Cortés Rodríguez, L. 6416
Corthals, J. 7802
Coseriu, E. 1051, 1052, 1130, 1306, 1367, 1482, 1859, 2330, 2827, 2865, 4958
Ćosić, V. 1053
Cosmas, N. 5483
Cosnier, J. 910
Costa, G. 3109, 6641
Costabel, P. 5847
Costas Rodríguez, J. 5708
Costello, J.R. 4253, 8745
Costermans, J. 3519
Costinescu, M. 7646
Coteanu, I. 1692, 7725
Cotte, P. 8841
Cottez, H. 6902
Couch, J.B. 1791
Couderc, Y. 7114
Coulet du Gard, R. 9322
Coulibaly, K. 15201
Coulmas, F. 14654
Coulon, J. 910
Coupe, W.A. 651
Couper-Kuhlen, E. 8902

Coupez, A. 278, 15253, 15254
Couquaux, D. 6642
Couroyer, B. 13169
Courtois, J.-C. 13097
Courtois, L. 13097
Couto, H.H. do 6462
Couvreur, W. 8689
Còveri, L. 7195, 7199, 7200, 7376, 7503
Cowan, H.K.J. 14918
Cowan, J.M. 13446
Cowan, W. 13331, 15412
Cowgill, W.C. 5257
Craddock, J.R. 6038
Craen, P. van de 911, 3906
Craigie, P.C. 13006
Craik, E.M. 5227
Crain, S. 3688
Crane, L.B. 912
Crapulli, G. 5848
Cravatte, A. 3672
Cravens, T.D. 2950, 6273
Crawford, T.D. 5849
Creed, R.P. 10596
Creider, C.A. 15149, 15150
Creissels, D. 1054, 1055, 14121, 15118, 15179, 15196, 15197, 15198
Č'relašvili, K'. 13693
Cremascoli, G. 5827
Cremers, E. 3907
Cremona, J. 240
Cremona, M.V. 5127
Crena de Iongh, A.C. 8681
Crepajac, L. 4254
Crépin, A. 9062, 9063
Crespo, E. 5176
Cressey, W.W. 2147, 6156, 6157
Creswell, T.J. 9149
Crevatin, F. 4255, 5942, 7422, 7423
Criado de Val, M. 6133
Crişan, I.H. 4919
Cristea, T. 1545
Cristofani, M. 5664, 12797
Critz, J.T. 3324
Črnivec, L. 10751
Croce, B. 1848
Croce, G.C. 7332
Cromer, R.F. 3659
Crompvoets, H. 8622, 8623
Crose, B. 1863
Cross, C. 3726

Cross, F. 13257
Crossland, R.A. 4920
Crowley, J.P. 9111
Crowley, T. 15595
Crystal, D. 291, 714, 1810, 2235, 3826, 3827
Csúcs, S. 14143
Cubber, W. De 8292
Cubberley, P.V. 3068
Cubuat 14873
Čulejová, J. 11015
Culicover, P.W. 2437, 3630, 3800
Culioli, A. 377, 1056, 6643
Culler, J. 1860, 1861, 2744
Čumbalova, G.M. 10184
Cummings, M. 8903, 8904
Cunchillos, J.L. 13007, 13008, 13009
Cunha, A.G. da 6463
Cupaiuolo, F. 5665
Ćupić, D. 366, 10443, 10444, 10532, 10616, 10617, 10618
Curat, H. 858
Cureton, R.D. 9215
Čurmaeva, N.V. 11914
Currie, K.L. 2232, 2236, 2237
Cusack, B. 8905
Cushing, S. 1368
Cutler, A. 3520, 8906
Cuyckens, H. 3218, 1369, 8555
Čúzy, L. 11282
Cvetko, V. 4525
Cvetkovski, Ž. 10296
Cvijetić, R. 10397
Cvirkunova, L.P. 9135
Cybova, I.A. 2331
Cychun, H.A. 12635
Cydendambaev, C.B. 14583
Cygan, J. 2018, 8848
Cyganenko, G.P. 11915
Cygankin, D.V. 13778, 14022, 14023, 14028, 14035
Cymbaljuk, Ju.V. 12568
Cymburskij, V. 5113
Cyran, W. 11342, 11640
Cyvin, A.M. 12212
Czarnawska, M. 2721
Czarnecki, T. 11544
Czeglédi, C. 14342
Czepluch, H. 8907

INDEX

Czeżowski, T. 496
Daalder, S. 372, 2402
Daalen, L.A. van 4526
Daan, J. 3962, 8624, 8644
Dabić, B.L. 10533
Dabir-Moghaddam, M. 4692
Dąbrowski, S. 11641
Dąbska, I. 1693
Dacewicz, L. 11545
Dachkévytch, Ja.R. 4810
Dachkévytch, Y.R. 14447
Daeleman, J. 15312
Dagorn, R. 13468
D'Agostino, E. 7238
Dahl, E.-S. 8456
Dahl, H. 9261
Dahl, Ö. 1194, 1246, 13360
Dahlstedt, K.-H. 9533, 9534
Dahood, M. 12983, 12984, 12985, 13169, 13170, 13177, 13200
Dahood, M.J. 497, 498, 499, 500, 501
Dain, R.M.R.M. 14919
Daka, P. 4982, 4983, 4984, 5095, 5063
Dalberg, V. 9591, 9619
Dalbor, J.B. 6293
Dalby, D. 15129
Dalcher, P. 8256, 8257, 8258
Dale, A.M. 5424
Dalen, A. 9423, 9432
Dalgish, G.M. 9276
Dallet, J.-M. 13594
Dalley, S. 12887
Dall'Ongaro, G. 3908
Dalmacija, S. 10619
Dalmasso, M.T. 15496
Dal', V.I. 502
Dalsecco, L. 14779
Dam, F. 254, 478
Damiani, M.R. 7332
Damman, E. 15380
Damme, I. van 8683
Damron, O.P.R. 3521
Damsteegt, T. 4601
Dan, I. 7743
Dănăilă, I. 14
Dančev, A. 684, 10242
Dandamayev, M.A. 245
D'Andrea, J.A. 14800
Danek, D. 1694
Danell, K.J. 6644, 6645
Daneš, F. 156, 913, 2438, 2795, 3879, 10824, 10825, 10951
Daneš, Z.F. 10871
Danesi, M. 244, 512, 6158
Dangel, J. 5772
Daňhelka, J. 10872
Daničić, D. 503
Daniels, P.T. 12871
Danielsen, N. 914, 8746, 8749, 8750
Dănilă, S. 7744
Danil'čyk, Z.P. 12662
Daniloff, R.G. 2084
Danjou-Flaux, N. 6577, 6772, 6903
Danker, F.W. 5709
Dankoff, R. 14300
Dante Alighieri 1878, 1947
Danyljuk, N.O. 12594
Danylova, Z.V. 9150
Darbeeva, A.A. 4114
Darčuk, N.P. 3270, 12607
Dardano, M. 7236, 7486
Dardel, R. de 5943
Darden, B.J. 258, 9970
Dardi, A. 7424
Dardjowidjojo, S. 14920, 14921
Darga, M. 4396
Dargyay, E.K. 14825
Darms, G. 7897
Dascal, M. 1209, 6464
Dascălu, L. 7599, 7600, 7601, 7602, 7603, 7726
Dasgupta, P. 2439, 4615, 4616
Daskalova, A. 10185
Daszczyńska, I. 12371
Daszkiewicz, J. 4810, 14447
Datta, A.K. 15120
Datz, M.J.D. 15442
Daubaras, F. 9757
Daugats, Ė. 1862
Dauksza-Krupińska, M. 12354
Daurov, Ch.B. 13694
Davary, G.D. 4736
Davau, M. 6904
David, D. 7647
David, N. 15121
Davidov, A. 9971
Davidsen-Nielsen, N. 2150, 7898, 7923
Davidsson, K.K. 12112
Davies, W. 5850
Davies, W.D. 15413
Davis, B.H. 1943
Davis, J.E. 6125
Davis, M.K. 1746
Davis, N. 448
Davis, P.W. 149, 2718, 2719, 15506
Davison, A. 1546, 4632
Davletov, S. 14448
Davy, J.I.M. 15255
Davydenko, N.D. 12595
Dawson, E. 3522
Dawson, W. 14826
Day, R.R. 15600
Dayagi-Mendels, M. 13119
Dean, P.K.E. 9112
Debicka-Šimonková, A. 10969
Dębogórski, M. 2280
Debon, G. 14814
Debrabandere, F. 8717
Debreczeni, A. 4633
Debrie, R. 6525, 6835, 7173
Debrunner, A. 5159
Debus, F. 8464
DeCarrico, J.S. 8908
Declerck, R. 2440
Décsy, Gy. 2951, 2952, 14088, 14122, 14132, 14732
Decurtins, A. 7549, 7551
Dede, M. 14368
Dees, A. 6794
Degan Checchini, A. 7166
Degani, E. 5270
Degen, R. 13445
Deger-Jalkotzy, S. 5128
Degtjarev, V.I. 9834, 9835, 9836, 10398
Dehghan, K. 4495
Deich, R.F. 3689
Deighton, H.J. 4397
Dejanova, M. 9837, 10072, 10399, 10697
Déjean Le Féal, K. 915
Dejmek, B. 10898, 10899, 10900, 10916
Dejna, K. 11491, 11546
Dekanová E. 202
Dekeyser, X. 8799
Delancey, S. 2441
DeLancey, S.C. 14827
Delatte, L. 5813, 5815
Delattre, P. 2057
Delbouille, M. 568

INDEX

Del Canto, M. 7495
Delcor, M. 13117
Delden, J. van 8670
Delekat, L. 12767
Delić, M. 3110
Dell, F. 2151, 14752
Della Casa, A. 5851
Della Monica, W. 7333
Delmas, J. 5852
Delmonte, R. 3325, 7219
Del Olmo Lete, G. 13010, 13011, 13012, 13013
Del Popolo, C. 7425
Delrieu, A.-M. 6891
Delrue, L. 9113
Delsman, W.C. 12888
Delvoye, C. 241
Demandt, A. 2953
Demarolle, P. 6593, 6646
DeMarr, M.J. 8762
Demartin, A. 11698, 12550
Dembetembe, N.C. 15313
Dembiński, B. 845
Deme, L. 14133
Demers, R.A. 893
Demeter, P.S. 4684
Demeter, R.S. 4684
Dēmētrokállēs, G. 5467
Demharter, C.A.M. 6836
Demidova, G.I. 12169
Demidova, G.M. 13286
Demina, E.I. 10042
Demiraj, S. 5016, 5017, 5018, 5033, 5034, 5090
Demiray, K. 14391
Demirčizade, A.M. 504
Dem'jankov, V.Z. 1811
Dem'janenko, Z.P. 14252
Dem'jankov, V.Z. 1547
Dem'janov, V.G. 11813, 11844, 11845, 12123
Dem'janovič, M.I. 12372
Demonte, V. 6193
Dempster, D.J. 1370
Demsky, A. 13124
Dems'kyj, M.T. 12569, 12570
Dench, A. 15089
Denecke, L. 557, 558
Deneckere, M. 1863
Denison, N. 242, 3909, 4115, 8771
Denisov, P.N. 2954, 12373
Denny, J.P. 15389
Denooz, J. 5813

Dent, L.J. 2058
Denton, D.R. 5271
Denux, R. 6897
Denysenko, S.N. 8293, 8294
DePaulo, B.M. 3523
Dequeker, M. 13959
Derbolav, J. 1210, 1211
Derganc, A. 12114
Deribas, L.A.12299
Derjagin, V.Ja. 12205, 12321
D'Erme, G.M. 4763
Deroy, L. 2955
Derrick-Mescua, M.T. 15414
Dervillez-Bastuji, J. 1371
Derwing, B.L. 3631
Desbordes, F. 1828
Descamps, J.-L. 6894, 6905
Deschamps, L. 5773
Desclés, J.-P. 3241, 10078
Dešeriev, Ju.D. 407, 3910, 3911, 4090, 13646
Dešerieva, T.I. 2442
Deshpande, M.M. 4501, 4527
Desi, M. 6408
Dešić, M. 10534, 10535
Desinan, C.C. 7550
Désirat, C. 6915
Desnickaja, A. 485
Desnickaja, A.V. 505, 1897, 4974
Desnitzkaja, A.V. 5944
Despalatović, E.M. 10445
Despodova, V. 9972, 9973, 10297
Dessaux-Berthonneau, A.-M. 409
Detering, K. 187, 188, 1812
Deth, J.P. Van 3912
Detorákēs, T.E. 5468
Dettori, A. 776, 7540
Deubner, L. 12192
Deuchar, M. 1747, 1773
D'Eugenio, A. 8798
Deunk, G.H. 8625, 8626
Deutsch, M. 3653
Deutschmann, O. 243, 506, 507, 6391
Devasthali, G.V. 4528, 4529
Devine, A.M. 5425
Devine, J.M. 3660
Devkin, V.D. 7952
Devlamminck, B. 4296, 5310, 9640
Devos, M. 8664, 8671

Dezső, L. 12546, 13787, 14091
Dhongde, R.V. 4660
Dhrimo, A. 4992, 5096
Diaby, S. 15194
Diacon, V. 7696
Diaconescu, I. 7617
Diaconescu, P. 7618
Diakonoff, I.M. 4812, 12756, 12759
Diament, H. 9323
Diamessis, S.E. 154
Díaz Tejera, A. 5188
Díaz y Díaz, M.C. 5853
Dibbets, G. 8556
Dibbets, G.R.W. 1864, 8527, 8603, 8604, 8605
Diblík, J. 10917
Di Caro, A. 1212
Dickel, G. 8295
Di Cristo, A. 2238, 2258
Diebold, A.R., Jr. 15386
Dieckhofer, E. 509
Dieckhofer, K. 509
Diekmann, E. 7552, 7553
Diekmann-Sammet, D. 7554
Dieleman, M. 8621
Diels, P. 510
Diem, W. 311, 12841, 13323
Dienhart, J.M. 8795
Diensberg, B. 6550, 8849, 9151
Dieterich, T.G. 8909
Dietrich, M. 13014, 13015, 13016, 13017, 13018, 13019, 13020, 13021, 13022, 13023, 13024, 13025, 13026, 13027, 13028, 13029, 13030, 13031, 13032, 13033, 13098
Dietrich, W. 6194, 6447
Dietz, R. 4486
Dieu, M. 15122
Diez, F. 136
Digeser, A. 8356, 8359
Di Giovine, P. 5035
Dijk, J. van 12695
Dijk, K.J. van 8747
Dijk, T.A. van 2723, 2785
Dik, S.C. 1057, 2443, 2444, 2445, 2446, 2447, 6465, 8557
Diki-Kidiri, M. 15180
Dil, A.S. 3990, 15003

INDEX

Dilevski, N. 598
Dilger, W. 3242
Di-Lillo, A. 6594, 6647
Dillard, J.L. 8781, 9293
Diller, A.-M. 1549
Diller, H.-J. 3173
Di Luzio, A. 7501, 7502
Di Manzo, M. 3234
Dimitrescu, F. 7699
Dimitrescu, I. 8901
Dimitrova, L. 12213
Dimitrova, M. 511, 10186
Dimitrova-Todorova, L. 10187, 10188, 10189, 10194
Dimitrovski, T. 10298
Dimmendaal, G.J. 15123
Dinçol, A.M. 4463, 12679, 12680
Dinçol, B. 4377, 4463
Dinekov, P. 679, 752, 825
Dingeldein, H.J. 8397
Dinguirard, J.-C. 6526, 7095, 7110, 7111, 7112, 7113
Dinneen, D.A. 2311
Dinnsen, D.A. 2149, 2225
Dinsmore, J. 1372
D'Introno, F. 6195
Dinu, M. 7736
Dion, P.-E. 13287
Dionysius Halicarnassensis 5160
Dionysius Thrax 5161
Di Pietro, R.J. 135, 244, 512, 1058, 1548
Dirven, R. 1550, 1551, 1312
Di Salvo, M. 1865
Di Sciullo, A.-M. 6579, 6595
Dishman, A.C. 6295
Di Stefano, G. 6795
Disterheft, D. 4256, 7803
Dittmann, J. 1521
Dittmar, N. 186, 3913
Dittmer, A. 1819, 7986, 8033, 8034, 9468
Dittmer, E. 9641
Divine, S. 3829, 7237
Dixon, R.M.W. 8910, 15083, 15090, 15091, 15094
Djahukian, G.B. 4846
D'jakov, V.A. 9776
D'jakonov, I.M. 245, 508, 4708, 4812, 12756, 12759
Djakova, S. 8911

Djamaris, E. 14922
Djamo-Diaconiţă, L. 486, 7648
Djawanai, S.A. 14923
Dlugoš, A.M. 12435
Długosz-Kurczabowa, K. 11388, 11389
Dmitriev, P.A. 9777, 10034, 10400, 11834
Dobosz, J. 3236
Dobrev, I. 681, 9838, 9974, 10133
Dobrev, I.K. 10190, 10191, 14369
Dobreva, E. 10073
Dobrodomov, I.G. 494, 9810, 12214, 12215, 12610, 14014, 14343
Dobrogowska, K. 11380
Dobrovie-Sorin, C. 1373, 2448, 6771
Dobrovolsky, M.B. 2239
Dobrovský, J. 513, 514, 515, 516, 517, 518, 519, 520, 521, 522, 523, 616, 10008, 10737, 10793
Dobrzyński, J. 11589
Dobson, W.A.C.H. 524
Doca, G. 3524
Doçi, R. 5097
Doda, B. 11366
Dodbiba, L. 525
Dodi, A. 5007
Doerfer, G. 2449, 14253, 14254, 14255, 14277, 14301, 14359
Doğan, D.M. 14370
Dogana, F. 3525
Dogramadžieva, E. 9975, 10128, 10134
Dohalská, M. 3914, 10805
Dohalská-Zichová, M. 2059, 6551
Doke, C.M. 15256
Doko, R. 15184
Dokomos, P. 13756
Dokulil, M. 526, 527, 528, 2281, 10826
Dolbec, J. 6580
Dolç, M. 6117
Dolcetti Corazza, V. 9642
Doležalová, E. 202
Dolgich, I.A. 11809
Dolgopolsky, A. 13605
Dolinina, I.B. 8912

Dolník, J. 1374, 1375
Dolphyne, F.A. 15226
Domagała, J. 11350
Domašnev, A.I. 505, 3915, 3916
Dombrovs'kyj, Ju.A. 12602
Domi, M. 525, 4993, 5019, 5036, 5037
Domingue, N. 4617
Domínguez, A. 1814
Dominicy, M. 371, 2867
Dommelen, W.A. van 7965, 7966
Domokos, P. 13762
Donaldson, A. 2450
Doñate Sebastià, J.M. 6068
Donath, J. 3978
Donati, E. 7311
Donbaev, E.B. 14449
Donbaz, V. 12889
Dončenko, N. 12374
Dončeva, L. 529
Doneckich, L.I. 9848, 12375
Donhauser, K. 8035
Donnet, D. 1866, 1867
D'Onza Chiodo, M. 4602
Dooley, R.A. 15514
Döör, J. 1059
Dooren, K. van 8539
Doppagne, A. 6837
Dor, R. 14450, 14451, 14462
Đorđević, B. 10377
Dore, J. 1552, 1553
Dorfmüller-Karpusa, K. 1376, 2451
Doria, M. 5129, 7200, 7335
Dorian, N.C. 7804, 7805
Dorman, M.F. 2106
Dorošenko, S.I. 12517
Dorošenko, V.A. 6175
Doroszewski, W. 530, 916
Dorotjaková, V. 11806
Dorovskich, L.V. 12460
Dorsi, P. 7587
Dorul'a, J. 203, 464, 11181, 11218, 11270, 11308
Doshita, S. 3471
Dospanov, U. 14452
Dossin, G. 12890, 12891
Douaud, P.C. 6596
Douglass, R.T. 6388
D'Ovidio, F. 917
Dowling, L.H. 6196
Dowty, D. 2452
Dowty, D.R. 1213

INDEX

Drago, E. 7727
Drago Rivera, F. 7282
Dragoş, E. 2724
Drake, D.B. 6197
Drake, G.F. 8772
Draşoveanu, D.D. 7619
Drechsel, E.J. 15387
Dreizin, F. 12376
Drejkant, O.A. 8036
Dresher, B. 2594, 2621
Dresher, B.E. 2152, 8800
Dressler, W.U. 1322, 2153, 2332, 2710, 7879
Drettas, G. 3917
Drew-Bear, T. 4913
Drewek, R. 3326
Drewes, G.W.J. 14924
Drewes, J.B. 8672
Dridze, T.M. 1695
Driel, G. van 270
Driel, H. van 8559, 8597
Driel, L. van 402, 1868
Driel, L.F. van 8558
Driessen, J. 3814
Drigo, M. 2282
Drini, F. 4946
Drini, S. 5064
Drinkard, J.F., Jr. 13229
Drinov, M. 739, 1951
Dröge, K. 8297
Droixhe, D. 6838
Dron, I.V. 14553
Dronke, U. 317
Droste, F.G. 1377, 3526
Drozdík, L. 13361
Dršatová, J. 10827
Drüll, D. 14301
Druyven, T. 1869
Dry, H. 2725
Dryer, M.S. 2453
Dua, H.R. 3918
Dubin'ski, A. 14554
Dubiński, A. 878, 14453
Dubisz, S. 11606
Dubois, B.L. 3111
Dubois, J. 1814, 6950
Dubois, P. 1585
Dubon, D. 1748
Dubova, N.G. 12461
Dubovskij, Ju.A. 8780
Dubrovina, V.F. 11813, 12216
Dubrovina, Z.M. 13813
Dubský, J. 6296
Dubuisson, M. 5273, 5274

Ducarne de Ribaucourt, B. 1749
Ducháček, O. 3919, 5945
Ducharme, C. 6825
Duchet, J.-L. 2155
Duchet-Suchaux, M. 5855
Düchting, R. 554
Ducrot, O. 1378, 1554, 1555, 1556, 1815, 6771
Duda, W. 11381
Dudok, D. 531, 11194
Dugand, J.-É. 5514, 5515, 12842
Dugas, A. 2600, 3219
Dugas, J.-Y. 6906
Dugast, D. 7051
Duhoux, Y. 4380, 5552, 12768
Dujčev, Iv. 9949
Dukova, U. 4398
Dulewiczowa, I. 9761, 11382, 11597
Duličenko, A. 4175
Duličenko, A.D. 2726, 9778, 9779, 10482, 10698
Duličenko, L.V. 9976
Dulitšenko, A. 4175
Dul'zon, A.P. 14624
Dumarsais, C.C. 1858, 1889
Dumbrĕvjanu, A.N. 7745
Dumestre, G. 15199
Dumézil, G. 4813, 13695, 13696
Dumistrăcel, S. 7604, 7700
Dumitrescu, D. 6406
Dumitrescu, M. 1379, 2956
Dumitresku, M. 2956
Dummett, M.A.E. 1214
Dumont, P. 7061
Dumrĕvjanu, I.M. 5946
Dunaj, B. 11357, 11367, 11368, 11380, 11492
Duncan-Rose, C. 9232
Dundas, P. 4603
Dunkel, G. 4257, 4530, 5275, 5276
Dunkel, G.E. 4496
Dunlap, A.A. 3830
Dunn, J.A. 9839, 15443
Dupont-Sommer, A. 13283
Duprez, D. 7011
Dupuy, H. 292
Dupuy-Engelhardt, H. 8299
Durand, F. 7336
Durand, J. 2154

Durand, J.-M. 12885, 12937
Durante, M. 5537, 5666, 7283
Duranti, A. 15052
Duridanov, I. 577, 753, 4921, 4922, 10035, 10135, 10136, 10192, 10193, 10194, 10276
Durin, J. 2283, 11846
Durling, R.J. 5277
Durmuller, U. 3920
Durnovo, A.A. 5605
Duro, A. 5065
Ďurovič, Ľ. 11140
Dury, R. 3661
Dušková, J. 11016
Duţescu-Coliban, T. 1380
Duţescu-Sturdza, R. 2727
Duthie, A.S. 15227
Du Toit, P.J. 8732
Dutton, T. 14875
Dutton, T.E. 15033
Duval, P.-M. 7766
Dvonč, L. 629, 708, 712, 723, 827, 854, 11116, 11117, 11141, 11142, 11219, 11220, 11221, 11222, 11272, 11273, 11274, 11314, 11315
Dvořák, E. 204, 401, 411, 517, 10963, 10970
Dvořák, J. 10992
Dweik, B.S. 13462
Dwivedi, D.S. 4634
Dworkin, S.N. 5947
Dybo, V.A. 9811, 9943
Dyen, I. 14888
Dyhr, M. 233, 8037
Dzagdsüren, U. 14584
Džambazov, P. 10277, 11916
Džambeluka-Kossova, A. 9966
Džanašia, N.N. 14371
Džangidze, V. 13654
Džaukjan, G.B. 1381, 4294, 4845
Džavadova, M.N. 14412
Dzekan, J. 12217
Džemakulova, E. 11917
Džemakulova, È.M. 11880
Dzendzelivs'kyj, J.O. 12551
Džidalaev, N.S. 13697
Dzidziguri, Š. 13655, 13667
Dzidzilis, H. 10195
Dziekan, J. 12217

INDEX

Džikija, S.S. 532
Džogović, A. 10620
Džorbenadze, B. 13656
Džorbenadze, B.A. 13646
Džunisbekov, A. 14454

Eades, D. 15092
Eagle, J.W. 15429
Ebach, J. 13201
Ebbinghaus, E.A. 9643
Ebel, E. 9388
Ebel, M. 1560
Ebeling, R.A. 8718
Eber, D.H. 443
Eberenz, R. 6198
Ebert, K.H. 13606
Ebert, R.P. 8038
Ebertowski, M. 3921, 3922
Eble, C.C. 9152, 9153
Ebner, F. 1211
Ebneter, T. 2868, 7555
Echaide, A.M. 6134
Echols, J.M. 14925
Eckermann, W. 1215
Eckert, H. 1060
Eckert, P. 4116
Eckert, R. 205, 4764, 9654, 9655, 9744
Eckman, F.R. 3780
Eckmann, J. 14305
Eco, U. 183, 1696
Edel, E. 13523
Èdel'man, D.I. 4693, 14266
Edinger, H.G. 5278
Edmondson, J.A. 8039, 8040
Edmondson, W. 1750
Edmondson, W.J. 2728, 2729
Edwards, A.D. 3923
Edwards, B.A. 1751
Edwards, I.E.S. 13524
Edzard, D.O. 12697, 12731, 12892, 12893, 12986
Eeckhaut, R. van den 8719
Eegholm-Pedersen, S. 9477
Eemeren, F.H. van 1661
Èfendizade, A. 504
Effenterre, H. van 5279
Ege, N. 199, 1306, 1336, 1957
Egerod, S. 1336, 15015
Egger, K. 4117, 7504
Eggermont, J.L. 8627
Eggers, H. 8087
Egli, A. 8205

Egli, U. 1479
Eglin, P. 1557
Egorov, V.G. 533
Ehlers, H.J. 3327
Ehlich, K. 1382, 1752, 2240, 3924, 7967, 13171
Ehnert, R. 8300
Ehret, C. 13576, 15112, 15124, 15257, 15381
Ehri, L.C. 3528, 3529
Ehrich, V. 8041
Eichenseer, C. 9916
Eichhoff, J. 2869, 8206, 8437
Eichinger, L.M. 7062, 8042
Eichler, E. 376, 644, 4185, 4186, 4222, 8466, 9780, 10770, 10778, 11754, 11757
Eichler, W. 7986
Eichner, H. 4239, 4373, 4399
Eichner-Kühn, I. 4531
Eid, M. 13463
Eigeldinger, F. 7035
Eigminas, K. 9733
Eikmeyer, H.-J. 2957
Eilers, W. 4765, 4766
Eiras, V. 14201
Eisengarten, R. 14876, 14926, 14927
Eisenstein, H. 553, 586, 869
Ejder, B. 9346, 9593
Ejerhed, E. 9375, 9535
Ejerhed, E.I. 2454
Èjntrej, G.I. 4994
Ejskjær, I. 9469
Ek, K.-G. 8801
Ekka, F. 14700
Ekmann, B. 9470
Eksell Harning, K. 13362
Elat, M. 12894
Elbaz, S. 13406
Elbert, S.H. 15053, 15054
Elderkin, E.D. 15382
Elert, C.-C. 9563
Elfenbein, J. 4767
Elffers, E. 1870, 1871, 1080
Elgin, S.H. 8913
Elia, A. 6648, 7238
Elías-Olivares, L. 6149
Eliassaf, N. 13278
Eliasson, S. 2156
Eliazaryan, È.Ṙ. 3328
Elimelich, B. 15228
Elisséeff, D. 14756

Elizarenkova, T.Ja. 4532
Ellermeier, F. 12698
Elliot, A.J. 3663
Elliott, R.W.V. 9233
Ellis, M. deJ. 12699
Elman, B. 14769
Elmegaard Rasmussen, J. 4337
Elmer, W. 7899, 8914
Elnitsky, L. 6908
Eloeva, F. 4706
Elovkov, D.I. 14865
Elson, M.J. 10299, 10300
Elst, G. Van der 1383
Elstad, K. 9424
Elwert, W.T. 246, 5948, 7284
Emel'janaŭ, A.S. 12640
Emenanjọ, E.'N. 2333
Emeneau, M.B. 3925, 4041
Emerton, J.A. 228, 247, 13034
Emmanuele, S. 5840
Emmerick, R.E. 4737, 4738, 4739
Emonds, J. 2455
Emons, R. 8915
Emslie, H.C. 3664
Enčeva, N. 11918
Encrevé, P. 3926, 3993
Enders, H.W. 1955
Endress, G. 13449, 13450
Endzelīns, J. 883
Engdahl, E. 231, 2456, 9375
Engdahl, E.B. 9536, 9537
Engel, U. 8043, 8044
Engelberg, K.-J. 3450
Engelkamp, J. 3541
Engel-Ortlieb, D. 2730
Engels, F. 1089
Engels, H. 8261
Engler, R. 5949
Englund, B. 10074
Englund, G. 13526
Engström-Persson, G. 8045
Enkvist, N.E. 346, 1061, 2731, 2732, 2733, 3112
Enninger, W. 8773
Enrico, J.J. 15399
Enrietti, M. 9877, 9878
Enriques, L. 154
Enstrom, D.H. 2060
Entjes, H. 8625, 8626, 8628, 8629, 8630, 8637
Envall, P. 9538

INDEX

Epe, A. 5877
Epsiova, A.V. 14532
Eraslan, K. 14292
Erasmus, D. 1856, 1872
Erb, T. 5856
Erben, J. 7998
Erdélyi, I. 2917
Erdődi, J. 534, 13736
Erelt, M. 13939
Erelt, T. 13940
Eremia, A.I. 7620
Eremina, L.I. 12377
Erhart, A. 2958, 4258, 4259, 4497
Eriksson, B. 2940, 6649
Eriksson, O. 6650
Erler, A. 8304
Ermakova, M.I. 11755
Ermert, K. 2734
Ermuškin, G.I. 14024
Ernby, B. 2866
Erni, M. 3326
Ernits, E. 9745
Ernits, V. 535
Ernst, G. 273, 2334, 5109
Eroms, H.-W. 2735, 8046
Errington, J. 14928
Ertelišvili, P. 13657
Erteschik-Shir, N. 9471
Ertvelde, R. van 8540
Esau, H. 948, 1558, 3113, 3665
Eschbach, A. 16, 1686
Escobar, A. 4020
Escobar, J. 6346
Escoffier, S. 6839
Escribano, J.L.G. 2457
Escure, G. 15597
Eselević, I.È. 12229
Esenç, T. 13696
Espiritu-Reid, P. 15001
Esser, M. 6909
Estapà, R. 6347
Estefanía, D. 5710
Esterbauer, F. 4025
Etkind, E. 12433
Etmekjian, J. 4814
Etogo Mbezele, L. 15302
Ettinger, S. 2335, 5950
Euler, W. 4260, 5538
Eŭtuchoŭ, U.D. 12645
Euvrard, A. 3451
Evangelisti, 536, 537
Evans, C.A. 5400
Evans, D.E. 7755

Evans, Gareth 1216, 1384
Evans, G.R. 1217
Evans, L. 3531
Evans, W.W. 8774
Evens, M.W. 1385
Even-Zohar, I. 13269
Everaert, M. 8560
Evers, A. 2458, 2459, 2656
Évrard, É. 5813, 5814
Ewald, P. 8365
Ewen, C.J. 2157, 7859
Extra, G. 4163
Eynde, F. van 3243
Eynde, K. van den 8539
Eytan, E. 3315

Faber, A. 12843
Fabian, J. 15276
Fabianová, N. 2959
Fabini Lokot'ko, G. 12115
Fabre, C. 3666
Fabre, P. 7174
Fabricius-Hansen, C. 8047, 8048
Fabris, M. 12350
Fabrizi, M.S. 3591
Faccani, R. 11847
Faché, A. 3927
Fache, C. 7239
Fachrutdinov, R.G. 14344
Faehlmann, F.R. 13946
Faerch, C. 919
Fagel, W. 3507
Fähnrich, H. 13673
Faitelson-Weiser, S. 6176
Faizchanov, Ch. 538
Falc'hun, F. 7175
Falcone, G. 7338
Fales, F.M. 12895, 12896
Falińska, B. 11493
Falk, H. 4534
Falk, J. 6070
Falkenberg, G. 1559
Falster Jakobsen, L. 2511, 8048, 8072, 9472
Fanciulli, P. 7339
Fanciullo, F. 7285, 7426
Fane, H. 4229
Fantappiè, R. 7286
Fanti, C. 3174
Faraclas, N. 15245
Farber, G. 12731, 12897
Farber, W. 12898, 12899, 12900
Farghaly, A.A.S. 13363

Fargher, D.C. 7806
Farina Cuzzi, E. 5280
Farkas, D. 7621
Farkašová, O. 9154
Farmini, L. 1064, 1065, 5857, 9356
Farr, C.J.M. 15069
Faruqi, L.I. al 13437
Fasold, R. 9278
Fassel, L. 5590, 5951
Fassi Fehri, A. 13364
Fasske, H. 9792, 11756, 11765
Fassò, A. 5952, 7427
Fattori, M. 179
Faucher, E. 8049
Faucounau, J. 12769, 12770
Faure, G. 8802
Favareto, C. 3309
Favreau, R. 5858
Fawcett, R. 1150
Fay, D. 3831
Fay, D.A. 3520
Fay, W.H. 3667
Fazekašová, M. 11107, 11195
Fazylov, È.I. 14270, 14298, 14304
Feagin, C. 9279
Fedenev, V.B. 3015
Fedjuneva, G.V. 14076
Fedorov, A.I. 11820, 12170, 12171, 12220
Fedorov, A.K. 11828
Fedorov, N.A. 5711
Fedotov, M.R. 14256, 14257
Fedry, J. 15181
Feer, B.B. 14625
Féhér, M. 1386
Feifalik, J. 1915
Feigin, S. 12901
Feinauer, R.A. 3380
Feinberg, L.E. 9840
Feinstein, M.H. 2142, 2185
Feissel, D. 5469
Feitelson, D. 13270
Fekete, E. 10621
Felber, H. 3329
Fel'dman, E.D. 4815
Feldman, L.B. 3069
Feldstein, S. 2061
Felice, E. De 155, 7527, 7528, 7531i
Felix, J. 7605
Felix, S.W. 3668

INDEX

Felixberger, J. 6789
Fellman, J. 700, 13262, 13288, 13497, 13498
Felsenthal, R.A. 5401
Feltenius, L. 5630
Fenech, E. 13474
Fenet, A. 4025
Fennell, T.G. 6597, 9746, 9747, 9748
Fensham, F.C. 499, 13035, 13036, 13172
Fenwick, S.L.G. 6199
Feoktistov, A.P. 13757, 13758
Féral, C. de 15594
Ferenčík, J. 11009, 11300
Ferenčíková, A. 11196
Ferguson, C.A. 113, 3879
Ferluga-Petronio, F. 5130, 9879, 9880, 9881, 9882
Fernandez A., M.P. 9639
Fernández Álvarez, M.P. 5228, 5229
Fernández-Galiano, E. 5281
Fernández Garay, A. 15515
Fernández Garay, A.V. 15444
Fernández Lagunilla, M. 6348
Fernández Ramírez, S. 6344
Ferrand, M. 4959, 11993
Ferrante, D. 5282
Ferrari, G. 2460, 3330
Ferrari-Bravo, D. 3154
Ferreccio Podestá, M. 6349
Ferreira, P.M. 5953
Ferrell, R. 15016
Ferrer, A.-L. 6071
Ferrer i Mallol, M.T. 6072
Ferrero, M. 4118
Ferriani, M. 1882
Ferrol, O. 15578, 15579
Ferrua, A. 5712
Ferwerda, G.T. 270
Feser, R. 14372
Feudel, G. 8155
Feuillet, J. 7900, 10075
Feuth, E. 7807
Feydit, F. 4816
Fiacre, K.-J. 6840
Fiala, J. 9257
Fiala, K. 2736
Fiala, P. 1560
Fichez-Vallez, É. 6651
Fiedler, W. 5020

Fiedlerová, A. 10918
Fiehler, R. 1561
Figas, J. 3533
Figueira, R.A. 3669
Filbeck, D. 14866
Fileni, F. 5050
Filin, F.P. 539, 540, 541, 542, 1066, 11804, 11833, 12116, 12184, 12221, 12222, 12235, 12320, 12321, 12572
Filipec, J. 526, 10951
Filipova-Bajrova, M. 10224
Filipović, R. 920, 2158, 10359, 10401, 10602, 10622
Filippova, I.S. 12117
Filkova, P. 12223, 12224
Fill, A. 1067, 8850
Fillmore, C.J. 1387, 8949
Filppula, M. 1562, 9114
Finck, A. 292
Findra, J. 11283
Fine, J. 3535
Finedore, P.G. 11919
Finet-Van der Schaaf, B. 8748
Fink, F.D. 13155
Fink, S.R. 1816, 2461
Finka, B. 743, 10483, 10536
Finke, A. 7577
Finkel, I.L. 12723
Finzi, A. 3271
Fiorelli, P. 7225, 7437
Fioroni Sandri, G. 14655
Firbas, J. 2462, 2463
Firsova, N.M. 6392
Fisakova, G.G. 14533
Fischer, A. 4119
Fischer, B. 5742
Fischer, Helmut 5713, 8207
Fischer, H.G. 13527
Fischer, I. 5819
Fischer, M. 3527
Fischer, W. 870, 13334, 13387, 13388, 13389, 13408
Fisher, J.L. 1455
Fisher, R. 8301
Fishman, J.A. 4120
Fisiak, J. 2206, 2340, 9064, 9115
Fitzmyer, J.A. 500, 13289, 13290
Fivaz, D. 15259

Flämig, W. 7956
Flaume, A. 11994
Fleckenstein, Chr. 12118
Fleerackers, J. 3928
Flege, J.E. 2062, 8803
Fleisch, H. 13365
Fleischer, W. 4221, 7999
Fleischhammer, M. 13333
Fleischman, S. 5954
Fleischmann, G. 3331
Fleischmann, U. 3929, 15580
Fletcher, B. "Rainbow" 9324
Fletcher, P. 3670, 3707
Fleuriot, L. 7757, 7880
Flídrová, H. 390, 1563, 1564, 11995, 11996
Flier, M.S. 11848, 11920
Flint, A. 13814
Flobert, P. 5631
Florea, L.-S. 1565
Florea, V. 7622
Flores, E. 5667
Flores d'Arcais, G.B. 3611
Flores Varela, C.D. 6652
Florin, S. 3203
Florja, B.N. 12119
Flösser, J. 1388
Floyd, E.D. 5132
Fluck, H.-R. 7953
Fluhr, C. 6408
Flury, P. 5714
Flynn, M. 9250
Flynn, M.J. 2464
Flynn, S. 3726
Fodor, I. 14123, 14124, 15125
Fodor, J.A. 1389
Fodor, J.D. 1389
Fogarasi, M. 7428
Fohrer, G. 247
Fokkelman, J.P. 13237
Foldvik, A.K. 2063, 2064
Folena, G. 7287, 7429
Foley, J. 6598
Fomina, L.F. 9977
Fónagy, I. 1390, 1566, 2065, 2241, 3159, 6545
Fong, E.A. 6653
Fontaine, J. 1873, 11997
Fontanella de Weinberg, M.B. 6135, 6274, 6297, 15516, 15555
Foolen, A. 1542
Forbelský, J. 10993

INDEX

Ford, W.R. 3332
Forero, M.J. 15517
Foresti, F. 7199, 7200, 7332, 7337, 7340, 7341, 7505
Forman, M. 11849
Formánková, M. 11998, 11999
Formanovskaja, N.I. 1567, 12378
Forsgren, M. 6654
Forsgren, T. 9540
Forssman, B. 785, 4707, 5283, 9978
Forster, K. 9325
Forster, P.G. 4176
Forstinger, R. 11037
Fortassier, P. 5799
Fortescue, M.D. 2737
Fortunatov, F.F. 4366
Foster, B.R. 12700
Foster, D.W. 6177
Foster, M.K. 15430
Foster, M.L. 1455
Fougeron, I. 11850
Fought, J. 1896
Foulgoc, V. 1749
Foulkes, I.W. 2960
Foulon, C. 248, 249
Fournier, R. 6589, 6692
Fourtina, H. 2540
Fouts, R.S. 1755, 1791, 1799
Fowkes, R.A. 7860
Fowler, Mervyn D. 13202
Fowler, Murray 12798
Fowler, R. 9216
Fox, A. 7968
Fox, B.A. 15002
Fox, J.J. 14929
Fox, R.A. 2066
Fraenkel, J. 13291
Frago Gracia, J.A. 6439
Fraisse, C. 7115, 7116
Frajzyngier, Z. 2465, 13608, 13609, 13610, 15229
Frake, C.O. 15003
Francard, M. 6841
Francescato, G. 439, 3671, 4121, 4122, 7556, 7557
Franceschi, T. 6015
Franceschini, S. 1218
Francesconi, C. 2466
Franchi De Bellis, A. 5553
Francis, J. De 14859
Franco Arias, F. 6910
François, F. 330, 953, 1749, 3672,

François, J. 2961
François, P. 154
Francovich Onesti, N. 8208, 9065
Frâncu, C. 7623, 7624
Frančuk, V.Ju. 12120, 12121
Franěk, J. 10994
Franga, L. 4923
Frank, B. 13611
Frank, M. 11994
Frank, R.M. 13332
Franke, H. 20, 250, 742, 14229, 14585
Franke, K. 20, 848
Frankena, R. 12902
Franklin, K.J. 14880
Franklin, R. 15464
Franko, Z.T. 12611
Frankowska, M. 11414, 11415, 11416
Franks, S. 2467
Franolic, B. 10446
Franolić, B. 10537
Fransen, G. 5859
Franz, N. 12379
Franz, W. 14647
Franzén, G. 9594, 9624
Frasa, M. 7534
Fraser, B. 8906
Fraser, C. 3489, 3534, 3896
Fraser, T. 8851, 9035
Fraser, T.K.H. 8916
Frăţilă, V. 4960
Frawley, W. 2962
Freedle, R. 3535
Freedman, D.N. 12838, 13161, 13257
Freeman, D.C. 3114
Freeman, N.H. 3673
Frege, G. 1214, 1274
Freidhof, G. 10971, 11829, 12000, 12342
Frei-Lüthy, C. 5189
Freitas, H.R. de 6466
French, P.A. 3674, 1207
Fretheim, T. 171, 9425, 9426
Frey, E. 3115, 3116
Frey, J.S. 8917
Freydank, H. 4420, 12709
Freyre, G. 6478
Fridman, V.A. 4962
Fridolin 8210
Friebertshäuser, H. 280
Fried, V. 849, 1005
Friedman, C. 3220

Friedman, H.S. 1753
Friedman, R.B. 3832
Friedman, V.A. 4961, 4962, 5021, 10076, 14373
Friedrich, J. 4400
Friedrich, P. 921
Fries, S. 9563
Fries, U. 8918
Frijda, N.H. 1754
Frith, C. 3536
Frith, M. 15598
Frith, U. 3536
Fritz, G. 2739, 8050
Fritze, W.H. 8467
Froidcoeur, J.M. 154
Fromkin, V.A. 2262, 3530
Fromm, H. 251, 252, 13815, 13990, 13460
Fronek, J. 8919
Froňková, J. 3351, 3352
Fronzaroli, P. 12987
Fryčer, J. 10995
Frydrychowicz, S. 11343
Fryščák, M. 616
Fuchs, C. 1391, 2540, 1068, 1069
Fuchs, J.W. 5884
Fück, J. 13333
Fuentes Estañol, M.-J. 13139
Fugas, J. 1070, 1071
Fugger, B. 6911
Führer, B. 8211
Fujisaki, H. 2067
Fukushima, H. 3479
Fullerton, G.L. 7901
Fulon, J. 10301
Fum, D. 3333
Funeriu, I. 7737
Funk, W.-P. 13528
Furašov, V.I. 12001
Furdal, A. 11464, 11642, 11643
Furdík, J. 8844, 11143
Furgalska, A. 11644, 11645, 11646
Furniss, G.L. 13612
Fusconi, F. 7495
Fusillo, M. 5402
Fussman, G. 4604
Futaky, I. 13760
Fyle, C.N. 15581

Gaatone, D. 6655
Gaay Fortman, C. de 15314

INDEX

Gabain, A. von 253, 543
Gabinskii, M. 7716
Gabinskij, M.A. 4963
Gacak, V.M. 4684
Gacov, D. 846
Gâdei, C. 7631
Gadler, H. 8051, 8052
Gadžiachmedov, N.È. 14455
Gadžieva, N.Z. 14258
Gaebel, R.E. 5774
Gaeng, P.A. 5606, 5668
Gafton, N. 2068, 2069, 2070
Gagné, G. 320, 7065
Gagnepain, J. 1073
Gagnon, G. 6982
Gagonon, G. 6905
Gai, A. 12844, 13366
Gainotti, G. 3833
Gair, J.W. 4678
Gaiser, K. 8371
Gajda, S. 11344, 11607
Gajdarova, F.A. 13647, 13699
Gajdarži, G.A. 14374
Gajsina, R.M. 12225
Gak, V.G. 7012
Gal, S. 3930
Gălăbov, I. 7649
Galama, E.G.A. 254, 544
Galić, P. 7207
Galimova, G. 538
Galin, A. 2740
Galinski, Ch. 3329
Galinsky, H. 8775
Galkin, I.S. 14046, 14061
Gallacher, D.B. 7117
Gallais-Hamonno, J. 9036, 9262
Gallarde, A. 9066
Gallée, J.H. 8651
Gallery, M. 12871
Galli de Paratesi, N. 7506
Galnaitytė, E. 9701, 9702
Galnajtyte, È.A. 9702
Galowstova, M. 4907
Gal'perin, I.R. 1817, 274, 2963
Galster, I. 12122
Galton, H. 10077, 10302
Galvan, J.L. 3675
Galván, J.L. 6417
Gamal-Eldin, S. 13407
Gamberale, L. 5715
Gamble, D.P. 15189
Gamkrelidze, T.V. 4261, 4401, 13658

Gandeva, R. 779
Gandour, J. 2071, 14770
Gani, L. 4108
Ganiev, F. 547
Ganiev, F.A. 14259, 14456
Ganieva, F.A. 13700
Gannett, C.L. 3834
Ganschow, G. 13745, 14085
Gansleweit, K.-D. 8468
Gao Hua-nian 14801
Garbacz, S.K. 4535
Garbalev, A.N. 2742
Garbini, G. 12845, 12846, 13140, 13481, 13482
Garbrah, K.A. 5230
García, C. 6467
García, E.C. 6200
García, M. 6201
García Arias, X.L. 6298, 6299
García-Berrio, A. 2743
García Camarero, E. 6409
García de la Torre, J.M. 6136
García Domingo, E. 5221
García González, F. 6300
García Gual, C. 3117
García H., C. 15445
García-Hernández, B. 1392
García Martínez, A.L. 6418
García Merino, C. 7767
García Ramón, J.L. 5284
García Teijeiro, M. 1874
García Turza, C. 6275
García Valdecasas y García Valdecasas, A. 6137
García Yebra, V. 1875
Garcin, P. 2072
Garde, P. 11808, 12002, 12003
Gardès-Madray, F. 4123
Gardies, J.-L. 6656
Gardin, B. 3931
Gårding, E. 9541
Gardner, B.T. 1792, 1793
Gardner, H. 3807
Gardner, I. 15246
Gardner, R.A. 1792, 1793
Gardy, P. 7066, 7114, 7118, 7119, 7120, 7121
Garelli, P. 640, 12903, 12941
Gargano, A. 3175
Garibjan, A.S. 4853
Garipov, T.M. 14128, 14436, 14457, 14465

Garkavec, A.N. 14460
Garmadi, J. 3932
Garman, M. 3707, 3835
Garner, P.H. 1755
Garnes, S. 7606
Garnier, G. 3176
Garnysz-Kozłowska, T. 11533
Garrette, R. 2468
Garšva, K. 9703
Garšva, K.K. 4124
Gary, J.O. 13407
Gary-Prieur, M.-N. 6577, 6657, 6772
Garza Cuarón, B. 1393
Gashi, S. 5064, 5098, 5099
Gaskins, L.J. 13530
Gaspari, G. 7342
Gašparík, M. 454
Gasparov, B.M. 11851
Gasparov, M.L. 7493, 12418
Gassmann, H. 6843
Gassmann, R.H. 14780
Gaube, H. 13390
Gauger, H.-M. 2964, 5955, 6138
Gaultier, M. 6905
Gauthier, M.-M. 5860
Gautschi, T. 8398
Gauvin, J. 6912
Gavazzi, M. 9883
Gavorová, J. 206, 2870
Gawęda, E. 11390, 11647
Gawełko, M. 8000
Gawroński, A. 545
Gazdar, G. 887, 2469, 2470, 8920, 8921
Gazdar, G.J.M. 2597, 2646
Gazizov, R.S. 546, 547
Gebhardt, H. 1469
Gebhardt, K. 6599
Gebhardt, K. 6913, 6914
Gecadze, I.O. 13647
Gecova, O.G. 11809, 12162
Geeraerts, D. 2965, 8673, 8682, 8685, 8686
Geerkens, M. 7114
Geerts, G. 4058, 4059
Geesink, M. 8521
Geest, T. van der 3676
Gehlin, A. 9595
Gehman, H.S. 6202
Geipel, J. 8430
Geirnaert, D. 8685
Geis, M.L. 3537

829

INDEX

Geisler, H. 6796
Gelb, I.J. 12701, 12702, 12847
Gel'dyev, M. 548
Geller, S.A. 13256
Gellinek, C. 922
Gelling, M. 9326
Gelsen, H. 9748
Gembiak, D. 11631
Gemmingen-Obstfelder, B. von 6350
Genčeva, Z. 10078
Genette, G. 2732, 2744
Genot, G. 7220
Genouvrier, É. 6915, 7067
Gensini, S. 1415, 3933
Gensler, O.D. 15315
Gentile, A. 7430
Gentile, S. 7288
Gentilhomme, Y. 6916
Gentili, B. 5426
Gentner, D. 3677
Genzor, J. 9656
Geoffroy Rivas, P. 6301, 6302
Georgacas, D.J. 2966, 5470
George, K.E.M. 6917
George Madugu, I.S. 15230
Georgiev, E. 549, 9914, 10038, 10039
Georgiev, I. 12004
Georgiev, V.I. 4262, 4263, 4402, 4403, 4404, 4924, 4925, 10137, 10162, 10176
Georgieva, E. 9783, 10054, 10157, 10177, 10196
Georgieva, N. 5632, 10278
Geraci, G. 284
Gérard, J. 5800, 5801, 6658
Gercenberg, L.G. 4264, 5591
Gerd, A.S. 2967, 3008, 9841, 9844
Gerdel, W. 2968
Gerdžikov, G. 10079
Gerdžikov, O. 10197
Gergely, P. B. 14161
Gerhardt, D. 12419, 12462
Gerhardt, L. 15316
Gering, A.G. 9473
Germain, C. 1394
Germain, J. 7176
German, T.J. 1877
Gerritsen, M. 372, 2871, 8561, 8631
Gerritsen, W.P. 8698

Gersbach, B. 7987
Gershevitch, I. 245, 4694, 4708, 4740, 4741
Gertner, M. 4120
Gervasi, T. 7930
Gesemann, W. 347
Geyr, H. 12226
Géze, E. 8291
Ghatage, A.M. 4533
Ghazeli, S. 13347
Ghedira, A. 13452
Gheție, I. 7607, 7650, 7651, 7652, 7670
Ghigo, F. 7122
Ghijsen, H.C.M. 8662
Ghinassi, G. 7431
Ghosh, A. 4536
Ghul, M.A. 13483
Giacalone Ramat, A. 2625, 4125
Giacomelli, G. 439, 7216, 7343, 7344, 4947, 5592, 5716
Giacomi, A. 6773
Giacomini, B. 1027
Giacomo, M. 1814
Giambelluca-Kossova, A. 9966
Giannelli, L. 7345, 7346, 7397, 7479
Gianola, G.M. 1878
Gibbe, A.G. 15277
Gibson, A. 13162
Gibson, E. 12670
Gibson, J.C.L. 13037, 13141
Gibson, J.D. 15004
Gibson, M.I. 12005
Gier, A. 6906, 6918
Giesecke, M. 3934
Giesen, G. 13203
Giessmann, U. 8001
Giffhorn, J. 8804, 9116
Gifford, D.J. 6126
Gigante, N. 7347
Giger, F. 7551
Gignac, F.T. 5162
Gignoux, P. 4742, 4743, 4744
Gil, D. 2471
Gilbert, G.G. 15566
Gilbert, L. 6923
Gilbert, P. 6919
Giles, H. 395, 3612, 3886, 3935, 3936, 4054, 4077
Gilibert, H. 9043

Gilin, R. 10081
Giljarevskij, R.S. 12463
Gill, T.V. 1801, 1804
Gillis, S. 3218, 3678, 3679
Gillmeister, H. 2969, 2970, 2971, 2972, 8469, 9155
Gil'maev, A.V. 14065
Gilman, C. 15557
Gilmore, T.B., Jr. 8776
Gilson, E.H. 14375
Gilula, M. 13570
Gimbutas, M. 4265
Gimeno, F. 4126
Gimm, M. 14613, 14614
Gimson, A.C. 8805
Gindin, L.A. 184, 4709, 4926, 4927
Gindin, S.I. 3272, 12420
Ginn, D.O. 4127
Ginsberg, H.L. 255, 550, 551
Ginter, K. 14104
Ginzburg, E.L. 11921, 11922
Giochálas, T.P. 5068
Giorgadze, G. 4405
Giorgi, A. 3475
Giovanni, M. De 7348
Gipper, H. 20, 923
Gippert, J. 4266
Girard, G. 1879
Girardot, J.-M. 4267
Giraud, R. 6920
Girdenis, A. 9704, 9708
Girke, W. 21, 185, 408, 1395
Giudici, E. 7432
Giulino, G. 7349
Giurescu, A. 6842, 7487
Giusti, F. 7240, 12006
Giustiniani, V.R. 7954
Giveon, R. 13531
Givón, T. 1219, 1307, 2285, 2312, 2472
Gizbert-Studnicki, T. 11457
Gjermundsen, A.J. 9427
Gjinari, J. 5038, 5047, 5048
Gjulumjanc, K.M. 11494
Gjurin, V. 10699, 10700
Gladney, F.Y. 12007
Gladrow, W. 12008
Glare, P.W.G. 5747, 5748
Gläser, C. 301, 13745
Glassner, J.-J. 12882
Glatigny, M. 6600
Glawogger, P. 3538
Gleason, H.A., Jr. 924

INDEX

Gleitman, L.R. 357, 3680, 3794
Glinert, L. 13271
Glinskich, G.V. 12464
Glinz, H. 8142
Glissant, É. 15582
Glock, N. 15596
Glockmann, G. 5285
Glovinskaja, M.Ja. 12009, 12010
Głowinski, M. 3971
Gloy, K. 4067, 9382
Gložančev, A. 10701
Glück, H. 4066
Glucksberg, S. 3539
Gluhak, A. 5290, 9884, 10538, 12799, 12800
Gluth, K. 2872
Gnamuš, O. 10702
Gnärig, B. 3937
Gnoli, F. 5717
Gnoli, G. 4695
Gobard, H. 1074
Gobeil, F. 3452
Gobyn, L. 2745, 8053, 8562
Gočev, G. 11923
Gochet, P. 1568, 1617
Goçi, I. 5064
Godart, L. 12762, 12771, 12789, 12795
Goddard, C. 15093
Goddard, I. 15415, 15416, 15417, 15418
Goddard, K.A. 6527
Godel, R. 1880, 4817, 4818
Godescalcus Saxonicus 1217
Godfrey, J.J. 2120
Godínez, M., Jr. 6159
Godyšenko, V.S. 12123
Goebl, H. 2873, 2874, 1308, 6789, 7559
Goerz, G. 3312
Goetschalckx, J. 154, 3453
Goff, J.H. 9327
Goffin, R. 3334
Goffman, E. 2746
Gogolewski, S. 4964
Gogova, S. 14759
Gokcen, A.M. 7488
Gołąb, Z. 9657, 9917
Gołąbek, S. 11699
Golbert de Goodbar, P. 15518
Gol'ceker, J.P. 11513
Gold, D.L. 2973, 2974,
2975, 2976, 9156
Golden, P.B. 14230, 14303
Goldenberg, G. 13499
Goldin, J. 7021
Goldin-Meadow, S. 3681
Goldsmit, L. 3682
Goldsmith, J. 2242, 8922
Goldstein, M. 14828
Golfand, J. 6897
Gollasch, F.V. 3540
Golluscio, L. 15515
Golod, V.I. 3683
Golomb, D. 13292
Golovin, B.N. 11810
Goltz, R. 8438
Golubeva, N.P. 14376
Golvers, N. 5820
Golyšenko, V.S. 12355
Gómez Molina, C. 6203, 6204, 6205, 6411
Gomi, T. 12703, 12704
Gonda, J. 4537, 4538, 4539, 4540, 4541, 4542
Gondar, F.G. 6468
Gonnet, H. 4464
Gonzales Frapiccini, N. 6139
González, A. 5320, 15005
González de Pérez, M.S. 15519
González Fernández, J. 5607
González Ollé, F. 6127
Good, B. 7955
Good, R.M. 13041, 13204
Goodglass, H. 3813
Goodman, K.S. 3540
Goosse, A. 6845
Goossens, J. 8212, 8260, 8433, 8606, 8641, 8703
Goossens, L. 111,. 1569, 8923, 9037
Goossens, P. 8648
Gopinathan Nair, B. 14701
Goranova, I. 10247
Göransson, S. 9525
Gorăscu, A. 2473
Gorbačvič, K.S. 11811, 12227, 12228
Gorbanevskij, M.V. 12465, 12466, 12467
Gorcy, G. 6921
Gorcyca, D.A. 1755
Gordeev, F.I. 14047, 14048, 14049
Gordeeva, O.I. 12172
Gordeziani, R. 12801
Gordlevskij, V.A. 552
Gordon, A. 13156
Gordon, C.H. 12772, 12848
Gordon, L. 15423
Gordon, L.M. 15436
Gordon, R.G. 3070, 3072
Gordon, W.T. 1881
Gorelova, L.M. 14615
Görg, M. 12828, 13142
Gorjačeva, T.V. 9885
Görler, W. 5775
Görner, H. 8302
Gornik-Gerhardt, H. 8054
Górnowicz, H. 271, 631, 9918, 11495, 11700, 11701, 11718
Gorog, R. de 2977, 6206
Gorovaja, E.V. 13577
Górska, E. 2337, 2338, 2339
Górska-Gołaska, K. 11729
Gorškov, A.E. 14338
Gorškov, A.I. 12124, 12380
Gorškova, K.O. 9217
Gorškova, K.V. 428, 430, 12125
Gorter, D. 8751
Görtz, T. 8480
Gossen, C.T. 5956, 6601, 7007
Gotoff, H.C. 5776, 5777
Göttert, K.H. 925
Gottfried, R.K. 9218
Gotti, M. 926
Gottschald, M. 8470
Gottschalk, H.L. 553
Gottschalk, K.-D. 1309
Götz, H. 8283
Götze, A. 8194
Goudaillier, J.-P. 2019
Gough, J. 9280
Goulet, J.-G. 15520
Goungai, O.N. 15179
Goyal, S.R. 3083
Goyvaerts, D.L. 2200
Gožin, G.M. 7676
Graaf, T. de 14093
Grabbe, L.L. 12849
Grabčikov, S.M. 12648
Grabias, S. 11648
Grabski, G. 11466
Grad, A. 256, 10703
Grad, A. 10771, 10772
Graf, R. 8055
Graffi, G. 7241
Grafström, Å. 554, 6922, 7123

INDEX

Gragg, G.B. 13578
Graham, J.A. 1736
Gramsci, A. 1924
Granda, G. de 6303, 6304, 6305, 6419
Grandesso Silvestri, A. 5685
Granlund, Å. 9596
Grannes, A. 10080
Grantovskij, E.A. 4506
Granucci, F. 5843
Grassegger, H. 7608
Grassi, C. 4128, 7350, 7507
Grassi, C.M. 7350
Gratwick, A.S. 5778, 5862
Graudina, L.K. 11881, 11882, 11924
Graupera, A.A. 6207
Graur, A. 676, 7701
Grauwe, L. de 8607
Grave, C. 12850, 13038
Gray, D. 449
Gray, J. 13039
Grazi, V. 7902
Gréciet, F. 11852
Grecu, D. 7702
Green, E. 9328
Green, G.M. 1570, 2285
Green, J.N. 5928, 5958, 6023, 6024
Green, M.C. 12011
Green, M.W. 3071, 12696
Greenbaum, S. 294, 8924, 8925
Greenberg, Jeff 3684
Greenberg, J.H. 15125
Greenberg, N.A. 5802
Greene, D. 555, 556, 7808
Greene, J.L. 9067
Greene, W. 3658
Greenfield, J.C. 12851, 13134
Greengus, S. 12904
Greenstein, E.L. 12852, 13040
Greenwood, D. 5863
Grégoire, J.P. 12705
Gregor, D.B. 7558
Gregor, F. 11197
Gregory, M. 3938
Gregory, S. 3685, 6797
Gregory, T. 2978
Greimas, A.J. 1697, 6924, 6925
Grelsson, S. 6659
Grenzstein, A. 1834

Grepl, M. 166
Greppin, J.A.C. 139, 4819, 4820, 4821, 4822, 4823, 4824, 4825, 4826, 5292
Grétsy, L. 14090
Greule, A. 412, 8056
Grève, M. De 3939
Grewendorf, G. 400
Gribble, Ch.E. 12230
Grickat, I. 4129, 10402
Grieve, L.J. 5718
Grieve, R. 1853
Griffen, T.D. 2159, 2160, 7969
Griffiths, J. 3886
Grigor'ev, A.P. 14587
Grigor'ev, V.P. 387, 388, 12468
Grijns, C.D. 14930
Grilli, A. 5516, 5719, 5720
Grillone, A. 5669
Grillot, F. 12757
Grima, J.A. 14846
Grimaud, M. 7041
Grimes, J.E. 3072, 15466
Grimes, L.M. 6351
Grimm, H. 3541
Grimm, J. 557, 558, 559, 560, 8296, 8526, 9784
Grimm, W. 557, 8296
Grimshaw, A.D. 1571, 3940
Grinaveckis, V. 9705
Grinaveckis, V.Z. 9706
Grinda, K.R. 9157
Grishman, R. 3220
Grišina, N.M. 14626
Grjunberg, A.L. 4768
Grković, M. 10623, 10624, 10625
Grober, E. 3836
Grober-Glück, G. 2875
Grochowski, M. 397, 11417, 11418, 11547
Groenendijk, J. 1220
Groenendijk, J.A.G. 133
Grønbech, V. 14260
Groneberg, B. 12871, 12905, 12942
Grønvik, O. 7903, 9391
Groot, C. de 14105
Grootaers, W.A. 14656
Gröschel, B. 20, 888
Grosdidier de Matons, J. 5471
Grošelj, M. 256

Grosjean, F. 1756, 1760, 1777, 4130
Gross, G. 6926
Gross, M. 6660, 6707
Grosse, R. 3941, 8283
Grosse, S. 8177
Grosu, A. 2474
Grosz, B. 3335
Grotecki, S. 3815
Grotjahn, R. 3160, 3273, 3274, 5801, 5812
Grotsch, K. 1883
Groundstroem, A. 13941
Groussier, M.-L. 2475
Gruaz, C. 7011
Grubb, D.McC. 15499
Grube, W. 561
Gruber, E.A. 14441
Gruber, J. 8213
Gruber, L.C. 8767
Gruber, M.I. 12853
Grubmüller, K. 251
Gruchmanowa, M. 845, 11496, 11649, 11650
Gruco, A.P. 9886
Gruenfeld, J. 1075
Gruginski, J.E. 3942
Gruiță, G. 7625
Grünbeck, B. 6661, 7022
Grundin, H.U. 3729
Grunig, B.-N. 1076
Gruntfest, J. 13163
Grunwell, P. 2020
Gruszczyński, W. 11345, 11548
Grybosiowa, A. 11392
Grypdonck, A. 154, 3943, 4076
Grzegorczykowa, R. 11391, 11419
Gsell, O. 7560
Guaraldi, M. 7351
Guarducci, M. 5670
Guarisma, G. 124, 15260, 15272, 15317, 15318
Guarnieri, J.C. 6306
Guchman, M.M. 8157
Guchmann, M.M. 8157
Gudorf, O. 8399
Guentchéva, Z. 10078
Guentchéva-Desclés, Z. 1077
Guentherodt, I. 8214
Guenthner, F. 1494, 2979
Guérard, F. 6907
Guéron, J. 2476, 2477

INDEX

Guerra Gómez, M. 5163
Guerreau-Jalabert, A. 5828, 5864
Guerrieri, A.M. 7904
Guespin, L. 1814
Gueunier, N. 7067
Gueunier, N.-J. 15309
Guglielmino, R. 5131
Gugulanova, I. 10198
Guida, G. 3333
Guida, S. 7124
Guièrre, L. 8806
Guijarro Morales, J.L. 1078
Guilbaud, G.T. 3275
Guilbert, L. 7063
Guillaume, G. 1079, 1185
Guillaume, J.-P. 13335
Guillaume, P. 3447
Guillot, O. 5865
Guillou, A. 5472
Guimier, C. 889, 8926, 8927
Guiraud, P. 1698, 6927
Guiraud-Weber, M. 12012, 12013
Guitart, J.M. 6160, 6307
Guiter, H. 7125
Gukasjan, V.L. 4807, 13660
Gulakjan, A.K. 4268
Gulicki, M. 502
Guljaev, E.S. 14077
Guljar, T.B. 8928
Gulmanov, G. 14417
Gulsoy, J. 6066, 6073, 6074
Gulya, J. 121, 122, 123
Gumbert, M. 5884
Gumperz, J.J. 3944
Gunda, B. 2980
Gundlach, J. 8456
Gunnarson, K. Å. 6662
Gunnarsson, B.-L. 9542
Güntert, G. 236
Günther, E. 12231
Günther, H. 2377
Gupta, B.P. 4635
Gupta, S.P. 3083
Gurbič, I.S. 2917
Gurevič, E.A. 9357
Gurney, O.R. 12706, 12707, 12906
Gurr, P.J. 3905
Gusejnov, F.G. 417, 11925
Gusejnzade, A. 14555, 14556
Gusejnzade, M.G. 562
Gusmani, R. 2981, 4269, 4478, 4479, 4480, 4481, 5721, 12668

Gussmann, E. 2129
Gust, H. 3221
Gustafsson, L. 1221
Gustavson, H. 834, 9557
Gustavsson, S. 426
Gusynina, E.B. 9329
Guszkova, A. 14089
Gutch, D. 8777
Güterbock, H.G. 257, 4406, 4409, 4465, 4466
Gutia, I. 7508
Gutiérrez Marrone, N. 6393
Gutiérrez Ordoñez, S. 6208
Gutknecht, C. 336, 344
Gutschmidt, K. 10036
Gutšmit, K. 10036
Guţu Romalo, V. 7592
Guy, G.R. 6469
Guy, J.B.M. 14889, 15034, 15055
Guyette, S. 15431
Guzeev, Ž.M. 14458
Guzev, V.G. 579, 580, 14377
Guzmán Guerra, A. 5427
Guzzo Amadasi, M.G. 13138
Gvozdanović, J. 2021, 2243, 10378, 10403
Gy, P.-M. 5866
Gyllin, R. 10055, 10081
Gyselen, R. 4743
Gysseling, M. 4270, 7905, 8606

Haaften, T. van 8563
Haak, R.D. 13205
Haan, G. de 2478
Haan, S. de 1080
Haar, B. de 8632
Haarala, R. 13816
Haarmann, H. 136, 4965, 8431, 13920, 14166
Haas, N. 3335
Haas, R. 154
Haas, V. 12672, 12673
Haas, W. 3094, 3945, 4068, 8215, 8419
Haase, R. 4407
Haase, W. 5570, 5571
Habel, C.U. 3336
Habicht, W. 8766
Habick, T. 9281
Habinek, T.N. 5633
Hábovčík, O. 11144
Habovštiak, A. 11316
Habovštiaková, K. 207, 14144

Hacimejlić, J. 10349
Hacker, P.M.S. 1200
Hackstette, K. 1222
Hadas-Lebel, M. 13187
Hadding, K. 9543
Hádek, K. 2747
Hadermann-Misguich, L. 241
Hadlich, R.L. 6209
Hadrovics, L. 10584
Haebler, C. 3088, 4985, 5286
Haegeman, B. 8929
Haensch, G. 6352, 6353
Hafiz, N. 14378
Hafner, H. 1699
Hafner, S. 10704, 10720, 10755, 10756
Hagège, C. 2161, 2187, 1081, 1310, 15500
Hagemeier, S. 2748
Hagen, A. 3946, 4058, 4059
Hagen, S. 11926
Hagland, J.R. 9423
Hahn, W. von 918
Haig, H.A. 4827
Haile, G. 13500, 13501
Hailu Fulass 13496
Haiman, J. 2962, 15070, 15071, 15072
Haipus, M. 13888, 13889
Haitjema-Huisman, B. 2073
Hajdú, P. 13761, 13762, 14125, 14205
Hajdučok, M.I. 12547
Hájek, O. 8057
Hajič, J. 3348, 11018
Hajičová, E. 114, 175, 2479, 3222, 3337, 10859, 11025
Hájková, A. 10972
Hakanen, A. 13817
Håkanson, L. 5803
Hakes, D.T. 3686, 3687
Häkkinen, K. 4636, 13818, 13819
Hakobyan, Ṙ.S. 4828
Hakulinen, A. 2749, 13820, 13821, 13822, 13823
Hakuta, K. 3782
Halaga, O.R. 11182
Haldenwang, S. 8216
Hale, A. 14829
Hale, K. 322, 15099
Halim, A. 167
Halimi, H. 5008
Halimi, M. 5049, 5064

INDEX

Halkin, A.S. 550
Hall, B.L. 15151
Hall, C. 8058
Hall, R.A., Jr. 437, 927, 2829, 5959, 7198, 9158, 9392
Hall, Roland 9159
Hallan, N. 9597, 9598
Hallberg, P. 9358, 9359
Halle, M. 270, 1047,2162
Haller, B. 13613
Haller, H.W. 7509
Haller, I. 13613
Haller, J.M. 9160
Halleux, B. de 15253
Halleux, R. 5867
Halliday, M.A.K. 1078, 1150, 2750, 9038, 9219
Hallo, W.W. 12708, 12709, 12727
Hallock, R.T. 563
Halpern, B. 13125
Halpern, R.N. 2480
Halvorsen, P.-K. 3244
Halyč, M.O. 12573
Hamann, J.G. 1877
Hambarjowmyan, V.G. 4829, 4830
Hambuch, W. 8217
Hamburger, H. 3688
Ham Chande, R. 3006
Hamel, R.E. 4131
Hamesse, J. 2982, 5868
Hamlin, F.R. 7177
Hamm, J. 9919, 10626
Hammar, E. 6533
Hammarström, G. 1082
Hammeke, U. 7114
Hammer, T.A. 8256
Hammermüller, G. 6470
Hammond, J. 3497
Hamp, E.P. 258, 564, 1336, 4271, 4272, 4273, 4274, 4275, 4276, 4277, 4278, 4279, 4498, 4543, 4831, 4928, 4948, 5039, 5132, 5177, 5287, 5288, 5289, 5290, 5291, 5292, 5293, 5294, 5295, 5608, 5722, 5723, 5724, 5725, 5726, 6354, 7653, 7758, 7759, 7760, 7761, 7768, 7809, 7810, 7862, 7906, 8158, 9161, 9678, 9679, 9812, 9887, 9888, 10082

Hanáková, M. 3177
Hancher, M. 1572
Handke, K. 11497
Händler, H. 2876, 3338
Handzjuk, S.P. 2481
Hanegreefs-Popova, N. 10199
Haneyan, A.N. 4832
Hanks, P. 9148
Hanna, B.T. 8807
Hannah, J. 9311
Hannappel, H. 1398
Hannay, M. 8964
Hannum, M.E. 1799
Hansegård, N.-E. 13991
Hansen, A. 9477
Hansen, E. 1083, 8749, 8750, 8752, 9382, 9453, 9474, 9475, 9476, 9503
Hansén, I. 6663
Hansen, K. 4636, 8792
Hansen, L.J. 14760
Hansen, M.S. 8439
Hanser, O. 14261, 14419
Hanslik, R. 460
Hanson, P.P. 1399
Hanssen, E. 9428
Hansson, Å. 9544, 9545
Hansson, G. 2286
Hantson, A. 6664
Happ, H. 5634
Haraguchi, S. 8808
Haralampieff, K. 10027
Haran, M. 255
Harbaugh, B. 3706
Harbert, W. 2482, 15513
Harbsmeier, C. 1893, 14781
Härd, J.E. 8059
Hardcastle, W.J. 2074
Harder, H.-B. 8465
Harder, J.C. 8809
Harder, K.B. 22, 9330
Hardeveld, J. 1542, 2716, 2751
Harding, G.L. 13398
Hardman, M.J. 15521
Hardt, M. 3118
Hardy, J.A. 3641
Hareli, B. 3315
Harkavec', O.M. 9842, 14459, 14460
Harlow, R.B. 15056
Härmä, J. 6665
Harmatta, J. 571
Harmer, L.C. 6582

Harms, R.T. 13740
Harnish, R.M. 893, 1524
Harowtᶜyownyan, H. 4833
Harper, A.S. 9319
Harper, K. 15390
Harper, W.L. 1229
Harrah, D. 2752
Harras, G. 8305
Harrington, D.J. 13290
Harris, A.C. 13661, 13662
Harris, M. 240, 2830, 5960, 6666, 8930
Harris, M. Roy 7126, 7127
Harris, P. 3113
Harris, R. 1884
Harris, Z.S. 2483
Harrison, C.M. 4710
Harrison, G. 5050
Harrison, M. 15445
Harrison, R. 15445
Harrison, S.P. 15024
Hart, G.L., III 14734
Hart, G.R. 4429
Hart, J. 't 2056
Hart, K. 14734
Hartenstein, K. 2983
Hart-Gonzalez, L. 15522
Hartig, M. 1573, 3947, 4163, 8218
Hartke, W. 8371
Hartley, D.J. 6798
Hartmann, D. 259, 8060
Hartmann, H. 98
Hartmann, J. 13502
Hartmann, J.F. 14847
Hartmann, R. 13367, 13453
Hartmann, R.R.K. 154, 3948
Hartung, L. 13824, 14187
Hartung, W. 3949, 3978
Hartveldt, D. 2753
Hartvigson, H.H. 8795
Hartweg, F. 6799
Hartweg, F.G. 3950
Harvey, B.L. 3164
Harvey, M. 14890
Harviainen, T. 13166
Harweg, R. 928, 8061
Harwood, B.J. 8767
Haş, G. 6928
Hasák, V. 14144
Hasan, F. 7626
Hasan, R. 2754, 9038
Häsänov, H. 14413
Hasdeu, B.P. 1937
Hasegawa, N. 2484

INDEX

Hashim, K.M.Z. 13368
Hashimoto, M. 14848
Hashimoto, M.J. 14771
Haskå, I. 9412
Haslev, M. 9429
Hasquin, H. 230, 760
Hassan, M.I. 13409
Hasselberg, J. 8400
Hasselbrink, G. 13992
Hassell, J.W., Jr. 6800
Hassler, G. 1885
Hastings, A.J. 2164, 3780
Hathaway, L. 8219
Hatlebrekke, H. 9430
Hatt, J.-J. 7771
Hattiangadi, J.N. 1190
Hattori, S. 14231
Hatzfeld, H.A. 565
Hatzikosta, S. 5403
Haubelt, J. 513
Haubl, R. 1574
Haudricourt, A. 2161, 2187
Haudricourt, A.-G. 7128
Haudricourt, A.G. 15025
Haudry, J. 4280, 4281, 4282, 4283, 4544, 4834, 7907
Haudum, P. 2910
Hauel, P. 14187
Hauenschild, C. 3454, 10828
Haugen, E. 362, 9360
Haupenthal, R. 4177
Hauptová, Z. 10009
Hausenberg, A.-R. 13744, 13763
Hausenblas, K. 2755, 527
Hauser, H.J. 5220
Hauser, P. 10919
Hausmann, F.J. 673, 1886, 6929
Havas-Simáné, É. 11266
Have, B.L. ten 8538
Have, P. ten 2716
Havel, R. 3134
Haver, D. van 6888
Haverkate, H. 6210
Havlik, E. 2984
Havlová, E. 10705, 10789
Havlová, I. 10829
Havránek, B. 566, 10790, 10953
Havránek, J. 594
Havránek, T. 3349
Havránková, M. 10996
Havrys', V.I. 8306
Hawkesworth, E.C. 10350

Hawkins, J.A. 2485, 2831, 8931
Hawkins, J.D. 4467
Hawkins, P. 5473
Haxaire, C. 15184
Haxhiu, I. 5069
Hayashi, T. 8778
Hayashi, Y. 14689
Hayeková, M. 11145
Hayes, B. 8810, 15095
Hayes, C. 1794
Hayes, K.J. 1794
Hayrapetyan, S. 4837
Hayrapetyan, V.N. 4838
Hayward, R.J. 13579, 13580
Hazai, G. 14241, 14379
Healey, A. diP. 9068
Healey, J.F. 13042
Heater, H., Jr. 5444
Heath, J. 13410, 15096, 15097
Hébert, Y.M. 15501
Hecker, K. 13391
Hedberg, J. 9546
Hedberg-Schlaug, L. 8062
Hedblom, F. 9547
Hedvičáková, J. 10973
Heeschen, V. 15073
Heestermans, H. 8674
Heestermans, J.L.A. 8681, 8683, 8684, 8687, 8688
Heger, K. 2486, 2487, 2877
Hehn, V. 4284
Heidolph, K.E. 7956
Heike, G. 2075, 2076
Heikkinen, H. 13825
Heilmann, L. 3951
Heimerdinger, J.W. 12710
Heimpel, W. 12694, 12711
Hein, A.S. 3339
Heine, B. 13411, 13581, 15126, 15138, 15139
Heinhold-Kramer, S. 4408
Heinle, E.-M. 8360
Heinrichs, H.M. 259
Heinrichs, J. 1700
Heinschink, M. 4682
Heinschke, M. 266
Heinz, A. 1887
Heinz, S. 314
Heissig, W. 14586, 14588, 14589
Hek^{c}ek^{c}yan, N. 4804
Helander, E. 13826, 13933
Helander, H. 5635

Helbig, G. 1888, 2287, 8063
Helck, W. 13541
Held, G. 8372
Helfrich, H. 3543
Helgorsky, F. 2832, 3952
Heliade Rădulescu, I. 7592
Hell, Gy. 2756
Hell, K. 14206
Hellan, L. 171, 2488, 9431
Hellberg, S. 9361
Hellbom, A. 9548
Hellegouarc'h, J. 5588, 5779
Helleland, B. 9599
Heller, K. 398, 4132, 4162, 8365
Heller, R. 8283, 9362
Hellstrom, R.W. 13827
Hellwig, P. 1400, 2757
Helm, N.A. 3813
Heltberg, K. 9849
Heltoft, L. 1401, 1575, 2758
Helttula, A. 5780
Heltzer, M. 13043, 13044, 13045, 13143, 13279
Helvoort, J.R. van 876
Hemer, C.J. 5296
Hemperley, M.R. 9331
Hempfer, K.W. 1223
Hénault, A. 1701
Henderson, E.J.A. 1336, 2244
Henderson, J. 5404
Henderson, J.B. 2077
Hendler, J.A. 3396
Hendrick, R. 2489, 8932
Hendricks, W.O. 1702, 3119
Hendriks, P. 5022, 10303
Hendrix, G. 3335
Hendrix, M.K. 15127
Hendrychová, H. 10830
Hengst, K. 8471
Henisz-Dostert, B. 3455
Henn, B. 8220, 8221
Henn, E. 8464
Henne, H. 1576, 2985, 3031, 8159, 8307, 14760
Hennig, D. 9784
Hennigfeld, J. 1224
Henrichs, J.P. 10056
Henrici, A. 1150
Henricks, R.G. 14794
Henriques, H. 14733
Henry, A. 6667, 7178
Henry, P.L. 7811, 7812
Henschel, B. 1889

835

INDEX

Henschel, H. 6355
Hensellek, W. 5727, 5781
Hentschel, E. 8064, 2078
Henttonen, V.-P. 13828
Héraud, G. 3953
Hérault, G. 15219
Herault, G. 15231
Herber, S. 8209
Herberg, D. 8365
Herbermann, C.-P. 1225
Herbert, R.K. 3837
Hercus, L.A. 15098
Herdner, A. 13046, 13047
Herej-Szymańska, K. 10200, 10201
Hergemöller, B.-U. 4187
Hergot, L. 6801
Herman, J. 6016, 13614
Heřman, M. 12014
Hermann, U. 8308
Hermannson, H. 9347
Heřmanová, Z. 14761
Hermerén, L. 8933
Hermkens, H.M. 8608
Hermodsson, L. 8006
Hermon, G. 1403, 15513
Hernández Alonso, C. 6211
Herniczek-Morozowa, W. 11549
Herpt, L. van 3507
Herr, L.G. 13118
Herremans, M.P. 3895
Herrero, J. 15523, 15524
Herrfurth, H. 14898
Herrity, P. 10447, 10603
Herrlitz, W. 925
Herrmann, T. 3544, 3545
Herschensohn, J. 6668, 6669
Herslund, M. 2490, 6161
Hersri 14931
Hertel, J. 11702, 11703
Hertog, C.H. den 1892
Hervás, L. 1994
Hervey, S. 1404, 1703, 1084, 1175
Herzog, C. 6670
Herzog, G. 15467
Herzog, M. 2838
Hess, K.D. 3314
Hess, W.J. 3245
Hesse, H. 3340
Hesseling, D.C. 15558
Hester, T.R. 12814
Heston, W.L. 4499
Hestrin, R. 13119, 13532

Hetherington, M.S. 8779
Hetzron, R. 2491, 13503
Heubeck, A. 3073, 3074, 4477, 5405
Heurgon, J. 713
Heuven, V.J.J.P. van 8690, 8691
Hewes, G.W. 1455
Hewitt, B.G. 13648, 13663, 13664, 13701, 13702
Hewsen, R.H. 4839
Hewson, J. 929, 1085, 6552, 15419, 15420
Hey, G. 11757
Heydrich, W. 1405, 2759, 1346, 1357
Hickey, R. 7813
Hieke, A.E. 3546
Hier, D.B. 3838
Hiersche, R. 2986, 8309
Hietsch, O. 8310, 8311
Higginbotham, J. 2492, 2493
Higgins, F.R. 2614
Higgs, T. 3562
Highfield, A. 15559
Hildebrand-Nilshon, M. 3620
Hildebrandt, R. 280, 1226, 7947, 8160, 8259
Hilgemann, K. 4188
Hilhorst, A. 5297
Hill, A.A. 260, 9251
Hill, A.E., III 13188
Hill, C. 8934
Hill, C.P. 15135
Hill, E.C. 4637
Hill, K.C. 15556
Hill, P. 10032, 10138, 10304
Hill, S.P. 11883
Hiller, C. 21
Hiller, S. 5133, 5134
Hilmarsson, J. 4285
Hiltbrunner, O. 5567
Hilty, G. 3043, 4189, 7129
Hinatsu, K. 14651
Hinderdael, M. 8065
Hinderling, R. 308, 7970, 13942
Hinds, J. 14657, 14658
Hines, C.P. 2639, 8935
Hinnebusch, T.J. 15261, 15262, 15278
Hinnenkamp, V. 3954
Hino, S. 15182
Hinojo Andres, G. 5782

Hinrichs, U. 7627
Hinske, N. 3341, 8312
Hint, M. 642
Hinterhäuser, H. 784
Hintikka, J. 340, 1017, 2494
Hintze, F. 15152
Hinze, F. 11746
Hinzler, H.I.R. 567
Hioki, K. 15482
Hipp, H. 8693
Hirose, H. 14687
Hirsch, E. 7130, 7179, 7180, 7181, 7529
Hirsch, H. 12868, 12907
Hirsch, M. 6774
Hirschbühler, P. 5961, 6075, 6671
Hirschman, L. 3220, 3342
Hirschová, M. 10831
Hirshberg, J.A. 9162
Hirst, D. 2258, 8811
Hirst, D.J. 8802
Hirtle, W. 1079
Hirtle, W.H. 318, 8842, 8936, 8937
Hirvonen, P. 9282
Hitaka, T. 3438
Hitz, H.-R. 7769
Hixon, M. 9332
Hixon, R. 9332
Hjelmslev, L. 1086, 1925, 2005
Hjorth Pedersen, B. 9600
Hlaváč, S. 2079
Hlaváč, T. 2987
Hlavatý, Š. 11145
Hlavička, F. 11223
Hlavsa, Z. 2438, 10825, 10832
Hlavsová, J. 10901
Hlibowicka-Węglarz, B. 6672
Hlušková, E. 1577
Hobæk Haff, M. 2495
Hobbs, J.R. 3343
Hochel, B. 11224
Höchli, S. 8361
Hock, H.H. 2496, 2602, 4545, 4546, 4547, 4548
Hockett, C.F. 930, 1087
Hocquard, M. 5298, 5609
Hodge, B. 9216
Hodge, C. 13615
Hodge, C.T. 4230, 4286
Hodges, P. 3689

Hoek, T. van den 8521
Hoekema, T. 8753
Hoekstra, A. 5428
Hoekstra, T. 2608
Hoelscher-Obermaier, H.-P. 11467
Hoenigswald, H.M. 129, 4287
Hoenkamp, E. 3356
Hoeppner, W. 3344
Hof, M. van 't 8700
Höfer, A. 14830
Hoff, I. 9432
Hoffer, B. 1737
Hoffman, C.W. 8938
Hoffman, P.R. 2084
Hoffman, Y. 13206
Hoffmann, F.289, 4133, 8223
Hoffmann, I. 4408
Hoffmann, K. 4549
Hoffmann, W. 42
Hoffmannová, J. 208
Hoffmannová-Jiřičková, J. 2755
Hoffmeister, W. 8401
Hoffner, H.A. 4409, 4410, 4411
Hofinger, M. 5299
Höfler, M. 232, 2988, 6930, 6931, 6932, 6933
Hofmann, Dietrich 7908, 7909, 9363, 9364
Hofmann, Gustav 11038, 11039, 11040
Hofmann, Inge 13511, 15153
Hofmann, Johann Baptist 5576, 5671
Hofmann, Th.R. 3345
Hofmann, T.R. 3219
Hofman-Pianka, A. 10305
Hofmans, M. 8564, 8565, 8566, 8567
Höfner, M. 13486, 13492
Hofrichter, W. 8365
Hofstra, T. 7910
Hoftijzer, J. 13048, 13049, 13174
Hogan, J.C. 5300
Hogg, R.M. 8770, 8812, 9069
Hohenberg, M. 2057
Höhle, T.N. 8066, 8067
Ho Kwok-cheung 14807
Holbrook, J.R. 1088

Holčík, J. 11118
Holden, K.T. 11853
Holenstein, E. 1227
Holisky, D.A. 13665
Holjanyč, M.I. 12518
Holk, A. van 12015
Hölker, K. 2989
Holland, G.B. 4288
Höller, H.J. 1854
Hollifield, H. 5190
Hollis, J.H. 361, 1795
Hollowell, I.M. 9070
Holly, W. 1578
Holm, G. 9365, 9601
Holm, J. 9283, 15599
Holm, W. 15400
Holman, E. 2833
Holmberg, B. 9602
Holmberg, K.A. 9549
Holmlander, I. 8068
Holojuch, V.I. 12519
Hołówka, T. 1295
Holstius, K. 9550
Holtus, G. 6802, 6934, 7434, 7510
Holtz, L. 5575
Holub, J. 10823, 10920
Homa, E. 11651, 11652, 11653
Hombert, J.-M. 2245
Hominal, F. 14808
Homorodean, M. 7746
Hončarov, V.I. 11780
Hondro, T. 5074
Honko, L. 13775
Honl, I. 11041
Honowska, M. 11393
Honti, L. 14167, 14168, 14169, 14171, 14172, 14173
Honzáková, M. 10806
Hook, P.E. 2878, 4501, 4638
Hooker, J.T. 5119, 5136, 5301, 5302
Hoole, P. 2103
Hooper, J.B. 404, 2165
Hoops, J. 7928
Hoops, R. 3857
Hooykaas, C. 567
Hopkins, B.L. 15200
Hopkinson, N. 5429
Hoppe, D. 7068
Hoppe, R.A. 3558
Höppe, W. 1089
Hoppenbrouwers, C.A.J. 8633

Hopper, P.J. 195, 277, 2288, 2313, 4289
Horák, E. 531
Horák, G. 709, 11119, 11146, 11147, 11225, 11226, 11284
Horálek, K. 472, 518, 931, 1090, 1704, 1705, 1706, 2166, 2167, 10974
Horalík, L. 12232, 12233
Hörandner, W. 5474
Hörberg, B. 11468
Hordé, T. 6915
Horecký, J. 115, 261, 262, 383, 625, 626, 648, 710, 720, 1091, 1092, 1707, 1708, 2990, 3955, 3956, 3957, 11227, 11228, 11229, 11275, 11285, 11286, 11317
Horgami, Y. 3122
Horgosi, Ö. 9920
Horjanyj, V.D. 12520
Horlitz, B. 8296, 8313
Hörmann, H. 3547, 3548, 3549, 3550
Hormia, O. 9551
Horn, G.M. 2497, 2498
Horn, L.R. 1406
Hörner, E. 2991
Horner, P.J. 8767
Hornjatkevyč, A.J. 12521
Hornstein, N. 1063, 1407, 1506, 2594, 2621
Hornung, M. 4134, 8197, 8473
Horot', Je.I. 9263
Horovec', V.J. 12592
Horowitz, F.D. 3690
Horpynyč, V.O. 12593
Horrent, J. 568, 569, 570
Horst, J.M. van der 8568
Horstkotte, G. 3551
Horváth, F. 3346
Horváth, J. 571
Horváth, M. 14145
Horváth, Š. 932
Horwitz, W.J. 13050
Hosák, L. 11042
Hošek, I. 572
Hospers, J.H. 134
Hottenroth, P.-M. 6212
Hottois, G. 1228
Houdebine, A.-M. 6553
Hougaard, C. 9478

INDEX

Houis, M. 2341
Houston, J.P. 7023
Hout, R. van 3958, 3959, 4047, 8704, 8705, 8706
Houtkoop-Steenstra, H. 2716
Houtzagers, H.P. 10484
Hovda, P. 9603
Hovdhaugen, E. 1891
Hovsep^cyan, L.S. 4840, 4841
Hoxha, A. 5108
Hoxha, S. 5070, 5100
Hoyos Hoyos, M. del C. 6276
Hoyt, R. 3527
Hrabčykaŭ, S.M. 12647, 12648
Hrabě, V. 11812, 12063
Hrabec, S. 12549
Hrala, M. 3178
Hraste, M. 10485
Hrbáčková, Ž. 12016
Hrdlička, M. 3179, 3180, 3181
Hrdličková, H. 209, 210
Hreščuk, V.V. 12522
Hristov, P. 6640, 6687
Hristova, D. 6673, 6674
Hrjaznuchina, T.O. 12523
Hrnčíř, B. 12234
Hrozienčik, J. 11198
Hrubeš, J. 10791
Hrushovski, B2
Hrušková, Z. 10963
Hryčenko, P.Ju. 12559
Hrycyna, N.I. 8002, 8069
Hryščenko, A.P. 12503, 12593
Hsu, Raymond S.W. 14819
Huang, Shuan-fan 14762, 14782
Huang, Shu-ying 14795
Hubáček, J. 10807, 10833, 10834, 10902, 10921
Hubbard, P. 5001
Hubbard, P.L. 5023, 5024
Huber, W. 8070
Hubers, G. 3880
Hubrich-Messow, G. 8474
Hubschmid, J. 263, 573, 574, 4290, 4929, 7654, 7703
Huchon, M. 7024
Hucl, V. 11801
Huddleston, R.D. 1150

Hudelot, C. 3672
Hudelson, S. 3564
Hudlett, A. 2879
Hudson, R. 2499
Hudson, R.A. 3960, 3961, 3962, 4769
Hudson-Edwards, A. 6420
Huehnergard, J. 13051, 13125
Huffman, F.E. 14867
Hufgard, J. 7879
Hufschmidt, J. 1093
Hughes, A. 933, 9117
Hughes, G.I. 9163
Huglo, M. 5869
Huisman, J.A. 295, 8161
Hujvanjuk, N.V. 12524
Huldén, L. 9552, 9604
Hulet, C.L. 6035
Hulk, A.C.J. 6675
Hüllen, W. 3691
Huls, E. 8707
Huls, H.A. 3963
Hulshof, H. 1892
Hulst, H. van der 2036, 2037, 2168, 2246, 2608
Humar, M. 10706
Humbach, H. 4500, 4711, 4745, 5517
Humblet, J.E. 159
Humboldt, W. von 1862, 1893, 1894, 1931, 1974
Humec'ka, L.L. 12574
Humesky, A. 12504
Humez, A. 5391, 8867
Humez, N. 5391
Humphrey, F.M. 3964
Humphreys, H.L. 7876
Hums, M. 12017
Hundertmark-Santos Martins, M.T. 6471
Hung, D. 3613
Hunger, H. 12868, 12871, 12908
Hunold, K.A. 173, 1894
Hunt, R.W. 1895
Hunt, T. 6803
Hunter, L. 13616
Huntington, D.A. 14768
Hupka, W. 6602, 6823, 6935
Hurduběţiu, I. 7596
Hurford, J.R. 3520
Hurlbut, M. 9118
Hurley, Vda. de Delgaty, A. 15446

Hurs'kyj, S.O. 9164
Hurvitz, A. 12854, 13238
Huryn, I.I. 12601
Husmann, K. 6583
Huss, W. 13144
Hussein, R.F.I. 13464
Husson, G. 5303, 6549
Huttar, G.L. 1579
Hutterer, C.J. 2880
Hüttl-Folter, G. 12126, 12381
Huybregts, R. 1045
Hvidtfelt Nielsen, K. 1094
Hyams, N. 7242
Hyenstrand, Å. 9525
Hyldgaard-Jensen, K. 233, 8162
Hyman, L.M. 130, 2169, 15247, 15263, 15265
Hymes, D. 1896, 4065
Hymes, D.H. 3965, 3966
Hyvärinen, I. 13830
Hyvönen, E. 13831

Ibragimov, S.I. 14461
Ibragimova, A. 14506
Ibrahim, M.H. 13369
Ibrahimi, S. 14380
Ickovič, V.A. 12018
Ide, S. 14659
Ierland, M. van 3967
Ihalainen, O. 2500
Ihnátková, N. 11108
Iivonen, A. 310, 806, 2022, 2080
IJsewijn, J. 5870
Ikeda, T. 14660
Ikegami, Y. 2501, 9220
Ikekeonwu, C.I. 15232
Ikola, O. 13943
Ikranagara, K. 14934
Ilčev, P. 639, 682
Ilčev, S. 10176, 10177
Ilek, B. 575, 576, 664, 665, 1095, 3182, 10997, 11009
Iliescu, M. 7561, 7562, 7704, 7705
Ilieva, K. 10083
Ilievska, K. 10334
Ilievski, P.Hr. 4948, 10335
Ilija, L.I. 6584
Illich-Svitych, V.M. 9658
Illič-Svityč, V.M. 9658
Imajkina, M.D. 14025
Imanaliev, K. 780

INDEX

Imart, G. 14462
Imazov, M.Ch. 14488
Imbs, P. 264, 650, 3043, 5871, 7050, 7069
Im Proum 14867
Indelli, G. 5304
Ineichen, G. 38, 1311, 3552, 5962, 6000
Infant'eva, R.N. 2502
Ingalls, W.B. 5406
Ingersoll, S.M. 9071
Ingham, B. 13412, 13413
Inghult, G. 8003
Ingo, R. 3183
Ingram, D. 3692
Ingria, R. 2170
Inman, C.R.H. 154
Innis, R.E. 1096
Inno, K. 13944
Inoue, K. 2289
Intravaia, P. 7032
Ionescu, A.I. 9889
Ionescu-Ruxăndoiu, L. 7628
Ioniță, V. 7747
Iordache, G. 7706
Iordan, I. 7698, 7748
Iordanidi, S.I. 11927
Iordanskaja, L.N. 12019
Ioup, G. 1408
Iperen, A. van 8708
Irwin, T.H. 1230
Isakov, I. 13703
Isakov, S. 9785
Isanbaev, I.I. 14060
Isanbaev, N.I. 14050, 14491
Išberdin, È.F. 14463
Iščenko, D.S. 12127
Isebaert, L. 4696, 4843, 5306
Ishihara, K. 3473
Ishii, T. 3693
Ishikawa, A. 4550, 4551
Ishimoto, A. 1231
Isidorus Hispaliensis 1873, 5872
Ising, G. 8434
Islami, H. 4996
Islamov, M.I. 14414
Ismagulova, B.Ch. 14464
Ismailova, S.A. 14557
Ismajli, R. 5002
Ismajylzadä, Ġ.B. 14410
Isman, J. 14935
Iso Echegoyen, J.J. 5593
Işola, A. 15233
Israel, M. 14702

Israelit-Groll, S. 13525, 13533
Issakov, S. 9785
Isserlin, B.S.J. 13478
Issler, G. 8253
Istrătescu, N. 3161, 3162
Išxanyan, Ř.A. 4844
Itayama, K. 14651
Itkonen, E. 790, 934, 2834, 13832, 13994, 13833, 13834, 13835
Itkonen, T.I. 13999
Itschert, R. 14647
Itsumi, K. 5430
Ivančev, S. 9845, 9979, 10036, 10040, 10046, 10084, 10085, 10707
Ivanchev, S. 10085
Ivănescu, G. 4352, 7655
Ivanov, I.G. 14051
Ivanov, J. 577, 578, 10139
Ivanov, J.N. 10163, 10279
Ivanov, S.N. 579, 580, 611, 612, 14381, 14507
Ivanov, Vjač.Vs. 334, 935, 1409, 3839, 4261, 4292, 4293, 12421
Ivanov, V.V. 539, 540, 9659, 11815, 11928, 12452
Ivanova, A.I. 12173
Ivanova, E. 10041
Ivanova, I.P. 813
Ivanova, K. 10202
Ivanova, M. 10177
Ivanova, N. 10280
Ivanova, N.F. 12375
Ivanova, O. 10336, 10337, 10338
Ivanova, V.A. 12452
Ivanova-Mirčeva, D. 9868, 9980, 9995, 10140, 10141
Ivanová-Šalingová, M. 2992
Ivantchev, S. 10040
Ivaško, V.A. 12469
Iverson, G. 2171
Ivić, M. 2993, 9846, 10404
Ivić, P. 4969, 9813, 10353, 10379, 10455, 10486, 10487, 10575
Iwakura, K. 2503, 2504, 2505, 2506, 2507, 2508
Iwasaki, H. 8852
Iwicki, W. 11747
Ižakevič, G.P. 11807, 12382
Izzo, H.J. 148, 293

Jachnow, H. 21, 408, 4066
Jachontov, S.E. 14849
Jacij, M.Z. 8004
Jackendoff, R. 1036, 1410, 2509, 2583, 2639
Jacko, J. 11230, 11231, 11318, 11319
Jackson, K. 7854, 7863
Jackson, K.P. 13126
Jacob, A. 936, 1232, 1233
Jacob, E. 13052
Jacobs, J. 1008
Jacobs, N. 9072
Jacobsen, B. 6804
Jacobsen, L. 581, 9496
Jacobsen, L.K. 8795
Jacobsen, P. 309, 265, 10585
Jacobsen, Thorkild 12712
Jacobsen, T.W. 5120
Jacobsen, W. 14661
Jacobsohn, H. 13764
Jacobson, P. 2510, 2584
Jacobson, R. 6421
Jacobson, S. 8875
Jacobsson, G. 12422
Jacqmain, M. 7243
Jacqmain, M. 8699
Jacquart, D. 5873
Jacquot, A. 15319
Jaeckel, R. 14262, 14305
Jaeger, J.J. 2172, 2173, 15497
Jaeggli, O. 5963
Jaeggli, O.A. 8939
Jagannath 14746
Jäger, G. 3184, 8071
Jaggar, P.J. 13617
Jagić, V. 645
Jagst, L. 15103
Jahangiri, N. 4769
Ĵahowkyan, G.B. 1381, 4294, 4845, 4846
Jahr, E.H. 9418, 9433
Jajlenko, V.P. 4382
Jakab, I. 14106
Jakaŭleva, L.R. 12649
Jakob-Rost, L. 12909
Jakobsen, A. 9366, 9605
Jakobsen, A.L. 2290
Jakobsen, L.F. 2511, 8048, 8072
Jakobson, R. 582, 583, 584, 585, 937, 1005, 1160, 1227, 2023, 2024, 3123,

INDEX

3164, 3209, 3514, 4847, 11929, 12383
Jakopin, F. 456, 677, 678, 696, 9787, 10708, 10750
Jakubczak, I. 2422
Jakubjak, M.V. 7025
Jakulis, A. 9707
Jakus-Dąbrowska, E. 11498
Jakuškina, M.G. 1898
JamaspAsa, K.M. 4605
James, D. 2512
James, F. 8940
Jamieson, C.A. 15498
Jamison, S.W. 4552
Jamrozik, E. 6775
Janakiev, M. 584
Janda, R.D. 2174, 2835
Janert, K.L. 14703
Janev, L. 10922
Janhunen, J. 13765
Jänicke, O. 6937, 6938
Janicki, K. 3969
Janitza, J. 8073
Janko, R. 5407, 12723
Jankov, A.V. 9165, 9166
Jankova, T.S. 12633
Janković, S. 10627
Jankowsky, K.R. 2760
Jankuhn, H. 7928
Jankunen, J. 14207
Janlert, L.-E. 2454
Janota, P. 299, 379, 757, 2025
Janoušek, J. 10998
Janovič, E.I. 11930
Janowowa, W. 4190
Janowski, B. 12855
Jansen, F. 2871, 8569, 8631
Jansen, L.M. 2938, 2994, 1357
Jansky, H. 586
Janson, R.A. 14843
Janson, T. 2175, 5672
Jansonius, F. 8694
Janssen, H. 1097
Janssen, J.J. 13511
Janssen, T.A.J.M. 8570
Janssens, G. 8673, 8682, 13189
Jansson, S.B.F. 9393
Jäntti, A. 8074
Jantzen, J. 1234
Janurik, T. 14208
Januš, Ja.V. 12596, 12612
Janussen, E. 15391

Januszowski, J. 11598
Jarancev, R.I. 12236
Jarceva, V.N. 33, 406, 2291, 2881, 4094
Jarczak, Ł. 11704
Jardel, J.-P. 4136, 15583
Jarnik, U. 587
Jarník, J.U. 1984
Jaroš, J. 10903
Jaroszuk, J. 11608
Jarring, G. 14263
Jarring, G. 14508, 14509
Jarullina, T.S. 11931
Jarvella, R.J. 1487, 3652
Jašar-Nasteva, O. 10306, 10307
Jaškin, I.Ja. 12635
Jaspaert, L. 3456
Jasper, S.D.P. 9284
Jassem, W. 2247, 11631
Jastrow, O. 13336, 13408, 13414
Jászó, A. A. 14154
Jatel', H.P. 8941
Jaŭnevič, M.S. 12627
Jaworska, E. 8942
Jaworski, A. 1580, 11654
Jay, T.B. 1411
Jaye, H.S. 13534
Jayez, J. 1581, 6676
Jayez, J.-H. 7052
Jazayery, M.A. 260
Jeanne, L.M. 15468
Jeanneret, R. 8419
Jedlička, A. 528, 566, 588, 589, 590, 591, 3970, 9792, 10790, 10792, 10793, 10999
Jeffers, R.J. 2536
Jeffrey, D. 15183
Jejkal, J. 11043, 11044
Jelby, O. 1899
Jelenová, J. 11000
Jelenová, O. 6677
Jelínek, M. 10787
Jelinek, M.E. 13370
Jelínková, A. 12237
Jelitte, H. 11932
Jembrih, A. 10448
Jeníková, A. 10564
Jenkins, L. 8943
Jenner, P.N. 14868
Jensen, E. 9479
Jensen, F. 7131
Jensen, H. 9455

Jensen, J.B. 6472
Jensen, J.T. 2342
Jensen, M.S. 5307
Jensen, M.T.S. 6678
Jensen, P.A. 2513
Jensen, P.J. 659
Jentsch, H. 11765
Jeremias, J. 5408
Jerković, J. 10449
Jerković, V. 10450, 10575, 10576
Jermolenko, S.Ja. 1100, 12575, 12597
Jermolenko, S.S. 1412
Jernej, J. 592, 593, 747
Jeziorski, J. 8005
Jíhlavec, J. 11045, 11046, 11047, 11048
Jiráček, J. 11933, 11934
Jireček, K. 594
Jirgensons, L.A. 5610
Jirků, P. 3348, 3349
Jiskra, Z. 11049
Jižakevyč, H.P. 11781, 11816
Joalaid, M. 9553
Joanette, Y. 3850
Joannès, F. 12910, 12911
Job, D.M. 2837, 2995
Job, M. 13704
Job, U. 3157
Jobse-van Putten, J. 8634
Jochym-Kuszlikowa, L. 770, 11394
Jocić, M. 10539
Jodłowski, S. 11599
Johanides, J. 725
Johannesson, N.-L. 3276, 8944
Johansen, H. 2514
Johanson, L. 14241, 14306, 14360, 14361
Johansson, C. 6846, 13907
Johansson, S. 8843
Johnson, A.B. 1221
Johnson, B. 13175
Johnson, C. Douglas 13415
Johnson, C.N. 3694
Johnson, David E. 2515, 2589
Johnson, D.J.L. 10518
Johnson, Janet H. 13535, 13536
Johnson, Katherine J. 11655
Johnson, Mark 1425

INDEX

Johnson, M.K. 3582
Johnson, R.L. 3480
Johnson, Roderick 2633
Johnson, Samuel 8776
Johnson, Steve 2176
Johnston, R.C. 7042
Johnston, R.L. 15026, 15035
Johnstone, T.M. 13487
Johnstone, W. 13053
Joki, A.J. 13739, 13740
Jokinen, U. 6679
Jolivet, R. 1175, 7053
Joly, A. 318, 1079, 1108, 2516, 8945, 8946, 9035
Jóna, E. 721
Jonák, Z. 3350, 3351, 3352
Jonas, P. 6939
Jondoh, E.E. 15234
Jones, E.D. 15581
Jones, G. 3972
Jones, L.B. 9039, 9040
Jones, R.E. 5124
Jones, R.M. 7864
Jones, Sir William 595
Jones, T. 7865
Jong, E.D. de 8701
Jong, F. de 2517
Jong, J.A. 8958
Jong, J.R. de 5636
Jong, M.J.G. de 8695
Jong, W.R. de 1235
Jongen, R. 2882
Jonke, L. 596
Jonninen-Niilekselä, K. 13836, 13837, 13895
Jönsjö, J. 9333
Jonsson, Å. 9554, 9563
Jonsson, H. 4295
Jopek, Λ. 880
Jordana, R. 3973
Jordanova, L. 10203, 10268
Jörg, R. 8256
Jørgensen, B. 9606, 9607, 9608, 9620
Jørgensen, E. 8947, 8948
Jørgensen, M.W. 8006, 8007
Jørgensen, P. 1899
Jørgensen, P.A. 9515
Joseph, B. 2343
Joseph, B.D. 4966, 5308, 5475, 5554
Joseph, J.E. 2883, 3974
Joseph, L.S. 7762, 7814
Josephson, F. 4389
Josephson, N.S. 15057

Josephson, O. 9555
Joshi, A. 3433
Joshi, A.K. 3353
Joshi, D.M. 4661
Joshi, S.D. 4570, 4571
Josifova, R. 10248
Josselson, H.H. 3442
Jost, U. 9167
Jouanna, F. 6422, 7132
Jouanna, J. 5309
Jouannet, F. 15154, 15155
Jouette, A. 7013
Jovanović, G. 9981
Jovanović-Stipčević, B. 10540
Jové i Hortoneda, F. 6118
Jove Llanos, G.M. de 6652
Jovićević, R.R. 9982, 9983
Juchanson, L. 14361
Juchniewicz, K. 11420
Jucquois, G. 938, 4296, 4378, 4380, 5310, 9640
Judakin, A.P. 2292, 2518
Judd, E. 3621
Judycka, I. 11395
Jug-Kranjec, H. 10709
Juhász, J. 939
Juhkam, E. 9553, 13975
Juldašev, A.A. 597, 14264
Junalejeva, R.A. 11782
Juneau, M. 93
Jung, L. 3691
Jung, U. 3246
Jungandreas, W. 5964, 7911
Junggren, A. 12384
Jungmann, J. 1926
Jungraithmayr, H. 112, 13599, 13602, 13607, 13618, 13619
Junković, Z. 10488
Junod, H.P. 940
Junus, U. 14937
Jurančič, J. 10710, 10711, 10773
Jurilli, A. 7354
Jurišić, B. 10489
Jurkiewicz, Z. 3354
Juríková, M. 8291
Jurkowski, M. 11550, 11609
Jussila, R. 13838
Justus, C.F. 4297, 4412, 4413
Jusupov, I. 14488
Jusupov, R.A. 14467
Jutronić, D. 8813

Jutronić-Tihomirović, D. 3553, 8814
Juzbašjan, K.N. 4911

Kabakčiev, K. 10086, 10142, 10264
Kabasanov, S. 10164
Kabell, A. 7912
Kabore, O. 15210
Kac, M.B. 3355
Kačala, J. 2519, 2520, 11148, 11149, 11309
Kachlak, T. 11551
Kachru, B.B. 9277, 9285
Kachru, Y. 338, 4639, 4640, 4641, 4642
Kačiuškienė, G. 9708
Kacnel'son, S.D. 1897, 1900, 352
Kaczmarek, L. 1939, 11369
Kade, O. 3975, 3203M. 3203
Kadečková, H. 9434
Kadler, E.H. 2081
Kafka, J. 519
Kagan, D.M. 3554
Kaganova, T. 7070
Kagaya, R. 15320
Kageyama, T. 14662
Kahane, H. 2996, 5965, 2996
Kahane, R. 5965
Kahla, M. 14029
Kähler, H. 266
Kahlmann, A. 9556
Kaimio, J. 5455
Kaimio, M. 5311
Kaiser, E. 6680, 7026
Kaisse, E.M. 5476
Kajanto, I. 13839
Kajdarov, A.T. 781, 14265, 14486
Kakimoto, T. 3470
Kakuk, S. 14346
Kakuk, Z. 14240, 14468, 14470
Kalaç, M. 12889
Kalajdovič, K.F. 598
Kalakuckaja, L.P. 11824, 11935, 12470
Kálalová, D. 11050
Kaldewaij, J. 1102
Kaldieva-Zacharieva, S. 10087
Kalectaca, M. 15469
Kalema, J. 15321
Kalenić, V. 599, 10451, 10712

INDEX

Kaler, D. 1861
Kaliev, Ğ. 14469
Kalin, M. 389
Kalisz, R. 1413
Kalivoda, J. 5874
Kaljuta, A.M. 9802
Kałkovska, A. 11347, 11610
Kallas, K. 11421
Kallasmaa, M.Ė. 13945
Kallassmaa, M. 13975
Kallio, J. 267, 13840
Kallman, C. 3783
Kálmán, B. 715, 14162
Kalmár, I. 10835, 15392, 15393
Kalme, V. 9749
Kalmeta, R. 10541
Kalnyn', L.Ė. 9814
Kal'nyn', L.Ė. 9872
Kalsbeek, J. 10490
Kalt, I. 8224
Kalus, L. 4744
Kalužin'ski, S. 14535
Kałużyński, S. 14534, 14535
Kalužskaja, I.A. 184, 4927, 5009
Kalverkämper, H. 2761
Kamalov, A. 14558
Kamaroŭski, Ja.M. 12629, 12637
Kamatchinathan, A. 14704
Kamba-Kamba, M. 15323
Kamińska, M. 11469
Kamiš, K. 10923
Kamm, R. 12774, 12775, 12776
Kamm, W. 12774
Kammenhuber, A. 4400, 4408, 4413, 4414
Kämmerer, H. 10088
Kamptz, H. von 5518
Kanai, Y. 2177
Kandiah, T. 14735
Kane, G. 450
Kaneva, I.T. 12713
Kangasmaa-Minn, E. 267, 13841
Kania, S. 11552, 11656, 11705
Kannisto, A. 14201
Kantshiàmà, B. 15323
Kapaldo, M. 10014
Kaplan, D. 3851
Kaplan, J. 3838
Kaplan, L.D. 15394

Kaplan, R.M. 8552
Kapp, D.B. 14705
Kara, G. 14584, 14336
Karabelova, G. 10165, 10249
Karadžić, V. 9784, 10353, 10369, 10443, 10444, 10467, 10581
Karaev, S.K. 14559
Karageorghis, V. 13138
Karag'ozova, S. 10089
Karaliūnas, S. 9680, 9710
Karapetjan, K.T. 1414
Karapetyan, A. 4848
Karapetyan, H.V. 4849
Karapetyan, K.T. 1414
Karapotósoglou, K. 5477
Karaś, M. 11514
Karasch, A. 6681
Karaseva, T.A. 5594
Karashima, N. 14706
Karastojčeva, C. 10269
Karatzás, S. 5478
Karaulov, Ju.N. 2762, 2997, 2998
Karaulova, F.V. 12186
Karch, D. 8225, 8226
Kardestuncer, A. 14382
Karickampally, A. 14721
Karius, I. 2344
Karjalainen, K.F. 14174
Karker, A. 9480, 9496
Kärki, I. 12714
Karlgren, B. 600
Karlík, P. 10836, 10837
Karlinger, F. 4137
Karlsson, F. 13822, 13823, 13842
Karlsson, H. 2866
Karlsson, K.E. 5601
Karmiloff-Smith, A. 3695
Karničar, L. 10755
Károly, S. 13787, 14107
Karpenko, A.Ju. 12471
Karpenko, Ju.A. 4225
Karpenko, O.Ju. 12472
Karpluk, M. 11396
Karpov, O.M. 12020
Karpova, O.M. 12238, 12385
Karpova, V.L. 12576
Karpovič, A.E. 12239
Karskaja, T.S. 603, 604
Karskij, E.F. 601, 602, 603, 604, 605
Karstien, H. 4298
Karttunen, K. 13843

Karulis, K.A. 9681
Karydes, B. 5479
Käsermann, M.-L. 3696
Kasevič, V.B. 14772
Kashoki, M.E. 15324, 15325, 15326, 15333
Kašić, B. 10352, 10356, 10357
Kašić, J. 10542
Kask, A. 606, 607, 608, 13946
Kašpar, O. 48
Kasper, G. 919
Kaspranskij, R.R. 799
Kassai, G. 1103
Kassai, I. 14093, 14094
Kasser, R. 13537, 13538
Kaštanova, N.P. 14938
Kästner, H. 13348
Kastner, Q. 11051
Kastovsky, D. 2345, 2999
Kastrati, J. 4997
Kasuya, H. 2082, 2112
Katerinov, K. 7496
Katičić, R. 10356, 10357, 10405, 10628
Kato, M.A. 6473
Kattein, R. 10090
Kattenbusch, D. 7071, 7114
Katuš, E. 10243
Katušić, M. 10406
Katz, H. 13766, 14170, 14175, 14206, 14209
Katzschmann, M. 14210
Kauchtschischwili, N. 3124
Kaučič-Baša, M. 10713
Kauf, W. 1420
Kaufmann, E. 8304
Kaul, E. 3627
Kaulins, A. 9682
Kauppinen, A. 13844
Kaupuż, A. 768
Kavaklı, E. 12678, 12679, 12680
Kavanagh, J.F. 113, 165
Kawaguchi, J. 14663
Kawka, M. 11553
Kay, P. 3697
Kaye, A.S. 13416
Kaye, D.B. 3607
Kaye, J.D. 6561, 15235
Kayne, R.S. 2521, 2522, 2523, 6682, 6683, 6684
Kazadi, N. 15327
Kazanskij, N.N. 4299

INDEX

Kazár, L. 4231, 4232
Kazarjan, B.K. 4854
Kazazis, K. 4967, 5051, 5480
Kažibekov, E.Z. 14265
Kazlova, R.M. 9890
Keach, C.N.B. 15279
Kean, M.-L. 3840
Keaney, A.M. 5555
Keating, P.A. 11370
Keber, J. 10774
Kecskeméti, I. 13995
Kedesdy, J. 3804
Keegan, T.J. 5409
Keel, W.D. 2178
Keenan, E.L. 1313, 2589
Kefer, M. 8008, 8949
Keij, A. 8635
Keijsper, C.E. 8541
Keil, F.C. 3555
Keim, I. 8402
Keipert, H. 7971, 9984, 12128
Kelemen, J. 1236, 14159
Kellar, L. 3836
Kellenberger, E. 13207
Keller, F. 302
Keller, M. 5729
Keller, R.E. 8403
Kellerman, E. 3185
Kelley, H.E. 6847
Kellogg, W.N. 1796, 1797
Kelly, L.G. 3186
Kelmendi, A. 4986, 4997
Kel'makov, V.K. 14063, 14064
Kemball, R. 12423
Kemp, J.A. 1921
Kempen, G. 3356, 3556
Kempen, J. 8609
Kempson, R.M. 1415
Kendall, C.B. 9252
Kendall, M.B. 1416, 15190
Kendon, A. 3904
Keŋesbaev, I. 14471, 14484
Kenesbaeva, S.S. 13349
Kenesei, I. 2524
Kennedy, C. 9221
Kennedy, G.A. 3125
Kenstowicz, M. 2179, 13504
Kenworthy, J. 2232
Kepsu, S. 13908
Keremidčieva, S.G. 10166
Kerkhof, J. 9074
Kerkman, H. 3557
Kern, R. 2820

Keršite, A.I. 3126
Kerstens, J. 1237, 2525, 2526
Kerstens, J.G. 1809
Kert, G.M. 13996
Kertész, M. 1104
Kesić-Šafar, B. 12240, 12241
Kęsikowa, U. 11611
Kess, J.F. 3558, 15007
Kesselring, W. 6940
Kessels, A.H.M. 286, 5154
Kessissoglu, A.I. 5637
Kessler, C. 3698, 3976
Kessler, W. 10452
Keta, B. 5071
Ketelaar, J.J. 4628
Kettemann, B. 8224
Ketterij, C. van de 8608, 8610
Kettmann, G. 8163
Keulen, W. van 8636
Key, M.R. 1757, 1769, 1901, 15525, 15526
Keymeulen, J. Van 8664
Khachaturian, A. 4906
Khačikjan, M.L. 12677
Khadabadi, B.K. 14718
Khamisi, A.M. 15280
Kho, Songmoo 14650
Khomsi, A. 7067
Khoury, R.G. 13392
Khrishnamurti, Bh. 14707
Khuli, M.A. al- 13371
Khumalo, J.S.M. 15328
Kibal'čič, O.A. 11789
Kibardina, S.M. 8075
Kibrik, A.E. 2589, 3247
Kido, K. 2082
Kiefer, F. 345, 14108, 14109
Kiehnle, C. 4553
Kiekbaev, D.G. 609
Kielhöfer, A. 3699
Kienast, B. 12715, 12856, 12871, 12912, 13054
Kienpointner, M. 2763
Kieser, O. 8227, 8228, 8229
Kilani-Schoch, M. 3841
Kilański, J. 11612
Kilby, D. 897, 11798
Kilibarda, G.M. 10629
Killen, J.T. 5124, 5135
Killingley, Siew-yue 14783
Kilmer, A.D. 12913
Kilpatrick, E. 15156
Kim, Youn Han 7913
Kimball, L.A. 14939

Kimenyi, A. 15329
Kindstrand, J.F. 5305, 5410
Kindt, W. 2994
King, C.M. 3593, 3757
King, M. 2633
King, P.G. 7882, 7883
King, P.K. 8523
Kingsbury, S.A. 9334
Kingsley, R.W. 13845
Kinkade, M.D. 321, 15502, 15503
Kinloch, A.M. 8769
Kinne, M. 8317
Kiparsky, P. 1902, 2145, 2180, 2181, 2261, 14385
Kiparsky, V. 11854
Kircher, C. 5202, 5611
Kircher-Durand, C. 5612, 5821
Kiritani, S. 14687
Kirk, U. 3853
Kirmagova, A. 9949
Kirsch, E. 3628
Kirsch, W. 5915, 5916
Kirschner, Z. 3357, 3358, 3359, 3360, 3457, 3458, 3474
Kirshner, H.W. 3852
Kirsner, R.S. 8571
Kiš, M. 10308
Kisbye, T. 9075
Kisman, A.K. 8720
Kiss, J. 13767, 14134
Kiss, K.É. 1903
Kiss, L. 4191
Kisseberth, C. 2179
Kisseberth, C.W. 15310
Kissling, H.-J. 14383
Kitagawa, C. 14664
Kitchen, K.A. 12857
Kittel, B.P. 13239
Kivi, O. 13744
Kiviniemi, E. 9619, 13909, 13910
Kjær, I. 9466, 9467
Kjellmer, G. 8950, 8951
Kjetsaa, G. 3127
Kjunnap, A. 14214
Kjuvlieva, V. 10177, 10204, 10205, 10206, 10250
Klafkowski, P. 14831
Klaiman, M.H. 1417, 4643
Klajn, I. 10358
Klappenbach, R. 8314, 8315, 8322, 8355

INDEX

Klausenburger, J. 5613
Klebanowska, B. 11422, 11423, 11554
Klees, H. 8230
Klegraf, J. 9051
Kleiber, G. 2527
Kleiber, W. 8231
Klein, Eva 8232
Klein, Ewan 887, 1418
Klein, J.S. 4554, 4555
Klein, K.K. 8259
Klein, M. 2656, 8531, 8572, 8573, 8577
Klein, M.L. 13294
Klein, S. 1419
Klein, W. 1402, 1487, 1533, 7002
Klein-Andreu, F. 6213
Kleinz, N. 8733
Klemensiewicz, Z. 11347, 11461
Klementewicz, T. 11458
Klengel, H. 13, 245, 4418, 13098
Klepikova, G.P. 4968
Klevcova, M.D. 6178
Kliffer, M.D. 6474
Klifman, H. 1904
Klijnsmit, A.J. 1905
Klima, E.S. 1739
Klíma, V. 15281
Klimčuk, F.D. 9869, 9921
Klimek, Z. 11470
Klimeš, L. 181, 10924, 10925, 11052, 11053
Klimov, G.A. 1314, 13649, 14266
Klímová, J. 3361
Klingenschmitt, G. 4850
Klinkenberg, J.-M. 183, 3128, 7072
Klintberg, M. 9557
Kliot, N. 13277
Kljaštornyj, S.G. 14307, 14308, 14309
Kljueva, N.P. 12500
Kloeke, G.G. 8440, 8657
Kloeke, W. van L. 7972
Klokeid, T.J. 3899
Klöntrup, J.G. 8447
Klooster, W.G. 2657
Kloss, H. 2892, 2893, 3977, 4025, 7914
Klubkova, T.V. 1906
Kluge, F. 8194

Klüssendorf, J. 3842
Klyashtorny, S.G. 14309
Klymenko, N.F. 12523, 12577, 12578
Knaflič, V. 3700
Knappová, M. 211, 11054
Kneblewski, R.A. 1238
Kneepkens, C.H. 1956
Kneidl, P. 10889
Kneisl, M. 14078
Knězek, L. 11109
Knibb, M.A. 13505
Kniffka, H. 9286
Knirk, J.E. 9394
Kniūkšta, P. 9711
Knobl, W.F. 4556
Knobloch, J. 4300, 5312, 5966, 5967
Knoop, U. 339, 1907, 1908
Knop, S. De 2346
Knopp, K. 6941
Knops, U. 8709, 8710
Knorina, L.V. 12386
Knorozov, Ju.V. 3095
Knorz, G. 3224
Knowles, J. 6214
Knowles, R.Q. 9287
Knudsen, E.E. 12858, 12914, 13295
Knutová, G. 8853
Köbler, G. 5875, 5876, 7915, 9644
Kobrina, N.A. 2528
Kobyljans'ka, M.F. 12525
Kobyljans'kyj, B.V. 9891
Kočerhan, M.P. 11783
Kočev, I. 10043, 10057, 10167
Koch, C. 8076
Koch, D. 3362
Koch, H. 15084, 15099
Koch, H.-A. 23
Koch, J. 7855
Koch, L. 2722
Koch, P. 6685
Koch, S. 8389
Koch, U. 23
Koch, W.A. 3142
Koch, Wolfgang 2293
Kochanowski, J. 4683
Kochavi, M. 12832, 13127
Kočiš, F. 717, 1909, 11120, 11150, 11151, 11152, 11276, 11301, 11320
Kock, J. De 3277, 3842,

6215, 6410, 6411
Kocks, G.H. 8637, 8638
Kocourek, R. 6942
Kodov, Ch. 610
Kodzasov, S.V. 2182
Koebbel, P. 21
Koefoed, G.A.T. 331
Koefoed, H.A. 9481
Koefoed, O. 2529
Koenitz, B. 1105, 10838
Koerner, E.F.K. 1890, 1910, 1911, 1912, 1913, 1914
Koerner, K. 168, 178, 238
Kogelschatz, B. 6943
Kogotkova, T.S. 12242
Kőhalmi, K. 14616
Kőhalmi, K.U. 14590
Köhler, H. 6944
Kohler, K.J. 2083
Köhler, O. 15128
Köhler, T.W. 3559
Kohlheim, V. 8475
Kohrt, M. 8077
Koivulehto, J. 13846
Kojen, L. 10407, 10433
Kók, A.L. 8527
Kok, D.W. 8521
Kokkelmans, J.J.M.F. 7182
Kokla, P. 13768, 13947
Kokora, D.P. 3560, 15236
Kolár, J. 1915, 11055
Kolari, V. 10926
Kolaříková, O. 10927
Kolb, H. 234
Kolbuszewski, S.F. 9750, 13948
Kolesnikoff, J.D. 12021
Kolesov, V.V. 11805, 11855, 11856, 12243
Kolev, N.T. 859, 6534
Koleva, I. 11936
Koleva, Z. 529
Koli, F. 3187
Kolin, P.C. 9222, 9335
Kollár, D. 3000, 11215
Koller, E. 6475, 8078
Koller, W. 3188, 3189
Kollmann, E.D. 5804
Kolod'ko, V.I. 7895
Kolomijec', V.T. 9815, 9892, 12571
Kolosov, I.S. 14560
Kolšanskij, G.V. 941, 2764
Kołtunowski, P. 8404
Kolvenbach, M. 3227, 3371

INDEX

Komárek, M. 394, 520, 9816, 10808, 10839, 11001
Komarova, L.I. 12523
Komisarjevsky Tyler, L. 2765
Komissarov, V.N. 3190
Komlósy, A. 2530
Komoróczy, G. 245
Komter, M. 2716
Kondo, S. 3383
Kondrashkina, E.A. 14941
Kondrašina, V.V. 12473
Kondraškina, E.A. 14940, 14941
Kondrašov, N.A. 1916
Kondrat'ev, V.G. 14267, 14310
Konečná, D. 3001
Koneski, B. 319, 10309
König, W. 2884, 8222
Königová, M. 415, 3225, 3226, 3278
Koning, W.K.B. 1661, 3979
Koningsveld, P.S. van 13337
Kononenko, V.I. 11784, 11788, 12382, 12572
Kononov, A.N. 410, 579, 611, 612
Kononov, A.N. 14268, 14269, 14270, 14384
Konstantinova, V. 10044
Kont, K. 13741
Kontosópoulos, N.G. 5481, 5482
Kontra, M. 8952, 14146, 14147
Kontzi, R. 6021, 6032, 6277, 13475, 13476
Konzal, V. 9985
Kooi, J. van der 8637
Kooij, J.G. 2183, 8542
Koolmeister, R. 5305
Koopmans-van Beinum, F.J. 8543
Kopál, J. 11287
Kopecký, M. 10873
Kopecký, Z. 11056
Kopečný, F. 3003, 3004, 9893, 10840, 10841
Kopitar, B. 613
Kopitar, J. 268, 614, 615, 616, 617, 618, 619, 620, 621, 622, 677, 10008, 10353, 10363, 10369, 10722, 10767, 10768

Koporskaja, E.S. 12244
Koppe, F. 1239
Koppelaar, H. 3308
Köppen, U. 7047
Kopřiva, J. 3363
Koptilov, V.V. 12603
Korčic, M.A. 12022
Korenchy, É. 14126
Kořenský, J. 1421, 2438, 10975
Korhonen, J. 8079, 8080, 8081
Korhonen, M. 656, 942, 2855, 13769, 13997, 13998
Korhonen, O. 13847, 13911
Korkuti, M. 4949
Korlén, G. 8317, 8405
Kormilov, S.N. 12424
Kormušin, I.V. 14311
Korn, K. 943
Kornelius, J. 3173
Körner, K.-H. 6076, 6476, 8082
Kornev, A.I. 12245
Kornilov, G. 14127
Korošec, T. 10714, 10715
Korotaeva, G.V. 9168
Korotkich, Ju.G. 8318
Kortlandt, F. 4301, 7815, 9683, 9817, 9828, 9863
Korunec', L.I. 12526
Korzen, I. 7221, 7222, 7223
Košak, S. 4421
Košecká, J. 11199
Koseska-Toszewa, V. 9847
Kosev, D. 10031
Koševaja, I.G. 8780
Koshal, S. 14832
Kosík, J. 3364
Koskenniemi, I. 9223
Koskenniemi, K. 13848, 13849
Koski, M. 13770, 13850, 13851
Koskimies, A.V. 13999
Koskinen, K.E. 4233
Kósmas, N. 5483
Kossek, N.V. 10143, 12023
Kossmann, B. 7945
Kossuth, K.C. 9076, 9367
Kosta, P. 1917, 12129
Kostallari, A. 4999, 5067, 5072
Kostandyan, D.M. 4851
Køster, F. 9482, 9507

Koster, J. 2503, 2531, 2532, 2533, 2550, 2694
Kostić, Đ. 269, 623, 10360, 10586
Kostjakov, M.M. 14627
Kostjuk, V.N. 12023
Kostov, K. 10091, 10224
Kostova-Dobreva, H. 8083
Kostřica, V. 390
K⁽c⁾osyan, A. 12681
Kosyl, Cz. 11706
Kotansky, R. 5313
Kotelova, Nklová, A. 12276
Kothandaraman, R. 14736
Kotkov, S.I. 11814, 12123, 12130, 12131, 12146
Kotkova, N.S. 11857, 12146, 12356
Kotleev, V.I. 14347, 14348
Kotošixin, G. 12132
Kotschi, T. 335
Kotsinas, U.-B. 9558
Köttelwesch, C. 7945
Kottke, D. 5798
Kotulič, I. 11232
Kouba, J. 772
Koul, O.N. 4669
Kousgård Sørensen, J. 9466, 9467, 9591, 9609, 9610
Koutsoudas, A. 2177
Kovac, C. 3701
Kovačec, A. 7677
Kovačev, N.P. 10037, 10281, 10282
Kovačev, S.P. 9848
Kovačević, M. 10351, 10408, 10409, 10543
Kovačević, R. 10455
Kovalenko, N.N. 14211
Kovalovszky, M. 14090
Kovalyk, I.I. 2347
Kovatcheva, M. 9077
Kovedjaeva, E.I. 14052
Kovtun, G.J. 1
Kowalewicz, H. 11479
Kowalik, K. 11380
Kowalska, A. 11499, 11657
Kownacki, E. 11500
Kozačuk, H.O. 12527
Kozak, S. 9781
Kozarynowa, Z. 545
Kozarzewska, E. 11424, 11555
Koževniková, K. 624
Koževnikova, N.A. 12425, 12474

INDEX

Kozílková, J. 12024, 12025
Kožin, A.N. 12387, 12388
Kozłowska-Raś, R. 9559
Kozneva, L.M. 11937
Kozyrev, I.S. 12246
Kraak, A. 3702
Krackow, E. 8456
Kraft, C.H. 13620
Krag, H.L. 309, 805, 12026
Krahe, H. 4319, 9610
Krajc, J. 477, 782, 11837
Krajcarz, M. 8574
Krajčovič, R. 9922, 11183, 11184
Krajewski, L. 11556, 11636
Král', Á. 625, 626, 627, 628, 629, 1582, 11121, 11122
Králík, J. 3428
Králíková, K. 3365, 10867, 10949
Kramarae, C. 3980
Kramer, G. 8164
Krämer, H. 8288
Kramer, J. 1872, 2885, 5595, 5730, 7563, 7577
Krämer, J. 8233, 8248
Kramer, J. 8406
Kramer, M. 6284
Kramer, M.B. 2084
Kramer, S.N. 12707, 12716, 12717, 12971
Kramer, W. 325, 8447, 8476
Kramorpurgo-Tagliabue, G. 5167
Krámský, J. 2184
Kranjec, M. 10692
Krapiva, K. 12308
Krapivnyj, A.P. 12247
Krása, M. 646
Krasil'nikova, E.V. 11817, 11938
Krasniqi, M. 5101, 5102, 5106
Krasnova, I.E. 2294
Krasnovská, E. 11185
Krăstev, B. 10092
Kratz, H. 9395
Kraus, D.H. 1
Kraus, F.R. 270, 630, 12915
Kraus, J. 212, 634, 3129, 3981, 3982, 10976
Kraus, K. 1847
Krause, E.-D. 14942
Krause, F. 617
Krause, M. 13539

Krause, R. 3843
Krause, S.R. 14628
Krausová, N. 1422, 2766
Krauss, M.E. 15401
Krauss, R.M. 3561
Kravar, M. 5203, 5638, 10410
Kravec', Ja.I. 12604
Krawczyk, A. 11557
Krawczykiewicz, A. 11425
Krbec, M. 521
Krechel, H.-L. 7027
Kreckel, M. 1583, 1736
Kreidler, C.W. 8815
Kreja, B. 271, 631, 632, 10310, 11371, 11397, 11558, 11559, 11613
Krejdlin, G.E. 12027
Krejnovič, E.A. 14629
Krejtor, A.M. 12579
Kremer, D. 6039, 6040, 6041, 6046
Kremer, L. 8440, 8639
Kremers, D. 788
Kremnitz, G. 3983, 3984, 4138, 5968, 6089, 7073, 7114
Krenčeyová, H. 8084
Krenn, H. 6686
Křepinský, M. 1984
Kress, G. 3972, 9216
Krestovský, V. 11002
Kreutzer, W. 6477
Kriarâs, E. 5484
Kridalaksana, H. 14943, 14944
Krieg, L.J. 2085
Krikmann, A. 13798, 13938
Krile, I. 8953, 10544, 10545
Kripke, S. 1240
Kripke, S.A. 1241
Krisch, T. 8165
Krishna, V. 9098,. 9224
Krishnamurti, Bh. 14747
Krishna Warrior, N.V. 14722
Krispijn, Th.J.H. 12718
Krispijn, T.J.H. 270
Kriššáková, J. 11200
Křístek, V. 10954
Kristensen, K. 9483
Kristjánsson, J. 9368
Kristó, Gy. 14125
Kristol, A.M. 4139
Krivnickij, A.A. 9869

Krivnova, O.V. 2182
Krivonosov, A.T. 1423, 8085
Krivoščekova-Gantman, A.S. 14079
Křivský, P. 522
Kříž, B. 3248
Križaj, M. 10716
Križanić, J. 10382, 10465
Krjučkova, T.B. 3005
Krjukov, V.M. 14795
Kröger, H. 8451
Kromann, H.-P. 8086, 9484
Krömer, T. 19
Kromnow, Å. 9611
Kronasser, H. 272, 633
Kronsteiner, O. 9923
Kropáček, L. 15282
Kropp Dakubu, M.E. 15237, 15238
Krotkoff, G. 13296
Krötsch, M. 6554
Kroumova, Y. 6687
Kroupová, L. 10977
Kruchten, J.-M. 13540
Kručinina, I.N. 11819
Krueger, J.R. 14260
Kruger, W.J. 15330
Kruglov, Ju.G. 47
Kruijsen, J. 324
Krummrey, H. 5673
Krumova, J. 6687
Krumova, L. 10207
Krupa, V. 1315, 1316, 2295, 3192
Krupianka, A. 11398, 11560
Kruyskamp, C. 8672
Kruyt, J.G. 8544, 8684
Kryk, B. 8954
Krylov, Ju.K. 3279
Kryms'kyj, A.Ju. 13372
Kryvicki, A.A. 605, 12634, 12635
Kselman, J.S. 13240
Ksenofontova, O.A. 6688
Książek-Bryłowa, W. 11399
Kšicová, D. 11003
Kubarth, H. 6308, 6535
Kubátová, J. 8816
Kubczak, H. 1242
Kubík, M. 12063
Kubiński, W. 2534, 11426
Kubota, J. 14689
Kubrjakova, E.S. 1343
Kubů, L. 10978
Kucała, M. 11536

INDEX

Kucarov, I. 9788, 10093, 10094, 10095
Kučera, A. 8354
Kučera, H. 3366
Kučera, L. 11233
Kučera, V. 12028
Kučerenko, I.K. 12528
Kučerová, E. 44, 11799, 12248, 12240
Kuchař, J. 327, 634, 635
Kuchar, R. 11234
Kucharský, P. 10884
Kuchta, E. 11601
Kuczaj, S.A., II 359, 360, 3684, 3703, 3704, 3705, 3706
Kudačina, N. 14510
Kudaev, P.S. 14026
Kudajbergenov, S. 14473
Kudara, K. 14312
Kudela-Dobrogowska, K. 2247
Kudělka, M. 9774
Kudělka, V. 9944
Kudina, O.F. 12580
Kudrjašova, I.M. 12442
Kudzinowski, Cz. 9712
Kuen, H. 273, 2886, 7564, 7565
Kuenzel, H. 6555
Kuev, K. 9995
Kugel, J.L. 13241
Kuh, Kuh-Seong 14647
Kühlwein, W. 3191, 8423, 9051
Kuhn, H. 4364, 7916, 9369, 9610
Kühn, P. 2887, 8319
Kuhn, S.M. 9169, 9170, 9179
Kühnel, H. 8261
Kuiper, K. 2535
Kuipers, A.H. 15504
Kuiri, K. 13852
Kujdajbergenov, S. 14448
Kujundžić, L. 5060
Kukuškina, E.Ju. 12389
Kulagina, O.S. 3459
Kuldsepp, T. 13771
Kuleczka, P. 11707
Kulikova, A.M. 14665
Kully, R.M. 8014
Kulmatov, K.N. 4010
Kul'man, N. 1917
Kumachov, M.A. 3082, 13705, 13706, 13707
Kumachova, Z.Ju. 13708
Kumanireng, T.Y. 14945
Kumar, S. 4135, 4645
Kümmel, H.M. 4374
Kummer, W. 1584
Kuna, H. 10587
Kunes, K.Z. von 12251
Kunitzsch, P. 13438
Künkler, H.H. 3627
Künnap, A. 13772, 13795, 14212, 14213, 14214
Kuno, S. 1257
Kunst-Gnamuš, O. 10717
Kunstmann, H. 8477, 9934, 10630
Kuntzman, L.E. 8955
Kunze, J. 3367
Kunze, K. 2888, 8231, 8234
Kunze, P. 11759, 11761
Kuperus, J. 15331
Kupin, J.J. 2086
Kupiszewski, W. 11614
Küpper, H. 8320
Kuprėenka, V.A. 12650
Kuraszkiewicz, W. 816, 11479, 11561, 12552
Kurbanov, A.M. 504
Kurbatov, Ch.R. 14472
Kurbskij, A.M. 12133
Kurčatkina, N.N. 6356
Kurek, H. 11368, 11658
Kürenov, S. 14420
Kuriyagawa, F. 274, 636
Kur'janova, V.K. 12029
Kurkiev, A.S. 13720
Kurkina, G.G. 14176, 14177, 14178
Kurkina, L.V. 10208, 10718
Kurko, P.F. 8321
Kurková, M. 12030
Kurkowska, H. 1099, 11340, 11659
Kurochtina, G.N. 11858
Kuroda, S.-Y. 2536, 944
Kurovs'ka, O.V. 8956
Kurt, C. 5314
Kurvinen, A. 637
Kuryłowicz, J. 638, 13257
Küryšžanov, A.Q. 14313
Kurz, J. 639, 10009, 10564
Kurzová, H. 373, 5115
Kurzowa, Z. 11471
Küstner, A. 3249, 3340
Kutler, L.B. 13128
Kutscher, E.Y. 13157
Kutscher, R. 13157
Kuttert, R. 6216
Kuusinen, M.E. 13773
Kuzeev, R.G. 14128
Kuzmanov, P. 10283
Kuz'menkov, E.A. 14591
Kuz'mina, E.E. 4302
Kuz'mina, I.B. 11928, 11939
Kuznecov, A.M. 24
Kuznecov, P.I. 14271, 14272
Kuznecov, V.V. 14053
Kuznecova, Ė.V. 12252
Kuznecova, L.N. 11859
Kuznecova, M.V. 11940
Kuznecova, O.D. 12174, 12320
Kuznecova, T.V. 12253
Kvapil, M. 10361, 10601
Kvaran, G. 8478
Kveselevič, D.I. 12436
Květ, R. 11057
Kvillerud, R. 9612
Kvítková, N. 731, 10874
Kwaśniewska-Mżyk, K. 11615
Kyas, V. 10890, 11472
Kyjak, T.R. 8390
Kyle, J. 1758, 1773
Kylstra, A.D. 14093
Kyöstiö, O.K. 13854
Kyzlasov, I.L. 14314

Laalo, K. 13855
Laanekask, H. 14012
Laanest, A. 703, 13774
Labanauskas, K. 14215, 14216
Labatut, R. 15191
Labocha, J. 11338
Labov, T. 3697
Labov, W. 945, 2838, 3697, 3916, 3985, 4065
Labrum, R. 169
Labuschagne, C.J. 13242
La Chaussée, F. de 2273
Lachmann, R. 3142
Lachur, Cz. 11427
Lackenbacher, S. 12916
Ladd, D.R. 946
Ladd, D.R., Jr. 2537, 8817, 8818
Ladefoged, P. 2087, 2088
Lađević, M. 10631
Ladin, W. 8235

INDEX

Ladmiral, J.-R. 3193, 3194
Lado, R. 3562, 3662
Ladrière, J. 1195
La Fauci, N. 6689, 7244, 7489
Lafe, E. 525, 5000
Lafleur, B. 6945
Lafon, M. 15332
Lafon, R. 12812
Lafont, B. 12719
Lafont, R. 1106, 3986, 3987, 3988, 7109, 7114, 7118, 7133, 7134
Lagneau, P. 7183
Lahner, J. 6848
Lahousse, A. 6946
Lahti, M. 13840
Laitinen, L. 13999
Lakó, Gy. 480, 13775, 14148, 14154
Lakoff, G. 1425, 1243
Lakova, M. 10096
Laks, A. 5315
Lalande, D. 6805
Lallemand, M. 6904
Lamarra, A. 6947
Lamb, S.M. 947, 1925
Lambermont, H.A.C. 8681, 8682, 8686, 8687, 8688
Lambert, J.-L. 3861
Lambert, M. 640
Lambert, P.-Y. 707, 7773, 7781, 7849, 7856
Lambert, W.E. 3989
Lambert, W.G. 12696, 12720, 12721, 12917, 12918, 12919
Lamberterie, C. de 4303, 4852
Lambertz, Th. 2538
Lambin, G. 5519
Lambinet, C. 3755
Lambrecht, K. 6690
Lambruschini, R. 7279
Lamizet, B. 6894
Lamprecht, A. 275, 1709
Lana, I. 109, 5316
Lanc, M. 2539, 2540
Lancellotti, M. 1244
Landaburu, J. 15527
Landi, A. 5231, 5520, 7530
Landi, S. 7397
Landoni, E. 7289
Landsberg, M.E. 1426, 1455
Landsbergen, J. 3460

Lane, H. 1759, 1760, 1777
Lang, E. 3340
Lang, J. 2889
Langacker, R.W. 2296, 2541, 8957, 15469, 15487
Lange-Kowal, E. 5103
Langenbacher, J. 7028
Langendoen, D.T. 2542
Langendonck, W. Van 8
Langer, A. 7511
Langhade, J. 1918
Langhoff, S. 2543
Langholf, V. 5204
Langleben, M. 2767
Langlois, A. 3844
Langner, H. 8166, 8236
Langosch, K. 5877
Lanham, L.W. 9119
Lantolf, J.P. 2768
Lanza, D. 5456
Laparra, M. 6776
La Penna, A. 7435
Lapesa, R. 6278
Lapesa Melgar, R. 6344
Łapicz, Cz. 12665
Lapidge, M. 5917, 9171
Lapidus, I.Ja. 11860
Lapierre, A. 7184, 7185
Lapina, V.P. 12475
Lapointe, S.G. 2185, 2348, 2544
Lapoliwa, H. 14946
Lappin, S. 1427
Lapteva, L.P. 641
Lapteva, O.A. 12448
Laptěvová, L.P. 1919
Lara, L.F. 3006
Łaribyan, A.S. 4853
Lariochina, N.M. 12390
Larionova, A.P. 12113
Laroche, E. 276, 4379, 4380, 4422, 4423, 4468, 12667
Larochette, J. 6691
Larsen, E.G. 9413
Larsen, H.V. 8087, 8322
Larsen, J. 9348, 9349
Larsen, M.T. 245
Larsen, T. 9588
Larsen, T.W. 15447
Larson, M.L. 2769
Larsson, E. 9576
Larsson, L.-G. 326, 874, 4234, 13799, 13800, 13856
Lasagabaster Madinabeitia, J.M. 4140

Lasch, A. 8441
Laškarbekov, B.B. 4770
Laskareva, E.R. 2545
Łaski, P. 11562
Laškova, L. 503, 9837
Laskowski, R. 10904, 11400
Lasnik, H. 2546, 2617, 8930
Lasorsa, C. 12031
Lass, R. 2839, 1322
László, Gy. 14128
Latacz, J. 5155, 5405
Latham, J.D. 13455
Latham, R.E. 5854, 5878, 5879
Lathrop, T.A. 6279
Lathuillère, R. 793
Lathwesen, H. 8479
Lattey, E.M. 2547
Latyševa, A.N. 12032
Laubová, V. 10928
Laubsch, J.H. 3404
Laubscher, F. Du T. 13243
Laučiūtė, J. 9894
Laučjute, Ju.A. 9894
Laufer, A. 2089
Lauffer, H. 234, 8323
Launey, M. 15470, 15471
Laur, W. 9613
Laurendeau, P. 6692
Lautamatti, L. 1586
Lavandera, B. 3991
Lavandera, B.R. 6217
Laver, J. 2090, 3992
Lavorel, G. 3845
Lavorel, P.M. 3845
Lavrent'ev, G.I. 14054
Lavrent'eva, N.B. 12254
Lavryk, M.P. 9172
Lawson, E.D. 13278
Lawson, J.O. 2548
Lawson, L. 1761
Lawson, V. 3477
Lawton, D. 4141, 15601
Laycock, D. 14891
Laycock, D.C. 15027
Lazard, G. 4746
Lazard, S. 2891
Lazar-Meyn, H.A. 7816
Lăzăroiu, A. 2123
Lázaro Mora, F.A. 6218
Lazarovyč, V.V. 8324
Łazaryan, B.K. 4854
Łazaryan, Ř.S. 4855
Lazova, T. 4930
Lazzeroni, R. 4304, 4557, 4558

INDEX

Leake, A.E. 6948
Leake, D.B. 6948
Leake, R.E. 6948
Léard, J.-M. 6693
Lebda, R. 11644
Lebec, N.P. 9765
Lebeda, J. 882
Lebedeva, L.B. 12033
Lebek, W.D. 5805
Lebel, M. 5160
Leben, W. 2248
Leben, W.R. 2186
Le Bœuffle, A. 5731
Le Bourdellès, H. 127
Lebrun, R. 4378, 4380, 4424
Lebrun, Y. 3710, 3846, 3857
Lecerf, Y. 2773
Lechanteur, J. 6849
Lecomte, J. 3451
Le Cornec, J. 7074
Lecours, A.R. 3842, 3850
Lecoy, F. 6817
Lederberg, A.R. 3711
Lederman, S. 13272
Ledjajkina, V.A. 14027
Lee, A. 12344
Lee, D.A. 3712
Lee, Don Y. 14833
Lee, W.R. 8819
Leech, G. 294
Leech, G.N. 1428
Leek, F. van der 8958
Leem, K. 14000
Leemhuis, F. 13439
Leeming, H. 11708
Lefebvre, C. 15528, 15584
Lefebvre, G.-R. 6850
Lefevere, A. 3203
Lefèvre, Y. 153, 469, 5896
Le Flem, D.C. 6580
Lega, M. 847
Le Goff, J. 5882
Le Goffic, P. 1069, 1107
Leguil, A. 1818
Lehfeldt, W. 11861
Lehikoinen, L. 13912
Lehiste, I. 642, 643, 2536, 2770, 4969, 8820, 10311, 10379
Lehmann, C. 305, 2349, 1317, 1318, 1319
Lehmann, D.A. 15334
Lehmann, E. 1587
Lehmann, K.-D. 9
Lehmann, R. 8472

Lehmann, V. 9864, 12134
Lehmann, W.P. 277, 378, 2840, 4247, 4305, 4306
Lehnert, M. 9078, 9312
Lehnert, W. 3368
Lehtinen, R. 13857
Lehtinen, T. 13921
Lehtiranta, J. 14001
Lehtonen, J. 1762, 2091
Lehtsalu, U. 3195
Leib, C. 186
Leiber, J.F. 3565
Leibniz, G.W. 1209
Leinfellner, E. 3250
Leino, P. 13858, 13859
Leinonen, K. 9560
Leinonen, M. 2549, 12034
Leipold, G. 1429
Leiser, D. 3566
Leisi, E. 3567
Leitner, G. 8854
Leivo, M. 13744
Leiwo, M. 389, 3713, 3714, 3715, 13860, 13861, 13862
Lejeune, M. 5555, 5561, 5562, 5563, 5678, 7770, 7771, 7772, 7773, 12802, 12803
Leka, F. 5073
Lekomceva, M.I. 9684
Lele, D.A. 7917
Leloux, H.J. 8611
Lemaire, A. 13116, 13129, 13297
Lemaire, J. 761
Lemaître, Y. 15058
Lemarie, K. 10564
Lemchenas, Ch. 9713
Lemcjuhova, V.P. 11785
Lemhagen, G. 6694, 6695
Lempp, A. 10097
Lencek, R.L. 268, 618, 3130, 9945, 10719
Lenders, W. 8391, 8392
Le Nestour, P. 14666
Lenga, G. 3568
Lengereau, M. 4020
Lengyel, Zs. 3716
Lenhardt, J. 11123, 11124
Lennartz, J. 8480
Lentini, G. 7512
Léon, J. 3369
Léon, M. 6556
Leon, N.H. 14815
Léon, P. 2199, 6545

Léon, P.R. 2249
León, V. 6357
Léonard, A.-M. 2540
Leonard, C.S., Jr. 5969
Leonard, L.B. 3717, 3847
Leonardi, C. 5827
Leonardsson, S. 6536
Leone, A. 7208, 7245, 7246, 7247, 7355
Leonidova, M. 12255
Leonovičova, Z. 11004, 12391
León Portilla, M. 6423
Leont'eva, N.N. 3461, 12442
Leopold, J. 740
Lepa, K. 8373
Le Page, R.B. 949, 4146
Lepešaŭ, I.Ja. 12663
Lepestkov, G.O. 8325
Lepre, M.Z. 5411
Lepschy, G. 1920
Lepschy, G.C. 1108, 7209
Lepsius, R. 1921
Lerat, P. 1430, 6949
Lerberghe, K. van 12920
Lerchner, G. 8167
Lerner, I. 6334
Lerond, A. 6557
Lerot, J. 8088
Le Roux, C. 8734
Le Roux, P. 79
Leroy, J. 15335
Leroy, M. 278
Leroy-Boussion, A. 3718
Łesiów, M. 12613
Leška, O. 950
Leskien, A. 644, 645, 9984
Leskinen, H. 13829
Lesko, B.S. 13522
Lesko, L.H. 13522
Leslau, W. 13506, 13507, 13508, 13509
Leslie, C.M. 3848
Lesman, A.St.C. 6219
Leśniak, B. 12256
Lesný, V. 646
Leso, E. 7436
Lesochin, M.M. 3228
Lesueur, R. 5784
Lesz, M. 11428
Leszczyński, Z. 11501, 11709
Letoublon, F. 5183, 5205
Letta, C. 5551
Leumann, M. 5576, 5614

INDEX

Leuven-Zwart, K.M. van 3196
Levander, L. 9561
Levašov, E.A. 12257
Lévay, B. 14110
Levelt, W.J.M. 3569, 3570, 3611, 3652
Levenberg, J.T. 10411
Levenko, E.P. 12258
Lévêque, P. 5317
Levet, J.-P. 5318
Levickij, Ju.A. 12035
Levieuge, G. 3007
Levieuge-Colas, E. 8238
Levin, Harry 9173
Levin, H.D. 3251
Levin, J.F. 9691, 9692
Levin, Ju.I. 3280
Levin, S. 2297, 2298, 4307, 5232
Levin, S.R. 3113
Levine, A. 8959
Levine, É. 13298
Levine, J.S. 12036
Levinsohn, S.H. 15596
Levinson, S. 3897
Lévi-Strauss, C. 1212
Levitskaja, L. 14474
Levitskaja, L.S. 792, 14349
Levy, E. 1444, 1593
Lévy, F. 6851
Levyc'kyj, V.V. 1431
Lewandowska, B. 1432
Lewaszkiewicz, T. 11563, 11564
Lewicki, A.M. 11353, 11565
Lewin, Bernhard 13440
Lewin, Bruno 1922, 14667, 14668
Lewin, J.W. 2744
Lewis, R. 7043
Lewy, E. 14055
Leys, O. 7973
Lhermitte, F. 3858
L'Hermitte, R. 116, 12037, 12259, 12260
L'Heureux, C.E. 13055
Lhoest, F. 1923
Li, Charles N. 158, 14784, 14785, 14802
Li, Fang Kuei 14850
Li, Paul Jen-Kuei 15017, 15018, 15019
Liard, P.-H. 6843
Liba, P. 3143

Liberman, A. 9370, 12357
Liberman, A.M. 2106, 3571
Liberman, I. 3571
Liborio, M. 2722
Lichem, K. 303, 3197
Lichtenberk, F. 15036, 15037
Lichtenstein, M.H. 13244
Lička, P. 11310
Lidaräng, A. 9614
Liddell, S.K. 1763
Lie, H. 14617
Lie, S. 9435, 9436
Lieb, H.-H. 1433
Lieber, R. 2350, 8997
Lieberman, P. 2092, 3622
Liebert, G. 4555
Lier, H. van 3462
Lieven, E.V.M. 3719
Lievens, R. 8675
Liewehr, F. 647
Ligeti, L. 180, 279, 14156
Light, P.H. 3720
Light, T. 14800
Lightfoot, D. 952, 1063, 2551, 2552, 2553
Lightley, S.J. 5778
Ligot, M.-T. 3131
Liimola, M. 14201
Liiv, G. 3195
Liiv, S.S. 2528, 2528
Lillo Alcaraz, A. 5233, 5234
Lilly, I.K. 12426, 12427
Lilly, R. 2187
Lilova, A. 3203
Limber, J. 1798
Limentani, A. 5685
Limet, H. 12722
Lincoln, B. 4559
Lind, E.H. 9605
Lindau, M. 2045
Lindberg, G.U. 3008
Linde, G. 9615
Linde, S.B. 11563, 11564
Lindeman, F.O. 4308, 7817, 7818, 7866, 7867
Lindenfeld, J. 1588, 15529
Linder, K.P. 7567
Lindfors, J.W. 3721
Lindgren, K.B. 13863
Lindholm, H. 14111
Lindkvist, K.-G. 8960
Lindner, G. 2093
Lindqvist, C. 6696
Lindstedt, I. 2866
Lindström, O. 8821

Lindvall, L. 6806
Linell, P. 1109, 2188, 3722
Lingorska, B. 885
Linke, K. 5161
Lint, T. van 8855
Linthorst, P. 6697
Lionnet, A. 15472, 15473
Lipatov, S.I. 14028
Lipczuk, E. 11429
Lipczuk, R. 7989
Lipiński, E. 12921, 13056
Lipka, L. 2377, 6698, 9174
Lipovec, A. 10721
Lippert, W. 14809
Lipski, J.M. 2554, 4142, 9336
Lipták, Š. 45
Lisica, N.M. 12437
Liška, J. 648, 649
Lisse, C. 9485
Litaize, A. 6848
Litowitz, B.E. 1385
Litteral, R.L. 15075
Little, D.G. 46
Littré, É. 650
Littré, E. 6529
Litvin, I.P. 4193
Litvinov, M.M. 8326
Litvinov, P.V. 419
Litvinova, M.D. 12344
Liver, P. 7578
Liver, R. 5885, 7568
Livingston, K.R. 3723
Lizanec, P.I. 12553
Ljapëškin, V.U. 12628
Ljubenov, L. 3198
Ljung, M. 8961
Llamzon, T.A. 14892
Lleal, C. 6119
Lleó, C. 6220
Lleshi, Q. 10632
Llewellyn-Jones, P. 3572
Lloshi, X. 5074, 5091
Lloyd, P. 3724
Loar, B. 1245
Łobacz, P. 11380
Lobo-Serna, C.A. 6172
Lobsang 14825
Local, J. 3994
Locherbie-Cameron, M.A.L. 9079
Lochner von Hüttenbach, F. 4239, 4271, 4914
Lochner von Hüttenbach, F. Frhr. 5521, 8327

INDEX

Lock, A.J. 1455
Lockney, T.M. 4194
Lockwood, D.G. 2555, 1110
Lockwood, W.B. 651, 652, 4309
Loewe, M. 794
Loey, A. Van 8575, 8696
Löffler, H. 2894, 8231, 8239, 8481
Loffler-Laurian, A.-M. 6951
Löflund, J. 13851
Löfstedt, B. 5675, 5886, 5887, 5888
Löfstedt, E. 5676
Löfstedt, L. 6603, 6952
Logačev, K.I. 9986
Logar, J. 10722
Logar, T. 10723, 10724
Logašova, B.-R. 14561
Loi, V. 5818
Loi Corvetto, I. 7200, 7541, 13351
Łojasiewicz, A. 11430
Lokesh Chandra 4560
Lokštanova, L.M. 9486
Loma, A. 10633, 10634
Loman, B. 1590
Lomanto, V. 5732
Lombard, A. 653, 7630, 7631
Lombard, D.P. 15336
Lomholt, J. 9487
Lompa, M. 2872
Lomtatidze, K.V. 13709
Lončarić, M. 10491, 10492, 10546
Lonchamps, F. 15201
Lone, S. 7248
Lone Tønnesen, H. 804
Long, S. 9173
Long, T.H. 9148, 9175
Longacre, R.E. 2771
Longère, J. 5889
Longman, T. 13257
Longobardi, G. 2556, 7249
Lönngren, L. 10842, 12038
Lönnqvist, B. 11822
Lønstrup, B. 12039
Lonzi, L. 7250
Loon, J. van 7918
Looy, H. Van 5412
Lopašov, Ju.A. 5025
Lopatin, V.V. 778, 11819, 12476
Lope Blanch, J.M. 3875, 6151, 6309, 6310, 6358, 6403
Lópes Facal, J. 5320
López del Castillo, L. 6077
López de Velasco, J. 1953
López Morales, H. 3876, 4143
Lo Piparo, F. 1924
Lorber, F. 5235
Lord, C. 2558
Lorenc, B. 3075
Lorenz, M. 4771
Lorenzi, F. 7251
Lorenzo, E. 6142
Lorenzo-Rivero, L. 6394
Loretz, O. 12925, 13014, 13015, 13016, 13017, 13018, 13018, 13019, 13020, 13021, 13022, 13023, 13024, 13025, 13026, 13027, 13028, 13029, 13030, 13031, 13032, 13033, 13057, 13058, 13059, 13098, 13130, 13131, 13245, 13246
Lorez, Chr. 8253
Lorez, T. 8253
Lorian, A. 6699, 7029
Loriaux, R. 5206
Lőrinczy, É. B. 14094, 14095, 14140
Losev, A.F. 954
Losievskij, I. 739
Loth, A. 9348
Lotko, E. 10843, 10844, 10845, 11348
Lötscher, A. 3227, 3370, 3371
Lottini, O. 6395
Lotz, J. 654
Lötzsch, R. 392, 9789
Loupias, B. 6396
Louwrens, L.J. 15337, 15338, 15339
Loux-Schuringa, A. le 2557
Loux-Schuringa, J.A. le 8576
Loužil, J. 1926
Lovckij, E.E. 3463
Love, N. 955, 2189
Loveday, L. 1591, 2250
Lowe, I. 1679
Lowenthal, F. 103
Lowsenc[c], A.Ł. 4856
Lowy, E. 4120
Lozano, A.G. 6359
Lozano E. 15530
Lozinskii, E.L. 3372
Lu, John H.T. 14792
Lubaś, W. 3995, 4060, 11660, 11661, 11677, 11710, 11711
Lubaszewski, W. 11401
Lubbe, H.F.A. van der 8577
Lubbe, H.J. 1927
Luca, G.B. De 7437
Lucas, L.W. 7819
Lucchesi, E. 13521
Luce, J.V. 811
Luce, S. 7030
Lucenko, N.A. 12040
Lucenko, O.E. 12041
Luciani, L. 7357
Luciński, J. 11729
Luckel, F. 4165
Lučyc-Fedarec, I. 11278
Lüddeckens, E. 13569
Lüder, E. 5970, 7728
Lüdi, G. 6360, 6361
Lüdicke, A. 6700
Lüdtke, H. 1111, 5971, 6440, 6807
Lüdtke, J. 1112, 5972
Ludvik, D. 9645
Luelsdorff, P. 1127
Lufti Abas 14947
Lugt, P. van der 13258
Lühr, R. 8168
Luhrman, H. 1928
Luka, D. 5104
Luka, K. 5105
Lukács, Gy. 1236
Lukas, R.F.W. 8482
Lukatela, G. 3075, 10577
Lukin, M.F. 11885
Lukinova, T.B. 9895
Luk'janenkov, K.F. 3228
Luk'janova, N.A. 12261
Lukkari, P. 14002
Lukszyn, J. 1710
Lund, J. 9488, 9489
Lundahl, I. 9625
Lundberg, B. 9525
Lundeby, E. 9437, 9616
Lunelli, A. 5785
Lunin, B.V. 748
Lunn, P.V. 6078
Lunt, H.G. 9987, 12554
Lupis, A. 7438

INDEX

Luppova, E.P. 12176
Lurati, O. 7439, 7440
Luria, A.R. 3573
Lurija, A.R. 3573
Lurquin, G. 451, 3373, 3441
Luščaj, V.V. 11884
Lusenc, A.G. 4856
Lust, B. 3726
Lutgerink, M. 8640
Luthy, M.J. 13864
Lüttel, V. 5236
Lütten, J. 8089
Lutterer, I. 4195, 10920, 11058, 11059
Lutz, H.D. 3227, 3304
Lutzeier, P.R. 1434, 3009
Luz, M.A.M. da 6512
Luzzati, D. 6777
L'vov, A.S. 12135, 12262
Ly, I. 15202
Lyberis, A. 9697, 9698
Lyer, S. 10920
Lykke Jakobsen, A. 2290
Lynch, J. 15028, 15038
Lynnyk, T.G. 12529
Lyons, C. 6701
Lyons, J. 1435, 1436, 1437, 1929
Lysaght, T.A. 9988
Lysebraate, H. 6702
Lysyčenko, L.A. 12581
Lytinen, S.L. 3464
Lytkin, V.I. 655, 656, 657, 658
Lytle, E.G. 1113
Lyytinen, P. 3767
Lyzanec', P.M. 12505

Maaløe, C. 9477
Maartens, J. 8735
Maas, N. 8692
Maas, U. 3996, 4066
Maasen, M. 8641
Mačák, I. 11235
Macari, N. 2603
Macaulay, D. 7820
Mačavariani, G.I. 13658
Macciola, G. 7290
Macdonald, C.A. 9119
Macdonald, R.R. 3374, 3455, 8962, 8963, 12042
MacDonald, H. 3886
Macek, E. 666, 693, 961, 3134
Mac Eoin, G. 7821, 7822

MacGillivray, J.A. 5123
Macha, J. 8711
Macháčková, E. 10929, 10930, 10931, 10932
Machmutova, L.T. 14475
Machoňová, J. 3375, 3376
Machpirov, V.U. 14562
Machrova, T. 11862
Maciejewski, J. 11380, 11712
Mack, J. 15119
Mackelenbergh, H.A.M. van 3883
Macken, M.A. 2047, 14768
Mackensen, L. 8328
Mackenzie, B.G. 9371
Mackenzie, J.L. 8964
Mackenzie, L. 199
MacKenzie, D.N. 4772
Mackevič, Ju.F. 12638
Mackey, W.F. 3997, 3998, 4144
Macleod, N. 9226
MacLure, M. 1672
Macnamara, J. 3727
MacNeilage, P.F. 2094
Macpherson, I.R. 6162
Macrì Li Gotti, M.V. 5733
Macuch, R. 13299, 13300, 13459
Macura, V. 10794
Macurová, A. 10979
MacWhinney, B. 2269, 3728
Mączyński, M. 11402
Maddoli, G. 5677
Madejowa, M. 11372, 11380
Madunický, J. 11153
Madvig, J.N. 659
Maegaard, B. 3465
Maffei Bellucci, P. 729, 7195, 7358
Magarotto, L. 13666
Magazanik, Ė.B. 12477
Magerøy, H. 9432
Magerramova, R.Dž. 14415
Maggi, D. 4561
Magier, D. 4662
Mägiste, J. 13949
Magloire-Holly, H. 15584
Magner, T.F. 4055, 9790
Magno Caldognetto, E. 2095
Magnússon, H. 9411
Magnusson, W.L. 2841
Magomedov, A.G. 13710
Magometov, A.A. 13711, 13712

Magoti, A. 15283
Magueijo, C. 5136
Maguire, F. 7832
Mahamedi, H. 4773
Maher, J.P. 168, 1114
Mahmood, A.H. 14948
Mahmoudian, M. 281, 956, 1115, 1175
Mahnič, J. 10725
Maidre, I. 3576
Maier, D. 3410
Maillard, J.-P. 6578
Maingueneau, D. 2772
Maior, M. Souto 6478
Mair, W.N. 5973
Maisuradze, I. 13667
Majdre, I. 3576
Majewicz, A.F. 29, 2299
Majewicz, E. 29
Majidi, M.-R. 4774
Majkowska, G. 11566
Major, J.S. 14810
Majowa, J. 11748
Majtán, M. 4196, 4197, 11059, 11104, 11186, 11236, 11321, 11322, 11323, 11324
Majtánová, M. 11186, 11201, 11202, 11237
Maka, A. 690, 691, 692
Makarenko, V.A. 15008
Makeeva, F.Ch. 14488
Mäkelä, M. 213
Makino, S. 14669
Makkai, A. 3010
Makovskij, M.M. 1438
Maksimova, V. 10098
Maksimovičová, S. 11801
Maksymčuk, B.V. 8090
Makuakāne, T.H. 15387
Maláč, V. 10802
Malamat, A. 12859
Malanca de Rodríguez Rojas, A. 6424
Malchasjanc, S. 4857
Malec, M. 11713, 11714
Malécot, A. 6558
Malev, M.G. 5465
Malić, D. 10453, 10547
Malicka, A. 2351
Malige-Klappenbach, H. 8315
Malinar, S. 7252, 7291
Maling, J. 9372, 9405, 9587
Malinga, R.M.M. 15340

INDEX

Malingoudis, P. 5522
Maljavina, L.A. 1930
Malkiel, Y. 378, 492, 2353, 2842, 3011, 5974, 6163, 6164, 6179, 6354, 6362, 6363, 7147
Mal'ko, R.M. 12651
Malíková, M.-O. 2352, 11154
Malkova, O.V. 9818, 12321, 12358
Malkovsky, M.G. 3377
Mallik, B.P. 4618
Malling, A. 9490
Malling, A.J.B. 295
Mallinson, G. 1320
Mallon, J. 3076
Mallory, J.P. 4284, 4310
Malmberg, B. 957, 2057
Malmberg, B. 1116
Malmquist, E. 3729
Malone, J.L. 14385
Maloney, E.C. 5207
Maloney, G. 5448, 5449, 5450
Malotki, E. 15474, 15475
Malov, S.E. 660
Malovickij, L.Ja. 11828
Malxasyanc[c], S. 4857
Malyško, L.I. 35
Mamatov, N. 14273
Mamažanov, A. 14511
Mamić, M. 10412, 10454, 10548
Mämmädov, J. 14315
Mammaeva, N.C. 13713
Mamontova, N.N. 13776, 13922
Mamrak, A.V. 12530
Manasjan, N. 9227
Mancaku, S. 5026
Mancarella, G.B. 5975, 7359
Manček, K. 6703
Manchester, M.L. 1931
Mancini, A.M. 7441
Mancini, I. 1212
Mancini Batinti, C. 7310
Mańczak, W. 958, 4198, 4356, 5976, 5977, 8329, 9865, 11380, 11715
Mańczyk, A. 1117
Mandach, A. de 7135
Mandelkow, K.R. 8371
Manelis Klein, H.E. 15531
Manes, J. 1439

Manessy, G. 381, 2890, 15211, 15212, 15561
Manessy-Guitton, J. 5321, 5322
Mangion, G. 7199
Mangold, M. 10209
Mann, J.W. 2300
Mann, M. 15326
Mann, W.C. 3378
Mannheim, B. 2190, 15532, 15533
Manolacu Gregori, M. 7472
Manoliu-Manea, M. 5978, 6022
Manolova, L. 10210
Manowkyan, A.X. 11941
Manowkyan, Ž.K. 4858
Mansaku, S. 5040
Mansell, P. 2040
Mantchev, K. 1247, 6703
Manteca Alonso-Cortés, A. 959, 6221
Manten, A.A. 3999
Mantou, R. 762, 6808, 6953
Mantovanelli, P. 5734
Manzini, M.R. 2559, 7253
Manzo, A. 5164
Manzoni, G.E. 5237
Maphike, P.R.S. 15341
Marandin, J.-M. 2773
Marangio, C. 296
Marantz, A. 2354
Maratsos, M. 3730
Marazzi, M. 4425
Marazzini, C. 7292
Marbán, J.A. 6479
Marçais, P. 13417, 13418
Marcantonio, A. 7229, 7254, 7255
Marcato, C. 7360, 7442
Marcato, G. 4000, 7361, 7514
Marcellesi, J.-B. 4109
Marčenko, A.N. 2294
Marcet i Salom, P. 6079
March, W.J. 10493
Marchais, G. Des 6852
Marchal, A. 6833
Marchello-Nizia, C. 6809
Marchese, L. 15239
Marcinkovskaja, O.E. 12582
Marciszewski, W. 2560
Marcjanik, M. 4001, 11431, 11432
Marckwardt, A.H. 8781, 9206

Marco, M. De 5898
Marconi, D. 1248
Marconot, J.-M. 4002, 7136, 7137, 7138, 7139
Marcos Marín, F. 6143, 6258, 6280
Marcq, P. 8330
Marčuk, Ju.N. 3466
Marcus, D. 12922, 13301
Marcus, M.P. 2561
Marcus, S. 1592, 3216, 1249
Mardiwarsito 14949
Marec, R. 11203
Mareček, Z. 11005
Marello, C. 7443
Mareș, A. 7656
Mareš, F.V. 10312, 11060
Mareš, F.W. 9989
Mareš, P. 214, 10795, 10933, 10934, 11006
Marfurt, B. 2774
Margain, J. 13208
Margalit, B. 13060, 13061, 13062, 13063, 13064
Margaryan, A. 4859
Margnes, D. 7140
Margos, A. 10144
Mariani, J. 3381
Marichal, R. 5678, 7774
Marier, D. 6954
Mariner Bigorra, S. 4003
Marino, R. 5705
Marinone, N. 109
Marinova, J. 10099, 10100
Marinucci, M. 7199
Mariotti, A. 7256
Márk, T. 13865, 14217
Markey, T.L. 1440, 4199, 4311, 4312, 7857, 8736, 8754, 15558, 15565
Markianova, L.F. 13923
Marko, E. 8091
Markosyan, R̃. 4860
Markov, B. 10313, 10314, 10315, 10339
Markov, V.M. 12229
Marková, M. 10846
Marković, S. 10413
Markowicz, H. 1765
Markowitz, J.A. 1385
Markus, M. 8965
Marle, J. van 331, 8545, 8578
Marlett, S.A. 15437
Marody, M. 3577

INDEX

Marojević, R. 9849, 9924, 10414, 10635, 12478
Maroscia, A. 1932
Marovksa, V. 10101, 10102, 10211
Marozaŭ, U.I. 12624
Marquet, L. 6080
Marrassini, P. 12923
Marri, F. 7362
Marsá, M. 6081
Marsais, C. Chesneau du 1858, 1889
Maršálová, L. 3578
Marsh, E. 3379
Marshall, J.C. 1933, 3851
Marsinová, M. 11238
Marslen-Wilson, W. 1593, 2765
Martel, C. 7106
Martelli, M. 7293, 7294
Martens, J.L. 1017
Marti, R. 9990
Martí i Castell, J. 6082
Martin, Benjamin 661
Martin, Bernhard 280
Martín, E.H. 2191
Martin, J.A.M. 3731
Martin, J.R. 1150, 3859, 15009
Martin, Patric 7141
Martin, Ph. 2249, 2258
Martin, Pierre 15421, 15422
Martin, Richard Peter 5323
Martin, Robert 1441, 1442, 3033, 1118, 1119, 1120, 5979, 6704, 6955
Martin, Roger 264
Martin, Samuel E. 14690
Martin, W. 3046
Martin, William James 662
Martin, Willy 3229
Martin-Berthet, F. 6956
Martinell, E. 6119, 6364
Martinelli, M. 7238
Martinet, A. 281, 2192, 4145, 5540, 6551, 6581, 6868, 7014
Martinet, H. 6705
Martinet, J. 7014
Martinez, E.R. 13209
Martínez Hernández, M. 5324
Martínez Marín, J. 6224
Martínková, D. 5890
Martins, E. 3077

Martins, E. 654
Martins-Baltar, M. 1594
Martín Zorraquino, M.A. 6222, 6223
Martí-Olivella, J. 6069
Martirena de Gasquet, A.M. 15534
Márton, Gy. 14135
Marty, A. 1273
Marty, J. 7142
Marty, R. 1689
Martynaŭ, V.U. 12644
Martynenko, G.Ja. 3281
Martynov, V.V. 9660
Marusenko, M.A. 3282
Marvan, J. 9714, 9819
Marx, K. 1089
Marx-Moyse, J. 8092
Maryniakowa, I. 12177
Marynissen, C. 8524
Marzys, Z. 6843
Mašalova, El. 10224
Masár, I. 722, 11239, 11240, 11325
Masařík, Z. 7990, 8093
Mascaró, J. 6083
Masica, C.P. 2562
Masinambow, E.K.M. 14950
Masing, O.W. 14012
Masini, A. 7444
Maslennikova, L.I. 9814, 11502
Maslov, Ju.S. 783, 10045, 10046, 11886
Mason, M. 9228
Massaro, D. 3574
Massicotte, M. 6853
Masson, E. 4426, 4469, 12777
Masson, O. 5191, 5238, 5392, 5523, 7775, 12778
Massot i Muntaner, J. 283
Masterman, J.K. 8856
Mastrelli, C.A. 300, 439, 7363, 7445, 7446, 7447
Masui, M. 274
Masutti, P. 7364
Máté, J. 2
Matějček, Z. 3579
Matejčík, J. 4200, 11061, 11326, 11327
Matějová, K. 11241
Materna, P. 960
Matešić, J. 10494, 10549, 11887

Matgaziev, A. 14512
Mathauserová, S. 12428
Mathesius, V. 663, 664, 665, 666, 667, 668, 669, 670, 671, 672, 961, 1095, 1173
Mathêthê Tabane, M. 15301
Mathews, K.A. 13190
Mathiot, M. 341
Matic, M. 3575
Matijašević, J. 9896
Matilla Tascón, A. 6365
Matisoff, J.A. 14834
Matlová, J. 5639
Matonis, A.T.E. 7868
Matov, D. 1951
Matras, D. 9466
Matsui, T. 14706
Matsushita, S. 13621
Matte, E.J. 6559
Mattei Muller, M.C. 15535
Mattesini, E. 7368
Matteson, E. 15384
Matthaei, G. 11760
Mattheier, K.J. 2895, 2896, 8169, 8232, 8240
Matthews, P. 7257
Matthews, P.H. 1121, 1122, 1123, 2355, 2563
Matthiae, P. 12988
Mattina, A. 15505
Mattingly, I. 3571
Mattisson, A.-C. 9619, 14003
Matusiak, B. 11662
Matuszewski, J. 11473, 11716
Matveev, A.K. 4225, 14004, 14194
Matvijas, I.H. 12555, 12559
Matvjejeva, N.P. 11942
Matzel, K. 8094, 8170
Matzen, R. 8200
Maue, D. 4562
Mauer, G. 4408
Maurand, G. 7143
Maurer, D.W. 9176
Maurer, W. 12263
Mauro, T. De 1086, 1443, 3933, 7212
Mauthner, F. 1221
Mawet, F. 278, 4313, 4713, 5192, 5325
Maxwell, D. 2564, 2565
Maxwell, E.M. 15342
Maxwell, H. 8095, 8096

INDEX

Maxwell-Stuart, P.G. 5326
May, I. 8241
May, J.G. 2096, 13351
May, R. 2533, 2550
Mayen, J. 11349
Mayenowa, M.R. 11583
Mayer, H. 8171
Mayer, H.E. 9685
Mayer, O. 2566
Mayer, Walter 12682, 12924
Mayer, Werner R. 12695, 12925
Mayer-Opificius, R. 13098
Mayerthaler, W. 2193, 2356, 6604, 7569
Maynard, S.K. 2775, 2776, 14671
Mayoral, J.A. 6425
Mayrhofer, M. 1934, 3012, 4239, 4314, 4494, 4563, 4712, 4714, 4715, 4716, 4717
Mays, D.V. 4004
Mažėjka, N.S. 12664
Mazel, J. 7075, 7144
Mazeland, H. 2716
Maziere, F. 3013
Mazière, F. 6957
Mazingue, É. 8331
Mažiulis, V. 9697, 9698
Mazlack, L.J. 3380
Mážlekova, M. 10168
Mazrui, Al-A. 15284
Mazur, J. 11487
Mazzamuto, P. 7210
Mazzuoli Porru, G. 163
McAlpin, D.W. 4235
McCall, J.F. 5208
McCardle, P.D. 9121
McCarren, V.P. 5735
McCarthy, D.J. 501
McCarthy, J.J. 2357, 2358, 3725, 8822
McCarthy, J.J., III 12860
McCaskey, M. 14811
McCawley, J.D. 2567, 1036, 1124, 1251
McClain, Y.M. 14672
McClure, J.D. 9122, 9123
McCoard, R.W. 8966
McCone, K. 7823
McConnell, G.D. 2892, 2893
McConnell-Ginet, S. 1125
McCormack, W.C. 148, 4005, 358

McCormick, S. 8154
McCutchen, D. 2777
McDavid, R.I., Jr. 9120, 9124
McDavid, V. 8967
McDermott, A.C.S. 1935
McDermott, R.P. 1553
McDonald, M. 15100
McDowell, J. 1216
McEntegart, D. 4146
McEwan, G.J.P. 12926, 12927, 12928, 12929
McFall, L. 13176
McGarr, N.S. 3732
McGinn, R. 14916
McGoff, M.F. 4201
McGonagle, N. 7824
McGregor, A. 15076
McGregor, D.E. 15076
McGregor, G. 2251
McGregor, R.S. 4644
McIntire, M.L. 1764
McIntosh, A. 282
McKay, J.C. 5929
McKay, K.J. 5327
McKendrick, I. 3886
McKenna, M. 7825, 7884
McKinnon, A. 9516
McLaughlin, B. 3580
McLoughlin, L.J. 13419
McMillan, J.B. 8823, 9177
McMullen, E.W. 4210
McNair, J. 12344
McNaught, J. 9264
McNaughton, P.R. 15203
McNeill, D. 1444
McQuade, D.V. 3581
McTear, M.F. 8968
Mečkovska, N. 9850
Mecler, A.A. 2568
Med, N.G. 6225
Medeová, H. 8097
Medvedjev, F.P. 1936
Medynceva, A.A. 12136
Meehan, C. 13302
Meeks, D. 13513
Meertens, P.J. 8725
Meerts, E. 7243
Mees, I. 8797
Meetkercke, A. van 5165
Meffre, J. 7145
Mehendale, M.A. 4564, 4565
Mehlig, H.R. 1445, 12043
Mehrota, R.R. 4646
Meid, W. 398, 4162, 4202,
 4315, 4316, 4381, 7756, 7776, 8242, 8243
Meier, Barbara 962
Meier, Georg F. 962
Meier, Harri 6042, 6366, 6367, 6480, 7146, 7448
Meier-Brügger, M. 4482
Meigret, L. 673, 6537, 6538
Meijer, G. 3880
Meijer, L.C. 12779
Meinhold, G. 7974, 8365
Meisel, J.M. 368, 15560
Meiseles, G. 13465
Meissner, B. 12870
Meissner, F.-J. 3014, 6958, 6959
Mejía, S. 1766
Mejlanova, U.A. 13714
Meladze, E.O. 12264
Melazzo, L. 7285
Melby, A.K. 1126, 3467, 3468
Mel'čuk, I. 11888
Mel'čuk, I.A. 1055, 1127, 2569, 2570, 12019, 15306
Meldau, R. 9178
Melena, J.L. 5137
Melenk, H. 1398
Melià, B. 15536
Melià i Caules, M. 6084
Melika, G.I. 12506
Melikian-Chirvani, A.S. 4697
Melikišvili, G.A. 12683
Melikjan, N.A. 4861
Melikᶜyan, N.A. 4861
Melillo, A.M. 7224
Melillo, K. 3763
Melillo, M. 7365
Melis, L. 6706
Melkonjan, E.K. 4811
Mellits, D. 3783
Mel'nikova, A.A. 14536
Mel'nyčuk, O.S. 1128, 12571
Melo, R.A. 8969
Meltzer, E.S. 13543
Melvinger, J. 10362, 10415
Memetov, A. 856, 14476
Memmi, D. 3369, 3381
Memushaj, R. 5086
Menac, A. 10636
Menac, M. 10637
Mende, H.-W. 7076
Méndez Dosuna, J.V. 5239, 5240

855

INDEX

Mendoza, J.M. 4317
Menegus Tamburin, V. 7570
Meney, L. 12044
Menge, H.H. 2897, 7957
Menges, K.H. 4236, 13742, 13743, 14618
Menke, E. 8291
Menke, H. 7943
Menn, L. 3532
Menning, K. 15105
Menocal, M.R. 7147
Menoni, V. 5952
Mensah, E.N.A. 15240
Mentrup, W. 3002, 8332, 8362, 8363
Menzel, B. 12931
Menzel, E.W. 3582
Menzel, W. 8389
Meo Zilio, G. 1766, 7494
Merad, G. 6587
Mercado Cardona, H. 6368
Mercier, D. 7148
Meretukov, K.Ch. 13715
Mereu, L. 7255
Meriggi, P. 4383, 4384, 4470
Merkù, P. 7531, 10726
Merkulova, V.A. 12265, 12266
Merlan, F. 15101
Merle, G. 11943
Merler, A. 7542
Merli, A. 7366
Mermelstein, R. 3831
Merrilees, B. 6810
Merrill, J.S. 6226
Merta, A. 963
Mertens, J. 8724
Merwe, H.J.J.M. 8737
Mesa, C.E. 6146
Mesalam, L. 3717
Meščerskij, N.A. 9844
Meschonnic, H. 964, 7044
Mesenjašina, L.A. 12045
Mesropyan, X.M. 4862
Messenger, S.A. 14851
Messner, D. 6369, 6960
Metelko, F. 10737
Meter, H. 5973
Metlarova, M. 10251
Metman, J. 5919
Métral, J. 1595
Métral, J.-P. 8419
Mětšk, F. 11761
Mettas, O. 6560
Mettke, H. 8172

Metuzāle-Muzikante, B. 9751
Metzeltin, M. 5980, 6022
Metzing, D. 2738
Meulenaere, H. De 13571
Meulengracht Sørensen, P. 9411
Mey, J.L. 1622
Mey, S. de 2571, 2572
Meyer, B. 1446
Meyer, C.F. 8925
Meyer, H.J. 1447
Meyer, L. de 12932
Meyer, P.G. 9
Meyer, R. 13210, 13211
Meyer, W.J. 6708
Meyer-Hermann, R. 1596, 6481
Mičev, M. 10145
Micewicz, T.M. 4147
Michaelis, C. 8098
Michaels, D. 8824
Michaels, L. 8788
Michaels, S. 1597
Michaila, G. 1937, 7708
Michajlova, D.Al. 10212, 10284, 10285
Michajlovskaja, N.G. 11815, 12137, 12267
Michálek, E. 674, 675, 10876, 10877, 10935, 10936, 10937, 11246
Michalk, F. 11762
Michalk, S. 11765
Michalowski, P. 12724
Michaud, J. 5858
Michel, G. 3283, 11110
Michel, P. 3755
Michelena, L. 12815
Michelini, G. 9715, 9716, 9717
Michel-Lopez, A. 6778
Michels, G. 8142
Michiels, A. 3382, 3469, 9265
Mickartz, H. 8232
Mičri, E. 10213
Micu, S. 7593
Midant-Reynes, B. 13544
Miedema, H.T.J. 295, 479, 544, 8642, 8721, 8761
Mielikäinen, A. 13866, 13867
Miers, P. 1711
Mierzejewska, H. 3815

Mieszkowska, W. 11567
Migliorini, B. 7225
Mignot, X. 5736
Mihăescu, D. 7657
Mihăescu, H. 487, 676, 5041, 5485, 5486, 5487, 5679
Mihail, Z. 10146
Mihăilă, E. 7729
Mihăilă, G. 1937, 7658, 7707, 7708
Mihailă, R. 1252, 1598, 1599
Mihajlović, V. 10550, 10638, 10639
Mihaldžić, Đ. 3819
Mihaljević, M. 9991
Mihkele, A. 14195
Mikelsen, H.K. 10456
Mikeš, V. 10986
Mikesková, D. 11863
Miklas, H. 10147
Miklič, T. 10727, 10728
Mikljaev, A.M. 11770
Miklosić, F. 644
Miklošić, F. 677, 678
Mikluš, M. 12046
Miko, F. 2778, 11115
Mikola, T. 14066
Mikulina, L.T. 12268
Mikuška, L. 12392
Milan, W. 4120
Milani, C. 5138, 5178, 5891, 9080
Milaş, C. 7632
Milejkowska, H. 12393, 12394
Miles, C.H. 9288
Miletič, L. 195, 679, 680
Milev, M. 864
Mileva, N. 9992
Milewski, J. 3820
Milewski, S. 11601
Miliband, S.D. 737
Milic, L.T. 9229
Miličić, V. 10597
Milik, J.T. 13065
Militz, H.-M. 1938
Mill, J.S. 1235
Millard, A.R. 662, 12869, 13066, 13283
Miller, D.G. 5241
Miller, G.A. 965, 1448
Miller, G.I. 13067
Miller, I.W. 15476
Miller, J.E. 2413

INDEX

Miller, J.F. 3733, 3734
Miller, M. 3735, 4006
Miller, P.D., Jr. 13177
Miller, R.A. 14232, 14673, 14674, 14835
Miller, R.H. 12625
Milligan, G. 5296
Mills, A.D. 9337
Mills, R.F. 14992
Milner, J.-C. 1131, 2573
Milošević, K. 10416, 10417
Miloslavskij, I. 11812
Miloslavskij, I.G. 11944
Milroy, J. 9230, 9289, 9646
Milroy, L. 4007, 9290
Miltenova, A. 610
Mimietz, B. 11335
Mimi Nuremi 14951
Minaeva, L.V. 3015, 8838
Minářová, E. 10938
Minassian, M. 4863, 4864
Minasyan, M. 4863, 4864
Minčev, T. 11945
Minčeva, A. 9993, 9995, 10148, 10149
Mindak, J. 11433
Minderhout, D. 9291
Mindt, D. 966
Mineau, R. 6855
Mineralov, Ju.I. 866
Miniussi, F. 7149
Mink, G. 13545
Minker, G. 13574
Minkova, D. 9081
Minova-Ǵurkova, L. 10316
Minović, M. 10418, 10588
Minta, O. 15131
Minyard, J.D. 5786
Miodek, J. 435, 11663
Miodunka, W. 11664
Mioni, A.M. 967, 7515
Mira Costera, J.F. 6085
Miralles i Montserrat, J. 6120
Miran, M.A. 4008
Miranda, R.V. 4663
Mircea, I.-R. 7659
Mirčev, K. 681, 682
Mirčeva, E. 215
Mirkulovska, B. 10317, 10340
Miron, P. 7709
Mirskij, A.A. 8374
Miržanova, S.F. 14477, 14478

Misenheimer, J.B., Jr. 8762
Mišeska-Tomić, O. 2574, 8970
Mišeska-Tomiḱ, O. 3252, 10318
Miševa, A. 837, 10058
Mis'kević, G.I. 11946, 12479
Miškurov, E.N. 13420
Misra, H. 4606
Misra, S.S. 4318, 4606
Mistrík, J. 216, 348, 718, 2575, 2779, 3078, 3133, 3583, 9851, 11111, 11288, 11307
Mistry, P.J. 4664
Mitchell, B. 9082, 9083
Mitchell, P.M. 9347
Mitchell, T.F. 13466
Mitchiner, J.E. 12760
Mitenko, L.I. 8407
Mitev, D. 11947
Miteva, C. 11948
Miteva, D. 10319, 10320, 10341
Mitford, T.B. 5242
Mithun, M. 1321, 15388, 15432, 15433, 15434
Mitkov, M. 4203, 10342
Mit'kova, L.D. 8099
Mitrofanová, M. 11864
Mitroškina, A.G. 14592
Mitter, A. 4619
Mittwoch, A. 8971
Miura, A. 14678
Miyabe, K. 274, 9084
Miyagawa, S. 14675
Miyara, S. 14676
Mizerska, T. 12480
Mizoguchi, F. 3383
Mizutani, N. 14677
Mjacel'skaja, E.S. 12629, 12637
Mjurkchejn, V.V. 12178, 12179
Mkrtč°yan, R̄.X. 4792
Mlacek, J. 3016, 11242, 11243, 11244, 11245, 11289
Mladenov, M.S. 754, 755, 836, 839
Mladenov, S. 683, 1951
Mladenova, M. 31, 9994
Mladenova, O. 32
Mladenović, A. 824, 10457, 10458, 10459, 10460, 10461, 10551

Mlíkovská, V. 4009
Mo, Chien-ching 9718
Mocanu, N. 7679
Mòcciaro, A.G. 7199
Mocciaro, A.G. 7367
Mochosoeva, M.M. 14593
Močul's'ka, O.P. 9180
Moczko, H. 11717
Moder, C.L. 7826
Modoran, F. 7749
Moeliono, A.M. 14952
Moeller, B. 8244, 8483
Moerdijk, A.M.F.J. 8688
Moerloose, E. 14316
Moes, R. 5737
Moeschler, J. 1522, 1600, 1601, 1602, 6779
Moessner, L. 8857, 8972, 9181
Mogford, K. 3685
Mogge, B. 7958, 7959
Moguš, M. 164, 10495, 10496, 10552, 10589, 10640, 10641, 10642
Mohanan, K.P. 2576, 14723
Möhlig, W.J.G. 6480
Möhren, F. 554, 6709, 6906, 6961, 6962, 6963, 6964, 6965
Moignet, G. 6585, 6710, 9574
Moilanen, M. 8100
Moise, I. 7710
Moiseev, A.I. 12269
Mojsijenko, A.K. 12531
Mokienko, V.M. 9897
Mól, H. 11503
Mulas, J. 6087
Molčanov, A.A. 12780, 12781
Molčanova, E.K. 12047
Molčanova, O.T. 14563, 14564
Molchova, Ž. 684, 685, 10214
Molde, B. 9580
Moldovan, A.M. 12138, 12139
Molemans, J. 8722, 8723, 8724
Molhova, Z. 10214
Molinari, M.V. 7919
Molinier, C. 6711
Moll, A. 120
Moll, F. de B. 283, 686, 6086

INDEX

Mollaev, A. 14420
Mollay, K. 14129
Møller, E. 1819, 9491
Mollova, M. 10553
Molnár, Á. 14233
Molnár, F.A. 13777
Molnár, I. 14112
Molony, C. 337
Mološnaja, T.N. 9852
Molović, J. 10419
Moltke, E. 9396
Monaghan, J. 1132
Monamy, J. 6856
Monchi-Zadeh, D. 4747
Mondéjar, J. 6370
Mondloch, J.L. 15448
Mönnich, U. 1449
Monnin, P.-E. 7035
Monnot, M. 2057
Montanari, E. 5328
Montero Cartelle, E. 6482
Montes Giraldo, J.J. 6311
Montevecchi, O. 284, 687
Montgomery, M. 1672
Monti Civelli, E. 369
Montoya Martínez, J. 6441
Montpellier, G. de 569, 727
Montreuil, J.-P. 2194
Moon, Kyung Hwan 14648
Moor, J.C. de 13068, 13069, 13070, 13071, 13072, 13073, 13074, 13086
Moore, B.J.R. 9292
Moore, T. 1133
Moorhouse, A.C. 5209
Moortgat, M. 2608
Morachovskaja, O.N. 12270
Moračić, D. 10583
Moralejo Álvarez, J.J. 5243
Moralejo Laso, A. 6043, 6517
Morales de Walters, A. 3284, 6227
Moran, W.L. 12933
Morandi, A. 5539
Morani, M. 4865, 4866, 4867, 5738
Moran i Ocerinjauregui, J. 6121
Morath, A. 14733
Moravcsik, E.A. 2296
Moravcsik, J.M.E. 2577
Morciniec, D. 1888
Mordovina, S.P. 12140
Moreau, J.-L. 13868

Moreau, M.-L. 3736, 6712
Moreau, R. 3253
Moreira, D.A. 6518
Moreno, J. 5981
Moreu-Rey, E. 1450, 6122, 6123, 6124
Moreux, B. 5451
Morev, Ju.A. 14218, 14219
Morgan, M.M. 15449
Morgan, R. 15585
Morgenroth, W. 4566
Morgenstierne, G. 285, 4779
Morin, D. 13582, 15132
Morin, Y.-C. 6561, 6713, 14749, 14750
Mørk, H. 10420
Mormile, M. 6811
Morozov, B.N. 12141
Morozova, T.S. 11949
Morpurgo-Davies, A. 4467
Morreall, J. 1603, 1604
Morren, R.C. 3079
Morris, K.M. 9182
Mortara Garavelli, B. 7369
Morvay, J. 13754
Morzycki, A. 11437
Moscati, S. 13145
Moscato, M. 3584
Mosconi, G. 1451
Mosel, U. 15039, 15040
Moser, H. 8156, 8177, 8245, 8428, 8173
Mosin, M.V. 13778, 14030
Mosino, F. 5892, 6966, 7370
Moskalenko, A.A. 688
Moskalew, W. 5787
Moskal'skaja, O.I. 2780
Moskey, S.T. 8579
Moško, G. 11155, 11156
Moskov, M. 10215
Möslein, K. 918
Mostovyj, M.I. 9183
Motingea, M. 15343
Motsch, W. 1605, 2377, 7956
Motta, F. 7827, 7828
Motto, F. 7777
Motyka, K. 731
Motz, L. 9373
Mouchet-Schlottke, E. 2578
Mougeon, R. 3899, 6857, 7077, 7078
Mould, M. 15261, 15264
Moulton, J. 1134
Moulton, J.H. 5296

Mounin, G. 956, 968, 1253, 1254, 1712
Mourelle de Lema, M. 6228
Mourin, L. 5982, 7248
Movsesjan, È. 4011
Movsisyan, Ê. 4011
Mowradyan, H.D. 4868, 4869, 4870
Mowradyan, M.H. 4871
Moya Corral, J.A. 6229
Možaeva, I.E. 9950
Mpampiniōtēs, G. 969, 5110
Mpótsarēs, M. 5068
Mrázek, R. 689, 9853, 11823, 12142
Mrazović, P. 10554
Mršević, D. 10555
Muchamedova, Z.-B. 14565
Muchin, A.M. 2579
Muchnová, D. 5739
Muchovec'kyj, A.M. 7991
Mucke, E. 690, 691, 692
Mudra, J. 11763
Mûelenaere, J. de 863
Mueller, R.K. 8774
Muenzer, P.J. 12782, 12783, 12784
Mufwene, S.S. 15602
Mühläusler, P. 15562
Mühlestein, H. 118, 5524
Mühlhäusler, P. 3017, 15603, 15604, 15605
Mukařovská, H. 3134
Mukarovsky, H.G. 13622
Mukařovský, J. 693, 3134
Mulac, A. 2253
Mulaku, L. 5042
Mulch, Roland 8262
Mulch, Rudolf 8262
Mulder, M.J. 13212
Mulford, R.C. 3737
Mulić, M.I. 9820
Muljačić, Ž. 2898, 2899, 6562, 7371, 10497, 10643
Mullenders, J. 3469, 9265
Müller, B. 6586, 7778
Müller, C. 3018, 6967
Müller, D. 5210
Müller, E.-A. 2580, 2581
Müller, E.E. 8333
Müller, G. 8484
Müller, H. 4012
Müller, H.-P. 8408, 13303
Müller, J. 10729, 10730, 10731

INDEX

Müller, K. 3738
Müller, R. 3849, 8237
Müller, U. 3135
Müller, V. 15108
Müller, W.G. 1940
Müller, Wulf 243, 506, 6812, 7186
Müller, W.W. 13393, 13394, 13479, 13483
Müllerová, O. 2781, 10847
Müller-Schotte, H. 8782
Muloiwa, T.W. 15377
Mulon, M. 5893, 7031
Mundt, W.-R. 6605
Muñoz Cruz, H. 4131
Muñoz Reyes, I. 6312
Muñoz Reyes, J. 6312
Munro, P. 2582, 15423
Munske, H.H. 8409
Münstermann, H. 8706
Munteanu, D. 6380, 6381
Munzel, K. 13421
Murad, T. 9258
Murádin, L. 14136
Muradjan, O.D. 4868
Muradov, A. 14421
Muraki, K. 3384
Muránsky, J. 11311
Murav'ev, S.N. 4911
Muravyc'ka, M.P. 1255
Murazaki, K. 14695
Murgia, C.E. 5777
Müri, W. 5329
Murillo, J. 2026
Mur'janov, M.F. 9898, 12143
Murjasov, R.Z. 8334
Murkelinskaja, Z.G. 13718
Murkelinskij, G.B. 13716, 13717
Mürkhein, V. 12178, 12179
Murnu, G.G. 5487
Murray, P.H. 1606
Murray, R.W. 4607
Murray, S.O. 1136
Murru, F. 1941, 5168, 5577, 5578, 5740
Murumets, S. 13950
Musaev, K.M. 792, 3082, 14274
Musil, J. 11062
Musonda, M. 15344
Mussafia, A. 694
Musseleck, K.-H. 8174
Must, G. 8175, 8335

Must, M. 855
Mustanoja, T.F. 637
Mutombo, H. 15327
Mutt, O. 9041
Muysken, P. 2301, 6426, 15586
Muysken, P.C. 15528
Mxit^{c}aryan, S.G. 4872
Mychajlenko, V.V. 2359, 7920
Mykytenko, Je.O. 13372
Mylius, K. 4567
Myl'nikov, A.S. 9791
Myradov, A. 14421
Myšanyč, K.M. 6968
Mytton, G. 15345

Na'aman, N. 12934
Nababan, P.W.J. 14953
Nábělková, M. 11290, 11291
Nacq, G. 7150
Nadal, J.M. 6087
Nadeljaev, V.M. 13737
Naden, A.J. 15213
Nad'kin, D. 14031, 14032
Nadson, A. 12621
Nadžip, Ė.N. 695, 14317, 14479
Naert, A. 9618, 13913
Näf, A. 8101
Nagajowa, M. 843
Nagao, M. 3385, 3386, 3470
Nagaraja, K.S. 14737
Nagler, K. 3888
Nagy, F. 14113
Nagy, G. O. 14149
Nahkola, K. 13869
Nahtigal, R. 696
Nail, N. 8485
Naïs, H. 6606
Nakađima, J. 2252
Nakajima, H. 2583
Nakamura, J. 3385
Nakanishi, A. 3080
Nakić, A. 10359
Nalbach, M. 3387
Nalbandjan, G.M. 4873, 4775, 4873
Nalepa, J. 9686
Nalimov, V.V. 3254
Nandris, O. 5983
Napione, G. 7292
Napoli, D.J. 8909, 8973
Napoli, E. 1256, 1363
Narasimhan Poti, N. 14703

Narbona Jiménez, A. 6230, 6231
Naro, A.J. 999, 6483, 6484
Narten, J. 4568, 4569, 4718
Nartey, J.N.A. 4148
Nartnik, V. 10732, 10733
Nartyev, N. 14421
Nascimento, A.A. 5741
Nash, D. 15105
Nash, D.G. 15102
Nash, R. 2253, 4149
Nash, W. 9231
Nashef, K. 12943
Nasibullin, R.Š. 14065
Nasilov, D.M. 471, 14234, 14235, 14236
Natalyn, V.P. 8825
Nauclér, K. 9543
Naudeau, O. 6813
Naumann, C.L. 2900, 3268
Naumann, H. 8410
Naumann, H.-P. 9374
Naumkin, V.V. 13488
Naumov, V.V. 7975
Nauta, D., Jr. 4014
Naveh, J. 3081, 13120, 13191, 13304
Nawata, T. 4776
Nay, A. Du 7671
Naylor, K.E. 619, 4970, 4971, 9939
Nazarov, O. 14422
Nazarova, Ch. 14513
Nazor, A. 596
Nazzaro, A.V. 5881
Ndembe-Nsasi, D. 15346, 15347
Ndiaye-Corréard, G. 6969
Neagu, V. 6380, 6381, 7705
Neamţu, G.G. 7633, 7634, 7635
Nebes, N. 13373, 13374
Nebeská, I. 2782, 3428
Nebeský, L. 970, 2783
Nebrija, A. de 1962, 6144
Nebrija, E.A. de 6371
Nechutová, J. 9793, 10878
Nečytajlo, O.I. 12583
Nedelcu, C. 7705
Nedeljković, O. 10363
Nedělka, T. 5488
Nedev, I. 10103, 10104, 10105, 10106
Nedjalkov, V.P. 14630
Nedvědová, M. 10879

INDEX

Neetar, H. 13951
Nef, F. 1607, 1713
Nègre, E. 7155, 7187
Negri, M. 5169, 5244, 5540, 5541, 5680, 5822
Negro, P.G. 9085
Negus, A.E. 3388
Nehler, G.L. 14147
Nehls, D. 8789, 9051
Neiescu, P. 7680
Neijt, A. 2585, 2586, 2587, 8546
Neijt-Kappen, A.H. 2525
Nejedlý, P. 10795
Nekljudov, S.Ju. 14237
Nekuda, V. 11063
Nekvapil, J. 2784, 10939
Nekvapilová, B. 12449
Nelde, P.H. 4015, 4150, 4163, 7079, 7951, 8411, 8412, 8413
Nelson, H.L.W. 286, 697
Nelson, Katherine 3739
Nelson, Keith E. 3740
Nelson, R.J. 1942
Nemčenko, E.V. 11928
Nemcová, E. 11125
Němec, B. 10975
Němec, I. 675, 3019, 10940, 10950, 10953, 11246
Nemoianu, A.M. 3741
Nemser, W. 14091
Nencioni, G. 7443, 7449
Nenkova, P. 32
Nenova, I. 3390
Nepokupnyj, A.P. 9687, 12617
Neri, A. 7372
Nerius, D. 8365, 8367
Néron, M. 6692
Neroznak, V.P. 24
Neščimenko, G.P. 10848
Nesdale, A.R. 3787
Nesheim, A. 14000
Nesi, A. 7199, 7344, 7450
Nesland, A. 9438
Nespital, H. 4647
Nespor, M. 2254
Nespoulous, J.-L. 3850
Ness, L. 9232
Nestorescu, V. 7711
Netunaeva, I.M. 9647
Neu, E. 272, 633, 4379, 4380, 4381, 4427, 4428, 4429, 4430, 4431

Neu-Altenheimer, I. 6088
Neubauer, F. 3020
Neuberger-Donath, R. 5211, 5330
Neubert, A. 1452, 3941
Neubert, G. 3389
Neumann, Gerlinde 7516
Neumann, Günter 190, 287, 698, 4471, 5245, 12785
Neumann, I. 8486
Neumann, J. 8487
Neumann, Reimund 3021
Neumann, Robert 2905
Neumann, W. 2014
Neundorf, A. 15402
Neuvonen, E.K. 699
Neuwirth, A. 13456
Nevmeržickij, I.S. 12438
Nevskaja, L.G. 9661
Neweklowsky, G. 9821, 10498, 10499
Newell, L. 1767
Newfield, M. 2190, 8858
Newhoff, M. 3717
Newman, E. 8774
Newman, F.W. 700
Newman, J. 2588, 8176, 8974
Newman, L.W. 11800
Newman, P. 69, 13623
Newman, S.S. 1943
Newmark, L. 5001
Newmeyer, F.J. 1135, 1136
Newport, E.L. 1768
Newton, B. 5489, 5490, 5491
Newton, R.P. 8385
Ney, J.W. 1137, 8975, 8976
Nezbeda, V. 572, 11064
Ngalasso, M.M. 15114, 15348
Ngara, E.A. 15349
Ng'elechei, C.C. 15163
Nguyen-Phan, C. 14860
Ní Dhomhnail, C. 7829, 7830, 7831
Ničev, A. 701, 702
Ničeva, K. 10177, 10216, 10217
Nichols, J. 12048, 13719
Nickel, G. 971, 9051
Nicol, J. 2202
Nicolaï, R. 15157, 15158
Nicolaisen, W.F.H. 4205, 4319
Nicolas, M. 14386

Nicolau, E. 3285
Nicolescu, R. 3430
Nicolova, R. 10107, 10108
Nicotra, V. 7373
Niculescu, A. 7595, 7660, 7712
Niculescu, L. 2786
Nida, E.A. 3209
Niebaum, H. 8246, 8442, 8447
Nieckula, F. 11350, 11665
Niederehe, H.-J. 136
Niederkircher, S. 13760
Nielsen, B.J. 9492, 9493, 9494
Nielsen, H.F. 7898, 7921, 7922, 7923, 7924, 8750, 8755
Nielsen, K.M. 9397
Niemann, H. 3255
Niemeier, W.-D. 5139, 5140
Niemi, J. 13870
Niemikorpi, A. 13889
Nieminen, P. 13871
Nies, F. 6970
Niesporek, B. 11666
Nietzsche, F. 1221, 1294
Nigam, R.C. 4665
Nigmatov, Ch.G. 14275, 14514
Nijen Twilhaar, J. 8643
Nikitina, F.O. 1323
Nikitina, T.N. 14796
Nikitopoulos, P. 8402
Nikkilä, O. 13801
Nikolaïdēs, A.G. 5393
Nikolaev, S.L. 4320
Nikolaeva, T.M. 1608, 9822, 9823
Nikolaevskaja, R. 8977
Nikolić, S. 9996
Nikolov, B. 6563
Nikolov, S. 9995
Nikolova, B. 3390
Nikol'skaja, R.F. 13754
Nikonov, V.A. 10644, 14033
Nik Safiah Karim 14954
Nikula, H. 8102
Nikula, K. 9573
Nikulina, M.V. 9794
Nikulina, Z.P. 12481, 12482
Niles, N.A. 9125
Nilsen, D.L.F. 9338
Nilsson, B. 12049, 12050
Nimčuk, V.V. 11791, 12144,

INDEX

12271, 12559, 12584, 12585
Nirenburg, S. 3372
Nirvi, R. 13914
Nirvi, R.E. 703, 13872
Nishida, F. 3472
Nishida, T. 3471
Nishinuma, Y. 2258
Nissen, G. 9495
Nissen, H.W. 1806
Nissilä, V. 13915
Nissim, G. 15272, 15350
Nitta, Y. 3473
Nitti, J.J. 6281
Niyi Akinnaso, F. 4206, 15241
Nizametdinova, N.Ch. 11950
Nižnanský, J.R. 852, 11204, 11205, 11206
Nižníková, J. 11157, 11158
Nkondo, C.P.N. 15351
Noailly-Le Bihan, M. 6714
Nobbelin, K.G. 9126
Nober, P. 34
Nocentini, A. 7374
Nocentini, S. 7472
Noël, J. 3382, 9265
Nöjd, T. 8826
Nolan, F.J. 2097
Nølke, H. 1607, 6715
Nonno, M. de 5574
Noomen, W. 5984
Noonan, M. 7826
Noordegraaf, J. 402, 1944, 1945, 1946
Noordmann, L.G.M. 3585
Noorduyn, J. 14955
Nooteboom, S.G. 2098
Norberg, D. 5894
Nordahl, H. 6716
Nordenstam, K. 9562
Nordlund, H.O. 9621
Nordseth, P.A 9589
Norman, J. 14619
Norrick, N.R. 1609, 2787
North, R. 34
Nosek, J. 3136
Noske, R. 6564
Noske, R.G. 2195
Nosowicz, J. 12359, 12483
Noss, R.B. 1453
Nothofer, B. 14956, 14957
Nouhaud, M. 5331
Nováček, Č. 11865, 12272
Novak, F. 10734, 10775

Novák, L'. 711, 1714, 2302, 10880
Novák, P. 796
Novák, Z. 3742
Nováková, J. 764, 5895, 10987
Nováková, M. 4, 5, 11796
Nováková, N. 12935
Nováková, T. 11302
Nováková-Šlajsová, M. 10783, 10784
Novelli, A. 5788
Novicov, V. 6232
Novikova, N.V. 12273
Novotná-Hůrková, J. 10809
Novotný, J. 1138, 2590, 2591, 10849
Nowak, F. 11600
Nowak, H. 11504, 11505, 11516
Nowakowska, A. 11616
Nowakowska-Kempna, I. 9925
Nowicka-Schwartz, A.A. 11434
Nowicki, H. 698, 4385
Nowikowski, S. 2592
Noyer-Weidner, A. 565, 7451
Noyes, H.P. 1770
Nsuka Nkutsi, F. 15266
Ntumba, T. 1258
Nuchelmans, G. 1259
Nuckle, L. 3658
Nüesch, H.-R. 7151
Nuessel, F.H., Jr. 6397
Nuñes Carreira, J. 13247
Núñez Cedeño, R.A. 6313
Nuño, M.P. 6407
Nürmağambetov, Ä. 14480
Nurmanov, A.N. 14515
Nurse, D. 15255, 15261, 15267, 15268, 15285, 15352, 15353
Nussbaum, M.C. 288
Nüssler, O. 704
Nuyts, J. 3854
Nyberg, M. 9497, 9498, 9499, 9500, 9501
Nyirkos, I. 14096
Nykončuk, M.V. 12556, 12557
Nylund Torstensson, E. 13873
Nyman, Å. 9563

Nyman, L. 8443
Nyman, M. 5640, 5743
Nyomárkay, I. 2593, 10462, 10500
Nysenholc, A. 3137, 3138

Oakeshott-Taylor, J. 2099
Oancă, T. 7750
Oancea, I. 7730
Ó Baoill, C. 7784
Obenauer, H.-G. 6717
Oberhuber, K. 12936
Oberschelp, A. 1454, 1499
Obler, L.K. 3532
O'Brien, R.J. 15385
Obst, U. 12105
Ó Buachalla, B. 2843
O'Cain, R.K. 1943, 9120
Očakovskaja, O.N. 3391
O'Callaghan, J. 5525
Ocholina, N.M. 12172
Ochs, E. 8194, 15059
Ockinga, B.G. 13146
O'Connor, M. 13259
Ó Corráin, D. 7832
Ó Cuív, B. 555, 7833, 7834
Odden, D. 15354
Odelman, E. 5861
Odincov, G.F. 12145, 12277, 12278
Odincov, V.V. 2788
Odisho, E.Y. 13352
Ó Dochartaigh, C. 7835, 7836
O'Donovan, O. 5744
Odwarka, K. 8444
Oeing-Hanhoff, L. 3022, 3023
Oelsner, J. 12937
Oesterreicher, W. 5955
Oettinger, N. 4322, 4432, 4433
Ofrosimova-Serova, L.G. 14276
Ogando, V. 6485
Oganjan, A.A. 4875
Oginskienė, E. 9719
Ognjenović, P. 3075
Ogorodnikova, K.S. 2100
O'Grady, W.D. 2453, 2594, 2595, 2596, 9086, 13668
Oguibenine, B. 9899, 9900
Ogulnick, K.A. 8009
Oh, Choon-Kyu 2311
Ohala, J.J. 2245

861

INDEX

Ohala, M. 2027
Ohana, M. 13279
Ohanessian, S. 15333
Ôhanyan, H.A. 4792, 4875
Ohlander, S. 972
Ohlmarks, Å. 9398
Öhlschläger, G. 8364
Ohlsson, S.Ö. 9565
Ohly, R. 15286, 15287, 15288, 15355
Ohnesorg, K. 705
Ohnheiser, I. 11951
Ohonovs'ka, O.V. 8859, 8978
Oikonómou, E.B. 13164
Õim, H. 973
Oirsouw, R.R. van 2597
Õispuu, J. 13924
Oitana, C. 154
Oizumi, A. 9233
Okada, N. 14678
Okajima, A. 3473
Okál', A. 11247
Okál, M. 11303
Okamoto, S. 2598
Okamoto, T. 3407
Okoth-Okombo, D. 15159
Oksaar, E. 3743, 4016
Oksala, T. 5789
Oktavec, F. 11292
Okuka, M. 10351, 10421, 10463
Ölberg, H. 5043
Olbracht, I. 10789
Ol'derogge, D.A. 15134
Olechnowicz, M. 706
Oléron, P. 1771
Olesch, R. 10352, 10485, 11354, 11465, 11506, 11758, 11760
Olesen, O.F. 8103
Ol'gović, S.I. 12172
Oliva, K. 4207
Oliva, K., jr. 3392, 11024
Olivier, J.-P. 5122, 12771, 12786, 12787, 12788, 12789, 12795
Olivier, J.P.J. 13213
Olley, J.W. 5332
Olmsted, G. 7837
Olrik Frederiksen, B. 9502
Ol'šanskij, I.G. 8336
Olšanski, I.G. 8336
Olsen, J. 233, 2511, 8048, 8072

Olsson, L. 12817
Olt, R. 8488
Oltean, Ş. 2789, 9234
Omamor, A.P. 15242
Oman, G. 13469
Omondi, L.N. 15160
Ó Murchú, S. 7838
Ondráčková, J. 10810, 10811
Ondrejovič, S. 11112, 11159, 11248, 11249, 11250
Ondrus, P. 1139
Ondruš, Š. 217, 974, 9901
O'Neil, C.R. 1791
O'Neil, W. 8979
Onn, F.M. 14893
Önnerfors, A. 5897
Ono, K. 14679, 14680
Ono, S. 9184, 9235
Onu, L. 7661
Oomen, U. 2790, 3139
Oosthuizen, A.E. 2599
Opalka, H. 15289
Opelt, I. 5745
Ophel, A. 13532
Opland, J. 9253
Oppacher, F. 9266
Oppel, J.J. 8209
O'Rahilly, C. 707, 7839
Oralbaeva, N. 14481
Oranskaja, T.I. 35
Oravcová, A. 11160,2
Oravec, J. 194, 708, 709, 710, 711, 712, 11163, 11164, 11165, 11166
Orecchioni, C. 910
Orel, V.É. 184, 4927, 4972, 5009, 5010, 5027, 9902, 10218
Oresme, N. 6958
Orešnik, J. 9406
Ó Riain, P. 7801
Orioles, V. 4950, 5615, 7452, 7453
Orlandi, G. 5827
Orlandini, A. 5641
Orłoś, T.Z. 10779, 10796, 10941, 11351
Orlov, M.M. 12279
Orlova, N. 11971
Orlović-Schwarzwald, M. 8414
Orlovský, J. 11207
Orłowska, E. 3230
Ornato, M. 3369
Ornstein, J. 3998

Oroszová, D. 12280
Orožen, M. 10735, 10736, 10737
Orpana, T. 13853
Ortega, I. 1814
Ortiz, F. 15537
Ortiz Restrepo, C. 6146
Ortner, L. 8337
Ortutay, Gy. 121, 122, 123
Oruzbaeva, B.Ö. 14482
Orza, R. 7636
Orzechowska, H. 440, 620
Osborne, B. 6486
Osburn, C.B. 6528
Osers, E. 3203
Osgood, C.E. 3586
Ó Siadhail, M. 7840
Osing, J. 13550
Osipov, B.I. 12360
Osmani, T. 5087
Ossadnik, E.M. 10356
Osselton, N.E. 8980, 9042
Ossoveckij, I.A. 12180
Ostańkowicz-Bazanowa, H. 11632
Østergaard, F. 9504
Östman, J.-O. 1610
Ostojić, B. 10464
Ostojić, M. 10645
Ostrá, R. 1456, 6971
O'Sullivan, C. 1799
O'Sullivan, J.N. 5333
Osypenko, Z.M. 12281
Otarov, I.M. 14483
Otfinowski, A. 11435
Otin, E.S. 12282, 12484
Otin, Je.S. 12614
Otkupščikov, Ju.V. 4323, 4931
Otón Sobrino, E. 5746
Otsu, Y. 3745
Ott, P. 8256
Ott, W. 5798, 5806, 5807
Otten, H. 4415, 4416, 4434, 4435
Otto, E. 13541
Oubine, I.I. 3484
Oudin, C. 6147, 6148
Outtier, B. 13669
Ovčinnikova, E.I. 14557
Overbeke, J.G.L. 8715
Overbeke, M. Van 1611
Ovesen, J. 4777
Ovsepjan, L.S. 4840
Owen, D.I. 12725, 12726, 12727

INDEX

Owen, G.E.L. 288
Owen, M. 1612
Owens, J. 13584
Owrowtyan, R.L. 4876
Oxenvad, E. 9496
Ozdoev, I.A. 13720
Ozdoeva, F.G. 13720
Özel, S. 14364
Ożóg, K. 11459

Paardekooper, P.C. 8572, 8573, 8580, 8581
Paasonen, H. 14179
Paccagnella, I. 7517
Pačesová, J. 299, 3746, 3747, 3748, 3749
Pachalina, T.N. 4778
Pacini, P. 7196
Pack, Tchi-ho 14668
Paço, E. 4951
Pado, A. 11568
Padučeva, E.V. 1613, 12051
Paepcke, F. 6972
Páez Urdaneta, I. 6233
Páez Urdaneta, I. de J. 6427
Pagani, I. 1947
Page, R.I. 5917
Pagliara, C. 4952
Paillard, D. 6718, 12052
Paillet, J.-P. 2600
Pajdzińska, A. 11569
Pakerys, A. 9720
Pakhalina, T.N. 4778
Pakosz, M. 2255, 2256
Pala, K. 3256
Palacký, F. 11058
Paládi-Kovács, A. 123
Paladini, V. 5898
Palagina, V.V. 12172
Palaima, T.G. 5141
Palander, M. 13874
Palek, B. 1614, 1171
Páleníková, E. 11825, 11826
Palermo, D.S. 3750
Pálfy, M. 3024
Palgen, H. 289
Palková, Z. 1171, 2025, 2196, 10812, 10813
Palkovič, K. 881, 11126, 11187, 11208, 11277, 11278, 11328
Pall, M. 713
Pall, V. 13952, 13975
Palla, R. 5808
Pallasová, E. 9997

Palló, M. 14350
Pallo, M.K. 14151
Pallottino, M. 290, 5542, 12804, 12805, 12806, 12808
Palmaitis, M.L. 4324
Palmeos, P. 13802, 13925
Palmer, F.R. 291, 714, 8981
Palmer, L.R. 5116, 5142
Păltineanu, V. 15450
Palumbo Stracca, B.M. 5170, 5431
Palva, H. 13422
Pam, M.D. 368
Pamec'ka, N.K. 12653
Pamp, B. 4208, 9346
Pană-Boroianu, R. 7681
Panáček, J., jr. 11066
Pană Dindelegan, G. 1140, 7637
Panagl, O. 2360, 3025, 4915, 5334, 8010
Panattoni, E. 4602
Pančenko, E.A. 9854
Pandharipande, R. 4648, 4649, 4650, 4651
Pandit, P.B. 4017
Panevová, J. 3257, 3258, 3474, 10850, 11021, 11022, 11023, 11024
Panfilov, V.S. 14861
Panfilov, V.Z. 2601, 1141, 1260, 15395
Panhuis, D.G.J. 5642
Panin, L.G. 12283, 12284
Pāṇini 1850, 1855, 1902, 4513, 4517, 4529, 4589, 4591
Panizzolo, P. 8247
Pan'ko, T.I. 11786
Pankrac, G.Ja. 3286
Pankratova, N.P. 11814
Pankratz, H. 3286
Panman, O. 1457
Pannekeet, J.A. 8645
Panoska, R. 10321
Panov, E.N. 1715
Panteleeva, Ch. 10177
Panther, K.-U. 1615
Panzer, B. 4325, 11787
Panzini, A. 7213
Pap, L. 4018
Papadopol, M. 6234
Papapostólou, I.A. 12789
Pápay, J. 715

Papcun, G. 2101
Pape, R. 3978
Paper, H.H. 142
Papias Vocabulista 5899
Papierz, M. 11167
Papp, F. 2844, 3393, 11827
Paradis, C. 9018
Paradis, M. 4151, 4152
Paramasivam, K. 14738
Parastaev, A.F. 47
Parchomenko, A.F. 12605
Pardee, D. 13000, 13075, 13076, 13077, 13078
Pariente, Á. 5616, 5617
Paris, C. 13721, 13722
Paris, M.-C. 14786, 14787
Parisi, D. 1041, 3317, 3475, 3587
Parisse, M. 5900
Park, J.F. 15596
Parkel, D.A. 3751
Parker, F. 2603, 1324
Parkinson, S. 6448, 6487, 6488
Parmenides 1234
Parodi, C. 36
Parodi, S. 7449
Parolek, R. 3199
Parret, H. 356, 1261, 1616, 1617
Parrino, F. 7454
Parrot, A. 13096
Parry, M. 5405
Paršuta, J.M. 11507, 11508
Partee, B.H. 3231
Partridge, A.C. 8768, 9236
Partridge, J.G. 2303
Parvanova-Gr'ošel, E. 10286
Părvev, Ch. 10047, 10054, 10150, 10151
Pascual, J.A. 6367, 6372
Pascucci, G. 5579
Pasho, H. 5052
Pasierbsky, F. 14788
Paskaleva, E. 10265, 10266, 10267
Pašov, P. 736
Pasques, L. 7015
Passin, H. 14681
Pastyřík, S. 10942
Patanè, M. 13546
Patañjali 4570, 4571
Pateman, T. 2845
Patera, A. 1919
Paterson, S. 2604

INDEX

Patnaik, B.N. 4620
Patrie, J. 14696
Pătruț, I. 653, 7638, 7678, 7751, 7752
Pätsch, G. 716
Patte, M.-F. 15538
Patterson, F. 1800
Patyal, H.C. 4572, 4670
Paul, H. 2377, 8177
Paul, P. 1458, 2604
Paul, S.M. 12861
Paulauskas, J. 3026
Paŭlavec, D.D. 12659
Pauley, D.R. 13779
Paulík, K. 3588
Pauliny, E. 717, 718, 11113, 11127, 11168, 11188
Paulis, G. 5749, 7543
Pauly, P. 7950
Paun, C. 7713
Păun, G. 3239
Paunonen, H. 13875, 13876
Paunova, A. 9949
Pauw, A. 8563
Pauw, J.W. 4326
Pavel, E. 7753
Pavel, V.K. 2901
Pavelka, J. 3140, 10980
Pavet de Courteille, A.-J.-B. 719
Pavković, V. 10380
Pavlenko, P.I. 12285
Pavlidou, T. 5492
Pavlík, J. 10851
Pavlov, R. 3394
Pavlov, V.M. 3027, 12286
Pavlova, E. 10252
Pavlova, N. 10169
Pavlova, R. 541, 11889
Pavlović, R.M. 10501
Pavlović, Z.M. 10646, 10647, 10648
Pavone, J. 9127
Pavuk, M. 218
Pawley, A.K. 14895, 15060, 15061
Pawłowska, R. 11373, 11570
Payne, D.L. 15424, 15539, 15540
Payne, J.K. 15540
Payne, T.E. 15396, 15397
Payr, T. 5901
Paz, C.J. 15010
Paździerski, L. 817
Peacock, D.E. 975

Pearce, E. 6719
Pearce, G. 1229
Peca Conti, R. 2821
Pecchioli Daddi, F. 4436
Pech, K. 2079, 3589
Pechar, J. 11007
Pêcheux, M. 1262
Peciar, Š. 145, 590, 627, 720, 721, 722, 723, 853, 1909, 11251, 11270
Peco, A. 10381, 10382, 10465, 10480, 10496, 10502, 10590, 10649, 10650, 10651
Pécout, R. 7109
Peddicord, M.H. 3141
Pederin, I. 10466
Pedersen, H. 4877
Pedersen, I.L. 9505, 9506, 9507
Pedersen, K.M. 9507, 9508
Pederson, L. 8827, 9185
Pedraza, B. de 2001
Pedreira López, C. 6489
Peebo, J. 13953
Peegel, J. 13954
Peer, A.D. 8011
Peeters, F. 1459
Peeters, L. 1948, 1949, 8529
Pei, M. 5985
Peine, M. 3978
Peira, P. 5981
Peirce, C.S. 1274, 1689, 1696, 1713, 1725
Pejsikov, L.S. 724
Pelc, J. 496, 1716, 1717, 1718, 11571
Pelcl, F.M. 725
Pelešková, H. 10802
Pellegrini, G.B. 439, 5075, 5564, 5565, 7295, 7375, 7518, 7571, 7572, 7573, 7574, 7575
Pelletier, F.J. 1250
Pellijeff, G. 9623, 9626
Peltola, R. 13916
Pel'vec'kyj, V.J. 8375
Pena, J. 6180
Peñalosa, F. 6428
Penas Patiño, J.M. 6489
Penavin, O. 14137, 14138, 14152
Peňáz, P. 5335
Penčev, J. 838, 1460, 10059, 10109, 10110

Penchev, I. 10110
Penchev, J. 1460
Penelope, J. 2792
Peng, F.C.C. 1772, 4019
Penkova, P. 10111
Pen'kovskaja, N.P. 12287
Pennanen, E.V. 2361, 2362, 2363
Pennaod, G. 7874
Pennington, A.E. 12132
Pensado, J.L. 5986, 6372, 6490, 6491
Péntek, J. 14135
Pentheroudakis, J.E. 5493, 5494
Penzl, H. 2197, 2198, 8012, 8170, 8489
Pepicello, W.J. 4327
Pepłowski, F. 11583
Peprnìk, J. 9186
Peraldi, F. 1688
Percova, N.N. 3395, 12443
Perczyńska, N. 9871
Perebyjnis, V.S. 3232, 12607
Perecman, E. 3855
Peredrijenko, V.A. 12548
Perera San Martín, N. 6398
Pererva, V.M. 12288, 12289
Peres, J. Andrade 3856
Pérez, A. 6412
Perez, A.Q. 15011
Perez, M. 7152
Pérez Botéro, L. 2605
Pérez Castro, L.C. 5750
Perfetti, C.A. 2777
Perichanjan, A.G. 4878
Pericliev, V. 1460
Périkhanian, A. 4749, 4879
Perikliev, V. 1460
P^cerixanyan, A.G. 4878, 4879
Perkins, E. 15403
Perkins, M.R. 8982
Perkins, R.D. 976 U. 977
Perl, M. 6314, 6321
Perlmutter, D.M. 2589, 2606, 2607, 9009
Pernigotti, S. 284
Perniška, E. 511, 9837, 10177
Pernthaler, P. 4020
Perpillou, J.-L. 5143, 5197, 5336
Perret, M. 6784
Perridon, H. 1461

INDEX

Perrot, J. 2890, 14114
Persson, A.M. 15161
Persson, I. 1462
Persson, J. 15162
Peruzzi, E. 5144
Peščak, M.M. 1142, 12523, 12532
Pesetsky, D. 2644
Pešikan, M. 10556, 10578, 10652, 10653, 10654
Pesot, J. 1719
Pessolano Filos, G. 5578
Pestman, P.W. 13560
Petăr, J. 10048
Petełczyc, R. 12395
Peters, A.M. 3752
Peters, M. 4239, 5112, 5179, 5532
Peters, M.A. 15301
Peters, S. 8552
Petersmann, H. 5337, 5790
Peterson, L. 9566
Peterson, P.G. 2609
Peterson, T.H. 15214
Petersson, C.L.A. 9399
Petersson, K. 9520
Peti, M. 3028, 10422
Petkanov, I. 5987, 7188
Petkov, S. 10112
Petković, N. 10591
Petleva, I.P. 9903, 12290
Petöfi, J.S. 367, 1720, 2721, 2793, 2794, 2938, 3029, 3030
Petr, J. 384, 465, 514, 638, 691, 773, 818, 883, 1263, 1264, 4021, 9795, 10033, 10048, 10564, 10852, 10853, 10943, 10964, 10965, 10975, 11067, 11763
Petracco Sicardi, G. 5823, 7306, 7532
Petráček, K. 4237, 13305, 13395, 13624
Petráčková, V. 10854, 10875
Petrella, R. 4022
Petrescu, G. 5751
Petrolini, G. 7377
Petropavlovskaja, L.V. 12181, 12182
Petrosyan, L.B. 4880
Petrosyan, S. 4881
Petrov, M. 10253
Petrov, N.E. 14537

Petrov, N.P. 14351
Petrov, V.M. 12430, 12431
Petrov, V.V. 1257
Petrova, S. 10254
Petrova, Z.M. 12291
Petrović, D. 10383, 10557
Petrovský, V. 11068
Petrů, E. 10881
Petruchin, V.Ja. 13746
Petruszewycz, M. 3259
Petrželková, O. 10944
Pettersson, M.-L. 835
Pettersson, T. 107, 3163, 12053
Pettinato, G. 12728, 12989, 12990, 12991, 12992
Pettit, P. 1265
Pétursson, M. 9407, 9408
Petyt, K.M. 2902, 2903
Peyraube, A. 14789
Pezzini, D. 9087
Pfaffel, W. 5581
Pfandl, H. 10755
Pfeffer, J.A. 7976
Pfeiffer-Rupp, R. 2102
Pfister, M. 3043, 5988, 5989, 7189, 7214, 7455, 7456, 7457
Pfister, R. 5598, 5618, 12807
Pfitzner, J. 8376
Pham, H.V. 14862
Pharies, D.A. 5990
Pheby, J. 7977
Philipp, G. 8178
Philipp, K. 5413
Philipp, M. 292, 726, 8193
Philippa, M. 7925, 8582, 8756
Philipps, E. 7073, 8235
Philippson, G. 15269, 15290, 15356
Phillips, B. 3396
Phillips, G.P. 1721
Phillips, J. McC. 9187
Phillips, R. 6315
Philoxenus grammaticus 5171
Phinney, M. 3753, 3754
Phiri, A.G. 15357
Photius Constantinopolitanus 5495
Pia, J.J. 2201
Piaget, J. 727
Piamenta, M. 13338, 13375
Piattelli-Palmarini, M. 1177

Piau, J.A. 15077
Pica, P. 2610
Picabia, L. 6720, 6721
Picard, J.H. 8738
Picard, M. 2202, 6858, 8860
Picard, R. 8249
Picardi, E. 1266
Picchioni, S.A. 12728
Piccillo, G. 7662
Piccitto, G. 7388
Pichlak, A.I. 11952
Pickova, L.P. 6588
Picoche, J. 6607, 6973, 6974
Piel, J.M. 6044, 6045, 6046, 6492, 6493, 6494, 6495, 6496, 6519, 6520, 12818
Piemontese, A.M. 4688
Pieper, U. 9509
Piera, C.J. 6404
Piérart, B. 3755
Pierret, J.M. 6565
Pierrot, A. 5183
Pieters, L. 8583
Pietersen, L. 4023
Pietersma, A. 13516
Pietsch, A. 7080
Pihan, A. 11572
Pihlak, A. 11952
Pihlström, S. 9549
Piirainen, I.T. 7946, 8179, 8180
Piirimäe, H. 13955
Piitulainen, M.-L. 13877
Pijnenburg, W. 177, 8612
Pijnenburg, W.J.J. 8338, 8584
Pike, K.L. 978, 1143, 1144, 1145, 2257, 2611
Piłaszewicz, S. 13625
Pilatíková, D. 10878
Pilch, H. 98, 2028, 11866
Pilinskij, N.N. 12382
Pimpinella, P. 6947
Pinault, G.-J. 4328
Pinborg, J. 1955, 1960
Pinchon, J. 2791
Pink, P.W. 266
Pinkster, H. 5643
Piotrovskij, R.G. 728, 3228, 3290, 13780
Piotrowski, A. 3892, 4024
Piotrowski, B. 6405
Piou, N. 15584
Piper, P. 10438
Piperek, K. 12054

INDEX

Piperkova, I. 8861
Pirandello, L. 7490
Pirart, E. 4573, 4574, 4575, 4576
Pirenne, J. 13489
Piroth, H.-G. 2103
Pirraku, M. 5107
Píša, J. 12055
Pisani, V. 4329, 4330, 4331, 4332, 4333, 4437, 4577, 4916, 4952, 5338, 5339, 5340, 5743, 5752, 5753, 5754, 5755, 5991, 5992, 5993, 7458, 7459, 9648, 9904, 11374, 12292
Pisárčiková, M. 11252, 11253
Pisarek, L. 12056
Pisarek, W. 11617
Pisarkowa, K. 11347, 11383
Pisi, G. 5159
Píšová, Z. 9188
Pisowicz, A. 4882
Pitarch i Almela, V. 6089
Pitha, P. 219, 2612, 2613, 3260, 10855, 11025
Pitkänen, A.J. 9560
Pitkäranta, R. 5902
Pitrè, G. 7388
Pittàno, G. 7215
Pivtorak, H.P. 9866
Pizzani, U. 5580
Pizzini, Q.A. 6235, 6497
P'jatnyčko, B.P. 8104
Plangg, G. 7576
Plank, F. 1618, 2284, 2363, 9088
Plann, S. 2614, 6236, 6237, 6238
Plante, G. 1079
Plantin, C. 6780
Plastre, G. 4025
Platákēs, E.K. 5496
Plátek, M. 3476
Platero, P. 15404
Platiel, S. 124
Plato 1210, 1277, 1296
Plátōn, N. 12791
Platonova, I.V. 10152
Platt, J. 9294
Platzack, C. 9567, 9568, 9569, 9570, 9571
Platzack, S. 9572
Pleciński, J. 6975
Pléh, C. 14115

Pléh, Cs. 3590
Plenat, M. 5214
Pleskalová, J. 10905, 10906
Plessis, J.A. du 15358, 15359, 15360
Plezia, M. 5903, 5914
Płocińska, B. 37
Plöger, A. 13803, 13878
Plomteux, H. 729, 730, 7377, 7378
Ploticyn, V.N. 12293
Pluta, F. 11474, 11667
Poccetti, P. 5414, 5556, 5557, 5558, 7533
Poceluevskij, E.A. 438
Počepcov, G.G., (ml.) 1619
Počepcova, L.D. 9189
Pöckl, W. 323, 8339
Podhorná, V. 731, 10981, 10982, 11008
Podol'skaja, N.V. 9926, 12485
Podolsky, B. 13573
Podracki, J. 840, 11436, 11437
Poedjosoedarmo, S. 14958, 14978, 14995
Poeschl, V. 5109
Poetto, M. 4470, 4472, 4473, 4474, 7460
Pogačnik, J. 621
Poggi Salani, T. 7226, 7461
Poghirc, C. 7663
Pogonowski, J. 1021, 1463, 2615
Pogorelec, B. 10738, 10739, 10751
Pogosova, S.S. 4883
Pohl, H.D. 9662, 9663, 9762, 10558
Pohl, J. 6859, 6860, 7081, 7082
Pohl, P. 6498
Pöhlmann, E. 5341
Pohorský, M. 3134, 10983
Pohrt, H. 461, 645, 9664
Pohyba, L.H. 12533
Pointer, L. 3665
Poirier, C. 93
Poirier, J. 3953
Poirier, M. 5644
Poizner, H. 1774
Pokorná, E. 220, 10945, 11069
Polák, J. 10801

Polák, V. 732, 3397, 4973
Poláková, N. 3397
Polanowska, B. 3424
Polański, E. 11668
Polański, K. 2422
Polanský, M. 10984
Polara, G. 5922
Poldauf, I. 8828, 8983
Polenakovik, H. 10322
Polenz, P. von 2846, 979
Poli, D. 7379
Poliakoff, M. 5342
Polišenský, J. 48
Polišenský, J.V. 667
Polivanov, E.D. 733, 1950
Polívková, A. 11070, 11071
Poljakov, O.E. 14034
Poljakov, V.A. 14631
Poljuha, L.M. 12573
Poljužyn, M.M. 8862
Polláková, N. 11128
Pollet, G. 5364
Polley, L. 15183
Pollio, H.R. 3591
Pollmann, T. 980
Pollock, J.L. 1267
Pollock, J.-Y. 2616
Pollock, S.I. 4578
Polo Figueroa, N. 6239
Polomé, E. 4026
Polomé, E.C. 3990, 4291, 4334, 4335, 15135
Polotsky, H.J. 13306
Polsky, M.B. 4579
Polterauer, I. 11953
Poly, J.-P. 5904
Pomianowska, W. 9871, 10323
Pomilio, M. 7490
Pomirko, R.S. 6976
Pompella, G. 5343
Pompino-Marschall, B. 2103
Pomponio, F. 12729
Pomsta-Porayski, J. 844
Ponelis, F.A. 8737
Pongweni, A.J.C. 15361
Ponomarenko, M.F. 12615
Pons, G. 7153
Ponzio, A. 1292
Popa, E. 14
Popa-Burcă, L. 1620
Popadić, H. 8250
Pop-Atanasov, Ǵ. 10219
Pope, M. 5756, 12792
Pope, M.H. 13079

INDEX

Popela, J. 145, 575
Popescu, F.D. 7731
Popescu, I. 7639
Popescu, R.S. 7682, 7683
Popescu-Mihuţ, E. 5497
Popko, M. 4438
Poplack, S. 4153
Popov, A.I. 12486
Popov, Ė.V. 3398
Popov, I.A. 12294
Popov, K. 734, 735, 736, 1951, 10287
Popov, K.A. 737
Popov, M.B. 11867
Popov, R.N. 11828
Popova, A. 692, 10177
Popova, G.V. 12142
Popova, Ja.N. 14220
Popova, L.P. 12344
Popova, M. 10113, 10220, 10221, 10222
Popova, N.V. 12295
Popova, Z. 701, 702
Popova, Z.D. 12094
Popovič, A. 3143, 3187, 11115
Popović, L. 10423
Popović, M. 10467, 10579, 11954
Popovič, M.M. 6722
Popovici, I. 7594
Popovski, A. 10324
Popowska, H. 3399
Popowska-Taborska, H. 9781, 9927, 10780, 11745, 11749
Popp, T.Ju. 7960
Poppe, E. 1952
Poppe, N. 738, 14594, 14595, 14596
Poppe, N., Jr. 12296
Porada, E. 12685, 12686
Porák, J. 10797, 10875
Porcher, M.-C. 4580
Porchomovskij, V.Ju. 13488
Porochova, O.G. 12183
Porotova, T.I. 14632
Porqueras-Mayo, A. 6069
Port, R. 2062
Port, R.F. 15291
Porten, B. 13307, 13315
Porter, D. 3720
Porterie-Gutierrez, L. 15541
Portier, J. 8612
Portz, R. 4027

Porubský, Š. 11254
Porzio Gernia, M.L. 1000, 5544
Poser, W.J. 2203
Posgay, I. 14163
Posnansky, M. 15112, 15136
Posner, Rebecca 5994, 6022, 6023, 6024
Posner, Roland 1268
Posor, M. 8377, 8378
Pospěchová, D. 10814
Pospelov, E.M. 11789, 12487, 12488
Pospelova, A.G. 1621
Post, R. 8248
Postal, P.M. 2589, 2617, 2618, 6723, 8939, 8984
Postgate, J.N. 245
Posthumus, L.C. 15362
Posti, L. 13775, 13879, 13928
Postma Ownby, C. 15363
Poštolková, B. 10946
Postryhan', S.A. 12573
Potapov, L.P. 14318
Potapova, R.K. 2104
Potebnja, A. 739
Potebnja, O.O. 11771
Potechina, N.Ju. 12297
Poth, A. 1558
Poticha, Z.A. 12324
Pötschke, J. 4028
Pott, A.F. 740
Potte, J.-C. 7154
Potter, S. 9190
Pottier, B. 1130, 1269, 1424, 1480, 6539, 6724, 6725
Potts, D. 12761
Pou, S. 14868
Pouilloux, J. 5246
Poulin, M. 3756
Pountain, C. 5995
Pouradier Duteil, F. 2619, 6608
Pousada, A. 4153
Poussa, P. 9089
Považaj, M. 221, 11072
Powell, J.S. 3607
Powell, J.W. 741
Powell, M.A. 3066, 3084, 12730, 12938
Poyatos, F. 1775
Požarickaja, S.K. 429
Pozuelo Yvancos, J.M. 1953
Prabhoo, L.R. 4507

Prabodhachandran Nayar, V.R. 14724
Pradelles de Latour, M.L. 4029
Prado, M. 6181
Prampolini, M. 1086
Pranjković, I. 10424
Prasse, K.-G. 13409
Prati, A. 7462
Prato, C. 5432
Prats, M. 6087
Pratt, C. 6373
Pravda, J. 1776
Pray, B.R. 4508
Pražák, E. 10882, 10883
Prebensen, H. 6726
Preble, O. 6197
Preda, I. 7714
Prędota, S. 11375
Preissler, H. 13490
Prelog, J. 5906
Premack, D. 3592
Premk, D.G. 10559
Prentice, D.J. 14959, 14960
Presch, G. 4067
Press, J.I. 5996
Pretnar, T. 10598, 10740, 10741, 10742, 10743
Pretzel, U. 8340
Prevedello, N.L. 6424
Prevignano, C. 1728
Preyzner, M. 11380, 11438
Price, G. 5997, 7589
Price, P.J. 8829
Pride, J. 9295
Prideaux, G.D. 172, 1062, 14682
Priebatsch, H.Y. 13080
Priesolová, J. 6727
Priestly, T. 4154, 10744, 12376
Prieto, L.J. 1270, 1271
Prieto Alonso, D. 6499
Prifti, P. 5001
Primorac, R. 10554
Prince, A.S. 13956
Prince, E.F. 2620
Prindle, T.K. 14683
Pring, J.T. 5498
Prinsloo, D.J. 15364, 15365
Prinz, J. 8490, 12489
Prinz, O. 5905
Prisco, A. De 5881
Pritsak, O. 14319, 14352
Privalova, M.I. 12298

867

INDEX

Prodanof, I. 3330
Pröhle, W. 4238
Prokof'ev, G.I. 14961
Prokop, P. 4209
Prokopova, L.I. 11868
Prokopovič, E.N. 12057, 12299
Prokopovič, N.N. 12299
Prokosch, E. 14387
Prokuševa, T.I. 14080, 14081, 14082
Promponâs, I.K. 5145, 5146
Pronovost, D. 6728
Prooije, L. van 8646
Proročenko, O.P. 8306
Prosdocimi, A.L. 5543, 5545, 5566
Prosnak, H. 12396
Prost, A. 15188, 15215, 15216
Proulx, P. 15425, 15426
Proust, J. 1644
Provasi, E. 13723
Prudent, L.-F. 4155, 15587
Prunč, E. 10720, 10755, 10756
Průšek, J. 742
Przybyłowski, J. 1146
Psjančin, V.Š. 609
Pstružinová, J. 3742
Pucek, V. 14649
Puchal's'ka, N.Ja. 12586
Pucko, V. 12147
Puech, É. 13147, 13308
Puengpa, S. 14872
Pugliarello, M. 5569
Puglielli, A. 1147
Puhvel, J. 4336, 4386, 4439
Pujić, S. 10560, 10655
Pukui, M.K. 15054
Pulgram, E. 293, 981, 2204, 5546
Pułka, L. 11618
Pulleyblank, E.G. 14790, 14797
Pullum, G.K. 887, 1324, 2470, 2584, 2621, 2686, 8920, 8921, 8939, 8984, 8985
Pupkis, A. 9697, 9721
Purdela-Sitaru, M. 7594
Purm, R. 11796, 12397
Pury-Toumi, S. de 15477, 15478
Püschel, U. 8341

Pustejovsky, J. 174
Pusztay, J. 301, 14210
Putanec, V. 743, 5907, 10468, 10469, 10561, 10656
Putschke, W. 1908, 2904, 2905, 339
Putschögl-Wild, A.M. 8379
Putseys, Y. 1623, 8986
Pütz, H. 8105
Putzer, O. 8106, 8428
Puzynina, J. 11573
Pychov, V.A. 431
Pye, C.L. 15451
Pyles, T. 8783
Pylyns'kyj, M.M. 12507, 12598

Qian, Feng 14820
Quack, A. 15020
Quagebeur, J. 13547
Quaireau, A. 15243
Quak, A. 8613, 9400
Quartu, B.M. 7577
Queixalós, F. 15537, 15542, 15543
Quemada, B. 6977, 7004, 7875
Quetglas Nicolau, P.J. 5645
Quezel-Ambrunaz, M. 3477
Quicoli, A.C. 2622, 6729, 6730
Quigley, S.P. 3593, 3757
Quilis, A. 2029, 2105, 6144, 6165
Quin, E.G. 7841, 7842
Quine, W. Van O. 1257
Quintana, A. 6090
Quirk, R. 294, 8784, 8788, 8790, 9277, 9296

Raabe, H. 1004, 2623
Raag, R. 13957, 13958
Raag, V. 13926
Rabadanava, L.I. 12654, 12655
Rabanales, A. 6141
Rabin, C. 13626
Racelle-Latin, D. 6936
Račeva, M. 10223, 10228
Rachewiltz, I. de 14597
Rachimova, R.K. 14485
Racinoux, L. 6855
Rácová, A. 4621, 4622
Racy, A.J. 13437

Radday, Y.T. 13248
Radden, G. 1312, 8423
Rader, W. 1686
Radeva, P. 10114, 10115
Radeva, V. 10170
Radevič-Vinnickij, Ja.K. 12058
Radford, A. 2624, 7258, 7259
Radhakrishnan, R. 14874
Radić, P. 10657
Radici Colace, P. 5264
Radics, K. 1325
Radke, G. 5681
Radkevič, V.A. 12247
Radlov, V.V. 14446
Radomski, R. 14180
Radović-Tešić, M. 10562
Radovich, N. 9999
Radt, F. 5576
Radtke, E. 7083, 7463, 7519, 7520
Radtke, I. 7959
Rădulescu, M. 7664
Radulphus Brito 1955
Radunović, R.V. 10658, 10659
Raecke, J. 12398
Raepsaet, G. 241
Raevskii, N. 7716
Raevskij, D.S. 4506
Rafel Fontanals, J. 6091
Rafel i Fontanals, J. 6083
Raff, S.J. 9191
Raffaelli, R. 5809
Raffaelli, S. 7521
Rafferty, E. 14962, 14963
Raffin, E. 7949
Raffler-Engel, W. von 1737, 3563, 3758
Rağe, S.K. 9752
Raggiunti, R. 1272
Raguž, D. 10365, 10366, 10580
Rahman, Z.A. 14964
Raible, W. 1464, 2796, 5998
Rainey, A.F. 12862, 12863, 12939
Rais, M.K. 14965
Raison, J. 12792
Raith, J. 4156
Rajam, V.S. 4581
Rajandi, E. 13959
Rajathi, K.J. 4665
Rajchštejn, A.D. 8342

Rajec, E.M. 4182
Rajendran, S. 14739
Rajkov, B. 10128
Rajkova, V.E. 14538
Rajković, L. 10503
Rall, D. 8107, 8107
Ralph of Beauvais 1956
Ramachandran, K.S. 3083
Ramaekers, F. 8648
Ramat, A.G. 2625
Ramat, P. 982, 1148, 1149, 1326, 5999, 7926
Ramazanova, D.B. 14475
Rameau, L. 7008
Rameh, C. 6500
Ramersdorfer, H. 5415
Ramey, C.T. 3759
Ramge, H. 8488
Ramstedt, G.J. 14650, 14831
Ranby, P. 15062
Randel, D.M. 13437
Randeri, M.G. 6240
Rando, E. 8830
Randriamasimanana, C. 15022
Ranganatha, M.R. 4671, 14719
Rank, O. 3594
Ranke, K. 7928, 13572
Rankin, R.L. 7684
Rapallo, U. 13214
Rapanovič, Ja.N. 12666
Raper, P.E. 4211, 15383
Raphael, H. 8763
Raphael, L.J. 2106
Rappaport, G. 12059
Räsänen, S. 13880
Raschellà, F.D. 9380
Raschèr, V.F. 7534
Rasico, P.D. 6092, 6093, 6094, 6095
Rask, R. 744, 1957
Rasmussen, J.E. 4337
Rasmussen, P. 6241
Rasmussen, S.T. 13429
Rásonyi, L. 14164
Raspopov, I.P. 745
Rass, T.S. 3008
Rassadin, V.I. 14539, 14540
Rassocha, M.N. 8987
Rassudova, O.P. 12060
Rastorgueva, V.S. 4748
Rategova, L.P. 14079
Rathmayr, R. 12061
Rath, C. 1465

Ratkoš, P. 9915
Rätsep, H. 606, 766
Rau, W. 871, 4582, 4594
Rauch, H.L. 8209
Rauch, I. 2847, 7927, 8446
Rauhut, F. 7464
Raun, A. 1820, 13960, 14035
Raup, H.F. 9339
Rauschner, H.-D. 3400
Ravier, X. 7155, 7156, 7157
Ravindran, P.N. 14725
Ray, J. 158
Ray, J.D. 12669
Raya Castillo, L. 6429
Raynaud, S. 1273
Raynouard, F. 2014
Raynouard, F.J.M. 6019
Razmusen, L.P. 746
Read, A.W. 9237
Read, C. 3595, 3760
Read, M.K. 1959
Reade, J.E. 12940
Reaney, P.H. 9340
Rebaudières Paty, M. 7084
Rebuschi, G. 8988, 12819
Récanati, F. 1624, 1625, 1626
Reczek, J. 11574
Reczkowa, B. 11509
Redard, F. 8419
Reddick, R.J. 9090
Reddig, C. 3221
Rédei, K. 658, 13781, 14036, 14083, 14084, 14116, 14196
Redenbarger, W.J. 2030
Red'kin, V.A. 2954
Redmond, J. 8770
Redondi, P. 5847
Reed, A. 2626
Reemon, F.R. 3852
Reenen, P. van 6566, 6814
Rees, M.A. van 1627
Reesink, G. 15078
Referovskaja, E.A. 6815
Regula, M. 747
Reh, M. 15139
Řeháček, L. 382, 384
Rehbein, J. 1752
Rehbock, H. 1576
Rehkopf, F. 5159
Rehlingen, F. Frhr. v. 872
Reichan, J. 11510, 11511
Reichard, C.M. 9254
Reichardt, L. 7779, 8492,

8493, 8494, 8495, 8496, 8497
Reichenbach, H. 1372
Reichenbach, U.K.-H. 2627
Reichertz, J. 3888, 3907
Reichl, K. 14423
Reichling, A. 154
Reichmuth, S. 13434
Reichová, H. 5646
Reid, L.A. 14895, 15012
Reid, T.B.W. 492
Reier, D. 1597
Reiffenstein, I. 2906
Reim, I. 15564
Reimann, D. 3401
Rein, H.J. 6521
Rein, K. 8259
Reineke-Feyerabend, A. 13760
Reinelt, R. 1681
Reiner, E. 6978, 6979, 12871
Reinhammar, M. 9573
Reinhart, T. 8989
Reis, M. 2207, 2628, 8108
Reiss, K. 3200
Reiss, T.J. 1274
Reiter, N. 10000, 10001
Reitmajer, V. 4030
Reixach i Pla, M. 6096
Rejakowa, B. 11575
Rejchrtová, N. 10895
Rejmánková, L. 12106, 12397
Rejser, S.A. 12300
Reker, S. 8647
Reklaitis, J.K. 4338
Remacle, L. 7190
Rembold, K. 3802
Remetić, S. 10384, 10504, 10505, 10506
Remetić, S.N. 10507
Remington, R.E. 3720
Remmel, M. 643, 13782
Remus, H. 5344
Renard, M. 488
Renard-Casevitz, F.-M. 15544
Renaud, P. 15122
Rendsburg, G. 13178, 13215, 13216
Rendsburg, G.A. 13192, 13193
Renehan, R. 5345
Rengstorf, K.H. 5346
Renkema, J. 8532, 8697

INDEX

Rensch, K.H. 15063
Rentenaar, R. 8521, 8676
Renzi, L. 6000, 7260
Repnikov, E. 10225
Repp, B.H. 2077
Repp, M. 8402
Réquédat, F. 6731
Rešetov, V.V. 748
Resnick, M.C. 6037
Restan, P. 12062
Restrepo, F. 6145, 6146
Resulović, Z. 10660
Réthoré, J. 1689
Rettig, W. 6980
Reuchlin, M. 330
Reuland, E.J. 2629, 2630
Reuter, K. 5757
Reuter, M. 9382
Revel-Macdonald, N. 14966
Rey, A. 3034, 3035, 6898, 6981, 6984
Rey-Debove, J. 1466, 6982, 6984, 6985
Reyes, G. 6267
Reyes, R. 6430
Reynolds, B. 7415
Reynolds, C.H.B. 4679
Reynolds, J.J. 6374
Režić, K. 9855, 10002
Rhee, F. van der 295
Ribarova, Z. 10003
Ribezzo, F. 296
Ricard, R. 6375
Richard, J. 6848
Richards, J.C. 9297
Richards, M.M. 3761
Richards, R.M. 6376
Riché, P. 5908
Richelle, M. 3736
Richter, G.C. 15438
Richter, H. 2108, 7992
Richter, L. 11380
Richter, Michael 5909, 9091
Richter, Monika 7945
Richter, W. 13179
Rickard, P. 6732, 6816
Ricken, U. 1961, 1275
Rico, F. 1962
Ricœur, P. 1276
Ricks, C. 8788
Riđanović, M. 10425
Riedl, S. 10116
Rieger, B.B. 3402
Rieger, J. 815, 819, 11346, 11356, 11512, 11670, 12549

Riemann, E. 8227, 8445
Riemann, N. 9453
Riemsdijk, H. van 1045, 2631
Riesbeck, C.K. 3347
Riese, T. 14181
Rietveld, A.C.M. 2031, 3403, 6567
Riffer-Maček, D. 9092
Riganti, E. 5587
Rigau, G. 6099
Rigau i Oliver, G. 6097, 6098
Rigault, A. 10815
Riger, J. 819
Riggenbach, H. 302
Riggs, F.W. 4031
Rigler, J. 10745, 10746
Rigoli, A. 7388
Rigolot, F. 1722
Rigsby, B. 15595
Riiho, T. 699, 6047
Rijk, L.-M. de 5910
Rijksbaron, A. 5212
Rijlaarsdam, J.C. 1277
Rijlant, P. 150
Rijnsoever, R. van 3762
Rikov, G.T. 4339, 4387, 4440
Riley, W.K. 9298
Rimša, V. 9665
Rindal, M. 9376, 9441
Rindler Schjerve, R. 7544
Ringen, C.O. 14097
Ringgaard, K. 9377
Ringgren, H. 13224, 13249
Ringler, N.M. 3763
Ringqvist, E.L. 6733
Rinholm, H.D. 9722
Rink, B. 8785
Rinnen, H. 8230
Riolo, S. 7380
Ripka, I. 826, 11209
Riposati, B. 297
Ris, R. 8181
Risch, E. 118, 5194, 5347
Rischel, J. 1925, 9409, 9510
Riško, A. 3036
Rísová, E. 11255, 11256, 11257, 11293, 11294
Rissel, D. 6431
Ristić, S. 10426
Ritter, H. 13309
Ritter, R.-P. 14153
Rivara, R. 8990

Rivarola, J.L. 6242
Rivas, A.M. 2364
Rivas Quintas, E. 6522
Rivas Torres, J.E. 6316
Rivero, M.-L. 5961, 6075, 6238, 6243
Rivet, A.L.F. 5824
Rivière, C. 8991, 8992
Rivière, J.-C. 6983, 14886, 15041
Rix, H. 5222, 5547
Riza, S. 5002, 5028
Rizaev, B.Ch. 12286
Rizner, L'.V. 11331
Rizzi, L. 7261, 7262
Rizzolatti, P. 7579
Rjabov, G.P. 799
Roach, P. 2032
Robach, I.-B. 7085
Robbek, V.A. 14620
Roberge, P.T. 2365, 15558
Robering, K. 1467
Robert, C. 12450
Robert, P. 6984
Roberts, C. 4099
Roberts, D. 1153
Roberts, H. 3144
Roberts, J. 9192
Roberts, J.S. 6734
Robertshaw, P. 15119
Robertson, B.M. 7086
Robertson, J.S. 15452
Robin, C. 13491
Robinet, A. 3037, 5911
Robins, R.H. 1957, 1963, 15407
Robinson, F.C. 9083, 9093
Robinson, G.M. 1134
Robinson, W.P. 3798, 4032
Robson, E.A. 5213
Robson, S.O. 14997
Roca, I. 897
Rocchetti, A. 6001
Rocchietti, A. 7263
Rochemont, M.S. 2632, 1151
Rochester, S. 3859
Rochet, B. 5931, 6568, 6861
Roch Lecours, A. 3858
Rocławski, B. 11376, 11377, 11380, 11601
Rodde, J. 11829
Rode, M. 10747, 10748
Rodger, A. 9238
Rodinson, M. 13468
Rodrigues, I. 8109

INDEX

Rodríguez Castelo, H. 6377
Rodríguez Cosmen, M. 6282
Rodríguez Díez, B. 6244
Rodríguez-Pantoja, M. 5596
Rodríguez Sousa, M.E. 6245
Roebroek, J.L.H. 8648
Roeck, A. De 2633
Roegiest, E. 6002, 6003, 6246
Roelandts, K. 1964
Roemer, H.R. 14277
Roeper, T. 1036, 1327, 2323, 2343, 3764
Roesch, P. 5247
Roesner, D.F. 3404
Rogalińska, S. 3860
Rogava, G. 13670
Rogava, G.V. 13724
Rogers, F.M. 298, 749
Rogge, W. 7114
Roggero, J. 8993
Rögnvaldsson, E. 2634
Rogowska, M. 11384, 11439
Rogowski, J. 11384
Rogožnikova, R.P. 11890, 12301
Rohal', M. 4157, 11826
Rohdenburg, G. 8994
Rohlfs, G. 750, 5499, 6004, 6005, 7381, 7382, 7383, 7580
Rohr, R. 5076, 7048, 7087, 7384
Röhrborn, K. 253, 14312, 14320, 14321
Rohrer, C. 102, 196, 1328, 1494, 7054, 8110
Roider, U. 7756, 7782, 7843
Rojas, E.M. 6317
Rojas Nieto, C. 6247
Rojo, G. 4158
Rojs, J. 12302
Rojzenzon, L.I. 11513
Rokoszowa, J. 2635
Roksvold, T.A. 9445
Rolf, E. 1628
Roli, M.L. 1723
Rollant, N. 5348
Rolling, L. 154
Rollins, P.C. 873
Roloff, M. 3978
Rolshoven, J. 7685
Rolska, M. 11671
Romaine, S. 2848, 2849, 4033, 4034, 4056

Roman, A. 12864
Romanello, M.T. 7524
Romanello Caprioli, M.T. 7200
Romaniuk, L. 12451
Romanova, G.Ja. 12205
Romanski, S. 751, 752, 753, 754, 755, 756
Rombandeeva, E.I. 14197
Rombauts, W. 8530
Rombi, M.-F. 15258, 15366
Rombouts, J. 8585, 8586
Romeo, L. 3038
Römer, C. 14388
Römer, W.H.P. 12732, 12733
Romero, J.C. 8995
Romportl, M. 299, 379, 705, 757, 2109, 10806, 10816, 10817, 10818, 11869
Ronat, M. 908
Róna-Tas, A. 2, 2850, 14125, 14278, 14341, 14354, 14566
Roncaglia, A. 5597
Ronco, G. 7199
Ronconi, A. 758
Rondal, J.A. 3596, 3765, 3861, 4035
Rondeau, G. 320, 983
Rongen, O.B. 14760
Ronneberger-Sibold, E. 1152
Roodbergen, J.A.F. 4570, 4571
Rooij, J. de 8587
Rooij Bronkhorst, A. de 8590
Room, A. 9341
Roorda, T. 8558
Roos, A. 2366, 13961
Roosman, R.S. 14967
Rooth, E. 7944
Ropa, A. 11380, 11380
Roques, G. 6986, 6987, 6988, 6989, 6990
Roquet, G. 13548
Rosa, E. 6478
Rosalia, A. de 5758
Rosamani, E. 7471
Rose, C. 4487, 5349, 5350, 5351, 5352
Rösel, H. 10885
Rosemann, J.G. 8447
Rosén, Haiim B. 5648, 13194, 13273

Rosén, Hannah 5647, 5648
Rosenbaum, H. 2636
Rosenberg, S. 3542, 3597, 3862, 3863
Rosenblat, Á. 6140
Rosenfeld, H.-F. 8448
Rosengren, I. 189, 1629, 1654
Rosenhouse, J. 13423, 13424
Rosenkranz, B. 4388
Rosenkranz, H. 8264, 8498
Rosenqvist, J.O. 5500
Rosenthal, J. 2637
Rosetti, A. 585, 4932, 4975, 5077, 7598, 7609, 7610, 7665, 7666
Rosin, R. 11719
Rosinas, A. 9688, 9723
Rosner, M. 2633
Rospond, S. 436, 9867, 9928, 11515, 11720, 11721
Ross, C.N.G. 14684
Ross, J. 3872
Ross, K.M. 3405
Ross, L.R. 6318
Ross, M. 15042, 15043
Rossi, A.V. 4695, 4719, 4779
Rossi, M. 2033, 2258
Rossi-Landi, F. 1724
Rossini Favretti, R. 9138
Rössler, G. 1468, 1469
Rössler, O. 13173
Rost, C. 266
Rost, L. 759
Rostvik, A. 9627
Rot, A.M. 11790, 13783
Rot, S. 9299
Rotaetxe, K. 2304, 12820, 12821
Roth, F.P. 3766
Roth, K.-H. 8343
Rothe, C. 8456
Rothe, H. 11465
Rothkegel, A. 2797
Rothracker, K.C. 6442
Rottland, F. 15163, 15164
Roty, M. 12303
Roudil, J. 6413
Roudný, M. 10962, 15545
Roulet, E. 104, 1516, 1541, 1630, 1631
Roulland, D. 1101
Roulon, P. 15184
Rountree, S.C. 15596
Rousseau, J.J. 1968

INDEX

Rousseau Payen, N. 8415
Roussel, C. 6817
Rouveret, A. 2638, 2673, 6735
Roux, J.C. 2034, 2035
Roux, L. 9043
Rovenţa-Frumuşani, D. 1632, 1633, 1634, 1635
Rowlands, E.I. 7869
Rowley, A. 652
Rowley, A.R. 8416
Różańska, L. 3307
Roždestvenskij, Ju.V. 984
Roždestvenskij, V.V. 12304
Rozental', D.E. 12447
Rranas, A.J. 6103, 6104
Rubach, J. 2208
Rubattel, C. 1636, 1637, 6736
Rubens, A.B. 3813
Ruberg, U. 8499
Rubinčik, Ju.A. 724
Rubinstein, E. 13180
Rudanko, J. 8996
Rudek, K. 11338
Rüden, M. von 9193
Rudnicki, M. 1839
Rudnik-Karwatowa, Z. 815, 12148
Rudnyc'kyj, J. 12587
Rudolf-Ziółkowska, E. 12549
Rudolph, E. 1638
Rudolph, W.W. 5120
Rudy, S. 3123
Rudyj, V.H. 8500
Rue, H. 3478
Ruef, H. 1965
Ruelle, P. 230, 760, 761, 762
Ruggeri Marchetti, M. 6269
Ruhig, P. 9724
Ruhl, C. 2639, 9194, 9195
Ruijgh, C.J. 5147
Ruijsendaal, E. 1821, 1966
Ruipérez, M.S. 5214
Ruiz Hernández, V. 6166
Ruiz Montero, C. 5416
Ruíz Sánchez, A. 15446
Rūķe-Draviņa, V. 426
Rūķe-Draviņa, V. 9753
Rulfová, M. 10985
Rulíková, B. 591
Rumbaugh, D.M. 1801, 1802, 1804, 3771
Rummel, S. 13081

Rumsey, A. 15104
Rundgren, F. 1154
Runggaldier, H. 7581
Ruoff, A. 8251, 8393
Ruong, I. 14005, 14006
Ruoppila, I. 3767
Ruoppila, V. 763
Rusanivs'kyj, V.M. 1470, 12593
Rusanovskij, V.M. 12149
Rusec'ka, L.O. 9189
Rusek, J. 10226, 10227, 10228
Rusiecki, J. 8784
Rusinov, R. 578, 756, 10153, 10229, 10230, 10255, 10288
Rusínová, Z. 10856
Rusowicz, A. 11380
Russ, C.V.J. 2851, 8111, 8182, 8863
Russell, B. 1257
Russell, J. 3768, 15292
Russell, J.R. 4884
Russell, P. 7870
Russell, R.A. 3481
Russom, J.H. 8997
Russu, I.I. 4933, 7667, 7668
Rüster, C. 4415, 4416
Rusu, G.C. 7737
Rusu, M. 14128
Rusu, V. 7668, 7686
Ruszkiewicz, P. 8998
Rüterswörden, U. 13201
Rutka, B. 12399
Rutkowski, D. 2071
Ruusuvuori, R. 105
Ruwet, N. 1155, 2640, 2641
Ružička, J. 261, 262, 1156, 2642, 11114, 11169, 11170, 11171, 11172, 11258, 11259
Růžička, R. 392, 12064, 12065
Ružičková, E. 9196, 11260
Ruzsiczky, É. 14150
Ryan, E.B. 3775
Ryan, J.W. 3598
Ryan, P.J. 5417
Ryan, P.M. 13627
Ryan, W.M. 8999
Ryba, B. 764, 10886, 10887
Rybák, J. 11173, 11304
Rybak, S.F. 13310
Rybarkiewicz, W. 11440

Ryckeboer, H. 8664
Rycker, T. De 9000
Ryckmans, J. 13483
Rydén, M. 9001
Rýdl, O. 10947
Rymut, K. 176, 831, 4212, 9929, 11576, 11722, 11723
Rypka, J. 765
Ryszard, Z. 1471
Rytel, D. 9804, 10857, 10948, 10952
Ryžova, E.Ju. 14221
Rzaeva, Z.I. 14415
Rzepa, T. 11343
Rzepka, W.R. 11462, 11475
Rzetelska-Feleszko, E. 815, 11724, 11741

Saad, G.N. 2643, 13376
Saagpakk, P.F. 13962
Saareste, A. 766
Saari, Ch.M. 13963
Saarteinen, P. 13881
Šabaev, V.G. 14633
Sabaliauskas, A. 9689, 9725
Sabaneeva, M.K. 6609
Sabar, Y. 13311
Sabban, A. 9300
Sabel'nikova, E.M. 14772
Sabirov, K.S. 546
Sabol, F. 11174
Sabol, J. 222, 223, 628, 649, 974, 2110, 11129, 11130, 11131, 11298
Sabottka, L. 13181
Sabourin, C. 7055
Šabršula, J. 802, 985, 1472, 3406, 4036, 6006
Sabuni, A. 13339, 13425
Sacconi, A. 12793
Šachnarovič, A.M. 3683
Sachnine, M. 13628, 15122
Sachs, H. 3594
Saciuk, B. 6037
Sack, F.L. 8786
Sack, R.H. 12944
Sacks, N.P. 6248
Sadek-Khalil, D. 3864
Šadmanov, K.B. 9197
Sadowska, M. 3815
Šadrin, N.L. 3201
Saeed, J.I. 13585, 13586
Sáez-Godoy, L. 6378
Safaev, A.S. 14516
Safarewicz, J. 767, 768, 769,

INDEX

800, 1157, 5602, 11352, 11478, 11584, 11725, 11726
Safarewiczowa, H. 770, 771
Šafařík, P.J. 772, 773
Safir, K. 2644, 15546
Safiullina, F.S. 14489, 14490
Safren, J.D. 12945
Sag, I.A. 2470, 2645, 2646, 2647, 8921
Šagapova, O.M. 12150
Sager, N. 3379
Sager, S.F. 1639
Šagirov, A.K. 13725
Sagitov, M.A. 491
Sahakean, S.M. 4885
Sahk, F.L. 8786
Sahlin, E. 9002
Sahlin, G. 1858
Sahlman-Karlsson, S. 13882, 13883
Saidova, P.A. 13726
Saint-Blancat, C. 4037
Saint-Jacques, B. 4096
Sajavaara, K. 389
Sakamoto, T. 14685
Sakamoto, Y. 3407
Sakellariou, M.B. 5117
Šakirov, R.Z. 14551
Šakirov, Z.Š. 774
Saksena, A. 1473, 2648, 4652, 4653
Sala, M. 2908, 6007, 6379, 6380, 6381
Salambašev, A. 10289
Salas, A. 15547
Šalbuzov, K.T. 13727
Saleh-Bronckhorst, L. 14932, 14933, 15006, 15074
Salemme, C. 5759
Salinari, C. 7465
Šaljapina, Z.M. 3408
Salkoff, M. 6737
Sallager, E. 3202
Salmon, L.K. 15189
Salmon, V. 1967
Salomon, R. 4584, 4608
Salonen, M. 13884
Saloni, Z. 986, 11380, 11384, 11386, 11441
Šalowncᶜ, Ř.N. 4886
Saltveit, L. 9628
Salus, P.H. 4585
Saluveer, M. 2649, 3409

Salvador Miguel, N. 6283
Salvatori, S. 4474
Salveter, S.C. 3410
Salvi, G. 6008, 7264
Salvini, M. 4417
Salvioni, C. 775
Salvucci, R. 1968
Salzmann, Z. 11073
Samara, M. 5003, 5054, 5078
Samardžija, M. 10592
Samarin, W.J. 4038, 15185, 15186
Sambor, J. 841, 11633
Šamina, L.A. 14541
Sammallahti, P. 798, 14007
Sampson, G. 955, 1158, 1159, 1162, 1278, 2633, 6009, 7227
Sampson, R. 7610
Šamraj, T. 10117
Samsaris, D.C. 4934
Samsuri 14968
Samuelian, T.J. 1969, 4809
Samuelsdorff, P.O. 2367
Sánchez, R. 6432
Sánchez-Boudy, J. 6319
Sánchez de las Brozas, F. 1833, 1930, 1970
Sánchez de Lozada, F. 15523, 15524
Sánchez Regueira, I. 6147, 6148
Sánchez-Regueira, M. 6284
Sánchez Salor, E. 5649
Sanchez Santos, J. 15540
Sanctis, G. De 7385
Sanctius, F. 1970
Sandahl, B. 9198
Sanders, G. 2171
Sandig, B. 3145
Sandmann, M. 2650
Sandöy, H. 9378
Sandøy, H. 9445
Sandoz, C. 4340, 4341, 5619
Sandqvist, C. 9412
Sandred, K.I. 9342
Șandru Olteanu, T. 6249, 6380, 6381
Sandt, R.A. van der 1279
Săndulescu-Trandafirescu, N. 7715
Sanfilippo, C.M. 775
Sang, I.A. 13964
Sang, J. 13965

Sanga, G. 7479, 7522
Sangster, R. 1160
Sani, S. 4609, 4610
Šanidze, A. 13671, 13672, 13673
Šankina, N.A. 14037
Sankoff, D. 4153
Sankoff, G. 7088
Sanmartín, J. 13033, 13082, 13083, 13084, 13085, 13086
Sanna, A. 776, 7545
Šanskij, N.M. 777
Sanspeur, C.L. 4887, 4888
Santamarina, A. 6501
Santangelo, A. 7265
Santerre, L. 6569
Santiesteban, A. 6320
Santoli, V. 300
Santoro, C. 296, 4953, 7386
Santoru, P. 7358
Sapaev, A. 14420
Saporetti, C. 13, 12946, 12947
Sappok, C. 11619, 11629, 12066
Sara, S.I. 2111
Saradjeva, L.A. 4889
Šaradzenidze, T. 13674
Šaradzenidze, T.S. 1971, 1329
Saradževa, L.A. 4889, 4890
Sarafov, T. 779
Saramandu, N. 2909
Šarapatková, Ž. 10004
Šarčević, A. 10563
Sargsyan, A.E. 4891
Sargsyan, N.Ž. 4892
Šarifullin, B.Ja. 11955
Sarkisjan, A.E. 14117
Särkkä, P. 13885
Sárközi, A. 14598
Sarles, H. 1455
Sarlov, S. 8013
Sarmavuori, K. 3769, 3770
Sarno, M.T. 3812
Sartbaev, K.K. 780
Sarumpaet, J.P. 14969
Sarv, I. 13938
Sarybaev, Š. 14469
Šarypkin, S.Ja. 5118
Sasaki, T. 9239, 14686
Sass, B. 13532
Sasse, G. 1280
Sasse, H.-J. 2651, 5053, 13587

INDEX

Sassen, H.-J. 13574
Sassi, M.M. 5353
Sasson, V. 13195, 13217
Săteanu, C. 7640
Satkiewicz, H. 11340, 11403, 11620
Sato, S. 2082, 2112
Sato, V. 11796
Sattarov, G.F. 14567, 14568, 14569
Šatunovskij, I.B. 12309
Satzinger, H. 13549
Šau, Z. 7470
Saudková, V. 11010
Sauer, G. 759, 14187
Saukko, K. 3304
Saukkonen, P. 2798, 3146, 13784, 13886, 13887, 13888, 13889
Šaumjan, S.K. 1077, 1161, 1162, 1163
Saunders, R. 15506
Šaur, V. 683, 9824, 10171, 10937
Sauranbaev, N.T. 781
Sauren, H. 12734
Saussure, F. de 1272, 1836, 1860, 1861, 1910, 1934, 1972, 1978, 2004, 2010, 5949
Sauter-Bailliet, T. 9199
Sauvageot, A. 10325, 10326, 13785, 14008
Sauzet, P. 7153, 7158
Savage-Rumbaugh, E.S. 1801, 1802, 3771
Savan, D. 1725
Savatkova, A.A. 14056
Savi, J. 7387
Savický, N. 2652, 12310
Savigny, E. von 918
Savijärvi, I. 13890
Saville-Troike, M. 15405
Savinskij, V.G. 11870
Šavlova, N.V. 14279
Savoia, L.M. 7346
Savova, I. 10256, 10257
Savova, P. 10005, 10006
Sawai, S. 3479
Sawaie, M. 13377
Sawashima, M. 2113, 14687
Sawicka, I. 10385
Sawoff, A. 6433
Sawyer, P.H. 4204
Saxon, D.E. 15187

Saxton, D. 15479
Sayaba, T. 15061
Sayed, A.A. 13353
Sayers, W. 7885
Saywitz, K. 3772
Ščaděj, I. 782
Scaffidi Abbate, A. 7929
Scalia, G. 5827
Scaliger, J.C. 1928
Scalise, S. 7228
Ščankina, V.I. 482
Scanlon, J.L. 1802
Scardigli, P. 300
Scardigli, P.G. 7930
Scargill, M.H. 9094
Scărlătoiu, E. 7687, 9905, 10327
Scarpat, G. 536, 5760
Scatton, E. 10172
Scavee, P. 7032
Scavnicky, G.E. 6294
Scavnicky, G.E.A. 6182
Scavuzzo, C. 7388
Ščeka, Ju.V. 14389
Ščerba, L.V. 783, 2114, 3039, 4157
Ščerbak, A.M. 47, 3085
Ščerbin, V.K. 12311
Ščetinin, L.M. 12490
Schaars, A.H.G. 8649, 8650, 8651
Schabert, P. 13477
Schabowska, M. 879, 11621
Schabus, S. 8252
Schach, P. 363
Schacht, H. 8763
Schachter, P. 9003
Schadeberg, T.C. 15171, 15270, 15367
Schaeder, B. 8344
Schaefer, R.P. 3599
Schaeffer, C.F.A. 13096
Schaeffer, G. 7035
Schaeffer-Boehling, A. 13097
Schaeffer de Chalon, I. 13097
Schäfer, J. 9200
Schäfer-Vincent, K. 2115
Schaff, A. 1295, 4101
Schaffer, C.A. 9173
Schaffer, M.E. 6010
Schäftlein, R. 8264
Schalk, F. 784
Schall, A. 13441

Schaller, H.W. 4976, 9763, 9796, 9797, 10027, 10118, 12067
Schane, S.A. 8808
Schanidse, A. 13673
Schank, G. 2852, 8112
Schank, R.C. 3347, 3464
Schanze, R. 8417, 8422
Schapira, C. 6991
Scharnhorst, J. 8365, 8367
Schatte, C. 8113
Schatte, Cz. 1888
Schauwecker, L. 6943
Schedl, K. 13250
Scheel, H.L. 6011
Scheerer, T.M. 1972
Schefe, P. 4039
Scheiba, A.H. al- 13493
Scheidegger, J. 1164
Schein, S.L. 5433
Scheinhardt, H. 14570
Scheler, M. 9240
Schelling, M. 1601, 6781
Schemann, H. 2653, 6502
Schemann-Dias, L. 6502
Schembs, H.-O. 8209
Schenke, H.-M. 13542, 13550
Schenkein, J. 1660
Schenkel, W. 13551
Schenker, A. 13218
Schenker, A.M. 9798
Schenker, W. 8183, 8421
Scherber, P. 10749
Scherer, A. 785
Scherer, K.R. 3489, 3534, 3600, 3936, 4054, 395
Scherer, T. 8345
Scherer, W. 786
Scherfer, P. 4040
Scherner, M. 905
Scherwinsky, F. 6992
Scheuermann, U. 3411, 8447
Scheutz, H. 2910
Scheven, A. 15293
Scheygrond, A. 8726
Schicho, W. 15294
Schiefelbusch, R.L. 361, 1795, 3527, 3647
Schiefer, E. 14009
Schiefer, E.F. 252
Schiefer, L. 14182, 14183
Schields, K., Jr. 5195
Schiffman, H. 14740, 14741
Schiffman, H.F. 4041

INDEX

Schildt, J. 7963, 8146, 8184, 8418
Schilling, P. 5727
Schimmel, A. 4612, 13451
Schindler, J. 4239, 4720
Schinkel, J. 2195
Schipper, K.P. 3849
Schlachter, W. 301, 13745, 13786, 13787
Schlaefer, M. 7950
Schlauch, M. 9095
Schlee, G. 13588
Schlerath, B. 4587
Schlieben-Lange, B. 186, 4042, 6016, 7159, 7160
Schlimpert, G. 4222, 11751
Schlosser, H. 12312
Schlyter, K. 9574
Schlyter, S. 2654
Schmalstieg, W.R. 4055, 4338, 4342, 4343, 4345, 4893, 9726, 9727, 9728, 9729, 9758, 12151
Schmandt-Besserat, D. 3086, 3087
Schmeja, H. 4721, 5148
Schmid, H. 7582
Schmid, Martin 8253
Schmid, Maureen A. 2655
Schmid, W.P. 4364, 5223, 9676
Schmidt, D.A. 9004
Schmidt, Daryl Dean 5215
Schmidt, Gerhard 246
Schmidt, Gernot 4344
Schmidt, Hartmut 2014
Schmidt, Jean 6969
Schmidt, Jean-Jaques 13442
Schmidt, Karl Horst 98, 137, 4441, 4894, 7844
Schmidt, Klaus T. 4488
Schmidt, Richard W. 13324
Schmidt, Tom 9442
Schmidt, Wilhelm 1072
Schmidt-Radefeldt, J. 187, 188, 1281
Schmidt-Wiegand, R. 8304
Schmiedel, L. 9301
Schmiel, R. 5434
Schmitt, Alfred 3088
Schmitt, Angelika 8173
Schmitt, Christian 6012, 6013, 7161
Schmitt, J.-C. 5912
Schmitt, Ludwig Erich 8259

Schmitt, R. 4588
Schmitt, Rüdiger 4722, 4723, 4724, 4725, 4726, 4727, 4789, 4877, 4895, 4896, 4897
Schmitter, P. 1474, 1640, 1973, 1974
Schmitz, A. 8501, 8502
Schmitz, J.R. 6503
Schmitz, U. 3412
Schneider, B.A. 3786
Schneider, Bruno 3773
Schneider, I. 7945
Schneider, J. 5913
Schneider, K. 1799
Schneider, R. 1527
Schneider, W. 13185
Schneiders, H.-W. 6993
Schnek, R. 11175
Schnitzer, M.L. 1475
Schoenthal, G. 8114
Schofield, M. 288
Schogt, H. 2199
Schogt, H.G. 1476
Scholes, R. 1726
Scholes, R.J. 3774
Scholl, D.M. 3775
Scholnick, S.H. 13219
Scholten, T. 2656
Scholtz, J. du P. 8739
Scholz, B. 11829, 12342, 12948
Scholz, F. 9724, 12491
Schön, I. 6014
Schönfeld, H. 3978, 4043
Schooneveld, C.H. van 237, 12068
Schoorl, S. 26
Schoors, A. 13251
Schorta, A. 7578
Schouten, M.E.H. 8652
Schramm, G. 4213, 12492
Schramm, W. 12949
Schreel-Noë, H. 8583
Schreiber, P. 3595, 3760
Schrenk, J. 1
Schreyer, R. 1165, 1166, 1167
Schrickel, H. 8264
Schröbler, I. 8177
Schrock, E.F., Jr. 9302
Schröder, D. 15020
Schröder, H. 787
Schröder, W. 8503
Schrodt, R. 8115

Schroeder, H. 302
Schröpfer, J. 3063
Schroten, J. 6250, 6504, 6505
Schub, M.B. 13378
Schubert, G. 1778
Schubert, K. 8116
Schubert, M. 9301
Schubiger, M. 8831
Schuchardt, H. 303, 788, 789, 15565, 15566
Schuessler, A. 14791
Schuetz, E. 3726
Schuh, R.G. 13629, 13630, 13631, 13632
Schuhmacher, W.W. 8254
Schuler, A.L. 3667
Schulte, J. 1282
Schultheis, J. 376, 4221, 4222, 9930
Schulz, F. 3623
Schulz, G.V. 12489
Schulz, J. 11029
Schulze, B. 14184, 14187
Schulze, W. 13728
Schulzova, O. 10798
Schulzová, O. 11132, 11133
Schumacher, H. 8316, 8346
Schumacher, N. 6738, 6739
Schumann, O. 5783
Schur, N.W. 8787
Schürr, F. 6015
Schuster-Šewc, H. 11764
Schütrumpf, M. 11818
Schütte, L. 8504
Schütte, W. 8117
Schutter, G. De 8588, 8589
Schutz, A. 1557
Schütz, A.J. 15064
Schütz, E. 4898
Schütz, J. 8505, 10007
Schützeichel, R. 470, 829, 8185, 8186, 8255, 8450
Schüwer, H. 7931, 8449
Schuyt, R. 7611
Schveiger, P. 1477, 1478
Schwabe, W. 5354
Schwake, H.P. 6994
Schwanzer, V. 987, 1168
Schwartz, M. 4698, 4780
Schwartz, R.G. 3776
Schwartz, S. 3865
Schwarz, C. 6740
Schwarz, E. 8261
Schwarz, G.S. 5582

INDEX

Schwarz, H. 20, 3049
Schwarz, H.G. 14599, 14600
Schwarze, C. 4044
Schweda, N.L. 4159
Schweizer, H. 13182, 13183
Schwing, J. 8248
Schwitalla, J. 1641, 1642
Ściebora, A. 530
Scjacko, P.U. 12627, 12630
Scoones, S. 6995
Scorretti, M. 7266
Scott, J.E. 2853
Scotti Morgana, S. 7466
Scotti-Rosin, M. 6382, 6506
Scotton, C.M. 15295
Scraback, P. 8396
Scurtu, G. 7056, 7705
Searle, J.R. 1579, 1643, 1644, 1661, 1222
Sebeok, T.A. 1727, 1803
Sebestyén, Á. 14130
Sebestyén-Németh, I. 790
Seche, L. 7717
Seche, M. 7717
Seco Reymundo, M. 6344
Sedláček, B. 591
Sedláček, J. 9946, 9947, 10564
Sedláček, M. 635
Sedláček, M. 10858
Sedláková, B. 12313
Sedláková, M. 3040
Sedlmajerová, D. 12429
Sędziak, H. 11442, 11443
Sędzik, W. 9906
See, K. von 9363, 9379
Seebold, E. 3041
Segal, C. 5355
Segert, S. 13087
Seglenmej, S.F. 14542
Segre, C. 2722
Séguin, H. 6610, 7057
Seguin, J.-B. 7162
Séguinot, A. 2227
Segura Ramos, B. 5650
Séguy, J. 304
Seibicke, W. 8506
Seidel, G. 3923, 4045
Seidel, K.O. 1975
Seidel, R. 3907
Seidler, H. 3147
Seidlová, I. 9005
Seiffert, H. 988
Seilenthal, T. 13771, 14185
Seiler, H. 305, 1306, 15480, 15481, 15482

Seiler, W. 14970
Seim, T. 9443
Sekaninová, E. 3042, 11215, 12069, 12314, 12315
Šekera, M.H. 12534
Sekereš, S. 10470, 10508, 10509, 10661
Seki, L. 15548
Sękowska, 1728
Sekulić, A. 10563, 10662
Sekulić, N. 10510
Sekvent, K. 11134, 11176
Šelgunova, L. 12400
Selimski, L. 493, 549, 10119, 10231
Seliverstova, E.I. 12401
Šeljakin, M.A. 9803, 12070
Seljutina, I.Ja. 14543
Selkirk, E.O. 2209, 2368, 8832
Sellato, B.J.L. 14971
Selms, A. van 13088, 13312
Seltén, B. 9343
Semenjuk, N.N. 8157
Semerenko, H.V. 12152
Semjanová, M. 11329
Sémon, J.-P. 12071, 12072
Sen, A.L. 9303
Šendecov, V.V. 12197
Šendel's, E.I. 1481
Šengelia, V.G. 13646
Seniv, M.I. 12616
Sennekamp, M. 8118
Šenoa, A. 10475
Senofonte, C. 4046
Šepeleva, S.N. 12430, 12431
Seppänen, A. 9304
Seppänen, J.J. 3413
Seppänen, L. 1482
Şerban, F. 7718
Şerban, V. 7719
Şerbănescu, P. 2956
Serbat, G. 1976, 5172, 5583, 5603, 5651, 5652
Šerbënesku, P. 2956
Serça, P. 5214
Serebrennikov, B.A. 833, 894, 2305, 2854, 2855, 13788, 13789, 14280, 14281, 14282, 14491
Šerer, V.E. 14634
Sergeev, V.N. 12316, 12327
Serianni, L. 7296
Sérignat, J.-F. 2072
Šermatov, A. 14517

Serpell, R. 15369
Serra, P.C. 6523
Serrano, S. 1130
Serruys, H. 14601, 14602, 14603, 14822
Sertkaya, O.F. 14292, 14322, 14323
Šervašidze, I.N. 14324
Serzisko, F. 1330
Setarov, D.S. 12317
Settekorn, W. 1645
Seuren, P.A.M. 2657, 4047
Seutin, É. 6862
Seux, M.-J. 12950
Sevak, G.G. 791
Sevbo, I.P. 12073
Ševoroškin, V.V. 4389
Sevortjan, È.V. 792
Ševšuk, O.S. 12535
Seybolt, P.J. 14763
Sezer, E. 14365
Sgall, P. 989, 1169, 2479, 3360, 3414, 8119, 10859, 10867, 10949, 11025
Sgarbi, R. 5356
Shackle, C. 4672, 4673
Shaffer, A. 12951
Shaked, S. 4750
Shaltz, G.P., Jr. 13595
Shalyapina, Z.M. 3408
Shand, M.A. 1779
Shankweiler, D. 3571
Shapiro, M. 9907, 9931
Shapiro, M.C. 4654
Sharma, D.D. 4674, 14836
Sharma, P.G. 4135
Sharma, P.S. 4594
Sharma, S.R. 14837
Sharvey, R. 1250
Shastri, K.G. 14720
Shattuck, R. 1977
Shatz, M. 3777, 3866
Shaul, D.L. 15453, 15483, 15484, 15485
Shaumyan, S.K. 1161, 1162, 1163
Shaw, J.H. 2369
Shaw, P.A. 15428
Shayne, J. 15406
Sheets, G.S. 5248
Shehu, H. 5054, 5079
Sheldon, P.D. 8799
Shennum, D. 13552
Shepardson, K.N. 2659, 15291, 15296

INDEX

Sheperd, S.C. 2658
Shepheard, D. 1978
Shepherd, S. 169
Sherard, M. 14773
Shervanian, C.C. 3823
Sherwood, B.A. 4178, 4179
Shevelov, G.Y. 11792, 12512
Shibatani, M. 403, 14688
Shields, K., Jr. 4345, 4346, 4347, 4348, 4349, 4442, 4443, 4489, 7932
Shiels, M. 4048
Shimizu, K. 15248, 15249
Shimomiya, T. 13675
Shipp, G.P. 5357
Shirai, K. 14689
Shirun-Grumach, I. 13553
Shkurtaj, G. 5004, 5055
Shnukal, A. 9305
Shōgaito, M. 14325
Shopen, T. 364, 365
Shorrocks, G. 9128
Short, D. 8833, 10785
Short, I. 7038
Short, M.H. 9241, 9242
Shorto, H.L. 795, 14869
Shukla, S. 4350, 4589, 4623, 4728
Shukman, A. 1687
Shulman, M.A. 3866
Shuteriqi, D.S. 5080
Shwartz, S. 3368
Shymkiw, A. 12609
Sialm, A. 2940
Siatkowski, J. 815
Sibagatov, R.G. 14492
Siblot, P. 4160
Sidarus, A.Y. 13354
Siddiqi, A.H. 4613
Sides, C.H., III 3601
Sidorova, O.G. 14544
Sidorska, M. 3815
Siebert, T. 10154
Siebesma, P.A. 630
Siegel, E. 7947
Siegel, J.H. 1979
Siegel, M.E.A. 1483, 2323, 2343
Siekierska, K. 11476
Sienkewicz, T.J. 5526
Siertsema, B. 9006
Sievers, E. 1981
Sigalov, P.S. 9856
Šigarevskaja, N.A. 793, 6741
Sigrist, M. 12735

Sigrist, R.M. 12952
Siguán, M. 4049
Sigurd, B. 3306, 3415
Sijpesteijn, P.J. 5224
Šikra, J. 8844
Silenstam, M. 6742
Silina, V.B. 11928
Silva, M.N. 3602
Silva, M.W.S. De 4050
Silva-Corvalán, C. 6251
Silverman, D.P. 13555, 13556
Silverman, J.H. 6383
Silvestri, D. 2722, 2856, 4351, 12736
Šima, P. 3204
Simanjuntak, M. 14893, 14972
Šimanski, T. 886, 10234
Simdorn, A. 10120
Šimeček, V. 4051
Šimeček, Z. 523
Šimečková, A. 7978
Simek, A. 12402
Simenschy, T. 4352
Simeonov, B. 4935, 10060, 10173, 10258, 1029, 102930, 14355, 14356
Simeonov, J. 6743, 10121
Simeonova, Ch. 432
Simić, R. 10354, 10355, 10367, 10386, 10471, 10511, 10581
Simina, G.Ja. 12185
Simmler, F. 7979, 7980, 8120
Simmons, J.S.G. 9764
Šimon, F. 11261, 11262
Simon, H.J. 303
Simon, W. 794, 795
Simone, C. de 290, 1848, 4444, 4952, 4954, 5674, 5682
Simone, R. 7211
Simoni, P. 7389
Simoni-Aurembou, M.-R. 6863, 6996
Simons, D. 8684
Simons, G.F. 14894
Simons, P. 13633
Simonsson, N. 1980
Simon-Vandenbergen, A.M. 9007
Simpson, J.A. 9201
Simson, G. von 4586, 4590

Sims-Williams, N. 4751, 7871
Šimundić, M. 680, 10368, 10663, 10664, 10665, 10666, 10667, 10668
Šimunović, P. 235, 10485, 10565, 10669, 10670, 10671
Sinatra, M. 5149
Șincai, G. 7593
Sinclair, A. 3652, 3778
Sinclair, A.J.L. 147
Sinclair, J. 9243
Sinclair, M. 2660, 2661, 1170
Sinder, L.R. 1981
Sindou, R. 4353, 6997, 7191
Singer, H. 2911
Singer, H.-R. 13426
Singer, I. 4445
Singh, J.D. 4591
Singh, R. 8014,. 8864, 8865
Singh, R.A. 4611, 4655
Singh, Rajendra 4656
Singh, U.N. 3089
Sinha, C.G. 3673
Sinielnikoff, R. 10781
Sinor, D. 14283
Sinos, D.S. 5358
Šípek, Z. 11074
Šipka, M. 10593
Širaliev, M.Š. 14284, 14285
Sîr, A. 13443
Sîrbu, R. 3044, 7720
Sirk, Ü. 14973
Sirk, Y.K. 14974
Širmankina, R.S. 14038
Širokov, O.S. 4354, 4355, 9730
Sironen, T. 5559
Sironić-Bonefačić, N. 7467
Sirotina, V.A. 12382
Širšov, I.A. 11956
Sirviö, P. 131
Šišić, N. 663
Šiška, Z. 1484, 12318
Šiškina, T.N. 3098
Šišmanov, I. 1951
Sitarski, A. 11577, 11578
Sitta, H. 329, 1646
Sivers, F. de 2306, 13804, 13966
Šivic-Dular, A. 457, 587, 9908, 9948
Šivić-Dular, A. 9857

877

INDEX

Sivula, J. 763
Sixarulidze, I. 13676
Sjöberg, A. 426, 12493
Sjöberg, Å.W. 12737
Sjölin, B. 478
Sjöstedt, G. 9575
Sjur'jalajnen, Ju.Ė. 13891
Skácel, J. 4052
Skafte Jensen, M. 5307
Skála, E. 8366, 11075
Skalička, V. 796, 1331, 1332
Skaličková, A. 2259, 8834, 8835
Skálová, E. 9008
Skalozub, L.G. 2116
Skarbek, A. 4190
Skarżyński, M. 11579
Skautrup, P. 9503
Skepskaja, G.I. 6744, 6745
Skjærvø, P.O. 4739
Skladaná, J. 11263
Skljarenko, A.M. 10291
Skljarenko, O.M. 9932
Skljarenko, V.H. 9825
Skoczylas-Stawska, H. 11516
Skoda, F. 5196, 5359, 5360, 5361, 5362, 5363
Skok, P. 306, 797
Sköld, T. 307, 798, 13790, 13805
Skorikova, T.P. 12074
Skorochod'ko, S.H. 6746
Skorupka, S. 842, 11580, 11581
Skott, S. 12075
Škoviera, D. 11279
Skov-Larsen, J. 9512
Skovorodnikov, A.P. 12076
Skrebnev, Ju.M. 799
Skrelina, L.M. 1283, 5937, 6747
Skribnik, E.K. 2419, 14604
Skrjabina, N.P. 14571
Škrobáková, I. 10878
Skubalanka, T. 11622
Skubić, M. 5683
Skubic, M. 7390
Skuce, D. 3416
Skulina, J. 10907
Skutil, J. 10008, 10908, 11076, 11077
Skvorcov, L.I. 11821, 11835, 11836
Skvorcov, M.I. 14338
Skyum-Nielsen, P. 9382, 9513

Slabihoudková, E. 1647
Sládková, M. 8420
Slama-Cazacu, T. 990, 1648
Slamnig, I. 10599
Slančová, D. 11295, 11296
Slater, C. 2210
Slaughter, M.M. 1982
Slavjatinskaja, M.N. 5527
Sławski, F. 9666, 9909, 11558, 11582, 12319
Sleeman, J.H. 5364
Slepak, B.Ja. 3148, 3287
Slethei, K. 9444
Slezak, P. 1035
Slezáková, J. 11027
Slivnjak, D.I. 3288, 3289
Śliwiński, W. 11444, 11543
Sljusareva, N.A. 24
Slobin, D.I. 1333, 2662, 2823, 3654, 8891, 14390
Slobodník, D. 3205, 11009, 11305
Šlosar, D. 9793, 10860, 10861, 10888
Slotte, P. 9619
Sluanschi, D. 4936
Słuszkiewicz, E. 800
Smailović, I. 10582, 10672
Šmelev, A.D. 1536
Smeleva, I.N. 12322
Smereka, K. 8121, 8347
Smet, G.A.R. de 8450
Smet, G. De 8614
Smetáček, V. 3417
Smiešková, E. 11264, 11265, 11266, 11330
Šmilauer, V. 447, 458, 468, 732, 4214, 4215, 11078, 11079, 11080, 11081
Smiltniece, G. 9749
Smiraglia, P. 424, 5881
Smirnickaja, O.A. 814, 9381
Smirnov, S. 9785
Smirnov, S.V. 332, 1983, 9786
Smirnova, G.A. 11871, 11957
Smirnova, M.A. 13634
Smirnova, O.I. 14572
Smit, W.K. 8740
Smith, Adam 1900, 1968, 2007
Smith, B.H. 2799
Smith, Colin 5824
Smith, D.M. 4053, 13635

Smith, G. Martin 14404
Smith, G.S. 12432
Smith, Ian 8836
Smith, James Floyd 8758
Smith, Joan M. 3418
Smith, Kenneth D. 14870
Smith, Larry E. 9277
Smith, Lawrence R. 2370, 15398
Smith, Michael 8762
Smith, Michael S. 2307
Smith, Neil 955, 991
Smith, Norval 2036, 2037, 2168, 2246, 8590
Smith, Norval S.H. 2195
Smith, Peter L. 5810
Smith, Philip M. 3603
Smith, P.J. 13220
Smith, Raoul N. 1385, 3332
Smith, R.F. 12838, 12953
Smith, R. Morton 4592
Smith, Sidney 801
Smith, Sidney Rufus 9410
Smith, S.T., Jr. 3751
Smith, Svend 2117
Smithies, M. 14975, 14976
Smjadovski, S. 10010, 10155
Smoczyński, W. 767, 769, 9667, 11731, 11732
Smoler, I. 3090
Smolickaja, G.P. 12494
Smolina, K.P. 12323
Smolka, H.-H. 2872
Smółkowa, T. 11346
Smorczewska, H. 12403
Smotryc'kyj, M. 11791
Smrčková, J. 802, 1984, 9766
Smułkowa, E. 12656
Smykalova, L.O. 9244
Snædal Brink, T. 9401
Šnajdrová, H. 12324
Snapp, A. 15486
Sneddon, J.N. 14977
Snell, B. 5173, 5319, 5435
Snoj, M. 9668
Šoabdurachmanov, Š.Š. 14520
Soames, S. 1649, 2607, 9009
Sobelman, C.P. 14792
Sobiela-Caanitz, G. 3997
Sobierajski, Z. 11485, 11516, 11672
Sobin, N. 2663
Soboleva, P.A. 1485, 1505

INDEX

Sobré, J.M. 6105
Sobrero, A.A. 7523, 7524
Socrate, M. 6399
Soden, W. von 12871, 12954, 12955, 12956, 13221
Söderlind, J. 9245
Söderström, S. 9538, 9576, 9577, 9578
Soeffner, H.-G. 3888, 4061
Soegov, M. 434, 548
Soepomo Poedjosoedarmo 14958, 14978, 14995
Soerensen, A. 803
Soesbergen, P.G. van 4937
Soeteman, C. 559, 560, 8526
Söhnen, R. 4593
Soisalon-Soininen, I. 5216
Šojat, A. 10472, 10512, 10513, 10514, 10673
Sojunčev, Ch.I. 14493
Sökeland, W. 1650
Šoklarova-Ljorovska, G. 10328
Sokolova, E.G. 12442
Sokolovskaja, Ž.P. 1486
Sokołowski, J. 11891
Šoková, S. 4062
Solan, L. 3726
Solano, F. 5056
Sola-Solé, J.M. 13149
Soldt, W.H. Van 12674
Sole, L. 7546
Solé, Y.R. 6252
Solin, H. 5528, 5825
Sollamo, R. 5445
Sollberger, E. 12738, 12739, 12957
Solncev, V.M. 47, 1171
Solodub, Ju.P. 3045
Solta, G.R. 4977
Solta, J. 11761
Soltész, K.J. 4216
Šoltys, O. 668
Somday, J.B. 15507
Somekh, S. 13325, 13467
Somé Pénou-Achille 15217
Somers, H.L. 3480
Sommer, F. 5598
Sommerfelt, A. 7886
Sonderegger, S. 308, 8187
Søndergaard, G. 9629, 9630
Sonnenfeld, J. 1780
Sonsino, R. 13184
Soontak, J. 353, 355

Soper, J. 14518
Soper, R. 15271
Soravia, G. 4685
Sørensen, H.C. 309, 804, 805
Sørensen, V. 1651
Sorenson, J.M. 3518
Sornicola, R. 893, 4063, 1172
Sornig, K. 242, 1652, 8507, 12675
Sorokin, Ju.A. 12439
Sorokina, E.N. 12077
Sorokoletov, F.P. 11804, 12320, 12325, 12326, 12589
Sorrentino, A. 14708
Sorsakivi, M. 13892
Sosa, M. 3164
Soták, M. 125, 9799, 10799, 11115, 11177, 11799, 11826, 12307
Souček, V. 12935
Souissi, T. 2308
Soundara Rajan, K.V. 3083
Southworth, F.C. 4161
Soutou, A. 7163
Sović, I. 10427
Sovijärvi, A. 310, 806, 807, 13916, 14098
Sowa, F. 11312
Sowayan, S.A. 13427, 13457
Sowkᶜiasyan, A.M. 4899
Sozzi, B.T. 7297
Spada, S. 7391
Špak, N.A. 12440
Spal, J. 4217, 10978, 11082, 11083, 11084, 11085, 11086, 11087, 11088
Spalatin, L. 9010, 9011
Spalding, K. 8348
Spang, R. 8508
Spangeberg, K. 8264
Spang-Hanssen, E. 6017, 6587
Sparano, C.A. 7392
Sparling, J.J. 3759
Spasova, A. 10186
Spaventa, L. 2912
Spears, A.K. 9129
Speck, P. 5501
Speck, S. 11958
Speer, H. 8295
Spencer, N.J. 2118
Spengler, N. de 1602, 1653, 6779

Sperber, D. 1678
Šperber, V. 9826
Sperber, W. 9826
Sperling, S.D. 12958
Speroni, S. 1942
Spicq, C. 5366, 5367
Spielmann, R.W. 15454
Spies, O. 14392
Spiess, F. 7393, 7468
Spillner, B. 992, 1488
Spindler, S. 2913
Spinoza, B. 13163
Spitaler, A. 311
Spitzbardt, H. 13791
Splett, J. 8188
Spore, P. 7192
Spotторno, V. 5217
Sprenger, R. 397
Springorum, D. 1542, 2716
Springorum, T. 2751
Springorum, T.P.A.F. 1655, 1656, 1657
Sproat, R. 8176
Sproule, D. 7845
Šrámek, R. 224, 4219, 4220, 9933, 11042, 11059, 11089, 11090, 11091, 11092
Sreznevskij, I.I. 1919, 808, 809, 10240
Sridhar, S.N. 2664, 3604
Srinivasan, R. 14742
Srivastava, R.N. 4657
Sriwises, P. 14871
Sroka, K.A. 2309
Stabrawa, E. 3424
Stache Rosen, V. 810
Stackmann, K. 8244, 8483
Staden, P.M.S. von 15370
Stadtlander, K. 266
Staelens, X. 8653
Ståhl, H. 9631
Ståhli, H.-P. 13222
Stahlke, H.F.W. 1804
Staib, B. 2914
Stalnaker, R. 1229
Staltmane, V.È. 9759
Stamatoski, T. 10329, 10343, 10344, 10345
Stamenov, Ch. 684, 685
Stamm, J.J. 13089, 13280
Stan, I. 7721
Stančev, K. 10011
Stančeva-Arnaudova, E. 12444

INDEX

Stančić, L. 10351
Stanecka-Tyralska, B. 11673
Stanford, W.B. 312, 811, 812
Stanić, M. 10515, 10516, 10566, 10583
Staniševa, D. 9837
Stanislavskij, A.L. 12140
Stankevič, N.V. 14857
Stankiewicz, E. 9798, 9827, 9828, 9910, 9939, 11793
Stankov, V. 10122, 10232
Stankovska, L. 10346, 10347
Stanley, C. 15250, 15251
Stanley, E.G. 9096
Stanley, J.P. 1489, 9026
Stanley, P.V. 5150
Stanojčić, Ž. 10473
Stanomir, G. 7669
Starascenka, N.A. 9911
Starck, T. 8282
Stark, D. 8866, 9097
Stark, R.E. 3709, 3783
Starke, F. 4446, 4447, 4475
Starke, I. 8389
Starobinski, J. 1986
Starosta, S. 1490, 2665, 14895
Starostin, B.A. 12463
Starostin, S.A. 4320
Stary, G. 14621
Starý, Z. 993
Starzec, A. 11585, 11733
Stasiewicz, K. 11477
Staszewski, J. 11766
Stati, S. 1658, 1659, 6018
Statorius, P. 11354
Staurídou-Zaphráka, A. 5502
Stavinohová, Z. 6748, 6998, 7033
Stavrova, D. 10259
St. Clair, R.N. 3563
Stearn, W.T. 1958
Stearns, M., Jr. 9649
Stebleva, I.V. 14286
Steblin-Kamenskij, I.M. 4781, 4782
Steblin-Kamenskij, M.I. 813, 814, 9383
Stechow, A. von 1479, 8122
Stedje, A. 4167, 11767
Stedmon, J.A. 3673
Steedman, M.J. 1491
Steele, S.M. 2544

Steels, L. 3419, 3420, 3421, 3422, 3423
Steenbergen, G.J. 4356, 7933
Steever, S.B. 14709
Ştefan, I. 7732, 7733
Stefanelli, R. 5368
Ştefănescu, I. 3261, 7641
Stéfanini, J. 3605
Stefanini, R. 7267, 7469
Stefanović, D. 10012, 10013, 10455
Stefanów, M. 12078
Stefański, W. 5218
Stefenelli, A. 273, 6999
Steffen, W. 11517
Steffen-Batogowa, M. 875, 11380
Steger, H. 994, 2915, 3879, 4065, 8491
Stehl, T. 7394
Steible, H. 12740
Stein, G. 2666, 9202
Stein, K. 11093
Stein, M.J. 231, 14852, 14853
Steinacker, I. 3250, 8394
Steinberg, D.D. 3606
Steinberg, H. 8123
Steiner, George 3206, 3207
Steiner, Gerd 12741, 12758, 12959
Steiner, M. 10875
Steiner, P. 1954
Steiner, T. 8509
Steinhauser, W. 313
Steinig, W. 4069
Steininger, R. 8510
Steinitz, W. 8322, 8355, 14186, 14187
Steinke, K. 4978, 7722, 10123, 10233
Steinkeller, P. 12742, 12743, 12744, 12745
Steinmann, F. 13557
Steinmetz, S. 9141
Steinmeyer, G. 6540
Šteling, D.A. 2667
Stella, L.-A. 5151
Stemberger, J.P. 2211
Stemmer, N. 3779
Stemshaug, O. 9446, 9617, 9622, 9632, 9633
Stenson, N. 7846
Stenström, A.-B. 2800
Štěpán, J. 49, 10862, 10955

Stepanov, G.V. 5957, 6434
Stephens, L.D. 5425
Stephenson, L.W. 2119
Stepnin, I.A. 1492
Sterkenburg, P.G.J. 8615
Sterkenburg, P. van 3046, 8674
Stern, H.R. 8677
Šternberg, L.Ja. 14629
Sternberg, R.J. 3607
Sternberg-Costa, J. 6507
Sternsdorff, J. 786
Stetkiewicz, M.T. 11586, 12328
Stevanović, M. 10428
Stevens, J. 448
Stevens, P. 3873
Stevenson, R.J. 3664
Stewart, J.H. 7034
Stewart, M.H. 15204
Stibbe, C.M. 5674
Stich, A. 10818
Štícha, F. 9012
Stickel, G. 7961, 8349
Stieber, Z. 815, 816, 817, 818, 819, 820, 821, 822, 11378, 12558
Stieglitz, R.R. 12794, 13090
Stielau, H.I. 8424
Stiene, H.E. 5915, 5916
Stienke, L. 3763
Stierle, K. 3142
Stijović, S. 10674, 10675, 10676
Stimm, H. 314, 823, 6544, 7000, 7583
Stipa, G.J. 13740
Stock, E. 7974, 8365
Stock, O. 3317
Stockert, W. 5791
Stöckl, E. 8511
Stockman, I.J. 2119
Stoel-Gammon, C. 3867
Stoeva, T.M. 1802
Stojanov, S. 10049, 10292
Stojanović, L. 824
Stojanović, N. 7470
Stojko, S.M. 12573
Stojkov, S. 825
Stokes, W. 7763
Stokhof, M. 1220
Stokhof, W.A.L. 14932, 14933, 15006, 15074, 15079
Stol, M. 270, 12960, 12961, 12962, 12963

INDEX

Stola, R. 12746
Štolc, J. 826, 827, 828
Stoljareva, A.K. 14222
Stolpe, B. 9579
Stolper, M.W. 489, 12964
Stolz, B. 10369
Stone, G. 11336, 11674
Stone, G.B. 6435
Stone, J.D. 1493
Stopa, R. 13558
Stopp, H. 829, 8173, 8222
Stork, P. 5219
Storms, G. 8678
Storost, J. 2014, 6019
Stowell, T. 2668, 2669
Straight, H.S. 1455
Straka, G. 92, 264, 995, 6020, 6864, 6906
Straková, V. 225, 9800, 11872
Strang, B.M.H. 9013
Štraus, F. 11299
Straus, J.A. 5369
Strauss, D. 9306
Strauss, G. 8350
Strauss, S.L. 2371, 2372
Strawson, P.F. 1661
Stray Jørgensen, P. 9455
Stražas-Kameneckaite, N. 9731, 9732
Středa, J. 11094
Streeck, J. 186
Street, J. 14605, 14606
Street, R.L., Jr. 3608
Streinu, I. 3609
Strekalova, Z.N. 11404
Strelcyn, S. 830
Strevens, P. 9307
Stricker, H. 7551, 8512
Strid, J.P. 9401, 9634
Stringa, L. 7495
Strömberg Krantz, E. 13223
Stromková, Z. 3610
Stroop, J. 8654, 8655, 8656, 8660, 8679
Strothmann, W. 13313
Strube-Edelmann, B. 8317
Struckmeier-Schubert, D. 8209
Struk, T.M. 8124
Strunk, K. 4357, 5584
Strus, A. 13281
Strutyński, J. 11405
Stryžak, A.S. 12618
Strzalkowski, T. 3237

Strzelczyk, J. 9934
Strzyžak, O.S. 12590
Stuart, D.G. 2120, 15385
Stubbs, M. 4070, 4071
Stucky, S.U. 2670
Studdert-Kennedy, M. 2121
Studerus, L.H. 6253, 6254
Studnicki, F. 3424
Studzinski, K. 3387
Stupin, L.P. 12238, 12385
Štúr, L'. 11105
Sturm, H. 11065
Štusáková, H. 11102
Stussi, A. 7298
Stutterheim, C.F.P. 2671
Styblík, V. 635, 10956
Suaieh, S.I. 13379
Suárez, V.M. 6322
Subbarao, K.V. 14748
Subbarayalu, Y. 14706
Šubik, S.A. 4358
Subrahmanyam, P.S. 14710
Subramoniam, V.I. 14726
Suchan, E. 9, 50
Suchanova, V.S. 13773
Sucharowski, W. 187, 188, 1662, 2748
Suchomlin, I.D. 12619
Suchsland, P. 996
Sudakov, G.V. 12113
Sudarti, F. 14979
Suder, P. 11518
Sudnik, T.M. 334, 9669, 12639
Suen, Ching Y. 14821
Suerbaum, U. 3142
Sugamoto, N. 14690
Sugimoto, M. 3479
Suhačiov, N.L. 7164
Suhadolnik, S. 10754
Suharno, I. 14980, 14981
Suhonen, S. 310, 607, 806, 832, 13806, 13928, 13982
Šujanský, F. 11269
Šukjurov, A.D. 504
Šükürov, Ä. 14416
Sulejmanov, N.D. 13729
Šul'ga, M.V. 11959
Sulkala, H. 13889
Sułkowska, J. 9871
Sullivan, J. 4072
Sullivan, J.W. 3690
Sullivan, W.J. 9308
Šul'skaja, O.V. 12404
Sumeōnídēs, Ch. 14393

Sūmikh, S. 13325
Sumkina, A.I. 12079, 12153
Summers, D. 9175
Sumpf, J. 2773
Šumyljak, F.I. 7993
Sundberg, H. 12154
Sundermann, W. 4752, 4753, 4754, 4755, 4756
Suñer, M. 6255, 6256
Sunik, O.P. 14227
Sunodínou, K. 5370
Suojanen, M.K. 4064, 13893
Suojanen, P. 4064
Suomi, K. 2038
Supa, W. 12405
Superanskaja, A.V. 3091, 4218, 9926, 12495, 12496, 12497
Supranowicz, E. 11734
Suprun, A.E. 997, 9802
Suprun, A.Ja. 12664
Suprun, A.V. 6356
Surridge, M.E. 6611
Surugue, B. 15165
Susini, G. 284
Suslova, A.V. 12497
Suslova, Ju.I. 6612
Sussex, R. 9014, 12080
Sutomo, I. 14982
Suzman, S.M. 3781
Suzuki, E. 9098, 9099
Suzuki, S. 9650
Šváb, M. 10891
Švačko, S.A. 1334
Švačko, S.O. 2310, 12606
Švagrovský, Š. 11189
Svane, G. 5044, 10429
Švarný, O. 4052, 1335
Svartvik, J. 294, 8790, 9044
Švedova, N.Ju. 11832, 12081
Švejcer, A.D. 4073
Švejdarová, H. 3262
Svenblad, R. 9532
Svensson, L. 9570
Švestková, L. 10957
Svetlík, J. 11892
Svetozarova, N.D. 11873
Svoboda, A. 2672, 2801
Svoboda, J. 1472, 3406
Svoboda, K. 10863, 10864
Svobodová, A. 11026
Svobodová, J. 1472, 3406, 1173
Swaan, J. 8727
Swan, T. 9203

INDEX

Swartz, S. 15103
Świdziński, M. 11445, 11447, 11448
Święczkowska, H. 11446, 11460
Swiggart, P. 1284
Swiggers, P. 1174, 1823, 1879, 1987, 1988, 1989, 1990, 4900, 6541, 6865, 12865, 13121, 13132, 13133, 13150, 13314, 13494
Swing, E.S. 4074
Swoboda, V. 12501
Syamala Kumari, B. 14727
Sybesma, S. 478
Syč, V.F. 12537
Sychta, B. 11750
Sýkorová, S. 10564
Syllaba, T. 1991
Šylo, N.I. 12573
Symačevs'ka, Ž.M. 9267
Symeonides, Ch. 14393
Symonenkova, L.M. 12509
Symonova, K.S. 11791, 11794
Synak, B. 1495
Synowiec, H. 11675
Šyowc[c], Ê. 4898
Syrotina, V.O. 12599
Szabó, Á.T. 14691
Szabó, G. 14131
Szabó, L. 13927, 15427
Szabó, T.A. 14153
Szabó, Z. 3149
Szabolcsi, A. 1663
Szalai, L. 8189
Szalontai-Dmitrieva, J. 14357
Szantyr, A. 5576
Szathmári, I. 14158
Szemerényi, O. 315, 1992, 4448, 4729
Szende, T. 1496
Szépe, G. 4075
Szewczyk, Ł. 11735
Szíj, E. 13792, 14067
Szliftersztejnowa, S. 11623
Sznycer, M. 13148, 13151
Szpakowicz, S. 3305, 11447, 11448, 11630
Szpyra, J. 2212, 2213
Szubin, H.Z. 13315
Szulc, A. 7934
Szupryczyńska, M. 11449

Szwedek, A. 9015
Szybistowa, M. 11736
Szydłowska-Ceglowa, B. 11676
Szymanek, B. 2373
Szymański, T. 886, 10234, 11587
Szymczak, M. 316, 916, 11346, 11406, 11737
Szymoniuk, M. 12406
Szymura, J. 1285

T'abadua, I. 13666
Tabe, S. 9016
Tablino, P. 13590
Taboada, M. 6508
Taboada Cid, M. 6150
Tabouret-Keller, A. 4164, 4165
Tačmuradov, T. 548
Tadmor, H. 12877
Tadykin, V.N. 14519
Taeger, B. 8452
Taeldeman, J. 8658, 8659
Tafra, B. 10430, 10567
Tafradžijska, C. 10293
Tager-Flusberg, H. 3782, 3868
Taggart, G. 320
Tagliaferro, E. 5371
Tagliavini, C. 7225
Tagliavini, H. 1950
Taglicht, J. 2260
Tahal, K. 2314
Tai, James 14792
Taillardat, J. 5372
Tait, J.I. 3425
Tait, W.J. 13559
Tajlaqbaev, B. 14494
Takács, L. 14155
Takahashi, K. 2674
Takala, U. 13894
Takamatsu, S. 3472
Takeuchi, S. 2082
Takezawa, K. 2261
Takiyama, M. 3386
Tal, A. 13316
Talibov, B.B. 13698
Taljaard, P.J. 8740
Tallal, P. 3783
Tallmeister, T. 5305
Talmon, R. 13340, 13380
Talmoudi, F. 13360, 13428
Talon, P. 12965
Talon, Ph. 12747, 12748

Talstra, E. 13185
Tambovcev, Ju.A. 14188, 14198, 14199, 14635
Tammert, S. 13968
Tanguy, B. 7175
Tannen, D. 2802
Tanret, M. 12749
Tarabasova, N.I. 12329, 12361
Tarakanov, I.V. 14068, 14069
Taraldsen, K.T. 2675, 2676, 9447, 9448
Taranenko, O.O. 1497, 12538, 12539
Ţărău, P. 3263, 1287
Tardieu, J.-P. 7165
Tardif, M. 6749
Tarlanov, Z.K. 12082
Tarragon, J.-M. de 13091
Tarvainen, K. 2677
Taskaeva, L.A. 12188
Tasmowski-De Ryck, L. 1664, 1665, 7734
Tasso, C. 3333
Taszycki, W. 831, 11730
Tatubaev, S.S. 2039
Taube, B. 13278
Taube, M. 14838
Tauli, V. 832, 13969, 13970
Tavakolian, S.L. 3708
Tavani, G. 6106
Taverdet, G. 6866, 7193
Tax, J. 386
Tay, M.W.J. 9297
Taylor, D.M. 3936
Taylor, G. 15549, 15550
Taylor, R. 7001
Taylor, S.M.H. 8845
Taylor, T.J. 1288, 3150
Taymūr, M. 13429
Tchaouchev, A. 6637
Tcharkacho, Ju.A. 13732
Tch'ark'uach'o, Ju.A. 13731
Tchekhoff, C. 15065
Techtmeier, B. 7002
Tedesco, M.C. 5548
Tedone, A. 7354
Teffeteller Dale, A. 5373
Teixidor, J. 13293, 13317
Tejnor, A. 10963
Tekavčić, P. 7217
Tekavčić, P. 592, 7299, 7395, 7396, 7588
Tekielski, K. 11519

INDEX

Tekin, Ş. 14287
Tekin, S. 14326
Tekin, T. 14238
Telećan, M. 7471
Telegdi, Z. 1176
Telegdi, Zs. 1993
Teleman, U. 9382
Telija, V.N. 1343, 12330
Teljeur, D. 14983
Téma, B. 4223, 10800, 11095, 11096, 11097, 11098
Temesi, M. 14139
Temir, A. 14288
Temirbulatova, S. 13733
Tenišev, Ė.R. 438, 597, 660, 833, 14270, 14839
Tenney, M.D. 3481
Teodorov-Balan, A. 1951
Teodorsson, S.-T. 5180, 5181
Tepljašina, T.I. 14070
Teplova, V.N. 12189
Terakura, H. 14692
Ter-Arakeljan, R.A. 4901
Ter-Aŕakᶜelyan, Ř.A. 4901
Terent′ev, V.A. 14223
Terent′eva, L.N. 2917
Tereščenko, N.M. 14224, 14225, 14226
Tereškin, N.I. 14189
Terjék, J. 14156
Terken, J.M.B. 2098
Terker, A.M. 6257
Termińska, Kamilla 1729
Termińska, Katarzyna 1729
Ternes, E. 7764
Terracini, B. 1000
Terracini, L. 6285
Terrell, T.D. 6167, 6323
Ter-Sakarian, G. 1254
Tersis, N. 15166
Tervoort, B.T. 17821
Tesařová-Nováková, D. 5653
Tesch, G. 4166
Tešić, M. 10568
Těšínská, V. 11960
Těšitelová, M. 25, 3291, 3426, 11017, 11019, 11020
Tesnière, L. 2538, 2678
Tessier, C. 8125
Teuchert, H. 8434, 8456
Texeda, G. de 6132
Texeda, J. de 6151
Texmo, K. 9449

Teyssier, J. 7994
Teyssier, P. 6509, 6510
Težak, S. 10517, 10600
Tezcan, S. 14255
Thabŏrēs, 5375
Thakerar, J.N. 3612, 4077
Thavenius, C. 9045
Thayer, L.J. 15167
Theban, L. 2679
Thelander, M. 9581
Thelwall, R. 15168
Theodoridis, C. 5495
Theodoridis, Ch. 5171
Theodorus Gaza 1867
Thibault, P. 4078
Thiel, H.J. 12672, 12673
Thiel, W. 13092
Thiele, J. 6613, 7003
Thiesen, F. 4783
Thim-Mabrey, C. 8126
Thinnes, N. 8263
Thipa, H.M. 15371
Thirion, M. 13572
Thiry, C. 7036
Thomaj, J. 5081, 5082, 5083
Thoman, E.B. 3784
Thomas, A.R. 7872
Thomas, David 1178
Thomas, Dominique 1749
Thomas, D.W. 1498
Thomas, G. 12331
Thomas, H.L. 4359
Thomas, J.M.C. 15141, 14142, 14143, 15372
Thomas, R.F. 5763
Thomas, W. 4483, 4490, 8127
Thomaz, L.F.F.R. 14984
Thome, G. 3191
Thompson, H.S. 8837
Thompson, J.C. 14793
Thompson, R.M. 14785
Thompson, S.A 14784, 14785, 14802
Thomson, D.S. 7785, 7847
Thomson, S.A. 2313
Thongkum, T.L. 14872
Thordarson, F. 4784
Thorne, J.P. 282, 9017
Thors, C.-E. 9582, 9635, 9636
Thorsen, N. 2122
Thouzellier, C. 5918
Thraede, K. 5811
Thrane, T. 199

Threatte, L. 5182
Throntveit, M.A. 13252
Thümmel, W. 2680
Thun, H. 3048
Thundy, Z.P. 14728
Thurgood, G. 14844, 14845
Thurman, R.C. 6886
Thurston, W.R. 15044
Tibenská, E. 11267
Tiberg, N. 834, 835
Tibiletti Bruno, M.G. 439
Tichomirov, B.D. 3484
Tichomirov, V.D. 3482
Tichomirova, T.S. 11359
Tichonov, A.N. 778, 11961
Tichonova, N.I. 12247
Tichvinskij, S.L. 600
Tichy, E. 5341
Tieken-Boon van Ostade, I. 661
Tielemans, M.G.M. 397
Tiersma, P.M. 2214, 2374
Tietz, M. 246
Tietze, A. 14241, 14394, 14395
Tiffou, É. 14749, 14750
Tigay, J.H. 551, 13225
Tiits, M. 13971
Tikhomirov, B.D. 3484
Tilk, K. 2103
Tilkov, D. 453, 10029, 10054, 10061
Tilkov, D.S. 836, 837, 838
Tillmann, H.G. 2040, 2103
Timbal, P. 5919
Timberlake, A. 9829, 12083
Timm, L.A. 4079
Timmer, K. 8728
Timofeeva, O.V. 12332
Timonina, L.G. 14636, 14637, 14638
Timonina, S.P. 14545
Timpanaro, S. 5585
Tinelli, H. 15567
Tinsley, V.S. 3795
Tió i Casacuberta, J. 7981
Tipton, R.A. 15080
Tischler, J. 287, 4449, 4450, 4451, 4452, 4453, 4454, 7935
Tiškina, I.I. 12407
Titone, R. 4080
Tiugan, M. 2123, 4081, 7612
Tkačenko, L.P. 12408
Tkačenko, N.V. 12498

INDEX

Tkačenko, O.B. 12571
Tkačenko, V.A. 4360
Tláskal, J. 6511
Tłokiński, W. 1071
Tobin, Y. 3099, 7642, 13274
Točeva, E. 11874
Toc'ka, N.I. 11868
Todaeva, B.Ch. 14607
Todd, L. 9309
Todoran, R. 7643
Todorov, C. 839
Todorov, N. 4955
Todorov, T. 1289, 1815, 3151
Todorov, T.At. 10235, 10236, 10237
Todorova, N. 10157, 10177
Todt, G. 1281, 1454, 1499
Tõevere, H. 13972
Togeby, K. 6587
Togeby, O. 2803
Tohăneanu, G.I. 7738, 7739
Toivainen, J. 3785, 13896
Toivainen, K. 13897, 13898
Tokarski, J. 316, 840, 841, 842, 843, 844
Tokarz, E. 10757
Tőkei, F. 279
Tolksdorf, U. 8445
Toll, C. 13226
Tollefson, J.W. 4082, 10758
Tollenaere, F. de 177, 8661
Tolstaja, S.M. 12560
Tolstoj, N.I. 808, 1001, 9935
Tolutienė, B. 9694
Toma, E. 7638, 7723
Tõmadákēs, N.B. 5503, 5504, 5505
Toman, J. 10865
Tomaradze, K.V. 532
Tomassone, R. 15311
Tomaszewska, S. 11624
Tomaszewski, A. 845
Tomback, R.S. 13152, 13153
Tombeur, P. 3427, 5920
Tomić, M. 10677
Tommola, J. 105
Tomovski, D. 846, 847
Tondl, L. 1500
Tondo, S. 7433
Tonfoni, G. 2804, 3208
Toniolo, M.T. 6424
Tõnisson, I.J. 1002
Tonojan, A. 8128, 8128
Toorn, M.C. van den 1003,

8559, 8591, 8592, 8593, 8594
Ţopan, G. 7754
Topolińska, Z. 820, 4224, 4979, 9858, 10330, 10431, 11520
Toporišič, J. 599, 622, 10752, 10759, 10760, 10761, 10762, 10763, 10764, 10765, 10766, 10767, 10768
Toporov, V.N. 4361, 4938, 4939, 9670, 9671, 9693
Tordera, A. 1730
Tordeur, P. 5812
Tore Barbina, M. 7584
Tornaghi, P. 9100
Toropcev, I.S. 11962
Torreblanca, M. 6168, 6258
Torricelli, P. 5376
Torsueva, I.G. 2041
Toscano, M. 15252
T^{c}osownyan, G. 4902
Tosun, M. 12750
Tot, I. 10015
Tot, I.Ch. 12155
Tóth, I. 10015
Tóth, I.H. 12155
Totoni, M. 5029
Tottie, G. 2681, 9018
Touratier, C. 2682
Tourneux, H. 13607, 13636, 13637, 13638
Tov, E. 5446
Tovar, A. 100, 1994, 4362, 7780, 12822, 12823, 15551
Toweett, T. 15163, 15169
T^{c}owmanyan, Ê.G. 4903
Traglia, A. 5792
Trahern, J.B., Jr. 9101
Traina, A. 5586, 5793
Trampe, P. af 4167
Trapl, M. 11029
Trapp, E. 5529
Traugott, E.C. 169, 170, 1501, 3152
Traunmüller, H. 8265
Traverse, S.E. 5436
Travis, C. 1502, 1666
Trechsel, F.R. 15455
Treder, J. 11521, 11625, 11738
Tregidgo, P.S. 9019
Trehub, S.E. 3786
Treiman, R. 3496

Trepça, M. 5108
Tressan, M. De 15192
Tretevyč, L.M. 12540
Trew, T. 9216
Trienes, J. 8700
Trier, J. 848, 3049
Trifonov, J. 1951
Trifonova, J. 10238, 10239
Trifonovitch, G. 9310
Trifunović, Đ. 10569
Tříška, J. 10958
Trisolini, G. 7037
Tristram, H.L.C. 7848, 9246
Trnka, B. 849, 1005
Trofimov, M.I. 14289, 14521
Trofimovič, K.K. 11768
Trommelen, M. 2215, 8547
Trost, H. 3250, 8394, 2683
Trost, K. 10016, 12156
Trost, P. 7982, 8351, 11099
Trösterová, Z. 2684, 12084
Troupeau, G. 5873, 13341, 13381, 13444
Trovato, E. 7300
Trovato, S.C. 7398
Trüb, R. 8256, 8266
Trubačev, O.N. 342, 540, 850, 4510, 9672, 9673, 9859, 9936
Trube, L. 12499
Trubetzkoy, N.S. 11114
Trudgill, P. 2863, 2871, 3992, 4083, 4084, 4085, 9117, 9311
Trunin-Donskoj, V.N. 14449
Trup, L. 6384, 6400, 11268, 11306
Trybulec, Z. 3264
Tryjarski, E. 14447, 14495
Tryon, D.T. 15045, 15046
Trzęsicki, K. 2805
Tschauder, G. 2806
Tsereteli, K. 12837, 13284
Tsevat, M. 13093
Tsikritsê-Katsianáke, Ch.Z. 5530
Tsipopoulou, M. 12795
Tsitsipis, L.D. 5057
Tsolo, J. 14584
Tsopanákēs, A.G. 5506
T'sou, B.K.Y. 14816
Tsuchida, S. 15021
Tsuji, S. 3233
Tsujii, J. 3386, 3470, 3483
Tsumura, D.T. 13094, 13227

INDEX

Tsurumaru, H. 3438
Tubiana, J. 160, 830
Tucker, R.W. 5248
Tucker G.R. 3989
Tüdėv, L. 14580
Tufuor, Y. 15244
Tuguševa, L.Ju. 14327
Tuldava, J. 354, 405, 851
Tuldava, Ju. 3292, 3293, 3294, 13973
Tuldava, Ju.A. 13981
Tumanjan, Ė.G. 4090, 4903
Tumaševa, D.G. 14496
Tumbo, Z. 15297
Tumler, T. 7268
Tunmer, W.E. 3787
Tuomi, S.K. 2048
Tura, S.S. 14396
Turabaeva, R.A. 14522
Turcan, I. 4363
Turculeţ, A. 7613, 7688
Turek, R. 11100
Turgot, A.R.J. 1938
Turkin, A. 657
Turkowska, M. 11385
Turlides, G.A. 5377
Turner, N. 5378
Turner, R.L. 4511
Turoŭskaja, F.A. 3050
Turska, H. 11678
Tursunov, A. 14497
Turu, E. 13977
Turunen, A. 13807, 13808
Turunen, P. 13899
Turvey, M.T. 3069, 3075, 10577
Turville-Petre, G. 317
Tuţescu, M. 1179
Tuttle, E.F. 7399, 7400, 7538
Tvedtnes, J.A. 13228
Tveitane, M. 9637
Tverkina-Besahanyč, Z.V. 6614
Tvrdoň, E. 11269, 11331
Tybykova, A.T. 14519, 14524
Tyl, Z. 4, 5
Tyler, L.K. 1593, 2765
Tylová, M. 4, 5, 11796
Tyma, D. 2807
Tymoščuk, L.M. 8380
Tynianov, Y. 3164
Tynjanov, Ju.N. 3164
Tyntueva, E.I. 12190

Tyroller, H. 4168
Tyškivs'ka, N.Ja. 12591
Tzeng, O. 3613

Ubin, I.I. 3484
Ubrjatova, E.I. 343
Učida, N. 4658
Udler, R.Ja. 7689
Udlera, R.J. 413
Udolph, J. 4364, 9674, 9912, 9937
Ueda, Y. 3386
Uehling, T.E., Jr. 1207
Ufimceva, A.A. 333, 1343
Ugoccioni, N. 7401
Ugrinova-Skalovska, R. 10017, 10331
Uguzzoni, A. 2216
Uhlár, V. 852, 853, 854, 11211, 11332, 11333, 11334
Uhlenbeck, E.M. 1006, 14985
Uhlenbrock, J.P. 12796
Uhlik, R. 4686
Uhlířová, L. 3428
Uitti, K.D. 6023
Ukai, N. 3479
Ukaji, M. 9020
Ukun Suryaman 14986
Ulbricht, E. 8513
Uličný, O. 3429, 10866
Ulivi, A. 7644
Ul'janceva, S.H. 12541
Ullastra, J. 6050
Ullendorff, E. 13505
Ullmann, M. 13445
Ullmer-Ehrich, V. 1667
Ulrich, W. 2808
Uluchanov, I.S. 11963
Uluhogian, G. 4904
Ulvestad, B. 1007, 8094
Ulvydas, K. 9697, 9698, 9709
Umarov, Ė.A. 719, 14397
Umiker-Sebeok, J. 1803
Ünal, A. 4455, 4456
Underdown, M. 14622
Unger, J. 11063
Univere, A. 855
Untermann, J. 190, 12816, 12824
Urakšin, Z.G. 774
Uraksin, Z.G. 12333, 14487
Urban, K. 11645, 11647

Urbańczyk, S. 143, 771, 787, 884, 1995, 10174, 11367, 11478, 11572, 11584, 11588, 11739
Urbanová, B. 12085
Urbutis, V. 9675, 9734
Urbye, R. 6750
Urdang, L. 8867, 9148
Ureland, P.S. 152, 191, 192, 4139, 4169, 7585, 8267
Uribe-Villegas, O. 3968
Urinbaev, B.U. 14523
Urošević, A. 10678, 10679
Urreiztieta-Rivera, I. 12825
Urrutia Cárdenas, H. 6401
Ursini, F. 7473
Ursinus, G.H. 1952
Urusov, Ch.Š. 13734
Urwin, C. 3788
Urwin, K. 6818
Ušakov, N.N. 12500
Usberti, G. 1929
Usenbaeva, R.G. 14498
Usener, H. 5379
Ushaku, R. 10680
Usikova, R.P. 10332
Usmanov, M. 538
Usmanov, S.U. 856
Usop, K.M. 14987
Utas, B. 4757, 4785
Utěšený, S. 433, 10959, 10960, 10961
Uuspõld, E. 13974, 13977
Uuspyld, Ė. 13977
Uustalu, K. 8268

Väänänen, V. 5684, 5685, 6025
Vaane, E. 2124
Vääri, E. 13983, 13984
Vácha, M. 12086, 12453
Vachek, J. 669, 670, 671, 672, 961, 1090, 3092, 9207, 9312
Vachtin, N.B. 15395
Vačkova, K. 10156
Vačnadze, N. 13677
Vagnetti, L. 5144
Vago, R. 2148
Vago, R.M. 14099, 14100
Vaillant, A. 9860
Vaimberg, S. 10124, 12334
Vairel, H. 5655, 5656, 5657
Vairel-Carron, H. 5654
Vajnrajch, U. 4094

INDEX

Vajs, N. 3051, 10570, 10681
Vakarelska, D. 226, 828
Vakulenko, O.L. 12441
Val Alvaro, J.F. 6259
Valčeva, B. 9830
Valderrama Andrade, C. 445
Valdés, G. 6436
Valdés, J. de 1942, 2001
Valdés Bernal, S. 6324
Valdman, A. 2890, 6570, 7064, 15559, 15563, 15588, 15589
Valeckienė, A. 9735
Valente, V. 7474, 7475
Valente, V.G. 7402, 7403
Valeri, V. 12751
Valéry, P. 3126
Valesio, P. 3052
Valfells, S. 9384
Valgiglio, E. 5764
Val'kova, D.P. 11828
Valin, R. 318, 857, 858, 1079
Valin, R.D. Van, Jr. 15497
Valiska, J. 8269, 8270, 8271
Valjavac, N. 10682
Vall, M.N. 1337
Valle Rodríguez, C. del 1996
Valli, C. 2722
Vallini, C. 3093
Valloggia, M. 13561
Vallverdú, F. 6107
Valmet, A. 608, 13976, 13977
Valois, D. 6825
Valsiner, J. 1805
Valter, Ch. 10036, 10125
Valtin, R. 3869
Vanacker, H. 8533
Vanagas, A. 9690
Vance, S.-M. 12847
Vance, T.J. 14693
Vandenabeele, F. 5152
Vanderheyden, J.F. 3210
Vandeweghe, W. 8594, 8595
Vaněčková, G. 227, 11011
Vanelli, L. 7269, 7270
Vangansbeke, C.A.M. 3883
Vaňko, J. 11178, 12561
Vankov, L. 859
Vansteelandt-Debauche, A. 3053
Vansvik, K. 2866
Vântu, I. 7690
Vanvolsem, S. 7271

Vapordžiev, V. 10260
Varbot, Ž.Ž. 342, 9913
Varchola, M. 12335
Vardamacki, L.M. 12640
Varela, B. 6183, 6325
Vargyas, P. 13099
Varile, N. 2633
Varro, M.T. 5587
Varvaro, A. 6016, 7301, 7404
Vàrvaro, A. 3961
Vašák, P. 1731, 3153, 10983
Vásárhelyi, I. 14118
Vásáry, I. 14086, 14239, 14241
Vascenco, V. 1813
Vaščenko, T.F. 12157, 12336
Vašek, A. 4086
Vaseva, I. 860, 861, 3203, 3211
Vasić, S. 3789, 10571
Vasikova, L. 14057
Vasilescu, L. 3430
Vasilev, Ch. 4980
Vasilev, Chr. 10432
Vasil'ev, D.D. 14328, 14329
Vasil'ev, Ju.I. 14546
Vasil'ev, L.M. 12337
Vasil'ev, V.N. 14058
Vasil'eva, E.P. 11179
Vasil'eva, L.N. 6272
Vasileva, M. 6260
Vasil'eva, N.M. 6588
Vasil'eva, V.D. 12500
Vasilevskaja, L.I. 12087
Vasiliu, E. 1290
Vasiluță, L. 7594
Vasmiperek, K. 12489
Vassant, A. 6751
Västerlund, R. 835
Vater, H. 8129
Vater, J.S. 1906
Vătov, V. 10062, 10261, 10262
Vattioni, F. 12831, 13154
Vaughn-Cooke, A.F. 9313
Vaulchier, H. de 7302
Vaverková, G. 12088
Vavřínek, V. 10018
Vázquez Cuesta, P. 6512
Veblen, T.T. 15456
Večerka, R. 2958, 9793, 10888, 11875
Vedjaškin, I.M. 14039
Vedovelli, M. 3933

Veenhof, K.R. 270, 12966, 12967, 12968
Veenker, W. 13764, 13793, 13794, 14041, 14059
Veikhman, G.A. 9021
Veil, P. 15020
Veith, W.H. 2916, 8272
Vejdle, V. 12433
Vekerdi, J. 4687
Vekilov, A.P. 580
Velankar, K.N. 4595
Vel'ceva, B. 10158
Velčeva, B. 10063, 10185
Velcheva, B. 10063
Velde, M. Van de 8713
Velde, R.G. van de 2809
Veldtrup, J. 8453
Veliev, A.G. 862
Velikov, A.P. 579, 611, 612
Velius, N. 9736
Veljus, N. 9736
Velkova, Ž. 4940
Velleman, B.L. 6152
Vellutino, F. 3870
Vellutino, F.R. 3614
Veloudis, I. 5491
Venås, K. 9450, 9451
Venckeleer, T. 7005
Vende, K. 2263
Vendina, T.I. 9872
Vendryes, J. 7849
Venediktov, G.K. 10240, 10244
Venezky, R.L. 165, 9068
Venkatacharya, T. 4583
Vennemann, T. 1008, 1024, 1338
Veny, J. 6108
Veny Clar, J. 6109
Veny i Clar, J. 6110, 6111
Verain, J. 7089
Verastegui-Carvajal, J.N. 3485
Verbeke, G. 5921
Verbenko, I.Ju. 3295
Verburg, P.A. 1997
Verd, G.M. 6443, 6444, 6445
Verdaguer, P. 6112
Verdam, P.J. 8526
Verdenius, W.J. 5154, 5380
Verdonck, J. 3212
Verdonk, R.A. 6286, 6385
Verdoodt, A. 4087, 7090
Verenic, V.L. 11356
Vereničˇ, V.L. 11522, 11679, 11680

INDEX

Vereščagin, E.M. 10019
Vergnaud, J.R. 2162
Vergnaud, J.-R. 6735
Vergote, J. 13562, 13563
Verheijen, J.A.J. 14988, 14989
Verheijen, R. 900
Verheugd, E. 6752
Verkuyl, H.J. 1286, 1291, 1503, 1809, 2517, 2577, 8576
Verluyten, S. 6753
Verluyten, S.P. 1665, 7045
Verma, S.K. 4659, 9314
Vermeer, H.J. 8387, 14733
Vermeer, W.R. 10518, 10519
Vermeir, D. 3423
Vermeire, A. 4088
Vermouzek, R. 11101
Vernay, H. 232, 1180, 2685, 6754
Verner, G.K. 14624, 14635, 14639, 14640
Vernke, G. 11965
Vernon, J.-P. 7983
Veron, E. 1732
Véronique, D. 6773
Verpoorten, J.-M. 4596
Verschueren, J. 1668, 1669, 1670, 1181
Versnel, H.S. 5674, 5686
Verstappen, P. 9344
Versteegh, C.H.M. 1890, 1998, 1999, 2000, 13396
Verte, L.A. 14190, 14191, 14192, 14193
Vértes, E. 14174, 14179
Veselá, M. 12089, 12090
Veselý, J. 393, 3054
Vesper, W. 8190
Veštart, H.F. 602
Vet, C. 1504, 6755, 6756
Veyrenc, J. 11964, 12091, 12092, 12409, 12410
Vézina, J.-C. 6954
Viaene, A. 863
Viatte, A. 6542
Viaut, A. 7167, 7168
Vicens, J. 120
Vickery, W.N. 12434
Vidal Colell, M.Á. 3055
Videnov, M. 735, 10263
Videnov, M.G. 10270, 10271, 10272
Vidmanová, A. 10892, 10893

Vidoeski, B. 319, 864, 10348
Vidos, B.E. 6026
Vidov, B. 10520, 10521
Vidovič-Muha, A. 10769
Viehweger, D. 156, 2795, 2810
Viel, M. 2042
Viereck, W. 7962, 8425, 9130, 9131
Vignali, L. 7303
Vignetta, A. 7169
Viguièr, M.-C. 7170
Vihanta, V.V. 9560
Vihma, Heidi 13978
Vihma, Helgi 13978
Vihman, M.M. 3790
Viitso, T.-R. 2855
Vijayakrishnan, K.G. 14743
Vijayalakshmy, R. 14744
Vijtso, T.-R. 13979
Vikør, L.L. 9445
Viks, Ü. 13980
Vil'djaeva, A.M. 14040
Vilela, M. 6513
Viletta, R. 4020, 8419
Vilhunen, A. 13900
Viljamaa, T. 5381
Viljoen, J.J. 15373
Viljuman, V.G. 1505, 9204
Vilkuna, K. 2917
Vilkuna, M. 13823
Villar, F. 4365
Villarsen Meldgaard, E. 9638
Villiard, P. 6757
Villiers, J.G. De 3782, 3791
Villiers, P.A. De 3791
Villiers, R. de 2315
Villup, A.A. 13981
Vilsker, L.H. 13318
Vinay, J.-P. 320, 865
Vince, J. 10387
Vince, Z. 10474, 10475
Vincent, N. 240, 890, 6027, 7201
Vincent, N. 8930
Vincenz, A. de 11626
Vincenzi, G.C. 2375
Vineis, E. 5661
Vinja, V. 797, 3056, 10572
Vinje, F.-E. 9452
Vinken, P.J. 8672
Vinogradov, S.I. 12338
Vinogradov, V.V. 12339
Vinokur, G.O. 866, 1009, 3154

Vinter, V. 1186
Vintilă-Rădulescu, I. 2908, 15590
Vintr, J. 10894
Vinyoles i Vidal, J.J. 6113
Violi, F. 7405
Viré, F. 13418
Viredaz, R. 5153
Virgilius Maro 5922
Virkel de Sandler, A.E. 6437
Virkkunen, P. 13901
Virtaranta, P. 310, 806, 13809, 13902, 13903, 13929
Vișan, F. 14817
Vitale, A.J. 15298
Vitale, M. 7304
Vitale Brovarone, A. 5843
Vitališ, L.P. 8130, 8131
Vitošević, D. 10522
Vittmann, G. 13514
Vittso, T.-R. 13979
Viudas Camarasa, A. 6326, 6327
Vivante, P. 5418
Vivian, A. 13319
Vizmuller, J. 2857, 7272
Vlaardingerbroek, R.K. 15227
Vlachov, K. 860, 861, 4941, 12194
Vlad, C. 2811
Vladimirova, L.A. 12093
Vladimirskij, E.Ju. 12095
Vladisavljević, S. 269, 3615
Vlahov, K. 4941
Vlasova, D.D. 14200
Vlček, J. 10799
Vlede, R.G. van de 4180
Vliet, E.R. van 6867
Vlis, D.A. van der 8714
Vocke, S. 13430
Vodušek, B. 3057
Voegelin, C.F. 321, 322, 2918
Voegelin, F.M. 2918
Voejkova, E.L. 8838
Voetz, L. 8015
Vogel, I. 2217, 2254, 7228, 9255
Vogt, G. 8209
Vogt, H. 13650
Voigt, B. 2001, 6261
Voigt, E.-M. 5319
Voigt, G. 7949

INDEX

Voigt, R.M. 12866, 13510
Voigt, V. 1733
Voigtlander, E. von 4705
Voillat, F. 6843
Vokounová, A. 3579
Volante, P. 9247
Volček, N. 12210
Vol'f, E.M. 12340
Volochina, G.A. 12094
Vološinov, V.N. 1292
Volpe, C. 7407
Volpi, V. 4170
Vol'skaja, A.G. 12187
Voltaire 6811
Völzing, P.L. 4089
Vončina, J. 10476, 10477, 10594
Vöö, I. 14135
Voorhoeve, C.L. 14877, 14881, 15081
Voorhoeve, J. 130, 15272, 15374, 15375
Voort van der Kleij, J. van der 8674
Vorel, R. 9385
Vorlat, E. 1671
Voroncova, M.V. 4366
Voroncova, V.L. 11876, 11877
Voronin, S.V. 2043
Vos, P. 8680
Vossen, R. 15170
Vostokov, A.Ch. 10020
Vostrikov, O.V. 12218, 12219, 12341
Voyles, J.B. 7936, 9386
Voznyj, T.M. 12542
Vrabie, E. 7671
Vraciu, A. 4942, 4943, 9737
Vraču, A. 9737
Vrbová, J. 3222, 3337
Vreese, K. De 4666
Vrhovac, M. 10363
Vriendt, M.-J. de 4163
Vriendt, S. De 8596
Vries, M. de 1869, 8526
Vrkljan, Z. 10573
Vsevolodova, M.V. 12095
Vučetić, Z. 7273
Vujičić, D. 10683, 10684, 10685, 10686, 10687, 10688
Vuković, G. 10574
Vuković, J. 10370, 10480
Vukušić, S. 10689, 10690

Vuletić, B. 10595
Vullings, H.L.M. 8559
Vulpe, M. 2919, 7595, 7645
Vulpe, R. 4944
Vychovanec', I.R. 12543
Vycichl, W. 13564
Vydrová, H. 6402
Vynnyk, V.O. 12510
Vyskočil, P. 10021
Vyskočilová, P. 11102
Vyšnja, L.I. 12544

Waack-Erdmann, K. 5382
Wachtel, T. 1506, 2686
Wackernagel, J. 4367
Wackers, P. 8597
Wade, T.B.L. 12096
Waetzold, I. 14398
Waetzoldt, H. 12752, 12753
Wagenknecht, C. 8386
Wagner, C. 3058, 15552
Wagner, D. 8445
Wagner, E. 8514
Wagner, H. 556
Wagner, Heinrich 98, 7765, 7850, 7851, 7852
Wagner, K.R. 3792
Wagner, M.L. 7545
Wagner, N. 7937, 7938, 7939, 7940
Wagner, R.-L. 867, 6543
Wagnerová, V. 3431
Waher, H. 8741
Wahrig, G. 8288, 8322
Waibler, H. 8209
Wajszczuk, J. 11461
Wal, M.J. van der 2002
Walch, M. 8173
Walczak, B. 11360, 11475
Wald, B. 15299, 15606
Wald, P. 381
Waldner, W. 13430
Waldschmidt, E. 810, 4586
Wales, M.L. 5658
Wales, R. 3575
Wali, K. 2687, 4667
Walia, J. 3595
Waligorski, S. 3387
Walker, A. 652
Walker, A.G.H. 8759
Walker, A.T. 14990
Walker, C.B.F. 12940, 12969, 12970, 12971
Walker, D.C. 6571
Walker, D.E. 3343, 3432

Walker, R. 14991
Walkerdine, V. 3793
Wall, K. 6758
Wallace, R. 5794
Wallace, W.D. 4675, 4676
Walraven, F.A.G. 8598
Walravens, H. 561, 14613
Walser, F. 15376
Walsh, D.S. 15029, 15047
Waltensperger, K.Z. 3837
Walter, Ernst 9387
Walter, Henriette 380, 2218, 6572, 6573, 6854, 6868
Walter, Hilmar 10036, 10050, 10125
Walter, Stephen Leslie 15457
Walther, H. 376, 4185, 4221, 8515
Walton, D.N. 1293
Walton, W. 5452
Wande, E. 326, 13904
Wandruszka, M. 323, 868, 1182, 4091, 6089, 6759
Wandruszka, U. 314, 2316, 7274
Wang, David Kuo-wei 14818
Wanner, D. 6114, 7275
Wanner, E. 357, 3680, 3794
Wansbrough, J. 13260, 13261
Warburton, I.P. 1339
Warchala, J. 11644, 11646
Warchoł, S. 11450, 11740
Ward, D. 12411
Ward, W.A. 12867, 13565, 13566, 13567, 13568
Waring, H. 5507
Warnant, L. 6760
Warnecke, R. 8516
Warner, A. 9022
Warner, H. 1801, 1804
Warner, R. 1183, 5659
Warnke, I. 14330
Warren, B. 8868
Wartburg, W. von 7007
Wartelle, A. 5383
Wasik, B.H. 3759
Wasow, T. 2470, 2544, 9375
Watahomigie, L.J. 15439
Watcyn-Jones, P. 9315
Waters, H.S. 3795
Waterson, N. 14525
Wathelet-Willem, J. 570
Watkin, J. 9516
Watkins, C. 4368, 4457, 4458

INDEX

Watkins, L.J. 15488
Watkins, T.A. 7858
Watson, R. 14873
Watson, R.L. 14863
Watson, S. 7853, 14873
Watson, W.G.E. 13100, 13101, 13102, 13103, 13104, 13253
Wauer, S. 10782
Waugh, L. 2024
Waugh, L.R. 2826, 237
Wawrzyniak, Z. 8143
Webb, C. 2219, 13382
Webb, J.T. 6328
Webb, K.S. 3616
Webber, B. 3433
Weber, D. 4758
Weber, H. 4092, 8132, 9294
Webster, J.J. 4093
Weddle, H.L. 3591
Weeks, T.E. 3796
Wegera, K.-P. 8392
Węgier, J. 11681
Wegner, I. 12676
Wegstein, W. 8133
Wehr, H. 869, 870, 13446
Wehrli, E. 2688, 7035
Weibel, V. 308
Weidert, A. 2264
Weidlé, W. 12433
Weidlich, M.F. 14608
Weiers, M. 14609
Weigand, E. 8134
Weigand, G. 4960
Weijenberg, A.J. 8426
Weijers, O. 5884, 5923
Weijnen, A. 324, 2920, 2921, 8534, 8599, 8648
Weijnen, A.A. 2003
Weil, S. 7008
Weiland, P. 1905
Weinberg, A.S. 1026
Weinberg, B. 2071
Weiner, E.J. 3435
Weingarten, R. 1596
Weinke, K. 1294
Weinmann, M. 2004
Weinreich, U. 1507, 2838, 4094
Weinrich, H. 1010, 2308
Weinsberg, A. 1099
Weippert, H. 13320, 13220
Weis, B. 8517
Weisberg, D.B. 12972
Weise, L. 9600

Weisgerber, L. 1117, 1474
Weisheitelová, J. 3265, 10867
Weisler, S.E. 9023, 9024
Weismann, E. 12342
Weiss, A. 8273
Weiss, B. 789
Weiss, D. 2689, 11451
Weissenborn, J. 1402
Weissgerber, M. 3486
Weist, R. 3797
Weitman, S. 4226
Welch, J.W. 12838, 13105
Welke, K. 2690
Wellander, E. 9583
Weller, F. 871
Wellmann, H. 8156, 8518
Wells, C.G. 3798
Wells, D.A. 39
Wells, G. 1672
Wells, J.C. 8282, 9316
Wells, M.A. 15078
Welskopf, E.C. 5365
Welte, W. 2125
Weltens, B. 9132
Welter, A. 13796
Wenckebach-van Bijsterveld, D. 1673
Wenisch, F. 9102
Wenskus, O. 5419
Wenskus, R. 7928
Wentzel, P.J. 15377
Wenzel, B. 4095
Wenzel, S. 441
Wenzel, W. 11769
Weppen, E.E. von der 8388
Werenicz, W. 11679
Werlen, I. 2005, 8274
Werner, E. 2006, 6761, 6762
Werner, F. 13275
Werner, O. 1385, 9517
Werner, R. 399, 3059
Wernke, G. 11965
Werth, P. 1543, 1674
Werth, R.N. 2205
Wertis, R.L. 5582
Wertsch, J.V. 3573
Wesche, H. 325
Wescott, R.W. 1455, 3155
Wesemann, M. 8135, 9518
Wesselius, J.W. 13106, 13321, 13322
Wessely, G. 8275
West, G.D. 7194
West, J. 7948

West, M.L. 5437, 5438, 5439, 5440
West, T.L. 3844
West, W.C. 5109
Westenbrink, A. 5576
Westendorf, W. 13541
Westerberg, A. 9583
Westergaard, K.-E. 9402
Westermayr, R. 4309
Western, D.C. 9322
Westman, R. 5249
Wettler, M. 3617
Wettstein, H.K. 1207
Wetzels, W.L.M. 2220
Wetzstein, J.G. 872
Wexler, K. 3630, 3799, 3800
Wexler, P. 6048, 8432
Weydt, H. 1675
Whalen, D.H. 1508
Whalen, S. 12454
Wheatley, B.J. 2221
Wheeler, C.J. 2376
Wheeler, D. 15489
Wheeler, D.W. 2222
Wheeler, E.S. 3434
Wheeler, M.W. 6049, 6128
Wheeler, P. 3487
Wheeler, W. 4096
Whinnom, K. 6386
Whistler, K.W. 15458
White, H.B. 1782
White, Leila 13905
White, Lydia 3803, 1184
White, S.J. 1783
White, S.M. 12158
White, T.G. 3804
Whitehead, C.R. 15069, 15082
Whitehurst, G.J. 3804
Whiteman, M. 4097
Whitfield, F.J. 1925
Whiting, R.M. 12847
Whitley, C.F. 13107
Whitling, R.B. 9178
Whitman, R.L. 912
Whitney, R. 2691
Whitney, W.D. 1842, 1979
Whitton, J. 5384
Whorf, B.L. 873, 1193, 1295
Whurr, R. 3871
Wichmann, Y. 14062
Wichter, S. 3801
Wickman, B. 326, 874, 14010
Widdig, W. 6615

889

INDEX

Widding, O. 9411
Widdowson, H.G. 9248, 9249
Widłak, S. 6028
Widmer, J. 1676
Widmer, P.A. 7586
Wiedermann, J. 3060
Wied Jørgensen, N. 9519
Wiegand, H.E. 339, 1677, 1908, 2876, 8352, 8353, 8354
Wiegand, N. 8846
Wieland, H. 5761
Wielen, H.G.W. van der 478
Wieliczko, K. 12412
Wielinga, B. 3313
Wierczorek, D. 9861
Wierzbicka, A. 1509, 2692
Wierzchowska, B. 875, 11379, 11380
Wierzchowski, J. 1510, 11380, 11407, 11682
Wiese, A. 8434
Wiese, B. 7995
Wiese, J. 8434
Wiesemann, U. 15273
Wiesinger, P. 313, 2922, 7949, 8276, 8519
Wiggen, G. 9382
Wiggermann, F.A.M. 12973
Wijsman, J. 8700
Wikramasinghe, D. 4680
Wiktorsson, P.-A. 9584
Wilbur, R. 1785
Wilbur, R.B. 1784
Wilce, L.S. 3529
Wilcke, C. 12974, 12975
Wilcox, K. 2084
Wild, S. 311, 13397, 13470
Wildgen, W. 1511, 3913, 4098, 8016
Wilensky, R. 9268
Wilhelm, G. 12756, 12759, 12976
Wilkins, D. 1011
Wilkins, W. 2693, 2694
Wilkinson, L.C. 3772, 3802
Wilkoń, A. 11683
Willems, D. 6763, 6764
Willemyns, R. 8616
Willett, E. 15490
Williams, A. 6329
Williams, B. 1296, 8136
Williams, C.H. 7873
Williams, E. 2372, 2470, 9025

Williams, E.S. 2695, 2696
Williams, F. 5385
Williams, F.G. 6514
Williams, G. 4099
Williams, J.E.C. 89, 7783
Williamson, L. 9208
Willms, A. 13596
Wilmet, M. 1185, 3156, 6704, 6765, 6766, 6819
Wilske, L. 12343
Wilson, D. 955, 991, 1678
Wilson, E. 12344
Wilson, E.A.M. 12344
Wilson, G.H. 13108
Wilson, N. 5175
Wilson, R.McL. 13529
Wilson, W.A.A. 15213
Wilson, W.H. 15066
Wilss, W. 3191, 3209, 3213, 8381
Wilton, M.T. 3061
Wimmer, C. 6767
Wimmer, R. 1512
Winckler, W.K. 2697
Winczer, P. 11297
Windeatt, B.A. 9256
Windekens, A.J. Van 4369, 4459, 4491, 4492, 4493, 5177, 5197, 5531
Windfeld Hansen, J. 9465
Windfuhr, G.L. 4786, 4787
Windisch, R. 5955, 7596
Windross, M. 2007
Winge, R.A. 8454
Winge, V. 199, 8191, 8192
Winkel, L.A. te 876
Winkelmann, O. 263, 5765, 6768
Winkin, Y. 1585
Winnett, F.V. 13398
Winter, W. 1186, 4370, 4371, 4492
Winther, A. 6616
Wiredu, K. 1297
Wirth, J.R. 2296
Wirth-van Wijk, L.E. 8548, 8549
Wise, M.R. 1679
Wiseman, D.J. 801
Wiśniewska, H. 11480
Wissing, D.P. 8742
Witkowski, L. 11523
Witkowski, T. 647, 8434
Witte, U. 8455
Wittgenstein, L. 1200, 1228, 1241, 1242, 1282

Witting, C. 2126
Wittlin, C.J. 3062
Wittmann, H. 2265, 6589
Wittwer, J. 3584
Włodarczyk, H. 12097
Wodak, R. 1187, 2812, 3618
Wode, H. 1340, 3805, 3806
Wodňanská, A. 7996
Woidich, M. 13403
Woisetschlaeger, E. 8922
Wójcik, R. 11481
Wójcik, T. 12345
Wójcik, Z.M. 11634
Wojowasito, S. 14992
Wójtowicz, M. 12159
Wolcke-Renk, I.D. 18
Woledge, B. 6820, 7038
Wolf, D. 3807
Wolf, H.J. 6029 6821
Wolf, L. 232, 2923, 6822, 6823, 7171, 7172
Wolf, N.R. 8133, 8156
Wolfart, H.C. 2858, 2859
Wolf-Beranek, H. 8261
Wolfe, R.G. 12798
Wolfe, S.J. 1489, 9026
Wolff, A. 11741
Wolff, D. 8869
Wolff, E. 13639, 13640, 13641
Wolff, J.G. 3808, 3809
Wolff, J.U. 14896, 14993, 14994, 14995
Wolff, P. 4372
Wolff, R.A. 7995
Wolfram, W. 9133
Woll, B. 1773, 1786
Woll, D. 6515
Wollin, L. 9585
Wollman, N. 2118
Wollock, J. 2044
Wolnicz-Pawłowska, E. 12549
Wołodźko, E. 11966
Wołowik, B. 11742, 11743
Wolski, W. 2930
Woltner, M. 12346
Wonder, J.P. 6262
Wong, I.F.H. 9317
Wongbiasaj, S. 14854
Wood, B. 9345
Wood, D. 3810
Wood, J.R. 12809
Wood, R.E. 4013, 4100
Woodhouse, H.F. 7305

INDEX

Woodlock, L.T. 5420
Woods, F.M. 4624
Woodward, J. 1787, 1788
Wordick, F.J.F. 15106
Worth, D.S. 11839
Wossidlo, R. 8456
Wotjak, G. 1513
Woude, P. van der 8535
Wouters, A. 2008
Woźniakowski, W. 4171
Wrenn, P. 6869
Wright, P. 9134
Wright, R. 5924, 6128
Wróbel, A. 11482
Wróbel, H. 11452, 11684
Wróblewska-Wiater, M. 1155
Wrocławska, E. 821
Wujastyk, D. 2009
Wu Jinrong 14806
Wulstan, D. 13458
Wulz, H. 3436, 3437
Wunderli, P. 126, 243, 506, 1298, 2010, 6030, 6574, 6575, 6576
Wunderlich, D. 1188, 1514, 1661, 1680, 1681, 8144
Wundt, W. 877
Wurm, S.A. 167, 358, 374, 375, 14878, 14879, 14882, 15100
Wurzel, W.U. 2223, 2378, 1322
Wyatt, N. 13109
Wyatt, W.F., Jr. 4905, 5386
Wyderka, B. 11524, 11744
Wydra, W. 11462
Wyka, B. 9586
Wyler, S. 3064, 8791

Xaččatryan, A. 4907
Xaččatryan, A.A. 4906
Xaččatıyan, A.E. 4908
Xaččeryan, L.G. 4793
Xaččikyan, M.L. 12677
Xamoyan, M.H. 4788
Xanthakis-Karamanos, G. 5387
Xella, P. 13110, 13111, 13112, 13113, 13114
Xhaferi, H. 5058
Xhuvani, A. 5005, 5084
Xłłatᶜyan, F.H. 4909, 4910

Yada, K. 3470

Yagil, S. 3315
Yaguello, M. 1012
Yallop, C. 14996, 15107
Yalvaç, K. 12750
Yamamoto, A. 15439
Yamano, F. 3473
Yang, Paul 14803
Yang, Paul Fu-mien 14757
Yanga, T. 15378
Yardi, M.R. 4597
Yāska 4517
Yau, Shun-Chiu 1780
Yavaş, F. 14399, 14400, 14401
Yavas, M. 2224
Yavas, M.S. 14402
Yeager, E. 912
Yee, G.A. 13254
Yeni-Komshian, G.H. 113
Yerkes, D. 9103, 9104
Yerkes, R.M. 1806
Yip, M. 2045, 14753, 14774
Yli-Vakkuri, V. 13906
Yllera, A. 1814
Ymeri, M. 5092
Yngve, V.H. 3442
Yoder, C.K. 3811
Yokota, M. 2112
Yokwe, E.M. 15151
Yoshida, K. 7941
Yoshida, S. 3438
Yoshikawa, M. 12754, 12755
Yoshioka, H. 14687
Young, C.E. 1790
Young, D.J. 9027
Young, G.D. 13095
Young, S. 12347
Yowzbašyan, K.N. 4911
Yüce, N. 14292, 14331
Yücel, T. 14403
Yukawa, Y. 15379

Zabavnikov, B.N. 1682
Zabierowska, K. 11647
Zabjelina, V.P. 12514
Ząbkowska, J. 11408
Zachert, H. 14647
Zachljupana, N.M. 12545
Zachová, J. 5925
Zadeh, L.A. 3439
Zadok, R. 4730, 12977, 12978, 12979, 12980
Zadornova, V. 3097
Zadražil, L. 3214
Zaenen, A. 8552, 9372, 9587

Zaffagno, E. 5795
Zagagi, N. 5766
Zagari, L. 300
Zager, D. 2379
Zagona, K. 6031
Zagórski, B.R. 13471
Zagórski, Z. 2011, 11685, 11686
Zagrodnikowa, A. 11590, 11591
Zahemszky, L. 14358
Zaicz, G. 13995
Zaimov, J. 10014, 10294, 10295
Zajac, P. 3143
Zajączkowski, W. 878, 14573
Zajčenko, N.F. 12348
Zajceva, M.I. 13930
Zajceva, S. 10523
Zajkov, P.M. 14011
Zajnullin, M.V. 14499
Zaka, P. 5059
Zakᶜaryan, A. 4912
Zakirova, V. 14482
Zakrzewska, E.D. 11453
Zalas-Straś, E. 11592
Zaleski, J. 879, 880
Zales'kyj, A.M. 12513, 12559
Zaliznjak, A.A. 11967, 12160
Zamboni, A. 7337, 7503, 7575
Zammuner, V.L. 2813
Zamora Vicente, A. 6344
Zanev, V. 10241
Zaniewski, J. 12098
Zanni, R. 8457
Žantovská, H. 11012
Zapp, H. 8277
Žappuev, A.A. 14429
Zaręba, A. 9873, 11525, 11593
Zarębina, M. 11362, 11627, 11687
Zarechnak, M. 3455
Zarec'kyj, O.V. 12349
Žarkova, G.G. 9765
Zaron, Z. 11454
Zaslavsky, V. 12350
Zástěrová, B. 10018
Zatočil, L. 5926
Zatovkaňuk, M. 466, 11013, 11795

INDEX

Zauner, A. 881
Zavadil, B. 6263, 6264
Zavadovskij, Ju.N. 13431
Zavgorodnjev, Ju.A. 8870, 9205
Zav'jalova, O.I. 14804
Zawawi, S.M. 15300
Žaža, S. 689, 1189, 10868, 12063
Zbijowska, B. 4190
Zbiniowska, J. 4190
Zdaniukiewicz, A.A. 11526, 11527
Zdrenghea, M. 7593
Zdrenghea, M.M. 1683, 9028
Zduńska, H. 11688, 11689
Žebit, N.R. 9862
Zec, D. 10433
Zečević, V. 10691
Zeh, J. 8427
Zehetner, L. 8278
Zeidler, H. 7091
Zeil, L. 462, 2012, 2013
Zeil, W. 803, 9805, 10022
Zejnalov, F.R. 862, 14332
Zelders, N.L. 8729
Zelenina, È.I. 10175
Zelenka, R. 13745
Zelens'ka, O.P. 9029
Železnjak, I.M. 9938
Željeznjak, I.M. 12620
Zeman, J. 8137, 8138
Zeman, J. 11027
Zembaty-Michalakowa, M. 11628
Zemljanova, E.A. 14574
Zemskaja, E.A. 11838
Zender, M. 8279
Zenenko, G.P. 11893
Zenone, A. 1522, 1523, 1601, 6782, 6783
Zepeda, O. 15491
Žepić, S. 10434
Zeps, V.J. 9760
Žerev, S. 10159
Zernova, V.K. 8017
Zettler, H.G. 8867
Zevit, Z. 13115, 13230
Zewen, F.X. 15048
Zgółka, T. 1021, 11690
Zgółkowa, H. 11455, 11537, 11594, 11635
Zgraon, F. 7672
Zgusta, L. 3047, 4227, 4917
Zhao, Yuanren 14758

Zholkovsky, A. 12413
Ziegengeist, G. 515
Zieliński, J.A. 8550
Zieme, P. 4756, 14333, 14334, 14335, 14336
Zieniukowa, J. 822
Zifonun, G. 3437, 3440
Žigo, P. 11180
Zijaeva, M.T. 14304
Zikrillaev, G.N. 14526
Zillig, W. 1684, 2814
Zima, P. 4052, 1335, 13642
Zimek, R. 2698, 2699, 11812, 12063, 12099, 12100, 12101, 12272
Zimková, L. 12102
Zimmer, R. 6516
Zimmermann, F. 8280
Zimmermann, H. 8288, 14840
Zimmermann, J. 1299
Zimmermann, K. 186
Zimmermann, R. 9051
Zinato, A. 5385
Zinder, L.R. 783, 2114
Zinger, L.Š. 6590
Zinkevičius, Z. 481, 9738, 9739
Zint, I. 8139
Zint-Dyhr, I. 8140
Ziółkowski, M. 3892, 4024
Ziv, N. 1190
Ziv, Y. 2700, 9030, 13276
Živkova, L. 10023
Živov, V.M. 11839
Živova, G.T. 14641
Zlatanova, R. 510, 10160
Zlateva, P. 10126
Zlobin, L.I. 12657
Zlotowitz, B.M. 5447
Žluktenko, Ju.A. 4094, 1098
Žluktenko, Ju.O. 4102, 4103
Zmeškal, V. 882
Zoest, A. van 1734
Zoetmulder, P.J. 14997
Zograf, G.A. 2924, 2925
Zograph, G.A. 2924, 2925
Zolli, P. 7009, 7420, 7476, 7477, 7478
Zonhoven, L.M.J. 13511
Zonneveld, W. 1013, 2215, 8545, 8546, 8600, 14097
Zor, J. 10024
Zorc, R.D. 14897
Zorc, R.D.P. 15013, 15014

Zörner, L. 7525
Zorrilla, O. 8107
Zorzi, E. 5599
Zoubek, F. 2815
Žovniruk, Z.L. 8382, 8383
Žovtobrjuch, M.A. 12536
Zsilka, J. 1191
Zsilka, T. 3143
Žübanov, A.Q. 14313
Zubatý, J. 883
Zuber, R. 1685, 2701, 11103, 12103
Zubin, D.A. 8141
Zubiría, R. de 446
Zubizarreta, M.L. 14694
Zubov, A.V. 3296, 12445
Zubova, T.E. 3296
Zudini, D. 7587
Zuffi, S. 7276
Zukina, L.B. 9031
Žukov, A.A. 15134
Žukov, V.P. 12351
Žukovskaja, L.P. 12161
Zuluaga, A. 6265, 6387
Žuraŭski, A.I. 12631, 12632, 12646
Žuravel', N.V. 12600
Žurovskaja, L.P. 427
Żurowska-Górecka, W. 884, 11472
Żurowski, A. 11595
Zürrer, P. 8281
Žváček, D. 576, 12414
Zvegincev, V.A. 328, 4104, 13730
Zvegincev, V.I. 1014
Zvelebil, K.V. 14711, 14712, 14713, 14714
Zverkovskaja, N.P. 11968
Zwanenburg, W. 6617
Zwanziger, R. 41, 4689
Zwettler, M. 13454
Zwicky, A.M. 2225, 8839, 9032
Zwirner, E. 2015, 2127
Zwirner, K. 2127
Zwolanek, R. 13678
Zwoliński, P. 809, 885, 886, 4228, 10051
Zybert, J. 4105
Zymberi, A. 5085

NOV 2 5 1987